€ 70,–

Enzyklopädie Philosophie und Wissenschaftstheorie
Band 1

ENZYKLOPÄDIE PHILOSOPHIE UND WISSENSCHAFTS-THEORIE

Band 1: A–G

Unter ständiger Mitwirkung von Siegfried Blasche, Gottfried Gabriel, Herbert R. Ganslandt, Matthias Gatzemeier, Carl F. Gethmann, Peter Janich, Friedrich Kambartel, Kuno Lorenz, Klaus Mainzer, Peter Schroeder, Oswald Schwemmer, Christian Thiel, Reiner Wimmer

in Verbindung mit Gereon Wolters
herausgegeben von
Jürgen Mittelstraß

Bibliographisches Institut Mannheim/Wien/Zürich
B.I.-Wissenschaftsverlag

CIP-Kurztitelaufnahme der Deutschen Bibliothek
Enzyklopädie Philosophie und Wissenschaftstheorie
/ unter ständiger Mitw. von Siegfried Blasche...
In Verbindung mit Gereon Wolters hrsg. von Jürgen
Mittelstraß. - Mannheim, Wien, Zürich: Bibliographisches
Institut.
NE: Blasche, Siegfried [Mitverf.]; Mittelstraß, Jürgen [Hrsg.]
Bd. 1. (A-G). - 1980
ISBN 3-411-01603-5

Gesamtherstellung: Universitätsdruckerei H.Stürtz AG,
Würzburg
Typographie: Hans Peter Willberg, Vockenhausen
Printed in Germany
ISBN 3-411-01603-5

Vorwort

I Konzeption

1. Wissenschaftliche *Wörterbücher* sind Instrumente wissenschaftlicher Arbeit, ihrer Diktion und ihrer systematischen Organisation nach dazu tendierend, sich gegenüber der Arbeit, der sie dienen sollen, im Schein des schon Geleisteten zu verselbständigen. Wissenschaftliche *Enzyklopädien* sind die Form, in der sich die Wörterbücher schreibende wissenschaftliche Welt mit diesem Schein abgefunden hat. Sie führen im Unterschied zur rein additiven und definitorischen Form von Wörterbüchern das, was die Wissenschaften wissen, in einer so auf begriffliche und sachliche Vollständigkeit bedachten Weise auf, daß die wissenschaftliche Arbeit fast wie ein Umweg erscheint, durchmessen, um das zu wissen, was die wissenschaftliche Enzyklopädie weiß.
Die »Enzyklopädie Philosophie und Wissenschaftstheorie« wird hinsichtlich dieser durch eine lange enzyklopädische Tradition geprägten Einschätzung auf den ersten Blick keine Ausnahme bilden. Gegenüber entweder rein historischen oder systematischen, dann in der Regel auf Teilgebiete der Philosophie beschränkten Nachschlagewerken dient sie dem Ziel, das, was die Philosophie, vor allem auch wissenschaftsbezogen, weiß, umfassend und, so weit wie möglich, im erforderlichen Detail wiederzugeben. Dennoch sollte sie nicht an jenem ›enzyklopädischen Schein‹ gemessen werden, der Enzyklopädien gegenüber der wissenschaftlichen Arbeit zu verselbständigen droht. So ist diese Enzyklopädie im strengen Sinne als ein Instrument wissenschaftlicher Arbeit, nicht als ein Monument des wissenschaftlich schon Geleisteten konzipiert; und sie ist in ihrem Aufbau doch eher wieder ein Wörterbuch, ein Lexikon mit hoher Stichwörterzahl und überwiegend kurzen Einträgen. Wenn für dieses Werk dennoch die Bezeichnung ›Enzyklopädie‹ gewählt wurde, dann deshalb, weil hier in einem lexikalischen Aufbau ein systematisches Interesse mitgeführt wird, das (wie in der ursprünglichen Idee der ↑Enzyklopädie begriffen) auf eine methodisch reflektierte Ordnung des dargestellten Wissens abhebt. Bezweckt ist nicht nur ein Referat von Meinungen und historischen Entwicklungen, im Unterschied zu üblichen Darstellungen der Geschichte der Philosophie über den Leisten des Alphabets geschlagen, aber auch nicht eine Sammlung systematischer Traktate oder gar ein Lehrbuch. Bezweckt ist vielmehr die Darstellung des philosophischen Wissens, historisch und systematisch bearbeitet. In der intendierten begrifflichen Konsistenz dieser Darstellung liegt die Erinnerung an eine systematische Einheit philosophischer enzyklopädischer Vielfalt begriffen. Dennoch soll hier keine *philosophische Enzyklopädie,* d.h. eine ›Einleitung‹ in ein philosophisches System, vorgelegt werden, sondern eine *Enzyklopädie der Philosophie* und – sofern auch nach der institutionellen Trennung der Wissenschaften von der Philosophie die Analyse wissenschaftlichen Wissens im Medium von Theorie und Begründung eine philosophische Aufgabe bleibt – der *Wissenschaftstheorie.*

2. Zwischen der Philosophie und den Wissenschaften herrschen seit geraumer Zeit gestörte Verhältnisse; die Wissenschaftstheorie ist der moderne Versuch, sie wieder ins Reine zu bringen. Das findet in der Regel weder den Beifall der Wissenschaften, die ihren Abschied von der Philosophie als Abschied von einer spekulativen Vergangenheit zu stilisieren pflegen, noch den Beifall der Philosophie, sofern diese angesichts ihres reichen klassischen Erbes dazu neigt, der wissenschaftstheoretischen Askese philosophische Armut zu bescheinigen. Beide Reaktionen zeugen von einem historischen Mißverständnis. So trat Philosophie ursprünglich, etwa im Platonischen oder Aristotelischen Verständnis, nicht als eine Tätigkeit auf, die neben den Wissenschaften Geltung be-

anspruchte. Vielmehr suchte sich ein an den Begriff der Philosophie knüpfendes Begründungsinteresse primär im Rahmen des wissenschaftlichen Wissens zu bewähren, das insofern selbst durch ein ›philosophisches‹ Interesse charakterisierbar war. Die europäische Idee rationaler Verhältnisse, die darin beruht, praktische und theoretische Orientierungen auf *begriffliche Arbeit* und *Begründungen* zu stützen, vermochte sich so stets sowohl auf das Wissen der Philosophie als auch auf das Wissen der Wissenschaften zu berufen. Ein wesentlicher Unterschied bestand hier nicht. Seit dem 18. Jahrhundert verlieren sich Philosophie und Wissenschaften zunehmend aus dem Auge. Die fortschreitende Spezialisierung der Wissenschaften, vor allem im naturwissenschaftlichen Bereich, läßt die Schwierigkeiten, diese ›Philosophien‹ noch als Ausdruck einer einheitlichen Bemühung zu begreifen, unübersehbar werden. In dem Maße, in dem sich Philosophie nun mit den nicht-wissenschaftlichen Teilen der bisherigen Entwicklung europäischer Rationalität identifiziert, wird sie, in eins mit ihrer Akademisierung, zur Geisteswissenschaft. Der Frieden zwischen Philosophie und Wissenschaften wird durch die Behauptung gegenseitiger Bedeutungslosigkeit geschlossen.

Gegen diese Auffassung wendet sich heute die Wissenschaftstheorie. In Form einer das wissenschaftliche Wissen analysierenden und unter methodologischen und teleologischen Gesichtspunkten beurteilenden Bemühung wird Wissenschaft wieder zu einem philosophischen Thema und Philosophie wieder zu einem Element wissenschaftlichen Selbstverständnisses. In ihren Sprach- und Wissenschaftskonstruktionen hat die moderne Entwicklung der Philosophie zu einem methodisch fundierten Verhältnis gegenüber der wissenschaftlichen Rationalität zurückgefunden. Diesem Umstand trägt die »Enzyklopädie Philosophie und Wissenschaftstheorie« Rechnung, indem sie sowohl den klassischen Bestand des philosophischen Wissens als auch die neuere Entwicklung der Philosophie, insbesondere in Logik und Wissenschaftstheorie, dokumentiert. Der Berücksichtigung der neueren Entwicklung entsprechen die Schwerpunkte: (formale) Logik, Theorie der Wissenschaftssprache (im weiteren Rahmen einer analytischen und normativen Philosophie der Sprache), allgemeine und spezielle Wissenschaftstheorie. Unter dem Titel ›allgemeine Wissenschaftstheorie‹ diskutiert die Philosophie heute wissenschaftsbezogen Fragen, die sie früher zum Teil unter dem allgemeinen Titel ›Erkenntnistheorie‹ behandelt hatte, unter dem Titel ›spezielle Wissenschaftstheorie‹ Grundlagenprobleme der Fachwissenschaften. Hinsichtlich ihres historischen und systematischen Bezugs zur Philosophie finden hier insbesondere Begriffe und Namen der Physik, Mathematik, Astronomie und (in geringerem Umfang) der Biologie Berücksichtigung. Maßgebend dafür ist die Rolle, die diese Disziplinen unter dem Gesichtspunkt einer (im engeren Sinne) methodologischen und einer (im weiteren Sinne) wissenschaftstheoretischen Selbstreflexion der Wissensbildung heute ebenso wie in der Vergangenheit (in diesem Falle als die für den Begriff wissenschaftlicher Rationalität paradigmatischen ›Philosophien‹) spielen.

Aus der Sicht des in modernen Traditionen der Fachwissenschaften stehenden Wissenschaftstheoretikers wird in der neueren Entwicklung der Philosophie der klassische Bestand des philosophischen Wissens auch wieder gegenüber einer philosophiefernen Wissensbildung zur Geltung gebracht, aus der Sicht des in klassischen Traditionen der Philosophie stehenden Philosophen wird das philosophische Wissen um seine analytischen und konstruktiven Bezüge zu den Wissenschaften ergänzt. Man darf in dieser Entwicklung den Versuch sehen, die Philosophie unter dem Gesichtspunkt begrifflicher Klarheit und methodischer Strenge wieder *wissenschaftlicher* und die Wissenschaften unter dem Gesichtspunkt einer methodologischen und teleologischen Aufklärung über sich selbst (eine Aufklärung also nach Methoden und Zielen) wieder *philosophischer* zu machen. Beidem sucht auch die »Enzyklopädie Philosophie und Wissenschaftstheorie« auf ihre Weise, indem sie das philosophische (Grundlagen-)Wissen mit dem wissenschaftlichen Wissen enzyklopädisch verbindet, zu dienen. Historisch gesehen schließt dies die Berücksichtigung der *Wissenschaftsgeschichte* mit ein, d.h. solcher wissenschaftlicher Entwicklungen, die, zumal im Rahmen der schon genannten Disziplinen und der Kriterien ihrer Auszeichnung, (1) in unmittelbarem Zusammenhang mit ›philosophischen‹ Entwicklungen, nämlich als Teil derselben, standen (Beispiel: die Aristotelische Physik) oder (2) Gegenstände betreffen, die auch heute noch innerhalb der wissenschaftlichen Arbeit von Bedeutung sind, sei es im Sinne gleicher Problemstellungen (Beispiel: Kontinuumtheorien und der mit ihnen verbundene Begriff der Unendlichkeit) oder daß sie (im Rahmen einer Theorie der Wissenschaftsgeschichte) unser Wissen von wissenschaftlichen Entwicklungen maßgeblich bestimmen (Beispiel: das Verhältnis der Theorien Newtons und Einsteins unter dem Gesichtspunkt intertheoretischer Relationen).

3. Die Orientierung wissenschaftstheoretischer und wissenschaftshistorischer Bemühungen an Disziplinen wie Physik, Mathematik, Astronomie und Biologie darf allerdings nicht so verstanden werden, als bestünde die Welt der (neueren) Philosophie und Wissenschaftstheorie nur aus Produkten der Natur und Konstruktionen des (mathematischen) Geistes. Wissenschaftstheoretische Probleme sind keine Domäne der auf Natur und (mathematischen) Geist bezogenen Disziplinen; die Ausarbeitung rationaler Orientierungen ist, unter dem Gesichtspunkt einer klassischen philosophischen Systematik, nicht nur Sache der *theoretischen*, sondern auch Sache der *praktischen Vernunft*. Dem entsprechen die modernen wissenschaftstheoretischen Bemühungen im Rahmen der Gesellschaftswissenschaften ebenso wie die Erneuerung der praktischen Philosophie als Ethik und als Gesellschaftstheorie. Die praktische Philosophie rückt hier erneut in ihre klassische Funktion ein, Fundament der Wissenschaften vom gesellschaftlichen Handeln zu sein. Systematisch und historisch findet sie entsprechend auch in der »Enzyklopädie Philosophie und Wissenschaftstheorie« den ihr gebührenden Platz.

4. Die gleichgewichtige Darstellung dessen, was die Philosophie *historisch* weiß, neben der Darstellung dessen, was sie *systematisch* weiß, stellt nicht etwa ein Zugeständnis an die in der Philosophie gegenüber der systematischen Bildung besonders, und manchmal bis zum Übermaß, ausgeprägte historische Bildung dar. Sie erfolgt auch nicht deshalb, weil der klassische Bestand des philosophischen Wissens zu großen Teilen aus historischem Wissen besteht. Der Grund dafür ist vielmehr selbst ein systematischer: ein Denken, und dies gilt sowohl für das philosophische als auch für das fachwissenschaftliche Denken, das sich außerhalb von Entwicklungen zu stellen sucht, ist nicht weniger naiv als ein Denken, das die Wahrheit nur in Entwicklungen findet. Es übersieht, daß es selbst Teil der historischen Arbeit des Menschen ist und auch Rationalität in ihrem Selbstverständnis ebenso wie in ihrem Situationsverständnis der Information über Entwicklungen bedarf, wenn sie sich nicht ›naturalistisch‹ mißverstehen will. Also kommt es auch in systematischen Dingen darauf an, nicht etwa ohne Geschichte zu sein oder ein Verhältnis zur Geschichte als bloße Aneignung von Vorgeschichte zu regeln, sondern das, was man weiß, *historisch reflektiert* zu wissen. Umgekehrt gibt in der Philosophie auch ein historisches Wissen, das nicht zugleich *systematisch geführt* ist, keine vernünftigen Orientierungen.

Nun läßt sich, nicht nur in der Philosophie, über das Maß erforderlicher historischer Informationen und die Art ihrer Zuordnung zu systematischen Orientierungen beliebig streiten. Hier geht es auch nicht nur um *Wirkungsgeschichte*, sondern ebenso um *Gründegeschichte*, d.h. darum, in den faktischen Entwicklungen Stufen einer begründeten Entwicklung ausfindig zu machen. Nur vor dem, der selbst keine systematischen Absichten hat und ohne systematische Orientierungen auszukommen sucht, sind alle Genesen gleich. Man muß kein Hegelianer sein, um zu erkennen, daß auch ein Historiker blind sein kann. Wer aber verbindet die richtigen Selbst- und Situationsverständnisse mit den richtigen historischen Informationen? Welche Genese ist, systematisch betrachtet und beurteilt, zufällig, welche nicht? Dies im Einzelfall zu entscheiden, ist ein Teil der philosophischen und, auf wissenschaftshistorische Fakten bezogen, der wissenschaftstheoretischen Arbeit selbst. Ihr kann auch hier nur das angeboten werden, was die philosophische Forschung schon weiß. Möglicherweise ist daraus sogar, was die historischen Teile der Enzyklopädie betrifft, trotz der angestrebten Beschränkung auf begriffsgeschichtliche Gesichtspunkte (Nachweis einer Unterscheidungsgeschichte, ↑Begriffsgeschichte) ein zu reichhaltiges Angebot geworden.

Dazu hätte dann auch der Umstand beigetragen, daß die »Enzyklopädie Philosophie und Wissenschaftstheorie« nicht nur Sachartikel, sondern auch *Personenartikel* enthält. Diese vervollständigen insbesondere die historische Information, und zwar den angeführten konzeptionellen Überlegungen entsprechend sowohl im Rahmen der Philosophiegeschichte als auch im Rahmen der Wissenschaftsgeschichte. Ihre Aufnahme, die zumindest im deutschsprachigen Raum eine ›lexikalische Lücke‹ füllt, erlaubt es im übrigen, systematische Dinge in ihrem ›Entdeckungszusammenhang‹ darzustellen, und das bedeutet gleichzeitig, historische Teile in systematischen Artikeln kurz zu halten. So sucht die vorliegende Enzyklopädie nicht nur die Vorzüge eines philosophischen Nachschlagewerkes im engeren Sinne und eines auf die Behandlung von Grundlagenproblemen der Wissenschaften hin orientierten Nachschlagewerkes im weiteren Sinne zu verbinden, sondern auch die Vorzüge eines Wörterbuches philosophischer Begriffe und eines Philosophenlexikons. Sie ist darin wohl ein überaus ehrgeiziges Unternehmen – geführt durch den Willen, sich auf das Unmögliche einzulassen, um die Grenzen des Möglichen ein wenig weiter hinauszuschieben.

Anmerkung: Wirklich einsichtige Kriterien für die Aufnahme zumal zeitgenössischer Philosophen und Wissenschaftstheoretiker in diese und wohl auch jede andere Enzyklopädie gibt es nicht. So mußte neben dem Kriterium unangefochtener überragender Bedeutung der Gesichtspunkt, führender Repräsentant einer einflußreichen zeitgenössischen Richtung zu sein, die Entscheidung für eine Aufnahme tragen. Der Herausgeber weiß, was er dem Zeitgeist (und gegebenenfalls auch sich selbst) damit angetan hat.

5. Die ursprüngliche Konzeption war bescheidener. Geplant war ein kleines Lexikon der Philosophie, verfaßt von einem kleinen Kreis philosophischer Gelehrter. Als – aus Planungsmängeln und wachsendem Ehrgeiz – aus diesem Lexikon allmählich ein enzyklopädisches Wörterbuch wurde, gerieten die Umstände der ursprünglichen Konzeption unversehens zur Tugend: in einem kleinen ständigen Mitarbeiterkreis, nur von Fall zu Fall um einige Experten erweitert, bleibt die Absicht, die gebotene Information auf ein hohes Maß *begrifflicher Konsistenz* zu stützen, keine bloße Hoffnung eines Herausgebers. Das philosophische Vokabular weniger bewegt sich schneller aufeinander zu als das philosophische Vokabular vieler. Dem kann zudem, wie hier geschehen, durch den Herausgeber institutionell durch Weitergabe von Informationen und Unterlagen unter den Mitarbeitern nachgeholfen werden. Dem Leser, auch dem eiligen, gereicht dies zum Vorteil: er muß nicht, aus bisheriger Wörterbucherfahrung zwar klug geworden, aber nicht sonderlich belehrt hervorgegangen, befürchten, auf den unvermeidlich verschlungenen Wegen der Verweise von einem Begriffssystem ins andere zu fallen – weil z.B. die weitere Information, die ein Phänomenologe in seinem Artikel ›Lebenswelt‹ unter Verweis auf ›Existenz‹ verspricht, dortselbst von einem Logiker wohl nur erwartungsenttäuschend geboten wird.

Eine solche Konzeption, die auch angesichts der historischen Vielfalt philosophischer Meinungen nicht auf eine begriffliche Konsistenz der Darstellungssprache verzichten möchte, birgt natürlich Gefahren (und willkommenes Material für mißgelaunte philosophische Kritik): Einseitigkeit und Dogmatismus angesichts der traditionellen Uneinigkeit der Philosophie und (gemäß diesem philosophischen Erbe) der neueren Uneinigkeit der Wissenschaftstheorie in systematischen und historischen Dingen scheinen unvermeidlich zu sein. Sie sind naheliegend, unvermeidlich sind sie nicht. Hier gilt es eben, Balance zu wahren zwischen den Erfordernissen, (1) das, was eine Disziplin, hier die Philosophie in wissenschaftsbezogener Form, meist kontrovers weiß, unverbogen vorzutragen, und (2) dies dennoch nicht in der Weise eines philosophischen Bauchladens, der jedem etwas bringt, zu tun. Mit anderen Worten: es muß einen Weg geben zwischen der prätentiösen Fiktion sachlicher Einheitlichkeit und der resignativen Darstellung auseinanderlaufender Vielfältigkeit des philosophischen Wissens. Dogmatische Engstirnigkeit hier, anarchische Weitherzigkeit dort – das sind in begrifflichen Dingen wohl Skylla und Charybdis, die sich vor philosophischen Wörterbüchern und anderen ›reflektierenden‹ Kompendien philosophischen Wissens gegenüberliegen. Wer da ohne Schaden hindurch will, muß sorgfältig Gewohnheiten von Unterscheidungen, Meinungen von Argumenten, ein Denken in Systemen von einem systematischen Denken unterscheiden. Als Trost mag da gelten, daß die Normen der Sorgfalt und der Gerechtigkeit von einer selbst argumentierenden begründungsorientierten Darstellung pünktlicher wahrgenommen werden als von der dissonanten Wiedergabe dissonanter Vielfalt.

6. Der größte Teil der Mitarbeiter ist in philosophischen und wissenschaftstheoretischen Dingen der Idee einer *konstruktiven Philosophie und Wissenschaftstheorie* mit dem Ziel begründeter Sprach- und Wissenschaftskonstruktionen verbunden. Das muß, zumindest vordergründig, wieder den Verdacht eines philosophischen Imperialismus gegenüber ›Andersdenkenden‹ schüren. Gegen einen Verdacht dieser Art ist unter Philosophen kein Kraut gewachsen; bleibt also nur die Hoffnung, daß er sich als unbegründet herausstellen mag. Der Konstruktivismus war schließlich stets bemüht, das *Begreifen*, systematisch und historisch, *kritisch* zu leisten. Und weil das etwas ist, das wohl nicht nur dem Konstruktivisten als der Königsweg der Philosophie erscheint, verkörpert das hier sich einmal enzyklopädisch versuchende Denken wohl doch den Schulbegriff der Philosophie.

Der Geist der Gründlichkeit soll beschworen werden, nicht der Geist philosophischer Schwärmerei, des Tiefsinns und der Epigonalität. Ob er sich zeigt, wird der kritische Leser besser zu entscheiden wissen als diejenigen, die diese Enzyklopädie geschrieben haben.

II Ordnung

1. Die »Enzyklopädie Philosophie und Wissenschaftstheorie« weist, wie ein Lexikon und dem Aufbau neuzeitlicher Enzyklopädien entsprechend, keine getrennten Abteilungen z.B. für Philosophie und für Wissenschaftstheorie, für Sachartikel und für Personenartikel, auf. Alle Stichwörter sind *alphabetisch* eingeordnet (›Bayle‹ folgt auf ›Bayessches Theorem‹, ›Freidenker‹ auf ›Frege‹). Umlaute sind nicht berücksichtigt, d.h. ä wurde wie a, ö wie o, ü wie u alphabetisiert (›Äther‹ steht zwischen ›Atheismusstreit‹ und ›ātman‹). Stichwörter, die aus mehreren Wörtern bestehen, sind mit Ausnahme solcher Stichwörter, die aus einem Substantiv und einem nachgestellten Adjektiv gebildet sind, alphabetisch wie ein Wort eingeordnet (›Algebra der Logik‹ steht zwischen ›Algebra, polyadische‹ und ›Algebraisierung‹, wobei ›Algebra, polyadische‹ auf ›Algebra‹ und ›Algebra, Boolesche‹ folgt).

2. Die Sachartikel weisen in der Regel *Literaturverzeichnisse* auf, die Personenartikel *Werk-* und *Literaturverzeichnisse*. Weder die Literaturverzeichnisse noch die Werkverzeichnisse beanspruchen bibliographische Vollständigkeit. Die Werkverzeichnisse sind um so umfangreicher, je unzugänglicher das Werk des betreffenden Autors ist, sie beschränken sich auf wenige Titel oder verzichten selbst auf diese, wenn verläßliche Gesamtausgaben, die in jedem Falle angeführt werden, vorliegen. Die Literaturverzeichnisse beschränken sich auf Titel, die zu Person oder Sache unverzichtbar sind oder die bisherige Forschungsgeschichte dokumentieren. *Bibliographien* stehen am Ende der Werkverzeichnisse. Die Werkverzeichnisse sind chronologisch, die Literaturverzeichnisse alphabetisch geordnet.

3. Auf Anmerkungen wurde verzichtet. Wo Hinweise auf Texte und Textstellen wünschenswert sind, wurden sie in den betreffenden Artikel eingearbeitet.

4. *Fremdsprachige Äquivalente* zu Stichwörtern im Sachbereich werden dort angegeben, wo diese, insbesondere in *interlingualer* Verwendung, terminologisch sind. Bei wissenschaftstheoretischen Stichwörtern überwiegen, der modernen Forschungslage entsprechend, Äquivalente aus dem angelsächsischen Sprachbereich.

5. *Verweise* werden durch Verweispfeile (↑) dargestellt. Besteht das Stichwort, auf das verwiesen wird, aus mehreren Wörtern, steht der Verweispfeil vor dem ersten Wort (Beispiel: ↑Algebra der Logik). Eindeutigkeit derartiger Verweise ergibt sich aus dem Zusammenhang. Steht der Verweispfeil vor einem zusammengesetzten Ausdruck, so geht der Verweis, wenn es diesen Ausdruck als eigenes Stichwort nicht gibt, auf das durch das erste Wort bezeichnete Stichwort, unter dem dann auch der durch den zusammengesetzten Ausdruck dargestellte Begriff abgehandelt wird (Beispiel: ↑causa sui). Unterschiede hinsichtlich Pluralbildung und Flexion werden im Verweissystem nicht gemacht (Beispiel: ↑Kalküle, ↑Kalkülen – Stichwort: Kalkül); auf Doppelstichwörter, die z.B. aus einem Adjektiv und einem Substantiv bestehen (Beispiel: transitiv/Transitivität) wird innerhalb eines Satzes von beiden Teilwörtern, im Beispiel entweder vom Adjektiv (↑transitiv) oder vom Substantiv (↑Transitivität), verwiesen.

6. Das *Titelstichwort* wird im Text durch den Anfangsbuchstaben mit Punkt abgekürzt. Flexionsformen werden kenntlich gemacht. Zu den sonst verwendeten *Abkürzungen* (für Nachschlagewerke, Zeitschriften, Werkausgaben, Einzelwerke, Sonstiges) und logischen sowie mathematischen *Symbolen* vgl. die folgenden Abkürzungs- und Symbolverzeichnisse).

7. In *doppelten Anführungszeichen* stehen Zitate, Werktitel und Namen von Institutionen, in *einfachen Anführungszeichen* Hervorhebungen, fragmentarische Zitate und metasprachlich verwendete Ausdrücke.

8. Die Artikel sind mit den *Sigeln der Autoren* gezeichnet (vgl. Nr. 1 der Abkürzungs- und Symbolverzeichnisse). Nicht gezeichnete Artikel sind Redaktionsartikel.

III Dank

Die »Enzyklopädie Philosophie und Wissenschaftstheorie« verdankt sich ungewöhnlichen enzyklopädischen Anstrengungen eines kleinen Kreises ständiger Mitarbeiter. Ihre Namen sind auf der Impressumseite genannt. Mit welchem persönlichen Einsatz und mit welchem Engagement hier zu Werke gegangen wurde, mag daraus ersichtlich sein, daß mancher dieser ständigen Mitarbeiter für viele hundert Artikel verantwortlich zeichnet. Ihnen gebührt der Dank des Herausgebers und des Verlags, aber auch denjenigen, die, nicht zum ständigen Mitarbeiterkreis gehörend, mit ihren Artikeln zum Gelingen dieser Enzyklopädie beigetragen haben.

Der Herausgeber wäre überfordert gewesen, wenn er nicht auch in der redaktionellen Arbeit verläßliche Helfer gefunden hätte. Sein Dank gilt Dr. Gerrit Haas (jetzt Aachen), Dr. Heinz-Ludwig Nastansky (jetzt New York) und Dr. Gereon Wolters (Konstanz). Dr. Gerrit Haas und Dr. Heinz-Ludwig Nastansky haben in der Anfangsphase der Enzyklopädie, als diese noch ein kleines Lexikon werden sollte, die Redaktionsarbeit mit dem Herausgeber getragen, Dr. Gereon Wolters hat dies unter ungleich schwereren Bedingungen, als aus dem Lexikon die Enzyklopädie wurde, getan. Peter Schroeder und Dr. Reiner Wimmer haben ihn dabei unterstützt. Dr. Gereon Wolters hat darüber hinaus wesentlich an der jetzigen Konzeption der Enzyklopädie mitgewirkt.

Wenn die Werk- und Literaturverzeichnisse die Erwartungen, die man Fachbibliographien entgegenbringt, erfüllen, so ist dies Dipl. Bibl. Peter Borchardt M.A. und seiner professionellen Umsicht in der Welt der Bücher zu danken. Ihm stand vor allem Rüdiger Welter M.A. zur Seite.

Dank gebührt ferner Dipl. Biol. Soraya de Chadarevian, Robert Knupfer, Karlheinz Müssig M.A. und Roland Schneider für ihre Mitarbeit in der Redaktion sowie Erika Fraiss, Margit Güttler, Sigrid Klauschke, Christl Rabe, Gerda Ruhl und Regina Walkhoff, die, zum Teil über viele Jahre, unverdrossen und mit großer Sorgfalt die Manuskripte geschrieben und die Mitarbeiterkorrespondenz geführt haben.

Dank schulden Herausgeber und alle Mitarbeiter schließlich dem Bibliographischen Institut in Mannheim, das einmal ein kleines Lexikon der Philosophie angeregt und sich am Ende mit dieser Enzyklopädie identifiziert hat, sowie der Universität Konstanz, die unter der Federführung des zentralen Ausschusses für Forschungsfragen und unter stets hilfsbereiter Mitwirkung der Bibliothek dieses Werk von Anfang an gefördert und es auf diese Weise auch zu ihrem Werk gemacht hat.

Konstanz, im Frühjahr 1980 Jürgen Mittelstraß

Abkürzungs- und Symbolverzeichnisse

1. Autoren

A.G.-S.	Annemarie Gethmann-Siefert, Bochum
A.V.	Albert Veraart, Konstanz
C.F.G.	Carl F. Gethmann, Essen
C.T.	Christian Thiel, Aachen
D.G.	Dietfried Gerhardus, Saarbrücken
E.K.	Eckard König, Paderborn
F.K.	Friedrich Kambartel, Konstanz
F.Ko.	Franz Koppe, Konstanz
G.G.	Gottfried Gabriel, Konstanz
G.H.	Gerrit Haas, Aachen
G.He.	Gerhard Heinzmann, Saarbrücken
G.N.	Gert Naundorf, Würzburg
G.S.	Gottfried Seebaß, Heidelberg
G.W.	Gereon Wolters, Konstanz
H.H.	Hansgeorg Hoppe, Saarbrücken
H.J.S.	Hans J. Schneider, Konstanz
H.-L.N.	Heinz-Ludwig Nastansky, New York
H.R.G.	Herbert R. Ganslandt, Erlangen
H.S.	Hubert Schleichert, Konstanz
H.V.	Helmolt Vittinghoff, Erlangen
H.W.	Harald Wohlrapp, Hamburg
J.M.	Jürgen Mittelstraß, Konstanz
K.H.H.	Karlheinz H. Hülser, Konstanz
K.L.	Kuno Lorenz, Saarbrücken
K.M.	Klaus Mainzer, Münster
M.B.	Margret Blasche, Erlangen
M.G.	Matthias Gatzemeier, Aachen
M.R.	Manfred Riedel, Erlangen
M.W.	Martin Warnke, Hamburg
O.S.	Oswald Schwemmer, Erlangen
P.B.	Peter Borchardt, Konstanz
P.J.	Peter Janich, Marburg
P.S.	Peter Schroeder, Konstanz
R.W.	Rüdiger Welter, Konstanz
R.Wi.	Reiner Wimmer, Konstanz
S.B.	Siegfried Blasche, Erlangen
T.R.	Thomas Rentsch, Konstanz
W.H.	Wulf Hübner, Hamburg
W.J.M.	Wolfgang J. Meyer, Hamburg

2. Nachschlagewerke

ADB	Allgemeine Deutsche Biographie, I–LVI, ed. Historische Commission bei der Königlichen Akademie der Wissenschaften (München), Leipzig 1875–1912.
DHI	Dictionary of the History of Ideas. Studies of Selected Pivotal Ideas, I–IV u. 1. Indexbd., ed. P.P. Wiener, New York 1973 (Indexbd. 1974).
DSB	Dictionary of Scientific Biography, I–XV (XV = Suppl. I), ed. C.C. Gillispie, New York 1970–1976.
EJud	Encyclopaedia Judaica, I–XVI, Jerusalem 1971–1972.
Enc. filos.	Enciclopedia filosofica, I–VI, ed. Centro di studi filosofici Gallarate, Firenze ²1968–1969.
Enc. Jud.	Encyclopaedia Judaica. Das Judentum in Geschichte und Gegenwart, I–X, Berlin 1928–1933 (bis einschließlich ›L‹).
Enc. Ph.	The Encyclopedia of Philosophy, I–VIII, ed. P. Edwards, New York 1967 (repr. 4 Bde 1972).
ERE	Encyclopaedia of Religion and Ethics, I–XIII, ed. J. Hastings, Edinburgh/New York 1908–1926.
FM	J. Ferrater Mora, Diccionario de filosofía, I–IV, Madrid ⁶1979.
Hb. ph. Grundbegriffe	Handbuch philosophischer Grundbegriffe, I–III, ed. H.M. Baumgartner/H. Krings/C. Wild, München 1973.
Hist. Wb. Ph.	Historisches Wörterbuch der Philosophie, ed. H. Ritter, mit dem 4. Bd. fortgeführt v. K. Gründer, Basel/Stuttgart 1971 ff. (bisher 4 Bde).
IESS	International Encyclopedia of the Social Sciences, I–XVII, ed. D.L. Sills, New York 1968.

KP	Der Kleine Pauly. Lexikon der Antike, I–V, ed. K. Ziegler/W. Sontheimer, Stuttgart 1964–1975.
LAW	Lexikon der Alten Welt, ed. C. Andresen u.a., Zürich/Stuttgart 1965.
LMA	Lexikon des Mittelalters, München 1977ff.
LThK	Lexikon für Theologie und Kirche, I–X, ed. J. Höfer/K. Rahner, Freiburg ²1957–1965 (ein Reg.bd. [1967] und drei Suppl.bde: Das Zweite Vatikanische Konzil 1966–1968).
NDB	Neue Deutsche Biographie, ed. Historische Kommission bei der Bayerischen Akademie der Wissenschaften, Berlin 1952ff. (bisher 11 Bde).
Ph. Wb.	Philosophisches Wörterbuch, I–II, ed. G. Klaus/M. Buhr, Berlin ¹¹1975.
RAC	Reallexikon für Antike und Christentum. Sachwörterbuch zur Auseinandersetzung des Christentums mit der antiken Welt, ed. T. Klauser, Stuttgart 1950ff. (bisher 10 Bde).
RE	Paulys Realencyclopädie der classischen Altertumswissenschaft. Neue Bearbeitung, begonnen v. G. Wissowa, fortgeführt v. W. Kroll u. K. Mittelhaus, ed. K. Ziegler u. W. John, Stuttgart, 1. Reihe (A–Q), I, 1 (1893) – XXIV (1963); 2. Reihe (P–Z), I A,1 – X A (1914–1972); 15 Suppl.bde, 1903–1978.
RGG	Die Religion in Geschichte und Gegenwart, I–VI, ed. K. Galling, Tübingen ³1957–1962.
Totok	W. Totok, Handbuch der Geschichte der Philosophie, Frankfurt 1964ff. (bisher 3 Bde).
TRE	Theologische Realenzyklopädie, ed. G. Krause/G. Müller, Berlin 1977ff.
Wb. ph. Begr.	Wörterbuch der philosophischen Begriffe, I–III, ed. R. Eisler. Vierte, völlig neubearb. Aufl., ed. K. Roretz, Berlin 1927–1930.
WL	Wissenschaftstheoretisches Lexikon, ed. E. Braun/H. Radermacher, Graz/Wien/Köln 1978.

3. Zeitschriften

Abh. Gesch. math. Wiss.	Abhandlungen zur Geschichte der mathematischen Wissenschaften (Leipzig)
Acta Math.	Acta Mathematica (Uppsala)
Allg. Z. Philos.	Allgemeine Zeitschrift für Philosophie (Stuttgart)
Amer. J. Math.	American Journal of Mathematics (Baltimore)
Amer. J. Philol.	The American Journal of Philology (Baltimore)
Amer. J. Phys.	American Journal of Physics (New York)
Amer. Philos. Quart.	American Philosophical Quarterly (Pittsburgh)
Amer. Scient.	American Scientist (Champaign)
Anal. Husserl.	Analecta Husserliana (Dordrecht)
Analysis	Analysis (Oxford)
Ann. Math.	Annals of Mathematics (Princeton)
Ann. math. pures et appliqu.	Annales de mathématiques pures et appliquées (Paris)
Ann. Philos. philos. Kritik	Annalen der Philosophie und philosophischen Kritik (Leipzig)
Ann. Phys.	Annalen der Physik (Leipzig); seit 1899: Annalen der Physik und Chemie (Leipzig)
Ann. Phys. Chem.	Annalen der Physik und Chemie (Leipzig)
Ann. Sci.	Annals of Science. A Quarterly Review of the History of Science and Technology since the Renaissance (London)
Arch. Begriffsgesch.	Archiv für Begriffsgeschichte (Bonn)
Arch. Gesch. Philos.	Archiv für Geschichte der Philosophie (Berlin)
Arch. hist. doctr. litt. moyen-âge	Archives d'histoire doctrinale et littéraire du moyen-âge (Paris)
Arch. Hist. Ex. Sci.	Archive for the History of Exact Sciences (Berlin)
Arch. int. hist. sci.	Archives internationales d'histoire des sciences (Paris)

Arch. Kulturgesch.	Archiv für Kulturgeschichte (Köln/Wien/Berlin)
Arch. Math.	Archiv der Mathematik (Basel)
Arch. math. Log. Grundlagenf.	Archiv für mathematische Logik und Grundlagenforschung (Stuttgart)
Arch. Philos.	Archiv für Philosophie (Stuttgart)
Arch. philos.	Archives de philosophie (Paris)
Arch. Rechts- u. Sozialphilos.	Archiv für Rechts- und Sozialphilosophie (Berlin)
Beitr. Gesch. Philos. MA	Beiträge zur Geschichte der Philosophie [später: und Theologie] des Mittelalters (Münster)
Beitr. Philos. Dt. Ideal.	Beiträge zur Philosophie des deutschen Idealismus. Veröffentlichungen der Deutschen Philosophischen Gesellschaft (Erfurt)
Bibl. Math.	Bibliotheca Mathematica. Zeitschrift für Geschichte der mathematischen Wissenschaften (Stockholm/Leipzig)
Bl. dt. Philos.	Blätter für deutsche Philosophie (Erfurt)
Brit. J. Hist. Sci.	The British Journal for the History of Science (London)
Brit. J. Philos. Sci.	The British Journal for the Philosophy of Science (Edinburgh)
Bull. Amer. Math. Soc.	Bulletin of the American Mathematical Society (Providence)
Bull. Hist. Med.	Bulletin of the History of Medicine (Baltimore)
Can. J. Philos.	Canadian Journal of Philosophy (Alberta)
Class. Philol.	Classical Philology (Chicago)
Class. Quart.	Classical Quarterly (London)
Class. Rev.	Classical Review (London)
Conceptus	Conceptus. Zeitschrift für Philosophie (Innsbruck)
Dialectica	Dialectica. Internationale Zeitschrift für Philosophie der Erkenntnis (Lausanne/Neuchâtel)
Dt. Z. Philos.	Deutsche Zeitschrift für Philosophie (Berlin)
Elemente Math.	Elemente der Mathematik (Basel)
Eranos-Jb.	Eranos-Jahrbuch (Zürich)
Erkenntnis	Erkenntnis (Leipzig, seit 1975 Dordrecht/Boston, Hamburg)
Et. philos.	Les études philosophiques (Paris)
Found. Phys.	Foundations of Physics (New York)
Franciscan Stud.	Franciscan Studies (St. Bonaventure)
Franziskan. Stud.	Franziskanische Studien (Münster)
Fund. Math.	Fundamenta Mathematicae (Warszawa)
Harv. Stud. Class. Philol.	Harvard Studies in Classical Philology (Cambridge Mass.)
Hegel-Jb.	Hegel-Jahrbuch (Meisenheim am Glan)
Hegel-Stud.	Hegel-Studien (Bonn)
Hermes	Hermes. Zeitschrift für klassische Philologie (Wiesbaden)
Hist. Math.	Historia Mathematica (Toronto)
Hist. Sci.	History of Science (Cambridge)
Hist. Theory	History and Theory (Den Haag)
Int. J. Ethics	International Journal of Ethics. Devoted to the Advancement of Ethical Knowledge and Practice (Chicago); seit 1938: Ethics. An International Journal of Social, Political, and Legal Philosophy (Chicago)
Int. Philos. Quart.	International Philosophical Quarterly (New York)
Isis	Isis. International Review Devoted to the History of Science and its Cultural Influences (Boston/Cambridge Mass.)
Jahresber. Dt. Math.ver.	Jahresbericht der Deutschen Mathematikervereinigung (Berlin)

Jb. Antike u. Christentum	Jahrbuch für Antike und Christentum (Münster)
Jb. Philos. phänomen. Forsch.	Jahrbuch für Philosophie und phänomenologische Forschung (Halle)
J. Brit. Soc. Phenomenol.	The Journal of the British Society for Phenomenology (Manchester)
J. Engl. Germ. Philol.	Journal of English and Germanic Philology (Urbana)
J. Hist. Ideas	Journal of the History of Ideas (New York)
J. Hist. Philos.	Journal of the History of Philosophy (Claremont)
J. math. pures et appliqu.	Journal de mathématiques pures et appliquées (Paris)
J. Philos.	The Journal of Philosophy (New York)
J. Philos. Ling.	The Journal of Philosophical Linguistics (Evanston)
J. Philos. Log.	Journal of Philosophical Logic (Toronto/Dordrecht)
J. reine u. angew. Math.	Journal für die reine und angewandte Mathematik (Berlin)
J. Symb. Log.	The Journal of Symbolic Logic (Providence)
Kant-St.	Kant-Studien (Berlin)
Kant-St. Erg.hefte	Kant-Studien. Ergänzungshefte (Berlin)
Log. anal.	Logique et analyse (Bruxelles)
Logos	Logos. Internationale Zeitschrift für Philosophie der Kultur (Tübingen)
Math. Ann.	Mathematische Annalen (Berlin)
Math. Z.	Mathematische Zeitschrift (Berlin)
Med. Aev.	Medium Aevum (Oxford)
Medic. Hist.	Medical History (London)
Med. Ren. Stud.	Medieval and Renaissance Studies (London)
Med. Stud.	Mediaeval Studies (Toronto)
Merkur	Merkur. Deutsche Zeitschrift für europäisches Denken (Köln)
Mh. Math. Phys.	Monatshefte für Mathematik und Physik (Wien)
Mind	Mind. A Quarterly Review for Psychology and Philosophy (Oxford)
Monist	The Monist (La Salle)
Mus. Helv.	Museum Helveticum. Schweizerische Zeitschrift für klassische Altertumswissenschaft (Basel/Stuttgart)
Neue H. Philos.	Neue Hefte für Philosophie (Göttingen)
Nietzsche-Stud.	Nietzsche-Studien (Berlin/New York)
Notre Dame J. Formal Logic	Notre Dame Journal of Formal Logic (Notre Dame)
Noûs	Noûs (Bloomington)
Organon	Organon (Warschau)
Osiris	Osiris. Commentationes de scientiarum et eruditionis historia rationeque (Bruges)
Philol.	Philologus (Wiesbaden)
Philos.	Philosophy (London)
Philos. Anz.	Philosophischer Anzeiger. Zeitschrift für die Zusammenarbeit von Philosophie und Einzelwissenschaft (Bonn)
Philos. Hefte	Philosophische Hefte (Praha, bis 1936)
Philos. Hist.	Philosophy and History (Tübingen)
Philos. J.	The Philosophical Journal. Transactions of the Royal Society of Glasgow (Edinburgh/London)
Philos. Jb.	Philosophisches Jahrbuch (München)
Philos. Mag.	Philosophical Magazine (London)
Philos. Math.	Philosophia Mathematica (Memphis)
Philos. Nat.	Philosophia Naturalis (Meisenheim am Glan)
Philos. Phenom. Res.	Philosophy and Phenomenological Research (Buffalo)
Philos. Quart.	The Philosophical Quarterly (St. Andrews)
Philos. Rdsch.	Philosophische Rundschau (Heidelberg/Tübingen)

Philos. Rev.	The Philosophical Review (Ithaca)
Philos. Sci.	Philosophy of Science (East Lensing)
Philos. Soc. Sci.	Philosophy of the Social Sciences (Toronto/Aberdeen)
Philos. Stud.	Philosophical Studies (Dordrecht)
Philos. Studien	Philosophische Studien (Berlin)
Philos. Transact. Royal Soc.	Philosophical Transactions of the Royal Society (London)
Praxis Math.	Praxis der Mathematik. Monatsschrift der reinen und angewandten Mathematik im Unterricht (Köln)
Proc. Amer. Philos. Soc.	Proceedings of the American Philosophical Society (Philadelphia)
Proc. Arist. Soc.	Proceedings of the Aristotelian Society (London)
Proc. Brit. Acad.	Proceedings of the British Academy (London)
Proc. Royal Soc.	Proceedings of the Royal Society (London)
Ratio	Ratio (Oxford)
Res. Phenomenol.	Research in Phenomenology (Pittsburgh)
Rev. ét. anc.	Revue des études anciennes (Bordeaux)
Rev. ét. grec.	Revue des études grecques (Paris)
Rev. hist. ecclés.	Revue d'histoire ecclésiastique (Louvain)
Rev. hist. sci. applic.	Revue d'histoire des sciences et de leurs applications (Paris)
Rev. int. philos.	Revue internationale de philosophie (Bruxelles)
Rev. Met.	Review of Metaphysics (Washington)
Rev. mét. mor.	Revue de métaphysique et de morale (Paris)
Rev. néoscol. philos.	Revue néoscolastique de philosophie (Louvain)
Rev. philos. France étrang.	Revue philosophique de la France et de l'étranger (Paris)
Rev. philos. Louvain	Revue philosophique de Louvain (Louvain)
Rev. quest. sci.	Revue des questions scientifiques (Louvain)
Rev. sci. philos. théol.	Revue des sciences philosophiques et théologiques (Paris)
Rev. synth.	Revue de synthèse (Paris)
Rev. thom.	Revue thomiste (Toulouse)
Rhein. Mus. Philol.	Rheinisches Museum für Philologie (Frankfurt)
Riv. crit. stor. filos.	Rivista critica di storia della filosofia (Milano)
Riv. filos.	Rivista di filosofia (Torino)
Riv. filos. neo-scolastica	Rivista di filosofia neo-scolastica (Milano)
Riv. mat.	Rivista di matematica (Torino)
Riv. stor. sci. mediche e nat.	Rivista di storia delle scienze mediche e naturali (Firenze)
Sci. Amer.	Scientific American (New York)
Sci. Stud.	Science Studies (London)
Scr. Math.	Scripta Mathematica. A Quarterly Journal Devoted to the Expository and Research Aspects of Mathematics (New York)
Sov. Stud. Philos.	Soviet Studies in Philosophy (New York)
Stud. Gen.	Studium Generale (Berlin)
Stud. Hist. Philos. Sci.	Studies in History and Philosophy of Science (London)
Studi int. filos.	Studi internazionali di filosofia (Torino)
Studi ital. filol. class.	Studi italiani di filologia classica (Firenze)
Stud. Leibn.	Studia Leibnitiana (Wiesbaden)
Stud. Log.	Studia Logica (Warszawa)
Stud. Philos.	Studia Philosophica (Basel)
Stud. Philos. (Lemberg)	Studia Philosophica. Commentarii Societatis Philosophicae Polonorum (Lwów [Lemberg])
Sudh. Arch.	Sudhoffs Archiv für Geschichte der Medizin und der Naturwissenschaften (Wiesbaden)

Synthese	Synthese. Journal for Epistemology, Methodology and Philosophy of Science (Amsterdam)
Technikgesch.	Technikgeschichte (Düsseldorf)
Theol. Philos.	Theologie und Philosophie (Frankfurt/Pullach/Freiburg)
Thomist	The Thomist (Washington)
Tijdschr. Filos.	Tijdschrift voor Filosofie (Louvain)
Transact. Amer. Math. Soc.	Transactions of the American Mathematical Society (New York)
Transact. Amer. Philol. Ass.	Transactions and Proceedings of the American Philological Association (Lancaster)
Transact. Amer. Philos. Soc.	Transactions of the American Philosophical Society (Philadelphia)
Universitas	Universitas. Zeitschrift für Wissenschaft, Kunst und Literatur (Stuttgart)
Wien. Jb. Philos.	Wiener Jahrbuch für Philosophie (Wien)
Wiss. u. Weisheit	Wissenschaft und Weisheit. Zeitschrift für augustinisch-franziskanische Theologie und Philosophie in der Gegenwart (Freiburg)
Z. allg. Wiss.theorie	Zeitschrift für allgemeine Wissenschaftstheorie (Düsseldorf)
Z. math. Logik u. Grundlagen d. Math.	Zeitschrift für mathematische Logik und Grundlagen der Mathematik (Berlin)
Z. Math. Phys.	Zeitschrift für Mathematik und Physik (Leipzig)
Z. philos. Forsch.	Zeitschrift für philosophische Forschung (Meisenheim am Glan)
Z. Philos. phil. Kritik	Zeitschrift für Philosophie und philosophische Kritik (Halle)
Z. Phys.	Zeitschrift für Physik (Berlin)
Z. Soz.	Zeitschrift für Soziologie (Stuttgart)

4. Werkausgaben

(die hier aufgeführten Abkürzungen für Werkausgaben haben Beispielcharakter; Werkausgaben, deren Abkürzung nicht aufgeführt wird, stehen bei den betreffenden Autoren)

Descartes

Oeuvres	R. Descartes, Oeuvres, I–XII, ed. C. Adam/P. Tannery, Paris 1897–1910, nouvelle présentation, I–XI, 1964–1974.

Diogenes Laertios

Diog. Laert.	Diogenis Laertii Vitae Philosophorum, I–II, ed. H.S. Long, Oxford 1964.

Feuerbach

Ges. Werke	L. Feuerbach, Gesammelte Werke, I–XI, ed. W. Schuffenhauser, Berlin 1967–1972.

Fichte

Ausgew. Werke	J.G. Fichte, Ausgewählte Werke, I–VI, ed. F. Medicus, Leipzig 1910–1912 (repr. Darmstadt 1962).

Goethe

Hamburger Ausg.	J.W. v. Goethe, Werke, Hamburger Ausgabe, I–XV, ed. E. Trunz/W. Kayser, Hamburg 1961–1965.

Hegel

Ges. Werke	G.W.F. Hegel, Gesammelte Werke, in Verbindung mit der Deutschen Forschungsgemeinschaft ed. Rheinisch-Westfälische Akademie der Wissenschaften, Hamburg 1968ff.
Sämtl. Werke	G.W.F. Hegel, Sämtliche Werke (Jubiläumsausgabe), I–XXVI, ed. H. Glockner, Stuttgart 1927–1939.

Kant

Akad.-Ausg.	I. Kant, Gesammelte Schriften, ed. Königlich Preußische (später: Deutsche) Akademie der Wissenschaften (zu Berlin), Berlin 1902ff.

Leibniz

Akad.-Ausg.	G.W. Leibniz, Sämtliche Schriften und Briefe, ed. Preußische (später: Deutsche) Akademie der Wissenschaften (zu Berlin), Darmstadt/Leipzig (später: Berlin/Leipzig) 1923ff. (bisher erschienen: Reihe 1 [Allgemeiner politischer und historischer Briefwechsel]: 1.1–1.9; Reihe 2 [Philosophischer Briefwechsel]: 2.1; Reihe 3 [Mathematischer, naturwissenschaftlicher und technischer Briefwechsel]: 3.1; Reihe 4 [Politische Schriften]: 4.1–4.2; Reihe 6 [Philosophische Schriften]: 6.2, 6.6 [Nouveaux essais]).
C.	G.W. Leibniz, Opuscules et fragments inédits de Leibniz, ed. L. Couturat, Paris 1903.
Philos. Schr.	Die philosophischen Schriften von G.W. Leibniz, I–VII, ed. C.I. Gerhardt, Berlin 1875–1890.
Math. Schr.	G.W. Leibniz, Mathematische Schriften, I–VII, ed. C.I. Gerhardt, Berlin/Halle 1849–1863.

Marx/Engels

MEGA	Marx/Engels, Historisch-kritische Gesamt-Ausgabe: Werke, Schriften, Briefe; Abt. 1–3, Frankfurt/Berlin/Moskau 1927–1935 (nicht vollst.).
MEW	Marx/Engels, Werke, I–XXXIX, ed. Institut für Marxismus-Leninismus beim ZK der SED, Berlin (Ost) 1956–1968.

Schelling

Sämtl. Werke	F.W.J. Schelling, Sämtliche Werke, I–XIV, ed. K.F.A. Schelling, Stuttgart 1856–1861, Repr. in neuer Anordnung: Schellings Werke, I–VI, Erg. Bde I–VI, Suppl. Bd. I, ed. M. Schröter, München 1927–1959 (repr. 1958–1962).

Sammlungen

CAG	Commentaria in Aristotelem Graeca. Academia Litterarum Regiae Borussicae, I–XXIII, Berlin 1882–1900.
MPG	Patrologiae cursus completus, Series I: Ecclesia graeca 1–167 (mit lat. Übers.), ed. J.P. Migne, Paris 1857–1912.
MPL	Patrologiae cursus completus, Series II: Ecclesia latina, 1–221 (218–221 Indices), ed. J.P. Migne, Paris 1841–1864.
SVF	Stoicorum veterum fragmenta, I–IV (IV: Indices v. M. Adler), ed. J. v. Arnim, Leipzig 1903–1924 (repr. Stuttgart 1964).
VS	H. Diels, Die Fragmente der Vorsokratiker. Griechisch und Deutsch (Berlin 1903), I–III, 5. Aufl. ed. W. Kranz, Berlin [6]1951 (seither unveränderte Nachdrucke, [17]1974).

5. Einzelwerke

(die hier aufgeführten Abkürzungen für Einzelwerke haben Beispielcharakter; Einzelwerke, deren Abkürzung nicht aufgeführt wird, stehen bei den betreffenden Autoren. In anderen Fällen ist die Abkürzung eindeutig und entspricht den üblichen Zitationsnormen, z.B. bei den Werken von Aristoteles und Platon)

Aristoteles

an. pr.	Analytica priora
an. post.	Analytica posteriora
de an.	De anima
Eth. Nic.	Ethica Nicomachea
Met.	Metaphysica
Phys.	Physica

Descartes

Disc. méthode	Discours de la méthode (1637)
Meditat.	Meditationes de prima philosophia (1641)
Princ. philos.	Principia philosophiae (1644)

Hegel

Ästhetik	Vorlesungen über die Ästhetik (1842–1843)
Enc. phil. Wiss.	Encyklopädie der philosophischen Wissenschaften im Grundrisse/System der Philosophie ([3]1830)
Logik	Wissenschaft der Logik (1812/1816)
Phänom. des Geistes	Die Phänomenologie des Geistes (1807)
Rechtsphilos.	Grundlinien der Philosophie des Rechts oder Naturrecht und Staatswissenschaft im Grundrisse (1821)
Vorles. Gesch. Philos.	Vorlesungen über die Geschichte der Philosophie (1833–1836)
Vorles. Philos. Gesch.	Vorlesungen über die Philosophie der Geschichte (1837)

Kant

Grundl. Met. Sitten	Grundlegung zur Metaphysik der Sitten (1785)
KpV	Kritik der praktischen Vernunft (1788)
KrV	Kritik der reinen Vernunft ([1]1781 = A, [2]1787 = B)
KU	Kritik der Urteilskraft (1790)
Proleg.	Prolegomena zu einer jeden Metaphysik, die als Wissenschaft wird auftreten können (1783)

Leibniz

Disc. mét.	Discours de métaphysique (1686)
Monadologie	Principes de la philosophie ou Monadologie (1714)
Nouv. essais	Nouveaux essais sur l'entendement humain (1704)
Princ. nat. grâce	Principes de la nature et de la grâce fondés en raison (1714)

Platon

Nom.	Nomoi
Pol.	Politeia
Polit.	Politikos
Soph.	Sophistes
Theait.	Theaitetos
Tim.	Timaios

Thomas von Aquin

De verit.	Quaestiones disputatae de veritate
S. c. g.	Summa de veritate catholicae fidei contra gentiles
S. th.	Summa theologiae

Wittgenstein

Philos. Unters.	Philosophische Untersuchungen (1953)
Tract.	Tractatus logico-philosophicus (1921)

6. Sonstige Abkürzungen

a.a.O.	am angeführten Ort
Abb.	Abbildung
Abh.	Abhandlung(en)
Abt.	Abteilung
ahd.	althochdeutsch
amerik.	amerikanisch
Anh.	Anhang
Anm.	Anmerkung
art.	articulus
Aufl.	Auflage
Ausg.	Ausgabe
ausgew.	ausgewählt(e)
Bd., Bde	Band, Bände
Bearb., bearb.	Bearbeiter, Bearbeitung, bearbeitet
Beih.	Beiheft
Beitr.	Beitrag, Beiträge
Ber.	Bericht(e)
bes.	besondere, besonders
Bl., Bll.	Blatt, Blätter
bzw.	beziehungsweise
c	caput, corpus, contra
ca.	circa
Ch.	Chapter
chines.	chinesisch
ders.	derselbe
d.h.	das heißt
d.i.	das ist
dies.	dieselbe(n)
Diss.	Dissertation
d.s.	das sind
dt.	deutsch
durchges.	durchgesehen
ebd.	ebenda
Ed.	Editio, Edition
ed.	edidit, ediderunt, edited, ediert
Einf.	Einführung
eingel.	eingeleitet
Einl.	Einleitung
engl.	englisch
Erg.heft(e)	Ergänzungsheft(e)
Erg.Bd.	Ergänzungsband
erl.	erläutert
erw.	erweitert
F.	Folge
Fasc.	Fasciculus, Fascicle, Fascicule, Fasciculo
fol.	Folio
franz.	französisch
gedr.	gedruckt
Ges.	Gesellschaft
ges.	gesammelt(e)
griech.	griechisch
H.	Heft(e)
Hb.	Handbuch
hebr.	hebräisch
Hl., hl.	Heilig-, Heilige(r), heilig
insbes.	insbesondere
int.	international
ital.	italienisch
Jh., Jhs.	Jahrhundert(e), Jahrhunderts
Kap.	Kapitel
kath.	katholisch
lat.	lateinisch
lib.	liber
mhd.	mittelhochdeutsch
mlat.	mittellateinisch
Ms(s).	Manuskript(e)
Nachdr.	Nachdruck
Nachr.	Nachrichten
n. Chr.	nach Christus
Neudr.	Neudruck
NF	Neue Folge
nhd.	neuhochdeutsch
niederl.	niederländisch
o.J.	ohne Jahr
o.O.	ohne Ort
österr.	österreichisch
poln.	polnisch
Praef.	Praefatio
Préf., Pref.	Préface, Preface
Prof.	Professor
Prooem.	Prooemium
qu.	quaestio
red.	redigiert
repr.	reprinted
rev.	revidiert, revised
russ.	russisch
s.	siehe
schweiz.	schweizerisch
sog.	sogenannt

Sp.	Spalte(n)
span.	spanisch
spätlat.	spätlateinisch
Suppl.	Supplement
Tab.	Tabelle(n)
Taf.	Tafel(n)
trans., Trans.	translated, Translation
u.	und
u.a.	und andere
Übers., übers.	Übersetzung, Übersetzer, übersetzt
übertr.	übertragen
ung.	ungarisch
u.ö.	und öfter
usw.	und so weiter
v.	von
v. Chr.	vor Christus
vgl.	vergleiche
vollst.	vollständig
Vorw.	Vorwort
z.B.	zum Beispiel

7. Logische und mathematische Symbole

Zeichen	Name	in Worten
ε	affirmative Kopula	ist
ε'	negative Kopula	ist nicht
$\leftrightharpoons$	Definitionszeichen	nach Definition gleichbedeutend mit
ι_x	Kennzeichnungsoperator	dasjenige x, für welches gilt
$\neg$	Negator	nicht
$\wedge$	Konjunktor	und
$\vee$	Adjunktor	oder (nicht ausschließend)
$\rightarrow$	Subjunktor	wenn ..., dann ...
$\leftrightarrow$	Bisubjunktor	genau dann, wenn
⥽	strikter Implikator	es ist notwendig: wenn ..., dann ...
Δ	Notwendigkeitsoperator	es ist notwendig, daß
∇	Möglichkeitsoperator	es ist möglich, daß
X	Wirklichkeitsoperator	es ist wirklich, daß
⧖	Kontingenzoperator	es ist kontingent, daß
O	Gebotsoperator	es ist geboten, daß
V	Verbotsoperator	es ist verboten, daß
E	Erlaubnisoperator	es ist erlaubt, daß
I	Indifferenzoperator	es ist freigestellt, daß
$\bigwedge_x$	Allquantor	für alle x gilt
$\bigvee_x$	Einsquantor, Manchquantor, Existenzquantor	für manche [einige] x gilt
$\overset{1}{\bigvee}_x$	kennzeichnender Eins- (Manch-, Existenz-)quantor	für genau ein x gilt
⩕$_x$	indefiniter Allquantor	für alle x gilt (bei indefinitem Variabilitätsbereich von x)
⩔$_x$	indefiniter Eins- (Manch-, Existenz-)quantor	für manche [einige] x gilt (bei indefinitem Variabilitätsbereich von x)
⋎	Wahrheitssymbol	das Wahre (verum)
⋏	Falschheitssymbol	das Falsche (falsum)
$\prec$	[logisches] Implikationszeichen	impliziert (aus ... folgt)
$\asymp$	[logisches] Äquivalenzzeichen	gleichwertig mit
$\models$	semantisches Folgerungszeichen	aus ... folgt
$\Rightarrow$	Regelpfeil	man darf von ... übergehen zu ...
$\Leftrightarrow$	doppelter Regelpfeil	man darf von ... übergehen zu ... und umgekehrt
$\vdash$ $\vdash_K$	Ableitbarkeitszeichen (insbesondere zwischen Aussagen und Aussageformen: syntaktisches Folgerungszeichen)	ist ableitbar (in einem Kalkül K), aus ... ist ... ableitbar (in einem Kalkül K)
$\sim$	Äquivalenzzeichen	äquivalent
$=$	Gleichheitszeichen	gleich
$\neq$	Ungleichheitszeichen	ungleich
$\equiv$	Identitätszeichen	identisch
$\not\equiv$	Nicht-Identitätszeichen	nicht identisch

Zeichen	Name	in Worten
$<$	Kleiner-Zeichen	kleiner als
$\leq$	Kleiner-gleich-Zeichen	kleiner als oder gleich
$>$	Größer-Zeichen	größer als
$\geq$	Größer-gleich-Zeichen	größer als oder gleich
$\in$	(mengentheoretisches) Elementzeichen	ist Element von
$\notin$	Nicht-Elementzeichen	ist nicht Element von
$\in_x$ $\{x \mid \}$	Mengenabstraktor	die Menge derjenigen x, für die gilt
$\subseteq$	Teilmengenrelator	ist Teilmenge von
$\subset$	echter Teilmengenrelator	ist echte Teilmenge von
$\emptyset$	Zeichen der leeren Menge	leere Menge
$\cup$	Vereinigungszeichen	vereinigt mit
$\bigcup$	Vereinigungszeichen (für beliebig viele Mengen)	Vereinigung von

Zeichen	Name	in Worten
$\cap$	Durchschnittszeichen	geschnitten mit
$\bigcap$	Durchschnittszeichen (für beliebig viele Mengen)	Durchschnitt von
$\complement$ $\complement_M$	Komplementzeichen	Komplement von ... (in M)
$\mathfrak{P}$	Potenzmengenzeichen	Potenzmenge von
ι	Funktionsapplikator	(die Funktion ...,) angewandt auf ...
ι_x	Funktionsabstraktor	die Funktion von x, abstrahiert aus ...
$\rightarrow$	Abbildungszeichen	... wird abgebildet in ...

Klammerung: Es werden die üblichen Klammerungsregeln angewendet. Zur Klammerersparnis bei logischen Formeln gilt, daß $\neg$ stärker bindet als alle anderen Junktoren, ferner $\wedge$, $\vee$ stärker als $\rightarrow$, $\leftrightarrow$.

A

a (von lat. *a*ffirmo, ich bejahe), in der traditionellen ↑Syllogistik Bezeichnung für den Satztyp der universell bejahenden Urteile (›alle *P* sind *Q*‹): *PaQ*. Außerdem auf Grund der Anfangsstellung im Alphabet in verschiedensten logischen und erkenntnistheoretischen Kontexten bevorzugte Variable für die jeweils betrachteten Gegenstände – dann jedoch meist groß geschrieben: ›*A*‹.

Literatur: *A*, FM I ([6]1979), 1–2. P. S.

Abacus (lat., von griech. ἄβαξ und ἀβάκιον, dünne Platte, Tisch, Tafel, Spielbrett), insbesondere Bezeichnung für die bei Ägyptern, Griechen und Römern gebräuchliche Rechentafel mit einem Schema von Linien oder Kolumnen, in dem durch Setzen bzw. Verschieben unbezeichneter Rechensteine (im allgemeinen mit verschiedenem Stellenwert, wobei Leerstellen durch Leerbleiben der betreffenden Kolumne dargestellt werden) Rechnungen in den vier Grundrechnungsarten ausgeführt wurden. Auf die Benennung der Rechensteine des Abacus (ψῆφοι, calculi) gehen die griechischen und lateinischen Bezeichnungen ›ψηφίζειν‹ bzw. ›calculare‹ für Rechnen schlechthin zurück (↑Psephoi). Im Abendland konkurrierte eine von den ›Abakisten‹ gelehrte Rechenmethode dieser Art (›Rechnen auf den Linien‹) mit dem von den ›Algorithmikern‹ praktizierten schriftlichen Rechnen im Stellenwertsystem noch bis ins 16. Jahrhundert. Varianten des A. sind im Geschäftsleben Ostasiens bis heute in Gebrauch. Als ›logischen A.‹ bezeichnete der englische Logiker W. S. Jevons die von ihm erfundene, äußerlich einem Rechenbrett ähnliche Einrichtung zur kombinatorischen Ausführung von Schlußweisen der algebraischen Logik (↑Logik, algebraische) und der ↑Syllogistik. Das dem logischen A. zugrunde liegende Verfahren ist halbmechanisch und ein Vorläufer des Lochkartenprinzips; seine Weiterentwicklung führte Jevons zur Konstruktion der ersten Logikmaschine (›logical piano‹).

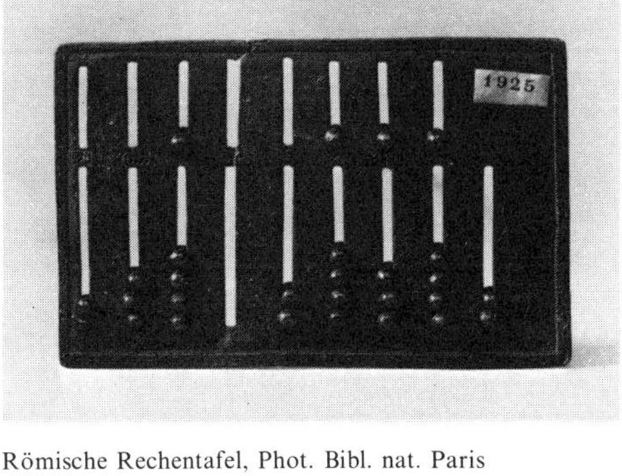

Römische Rechentafel, Phot. Bibl. nat. Paris

Literatur: M. Gardner, Logic Machines and Diagrams, New York/Toronto/London 1958, unter dem Titel: Logic Machines, Diagrams and Boolean Algebra, New York 1968, Chap. V; W. S. Jevons, The Substitution of Similars, The True Principle of Reasoning, Derived from a Modification of Aristotle's Dictum, London 1869; ders., On the Mechanical Performance of Logical Inference, Philos. Transact. Royal Soc. 160 (1870), 497–518 (mit 3 ganzseitigen Tafeln); L. L. Locke, The Ancient Peruvian A., Scr. Math. 1 (1932), 37–43; K. Menninger, Zahlwort und Ziffer. Eine Kulturgeschichte der Zahl, Göttingen [2]1958; P. H. Moon, The A.'s History, its Design, its Possibilities in the Modern World, New York 1971; A. Nagl, Die Rechenpfennige und die operative Arithmetik, Wien 1888; ders., A., RE Suppl. III (1918), 1–13; T. Nemes, Kybernetische Maschinen, Budapest/Stuttgart 1967 (§3.11: Logische Maschinen, 82–120); J. M. Pullan, The History of the A., London 1968, New York 1969; Y. Yoshino, The Japanese A. Explained, Tokyo 1937, ed. M. Gardner, New York 1963. C. T.

Abaelard, Peter (Petrus Abaelardus, Pierre Abailard oder Abélard, Peter Abälard), *Le Pallet (Palais) bei Nantes 1079 (in Anspielung auf seinen Geburtsort auch ›doctor palatinus‹, ›fürstlicher Lehrer‹, genannt), †Priorat St.-Marcel bei Châlon-sur-Saône 21. April 1142, in seiner Zeit heftig umstrittener Logiker, Ethiker und Theologe. Schüler des Nominalisten (↑Nominalismus) Roscelin von Compiègne in Loches (ca. 1094–1096) und dessen Hauptgegner im ↑Universalienstreit, dem Realisten Wilhelm von Champeaux in Paris. Erste Lehrversuche in Melun und Corbeil. Krankheit zwingt A., um 1106 in die Bretagne zurückzukehren, um 1110 ist er wieder in Paris. Dort streitet er gegen seinen früheren Lehrer Wilhelm von Champeaux, den er zu einer Modifikation des extremen Realismus zwingt. Nachdem A. eine eigene Schule auf dem Berge Ste.-Geneviève bei Paris gegründet und sich für kurze Zeit der Schule von Anselm und Ralph von Laon angeschlossen hatte, lehrt er an der Kathedralschule von Paris als berühmter Lehrer unter großem Zulauf. In diese Zeit fällt sein unglückliches Liebesverhältnis mit Héloise, der Nichte des Kanonikus Fulbert, der ihn entmannen läßt. A. selbst hat in der »Historia calamitatum« seine Liebesbeziehung zu Héloise geschildert und damit die Literatur um ein beliebtes Sujet bereichert (1933 weist C. Charrier 527 literarische Darstellungen nach, darunter Hofmann von Hofmannswaldau, Heldenbriefe 1673; A. Pope, Eloisa to Abelard, 1717; J.-J. Rousseau, La nouvelle Héloise, 1761). Nach Eintritt von Héloise in das Kloster Argenteuil wird auch A. Mönch (Abtei St. Denis bei Paris, 1118). Dort greift A. die Laxheit der Mönche an, die ihrerseits vor der Gefährlichkeit seiner Theologie warnen. Nachdem A. die Legende von der Gründung des Klosters durch Dionysios, einen Schüler des Apostels Paulus, zerstört hatte, mußte er St. Denis verlassen. Er gründet bei Nogent-sur-Seine einen Konvent, das Paracletum, wo er auch lehrt. 1121 wird A.s Trinitätslehre (in seinem gegen Roscelin geschriebenen Buch »De unitate et trinitate divina«, ca. 1120) auf dem Konzil zu Soissons verurteilt. 1125 wird er zum Abt von St. Gilda zu Rhuys in der Bretagne gewählt. 1129 kehrt er in sein Paracletum zurück. 1136–1140 lehrt er wieder mit größtem Erfolg auf Ste.-Geneviève bei Paris. Zu seinen Hörern zählt Johannes von Salisbury. 1140 wird seine Lehre, vor allem auf Betreiben Bernhards von Clairvaux, auf dem Konzil zu Sens verurteilt. Petrus Venerabilis, der Abt von Cluny, überredet ihn, die Verurteilung anzunehmen und nicht, wie geplant, nach Rom zu reisen, um dort Einspruch zu erheben. A. geht von Cluny in das Priorat St. Marcel sur Saône, wo er bald stirbt.

A.s Schriften sind nur teilweise erhalten. Gleichwohl zeigen die erhaltenen Teile seines Werkes seine Bedeutung für die Logik und Erkenntnistheorie, die Ethik, die Methode der Interpretation autoritativer Texte und die Theologie. Die unter dem Titel ›Dialektik‹ behandelte Logik und Erkenntnistheorie hat nach A. die Aufgabe, Wahrheit und Falschheit zu unterscheiden. Der erste Teil dieser Aufgabe fällt der ›Physik‹ zu, die zu untersuchen hat, »ob die Natur des Dinges dem Ausdruck (enuntiationi) entspricht« (Dialectica, ed. L.M. de Rijk, 286). Der zweite Teil der Aufgabe ist von der ›Logik‹ zu lösen: diese hat gültige von ungültigen Argumenten zu unterscheiden (als »ratio disserendi, idest discretio argumentorum per quae disseritur, idest disputatur«, Philos. Schr. IV, ed. B. Geyer, 506). Sie leistet dies insbesondere durch die ›Beurteilung‹ des richtigen Gebrauchs der Wörter (auf Grund der Kenntnis der Sachverhalte, vgl. de Rijk a.a.O.). Gegen den naiven Realismus betont A., daß die Wörter von Menschen erfunden sind, um ihre Begriffe auszudrücken (suos intellectus manifestare), gegen den extremen Nominalismus, daß die menschliche Rede nicht willkürlich sei, sondern in der ›Natur der Dinge‹ ihre Norm habe (Ouvrages inédits, ed. V. Cousin, 487). Wenn A. auch kritisch gegen die Behauptung des Realismus Stellung nimmt, daß dem Allgemeinen eine selbständige Existenz zukomme, und (in Anlehnung an A.M.T.S. Boethius) eine Abstraktionstheorie vorlegt, in der die Bildung der Allgemeinbegriffe verstanden werden soll (Glossulae super Porphyrium, in: Philos. Schr., ed. B. Geyer), so verlegt er gleichwohl die Existenz von ›Ideen‹ der Dinge schon vor ihrer Erschaffung in den göttlichen Geist (Theologia christiana, in: MPL 178 und Opera theol., ed. E.M. Buytaert).

A.s Ethik ist vor allem in »Scito te ipsum« dargestellt. Gegen die Auffassung, daß bestimmte Handlungen oder ›Werke‹ an sich schon gut oder böse seien, weist er darauf hin, daß die ›Werke an sich‹ (opera in se) indifferent sind und nur durch die Intention des Handelnden zu guten oder bösen Handlungen werden. Diese Intention soll nach objektiven Normen gebildet werden. Dadurch, daß A. die Objektivität der Normen durch deren Übereinstimmung mit dem Willen Gottes erklärt, gibt er jedoch den Gedanken einer überprüfbaren Objektivität der Normen letztlich wieder auf, vor allem dann, wenn er selbst »das, was an sich (per se) sehr schlecht und darum strafwürdig zu sein scheint, wenn es auf Grund eines göttlichen Befehls geschieht«, für nicht mehr strafwürdig hält und die Unterscheidung von gut und böse in der ›Disposition des göttlichen Willens‹ bestehen läßt (MPL 178, 869CD).

In »Sic et non« trägt A. in der Tradition der Kanonisten (Gerbert, Bernold von Konstanz, Ivo von Chartres) eine Methode vor, zu den diskutierten Thesen sich widersprechende Behauptungen von Autoritäten anzuführen und die Widersprüche aufzulösen (↑sic et non). Zwar gibt er selbst keine Lösungen an, doch stellt er Regeln auf, nach denen die Widersprüche aufzulösen sind: z.B. als nur scheinbare, als erst auf Grund von falschen Abschriften entstandene, als unterschiedlich autorisiert (nur das, was in den kanonischen Schriften des AT und NT steht, ist immer wahr; den Texten heidnischer Philosophen gegenüber ist das Urteil frei). Die Methode der Gegenüberstellung von Autoritäten soll der Wahrheitsfindung dienen, indem sie durch den Zweifel die wissenschaftliche Untersuchung einleitet (MPL 178, 1349AB) und diese (entlang der Richtschnur der Autoritäten) mit rationalen Argumenten weiterführt. In den großen ↑Summen des 13. Jahrhunderts ist diese Methode aufgenommen und zur ›scholastischen Methode‹ (M. Grabmann) verfeinernd ausgebildet worden.

Theologisch ist vor allem die Trinitätslehre A.s von Bedeutung. A. behauptet, daß die Unterschiede der drei göttlichen Personen im Grunde die von Allmacht, Weisheit und Güte seien. Da diese Eigenschaften Gottes sich auch in der Schöpfung zeigten, könnte die Trinität auch von heidnischen Denkern erkannt werden. In dieser Auffassung wie auch in den methodischen Vorschlägen von »Sic et non« zeigt sich der Versuch A.s, die dogmatischen theologischen Behauptungen rational zu rekonstruieren und die Autonomie der Vernunft gerade innerhalb des Lehrgebäudes der Offenbarungsreligion einzuüben.

Werke: Ouvrages inédits d'Abélard pour servir à l'histoire de la philosophie scolastique en France, ed. V. Cousin, Paris 1836 (repr. Ann Arbor Mich. 1973); Opera, I–II, ed. V. Cousin/C. Jourdain/E. Despois, Paris 1849/1859 (repr. Hildesheim 1970); Opera omnia, Paris 1855 (MPL 178); P. A.s philosophische Schriften, I–IV, ed. B. Geyer, Münster 1919–1933, ²1973 (nur Heft 4) (Beitr. Gesch. Philos. Theol. MA XXI, 1–4); Theologia »Summi boni«, ed. H. Ostlender, Münster 1939 (Beitr. Gesch. Philos. Theol. MA XXXV, 2–3); Abaelardo, Scritti filosofici, ed. M. Dal Pra, Rom/Mailand 1954; Abaelardiana inedita, in: L. Minio-Paluello (ed.), Twelfth Century Logic. Texts and Studies II (Abaelardiana inedita), Rom 1958; Dialectica. First Complete Edition of the Parisian Manuscript, ed. L.M. de Rijk, Assen ²1970; Opera theologica, I–II, ed. E.M. Buytaert, Turnhout 1969 (mit Bibliographie); Dialogus inter Philosophum, Iudaeum et Christianum, ed. R. Thomas, Stuttgart-Bad Cannstatt 1970; P. A.s Ethics, ed. D.E. Luscombe, Oxford 1971; Sic et non, I–II, ed. B. Boyer/R. McKeon, Chicago/London 1976; Historia calamitatum, ed. J. Monfrin, Paris ³1972; epist. 1, ed. J.T. Muckle, Med. Stud. 12 (1950), 163–213; epist. 2–5, ebd. 15 (1953), 47–94; epist. 6–7, ebd. 17 (1955), 240–281; epist. 8, ed. T.P. McLaughlin, ebd. 18 (1956), 241–292; epist. contra Bernardum abbatem, ed. J. Leclerq, Analecta Sacri Ordinis Cisterciensis 9 (1953), 104–105, ed. R. Klibansky, Med. Ren. Stud. 5 (1961), 6–7. – Totok II (1973), 194–198.

Literatur: M.T. Beonio-Brocchieri Fumagalli, La logica di Abelardo, Firenze 1964; L. Grane, Pierre Abélard. Filosofi og kristendom i middelalderen, København 1964 (dt. P. A. Philosophie und Christentum im Mittelalter, Göttingen 1969); E. Gilson, Héloïse et Abélard, Paris ³1964 (dt. Heloise und Abälard. Zugleich ein Beitrag zum Problem von Mittelalter und Neuzeit, Freiburg 1955); J. Jolivet, Arts du langage et théologie chez Abélard, Paris 1969; D.E. Luscombe, The School of P. Abelard. The Influence of Abelard's Thought in the Early Scholastic Period, Cambridge 1969: J. McCabe, P. Abélard, New York/London 1901 (repr. Freeport N.Y. 1971); J.R. McCallum, Abelard's Christian Theology, Oxford 1949; J. Miethke, A.s Stellung zur Kirchenreform. Eine biographische Studie, in: Francia. Forschungen zur westeuropäischen Geschichte I, München 1973, 158–192; P.v. Moos, Mittelalterforschung und Ideologiekritik. Der Gelehrtenstreit um Héloise, München 1974; ders., Palatini quaestio peregrini, Mittellat. Jb. 9 (1973), 124–158; A.V. Murray, Abélard and St. Bernard. A Study in Twelfth Century »Modernism«, Manchester/New York 1967; C. Ottaviano, Pietro Abelardo. La vita, le opere, il pensiero, Rom 1930; R. Peppermüller, A.s Auslegung des Römerbriefes, Münster 1972 (Beitr. Gesch. Philos. MA, NF 10); ders., A., TRE I (1977), 7–17; C.F.M. de Rémusat, Abélard, sa vie, sa philosophie et sa théologie, I–II, Paris ²1855 (repr. Frankfurt 1975); D.W. Robertson jr., A. and Heloise, New York 1972; J.K. Sikes, Peter Abailard, New York 1965; R. Thomas, Der philosophisch-theologische Erkenntnisweg P. A.s im Dialogus inter Philosophum, Judaeum et Christianum, Bonn 1966; M.W. Tweedale, Abailard on Universals, Amsterdam/New York 1976; E. Vacandard, Abélard. Sa lutte avec S. Bernard, sa doctrine, sa méthode, Paris 1881 (repr. Frankfurt 1977); R.E. Weingart, The Logic of Divine Love. A Critical Analysis of the Soteriology of Peter Abailard, Oxford 1970; P. A. The Man and his Work, Proc. Int. Conf. Louvain May 10–12, 1971, Löwen 1974 (Mediaevalia Lovaniensia, ser. I, stud. 2); Pierre Abélard – Pierre Le Vénérable. Les courants philosophiques, littéraires et artistiques on occident au milieu du 12e siècle. Colloque Abbaye de Cluny 2 au 9 juillet 1972, Paris 1975. O.S.

ab alio (lat., vom anderen her), in der ↑Scholastik gebräuchlicher Ausdruck zur Bezeichnung des Verursachtseins eines Seienden durch ein anderes. Da nach der scholastischen Philosophie alle Seienden außer dem ↑Absoluten, d.i. Gott als ens a se, durch ein anderes Seiendes, nämlich dieses absolute Seiende, verursacht sind, sind alle nichtabsoluten Seienden a.a. Von dieser auf die Ursache bezogenen Disjunktion zwischen a.a. und a se ist die grammatisch rekonstruierbare, auf das Subjekt der Existenz bezogene, Disjunktion zu unterscheiden zwischen in alio und in se. In alio, d.i. in einem anderen Seienden, existiert das ↑Akzidens, in se, d.i. in sich selbst, die ↑Substanz. O.S.

Abano, Pietro d', *Abano 1257, †Padua ca. 1315, ital. Philosoph und Mediziner. A. lehrte nach seiner Ausbildung in Padua und auf Reisen, die ihn unter anderem nach Konstantinopel und Paris führten, ab 1307 in Padua. Sein bedeutendstes Werk »Conciliator differentiarum philosophorum et praecipue medicorum« (Mantua 1472), in Form einer begrifflichen Klärung und (autoritätenbezogenen) Beantwortung von über 200 Fragen (zumeist im weiteren Sinne physikalischen und medizinischen Inhalts), übte großen Einfluß auf die Methodendiskussion des Paduaner ↑Aristotelismus aus. Bei der Behandlung der Fragen (differentiae) spielen astrologische Gesichtspunkte (von astronomischen unterschieden) eine dominierende Rolle.

Weitere Werke: De venenis, Mantua 1473; Liber compilationis physiognomiae, Padua 1474; Expositio problematum Aristotelis, Mantua 1475; Quaestiones de febribus, Padua 1482; Geomantia, Venedig 1542, 1549.

Literatur: M.T. d'Alverny, P. d'A. et les ›naturalistes‹ à l'époque de Dante, in: L.S. Olschki u.a. (eds.), Dante e la cultura veneta, Florenz 1966, 207–219; P. Duhem, Le système du monde. Histoire des doctrines cosmologiques de Platon à Copernic IV, Paris 1916, 229–263; J.H. Randall Jr., The School of Padua and the Emergence of Modern Science, Padua 1961; L. Thorndike, A History of Magic and Experimental Science II, New York 1947, 874–947. J.M.

Abbagnano, Nicola, *Salerno 15. Juli 1901, ital. Philosoph, führender Vertreter des italienischen Existentialismus (↑Existenzphilosophie). Seit 1936 Prof. der Philosophie in Turin. Mit seinem antidealistischen, ›positiven‹ oder ›substantiellen‹ Existentialismus schließt A. kritisch an M. Heideggers, K. Jaspers und J.-P. Sartres Untersuchungen zum Wesen der ↑Existenz an, die er als Problemhaftigkeit und ursprüngliche ›Möglichkeit der Seinsbeziehung‹ (possibilità di essere) definiert. Koexistierend realisiert der Mensch im Engagement (impegno) seine Existenz, die sonst durch ›Zersplitterung‹ (dispersione) verloren geht. Freiheit ist die Wahl der je eigenen Problemhaftigkeit.

Werke: Il nuovo idealismo inglese ed americano, Napoli 1927; Guglielmo di Ockham, Lanciano 1931; La nozione del tempo secondo Aristotele, Lanciano 1933; La fiscia nuova. Fondamenti di una teoria della scienza, Napoli 1934; Il principio della metafisica, Napoli 1936; La struttura dell'esistenza, Torino 1939; Introduzione all' esistenzialismo, Milano 1942, Torino [8]1972 (dt. Philosophie des menschlichen Konflikts, Hamburg 1957); Filosofia, religione, scienza, Torino 1947, [3]1967; Esistenzialismo positivo. Due saggi, Torino 1948; Storia della filosofia, I–III, Torino 1946–1950, [3]1974; Possibilità e libertà, Torino 1956; Problemi di socioligia, Torino 1959, [2]1967; Dizionario di filosofia, Torino 1961, [2]1971; (ed.), Storia delle scienze, I–III, Torino 1962; Scritti scelti, Salerno 1967; Per o contro l'uomo, Milano 1968; Fra il tutto e il nulla, Milano 1973. – B. Maiorca, Bibliografia degli scritti di e su N. A. (1923–1973), Torino 1974.

Literatur: A. Dentone, La »possibilità« in N. A., Milano 1971; G. Giannini, L'esistenzialismo positivo di N. A., Brescia 1956; I. Höllhuber, Geschichte der italienischen Philosphie von den Anfängen des 19. Jahrhunderts bis zur Gegenwart, München/Basel 1969, 233–237; G. Scarlata, L'esistenzialismo normativo di N. A., Trapani 1966; M.A. Simona, La notion de liberté dans l'existentialisme positif de N. A., Fribourg 1962; S. Travaglia, La nozione di possibilità nel pensiero di N. A., Padova 1969. S.B.

Abbild, auch: Bild (engl. picture), in Erkenntnistheorien, in denen der Erkenntnisvorgang als eine ↑Abbildung der Wirklichkeit in der Sprache oder auch nur im Denken verstanden wird (↑Abbildtheorie), das Resultat der Abbildung. In diesem Sinne können Empfindungen, Wahrnehmungen und Vorstellungen, aber auch Begriffe, Urteile und Schlüsse oder ganze Theorien als A. gedeutet werden.

Literatur: W. Lorenz/G. Wotjak, Zum Verhältnis von A. und Bedeutung. Überlegungen im Grenzfeld zwischen Erkenntnistheorie und Semantik, Berlin (Ost) 1977. K.L.

Abbildtheorie, eine auf die Antike zurückgehende, grundsätzlich realistische Theorie der Erkenntnis, bei der der Erkenntnisvorgang als eine ↑Abbildung der Wirklichkeit verstanden wird. In der naiv-realistischen Variante gelten die wirklichen Dinge dadurch als wahrgenommen, daß im Bewußtsein ihre Abbilder auftreten. Dabei lassen sich weiter zwei Untertheorien unterscheiden, zum einen diejenige, in der ›alle‹ Eigenschaften und Beziehungen der Dinge bei den Abbildern erhalten bleiben *(Widerspiegelungstheorie),* zum anderen diejenige, in der ›nur‹ die strukturellen Eigenschaften auch bei den Abbildern auftreten *(Isomorphietheorie).*

Widerspiegelungstheorien finden sich zuerst bei Demokrit und den Epikureern, wo die wirklichen Dinge Abbilder (*εἴδωλα, τύποι*) aussenden, die unmittelbarer Gegenstand der Wahrnehmung sind (↑Bildchentheorie), sich allerdings auf dem Wege zu den Sinnen verändern können und dadurch Irrtümer verursachen. Theorien dieses Typs sind in der Scholastik weitverbreitet und treten in der Neuzeit, eingeschränkt auf die primären Eigenschaften (↑Qualität) der Dinge, bei T. Hobbes und J. Locke auf. Eine uneingeschränkte Widerspiegelungstheorie ist das Kernstück der marxistisch-leninistischen Erkenntnistheorie. Auch die realistischen Erkenntnistheorien in der Frühphase der analytischen Philosophie (↑Philosophie, analytische) gehören hierher (B. Russell, G.E. Moore). Isomorphietheorien finden sich in Platons »Kratylos« und in L. Wittgensteins »Tractatus«, wo die einfachen Namen und Vorstellungen als Bilder (μιμήματα) nicht schlechthin der Dinge, sondern nur ihres ›Wesens‹, also ihres Begriffes (↑Substanz), gelten, und damit besser als Darstellungen abstrakter Gegenstände zu bezeichnen sind, die hier die Wirklichkeit ausmachen.

Die naiv-realistische Erkenntnistheorie ist auf dem Wege einer Umbildung zu einer Theorie der Erkenntnis als Abstraktionstheorie (↑Abstraktion) für die Bedeutung sprachlicher Ausdrücke. Zu den Isomorphietheorien zählen auch die meisten erkenntnistheoretischen Beiträge im logischen Empirismus (z.B. M. Schlick, R. Carnap, N. Goodman, ↑Empirismus, logischer). Werden die abstrakten Gegenstände im Rahmen der Isomorphietheorie hypostasiert, d.h. verdinglicht, und zu Gegenständen einer zweiten ›Überwelt‹ der Ideen gemacht, wie in der klassichen ↑Ideenlehre Platons und den ihr folgenden Überzeugungen, so gelten die wirklichen Dinge selbst bereits als Abbilder (ἐκτυπώματα) der Ur- und vorbildlichen Ideen (παραδείγματα). In der christlich-theologischen Tradition gilt der Mensch als Abbild Gottes (imago Dei).

In der Variante des kritischen Realismus (↑Realismus, kritischer), zu der auch Teile der Metaphysik des Aristoteles gezählt werden können, gelten nicht mehr die wirklichen Dinge als wahrgenommen, nur ihre Bilder im Bewußtsein sind zugänglich; auf die Beschaffenheit der Wirklichkeit kann lediglich hypothetisch geschlossen werden (J.F. Herbart, O. Külpe, N. Hartmann).

Literatur: A.J. Ayer, The Problem of Knowledge, London 1956; W.I. Lenin, Materialismus und Empirokritizismus (russ. 1909), dt. in: Werke XIV, nach der 4. russ. Ausgabe (ed. Institut für Marxismus-Leninismus beim ZK der SED), Berlin 1957, 7–366; M. Schlick, Allgemeine Erkenntnislehre, Berlin 1918, [2]1925 (repr. Frankfurt 1978); W. Windelband, Einleitung in die Philosophie, Tübingen 1914. K.L.

Abbildung, 1. (engl. representation, franz. représentation) umgangssprachlich und in der philosophischen Tradition soviel wie Darstellung (↑Darstellung (semiotisch)) eines Gegenstandes oder eines Sachverhaltes, 2. (engl. mapping, franz. application) fachsprachlich in Mathematik und Logik häufig synonym mit ↑Funktion. In der mathematischen Praxis sehr verbreitet ist dabei die Identifikation einer n-stelligen A. oder Funktion mit der ihr eineindeutig entsprechenden rechtseindeutigen $(n+1)$-stelligen ↑Relation

$$R(x_1, \ldots, x_n, y) \leftrightharpoons f\iota(x_1, \ldots, x_n) = y,$$

in der die Objekte $x_1, \ldots, x_n$ und y genau dann stehen, wenn der Wert der Funktion f für die Argumente $x_1, \ldots, x_n$ gerade das Objekt y ist. Im Falle zweistelliger Relationen, wo man die Schreibweise ›xRy‹ statt ›$R(x, y)$‹ vorzieht, zeigt sich dann deutlich der Zuordnungscharakter an der Gültigkeit von $xRy \leftrightharpoons (f\iota x) = y$ als Zuordnung des Arguments x zu dem ihm bei der Relation R entsprechenden Funktionswert y: $x \overset{R}{\longmapsto} y$. Man sagt dann, daß y das R-Bild von x (oder im n-stelligen Fall: des n-tupels $\langle x_1, \ldots, x_n \rangle$) ist, oder auch, daß f das Objekt x (bzw. $\langle x_1, \ldots, x_n \rangle$) auf das Objekt y abbildet. Eine A. f heißt umkehrbar, wenn es zu jedem Abbild y auch nur höchstens ein Urbild x (bzw. Urbild-n-tupel $\langle x_1, \ldots, x_n \rangle$) gibt. Für die Umkehrabbildung f^{-1} gilt dann: $f^{-1}\iota y = x$ bzw. $f^{-1}\iota y = \langle x_1, \ldots, x_n \rangle$, während die f zugehörige Relation dann auch linkseindeutig, also eineindeutig ist. In jüngster Zeit hat man demgegenüber den unter logischem Gesichtspunkt überlegenen Vorschlag G. Peanos wieder aufgegriffen, n-stellige Funktionen statt mit *rechts*eindeutigen mit *links*eindeutigen $(n+1)$-stelligen Relationen zu identifizieren; zur Motivation und zu den Vorzügen dieses Verfahrens ↑Funktion. K.L./C.T.

Abbt, Thomas, *Ulm 25. Nov. 1738, †Bückeburg 3. Nov. 1766, dt. philosophischer Schriftsteller. 1759 Privatdozent in Halle, 1760 a.o. Prof. der Philosophie in Frankfurt (Oder), 1761 Prof. der Mathematik in Rinteln, 1765 Konsistorialrat in Bückeburg. Verfasser vor allem popularphilosophischer und patriotischer Schriften (Vom Tode für das Vaterland, Berlin 1761, ed. P. Menge, Leipzig 1915; Vom Verdienste, Berlin/Stettin 1765, Goslar/Leipzig [2]1766); seine »Vermischten Werke« erschienen 1768–1771, herausgegeben von C.F. Nicolai, zu dessen Berliner Kreis A. gehörte.

Weitere Werke: Vermischte Werke, I–III, ed. C.F. Nicolai, Berlin/Stettin 1768–1771, I–VI, ed. C.F. Nicolai/J.E. Biester, Berlin/Stettin 1772–1782 (vermischte Aufl., repr. I–III, Hildesheim 1978), I–VI, ed. M. Mendelssohn, Frankfurt/Leipzig [3]1783.

Literatur: A. Bender, T.A.. Ein Beitrag zur Darstellung des erwachenden Lebensgefühls im 18. Jahrhundert, Bonn 1922; J.G. Herder, Über T.A.s Schriften, Riga 1768; H.-J. v. Körber, Die Staatsanschauung T.A.s als Beispiel für die Möglichkeiten deutschen Staatsdenkens im achtzehnten Jahrhundert, Diss. Königsberg 1941. J.M.

Abduktion (von lat. abductio, Wegführung), auch: Hypothese, bei C.S. Peirce neben der ↑Induktion eine synthetische Schlußweise, die der ↑Deduktion als der analytischen Schlußweise gegenübergestellt wird. Die A. gilt Peirce als das wichtigste Werkzeug zum Auffinden eines wissenschaftlichen Zusammenhangs (zugehörig zur ›logic of discovery‹, ↑Entdeckungszusammenhang/Begründungszusammenhang). Ein deduktiver Schluß geht von einem generellen Satz (rule), z.B. ›alle *S* sind *P*‹, und einer Spezialisierung (case), z.B. ›gewisse *M* sind *S*‹, zu einer Anwendung (result) des generellen Satzes auf den Fall über, also: ›diese gewissen *M* sind *P*‹. Induktiv verfährt man, wenn von ›result‹ und ›case‹ zur allgemeinen ›Regel‹ (auf dem Wege der experimentellen Überprüfung ihrer Konsequenzen) übergegangen wird, abduktiv oder hypothetisch jedoch, wenn vom ›result‹ unter Voraussetzung eines generellen Satzes eine Spezialisierung, die ›erklärende Hypothese‹, vermutet wird.

Literatur: C.S. Peirce, Collected Papers (I–VI, ed. C. Hartshorne/P. Weiß, Cambridge Mass. 1931–1935, [2]1960, VII–VIII, ed. A.W. Burks, Cambridge Mass. 1958), 2.619ff. (Deduction, Induction and Hypothesis, 1878) (dt. in: C.S. Peirce, Schriften I [Zur Entstehung des Pragmatismus], ed. K.-O. Apel, Frankfurt 1967); K.T. Fann, Peirce's Theory of Abduction, The Hague 1970; J. v.Kempski, C.S. Peirce und der Pragmatismus, Stuttgart/Köln 1952. K.L.

ab esse ad posse valet consequentia (lat., der Schluß vom Sein auf das Können ist gültig), eine der consequentiae modales der scholastischen Logik (↑consequentiae). Diese Formulierung soll den modallogischen Schluß von der Existenz eines Gegenstandes (oder Ereignisses) bzw. von der Ausführung einer Handlung auf dessen bzw. deren ↑Möglichkeit (d.h. ihr Existieren- oder Stattfinden-Können bzw. die Ausführbarkeit der Handlung) wiedergeben. Der Schluß läßt sich als

$$\mathsf{X}A \prec \nabla A$$

symbolisieren und ›ontisch‹ bzw. ›pseudomellontisch‹ interpretieren (↑Modallogik). Seine Umkehrung gilt nicht, wie schon die traditionelle Logik durch die vollständige Formulierung ›ab esse ad posse valet consequentia, a posse ad esse non valet consequentia‹ festhält, die dort im allgemeinen ergänzt wird durch die Weiterführung ›ab oportere ad esse valet, ab esse ad oportere non valet consequentia‹, d.h., ›vom Müssen (d.i. der Notwendigkeit) auf das Sein kann man schließen, aber nicht vom Sein auf das Müssen‹.

Literatur: C.F. Bachmann, System der Logik, Leipzig 1828, 179ff.; J.M. Bocheński, De consequentiis scholasticorum earumque origine, Angelicum 15 (1938), 92–109; J.F. Fries, System der Logik, Heidelberg 1811, [2]1819, §50 Anm. (201f. der 1. Aufl., 216f. der 2. Aufl.); W. & M. Kneale, The Development of Logic, Oxford 1962, IV, 5 (Consequentiae). C.T.

Abfolge, Relator, der sich auf Sätze bezieht; spielt in der »Wissenschaftslehre« von B. Bolzano (1781–1848) eine grundlegende Rolle (II §162 und §§198–222). Entsprechend der von Bolzano vorgeschlagenen Unterscheidung steht ein Satz *B* genau dann in der A.beziehung zu einer Gruppe von Sätzen $A_1, A_2, \ldots$, wenn $A_1, A_2, \ldots$ die ›Gründe‹ für *B* sind, das dann ›Folge‹ der Sätze $A_1, A_2, \ldots$ heißt. Die Vorderglieder geben also bei der A. eine Begründung für die Hinterglieder ab. Im Unterschied zur (wie die ↑Subjunktion) im allgemeinen durch ›wenn $A_1, A_2 \ldots$, so *B*‹ ausgedrückten logischen Folgerung besteht daher die A. nur zwischen wahren Sätzen und ist zur Rekonstruktion des ›weil $A_1, A_2, \ldots$, so *B*‹ geeignet. Bolzano nimmt damit ausdrücklich eine Unterscheidung auf, um die es bereits Aristoteles ging: nämlich die Abgrenzung der Argumente, die das *διότι*, das ›warum es so ist‹, zum Ausdruck bringen, von Argumenten, die lediglich das *ὅτι*, das ›daß es so ist‹, sichern (Anmerkung zu §198). Bolzano macht darauf aufmerksam, daß sich für jede wissenschaftliche Theorie eine an der A. der Sätze orientierte Darstellung geben lassen müsse. Darstellungen dieser Art nennt er ›philosophisch‹ im Unterschied zu einem Aufbau, der die ›bloße Gewißmachung‹ der Wahrheiten zwar erreicht, aber dem Begründungszusammenhang partiell zuwiderläuft.

Literatur: B. Bolzano, Wissenschaftslehre. Versuch einer ausführlichen und größtenteils neuen Darstellung der Logik mit steter Rücksicht auf deren bisherige Bearbeiter II, §162, §§198–222, Sulzbach 1837, Leipzig [2]1929 (repr. Aalen 1970), 191–194, 339–390. – J. Berg, Bolzano's Logic, Stockholm/Göteborg/Uppsala 1962 (Stockholm Studies in Philosophy 2), Kap. VI (Bolzano's Logic of Entailment); G. Buhl, Ableitbarkeit und A. in der Wissenschaftstheorie Bolzanos, Köln 1961 (Kant-St. Erg.hefte 83); F. Kambartel, Die logische Grundposition der Bolzanoschen Wissenschaftslehre – Ableitbarkeit und A., in: Bernard Bolzano's Grundlegung der Logik. Ausgewählte Paragraphen aus der Wissenschaftslehre, Band I und II. Mit ergänzenden Textzusammenfassungen, einer Einleitung und Registern ed. F. Kambartel, Hamburg [2]1978, XXIX–LIV. F.K.

abgeschlossen/Abgeschlossenheit, Terminus der formalen Logik (↑Logik, formale), ↑Mengenlehre, ↑Topologie und ↑Algebra. In der

↑*Prädikatenlogik* heißt eine ↑Formel a., die keine freien Variablen enthält, also eine ↑Aussage ist (z.B. $\bigwedge_x \bigvee_y A(a, x, y)$ für eine Individuenkonstante a). Eine Menge M von Aussagen heißt *deduktiv* a. bezüglich Ableitungsregeln $R_1, \dots, R_n$, wenn die Menge der aus M mit $R_1, \dots, R_n$ ableitbaren Aussagen mit M übereinstimmt. Sei f eine *innere Verknüpfung* auf der Menge M, d.h., $f: M^n \to M$ sei ↑Abbildung des n-fachen cartesischen Produkts M^n in M. Dann heißt eine Teilmenge $N \subseteq M$ in M a. bezüglich f, wenn für $x_1 \in N, \dots, x_n \in N$ auch $f(x_1, \dots, x_n) \in N$ ist. In der Menge $\mathbb{R}$ der reellen Zahlen ist z.B. die Teilmenge $\mathbb{Z}$ der ganzen Zahlen a. bezüglich der Addition $+$, da Additionen ganzer Zahlen wieder ganze Zahlen ergeben.

In der *Topologie* heißt eine Menge M a., wenn das Komplement $\complement M$ von M offen ist. Die offenen Mengen bilden als Elemente eines Teilmengensystems einer Trägermenge T eine topologische Struktur $\mathfrak{T}$ auf T und damit zusammen mit T einen topologischen Raum $(T, \mathfrak{T})$, wenn folgende Axiome erfüllt sind: (1) Die Vereinigung von Mengen aus $\mathfrak{T}$ ist eine Menge aus $\mathfrak{T}$, (2) die leere Menge und T gehören zu $\mathfrak{T}$, (3) der Durchschnitt endlich vieler Mengen aus $\mathfrak{T}$ ist eine Menge aus $\mathfrak{T}$. So ist eine Menge M von reellen Zahlen aus dem (als topologischer Raum aufgefaßten) reellen Kontinuum offen, wenn jeden Punkt aus M ein offenes Intervall in M umgibt. A. ist z.B. ein a.es reelles Intervall wie $[1, 2] = \{x | 1 \leq x \leq 2\}$. Unter der a.en *Hülle* einer Teilmenge $N \subseteq T$ versteht man die Menge aller Berührpunkte von N, d.h. alle Punkte aus T, für die jede Umgebung wenigstens einen Punkt von N enthält. Eine Abbildung $f: (T, \mathfrak{T}) \to (T', \mathfrak{T}')$ eines topologischen Raumes $(T, \mathfrak{T})$ in einen topologischen Raum $(T', \mathfrak{T}')$ heißt a., wenn für jede in $(T, \mathfrak{T})$ a.e Menge M die Bildmenge $f(M)$ in $(T', \mathfrak{T}')$ a. ist.

In der *Algebra* heißt ein Körper (↑Körper (mathematisch)) K *algebraisch* a., wenn jedes über K algebraische Element a (d.h. jede Nullstelle a eines Polynoms $f(x)=0$ mit Koeffizienten aus K) bereits zu K gehört. Zu jedem Körper K existiert ein bis auf Äquivalenz eindeutig bestimmter algebraisch a.er Erweiterungskörper, die *algebraisch a.e Hülle* von K.

Literatur: J. Dieudonné, Foundations of Modern Analysis, New York/London 1960, [8]1969 (dt. Grundzüge der modernen Analysis, Braunschweig 1971, [2]1973); H. Hermes, Einführung in die mathematische Logik. Klassische Prädikatenlogik, Stuttgart [4]1976; P. Lorenzen, Formale Logik, Berlin 1958, [3]1967; B.L. van der Waerden, Algebra I. Unter Benutzung von Vorlesungen von E. Artin und E. Noether. Berlin/Heidelberg/New York [8]1971. K.M.

Abgrenzungskriterium, in der frühen Wissenschaftslehre K.R. Poppers (bes. Logik der Forschung 1935) Charakterisierung des Falsifizierbarkeitsprinzips (↑falsifizierbar/Falsifizierbarkeit), zur Unterscheidung von dem im logischen Empirismus (↑Empirismus, logischer) als Sinnkriterium (↑Sinnkriterium, empiristisches) dienenden ↑Verifikationsprinzip. Durch das Falsifizierbarkeitsprinzip werden nach Popper nicht-wissenschaftliche von wissenschaftlichen Aussagen nur abgegrenzt, nicht zugleich als sinnlos klassifiziert.

Literatur: K.R. Popper, Logik der Forschung, Wien 1935, Tübingen [6]1976. K.L.

Abgrund (griech. βυθός, ἄβυσσος), in der Antike, der Gnosis, der jüdisch-christlichen Tradition und bei den Kirchenvätern unterminologisch gleichbedeutend mit ›Unter-‹ bzw. ›Totenwelt‹ (Eurip., Phoen. 1605; Röm. 10,7), mit ›Welt der Finsternis und des Schreckens‹ (Apokalypse) und mit ›Urgrund alles Seienden‹ (Gen. 1,2; 7,11; 8,2). Für Valentinus ist A. (βυθός) die ungewordene Einheit Gottes (Urtiefe). Meister Eckhart gebraucht ›abgrunt‹ und ›abgründichkeit‹ für ›Tiefe Gottes‹ (vgl. Predigten, ed. J. Quint, I, 194,5; II 68,1; 84,7; V, 238,5). Für J. Böhme ist Gott der in sich ununterschiedene dialektisch als weltentranszendent und zugleich schöpfend verstandene ›Ungrund‹, ein »ewig Nichts, und machet aber einen ewigen Anfang als eine Sucht« (Myst. pans., Sämtl. Werke, I-VII, ed. K.W. Schiebler, Leipzig 1831-1847, VI, 413). »Gott hat weder Grund, Anfang noch Stätte [...] er ist der Wille des Ungrundes« (De myst. magno, Sämtl. Werke V, 7). Von J. Böhme hat F.J.W. Schelling in seinen »Philosophischen Untersuchungen über das Wesen der menschlichen Freiheit und die damit zusammenhängenden Gegenstände« (1809) die Rede vom ›Ungrund‹ als der ›absoluten Indifferenz‹ übernommen, die allen ›Gegensätzen vorhergeht‹: »*ohne* Indifferenz, d.h. *ohne* einen Ungrund gäbe es keine Zweiheit der Prinzipien« (Sämtl. Werke, 1.Abt., VII, 406f.). A. Schopenhauer (Über die vierfache Wurzel des Satzes vom zureichenden Grunde, §8) vermutet in einer Polemik gegen Schelling eine Verbindung von J. Böhme zur valentinischen Gnosis und interpretiert die Rede vom ›Ungrund‹ als eine klimakterische Alternative zur Verwechslung von Erkenntnis- und Realgrund (Ursache), deren sich der ontologische Gottesbeweis in den Formen, die ihm R. Descartes und B. Spinoza gegeben haben, schuldig macht.

Literatur: K. Schneider, Abyssos, RAC I (1950), 60–62. S.B.

abhängig/Abhängigkeit (engl. dependent/dependence), logischer Terminus. Drei Verwendungsweisen werden unterschieden: (1) Ein *Satz S* ist von einem Axiomensystem $\mathfrak{S}$ (↑System, axiomatisches) a. genau dann, wenn S oder seine Negation $\neg S$ aus $\mathfrak{S}$ ↑ableitbar ist. – (2) Ein *Axiomensystem* $\mathfrak{S}$ heißt ›a.‹ genau dann, wenn ein Axiom S_0 aus $\mathfrak{S}$ oder dessen Negation $\neg S_0$ von den übrigen Axiomen von $\mathfrak{S}$ a. ist. Insbesondere folgt aus der Widersprüchlichkeit eines Axiomensystems seine A. In diesem Falle läßt sich aus $\mathfrak{S}$ eine Aussage $A \wedge \neg A$ ableiten. Daraus folgt, daß für jedes Axiom S_0 von $\mathfrak{S}$ aus den übrigen Axiomen der Satz $S_0 \rightarrow A \wedge \neg A$ ableitbar ist. Damit ist auch $\neg S_0$ ableitbar. Die Umkehrung, daß a.e Axiomensysteme widerspruchsvoll sind, gilt nicht. Es ist oft schwierig, festzustellen, ob ein gegebenes (widerspruchsfreies) System a. ist oder nicht. – (3) Ein *Grundbegriff B* eines formalen Systems $\mathfrak{S}$ (↑System, formales) heißt a. von den übrigen Grundbegriffen von $\mathfrak{S}$, wenn B aus diesen Grundbegriffen nach den Definitionsregeln der Sprache von $\mathfrak{S}$ ↑definierbar ist. Sätze, Axiomensysteme und Grundbegriffe, die nicht a. sind, heißen ↑unabhängig. G.W.

abhāva (sanskr., Nichtsein, Negation), ontologisch eine der sieben ›Wortbedeutungen‹ (padārtha) oder Kategorien des späten ↑Vaiśesika innerhalb der klassischen indischen Philosophie, epistemologisch ursprünglich die Negation der übrigen, dem Sein (bhāva) untergeordneten Kategorien; im System des ↑Nyāya gelegentlich auch ein Erkenntnismittel (pramāṇa). K.L.

Abjunktion (von lat. abiungere, trennen), eine logische Zusammensetzung zweier Aussagen, ausgedrückt durch den ↑Junktor ›aber nicht‹ (Zeichen: $\succ$, gelegentlich, weil Negation der ↑Subjunktion [Zeichen häufig: $\supset$], auch: $\not\supset$). K.L.

ableitbar/Ableitbarkeit (engl. derivable/derivability), eine *Figur* (d.i. eine Zeichenreihe) heißt in einem ↑Kalkül a., wenn sie nach den Grundregeln des Kalküls hergestellt werden kann; eine Regel heißt in einem Kalkül a., wenn aus den Prämissen (das sind wiederum Zeichenreihen) der Regel allein mit Hilfe der Grundregeln des fraglichen Kalküls die zugehörige Konklusion a. ist. Z.B. sind im Kalkül

$$(K)\quad \begin{array}{l} \Rightarrow + \\ n \Rightarrow +n+ \\ n \Rightarrow n\circ \end{array}$$

(in Worten: man darf mit + anfangen, an schon hergestellte Figuren zugleich rechts und links + oder nur rechts o anfügen) die Figur $++\circ+$ und die Regel $n \Rightarrow +n\circ+$ a. (symbolisiert: $\vdash_K ++\circ+$ bzw. $n \vdash_K +n\circ+$); im zweiten Fall heißt $+n\circ+$ auch *hypothetisch a.* aus n. Speziell von einem ↑Logikkalkül wird erwartet, daß *nur* logisch wahre Aussagen a. sind (↑Korrektheit des Kalküls) und daß weiter auch *sämtliche* logisch wahren Aussagen sich ableiten lassen (semantische ↑Vollständigkeit des Kalküls). – In einem anderen Sinne, nämlich dem der Differenzierbarkeit (von Funktionen), wird A. in der ↑Infinitesimalrechnung verwendet. K.L.

Ableitbarkeitstheorem, Umkehrung des ↑Deduktionstheorems. Das A. besagt, daß die ↑Ableitbarkeit einer Formel $A \rightarrow B$ aus Formeln $A_1, \ldots, A_n$ in einem ↑Logikkalkül K, formal:

$$A_1, \ldots, A_n \vdash_K A \rightarrow B,$$

die Ableitbarkeit von B aus $A_1, \ldots, A_n, A$, formal:

$$A_1, \ldots, A_n, A \vdash_K B,$$

impliziert.

Literatur: H. Hermes, Einführung in die mathematische Logik. Klassische Prädikatenlogik, Stuttgart [4]1976; P. Lorenzen, Metamathematik, Mannheim 1962; R.A. Smullyan, First Order Logic, Berlin/Heidelberg/New York 1968. K.M.

Ableitung (engl. derivation), in der Theorie der ↑Kalküle eine Folge von Zeichenreihen, die auseinander allein nach den Grundregeln des fraglichen Kalküls hervorgehen, z.B. in ↑Logikkalkülen die Deduktion einer Aussage (These) aus anderen Aussagen (Hypothesen) nach den Regeln des logischen Schließens. – Zur A. von Funktionen ↑Infinitesimalrechnung. K.L.

Abravanel, Jehuda (auch J. Abrabanel, Leo Hebraeus, Leone Ebreo), *Lissabon um 1460, †Neapel um 1530, jüd. Philosoph und Arzt, bedeutendster Vertreter des Judentums in der Renaissance. 1483 Arzt in Lissabon, im gleichen Jahr Flucht aus politischen Gründen. Zunächst Exil in Toledo, ab 1492 in Neapel, 1495–1502 in Genua, ab 1502 wiederum in Neapel, lehrte dort zunächst Astrologie und Medizin an der Universität, ab

1507 Leibarzt des Vizekönigs von Neapel. A.s vom ↑Neuplatonismus beeinflußtes Hauptwerk, die »Dialoghi d'amore« (1535), wahrscheinlich auf hebräisch oder spanisch verfaßt, später ins Italienische übersetzt, gelten als wichtiges Beispiel für die Kultur der Renaissance. Ein ›kosmisches‹ Liebesprinzip, mit dem Willensbegriff (appetito volontario) gleichgesetzt, bestimmt alles Geschehen. Es gilt für Menschen, Tier- und Pflanzenreich, die Bewegung der Gestirne sowie für die Elemente, die durch Wahlverwandtschaft aufeinander bezogen sind. Die gestaltete Welt ist aus der Liebe der Materie zu den Formen hervorgegangen (hier überträgt A. die ästhetische Betrachtungsweise der Renaissance auf die Philosophie). Die behauptete Analogie von Welt und Mensch, ↑Makrokosmos und Mikrokosmos führt bei A. zur Annahme der Beseeltheit aller Dinge. Mit seinem Liebesprinzip verbindet A. die averroistisch-aristotelische Lehre vom ↑intellectus agens, der höchste Erkenntnisakt ist die Gotteserkenntnis.

Werke: Dialoghi d'amore di maestro Leone medico hebreo, Rom 1535, Venedig 1541, 1552, ed. S. Caramella, Bari 1929 (engl. The Philosophy of Love. Dialoghi d'amore, trans. F. Friedeberg-Seeley/J.H. Barnes, London 1937); Dialoghi d'amore. Hebräische Gedichte, ed. C. Gebhardt, Heidelberg, London 1929 (mit Abdruck: Dialoghi d'amore, Rom 1535). – Totok III (1980), 566–567.

Literatur: M.D. Angel, J.A.'s Philosophy of Love, Tradition 15 (1975), 81–88; E. Appel, Leone Medigos Lehre vom Weltall und ihr Verhältnis zu griechischen und zeitgenössischen Anschauungen, Arch. Gesch. Philos. 20 (1907), 387–403, 496–520; S. Damiens, Amour et intellect chez Léon l'Hébreu, Toulouse 1971; U. Köppen, Die »Dialoghi d'amore« des Leone Ebreo in ihren französischen Übersetzungen. Buchgeschichte, Übersetzungstheorie und Übersetzungspraxis im 16. Jahrhundert, Bonn 1979; W. Melczer, Platonisme et aristotélisme dans la pensée de Léon l'Hébreu, in: Platon et Aristote à la Renaissance. XVIe colloque international de Tours, Paris 1976, 293–306; H. Peri, A., EJud 2 (1971), 109–111; H. Pflaum, Die Idee der Liebe. Leone Ebreo. Zwei Abhandlungen zur Geschichte der Philosophie in der Renaissance, Tübingen 1926; H. Zimmels, Leo Hebraeus. Ein jüdischer Philosoph der Renaissance. Sein Leben, seine Werke und seine Lehren, Breslau 1886. P.B.

Abschattung, ursprünglich nur mit Bezug auf die Erscheinungsweisen von Körperoberflächen gebräuchlicher Terminus (›Farbabschattung‹), von E. Husserl in dessen phänomenologischer Analyse der Wahrnehmungserlebnisse zunächst auf andere Aspekte der ↑Wahrnehmung (z.B. die verschiedene perspektivische Darstellung oder ›Gestaltabschattung‹ der Körper), sodann (jedenfalls der Intention nach) über den Bereich der Wahrnehmung hinaus auf beliebige Aspekte von Veränderungen schlechthin erweitert. Dinge ›erscheinen‹ dem erfahrenden Bewußtsein durch ›Dingqualitäten‹, die ›abgeschattet‹ sind insofern, als jede Qualität im Einzelfall eine besondere, zu einer bestimmten Stelle einer kontinuierlichen Mannigfaltigkeit von Erscheinungsformen gehörige ist. Abgeschattet ist das jeweils Wahrgenommene (z.B. die Farbe), nicht der Akt der Wahrnehmung selbst. Husserl faßte die Erlebnisse auf Grund ihrer Nichtabschattung als ›Absoluta‹ auf und glaubte, damit ein Kriterium für die Unterscheidung von Bewußtem und Außerbewußtem zu haben: außerbewußt oder (bewußtseins-)transzendent sei, was sich abschatte, bewußt oder (bewußtseins-)immanent, was sich nicht abschatte. Auf die Problematik dieses Abgrenzungsversuchs – nicht nur der wahrgenommene, auch der bloß vorgestellte Tisch kann ja auf verschiedene Weise ›erscheinen‹, ist also in der Vorstellung als Abgeschattetes gegeben – hat R. Zocher hingewiesen.

Literatur: U. Claesges, Edmund Husserls Theorie der Raumkonstitution, Den Haag 1964, 64–66; E. Husserl, Ideen zu einer reinen Phänomenologie und phänomenologischen Philosophie, I (Allgemeine Einführung in die Phänomenologie), Halle 1913, ed. W. Biemel, Den Haag 1950 (Husserliana III); R. Zocher, Husserls Phänomenologie und Schuppes Logik. Ein Beitrag zur Kritik des intuitionistischen Ontologismus in der Immanenzidee, München 1932. C.T.

Abschwächungsregel, in der traditionellen ↑Syllogistik bezeichnet man als A.n die Schlußformen der Subalternation (↑Quadrat, logisches), die den Übergang ›ad subalternatam propositionem‹ (oder ›a maiore ad minus‹) von einem allgemein bejahenden Urteil zu einem partikular bejahenden Urteil ($SaP \Rightarrow SiP$) bzw. von einem allgemein verneinenden Urteil zu einem partikular verneinenden Urteil ($SeP \Rightarrow SoP$) gestatten. In Verallgemeinerung dieser Bezeichnung nennt man in der modernen Logik ein Aussageschema A ›stärker‹ als ein Aussageschema B (und dieses ›schwächer‹ als A), wenn die Implikation $A \prec B$, nicht aber die umgekehrte Implikation $B \prec A$ gilt. A. heißt dann jede Regel, die von einem Aussageschema zu einem im Verhältnis zu ihm schwächeren anderen überzugehen erlaubt. Am gebräuchlichsten ist die Bezeichnung A. für den Übergang von $A \leftrightarrow B$ zu $A \rightarrow B$ oder zu $B \rightarrow A$, doch sind A.n ebenso

$$A \wedge B \Rightarrow A$$
$$A \wedge B \Rightarrow B$$

$\bigwedge_x A(x) \Rightarrow A(t)$
$A \Rightarrow A \vee B$
$B \Rightarrow A \vee B$
$A(t) \Rightarrow \bigvee_x A(x)$
$A \wedge B \Rightarrow A \vee B$
$\bigwedge_x A(x) \Rightarrow \bigvee_x A(x)$.

Literatur: S.C. Kleene, Mathematical Logic, New York/London/Sydney 1967; A. Menne, Einführung in die Logik, Bern/München 1966; K. Schütte, Beweistheorie, Berlin/Göttingen/Heidelberg 1960. C.T.

Absicht, in der Philosophie üblicherweise als eine Verdeutschung des lateinischen Terminus ›intentio‹ (↑Intention) gebraucht; als eigener philosophischer Terminus von C. Wolff eingeführt. Im Unterschied zum heutigen Sprachgebrauch definiert Wolff A. als »dasjenige, was wir durch unser Wollen zu erhalten gedenken« (Vernünftige Gedanken von Gott, der Welt und der Seele des Menschen I, §910), d.i. als den begehrten oder gewollten Zustand. In diesem Sinne stellt auch I. Kant noch die A., die durch eine Handlung erreicht werden soll, der Maxime, nach der diese Handlung beschlossen wird, gegenüber (Grundl. Met. Sitten, Akad.-Ausg. IV, 399). Wolff verbindet mit dem Gebrauch des Terminus ›A.‹ einen teleologischen Sinn (↑Teleologie): »Alles, was in der Welt geschieht, sind göttliche A.en« (a.a.O., §1026). Diesen teleologischen Sinn rekonstruiert Kant kritisch in der »Kritik der Urteilskraft«: Die Urteilskraft faßt die Natur so auf, »↑als ob die Zweckmäßigkeit in ihr absichtlich sei« (KU §68). Auch bei der Betrachtung der Geschichte könne man analog von ›A.en der Natur‹ reden, so ›als ob‹ die Menschen bestimmten, von ihnen selbst teilweise nicht erkannten A.en folgen würden. G.W.F. Hegel bringt die Rede von der A. in den Zusammenhang mit der Beurteilung und Zurechnung unseres Handelns. Er stellt mit der A. den subjektiven, d.i. den vom Handelnden angegebenen, Vorsatz dem objektiven Zweck einer Handlung gegenüber. Insofern die A. als subjektiver Vorsatz jedoch die vom Handelnden als angemessen behauptete (allgemeine) Darstellung seines Handelns wiedergibt und dadurch unser Handeln unter allgemein anerkennbare Beschreibungen einordnet, stellt diese A. schon die ↑›Allgemeinheit‹ der Handlung dar. Heute wird ›A.‹ meist als juristischer Terminus verwendet, um das Erstreben der vorausgesehenen Wirkung einer Handlung zu bezeichnen (vgl. Entwurf eines Strafgesetzbuches, Bonn 1962, §17 Abs. 1). O.S.

Absolute, das (von lat. absolutum, das ›Losgelöste‹), im allgemeinen als Gegenbegriff zum Relativen, d.i. zu dem erst durch seine Beziehung auf ein Anderes Bestimmten, verwendet. Je nach der Art der Beziehung und der aufeinander bezogenen Gegenstände läßt sich von verschiedenen Arten des A.n und Relativen reden. In der Tradition der klassischen philosophischen Problemstellung kann man jeweils auf die Frage nach den Bedingungen unserer Erkenntnis, nach den Ursachen für die Existenz (das Dasein) oder die Eigenschaften (das Sosein) eines Gegenstandes, nach den Gründen für unser Wollen, Meinen oder Handeln ein A.s zu finden suchen. Gemeinsam ist den verschiedenen Bestimmungen des A.n in diesen Fragezusammenhängen, daß das A. als erstes und einzigartiges Glied in der Kette der Beziehungen von Bedingungen und Bedingten, von Ursachen und Wirkungen, von Gründen und Folgen definiert wird: als das, was unsere Erkenntnis überhaupt bedingt (ermöglicht oder erzeugt), selbst aber nicht durch unsere Erkenntnis bedingt ist; als das, was alle Gegenstände in ihrer Existenz oder mit ihren Eigenschaften verursacht, selbst aber von keinem anderen Gegenstand in seiner Existenz oder mit seinen Eigenschaften verursacht ist; als das, was unser Wollen, Meinen oder Handeln begründet, selbst aber nicht eine Folge aus anderen Gründen darstellt. Im Anschluß an diese Bestimmung eines A.n von seiner Beziehung zu nicht-absoluten Gegenständen her läßt sich der Versuch verstehen, das jeweilige A. selbst zum Thema eigener Überlegungen zu machen: etwa als das sich selbst in seiner Erkenntnis Bedingende oder als unbedingtes Ziel aller Erkenntnis, als das sich selbst in seiner Existenz und seinen Eigenschaften Verursachende oder als unverursacht und unveränderlich Existierendes und unbegrenzte Vollkommenheit aller Eigenschaften, als das sich selbst in seinem Wollen, Meinen oder Handeln Begründende oder als nicht aus anderen Gründen als aus seiner bloßen Existenz begründbares Ziel unseres Wollens, Meinens oder Handelns. Ein weiterer Schritt besteht darin, daß man die verschiedenen Bestimmungen des jeweiligen A.n als eine Einheit darstellt und damit *das* A. konstruiert. Unter dem Einfluß der christlichen Theologie ist ein solches A.s immer wieder mit Gott (teils identifizierend, teils differenzierend) verglichen worden. Diese Vergleichbarkeit läßt dem Theologen die Rede von dem A.n gewöhnlich als unproblematisch erscheinen und macht sie ihm darüber hinaus zu einer, insbesondere für die ↑Gottesbeweise verwendbaren Argumentationsstütze. Im Rahmen theologie- und religionskritischer Überlegungen führt eben diese Vergleichbarkeit meist zur Ablehnung der Rede von einem A.n, weil sie lediglich das Ergebnis aus der (ungerechtfertigten) Benutzung eines Denkschemas sei, nach dem man von der Existenz einer Bedingung, einer Ursache oder eines Grundes überhaupt auf die Existenz einer ersten bzw. letzten Bedingung oder Ursache, eines ersten bzw. letzten Grundes schließen kann.

Historisch wird der Begriff des A.n zum Thema philosophischer Überlegungen durch die auf griechische Kategorien zurückgreifende, ausdrückliche Identifikation des A.n mit Gott (Nikolaus von Kues). So werden in der Scholastik vor allem die Platonischen Kategorien des Einen (↑Einheit) und Einfachen und des in sich selbst Guten sowie die Aristotelische Rede vom unbewegten Beweger (↑Beweger, unbewegter) aufgenommen und mit theologischen Spekulationen verbunden. In der klassischen lateinischen Tradition ist die Gleichsetzung von ›absolut‹ und ›vollkommen‹ vorbereitet (Cicero, Seneca). Bei Thomas von Aquin und, durch ihn beeinflußt, anderen z.B. wird der Ausdruck ›absolute‹ in einem generellen Sinne im Gegensatz zum Ausdruck ›relative‹ bzw. ›sub conditione‹ verwendet. Die Identifikation des A.n mit Gott – bei der das A. als das sowohl unsere Erkenntnis Übersteigende (»incomprehensibiliter intelligibile pariter et innominabiliter nominabile«, Nikolaus von Kues, De docta ign. I, 5) als auch alles Sein vollkommen in sich Enthaltende (»›unus et omnia‹ sive ›omnia uniter‹«, De docta ign. I, 24) bestimmt wird – leitet zugleich die neuzeitliche Geschichte der Differenzierung des A.n gegenüber Gott bzw. des philosophischen und theologischen Denkens ein. Diese Geschichte läßt sich durch vier Grundpositionen schematisieren:

1. In der *›objektivistischen‹* Konzeption B. Spinozas werden das A. und seine Bestimmungen (allein durch sich selbst verursacht, unendlich, unteilbar usw.) als denknotwendig dargestellt. Insofern das A. mit seinen Bestimmungen als notwendig behauptet wird, teilt es mit dem durch die Theologie definierten Gott die Über-Subjektivität. Insofern sich diese Notwendigkeit aber im Denken (d.h. in den Überlegungen eines Denkenden) ergibt, wird es nicht mehr durch Autorität oder Offenbarung, sondern nur noch im eigenverantworteten Denken gesichert. Das A. Spinozas ist damit weder ein Gegenstand außerhalb unserer Welt, noch übersteigt es unsere Erkenntnis. Seine Über-Subjektivität erhält es allein durch die (aus sich selbst heraus einsichtigen) Notwendigkeiten des Denkens. Mit dem A.n Spinozas wird so dem Gott des Theologen eine lebens-(wie überhaupt seins-) bestimmende Instanz entgegengesetzt, die rational ergründbar ist. Dient die rationale Ergründbarkeit des A.n Spinoza zur Sicherung der Über-Subjektivität dieses A.n, so führt ihre Annahme in der Folgezeit gerade zur ›Subjektivierung‹ des A.n.

2. In der *›subjektivistischen‹* Konzeption wird das A. nicht mehr als Ergebnis unseres Denkens, sondern im Vollzug unseres Denkens identifiziert. Wenn sich die Annahme eines A.n und dessen Bestimmungen aus den Notwendigkeiten unseres Denkens ergeben, dann wird dieses A. durch unser Denken erzeugt: unser Denken muß daher das A. sein. Eingeleitet wird diese ›Subjektivierung‹ durch G.W. Leibniz (in unmittelbarem Anschluß an Spinoza), der das A. in jeder Monade enthalten sein läßt und die Idee des A.n uns selbst innerlich nennt (Discours de métaphysique, 16). I. Kant reflektiert die Rede vom A.n im Rahmen seiner erkenntnistheoretischen Fragestellung: Da unsere Erkenntnisse von den Darstellungsmitteln, die wir für diese Erkenntnisse zur Verfügung haben, abhängen, kann es ein A.s im Sinne eines erkannten Gegenstandes nicht geben. Insofern wir es allerdings sind, die mit der Bereitstellung von Darstellungsmitteln Erkenntnis ermöglichen, sind wir als Subjekt der Erkenntnis in einem gewissen Sinne ›absolut‹, weil wir ohne strukturelle Bestimmtheit durch ein Objekt die Bildung unseres Wissens von Objekten ermöglichen. In der Fähigkeit des erkennenden Subjekts, ohne Bestimmung durch das zu erkennende Objekt den begrifflichen Rahmen unserer Erkenntnis zu schaffen, entdeckt J.G. Fichte (im Anschluß an Kant) das A. Diese Fähigkeit stellt unsere Möglichkeit dar, jederzeit (d.h. ›frei‹) die Grundbegriffe allen möglichen Wissens zu erzeugen und dabei zugleich dieser Erzeugung sozusagen ›zuzusehen‹, nämlich (in einer ›intellektuellen Anschauung‹ [↑Anschauung, intellektuelle]) mit den erzeugten Grundbegriffen auch die Prinzipien ihrer Erzeugung unmittelbar zu erkennen. Das A. wird bei Fichte zum ›absoluten Ich‹, d.i. dem Anfang und Grund unseres Wissens, der darin besteht, daß wir mit dem freien Vollzug unseres Denkens auch dessen Gesetze sowohl erzeugen als auch erkennen können. Damit ist die ›Subjektivierung‹ des A.n vollendet. Als ›absolutes Ich‹ wird das A. zur erkenntnisbegründenden Freiheit des Subjekts verinnerlicht. Diese Freiheit als die Fähigkeit, jederzeit mit seinem Denken zu beginnen

und dabei dessen Gesetze zu erzeugen, unterstellt ein völlig seiner selbst mächtiges, sich bis zu den Gesetzen seines Denkens selbst erzeugendes Subjekt (↑Subjektivismus). Das empirische Subjekt, d.i. das jeweils denkende (und irrende) Individuum, kann aber diesem Anspruch der Selbstschaffung in seiner historischen und sozialen Bedingtheit nicht genügen. Ein ›absolutes‹ (von aller Geschichte und Gesellschaft unbestimmtes) Subjekt läßt sich nicht annehmen. Soll das A. in uns selbst zu finden sein, soll es Subjekt sein, so ist es vom faktischen Denken der empirischen Subjekte zu unterscheiden und darf doch nicht zum transzendenten, d.h. jenseits unserer Welt existierenden und unsere Erkenntnis übersteigenden, Gegenstand werden.

3. In der zugleich *›historistischen‹* und *›universalistischen‹* Konzeption G.W.F. Hegels wird der Doppelforderung Fichtes zu entsprechen versucht. Zwar sind die denkenden Individuen von Gesellschaft und Geschichte bestimmt, aber die Gesellschaft besteht eben auch aus Individuen, und die Geschichte ist ein Erzeugnis denkender und handelnder Individuen. Daher kann auch das jetzt denkende und handelnde Individuum die es bestimmende Geschichte als Erzeugnis von Subjekten begreifen. Als begriffene Geschichte wird die vor-individuelle Bestimmung des eigenen Denkens zu einer begriffenen Bestimmung, die man nun (in dem seine historische Bedingtheit mitbegreifenden Denken) zu beurteilen vermag. Das A. als erkenntnisbegründendes Prinzip ist danach weder allein im individuellen Subjekt (in der ›Identität‹ mit sich selbst) noch in den vor-individuellen Bestimmungen des Subjektes aus der Geschichte der Gesellschaft, in der es lebt (in der ›Nichtidentität‹ mit dem von ihm als Subjekt vollzogenen Denken und den dadurch erzeugten Erkenntnissen), zu suchen, sondern im Begreifen der Geschichte als Teil des eigenen Denkens und im Begreifen des eigenen Denkens als Ergebnis der Geschichte. Dieses Begreifen besteht dabei nicht in der Beurteilung des einen nach den Maßstäben des anderen (d.i. der Beurteilung der Geschichte nach den eigenen Maßstäben oder der Beurteilung des eigenen Denkens und Handelns nach den geschichtlich gewordenen Normen), sondern in einem ständig hin- und hergehenden kritischen Vergleich der eigenen und der historischen Maßstäbe, für den es keinen übergeordneten Maßstab mehr gibt. Einen solchen Vergleich, der die (vom Subjekt differente) Geschichte zur eigenen Geschichte des Subjekts macht und das (mit sich selbst identische) Subjekt in diese Geschichte einbindet, nennt Hegel die Bildung einer Identität, nämlich der ›Identität der Identität und Nichtidentität‹, als die er das A. definiert (Differenz des Fichteschen und Schellingschen Systems der Philosophie [1801], Sämtl. Werke I, 124; Logik I, Sämtl. Werke IV, 78). Obgleich das A. als ›absoluter Geist‹ oder ›absolutes Wissen‹ durch subjektive Möglichkeiten bestimmt ist, gibt es in der Hegelschen Konzeption kein absolutes Subjekt. Das A. bleibt vielmehr eine ständige Möglichkeit für das Subjekt, die es durch das Begreifen der Geschichte (›historistisch‹) bzw. aller anderen Subjekte als der Agenten der Geschichte (›universalistisch‹) immer mehr, wenn auch nicht vollständig, verwirklichen kann. Bis hin zur Hegelschen Historisierung bzw. Universalisierung des A.n liegt den philosophischen Konzeptionen des A.n die Unterstellung zugrunde, daß die Erkenntnis, auch und vor allem über sinnvolle Möglichkeiten des Lebens und Handelns, in Richtung auf ein A.s wächst. Den drei Konzeptionen gemeinsam ist daher die Bestimmung des A.n durch Wissen oder Vernunft.

4. In der *›existentialistischen‹* und *›individualistischen‹* Konzeption des A.n wird dieses in Reaktion auf die Hegelsche Historisierung bzw. Universalisierung durch die Grenzen der Vernunft und unseres Wissens überhaupt bestimmt. Nicht die Bildung von Wissen in vernünftigen Überlegungen erschließt uns das A., sondern »dort, wo der Unterschied zwischen Wissen und Nichtwissen in der absoluten Anbetung der Unwissenheit zusammenstürzt« (S. Kierkegaard, Abschließende unwiss. Nachschrift zu den Philos. Brocken, Werke 16.2, ed. E. Hirsch, 199), ist das A. Ausgehend von der Annahme, daß es unmöglich ist, vernünftig ein Wissen von sinnvollen Handlungszielen und Lebensorientierungen zu bilden, stellt für Kierkegaard und seine Nachfolger Anfang und ›Grund‹ unserer Lebensorientierungen bzw. unseres Wissens die Anerkennung unseres Nichtwissens und Nichtwissenkönnens dar. Die Bewältigung dieser Situation ist die nicht mehr vernünftig begründbare Tat des einzelnen: sie ist existentiell, insofern sie über Lebensorientierungen insgesamt entscheidet, und sie ist individuell, insofern sie keiner Beratung mit anderen zugänglich ist. Das A. selbst bleibt einerseits negativ bestimmt als die Unmöglichkeit, unserem Leben selbständig durch Wissen und Vernunft eine sinnvolle Orientierung zu geben. Andererseits läßt es sich positiv durch unser Leben im Verhältnis zum A.n bestimmen: durch die existentialistisch und individualistisch konzi-

pierte ›Anbetung der Unwissenheit‹, die Kierkegaard wieder mit dem Glauben an den christlichen Gott verbinden will. Im Rahmen der sprachkritischen Erkenntnis- und Wissenschaftstheorie dient die Rede von einem absoluten Wissen, einer absoluten Erkenntnis, Begründung oder Gewißheit dazu, die prinzipielle Kritisierbarkeit und Revidierbarkeit aller Wahrheits- und Begründungsansprüche zu verdeutlichen. Dabei wird jedoch aus der Annahme, daß absolutes Wissen usw. nicht möglich ist, nicht auf die Unmöglichkeit von Wissen (auch nicht von lebensrelevantem Wissen) geschlossen, sondern lediglich auf das Erfordernis, behauptetes auf seine begrifflichen Grundlagen und die Wege seiner Bildung hin zu relativieren (↑Certismus, ↑Fallibilismus).

Literatur: W. Cramer, Das A. und das Kontingente. Untersuchungen zum Substanzbegriff, Frankfurt 1959, ²1976; ders., Spinozas Philosophie des A.n, Frankfurt 1966; ders., Gottesbeweise und ihre Kritik, Frankfurt 1967; H. Duméry, Le problème de Dieu en philosophie de la religion. Examen critique de la catégorie d'absolu et du schème de transcendance, Brüssel/Paris 1957; C. Fabro, L'assoluto nell' esistenzialismo, Catania 1954; J. Heiler, Das A. Methode und Versuche einer Sinnklärung des transzendentalen Ideals, München 1921; D. Henrich, Der ontologische Gottesbeweis. Sein Problem und seine Geschichte in der Neuzeit, Tübingen 1960, 1967; G. Huber, Das Sein und das A. Studien zur Geschichte der ontologischen Problematik in der spätantiken Philosophie, Basel 1955; K. Hübner, Kritik der wissenschaftlichen Vernunft, Freiburg/München 1978; J. Lacombe, L'Absolu selon le Vedanta, Paris 1957; E. Lévinas, Totalité et infini, Essai sur l'extériorité, La Haye 1961, ²1965 (engl. Totality and Infinity, Pittsburgh 1969); J. Möller, Der Geist und das A. Zur Grundlegung einer Religionsphilosophie in Begegnung mit Hegels Denkwelt, Paderborn 1951; H. Radermacher, Fichtes Begriff des A.n, Frankfurt 1970; W. Schulz, Die Vollendung des Deutschen Idealismus in der Spätphilosophie Schellings, Stuttgart/Köln 1955, Pfullingen ²1975; H. Schweppenhäuser, Kierkegaards Angriff auf die Spekulation. Eine Verteidigung, Frankfurt 1967. – Weitere Literatur: ↑Gottesbeweis, ↑Metaphysik, ↑Ontologie, ↑Sein. O. S.

Absolutismus, monarchische Staatsform, die alle staatliche Gewalt in einer Person vereinigt. Von bloßer Gewaltherrschaft ist der A. durch sein Bemühen um die Legitimierung seines Machtanspruchs unterschieden. Während in philosophisch-politischen Theorien rationale, teils technizistische, teils naturrechtliche Begründungen überwiegen, verliert sich die Berufung der Träger der absoluten Herrschaft auf göttliches Recht erst im aufgeklärten A. des 18. Jahrhundert. Historisch ist der A. das Resultat des sich im ausgehenden Mittelalter verschärfenden Kampfes zwischen der auf allgemeine Staatlichkeit gerichteten landesherrlichen und der ständisch organisierten geteilten Gewalt. Die Entpolitisierung aller traditionalen Machtbereiche geht mit der Konstituierung eines privaten Freiraums einher, der sich ökonomisch als kapitalistische Gesellschaft, kulturell als Bürgerlichkeit und moralisch als in den politischen Relevanzbereich zunehmend wirkende Öffentlichkeit in allgemeinen Formen organisiert. Allgemeine, jedoch keineswegs durchgängig realisierte Merkmale des absoluten Staates sind: (1) die nationalstaatlich-territoriale Abschließung der nach innen verwaltungsmäßig-polizeilich und nach außen über ein stehendes Heer sich durchsetzenden Zentralgewalt, (2) rechtlich-politische Nivellierung der ständischen Privilegien, (3) Schaffung einer bürokratisch organisierten Verwaltung, die sich vor allem um die Finanzen des Staates und damit zusammenhängend zunehmend um die gesamte Wirtschaft (Merkantilismus), das auf Angriffskrieg hin ausgerichtete Heer und die Diplomatie konzentriert, (4) Einrichtung der erblichen Monarchie und damit Kontinuität der Herrschaft und deren unmittelbare personale Identifizierung mit dem Staat.

N. Machiavelli, dessen »Il principe« (1532) als erstes staatstheoretisches Werk über absolute Herrschaft gelten darf, erwartet im Blick auf andere, einheitlich organisierte europäische Monarchien vom absolut regierenden Fürsten die Aufhebung der politischen Zersplitterung Italiens. Die Erreichung dieses Zwecks fordert die Einsetzung aller Mittel invariant zu ihrer moralischen Wertigkeit (↑Machiavellismus). Der auf seinen eigenen Bestand (Staatsräson) zum Zwecke der dauernden Steuerung durch kontingente (fortuna) und kausalzwingende (necessità) Bedingungen des Lebens hin streng organisierte und tätige Staat wird im »Il principe« antiaristotelisch nicht mehr als genuin bürgerliche Lebensform gefaßt. Bürgerlichkeit wird der Sache nach, wie später bei J. Bodin ausdrücklich, durch Untertänigkeit definiert. Bodin gibt in »Les six livres de la république« (1576) dem A. eine staatsrechtliche Grundlegung. Die höchste Gewalt im Staate (Souveränität) wird als unbeschränkte und unteilbare Macht bestimmt, die, selbst an Normen nicht gebunden, Recht setzt und durchsetzt. In den Kompetenzbereich der Souveränität fällt die widerrufbare Entscheidung über Krieg und Frieden, Steuererhebung, Beamtenernennung, Begnadigung und Gesetzgebung. – T. Hobbes verbindet den Souveränitätsgedanken mit der Lehre vom ↑Gesellschaftsvertrag (De cive, 1642; Leviathan, 1651). Der Souverän ist derjenige, der durch staatskonstituierenden Vertrag vom Volke unwiderruflich und vorbehaltlos alle Machtvollkommenheit zum Zwecke der Überwindung des im Kontext natürlichen Handelns bestehenden Kriegszustands aller mit allen (↑bellum omnium contra omnes) übertragen bekommen hat. Selbst religiöses oder natürliches Recht bindet ihn nicht. – Im Rückgriff auf die Bibel wird der Monarch von R. Filmer (1588–1653) (Patriarcha, 1680), gegen den J. Locke seine erste Abhandlung über die Regierung (1690) schreibt, als Erbe Adams in seinem Herrschaftsanspruch legitimiert. Vergleichbar argumentiert J.B. Bossuet (Politique tirée des propres paroles de l'Ecriture-Sainte, 1709), der theokratisch die Stellvertreterschaft Gottes für den Monarchen behauptet. Unter Aufnahme von philosophisch-staatstheoretischem Gedankengut der Aufklärung besteht vor allem im deutschen politischen Bereich des auslaufenden 18. Jahrhunderts (Friedrich II., Joseph II.) eine Tendenz zur zusätzlichen humanitären Bindung des absoluten Staates an die Wohlfahrt der Völker (aufgeklärter A.) (C. Wolff, Vernünftige Gedanken vom gesellschaftlichen Leben der Menschen, 1721). Die Identifikation von Staat und Herrscherpersönlichkeit wird brüchig (Diener des Staates). Philosophisch-politische Argumentationen gegen den A. werden vor allem in den Theorien der Gewaltenteilung (J. Locke, C. de Montesquieu) formuliert. Ihre politische Durchsetzung finden sie in Europa seit der französischen Revolution in den modernen parlamentarischen Verfassungen.

Literatur: P. Anderson, Lineages of the Absolutist State, London ²1975 (dt. Die Entstehung des absolutistischen Staats, Frankfurt 1978); K.O. v. Aretin (ed.), Der aufgeklärte A., Köln 1974; F. Hartung, Die Epochen der absoluten Monarchie in der neueren Geschichte, Hist. Z. 145 (1932), 46–52; W. Hubatsch, Das Zeitalter des A. 1600–1789, Braunschweig 1962, Darmstadt ⁴1975; ders. (ed.), A., Darmstadt 1973; G. Jellinek, Allgemeine Staatslehre, Berlin 1900, ³1914 (repr. Bad Homburg 1966); R. Koselleck, Kritik und Krise, Ein Beitrag zur Pathogenese der bürgerlichen Welt, Freiburg/München 1959, Frankfurt 1973; F. Meinecke, Die Idee der Staatsräson in der neueren Geschichte, München/Berlin 1924 (⁴1976 in: ders., Werke I, ed. W. Hofer, Stuttgart/München/Wien/Darmstadt); F. Wagner (ed.), Europa im Zeitalter des A. und der Aufklärung, Stuttgart 1968, ²1975 (Hb. europ. Geschichte IV). S.B.

Absorptionsgesetz, von dem deutschen Logiker E. Schröder geprägte Bezeichnung für die in der Klassenlogik allgemeingültige Formel $a\cup(a\cap b)=a$, später von J. Hontheim auf andere Formeln desselben Typs (z.B. $a\cap(a\cup b)=a$) und schließlich auf die entsprechenden junktorenlogischen Formeln $a\vee(a\wedge b)\leftrightarrow a$ und $a\wedge(a\vee b)\leftrightarrow a$ verallgemeinert.

Literatur: J. Hontheim, Der logische Algorithmus in seinem Wesen, in seiner Anwendung und in seiner philosophischen Bedeutung, Berlin 1895; H.A. Schmidt, Mathematische Gesetze der Logik I (Vorlesungen über Aussagenlogik), Berlin/Göttingen/Heidelberg 1960; E. Schröder, Vorlesungen über die Algebra der Logik (Exakte Logik) I, Leipzig 1890 (repr. New York 1966), 277. C.T.

absprechen, ↑zusprechen/absprechen.

Abstand (engl. distance), geometrischer Terminus. In der anschaulichen ebenen oder räumlichen Geometrie läßt sich der A. zweier Punkte als das Längenmaß ihrer Verbindungsstrecke auffassen. Faßt man die Punkte der Ebene bzw. des Raumes als Paare bzw. Tripel ihrer Koordinaten (↑Geometrie, analytische) auf, dann läßt sich für zwei Punkte

$$\mathfrak{x}=(x_1,x_2),\ \mathfrak{x}'=(x'_1,x'_2)$$

der Ebene ihr A. z.B. durch die Gleichung:

$$d(\mathfrak{x},\mathfrak{x}')=\sum_{i=1}^{2}(x_i-x'_i)^2=(x_1-x'_1)^2+(x_2-x'_2)^2$$

definieren. Für n-dimensionale Euklidische Räume entsprechend durch:

$$d(\mathfrak{x},\mathfrak{x}')=\sum_{i=1}^{n}(x_i-x'_i)^2$$

Der A.sbegriff, bereits bei den mehr als dreidimensionalen Euklidischen Räumen der Anschauung entzogen, läßt sich stark verallgemeinern. Zu diesem Zweck betrachtet man nicht mehr die Punkte der Ebene oder des Raumes, sondern die Elemente einer Menge M. Als A. zweier Elemente, die dann ›Punkte‹ genannt werden, wird eine A.sfunktion d auf dem Mengenprodukt (↑Produkt (mengentheoretisch)) $M\times M$ mit nicht-negativen reellen Funktionswerten definiert, die die folgenden Eigenschaften hat:

(1) $d(x,y)=0\leftrightarrow x=y$
(2) $d(x,y)=d(y,x)$ (Symmetrie)
(3) $d(x,y)\leq d(x,z)+d(z,y)$ (Dreiecksungleichung)

Dabei sind x, y, z beliebige Punkte aus M. Das Paar (M,d), d.h. M, zusammen mit der auch ›Metrik‹ genannten A.sfunktion, wird ›metrischer Raum‹ genannt. Nicht nur Euklidische A.sdefinitionen erfüllen die Bedingungen der A.sfunktion d. Auch nicht-euklidische Räume (↑nicht-euklidische Geometrie) lassen sich nach Definition einer geeigneten A.sfunktion als metrische

Räume auffassen. Dabei entsprechen den geraden Strecken als A.smaß der ↑Euklidischen Geometrie bei gekrümmten Flächen die geodätischen Linien. Auf C.F. Gauß geht der Gedanke zurück, die Geometrie allein auf dem A.sbegriff aufzubauen. Die von B. Riemann, H. v. Helmholtz, S. Lie u.a. fortgeführten Arbeiten führen zur sogenannten Distanzgeometrie, die eine absolute Geometrie, d.h. eine Geometrie ohne ↑Parallelenaxiom ist (↑Geometrie, absolute). Helmholtz versuchte ferner, eine physikalische Begründung des A.sbegriffs anzugeben, die letztlich auf das Problem einer geeigneten Definition der Starrheit (↑Körper, starrer) der für das Messen benötigten Maßstäbe führt.

Literatur: L.M. Blumenthal, Theory and Applications of Distance Geometry, New York 1970; H. Busemann, Metric Methods in Finsler Spaces and in the Foundation of Geometry, Princeton 1942; H. v. Helmholtz, Über die Thatsachen, die der Geometrie zum Grunde liegen, Nachr. Königl. Ges. Wiss. u. Georg-August-Universität 1868, Nr. 9, 193–221 (repr. in: ders., Über Geometrie, Darmstadt 1968, 32–60); P. Lorenzen, Das Begründungsproblem der Geometrie als Wissenschaft der räumlichen Ordnung (1961), in: ders., Methodisches Denken, Frankfurt 1968, ²1974, 120–141; B. Riemann, Über die Hypothesen, welche der Geometrie zugrunde liegen, in: Abh. Königl. Ges. Wiss. Göttingen 13 (1867), 133–152 (repr. Darmstadt 1959); Y. und A. Shreyder, What is Distance?, Chicago/London 1974. G.W.

abstrakt (von lat. abstrahere, abziehen), bildungssprachlicher und im Anschluß an traditionelle Abstraktionstheorien auch philosophisch-terminologisierter Ausdruck für die Eigenschaft bestimmter Wörter, Sätze bzw. Satzsysteme, prinzipiell unterschiedene oder unterscheidbare Gegenstände bzw. komplexe Sachverhalte unter jeweils bestimmter Hinsicht als gleich zu behandeln (↑Abstraktion). Die Hinsicht kann dabei unmittelbar in einem lebensweltlichen Kontext pragmatisch als orientierungsstiftende Relevanz gegründet oder durch stilisierte sprachliche Operationen vermittelt sein. In letzterem Sinne werden häufig wissenschaftliche Terminologien und Theorien a. genannt. Die in bestimmter Hinsicht vollzogene isolierende (abziehende) wort- bzw. satzbildende Operation geschieht im Rückgriff auf eine konkrete Basis, d.h. eine die jeweilige Hinsicht übergreifend gegebene, lebensweltlich oder bereits stilisiert-praktisch vorstrukturierte Totalität. Insofern die als Basis der isolierenden Betrachtung dienende Totalität abgeschlossen ist, ist das Absehen von bestimmten ihrer Momente unter Zugrundelegung der Hinsicht hinreichend eindeutig.

Das Verhältnis von konkreter Basis und a.er Sicht wird vor allem in der dialektischen Theorie G.W.F. Hegels reflektiert (Logik I, Sämtl. Werke IV). In ihr wird dem a.en Verstandesbegriff (Terminologien und wissenschaftliche Theorien) der konkrete und lebendige, genetische Totalität repräsentierende philosophische Vernunftbegriff gegenübergestellt. Die kontextinvarianten a.en Verstandesfixierungen dienen lediglich als Vergegenwärtigungen von Momenten des dialektischen Vernunftbegriffs, der sie verflüssigt und aufhebt (↑aufheben/Aufhebung). Der konkrete Begriff vermag nicht eingeführt bzw. definiert zu werden, er ist in seiner Gesamtbildung genetisch-logisch zu entwickeln. In seinem Essay »Wer denkt a.?« (Sämtl. Werke XX, 445–450) wird von Hegel die Abstraktheit von Sicht- und Orientierungsweisen als ungebildeter Standpunkt disqualifiziert. A.es Denken, das nicht dialektisch an die konkrete Totalität zurückgebunden wird, ist nur ausschnitthaft und im moralisch-sittlichen Bereich gleichbedeutend mit einer Verfehlung des Humanen. S.B.

Abstraktion, ursprünglich die Operation, vermittels derer man in der Erkenntnis zu den dann Abstrakta, A.en oder abstrakte Gegenstände genannten Genera und Spezies als den von den sogenannten ↑Prädikatoren (Allgemeinnamen wie ›Tisch‹, ›Baum‹ im Gegensatz zu Eigennamen wie ›Peter‹) benannten Gegenständen gelangt. Die sogenannte klassische A.stheorie wurde in der Scholastik ausgebildet als eine Vermengung der Aristotelischen Lehren der ↑Aphairesis (Theorie der mathematischen, speziell der geometrischen Gegenstände, ↑Ideation) einerseits und der ↑Epagoge (Theorie des Übergangs vom Besonderen zum ↑Allgemeinen) andererseits und im ↑Universalienstreit von beiden Parteien benutzt. Sie besagt, daß das entweder unabhängig und primär (↑Realismus (ontologisch)) oder nur in den Individuen (↑Nominalismus) existierende Allgemeine (d.h. die Genera und Spezies) durch Absehen (lat. abstrahere, fortziehen, abziehen) von den jeweils unwesentlichen Merkmalen bei gleichzeitigem Herausheben und gesondertem Betrachten der wesentlichen Merkmale der dann als ↑konkret bezeichneten Individuen erkannt werde. Von J. Locke mit psychologisierender Tendenz weiterentwickelt als Theorie der Entstehung sogenannter allgemeiner ↑Vorstellungen (engl. ideas) im Bewußtsein, als deren Namen die Prädikatoren nun gelten, ohne noch ein Allgemeines außerhalb des Bewußtseins zu benennen.

Da die moderne Sprachphilosophie und Logik eine Prädikationstheorie (↑Prädikation) entwickelt hat, in der die Prädikatoren, Aristotelischen und nominalistischen Tendenzen folgend, nicht mehr als Namen von besonderen abstrakten Gegenständen oder Bewußtseinsinhalten aufgefaßt werden (L. Wittgenstein ›Gebrauchstheorie‹ der ↑Bedeutung), bleibt der modernen A.stheorie die schon im Universalienstreit gestellte Aufgabe, solche an der Subjektstelle eines Satzes auftretenden nominalen und scheinbar referierenden Ausdrücke zu erklären, die nicht Eigennamen konkreter, aufweisbarer Gegenstände sind, z.B. einen Ausdruck wie ›die Zahl vier‹. Dabei soll im Gegensatz zum modernen Begriffsrealismus (↑Universalienstreit, moderner) das Problem nicht durch ein bloßes Postulat der Existenz entsprechender abstrakter Gegenstände (z.B. Eigenschaften, Relationen, Begriffe, Klassen) umgangen werden. Diese von P. Lorenzen entwickelte A.slehre, als deren Vorläufer man G. Frege betrachten kann, gibt eine Konstruktion an, die vom Reden über konkrete Gegenstände $x, y \ldots$ zu einer neuen Redeweise führt, bei der an Subjektstelle Ausdrücke $\alpha x, \alpha y, \ldots$ auftreten, denen innerhalb der traditionellen Redeweise die Namen abstrakter Gegenstände entsprechen. Damit wird das Reden über abstrakte Gegenstände als besondere Redeweise über konkrete Gegenstände interpretierbar. Genauer entsteht diese neue Ausdrucksweise dadurch, daß bei solchen Prädikationen $x \varepsilon A$ über einen Gegenstand x, die bezüglich einer gegebenen ↑Äquivalenzrelation $\sim$ invariant sind, d.h. für die mit $x \varepsilon A$ auch

$$\bigwedge_y (y \sim x \rightarrow y \varepsilon A)$$

gilt, dieser Allsatz definitorisch ersetzt wird durch $\alpha x \varepsilon A$ (↑Abstraktionsschema). Auf diese Weise wird mit $\alpha x \varepsilon A$ gegenüber $x \varepsilon A$ zum Ausdruck gebracht, daß mit der Geltung von A für x auch die Geltung für alle solchen y behauptet werden darf, die zu x in der genannten Äquivalenzrelation stehen. Je nach Wahl der Äquivalenzrelationen lassen sich verschiedene A.en durchführen, wobei der jeweils vor dem Namen des konkreten Gegenstandes notierte Operator (auch Abstraktor genannt, hier der Buchstabe α) anzeigt, welche Äquivalenzrelation der jeweiligen A. zugrunde liegt. Auch durch A. erst gewonnene $\alpha x, \alpha y, \ldots$ können zur Basis weiterer A.en gemacht werden. Diese A.stheorie erlaubt es z.B., inhaltlich gemeinte Aussagen über Zahlen zu machen, ohne die häufig als ›platonistisch‹ bezeichnete Annahme mitzuführen, Zahlen seien einem besonderen Seinsbereich angehörende abstrakte Gegenstände (↑Platonismus (wissenschaftstheoretisch)), denn Aussagen über Zahlen lassen sich nun zurückführen auf entsprechende Aussagen über Zählzeichen (Ziffern). Entsprechend werden Aussagen über Mengen interpretierbar als Aussagen über Aussageformen, mit der Konsequenz, daß die Mengen nicht als präexistente abstrakte Gegenstände, sondern als Resultat logisch-mathematischer Konstruktionen angesehen werden. Der Sinn der Verwendung der abstrakten Redeweise anstelle der konkreten liegt darin, daß durch sie signalisiert wird, daß die betreffende Aussage in einem Kontext steht, in dem nur die im genannten Sinn invarianten Aussagen von Interesse sind. So zeigt der Abstraktor ›Zahl‹ einen arithmetischen Kontext an, in dem Zählzeichen nur insofern in den Blick kommen, als von der spezifischen Art ihrer Konstruktion abgesehen wird. – Einen großen Anwendungsbereich findet das A.sverfahren in der Linguistik. Die dort oft nur vage als ›theoretische Konstrukte‹ bezeichneten Gegenstände (Phoneme, Wörter etc.) lassen sich als A.en im dargestellten Sinne verstehen.

Literatur: P. Aubenque/L. Oeing-Hanhoff, abstrakt/konkret, Hist. Wb. Ph. I (1971), 33–42; P. Aubenque/T. Kobusch/L. Oeing-Hanhoff/K. Acham/J. Mittelstraß, A., Hist. Wb. Ph. I (1971), 42–64; W. Kamlah/P. Lorenzen, Logische Propädeutik. Vorschule des vernünftigen Redens, Mannheim ²1973; P. Lorenzen, Gleichheit und A., Ratio 4 (1962), 77–82, Nachdr. in: ders., Konstruktive Wissenschaftstheorie, Frankfurt 1974, 190–198; H.J. Schneider, Historische und systematische Untersuchungen zur A., Diss. Erlangen 1970; H. Scholz/H. Schweitzer, Die sogenannten Definitionen durch A., Leipzig 1935; C. Thiel, Gottlob Grege: Die A., in: J. Speck (ed.), Grundprobleme der großen Philosophen. Philosophie der Gegenwart I, Göttingen 1972, 9–44. H.J.S.

Abstraktionsschema, in der Abstraktionstheorie (↑Abstraktion) Bezeichnung für ein Definitionsschema, in dem abstrakte Rede als konkrete Rede erklärt wird, die bezüglich einer vorgegebenen ↑Äquivalenzrelation invariant ist, also ein Schema der folgenden Art:

(1) $P(\alpha a) \leftrightharpoons \bigwedge_x (x \sim a \rightarrow P(x))$.

Darin steht $\sim$ für eine Äquivalenzrelation auf dem Variabilitätsbereich des Allquantors, α hat die Funktion des zur Äquivalenzrelation $\sim$ gehörenden Abstraktors. Eine besondere Rolle spielt die Abstraktion von einstelligen Aussageformen zu Mengen. In dem zur Äquivalenzrelation $\overset{x}{\sim}$ für Aussageformen $A(x)$, $B(x)$:

$$A(x) \overset{x}{\sim} B(x) \leftrightharpoons \bigwedge_x (A(x) \leftrightarrow B(x))$$

gehörenden A. zweiter Stufe

(2) $P(\in_x A(x)) \leftrightharpoons \bigwedge_X (X(x) \stackrel{\sim}{\leftrightarrow} A(x) \rightarrow P(X(x)))$

fungiert $\in_x$ als der zu $\stackrel{\sim}{\leftrightarrow}$ gehörende Abstraktor. Das Abstraktum $\in_x A(x)$ liest man als ›die *Menge* derjenigen x, auf die $A(x)$ zutrifft‹. Die Abstraktion von Aussageformen zu Mengen hat deshalb eine ausgezeichnete Bedeutung, weil sich jede andere Abstraktion durch sie ersetzen läßt. Denn hat man einmal mit dem A. (2) die Rede von Mengen eingeführt, so läßt sich zu jeder Äquivalenzrelation $\sim$ und jedem Element a die zugehörige *Äquivalenzklasse* $\tilde{a} \leftrightharpoons \in_x(a \sim x)$ definieren. Für diese Äquivalenzklassen gilt $\tilde{a} = \tilde{b} \leftrightarrow a \sim b$ (wobei $\tilde{a} = \tilde{b}$ die Mengengleichheit meint). Die in (1) eingeführte Rede über abstrakte Objekte $\alpha a, \alpha b, \ldots$ ist somit ersetzbar durch die Rede über die Äquivalenzklassen $\tilde{a}$, $\tilde{b}, \ldots$ Eine solche Ersetzung entspricht zwar meist nicht den Intentionen, die man mit der Abstraktion nach der Äquivalenzrelation $\sim$ verfolgt, ermöglicht jedoch, mit einer einzigen Sorte von Abstrakta, nämlich Mengen, auszukommen. So macht dieses Resultat die Bedeutung der Mengenlehre als universellen Darstellungsmittels der modernen Mathematik verständlich, wenn es auch nicht deren axiomatische Auffassung rechtfertigt.

Literatur: G. Haas, Zur konstruktiven Begründung der Analysis. Ein Beitrag zur Klärung des Konstruktivitätsbegriffs, Diss. Aachen 1975, 67–86; P. Lorenzen/O. Schwemmer, Konstruktive Logik, Ethik und Wissenschaftstheorie, Mannheim/Wien/Zürich [2]1973, 194–202. P.S.

Abstraktionsstufen, eine im Anschluß an Avicenna und Thomas von Aquin gebildete Unterscheidung, nach der durch ↑Abstraktion auf verschiedenen Ebenen oder Stufen (nach Thomas) zunächst ↑Allgemeinbegriffe, dann mathematische und schließlich metaphysische Begriffe gewonnen werden. H.J.S.

Abstraktor, logischer Operator, ↑Abstraktion.

Abstraktum (lat.), ein abstrakter Gegenstand (↑Abstraktion), in der Grammatik auch ein ↑Prädikator für einen Gegenstandsbereich von Abstrakta, z.B. ›Zahl‹ im Unterschied zum ↑Konkretum ›Haus‹. K.L.

absurd/das Absurde (von lat. absurdus, mißtönend), ursprünglich soviel wie ›sinnlos‹, auch für widerspruchsvolle Begriffe (z.B. rundes Viereck) oder für offensichtlich falsche Aussagen verwendet. Eine Behauptung *ad absurdum* führen heißt, aus ihr nach richtigen Schlußregeln etwas Falsches folgern; die ↑*reductio ad absurdum* (von griech. *ἀπαγωγὴ εἰς τὸ ἀδύνατον*) spielt als Methode des indirekten ↑Beweises in der Beweislehre eine besondere Rolle.

Bei den Kirchenvätern (Tertullian, Augustinus) dient a. zur Charakterisierung derjenigen theologischen Aussagen, die sich nicht beweisen, sondern nur glauben lassen; daher das überlieferte ↑›credo quia absurdum‹ (›ich glaube es, weil es widersinnig ist‹). Auf diese Weise bekommt a. im Rahmen religiöser Meditationen eine Bedeutung, die weniger ›sinnlos‹ als ›mit der (menschlichen) Vernunft nicht erfaßbar‹ meint, z.B. bei B. Pascal; ›a.‹ wird insofern auch zum Stichwort für die mit S. Kierkegaard beginnende ↑Existenzphilosophie, mit der gegen den Vernunftglauben des im 19. Jahrhundert herrschenden Idealismus auf die Grenzen der Vernunft aufmerksam gemacht werden soll. Bei J.-P. Sartre wird das A. erste Bestimmung des Gegebenen: Die Welt und der Mensch in ihr hat keinen vorgegebenen Sinn. Vielmehr muß der Mensch sich, und d.h. das, was er sein will, erst entwerfen; er muß sich wählen, indem er das bestehende Einzelne, die Tatsachen, negiert: »Der Mensch ist das Seiende, durch das das Nichts in die Welt kommt«. In anderer Ausdrucksweise heißt es dafür: Der Mensch ist zur Freiheit verurteilt. A. Camus geht von der gleichen Erfahrung wie Sartre aus: Die Welt und der Mensch in ihr sind a., nämlich ohne Sinn. Aber er fährt anders fort. Es gilt nämlich, diesem A.n, das eigentlich eine Erfahrung des Zwiespalts zwischen dem Anspruch auf Sinn und der fehlenden Erfüllung ist, Widerstand zu leisten, obwohl man weiß, daß dieser Widerstand, die Revolte, sinnlos bleibt. Diese Revolte ist das A. zweiter Stufe, und sie maßvoll, weder als Herr noch als Knecht den anderen Menschen gegenüber, aufrecht zu erhalten, macht die Würde und Größe des a.en Menschen aus.

Literatur: A. Camus, Le mythe de Sisyphe, Paris 1942 (dt. Der Mythos von Sisyphos, Hamburg 1950); ders., L'homme révolté, Paris 1951 (dt. Der Mensch in der Revolte, Hamburg 1953); W.F. Haug, J.-P. Sartre und die Konstruktion des A.n, Frankfurt 1966; S. Kierkegaard, Gesammelte Werke IV (Furcht und Zittern), ed. E. Hirsch, Düsseldorf 1950; B. Rosenthal, Die Idee des A.n. Friedrich Nietzsche und Albert Camus, Bonn 1977; J.-P. Sartre, L'être et le néant, Paris 1943 (dt. Das Sein und das Nichts, Hamburg 1952); L. Schestow, Kirgegard i ekzistencial'naja filosofija (glas vopijuščago v pustyn), Paris 1939 (dt. Kierkegaard und die Existenzphilosophie. Die Stimme eines Rufenden in der Wüste, Graz 1949). K.L.

Abtrennungsregel (engl. [rule of] modus ponens, law of detachment), auch ↑modus ponens, eine logische Schluß- bzw. Ableitungsregel, kraft der von einer Formel A und einer Formel $A \to B$ (wenn A dann B) zur Formel B übergegangen werden kann: $A, A \to B \Rightarrow B$. K.L.

Abubacer, der lat. Name von Ibn Thofail (Abu Bakr Ibn Tufail), *Guadix bei Granada vor 1110, †Marrakesch 1185, arab. Arzt und Philosoph. Neuplatoniker mystischer Prägung, Schüler Avempaces, Freund von Averroës. A. war auch Dichter, Mathematiker und Astronom. In seinem Hauptwerk, dem Roman »Hayy Ibn Yagẓān« (= [Die Geschichte] vom Lebenden, dem Sohn des Wachenden, d.h. Gottes), schildert A. die geistige Entwicklung eines auf einer einsamen Insel ausgesetzten, ganz auf sich selbst gestellten Kindes von einfachsten Beobachtungen bis hin zu einer der Philosophie überlegen erachteten mystischen Gottesschau, die, wie sich später bei einem Gespräch mit einem frommen Mohammedaner herausstellt, dem Islam entspricht. Das Werk wurde 1671 ins Lateinische, bald darauf in andere Sprachen übersetzt und war in der Aufklärung weit verbreitet. Es könnte D. Defoes »Robinson Crusoe« beeinflußt haben. – Das Manuskript eines anderen Werkes (Rajaz tawil fi ilm al-tibb; langes Gedicht im Rajaz-Versmaß über Medizin) wurde jüngst in Rabat entdeckt. Astronomische Schriften sind nicht erhalten.

Werke: L. Gauthier, Hayy ben Yaqdhān. Roman philosophique al'Ibn Thofail (arab./franz.), I–II, Beirut [2]1936; L. Goodman, Ibn Ṭufayls Hayy ibn Yaqẓān, New York 1971 (kommentierte engl. Übers.).

Literatur: E. Behler, A.s Hayy ibn Yakzān als Ausdruck des mittelalterlichen Platonismus; in: K. Flasch (ed.), Parusia. Festgabe Hirschberger, Frankfurt 1965, 351–375; B. Carra de Vaux, A., Encycl. of Islam III (Leiden [2]1969), 957; L. Gauthier, Ibn Thofail, Paris 1909; K. Abdul Ḥamid, The Philosophical Significance of Ibn Ṭufail's Ḥaiy Ibn Yaqẓān, Islamic Culture 22 (1948), 50–70; M. Meyerhof/J. Schacht, The Theologus Autodidactus of Ibn al-Nafis, Oxford 1968; K. Nabhani, Ibn Tofaïl, philosophie maghrēbin, Confluent 39 (1964), 254–268; B.H. Siddigi, The Philosophy of Hai Ibn Yaqzan, Pakistan Philosophical Journal 2 (1960), 69–75. H.J.S.

Abul Wafa al Busdschani, *Busdschan (Nordost-Persien) 940, †Bagdad 998, persisch-arab. Mathematiker und Astronom. A.s Ruhm als Mathematiker beruht auf einem Lehrbuch zur praktischen Arithmetik und Geometrie sowie seinen (verlorengegangenen) Kommentaren zu Euklid, Diophantos und al Chwarismi. Seine arithmetischen Untersuchungen betreffen vor allem die Bruchrechnung. Ein großer Teil seiner geometrischen Problemlösungen zeichnet sich dadurch aus, daß sie, in Anlehnung an alte griechische und indische Methoden, einen Zirkel mit fester Öffnung benutzen. Die große Exaktheit der so erreichten Resultate beeinflußte noch stark die Mathematiker der europäischen Renaissance. Während seine astronomischen Arbeiten ohne größere Bedeutung sind, führte er in der Trigonometrie neue Berechnungsmethoden für Sinustafeln ein.

Literatur: A.V. Braunmühl, Vorlesungen über Geschichte der Trigonometrie I, Leipzig 1900; A.P. Youschkevitch, A.W., DSB I (1970), 39–43; G. Sarton, Introduction to the History of Science I, Baltimore 1927, 666.

abzählbar/Abzählbarkeit (engl. countable, denumerable; franz. dénombrable), eine ↑Menge heißt a., wenn sich ihre Elemente abzählen lassen, d.h., wenn ihnen natürliche Zahlen so zugeordnet werden können, daß je zwei verschiedenen Elementen zwei verschiedene Zahlen entsprechen und die Zuordnung ausnahmslos alle Elemente der Menge erfaßt. A. sind insbesondere alle endlichen Mengen, doch werden im Sprachgebrauch der Mathematiker gelegentlich nur die unendlichen Mengen mit der genannten Eigenschaft als a. (genauer: a.-unendlich) bezeichnet. Beispiele a.er Mengen bilden die Menge der geraden Zahlen, die Menge der rationalen Zahlen, die Menge der mit einem endlichen ↑Alphabet konstruierbaren Wörter. Daß es auch nicht-a.e, wegen ihrer daraus folgenden ↑Indefinitheit in der konstruktiven Mathematik als ›Klassen‹ von den übrigen Mengen unterschiedene Mengen gibt (z.B. die Klasse der reellen Zahlen oder die Klasse aller Teilmengen der Menge der natürlichen Zahlen), beweist man mit Hilfe des zweiten ↑Cantorschen Diagonalverfahrens (↑überabzählbar). C.T.

Acervus (lat. Haufen), bei Cicero Übersetzung des griech. σωρίτης, logischer Terminus 1. für den ↑Trugschluß, der daraus, daß die Hinzufügung eines einzigen Kornes zu einer Anzahl Körner diese nicht zu einem Kornhaufen macht, wenn sie nicht schon vorher einen darstellten, und daraus, daß jedenfalls ein einzelnes Korn noch keinen Kornhaufen liefert, auf die Unmöglichkeit der Bildung von Kornhaufen schließt. A. heißt dann jeder Schluß nach diesem Schema; ein Schluß, der statt mit der Hinzufügung mit der Wegnahme irgendwelcher Objekte formuliert wird, heißt auch ↑Calvus. 2. bezeichnet A. die illegitime Erschleichung einer (unrichtigen) Konklusion durch stückweise Hinzufügung immer neuer, dem fehlerhaften Schlußsatz näherführender unscharfer oder lediglich plausibler (Schein-)Argumente, die den Schlußsatz ›immer noch ein bißchen wahrscheinlicher‹ machen sollen. 3. heißt (seltener) A. auch eine legitime Kette gültiger Syllogismen; vgl. hierzu ↑Sorites und die dort angegebene Literatur.

Literatur: Cicero, Academica II.16, in: De Natura Deorum. Academica, Cambridge Mass./London 1933 (repr. 1961) (Loeb Classical Library 269), 528; ders., De Divinatione II.4, in: De Senectute. De Amicitia. De Divinatione, Cambridge Mass./London 1923 (repr. 1964) (Loeb Classical Library 154), 380–381. C. T.

Ach, Narziss Kasper, *Emershausen 29. Okt. 1871, †München 25. Juli 1946, Prof. der Psychologie in Berlin, Königsberg und Göttingen. Auf A. geht die methodische Verwendung der Selbstbeobachtung in der Psychologie zurück. Er begründete die experimentelle Erforschung des menschlichen Willens und gelangte zu einer autogenetischen Willenstheorie, nach der die Willensvorgänge und -akte den sensuellen und emotionalen Vorgängen nicht unterzuordnen, sondern als eigenständig und gleichrangig zur Seite zu stellen sind. Im Mittelpunkt der A.schen ›Determinationspsychologie‹ steht der Begriff der (unbewußten) determinierenden Tendenzen: bei der Bildung von Vorstellungen und Denkvorgängen wirkt eine ›determinierende Tendenz‹ als Auslesefaktor, die dem ↑Bewußtseinsstrom neben der zeitlichen weitere Ordnungsbeziehungen aufprägt und ihn damit in bestimmte ›Richtungen‹ lenkt. Mitherausgeber des »Archivs für die gesamte Psychologie«, Leipzig XXXIV (1915)–XLV (1923).

Werke: Über die Willenstätigkeit und das Denken. Eine experimentelle Untersuchung, Göttingen 1905; Über den Willensakt und das Temperament, eine experimentelle Untersuchung, Leipzig 1910; Über die Erkenntnis a priori, insbesondere in der Arithmetik, Teil 1, Leipzig 1913 (= Untersuchungen zur Psychologie und Philosophie II, H. 2); Zur Psychologie des Amputierten. Ein Beitrag zur praktischen Psychologie, Leipzig 1920; Über die Begriffsbildung. Eine experimentelle Untersuchung, Bamberg 1921; Analyse des Willens, Berlin/Wien 1935 (= E. Abderhalden [ed.], Handbuch der biologischen Arbeitsmethoden, Abt. VI, Teil E, H. 1).

Literatur: Festschrift für N. A., Arch. ges. Psych. 83, H. 3/4 (1932), 289–616; S. Oberto, L'analisi del volere nell' opera di N. A., Arch. ital. psicol. 14, no. 4 (1936), 259–261; L.S. Vygotsky, Thought and Language, Cambridge Mass. 1962 (russ. Moskau 1934), 53–57, 122–124. C. T.

Achilles und die Schildkröte, einer der ↑Trugschlüsse des Zenon von Elea: A. kann eine Schildkröte, die einen Vorsprung hat, nicht einholen. Bis A. nämlich den Vorsprung zurückgelegt hat, konnte die Schildkröte einen neuen Vorsprung gewinnen, den A. erst zurücklegen muß. Inzwischen hat die Schildkröte abermals einen Vorsprung gewonnen usw. Wie auch andere der ↑Zenonischen Paradoxien beruht der Trugschluß auf einem zweifachen Fehler: (1) Er übersieht, daß unendliche Reihen eine endliche Summe haben können (die Summe der Zeiten, die A. zum Zurücklegen der einzelnen Vorsprünge benötigt, ist endlich). (2) Die Aufteilung des von A. zurückgelegten Weges in Vorsprünge der Schildkröte ist ›potentiell unendlich‹, d.h., sie kann beliebig oft wiederholt werden. Nur die Handlung des Teilens ist unendlich, im Sinne von ›nach demselben Schema fortsetzbar‹. Daraus folgt aber nicht die Unendlichkeit der Weglänge oder der für das Zurücklegen dieses Weges benötigten Zeit.

Literatur: B. Black, Achilles and the Tortoise, Analysis 11 (1951), 91–101; W.C. Salmon (ed.), Zeno's Paradoxes, Indianapolis 1970 (mit Bibliographie); G. Vlastos, Zeno of Elea, Enc. Ph. VIII (1967), 369–379. P. J.

Achillini, Alessandro, *Bologna 29. Okt. 1463, †ebd. 2. Aug. 1512, ital. Philosoph und Anatom. Lehrte in Bologna (1484–1506, 1508–1512) und Padua (1506–1508), zunächst Philosophie, ab 1495 auch Medizin. A. vertrat in der Philosophie als Aristoteliker einen averroistischen Standpunkt (↑Averroismus); seine Behandlung der ↑Universalien (↑Universalienstreit) und ↑Transzendentalien steht ockhamistischen Positionen (↑Ockhamismus) nahe (denen er möglicherweise um 1500 in Bologna Bedeutung verschaffte). In der Medizin gehört A. zu den ersten bedeutenden Kritikern Galens.

Werke: De orbibus libri 4, Bologna 1498; Quaestio de universalibus, in: Aristoteles, Secretum secretorum, Bologna 1501, 1516, 1520, Lyon 1528; De chyromantiae principiis et physionomiae, Bologna 1503; De potestate syllogismi. De subiecto medicine, Bologna 1504; De elementis, Bologna 1505; De intelligentiis, Bologna 1494, [2]1506; Opera, Venedig 1508, 1516; Opera omnia, in unum collecta, cum annotationibus, P. Montius, Venedig 1545, 1548, 1551, 1568, 1608; De humani corporis anatomia, Venedig 1516, Bologna 1520; Annotationes anatomicae, Bologna 1520.

Literatur: H.S. Matsen, A.A. (1463–1512) and ›Ockhamism‹ at Bologna (1490–1500), J. Hist. Philos. 13 (1975), 437–451; ders., A. A. (1463–1512) and His Doctrine of »Universals« and »Transcendentals«. A Study in Renaissance Ockhamism, Lewisburg/London 1974; L. Münster, A. A.. Anatomico e filosofo, professore dello studio di Bologna, 1463–1512, Riv. stor. sci. mediche e nat. 15 (1933), 7–22, 54–77; B. Nardi, Saggi sull'aristotelismo padovano del secolo XIV al XVI, Firenze 1958, 179–279;

G. Rath, Pre-Vesalian Anatomy in the Light of Modern Research, Bull. Hist. Med. 35 (1961), 142–148. J. M.

Achsenzeit, in der Geschichtsphilosophie von K. Jaspers die Wende der Geschichte zwischen 800 und 200 v. Chr., in der eine Pluralität von parallelen Neuansätzen des Denkens in China (Konfuzius, Lao Tzu), Indien (↑upaniṣad, Buddha), im Iran (Zarathustra), in Palästina (Propheten) und in Griechenland (Dichter und Philosophen) den Übergang von der stabilen Zeit abgeschlossener Hochkulturen zur geschichtlichen Einheit der Menschheit, zur Weltgeschichte verursachen. Charakteristisch für diese Bewegung ist das in Entmythisierung und Traditionsverlust gewonnene neue Selbstbewußtsein sowie die kulturelle und politische Aktivität, die zur Gründung von Großreichen führt. Die Konzeption der A. tritt an die Stelle der christlichen Konzeption einer Universalgeschichte.

Literatur: K. Jaspers, Vom Ursprung und Ziel der Geschichte, Zürich/München 1949; The Philosophy of K. Jaspers, ed. P. A. Schilpp, New York 1957 (dt. Karl Jaspers, Stuttgart 1957). A. G.-S.

Achtung, als philosophischer Terminus durch I. Kant eingeführt. A. ist ein ›moralisches Gefühl‹ und als solches unterschieden von allen ›pathologischen‹, sinnlich bedingten, bloß faktisch vorhandenen Gefühlen. Im Gegensatz zu den pathologischen Gefühlen, von denen bei der Befolgung des Sittengesetzes abgesehen werden soll, wird das moralische Gefühl der A. gerade durch die Befolgung des ↑Sittengesetzes herbeigeführt, ›praktisch gewirkt‹ (KpV A 134). Die Befolgung des Sittengesetzes bewirkt die Schwächung des ›Eigendünkels‹ (KpV A 129), indem nämlich die »Ansprüche der Selbstschätzung, die vor der Übereinstimmung mit dem sittlichen Gesetz vorhergehen« (KpV A 129f.), nichtig werden. Diese Schwächung ist (negativ dargestellt) jene Änderung im moralisch guten Menschen, die Kant als besonderes Gefühl der ›A. fürs Gesetz‹ beschreibt. Positiv dargestellt ist es die einzig gerechtfertigte ›Triebfeder‹ zur Befolgung des Sittengesetzes. Als Gefühl möchte Kant die A. nicht mit den Termini von Lust und Unlust darstellen (KpV A 137f.), sondern als »Bewußtsein einer freien Unterwerfung des Willens unter das Gesetz« (KpV A 142) und Hoch-›Schätzung‹ des Gesetzes (KpV A 140). A. geht niemals auf Sachen, sondern immer nur auf Personen (KpV A 135), weil diese allein den Anspruch des Sittengesetzes vor Augen führen. O. S.

Ackermann, Wilhelm, *Schönebeck (bei Altena, Westfalen) 29. März 1896, †Lüdenscheid (Westfalen) 24. Dez. 1962, dt. Logiker. Nach einem vom Kriegsdienst unterbrochenen Studium der Mathematik, Physik und Philosophie in Göttingen, das 1924 mit der Promotion bei D. Hilbert abschloß, und einem längeren Forschungsaufenthalt in Cambridge ging A. in den gymnasialen Schuldienst, wo er von 1927–1961 tätig war. Die Ergebnisse seiner kontinuierlich fortgesetzten Forschungen veranlaßten 1953 seine Ernennung zum korrespondierenden Mitglied der Göttinger Akademie der Wissenschaften und zum Honorarprof. an der Universität Münster, wo er seitdem regelmäßig neben seiner Schultätigkeit lehrte.

Das Schwergewicht der Arbeiten A.s liegt, beginnend mit seiner Dissertation, in der Ausfüllung des Hilbertschen Programms (↑Hilbertprogramm) einer Beweistheorie (↑Metamathematik): Arbeiten zur ↑Widerspruchsfreiheit der Arithmetik (vgl. auch D. Hilbert/P. Bernays, Grundlagen der Mathematik II, 1939, [2]1970), Reduktion der Widerspruchsfreiheit des ↑Zermelo-Fraenkelschen Axiomensystems mit ↑Auswahlaxiom und ↑Teilmengenaxiom, aber ohne ↑Unendlichkeitsaxiom und ↑Ersetzungsaxiom, auf die Widerspruchsfreiheit der Arithmetik (1937), ferner Arbeiten zur Widerspruchsfreiheit reicherer typenfreier Systeme. A.s Arbeiten zum ↑Entscheidungsproblem beweisen die ↑Entscheidbarkeit bestimmter Klassen von Ausdrücken der Quantorenlogik erster Stufe. Im Zusammenhang damit stehen Arbeiten zum Problem der ↑Elimination. – Von Bedeutung für die Logik ist A.s modifiziertes System der strikten Implikation (↑Implikation, strikte), das, bei A. als System der ›strengen Implikation‹ bezeichnet, gewisse Probleme der Systeme von C. I. Lewis vermeidet.

Werke: Begründung des »tertium non datur« mittels der Hilbertschen Theorie der Widerspruchsfreiheit, Math. Ann. 93 (1924/1925), 1–36; (mit D. Hilbert) Grundzüge der theoretischen Logik, Berlin 1928, Berlin/Heidelberg/New York [6]1972; Zum Hilbertschen Aufbau der reellen Zahlen, Math. Ann. 99 (1928), 118–133; Über die Erfüllbarkeit gewisser Zählausdrücke, Math. Ann. 100 (1928), 342–372; Untersuchungen über das Eliminationsproblem der mathematischen Logik, Math. Ann. 110 (1934), 390–413; Beiträge zum Entscheidungsproblem der mathematischen Logik, Math. Ann. 112 (1936), 419–432; Die Widerspruchsfreiheit der allgemeinen Mengenlehre, Math. Ann. 114 (1937), 305–315; Zur Widerspruchsfreiheit der Zahlentheorie, Math. Ann. 117 (1940), 162–194; Konstruktiver Aufbau eines Abschnittes der zweiten Cantorschen Zahlenklasse, Math. Z. 53 (1951), 403–413; Widerspruchsfreier Aufbau einer typenfreien Logik (Erweitertes System), Math. Z. 55 (1952), 364–384; Widerspruchsfreier Aufbau einer typenfreien Logik II, Math. Z. 57 (1953), 155–166; Solvable Cases of the Decision Problem, Amsterdam 1954; Zur Axiomatik der Mengenlehre, Math. Ann. 131 (1956), 336–345; Begründung einer strengen Implikation, J. Symb. Log. 21 (1956), 113–128; Über die Beziehungen zwischen strikter und strenger Implikation, Dialectica 12 (1958), 213–222; Ein typenfreies System der Logik mit ausreichender mathematischer Anwendungsfähigkeit I, II (Ableitung der Zahlentheorie), Arch. math. Log. Grundlagenf. 4 (1958), 3–26, 5 (1959), 96–111.

Literatur: H. Hermes, W. A. zum Gedächtnis, Math.-Phys. Sem. Ber. 10 (1964), 11–13; ders., W. A. 1896–1962, Notre Dame J. Formal Logic 8 (1967), 1–8 (mit Bibliographie). G. W.

Acontius, Jacobus (Giacomo Aconcio), *wohl Trient oder Ossana (Provinz Trient) vor 1515, †wahrscheinlich London 1567, ital. Reformator. Um 1540 Notar in Ossana, 1548–1549 in Trient, um 1549 am Wiener Hof im Gefolge des Erzherzogs Maximilian, 1556 Sekretär des Trientiner Kardinalbischofs C. Madruzza in Mailand (zur gleichen Zeit erwarb A. Kenntnisse im Festungsbau bei G. M. Olgiati), 1557 Flucht nach Basel und Zürich, 1558 in Straßburg, 1559 Übersiedlung nach England, wo A. am Ausbau der Festung von Berwick upon Tweed (1564) und der Entwässerung des Marschlandes an der unteren Themse mitwirkte. Neben protestantischen Schriften (Dialogo nel quale in proposito del giorno del Giudicio alcune cose si considerano, Somma brevissima della dottrina christiana, beide Basel 1558 unter dem Pseudonym Giacopo Riccamati Ossanese), Dokumenten der Reformation in Italien, stehen vor allem die bedeutenderen Schriften »De methodo« (Basel 1558) und »Stratagematum Satanae« (Basel 1565). In »De methodo« fordert A. eine einfache Methode für alle Wissenschaften, gibt, Aristotelischen Vorstellungen folgend, analytischen und induktiven Verfahren den Vorzug und betont die Notwendigkeit der persönlichen Erfahrung und des Umsetzens von Wissen in praktische Handlung. Im »Stratagematum Satanae« wird gezeigt, daß jede Form von religiöser Intoleranz, Arroganz, Streitsucht und Verfolgung List Satans ist, um die evangelische Wahrheit zu unterdrükken.

Werke: De methodo, hoc est de recta investigandarum tradendarumque artium ac scientiarum ratione, Basel 1558, Genf ²1582 (repr. mit dt. Übers., ed. L. Geldsetzer, Düsseldorf 1971), Lyon 1617; De methodo e opuscoli religiosi e filosofici, ed. G. Radetti, Florenz 1944; Satanae Stratagemata libri octo. Accessit eruditissima epistola de ratione edendorum librorum, ad Johannem Wolfium Tigurinum eodem authore, Basel 1565, ²1610, Oxford 1631, Amsterdam 1652, 1664 (dt. Acht Bücher von den listigen Kriegs-Rencken dess Satans, o.O. 1647), Satanae Stratagematum libri octo. Ad Johannem Wolphium eiusque ad Acontium epistulae. Epistula apologetica pro Adriano de Haemstede. Epistula ad ignotum quendam de natura Christi, ed. W. Köhler, München 1927; Stratagematum Satanae, Libri VIII, ed. G. Radetti, Florenz 1946; Acontiana. Abhandlungen und Briefe des J. A., ed. W. Köhler/E. Hassinger, Heidelberg 1932 (enthält »Dialogo« und »Somma brevissima«).

Literatur: D. Cantimori, Eretici italiani del cinquecento. Ricerche storice, Florenz 1939 (dt. Italienische Häretiker der Spätrenaissance, Basel 1949); ders., A., Dizionario biografico degli Italiani I (1960), 154–159; E. Hassinger, Studien zu J.A., Berlin 1934; ders., A., TRE I (1978), 402–407; J. Lecler, Histoire de la tolérance au siècle de la réforme, I–II, Paris 1955 (dt. Geschichte der Religionsfreiheit im Zeitalter der Reformation, I–II, Stuttgart 1965); P. Rossi, Giacomo Aconcio, Mailand 1952; E. Ruffini-Avondo, Gli Stratagemata Satanae di Giacomo Aconcio, Riv. stor. ital. 45 (1928), 113–140; L. White, Jacopo Aconcio as an Engineer, Amer. Hist. Rev. 72 (1967), 425–444. P. B.

actio (lat., Handlung, Tätigkeit), als Tätigkeit oder Handeln dem Leiden (↑passio) gegenübergestellte ↑Kategorie bei Aristoteles (↑Praxis, ↑Poiesis) und in der ↑Scholastik. Man unterscheidet in der scholastischen Philosophie a. *immanens* (›innenbleibende Tätigkeit‹), z.B. Sich-Entschließen, Erkennen, den eigenen Körper Bewegen, und a. *transiens* (›hinübergehende Tätigkeit‹), z.B. einen anderen Gegenstand bewegen. Oft wird auch nur die a. transiens als a. bezeichnet, die a. immanens dagegen als ↑operatio (immanens). O. S.

actio in distans (lat., Fernwirkung), Begriff zur Charakterisierung physikalischer Theorien bzw. Kraftgesetze, bei denen für Wechselwirkungen zwischen zwei sich nicht berührenden Körpern kein vermittelndes Medium angenommen wird. Wichtigstes Beispiel ist die Gravitationstheorie I. Newtons (↑Gravitation). Historisch wurden Fernwirkungstheorien schon früh als unbefriedigend empfunden und durch ↑Wirbeltheorien, Äthertheorien (↑Äther) oder ähnliche Hilfsannahmen zu ersetzen versucht. In der modernen Physik sind Fernwirkungstheorien durch Feldtheorien (↑Feld) abgelöst.

Literatur: M. Hesse, Action at a Distance and Field Theory, Enc. Ph. I (1967), 9–15. P. J.

actio minima, ↑Prinzip der kleinsten Wirkung.

actio = reactio (lat. Wirkung = Gegenwirkung), verkürzte Zitierweise des 3. Newtonschen Gesetzes, nach welchem Kräfte stets paarweise auftreten und dabei gleich groß, aber von entgegengesetzter

Richtung sind (↑Kraft). In nicht-formalistischer Interpretation der Newtonschen Mechanik kann das 3. Gesetz als Symmetrieregel analog der geometrischen, wonach die Strecken AB und BA gleich lang sind, und der kinematischen, wonach die Relativgeschwindigkeiten zwischen zwei Körpern entgegengesetzt gleich sind ($v_{AB}=v_{BA}$), interpretiert werden. Sie dient dort dem Verbot, durch Strecken-, Geschwindigkeits- oder Kraftmessung Körper als Bezugssysteme auszuzeichnen.

Literatur: M. Jammer, Concepts of Force. A Study in the Foundation of Dynamics, Cambridge Mass. 1957; P. Janich, Newton ab omni naevo vindicatus, Philos. Nat. 18 (1979); R. S. Westfall, Force in Newton's Physics. The Science of Dynamics in the 17th Century, London 1971. P. J.

actu (von lat. actus, Tätigkeit, Wirklichkeit: ›der Wirklichkeit nach‹), im Rahmen der scholastischen Akt-Potenz-Lehre (↑Akt und Potenz) Terminus zur Bezeichnung der Verwirklichung bestimmter Möglichkeiten bzw. bestimmter Vermögen oder der Wirklichkeit, die mit einem (Verwirklichungs-)Vermögen ausgestattet ist. So in den Verbindungen ›intellectus in actu‹, ›causa in actu‹. In der Verbindung mit ›esse‹ (↑Sein) soll a. in der ↑Scholastik die Verwirklichung von ›Seinsmöglichkeiten‹ überhaupt angeben, ohne schon auf bestimmte Eigenschaften einzuschränken. In diesem Sinne wird a. in dem Prinzip gebraucht: »omne agens agit inquantum actu est« (»jedes Wirkende wirkt nur, insofern es a. ist«, Thomas von Aquin, S. c. g. 1, 73; 2, 47; 2, 52; ähnliche Formulierungen: S. th. I qu. 76 art. 1c; S. c. g. 1, 16; 2, 81; 2, 97). O. S.

actualitas (lat., Wirklichkeit, Verwirklichung), in der ↑Scholastik Terminus zur Bezeichnung der Verwirklichung der ›Möglichkeiten‹ bzw. Potenzen (↑Akt und Potenz) eines Seienden. Im strengen Sinne wird a. nur Gott zugesprochen als demjenigen, in dem alle Möglichkeiten rein verwirklicht sind (›actus purus‹, ↑actus). O. S.

actus (lat., Akt, Tätigkeit; griech. ἐνέργεια), im Rahmen der scholastischen Akt-Potenz-Unterscheidung (↑Akt und Potenz) die dem Vermögen oder der bloßen Möglichkeit gegenüberstehende Wirklichkeit sowohl im Sinne des Verwirklichten (von bestimmten Möglichkeiten oder eines bestimmten Vermögens) als auch des Verwirklichenden (von Möglichkeiten oder eines Vermögens). Die Hauptunterscheidungen verschiedener a. sind: (1) a. *formalis,* d.i. das, wodurch ein Seiendes seine Eigenschaften hat, und a. *entitativus,* d.i. das, wodurch ein Seiendes existiert. (2) Der a. formalis wird weiter unterschieden in a. *accidentalis,* d.i. das, wodurch einem als ↑Substanz schon konstituierten Seienden noch einige akzidentelle (↑Akzidens) Eigenschaften zukommen, und a. *substantialis,* d.i. das, wodurch ein Seiendes als eine von anderen spezifisch (↑Art) unterschiedene Substanz konstituiert wird. In der Seinsmetaphysik werden (3) ferner unterschieden der a. *mixtus,* d.i. der mit Potenz ›gemischte‹ a., der noch nicht alles das geworden ist, was er sein ›könnte‹, und der a. *purus,* der von jeder Potenz freie, ›reine‹ a., der alles das (in ↑Vollkommenheit) schon geworden ist, was er überhaupt werden ›kann‹. A. purus im strengen Sinne ist nur Gott. Schließlich wird in der Scholastik noch (4) der a. *primus,* der ›erste‹ a., d.i. die Substanz eines Seienden, von dem a. *secundus,* dem ›zweiten‹ a., d.i. der Tätigkeit, der ↑operatio, eines Seienden, unterschieden. O. S.

adäquat/Adäquatheit, in der Logik ist ein formales System a. genau dann, wenn es sowohl ↑korrekt als auch ↑vollständig ist. In der Wissenschaftstheorie ist die A. eine Forderung an die ↑Explikation von Begriffen. P. S.

adaequatio (lat., Übereinstimmung), in der Wendung ›adaequatio intellectus et rei‹ (›Übereinstimmung des urteilenden Geistes und der Sache‹) Definition der Wahrheit, die Thomas von Aquin von dem jüdischen Neuplatoniker I. Israeli aus dessen »Buch der Definitionen« übernommen haben will (↑Adäquationstheorie). Tatsächlich findet sie sich dort nicht (vgl. Scholastik 9 [1934], 439). Thomas von Aquin erweitert diese Definition durch die Aristotelische Bestimmung der Wahrheit (Met. *Γ* 7.1011b27): »secundum quod intellectus dicit esse, quod est, vel non esse, quod non est« (»insofern der urteilende Geist von dem, was ist, sagt, daß es ist, und von dem, was nicht ist, daß es nicht ist«, S. c. g. 1,59; vgl. De verit. 1,1). In der neuthomistischen Philosophie ist diese Wahrheitsdefinition übernommen worden. Noch I. Kant bezeichnet sie schlicht als die ›Namenerklärung‹ der Wahrheit (KrV B 82). O. S.

Adäquationstheorie (von lat. adaequatio, Übereinstimmung), die klassische, auf Aristoteles zurückgehende, von Thomas von Aquin (↑adaequatio) weitergeführte und in der mit formalsprachlichen Mitteln aufgebauten semantischen Wahrheitsdefinition A. Tarskis kulminierende ↑*Wahrheitstheo-*

rie, gegenwärtig, wegen der in ihr ausgedrückten Entsprechung von Satz (oder Gedanke) und Sache, meist als ↑Korrespondenztheorie bezeichnet. K.L.

Addition (logisch), in Analogie zur arithmetischen Addition (↑Addition (mathematisch)) benannte Verknüpfung von Mengen (Klassen) oder Aussagen, die zwei Mengen bzw. Aussagen a, b die Vereinigungsmenge $a \cup b$ (↑Vereinigung (mengentheoretisch)) bzw. das Adjungat (↑Adjunktion) $a \vee b$ als ihre ›logische Summe‹ $a+b$ zuordnet. Terminus und Notation stammen aus der ↑Algebra der Logik und sind heute veraltet. C.T.

Addition (mathematisch), eine für den jeweils betrachteten Bereich (z.B. natürliche Zahlen, ↑Matrizen) eigens zu bestimmende Verknüpfung (Zeichen: $+$), welche je zwei Elementen des Bereichs ein wohlbestimmtes drittes Element, deren *Summe,* zuordnet. Im axiomatischen Aufbau (z.B. ↑Peano-Axiome) der Arithmetik etwa der natürlichen Zahlen kann man die A. rekursiv (↑Definition, rekursive) durch die beiden Gleichungen

(1) $a+1=a'$ und (2) $a+n'=(a+n)'$

definieren. Dabei soll das Zeichen »$'$« jeweils den Nachfolger bedeuten.

Die konstruktive Arithmetik (↑Arithmetik, konstruktive) faßt dagegen die A. natürlicher Zahlen als ein *Verfahren* auf, aus zwei Zahlen genau eine dritte zu konstruieren. Dieses Verfahren kann z.B. durch das Regelsystem

(1) $\Rightarrow m+| = m|$
(2) $m+n=p \Rightarrow m+n| = p|$

festgelegt werden, wobei m, n, p als Abkürzungen (›Variable‹) für im ↑Strichkalkül herstellbare Figuren stehen. G.W.

Additionssatz, spezieller, auch: spezielles Additionsprinzip. Axiom in Axiomatisierungen des induktiven Schließens (↑Schluß, induktiver), dem in Axiomatisierungen der ↑Wahrscheinlichkeitstheorie die sogenannte Additivität entspricht. Der spezielle A. besagt, daß für Aussagen H und I und für ↑erfüllbare Aussagen E, wobei jedoch $H \wedge I$ und E nicht gleichzeitig erfüllbar sein dürfen (d.h., $H \wedge I \wedge E$ ist logisch falsch), folgende Beziehung gilt:

$$c(H \vee I, E) = c(H, E) + c(I, E)$$

D.h., die Wahrscheinlichkeit einer Adjunktion $H \vee I$ auf Grund eines empirischen Wissens E ist gleich der Summe der Wahrscheinlichkeiten von H und von I auf Grund von E (↑Bestätigungsfunktion). Verzichtet man auf die Voraussetzung, daß $H \wedge I \wedge E$ logisch falsch ist, dann läßt sich der *allgemeine Additionssatz* als Theorem beweisen:

$$c(H \vee I, E) = c(H, E) + c(I, E) - c(H \wedge I, E)$$

Literatur: ↑Bestätigungsfunktion. G.W.

Adelard von Bath, *Bath um 1070, †nach 1146 (Hauptwirksamkeit 1116–1142), engl. Naturphilosoph und Übersetzer arabischer Texte. Als einer der ersten lieferte A. vollständige Übersetzungen arabischer und griechischer Werke (aus dem Arabischen) ins Lateinische. Bedeutsam sind vor allem seine Übersetzung von Albumasars kleinerer Einführung in die Astronomie unter dem Titel »Ysagoge minor Iapharis matematici in astronomicam per Adhelardum batoniensem ex arabico sumpta« (die größere Einführung Albumasars wurde 1135 von Johannes von Sevilla und 1140 von Hermann von Carinthia übersetzt), ferner die Übersetzung der astronomischen Tafeln von al Chwarismi unter dem Titel »Ezich Elkauresmi per Athelardum bathoniensem ex arabico sumptus«, durch die er den lateinischen Westen mit einer ersten Einführung in das hellenistisch-indisch-arabische Tafelmaterial z.B. zur Kalenderberechnung, zur Bestimmung der Bewegungen von Sonne, Mond und den Planeten, versah. Höchstwahrscheinlich legte A. auch die erste nahezu vollständige Übersetzung der »Elemente« des Euklid (aus dem Arabischen) vor.

A.s eigene Werke haben nicht die gleiche Bedeutung wie seine Übersetzungen. Er vertritt einen platonischen Standpunkt, vermischt ihn aber eklektisch mit anderen Meinungen. Seine Hauptwerke sind »De eodem et diverso« (vor 1116 geschrieben) und die »Quaestiones naturales«, die jedenfalls vor 1137 entstanden sind. Im ersten Werk weist A. der Philosophie die Aufgabe zu, über ›dasselbe‹ zu reden, der ›Philososmia‹, über ›das Verschiedene‹ zu handeln. Im zweiten Werk, das als Dialog mit seinem Neffen geschrieben ist, handelt er die Natur und das Wachstum der Pflanzen, die Natur der Tiere (etwa hinsichtlich der Frage, ob Tiere eine Seele haben – die er bejahend beantwortet) und des Menschen, zudem Fragen der Meteorologie, der Physik und der Astrologie ab.

Werke: De eodem et diverso, ed. H. Willner, Münster 1903 (Beitr. Gesch. Philos., MA 4, Heft 1); Liber ysagogarum Alehorismi in artem astronomicam a magistro A.

compositus, Ausgabe der ersten drei Bücher, ed. M. Curtze, Abh. Gesch. Math. 8 (1898), 1–27; Perdifficiles quaestiones naturales, ed. M. Müller, Münster 1934 (Beitr. Gesch. Philos. Theol. MA 31, Heft 2); Regulae abaci, ed. B. Boncompagni, Bulletino di bibliographia e di storia delle scienze matematiche e fisiche 14 (1881), 1–134. – Totok II (1973), 202.

Literatur: F. Bliemetzrieder, A. Blätter aus dem Leben eines englischen Naturphilosophen des 12. Jahrhunderts und Bahnbrechers einer Wiedererweckung der griechischen Antike. Kulturgeschichtliche Studie, München 1935 (dort auch Übersetzungen von A.); M. Clagett, The Medieval Latin Translations from the Arabic of the Elements of Euclid, with Special Emphasis on the Versions of A., Isis 44 (1953), 16–42; ders., A., DSB I (1970), 61–64; C.H. Haskins, Studies in the History of Medieval Science, Cambridge Mass. ²1927, 20–42; I. Murdoch, Euclid: Transmission of the Elements, DSB IV (1971), 437–459. O.S.

ad-hoc-Hypothese, Hilfshypothese (›Hypothese für den Einzelfall‹), die zur Stützung eines Hypothesensystems (einer Theorie) eingeführt wird, d.h. dieses bei Auftreten einzelner, der Theorie widersprechender Beobachtungen durch eine diese Einzelfälle betreffende Zusatzerklärung stützen soll. Nach K.R. Popper sind Hilfshypothesen, die formal betrachtet eine Theorie gegen jede Widerlegung schützen könnten, nur dann zugelassen, wenn sie den Grad der ↑Widerlegbarkeit einer Theorie nicht vermindern, sondern erhöhen (↑Hypothese).

Literatur: A. Grünbaum, Ad hoc Auxiliary Hypotheses and Falsificationism, Brit. J. Philos. Sci. 27 (1976), 329–362; K.R. Popper, Logik der Forschung, Tübingen ⁶1976. P.J.

Adiaphora (griech. ἀδιάφορα, Nicht-Unterschiedenes), Terminus der stoischen Ethik. Zu den A. zählt, was weder gut noch schlecht ist. Da für die Stoa allein die ↑Arete als gerechtfertigter Zweck gilt, fallen alle anderen möglichen Zwecke (Leben, Gesundheit, Reichtum, Ruhm ebenso wie Tod, Krankheit, Armut, Ruhmlosigkeit usw.) unter die A.: sie sind weder geboten noch verboten. Insofern sie jedoch Mittel zur Erreichung eines gerechtfertigten (guten) bzw. eines nicht gerechtfertigten Zweckes sein können, unterscheidet die Stoa zwischen begehrenswerten und verwerflichen A. Allein die Handlungen, die weder um ihrer selbst noch als Mittel zu anderen Zwecken geboten oder verboten sind, zählen zu den A. im eigentlichen Sinn (Diog. Laert. VII, 101–107). Der Terminus A. wird später von christlichen Autoren aufgegriffen.

Literatur: J. Stelzenberger, A., RAC I (1950), 83–87. E.K.

Adickes, Erich, *Lesum (b. Bremen) 29. Juni 1866, †Tübingen 8. Juli 1928, dt. Kantforscher. 1895 Priv.-Doz. in Kiel, 1898 a.o. Prof. ebendort, 1902 o. Prof. in Münster, ab 1904 in Tübingen. A. erhob die Forderung nach philologischer Behandlung bestimmter philosophiegeschichtlicher Probleme und erfüllte sie exemplarisch an den von ihm herausgegebenen ersten fünf Bänden des handschriftlichen Nachlasses I. Kants für die Preußische Akademie der Wissenschaften (Akad.-Ausg., 3. Abt., Bd. I bis V von zehn Bänden). A. lieferte neben seinen Untersuchungen über Kants Opus postumum wichtige Beiträge zur Kantinterpretation sowie eine bis zu Kants Todesjahr reichende Bibliographie der deutschen Kant-Literatur mit 2900 Titeln.

Werke: Kants handschriftlicher Nachlaß (d.i. Kants Gesammelte Schriften, 3. Abt., Akad.-Ausg.), I–X, Berlin 1911–1955, ed. A.: I (1911)–V (1928). – Kant's Systematik als systembildender Factor, Berlin 1887; German Kantian Bibliography I, Philos. Rev., May 1893–Febr. 1894 (repr. 1896), II, ebd. June 1895 (Suppl. I), III, ebd. June 1896 (Suppl. II) (repr. [3 Teile in 1 Bd.] Würzburg 1970); Kant contra Haeckel. Erkenntnistheorie gegen naturwissenschaftlichen Dogmatismus, Berlin 1901 2. Aufl. 1906 mit dem Untertitel: Für den Entwicklungsgedanken gegen naturwissenschaftlichen Dogmatismus (repr. Würzburg 1974); Charakter und Weltanschauung. Akademische Antrittsrede, Tübingen 1905; Kants Ansichten über Geschichte und Bau der Erde, Tübingen 1911; Kants Opus Postumum dargestellt und beurteilt, Berlin 1920 (Kant-St. Erg.hefte 50) (repr. Vaduz 1978); Kant und das Ding an sich, Berlin 1924 (repr. Hildesheim 1977); Kant als Naturforscher, I–II, Berlin 1924/1925; Kant und die Als-Ob-Philosophie, Stuttgart 1927 (repr. Würzburg 1972, Vaduz 1978); Kants Lehre von der doppelten Affektion unseres Ich als Schlüssel zu seiner Erkenntnistheorie, Tübingen 1929. – Selbstdarstellung in: Die Philosophie der Gegenwart in Selbstdarstellungen II, ed. R. Schmidt, Leipzig ²1923, 1–30.

Literatur: J. Hanslmeier, A., NDB I (1953), 66–67; P. Menzer, E.A., Kant-St. 33 (1928), 369–372; W. Ziegenfuß/G. Jung, Philosophen-Lexikon. Handwörterbuch der Philosophie nach Personen I, Berlin 1937, ²1949, 6–8. C.T.

a dicto secundum quid ad dictum simpliciter (lat., [Fehlschluß] vom Einzelfall auf den allgemeinen), in der ↑Syllogistik Bezeichnung für den Fehlschluß, der dadurch entsteht, daß der Mittelbegriff in der einen Prämisse partikular, in der anderen jedoch universell enthalten ist. Z.B. führen die Prämissen ›einige Sterne sind Planeten‹ und ›die Sonne ist ein Stern‹ zu der falschen Konklusion ›die Sonne ist ein Planet‹, da der Mittelbegriff (›Stern‹) in der ersten Prämisse eingeschränkt (›secundum quid‹), in der zweiten allgemein (›simpliciter‹) verwendet wird. Klassenlogisch ausgedrückt: das Prädikat der ersten Prämisse wird nur hinsichtlich einer Teilklasse des Mittelbegriffs verwendet, während in der zweiten Prämisse die gesamte Klasse des Mittelbegriffs dargestellt wird. Es liegt also ein Sonderfall der ↑quaternio terminorum vor. Allgemein wird die Bezeichnung auch für unzulässige Verallgemeinerungen von Einzelfällen und eingeschränkten Prinzipien verwendet, z.B. für den Übergang von ›Mundraub ist erlaubt‹ zu ›Diebstahl ist erlaubt‹.

Adjunktion (von lat. adiunctio, Anreihung), auch: Disjunktion oder Alternative; die Zusammensetzung zweier Aussagen mit dem ↑Junktor ›oder‹ (nicht-ausschließendes ›oder‹, Zeichen: $\vee$). Als ›unendliche‹ oder Großadjunktion (Zeichen: $\bigvee$) wird die Zusammensetzung aller ↑Aussagen einer Aussageform mit der logischen Partikel (dem ↑Einsquantor, Manchquantor oder Partikularisator) ›einige‹ bezeichnet. Neben A. wird auch die Bezeichnung Adjungat für das Resultat der jeweiligen Zusammensetzung verwendet. K. L.

Adjunktor, der ↑Junktor ›oder‹ (Zeichen: $\vee$) zur Herstellung der ↑Adjunktion zweier Aussagen. K.L.

Adler, Alfred, *Wien 7. Febr. 1870, †Aberdeen 28. Mai 1937, österr. Psychiater, Begründer einer sozialtheoretischen Individualpsychologie. Zunächst (1902) enge Zusammenarbeit mit S. Freud, dann (1911) Bruch mit dessen psychoanalytischer Richtung; 1924 Prof. am Pädagogischen Institut in Wien, 1929 Gastprof. an der Columbia Universität in New York, 1931 Prof. am Long Island Medical College. Mit Freud teilt A. dessen Einschätzung der Rolle der frühen Kindheit für die Ätiologie der Neurosen, bestreitet jedoch die Ausschließlichkeit der Bedeutung des Sexualtriebs. Im Rückgriff auf F. Nietzsches späte Philosophie (»Wille zur Macht«) führt A. psychische Krankheiten auf bei sozialen Anpassungsstörungen des einzelnen sich einstellende Minderwertigkeitsgefühle zurück, deren Kompensation zwar zur Herausbildung kultureller Leistungen führt, deren Überkompensation jedoch abnorme Zielorientierungen im einzelnen erzeugt. Indem A. soziale Komponenten für die Entstehung von Neurosen verantwortlich macht, wird er zum Vorläufer neofreudianischer Schulen (K. Horney, E. Fromm u.a.). Für die Therapie der Neurosen ist nach A. die Aufdeckung der neurotischen Ziele relevanter als die anamnetische Rekonstruktion von Urkonflikten. In seinen späteren Arbeiten widmet sich A. dem Verhältnis von Individualität und Gemeinschaft (Gemeinschaftsgefühl).

Werke: Studie über Minderwertigkeit von Organen, Berlin/Wien 1907 (repr. Darmstadt 1965), Frankfurt 1977; Über den nervösen Charakter. Grundzüge einer vergleichenden Individual-Psychologie und Psychotherapie, München 1912, ^{4}1928 (repr. Darmstadt 1969), Frankfurt 1972, 1977; Praxis und Theorie der Individualpsychologie, München 1920, ^{3}1924 (repr. Darmstadt 1965), Frankfurt 1974; Der Sinn des Lebens, Wien/Leipzig 1933, Frankfurt 1977.

Literatur: H. L. und R. Ansbacher, The Individual Psychology of A. A., New York 1956 (dt. A. A.s Individualpsychologie, München/Basel 1972); R. Bottome, A. A.. Apostle of Freedom, London 1939; H. Jacoby, A. A.s Individualpsychologie und dialektische Charakterkunde, Frankfurt 1974; W. Metzger, A. als Autor. Zur Geschichte seiner wesentlichen Veröffentlichungen, in: Die Psychologie des 20. Jahrhunderts III, ed. D. Eicke, Zürich 1977, 535–551; H. Orgler, A. A.. The Man and his Work. Triumph over the Inferiority Complex, London 1939, ^{4}1976 (dt. A. A.. Der Mann und sein Werk. Triumph über den Minderwertigkeitskomplex, Wien/Innsbruck 1956, ^{2}1972, München 1974); J. Rattner, A. A. in Selbstzeugnissen und Bilddokumenten, Hamburg 1972, ^{2}1974, ^{3}1976; ders., Individualpsychologie. Eine Einführung in die tiefenpsychologische Lehre von A. A., München/Basel 1963; M. Sperber, A. A. oder Das Elend der Psychologie, Wien/München/Zürich 1970. S. B./J. M.

Adler, Max, *Wien 15. Jan. 1873, †ebd. 28. Juni 1937, österr. Soziologe. Nach seiner Habilitation für Soziologie 1920 a.o. Prof. an der Universität Wien, 1920–1923 Parlamentsabgeordneter. A. suchte nach einer theoretischen Verbindung von marxistischer Soziologie und Kantischer Erkenntnistheorie, die zugleich die Grundlagenproblematik der Soziologie lösen sollte. Gehört neben O. Bauer und R. Hilferding zu den Vertretern des sogenannten Austromarxismus (↑Marxismus).

Werke: Kausalität und Teleologie im Streite um die Wissenschaft, Wien 1904; Marx als Denker. Zum 25. Todesjahre von Karl Marx, Berlin 1908, ^{3}1925; Der Sozialismus und die Intellektuellen, Wien 1910, ^{4}1923; Marxistische Probleme. Beiträge zur Theorie der materialistischen Geschichtsauffassung und Dialektik, Stuttgart 1913; Die Staatsauffassung des Marxismus. Ein Beitrag zur Unterscheidung von soziologischer und juristischer Methode, Wien 1922 (repr. Darmstadt 1973); Der Marxismus als proletarische Lebenslehre, Berlin 1923, ^{2}1926; Das Soziologische in Kants Erkenntniskritik. Ein Beitrag zur Auseinandersetzung zwischen Naturalismus und Kritizismus, Wien 1924 (repr. Aalen 1975); Kant und der Marxismus. Gesammelte Aufsätze zur Erkenntniskritik und Theorie des Sozialen, Berlin 1925; Lehrbuch der materialistischen Geschichtsauffassung. Soziologie des Marxismus, Berlin 1930, I–III, ed. S. Wirlander/K. Blecha, Wien 1964; Das Rätsel der Gesellschaft, Wien 1936 (repr. Aalen 1974). – H. Schroth/H. Exenberger, M. A. (1873–1937). Eine Bibliographie, Wien 1973.

Literatur: P. Heintel, System und Ideologie. Der Austromarxismus im Spiegel der Philosophie M.A.s, Wien/München 1967; I. Katsoulis, Sozialismus und Staat. Demokratie, Revolution und Diktatur des Proletariats im Austromarxismus, Meisenheim 1975; W. Lehrke, Verlust der Geschichte im Sozialapriori. Kritische Bemerkungen zu M.A.s transzendentaler Marx-Revision, Wiss. Z. Karl-Marx-Univ. Leipzig 22 (1973), 453–466. J.M.

Adorno, Theodor W. (Wiesengrund), * Frankfurt/Main 11. Sept. 1903, † Visp (Kanton Wallis) 6. Aug. 1969, dt. Philosoph, Soziologe, Musikwissenschaftler. Mit seinen Arbeiten zur Philosophie und ihrer Geschichte, zur theoretischen und empirischen Soziologie und besonders mit seinen Schriften zur Musik und Literatur neben M. Horkheimer der bedeutendste kritische Gesellschaftstheoretiker im Nachkriegsdeutschland. – Nach dem Abitur (1920) studierte A. in Frankfurt Philosophie bei H. Cornelius, Musikwissenschaft bei M. Bauer sowie Soziologie und Psychologie. 1924 Promotion mit einer Arbeit über E. Husserl, 1925/1926 Studium in Wien (Kompositionslehre und Klavierspiel bei A. Berg und E. Steuermann), 1931 Habilitation in Frankfurt (Kierkegaard. Konstruktion des Ästhetischen, 1933). 1934 Ausschluß von der Lehrtätigkeit als Privatdozent für Philosophie durch die Nationalsozialisten. A. emigrierte nach England und lehrte 1934–1938 am Merton College in Oxford. 1938 übersiedelte er nach Amerika und wurde Mitarbeiter am inzwischen nach New York verlegten »Institut für Sozialforschung«. Zugleich übernahm er die Leitung der »Music Study« innerhalb des »Princeton Radio Research Project«, das unter der Direktion von P.F. Lazarsfeld in Newark durchgeführt wurde. A. versuchte hier seine 1938/1939 in der »Zeitschrift für Sozialforschung« erschienenen theoretischen Arbeiten »Fetischcharakter in der Musik und die Regression des Hörens« und »Versuch über Wagner«, in denen ideologiekritische und werkimmanente Musikinterpretationen aufeinander bezogen sind, mit den innerhalb der Projektdisposition von ihm erwarteten empirischen Erhebungen zu verbinden. Das Problem, ›Kultur zu messen‹, d.h., mit quantitativen Methoden komplexe Kulturphänomene zu fassen, führte A. zu weitergehenden allgemeineren Überlegungen zum Verhältnis von Theorie und Empirie in den Sozialwissenschaften. Die Erkenntnis, daß »empirische Untersuchungen [...] in theoretischer Erkenntnis terminieren« müssen und daß »Theorie [...] kein bloßes Vehikel ist, das überflüssig würde, sobald man die Daten einmal zur Verfügung hat« (Stichworte, 129), ist für A. in der weiteren Beschäftigung mit den Problemen empirischer Sozialforschung leitend geworden. Daß soziale Phänomene sich quantitativ-empirischen Untersuchungen überhaupt fügen, ist Signum für deren der rationalen Verfügung entzogene oder entglittene (›verdinglichte‹) Struktur, deren Kritik die Theorie leistet (↑Verdinglichung).

Im Jahre 1941 übersiedelte A. nach Los Angeles. Hier entstanden die »Minima Moralia« und die zusammen mit M. Horkheimer verfaßte »Dialektik der Aufklärung«. In diesem gemeinsamen Werk wird die das gesamte Schaffen A.s bestimmende These ausgeführt, daß Freiheit unabdingbar an ↑Aufklärung gebunden ist, daß jedoch die sich selbst überlassene, der permanenten Kritik entzogene Aufklärung den Menschen unter die Botmäßigkeit selbsterzeugter Produktionen stellt. Als bloß ›identifizierender Geist‹ erzeugt die Aufklärung einen entpersonalisierten Herrschaftstyp, der die Menschen vergesellschaftend unter die Kriterien von Berechenbarkeit und Verwertbarkeit bringt. Die bürgerliche Gesellschaft, die durch das Tauschprinzip ›Ungleichnamiges komparabel‹ macht, indem sie es ›auf abstrakte Größen reduziert‹, ist für A. paradigmatisch für die der wildwuchernden Aufklärung innewohnende totalitäre Tendenz. Mit deren Aufweis ist die soziologische Theorie Kritik an der Gesellschaft.

Während des Aufenthaltes in Los Angeles und neben seiner Lehrtätigkeit in Berkeley/Kalifornien war A. Mitarbeiter an den Untersuchungen über die autoritäre Persönlichkeit, die in dem 1950 erschienenen Buch »The Authoritarian Personality« zusammengefaßt vorliegen. Durch die Anwendung verschiedener und zum Teil erst während der Arbeit an dieser Studie entwickelter Methoden wurde das autoritäre Syndrom, das als ›faschistisches Potential‹ wirksam wird, aufgedeckt und analysiert. Die Verbindung der an sozio-ökonomischen Gesichtspunkten orientierten Theorie mit Erkenntnissen der Tiefenpsychologie und der Versuch, die durch ›qualitative Analyse‹ gewonnenen Ergebnisse zu quantifizieren, kennzeichnen die Studie. Zentrales Forschungsinstrument war die seitdem in der empirischen Sozialforschung oft angewendete Skalentechnik (Faschismus-(F-)Skala). Die in Berkeley begonnenen Untersuchungen wurden später im 1950 neugegründeten »Institut für Sozialforschung« in Frankfurt fortgesetzt.

A. kehrte im November 1949 nach Deutschland zurück und lehrte seitdem in Frankfurt Philosophie und Soziologie. Gleichzeitig leitete er mit M.

Horkheimer das »Institut für Sozialforschung«. 1952 ging A. noch einmal als wissenschaftlicher Leiter der Hacker Foundation nach Beverly Hills/Kalifornien. – In Frankfurt entstanden neben vielen Aufsätzen und größeren Arbeiten A.s Hauptwerke. Mit der »Negativen Dialektik« (1966) schloß A. an die »Dialektik der Aufklärung« an. Thematisiert und kritisiert wird die der philosophischen Aufklärung eigentümliche Schließung zum System. Die Dogmatisierung der Entmythologisierung zeigt sich philosophisch als ›abstrakte Negation‹ des ›Nichtidentischen‹ durch den ›Begriff‹. Die Kritik am ›Ganzen‹, die stets erneut die Ansprüche der Besonderheit einer einseitig verkürzten fetischisierten Transsubjektivität gegenüber zur Sprache bringt, ist die Aufgabe der ›kritischen Theorie‹ (↑Theorie, kritische): »Die Entzauberung des Begriffs ist das Gegengift der Philosophie. Es verhindert ihre Wucherung: daß sie sich selbst zum Absoluten werde« (Negative Dialektik, 22).

Die Fragment gebliebene und aus dem Nachlaß herausgegebene »Ästhetische Theorie« (1970) ist das zweite Hauptwerk A.s. Der ›Gehalt‹ von Kunstwerken erschließt sich nicht aus einer gesellschaftlichen Strukturanalyse allein. Die Kunst ist »gesellschaftliche Antithese zur Gesellschaft« (Ästhetische Theorie, 19) und so der ausgezeichnete Gegenstandsbereich, an dem sich über die subjektive Intention von deren Produzenten und über bestehende gesellschaftliche Verhältnisse hinaus kritisch-objektiver Sinn interpretativ fassen läßt. – 1961 kam es auf dem Tübinger Soziologentag zu einer Kontroverse über Methodenprobleme der Sozialwissenschaften zwischen A. und K.R. Popper, die durch J. Habermas und H. Albert fortgesetzt worden ist (↑Positivismusstreit).

Werke: Kierkegaard. Konstruktion des Ästhetischen, Tübingen 1933, Frankfurt 1974; Dialektik der Aufklärung (mit M. Horkheimer), Amsterdam 1947, Frankfurt [3]1976; Philosophie der neuen Musik, Tübingen 1949, Frankfurt 1978; (ed. mit anderen) The Authoritarian Personality, New York 1950, [4]1967 (dt. Der autoritäre Charakter, I–II, Amsterdam 1968, hieraus A.s Aufsätze in: Studien zum autoritären Charakter, Frankfurt 1973, 1976); Minima Moralia. Reflexionen aus dem beschädigten Leben, Berlin/Frankfurt 1951, Frankfurt 1970; Versuch über Wagner, Berlin/Frankfurt 1952, Frankfurt 1974; Prismen. Kulturkritik und Gesellschaft, Frankfurt 1955, 1976; Dissonanzen, Göttingen 1956, [5]1972; Zur Metakritik der Erkenntnistheorie. Studien über Husserl und die phänomenologischen Antinomien, Stuttgart 1956, Frankfurt 1972; Klangfiguren, Berlin/Frankfurt 1959; Noten zur Literatur, I–IV, Frankfurt 1958–1974; Mahler. Eine musikalische Physiognomik, Frankfurt 1960, 1969; Einleitung in die Musiksoziologie. Zwölf theoretische Vorlesungen, Frankfurt 1962, 1975; (ed. mit M. Horkheimer) Sociologica II. Reden und Vorträge von M. Horkheimer und T.W. A., Frankfurt 1962, 1974; Eingriffe. Neun kritische Modelle, Frankfurt 1963, 1970; Drei Studien zu Hegel, Frankfurt 1963, 1975; Der getreue Korrepetitor, Frankfurt 1963; Quasi una fantasia, Frankfurt 1963; Jargon der Eigentlichkeit. Zur deutschen Ideologie, Frankfurt 1964, 1973; Moments musicaux. Neu gedruckte Aufsätze 1920–1962, Frankfurt 1964; Negative Dialektik, Frankfurt 1966, 1975; Ohne Leitbild. Parva Aesthetica, Frankfurt 1967, 1970; Impromptus, Frankfurt 1968; Berg. Der Meister des kleinsten Übergangs, Wien 1968, Frankfurt 1978; Stichworte. Kritische Modelle 2, Frankfurt 1969, 1970; (ed. mit anderen) Der Positivismusstreit in der deutschen Soziologie, Neuwied/Berlin 1969, [5]1976; Ästhetische Theorie, ed. G. Adorno/R. Tiedemann, Frankfurt 1970, 1973; Aufsätze zur Gesellschaftstheorie und Methodologie, Frankfurt 1970, 1973; Erziehung zur Mündigkeit. Vorträge und Gespräche mit H. Becker 1959–1969, ed. G. Kadelbach, Frankfurt 1970, 1975; Über Walter Benjamin, ed. R. Tiedemann, Frankfurt 1970; Kritik. Kleine Schriften zur Gesellschaft, ed. R. Tiedemann, Frankfurt 1971, 1973; Versuch das »Endspiel« zu verstehen. Aufsätze zur Literatur des 20. Jahrhunderts I, ed. R. Tiedemann, Frankfurt 1972; Zur Dialektik des Engagements. Aufsätze zur Literatur des 20. Jahrhunderts II, Frankfurt 1973; Vorlesung zur Einleitung in die Erkenntnistheorie, Frankfurt 1973; Philosophische Terminologie, I–II, ed. R. zur Lippe, Frankfurt 1973/1974; Gesellschaftstheorie und Kulturkritik, Frankfurt 1975. – T.W.A./E. Krenek, Briefwechsel, ed. W. Rogge, Frankfurt 1974. – Gesammelte Schriften, I–XX, ed. G. Adorno/R. Tiedemann, Frankfurt 1970ff. (bisher 13 Bände). – C. Pettazzi, Kommentierte Bibliographie zu T.W.A., in: H.L. Arnold (ed.), T.W.A., München 1977, 176–191; K. Schultz, Vorläufige Bibliographie der Schriften T.W. A.s, in: H. Schweppenhäuser (ed.), T.W.A. zum Gedächtnis. Eine Sammlung, Frankfurt 1971, 177–239.

Literatur: H.L. Arnold (ed.), T.W.A., München 1977; W.R. Beyer, Vier Kritiken: Heidegger, Sartre, A., Lukacz, Köln 1970; F. Böckelmann, Marx und A.. Schwierigkeiten der spätmarxistischen Theorie, Frankfurt 1972; L. Düver, T.W.A.. Der Wissenschaftsbegriff der Kritischen Theorie in seinem Werk, Bonn 1978; W. Gramer, Musik und Verstehen. Eine Studie zur Musikästhetik T.W.A.s, Mainz 1976; M. Horkheimer (ed.), Zeugnisse. T.W.A. zum sechzigsten Geburtstag, Frankfurt 1963; M. Jablinski, T.W.A.. ›Kritische Theorie‹ als Literatur- und Kunstkritik, Bonn 1976; G. Kaiser, Benjamin, A.. Zwei Studien, Frankfurt 1974; T. Koch/K.-M. Kodalle/H. Schweppenhäuser, Negative Dialektik und die Idee der Versöhnung. Eine Kontroverse über T.W.A., Mainz 1973; J.S. Narski, Die Anmaßung der negativen Philosophie T.W.A.s, Frankfurt 1975; K. Sauerland, Einführung in die Ästhetik A.s, Berlin/New York 1979 (mit Bibliographie); J. Schmucker, A., Logik des Zerfalls, Stuttgart 1977; W.F. Schöller (ed.), Die Neue Linke nach A., München 1969; H. Schweppenhäuser (ed.), T.W.A. zum Gedächtnis, Frankfurt 1971; ders., Über T.W.A., Frankfurt 1968; M. Tichy, T.W.A.. Das Verhältnis von Allgemeinem und Besonderem in seiner Philosophie, Bonn 1978; R. Sziborski, A.s Musikphilosophie. Genese – Konstitution – Perspektiven, München 1978. S.B.

Adrastos von Aphrodisias, Mitte des 2. Jhs. n. Chr., Peripatetiker, einflußreicher Kommentator von Aristoteles' »Kategorien« und »Physik« sowie (mit erkennbarem mathematischen und astronomischen Sachverstand) von Platons »Timaios«. A. schrieb ferner zu Aristoteles und Theophrasts Ethik sowie über Reihenfolge und Echtheit der Aristotelischen Schriften.

Literatur: J.H. Waszink, Studien zum Timaioskommentar des Calcidius I, Leiden 1964. E.K.

advaita (sanskr., Nichtzweiheit), die wichtigste auf den Upaniṣaden fußende Richtung im System des ↑Vedānta der klassischen indischen Philosophie; sie kulminiert im Monismus des Śaṃkara (um 800 n. Chr.), dessen Lehren bis in die Gegenwart hinein wirksam bleiben. Als das allein Wirkliche gilt Ātman, der mit Brahman eines ist, während die Welt als Welt der Zweiheit (d.i. der Unterschiede) bloßer Schein (māya), ein Wirkliches minderen Ranges, bleibt. Als a., gegebenenfalls mit qualifizierenden Zusätzen, werden aber auch andere, von Śaṃkaras Monismus verschiedene philosophische Positionen bezeichnet, z.B. die Lehren Bhartṛharis und Rāmānujas.

Literatur: P. Deussen, Das System des Vedānta nach den Brahma-Sūtra's des Bādarāyaṇa und dem Kommentar des Çaūkara über dieselben, Leipzig 1883; E. Deutsch, A. Vedanta. A Philosophical Reconstruction, Honolulu 1969; S. Radhakrishnan, Indian Philosophy, I–II, London 1923/1927 (dt. Indische Philosophie, I–II, Darmstadt 1955/1956, II, 349ff.). K.L.

Aegidius (fälschlich: Colonna) **Romanus,** *Rom um 1243, †Avignon 22. Dez. 1316, ital. Philosoph und Theologe, bedeutendster Vertreter der sogenannten Augustinerschule. 1269–1272 Schüler Thomas von Aquins in Paris, mußte aufgrund der Verurteilung des ↑Aristotelismus durch den Bischof von Paris (1277), nachdem er in seiner Schrift »Liber contra gradus et pluralitatem formarum« die Partei des Thomas ergriffen hatte, Paris verlassen. 1285 Rückkehr und erster Inhaber des theologischen Lehrstuhls der Augustiner in Paris. 1292–1295 Generalprior des Augustinerordens, ab 1295 Erzbischof von Bourges.

Die Philosophie des A. ist trotz starker neuplatonisch-augustinischer Einflüsse in wesentlichen Zügen aristotelisch-thomistisch ausgerichtet. Seine Werke zeichnen sich durch Tiefgründigkeit, zuweilen Rätselhaftigkeit aus (daher der Beiname ›doctor fundatissimus‹). Von seinem umfangreichen Opus wurden vor allem die Aristoteleskommentare beachtet (z.B. Commentaria in octo libros physicorum Aristotelis, Venedig 1502 [repr. Frankfurt 1968]; In libros priorum analyticorum expositi, Venedig 1516 [repr. Frankfurt 1968]; Super libros posteriorum analyticorum, Venedig 1488 [repr. Frankfurt 1967]). Mit seinen naturphilosophischen Spekulationen über Quantität, Masse und Volumen, Zeit und Bewegung wurde A. ein wichtiger Vorläufer der spätmittelalterlichen und frühneuzeitlichen Naturphilosophen. Durch Abfassung eines Fürstenspiegels für Philipp den Schönen (De regimine principum, um 1280) und sein Eintreten für die Oberhoheit des Papstes auch in weltlichen Angelegenheiten (De ecclesiastica potestate, 1301/1302) gewann A. einen bedeutenden politischen Einfluß.

Werke: Le Opere, ed. G. Bruni, Florenz 1936; Theoremata de ente et essentia, ed. E. Hocedez, Löwen 1930; De erroribus philosophorum (ca. 1270), ed. J. Koch/J.O. Riedl, Milwaukee 1944, Mailand ^{2}1965; Reproduktionen einzelner Werke in 16 Bänden, Frankfurt 1964–1970.

Literatur: A.M. Hewson, Giles of Rome and the Medieval Theory of Conception. A Study of the De formatione corporis humani in utero, London 1975; E. Hocedez, Gilles de Rome et S. Thomas, in: P. Mandonnet (ed.), Mélanges Mandonnet I, Paris 1930, 385–409; G. Leff, A., Enc. Ph. III (1967), 331f.; A. Maier, Die Vorläufer Galileis im 14. Jahrhundert. Studien zur Naturphilosophie der Spätscholastik, Rom 1949, ^{2}1966; dies., Metaphysische Hintergründe der spätscholastischen Naturphilosophie, Rom 1955; A. Zumkeller, A., TRE I (1977), 462–465. C.F.G.

Affekt (von lat. affectus, Empfindungszustand, ↑Empfindung), als zeitlich begrenzte Empfindungszustände werden A.e im umgangssprachlichen und terminologischen Sinne von Leidenschaften als habitualisierten Empfindungszuständen unterschieden. Aristoteles (Eth. Nic. B4.1105b19ff.) bezeichnet A.e. (πάϑη) als eine der Formen ›seelischer Phänomene‹, und zwar als diejenigen, die von Lust und Unlust begleitet werden. Sie sind als vernunftvorgegebene innere Zuständlichkeiten zu rekonstruieren und von den ›festen Grundhaltungen‹ zu unterscheiden, kraft deren wir uns den A.en gegenüber richtig oder unrichtig verhalten. Diese fixieren das Maß, dem folgend den A.en Wirksamkeit belassen wird. Die sittliche Qualifikation dieses Maßes entscheidet über die Vernunftgemäßheit der A.e, die für sich selbst genommen indifferent gegenüber gut und böse sind. Aristoteles unterscheidet des näheren Begierde, Zorn, Angst, blinde Zuversicht, Neid, Freude, Freundschaft, Haß, Sehnsucht, Mißgunst, Mitleid. Im Unterschied zur peripatetischen Tradition behauptet die stoische Philosophie die Vernunftwid-

rigkeit der A.e. Sie behandelt alle menschlichen Äußerungen als eine logosgebundene Einheit und definiert demgemäß den A. als ein Urteil (Diog. Laert. VII, 111), und zwar näherhin als ein ›falsches (praktisches) Urteil‹ (SVF III, 459), das sich ethisch, psychologisch und physiologisch auswirkt. Durch die Logifizierung des A.s wird dessen Vernunftwidrigkeit als eine widernatürliche Funktion der Vernunft selbst (SVF III, 389) definiert. Wenn die Stoa die ↑Apathie als ihr Ideal erklärt, so hat sie weniger die Gefühllosigkeit im Blick (Diog. Laert. VII, 117) als vielmehr die Zurechtrückung der Haltung den A.en gegenüber. In der Scholastik gelten, im Anschluß an die Aristotelische Lehre, die A.e als moralisch indifferent. Ihre Unterordnung unter die Vernunft macht sie sogar zu Tugenden (Thomas von Aquin, S. th. I–II qu. 24 art. 1–4).
Mit dem Antiaristotelismus der modernen Wissenschaftsbegründung ist in der Ethik eine Rückwendung zur stoischen Lehre von der Vernunftwidrigkeit der A.e verbunden, die sich noch in I. Kants praktischer Philosophie findet. Für B. Spinoza sind die dem rationalen Zugriff vorgeordneten Seelenzustände ›verworrene Vorstellungen‹, die ihrerseits die Seele in einen Leidenszustand versetzen. Kant unterscheidet (KU §29) A.e terminologisch von Leidenschaften: »jene sind stürmisch und unvorsätzlich, diese anhaltend und überlegt«, beide trifft das Verdikt der Vernunftwidrigkeit (Met. Sitten, Tugendlehre A 50). Die praktische Philosophie nach Kant nimmt dessen terminologische Festlegung auf, wendet sich aber in dem Maße, wie sie von der individual-ethischen Fragestellung abrückt, den Leidenschaften zu. Der A.-begriff wird weitgehend in die Psychologie verwiesen. Die Leidenschaften werden als habitualisierte Grundgegebenheiten, die tendenziell bei jedermann in gleicher Weise wirksam sind, als Triebkräfte des geschichtlichen Lebens gedeutet (G. W. F. Hegel) bzw. als ›das Höchste der Existenz‹ (S. Kierkegaard) behauptet. In der neueren Philosophie hat sich im Anschluß an Kierkegaard die Existenzphilosophie (M. Heidegger, K. Jaspers, J.-P. Sartre) um eine Wertung der Leidenschaften bemüht.

Literatur: K. Bernecker, Kritische Darstellung der Geschichte des A.begriffs, Diss. Greifswald 1915; M. Forschner, Die pervertierte Vernunft. Zur stoischen Theorie der A.e, Philos. Jb. 87 (1980); J. Hengelbrock/J. Lanz, A., Hist. Wb. Ph. I (1971), 89–100; G. Hillerdal/K.-H. zur Mühlen/H. Günther/H. Schröer, A., TRB I (1977), 596–625. S. B.

Affektion/affizieren (von lat. affectio/afficere, Einwirkung, einwirken), von I. Kant zur Bezeichnung der Rezeptivität der ↑Sinnlichkeit verwendeter Terminus. In der Sinnlichkeit ist ein Gegenstand nur dadurch gegeben, daß er »das Gemüt auf gewisse Weise affiziere. Die Fähigkeit (Rezeptivität), Vorstellungen durch die Art, wie wir von Gegenständen affiziert werden, zu bekommen, heißt Sinnlichkeit« (KrV B33). Von dieser begrifflichen Bestimmung, die im Rahmen der theoretischen Philosophie Kants auf das Problem des ↑Dinges an sich führt, ist eine innere A. unterschieden, die der Verstand durch seine Tätigkeit auf das ↑Gemüt (↑Sinn, innerer) ausübt (vgl. KrV B 153); in der Kant-Interpretation (E. Adickes, H. Vaihinger) als Lehre von der doppelten A. bezeichnet.

Literatur: H. Herring, Das Problem der A. bei Kant. Die Frage nach der Gegebenheitsweise des Gegenstandes in der Kritik der reinen Vernunft und die Kant-Interpretation, Köln 1953 (Kant-St. Erg.hefte 67). J. M.

Affinität (von lat. affinitas, Verwandtschaft), in der Erkenntnistheorie I. Kants der »objektive Grund aller Assoziation der Erscheinungen« (KrV A 122), gegeben in der transzendentalen Einheit der ↑Apperzeption. Kant unterscheidet eine *transzendentale* A., die Verknüpfung aller Erscheinungen nach notwendigen Gesetzen, von einer *empirischen* A., die deren bloße Folge ist (KrV A 113f.). J. M.

Affirmation (von lat. affirmatio, Bejahung), Bestätigung, Anerkennung, bei ↑Aussagen gleichbedeutend mit ›Behauptung‹ (↑affirmativ). K. L.

affirmativ (von lat. affirmare, bejahen), eine Elementaraussage heißt a., wenn einem oder mehreren Gegenständen, z.B. Europa, ein Prädikator, z.B. ›dicht besiedelt‹ zugesprochen wird. Man setzt dann zwischen die die Gegenstände benennenden Nominatoren und den Prädikator die a.e ↑Kopula, also ›Europa ist dicht besiedelt‹. In der ↑Syllogistik heißen auch komplexe Aussagen des Typs ›alle S sind P‹ und ›einige S sind P‹ a.; Antonym: ↑negativ. K. L.

a fortiori (lat., vom Stärkeren her), eine Aussage gilt a f., wenn sie sich aus einer schon als gültig erwiesenen Aussage erschließen läßt. K. L.

agere sequitur esse (lat., ›das Tun – Handeln oder Wirken – ergibt sich aus dem Sein‹), Formel der an Aristoteles anschließenden scholastischen Philosophie, die zunächst im Rahmen der ↑Akt-

und-Potenz-Lehre besagen soll, daß jede Bewegung und Veränderung bzw., allgemein gesprochen, jedes Werden nur dadurch zustande kommt, daß etwas, in dem die entsprechenden (›werdenden‹) Eigenschaften bereits verwirklicht sind, diese in einem anderen Gegenstand erst dem Vermögen oder der Möglichkeit nach vorhandenen Eigenschaften verwirklicht (so auch z.B. Aristoteles, Met. Θ 8.1049b23ff.). Im Rahmen der scholastischen Seinsmetaphysik liefert diese Formel – bei Thomas von Aquin gelesen als ›agere sequitur ad esse in actu‹ (S.c.g. III, 69; vgl. I, 16, 73; II, 47, 50, 52, 81; III, 97; S. th. I qu. 76 art. 1c; III qu. 34 art. 2 ad 1) – das Argumentationsprinzip, nach dem man den Ursprung nicht nur von Bewegungen und Veränderungen, sondern auch der Existenz der endlichen Dinge überhaupt erkennen kann: Insofern alles, was (an endlichen Dingen und Eigenschaften) ist, eine (gewisse begrenzte) Vollkommenheit darstellt und verwirklicht ist, muß der Ursprung aller (endlichen Dinge und Eigenschaften) die Wirklichkeit aller Vollkommenheiten sein. Da zudem das Verwirklichen selbst eine Vollkommenheit darstellt, führt dieser Gedanke dazu, auch das Sein im Sinne der Wirklichkeit aller Vollkommenheiten als Wirken (agere) zu charakterisieren. Diese Charakterisierung ist in der neuzeitlichen Philosophie, wenn auch unter weitgehender Aufgabe ihres ursprünglich seinsmetaphysischen Rahmens, bis hin zu J.G. Fichtes Begriff der ↑Tathandlung und G.W.F. Hegels Begriff des ↑Werdens (als der Vermittlung von Sein und Nichts) bedeutsam geblieben. O.S.

Aggregat (von lat. aggregare, beifügen), wissenschaftssprachlich die zufällig entstandene (spontane) oder angeordnete (geregelte) Zusammenfügung mehrerer gleich- oder verschiedenartiger (mathematischer, physischer, chemischer, technischer, sozialer etc.) Elemente. Logisch gesehen handelt es sich um einen Spezialfall des Verhältnisses von ↑Teil und Ganzem, ontologisch um einen speziellen Fall von Einheit durch Zusammensetzung aus Vielem. Naturwissenschaftlich wird unter A. eine Zusammensetzung von Stoffen verstanden, die je für sich eine gewisse Einheit besitzen, aber von außen so verbunden werden, daß sie ein relativ einheitliches Ganzes bildet. In diesem Sinne begegnet das Wort auch im Sprachgebrauch der angewandten Naturwissenschaft, z.B. in der chemischen Technologie.

Als philosophischer Terminus steht A. im Kontext mit den auf Aristoteles (de gen. et corr. A10.327a30ff.) zurückweisenden Kontroversen der Scholastik über das *mixtum*. A. ist hier das akzidentielle Ganze, dessen Teile voneinander unabhängige Substanzen bilden, im Unterschied zu einem substantiellen Ganzen, dessen Teile von sich her, durch ein sie umgreifendes Einheitsprinzip, verbunden sind. Im Kontext dieser Unterscheidung entfaltet sich die an Epikur und Demokrit anknüpfende Diskussion der frühen Neuzeit über das *compositum,* die Zusammensetzung des Weltganzen wie des Ganzen der Gesellschaft aus seinen einfachsten Teilen. Mit ihr wird A. zum Schlüsselbegriff der Physik, Politik umd Metaphysik des 17. Jahrhunderts. Noch der Versuch von G.W. Leibniz, die eine mit der anderen Tradition zu versöhnen, geht davon aus, daß das Zusammengesetzte (composé) nichts anderes als eine Anhäufung oder ein A. von Einfachem, der Monade als *substantia simplex* (im Gegensatz zur *substantia composita* und dem *aggregatum*), sei (Monadologie §2).

Mit der metaphysischen Deutung der neuzeitlichen Physik wird das Wort auf das vorwissenschaftliche wie wissenschaftliche Tun des Menschen übertragen. Indem sich das Bild der äußeren Erfahrung als naturgesetzlich angeordneter Zusammenhang von Teilen fixiert, erscheint auch die innere (psychische) Erfahrung aus Elementen zusammengesetzt, die äußerlich (z.B. nach Gesetzen der Assoziation) aufeinander bezogen sind. ↑Erfahrung ist jedoch nicht das empiristisch mißdeutete ›A. von Wahrnehmungen‹ (I. Kant, Proleg. §26), sondern ↑*System*, begriffliche Sinndeutung ihrer einzelnen Elemente im Bezugsrahmen eines Erfahrungsganzen, das die einheitlich-verbindenden Kategorien des Verstandes und zuletzt das einheitsstiftende Vernunftprinzip umgreift. Im Gefolge der Kantischen Unterscheidung von A. und System kommt es zugleich zu einer geschichtlich folgenreichen Neubestimmung des Wissenschaftsbegriffs. Das Vernunftprinzip der Einheit impliziert die Idee eines Wissensganzen, das dem Einzelwissen vorhergeht und jedem Teil seine Stelle und sein Verhältnis zu allen übrigen bestimmt, so daß die Wissenschaft »nicht bloß ein zufälliges A., sondern ein nach notwendigen Gesetzen zusammenhängendes System wird« (I. Kant, KrV B 673). Die Erreichung dieses Ziels steht unter dem regulativen Prinzip einer systematischen Einheit von theoretischem (naturwissenschaftlichem) mit praktischem (ethisch-politischem) Wissen, das bei Kants Nachfolgern als Konstitutionsprinzip aller Wissenschaften umgedeutet wird. Nach J.G.

Fichte kann die Vernunft im Sinne Kants immer nur »Aggregation, Alligation, aber nimmermehr Verschmelzung« bewirken, die eine »innere Kraft der Natur selbst voraussetzt« (Das System der Sittenlehre, 2. Hauptstück §8, Sämtl. Werke IV, 120). Nicht ohne Grund erneuert Fichte, die Unterscheidung von A. und System preisgebend, dabei wieder die vor-Kantische Rede vom *compositum*, einer strukturell-funktionalen Natureinheit, in der »die Teile selbst, und gerade diese Teile ohne Zutun meines Denkens sich zu einem Ganzen vereinigen« (ebd. 116).

In der Fortbildung dieser Ansätze entwickelt sich bei G. W. F. Hegel aus dem System- und Kompositumgedanken von Kant und Fichte die Entgegensetzung zwischen A. und ↑*Organismus*. Während im A. lediglich eine äußere Anordnung der Teile hergestellt werden kann, realisiert der Organismus durch seine eigene, über die Glieder ausgebreitete Aktivität eine innere Zuordnung, die genetisch beschrieben und begriffsdialektisch rekonstruiert werden kann. Das *organische Ganze* faßt Hegel als sich in sich selbst unterscheidend auf, im Gegensatz zum A., in dem der Unterschied immer nur von außen herangetragen und damit jene ›Abstraktheit‹ erzeugt wird, die das konkretdialektische Begreifen überschreitet. Das gilt auch für die Darstellungsform der Philosophie, nach der jeder Teil das Ganze des Wissens in sich enthält, das so nicht mehr nur System, sondern ein ›Kreis aus Kreisen‹, d.h. ↑*Enzyklopädie* ist: »Die philosophische Enzyklopädie unterscheidet sich von einer andern gewöhnlichen Enzyklopädie dadurch, daß diese etwa ein *A.* der Wissenschaften sein soll, welche zufälliger und empirischer Weise aufgenommen und worunter auch solche sind, die nur den Namen von Wissenschaften tragen, sonst aber selbst eine bloße Sammlung von Kenntnissen sind« (Enz. phil. Wiss. I, §16, Sämtl. Werke VIII, 61).

Der hier kritisierte Gesichtspunkt des A.s ist freilich für die nach-idealistische Entwicklung der Philosophie und ihres Verhältnisses zur Erfahrung, Wissenschaft und Praxis bestimmend geworden. Wie sich die Einzelwissenschaften, die Hegel in die philosophische Enzyklopädie einzuholen versuchte, von der Philosophie emanzipiert haben, so hat diese im Positivismus des 19. Jahrhunderts jene empiristische Interpretation der Erfahrung als eines A.s von Wahrnehmungen wieder aufgenommen, weshalb der Gedanke einer Einheit der Wissenschaften in den neopositivistisch-analytischen Theorien der Gegenwart fast ganz in den Hintergrund getreten ist – nicht anders als in den nichtempiristischen Erfahrungstheorien von ↑Hermeneutik und (›negativer‹) Dialektik (↑Dialektik, negative), die keinerlei systematischen Wissensanspruch erheben.

Literatur: H. Heimsoeth, Metaphysik der Neuzeit, München 1929; F. Kaulbach, Philosophie der Beschreibung, Köln 1968; ders., A., Hist. Wb. Ph. I (1971), 102; K. Lasswitz, Geschichte der Atomistik vom Mittelalter bis Newton, I–II, Hamburg 1890 (repr. Darmstadt 1963); A. Maier, An der Grenze von Scholastik und Naturwissenschaft. Die Struktur der materiellen Substanz. Das Problem der Gravitation, Rom ²1952, 3–140. M. R.

Agnostizismus (von griech. ἀγνοεῖν, nicht wissen), seit T. Huxley (1869) Sammelbezeichnung für religiöse und philosophische Lehren, die zwar die Erkennbarkeit transempirischer Realitäten leugnen, nicht jedoch, wie etwa der ↑Atheismus, deren Existenz. Als philosophische Position ist der A. stets mit erkenntnistheoretisch-realistischen Grundannahmen verbunden (↑Realismus (erkenntnistheoretisch)), da er die Rede von einer erkenntnis- bzw. sprachunabhängigen Wirklichkeitskonstituierung für sinnvoll halten muß. So läßt sich z.B. I. Kants Lehre vom Bestehen unerkennbarer ↑Dinge an sich, folgt man der von F. H. Jacobi (1787) vorgenommenen Deutung, als A. bezeichnen. Für F. Nietzsche ist der A. die ›Anbetung eines Fragezeichens‹.

Literatur: R.A. Armstrong, Agnosticism and Theism in the Nineteenth Century. An Historical Study of Religious Thought. Six Lectures, London 1905; A. Konrad, Untersuchungen zur Kritik des phänomenalistischen A. und des subjektiven Idealismus, München 1962; C. Seidel, A., Hist. Wb. Ph. I (1971), 110–111. S. B.

Agricola, Rudolf (eigentlich Roelof Huysman, genannt Frisius), *Baflo (b. Groningen) Febr. 1443(?), †Heidelberg Okt. 1485, bedeutender niederl. Frühhumanist. A. kommentierte A. M. T. S. Boethius' »De consolatione philosophiae«, bekämpfte in drei Büchern »De inventione dialectica« (1479) die Scholastik zugunsten einer Philosophie des gesunden Menschenverstandes und verkündete ein neues humanistisches Ideal, das unter anderem Erasmus von Rotterdam und P. Melanchthon beeinflußt hat.

Werke: De inventione dialectica libri omnes [...], I–II, ed. Alardus, Köln 1518, 1539 (repr. Nieuwkoop 1967); De inventione dialectica libri tres, Köln 1518, 1523 (repr. Frankfurt 1967, New York 1965), Köln 1528 (repr. Hildesheim 1976).

Literatur: F. v. Bezold, R.A., ein deutscher Vertreter der italienischen Renaissance, München 1884; A. Faust, Die Dialektik R. A.s, Arch. Gesch. Philos. 34 (1922), 118–

135; G. Ihm, Der Humanist R.A.. Sein Leben und seine Schriften, Paderborn 1893; M.A.M. Nauwelaerts, Rodolphus A., Den Haag 1963; L.W. Spitz, The Religious Renaissance of the German Humanists, Cambridge Mass. 1963; R. Stupperich, A., LMA I (1977), 220–221; H.E.J.M. van der Velden, Rodolphus A. (Roelof Huusman). Een nederlandsch humanist der vijftiende eeuw, Leiden 1911. C.T.

Agrippa, Skeptiker aus der Schule Pyrrhons. Lebensdaten unbekannt, doch muß A. später als Ainesidemos (1. Jh. v. Chr.) gelebt haben. A. werden fünf Tropen, Schemata skeptischer Beweisführungen (↑Tropen, skeptische), zugeschrieben (Diog. Laert. IX, 88ff.), die Sextus Empiricus von früheren Formen skeptischer Argumentationen unterscheidet (Hypotyp. 1, 164–169).

Literatur: L. Robin, Pyrrhon et le scepticisme grec, Paris 1944. J.M.

Agrippa von Nettesheim (eigentlich Heinrich Cornelius oder Cornelis), *Köln 14. Sept. 1486, †Grenoble oder Lyon 18. Febr. 1535, dt. Naturphilosoph und Okkultist. Wie Paracelsus Schüler des Benediktinerabtes J. Tritheim (Trithemius). Dieser ermuntert ihn zu seinem Hauptwerk »De occulta philosophia« (Köln 1510, gedruckt Paris 1531 u.ö. – drei Bücher, das vierte ist apokryph), in dem A. die okkulten Lehren der Antike und des Mittelalters aus den Schriften der Neuplatoniker und der Kabbalisten zusammenträgt. Die als Mittel der Naturbeherrschung aufgefaßte Magie erscheint dabei als höchstes Ziel des menschlichen Geistes. Nachdem er durch sein Eintreten für die Beschuldigten in verschiedenen Hexenprozessen und seine Kritik an Intoleranz und Tyrannei kirchlicher Würdenträger in Konflikt mit der Kirche geraten war, widerruft A. einige seiner Lehren in einer Abhandlung über die Eitelkeit und Unsicherheit der Wissenschaften. Er argumentiert hier nicht nur gegen Magie, ↑Alchemie und Aberglauben, sondern auch gegen die weltlichen Wissenschaften (nur der schlichte Glaube an Gottes Wort führe zur Wahrheit) und bekämpft sogar wiederum Lehren der Scholastik. Obgleich »De occulta philosophia« enzyklopädischen und hier durchaus eklektischen Charakter hat, ist der Einfluß dieser Schrift auf die okkulten Wissenschaften des Westens kaum zu überschätzen. J.W. v. Goethe hat verschiedene Charakteristika des A. auf seinen »Faust« übertragen.

Werke: Opera, I–II, Lyon 1600 (repr., ed. R. Popkin, Hildesheim/New York 1969); De occulta philosophia sive de magia libri tres, Lyon 1531, Köln 1533 (repr., vermehrt um Nachträge aus der Ausgabe Lyon 1600, Hildesheim 1962, ed. K.A. Novotny, Graz 1967, Auswahl, ed. W. Schrödter, Remagen 1967); De incertitudine et vanitate scientiarum et artium atque excellentia verbi Dei declamatio, Antwerpen 1530 (dt. Die Eitelkeit und Unsicherheit der Wissenschaften und die Verteidigungsschrift, I–II, ed. F. Mauthner, München 1913 [repr. I–II, Walluf 1969]); Werke (dt.), Stuttgart 1856; Magische Werke, I–V, Stuttgart 1855, [4]1858 (repr. I–V, Meisenheim o.J.); Scritti inediti e dispersi, ed. P. Zambelli, Rinascimento, ser. 2, 5 (1965), 195–316. – Totok III (1980), 394–400.

Literatur: P. Bayle, Dictionnaire historique et critique I, Rotterdam 1697, 128–139; K. Goldammer, A. v. N., TRE II (1977), 118–123; E. Hahn, Die Stellung des Heinrich Cornelius A. v. N. in der Geschichte der Philosophie, Diss. Leipzig 1923; J. Meurer, Zur Logik des Heinrich Cornelius A. v. N. (Diss. Bonn 1913), in: Renaissance und Philosophie, ed. A. Dyroff, H. 11, Bonn 1920; H. Morley, The Life of Henry Cornelius A. v. N.. Doctor and Knight, Commonly Known as a Magician, I–II, London 1856; W.-D. Müller-Jahncke, A. v. N.: »De Occulta Philosophia«. Ein »Magisches System«, in: Magia Naturalis und die Entstehung der modernen Naturwissenschaften. Symposium der Leibnizgesellschaft 1975. Wiesbaden 1978 (Stud. Leibn., Sonderh. 7), 19–29; C.G. Nauert jr., Magic and Skepticism in A.'s Thought, J. Hist. Ideas 18 (1957), 161–182; ders., A. and the Crisis of Renaissance Thought, Urbana 1965; J.-F. Orsier, Henri Cornélis A.. Sa vie et son œuvre d'après sa correspondance (1486–1535), Paris 1911; A. Prost, Les sciences et les arts occults au XVIe siècle. Henri Corneille A.. Sa vie et ses œuvres, I–II, Paris 1881/1882 (repr. Nieuwkoop 1965); C.A. Sigwart, C.A. v. N., in: ders., Kleine Schriften I, Freiburg 1881, 1–24. C.T.

ahamkāra (sanskr., Ichmacher), Grundbegriff der indischen Philosophie seit der Zeit der Upaniṣaden. Zunächst ein personifiziert gedachtes Individuationsprinzip (ein ›Ichmacher‹), das später als Selbstbewußtsein im Unterschied zum Selbst, auf das es als sein Erkenntnisgegenstand gerichtet ist, im System des ↑Vedānta begrifflich präzisiert wird. Im System des ↑Sāṃkhya markiert der a. diejenige Stelle der Evolution der unbewußten, aber aktiven Grundsubstanz (prakṛti) zu einem Zustand, in dem sich ihr der individualisierte bewußte, aber passive Geist (puruṣa, in Gestalt etwa Leibnizscher ›Monaden‹) verbindet, in der zwischen Innen- und Außenwelt unterschieden werden kann. Der Stufe des a. voraus geht die mit ↑›buddhi‹ oder ›mahat‹ wiedergegebene Stufe des Unterscheidens bzw. Unterschiede Erkennens im allgemeinen. K.L.

ahiṃsā (sanskr., Nichtverletzen), Grundbegriff und zugleich Grundregel der brahmanischen Ethik (vom Jainismus und Buddhismus übernommen), derzufolge alle als beseelt gedachten Lebewesen nicht getötet werden dürfen. Auch positiv als Gebot friedlicher Gesinnung allen Lebewesen gegenüber verstanden. Zeitgenössisch ist die a. im Prinzip der Gewaltlosigkeit bei Aktionen zivilen Ungehorsams (Gandhi) verwirklicht. Im System des ↑Yoga der klassischen indischen Philosophie ist a. das erste der fünf Enthaltsamkeitsgebote (Yama). K. L.

ähnlich/Ähnlichkeit, traditionell die Übereinstimmung zweier Dinge, Systeme oder Ereignisse in einigen (aber nicht notwendigerweise allen) ↑Merkmalen. Neuerdings hat man Ä. auch dadurch zu charakterisieren versucht, daß sich ein Ding (bzw. System, Ereignis) in ein zu ihm ähnliches durch eine ↑Transformation ›überführen‹ lasse, die bestimmte für wesentlich erachtete Eigenschaften oder Größen unverändert läßt (G. Klaus); die Ä. erscheint dann als Spezialfall der ↑Analogie.
In der *Geometrie* erhält man einen Ä.sbegriff durch Verallgemeinerung des elementargeometrischen Begriffs der Ä. zweier (ebener) Dreiecke, die als ihre Übereinstimmung in entsprechenden Winkeln definiert ist. Für die Verallgemeinerung auf beliebige Figuren genügt die Winkeltreue jedoch nicht; vielmehr muß man auf eine andere am Beispiel des Dreiecks aufweisbare Eigenschaft zurückgreifen. Danach heißen zwei Figuren ä., wenn sie durch eine Transformation T auseinander hervorgehen, die alle Entfernungen zwischen Urbildpunkten mit einem konstanten positiven Faktor k_T multipliziert:

$$|Ta| = k_T \cdot |a|$$

Eine solche Ä.stransformation ist dann unter anderem auch winkeltreu. C. T.

Ähnlichkeitserinnerung (engl. recognition of similarity), in R. Carnaps formalsprachlicher Rekonstruktion des Wissenschaftswissens derjenige zweistellige irreflexive asymmetrische Prädikator auf dem Bereich der ›Elementarerlebnisse‹, der als ›Grundrelation‹ zur Definition aller weiteren benötigten Prädikatoren der auf einer phänomenalistischen Basis errichteten ↑Theoriesprache verwendet wird. Ganz unabhängig von den allgemeinen erkenntnistheoretischen Schwierigkeiten des ↑Phänomenalismus hat Carnap später seinen Versuch, mit der Ä. als einziger ›Grundrelation‹ auszukommen, selbst als ›zu künstlich‹ bezeichnet (Der logische Aufbau der Welt, Vorwort zur 2. Aufl. 1961).

Literatur: R. Carnap, Der logische Aufbau der Welt, Berlin 1928, Hamburg [2]1961, [4]1974 (bes. §78); N. Goodman, The Structure of Appearance, Dordrecht/Boston [3]1977; F. v. Kutschera, Wissenschaftstheorie. Grundzüge der allgemeinen Methodologie der empirischen Wissenschaften II, München 1972, 478–487. K. L.

Ailly, Pierre d' (Petrus de Alliaco, Peter von Ailly), *Compiègne 1350, †Avignon 9. Aug. 1420, franz. Theologe, Kirchenpolitiker und Philosoph. 1389–1395 Kanzler der Universität Paris, 1395 Bischof von Le Puy, 1397 von Cambrai, 1411 Kardinal. A. kommentierte, philosophisch durch den ↑Nominalismus Wilhelm von Ockhams beeinflußt, Aristoteles (de an., meteor.) und Boethius (Consolatio philosophiae), schrieb mehrere astronomische Arbeiten, darunter einen Kommentar zur »Sphaera« J. de Sacroboscos, und befaßte sich mit Problemen der Kalenderreform. Nach A. können Logik und Mathematik apodiktische Gewißheit beanspruchen, Behauptungen über die Realität der Außenwelt hingegen nur subjektive Gewißheit. Auch ↑Gottesbeweise liefern nur Wahrscheinlichkeitsgründe. In der Ethik vertritt A. die These, daß etwas allein darum gut ist, weil Gott es will (und nicht umgekehrt). Sein Hauptwerk mit dem Titel »Imago mundi« (1410) besteht aus 16 astronomischen und geographischen Traktaten und beruht in seinen geographischen Teilen auf der (Anfang des 15. Jahrhunderts in lateinischer Übersetzung, vermutlich von Jacobus Angelus, vorliegenden) Geographie des K. Ptolemaios. A.s Sentenzenkommentar (in vier Büchern, 1375) hat durch die Wiedergabe zahlreicher spätscholastischer Texte M. Luther beeinflußt. Zusammen mit seinem Schüler J. de Gerson spielte A. eine bedeutende Rolle bei der Überwindung des Schismas auf dem Konstanzer Konzil (dem er auch seine Vorschläge zur Kalenderreform vorlegte).

Werke: Meditationes super psalmos poenitentiales, Köln 1472; Imago mundi, Louvain 1480 oder 1483, I–III (lat./franz.), ed. E. Buron, Paris 1930–1931 (lat./engl. Imago mundi. With Annotations by Christopher Columbus, Boston 1927); Expositio super cantica, Paris 1483; Liber de septem gradibus scale, continens meditationes devotas super septem psalmos poenitentiales, Paris 1483; Tractatus de imagine mundi, Louvain 1483; Tractatus et sermones, Brüssel 1484, Straßburg 1490 (repr. Frankfurt 1971), Douai 1634; Tractatus de oratione dominica, Paris 1485; Concordantia astronomiae cum theologica, Augsburg 1490; Questiones super libros sententiarum, Straßburg 1490 (repr. Frankfurt 1968); Questiones super primum, tertium et quartum sententiarum, Paris 1499, 1505; Tractatus exponibilium, Paris 1494; Tractatus de anima, Paris 1494; Conceptus et insolubilia, Paris 1498; Tractatus super libros metheororum: de impressionibus seris, Straßburg 1504, Leipzig 1506, Wien 1514; De emendatione ecclesiae libellus, Basel 1525; Vita beatissimi patris, D. Petri Caelestini Quinti, Pontificis Maximi, Paris 1539;

Opuscula spiritualia, Douai 1634. – L. Salembier, Bibliographie des œuvres du Cardinal P. d'A., évêque de Cambrai (1350–1420), Besançon 1908.

Literatur: A. E. Bernstein, P. d'A. and the Blanchard Affair. University and Chancellor of Paris at the Beginning of the Great Schism, Leiden 1978; W. J. Courtenay, Covenant and Causality in P. d'A., Speculum 46 (1971), 94–119; P. Duhem, Le système du monde. Histoire des doctrines cosmologiques de Platon à Copernic IV, Paris 1953, 168–183; G. H. T. Kimble, Geography in the Middle Ages, London 1938; J.P. McGowan, P. d'A. and the Council of Constance, Washington 1936; B. Meller, Studien zur Erkenntnislehre des Peter von A.. Anhang: A.s Traktat »De materia concilii generalis«, Freiburg 1954; F. Oakley, The Political Thought of P. d'A.. The Voluntarist Tradition, New Haven/London 1964; L. Salembier, A., Dictionnaire de théologie catholique I (1903), 642–654; L. Thorndike, The Sphere of Sacrobosco and its Commentators, Chicago 1949, 38–40, 49–51; P. Tschakkert, Peter von Ailli (Petrus de Alliaco). Zur Geschichte des großen abendländischen Schisma und der Reformconcilien von Pisa and Constanz, Gotha 1877 (repr. Amsterdam 1968). J. M.

Ainesidemos (häufig Aenesidem), *wahrscheinlich in Knossos (Kreta), lebte nach dem Zeugnis seiner Schüler um 40 v. Chr., lehrte in Alexandria und begründete die sogenannte jüngere Skepsis (↑Skeptizismus). A.' Hauptwerk, die »Pyrrhonischen Diskurse«, sind nicht erhalten; sie lassen sich aber aus ihrer Analyse bei Photius (9. Jh.) und den Referaten bei Sextus Empiricus und Diogenes Laërtios (IX, 116) rekonstruieren. Bekannt geworden sind seine im »Abriß zur Pyrrhonischen Philosophie« entwickelten zehn ›tropoi‹ (↑Tropen, skeptische), durch die A. die Wahrheitskriterien der ›dogmatischen‹ Philosophen, insbesondere Epikurs und der Stoiker, kritisieren will: Die Dinge erscheinen auf verschiedene Weise (1) den verschiedenen Arten der Lebewesen, (2) den verschiedenen Menschen, (3) den verschiedenen Sinnen eines und desselben Menschen, (4) dem gleichen Sinn in verschiedenen Umständen des Menschen und unter verschiedenen physikalischen Bedingungen, (5) dem gleichen Sinn bei verschiedener Entfernung und unter verschiedener Perspektive. Darüber hinaus verändern sich die Wahrnehmungen (6) auf Grund ihrer Mischung miteinander in verschiedenen Graden und (7) auf Grund der verschiedenen Arten, in denen die wahrgenommenen Stoffe zusammengesetzt sind. Im allgemeinen gilt, daß (8) Wahrnehmungen von der Beziehung des Wahrnehmenden zu seinem Objekt oder von der Beziehung der Dinge oder Merkmale untereinander abhängen, (9) ihre Stärke von der Gewöhnung des Wahrnehmenden an sie abhängt und (10) die Meinungen, Gesetze und Gebräuche der Menschen unbestimmt veränderbar sind. – Da sich kein sicheres Kriterium für die Unterscheidung wahrer von falschen Aussagen angeben lasse, fordert A. die skeptische Zurückhaltung gegenüber allen Behauptungen. In diesem Zusammenhang kritisiert er auch die Lehre von den Ursachen, die Beweismethode und die Ethik der Akademie zur Zeit des Antiochos von Askalon. Umstritten sind Hinweise, denen zufolge A. sich auf Heraklit berufen und naturphilosophisch argumentiert haben soll.

Unter Berufung auf A. veröffentliche G. E. Schulze 1792 anonym die Schrift »Aenesidemus oder über die Fundamente der von dem Herrn Professor Reinhold in Jena gelieferten Elementar-Philosophie. Nebst einer Verteidigung des Skeptizismus gegen die Anmaßungen der Vernunftkritik«, die zu ihrer Zeit eine weite Diskussion um die Philosophie I. Kants auslöste und von J.G. Fichte in einer bekannten Rezension diskutiert wurde (Gesamtausg. Bayer. Akad. Wiss. I 2, 41–67).

Literatur: Photius, Bibliotheca, ed. I. Bekker, Berlin 1824; E. Bréhier, Les Tropes d'Enésidème contre la logique inductive, Rev. Ét. Anc. 20 (1918), 69–76; V. Brochard, Les Sceptiques grecs, Paris [2]1923; A. Goedeckemeyer, Die Geschichte des griechischen Skeptizismus, Leipzig 1905, 210–235. O. S.

***A* ist *A*,** symbolisch $A = A$ oder $a = a$, Aussageschema für die ↑Reflexivität der Identitätsrelation, in der traditionellen Logik häufig als Bezeichnung für den Satz der ↑Identität verwendet. P.S.

Ajdukiewicz, Kazimierz Jósef Stanisław, *Tarnopol 12. Dez. 1890, †Warschau 12. April 1963, poln. Logiker und Semantiker. Führendes Mitglied der sogenannten ↑Warschauer Schule, Begründer und langjähriger Hauptschriftleiter der »Studia Logica«. Studium der Philosophie, Mathematik und Physik in Lwów (Lemberg) unter anderem bei K. Twardowski und J. Łukasiewicz. Studienaufenthalt in Göttingen. Professuren in Warschau (1926–1927), Lwów (1928–1939), Poznán (Posen) (1945–1955) und Warschau (1955–1961). A. veröffentlichte 1920 eine rein syntaktische Fassung des Folgerungsbegriffs mit der vermutlich ersten Formulierung des ↑Deduktionstheorems der Logik, daneben Arbeiten über logische Analyse der Sprache, zum Begriff der Existenz, zur logischen Semantik (↑Semantik, logische), über das Verhältnis von Sprache und Erkenntnis sowie zur Lehre von der Definition.

Werke: Abriß der Logik, Berlin 1958; Logika Pragmatyczna, Warszawa 1965 (engl. Pragmatic Logic, Dordrecht/Boston/Warschau 1974); Sprache und Sinn, Erkenntnis 4 (1934), 100–138; Das Weltbild und die Begriffsapparatur, Erkenntnis 4 (1934), 259–287; Die wissenschaftliche Weltperspektive, Erkenntnis 5 (1935/1936), 22–30; Über die Anwendbarkeit der reinen Logik auf philosophische Probleme, Actes VIIIe Congr. Int. Philos., Prag 1936, 170–174; Logic and Experience, Synthese 8 (1950), 289–299; Über Fragen der Logik, Dt. Z. Philos. 4 (1956), 318–338; Jezyk i Poznanie, I–II, Warszawa 1960/1965 (ausgewählte Aufsätze aus den Jahren 1920–1939 bzw. 1945–1963, II enthält eine vollständige Bibliographie); The Scientific World Perspective and Other Essays 1931–1963, ed. and introd. by J. Giedymin, Dordrecht/Boston 1978 (mit Bibliographie).

Literatur: I. Angelelli, K.A. Biografía y Bibliografía de sus obras, Rev. fil. La Plata 14 (1964), 57–65; T. Czeżowski, K.A., Ruch Filozoficzny 22 (1963/1964), 115–124; Z.A. Jordan, Philosophy and Ideology, Dordrecht 1963; ders., A., Enc. Ph. I (1967), 62–63; M. Kokoszyńska, K.A., in: R. Klibansky (ed.), La philosophie contemporaine. Chroniques I, Florenz 1968, 202–208 (mit Bild und Bibliographie); (anonym), Casimir A. (1890–1963), Log. anal. 7, no. 25/26 (April 1964), 3. C.T.

ajīva (sanskr., leblos), in der Lehre des Jainismus (↑Philosophie, jainistische) der Bereich der (unbelebten und unbewußten) Welt, der zusammen mit dem Belebten (jīva) die Grundeinteilung des Seins bildet. Erlösung (mokṣa) geschieht durch Befreiung des Belebten vom Unbelebten. K.L.

Akademie, Name der von Platon um 385 v.Chr. gegründeten, im Nordwesten Athens gelegenen Philosophenschule. Benannt nach einem in der Nähe befindlichen Heiligtum des altattischen Heros Akademos. Die Schule wurde nach fast tausendjähriger Geschichte, in der die bedeutendsten ihrer Vertreter jedoch oft außerhalb wirkten, 529 n.Chr. durch Justinian geschlossen. Platonische Lehren im engeren Sinne blieben lediglich, abgesehen von einer kurzen Renaissance im 5. Jahrhundert n. Chr., bis zum 1. Jahrhundert v.Chr. wirksam. 87 v.Chr. wurden die schulischen Anlagen im Laufe des 1. Mithridatischen Krieges bei der Belagerung durch Sulla zerstört, anschließend jedoch wiederhergestellt. Die Platonische A. war juristisch als privater Kultverein (Thiasos) zu Ehren der Musen organisiert; der Schulvorsteher war den staatlichen Behörden verantwortlich und bestimmte die Richtlinien und Lebensformen der Schule. Das einfache Leben in der A. wurde durch Symposien und Feiern bestimmter Götterfeste sowie der Geburts- und Todestage von Sokrates und Platon aufgelockert. Die Mitgliedschaft und seit Xenokrates das Scholarchat waren nicht an eine bestimmte Staatszugehörigkeit gebunden. Die Gebäude (Vorlesungs- und Diskussionsräume, Bibliothek, Wohnung) und Parkanlagen wurden anfangs durch das nicht unbedeutende Vermögen Platons, später durch Spenden erhalten und ausgestattet.

Der Versuch, die Geschichte der A. je nach Ausprägung und Richtung der in ihr vertretenen Lehren nach Phasen zu gliedern, hat bereits in der Antike zu unterschiedlichen, kontroversen Gliederungen geführt. Die bekanntesten verknüpfen sich mit den Bezeichnungen *alte A., mittlere A.* und *neue A.;* entsprechende Vorschläge lauten: (a) alte A. von Platon bis Polemon, mittlere A. von Polemon bis Lakydes, neue A. von Lakydes an; (b) alte A. von Platon bis Polemon, neue A. (die Gliederung nach einer mittleren A. einschließend) von Arkesilaos bis Philon, Renaissance der alten A. durch Antiochos. Die folgende Darstellung knüpft lose an die letztere Gliederung an:

(1) *Von Platon bis Arkesilaos.* In der ersten, auf Platons Lehrtätigkeit und Schulführung folgenden Phase beherrscht die Systematisierung Platonischer Lehrstücke die Philosophie der A. Die Nachfolger Platons in der Schulführung, Speusipp und Xenokrates, spielen dabei eine bedeutende Rolle; die später als das philosophische System Platons bezeichnete altakademische Lehre geht auf ihren Einfluß zurück, insbesondere auf die ontologischen Spekulationen des Xenokrates über die Rolle der Prinzipien ↑Einheit und unbestimmte Zweiheit (↑Vielheit, ↑Ideenzahlenlehre) im Aufbau des philosophischen Wissens von der Welt. Andere bekannte Mitglieder der A. wie Philippos von Opus, Herakleides Pontikos (selbst zeitweise Leiter der A.), Eudoxos von Knidos und Krantor von Soloi setzen hingegen in verstärktem Maße einzelwissenschaftliche Bemühungen fort. Unter Polemon von Athen und Krates gewinnen dabei auch ethisch-praktische Gesichtspunkte wieder an Bedeutung. Nicht zufällig wird in dieser ersten nach-Platonischen Phase, die durch spekulative Weiterführung der Philosophie Platons und durch ein verstärktes kultisches Bewußtsein charakterisierbar ist, Pythagoras zu einem zusätzlichen Ahnherrn der A.

(2) *Von Arkesilaos bis Philon.* Mit Arkesilaos von Pitane, Nachfolger des Krates in der Schulleitung um 268 v.Chr. und Begründer der sogenannten mittleren A., nimmt die Schulgeschichte eine ausgesprochen antidogmatische Wende. Die Frühdialoge Platons treten in den Mittelpunkt des Interesses; die in ihnen methodisch zum Ausdruck gebrachte Sokratische ↑Aporetik kontrastiert wirkungsvoll mit der spekulativen Sicherheit der vor-

ausgegangenen Bemühungen. Dabei gewinnt jedoch diese Lösung von der Spekulation die ursprüngliche Platonische Überlegenheit in der Begründung des Wissens nicht zurück, sondern nimmt allmählich skeptische Züge an, zumal dogmatische Einseitigkeiten weniger in der eigenen Schule als vielmehr bei den Epikureern gesucht werden. Vorangetrieben wird diese Entwicklung durch Karneades von Kyrene, den Begründer der sogenannten neuen A. und bedeutendsten Akademiker nach Arkesilaos, dessen Nachfolger in der Schulleitung zunächst Lakydes von Kyrene (241–224), Telekles (224–ca. 216), Euandros (ab 216) und Hegesinus (nach 200) waren. Karneades (ca. 156–138/137), der sich insbesondere mit Chrysipp auseinandersetzt, ergänzt die skeptische Position der damaligen A. um den Begriff der Wahrscheinlichkeit. Damit gestaltete er die akademische Skepsis zu einer Lehre von der Unmöglichkeit objektiven Wissens aus und bezog gegenüber der radikalen Alternative von (bloßer) Dogmatik und (genereller) Skepsis eine neue Position. Unmittelbare Verbindungen zu den skeptischen Schulen Pyrrhons von Elis und Timons von Phleius lassen sich nicht nachweisen; für diese Phase der A. bleibt systematisch gesehen gegenüber jenen Schulen der Sokratische Begriff des aporetischen Wissens charakteristisch.

(3) *Von Philon bis Antiochos.* Mit Philon von Larissa, Nachfolger des Karneades-Schülers Kleitomachos in der Schulleitung 110/109–80, ändert sich erneut die Richtung des akademischen Denkens. Philon, gelegentlich als Begründer einer vierten A. bezeichnet (Begründer der ersten drei: Platon, Arkesilaos, Karneades), gibt den bisherigen skeptischen Standpunkt preis und führt damit in die später von Antiochos von Askalon bestimmte Richtung. Er kommt 88 v. Chr. nach Rom und wird zum Lehrer Ciceros, der 79/78 v. Chr. auch Philons Schüler Antiochos hörte. Antiochos selbst, der 79 v. Chr. die Schulleitung in Athen von Philon übernimmt und im Rahmen der zuletzt erwähnten Gliederung als Begründer einer fünften A. bezeichnet wird, wendet sich sowohl gegen Karneades als auch gegen seinen Lehrer Philon. Über den Anschluß an stoische Lehren (Panaitios, Poseidonios), die in seinen Augen Platon zum Lehrmeister haben, kehrt Antiochos zur Position der sogenannten alten A. zurück. Sein Synkretismus schließt dabei nicht nur A. und ↑Stoa, sondern auch den ↑Peripatos ein und zieht nunmehr mit Ainesidemos von Knossos die früher mit akademischen Lehren (Arkesilaos, Karneades) durchaus verträgliche skeptische Kritik auf sich. Die A. wird zu einer stoischen Schule, ihre Anhänger bezeichnen sich nun mit Vorliebe anstatt als Akademiker als Platoniker, um die Verwechslung mit früheren Schulangehörigen zu vermeiden.

(4) *Von Antiochos bis Plotin.* Von der Arbeit der A. nach Antiochos ist wenig bekannt. Bedeutendere Platoniker dieser Zeit wie Plutarch, Berkylides und Theon von Smyrna haben vermutlich niemals in Athen gelehrt; die philosophiehistorische Konvention, die in diesem Zusammenhang von einem mittleren ↑Platonismus spricht, dient in erster Linie der Abgrenzung zum ↑Neuplatonismus. Mit dem Neuplatonismus (3. Jahrhundert: Plotin, Porphyrios, Iamblichos; 5. Jahrhundert: Proklos) gewinnt auch die A. noch einmal an Bedeutung. Sie wird zum Mittelpunkt der sogenannten athenischen Schule der Neuplatoniker (von der alexandrinischen Richtung des Neuplatonismus durch größere Abhängigkeit von den Lehren Plotins unterschieden), mit Plutarch von Athen als erstem bekannten Schulhaupt und Proklos als ihrem bedeutendsten Mitglied. Die bereits in altakademischer Zeit einsetzende innerakademische Transformation der Philosophie Platons in ein spekulatives ontologisches System findet hier über alle skeptischen und eklektischen Teilphasen von Arkesilaos bis Philon hinweg einen späten Abschluß. Speusipp und Xenokrates erweisen sich damit in gewissem Sinne als die eigentlichen Lehrmeister der A.

Literatur: V. C. L. Brochard, Les sceptiques grecs, Paris 1887, ²1932; W. Burckert, Cicero als Platoniker und Skeptiker. Zum Platonverständnis der ›Neuen A.‹, Gymnasium 72 (1965), 175–200; H. Cherniss, The Riddle of the Early Academy, Berkeley/Los Angeles 1945; O. Gigon, Zur Geschichte der sogenannten neuen A., Mus. Helv. 1 (1944), 47–64; ders., A., Akademiker, LAW 88–92; J. Glucker, Antiochus and the Late Academy, Göttingen 1979; A. Goedeckemeyer, Die Geschichte des griechischen Skeptizismus, Leipzig 1905; H. Herter, Platons A., Bonn 1946, ²1952; M. Hossenfelder, Einleitung in: Sextus Empiricus, Grundriß der pyrrhonischen Skepsis, Einl. u. Übers. M. Hossenfelder, Frankfurt 1968; W. J. Krämer, Der Ursprung der Geistmetaphysik. Untersuchungen zur Geschichte des Platonismus zwischen Platon und Plotin, Amsterdam 1964; P. L. Landsberg, Wesen und Bedeutung der platonischen A.. Eine erkenntnissoziologische Untersuchung, Bonn 1923; G. Luck, Der Akademiker Antiochos, Bern/Stuttgart 1953; P. Merlan, From Platonism to Neoplatonism, The Hague 1953, ²1960; L. Robin, Pyrrhon et le scepticisme grec, Paris 1944; O. Seel, Die platonische A.. Eine Vorlesung und eine Auseinandersetzung, Stuttgart 1953; W. Theiler, Die Vorbereitung des Neuplatonismus, Berlin 1930 (Problemata 1); H. Usener, Organisation der wissenschaftlichen Arbeit. Bilder aus der Geschichte der Wissenschaft, Preuß. Jahrbücher 53 (1884), 1–25, Nachdr. in: ders., Vorträge und Aufsätze,

Leipzig/Berlin 1907, [2]1914, 67–102; A. Weische, Cicero und die Neue A., Münster 1961. J. M.

ākāśa (sanskr., Raum, Äther), in der Lehre des Jainismus (↑Philosophie, jainistische) die erste unbelebte (nicht-materielle) Substanz (ajīva dravya), die zusammen mit den vier unbelebten Substanzen Zeit (kāla), Medium der Bewegung (dharma), Medium der Ruhe (adharma) und Materie (pudgala) die (unbelebte und unbewußte) Welt (loka) ausmachen, der das Belebte (jīva) als sechste Substanz gegenübersteht. K. L.

Akosmismus (von griech. ἄκοσμος, ungeordnet; ›weltlos‹), philosophische Lehre, die der Welt einen genuinen Wirklichkeitsmodus abspricht. Akosmistisch ist der ↑Eleatismus. Die ↑Scholastik hat Schwierigkeiten, sich gegen aus dem Schöpfungsgedanken ergebende akosmistische Konsequenzen zu behaupten. A. in reiner Ausprägung ist nach G. W. F. Hegel (Enc. phil. Wiss. §50, Sämtl. Werke VIII, 144ff.) die Philosophie B. Spinozas, die Hegel so vom ↑Pantheismus unterschieden wissen will. S. B.

Akt, von E. Husserl in den »Logischen Untersuchungen« (II/1, 378; vgl. 369) terminologisch für ›intentionales Erlebnis‹ (↑Intentionalität) eingeführt. Damit wird unterstrichen, daß die Gerichtetheit von Bewußtseinsphänomenen auf Etwas eine Art Tätigkeit ist, allerdings nicht im Sinne einer reflexen Betätigung. Die Verwendung des Ausdrucks ›A.‹ für ›intentionales Erlebnis‹ legt sprachlich das Mißverständnis nahe, als seien solche Erlebnisse aktuell im Sinne von ›ausdrücklich‹. Husserl reserviert daher später den Terminus ›A.‹ für ausdrückliche intentionale Erlebnisse (Ideen I, 79).

Literatur: E. Husserl, Logische Untersuchungen II (Untersuchungen zur Phänomenologie und Theorie der Erkenntnis. 1. Teil), Tübingen [5]1968; ders., Ideen zu einer reinen Phänomenologie und phänomenologischen Philosophie I (Allgemeine Einführung in die reine Phänomenologie), ed. W. Biemel, Den Haag 1950 (Husserliana III, 1). C.F.G.

Aktualisierung, in der modernen Handlungstheorie die einzelne Verwirklichung (engl. token) einer Handlung, die als Schema (engl. type) verstanden wird (↑type and token), z.B. ein einzelner Flug als A. des Handlungsschemas Fliegen oder die Äußerung eines Wortes als eine A. dieses Wortes. Mit dem Begriffspaar ›Schema – Aktualisierung‹ wird eine handlungstheoretische Rekonstruktion des klassischen Begriffspaares ›Allgemeines – Einzelnes‹ und zugleich eine Lösung des klassischen ↑Universalienstreits versucht (↑Universalienstreit, moderner).

Literatur: K. Lorenz, Der Entwurf einer Semiotik bei Richard Gätschenberger. Einführung zum Neudruck von R. Gätschenberger, Zeichen. Die Fundamente des Wissens, Stuttgart 1977; W. V. O. Quine, Word and Object, Cambridge Mass. 1960; W. Stegmüller, Das Universalienproblem einst und jetzt, Arch. Philos. 6 (1956), 192–225, 7 (1957), 45–81. K. L.

Aktualismus, im weiteren Sinne synonym mit ↑Aktualitätstheorie, im engeren Sinne neben ›aktualer Idealismus‹ Bezeichnung der neuidealistischen Position G. Gentiles (»L'essere dello spirito non è altro che attualità«, La réforma della dialettica hegeliana, Firenze [3]1954, 198).

Literatur: M. Ciardo, Natura e storia nell'idealismo attuale, Bari 1949; G. Gentile, Teoria generale dello spirito come atto puro, Pisa 1916, Firenze [6]1944 (=Opere III, Firenze 1959); G. Tuni, Filosofia e scienza nell'attualismo, Milano 1958. J. M.

Aktualitätstheorie, im Gegensatz zur sogenannten ↑Substantialitätstheorie Charakterisierung der ↑Seele nicht über den Begriff der ↑Substanz, sondern über den Begriff der Tätigkeit bzw. des (seelischen) Geschehens. Nach W. Wundt, der (gegen G. W. Leibnizens Monadenkonzeption) den Begriff der ›tätigen Substanz‹ durch den Begriff der ›substanzerzeugenden Tätigkeit‹ ersetzt (System der Philosophie, Leipzig [2]1897, 421), bildet die A. die Grundlage der empirischen Psychologie (›Psychologie ohne Seele‹). Verallgemeinert im Sinne des Wundtschen Diktums »so viel Aktualität so viel Realität« (Logik, I–III, Stuttgart [3]1906–1908, III, 293) werden gelegentlich auch philosophische Positionen wie diejenige Leibnizens (»une substance ne sauroit estre sans action«, Nouv. essais, Preface, Philos. Schr. V, 46) und G.W.F. Hegels (der Geist als Tätigkeit, als ›absolute Aktualität‹, Enc. phil. Wiss. I, §34) als Ausdruck einer A. im weiteren, nicht auf psychologische Verhältnisse eingeschränkten Sinne aufgefaßt.

Literatur: O. Külpe, Einleitung in die Philosophie, Leipzig [9]1919; W. Wundt, Grundriß der Psychologie, Leipzig 1896. J. M.

aktual-unendlich, ↑unendlich/Unendlichkeit.

Akt und Potenz (von lat. actus – potentia), aus der Aristotelischen Unterscheidung von ↑Energeia und ↑Dynamis in der Hochscholastik, vor allem durch Thomas von Aquin, entwickelte Kategorien zur begrifflichen Darstellung von Bewegungen, Veränderungen und des ↑Werdens im allgemeinen. Ausgangspunkt für die Einführung der Kategorien von A. und P. (bzw. Energeia und Dynamis) ist das Bemühen, eine widerspruchsfreie Darstellung von Bewegungen zu geben und die Bewegung als solche (d.h. ohne den Rückgriff auf ihren Anfang und ihr Ende) zu definieren. Der Grundgedanke dieser Bemühung ist, daß jeder Bewegung (im Sinne der Ortsveränderung eines Gegenstandes) und jeder Veränderung (im Sinne der Erlangung einer bestimmten Eigenschaft und des Verlustes einer anderen) ein *Vermögen* zur Bewegung oder Veränderung zugrunde liegt. Dieses Vermögen wird von Aristoteles an verschiedenen Beispielen, insbesondere an der Arbeit des Bildhauers, als die (jederzeit verwirklichbare) Fähigkeit charakterisiert, einen bestimmten Gegenstand zu erzeugen oder einen bestimmten Sachverhalt herbeizuführen. Aristoteles definiert die Dynamis in diesem Sinne als »Prinzip (*ἀρχή*) der Bewegung (*κίνησις*) oder Veränderung (*μεταβολή*) in einem anderen (*ἐν ἑτέρῳ*) oder sofern dies ein anderes ist (*ᾗ ἕτερον*)« (Met. Δ 12.1019a15-16,19-20; 1020a1-2, Θ 1.1046a11; 8.1049b5ff.).Konvers zu diesem Vermögen, etwas zu tun - nämlich einen anderen Gegenstand (bzw. sich selbst, insofern man als Körper nicht das Prinzip der Bewegung ist) zu bewegen oder eine Eigenschaft herbeizuführen -, ist die Fähigkeit, etwas (von einem anderen) zu erleiden. Auch diese Fähigkeit ist eine Dynamis, nämlich das »Prinzip der Veränderung von einem anderen oder sofern dies ein anderes ist« (Met. Δ 12.1019a19-20; vgl. Θ1.1046a 12ff.). (Andere Definitionen der Dynamis – vgl. Met. Δ12 – gewinnen in der Tradition keine Bedeutung.)

Die Aristotelische Dynamis unterscheidet sich nun von der Möglichkeit, wie sie im Rahmen der Modallogik definiert wird (nämlich von der Möglichkeit als dem, was nicht durch logische, mathematische oder empirische Gesetze ausgeschlossen ist), dadurch, daß sie zielgerichtet ist: Sowohl das Vermögen, etwas zu tun, als auch die Fähigkeit, etwas zu erleiden, sind auf ihre Verwirklichung hin, d.i. auf die Tätigkeit oder das Werk (als Ergebnis der Tätigkeit) hin, ausgerichtet. Das ›dem Vermögen nach (*δυνάμει*) Seiende‹ ist dementsprechend dasjenige, was zu der (wirklichen) Tätigkeit oder zu dem Werk (worauf das Vermögen ausgerichtet ist) wird, wenn kein Hindernis dazwischentritt (Met. Θ7). Demgemäß kann Aristoteles auch die Bewegung (*κίνησις*) definieren als »die wirkliche Tätigkeit (*ἐνέργεια*) des Möglichen (*δυνατόν*), insofern es möglich (sc. dem Vermögen nach auf eine bestimmte Tätigkeit oder ein bestimmtes Werk hin ausgerichtet) ist« (Met. K9.1065b15–16; vgl. Met. K9.1065b21ff.,33; 1066a27ff. und Phys. Γ1.201a11–12). Auf diese Weise wird die Bewegung als Grundbegriff der Naturbeschreibung in den Rahmen einer teleologischen Naturdeutung eingerückt, und die teleologischen Kategorien, die zunächst aus der Analyse menschlichen Handelns gewonnen werden, können überall dort angewandt werden, wo die Kategorien von Energeia und Dynamis angewandt werden können. Tatsächlich erweitert schon Aristoteles den Anwendungsbereich dieser Kategorien über die Darstellung von Bewegungen hinaus, indem er die Dynamis manchmal als Stoff (*ὕλη*, ↑Hyle) und die Energeia als ↑Form (*εἶδος*, *μορφή*) interpretiert (Met. Θ 7 und 8).

Systematisiert wird diese Erweiterung erst in der (Hoch-)Scholastik, und zwar durch Thomas von Aquin. Die beiden Aristotelischen Bestimmungen der Dynamis übernimmt Thomas als potentia activa (›potestas‹) und potentia passiva (›potentialitas‹ oder ›possibilitas‹); ›energeia‹ übersetzt er als ›actus‹. Für Thomas sind A. (actus) und P. (potentia) ontologische Grundkategorien, die auf jedes Seiende angewandt werden können: »P. und A. gehören zu den ersten Unterschieden des Seienden« (potentia et actus sunt de primis differentiis entis; 3 phys. 2a; vgl. 1 phys. 15a; 3 phys. 1c). Sie werden dabei nicht nur neben anderen Grundkategorien gebraucht, sondern liefern ein Denkschema, nach dem die Existenz wie das Entstehen eines jeden Gegenstandes und einer jeden Eigenschaft als teleologisches Geschehen, als sinnvoll, zu verstehen möglich wird. Dadurch, daß Thomas die Rede vom Seins-A. (actus entitativus) einführt, dem die passive P. zu seiner Aufnahme (potentia passiva ad actum essendi) entgegensteht, kann er selbst die obersten Prinzipien der Konstitution aller Seienden, nämlich ↑Sein (esse) und ↑Wesen (essentia), als A. und P. und damit insbesondere die Existenz der endlichen Gegenstände (insofern sie durch die Aufnahme eines Seins-A.es in die Grenzen ihres Wesens bzw. ihrer bestimmten P. bestehen) als auf den sie zur Existenz bringenden Seins-A. als Ursprung und Ziel ihrer Existenz ausgerichtet verstehen. Entsprechend interpretiert Thomas ↑Form und Materie als A. (actus formalis) und P. (potentia passiva ad actum formalem) und kann dadurch auch die besonderen Eigenschaften der Gegenstände verstehen als entstanden aus einer (sinnvollen, weil letztlich durch

den Seins-A. garantierten) Ausrichtung der P. auf die jeweilige Form. A. und P. liefern so die Möglichkeit zur philosophischen Darstellung der theologischen Dogmen von der Schöpfung und Lenkung der Welt durch Gott sowie der religiösen Vorstellung von der Welt als einem Abbild Gottes. Denn Gott ist der von aller passiven P. freie, reine Seins-A. (actus purus), durch ihn ist alles endliche Seiende, das für sich nur ein Seiendes der bloßen P. nach ist, zur Wirklichkeit gebracht (»non reducitur, quod est in potentia, in actum, nisi per id, quod est in actu« [was bloß der Möglichkeit nach existiert, wird nur durch etwas, was bereits der Wirklichkeit nach existiert, zur Verwirklichung gebracht], 8 phys. 10c; vgl. 8 phys. 8b, 2 phys. 10k), und auf Gott als sein Ziel ist alles endliche Seiende, das ein solches nur ist als P. auf seine es vollendende Wirklichkeit des Seins-A.es hin, ausgerichtet.
In der an Thomas anschließenden Schulphilosophie werden die verschiedenen Unterscheidungen von A. und P. weiter differenziert und systematisiert. Mit dem Kausaldenken der neuzeitlichen Philosophie wird die Verwendung der teleologischen Kategorien von A. und P. (jedenfalls was die Beschreibung und Erklärung von Naturvorgängen angeht) abgelöst. Auch die gegen die mechanistischen Fassungen kausaler Interpretationen der Natur wiederbelebten teleologischen Kategorien, z.B. in I. Kants Kritik der Urteilskraft, verzichten auf das A.-P.-Schema, da dieses realistisch eine Tendenz der Natur selbst auf bestimmte Verwirklichung hin unterstellt, während die antimechanistische Konzeption der Teleologie gerade auch in dem Sinne anti-realistisch ist, daß ihre Argumentation (gegen die Unzulänglichkeit bloß mechanistischer Beschreibungs- und Erklärungsmittel) durch die Abkehr von einer unmittelbaren Einsicht in natürliche, unseren Unterscheidungsbemühungen vorausliegende, Strukturen (wie sie A. und P. darstellen sollen) ermöglicht ist.

Literatur: H. Beck, Der A.-Charakter des Seins. Eine spekulative Weiterführung der Seinslehre Thomas von Aquins aus einer Anregung durch das dialektische Prinzip Hegels, München 1965; ders., Möglichkeit und Notwendigkeit. Eine Entfaltung der ontologischen Modalitätenlehre im Ausgang von N. Hartmann, Pullach 1961; F. Friedrich, Die Prinzipien von A. und P. sowie von Materie und Form, bezogen auf die menschliche Seele nach Thomas von Aquin, Diss. Saarbrücken 1969; L. Fuetscher, A. u. P.. Eine kritisch-systematische Auseinandersetzung mit dem neueren Thomismus, Innsbruck 1933; C. Giacon, Atto e potenza, Brescia 1947; N. Hartmann, Möglichkeit und Wirklichkeit, Meisenheim ²1949; L. Lavelle, De l'acte, Paris 1946; J. B. Lotz, Sein und Existenz. Studien in systematischer Absicht, Freiburg 1965; G. Manser, Das Wesen des Thomismus, Fribourg ³1949; M. F. Sciacca, A. und Sein, Freiburg 1964; J. Stallmach, Dynamis und Energeia. Untersuchungen am Werk des Aristoteles zur Problemgeschichte von Möglichkeit und Wirklichkeit, Meisenheim 1959; E. Stein, Endliches und ewiges Sein. Versuch eines Aufstiegs zum Sinn des Seins, Louvain 1950. O. S.

Akzidens (lat., das Hinzufallende), das Zufällige, nicht notwendig einem Gegenstand Zukommende (↑Eigenschaft). Aristoteles definiert A. (συμβεβηκός) als dasjenige, »was einem Gegenstand zukommt und (in seinem dem Gegenstand Zukommen) als wahr behauptet wird, allerdings weder notwendig noch in den meisten Fällen« (Met Δ30.1025a14–15). In der ↑Scholastik wird dieser Aristotelische Terminus als ›accidens‹ übersetzt und übernommen. Unter Berufung auf Aristoteles wird dabei ein *reales* und ein *logisches* A. unterschieden. Das reale A. wird aufgefaßt als ein ›Seiendes in einem anderen Seienden‹ (ens in alio), nämlich der ↑Substanz. Es existiert nur in einer solchen Substanz, die Substanz bedarf zu ihrer Existenz der Bestimmung durch Akzidenzien. Die Scholastik nennt darum das A. ein ens quo, d.h. ›ein Seiendes, wodurch ein anderes existiert‹, die Substanz ein ens quod, d.h. ›ein Seiendes, das existiert‹. Das logische A. wird aufgefaßt als nicht in einer Substanz existierend, sondern als Begriff für eine logische Beziehung zu bestimmten Gegenständen: Logisches A. ist jedes Prädikat, das nicht notwendig (z.B. auf Grund einer Sprachregel) von einem Gegenstand ausgesagt wird. O. S.

al- (...), siehe nächsten Bestandteil des Namens.

Alain (eigentlich Émile-Auguste Chartier), *Mortagne-au-Perche (Orne) 3. März 1868, †Le Vésinet (Yvelines) 2. Juni 1951, franz. Schriftsteller und Philosoph. A. studierte ab 1889 an der École normale supérieure, war ab 1892 Philosophielehrer in der Provinz, von 1909 bis zu seiner Pensionierung 1933 in Paris (Lycée Henri IV); zu seinen Schülern zählten A. Maurois, J. Prévost, S. Weil und J. Gracq. A. war Mitarbeiter an mehreren Provinzzeitungen, in der »Dépêche de Rouen« erschienen 1906–1914 mehr als 3000 seiner »Propos d'un Normand«. Als Verehrer I. Kants und überzeugter Demokrat und Pazifist übte er großen Einfluß auf junge Schriftsteller und Philosophen der III. Republik aus. Dabei zeigte er sich vor allem in seinen verschiedenen »Propos« als Vertreter der französischen moralistischen Tradition.

Sein Werk läßt sich kaum systematisch einordnen, entsprechend seiner Grundansicht, daß Ideen für den jeweiligen Augenblick geschaffen werden müssen. Alleiniger Maßstab ist nach A. das denkende Individuum, das sich nur vorsichtig der gesellschaftlichen Ordnung unterordnen darf, mißtrauisch gegenüber politischen Systemen sein muß und politisches Machtstreben ebenso wie jede Macht, die nicht von der individuellen Vernunft kontrolliert werden kann, ablehnen soll. Macht ist nach A. alles, was den Menschen unterdrückt. Sie entstehe als Produkt kollektiver Magie, auch in Demokratien. A. lehnt Revolutionen zugunsten systeminterner Entwicklungen ab. In seinen »Propos sur l'éducation« vertritt er einflußreich eine humanistische Erziehungskonzeption.

Werke: Le citoyen contre les pouvoirs, Paris 1926; Les dieux, Paris 1934 (dt. Wie die Menschen zu ihren Göttern kamen. Eine Naturgeschichte der Religion, München 1965); Éléments de philosophie, Paris 1962; Histoire de mes pensées, Paris 1936; Les idées et les âges, I–II, Paris ³1927 (dt. Lebensalter und Anschauung, Berlin 1932, unter dem Titel: Von der Liebe, von der Arbeit, vom Spiel, Düsseldorf 1962); Les propos d'A., I–II, Paris 1920; Propos de littérature, Paris 1934; Propos de politique, Paris 1934; Propos d'un Normand, 1906–1914, I–V, Paris 1952–1960; Propos sur le bonheur, Paris 1925 (dt. Die Pflicht, glücklich zu sein, Düsseldorf 1960, Frankfurt 1975); Propos sur l'éducation, Paris ⁴1932, ¹⁶1976 (dt. Über die Erziehung, Paderborn 1963); Propos sur la religion, Paris ⁸1938 (dt. Gedanken über die Religion, Frankfurt 1948). – S. Dewit, A.. Essai de bibliographie, 1893 –juin 1961, Brüssel 1961.

Literatur: A.. Philosophe de la culture et théoricien de la démocratie. Extraits des actes du colloque ›Vigueur d'A., rigueur de Simone Weil‹, Cerisy-La-Salle 21.7.–1.8.1974, Paris 1976; P. Ansart, La rencontre selon A., Rev. philos. France Etrang. 95 (1970), 275–286; P. Cousteix, L'idée religieuse dans la pensée d'A. sur l'éducation, Paedagogica Historica 11 (1971), 5–14; G. Heß, A. in der Reihe der französischen Moralisten, Berlin 1932; A. Maurois, A., Paris 1950; G. Pascal, L'idée de philosophie chez A., Paris 1970; O. Reboul, L'élan humain ou l'éducation selon A., Montreal/Paris 1974; ders., Le Dieu des philosophes et le Dieu des bonnes femmes. Canadian J. Philos. 7 (1977), 41–45; S. Solmi, Il pensiero di A., Mailand 1947. P. B.

Alanus ab Insulis (Alain de Lille), *Lille (Flandern) zwischen 1117 und 1128, †Cîtaux 1203, wegen seiner Gelehrsamkeit berühmter (darum auch ›doctor universalis‹ genannter) Theologe, Naturphilosoph und Dichter aus der Schule von Chartres (↑Chartres, Schule von). A. lehrte zeitweilig in Paris, lebte in Montpellier, später (als Zisterzienser) in Cîtaux. Seine Grabinschrift charakterisiert ihn als jemanden, »qui duo, qui septem, qui totum scibile scivit« (der beide [Testamente, unter Umständen auch Theologie und Philosophie], der die sieben [freien Künste], der alles Wißbare beherrschte). Bekannt wurde A. vor allem durch seine beiden Lehrgedichte »De planctu naturae« (Die Klage der Natur) (von der gleichgeschlechtlichen Liebe ausgehend, satirische Schilderung menschlicher Laster wie Freßsucht, Trunksucht, Habsucht, Hochmut, Neid und Schmeichelei) und (das berühmtere) »Anticlaudianus de Antirufino«. Der Titel des »Anticlaudianus« ist in bezug auf Claudians Schmähschrift »In Rufinum« (ca. 400 n. Chr.), in der Rufinus als Inbegriff aller Laster dargestellt wird, gewählt.
Mit dem »Anticlaudianus«, der aus einem Prosaprolog und 4000 Hexametern besteht, soll der vollkommene neue Mensch vorgestellt werden. Kennzeichnend für diesen ist die harmonische Verbindung von Verstand (ratio) und Klugheit (prudentia), die von Sinneseindrücken bewegt und durch das Studium der sieben artes liberales (↑ars) geformt werden und im Glauben (fides) ihre Vollendung finden. A. kleidet seine Idealvorstellung vom neuen Menschen, dem ›puer senex‹, in eine allegorische Darstellung seiner Erschaffung, die zugleich den Wissensbestand seiner Zeit wiedergibt. Seinem Ideal einer harmonischen Verbindung von Bildung bzw. Wissen und Glauben folgen auch seine theologischen Schriften. Insbesondere versucht A., die Argumentationskunst der sieben artes liberales für die Theologie zu nutzen, so im »Rhythmus de incarnatione et de septem artibus« und in den »Regulae caelestis iuris«. In den letzteren verwendet A. vor allem die axiomatisch formulierten und deduktiven Beweismittel der Geometrie. Die von ihm betriebene Harmonisierung von gebildetem Wissen und Glauben steht in der platonisierenden Tradition der Schule von Chartres und findet ihren formelhaften Ausdruck in der Wendung »Ego (sc. die Natur) scio ut credam, illa (sc. die Theologie) credit ut sciat« (ich weiß, um glauben zu können, jene glaubt, um wissen zu können, De planctu naturae, ed. T. Wright, 456), wobei dadurch kein Widerspruch entsteht, sondern nur Verschiedenes deutlich wird: »Non adversa sed diversa sentimus« (nicht gegensätzliche Dinge, sondern verschiedene behandeln wir, ebd.).

Werke: Opera omnia, Paris 1855 (MPL 210); Textes inédits avec une introduction sur sa vie et ses œuvres par M.-T. d'Alverny, Paris 1965 (Études de philosophie médiévale 52); Anticlaudianus, De planctu naturae, ed. T. Wright, London 1872 (Rerum Britannicarum Scriptores medii aevi 59/II); Anticlaudianus, ed. R. Bossuat, Paris 1955 (Textes philosophique du moyen-âge 1); Anticlaudianus or the Good and Perfect Man, trans. and comm. by J. J. Sheridan, Toronto 1973; Summa contra haereticos ascribed to Praepositinus of Cremona, ed. J.N. Garvin/J.A. Corbett, Notre Dame 1958 (Med. Stud. 15); La Somme »Quoniam homines«, ed. P. Glorieux, Arch. hist. doctr. litt. moyen-âge 20 (1954), 113–364; Summa de sacramentis »Totus homo«, ed. H. Betti, Rom 1955 (Spicilegium Pont. Athenaei Antoniani 7); De virtutibus et vitiis et de donis spiritus sancti, ed. O. Lottin, Med. Stud. 12 (1950), 20–56; Liber Poenitentialis, I–II, ed. J. Longère, Löwen 1965 (Analecta mediaevalia Namurcensia 17/18); A. de maximis theologie. Incipiunt Regule celestis iuris. Vel maxime theologie Magistri Alani porretani, Basel 1492, unter dem Titel: Regulae Alani de sacra theologia, in: J.A. Mingarellius, Anecdotorum fasciculus, Rom 1756; Regulae caelestis iuris, sive Maximae theologicae. Expositio super symbolum apostolorum et Nicenum, ed. N.M. Häring, Anal. Cist. 30 (1974), 7–45; Der Anticlaudian oder Die Bücher von der himmlischen Erschaffung des Neuen Menschen. Ein Epos des lateinischen Mittelalters, übers. u. eingel. v. W. Rath, Stuttgart 1966. – Totok II (1973), 203–209.

Literatur: C. Baeumker, Handschriftliches zu den Werken des A., Philos. Jb. 6/7 (1893/1894), 103–175, 417–429; M. Baumgartner, Die Philosophie des A. de I.. Im Zusammenhange mit den Anschauungen des 12. Jahrhunderts dargestellt, Münster 1896; V. Cilento, Alano di Lilla. Poeta e teologo del seculo XII, Neapel 1958; A. Ciotti, Alano e Dante, Convivium 28 (1960), 258–288; G.H. Green, Alan of Lille's De Planctu Naturae, Speculum 31 (1956), 649–674; J. Huizinga, Über die Verknüpfung des Poetischen mit dem Theologischen bei A. de I., Amsterdam 1932; P. Ochsenbein, Studien zum Anticlaudianus des A. a. I., Bern/Frankfurt 1975; G. Raynaud de Lage, Alain de Lille. Poète du XIIe siècle, Montréal/Paris 1951; C. Vasoli, Il »Contra haereticos« di Alano de Lilla, Boll. ist. stor. ital. per il medio evo 75 (1963), 123–172; ders., Temi e motivi della riflessione morale di Alano di Lillo, nella »Summa quoniam homines« e nel »Tractatus de virtutibus«, ebd. 73 (1961), 219–277; ders., La »Theologia apothetica« di Alano di Lilla, Riv. crit. stor. filos. 16 (1961), 153–187, 278–314; ders., Le idee filosofiche di Alano di Lilla nel »De planctu« e nell' »Anticlaudianus«, Giorn. crit. filos. ital. 40 (1961), 462–498. O.S.

Albatenius (Albategnius), der lat. Name von Abu Abd Allah Muhammad Ibn Dschabir Ibn Sinan Al Battani, *Harran (Irak) vor 858, †bei Samarra 929, arab. Astronom. A.' Hauptwerk Al-Zīj gilt als das bedeutendste Werk der islamischen Astronomie. Ausgehend vom »Almagest« des Ptolemaios legt es in der Hauptsache praktische Untersuchungen zu den dort behandelten Begriffen und Problemen vor. Die Berechnungen der Schiefe der Ekliptik, der Präzession, der Planetenbahnen und der Jahreslängen sowie die Fixsternkataloge waren der Maßstab der astronomischen Arbeiten des lateinischen Mittelalters und des Maimonides; sie beeinflußten N. Kopernikus, T. Brahe und J. Kepler.

Ausgabe: Al Battani sive A.. Opos astronomicum, I–III, ed. C.A. Nallino, Mailand 1899–1907 (repr. Frankfurt 1969).

Literatur: W. Hartner, Al-Battānī, DSB I (1970), 507–516; F. Krafft, Battani, in: Große Naturwissenschaftler. Biographisches Lexikon, ed. F. Krafft/A. Meyer-Abich, Frankfurt 1970, 40–41; C.A. Nallino, A., Encycl. of Islam I (Leiden ²1960), 1104–1105.

Albert, Hans, *Köln 8. Febr. 1921, dt. Philosoph, Wissenschaftstheoretiker der Sozialwissenschaften. Promotion Köln 1952. Habilitation Köln 1957, seit 1963 o. Prof. der Soziologie und Wissenschaftslehre an der Universität Mannheim. A. ist einer der Hauptvertreter des kritischen Rationalismus (↑Rationalismus, kritischer), dessen Position er im Positivismusstreit zusammen mit K.R. Popper gegen die Auffassungen der ↑Frankfurter Schule vertrat. Neben wichtigen Arbeiten zur Theorie- und Modellbildung in Soziologie, Nationalökonomie und anderen Sozialwissenschaften verfaßte A. Einzelstudien zum Verhältnis von Wissenschaft und Politik, zum ↑Wertfreiheitsprinzip und über Ethik und Meta-Ethik sowie polemisch-kritische Stellungnahmen gegen von ihm als ideologisch bekämpfte Lehrmeinungen der modernen Theologie und der sogenannten transzendentalen Hermeneutik in der Gegenwartsphilosophie.

Werke: Ökonomische Ideologie und politische Theorie, Göttingen 1954, ²1972; Ethik und Meta-Ethik, Arch. Philos. 11 (1961), 28–63 (mehrfach wiederabgedr., so in: Konstruktion und Kritik, 127–167, und in: H.A./E. Topitsch [ed.], Werturteilsstreit, Darmstadt 1971, 472–517); Wertfreiheit als methodisches Prinzip, in: E. v. Beckerath/H. Giersch/H. Lampert (eds.), Probleme der normativen Ökonomik und der wirtschaftspolitischen Beratung, Berlin 1963 (Schriften des Vereins für Sozialpolitik NF 29), 32–63; (ed.) Theorie und Realität, Tübingen 1964, ²1972; Marktsoziologie und Entscheidungslogik, Neuwied 1967; Traktat über kritische Vernunft, Tübingen 1968, ²1969, ³1975 (um ein Nachwort »Der Kritizismus und seine Kritiker« erweitert); (Mitverfasser) Der Positivismusstreit in der deutschen Soziologie, Neuwied/Berlin 1969, ³1971; Plädoyer für kritischen Rationalismus, München 1971, ⁴1975 (Aufsatzsammlung); (mit E. Topitsch, eds.) Werturteilsstreit, Darmstadt 1971, ²1979 (Wege der Forschung 175); Konstruktion und Kritik. Aufsätze zur Philosophie des kritischen Rationalismus, Hamburg 1972, ²1975; Theologische Holzwege, Tübingen 1973; Transzendentale Träumereien. Karl-Otto Apels Sprachspiele und sein hermeneutischer Gott, Hamburg 1975; Aufklärung und Steuerung. Aufsätze zur Sozialphilosophie und zur Wissenschaftslehre der Sozialwissenschaften, Hamburg 1976; Kritische Vernunft und menschliche Praxis. Mit einer autobiographischen Einleitung, Stuttgart 1977; Traktat über rationale Praxis, Tübingen 1978; Das Elend der Theologie. Kritische Auseinandersetzung mit Hans Küng, Hamburg 1979. C.T.

Alberti, Leon Battista, *Genua 14. Febr. 1404, †Rom 25. April 1472, ital. Architekt, Kunsttheoretiker, Dichter und Philosoph. Studierte 1415–1418

in Padua, 1420–1425 in Bologna die Rechte mit starker Neigung zu den humanistischen Wissenschaften. 1428 Promotion und Empfang der niederen Weihen. 1438 Reisen nach Frankreich, Deutschland und Belgien. Seit 1443 in Rom ansässig. Im letzten Lebensjahrzehnt entstehen seine künstlerischen und literarischen Hauptwerke.
A. ist der erste in der Reihe der sogenannten ›Universalmenschen‹. Seiner geistigen Struktur nach gehört er nicht der bürgerlich-florentinischen, sondern der höfischen Kultur an, die den bürgerlichen Humanismus in sich aufgesogen hatte. In seinem Traktat über die Malerei (De pictura, 1435) hat er, der der Prototyp des theoretisierenden Künstlers ist, die erste rationale Analyse künstlerischer Phänomene vorgenommen und in der Analyse der malerischen Perspektive die Mathematik als die gemeinsame Basis der Kunst und der Wissenschaft herausgestellt. Seine stehenden Bauten (Rimini, Florenz, Mantua) zeigen einen der jeweiligen Situation angeglichenen römisch-klassischen Formenkanon. Sein bedeutender Traktat über das Hauswesen (Della famiglia, 1434) entwickelt die Grundkategorien bürgerlicher Lebensmoral. Im Vertrauen darauf, daß Virtus Fortuna jederzeit bewältigen könne, sind in einem verstandesethischen Entwurf Sparsamkeit, Fleiß, geschäftlicher Kalkül, gemessene Lebensführung, aber auch Freundschaft, soziales und karitatives Verhalten mit Hilfe stoischer Maximen zu letztgültigen Tugenden erhoben. A. wird die erste bekannte italienische Grammatik zugeschrieben. Seine Schriften, zu denen des weiteren Komödien und Gedichte, eine Abhandlung über Staatsmoral (Theogonius, ca. 1440) und über bürgerliche Moral (Della tranquilità dell'anima, 1442) gehören, sind von zeitkritischen (gegen die Tyrannei), moralsatirischen (gegen Völlerei und gegen die Mönche) sowie aufklärerischen (gegen den Aberglauben) Impulsen durchsetzt. – Durchaus als vollendeter Hofmann formuliert A. die ersten Abschnitte einer Geschichte der bürgerlichen Rationalität.

Werke: Opere volgari, a cura di C. Grayson, I–III, Bari 1960–1973; De re aedificatoria, Florenz 1485 (dt. Zehn Bücher über die Baukunst, ed. M. Theuer, Wien 1912 [repr. Darmstadt 1975]), repr. ed. H.-K. Lücke (3 Indexbde., 1 Faksimilebd.), München 1975 (bisher 3 Lieferungen); Über das Hauswesen (I libri della famiglia, Florenz 1908), ed. F. Schalk, Zürich/Stuttgart 1962.

Literatur: A. Fanfani, Le origini dello spirito capitalistico in Italia, Milano 1933; W. Flemming, Die Begründung der modernen Ästhetik und Kunstwissenschaft durch L. B. A., Leipzig/Berlin 1916; J. Gadol, L. B. A.. Universal Man of the Early Renaissance, Chicago/London 1969; C. Grayson, L. B. A., in: Dizionario biografico degli Italiani I (1960), 702–713; G. Mancini, Vita di L. B. A., Firenze ^{2}1911; J. Schlosser, Ein Kunstproblem der Renaissance. L. B. A., Wien 1929 (Sitz.ber. Akad. Wiss. Wien, philos.-hist. Kl. 210, Abh. 2). M. W.

Albertinismus, neuplatonisch orientierte Bewegung, die dem schulüblich gewordenen und schulmäßig erstarrten ↑Thomismus durch eine Renaissance des Werkes von Albertus Magnus (als einer vor-thomistischen Phase der Scholastik) einen spekulativen Entwurf mit einem engeren Bezug zur Wirklichkeit entgegensetzen wollte. Insbesondere setzt der Gedanke des Hervorgangs aller endlichen Dinge aus den Ideen, ohne daß dabei zwei Prinzipien (esse und essentia) für die Konstitution dieser Dinge postuliert werden, den A. von der thomistischen Konzeption ab. Schon die mangelnde Systematik der Bemühungen von Albertus Magnus um das Verständnis der verschiedenen Bereiche, die sich unserem Forschen darbieten, mindert jedoch die Eignung seines Werkes für eine Schulbildung. So bleibt denn auch der A., nachdem er zunächst in Paris (von Johannes de Nova Domo), dann vor allem in Köln (von Heymericus de Campo) und sogar in Krakau seit dem Beginn des 15. Jahrhunderts vertreten wird, in der Geschichte der Theologie und Philosophie eine Episode, die ihre Bedeutung eher als Indiz für das Unzureichende einer verselbständigten Schultradition im Übergang vom Mittelalter zur Neuzeit besitzt denn als eigenständige Traditionsbildung.

Literatur: R. Haubst, Zum Fortleben Alberts des Großen bei Heymerich v. Kamp und Nikolaus v. Kues, in: Beitr. Gesch. Philos. Theol. MA, Suppl. IV, Münster 1952 (= Studia Albertina. Festschrift für Bernhard Geyer zum 70. Geburtstage, ed. H. Ostlender), 420–447; G. Meersseman, Die Pariser Anfänge des Kölner A.. Die Geschichte des A. I, Paris 1933; ders., Die Kölner Kontroversen. Geschichte des A. II, Rom 1935. O. S.

Albertus Magnus (auch Theutonicus und Coloniensis), *Lauingen (Schwaben) um 1200 (1193?), †Köln 15. Nov. 1280, universell gebildeter, daher auch ›doctor universalis‹ genannter, dt. Naturforscher, Philosoph und Theologe. A. entstammt einer ritterbürtigen Familie (›ex militaribus‹), jedoch nicht des Grafen von Bollstädt (wie Rudolf von Nijmwegen behauptet), studiert in Padua, schließt sich auf Veranlassung des Ordensmeisters Jordan von Sachsen 1223 (oder 1229) dem Dominikanerorden an, begibt sich 1243/1244 nach Paris, wo er den Doktorgrad erwirbt und 1246 Magister theologiae wird. 1248 geht A. nach Köln an das neu gegründete ›studium generale et sollemne‹.

In Köln zählen Thomas von Aquin und Ulrich von Straßburg zu seinen Schülern. 1254–1257 Provinzialoberer der deutschen Ordensprovinz (Teutonia), 1260 (gegen den Willen seines Ordensgenerals Humbert) Bischof von Regensburg. Bereits 1261 will A. auf das Bischofsamt verzichten und reist dazu nach Rom, wo sein Verzicht von Papst Urban IV., dessen Wahl A. abzuwarten hatte, angenommen wird. 1263 wird A. von Urban IV. als Kreuzzugsprediger und Nuntius (in Deutschland und Böhmen) beauftragt; er kommt dieser Aufgabe bis zum Tod Urbans am 2.10.1264 nach. 1267 hält sich A. in Straßburg auf, 1269 lehnt er eine Berufung nach Paris ab, 1270 kehrt er nach Köln zurück, wo er, abgesehen von zwei Reisen zum Konzil von Lyon 1274 und nach Paris 1277 (zur Verteidigung der Lehren seines Schülers Thomas von Aquin), bis zu seinem Tode bleibt. Auch politisch wird A. tätig, so durch seine mehrfachen Schlichtungen im Streit des Kölner Erzbischofs mit den Kölner Bürgern (1252 und 1258 Konrad von Hochstaden, 1263 und 1271 Engelbertt II. von Falkenburg) und seinen Einsatz für die päpstliche Anerkennung des ersten Habsburger Königs Rudolph auf dem Konzil von Lyon 1274. A. wurde 1622 durch Gregor XV. seliggesprochen und 1931 durch Pius XI. zum Heiligen und Kirchenlehrer erklärt.

A.s (d.i. Alberts) Bedeutung für die Entwicklung der Philosophie und der Wissenschaften liegt weniger in der Ausarbeitung eigener philosophischer Konzeptionen oder wissenschaftlicher Theorien, als vielmehr in seiner Vermittlung der Aristotelischen (und arabischen) Schriften für die Scholastik und dem dadurch bewirkten Durchbruch des ↑Aristotelismus im Mittelalter. Die in der zweiten Hälfte des 12. Jahrhunderts zumeist zusammen mit den Schriften und in den Interpretationen arabischer Philosophen (vor allem des Averroës) bekannt gewordenen Aristotelischen Schriften zur Naturphilosophie hatten in der christlichen Philosophie zu heftigen Auseinandersetzungen geführt. Noch 1210 werden in Paris die Aristotelischen Schriften zur Naturphilosophie (die für die christlichen Autoren dieser Zeit häufig nur eine Paraphrasierung der biblischen Schöpfungsberichte, verbunden mit Fabeln und einigen Tatsachenberichten, ist) verurteilt und für die Lehre verboten. Wenn diese Verurteilung 1234 auch zurückgenommen wird, so bedarf es doch geraumer Zeit, bis (vor allem auf Grund der Schriften A.s und seines Schülers Thomas von Aquin) die Aristotelischen Schriften und die sie zu einem großen Teil kommentierenden Texte der arabischen Philosophen allgemein an den Universitäten gelesen werden. A. beginnt seine Auseinandersetzung mit den Aristotelischen Schriften in seinen Studien- und Lehrjahren in Paris. Sein großangelegtes Unternehmen einer Erklärung nicht nur aller damals bekannten Aristotelischen (und dafür gehaltenen) Schriften, sondern auch der Diskussion solcher Fragen, die bei Aristoteles nicht behandelt werden oder deren Darstellung durch Aristoteles verlorengegangen ist, dient der Integration christlicher, und zwar augustinisch orientierter bzw. platonisierender Theologie, Aristotelischer Philosophie und empirischer Naturwissenschaft. Dieser Integrationsversuch endet nicht mit einem begrifflich durchkonstruierten philosophischen oder theologischen System (wie bei seinem Schüler Thomas von Aquin), sondern beläßt für die verschiedenen Problembereiche eine Eigenständigkeit von Lösungswegen.

Während A. in der Theologie in mystischen Erfahrungen (auf die wir uns durch die Meditation der Glaubensgeheimnisse vorbereiten können) eine entscheidende Instanz sieht und daher auch die negative Theologie (d.i. die Lehre von dem, was Gott nicht ist, bzw. die Herausarbeitung seiner Unähnlichkeit mit den Geschöpfen) betont, formuliert er für (Natur-)Wissenschaft und Philosophie ein empiristisches Programm im Sinne der Begründungsbedürftigkeit wissenschaftlicher Behauptungen durch (allgemein zugängliche) Erfahrungen und der Anwendungsmöglichkeit philosophischer Prinzipien auf unser Erfahrungswissen. A.s Verzicht auf die systematische Konstruktion einer Wisseneinheit verhindert zwar eine an bestimmte grundlegende Lehrstücke anschließende Schulbildung, macht andererseits aber gewisse Formeln, mit denen A. die Intentionen verschiedener Positionen zu integrieren versucht, geeignet für die traditionsbildende Darstellung von durch Schulmeinungen bestimmten, immer wieder aufgenommenen Kontroversen. So dient seine die Unterscheidung Avicennas übernehmende Formel von der Existenz der Universalien – daß diese nämlich im göttlichen Geiste ›ante rem‹ (d.i. vor den individuellen Gegenständen), als genus (Gattungswesen) ›in re‹ (d.i. in den individuellen Gegenständen) und durch die Abstraktion ›post rem‹ (den individuellen Gegenständen nachgeordnet) existieren – als vielfältig interpretierbare und z.B. auch von Thomas benutzte Kompromißformel im ↑Universalienstreit. Seine Unterscheidung von forma fluens (›fließender Form‹, d.i. eine in sich selbst als Veränderung oder Bewegung zu begreifende Form) und fluxus formae (›Fluß der Form‹, d.i. die Veränderung oder Bewegung durch eine Folge von Formen) liefert den Titel für konträre Positionen in der Kontroverse der Nominalisten und Realisten über die Darstellung von (Orts-)Bewegungen. In seinen (natur)wissenschaftlichen Arbeiten mischt A. immer wieder eigene Beobachtungen, darunter auch Erstbeschreibungen, in seine Kommentare. Seine Hauptwerke auf diesem Gebiet sind die Abhandlung »De vegetabilibus et plantis«, der die Schrift »De plantis« des Nikolaus von Damaskus zugrunde liegt, und die »Quaestiones super De animalibus«. Obwohl A. auch hier bekannte allgemeine Klassifikationen (in der Botanik die des Theophrast, in der Zoologie die des Aristoteles) übernimmt, fügt er doch viele eigene Einteilungen hinzu, die zu neuen Klassifikationssystemen führen. Ein Hauptverdienst besteht in der Verbannung volkstümlicher mythischer Vorstellungen aus der Wissenschaft (wenn auch Beschreibungen von Fabelwesen noch auftreten) und der Gründung wissenschaftlicher Behauptungen auf sorgfältige Beobachtungen. Gleichwohl – bzw. gerade weil er experimentelle Beobachtungen machte – stand A. im Ruf eines Magiers, dem auch einige okkulte Abhandlungen, z.B. »De secretis mulierum«, zugeschrieben wurden.

Werke: Opera omnia, I–XXI, ed. P. Jammy, Lyon 1651, Nachdr. in 38 Bänden, ed. A. u. E. Borquet, Paris 1890–1899 (unkritische Textausgaben); Opera omnia. Edenda curavit Institutum Alberti Magni Coloniense Bernhardo Geyer praeside, Münster 1951 ff. (bis 1978 14 Bde bzw. Halbbde erschienen); De vegetabilibus, ed. E. Meyer/C. Jessen, Berlin 1867; Commentarii in Job, ed. M. Weiß, Freiburg 1904; Commentarii in Librum Boethii De divisione, ed. P. M. de Loë, Bonn 1913; De animalibus, I–II, ed. H. Stadler, Münster 1916–1920; Die Universitätspredigten des A. M., ed. B. Geyer, München 1966; Book of Minerals, ed. D. Wykoff, Oxford 1967; A. M.. Ausgewählte Schriften (lat./dt.), ed. W. P. Eckert/A. Fries, Darmstadt 1980. – Totok II (1973), 362–376.

Literatur: M. Albert, Saint Albert the Great, Oxford 1948; J. Bach, Des A. M. Verhältnis zu der Erkenntnislehre der Griechen, Lateiner, Araber und Juden. Ein Beitrag zur Geschichte der Noetik, Wien 1881 (repr. Frankfurt 1966); H. Balss, A. M. als Biologe. Werk und Ursprung, Stuttgart 1947; ders., A. M. als Zoologe, München 1928; R. Baumgardt, Der Magier. Das Leben des A. M., München 1949; L. Brandl, Die Sexualethik des hl. A. M.. Eine moralgeschichtliche Untersuchung, Regensburg 1955; S. Dezani, A. M., Brescia 1947; M. J. Dorcy, Master Albert. The Story of St. Albert the Great, New York 1955; A. Garreau, Saint Albert le Grand, Paris 1932; M. Grabmann, Der Einfluß Alberts des Großen auf das mittelalterliche Geistesleben, Innsbruck 1928, Nachdr. in: ders., Mittelalterliches Geistesleben. Abhandlungen zur Geschichte der Scholastik und Mystik II, München 1936, 324–412; ders., Der Hl. Albert der Große. Ein wissenschaftliches Charakterbild, München 1932; A. Hufnagel, Die Wahrheit als philosophisch-theologisches Problem bei Albert dem Deutschen, Bonn 1940; G. Meersseman, Geschichte des Albertismus, Rom 1933; ders., Introductio in opera omnia beati Alberti Magni, Brügge 1931; F. J. Nocke, Sakrament und personaler Vollzug bei A. M., Münster 1967 (Beitr. Gesch. Philos. Theol. MA LI,4); H. C. Scheeben, A. M., Bonn 1932, Köln [2]1955; T. Schwertner, Saint Albert the Great, Milwaukee N.Y. 1932; G. Wieland, Untersuchung zum Seinsbegriff im Mataphysikkommentar Alberts des Großen, Münster 1972; H. Wilms, Albert der Große, München 1931. O. S.

Albert von Sachsen (A. von Helmstedt, A. von Ricmestorp, Albertutius, Albertus parvus), *bei Helmstedt um 1316, †Halberstadt 8. Juli 1390, dt. scholastischer Philosoph, Aristoteleskommentator, Naturphilosoph und Vertreter der ockhamistischen Logik. 1365 Mitbegründer und erster Rektor der Universität Wien, 1366–1390 Bischof von Halberstadt, 1372 wegen seiner Lehren über die Naturnotwendigkeit der Ketzerei bezichtigt. A. galt als hervorragender Lehrer, dem unter anderem die rasche Verbreitung der von der Pariser Universität kommenden Logik W. v. Ockhams an den deutschen Universitäten zu verdanken war. Neben gründlichen Kompendien von der Art der »Sophismata« (posthum 1489), die 254 logische ↑Paradoxien behandeln, stehen didaktisch bemerkenswerte Werke wie die »Logik«, die zu den ausgereiftesten Lehrbüchern des Spätmittelalters zählt. In der Physik schloß sich A. sehr eng an seinen Lehrer J. Buridan und an Nikolaus von Oresme an, propagierte Buridans ↑Impetustheorie, lehrte Himmelsmechanik und entkräftete die von Aristoteles gegen die Existenz von Vacua angeführten Argumente.

Werke: Quaestiones in octo libros physicorum, o.O. 1516 (Teil von: Quaestiones in Aristotelis libros de coelo et mundo, Pavia 1481, Venedig 1492); Perutilis logica, Venedig 1522 (repr. Hildesheim 1974); De proportionibus, Venedig 1487, Bologna 1502 (später auch unter dem Titel: Tractatus proportionum), zahlreiche weitere Auflagen; Sophismata, Paris 1502 (repr. Hildesheim 1975).

Literatur: P. Boehner, Medieval Logic. An Outline of its Development from 1250 to c. 1400, Manchester 1952; H. L. L. Busard, Der »Tractatus proportionum« von A., Denkschriften. Österr. Akad. Wiss., math.-naturw. Kl. 116, 2. Abh. (1971), 43–72; A. Dyroff, Über Albertus v. S., in: Festgabe für Clemens Baeumker, Münster 1913 (Suppl.Bd. der Beitr. Gesch. Philos. MA), 330–342; G. Heidingsfelder, A.. Sein Lebensgang und sein Kommentar zur Nikomachischen Ethik des Aristoteles, Münster 1921, [2]1927 (Beitr. Gesch. Philos. MA XXII, 3–4); E. A. Moody, A. of Saxony, DSB I (1970), 93–95; C. Prantl, Geschichte der Logik im Abendlande IV, Leipzig 1870 (repr. Graz 1955), 60–88. C. T.

Albinos, 2. Jh. n. Chr., Schüler des Platonikers Gaios, Lehrer Galens, verfaßte eine Einleitung zu Platons Dialogen und einen referierenden Abriß der Platonischen Philosophie, behandelte harmonisierend die Aristotelische Logik und Kategorienlehre als Teil der Platonischen Systematik. A. galt lange als Vorläufer des ↑Neuplatonismus; neuere Forschungen haben erwiesen, daß er weit mehr in der Tradition des Xenokrates steht und von Plotin vor allem in der Stufenontologie abweicht (erster Gott, das Gute und Nus werden einer einzigen Stufe zugeordnet). Er unterscheidet drei Arten des Aufstiegs zu Gott (↑Anagoge), die später unter den Bezeichnungen ›via negationis‹, ›via analogiae‹ und ›via eminentiae‹ von christlichen Denkern übernommen wurden; desgleichen findet sich bei ihm bereits die Bezeichnung der Ideen als ›Gedanken Gottes‹.

Werke: Platonis opera VI, ed. K.F. Hermann, Leipzig 1856, 147–189; P. Louis, A. Epitomé, Paris 1945. – Totok I (1964), 327.

Literatur: H. Dörrie, Porphyrios' »Symmikta Zetemata«. Ihre Stellung in System und Geschichte des Neuplatonismus nebst einem Kommentar zu den Fragmenten, München 1959; H.J. Krämer, Der Ursprung der Geistmetaphysik. Untersuchungen zur Geschichte des Platonismus zwischen Platon und Plotin, Amsterdam 1964, 101–115; J.H. Loenen, Albinus' Metaphysics. An Attempt at Rehabilitation, Mnemosyne 9 (1956), 296–319, 10 (1957), 35–56; J. Mansfeld, Three Notes on A., J. Greek and Early Christ. Philos. 1 (1972), 61–80; R.E. Witt, A. and the History of Middle Platonism, Cambridge 1937 (repr. Amsterdam 1971). E.K.

Albumasar, der lat. Name von Abu Maschar (Abu Maschar Dschafar Al Balchi), *Balch (Afghanistan) 787, †Wasit (Irak) 886, islam. Astrologe. A. vertrat die Theorie, daß die verschiedenen Wissenssysteme der Völker letztlich auf eine einzige Offenbarung zurückzuführen seien, deren Emanationen sie wären. Nach ersten, wenig methodischen astrologischen, astronomischen und kalendarischen Forschungen wandte sich A., veranlaßt insbesondere durch die Kritik al Kindis, einer mehr auf den bereits erreichten Stand der Mathematik und Astronomie gegründeten astrologischen Tätigkeit zu. Er vertrat einen durch die orientalische Überlieferung geprägten neuplatonisierenden ↑Aristotelismus. Diese und andere (z.B. indische) Einflüsse führten A. zu einem eklektischen Weltsystem, das drei Seinsweisen (das Göttliche, das Ätherische, das Stoffliche) unterscheidet, die den drei konzentrischen Sphären des Kosmos entsprächen, nämlich der des Lichts, den acht Himmelssphären und der Erde.

Literatur: J.M. Faddegon, Notice sur un petit traité d'astrologie attribué à A. (Abu-Ma'sar), J. asiatique 213 (1928), 150–158; R.J. Lemay, Abu Ma'shar and Latin Aristotelianism in the 12th Century, Beirut 1962; J.M. Millás, A.M., Encycl. of Islam I (Leiden ²1960), 139–140; O. Neugebauer, Variants to the Greek Translation of Abū Ma'shar's Version of the Paranatellonta of Varāmihira and Teukros, Académie royale de Belgique, Bulletin de la classe des lettres, 5e sér. 43 (1957), 133–140; D. Pingree, A.M., DSB I (1970), 32–39; G. Sarton, Introduction to the History of Science I, Baltimore 1927, 568; H. Suter, Die Mathematiker und Astronomen der Araber und ihre Werke, Abh. Gesch. math. Wiss. 10, Leipzig 1900, 28–30; L. Thorndike, A.M. in Sadan, Isis 45 (1945), 22; J. Vernet, Problemas bibliográficos en torno a A., Barcelona 1952. H.J.S.

Alchemie, auch ›Alchimie‹ und ›Alchymie‹ (arab. alkīmiyā, von griech. χυμεία = χύμευσις, Vermischung, Vermengung bzw. die Lehre von diesen; χύμα Fließendes, Flüssigkeit), eine Kunstlehre hohen Alters (aber unbekannten Ursprungs) mit weltanschaulich-theoretischem Hintergrund, die sich allgemein und übergreifend als eine Lehre von der Veredelung und Vervollkommnung aller Dinge (ars perfectionis, ars philosophica) beschreiben läßt, historisch konkret jedoch in mehreren, wesentlich verschiedenen Ausprägungen und Zielsetzungen aufgetreten ist. Die wichtigsten dieser Ausdifferenzierungen sind die A. (1) als eine *Naturphilosophie,* (2) als eine *Technologie der Verwandlung (›Transmutation‹) von Stoffen* in ›edlere‹, bei Metallen insbesondere in Gold (beides Formen, in denen die A. wissenschaftsgeschichtlich als Vorläuferin der neuzeitlichen Chemie erscheint), (3) als eine stark symbolorientierte *Lehre von unbewußten psychischen Entwicklungsvorgängen* mit dem Ziel ihrer richtigen Deutung und erfolgreichen Steuerung, sowie (4) als eine religiös bestimmte *Kunstlehre zur Vergeistigung des gesamten Menschen* durch konkrete mystische ›Übungen‹.

(1) Die A. als *angewandte Naturphilosophie* stützt sich auf theoretische Auffassungen der vorsokratischen, der Aristotelischen und dann der (zur Zeit ihrer ersten uns bekannten literarischen Fixierung zeitgenössischen) neuplatonischen ↑Naturphilosophie. Sie faßt die Natur als einen durchgängigen Allzusammenhang auf, beschrieben und gedeutet durch die Philosophie, die Lehre vom Mikrokosmos und ↑Makrokosmos, die Astronomie bzw. Astrologie und nicht zuletzt durch eine Lehre von Ursprung und Eigenschaften der Stoffe, die als Mischungen (vgl. ›χυμεία‹ und ›χύμευσις‹) jeweils verschiedenen Verhältnisses aus Urstoffen (bei Aristoteles Kaltes, Feuchtes, Heißes und Trockenes, meist vereinfacht zu Erde, Wasser, Feuer und

Luft) angesehen werden. Da diese Urstoffe selbst wieder als Ergebnis je verschiedener Formung einer Urmaterie (↑materia prima) gedacht werden, besteht prinzipiell auch die Möglichkeit, Stoffe ineinander zu ›transmutieren‹, indem entweder ihre Mischungsverhältnisse geändert oder ihnen nach Rückführung in den Urzustand als prima materia gänzlich neue Eigenschaften verliehen werden. Derartige Verfahren beschleunigen lediglich in der (organischen und anorganischen) Natur ohnehin ablaufende Umwandlungs- und Reifungsprozesse; sie lassen sich nicht gewaltsam erzwingen, sondern erfordern ›naturgemäße‹, in verständnisvoller Nachahmung der Natur durchgeführte Verfahren (entsprechend den alchemistischen Devisen ›der Natur nach‹ und ›nur die Natur siegt über die Natur‹).

Da Eingriffe dieser Art beabsichtigte wie auch unbeabsichtigte Folgen von beachtlicher Tragweite nach sich ziehen, unterliegt die Verbreitung ihrer Kenntnis und erst recht ihre Durchführung strengen Forderungen an die Verantwortlichkeit und ethische Reife des Alchemisten, der für das Gelingen des ›Magnum Opus‹ oder ›Magisteriums‹ nicht nur eine Experimentiersituation herzustellen hat (die z.B. auch den Stand der Gestirne für den Beginn und für die zeitliche Abfolge der Schritte des Prozesses berücksichtigt), sondern auch in sich selbst einen Läuterungsprozeß in Gang setzen muß, der sich in seinem Innern parallel zum Fortschreiten des äußeren Verwandlungsprozesses der Materie vollzieht. Die reichhaltige, sich wohl nicht erst dem heutigen Interpreten vielfach verschließende Symbolik und Metaphorik der alchemistischen Schriften diente zum einen der Geheimhaltung der Verfahren (sei es aus ethischen Gründen, sei es zum Zwecke der Erhaltung eines technologischen Monopols oder aber, um der kirchlichen Verfolgung als Häresie zu entgehen), zum anderen der Betonung des Allzusammenhangs der für das ›Werk‹ herangezogenen wie auch der beeinflußten Faktoren des alchemistischen Prozesses. Beachtung verdient jedoch auch die neuerdings diskutierte Vermutung, die alchemistische Symbolik sei gerade nicht zum Zwecke der Geheimhaltung, sondern angesichts der wachsenden Vielfalt verschiedener (philosophischer, technischer, psychologischer, astrologischer, personifizierender usw.) Beschreibungen und Termini für ein und dieselben Phänomene zu deren ›Objektivierung‹ durch eine Art übergreifender und deutungsunabhängiger Darstellung der gemeinten Sachverhalte geschaffen worden.

Für die im 20. Jahrhundert vorherrschende Naturauffassung ist am theoretisch-naturphilosophischen Denken der A. am befremdlichsten, daß in Aufweis und Beschreibung der verschiedenen Typen von Veränderung, denen Naturdinge unterworfen sind, eine *Erklärung* ihrer Struktur und ihrer Eigenschaften gesehen wurde. ›Erklärung‹ heißt hier Zurückführung der erklärungsbedürftigen Phänomene auf alltagsweltlich Bekannteres, und d.h. in den uns bekannten vorneuzeitlichen Kulturen: die Verständlichmachung der ›verborgenen Struktur‹ anorganischer Körper durch Analogien zur Entstehung und Veränderung organischer Dinge und Stoffe, insbesondere biologischer Organismen. In der A. kommen dabei, unter reichlichem Gebrauch des Mittels der ↑Allegorese, die polaren Deutungsschemata der frühen Naturphilosophie plastisch zur Geltung: Werden und Vergehen als Geburt und Tod, Keimung und Verwesung sowie Trennung und Vereinigung in der Polarität der Geschlechter mit ihrer ›conjunctio‹ zum einen in Form der sexuellen Vereinigung (›conjunctio‹ als Erläuterung der ›Chymischen Hochzeit‹), zum anderen als Überwindung ihres Gegensatzes in der Gestalt des Hermaphroditen oder Androgyns. Als eine solche vollkommene Verbindung zweier konträrer Substanzen gilt auch der alchemistische Prozeß (Abb. 1).

Abb. 1. Darstellung der ›luziferischen Dreifaltigkeit‹: gekrönter hermaphroditischer Rebis mit Goldbaum und Pelikansymbol (aus: Rosarium Philosophorum, Frankfurt 1550, XIII v, auch in: Artis auriferae quam chemiam vocant [...], I–II, Basel 1593, II, 359.

Frühe Darstellungen dieser Auffassung von den Eigenschaften und Reaktionen der Materie finden sich, der Autorschaft des Hermes Trismegistos zugeschrieben (↑hermetisch/Hermetik), seit den alchemistischen Papyri des 3. Jahrhunderts (z.B. im Papyrus Leyden); das ihnen zugrunde liegende Bild der physischen Welt blieb nicht nur das ganze Mittelalter hindurch weithin bestimmend, sondern auch noch bis gegen Ende des 17. Jahrhunderts, hinsichtlich der organischen Natur auch I. Newton nicht ausgenommen. Als Paradigma materieller Veränderung hat dieses dem neuzeitlich-modernen geradezu entgegengesetzte, in aller Deutlichkeit schon von W. Ganzenmüller 1938 aufgewiesene ›Ideal der Naturordnung‹ erst seit T. S. Kuhn und S. Toulmin wieder Interesse im Rahmen der Untersuchung von Paradigmenwechseln (↑Paradigma) und ihren Verlaufsformen gefunden.

(2) Die Frühformen der durch diesen theoretischen Hintergrund gestützten Praxis integrieren, z.B. im alexandrinischen Ägypten, die in den alten Hochkulturen von Priestergelehrten und in der privilegierten, sich esoterisch abschließenden Berufsgruppe oder Kaste der Schmiede tradierten und weiterentwickelten Kenntnisse einer ›technischen Chemie‹. Technologien zur Färbung von Stoffen sowie zum Schmelzen und Legieren von Metallen, insbesondere zur (ursprünglich nicht als Fälschung betrachteten) Herstellung von goldähnlichen Legierungen, standen meist im Vordergrund, doch wurde in der chinesischen A., seit ihrer islamischen Phase auch in der abendländischen A. dem vornehmsten Produkt des alchemistischen Prozesses, dem ↑›Stein (der Weisen)‹ oder der ›Tinktur‹, die Eigenschaft zugeschrieben, auch den menschlichen Körper von allen Unvollkommenheiten zu ›purgieren‹ und so als Universalheilmittel (›Elixier‹, ›Panazee‹) zu wirken. Damit wurde auch dessen Erzeugung zu einem Ziel des *technischen Prozesses,* das zugleich den Einfluß der A. auf Medizin und Pharmazie des Mittelalters und der Renaissance (Paracelsus) vertiefte und auf praktischem Gebiet die Ergänzung und fortschreitende Ablösung natürlicher durch künstlich hergestellte Arzneimittel zur Folge hatte, von deren Zusammensetzung, Erzeugung und Wirkungsweise die sogenannte Iatrochemie handelt. Ob verwandte Lehren der chinesischen A., die eine Verjüngung des menschlichen Körpers durch ›Umkehrung‹ von Naturprozessen nicht nur mittels Sexualmagie und ↑Yoga, sondern auch durch Atemtherapie, Diät und Hygiene bewirken wollten, Anregungen für die biochemische und geriatrische Forschung

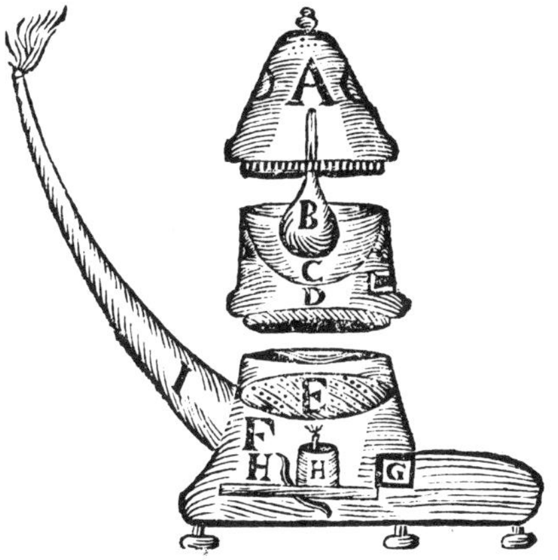

Abb. 2. Darstellung des technischen Aufbaus eines Athanor, hier eines Aschenbaderhitzers (aus: Franciscus Onuphrius de Marsciano, Scrutinum Hermeticum, Köln 1744, dt. Hermetische Untersuchung, in: ders., Der unterwiesene Anfänger in der Chymie. Hermetisches Sendschreiben, Wien 1752, 50).

und die Endokrinologie enthalten könnten, ist bislang kaum untersucht worden.

Auf dem Wege über arabische Übersetzungen und Kommentare spätgriechischer alchemistischer Traktate, deren Einfluß auf die alchemistische und die spätere chemische Terminologie offenkundig ist (vgl. ›Alaun‹, ›Alkali‹, ›Alkohol‹, ›Elixier‹, ›Naphta‹, ›Natron‹, ›Salmiak‹, ›Soda‹ etc.), erhielt das Abendland um das 12. Jahrhundert Kenntnis von der alexandrinischen und arabischen A. Die nun auch hier aufblühende praktische Experimentiertätigkeit zur Vorbereitung des alchemistischen Prozesses entwickelte die chemische Technologie entscheidend weiter, führte zur Einrichtung von Laboratorien (für die Alchemisten, oft in Klöstern, stets zugleich eine sakrale Stätte, ›Oratorium‹), zur experimentellen Auffindung zahlreicher bis dahin unbekannter Eigenschaften von Stoffen und Methoden und zu ihrer Darstellung unter Verwendung neuer Geräte (wie der Retorte, des ›Pelikans‹ und neuer Formen von Schmelz- und Destillieröfen) und neuer Techniken (wie Sublimation, rückläufige Destillation usw.) (Abb. 2 und 3).

Berichte über und Anweisungen für den alchemistischen Prozeß sind fast durchwegs in einer Sprache geschrieben, die nicht nur im Blick auf ihre Ausdrucksfähigkeit auch für den unter (3) und (4) darzustellenden nicht-technologischen Sinn der Termini absichtlich mehrdeutig gehalten ist, sondern als Sinnträger Worte der verschiedensten sprachlichen und thematischen Herkunft in oft ku-

Abb. 3. Darstellung einer Mehrfachdestillieranlage (aus: Hieronymus Brunschwig, Das Buch zu distillieren [...], Straßburg 1519).

rios erscheinender Mischung verwendet. Die um 1310 im Abendland zugänglichen Schriften des Geber (d.i. Dschābir ibn-Hayyan, 8. Jh.) sprechen von zwei Urstoffen der Materie, ›Sulphur‹ und ›Mercurius‹, die in verschiedenen Anteilen in allen Metallen enthalten sein sollen. Gemeint sind jedoch nicht Mengenanteile der Elemente Schwefel und Quecksilber, sondern die Teilhabe an zwei durch sie symbolisierten Prinzipien oder Qualitäten, der ›Brennbarkeit‹ und der ›Flüchtigkeit‹, denen Paracelsus später das ›Salz‹ (sal) als drittes Prinzip, das der ›Greiflichkeit‹ oder ›Schwere‹, hinzufügt. Schon auf babylonische Praxis geht die Zuordnung von Metallen zu bestimmten Gottheiten und dieser wiederum zu Gestirnen zurück, z.B. von Zinn zu Jupiter als Gott und zum Planeten Jupiter, Kupfer entsprechend zur Venus etc. Später erhielt dieses Verfahren durch die Entsprechung der sieben in der Antike unterschiedenen Metalle zu Sonne (Gold), Mond (Silber) und den im Altertum bekannten fünf Planeten zugleich Plausibilität und zahlenmystische Bedeutsamkeit, verstärkt durch die von manchen Autoren vorgenommene Einteilung des alchemistischen Prozesses in wiederum sieben Stufen, die überdies durch allegorische Bilder mitgeteilt werden: in Abbildungen steht der Rabe für die Schwärzung, Schwan oder Taube für die Weißung, feuerfeste Stoffe werden durch Salamander, Blei als greiser und gebrechlicher Gott Saturnus dargestellt. Die davon abweichende Einteilung des alchemistischen Prozesses in zwölf Stufen (auch die Zehnzahl kommt vor) dient der Korrelation mit den Tierkreiszeichen, deren Häuser die Zeitspannen markieren, die der Ausführung der einzelnen Operationen des Magnum Opus günstig sind. So finden sich Symbole sowohl für Details (auffliegende Vögel symbolisieren Dämpfe, die Auflösung eines Stoffes in einer starken Säure wird durch Verschlingen des den Stoff symbolisierenden Tieres durch das die Säure symbolisierende Tier dargestellt) als auch für allgemeinste Schemata, wie der Ouroboros (die sich in den eigenen Schwanz beißende Schlange, auch ein in gleicher Weise dargestellter einzelner Drache oder ein Paar von Drachen, deren jeder mit dem Maul den Schwanz des anderen faßt) (Abb. 4) als Symbol der ›rotierenden‹ Wiederholung der Abfolge von Destillation und Kondensation.

Abb. 4. Symbolisierung des unendlichen Kreislaufs (Inschrift: ἓν τὸ πᾶν [›das Eine, das All‹]) durch eine Ouroboros (›Schwanzfresser‹) genannte Schlange (aus: Codex Marcianus, fol. 188 v [Venedig 10./11. Jh.]).

Die dem Nichtalchemisten unverständliche und für die Allgemeinheit mit geheimnisvoller Aura umgebene Sprache der A. erleichterte Betrügern oder gescheiterten und finanziell ruinierten Adepten, vor allem an der Auffüllung sich leerender Staatskassen interessierten Regenten den Besitz des Wissens von der Herstellung künstlichen Goldes vorzutäuschen, sei es auch nur, um mit dem zum Anlaufen der erhofften Goldproduktion vorgeschossenen Geld die eigenen alchemistischen Versuche weiterführen zu können. Der Vielzahl falscher Alchemisten, die im 17. und frühen 18. Jahrhundert durch Europa zogen und in der Mehrzahl im Kerker oder am Galgen endeten, verdankt die A. den Verlust ihres Ansehens und die Einengung ihres Begriffs auf eine rein materiellen Zielen zustrebende Goldmacherkunst.

(3) Schon 1857 hatte E.A. Hitchcock unter Betonung der gnostischen Elemente in der spätantiken Phase der A. deren Zielsetzung allein in der *inneren Läuterung des Menschen* und die Beschreibung chemischer Prozesse ausschließlich als allegorische Einkleidung der im Fortgang der Läuterung auftretenden *seelischen Ereignisse* sehen wollen. Eine Wiederaufnahme erfuhr diese These im 20. Jahrhundert durch Forscher auf dem Gebiet der ↑Psychoanalyse und der analytischen Psychologie, die sich ähnlich wie zuvor den Märchen und Mythen, so jetzt den Traumallegorien alchemistischer Autoren und anderen Beschreibungen des alchemistischen Prozesses mit den Mitteln der tiefenpsychologischen Traumdeutung näherten und so der naturwissenschaftlichen und der von ihnen als ›anagogisch‹ bezeichneten hermetisch-religiösen eine dritte, je nach Autor tiefenpsychologische oder religionspsychologische Deutung an die Seite stellten. Klassiker dieser Richtung wurden H. Silberers »Probleme der Mystik und ihrer Symbolik« (1914) und C.G. Jungs »Psychologie und A.« (1944). Jung findet zwischen den von Patienten im Verlauf einer psychotherapeutischen Analyse spontan entworfenen Bildern und denen der A. auffallende formale und inhaltliche Zusammenhänge und sieht in der alchemistischen Symbolik einen Ausdruck der Problematik des Werdeprozesses der Persönlichkeit. Dessen Verlauf im Unbewußten (das für Jung die ursprüngliche Form des Psychischen ist, die jeder Mensch in der frühen Kindheit erneut durchläuft und zu der er beständig in Schlaf und Traum zurückkehrt) sucht in projizierten, meist transkulturell invarianten Symbolen Ausdruck in Träumen oder Visionen und auf diese Weise Verbindung mit dem bewußten Lebensablauf und seiner Gestaltung. Auf Grund solcher Projektionen erschienen auch dem Adepten der A. psychische Erlebnisse, die er während des chemischen Experiments hatte (nämlich ›projizierte‹), als Verhalten der dem chemischen Prozeß ausgesetzten Materie. Daneben bedient sich das ›Opus‹ der ›imaginatio‹, einer aktiven Hervorrufung innerer Vorstellungsbilder, in denen der nicht unmittelbar gegebene innere Zustand konkret-anschaulich, wenngleich in Symbolen, faßbar wird.

Die in den alchemistischen Schriften aufgeführten Abfolgen von Stufen des Prozesses (schon in der alexandrinischen Epoche mit Bezug auf Farben Schwärzung → Weißung → Gelbung → Rötung, später differenzierter, in Termini chemischer Operationen z.B. als Calcinatio → Solutio → Putrefactio → Reductio → Sublimatio → Coagulatio → Fermentatio → Lapis → Multiplicatio → Projectio) werden als Stufen psychischer Wandlung verstanden (Abb. 5); so der während des Übergangs zur Weiße auftretende ›Pfauenschwanz‹ (cauda pavonis) als ›für das Stadium der Introversion charakteristische Buntheit visionärer Erlebnisse‹ (Silberer, 230).

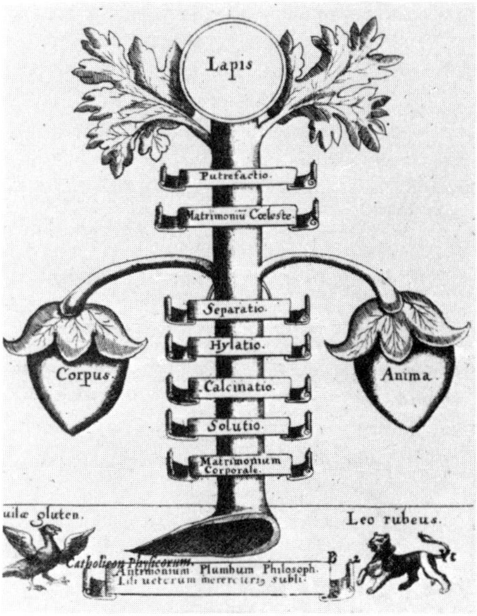

Abb. 5. ›arbor philosophica‹: der Baum als Symbol alchemistischer Wandlungsstufen (aus: S. Norton, Catholicon physicorum seu Modus conficiendi tincturam physicam et alchymicam, Frankfurt 1630, Fig. LXXXIII).

(4) Die Beschreibung nicht optisch hervorgerufener Farbwahrnehmungen (oder ihnen ähnlicher Zustände) durch fortgeschrittene Übende des autogenen Trainings nach J.H. Schultz weist verblüffende Ähnlichkeit zur Abfolge der Farben im alchemistischen Prozeß (z.B. dem ›Pfauenschwanz‹) auf. Die damit in den Bereich der Möglichkeit gerückte stärker *physiologische* Interpretation des Magnum Opus erscheint in der mystischen Auffassung der A. als die dem ›eigentlichen‹ Ziel des alchemistischen Prozesses einzig angemessene. Als dieses Ziel wird in der frühen chinesischen A. und der etwa gleichzeitigen indischen A. (ca. 8. Jh. v. Chr.) ausdrücklich die Schaffung eines unsterblichen ›Diamantleibes‹ genannt (vgl. z.B. »Das Geheimnis der Goldenen Blüte«, ed. R. Wilhelm/C.G. Jung, und das Atharva-Veda), den die spätere gnostische und christlich beeinflußte neuplatonische A. als den verklärten Auferste-

hungsleib bezeichnet. Auf der Grundlage dieser Deutung haben mystisch-esoterische islamische Orden seit dem 10. Jahrhundert, später im Abendland J. Böhme und seine Nachfolger, die ↑Rosenkreuzer im 17. Jahrhundert, die ↑Theosophie und gewisse Richtungen der Freimaurerei (J.B. Kerning) seit der Mitte des 19. Jahrhunderts (letztere im 20. Jahrhundert unter expliziter Anknüpfung an die eben genannte ›türkische Freimaurerei‹) gewisse *›mystische Übungen‹* entwickelt, die sich um bestimmte Imaginationsübungen gruppieren und vielfach an Übungen des Haṭha-Yoga, des Kuṇḍalinī-Yoga und tantrischer Systeme sowie an taoistische Meditationsübungen erinnern. Die alchemistische separatio wird hier zur Trennung oder Loslösung eines feinstofflichen Leibes (›corpus subtile‹) von der kruden Materie des Körpers, ohne den freilich die Übungen und damit die Vollendung des Opus nicht möglich wären.

Wissenschaftsgeschichtlich geht die Bedeutung der A. über ihre Rolle als Vorläuferin der ›wissenschaftlichen‹ Chemie und den (noch wenig erforschten) Einfluß ihrer mystisch-esoterischen Deutung auf die Naturphilosophie der ↑Romantik weit hinaus. Sie bot um die Mitte des 17. Jahrhunderts für geraume Zeit eine sich ebenfalls auf Experiment und Beobachtung berufende und ebenfalls gegen den Aristotelismus und Galenismus der ›normalen Wissenschaft‹ gerichtete Alternative zur Naturerklärung der zeitgenössischen ›mechanischen Philosophie‹ mit Newtons »Principia« als Paradigma. Sie zwang dadurch die Anhänger der neuen Physik zu Argumentation und Klärung der eigenen Position und erreichte trotz ihres Unterliegens auf diesem Gebiet die bleibende Anerkennung der chemischen Methoden innerhalb von Medizin und Pharmazie. Was die Transmutation angeht, so hat sich ironischerweise trotz der Verwerfung des alchemistischen Zugangs gerade die technologische These von der Verwandelbarkeit unedler Metalle in Gold, deren vermeintlich prinzipielle Unmöglichkeit bis in das 20. Jahrhundert als Falsifikationsinstanz für die der A. zugrunde liegenden Theorien galt, durch die von der neueren Kernphysik aufgezeigten technologischen Möglichkeiten als unter neuen, außerhalb der Reichweite alchemistischen Denkens gelegenen Prämissen einlösbar herausgestellt.

Abb. 6. Der Flug der Taube als Symbol der Trennung des Flüchtigen vom Festen im Prozeß der Verwandlung der Elemente (aus: Sapientia veterum philosophorum sive doctrina eorundem de summa et universali medicina [18. Jh.], Ms. 974, Fig. XVIII, Bibliothèque de l'Arsenal, Paris).

Literatur: R. Ambelain, L'alchimie spirituelle. La voie intérieure, Paris 1974; E. Ashmole (ed.), Theatrum Chemicum Britannicum. Containing Severall Poeticall Pieces of our Famous English Philosophers, who Have Written the Hermetique Mysteries in there Owne Ancient Language, London 1652 (repr., Introd. A.G. Debus, New York 1967, Pref. C.H. Josten, Hildesheim 1968); M.A. Atwood, Hermetic Philosophy and Alchemy. A Suggestive Inquiry into »The Hermetic Mystery« with a Dissertation on the more Celebrated of the Alchemical Philosophers, New York 1960 (zuerst anonym unter dem Titel: A Suggestive Inquiry into the Hermetic Mystery with a Dissertation on the more Celebrated of the Alchemical Philosophers, London 1850, ²1918); W. Bein, Der Stein der Weisen und die Kunst Gold zu machen. Irrtum und Erkenntnis in der Wandlung der Elemente, mitgeteilt nach den Quellen der Vergangenheit und Gegenwart, Leipzig o.J. (1915); R. Bernoulli, Seelische Entwicklung im Spiegel der A. und verwandter Disziplinen, Eranos-Jb. 3 (1935), 233–287; A. von Bernus, Alchymie und Heilkunst, Stuttgart 1936, Nürnberg 1948; M.P.E. Berthelot, La chimie au moyen âge, I–III, Paris 1893 (repr. Osnabrück 1967) (dt. Die Chemie im Altertum und im Mittelalter, Leipzig/Wien 1909 [repr. Hildesheim/New York 1970]); J. Bidez u.a. (eds.), Catalogue des manuscrits alchimiques grecs, I–VIII, Brüssel 1924–1932; H. Biedermann, Materia Prima. Eine Bildersammlung zur Ideengeschichte der A., Graz 1973; T. Burckhardt, A.. Sinn und Weltbild, Olten/Freiburg 1960; A.G. Debus, The Significance of the History of Early Chemistry, Cah. hist. mondiale 9 (1965), 39–58; ders., Alchemy, DHI I (1973), 27–34; K.K. Doberer, The Goldmakers. 10000 Years of Alchemy, London 1948 (dt. Goldsucher, Goldmacher. Welt zwischen Tat und Traum, München 1960); D.I. Duveen, Bibliotheca Alchemica et Chemica. An Annotated Catalogue of Printed Books on Alchemy, Chemistry and Cognate Subjects in the Library of D.I.D., London 1949; M. Eliade, Forgerons et alchimistes, Paris 1956 (dt. Schmiede und Alchemisten, Stuttgart 1960, engl. The Forge and the Crucible, New York 1962); ders., The Forge and the Crucible: A Postscript, Hist. Relig. 8 (1968), 74–88; K. Ellis, Science and the Supernatural, London 1974; P.-J. Fabre, L'abregé des secrets chymiques [...], Paris 1636; J. Fabricius, Alchemy. The Medieval Alchemists and their Royal Art, Kopenhagen 1976; R. Federmann, Die königliche Kunst. Eine Geschichte der A., Wien/Berlin/Stuttgart 1964; J. Ferguson, Bibliotheca Chemica. A Catalogue of the Alchemical, Chemical and Pharmaceutical Books in the Collection of the Late James Young of Kelly and Durris, Glasgow 1906 (repr. mit dem Untertitel: A Bibliography of Books on Alchemy, Chemistry and Pharmaceutics, I–II, London 1954); R.J. Forbes, On the Origin of Alchemy, Chymia 4 (1953), 1–11; K. Frick, Einführung in die alchemistische Literatur, Sudh. Arch. 45 (1961), 147–163; Fulcanelli, Le mystère des cathédrales et l'interprétation ésoterique des symboles hermétiques du grand-œuvre, Vorw. v. E. Canseliet, Paris 1926, I–II, ^{3}1964; W. Ganzenmüller, Die A. im Mittelalter, Paderborn 1938 (repr. Hildesheim 1967); [Verf.: J. M. v. Loen] סוד ריקבון ושרפה [Sod rikavon ū-serefah] i.e. das Geheimnuß der Verwesung und Verbrennung aller Dinge. Nach seinen Wundern im Reich der Natur und Gnade, MACRO ET MICROCOSMICÈ, als die Schlüssel: Dadurch der Weeg zur Verbesserung eröffnet, das Verborgene der Creaturen entdecket, und die Verklärung des sterblichen Leibes gründlich erkandt wird, Frankfurt ^{2}1733 (ein anderes erhaltenes Exemplar ist ebenfalls als 2. Auflage bezeichnet: Frankfurt a.M. 1742), ^{3}1759, ^{4}1771; G. Goldschmidt, Der Ursprung der A.. Die mittelalterliche A., Ciba-Zeitschrift 6 (Basel 1938/1939), 2235–2262; D. Goltz, Versuch einer Grenzziehung zwischen »Chemie« und »A.«, Sudh. Arch. 52 (1968), 30–47; Lu Gwei-Djen, The Inner Elixir (Nei Tan). Chinese Physiological Alchemy, in: M. Teich/R. Young (eds.), Changing Perspectives in the History of Science. Essays in Honour of Joseph Needham, London/Dordrecht/Boston 1973, 68–84; G.F. Hartlaub, Der Stein der Weisen. Wesen und Bildwelt der A., München 1959; G. Heym, An Introduction to the Bibliography of Alchemy, Ambix 1 (1937), 48–60; E.A. Hitchcock, Remarks upon Alchemy and the Alchemists, Indicating a Method of Discovering the True Nature of Hermetic Philosophy, Boston 1857 (repr. New York 1976); E.J. Holmyard, Alchemy, Harmondsworth 1953, ^{2}1968; S. Hutin, Histoire de l'alchemie de la science archaique à la philosophie occulte, Paris 1971; O.S. Johnson, A. Study of Chinese Alchemy. An Investigation Concerning the Origin and Development of Chinese Alchemy and Showing the Historical Connection between the Alchemy of China and that of Medieval Europe, London/New York/Leipzig 1928; C.G. Jung, Psychologie und A., Zürich 1944, ^{2}1952, Olten/Freiburg 1972, ^{2}1976 (Ges. Werke 12), Olten/Freiburg ^{2}1979 (C.G.J.-Studienausgaben); ders., Mysterium Coniunctionis. Untersuchungen über die Trennung und Zusammensetzung der seelischen Gegensätze in der A., Zürich 1955/1956, auch in: ders., Ges. Werke 14, Erster u. Zweiter Halbbd. 1968, ^{3}1978, Erg. Bd. (XIV,3) 1973, ^{2}1978; ders., Studien über alchemistische Vorstellungen, Olten/Freiburg 1978 (Ges. Werke 13); J.B. Kerning (d.i. J.B. Krebs), Wege zur Unsterblichkeit, auf unläugbare Kräfte der menschlichen Natur gegründet, Stuttgart 1833, Lorch ^{2}1936; ders., Der Freimaurer, Dresden 1841, ^{2}1844, Stuttgart ^{3}1879; ders., Schlüssel zur Geisterwelt oder die Kunst des Lebens, Leipzig/Stuttgart 1833, ^{2}1855, Lorch ^{3}1926; S. Klossowski de Rola, Alchemy. The Secret Art, London 1973 (dt. A.. Die geheime Kunst, München/Zürich 1974); H. Kopp, Die A. in älterer und neuerer Zeit. Ein Beitrag zur Culturgeschichte, I–II, Heidelberg 1886 (repr. in 1 Bd. Hildesheim 1962); N. Lenglet du Fresnoy, Histoire de la philosophie hermétique. I–III. Accompagnée d'un catalogue raisonné des écrivains de cette science. Avec le véritable Philalethe, revû sur les originaux, Paris 1742 (repr. Hildesheim/New York 1974); J. Lindsay, The Origins of Alchemy in Graeco-Roman Egypt, London/New York 1970; J.J. Manget (ed.), Bibliotheca chemica curiosa, I–II, Genf 1702 (dt. Bibliotheca chemico-curiosa, Frankfurt 1707); J. Maugin de Richebourg (ed.), Bibliothèque des philosophes chimiques, I–IV, Paris 1741–1754; H. Metzger, Alchimie. Communication pour servir au vocabulaire historique, Rev. synth. 16 (1938), 43–53; R.P. Multhauf, The Origins of Chemistry, London/New York 1967 (mit Bibliographie, 355–389); M. Plessner, Vorsokratische Philosophie und griechische A. in arabisch-lateinischer Überlieferung. Studien zu Text und Inhalt der Turba philosophorum, Wiesbaden 1975; E.E. Ploss/R. Rosen-Runge/H. Schipperges/H. Buntz, Alchimia. Ideologie und Technologie, München 1970; N. Powell, Alchemy, the Ancient Science, Garden City N.Y. 1976; J. Read, Prelude to Chemistry. An Outline of Alchemy. Its Literature and Relationships, London 1936, ^{2}1939 (repr. London 1961, Cambridge Mass. 1966); F. Roth-Scholtz (ed.), Deutsches Theatrum Chemicum, auf welchem der berühmtesten Philosophen und Alchymisten Schrifften, die von dem Stein der Weisen, von Verwandlung der schlechten Metalle in bessere [...] handeln, I–III, Nürnberg 1728–1732 (repr. Hildesheim/New York 1976); J. Ruska, Turba Philosophorum. Ein Beitrag zur Geschichte der A. (Text, dt. Übers., Einf. u. Komm.), Berlin 1931 (Quellen und Studien zur Geschichte der Naturwiss. und der Medizin 1) (repr. Berlin/Heidelberg/New York 1970); K.C. Schmieder, Geschichte der A., Halle 1932 (repr., ed. F. Strunz, München-Planegg 1927, Ulm 1959); W. Schneider, Lexikon alchemistisch-pharmazeutischer Symbole, Weinheim 1962; R. v. Sebottendorf, Die Praxis der alten türkischen Freimaurerei. Der Schlüssel zum Verständnis der A.. Eine Darstellung des Rituals, der Lehre, der Erkennungszeichen orientalischer Freimaurer, Leipzig o.J. (1924), ed. Waltharius, Freiburg ^{2}1954, ^{3}1977); H. Silberer, Probleme der Mystik und ihrer Symbolik, Wien 1914 (repr. Darmstadt 1961); N. Sivin, Chinese Alchemy. Preliminary Studies, Cambridge Mass. 1968; D. Stolzius von Stoltzenberg, Chymisches Lustgärtlein, Frankfurt 1624 (repr., mit Anhang: Einführung in die A. des »Chymischen Lustgärtleins« und ihre Symbolik, v.F. Weinhandl, Darmstadt 1964, 1975); F. Strunz, Über die Vorgeschichte und die Anfänge der Chemie. Eine Einleitung in die Geschichte der Chemie des Altertums, Leipzig/Wien 1906; ders., Astrologie, A., Mystik. Ein Beitrag zur Geschichte der Naturwissenschaften, München 1928; J. Telle, A. (historisch), TRE I (1978), 199–227 (mit Bibliographie); G. Testi, Dizionario di alchimia e di chimica antiquaria, Rom 1950; L. Thorndike, A History of Magic and Experimental Science, I–VIII, London/New York 1923–1958; S. Toulmin, Foresight and Understanding. An Enquiry into the Aims of Science, London/Bloomington Ind. 1961 (dt. Voraussicht und Verstehen. Ein Versuch über die Ziele der Wissenschaft, Frankfurt 1968);

A. E. Waite, The Secret Tradition in Alchemy. Its Development and Records, London 1926, New York 1926, 1969; J. R. Ware (trans. u. ed.), Alchemy, Medicine and Religion in the China of A.D. 320. The Nei P'ien of Ko Hung, Cambridge Mass. 1966; L. Zetzner (ed.), Theatrum Chemicum, praecipuos selectorum auctorum tractatus de chimiae et lapidis philosophici antiquitate, veritate, jure praestantia, et operationibus continens, I–IV, Ursel 1602, I–V, Straßburg 1613–1622, I–VI, 1622–1661, I–V, 1659–1661. – Zeitschriften: Ambix 1 (London 1937)ff., Chymia. Annual Studies in the History of Chemistry 1 (Philadelphia 1948)ff. C.T.

Alembert, Jean le Rond d', *Paris 16. Nov. 1717, †ebd. 29. Okt. 1783, franz. Mathematiker und Philosoph. Ausgesetzter Sohn der Marquise de Tencin und L. Destouches' (Bruder des Dichters P. Destouches), als Findelkind aufgezogen, später Schüler des jansenistischen »Collège des Quatre Nations« (»Collège Mazarin«). A. wandte sich nach anfänglichen Studien der Theologie, der Jurisprudenz und der Medizin der Mathematik zu (Selbststudium vor allem der Werke I. Newtons, G.-F.-A. de L'Hospitals und der Bernoullis) und wurde bereits 1741 Mitglied der »Académie des sciences«, 1754 der »Académie Française« und 1772 deren ständiger Sekretär. Das Angebot Friedrichs des Großen, Präsident der »Königlichen Akademie der Wissenschaften« zu werden, lehnte er ab.

1743 veröffentlichte A. sein wissenschaftliches Hauptwerk, den »Traité de dynamique«, in dem er unter anderem die Gesetzmäßigkeit der Bewegung von Massenpunkten unter dem Einfluß äußerer Kräfte und insbesondere das sogenannte ↑d'Alembertsche Prinzip entwickelte. A. schließt sich hier der analytischen Auffassung naturwissenschaftlicher Methoden an und trägt mit dem nach ihm benannten Prinzip selbst wesentlich zu einer Formalisierung der Physik bei. Ihm wird dabei auch die (allerdings bereits 1726 von D. Bernoulli gegebene) Lösung der ↑vis-viva-Kontroverse zugeschrieben, die in einer genauen Unterscheidung von ↑Impuls und kinetischer ↑Energie (vis viva) besteht. Noch cartesisch denkt A., wenn er in Raum und Zeit einfache, klare und nicht weiter erklärungsbedürftige Grundbegriffe sieht, aus denen andere, z.B. der Begriff der ↑Bewegung, abzuleiten seien. Kraft ist für A. kein Grundbegriff; im »Traité« tritt die Rede von Kraft nur als abkürzende Redeweise für bestimmte abgeleitete mechanische Größen auf. Eine Definition der Masse fehlt.

A. arbeitete ferner über die Integration von Differentialgleichungen und wandte die Resultate des »Traité« auf die Bewegung von Körpern in Flüssigkeiten unterschiedlicher Dichte an (Traité de l'équilibre et du mouvement des fluides, Paris 1744 [repr. Brüssel 1966], ²1770; Essai d'une nouvelle théorie de la résistance des fluides, Paris 1752 [repr. Brüssel 1966]). Daneben beschäftigte er sich mit astronomischen Problemen (Recherches sur la précession des équinoxes et sur la nutation de l'axe de la terre dans le système Newtonien, Paris 1749 [repr. Brüssel 1967]; Recherches sur différens points importans du système du monde, I–III, Paris 1754–1756 [repr. I–III, Brüssel 1966]), mit Problemen der Bewegung schwingender Saiten und verfaßte eine meteorologische Schrift (Réflexions sur la cause générale des vents, Paris 1747), in der er die Annahme von Gezeiten der Atmosphäre als Ursache der Winde vertrat, ferner eine Fülle von Schriften historischen, musikalischen und allgemein naturwissenschaftlich-philosophischen Inhalts.

Neben D. Diderot war A. (bis Bd. 7) der maßgebliche Herausgeber der französischen »Encyclopédie«, für die er die mathematischen, physikalischen und den Großteil der philosophischen Stichwörter bearbeitete. In seiner Einleitung (Discours préliminaire, 1751), einer der bedeutendsten programmatischen Schriften der ↑Aufklärung, verbinden sich angelsächsischer ↑Empirismus und Traditionen des kontinentalen ↑Rationalismus. In ihr lassen sich zwei Teile unterscheiden, wobei der erste Teil dem Unternehmen einer ↑Enzyklopädie, nämlich einer Sammlung allen bis dahin bekannten Wissens, gewidmet sein sollte, tatsächlich aber eine von J. Locke und E.B. de Condillac beeinflußte sensualistische Erkenntnistheorie (↑Sensualismus) gibt. Danach entspreche der wissenschaftlichen Erkenntnis, die auf sinnlicher Wahrnehmung beruhe, ein moralisches Wissen, das sich aus der Wahrnehmung von Gefühlen und Begehren erkläre. Im zweiten Teil des »Discours«, dem Unternehmen eines kritischen Lexikons gewidmet, hebt A. in einer gegen das Mittelalter polemisierenden Philosophiegeschichte besonders den Beitrag von F. Bacon für die Systematisierung von Wissen hervor (Gesichtspunkt der Klassifikation des Wissens).

In den »Réflexions sur la cause générale des vents« (1747), für die A. einen Preis der »Preußischen Akademie der Wissenschaften« erhielt, bringt A. zum ersten Mal partielle ↑Differentialgleichungen in der mathematischen Physik zur Anwendung. Neben D. Bernoulli und L. Euler war A. im Zusammenhang mit Untersuchungen zur

Mechanik von Flüssigkeiten führend bei der Anwendung hydrodynamischer Differentialgleichungen. In seinem Enzyklopädie-Artikel »infini« kritisiert A. den Gebrauch metaphysischer Begriffe bei der Grundlegung des Infinitesimalkalküls und lehnt insbesondere die Redeweise vom ›unendlich Kleinen‹ und ›unendlich Großen‹ als aktualen Größen ab. In seinem Artikel »limite« gibt A. bereits eine geometrische Definition des Grenzwertbegriffs, die von A.L. Cauchy im Zuge der Arithmetisierung der Analysis im 19. Jahrhundert präzisiert wird (↑Arithmetisierungstendenz). Allerdings bezeichnet A. diskontinuierliche Kurven, die nicht durch einen einzigen Funktionsausdruck bestimmt werden können, als weder zur Mathematik noch zur Physik gehörend. – Im Vorwort zum »Traité« forderte A. bereits ein ↑Einfachheitskriterium (simplicité) für physikalische Begriffsbildungen.

Werke: Œuvres philosophiques, historiques et littéraires, I–XVIII, Paris 1805; Œuvres, I–V, Paris 1821–1822 (repr. unter dem Titel: Œuvres complètes, I–V, Genf 1967); Œuvres de d'A.. Sa vie, ses œuvres, sa philosophie, par Condorcet, Paris 1853. – Traité de dynamique. Dans lequel les loix de l'équilibre et du mouvement des corps sont réduites au plus petit nombre possible, Paris 1743 (repr. Brüssel 1967), ²1758 (repr. New York 1968), 1921 (dt. Abhandlung über Dynamik, Leipzig 1899 [Ostwalds Klassiker der exakten Wissenschaften 106]); Discours préliminaire de l'Encyclopédie, Paris 1866 (franz./dt. Einleitung zur Enzyklopädie von 1751, ed. E. Köhler, Hamburg 1955); Essai sur les éléments de philosophie, ed. R.N. Schwab, Paris 1805 (= Œuvres philosophiques ... II) (repr. Hildesheim 1965).

Literatur: O.P. Arvesen, J. le Rond d'A., Trondheim 1969; J. Bertrand, D'A., Paris 1889; C.B. Boyer, The Concepts of the Calculus. A Critical and Historical Discussion of the Derivative and the Integral, New York 1939, unter dem Titel: The History of the Calculus and its Conceptual Development, New York 1949; J.M. Briggs, D'A.. Mechanics, Matter, and Morals, New York 1962; ders., A., DSB I (1970), 110–117; E. Cassirer, Die Philosophie der Aufklärung, Tübingen 1932; R. Dugas, Histoire de la mécanique, Neuchâtel 1950, Paris 1950, 234–241, 278–287 (engl. A History of Mechanics, Neuchâtel 1955, 244–251, 290–299); R. Grimsley, J. d'A. (1717–83), Oxford 1963 (mit Bibliographie); T.L. Hankins, J. d'A.. Science and the Enlightenment, Oxford 1970; H.M. Jarrett, D'A. and the Encyclopédie, Durham N.C. 1962; G. Klaus, Philosophiehistorische Abhandlungen. Kopernikus, d'A., Condillac, Kant, ed. M. Buhr, Berlin (Ost) 1977; L. Kunz, Die Erkenntnistheorie d'A.'s, Arch. Gesch. Philos. 20 (= N.F. 13) (1907), 96–126; J. Mittelstraß, Neuzeit und Aufklärung. Studien zur Entstehung der neuzeitlichen Wissenschaft und Philosophie, Berlin/New York 1970; W. Moser, Les discours dans le »Discours préliminaire«, Romanic Rev. 67 (1976), 102–116; ders., D'A.. L'ordre philosophique de ce discours, Modern Language Notes 91 (1976), 722–733; M. Muller, Essai sur la philosophie de J. D'A., Paris 1926; G.J. van Treese, D'A. and Frederick the Great. A Study of their Relationship, New York 1974. P.J./K.M.

Alembertsches Prinzip, ↑d'Alembertsches Prinzip.

Aleph (auch Alef, Zeichen: ℵ), erster Buchstabe des hebräischen und des phönizischen Alphabets, in der ↑Mengenlehre zur Bezeichnung der Mächtigkeit einer unendlichen wohlgeordneten Menge verwendet (↑Wohlordnung). Als Aleph Null ($\aleph_0$) bezeichnet man die Mächtigkeit der Menge der natürlichen Zahlen (und somit jeder ↑abzählbaren Menge). In der konstruktiven Mengenlehre sind alle definiten Mengen abzählbar; indefiniten Mengen läßt sich, da der Vorrat an darstellbaren Mengen von den indefinit erweiterbaren mathematischen Ausdrucksmitteln abhängig ist, keine Mächtigkeit im absoluten Sinne zuordnen (↑indefinit/Indefinitheit), so daß sich der Rede von ›höheren‹ (d.h. gegenüber $\aleph_0$ größeren) Alephs hier kein Sinn geben läßt.

Literatur: H. Bachmann, Transfinite Zahlen, Berlin/Heidelberg/New York ²1967; G. Cantor, Beiträge zur Begründung der transfiniten Mengenlehre I/II, Math. Ann. 46 (1895), 481–512 und 49 (1897), 207–246, Neudr. in G.C., Gesammelte Abhandlungen, ed. E. Zermelo, Berlin 1932 (repr. Hildesheim 1962), 282–356. C.T.

Alexander, Samuel, *Sydney (Australien) 6. Jan. 1859, †Manchester 13. Sept. 1938, engl. Philosoph. 1882–1893 Fellow of Lincoln College, Oxford, 1893–1924 Prof. der Philosophie am Owens College, Manchester. In seinem philosophischen Hauptwerk »Space, Time, and Deity« (1920) entwirft A. eine spekulative Metaphysik, die in Anlehnung an evolutionäre Denkmuster die Welt als eine Stufenordnung auffaßt, die sich aus dem Urstoff der Natur, den A. als ›Raum-Zeit‹ (Kontinuum aufeinander bezogener Bewegungskomplexe) auffaßt, bis hin zum Göttlichen entwickelt. Diese an neuplatonische Denkweisen erinnernde Metaphysik steht nach A. in engem Kontakt mit den Erfahrungswissenschaften. A. ist erkenntnistheoretischer Realist. In seiner Ethik dominieren Vorstellungen einer darwinistisch-evolutionären Durchsetzung moralischer Ideen.

Werke: Moral Order and Progress. An Analysis of Ethical Conceptions, London 1889, ⁴1906; The Basis of Realism, London 1914; Space, Time, and Deity, I–II, London 1920, ²1927 (repr. New York 1966); Spinoza and Time, London 1921; Art and the Material, London/New York 1925; Beauty and Other Forms of Value, London 1933; Philosophical and Literary Pieces, London 1939 (repr. Greenwood 1970).

Literatur: B. D. Brettschneider, The Philosophy of S. A.. Idealism in »Space, Time, and Deity«, New York 1964; D.M. Emmet, S.A., Enc. Ph. I (1967), 69–73; J.W. McCarthy, The Naturalism of S.A., New York 1948; E. Paci, S.A., in: M.E. Sciacca (ed.), Les grands courants de la pensée mondiale contemporaine III 1, Paris 1964, 27–28 (mit Bibliographie). R.W.

Alexander Neckham (bzw. Neckam), *1157 St. Albans (Hertford), †1217 Kempey (Worcestershire), engl. Philosoph und Naturforscher. Um 1180 Studium und Lehre in Paris, später in Oxford, 1213 Abt von Cirencester. N.s Schriften, deren Schwerpunkt in der Naturphilosophie liegt, haben einen zumeist enzyklopädischen Charakter. N. orientiert sich zum einen an der platonistischen Naturphilosophie seines Jahrhunderts in Frankreich und stellt als einer der ersten Vermittler der Aristotelischen und arabischen (insbesondere Avicenna) Schriften zur Naturwissenschaft und Naturphilosophie (↑Aristotelismus) eine wichtige Brücke zum naturphilosophischen Aristotelismus des 13. Jahrhunderts in England (R. Grosseteste, R. Bacon) dar.

Werke: T. Wright (ed.), Alexandri N. De naturis rerum libri duo. With the poem of the Same Author, De laudibus divinae sapientiae, London 1863 (repr. 1967) (Rerum Britannicarum medii aevi scriptores 34); The Treatise De utensilibus of A.N. of the 12th Century, in: T. Wright (ed.), A Volume of Vocabularies, Illustrating the Condition and Manners of our Forefathers I, Liverpool 1857, 96–119.

Literatur: C. Baeumker, Zur Rezeption des Aristoteles im lateinischen Mittelalter, Philos. Jb. 27 (1914), 481–487; R. Düchting, A.N., LMA I (1977–1979), 378–379; C.H. Haskins, A List of Textbooks from the Close of the Twelfth Century, Harv. Stud. Class. Philol. 20 (1909), 75–94 (verb. Nachdr. in: ders., Studies in the History of Medieval Science, Cambridge Mass. 1924, 356–376). M.G.

Alexander von Aphrodisias, 2.–3. Jh. n. Chr. (um 198 nach Athen berufen), Peripatetiker, Schüler des Herminios und des Aristokles von Messene. Verfasser bedeutender Kommentare zu Aristotelischen Werken; erhalten sind Kommentare zu: an. pr. I, meteor., de sensu, Met. A–Λ (nur diese Teile echt, der Rest stammt von einem unbekannten Autor [›Pseudo-A.‹]), top. Überliefert sind ferner vier eigene Schriften, von denen zwei (»Über die Seele«, »Fragen, die Natur betreffend«) Sammlungen kleinerer Abhandlungen zu verschiedenen Themen enthalten.

A. ergreift gegen Platon die Partei des Aristoteles, geht aber in der Behauptung, nur individuelle Gegenstände hätten eigene Existenz, über diesen hinaus. ↑Universalien (νοητά) seien durch Denken von individuellen Gegenständen abstrahiert und nur für die Dauer der jeweiligen sinnlichen Wahrnehmung existent, mit Ausnahme solcher Universalien, die, menschlichem Denken unzugänglich, von göttlicher Intelligenz gedacht würden. Historisch wirksam wurde vor allem A.s Unterscheidung einer göttlichen und ewigen von einer menschlichen, individuell verschiedenen und mit dem Tod des Menschen vergehenden Intelligenz. Auch die Seele des Menschen sei sterblich. A. versucht, die Existenz der Willensfreiheit zu beweisen: Wo Tiere auf Reize unmittelbar reagieren, wählt der Mensch dank seiner natürlichen Fähigkeit zu überlegen Reize durch Zustimmung oder Ablehnung aus, die ihn dann zu Handlungen veranlassen. Das Bestehen solcher Wahlfreiheit folge aus der natürlichen Fähigkeit zu überlegen und der Überzeugung, daß die Natur nichts ohne Zweck hervorbringe. A. schreibt dem Gott, der das ewige Universum in Bewegung hält, die Kraft der Vorsehung zu, ohne daß diese die menschliche Willensfreiheit beeinträchtige. Seine Beiträge zur Berechnung der Kreisfläche basieren auf Fehlinterpretationen Aristotelischer Bemerkungen.

A. gilt als der bedeutendste antike Kommentator der Aristotelischen Logik. Seine Schriften sind eine wichtige Quelle zur stoischen Logik (↑Logik, stoische), die A. aus peripatetischer Sicht kritisiert. Er gebraucht wohl als erster das Wort ›Logik‹ im heutigen Sinne und liefert den ersten reflexiven Beitrag zur Verwendung von ↑Variablen in der Logik. Auf eine genaue Beschreibung A.s geht das logische Diagramm Eselsbrücke (pons asinorum) zurück (↑Eselsbeweis/Eselsbrücke).

Werke: In Aristotelis metaphysica commentaria, ed. M. Hayduck, Berlin 1891 (CAG I); In Aristotelis analyticorum priorum librum commentarium, ed. M. Wallies, Berlin 1883 (CAG II 1); in Aristotelis topicorum libros octo commentaria, ed. M. Wallies, Berlin 1891 (CAG II 2); In Aristotelis sophisticos elenchos commentarium, ed. M. Wallies, Berlin 1898 (CAG II 3); In librum de sensu commentarium, ed. P. Wendland, Berlin 1901 (CAG III 1); In Aristotelis meteorologicorum libros commentaria, ed. M. Hayduck, Berlin 1899 (CAG III 2); Commentaire sur les météores d'Aristote (lat.), ed. A.J. Smet, Paris 1968 (Corp. lat. comment. in Arist. graec. 4); Commentary on Book IV of Aristotle's Meteorologica (engl.), ed. V.C.B. Coutant, New York 1936; Praeter commentaria scripta minora. De anima liber cum mantissa, ed. I. Bruns, Berlin 1887 (CAG Suppl. II 1); Praeter commentaria scripta minora. Quaestiones. De fato. De mixtione, ed. I. Bruns, Berlin 1892 (CAG Suppl. II 2); De fato ad imperatores (lat.), ed. P. Thillet, Paris 1963 (Études de philos. méd. 51); J. van Ess, Über einige neue Fragmente des A. v. A. und des Proklos in arabischer Übersetzung, Der Islam 42 (1966), 148–168.

Literatur: O. Becker, Formallogisches und Mathematisches in griechischen philosophischen Texten, Philol. 100 (1956), 108–112 (hier 108–109; I. Bruns, Studien zu A. v. A., Rhein. Mus. Philol. 44 (1889), 613–630, 45 (1890), 138–145, 223–235; R. Hackforth, Notes on Some Passages of A. Aphrodisiensis De fato, Class. Quart. 40 (1946), 37–44; F.P. Hager, Die Aristotelesinterpretation des A. v. A. und die Aristoteleskritik Plotins bezüglich der Lehre vom Geist, Arch. Gesch. Philos. 46 (1964), 174–187; P. Merlan, A. of A., DSB I (1970), 117–120; P. Moraux, Alexandre d'Aphrodise. Exégète de la noétique d'Aristote, Paris 1942; ders., A. v. A. Quaest. 2,3, Hermes 95 (1967), 159–169; G. Movia, Alessandro di Afrodisia. Tra naturalismo e misticismo, Padua 1970; S. Pines, Omne quod movetur necesse est ab aliquo moveri: A Refutation of Galen by A. of A. and the Theory of Motion, Isis 52 (1961), 21–54; J.M. Rist, On Tracking A. of A., Arch. Gesch. Philos. 48 (1966), 82–90; R.B. Todd, A. of A. on Stoic Physics. A Study of the De mixtione with Preliminary Essays, Text, Translation and Commentary, Leiden 1976; E. Zeller, Die Philosophie der Griechen in ihrer geschichtlichen Entwicklung III 1, Leipzig ^{5}1923 (repr. Hildesheim 1963), 817–830. P.J.

Alexander von Hales, *Hales Owen (Shropshire) um 1185, †Paris 21. Aug. 1245, engl. Theologe und Philosoph. Studium in Paris, M.A. vor 1210, um 1220/1222 Magister in der theologischen Fakultät. Im Streit um die Privilegien der Universität (1229–1231) zwischen König und Universität siedelt A. zusammen mit Professoren und Studenten nach Angers über, um dann (1230) die Interessen der Universität in Rom, wo er bis 1231 bleibt, zu vertreten. Für kurze Zeit übersiedelt er als Domherr von Lichfield und Erzdiakon von Coventry nach England, ab 1232 lehrt er wieder in Paris. 1236 tritt A. in den Franziskanerorden ein, dem er damit dessen ersten Lehrstuhl an der Pariser Universität einbringt. 1245 ist A. an den Aristotelesverboten beteiligt, im selben Jahr nimmt er am Lyoner Konzil teil, wo er als ›magnus doctor theologiae‹ gewürdigt wird. Auf Alexander IV. geht der Ehrentitel ›doctor irrefragabilis‹ (›Lehrer, dem man sich nicht widersetzen kann‹) zurück, außerdem wird A. ›theologorum monarcha‹ genannt.

A. legt als erster seinen Vorlesungen den »Liber Sententiarum« des Petrus Lombardus zugrunde und beeinflußt damit die folgende Tradition des theologischen Lehrbetriebs. Als erster Lehrstuhlinhaber im Franziskanerorden begründet er die ältere Franziskanerschule, deren bedeutendster Vertreter sein Schüler Bonaventura wird. Berühmt wurde A. vor allem durch die jahrhundertelang ihm zugeschriebene »Summa theologica«, von der R. Bacon spöttisch bemerkte, daß ihr Gewicht größer sei als das eines Pferdes (Opera I, ed. J.S. Brewer, London 1859 [repr. Nendeln 1965], 326); zugleich zweifelt Bacon die Autorschaft A.s an. Tatsächlich wurde die Summe (nach 1235) von einer Autorengruppe unter der Leitung A.s begonnen (bei A.s Tod waren die größten Teile der drei ersten Bücher beendet) und im Auftrag Alexanders IV. 1256 durch Wilhelm von Melitona weitergeführt, aber nie vollendet. Die Anordnung der Fragen schließt sich den Sentenzen des Petrus Lombardus an, ihre Behandlung folgt dem Sic-et-non-Muster (↑sic et non) des P. Abaelard. Neu an der Summe A.s ist die Berücksichtigung der Aristotelischen Gesamtphilosophie (also nicht nur der Logik) sowie der Schriften anderer griechischer und arabischer Autoren (bes. Avicennas) als eines argumentativen Hilfsmittels für die Theologie, die im ganzen jedoch der augustinischen Tradition verhaftet bleibt. Vor der Summe verfaßt A. die »Glossa in IV libros Sententiarum« (1223–1227). Außerdem sind von ihm »Quaestiones« und »Quodlibeta« bekannt; als Jugendschrift wird ihm das »Exoticon«, ein Werk zur Erklärung von Fremdwörtern, zugeschrieben. Die Autorschaft der ihm zugeschriebenen Predigten (Sermones) ist nicht vollständig geklärt. Beteiligt ist A. an der »Expositio quattuor Magistrorum super Regulam fratrum minorum« (1241–1242; ed. L. Oliger, Rom 1950).

Werke: Summa theologica seu sic ab origine dicta »Summa fratris Alexandri«, studio et cura Patrum Collegii S. Bonaventurae ad fidem codicum edita, I–IV, Quaracchi 1924–1948; Glossa in quattuor libros Sententiarum Petri Lombardi. Nunc demum reperta atque primum edita studio et cura Patrum Collegii S. Bonaventurae, I–IV, Quaracchi 1951–1957; Quaestiones disputatae »Antequam esset frater«, nunc primum editae studio et cura Patrum Collegii S. Bonaventurae, I–III, Quaracchi 1960. – W. Totok II (1973), 345–348.

Literatur: N. de Amato, Doctrina Summae Fratris Alexandri de Hales de ipsa natura a Verbo assumpta, Rom 1956; E. Bettoni, Il problema della conoscibilitá di Dio nella scuola francescana (Alessandro d'Hales, S. Bonaventura, Duns Scoto), Padua 1950; P. Boehner, The System of Metaphysics of A. of H., Franciscan Stud. 5 (1945), 366–414; W. Dettloff, A. Halesius, TRE II (1978), 245–248; J. Fuchs, Die Proprietäten des Seins bei A., München 1930; J. Gorlani, La conoscenza naturale di Dio secondo la Somma teologica di Alessandro di Hales, Mailand 1933; E. Gössmann, Metaphysik und Heilsgeschichte. Eine theologische Untersuchung der »Summa Halensis«, München 1964; L. Lio, Determinatio superflui in doctrina Alexandri Halensis eiusque scholae, Rom 1953; V. Marcolino, Das AT in der Heilsgeschichte. Untersuchung zum dogmatischen Verständnis des AT als heilsgeschichtlicher Periode nach A., Münster 1970; E. Schlenker, Die Lehre von den göttlichen Namen in der »Summe« A.s, Freiburg 1938; M.C. Wass, The Infinite God and the »Summa fratris Alexandri«, Chicago 1964;

B. Wingenfeld, Der sittliche Akt des Menschen nach der Summa theologica des A., Diss. Tübingen 1947. O. S.

Alexandrinische Schule, in Alexandria seit Mitte des 5. Jahrhunderts bis 718, d.h. bis nach der Eroberung Alexandrias durch die Araber, vertretene philosophische Richtung; nach dem Tod des Proklos (485), des letzten bedeutenden Leiters der Athener ↑Akademie, Mittelpunkt des späten ↑Platonismus und des ↑Aristotelismus. Hauptvertreter sind der Proklos-Schüler Hermias, dessen Sohn Ammonios Hermeiou, J. Philoponos, Asklepios, Olympiodoros, Elias, David und Stephanos. Bei diesen Alexandrinern handelt es sich in erster Linie um Aristoteleskommentatoren, die weithin auf neuplatonische Spekulationen verzichten und sich aus der Sicht der spätplatonischen Tradition um eine systematische Darlegung der Aristotelischen Philosophie bemühen. Obwohl die meisten von ihnen Christen sind, manche auch christliche Gedanken übernommen haben, verstehen sie sich primär als Philosophen; einige halten z.B. an der These von der ↑Ewigkeit der Welt und von der Göttlichkeit der Gestirne fest (Lehren, die zu christlichen Dogmen im Widerspruch stehen).

Literatur: K. Kremer, Der Metaphysikbegriff in den Aristoteleskommentaren der Ammonius-Schule, Münster 1961; H.-D. Saffrey, Le chrétien Jean Philopon et la survivance de l'école d'Alexandrie au Ve siècle, Rev. ét. grec. 67 (1954), 396–410; L. G. Westerink, Anonymous Prolegomena to Platonic Philosophy, Amsterdam 1962. E. K.

Alexandrismus, philosophische Richtung der Renaissance, die sich in der durch Aristotelische Lehren inspirierten Auseinandersetzung um das Problem einer persönlichen ↑Unsterblichkeit der Aristoteles-Interpretation von Alexander von Aphrodisias anschloß (↑Aristotelismus). Nach Alexander hatte Aristoteles weder die persönliche Unsterblichkeit, wie der orthodoxe ↑Thomismus annahm, noch die Unsterblichkeit einer kollektiven Menschenseele (Intelligenz) gelehrt, wie im ↑Averroismus behauptet wurde. Hauptvertreter dieser zusammen mit den averroistischen Lehren 1512 auf dem 5. Laterankonzil (1512–1517) von der Kirche verworfenen Richtung war P. Pomponazzi. J. M.

Alfraganus, der lat. Name von al-Farghani (Abul Abbas Ahmed Ibn Muhammad Ibn Kathir Al Farghani), aus Fergana, †nach 861, arab. Astronom. A. lebte und arbeitete am Hofe des Kalifen von Bagdad, Al Mamun, wo er astronomische Berechnungen durchführte (z.B. Entfernungen der Planeten, Durchmesser der Erde). Die Verbreitung der Astronomie des Ptolemaios in Europa beruht wesentlich auf A.s Hauptwerk, den »Elementen der Astronomie«, die im 12. Jahrhundert von Johannes Hispalensis und Gerhard von Cremona ins Lateinische übersetzt wurden.

Werke: F. J. Carmody (ed.), Alfragani Differentiae in quibusdam collectis scientie astrorum, Berkeley 1943.

Literatur: R. Campani, Il »Kitāb al-Farghānī« nel testo Arabo e nelle versioni, Rivista degli studi orientali 3 (1910), 205–252; F. J. Carmody, Arabic Astronomical and Astrological Sciences in Latin Translation, Berkeley 1956, 113–116; A. I. Sabra, Al-F., DSB IV (1971), 541–545; H. Suter, Al-Farghānī, Encycl. of Islam II (Leiden ^{2}1965), 793. H. J. S.

Algazel (latinisiert für Abū Hamid Muḥammad al-Ġazzālī, auch al-Ghassali, al-Ghasali), *Tûs in Chorasân 1058, †bei Tûs 1112, persischer Philosoph. Besuch der schafiitischen Rechtsschule, Studium aller zugänglichen antiken, christlichen, jüdischen und islamischen Philosophie und Theologie. Ab 1091 Lehrer an der Hochschule von Bagdad (über 300 Schüler). Nach Kritik aller Schulmeinungen und unter Einfluß der sufischen Mystik (↑Sufismus) Aufgabe des Lehramts, zehn Jahre Einsamkeit: Pilgerfahrt und Reisen nach Damaskus und Jerusalem, Leben als Wanderprediger. Rückkehr nach Tûs und Lehrer in einem Sufikonvent bis zu seinem Tod.
In empirisch-skeptischer Verschärfung der bereits von den Ascharíten geführten Polemik gegen die Philosophie lehrt A. die Widersprüchlichkeit aller bisherigen Metaphysik. In der »Destructio philosophorum« wird der Notwendigkeit und Allgemeinheit in Logik und Mathematik das ewige ›Herumtappen‹ und ›Ineinanderstürzen‹ der philosophischen Meinungen konfrontiert, die systematisch als verstellende, z.B. kosmologische Objektivation des Glaubens erscheinen. Endlichkeit bzw. Unendlichkeit der Welt, Existenz Gottes und Unsterblichkeit der Seele sind theoretisch unbegründbar wie das kausale Schöpferwirken Gottes: Metaphysik ist ›Schreckbild der Logik‹, ihre Behauptungen werden antinomisch aufeinander bezogen (vor allem gegen Avicenna). Die Kausalrelation ist ein bloßes Nacheinander. Notwendigkeit gibt es nur in der Logik, nicht in der Natur. Dies führt A. zum ↑Okkasionalismus. Im Durchgang durch radikale Skepsis erschließt sich ihm der Gehalt der Religion in der praktischen Mystik der Sufis als ihrer höchsten Form, der er sein Leben widmet, gleichwohl versöhnt mit der Orthodo-

xie, deren mittlerer Weg zur Lebensorientierung für jeden offen bleiben muß. So verfaßt A. die ›Summa‹ des Islam, die »Erneuerung der Religionswissenschaften«. – Der in der Vorwegnahme von Argumenten D. Humes und I. Kants herausragende Erkenntniskritiker A. ist philosophiehistorisch auch deshalb bedeutend, weil er die Übersetzung von Religion in Metaphysik zugunsten atheoretischen, mystischen Glaubens lehrt und so (in Gestalt des arabischen ↑Aristotelismus) eine Verbindung bekämpft, die in Europa zur ↑Scholastik führte.

Werke: Tahafut al Falâsifah (Der Zusammenbruch der Philosophien), engl. S.A. Kamali, Lahore 1958; Al-munqidh min ad-dalal (Der Befreier vom Irrtum), engl. The Faith and Practice of Al-Ghazâli, übers. W.M. Watt, London 1953; Injâ'ulum ed-dîn (Neubelebung der Religionswissenschaften), I–IV, dt. v. H. Bauer/H. Wehr, Halle 1916–1940 (Islamische Ethik 1–4); Kîmijâ es-sa'âda (Das Elixier der Glückseligkeit), dt. v. H. Ritter, Jena 1923, Düsseldorf/Köln 1959; Ad-Dourra al Fakhira. La Perle précieuse de Ghazale, ed. u. franz. Übers. v. L. Gautier, Genf 1878; Die kostbare Perle im Wissen des Jenseits, dt. v. M. Brugsch, Hannover 1924 (repr. Frankfurt 1977); Al Ghazali's Book of Fear and Hope, ed. u. engl. Übers. v. W. McKane, Leiden 1962; Ajjuh'âl-walad (arab./engl. O. Youth), übers. u. ed. G.H. Scherer, Beirut 1933; Logica et Philosophia, Venedig 1506 (repr. Frankfurt 1969), ed. J.T. Muckle, A.s Metaphysics. A Medieval Translation, Toronto 1933. – Totok II (1973), 272–276.

Literatur: M. Abu Ridah, Al-Ghazali und seine Widerlegung der griechischen Philosophie, Madrid 1952; M. Arkoun, Révélation, vérité et histoire d'après l'œuvre de Gazâlî, Studia Islamica 31 (1970), 53–69; K. Azkoul, Glaube und Vernunft im Mohammedanismus, München 1938; T. de Boer, Die Widersprüche der Philosophie nach A. Gazzali und ihr Ausgleich durch Ibn Rošd, Straßburg 1894 (repr. Frankfurt 1977); ders., Geschichte der Philosophie im Islam, Stuttgart 1901 (repr. Frankfurt 1977); J. Hell, Von Mohammed bis Ghasali, Jena 1925; F. Jabre, La notion de certitude selon Ghazali dans ses origines psychologiques et historiques, Paris 1958; A.T. van Leeuwen, Ghazali als apologeet van de Islam, Leiden 1947; M.A. Palacios, La espiritualidad de A. y su sentido christiano, I–IV, Madrid/Granada 1934–1941; M.A. Sherif, Ghazali's Theory of Virtue, Albany N.Y. 1975; M. Smith, Al-Ghazali the Mystic, London 1944; C. de Vaux, Gazali, Paris 1902; A.J. Wensinck, La pensée de Ghasali, Paris 1940; W.M. Watt, Muslim Intellectual. A Study of Al-Ghazali, Chicago/Edinburgh 1963; ders., Al-Ghazâlî, Encycl. of Islam II (Leiden [2]1965), 1038–1041; H.A. Wolfson, Nicolaus of Autrecourt and Ghazali's Argument against Causality, Speculum 44 (1969), 234–238. T.R.

Algebra (engl. algebra, franz. algèbre), durch Verballhornung des Titels von al-Chwarismis »Al jabr wa'l muqābala« entstandene Bezeichnung für ein Teilgebiet der Mathematik. Die elementare A., die von der rechnerischen Umformung und Lösung elementarer Gleichungen handelt, galt bis ins 16. Jahrhundert als Teil der ↑Arithmetik; erst F. Vieta machte sie, indem er ihr die Form einer rein schematischen Rechnung mit (als Zahlvariablen deutbaren) Buchstaben gab, zu einer selbständigen ›A. speciosa‹ neben der ›A. numerosa‹ oder Arithmetik.

Mit G. Cardano, der die ersten Verfahren zur Lösung ›algebraischer‹ ↑Gleichungen (d.h. solcher vom Typ $a_0 + a_1 X + a_2 X^2 + \dots + a_n X^n = 0$) dritten und vierten Grades veröffentlichte, beginnt die Epoche der ›klassischen‹ A.. Sie erreicht ihren Höhepunkt in den Ergebnissen von N.H. Abel und E. Galois, nach denen die ›allgemeine Gleichung‹ von höherem als 4. Grad in dem Sinne unlösbar ist, daß sich für jedes $n > 4$ Gleichungen n-ten Grades angeben lassen, deren Lösungen sich nicht mit Hilfe elementarer Rechenoperationen durch die Koeffizienten $a_0, \dots, a_n$ der Gleichung (oder einfache Wurzeln aus ihnen) ausdrücken lassen. Abel und Galois erkannten dabei, daß sich Lösbarkeits- und Unlösbarkeitseigenschaften von algebraischen Gleichungen in Eigenschaften der Permutationsgruppen ihrer Wurzeln spiegeln und daher durch diese charakterisiert werden können. Die gegenwärtige Fassung der diese Verhältnisse klärenden Galoisschen Theorie gehören zur ›abstrakten‹ A., deren Betrachtungsweise ebenfalls bei Abel und Galois antizipiert wird, wo diese neben den einzelnen Wurzeln algebraischer Gleichungen auch rationale Funktionen derselben untersuchen und so zum Begriff des Körpers (↑Körper (mathematisch)) gelangen, dessen allgemeine Theorie E. Steinitz 1910 begründete. Gruppentheorie (↑Gruppe (mathematisch)) und Körpertheorie bilden, verbunden durch die erwähnte (und heute terminologisch so benannte) ›Galoissche Theorie‹, bis zur Mitte des 20. Jahrhunderts die Hauptdisziplinen der ›abstrakten A.‹. In der damit erreichten Gestalt, überwiegend auf die Untersuchung der algebraischen Gebilde (im Unterschied zu topologischen) beschränkt, wobei die für physikalische Anwendungen besonders wichtige Theorie der Vektorräume als ›lineare A.‹ eine gewisse Selbständigkeit erhielt, erfuhr die A. seit den 40er Jahren des 20. Jahrhunderts eine erneute Umstrukturierung und überdies Erweiterung. Begriffsbildungen einer ›allgemeinen‹ oder ›universellen‹ A., die statt der einzelnen Strukturen diese zusammen mit sie verbindenden, Operationen wie Addition und Multiplikation erhaltenden Abbildungen (sogenannte ↑Homomorphismen) bzw. allgemein die Beziehungen zwischen letzteren betrachtet, erlauben heute nicht nur die klassische und moderne A., sondern auch die ↑Topologie (und damit ↑Geometrie und ↑Analysis) übergreifend neu zu organisieren; sie erweitern die A. auch um den Bereich der für die übergreifende ›allgemeine A.‹ typischen neuen Probleme. Die A. bedient sich heute, in ihrer auf Gebilde und Strukturen wie in ihrer auf Homomorphismen zwischen Strukturen gerichteten Gestalt, meist axiomatischer Darstellungsweisen und Methoden, auch wenn die Verfahren der A. in den letzten Jahrzehnten wiederum einem raschen Wandel unterworfen gewesen sind.

Literatur: E. Artin, Galois Theory, Notre Dame 1944, [2]1948 (dt. Galoissche Theorie, Leipzig/Stuttgart 1959, Zürich/Frankfurt 1965, [2]1973); G. Birkhoff/S. MacLane, A Survey of Modern A., New York [4]1977; C. Chevalley, Fundamental Concepts of A., New York 1956; H. Freudenthal, What is A. and what has it been in History?, Arch. Hist. Ex. Sci. 16 (1977), 189–200; W.H. Greub, Linear A., Berlin/Heidelberg/New York [4]1975 (dt. Lineare A., Berlin/Heidelberg/New York [2]1976); J. Guérindon/J. Dieudonné, L'algèbre et la géométrie jusqu'en 1840, in: J. Dieudonné (ed.), Abrégé d'histoire des mathématiques 1700–1900, I–II, Paris 1978, I, 55–90; dies., L'algèbre depuis 1840, ebd. 91–127; H. Hasse, Höhere A., I–II, Berlin [5]1967, [6]1969; R. Kochendörffer, Einführung in die A., Berlin (Ost) 1955, Berlin [3]1966; H.J. Kowalsky, Lineare A., Berlin/New York [8]1977; W. Krull, Elementare und klassische A. vom modernen Standpunkt, I–II, Berlin [2]1952/1959, [3]1959/1963; S. MacLane/G. Birkhoff, A., London 1967; L. Novy, Origins of Modern A., Leiden 1973; E. Steinitz, Algebraische Theorie der Körper, J. reine u. angew. Math. (Crelle's Journal) 137 (1910), 167–309, separat (ed. R. Baer/H. Hasse), Berlin/Leipzig 1930, New York 1950; J. Vuillemin, La philosophie de l'algèbre I (Recherche sur quelques concepts et méthodes de l'algèbre moderne), Paris 1962; B.L. van der Waerden, Moderne A., I–II, Berlin 1930/1931, unter dem Titel: A., Berlin/Heidelberg/New York I [8]1971, II [5]1967; H. Weber, Lehrbuch der A., I–III, Braunschweig 1894/1896/1891 (repr. New York o.J.); H. Werner, Was ist Allgemeine A.?, in: B. Fuchssteiner u.a. (eds.), Jahrbuch Überblicke Mathematik 1977, Mannheim/Wien/Zürich 1977, 107–119. C.T.

Algebra, Boolesche, ↑Boolesche Algebra.

Algebra, polyadische, ↑Logik, algebraische.

Algebra der Logik, Bezeichnung für die im 19. Jahrhundert entwickelte Form des Klassen- und Relationenkalküls (↑Klassenkalkül), in der die klassische Logik (↑Logik, klassische) mit der ↑Algebra eine ›organische Verbindung‹ eingehen und die Lösung logischer Probleme durch unmittelbare Anwendung algebraischer Methoden erzielt werden sollte. Während G.W. Leibniz gewisse Analogien zwischen Adjunktion bzw. Konjunktion von Aussagen und der Addition bzw. Multiplikation von Zahlen zwar gesehen, aber nicht zu einem Kalkül nach Analogie der Algebra ausgebaut hatte, gelang dies dem englischen Logiker G. Boole (Mathematical Analysis of Logic, 1847). Indem Boole eine ›Algebra‹ konzipierte, deren Symbole nicht mehr Variable für Zahlen zu sein brauchten, und Abweichungen der in dieser neuen Algebra geltenden Gesetze von denen der üblichen Algebra zuließ, gelangte er zu einem ›abstrakten‹ Kalkül, der sich als Klassen- und als Aussagenkalkül (›Aussagenalgebra‹) deuten ließ und die traditionellen (klassenlogischen bzw. syllogistischen) ›Gesetze der Logik‹ in einer an die Algebra erinnernden Weise auszudrücken sowie logische Schlüsse in der Art algebraischer Umformungen durchzuführen erlaubte (↑Addition (logisch), ↑Multiplikation (logisch), ↑Boolesche Algebra).

Der Ausbau dieser ›A. d. L.‹ und ihre Anwendung (vor allem auf die Wahrscheinlichkeitsrechnung) sind Gegenstand von Booles Hauptwerk »The Laws of Thought« (1854); wesentliche Vereinfachungen der Booleschen Verfahren (↑dual/Dualität) fanden W.S. Jevons, C.S. Peirce und E. Schröder. Während die klassenlogische Richtung in der Axiomatisierung der Theorie des Booleschen Kalküls einen gewissen Abschluß fand (A.N. Whitehead, E.V. Huntington), wandten A. De Morgan, Peirce und Schröder das Verfahren der ↑›Algebraisierung‹ auch auf die Logik der zweistelligen Relationen an (↑Relationenlogik); eine Axiomatisierung dieser Theorie hat A. Tarski angegeben. Heute ist die A. d. L. bzw. die Algebra der Relationen für die Logik kaum noch von Bedeutung; die in ihr aufgewiesenen Strukturen werden als Boolesche Ringe bzw. Boolesche Verbände innerhalb der Mathematik behandelt.

Literatur: G. Boole, The Mathematical Analysis of Logic, being an Essay towards a Calculus of Deductive Reasoning, Cambridge/London 1847 (repr. Oxford 1948, 1951); ders., An Investigation of the Laws of Thought, on which are Founded the Mathematical Theories of Logic and Probabilities, London 1854 (repr. New York o.J. [1951]); A. De Morgan, Syllabus of a Proposed System of Logic, London 1860, Neudr. in: ders., On the Syllogism and Other Logical Writings, ed. P. Heath, London 1966, 147–207; ders., On the Syllogism, No. IV, and on the Logic of Relations, Transact. Cambridge Philos. Soc. 10 (1864), 331–358, Neudr. in: ders., On the Syllogism, 208–246; E.V. Huntington, Sets of Independent Postulates for the Algebra of Logic, Transact. Amer. Math. Soc. 5 (1904), 288–309; ders., New Sets of Independent Postulates for the Algebra of Logic, with Special Reference to Whitehead's and Russell's Principia Mathematica, ebd., 35 (1933), 274–304, Corrections dazu 557–558, 971; J. Jørgensen, A Treatise of Formal Logic. Its Evolution and Main Branches, with its Relations to Mathematics and Philosophy, I–III, Copenhagen/London 1931 (repr.

New York 1962) (bes. I passim und II, Chap. VI: Outline of the Algebra of Logic, 41–144); W.S. Jevons, Pure Logic, or the Logic of Quality apart from Quantity. With Remarks on Boole's System and on the Relation of Logic and Mathematics, London 1864; C.S. Peirce, (Arbeiten über die A. d. L. und den Relativkalkül, in:) Collected Papers III, ed. C. Hartshorne/P. Weiss, Cambridge Mass. 1933; E. Schröder, Vorlesungen über die A. d. L. (exakte Logik), I–III, Leipzig 1890–1895, III (Algebra und Logik der Relative) (repr. I–III, New York 1966); A. Tarski, On the Calculus of Relations, J. Symb. Log. 6 (1941), 73–89; A.N. Whitehead, A Treatise on Universal Algebra, with Applications I, Cambridge 1898 (repr. New York 1960). C.T.

Algebraisierung, die Darstellung einer ursprünglich nicht algebraischen Theorie durch Ausdrucksmittel und Schlußweisen der ↑Algebra. In diesem Sinne ist z.B. die ↑Algebra der Logik das Ergebnis einer A. der ↑Syllogistik. Abweichend von diesem Sprachgebrauch versteht E. Husserl unter A. jede Ersetzung von Wörtern eines Satzes oder einer inhaltlichen Theorie durch ungedeutete, ›algebraische‹ Symbole (z.B. Formale und transzendentale Logik. Versuch einer Kritik der logischen Vernunft, ed. P. Janssen, Den Haag 1974 [Husserliana XVII], 53–54). C.T.

Algorithmentheorie, Theorie eindeutiger effektiver bzw. maschineller Verfahren zur Lösung logisch-mathematischer Probleme (↑Algorithmus, ↑Automatentheorie). Historische Beispiele für A. finden sich in der griechischen Mathematik, z.B. das nach Euklid benannte Verfahren zur Bestimmung des größten gemeinsamen Teilers zweier natürlicher Zahlen, vor allem aber in der indisch-arabischen Tradition, dort z.B. die Additions-, Multiplikations- und Wurzelziehungsverfahren für Dezimalzahlen. Unabhängig von diesen Traditionen sind in China seit ca. 600 n.Chr. Rechenbretter für Dezimalzahlen in Gebrauch. Um 800 n. Chr. schreibt der arabische Mathematiker al-Chwarismi, auf den die moderne Bezeichnung ›Algorithmus‹ zurückgeht, den »Liber algorithmi« über die Behandlung algebraischer Gleichungen. Um 1300 versucht R. Lullus in einer ↑›ars magna‹, allgemeine kombinatorische Verfahren zur Auffindung ›aller Wahrheiten‹ zu formulieren.
Für den wachsenden Einfluß algebraischer Methoden auf die Mathematik seit Beginn der Neuzeit stehen Namen wie A. Riese (Anwendung von Rechenverfahren auf dem ↑Abacus), G. Cardano (Entwicklung von Lösungsverfahren für kubische und biquadratische Gleichungen) und R. Descartes (Einführung von Koordinaten, wodurch geometrische Probleme der Behandlung durch algebraische Methoden zugänglich werden). Unter dem Einfluß von R. Lullus entwickelt G.W. Leibniz im Rahmen einer ↑›ars combinatoria‹ die Vorstellung von allgemeinen Lösungsverfahren für verschiedene Wissensgebiete, die auch maschinell bewältigt werden sollen. Mit seiner Unterscheidung einer ↑›ars inveniendi‹ zur effektiven Auffindung aller Wahrheiten eines Wissensgebietes und einer ↑›ars iudicandi‹ zur effektiven Entscheidung über Wahrheit und Falschheit einer Behauptung konzipiert Leibniz zudem maßgebende Grundbegriffe heutiger A.. Neben numerischen Algorithmen gewinnen die algebraischen Algorithmen zur Lösung von Gleichungssystemen (z.B. Cramersche Regel) in der neuzeitlichen Mathematik zunehmend an Bedeutung. Dabei erweisen sich einige zum Teil schon aus der Antike bekannte Aufgaben wie das ↑Delische Problem mit bestimmten effektiven Verfahren (in der Geometrie Konstruktionen mit Zirkel und Lineal, in der Algebra Gleichungsauflösungen mit Radikalen) als unlösbar. – Seit der ↑Algebraisierung und ↑Formalisierung der Logik durch G. Boole, G. Frege, B. Russell, D. Hilbert u.a. stellte sich das Leibnizsche Problem einer ars inveniendi und ars iudicandi unter dem Gesichtspunkt, ein Aufzählungs- bzw. ↑Entscheidungsverfahren für die allgemeingültigen Formeln eines axiomatischen Systems anzugeben (↑Entscheidungsproblem).
Für eine *Präzisierung des Algorithmenbegriffs* beschränkt man sich auf den Bereich der endlichen Wortkombinationen über einem endlichen Alphabet $\{a_0, \ldots, a_N\}$. Ein (abbrechender) Algorithmus ist dann eine (im Unterschied zum ↑Kalkül) *eindeutig* festgelegte Folge von Operationsbefehlen, die ein Wort über dem Alphabet (z.B. $a_2\ a_{16}\ a_7$) in (endlich) vielen Schritten in ein anderes Wort überführt. Nach A.M. Turing (1936) läßt sich ein solches Verfahren auch von einer *Maschine T* durchführen (↑Turing-Maschine), die aus einem Operationswerk mit endlich vielen diskreten Zuständen 0 bis $m \geq 0$, einem kombinierten Lese- und Schreibkopf, einem beiderseitig (potentiell) unbegrenzten Rechenband mit linearer Feldunterteilung und einer Verschiebeeinrichtung für das Band besteht. 0 heißt der Anfangszustand von *T*. Der Lese- und Schreibkopf steht jeweils über einem Feld des Bandes, dem jeweiligen Arbeitsfeld. Mittels der Verschiebeeinrichtung kann das Arbeitsfeld um ein Feld nach rechts (›r‹) oder links (›l‹) verschoben werden. Der Lese- und Schreibkopf kann die Buchstaben des Alphabets

lesen, löschen und drucken. Eine Lampe leuchtet auf, wenn T stoppt (›s‹):

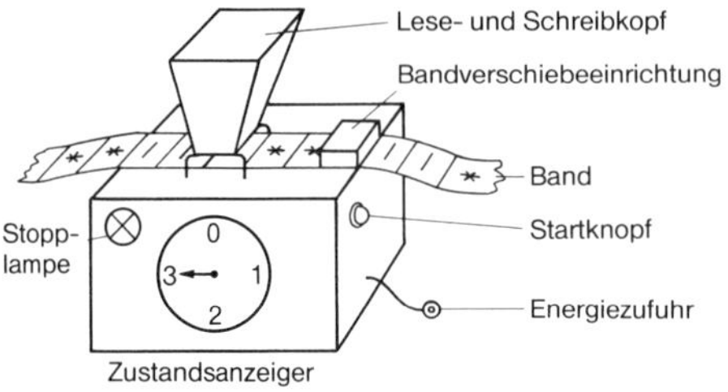

Abb. 1

Über dem Alphabet $\{*, |\}$ wird z.B. die Nachfolgerkonstruktion, die jeder Strichfolge n einen Strich anhängt, durch folgende Maschine T_1 realisiert: Steht im Angangszustand 0 im Arbeitsfeld ein Strich, dann rückt das Arbeitsfeld ein Feld nach rechts (›r‹), und T_1 geht in den Zustand 1 über: (Arbeitsfeld zum Lesen und Drucken stark umrandet, Lese- und Schreibkopf entfernt).

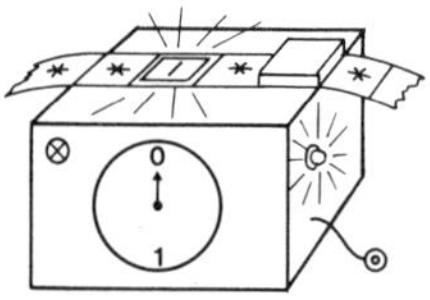

Abb. 2

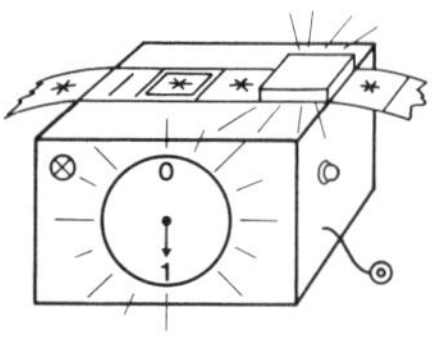

Abb. 3

Steht auf diesem Feld ein Stern $*$ (›Leerzeichen‹), dann löscht T_1 den Stern, druckt | und bleibt im Zustand 1:

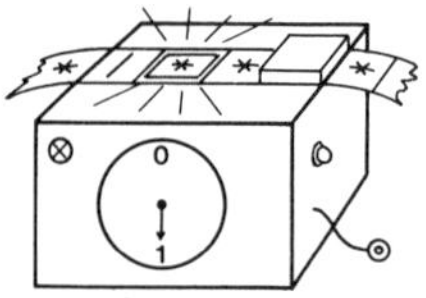

Abb. 4

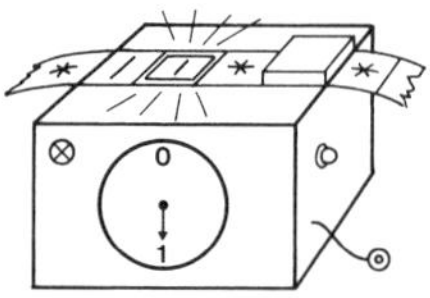

Abb. 5

Da nun im Arbeitsfeld | steht, stoppt T_1 (›s‹):

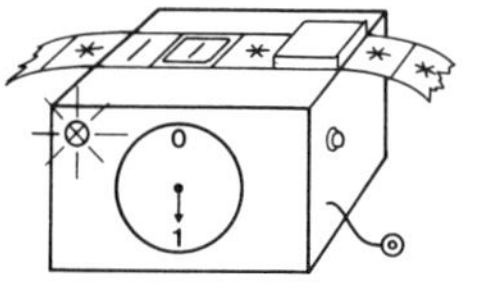

Abb. 6

Man notiert dieses schrittweise Verhalten der Maschine (›Maschinenprogramm‹) in der Matrix

$$T_1 = \begin{pmatrix} 0 & | & r & 1 \\ 0 & * & * & 0 \\ 1 & | & s & 1 \\ 1 & * & | & 1 \end{pmatrix} \begin{array}{l} \text{(Abb. 2 und 3)} \\ \\ \text{(Abb. 6)} \\ \text{(Abb. 4 und 5)} \end{array}$$

Allgemein ist das Programm einer Turing-Maschine über einem Alphabet $A = \{a_0, \ldots, a_N\}$ eine Matrix mit vier Spalten und $(N+1) \cdot (m+1)$ Reihen mit jeweils einer Zustandsangabe i $(0 \leq i \leq m)$, einem Buchstaben a_j im Arbeitsfeld $(0 \leq j \leq N)$, einem Operationsbefehl v_{ij} für eine Links-, Rechtsverschiebung oder zum Buchstabendrucken $a_1, \ldots, a_N$ (wobei Drucken immer das Löschen des vorherigen Buchstabens des Arbeitsfeldes miteinschließt) und einer Angabe c_{ij} $(0 \leq c_{ij} \leq m)$ über den Folgezustand der Maschine nach Ausführung von v_{ij}.

$$\begin{array}{llll} 0 & a_0 & v_{00} & c_{00} \\ \vdots & \vdots & \vdots & \vdots \\ 0 & a_N & v_{0N} & c_{0N} \\ \\ 1 & a_0 & v_{10} & c_{10} \\ \vdots & \vdots & \vdots & \vdots \\ 1 & a_N & v_{1N} & c_{1N} \\ & & \vdots & \\ m & a_0 & v_{m0} & c_{m0} \\ \vdots & \vdots & \vdots & \vdots \\ m & a_N & v_{mN} & c_{mN} \end{array}$$

Eine n-stellige Funktion f mit n Worten $W_1, \ldots, W_n$ über dem Alphabet A als Argumenten und dem Wort $f(W_1, \ldots, W_n)$ als Wert heißt *Turing-berechenbar*, wenn es eine Turing-Maschine T gibt mit folgenden Eigenschaften:

Schreibt man auf ein leeres Band die Worte $W_1, \ldots, W_n$ mit je einem Feld Abstand und setzt T auf einem beliebigen Feld an, so bleibt T nach endlich vielen Schritten unmittelbar hinter dem Wort $f(W_1, \ldots, W_n)$ stehen. Beschränkt man sich auf das Alphabet $\{*, |\}$, so erhält man die Turing-Berechenbarkeit für zahlentheoretische Funktionen über dem Bereich der natürlichen Zahlen.

Die so erfaßten Funktionen stimmen mit den *μ-rekursiven Funktionen* überein (↑Funktion, rekursive), die aus einfachen Ausgangsfunktionen durch endlichmalige Anwendung der Prozesse der Einsetzung, der primitiven Rekursion oder der Anwendung des μ-Operators im Normalfall erzeugt werden. Ausgangsfunktionen sind dabei die 0stellige Funktion mit dem Wert 0, die 1stellige Nachfolgerfunktion und die Projektionsfunktionen $p_i(x_1, \ldots, x_n) = x_i$ mit $1 \leq i \leq n$. Wenn $g, h, h_1, \ldots, h_n$ bereits μ-rekursive Funktionen sind, so ist auch die durch Anwendung eines der folgenden drei Schemata definierte Funktion f μ-rekursiv.

(1) $f(x_1, \ldots, x_n)$
$= g(h_1(x_1, \ldots, x_n), \ldots, h_n(x_1, \ldots, x_n))$
(Einsetzung)

(2) $f(x_1, \ldots, x_n, 0)$
$= g(x_1, \ldots, x_n)$ (Induktion)
$f(x_1, \ldots, x_n, y+1)$
$= h(x_1, \ldots, x_n, y, f(x_1, \ldots, x_n, y))$
(Primitive Rekursion)

(3) $f(x_1, \ldots, x_n)$
$= \mu_y g(x_1 \ldots, x_n, y) = 0$
(Anwendung des μ-Operators).

Dabei wird im letzten Fall vorausgesetzt, daß für alle $x_1, \ldots, x_n$ ein y mit $g(x_1, \ldots, x_n, y) = 0$ existiert und der μ-Operator das kleinste y mit dieser Eigenschaft bezeichnet (›Normalfall‹). Verzichtet man auf die Anwendung des μ-Operators, so erhält man die zuerst von T. Skolem (1923) durch ›rekurrierende Denkweise‹ entwickelten *primitiv-rekursiven* Funktionen. Bereits 1928 gab W. Ackermann eine zwar μ-rekursive Funktion f mit

$$f(0, y) = y+1, f(x+1, 0) = f(x, 1),$$
$$f(x+1, y+1) = f(x, f(x+1, y))$$

an, die jedoch stärker wächst als alle primitiv-rekursiven Funktionen. Die Definitionsmöglichkeiten des μ-Operators in der Zahlentheorie kommen in S.C. Kleenes (abgeschwächtem) Normalformtheorem zum Ausdruck, wonach jede μ-rekursive Funktion f darstellbar ist durch $f(x_1, \ldots, x_n) = g(\mu_y h(x_1, \ldots, x_n, y) = 0)$ mit primitiv-rekursiven Funktionen h, g und einer einzigen Anwendung des μ-Operators im Normalfall. Maschinentheoretisch läßt sich dabei y als Kodenummer (↑Kodierung) einer abbrechenden Rechnung interpretieren, die von einer Turing-Maschine zur Berechnung von $f(x_1, \ldots, x_n)$ bei Anfangsinschrift $x_1, \ldots, x_n$ des Rechenbandes durchgeführt wird.

Neben diesen maschinentheoretischen und zahlentheoretischen Präzisierungen des Algorithmenbegriffs wurde von K. Gödel, J. Herbrand und S.C. Kleene eine algebraische Charakterisierung vorgeschlagen, wonach eine Funktion *rekursiv* (*im engeren Sinne*) heißt, wenn es ein endliches Gleichungssystem gibt, aus dem man die Funktionswerte mit bestimmten Einsetzungsprozessen effektiv berechnen kann. Äquivalent damit erweisen sich auch semiotische Präzisierungsvorschläge des Algorithmenbegriffs zur systematischen Bearbeitung von Zeichenreihen wie die *Semi-Thue-Prozesse*, *Postschen Kalküle* und ↑*Markov-Algorithmen*. Diese unter verschiedenen Gesichtspunkten (z.B. Maschinentheorie, ↑Zahlentheorie, ↑Algebra, ↑Semiotik) präzisierten Funktionsklassen sind mathematisch äquivalent. Jede ihrer Funktionen entspricht den intuitiven Vorstellungen eines Algorithmus. Daher hatte bereits A. Church 1936 die These formuliert, daß mit der Klasse der Turing-berechenbaren (μ-rekursiven) Funktionen die Klasse der im intuitiven Sinne berechenbaren Funktionen adäquat präzisiert sei. Bei der ↑*Churchschen These* handelt es sich zwar um eine sehr plausible Behauptung, die jedoch nicht mathematisch bewiesen werden kann, da sie intuitive Vorstellungen über Algorithmen mit mathematisch präzisierten Algorithmenkonzepten vergleicht.

Unter Voraussetzung der Churchschen These ist eine allgemeine Präzisierung des *Entscheidungsproblems* zahlentheoretischer Prädikate möglich: P heißt entscheidbar, wenn die Funktion χ_P mit $\chi_P(x) = 0$ (falls $P(x)$ gilt) und $\chi_P(x) = 1$ (falls $P(x)$ nicht gilt) berechenbar ist. So ist z.B. die Primzahleigenschaft entscheidbar, da χ_P für

$$P(x) \rightleftharpoons x \geq 2 \wedge \bigwedge_{i \leq x} \bigwedge_{j \leq x} (i \cdot j = x \rightarrow i = 1 \vee i = x)$$

sogar primitiv-rekursiv ist. Ebenso ist entscheidbar, ob ein lineares Gleichungssystem lösbar ist oder nicht, während z.B. die von D. Hilbert als Fundamentalproblem der Logik bezeichnete Frage, ob eine Formel der Prädikatenlogik allgemeingültig ist oder nicht (↑Entscheidungsproblem), 1936 von A. Church als nicht-entscheidbar nachgewiesen wurde (↑unentscheidbar/Unentscheidbarkeit). Nicht-entscheidbare Prädikate lassen sich formal klassifizieren nach der Kompliziertheit ihrer Quantorenpräfixe wie z.B. $Q(x) \leftrightharpoons \bigwedge_y \bigvee_z P(y, z, x)$ für entscheidbares P und führen zu einer Theorie der Entscheidbarkeitsgrade und einem verallgemeinerten Algorithmenbegriff. Für solche Erweiterungen sind die sogenannten (Turing- bzw. rekursiv) *aufzählbaren Prädikate* P zentral, für die eine (Turing-)berechenbare (bzw. μ-rekursive) Funktion f existiert, die alle Argumente des Umfanges von P in der Reihenfolge $f(0), f(1), \ldots$ ›*aufzählt*‹, d.h.

$$P(x) \leftrightharpoons \bigvee_y f(y) = x \text{ für alle } x.$$

Dann ist P entscheidbar, wenn sowohl P als auch das komplementäre Prädikat $\neg P$ aufzählbar sind. So ist z.B. das Prädikat

$$F(n) \leftrightharpoons \bigvee_x \bigvee_y \bigvee_z (x, y, z \neq 0 \wedge x^n + y^n = z^n),$$

mit dem sich das Fermatsche Problem (↑Fermat, Pierre de) als Frage nach der Gültigkeit von $\bigvee_{n>2} F(n)$ formulieren läßt, aufzählbar. Für seine Entscheidbarkeit müßte aber noch die Aufzählbarkeit von $\neg F$ gezeigt werden.

Für die Anwendung der A. auf (elektronische) Rechner stellt sich bereits die primitive Rekursivität (↑primitiv-rekursiv) als sehr kompliziert heraus, wenn man die Anzahl der wohldefinierten Schritte eines Maschinenprogramms zur Berechnung einer Funktion f (›Rechenzeit‹) als Kompliziertheitsmaß wählt. Die sogenannten elementaren Funktionen, die nur durch Summations- und Produktbildung aus den Elementaroperationen der Addition, Multiplikation, Subtraktion und Division erzeugt werden, sind daher für die Praxis besonders wichtig, da ihre Rechenzeit (durch Polynome) abschätzbar ist. Während die μ-Rekursivität nach der Churchschen These die theoretische Berechenbarkeitsgrenze angibt, zeigen Abschätzungen der Rechenzeit praktische Berechenbarkeitsgrenzen für Algorithmen auf Rechnern an. Für die *Anwendung* der A. auf die *Logik* muß eine Theorie zunächst formalisiert und dann arithmetisiert werden, indem Zeichen und Formeln effektiv durch Zahlen kodiert werden (↑›*Gödelisierung*‹), Ableitungsregeln in zahlentheoretische Funktionen und Aussagen über das formale System (z.B. ›Γ ist ein Beweis der Formel A‹) in zahlentheoretische Prädikate übersetzt werden. In diesem Sinne liefert dann die Axiomatisierung einer Theorie ein Aufzählungsverfahren ihrer Wahrheiten. Während Gödel für die Prädikatenlogik 1. Stufe ein vollständiges Aufzählungsverfahren nachweisen konnte (↑Vollständigkeitssatz), ist für die 2. Stufe ein solcher Nachweis aus prinzipiellen Gründen nicht mehr möglich (↑Unvollständigkeitssatz). Auch können die Prädikate der Arithmetik, die sich nach der Kompliziertheit ihrer Quantorenpräfixe klassifizieren lassen, nicht auf rekursive Aufzählbarkeit reduziert werden. Faßt man die rekursive Aufzählbarkeit als Präzisierung der Leibnizschen ars inveniendi auf, so werden durch diese Ergebnisse die Grenzen des Leibnizschen Programms ebenso deutlich wie für die ars iudicandi durch die ↑Unentscheidbarkeit der Prädikatenlogik. Aufzählbarkeitsprobleme sind von praktischer Bedeutung in der Theorie der formalen Sprachen und der *Linguistik*, in der z.B. Chomsky-Grammatiken als spezielle Postsche Kalküle untersucht werden.

In der Mathematik führt die Anwendung der A. zu Problemen der *rekursiven und konstruktiven* ↑*Analysis*. An die Stelle beliebiger ganzer oder rationaler Folgen (↑Folge (mathematisch)) treten dann berechenbare Folgen wie z.B. die Nullfolge $\varepsilon_m = \frac{1}{2^m}$. Eine (berechenbare) Folge r_* rationaler Zahlen heißt Cauchy-berechenbar, falls eine berechenbare Folge $N(m)$ existiert (d.h., falls für jedes m ein Zahlenindex $N(m)$ der rationalen Folge berechenbar ist) mit $|r_n - r_l| < \varepsilon_m$ für alle $n, l \geq N(m)$. Faßt man nun reelle Zahlen als Abstraktionen aus Cauchy-Folgen auf, so läßt sich nach diesem Ansatz zwar die Kompliziertheit der Rechenverfahren für reelle Zahlen (z.B. primitiv-rekursiv, μ-rekursiv) abschätzen. Allerdings führt der Gebrauch klassischer Existenzquantoren für Algorithmen (z.B. die im allgemeinen nicht effektive Existenzforderung einer berechenbaren Indexfolge $N(m)$ in der Definition der Cauchy-Berechenbarkeit) zu klassischen (nicht-konstruktiven) Beweisen in der rekursiven Analysis.

Literatur: M.A. Aisermann/L.A. Gussew/L.I. Rosonoer/I.M. Smirnowa/A.A. Tal, Logik, Automaten, Algorithmen, München/Wien 1967; E. Bishop, Foundations of Constructive Analysis, New York 1967; W. Bauer/K. Indermark, Algorithmen, rekursive Funktionen und formale Sprachen, Mannheim/Zürich 1968; M. Davis, Computability & Unsolvability. New York/ Toronto/London 1958; W.M. Gluschkow, Theorie der abstrakten Automaten, Berlin (Ost) 1963 (russ. Moskau 1961–1963); K. Jacobs (ed.), Selecta Mathematica II, Berlin/Heidelberg/New York 1970 (mit Beiträgen von H.-D. Ebbinghaus, F.-K. Mahn, H. Hermes, K. Jacobs); H. Hermes, Aufzählbarkeit, Entscheidbarkeit, Berechenbarkeit. Einführung in die Theorie der rekursiven Funktionen, Berlin/Göttingen/Heidelberg 1961, Berlin/Heidelberg/New York [2]1971; G. Hotz/H. Walter, Automatentheorie und formale Sprachen I (Turingmaschinen und rekursive Funktionen), Mannheim/Zürich 1968; S. C. Kleene, Introduction to Metamathematics, Amsterdam 1952 (repr. Groningen/Amsterdam/Oxford/New York 1974); P. Lorenzen, Metamathematik, Mannheim 1962; K. Mainzer, Der Konstruktionsbegriff in der Mathematik, Philos. Nat. 12 (1970), 367–412; A. A. Markov, The Theory of Algorithms, Jerusalem 1961 (Moskau 1954); H. Rogers Jr., Theory of Recursive Functions and Effective Computability, Cambridge 1957, New York [2]1967; T. Skolem, Begründung der elementären Arithmetik durch die rekurrierende Denkweise ohne Anwendung scheinbarer Veränderlicher mit unendlichem Ausdehnungsbereich, Skrifter utgitt av Det Norske Videnskaps-Akademi i Oslo I no. 6b, 1923, 3–38 (repr. in: ders., Selected Works in Logic, ed. J.E. Fenstad, Oslo/ Bergen/Tromsö 1970, 153–188), A. N. Turing, On Computable Numbers, with an Application to the Entscheidungsproblem, Proc. London Math. Soc., ser. 2, 42 (1936/1937), 230–265; B. A. Trakhtenbrot, Wieso können Automaten rechnen? Eine Einführung in die logisch-mathematischen Grundlagen programmgesteuerter Rechenautomaten, Berlin (Ost) [4]1966 (russ. Moskau 1957). K.M.

Algorithmus (mittellat. algorismus, entstellt aus dem Namen des persischen Mathematikers al-Chwarismi), ein generelles Rechenverfahren, das nach schematischen Regeln verläuft und entweder abbricht, z.B. bei der Bestimmung des größten gemeinsamen Teilers zweier Zahlen (Euklidischer A.), oder unbegrenzt fortsetzbar ist, z.B. bei der approximativen Berechnung von Quadratwurzeln. Insbesondere heißen auch die Entscheidungsverfahren in der Mathematik und mathematischen Logik Algorithmen, wenn sie in der Gestalt von effektiv anwendbaren Umformungsregeln für Zeichenreihen vorliegen. Eine eigene daraus erwachsene Disziplin, die ↑Algorithmentheorie, hat für die Anwendung von Rechenautomaten zunehmende Bedeutung erlangt.

Literatur: W. Bauer/K. Indermark, Algorithmen, rekursive Funktionen und formale Sprachen, Mannheim 1968; H. Hermes, Aufzählbarkeit, Entscheidbarkeit, Berechenbarkeit. Einführung in die Theorie der rekursiven Funktionen (1961), New York/Heidelberg/Berlin [2]1971; A.A. Markov, The Theory of Algorithms (russ. Moskau 1954), Jerusalem 1961; Mohammed Ibn Musa Alchwarizmi's Algorismus. Das früheste Lehrbuch zum Rechnen mit indischen Ziffern. Mit Transkription und Kommentar, ed. K. Vogel, Aalen 1963. K.L.

Alhazen, der lat. Name von Abu Ali Al Hasan Ibn Al Hasan Ibn Al Haitham, *Basra um 965, †Kairo 1040/1041, arab. Naturforscher. A. ging Anfang des 11. Jahrhunderts nach Ägypten, diente dort zeitweilig dem Kalifen und war seit 1021 in Kairo als Schreiber tätig. Verfasser von fast 200 Werken mathematischen, physikalischen, medizinischen und philosophischen Inhalts. A.s bis in die Neuzeit hinein einflußreichen Werke (z.B. im Werk J. Keplers) befassen sich insbesondere mit Optik und Astronomie. Von besonderer Bedeutung ist A.s methodologische Maxime, Theorien nicht aus den Meinungen von Autoritäten herzuleiten, sondern sie auf Experimente und mathematische Überlegungen zu gründen. Dem entspricht, daß bei seinen optischen Arbeiten die Untersuchung der Eigenschaften des Lichts und des Sehens im Vordergrund stehen, die Frage nach der Natur des Lichts dagegen zurücktritt und im Sinne der peripatetischen Naturphilosophie beantwortet wird. A.s Theorie des Sehens bildet ferner die Grundlage einer Erkenntnistheorie, die neben anderen Wilhelm von Ockham beeinflußte. Seine optischen und astronomischen Untersuchungen betreffen z.B. die Theorie der Linsen, Spiegel, Farben, des Regenbogens, der Lichtbrechung in der Atmosphäre, die Mond- und Planetentheorie. Bei seinen optischen Untersuchungen (z.B. zur geradlinigen Lichtausbreitung) verwendete A. die Camera obscura.

A.s mathematische Arbeiten betreffen unter anderem die Frage, wie man den Punkt auf einer ebenen, sphärischen, zylindrischen oder konischen Oberfläche, gleich ob konvex oder konkav, bestimmen kann, in dem ein von einem der Fläche gegenüberliegenden Punkt A ausgesandter Lichtstrahl so reflektiert wird, daß er einen bestimmten, ebenfalls der Fläche gegenüberliegenden Punkt B trifft. Ferner bestimmte A. das Volumen parabolischer Drehkörper. Sein Versuch, das ↑Parallelenaxiom Euklids zu beweisen, besteht darin, die Problematik in die Definition zu verlegen. A. bewies auch eine Verallgemeinerung der Möndchenquadratur des Hippokrates. Sein methodologisches Werk »Zur Analyse und Synthese« existiert bislang nur im (arabischen) Manuskript.

Werke: Opticae thesaurus libri septem, liber de crepusculis et nubium ascensionibus. Item Vitellonis Thuringopoloni libri X, Basel 1572 (repr., Introd. by D.C. Lindberg, New York/London 1972).

Literatur: A.P. Juschkevitsch, Geschichte der Mathematik im Mittelalter, Leipzig 1964; G. Nebbia, Ibn al-Haytham nel millesimo anniversario della nascita, Physis 9 (1967), 165–214; R. Rashed, Le modèle de la sphère transparente et l'explication de l'arc-en-ciel: Ibn al-Haytham, al-Fārisī, Rev. hist. sci. 23 (1966), 109–140; A.I. Sabra, Ibn al-Haytham's Criticisms of Ptolemy's Optics, J. Hist. Philos. 4 (1966), 145–149; ders., Ibn Al-Haytham, DSB VI (1972), 189–210; G. Sarton, Introduction to the History of Science I, Baltimore 1927, 721; M. Schramm, Ibn Al-Haythams Weg zur Physik, Wiesbaden 1963; H. Suter, Die Mathematiker und Astronomen der Araber und ihre Werke, Abh. Gesch. math. Wiss. 10, Nr. 204 (1900), 91–95; J. Vernet, Ibn al-Haytham, Encycl. of Islam III (Leiden [2]1971), 788–789. H.J.S.

Alkuin (Alcvin, Albinus, Alchwine, engl. Ealhwine), *York um 730, †Tours 19. Mai 804, engl. Gelehrter aus northumbrischem Adel im Dienste Karls des Großen. Schon 766 als Lehrer an der Domschule von York berühmt. A. traf 781 Karl den Großen in Parma, der ihn ins Frankenreich einlud; seit 782 Leiter der Hofschule Karls des Großen, zwischen 789 und 793 mehrere Reisen nach England, ab 796 Abt von St. Martin in Tours. A. hatte maßgeblichen Anteil an der Verurteilung des Adoptianismus auf den Konzilien in Frankfurt/Main (794) und Aachen (799). Seine Bedeutung liegt vor allem in der Aufarbeitung und Vermittlung des zeitgenössischen theologischen und philosophischen Gedankengutes und der Organisation des Bildungswesens im Frankenreich. A. verfaßte für Jahrhunderte maßgebliche Schriften über die artes liberales (↑ars), zahlreiche Kommentare zu den Büchern der Bibel, Erbauungsbücher und Heiligenviten, revidierte im Auftrag Karls des Großen das römische Meßbuch und widmete sich der Neuorganisation des Missionswesens. Die (nicht erhaltene) »Alkuinbibel« fand viele Nachahmungen. Die Autorschaft der ihm zugeschriebenen »Libri Carolini« ist umstritten; nicht von A. stammt der »Libellus de processione Spiritus sancti« und die »Confessio fidei«. Im Ausgang von Augustinus und Hieronymus weckt A. das Interesse für die Antike (besonders die Spätantike) und begründet so die ›Karolingische Renaissance‹.

Werke: Flacci Albini seu Alcuini Opera, I–II, ed. F. Forster, Regensburg 1777 (maßgebende Gesamtausg.); Opera omnia, I–II, Paris 1851 (MPL 100–101); Wattenbach/Dümmler (eds.), Monumenta Alcuiniana, Berlin 1873 (Bibliotheca rerum Germanicarum 6); A.s pädagogische Schriften, ed. J. Freundgen, Paderborn 1889, [2]1906.

Literatur: G. Baesecke, Die Karlische Renaissance und das deutsche Schrifttum, in: ders., Kleinere Schriften zur althochdeutschen Sprache und Literatur, ed. W. Schröder, Bern 1966, 376–445; F. Brunhölzl, Geschichte der lateinischen Literatur des Mittelalters I, München 1975; E. S. Dukett, A. Friend of Charlemagne, New York 1951; W. Edelstein, Eruditio und sapientia. Weltbild und Erziehung in der Karolingerzeit. Untersuchungen zu A.s Briefen, Freiburg 1965; G. Ellard, Master A., Chikago 1956; M. Folkerts, A., LMA I (2. Lief. 1978), 417–420; C. J. B. Gaskoin, A.. His Life and Work, London 1904; W. Heil, Der Adoptianismus. A. und Spanien, in: W. Braunfels (ed.), Karl der Große. Lebenswerk und Nachleben II (Das geistige Leben), ed. B. Bischoff, Düsseldorf 1965, 95–154; ders., A.studien I (Zur Chronologie und Bedeutung des Adoptianismusstreites), Düsseldorf 1966; ders., A., TRE II (1977), 266–276; A. Kleinklausz, A., Annales de l'Univ. de Lyon III, fasc. 15, Paris 1948; L. Wallach, A. and Charlemagne. Studies in Carolingian History and Literature, Ithaca N. Y. 1959. M. G.

All (griech. πᾶν, lat. universum), Bezeichnung für die Gesamtheit alles Wirklichen, die Welt im ganzen (Weltall). Bei O. Becker in der Gegenüberstellung ›A. und Wesen‹ Grundbegriff der Dualisierung von Heideggers »Sein und Zeit«.

Literatur: O. Becker, Dasein und Dawesen, Pfullingen 1963. K. L.

Allaussage, auch: Generalisation, generelle Aussage, die mit Hilfe des ↑Allquantors durch ↑*Generalisierung* (auch und besser: ↑*Universalisierung*) in bezug auf einen Gegenstandsbereich B aus einer Aussageform $A(x)$ gewonnene logisch zusammengesetzte Aussage $\bigwedge_{x\in B}A(x)$. Die statt ›Generalisation‹ und ›generelle Aussage‹ bisher nur gelegentlich gebrauchten Termini ›Universalisation‹ und ›universelle Aussage‹ sind deshalb vorzuziehen, weil ›Generalisierung‹ sich auf die Erweiterung des Bereichs einer bereits universellen Aussage bezieht in Umkehrung zur Spezialisierung, bei der eine Einschränkung des Bereichs einer bereits universellen Aussage vorgenommen wird. Z.B. sind ›alle Menschen sind sterblich‹ und ›alle Tiere sind sterblich‹ zwei verschiedene Universalisierungen der Aussageform ›x ε sterblich‹, im ersten Fall in bezug auf den Bereich der Menschen, im zweiten Fall in bezug auf den Bereich der Tiere, also ist die zweite Universalisierung eine Generalisierung der ersten. Wird der Bezugs- oder ↑Variabilitätsbereich nicht angegeben, also von $A(x)$ zu $\bigwedge_x A(x)$ übergegangen, so ist entweder ein fest vereinbarter Variabilitätsbereich für die Objektvariable x unterstellt, z.B. der Bereich der natürlichen Zahlen bei elementaren arithmetischen Aussageformen, oder es ist auf die ↑Allklasse, den Bereich aller Gegenstände, Bezug genommen. K. L.

alle, Ausdruck, der zusammen mit den Ausdrücken ›jeder‹, ›jede‹, ›jedes‹, häufig auch dem Pluralartikel ›die‹, in der natürlichen Sprache eine logische Partikel (↑Partikel, logische), den ↑Allquantor vertritt, und zwar in der Regel gefolgt von einem ↑Prädikator, der den ↑Variabilitätsbereich für die als Prädikat auftretende Aussageform anzeigt. Beispiel: ›alle [oder: die] Industrieländer leisten Entwicklungshilfe‹ generalisiert aus der Aussageform ›x ε Entwicklungshilfe leistend‹ in bezug auf den Bereich der Industrieländer. K. L.

Allegorese, allegorische Erklärung; Interpretationsmethode, bei der ein Text nicht im ›buchstäblichen‹, sondern in einem übertragenen Sinn, genauerhin: wie eine ↑Allegorie, verstanden wird. Dabei geht es allerdings nicht um die Erschließung allegorischer Texte, sondern um Unterlegung eines allegorischen Sinns für ursprünglich gerade nicht allegorisch verfaßte und nicht allegorisch rezipierte Schriften. Historisch liegt denn auch die A. der (durch sie inspirierten) allegorischen Dichtung voraus.
Offensichtlich ist die A. aus apologetischen Motiven angesichts der philosophischen Mythenkritik (z.B. Xenophanes) entwickelt worden: Homers und Hesiods Erzählungen von anthropomorphen Göttern, die mit den Menschen reden oder gar gegeneinander kämpfen (↑Anthropomorphismus), erwiesen sich, solange man sie wörtlich versteht, als unhaltbar. Statt aber den Mythos als bloße Fiktion zu verwerfen, vertritt die Mehrzahl der antiken Philosophen seit Theagenes von Rhegion (der als Begründer der A. gilt) die Auffassung,

daß Homer und Hesiod im Grunde etwas Richtiges meinen, ihre Lehre jedoch nicht als solche vortragen und begründen, sondern auf mythische Weise erzählen (vgl. Aristoteles, Met. B4.1000a9 ff.). Durch allegorische Interpretation versucht man zu klären, was jene Mythen vernünftigerweise meinen können, und dabei gegebenenfalls sachliche Irrtümer und nicht zuletzt moralisch Bedenkliches entsprechend umzudeuten.

Während die A. in der Antike vor allem innerhalb der Stoa (Cornutus und der Allegoriker Herakleitos) und im späteren Platonismus (Numenios von Apameia, Porphyrios) weit verbreitet war, ist sie in der christlichen Verkündigung zunächst unbekannt. Erst als das Evangelium in stärkerem Maß Gebildeten verkündet wurde, mußten auch die Christen eine philosophische Erklärung, insbesondere ihrer Verwendung des Wortes ›Gott‹, liefern können. Schon der jüdische Philon von Alexandria hatte die A. auf die Genesis angewandt; entsprechend verfuhren seit den ältesten Kirchenvätern (›Apologeten‹) die meisten christlichen Autoren, wobei man die A. überdies zur christologischen Deutung des Alten Testaments nutzte (so wurde die Liebesdichtung im ›Hohelied‹ jüdisch als Liebe zwischen Jehowa und Israel gedeutet, christlich als Liebe zwischen Christus und seiner ›Braut‹, der Kirche). Von Origenes wird die A. zu einem System ausgebaut. Nach dem bibelexegetischen A.-Schema des zunächst dreifachen, dann vierfachen Schriftsinns bedeutet z.B. ›Jerusalem‹: die konkrete Stadt (sensus litteralis), die menschliche Seele (sensus moralis), die Kirche Christi (sensus allegoricus) und das endzeitliche ›himmlische Jerusalem‹ (sensus anagogicus). Über Ambrosius und Augustinus gelangt die A. in die abendländische Kirche. Allerdings wurde sie dann immer weniger im Interesse einer besseren philosophischen Verstehbarkeit verwendet, vielmehr las man zunehmend mythische oder mystische Geheimnisse aus den Texten heraus oder suchte die unterstellte Unfehlbarkeit und Allwissenheit der ›heiligen‹ Schriften durch beliebig dehnbare A.n über die Jahrhunderte zu retten. Seit M. Luthers Kritik ist die A. auch als Form philosophischer Bibelinterpretation nahezu völlig (wohl zu Unrecht) in Verruf geraten.

Eine neuzeitliche Renaissance erfährt die A. in der Gegenwart einerseits mit der existential-anthropologischen Bibeldeutung des Heidegger-Schülers R. Bultmann und der im Anschluß daran bis heute fortdauernden Entmythisierungs-Theologie; andererseits in der Kunsttheorie E. Blochs, der mit Hilfe der A. die aus den Kunstwerken ›vorscheinende‹ gesellschaftliche Utopie zu rekonstruieren sucht. Auch die psychoanalytische und die ideologiekritische Interpretation können als moderne Formen der A. (in einem weiten Sinn) gelten.

Literatur: E. Bloch, Ästhetik des Vor-Scheins, I–II, ed. G. Ueding, Frankfurt 1974; R. Bultmann, Offenbarung und Heilsgeschehen, München 1941, 27–61; J. Gruber u.a., Allegorie, A., Lexikon des Mittelalters I (1977/1979), 420–427; H.H. Holz, Logos spermatikos. Ernst Blochs Philosophie der unfertigen Welt, Darmstadt/Neuwied 1975; H. Hunger, Allegorische Mythendeutung in der Antike und bei Johannes Tzetzes, Jahrb. d. Österr. Byzant. Ges. 3 (1954), 35–54; J.C. Joosen/J.H. Waszink, A., RAC I (1950), 283–293; F. Koppe, Sprache und Bedürfnis. Zur sprachphilosophischen Grundlage der Geisteswissenschaften, Stuttgart-Bad Cannstatt 1977, 146–170; J. Pépin, Mythe et allégorie, Paris 1958; J. Tate, Cornutus and the Poets, Class. Quart. 23 (1929), 41–45; ders, Plato and Allegorical Interpretation, ebd. 23 (1929), 142–154; 24 (1930), 1–10; ders., On the History of Allegorism, ebd. 28 (1934), 105–114. E.K./F.Ko.

Allegorie (von griech. ἄλλο ἀγορεύειν, etwas anderes sagen), ursprünglich eine uneigentliche Redefigur (Trope) der antiken Rhetorik, die also etwas anderes als den wörtlichen Sinn zum Ausdruck bringt (aliud verbis, aliud sensu ostendit; Quintilian, Inst. VIII 6, 44). Genauerhin werden im einfachsten Fall Eigennamen unbelebter Gegenstände (z.B. ›Rom‹) oder bestimmte Prädikatoren (z.B. ›Tod‹, ›Gerechtigkeit‹) zu Eigennamen fingierter Lebewesen gemacht, denen dann entsprechende, insbesondere anthropomorphe, Prädikatoren zugesprochen werden (›der Tod schreitet übers Land‹, ›die Gerechtigkeit wird siegen‹). Für solche Fiktionen können dann auch besondere Kennzeichnungen oder Eigennamen eingeführt werden (›der Sensenmann‹ oder ›Freund Hein‹ statt ›der Tod‹). Auf diese Weise fügt die A. der ›buchstäblichen‹ Sinnebene (sensus litteralis) eine vergleichsvermittelt ›übertragene‹ (sensus allegoricus) hinzu (im Unterschied zur ↑Metapher, die den gewöhnlichen Sinn zugunsten des übertragenen ausschließt, z.B. ›Menschen sind Wölfe‹). Die ›vordergründige‹ wörtliche Bedeutung veranschaulicht so den ›hintergründigen‹ allegorischen Sinn. Analog verfährt auch die nicht-sprachliche allegorische Kunst (bildliche oder plastische Darstellung von ›Tod‹ oder ›Gerechtigkeit‹ in menschlicher Gestalt und Verhaltensweise). Das allegorische Verfahren erstreckt sich von der Einzel-A. (in einem ansonsten nicht-allegorischen Kontext; dann auch ›Symbol‹ im ästhetischen Sinn genannt) bis zum durchgängig allegorischen Netzwerk, wobei seiner kunstvollen Entfaltung in der allegorischen Übertragung beliebiger Gegenstandsbereiche keine Grenzen gesetzt sind. Die wesentliche Funktion der A. besteht darin, umfassende Lebenssituationen bedürfnisrelevant (›existentiell‹) zu vergegenwärtigen, insbesondere im Sinne von Weltbildern (↑ästhetisch/Ästhetik (endeetisch)); im Unterschied zum ↑Mythos verbindet sich damit aber kein Anspruch auf wörtlich zu nehmende Wahrheit. Allegorische Literatur gewinnt im antiken Rom Bedeutung; durch Prudentius vermittelt, ist sie dann auch im Mittelalter, in der Renaissance und besonders im Barock geläufig; nach einer (vor allem klassizistischen) Abwertungsphase erlangt sie in der Moderne (namentlich durch und seit C. Baudelaire) erneut literarische Geltung. Zur allegorischen Lesart nicht-allegorischer Texte: ↑Allegorese.

Literatur: W. Benjamin, Ursprung des deutschen Trauerspiels, Berlin 1928; M.W. Bloomfield, A Grammatical Approach to Personification Allegory, Modern Philology 60 (1962/1963), 161–171; M.L. Colish, Medieval Allegory. A Historiographical Consideration, Clio 4 (1975), 341–355; A. Fletcher, Allegory. The Theory of a Symbolic Method, Ithaca/New York 1964; J. Gruber u.a., A., Allegorese, Lexikon des Mittelalters I (1977/1979), 420–427; R. Hahn, Die A. in der antiken Rhetorik, Diss. Tübingen 1967; E. Honig, Dark Conceit. The Making of Allegory, London 1959; H.R. Jauß, Form und Auffassung der A. in der Tradition der ›Psychomachia‹, in: Medium aevum vivum (Festschrift W. Bulst), Heidelberg 1960; F. Koppe, Sprache und Bedürfnis. Zur sprachphilosophischen Grundlage der Geisteswissenschaften, Stuttgart-Bad Cannstatt 1977, 124–146; C.S. Lewis, The Allegory of Love. A Study in Medieval Tradition, Oxford 1936; A. Masson, L'allégorie, Paris 1974. E.K./F.Ko.

Allgegenwart, im Rahmen der philosophischen Theologie (↑theologia naturalis) die Gott zugesprochene Eigenschaft, auf Grund seiner Schöpfertätigkeit mit allen endlichen, geschaffenen Dingen, die existieren, überall und immer verbunden zu sein. O.S.

allgemein (ethisch), von der logisch-erkenntnistheoretischen Rede vom ↑Allgemeinen, bei der es um Prädikatoren (allgemeiner: Begriffsausdrücke) und Allaussagen geht, ist ein *ethischer* Gebrauch zu unterscheiden, der mit I. Kants praktischer Philosophie eingeleitet wird, und zwar insbesondere durch Formulierungen des kategorischen Imperativs (↑Imperativ, kategorischer), nach denen moralisch gerechtfertigte Maximen als a.e Gesetze müssen gewollt werden können. Kants Ausdrucksweise legt es nahe, das Wort ›a.‹ hier auf die *sprachliche Form* präskriptiver Sätze zu beziehen oder auf die subjektive Bewertung der Fiktion ihrer Befolgung *durch jedermann* (↑Universalisierung). Für ein angemessenes Verständnis ethischer Rechtfertigung reicht dies allerdings nicht aus. Moralische Allgemeinheit bringt eine lebensformbezogene Unterscheidung ein, die gegenwärtig vor allem als ↑Universalität bezeichnet wird.

Literatur: ↑Universalisierung, ↑Universalität. F.K.

Allgemeinbegriff, in der Tradition Bezeichnung für einen ↑Begriff, unter den zumindest der Möglichkeit nach mehr als ein Gegenstand fällt, häufig in Unterscheidung zu ↑Individualbegriff verwendet. Oft ist A. so beschränkt worden, daß nur Prädikatoren in distributiver Verwendung, grammatisch also ↑Individuativa, deren Einheiten nicht selbst wieder als Klassen anderer Gegenstände begriffen werden, z.B. ›Baum‹, A.e darstellen, hingegen Prädikatoren in kollektiver Verwendung (↑Kollektiva) – das können spezielle Individuativa, z.B. ›Wald‹, ebenso sein wie spezielle ↑Kontinuativa, z.B. ›Obst‹, oder auch Prädikatoren für Ganzheiten (die Kollektiva im engeren Sinne), z.B. ›Reiterei‹ – keinen A. ausdrücken · (↑Inbegriff). K.L.

Allgemeine, das, dasjenige, was verschiedenen Einzeldingen gemeinsam ist. Sokrates gilt als derjenige, der sich als erster um ↑Definitionen bemüht und damit die Frage nach dem A.n gestellt hat. Bei Platon ist diese Bemühung durchgeführt als der Versuch, Definitionen für Ausdrücke wie ›tapfer‹ und ›gerecht‹ zu geben, also zu bestimmen, was das A. oder Gemeinsame z.B. an verschiedenen tapferen Handlungen ist. Sein Ansatz zeigt die Tendenz, das A. zugleich zu verdinglichen und im Sinne eines Vorbildes zu verstehen (↑Ideenlehre). Aristoteles bestimmt das A. (griech. καθόλου) als »das, was seiner Natur nach mehreren Gegenständen zukommt« (Met. Z13.1038b11 ff.). Es ist selbst nichts Substantielles, sondern wird als eine Beschaffenheit von etwas ausgesagt; es ist die ↑Bedeutung eines prädikativen Ausdrucks, ist ↑Begriff. Derselbe Terminus wird von Aristoteles auch für die Allgemeinheit von generellen Urteilen verwendet, wie sie durch ↑Allaussagen der Form $\bigwedge_x x \varepsilon P$ (für alle Gegenstände x gilt: x hat die Eigenschaft P; z.B. ›alle Menschen sind sterblich‹) formuliert werden. Erst im Übergang von Einzelnem (von mehreren Erfahrungen) zum A.n (bei Aristoteles ↑Epagoge; modern ↑Induktion) entsteht nach Aristoteles das

Wissen, das alle Teile einer Vielheit betrifft und zugleich Notwendiges über sie aussagt.
In der Scholastik wird eine ausgedehnte Diskussion um die Existenzform des A.n geführt (↑Universalienstreit), ausgehend von den folgenden, von A. M. T. S. Boethius formulierten Fragen: Existiert das A. substantiell oder nur im Intellekt, körperlich oder unkörperlich, von den Sinnendingen getrennt oder in ihnen. Vorgebildet durch den mittelalterlichen ↑Konzeptualismus finden sich bei T. Hobbes, J. Locke und G. Berkeley Ansätze, nicht mehr nach dem A.n als einem besonderen Gegenstand der Erkenntnis zu fragen, sondern nach der menschlichen Möglichkeit, ein und dasselbe Zeichen für unterscheidbare Einzeldinge zu verwenden. Diese sprachbezogene Wendung wird in der modernen Diskussion fortgesetzt; L. Wittgenstein schlägt mit seiner Gebrauchstheorie der Bedeutung und dem Begriff der ↑Familienähnlichkeit eine Lösung vor, die eine Hypostasierung vermeidet. Im sogenannten ›modernen Universalienstreit‹ (↑Universalienstreit, moderner) geht es unter anderem um die Frage, ob es einen grundsätzlichen Funktionsunterschied zwischen ↑singularen und ↑generellen Termen (engl. singular/general terms) gibt, traditionell gesprochen also zwischen Namen, die für Einzelnes stehen und prädikativen Ausdrücken, die für A.s stehen. Dabei vertritt W. V. O. Quine die Auffassung, singulare Terme ließen sich prinzipiell durch quantorenlogische Ausdrücke ersetzen, während P. F. Strawson zu zeigen sucht, daß ein Verständnis solcher Ausdrücke ein Verständnis singularer Terme voraussetzt. Das in diesem Zusammenhang ebenfalls diskutierte Problem der Existenz abstrakter Gegenstände (↑Abstraktion) läßt sich vom Problem des A.n trennen. H. J. S.

allgemeingültig/Allgemeingültigkeit, traditionell heißt a. die Geltung von Aussagen unabhängig von den Umständen ihrer Äußerung; meist auf generelle Aussagen bezogen und dann die (ausnahmslose) Geltung genereller Aussagen betreffend. Daher ist A. ein Kriterium wissenschaftlicher Aussagen. In der formalen Logik heißt ein Aussageschema a. (engl. valid), wenn jede das Schema erfüllende Aussage, d.s. die Aussagen derselben logischen Form, wahr ist (↑Semantik). K. L.

Allgemeinheit, Terminus G. W. F. Hegels, eingeführt in der ›Lehre vom Begriff‹ (Logik II, Sämtl. Werke V, 35–65; Enc. phil. Wiss. I, Sämtl. Werke VIII, 353–364), auf den jeweiligen Stufen des ›Systems der Philosophie‹ näher bestimmt. Der ›Begriff‹ als gegenüber ›Urteil‹ und ›Schluß‹ selbst allgemeine Bestimmungsform enthält die Momente der ›A.‹, ›Besonderheit‹ und ›Einzelheit‹. Hegel versucht dabei, den ›Begriff‹ als eine selbsttätige, unterscheidende und darin selbstidentifizierende dialektische Totalität zu denken (als ›existierenden Begriff‹). Die Fassung des Begriffs als selbstidentifizierendes Unterscheiden oder, wie Hegel auch sagt, als ›Subjekt‹ (Enc. phil. Wiss. I, Sämtl. Werke VIII, 362) zeigt ihn im Momente seiner ↑›Einzelheit‹. Die traditionelle Auffassung, nach der sich die verschiedene A. von Begriffen in ihrer ↑Subordination, d.h. in ihrer Gliederung in Art- und Gattungsbegriffe niederschlägt, disqualifiziert Hegel als *»irrationelle* Erkenntnis des *Rationellen«* (Logik II, Sämtl. Werke V, 52), die dem nur ›äußeren Verstand‹ angehört. Hegel fordert dazu auf, den ›Begriff‹ rein zu denken, seine Momente zu fixieren und deren ↑Aufhebung in der jeweils entgegengesetzten Bestimmung (Logik II, Sämtl. Werke V, 62) nicht zu verschleiern.
Insofern, woran man zuerst denkt (Enc. phil. Wiss. I, Sämtl. Werke VIII, 353), im ›Begriff‹ Unterschiede aufgehoben sind, ist er ›allgemein‹ (›ganzer‹ oder ›reiner Begriff‹) und invariant zu seiner Genese betrachtet ›abstrakt‹. Auf seine Genese bezogen (»... daß, um es [das Allgemeine] zu erhalten, erfordert werde, andere Bestimmungen des Konkreten *wegzulassen*«, Logik II, Sämtl. Werke V, 38), ist er Negation, und da die weggelassenen Bestimmungen in ihrem A.scharakter ihrerseits ebenso wiederum als Negate zu fassen sind, ist er Negation von Negationen: ›gedoppelte Negation‹. Das ›Bestimmte‹, von dem der ›Begriff‹ jeweils absieht und das selbst wiederum ›Begriff‹ ist, ist die ↑›Besonderheit‹ (der ›besondere Begriff‹, Logik II, Sämtl. Werke V, 42). Gegenüber diesem ›Bestimmten‹ ist der ›Begriff‹ das ›Unbestimmte‹. In jedem ›Begriffe‹ sind ›Unbestimmtheit‹ (›A.‹) und ›Bestimmtheit‹ (›Besonderheit‹) vereinigt und jedes Moment (›A.‹ und ›Besonderheit‹) widerspiegelt für sich wiederum die ganze Struktur in ihrer Totalität und ist darin ›Einzelheit‹ (Enc. phil. Wiss. I, Sämtl. Werke VIII, 361 f.): »Jedes Moment des Begriffs ist selbst der ganze Begriff« (ebd., 358). Die ›A.‹ des Begriffs, abgehoben betrachtet unter Außerachtlassung der Totalität der Reflexion der Momente ineinander, ist die ›abstrakte A.‹. Der Begriff als allgemeine Bestimmungsform als ›Subjekt‹ gefaßt, ist die ›konkrete A.‹ (Rechtsphilos. §24, Sämtl. Werke VII, 75). S. B.

allgemeinungültig/Allgemeinungültigkeit, in der formalen Logik heißt ein Aussageschema a., wenn jede das Schema erfüllende Aussage, d.s. Aussagen derselben logischen Form, falsch ist. K.L.

allgemeinzulässig/Allgemeinzulässigkeit, a. heißen diejenigen Kalkülregeln, die in bezug auf jeden ↑Kalkül zulässig sind, deren Anwendung den Bereich der ableitbaren Figuren also nicht vergrößert, z.B. die Regel $n \Rightarrow n$ (in Worten: ist in einem Kalkül die Figur n hergestellt, so darf auch die Figur n hergestellt werden). Die a.en Regeln spielen für die Begründung der logischen Schlußregeln in der operativen Logik (↑Logik, operative) eine wichtige Rolle. K.L.

Allklasse, in unkritischen Darstellungen der Logik gelegentlich Bezeichnung für eine ›allumfassende‹ Klasse. Diese wird dabei durch die Bedingung zu kennzeichnen versucht, daß unter die A. ›jeder beliebige‹ Gegenstand falle. Zur Korrektur bzw. Präzisierung dieser Vorstellung, die an den ›Begriff des unbeschränkten Etwas‹ der traditionellen Logik anknüpft und auf die gleichen Schwierigkeiten wie dieser führt, vgl. die Darstellung in ↑Allmenge. C.T.

Allmacht, im Rahmen der philosophischen Theologie (↑theologia naturalis) die Gott zugesprochene Eigenschaft, alles bewirken zu können, dessen Existenz nicht schon aus apriorischen Gründen (↑a priori) ausgeschlossen werden kann. O.S.

Allmenge, die durch eine beliebige ↑allgemeingültige Aussageform dargestellte ↑Menge. Elemente der A. sind die (sämtlichen) Objekte des ↑Variabilitätsbereichs der in der darstellenden Aussageform frei vorkommenden ↑Variablen. Zu verschiedenen Variabilitätsbereichen gehören also auch verschiedene A.n. C.T.

Allquantor (engl. universal quantifier), auch: Generalisator (besser: Universalisator), die logische Partikel (↑Partikel, logische) ›alle‹ (Zeichen: $\bigwedge$, auch $\forall$ oder ()), mit der die im allgemeinen unbegrenzt vielen Aussagen einer Aussageform $A(x)$ (z.B. ›x ist Primzahl‹) zu einer neuen ↑Aussage $\bigwedge_x A(x)$ (in Worten: für alle x: A von x; z.B. ›alle Zahlen sind Primzahlen‹), einer ↑Allaussage, logisch zusammengesetzt werden. Da Allaussagen bei einem endlichen ↑Variabilitätsbereich der Objektvariablen ›x‹ nichts anderes als ↑Konjunktionen sind, nennt man Allaussagen als Spezialfall unendlicher Konjunktionen auch *Großkonjunktionen*. Diese Auffassung des A.s, wonach Allaussagen aus Teilaussagen logisch zusammengesetzt sind, wird von der in der ↑Modelltheorie vertretenen ↑Interpretationssemantik (im Gegensatz zur ↑Bewertungssemantik) allerdings nicht geteilt. K.L.

Alltagssprache (auch Umgangssprache, engl. ordinary language), derjenige nicht scharf abgrenzbare Teil einer ↑Gebrauchssprache, dessen insbesondere zur Darstellung eines Alltagswissens dienende Verwendung grundsätzlich keine Verständigungsprobleme mit sich führt, weil er in den Handlungszusammenhängen der ↑Lebenswelt verankert ist. In der analytischen Philosophie (↑Philosophie, analytische), insbesondere im linguistischen Phänomenalismus (↑Phänomenalismus, linguistischer, ↑ordinary language philosophy), erhält die A. eine methodisch wichtige Funktion als Basis für die Konstruktion und Interpretation von ↑Wissenschaftssprachen und anderen Fachsprachen unter Einschluß der historisch tradierten Fachsprachen wie z.B. der ↑Bildungssprache (engl. ›language of philosophers‹ oder ›philosopher's jargon‹).

Literatur: K. Lorenz, Elemente der Sprachkritik. Eine Alternative zum Dogmatismus und Skeptizismus in der Analytischen Philosophie, Frankfurt 1970, 37–145; E. v. Savigny, Die Philosophie der normalen Sprache. Eine kritische Einführung in die ›ordinary language philosophy‹, Frankfurt 1969, 1973, ²1974. K.L.

Allwissenheit, im Rahmen der philosophischen Theologie (↑theologia naturalis) die Gott zugesprochene Eigenschaft, sich selbst, alles Schaffbare (Possibilien), alles Geschaffene und alle zukünftigen Handlungen und Ereignisse (Futuribilien) zu erkennen. O.S.

alogisch (von griech. ἄλογος, vernunftwidrig), unlogisch, den Regeln der Logik nicht unterworfen, z.B. bei A. Schopenhauer der Wille. K.L.

Alpetragius, der lat. Name von Nur ad Din al-Bitrudschi, span.-arab. Astronom der 2. Hälfte des 12. Jahrhunderts aus Pedroche bei Córdoba. Schüler des Abubacer, unternahm im Zuge der arabischen Gegenbewegung zu K. Ptolemaios einen zwar sachlich wenig bedeutenden, aber viel diskutierten Versuch, im Rahmen eines modifizierten Aristotelischen Systems (ohne Exzenter und Epizykeln) die Planetentheorie der konzentrischen Sphären wiederzubeleben. Das nach 1185 verfaßte einzig bekannte Werk »Kitāb fi 'l-hay'a« (»Buch der Astronomie«) wurde 1217 von Michael Scot ins Lateinische, 1259 von Moses ibn Tibbon ins Hebräische übersetzt; 1531 wurde die lateinische Übersetzung der hebräischen Fassung erstmals gedruckt.

Werkausgaben: Al-Biṭrūjī, On the Principles of Astronomy, I–II, ed. B.R. Goldstein, New Haven/London 1971 (engl. Übers. mit arab. Urtext und hebr. Fassung v. Moses ibn Tibbon); Al-Biṭrūjī, De motibus celorum. Critical Edition of the Latin Translation of Michael Scot, ed. F.J. Carmody, Berkeley/Los Angeles 1952.

Literatur: F.J. Carmody, Regiomontanus' Notes on al-Biṭrûjî's Astronomy, Isis 42 (1951), 121–130; P. Duhem, Le système du monde. Histoire des doctrines cosmologiques de Platon à Copernic II, Paris 1914 (repr. Paris 1965), 146–156; L. Gauthier, Une réforme du système astronomique de Ptolémée tentée par les philosophes arabes du XIIe siècle, Journal Asiatique, 10e série, 13 (1909), 483–510; J. Samsó, Al-Biṭrūjī, DSB XV, Suppl. I (1978), 33–36; G. Sarton, Introduction to the History of Science II a (From Rabbi Ben Ezra to Roger Bacon), Baltimore 1931 (repr. 1953), 399–400; J. Vernet, al-Biṭrūdjī, Enc. of Islam I (Leiden ^{2}1960), 1250. H.J.S.

Alphabet, in der ↑Metamathematik und in der allgemeinen Theorie der ↑Kalküle in Analogie zum A. der Schriftsprachen der Vorrat an Grundzeichen, aus denen alle in der Theorie jeweils behandelten Zeichenreihen zusammengesetzt sind. So auch schon bei G.W. Leibniz im Rahmen seiner Versuche zu einer Kalkülisierung des gesamten begrifflichen Denkens (characteristica universalis) der Vorrat an Zeichen (Charaktere) für elementare menschliche Gedanken (Grundbegriffe), aus denen alle übrigen Begriffe zusammengesetzt sein sollen (↑Leibnizsche Charakteristik). K.L.

als ob, eine für die Philosophie I. Kants typische Wendung, die darauf aufmerksam machen soll, daß die Unterlegung bestimmter Zwecke unter bestimmte Naturereignisse oder Geschichtsabläufe methodisch anders zu behandeln ist als die Feststellung bestimmter Wirkungen, die diese Naturereignisse oder Geschichtsabläufe haben bzw. hatten. In dem Bemühen, zu wissenschaftlich gesicherten Aussagen zu kommen, reden wir zwar über die von uns angenommenen Zwecke so, ›a.o.‹ sie Wirkungen wären (nämlich in einer objektiven Wissenschaftssprache), doch haben wir uns, da die Annahme der Zwecke auf einer besonders gearteten Verständnisbildung beruht, unserer eigenen Verständnisleistung bei dem Unterlegen solcher Zwecke bewußt zu bleiben. Zu einem philosophischen Terminus wird a.o. in H. Vaihingers Theorie wissenschaftlicher ↑Fiktionen (H. Vaihinger, Die Philosophie des Als ob. System der theoretischen, praktischen und religiösen Fiktionen der Menschheit auf Grund eines idealistischen Positivismus, Berlin 1911, ^{2}1913). O.S.

Alsted, Johann Heinrich, *Ballersbach (bei Herborn) März 1588, †Weißenburg (Siebenbürgen) 8. Nov. 1638, dt. reformierter Theologe und Philosoph. 1608–1619 Prof. der Philosophie, 1619–1629 Prof. der Theologie in Herborn (dort auch zeitweilig Lehrer von Jan Amos Komenský [Comenius]); ab 1629 Prof. an der Bethlenschen Hochschule in Weißenburg. A. nahm 1618 an der Dordrechter Synode teil und schrieb Kompendien der reformierten Theologie (z.B. Distinctiones per universam theologiam, Frankfurt 1626, ^{2}1630). In der Philosophie folgt A. Einflüssen von P. Ramus und R. Lullus (Clavis artis Lullianae et verae logices, Straßburg 1609). In seinen Bemühungen um das von der lullistischen Tradition stark beeinflußte Kunstsprachenprogramm (↑Kunstsprache) sowie seiner enzyklopädischen Arbeit (Encyclopaedia septem tomis distincta, Herborn 1630, Leiden 1649, Stuttgart 1663) gehört A. neben Agrippa von Nettesheim, G. Bruno und A. Kircher in die Vorgeschichte entsprechender Entwürfe G.W. Leibnizens (↑Leibnizsche Charakteristik, ↑Enzyklopädie). In physikalischen und astronomischen Arbeiten werden, in ramistischer Tradition, unterschiedliche physikalische Systeme nebeneinander diskutiert (Systema physicae harmonicae, Herborn 1612; in späteren Auflagen: Physica harmonica, Herborn 1614 u.ö.) und wird das Kopernikanische System zwar freundlich erläutert, aber aus theologischen Gründen abgelehnt (Methodus admirandorum mathematicorum, Herborn 1613).

Weitere Werke: Panacea philosophica, id est, facilis, nova et accurata methodus docendi & discendi universam encyclopaediam 7 sectionibus distincta, Herborn 1610; Elementale mathematicum in quo mathesis methodice traditur, Frankfurt 1611 (erweitert unter dem Titel: Methodus admirandorum mathematicorum, 1613); Metaphysica tribus libris tractata, Herborn 1613; Theologia naturalis exhibens augustissimam naturae scholam, Frankfurt 1615, Hannover 1623; Compendium logicae harmonicae exhibens universum bene disserendi modum iuxta principia Peripateticorum & Rameorum celebriorum, Herborn 1615; Cursus philosophici encyclopaedia libris XXVII, Herborn 1620.

Literatur: L.E. Loemker, Leibniz and the Herborn Encyclopaedists, J. Hist. Ideas 22 (1961), 323–338; W. Michel, Der Herborner Philosoph J.H.A. und die Tradition, Diss. Frankfurt 1969; W. Risse, Die Logik der Neuzeit I (1500–1640), Stuttgart 1964, 477–485; E.W.E. Roth, J.H.A. (1588–1638). Sein Leben und seine Schriften, Monatsh. der Comenius-Ges. 4 (1895), 29–44; J. Staedtke, A., TRE II (1977), 299–303; C. Webster, A., DSB I (1970), 125–127; M. Wundt, Die deutsche Schulmetaphysik des 17. Jahrhunderts, Tübingen 1939. J.M.

alternate denial, synonym zu ↑Negatadjunktion, auch: Disjunktion; die logische Verknüpfung zweier Aussagen mit dem ↑Junktor ›nicht beide‹ (Zeichen: |, auch: ⩚, ↑Sheffersche Strich). K. L.

Alternation, synonym zu ↑Adjunktion.

Alternative, neben ↑Kontravalenz die Bezeichnung für ein disjunktives Urteil $A \curlyvee B$, d.i. eine Beziehung zwischen zwei Aussagen A und B, die genau dann gilt, wenn ›entweder A oder B‹ wahr ist. Auch die beiden Aussagen A und B selbst werden A.n von $A \curlyvee B$ genannt. Im praktischen Bereich ist A. synonym zu Wahl zwischen zwei einander ausschließenden Handlungsmöglichkeiten. K. L.

Althusius, Johannes, *Diedenshausen 1557, †Emden 12. Aug. 1638, dt. Rechtstheoretiker. Studium und Promotion zum Doktor beider Rechte in Basel. Auf Grund seiner Schrift »Iurisprudentiae Romanae methodice digestae libri duo« (1586) erhielt A. einen Ruf an die Juristenfakultät der Nassauischen Hochschule in Herborn. Seine an Pierre de la Ramé (P. Ramus) orientierte, auf Erfahrung basierende antischolastische Methodologie führte A. zu sozialethischen Studien, aus denen 1603 sein einflußreichstes Werk »Politica methodice digesta atque exemplis sacris et profanis illustrata« hervorging. 1604 Ratssyndikus der Stadt Emden.

A.' Rechts- und Gesellschaftstheorie hat im Calvinismus ihre religiöse Grundlage. Durch die göttliche Prädestination als metaphysischen Prinzips der die Norm Gottes verwirklichenden Historie ist der Einfluß des menschlichen Willens auf das Sozialgefüge beschränkt. Bereits im Diesseits zeigt sich die göttliche Gerechtigkeit in Form des göttlichen Gesetzes, des ↑Naturrechts und des menschlichen Rechts. Für die Organisation des Zusammenlebens wird daher auf allen Ebenen ein religiös bezogener Gesetzesbegriff bestimmend, den A., methodisch an P. Ramus orientiert, aus dem Grundprinzip der consociatio symbiotica ableitet. Diese meint einen organischen Zusammenhang symbiotisch-politisch angelegter Menschen, die ihre Bestimmung (das gute Leben) wegen fehlender ↑Autarkie nur gemeinsam erreichen können. Dabei hat die consociatio eine den Notstaat erfordernde triebhafte und eine den Vernunftstaat ermöglichende tugendhafte Dimension. Insofern darf A. entgegen der Auffassung seines Wiederentdeckers O. v. Gierke nicht als Begründer der vernunftrechtlichen Lehre vom ↑Gesellschaftsvertrag betrachtet werden, auch wenn er sich des Vertrags als rechtlicher Form der sich auf verschiedenen Ebenen konstituierenden consociationes bedient.

Traditionellerweise bildet die Familie die natürliche Zelle der Soziabilität. Auf der nächsten Stufe erscheinen die Kollegien als Typen freiwilligen Zusammenschlusses. Wichtig für A. sind die berufsständischen Korporationen, weil deren gewähltes Oberhaupt einer Vereinigung vorsteht, die ihm allererst Autorität verleiht. Das Individuum ist als Mitglied von Basisgemeinschaften Teil von zunehmend größeren Körperschaften, die nicht bloße Aggregate sind, sondern die Strukturen der sie konstituierenden Ebenen reproduzieren. An der Spitze der Pyramide bildet der mit eigener juristischer und moralischer Persönlichkeit ausgestattete Staat die Föderation der Gebietskörperschaften. Er ist die höchste Stufe der Pyramide und zugleich mehr. Der Staat ist die symbiotische Gemeinschaft selbst und besitzt volle Souveränität. Die Parallelität mit den übrigen Stufen hält A. aufrecht, um zu begründen, daß Souveränität der symbiotischen Ganzheit, nicht aber dem Oberhaupt zukommt, das vielmehr an den Willen der es durch ein Magistratskollegium wählenden Gemeinschaft gebunden bleibt. Monarchie, Aristokratie und Demokratie sind für A. nur verschiedene Herrschaftsformen, das Volk in seiner Gesamtheit behält die Majestas. Hier wendet sich A. ausdrücklich gegen J. Bodin. Trotzdem ist A. weder als Vertreter des modernen Gedankens der Volkssouveränität noch als der eines modernen Widerstandsrechts, das bei A. noch ganz thomistische Züge trägt, zu betrachten. Die Theorie der Volkssouveränität bedurfte zu ihrer Entwicklung einer bereits ausgebildeten absolutistischen Staatstheorie. Gegen die in den zentralistischen Monarchien sich herausbildenden Theorien des fürstlichen ↑Absolutismus schreibt A. mit den Mitteln einer zunehmend an Erfahrung orientierten vorneuzeitlichen Wissenschaftsauffassung einerseits und der stringenten ramistischen Methodologie andererseits eine systematische Politik, die als eigenständige Disziplin begründete Prinzipien des Staatsrechts entwickelt. Diese in praktischer Absicht entwickelten Prinzipien sind unter dem Gesichtspunkt des sich im und durch das Kollektiv verwirklichenden Individuums auf die von A. pessimistisch beschriebenen Gegebenheiten der Gesellschaft anzuwenden. Antike Vorstellungen kommen auch in der calvinistischen Verschmelzung von Kirche und Staat zum Ausdruck. A.

stand mit seinem Föderalismus und mit der Ablehnung des fürstlichen Absolutismus in Widerspruch zu den sich langsam durchsetzenden Theorien des modernen Staates. Gleichzeitig trennte ihn die antike Zweckbestimmung des Menschen aber auch von den ihm sonst in vielem verwandten Lehren der Monarchomachen.

Werke: Iuris Romani libri duo, Basel 1586, [2]1589 (unter dem Titel: Iurisprudentiae Romanae lib. 2); Politica, methodice digesta et exemplis sacris et profanis illustrata, Herborn 1603, [3]1614 (repr. Cambridge Mass. 1932, Aalen 1961; Auszüge dt. Grundbegriffe der Politik, Frankfurt [2]1948); Tractatus tres, quorum 1. De poenis, 2. De rebus fungibilibus, 3. De iure retentionis, ed. C. Gravius, Kassel 1611; Receß und accord buch, das ist zusamen verfassung aller ordnung, decreten, resolution, recessen, accorden und verträgen, so zwischen weilandt dem wolgebornen Graffen und Herren, Herrn Edtzardten und Herrn Johan löblichen andenckens, Herrn und Graffen zu Ostfrießlandt, &c. und jetzigem regierenden Graffen und Herrn, Herrn Enno Graffen und Herrn zu Ostfrießlandt und den dreyen Stenden zu unterschiedlichen zeiten uffgericht und publiciret worden, Emden 1612; Dicaeologicae libri tres, totum et universum ius, quo utimur, methodice complectentes, Herborn 1617, Frankfurt 1649 (repr. Aalen 1967). – A.-Bibliographie, I–II, ed. H.U. Scupin/U. Scheuner, Berlin 1973.

Literatur: J. Bischof, Die Volkssouveränitätslehre bei J.A. und Franz Suarez, Diss. Wien 1944; O. v. Gierke, J.A. und die Entwicklung der naturrechtlichen Staatstheorien. Zugleich ein Beitrag zur Geschichte der Rechtssystematik, Breslau 1880 (=Heft VII der Untersuchungen zur Deutschen Staats- und Rechtsgeschichte) (repr. der 5. Aufl., ed. J. v. Gierke, Aalen 1958); E. Reibstein, J.A. als Fortsetzer der Schule von Salamanca. Untersuchungen zur Ideengeschichte des Rechtsstaates und zur altprotestantischen Naturrechtslehre, Karlsruhe 1955 (Freiburger rechts- und staatswiss. Abh. 5); P.J. Winters, Die »Politik« des J.A. und ihre zeitgenössischen Quellen, Freiburg 1963; E. Wolf, Große Rechtsdenker der deutschen Geistesgeschichte. Entwicklungsbild unserer Rechtsanschauung, Tübingen 1939; K. Wolzendorff, Staatsrecht und Naturrecht in der Lehre vom Widerstandsrecht des Volkes, Breslau 1916. H.R.G.

Althusser, Louis, *Birmandreis (Algerien) 16. Okt. 1918, franz. marxistischer Philosoph. A. studierte an der École normale supérieure in Paris und lehrt dort seit 1948 Philosophie. Zentraler Gegenstand der Arbeiten A.s in den Jahren 1960–1966 ist die Hervorhebung des Marxismus als eines neuen Typs von Wissenschaft. Bei der Reduktion der Besonderheit der Marxschen Theorie auf die Differenz von Ideologie und Wissenschaft kommt der Philosophie die Funktion zu, diese Tatsache zu erklären. Marxistische Philosophie definierte A. als ›Theorie der theoretischen Praxis‹ (Für Marx, Frankfurt 1968, 100ff.). Dabei geriet der Aspekt des revolutionären Einsatzes der marxistischen Theorie aus dem Blick, der in späteren Arbeiten A.s (ab 1967) dominiert. Von einer eher epistemologischen geht A. seither zunehmend zu einer dialektisch-materialistischen Fragestellung über, die an W.I. Lenins neuer Praxis der Philosophie orientiert ist. In »Elemente der Selbstkritik« (Berlin 1975) wird Philosophie als Kampfplatz beschrieben, auf dem sich materialistische und idealistische Positionen gegenüberstehen: Philosophie erhält die praktische Funktion des ›Klassenkampfs in der Theorie‹ (a.a.O., 86). Ebenfalls in den »Elementen der Selbstkritik« lehnt A. die für ihn oft gebrauchte Bezeichnung ›Strukturalist‹ ab, da Strukturalismus (↑Strukturalismus (philosophisch, wissenschaftstheoretisch)) keine ›Philosophie der Philosophen‹, sondern eine ›philosophische Ideologie von Wissenschaftlern‹ sei, ein ›Ensemble diffuser Themen‹ (66f.); er selbst habe nur mit Elementen der strukturalistischen Terminologie ironisch gespielt.

Werke: Montesquieu, la politique et l'histoire, Paris 1959, [4]1974; Pour Marx, Paris 1965, [2]1966 (dt. Für Marx, Frankfurt 1968, 1974); (mit J. Rancière/B. Macherey/E. Balibar/R. Establet) Lire le Capital, I–II, Paris 1965, [2]1968 (dt. Das Kapital lesen, I–II, Reinbek 1972); Lénine et la philosophie, Paris 1969 (dt. Lenin und die Philosophie, Reinbek 1974); Éléments d'autocritique, Paris 1974 (dt. Elemente der Selbstkritik, Berlin 1975); Die Krise des Marxismus, Hamburg 1978.

Literatur: K. Bayertz u.a., betr.: A.. Kontroversen über den ›Klassenkampf in der Theorie‹, Köln 1977; P.L. Brown, Epistemology and Method. A., Foucault, Derrida, Cultural Hermeneutics 3 (1975/1976), 147–163; J. Fraser, L.A. on Science, Marxism and Politics, Science and Society 40 (1976/1977), 438–464; M. Glucksmann, Structuralist Analysis in Contemporary Social Thought. A Comparison of the Theories of Claude Lévi-Strauss and L.A., London/Boston 1974; S. Karsz, Théorie et politique. L.A., Paris 1974 (dt. Theorie und Politik, L.A., Frankfurt/Berlin/Wien 1976); J. Rancière, La leçon d'A., Paris 1974; P.A. Rovatti, Filosofia e politica. Il caso A., Aut aut 142/143 (1974), 61–96; P. Schöttler, Philosophie, Politik, Wissenschaft. Bemerkungen zum Wandel der theoretischen Problematik bei L.A., Alternative 17 (1974), 152–163. P.B.

Altruismus (von lat. alter, franz. autrui, der Andere), die dem ↑Egoismus entgegengesetzte Haltung, in der die Zwecke des anderen als die eigenen Zwecke verfolgt werden. A. als eine sittliche Maxime wurde auf dem historischen Hintergrund der Naturrechtsdiskussion (↑Naturrecht) zum ersten Mal von A. Comte formuliert (›vivre pour autrui‹, für den andern leben). Diese Maxime wiederholt das christliche Gebot der Nächstenliebe, gibt ihm aber innerhalb des neuzeitlichen Gegensatzes von Individuum und Gesellschaft eine besondere subjektivistische Färbung (↑Subjektivismus). Über die Unterscheidung zwischen eigenen Zwecken und den Zwecken der anderen, wobei letztere nunmehr als ↑Selbstzweck betrachtet werden sollen (sie ersetzen die eigenen Zwecke und werden um ihrer selbst willen verfolgt), gerät im A. aus dem Blick, daß nicht die (subjektive) Entscheidung für irgendwelche Zwecke (hier die Zwecke der anderen), sondern deren gemeinsame Rechtfertigung die Grundlage der Sittlichkeit bildet. Aus einer derartigen Rechtfertigung entstehen für den einzelnen nicht nur Pflichten (hier die Pflicht, für den anderen zu leben), sondern auch Rechte.

Literatur: W.G. Maclagan, Self and Others. A Defense of Altruism, Philos. Quart. 4 (1954), 109–127; R.D. Milo (ed.), Egoism and Altruism, Belmont Calif. 1973; T. Nagel, The Possibility of Altruism, Oxford 1970; G.H. Palmer, Altruism. Its Nature and Varieties, Westport Conn. 1970; N. Rescher, Unselfishness. The Role of the Vicarious Affects in Moral Philosophy and Social Theory, Pittsburgh 1975. J.M.

Alttextschule, ↑Konfuzianismus.

Amalrich (Amalricus, Almaricus, Amauricus) von Bène (bei Chartres), †Paris 1206. Lehrer an der Pariser Artistenfakultät und Theologe. A. verbindet das für die ›Schule von Chartres‹ typische Studium der ›neuen Logik‹ (der »Analytiken«, der »Topik« und der Schrift »De sophisticis elenchis« des Aristoteles, ↑logica antiqua) mit naturphilosophischen und neuplatonisch-metaphysischen Spekulationen. Diese philosophischen Ideen leiten seine Untersuchungen theologischer Probleme. Im Anschluß an David von Dinants Übersetzung und Auslegung der naturphilosophischen Schriften des Aristoteles und an Eriugenas »De divisione naturae« und dessen Interpretation der pseudodionysischen Schrift »Über die himmlische Hierarchie« vertreten A. und seine Anhänger einen monistischen Pantheismus, der zahlreiche Widersprüche zur bzw. Umdeutungen der kirchlichen Lehre enthält (Gott wird als universale Form, als einheitliche Essenz aller Dinge angesehen, die Auferstehungslehre abgelehnt, die ›Hölle‹ als Unwissenheit, das ›Paradies‹ als Wahrheitserkenntnis gedeutet). Auf der Pariser Synode (1210) werden die Amalrikaner und A. (postum) als Ketzer verurteilt.

Literatur: K. Albert, A. v. B. und der mittelalterliche Pantheismus, in: Die Auseinandersetzungen an der Pariser Universität im XIII. Jahrhundert, ed. A. Zimmermann, Berlin/New York 1976 (Miscellanea Mediaevalia 10), 193–212; G.C. Capelle, Amaury de B.. Etude sur son panthéisme formel, Paris 1932; B. Geyer, A. v. B., in: F. Ueberweg, Grundriß der Geschichte der Philosophie II (Die patristische und scholastische Philosophie), Berlin [11]1927 (repr. Basel/Stuttgart 1967), 227, 250f., 706f.; L. Hödl, A. v. B., TRE II (1977), 349–356; M. dal Pra, Amalrico di B., Mailand 1951. M.G.

Ambiguität (von lat. ambiguitas, Zweideutigkeit), neben der ↑Vagheit eine für natürliche Sprachen charakteristische Eigenschaft sprachlicher Ausdrücke, speziell der ↑Prädikatoren: Je nach ↑Kontext und ↑Kotext, also sprachlicher und nichtsprachlicher Umgebung der Ausdrücke bzw. der Verwendung dieser Ausdrücke ändert sich ihre ↑Bedeutung. Beispiele: ›Abbildung‹ zum einen als Prozeß des Abbildens, zum anderen als Resultat des Abbildens; ›Redner‹ zum einen als Prädikation eines Menschen anläßlich aktueller Rede, zum anderen zur Charakterisierung einer Gewohnheit oder eines Berufes. Lassen sich diese Bedeutungsunterschiede geeignet fixieren, etwa durch Zuordnung zu verschiedenen Wortklassen (z.B. ›arm‹ und ›Arm‹) oder durch Rückgang auf verschiedene Etymologien (z.B. ›Kater‹), so spricht man statt von der A. *eines* sprachlichen Ausdrucks von der *Homonymie zweier* sprachlicher Ausdrücke (↑äquivok).

Literatur: I. Scheffler, Beyond the Letter. A Philosophical Inquiry into Ambiguity, Vagueness and Metaphor in Language, London 1979. K.L.

Ambivalenz (aus lat. ambo [beide] und valentia [Stärke], Doppelwertigkeit), ausgesagt von Handlungen, speziell Gefühlsäußerungen, wenn sie je nach dem Umfang der für ihre Beurteilung berücksichtigten Situation, in der sie als eingebettet angesehen werden, deutlich verschiedene, unter Umständen sogar gegensätzliche Bestimmungen erhalten, z.B. ›offensichtliche‹ Haßausbrüche unter Berücksichtigung einer größeren Umgebung bzw. eines anderen Aspekts als Zeichen für Liebe. Hier liegt der Grund für die zur ↑Dialektik gehörende Lehre von der Einheit der Gegensätze. Von der A. von Handlungen ist die ↑Ambiguität sprachlicher Ausdrücke streng zu unterscheiden, zumal speziell bei Sprachhandlungen beides vorliegen kann. Wenn z.B. ein Kind nach dem Großvater benannt wird – ein Fall von Ambiguität des als Eigenname verwendeten Wortes –, kann sowohl Ehrung wie Distanzierung gegenüber dem Großvater zum Ausdruck kommen – ein Fall von A. der Handlung des Benennens. K.L.

Amelios, Gentilianus, *ca. 215, †270 n. Chr., Neuplatoniker und Schüler Plotins, hat dessen Vorträge und die Werke des Numenios herausgegeben. In eigenen Schriften kommentiert A. Plotin (insbesondere dessen Lehre vom Intellekt und der ↑Weltseele) und verteidigt diesen gegen stoische Einwände sowie gegen den Vorwurf, er habe Numenios plagiiert.

Werke und Literatur: A. Zoumpos, 1. Amelii Neoplatonici fragmenta, 2. Amelius von Etrurien. Sein Leben und seine Philosophie, Diss. München 1955. E. K.

Amitābha, ↑Philosophie, buddhistische.

Ammonios Hermeiu, *vor 445, †517/526, Neuplatoniker, Schüler des Proklos, ab 485 Leiter der ↑Alexandrinischen Schule. Obwohl A. zum christlichen Glauben konvertiert ist, hält er an der Aristotelischen These von der ↑Ewigkeit der Welt fest. Seine von der Tradition des ↑Platonismus geprägten Aristoteles-Kommentare (zu de int., cat., an. pr., ferner zu Porphyrios' »Isagoge«), die zumeist von seinen Schülern Asklepios und J. Philoponos herausgegeben wurden, haben bis in die Renaissance gewirkt. A. besaß (so Damaskios, Schüler des A. und letztes Schulhaupt der ↑Akademie) umfassende Kenntnisse der Astronomie und Mathematik. Er teilte die theoretische Philosophie in Theologie, Mathematik und Physik ein.

Werke: De fato, ed. C.J. Orellius, Zürich 1824; In Porphyrii Isagogen, ed. A. Busse, Berlin 1891 (CAG IV 3); In Aristotelis Categorias commentarius, ed. A. Busse, Berlin 1895 (CAG IV 4); In Aristotelis De Interpretatione commentarius, ed. A. Busse, Berlin 1897 (CAG IV 5); In Aristotelis Analyticorum Priorum librum I commentarius, ed. M. Wallies, Berlin 1899 (CAG IV 6).

Literatur: Damascius, Vita Isidori, ed. C. Zintzen, Hildesheim 1967; K. Kremer, Der Metaphysikbegriff in den Aristoteles-Kommentaren der A.-Schule, Münster 1961. E. K.

Ammonios Sakkas, *ca. 175, †ca. 242, Neuplatoniker in Alexandria und Lehrer Plotins, Longinos', des heidnischen Neuplatonikers Origenes und wohl auch des christlichen Theologen Origenes. A. hat nichts Schriftliches hinterlassen; als Basis für die Rekonstruktion seiner Lehre werden entweder Porphyrios (H. Dörrie) oder Hierokles von Alexandria und Nemesios von Emesa (K.O. Weber und W. Theiler) angesetzt. Im Mittelpunkt seines Denkens steht das Bemühen, die Übereinstimmung zwischen Platon und Aristoteles bzw. die Einheit der platonischen Philosophie schlechthin nachzuweisen: die Widersprüche zwischen verschiedenen Denkern bestehen nur an der Oberfläche, im Grunde meinen alle dasselbe. A. soll die Einheit von oberstem Gott und Demiurg betont und die Schöpfung auch der Materie gelehrt haben (Photios Bibl. cod. 251, 461b6ff.).

Literatur: H. Dörrie, A., der Lehrer Plotins, Hermes 83 (1955), 439–477; ders., A.S., TRE II (1977), 463–471; W. Theiler, A., der Lehrer des Origenes, in: ders., Forschungen zum Neuplatonismus, Berlin 1966; K.-O. Weber, Origenes der Neuplatoniker. Versuch einer Interpretation, München 1962 (Zetemata 27). E. K.

Amoralismus, älter auch: Immoralismus, Sammelbezeichnung für außermoralische Praxisorientierungen. Zu unterscheiden ist dabei der Antimoralismus vom moralischen Indifferentismus. Während sich antimoralische Auffassungen wertend gegen moralische Orientierungen überhaupt oder eingeschränkt gegen bestimmte faktisch geltende moralische Normierungen richten, bezieht der moralische Indifferentismus allgemein oder auf bestimmte Praxisbereiche eingeschränkt eine wertneutrale Position. Der ↑Machiavellismus ist ein moralischer Indifferentismus hinsichtlich der Handlungen, die bei der Erreichung moralisch begründeter politischer Zwecke Anwendung finden. F. Nietzsche vertritt in seinem Spätwerk einen allgemeinen moralischen Indifferentismus (Jenseits von Gut und Böse, 1886). S. B.

amor dei intellectualis (lat., geistige Liebe zu Gott), von B. Spinoza geprägte Formel zur Darstellung der höchsten Erkenntnisstufe. Der a. d. i. ist jene ›höchste Freude‹, die aus der Erkenntnis der Dinge und Geschehnisse ›sub specie aeternitatis‹ entspringt; er richtet sich auf Gott nicht, »sofern wir ihn als gegenwärtig vorstellen, sondern sofern wir einsehen, daß Gott ewig ist« (Eth. V, Prop. 32 Corollarium). Da Gott von Spinoza als die alle Dinge und Geschehnisse zur einen Natur ordnende Gesetzmäßigkeit begriffen wird, besteht diese ›geistige Liebe zu Gott‹ in der Erkenntnis und gleichzeitigen Anerkenntnis der durch diese Gesetzmäßigkeit bedingten Notwendigkeit in der Existenz aller Dinge und dem Ablauf aller Geschehnisse. Durch diese anerkennende Erkenntnis wird die Seele frei und ihr Macht über die Affekte gegeben, was ihre Glückseligkeit bedeutet. O. S.

amor fati (lat., Liebe zum Schicksal), Bestimmung F. Nietzsches für seinen im Spätwerk vertretenen konsequenten ↑Nihilismus, der über die Konstatierung der Sinnlosigkeit des Geschehens (›ewiger Kreislauf‹) hinaus deren positive Bewertung (›dionysisches Jasagen zur Welt‹) einschließt, »Höchster Zustand, den ein Philosoph erreichen kann: dionysisch zum Dasein stehn –: meine Formel dafür ist a. f.«.

Literatur: F. Nietzsche, Werke in drei Bänden, ed. K. Schlechta, III, München 1956, 834. S. B.

Ampère, André-Marie, *Polémieux (b. Lyon) 20. Jan. 1775, †Marseille 10. Juni 1836, franz. Physiker und Philosoph. 1801 Physiklehrer in Bourg-en-Bresse, wo er sich vornehmlich mit mathematischen Fragen befaßt (Considérations sur la théorie mathématique du jeu, 1802), 1808 Generalinspekteur der französischen Universitäten, 1809 Ritter der Ehrenlegion und Prof. der Mathematik und Mechanik an der École polytechnique, 1814 Mitglied des Institut de France, 1824 Prof. der Experimentalphysik am College de France. A.s Arbeiten zur Mathematik (↑Wahrscheinlichkeitstheorie, Integration partieller ↑Differentialgleichungen) und zur Chemie (ausgehend von kristallographischen Überlegungen Erklärung der chemischen Affinität mit Hilfe geometrischer Molekülformen und Ableitung der Avogadroschen Regel) werden von seinen Beiträgen zur Physik an Bedeutung übertroffen. A. entdeckte im Anschluß an H.C. Oersted und andere die Wechselwirkung zwischen stromdurchflossenen Leitern, die er als eine ›elektrodynamische‹ bezeichnete, und legte in seiner Abhandlung »Sur la théorie mathématique des phénomènes électrodynamiques« (1827) den Grund für eine Elektrodynamik als Fernwirkungstheorie. Philosophisch versuchte A. zeitlebens, eine christliche Gläubigkeit mit der Bewunderung für die »Encyclopédie« zu vereinbaren (bereits mit 14 Jahren soll er 20 Bände dieses Werkes, mit 18 Jahren die mathematischen Hauptwerke seiner Zeit gelesen haben). In weitgehender Abänderung einiger von I. Kant übernommener Ideen entwikkelte er eine eigene wissenschaftstheoretische Position (Essai sur la philosophie des sciences, 1834). Danach sollten kausale Erklärungen als Beziehungen von hypothetischen Entitäten zueinander erhalten werden. Das System solcher hypothetischer Entitäten beanspruche für sich keine besondere Gültigkeit, sondern werde nach Erfolg oder Mißerfolg der daraus abgeleiteten Erklärungen beurteilt. Ähnlich J. Bentham teilt A. die Wissenschaften ausschließlich nach Forschungsgegenständen ein und nicht (wie J. le Rond d'Alembert und F. Bacon) nach erkenntnistheoretischen Voraussetzungen. Dabei schlägt A. eine Einteilung in die Bereiche der Natur- und der Geisteswissenschaften vor.

Werke: Considérations sur la théorie mathématique du jeu, Lyon 1802; Mémoires sur l'action mutuelle de deux courans électriques, Paris 1820, erw. 1822; Mémoire sur l'action mutuelle d'un conducteur voltaique et d'un aimant, Brüssel/Paris 1826; Théorie mathématique des phénomènes électro-dynamiques uniquement deduite de l'expérience [...], Paris 1826, ^{2}1883 (repr. Paris 1958); Essai sur la philosophie des sciences, ou, Exposition analytique d'une classification naturelle de toutes les connaissances humaines, I–II, I Paris 1834 (repr. 1838), II Paris 1843, ^{2}1856 (repr. Brüssel 1966) (repr. in 1 Bd. Frankfurt 1979) (dt. Teilausg.: Natürliches System aller Naturwissenschaften. Eine Begegnung deutscher und französischer Speculation, ed. u. übers. G. Widemann, Stuttgart 1844); Mémoires sur l'électromagnétisme et l'électrodynamique, Paris 1921; Correspondance du Grand A., I–III, ed. L. de Launay, Paris 1936–1943; Correspondance et souvenirs (de 1793 à 1805), recueillis par Madame H.C., Paris ^{5}1873; A.-M. A. et Jean-Jacques Ampère: Correspondance et souvenirs (de 1805 à 1864), I–II, ed. Madame H.C.[heuvreux], Paris ^{2}1875, ^{3}1875; Journal et correspondance d'A.-M. A.. Recueillis par Mme. H. Cheuvreux, Paris 1869, ^{2}1872.

Literatur: F. Arago, Œuvres complètes II, Paris 1855 (dt. Sämmtliche Werke II, ed. W.G. Hankel, Leipzig 1855); J. Bathélemy Saint-Hilaire (ed.), Philosophie des deux Ampère, Paris 1866, ^{2}1870; L.D. Bel'kind, Andre-Mari Amper. 1775–1836, Moskau 1968; K.R. & D.L. Gardiner, A.-M. A. and his English Acquaintances, Brit. J. Hist. Sci. 2 (1964/1965), 235–245; L. de Launay, Le grand A. d'après des documents inédits, Paris 1925; M. Lewandowski, A.-M. A.. La science et la foi, Paris 1936; B. Lorenz, Die Philosophie A.-M. A.s, Diss. Berlin 1908; L. Mallez, A.-M. A., professeur à Bourg, membre de la Société d'Émulation de l'Ain, d'après des documents inédits, avec un résumée de sa vie, Lyon 1936; J. Merleau-Ponty, Leçons sur la genèse des théories physiques: Galilée, A., Einstein, Paris 1974; G.N. Povarov, Amper i kibernetika, Moskau 1977 (mit Bibliographie und franz. Zusammenfassung); B. Roberto, The Man who Tamed a Monster. A Story of A.M.A., Notre Dame Ind. 1959; C.A. Sainte-Beuve, M.A. [1837], in: ders., Portraits littéraires I, Paris ^{6}1862, 325–363; R.A.R. Tricker (ed.), Early Electrodynamics: The First Law of Circulation, Oxford 1965; C.A. Valson, Le système philosophique d'A., Lyon 1886; ders., La vie et les travaux d'A.-M. A., Lyon 1886, unter dem Titel: A.-M. A., publiée à l'occasion du centenaire de sa mort, Lyon/Paris ^{4}1936; L.P. Williams, A.'s Electrodynamic Molecular Model, Contemporary Physics 4 (1962), 113–123; A.-M. A., Revue générale de l'électricité VI (Paris 1922), Numero spécial; A.-M. A., 1775–1836. Exposition organisée pour le deuxième centenaire de sa naussance, (Catalogue) Lyon 1975 (mit Bibliographie). P. J.

Amphibolie (griech. ἀμφιβολία, Zweideutigkeit; ἀμφιβολίᾳ ἔχεσθαι, von zwei Seiten angegriffen werden), nach I. Kant (KrV B 316ff.) ist die A. der ↑Reflexionsbegriffe eigentlicher Grund für das Mißlingen der Leibnizschen Metaphysik. G.W. Leibniz habe die Dinge unter dem Gesichtspunkt der Reflexionsbegriffe bloß ihrem Begriff nach miteinander verglichen, d.h. als ↑Dinge an sich aufgefaßt; er habe die so gewonnenen Resultate dann aber auch für die Gegenstände der Sinne in Anspruch genommen. Um dieser »transzendentalen A., d.i. einer Verwechslung des reinen Verstandesobjekts mit der Erscheinung« (KrV B 326) zu entgehen, bedarf es nach Kant einer transzendentalen Reflexion. H.H.

Anagoge (griech. ἀναγωγή, Hin[auf]führung), in der Platonischen und neuplatonischen Philosophie jedes Verfahren mit dem Ergebnis einer ›höheren‹ Erkenntnis des Guten, des Wahren, des Göttlichen bzw. Gottes (so noch in der Erörterung der Möglichkeit philosophischer Gotteserkenntnis bei Augustinus), auch des Sinnes einer Aussage (wobei der durch ›anagogische Interpretation‹ erreichte ›sensus anagogicus‹ nach der Auffassung der Scholastik seit Beda die in den Worten der Hl. Schrift verborgenen göttlichen bzw. himmlischen Geheimnisse vermittelt). Eine Übertragung des anagogischen Verfahrens auf die Erforschung von Finalursachen hat, mit spezieller Anwendung (unter heuristischen Gesichtspunkten) auf ↑Extremalprinzipien in der Geometrie und in der Physik, G.W. Leibniz vorgenommen. – In der Aristotelischen ↑Syllogistik heißt A. das Zurückführungsverfahren, das einen unvollkommenen Syllogismus in einen vollkommenen (↑Syllogismus, vollkommener) überführt, wobei die Transformationsregeln so gewählt sind, daß von der Gültigkeit des erhaltenen vollkommenen Syllogismus auf die Gültigkeit des ursprünglichen unvollkommenen Syllogismus geschlossen werden kann.

Literatur: W. & M. Kneale, The Development of Logic, Oxford 1962; E. König, Augustinus Philosophus, München 1970, bes. 27–86, 99–103; G.W. Leibniz, Tentamen Anagogicum. Essay Anagogique dans la recherche des causes, Philos. Schr. VII, 270–279; J. Schildenberger, A., LMA I (1978), 568. C.T.

Analecta, ↑Konfuzius.

analogia entis (lat., Verhältnisgleichheit oder Ähnlichkeit des Seienden, von griech. ἀνὰ λόγον, ›gemäß dem Verhältnis‹), moderner, vor allem im Anschluß an E. Przywara (1932) aufgenommener Titel für die Lehre von der Möglichkeit, mit den Unterscheidungen für erfahrungszugängliche Gegenstände oder für das endliche Seiende, nämlich die ›Welt‹, auch über Erfahrungstranszendentes oder das unendliche Seiende, nämlich Gott, begründbare Aussagen zu machen. ↑Analogie als ursprünglich mathematischer Terminus für bestimmte Zahlrelationen (vgl. Archytas von Tarent, VS 47 B2) erhält durch Platon eine philosophisch-kosmologische Bedeutung: als ein Prinzip, nach dem Extreme, z.B. Feuer und Wasser, durch eine verbindende Mitte, nämlich Luft (Tim. 32b), zu einem Ganzen vereinigt werden (Tim. 32a). Aristoteles verwendet Analogiebeziehungen zwar auch zur Festlegung gerechter Tausch- und Verteilungsverhältnisse (Eth. Nic. E6–7), begründet aber vor allem den Gebrauch bestimmter Unterscheidungen für verschiedene Gegenstandsbereiche ›gemäß der Analogie‹. Je nach den verwendeten Relationen (z.B. Ursache – Wirkung, Mittel – Zweck, Grund – Folge, Teil – Ganzes) kann man ein Prädikat, z.B. ›gesund‹, von dem Gegenstandsbereich, für den es zunächst eingeführt worden ist, auch auf andere Bereiche, weil deren Gegenstände z.B. Ursache, Mittel, Folge oder Teil des Gesunden sind, übertragen. Mit einem auf diese Weise analogen Wortgebrauch kann man auf den durch die jeweils benutzte Relation geordneten Zusammenhang verschiedener Gegenstandsbereiche hinweisen. Eine zweite Weise analogen Wortgebrauchs besteht darin, eine Relation zwischen verschiedenen Gegenstandsbereichen nicht für sich selbst zu bestimmen, sondern nur einige Paare von Prädikaten anzugeben, die den Gegenständen dieser Bereiche zukommen: was für den Vogel der Flügel ist, ist für den Fisch die Flosse (de part. an. A4.644a18–23). Damit wird eine bestimmte Verhältnisgleichheit (z.B. eine genetische, funktionale oder auch nur ästhetische Äquivalenz) ohne Angabe dieses Verhältnisses (und daher unter Umständen mehrdeutig) indirekt charakterisiert. Diese Verhältnisgleichheit ist eine der vier einheitsstiftenden Typen von ↑Äquivalenzrelationen, die Aristoteles in der Metaphysik anführt (Met. Δ6.1016b18ff.): Eines ›der Analogie nach‹ ist demgemäß das, »was sich ebenso verhält wie ein anderes zu einem anderen«.

Im Zuge der Aristotelesrezeption durch die Hochscholastik wird die Rede von der Analogie wieder aufgenommen und durch Thomas von Aquin auf seine Seinsmetaphysik angewendet. Die beiden Aristotelischen Weisen des analogen Wortgebrauchs werden systematisiert als *Attributions-* (teilweise auch *Proportions-*) und als *Proportionalitätsanalogie*. Bei der Konzeption der Attributionsanalogie (der Analogie der ›Zuteilung‹) wird als (prädikationserweiternde) Relation eine Verbindung von Partizipation und Kausalität benutzt: Durch die Teilhabe an den (unendlichen) Vollkommenheiten Gottes (durch die sein Sein definiert ist) ist das Sein der (endlichen) Welt, d.h.

sind die Existenz und die jeweiligen Eigenschaften der erfahrungszugänglichen Dinge (auch wir selbst), verursacht. Wenn man daher eine bestimmte Vollkommenheit von bestimmten Gegenständen (›der Welt‹) aussagen kann, dann kann man sie auf Grund der Kausalität durch Partizipation bzw. der Attribution auch von der Ursache bzw. dem, an dem diese Vollkommenheiten teilhaben, aussagen: »Denn wir können Gott nur benennen von den Geschöpfen her (...). Und so wird das, was von Gott und den Geschöpfen gemeinsam ausgesagt wird, in dem Sinne ausgesagt, daß ein Verhältnis zu Gott besteht als zu ihrem Ursprung und ihrer Ursache, in der sich alle Vollkommenheiten der Dinge schon vor ihnen finden, und zwar in überragender Weise« (Thomas von Aquin, S. th. I qu. 13 art. 5). Die Proportionalitätsanalogie, die in den Summen bei Thomas von Aquin weitgehend in den Hintergrund rückt, besteht in einer Verhältnisgleichheit, die ebenfalls Aussagen über Gott ermöglichen soll: Wie etwa ein bestimmtes Wirken sich aus dem Sein eines Gegenstandes ergibt, so ergibt sich ein solches Wirken auch aus Gottes Sein. In der Konzeption des Thomas von Aquin ist die Proportionalitätsanalogie begründet durch Partizipation des endlichen Seins (d.i. der Vollkommenheiten der endlichen Dinge) am unendlichen Sein (d.i. an Gottes Vollkommenheiten) und daher letztlich auf die Attributionsanalogie zurückführbar. Im Zuge der philosophischen Schulbildungen innerhalb der Scholastik wird die Lehre von der Analogie stark schematisiert. Hauptgrund dafür ist, daß ›sein‹ oder ›seiend‹ nicht mehr als ↑Kopula oder als ein allgemeiner Behauptungsoperator gelesen werden, sondern als eigene (wenn auch besondere) Prädikate. Es geht dann nicht mehr um die Frage, wie man den Gebrauch eines bestimmten Prädikates durch (Attributions-)Analogie erweitern oder eine bestimmte (relationale) Eigenschaft durch (Proportionalitäts-)Analogie (indirekt) charakterisieren kann, sondern ob das in einer Aussage verwendete Prädikat ›sein‹ oder ›seiend‹ analog ist oder nicht (und dann ↑univok oder ↑äquivok). Diese Kategorienverschiebung führt zur Frage nach der Analogie des ›Seinsbegriffs‹. J. Duns Scotus problematisiert diese Verschiebung selbst nicht und kann daher die Antwort geben, daß der Seinsbegriff (wie jeder andere Begriff auch) univok sein muß, wenn er für Argumentationen brauchbar sein soll. Er begründet damit die bis zu W. v. Ockham und den Nominalisten reichende Tradition der franziskanischen Schulphilosophie, in der die ›Univozität des Seinsbegriffs‹ gelehrt wird. Im unmittelbaren Anschluß an Thomas von Aquin wird hingegen die ›Analogie des Seinsbegriffs‹ behauptet. Der Streit geht allerdings darum, ob diese Analogie primär als Proportionalitätsanalogie (so T. Cajetan) oder als Attributionsanalogie (s. F. Suárez) verstanden werden soll. Eine Beurteilung der verschiedenen Positionen wird davon abhängen, ob man (1) die Aristotelische Einführung analoger Wortgebräuche überhaupt für sinnvoll hält, (2) die Thomasische Übernahme solcher Gebrauchsweisen auch für erfahrungstranszendente Gegenstände und auf Grund einer im Partizipationsmodell interpretierten Kausalrelation mitvollziehen kann, und (3) die scholastische Konstruktion eines Seinsbegriffs und die damit verbundene Frage nach dessen Analogie als methodisch gerechtfertigt versteht.

Literatur: J. Hellin, La analogia del ser y el conocimiento de Dios en Suárez, Madrid 1947; G. Klubertanz, St. Thomas Aquinas on Analogy, Chicago 1960; W. Kluxen, Analogie, Hist. Wb. Ph. I (1971), 214–227; H. Lyttkens, The Analogy Between God and the World, Uppsala 1952; G. Manser, Das Wesen des Thomismus, Fribourg ^{4}1949; R.M. McInerny, The Logic of Analogy, Den Haag 1961; B. Montagnes, La doctrine de l'analogie de l'être d'après saint Thomas d'Aquin, Paris 1963; J. Owens, The Doctrine of Being in the Aristotelian Metaphysics, Toronto ^{2}1963; E. Przywara, A. e., Metaphysik, München 1932; E. Stein, Endliches und ewiges Sein, Freiburg 1950. O.S.

Analogie, nach einigen Autoren soviel wie ↑Ähnlichkeit; doch empfiehlt sich eine Unterscheidung, die an die Trennung von struktureller und funktionaler A. anknüpft (G. Klaus). Entsprechen gewisse Beziehungen zwischen den Elementen eines Systems untereinander umkehrbar eindeutig solchen zwischen den Elementen eines anderen Systems (ohne daß eine Entsprechung zwischen den Elementen selbst zu bestehen braucht), so sagt man, daß beide Systeme in ihrer Struktur teilweise übereinstimmen oder daß *›strukturelle A.‹* zwischen ihnen besteht. Faßt man Ähnlichkeit als Übereinstimmung zweier Systeme in gewissen (nicht sämtlichen) ›Merkmalen‹ im Sinne von Eigenschaften ihrer Elemente oder Elementgruppen, so stimmen ähnliche Systeme auch in den Beziehungen zwischen den einander entsprechenden Elementen bzw. Elementgruppen überein und sind somit strukturell analog. Ähnlichkeit erscheint dann als ein Spezialfall von (struktureller) A., ein Ergebnis, das der Auffassung E. Machs, nach der umgekehrt die A. ein Spezialfall der Ähnlichkeit ist, nur scheinbar widerspricht, da Mach die Übereinstimmung zweier Systeme in den Beziehungen ihrer Elemente untereinander nur als spezielle Übereinstimmung der Systeme in gewissen ›Merkmalen‹ ansah, die auch bei ihm als Definiens der Ähnlichkeit diente.

›*Funktionale A.*‹ zweier (nach Art ihrer Elemente und eventuell auch strukturell verschiedener) Systeme liegt vor, wenn sie für eine bestimmte Aufgabe in gleicher Weise geeignet, zur Erfüllung dieser Aufgabe also durch einander ersetzbar sind; man nennt dann auch das eine System ein ›kybernetisches Modell‹ (↑Kybernetik) des anderen.

Ein Beispiel struktureller A. ist der schon in der Antike, besonders aber im Mittelalter geläufige Vergleich von Mikrokosmos und ↑Makrokosmos, ein anderes, im gleichen Sinne, die Bohrsche Analogisierung von Atombau und Planetensystem. Funktional ist dagegen die alte A. zwischen dem Lotsen oder Steuermann eines Schiffes und dem ›Lenker‹ eines Staates. Anthropomorphe Begriffe (↑Anthropomorphismus) wie Kraft, Trägheit, Affinität gehen ebenso auf A.n zurück wie die formale Übereinstimmung von Gesetzen in verschiedenen Bereichen der Physik (elektrostatische Gesetze und Gravitationsgesetze, elektro- und hydrodynamische Gesetze etc.). Der große heuristische Wert der A., den zahlreiche bedeutende Naturforscher und Erfinder bestätigt haben, scheint sich erst da zu vermindern, wo die A.bildung in metaphorisches (↑Metapher) und allegorisches (↑Allegorie) Denken übergeht.

Literatur: A. Arber, Analogy in the History of Science, in: M.F.A. Montagu (ed.), Studies and Essays in the History of Science and Learning Offered in Homage to G. Sarton on the Occasion of His Sixtieth Birthday, 31. Aug. 1944, New York 1946, 219–233; J.M. Bocheński, Gedanken zur mathematisch-logischen Analyse der A., Stud. Gen. 9 (1956), 121–125; E. Farber, Chemical Discoveries by Means of Analogies, Isis 41 (1950), 20–26; C.G. Hempel, Aspekte wissenschaftlicher Erklärung, Berlin/New York 1977 (VI: Modelle und A.n bei wissenschaftlicher Erklärung); H. Höffding, Der Begriff der A., Leipzig 1924; J. Hoppe, Die A.. Eine allgemein-verständliche Darstellung aus dem Gebiet der Logik, Berlin 1873; W.S. Jevons, The Principles of Science. A Treatise on Logic and Scientific Method, London 1874, [7]1900 (repr. New York 1958); G. Klaus, Kybernetik in philosophischer Sicht, Berlin [4]1965; ders./M. Buhr (eds.), Ph. Wb., I, 63–64 (›A.‹), 51 (›Ähnlichkeit‹); W. Kluxen, A., Hist. Wb. Ph. I (1971), 214–229; G.E.R. Lloyd, Polarity and Analogy. Two Types of Argumentation in Early Greek Thought, Cambridge 1966; E. Mach, Die Ähnlichkeit und die A. als Leitmotiv der Forschung, in: ders., Erkenntnis und Irrtum. Skizzen zu einer Psychologie der Forschung, Leipzig [5]1926 (repr. Darmstadt 1970), 220–231; R. Seeliger, A.n und Modelle in der Physik, Stud. Gen. 1 (1947/1948), 125–137; P. Weingartner, A.. Ein Versuch, verschiedene Arten der A.beziehung zu präzisieren, in: Logik, Ethik, Theorie der Geisteswissenschaften. XI. Dt. Kongr. f. Philos. Göttingen 1975, ed. G. Patzig/E. Scheibe/W. Wieland, Hamburg 1977, 500–511; verschiedene Beiträge zum Begriff der A. in: Dialectica 17 (1963), 111–295. C. T.

Analogien der Erfahrung, in I. Kants »Kritik der reinen Vernunft« drei ›Grundsätze‹, die es erlauben sollen, empirische Phänomene objektiv zeitlich zu ordnen. Es sind dies die Grundsätze ›der Beharrlichkeit der Substanz‹, ›der Zeitfolge nach dem Gesetze der Kausalität‹ und ›des Zugleichseins, nach dem Gesetz der Wechselwirkung, oder Gemeinschaft‹ (KrV B 218ff.). Kant ist der Meinung, nur auf der Basis dieser apriorischen Prinzipien könne sinnvoll davon gesprochen werden, daß an einem Objekte Veränderungen vor sich gehen (gestützt auf die Möglichkeit, Beharrendes von seinen wechselnden Eigenschaften zu unterscheiden), daß ein Vorgang v_1 (zeitlich) auf einen anderen Vorgang v_2 folgt (gestützt auf die Konstitution einer kausalen Abhängigkeit des Vorganges v_1 von v_2) und daß zwei Vorgänge zugleich stattfinden (gestützt auf die Rede von einer Wechselwirkung zwischen beiden Vorgängen). Zusammen mit den von ihm so genannten ›Axiomen der Anschauung‹, ↑›Antizipationen der Wahrnehmung‹ und ›Postulaten des empirischen Denkens überhaupt‹ gehören die A. zu den synthetischen Grundsätzen, die nach Kant durch empirische Einsichten insbesondere der exakten Naturwissenschaften deswegen nicht in Frage gestellt werden können, weil sie Bedingungen der Möglichkeit, empirische Erkenntnisse überhaupt zu gewinnen, formulieren.

Literatur: P. Plaass, Kants Theorie der Naturwissenschaft. Eine Untersuchung zur Vorrede von Kants »Metaphysischen Anfangsgründen der Naturwissenschaft«, Göttingen 1965; H. Scholz, Einführung in die Kantische Philosophie, in: ders., Mathesis Universalis. Abhandlungen zur Philosophie als strenger Wissenschaft, ed. H. Hermes/F. Kambartel/J. Ritter, Basel/Stuttgart [2]1969, 152–218 (bes. §§4–5); C.F. v. Weizsäcker, Kants »Erste Analogie der Erfahrung« und die Erhaltungssätze der Physik, in: H. Delius/G. Patzig (eds.), Argumentationen. Festschrift für J. König, Göttingen 1964, 256–275. F. K.

Analogieschluß, verhalten sich zwei Arten S_1 und S_2 einer Gattung M analog, d.h., gibt es eine Eigenschaft Q, für die ›alle S_1 sind Q‹ und ›alle S_2 sind Q‹ gilt (↑tertium comparationis), so kann man von ›alle S_1 sind P‹ per analogiam auf ›alle S_2 sind P‹ schließen, *falls* ›alle Q sind P‹ gilt. Die letzte Bedingung wird bei unkorrektem A. häufig vergessen. K. L.

Analogon (griech. ἀνάλογος, übereinstimmend), das einem anderen Analoge, d.h. in einer bestimmten Hinsicht, dem Vergleichspunkt (↑tertium comparationis), Ähnliche. Z.B. besitzen die Tiere nach G.W. Leibniz ein A. rationis, etwas der menschlichen Vernunft in Hinsicht auf ihren weltorientierenden Charakter Ähnliches. K. L.

Analyse (von griech. ἀνάλυσις, Auflösung), methodologischer Terminus. Der Begriff der A. hat sich seit den Aristotelischen »Analytiken« unter verschiedenen Aspekten entwickelt, wobei besonders Begriffs- und Sprachanalysen (Logik und Sprachphilosophie), Beweisanalysen (z.B. Mathematik), Kausalanalysen (z.B. Physik), Funktionalanalysen (z.B. Biologie, Medizin, Informatik) und Zweckanalysen (Sozial- und Geisteswissenschaften) hervorzuheben sind.

In der Aristotelischen Logik führt die A. einen Gattungsbegriff auf die ihn enthaltenden allgemeineren Begriffe zurück, während die ↑Synthese umgekehrt einen Begriff aus allgemeineren Begriffen definiert. Bei extensionaler Auffassung tritt an die Stelle der A. von Begriffen die A. von Klassen als Begriffsumfängen. Nach B. Russells Ableitung eines Widerspruchs in G. Freges »Grundgesetzen der Arithmetik« wurden solche A.n verwendet, um zirkelhafte Begriffsbildungen wie Russells Klasse R aller Klassen x, die sich selber nicht als Element enthalten ($R = \{x | \neg x \in x\}$), zu entlarven (↑Zermelo-Russellsche Antinomie). Russells Lösungsvorschlag einer Typenhierarchie von Klassen (↑Typentheorien) wurde in der Philosophie besonders von R. Carnap aufgegriffen. Dieser führte für seinen »Logischen Aufbau der Welt« ein hierarchisches Konstitutionssystem ein, auf dessen unterster Stufe unzerlegbare Elementarerlebnisse als Grundelemente aufgeführt sind, aus denen auf der 1. Stufe Klassen und Relationen solcher Elemente, auf der 2. Stufe Klassen und Relationen von Elementen der 1. Stufe etc. zusammengesetzt werden. In der A. von Gegenständen sind aus Relations- und Strukturbeschreibungen die Gegenstandsmerkmale zu erschließen. Bei formalen Sprachen (↑Sprache, formale) entspricht dem synthetischen bzw. induktiven Aufbau von ↑Termen und Ausdrücken (↑Ausdruck (logisch)) aus Elementartermen bzw. Elementarausdrücken durch Einführung von Funktionskonstanten bzw. logischen Verknüpfungen die formale A. von Zeichenreihen auf ihren korrekten Aufbau als Terme bzw. Ausdrücke. Die eindeutige ↑Zerlegung von Zeichenreihen spielt dabei eine ebenso große Rolle wie die Frage nach der ↑Entscheidbarkeit der Term- und Ausdruckseigenschaft für beliebig vorgelegte Zeichenreihen. In der analytischen Philosophie (↑Philosophie, analytische) wurden mehrere Methoden der Sprachanalyse ausgebildet, die von formalen Zeichenanalysen über Bedeutungsanalysen synonymer Ausdrücke bis zur pragmatischen Rekonstruktion von Verwendungsregeln in natürlichen Sprachen reichen (↑Analyse, logische).

Bei der A. als Beweissuche für eine Behauptung steht der Gedanke, mittels Bekanntem Unbekanntes zu finden, im Vordergrund. Der analytische Beweis erhält dabei folgendes Schema: Aus einer Behauptung B_1 wird eine notwendige ↑Bedingung $B_2, \ldots,$ aus B_{n-1} eine notwendige Bedingung B_n gefolgert. Ist B_n falsch, dann gilt B_1 als widerlegt. Ist B_n wahr (z.B. ein Axiom), so muß in der anschließenden ↑Synthese B_{n-1} aus $B_n, \ldots, B_1$ aus B_2 gefolgert werden, d.h., B_n wird in der Synthese als hinreichende Bedingung von B_1 bewiesen. In diesem Sinne tritt die A. methodisch reflektiert erstmals in der Geometrie des Pappos von Alexandrien (ca. 300 n.Chr.) auf, obwohl sie bereits früher bei Mathematikern (z.B. Euklid) und Philosophen (z.B. Platon) Anwendung gefunden hatte. Pappos führt jedoch keine A. von Satzzusammenhängen durch, sondern gewinnt seine Resultate mit Hilfe von konkreten Konstruktionshandlungen an geometrischen Figuren (z.B. mittels Hilfslinien), deren beweisende Kohärenz der Struktur des obigen beweistheoretischen Schemas zwischen Sätzen entspricht (Collectiones II, ed. F. Hultsch, 634ff.). Die Überlegungen von Pappos werden insbesondere von F. Viëta wieder aufgenommen und weiterentwickelt. R. Descartes sah in der A. sogar die eigentliche mathematische Leistung, da in der Synthese nur das nachträglich deduziert wird, was man in der A. vorher gefunden hat. Daher wendet er ganz im Sinne der Papposschen analytischen Beweisstruktur in der analytischen Geometrie (↑Geometrie, analytische) auch die ↑Algebra an, in der die A. bei der Lösung von Gleichungen, als Paradigma des Findens von Unbekanntem aus Bekanntem, immer schon verwendet wurde. So geht man in der Algebra von der Behauptung aus, wonach x Lösung einer Gleichung $G(x)$ sei (z.B. $8(4^x + 4^{-x}) - 54(2^x + 2^{-x}) + 101 = 0$). Dann ist eine Hilfsgröße y auch Lösung einer passend abgeänderten Gleichung $G(y)$ $\left(y = 2^x \text{ Lösung von } 8\left(y^2 + \frac{1}{y^2}\right) - 54\left(y + \frac{1}{y}\right) + 101 = 0\right)$, bis man schließlich durch Einführung einer Hilfsgröße z auf eine Gleichung $G''(z)$ kommt, deren Lösung bekannt ist $\left(z=y+\frac{1}{y}\right.$ in der quadratischen Gleichung $\left.8z^2-54z+85=0\right)$. In der Synthese wird rückwärts verifiziert, daß z (im Beispiel $\frac{5}{2}$, $\frac{17}{4}$), dann y (also 2, $\frac{1}{2}$, 4, $\frac{1}{4}$) und schließlich x (also 1, -1, 2, -2) Lösungen in den jeweiligen Gleichungen sind. Heuristische Regeln für Problemanalysen werden in der Leibnizschen Tradition der ↑ars inveniendi seit G. Polya in der mathematischen Heuristik, Didaktik und, unter Verwendung maschineller Verfahren, auch im Bereich des sogenannten Problem-Solving untersucht. Oft sind Probleme in vorgegebenen ↑Modellen nicht lösbar (z.B. $x^2=2$ im Modell der rationalen Zahlen, $x^2=-1$ im Modell der reellen Zahlen), was in der Geschichte der Mathematik zur Herausbildung neuer und Erweiterung alter Theorien führte (z.B. Einführung der Modelle der reellen und komplexen Zahlen). Für die Wissenschaftsgeschichte hat daher I. Lakatos die A. als einen historischen Prozeß heuristischer Theorieentwicklung beschrieben, der nicht nur auf die Mathematik beschränkt ist.

In der Physik wird A. seit I. Newton als Suche nach ↑Ursachen von beobachteten ↑Wirkungen verstanden (↑Methode, analytische). Wie die analytische Geometrie seit Descartes, so setzte sich seit J. L. Lagrange auch eine analytische Mechanik durch, in der Naturgesetze als Gleichungen formuliert werden. Ursachen und Wirkungen werden dann zu meßbaren Größen, deren Abhängigkeit in den Gleichungen eindeutig festgelegt ist. Bei einer ↑Kausalanalyse werden also diejenigen Größen als ›Ursachen‹ gesucht, die die Meßdaten eines Ereignisses in einer entsprechenden Gesetzeshypothese (↑Hypothese) eindeutig festlegen. Wird z.B. an einem Körper der Masse m eine Beschleunigung b gemessen, so wird als Ursache dieser Wirkung nach einer Kraft K gesucht, deren Größe gemäß einer ↑Bewegungsgleichung eindeutig festgelegt ist. Als Kausalsynthese läßt sich nun umgekehrt die Ableitung eines Ereignisses (z.B. Körperbeschleunigung b) in einer deduktiv-nomologischen ↑Erklärung nach dem HO-Schema aus allgemeinen Gesetzeshypothesen (z.B. Bewegungsgleichung) und gewissen ↑Anfangsbedingungen (z.B. Krafteinwirkung K) auffassen. Ob allerdings auch bei statistischen Gesetzmäßigkeiten von Kausalanalyse bzw. -synthese gesprochen werden kann, ist umstritten.

Seit Aristoteles und I. Kant wird die Frage diskutiert, ob neben der Kausalanalyse auch Ziel- bzw. Funktionalanalysen in den Naturwissenschaften sinnvoll sind. Sowohl in der Physik als auch in der Biologie und Medizin erweisen sich jedoch teleologische Formulierungen meistens als Beschreibungen von Ereignissen, die einer Kausalanalyse und deduktiv-nomologischen bzw. statistischen Erklärung fähig sind. Ein medizinisches Beispiel ist die Behauptung: »Der Herzschlag hat bei Wirbeltieren die Funktion, das Blut im Organismus zirkulieren zu lassen«. Für die Funktionalanalyse müssen dann innere und äußere Bedingungen eines Systems S (z.B. bei Menschen) angegeben werden, bei denen die Funktion des zu erklärenden Ereignisses (z.B. Blutzirkulation durch Herzschlag) Wirkungen N verursacht (z.B. Nahrungstransport zu den Körperzellen), die notwendig sind zum normalen Funktionieren des Systems (z.B. Erhaltung der menschlichen Gesundheit). Als Gesetzeshypothese tritt jetzt der generelle Satz auf: »Für jeden beliebigen Zeitpunkt t gilt: S funktioniert zum Zeitpunkt t nur normal, wenn eine bestimmte notwendige Bedingung N erfüllt ist.« Dabei wird das normale Funktionieren des Systems durch einen Selbstregulationsmechanismus definiert (z.B. Stoffwechselkreislauf), der einer kausalen A. fähig ist. Neuerdings werden Funktionalanalysen auch für Erklärungen in Soziologie, Anthropologie und Psychologie beansprucht. So analysieren Soziologen wie R.K. Merton und N. Luhmann die Funktion von Institutionen (z.B. Recht, Parlament) bei der Selbstregulierung politischer Systeme, während Anthropologen wie B. Malinowski die Funktion von Religion und Magie für die Stabilisierung primitiver Gesellschaften hervorheben. Der Funktionalanalyse sich selbst regulierender Systeme wird jedoch in den Sozial- und Geisteswissenschaften häufig die A. eines Handlungszwecks und der Mittel seiner Verwirklichung als eigene Methode praktischen oder poietischen Wissens in der Tradition Aristotelischer ↑Handlungstheorie entgegengehalten.

Demgegenüber gehören A.n von ↑Automaten und ihrer Funktion seit einigen Jahren zum festen Bestand der Informatik (↑Informationstheorie). So geht man bei der Programmanalyse eines Automaten z.B. von einem Flußdiagramm aus, in dem die schrittweise Verarbeitung von Eingabedaten x nach den Befehlen des vorgegebenen Programms P graphisch dargestellt ist. Gesucht ist die Funktion f, die zur Eingabe x die Ausgabe $y=f(x)$ liefert, falls P bei Eingabe x stoppt. Bei der

Programmsynthese ist umgekehrt die Eingabe/Ausgabebeziehung durch eine Funktion *f* beschrieben; gesucht wird ein Automatenprogramm *P*, das *f* realisiert.

Literatur: Aristoteles, An. post. A–B, Top. Z. Eth. Nic. 3; A. J. Ayer, Language, Truth and Logic, London 1936, ²1946, Harmondsworth ²1971 (dt. Sprache, Wahrheit und Logik, Stuttgart 1970); R. Carnap, Der logische Aufbau der Welt, Berlin 1928, Hamburg ²1961; ders., Logische Syntax der Sprache, Wien 1934; R. Descartes, Regulae ad directionem ingenii (Regeln zur Ausrichtung der Erkenntniskraft), lat./dt., ed. H. Springmeyer/L. Gäbe/H.G. Zekl, Hamburg 1973 (Philos. Bibl. 262a); S.A. Greibach, Theory of Program Structures. Schemes, Semantics, Verification, Berlin/Heidelberg/New York 1975; C.G. Hempel, The Logic of Functional Analysis, in: ders., Aspects of Scientific Explanation, New York/London 1965, New York ²1970, 297–331; J. Hintikka/U. Remes, The Method of Analysis. Its Geometrical Origin and its General Significance, Dordrecht 1974; F. Kambartel, Erfahrung und Struktur. Bausteine zu einer Kritik des Empirismus und Formalismus, Frankfurt 1968, ²1976; J. Klein, Greek Mathematical Thought and the Origin of Algebra, Cambridge 1968. I. Lakatos, Proofs and Refutations. The Logik of Mathematical Discovery, ed. J. Worrall/E. Zahar, Cambridge 1976 (dt. Beweise und Widerlegungen. Die Logik mathematischer Entdeckungen, ed. J. Worrall/E. Zahar, Braunschweig 1979); E. Mach, Erkenntnis und Irrtum. Skizzen zur Psychologie der Forschung, Leipzig 1905, ³1917, 251ff.; K. Mainzer, Formalisierung, Hist. Wb.Ph. II (1972), 964–967; ders., Gültigkeit, Hist. Wb. Ph. III (1974), 934–937; R.K. Merton, Social Theory and Social Structure, Glencoe ²1957; J. Mittelstraß, Neuzeit und Aufklärung. Studien zur Entstehung der neuzeitlichen Wissenschaft und Philosophie, Berlin/New York 1970, 297ff.; L. Oeing-Hanhoff, A./Synthese, Hist. Wb. Ph. I (1971), 232–248; A. Pap, Analytische Erkenntnistheorie, Wien 1955; G. Patzig, Sprache und Logik, Göttingen 1970; G. Polya, Mathematics and Plausible Reasoning, I–II, Princeton 1954; H. Putnam, Philosophical Papers I (Mathematics, Matter and Method), Cambridge 1975; H. Schepers, Begriffsanalyse und Kategorialsynthese, in: Akten des I. Int. Leibniz-Kongresses Hannover 1966, ed. K. Müller u.a., Wiesbaden 1969 (Studia Leibnitiana Suppl. III), 34–49; W. Stegmüller, Probleme und Resultate der Wissenschaftstheorie und Analytischen Philosophie I (Wissenschaftliche Erklärung und Begründung), Berlin/Heidelberg/New York 1969, Kap. VII–VIII; F. Waismann, Was ist logische A.?, Frankfurt 1973. K.M.

Analyse, logische, als das Bemühen, die grundlegenden Formen (Kategorien) der Erkenntnis und ihres Werkzeugs, der Sprache, ausfindig zu machen, von jeher eine der Aufgaben der Philosophie. Zu einem zentralen, die Philosophie definierenden Anliegen wurde l. A. allerdings erst in der analytischen Philosophie (↑Philosophie, analytische). L. Wittgenstein formulierte diese Einsicht so, daß Philosophie nicht durch einen Bestand von Lehrsätzen, sondern durch eine Tätigkeit charakterisiert sei, die Wittgenstein selbst ›logische Klärung der Gedanken‹ nennt (Tract. 4.112). Im ↑Wiener Kreis wurde für diese Tätigkeit die Bezeichnung ›l. A.‹ üblich. Teilweise versteht man darunter bereits die schlichte Zerlegung eines komplexen Satzes in seine Elementarsätze (↑Atomismus, logischer). Darüber hinaus sollen jedoch in der l.n A. die durch die Grammatik der Gebrauchssprache verdeckten *logischen Formen* sprachlicher Ausdrücke und ganzer Sätze aufgezeigt werden und damit (1) die Grundlagen für den Aufbau einer exakten Wissenschaftssprache (↑Syntax, logische) geschaffen und (2) philosophische (metaphysische) Begriffsverwirrungen beseitigt werden. Musterbeispiele l.r A. schufen B. Russell mit seiner Analyse der ↑Kennzeichnungen und G. Frege mit seiner Analyse der unterschiedlichen Verwendungen des Wörtchens ›ist (sein)‹ als Identitätszeichen (↑Identität), ↑Kopula und Existenzquantor (↑Einsquantor). In der Bestimmung des Zweckes der l.n A. gingen die Auffassungen innerhalb der analytischen Philosophie auseinander. Während z.B. für R. Carnap der Aufbau einer exakten Wissenschaftssprache im Vordergrund stand und dabei die Voraussetzung für die Überwindung metaphysischer Begriffsverwirrungen abgeben sollte, war für Wittgenstein die Aufhebung dieser Verwirrungen das eigentliche und bestimmend bleibende Anliegen. An diesem hielt er fest, auch nachdem er in einer logischen Syntax nicht mehr das geeignete Heilmittel sah. Seiner Auffassung folgten F. Waismann und später, teilweise unter Aufgabe der logischen zugunsten einer *linguistischen* Analyse, die ↑ordinary language philosophy.

Literatur: R. Carnap, Überwindung der Metaphysik durch l. A. der Sprache, Erkenntnis 2 (1931), 219–241 (Nachdr. in: H. Schleichert [ed.], Logischer Empirismus. Der Wiener Kreis, München 1975, 149–171); F. Waismann, Was ist logische Analyse?, Erkenntnis 8 (1939/1940), 265–289 (Nachdr. in: ders., Was ist logische Analyse?, ed. G.H. Reitzig, Frankfurt 1973, 42–66). G.G.

Analysis, in der antiken Logik und Mathematik Bezeichnung für jedes Verfahren zur Auffindung bzw. Konstruktion eines Beweises für einen vorgegebenen Satz. Daran anschließend bezeichnete ›A.‹ am Beginn der neuzeitlichen Mathematik die Verwendung von Symbolen und Gleichungen der ↑Arithmetik und ↑Algebra zur Lösung von Problemen in anderen Bereichen der Mathematik; in diesem Sinne nannte R. Descartes sein Verfahren der Koordinatenrechnung ›analytische Geometrie‹ (↑Geometrie, analytische). In der Folgezeit wurde im Sprachgebrauch der Mathematiker ›A.‹

nahezu synonym mit ›Algebra‹, insbesondere ›A. speciosa‹ mit ›Algebra speciosa‹. Obwohl auch I. Newton seine ›Fluxionenrechnung‹ (↑Fluxion) nur als eine vervollkommnete ›A.‹ oder ›Algebra‹, nämlich als ›Algebra des Unendlichen‹ verstand, fand der Ausdruck ›A.‹ speziell für die (Leibnizsche und Newtonsche) ↑Infinitesimalrechnung rasch so weite Verbreitung, daß G. Berkeley seiner Grundlagenkritik der Newtonschen Infinitesimalbetrachtungen den Titel »The Analyst« geben konnte. Auf dem Kontinent bürgerte sich die Bezeichnung ›(höhere) A.‹ vor allem durch L. Eulers »Introductio in Analysin Infinitorum« (I–II, Lausanne 1748) ein. Die bei Euler und mit strengeren Begriffsbildungen erstmals bei A. Cauchy dargestellte ›klassische A.‹ umfaßt alle Gebiete der Mathematik, in denen die (freilich erst gegen Ende des 19. Jahrhunderts befriedigend geklärten) Begriffe der reellen ↑Zahl, des ↑Grenzwerts, der ↑Stetigkeit und der Differenzierbarkeit nicht nur (wie bei der Berechnung des Kreises in der Geometrie oder bei den periodischen Dezimalbrüchen in der Arithmetik) beiläufig und gelegentlich zur Anwendung kommen, sondern den Kern und Ausgangspunkt der Untersuchung bilden. Bei dieser Abgrenzung umfaßt die A. heute die Infinitesimalrechnung mit den Teilgebieten Differential- und Integralrechnung, Theorie der ↑Differentialgleichungen, Differenzengleichungen und Integralgleichungen sowie Funktionalanalysis (↑Funktional); auch in die Bezeichnung einiger anderer Disziplinen, die sich verwandter Methoden bedienen, ist aus diesem Grunde der Name ›A.‹ eingegangen (Diophantische A., Vektor- und Tensor-A.).

Klarere Ordnungsgesichtspunkte, die sich an den verschiedenen Typen von Strukturen orientieren, hat die deshalb auch als ›Strukturmathematik‹ bezeichnete Auffassung von ↑Bourbaki geliefert, dessen Monumentalwerk »Éléments de mathématique« (Paris 1939ff.) im ersten, »Fundamentale Strukturen der A.« betitelten Teil in sechs Büchern die folgenden Teilgebiete behandelt: 1. Mengenlehre, 2. Algebra, 3. Allgemeine Topologie, 4. Funktionen einer reellen Veränderlichen, 5. Topologische Vektorräume, 6. Integration.

Wo die A. als Gegenstand der Untersuchung unter anderem ›beliebige‹ reelle Zahlen, sei es als mit ›beliebigen‹ Mitteln konstruiert, sei es als durch ein Axiomensystem ›implizit definiert‹ voraussetzt, unterliegt sie den Einwänden der modernen Grundlagenkritik; den Ausweg einer (allzu restriktiven) Einschränkung auf ›rekursive A.‹, die statt ›beliebiger‹ reeller Zahlen nur Grenzwerte von rekursiven Folgen (↑Folge (mathematisch)) rationaler Zahlen betrachtet, vermeidet die konstruktive A. durch einen weniger engen und dennoch hinreichend strengen Begriff der ↑Konstruktivität. Ebenso wie diese Ansätze stammt aus neuester Zeit auch die als ›Non-Standard A.‹ bezeichnete, ursprünglich von seiten der mathematischen Logik bzw. ↑Modelltheorie aus entwickelte mathematische Theorie.

Literatur: T.M. Apostol, Mathematical A.. A Modern Approach to Advanced Calculus, Reading Mass./Palo Alto/London 1957, ²1974 (2nd printing 1977); H. Behnke/F. Bachmann/K. Fladt/W. Süss (eds.), Grundzüge der Mathematik. Für Lehrer an Gymnasien sowie für Mathematiker in Industrie und Wirtschaft III (A.), Göttingen 1962, ²1968; G. Choquet, Lectures on A., I–III, New York/Amsterdam 1969; J. Dieudonné, Treatise on A., I–VI, New York/San Francisco/London 1960–1978 (I Foundations of Modern A.) (dt. Grundzüge der modernen A., I–VI, Braunschweig 1972–1978); ders., Analyse mathématique moderne, Encyclopaedia universalis I, Paris 1968, 976–981; ders., L'analyse mathématique au dix-huitième siècle, in: J. Dieudonné (ed.), Abrégé d'histoire des mathématiques 1700–1900, Paris 1978, 19–53; P. Dugac, Fondements de l'analyse, ebd., 335–392; R.L. Goodstein, Recursive A., Amsterdam 1961; E. Landau, Grundlagen der A., Leipzig 1930 (repr. Darmstadt 1970); D. Laugwitz, Infinitesimalkalkül. Kontinuum und Zahlen – Einführung in die Nichtstandard-A., Mannheim/Wien/Zürich 1978; P. Lorenzen, Differential und Integral. Eine konstruktive Einführung in die klassische A., Frankfurt 1965; A. Robinson, Non-Standard A., Amsterdam 1966, ²1974. C. T.

Analysis situs, eine von G.W. Leibniz (auch als ›geometria situs‹) programmatisch ins Auge gefaßte und unter dem gleichen Terminus von H. Poincaré selbständig entwickelte mathematische Disziplin, für die sich heute der von J.B. Listing (einem Schüler von C.F. Gauß) zur inhaltlichen Abhebung von K.G.C. v. Staudts »Geometrie der Lage« (Nürnberg 1847, Begründung der projektiven Geometrie) geprägte Ausdruck ›Topologie‹ durchgesetzt hat (↑Topologie). Die meisten Beiträge zur A. s. vor Poincaré, darunter einzelne Probleme und Problemlösungen von L. Euler, A.F. Möbius, B. Riemann u.a., betreffen zwar diesem Titel entsprechend reine Lage-, d.h. Orts- und Gebietseigenschaften räumlicher Figuren, zählen der verwendeten Methoden wegen jedoch heute zur ›kombinatorischen‹ oder ›algebraischen‹ Topologie. Deren vor allem durch Poincaré systematisch entwickelte Gestalt versuchte um die letzte Jahrhundertwende A. Schoenflies mit der Mengenlehre G. Cantors (als eine ›mengentheoretische Topologie‹) zu verschmelzen, doch gelang dies erst im folgenden Jahrzehnt auf Grund subtiler Begriffserklärungen und der Aufdeckung überraschender, sich aber als fundamental erweisender topologischer Sachverhalte dem niederländischen Mathematiker L.E.J. Brouwer.

Literatur: L.E.J. Brouwer, Zur A. s., Math. Ann. 68 (1910), 422–434, repr. in: ders., Collected Works II (Geometry, Analysis, Topology and Mechanics), ed. H. Freudenthal, Amsterdam/Oxford und New York 1976, 352–366; H. Freudenthal, Leibniz und die A. s., in: Homenaje a Millás-Vallicrosa I, Barcelona 1954, 611–626; G.W. Leibniz, De Analysi situs, Math. Schr. V, 178–183; ders., Ms. Math. IV, 13g Bodemann, zitiert bei L. Couturat, La logique de Leibniz d'après des documents inédits, Paris 1901 (repr. Hildesheim 1961), 406 Anm. 1; J.B. Listing, Vorstudien zur Topologie, Göttinger Studien (Abt. 1), Math. Naturwiss. Abh. 1 (1847), 811–875, separat Göttingen 1848; H. Poincaré, A. s., J. de l'Ecole Polytechnique (2) 1 (Paris 1895), 1–123, Neudr. in: ders., Œuvres IV (1953), 193–288; B. Riemann, Ges. math. Werke und wissenschaftlicher Nachlass, ed., unter Mitwirkung von R. Dedekind, H. Weber, Leipzig 1876, ed. H. Weber, ²1892 (repr. New York 1953), zus. mit einem Reprint der »Nachträge«, ed. M. Noether/M. Wirtinger, Leipzig 1902, XXIX. Fragment aus der A. s., 479–482; A. Schoenflies, Ueber einen Satz aus der A. s., Nachr. Gött. 1899, 282–290; ders., Die Entwicklung der Lehre von den Punktmannigfaltigkeiten, Jahresber. Dt. Math.-ver. 8 (2) (1900), 1–251, unter dem Titel: Entwicklung der Mengenlehre und ihrer Anwendungen I, 1. Hälfte, Leipzig ²1913, Teil II: Leipzig 1908 (=Jahresber. Dt. Math.ver., 2. Erg.Bd.); O. Veblen, A. s., Providence 1960. C.T.

Analytik, Titel im Rahmen von Einteilungen philosophischer Disziplinen. In der philosophischen, vor allem logischen Tradition dort in Gebrauch, wo für einen faktisch vorfindlichen Zusammenhang von Behauptungen und methodischen Regeln auf dessen Grundlagen zurückgeforscht und ein Aufbau von dorther geleistet werden soll; für das klassische Logikverständnis abgehoben gegen eine bloße Anknüpfung an das faktische Argumentieren (A. versus Topik, Rhetorik, Dialektik). Dabei liegt der bereits auf die Aristotelische A. zurückgehenden Wortwahl die (mehr oder weniger bildliche) Vorstellung zugrunde, daß der genannte Rückgang eine ›Zerlegung‹ oder ›Auflösung‹ des jeweils in Rede stehenden Zusammenhanges in seine ›Elemente‹, d.h. Grundbestandteile, sei. Das gilt auch für den Sprachgebrauch I. Kants, der sowohl die formale Logik als auch die transzendentale Logik (↑Logik, transzendentale) in A. und Dialektik einteilt. Zum analytischen Teil der formalen Logik heißt es in der von Jäsche herausgegebenen Logikvorlesung: »Die A. entdeckt durch Zergliederung aller Handlungen der Vernunft, die wir beim Denken überhaupt ausüben« (Einleitung II 1, Akad.-Ausg. IX, 16). Entsprechend soll die A. der transzendentalen Logik »die Elemente der reinen Verstandeserkenntnis« und »die Prinzipien, ohne welche überall kein Gegenstand gedacht werden kann«, vortragen (KrV B 84). Kant nennt die A. in beiden Fällen auch ›Logik der Wahrheit‹, im Unterschied zur ↑Dialektik, die der Kritik eines nur den Schein der Wahrheit mit sich führenden ›Mißbrauches der A.‹ dienen soll und daher als ›Logik des Scheins‹ gekennzeichnet wird (↑Analytik, transzendentale, ↑Dialektik, transzendentale).

Literatur: E. Kapp, Greek Foundations of Traditional Logic, New York 1942 (dt. Der Ursprung der Logik bei den Griechen, Göttingen 1965); R. Kuhlen, A., Hist. Wb. Ph. I (1971), 249–251; W. Risse, Die Logik der Neuzeit I, Stuttgart 1964; F. Schusen, Die Entwicklung der Aristotelischen Logik und Rhetorik, Berlin 1929; G. Tonelli, Der historische Ursprung der kantischen Termini ›A.‹ und ›Dialektik‹, Arch. Begriffsgesch. 7 (1962), 120–139. F.K.

Analytik, transzendentale, in I. Kants »Kritik der reinen Vernunft« neben der transzendentalen Dialektik (↑Dialektik, transzendentale) einer der beiden Teile der transzendentalen Logik (↑Logik, transzendentale). Die t. A. trägt »die Elemente der reinen Verstandeserkenntnis« vor »und die Prinzipien, ohne welche überall kein Gegenstand gedacht werden kann« (KrV B 87). Die ›Elemente der reinen Verstandeserkenntnis‹ sind dabei die ↑Kategorien, d.s. die (nicht über andere bereits verfügbare Begriffe gebildeten) Grundbegriffe aller möglichen Erfahrungserkenntnis, sofern sie ↑a priori, d.h. allein für die begriffliche Darstellung der Bedingungen möglicher Erfahrung erforderlich sind. Sie werden (mit dem Anspruch auf Vollständigkeit) in der t.n A. der *Begriffe* aus den Urteilsformen hergeleitet und in ihrer Verwendbarkeit für die empirische Gegenstandserkenntnis begründet. In der t.n A. der *Grundsätze*, von Kant auch ›Doktrin der Urteilskraft‹ genannt, werden die Möglichkeiten des ›objektiven Gebrauchs‹ der Kategorien, d.i. ihrer Verwendung für die empirische Gegenstandserkenntnis, untersucht und in ›Grundsätzen‹, nämlich den obersten ›Regeln des objektiven Gebrauchs‹ der Kategorien (KrV B 200), dargestellt. Als Teil der Logik kann die t. A. nur einen ›negativen Probierstein der Wahrheit‹ (KrV B 84) anbieten, und zwar für die Beurteilung der formalen Richtigkeit der materialen (empirischen) Behauptungen: Sie bietet nicht ein »Organon zur wirklichen Hervorbringung [...] von objektiven Behauptungen«, sondern lediglich einen »Kanon zur Beurteilung« (KrV B 85). Eben darin unterscheidet sich die t. A. – die ›Logik der Wahrheit‹ (KrV B 87) – von der Dialektik, die als ein solches ›vermeintes Organon‹ (KrV B 85) eine ›Logik des ↑Scheins‹ (KrV B 86, 170, 350) aufbaut, deren Kritik die Aufgabe der transzendentalen Dialektik ist. o.s.

analytisch, Bezeichnung für bestimmte methodische Ansätze und Standpunkte (↑Analyse, ↑Methode, analytische, ↑Philosophie, analytische) sowie für bestimmte Behauptungssätze. Letztere Verwendung von ›a.‹ hat seit I. Kant vor allem in der Diskussion um die Unterscheidung zwischen ↑synthetischen und a.en Sätzen bzw. Urteilen eine Regulierung erfahren. Man nennt heute Sätze *a. wahr* (kurz auch: *a.*), die bereits allein auf Grund definitorischer und logischer Vereinbarungen begründbar sind, dagegen alle anderen wahren Sätze *synthetisch wahr.*
Kants Einführung des Prädikators ›a.‹ gibt, strenggenommen, Kriterien an, die nur für Sätze mit schlichter Subjekt-Prädikat-Struktur sinnvoll sind: »A.e Urteile sagen im Prädikate nichts, als das, was im Begriffe des Subjekts schon wirklich, obgleich nicht so klar und mit gleichem Bewußtsein gedacht war. Wenn ich sage: alle Körper sind ausgedehnt, so habe ich meinen Begriff vom Körper nicht im mindesten erweitert, sondern ihn nur aufgelöset, indem die Ausdehnung von jenem Begriffe schon vor dem Urteile, obgleich nicht ausdrücklich gesagt, dennoch wirklich gedacht war; das Urteil ist also a.« (Proleg. §2a; vgl. KrV B 10f.). Die Ausdrucksweise, daß bei a.en Urteilen das Prädikat im Subjekt mitgedacht (Kant sagt auch: »(versteckterweise) enthalten«) ist, kann im einfachsten Falle so verstanden werden, daß das Prädikat dem Subjekt bereits auf Grund der Definition desselben zugesprochen werden kann. Auch Kants Formulierung, daß a.e Urteile nur ›erläuternden‹ (begriffsauflösenden) Charakter haben, unsere Erkenntnis also nicht ›erweitern‹ (ebd.), weist in dieselbe Richtung. Eine charakteristische Eigenschaft a.er Urteile sieht Kant ferner darin, daß ihre »Wahrheit jederzeit nach dem Satze des Widerspruchs hinreichend [...] erkannt werden« kann (KrV B 190). Zur Begründung heißt es: »Denn, weil das Prädikat eines bejahenden a.en Urteils schon vorher im Begriffe des Subjekts gedacht wird, so kann es von ihm ohne Widerspruch nicht verneinet werden, eben so wird sein Gegenteil, in einem a.en, aber verneinenden Urteile, notwendig von dem Subjekt verneinet, und zwar auch zufolge dem Satze des Widerspruchs« (Proleg. §2b). Auch diese Formulierung läßt sich so lesen, daß die Begründung a.er Sätze allein auf das Einhalten definitorischer Vereinbarungen (denen dann nicht ›widersprochen‹ werden darf) gestützt werden kann. Vorherrschend ist jedoch in der Literatur die Meinung, Kant habe der Leibnizschen Tradition folgend den Satz vom Widerspruch als das allein hinreichende Prinzip der Logik angesehen. Man müsse daher Kant so verstehen, daß für die Begründung der a.en Urteile logische Erörterungen (auf der Basis der selbstverständlich unumgänglichen definitorischen Vereinbarungen) genügten.
G. Frege hat Kants Intentionen erstmals im Sinne der zu Beginn gegebenen Definition a. wahrer Sätze gefaßt. Die Unterscheidung a./synthetisch betreffe den Grund, »woher wir die Berechtigung für unsere Behauptung nehmen« (Die Grundlagen der Arithmetik §3). In (dem Kontext gemäßer) Einschränkung auf mathematische Behauptungen formuliert Frege daher: »Es kommt nun darauf an, den Beweis zu finden und ihn bis auf die Urwahrheiten zurückzuverfolgen. Stößt man auf diesem Wege nur auf die allgemeinen logischen Gesetze und auf Definitionen, so hat man eine a.e Wahrheit, wobei vorausgesetzt wird, daß auch die Sätze mit in Betracht gezogen werden, auf denen etwa die Zulässigkeit einer Definition beruht« (ebd.).
P. Lorenzen hat Freges Vorschlag differenziert und nennt ↑*formal a. wahr* solche Sätze, deren Begründung sich außer auf die logische Form nur auf explizite ↑Definitionen stützen läßt. Dagegen sollen Sätze, zu deren Begründung der Rekurs auf mindestens eine (empirisch, d.h. unter Bezug auf fortschreitende Kenntnis der sachlichen Unterscheidungsbasis hinterfragbare) terminologische Regel (↑Prädikatorenregel) notwendig wird, als ↑*material a. wahr* bezeichnet werden. – Häufig werden aus den a.en Wahrheiten im weiteren (Kantisch-Fregeschen) Sinne a.e Wahrheiten im engeren Sinne dadurch ausgezeichnet, daß man die logisch wahren Sätze nicht zu den a. wahren Sätzen (im engeren Sinne) zählt.
Vor allem Thesen von W.V.O. Quine zum Begriff des a. wahren Satzes haben wissenschaftstheoretische Diskussionen hervorgerufen. Nach dem von Quine kritisch erörterten Verständnis ist ein a. wahrer Satz ein Satz, der entweder logisch wahr ist oder bei geeigneter Ersetzung mittels synonymer Ausdrücke zu einem logisch wahren Satz wird. Quine sieht eine Schwierigkeit darin, daß

zur Definition der ↑Synonymität zweier Ausdrücke bereits auf die Rede von a. wahren Sätzen zurückgegriffen werden muß. Dies ist in der Tat dann der Fall, wenn man im Anschluß an Vorschläge z.B. von R. Carnap die Synonymität zweier Prädikatoren P und Q definitorisch auf einen bestimmten Geltungsmodus der Äquivalenzaussage $\bigwedge_x (x \varepsilon P \leftrightarrow x \varepsilon Q)$ zurückführt, für den dann als Präzisierung nur der Begriff der a.en Wahrheit in Frage kommt. Quine weist mit Recht darauf hin, man könne bei natürlichen Sprachen diesem Zirkel nicht dadurch entgehen, daß man, wie oben vorgeschlagen, auf definitorische Bestimmungen rekurriert, um entweder die Synonymitätsrelation oder die Rede von a.er Wahrheit einzuführen. Präzise Wortgebrauchsvereinbarungen sind nämlich für natürliche Sprachen in der Regel nicht getroffen. Quine zieht aus diesen Überlegungen die Konsequenz, daß sich für eine natürliche Sprache eine Einteilung der wahren Behauptungssätze in a.e und synthetische Sätze nicht streng vornehmen läßt. Dem wird man dann zustimmen müssen, wenn man auf den jeweils faktisch vorliegenden, nur partiell regulierten Sprachgebrauchszusammenhang natürlicher Sprachen zurückgehen will. Andererseits steht nichts im Wege, die Definition von ›a.‹ lediglich auf die ausdrücklich getroffenen oder stillschweigend akzeptierten sprachlichen Regulationen zu beziehen, die für eine bestimmte, z.B. wissenschaftliche, Diskussion in Geltung sind oder gesetzt werden. Damit wäre aus Quines Erörterungen zu lernen, daß die Grenzlinie zwischen a.en und synthetischen Sätzen nur relativ zur (Vereinbarungs-) Geschichte eines konkreten Gesprächszusammenhanges gezogen werden kann, nicht dagegen eine Eigenschaft des Ganzen einer faktisch vorliegenden natürlichen Sprache ist. Bedenkt man dies, so ist man auf die Lösung, die Quine schließlich für die von ihm gesehenen Probleme anbietet, nicht angewiesen, nämlich den Prädikator ›a.‹ genau jenen Sätzen zuzusprechen, an deren Geltung, z.B. im Rahmen einer bestimmten wissenschaftlichen Theorie, unter allen Umständen festzuhalten, man jeweils entschlossen ist.

Literatur: R. Carnap, Die logische Syntax der Sprache, Wien 1934, §52; ders., Meaning and Necessity, Chicago 1947, [2]1956 (dt. Bedeutung und Notwendigkeit, Wien/New York 1972), §2 und Suppl. B; H. Delius, Untersuchungen zur Problematik der sogenannten synthetischen Sätze apriori, Göttingen 1963; ders., a./synthetisch, Hist. Wb. Ph. I (1971), 251–260; W. Dubislav, Über die sogenannten a.en und synthetischen Urteile, Berlin 1926; G. Frege, Die Grundlagen der Arithmetik. Eine logisch-mathematische Untersuchung über den Begriff der Zahl, Breslau 1884, Nachdr. 1934 (repr. Darmstadt/Hildesheim 1961), §3; R. Hall, Analytic – Synthetic. A Bibliography, Philos. Quart. 16 (1966), 178–181; W. Kamlah/P. Lorenzen, Logische Propädeutik. Vorschule des vernünftigen Redens, Mannheim [2]1973, Kap. VII §1; K. Marc-Wogau, Kants Lehre vom a.en Urteil, Theoria 17 (1951), 140–154; B. Mates, Analytic Sentences, Philos. Rev. 60 (1951), 525–534; S. Munsat (ed.), The Analytic – Synthetic Distinction, Belmont Calif. 1971; F. Oppacher, Das zeitgenössische Problem der Analytizität. Unter besonderer Berücksichtigung der Philosophie Rudolf Carnaps, Diss. Wien 1965; A. Pap, Semantics and Necessary Truth, New Haven 1958; W.V.O. Quine, Two Dogmas of Empiricism, Philos. Rev. 60 (1951), 20–43 (auch in: ders., From a Logical Point of View, Cambridge Mass. 1953, [2]1961, 20–46) (dt. Zwei Dogmen des Empirismus, in: J. Sinnreich [ed.], Zur Philosophie der idealen Sprache, München 1972, 167–194); ders., Word and Object, Cambridge Mass. 1960, §§12–16; M.G. White, The Analytic and the Synthetic. An Untenable Dualism, in: S. Hook (ed.), John Dewey. Philosopher of Science and Freedom, New York 1950, 316–330 (auch in: L. Linsky [ed.], Semantics and the Philosophy of Language, Urbana Ill. 1952, 272–286). F.K.

analytische Philosophie, ↑Philosophie, analytische.

analytische Wissenschaftstheorie, ↑Wissenschaftstheorie, analytische.

Analytizitätspostulat (engl. analyticity postulate), A.e (auch: Bedeutungspostulate [engl. meaning postulates]) dienen in der analytischen Philosophie (↑Philosophie, analytische) beim Aufbau einer empiristischen Sprache L_E dazu, Bedeutungen nichtlogischer (d.i. deskriptiver) Prädikatoren festzulegen. Auf Grund von A.en wahre Sätze sind nicht empirisch wahr, sagen also nichts über die Welt aus, sondern sind ↑analytisch wahr. Folglich können sie auch nicht falsifiziert werden. So kann man z.B. den ↑Relator ›wärmer‹ mit folgendem A. versehen: ›für jedes x und y gilt: wenn x wärmer ist als y, dann ist y nicht wärmer als x‹. Die Behauptung ›x ist wärmer als y und y ist wärmer als x‹ ist dann nicht empirisch falsch, sondern ein Verstoß gegen Verwendungsregeln (hier die ↑Asymmetrie) von ›wärmer‹. Während innerhalb der analytischen Philosophie die Verwendung von A.en in der ↑Beobachtungssprache L_B (als Teil von L_E) zumeist als möglich und nützlich betrachtet wird (Ausnahme z.B. W.V.O. Quine, der bereits die Unterscheidung ›analytisch – synthetisch‹ für problematisch hält), ist die Durchführbarkeit und Sinnhaftigkeit von A.en in der ↑Theoriesprache L_T (als Teil von L_E) umstritten. So hält es z.B. C.G. Hempel für zwecklos,

nach A.en zu suchen, da theoretische Begriffe (↑Begriffe, theoretische) nur partiell eine Bedeutung haben, während R. Carnap unter Verwendung des ↑Ramsey-Satzes ein A. für Theoriesprachen vorlegte, das jedoch umstritten ist.
Den A.en entsprechen in der konstruktiven Wissenschaftstheorie (↑Wissenschaftstheorie, konstruktive) die ↑Prädikatorenregeln, mit denen beim Aufbau einer wissenschaftlichen ↑Terminologie ↑material-analytische Bedeutungsnormierungen vorgenommen werden.

Literatur: R. Carnap, Meaning and Necessity, Chicago 1947, [2]1956 (dt. Bedeutung und Notwendigkeit. Eine Studie zur Sematik der modalen Logik, Wien/New York 1972), Anhang B, D; ders., Philosophical Foundations of Physics, ed. M. Gardner, New York 1966 (dt. Einführung in die Philosophie der Naturwissenschaft, München 1969); C.G. Hempel, Implications of Carnap's Work for the Philosophy of Science, in: P.A. Schilpp (ed.), The Philosophy of Rudolf Carnap, La Salle Ill. 1963, 685–710; P. Lorenzen/O. Schwemmer, Konstruktive Logik, Ethik, Wissenschaftstheorie, Mannheim 1973, [2]1975; W. Stegmüller, Probleme und Resultate der Wissenschaftstheorie und Analytischen Philosophie II 1 (Theorie und Erfahrung), Berlin/Heidelberg/New York 1970. G.W.

Anamnesis (griech. ἀνάμνησις, Wiedererinnerung), Lehrstück der Platonischen Erkenntnistheorie zur Erläuterung der Herkunft theoretischen Wissens. Eine Einsicht in theoretische Zusammenhänge, die durch sinnliche Erfahrung nicht erworben sein kann, wird, wie im »Menon« (82b–85b) an Hand eines mathematischen Beispiels, durch den Hinweis auf ein vorgeburtliches Wissen erklärt. An dieses Wissen (ein Wissen um zuvor geschaute Ideen) erinnert sich die Seele angesichts empirischer Gegenstände. Unsterblichkeitsbeweise im »Phaidon« bilden den Kontext dieser archaisch wirkenden, an religiöse Wiedergeburtsvorstellungen erinnernden Erklärung.
Sachlich geht es beim Begriff der A. allerdings um kein beibehaltenes Stück einer mythischen Anthropologie, auch nicht um das Vermögen der Erinnerung selbst, sondern um die von Platon als erstem aufgegriffene Frage, wie die Existenz ideeller Zusammenhänge gedacht werden soll. Begriffliche und methodologische Überlegungen stehen hinter dem metaphorischen Hinweis auf ein vorgeburtliches Wissen, wie nicht erst die Platonische ↑Ideenlehre in ihrer klassischen Form, sondern bereits die zur A.-Lehre im »Menon« parallel konzipierte Darstellung der Sokratischen Hebammenkunst (↑Mäeutik) im »Theaitetos« (149d–151d) deutlich macht. Die Hebammenkunst des Sokrates besteht darin, den anderen, ohne selbst positives Wissen zu lehren, auf methodische Weise zu einem Wissen zu führen, das dieser nicht als ein bloß aufgegriffenes, gelerntes fremdes Wissen verstehen muß, sondern als ein Schritt für Schritt aufs neue erzeugtes, eigenes Wissen erkennt (›wiedererkennt‹). Sofern es sich dabei um theoretisches Wissen bzw. um die Existenz ideeller Zusammenhänge handelt, hat dieses Wissen ›an einem anderen Ort‹ (als dem der sinnlichen Erfahrung) seinen Ursprung. Die Wiederaufnahme des Lehrstücks von der A. in einen Mythos im »Phaidros« (249b/c) hebt noch einmal seinen metaphorischen Charakter hervor. Für Aristoteles ist A. nur noch ein Terminus der Psychologie, erläutert durch einen gegenüber der Platonischen Erkenntnistheorie wesentlich differenzierteren Begriff der ↑Erfahrung. Von Platonischer Terminologie in diesem Zusammenhang zeugt der später, vor allem in neuzeitlichen Erkenntnistheorien auftretende Begriff der angeborenen Idee (↑Idee, angeborene).

Literatur: A. Cameron, The Pythagorean Background of the Theory of Recollection, Menasha 1938; W.K.C. Guthrie, A History of Greek Philosophy IV (Plato. The Man and his Dialogues: Earlier Period), Cambridge 1975; C.E. Huber, A. bei Plato, München 1964 (Pullacher philos. Forsch. 6); L. Oeing-Hanhoff, A., Hist. Wb. Ph. I (1971), 263–266; B. Waldenfels, Das sokratische Fragen. Aporie, Elenchos, A., Meisenheim 1961. J.M.

Anarchismus (von griech. ἀναρχία, Herrschaftslosigkeit), antiautoritäre politische Strömung, die vor allem in der zweiten Hälfte des 19. und zu Beginn des 20. Jahrhunderts wirksam geworden ist. Der A. ist als programmatischer Gegenentwurf zu den modernen, seit der Französischen Revolution sich in Europa allgemein durchsetzenden, gesellschaftlichen und staatlichen Organisationsformen konzipiert. Er rekrutierte seine Anhänger aus dem sozial deklassierten traditionellen kleinerwerblichen Mittelstand, aus Teilen des Proletariats und aus entwurzelten bürgerlichen Intellektuellen und Künstlern. Bis in das auslaufende 18. Jahrhundert hinein galt die Anarchie ausschließlich als eine entartete politische Verfassungsform. Begriffsgeschichtlich läßt sich vor allem in Deutschland im Reflex auf die Französische Revolution (J. Görres, G. Forster, J.G. Fichte, Novalis) ein Bedeutungs- und Bewertungswandel hin zu einer positiven kontrafaktischen Qualifizierung eines herrschaftsfreien Zustands feststellen. Das Prinzip der Freiheit als Postulat und die Anarchie als politische Form werden in ein korrespondierendes Verhältnis gesetzt.

Der A. negiert grundsätzlich jede staatliche Zwangsordnung, hält jedoch zumeist an der Geltung von naturrechtlich legitimierten Rechtsordnungen fest (↑Naturrecht). Seine Stoßrichtung geht darüber hinaus auf die allgemeine warengesellschaftliche Organisation der Ökonomie (Privateigentum, Warenverkehr) und die religiöse Verschleierung sozialer und politischer Ungleichheit. In seinen Hauptvertretern ist der A. antietatistisch, antikapitalistisch und atheistisch. Er steht zum ↑Marxismus vor allem in der Organisationsfrage konträr.

Als theoretischer Vorläufer des A. gilt (an E. Burke orientiert) W. Godwin. Nach dessen Vorstellungen sollte eine gewaltlose, durch Aufklärung und Erziehung bewirkte Abschaffung des Privateigentums und Staates die Errichtung einer anarcho-kommunistischen, einen extremen Individualismus realisierenden, Ordnung ermöglichen. In Frankreich fordert P.J. Proudhon in einer sozietären Variante des A. die allgemeine Verteilung der Produktionsmittel und die Einführung des zinslosen Kredits zum Zwecke der Errichtung einer auf gegenseitiger Hilfe beruhenden kleinen Warenproduktion. Den A. auf den Begriff bringt M. Hess, der die Verbindung von Kommunismus und Atheismus als A. aufzeigt. Der Linkshegelianer M. Stirner spricht den Institutionen insgesamt Gültigkeit ab und vertritt in einem philosophisch begründeten ↑ Solipsismus, in dem der einzelne ausschließlich sich selbst Realität und Wert zumißt, die extremste Form des individualistischen A. Eine kollektivistische Variante vertritt der Russe M.A. Bakunin, der 1868 die anarchistische »Internationale Allianz der Sozialistischen Demokratie« gründete und Mitglied der »Internationalen Arbeiterassoziation« war, aus der er 1872 auf Betreiben von K. Marx und F. Engels ausgeschlossen wurde. Die Aufhebung der Institutionen erwartete Bakunin von den Bauern, die er für die einzige revolutionäre kollektive politische Kraft hielt. Bakunins Schüler S. Netschajew gründete anarchistische Terrororganisationen, die mehrere politische Attentate verübten. Der A., der sich ursprünglich als eine gewaltlose politische Bewegung verstand, bekam vor allem in Rußland und durch russische Emigranten verursacht auch in Westeuropa um die Jahrhundertwende eine terroristische Ausprägung (↑Terror), die sich jedoch nicht zu einem Wesensmerkmal des A. ausprägte. So vertrat etwa der bedeutende russische Anarchist P.A. Kropotkin zu gleicher Zeit eine auf moralische Überzeugung des sozialen Gegners hin angelegte Position.

Ausgehend von Frankreich kam es in den südeuropäischen Ländern, vor allem in Spanien, zu einer engen Verbindung des A. mit der Gewerkschaftsbewegung (Anarcho-Syndikalismus). Hier wird vom Generalstreik der berufsständischen Organisationen (Syndikate) die Beseitigung der kapitalistischen Ordnung erwartet. In Deutschland ist der A. in der Rätebewegung nach dem Ersten Weltkrieg (Münchner Räterepublik) wirksam geworden, hat seitdem jedoch faktisch keine politische Bedeutung mehr. Lediglich in der antiautoritären Studentenbewegung der sechziger Jahre und an sie anschließend in der sogenannten Spontiszene wurden erneut anarchistische Alternativen formuliert.

Literatur: M. Bakunin, Dieu et l'état, Genf 1882 (dt. Gott und der Staat und andere Schriften, ed. S. Hillmann, Reinbek 1969); A. Carter, The Political Theory of Anarchism, London/New York 1971; W. Godwin, Enquiry Concerning Political Justice and its Influence on Morals and Happiness, London 1793, [3]1798 (repr. introd. by F.E.L. Priestley, Toronto 1969); M. Hess, Socialismus und Communismus, in: Einundzwanzig Bogen aus der Schweiz, Zürich 1843, 74–91; ders., Philosophie der That, ebd. 309–331; ders., Ausgewählte Schriften, ed. H. Lademacher, Köln 1962; P. Kropotkin, La conquête du pain, Paris 1892 (dt. Die Eroberung des Brotes und andere Schriften, München 1973); K. Marx/F. Engels, Die angeblichen Spaltungen in der Internationale (1872), MEW 18 (1964), 7–51; P.J. Proudhon, Qu'est-ce que la propriété?, Paris 1840 (dt. Was ist das Eigentum?, Bern 1844, Graz 1971); M. Stirner, Der Einzige und sein Eigentum, Leipzig 1845, ed. H.G. Helms, München 1968. – U. Dierse, Anarchie, Hist. Wb. Ph. I (1971), 267–294; H.P. Duerr (ed.), Unter dem Pflaster liegt der Strand. A. heute, I–III, Berlin 1975–1976; H. Günter, Anarchie/A., TRE II (1978), 650–661; J. Joll, The Anarchists, London 1964 (dt. Die Anarchisten, Frankfurt/Berlin 1966); P. Loesche, A., Darmstadt 1977; P.C. Ludz, Anarchie, A., Anarchist, Hb. gesch. Grundbegriffe I (1972), 49–109; M. Nettlau, Bibliothèque de l'anarchie, Brüssel/Paris 1897 (repr. Glashütten 1976); ders., Der Vorfrühling der Anarchie. Ihre historische Entwicklung von den Anfängen bis zum Jahre 1864, Berlin 1925 (repr. Glashütten 1972); ders., Der A. von Proudhon zu Kropotkin. Seine historische Entwicklung in den Jahren 1859–1880, Berlin 1927 (repr. Glashütten 1972); ders., Anarchisten und Sozialrevolutionäre. Die historische Entwicklung des A. in den Jahren 1880–1886, Berlin 1931 (repr. Glashütten 1972); E. Oberländer, Der A., Olten/Freiburg 1972; O. Rammstadt (ed.), A.. Grundtexte zur Theorie und Praxis der Gewalt, Köln/Opladen 1969; R.P. Wolff, In Defense of Anarchism, New York 1970. S.B.

Anarchismus, erkenntnistheoretischer, von P.K. Feyerabend verwendeter Terminus (synonym: Dadaismus) zur Bezeichnung einer wissenschaftstheoretischen Position, die die Aufstellung und Verteidigung methodischer Vorschriften für das wissenschaftliche Erkennen für schädlich und sinnlos erklärt. Der einzige Grundsatz, dem die Wissenschaften im Interesse des Fortschritts folgen sollten, lautet: ›anything goes‹ (›mach, was du willst‹). Feyerabend wendet sich insbesondere gegen die Konsistenzvorschrift und das Induktionsprinzip für wissenschaftliche Theorien; gerade die widersprüchlichen und kontrainduktiven Theorien haben nach seiner Meinung in der Wissenschaftsgeschichte einen ↑Erkenntnisfortschritt bewirkt. Aufgabe der Erkenntnistheorie ist daher vor allem, sich für die ständige Neuschöpfung von ausgefallenen Theorien einzusetzen (↑Proliferationsprinzip).

Literatur: P.K. Feyerabend, Against Method. Outline of an Anarchistic Theory of Knowledge, London 1975 (dt. Wider den Methodenzwang. Skizze einer anarchistischen Erkenntnistheorie, Frankfurt 1976). C.F.G.

Anatolios von Alexandreia, um 269 n.Chr., Mathematiker und Philosoph, Bischof in Caesarea, ab ca. 280 bis zu seinem Tod in Laodikea. A. wird in der Kirchengeschichte des Eusebios als Gelehrter und Verfasser von Schriften unter anderem zur Arithmetik gerühmt (mit pythagoreisch-zahlenmystischem Einschlag). Von ihm stammt ferner ein nur in lateinischer Übersetzung erhaltener Traktat über die Bestimmung des Ostertermins aus dem Stand von Sonne und Mond im Tierkreis und methodisch strenge, in Aristotelischer Terminologie gehaltene Schriften über Einteilung und Methode der Mathematik, die nur bruchstückhaft in der Sammlung Herons von Alexandrien überliefert sind. A. gehörte zu den 70 Übersetzern der griechischen Fassung des AT (»Septuaginta«).

Werke: MPG 10 (1857), 207–236; F. Hultsch (ed.), Heronis Alexandrini geometricorum et stereometricorum reliquiae. Accedunt Didymi Alexandrini mensurae marmorum et anonymi variae collectiones ex Herone, Euclide, Gemino, Proclo, Anatolio aliisque e libris manu scriptis, Berlin 1864; The Pascal Canon of Anatolius of Alexandreia. Fragments of the Books of Arithmetic, übers. S.D.F. Salmond, Edinburgh 1867.

Literatur: F. Hultsch, A., RE I 2 (1894), 2073–2074; G. Sarton, Introduction to the History of Science I (From Homer to Omar Khayyam), Baltimore 1927, 337. P.J.

Anaxagoras von Klazomenai, *zwischen 500 und 496, †Lampsakos 428, griech. Naturphilosoph. A. kommt um 460 für etwa 30 Jahre nach Athen, Freundschaft mit Perikles und Euripides, Einfluß auf Sokrates, muß 430, wegen seiner astronomischen Theorien der Gottlosigkeit angeklagt, Athen verlassen. Wie Empedokles versuchte A. die Ontologie des Parmenides mit den Prinzipien der ionischen Naturphilosophie zu vereinen (↑Vorsokratiker): Er erklärt, Parmenides in der Ablehnung von Werden und Vergehen der Materie folgend, die Vielfalt des Seienden aus Veränderungen der Anordnung von kleinsten Partikeln, die jedoch nicht, wie später bei Demokrit, nur geometrische Eigenschaften haben, sondern bereits alle Qualitäten aufweisen, die aus der sinnlichen Wahrnehmung von aus solchen Partikeln aufgebauten Körpern bekannt sind. So kann Fleisch nur aus Fleisch, Haare nur aus Haaren entstehen. Also müssen diese Substanzen in Form kleinster Teilchen in der Nahrung enthalten sein. Jede natürliche Substanz ist Element und nicht, wie bei Empedokles, in vier Grundelemente zerlegbar. A. nimmt neben der menschlichen Vernunft, die das Sein erkenne, auch eine kosmische Vernunft (*νοῦς*) an, welche die Gesamtheit der Partikel, die anfänglich in gleichmäßiger Mischung und bewegungslos waren, in eine Wirbelbewegung versetzt und so durch Trennung von Leichtem und Schwerem die Welt herausgebildet hat. Mit dieser Lehre bzw. mit dem Begriff des ↑Nus als eines den Kosmos ordnenden Prinzips beeinflußt A. nachhaltig die theoretische Philosophie Platons (Phaid. 97b ff.) und Aristoteles' (Met. A4.985a 18ff.). Um den ↑Zenonischen Paradoxien zu entgehen, postuliert A. die unbegrenzte Teilbarkeit der Materie. Aus einem Meteorfall auf Aigospotamoi (467 v.Chr.) schließt er, daß Sonne und Sterne aus rotglühendem Stein bestünden, deren Erhitzung von Reibung bei schneller Bewegung herrührten. Der Mond empfange sein Licht von der Sonne. Umstritten ist die Priorität des A. in der zutreffenden Erklärung von Sonnenfinsternissen.

Fragmente: VS 59.

Literatur: D. Bargrave-Weaver, The Cosmogony of A., Phronesis 4 (1959), 77–91; J. Burnet, Early Greek Philosophy, London [4]1930, 251–275; W. Bröcker, Die Lehre des A., Kant-St. 42 (1942/1943), 176–189; W. Capelle, A., Neue Jb. Klass. Altertum 43 (1919), 81–102, 169–198; F.M. Cleve, The Philosophy of A., New York 1949; F.M. Cornford, A.' Theory of Matter, Class. Quart. 24 (1930), 14–30, 83–95; H. Fränkel, Besprechung eines Buches über A., in: ders., Wege und Formen des frühgriechischen Denkens. Literarische und philosophiegeschichtliche Studien, München [3]1968, 284–293; D.E. Gershenson/D.A. Greenberg, A. and the Birth of Physics, New York 1964; O. Gigon, Zu A., Philol. 91 (1936/1937), 1–41; W.K.C. Guthrie, A History of Greek Philosophy II (The Presocratic Tradition from Parmenides to Democritus), Cambridge/London 1965, 266–338; G.S. Kirk/J.E. Raven, The Presocratic Philosophers, Cambridge 1957, 362–394; A.L. Peck, A.. Prediction as a Problem in Physics, Class. Quart. 25 (1931), 27–37, 112–120; J.E. Raven, The Basis of A.' Cosmogony, Class. Quart. 4 (1954), 123–137; M. Schofield, An Essay on A., Cambridge 1979; C. Strang, The Physical Theory of A., Arch.

Gesch. Philos. 45 (1963), 101–118; G. Vlastos, The Physical Theory of A., Philos. Rev. 59 (1950), 31–57; M. L. West, A. and the Meteorite of 467 B. C., J. Brit. Astron. Assoc. 70 (1960), 368–369. P. J.

Anaximander von Milet, *um 611 v. Chr., †um 547 v. Chr., ionischer Naturphilosoph, Schüler des Thales. Von seinem, vermutlich »Über die Natur« betitelten Werk (der ersten bekannten Prosaschrift der Griechen) sind nur wenige Zeilen erhalten. A. entwirft als erster eine Erdkarte und einen Himmelsglobus (er ergänzte erstmals die sichtbare Halbkugel des Himmels zu einer Vollkugel), soll die Sonnenuhr erfunden und Erdbeben vorhergesagt haben. Die Erde ist nach A. ein in der Mitte der Welt frei schwebender zylindrischer Säulenstumpf, umgeben von schlauchartigen Radkränzen aus Luft, die eine feurige Sphäre umschließen; die Gestirne deutet A. als Feuer, das aus den Schlauchöffnungen dringt, die Mondfinsternis als Verstopfung dieser Öffnungen. – Für die Entstehung der Welt nimmt A. einen einheitlichen, qualitätslosen, ewigen und unendlichen, ↑Apeiron genannten Urstoff an, aus dem durch rotierende Bewegung Gegensätze (warm/kalt, feucht/trocken) ausgesondert werden, die zunächst die unbelebte, dann die belebte Natur bilden; der Mensch entsteht nach A.s ›Evolutionstheorie‹ aus fischähnlichen, also Lebewesen anderer Art.

Bedeutsam für die Entwicklung von Wissenschaft und Philosophie ist das Anliegen A.s, eine mythologiefreie (monokausale) physikalische Erklärung für die Entstehung der Welt (↑Kosmogonie) und die Vorgänge in ihr zu geben. Ein allgemeines, naturimmanentes Weltgesetz bestimmt nach A. alles Werden, die Gestirne sind entgöttlicht, für die Entstehung von Land und Meer, von Mondfinsternissen, Erdbeben, Donner und Blitz werden nicht göttliche, sondern natürliche Ursachen angegeben (↑Vorsokratiker).

Werke: VS 12; W. Capelle (ed.), Die Vorsokratiker (dt.), Stuttgart 1968, [8]1973, 72–88; A. Maddalena, Ionici. Testimonianze e frammenti, Florenz 1963, 76–157. – Totok I (1964), 110–111.

Literatur: R. E. Allen/D. J. Furley (eds.), Studies in Presocratic Philosophy, I–II, London 1970/1975; J. Burnet, Early Greek Philosophy, London [4]1930, 50–71; D. R. Dicks, Solstices, Equinoxes and the Presocratics, J. Hell. Stud. 86 (1966), 26–40; F. Dirlmeier, Der Satz des A. von Milet, Rhein. Mus. Philol. 87 (1938), 376–382 (Nachdr. in: H.-G. Gadamer [ed.], Um die Begriffswelt der Vorsokratiker, Darmstadt 1968, 95–176); W. K. C. Guthrie, A History of Greek Philosophy I (The Earlier Presocratics and the Pythagoreans), London/New York/Melbourne 1962, 72–115; M. Heidegger, Der Spruch des A., in: ders., Holzwege, Frankfurt 1950, 296–343; W. A. Heidel, The Δ INH in Anaximenes and A., Class. Philol. 1 (1906), 279–282; ders., On A., ebd. 7 (1912), 212–234; ders., A.s Book. The Earliest Known Geographical Treatise, Proc. Amer. Acad. Arts Sci. 56 (1921), 237–288; U. Hölscher, A. und die Anfänge der Philosophie, Hermes 81 (1953), 257–277, 385–418 (Nachdr. in: H.-G. Gadamer [ed.], Um die Begriffswelt der Vorsokratiker, Darmstadt 1968, 95–176); C. H. Kahn, A. and the Origins of Greek Cosmology, New York 1960; G. S. Kirk/J. E. Raven, The Presocratic Philosophers. A Critical History with a Selection of Texts, Cambridge 1957, 99–142; R. Mondolfo, L'infinito nel pensiero dell'antichità classica, Florenz 1956; W. Röd, Die Philosophie der Antike I (Von Thales bis Demokrit), München 1976, 37–44; P. Seligmann, The Apeiron of A.. A Study in the Origin and Function of Metaphysical Ideas, London 1962; L. Tarrán, A., DSB I (1970), 150–151; F. Ueberweg/K. Praechter, Grundriß der Geschichte der Philosophie I (Die Philosophie des Altertums), Berlin [12]1926 (repr. Basel/Stuttgart 1967, Darmstadt 1967), 47–50; E. Zeller, Die Philosophie der Griechen in ihrer geschichtlichen Entwicklung I, ed. W. Nestle, Leipzig [7]1923, 270–315. M. G.

Anaximenes von Milet, *um 585 v. Chr., †um 526 v. Chr., ionischer Naturphilosoph. Von den Schriften des A. sind nur wenige Zeilen erhalten. Wie (sein mutmaßlicher Lehrer) Anaximander ist er bemüht, eine nicht-mythische, rationale, auf empirischer Beobachtung und naturimmanenter Gesetzmäßigkeit beruhende, monokausale Erklärung für die Entstehung der Welt und das Geschehen in ihr (z. B. Blitz, Donner, Regenbogen, Erdbeben) zu geben. Ursprung und Urgrund (↑Archē) aller Dinge ist nach A. die nicht nur als Element, sondern zugleich als lebenspendendes, dynamisches, seelisches und sogar göttliches Prinzip verstandene ›Luft‹, aus der durch ›Verdünnung‹ Feuer, durch ›Verdichtung‹ zunächst Wind, dann Wolken, Wasser, Erde und schließlich Steine entstehen. Alle qualitativen Differenzierungen (auch die Entstehung der Lebewesen) führt A. auf ursprünglich durch Rotation, dann durch ›Verdünnung‹ und ›Verdichtung‹ bewirkte quantitative Unterschiede zurück. Die Gestirne (auch die Erde) haben nach A. die Form einer flachen, auf der Luft schwimmenden Scheibe; sie bewegen sich nicht unter der Erde hindurch, sondern um sie herum (↑Vorsokratiker).

Werke: VS 13; W. Capelle (ed.), Die Vorsokratiker (dt.), Stuttgart 1968, [8]1973, 88–97; A. Maddalena, Ionici. Testimonianze e frammenti, Florenz 1963.

Literatur: R. E. Allen/D. J. Furley (eds.), Studies in Presocratic Philosophy, I–II, London 1970/1975; J. Burnet, Early Greek Philosophy, London [4]1930, 72–79; W. K. C. Guthrie, A History of Greek Philosophy I (The Earlier Presocratics and the Pythagoreans), London/New York/Melbourne 1962, 115–140; W. A. Heidel, The Δ INH in A. and Anaximander, Class. Philol. 1 (1906), 279–282; G. B. Kerferd, The Date of A., Mus. Helv. 11 (1954),

117–121; R. Mondolfo, Anaximena, Riv. filol. istruz. class. 64 (1936), 15–26; W. Röd, Die Philosophie der Antike I (Von Thales bis Demokrit), München 1976, 45–49; L. Tarán, A., DSB I (1970), 151–152; F. Ueberweg/K. Praechter, Grundriß der Geschichte der Philosophie I (Die Philosophie des Altertums), Berlin [12]1926 (repr. Basel/Stuttgart 1967, Darmstadt 1967), 50–51; E. Zeller/R. Mondolfo, La filosofia dei greci nel suo sviluppo storico I, Florenz 1938, 206–238. M. G.

ancilla theologiae (lat. Magd der Theologie), Funktionszuweisung der ↑Philosophie in der Scholastik nach einer Formulierung von Petrus Damiani (De divina omnipotentia c. 6, ed. P. Brezzi, Florenz 1943, 78), die an Traditionen der Patristik anschließt und gegen Versuche der sogenannten Dialektiker (besonders Berengar von Tours) gerichtet ist, Glaubenswahrheiten rationaler Analyse zu unterwerfen. Später, insbesondere seit Thomas von Aquin, wird die Formel a. t. in einem positiven Sinne unter Wahrung der Eigenständigkeit der Philosophie als Zuweisung von Aufgaben an eine Philosophie im Vor- und Umfeld der Theologie verstanden (In Boethium de trinitate qu. 2 art. 30.7): als nicht geoffenbartes Wissen über die Welt (praeambula fidei), gleichnishafte Verdeutlichung von Glaubenswahrheiten und rationale Apologetik. Das mit diesem Kompromiß nicht ausgeräumte Spannungsverhältnis von Glauben und Wissen wird noch bei I. Kant unter dieser Formel erörtert (Der Streit der Facultäten [1798], Akad. Ausg. VII, 28).

Literatur: M. Grabmann, Die theologische Erkenntnis- und Einleitungslehre des hl. Thomas von Aquin auf Grund seiner Schrift »In Boethium de trinitate« im Zusammenhang der Scholastik des 13. und beginnenden 14. Jahrhunderts dargestellt, Fribourg 1948, bes. 182ff.; L. Hödl, Der Anspruch der Philosophie und der Einspruch der Theologie im Streit der Fakultäten, München 1960; W. Kluxen, a. t., Hist. Wb. Ph. I (1971), 294–295.

Andere, das (griech. *τὸ ἄλλο, τὸ ἕτερον, τὸ θἁτερον*; lat. alteritas), in prädikationstheoretischen Zusammenhängen (↑Prädikation) traditionelle Bezeichnung zur Verdeutlichung der Leistungen des Identifizierens und Unterscheidens (↑Unterscheidung). Systematisch läßt sich die ↑konträre bzw. ↑kontradiktorische Regelung des Prädikatorengebrauchs (↑Prädikatorenregel) als Abgrenzung gegen Andersheit rekonstruieren. Traditionell werden die Begriffspaare Identität (Selbigkeit) und Andersheit (Verschiedenheit) bzw. Etwas und A.s einander gegenübergestellt.
Platon behandelt die Frage nach dem A.n im Zusammenhang einer allgemeinen Diskussion der Rede vom Schein (Soph. 236e–264b). Deren Sinn wird von ihm an die dialektische Fassung des Nichtseienden als seiendes A.s und damit an die antiparmenideische Zulässigkeit der Rede vom Sein des Nichtseienden gebunden. Andersheit ist eine Idee, an der das viele Seiende teilhat. Aristoteles, der stärker als Platon auf den faktischen Sprachgebrauch rekurriert, weist auf die Mehrdeutigkeit des A.n hin (Met. I3.1054b13–1055a2). In Plotins Emanationslehre ist die gestufte Teilhabe an der Andersheit qualitatives Signum der jeweiligen Unvollkommenheit von Seiendem und Vielem, eine Argumentationsfigur, die sich bis in die Metaphysik der Neuzeit (G. W. Leibniz) erhält.
Zentrales Thema ist die Diskussion des A.n in Hegels Philosophie (Logik I, Sämtl. Werke IV, 132–147). Die qualitative Veränderung alles Endlichen wird der jeweils aufeinander verweisenden unhintergehbaren Bezogenheit von ›Etwas‹ und ›A.m‹ zugeschrieben. Ohne den ideellen Übergang auf je andere Bestimmtheit läßt sich die endliche Qualität nicht fixieren, im Übergang auf A.s dagegen geht sie gerade verloren. Indem jegliches ›Etwas‹ grundlegend durch Andersheit selbst bestimmt ist, ist der Übergang zu seiner identitätssichernden Definition als ›Sein für A.s‹ und als ›A.s seiner selbst‹ (›das sich Verändernde‹) nach Hegel notwendig. Im Gesamtzusammenhang seines geistphilosophischen Konzepts wird in Anwendung dieser seinslogischen Dialektik die Natur als Äußerlichkeit und grundsätzliches A.s der Idee (↑Idee (historisch)) bestimmt. Der Durchgang durch das A., insbesondere durch den personifizierten A.n (↑Andere, der), ist für Hegel geistige Identität gewinnende und stetig versichernde Grundlegung.

Literatur: W. Kamlah/P. Lorenzen, Logische Propädeutik. Vorschule des vernünftigen Redens, Mannheim [2]1973; K. Lorenz/J. Mittelstraß, Theaitetos fliegt. Zur Theorie wahrer und falscher Sätze bei Platon (Soph. 251d–263d), Arch. Gesch. Philos. 48 (1966), 113–152; H. Meinhardt, Andersheit, Anderssein, Hist. Wb. Ph. I (1971), 297–300. S. B.

Andere, der, mit ›Du‹ und ›Mitmensch‹ häufig synonym verwendete grundlegende Kategorie von ↑Intersubjektivität bzw. ↑Dialog thematisierenden Theorien. Vor E. Husserl ist der Ausdruck kaum terminologisch. I. Kant rekurriert in der teleologischen Formel des kategorischen Imperativs (↑Imperativ, kategorischer) auf den A. als Zweck an ihm selbst als Repräsentanten der Menschheit (Grundl. Met. Sitten BA 66f.). Für G. W. F. Hegel ist das Werden des Selbstbewußtseins ein Akt komplementären gegenseitigen Anerkennens, das

sich auf der Grundlage des Kampfes mit dem A.n und des reflektierenden Durchgangs durch dessen Selbständigkeit herstellt (Phänom. des Geistes, Sämtl. Werke II, 148–158). In L. Feuerbachs sensualistisch-altruistischer Philosophie ist die sinnliche und geistige Gemeinschaft mit dem A.n das Objektivität allererst konstituierende Prinzip (Grundsätze der Philosophie der Zukunft, Ges. Werke IX, 323f., 338ff.).
Eine ausgeführte Theorie des A.n vom transzendental-phänomenologischen Standpunkt (↑Phänomenologie) aus wird von E. Husserl gegeben (Cartesianische Meditationen, 121–177). Der Sinn objektiver Weltlichkeit verdankt sich einer stufenden Nicht-Ichkonstituierung, deren erste Stufe der nichtweltlich verstandene ›pure A.‹ ist. Eine Gemeinschaft ›miteinander und füreinander seiender Ich‹ (Monadengemeinschaft, Harmonie der Monaden) konstituiert transzendental-intersubjektiv die ›eine und selbe Welt‹, in der wiederum ›psychophysische Monaden als Weltobjekte‹ (a.a.O., 137) auftreten. In M. Heideggers ↑Daseinsanalyse, die die Formalität der Husserlschen Ichanalyse kritisiert, wird das ›Mitsein mit A.n‹ (›Fürsorge‹) eine der ›Grundarten des Daseins‹ und als solche Bedingung von ›Existenz‹ (Sein und Zeit, 117ff.). Die dem phänomenologisch-reduktiven und dem daseinsanalytischen Verfahren grundsätzlich unzugängliche Extramundaneität des A.n als des unmittelbar gegebenen unverfügbaren Fremden lehrt J.-P. Sartre. – Als Kritik des auf subjektive Konstitutionsleistung gerichteten Transzendentalismus versteht sich die Dialogik M. Bubers. Zentrale Kategorie ist das sich in der ›Begegnung‹ aktualisierende ›Zwischen‹. Die Beziehung des Ich-Du ist im Gegensatz zum Ich-Es-Verhältnis (Subjekt-Objekt) durch emphatische Unmittelbarkeit bestimmt. Ich und der A. konstituieren sich gegenseitig. Zum Dialogismus sind im weiteren Rahmen vor allem F. Rosenzweig, H. Ehrenberg, E. Rosenstock-Huessy und G. Marcel zu zählen.

Literatur: M. Buber, Die Schriften über das dialogische Prinzip, Heidelberg 1954; L. Feuerbach, Gesammelte Werke, I–XI, ed. W. Schuffenhauer, Berlin 1967–1972; M. Heidegger, Sein und Zeit, Tübingen [14]1977; E. Husserl, Cartesianische Meditationen und Pariser Vorträge, ed. S. Strasser, Den Haag, [2]1963 (Husserliana I); K. Löwith, Das Individuum in der Rolle des Mitmenschen, München 1928, [2]1962; J.-P. Sartre, L'être et le néant. Essai d'ontologie phénoménologique, Paris 1943 (dt. Das Sein und das Nichts. Versuch einer phänomenologischen Ontologie, Hamburg 1962); M. Theunissen, Der A., Berlin 1965, [2]1977; B. Waldenfels, Das Zwischenreich des Dialogs. Sozialphilosophische Untersuchungen im Anschluß an E. Husserl, Den Haag 1971; H. Zeltner, Das Ich und die A.n. Husserls Beitrag zur Grundlegung der Sozialphilosophie, Z. philos. Forsch. 13 (1959), 288–315. S. B.

Andronikos von Rhodos, 1. Jh. v. Chr., ↑Peripatetiker, bedeutend als Herausgeber Aristotelischer Schriften. Da A. die verschiedenen Abhandlungen des Aristoteles als Teile eines einheitlichen philosophischen Systems versteht, stellt er jeweils die Texte zu denselben Themen (bisweilen unter neuen Titeln, z.B. »Metaphysik«) zusammen und schafft damit in den Grundzügen das heute geläufige Corpus Aristotelicum. A. behandelt in diesem Zusammenhang auch Fragen der Echtheit und kommentiert einzelne Schriften.

Werke: Andronici Rhodii Ethicorum Nicomacheorum Paraphrasis, cum interpr. Danielis Heinsii, Oxford 1809; C. Schuchhardt, Andronici Rhodii qui fertur Libelli περὶ παθῶν pars altera de virtutibus et vitiis, Darmstadt 1883 (auch Diss. Heidelberg 1883); Erklärungen der Gemütsbewegungen nach den Sätzen der stoischen Weisen, aus dem Griechischen eines unbekannten Verf. übers. v. C. A. Schmid, Lüneburg 1751 (griech./dt.).

Literatur: I. Düring, Aristotle in the Ancient Biographical Tradition, Göteborg 1957; ders., Aristoteles. Darstellung und Interpretation seines Denkens, Heidelberg 1966, 39–42; P. Moraux, Der Aristotelismus bei den Griechen. Von A. bis Alexander von Aphrodisias I (Die Renaissance des Aristotelismus im 1. Jahrhundert v. Chr.), Berlin/New York 1973. E. K.

Anfang, die im vorgriechischen mythischen Denken mit der Frage nach dem A. der Welt verbundene kosmologische Bedeutung des Begriffs A. bestimmt zunächst auch das vorsokratische griechische Denken. Gefragt wird nach dem Urstoff der Welt, aus dem diese entstand und in den das einzelne Ding nach seiner physischen Zerstörung zurückkehrt. Bereits Anaximander verleiht dieser Frage jedoch eine begriffliche Wendung, die später für das griechische Denken im Rahmen der beiden Grundbegriffe A. (↑Archē, lat. principium) und ↑Ursache (griech. αἰτία, lat. ↑causa) charakteristisch bleiben sollte. Aristoteles entwickelt eine Theorie ursächlicher Zusammenhänge, in der materiale Ursachen von formalen sowie Bewegungs- und Zweckursachen unterschieden werden. Unter dem Einfluß christlichen Denkens gewinnen dann kosmogonische Spekulationen (↑creatio ex nihilo) erneut an Bedeutung und bleiben bis in die Neuzeit hinein Bestandteil einer philosophischen Physik. Erst I. Kant zeigt, daß, abgesehen von gewissen physikalischen Theorien über die Entstehung geschlossener physikalischer Systeme (Kosmogonie), d.h. Theorien über physikalische

A.e in der Welt, Fragen nach dem räumlichen oder zeitlichen A. der Welt stets in ↑ Antinomien führen und daher sinnlos sind. Die Frage nach dem A. erhält damit neben der handlungstheoretisch orientierten Analyse der sogenannten Freiheitsantinomie (›Kausalität nach Gesetzen der Natur‹ versus ›Kausalität aus Freiheit‹) ausdrücklich einen *erkenntnistheoretischen* Sinn.

R. Descartes und J. Locke hatten statt nach dem *A. der Welt* nach dem *A. des Wissens* gefragt, das dann auch als Wissen über die Welt formulierbar ist, und in Beantwortung dieser Frage die konträren Positionen eines A.s mit dem reinen Bewußtsein (↑ Rationalismus) und eines A.s mit der reinen sinnlichen Erfahrung (↑ Empirismus, ↑ Sensualismus) begründet; Kant weist nach, daß beide alternativen Reduktionen, die Reduktion der Erfahrung auf das Bewußtsein und die Reduktion des Bewußtseins auf die Erfahrung, methodisch undurchführbar sind, und zeigt, daß methodische A.e des Wissens durch einen kooperativen, sich gegenseitig stützenden Einsatz von begrifflichen und empirischen Hilfsmitteln gekennzeichnet sind. G.W.F. Hegel hat das darin beschlossene dialektische Moment hervorgekehrt und im Kontext des Übergangs von der »Phänomenologie« zur »Logik« den Begriff des A.s noch einmal in den Mittelpunkt seiner Dialektik der Erkenntnis gestellt (»das rückwärts gehende Begründen des A.s, und das vorwärts gehende Weiterbestimmen desselben [fällt] ineinander und [ist] dasselbe«, Logik II, Sämtl. Werke V, 350). Dabei nimmt Hegel selbst im Rahmen fundamental-philosophischer Positionen, wie sie durch die Begriffe der Unmittelbarkeit (Descartes, J.G. Fichte, E. Husserl) und der Vermittlung (M. Heidegger, hermeneutische Philosophie) beschrieben werden können, den Standpunkt einer Vermittlung von Vermittlung und Unmittelbarkeit ein (»der A. der Philosophie muß entweder ein Vermitteltes oder Unmittelbares sein, und es ist leicht zu zeigen, daß er weder das Eine noch das Andere sein könne«, Logik I, Sämtl. Werke IV, 69) (↑ Fundamentalphilosophie).

Maßgebend für den neueren, wissenschaftstheoretisch orientierten Diskussionstand ist im weiteren Sinne der *transzendentalphilosophische* Rahmen (↑ Transzendentalphilosophie), in dem insbesondere Kant Erkenntnisleistungen des Subjekts unter dem Begriff der ↑ Erfahrung zu explizieren suchte. Dabei tritt im Kontext sowohl der praktischen als auch der theoretischen Philosophie (Beantwortung der Frage, wie sich praktische und theoretische Probleme auf der Basis argumentativer und Geltungsansprüche einlösender Leistungen klären lassen) an die Stelle des Aufbaus einer Transzendentalphilosophie über den Begriff des transzendentalen Subjekts (Kant) (↑ Subjektivismus) der ›transzendentale‹ Aufweis von *erkenntniskonstitutiven Prinzipien* entweder in Form von bestimmten (deskriptiv analysierbaren, aber normativ relevanten) Bedingungen sprachlicher und nicht-sprachlicher Interaktion (z.B. K.-O. Apel, J. Habermas) oder in Form der Ausarbeitung eines bei (idealisierten) lebensweltlichen Handlungsregeln einsetzenden gestuften Apriori (↑ a priori, ↑ vorwissenschaftlich) (z.B. F. Kambartel, P. Lorenzen). Das im Rahmen der konstruktiven Wissenschaftstheorie (↑ Wissenschaftstheorie, konstruktive) vorgelegte Programm eines schrittweise begründeten Aufbaus von Wissenschafts- und Sprachkonstruktionen wendet sich dabei unter dem Gesichtspunkt einer Begründung methodischer A.e (darin, in Hegelscher Terminologie, eine Vermittlung der Unmittelbarkeit des A.s leistend) insbesondere gegen den in der neueren analytischen Wissenschaftstheorie (↑ Wissenschaftstheorie, analytische) und im kritischen Rationalismus (↑ Rationalismus, kritischer) aus begründungstheoretischen Gründen (↑ Münchhausen-Trilemma) empfohlenen ›A. von oben‹, d.h. einen A. mit ganzen Satzsystemen und damit vermeintlich implizit konstruierbaren ↑ Theoriesprachen.

Literatur: H. Albert, Traktat über kritische Vernunft, Tübingen 1968, ^{2}1969, ^{3}1975; K.-O. Apel, Das Apriori der Kommunikationsgemeinschaft und die Grundlagen der Ethik, in: ders., Transformation der Philosophie II (Das Apriori der Kommunikationsgemeinschaft), Frankfurt 1973, 358–435; H.F. Fulda, Das Problem einer Einleitung in Hegels Wissenschaft der Logik, Heidelberg 1964, Frankfurt ^{2}1965; ders., Über den spekulativen A., in: D. Henrich (ed.), Subjektivität und Metaphysik. Festschrift für W. Cramer, Frankfurt 1966, 109–127; J. Habermas, Wahrheitstheorien, in: H. Fahrenbach (ed.), Wirklichkeit und Reflexion. Walter Schulz zum 60. Geburtstag, Pfullingen 1973, 211–265; ders., Zwei Bemerkungen zum praktischen Diskurs, in: ders., Zur Rekonstruktion des Historischen Materialismus, Frankfurt 1976, 338–346; P. Janich/F. Kambartel/J. Mittelstraß, Wissenschaftstheorie als Wissenschaftskritik, Frankfurt 1974; F. Kambartel, Wie ist praktische Philosophie konstruktiv möglich? Über einige Mißverständnisse eines methodischen Verständnisses praktischer Diskurse, in: ders. (ed.), Praktische Philosophie und konstruktive Wissenschaftstheorie, Frankfurt 1974, 9–33; P. Lorenzen, Methodisches Denken, Frankfurt 1968; ders., Konstruktive Wissenschaftstheorie, Frankfurt 1974; K. Schrader-Klebert, Das Problem des A.s in Hegels Philosophie, Wien/München 1969. J.M.

Anfangsbedingung (engl. antecedent condition), auch: Antezedenzbedingung, bei der ↑Erklärung eines Ereignisses E gelten diejenigen Bedingungen A als A.en, die vorher oder gleichzeitig mit E realisiert und mit allgemeinen Gesetzeshypothesen G oder Theorien T vorausgesetzt sein müssen. Bei deterministischen (nomologischen) Gesetzmäßigkeiten (↑Determinismus) (z.B. ↑Bewegungsgleichungen der klassischen Mechanik) werden die A.en von E in einer ↑Kausalanalyse bestimmt und entsprechen bei einer adäquaten kausalen Erklärung den ›Ursachen‹ von E. Für eine Formalisierung der A.en von deduktiv-nomologischen Erklärungen in empirischen Modellsprachen müssen nach C.G. Hempel bestimmte syntaktisch-semantische Kriterien erfüllt sein: (1) A ist singulär und wahr; (2) E ist aus T und A folgerbar ($T, A \models E$); (3) die Verifikation von A darf unter der Annahme der Wahrheit von T nicht schon die vorherige Verifikation von E voraussetzen. Für eine syntaktisch-semantische Präzisierung von (3) hat man zunächst E durch seine adjunktive Normalform zu ersetzen, d.h. durch eine Adjunktion von Konjunktionen von ↑›Basissätzen‹ (also negierten oder nicht negierten atomaren Sätzen). Dann ist E nur wahr, wenn wenigstens eine der Konjunktionen von Basissätzen aus E wahr ist. Nach (3) muß also eine Klasse B von Basissätzen existieren, aus der zwar A folgt ($B \models A$), aber weder E noch $\neg T$ (nicht $B \models E$, nicht $B \models \neg T$). Bei der Formalisierung der A.en stellt sich aber wie bei Erklärungen allgemein das Problem der Adäquatheit.

Während A.en in deduktiv-nomologischen Erklärungen als logische Prämissen auftreten, werden sie bei induktiv-statistischen Erklärungen als Argumente der ↑Bestätigungsfunktion verwendet. Sei z.B. $p(G,F)=r$ eine statistische Gesetzmäßigkeit, wonach ein Ereignis der Art F mit der Wahrscheinlichkeit r auch ein Ereignis der Art G sei. Als A. sei x_0 ein Ereignis der Art F (Fx_0). Dann soll nach R. Carnap der Betätigungsgrad c der Hypothese Gx_0 relativ auf die Gesetzeshypothese $p(G,F)=r$ und die A. Fx_0 gleich r sein, d.h. $c(Gx_0, p(G,F)=r \wedge Fx_0)=r$.

Literatur: R. Carnap/W. Stegmüller, Induktive Logik und Wahrscheinlichkeit, Wien 1959; C.G. Hempel/P. Oppenheim, Studies in the Logic of Explanation, Philos. Sci. 15 (1948), 135–175, Nachdr. in: C.G. Hempel, Aspects of Scientific Explanation. And Other Essays in the Philosophy of Science, New York/London 1965, New York [2]1970, 245–295; E. Mach, Die Mechanik. Historisch-kritisch dargestellt, Leipzig [9]1933 (repr. Darmstadt 1976), 478 ff.; K. Mainzer, Abhängigkeit (Dependenz), Hist. Wb. Ph. I (1971), 6f.; K.R. Popper, Logik der Forschung, Tübingen 1976, 31 ff.; W. Stegmüller, Probleme und Resultate der Wissenschaftstheorie und Analytischen Philosophie I (Wissenschaftliche Erklärung und Begründung), Berlin/Heidelberg/New York 1969, Kap. IX–X. K.M.

Anfangsregel, in der Theorie der ↑Kalküle eine ↑Regel ohne Prämissen, oft auch ›uneigentliche‹ Regel genannt im Unterschied zu den ›eigentlichen‹ (d.h. Prämissen enthaltenden) Regeln. Z.B. ist im Kalkül zur Herstellung von Strichfolgen (↑Strichkalkül)

$\Rightarrow |$

$a \Rightarrow a|$

die erste Regel eine A. (zu lesen: ›| darf hergestellt werden‹), während die zweite eine (eigentliche) Regel ist, die den *Übergang* von schon hergestellten zu herstellbaren Figuren festlegt (zu lesen: ›$a|$ darf hergestellt werden, falls a schon hergestellt ist‹). In diesem Sinne sind auch die ↑Axiome formaler Systeme (↑System, formales) als A.n anzusehen. Oft verwendet man jedoch den Terminus ›Regel‹ nicht in diesem weiten, eigentliche und uneigentliche Regeln umfassenden Sinne, sondern synonym mit ›eigentliche Regel‹ und unterscheidet dann in der Definition eines Kalküls ›Axiome‹ (oder auch ›Anfänge‹) von ›Regeln‹ (im engeren Sinne). P.S.

Anführungszeichen (engl. quotation mark), seit G. Frege methodisch eingesetztes Hilfsmittel, die Erwähnung (engl. mention, ↑use and mention) eines Zeichens, und zwar als ↑Schema (engl. type, ↑type and token) und nicht als dessen ↑Aktualisierung (engl. token), von seiner Verwendung (engl. use) zu unterscheiden. Um das Schema eines sprachlichen Ausdrucks, etwa ›Mond‹, zu erwähnen, z.B. in dem Satz »›Mond‹ besteht aus vier Buchstaben« oder auch in dem hier mit »Um ...« beginnenden Satz, muß dieses Wortschema durch einen ↑Nominator vertreten sein, was durch A. vor und hinter einer Aktualisierung des Wortes – ›Mond‹ –, aber auch durch andere Verfahrensweisen, z.B. Kursivdruck – *Mond* – oder Beschreibungen (↑Kennzeichnung) – das Wort, das nacheinander aus dem 13., 15., 14., und 4. Buchstaben des deutschen Alphabets besteht – geschehen kann. K.L.

Angelus Silesius, eigentlich Johannes Scheffler, *Breslau 1624 (getauft 25. Dez. 1624), †ebd. 9. Juli 1677, dt. Dichter und pantheistischer Mystiker. 1643–1648 Studium an den Universitäten Straßburg, Leipzig und Padua (dort Promotion zum Doktor der Philosophie und der Medizin), Tätigkeit als herzoglicher Leibarzt. In der Philosophie knüpft A.S. an die Tradition der ↑Mystik an und bringt seine Gedanken unter dem Einfluß des schlesischen Theosophen Abraham von Tranckenberg sowie der Schriften J. Böhmes und E. Weigels in die durch Meister Eckart angeregte Form des geistlichen Kehrreims. In fünf Büchern »Geistliche Sinn- und Schlussreime« zuerst 1657 veröffentlicht, tragen sie in der zweiten, um ein sechstes Buch vermehrten Auflage – auf die sich G.W. Leibniz bei seinen Vergleichen der quietistischen und der spinozistischen (↑Spinozismus) Gottesvorstellung bezieht – den Titel »Cherubinischer Wandersmann«. Nach A.S.' mystischer Gotteslehre ist Gott als Ewigkeit frei von Raum und Zeit, die nur Anschauungsformen des menschlichen Verstandes sind. Gott schafft die Welt in Ewigkeit stets neu, er ist in allen Kreaturen gegenwärtig (↑Pantheismus) und bedarf des Menschen zu seiner eigenen Existenz (ein wohl ebenfalls auf Meister Eckart zurückgehender Gedanke). Aufgabe des Menschen, der frei zwischen dem Guten und dem Bösen wählen kann, ist die Rückkehr zu Gott durch Aufgeben seines eigenen Wollens (eine für den Pietismus bestimmend gewordene Lehre) und die Schaffung einer Beziehung zur Ewigkeit, von der es ein ›Kennen ohne Erkennen‹ gibt. Durch solche vom orthodox christlichen Standpunkt aus häretische Lehren verwickelte sich A.S. in immer neue Schwierigkeiten mit der Zensur durch die protestantische Geistlichkeit. In einem merkwürdigen Sinneswandel trat er 1653 nicht nur zum Katholizismus über, sondern wurde seitdem auch zum Verfasser fanatischer gegenreformatorischer Streitschriften, zum Gegener der Mystik und zum Verfolger ihrer Anhänger.

Werke: Geistreiche Sinn- und Schlussreime (5 Bücher und 10 Sonette), Wien 1657; Cherubinischer Wandersmann, oder Geist-Reiche Sinn- und Schlusz-Reime zur göttlichen Beschaulichkeit anleitende. Von dem Urheber aufs neue übersehn und mit dem sechsten Buche vermehrt, Glatz 1674; Sämtliche poetische Werke, I–III, ed. u. eingel. v. H.L. Held, München 1922–1923, ³1949–1952; Sämtliche poetische Werke und eine Auswahl seiner Streitschriften mit einem Lebensbilde, I–II, ed. G. Ellinger, Berlin 1924; Cherubinischer Wandersmann, ed. W.-E. Peuckert, Leipzig 1939, Bremen 1956.

Literatur: H. Althaus, Schefflers »Cherubinischer Wandersmann«: Mystik und Dichtung, Gießen 1956; H. Aust, Johannes Scheffler – Silesius, Stimmen der Zeit 162 (1958), 258–270; G. Ellinger, A.S.. Ein Lebensbild, Breslau 1927; F. Fuchs, Die Ideenwelt des »Cherubinischen Wandersmann«, Diss. Wien 1955; A.H. Hoffmann von Fallersleben, Johann Scheffler (A.S.), Weimar. Jb. f. dt. Sprache, Litteratur u. Kunst 1 (1854), 267–295; F. Kern, Johannes Schefflers »Cherubinischer Wandersmann«. Eine literarhistorische Untersuchung, Leipzig 1866; W. Köhler, A.S. (Johannes Scheffler), München 1929; R. Neuwinger, Die deutsche Mystik unter besonderer Berücksichtigung des Cherubinischen Wandersmannes Johannes Schefflers, Bleicherode a.H. 1937 (Diss. Leipzig 1936); J.L. Sammons, A.S., New York 1967; J.B. Schoemann, Barocke Mystik in A.S.' »Cherubinischem Wandersmann«, Literaturwiss. Jb. Görres-Ges. 4 (1929), 115–128; J.H. Seyppel, Freedom and the Mystical Union in »Der Cherubinische Wandersmann«, The Germanic Review 32 (1957), 93–112; J. Tarracó, A.S. und die spanische Mystik. Die Wirkung der spanischen Mystik auf den »Cherubinischen Wandersmann«, in: Spanische Forschungen der Görres-Gesellschaft (ed. H. Finke/W. Neuß/G. Schreiber). Erste Reihe: Gesammelte Aufsätze zur Kulturgeschichte Spaniens, 15 Bd. (ed. J. Vincke), Münster 1960, 1–150; K. Viëtor, Johann Scheffler, in: F. Andrea u.a. (eds.), Schlesier des 17. bis 19. Jahrhunderts, Breslau 1928, 78–89, Neudr. in: ders., Geist und Form. Aufsätze zur deutschen Literaturgeschichte, Bern 1952, 53–64. C.T.

Angst (etymologisch verwandt mit griech. ἄγχειν, lat. angere, beengen, würgen, ängstigen), unlustbetonter seelischer Zustand, der mit einer physischen Symptomatik (z.B. Beklemmung, Würge- und Hitzegefühl, Herzklopfen) verbunden ist. Terminologisch läßt sich die eindeutig objektbezogene *Furcht* (›Realangst‹) von der objektunspezifischen allgemeinen A. unterscheiden. In der antiken Philosophie ist die Furcht einer der ↑Affekte, das A.phänomen wird nicht reflektiert. Erst mit dem Zusammenbruch der tradierten kosmologischen und sittlichen Ordnungen, die Orientierung und Sinn der Existenz versicherten, tritt mit der Ausbildung der auf ihren eigenen Wertschöpfungshorizont verwiesenen Subjektivität die A. vor dem Sein in der Welt (Weltangst) auf. Während die ↑Gnosis aus der Erkenntnis und der Einsicht in den Grund der allgemeinen Bedrohtheit eine Erlösung von der A. erhofft, verspricht das Christentum die Überwindung der A. durch den Glauben.

Eine philosophische Reflexion auf die A. setzt erst nach-aufklärerisch ein. In G.W.F. Hegels »Phänomenologie des Geistes« (1807) ist im Kapitel über »Herrschaft und Knechtschaft« von der ›Furcht des Todes‹ im allgemeinen Bedeutungshorizont der A. die Rede (Sämtl. Werke II, 156). Die ›A. um sein ganzes Wesen‹, die das knechtische Bewußtsein zum Unterwerfungsakt veranlaßt, konzentriert es zugleich emphatisch auf das ›reine Fürsichsein‹ (↑Selbstbewußtsein) als den Ort der abstrakten Freiheit, aus dem sich seine über den Arbeitsprozeß erfolgende Emanzipation herleitet. Die identitätsbildende Arbeit als konkret bezogene Aufhebung und Erhaltung von Gegenständlichkeit ist das Medium der Überwindung der unspezifischen A., in der sich das auf reine und unbestimmte Geistigkeit reduzierte Selbstbewußtsein befindet. Die A. ist nach Hegel ein unüberspringbares Durchgangsstadium im Erfahrungsgange der Konstitution des Selbstbewußtseins.

Über Hegel hinausgehend formuliert S. Kierkegaard, philosophisch wohl als erster in allgemeiner Form, den spezifischen Zusammenhang von Geistigkeit und A., der sich für ihn aus einer philosophischen Deutung der Geistspekulationen des Johannesevangeliums (Joh. 3,8) ergibt. A. ist nach Kierkegaard ein Phänomen der ursprünglichen Krisis, in der sich menschliche Geistigkeit ihrem Begriffe nach befindet. Sie ist das Selbstverhältnis des ›Leib‹ und ›Seele‹ synthetisierenden Geistes, der sich im Ergreifen seiner genuinen Bestimmtheit jeweils verfehlt und nur als Verfehlung positiv erfährt. Die Konfrontation des unmittelbaren (›träumenden‹) Geistes mit der Unbestimmtheit und Leere (›Nichts‹) seiner ›Möglichkeit‹ (Freiheit) ist schon im Status der Unschuld die Geburtsstunde der A. Auf späteren Stufen der Genese des Freiheitsbewußtseins wird die A. vor der Sünde, dem Abfall des Menschen an die Zeitlichkeit und dem Verlust seiner ›Möglichkeit‹, zur material generationsmäßig aufgestuften Qualität menschlichen Daseins. Seiner eigenen angsterzeugenden Dialektik vermag der Geist nicht zu entgehen; es verbleibt allein der Glaube an Vorsehung und Gnade als angstüberwindende Potenz.

Die von Kierkegaard vorgenommene dialektische Verschränkung von Geist (Freiheit) und A. ist das bestimmende Thema der sich auf ihn berufenden ↑Existenzphilosophie, die in ihren Hauptvertretern jedoch atheistisch war. In seiner ↑Daseinsanalyse wird von M. Heidegger ontologisch-existential das ›Wovor der Furcht‹, die sich als ›Aufgehen im Man‹ ontisch-existentiell zeigt, als das ›eigentliche Selbst-sein-können‹ bestimmt. Furcht ist innerweltliches Zurückweichen. A. Reaktion auf das ↑›In-der-Welt-sein‹ als solches. Durch die A. wird die ›Welt als Welt‹ und das ›vereinzelte, reine geworfene Seinkönnen‹ in ihr erschlossen. Die A. ist eine Bedrohung, die ›das Dasein selbst von ihm selbst her trifft‹, und als vereinzelndes Erschließen eine Grundbefindlichkeit des Daseins (Sein und Zeit §40).

Für K. Jaspers ist die existentielle A. die Konsequenz aus der prinzipiellen Unsicherheit des je eigenen Entwurfs. Ihre Überwindung wäre nur von der grundsätzlich verstellten Transzendenz zu erwarten. Ihre positive Funktion hat die A. hinsichtlich der Infragestellung aller vorgeblichen Objektivität und der Öffnung der Existenz für das Sein. Nach J.-P. Sartre ist A. eine »Qualität unseres Bewußtseins, insofern dasselbe ausschließlich Freiheit ist« (Das Sein und das Nichts, 402). In der A. wird die Freiheit als der nicht-legitimierte und ungeschützte Grund allen Entscheidens offenbar. In der A. scheint die unhintergehbare Verantwortung für den jeweils gewählten Entwurf und die prinzipielle Ungesichertheit alles Zukünftigen auf. Sie ist integrierter Bestandteil allen Handelns.

Die psychoanalytischen Theorien schwanken in der Deutung des A.phänomens. Sie fassen A. vor einer Gefahr, die wir nicht kennen, als neurotische A. (S. Freud, Hemmung, Symptom und A., 198), und zwar teils als ein Symptom, teils aber auch als den Ursprung psychischer Krankheiten. Für Freud bezieht sich die neurotische A. auf innere unterdrückte Triebansprüche, die als unbestimmte Gefahr wirksam werden. Im Anschluß an Freudsche Thesen sieht O. Rank in der traumatischen Geburtserfahrung die Folie, über die sich spätere A. reproduziert. Für Rank ist Trennung und damit verbundene Individuierung die jeweilige Quelle von A. Die Unausweichlichkeit der A. und deren Eingebundenheit in den sozialen Zusammenhang, in dem der einzelne sich findet, lehrt A. Adler mit seiner Theorie des Minderwertigkeitsgefühls. K. Horney führt die A. auf unterdrückte Feindseligkeit zurück.

Literatur: A. Adler, Über den nervösen Charakter. Grundzüge einer vergleichenden Individual-Psychologie und Psychotherapie, München 1912, [4]1928 (repr. Darmstadt 1969), Frankfurt 1977; H. v. Ditfurth (ed.), Aspekte der A.. Starnberger Gespräche 1964, Stuttgart 1965; S. Freud, Hemmung, Symptom und A. (1926), in: ders., Ges. Werke XIV, Frankfurt 1948, [6]1977, 111–205; H. Glaser/K. H. Stahl (eds.), A. vor der Zukunft. Versuche zur Hoffnung. Berichte, Essays, Dokumente, München 1978; M. Heidegger, Sein und Zeit (1927), Tübingen [14]1977; K. Horney, The Neurotic Personality of our Time, New York 1937 (dt. Der neurotische Mensch unserer Zeit, Stuttgart 1951, München 1964); K. Jaspers, Philosophie III (Metaphysik), Berlin 1932, Berlin/Göttingen/Heidelberg [3]1956; S. Kierkegaard, Der Begriff A. (1844), in: ders., Ges. Werke, I–XLI, Düsseldorf 1950–1974, XI, 1–169; H. W. Krohne, Theorien zur A., Stuttgart 1976; O. Pfister, Das Christentum und die A., Zürich 1944 (repr. Olten/Freiburg 1975); O. Rank, Das Trauma der Geburt, Wien 1924; J.-P. Sartre, L'être et le néant, Paris 1943 (dt. Das Sein und das Nichts. Versuch einer phänomenologischen Ontologie, Hamburg 1952 [gekürzt]); K. Schlechta (ed.), A. und die Hoffnung in unserer Zeit, Darmstadt 1965. S. B.

anima, ↑Seele.

Animismus (von lat. anima/animus, Seele/Geist), ursprünglich die von G. E. Stahl (Theoria medica vera, 1708) entwickelte Auffassung, daß alle organischen Vorgänge im Körper über Gehirn und Nervensystem durch ein immaterielles seelisches Element gesteuert werden. In ethnologischer und religionsgeschichtlicher Bedeutung der Glaube an spirituelle Ursachen physikalischer Vorgänge, die Beseeltheit der Natur.

Nach dem englischen Anthropologen E. B. Tylor (1832–1917) wurzelt alle Religion in animistischen Vorstellungen, für die wiederum eine elementare Unterscheidung zwischen ↑Leben (↑Seele) und Körper charakteristisch ist. Diese Unterscheidung dient dann sowohl der Erklärung des Traumes (einer zeitweiligen Abwesenheit der Seele vom Körper), des Todes (einer endgültigen Entfernung der Seele vom Körper) als auch der vermeintlichen Existenz von Geistern, der dauerhaften Verbindung von Seele und Traumphantom. *Animatismus* tritt in dieser Diskussion als eine eingeschränkte Form des A. auf: statt des Glaubens an eine All*beseelung* wird der Glaube an eine All*belebung* an den Anfang primitiver religiöser Auffassungen gesetzt. Diese Abgrenzung ist ihrerseits problematisch, weil sie bereits mit begrifflichen Unterscheidungen zwischen Seele und Leben arbeitet, die selbst dem Vokabular einer sehr viel höheren Kulturstufe angehören. Animistische Vorstellungen gelten heute in Ethnologie, Religionswissenschaft und Entwicklungspsychologie als gegenüber ursprünglichen mythischen Formen der Religion abgeleitete Phänomene.

Literatur: P. A. Angeles, G. F. Stout's Philosophy of Animism, Ann Arbor Mich. 1959; W. T. Harris/E. G. Parrinder, The Christian Approach to the Animist, London 1960; A. E. Jensen, Mythos und Kult bei Naturvölkern. Religionswissenschaftliche Betrachtungen, Wiesbaden 1951, [2]1960; G. van der Leeuw, Phänomenologie der Religion, Tübingen 1933, [2]1956, [4]1977; B. Malinowski, Magic, Science and Religion, in: J. Needham (ed.), Science, Religion and Reality, London/New York/Toronto 1925, 19–84; R.R. Marett, The Threshold of Religion, London 1909, [2]1914; ders., Tylor, London 1936; W. McDougall, Body and Mind. A History and a Defense of Animism, Boston 1961; W.E. Mühlmann, A., RGG I ([3]1957), 389–391; K.E. Müller, A., Hist. Wb. Ph. I (1971), 315–319; G. Róheim, Animism, Magic, and the Divine King, New York 1930 (repr. 1972); E.B. Tylor, Primitive Culture. Researches into the Development of Mythology, Philosophy, Religion, Art, and Custom, I–II, London 1871 (repr. I–II, New York 1974), [6]1920 (dt. Die Anfänge der Cultur, I–II, Leipzig 1873). J. M.

Anlage, Begriff der Biologie und der Psychophysiologie zur Beschreibung genetischer Merkmale und physischer sowie psychischer Prädispositionen; in der Philosophie durch das Aristotelische Begriffspaar ↑Dynamis und ↑Energeia vorgebildet. I. Kant unterscheidet zwischen einer *technischen,* einer *pragmatischen* und einer *moralischen* A.: »Unter den lebenden Erdbewohnern ist der Mensch durch seine technische (mit Bewußtsein verbunden – mechanische) zu Handhabung der Sachen, durch seine pragmatische (andere Menschen zu seinen Absichten geschickt zu gebrauchen) und durch die moralische A. in seinem Wesen (nach dem Freiheitsprinzip unter Gesetzen gegen sich und andere) zu handeln, von allen Naturwesen kenntlich unterschieden« (Anthropologie in pragmatischer Hinsicht, 2. Teil E, Akad.-Ausg. VII, 322). Im Gegensatz zu seiner Verwendung in der Biologie steht der Begriff der A. in der philosophischen Tradition (so etwa auch bei G.W. Leibniz, G.W.F. Hegel und J.G. Fichte) demnach nicht nur für den Begriff der Naturanlage, sondern setzt den Begriff der pragmatischen und moralischen ↑Autonomie voraus. Es ist diese Autonomie, nicht heteronome Bestimmungen wie Naturkausalitäten, die in diesem philosophischen Sinne von A. im Wesen des Menschen, als Selbstbestimmung und Selbstverwirklichung, ›angelegt‹ ist. J. M.

Anmut (mhd. anemuot, Lust, Verlangen), ebenso wie ›Grazie‹ (lat. gratia, A., Gunst, Dank) Ausdruck einer natürlichen Geschlossenheit von Geist und Sinnlichkeit, in der nach F. Schiller die bloß architektonische Schönheit der Natur durch den Ausdruck ›moralischer Empfindungen‹ umgebildet wird (»die Schönheit der Gestalt unter dem Einfluß der Freiheit«, Über Anmut und Würde [1793], Werke II, 391). A. wird damit in erster Linie als ein moralischer Begriff aufgefaßt, womit Schiller in Gegensatz zu I. Kants Begriff der ↑Pflicht gerät. Dieser enthält, wie Kant selbst gegenüber Schillers Versuch einer Verbindung von Ethik und Ästhetik durch den Begriff der A. erläutert, »unbedingte Nötigung, womit A. in geradem Widerspruch steht«. Erst nachträglich kann nach Kant »die moralisch-gerichtete Vernunft die Sinnlichkeit (durch die Einbildungskraft) mit ins Spiel« ziehen, hat eine befolgte Tugend ›anmutige Folgen‹ (Die Religion innerhalb der Grenzen der bloßen Vernunft B 11, Akad. Ausg. VI, 23).

Schillers Begriff einer schönen Seele, deren Ausdruck A. ist, hat in einer formalen Ethik nach dem Vorbild der Ethik Kants keinen Platz. Dem widerspricht nicht zuletzt auch der besondere Charakter des Unwillkürlichen, den A. selbst noch in der Verbindung von natürlicher Sinnlichkeit mit Selbstbewußtsein besitzt. H. v. Kleist hat die der A. eigentümliche Dialektik von Natürlichkeit und Bewußtsein auf die Formel gebracht, daß A. (Kleist spricht an dieser Stelle von Grazie) am reinsten in jenem menschlichen Körperbau gegenwärtig sei, »der entweder gar keins oder ein unendliches Bewußtsein hat, d.h. in dem Gliedermann oder in dem Gott« (Über das Marionettentheater [1810], Werke III, 342). Als positiver ästhetischer Wert im engeren Sinne tritt A. unter anderem in den ästhetischen Schriften R. Ingardens auf (Untersuchungen zur Ontologie der Kunst, Tübingen 1962).

Literatur: H. v. Kleist, Über das Marionettentheater, in: ders., Werke und Briefe, I–IV, ed. K. M. Schiller, Leipzig 1926, III, 335–342; F. Schiller, Über A. und Würde, in: ders., Werke, I–III, ed. H.G. Göpfert, München 1966, II, 382–424. – R. Bayer, Histoire de l'esthétique, Paris 1961; H. Plügge, Grazie und A., Hamburg 1947. J. M.

Annahme (engl. assumption, supposition), zur Erläuterung des umgangssprachlichen Ausdrucks ›A.‹ erklärte G. Frege eine A. als »das Setzen eines Falles, ohne gleich über sein Eintreten zu urteilen«. Terminologisch soll dann unter einer A. ein nicht-behaupteter Aussagesatz verstanden werden, d.h. ein Satz, durch den ein Gedanke lediglich zum Ausdruck gebracht, nicht aber schon als wahr oder falsch hingestellt wird. Als ›Urteile ohne Überzeugung‹ werden die A.n deshalb von A. Meinong charakterisiert, der ihnen in seiner ↑›Gegenstandstheorie‹ einen mittleren Ort zwischen Vorstellungen und Urteilen zuweist. Meinong hat sein Ziel, die Bedeutung der ›A.n‹ oder ↑›Fiktionen‹ für den Erkenntnisprozeß deutlich zu machen, zumindest innerhalb der zeitgenössischen Diskussion erreicht, obwohl die Prophezeiung, es werde innerhalb der Philosophie einmal eine eigenständige ›Annahmenlehre‹ geben, die Wichtigkeit einer solchen Disziplin wohl überschätzt. An Freges Auffassung der A. knüpfen sich in der an ihn anschließenden analytischen Sprachphilosophie bis heute Meinungsverschiedenheiten (B. Russell, L. Wittgenstein, G. E. M. Anscombe, E. Stenius, M. Dummett). Von Interesse sind ferner Untersuchungen zu ↑ Annahmenkalkülen, d.h. zu Fragen des logischen Schließens mit A.n.

Literatur: M. Dummett, Frege. Philosophy of Language, London 1973, 326f.; G. Frege, Funktion und Begriff (1891), in: ders., Funktion, Begriff, Bedeutung. Fünf logische Studien, ed. u. eingel. v. G. Patzig, Göttingen ^{4}1975, 18–39; R. Hall, Assuming: One Set of Positing Words, Philos. Rev. 67 (1958), 52–75; R. Haller, Über A.n, in: ders. (ed.), Jenseits von Sein und Nichtsein. Beiträge zur Meinong-Forschung, Graz 1972, 223–228; E. Heller, Zur Logik der A., Jb. Philos. phänomen. Forsch. 10 (1929), 485–513; J. E. Heyde, A., Hist. Wb. Ph. I (1971), 329–333; A. Marty, Über A.n, Z. Psychol. u. Physiol. d. Sinnesorgane 40 (1906), 1–54; A. Meinong, Über A.n, Leipzig 1902, ^{3}1928; B. Russell, Meinong's Theory of Complexes and Assumptions, Mind 13 (1904), 204–219, 336–354, 509–524; G. Spengler, Meinongs Lehre von den A.n und ihre Bedeutung für die Schullogik, Wien 1903 (Schulprogr.); ders., Das Verhältnis der »Philosophie des Als ob« H. Vaihingers zu Meinongs »Über A.n«, Z. Philos. phil. Kritik 147 (1912), 129–171; H. Schleichert, Nochmals über A.n (zu C. Weinberger s.u.), in: J.C. Marek u.a. (eds.), Österreichische Philosophen und ihr Einfluß auf die analytische Philosophie der Gegenwart, Innsbruck/München/Salzburg/Graz/Gießen 1977, 124–128; C. Weinberger, Zur Logik der A.n, Wien 1976; dies., Die A. als Kategorie der Wissenschaftssprache, in: J.C. Marek u.a. (eds.), Österreichische Philosophen, 101–123. C.T.

Annahmebeweis, ↑Kalkül des natürlichen Schließens.

Annahmenkalkül, Bezeichnung für ↑Kalküle, speziell für ↑Logikkalküle, die der Formalisierung des Schließens aus ↑Annahmen dienen. Sie können z.B. folgendermaßen definiert werden: Notiert man neben jeder in einer ↑Ableitung eines Kalküls K vorkommenden Zeichenreihe A diejenigen Annahmen (Hypothesen) $A_1, \ldots, A_n$, von denen A in dieser Ableitung abhängt, wobei man zur besseren Unterscheidung $A_1, \ldots, A_n$ von A durch einen Doppelstrich $\|$ trennt, so kann man die entstehenden Zeichenreihen $A_1, \ldots, A_n \| A$ als Beweiszeilen eines zugehörigen A.s K' auffassen, falls man die Ableitungsregeln von K in analoger Weise zu Regeln von K' modifiziert: An die Stelle der Annahmeneinführung in K tritt in K' die ↑Anfangsregel $\Rightarrow F \| F$; an die Stelle einer Regel $F_1, \ldots, F_n \Rightarrow F$ von K tritt in K' die Regel $\Gamma_1 \| F_1, \ldots, \Gamma_n \| F_n \Rightarrow \Gamma \| F$, wobei $\Gamma_1, \ldots, \Gamma_n, \Gamma$ Folgen von Zeichenreihen symbolisieren sollen, die den Annahmen entsprechen, von denen $F_1, \ldots, F_n, F$ in K abhängen. Außerdem sind in K' ↑Strukturregeln für Annahmenfolgen nötig. In diesem Sinne ist z.B. der quantorenlogische Teil des von G. Gentzen 1936 angegebenen zahlentheoretischen Kalküls (vgl. Gentzen 1936, § 5) ein A. zu einem ↑Kalkül des natürlichen Schließens für die klassische Quantorenlogik, ebenso der von H. Hermes angegebene Kalkül (vgl. Hermes 1976, Abschnitt IV.2). In etwas anderer, aber gleichwertiger Weise haben S. Jaśkowski 1934 und W. V. O. Quine 1950 A.e für die klassische Junktoren- bzw. Quantorenlogik entwickelt.

Für einen in der skizzierten Weise zu K konstruierten A. K' gilt: Genau dann, wenn in K der Ausdruck A aus den Annahmen $A_1, \ldots, A_n$ ableitbar ist (symbolisch: $A_1, \ldots, A_n \vdash_K A$), gilt in K', daß $A_1, \ldots, A_n \| A$ (ohne Annahmen) beweisbar ist (symbolisch: $\vdash_{K'} A_1, \ldots, A_n \| A$). Auf Grund dieses Resultates kann man K' als Metakalkül für die Ableitbarkeitsrelation $\vdash_K$ interpretieren, indem man einen Beweis von $A_1, \ldots, A_n \| A$ in K' als Beweis für die metasprachliche Relation $A_1, \ldots, A_n \vdash_K A$ auffaßt.

Literatur: G. Gentzen, Die Widerspruchsfreiheit der reinen Zahlentheorie, Math. Ann. 112 (1936), 493–565 (repr. Darmstadt 1967); H. Hermes, Einführung in die mathematische Logik. Klassische Prädikatenlogik, Stuttgart [4]1976; S. Jaśkowski, On the Rules of Suppositions in Formal Logic, Stud. Log. 1 (1934), 5–32, Nachdr. in: S. McCall (ed.), Polish Logic 1920–1939, Oxford 1967, 232–258; W.V.O. Quine, On Natural Deduction, J. Symb. Log. 15 (1950), 93–102. P.S.

Annaṃbhaṭṭa, um 1600, ind. Philosoph, Brahmane aus der Provinz Andhra, führender Vertreter des neuen Nyāya (Navya Nyāya) im Rahmen der Systeme des ↑Nyāya und ↑Vaiśeṣika der klassischen indischen Philosophie. Sein Logiklehrbuch Tarkasaṃgraha samt selbstverfaßtem Kommentar Dīpikā ist eine wichtige Quelle für die indische Gestalt der Logik (↑Logik, indische) und noch heute im Gebrauch.

Werke: Tarkasaṃgraha, ed. M.R. Bodas, Bombay 1897, [2]1918 (Bombay Sanskrit Ser. 55), zus. mit dem Dīpikā übers. v. E. Hultzsch, Abh. Königl. Ges. Wiss. Gött., phil.-hist. Kl. NF IX, Heft 5, Göttingen 1907.

Literatur: J.M. Bocheński, Formale Logik, Freiburg 1956, [3]1970; A. Foucher, Éléments de systématique et de logique Indiennes, Paris 1949; ders. (ed.), Le compendium des topiques (Tarka-Saṃgraha) d'A., avec des extraits de trois commentaires indiens (Texte et traduction) et un commentaire, Paris 1949; D.H.H. Ingalls, Materials for the Study of Navya-Nyāya Logic, London 1951. K.L.

Anomalie, terminologisch bei T.S. Kuhn für eine mit den im Rahmen der normalen Wissenschaft (↑Wissenschaft, normale) anerkannten Theorien unvereinbare, von begründeten Erwartungen abweichende Entdeckung. Voraussetzung für das Auftreten von A.n ist in der Regel die Weiterentwicklung instrumenteller und begrifflicher Verfahren, die häufig ›zwangsweise‹, historisch gesehen in gleichzeitigen Parallelentdeckungen, zu A.n führen. Je nach Art der zugrunde liegenden Diskrepanzen unterscheidet Kuhn quantitative und qualitative A.n.

Literatur: W.C. Humphreys, Anomalies and Scientific Theories, San Francisco 1968; T.S. Kuhn, The Structure of Scientific Revolutions, Chicago 1962, [2]1970 (dt. Die Struktur wissenschaftlicher Revolutionen, Frankfurt 1967, [2]1976); ders., Die Entstehung des Neuen. Studien zur Struktur der Wissenschaftsgeschichte, ed. L. Krüger, Frankfurt 1977. P.J.

Anpassung (engl. adaptation, adjustment), vor allem in der Biologie und Individual- bzw. Sozialpsychologie mehrdeutig verwendeter Relationsbegriff, mit dem allgemein der Prozeß der Erreichung von Störungsfreiheit in den Verhältnissen von Lebewesen zu ihrer natürlichen bzw. sozialen Umwelt beschrieben wird. Im Regelfalle wird als A. eine qualitative Änderung von Lebewesen im Hinblick auf ein umweltliches Funktionsgefüge verstanden. Es ist jedoch auch üblich, Formungen der Umwelt, die zum Zwecke der Angleichung an gegebene Lebenserfordernisse erfolgen, als A.en zu bezeichnen.

In der Biologie hat sich eine auf C.R. Darwin (↑Darwinismus) zurückgehende A.stheorie durchgesetzt, die die Entwicklung und Differenzierung der Arten auf einen natürlichen Ausleseprozeß (↑Selektion) unter den sich zwar jeweils artgebunden entwickelnden, jedoch in einer gewissen Variationsbreite auftretenden Individuen zurückführt (»das Passendste überlebt das andere«, H. Spencer). Darwins kausalistische Erklärung für die beobachtbare Angepaßtheit des organischen Lebens löste die teleologisierende A.stheorie J.B. Lamarcks ab. Seit Darwin gilt eine erbliche Veränderung von Organismen in aktiver Assimilation an durch die Umwelt definierte Bedingungen für ausgeschlossen. Die Übertragung des Darwinschen Konzepts auf die Kulturentwicklung und damit auf psychische und geistige A.sleistungen ist vor allem im Sozialdarwinismus völkischer Autoren vorgenommen worden. A. im individualpsychologischen Sinne ist der Prozeß, dem das Individuum bei der Einübung universeller bzw. kultur- und gesellschaftskovarianter Normen unterworfen ist. Durch A. erreicht es das Individuum, seine natürlichen Triebansprüche mit den Forderungen der natürlichen bzw. sozialen Umwelt in Einklang zu bringen. Der A.sprozeß ist so stets durch eine autoplastische Veränderung der Ichstruktur gemäß umweltlichen Bedingungen definiert und kann allgemein als ein Lernprozeß, dessen Ziel die Charakterbildung ist, beschrieben werden. In objektiver Wendung ist A. als ein Mittel zur Stabilisierung des jeweils übergreifendem institutionellen Gefüges verstehbar. Insofern sprachlich vermittelte A.sleistungen vorliegen, ist es sinnvoll, von einer schöpferisch-aktiven A. (creativ adjustment) zu sprechen. Sozialpsychologisch ist A. eine Kategorie, die die Verhaltenskonformität ganzer Gruppen innerhalb gemeinsamer natürlicher und gesellschaftlicher Gegebenheiten beschreibt bzw. erklärt. Für die strukturell-funktionale Theorie (T. Parsons) ist A. (adaptation) eine der Grundfunktionen sozialer Systeme (AGIL-Schema).

Literatur: E. Becker/S. Herkommer/J. Bergmann, Erziehung zur A.? Eine soziologische Untersuchung der politischen Bildung in den Schulen, Schwalbach [2]1968; D. Claessens/A. v. Gagern/F. Merz, A., Hist. Wb. Ph. I (1971), 336–340; C.R. Darwin, On the Origin of Species by Means of Natural Selection or the Preservation of Favoured Races in the Struggle of Life, London 1859; K. Foppa, Lernen, Gedächtnis, Verhalten, Köln/Berlin 1965; H. Hartmann, Ich-Psychologie und A.sproblem, Stuttgart 1960; R. König, A., Wörterbuch der Soziologie, Stuttgart 1969; R.S. Lazarus, Adjustment and Personality, New York/Toronto/London 1961; H. Marcuse, Triebstruktur und Gesellschaft. Ein philosophischer Beitrag zu S. Freud, Frankfurt 1965; T. Parsons, An Outline of the Social System, in: ders./E.A. Shils/K.D. Naegele/J. Pitts (eds.), Theories of Society, Glencoe Ill. 1961; R. Presthus, Individuum and Organisation. Typologie der A., Frankfurt 1962; D. Riesmann, The Lonely Crowd. A Study of the Changing American Character, Garden City N.Y. 1954 (dt. Die einsame Masse, Hamburg 1958); J. Schlemmer, A. als Notwendigkeit. Zur Überwindung eines modischen Mißverständnisses, München 1973; P.R. Skawran, Psychologie der A.sprozesse, Freiburg 1965; A.C. Zijderveld, Die abstrakte Gesellschaft. Zur Soziologie von A. und Protest, Frankfurt 1972. S.B.

Anschauung, als philosophischer Terminus in seiner Verwendung weitgehend durch I. Kants Einteilung der von ihm so genannten ›Vorstellungen‹ in *Anschauungen* und *Begriffe* bestimmt (KrV B 33ff.). Kants systematische Intentionen lassen sich wie folgt rekonstruieren: die Person P hat in einer Situation S von einem Gegenstande G eine A. genau dann, wenn G der Person P in S sinnlich (in der Sinneswahrnehmung) gegenwärtig ist. Entgegen dem Anschein des Wortgebrauchs ist ›A.‹ also ein dreistelliger Prädikator. Kants Ausdrucksweise greift im übrigen häufig auf die Vorstellung eines besonderen Vermögens der ›sinnlichen A.‹ oder ↑›Sinnlichkeit‹ zurück, durch das Gegenstände anschaulich gegeben werden können. Statt von sinnlicher Präsenz der Gegenstände kann dementsprechend dann auch vom Gegebensein der Gegenstände ›in der (sinnlichen) A.‹ die Rede sein. Nicht sinnlich präsent sind *abstrakte* Gegenstände (↑Abstraktion), z.B. die ↑Begriffe. Insofern man erst durch Abstraktionsschritte auf der Basis einer vorgängigen, in letzter Instanz anschauungsbezogenen Prädikation zu Begriffen gelangt, können diese als vermittelt (Kant: ›indirekt‹) gewonnen gelten im Unterschied zum ›unmittelbaren‹ (›direkten‹) Gegenstandsbezug ›in der A.‹.
Kant unterscheidet weiter eine empirische A., »welche sich auf den Gegenstand durch Empfindung bezieht« (KrV B 34), von *reiner* A. Auf reine A.en stützen sich nach Kant insbesondere die Begriffsbildungen und Behauptungen der Mathematik. Dies läßt sich so verstehen: Einerseits bezieht sich die Mathematik auf die Herstellung oder Konstruktion (Kant: ↑›Synthesis‹) von Objekten in der A. im oben präzisierten Sinne. Andererseits behandelt die Mathematik die Konstruktionsverfahren als solche, unabhängig von einer bestimmten empirischen Aktualisierung. Derartige Konstruktionsverfahren sind z.B. für Ziffern und für die arithmetischen Grundoperationen definiert, exemplarisch realisiert etwa über Strichreihen mit Zeichenstift und Papier. Die so konkret hergestellten Zeichenfiguren wie auch die Materialien, Werkzeuge und Operationen, die zugrunde liegen, sind in empirischer A. präsent. Das *Verfahren* jedoch, das z.B. auch durch das Operieren mit Rechensteinen anschaulich wird, läßt sich ›rein‹ nur als ›Form der A.‹ (Kant) zum Gegenstand der Betrachtung machen, d.h. unter Absehung von Aussagen, deren Geltung von den jeweiligen empirischen Realisierungsbedingungen abhängt. Zugleich bedarf es damit zum Verständnis der Mathematik nicht mehr einer von der (empirischen) Sinnlichkeit losgelösten besonderen, ›übersinnlich‹ oder ›rational‹ genannten A. (Intuition), wie sie der philosophische Rationalismus für die Begründung nicht-empirischer Aussagen in Anspruch nahm. Entsprechendes gilt nach Kant für *analytisch wahre* Sätze, deren Geltung er auf logisch-definitorische Begriffsanalysen zurückführt. Kants Grundsatz, daß Gedanken ohne Inhalt, d.h. ohne Bezug zur sinnlichen A., leer sind (KrV B 75), führt ihn dann zu der Einsicht, daß jedes menschliche Erkennen auf der Grundlage sinnlicher A. steht und gleichwohl, wie das Beispiel der Mathematik zeigt, nicht-empirische Begründungen möglich sind.
Kants Einsicht bleibt bis heute umstritten. Bereits G.W.F. Hegel muß sie wieder gegen F.W.J. Schellings Rückgriff auf eine ›intellektuale A.‹ (↑Anschauung, intellektuelle) ins Feld führen, desgleichen L. Wittgenstein und der mathematische Konstruktivismus (↑Mathematik, konstruktive) gegen logisch-analytische oder platonistische (↑Platonismus (wissenschaftstheoretisch)) Ma-

thematikverständnisse. Auch die ↑Phänomenologie E. Husserls nimmt bereits in der verwendeten Terminologie eine unklare Zwischenstellung zwischen sinnlicher A. und rationaler Intuition ein, exemplifizierbar etwa an der Husserlschen Forderung, wo »Gegenständlichkeiten uns ursprünglich anschaulich zur Gegebenheit kommen, daran die Methode der Ideation zu üben und rein intuitiv Wesensallgemeinheiten herauszuschauen« (Phänomenologische Psychologie, 88). Die Tatsache, daß ein konkreter, anschaulich präsenter Gegenstand in dem Sinne einzigartig ist, daß nicht alles, was sich über ihn aussagen läßt, in einer begrifflichen Charakterisierung enthalten sein kann, hat dazu geführt, daß die A.en traditionell als *einzeln* oder *singular* den *allgemeinen* Begriffen gegenübergestellt werden (»Die A. ist eine *einzelne* Vorstellung [repraesentatio singularis], der Begriff eine *allgemeine* [repraesentatio per notas communes] oder *reflektierte* Vorstellung [repraesentatio discursiva]«, I. Kant, Logik, ed. G. Jäsche, §1, Akad.-Ausg. IX, 91; vgl. KrV B 47). Die Intention dieser Gegenüberstellung hat später B. Bolzano so präzisiert, daß unter A.en *einfache Einzel*vorstellungen, d.h. Vorstellungen verstanden sind, die sich nicht als Zusammensetzung anderer Vorstellungen erklären lassen und unter die nur ein einziger Gegenstand fällt. Daß eine A. nicht in diesem Sinne zusammengesetzt ist, läßt sich in nicht-psychologistischer Ausdrucksweise so rekonstruieren, daß sie sich nicht vollständig durch prädikative Bestimmungen charakterisieren läßt. Als einzige sprachliche Repräsentationsform von A.en treten denn auch bei Bolzano deiktische Ausdrücke wie ›dies Haus‹ auf (vgl. Wissenschaftslehre §72).

Literatur: B. Barthlen, Der Begriff der A., Tübingen 1954; W. Flach, Zur Prinzipienlehre der A. I (Das spekulative Grundproblem der Vereinzelung), Hamburg 1963; ders., A., Hb. ph. Grundbegriffe I (1973), 99–109; E. Husserl, Logische Untersuchungen II/2, Halle 1901, Tübingen [4]1968; ders., Phänomenologische Psychologie. Vorlesungen Sommersemester 1925, ed. W. Biemel, Den Haag 1968 (Husserliana IX); F. Kambartel, Erfahrung und Struktur. Bausteine zu einer Kritik des Empirismus und Formalismus, Frankfurt 1968, [2]1976, 112ff.; F. Kaulbach, Die A. in der klassischen und modernen Physik, Philos. Nat. 5 (1958), 66–95; ders., A., Hist. Wb. Ph. I (1971), 340–347; J. König, Der Begriff der Intuition, Halle 1926; K. Reidemeister, A. als Erkenntnisquelle, Z. philos. Forsch. 1 (1946), 197–210; H. Scholz, Das Vermächtnis der Kantischen Lehre von Raum und Zeit, Kant-St. 29 (1924), 21–69; R. Zocher, Zur Erkenntnistheorie der empirischen A., Z. philos. Forsch. 6 (1951/1952), 543–565. F.K.

Anschauung, intellektuelle, vor allem von J.G. Fichte und F.W.J. Schelling behauptete Fähigkeit zur unmittelbaren Erkenntnis der Prinzipien unseres Wissens: sowohl der Grundforderungen, gemäß denen Wissen erzeugt, als auch der Grundbegriffe, mit denen Wissen dargestellt werden kann. Die Annahme einer solchen i.n A. beruft sich (gegen dessen ausdrücklichen Einspruch) auf I. Kant, insofern dieser die Erzeugung der Gegenstände unseres Wissens durch unsere (sinnliche) ↑Anschauung und unsere (Verstandes-) ↑Kategorien lehrt. Nach dem Verständnis Fichtes und Schellings ist damit die ›Objektivität‹ bzw. Verläßlichkeit unseres Wissens durch die Hervorbringung von Kategorien und Formen der (sinnlichen) Anschauung, also durch eine Leistung des Erkenntnissubjekts, gesichert. Insofern das erkennende Subjekt auch das die Prinzipien der Erkenntnis hervorbringende Subjekt ist, kann es die Hervorbringung dieser Prinzipien unmittelbar erkennen: es kann sich selbst, wie Fichte formuliert, bei dieser Hervorbringung zusehen, nämlich in der i.n A. Da diese Anschauung zugleich ein Hervorbringen, eine ›Tat‹, nämlich die Aufstellung der Grundforderungen und die Festlegung der Grundbegriffe unseres Wissens, und eine geistige Hinwendung auf dieses Hervorbringen, eine reine ›Handlung‹, ist, nennt Fichte die i. A. auch eine ↑›Tathandlung‹. Wegen ihres doppelten aktiven Charakters als ›Tat‹ und ›Handlung‹ muß die i. A. erarbeitet werden; Fichtes Schriften bestehen deshalb auch zu einem großen Teil in Anweisungen, nach denen man die i. A. in sich erzeugen soll.

Schelling schließt sich in seinen frühen Schriften weitgehend der Fichteschen Konzeption an, wobei er bis 1799 von der ›intellektualen Anschauung‹ redet. Im weiteren Verlauf seiner philosophischen Entwicklung (schon in seinen frühen naturphilosophischen Schriften zum Teil absehbar) verzichtet er immer mehr auf eine aktive und subjektive Charakterisierung der i.n A. und stellt sie statt dessen als unmittelbar und objektiv sich ergebende Notwendigkeit aus dem Vernunftbegriff dar. Zum Vernunftbegriff gehört nach Schelling die unmittelbare, ›intellektuell-anschauende‹ Erkenntnis des ↑Absoluten, die nicht mehr als Handeln oder Tat, sondern als ›contemplativ‹ charakterisiert wird (System der gesamten Philosophie und der Naturphilosophie insbesondere, 1804, §8). G.W.F. Hegel kritisiert mit der Fichteschen und Schellingschen Philosophie auch deren Berufung auf die i. A. Sie ist für ihn bloß ein ›subjektives

Postulat‹ am Anfang dieser Systeme, nicht das Ergebnis der begrifflichen Aufarbeitung unseres Denkens und Handelns und seiner Geschichte.

Literatur: J. Barion, Die i. A. bei J.G. Fichte und Schelling und ihre religionsphilosophische Bedeutung, Würzburg 1929; R. Hablützel, Dialektik und Einbildungskraft. F.W.J. Schellings Lehre von der menschlichen Erkenntnis, Basel 1954; D. Henrich, Fichtes ursprüngliche Einsicht, Frankfurt 1967; F. Meier, Die Idee der Transzendentalphilosophie beim jungen Schelling, Winterthur 1961; H. Rademacher, Fichtes Begriff des Absoluten, Frankfurt 1970; P. Salvuzzi, Dialettica e immaginazione in Fichte, Urbino 1963. O. S.

Anschauungsraum, ↑Raum.

Anselm von Canterbury, *Aosta (Piemont) 1033 (oder Anfang 1034), †Canterbury 21. April 1109, engl. Philosoph und Theologe, Kirchenlehrer und Heiliger der kath. Kirche. A. stammt aus vornehmem Hause, er verläßt seine Familie und widmet sich Studien in Burgund und Frankreich, 1060 Eintritt in den Benediktinerorden (angezogen von Lanfrank) in Bec, 1063 Nachfolger Lanfranks als Prior in Bec, 1079 Abt in Bec. Auf Lanfranks Initiative hin (er ist seit 1070 Erzbischof von Canterbury) werden Mönche von Bec zur Reform der Kirche nach England geholt; A.s Visitationsreisen machen ihn in England bekannt und geschätzt. Er wird 1093 als Nachfolger Lanfranks, der 1089 starb, Erzbischof von Canterbury. In dieser Position kämpft A. im sogenannten englischen Investiturstreit um die Unabhängigkeit der Kirche vom König und um die Vorrechte des Primas von Canterbury gegenüber dem Erzbischof von York. Außerdem setzt er sich im Sinne der cluniazensischen Bewegung für eine Reform des Klerus ein. Im Streit mit dem König (zunächst mit Wilhelm II., nach dessen Tod 1100 mit dem jüngeren Bruder und Nachfolger Wilhelms Heinrich I.), in dem auch die Mitbischöfe A.s zumeist auf der Seite des Königs stehen, geht A. zweimal (1097–1100 und 1103–1106) ins Exil und erreicht am Ende (1107 Konkordat von London) den Verzicht des Königs auf die Investitur, auch wenn der König auf dem Lehenseid ihm gegenüber besteht.

Philosophisch bedeutsam wurde A. vor allem durch seine Integration von Glauben und Vernunfterkenntnis (der damals sogenannten ›Dialektik‹), dokumentiert in seinem ›ontologischen ↑Gottesbeweis‹. Schon im »Monologion« (2. Hälfte 1076 oder 1077) trägt A. Betrachtungen über das Wesen Gottes vor. Dabei handelt es sich jedoch nicht um Beweise für das Dasein Gottes (obgleich dies gelegentlich behauptet wird), sondern um Argumentationen für bestimmte Redeweisen über Gott: daß er das Beste, Größte und Höchste von allem, was ist, sei. Im »Proslogion« (»Anrede«, um 1077/1078) hingegen argumentiert A. für die notwendige Annahme der Existenz Gottes. Man kann diesen Beweis durch eine *Definition,* ein *Argumentationsprinzip* und eine *Beweisfigur* darstellen. A. definiert Gott als »etwas, über dem nicht Größeres gedacht werden kann« (aliquid quo maius cogitari non potest, Proslog. 3, Opera omnia I, 103, 1). Als Argumentationsprinzip dient ihm, ohne daß dies eigens expliziert würde, die Annahme, daß etwas, das in der Realität existiert, größer ist als etwas, das nur in Gedanken existiert bzw. dessen Existenz bloß gedacht wird. In der Beweisfigur der ↑reductio ad absurdum folgt dann, daß Gott existiert – sonst wäre er nicht Gott.

Dieser Beweis wird nur verständlich, wenn man ihn in den Zusammenhang der Konzeption A.s von Glauben und Vernunft, von Wahrheit und Denken (cogitare) bzw. ›gut Verstehen‹ (bene intelligere) stellt. Die Formel ›fides quaerens intellectum‹ (der Glaube, der die vernünftige Einsicht sucht, Proslog. prooem., Opera omnia I, 94), mit der die Konzeption des Verhältnisses von Glauben und Vernunft programmatisch bezeichnet wird und die A. als ersten Titel für sein »Proslogion« wählte, besagt nicht, daß nur das geglaubt werden kann, was durch vernünftige Argumentation (durch ›Dialektik‹) begründet ist. Sie besagt vielmehr, daß die Glaubensinhalte durch ihre Darstellung mit den Mitteln der Vernunft eine besondere Einsichtigkeit gewinnen. Die Verwendung von Vernunftgründen hat die Aufgabe einer Glaubensauslegung, nicht einer Glaubenskritik oder einer Glaubensbegründung im Sinne einer ohne Glaubensannahmen auskommenden Argumentation für die grundlegenden Glaubensinhalte. Auch der ›Beweis‹ für die Existenz Gottes ist daher als eine Auslegung des Glaubens an Gott zu lesen: Die Definition Gottes als etwas, über dem nichts Größeres gedacht werden kann, ist lediglich die Umformulierung eines Glaubensinhaltes in die Sprache der Vernunft, d.i. in einen Ausdruck, der für die Prämisse eines Beweises verwendbar ist. Gedacht bzw. gut verstanden ist diese Definition erst dann, wenn man sie im Sinne des Glaubensinhaltes weiter auslegt: Daß nämlich das, über dem nichts Größeres gedacht werden kann, auch größer sein muß als unser Denken, und zwar in dem Sinne, daß es nicht das Ergebnis unseres Denkens sein kann, sondern dessen Grund (etwas, das diese denkende Bewegung ermöglicht und leitet). Der Übergang vom Denken Gottes zur Annahme seiner Existenz läßt sich somit verstehen als der in der Sprache der Vernunft dargestellte Verzicht auf den Autonomieanspruch der Vernunft. Dieser Verzicht wird dabei durch ein (den Glauben interpretierendes) Modell dargestellt, in dem das Denken nur dadurch zu wahren Erkenntnissen kommt, daß es die (von Gott gewirkte) Ordnung aller Dinge nachvollzieht. Denken wird nicht nach dem Muster der *Konstruktion,* sondern nach dem der *Kontemplation* konzipiert; es ist nicht eine verfügbare Handlung des Subjekts, sondern ein dem Subjekt verfügtes Ereignis. Subjektiv verfügbar ist lediglich ein bloß verbales Verstehen, mit dem wir uns etwa die sprachlichen Beziehungen der Wörter klären, nicht aber auch das Verstehen der Sache selbst, das ›bene intelligere‹ (Proslog. 4, Opera omnia I, 104), das nur über die Bereitschaft erreicht werden kann, sich auf die Kontemplation der Ordnung der Dinge einzulassen. Insofern diese Bereitschaft eine moralische Haltung ist, läßt sich auch A.s Definition der Wahrheit durch die (moralische) Richtigkeit verstehen: Daß die Wahrheit die allein dem Geiste erfaßbare Richtigkeit (»rectitudo mente sola perceptibilis«, De verit. 11, Opera omnia I, 191, 19) sei, soll die wahre Erkenntnis sowohl als Ergebnis (wenn auch nicht als Werk) der richtigen Bereitschaft zur Kontemplation als auch als die in dieser Kontemplation vollziehbare Erfassung der Richtigkeit dieser Kontemplation (z.B. auf Grund der Entdeckung eines Ordnungszusammenhangs) darstellen. A. kann Wahrheit damit sowohl von ihrer subjektiven Seite her definieren – »wenn man tut, was man tun soll, sagt man das Wahre« (si debet facere quod facit, verum dicit, De verit. 9, Opera omnia I, 189) –, als auch entsprechend der Aristotelischen Definition (vgl. De verit. 2, Opera omnia I, 177–180) von ihrer objektiven Seite her.

In A.s Modell der Erkenntnis gibt es drei Ebenen der Wahrheit: Die Ebene der ewigen Wahrheiten in Gott, d.i. der Ideen der Dinge; die Ebene der Wahrheit der Dinge, die durch eine Korrespondenz der Dinge zu ihren Ideen in Gott herbeigeführt wird; die Ebene der Wahrheit des Urteils, die durch die Korrespondenz zu dem, was ist, zustande kommt. Dieses Modell liefert auch eine Darstellungsmöglichkeit des grundlegenden Beweisgedankens für die Existenz Gottes: daß nämlich eine jede wahre Erkenntnis (als Urteilswahrheit) sich einer ewigen Wahrheit in Gott als ihrem letzten Grund verdankt, daß damit wahre Erkenntnis überhaupt nur durch die Kontemplation der Wahrheit selbst, d.i. der ewigen Wahrheiten, zustande kommt und daher diese Wahrheit, in der Reflexion auf sich selbst, unterstellen muß.

Das in A.s Formeln ›fides quaerens intellectum‹ und ↑›credo ut intelligam‹ (ich glaube, damit ich einsehen kann; Proslog. prooem. u. 1, Opera omnia I, 100; vgl. die Augustinische Vorformulierung: »si non potes intelligere, crede ut intelligas« [wenn du nicht erkennen kannst, glaube, um erkennen zu können], Sermo 118, 1, MPL 38, 672) fixierte Programm erweist sich vor allem über das Verständnis des Gottesbeweises A.s als die theologische Forderung, den Glauben (auch) philosophisch, d.h. in der Sprache, den Denkmodellen und mit den Argumentationsmitteln der Philosophie, auszulegen. Da die Vernunft dabei nur heteronomes Auslegungsorgan für den Glauben, nicht aber autonome Instanz von Kritik oder für Begründungen sein kann, gibt es auch für eine Frage nach der möglichen Spannung zwischen Vernunft und Glauben im Rahmen der Konzeptionen A.s keinen Platz. Die Apostrophierung A.s als des ›Vaters der Scholastik‹, wie sie der Tradition geläufig ist, läßt sich damit nicht in dem Sinne verstehen, als ob die nachfolgende Scholastik, vor allem die Hochscholastik, dieses Programm A.s zu verwirklichen versuche. Denn die Scholastik sieht sehr wohl eine Differenz zwischen Vernunft und Glauben und weist der Vernunft die Aufgabe zu, mit eigenständigen Argumentationen einige Glaubenswahrheiten, vor allem die der Existenz Gottes, zu begründen. Die meisten der Glaubensinhalte, so die christologischen Dogmen und die Trinitätslehre, werden jedoch als für vernünftige Überlegungen unzugänglich angesehen – im Unterschied zu A., der auch für die Menschwerdung Gottes (in der »Epistola de incarnatione verbi« und in »Cur Deus homo«) und für den Hervorgang des Hl. Geistes aus dem Vater und dem Sohne (in »De processione Spiritus Sancti«) einen ›Beweis‹ (eben in seinem Sinne der philosophischen Glaubensauslegung) liefert.

Erst zur Zeit der Problematisierung des Verhältnisses von Glauben und Vernunft findet auch der Gottesbeweis A.s ein allgemeines Interesse. Zwar kritisiert schon der Mönch Gaunilo von Marmoutier (in dem anonym erschienenen »Liber pro insipiente«) kurz nach Erscheinen des »Proslogion« den Beweis als einen illegitimen Übergang von der logischen zur realen Ordnung: daraus, daß ich mir die beste aller möglichen Inseln vorstellen kann, folge nicht deren Existenz. Und A. antwortet ihm (im »Liber apologeticus«) mit dem Hinweis auf die Einzigartigkeit der Idee von Gott (womit er sein Verständnis von Glauben und Vernunft unterstellt). Im übrigen bleibt jedoch das 12. Jahrhundert von dieser Kontroverse unberührt. Sie wird erst im 13. Jahrhundert wieder aufgenommen, in dem nun aber die Rolle eines Beweises nicht mehr die der Auslegung des Glaubens für und durch die Vernunft ist, sondern die Begründung des Glaubens durch eine in ihren Argumentationsmitteln autonome (wenn auch dem Glauben unterzuordnende) Vernunft. Damit gerät A.s Gottesbeweis in einen anderen Kontext. Angegriffen wird er im wesentlichen mit dem Argument Gaunilos, allen voran durch Thomas von Aquin. Verteidigt wird er im Umkreis der augustinisch-neuplatonischen Tradition, so vor allem durch Bonaventura. Vertreten wird er auch von Wilhelm von Auxerre, Alexander von Hales, Aegidius Romanus, J. Duns Scotus. Bemerkenswert ist, daß sich auch ein Verteidiger des Beweises wie Bonaventura dazu gezwungen sieht, das Argument A.s ›aufzufüllen‹, nämlich durch eine Umdeutung der auch bei A. bereits ausgebildeten Wahrheitstheorie (die von Bonaventura noch mit einem erkenntnispsychologischen Modell verbunden wird) zu einem Beweismittel. Für A. hingegen spielt diese Theorie lediglich die Rolle der modellhaften Klärung des Verhältnisses von Glauben und Erkenntnis, das im übrigen auch ohne dieses Modell reflektiert werden kann. Daß A. den Titel ›Vater der Scholastik‹ gleichwohl zu Recht trägt, hat seinen Grund darin, daß er die skeptisch betrachtete ›Dialektik‹, die gerade mit Berengar von Tours durch dessen Kontrahenten Lanfrank, den Vorgänger A.s in Bec und Canterbury, abgewehrt worden war, wieder in die Theologie integrierte und damit die Bedingung dafür (mit-)schuf, daß sich die Disputationstradition der Scholastik entwickeln konnte.

Werke: Opera omnia, ed. F.S. Schmitt, I, Seccovii (Seckau) 1938, II–VI, Edinburgh 1946–1961 (repr. I–II, Stuttgart-Bad Cannstatt 1968); Monologion (lat./dt.), ed. F.S. Schmitt, Stuttgart-Bad Cannstatt 1964; Proslogion (lat./dt.), ed. F.S. Schmitt, Stuttgart-Bad Cannstatt 1962; De veritate (lat./dt.), ed. F.S. Schmitt, Stuttgart-Bad Cannstatt 1966; Truth, Freedom and Evil. Three Philosophical Dialogues (De veritate, De libertate arbitrii, De casu diaboli) (lat./engl.), ed. J. Hopkins/H. Richardson, New York 1967; Cur Deus homo (lat./dt.), ed. F.S. Schmitt, Stuttgart-Bad Cannstatt [3]1970; Why God became Man and the Virgin Conception and Original Sin by A. of C. (Cur Deus homo, De conceptu virginali et de originali peccato, De processione Spiritus Sancti, Epistola de sacrificio azymi et fermentati) (lat./engl.), ed. J.M. Colleran, New York 1969; dt. Übers. der wichtigsten Schriften (teilweise gekürzt) in: R. Allers, A. Leben, Lehre und Werke, Wien 1936. – Totok II (1973), 183–191.

Literatur: K. Barth, Fides quaerens intellectum. A.s Beweis der Existenz Gottes im Zusammenhang seines theologischen Programms, Zollikon [2]1958; C. Hartshorne, A.s Discovery. A Re-Examination of the Ontological Proof for the Existence of God, La Salle 1965; R. Haubst, Vom Sinn der Menschwerdung. Cur Deus homo, München 1969; D.P. Henry, The Logic of Saint A., Oxford 1967; ders., The De Grammatico of St. A.: The Theory of Paronymy, Notre Dame 1964; L. Hödl, A., TRE III (1978), 759–778; J. Hopkins, A Companion to the Study of Saint A., Minneapolis 1972; H. Kessler, Die theologische Bedeutung des Todes Jesu. Eine traditionsgeschichtliche Untersuchung, Düsseldorf 1970; H.K. Kohlenberger, Similitudo und ratio. Überlegungen zur Methode bei A., Bonn 1972; J. Kopper, Reflexion und Raisonnement im ontologischen Gottesbeweis, Köln 1962; P. Mazzarella, Il pensiero speculativo di S. Anselmo d'Aosta, Padua 1962; A. Schurr, Die Begründung der Philosophie durch A., Stuttgart 1966; R.W. Southern, Saint A. and his Biographer, Cambridge 1963; A. Stolz, A., München 1937; K.F. Ubbelohde, Glaube und Vernunft bei A.. Eine Studie zur Genese systematischer Theologie und zum Verständnis von »Theologia« und »Philosophia« zwischen Patristik und Frühscholastik, Diss. Göttingen 1969; J. Vuillemin, Le Dieu d'Anselme et les apparences de la raison, Paris 1971; G.H. Williams, A.. Communion and Atonement, St. Louis Missouri 1960. O.S.

an sich (griech. *καθ'αὑτό*, lat. ↑per se), in der ↑Metaphysik (1) Ausdruck der Unterscheidung zwischen einer strukturierten Ordnung der Dinge bzw. der Erkenntnisobjekte, wie diese der Behauptung nach unberührt durch Unterscheidungsleistungen des Erkenntnissubjekts ›objektiv‹ besteht, und dieser Ordnung, wie sie ›subjektiv‹, d.h. als Resultat von Unterscheidungsleistungen des Erkenntnissubjekts, gegeben ist, (2) Ausdruck der Unterscheidung zwischen der ↑Substanz und ihren Bestimmungen (*κατὰ συμβεβηκός*, ↑per accidens). Die Begriffsbildung geht auf die Platonische Wendung ›a. s. selbst‹ (*αὐτὸ καθ'αὑτό*) zurück, die im Rahmen der ↑Ideenlehre der näheren Charakterisierung der Ideen im Unterschied zu den zu diesen in einem Abbildverhältnis stehenden Einzeldingen dient (↑Methexis). Die Aristotelische Unterscheidung zwischen *wesentlich* (substantiell) zukommenden (*καθ'αὑτό*) und *zufällig* (akzidentell) zukommenden (*κατὰ συμβεβηκός*) ↑Eigenschaften liegt demgegenüber stärker auf einer logischen bzw. sprachphilosophischen Ebene und gehört im Sinne der zweiten Bedeutung von ›a.s.‹ zur Bildung des (Aristotelischen) Begriffs der Substanz. Im Rahmen dieser Begriffsbildung stellt das, was von einem Gegenstand ›a.s.‹ (*καθ'αὑτό*) ausgesagt wird, den diesen Gegenstand charakterisierenden Begriff, sein ↑Wesen (ausgedrückt durch die Formel τὸ τί ἦν εἶναι), dar (Met. Z4.1029b14). Während sich in der scholastischen Tradition zunächst die Aristotelische Begriffsbildung über die terminologische Unterscheidung zwischen per se und per accidens (↑Akzidens) durchsetzt, verbindet sich in der Neuzeit mit dem Ausdruck ›a.s.‹ vor allem die Platonisch orientierte Frage nach dem Verhältnis zwischen den Unterscheidungsleistungen des Erkenntnissubjekts und dem (als ›a.s.‹ strukturiert gedachten) Erkenntnisobjekt (↑Subjekt-Objekt-Problem). Beispiele dafür bei J. Locke (Unterscheidung zwischen nominalem und realem Wesen, Essay III 3, §§ 15, 18), G. Berkeley (Identifikation von wirklichen Dingen [real things] und wahrgenommenen Dingen [things that are perceived], Treatise § 86), I. Kant (Unterscheidung zwischen ↑Erscheinung und ↑Ding an sich), G.W.F. Hegel (↑an und für sich) und M. Heidegger (Zuhandenheit als das Ansich der Dinge, ↑vorhanden/zuhanden). J. M.

Antagonismus (von griech. ἀνταγωνίζεσθαι, widerstreiten), in sozialphilosophischen Zusammenhängen häufig synonym verwendet mit ›Gegensatz‹ und ›Widerspruch‹ (daneben auch der Pleonasmus ›antagonistischer Widerspruch‹). Der Ausdruck ›A.‹ tritt in terminologischer Verwendung zuerst bei I. Kant auf. Dieser bezeichnet als A. »die ungesellige Geselligkeit der Menschen, d.i. den Hang derselben, in Gesellschaft zu treten, der doch mit einem durchgängigen Widerstande, welcher diese Gesellschaft beständig zu trennen droht, verbunden ist« (Idee zu einer allgemeinen Geschichte in weltbürgerlicher Absicht [1784], 4. Satz, Akad.-Ausg. VIII, 20). Nach marxistischer Gesellschaftstheorie ist die Entwicklung der Produktionskräfte in der bürgerlichen Gesellschaft (↑Gesellschaft, bürgerliche) durchgängig antagonistisch bestimmt und charakterisiert die Redeweise von antagonistischen Kräften, Bedürfnissen und Interessen die Gesellschaft in einer vorrevolutionären Phase vollständig.

Terminologisch läßt sich A. am Beispiel der Redeweise von *antagonistischen Interessen* wie folgt bestimmen: Zwei Interessen I_1 und I_2 heißen zueinander antagonistisch, wenn die Verfolgung von I_1 die Verhinderung von I_2 zur Folge hat und umgekehrt. Die Verhinderung von I_2 kann hier entweder dadurch bedingt sein, daß (a) keine Handlungsweisen ergriffen werden, die beide Interessen I_1 und I_2 realisieren, oder dadurch, daß es (b) keine Handlungsweisen dafür gibt. Im Falle (a) ist die Verhinderung nur *faktisch* (es wird mit I_1 eine Strategie ergriffen, die I_2 behindert), im Falle (b) dagegen *notwendig*. In beiden Varianten tritt die Verträglichkeit von Interessen als ein symmetrischer Relator auf, weshalb der Umstand, daß I_1 zwar I_2 behindert, I_2 aber nicht I_1 behindert, nicht eintreten kann.

Ein anderer Fall liegt vor, wenn sich I_1 und I_2 zueinander wie Position und Negation verhalten, d.h., wenn I_1 durch eine der beiden bedingten Aufforderungen $S_1!S_2$ (in Worten: liegt eine Situation mit der Situationsbeschreibung S_1 vor, dann überführe sie in die Situation mit der Situationsbeschreibung S_2) und $S_1!H$ (in Worten: liegt eine Situation der Art S_1 vor, dann handle so, daß auf dein Handeln die Handlungsweise H zutrifft) wiedergegeben werden kann, I_2 durch die entgegengesetzten Aufforderungen $S_1!\neg S_2$ (in Worten: liegt eine Situation der Art S_1 vor, so verhindere eine Situation der Art S_2) und $S_1!\neg H$ (in Worten: liegt eine Situation der Art S_1 vor, so ergreife H nicht). Hier sind die Situationsbeschreibungen S_2 und $\neg S_2$ zueinander *kontradiktorisch*. – In der philosophischen Literatur treten beide Fälle als Beispiele für den Begriff des A. auf.

Literatur: W. Goerdt, A., Hist. Wb. Ph. I (1971), 358–359; K. Marx, Zur Kritik der politischen Ökonomie (1859), Vorwort, MEW XIII (1974), 8–9; J. Mittelstraß, Über Interessen, in: ders. (ed.), Methodologische Probleme einer normativ-kritischen Gesellschaftstheorie, Frankfurt 1975, 126–159. J. M.

Antanhairesis (griech. ἀνταναίρεσις, Wechselwegnahme, auch ἀνθυφαίρεσις), Verfahren, durch abwechselnde gegenseitige Subtraktion den größten gemeinsamen Teiler zweier Zahlen zu finden. In der Geometrie wurde die A. zur Definition des gleichen Verhältnisses zwischen je zwei inkommensurablen Strecken verwendet. Historisch dürfte das Verfahren der A. auf den Gedanken der ↑Inkommensurabilität geführt haben.

Literatur: T.L. Heath, The Thirteen Books of Euclid's Elements, I–III, New York ²1956, Bd. II. P. J.

Anteprädikamente, Bezeichnung der lateinischen Schullogik zunächst (a) für die Bücher 1–3 der Aristotelischen Kategorienschrift, sodann (b) (ein vor allem durch die Autorität des Albertus Magnus eingebürgerter Gebrauch) für die dort behandelten Fragen von Synonymie, Homonymie, Paronymie, Einfachheit bzw. Komplexität sprachlicher Ausdrücke usw., schließlich (c) allgemein für die in den damaligen Lehrbüchern übliche einleitende Erörterung zur Aristotelischen Kategorienlehre. P. Abaelard gibt den Titel ›A.‹ dem ersten Teil des ersten Buches (Liber Partium [Über die Redeteile]) seiner »Dialektik« und behandelt als A. dort im wesentlichen die ↑quinque voces des Porphyrios, für dessen »Isagoge« (d.i. Einleitung in die Aristotelische Schrift über die Kategorien) Sigebert von Gemblours den Ausdruck ›A.‹ erstmals gebraucht hatte.

Literatur: P. Abaelard, Dialectica, ed. L.M. de Rijk, Assen 1956; C. Prantl, Geschichte der Logik im Abendlande, I–IV, Leipzig 1855–1870 (repr. Graz 1955). C.T.

Antezedens (lat., das Vorhergehende, engl. antecedent), in einem hypothetischen Urteil ›wenn *A* dann *B*‹ die Vorderformel *A* im Unterschied zum Sukzedens oder ↑Konsequens, nämlich der Hinterformel *B*. In der Theorie wissenschaftlicher ↑Erklärung nach dem von C.G. Hempel und P. Oppenheim entworfenen Modell gilt eine Tatsache dann als erklärt, wenn der sie darstellende singulare Satz aus gewissen Gesetzen zusammen mit einer Reihe weiterer singularer Sätze, welche die fragliche Tatsache begleitende oder ihr vorhergehende Umstände darstellen, d.i. den *Antezedensbedingungen*, logisch gefolgert werden kann.

Literatur: W. Stegmüller, Probleme und Resultate der Wissenschaftstheorie und Analytischen Philosophie I (Wissenschaftliche Erklärung und Begründung), Berlin/Heidelberg/New York 1969, [2]1974. K.L.

Anthropologie (von griech. ἄνθρωπος [Mensch] und λόγος [Lehre]), etwa seit dem 16.Jh. Titel für die Lehre von der Natur des Menschen. Diese Natur besteht dabei in (verschieden konzipierten) universell (d.i. unabhängig von der Verschiedenheit der Individuen, Gruppen und Kulturen und unabhängig vom Wechsel der Situationen und Verlauf der Geschichte) prädizierbaren Eigenschaften des Menschen, insbesondere seines Handelns und Redens. Der Rückgriff auf eine solche Natur des Menschen läßt sich verstehen als Versuch, in Situationen bedrohter oder fehlender Gemeinsamkeit hinsichtlich grundlegender Lebensorientierungen, Handlungsziele oder Redenormen (d.i. in Krisensituationen) wieder eine Gemeinsamkeit herzustellen. Je nachdem, welche Gemeinsamkeiten in eine Krise geraten sind, wird daher auch die Natur des Menschen, das Allgemein-Menschliche, zu bestimmen versucht. Systematisch rekonstruiert lassen sich mehrere Konzeptionen von Natur unterscheiden: eine Natur des Menschen im Sinne (1) seiner biologisch (bzw. allgemein: naturwissenschaftlich) beschreibbaren Dispositionen und dadurch erklärbaren Verhaltensweisen, im Sinne (2) der früh- oder sogar vorgeschichtlich aufgestellten Regeln seines Handelns (und unter Umständen der diese Regeln legitimierenden normativen Vorstellungen), und im Sinne (3) seiner ↑›Lebenswelt‹, d.i. der jedermann zugänglichen Erfahrungen. Alle drei Naturkonzeptionen stimmen darin überein, daß mit der Natur des Menschen allgemein-menschliche Eigenschaften angegeben werden, die in dem Sinne vor-kulturell oder auch vor-rational sind, daß sie nicht als mögliche Ergebnisse argumentierenden Redens oder (solchen Reden folgenden) verändernden Handelns angesehen werden, sondern als dessen Bedingung. Durch ihre Funktion als Krisendisziplin ist der A. die Aufgabe gestellt, in der Natur des Menschen Gründe für bestimmte gemeinsame Orientierungen, Ziele oder Normen zu finden. Sie steht dabei zwei grundsätzlichen Einwänden gegenüber, die von der Seite der ↑*Geschichtsphilosophie* und der ↑*Ethik* erhoben werden.

Der *historistische* Einwand (↑Historismus) der Geschichtsphilosophie besteht darin, daß in einer A. (gleich in welchem Sinne sie von der Natur des Menschen spreche) die historische Bedingtheit menschlichen Verhaltens, Handelns und Erfahrens vergessen werde. Dieser Einwand ist mit der Annahme verbunden, daß man zu jeder als universell behaupteten menschlichen Eigenschaft (zu jeder ›anthropologischen Konstante‹) ein Gegenbeispiel (durch das Studium der menschlichen Geschichte) angeben könne. Er gründet in dem methodischen Postulat, die Darstellung menschlicher Eigenschaften erst dann als verstanden zu akzeptieren, wenn die Entstehung dieser Eigenschaften als (zumindest für die historischen Personen sinnvolle) Antwort auf eine kontingent gewordene (Problem-)Situation erklärt ist. Die anthropologische Behauptung einer universellen Eigenschaft bedeutet für den historistischen Kritiker dann lediglich, daß diese Eigenschaft unverstanden, nämlich historisch unanalysiert, dargestellt wird. Die Antwort der A. auf diesen Einwand hängt von der zugrunde gelegten Naturkonzeption ab. In einer *biologisch* orientierten oder allgemein *naturalistischen* A. besteht die Antwort darin, auf die nicht historisch verstehbaren Gründe für die Annahme einer menschlichen Natur hinzuweisen, nämlich Tierverhalten und genetische Determinationen. In einer an der Früh- oder Vorgeschichte orientierten *archaisierenden* A. besteht die

Antwort darin, daß mit den Anfängen der Geschichte deren Bedingungen und nicht eines ihrer Ergebnisse dargestellt würden. In einer an der Lebenswelt orientierten *phänomenologischen* A. besteht die Antwort darin, die Allgemeinheit der thematisierten Erfahrungen als Argument gegen deren historische Kontingenz anzuführen. Die Antworten der naturalistischen und archaisierenden A. folgen dem methodischen Postulat, daß eine menschliche Eigenschaft erst dann verstanden ist, wenn ihre biologischen oder archaischen Ursprünge ausgemacht sind. Die phänomenologische A. weist auf die ›Unhintergehbarkeit‹ der Lebenswelt in dem Sinne hin, daß die für das historische Verstehen verwendeten Darstellungsmittel ihrerseits der Lebenswelt entstammen und das historische Verstehen selbst nur darum gelingt, weil in den verschiedenen historischen Situationen gleiche Erfahrungen gemacht werden können.

Der *logische* Einwand der Ethik besteht darin, daß in der A. ein logisch unzulässiger Schluß von deskriptiven Seinssätzen auf präskriptive Sollenssätze, d.i. der seit G.E. Moore so genannte ›naturalistische Fehlschluß‹ (↑Naturalismus (ethisch)), angewendet werde bzw. (in anderer Sprache) daß das Faktische (der jeweils angenommenen Natur) als Legitimation für das Normative (der Orientierungen, Ziele und Normen) diene. Die Antwort auf diesen Einwand hängt davon ab, ob eine A. überhaupt zur Aufstellung von Sollenssätzen wie die (normative) Ethik kommen will. Historisch stehen zwar die ersten A.n des 16. und 17. Jahrhunderts in einem systematischen Zusammenhang mit der Ethik, insofern sie nämlich einen Teil des philosophischen Gesamtkurses bilden, in dem sie (als Nachfolgedisziplin der ›psychologia rationalis‹) die Ethik vorbereiten. Schon I. Kant jedoch braucht keine A. mehr zur Begründung seiner Ethik und Rechtsphilosophie, obwohl sie als »A. in pragmatischer Hinsicht« (1798, ^{2}1800), als die der ›physiologischen A.‹ gegenübergestellte Erforschung dessen, was der Mensch »als freihandelndes Wesen aus sich selbst macht oder machen kann und soll« (AB IV), zu seinen Vorlesungen gehört. Die A.n des 19. Jahrhunderts werden ohnehin nicht mit Bezug auf die Ethik, sondern als Auseinandersetzung mit der Theologie, zur Schaffung eines ›Menschenbildes‹, geschrieben.

Zu systematischer Bedeutung im Rahmen philosophischer Kritik und Begründungsbemühungen gelangt die A. erst wieder im 20. Jahrhundert, vor allem durch M. Schelers Schrift »Die Stellung des Menschen im Kosmos« (1927), mit der eine Brücke von der naturwissenschaftlichen Darstellung des Menschen, insbesondere von verhaltenstheoretischen Beschreibungen (wie sie J. v. Uexküll 1921 über die »Umwelt und Innenwelt der Tiere« veröffentlicht), zur Ethik geschlagen werden soll. Schelers Rede vom Menschen als dem »X, das sich in unbegrenztem Maße ›weltoffen‹ verhalten kann«, verwendet die Kategorien der Verhaltenstheorie zur Charakterisierung des menschlichen Geistes und will damit gegenüber den Einwänden einer naturalistischen Konzeption menschlichen Handelns und Redens einen Freiraum für die ethische Bemühung schaffen. Wenn auch durch Schelers eigene Überlegungen zur Ethik die Diskussion um die Begründungsmöglichkeiten von Werten und Normen (↑Wertethik) verstärkt werden, so führt seine A. doch eher zu einer biologisch orientierten (und zum Teil archaisierenden) Ethik-Kritik. Denn die Erfassung der menschlichen Besonderheiten gegenüber den übrigen Tieren mit biologischen Kategorien – z.B. die Charakterisierung des Menschen als des Tieres, dessen Körper bei der Bearbeitung der Natur immer weitgehender ausgeschaltet wird (P. Alsberg, 1921), bei dem vergleichsweise frühe phylogenetische Entwicklungszustände fixiert sind (L. Bolk, 1926), das als ›normalisierte Frühgeburt‹ existiert (A. Portmann) – läßt sich auch dazu benutzen, die Bemühungen um die Aufstellung von Sollenssätzen, also eine (normative) Ethik, selbst biologisch zu beschreiben und zu erklären. So versteht A. Gehlen die kulturellen Leistungen des Menschen (Sprache, Technik, gesellschaftliche Institutionen usw.) als Organersatz oder -überbietung: Da der Mensch auf Grund seiner mangelhaften Organ- und Instinktausstattung in jeder natürlichen Umwelt lebensunfähig wäre (weil er, wie bereits J.G. v. Herder feststellte, ein ›Mängelwesen‹ ist), ist er darauf angewiesen zu ›handeln‹, d.h., seine Umwelt durch eigene Tätigkeit so zu verändern, daß er sie für sein Überleben nutzen kann. Die Normen des Handelns, insbesondere die institutionalisierten Normen, werden damit verstehbar als ›Entlastungen‹ seiner mangelhaft ausgestatteten Natur, die die Existenz der Menschen als einer Gruppe bzw. Gesellschaft oder Kulturgemeinschaft sichern. Deutlich zeigt sich diese Funktion an den Institutionen archaischer Gesellschaften, die damit zu Paradigmen sinnvoller Moral aufrücken. Ethik im Sinne einer Bemühung um Normenkritik oder -begründung nach Vernunftmaßstäben ist danach lediglich ein

Epiphänomen der Kultur, entstanden aus der unverstandenen Verselbständigung von Legitimationsverfahren für Normen.
Gerade aus der Skepsis gegenüber der Instrumentalisierung unserer Orientierungen, Ziele und Normen für das (gemeinsame) Überleben, wie allgemein gegenüber einem (der Reduktion auf instrumentelles Verstehen unseres Handelns sich verdankenden) Fortschrittsglauben der Gesellschaftstheorie (vor allem des Marxismus) und der Wissenschaften im allgemeinen, entwickelt die strukturale A. (C. Lévi-Strauss) die Darstellung archaischer Normen, Ziele und Orientierungen als Paradigma auch unseres Lebens. Diese A. führt jedoch ebenso zu einer Kritik der Ethik, insofern Ethik nicht die vor-rationalen Wurzeln der beanspruchten Vernunft freilegt, sondern statt dessen diese Vernunft nur in ihren historischen Spätformen zur richterlichen Instanz erhebt. Auch die phänomenologische Analyse unserer Lebenswelt, die sich teilweise (z.B. bei M. Heidegger) gerade nicht als A. bezeichnet (↑Fundamentalontologie), andererseits aber zur Ausarbeitung von A.n führt, intendiert im allgemeinen keine Ethik. Das ›Allgemein-Menschliche‹ findet sie in der Konstitution der Welt durch den Menschen (in seinen sozialen Bezügen): in der sowohl unsere kognitiven Einstellungen als auch unsere normativen Vorstellungen (und darüber auch sich selbst) stabilisierenden Erzeugung von Unterscheidungssystemen, die wir im Leben, Handeln und Reden alltäglicher Situationen verwenden (E. Husserl, A. Schütz, H. Garfinkel). Mit einer solchen Konstitutionsanalyse wird das Problemgewicht von der ethischen Frage nach guten Zielen oder gerechten Normen verlagert auf die Frage nach der *Identität* der Menschen – das sind die ihre Weltbezüge ordnenden und stabilisierenden Einstellungen und Vorstellungen. Das Allgemein-Menschliche, das die A. sucht und untersucht, läßt sich daher nicht durch Sollenssätze repräsentieren, sondern nur durch *Identitätsinterpretationen.* Das Geschäft der Ethik wird gegenüber dieser Aufgabe der A. zum nachgeordneten Problem, für dessen Lösung dann im übrigen ein besonderer Argumentationstyp über die üblichen (zweck-)rationalen Argumentationsverfahren hinaus weder zur Verfügung steht noch benötigt wird. Insofern auch die naturalistische und archaisierende A. mit ihrer Bemühung um ein ›Menschenbild‹ Identitätsinterpretationen versucht, weist die A. insgesamt den logischen Einwand der Ethik zurück; und zwar nicht nur durch den Verzicht auf die Aufstellung von Sollenssätzen, sondern auch durch die Problemverschiebung, mit der die Krisensituation, der die A. gegenübersteht, nicht als eine Situation konfligierender Normen oder Prinzipien, wie sie eine normative Ethik (seit Kant) zu bewältigen versucht, sondern als Situation bedrohter oder fehlender Identität diagnostiziert wird.
Der damit erzeugte Auseinanderfall nicht nur von A. und Ethik, sondern auch von Identitätsinterpretation und Normenbegründung (bzw. -kritik) hat der A. den Vorwurf eingetragen, einen Rückzug in sozial und politisch weitgehend unverbindliche Überlegungen zum unmittelbaren Persönlichkeitsbereich und dessen Problemen angetreten zu haben, und die Ethik in den Verdacht einer bloß strategischen Theorie zur Normenplanung gebracht. So lassen sich Versuche verstehen, die A. wieder mit einer (normativen) Ethik zu verbinden bzw. Identitätsinterpretationen für die Normenbegründung und -kritik zu verwenden. In diesem Sinne erhalten etwa Versuche ihre Bedeutung, aus den identitätsrepräsentierenden Redestrukturen ethische Prinzipien herauszulesen (K.-O. Apel, J. Habermas). In einer auch die beiden Disziplinen A. und Ethik wiedervereinenden Absicht ist der Versuch W. Kamlahs unternommen, eine ›Philosophische A.‹ (1972 und 1973) auch als Ethik zu konzipieren. Kamlah versucht dabei nicht mehr, ›anthropologische Konstante‹ (also universelle materiale Eigenschaften des Menschen) anzugeben, sondern über die Analyse der alltäglichen Erfahrungen von jedermann ein für jedermann verwendbares Unterscheidungssystem zu erarbeiten, mit dem die jeweils eigenen Erfahrungen interpretiert und das eigene Wollen formuliert werden können. Mit diesen anthropologischen Termini wird dann eine die normative Ethik begründende ›praktische Grundnorm‹ formulierbar, mit der die Erkenntnis allgemeiner Bedürftigkeit in die Norm übersetzt wird, daß jeder gemäß dieser Erkenntnis handeln solle (Philosophische A. 1973, 99). Kamlah weist dabei zugleich den logischen Einwand der Ethik zurück, indem er diese Grundnorm als die imperativische Formulierung der handelnd zu erarbeitenden Identitätsinterpretation, vor allem der Einsicht allgemeiner Bedürftigkeit der Menschen, darstellt: es ist die Norm, unter der das zum Verständnis der eigenen Identität führende Handeln seinerseits verstanden werden kann. Der normativen Ethik wird dann (als ›Philosophie der Lebenskunst‹) eine ›eudämonistische Ethik‹ nachgeordnet, in der die ↑›Gelassenheit‹ oder auch die Überwindung der Eigenmächtig-

keit als jene Haltung dargestellt wird, die dem Menschen das Vermögen zu einem Leben in verstandener Identität und handelnder Moralität verleiht. Der Kamlahsche Entwurf einer A. ist vor allem darum bedeutsam, weil er als eine sprachkritische Bemühung auf die Behauptung einer material fixierten Natur verzichten kann und damit die A. in die Lage versetzt, ihre überkommene Spannung zur Geschichtsphilosophie, insbesondere zum Historismus und zur (normativen) Ethik aufzulösen.

Literatur: J. Agassi, Towards a Rational Philosophical Anthropology, The Hague 1977; P. Alsberg, Das Menschheitsrätsel. Versuch einer prinzipiellen Lösung, Dresden [2]1922, Berlin [4]1978; J. P. Arnason, Von Marcuse zu Marx. Prolegommena zu einer dialektischen A., Neuwied/Berlin 1971; D. Böhler, *ζῷον λόγον ἔχον – ζῷον κοινόν*. Sprachkritische Rehabilitierung der Philosophischen A.. Wilhelm Kamlahs Ansatz im Licht rekonstruktiven Philosophierens, in: J. Mittelstraß/M. Riedel (eds.), Vernünftiges Denken. Studien zur praktischen Philosophie und Wissenschaftstheorie, Berlin/New York 1978, 342–373; L. Bolk, Das Problem der Menschwerdung, Jena 1926; W. Brüning, Philosophische A., Stuttgart 1960; B. E. F. Byrne/L. A. Maziarz, Human Being and Being Human. Man's Philosophy of Man, New York 1969; J. A. Clifton (ed.), Introduction to Cultural Anthropology. Essays in the Scope and Methods of the Science of Man, Boston 1968; E. Coreth, Was ist der Mensch? Grundzüge einer philosophischen A., Innsbruck/Wien/München 1973; H.-G. Gadamer/P. Vogler (eds.), Neue A., I–VIII, Stuttgart/München 1972ff.; A. Gehlen, Der Mensch. Seine Natur und seine Stellung in der Welt, Berlin 1940, Frankfurt/Bonn [7]1962; ders., Urmensch und Spätkultur, Bonn 1956; ders., Anthropologische Forschungen. Zur Selbstbegegnung und Selbstentdeckung des Menschen, Reinbek 1961; ders., Moral und Hypermoral, Frankfurt/Bonn 1967; M. Godelier, Ökonomische A.. Untersuchungen zum Begriff primitiver Gesellschaften, Reinbek 1973; M. Harris, The Rise of Anthropological Theory. A History of the Theories of Culture, London 1969; W. Kamlah, Philosophische A.. Sprachliche Grundlegung und Ethik, Mannheim/Wien/Zürich 1973; D. Kamper, Geschichte und menschliche Natur. Die Tragweite gegenwärtiger A.-Kritik, München 1973; D. Katz, Animals and Men, London 1937 (dt. Mensch und Tier, Zürich 1948); W. Keller, Einführung in die philosophische A., München 1971; E. König, Ist die philosophische A. tot?, in: J. Mittelstraß/M. Riedel (eds.), Vernünftiges Denken, 329–340; R. König/A. Schmalfuß (eds.), Kulturanthropologie, Düsseldorf/Wien 1972; M. Landmann, De Homine. Der Mensch im Spiegel seines Gedankens, Freiburg 1962; ders., Philosophische A., Berlin 1955, [4]1976; ders., Fundamental-A., Bonn 1979; P.L. Landsberg, Einführung in die philosophische A., Frankfurt [2]1960; W. Lepenies/H. Nolte (eds.), Soziologische A.. Materialien, München 1971; W. Lepenies/H. H. Ritter (eds.), Orte des wilden Denkens. Zur A. von Claude Lévi-Strauss, Frankfurt 1970; C. Lévi-Strauss, A. structurale, Paris 1958 (dt. Strukturale A., Frankfurt 1967); ders., La pensée sauvage, Paris 1962 (dt. Das wilde Denken, Frankfurt 1973); H. Lipps, Die menschliche Natur, Frankfurt 1941; O. Marquard, Zur Geschichte des philosophischen Begriffs ›A.‹ seit dem Ende des 18. Jahrhunderts, in: Collegium Philosophicum. Studien Joachim Ritter zum 60. Geburtstag, Basel/Stuttgart 1965, 209–239; ders., A., Hist. Wb. Ph. I (1971), 362–374; W. E. Mühlmann/E. W. Müller (eds.), Kulturanthropologie, Köln/Berlin 1966; P. J. Pelto, Anthropological Research. The Structure of Inquiry, New York 1970; H. Plessner, Die Stufen des Organischen und der Mensch, Berlin 1928, [3]1975; ders., Lachen und Weinen. Eine Untersuchung nach den Grenzen menschlichen Verhaltens, Bern 1950, München [3]1961; A. Portmann, Zoologie und das neue Bild vom Menschen, Reinbek [5]1962; R. Roçek/O. Schatz (eds.), Philosophische A. heute, München 1972; E. Rothacker, Zur Genealogie des menschlichen Bewußtseins, Bonn 1966; ders., Probleme der Kulturanthropologie, Bonn 1948; K. Saller, Leitfaden der A., Stuttgart [2]1964; M. Scheler, Die Stellung des Menschen im Kosmos, Darmstadt 1928, München [8]1975; H. J. Schoeps, Was ist der Mensch? Philosophische A. als Geistesgeschichte der neuesten Zeit, Göttingen 1960; U. Sonnemann, Negative A.. Vorstudien zur Sabotage des Schicksals, Reinbek 1969; J. Stagl, Kulturanthropologie und Gesellschaft. Wege zu einer Wissenschaft, München 1974; H. Walter, Grundriß der A., München/Basel/Wien 1970. O. S.

Anthropologismus, Bezeichnung der insbesondere von L. Feuerbach vertretenen Auffassung, daß die naturwissenschaftlich orientierte (medizinische) ↑Anthropologie die fundierende Wissenschaft vom Menschen sei.

Anthropomorphismus (von griech. *ἀνθρωπόμορφος*, menschengestaltig), die Übertragung menschlicher Eigenschaften und Verhaltensweisen auf außermenschliche Gegenstände. Bedeutsam ist der A. in den Religionen: einem anthropomorphen Gott werden Prädikatoren zugesprochen, die sonst nur Menschen zukommen, sei es, daß man sich Gott in menschlicher Gestalt vorstellt, sei es, daß man Gott menschliche Handlungen, Gedanken etc. zuschreibt. Anthropomorph sind vor allem die Götter Homers und Hesiods, aber auch der ›persönliche‹ Gott des AT und NT. Philosophisches Denken hat seit Xenophanes an diesem im ↑Mythos in naiver Selbstverständlichkeit hingenommenen A. immer wieder Kritik geübt: Solange man sich auf Anthropomorphismen beschränkt, bleibt das Wort ›Gott‹ für ein philosophisches Verständnis unverständlich, da sämtliche im Kontext dazu auftretenden Wörter (›handeln‹, ›reden‹, ›lieben‹) offensichtlich nicht in der üblichen, sondern in einer anderen (übertragenen) Bedeutung gebraucht werden. Insofern auch die Philosophie nicht darauf verzichtet, Aussagen über Gott zu machen, bleibt ihr nur die Möglichkeit zu fragen, was vernünftigerweise unter der Rede von einem anthropomorphen

Gott verstanden werden kann (↑Allegorese, ↑Gott (philosophisch)).

Literatur: H. M. Kuitert, Gott in Menschengestalt, München 1967; G. van der Leeuw, Phänomenologie der Religion, Tübingen [2]1956; G. Vollmer, Evolutionäre Erkenntnistheorie, Stuttgart 1975, 165–170. E. K.

Anthroposophie, eine von R. Steiner geschaffene Weltanschauungslehre, nach der (in bewußter Aufnahme einer Goetheschen Vorstellung) die Welt in stufenweiser Entwicklung begriffen ist und jeder Mensch, indem er diese Entwicklung einfühlend-erkennend nachvollzieht, gewisse ›höhere‹ seelische Fähigkeiten in sich selbst entwickeln und mit ihrer Hilfe ›übersinnliche‹ Erkenntnisse erlangen kann. In dieser Entfaltungsfähigkeit der menschlichen Erkenntniskräfte besteht die Freiheit des Menschen. Obgleich die A. in ihrem Weltbild neben Goetheschen Gedanken okkulte Lehren indischer, gnostischer (↑Gnosis), kabbalistischer (↑Kabbala), christlicher und theosophischer (↑Theosophie) Herkunft in zum Teil kurioser Mischung enthält, hat sie in Einzelfragen sehr praxisnahe Vorstellungen entwickelt. Von diesen haben die Vorschläge für eine Neugestaltung des sozialen Lebens nur wenig Einfluß gewonnen. Um so stärker waren jedoch die Wirkungen, die von der »Anthroposophischen Gesellschaft«, dem von ihr als ›Hochschule‹ unterhaltenen »Goetheanum« in Dornach (Schweiz) und den der Erziehung auf anthroposophischer Grundlage dienenden »Freien Waldorfschulen« auf die Pädagogik und insbesondere die musische Bildung ausgegangen sind.

Literatur: R. Steiner, A.. Eine Einführung in die anthroposophische Weltanschauung. 9 Vorträge, Dornach 1924, [4]1974 (Ges.-Ausg. CCXXXIV); ders., Methodische Grundlagen der A.. Gesammelte Aufsätze zur Philosophie, Naturwissenschaft, Ästhetik und Seelenkunde 1884–1901, Dornach [2]1961 (Ges.-Ausg. XXX); ders., Philosophie und A.. Gesammelte Aufsätze 1904–1918, Dornach 1965 (Ges.-Ausg. XXXV); H. Witzemann, A., Hist. Wb. Ph. I (1971), 378–380. – Vgl. ferner die Literatur zum Artikel R. Steiner. C. T.

anthropozentrisch (von griech. ἄνθρωπος, Mensch, und κέντρον, Mittelpunkt), programmatisch verwendeter Terminus im Gegensatz zu ›theozentrisch‹ (evangelische Theologie) und ›kosmozentrisch‹ (katholische Theologie). Eine a.e Theologie soll die Bedürfnisse des Menschen, sein Handeln und seine Geschichte zum Ausgangspunkt aller Überlegungen machen. In der gegenwärtigen katholischen Theologie wird unter diesem Titel der Versuch geführt, die Kategorien der scholastischen Ontologie (z. B. ↑Sein und ↑Wesen, ↑Substanz und ↑Akzidens), mit denen die traditionelle Theologie (›kosmozentrisch‹) formuliert wurde, primär als Kategorien zum Verständnis menschlichen Handelns und Lebens zu rekonstruieren. O. S.

Antichrist (griech., Widerchrist), eine der Parusie Christi vorausgehende Gestalt, in der sich widergöttliche Mächte konzentrieren (Endchrist). Im NT wird der Begriff nur vereinzelt für Irrlehrer gebraucht. Er wird vom Judentum übernommen, das mit beginnender Apokalyptik einen letzten Kampf zwischen Gott und seinem Feind erwartete. Den Hintergrund bilden parsisch-babylonisch-dualistische Mythen, die nach dem Schema Urzeit = Endzeit einen solchen Kampf schildern. Bereits im Judentum historisiert, wurde der Widersacher verschlüsselt als zeitgenössische Person (Antiochus IV., Nero) oder kollektive Macht (Römisches Reich) identifiziert. Aus der Erwartung des A. als Tyrann und/oder Pseudoprophet bildete sich eine Verdoppelung des A.en (Unterscheidung eines orientalischen und okzidentalen A.en; Türke/Papst). Die Vorstellung war damit für Auseinandersetzungen mit Gegnern in und außerhalb der Kirche brauchbar, zumal sie nicht auf unmittelbare Enderwartung beschränkt blieb, sondern über Vorläufer des A.en oder die Auffassung der Geschichte als Kampf zwischen Christus und A. aktualisiert werden konnte. Gegen Judentum und römischen Kaiserkult bildete die alte Kirche diese Vorstellung weiter. Der A. als jüdischer Messias, der die Christen verfolgt, verstärkte den Antijudaismus und trug im 19. Jahrhundert zum Antisemitismus bei.

Die Identifizierung des A.en mit dem römischen Reich verschwand mit der konstantinischen Wende. Mit dem A.en verband sich nun das Motiv vom Endkaiser, nach dem der A. kommt. Beim Vordringen des Islam sah man ihn in Mohammed. Mit Rückgriff auf oströmisch-syrische Quellen (PsMethodius u. a.) ist bei Adso im 10. Jahrhundert die A.-Legende voll ausgebildet. Kritik am verweltlichten Papsttum, verbunden mit der Geschichtsdeutung Joachims von Fiore, führte bei den Spiritualen zur Deutung des Papsttums oder einzelner Päpste als A.en. Daß sich in der publizistischen Auseinandersetzung Kaiser und Papst gegenseitig als A. entlarven wollen, zeigt die Stärke des A.-Glaubens. Eine neue Begründung für den A. im Papsttum findet M. Luther in dessen Autoritätsanspruch über die Schrift. Damit liefert er den Topos, der später von protestantischer Seite für jeden theologischen Gegner benutzt wird. Doch bleibt der Bezug auf das Papsttum bestimmend. Erst nach Aufklärung, französischer Revolution und romantischer Neubelebung des Teuflisch-Schaurigen ändert sich das Bild. Abgesehen vom antirömischen, deutsch-nationalen Denken wird Luthers Deutung von separierten Lutheranern festgehalten. Erweckungsbewegung und Konfessionalismus sehen die Kirche von Revolution, Sozialismus und Wissenschaft als A. bedroht, eine Tendenz, die sich antikommunistisch fortsetzt. Andererseits wird, vorbereitet von der Kritik der Aufklärung und des Pietismus am Staatskirchentum (Gedanken des ›linken Flügels der Reformation‹ aufnehmend), gerade die Restauration als A. gebrandmarkt. Oft werden Kirche und Theologie im Interesse wahren Christentums als A. bezeichnet. Diese von F. Nietzsche aufgenommene These dient bei ihm der Überwindung auch des genuin Christlichen.

In Sekten spielt der A. eine große Rolle. In den Kirchen werden die A.aussagen meist als Wachsamkeitsmahnungen spiritualisiert. Daß die A.vorstellung in einer sich bedroht fühlenden oder verfolgten Kirche auftaucht, ist verständlich. Damit verbindet sich oft ein Pauschalurteil, das sich der Mühe der Analyse geschichtlicher Kräfte entschlägt und die Beteiligung der Kirche an ihrem Entstehen übersieht.

Literatur: W. Bousset, A., Encycl. of Religion and Ethics I (1908), 578–579; S.S. Hartmann/O. Böcher/G.A. Benrath/G. Seebaß/J. Salaquarda, A., TRE III (1978), 20–50; B.M. Hirsch-Reich/R. McQueen Grant, A., Encyclopedia Britannica II (1964), 60–62; G. Jenschke, A., Hist. Wb. Ph. I (1971), 381–385; E. Lohmeyer, A., RAC I (1950), 450–457; W.-E. Peuckert, A., in: H. Bächtold-Stäubli, Handwörterbuch des deutschen Aberglaubens I (1927), 479–502; R. Schnackenburg/K. Rahner/H. Tüchle, A., LThK I (^{2}1957), 634–638; R. Schütz/W. Maurer/E. Schlink, A., RGG I (^{3}1957), 431–435. G.S.

Antilogie (von griech. ἀντιλογία, Gegenrede, Widerspruch; lat. contradictio), in der antiken Philosophie die Gegenüberstellung der Argumente, die für bzw. gegen eine Behauptung sprechen, jedoch erst in der Pyrrhonischen Skepsis (↑Skeptizismus) mit der Absicht, auf Grund der vor Augen geführten Gleichgewichtigkeit der Argumente die als wahrhaft philosophisch geltende Urteilsenthaltung (↑Epochē) nahezulegen.

In der klassischen ↑Junktorenlogik heißt A. der Junktor $\perp$, der zwei Aussagen beliebigen ↑Wahrheitswertes zu einer falschen zusammengesetzten Aussage verbindet und somit durch die folgende ↑Wahrheits(wert)tafel charakterisiert wird.

a	b	$a \perp b$
W	W	F
W	F	F
F	W	F
F	F	F

Da die Eigenschaft einer junktorenlogisch zusammengesetzten Formel, bei jeder ↑Belegung der auftretenden Aussagenvariablen mit Wahrheitswerten den Wert ›falsch‹ zu liefern, diese Formel gerade als formal widerspruchsvoll kennzeichnet, verwendet man ›A.‹ gelegentlich auch synonym zu ↑Kontradiktion‹.

Literatur: A. Weische, A., Hist. Wb. Ph. I (1971), 392. C.T.

Antilogismus, drei Aussagen p, q, r, von denen je zwei die Negation der dritten implizieren (↑Implikation), bilden ein widerspruchsvolles Tripel (›inconsistent triad‹), das man auch als ›A.‹ bezeichnet. Einen A. erhält man insbesondere aus den beiden Prämissen und der negierten Konklusion eines gültigen Syllogismus, wovon schon Aristoteles bei der Begründung einiger Syllogismen durch reductio ad impossibile (↑reductio ad absurdum) Gebrauch machte. C. Ladd-Franklin fand bei ihrer Darstellung der ↑Syllogistik innerhalb der ↑Algebra der Logik eine Normalform für Antilogismen. Mit ihrer Hilfe kann man einen gegebenen Syllogismus auf seine Gültigkeit prüfen, indem man die Konklusion negiert und das entstehende Aussagentripel in vorgeschriebener Weise umformt. Stimmt das Ergebnis mit der Ladd-Franklinschen Normalform überein, so ist der gegebene Syllogismus gültig, andernfalls nicht. Dies bedeutet eine formale Vereinfachung insofern, als je drei Syllogismen ein einziger A. entspricht. Eine neue ›Begründung‹ der Syllogistik liegt jedoch nicht vor, da die Inkonsistenz von Antilogismen mit den gleichen Mitteln begründet wird wie die Gültigkeit von Syllogismen.

Literatur: Aristoteles, An. pr. A5.27a36–b1, A6.28b17–20, B8.59b3–5, Soph. el. A33.182b38–183a7; C. Ladd-Franklin, On the Algebra of Logic, in: Studies in Logic. By Members of the Johns Hopkins University, Boston 1883, 17–71; dies., The Reduction to Absurdity of the Ordinary Treatment of the Syllogism, Science N.S. 13 (1901), 574–576; dies., The Antilogism. An Emendation, J. Philos. Psych. and Scient. Methods 10 (1913), 49–50; dies., The Antilogism, Mind 37 (1928), 532–534. C.T.

Antinomie (griech. ἀντινομία), eine widerspruchsvolle, sowohl wahre als auch falsche Aussage, ohne daß bei ihrer Aufstellung offenkundige Fehler in den Voraussetzungen oder in den Schlußfolgerungen gemacht wurden, wie im Falle der ↑Paradoxien oder scheinbar widerspruchsvollen Aussagen. Z.B. ist die Konjunktion einer Aussage und ihrer Negation eine A., wenn sich beide als wahr nachweisen lassen; so in den A.n der reinen und der praktischen Vernunft sowie der Urteilskraft bei I. Kant, die durch einen dogmatischen Gebrauch der Vernunft entstehen und sich nur durch Vernunftkritik auflösen lassen; ähnlich wie schon in der Antike die Auflösung der Zenonischen A.n (↑Zenonische Paradoxien) gelungen ist.

Die moderne Auflösung der A.n erfolgt durch Sprachkritik, eine logisch-methodologische Revision des Verfahrens, zu sinnvollen Aussagen zu gelangen. Dabei unterscheidet man die *logischen*, schon im mengentheoretischen Teil der Mathematik auftretenden A.n von den *grammatischen*, erst durch expliziten Bezug auf die sprachlichen Mittel formulierbaren A.n. Zu den logischen A.n gehört die ↑Zermelo-Russellsche A.: die Menge aller Mengen, die sich nicht selbst enthalten, enthält sich selbst und enthält sich nicht selbst. Eine ohne Negation formulierbare Variante ist die ↑Curry-sche A., während die ↑Burali-Fortische A. und die ↑Cantorsche A. spezieller jeweils auf Ordinalzahl- bzw. Kardinalzahltheorie Bezug nehmen. Zu den grammatischen, auch semantisch oder linguistisch genannten A.n (↑Antinomien, semantische) gehört neben der ↑Grellingschen A. und der ↑Richardschen A. die schon aus der Antike überlieferte A. vom Lügner (↑Lügner-Paradoxie), dem Kreter Epimenides; sie lautet in moderner Form: dieser gerade hingeschriebene Satz ist falsch. Bei der Auflösung muß beide Male speziell das Verfahren des Selbstbezugs sprachkritisch analysiert werden.

Literatur: E. W. Beth, The Foundations of Mathematics. A Study in the Philosophy of Science, Amsterdam [2]1965 (Part VI, Chap. 17, 479–518); J. M. Bocheński, Formale Logik, Freiburg/München [4]1978, §35 (Antinomienlehre) und §48 (Antinomienproblem und Typentheorie); N. Hinske, Kants Begriff der A. und die Etappen seiner Ausarbeitung, Kant-St. 56 (1965), 485–496; ders./F. v. Kutschera, A., Hist. Wb. Ph. I (1971), 393–405; F. v. Kutschera, Die A.n der Logik, Freiburg 1964; K. Lorenz, Elemente der Sprachkritik. Eine Alternative zum Dogmatismus und Skeptizismus in der Analytischen Philosophie, Frankfurt 1970, 43–46; W.V.O. Quine, The Ways of Paradox and Other Essays, New York 1966, Cambridge Mass./London [2]1976. K. L.

Antinomien, logische, häufig mit den logischen Paradoxien identifiziert, zur genaueren Klärung der Sachlage jedoch heute meist als solche Überlegungen abgegrenzt, die von ›unverdächtigen‹ oder gar evidenten Ausgangsannahmen auf Grund logischer Schlußfolgerungen zu zwei einander kontradiktorisch entgegengesetzten Schlußsätzen A und $\neg A$ führen und damit (als ↑reductio ad absurdum) die Ausgangsannahme (im Falle von mehreren: mindestens eine derselben) als unhaltbar erweisen. Demgegenüber zeigen ↑Paradoxien lediglich aus den Ausgangsannahmen logisch folgende, jedoch unerwartete und im allgemeinen kontraintuitive Konsequenzen auf.

Während manche Autoren (z.B. W. Stegmüller) die Bezeichnung ›logische Antinomie‹ für alle Antinomien schlechthin verwenden, da alle von ihnen auf Grund logischer Folgerung zustandekommen, dürfte die Bezeichnung auf die ursprüngliche Absicht zurückgehen, diesen Typ von Antinomien gegenüber zwei wesentlich anderen Arten abzuheben. Erstens unterscheiden sich ›logische‹ Antinomien von den bei I. Kant erörterten Antinomien der reinen Vernunft, der praktischen Vernunft und der teleologischen Urteilskraft; zweitens unterscheiden sie sich als Antinomien, die im Bereich der Logik und der Grundlagen der Mathematik (einschließlich, ja vor allem der Mengenlehre) auftreten und in deren Formulierung für logisch oder ›mathematisch‹ erklärte Begriffe wie ↑›Menge‹ oder ↑›Zahl‹ eingehen, von solchen, deren Formulierung ohne Begriffe wie ↑›Wahrheit‹, ↑›Sinn‹, ↑›Bedeutung‹, ↑›Definition‹ (d.h. innerhalb von Logik und Mathematik im engeren Sinne) gar nicht möglich ist. Dieser letztere Typus, von G. Peano 1906 als ›nicht mathematisch‹ in den Problembereich der ↑Linguistik verwiesen und in Anknüpfung an ihn von F.P. Ramsey 1925 als ›epistemologisch‹ klassifiziert, wird heute als der Typ der ›semantischen Antinomien‹ (↑Antinomien, semantische) bezeichnet. Da der mit dem Adjektiv ›logisch‹ angesprochene Bereich nicht die elementare, sondern die sogenannte ›höhere‹ Logik mit ihrer expliziten oder impliziten Behandlung des Mengenbegriffs betrifft, heißen die l.n A. heute genauer mengentheoretische Antinomien (↑Antinomien der Mengenlehre).

Literatur: J. M. Bartlett, Funktion und Gegenstand. Eine Untersuchung in der Logik von Gottlob Frege, Diss. München 1961; H. Behmann, Zu den Widersprüchen der Logik und der Mengenlehre, Jahresber. Dt. Math. ver. 40 (1931), 37–48; E.W. Beth, The Foundations of Mathematics. A Study in the Philosophy of Science, Amsterdam 1959, [2]1965, repr. New York 1966, L. Chwistek, Über die Antinomien der Prinzipien der Mathematik, Math. Z. 14 (1922), 236–243; H. Dingler, Über die Paradoxien der Mengenlehre und eine paradoxienfreie Mengendefinition, Jahresber. Dt. Math.ver. 22 (1913), 307–315, ebenfalls abgedruckt in: Z. f. positivistische Philos. 1 (1913), 143–150; A. Dumitriu, The Solution of Logico-Mathematical Paradoxes, Int. Philos. Quart. 9 (1969), 63–100; ders., The Logico-Mathematical Antinomies: Contemporary and Scholastic Solutions, ebd. 14 (1974), 309–328; P. Finsler, Gibt es Widersprüche in der Mathematik?, Jahresber. Dt. Math.-ver. 34 (1926), 143–155 (repr. in: ders., Aufsätze zur Mengenlehre, ed. G. Unger, Darmstadt 1975, 1–10); ders., Über die Lösung von Paradoxien, Philos. Anz. 2 (1927), 183–192, und: Antwort auf die Entgegnung des Herrn Lipps, ebd., 202–203 (repr. in: ders., Aufsätze zur Mengenlehre, 57–66, 69–70); A. Fraenkel, Einleitung in die Mengenlehre. Eine gemeinverständliche Einführung in das Reich der unendlichen Größen, Berlin 1919, (mit dem Untertitel: Eine elementare Einführung in das Reich des Unendlichgroßen) Berlin ^{2}1923, (ohne Untertitel) Berlin ^{3}1928 (repr. Walluf 1972); ders., Zehn Vorlesungen über die Grundlegung der Mengenlehre, Leipzig/Berlin 1927 (repr. Darmstadt 1972); ders./Y. Bar-Hillel, Le problème des antinomies et ses développements récents, Rev. mét. mor. 46 (1939), 225–242; dies./A. Levy (with the Collaboration of D. van Dalen), Foundations of Set Theory, Amsterdam/London 1958, ^{2}1973; K. Grelling, The Logical Paradoxes, Mind 45 (1936), 481–486; ders., Der Einfluß der Antinomien auf die Entwicklung der Logik im 20. Jahrhundert, in: Travaux du IXe Congrès International de Philosophie VI (Logique et Mathématiques), Paris 1937 (ACI 535), 8–17; ders./L. Nelson, Bemerkungen zu den Paradoxien von Russell und Burali-Forti, Abh. Fries'schen Schule N.F. 2 (1908), 301–334 (Neudr. in: L. Nelson, Beiträge zur Philosophie der Logik und Mathematik, mit einführenden und ergänzenden Bemerkungen von W. Ackermann, P. Bernays, D. Hilbert, Frankfurt 1959, Hamburg 1959, 57–86); H. Härlen, Sur la paradoxie logique dans la théorie des ensembles, Comptes Rendus Séanc. Acad. Sci. Paris 184 (1927), 367–369; R. Heiss, Der Mechanismus der Paradoxien und das Gesetz der Paradoxienbildung, Philos. Anz. 3 (1928), 403–432; J.M. Horák, Sur les antinomies de la théorie des ensembles, Bull. Int. Acad. Sci. Bohème 26 (1926), 38–44; J. König, Über die Grundlagen der Mengenlehre und das Kontinuumproblem, Math. Ann. 61 (1905), 156–160; A. Korselt, Paradoxien der Mengenlehre, Jahresber. Dt. Math.ver. 15 (1906), 215–219; ders., Auflösung einiger Paradoxien, ebd. 25 (1917), 132–138; F. v. Kutschera, Die Antinomien der Logik. Semantische Untersuchungen, Freiburg/München 1964; ders., Antinomie II, Hist. Wb. Ph. I (1971), 396–405; D. Mirimanoff, Les antinomies de Russell et de Burali-Forti et le problème fondamental de la théorie des ensembles, L'Enseignement math. 19 (1917), 37–52; ders., Remarques sur la théorie des ensembles et les antinomies cantoriennes, ebd., 209–217, 21 (1920), 29–52; G. Peano, Additione, Riv. mat. 8 (1906), 143–157, auch in: ders., Opere scelte I, Rom 1957, 344–358; W.V.O. Quine, Paradox, Sci. Amer. 206 no. 4 (April 1962), 84–96, Neudr. unter dem Titel: The Ways of Paradox, in: ders., The Ways of Paradox and Other Essays, New York 1966, Cambridge Mass./London ^{2}1976, 1–18; F.P. Ramsey, The Foundations of Mathematics, Proc. London Math. Soc., Ser. 2, 25 (1926), 338–384, Neudr. in: ders., The Foundations of Mathematics and Other Logical Essays, ed. R.B. Braithwaite, London 1931, 1–61, unter dem Titel: Foundations. Essays in Philosophy, Logic, Mathematics and Economics, ed. D.H. Mellor, London/Henley ^{2}1978, 152–212; B. Russell, Les paradoxes de la logique, Rev. mét. mor. 14 (1906), 627–650 (engl. On ›Insolubilia‹ and their Solution by Symbolic Logic, in: ders., Essays in Analysis, ed. D. Lackey, London 1973, 190–214); ders., On Some Difficulties in the Theory of Transfinite Numbers of Order Types, Proc. London Math. Soc., Ser. 2, 4 (1906), 29–53, Nachdr. in: ders., Essays in Analysis, 135–164; ders., On the Substitutional Theory of Classes and Relations (1906), in: ders., Essays in Analysis, 165–189; Moh Shaw-Kwei, Logical Paradoxes for Many-Valued Systems, J. Symb. Log. 19 (1954), 37–40; T. Skolem, De logiske paradokser og botemidlene mot dem, Norsk matematisk tidsskrift 32 (1950), 2–11; E. Stenius, Das Problem der l.n A., Soc. Sci. Fennica, Comm. Phys.-Math. 14 (1949); C. Thiel, Grundlagenkrise und Grundlagenstreit. Studie über das normative Fundament der Wissenschaften am Beispiel von Mathematik und Sozialwissenschaft, Meisenheim 1972. C.T.

Antinomien, semantische, nach einem Vorschlag von F.P. Ramsey (1926) solche ↑Antinomien, die im Unterschied zu den logischen Antinomien erst durch expliziten Bezug auf die sprachlichen Mittel ihrer Formulierung zustande kommen. Z.B. die schon aus der Antike in zahlreichen, lateinisch als *insolubilia* bezeichneten Varianten überlieferte s. A. vom Lügner (↑Lügner-Paradoxie), dem Kreter Epimenides, der von sich sagt, daß er lügt (in moderner Form: dieser gerade hingeschriebene Satz ist falsch). Ein anderes Beispiel ist die 1908 aufgestellte ↑Grellingsche Antinomie, bei der zunächst Prädikatoren in autologische und heterologische danach unterschieden werden, ob sie diejenige Eigenschaft bezeichnen, die sie selbst haben oder nicht (›mehrsilbig‹ und ›kurz‹ etwa sind autologisch, ›zweideutig‹ und ›grün‹ hingegen heterologisch); dann führt die Hypothese »›heterologisch‹ ist autologisch« zur These »›heterologisch‹ ist heterologisch« und umgekehrt, also zu einem Widerspruch. Zur Auflösung muß das Verfahren des Selbstbezugs sprachkritisch analysiert werden. Dabei ist, wie erstmals A. Tarski in seiner semantischen Wahrheitsdefinition (↑Wahrheitsdefinition, semantische) gezeigt hat, für die Aufhebung der s.n A. bereits ausreichend, auf einer scharfen Trennung von ↑Objektsprache und ↑Metasprache zu bestehen, z.B. den Prädikator ›heterologisch‹ auf verschiedenen Sprachstufen nicht als denselben gelten zu lassen.

Literatur: E.J. Ashworth, The Treatment of Semantic Paradoxes from 1400 to 1700, Notre Dame J. Formal Logic 13 (1972), 34–52; F. Bottin, Le antinomie semantiche nella logica medievale, Padova 1976; F. v. Kutschera, Die Antinomien der Logik, Freiburg 1964; ders., Antinomie II, Hist. Wb. Ph. I (1971), 396–405; U. Pardey, Zur Konstruktion einiger s.r A., Diss. Frankfurt 1975; W.V.O. Quine, The Ways of Paradox and Other Essays,

New York 1966; A. Rüstow, Der Lügner. Theorie, Geschichte und Auflösung, Leipzig 1910; W. Stegmüller, Das Wahrheitsproblem und die Idee der Semantik. Eine Einführung in die Theorien von A. Tarski und R. Carnap, Wien 1957, Abschnitt II und III; A. Tarski, The Semantic Conception of Truth and the Foundations of Semantics, in: Philos. Phenom. Res. 4 (1943/1944), 341–376 (dt. Die semantische Konzeption der Wahrheit und die Grundlagen der Semantik, in: J. Sinnreich [ed.], Zur Philosophie der idealen Sprache. Texte von Quine, Tarski, Martin, Hempel und Carnap, München 1972, 53–100). K. L.

Antinomien der Mengenlehre, genauere Bezeichnung der logischen Antinomien (↑Antinomien, logische), insofern diese im Unterschied zu den erkenntnistheoretischen ↑Antinomien (im Kantischen Sinne oder in dem der semantischen Antinomien, ↑Antinomien, semantische) im Bereich der Grundlagen der Mathematik auftreten und ihr Zustandekommen in unlösbarem Zusammenhang mit der Verwendung des Begriffs der ↑Menge steht, auf den sich die ↑Mengenlehre gründet. Anders als bei den semantischen Antinomien geht in die Formulierung der A.d.M. keiner der Begriffe ›Wahrheit‹, ›Bedeutung‹ und ›Definition‹ ein.

Man kann bei den A.d.M. ›klassische‹ von ›neueren‹ unterscheiden. Die klassischen sind die ↑Burali-Fortische Antinomie, die ↑Cantorsche Antinomie und die ↑Zermelo-Russellsche Antinomie. Die historisch früheste ist die Burali-Fortische Antinomie, von G. Cantor 1895 gefunden, 1896 D. Hilbert mitgeteilt und 1897 unabhängig von C. Burali-Forti publiziert. Sie geht davon aus, daß jede wohlgeordnete Menge eine ↑Ordinalzahl besitzt, daß die Ordinalzahl einer (wohlgeordneten) Menge (↑Wohlordnung) von Ordinalzahlen größer ist als jedes Element dieser Menge, und daß die Menge Ω *aller* Ordinalzahlen selbst wohlgeordnet ist. Da die von Ω bestimmte Ordinalzahl ω selbst zu Ω gehört, müßte also $\omega > \omega$ gelten. Die Cantorsche Antinomie benützt Cantors Satz, daß die Menge $\mathfrak{P}M$ aller Teilmengen einer Menge M größere Mächtigkeit hat als M, notiert etwa als $|\mathfrak{P}M| > |M|$. Ist A die Menge *aller* Mengen, so müßte $|A|$ die größte überhaupt mögliche ↑Kardinalzahl sein, während andererseits nach Cantors Satz $|\mathfrak{P}A| > |A|$ gilt. Die Zermelo-Russellsche Antinomie entsteht bei der Betrachtung der Menge R aller Mengen, die sich nicht selbst als Element enthalten, $R \leftrightharpoons \in_M (M \notin M)$, d.h. $\bigwedge_x (x \in R \leftrightarrow \neg(x \in x))$. Wendet man dies auf R selbst an, so erhält man den Widerspruch $R \in R \leftrightarrow \neg(R \in R)$. Die Einzelheiten sind unter den entsprechenden Stichwörtern behandelt.

Über die Ursache und damit eine inhaltlich begründete ›Lösung‹ der A.d.M. ist bisher keine Einigkeit erzielt worden, da die nachweislich zu widerspruchsfreien Systemen führenden Lösungsvorschläge den Satzbestand der faktisch betriebenen, ›klassischen‹ Mathematik an mehreren Stellen beschränken, während die Lösungsvorschläge, die ihn unangetastet lassen, bisher nicht als widerspruchsfrei nachgewiesen werden konnten. Konsens besteht, daß nicht jede Bedingung (d.h. einstellige Aussageform) eine Menge definiert, also eine Zulässigkeitsbedingung aufgestellt werden muß. Im Groben kann man die Lösungsversuche einteilen in (a) solche, die die Möglichkeiten der Mengenbildung durch Zusatzbedingungen zum allgemeinen Komprehensionsprinzip (oder Komprehensionsaxiom)

$$\bigwedge\!\!\!\bigwedge_A \bigvee\!\!\!\bigvee_M \bigwedge_x (x \in M \leftrightarrow A(x))$$

(↑Komprehension) oder andere Abänderungen desselben beschränken, und (b) solche, die den Ursprung der A.d.M. in einer Selbstrückbezüglichkeit bei der versuchten Mengendefinition sehen. Die wichtigsten hierbei diskutierten Auswege sind (b1) das Verbot imprädikativer Begriffsbildungen (↑imprädikativ/Imprädikativität, ↑Vicious-Circle Principle), (b2) die Einkleidung der Mathematik in eine der ↑Typentheorien, (b3) die Erfüllung der (allgemein schon von B. Pascal aufgestellten) Forderung nach Eliminierbarkeit (↑Elimination) aller durch ↑Definition eingeführten Mengenterme (der sogenannte Behmannsche Lösungsversuch). Z.B. ist diese Forderung nicht erfüllt bei der Definition der Zermelo-Russellschen Menge R durch

$$\bigwedge_x (x \in R \leftrightarrow \neg(x \in x)),$$

da beispielsweise der Ausdruck $R \in R$ dadurch nur auf $\neg(R \in R)$ zurückgeführt, nicht eliminiert wird (in der Tat entsteht so nur ein regressus ad infinitum). Eine weniger bekannte Erklärung der A.d.M. führt sie auf den Verstoß gegen Cantors Diagonalprinzip in der Form

$$\neg \bigvee_x \bigwedge_y B(x, y) \leftrightarrow \neg B(y, y)$$

zurück.

Die A.d.M. lieferten ein entscheidendes Motiv für die Entwicklung einer axiomatischen Mengenlehre mit mengentheoretischen Axiomensystemen, die nachweislich wenigstens die jeweils bekannten A.d.M. vermeiden. Da ein allgemeiner Widerspruchsfreiheitsbeweis bisher für keines der üblichen, für den Aufbau der gesamten klassischen

Mathematik geeigneten Axiomensysteme der Mengenlehre gelungen ist, behalten auch die A.d.M. weiterhin ihre Relevanz für Grundlagenfragen (↑Grundlagenkrise, ↑Grundlagenstreit). Die sogenannten ›neueren‹ A.d.M. sind fast durchwegs Verallgemeinerungen der klassischen (z.B. die ↑ Currysche Antinomie oder Shen Yutings Erweiterung der Zermelo-Russellschen Antinomie auf Systeme der mehrwertigen Logik). Sie sind im Rahmen der metamathematischen Untersuchung von axiomatischen Systemen der Mengenlehre absichtsvoll konstruierte Antinomien, durch deren Aufweis der ›sichere‹ Bereich der jeweils untersuchten Systeme der axiomatischen Mengenlehre genauer abgegrenzt werden kann.

Literatur: ↑Antinomien, logische. C.T.

Antiochos von Askalon, *ca. 120, †ca. 69 v. Chr., Akademiker. Als Schüler Philons von Larissa steht A. zunächst in der Tradition der akademischen Skepsis, wendet sich dann aber unter stoischem Einfluß (Panaitios) gegen seinen Lehrer. Unter seinem Scholarchat kehrt auch die ↑Akademie insgesamt zur ›dogmatischen‹ Philosophie zurück. A. argumentiert gegen die Skepsis mit praktischen Argumenten stoischer Provenienz und sichert sich gegen den Verdacht der Heterodoxie mit einer Geschichtskonstruktion, nach der die drei großen Philosophenschulen Akademie, Peripatos und Stoa einhellig die Philosophie des Sokrates entfaltet haben und sich lediglich in der Terminologie unterscheiden. Cicero hörte A. 79/78 v. Chr. in Athen.

Texte: J. Aubreton, Anthologie Greque (griech./franz.) X, Paris 1972; G. Luck, Der Akademiker A., Bern/Stuttgart 1953 (enthält Fragmentsammlung).

Literatur: H. Dörrie, Die Erneuerung des Platonismus im 1. Jh. v. Chr., in: Le Néo-platonisme. Actes du colloque de Royaument, 9–13 juin 1969, Paris 1971, 17–33; G.M. de Durand, L'homme raisonnable mortel. Pour l'histoire d'une définition, Phoenix 27 (1973), 328–344; J. Glucker, Antiochus and the Late Academy, Göttingen 1979; A.A. Long, Hellenistic Philosophy. Stoics, Epicureans, Sceptics, London 1974; M. Pohlenz, Die Stoa. Geschichte einer geistigen Bewegung, I–II, Göttingen ^{4}1970/1972, bes. I, 249–253, II, 129–131; E. Zeller, Die Philosophie der Griechen in ihrer geschichtlichen Entwicklung. 3. Teil 1. Abt. 1. Hälfte, ed. E. Wellmann, Leipzig ^{5}1923 (repr. Darmstadt 1963), 620–632. K.H.H./E.K.

Antipatros von Tarsos, Schüler des Diogenes von Seleukeia, dessen Nachfolger in der Leitung der ↑Stoa (spätestens ab 150 v. Chr.), Lehrer des Panaitios, †kurz vor Karneades (†129 v. Chr.). Gegen dessen Einwände bemüht sich A. um eine Neuinterpretation der stoischen Formel, man habe in Übereinstimmung mit der Natur zu leben. Im Bereich der Sprachtheorie nimmt A. das Adverb als 6. Wortart an und behandelt die Definition; vor allem anerkennt er ›Schlüsse‹ mit nur einer Prämisse, die sogenannten *μονολήμματα* (z.B. ›Du atmest, also lebst du‹).

Texte: SVF III, 244–258.

Literatur: A. Grilli, Osservazioni sull' *'Εκλογή* d'Antipatro da Tarso, in: Studi triestini di antichità in onore di L.A. Stella, Univ. da Trieste, Fac. di Lett. e Filos. 1975, 379–390; W. & M. Kneale, The Development of Logic, Oxford 1962, ^{4}1968, 143, 163; A.A. Long, Carneades and the Stoic telos, Phronesis 12 (1967), 59–90; M. Pohlenz, Die Stoa. Geschichte einer geistigen Bewegung, I–II, Göttingen ^{4}1970/1972, bes. I, 180ff.; A. Schmekel, Die positive Philosophie in ihrer geschichtlichen Entwicklung I (Forschungen zur Philosophie des Hellenismus), Berlin 1938. K.H.H.

Antipatros von Tyros, †kurz vor 44 v. Chr., Stoiker, Schüler des Stratokles und Berater Catos. A. schrieb eine Ergänzung zu Panaitios' Werk »Über die Pflicht« (vgl. Cicero, De officiis II 24, 86). Einige Fragmente seiner naturphilosophischen Schriften überlieferte Diogenes Laërtios VII, 139f., 142, 148, 150, 157.

Literatur: M. Pohlenz, Die Stoa. Geschichte einer geistigen Bewegung, I–II, Göttingen ^{4}1970/1972, I, 242; E. Zeller, Die Philosophie der Griechen in ihrer geschichtlichen Entwicklung, 3. Teil 1. Abt. 1. Hälfte, ed. E. Wellmann, Leipzig ^{5}1923 (repr. Darmstadt 1963), 606. K.H.H./E.K.

Antiphon, Athen spätes 5. Jh. v. Chr., griech. Philosoph in der Tradition der ↑Sophistik. Erhalten sind Fragmente aus einer Staatsrede, aus Schriften über die Traumdeutung, über den Gemeinsinn sowie über die Wahrheit. Neben kosmologischen und mathematischen Problemen (Quadratur des Kreises mit einbeschriebenem Vieleck) behandelt A. ausführlich ethische und politische Fragen. Bedeutsam ist die Entgegensetzung von ↑Physis und ↑Nomos, die zu der gesellschaftskritischen These führt, daß die meisten Gesetze der Natur widersprechen (z.B. bestehen soziale Unterschiede allein dem Nomos zufolge, während der Physis nach alle, Griechen und Barbaren, gleich sind). Ob der Sophist A. und der Redner gleichen Namens (A. von Rahmnus, *ca. 480, †411) identisch sind, ist bis heute umstritten.

Werke: VS 87. – Totok I (1964), 134.

Literatur: C. Moulton, A. the Sophist and Democritus, Mus. Helv. 31 (1974), 129–139; M. Untersteiner, The Sophists, Oxford 1954. E.K.

antireflexiv/Antireflexivität,
↑reflexiv/Reflexivität.

Antisthenes (der Sokratiker), ca. 455–360 v. Chr., Schüler des Sokrates und Verfasser zahlreicher, nur fragmentarisch erhaltener Schriften. Im Anschluß an Prodikos und Sokrates hat A. sich um eine Klärung der Beziehung von Sprache und Gegenstand (Theorie der Unmöglichkeit des Widerspruchs) sowie um definitionstheoretische Fragen bemüht. In der Ethik behauptete er nach Sokrates die Lehrbarkeit der Tugend (richtiges Handeln beruht auf richtiger Erkenntnis) und propagierte das rigoristische Ideal der Bedürfnislosigkeit. A. ist Lehrer des Diogenes von Sinope und gilt in der Antike als Begründer der kynischen Philosophie (↑Kynismus).

Werke: F.W.A. Mullach (ed.), Fragmenta philosophorum Graecorum II, Paris 1867 (repr. Aalen 1968), 274–293; Fragmenta, ed. F. Caizzi, Mailand 1966. – Totok I (1964), 144f..

Literatur: F. Caizzi, A., Studi Urb. 38 (1964, N.S.B., 48–99; K. v. Fritz, Zur Antisthenischen Erkenntnistheorie und Logik, Hermes 62 (1927), 483–484; ders., A., LAW 188–189; R. Laurenti, L'iponoia di A., Riv. crit. stor. filos. 17 (1962), 123–132; P. Merlan, Minor Socratics (A., Aristippus of Cyrene, Eucleides of Megara), J. Hist. Philos. 10 (1972), 143–152; H.D. Rankin, A. a »near-logician«?, Antiqu. Class. 39 (1970), 522–527. E.K.

Antistrephon (von griech. ἀντίστροφος, entgegengekehrt), Bezeichnung für einen aus der Antike überlieferten ↑Trugschluß (argumentum reciprocum), bei dem sowohl Proponent als auch Opponent die Argumentation des anderen jeweils für sich ausnützen können. Beispiel: A (ein Schüler des Protagoras) verspricht B (Protagoras) das Honorar (für den Unterricht), falls er seinen ersten Prozeß gewinnt. Da A keinen Prozeß führt, klagt B gegen A auf Honorarzahlung. B argumentiert: er erhalte das Honorar bei Prozeßgewinn gemäß Urteil, bei Prozeßverlust gemäß Versprechen. A argumentiert: er zahle nicht bei Prozeßverlust gemäß Versprechen, bei Prozeßgewinn gemäß Urteil. K.L.

Antisyllogismus, jedes durch ↑Kontraposition eines Syllogismus (↑Syllogistik) entstehende Schlußschema. A. Geulincx, der diese Schlußschemata erstmals behandelt, bringt als Beispiel den durch Kontraposition (und nachfolgende tautologische Umformung) des Syllogismus

Omnis homo est animal
Petrus est homo
Ergo Petrus est animal

entstehenden A.

Petrus non est animal
Ergo vel Petrus non est homo
vel aliquis homo non est animal.

Literatur: A. Geulincx, Logica fundamentis suis, a quibus hactenus collapsa fuerat, restituta (1662), Pars III, Sect. II, Cap. VI (De Antisyllogismo), in: ders., Sämtl. Schr., I–V, ed. H.J. de Vleeschauwer, Den Haag 1891–1893 (repr. Stuttgart 1965), I, 342–344. C.T.

antisymmetrisch/Antisymmetrie, eine zweistellige ↑Relation R heißt a., wenn zwischen zwei verschiedenen Objekten a und b, für welche sie erklärt ist, niemals sowohl aRb als auch bRa bestehen kann, wenn also

$$\bigwedge_x \bigwedge_y (xRy \wedge yRx \rightarrow x=y)$$

gilt. C.T.

Antithese (von griech. ἀντίϑεσις, Gegenbehauptung, Gegensatz), die einer als ↑These vorgetragenen Behauptung widerstreitende Gegenthese. Als Terminus wird ›A.‹ wohl erst in den theologischen Streitschriften des 17. Jahrhunderts verwendet, in denen auf der gleichen Druckseite jeder in der linken Spalte abgedruckten (katholischen) These die entsprechende (protestantische) Gegenthese in der rechten Spalte entgegengestellt wird. In der Philosophie gewinnt dieses Schema von These und A. erst auf Grund seiner Übernahme in I. Kants Darstellung seiner Antinomienlehre (↑Antinomie) Verbreitung (»Antithetik der reinen Vernunft«). Danach ist Antithetik eine Untersuchung über das Bestehen und die Ursachen des Widerstreits von ›allgemeinen Erkenntnissen der Vernunft‹. Transzendental ist eine Antithetik dann, wenn ihr Gegenstand erfahrungsunabhängige ›vernünftelnde Lehrsätze‹ sind, die jeder für sich ohne Widerspruch gleichermaßen begründet einander widersprechen (KrV B 449). Gegenwärtig wird von A. noch in der dogmatisierten ↑Dialektik im Anschluß an F. Engels »Anti-Dühring« (MEW XX, 120–133) gesprochen. Sowohl Natur- als auch Geschichtsprozesse werden zum Zwecke ihrer Erklärung in das Triplizitätsschema von Thesis, A. und Synthesis gepreßt. Schon G.W.F. Hegel warnte davor, die Dialektik mit dem Triplizitätsschema zu verwechseln, das ›leer‹ sei und der »seichte Unfug und das Kahle des modernen philosophischen sogenannten Konstruierens« (Logik II, Sämtl. Werke V, 344). Die antidialektische Philosophie (z.B. K.R. Popper) argumentiert häufig gegen die Antithetik im Rahmen des Triplizitätsschemas, wenn sie sich gegen die Dialektik wendet.

Literatur: N. Hinske, Antithetik, Hist. Wb. Ph. I (1971), 416–418; K.R. Popper, What is Dialectic, Mind 49 (1940), 403–426 (wiederabgedruckt in: ders., Conjectures and Refutations. The Growth of Scientific Knowledge, London 1963, 312–335; dt. Was ist Dialektik? in: E. Topitsch [ed.], Logik der Sozialwissenschaften, Köln/Berlin [9]1976, 262–290). S. B./C. T.

Antizipation (lat. anticipatio, Vorwegnahme, Vorgriff), als erkenntnistheoretischer Terminus Bezeichnung sowohl für ein vor-begriffliches, im engeren Sinne vor-theoretisches Wissen, auf das in Fundierungszusammenhängen das begriffliche bzw. theoretische Wissen rekurriert, als auch für den (ausgearbeiteten) Vorgriff auf Situationen, auf die hin sich eine faktische Situation verändert bzw. die in Beurteilungszusammenhängen kontrafaktisch dem Bestehenden entgegengehalten werden.
In der ersten Bedeutung tritt der Begriff der A. bereits in der epikureischen und stoischen Philosophie auf (*πρόληψις*), und zwar in systematischem Zusammenhang mit dem Begriff der ↑communes conceptiones. Auf dem Hintergrund der Kritik an den ›anticipationes naturae‹ im Sinne unbegründeter Hypothesen (F. Bacon, hier im Gegensatz zur induktiven naturwissenschaftlichen Theorienbildung) verbindet sich in der neuzeitlichen Erkenntnistheorie der Begriff der A. mit der Ausarbeitung apriorischer Elemente auch des Erfahrungswissens (↑a priori). So gehören bei I. Kant die ↑Antizipationen der Wahrnehmung zu den synthetischen Grundsätzen a priori (»Man kann alle Erkenntnis, wodurch ich dasjenige, was zur empirischen Erkenntnis gehört, a priori erkennen und bestimmen kann, eine A. nennen«, KrV B 208). Systematische Varianten dieser Bedeutung von A. finden sich ferner in der Phänomenologie E. Husserls (›Vorveranschaulichung‹ des Unbekannten in der Wahrnehmung), der Existenzialanalyse M. Heideggers (›Vor-Struktur des Verstehens‹) und der neueren Wissenschaftstheorie (↑vorwissenschaftlich). – In der Bedeutung kontrafaktischer Situationsbeschreibungen dient der Begriff der A., z.B. bei K.-O. Apel, J. Habermas und F. Kambartel, der Charakterisierung von Vernünftigkeitsunterstellungen für Argumente bzw. ↑Diskurse. J. M.

Antizipationen der Wahrnehmung, bei I. Kant Aussagen über Empfindungen (Empfindungsqualitäten), die für »jede Empfindung, als Empfindung überhaupt (ohne daß eine besondere gegeben sein mag)« (KrV B 209) gelten und daher (für jede konkrete Empfindung) ›vorwegnehmend‹ behauptet werden können. Die Möglichkeit solcher A. ist Kant zufolge dadurch gegeben, daß für Empfindungen ein- und derselben Qualität die Anordnung auf einer kontinuierlichen Skala konstitutiv ist. Daher formuliert Kant als Prinzip der A. d. W.: »In allen Erscheinungen hat das Reale, was ein Gegenstand der Empfindung ist, intensive Größe, d.i. einen Grad« (KrV B 207). Dabei ist der Terminus ›intensive Größe‹ in Abhebung zu aus Teilen aufgebauten Aggregaten, den ›extensiven Größen‹, gewählt (↑Größe). Zur Begründung des zitierten Prinzips setzt Kant für Empfindungen voraus, daß sie sich bezogen auf den Zustand des Nichtvorliegens kontinuierlich verringern oder intensivieren lassen.

Literatur: M. Heidegger, Die Frage nach dem Ding. Zu Kants Lehre von den transzendentalen Grundsätzen, Tübingen 1962, 160ff.; A. Maier, Kants Qualitätskategorien, Berlin 1930, 58ff. (Kant-St. Erg.hefte 65); H.J. Paton, Kant's Metaphysic of Experience. A Commentary on the First Half of the Kritik der reinen Vernunft, I–II, London [3]1961, II, 134ff. F. K.

Antonin von Florenz, *Florenz Ende März 1389, †Montughi (b. Florenz) 2. Mai 1459, Dominikaner, bedeutender Vertreter des Thomismus im 15. Jh.. 1405 Eintritt in den Dominikanerorden, Teilnahme am Florentiner Konzil (1439–1444), 1446 Erzbischof von Florenz. A.s Hauptwerk ist eine vierteilige »Summa theologica«; eine »Summa historalis« umfaßt die gesamte Geschichte bis 1456. In der theologischen Summe entwirft A. an Thomas von Aquin anschließend ein System der Ethik, in dem vor allem die ökonomischen Ausführungen bedeutsam wurden. Es finden sich Überlegungen zum Verhältnis von Kapital und Arbeit, Nutzen und Preis und über das Verhältnis von Privateigentum und Moral. Hervorzuheben ist sein Legitimationsbemühen des Unternehmerprofits, den er auf die aufgewandte Mühe (industria) zurückführt. A. wurde am 10. Mai 1523 heiliggesprochen. Sein Werk findet in der Kontroverse zwischen M. Weber und W. Sombart um die Genese des Kapitalismus Erwähnung.

Werke: Summa theologica, I–IV, Venedig 1480–1481, I–IV, ed. P. Ballerini, Verona 1740 (repr. I–IV, Graz 1959).

Literatur: H. Crohns, Die Summa theologica des A. v. F. und die Schätzung des Weibes im Hexenhammer, Helsingfors 1903, 1906; C. Ilgner, In S. Antonini archiepiscopi florentini O. Pr. sententias de valore et de pecunia commentarius, Diss. Breslau 1902; ders., Die volkswirtschaftlichen Anschauungen A.s v. F. (1389–1459), Paderborn 1904; R. Morçay, S. Antonin fondateur du convent de St-Marc, archevêque de Florence, Paris 1914; A. Masseron, S. Antonin, Paris 1926; A. Pfister, Die Wirtschaftsethik A.s v. F., St. Gallen 1949; E. Sanesi, S. A. arcivescovo di Firenze, Florenz 1941; A. Walz/A. Pierozzi, A. v. F., LThK I ([2]1957), 665–666; M. Weber, Die protestantische Ethik. Eine Aufsatzsammlung, ed. J. Winckelmann, München/Hamburg 1965, [4]1975, 94ff. S. B.

antonym/Antonymie (aus griech. ἀντί [gegen] und ὄνομα [Name]), in Logik und Linguistik die Bezeichnung für zwei Ausdrücke, deren Bedeutung im ↑Gegensatz steht, und zwar üblicherweise beschränkt auf Fälle eines ↑*polar-konträren* Gegensatzes wie bei den zueinander a. stehenden Prädikatoren ›schwarz‹ und ›weiß‹, ›groß‹ und ›klein‹, oder auch ›synonym‹ und ›a.‹. Gelegentlich gelten auch Paare im kontradiktorischen Gegensatz wie ›wahr‹ und ›falsch‹ oder ›männlich‹ und ›weiblich‹ als a. zueinander. Von der nur semantischen A. ist die primär syntaktische Beziehung der ↑Konversion zu unterscheiden: es sind z.B. ›groß‹ und ›klein‹ a., aber ›größer‹ und ›kleiner‹ *konvers* zueinander. K. L.

anumāna (sanskr., Schluß, Beispiel im Sinne von Maßstab), in Logik und Erkenntnistheorie innerhalb der klassischen indischen Philosophie als (logische) Folgerung eines der Mittel zur Gewinnung von Erkenntnis. Diese erfolgt in diesem Falle nicht direkt durch Wahrnehmung (pratyakṣa) – Wahrnehmung ist im Jainismus (↑Philosophie, jainistische) und Buddhismus (↑Philosophie, buddhistische) neben a. das einzige weitere Erkenntnismittel (pramāṇa) –, sondern indirekt dadurch, daß man Erkenntnis von einem mit dem Gegenstand der Erkenntnis (pakṣa) verbundenen Zeichen (liṅga) hat und eine allgemeine Beziehung dieses Zeichens, dann auch Grund (hetu) genannt, mit der zu erschließenden Eigenschaft, der Folge (sādhya), kennt, die Umfassung (vyāpti), d.i. Enthaltensein von Grund in Folge. Standardbeispiel: der Berg (pakṣa) zeigt Rauch (liṅga); Rauch ist stets Grund für Feuer (vyāpti zwischen Rauch – hetu – und Feuer – sādhya –); also: auf dem Berg ist Feuer. In den übrigen philosophischen Schulen ist grundsätzlich neben a. und pratyakṣa zuverlässige Mitteilung bzw. Überlieferung (śabda), im ↑Nyāya dazu noch der Vergleich (upamāna), als unabhängiges Erkenntnismittel anerkannt. Die Lehre vom Schluß ist erstmals in der Logik des Nyāya zur klassischen Gestalt des fünfgliedrigen Syllogismus ausgebildet worden (↑Logik, indische).

Literatur: S. Chatterjee, The Nyāya Theory of Knowledge. A Critical Study of Some Problems of Logic and Metaphysics, Calcutta 1939, [2]1950. K. L.

an und für sich, von G. W. F. Hegel verwendeter Ausdruck für geistige Totalitäten, die sich in ihrem Entwicklungsgange mit den von ihnen selbst gesetzten Momenten (↑›Entzweiung‹) selbstidentifizierend zusammenschließen. Im An-und-Fürsichsein kommen *Ansichsein* und *Fürsichsein* zur komplementären Deckung. Das Ansichsein ist als erste Entwicklungsstufe das ›Vermögen (potentia, δύναμις)‹, das Fürsichsein als zweite Entwicklungsstufe ›Wirklichkeit (actus, ἐνέργεια)‹ (Vorles. Gesch. Philos., Einl., Sämtl. Werke XVII, 49). Während die Natur und das animalische Leben dadurch definiert sind, daß in ihnen das Ansichsein in seinem Verwirklichungsgange nur zu einer Vervielfältigung der Individuen führt, deren Inhalt nur ›für uns‹ zusammenhängt, kommt der Geist, der seinen Anfang in seiner Entfaltung mit sich identifiziert, zu emphatischer ›Wirklichkeit‹. Die exemplarische Gestalt des Fürsichseins ist das Ichbewußtsein (↑›Selbstbewußtsein‹) (Logik I, Sämtl. Werke IV, 184ff.), das in Hegels »Phänomenologie des Geistes« (Sämtl. Werke II, 139–181) als sich erhaltende qualitativ leere Identität das Korrektiv der Erfahrung des Geistes mit der Welt (›Begierde‹), mit dem Anderen (↑›Herr und Knecht‹) und mit sich selbst (↑›Bewußtsein, unglückliches‹) ist. Das An- und Fürsichsein als das ›Konkrete‹ (Vorles. Gesch. Philos., Einl., Sämtl. Werke XVII, 53) vereinigt als ›Bewegung‹ die voneinander unterschiedenen Momente des in verschiedenen Gestaltungen sich verändernden Ansichseins (›Realität‹) auf der einen Seite mit dem die Verschiedenheit von sich ausschließenden Fürsichsein (›Idealität‹) (Enc. phil. Wiss. I, Sämtl. Werke VIII, 228) auf der anderen Seite, und zwar so, daß jene materiale Entfaltungen des letzteren geistigen Elements und damit ›Idee‹ (↑Idee, absolute) (Enc. phil. Wiss. I, Sämtl. Werke VIII, 423) sind. S. B.

Anwendungsfunktion, synonym zu ↑Argumentfunktion (f wird ›angewendet auf‹ das Argument x).

Anzahl, entsprechend dem ursprünglichen Sinn von ›A.‹ im Deutschen als ein bestimmter Teil einer unbestimmten, nur als Umfang eines Begriffs gegebenen ›Zahl‹ von Dingen werden noch heute die alltagssprachlichen Verbindungen mit ›eine A.

von ...‹ gleichwertig mit der Rede von einem ↑System von Dingen gebraucht. In der Mathematik ist ›A.‹ bis um 1900 als Synonym zu ↑›Kardinalzahl‹, jedoch meist nur im Falle endlicher Kardinalzahlen üblich, ein Sprachgebrauch, dem die zeitgenössische Philosophie der Mathematik folgt (etwa E. Husserl, Philosophie der Arithmetik, 1891). Während sich diese Verwendung auf eine alte Tradition aus der Diskussion um den Unendlichkeitsbegriff stützt (↑unendlich/Unendlichkeit), die z.B. G.W. Leibniz, I. Kant in seiner Antinomienlehre und E. Dühring mit seinem ›Gesetz der bestimmten A.‹ in der Überzeugung bejahen, daß anzahlmäßige Bestimmtheit überhaupt nur endlichen Gegenstandsbereichen zukommen könne, führt die in der Neuzeit wohl erstmals bei J.S. Mill formulierte Erläuterung der A.gleichheit der Elemente zweier Mengen durch die Möglichkeit ihrer ↑eineindeutigen Zuordnung bei G. Cantor und bei G. Frege zur Einführung der Rede von A.en durch ↑Abstraktion aus beliebigen Mengen bezüglich der Ordnungsisomorphie (G. Cantor) bzw. der Gleichmächtigkeit (G. Frege) (↑Äquivalenz (von Mengen)). Beide sprechen daher auch von unendlichen A.en, womit also bei G. Cantor unendliche ↑Ordinalzahlen, bei Frege unendliche Kardinalzahlen gemeint sind (↑Zahl).

Literatur: G. Cantor, Gesammelte Abhandlungen mathematischen und philosophischen Inhalts, mit erläuternden Anmerkungen sowie mit Ergänzungen aus dem Briefwechsel Cantor-Dedekind, ed. E. Zermelo, Berlin 1932 (repr. Hildesheim 1962) 168 u.ö.; E. Dühring, De Tempore, Spatio, Causalitate atque de Analysis Infinitesimalis Logica, Diss. Berlin 1861; G. Frege, Die Grundlagen der Arithmetik. Eine logisch mathematische Untersuchung über den Begriff der Zahl, Breslau 1884 (repr. ebd. 1934 und Hildesheim 1961) (insbes. §84: Unendliche A.en); J. Grimm/W. Grimm, Deutsches Wörterbuch I (A–Biermolke), Leipzig 1854, 522–523 (Stichwort ›A.‹); E. Husserl, Philosophie der Arithmetik. Logische und psychologische Untersuchungen I, Halle (Saale) 1891, mit ergänzenden Texten (1890–1901) ed. L. Eley, Den Haag 1970 (Husserliana XII). C.T.

Anzeichen, unter den verschiedenen Sorten von Zeichen (↑Zeichen (semiotisch)) sind A. üblicherweise dadurch charakterisiert, daß sie (im Unterschied etwa zu den meisten sprachlichen Zeichen) weder einer beabsichtigten Ausdrucksfunktion dienen noch im strengen Sinn etwas ›bezeichnen‹, sondern lediglich als ›Kenn-‹, ›Merk-‹ oder ›Vorzeichen‹ irgend etwas *anzeigen*. Damit ein Gegenstand A als A. eines Gegenstandes B dienen kann, muß ein Bedingungsverhältnis derart vorliegen, daß von dem Vorkommen von A auf das Vorkommen von B geschlossen werden kann. Zeichen mit dieser Funktion hießen in der Scholastik ›natürliche Zeichen‹ (signa naturalia), für die als Beispiele der Atem als A. für das Leben, die Morgenröte als A. für den Sonnenaufgang, der Rauch als A. für Feuer genannt wurden. Das letzte Beispiel findet sich (als Beispiel für Zeichen allgemein) schon bei Augustinus, der auch Ausdrucksphänomene (wie das Seufzen für die Trauer) als Zeichen anerkennt. Auf die Verschiedenheit der Funktionen der Anzeige, unter anderem die prognostische Funktion, haben I. Kant und J.F. Fries besonders hingewiesen, zum Teil ohne sich dabei des Ausdrucks ›A.‹ zu bedienen. Explizit verwendet findet er sich in den Analysen der Zeichenfunktion bei F. Tönnies und E. Husserl, der etwas als A. im strengen Sinne nur dann bezeichnen will, »wenn es und wo es einem denkenden Wesen tatsächlich als Anzeige für irgend etwas dient« (Logische Untersuchungen II/1, 25 [I §2: Das Wesen der Anzeige]). Beispiele sind ihm das Stigma als (An-)Zeichen für den Sklaven, die Flagge als (An-)Zeichen der Nation und »überhaupt die ›Merkmale‹ im ursprünglichen Wortsinn als ›charakteristische‹ Beschaffenheiten, geschickt die Objekte, denen sie anhaften, kenntlich zu machen« (24). Darüber hinaus gehören für Husserl aber auch z.B. fossile Knochen (für die Existenz vorsintflutlicher Tiere), Denkmäler, Erinnerungszeichen (wie der Knoten im Taschentuch) usw. zu den A. im strengeren Sinne. Husserl führt die Funktion des A.s auf Ideenassoziation zurück und faßt insbesondere alle Ausdrücke in kommunikativer Rede als A. der Gedanken des Redenden auf, die dadurch kundgegeben werden. Für eine auch terminologische Trennung von ›Zeichen‹ (als Symbol) und ›A.‹ (als Symptom) plädierte R. Gätschenberger in einer ausführlichen Analyse (vgl. dazu die Erläuterungen von K. Lorenz in seiner Neuausgabe von Gätschenbergers Monographie).

Literatur: W.P. Alston, Sign and Symbol, Enc. Ph. VII (1967), 437–441; Augustinus, De doctrina christiana libri quatuor, lib. II, cap. I–III, Paris 1887, 35f. (MPL 34); J.F. Fries, System der Logik. Ein Handbuch für Lehrer und zum Selbstgebrauch, Heidelberg ^{2}1819, ^{3}1837 (397 bzw. 282; die Stelle nicht in der ersten Auflage von 1811); R. Gätschenberger, Zeichen, die Fundamente des Wissens, Stuttgart-Bad Cannstatt ^{2}1977 (mit einer Einführung von K. Lorenz); E. Husserl, Logische Untersuchungen II (Untersuchungen zur Phänomenologie und Theorie der Erkenntnis, I. Teil), Halle ^{4}1928, Tübingen ^{5}1968; I. Kant, Anthropologie in pragmatischer Absicht, Königsberg 1798, ^{2}1800, 106ff. (Akad.-Ausg. VII, 191–194); F. Tönnies, Philosophische Terminologie in psychologisch-soziologischer Ansicht, Leipzig 1906, Kap. I, §§1–13. C.T.

Apagoge (von griech. ἀπαγωγὴ εἰς τὸ ἀδύνατον, Zurückführung auf Unmögliches, lat. reductio ad impossibile, ↑reductio ad absurdum), Bezeichnung für das in der griechischen Philosophie und Mathematik häufig verwendete Verfahren des indirekten ↑Beweises. Die A. bildet eine der logischen Grundlagen der Sokratischen ↑Dialektik, deren Erfindung von Platon und Aristoteles dem Zenon von Elea zugeschrieben wird. G. W.

Apathie (griech. ἀπάθεια, Leidenschaftslosigkeit, Unempfindlichkeit), in kynischer Tradition (↑Kynismus) vor allem von der ↑Stoa vertretenes Bildungsideal, das negativ die Bedingung für die vom Weisen angestrebte, über Vernunft definierte Eudämonie (↑Eudämonismus) darstellt. Bestimmte ↑Affekte (Schmerz, Furcht, Begierde, Lust) werden als der Unwissenheit eigentümliche Krankheitssymptome dargestellt und durch Erkenntnis als handlungsbestimmende Faktoren ausgeschaltet. Freude, Vorsicht und Gutwilligkeit dagegen sind Gemütszustände, die in keinem Gegensatz zu einem vernunftgemäßen Leben stehen. Sie erfahren deshalb Billigung (Diog. Laert. VII, 110ff.). Der in der stoischen A.forderung enthaltene Rigorismus, dem die Scholastik nicht folgt, wird in der Neuzeit vor allem von B. Spinoza und I. Kant vertreten. Für letzteren ist A. eine der Voraussetzungen von Tugend und daher ›Pflicht‹ (Metaphysik der Sitten, Tugendlehre A 51f.).

Literatur: M. Pohlenz, Die Stoa. Geschichte einer geistigen Bewegung, I–II, Göttingen 1948 (Ausg. 1949), ^{4}1970/1972; H. Reiner, A., Hist. Wb. Ph. I (1971), 429–433; W. Stempel, Die Therapie der Affekte bei den Stoikern und Spinoza. Eine vergleichende Untersuchung zur Ethik und philosophischen Psychologie, Kiel 1969. S. B.

Apeiron (griech. ἄπειρον, das Unbegrenzte, Endlose), zentraler Begriff der antiken griechischen Theorien über Entstehung und Aufbau der Welt, historisch erster Ausdruck zur Formulierung des Problems der Unendlichkeit der Materie (↑Unendliche, das). In der Kosmologie der Vorsokratiker bezeichnet A. (erstmals bei Anaximander) den unentstandenen, unveränderlichen, unzerstörbaren Urstoff der Welt, aus dem alle Dinge entstehen und in den sie zurückkehren. Der Urstoff gilt als unbegrenzt (daher unverbrauchbar), er ist unbestimmt, enthält jedoch potentiell alle Bestimmungen der Welt; die konkreten Dinge entstehen durch Formung und Begrenzung des Urstoffes. Nach neuerer Forschung ist das A. bei Anaximander und den von ihm beeinflußten Denkern (z.B. Anaximenes) nicht als passive Materie aufgefaßt, sondern ›umfaßt‹ und ›lenkt‹ alle Dinge als das schlechthin Göttliche. Ferner bezeichnet ›A.‹ die Unbegrenztheit in der räumlichen und zeitlichen Erstreckung, vor allem in der Lehre der Weltperiodik das sich unbegrenzt wiederholende, zyklische Entstehen und Vergehen der Welten (↑Wiederkehr des Gleichen). Schließlich bezeichnet ›A.‹ in der Theorie vom Aufbau der Welt die unendlich vielen Elemente, die Homöomerien bei Anaxagoras, die Atome bei Leukipp und Demokrit.

Bei Platon trägt das A. als Unbegrenztes im Sinne des Ungeordneten, Unbestimmten einen negativen Akzent. Platon nimmt dabei die Unendlichkeitsproblematik in der Kosmogonie mit seinem Begriff der ›unbegrenzten Zweitheit‹ (↑Ideenzahlenlehre) oder des ›Großen und Kleinen‹ wieder auf: Prinzipien, die Zahlen, Strecken, Ebenen und geometrische Körper erzeugen. Vom erkenntnistheoretischen Gesichtspunkt her argumentiert Aristoteles gegen die A.theorien seiner Vorgänger mit der Behauptung, daß Unendliches nicht erkennbar ist und deshalb nicht als wirklich Existierendes angenommen werden könne; lediglich im Bereich des potentiell Existierenden (↑unendlich/Unendlichkeit) hält er die Rede vom Unendlichen für sinnvoll: es gibt gedankliche Operationen, die endlos oft wiederholt oder fortgesetzt werden können, z.B. bei der Konstruktion von Zahlen sowie bei der Teilung von Körpern, Strecken und Bewegungsabläufen. Hier kann man von einer Unendlichkeit der Schritte sprechen. Dies bedeutet aber nicht, daß es eine unendlich große Zahl oder einen unendlich kleinen Körper tatsächlich gibt. – In der Logik ist von ›A.‹ die Rede, wenn ein Beweis deshalb nicht gelingt, weil die Argumentationsreihe unabschließbar (unendlich) ist (↑regressus ad infinitum).

Literatur: A.H. Armstrong, Plotinus' Doctrine of the Infinite and Christian Thought, Downside Rev. 73 (1955), 47–58; F.P. Hager, A., Hist. Wb. Ph. I (1971), 433–436; R. Mundolfo, L'infinito nel pensiero dell' antichità, Florenz ^{2}1956; P. Seligman, The A. of Anaximander. A Study in the Origin and Function of Metaphysical Ideas, London 1962 (repr. Westport Conn. 1974); F. Solmsen, Anaximander's Infinite. Traces and Influences, Arch. Gesch. Philos. 44 (1962), 109–128; J. Stenzel, Zahl und Gestalt bei Platon und Aristoteles, Darmstadt ^{3}1959; G. Striker, Peras und A.. Das Problem der Formen in Platons Philebos, Göttingen 1970; L. Sweeney, L'infini quantitatif chez Aristote, Rev. philos. Louvain 58 (1960), 504–528; ders., Infinity in the Presocratics. A Bibliographical and Philosophical Study, The Hague 1972; W. Theiler, Einheit und unbegrenzte Zweiheit von Plato bis Plotin, in: J. Mau/E.G. Schmidt (eds.), Isonomia. Studien zur Gleichheitsvorstellung im griechischen Denken, Berlin 1964, 89–109; C.J. de Vogel, La théorie de l' ἄπειρον chez Platon et dans la tradition platonicienne, Rev. philos. France étrang. 149 (1959), 21–39. M. G.

Apel, Karl-Otto, *Düsseldorf 15. März 1922, dt. Philosoph. Studium bei E. Rothacker in Bonn; 1962–1969 o. Prof. für Philosophie in Kiel; 1969–1972 in Saarbrücken; seit 1972 in Frankfurt. A. versucht unter Einbeziehung sowohl der hermeneutischen (↑Hermeneutik) als auch der analytischen Philosophie (↑Philosophie, analytische) sowie unter kritischer Aufnahme der Philosophie des ↑Pragmatismus (vor allem C. S. Peirce) eine ›Transformation‹ der ↑Transzendentalphilosophie. Wesentliches Kennzeichen dieser Reformulierung ist die Anerkennung der Gründe für den ›linguistic turn‹ (↑Wende, linguistische) in der Philosophie (↑Sprachphilosophie). Dabei bleibt jedoch die reflexive Aufklärung von Bedingungen der Möglichkeit sprachlichen Weltvollzugs die methodisch leitende Aufgabe. A. hält an der Idee einer ↑Letztbegründung transzendentaler Einsichten fest, wobei nach der Formulierung A.s eine Einsicht genau dann letztbegründet ist, wenn sie von keinem Opponenten ohne Selbstwiderspruch negiert und andererseits nicht ohne Zirkel logisch bewiesen werden kann. Als solchermaßen begründbare Einsicht stellt A. die von allen Individuen wenigstens implizit zu vollziehende Anerkennung einer ›transzendentalen Kommunikationsgemeinschaft‹ heraus, die unter anderem die Anerkennung eines Prinzips der ›kommunikativen Ethik‹ beinhaltet. Gegenüber der szientistischen Philosophie soll durch die transzendentalpragmatische Analyse der Sprache die letzte Bedingung jeder Sprachpraxis aufgewiesen werden, jedoch nicht nur, wie in der hermeneutischen Philosophie, in einem faktisch-historischen, sondern in einem a priori gültigen Sinne. Der Ansatz bei der Sprache erlaubt nach A. ferner die Einbeziehung des ›Leibaprioris‹ menschlichen Erkennens und Handelns und im Zusammenhang damit eine philosophisch-anthropologische Begründung möglicher Kritik der gesellschaftlichen und privaten Zwänge der ideologisch fixierten Pseudonatur des Menschen.

Werke: Die Idee der Sprache in der Tradition des Humanismus von Dante bis Vico, Bonn 1963, [2]1975; Transformation der Philosophie, I–II, Frankfurt 1973; Der Denkweg von Charles S. Peirce, Frankfurt 1975; Die ›Erklären: Verstehen‹-Kontroverse in transzendentalpragmatischer Sicht, Frankfurt 1979. C. F. G.

Aphairesis (griech. ἀφαίρεσις, das Wegnehmen, Berauben), Aristotelischer Terminus für das als Gegenzug zur Platonischen ↑Ideenlehre entworfene Verfahren, das vom Reden über körperliche Sinnendinge (z. B. kreisförmige Körper) zur Redeweise der Mathematiker und Geometer (z. B. über Kreise) führt. Die A.lehre, deren Kern darin besteht, im Beispiel die Rede über geometrische Kreise als eingeschränktes Reden über kreisförmige Sinnendinge zu interpretieren, bleibt bei Aristoteles unvollständig und leistet nicht die gewünschte Erklärung der Mathematik. Im Anschluß an A. M. T. S. Boethius entsteht aus einer Vermengung der A.lehre mit der Aristotelischen ↑Epagoge die klassische Theorie der ↑Abstraktion.

Literatur: P. Aubenque/L. Oeing-Hanhoff, Abstrakt/konkret, Hist. Wb. Ph. I (1971), 33–42; J. Mueller, Aristotle on Geometrical Objects, Arch. Gesch. Philos. 52 (1970), 156–171; H. Scholz/H. Schweitzer, Die sogenannten Definitionen durch Abstraktion, Leipzig 1935. H. J. S.

Apodeiktik, Apodiktik (von griech. ἀποδεικτική [ἐπιστήμη], beweisende [Wissenschaft]), nach Aristoteles die Lehre vom ↑Beweis; so wieder aufgegriffen z. B. bei F. Bouterwek. K. L.

apodiktisch (notwendig), ↑Urteil, apodiktisches.

apoha (sanskr., Vertreibung, Sonderung), die Bezeichnung für ein Verfahren der Bedeutungsbestimmung von Prädikatoren ex negativo in der ↑Yogācāra-Schule des ↑Mahāyāna-Buddhismus, nämlich durch Nichtzugehörigkeit zum Komplement des Prädikators (z. B. die Bedeutung von ›Kuh‹ als Nicht-Giraffe und Nicht-Mensch etc.). Auf diese Weise soll erreicht werden, daß in der a., einer Reflexion auf die Zusammengehörigkeit von Gegenständen (z. B. von Kühen), trotz ihrer Verschiedenheit, die Unterscheidung von dazu disjunkten Gegenstandsbereichen in Gestalt eines Schlusses (anumāna), also vermittelt, vollzogen wird: prädikativ bestimmte Gegenstände sind daher, wie es die Yogācārins verlangen, weil vermittelt erkannt, unwirklich, im Unterschied zu einem unvermittelt, durch Wahrnehmung (pratyakṣa) erkannten bloßen Einzelnen, einem ›dies-da‹.

Literatur: Dharmottara's ›Werk über die Sonderung‹, ed. u. übers. v. E. Frauwallner unter dem Titel »Beiträge zur A.-Lehre«, Wien. Z. für die Kunde des Morgenlandes 44 (1937), 233–254 (Text), 255–278 (Übers.), 278–287 (Zusammenfassung). K. L.

apollinisch/dionysisch, Begriffspaar, das im Rückgriff auf die griechischen Gottheiten Apollon und Dionysos seit dem 18. Jahrhundert zum Zwecke der Beschreibung und Deutung kultursynthetisierender Aktivitäten in Gebrauch kommt. Mit Apollon wird eine klare und ruhige Geistigkeit als Integrationsprinzip verbunden, mit Dionysos die sinnliche Lebendigkeit in ihrer situativen Kraft. Gemeinhin wird bis hin zu F. W. J. Schellings Spätwerk (Sämtl. Werke XIV, 25) die a.e Leistung der d.en als höherwertig und sie vollendend gegenübergestellt. Während die Wörter ›a.‹ und ›d.‹ zumeist auf Kunstphänomene bezogen werden, erhält die mit ihnen artikulierte Unterscheidung bei F. Nietzsche einen allgemeineren kulturtheoretischen Aspekt. Für Nietzsche stellt dieses Begriffspaar ›Natur-Kunstgewalten‹ dar (Werke III, 791). Dabei steht das A.e als das allgemeine Ordnungsprinzip des Trennens und Individuierens dem D.en als der vereinheitlichenden Kraft gegenüber. Apollon ist die ›Vergöttlichung der Individuation‹ (I, 33), Dionysos steht für den »Drang zur Einheit, ein Hinausgehen über Person, Alltag, Gesellschaft, Realität, über den Abgrund des Vergehens« (III, 791). Ethik und Staat sind die Medien, die die Individuation realisieren (I, 114), ihr Höhepunkt ist die ›Freiheit unter dem Gesetz‹ (III, 791). Die Überschreitung der a.en Satzung und Selbsterkenntnis zum Zwecke einer unmittelbaren emphatischen Allgemeinheit ist d.. Als a.e Künste werden die Epik und die Plastik, als d.e Kunst die Musik klassifiziert. In der griechischen Tragödie gelang nach Nietzsche die Überwindung der Trennung beider Kräfte (I, 120), die in ihrer Vereinzelung stets zueinander komplementär auftreten.

Literatur: F. Nietzsche, Die Geburt der Tragödie (1872), in: Werke in drei Bänden, ed. K. Schlechta, München 1954–1956, I,7–134. – K. F. Gründer/J. Mohr, A./d., Hist. Wb. Ph. I (1971), 441–446; O. Kein, Das A.e und D.e bei Nietzsche und Schelling, Berlin 1935; M. Vogel, Das A.e und D.e. Geschichte eines genialen Irrtums, Regensburg 1966. S. B.

Apollonios von Perge, *Perge (Kleinasien) um 240 v. Chr., †um 170 v. Chr., griech. Mathematiker und Astronom. A. lebte, zumindest zeitweise, in Alexandrien, von seinen Schriften sind lediglich ein Werk über den »Verhältnisschnitt« (*λόγου ἀποτομή*) in einer arabischen Übersetzung sowie (zu größeren Teilen) sein mathematisches Hauptwerk »Kegelschnitte« (*κωνικά*, Buch 1–4 im griechischen Original, Buch 5–7 in arabischer Übersetzung, Buch 8 verloren) erhalten. Die Berichte über andere mathematische Schriften des A. sind so ausführlich (insbesondere im 7. Buch von Pappos' »Collectiones«), daß (vor allem im 18. Jahrhundert) versucht wurde, ihren mutmaßlichen Inhalt genau zu rekonstruieren.

A.' Ruhm in der Mathematikgeschichte beruht auf den »Kegelschnitten«. Er führte ein Erzeugungsverfahren für Kegelschnitte ein, nach dem die von ihm erstmals verwendeten Termini Parabel, Ellipse, Hyperbel eine dem Wortsinn entsprechende Bedeutung bekommen, die sich bei den vorher verwendeten Verfahren nicht angeben läßt. Obwohl die »Kegelschnitte« bis ins 17. Jahrhundert das maßgebende Werk zum Thema waren, blieb ihre Rezeption, wohl wegen ihrer Schwierigkeit, sehr begrenzt. Erst das 17. Jahrhundert schloß, wenn auch mit veränderter Methodik, an das Werk des A. an (z.B. G. Desargues, R. Descartes, P. de Fermat). Bei aller Wertschätzung des A. trat allerdings immer stärker die analytische Geometrie (↑Geometrie, analytische) in den Vordergrund. Erst V. Poncelets Begründung der projektiven Geometrie ist mit einer Rückbesinnung auf die genuin geometrischen Methoden des A. verbunden. Ähnliches gilt für die synthetische Geometrie, von deren Vertretern auch bedeutende historische Arbeiten zu A. stammen. – In der ↑Astronomie hat A. die Epizykel- und Exzentertheorie der Planetenbewegung entwickelt sowie die (später von K. Ptolemaios dargestellte) Äquivalenz beider Modelle bewiesen. Damit lieferte er die theoretische Basis der alexandrinischen Astronomie. Zu seinen astronomischen Leistungen scheint ferner die Bestimmung des Mondabstandes gehört zu haben.

Werke: Apollonii Pergaei quae Graece extant cum commentariis antiquis, I–II, Ed. u. lat. Übers. J. L. Heiberg, Leipzig 1891–1893 (dt. Die Kegelschnitte des A., übers. A. Czwalina, München/Berlin 1926 [repr. Darmstadt 1967]); Apollonii Pergaei Conicorum libri octo [...]. Conicorum libri tres posteriores [...] ex arabico sermone in latinum conversi [...] Subjicitur liber Conicorum octavus restitutus, ed. E. Halley, Oxford 1710; Des Apollonius von Perga sieben Bücher über Kegelschnitte nebst dem durch Halley wiederhergestellten achten Buche, ed. H. Balsam, Berlin 1861; Das Fünfte Buch der Conica des Apollonius von Perga in der arabischen Übersetzung des Thabit ibn Corrah, Übers. u. Einl. L. M. L. Nix, Leipzig 1889; Les Coniques d'Apollonius de Perge, franz. Übers. einschließlich der lat. Version (E. Halley) der drei letzten Bücher u. Einl., Bruges 1923 (repr. Paris 1963); Treatise on Conic Sections, ed. in Modern Notation, with Introd., Including an Essay on the Earlier History of the Subject by T. L. Heath, Cambridge 1896 (repr. 1961); Apollonius De sectione rationis libri duo ex Arabico manuscripto Latine versi, ed. E. Halley, Oxford 1706 (dt. W. A. Diesterweg, Die Bücher des Apollonius von Perga de sectione rationis nach dem Lateinischen des Edm. Halley frey bearbeitet, Berlin 1824).

Literatur: M. Chasles, Aperçu, historique sur l'origine et le développement des méthodes en géométrie, Paris 1837, Nachdr. 1875 (dt. Geschichte der Geometrie hauptsächlich mit Bezug auf die neueren Methoden, Halle 1839 [repr. Wiesbaden 1968]); T.L. Heath, A History of Greek Mathematics II, Oxford 1921 (repr. 1965), 126–196; O. Neugebauer, Apollonius-Studien, Quellen u. Stud. Gesch. Math., Astr. u. Phys., Abt. B, 2 (1933), 215–253; ders., A History of Ancient Mathematical Astronomy I, Berlin/Heidelberg/New York 1975, 262–273; G.J. Toomer, Apollonius of Perga, DSB I (1970), 179–193; B.L. van der Waerden, Erwachende Wissenschaft. Ägyptische, babylonische und griechische Mathematik, Basel/Stuttgart [2]1966, 395–436; H.G. Zeuthen, Keglesnitslaeren i Oldtiden, Kjøbenhavn 1885 (dt. Die Lehre von den Kegelschnitten im Altertum, Kopenhagen 1886 [repr. Hildesheim 1966]). G.W.

Apologetik (von griech. ἀπολογία, Verteidigung), im Bereich europäisch geprägter Kultur der Versuch, den christlichen Glauben vernünftig argumentierend zu verteidigen. Das geschieht nach ersten Anfängen im NT (Apostelgeschichte 17) vor allem durch die griechischen und lateinischen Apologeten des 2. Jahrhunderts (Justin, Tertullian, Clemens, Origenes) gegenüber den Angriffen des Judentums, heidnischer Religiosität und Philosophie. Sie arbeiten mit der Mythen- und Religionskritik der antiken Philosophie, verweisen auf das hohe Alter des AT und die Erfüllung seiner Weissagungen im NT sowie auf das sittlich einwandfreie Leben der Christen. Den Höhepunkt altkirchlicher Apologetik bezeichnet Augustins »De civitate Dei«. Mit der Durchsetzung des Christentums als Staatsreligion tritt A. zurück, ohne jemals zu verschwinden (Thomas von Aquin, Summa contra gentiles).

Erst nach dem Zerbrechen mittelalterlicher Scholastik und konfessioneller Orthodoxie fordert neuzeitliche Philosophie und Wissenschaft die theologische A. in verstärktem Maß heraus. Dabei bleibt es charakteristisch, daß Positionen, die von kirchlicher Seite apologetisch bekämpft werden, ihrerseits bewußt oder implizit Apologie des Christentums sein wollen oder sind (↑Deismus, H.S. Reimarus). Vom Beginn des 19. Jahrhunderts (F.E.D. Schleiermacher, Tübinger Theologie) bis zum Ende des 1. Weltkriegs (dialektische ↑Theologie) wird A. zur eigenen Disziplin innerhalb der Theologie, wobei nach dem Ende des Idealismus die ›weltanschauliche‹ Auseinandersetzung mit Positivismus und Materialismus Hauptanliegen ist. Von kirchlicher Publizistik abgesehen, verschwindet der Begriff seitdem mehr und mehr; das Thema der A. wird in den dogmatischen Prolegomena oder Prinzipienlehren aufgegriffen, neuerdings auch im protestantischen Bereich, katholischer Terminologie folgend, als Fundamentaltheologie behandelt.

Literatur: L.W. Barnard/K.G. Stick/H.-R. Müller-Schwefe, A., TRE III (1978), 371–429; E. Kamlah/C. Andresen/H.-H. Schrey/C.G. Schweitzer/H. Fries/A. Lehmann, A., RGGI ([3]1957), 477–495; F. Kramm, Keplerbund, RGG III ([1]1912), 1060–1065; Strathmann/v. Soden/Stephan/Schoell/J. Koch, A., RGG I ([2]1927), 411–433; D. Wobbermin/A. Meyer/L. Scheel, A., RGG I ([1]1909), 558–587. G.S.

Apophansis (griech. ἀπόφανσις, Behauptung, Urteil, Aussage), bei Aristoteles Bezeichnung für die ↑Prädikation, umfaßt sowohl das Zu- als auch das Absprechen (↑zusprechen/absprechen) eines ↑Prädikators, wodurch Affirmation (κατάφασις) und Negation (ἀπόφασις) definiert sind (de int. 5.17a23–26). In den »Zweiten Analytiken« kommt ἀπόφανσις in der Bedeutung ›Behauptung in Form einer einfachen Prädikation‹ vor; eine solche Behauptung muß im Rahmen einer beweisenden Wissenschaft aus wahren Prämissen hergeleitet werden (an.post. A2.72a8–15). In diesem Sinne des λόγος ἀποφαντικός ist auch in der neueren Philosophie das ›apophantische Urteil‹ verstanden worden, eine zum traditionellen ›prädikativen Urteil‹ synonyme Bezeichnung für eine Behauptung in Form einer ↑Elementaraussage (↑Urteil, apophantisches).

E. Husserl versteht unter ›Apophantik‹ die Lehre von den prädikativen (nicht-modalen) Aussagen, so daß für ihn die Aristotelische Analytik, deren Untersuchungsgegenstand letztlich die A. ist, genauer als ›apophantische Analytik‹ zu charakterisieren wäre. Diese müßte bei konsequenter Durchführung die Gestalt einer deduktiven Theorie, einer ›formalen Apophantik‹ oder ›apophantischen Mathematik‹ annehmen, die sich von einer ›nichtapophantischen Mathematik‹ dadurch unterschiede, daß erstere Aussagen über Zahlen, Mengen und andere Gegenstände, letztere aber Aussagen über Aussagen macht. Das Verhältnis beider erfährt bei Husserl keine endgültige Klärung, da ein Primat des Apophantischen allein daraus abgelesen wird, daß von den Gegenständen der nicht-apophantischen Mathematik nur wieder in Aussagen die Rede ist – während umgekehrt von der Vergegenständlichung der apophantischen Aussagen ›$s\varepsilon P$‹ in apophantischen Metaaussagen wie »›$s\varepsilon P$‹ε wahr« keine Notiz genommen wird. Die Husserlschen Vorstellungen über den mit formalen Gesetzen und möglichen Wahrheiten befaßten Teil der apophantischen Analytik hat J. Cavaillès in Richtung auf eine Theorie der Systeme (oder Theorie der Theorien) weiterzuentwickeln versucht.

Literatur: Aristoteles, an. pr. A1.24a16, an. post. A2.72a8–15, de int. 4.17a2, 5.17a8ff., 5.17a23–26; J. Cavaillès, Sur la logique et la théorie de la science, Paris 1947; U. Claesges, Apophantik, Hist. Wb. Ph. I (1971), 447; E. Husserl, Formale und Transzendentale Logik. Versuch einer Kritik der logischen Vernunft, Halle (Saale) 1929, ed. P. Janssen, Den Haag 1974 (Husserliana XVII); Apofántica, FM I (1979), 184–186. P. J./C. T.

Aporem (von griech. ἀπορεῖν, ratlos sein, in Zweifel sein), in der (Aristotelischen) Logik Bezeichnung für eine in einem Dialog nach Regeln bewußt herbeigeführte ↑Aporie, die darin besteht, daß das kontradiktorische Gegenteil eines in diesem Dialog als wahr angenommenen Satzes (↑Prämisse, ↑Hypothese) begründet wird. M. G.

Aporetik (von griech. ἀπορητική τέχνη, aporetisches Verfahren), die Kunst, ↑Aporien zu erörtern. Eine aporetische Argumentation soll nicht der Lösung einer Problemstellung dienen, sondern lediglich eine (möglichst vollständige) Erörterung der für sie relevanten Gründe und Gegengründe bieten. In der Philosophie ist die A. einerseits als gesonderte Disziplin, andererseits im Bereich erkenntnistheoretischer Grundentscheidungen von Bedeutung: die Anhänger der Skepsis (↑Skeptizismus), die einen gesicherten methodischen Aufbau von Wissenschaft und Philosophie sowie die sichere Begründung von Behauptungen generell für unmöglich halten, lassen nur die aporetische Argumentation als sinnvolles theoretisches Bemühen gelten und sehen die Verfeinerung aporetischer Diskussionsmöglichkeiten als einzige Aufgabe der Philosophie an. Bei anderen philosophischen Auffassungen kann die Aporetik als heuristisches Prinzip (↑Heuristik) in konstruktiver Absicht Verwendung finden: so besteht z.B. eine von Aristoteles (erstmals) explizit eingeführte Methode der Wahrheitsfindung gerade darin, sich auf Grund einer an Hand der Geschichte der Philosophie ermittelten aporetischen Argumentationssituation um eigene Problemlösungen zu bemühen.

Literatur: N. Hartmann, Grundzüge einer Metaphysik der Erkenntnis, Berlin/Leipzig 1921, Berlin [5]1965; ders., Systematische Selbstdarstellung, in: H. Schwarz (ed.), Deutsche systematische Philosophie nach ihren Gestaltern I, Berlin 1931, 83–293; J. Werbick, Die A. des Ethischen und der christliche Glaube, München 1976 (Beitr. z. ökumen. Theol. 12). M. G.

Aporie (griech. ἀπορία, Weglosigkeit), Bezeichnung einer Situation, in der keine der einander ausschließenden Rede- und Handlungsalternativen hinsichtlich ihrer Begründung vor den anderen ausgezeichnet und/oder keine Strategie zur Erreichung eines Zieles verfügbar zu sein scheint. In der *Philosophie* tritt der Ausdruck ›A.‹ vornehmlich im Bereich von Überlegungen zu Methode, Sinn und Grenzen der Philosophie auf: die ausweglose Argumentationssituation wird teils als heuristischer Ausgangspunkt (z.B. in der Sokratischen Fragekunst), teils als einzig mögliches Endergebnis philosophischen Bemühens (z.B. bei den Skeptikern) gewertet (↑Aporetik). In der *Rhetorik* bezeichnet ›A.‹ (lat. dubitatio) die eine (wirkliche oder nur angebliche) Verlegenheit des Redners zum Ausdruck bringende Redefigur, in der (a) dem Publikum die Auswahl zwischen mehreren angebotenen Bezeichnungen ein und derselben Sache überlassen, (b) die Frage nach der richtigen Bezeichnung einer Sache oder (c) nach einem sinnvollen Anfang oder Fortgang der Rede als Problem erörtert wird.

Literatur: H. Lausberg, Elemente der literarischen Rhetorik, München 1963, 124; G. Thines, L'aporie, Brüssel 1974. M. G.

a posteriori, ↑a priori.

Aposteriori-Wahrscheinlichkeit, ↑Bayessches Theorem.

appellativ (von lat. appellare, benennen), in der traditionellen Grammatik eine Bezeichnung für diejenigen Nomina, die als Prädikatoren (d.s. Begriffswörter) dienen (nomen appellativum oder Gattungsname), gelegentlich auch eingeschränkt auf Nomina, die bloß Eigenschaften bedeuten; davon zu unterscheiden sind z.B. Eigennamen (nomen proprium). K. L.

Apperzeption (von neulat. adpercipere, hinzuwahrnehmen), im psychologischen Sprachgebrauch die bevorzugende Hinwendung zu bestimmten Vorstellungsinhalten, die vor dem Hintergrund von mehr oder weniger unbemerkt bleibenden ›verworrenen‹ Vorstellungen als das klar und deutlich erfaßte Thema in den Blickpunkt des Bewußtseins rücken. In dieser Bedeutung geht die Verwendung des Ausdrucks ›A.‹ auf W. Wundt zurück, der zwischen aktiver (willkürlicher, durch die Gesamtlage des Bewußtseins vorbereiteter) und passiver (unwillkürlicher, unvorbereiteter) A. unterscheidet. Bei G.W. Leibniz bezeichnet ›A.‹ in ähnlichem Sinne eine bewußte und klare

Vorstellung (↑Perzeption) im Unterschied zu unbewußten Vorstellungen (petites perceptions): A.en sind ins Gedächtnis aufgenommene und dort verfügbare, von Bewußtsein begleitete deutliche Perzeptionen (Princ. nat. grâce 4; Monadologie 14, 19); auch der Akt der Zuwendung zu Perzeptionen heißt bei Leibniz A. (Nouv. essais, Préface und II 9, §4). Bei I. Kant heißt im Unterschied zum empirischen ↑Selbstbewußtsein (»gewöhnlich der innre Sinn genannt, oder die empirische A.«, KrV A 107) reine, ursprüngliche oder transzendentale A. das reine Selbstbewußtsein und der Akt, wodurch Vorstellungen in ihm vereinigt werden. Die transzendentale A. ist notwendige Bedingung der Möglichkeit der Erfahrung, denn nach Kant setzt die Erfahrung als »ein Ganzes verglichener und verknüpfter Vorstellungen« (A 97) das Zusammenstehen unserer Vorstellungen in der durchgängigen Einheit des Selbstbewußtseins voraus. Im Unterschied zur empirischen Einheit der A., in der das faktische, von empirischen Bedingungen abhängige Zusammengehören (Synthesis) bestimmter einzelner Vorstellungen gedacht ist (KrV B 139ff.), beruht die transzendentale Einheit der A. auf einer ›reinen‹ Synthesis, durch die unsere Vorstellungen in ihrem Zusammenhang notwendigen und allgemeinen Regeln unterworfen werden; sie erhalten dadurch allererst »Beziehung auf einen Gegenstand, d.i. objektive Realität« (KrV A 109, vgl. A 197/B 242). Da nach Kant der Gegenstand oder das Objekt dasjenige ist, »in dessen Begriff das Mannigfaltige einer gegebenen Anschauung vereinigt ist« (KrV B 137), heißt die transzendentale Einheit der A. deshalb auch ›objektive‹ Einheit des Selbstbewußtseins (KrV B 139). Die synthetische Einheit der A. ist »der höchste Punkt, an dem man allen Verstandesgebrauch, selbst die ganze Logik, und, nach ihr, die Transzendental-Philosophie heften muß, ja dieses Vermögen ist der Verstand selbst« (KrV B 134). Sie artikuliert sich in Gestalt der ↑Kategorien (KrV A 125), so daß der Beweis für den Grundsatz der ›notwendigen Einheit der A.‹ (KrV B 135) zugleich die Deduktion der Kategorien ist.

Literatur: D. Henrich, Identität und Objektivität. Eine Untersuchung über Kants transzendentale Deduktion, Heidelberg 1976; L. Pongratz, Problemgeschichte der Psychologie, Bern/München 1967; P.F. Strawson, The Bounds of Sense. An Essay on Kant's Critique of Pure Reason, London 1966; T.E. Wilkerson, Kant's Critique of Pure Reason. A Commentary for Students, Oxford 1976; W. Wundt, Grundzüge der physiologischen Psychologie III, Leipzig [5]1903. H.H.

appetitus (lat., Streben, Begehren), in Anknüpfung an den Aristotelischen Terminus ὄρεξις (vgl. Eth. Nic. Z2.1139b5) gebildeter Terminus der Scholastik: »a. ist nichts anderes als die Hinneigung (inclinatio) eines Strebenden (appetentis) zu irgend etwas« (Thomas von Aquin, S. th. I–II qu. 8 art. 1); a. setzt insofern immer ein Bedürfnis (indigentia) voraus (1 Phys. 15e). Die wichtigsten begrifflichen Unterscheidungen sind die zwischen a. *animalis* seu *sensitivus* (tierischem oder sinnlichem Streben) und a. *intellectivus, intellectualis, rationalis, voluntaris* (geistigem, überlegtem Streben) einerseits, zwischen a. *naturalis* (Naturstreben) und a. *elicitus* (›hervorgelocktem‹, d.h. bewußtem Streben) andererseits. Bedeutsam für die scholastische Metaphysik und Ethik ist vor allem die Lehre vom a. naturalis, in der behauptet wird, daß jedes Lebewesen (insbesondere jeder Mensch) ›aus seiner Natur heraus‹ immer das erstrebe, was seiner ›Natur‹ zukömmlich (conveniens) ist. Die Annahme dieser Behauptung, die (a) die faktischen Begehrungen für gebotene ausgibt und (b) dadurch einer willkürlichen Bestimmung der jeweils betrachteten ›Natur‹ freien Raum gibt, führte, verbunden mit erkenntnistheoretischen Spekulationen aus dem Deutschen Idealismus, in der Neuscholastik zu einem besonderen Gottesbeweis (J. Maréchal, Le point de départ de la métaphysique V, Brüssel/Paris 1926, [2]1949). – Im Rahmen der ↑Monadentheorie dient der Begriff des a. (appetition) bei G.W. Leibniz zur Charakterisierung der Selbstorganisation und Konstitution (durch ↑Perzeptionen) der Monaden (Monadologie §15, Discours de métaphysique §33). O.S.

Apprädikator, nach einer von P. Lorenzen vorgeschlagenen Bezeichnung heißen solche Prädikatoren A.en, die nur als Zusatzprädikatoren zu anderen Prädikatoren eingeführt sind; sie dienen als ↑Klassifikatoren auf schon selbständig eingeführten Gegenstandsbereichen. Treten sie selbständig hinter der Kopula eines Elementarsatzes auf (z.B. ›dies Blatt ist grün‹), so ist in normierter Rede der Prädikator, der einen Gegenstandsbereich charakterisiert, zu dem der vom zugehörigen Nominator benannte Gegenstand bereits begrifflich, also auf Grund sprachlicher Vereinbarung, gehört, dem A. hinzuzufügen (z.B. ›dies Blatt ist ein grünes Blatt‹ oder ›dies Blatt ist ein grünes Ding‹). Beispiele für A.en liefert vor allem die Rekonstruktion der Adverbien und der Adjektive der Umgangssprache wie etwa ›schnell‹ und ›weiß‹.

Von den A.en werden die selbständig verwendeten Ding- oder Geschehnisprädikatoren als ↑Eigenprädikatoren unterschieden.

Literatur: D. Gerhardus/S.M. Kledzik/G.H. Reitzig, Schlüssiges Argumentieren. Logisch-propädeutisches Lehr- und Arbeitsbuch, Göttingen 1975; K. Lorenz, Sprachtheorie als Teil einer Handlungstheorie. Ein Beitrag zur Einführung linguistischer Grundbegriffe, in: D. Wunderlich (ed.), Wissenschaftstheorie der Linguistik, Kronberg 1976, 250–266; P. Lorenzen, Semantisch normierte Orthosprachen, in: F. Kambartel/J. Mittelstraß (eds.), Zum normativen Fundament der Wissenschaft, Frankfurt 1973, 231–249; ders./O. Schwemmer, Konstruktive Logik, Ethik und Wissenschaftstheorie, Mannheim ²1975, 42ff. F.K.

Apprehension (von lat. apprehendere, ergreifen, erfassen), von I. Kant wiederaufgenommener scholastischer Terminus (apprehensio, Wahrnehmung). In der Scholastik bezeichnet ›apprehensio‹ gewöhnlich die primitivste Stufe der geistigen Aktivität bei der Wissensbildung bzw. der Erkenntnis und steht als elementarer Terminus dem ↑appetitus gegenüber. Kant versteht unter der A. die ›unmittelbar an den Wahrnehmungen ausgeübte Handlung‹ der Einbildungskraft (KrV A 120), durch die ungeordnete Erscheinungen ›ins Gemüt kommen‹ (KrV A 122). In der Synthesis der A. wird das ›Mannigfaltige der Erscheinung‹ in einer ›empirischen Anschauung‹ zusammengesetzt (KrV B 160), d.h. räumlich und zeitlich geordnet. In der 1. Auflage der »Kritik der reinen Vernunft« kennt Kant auch eine reine Synthesis der A., durch die die Vorstellungen des Raumes und der Zeit a priori erzeugt werden sollen (KrV A 99f.). O.S.

a priori, fundamentaler Terminus der Erkenntnis- und Wissenschaftstheorie. Seine erste Gebrauchsbestimmung erhält der Ausdruck ›a p.‹ zusammen mit dem Ausdruck ›a posteriori‹ in der ↑Scholastik. Im 14. Jahrhundert dienen beide Ausdrücke nach Albert von Sachsen (Quaest. An. post. I, qu. 9, f. 3 r. B) vor allem der Unterscheidung des Beweises, der von den Ursachen (Gründen) zur Wirkung (Folge) fortschreitet (demonstratio procedens ex causis ad effectum = demonstratio a p.), von einer Begründung, die von den Wirkungen (Folgen) auf die Ursachen (Gründe) schließt (demonstratio procedens ab effectibus ad causas = demonstratio a posteriori). Vorstufen dieser terminologischen Bestimmungen finden sich im 12. und 13. Jahrhundert in der Rede von Argumenten ex prioribus bzw. ex posterioribus (z.B. bei Thomas von Aquin, der bereits ›a p.‹ synonym mit ›ex prioribus‹ gebraucht). Dabei liegen unter anderem Überlegungen des Aristoteles zugrunde, der von einem ›*der Natur nach* Früheren‹ (von dem die Beweise a p. ausgehen) und einem ›*für uns* Früheren‹ (auf das die Begründungen a posteriori rekurrieren) spricht, unter Hinweis darauf, daß uns in der Regel Wirkungen und Folgen, nicht dagegen ihre Ursachen und Gründe unmittelbar gegenwärtig sind (An. post. A2.71b33–72a5). Eine Reihe mittelalterlicher Philosophen, z.B. Thomas von Aquin (S. th. I qu. 2 art. 2c) und Albert von Sachsen, setzten die Beweise aus dem der Natur nach Früheren weitgehend mit denjenigen Begründungen in eins, die nach ebenfalls bereits Aristotelischer Charakterisierung dartun, *warum* (*διότι*) etwas so ist, wie es ist (demonstratio propter quid), im Unterschied zu der für die Beweise aus dem für uns Früheren behaupteten Beschränkung auf den Aufweis, *daß* (*ὅτι*) etwas so ist, wie es ist (demonstratio quia). Das hat in der Folge zum Teil zur Gleichsetzung der Beweise a p. mit den Beweisen propter quid (cur ita sit), der Beweise a posteriori mit den Beweisen quia (quod ita sit) geführt (am deutlichsten zuerst bei Albert von Sachsen). Schwierigkeiten bereiten dabei die indirekten Beweise, weil sie weder von als wahr unterstellten Folgen her argumentieren noch die ›Gründe‹ im engeren Sinne aufweisen. Wilhelm von Ockham z.B. zählt sie daher zu einer Gruppe von demonstrationes quia, die (gleichwohl) a p. sind (Summa totius logicae III, p. II, c. 17–19). Im 18. Jahrhundert subsumiert sie C.A. Crusius aus dem gleichen Grunde sogar unter die Beweise a posteriori: Dissertatio philosophica, Leipzig 1743, §33; Weg zur Gewißheit und Zuverlässigkeit der menschlichen Erkenntniß, Leipzig 1747, §§524–525). Dies und Erwägungen im Zusammenhang mit den Gottesbeweisen lassen die genannte Gleichsetzung im Mittelalter kontrovers bleiben.

In der von G. Galileis Physik eingeleiteten und I. Kants Kritik der reinen Vernunft vorausgehenden Methodendiskussion des 17. und 18. Jahrhunderts spielen die Termini ›a p.‹ und ›a posteriori‹ eine wichtige Rolle. Jedoch beginnt sich ihre Bedeutung zu verschieben. R. Descartes verbindet mit dem apriorischen Erkennen noch im wesentlichen die traditionelle Absicht, dem ›cur ita sit‹ nachzugehen, in Abhebung jetzt vor allem von Galileis methodischer Reduktion der Physik auf die Erforschung lediglich des ›quod ita sit‹ (Brief vom 15. 11. 1638 an M. Mersenne, Œuvres II, 433). Basis apriorischer Erkenntnis sind im ↑Cartesianismus vor allem die angeborenen Ideen (ideae innatae, ↑Idee, angeborene). Dagegen wird bei G.W. Leibniz das ›Spätere‹ (und gemäß Aristoteles *für uns* ›Erste‹) des a posteriori bereits deutlich mit der ↑*Erfahrung*, vor allem der experimentellen Naturwissenschaften, identifiziert, im Unterschied zu einem rein *rationalen*, d.h. die Gründe (rationes) der Erfahrungsbefunde darlegenden Vorgehen, das entsprechend der Tradition dann a p. (bei Leibniz häufig pleonastisch: a p. per rationes) heißen kann (Philos. Schr. VII, 331; Vérités nécessaires et contingentes, C. 17). Auch die spätere Auffassung des logischen Empirismus (↑Empirismus, logischer), daß Argumentationen a p. in der Entfaltung von definitorischen Festlegungen bestehen und in diesem Sinne stets ↑analytisch sind, wird von Leibniz vorbereitet, wenn dieser für die ›probatio a p.‹ feststellt, sie geschehe ›ope definitionum seu per resolutionem notionum‹, ›independens ab experimento‹ (Primae veritates, C. 518). Allerdings geht Leibniz noch von einer prinzipiell möglichen (wenn auch nur Gott zuschreibbaren) rein begrifflichen Erklärung *aller* Phänomene aus, der gegenüber der Rückgriff auf Erfahrung lediglich wegen der Grenzen menschlicher Erkenntnis notwendig ist (De contingentia, Textes inédits, ed. G. Grua, Paris 1948, 303–305). Die Frage, ob eine Erkenntnis a p. oder nur a posteriori gewonnen werden kann, läßt sich danach nur relativ zur jeweils gegebenen Erkenntnissituation entscheiden. C. Wolff engt die Argumente a posteriori auf den unmittelbaren Hinweis auf Sinnesempfindungen ein (Philosophia rationalis sive Logica §§663, 675). A p. heißt entsprechend in der Regel jede Begründung, die ›mittelbar‹ (ex aliis cognitis ratiocinando) geschieht, auch dann, wenn dabei in letzter Instanz auf ›Erfahrungen‹ rekurriert wird.

Für die gegenwärtige wissenschaftstheoretische Diskussionssituation sind I. Kants wesentliche Modifikationen des Gebrauchs von ›a p.‹ und ›a posteriori‹ in den ›kritischen Schriften‹, insbesondere in der »Kritik der reinen Vernunft«, bestimmend geworden. Kant geht davon aus, daß die empirische Erkenntnisgewinnung nach dem Muster der Physik nur durch bestimmte methodische Orientierungen möglich wird, die deswegen nicht selbst a posteriori, durch Berufung auf ›Erfahrungen‹, begründet werden können, weil sie der Rede von ›empirischer Erkenntnis‹ überhaupt erst einen vernünftigen Sinn geben, d.h., weil sie (mit Kants Worten) ›die Bedingungen der Möglichkeit der Erfahrung‹ formulieren. Entsprechend wird der Terminus ›a p.‹ in Kants theoretischer Philosophie (abgesehen vom analytischen Fall) weder im Sinne der eigentlichen, nicht in der unmittelbaren Wahrnehmung zu findenden Gründe noch für eine Beweisführung, die ihre Ziele nicht im Handlungszusammenhang der exakten empirischen Wissenschaften hat, gebraucht. Vielmehr tritt mit Kants Überlegungen erstmals in den Blick, daß uns vor den Ergebnissen empirischer Wissenschaftspraxis deren (vernünftig gewonnene) Ziele und (zugeordnete) Möglichkeiten als Basis gerechtfertigter Einsicht zur Verfügung stehen. In einer von Kant in Analogie zum astronomischen Vorbild ›kopernikanisch‹ genannten Wende (↑Kopernikanische Wende) soll sich so der Mensch selbst (genauer: die seine Praxis leitende Orientierung) und nicht eine Instanz, auf die er angewiesen ist, als Ursprung des Apriori begreifen. Im Unterschied zu den aus logischen und definitorischen Gründen wahren Sätzen, den von Kant so genannten *analytischen* Urteilen (die stets auch a p. gelten) qualifiziert Kant die Grundvoraussetzungen einer mathematisch gefaßten empirischen Physik als ↑*synthetische* Urteile *a p.*. Zum Bereich der so verstandenen synthetischen Erkenntnis a p. rechnet Kant die Geometrie und Arithmetik (die in seiner Sicht Konstruktionen in einer reinen, d.h. nicht bereits empiriehaltigen, raumzeitlichen ↑Anschauung zum Gegenstand haben), ferner eine Reihe von Grundsätzen der Physik (zum Teil auch der Alltagserfahrung) wie etwa das von ihm so formulierte Kausalprinzip (»Alles, was geschieht (anhebt zu sein), setzt etwas voraus, worauf es *nach einer Regel* folgt«, KrV A 189, ↑Kausalität). Kant bewegt sich sprachlich allerdings weithin noch in einem erkenntnistheoretischen Rahmen, der nahelegt, es gehe beim synthetischen Apriori um Grundstrukturen der Organisation des Bewußtseins oder des menschlichen Wahrnehmungsapparates. Die erkenntnis- und bewußtseinstheoretische Interpretation Kants ist vor allem vom deutschen Idealismus (↑Idealismus, deutscher) und ↑Neukantianismus gepflegt worden. H. v. Helmholtz hat Kant sogar psycho- und physiologistisch mißverstanden. Derartige Fortsetzungen der Kantischen Überlegungen sehen sich der Kritik des logischen Empirismus ausgesetzt, der selbst nur ein analytisch gewonnenes Apriori anerkennt.

Die von Kant eingeleitete Tradition der Analyse apriorischer Voraussetzungen wird inzwischen auch auf die Bedingungen angewendet, die beim kommunikativen und argumentativen Gebrauch der *Sprache* immer schon als gegeben unterstellt werden müssen. So spricht, im Anschluß an die Sprachpragmatik von C.S. Peirce und L. Wittgenstein, vor allem K.-O. Apel von einem ›Apriori der Kommunikationsgemeinschaft‹, d.h. von den pragmatischen Bedingungen, die eine transsubjektive Orientierung allererst ermöglichen (↑Universalpragmatik).

Demgegenüber setzt mit der operativen oder konstruktiven Theorie der exakten Wissenschaften (H. Dingler, P. Lorenzen) ein neues *methodisch* orientiertes Verständnis des synthetischen Apriori ein. Als physikalische Empirie erst ermöglichende ›synthetische‹ Teile der exakten Wissenschaften werden dabei die aus der konstruktiven Arithmetik (↑Arithmetik, konstruktive) entfaltete Mathematik sowie die in einer Theorie idealer Formen (↑Ideation) entwickelten Fundierungen der Längen-, Zeit- und Massenmessung (↑Geometrie, ↑Chronometrie, ↑Hylometrie, zusammengefaßt zur ↑Protophysik) begriffen (↑Apriorismus). Die Tatsache, daß arithmetische Beweise sich spezifisch auf Konstruktionsvorschriften stützen, nicht auf ›materiale‹ (mit Hilfe in letzter Instanz exemplarisch eingeführter ↑Prädikatoren formulierte) Einsichten rekurrieren, hat P. Lorenzen zu dem Vorschlag geführt, die arithmetischen Wahrheiten als formal-synthetisches Apriori (↑formal-analytisch) den material-synthetischen (↑material-analytisch) apriorischen Behauptungen der Protophysik gegenüberzustellen.

Die konstruktive Wissenschaftstheorie hat in neueren Untersuchungen von P. Janich, F. Kambartel und J. Mittelstraß eine Differenzierung des Erfahrungsbegriffes vorgenommen, die auch das Verständnis einer apriorischen Grundlage der Wissenschaften berührt. Dabei wird die in den experimentellen Naturwissenschaften organisierte *meßgeräteabhängige Empirie* abgehoben von der ↑*vorwissenschaftlichen,* uns lebensweltlich vertrauten Erfahrung, deren Unterscheidungen, allgemeine Sätze und bewährte Handlungsregeln durch exemplarisches Handeln und Üben erworben werden. Die vorwissenschaftliche Erfahrung wird für Verständnis und Herstellung naturwissenschaftlicher Meß- und Experimentiergeräte bereits in Anspruch genommen, wie übrigens auch für den operativen Umgang mit Zeichen und Marken in der Mathematik. Paradox formuliert ergibt sich so ein *Erfahrungsapriori* für diejenigen wissenschaftlichen Bemühungen, die als Paradigmen des synthetischen Apriori gelten. Zusammen mit den Handlungsregeln, die das synthetische Apriori über die lebensweltliche Erfahrung hinausführen, gehört diese Erfahrung dann ferner zum Apriori der auf eine experimentelle Meßpraxis gestützten empirischen Physik.

Literatur: K.-O. Apel, Transformation der Philosophie II (Das Apriori der Kommunikationsgemeinschaft), Frankfurt 1973; G. Böhme (ed.), Protophysik. Für und wider eine konstruktive Wissenschaftstheorie der Physik, Frankfurt 1976; H. Dingler, Die Ergreifung des Wirklichen. Kapitel I–IV, ed. K. Lorenz/J. Mittelstraß, Frankfurt 1969; M. Dufrenne, La notion d'a p., Paris 1959; A.C. Ewing, The Linguistic Theory of a p. Propositions, Proc. Arist. Soc. 40 (1939/1940), 207–244; D.W. Hamlyn, A p. and a posteriori, Enc. Ph. I (1967), 140–144; K. Hübner, A p. – a posteriori, Hb. ph. Grundbegriffe I (1973), 119–125; P. Janich, Die Protophysik der Zeit, Mannheim 1969; F. Kambartel, Wie abhängig ist die Physik von Erfahrung und Geschichte? Zur methodischen Ordnung apriorischer und empirischer Elemente in der Naturwissenschaft, in: K. Hübner/A. Menne (eds.), Natur und Geschichte (X. Dt. Kongreß für Philosophie, Kiel 8.–12. Oktober 1972), Hamburg 1974, 154–169), Neudr. in: ders., Theorie und Begründung. Studien zum Philosophie- und Wissenschaftsverständnis, Frankfurt 1976, 151–170; W. Kamlah/P. Lorenzen, Logische Propädeutik oder Vorschule des vernünftigen Redens, Mannheim 1967, ²1973 (Kap. VI: Nichtempirische Wahrheit); F. Kaulbach, Immanuel Kant, Berlin 1969; J. Mittelstraß, Changing Concepts of the a p., in: R.E. Butts/J. Hintikka (eds.), Historical and Philosophical Dimensions of Logic, Methodology and Philosophy of Science, Dordrecht/Boston 1977, 113–128; A. Pap, The Apriori in Physical Theory, New York 1946; A. Quinton, The Apriori and the Analytic, Proc. Arist. Soc. 64 (1963/1964), 31–54; G. Sala, Das Apriori in der menschlichen Erkenntnis. Eine Studie über Kants Kritik der reinen Vernunft und Lonergans Insight, Meisenheim 1971; H. Schepers, A p./a posteriori, Hist. Wb. Ph. I (1971), 462–467; M. Schlick, Gibt es ein materiales Apriori? (1930/1931), in: ders., Gesammelte Aufsätze 1926–1936, Hildesheim 1969, 19–30; W. Stegmüller, Gedanken über eine mögliche rationale Rekonstruktion von Kants Metaphysik der Erfahrung, Ratio (dt. Ausg.) 9 (1967), 1–30. F.K.

Apriorismus, zusammenfassende Bezeichnung von Lehren, die ein Apriori (↑a priori) z.B. im Erkennen, Handeln, Wahrnehmen (erkenntnistheoretischer bzw. logischer, ethischer, ästhetischer A.) annehmen. Von Bedeutung ist der A. vor allem in der ↑Wissenschaftstheorie. Platon interpretiert im »Menon« und im »Phaidon« das Erlernen geometrischer Lehrsätze als ein Wiedererinnern an Ideen, welche die Seele geschaut habe (↑Anamnesis). Bei Augustinus, vorwiegend aber dann im Thomismus ist erfahrungsunabhängige Erkenntnis als Teilhabe an göttlicher Weisheit möglich. Nach Vorstellungen der Aufklärung, hier vornehmlich bei R. Descartes, N. Malebranche und G.W. Leibniz, geht erfahrungsunabhängige Erkenntnis auf angeborene Fähigkeiten (↑Idee, angeborene) zurück. Der Terminus ›a priori‹ findet sich zum ersten Mal bei Albert von Sachsen zur Unterscheidung eines Beweises aus den Ursachen (im aristotelisch-scholastischen Sinn) von einem Beweis aus den Wirkungen. Bei Leibniz verschärft sich diese Unterscheidung zur Gegenüberstellung von der Erkenntnis ›reiner ↑Vernunftwahrheiten‹ und empirischer, über die Sinne erfolgender Erkenntnis.

Begründer des A. im engeren Sinn ist I. Kant. Zwar beginnt für Kant alle Erkenntnis mit (sinnlicher) ↑Erfahrung, doch bedarf es hierzu erfahrungsunabhängiger, erfahrungsermöglichender ›Formen‹ (der Anschauungsformen Raum und Zeit sowie der ↑Kategorien). Apriorische Urteile allein sind allgemein und notwendig (für mögliche Erfahrung). Das Problem Kants besteht dann darin, die Möglichkeit ↑synthetischer apriorischer Urteile einsichtig zu machen – die von ↑analytischen ist nie bestritten worden. Als Beispiele synthetischer Urteile a priori führt er arithmetische und geometrische Sätze an, freilich ohne zu zeigen, wie solche in der ›reinen ↑Anschauung‹ gewonnen werden können. Nicht zuletzt dieses Mangels wegen konnte sich in den exakten Wissenschaften eine völlige Abkehr vom A. vollziehen. Die ↑Geometrie wurde mit B. Riemann und H. v. Helmholtz als analytische, in ihrer Geltung empirisch zu kontrollierende Theorie konzipiert und ist heute als solche Teil der allgemeinen Relativitätstheorie – allerdings ebenfalls ohne methodisches Fundament. Die Arithmetik andererseits wird (explizit seit D. Hilbert) wie jede Teildisziplin der modernen Mathematik formalistisch, d.h. unter bewußtem Verzicht auf die Begründung von ↑Axiomen getrieben (↑Peano-Axiome).

Eine Wiederbelebung aprioristischer Begründungsversuche ist von H. Dingler unternommen worden. Seinem ›kritischen Voluntarismus‹ entsprechend sollen erste Allsätze einer exakten Wissenschaft gesetzt und willensmäßig in ihrer Gültigkeit gesichert werden. Geometrische Axiome sollen logisch ableitbar sein aus der Beschreibung von ›Ideen‹, die als ideale Zielvorstellungen die Herstellung von Körperformen, z.B. ebenen Flächen, und schließlich von starren Meßgeräten (↑Körper, starrer) leiten. Unter Verschiebung des Akzents vom Voluntarismus zum Normativen (in Form von Handlungsanweisungen) ist der Dinglersche Ansatz von P. Lorenzen weitergeführt worden und hat dort in der Arithmetik und Analysis, aber auch in Anfängen einer operativen Geometrie, seine Durchführbarkeit erwiesen. Mißverständnisse, die sich an die Charakterisierung der ↑Protophysik als apriorisch anschlossen, konnten durch die Unterscheidung von lebensweltlicher (↑Lebenswelt) und wissenschaftlicher Erfahrung im Sinne von ↑vorwissenschaftlichem Handlungsvermögen und mit Meßgeräten gewonnenen Daten aufgeklärt werden, wonach Protophysik apriorisch zur wissenschaftlichen Erfahrung in der Physik ist, selbst aber im lebensweltlichen Apriori abhängig von (nicht-wissenschaftlicher) Erfahrung bleibt. Eine in diesem Sinne apriorische Theorie von Längen-, Zeit- und Massenmessung ist von P. Janich vorgelegt worden.

Literatur: H. Dingler, Die Ergreifung des Wirklichen. Kapitel I–IV, ed. K. Lorenz/J. Mittelstraß, Frankfurt [2]1969; P. Janich, Die Protophysik der Zeit, Mannheim 1969; ders., Zur Protopysik des Raumes, in: G. Böhme (ed.), Protophysik. Für und wider eine konstruktive Wissenschaftstheorie der Physik, Frankfurt 1976, 83–130; ders., Ist Masse ein »theoretischer Begriff«?, Z. allg. Wiss.theorie 8 (1977), 302–314; F. Kambartel, Zum Fundierungszusammenhang apriorischer und empirischer Elemente der Wissenschaft, in: R.E. Vente (ed.), Erfahrung und Erfahrungswissenschaft, Stuttgart 1974, 154–167; ders., Wie abhängig ist die Physik von Erfahrung und Geschichte? Zur methodischen Ordnung apriorischer und empirischer Elemente in der Naturwissenschaft, in: K. Hübner/A. Menne (eds.), Natur und Geschichte (X. Dt. Kongreß für Philosophie, Kiel 1972), Hamburg 1974, 154–169; P. Lorenzen, Methodisches Denken, Frankfurt 1968; ders./O. Schwemmer, Konstruktive Logik, Ethik und Wissenschaftstheorie, Mannheim [2]1975; J. Mittelstraß, Erfahrung und Begründung, in: ders., Die Möglichkeit von Wissenschaft, Frankfurt 1974, 56–83, 221–229; weitere Literatur ↑a priori. P.J.

Apriori-Wahrscheinlichkeit, ↑Bayessches Theorem, ↑Wahrscheinlichkeit.

Äquijunktion (aus lat. aequus [gleich] und iungere [verbinden]) (engl. material equivalence, biconditional), auch: Bisubjunktion, (materiale) Äquivalenz, eine logische Zusammensetzung zweier Aussagen mit dem ↑Junktor ›genau dann, wenn‹ (Zeichen: $\leftrightarrow$; auch: $\equiv$). K.L.

Äquilibrismus (von lat. aequilibrium, Gleichgewicht), innerhalb der scholastischen Diskussion über die Willensfreiheit die Meinung, daß der menschliche Wille nur dann frei wählen könne, wenn die Motive für die zur Wahl stehenden Möglichkeiten gleich stark, ›im Gleichgewicht‹, seien. Dem Ä. stand die Meinung entgegen, daß gerade bei gleich starken Motiven dem Menschen die Entscheidungsfähigkeit genommen sei. Diese Meinung berief sich (fälschlicherweise) auf ↑Buridans Esel (der in J. Buridans Schriften nicht erwähnt wird). Eine Beurteilung des Ä. hängt wesentlich davon ab, ob und wie es gelingt, die Rede von der ›Stärke der Motive‹ methodisch zu rekonstruieren. O.S.

äquipollent/Äquipollenz (aus lat. aequus [gleich] und pollere [vermögen, stark sein]), nach älterer Terminologie nennt man zwei *Begriffe* ä., wenn sie gleichen Umfang (↑extensional/Extension) haben, d.h., wenn jeder Gegenstand, der unter den einen von ihnen fällt, auch unter den anderen fällt (z.B. ›gleichseitiges Dreieck‹ und ›gleichwinkliges Dreieck‹). Zwei *Aussagen* (›Urteile‹) heißen ä., wenn sie trotz verschiedener äußerer Form den gleichen ↑Sinn (›Gedanken‹) ausdrücken, z.B. ›Odysseus ist Sohn des Laërtes‹ und ›Laërtes ist Vater des Odysseus‹. C.T.

Äquivalenz (aus lat. aequus [gleich] und valentia [Stärke], Gleichwertigkeit), besteht zwischen zwei Gegenständen, wenn sie eine geeignete ↑Äquivalenzrelation erfüllen. So herrscht z.B. *logische Ä.* zwischen zwei Aussagen A und B, wenn sich A und B wechselseitig logisch implizieren, also wenn sowohl $A \prec B$ als auch $B \prec A$ (zusammengefaßt: $A \succ\!\prec B$) gilt. Zu unterscheiden ist von dieser *Relation* die oft ›materiale Ä.‹ genannte junktorenlogische Aussage*verknüpfung* der ↑Äquijunktion (Zeichen: $A \leftrightarrow B$), die genau dann wahr ist, wenn A und B zugleich wahr oder falsch sind. Logische Ä. und Äquijunktion hängen so miteinander zusammen, daß $A \succ\!\prec B$ (das ist eine Aussage der zweiten Stufe, also eine Metaaussage) genau dann gilt, wenn $A \leftrightarrow B$ (das ist eine Aussage der ersten Stufe) logisch wahr ist. Von inhaltlicher Ä. spricht man, wenn zwei Aussagen ↑synonym, d.h. bedeutungsgleich, sind. K.L.

Äquivalenz (von Mengen), zwei Mengen M und N heißen ›äquivalent‹ oder ›gleichmächtig‹, wenn es eine ↑Zuordnung gibt, die jedem Element von M genau ein Element von N zuordnet und dabei alle Elemente von N erfaßt. Da diese Beziehung der Ä. oder Gleichmächtigkeit von Mengen eine ↑Äquivalenzrelation ist, kann man Mengenaussagen, deren Wahrheitswert gegenüber der Ersetzung der in diesen Aussagen genannten Mengen durch zu ihnen gleichmächtige Mengen invariant (↑Invarianz) ist, als Aussagen über entsprechende Abstrakta formulieren (↑Abstraktion). Das gleichmächtigen Mengen entsprechende Abstraktum bezeichnet man als die ›Mächtigkeit‹ (↑Menge) oder auch ↑›Kardinalzahl‹ jeder dieser Mengen, äquivalente Mengen auch als Mengen ›von gleicher Mächtigkeit‹ oder ›gleicher Kardinalität‹. C.T.

Äquivalenzrelation, eine zweistellige Relation R auf einem Bereich von Gegenständen, von der gefordert wird, daß sie die Bedingung der ↑Reflexivität und der ↑Komparativität erfüllt, also $\bigwedge_x xRx$ (jeder Gegenstand ist sich selbst äquivalent) und $\bigwedge_{x,y,z}(xRz \wedge yRz \rightarrow xRy)$ (für alle Gegenstände x, y, z gilt, daß x äquivalent zu y ist, falls sowohl x als auch y äquivalent zu z ist). Die Gleichheit (↑Gleichheit (logisch)) und die ↑Identität von Gegenständen sind solche Ä.en, ebenso die logische ↑Äquivalenz zwischen Aussagen. Z.B. ist die Konjunktion der beiden Bedingungen der Reflexivität und der Komparativität ihrerseits logisch äquivalent mit der Konjunktion der drei Bedingungen der Reflexivität, der Symmetrie (↑symmetrisch/Symmetrie (logisch)) ($\bigwedge_{x,y}(xRy \rightarrow yRx)$, d.h., wenn x äquivalent zu y ist, so ist auch y äquivalent zu x) und der Transitivität ($\bigwedge_{x,y,z}(xRy \wedge yRz \rightarrow xRz)$, d.h., wenn x äquivalent zu y und y äquivalent zu z ist, so ist auch x äquivalent zu z). Es ist also gleichgültig, ob man Ä.en als reflexive und komparative oder als reflexive, symmetrische und transitive Relationen definiert.

Jede Ä. R auf einem Bereich gibt Anlaß zu einer ↑Klasseneinteilung dieses Bereiches oder einer ↑Abstraktion, nämlich einer sogenannten *abstrakten Gleichheit* zwischen den Gegenständen dieses Bereichs: x und y gehören zur selben Klasse der fraglichen Klasseneinteilung oder heißen abstrakt gleich, wenn xRy gilt, d.h., die zugehörigen Klassen (d.s. abstrakte Gegenstände) $\bar{x}$ und $\bar{y}$ sind konkret gleich (↑Abstraktionsschema). Damit wird zum Ausdruck gebracht, daß bei einer Beschränkung der Aussagen über die Gegenstände des vorliegenden Bereichs auf solche Aussagen, die invariant sind gegenüber der Ä. R (d.s. solche Aussagen über einen Gegenstand, deren Gültigkeit sich nicht ändert, wenn der Gegenstand durch einen dazu äquivalenten ersetzt wird), diese invarianten Aussagen als Aussagen über neue abstrakte Gegenstände, eben die Klassen des Bereichs in bezug auf die Ä. R gedeutet werden können. Z.B. führt die Ä. ›anzahlgleich‹ zwischen Systemen von Gegenständen zu Zahlen als den zugehörigen abstrakten Gegenständen, d.h., Aussagen über Systeme von Gegenständen, die in ihrer Geltung unabhängig davon sind, ob ein System durch ein anzahlgleiches (etwa || durch ∘∘) ersetzt wird, heißen Aussagen über Zahlen (etwa die Zahl zwei) oder arithmetische Aussagen. K.L.

äquivok (von lat. aequivocus, doppelsinnig), Bezeichnung für Wörter mit mehrfacher Bedeutung, z.B. ›einsilbig‹ als Eigenschaft von Wörtern und von Menschen. Werden ä.e Wörter in Argumentationen verwendet, so besteht die Gefahr logischer Fehlschlüsse. Diese beruhen, so sagt man, auf *Äquivokation*. – Die moderne Verwendungsweise von ›ä.‹ als eines semantischen Prädikators zum Ausdruck einer *Eigenschaft von Wörtern* hat sich erst in neuerer Zeit durchgesetzt. Noch Thomas von Aquin gebraucht neben dieser modernen Verwendungsweise ›ä.‹ auch als Relator zum Ausdruck einer *Beziehung zwischen Gegenständen,* die dann besteht, wenn die Gegenstände zwar verschieden sind, jedoch denselben Namen besitzen – ganz im Sinne des (im Unterschied zur modernen Bedeutung von ↑›homonym‹) in der griechischen Antike als Gegenstandsrelator aufgefaßten Begriffs ›ὁμώνυμος‹ als dessen lateinisches Äquivalent ›aequivocus‹ anzusehen ist.

Literatur: W. Kluxen, A., Hist. Wb. Ph. I (1971), 480; H.-J. Oesterle, Äquivokation, LMA I (5. Lief. 1979), 832–833. K.L.

āraṇyaka (sanskr., Einsiedler), der im Wald zu studierende Teil eines Brāhmaṇa (↑Brāhmaṇas).

Aratos von Soloi, *Soloi (Kilikien) ca. 310 v.Chr., †ca. 240/239, griech. Dichter und Gelehrter, dem ↑Stoizismus nahestehend. Seine Werke (darunter möglicherweise auch eine Edition von Homers Ilias und Odyssee) sind verloren bis auf das astronomische Lehrgedicht »Phainomena« (Himmelserscheinungen), das in 1154 Hexametern die Konstellation der Fixsterne, zyklische Himmelsvorgänge und deren Beziehung zum Kalender, ferner die Deutung von gewissen Erd- und Himmelserscheinungen als ›Wetterzeichen‹ behandelt. Ausdrücklich verzichtet A. wegen der Komplexität der Planetenbewegung auf deren Erklärung. Das Werk wurde wegen seines formalen Aufbaus und kunstvollen Stils sehr geschätzt und war durch zahlreiche Kommentare und Übersetzungen ins Lateinische, z.B. durch M.T. Cicero, weit verbreitet. A.' astronomische Kenntnisse stammen größtenteils (bisweilen fehlerhaft) von Eudoxos.

Ausgaben: Phaenomena, Venedig 1499; E. Maass (ed.), Arati Phaenomena, Berlin 1893, [2]1955 (dt. Sternbilder und Wetterzeichen, München 1958); ders., Commentariorum in Aratum reliquiae, Berlin 1898, [2]1958.

Literatur: M. van den Bruwaene, Influence d'Aratus et de Rhodes sur l'œuvre philosophique de Cicéron, in: H. Temporini (ed.), Aufstieg und Niedergang der römischen Welt. Geschichte und Kultur Roms im Spiegel der neueren Forschung I 4, Berlin 1973, 428–437; M. Erren, Die Phainomena des A. v. S.. Untersuchungen zum Sach- und Sinnverständnis, Wiesbaden 1967; J. Martin, Arati Phaenomena, Florenz 1956; ders., Histoire du texte des Phénomènes d'Aratos, Paris 1956; L. Tarán, A. v. S., DSB I (1970), 204–205. P.J.

Arbeit, als Wort und Terminus der Alltags- und Sozialwissenschaftssprache hat ›A.‹ eine Reihe von Bedeutungen, die sich vor allem auf das *Herstellungshandeln* des Menschen beziehen:
(1) In einem sehr allgemeinen Sinne heißt ›A.‹ jede menschliche Tätigkeit, die um der Herstellung zweckdienlicher Situationen und Gegenstände willen ausgeführt wird. Mit dem so verwendeten Wort A. verbindet sich eine grundlegende Unterscheidung der praktischen Philosophie, die seit der griechischen Antike mit Gegenüberstellungen wie ›Ergon (↑Werk) – ↑Energeia (ἔργον – ἐνέργεια)‹, ›↑Poiesis, Techne – ↑Praxis (ποίησις, τέχνη – πρᾶξις)‹, ›facere – agere‹ diskutiert wird. Dabei geht es darum, dasjenige Handeln des Menschen, das bloß als Mittel zur Herstellung einer sonstigen Situation (des Ergon), d.h. bloß ›zweckrational‹ (↑Zweckrationalität), eingegangen wird, abzuheben von einer Tätigkeit, in der der Handelnde sich selbst verwirklicht, sich ↑Selbstzweck sein kann (Energeia). Wird A. lediglich auf ihr Ergebnis bezogen und nicht selbst als Teil eines guten Lebens (↑Leben, gutes) organisiert und begriffen, so ist der Arbeitende während der A. sich selbst entfremdet (K. Marx), führt das Leben, auf das es ihm eigentlich ankommt, allenfalls außerhalb der A. (↑Entfremdung). In den modernen Industriegesellschaften können A. und ›Freizeit‹ in diesem Sinne einander gegenübertreten, wenn nicht sogar auch die arbeitsfreie Zeit lediglich dazu dient, die A.sfähigkeit zu erhalten oder wiederherzustellen, und damit ebenfalls kein Ort der Selbstverwirklichung ist. Wird A. lediglich als eine entfremdende Tätigkeit verstanden, so stellt sich zunehmende Selbstverwirklichung zugleich dar als zunehmende Abschaffung (Verringerung) von A.. Dagegen steht das humanistische Konzept, das menschliche Herstellungshandeln, auch dort, wo es zweckrational orientiert ist, für das gute Leben zurückzugewinnen. Eine Form der A., in der die Menschen sich selbst Zweck sein können, läßt personal sinnvolle Tätigkeit (Praxis) und die Herstellung eines Werkes (Produktion) real so zusammenfallen, wie es in der biographischen und histori-

schen Erfahrung gelungener A.sverhältnisse stets der Fall gewesen ist. Für so begründete A. werden insbesondere ökonomische Rationalitätskriterien, die auf den reinen A.saufwand abstellen (vgl. (2)), unanwendbar.

(2) In einem engeren Sinne bezieht sich das Wort ›A.‹ von vornherein nicht auf *jedes* zweckrational deutbare Herstellungshandeln, sondern nur auf *mühevolle* oder *unerwünschte* Tätigkeiten. Als A. im engeren Sinne (griech. πόνος, lat. labor, engl. labour, franz. travail) ist dann solche A. im weiteren Sinne zu verstehen, die Bedürfnisse der Arbeiter (im weiteren Sinne) beeinträchtigt. Demgemäß kommt es zu A. im engeren Sinne zum einen, indem A. im weiteren Sinne bestimmte Bedürfnisse der Arbeiter direkt beeinträchtigt (z.B. durch Lärm, Streß), zum anderen, indem A. im weiteren Sinne Zeit beansprucht und dadurch dem allgemeinen Interesse zuwiderläuft, über Zeit zur Befriedigung wesentlicherer Bedürfnisse zu verfügen. A. in diesem Sinne ist die Grundlage der in der klassischen politischen Ökonomie von A. Smith über D. Ricardo bis Marx entwickelten Arbeitswertlehre (↑Tauschwert, ↑Wert (ökonomisch)): Smith und die ihm folgende aufgeklärte Tradition gingen insbesondere davon aus, daß A. im gerade präzisierten Sinne die einzige Quelle ökonomischen Wertes darstellt. Die Besitzer von Kapital und Boden nehmen nur insofern an der Wertschöpfung teil, als die etablierten und gesicherten Verfügungsrechte über die Produktionsmittel es ihnen gestatten, den Arbeitern einen Teil des von ihnen geschaffenen Wertes zu entziehen. Gewinn, Pacht und Zins haben daher in der ökonomischen Klassik zunächst mit der *Verteilung* des Wertes zu tun und mit der *Produktion* dann insofern, als die Reinvestition abgeschöpften Wertes wirtschaftliches Wachstum ermöglicht.

(3) In der Nationalökonomie ist im Gegensatz zu den hier dargestellten Differenzierungen bis heute eine Lehre wirksam, nach der nicht nur menschliche A., sondern auch Kapital und Boden unabhängig von dem Verzehr der in sie eingegangenen menschlichen A. Wert auf die produzierten Güter übertragen, der sich als Zins oder Gewinn ausdrückt. Demzufolge werden A., Kapital und Boden als drei für die Wertschöpfung gleichrangige Produktionsfaktoren behandelt. Entsprechend tritt A. nicht mehr als aufgewendete Zeit und Mühe, sondern nur noch als *Arbeitskraft* in den Blick, deren Nutzung einen Preis, den Lohn der A., hat, der gleichzeitig die Wertübertragung vom Produktionsfaktor A. auf das Produkt mißt. Daß der Wert der A. als aufgewendete Zeit und Mühe durch den Preis der A.skraft repräsentiert erscheint, ist der Kern des von Marx der kapitalistischen Ökonomie vorgeworfenen ideologischen Scheines.

Literatur: H. Arendt, Vita activa oder Vom tätigen Leben, Stuttgart 1960; Aristoteles, Eth. Eud. B1.1219a 1–1219b3; ders., Eth. Nic. A1.1094a1–29; ders., Met. Θ8.1050a23ff.; ders., Pol. A4.1254a5–7, Γ5.1278a20; A. Barzel, Der Begriff der A. in der Philosophie der Gegenwart, Frankfurt 1973; H. Bravermann, Die A. im modernen Produktionsprozeß, Frankfurt/New York 1977; K. Bücher, A. und Rhythmus, Leipzig/Berlin [4]1909, Kap. 1; Diog. Laert. III, 84; H. Graach, Labour and Work, in: J. Knobloch u.a. (eds.), Europäische Schlüsselwörter II/1 (Kurzmonographien), München 1964, 287–316; H. Hamm, A., Ethik, Menschenrecht, Lahn 1976; F. Kambartel, Bemerkungen zum normativen Fundament der Ökonomie, in: ders., Theorie und Begründung. Studien zum Philosophie- und Wissenschaftsverständnis, Frankfurt 1976, 172–190; G. Keel, Laborare und operari. Verwendungs- und Bedeutungsgeschichte zweier Verben für ›arbeiten‹ im Lateinischen und Galloromanischen, Diss. Bern/St. Gallen 1942; F. Krüger, Die A. des Menschen als philosophisches Problem, Bl. dt. Philos. 3 (1929), 159–192; R.C. Kwant, Philosophy of Labour, Pittsburgh 1960; H. Marcuse, Die philosophischen Grundlagen des wirtschaftswissenschaftlichen A.sbegriffs (1932), in: ders., Kultur und Gesellschaft II, Frankfurt 1965, 7–48, 173–176; K. Marx, Das Kapital, Kritik der politischen Ökonomie, MEW XXIII (1962), 49–98, 192; ders., Die entfremdete A., in: ders., Ökonomisch-philosophische Manuskripte (1844). MEW Erg. Bd. I (1968), 510–522; ders./F. Engels, Manifest der Kommunistischen Partei I (Bourgeois und Proletarier), MEW IV (1959), 462–474; S. Moser, Zum philosophischen und sozialwissenschaftlichen Begriff der A., Arch. Rechts- u. Sozialphilos. 50 (1964), 87–144; Platon, Charm. 163a–d; D. Ricardo, Principles of Political Economy and Taxation, Cambridge 1817 (dt. Über die Grundsätze der politischen Ökonomie und der Besteuerung, Frankfurt 1972), Kap. 1–6; M. Scheler, A. und Ethik (1899), in: ders., Frühe Schriften, Bern 1971, 161–195; ders., Erkenntnis und A., in: ders., Die Wissensformen und die Gesellschaft, Leipzig 1926, 233–486; A. Smith, Inquiry into the Nature and Causes of the Wealth of Nations, London 1776 (dt. Untersuchung über das Wesen und die Ursachen des Volkswohlstandes, ed. H.C. Recktenwald, München 1974) I, Kap. 1–3; V. v. Weizsäcker, Zum Begriff der A., in: E. Salin (ed.), Synopsis. Festgabe für A. Weber, Heidelberg 1948, 705–761. F.K.

arbor porphyriana (lat., porphyrischer Baum), spätestens seit Petrus Hispanus gebräuchlicher Terminus für das Verhältnis von Gattungs- und Artbegriffen (↑Gattung, ↑Art), wie es Porphyrios am Beispiel der Kategorie der Substanz erläutert (Isagoge 4–5, teilw. zit. J.M. Bocheński, Formale Logik, 155) und erstmals A.M.T.S. Boethius, ohne von ›a. p.‹ zu sprechen, in einem graphischen Schema dargestellt hat, das einem Baum gleicht (In Isagogen Porphyrii commenta, 209).

Et hec omnia patent in figura, que dicitur arbor Porphirii:

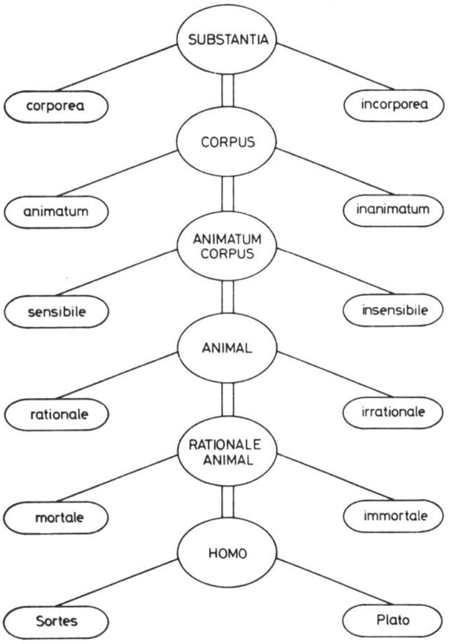

Darstellung der a. p. bei Petrus Hispanus (Tractatus II, ed. de Rijk, 20).

Die a. p. soll zunächst die ↑Subordination der in der mittleren Spalte stehenden Begriffe hinsichtlich ihrer Allgemeinheit veranschaulichen. So fungiert ›substantia‹ als allgemeinster Gattungsbegriff, der keine Bestimmung mehr über sich hat, ›homo‹ als speziellster Artbegriff, der nur noch von Individuen prädizierbar ist, während die dazwischen stehenden Begriffe in absteigender Allgemeinheit sowohl Artbegriffe (in bezug auf den jeweils darüber stehenden Begriff) als auch Gattungsbegriffe (in bezug auf den jeweils darunter stehenden Begriff) sind. Diese Rangordnung hinsichtlich der Allgemeinheit als bloß ↑*extensional* aufzufassen, wie es Aussagen von Porphyrios nahelegen (z.B. Isagoge 15, 15f., zit. J.M. Bocheński, Formale Logik, 156) – so z.B. bei H.W.B. Joseph (An Introduction to Logic, 130f.), der die a. p. einfach als ↑Begriffspyramide für extensional gedeutete Begriffe auffaßt –, macht jedoch den Sinn der graphischen Darstellung nicht verständlich. Eine solche Interpretation hätte nämlich zur Konsequenz, die in der linken Spalte stehenden Adjektive schon als Bezeichnung der nächstniedrigeren, in der mittleren Spalte notierten Art aufzufassen (also z.B. ›corporea‹ als ›corporea [sc. substantia]‹, d.h. als ›corpus‹ zu lesen) und damit die Ausdrücke der linken Spalte für redundant zu erklären; welche Funktion die Ausdrücke der rechten Spalte haben, bliebe vollends unklar. Plausibler ist es, die rechts und links stehenden Ausdrücke (abgesehen von den unten stehenden Individuen) ↑*intensional* als Angabe der komplementären Merkmale (↑differentia specifica) aufzufassen, durch die eine Gattung entsprechend der traditionellen Definitionslehre (↑Definition) in Arten eingeteilt wird. Nach dieser Interpretation symbolisiert die a. p. nicht nur die extensionale Subordination von Begriffen, sondern auch die Weise der Einschränkung eines Gattungsbegriffes zum Artbegriff, d.h. das Zusammenwirken der ↑Prädikabilien genus, differentia specifica und species. Diese Deutung liegt der a. p. bei Petrus Hispanus zugrunde (im zweiten Kapitel »De predicabilibus« des »Tractatus« abgehandelt) und geht in spätere graphische Darstellung der a. p. (so in der Boethius-Ausgabe von 1559, Sp. 67f., oder in den »Institutiones philosophicae« von E. Purchotius [1730], vgl. Abb.) explizit ein, wenn diese z.B. auf den Verbindungslinien zwischen den links und in der Mitte stehenden Begriffen ein ›constituit‹ vermerken, also ein (intensionales) Konstitutionsverhältnis zwischen diesen Begriffen meinen.

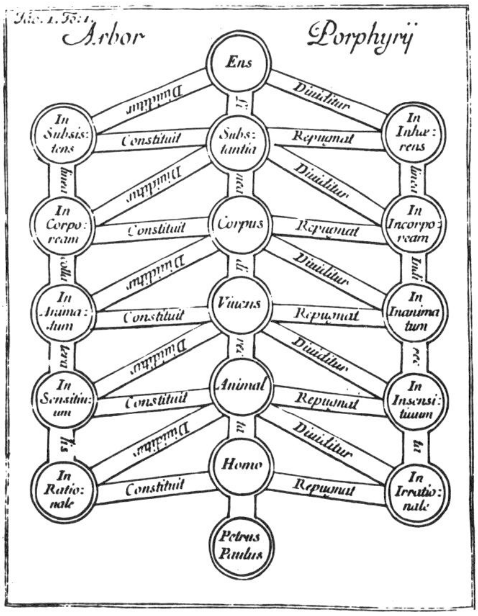

Darstellung der a. p. bei E. Purchotius, Institutiones philosophicae I, 1730, Falttafel am Schluß des Bandes.

Literatur: H.M. Baumgartner, A.p., porphyrischer Baum, Hist. Wb. Ph. I (1971), 493–494; J.M. Bocheński, Formale Logik, Freiburg/München [4]1978; (Boethius), Anicii Manlii Severini Boethii in Isagogen Porphyrii commenta, ed. S. Brandt (Corp. script. eccl. lat. XXXXVIII, Pars I), Leipzig/Wien 1906 (repr. New York/London

1966); (ders.), Anitii Manlii Severini Boethi Patricii ordinarii et consularis viri commentariorum in Porphyrium a se translatum, in: Anitii Manlii Severini Boethi inter latinos Aristotelis interpretes et aetate primi, et doctrina praecipui dialectica, Venetiis 1559, 43–109; H. W. B. Joseph, An Introduction to Logic, Oxford ²1916 (repr. 1967); Peter of Spain (Petrus Hispanus Portugalensis), Tractatus, Called Afterwards Summule logicales, First Crit. Ed. from the Manuscripts with an Introd. by L. M. de Rijk, Assen 1972; (Porphyrios), Porphyrii Isagoge et in Aristotelis Categorias commentarium, ed. A. Busse (CAG IV, Pars 1), Berlin 1887; E. Purchotius, Institutiones philosophicae, Tomus primus, complectens logicam & metaphysicam, Venetiis 1730. P. S.

Archē (griech. ἀρχή, 1. räumlicher oder zeitlicher ↑Anfang; 2. Herrschaft [erster Platz], Amt, Behörde, Herrschaftsbereich; 3. Ursprung, Prinzip). Als Terminus begegnet ›A.‹ bei den ↑Vorsokratikern selten, obwohl die Sache (die Frage nach dem Anfang) eines der am häufigsten behandelten Probleme der vorsokratischen Philosophie ist. Als Anfang im Sinne eines Urstoffs der Welt bezeichnet Anaxagoras gleichartige Teilchen (von Aristoteles ›Homöomerien‹ genannt), Anaximander das Unendliche (↑Apeiron), Anaximenes die Luft, Demokrit die ↑Atome, Empedokles die vier ↑Elemente, Heraklit das Feuer, Parmenides das Feuer/Licht (das Sein) und die Erde/Finsternis (das Nichtsein), Thales das Wasser. Als Anfang im Sinne einer Grundgesetzlichkeit für das Entstehen und Vergehen der Welt (im Großen und Kleinen) gilt für die späteren Orphiker (↑Orphik) die Zeit, für die Pythagoreer die Zahl, für Anaxagoras der ↑Nus, für Demokrit das ↑Leere, für Empedokles die Prinzipien ›Liebe‹ und ›Streit‹. Platon gebraucht das Wort ›A.‹ teils in umgangssprachlicher Verwendung, teils als Terminus in der Bedeutung: Ursprung, Wesen, Prinzip, Ursache für die Entstehung der Dinge und Grundlage, Voraussetzung, Ausgangspunkt für die Erkenntnis. In diesem Sinne sind die ↑Ideen sowohl Erkenntnis- als auch Seins-Prinzipien.

Aristoteles definiert A. als ›das erste, von dem aus etwas wird‹, ›das, ohne das das Folgende nicht sein kann‹ (Met. Δ1.1013a17ff.; Phys. A5.188a27f.). Er teilt die ersten Anfänge ein in Erkenntnis- und Seinsprinzipien. Unbeweisbare, unvermittelte und unableitbare, aber dennoch gesicherte Erkenntnisprinzipien hält er deshalb für erforderlich, weil ohne sie ein ↑regressus ad infinitum unumgänglich und somit Wissenschaft unmöglich wäre. Unter solchen Prinzipien versteht Aristoteles einerseits allgemeine Rationalitätsprinzipien, von denen jede wissenschaftliche Rede ausgehen muß, andererseits die speziellen Grundtermini und -annahmen einzelner Wissenschaften. In beiden Bereichen verlangt er eine explizite, verständliche Einführung aller verwendeten Worte; die Grundannahmen der Einzelwissenschaften brauchen von diesen nicht begründet zu werden – das ist jeweils die Aufgabe einer anderen Wissenschaft, letztlich der ersten Philosophie (↑philosophia prima) –, aber weder diese noch die allgemeinen Rationalitätsprinzipien sind auf bloße Evidenz zurückzuführen. So läßt sich z.B. das Widerspruchsprinzip (↑Widerspruch, Satz vom) nicht mehr durch Ableitung beweisen, aber doch rechtfertigen, und zwar durch den Hinweis darauf, daß keine ernstgemeinte wissenschaftliche Rede ohne die Anerkennung dieses Prinzips auskommen kann – selbst für den Fall, daß man dieses Prinzip bestreiten wollte. – Die Seinsprinzipien unterteilt Aristoteles – wie die Ursachen – in innere (↑Materie und ↑Form) und äußere (Wirkursache [↑causa] und ↑Zweck); außerdem zählt er die Natur, die Elemente, die Seele, den Willen und das ↑Wesen zu diesen Prinzipien.

Literatur: O. Becker, Die Archai in der griechischen Mathematik, Arch. Begriffsgesch. 4 (1959), 210–226; F. M. Cornford, Innumerable Worlds in Presocratic Cosmogony, Class. Quart. 28 (1934), 1–16; K. v. Fritz, Die Archai in der griechischen Mathematik, Arch. Begriffsgesch. 1 (1955), 13–103; A. Lumpe, Der Terminus A. von den Vorsokratikern bis auf Aristoteles, Arch. Begriffsgesch. 1 (1955), 104–116; G. Vlastos, Theology and Philosophy in Early Greek Thought, Philos. Quart. 2 (1952), 97–123. M. G.

Archelaos von Athen, ca. 480–410, griech. Naturphilosoph. Bedeutender Schüler des Anaxagoras, dessen Ursachen- und Nus-Lehre er weiterbildete, und Freund des Sophokles (nach zeitgenössischen Nachrichten auch des Sokrates). Vermittler zwischen vorsokratischer Naturphilosophie und Sokratischer Ethik.

Werke: VS60. H. J. S.

Archetypus (von griech. ἀρχέτυπον, das zuerst Geprägte, Geformte, Urform, Original), in der Metaphysik des ↑Neuplatonismus synonym mit ↑Idee, dem Urbild, dem das Abbild gegenübersteht. Für die Kirchenväter ist der A. der intelligiblen Welt (κόσμος νοητός) in Gott oder von Gott geschaffen. Mit R. Descartes, der jeder Vorstellung (idea) oder Vorstellungssequenz einen A. zuordnet, beginnt die erkenntnistheoretische Verwendung des Wortes ›A.‹ (Meditat. II, 43). Für J. Locke gibt es einen A. (synonym mit ›pattern‹) nur von existierenden Dingen, den ›archetypes‹

als ›ideas of modes and relations‹ entsprechen die ›ectypes of sensation‹ (Essay IV, 4). D. Hume läßt den A. auch für bloße ›impressions‹ gelten (Treatise IV, 4), G. Berkeley verwendet das Wort nur für Vorstellungen des erkennenden Subjekts (Treatise I, 9; I, 45). S. Johnson nimmt Gedanken der Kirchenväter auf, wenn er die Ideen in Gott als A. von denen in den Geschöpfen als Ektypus unterscheidet. I. Kant stellt dem auf Nachbilder angewiesenen menschlichen Verstand (›intellectus ectypus‹) den ›intellectus archetypus‹, das anschauende Denken, gegenüber; die ›ästhetische Idee‹ in den bildenden Künsten nennt er ›Archetypon‹, die diesem nachgebildete räumliche Gestalt, das Kunstwerk, ›Ectypon‹ (KU §§51, 77).
In der Psychologie versteht C.G. Jung unter A. zunächst in das kollektive Unbewußte eingeschriebene, sich stets wiederholende Erfahrungen der Menschheit; später deutet er den A. nicht mehr genetisch, sondern strukturell als transzendente Anlage des Menschen, die sich in Vorstellungen, Bildern, Mythen, Märchen, Phantasien, Träumen und Wahnideen äußert (Über die Psychologie des Unbewußten, Zürich [6]1948, 126, 197; Von den Wurzeln des Bewußtseins. Studien über den A., Zürich 1954, 122).

Literatur: J. Hüllen, A., Hist. Wb. Ph. I (1971), 497–500. M.G.

Archeus (von griech. ἀρχή, Ursprung, Prinzip, Herrschaft), auch: Archäus, wichtiger Begriff der humanistischen Naturphilosophie. Nach Paracelsus, F.M. van Helmont und anderen Naturphilosophen der Renaissance zeigt sich in den Einzeldingen der Natur eine allgemeine ›Naturkraft‹, deren jeweils individuelle Ausprägung bei den anorganischen Körpern als ›Vulcanus‹, bei den organischen Körpern (den ›Lebewesen‹ im weiteren Sinne) als ›A.‹ personalisiert vorgestellt wird. Der A. ist die Lebenskraft, deren Hemmung durch ›widerwärtige‹ Einflüsse die Krankheiten verursacht und deren Stärkung durch geeignete Arzneien daher die Krankheiten bekämpfen hilft. In den Samen konzentriert, lenkt der A. Wachstum und Entwicklung der Lebewesen; er schafft dadurch auch die ›Signaturen‹ (Wesensgestalten der Gegenstände), die in der Naturphilosophie der Renaissance den wichtigsten Leitfaden der beschreibenden Naturwissenschaft bilden.

Literatur: H.M. Nobis, A., Hist. Wb. Ph. I (1971), 500–502; J. Strebel, Quid est A.? A. als individuelles und kollektives Seelenprinzip des Mikro- und Makrokosmos, Schweiz. Med. Wochenschr. 71 (1941), 1130–1133. C.T.

Archimedes, *Syrakus 287, †ebd. 212, griech. Mathematiker und Naturwissenschaftler, Sohn des Astronomen Phidias, möglicherweise verwandt mit König Hieron II. von Syrakus. A. verbrachte wahrscheinlich einige Zeit in Alexandria, wo er mit den Nachfolgern Euklids zusammenarbeitete. Er sandte einen Teil seiner Werke an dortige Mathematiker, so an Konon, Dositheos und Eratosthenes. Enge Beziehungen zu Hieron II. und dessen Sohn Gelon, dem er seinen ›Sandrechner‹ widmete. A. wurde bei der Eroberung von Syrakus durch die Römer erschlagen. Die Schätzung seines Geburtsjahres beruht auf einer Bemerkung des byzantinischen Historikers J. Tzetzes (12. Jahrhundert), wonach A. das 75. Lebensjahr erlebte. Obgleich Livius, Plutarch, Valerius Maximus und Tzetzes von A. berichten, sind zuverlässige biographische Angaben spärlich. Die meisten Berichte, z.B. wie A., um den Goldgehalt einer Krone zu bestimmen, beim Bade das später nach ihm benannte Archimedische Prinzip entdeckt habe, gehören wahrscheinlich ebenso der A.-Legende an wie Berichte von seinem Tod und von einigen Erfindungen im Bereich der Kriegsmaschinen. Die Leistungen des A. erstrecken sich von der Mathematik über Physik (genauer Statik) bis hin zur Technik.
Seine mathematischen Schriften befassen sich zum größten Teil mit der Berechnung von Flächeninhalten bzw. Volumina von Figuren, die von gekrümmten Linien bzw. Flächen begrenzt werden. Hierher gehören seine Schriften »Über Spiralen«, »Kugel und Zylinder«, »Die Quadratur der Parabel«, »Über Paraboloide, Hyperboloide und Ellipsoide«, »Über Konoide und Spheroide« und »Kreismessung«. Darüber hinaus behandelt er Sonderprobleme im »Sandrechner« (Darstellung großer Zahlen) und in der Schrift »Das Rinderproblem« (ein praktisch unlösbares Problem, vermutlich an Eratosthenes gerichtet). Bei einigen weiteren Schriften, z.B. dem Fragment »Stomachion«, ist die Urheberschaft des A. fraglich, mit Sicherheit sind einige seiner Schriften verloren, und selbst die oben erwähnten sind nicht in ihrer ursprünglichen Form erhalten. Dennoch läßt sich die Leistung des A., der ein guter Kenner der Werke von Eudoxos, Euklid u.a. war, genau umreißen. Sie besteht in der Anwendung von Exhaustionsmethoden (↑Exhaustion), die durch Approximation von Kurven wie Kegelschnitten oder einer Spirale durch Polygonzüge oder Kreisbögen zu Abschätzungen oder auch exakten Berechnungen geometrischer Größen führen, die

mit den Mitteln der elementaren Geometrie Euklids nicht möglich sind (obgleich im XII. Buch von Euklids »Elementen« eine auf Eudoxos zurückgehende Exhaustionsmethode verwendet wird).

In der »Kreisrechnung« grenzt A. den Wert des Kreisumfangs ein auf den Bereich zwischen dem $3\frac{1}{7}$- und dem $3\frac{10}{71}$-fachen des Radius, indem er von je einem dem Kreis umschriebenen und eingeschriebenen Sechseck ausgeht und durch fortgesetzte Teilung bis zu den Umfängen der um- bzw. eingeschriebenen 96-Ecke fortschreitet. Den Flächeninhalt des Kreises weist er als gleich zu dem eines rechtwinkligen Dreiecks nach, dessen Katheten die Länge des Radius bzw. des Kreisumfanges haben – freilich ohne Beweis, daß es zu einer Strecke der Länge R (Radius) überhaupt eine Strecke πR gibt. Noch deutlicher als die Berechnung des Kreisumfangs erinnern die Flächenberechnung an der ›archimedischen‹ Spirale sowie Volumenberechnungen von rotierenden Kegelschnitten an den modernen Begriff des ↑Integrals. Die rotationssymmetrischen Gebilde werden von A. in gleich dicke, zylindrische Scheiben zerschnitten. Bei der Spirale, die entsteht, wenn sich ein Punkt mit konstanter Geschwindigkeit auf einem ebenfalls mit konstanter Geschwindigkeit rotierenden Halbstrahl vom Drehpunkt wegbewegt, kann A. Längen- und Flächenberechnungen dadurch anstellen, daß er eine volle Drehung in n Sektoren teilt und die Fläche, die von der Spirale und dem Strahl nach einer Drehung eingeschlossen wird, als zwischen den Summen der äußeren und der inneren Kreissektoren liegend erkennt (vgl. Abb.).

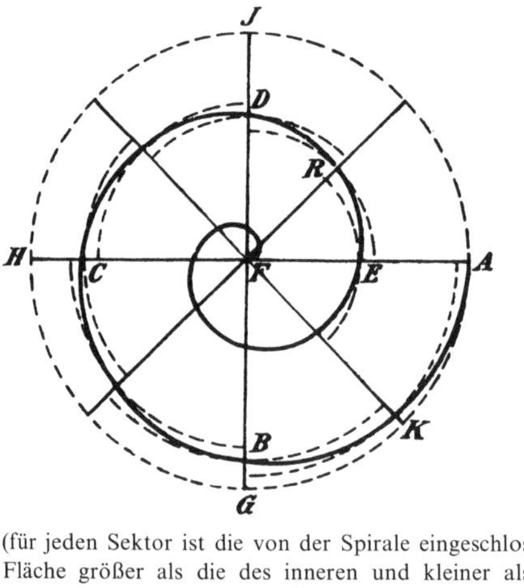

(für jeden Sektor ist die von der Spirale eingeschlossene Fläche größer als die des inneren und kleiner als die des äußeren Kreissektors, Über Spiralen 22, Werke, Darmstadt 1963, 42)

Obgleich sich also bei A. Vorstufen der Integralrechnung (↑Infinitesimalrechnung) finden, kann man ihn dennoch nicht als deren Begründer bezeichnen. Er erkennt das vielen seiner Aufgaben gemeinsame Problem nicht als solches und wendet z.B. bei der Quadratur der Parabel und bei der Volumenberechnung von Kugel und Ellipsoid verschiedene Verfahren an, obgleich es sich hier vom Standpunkt der modernen Integralrechnung um dieselbe Aufgabe handelt.

Nach E.J. Dijksterhuis lassen sich zwei Arten von Exhaustionsmethoden bei A. unterscheiden. Nach der ›Kompressionsmethode‹ werden Grenzwerte beliebig eng zwischen die Werte je einer monoton fallenden und monoton steigenden Folge (↑Folge (mathematisch)) eingeschlossen – hier wiederum lassen sich Fälle, bei denen die Differenzen der Werte dieser Folgen beliebig klein werden (z.B. in »Über Spiralen«, 24, 25), trennen von den Fällen, in denen es um die Konvergenz der Verhältnisse dieser Werte geht (z.B. in »Kugel und Zylinder«, I, 13, 14). Nach der ›Approximationsmethode‹ wird ein gesuchter Wert als Grenzwert einer unendlichen, konvergenten Reihe ermittelt (in »Die Quadratur der Parabel«, 18–24). – Bei der Anwendung solcher Exhaustionsmethoden beruft sich A. gelegentlich auf einen Hilfssatz, der im Vorwort zu »Über die Quadratur der Parabel« und zu »Über Spiralen« sowie als 5. Postulat in »Kugel und Zylinder« vorkommt. Er besagt, daß die größeren von zwei gegebenen Größen, sei es Linie, Fläche oder Körper, die kleinere um eine Differenz überragt, die, genügend oft vervielfacht, jede gegebene Größe von der Art der verglichenen übersteigt (↑Archimedisches Axiom). Dijksterhuis hat gezeigt, daß dieser Archimedische Hilfssatz nichts zu tun hat mit dem ›Axiom von Eudoxos‹ (vgl. Euklid, Elemente V, Def. 4). Er bedeutet vielmehr, daß die Differenz zweier Größen immer von derselben Art der Ausgangsgrößen ist, daß also z.B. die Differenz zweier Strecken stets wieder eine Strecke, nicht jedoch ein Punkt ist; er stellt somit eine Kontinuumshypothese im Sinne des Aristoteles dar und schließt, modern ausgedrückt, die Existenz von realen Infinitesimalen aus.

An weiteren methodischen Hilfsmitteln benützt A. das Verfahren der Neusis, bei welchem eine Strecke gegebener Länge so zwischen zwei Linien verschoben werden muß, daß die Endpunkte der Strecke auf den Linien liegen und die Verlängerung der Strecke durch einen gegebenen Punkt geht. Dieses Verfahren kann nicht durch eine Konstruktion mit Zirkel und Lineal ersetzt werden und setzt methodisch die freie Beweglichkeit starrer Körper voraus. – A. verwendet gelegentlich den Satz, daß die Gerade die kürzeste Verbindung zweier Punkte sei. Daraus muß jedoch nicht geschlossen werden, daß A. die Gerade auf diese Weise definieren wollte.

A. unterscheidet (explizit in seiner an Eratosthenes gerichteten Schrift »Methode«) zwischen einem heuristischen Verfahren, geometrische Lehrsätze (z.B. über das Volumenverhältnis von Kugel und umschriebenem Zylinder) durch mechanische Hilfsbetrachtungen zu finden, und dem Beweis solcher Sätze. Die ›mechanische Methode‹ besteht darin, unter Rückgriff auf Hebel- und Schwerpunktsätze Gleichgewichtsbetrachtungen anzustellen, wobei Strecken und Flächenstücke mit Masse homogener Dichte belegt vorzustellen sind. Daß A. diese mechanischen Betrachtungen nicht als strenge Beweise anerkennt, liegt an seiner im Archimedischen Hilfssatz ausgesprochenen Ablehnung, Flächen als Summen von Linien und Körper als Summen von Flächen anzusehen – und genau davon wird in der mechanischen Methode Gebrauch gemacht.

Beruhen also die bedeutenden mathematischen Ergebnisse des A. auf der Einführung mechanischer Hilfsbetrachtungen in die Geometrie, so betreibt A. umgekehrt die Mechanik gerade im Stil der Geometrie Euklids. In »Über das Gleichgewicht ebener Flächen« formuliert er 7 Axiome und leitet unter Verwendung von geometrischen Sätzen Lehrsätze über Schwerpunkte usw. her. Im Gegensatz zu der in der klassischen Physik seit Galilei geübten Methode hat bei A. die experimentelle Prüfung der Lehrsätze keinen Platz, wobei es freilich offenbleibt, ob A. schon im modernen Sinn ›axiomatisch‹ gedacht, d.h. sich einfach um die Begründung der Axiome nicht gekümmert hat, oder ob lediglich die Form der Darstellung eine axiomatische ist, d.h. mit ersten Sätzen beginnt, die anderswo begründet werden – analog den ohne Beweis verwendeten geometrischen Lehrsätzen.

Nach F. Krafft hat A. ein älteres mechanisches Prinzip (Prinzip der ungleichen konzentrischen Kreise, die Kräfteverhältnisse an zwei koaxialen Seiltrommeln verschiedener Durchmesser betreffend), das Aristoteles nach (in moderner Terminologie) dem Prinzip der virtuellen Verrückung bearbeitet hatte, auf ein statisches zurückgeführt. A. kommt also gerade durch Eliminieren von Weg und Zeit aus älteren Ansätzen in der Physik zur Statik. Mithin geht die Dynamik der Statik nicht nur methodisch, sondern auch historisch voraus. Unerwähnt läßt A. dann, wie die (z.B. bei der Ableitung des Hebelsatzes) vorausgesetzte Flächenhomogenität hinsichtlich der schweren Masse zu verstehen ist. Die Gleichförmigkeit der Massenflächendichte kann nicht durch Vergleich kongruenter Flächenstücke an der Waage festgestellt werden, weil hierzu das Hebelgesetz in der einfachsten Form schon verfügbar sein müßte. A. bleibt also in der Statik den Teil schuldig, der aus der begrifflichen Bestimmung der mechanischen Größen besteht und aus dem sich die Axiome seiner Schriften zur Statik müssen begründen lassen.

Die Schriften des A. zur Hydrostatik sowie zur Statik einfacher Maschinen sind schon in der Spätantike verlorengegangen und lassen sich nur zum Teil aus den Werken von Heron und Pappos rekonstruieren. Erhalten dagegen ist die Schrift »Über schwimmende Körper«, in denen Auftrieb und stabile Lage von in Flüssigkeit eintauchenden Körpern berechnet werden.

Obgleich im Bereich der technischen Leistungen des A. die Überlieferung weit weniger zuverlässig ist als die seiner wissenschaftlichen, darf als sicher gelten, daß A. ein erfolgreicher und berühmter Ingenieur gewesen ist. Die auf Plutarch zurückgehende Behauptung, A. hätte sich nur der reinen Wissenschaft gewidmet und jede technische Anwendung seiner Ergebnisse für niedrig angesehen, ist mit großer Wahrscheinlichkeit falsch. Die wichtigsten Erfindungen des A. sind die nach ihm benannte Schraube, ein Gerät zum Heben von Wasser, das in Ägypten Verwendung fand, der Flaschenzug, mit dem er allein ein beladenes Schiff bewegt haben soll, sowie ein wassergetriebenes Planetarium, das, als Kriegsbeute durch Marcellus nach Rom gebracht, dort noch von Cicero gesehen und beschrieben wurde.

Werke: Archimedis opera omnia cum commentariis Eutocii, I–III, Text u. lat. Übers. ed. J. L. Heiberg, Leipzig 1880–1881, ^{2}1910–1915 (repr. Frankfurt 1972, Stuttgart 1972–1975); Werke, ed. u. übers A. Czwalina, Leipzig 1922–1924 (Ostwalds Klassiker der exakten Wissenschaften 201–203, 210, 213; mit einem Anhang von dt. Archimedestexten [übers. v. R. Rudio/J. L. Heiberg/H. G. Zeuthen]) (repr., in einem Bd., Darmstadt 1963, ^{3}1972); Works. Ed. in Modern Notation, with Introductory Chapters by T. L. Heath, Cambridge 1897, New York ^{2}1953 (zusammen mit T. L. Heath [Supplement], The Method of A., recently Discovered by Heiberg [Cambridge 1912], dt. Werke, mit modernen Bezeichnungen, ed. u. Einl. Sir Thomas L. Heath, Übers. F. Kliem, Berlin 1914); Les œuvres complètes d'Archimède, ed. u. übers. P. Ver Eecke, Paris/Bruxelles 1921, unter dem Titel: Les œuvres complètes d'Archimède suivies des commentaires d'Eutocius d'Ascalon, I–II, Lüttich [2]1960; Archimède, I–IV, Text u. franz. Übers. v. C. Mugler, Paris 1970–1972; M. Clagett, A. in the Middle Ages, I–III, I Madison Wisc. 1964, II–III Philadelphia 1976.

Literatur: Arendt, A., RE Suppl. III (1918), 144–152; C.B. Boyer, Quantitative Science without Measurement. The Physics of Aristotle and A., Scientific Monthly 60 (1945), 358–364; M. Clagett, The Impact of A. on Medieval Science, Isis 50 (1959), 419–429; ders., A. and Scholastic Geometry, in: Mélanges Alexandre Koyré I (L'aventure de la science), Paris 1964, 40–60; ders., A., DSB I (1970), 213–231; E.J. Dijksterhuis, A., Groningen 1938, Kopenhagen 1956 (Acta Hist. Scientiarum Naturalium et Medicinalium 12 [engl.]) (repr. New York 1957, mit Bibliographie); E.H. Harvey, The Quest of A., Garden City N.Y. 1962; J.L. Heiberg, Quaestiones Archimedeae, Kopenhagen 1879; ders., Neue Studien zu A., Abh. Gesch. Math. 5 (1890), 1–84; F. Hultsch, A., RE II, 1 (1895), 507–539; F. Krafft, Dynamische und statische Betrachtungsweise in der antiken Mechanik, Wiesbaden 1970; ders., A. von Syrakus als Ingenieur und Physiker, Der math. Unterricht 25 (1972), 65–72; J. Mittelstraß, Neuzeit und Aufklärung, Studien zur Entstehung der neuzeitlichen Wissenschaft und Philosophie, Berlin/New York 1970, 243–250; G. Sarton, A. History of Science II (Hellenistic Science and Culture in the Last Three Centuries B.C.), Cambridge Mass. 1959, 69–86; I. Schneider, »Geheimwaffe« von A.. Eine Legende, Naturwiss. Rundschau 28 (1975), 169; ders., A., Darmstadt 1979 (Erträge der Forschung 102); B.L. van der Waerden, Erwachende Wissenschaft. Ägyptische, babylonische und griechische Mathematik, Basel/Stuttgart 1956, [2]1966; H. Wieleitner, Das Fortleben der Archimedischen Infinitesimalmethoden bis zum Beginn des 17. Jahrhunderts, insbesondere über Schwerpunktbestimmungen, Quellen u. Stud. Gesch. Math., Astron. und Physik, Abt. B 1 (1931), 201–220. P.J.

Archimedisches Axiom, auch ›Axiom von Eudoxos‹ oder ›Axiom des Messens‹ genannt, besagt in der modernen Formulierung durch D. Hilbert, daß es für irgend zwei Strecken AB und CD eine natürliche Zahl n gibt, so daß n-maliges Abtragen der Strecke CD von A aus über B hinausführt, in Formelschreibweise:

$$\bigwedge_{AB} \bigwedge_{CD} \bigvee_n (AB > CD \rightarrow n \cdot CD > AB).$$

Dieses als eine der Grundlagen der ↑Proportionenlehre und des Verfahrens der ↑Exhaustion historisch auf Eudoxos von Knidos zurückgehende, von Archimedes in seiner Schrift »Kugel und Zylinder« als 5. Postulat ähnlich formulierte Axiom setzt den Begriff der Kongruenz von Strecken voraus. Es dient im methodischen Aufbau der ↑Geometrie dazu, zwei gegebenen Strecken mit jeder gewünschten Genauigkeit ein Längenverhältnis in Form einer rationalen Zahl zuzuordnen.

Allgemein wird das A.A. in der Mathematik für geeignete geordnete ↑Strukturen formuliert: Z.B. für zwei beliebige Elemente a, b der Struktur mit $b > 0$ gibt es eine natürliche Zahl n mit $nb > a$. In Formelschreibweise:

$$\bigwedge_a \bigwedge_{b>0} \bigvee_n (nb > a).$$

Auf diese Weise geordnete Strukturen heißen ›archimedisch‹ geordnet. Die reellen Zahlen bilden bis auf ↑Isomorphie das einzige Modell eines ↑vollständigen, archimedisch geordneten Körpers (↑Körper (mathematisch)). Körper mit einem ›unendlich großen‹ Element c (d.h. c größer als alle natürlichen Zahlen) oder einem ›unendlich kleinen‹ Element c (d.h. $0 < n \cdot c < 1$ für alle natürlichen Zahlen n) – dabei ist c unendlich groß (klein) genau dann, wenn $\frac{1}{c}$ unendlich klein (groß) ist –, wie sie in der Non-Standard-Analysis auftreten, sind nicht archimedisch geordnet. P.J.

architektonisch/Architektonik, von Aristoteles (ἡ ἀρχιτεκτονικὴ τέχνη) für die auf Materialkenntnis beruhende Herstellungs- und Bearbeitungskunst verwendete Bezeichnung (Phys. B2.194b2ff.). G.W. Leibniz sieht in der A. der Natur einen Reflex ihrer durch den göttlichen Architekten bestimmten Zweckhaftigkeit. J.H. Lambert (Anlage zur A. oder Theorie des Einfachen und des Ersten in der philosophischen und mathematischen Erkenntnis, Riga 1771) versteht unter ›A.‹ die den Einzelwissenschaften methodisch vorgeordnete Lehre von den Grundbegriffen dieser Wissenschaften. Nach I. Kant ist die Vernunft ein Vermögen, sich selbst ein System nach den Regeln der A. aufzubauen, die in der Verknüpfung der Glieder nach einem obersten Zweck besteht (KrV B 860–862). Kants Schüler G.B. Jäsche (Einleitung zu einer A. der Wissenschaften nebst einer Skiagraphie und allgemeinen Tafel des gesamten Systems menschlicher Wissenschaften nach a.em Plane, Dorpat 1816, §1) faßt A. auf als »Wissenschaft der Regeln und Prinzipien, wonach die gesamten Wissenschaften zu einem systematischen Ganzen vereinigt und in dieser Vereinigung dargestellt werden«, d.h. als »die Wissenschaft des Systems menschlicher Wissenschaften«. Diese wissenschaftstheoretische Akzentuierung des Begriffs ›A.‹ ist in der ersten Hälfte des 19. Jahrhunderts unter dem Titel ›Wissenschaftslehre‹ verbreitet (vgl. z.B. C.F. Bachmann, System der Logik, Leipzig 1828, Teil 2: »Systematik oder A.«, und G.E. Schulze, Grundzüge der allgemeinen Logik, Göttingen 1802, [3]1817, §11, der die ›A. oder Baukunst der Systeme‹ als ›Wissenschaftslehre‹ verstanden wissen will). Allgemein wird a.er Zusammenhang als ein systematischer (↑System) einem bloß ›mechanischen‹ oder ›aggregathaften‹ (↑Aggregat) gegenübergestellt. G.W.

Archytas von Tarent, um 375 v. Chr., griech. Mathematiker, Philosoph und Staatsmann. Freund Platons, soll dessen Leben durch einen Brief an den Syrakuser Tyrannen Dionysios d. Ä., der Platon gefangenhielt, gerettet haben. A. machte Tarent zum letzten Refugium und politischen Zentrum der aus den meisten anderen süditalienischen Städten vertriebenen ↑Pythagoreer.

Obwohl von A.' Werken nur Fragmente erhalten sind, ist rekonstruierbar, daß, wohl im Zusammenhang pythagoreischer Lehren, die mathematische Mittel- und ↑Proportionenlehre das Zentrum seiner Bemühungen in Geometrie, Zahlen- und Musiktheorie darstellte: In der Zahlentheorie führt die Frage nach der Möglichkeit einer oder mehrerer mittlerer Proportionalen zwischen zwei Zahlen zur Unterscheidung zwischen ähnlichen und nicht-ähnlichen Ebenen oder räumlichen Zahlen sowie zu dem Satz, daß es zwischen zwei Zahlen im Verhältnis $(n+1):n$ keine mittleren Proportionalen gibt. Musiktheoretisch heißt dies, daß sich reine Intervalle, d.h. Oktave, Quinte, Quarte und Prime, nicht in zwei oder mehr gleiche Teile zerlegen lassen.

Im Unterschied zu Zahlen- und Musiktheorie lassen sich in der Geometrie mittlere Proportionalen angeben. A. fand als erste zwei mittlere Proportionalen, und zwar bei seiner bedeutendsten mathematischen Leistung, einem ersten Beweis des ↑Delischen Problems. Ob A. aus seinen Einsichten auch geschlossen hat, daß es untereinander ↑inkommensurable Strecken gibt, ist ungewiß, liegt aber nahe, da zu dem arithmetischen Satz, daß es nicht immer eine mittlere Proportionale gibt, und der geometrischen Erkenntnis, daß sich eine mittlere Proportionale stets konstruieren läßt, nur noch die Annahme hinzukommen muß, alle Strecken durch Zahlen darzustellen, um folgern zu können, daß Verhältnisse zwischen Strecken sich nicht allgemein durch Verhältnisse zwischen ganzen Zahlen darstellen lassen, also inkommensurabel sein können. – Im Zusammenhang mit der Musiktheorie stehen Untersuchungen zu einer physikalischen Klangtheorie. Auch in der Literatur ist die Gestalt des A. dargestellt worden, so etwa (in stark idealisierter Form) durch C. M. Wieland in dessen letzter Fassung (1894) der »Geschichte des Agathon«.

Werke: VS 47.

Literatur: E. Frank, Plato und die sogenannten Pythagoreer. Ein Kapitel aus der Geschichte des griechischen Geistes, Halle 1923 (repr. Darmstadt 1962); K. v. Fritz, A. of Tarentum, DSB I (1970), 231–233; W.K.C. Guthrie, A History of Greek Philosophy I (The Earlier Presocratics and the Pythagoreans), Cambridge 1962, 333–336; T.L. Heath, A History of Greek Mathematics I, Oxford 1921 (repr. 1965), 212–216; B.L. van der Waerden, Die Harmonielehre der Pythagoreer, Hermes 78 (1943), 163–199; ders., Die Arithmetik der Pythagoreer I, Math. Ann. 120 (1948), 127–153; ders., Erwachende Wissenschaft. Ägyptische, babylonische und griechische Mathematik, Basel/Stuttgart [2]1966, 247–262. G. W.

Arendt, Hannah, *Hannover 14. Okt. 1906, †New York 4. Dez. 1975, dt.-amerik. Politologin und Philosophin. Studium der Philosophie, Theologie und Klassischen Philologie in Marburg, Heidelberg und Freiburg, unter anderem bei M. Heidegger, M. Bultmann, E. Husserl und K. Jaspers. 1928 Promotion in Heidelberg, 1933 Emigration nach Paris, 1941 nach New York, Vorlesungstätigkeit an mehreren amerikanischen Universitäten, freie Schriftstellerin. 1959 erhielt A. den Lessing-Preis der Stadt Hamburg. In A.s politologischem Hauptwerk »The Origins of Totalitarianism« (New York 1951, [2]1973; dt. Elemente und Ursprünge totaler Herrschaft, Frankfurt 1955, [4]1962, I–III, Berlin 1975) werden neben einer Untersuchung über die historischen Wurzeln totaler Herrschaft im Nationalstaat des 18. und 19. Jahrhunderts im Zusammenhang der Entstehung des Antisemitismus und der imperialistischen Entwicklung in Westeuropa allgemeine Strukturelemente des Totalitarismus herausgestellt.

Als philosophisches Hauptwerk darf die auf historische Entwicklungen abstellende handlungstheoretische Untersuchung »Vita activa oder Vom tätigen Leben« (Stuttgart 1960, 1967) gelten, in der drei Typen menschlicher Aktivität gegeneinander abgegrenzt werden: die ›Arbeit‹ als die unmittelbare lebenserhaltende Tätigkeit des Menschen in seiner Auseinandersetzung mit der Natur, das ›Herstellen‹ als diejenige Tätigkeit, in der sich der Mensch mit seinen eigenen Produkten gegenständlich umgibt, und das ›Handeln‹ als die genuine, aus der Pluralität des menschlichen Miteinander erwachsende, direkt interaktive Tätigkeit des Menschen. Die historisch situierte Zurückdrängung der Wertschätzung des kontemplativen Lebens (↑vita contemplativa) im ausgehenden Mittelalter geht nach A. mit einer Umschichtung der Wertigkeit innerhalb des tätigen Lebens selbst einher. Während das ›Handeln‹ insgesamt zurücktritt, setzt sich die ›Arbeit‹ (animal laborans) gegen das ›Herstellen‹ (homo faber, ↑Poiesis) als emphatisch bewerteter Handlungstyp durch. Die moderne Verherrlichung der ›Arbeit‹ und das Vergessen desjenigen Lebensbereichs, zu dem die ›Arbeit‹ in einer Mittelrelation stehen müßte, hat in der Lebensform egalitäre Konsequenzen. Die moderne Welt tendiert durch den technischen Fortschritt zur Ausbildung einer »Arbeitsgesellschaft, der die Arbeit ausgegangen ist« (Vita activa, 12). In dem aus dem Nachlaß herausgegebenen Buch »The Life of the Mind« (I–II, New York 1977–1978; dt. Vom Leben des Geistes, I–II, München/Zürich 1979) wird die geistige Tätigkeit des Menschen in ihren drei Funktionen des ›Denkens‹, ›Wollens‹ und ›Urteilens‹ thematisiert.

Weitere Werke: Der Liebesbegriff bei Augustin. Versuch einer philosophischen Interpretation, Berlin 1929; Rahel Varnhagen. The Life of a Jewess, London 1957, mit dem Untertitel: The Life of a Jewish Woman, New York 1974 (dt. Rahel Varnhagen. Lebensgeschichte einer deutschen Jüdin aus der Romantik, München 1959, Berlin 1974); The Human Condition, Chicago 1958; Von der Menschlichkeit in finsteren Zeiten. Rede über Lessing, München 1960; Between Past and Future. Six Exercises in Political Thought, London/New York 1961; On Revolution, London/New York 1963 (dt. Über die Revolution, München 1963, ²1974); Eichmann in Jerusalem. A Report on the Banality of Evil, London/New York 1963, rev. ed. 1974 (dt. Eichmann in Jerusalem. Ein Bericht von der Banalität des Bösen, München 1964, ⁴1976, Reinbek 1978); On Violence, New York 1970 (dt. Macht und Gewalt, München 1970, ³1975); Walter Benjamin. Bertolt Brecht. Zwei Essays, München 1971; Wahrheit und Lüge in der Politik. Zwei Essays, München 1972; Die verborgene Tradition. Acht Essays, Frankfurt 1976; The Life of the Mind, I–II, New York 1977/1978 (dt. Vom Leben des Geistes, I–II, München/Zürich 1979).

Literatur: A. v. Campenhausen/G. Schäfer/W. Ries, H.A. zum Gedenken, Hannover 1977; M. Canovan, The Political Thought of H.A., London/New York 1974; L.A. Cooper, H.A.'s Political Philosophy. An Interpretation, Rev. Politics 38 (1976), 145–176; A. Diemer, Der Mensch, sein Tun und die menschliche Grundsituation. Kritische Bemerkungen zu H. Arendts »Vita activa«, Z. philos. Forsch. 16 (1962), 127–140; J. Habermas, H.A.'s Begriff der Macht, Merkur 30 (1976), 946–990; E. v. Inántsy-Pap, Der Begriff der Arbeit bei H.A., Diss. Tübingen 1967; H. Jonas, Handeln, Erkennen, Denken. Zu H.A.s philosophischem Werk, Merkur 30 (1976), 921–935; P. Lévy/R. Davren, H.A. (1906–1975), Et. philos. 31 (1976), 237–243; A. Reif (ed.), H.A., Materialien zu ihrem Werk, Wien 1979; ders. (ed.), Gespräche mit H.A., München 1976; Die Kontroverse H.A., Eichmann und die Juden, München 1964. S. B.

Arete (griech. ἀρετή, Vorzüglichkeit, spezifische Leistung oder besondere Ausstattung, angewandt auf Länder [hervorragende Bodenbeschaffenheit, Pflanzenwuchs], Tiere, Gegenstände [z.B. liegt die A. des Messers darin, daß es schneidet], Körperteile [z.B. besteht die A. des Auges in der Sehschärfe] und den Menschen), je nach geltenden Idealvorstellungen wird die Vorzüglichkeit und damit das erstrebenswerte Lebensziel des Menschen z.B. in der Tapferkeit, im Ruhm, in der Arbeitsamkeit, in der Selbstbeherrschung gesehen. Seit Sokrates besitzt der Ausdruck ›A.‹ eine feste Bedeutung in der philosophischen ↑Ethik als ↑Tugend. Die Fragen (a) nach ihrem Wesen, (b) nach ihren Teilen und deren Verhältnis zueinander, (c) wie man sie erlange (ob man sie von Natur aus habe oder sie durch Übung und Gewohnheit oder durch Belehrung erwerbe), (d) ob und wie man sie verlieren könne, sind die am häufigsten behandelten Themen der antiken ↑Aretologie.

Literatur: A.W.H. Adkins, Merit and Responsibility. A Study in Greek Values, Oxford 1960; W. Jaeger, Paideia. Die Formung des griechischen Menschen, I–III, Berlin 1934–1947, ⁴1959; H.J. Krämer, A. bei Platon und Aristoteles. Zum Wesen und zur Geschichte der platonischen Ontologie, Heidelberg 1959, Amsterdam 1967; J. Kube, Techne und A.. Sophistisches und platonisches Tugendwissen, Berlin 1969. M.G.

Aretologie (griech., Tugendlehre [↑Arete]), im Unterschied zur Eudämonologie, die sich mit der Frage nach dem Glück und dem Verhältnis der Tugend zum Wohl des Menschen befaßt, erörtert die A. die Definition (das Wesen) und die Einteilung der Tugend(en).

Literatur: W.T. Krug, System der praktischen Philosophie II (A. oder Tugendlehre), Wien 1818, Königsberg ²1838. M. G.

Argument, ↑Argumentation.

Argument (logisch), A.e einer ↑Funktion heißen diejenigen Objekte, deren Namen in die Leerstellen (↑Variable) eines die Funktion darstellenden ↑Terms eingesetzt werden dürfen. Nach dem Vorbild G. Freges, der ›Funktion‹ und ›A.‹ als korrelative Begriffe erstmals verdeutlicht hat, unterscheidet man gelegentlich auch in zusammengesetzten ↑Nominatoren, indem man auf ihre Entstehung durch Zusammensetzung, d.h. die Einsetzung zulässiger Ausdrücke in die Leerstellen eines Terms zurückgeht, den letzteren als ›Funktionsausdruck‹ von den eingesetzten Ausdrücken als ›A.en‹ oder besser ›A.ausdrücken‹.

Literatur: G. Frege, Begriffsschrift, eine der arithmetischen nachgebildete Formelsprache des reinen Denkens,

Halle 1879 (repr. in: ders., Begriffsschrift und andere Aufsätze, ed. I. Angelelli, Hildesheim 1964, Darmstadt 1964). C. T.

Argumentation, eine Rede mit dem Ziel, die Zustimmung oder den Widerspruch wirklicher oder fiktiver Gesprächspartner zu einer Aussage oder Norm (›für‹ bzw. ›gegen‹ deren Wahrheit bzw. Gültigkeit dann argumentiert wird) durch den schrittweisen und lückenlosen Rückgang auf bereits gemeinsam anerkannte Aussagen bzw. Normen zu erreichen. Jede im Verlauf einer solchen Rede erreichte Zustimmung zu einer weiteren Aussage oder Norm (über die Ausgangssätze hinaus) kennzeichnet einen Schritt der A.; die einzelnen Schritte heißen die für (bzw. gegen) die zur Diskussion gestellte Aussage bzw. Norm vorgebrachten ›Argumente‹.

Geht in einer A. jedem Argument genau *ein* anderes unmittelbar voraus und macht jedes Argument vom Ergebnis des ihm unmittelbar vorhergehenden Gebrauch, so liegt eine ›A.skette‹ vor. Kann niemand, der den Ausgangssätzen (Aussagen oder Normen) einer A. zugestimmt hat, irgendeinem ihrer Schritte die Zustimmung verweigern, ohne mindestens einer von ihm schon akzeptierten Aussage oder Norm zu widersprechen, so heißt die betreffende A. ›schlüssig‹. Eine schlüssige A. *für* eine Aussage bzw. Norm heißt eine ↑›Begründung‹ derselben, im Falle der Aussagen auch ein ↑›Beweis‹.

A.en sind Gegenstand einer ↑Argumentationstheorie, die in der Antike und wieder in der Zeit der Renaissance und des Humanismus zur Rhetorik gerechnet wurde und deren Probleme insbesondere bei Aristoteles in der Topik eingehende Behandlung finden. Während schon hier die Analyse ›sophistischer‹ Scheinargumentationen breiteren Raum einnimmt, wird die A.slehre in der Spätscholastik noch einmal ausdrücklich als Theorie der richtigen oder schlüssigen A. verstanden und als solche in Lehrbüchern der Logik dargestellt. Erst die parlamentarische Rhetorik des 18. und 19. Jahrhunderts läßt die Disziplin der Rhetorik von einer A.slehre zu einer Sammlung von Anweisungen zur erfolgreichen Überredung des Hörers oder Lesers durch den Sprecher oder Autor auch oder gerade entgegen widerstreitenden schlüssigen Überlegungen und damit zur ›bloßen Rhetorik‹ im heutigen schlechten Sinne degenerieren. Dieser Sinn wird, in der Absicht auf praktische Anwendungen oder zumindest auf die Analyse faktisch häufiger Diskussionssituationen, auch in der ›neuen Rhetorik‹ mit ihrem starken Interesse an der juristischen A. weitgehend beibehalten. Auf theoretischer Ebene sind von hier ausgehend sowohl Regeln des Übergangs von akzeptierten Aussagen bzw. Normen zu unter ihrer Voraussetzung ebenfalls akzeptablen weiteren Aussagen bzw. Normen (S. Toulmin) als auch die Bedingungen vernünftiger Beratung, in der per definitionem Argumente die Entscheidungsbasis bilden (J. Habermas, P. Lorenzen, O. Schwemmer), untersucht worden.

Literatur: Y. Bar-Hillel, A. in Natural Languages, in: ders., Aspects of Language. Essays and Lectures on Philosophy of Language, Linguistic Philosophy and Methodology of Linguistics, Jerusalem/Amsterdam 1970, 202–205; ders., A. in Pragmatic Languages, ebd. 206–221; U. Berk, Konstruktive Argumentationstheorie, Stuttgart-Bad Cannstatt 1979; W. Brockriede/D. Ehninger, Toulmin on Argument: An Interpretation and Application, Quart. J. of Speech 46 (1960), 44–53; P. T. Geach, Reason and Argument, Berkeley/Los Angeles 1976; R. Ginters, Typen ethischer A.. Zur Begründung sittlicher Normen, Düsseldorf 1976; K.-H. Göttert, A.. Grundzüge ihrer Theorie im Bereich theoretischen Wissens und praktischen Handelns, Tübingen 1978; J. Habermas, Wahrheitstheorien, in: H. Fahrenbach (ed.), Wirklichkeit und Reflexion. Walter Schulz zum 60. Geburtstag, Pfullingen 1973, 211–265; H.W. Johnstone, Philosophy and Argument, University Park Pa. 1959; ders., Some Reflections on A., in: La théorie de l'a. (Perelman-Festschrift), Log. anal. 6 (1963), 30–39; ders., Theory of A., in: R. Klibansky (ed.), La philosophie contemporaine. Chroniques I, Florenz 1968, 177–184; F. Kambartel, Moralisches Argumentieren. Methodische Analysen zur Ethik, in: ders. (ed.), Praktische Philosophie und konstruktive Wissenschaftstheorie, Frankfurt 1973, 54–72; C. Kirwan, Logic and Argument, London 1978; P. Lorenzen/O. Schwemmer, Konstruktive Logik, Ethik und Wissenschaftstheorie, Mannheim/Wien/Zürich ²1975; D. W. Metzing, Formen kommunikationswissenschaftlicher A.sanalyse, Hamburg 1975; A. Naess, Communication and Argument, Oslo 1966 (dt. Kommunikation und A., Kronberg 1975); B. Peppinghaus, Inadmissible Arguments, Log. anal. 19 (1976), 119–138; C. Perelman, Éléments d'une théorie de l'a., Brüssel 1968; ders./L. Olbrechts-Tyteca, La nouvelle rhétorique. Traité de l'a., I–II, Paris 1958, ³1976; M. Schecker (ed.), Theorie der A., Tübingen 1977; O. Schwemmer, Appell und A.. Aufgaben und Grenzen einer praktischen Philosophie, in: F. Kambartel (ed.), Praktische Philosophie und konstruktive Wissenschaftstheorie, 148–211; S. Toulmin, The Uses of Argument, Cambridge 1958 (dt. Der Gebrauch von Argumenten, Kronberg 1975); G. Vignaux, L'a.. Essai d'une logique discursive, Genf 1976; La théorie de l'a.. Perspectives et applications (Perelman-Festschrift), Sonderheft: Log. anal. 6 (1963), No. 21–24. C. T.

Argumentationstheorie, Theorie der formalen Strukturen faktischer Argumentationen. Der mit der modernen ↑Logik vielfach verbundene Universalitätsanspruch, demgemäß die Standardlogik die (ausschließliche) Theorie des lebensweltlichen und wissenschaftlichen Argumentierens (↑Argumentation) ist, hat zahlreiche Kritiker auf den Plan gerufen, die unter Rückgriff auf unterschiedliche Traditionen eine von der modernen Logik unabhängige bzw. sie wesentlich erweiternde A. fordern. Neben der Rezeption der von der Logik lange Zeit an den Rand gedrängten Disziplinen der ↑Rhetorik und ↑Topik spielt dabei sowohl der auf C.S. Peirce und C.W. Morris zurückgehende Gedanke einer logischen ↑Pragmatik als auch die von J.L. Austin und J.R. Searle entwickelte Sprechhandlungstheorie (↑Sprechakt) eine Rolle. Als wichtigste Ansätze in dieser Richtung können (1) die Logikkritik der Philosophie der normalen Sprachen (↑Oxford Philosophy), (2) die Neue Rhetorik und (3) die philosophischen Diskurstheorien (↑Diskurs) angesehen werden.

(1) Die Tatsache, daß die moderne, analog zu algebraischen Symbolhandlungen konzipierte Logik keinen Bezug zur tatsächlichen Redepraxis mehr erkennen läßt, hat S. Toulmin zu der These geführt, daß die Bezeichnung ›Logik‹ für die zweiwertige Aussagenalgebra unberechtigt ist. Demgegenüber versucht Toulmin, die Funktion argumentationsrelevanter Ausdrücke (z.B. der logischen Operatoren) durch die Herausarbeitung eines Schemas (›layout‹) des Argumentierens zu erläutern:

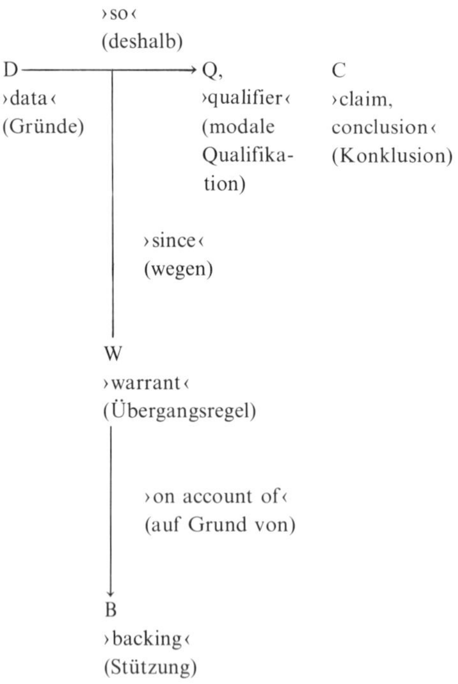

Für die Kritik der Standardlogik ist vor allem die Unterscheidung zwischen denjenigen materialen Konventionen, die den Übergang von den Gründen zur Konklusion sichern (›warrants‹) und der Begründung für diese Konventionen (›backing‹) entscheidend. Stellt man einen logischen Schluß syllogistisch dar (↑Syllogistik), ergibt sich, daß die universelle Prämisse hinsichtlich der Unterscheidung von warrant und backing ambivalent ist. Interpretiert man die in der universellen Prämisse ausgedrückte Allprädikation im Sinne des Allquantors, dann muß aus ihr eine Existenzbehauptung ableitbar sein. Die Allprädikation enthält also bereits material den in der Konklusion ›erschlossenen‹ Fall. Die so verstandene universelle Prämisse wäre somit kein warrant, sondern ein backing. Diese Unterscheidung fällt nur bei solchen Schlüssen nicht ins Gewicht, bei denen die in der Konklusion ausgedrückte Information bereits in den Gründen enthalten ist (›analytisches Argumentieren‹). Das tatsächliche Argumentieren enthält demgegenüber Schlüsse riskanter Art, bei denen in der Konklusion neue Informationen (eventuell modal abgeschwächt) behauptet werden (›substantielles Argumentieren‹). Die Standardlogik als Theorie des analytischen Argumentierens stellt demnach nur einen untypischen Spezialfall des Argumentierens dar.

(2) C. Perelman hat vor allem auf die Bereiche historisch und institutionell entwickelter Argumentationskultur, wie sie z.B. in juridischen Kontexten gegeben ist, hingewiesen, um die Unzulänglichkeit der Standardlogik für die Erfassung tatsächlicher Argumentationsprozesse zu demonstrieren. Er hat daher unter dem Titel der ›Neuen Rhetorik‹ den Versuch unternommen, eine eigenständige Theorie des Argumentierens unter ausdrücklicher Wiederaufnahme der Traditionen von Rhetorik und Topik zu entwerfen. Der entscheidende Gesichtspunkt dieser Theorie der Argumentation liegt darin, daß die Triftigkeit eines Arguments von der Zustimmung eines Auditoriums abhängig ist. Perelman bestimmt daher als Aufgabe der ›Neuen Rhetorik‹ die Untersuchung derjenigen sprachlichen Mittel, mit deren Hilfe die Zustimmung eines Auditoriums erreicht bzw. der Zustimmungsgrad vergrößert werden kann. Das Zustimmungsverhalten eines Auditoriums ist nicht (wie beim logischen Beweis) erzwingbar, sondern hängt von den Interessen und Einstellungen, der Traditions- und Milieugebundenheit von Individuen ab. Die A. hat diejenigen Argumentationsschemata herauszupräparieren,

deren Aktualisierung Aussicht auf Zustimmung hat. Von Scheinargumenten, Manipulation und Propaganda unterscheiden sich argumentative Redeformen dadurch, daß von ihnen zu Recht verlangt werden kann, daß ein ›universelles Auditorium‹ ihnen zustimmt.
(3) Unter einem Diskurs versteht J. Habermas eine durch Argumentation gekennzeichnete Form der Kommunikation. Das Gelingen der Einlösung von Geltungsansprüchen im Gang der Argumentation entscheidet darüber, ob einer behaupteten Aussage der Prädikator ›wahr‹ oder ›falsch‹ zukommt. Die solche Diskurse regierenden Regeln können nach Habermas nicht die Regeln der Standardlogik sein, da Argumentationen Sequenzen von Sprechhandlungen sind, die Standardlogik jedoch von pragmatischen Gesichtspunkten absieht. Notwendige Bedingung für das Gelingen von Diskursen ist vor allem die Entwicklung eines gemeinsamen Sprachsystems. Während Habermas der Standardlogik die Abstraktion von pragmatischen Gesichtspunkten zugesteht, um eine pragmatisch komplementäre A. zu fordern, wird von einigen Sprechhandlungstheoretikern diese pragmatische Ausblendung gerade bestritten. U. Maas und D. Wunderlich versuchen, die formale Logik als partielle Rekonstruktion natürlich-sprachlichen Argumentierens zu verstehen bzw. sie entsprechend zu erweitern. – Abgesehen von diesen jüngeren Ansätzen versuchen die meisten Argumentationstheoretiker, eine Theorie des Argumentierens in Alternative zur Logik zu entwickeln, ohne die Frage nach einer argumentationspragmatischen Reorientierung der Logik selbst zu stellen (↑Logik, konstruktive, ↑Protologik).

Literatur: U. Berk, Konstruktive Argumentationstheorie, Stuttgart/Bad Cannstatt 1979; C.F. Gethmann, Protologik. Untersuchungen zur formalen Pragmatik von Begründungsdiskursen, Frankfurt 1979; J. Habermas, Wahrheitstheorien, in: H. Fahrenbach (ed.), Wirklichkeit und Reflexion. Walter Schulz zum 60. Geburtstag, Pfullingen 1973, 211–265; H.W. Johnstone, Theory of Argumentation, in: R. Klibanski (ed.), Contemporary Philosophy I, Florenz 1968, 178–184; ders., Validity and Rhetoric in Philosophical Argument. An Outlook in Transition, University Park Pa. 1978; U. Maas/D. Wunderlich, Pragmatik und sprachliches Handeln, Frankfurt [3]1974; M. Natanson/H.W. Johnstone (eds.), Philosophy, Rhetoric und Argumentation, University Park 1965; C. Perelman, Eléments d'une théorie de l'argumentation, Brüssel 1968; ders., Le champ de l'argumentation, Brüssel 1970; ders., L'empire rhétorique. Rhétorique et argumentation, Paris 1977; ders./L. Olbrechts-Tyteca, La nouvelle rhétorique. Traité de l'argumentation, I–II, Paris 1958, [3]1976; dies., Rhétorique et philosophie, Paris 1958; N. Rescher, Plausible Reasoning. An Introduction to the Theory and Practice of Plausibilistic Inference, Atlantic Highlands 1976; S. Toulmin, The Uses of Argument, Cambridge 1958 (dt. Der Gebrauch von Argumenten, Kronberg 1975). C.F.G.

Argumentausdruck, ↑Argument (logisch).

Argumentbereich, sind die darstellenden ↑Terme $T(x)$ einer ↑Funktion $f(x)$ nur für Argumente aus einer bestimmten Menge M erklärt, so heißt M der ›A.‹ von $f(x)$. C.T.

Argumentfunktion, ersetzt man in einem beliebigen Funktionsausdruck ›$f(x)$‹ mit der einzigen Leerstelle ›x‹ auch noch ›f‹ durch eine Variable φ für ↑Funktionen, so erhält man die zweistellige A. $\varphi(x)$, welche für f und c als Argumente den Funktionswert $T(c)$ hat, wenn ›$T(x)$‹ ein darstellender ↑Term für die Funktion $f(x)$ ist.

Literatur: P. Lorenzen, Metamathematik, Mannheim 1962. C.T.

Argumentmenge, als A. einer ↑Funktion $f(x)$ bezeichnet man die Menge $\in_x \bigvee_y f(x)=y$ derjenigen Objekte, für welche die Funktion $f(x)$ erklärt ist, so daß, wenn man irgendeinen Namen c eines Objekts aus diesem Bereich in die Leerstelle (↑Variable) von ›$f(x)$‹ einsetzt, die Bedeutung des entstehenden Ausdrucks ›$f(c)$‹ auf Grund der Erklärung der Funktion $f(x)$ feststeht. C.T.

argumentum (lat., Darstellung, Beweis), in der lateinischen ↑Rhetorik und Logik Bezeichnung für die verschiedenen Arten des Begründens von Meinungen, teilweise auch von Normen, bzw. des Überredens zu deren Annahme (↑Argumentation, ↑Argumentationstheorie). Eine erste Gruppe gibt bestimmte formal-logische Schlußweisen, ↑Beweise oder Verfahren in Beweisen, an: a. *exclusionis:* Beweis daraus, daß die Unwahrheit aller Glieder einer vollständigen Disjunktion bis auf eines nachgewiesen wird; a. *e contrario:* Beweis daraus, daß das kontradiktorische Gegenteil unwahr ist; a. ↑*a fortiori:* Beweis daraus, daß die zu beweisende Behauptung aus einer schon bewiesenen folgt; a. *ex concesso:* Beweis daraus, daß die zu beweisende Behauptung aus einer bereits als wahr zugegebenen Aussage folgt; a. *negativum:* kein Beweis, sondern die Übertragung der Beweislast auf den Kontrahenten dadurch, daß die Unwahrheit von dessen Gründen nachgewiesen wird. Allgemein werden Schlußweisen auch nach der Art der verwendeten Sätze eingeteilt: in einem a. *a priori* wird die Wahrheit der Konklusion unabhängig von Aussagen erwiesen, deren Wahrheit durch

Erfahrung zu prüfen ist, während in einem a. *a posteriori* zu diesem Erweis erfahrungsbestätigte Aussagen benötigt werden.
Andere als Argumente bezeichnete Begründungs- bzw. Überredungsarten geben die Instanzen an, auf die der Argumentierende sich beruft: a. *ad hominem:* Argument aus ungeprüften Aussagen, die der jeweilige Kontrahent für wahr angenommen hat; dazu im Gegensatz a. *ad rem,* in dem alle benutzten Aussagen geprüft werden müssen, in dem also nicht die faktische Meinung des Kontrahenten, sondern allein ›die Sache‹ zählt; a. *ad iudicium:* Argument mit Aussagen, die der ›gesunde Menschenverstand‹ für wahr hält; a. *ad verecundiam:* Argument mit Aussagen oder Normen, die unter Berufung auf die durch Tradition autorisierten ›Sitten und Gebräuche‹ für wahr oder gerecht zu halten gefordert wird; a. *e consensu gentium:* Argument mit Aussagen oder Normen, von denen behauptet wird, daß sie immer und überall (unabhängig von der jeweiligen kulturellen Situation) für wahr oder gerecht gehalten werden (↑consensus gentium); a. *a tuto:* Argument daraus, daß die Annahme der zu beweisenden Behauptung, z.B. der Existenz Gottes, wenn schon nicht nützt, so doch auch nicht schadet; a. *ad baculum:* Argument, in dem die Annahme der zu beweisenden Behauptung oder der zu begründenden Norm durch den Hinweis auf die sonst eintretenden unerwünschten Zustände herbeizuführen versucht wird; a. *ad ignorantiam:* Argument, in dem Aussagen benutzt werden, deren Wahrheit von den Kontrahenten nicht überprüfbar ist; a. *e silentio:* Argument daraus, daß eine Behauptung dann falsch ist, wenn jemand sie nicht vorträgt; a. *ad misericordiam:* Argument unter Appell an Mitleid oder andere Gefühle der Angesprochenen; A. *ad populum:* Argument unter Aufrührung der Gefühle einer Volksmenge. Angesichts der Tatsache, daß oft selbst die demagogische Verhinderung des Begründers als ›Argumentieren‹ betitelt wurde, ist es nicht verwunderlich, eigens ein a. *ad veritatem* formuliert zu finden: ein Argument, in dem nur überprüfbare Aussagen benutzt werden dürfen. O. S.

argumentum in distans (lat., Argument auf die Entfernung), Terminus der scholastischen Philosophie sowie der neueren Logik und ↑Argumentationstheorie. Der Terminus findet sich wohl erstmals in einem Kommentar Anselms von Canterbury zum Buch »Hiob« des AT (Opera omnia VII, 138) und steht dort im Zusammenhang des Programms einer rationalen Durchdringung theologisch-spiritueller Sachverhalte (fides quaerens intellectum). Gemäß den supranaturalistischen Transzendenzvorstellungen (↑Supranaturalismus) der Scholastik und in scharfer Kritik neuplatonisch-gnostischer und pantheistischer (↑Pantheismus) Gottesbegriffe besteht Anselm darauf, das Gespräch Hiobs mit Gott als ein a.i.d. anzusehen und damit gleichzeitig einer philosophisch-logischen Analyse zugänglich zu machen. Die Grundsätze der Anselmschen Definition bestimmen zum Teil auch die systematische Einordnung des a.i.d.-Begriffs in die scholastische Disputationslehre. Während jedoch Anselm noch lehrte, daß ein a.i.d. ohne ein vermittelndes Medium (↑Äther) wirke, vertritt die scholastisch-aristotelische Orthodoxie, beginnend mit Thomas von Aquin (z.B. 3 sent. 2.2 1.1.c) eine im wesentlichen mediale Auffassung. Im einsetzenden terminologischen Differenzierungsprozeß wird das Anselmsche a.i.d. als ›a.i.d. improprie dictum‹ bezeichnet. Als ›a.i.d. *formaliter* sumptum‹ gilt jedes eine Wirkung beim Diskussionspartner auslösende Argument, auch wenn dieser körperlich präsent ist, während ein ›a.i.d. *materialiter* sumptum‹ physische Absenz und eine Vermittlung durch ein belebtes (den technischen Möglichkeiten des Mittelalters entsprechend z.B. Bote oder Brieftaube) oder künstliches Medium (z.B. Brief oder Buch) voraussetzt. Im letzteren Falle spricht die Scholastik von einem ›a.i.d. materialiter sumptum secundum quid‹, während durch lebendige Naturkörper übermittelte Argumente ›simpliciter‹ genannt werden.
Mit dem Beginn der neuzeitlichen Wissenschaft und dem dadurch verursachten Verfall der scholastischen Disputationskunst geht tendenziell eine Reduktion auf das a.i.d. materialiter sumptum secundum quid parallel, wobei in einer hyperrealistischen (↑Universalien) Auffassung das Argument mit dem es transportierenden Medium identifiziert wird. Einen Höhepunkt dieser Entwicklung bildet die Kontroverse zwischen R.J. Boscovich und dem Cartesianismus über die Frage, ob beim Stoß zweier Körper eine Berührung stattfinde oder nicht (Theoria philosophiae naturalis, Venedig 1763, sect. 127, ↑Dynamismus (physikalisch)). Das Angebot, das Problem experimentell (↑experimentum crucis) mit Hilfe eines stumpfen Gegenstandes und Boscovichs Kopf zu entscheiden, fand in der Wissenschaftlergemeinschaft keine Resonanz und bedeutete gleichzeitig das Ende der älteren Lehre vom a.i.d., wenn man von

einem theologischen Wiederbelebungsversuch durch J.J. Feinhals in seiner Missionstheorie absieht (Über die Möglichkeit der Mission I, Goslar 1729, Vorwort [unpaginiert], 27–35, 678–751). Erst die neuere Argumentationstheorie, vor allem im Anschluß an S. Toulmin (The Uses of Argument, Cambridge 1958; dt. Der Gebrauch von Argumenten, Kronberg 1975), ist sich der Bedeutung einer Reflexion auf das a.i.d. erneut bewußt geworden. Im Mittelpunkt einschlägiger Untersuchungen stehen insbesondere durch die formale Logik nicht gedeckte pragmatische Aspekte von ↑Argumentationen in Verbindung mit den neuen technischen Möglichkeiten der Telekommunikation. Während die Untersuchung des technischen Mediums letztlich Gegenstand der ↑Informationstheorie ist, liegt die Analyse der Dispositionen und Veränderungen bei Sender und Empfänger eindeutig im Bereich der Philosophie. Wichtige Fragen sind in diesem Zusammenhang (a) die Identität des Empfängers zwischen Aussendung eines Arguments und Empfang eines Gegenarguments (auf die ontologische Frage der raumzeitlichen Identität von Argumenten selbst zurückführend) und (b) das Problem der Identität (besser: der Identifizierung) von geäußerten Argumenten und Äußerndem in längeren Zeiträumen, die letztlich in das Gebiet der Ethik verweisen. G. W.

Aristarchos von Samos, *Samos um 310 v.Chr., †um 230 v.Chr., griech. Astronom. Begründer eines heliozentrischen Planetenmodells und bis in die Neuzeit verwendeter Berechnungsmethoden für astronomische Entfernungsverhältnisse (↑Astronomie). Vermutlich Schüler Stratons von Lampsakos; erhalten ist die Schrift »Über die Größen und Abstände von Sonne und Mond«, in der erstmals geometrische Methoden zur Bestimmung astronomischer Entfernungen entwickelt wurden. A. bestimmte zunächst die *Entfernungsverhältnisse* von Erde E, Mond M und Sonne S, indem er von einer Konstellation ausging, bei welcher der Mond für einen Beobachter auf der Erde genau halb voll, d.h. der Winkel $\sphericalangle EMS = 90°$ ist (Abb. 1):

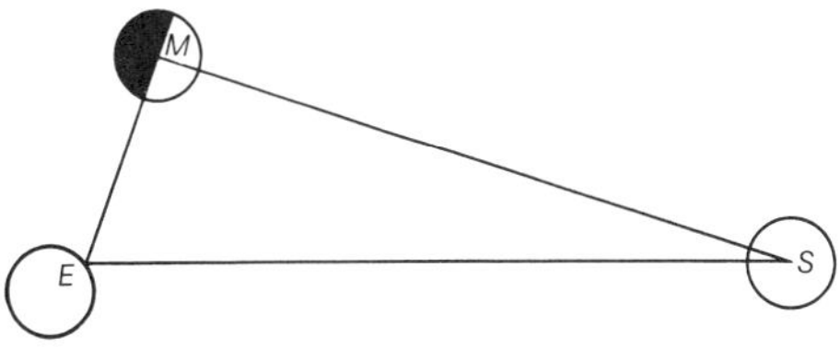

Abb. 1

Mißt man den Winkel $\sphericalangle MES$, so ist der Winkel $\sphericalangle MSE$ und damit das Verhältnis von ES zu EM eindeutig bestimmt. Da A. jedoch von einem ungenauen Winkel $\sphericalangle MES = 87°$ ausgeht, erhält er ein Entfernungsverhältnis 19:1 für $ES:EM$ anstelle von 400:1 bei $\sphericalangle MES = 87°51'$ nach heutiger Messung. Das *Größenverhältnis* von Sonne und Mond ist nach dem Strahlensatz ebenfalls 19:1, wenn die große, aber weitentfernte Sonne und der kleine, aber nähere Mond unter dem gleichen Winkel von der Erdoberfläche aus betrachtet werden (Abb. 2):

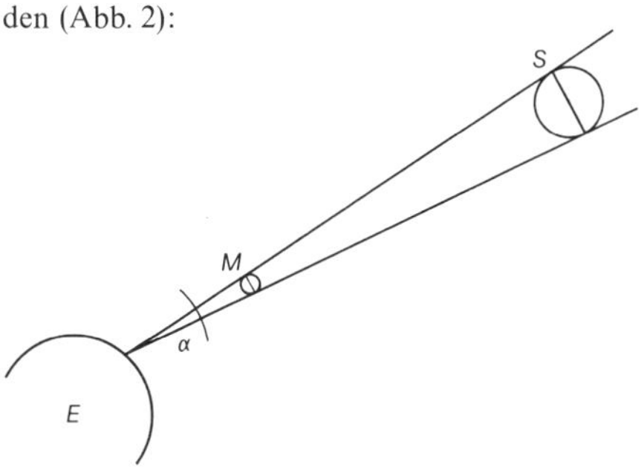

Abb. 2

Zur Bestimmung der *absoluten Entfernungs- und Durchmessergrößen* von Erde, Mond und Sonne ging A. von der Konstellation einer Mondfinsternis aus. Da die Zeit, in welcher der Mond vollständig im Erdschatten verschwunden war, nach A.s Beobachtung näherungsweise gleich der Zeit war, die der Mond brauchte, um vollständig in den Erdschatten einzutreten, schloß A., daß die Breite des Erdschattens, die der Mond durchläuft, das 2fache des Monddurchmessers d beträgt:

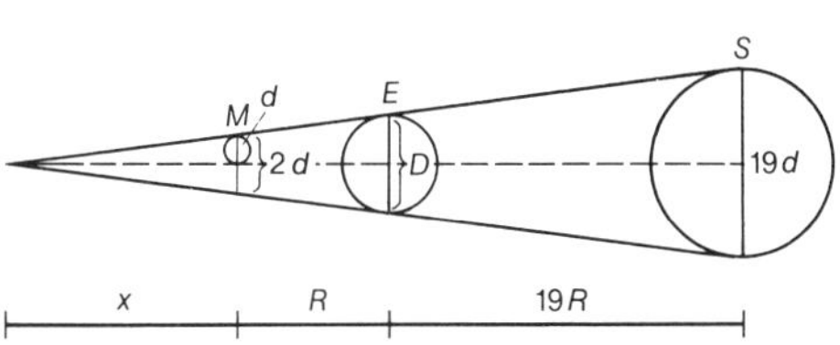

Abb. 3

Bezeichnet man der Abstand von Mond und Erde mit R und den nach Eratosthenes bekannten Erddurchmesser mit D, so beträgt nach den eben bewiesenen Entfernungs- und Größenverhältnissen die Entfernung Erde-Sonne $19R$ und der Sonnendurchmesser $19d$. Da für die ähnlichen Dreiecke mit Sonnendurchmesser bzw. doppeltem Monddurchmesser als Seite (Abb. 3) gilt $x:2d = (x + 1R + 19R):19d$, liefert Multiplizieren mit $38d$ die Gleichung $19x = 2x + 40R$, also $x = 40R/17$.

Für die ähnlichen Dreiecke mit Erddurchmesser bzw. doppeltem Monddurchmesser als Seite (Abb. 3) gilt $x:2d=(x+R):D$, so daß sich nach Einsetzung von $x=40R/17$ und Multiplizieren mit $17/R$ die Gleichung $20:d=(40+17):D$ und also $d=20D/57=0{,}35D$ ergibt. Damit ist der *Monddurchmesser* und also auch der *Sonnendurchmesser* absolut bestimmt. Die absolute *Mond- und Sonnenentfernung* zur Erde erhält man durch folgende Rechnung: Da Sonne und Mond in Abb. 2 unter dem gleichen Winkel $\alpha=0{,}5^\circ$ erscheinen, kann der Monddurchmesser in einem vollen Kreisumfang von 360° 720mal abgetragen werden, d.h. $720d=2\pi R$. Nach Einsetzen von $d=0{,}35D$ ist R eindeutig und absolut bestimmt. Der Mondabstand zur Erde ist nach A. über 40 Erddurchmesser, während der Sonnenabstand näherungsweise 764 Erddurchmesser beträgt.

Die Berechnungen der relativen Größen von Sonne und Mond müssen A. in der Annahme bestärkt haben, daß nicht die Erde im Mittelpunkt des Universums steht, zudem sich bereits bei Philolaos (um 450 v.Chr.) ein Modell findet, wonach Sonne, Mond, Erde, fünf Planeten und eine unsichtbare ›Gegenerde‹ um ein Zentralfeuer kreisen. Nach A. ruhen Sonne und Fixsternhimmel, während die um ihre Achse rotierende Erde mit den Planeten die Sonne umkreist. Diese *Hypothese* wurde von Archimedes und Plutarch erwähnt und von Seleukos von Seleukeia ausgearbeitet, konnte sich jedoch unter dem Eindruck der Aristotelischen Physik und christlich-religiöser Auffassungen nicht durchsetzen. Aber auch astronomisch-physikalische Schwierigkeiten wie z.B. die Frage, warum keine Parallaxe, also Richtungsänderung der Fixsterne auftritt, konnten in der Antike nicht beantwortet werden. Die heutige Antwort, wonach die Parallaxe wegen der zu großen Entfernung der Fixsterne nicht wahrnehmbar ist, konnte wegen der griechischen Entfernungsvorstellungen nicht gegeben werden.

Demgegenüber fanden A.s geometrische Methoden zur Entfernungsbestimmung auch in anderen Planetenmodellen Verwendung, da sie nur von relativen Positionen von Erde, Mond und Sonne ausgehen. So dienten A.s Methoden im Mittelalter zur Dimensionsbestimmung im Aristotelisch-Ptolemaiischen Universum. Nach Vitruv entwarf A. auch eine weitverbreitete *Sonnenuhr*, die aus einer halben Hohlkugel und einer vertikalen Nadel in der Mitte bestand.

Werke: On the Sizes and Distances of the Sun and Moon. Text, Translation and Notes, in: T. Heath (siehe Lit.-verz.), 351–414; A. über die Größen und Entfernungen der Sonne und des Mondes, Übers. u. erl. v. A. Nokk. Als Beilage zu dem Freiburger Lyceums-Programm von 1854 (Microprint New York 1973).

Literatur: T.W. Africa, Copernicus' Relation to Aristarchus and Pythagoras, Isis 52 (1961), 403–409; T. Heath, Aristarchus of Samos, The Ancient Copernicus. A History of Greek Astronomy to Aristarchus, together with Aristarchus' Treatise on the Sizes and Distances of the Sun and Moon. A New Greek Text with Translation and Notes, Oxford 1913, 1959; T.S. Kuhn, The Copernican Revolution. Planetary Astronomy in the Development of Western Thought, Cambridge 1957, [2]1966; J. Mittelstraß, Die Rettung der Phänomene. Ursprung und Geschichte eines antiken Forschungsprinzips, Berlin 1962; O. Neugebauer, Archimedes and Aristarchus, Isis 34 (1942/1943), 4–6; W.H. Stahl, The Greek Heliocentric Theory and its Abandonment, Transact. Amer. Philol. Ass. 76 (1945), 321–332; B.L. van der Waerden, Die Astronomie der Pythagoreer, Amsterdam 1951. K.M.

Aristippos von Kyrene, ca. 435–365 v.Chr., Schüler des Sokrates und Gründer der Schule der Kyrenaiker. A. löst die Sokratische Unterscheidung zwischen dem Angenehmen und dem Guten auf und bestimmt die Lust (*ἡδονή*) als oberstes Ziel des Handelns (↑Hedonismus). Dies will A. jedoch nicht als Unterwerfung unter die Lust verstanden wissen, sondern eher als verständige, einsichtige Hingabe.

Werke: G. Giannantoni, I Cirenaici, Firenze 1958; E. Mannebach (ed.), Aristippi et Cyrenaicorum fragmenta, Leiden/Köln 1961. – Totok I (1964), 145.

Literatur: O. Gigon, Sokrates. Sein Bild in Dichtung und Geschichte, Bern 1947; C.M. Wieland, A. und einige seiner Zeitgenossen, Wien 1812. E.K.

Aristokles von Messene, peripatetischer Philosoph des 2. Jhs. n.Chr., Verfasser einer wichtigen, die Entwicklung der Lehrmeinungen auseinander beschreibenden Philosophiegeschichte, die aber nur in Fragmenten erhalten ist. A. war ein Lehrer des Alexander von Aphrodisias.

Werke: Aristoclis Peripatetici fragmenta, in: F.W.A. Mullach, Fragmenta philosophorum Graecorum, I–III, Paris 1860–1881 (repr. Aalen 1968), III, 206–221.

Literatur: H. Heiland, Aristoclis Messanii Reliquiae, Diss. Gießen 1925; F. Trabucco, La polemica di A. di M. contro lo scetticismo e Aristippo e i Cirenaici, Riv. crit. stor. filos. 15 (1960), 115–140. H.J.S.

Ariston von Alexandreia, antiker Logiker. Gehörte zunächst der Platonischen ↑Akademie an, wechselte aber um ca. 70 v.Chr. zu den Aristotelischen Peripatetikern (↑Peripatos) über. Kommentar zu den »Kategorien« des Aristoteles und Einführung der syllogistischen Schlußformen Barbari, Celaront, Dabitis, Cesaro, Camestrop (↑Syllogistik).

Werke: Fragmenta historicorum Graecorum III, ed. C. Müller, Paris 1849, 324–325.

Ariston von Chios, stoischer Philosoph des 3. Jhs. v. Chr., Schüler des Zenon, verließ dessen Schule und gründete eine eigene, dem ↑Kynismus nahestehende Schulvariante der ↑Stoa. Von seinen Schriften, deren Autorschaft wegen der naheliegenden Verwechslung mit Ariston von Keos schon in der Antike umstritten war, sind nur Fragmente erhalten. – A. sieht in der sittlichen Besserung den ausschließlichen Zweck der Philosophie und wendet sich gegen die Befassung mit Logik und Physik (Diog. Laert. VII, 160). In der Ethik verzichtet er auf eine detaillierte Kasuistik, beschränkt sich auf die allgemeine Tugend- und Güterlehre und überläßt dem praktischen Pädagogen die Erarbeitung spezieller Handlungsanleitungen. Kern und Voraussetzung der Tugend ist nach A. ›Einsicht‹ (*φρόνησις*), d.h. vor allem die Erkenntnis, daß äußere Güter für die Tugend gleichgültig seien (↑Adiaphora). Damit lehnt A. die von Zenon eingeführte Differenzierung der äußeren Güter nach ihrem jeweiligen relativen Wert bzw. Unwert ab und vollzieht eine Rückwendung der Stoa zum Kynismus.

Texte: SVF I, 75–90.

Literatur: H. v. Arnim, A., RE II 1 (1895), 957–959; N. Festa, Studi critici sullo stoicismo, Arch. filos. 3 (1933), 72–94; M. Pohlenz, Die Stoa. Geschichte einer geistigen Bewegung, I–II, Göttingen ²1955–1959; N. Saal, De Aristonis Chii vita, scriptis et doctrina, Köln 1852. M. G.

Ariston von Keos, 3. Jh. v. Chr., griech. Philosoph (nicht zu verwechseln mit seinem Schüler A. v. Kos oder dem Stoiker A. v. Chios), Schüler Lykons und vermutlich dessen Nachfolger als Schulhaupt des Peripatos (↑Peripatetiker). Vermittler der Viten der ersten vier peripatetischen Schulhäupter (Aristoteles, Theophrast, Straton, Lykon) für die Philosophiehistoriker Sotion und Diogenes Laërtios; verfaßte selber Biographien von Heraklit, Sokrates und Epikur.

Literatur: F. Wehrli, Die Schule des Aristoteles. Texte und Kommentare VI (Lykon und A. v. K.), Basel 1952; E. Zeller, Die Philosophie der Griechen in ihrer geschichtlichen Entwicklung II/2 (Aristoteles und die alten Peripatetiker), Tübingen 1846, ⁴Leipzig 1921 (repr. Darmstadt 1963), 926 f.

Aristoteles, *384 in Stagira, einer ionischen Kolonie auf Chalkidike (Thrakien) (daher der später verbreitete Name ›der Stagirite‹), †322 auf dem mütterlichen Besitztum bei Chalkis auf Euböa, mit Sokrates und Platon der bedeutendste griechische Philosoph in der Antike.

Leben: A., dessen Vater Nikomachos Leibarzt von Amyntas III. von Makedonien (393–370), dem Großvater Alexanders des Großen (356–323), war, verbrachte seine Jugend vermutlich an der königlichen Residenz in Pella. Obgleich das Interesse des A. für Biologie und Physiologie, allgemein für Naturphilosophie, durch den Beruf seines Vaters angeregt sein mag, ist es unwahrscheinlich, daß der junge A. eine medizinische Ausbildung genossen hat; seine Kenntnisse in menschlicher Anatomie und Physiologie nehmen in seinen Schriften zur Biologie eine unwesentliche Stellung ein. 367, im Alter von 17 Jahren, kam A. nach Athen und wurde Mitglied von Platons ↑Akademie. Von da an läßt sich das Leben des A. in drei Abschnitte einteilen: die fast 20jährige Lehrzeit an der Akademie, die ca. 12 Wanderjahre und die entscheidenden 13 Jahre als Haupt einer eigenen Philosophenschule in Athen. Die Lehrzeit des A. endete erst mit dem Tode Platons im Jahre 347. Danach verließ er Athen. Ob A., der sich mit Platons Neffen und Nachfolger in der Leitung der Akademie, Speusippos, philosophisch uneins wußte, schon daran dachte, eine eigene Schule zu gründen, oder ob er sich nur der Makedonien feindlichen Stimmung entziehen wollte, die sich zu dieser Zeit in Athen ausbreitete, ist ungewiß. A. folgte der Einladung von Hermias, einem früheren Studienkollegen an der Akademie und Herrscher von Atarneus in Assos, nach Mysien (an der Küste Kleinasiens), wo er in einem kleinen platonischen Zirkel etwa 3 Jahre verbrachte. Er heiratete Pythias, die Adoptivtochter des Hermias, und hatte eine Tochter gleichen Namens von ihr. Nach Pythias' Tod folgte eine lange, leidenschaftliche Beziehung zu Herphyllis von Stagira, aus der ein Sohn, Nikomachos, hervorging, nach dem die »Nikomachische Ethik« benannt ist. A. ging anschließend, vermutlich wegen Theophrastos, nach Mytilene, einer Nachbarinsel von Lesbos. Schließlich wurde er 342 zurück an den makedonischen Hof gerufen, wo er als Erzieher des jungen Alexander wirkte. A., dem seine Stellung am Hof politischen Einfluß brachte, der jedoch mit seiner Ablehnung einer Verschmelzung von griechischer und asiatischer Kultur erfolglos blieb, kehrte nach Beendigung seiner Aufgabe – Alexander wurde bereits 340 vorübergehend als Regent eingesetzt – und nach weiterem Aufenthalt in Stagira etwa 335 nach Athen zurück. Daran schließt sich der dritte und fruchtbarste Abschnitt seines Lebens an. Obgleich das Datum einer eigenen Schulgründung durch A. umstritten ist – manche Historiker datieren die Gründung der peripatetischen Schule (des ↑Peripatos, wörtlich ›der Spaziergang‹, dann auch der Ort dafür, ein Säulen- oder Laubengang) erst nach dem Tod des A. –, darf als sicher gelten, daß er Studenten und Kollegen im nach Apollon Lykeios benannten Gymnasium um sich sammelte, ein Museum für Naturgeschichte und eine Bücherei mit Sammlungen von Landkarten und Manuskripten – die seiner eigenen Vorlesungen einschließend – gründete. Diese Sammlung wurde Vorbild der berühmten Bibliotheken von Alexandrien und Pergamon. Nach dem Tode Alexanders (323) wurde Athen das Zentrum der Opposition gegen Makedonien. Möglicherweise haben auch die Schulen Platons und des Isokrates politisch gegen A. konspiriert; jedenfalls verließ A., nachdem er der Gottlosigkeit angeklagt war, Athen und starb wenige Monate später auf seinem Landgut bei Chalkis auf Euböa.

Werke: Von den drei Gruppen seiner Werke – den mehr oder weniger populären Schriften, die A. selbst veröffentlicht hat, den Notizen zu wissenschaftlichen Abhandlungen und den philosophischen Schriften – sind die ersten beiden fast vollständig verloren. Lediglich Teile sind durch die anderen antiken Autoren bekannt, so z.B. durch die Liste des Diogenes Laërtius. Ein Teil der populären Schriften war in Form von Dialogen geschrieben, die wohl weniger für eine Aufführung geeignet waren als die frühen Dialoge Platons, die aber nach der Überlieferung sich durch große literarische Sorgfalt ausgezeichnet haben und stilistisch den erhaltenen Werken zweifellos weit überlegen waren. Diese frühen Schriften – zu den wichtigsten zählen der »Protrepticus«, eine Anweisung zum philosophischen Leben (Vorlage für Ciceros »Hortensius«) und »de philosophia«, nach Berichten eine erste vorsichtige Auseinandersetzung mit Platons Ideenlehre – sind vermutlich zu der Zeit entstanden, als A. noch Schüler an Platons Akademie war. Neuere Bemühungen, Beziehungen zwischen den verlorenen und erhaltenen Werken des A. aufzuklären sowie letztere in eine chronologische Ordnung zu bringen, sind im allgemeinen erfolglos geblieben. Vor allem der Umstand, daß die meisten Aristotelischen Schriften vom Autor nicht als geschlossene, zur Veröffentlichung bestimmte Werke konzipiert waren, sondern Sammlungen von Einzelvorlesungen darstellen, erschwert eine Einordnung.

Von der zweiten Gruppe der wissenschaftlichen Notizen – zu ihnen haben Listen der Sieger bei den olympischen Spielen ebenso gehört wie Aufzeichnungen von 158 verschiedenen Staatsverfassungen – ist im Zusammenhang lediglich die »Staatsverfassung Athens« erhalten geblieben (erst 1891 aufgefunden). Traditionell werden die erhaltenen Aristotelischen Schriften der dritten Gruppe, auch Lehrschriften genannt, eingeteilt in 1. *logische Schriften* (das ↑Organon, oder ›Instrument‹ für wissenschaftliche Verfahren), zu ihnen zählen »Categoriae« (Grundbegriffe), »De interpretatione« (Termini und Sätze), »Analytica priora« (Schlüsse) und »Analytica posteriora« (Beweis, Definition) sowie »Topica« (dialektische Schlüsse) mit ihrem Anhang, den »Sophistici elenchi« (Widerlegung sophistischer Trugschlüsse); 2. *naturwissenschaftliche Schriften,* hier die aus 8 Büchern bestehende »Physik«, »De caelo« (4 Bücher), »Meteorologica« (4 Bücher), »De generatione et corruptione« (2 Bücher), eine Reihe von biologischen und physiologischen Schriften, hier vor allem »Historia animalium«, eine Naturgeschichte der Tiere, die jedoch nicht ausschließlich von A. stammen dürfte, »De partibus animalium«, »De motu animalium« sowie »De respiratione«. Die wichtigste psychologische Schrift ist »De anima«, dazu gehörend auch eine Aufsatzsammlung über Empfindung, Gedächtnis, Schlaf, Traum etc., die »Parva naturalia«; 3. *ethische Schriften,* unter diesen als Hauptwerk die »Ethica Nicomachea« (10 Bücher); weiterhin die »Ethica Eudemia« (Eudemos war ein Schüler von A.) mit 8 Büchern, die »Magna moralia« (2 Bücher) und die 8 Bücher der »Politica« (Bücher I–III enthalten eine philosophische Staatslehre, IV–VI eine detaillierte Erörterung der Formen und Methoden des Regierens, die vermutlich frühen, wohl an Platons »Gesetzen« orientierten Bücher VII–VIII den Torso einer Skizze eines idealen Staates); 4. *ästhetische Schriften,* nämlich »Poetica« (1 Buch) und »Rhetorica« (3 Bücher); und schließlich 5. die in keine der genannten Rubriken passende und daher häufig als *allgemeinphilosophische Schrift* charakterisierte »Metaphysik« (wörtlich: die ganz äußerlich nach (griech. μετά) *der Physik* angeordneten 14 Bücher); sie besteht aus mehreren, zum Teil unabhängig voneinander entstandenen Teilen, die erst später von den Editoren kompiliert worden sind.

Die griechische Fassung der Schriften des A., wie sie heute in der für die Zitation maßgebenden, von I. Bekker veranstalteten Ausgabe der Berliner

Akademie der Wissenschaften (1831–1870) vorliegt, geht auf eine von Plutarch bezeugte Neuausgabe aller seiner Werke durch den Peripatetiker Andronikos von Rhodos (um 60. v. Chr.) zurück.

Lehre: Der Ausgangspunkt der Lehre des A. ist die Aneignung und Kritik der Lehre Platons. Erst allmählich setzt eine Verselbständigung ein, die sich vor allem an der kritischen Auseinandersetzung mit Platons ↑Ideenlehre ausrichtet. Nur der teleologische, primär an den Zwecken orientierte Rahmen der Platonischen Philosophie wird auch später beibehalten. Nicht der Kosmos oder die Ideen sind die eigentliche Wirklichkeit, neben der die den Sinnen zugängliche Welt nur ein zweitrangiges Abbild bleibt, vielmehr ist es gerade die Welt des Alltags und das, was die Leute bisher über sie sagen, von dem jede wissenschaftliche Untersuchung ihren Anfang nehmen muß. Jede (die einzelnen ↑Erscheinungen, wörtlich: Phänomene [↑Phaenomenon]) erklärende (wörtlich: rettende) Theorie muß sich zwar allgemeiner Sätze bedienen, in der nicht nur vom Einzelnen die Rede ist, vielmehr jedes Einzelding als Exemplar seiner für es charakteristischen Gattung, seines ›Wesens‹, bestimmt wird; sie bleibt aber gleichwohl ein System von Aussagen über diese selbe Welt, die daraufhin nur besser verstanden werden kann.

Die Platonische Rede von den Ideen als Urbildern und den Dingen als zugehörigen Abbildern nennt A. ausdrücklich ›leere Worte‹ und ›poetische Metaphern‹. Entsprechend spielen die verschiedenen Gesichtspunkte für die Einteilung des Wissens, der Wissenschaften im weitesten Sinne – also wissenschaftstheoretische Überlegungen – eine für das in den verschiedenen Wissensgebieten befolgte Verfahren weit folgenreichere Rolle als bei Platon (Ursprung der Trennung der Einzelwissenschaften von der Philosophie). Insbesondere fällt der Sammlung empirischen Materials (in der Zoologie, in der Staatslehre) eine wesentlich größere Rolle zu. Zur Organisation dieses Materials aber reicht das von Platon ererbte logische Werkzeug (die ↑Dihairesis, d.i. Begriffszerlegung) nicht aus: der logische Zusammenhang von ganzen Sätzen, nicht nur ihrer Termini, muß erstmals untersucht werden. A. geht dazu unmittelbar von der antiken Diskussionspraxis aus – wie läßt sich die Zustimmung des Diskussionspartners zuverlässig erreichen und gegen sophistische Einwände begründet verteidigen – und wird der Begründer der formalen Logik, und zwar in einer Präzision und Vollständigkeit, die Kant hatte sagen lassen, daß »die Logik [...] seit dem A. keinen Schritt rückwärts hat tun dürfen [...] und [...] auch bis jetzt keinen Schritt vorwärts hat tun können« (KrV B VIII); erst mit der modernen mathematischen Logik seit Frege ist man wesentlich über A. hinausgekommen. Auch die noch heute geltende Einschätzung der axiomatischen Methode (↑Methode, axiomatische) als Paradigma wissenschaftlichen Vorgehens geht ausschließlich auf die wissenschaftstheoretischen Untersuchungen von A. zurück.

Ein weiterer charakteristischer Unterschied im philosophischen Interesse bei A. gegenüber Platon ist der Akzent, den die Untersuchung des Werdens (Grundbegriff ist die Bewegung; Veränderung, Entstehen und Vergehen, Ortsbewegung etc. eingeschlossen) gegenüber der für Platon interessanteren (weil einzig wissenschaftsfähigen) Untersuchung des Seins annimmt. Dazu gehört unter anderem (z.B. der Lehre von den Gegensätzen) seine Lehre von ↑Akt und Potenz (↑Dynamis und ↑Energeia), mit der A. jedes Werden als Verwirklichung einer Möglichkeit (biologisches Paradigma: Same und fertige Pflanze; artistisches Paradigma: Material und fertiges Kunstwerk) begrifflich zu artikulieren vermag. Was dabei bei jedem Ding wirklich wird, ist ↑Entelechie, die Zielbestimmung der an sich selbst völlig unbestimmten Materie (↑Hyle).

Von mindestens ebenso großer Bedeutung und entsprechend nachhaltigem Einfluß ist die praktische Philosophie des A. in seinen Ethiken und in seiner Politik. Dazu gehört die bis heute nicht ausgeschöpfte (und von der Stoa bereits bekämpfte) Lehre vom Maß (↑Mesotes) – das jeweils Mittlere zwischen Extremen ist das Gute in bezug auf jede Arete (›Tüchtigkeit‹) (z.B. Tapferkeit zwischen Feigheit und Tollkühnheit) – und die Lehre von der Eudaimonia (›Glückseligkeit‹, ↑Eudämonismus) – das oberste Ziel allen politischen Handelns (insbesondere der Sinn des Staates) ist das ›gut leben‹ –, die als ›Güterethik‹ bis heute die einzige ernsthafte Alternative zur Kantischen ›Pflichtethik‹ darstellt.

Logik und Metaphysik: Der Kern des Organon ist die Schlußlehre oder ↑Syllogistik (An.pr.) und ihre Anwendung innerhalb der theoretischen Wissenschaften in der Form apodiktischer oder beweisender Schlüsse (An.post.), innerhalb der praktischen Wissenschaften in der Form dialektischer Schlüsse (Top.). Neben der assertorischen Syllogistik wird bemerkenswert vollständig auch die von

Theophrast später weitergeführte modale Syllogistik (d.i. eine Syllogistik unter Einschluß der modalen Operatoren ›notwendig‹ und ›möglich‹, ↑Modallogik) behandelt. Dabei nimmt die Einteilung der Wissenschaften in theoretische, praktische (später noch poietische, ↑Poiesis) Rücksicht auf die Art der behandelten Gegenstände. Die praktischen und poietischen Wissenschaften handeln von Gegenständen, die getan oder gemacht werden, also von Handlungen oder von Artefakten, z.B. die Ethik im ersten Fall, die Poietik im zweiten Fall; die theoretischen Wissenschaften (dazu gehören Mathematik, Physik und die ›erste Philosophie‹ oder Theologie) handeln hingegen von Gegenständen, die nicht anders sein können als sie sind – und deshalb ist allein bei ihnen auch ein zuverlässiger Beweis von Aussagen über sie möglich.

Das methodische Werkzeug ist in allen drei Fällen das syllogistische Verfahren, das darin besteht, von zwei Prämissen der Form ›alle P sind Q‹ (PaQ), ›einige P sind Q‹ (PiQ), ›kein P ist Q‹ (PeQ), ›einige P sind nicht Q‹ (PoQ) auf eine Konklusion der gleichen Form logisch zu schließen (P und Q sind dabei Symbole für Begriffswörter, d.h. Termini oder Prädikatoren). Jeder solche Schluß wird, sofern er gültig ist, ein Syllogismus genannt und kann in moderner Formulierung als eine logische ↑Implikation notiert werden (also weder als ein Satz noch als eine Regel), z.B. $PaQ, QaR \prec PaR$, etwa: ›alle Menschen sind Lebewesen‹, ›alle Lebewesen sind sterblich‹ impliziert ›alle Menschen sind sterblich‹. Sind die obersten Prämissen eines Syllogismus (oder einer Kette von Syllogismen) wahre Aussagen, so heißt der Syllogismus ›apodiktisch‹ oder ›beweisend‹ (↑Syllogismus, apodeiktischer), weil er dann zur logischen Ableitung wahrer Aussagen einer Wissenschaft aus obersten, ihrerseits nicht mehr logisch ableitbaren, gleichwohl aber wahren Prinzipien (ἀρχαί, ↑Archē) oder Axiomen taugt. Läßt sich hingegen über die Geltung der Prämissen nichts Sicheres ausmachen, wie nach A.' Meinung z.B. in der Argumentation im Bereich der praktischen oder poietischen Wissenschaften, so heißt der Syllogismus ›dialektisch‹ (↑Syllogismus, dialektischer): die Annahme einer Prämisse oder ihres Gegenteils wird dem jeweiligen, an der Argumentation beteiligten Gesprächspartner, dem Antworter, vom Fragenden anheimgestellt und bleibt im Bereich der ↑Meinung (δόξα). Die Prinzipien ihrerseits müssen eine Reihe von Bedingungen erfüllen, aus denen hervorgeht, daß bei A. in keinem Fall an eine konventionalistische oder gar nur hypothetische Rolle der obersten Aussagen einer logischen Deduktion gedacht ist. A. verlangt, daß die Prinzipien (a) notwendigerweise wahr sind, also generell gelten und nicht bloß kraft empirischer Beobachtung, die stets nur partikulare Aussagen sichern kann, und weiter, daß sie (b) elementar und unvermittelt, sowie (c) einleuchtender und fundamentaler als die aus ihnen gefolgerten Aussagen sind. Die Begründung der Prinzipien geschieht im Unterschied zu den abgeleiteten Aussagen nicht durch einen Beweis, sondern durch ↑Epagoge (wörtlich: Hinführung, lat.: inductio ebenso wie abstractio), d.h. entgegen einem in der Tradition weiterverbreiteten empiristischen Mißverständnis durch Formulierungen der im Reden und Handeln, in der Empirie, bereits befolgten allgemeinen Regeln mit Hilfe der Vernunft, dem ↑Nus (z.B. wird ›alle Menschen sind Lebewesen‹ nicht durch induktive Verallgemeinerung aus ›Sokrates ist ein Lebewesen‹, ›Platon ist ein Lebewesen‹ usw. gewonnen, sondern durch Bewußtmachen, daß man von Menschen und Lebewesen [im Deutschen, in den indogermanischen Sprachen!] immer schon so redet, daß *alle* Menschen zu den Lebewesen gehören).

Die eng an die hier mitbegründete Grammatik angelehnten und zugleich sehr wichtigen ersten Beiträge (z.B. Formulierung des verbalen Charakters der Adjektive) zu einer Theorie der sprachlichen Formen in den »Categoriae« und in »De interpretatione« (zum Teil auch in den »Rhetorica«) dienen weitgehend als Hilfsmittel für die in den Analytiken folgende Syllogistik und Axiomatik, aber auch für die Substanzenlehre (d.i. die Wesensbestimmung der Dinge) in der Metaphysik (↑Substanz).

Der detaillierten Untersuchung der Prinzipien, also der obersten wahren Sätze (z.B. des Satzes vom ausgeschlossenen Widerspruch [↑Widerspruch, Satz vom]: Kein Prädikator kann einem Gegenstand zugleich zukommen und nicht zukommen; oder des Satzes von der eindeutigen Existenz einer ersten Ursache für die Bewegung: Es gibt genau einen unbewegten Beweger), sind dann die Bücher der »Metaphysik« gewidmet, so daß es gerechtfertigt ist, die erste Philosophie (oder Theologie) mit A. die ›Prinzipienwissenschaft‹ (oder Wissenschaft vom ›Seienden als Seienden‹, daher auch ↑Ontologie) zu nennen. In ihr wird, ausgehend von der Alltagssprache und der bereits bestehenden philosophischen Tradition bei den Vorsokratikern und bei Platon, ein differenzierter begrifflicher Apparat aufgebaut (z.B. Substanz-

Akzidenz, Stoff-Form, Potenz-Akt u.a.), der die gesamte philosophische Tradition beherrscht und bis heute eine unerschöpfliche Quelle philosophischer Anregung darstellt. Der klassisch genannte Wahrheitsbegriff, nämlich im Sinne der scholastischen *adaequatio rei ac intellectus* (die ↑Korrespondenztheorie der Wahrheit im Unterschied zur ↑Kohärenztheorie, bei der die formale Konsistenz des Aussagensystems im Ganzen zur Bestimmung ihrer Wahrheit als ausreichend angesehen wird) findet sich hier ebenso wie eine in der Reflexionsphilosophie des deutschen Idealismus (speziell bei Hegel) wieder aufgegriffene Bestimmung ›Gottes‹ (d.i. der Vernunft, des Nus, des unbewegten Bewegers) als reines Denken des Denkens.

Naturphilosophie und Naturwissenschaft: A. unterscheidet sich philosophisch von seinem Lehrer Platon wohl am deutlichsten im Bereich der Naturphilosophie. Während bei Platon Mathematik und Naturwissenschaft, diese im wesentlichen beschränkt auf Kosmologie, wohl mehr eine Hilfsfunktion in der philosophischen Erziehung einnehmen sollten, ist für A. die Frage nach der Möglichkeit naturwissenschaftlicher Erkenntnis primär. Hierbei reicht A.' Beitrag von der Klassifizierung wissenschaftlicher Einzeldisziplinen – am bedeutendsten seine Abgrenzung der Mathematik gegen die Physik – über die Diskussion allgemeiner sowie für einzelne Fachdisziplinen spezifischer Methodenfragen bis hin zur Behandlung spezieller Probleme der Fachwissenschaften selbst, so z.B. der Physik, und zu empirischen Untersuchungen. Das naturphilosophische und naturwissenschaftliche Werk des A. ist so umfassend, daß hier nur die allgemeinsten, nach modernem Verständnis Methodenfragen der Physik betreffenden Erkenntnisse erwähnt werden können.

Obgleich die naturphilosophischen Schriften kein geschlossenes und systematisch geordnetes Lehrgebäude darstellen – zu sehr ist das ohnehin nur aus einer Sammlung von Einzelvorlesungen bestehende Werk auf Auseinandersetzung mit Lehrmeinungen der Vorgänger ausgerichtet, gibt aber gerade deshalb einen guten Überblick über die vor-Aristotelische Naturphilosophie –, läßt sich doch ein einheitliches wissenschaftstheoretisches Konzept bei A. feststellen. Das Ziel jeder Wissenschaft ist nicht die bloße Sammlung von Fakten, sondern deren Erklärungen. Als erklärt darf gelten, was auf allgemeine Prinzipien zurückgeführt ist. Eine abschließende Darstellung wissenschaftlicher Erkenntnis hat demnach axiomatisch zu sein; d.h. aus ersten Sätzen (unterschieden sind solche, die nur für eine Fachdisziplin grundlegend sind, und solche, die für mehrere Fachwissenschaften gelten – nur die zweiten heißen im strengen Sinn Axiome) müssen die Einzelergebnisse deduzierbar sein. Die abschließende axiomatische Darstellung, die sich von der in der modernen Mathematik dadurch unterscheidet, daß an ihren Anfang terminologische Bestimmungen zu treten haben (wie z.B. in Euklids »Elementen«), ist jedoch nicht zu verwechseln mit dem Weg, auf welchem Einsichten allererst gewonnen werden. Der Weg zur Prinzipienerkenntnis beginnt mit dem ›für uns Bekannteren‹ (↑hysteron-proteron), d.h. bei dem in der Alltagspraxis wie der Alltagssprache einbegriffenen komplexen Wissen. Der größte Teil der Aristotelischen Prinzipiendiskussion läßt sich dann verstehen als die Bemühung, die logische Konsistenz von Terminologien für Fachdisziplinen herauszustellen. Analog besteht die Aristotelische Kritik an den Vorgängern nicht selten im Aufweis logischer Widersprüche in den jeweils ersten Unterscheidungen.

Im Gegensatz zur Platonischen Auffassung zählt für A. auch die Mathematik zur Naturwissenschaft. Sie unterscheidet sich von der Physik dadurch, daß diese es mit Bewegung (im weitesten Sinne) zu tun hat, während die Gegenstände der Mathematik unveränderlich sind. Gegen die Eleaten gewendet erhebt A. ›Bewegung‹, deren Existenz ihm gegen jeden spitzfindigen Einwand in der Alltagserfahrung gesichert ist, zum zentralen Thema seiner Naturphilosophie (↑Paradoxien, Zenonische). Im Blick auf die Frage, wie Entstehen und Vergehen als besondere Formen der Bewegung erklärt werden können, nimmt A. drei ›Prinzipien‹ an: Gedanklich lassen sich an einem Bewegten (1) Stoff und (2) Form unterscheiden (↑Form und Materie); die Form ist es, die sich bei der Bewegung und mithin auch bei Entstehen und Vergehen ändert. Hierbei wird ›Form‹ aufgelöst in Gegensatzpaare wie z.B. weiß-schwarz, das Fehlen einer Eigenschaft impliziert das Vorhandensein der konträren. In diesem Sinn ist das Fehlen einer Eigenschaft (↑Steresis) das dritte Prinzip der Bewegung, nämlich notwendig, damit überhaupt von Bewegung gesprochen werden kann. Bestimmte, einzelne Bewegungen sind dann nach der Lehre von den vier ›Ursachen‹ zu erklären. Dieses Begriffsschema, welches eine Stoff- und eine Formursache (causa materialis, causa formalis) sowie eine bewirkende und eine Zielursache (causa efficiens, causa finalis) als Erklärungsprinzipien vorstellt, fordert nicht, daß zum Verständnis jeder Art von Bewegung jeweils alle vier ›Ursachen‹ in strenger Trennung aufzuführen seien. Häufig fallen einige solcher ›Ursachen‹ zusammen; andererseits ist die Eigenschaft, ›Ursache‹ zu sein, relativ zu bestimmten Bewegungen, d.h., was z.B. Ziel der einen Bewegung ist, kann gleichzeitig bewirkende ›Ursache‹ einer anderen sein (›Ursache‹ im Aristotelischen Sinn entspricht hier nicht dem Begriff der Ursache in der klassischen Physik; diese ist noch am ehesten mit der causa efficiens gleichzusetzen).

Am Begriff der Bewegung, unter die neben der Ortsveränderung jede qualitative und quantitative Veränderung sowie Entstehen und Vergehen gefaßt werden, nimmt A. die Bestimmung des Gegenstandsbereiches der Naturphilosophie (und damit der Naturwissenschaft im modernen Verständnis) vor. Er umfaßt alles von Natur aus Bewegte, was damit einen Grund der Bewegung in sich selbst trägt, im Gegensatz zu denjenigen Bewegungen, die ihren Grund z.B. in der Einwirkung des Menschen haben. Auch hierin läßt sich ein Beitrag zu einer Methodenlehre der empirischen Naturwissenschaft sehen: Bewegungen, deren Erklärungen ja in der Angabe der Ursache bestehen, sind nur soweit erklärbar, als keine äußeren Ursachen (diese müßten dann als nichtnatürliche, künstlich aufgezwungene gelten) in Betracht zu ziehen sind.

Im Bereich der natürlichen Bewegungen lassen sich zwei weitere ›Ursachen‹ (gleichsam von untergeordneter Bedeutung) unterscheiden: Zufall und Notwendigkeit. Wenn die in der Auseinandersetzung mit der – anachronistisch ausgedrückt – ›darwinistischen‹ Theorie des Empedokles diskutierte Entstehungsgeschichte der Arten außer Betracht bleiben darf (sie erfolgt nach A. einem allgemeinen Plan entsprechend, ist also teleologisch zu erklären), so läßt sich die Aristotelische Theorie von Zufall und Notwendigkeit interpretieren als der Nachweis, daß Ereignisse zufällig bzw. notwendig nur bezüglich einer Zweckursache genannt werden können, d.h. daß die Rede von Zufall und Notwendigkeit immer schon teleologische Erklärungsprinzipien einschließt.

Bedeutend ist der Beitrag des A. zur Theorie des ↑Kontinuums. Entgegen der Lehrmeinung der Eleaten weist A. nach, daß Ausgedehntes nicht aus Punktförmigem, d.h. Unteilbarem aufgebaut werden kann. Punkte fallen entweder zusammen, oder zwischen ihnen liegt noch ein weiterer Punkt. Nur Teilbares kann zusammenhängen oder sich berühren. Kontinuierlich (συνεχές), definiert als ›teilbar in immer wieder Teilbares‹, sind die geometrische Länge, die Bewegung und die Zeit. Das Kontinuierliche hat potentialiter unendlich viele Teile, d.h. die Teilung – eine menschliche Handlung – ist ohne Ende fortsetzbar, aber es können niemals unendlich viele Teile als Ergebnis des Teilens erhalten werden, also auch niemals unteilbare Punkte. Analog dieser Unendlichkeit des Teilens besteht die Unendlichkeit des Hinzufügens – aufweisbar am Beispiel des Zählens – in der Möglichkeit, zu jeder Zahl eine weitere hinzuzufügen (↑unendlich/Unendlichkeit).

An die Kontinuumstheorie knüpft A. seine Theorie der Zeit, die als Maß der Bewegung hinsichtlich früher und später definiert wird. Zeit wird durch Bewegung (speziell durch die ewige, gleichförmige Drehung des Fixsternhimmels) gemessen. Die Messung erfolgt durch Teilen und Vergleichen von Bewegungsabschnitten mit Hilfe geometrischer Größen; die Zeit erhält daraus ihre kontinuierliche Struktur.

Grundlage der Kosmologie des A., die in Verbindung mit physikalischen und astronomischen Lehrstücken das naturphilosophische Denken für nahezu 2000 Jahre bestimmte, ist eine Elementen-Theorie, zunächst eine Theorie der vier sublunaren Elemente. Elemente im Aristotelischen Sinne sind einfache Körper, die einen Ursprung der Bewegung in sich selbst haben. Als sogenannte natürliche Bewegung führt diese bei Erde und Wasser nach ›unten‹, in Richtung auf einen postulierten Weltmittelpunkt zu (in dem damit per definitionem die Erde ruht), bei Luft und Feuer nach ›oben‹ in Richtung auf ein fünftes Element, den Äther (im Mittelalter ›quinta essentia‹). Die Theorie der natürlichen Örter der vier Elemente leistet also eine ähnliche Erklärung wie in der klassischen Physik der Begriff des Auftriebs auf Grund verschiedener spezifischer Gewichte. Übergänge der Elemente ineinander lassen sich nach A. so verstehen, daß die Elemente durch zwei Paare konträrer physikalischer Eigenschaften (warm-kalt, feucht-trocken) bestimmt sind, die sich miteinander kombinieren lassen. Könnte jedes Element seinen ›natürlichen Ort‹ erreichen, ergäbe sich eine schalenförmige Anordnung der Elemente im Weltmittelpunkt. Äußere Schale wäre der ↑Äther, dessen ›natürliche‹ Bewegung, repräsentiert durch die Planetenbahnen, im Gegensatz zu den ›natürlichen‹ Bewegungen der irdischen Elemente (die, wenn ungestört, gradlinig verliefen) kreisförmig und daher nach einer für das griechische Denken charakteristischen Auffassung ›ewig‹ ist. Ursprung aller kosmischen Bewegungen ist ein ›unbewegter Beweger‹ (unbewegt, weil im Falle seiner Bewegung wieder ein weiterer Ursprung von Bewegung angenommen werden müsse usw., ↑Beweger, unbewegter). Die Kosmologie des A. ist im Grunde wesentlich komplexer, sie besteht aus verschiedenen, oft nur ansatzweise ausgearbeiteten Konzeptionen (Fünf-Elementen-Theorie als Theorie ›natürlicher Bewegungen‹; Schalen-Theorie als Theorie ›natürlicher Örter‹ etc.), die sich strenggenommen nicht einfach miteinander verbinden lassen.

Moralphilosophie: Trotz aller methodischen Ähnlichkeit der praktischen mit den theoretischen Wissenschaften – in beiden Fällen ist die Syllogistik grundlegendes Werkzeug – hat der Unterschied im Gegenstandsbereich entscheidende Folgen: es geht nicht um Wissen (*ἐπιστήμη*), sondern um Einsicht (↑Phronesis), nicht um wahre Aussagen oder Aussagensysteme über bestimmte Gegenstände, sondern um ›gerechte‹ Normen oder Normensysteme für menschliches Handeln. Nicht der Theorie halber, sagt A., treiben wir Ethik, sondern damit wir tüchtige Leute werden. Die Bestimmung der Normen hängt nun in einem Maße von den speziellen individuellen und gesellschaftlichen Bedingungen, den ›Gewohnheiten‹, ›Fähigkeiten‹, ›Erziehung und Herkunft‹ sowie den politischen Institutionen ab, in denen diejenigen leben, für die solche gerechten Normen gefunden werden sollen, daß die Allgemeinheit der einschlägigen Überlegungen häufig empfindlich beeinträchtigt ist. Gleichwohl zeigen die begrifflichen Werkzeuge, speziell in der »Nikomachischen Ethik« und in der »Politik«, eine Sicherheit in der Behandlung auch praktischer Fragen, von der gegenwärtige Überlegungen zur Ethik und politischen Philosophie noch immer mit Erfolg zehren.

Nach der zu Beginn der »Nikomachischen Ethik« gegebenen Bestimmung des Zieles wird das Gute weiter als ↑›Glückseligkeit‹ bestimmt, jedoch später genauer nicht als Ziel, sondern als eine auf Grund dieser Zielbestimmung sich ergebende Tätigkeit (↑Energeia) charakterisiert. Wenn ein Lebewesen, ein Mann etwa, seine ihm eigentümliche Tüchtigkeit oder Tugend (↑Arete), einen Zustand also, erworben hat, dann ist die ihr entsprechende Tätigkeit seine Glückseligkeit oder Eudämonie, das ›gute Leben‹. Diese auf Tüchtigkeit beruhende Tätigkeit besteht in der Fähigkeit, das eigene Handeln durch die Vernunft zu bestimmen, und zwar als ein »Mittleres in Hinsicht auf uns« (also nicht als mechanischer Kompromiß) auf einer Skala zwischen zwei Extremen. Dies läßt sich nach A. durch die Ausbildung von Gewohnheiten erreichen (vorausgesetzt, daß gewisse äußere Bedingungen, wie Gesundheit und Wohlhabenheit, erfüllt sind). Die Tüchtigkeit erlangt man also, indem man entsprechend handelt (und nicht etwa handelt man gut, weil man die Tüchtigkeit schon besitzt); sie ist – in der Aristotelischen Terminologie von Potenz und Akt – der Möglichkeit nach in uns vorhanden und läßt sich durch Gewöhnung verwirklichen. Je nachdem, ob es sich um Tüchtigkeit des Denkens oder des Wollens handelt, werden dianoetische – z.B. Weisheit – von ethischen Tüchtigkeiten – z.B. Gerechtigkeit – unterschieden. Das Ziel des Staates ist kein anderes, genauer: nur im Staat läßt sich diese Verwirklichung überhaupt erreichen. Idealiter würden der gute Mensch und der gute Bürger sogar übereinstimmen, realiter hingegen verhindert die Verschiedenheit der Ausgangsbedingungen für die jeweils innerhalb der natürlichen Gruppen (Familien, Sippen, Kommunen) miteinander lebenden Menschen – der Mensch ist ausdrücklich neben seiner im Rahmen der theoretischen Philosophie angemessenen Charakterisierung (›Wesensbestimmung‹) als ›vernünftiges Lebewesen‹ (*ζῷον λόγον ἔχον*) in der praktischen Philosophie als ›gemeinschaftsbildendes Lebewesen‹ (*ζῷον πολιτικόν*) bestimmt – die Synchronisation der einzelnen Tüchtigkeiten. Auch hier ist daher ein Mittleres zwischen den Extremen von Staatsverfassungen die gute Wahl. Als Basis für das menschliche Zusammenleben gelten dabei primär die Tugenden der Gerechtigkeit und der Freundschaft. Die Sklaverei gilt A. als natürlich, jedenfalls so lange, als keine Maschinen erfunden sind, die die Arbeit der Sklaven verrichten.

Kunstphilosophie: Die poietischen oder ›hervorbringenden‹ Wissenschaften werden bei A. ausdrücklich von den praktischen Wissenschaften abgesondert, insofern es bei ihnen nicht auf die Bestimmung des Zieles, sondern auf die Bestimmung der Mittel für das jeweils gegebene Ziel ankommt. Die »Poetik« mit ihrer Erörterung des Dramas (nur dieses und einige Teile zum Epos sind erhalten) ist der historisch erste Versuch, Literatur ausschließlich unter den Bedingungen ihrer Konstruktion (bestimmt als ↑Mimesis), ohne die (z.B. für Platon konstitutive) Berücksichtigung der zugrunde liegenden pädagogischen, therapeutischen, moralischen und politischen Zielsetzungen zu behandeln. Entsprechend wird, anders als für die Dialektik im Organon, in der »Rhetorik« die Kunst der Überredung ohne die theoretische Rücksicht auf Wahrheit der verwendeten Argumentationen und ohne die praktische Rücksicht auf das gute Ziel dieser Überredung erörtert. Eine erstaunlich subtile gegenseitige Unterscheidung poetischer von rhetorischen und logischen Redeweisen ist das Resultat dieser Sprachanalyse. Nachwirkung und Einfluß der Aristotelischen Philosophie wird zunächst durch seine Schule (↑Peripatetiker) vermittelt, später bis hin in die Renaissance vom weitverzweigten und von vielen Quellen gespeisten ↑Aristotelismus getragen.

(1) *Ausgaben:* Aristotelis Opera, I–V, ed. I. Bekker, Berlin 1831–1870 (repr., ed. O. Gigon, Berlin 1960–1963); Opera omnia. Graece et Latine, I–V, ed. A.F. Didot/F. Dübner/C. Bussemaker/E. Heitz, Paris 1848–1874 (repr. Hildesheim/New York 1973); Griechische Textausgaben von De Anima, Metaphysik (2 Bde), Physik, Parva naturalia, Organon (2 Bde), Politik, Rhetorik, mit Einleitung und ausführlichem Kommentar, ed. W.D. Ross, Oxford 1924–1961 (häufige Reprints); Einzelausgaben aller Hauptschriften in der Reihe »Scriptorum Classicorum Bibliotheca Oxoniensis« (Oxford Classical Texts), mit verschiedenen Herausgebern seit 1894 (häufige Reprints); Aristoteles Latinus, I–XXXIII, Suppl. I–II, ed. Union Académique Internationale (L. Minio-Paluello, fortgeführt v. G. Verbeke), Rom 1939 (Suppl. I), Brügge/Paris 1954–1967, Leiden/Brüssel 1968–1975, Leiden ab 1976 (noch nicht vollst. erschienen); A.. Werke in deutscher Übersetzung, I–XX, ed. E. Grumach/H. Flashar, Berlin 1956ff. und Darmstadt 1958ff. (noch nicht vollst. erschienen, einige Bde in mehreren verbesserten Aufl.); The Works of Aristotle (engl.), I–XII, ed. W.D. Ross/J.A. Smith, London 1908–1952; A., I–XXIII, London/Cambridge Mass. 1926ff. (Loeb's Classical Library) (bisher 22 Bde, häufige Reprints).

(2) *Kommentare:* Commentaria in Aristotelem Graeca, I–XXIII, Suppl. I–III, Berlin 1882–1909; Corpus Latinum Commentariorum in Aristotelem Graecorum, ed. G. Verbeke u.a., Louvain/Paris (ab 1973 Leiden) 1957ff. (bisher 6 Bde und 1 Suppl.Bd.).

(3) *Bibliographien* (Primär- und Sekundärliteratur): G. Bien, Bibliographie zur Ethik des A., in: ders. (ed.), Nikomachische Ethik, Hamburg 1972, 381–438; F.E. Cranz, A Bibliography of Aristotle Editions 1501–1600, Baden-Baden 1971; I. Düring, A.. Darstellung und Interpretation seines Denkens, Heidelberg 1966, 623–640; M.-D. Philippe, A., Bern 1948 (Bibliographische Einführungen in das Studium der Philosophie 8); G. Rhode, Bibliographie der deutschen A.-Übersetzungen vom Beginn des Buchdrucks bis 1964, Frankfurt 1967; L.W. Riley, Aristotle Texts and Commentaries to 1700, Philadelphia 1961; M. Schwab, Bibliographie d'Aristote, Paris 1896; Totok I (1964), 214–263. – T.P. Kiernan (ed.), Aristotle Dictionary, New York/London 1962.

(4) *Literatur:* D.J. Allan, The Philosophy of Aristotle, Oxford/New York/Toronto 1952, ^{2}1970 (dt. Die Philosophie des A., Hamburg 1955); T. Ando, Aristotle's Theory of Practical Cognition, The Hague 1958, ^{2}1965, ^{3}1971; H.G. Apostle, Aristotle's Philosophy of Mathematics, Chicago/London 1952; R. Bambrough (ed.), New Essays on Plato and Aristotle, London 1965; J. Barnes/M. Schofield/R. Sorabij (eds.), Articles on Aristotle I (Science), London 1975 (mit Bibliographie); H. Barreau, Aristote et l'analyse du savoir, Paris 1972 (mit Bibliographie v. G. Rocca-Serra); A. Baumstark, A. bei den Syrern vom 5. bis 8. Jahrhundert. Syrische Texte I (Syrisch-arabische Biographien des A.), Leipzig 1900 (repr. Aalen 1975); E. Berti, La filosofia del primo Aristotele, Florenz 1962; G. Bien, Die Grundlegung der politischen Philosophie bei A., Freiburg/München 1973; S. Blasucci, Il pensiero politico di Aristotele, Bari 1977; H. Bonitz, Aristotelische Studien, I–V, Wien 1862–1867 (repr. Hildesheim 1969); A.P. Bos, On the Elements. Aristotle's Early Cosmology, Assen 1972; R. Bosley, Aspects of Aristotle's Logic, Assen 1975; F. Brentano, A. und seine Weltanschauung, Leipzig 1911 (repr. ed. R.M. Chisholm, Hamburg 1977); K. Brinkmann, A. allgemeine und spezielle Metaphysik, Berlin 1978 (Peripatoi 12); W. Bröcker, A., Frankfurt 1935, ^{4}1974; J. Burnet, Aristotle, London 1925; C.H. Chen, Sophia. The Science Aristotle Sought, Hildesheim/New York 1976 (mit Bibliographie); H. Cherniss, Aristotle's Criticism of Presocratic Philosophy, Baltimore 1935; ders., Aristotle's Criticism of Plato and the Academy, Baltimore 1944 (repr. New York 1962); A.-H. Chroust, Aristotle. New Light on his Life and on Some of his Last Works, I–II London/Notre Dame Ind. 1973; P.F. Conen, Die Zeittheorie des A., München 1964; R.M. Dancy, Sense and Contradiction. A Study in Aristotle, Boston 1975; I. Düring, Aristotle in the Ancient Biographical Tradition, Göteborg 1957; ders., A.. Darstellung und Interpretation seines Denkens, Heidelberg 1966; ders./G.E.L. Owen (eds.), Aristotle and Plato in the Mid-Fourth Century, Göteborg 1960; K. Ebbinghaus, Ein formales Modell der Syllogistik des A., Göttingen 1964; L. Elders, Aristotle's Theology. A Commentary on Book *Λ* of the Metaphysics, Assen 1972; T.B. Eriksen, Bios theoretikos. Notes on Aristotle's Ethica Nicomachea, New York 1977; J.D. Evans, Aristotle's Concept of Dialectic, London/New York/Cambridge 1977; J. Ferguson, Aristotle, Boston/New York 1972; A. Fragstein, Studien zur Ethik des A., Amsterdam 1974; K. v. Fritz, Philosophie und sprachlicher Ausdruck bei Demokrit, Plato und A., New York 1938; R.-A. Gauthier, La morale d'Aristote, Paris ^{3}1973; O. Gigon, Interpretationen zu den antiken A.-Viten, Mus. Helv. 15 (1958), 147–193; ders., Theorie und Praxis bei A., Mus. Helv. 30 (1973), 65–87, 144–165; P. Gohlke, A. und sein Werk, Paderborn ^{2}1952; G.G. Granger, La théorie aristotélienne de la science, Paris 1976 (mit Bibliographie); F. Grayeff, Aristotle and his School. An Inquiry into the History of the Peripatos. With a Commentary on ›Metaphysics‹ Z, H, *Λ* and *Θ*, London 1974; O.N. Guariglia, Quellenkritische und logische Untersuchungen zur Gegensatzlehre des A., Hildesheim 1978; U. Guzzoni, Grund und Allgemeinheit. Untersuchungen zum Aristotelischen Verständnis der ontologischen Gründe, Meisenheim 1975; F.-P. Hager (ed.), Metaphysik und Theologie des A., Darmstadt 1969 (Wege der Forschung 206); ders. (ed.), Ethik und Politik des A., Darmstadt 1972 (Wege der Forschung 208); ders. (ed.), Logik und Erkenntnislehre des A., Darmstadt 1972 (Wege der Forschung 226); H. Happ, Hyle. Studien zum aristotelischen Materie-Begriff, Berlin/New York 1971; E. Hartmann, Substance, Body, and Soul. Aristotelian Investigations, Princeton N.J. 1977; T. Heath, Mathemat-

ics in Aristotle, Oxford 1949, ^{2}1970; A. Hellwig, Untersuchungen zur Theorie der Rhetorik bei Platon und A., Göttingen 1973; R.D. Hicks, A. De Anima, Amsterdam 1965; J. Hintikka, Time and Necessity. Studies in Aristotle's Theory of Modality, Oxford 1973; O. Höffe, Praktische Philosophie. Das Modell des A., Salzburg 1971; D.T. Howard, Analytical Syllogistics. A Pragmatic Interpretation of the Aristotelian Logic, Evanston 1946, New York ^{2}1970; W. Jaeger, Studien zur Entstehungsgeschichte der Metaphysik des A., Berlin 1912; ders., A.. Grundlegung einer Geschichte seiner Entwicklung, Berlin 1923, ^{2}1955; A. Joja (ed.), Recherches sur l'Organon, Bucarest 1971; E. Kapp, Greek Foundations of Traditional Logic, New York 1942 (dt. Der Ursprung der Logik bei den Griechen, Göttingen 1965); A. Kenny, The Aristotelian Ethics, Oxford 1978; M. Kessler, A.' Lehre von der Einheit der Definition, München 1976; H.J. Krämer, Arete bei Platon und A.. Zum Wesen und zur Geschichte der Platonischen Ontologie, Heidelberg 1959; W. Kullmann, Wissenschaft und Methode. Interpretationen zur aristotelischen Theorie der Naturwissenschaft, Berlin/New York 1974; M.T. Larkin, Language in the Philosophy of Aristotle, The Hague/Paris 1971; G.E.R. Lloyd, Aristotle. The Growth and Structure of his Thought, Cambridge 1968; ders./G.E.L. Owen (eds.), Aristotle on Mind and the Senses, London/New York 1978; J. Łukasiewicz, Aristotle's Syllogistics from the Standpoint of Modern Formal Logic, Oxford 1951, ^{2}1957; H. Maier, Die Syllogistik des A., I–III, Tübingen 1896–1900, Leipzig ^{2}1936 (repr. Hildesheim/New York 1969–1970); J.D. Monan, Moral Knowledge and its Methodology in Aristotle, Oxford 1968; J. Moreau, Aristote et son école, Paris 1962 (mit Bibliographie); P. Moraux (ed.), A. in der neueren Forschung, Darmstadt 1968 (Wege der Forschung 61); ders. (ed.), Frühschriften des A., Darmstadt 1975 (Wege der Forschung 224); ders., Der Aristotelismus bei den Griechen, von Andronikos bis Alexander von Aphrodisias I (Die Renaissance des Aristotelismus im 1. Jahrhundert v. Chr.), Berlin/New York 1973; ders., A.-Graecus. Die griechischen Manuskripte des A. I (Alexandrien-London), Berlin/New York 1976; J.B. Morrall, Aristotle, London/Boston/Sydney 1977 (mit Bibliographie); J.M.E. Moravczik (ed.), Aristotle. A Collection of Critical Essays, London 1968; ders. (ed.), On Aristotle's Philosophy of Science, Synthese 28 (1974), 1–96; A.B. Neschke-Hentschke, Die »Poetik« des A., Frankfurt 1979; J. Owens, The Doctrine of Being in the Aristotelian Metaphysics, Toronto 1951, ^{2}1957, ^{3}1963; G. Patzig, Die Aristotelische Syllogistik. Logisch-philologische Untersuchungen über das Buch A der ›Ersten Analytiken‹, Göttingen 1958, ^{3}1969; J.H. Randall jr., Aristotle, New York/London 1960, ^{4}1965; F. Ricken, Der Lustbegriff in der Nikomachischen Ethik, Göttingen 1976; M. Riedel, Metaphysik und Metapolitik. Studien zu A. und zur politischen Sprache der neuzeitlichen Philosophie, Frankfurt 1975; J. Ritter, Über die Lehre von Ursprung und Sinn der Theorie bei A., Köln 1953; ders., Metaphysik und Politik. Studien zu A. und Hegel, Frankfurt 1969, ^{2}1976; W.D. Ross, Aristotle, London/New York 1923, ^{5}1949 (repr. 1966); W. Schmidt, Theorie der Induktion. Die prinzipielle Bedeutung der Epagoge bei A., München 1974; G.A. Seeck, Über die Elemente in der Kosmologie des A.. Untersuchungen zu ›De generatione et corruptione‹ und ›De caelo‹, München 1964 (Zetemata 34); ders. (ed.), Die Naturphilosophie des A., Darmstadt 1975 (Wege der Forschung 225); F. Solmsen, Die Entwicklung der aristotelischen Logik und Rhetorik, Berlin 1929; ders., Aristotle's System of the Physical World. A Comparison with his Predecessors, Ithaca N.Y. 1960; H. Spanu, Methodologische Untersuchungen zur aristotelischen Wissenschaftstheorie, München 1976; R. Stark, A.studien. Philologische Untersuchungen zur Entwicklung der Aristotelischen Ethik, München 1972 (Zetemata 8); A.E. Taylor, Aristotle, London 1943, ^{2}1955; G. Teichmüller, Aristotelische Forschungen, I–III, Halle 1867–1873 (repr. Aalen 1964); W.N. Thompson, Aristotle's Deduction and Induction. Introductory Analysis and Synthesis, Amsterdam 1975; E. Tugendhat, TI KATA TINOΣ. Eine Untersuchung zu Struktur und Ursprung aristotelischer Grundbegriffe, Freiburg/München 1958; K.-H. Volkmann-Schluck, Die Metaphysik des A., Frankfurt 1979; H. Wagner, Zum Problem des aristotelischen Metaphysikbegriffs, Philos. Rdsch. 7 (1959), 129–153; H. Weidemann, Metaphysik und Sprache. Eine sprachphilosophische Untersuchung zu Thomas von Aquin und A., Freiburg/München 1975; W. Wieland, Die aristotelische Physik. Untersuchungen über die Grundlegung der Naturwissenschaft und die sprachlichen Bedingungen der Prinzipienforschung bei A., Göttingen 1962, ^{2}1970; U. v. Wilamowitz-Moellendorf, A. und Athen, I–II, Berlin 1863, ^{2}1966; J.M. Zemb, A. in Selbstzeugnissen und Bilddokumenten, Hamburg 1961; R. Zoepffel, Historia und Geschichte bei A., Heidelberg 1975; Aristote et les problèmes de méthode (Symposium Aristotelicum), Louvain/Paris 1961. P.J./K.L.

Aristotelische Logik, im Anschluß an H. Scholz (Das theologische Element im Beruf des logistischen Logikers, 1935) derjenige Typ der zweiwertigen formalen Logik (↑Logik, zweiwertige), der im Anschluß an die Logik des Aristoteles (↑Organon) davon ausgeht, daß die in logischen Schlußschemata vorkommenden Prädikatoren nichtleeren Umfang (↑extensional/Extension) haben. Unter dieser Voraussetzung bleibt die von Aristoteles für gültig erachtete conclusio ad subalternum, wonach man aus ›alle *S* sind *P*‹ auf ›es gibt ein *S*, das auch *P* ist‹ (*S*, *P* Schemabuchstaben für Prädikatoren) schließen kann, auch in der modernen quantorenlogischen Deutung

$$\bigwedge_x(S(x)\rightarrow P(x)) \prec \bigvee_x(S(x)\wedge P(x))$$

gültig. Ebenfalls hängt die Gültigkeit einer Reihe von Syllogismen, nämlich der Modi Darapti, Felapton, Bamalip und Fesapo, außerdem der schwachen Syllogismen, davon ab (↑Syllogistik).

Die Einschränkung der A.n L. auf nicht-leere Prädikatoren ist z.B. von F. Brentano scharf kritisiert und von den meisten Vertretern der modernen formalen Logik (↑Logik, formale) als unzweckmäßig fallengelassen worden. Scholz weist jedoch mit Recht darauf hin, daß neben diesem heute überwiegend vertretenen, von ihm auch ›Brentanosche Logik‹ (ebd. 331) genannten Logiktyp, die A.L. eine sinnvolle Version der Logik darstellt.

Literatur: H. Scholz, Das theologische Element im Beruf des logistischen Logikers, in: ders., Mathesis universalis. Abhandlungen zur Philosophie als strenger Wissenschaft, ed. H. Hermes/F. Kambartel/J. Ritter, Basel [2]1969, 324–340 (bes. 330ff.). P.S.

Aristotelismus, Bezeichnung für Traditionen, die sich, bisweilen weit von ihrem Ursprung entfernend, an die Philosophie des Aristoteles anschließen. Dabei ist der Einfluß der enzyklopädisch-universal angelegten und rezipierten Philosophie des Aristoteles auf die Entwicklung des christlich-europäischen, jüdischen und islamisch-arabischen Geisteslebens unüberschaubar. Ein großer Teil der von Aristoteles zum ersten Male präzisierten Termini (z.B. ›Kategorie‹, ›Substanz‹, ›Akzidenz‹, ›Akt-Potenz‹, ›Materie-Form‹, ›Abstraktion‹) sind zu einem festen Bestandteil der Umgangs- und Wissenschaftssprache geworden. Auf Aristoteles gehen ferner die Bezeichnungen zahlreicher wissenschaftlicher Disziplinen zurück, wie Logik, Rhetorik, Ethik, Politik, Physik, Metaphysik, Ökonomie, Meteorologie, Psychologie; die theoretische Basis und die Methodologie der Anfänge dieser Wissenschaften ist weitgehend von Aristoteles beeinflußt.

Aristoteliker im engeren Sinne sind die Mitglieder des ↑Peripatos: Eudemos von Rhodos (3. Jh. v.Chr.) und Theophrast (371–287 v.Chr.) arbeiten die Lehre des Aristoteles in Spezialgebieten aus, ohne wesentliche Änderungen am System vorzunehmen. Die Spezialisierung wird von Straton (ca. 340–269 v.Chr.) bis zur völligen Trennung der einzelnen Disziplinen von einer umfassend begründenden Philosophie vorangetrieben. In der Astronomie und Kosmologie verzichtet Straton auf den ›ersten Beweger‹ (↑Beweger, unbewegter). Biologie und Medizin treten zeitweilig in den Vordergrund. Viele Forscher der Antike sind, obwohl der Schule im engeren Sinne nicht zugehörig, dem A. zuzurechnen, so z.B. die Astronomen Aristarchos von Samos und Ptolemaios sowie der Arzt Galenos. Macrobius, Valerius Maximus und Cicero befassen sich eingehend mit Aristoteles; ihre Schriften bieten für das westliche Europa bis ins 11. Jahrhundert weitgehend die einzige Quelle für die nicht-logischen Schriften des Aristoteles.

Zu den bedeutendsten Aristoteles-Kommentatoren der Antike zählt der Peripatetiker Alexander von Aphrodisias (198–211 in Athen). Ihren Höhepunkt erreicht die Aristotelesexegese bei den Neuplatonikern: während Plotin die Logik des Aristoteles ablehnt, verfaßt sein Schüler Porphyrios (234–301/05) einen Kommentar zu den »Kategorien«, dazu jene berühmte »Isagoge« (Einführung), die in der Folgezeit das gleiche Ansehen genießt wie die logischen Schriften des Aristoteles. Boethius (†524) übersetzt diese Einführung mit den »Kategorien« ins Lateinische; Proklos (ca. 411–485), Simplikios (6. Jh.) und Johannes Philoponos (6. Jh.) schreiben zahlreiche griechische Kommentare, in denen zum Teil Harmonisierungen der Lehren von Aristoteles und Platon vorgenommen, zum Teil bestimmte Theorien des Aristoteles (z.B. die Lehre von der ↑Ewigkeit der Welt durch Johannes Philoponos) bekämpft werden. – Neben Kommentaren werden seit Nikolaus von Damaskus (*um 64 v.Chr.) zahlreiche, durch die Bedürfnisse der schulischen Vermittlung veranlaßte Paraphrasen geschrieben. Die bekanntesten verfaßt Themistios (ca. 317–388). – In Konstantinopel gibt es nach dem Verbot des ↑Platonismus in Athen (529) ein bis ins 11. Jahrhundert ununterbrochenes Studium der Aristotelischen Schriften, besonders der »Ethik«, »Politik«, »Physik« und »Metaphysik« (Photios, Arethas und Georgios Pachymeres). Leontios von Byzanz macht den A. für die Theologie fruchtbar.

In den Religionen findet die Annahme der Aristotelischen Philosophie immer dort ihre Grenze, wo sie mit den unaufgebbaren Glaubenssätzen unvereinbar ist. Globaler Anti-A. ist im allgemeinen mit einem mystischen, auf Innerlichkeit, Bekenntnis, Dogma und erbauliche Belehrung abstellenden Glaubensverständnis verbunden; hingegen orientiert sich pro-Aristotelische Theologie an Vernunft, begrifflicher Klarheit und Überzeugung durch Gründe. – Die bedeutendsten Fragen der kontroversen Aristotelesrezeption in den Religionen sind: (1) die Frage nach dem Wesen Gottes (als reine ↑Entelechie, als unbewegter Beweger im Sinne des Aristoteles kann er nicht als Person verstanden werden; vielmehr wird eine Identität von Gott und Natur nahegelegt); (2) nach seiner Wirkweise (wenn Gott durch die notwendige Naturordnung wirkt, gibt es keine individuelle Vorsehung); (3) nach dem Ursprung der Welt als Schöpfung Gottes (für Aristoteles ist die Welt ohne Anfang und Ende); (4) nach der ↑Unsterblichkeit der Seele; (5) nach der Grundlage der Ethik (nicht transzendente Ideen oder Gebote Gottes, sondern die Notwendigkeit menschlichen Zusammenlebens ist der Ausgangspunkt der Aristotelischen Ethik). – Die Logik gehört zu den fast ausnahmslos übernommenen Lehrstücken.

Seit etwa 400 gewinnt der A. dadurch an Wertschätzung, daß er es ermöglicht, die Glaubensannahmen in ein systematisches Lehrgebäude einzugliedern. Hinzu kommen die für den kosmologischen Gottesbeweis seit jeher unentbehrlichen Ausführungen der Aristotelischen »Physik« (Θ 5) und »Metaphysik« (Λ 6). Der A. der frühchristlichen Theologie, vom Neuplatonismus der Schulen von Alexandrien und Konstantinopel geprägt, bleibt dagegen in manchen Punkten explizit anti-Aristotelisch. Die Patristik orientiert sich weitgehend an Platon; jedoch treten Spuren des A. z.B. bei Gregor von Nyssa und Nemesios auf. Im 11. und 12. Jahrhundert erfährt der A. in Konstantinopel mit Michael von Ephesus und Eustratius von Nikea eine Renaissance.

Äußere Gründe für die Verbreitung des A. im Islam bestehen darin, daß einige nestorianische Christen nach der Schließung ihrer Schule in Edessa (489) in Nisibis eine Niederlassung gründen, die, von den Sassaniden aus politischen Gründen gefördert, bald in hohem Ansehen steht; daneben verdienen die Akademien von Harran, Reschaina, Basra und Gondeschapur Erwähnung, die vor allem der Ausbildung von Theologen und Medizinern dienen. Das Medizinstudium basiert weitgehend auf den Schriften des Aristoteles und des aristotelisierenden Arztes Galenos (129–199). Nach Syrien gelangt die Kenntnis des Aristoteles vor allem über die monophysitischen Christen: Sergius von Reschaina († ca. 536) und Jakob von Edessa (633–708) fertigen im allgemeinen genaue, aber zum Teil von christlichem Gedankengut (Sünde, Ewigkeit, Gott) entstellte Übersetzungen ins Syrische an. Nach der Eroberung Syriens berufen die Abassiden ihre Leibärzte aus der Schule von Gondeschapur nach Bagdad. Mit diesen syrischen Ärzten im Dienste arabischer Herrscher beginnt das wissenschaftliche Studium des Aristoteles bei den Arabern; 830 wird in Bagdad eine Übersetzerakademie eingerichtet. Seit dieser Zeit gehört das Studium der Aristotelischen Logik, Physik, Metaphysik, Psychologie, Rhetorik und Poetik zum Kanon der arabischen Ausbildung. – Ein weiterer Grund für die Entwicklung des arabischen A. liegt in der islamischen Theologie: im 8. Jahrhundert erkennt man die Notwendigkeit, den islamischen Glauben theoretisch zu durchdringen und zu einem konsistenten System zusammenzufassen. Der arabische A. wird in seinem Aristotelesverständnis lange irregeleitet durch die dem Aristoteles zugeschriebene, in Wirklichkeit aber neuplatonische Schrift »Theologie des Aristoteles«.

Al-Kindi gilt als erster Peripatetiker des Islam. Sein A. ist neuplatonisch und neupythagoreisch ausgerichtet und vom Psychologiekommentar des Alexander von Aphrodisias stark beeinflußt. Im 10. Jahrhundert trennt sich eine mehr logisch-metaphysische Richtung von der medizinisch orientierten Naturforschung; beide sind theologisch interessiert. Den Höhepunkt der ersten Richtung bildet al-Farabi (870–950), den der zweiten Razi († ca. 932). In dieser Zeit entstehen Kommentare und Paraphrasen zu allen bekannten Schriften des Aristoteles. Avicenna (980–1037) vertritt einen eklektischen A.; gegen Aristoteles tritt er für die Theorie der ↑ Emanation und die Lehre von der göttlichen Vorsehung ein. Algazel (1059–1111) bekämpft den A. als Feind des Islam; er polemisiert dabei gegen jegliche Vernunftphilosophie, der gegenüber er eine auf Glauben und Mystik basierende intuitionistische Philosophie zur Geltung bringen will. Im arabischen Westen gelten Avempace († 1138) und Abubacer (1115–1185/1186) als Vertreter des A.. Averroës (1126–1198), der bedeutendste Aristoteleskommentator des Islam, sieht die Philosophie des Aristoteles als nicht mehr zu überbietende Leistung an und ist der Meinung, daß man sich nach Aristoteles nur noch um das Verständnis und die Auslegung *des* ›Philosophen‹ bemühen könne. Er vertritt die Aristotelische Theorie der ↑ Ewigkeit der Welt (gegen eine ↑ creatio ex nihilo) und bestreitet die Möglichkeit einer göttlichen Vorsehung sowie einer individuellen Unsterblichkeit des Menschen (↑ Averroismus).

Die jüdische Philosophie erhält durch den A. in Syrien und Persien während des 7. und 8. Jahrhunderts neue Impulse. Zunächst wird nur die Kategorienlehre übernommen; sonst orientiert man sich am ↑ Atomismus und Neuplatonismus. Saadja (882–942) ersetzt den Atomismus durch A. und versucht, Glaubenswahrheiten durch Vernunft zu beweisen. Abraham ben Hiyya von Barcelona (um 1130), sonst Neuplatoniker, übernimmt die Materie-Form-Theorie des Aristoteles. Von einem jüdischen A. im engeren Sinne kann erst mit der Rezeption der Lehren von al-Farabi, Avicenna und Averroës ab Mitte des 12. Jahrhunderts die Rede sein. Die erste ›rein‹ peripatetische Schrift der jüdischen Philosophie schreibt Abraham Ibn Daud (Der erhabene Glaube, 1161). Als Aristoteliker gilt ferner Moses Maimonides (1135–1204); mit der Emanationslehre und der negativen Theologie übernimmt er allerdings neuplatonische Elemente. Nach ihm, der die Werke des Averroes nur z.T. kennt, beginnt die averroistische Phase des jüdischen A.

Die vom Aristotelischen Naturbegriff nahegelegte Identifikation von Gott und Natur (in anderen Religionen heftig bekämpft) akzeptiert der jüdische A.: man deutet den Naturprozeß als Ausdruck des Willens Gottes. Maimonides, der die Psychologie des Averroës noch nicht kennt, schließt sich in der Bewertung des aktiven und passiven Intellekts Alexander von Aphrodisias an. Levi ben Gerson (1288–1340) übernimmt die Theorie des Alexander von Aphrodisias mit den Modifikationen von al-Farabi und Avicenna. In der Metaphysik wendet er sich gegen die neuplatonische Deutung, nach der auch Unkörperliches aus Materie und Form besteht, und behauptet, da Gott als reine Form die ↑materia prima nicht geschaffen haben könne, gebe es keine creatio ex nihilo. Abraham Ibn Daud (um 1110–1180), Maimonides und Isaak Abrabanel (1437–1508) halten gegen Aristoteles am Weltschöpfer fest.

Die christliche Philosophie des Mittelalters erhält auf folgenden Wegen Kenntnis von den Werken des Aristoteles: über die abendländisch-christliche Philosophie (nur einige logische Schriften), über Konstantinopel – diese Tradition wird dem lateinischen Klerus nach der Eroberung Konstantinopels durch die Kreuzfahrer (1204) bekannt – sowie über die arabisch-jüdische Tradition: der von den Juden in Spanien gerettete arabische Aristotelesnachlaß wird einerseits in Toledo um 1150 auf Geheiß des dortigen Erzbischofs, andererseits auf Anregung von Friedrich II. in Palermo übersetzt; von dort aus gelangen die Übersetzungen nach Paris, Oxford und Cambridge.

Der bis heute wirksame A. in der christlichen Philosophie des Mittelalters ist – jedenfalls in seinen Anfängen – keine globale und exklusive Übernahme der Philosophie des Aristoteles, sondern – bis 1250 – weitgehend eklektisch und an Averroës orientiert. Bei den Theologen herrscht eine Verbindung von A. und neuplatonisch-augustinischer Philosophie vor (Bonaventura, Duns Scotus); sofern die Philosophie des Aristoteles den anerkannten Glaubenswahrheiten widerspricht, wird sie geändert oder abgelehnt. Im 13. Jahrhundert werden zahlreiche Aristotelesverbote erlassen (1210, 1215, 1231, 1245, 1263); erst Leo XIII. erkennt den A. für die katholische Kirche offiziell an (1879). Diese Umstände haben allerdings die Rezeption des A. nicht behindert; man erkennt seine Nützlichkeit für die Lösung mancher umstrittenen Probleme (z.B. im Nominalismusstreit [↑Nominalismus] der Frühscholastik) und für einen systematischen Aufbau der Theologie. Seit Ende des 13. Jahrhunderts unterscheiden sich die theologischen und philosophischen Schulen fast nur noch durch ihre Stellung zu Aristoteles. Die Verdrängung Platons durch Aristoteles beginnt auf dem Gebiet der Logik: um 1130 ist das gesamte ↑Organon bekannt. Ab 1200 werden auch die anderen Werke rezipiert; 1255 schreibt die Artistenfakultät in Paris das Aristotelesstudium generell vor. Ab 1250 dringt der A. auch in die Theologie ein; insbesondere die ↑Teleologie und die These einer von Gott nach dem Grad der Vollkommenheit hierarchisch gegliederten Ordnung des Universums – auch als Prinzip der kirchlichen und weltlichen Ordnung aufgenommen – findet Eingang in das theologische Denken. Diese ätiologische Verknüpfung kosmologischer, metaphysischer und politisch-gesellschaftlicher Ordnungsprinzipien prägte die Staats- und Gesellschaftslehre vom 13. bis zum 17. Jahrhundert in Europa. Erst die antiaristotelischen Theorien des ↑Naturrechts und der ↑Aufklärung lösten die auf einer starren, als gott- bzw. naturgegeben angesehenen Sozialordnung und der Antithese von Herrschen und Beherrschtwerden basierende, Staat und Gesellschaft identifizierende Politiktheorie des A. ab.

Als erster setzt sich Anselm von Besate (1050) für die Emanzipation der Dialektik (Logik) von der Theologie ein; andere machen die theologischen Wahrheiten von ihrer logischen Beweisbarkeit abhängig. Anselm von Canterbury, in Fragen des Glaubens an Augustinus orientiert, wendet die Syllogistik auf die Theologie an. Die Schule von Chartres (Fulbert, Bernhard und Thierry von Chartres, Wilhelm von Conches) schließt sich zwar als erste der ›logica nova‹ (das gesamte Organon, ↑logica antiqua) an, steht aber sonst weitgehend unter dem Einfluß Platons. – Eine völlige Umbildung in Theologie und Philosophie setzt mit dem Bekanntwerden der »Metaphysik«, »Physik«, »Psychologie« und »Ethik« des Aristoteles in der Hochscholastik ein. Die erste Aufnahme der nichtlogischen Schriften im christlichen Mittelalter findet sich bei Dominicus Gundisalinus in Spanien, in der Theologie bei Wilhelm von Auxerre, Philipp von Grève und Wilhelm von Auvergne in Paris; eine mehr naturphilosophische Richtung vertreten Alexander Neckham († 1217), Alfredus Anglicus (um 1200), Michael Scotus († 1235) und R. Grosseteste (1168–1253).

Der endgültige Sieg des A. wird durch die Dominikaner Albertus Magnus und Thomas von Aquin herbeigeführt. Albert ist der erste Scholastiker, der die gesamte Philosophie des Aristoteles einschließlich der arabischen Kommentare systematisch für Theologie und Philosophie nutzbar macht; andere Richtungen werden zwar nicht ausgeschlossen, finden aber nur dann Aufnahme, wenn sie sich bruchlos in die Verbindung von A. und christlicher Offenbarung einfügen lassen. Thomas setzt den A. konsequent fort; er entwirft mit Hilfe der Aristotelischen Philosophie ein einheitliches System, das für die Theologie über Jahrhunderte Geltung gewinnt. Indem er die von seinem Lehrer bevorzugte Paraphrase durch eine sorgfältige Kommentierung ersetzt, gelingt es ihm, Aristoteles weitgehend von irrtümlichen Interpretationen und fremden, vor allem neuplatonischen Elementen zu befreien.

Im sogenannten Paduaner A. (Pietro d'Abano, Hugo von Siena, Paulus Venetus, Agostino Nifo, G. Zabarella u.a.) führt die Analyse wissenschaftlicher Verfahren, im 14. Jahrhundert noch im wesentlichen an der Galentradition orientiert (Pietro d'Abano), allmählich zur Ausbildung einer Aristotelischen Methodologie empirischer Wissenschaften. Der beweistheoretische Sinn der Aristotelischen Logik wird hierbei grundlagentheoretisch erweitert. Unterscheidungen wie die zwischen einer ›induktiven‹ Methode (metodo risolutivo) und einer ›deduktiven‹ Methode (metodo compositivo), vor allem bei Zabarella, werden später von G. Galilei explizit aufgegriffen und bei Ersetzung noch im wesentlichen qualitativer Verfahren durch quantitative Verfahren in den Aufbau einer physikalischen Methodologie hineingenommen. Die methodische Überwindung des A. im Rahmen einer Methodologie empirischer Wissenschaften erfährt damit ihre wesentlichen Impulse nicht von außerhalb (etwa durch den ↑Platonismus), sondern innerhalb des A. selbst.

Die Position M. Luthers ist anfangs durch ↑Augustinismus und Anti-A. geprägt; da aber bald Mystizismus, Intuitionismus und Schwärmertum den beginnenden Protestantismus in seinen wissenschaftlichen Grundlagen gefährden, wird eine klare Systembildung erforderlich, zu der auch hier Aristoteles hinzugezogen wird. Auf die Schriften zur Dialektik, Physik, Psychologie und Ethik baut die gesamte Schulphilosophie des Protestantismus auf; die Metaphysik bringen N. Taurellus (1546–1606), C. Timpler (1567/1568–1624), C. Scheibler (1589–1653) und J. Thomasius (1622–1684) in die Theologie ein. Die Forderung nach Einsichtigkeit der Glaubenswahrheiten führt zu einer Intellektualisierung des Glaubens. Gegen sie, nicht speziell gegen die Philosophie des Aristoteles, richtet sich der 1598 mit D. Hofmann beginnende Kampf gegen den A.

Der eigentliche Angriff gegen Aristoteles erfolgt seitens der sich neu etablierenden Wissenschaften. F. Bacon stellt eine neue Methode in seinem schon im Titel den Anti-A. zum Ausdruck bringenden Werk »Novum Organum Scientiarum« (1620) vor. Mitte des 17. Jahrhunderts setzt der endgültige Rückgang des scholastischen A. ein: die Gründung unabhängiger gelehrter Gesellschaften und wissenschaftlicher Zeitschriften bricht die Machtstellung der Kirche und der Universitäten. In Deutschland findet im 17. Jahrhundert ein (mit Aristotelischen Elementen durchsetzter) physikalischer Atomismus mit J. Jungius in Hamburg, D. Sennert und J. Sperling in Wittenberg einflußreiche Anhänger. Im 19. Jahrhundert gibt der Protestantismus den A. auf und schließt sich neueren Strömungen an (I. Kant, Deutscher Idealismus, F.E.D. Schleiermacher), während die offizielle Doktrin der katholischen Kirche bis heute weitgehend vom A. geprägt bleibt (↑Thomismus, ↑Neuthomismus, ↑Scholastik, ↑Neuscholastik).

Literatur: E. Bloch, Avicenna und die aristotelische Linke, Berlin 1952, Frankfurt 1963; H.H. Biesterfeld u.a., Aristoteles, LMA I (5. Lief. 1979), 934–948; M. Grabmann, Mittelalterliches Geistesleben, I–III, München 1926–1956 (III ed. L. Ott; repr. I–II München 1956/1957); C.H. Haskins, The Renaissance of the Twelfth Century, Magnolia Mass. 1967; G. v. Hertling, Zur Geschichte der aristotelischen Politik im Mittelalter, in: ders., Historische Beiträge zur Philosophie, ed. J.A. Enders, Kempten/München 1914; H. Maier, Die Lehre von der Politik an den deutschen Universitäten vornehmlich vom 16. bis 18. Jahrhundert, in: K. Oberndörfer (ed.), Wissenschaftliche Politik, Freiburg 1962, 59ff.; J. Mittelstraß, Neuzeit und Aufklärung. Studien zur Entstehung der neuzeitlichen Wissenschaft und Philosophie, Berlin/New York 1970, 182ff.; P. Moraux, Der A. bei den Griechen von Andronikos bis Alexander von Aphrodisias I (Die Renaissance des A. im 1. Jahrhundert v. Chr.), Berlin/New York 1973; ders., D'Aristote à Bessarion. Trois exposés sur l'histoire et la transmission de l'aristotelisme grec, Quebec 1974; R. Paqué, Das Pariser Nominalistenstatut, Berlin 1970; P. Petersen, Geschichte der aristotelischen Philosophie im protestantischen Deutschland, Leipzig 1921 (repr. Stuttgart 1964); J.H. Randall, The School of Padua, Padova 1961; M. Riedel, Aristoteles-Tradition am Ausgang des 18. Jahrhunderts, in: A. Bergengruen (ed.), Alteuropa und die moderne Gesellschaft. Festschrift O. Brunner, Göttingen 1963, 278ff.; G. Rokita, Aristoteles, Aristotelicus, Aristotelicotatus, Aristoteleskunst, Arch. Begriffsgesch. 15 (1971), 51–93; F. van Steenberghen, Aristote en occident, Louvain 1948 (engl. Aristotle in the West. The Origins of Latin Aristotelianism, Louvain 1955); ders., La philosophie au 13e siècle, Louvain 1966; J.L. Stocks, Aristotelianism, London/Norwood Mass. 1925, London 1963 (repr. New York 1976); Aristoteles in der neueren Forschung, ed. P. Moraux, Darmstadt 1968 (Wege der Forschung 61), 250–420. – Totok II (1973) 249f. und 316–325. M. G.

Aristoxenos von Tarent, *Tarent um 370, †Athen um 300, griech. Philosoph und bedeutender Musiktheoretiker. A. wanderte nach Athen aus und wurde dort Schüler des Aristoteles. Er soll ca. 450 Werke verfaßt haben. A. wandte sich gegen metaphysische Spekulationen und leistete insbesondere auf dem Gebiet der Harmonik grundlegende Beiträge, z.B. exakte Begriffsbestimmungen für Ton, Tonhöhe und Intervall. Seine Musiktheorie wurde gleichwertig neben der pythagoreischen weitergeführt. Seine Harmonielehre, die von einer sich auf die Erfahrung des gebildeten Gehörs berufenden Intervalltheorie (statt von der pythagoreischen mathematischen Definition der Intervalle) ausging, nach der die Oktave in 6 Ganztöne gleicher Temperatur zerfällt, ist systematisch streng aufgebaut, führt aber inhaltlich über die pythagoreische Theorie nicht hinaus. Die Form der Darlegung dieser Theorie, in der man irrtümlich eine Vorwegnahme der modernen temperierten Chromatik zu sehen meinte, weist A. als einen methodisch geschulten Schüler des Aristoteles aus. Das gilt auch in besonderem Maße für die ganz im Aristotelischen Stil konzipierte Rhythmik des A. (Einführung der Unterscheidung zwischen Rhythmus und musikalischem Substrat [Melodie]). Wichtig auch seine Unterscheidung zwischen der Stellung des Einzeltons im Gesamtsystem und seiner (bei Umstimmung wechselnden) Funktion, seine Nomenklatur der Transpositionsskalen und der von ihm eingeführte Begriff der absoluten Tonhöhe. – A. gilt als Begründer der peripatetischen Biographie.

Ausgaben: A. v. T.. Melik und Rhythmik des classischen Hellenenthums I (dt.), ed. R. Westphal, Leipzig 1883, II (griech.), ed. F. Saran, Leipzig 1893 (repr. Hildesheim 1965); The Harmonics of A., ed., with Trans., Notes, Introd., H.S. Macran, Oxford 1902; F. Wehrli, Die Schule des Aristoteles. Texte und Kommentar II (A. v. T.), Basel 1945, Basel/Stuttgart [2]1967; Elementa harmonica (griech./ital.), ed. R. da Rios, Rom 1955. – Totok I (1964), 267.

Literatur: J. Handschin, Der Toncharakter, Zürich 1948; L. Laloy, Aristoxène de Tarente et la musique de l'antiquité, Paris 1904; K. Ziegler, A., KP I (1964), 591–592; R.P. Winnington-Ingram, A., DSB I (1970), 281–283. G. H./H. J. S.

Arithmetik, heute die Theorie der natürlichen ↑Zahlen und ihrer *ohne* Verwendung von Grenzprozessen konstruierbaren Erweiterungen (insbesondere zur Theorie der ganzen und der rationalen Zahlen), in der älteren Literatur und heute gelegentlich noch im mathematikhistorischen Schrifttum dagegen *einschließlich* einer Theorie der irrationalen Größen. Während die A. bei Platon als Lehre von den Zahlen der Lehre vom Rechnen (ἀριθμητική versus λογιστική) gegenübergestellt, beiden aber sowohl ein theoretischer als auch ein praktischer Teil zuerkannt wurde, vereinfachte Geminos dieses (pythagoreische?) Schema zur Dichotomie von A. als theoretischer Wissenschaft von den Zahlen und praktischer Rechenkunst. Als eine der Disziplinen des seit A. M. T. S. Boethius geläufigen Quadriviums findet sich die A. bis in die Renaissance, in Abbildungen sehr häufig als Muse mit einem Rechenbrett dargestellt (↑Abacus). Die Mathematiker der Renaissance übertrugen den Terminus ›A.‹ auf weitere Disziplinen wie die elementare Algebra (›arithmetica speciosa‹ versus ›arithmetica numerosa‹), eine Tendenz, die in der Namengebung ›höhere A.‹ für die Zahlentheorie – im heutigen Sinne von Gauß mit seinen »Disquisistiones arithmeticae« 1801 begründet – und der Benennung neuerer Erfindungen wie der ›transfiniten A.‹ (↑Arithmetik, transfinite) ihre Fortsetzung findet.
Sieht man vom ungeklärten Status der antiken Lehre vom Geraden und Ungeraden ab (›Ἀριθμητική‹ in diesem Sinne bei Platon, Theait. 198aff.), so existierte die A. von der Antike bis ins späte 19. Jahrhundert als eine gänzlich auf Rechen*regeln* begründete Theorie. Im 19. Jahrhundert aufkommende Bestrebungen, zum Zwecke größerer Präzision, Vereinheitlichung und Überschaubarkeit des Satzbestandes der A. diese in ähnlicher Weise zu axiomatisieren, wie dies für die Geometrie längst üblich war, führten zuerst H. Graßmann 1861 zu einer Grundlegung der A., die arithmetische Axiome verwendet und bei Beweisen stark auf die induktive (=rekursive) Erklärung der elementaren Rechenoperationen zurückgreift. G. Peano, der 1889 in seinen »Arithmetices principia« das heute meist nach ihm benannte Axiomensystem für die natürlichen Zahlen vorlegt, stützt sich dabei explizit auf R. Dedekinds ein Jahr zuvor erschienene wichtige Schrift »Was sind und was sollen die Zahlen?«, deren Grundgedanken Dedekind selbst in erhellender Weise 1890 in einem Brief an H. Keferstein erläutert hat (s. Literatur). Seither wird die A. meist axiomatisch aufgebaut, d.h. als deduktive, z.B. von den (selbst ohne Begründung belassenen) ↑Peanoaxiomen ausgehende Theorie. Die im sogenannten ↑Logizismus seit G. Frege versuchte

Begründung der Peano-Axiome durch Angabe eines logisch-mengentheoretischen ↑Modells kann in den bis heute vorliegenden Teilen nicht befriedigen, da sie sich auf ein seinerseits nicht begründetes Axiomensystem von Logik und Mengenlehre (↑Mengenlehre, axiomatische) stützt.

Einen anderen, Graßmannsche Gedanken aufgreifenden Ansatz stellt die von T. Skolem 1919 konzipierte (1923 veröffentlichte) rekursive A. (↑Arithmetik, rekursive) dar, wenngleich die dabei verwendeten rekursiven Definitionen der elementaren Rechenoperationen oft in Gestalt von Axiomen auftreten und der Status des entscheidenden ↑Induktionsschemas kaum thematisiert wird. Klärung hat hier die konstruktive A. (↑Arithmetik, konstruktive) geschaffen. Bei ihrem praktischen Aufbau geht man von den induktiv erklärten Operationen mit Zählzeichen (Ziffern) aus und erklärt die arithmetischen Aussagen als Aussagen über Ziffern, deren Wahrheitswert ungeändert bleibt bei Ersetzung irgendwelcher vorkommender Ziffern durch andere, die nach den gleichen Schritten in einem vorher vereinbarten *Zählzeichenkalkül* hergestellt sind (z.B. in dem Kalkül K mit den Regeln $\Rightarrow z$ und $X \Rightarrow Xz$, wobei X Variable für schon hergestellte Zählzeichen ist [↑Eigenvariable] und z Mitteilungsvariable für Einzelexemplare der speziellen Zählzeichen, z.B. Striche ›|‹ [↑Strichkalkül], auf deren Verwendung man sich vorher geeinigt hat).

Um dem Umstand Rechnung zu tragen, daß die Aussagen der A. ja unabhängig von dem gewählten Zählzeichensystem sein sollen, kann man für theoretische Zwecke statt der soeben verwendeten Invarianz arithmetischer Aussagen gegenüber Ersetzung von Zählzeichen eines *fest gewählten* Zählzeichenkalküls durch andere, in gleichen Schritten nach dem gleichen Kalkül hergestellte Zeichen allgemeiner die Invarianz gegenüber der Ersetzung aller in einer arithmetischen Aussage auftretenden Zählzeichen durch andere zugrunde legen, die ihnen bei der ›natürlichen Zuordnung‹ zu einem anderen ›kohärenten‹ Regelsystem zur Herstellung von Zählzeichen entsprechen. Dabei heißt ein Regelsystem ›kohärent‹, wenn es genau eine ↑Anfangsregel hat und wenn auf jedes Ergebnis einer Regelanwendung die Prämisse genau einer Regel des Regelsystems anwendbar ist; eine Zuordnung zweier durch kohärente Regelsysteme R_1, R_2 erzeugten Zählzeichenketten heißt ›natürlich‹, wenn die beiden nach der Anfangsregel erzeugten Zählzeichen einander, und dann *schrittweise* jedes durch einen Fortsetzungsschritt in R_1 dem vom entsprechenden Fortsetzungsschritt in R_2 erzeugten Zählzeichen zugeordnet wird. Die durch ↑Abstraktion bezüglich dieser neuen Invarianz erhaltenen arithmetischen Aussagen bilden den Satzbestand der A. in der mit dieser Disziplin intendierten Allgemeinheit im Sinn der Unabhängigkeit von speziellen Zähl- und Bezeichnungssystemen.

Auf beiden Stufen der konstruktiven A. erhält man dann mit geeigneten induktiven Definitionen (↑Definition, induktive) der Rechenoperationen Addition, Multiplikation und Potenzierung sowie der arithmetischen Grundrelationen (z.B. $x<y$) die wahren Aussagen der A. als diejenigen, um die ein Proponent unter Rückgriff auf den konstruktiven Sinn der logischen Partikeln, einen Zählzeichenkalkül und die gegebenen induktiven Definitionen einen Dialog gegen jeden Opponenten gewinnen kann (↑Logik, dialogische). Auf der in dieser Weise dialogisch begründeten Theorie der Grundzahlen (welche auch die nunmehr freilich ihrer zentralen Stellung beraubten Peano-Axiome zu rechtfertigen erlaubt) lassen sich nun ebenfalls konstruktiv die obengenannten Erweiterungen des Systems der Grundzahlen erhalten, bei Hinzunahme von Grenz- bzw. Mengenbildungsprozessen sogar der ›klassische‹ Satzbestand der ↑Analysis. – Erst neueren Datums sind Erweiterungen der Auffassung der A. als einer Metatheorie formaler Systeme sowie (in der Fachmathematik) als Theorie von Ringoperationen, die sich durch Verallgemeinerungen an Hand der Auffassung des Gebildes der ganzen Zahlen als kommutativer Ring mit Einselement (↑Ring (mathematisch)) ergeben.

Literatur: P.S. Alexandroff/A.J. Markuschewitsch/A.J. Chintschin (eds.), Enzyklopädie der Elementar-Mathematik I A, Berlin 1965; O. Becker, Die Lehre vom Geraden und Ungeraden im Neunten Buch der Euklidischen Elemente, Quellen u. Stud. Gesch. Math., Astr. u. Phys., Abt. B. 3 (1936), 533–553 (publ. 1934), repr. in: O. Becker (ed.), Zur Geschichte der griechischen Mathematik, Darmstadt 1965, 125–145; H. Behnke u.a. (eds.), Grundzüge der Mathematik. Für Lehrer an Gymnasien sowie für Mathematiker in Industrie und Wirtschaft I (Grundlagen der Mathematik, A. und Algebra), Göttingen 1958, [3]1966; R. Dedekind, Was sind und was sollen die Zahlen?, Braunschweig 1888, [10]1965; ders., Brief an Hans Keferstein vom 27.2.1890, engl. Teilübers. in: H. Wang 1970, 73–74 (s.u.), vollständig in: J. van Heijenoort (ed.), From Frege to Gödel, A Source Book in Mathematical Logic, 1879–1931, Cambridge Mass. 1967, 98–103; G. Frege, Grundlagen der A.. Eine logisch mathematische Untersuchung über den Begriff der Zahl, Breslau 1884, Neudr. 1934 (repr. Hildesheim/Darmstadt 1961); ders., Grundgesetze der A.. Begriffsschriftlich abgeleitet, I–II, Jena 1893/1903 (repr. I–II, Darmstadt/Hildesheim 1962);

H. Graßmann, Lehrbuch der Mathematik für höhere Lehranstalten. 1. Theil: A., Stettin 1860, Berlin 1861, teilweise wiederabgedr. in: ders., Gesammelte mathematische und physikalische Werke II 1, Leipzig 1904 (repr. New York 1969), 295–349; L.C. Karpinski, The History of Arithmetic, Chicago/New York 1925; K. Lorenz, A. und Logik als Spiele, Diss. Kiel 1961; P. Lorenzen, Differential und Integral. Eine konstruktive Einführung in die klassische Analysis, Frankfurt 1965; A. Oberschelp, Aufbau des Zahlensystems, Göttingen 1968, [3]1976; G. Peano, Arithmetices principia nova methodo exposita, Turin 1889, Neudr. in: ders., Opere Scelte II, Rom 1958, 20–55; J.P. Seldin, Arithmetic as a Study of Formal Systems, Notre Dame J. Formal Logic 16 (1975), 449–464; C. Thiel, Zur Bestimmung der A., in: K. Lorenz (ed.), Konstruktionen versus Positionen. Beiträge zur Diskussion um die Konstruktive Wissenschaftstheorie, I–II, Berlin/New York 1979, I, 29–34; B.L. van der Waerden, Die A. der Pythagoreer, Math. Ann. 120 (1947/1949), 127–153, 679–700 (repr. in: O. Becker [ed.], Zur Geschichte der griechischen Mathematik, Darmstadt 1965, 203–254); H. Wang, The Axiomatization of Arithmetic, J. Symb. Log. 22 (1957), 145–158, Neudr. in: ders., A Survey of Mathematical Logic, Peking 1962 (corr. repr. unter dem Titel: Logic, Computers, and Sets, New York 1970), 68–81. C.T.

Arithmetik, konstruktive, die ↑konstruktiv begründete Theorie der natürlichen, ganzen und rationalen ↑Zahlen. Ausgangspunkt ist eine elementare Theorie der Zählhandlungen, wobei für Zählhandlungen paradigmatisch die Herstellung von Figuren im ↑Strichkalkül

$$(K)\qquad \begin{array}{l} \Rightarrow | \\ n \Rightarrow n| \end{array}$$

gewählt wird. Jedoch läßt sich auch jedes andere Zählverfahren, das ausgehend von einem ausgezeichneten Anfangselement (in K der Strich $|$) schrittweise zu immer neuen Elementen kommt derart, daß zu jedem Element das jeweils vorhergehende ermittelt werden kann (in K zu $n|$ die Figur n), als Basis der Theorie wählen. Deshalb ist es möglich, von der spezifischen Gestalt des Zählverfahrens zu abstrahieren, d.h. eine ↑Abstraktion vorzunehmen auf dem Bereich der Zählhandlungen bezüglich einer ↑Äquivalenzrelation, wonach einander schrittweise entsprechende Zählhandlungen als äquivalent gelten sollen; solche Zählaussagen, die hinsichtlich Gültigkeit bzw. Ungültigkeit unabhängig sind von der spezifischen Wahl des Zählverfahrens, bezeichnet (und formuliert) man sodann als Aussagen über natürliche Zahlen. Rede über natürliche Zahlen ist also abstrakte (nämlich gegenüber der Wahl des Zählverfahrens invariante) Rede über Zählhandlungen.

Die Einführung der Relationen ›=‹ (↑Identität) und ›<‹ (↑Ordnungsrelation) sowie der Operationen ›+‹ (↑Addition (mathematisch)), ›·‹ (↑Multiplikation (mathematisch)) erfolgt über Kalküle, welche die gültigen Elementaraussagen mit diesen Relationen bzw. die elementaren Gleichungen zwischen Termen mit diesen Operatoren herzustellen gestatten. Die ↑Peano-Axiome, die üblicherweise als Basis der Zahlentheorie genommen oder innerhalb der ihrerseits nur axiomatisch fundierten Mengenlehre abgeleitet werden, ergeben sich dabei als konstruktiv begründete Sätze.

Auf Grund der Einbettbarkeit der klassischen Logik der Gleichheit und der klassischen Quantorenlogik (die zusammen mit den Peano-Axiomen die formale Basis der klassischen Arithmetik bilden) in die konstruktive ist auch die Peano-Arithmetik eine vergröbernde Teildisziplin der k.n A.

Nach dem Gödelschen ↑Unvollständigkeitssatz bilden die Peano-Axiome sowohl mit klassischer als auch mit konstruktiver Logik der Gleichheit ↑*unvollständige* Formalisierungen der Arithmetik. Diese Unvollständigkeit ist auch durch keine endliche Erweiterung des Axiomensystems zu beheben. Jedoch lassen sich nachweislich ↑widerspruchsfreie und ↑vollständige ↑Halbformalismen für die k. A. und die klassische Arithmetik angeben. Hierzu wird das Prinzip der vollständigen Induktion (↑Induktion, vollständige) durch das Prinzip der unendlichen Induktion (↑Induktion, unendliche), die sogenannte ω-Regel, ersetzt, wobei man ohne Verlust der Vollständigkeit fordern kann, daß diese Regel nur in konstruktiv zulässigen Fällen angewandt werden darf. Die auf diese Weise in Halbformalismen vermiedene, in ↑Vollformalismen dagegen zwangsläufig auftretende Unvollständigkeit (↑ω-vollständig/ω-Vollständigkeit) ist ein stichhaltiges Argument gegen eine axiomatische Charakterisierung (erst recht gegen eine axiomatische ›Fundierung‹) der Arithmetik und auf ihr aufbauender Disziplinen (z.B. der Theorie der reellen Zahlen, der ↑Analysis). Konsequenterweise werden deshalb in der Grundlagenforschung statt axiomatischer Theorien geschichtete Theorienfolgen zur adäquaten Formalisierung der Arithmetik und ihrer Erweiterungen herangezogen.

Die Theorie der ganzen Zahlen erhält man, indem man die Rede über Paare natürlicher Zahlen auf solche Aussagen einschränkt, die bezüglich der Äquivalenzrelation

$$(*)\qquad (a, b) \sim (c, d) \leftrightharpoons a + d = b + c$$

invariant sind, d.h. bei Ersetzung von Zahlenpaaren (a, b) durch äquivalente in (logisch) gleichwertige Aussagen übergehen. Wählt man statt (*) die Definition

(**) $(a, b) \sim (c, d) \leftrightharpoons a \cdot d = b \cdot c$,

so erhält man in der oben angegebenen Weise die Theorie der positiv-rationalen Zahlen, die durch einen weiteren Abstraktionsschritt (mit (*) als Äquivalenzrelation, wobei jetzt *a, b, c, d* positiv-rationale Zahlen sind) in die Theorie der rationalen Zahlen übergeht.

Neben dem hier beschriebenen, auf P. Lorenzen zurückgehenden, Aufbau der k.n A. werden als konstruktiv im weiteren Sinne auch die formal-algorithmentheoretische Fundierung der Arithmetik von A.A. Markov und die ›rekursive Arithmetik‹ von R.L. Goodstein bezeichnet; während vom formalen Ergebnis her keine gravierenden Unterschiede festzustellen sind, werden bei Markov Zahlen formalistisch als Zeichenreihen verstanden, bei Goodstein letztlich als gegeben vorausgesetzt. Beide Begründungsansätze sind aber im Lorenzenschen Sinne ergänzbar. Demgegenüber liegen der (formal ebenfalls zur k.n A. äquivalenten) intuitionistischen Arithmetik von L.E.J. Brouwer und A. Heyting metaphysische Annahmen zugrunde, die nur bei gutwilliger Interpretation in voraussetzungsfreie Begründungsargumente überführt werden können.

Literatur: R.L. Goodstein, Recursive Number Theory. A Development of Recursive Arithmetic in a Logic-Free Equation Calculus, Amsterdam 1957, [2]1964; ders., Essays in the Philosophy of Mathematics, Leicester 1965; G. Haas, Zur konstruktiven Begründung der Analysis. Ein Beitrag zur Klärung des Konstruktivitätsbegriffs, Diss. Aachen 1975; A. Heyting, Intuitionism. An Introduction, Amsterdam/London 1956, [3]1971; P. Lorenzen, Einführung in die operative Logik und Mathematik, Berlin/Heidelberg/New York 1955, [2]1969; ders., Metamathematik, Mannheim 1962; ders., Differential und Integral. Eine konstruktive Einführung in die klassische Analysis, Frankfurt 1965; ders., Konstruktive Begründung der Mathematik, in: ders., Konstruktive Wissenschaftstheorie, Frankfurt 1974, 199–203; A.A. Markov, O konstruktivnoi matematike, Trudy Mat. Inst. Steklov 67 (1962), 8–14 (engl. On Constructive Mathematics, Amer. Math. Soc. Trans., Series 2, 98 [Providence, Rhode Island 1971], 1–9); K. Schütte, Beweistheorie, Berlin/Göttingen/Heidelberg 1960; ders., Proof Theory, Berlin/Heidelberg/New York 1977; C. Thiel, Zur Bestimmung der Arithmetik, in: K. Lorenz (ed.), Konstruktionen versus Positionen. Beiträge zur Diskussion um die Konstruktive Wissenschaftstheorie, I–II, Berlin/New York 1979, I, 29–34. G.H.

Arithmetik, rekursive, die ↑Arithmetik in einem auf (primitiv-)rekursive Definitionen (↑Definition, rekursive) und das ↑Induktionsschema gegründeten Aufbau mit Hilfe des elementaren ↑Logikkalküls ohne gebundene Variablen (d.h. ohne ↑Quantifikation). Jede Formel *F* der r.n A. ist ein Satz mit freien Variablen, der bei Ersetzung durch Ziffern oder numerische Terme in Einzelfälle der gleichen Struktur übergeht. Rechnet man dann die eventuell enthaltenen primitiv-rekursiven Funktionsterme aus und ersetzt alle Anwendungen des Induktionsschemas durch Implikationen, so erhält man aus einem Beweis von *F* einen Beweis des gewählten Einzelfalls.

Der dabei sichtbar werdende konstruktive Charakter der r.n A. machte sie zum Ausdruck der metasprachlichen Argumentation in K. Gödels ↑Unvollständigkeitssatz für die Arithmetik (sowie, worauf D. Hilbert und P. Bernays hingewiesen haben, allgemeiner für Widerspruchsfreiheitsbeweise für die Arithmetik) geeignet. Auf Grund der Tatsache, daß in der r.n A. jede Wahrheitsfunktion von Gleichungen einer Gleichung der Gestalt $A=0$ äquivalent ist, haben H.B. Curry und R.L. Goodstein die r. A. als einen logikfreien Kalkül aufgebaut.

Literatur: A. Church, Binary Recursive Arithmetic, J. math. pures et appliqu., ser. 9, 36 (1957), 39–55; H.B. Curry, A Formalization of Recursive Arithmetic, Amer. J. Math. 63 (1941), 263–282; R.L. Goodstein, Function Theory in an Axiom-free Equation Calculus, Proc. London Math. Soc., 2nd ser. 48 (1945), 401–434; ders., Recursive Number Theory. A Development of Recursive Arithmetic in a Logic-free Equation Calculus, Amsterdam 1957; ders., Multiple Successor Arithmetics, in: J.N. Crossley/M.A.E. Dummett (eds.), Formal Systems and Recursive Functions. Proc. of the 8th Logic Colloquium, Oxford July 1963, Amsterdam 1965, 265–271; ders., Development of Mathematical Logic, London 1971 (Chap. 7: Free-variable Arithmetic); D. Hilbert/P. Bernays, Grundlagen der Mathematik, I–II, Berlin/Heidelberg/New York [2]1968/1970; H.E. Rose, On the Consistency and Undecidability of Recursive Arithmetic, Z. math. Logik u. Grundlagen d. Math. 7 (1961), 124–135; ders., Ternary Recursive Arithmetic, Mathematica Scandinavica 10 (1962), 201–216; T. Skolem, Begründung der elementären Arithmetik durch die rekurrierende Denkweise ohne Anwendung scheinbarer Veränderlichen mit unendlichem Ausdehnungsbereich, Skrifter utgit av Videnskabsselskabet i Kristiania I, mat.-nat. Kl. 1923, Nr. 6 (repr. in: ders., Selected Works in Logic, ed. J.E. Fenstad, Oslo/Bergen/Tromsö 1970, 153–188); ders., Eine Bemerkung über die Induktionsschemata in der rekursiven Zahlentheorie, Mh. Math. Phys. 48 (1939), 268–276 (repr. in: ders., Selected Works in Logic, ed. J.E. Fenstad, 441–449; ders., The Development of Recursive Arithmetic, Den 10. skandinaviske matematiker-kongress i København, 26.–30. August 1946, 1–46; V. Vučković, Partially Ordered Recursive Arithmetics, Mathematica Scandinavica 7 (1959), 305–320. C.T.

Arithmetik, transfinite, die Theorie der (Operationen auf dem Bereich der) transfiniten ↑Ordinal-

und ↑Kardinalzahlen. Für den Bereich der endlichen Ordinalzahlen bzw. Kardinalzahlen (d.h. der Zahlen $<\omega$ bzw. $<\aleph_0$) stimmt die t. A. mit der ↑Arithmetik der natürlichen Zahlen überein. Im Transfiniten bleiben dagegen eine Reihe von Rechengesetzen (z.B. strikte Monotonie von Addition und Multiplikation in beiden Argumenten) nicht erhalten. Während der Theorie der transfiniten Kardinalzahlen – auf Grund der Uneinsichtigkeit der klassischen Rede von nicht-abzählbaren (↑›überabzählbaren‹) Bereichen – nur mittelbar ein konstruktiver Sinn abgewonnen werden kann, läßt sich die t. A. der Ordinalzahlen, die klassisch im Rahmen von Axiomatisierungen der Mengenlehre (↑Mengenlehre, axiomatische) behandelt wird, für gewisse Bereiche des (im klassischen Sinne) Abzählbaren (↑abzählbar/Abzählbarkeit) konstruktiv-methodisch auffassen; sie ist ein unentbehrliches Hilfsmittel für metamathematische (↑Metamathematik), speziell beweistheoretische (↑Beweistheorie) Untersuchungen. So greifen konstruktive ↑Widerspruchsfreiheitsbeweise für über die elementare ↑Quantorenlogik erster Stufe hinausgehende axiomatische Theorien, z.B. der Beweis G. Gentzens für die Widerspruchsfreiheit der elementaren Zahlentheorie (↑Arithmetik), wesentlich auf die t. A. der Ordinalzahlen, insbesondere auf das Prinzip der transfiniten Induktion (↑Induktion, transfinite) zurück.

Literatur: H. Bachmann, Transfinite Zahlen, Berlin/Heidelberg/New York ²1967; S.C. Kleene, On Notation for Ordinal Numbers, J. Symb. Log. 3 (1938), 150–155; K. Schütte, Proof Theory, Berlin/Heidelberg/New York 1977. G. H.

Arithmetisierung, auch ↑Gödelisierung, in der ↑Metamathematik ein Verfahren zur Darstellung formaler Systeme innerhalb der Arithmetik.

K. L.

Arithmetisierungstendenz, die Entwicklung der Mathematik im 19. Jahrhundert zeigt eine zunehmende A. in dem Sinne, daß man bemüht ist, die Grundbegriffe aller mathematischen Disziplinen auf diejenigen der ↑Arithemetik (d.h. letztlich auf den Begriff der natürlichen Zahl) zurückzuführen. So gibt A.-L. Cauchy dem Begriff des ↑Grenzwerts eine Definition, die allein auf Relationen zwischen reellen Zahlen Bezug nimmt. H.C.R. Méray, G. Cantor, R. Dedekind, K. Weierstraß u.a. versuchen, auch noch den Begriff der reellen Zahl auf den der natürlichen Zahl zurückzuführen und damit zu ›arithmetisieren‹, ein Unternehmen, das L. Kronecker 1887 (50 Jahre nach einem wirkungslos gebliebenen Versuch W.R. Hamiltons mit gleicher Zielrichtung) in Gestalt eines ›Arithmetisierungsprogramms‹ zur Forderung erhebt, falls die Mathematik künftig noch auf Klarheit ihrer Begriffsbildungen und Sicherheit ihrer Beweisführungen Anspruch haben wolle. Die ›Arithmetisierung‹ der reellen Zahlen macht zwangsläufig vom Begriff der ↑Menge Gebrauch, der bis zum Ende des 19. Jahrhunderts gefahrlos schien; die Zurückführung der Analysis auf die Grundbegriffe der natürlichen Zahl und einen den Kroneckerschen Forderungen an mathematische Strenge genügenden Mengenbegriff (und somit auch ihre Arithmetisierung im Kroneckerschen Sinne) ist erst im 20. Jahrhundert durch die konstruktive Analysis gelungen.

Literatur: F. Klein, Über Arithmetisierung der Mathematik, Nachr. Königl. Ges. Wiss. und der Königl. Georg-August-Universität zu Göttingen 1895, 82–91, Nachdr. in: ders., Gesammelte mathematische Abhandlungen, I–III, Berlin 1921–1923 (repr. I–III, Berlin 1973), II (1922), 232–240; L. Kronecker, Ueber den Zahlbegriff, Crelles Journal 101 (1887), 337–355 (insbes. 338f.); P. Lorenzen, Differential und Integral. Eine konstruktive Einführung in die klassische Analysis, Frankfurt 1965; J. Mathews, William Rowan Hamilton's Paper of 1837 on the Arithmetization of Analysis, Arch. Hist. Ex. Sci. 19 (1978), 177–200; E. T. Bell, Men of Mathematics, New York 1937 (dt. Die großen Mathematiker, Düsseldorf/Wien 1967).
C. T.

Arkesilaos von Pitane, ca. 316–241 v. Chr., Begründer der mittleren ↑Akademie. Gegen den stoischen Dogmatismus greift A. auf die Sokratische Dialogtechnik zurück und versucht, durch Aufzeigen von Gründen und Gegengründen für jede Behauptung (pro et contra dicere) seinen Gesprächspartner in die ↑Aporie zu führen. Unbezweifelbar sicheres Wissen hält er für unerreichbar; vernünftiges Handeln ist jedoch möglich, wenn man dem ›Wohlbegründeten‹ (εὔλογον) folgt.

Literatur: O. Gigon, Zur Geschichte der sogenannten Neuen Akademie, Mus. Helv. 1 (1944), 47–64; L. Robin, Pyrrhon et le scepticisme grec, Paris 1944; A. Weische, Cicero und die neue Akademie. Untersuchungen zur Entstehung und Geschichte des antiken Skeptizismus, Münster 1961. E. K.

Arnauld, Antoine, *Paris 6. Febr. 1612, †Brüssel 8. Aug. 1694, franz. Theologe, Philosoph und Mathematiker. 1641 Promotion (in Theologie) und Priesterweihe. 1643 Eintritt in die Sorbonne, die A. 1656 wegen seiner jansenistischen Ansichten (↑Jansenismus) wieder verlassen mußte. 1656–1668 Aufenthalt in Port-Royal, 1677 Fortsetzung

seiner Auseinandersetzung mit den Jesuiten, 1679 Übersiedlung nach Belgien.
Den Ausgangspunkt für A.s philosophisches Denken bildet die Philosophie R. Descartes', mit der er sich in einer umfangreichen Korrespondenz mit N. Malebranche, G.W. Leibniz und Descartes selbst auseinandersetzt. Dessen »Meditationen« unterzieht er methodisch (durch Nachweis systematischer Unzulänglichkeiten und Zirkelschlüsse) wie inhaltlich (wegen ihrer theologischen Implikationen) einer scharfsinnigen Kritik. Demgegenüber werden Descartes' »Regulae« neben B. Pascals »Méthode« zum programmatischen Leitbild für A.s eigene systematische Philosophie. 1660 erscheint in Paris die »Grammatik von Port-Royal«, die er mit C. Lancelot verfaßt hatte, 1662 die in Zusammenarbeit mit P. Nicole entstandene »Logik von Port-Royal« (↑Port-Royal, Schule von). Beide Bücher gelten in der Folgezeit als Standardwerke; die »Logik«, die 1685 bereits in der 6. Auflage erscheint, löst in dieser Rolle die wesentlich umfangreichere »Logica Hamburgensis« von J. Jungius ab. Während die »Grammatik« eine systematische Ausarbeitung der Sprach- und Zeichentheorie von Port-Royal – mit dem Ziel einer universalen (rationalen) ↑Grammatik – darstellt, führt die »Logik« das von Descartes und Pascal formulierte Programm einer allgemeinen Methodenlehre aus. Charakteristisch für beide Werke – und in der Tat konstitutiv für ihre methodische Exaktheit, (relative) Voraussetzungsfreiheit und Klarheit – ist die grundlegende These A.s, daß Sprechen und ↑Denken im wesentlichen identisch sind.
1667 veröffentlicht A. mit »Nouveaux élémens de géométrie« eine auf den damaligen beweistechnischen Stand gebrachte Neufassung der Euklidischen »Elemente«, die lange Zeit als Lehrbuch der Geometrie Verwendung fand und wegen ihres hohen didaktischen und inhaltlichen Niveaus bleibendes Interesse verdient.

Werke: Grammaire générale et raisonnée. Contenant les fondemens de l'art de parler (die »Grammatik von Port-Royal«), Paris 1660 (repr. Menston 1968, Genf 1972); La logique ou l'art de penser, I–III (die »Logik von Port-Royal«), Paris 1662 (repr. Stuttgart-Bad Cannstatt 1965), [6]1685, krit. Ausg. ed. P. Clair/F. Girbal, Paris 1965 (dt. Die Logik oder die Kunst des Denkens, Darmstadt 1972); Nouveaux élémens de géométrie, Paris 1667. – Œuvres, I–XXXXIII, Lausanne 1775–1783 (repr. Brüssel 1964–1967); Œuvres philosophiques, ed. J. Simon, Paris 1843.

Literatur: K. Bopp, Der große A. als Mathematiker, Abh. Gesch. math. Wiss. 14 (1902), 186–337; ders., Drei Untersuchungen zur Geschichte der Mathematik, Schriften der Strassburger wiss. Ges. in Heidelberg 10/2 (1929), 5–18; H.M. Bracken, A., Enc. Ph. I (1967), 165–167; H.L. Brekle, Semiotik und linguistische Semantik in Port-Royal, Indogerm. Forschungen 69 (1964), 103–121; A.O. Lovejoy, ›Representative Ideas‹ in Malebranche and A., Mind 32 (1923), 449–461; H. Nathan, A., DSB I (1970), 291–292; L. Verga, Il pensiero filosofico e scientifico di A.A., I–II, Milano 1972. G.H.

Arrhenius, Svante August, *Vik (Schweden) 19. Febr. 1859; †Stockholm 2. Okt. 1927, schwedischer Naturwissenschaftler. Studium der Mathematik, Physik und Chemie in Uppsala. 1884 Promotion in Stockholm und Dozent für physikalische Chemie, zu deren Mitbegründer A. zählt, in Uppsala. 1886–1890 Stipendien in Deutschland und Österreich (unter anderem Arbeit bei W. Ostwald und L. Boltzmann). 1891 Dozent und 1895 Prof. der Physik an der Technischen Hochschule Stockholm. 1903 wurde A. für seine Theorie der elektrolytischen Dissoziation mit dem Nobelpreis ausgezeichnet. Haupttätigkeit auf dem Gebiet der Elektrolyse, Meteorologie, Immunologie und kosmischen Physik. Hier stellte A. seine sogenannte Panspermie-Theorie auf, wonach das irdische Leben aus Sporen von Mikroben entstanden sei, die aus dem Weltraum mittels des Lichtdrucks von Sonne und Fixsternen auf die Erde gelangt seien.

Werke: Lehrbuch der kosmischen Physik, I–II, Leipzig 1903; The Development of the Theory of Electrolytic Dissociation, in: Les prix Nobel en 1903, Stockholm 1905; The Transmission of Life through the Universe, Monist 18 (1908), 161–175; Människan inför världsgatan, Stockholm 1907 (dt. Die Vorstellung vom Weltgebäude im Wandel der Zeiten, Leipzig 1908). – Bibliographie in: E.H. Riesenfeld (siehe Lit.verz.).

Literatur: W. Ostwald, S.A.A., Z. phys. Chemie 69 (1909), V–XX; W. Palmaer, A., in: G. Bugge (ed.), Buch der großen Chemiker II, Weinheim 1929, 443–462 (engl. transl. and abridged in E. Farber [ed.], Great Chemists, New York 1961, 1093–1109; E.H. Riesenfeld, S.A., Leipzig 1931 (mit Bibliographie); H.A.M. Snelders, A., DSB I (1970), 296–302. G.W.

ars (lat., Kunst, Technik), durch Übung gewonnene Fertigkeit (im Mittelalter auch eine Zunft), Wissenschaft. Die *artes liberales,* die ›freien Künste‹, vertreten in der lateinischen Antike und im Mittelalter den auf die Sophistik und auf Platon zurückgehenden Versuch, den Umfang des Wissens (d.i. der Philosophie im weitesten Sinne) für die Zwecke einer enzyklopädischen Erziehung (griech. ἐγκύκλιος παιδεία) der Freien (↑Enzyklopädie) zu systematisieren (seit dem 4. Jahrhundert in der klassischen Siebenzahl). Dazu gehören die später in den Kloster- und Lateinschulen gelehrten Fächer (›artes‹ hier im Sinne von ›disciplinae‹, den Disziplinen) des sprachliche Fertigkeiten betreffenden *Triviums* (Grammatik, Rhetorik, Dialektik) und des mathematische Fertigkeiten betreffenden *Quadriviums* (Arithmetik, Geometrie, Astronomie, Musik als Harmonielehre), die zusammen bei der Gründung der Universitäten die propädeutische ›untere‹ Artistenfakultät ausmachen (daraus seit der Humboldtschen Universitätsreform im wiederbelebten alten weiten Sinn von Philosophie die ›obere‹ Philosophische Fakultät) und vor den übrigen Fakultäten, der Theologie, Jura und Medizin, durchlaufen werden müssen. In diesem Zusammenhang ist a. im wesentlichen synonym mit theoretischer Wissenschaft, obwohl nach der auf Aristoteles zurückgehenden Einteilung die (theoretischen) Wissenschaften (griech. *ἐπιστῆμαι*, lat. scientiae) den (praktischen) Wissenschaften (griech. *τέχναι*, lat. artes) gegenüberstehen, und jene diesen in der Sicherheit des durch sie vermittelten Wissens überlegen sind. Entsprechend gelten die artes liberales wirklich als scientiae und nur unter anderem die handwerkliche Fertigkeiten vertretenden artes mechanicae als artes in diesem engeren Sinn. Die scientiae sind dann durch (theoretische) Satzsysteme repräsentiert, die artes hingegen bloß durch (praktische) Regelsysteme. So z.B. die antike a. amandi (die Kunst zu lieben) Ovids ebenso wie die mittelalterliche a. moriendi (die Kunst zu sterben) oder die neuzeitliche a. inveniendi (die Kunst, [Fragen und Antworten] aufzufinden) G.W. Leibnizens und die antike wie mittelalterliche a. architecturae (die [handwerkliche] Kunst der Architektur). Die Logik (auch ↑Dialektik genannt) liefert sogar innerhalb der artes liberales ein Beispiel für einen lang andauernden Streit um ihren Status als a. (die Kunst, richtig zu schlußfolgern, allgemein: zu denken) oder scientia (die Wissenschaft der formalen Wahrheiten, allgemein: der ↑Vernunftwahrheiten).

Im ↑Humanismus entwickeln sich die Fächer des Triviums zu den Humaniora (Grammatik, Rhetorik, Poetik, Logik, Moral, Geschichte), den artes der Neuzeit, während die Fächer des Quadriviums zur Basis der neuzeitlichen mathematischen scientiae werden. Dies wird die Quelle der im nichtdeutschen Universitätsbetrieb von Anfang an verbreiteten Teilung der philosophischen Fakultät in den Bereich der Künste (engl. arts, letters; franz. arts, lettres; span. artes, letras) und den Bereich der Wissenschaften (engl./franz. sciences; span. ciencias), so daß dort auch im Sprachgebrauch bis heute die Bezeichnung ›scientia‹ im allgemeinen auf die mathematische Fertigkeiten verwendenden (theoretisch verstandenen) Naturwissenschaften beschränkt bleibt, während die Bezeichnung ›a.‹ neben anderen als Terminus für die ästhetisch-hermeneutische Fertigkeiten verwendenden (praktisch verstandenen) Geisteswissenschaften sich erhält (im Titel magister artium, Master of Arts, maître ès arts sogar ursprünglich im alten, ›ars‹ mit ›scientia‹ synonym verwendenden Sinn) und erst durch einen qualifizierenden Zusatz die nicht als Wissenschaften geltenden ›schönen‹ Künste (fine arts, beaux arts, bellas artes) wie Malerei, Bildhauerei etc. bezeichnet.

Literatur: H. Fuchs, Enkyklios paideia, RAC IV (1962), 365; J. Koch (ed.), Artes liberales. Von der antiken Bildung zur Wissenschaft des Mittelalters, Köln/Leiden 1959; H.J. Marrou, Geschichte der Erziehung im klassischen Altertum, Freiburg 1957; H. Schipperges, Artes liberales, LMA I (1979), 1058–1063; P. Sternagel, Die artes mechanicae im Mittelalter, Lassleben 1966; W. Wühr, Das abendländische Bildungswesen im Mittelalter, München 1950. K.L.

ars characteristica (lat., ›Zeichenkunst‹), auch: ars symbolica, lingua rationalis, characteristica universalis, bei G.W. Leibniz eine als Kalkülsprache konzipierte universelle Wissenschaftssprache, die nicht nur den formalen Teil logischer Schlußregeln (calculus ratiocinator, ↑calculus universalis), sondern auch die inhaltlichen Begriffsbestimmungen aller Wissenschaften umfassen soll (↑Leibnizsche Charakteristik). K.L.

ars combinatoria (lat., ›Kombinationskunst‹), die Kunst der Zusammensetzung oder Synthesis, ↑Kombinatorik, speziell aller Begriffe aus einfachen Begriffen (↑Begriff, einfacher); so zuerst in der ↑ars magna von R. Lullus, bei G.W. Leibniz dann der Fragen herstellende Teil der ↑ars inveniendi, dazu gedacht, ein vollständiges ›Wörterbuch‹ aus dem Alphabet der menschlichen Gedanken (›alphabetum coguitationum humanarum‹, De Organo sive Arte Magna cogitandi, C. 430, vgl. C. 220) zu verfassen. K.L.

ars intelligendi (lat., die Kunst des Verstehens), bei G.W. Leibniz die Grammatik als Grundlage jeder Wissenschaft. K.L.

ars inveniendi (lat., die Kunst des Erfindens), bei G.W. Leibniz die Kunst des Auffindens sowohl der Fragen (↑ars combinatoria) als auch der Antworten (ars analytica), d.s. die beiden von

Leibniz Synthesis und Analysis genannten Methoden. Die a. i. macht im wesentlichen die Logik im weiteren Sinne aus, verstanden als ↑scientia generalis, in deren Aufbau auf die Grammatik die Logik im engeren Sinne oder ↑ars iudicandi folgt. Der Logik im weiteren Sinne dient die ↑lingua universalis oder ↑ars characteristica als universelle Wissenschaftssprache, deren formaler Teil der Begriffskalkül (calculus ratiocinator, ↑calculus universalis) ist (↑Leibnizsche Charakteristik). Das Leibnizsche Begriffspaar a. i. und ars iudicandi, in der gegenwärtigen wissenschaftstheoretischen Diskussion durch die Gegenüberstellung von Wissenschaft als Forschung (engl. research) und Wissenschaft als Darstellung (engl. presentation) vertreten (↑Forschung), muß deutlich von dem durch H. Reichenbach in die Wissenschaftstheorie des logischen Empirismus (↑Empirismus, logischer) eingeführten Begriffspaar ›context of discovery‹ und ›context of justification‹ unterschieden werden, mit denen auf Aussagen in ihrer Rolle als wissenschaftliche Hypothesen jeweils im Zusammenhang einer psychologischen Analyse (ihrer induktiven Gewinnung) und einer logischen Analyse (ihrer deduktiven Sicherung) verwiesen wird (↑Entdeckungszusammenhang/Begründungszusammenhang).

Literatur: H. Hermes, Ideen von Leibniz zur Grundlagenforschung: Die a. i. und die ars iudicandi, Stud. Leibn. Suppl. III, Wiesbaden 1969, 92–102; H. Reichenbach, Experience and Prediction, Chicago/London 1938, [6]1966; H. Wohlrapp, Analytischer versus konstruktiver Wissenschaftsbegriff, Z. allg. Wiss.theorie 6 (1975), 252–275. K. L.

ars iudicandi (lat.), die Kunst des Urteilens oder des Beweisens (ars demonstrandi), bei G. W. Leibniz die im Aufbau der Wissenschaften, d.i. der ↑scienta generalis oder im wesentlichen der ↑ars inveniendi, auf die Grammatik folgende Logik im engeren Sinne; ihr dient der calculus ratiocinator (↑calculus universalis), der ›Begriffskalkül‹, zur formalen Beherrschung dieser Kunst. K. L.

ars magna, der Terminus tritt (jeweils gleichbedeutend mit ›ars maior‹ und in Entgegensetzung zu ›ars minor‹) in dreierlei Bedeutung auf: (1) Bei dem römischen Grammatiker A. Donatus ist a. m. die höhere Lehre von der korrekten und wohlgesetzten Rede im Unterschied zur ars minor, die das Alphabet und die Wortarten lehrt. Die beiden Grammatiken des Donatus waren unter diesen Titeln das ganze Mittelalter hindurch in Gebrauch.

(2) Bei R. Lullus bezeichnet ›a. m.‹, vermutlich in bewußter Aufnahme der in (1) genannten Terminologie, eine besondere Kunst zur Auffindung wahrer Aussagen durch kombinatorische Verknüpfung verschiedener Grundprädikatoren (z.B. $B \leftrightarrows$ ›Güte‹, $C \leftrightarrows$ ›Größe‹ und andere, in dieser Weise zum Teil schon von der kabbalistischen Tradition (↑Kabbala) zusammengestellte ›Grundeigenschaften Gottes‹), die einem jeweils vorgegebenen Untersuchungsgegenstand (z.B. Gott oder der Seele, bei Lullus durch ›A‹ bzw. ›S‹ bezeichnet), zu- bzw. abgesprochen werden. Dabei ist ›ars minor‹ die Lehre von den Grundprädikatoren bzw. Klassen von solchen, a. m. die Kunstlehre ihrer Kombination zu sinnvollen Aussagen des jeweils zugrunde gelegten Wissensgebiets. Zur Auffindung aller Verknüpfungen (deren Vollständigkeit garantieren soll, daß keine wahre Aussage übersehen wird) empfiehlt Lullus zwei heuristische Hilfsmittel, die zugleich den historisch ersten Versuch darstellen, geometrische Diagramme zur Auffindung nicht-mathematischer wahrer Sätze auszunützen (↑Diagramme, logische). Das erste Mittel besteht in einer kombinatorischen Anordnung, beispielsweise dem Nebeneinanderschreiben der durch Buchstaben abgekürzten Grundprädikatoren in zwei Spalten und Verbindung jedes Buchstabens der ersten Spalte mit jedem der zweiten Spalte durch eine Gerade. Origineller ist das zweite Mittel, das in der Verwendung von Kreisscheiben verschiedener Größe besteht, die verstellbar auf einer gemeinsamen Achse konzentrisch angeordnet sind und auf ihren sichtbaren Rändern (d.h. in den Außenteilen eingezeichneter Sektoren) Buchstaben tragen, die dann durch geeignete Drehung der Scheiben nebeneinandergebracht werden können. Das Verfahren, von Lullus als Vereinigung einer ↑ars combinatoria mit einem ↑calculus universalis gedacht, hat zwar weder bei seinem Erfinder noch in der nachfolgenden Lullismusbewegung zu nützlichen Resultaten geführt, aber starke Wirkungen, z.B. auch auf Leibnizens »Dissertatio de arte combinatoria« (1666) und seine Idee einer logica inventiva ausgeübt.

(3) Die Mathematiker der Renaissance bezeichnen als ›a. m.‹ die damals soeben geschaffene elementare ↑Algebra oder Buchstabenrechnung im Unterschied zum ›niederen‹ Zahlenrechnen, also der Arithmetik als der ›ars minor‹. Den Titel »Ars Magna« gibt deshalb G. Cardano auch seinem bahnbrechenden Werk über die Algebra, in dem

sich die Auflösung der kubischen Gleichung erstmals vollständig dargestellt findet.

Literatur: G. Cardano, A. m. sive de regulis algebraicis, Nürnberg 1545; A. Donatus, Ars grammatica, ed. G.T.H. Keil, Leipzig 1864 (Grammatici latini IV); R. Lullus, Ars compendiosa inveniendi veritatem seu A. m. et maior (1273–1275), in: ders., Opera, ed. I. Salzinger, I, Mainz 1721 (repr. Frankfurt 1965), 433–473; ders., Ars generalis et ultima (1305), Venedig 1480, unter dem Titel: A. m., generalis et ultima, Lyon 1517, Ars generalis ultima, Palma di Mallorca 1645 (repr. Frankfurt 1970); ders., Introductorium magnae artis generalis (1306), Lyon 1515 u.ö.; L. Paccioli, Summa de arithmetica geometria proportioni et proportionalita, Venedig 1494, Toscolano b. Salò ^{2}1523. – T. u. J. Carreras y Artau, Historia de la filosofía española I, Madrid 1939; J. Casadesús Vila, El »Arte magna« de Raimundo Lulio, Barcelona 1917; E.W. Platzeck, Die Lullsche Kombinatorik. Ein erneuter Darstellungs- und Deutungsversuch mit Bezug auf die gesamteuropäische Philosophie, Franziskanische Stud. 34 (1952), 32–60, 377–407; ders., Raimund Lull. Sein Leben, seine Werke, die Grundlagen seines Denkens. I–II, Düsseldorf 1962/1964; F.A. Yates, The Art of Ramon Lull. An Approach to it through Lull's Theory of the Elements, J. of the Warburg and Courtauld Institutes 17 (1954, repr. Vaduz 1965), 115–173. C.T.

Art (lat./engl. species, griech. εἶδος), die durch begriffliche Zergliederung der übergeordneten ↑Gattung (lat. genus, griech. γένος) in der klassischen, auf Platon und Aristoteles zurückgehenden Definitionenlehre gewonnene Bestimmung eines Gegenstandsbereichs, z.B. die A. ›Mensch‹ aus der Gattung ›Lebewesen‹ mit Hilfe des *artbildenden Unterschieds* (der spezifischen Differenz, lat. ↑differentia specifica) ›vernünftig‹, also ›homo‹ (Mensch) definiert durch ›animal rationale‹ (vernünftiges Lebewesen). Auch die moderne Wissenschaft bedient sich in ihren klassifikatorischen Teilen (↑Systematik) dieses Definitionsverfahrens: die biologischen A.en (↑Spezies) etwa werden durch fortgesetzte klassifizierende Unterteilung des Reichs der Tiere oder des Reichs der Pflanzen gewonnen. In diesem Fall ist die A. ›Mensch der Jetztzeit‹ definiert durch die Gattung ›Mensch‹ und die spezifische Differenz ›sapiens‹ (weise), also als ›homo sapiens‹, genauer sogar als Unter-A. ›homo sapiens sapiens‹ in Abgrenzung von einer anderen Unter-A., dem Neandertaler, ›homo sapiens neandertalensis‹. Dieses Verfahren wird verwendet, obwohl in der von C.R. Darwin aufgestellten und heute allgemein vertretenen Abstammungslehre die Rede von den ›natürlichen A.en‹ aufgegeben ist zugunsten des wichtigen Grundsatzes von der allmählichen Veränderung der A.en durch ↑Mutation und ↑Selektion (↑Evolution). Als Kriterium für die Zugehörigkeit zu verschiedenen A.en gilt dabei im wesentlichen die gegenseitige Unfruchtbarkeit. Der logische Gebrauch des A.- und Gattungsbegriffs ist im Zusammenhang mit den Adjektiven ›speziell‹ (besonders) und ›generell‹ (allgemein) selbstverständlicher Besitz aller gegenwärtigen Kultursprachen. Es wird dabei allerdings häufig nicht beachtet, daß jede Bestimmung als ›speziell‹ oder ›generell‹ nur als Vergleich sinnvoll ist und niemals in einem absoluten Sinn (als ›Struktur der Wirklichkeit‹) gelten kann.

Literatur: R. Löther, Die Beherrschung der Mannigfaltigkeit. Philosophische Grundlagen der Taxonomie, Jena 1972. K.L.

artes liberales, ↑ars.

artha (sanskr., Arbeit, Ziel, Sinn, Ding), Grundbegriff in der klassischen indischen Philosophie, meist den Gegenstand der Wahrnehmung oder der Erkenntnis oder auch nur eine Art solcher Gegenstände, z.B. die konkreten Dinge, bezeichnend. Daneben auch Terminus der Ethik im ↑Brahmanismus, nämlich eines der vier Ziele des Menschen (puruṣārtha): Wohlstand, neben dharma (Gerechtigkeit), kāma (Lust) und mokṣa (Erlösung). K.L.

Artikulator, die symbolische Repräsentation eines Handlungs- oder Dingschemas (↑Handlungsschema, ↑Ding) durch Lautschemata oder andere eigenständige ↑Sprachhandlungen. Dabei gehören ↑Eigenschaften wie grün über besondere Wahrnehmungshandlungen wie Grünsehen zu den Handlungsschemata. Aber auch ↑Ereignisse wie ein Sturz oder ↑Zustände wie ein Schlaf oder ↑Vorgänge wie eine Reise haben als ↑Aktualisierungen von Handlungsschemata mit unterschiedener ↑Individuation, z.B. Sturz als Ereignis und Sturz als Vorgang, und verschiedenen gegenseitigen Abhängigkeiten, z.B. schlafen als *Resultat* von einschlafen, zu gelten. Erst durch logische Rekonstruktion der Sprachentwicklung, d.h. ein ↑Modell der Sprachgenese, läßt sich klären, wie sich die Differenzierung der A.en und dabei auch die Herauslösung der Dingschemata aus den Handlungsschemata als spezieller Schemata des Umgangs mit Dingen ausbildet. Z.B. führt die Trennung der Sprachhandlungen ↑*Benennung* und ↑*Prädikation* zur Aufspaltung eines A.s in ↑Nominator und ↑Prädikator, etwa ›Grün‹ als Name einer Farbe und ›grün‹ als Prädikator, der grünen Dingen zukommt. Es gehört dabei zu den empirischen Problemen der Sprachgenese, insbesondere die Entstehung verschiedener Systeme von *Wortarten* sowie von ↑*Sprechakten* zu erklären oder doch wenigstens zu beschreiben.

Literatur: D. Wunderlich (ed.), Wissenschaftstheorie der Linguistik, Kronberg 1976. K. L.

Āryadeva, um 200 n. Chr., nach der Überlieferung aus Ceylon stammend, führender buddhistischer Philosoph, erster Schüler und Nachfolger von Nāgārjuna und mit ihm zusammen Begründer der einflußreichen ↑Mādhyamika-Schule des ↑Mahāyāna-Buddhismus. Sein Hauptwerk, das Catuḥśataka (die vierhundert Strophen), vollständig nur in tibetischer Übersetzung erhalten, ist durch seine detaillierte Auseinandersetzung mit gegnerischen Schulen (vor allem dem Sāṁkhya und Vaiśeṣika) eine wichtige Quelle zur Rekonstruktion ihrer Lehren.

Werkausgaben und Übersetzungen: G. Tucci, Studi Mahāyānici I. La versione cinese del Catuḥçataka di Āryadeva confrontata con testo sanscrito e la traduzione tibetana (mit ital. Übers.), Riv. stud. orientali 10 (1923–1925), 521–590; Śataśāstra, aus dem Chines. übers. v. G. Tucci, in: Pre-Diṅnāga Buddhist Texts on Logic, Baroda 1929 (Gaekwad's Oriental Ser. 49); Akṣara Śatakam – The Hundred Letters – A Mādhyamika Text by Ārya Deva. After Chinese and Tibetan Materials (Sanskrit Rekonstruktion mit engl. Übersetzung), ed. V. Gokhale, Heidelberg 1930.

Literatur: P. L. Vaidya, Études sur Ārya Deva et son Catuḥ Śataka, Paris 1923.

Asaṅga, 4./5. Jahrhundert n. Chr., Brahmane aus Puruṣapura (heute: Peshawar, Pakistan) in der Provinz Gandhāra, ältester Bruder von Vasubandhu. Führender buddhistischer Philosoph, Begründer (oder Schüler eines historisch nicht einwandfrei gesicherten Begründers Maitreyanātha, um 300 n. Chr.) der ↑Yogācāra-Schule des ↑Mahāyāna-Buddhismus, zu der er auch Vasubandhu bekehrte. Die das Mādhyamika charakterisierende Śūnyatā-Lehre (Lehre von der Leerheit) wird im Yogācāra so umgedeutet, daß ›śūnya‹ nicht mehr bloß Negation, sondern die sprachliche Darstellung des Begriffs reinen Bewußtseins (vijñāna) oder Geistes (citta) anzeigt. An die Stelle von ›alles ist leer‹ tritt ›alles ist Geist‹, logische Konstruktionen werden in psychologische umgewandelt. Unter den zahlreichen Werken A.s in Sanskrit, die oft nur in tibetischer oder chinesischer Übersetzung erhalten sind, finden sich sowohl typische Mādhyamika- als auch typische Yogācāra-Abhandlungen. Bis heute hat sich allerdings kein allgemein überzeugender Grund für diese Zweigleisigkeit A.s auffinden lassen A. gilt darüber hinaus als einer der Wegbereiter der Vajrayāna-Schule im ↑Tantrayāna-Buddhismus.

Werkausgaben und Übersetzungen: E. Lamotte, La somme du grand véhicule d'Asaṅga (Mahāyāna saṃgrahaḥ) I (version tibétaine et chinoise), II (traduction et commentaire), Louvain 1938/1939; Mahāyāna Sūtrālaṃkāra, Exposé de la doctrine du grand véhicule selon le système Yogācāra, éd. et trad. par S. Lévy, I–II, Paris 1908/1911; Yogācārabhūmi, ed. V. Bhattacharya, I, Kalkutta 1957.

Literatur: J. Masuda, Der individualistische Idealismus der Yogācāra-Schule, Heidelberg 1926; M. Schott, Sein als Bewußtsein. Ein Beitrag zur Mahāyāna-Philosophie, Heidelberg 1935. K. L.

a se (lat., von sich her), scholastischer Ausdruck zur Unterscheidung des absoluten Seienden (↑Absolute, das) als von sich selbst verursacht (›ratio sui‹ – Grund seiner selbst, ›causa sui‹ – Ursache seiner selbst) im Gegensatz zu allen anderen Seienden, die ↑ab alio, von einem anderen Seienden, verursacht sind. O. S.

Aspekt, ↑Horoskop.

assertorisch (von lat. asserere, behaupten), behauptend, ↑Urteil, assertorisches.

Assoziationstheorie, die Theorie der Regeln, die den Übergängen zwischen Vorstellungen, dem Vorstellungsverlauf, zugrunde liegen. Der Sache nach finden sich Ansätze zu einer A. bereits bei Aristoteles (de mem. B). Aristoteles kennt die Gesetze der Ähnlichkeit, des Gegensatzes und der Benachbarung (in Raum und Zeit). Der Terminus ›Assoziation‹ (association) taucht erstmals bei J. Locke auf (Essay Concerning Human Understanding II, 33; Zusatz zur 4. Aufl.). Auffällig ist, daß Locke unter Assoziationen solche Verbindungen von Vorstellungen (Ideen) versteht, die durch Zufall oder Gewohnheit zustande gekommen sind. Die ›natürlichen‹ Verbindungen nimmt er ausdrücklich aus. Entsprechend legt Locke keine Theorie der *allgemeinen* Gesetze vor, sondern (sehr modern) eine Analyse der individuellen oder kollektiven irrtümlichen oder gar zwanghaften Verbindungen von Ideen. Dieser negative Aspekt der Assoziation wird der Sache nach auch schon von F. Bacon in seiner ↑Idolenlehre hervorgehoben. Er soll durch die induktive Methode überwunden werden.

Als eigentlicher Begründer der A. kann D. Hume gelten. Hume betrachtet die Gewohnheit nicht als Quelle der durch Erziehung oder auf andere Weise hervorgerufenen Vorurteile, sondern wertet sie zur Grundlage unseres Erfahrungswissens auf. Als allgemeine Prinzipien, nach denen unser Denken (Vorstellen) abläuft, nennt Hume Ähnlichkeit, Kontiguität (Benachbarung in Raum und Zeit) und das Verhältnis von Ursache und Wirkung (Enquiry Concerning Human Understanding III). Die A. wurde weiterentwickelt von D. Hartley (Observations on Man, London 1749) und J. Priestley (Disquisitions Relating to Matter and Spirit, London 1777).

In England wurde diese Tradition durch James Mill (Analysis of the Phenomena of the Human Mind, I–II, London 1829) fortgesetzt und zur Assoziationspsychologie ausgearbeitet. Danach sollen sämtliche geistigen Phänomene auf Assoziation zurückgeführt werden. In Deutschland nahm sich J. F. Herbart der A. an. – Die A. (als Theorie der allgemeinen Gesetze des Denkens) erhielt schließlich vor allem durch die Gestaltpsychologie (↑Gestalttheorie) Konkurrenz. In der Lockeschen Version hat sie allerdings bis auf den heutigen Tag, insbesondere für die ↑Psychoanalyse (S. Freud, C. G. Jung), ihre Gültigkeit bewahrt; die Humesche Version fand ihre Erneuerung und Präzisierung in den modernen psychologischen Lerntheorien (↑Gewohnheit).

Literatur: O. Liebmann, Die Assoziation der Vorstellungen, in: ders., Zur Analysis der Wirklichkeit, Straßburg [4]1911, 441–477; D. Rapaport, The History of the Concept of Association of Ideas, New York 1974; ders., The Recent History of the Association Concept (1938), in: The Collected Papers of David Rapaport, ed. M. M. Gill, New York 1967, 37–51. G. G.

assoziativ/Assoziativität (von lat. associare, verbinden), in Mathematik und Logik eine wichtige Eigenschaft zweistelliger ↑Operationen (Verknüpfungen), nämlich die Unabhängigkeit des Resultates von der Zusammenfassung je zweier Argumente bei mehrfach vorgenommener Verknüpfung. Beispiele: die A. der arithmetischen Addition (↑Addition (mathematisch)): $(n+m)+p=n+(m+p)$, die A. der logischen ↑Adjunktion: $(a \vee b) \vee c \succ\!\prec a \vee (b \vee c)$. Gegenbeispiele: die Exponentialfunktion in der Arithmetik: $(2^2)^3 \neq 2^{(2^3)}$, die ↑Subjunktion in der Logik:
$(a \rightarrow b) \rightarrow c \not\succ\!\prec a \rightarrow (b \rightarrow c)$. K. L.

Assoziativgesetz, in Mathematik und Logik dasjenige ↑Theorem, das die Assoziativität einer Verknüpfungsvorschrift wiedergibt. Z.B. lautet das A. für die arithmetische Multiplikation (↑Multiplikation (mathematisch)):

$$\bigwedge_{x,y,z}(x \cdot (y \cdot z) = (x \cdot y) \cdot z)$$

(für alle natürlichen Zahlen x, y, z gilt, daß x multipliziert mit dem Produkt von y und z gleich ist dem Produkt von x und y, multipliziert mit z). Es rechtfertigt die klammerfreie Schreibweise $a \cdot b \cdot c$ das für das Produkt dreier Zahlen a, b, c. K. L.

Ast, Georg Anton Friedrich, *Gotha 29. Dez. 1778, †München 31. Okt. 1841, dt. Altphilologe und Philosoph. Ab 1798 Studium der Theologie, Philosophie und Altphilologie in Jena, dort 1802 Privatdozent. Ab 1805 o. Prof. der klassischen Literatur an der Universität Landshut, die 1826 nach München übersiedelt wurde. Gehörte dem Landshuter Romantikerkreis um F.K. Savigny und J. M. Sailer an; Herausgeber der »Zeitschrift für Wissenschaft und Kunst« (1808–1810). A.s philosophische Arbeiten orientieren sich an F. W. J. Schelling und sind im Rahmen einer Theorie der ↑Hermeneutik wesentlich durch die Auseinandersetzung mit den Vorstellungen F. Schleiermachers bestimmt (das geistige Verständnis als das dem historischen und grammatischen Verständnis übergeordnete hermeneutische Prinzip). Von großer Bedeutung für die philologische Forschung ist sein dreibändiges »Lexicon Platonicum, sive Vocum Platonicarum index« (Leipzig 1835–1838, repr. I–II, Bonn 1956).

Werke: System der Kunstlehre, oder Lehr- und Handbuch der Aesthetik, Leipzig 1805; Grundlinien der Philosophie, Landshut 1807, [2]1809; Grundriß einer Geschichte der Philosophie, Landshut 1807, [2]1825; Grundlinien der Grammatik, Hermeneutik und Kritik, Landshut 1808; Entwurf der Universalgeschichte, Landshut 1808; Grundriss der Philologie, Landshut 1808 (repr. Frankfurt 1979); Grundlinien der Ästhetik, Landshut 1813; Platon's Leben und Schriften. Ein Versuch, im Leben wie in den Schriften des Platon das Wahre und Aechte vom Erdichteten und Untergeschobenen zu scheiden, und die Zeitfolge der ächten Gespräche zu bestimmen, Leipzig 1816 (repr. Frankfurt 1979); Annotationes in Platonis Opera, I–II, Leipzig 1829–1832.

Literatur: Halm, A., ADB I (1875), 626–627; K. Willimczik, F. A.s Geschichtsphilosophie im Rahmen seiner Gesamtphilosophie, Meisenheim 1967. G. W.

Ästhetik, transzendentale, der erste Teil der transzendentalen Elementarlehre in I. Kants »Kritik der reinen Vernunft« (B 33–73). Die t. A. soll die Prinzipien aufweisen, die der *anschaulichen* Struktur der naturwissenschaftlichen Erfahrung zugrunde liegen (↑Anschauung), im Unterschied zur ›transzendentalen ↑Analytik‹, der Kant die Analyse des *begrifflichen* Apriori der Erfahrung zuweist. Der Terminus ›Ästhetik‹ wird in diesem Zusammenhang im Anschluß an den ursprünglichen griechischen Wortsinn als Titel einer *Wahrnehmungslehre,* nicht einer Theorie der schönen Künste, gebraucht. Kant argumentiert, daß die Ordnung der Wahrnehmungen zu intersubjektiv verläßlichen Erfahrungsphänomenen (›Erscheinungen‹) nicht schlicht mit den Wahrnehmungen gegeben, sondern eine methodische Leistung des Menschen ist. Insbesondere die räumliche und zeitliche Gliederung der Erscheinungen ist auf anschauliche Konstruktionshandlungen angewiesen, die als ein synthetisches Apriori der Erfahrung von dieser unabhängig sind und daher von Kant als Formen ›*reiner* Anschauung‹ gekennzeichnet und in ihrer erfahrungskonstitutiven Funktion zum Gegenstand der t.n Ä. gemacht werden. Im einzelnen beschäftigen sich nach Kants Verständnis Arithmetik und (euklidische) Geometrie mit dem Gebiet reiner anschaulicher Konstruktion an der Basis zeitlicher (Arithmetik) bzw. räumlicher (Geometrie) Ordnung der Phänomene.

Literatur: F. Kambartel, Erfahrung und Struktur. Bausteine zu einer Kritik des Empirismus und Formalismus, Frankfurt [2]1976, 115ff.; P. Rohs, T. Ä., Meisenheim 1973; H. Scholz, Das Vermächtnis der Kantischen Lehre vom Raum und Zeit, in: Kant-St. 29 (1924), 21–69; R. A. Smyth, Forms of Intuition. A Historical Introduction to the Transcendental Aesthetic, The Hague 1977. F. K.

ästhetisch/Ästhetik (von griech. αἰσθάνεσθαι, [sinnlich] wahrnehmen), im weiteren Sinne als Ä. Bezeichnung einer philosophischen Theorie bzw. Disziplin, die sich im Unterschied zum *begrifflichen* Erkennen mit Handlungen *sinnlichen* Erkennens befaßt mit dem Ziel, auch sinnliches Erkennen nicht sich naturwüchsig entwickeln zu lassen, sondern auf Grund eigener theoretischer Bemühungen zu sichern und gegebenenfalls zu verbessern. Der Gegenstand der Ä., der Sinn der zu ihrem Aufbau benötigten Wörter und die Geltung ihrer Sätze bedürfen nach wie vor der grundsätzlichen Klärung. Dabei hat sich auch auf dem Felde der Ä. im Zuge sprachphilosophischer und semiotischer Forschungen die Auffassung vom Menschen als ›animal symbolicum‹ (E. Cassirer) durchgesetzt: Nicht irgendein erkenntnistheoretisches Apriori, sondern unser semiotisches Handeln ist es, »worin sich der Umgang mit den Dingen niederschlägt und greifen läßt« (H.-G. Gadamer). Unter Ä. im engeren Sinne wird eine *Theorie der Künste* verstanden, die sich medienspezifisch in Kunst-, Literatur- und Musiktheorie gliedert. Aus diesen Teiltheorien haben sich die entsprechenden Fachwissenschaften entwickelt. Innerhalb der Theorie der Künste unterscheidet man verwendungsorientierte Produktions- und Rezeptionsaspekte (*Produktions-, Rezeptions-*Ä.) und realisatbezogene Gestaltungsaspekte (*Werk-*Ä.). Die Theorie der Künste insgesamt arbeitet an der Genese von Herstellungshandlungen künstlerischer Realisate, deren Medien und Verfahren sowie deren Gebrauch. Bei *Produktionshandlungen,* die sinnliches Erkennen thematisieren und als Handlungsvollzüge selbst oder als Handlungsresultate, ↑Marken, auftreten können, spricht man von künstlerischen bzw. *artistischen* Handlungen, bei entsprechenden Rezeptions- und Beurteilungshandlungen – dem griechischen Wortgebrauch von αἴσθησις folgend – von *ä.en* Handlungen. Im sinnlichen *Reproduzieren* (etwa beim Spiel eines Pianisten) werden ä.es und artistisches Handeln miteinander verschränkt. Im Rahmen der ›Schönheits-Ä.‹ ist vom *Naturschönen* dann die Rede, wenn natürliche Gegenstände für ä.es Handeln herangezogen, vom *Kunstschönen,* wenn Gegenstände eigens zu seinem Gelingen als Artefakte hergestellt werden. Im artistischen wie ä.en Handeln erfährt sich der Mensch weniger als Objekt, indem er sich als *Mängelwesen* versteht, er sieht sich vielmehr als Subjekt, indem er sich ebenso als *Fähigkeitswesen* erlebt und erkennt, das seine Fähigkeiten als biologische sowie durch Tradition überkommene Ausstattung zu Fertigkeiten ausbilden und vervollkommnen möchte. Dies nicht allein in der Absicht, diese Fähigkeiten begrifflich zu wissen, sondern sich ihrer sinnlich gewiß zu werden.

Die Bindung der Ä. an die Entwicklung der Künste, deren Verselbständigung in der Romantik abgeschlossen wird, die Erfindung mechanischer Geräte der Darstellung (↑Darstellung (semiotisch)) und die zunehmende Technisierung unserer alltäglich häuslichen und beruflichen Tätigkeiten haben die Ä. in ihrer Stellung als Theorie zurückgedrängt. Ihren Platz nehmen vielfach z.B. Ateliererfahrungen von Künstlern ein, deren Überlegungen häufig zur Kunsttheorie aufgewertet oder als Ersatz für Ä. mißverstanden werden. Gleichsam stellvertretend für Ä. und Kunsttheorie hat andererseits die experimentierfreudige Kunst der Moderne selbst es übernommen, auf Grund ihres radikal-semiotischen Umgangs mit der Welt beim Rezipienten kompromißlos auf Handlungen des sinnlichen Erkennens zu bestehen. In dieser durchweg auf die Basis semiotischer Handlungen abzielenden modernen Kunst haben sich Schönheits- und Kunstcharakter, wie ihn traditionelle Schönheits-Ä. vertritt, kaum noch behaupten können.

Im Hinblick auf die antike Philosophie läßt sich nur mit Zurückhaltung von Ä. reden. Platon trifft wesentliche (vorwiegend produktionstheoretisch orientierte) Unterscheidungen, die für eine Rede über die besondere *τέχνη* (Kunst) benötigt werden: Gegenstand – Darstellung, Hervorbringung (↑Poiesis) – Nachahmung (↑Mimesis), Kunst – Können (Kunstfertigkeit), schön – häßlich; Kunst – Wissenschaft, Kunst – Moralität, Kunst – Interpret bzw. Rezipient. Die in Platons Werk angelegte Rivalität zwischen Dichtung und Philosophie, das damit verbundene Diktum, daß die Dichter lügen, wird oft als Kern der Platonischen Kunsttheorie angesehen. Artistisches wie ä.es Handeln stellt Platon in den Zusammenhang einer ›idealen‹ Pädagogik, die Geometrie, Arithmetik, Astronomie und Musik (als rationale Harmonielehre) umfassen soll. Lediglich im frühen Dialog »Ion« wird ohne diesen Rahmen nicht nur explizit die Frage nach artistischem und ä.em Handeln gestellt, es wird auch der Versuch unternommen, für solche Handlungen geeignete Unterscheidungen einzuführen. Als Begriff der Ä. im engeren Sinne tritt ›Nachahmung‹ (*μίμησις*) bei *Aristoteles* auf: Im Gegensatz zu der auf Naturbeherrschung zielenden, möglichst getreuen Wiedergabe außermenschlicher Realität wertet Aristoteles im Unterschied zu Platon Nachahmung, verstanden als mimetische Darstellung typischer Lebenssituationen, positiv; sie ist prinzipiell nicht an Vergangenheit gebunden und von moralisch-politischer Kritik der dargestellten Handlungsweisen und Maximen freigestellt. Die von Aristoteles geforderte ›Zweckfreiheit‹ der Kunst (*μουσική*) ist ebenso wie ihre Rezeption in dem Maße gegeben, in dem sie im Rahmen einer auf Arbeit und Effektivität ausgerichteten Gesellschaft nicht zu pragmatisch auswertbarem Nutzen (außer Entlastung und Erholung) führt. Wird nicht allein Arbeit als Zweck des Lebens angesehen und ist die Gesellschaft so organisiert, daß neben der Inanspruchnahme durch Arbeit und Erholung zusätzlich freie Zeit verbleibt, dann bedarf es der Theorie einer von diesen Zwängen freien Beschäftigung, um den so entstandenen Freiraum der ›Muße‹ (*σχολή*) vernünftig begreifen zu können. Als sinnvolle Mußetätigkeit empfiehlt Aristoteles eine theoretisch-kritische Rezeption der Kunst (*μουσική*). Zwar bewertet er die auf ›Furcht und Mitleid‹, ›Jammer und Schaudern‹ (*ἔλεος* und *φόβος*) beruhende Entspannungswirkung (›Heilung‹, ›Reinigung‹) der Kunst auf den normalen ›banausischen‹ Rezipienten positiv, fordert aber, ohne selbst eine entsprechende Ausarbeitung vorzunehmen, für den ›Gebildeten‹ eine ›gereinigte‹ Kunst und zu deren Genuß eine lehr- und lernbare Theorie: eine Ä. Im Mittelalter tritt neben die Überlegungen zum metaphysischen Begriff der Schönheit als objektiver Eigenschaft (des Seins) der Gegenstände (zu den wichtigsten Quellen für die mittelalterlichen Schönheitstheorien gehören Augustinus und (Pseudo) Dionysius Areopagita) die Kunsttheorie. Sie handelt von Kunst im Sinne von ↑ars, von den freien Künsten (artes liberales) und den mechanischen Künsten (artes mechanicae). Die freien Künste gliedern sich in die redenden Künste des Triviums (Grammatik, Rhetorik, Dialektik) und die rechnenden Künste des Quadriviums (Musik, Arithmetik, Geometrie, Astronomie). Wie landwirtschaftliche oder gewerbliche gehören kunstgewerbliche (Tischlern, Weben) und künstlerische (Zeichnen, Malen, Bildhauern, Musizieren) Tätigkeiten zu den mechanischen Künsten. Medien und Verfahren, insbesondere die dem Kunstzweck gemäßen Materialien (Mittel) (z.B. Verwendung von Gold oder dem aus Lapislazuli gewonnenen Blau) sind zentrales Thema (Semantik der künstlerischen Mittel). Künstler, die zugleich kontinuierlich über ihre Praxis nachdenkend reden und schreiben, bilden in Spätmittelalter und Renaissance das künstlerische Selbstbewußtsein immer entschiedener aus (z.B. die Architekturtheorien il Filaretes [eigentlich: Antonio di Pietro Averlino] und L.B. Albertis oder A. Dürers »Underweysung der Messung mit Zirkel und Richtscheyt in Linien, Ebenen und ganzen Körpern«, 1525).

A.G. Baumgarten (1714–1762) verwendet als erster das Wort Ä. zur Disziplinenbezeichnung und gilt als Begründer der Ä. als Theorie. In seiner die Ä. als selbständige Disziplin begründenden »Aesthetica« (1750/1758) arbeitet Baumgarten die Ä. als eine allgemeine Theorie der sinnlichen Erkenntnis (scientia cognitionis sensitivae) aus. Für ihn ist ›Anschauung‹ nicht wie noch bei G.W. Leibniz das ›bloße Noch-nicht des Gedankens‹; sinnliches Erkennen als Handeln führt vielmehr unabhängig von der Verstandeserkenntnis zu Erkenntnissen eigenen Rechts. Dabei zielt Baumgarten auf Komplementarität von sinnlicher und begrifflicher Erkenntnis (Ä. als ›nachgeborene

Schwester der Logik‹). Logik und Ä. sind für ihn notwendige propädeutische Disziplinen der theoretischen und praktischen Philosophie. Er wie auch sein Schüler G. F. Meier betonen den Nutzen der Ä. für den in Gemeinschaft lebenden und daher auf Kommunikation angewiesenen Menschen; Ziel der allgemeinen Ä. sei es, durch praktische Einübung und theoretische Aufarbeitung im Bereich der elementaren semiotischen (sprachlichen) Handlungen bessere Verständigung zu ermöglichen. Im engeren Sinne versteht Baumgarten Ä. als ›Theorie der freien Künste‹, innerhalb derer er einen theoretischen von einem praktischen (Anleitungen für den Hersteller von Kunstwerken) Teil unterscheidet. Das einzige vorliegende Stück der »Aesthetica«, das Kapitel ›Heuristik‹, blieb unvollendet; ›Methodologie‹ und ›Semiotik‹, die beiden weiteren Kapitel der ›Theoretischen Ä.‹, wie auch die gesamte als zweiter Teil des Werkes geplante ›Praktische Ä.‹, fehlen. Die ›Theoretische Ä.‹ in Heuristik, Methodologie und Semiotik einzuteilen, entspricht der Einteilung der klassischen Rhetorik und Poetik in Inventio, Dispositio und Elocutio. In ihr versucht Baumgarten, das Wort ›schön‹ (und Synonyma) intersubjektiv überprüfbar und auf Dauer verwendbar einzuführen: ›Schönheit‹ wird primär nicht Gegenständen zugesprochen, sondern bezieht sich auf die Art und Weise ihrer Erkennbarkeit: etwas kann ›in schöner Weise erkannt‹ werden, wenn es 1. ein Gegenstand sinnlicher Erkenntnis ist und wenn 2. an ihm gewisse Formalia, d.h. die Kriterien der Vollkommenheit (Reichtum, Adel, Wahrheit, Gewißheit, Leben, Licht) aufweisbar sind. Die Redeweisen ›dieser Gegenstand ist schön‹ und ›dies ist ein Kunstwerk‹ können nur als façon de parler für Gegenstände verwandt werden, die diesen Bedingungen genügen. Ziel der Ä. ist es, die sinnliche Erkenntnis im Hinblick auf eine der Einübung in Kommunikation und Moralität dienende allgemeine Nützlichkeit im Rahmen des ›guten Lebens‹ über das Maß des alltäglichen Gebrauchs der Sinnesorgane hinaus zu vervollkommnen.

In der »Kritik der ä.en Urteilskraft«, dem ersten Teil der »Kritik der Urteilskraft« (1790), stellt I. Kant (1724–1804) der Rede von den Mitteln und den Zwecken die Rede von dem zur Seite, was sich überhaupt poietisch (technisch) machen, unterscheiden und beurteilen läßt. Wie Baumgarten zielt Kant auf erkennendes Handeln ab; mit Hilfe ä.er ↑Urteilskraft kann entschieden werden, was der Beschäftigung würdig ist und mit welchen semiotischen Mitteln Unterscheidungen um einer ›Klarheit durch Anschauung‹ willen zu treffen sind. Am ›Beispiel in concreto‹ wird damit Praxis initiiert, in der sowohl theoretische als auch praktische Anteile gleichsam mitangelegt sind. Somit weist Kant ä.e Urteilskraft nicht als eine bereits regelgeleitet geschehende, sondern durch Erkunden von Regeln gerade erst entdeckende Tätigkeit aus. In diesem Sinne sind für ihn Beispiele der ›Gängelwagen der Urteilskraft‹, ä.e Urteilskraft dabei nicht eine bereits nach Begriffen (Regeln) sich vollziehende, sondern (für einen möglichen begrifflichen Vollzug) Regeln erst aneignende Praxis.

Das erkundende Aneignen von Regeln, im ä.en Urteil entdeckt, kann offenbar selbst nicht schon regelgeleitet geschehen, weshalb ä.e Urteilskraft nicht anders als durch exemplarisches Vorführen ihrer einschlägigen Handlungen ›geübt‹ werden muß. Insofern hier Üben als Gemeinsames gelingt, d.h. im wesentlichen aus Nachahmen und Wiederholen besteht, ist es weder ›objektiv‹ im Sinne natürlicher Gegenstände zu nennen, noch ›subjektiv‹ im Sinne von ›auf ein einziges Individuum beschränkt‹. Es ist vielmehr ›interindividuell‹ (G. Simmel) nach Maßgabe der jeweiligen Beispiele. Der möglichst vollkommen beherrschten ä.en Urteilskraft des homo aestheticus auf der Rezeptionsseite entspricht auf der Seite der artistischen Produktion das Genie: »Genie ist das Talent (Naturgabe), welches der Kunst die Regel gibt«; »... seine Produkte [müssen] zugleich Muster, d.i. *exemplarisch* [sein]«, und zwar in dem Sinne, daß sie zum »Richtmaße oder Regel der Beurteilung« dienen müssen (KU §46).

F. Schiller (1759–1805) versucht insbesondere in den Kalliasbriefen (1793), »einen Begriff der Schönheit objektiv aufzustellen und ihn aus der Natur der Vernunft völlig a priori zu legitimieren«, den Kant »völlig zu verfehlen« scheint (Sämtl. Werke, ed. O. Güntter/G. Witkowski, XVII, 251, 253). Durch ›ä.e Erziehung des Menschen‹, durch das Schöne und den Spieltrieb, soll das durch die Französische Revolution nicht erreichte Ideal der ›Monarchie der Vernunft‹ verwirklicht werden. Diese Auffassung wird getragen von der idealistisch-utopischen Vorstellung eines ›ä.en Staates‹. ›Freiheit in der Erscheinung‹ ist die Formel, mit der Schiller dabei gegen allen Subjektivismus den verbindlichen Sinn von Schönheit klären möchte. Auf der Basis einer stilisierten ›bloßen Bestimmungslosigkeit des Menschen‹, auf welcher ›Stofftrieb‹, ›Formtrieb‹ und ›Spieltrieb‹

sich entfaltend dessen physische und vernünftige Natur umfassen, verwandelt sich der Mensch erst als ä.er in ein Ganzes; Bedingung dieser Verwandlung ist die ›mittlere Stimmung‹, »in welcher Sinnlichkeit und Vernunft zugleich tätig sind«. Kunst bewirkt damit die Erweiterung des rezipierenden Subjekts zur Totalität in ›möglichster Harmonie‹.

Innerhalb der Ä.-Entwürfe zwischen Klassik und Romantik sowie innerhalb ihres Systems ist G.W.F. Hegels (1770–1831) Ä. enzyklopädische Zusammenfassung, Höhepunkt und Abschluß systembezogener Bemühungen. Hegels zentrale Aussage, nach der »die Kunst nach der Seite ihrer höchsten Bestimmung für uns ein Vergangenes ist« (Ästhetik, ed. F. Bassenge, I, 22), zeigt bis in die gegenwärtige Diskussion den Weg einer wissenschaftlichen Fundierung der Ä. als Wissenschaft der Kunst. Kunst, »weit entfernt [...] die höchste Form des Geistes zu sein«, »ladet uns zur denkenden Betrachtung ein, und zwar nicht zu dem Zweck, Kunst wieder hervorzurufen, sondern, was die Kunst sei, wissenschaftlich zu erkennen«. Sie »erhält in der Wissenschaft erst ihre echte Bewährung« (a.a.O. 24). Hegels Satz vom Ende der Kunst meint das Ende jeder vorwissenschaftlichen, untheoretischen Beschäftigung mit Kunst; Kunst hat die Konfrontation mit Philosophie und Wissenschaft auszuhalten. Ä. als Theorie der Künste ist damit aus ihrem systemgeschützten Gebiet entlassen und frei für wissenschaftstheoretische, methodologische und fachwissenschaftliche Umgestaltung als Wissenschaft von der Kunst.

B. Bolzano (1781–1848) teilt einige der Hauptanliegen Baumgartens, wenn er den Terminus ›Schönheit‹ in seiner wissenschaftlichen Verwendung rekonstruiert und die Bedeutung der Ä. (z.B. für Ermittlung und Vermittlung von Erkenntnissen sowie Erholung und erweiterten Lebensgenuß) betont. Er geht davon aus, daß die Erkenntnis des Schönen immer mit einem Gefühl der Lust verbunden ist, wobei nicht Erwartung eines Nutzens, nicht moralische oder bloß sinnliche Qualität als Ursache dieses Gefühls angesehen wird, sondern die spezifische Art der Beschäftigung mit einem Gegenstand, der als ä.er Gegenstand nicht gegeben ist, vielmehr als solcher erst vom Rezipienten konstruiert werden muß. Die konstruierende Tätigkeit des Betrachters besteht nach Bolzano in Ausarbeitung des Ansatzes Kants darin, beginnend mit vagen Vermutungen Regelmäßigkeiten des Gegenständlichen prospektiv auszumachen, die sich am Gegenstand bewähren. So wird aus einem bloßen Sinnesobjekt Schritt für Schritt ein in seiner Regelhaftigkeit verstehbarer, ein ›schöner‹, ein ä.er Gegenstand erzeugt. Die Lust am allmählichen Gelingen des eigenen Tuns bringt das ä.e Vergnügen, indem ohne ›Rechnen und Messen‹ Regeln des Gegenständlichen sinnlich angeeignet werden.

Der ›bedeutendste nachhegelsche Ästhetiker‹ (G. Lukács), F.T. Vischer (1807–1887), knüpft an F.W.J. Schelling, K.W.F. Solger und Hegel an, um die »Ä. oder die Wissenschaft des Schönen« (I–VI, 1846–1857) noch einmal systembezogen zu entwickeln. Während er in seinen Arbeiten bis 1857 noch eine metaphysische Grundlegung der Ä., ausgehend von der idealistischen Philosophie, versucht, gelten seine Anstrengungen später dem Aufbau einer Ä. im Gespräch mit den Fachwissenschaften. Nach Vischer ist Ä. jetzt allenfalls noch möglich als ›mittleres Gebiet‹ zwischen Anthropologie, Psychologie, Geschichte, namentlich Kulturgeschichte, einerseits und den exakten Naturwissenschaften andererseits. Ihr Wesen ist Tätigkeit in der Anschauung (»Das Schöne ist nicht ein Ding, sondern ein Akt. Es ist ein Ineinander von mehreren Akten«). Diese Auffassung, unterstützt und weitergeführt von seinem Sohn Robert (1847–1933), macht die beiden Vischer zu Anregern der von T. Ziegler 1894 so genannten *Einfühlungs*-Ä.. Mit ihr verbunden sind von philosophischer Seite Autoren wie J. Volkelt, S. Witasek, T. Lipps, von kunsthistorischer Seite A. Schmarsow, W. Worringer und H. Wölfflin.

Für die nach-idealistische Ä. ist nicht das System, sondern das Experiment mit dem Leistungscharakter bestimmter methodologischer Einstellungen kennzeichnend. Versuche neuer metaphysischer Grundlegung isolieren sich angesichts der Entwicklung in Philosophie und Fachwissenschaften. G.T. Fechner (1801–1887) gliederte als erster die Ä. aus der Philosophie aus, um sie als Fachwissenschaft auf experimentell-empirischer Grundlage zu betreiben. Dem ›Riesen mit tönernen Füßen‹, der spekulativen, systembezogenen ›Ä. von oben‹ stellt er seine experimentell-empirisch betriebene ›Ä. von unten‹ gegenüber. Theoriegeschichtlich markiert diesen Vorgang seine »Vorschule der Ä.« (1876), in der er hauptsächlich nonverbale Symbolsysteme thematisiert. Hauptbegriff der Ä. ist auch bei Fechner weiterhin Schönheit. Wie Bolzano geht er von Erläuterungen des allgemeinen Wortgebrauchs und seiner Normierung aus, wobei wesentlich wortsprachliche Mittel aus dem ↑Hedonismus entlehnt werden. Im Mittelpunkt steht eine Klärung der Leistungen des Schönen in bezug auf Gefallen und Mißfallen und deren Folge Lust und Unlust. Da es allgemeine Eigenschaften nicht gibt, welche die Gegenstände ›lustgebend‹ machen, sind Untersuchungsgegenstand der experimentellen Ä. (a) Voraussetzungen dieser Leistungen, (b) deren Bestimmung, (c) Feststellung der Gesetze, denen die ä.en Tatsachen und Verhältnisse gehorchen. Um zu empirisch nachprüfbaren Gesetzen elementarer Schönheitsverhältnisse zu kommen, bedient sich Fechner Methoden wie des Messens von Verhältnissen einfacher Gebrauchsgegenstände (Dosen, Türen usw.); als ä.es Grundverhältnis wird dabei der Goldene Schnitt angenommen. Für K. Marx (1818–1883) ist Kunst unter den Voraussetzungen der Praxis des geschichtlichen Menschen *Modell freier menschlicher Arbeit*, eine der menschlichsten Weisen der Produktion, vom Menschen für den Menschen gemacht. Marxistische Theorie der Kunst schwankt zwischen abbildlich-widerspiegelndem und Wirklichkeit der Praxis bildendem Charakter der Kunst. Die Bestimmungsstücke einer Theorie des gesellschaftlichen Gebrauchs der Kunst und ihrer gesellschaftsbezogenen Wirkungsmöglichkeiten sind noch nicht ausgearbeitet. Kunst als direkte Vorform von Aktionen ist Teil politischer Strategie und insofern kein Gegenstand der Ä.

Einen neuen Vorschlag, die Position sinnlichen Erkennens gegenüber dem begrifflichen zu klären, macht K. Fiedler (1841–1885) im Rahmen der Konzeption einer das künstlerische Handeln erforschenden allgemeinen Kunstwissenschaft. Vor dem Hintergrund, daß semiotisches Handeln stets auch erkennendes Handeln ist, weist Fiedler in »Über die Beurteilung von Werken der bildenden Kunst« (1876) und »Über den Ursprung der künstlerischen Tätigkeit« (1887) der bildenden Kunst die Aufgabe zu, das gesamte Feld der Sichtbarkeit mit sinnlichen Mitteln zu erforschen, da dies im Begriff allein nicht zu leisten sei. Die (bild-)künstlerische Tätigkeit wird als ein forscherisches Handeln mit anschaulichen Mitteln bestimmt. Ausübende Künstler wie Theoretiker (z.B. A. v. Hildebrand, Das Problem der Form in der bildenden Kunst, 1893) folgen dieser Bestimmung, die zu einem Grundzug der Kunst des 20. Jahrhunderts wird. Neben M. Dessoir versuchte insbesondere E. Utitz (1883–1956), mit seiner »Grundlegung der allgemeinen Kunstwissenschaft« (1914/1920) an Fiedler anknüpfend, Kunstwissenschaft als eine historisch und systematisch zu betreibende Fachwissenschaft aufzubauen.

Die Kunst macht im Rahmen ihrer theoretischen Behandlung in einer wissenschaftlichen Ä. ihrerseits einen Prozeß der Intellektualisierung durch. Andererseits geht Entsinnlichung der Wissenschaft als Vernachlässigung ihres lebensweltlichen Fundaments parallel mit Versinnlichung der Kunst. Nach wenig erfolgreichen Versuchen, Ä. außerhalb der Philosophie als (Teil einer) Fachwissenschaft zu betreiben, beginnt die Ä. um 1900 ihre ›methodische Unfertigkeit‹ zu erkennen und sich insbesondere im Rahmen phänomenologischer Analysen (↑Phänomenologie) wieder auf ihre Philosophiebedürftigkeit zu besinnen. Erste Schritte methodischer Besinnung in dieser Richtung finden sich bei W. Conrad (Der ä.e Gegenstand. Eine phänomenologische Studie, 1908/1909); 1931 erscheint »Das literarische Kunstwerk« des Husserl-Schülers R. Ingarden mit dem kennzeichnenden Untertitel »Untersuchungen aus dem Grenzgebiet der Ontologie, Logik und Literaturwissenschaft«. Noch Ende der vierziger Jahre vertreten Literaturtheoretiker wie R. Wellek und A. Warren uneingeschränkt das phänomenologische Programm. Danach hat die ›moderne‹ Analyse eines Kunstwerks mit der Frage nach seiner ›Seinsweise‹ oder mit Untersuchungen zu seiner mehrfachen Schichtung zu beginnen. Nicht ›seinsautonom‹ wie ein Naturgegenstand wird das literarische Werk, losgelöst von seinen gegenständlich-materialen, sozialen und geschichtlichen Bezügen, als ein intentionales mehrschichtiges Gebilde verstanden, das durch das Auffassen der ›Schicht der sprachlichen Lautgebilde‹, der ›Bedeutungseinheiten‹, der ›dargestellten Gegenständlichkeit‹, der ›schematisierten Ansichten‹ als ä.er Gegenstand in der »Synthesis dieser kontinuierlichen Reihe von Auffassungsakten« (Conrad) konstituiert wird. In ihren schichtentheoretischen Überlegungen nimmt die phänomenologische Ä. und Literatur-(Kunst-)theorie Verfahren des modernen ↑Strukturalismus vorweg; die Analyse des Leseaktes stellt Bauelemente zu einer Theorie der Lektüre bereit. Neben dieser *rezeptiv-formalistischen* Variante im direkten Anschluß an E. Husserl steht eine *existentialistisch-pragmatische* (bzw. fundamentalontologische) Variante, die über O. Becker auf M. Heidegger zurückgeht. Sie hebt darauf ab, das Kunstwerk weder als Gefallens- oder Stimmungsanreger zu deuten noch zum Gegenstand wissenschaftlich-begrifflicher Reflexion zu machen, sondern sich dem Kunstwerk auszusetzen, es von der eigenen Erfahrungsgeschichte aus intentional zu erfüllen, und zwar so, daß der Umgang mit der dargestellten Welt des Kunstwerks in Gegensatz gerät zu dem bis dahin üblichen und anerkannten Umgang mit bzw. in der eigenen (Lebens-)Welt.

In wissenschaftstheoretischer, allerdings meist unkritisch am faktischen Wissenschaftsverständnis von Mathematik und Physik orientierter Wende gegen herkömmliche, spekulativ eingestellte Ä. versuchen seit etwa 1960 M. Bense u.a. in Anknüpfung an die mathematischen Ansätze zu einer Ä. bei G. D. Birkhoff, eine *wissenschaftliche* Ä. zu entwerfen, für die nach wie vor unterschiedliche Bezeichnungen wie ›abstrakte‹, ›informationstheoretische‹, ›generative‹, ›numerische Ä.‹ in Gebrauch sind. Diese Ä., die die ›Form der Theorie‹ anstreben möchte, versteht sich als ›Forschung‹, nicht als ›Interpretation‹ (Bense). Auf der Grundlage von Semiotik, Mathematik und Statistik untersucht sie kommunikative Prozesse zwischen Künstler, Kunstwerk (Design-Objekt) und Rezipient. Die im Kunstwerk angebotenen Zeichenzusammenhänge zielen auf eine aktive Rolle des Rezipienten, auf sein ›exploratives Verhalten‹ als ›Orientierungs-, Durchmusterungs- und Aufmerksamkeitsverhalten‹ (H. W. Franke). Neben allein auf naturwissenschaftliche Methodologie setzende Positionen treten andere reduktionistische Vorschläge. Um Sinnkontinuität zu gewährleisten, wird artistisches wie ä.es Handeln hermeneutisch mit der vorgängigen Alltagswelt oder mit der Wirkungsgeschichte des künstlerischen Realisats kurzgeschlossen. Sozialwissenschaftlich sollen ä.e Phänomene, Kunst, Trivialkunst und Kitsch gleichermaßen, als gesellschaftliche Äußerungen des ›Mängelwesens‹ Mensch (A. Gehlen) empirisch untersucht werden. Neomarxistische Ansätze zur Ä., den Geist emanzipatorischer Gesellschaftskritik Marxens reflektierend, sehen, insbesondere bei T. W. Adorno, in der ›ä.-technischen Komplexion‹ des organisierten Kunstwerks ein eine bessere Welt antizipierendes Handeln sich artikulieren.

Im Zuge des ›linguistic turn‹ (↑Wende, linguistische) wird schließlich der Versuch unternommen, der methodischen Unsicherheit der Ä. durch Sprachkritik beizukommen (↑Emotivismus). Ä. wird damit in für philosophisches und wissenschaftliches Handeln schlechthin grundlegende Untersuchungen mit einbezogen. Diese *sprachanalytische* Ä. bringt Ä. wieder in ihrem ursprünglichen Theoriebestand zur Geltung: nicht nur als Theorie der Künste, die die Besonderheit ihres Gegenstandes, nämlich (z.B. gegenüber wissenschaftlicher Zeichengebung) einen ›Unterschied in der Dominanz gewisser spezifischer Merkmale von Symbolen‹ (N. Goodman) untersucht, sondern ebenso als Theorie der ä.en Rede (des ä.en Urteils) in der Absicht, die für sinnliches Erkennen benötigten sprachlichen Mittel und Verfahren aufzuklären.

Sprachanalytische Ä. hat im wesentlichen zwei Untersuchungsrichtungen: (1) sie geht *objektsprachlich* vor, um die Künste als künstliche Sprachen (Zeichen in einem Zeichensystem) im Unterschied zu natürlichen Sprachen zu analysieren; (2) sie bemüht sich darum, *metasprachlich* die Rede über sinnlich erkennendes Handeln, speziell die Rede über die Künste (Kunstwerke), verständlich zu machen. Test für diese *Meta-Ä.* ist ihre Brauchbarkeit für artistische wie ä.e Praxis. Sprachanalytische Ä. in diesem Sinne basiert auf der auf B. Russell und G. E. Moore zurückgehenden Analytischen Philosophie (↑Philosophie, analytische) mit ihren beiden Hauptrichtungen, dem Logischen Empirismus (↑Empirismus, logischer) des ↑Wiener Kreises und dem in der ↑Oxford Philosophy sich konzentrierenden Linguistischen Phänomenalismus (↑Phänomenalismus, linguistischer). Hinzu kommen Einflüsse aus der ↑Semiotik (C. W. Morris), dem amerikanischen ↑Pragmatismus (C. S. Peirce, J. Dewey, C. I. Lewis) sowie aus der *Philosophie der symbolischen Formen* E. Cassirers (1874–1945). Diese historischen Wurzeln sprachanalytischer Ä. machen verständlich, inwiefern sie darauf bedacht ist, methodischer Strenge wegen Untersuchungsmethoden aus Logik, Sprachphilosophie und Semiotik miteinander verschränkt einzusetzen. Basis dieser sprachkritisch motivierten Forschungen ist die Tatsache, daß ein zeichenfreier Zugang zur Welt nicht möglich ist. Dazu gehört, daß semiotische Handlungen stets ihr eigenes Medium benötigen und von diesem in spezifischer Weise abhängig sind. Sprachanalytische Ä. bietet damit die Chance, sich mit hinreichend geklärten Hilfsmitteln um Anfänge und Alternativen verbalen und nonverbalen Symbolisierens zu kümmern, und zwar unter Berücksichtigung der Tatsache, daß Kommunikation in ihren verschiedenen Bezügen, darunter den ä.en Bezügen, statt etwas Naturhaftes zu sein, in der heutigen gesellschaftlichen Praxis nur noch als Resultat erheblicher theoretischer Bemühungen zu begreifen ist.

Literatur: (1) *Historische und allgemeine Werke:* M.C. Beardsley, Aesthetics from Classical Greece to the Present, New York/London 1966; B. Bosanquet, A History of Aesthetics, London 1892, ^{2}1949; W. Dilthey, Die Epochen der modernen Ä., in: ders., Ges. Schriften VI, Leipzig 1927; K. Gilbert/H. Kuhn, A History of Aesthetics, New York 1939; W. Iser (ed.), Immanente Ä. – Ä.e Reflexion, München 1966 (Poetik und Hermeneutik II); H.R. Jauß (ed.), Nachahmung und Illusion, München 1963, ^{2}1969 (Poetik und Hermeneutik I); ders. (ed.), Die nicht mehr schönen Künste, München 1968 (Poetik und Hermeneutik III); H. Lotze, Geschichte der Ä. in Deutschland, München 1868 (repr. New York 1965); G. Lukács, Beiträge zur Geschichte der Ä., Berlin 1954; R. Odebrecht, Ä. der Gegenwart, Berlin 1932; H. Osborne, Aesthetics and Art Theory. An Historical Introduction, London/New York 1968; I.A. Richards/C.K. Ogden/J. Wood, The Foundations of Aesthetics, London 1925; J. Ritter, Subjektivität, Frankfurt 1974; M. Schlick, Das Grundproblem der Ä. in entwicklungsgeschichtlicher Bedeutung, Arch. ges. Psychol. 14 (1909), 102–132; W. Tatarkiewicz, Historia estetyki, I–III, Wrocław 1960–1968 (engl. History of Aesthetics, I–III, New York 1974; dt. Geschichte der Ä. I [Antike], Basel/Stuttgart 1979); M. Weitz (ed.), Problems in Aesthetics, New York 1959, ^{2}1970; R. Wollheim, Art and its Objects. An Introduction to Aesthetics, New York/Evanston 1968; D. Zoltai, Ethos und Affekt. Geschichte der philosophischen Musikästhetik von den Anfängen bis zu Hegel, Budapest 1970. – (2) *Antike und Mittelalter:* R. Assunto, Die Theorie des Schönen im Mittelalter, Köln 1963; J.W.H. Atkins, Literary Criticism in Antiquity, I–II, Cambridge 1934; K. Borinsky, Die Antike in Poetik und Kunsttheorie, I–II, Leipzig 1914/1924 (repr. Darmstadt 1965); E. de Bruyne, Etudes d'esthétique mediévale, I–III, Brügge 1946; S.H. Butcher, Aristotle's Theory of Poetry and Fine Art, London ^{4}1907 (repr. New York 1951); M. Fuhrmann, Einführung in die antike Dichtungstheorie, Darmstadt 1973; H.H. Glunz, Die Literaturästhetik des europäischen Mittelalters, Frankfurt 1937, ^{2}1963; E. Grassi, Die Theorie des Schönen in der Antike, Köln 1962; E. Panofsky, Idea. Ein Beitrag zur Begriffsgeschichte der älteren Kunsttheorie, Berlin ^{3}1975; W. Perpeet, Antike Ä., Freiburg 1961; ders., Ä. im Mittelalter, Freiburg 1977. – (3) *Baumgarten, Kant und das 18. Jahrhundert:* A. Baeumler, Das Irrationalitätsproblem in der Ä. und Logik des 18. Jahrhunderts bis zur Kritik der Urteilskraft, Halle 1923 (repr. Darmstadt 1967); A.G. Baumgarten, Aesthetica, I–II, Frankfurt (Oder) 1750/1758 (repr. Hildesheim 1961), ed. B. Croce, Bari 1936; H. Cohen, Kants Begründung der Ä., Berlin 1889; D. Crawford, Kant's Aesthetic Theory, Madison Wisc. 1974; U. Franke, Kunst als Erkenntnis. Die Rolle der Sinnlichkeit in der Ä. des A.G. Baumgarten, Wiesbaden 1972 (Stud. Leibn. Suppl. IX); D. Henrich, Der Begriff der Schönheit in Schillers Ä., Z. philos. Forsch. 11 (1957), 527–547; K. Homann, Zum Begriff »Subjektivität« bis 1802, Arch. Begriffsgesch. 11 (1967), 184–205; S.S. Kerry, Schiller's Writings on Aesthetics, Manchester 1961; H. Klein, There is no Disputing about Taste. Untersuchung zum englischen Geschmacksbegriff im 18. Jahrhundert, Münster 1967; J. Kulenkampff, Kants Logik des ä.en Urteils, Frankfurt 1978; G.F. Meier, Anfangsgründe aller schönen Wissenschaften, I–III, Halle 1748–1750; K.P. Moritz, Schriften zur Ä. und Poetik, ed. H.J. Schrimpf, Tübingen 1962 (Neudrucke Deutscher Literaturwerke N.F. 7); A. Riemann, Die Ä. A.G. Baumgartens unter besonderer Berücksichtigung der Meditationes philosophicae de nonnullis ad poema pertinentibus, nebst einer Übersetzung dieser Schrift, Halle 1928 (lat./engl. Ausg., ed. K. Aschenbrenner/W.B. Holther, Berkeley/Los Angeles 1954); F. Schiller, Über die ä.e Erziehung des Menschen, ed. W. Henckmann, München 1967; H.-M. Schmidt, Sinnlichkeit und Verstand, Zur philosophischen und poetologischen Begründung von Erfahrung und Urteil in der deutschen Aufklärung. Diss. Konstanz 1978; J.G. Sulzer, Allgemeine Theorie der schönen Künste, in einzelnen nach alphabetischer Ordnung der Kunstwörter aufeinanderfolgenden Artikeln abgehandelt, I–II, Leipzig 1771/1774, ^{2}1792/1799 (repr. Hildesheim 1967/1970); A.H. Trebels, Einbildungskraft und Spiel, Bonn 1967; T. Uehling, The Notion of Form in Kant's Critique of Aesthetic Judgement, The Hague 1971. – (4) *Hegel, Vischer und das 19. Jahrhundert:* B. Bolzano, Untersuchungen zur Grundlegung der Ä., ed. D. Gerhardus, Frankfurt 1972; H. Faensen, Die Kunstauffassung K. Fiedlers, A. von Hildebrands und H. von Marees, Berlin 1965; K. Fiedler, Schriften zur Kunst, ed. G. Boehm, München 1971 (Theorie und Geschichte der Literatur und der schönen Künste 16); A. v. Hildebrand, Gesammelte Schriften zur Kunst, bearb. v. H. Bock, Köln 1969; H. Kuhn, Die Vollendung der klassischen deutschen Ä. durch Hegel, in: ders., Schriften zur Ä., München 1966, 15–144; G. Lukács, Hegels Ä. (1951), in: ders., Werke X, Neuwied/Berlin 1969, 107–146; G.W.F. Hegel, Ä., I–II, ed. F. Bassenge, Berlin ^{2}1976, II, 589–624; W. Oelmüller, F.T. Vischer und das Problem der nachhegelschen Ä., Stuttgart 1959; ders., Hegels Satz vom Ende der Kunst und das Problem der Philosophie der Kunst nach Hegel, Philos. Jb. 73 (1966), 75–94; W. Perpeet, Historisches und Systematisches zur Einfühlungsästhetik, Jb. Ä. und allg. Kunstwiss. 11 (1966), 193–216; F.W.J. Schelling, Philosophie der Kunst (1859), in: ders., Werke V (repr. Darmstadt 1966); K.W.F. Solger, Vorlesungen über Ä., ed. K.W.L. Heyse, Leipzig 1839 (repr. Darmstadt 1969); K. Staguhn, Vom Wesen der künstlerischen Tätigkeit. Seine Darstellung und Deutung in der Kunsttheorie K. Fiedlers, Diss. Hannover 1962; F.T. Vischer, Ä. oder Wissenschaft des Schönen, I–VI, 1846–1857, ed. R. Vischer, München ^{2}1922–1923; ders., Über das Erhabene und Komische, ed. W. Oelmüller, Frankfurt 1967; R. Wiehl, Über den Handlungsbegriff als Kategorie der Hegelschen Ä., Hegel-Stud. 6 (1971), 135–170. – (5) *Ansätze zur Ä. im 20. Jahrhundert:* T.W. Adorno, Ä.e Theorie, Ges. Schriften VII, Frankfurt 1970; K.O. Apel, Die beiden Phasen der Phänomenologie in ihrer Auswirkung auf das philosophische Vorverständnis von Sprache und Dichtung in der Gegenwart, Jb. Ä. und allg. Kunstwiss. 3 (1955–1957), 54–76; L. Baxandall, Marxism and Aesthetics. A Selective Annotated Bibliography, Hassocks (Sussex) 1978; O. Becker, Dasein und Dawesen. Gesammelte philosophische Aufsätze, Pfullingen 1963; M. Bense, Aesthetica, Baden-Baden 1965; D.G. Birkhoff, Aesthetic Measure, New York 1933; R. Bittner/P. Pfaff (eds.), Das ä.e Urteil, Köln 1977 (Neue Wissenschaftliche Bibliothek 89); E. Bloch, Ä. des Vor-Scheins, I–II, ed. G. Ueding, Frankfurt 1974; F.J. Coleman (ed.), Contemporary Studies in Aesthetics, New York 1968; R.G. Collingwood, The Principles of Art, London 1938; W. Conrad, Der ä.e Gegenstand. Eine phänomenologische Studie, Z. Ä. u. allg. Kunstwiss. 3 (1908/1909), 71–118, 369–511, 4 (1909), 401–455; M. Dessoir, Ä. und allgemeine Kunstwissenschaft, Stuttgart 1906, ²1923; J. Dewey, Art as Experience, New York/London 1934; W. Elton (ed.), Aesthetics and Language, Oxford 1954, ²1970; H. W. Franke, Phänomen Kunst, München 1967, Köln 1974; M. Geiger, Die Bedeutung der Kunst, eds. K. Berger/W. Henckmann, München 1976 (Theorie und Geschichte der Literatur und der schönen Künste 27); D. Gerhardus, Ä.es Handels, Skizze in konstruktiver Absicht, in: K. Lorenz (ed.), Konstruktionen versus Positionen. Beiträge zur Diskussion um die Konstruktive Wissenschaftstheorie II (Allgemeine Wissenschaftstheorie), Berlin/New York 1979, 146–183; N. Goodmann, Languages of Art. An Approach to a Theory of Symbols, Indianapolis Ind. 1968, ²1976 (dt. Sprachen der Kunst, Frankfurt 1973); ders., Ways of Worldmaking, Hassocks (Sussex) 1978; N. Hartmann, Ä., Berlin 1953; M. Heidegger, Der Ursprung des Kunstwerks, in: ders., Holzwege, Frankfurt 1963, 7–68; W. Henckmann (ed.), Ä., Darmstadt 1979 (Wege der Forschung 31); R. Ingarden, Das literarische Kunstwerk, Tübingen 1931, ³1965; ders., Untersuchungen zur Ontologie der Kunst. Musikwerk – Bild – Architektur – Film, Tübingen 1962; M. Kagan, Vorlesungen zur marxistisch-leninistischen Ä., Berlin (Ost) ²1971; F. Kaufmann, Art and Phenomenology, in: M. Farber (ed.), Philosophical Essays in Memory of E. Husserl, Cambridge Mass. 1940; R. Kostelanetz (ed.), Esthetics Contemporary, Buffalo N.Y. 1978; S. K. Langer, Philosophy in a New Key, Cambridge Mass. 1942, ⁴1967 (dt. Philosophie auf neuem Wege, Frankfurt 1965); G. Lukács, Ä., I–IV, Darmstadt/Neuwied 1972; A. A. Moles, Théorie de l'information et perception esthétique, Paris 1958 (dt. Informationstheorie und ä.e Wahrnehmung, Köln 1971); C. W. Morris, Aesthetics and the Theory of Signs, Chicago 1939 (dt. Grundlagen der Zeichentheorie. Ä. und Zeichentheorie, München 1972); S. Ossowski, U podstaw estetyki, Warschau 1966 (engl. The Foundations of Aesthetics, Dordrecht/Boston/Warschau 1978); H. Paetzold, Neomarxistische Ä. I (Bloch – Benjamin), II (Adorno – Marcuse), Düsseldorf 1974; G. Pfeiffer, Kunst und Kommunikation. Grundlegung einer kybernetischen Ä., Köln 1972; J. Piguet, Esthétique et phénomenologie, Kant-St. 47 (1955/1956), 192–208; M. Rieser, Die sprachkritische Ä. in Amerika, Z. Ä. u. allg. Kunstwiss. 15 (1970), 78–85; ders., Die semantische Kunstphilosophie in Amerika, Z. Ä. u. allg. Kunstwiss. 13 (1968), 28–48; R. Rudner, On Semiotic Aesthetics, J. Aesth. Art Criticism 10 (1951), 66–77; H.-D. Sander, Marxistische Ideologie und allgemeine Kunsttheorie, Tübingen 1970; B. R. Tighman (ed.), Language and Aesthetics, Lawrence Kans. 1973; E. Utitz, Grundlegung der allgemeinen Kunstwissenschaft, I–II, Stuttgart 1914/1920 (repr. München 1973); L. Wittgenstein, Vorlesungen und Gespräche über Ä., Psychologie und Religion, ed. C. Barrett, Göttingen 1968. M. G./D. G.

ästhetisch/Ästhetik (endeetisch), Neufassung der Ä., welche die systematische Tradition, die einerseits auf dem existentiellen Charakter von Kunst, andererseits auf ihrer Nichtbegrifflichkeit bestanden hatte (↑ästhetisch/Ästhetik), in sprachkritischer Wende, beide Aspekte methodisch miteinander verbindend, wieder aufnimmt. Genauerhin im Ausgang von einer elementaren Rekonstruktion bedürfnisbekundenden Redens, um so überkommene Psychologismen in der (insbesondere emotivistischen) Ä. (↑Emotivismus) durch ein pragmatisch fundiertes Verstehen menschlicher Betroffenheitsäußerung aufzulösen. Betroffen sind Menschen nämlich in ihrer Bedürftigkeit, die sich, als menschliche, über natürlich primäre Bedürfnisse der Lebenserhaltung hinaus bis hin zu kulturell ›letzten‹ oder ›höchsten‹ Identitätsbedürfnissen erstreckt und sich entsprechend geschichtlich wandelt und individualisiert. In diesem umfassenden Sinn bestimmt F. Koppe (verbale oder nichtverbale) *ä.e Artikulation* als die Möglichkeiten sonstiger Kommunikation *bis in die Phänomenalität der Zeichen überbietende Form bedürfnisbekundender (›endeetischer‹) Artikulation* (von griech. ἐνδεής, bedürftig). Durch kreative, insbesondere konnotative Bedeutungspotentiale eröffnende, Vergegenwärtigung erfüllter wie unerfüllter Bedürfniserfahrung ist sie dieser (im Unterschied zu Abbildtheorien) nicht nachträglich, sondern zu ihrem Teil bedürfniskonstitutiv. Von unmittelbar lebenspraktischen Zwängen distanziert, wird sie in der Kunst zur Institution, die gegebenenfalls allein die Betroffenheit vieler oder aller öffentlich macht und so einem nicht bedürfnisblinden transsubjektiven Situationsverständnis provozierend voraus ist. (Als endeetisch konnotative Komplexität von Kunst läßt sich dann etwa I. Kants ›ä.e. Idee‹ begreifen, die eine Mannigfaltigkeit von »Empfindungen und Nebenvorstellungen rege macht«, wofür »kein Ausdruck, der einen bestimmten Begriff bezeichnet, gefunden werden« kann, und die dennoch »das Unnennbare in dem Gemütszustande« »allgemein mitteilbar« macht [KU §49].)

Ä.e Wertschätzung bezieht sich ›formal‹ auf das hier in der nirgends kontingenten Stimmigkeit seiner Mittel überbietende Kommunikationsgelingen als solches, an dem ä.e Rezeption dank des konnotativen Spielraums von Kunst zeitüberdauernd in je eigener Aktualisierung Anteil hat. Dabei ist diese Stimmigkeit, die Kant als ›bloße Form der Zweckmäßigkeit‹ bezeichnete (KU §§ 10ff.), ihrerseits lustvoll‹, weil sie das teleologische Sinnbedürfnis des Menschen als solches als befriedigt vergegenwärtigt: insbesondere durch die Aufhebung der phänomenalen Kontingenz gewöhnlicher Zeichen (im Unterschied zum ↑Mythos, wo die sinnstiftende Geschichte an keinen bestimmten Zeichencharakter gebunden und deshalb, anders als Kunst, übersetzbar ist) und mithin selbst dann, wenn (vor allem moderne) Kunst im übrigen das Leiden an der Kontingenz des Lebens darstellt.

Wahr ist ä.e Artikulation, wenn sie Bedürfniserfahrung (individuell) wahrhaftig oder (gruppenspezifisch) repräsentativ oder (allgemein-menschlich) exemplarisch vermittelt; sie verfehlt den Wahrheitsanspruch von Kunst insbesondere dann, wenn sie Frustrationen oder Wunschträume als in der Lebenswirklichkeit erfüllt oder erfüllbar ausgibt (Kitsch). *Schön* ist Kunst insoweit, als sie Bedürfnisse (in einem strengen Sinn von ›schön‹: ohne Verletzung ä.er Wahrheit) als befriedigt vergegenwärtigt; während mithin Schönheit in mythisch geschlossenen (›heilen‹) Weltbildern Totalitätscharakter haben konnte, hat sie in der Moderne allenfalls Aspektcharakter (wobei freilich die ›formale‹ Stimmigkeit selbst häßlicher Kunst noch kontrafaktische Totalität evoziert). – In der ›leibhaftigen‹ *Sinnlichkeit* von Kunst, wo mit der Aufhebung der phänomenalen Kontingenz ihres Zeichencharakters alles Sinnliche signifikant und alles Signifikante sinnlich wird und deshalb die konnotative Dichte des Ästhetischen sich vollends als unübersetzbar und in diesem Sinn (mit G.W. Leibniz, A.G. Baumgarten, I. Kant und G.W.F. Hegel) als nicht-begrifflich erweist, kulminiert der endeetische Überbietungscharakter von Kunst: er entspricht darin der konkret leibhaftigen Bedürftigkeit des Menschen, die hier freilich nicht in ihrer faktischen Unmittelbarkeit, sondern in symbolischer Distanz gegenwärtig ist, so daß sich im Ästhetischen eine einzigartige Dialektik von sinnlich spontaner Betroffenheit und distanzierter Reflexion eröffnet. Insofern steht Kunst, nach beiden Seiten provokativ vermittelnd, zwischen Natur und Vernunft (Kant), zwischen Besonderem und Allgemeinem (Hegel), zwischen Theorie und Praxis (K. Marx). – Soweit diese kommunikative Leistung von Kunst *Natur*gegenständen mit den Prädikaten ›ä.‹ oder ›schön‹ zugesprochen wird, setzt das (in Umkehrung des Prinzips der imitatio naturae) Kunsterfahrung bereits voraus: man betrachtet und beurteilt dann ein Stück Natur, als sei es ein ä.es oder schönes Artefakt.

Die konstruktive Neufassung der Ä. im endeetischen Sinn trifft sich mit einschlägigen Intentionen innerhalb der kritischen Theorie (↑Theorie, kritische). Mit Bezug auf das »Hegelsche Motiv von der Kunst als Bewußtsein von Nöten« hat T.W. Adorno auf ihren bedürfnisvergegenwärtigenden Charakter (wenn auch einseitig auf den Negativaspekt der Unerfüllbarkeit beschränkt) aufmerksam gemacht: »Leiden, auf den Begriff gebracht, bleibt stumm«, rationaler Erkenntnis, die es zwar »subsumierend bestimmen«, aber »kaum durch seine Erfahrung ausdrücken« kann, ist es fremd (Ä.e Theorie, 35); dagegen werde die Hegelsche Brecht-Devise, »die Wahrheit sei konkret«, durch Kunst, und gegebenenfalls nur durch Kunst, erfüllt (ebd.), weil sie »die Bedürftigkeit, die als Figur dem geschichtlich Seienden eingeschrieben ist«, nachzeichne (199). J. Habermas hat darüber hinaus den Zusammenhang von Bedürfnis, Kunst und diskursivem Konsens hervorgehoben: danach bedeutet »poetische Fähigkeit«, »die Welt im Lichte menschlicher Bedürfnisse zu interpretieren« (1973, 330); entsprechend liegt ä.e Leistung allgemein (in Literatur, bildender Kunst und Musik) in der ›kommunikativen Verflüssigung‹ der paläosymbolisch oder konventionell verfestigten ›inneren Natur‹ durch bedeutungsschöpferischen Ausdruck von Bedürfnissen, worauf moralische Argumentation hinsichtlich ihrer Tragweite angewiesen ist (1976/1, 88 und 1976/2, 344f.).

Literatur: T.W. Adorno, Ä.e Theorie, Ges. Schriften VII, Frankfurt 1970; J. Habermas, Bewußtmachende oder rettende Kritik. Die Aktualität W. Benjamins (1972), in: ders., Kultur und Kritik. Verstreute Aufsätze, Frankfurt 1973, 302–344; ders., Moralentwicklung und Ich-Identität (1974), in: ders., Zur Rekonstruktion des historischen Materialismus, Frankfurt 1976, 63–91; ders., Zwei Bemerkungen zum praktischen Diskurs. Paul Lorenzen zum 60. Geburtstag, ebd., 338–346; F. Koppe, Sprache und Bedürfnis. Zur sprachphilosophischen Grundlage der Geisteswissenschaften, Stuttgart 1977; ders., Grundbegriffe der Ä., Frankfurt 1980; weitere Literatur ↑ästhetisch/Ästhetik. F. Ko.

Ästhetizismus, Bezeichnung eines Handelns, das darauf aus ist, sich im Zuge künstlerischer bzw. ästhetischer Praxis und Theoriebildung kritisch abzusetzen gegen die Vorherrschaft der ›instrumentellen Vernunft‹ (M. Horkheimer), wie sie meist in Verbindung mit übermächtig werdender (Natur-)Wissenschaft auftritt. In seinem Bemühen, gleichzeitig für den berechtigten Anspruch auf Eigenständigkeit des künstlerischen wie ästhetischen Handelns einzutreten (↑ästhetisch/Ästhetik) mit dem Ziel, dessen beste Ausbildung zu erreichen und somit auch Ästhetikkritik eröffnen zu helfen, ist der Ä. ständig in Gefahr, selbst eine Position einzunehmen, die ästhetische Orientierung allen übrigen Orientierungsmöglichkeiten vorzieht: »... nur als ästhetisches Phänomen ist das Dasein und die Welt ewig gerechtfertigt« (F. Nietzsche, Werke I, 40). Wo Ä. seinen ursprünglich kritischen, oftmals auch apologetischen Bezug (›gegen den Strich‹; J.-K. Huysmans, A rebours, Paris 1884) einbüßt, ist er leere Pose (Wirklichkeitsscheu, politische Indifferenz, Amoralismus); diese allein wird nicht selten als Ä. verstanden, dann allerdings in Verkennung der Tatsache, daß Ä., selbst ein Äußerstes erzeugend, auf Extreme zu reagieren sucht, um seiner kritischen Funktion gerecht werden zu können. So setzt er z.B. gegen die durch rapide Industrialisierung und Technisierung in der zweiten Hälfte des 19. Jahrhunderts zunehmende Künstlichkeit der Alltagswelt (Gründerzeit) eine auf das Höchste gesteigerte Artifizialität künstlerischer Produktion und eine ebenso überfeinerte sinnliche Rezeptionshaltung (bei den englischen Präraffaeliten); beide Einstellungen wurden dann auch zunächst in England als ›aestheticism‹ gekennzeichnet. Für die sechziger Jahre des 20. Jahrhunderts ist die extreme Verpersönlichung von Kunst (T. Ulrichs: ›Ich bin ein Kunstwerk‹) zu nennen, gerichtet gegen drohende Uniformität auf Grund gesellschaftsbezogener Ideologien, in denen Individualität als solche zu kurz kommt.

Historisch gesehen ließen sich ästhetizistische Ansätze in Hellenismus, Renaissance, in der Aufklärung des 18. Jahrhunderts ebenso ausmachen wie vor allem in der Romantik, die durch Betonung der Autonomie in Kunst und Ästhetik wichtige Voraussetzungen für den modernen Ä. schafft. Doch bestimmend für das gesamte geistige Klima tritt Ä. erst später dort hervor, wo latentes Krisenbewußtsein (Bewußtsein der Décadence) sich mit dem Streben nach Erneuerung des Lebens von Grund auf verbindet (im Europäischen Symbolismus, Arts and Crafts Movement, Art Nouveau). Beginnend mit der Stilwende um 1890 kann von einem *semiotisch* orientierten Ä. gesprochen werden, der zum einen auf sprachlichem Handeln beharrt, weil erst durch Sprache künstlerische Form möglich werde: »kein ding sei, wo das wort gebricht« (S. George), zum anderen die Anfangsmomente alles Sprachlichen vornehmlich im ›ästhetischen Zustand‹ sehen möchte: »Die Sprachen haben hier ihren Entstehungsherd: Tonsprachen so gut als die Gebärden- und Blicksprachen« (F. Nietzsche, Werke III, 753).

Literatur: F. Brie, Ästhetische Weltanschauung in der Literatur des 19. Jahrhunderts, Freiburg 1921; L. Eckhoff, The Aesthetic Movement in English Literature, Oslo 1959; A. J. Farmer, Le mouvement esthétique et décadent en Angleterre 1873–1900, Paris 1931; G. Ferreti, L'estetismo, Palermo 1940; W. Gaunt, The Aesthetic Adventure, London 1945; A. Hauser, Sozialgeschichte der Kunst und Literatur, München 1969; W. Iser, Walter Pater. Die Autonomie des Ästhetischen, Tübingen 1960; F. Kreis, Die Autonomie des Ästhetischen in der neueren Philosophie, Tübingen 1922; H. Kuhn, Die ästhetische Autonomie als Problem der Philosophie der Gegenwart, Logos 17 (1928), 301–322; G. Mattenklott, Bilderdienst. Ästhetische Opposition bei Beardsley und George, München 1970; F. Nietzsche, Werke in drei Bänden, ed. K. Schlechta, München 1954–1956; K. J. Obenauer, Die Problematik des ästhetischen Menschen in der deutschen Literatur, München 1933; R.-R. Wuthenow, Muse, Maske, Meduse. Europäischer Ä., Frankfurt 1978.

M.G./D.G.

Astrologie, eine stark umstrittene Kunstlehre, die aus dem (meist auf den Zeitpunkt seiner Geburt bezogenen) ↑Horoskop eines Menschen nach gewissen Regeln Aussagen oder Vorhersagen über seinen Charakter und sein Schicksal gewinnen will. Die deterministisch-fatalistische Auffassung dieser Kunstlehre, die derartigen Aussagen unbedingte Geltung zuschreibt (und somit die A. als Teildisziplin der Wahrsagekunst ansieht), geriet im Mittelalter wegen ihres Widerspruchs zur christlichen Lehre von der Willensfreiheit in Konflikt mit der Kirche. Dies führte (unter Berufung auf Aristoteles bei Albertus Magnus, Thomas von Aquin und R. Grosseteste) zum Ausbau einer dispositionellen Deutung, nach der die astrologischen Regeln nur Schlüsse auf Charakter- und Verhaltensdispositionen eines Menschen erlauben, aus denen dann unter Berücksichtigung seiner jeweiligen Situation Wahrscheinlichkeitsaussagen über sein ›Schicksal‹ möglich würden. Beide Arten der A. wurden als ›astrologica iudicaria‹ (Geburtsastrologie, Nativitätshoroskopie oder Genethlialogie) von einer ›astrologia naturalis‹ (universale A., politische Horoskopie) unterschieden, die Aussagen über die ›Schicksale‹ von Heeren, Städten, Völkern, Ländern und Erdteilen liefern sollte.

Dies scheint auch die ursprüngliche Form der A. gewesen zu sein, die als Priesterwissenschaft mit der Aufgabe, aus den Gestirnen den Willen der (teils bestimmten Sternen zugeordnet gedachten) Götter und die Schicksale von Land und Staat aus meteorologischen und Himmelserscheinungen vorherzusagen, schon um 3000 v.Chr. in Mesopotamien vorhanden ist. In der Antike entwickelt sich stärker die Geburtsastrologie, die unter anderem die Kunst voraussetzt, frühere relative Stellungen von Sternen und Planeten aus dem gegenwärtigen Gestirnstand zu berechnen. Durch diese Anforderungen einer als praktische Astronomie verstandenen A. ist auch die Entwicklung der frühen ↑Astronomie (einschließlich ihrer mathematischen Teile) stark gefördert worden. Im Hellenismus trennten sich beide Disziplinen, wobei die A. weiterhin auch die ihr bis dahin angehörenden religiösen, magischen und medizinischen Lehren (›Iatroastrologie‹, ›Iatromathematik‹) ausschied.

Urania, eine Armillarsphäre mit dem Zodiak haltend, von dem Sonne und Sterne durch deutlich sichtbare Strahlen Einfluß auf die im Mittelpunkt liegende Erde ausüben (aus: J. Stabius, Prognosticon 1503–1505, der Holzschnitt stammt von A. Dürer).

Obwohl der Einfluß astrologischer Lehren auf Religionen, Philosophie und Wissenschaften sowohl in der arabischen als auch in der christlich-abendländischen Welt über fast zwei Jahrtausende ungemein groß gewesen ist, haben die Anhänger der astrologischen Deutung trotz aller Anstrengungen (einschließlich weitgehender Modifikationen des tradierten Lehrsystems und Versuchen zur Bestätigung astrologischer Vorhersagen durch statistische Methoden) die Ansprüche der A. bisher nicht rechtfertigen können. Vielmehr spricht gegenwärtig alles dafür, daß diese Ansprüche der A., sofern man darunter irgendeines der vorliegenden, ganz bestimmten Regelsysteme für die Auffindung und Deutung kosmisch-irdischer Beziehungen versteht, gänzlich haltlos ist. R. Henseling hat jedoch mit Recht darauf hingewiesen, daß diese Ablehnung nicht die Leugnung von Lebensbeziehungen zwischen Mensch und Weltall bedeutet. Die der Untersuchung dieser Beziehungen gewidmete Disziplin läßt sich von der A. (obwohl der neue Terminus einerseits auch von Astrologen beansprucht, andererseits seit kurzem gleichbedeutend mit ›Raumfahrtbiologie‹ verwendet wird) als ›Kosmobiologie‹ abheben. Daß selbst die in solcher Weise abgegrenzte kosmobiologische Forschung die Anerkennung, ja auch nur die Diskussion ihrer Ergebnisse in wissenschaftlichen Kreisen noch heute mühsam erkämpfen muß (es sind Fälle bekannt, in denen sogar der Zugang zu Daten für die statistische Prüfung kosmobiologischer Hypothesen verweigert wurde), kennzeichnet eine Situation, deren Analyse gehaltvollere sozialpsychologische und wissenschaftssoziologische (↑Wissenschaftssoziologie) Aussagen über die Rolle von Vorurteilen im Verhältnis von Wissenschaften und Pseudowissenschaften ermöglichen würde, als sie aufgrund bisheriger Untersuchungen gewonnen worden sind.

Literatur: F. Boll/C. Bezold/W. Gundel, Sternglaube und Sterndeutung. Die Geschichte und das Wesen der A., Leipzig/Berlin ^{4}1931; W. Gundel, Sternglaube, Sternreligion und Sternorakel. Aus der Geschichte der A., Heidelberg ^{2}1959; ders./H. G. Gundel, Astrologumena. Die astrologische Literatur in der Antike und ihre Geschichte, Wiesbaden 1966; R. Henseling, Umstrittenes Weltbild. A., Welteislehre. Um Erdgestalt und Weltmitte, Leipzig 1939; H. v. Klöckler, A. als Erfahrungswissenschaft, Leipzig 1927; K.E. Krafft, On the Relation between Astronomical and Biological Phenomena, London 1929; J.D. North/B.L. van der Waerden/H. Greive, A., LMA I (1979), 1135–1144; K. Stumpff, Astronomie gegen A.. Eine naturwissenschaftliche und erkenntnistheoretische Kritik der Sterndeutekunst, Baden-Baden 1955; B.L. van der Waerden, Die Anfänge der Astronomie. Erwachende Wissenschaft II (Ontwakende Wetenschap II) Groningen 1960, Basel/Stuttgart ^{2}1966, ^{3}1968. C.T.

Astronomie (griech. ἀστρονομία, auch ἀστρολογία, Sternkunde), naturwissenschaftliche Disziplin, die sich von einer bloßen Meß- und Beobachtungskunde (z.B. bei den Babyloniern) über kinematische Theorien der Himmelsköprer (Eudoxos, K. Ptolemaios) in der Neuzeit zu einer physikalisch begründeten Wissenschaft vom Weltall entwikkelte.

Himmelsbeobachtungen und Messungen zum Aufstellen von Kalendern und zur Vorausberechnung von Mondfinsternissen lassen sich schon in den altorientalischen Kulturen (Ägypter und Babylonier) nachweisen, denen die fünf hellen Planeten Merkur, Venus, Mars, Jupiter und Saturn bekannt waren. Nach ersten physikalischen Erklärungsversuchen in der ionischen Naturphilosophie (Thales, Anaximander, Anaximenes, Heraklit) begann die A. als mathematisch-kinematische Theorie der Planetenbewegungen erst bei den Pythagoreern, die auch die Erde und Gestirne als Kugeln auffassen. Das in der Antike wohl fälschlich Platon zugeschriebene Programm einer mathematischen ›Rettung der Phänomene‹ (σῴζειν τὰ φαινόμενα, salvare apparentias), d.h. der Rückführung scheinbar unregelmäßiger Planetenbewegungen auf Kreisbewegungen mit konstanter Winkelgeschwindigkeit, realisierte als erster Eudoxos in einem System von Kugelschalen, die alle die Erde als Mittelpunkt haben und auf denen sich Sterne und Planeten mit konstanter Winkelgeschwindigkeit bewegen. Jeder Stern oder Planet bewegt sich auf der inneren Kugel eines Systems von zwei oder mehr miteinander verbundenen Kugelschalen, deren gleichzeitige Rotation um verschiedene Achsen die beobachtete Bewegung des jeweiligen Himmelskörpers ergibt. Während die Sonne mit zwei (Abb. 1) und der Mond mit drei kombinierten Kugelschalbewegungen auskommen, verbindet Eudoxos vier Kugelschalen, um die von der Erde beobachtete rückläufige Bewegung eines Planeten zu erzeugen (Abb. 2):

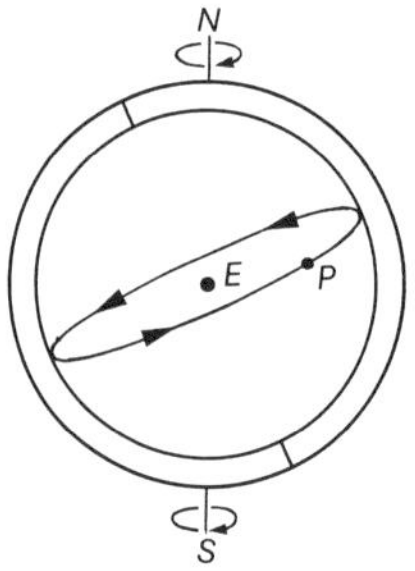

Abb. 1

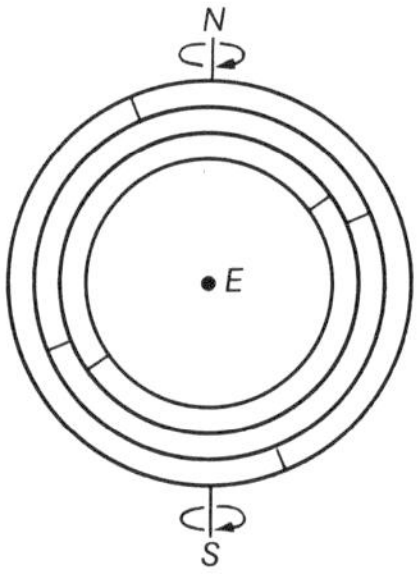

Abb. 2

Da die Gestirne im Eudoxischen System konstante Entfernung zur Erde haben, konnte jedoch die wechselnde Größe und Helligkeit z.B. des Mondes nicht erklärt werden.

Demgegenüber berücksichtigte Ptolemaios die Abweichungen, die durch die tatsächlichen Ellipsenbahnen der Planeten entstehen, durch die Konstruktion exzentrischer Epizyklen. Danach kreist z.B. die Venus auf einem Epizykel von West nach Ost um einen Punkt C, der sich auf einem exzentrischen Kreis um einen Punkt M außerhalb der Erde E bewegt. Der Ausgleich der beobachteten Abweichungen entsteht dadurch, daß C um M zwar ungleichförmig, aber der Strahl vom ›Ausgleichspunkt‹ (punctum aequans) P nach C mit PE = 2 ME gleichförmig rotiert (Abb. 3).

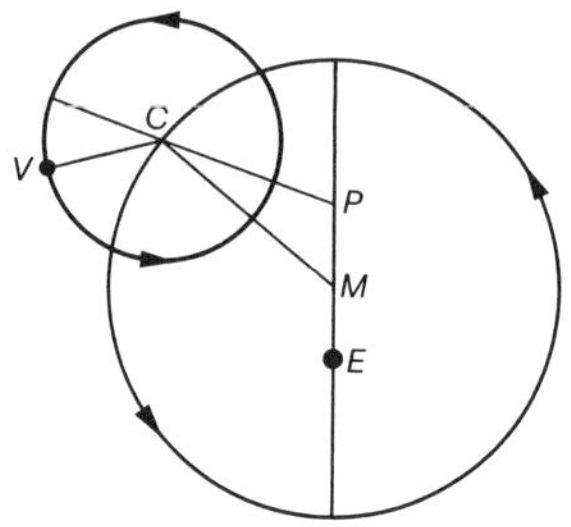

Abb. 3

Für die Berechnung seiner Messungen verwendete Ptolemaios Sehnentafeln als Vorläufer von trigonometrischen Tafeln. Im Unterschied zu den kinematischen Modellen der antiken A., zu denen auch Aristarchs heliozentrisches System zählt, beanspruchte die Aristotelische Physik, die dynamischen Gründe der wirklichen Himmelsbewegungen mit der Erde als faktischem Mittelpunkt zu liefern.

Kopernikus stellte das sogenannte Platonische Axiom der gleichförmigen Kreisbewegung der Planeten wieder her, indem er die Sonne in den Mittelpunkt der Kugelschalen setzte und die Ptolemaische Konstruktion von Ausgleichspunkten verwarf. Die Beobachtung rückläufiger Bewegungen z.B. des Mars werden nun auf die kombinierten Bewegungen von Erde und Mars zurückgeführt, wobei Mars einen größeren und langsameren Sonnenumlauf als die Erde ausführt. Die am Sternenhimmel beobachtete Planetenschleife (Abb. 4)

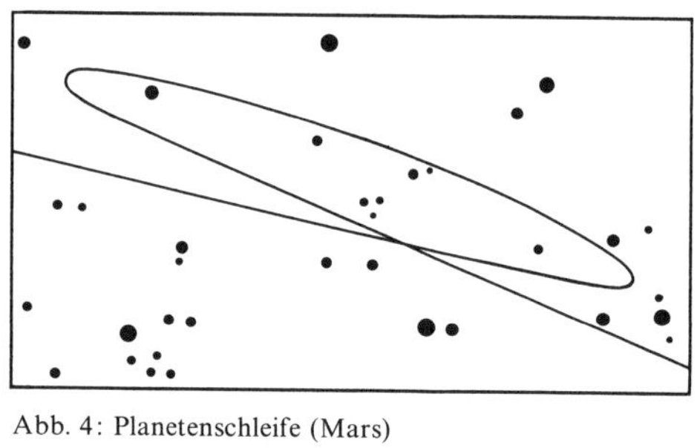
Abb. 4: Planetenschleife (Mars)

wird in Abb. 5 zwischen der 3. und 5. Position durchlaufen.

Während Kopernikus auf Grund der Sternentafeln des Ptolemaios mit einer Genauigkeit von 10′ arbeitete, verbesserte T. Brahe seine Beobachtungen auf 2′. Dessen Schüler J. Kepler versuchte zunächst noch im »Mysterium cosmographicum« (1596, ²1621), die Größe der Planetenkugeln auf die Ordnung der ↑Platonischen Körper zurückzuführen, die den Kugeln in der Reihenfolge

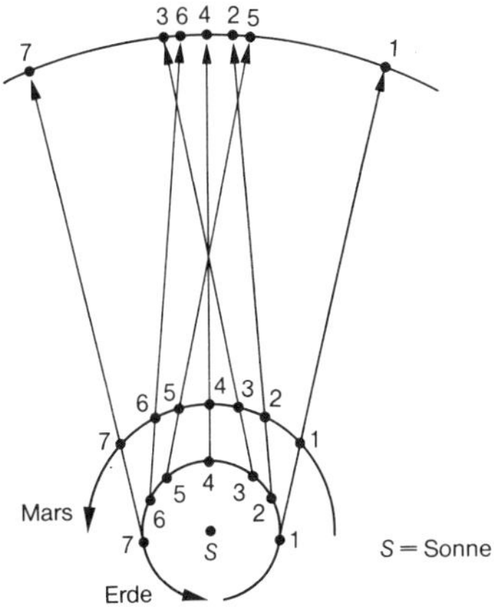

Abb. 5

Würfel, Tetraeder, Dodekaeder, Oktaeder und Ikosaeder abwechselnd ein- und umbeschrieben werden (Abb. 6):

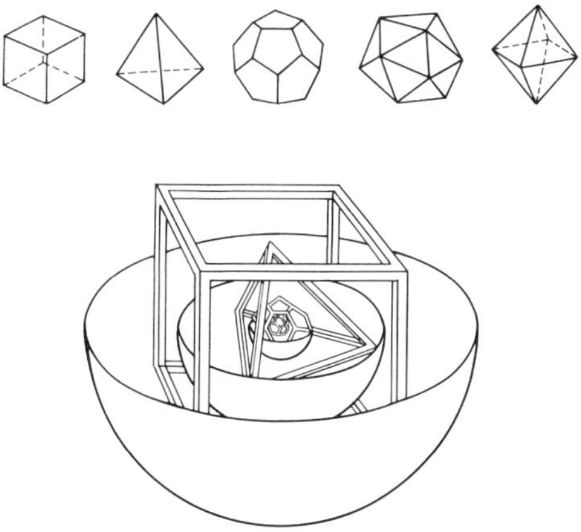

Abb. 6

Auf der Basis von Brahes Messungen entwickelte Kepler schließlich seinen berühmten Flächensatz, wonach der Radiusvektor Sonne-Erde in gleichen Zeiten gleiche Flächen überstreicht (Astronomia nova, 1609). Mit diesem Gesetz für die Erdbahn kontrollierte er die Marsbahn und stellte fest, daß sie kein Kreis sein konnte, sondern einer Ellipse mit der Sonne in einem Brennpunkt entspricht (Abb. 7).

Zehn Jahre später formulierte Kepler dann sein 3. Gesetz, wonach sich die Kuben der großen Achsen der Ellipsenbahnen verhalten wie die Quadrate der Umlaufzeiten (Harmonice mundi, 1619). Erst mit Kepler wird also das sogenannte Platonische Axiom von der gleichförmigen Kreisbewegung der

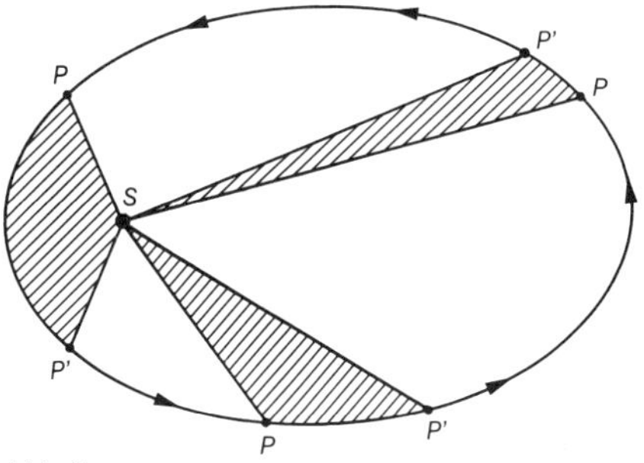

Abb. 7

Planeten endgültig aufgegeben. Hierzu trugen entscheidend genauere Messungen bei, die durch den Einsatz von Fernrohren seit G. Galilei gesteigert wurden.

Eine dynamische Erklärung von Keplers Himmelsmechanik lieferte allerdings erst I. Newtons Mechanik, die damit die mit der A. unvereinbar gewordene Aristotelische Physik ablöste. Newton weitete nämlich die Galileische Physik auf die Himmelsmechanik aus, wonach z.B. dieselbe Beschleunigung, welche die Fallbewegung eines Steines auf der Erde bestimmt (↑Gravitation), auch den Mond daran hindert, sich in geradliniger Bahn von der Erde zu entfernen, während andererseits seine Tangentialgeschwindigkeit ihn daran hindert, gegen die Erde zu fallen. Das 2. Keplersche Gesetz wurde von Newton dynamisch durch die Annahme einer Zentralbeschleunigung zur Sonne erklärt, deren Größe durch das 3. Keplersche Gesetz approximativ bestimmbar ist. Mathematisch bewältigte Newton die Ableitung der Ellipsenbahn der Planeten (Keplers 1. Gesetz) aus dem Gravitationsgesetz nach seiner Beschäftigung mit Differentialrechnung (in Form seiner Fluxionsrechnung, ↑Fluxion), obwohl er seine Ergebnisse in den »Principia« ganz im Sinne des antiken Exaktheitsideals (↑Exaktheit) geometrisch-axiomatisch bewies. Neben der physikalischen Begründung zeichnete sich die A. durch eine wachsende Anzahl neuer Entdeckungen aus. So veröffentlichte z.B. C. Messier 1781 einen Katalog »Nebel und Sternhaufen« mit heute noch üblicher Numerierung (z.B. M 31 für den Andromedanebel). Der englische Instrumentenbauer T. Wright beschrieb 1750 die Milchstraße als flache Scheibe, in der das Sonnensystem liegt. Unter dem Eindruck von Newtons Mechanik erklärten u.a. I. Kant und J.H. Lambert die Entstehung des Sonnensystems, der Milchstraße und anderer elliptischer Nebel in mechanischen Modellen, die jedoch ebensowenig mathematisch ausgearbeitet wurden wie später bei P.S. Laplace.

Nachdem der Optiker J. Fraunhofer bereits 1814/1815 dunkle Spektrallinien im Spektrum der helleren Sterne entdeckt hatte, wies W. Huggins 1868 auf ihre Verschiebung ins Rote bzw. Blaue gegenüber ihrer normalen Lage im Spektrum der Sonne hin - eine Beobachtung, die er zutreffend im Sinne des Doppler-Effekts als Bewegung der Sterne von der Erde fort bzw. zu ihr hin deutete. Da die Wellenlängen der Spektrallinien sehr genau meßbar sind, wurden neue Meßverfahren für Geschwindigkeit und Entfernung von Sternen möglich. Unter Voraussetzung der ↑Quantentheorie lieferten Spektralanalysen auch Aufschluß über atomare und energetische Prozesse im Weltall. Die 1929 von E. Hubble nachgewiesene Zunahme der Rotverschiebung der Galaxien proportional zu ihrer Entfernung bestätigte darüber hinaus eine 1922 von A. Friedmann vorgeschlagene mathematische Lösung der Einsteinschen Gravitationsgleichung

$$R_{\mu\nu} - \tfrac{1}{2} g_{\mu\nu} R = -8\pi G T_{\mu\nu}$$

mit den metrischen Koeffizienten $g_{\mu\nu}$, der Gravitationskonstanten G, dem Masse-Energie-Tensor $T_{\mu\nu}$ und dem Ricci-Tensor $R_{\mu\nu}$. Unter Voraussetzung der räumlichen Isotropie und Homogenität des Weltalls (›Kosmologisches Prinzip‹) werden nämlich Lösungen möglich, bei denen der ›Weltradius‹ R von der Zeit t abhängig ist - ein Ergebnis, das nach A. Friedmann als Expansion des Kosmos interpretiert wird. Mathematisch wird dieses ›Standard-Modell‹ für die Entwicklung $R(t)$ des Kosmos beschrieben durch eine Differentialgleichung 1. Ordnung

$$\dot{R}^2 + k = \frac{8\pi G}{3} \rho R^2,$$

wobei ρ nur von der Zeit t abhängt.

Für die Krümmungsfälle $k=1$, 0 oder -1 lassen sich die Lösungen von Einsteins Gravitationsgleichungen im Standard-Modell graphisch darstellen (Abb. 8).

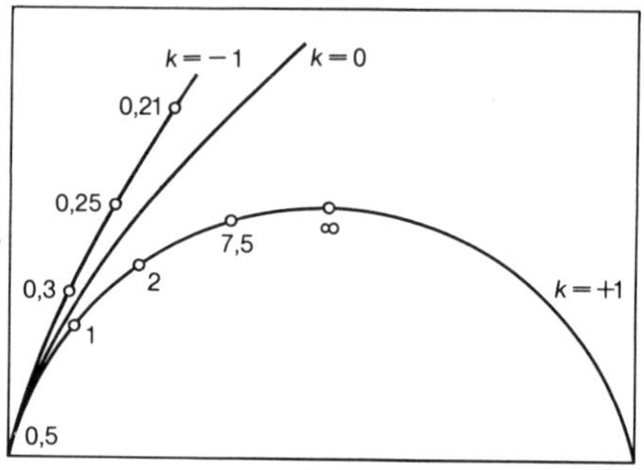

Abb. 8

Die Zahlen entlang der Kurven $k = \mp 1$ sind Werte für den Parameter $q_0 = -\ddot{R}(t_0) \dfrac{R(t_0)}{\dot{R}^2(t_0)}$ zum Gegenwartszeitpunkt t_0 (›deacceleration parameter‹). In der Wissenschaftstheorie wird damit die Frage akut, nach welchen Kriterien das Standard-Modell und die anderen kosmologischen Modelle (z.B. K. Gödels Modell eines homogenen, aber nicht isotropen Universums; das Steady-State Modell) für die A. zu bewerten sind – als Modelle realer kosmologischer Systeme, als Gesetzeshypothesen für ↑Erklärungen des vorliegenden Datenmaterials nach dem HO-Modell oder als Instrumente effektiver Vorhersage in der A. Neuere Messungen haben seit der Entdeckung (1965) einer isotropen Mikrowellenhintergrundstrahlung zu einer Bestätigung eines räumlich isotropen und homogenen expandierenden Universums geführt.

Literatur: A. Armitage, Copernicus. The Founder of Modern Astronomy, London 1938, [3]1971; W. Baade, Evolution of Stars and Galaxies, Cambridge Mass. 1968; R.H. Baker, Astronomy. An Introduction, London/Norwood Mass. 1930, New York [5]1950; H. Blumenberg, Kopernikus im Selbstverständnis der Neuzeit, Abh. Akad. Wiss. Lit. Mainz, geistes- u. sozialwiss. Kl. 9 (1964), Nr. 5, Wiesbaden 1965; H. Bondi, Cosmology, Cambridge 1952, [2]1960; E. Cassirer, Individuum und Kosmos in der Philosophie der Renaissance, Leipzig/Berlin 1927, Darmstadt [5]1977; J.L.E. Dreyer, A History of Astronomy from Thales to Kepler, Cambridge Mass. 1905, New York [2]1953; P. Duhem, Le système du monde. Histoire des doctrines cosmologiques de Platon à Copernic, I–X, Paris 1914–1959; A. Einstein, Grundzüge der Relativitätstheorie, Braunschweig [4]1965; T.L. Heath, Greek Astronomy, London/Toronto 1932; ders., Aristarchus of Samos. The Ancient Copernicus, Oxford 1913; F. Hoyle, Nicolaus Copernicus. An Essay on his Life and Work, London 1973; M. Jammer, Concepts of Mass in Classical and Modern Physics, Cambridge Mass. 1961 (dt. Der Begriff der Masse in der Physik, Darmstadt 1964, [2]1974); B. Kanitscheider, Philosophisch-historische Grundlagen der physikalischen Kosmologie, Stuttgart 1973; ders., Der Gesetzesbegriff in der Kosmologie, in: Philosophie und Physik, eds. R. Haller/J. Götschl, Braunschweig 1975, 113–131; F. Kaulbach, Philosophie der Beschreibung, Köln/Graz 1968; A. Koyré, From the Closed World to the Infinite Universe, Baltimore 1957 (dt. Von der geschlossenen Welt zum unendlichen Universum, Frankfurt 1969); ders., La gravitation universelle. De Kepler à Newton, Arch. int. hist. sci. 30 (1951), 638–653; F. Krafft, Geschichte der Naturwissenschaft I (Die Begründung einer Wissenschaft von der Natur durch die Griechen), Freiburg 1971; T.S. Kuhn, The Copernican Revolution. Planetary Astronomy in the Development of Western World, Cambridge 1957, [2]1966; P. Lorenzen, Die Entstehung der exakten Wissenschaften,

Berlin/Göttingen/Heidelberg 1960; K. Mainzer, Geschichte der Geometrie, Mannheim/Wien/Zürich 1980; J. Mittelstraß, Die Rettung der Phänomene. Ursprung und Geschichte eines antiken Forschungsprinzips, Berlin 1962; ders., Neuzeit und Aufklärung. Studien zur Entstehung der neuzeitlichen Wissenschaft und Philosophie, Berlin/New York 1970; O. Neugebauer, A History of Ancient Mathematical Astronomy, I–III, Berlin/Heidelberg/New York 1975; H. Shapley (ed.), Source Book in Astronomy 1900–1950, Cambridge Mass. 1960; W. Stegmüller, Hauptströmungen der Gegenwartsphilosophie. Eine kritische Einführung II, Stuttgart 1975, Kap. III; O. Struve, Elementary Astronomy, Oxford 1959 (dt. A.. Einführung in ihre Grundlagen, Berlin [3]1967); R.C. Tolman, Relativity, Thermodynamics, and Cosmology, Oxford 1934; A. Unsöld, Der neue Kosmos, Heidelberg/New York 1967, [2]1974; B.L. van der Waerden, A., LMA I (1979), 1145–1153; S. Weinberg, Gravitation and Cosmology, Principles and Applications of the General Theory of Relativity, New York 1972; C.F. v. Weizsäcker, Die Geschichte der Natur. Zwölf Vorlesungen, Zürich 1948, Göttingen [5]1962; ders., Die Tragweite der Wissenschaft I (Schöpfung und Weltentstehung. Die Geschichte zweier Begriffe), Stuttgart 1964; R.S. Westman (ed.), The Copernican Achievement, Berkeley/Los Angeles/London 1975.
K.M.

Aśvaghoṣa, 1. oder frühes 2. Jh. n.Chr., Brahmane aus dem Osten Indiens, berühmter buddhistischer Dichter aller Gattungen und Philosoph des ↑Mahāyāna-Buddhismus. Nach der Überlieferung geistiger Berater des Kushān-Königs Kaniṣka und Vizepräsident des unter Kaniṣka abgehaltenen 4. buddhistischen Konzils, vermutlich in Kaśmīr. Zu seiner Zeit tritt Pali als Bildungssprache wieder zurück zugunsten des klassischen Sanskrit.

Werkausgaben und Übersetzungen: E.H. Johnston, Saundarānanda (Die Bekehrung des Nanda [Halbbruder des Buddha]), Text u. engl. Übers., London 1928–1932; A. Weber, Vajrasūcī (Die Diamantnadel), Text u. dt. Übers., Berlin 1859; F. Weller, Das Leben des Buddha, I–II, Leipzig 1926/1928; ders., Aṣvaghosha. Zwei zentralasiatische Fragmente des Buddhacarita, Abh. Sächs. Akad. Wiss. Leipzig, phil.-hist. Kl. XLVI, Heft 4 (1953); A.s Discourse on the Awakening of Faith in the Mahāyāna (Mahāyānaśruddhotpāda), aus dem Chines. ins Engl. übers. v. D.T. Suzuki, Chicago 1900. K.L.

asymmetrisch/Asymmetrie, eine zweistellige ↑Relation R heißt a., wenn aus dem Bestehen der Relation aRb zwischen zwei beliebigen Elementen a und b, für welche die Relation R erklärt ist, folgt, daß nicht auch bRa gelten kann, wenn mit anderen Worten

$$\bigwedge_x \bigwedge_y (xRy \rightarrow \neg yRx)$$

gilt. C.T.

Ataraxie (griech. ἀταραξία, Unverwirrbarkeit, Gemütsruhe, Unerschütterlichkeit), als Ziel philosophischer Lebensweise zuerst bei Demokrit, dann im weiteren Sinne als Freiheit von Ängsten, als ↑Autarkie des einzelnen gegenüber Umwelteinflüssen, als Leidenschaftslosigkeit und Gleichmut gegenüber Schicksalsschlägen bei Epikur, Lukrez, den Skeptikern (↑Skeptizismus) und in der ↑Stoa (↑Apathie). Bei O. Spann Vorform philosophischer oder mystischer Abgeschiedenheit.

Literatur: H. Reiner, A., Hist. Wb. Ph. I (1971), 593; O. Spann, Gesellschaftslehre, Graz [4]1969 (1. Aufl. unter dem Titel: Kurzgefaßtes System der Gesellschaftslehre, Berlin 1914). M.G.

Atheismus (von griech. ἄθεος, gottlos; im mittelalterlichen Latein gibt es das Wort ›atheista‹), in der Neuzeit (wahrscheinlich um die Wende vom 16. zum 17. Jahrhundert) aufgekommene Bezeichnung für Meinungen, die die Behauptung der Existenz ›Gottes‹ (↑Gott (philosophisch)) (eines ↑›Absoluten‹, bestimmter offizieller Götter oder eines persönlichen, insbesondere des christlichen Gottes) negieren. Im weiteren Sinne der Leugnung eines persönlichen Gottes wird von der christlichen Religionswissenschaft teilweise auch der Buddhismus und ↑Taoismus als A. bezeichnet. In der griechischen und römischen Antike waren ›atheoi‹ diejenigen, die die offiziellen Götter nicht anerkannten und an deren öffentlichem Kult nicht teilnahmen (vgl. Platon, Nom. 904a ff.); im römischen Kaiserreich zählten zu ihnen zeitweise auch die Christen. Im christlichen Mittelalter verstand man als ›atheistae‹ meist summarisch die ›Heiden‹, unter ihnen auch die gottgläubigen Mohammedaner. In der neuzeitlichen Geistesgeschichte, in der das Wort ›A.‹ innerhalb der christlichen Religionsphilosophie (↑theologia naturalis) seine polemische Verwendung erhielt, ist ›A.‹ zumeist der Titel für die Weigerung, ein ›transzendentes‹, d.h. ein von der unserer Erfahrung zugänglichen Welt verschiedenes, selbständig existierendes höchstes Wesen anzunehmen – unabhängig davon, ob es als eine Person aufgefaßt wird oder nicht.
Bei der vielfältigen Verwendung des Wortes ›A.‹ empfiehlt sich als grobe Unterscheidung die zwischen (a) *praktischem A.*, d.h. dem Verzicht auf die (sonst übliche) Annahme eines Gottes (oder von Göttern) beim Erklären oder Verstehen von Ereignissen oder Handlungen oder beim Begründen von Vorschlägen, ohne daß dieser Verzicht ausdrücklich gefordert wird, und (b) *theoretischem A.*, d.h. der im Unterschied zum ↑Agnostizismus ausdrücklich begründeten Ablehnung, die Existenz Gottes zu behaupten. Eine Sonderform des

theoretischen A. sei als *dogmatischer A.* ausgegrenzt: die Negation der Existenzbehauptung Gottes, bei der Gott, ebenso wie bei den (dogmatischen) Theisten, wie ein Gegenstand behandelt wird, über dessen Existenz oder Nichtexistenz Behauptungen gemacht werden können. Nicht in diesem Sinne dogmatisch ist der theoretische A., der die Sinnlosigkeit der Rede sowohl von der Existenz als auch von der Nichtexistenz Gottes annimmt, weil Gott kein methodisch unterscheidbarer Gegenstand ist, und sich darum weigert, die Existenzbehauptung von Gott (ebenso wie die Behauptung seiner Nichtexistenz) zu vertreten.

Eine der frühesten Formen des theoretischen A. im neuzeitlichen Sinne findet sich in der ↑Sāṃkhya-Philosophie, die gegen die Gründe argumentiert, aus denen die Existenz eines höchsten Wesens angenommen wird. In der abendländischen Geistesgeschichte zeugen schon Fragmente einiger Vorsokratiker von einem theoretischen A., der teilweise allerdings nur schwer von Argumentationen gegen eine anthropomorphe Darstellung der Götter zu unterscheiden ist. So kritisiert Xenophanes den ↑Anthropomorphismus der Götterdarstellungen (VS 21 B 11–16), stellt sogar, wie z.B. radikaler auch Protagoras (VS 80 B 4), die Möglichkeit der Gotteserkenntnis in Frage (VS 21 B 34), redet aber gleichwohl von einem geistigen, menschenunähnlichen Gott (VS 21 B 23–25). Eindeutig atheistisch äußern sich unter den Vorsokratikern Demokrit, der den Götterglauben ›der Alten‹ ironisiert (VS 68 B 30) und aus deren Wünschen erklärt (VS 68 B 166), und Kritias, der die Erfindung der Götter als die Bereitstellung eines allgemein wirksamen Schreckmittels zur Erhaltung auch einer moralischen Ordnung (die staatliche wird bereits durch sanktionierte Gesetze garantiert) versteht (VS 88 B 25). Epikurs Position in dieser Frage wurde zwar von Schülern und Interpreten als theoretischer A. angesehen, doch scheint dieser tatsächlich nur gegen die Annahme einer göttlichen Vorsehung argumentiert zu haben, vor allem in der von Laktanz überlieferten Argumentation: »Entweder will Gott die Übel beseitigen und kann es nicht, oder er kann es und will es nicht, oder er kann es nicht und will es nicht, oder er kann und will es«. In den ersten drei Fällen wäre Gott schwach und/oder mißgünstig – was er als Gott nicht sein darf. Im vierten Falle aber fragt sich, woher dann die Übel kommen und warum Gott sie nicht beseitigt. Epikurs Schüler Lukrez übernimmt diese Schlußweise (de rer. nat. 2.1093ff.). Er argumentiert ebenfalls nicht gegen die Existenz von Göttern, sondern gegen die Gottesfurcht der Menschen. Im übrigen war im römischen Kaiserreich auch ein theoretischer A. im neuzeitlichen Sinne durchaus verbreitet, wie etwa Ciceros »De natura deorum« zeigt.

Im christlichen Mittelalter findet sich kein ausformulierter theoretischer A.; es wird lediglich um den ›wahren‹ Gottesglauben gestritten. Gleichwohl wird (vor allem durch das Bekanntwerden der arabischen Philosophen) schon im 11. und 12. Jahrhundert eine kritische Unsicherheit unter den Gebildeten bemerkbar, die sich insbesondere in der Formulierung von ↑Gottesbeweisen niederschlägt. Im 13. Jahrhundert steigert sich diese Unsicherheit teilweise zu einer offenen, theoretisch aber noch nicht durchformulierten Skepsis (↑Skeptizismus), die ihren bekanntesten Ausdruck in dem Wort von den drei Betrügern – Jesus, Moses und Mohammed – aus dem Kreise Kaiser Friedrichs II. findet. Einen ähnlich esoterischen praktischen A. erheben im Frankreich des 16. Jahrhunderts viele Gebildete zu ihrem Modeattribut. Vor allem in der spöttischen Schilderung der religiösen Bräuche stellen Literaten wie B. Despériers (Cymbalum mundi, 1538), F. Rabelais, C. Marot und (theoretisch bemühter) M.E. de Montaigne (1. Ausgabe seiner »Essays«, 1580) ihre Skepsis gegenüber Kirche und Offenbarung dar.

Sozial relevant wird der A. erst in Verbindung mit der Entwicklung der Wissenschaften in der Neuzeit: Der Aufbau der Naturwissenschaften, vor allem der Physik, verlangt die strenge Einhaltung der mathematisch-experimentellen Methode. Gott kommt im wissenschaftlichen Aufbau der Physik nicht mehr vor, er wird (wie es P.S. de Laplace 1805 Napoleon gegenüber formuliert) als ›Hypothese‹ überflüssig. Gleichwohl verbindet sich dieser ›methodische A.‹ (W. Kern) bei den Begründern der Naturwissenschaften mit theologischen Spekulationen (z.B. bei N. Kopernikus, J. Kepler und I. Newton). G. Bruno versucht zwar unter dem Eindruck der Kopernikanischen Schriften den methodischen A. der Naturwissenschaften zu einem faktisch atheistischen Weltbild zu theoretisieren, bedient sich dabei aber einer so dunklen metaphysischen Sprache, daß von einer Begründung des theoretischen A., wie sie, im Geiste Brunos, B. de Spinoza später nachzuholen versuchte, nicht die Rede sein kann. Gleichwohl wird er, wie 1619 noch L. Vanini (1616 erschienen seine »Dialoge«), wegen A. 1600 lebendig verbrannt. Erst eine zweite Linie der wissenschaftlichen

Bemühung, nämlich die um eine theologiefreie Begründung der staatlichen Ordnung, bereitet dann, über den methodischen A. der Naturwissenschaften hinaus, das gedankliche Rüstzeug zur Begründung eines theoretischen A. vor. Die Religion bzw. die Religionen werden in diesen Bemühungen als Instrumente zur Erhaltung der staatlichen Ordnung angesehen (z.B. bei N. Machiavelli), als prinzipiell gleichwertige ›Naturreligionen‹ von der kirchlichen Autorität gelöst (z.B. bei J. Bodin, vor allem in dessen »Heptaplomeres«, 1593 geschrieben, 1841 teilweise, 1857 ganz gedruckt) oder auf ein moralisches Prinzip wie die goldene Regel (↑ Regel, goldene) reduziert (z.B. bei T. Campanella). Typisch für die geistige Situation dieser Zeit, in der die religiösen Spötter (zumindest in Frankreich) belacht, ›ernsthafte‹ Abweichungen beargwöhnt und verfolgt werden, ist die Einkleidung der faktisch atheistischen Argumentationen in eine theologische Sprache, in der immer noch von ›Gott‹ die Rede ist, längst aber autoritätsfreie Vernunft gemeint wird. Derartige Verkleidungen führen manchmal bis zu fadenscheinigen ›Widerlegungen‹ des A. bei beargwöhnten Autoren, z.B. bei Campanella, der sich in seinem »Atheismus triumphatus« (1631) vom A.-Vorwurf zu reinigen sucht. So verstehen sich, selbst nachdem P. Bayle Glauben von Moral (Pensées diverses, 1683; Continuation, 1704) und die Begründer des Naturrechts H. Grotius (De iure belli et pacis, 1625), S. Pufendorf (Ius naturae et gentium, 1672) und C. Thomasius Religion von Recht getrennt hatten, die bibel- und allgemein autoritätskritischen Religionsphilosophen des späten 17. und beginnenden 18. Jahrhunderts nach wie vor nicht als Atheisten. In England werden sie seit Herbert von Cherbury (1624) unter dem Titel ›Deisten‹ (↑ Deismus) geführt; der radikalere J. Toland (Christianity not Mysterious, 1696) wählt für seine materialistische Welterklärung im »Pantheistikon« (1720 anonym erschienen) die auf ihn zurückgehende Wortbildung ›Pantheismus‹ zum Titel. Der Deist A. Collins bringt durch den Titel seines 1713 anonym erschienenen Freidenkerbuches das schon vor ihm bezeugte (Toland 1711: »we free-thinker«) Wort ›free-thinker‹, ↑ Freidenker, in Umlauf. A.A.C. Shaftesbury schließlich sucht am Ende der deistischen Tradition eine Aussöhnung mit dem Christentum, allerdings auf eine ironisch-witzige Weise, bei der der ›test of ridicule‹, die Probe des Witzes, die Wahrheit bezeugen soll; er schlägt zugleich eine Moral ohne Jenseitsvorstellungen vor. Auch die französischen ↑ Enzyklopädisten benutzen weitgehend noch eine theologische Sprache, selbst wenn sie gegen jeden auf Tradition und Offenbarung sich berufenden Gottesbegriff polemisieren (J. le Rond d'Alembert, vor allem in seinen Briefen; D. Diderot, z.B. in seinen Enzyklopädieartikeln über Epikur, Hobbes, Spinoza, Autorität) und faktisch atheistische Propaganda betreiben (wie F.M.A. de Voltaire insbesondere durch das von ihm auszugsweise herausgegebene Testament des Priesters J. Meslier, 1762). Deutlich atheistisch werden erst die französischen Materialisten: J.O. de La Mettrie versucht (L'homme machine, 1748) auch den Menschen nach dem Vorbild der Mechanik zu erklären, P.H.T. de Holbach (Système de la nature, 1770) unternimmt den Versuch, die Menschen durch wissenschaftlich begründete Erkenntnis, vor allem der gesellschaftlichen Verhältnisse, von aller Religion zu befreien: die Rede von Gott versteht Holbach als das Eingeständnis, keine Erklärung mehr zu wissen; die Religionen sind für ihn gefährlich als Erzeuger von Unwissenheit und kranker Einbildungskraft; Wörter wie ›Gott‹ sollen aus der Sprache verbannt werden, um eine wahre Verständigung zu ermöglichen. Auch dem Volk soll keine Religion gepredigt werden, womit Holbach, der sich selbst als Volksautor versteht, einem Lieblingsvorbehalt seiner freidenkerischen Vorgänger entgegentritt. In mehreren anonymen Schriften (am bekanntesten in den »Lettres à Eugénie ou Préservatif contre les préjugés«, 1768, N. Fréret zugeschrieben) wird ein meist dogmatischer A. propagiert, der sich 1793/1794, vor allem auf Betreiben J.R. Héberts und gegen den Willen M. de Robespierres und G. Dantons, in Verfolgung von Klerikern und Plünderungen der Kirchen entlädt. In Deutschland verläuft die Entwicklung zu einem theoretischen A. ruhiger. Nachdem schon Aufklärer wie G.E. Lessing die Intoleranz der Religionen bekämpft hatten, bezeichnet I. Kant in seiner »Kritik der reinen Vernunft« (1781) bisher gebildete Gottesbegriffe als unmethodisch ›erschlichen‹. Zugleich bietet er jedoch durch die Rede von Gott als einem ›Ideal der reinen Vernunft‹ Anlaß zur Aufstellung eines ›moralischen‹ Gottesbeweises aus der Erkenntnis der sittlichen Verpflichtung. Als F.K. Forberg 1798 diesen Beweis als ein Mißverständnis aufzeigt und lediglich zur Pflicht erklärt, ›zu handeln, als ob man es (d.h. die Existenz einer moralischen Weltregierung) glaubte‹, dieser Glaube im übrigen aber nichts anderes sei als der Wunsch, daß das Gute über das Böse siege, entsteht der sogenannte

↑Atheismusstreit. Zu einer atheistischen Bewegung kommt es in Deutschland jedoch erst auf Grund der Bibelkritik der Junghegelianer, die von L. Feuerbach (Das Wesen des Christentums, 1841) zu einer allgemeinen Religionskritik erhoben wird: Den theoretischen A. sieht Feuerbach als die Bedingung dafür an, daß die Menschen ihr Glück selbst bewirken wollen. Gott ist für ihn nur die Projektion der unerfüllten Wünsche der Menschen, der ›Ersatz der verlorenen Welt‹. K. Marx endlich sieht Religionskritik (für Deutschland) als beendet an und fordert im Sinne eines praktischen A. als Fortsetzung der Religionskritik und an ihrer Stelle die Kritik und Veränderung der gesellschaftlichen Verhältnisse, die zur Schaffung und Pflege der Religion (als ›Opium des Volkes‹) geführt haben (Kritik der Hegelschen Rechtsphilosophie, 1844, Einleitung).

Wenn auch mit der Marxschen Wendung von der Religions- zur Gesellschaftskritik die Argumentationsgeschichte des nach-antiken A. im wesentlichen beendet zu sein scheint, so schwillt doch erst seit Mitte des 19. Jahrhunderts die atheistische Literatur an. Popularität erlangen vor allem die sogenannten Vulgärmaterialisten J. Moleschott (Kreislauf der Natur, 1852), K. Vogt (Köhlerglaube und Wissenschaft, 1854), L. Büchner (Kraft und Stoff, 1855), am wirksamsten E. Haeckel (Die Welträtsel, 1899), der die Darwinschen Erkenntnisse polemisch zu verwerten sucht. Die Vulgärmaterialisten vertreten einen dogmatischen A., der hinter die bereits vorgetragenen A.argumente zurückfällt. Auch F. Nietzsches leidenschaftliche Kritik an jeder Gottesvorstellung geht über die von den Junghegelianern, vor allem von B. Bauer und Feuerbach ausgearbeitete Religionskritik sachlich nicht hinaus. Einen Argumentationsfortschritt stellt erst wieder die methodisch betriebene Sprachkritik (durch B. Russell, L. Wittgenstein und die Philosophen des ↑Wiener Kreises schulmäßig inauguriert) dar, in der die Verwendung theologischer Termini auf ihre Begründung hin analysiert wird. Darüber hinaus ist die Rede von Gott heute weniger Thema der Philosophie als vielmehr der praktisch atheistischen Psychoanalyse und der Ideologiekritik, die die Genese solchen Redens aus den psychischen oder gesellschaftlichen Verhältnissen zu verstehen suchen.

Literatur: E. Bertola, L'ateismo nel medioevo. Il problema dell'ateismo, Brescia 1962; E. Bloch, A. im Christentum, Frankfurt 1973; E. Biser, »Gott ist tot«. Nietzsches Destruktion des christlichen Bewußtseins, München 1962; ders., Nietzsches Kritik des christlichen Gottesbegriffs und ihre theologischen Konsequenzen, Philos. Jb. 78 (1971), 35–65, 295–305; F. Böckelmann (ed.), Die Schriften zu J. G. Fichtes A.streit, München 1969; A. B. Drachmann, Atheisme i det antike hedenskap, Kopenhagen 1919 (engl. Atheism in Pagan Antiquity, London 1922); C. Fabro, Introduzione all'ateismo moderno, I–II, Rom ²1969; W. Fahr, Theous nomizein. Zum Problem der Anfänge des A. bei den Griechen, Hildesheim/New York 1969; W. Gent, Untersuchungen zum Problem des A.. Ein Beitrag zur weltanschaulichen Situation unserer Zeit, Hildesheim 1964; H. v. Glasenapp, Der Buddhismus. Eine atheistische Religion, München 1966; H. Gollwitzer, Die marxistische Religionskritik und der christliche Glaube, München 1965, ³1970; E. Goyenecha, L'ateismo contemporaneo, Turin 1968; W. Kern, A. – Marxismus – Christentum. Beiträge zur Diskussion, Innsbruck/Wien/München 1976; H. Ley, Geschichte der Aufklärung und des A., I–II, Berlin 1966/1971; ders., Studien zur Geschichte des Materialismus im Mittelalter, Berlin 1957; K. Löwith, Wissen, Glaube und Skepsis, Göttingen 1956, ³1962; F. Mauthner, Der A. und seine Geschichte im Abendlande, I–IV, Stuttgart/Berlin 1920–1923 (repr. Hildesheim 1963); F. N. Oleschtschuk, A., Berlin 1955; J. M. Robertson, A Short History of Freethought, Ancient and Modern, New York 1957; G. Vahanian, The Death of God. The Culture of our Post-Christian Era, New York 1961; R. Verneaux, Leçons sur l'athéisme contemporain, Paris 1964; W. Weischedel, Der Gott der Philosophen. Grundlegung einer philosophischen Theologie im Zeitalter des Nihilismus, I–II, Darmstadt 1971. O. S.

Atheismusstreit, philosophiehistorische Bezeichnung für die Auseinandersetzungen, die in den Jahren 1798/1799 um die religionskritischen Schriften J. G. Fichtes und F. K. Forbergs an der Universität Jena bzw. im Großherzogtum Weimar stattfanden. Die religionsphilosophische Konzeption, die Fichte und Forberg dabei vertraten, geht bereits auf Fichtes Schrift »Versuch einer Kritik aller Offenbarung« (1792) zurück, die Fichte (nachdem man zunächst I. Kant für den Autor hielt) mit einem Schlage berühmt machte und zu seiner Berufung nach Jena (1794) führte. Nachdem es bereits in den folgenden Jahren zu scharfen Auseinandersetzungen um Fichtes Philosophie kam, die Fichte teilweise durch Provokation der örtlichen kirchlichen Autoritäten mitverursacht hatte, begannen die öffentlichen publizistischen Auseinandersetzungen im Jahre 1798 mit Erscheinen von Forbergs Artikel »Entwicklung des Begriffs der Religion« in dem von Fichte mitherausgegebenen »Philosophischen Journal«, in dem Forberg im wesentlichen den Kantisch-Fichteschen Rationalismus und Moralismus vertrat. Dazu schrieb Fichte in der gleichen Ausgabe des »Philosophischen Journals« eine Ergänzung mit dem Titel »Über den Grund unseres Glaubens an eine göttliche Weltregierung«, in der er ›Gott‹

mit der moralischen Weltordnung identifizierte: an Gott glauben, bedeute entsprechend, ohne Rücksicht auf die Folgen der Pflicht des moralischen Imperativs zu folgen. Alle anderen, metaphysischen, kosmologischen usw. Vorstellungen von Gott werden zurückgewiesen. Gegen diese Artikel richtete sich ein anonymes Pamphlet mit dem Titel »Schreiben eines Vaters an seinen studierenden Sohn über den Fichtischen und Forbergischen Atheismus«. Veranlaßt durch diese Schrift verfügte die Sächsische Regierung am 8. Nov. 1798 die Konfiszierung der entsprechenden Ausgabe des »Philosophischen Journals« an den Universitäten Leipzig und Wittenberg; ferner wurde Druck auf den Großherzog von Weimar ausgeübt, ein Untersuchungsverfahren gegen Forberg und Fichte einzuleiten. Der Versuch des Großherzogs, die Affäre auf sich beruhen zu lassen, wurde durch Fichtes Schriften »Appellation an das Publikum gegen die Anklage des Atheismus« (Januar 1799) und »Gerichtliche Verantwortung gegen die Anklage des Atheismus« (März 1799) allerdings unmöglich gemacht. In diesen Schriften besteht Fichte auf seinem Standpunkt, daß nur eine vom Anthropomorphismus der Volksreligiösität gereinigte Vorstellung von Gott den Intentionen des Christentums entspreche. Um einer bevorstehenden Zensur seiner Schriften zuvorzukommen, schrieb Fichte eine Erklärung an die staatlichen Instanzen, er sei unter keinen Umständen bereit, sich einer solchen Zensur zu unterwerfen und werde eher eine Demission in Betracht ziehen. Die vor allem wohl durch die Form der öffentlichen Auseinandersetzung irritierte staatliche Autorität akzeptierte (mit Zustimmung J.W. v. Goethes) die Demission. Forberg unterwarf sich der Zensur.

Literatur: F. Böckelmann (ed.), Die Schriften zu J.G. Fichtes A., München 1969; P. Edwards, A., Enc. Ph. I (1967), 189–192; F. Medicus (ed.), Fichte und Forberg. Die philosophischen Schriften zum A., Leipzig 1910.
C.F.G.

Äther (von griech. αἰϑήρ, obere Himmelsluft, Himmel; engl. ether), mythisch bei Hesiod als Sohn von Finsternis (Erebos) und Nacht (Nyx), in der orphischen Dichtung die Weltseele, gewinnt als Terminus der antiken Naturphilosophie, vor allem bei Aristoteles, große Bedeutung. Nach antiker Vorstellung wölbt sich über der irdischen Luftschicht eine in mehrere Sphären unterteilte Kugelschale aus einem (neben Erde, Wasser, Luft und Feuer) fünften (göttlichen) Element (lat. ↑quinta essentia; davon ›Quintessenz‹), aus dem Sonne, Mond, die Planeten und die Fixsterne bestehen. Ä.theorien, in denen der Ä. gewöhnlich ein leichter, fein verteilter Stoff mit zusätzlichen, von denen der irdischen Materie verschiedenen Eigenschaften ist, werden bis zum Beginn der Neuzeit in zahlreichen Abwandlungen entworfen, so z.B. von Zenon von Kition, Diogenes Laërtios, A.M.T.S. Boethius, Agrippa von Nettesheim, G. Bruno.

Mit R. Descartes und C. Huygens beginnen die Ä.theorien im Sinne neuzeitlicher Physik. Zweierlei soll zunächst der Ä. als hypothetisches Medium erklären: die Vermittlung von Fernwirkungen (↑actio in distans), hier vor allem von Gravitationskräften, und die Ausbreitung von Licht. Descartes nahm 1638 einen nicht wahrnehmbaren, inkompressiblen, den ganzen Raum erfüllenden Ä. an, der Licht und Wärme als Druck instantan leitet. Diese Theorie, von P. de Fermat wegen der Hypothese einer unendlichen Lichtgeschwindigkeit attackiert, konnte nach einem Einwand R. Hookes keinen Beitrag zu einem Verständnis der Farberscheinungen liefern. Hooke konzipierte die Lichtausbreitung als Longitudinalwellen eines Ä.s, eine Vorstellung, die Huygens eine Erklärung der Doppelbrechung in Kalkspat ermöglichte. Die Versuche I. Newtons zur Ä.theorie sind trotz wichtiger Beiträge zur Optik unklar. In dem sich anschließenden, 250 Jahre währenden Streit, ob Licht korpuskular (Newton) oder als Welle (Huygens) erklärt werden müsse, spielte der Ä. die Rolle eines mechanisch leitenden Mediums in einer von L. Euler explizierten Analogie zu Gasen bei der Schallausbreitung.

Die Annahme eines Lichtäthers führte zunächst zu großen Erfolgen in der geometrischen Optik, als im Anschluß an die Arbeiten von Huygens und an die Erklärung der Farbigkeit dünner Schichten (z.B. Seifenblasen) durch T. Young (1800) A. Fresnel eine Interferenztheorie formulierte, die unter Bezug auf die Beobachtungen von Polarisationserscheinungen durch E.L. Malus Licht als transversale Schwingungen eines elastischen Ä.s interpretierte. Damit kündigten sich aber auch die Schwierigkeiten an, die schließlich zur Aufgabe der Hypothese eines Lichtäthers führten: ein zu Transversalschwingungen fähiger und damit formelastischer Ä. müßte in Anbetracht der hohen Lichtgeschwindigkeit dichter sein als feste Körper und damit die Bewegung der Planeten behindern.

Die Entdeckung H.C. Oersteds, daß elektrischer Strom ein Magnetfeld induziert (1820), sowie die-

jenige G. Kirchhoffs, daß die Lichtgeschwindigkeit im Vakuum und die Leitungsgeschwindigkeit von Strom in Drähten im Rahmen der Meßgenauigkeit gleich sind, führte zu der Annahme eines einzigen Ä.s für elektrische, magnetische und optische Phänomene, der alle festen Stoffe durchdringe. Fresnel stellte eine von A. Fizeau 1851 experimentell bestätigte Theorie der Mitführung von Ä. in bewegten Körpern auf. Dennoch brachen alle Stützungsversuche der bis dahin entwikkelten Ä.theorien mit der Interpretation des berühmten Versuches von A.A. Michelson und E.W. Morley (↑Michelson-Morley-Versuch) zusammen, welche die Analogie der Lichtausbreitung zur Fortpflanzung von Schall in einem ruhenden Medium als unangemessen erwies. Eine Wendung in der damit festgefahrenen theoretischen Situation brachte der ad-hoc-Vorschlag von G.F. Fitzgerald, nach welchem Bewegung gegen den Ä. eine Zusammenziehung fester Körper in Bewegungsrichtung bewirke und somit – nach Vervollständigung dieses Vorschlages durch H.A. Lorentz, der die (›Lorentz-Fitzgerald-‹)Kontraktion als verträglich mit den Maxwellschen Gleichungen der Elektrodynamik nachwies, also auch in Übereinstimmung mit allen bekannten Experimenten – eine Beobachtung dieser Bewegung gegen den Ä. unmöglich mache. Der Alternativvorschlag A. Einsteins, das klassische ↑Relativitätsprinzip auf die Optik auszudehnen, wonach nunmehr die Lichtgeschwindigkeit in allen gegeneinander gleichförmig bewegten Bezugssystemen gleich groß ist, führte schließlich zur Aufgabe der Ä.vorstellung (1905).
In engster Verbindung zur Diskussion um den Ä. als Träger der Lichtausbreitung wurde schon von Descartes der Ä. auch als vermittelndes Medium für Gravitationskräfte angesehen, die damit ihren anschaulich schwer faßbaren Charakter der Fernwirkung verlieren sollten. Verschiedene Versuche zu ↑Wirbeltheorien (Erklärung der Schwere von Körpern als Auftrieb in einem wirbelnden Ä.) wurden entworfen (vor allem von Huygens). Dennoch machten Gravitationstheorien im wesentlichen keinen Fortschritt seit Newton. Die dort unterstellte instantane Ausbreitung der Gravitationskräfte stand jedoch im Widerspruch zur Einsteinschen Lösung des Ä.problems, nach welcher die Lichtgeschwindigkeit die maximale Geschwindigkeit überhaupt ist. In der allgemeinen Relativitätstheorie (↑Relativitätstheorie, allgemeine) schließlich (1916), die auf die experimentelle Ununterscheidbarkeit von Schwere und Beschleunigung sowie auf der speziellen Relativitätstheorie (↑Relativitätstheorie, spezielle) beruht, konnte eine einheitliche Theorie gegeben werden, die an die Stelle eines hypothetischen Ä.s eine von der Verteilung stellarer Massen abhängige hypothetische Struktur von Raum und Zeit setzt.

Literatur: P. Ehrenfest, Zur Krise der Lichtäther-Hypothese, in: ders., Collected Scientific Papers, ed. M.J. Klein, Amsterdam 1959, 306–327; M.B. Hesse, Forces and Fields, London 1961; dies., Ether, Enc. Ph. III (1967), 66–69; E.T. Whittaker, A History of the Theories of the Aether and Electricity, I–II, I Dublin 1910, London ²1951, II, London 1953. P.J.

ätman (sanskr., Selbst, Seele, Hauch, wahres Ich), Grundbegriff praktisch aller philosophischen und religiösen Systeme der indischen Geistesgeschichte. Bereits im ↑Veda (speziell in den ↑Upaniṣaden) die Lehre von der Wesensgleichheit des ā. (Einzelseele) mit dem ↑brahman (Weltseele), dargestellt durch die berühmte Formel ›tat tvam asi‹ (das bist du). In dieser Form wieder aufgegriffen im System des ↑Vedānta der klassischen indischen Philosophie.

Literatur: E. Frauwallner, Geschichte der indischen Philosophie, I–II, Salzburg 1953/1956; T.W. Organ, The Self in Indian Philosophy, The Hague 1964. K.L.

Atom (von griech. ἄτομος, unschneidbar, unteilbar), kleinster, nicht weiter zerlegbarer Baustein. Vom antiken ↑Atomismus bis zur modernen Chemie wurde nach Erklärungen der Vielfalt der natürlichen Erscheinungen gesucht, indem diese auf verschiedene Anordnung bzw. Wechselwirkung von A.en, kleinsten unveränderlichen, mit einer kleinen Anzahl relevanter Eigenschaften versehenen Teilen der Materie zurückgeführt wurden. In der modernen Naturwissenschaft sind A.e die kleinsten, mit chemischen Mitteln nicht mehr teilbaren Bausteine der Materie. Nach heutiger Auffassung führen sie diesen Namen jedoch zu Unrecht, da sie physikalisch in Teile mit völlig neuen Eigenschaften zerlegbar sind. Mit den Bausteinen der chemischen A.e, den Elementarteilchen, befassen sich Kernphysik und ↑Quantentheorie. Neben der Materie zeigen auch Elektrizität und Energie atomistische Struktur.
Der im 19. Jahrhundert geführte Streit, ob A.e nur ein hypothetisches Hilfsmittel für Erklärungen seien (W. Ostwald, E. Mach), oder ob sie tatsächlich existierten, ist (nach Versuchen mit Kanalstrahlen, der Beugung von Röntgenlicht an Kristallgittern und der Wanderung von Ionen in Elektrolyten) mit einer allgemeinen Parteinahme

der Physiker für die Existenz von A.en zu Ende gegangen. Freilich sind alle Argumente für die Behauptung, A.e existierten tatsächlich (diese Behauptung tritt dann häufig in der Form auf: alle Körper sind aus A.en zusammengesetzt), auch interpretierbar als Argumente lediglich für den unbestrittenen Vorzug atomistischer Hypothesen. Da sich die atomare Struktur von Materie und Elektrizität der unmittelbaren Sinneswahrnehmung entzieht und nur in (theorieabhängigen) Experimenten beobachtet werden kann, sind solche Experimente Bestätigungen bedingter Vorhersagen, in denen die Behauptung der atomaren Struktur in der Prämisse auftritt. Die Behauptung, A.e existieren tatsächlich, ist selbst (außer in der Interpretation, daß atomistische Hypothesen sich in allen bisher angewandten Fällen als fruchtbar erwiesen haben) keine physikalisch relevante Aussage.

Literatur: ↑Atomismus. P. J.

Atom, logisches, ↑Atomismus, logischer.

Atomfigur, in ↑Kalkülen die elementaren Bausteine oder Grundzeichen, aus denen die Figuren des Kalküls zusammengesetzt sind. Das System aller A.en bezeichnet man auch als ↑Alphabet des Kalküls. Speziell in ↑Logikkalkülen gelten diejenigen Ausdrücke, die in Interpretationen zu (logisch unzusammengesetzten) Primformeln werden, also Ausdrücke der Form $p(s)$, $q(s, t)$ (mit Prädikatsymbolen p, q und Termsymbolen s, t), als *Atomformeln.* K. L.

Atomismus, auch Atomistik, naturphilosophische Richtung, die behauptet, (a) die Materie sei aus ↑Atomen zusammengesetzt, (b) das Naturgeschehen müsse aus den Eigenschaften der Atome bzw. deren Bewegung erklärt werden. Historisch geht der A. (abgesehen von älteren, jedoch weiter nicht wirksamen Ansätzen in der indischen Philosophie) auf Leukipp zurück. Dieser trug mit seiner Lehre, daß unendlich viele unveränderliche Atome sich im leeren Raum bewegen und durch Ver- bzw. Entmischung die Veränderung in der Natur ausmachen, sowohl der eleatischen Ansicht (↑Eleatismus) Rechnung, alles wahrhaft Seiende sei unveränderlich und unvergänglich, als auch der Lehre Heraklits, alles sei in steter Veränderung begriffen. Demokrit baute diese Lehre aus und schrieb den Atomen unterschiedliche Gestalt, Größe und wohl auch Schwere zu, womit sowohl ein bis in die moderne Naturwissenschaft hinein wirksames Erklärungsprinzip gewonnen ist, als auch die Unterscheidung primärer (an den Atomen vorhandener) und sekundärer Qualitäten (wie Farbe, Temperatur) ihren Anfang nimmt. Bei Platon, der die Lehre Demokrits ablehnt, werden (im »Timaios«) dennoch Atome angenommen, die in der Form regelmäßiger Polyeder (↑Platonische Körper) die charakteristischen Eigenschaften der Elemente und des ↑Äthers bewirken. Eine Erneuerung erfährt der A. bei Epikur, der die Entstehung der Welt mit einer ersten Abweichung der Atome von der ursprünglich geradlinigen Bewegung beginnen läßt, sowie bei Lukrez, dem römischen Verfasser eines Lehrgedichts über die Naturphilosophie Epikurs. Die Angriffe des Aristoteles auf die Lehren von Demokrit und Anaxagoras einerseits sowie die Bekämpfung des Materialismus in der Patristik andererseits (nach Demokrit sind auch Seele und Götter aus Atomen zusammengesetzt) sind die wichtigsten Quellen unserer Kenntnis vom antiken A.

Im Mittelalter spielte der A. keine Rolle. Man hing vorwiegend der Aristotelischen Lehre der ↑minima naturalia (kleinster in der Natur vorkommender Teilchen) an, die insofern historisch wirksam wurde, als sie eine Vorstufe zur Begriffsbildung des ↑Differentials darstellt. R. Descartes formulierte eine Korpuskulartheorie, welche die Wirkungsausbreitung im Äther erklären sollte (↑Ausdehnung). In dieser Theorie wurde die Möglichkeit des Vakuums (↑Leere, das) ebenso wie in der Vorstellung G. Galileis von den unendlich kleinen Atomen ausgeschlossen. Nach experimenteller Erzeugung eines Vakuums durch E. Torricelli und V. Viviani erklärte P. Gassendi die Körperwelt als zusammengesetzt aus endlich vielen Atomen, die von Gott einen unverlierbaren ↑Impuls erhalten hätten. Von Gassendi und T. Hobbes gingen Anregungen zu physikalischen bzw. chemischen Atomtheorien (C. Huygens, R. Boyle) aus. Eine Wendung von diesem mechanistischen A., der vor allem Ausdehnung und ↑Undurchdringbarkeit der Atome für Erklärungen heranzog, hin zu einem ›dynamischen A.‹ begann mit der Auffassung I. Newtons, Atome könnten Träger von Anziehungskräften sein. Wohl hierher gehört die Atomtheorie von G.W. Leibniz, der zwar Ausgedehntes als stets wieder teilbar bezeichnet, andererseits jedoch von ↑Monaden spricht, die sich durchaus auch als Massenpunkte einer ↑Dynamik im modernen Sinn verstehen lassen (↑Monadentheorie).

Der A. tritt seinen Siegeszug in der modernen Naturwissenschaft an, als er in der kinetischen Gastheorie (erstmals bei D. Bernoulli 1738, dann weiterentwickelt bei A. Krönig, R. Clausius und L. Boltzmann), in der Chemie (J.L. Proust, J. Dalton, A. Avogadro, J.J. Berzelius) und schließlich in der Elektrizitätslehre (J.C. Maxwell, P. Lenard, G. Thomson, E. Rutherford) zur Erklärung beobachteter Phänomene herangezogen wird. Damit kündigt sich auch das Ende des A. im klassischen Sinne an: nun sind die Bausteine der als teilbar erkannten ›Atome‹ Gegenstand der modernen Forschung.

Literatur: W. Gerlach, Die Atomistik, in: Propyläen Weltgeschichte VIII, Berlin etc. 1960, 255–258; J.C. Gregory, A Short History of Atomism, London 1931; K. Lasswitz, Geschichte der Atomistik vom Mittelalter bis Newton, I–II, Hamburg 1890 (repr. Darmstadt 1963); A.G.M. van Melsen, Van atomos naar atom. De geschiedenis van het begrip Atoom, Amsterdam 1945 (dt. Atom gestern und heute. Die Geschichte des Atombegriffs von der Antike bis zur Gegenwart, Freiburg/München 1957 [Orbis Academicus 2,10]); ders., Atomism. Antiquity to the Seventeenth Century, DHI I (1968), 126–131; H. Metzger, Atomisme. Communication pur servir au vocabulaire historique, Rev. hist. sci. applic. 1 (1947), 51–62; A. Stückelberger (ed.), Antike Atomphysik. Texte zur antiken Atomlehre und ihre Wiederaufnahme in der Neuzeit, München 1978, Darmstadt 1979; L.L. Whyte, Essay on Atomism. From Democritus to 1960, London/New York 1961. P.J.

Atomismus, logischer, eine von B. Russell unter Berufung auf den »Tractatus« L. Wittgensteins entwickelte und in den zwanziger Jahren vertretene Lehre, nach der jeder Gegenstand durch geeignete ›logische Konstruktionen‹ aus begrifflich, nicht physisch kleinsten Bausteinen, eben den logischen im Unterschied zu den physikalischen Atomen, aufgebaut oder *konstituiert* werden soll. Allein diese logischen Atome sind durch echte Eigennamen repräsentiert, jeder andere Eigenname muß durch logische Analyse als eine ↑Kennzeichnung mit Hilfe geeigneter ↑Prädikatoren über dem Bereich der logischen Atome unter Verwendung der logischen Zusammensetzung mit den logischen Partikeln (↑Partikel, logische) bestimmt werden. Relationen sind daher stets *extern* und dürfen niemals als innere Bestimmung eines dann komplexen Gegenstandes aufgefaßt werden. Da es unmöglich war, einwandfreie Beispiele für logische Atome vorzulegen, also die Existenz begrifflich unanalysierbarer Einheiten nachzuweisen (Russell glaubte eine Zeitlang, einfachste Sinnesdaten, etwa jenen Blauton, dafür ausgeben zu können), blieb ferner ungeklärt, ob nur Gegenstände der Grundstufe oder auch, wie Russell vorsah, Gegenstände höherer Stufen – durch einfachste Begriffs- oder Relationswörter benannt, diese also als Eigennamen verstanden – zum Bereich der logischen Atome gehören sollen, und wie daher die dann logisch einfachsten, die *atomaren* Aussagen, z.B. eine Elementaraussage $s \varepsilon P$ oder aRb hinsichtlich des Status der benützten Zeichen zu analysieren seien. Der moderne Universalienstreit (↑Universalien) hat an dieser Stelle eine seiner Wurzeln. – Historisch weitgehend unerforscht ist der Zusammenhang des Begriffs des logischen Atoms mit dem der Substanz und entsprechend der auf Grund der formalen Verwandtschaft oft vermutete Zusammenhang des l.n A. mit der Monadenlehre von G.W. Leibniz (↑Monadentheorie).

Literatur: J. Griffin, Wittgenstein's Logical Atomism, Oxford 1964; D. Pears (ed.), Russell's Logical Atomism, London 1972; B. Russell, Logic and Knowledge. Essays 1901–1950, ed. R.C. Marsh, London 1956. K.L.

Attikos, ca. 176 n.Chr., Platoniker, wandte sich gegen eine Harmonisierung der Platonischen und der Aristotelischen Philosophie. A. hält Aristoteles unter anderem die Platonischen Lehren von der göttlichen Vorsehung, der Unsterblichkeit der Seele und der ↑Arete entgegen; wie Plutarch und Galen liest er aus dem »Timaios« Platons die zeitliche Entstehung des Kosmos heraus.

Werke: A.. Fragments de son œuvre (griech./franz.), ed. J. Baudry, Paris 1931; dt. Über den Gegensatz zwischen Platon und Aristoteles, in: Aristoteles, Werke I (Einführungsschriften), übers. v. O. Gigon, Zürich/Stuttgart 1961, 293–321. E.K.

Attraktion/Repulsion, Ausgangspunkt der mit dem Begriffspaar A./R. verbundenen Theorien sind physikalische Auffassungen des 17. und 18. Jahrhunderts, die dem Kraftbegriff eine systematische Priorität vor anderen physikalischen Begriffen, insbesondere dem Massenbegriff, einräumen und zum Teil auf ältere scholastische und neuplatonische Spekulationen zurückgehen (↑Dynamismus (physikalisch)). I. Kant macht im Rahmen seiner dynamischen Naturphilosophie die Anziehungs- und Abstoßungskräfte zu den ›Grundkräften‹ der Materie, ohne die kein räumlich ausgedehntes materielles Sein denkbar wäre. In den »Metaphysischen Anfangsgründen der Naturwissenschaft« (1786) kritisiert er ›den großen Stifter der Attractionstheorie‹, I. Newton, wegen seiner ›mechanistischen Naturphilosophie‹ und identifiziert dabei offenbar A. und Gravitation. Daran nimmt wenig später F.W.J. Schelling Anstoß, der A. und R. zwar als notwendig, aber nicht hinreichend zur Konstruktion der Materie bezeichnet und diese daher um die Schwerkraft als dritte, eigentlich ›schöpferische‹ Kraft erweitert wissen will. Gleichzeitig erhebt Schelling A. und R. zu ›Bedingungen der Möglichkeit einer Natur überhaupt‹, die aller Naturerkenntnis als ›schlechthin unerweisbar‹ vorausgehen, und setzt sie in Analogie zur Fichteschen Lehre vom ›Ich‹ und ›Nicht-Ich‹, sofern man das Bewußtsein als Ergebnis der steten Tätigkeit einer unbeschränkten und beschränkenden Kraft ansieht. Auch jedes materielle Sein soll nur aus einer spezifischen Differenz dieser Kräfte erklärbar sein. Bezogen auf die Existenz des Universums im ganzen muß allerdings jegliche quantitative Differenz von A. und R. ausgeschlossen und vollkommene Harmonie beider Kräfte gewährleistet sein. J.G. Fichte selber lehnt Spekulationen dieser Art ab und läßt Attraktiv- und Repulsivkraft nur als »doppelte Ansicht in der Reflexion von einem und demselben *Gleichgewichte*« zu, während G.W.F. Hegel die beiden Kräfte unter der Problematik ›das Eine und das Viele‹ abhandelt, wobei die R. für die Aufrechterhaltung der ↑Vielheit sorgt.

Literatur: J.G. Fichte, Ausgew. Werke IV (Darstellung der Wissenschaftslehre von 1801); J.F. Fries, Die mathematische Naturphilosophie, Heidelberg 1822; G.W.F. Hegel (vgl. H. Glockner, Hegel-Lexikon, I–II, Stuttgart ²1957, 2044–2047); Schelling-Belegstellen in der chronologisch geordneten, nicht mit Bandnummern versehenen zehnbändigen Ausgabe: Ausgewählte Werke, Darmstadt 1966–1968: F.W.J. v. Schelling, Ideen zu einer Philosophie der Natur (1797), Von der Weltseele (1798), 438ff., Darstellung meines Systems der Philosophie (1801), §§52–63, Fernere Darstellungen aus dem System der Philosophie (1802), §VI; 12. Vorlesung über die Methode des akademischen Studiums (1803), System des Transzendentalen Idealismus (1804), 3. Hauptabschnitt, II C, II, 1–3, Aphorismen zur Einleitung in die Naturphilosophie (1806). R.W.

Attribut (von lat. attribuere, zuteilen), Eigenschaft eines Gegenstandes, die er seiner Natur nach wesentlich haben muß; darin unterschieden vom ↑Akzidens, der unwesentlichen Eigenschaft. Die Scholastik spricht von den Eigenschaften Gottes als seinen A.en. – In der Logik zusammenfassender Terminus für (durch einstellige Prädikatoren dargestellte) ↑Eigenschaften und (durch mehrstellige Prädikatoren dargestellte) ↑Relationen.

H.J.S.

Attributionsanalogie, ↑analogia entis.

aufheben/Aufhebung, philosophischer Terminus seit G.W.F. Hegel: »einer der wichtigsten Begriffe der Philosophie, eine Grundbestimmung, die schlechthin allenthalben wiederkehrt« (Logik I, Sämtl. Werke IV, 120). Die Mehrdeutigkeit des umgangssprachlichen Ausdrucks ›A.‹ ist für Hegel Ausdruck des ›spekulativen Geist(es) unserer Sprache‹ (Enc. phil. Wiss. I, Sämtl. Werke VIII, 229), die häufig entgegengesetzte Bedeutungen in einem Wort vereint (Logik I, Sämtl. Werke IV, 22): A. im Sinne von Negation, von Aufbewahrung (Phänom. des Geistes, Sämtl. Werke II, 94) und von Anhebung auf eine höhere Entwicklungsstufe ist in einem Begriffe aller geistigen Prozessualität eigentümlich. Insofern die Natur von Hegel teleologisch-geistig gefaßt wird, findet der Begriff der A. auch auf sie Anwendung. – K. Marx fordert gegen liberale politische (antiphilosophische) und philosophische Strömungen der Zeit des Vormärz in seinen Frühschriften im Hegelschen Wortsinn die ›A. der Philosophie‹ durch deren ›Verwirklichung‹ und die ›Verwirklichung der Philosophie‹ durch deren A. (MEW I, 384). S.B.

Aufklärung, eine dem Programm und seiner Durchführung nach *emanzipatorische* Bewegung, in der die Kritik an überkommenen Auffassungen über die Bildung und Realisierung von Zwecken diese Zwecke selbst verändern soll. In diesem Rahmen wird A. in erster Linie als eine *intellektuelle Leistung* verstanden, die sich selbst der Gesellschaft zur Revision der von ihr verfolgten, z.B. politischen, ökonomischen und religiösen Zwecke empfiehlt. Dieser Intellektualismus, sofern er auf direkte Aktionen verzichtet, also handlungsarm bleibt, hat in den historischen Ausprägungen von A. häufig dazu geführt, daß die im Hinblick auf eine bessere Einsicht in die Rechtfertigung von Zwecken und Methoden geplante Emanzipation entweder naiv ausfiel oder diese durch A. selbst verhindert wurde: Jeglicher ↑Intellektualismus gerät – wegen seiner Tendenz zur Selbstentfaltung in Methodologien – in die Gefahr, sich in ein bloßes Instrument zu verwandeln, dessen sich auch die Reaktion zur Festigung ihrer Zwecke bedienen kann. In diesem Falle handelt es sich dann, da A. nunmehr selbst als Mittel zur Erreichung irgendwelcher Zwecke erscheint, um eine ↑Entfremdung gegenüber der ursprünglich von A. verfolgten Absicht, nämlich der ›aufgeklärten‹, d.h. vernünftigen, Veränderung von Zwecken.
In den historischen Bestimmungen von A. bleibt diese ihre Ambivalenz noch unberücksichtigt. Die

bekannteste dieser Bestimmungen stammt von I. Kant: »A. ist der Ausgang des Menschen aus seiner selbst verschuldeten Unmündigkeit. Unmündigkeit ist das Unvermögen, sich seines Verstandes ohne Leitung eines anderen zu bedienen. Selbstverschuldet ist diese Unmündigkeit, wenn die Ursache derselben nicht am Mangel des Verstandes, sondern der Entschließung und des Mutes liegt, sich seiner ohne Leitung eines andern zu bedienen« (Beantwortung der Frage: was ist A.? [1784], Akad.-Ausg. VIII, 35). Diese Sätze wenden sich an den einzelnen und betreffen dessen Mißverständnis über die Legitimation von Zwekken. Die Geschichte in Form von tradierten und teilweise institutionalisierten Meinungen hat bislang diese Legitimation vermeintlich hinreichend geleistet. Dennoch bleibt die hier gegebene Aufforderung nicht ›privat‹, sondern ist auf ein kollektives Handeln gerichtet, die Herstellung eines ›aufgeklärten Zeitalters‹, für das wiederum eine *vernünftige Selbständigkeit* der einzelnen eine notwendige Bedingung ist. Nur ist dabei die Vermittlung dieser geforderten Selbständigkeit mit einer gesellschaftlichen Wirklichkeit, die für Kant bereits im sogenannten aufgeklärten ↑Absolutismus teilweise realisiert erschien, noch unreflektiert. A. in ihrer historischen Form artikuliert sich neben ihrem intellektuellen Anspruch als ein pädagogisches Programm, für dessen Erfolg es keine theoretischen, etwa von der Soziologie angebotenen, Sicherungen gibt.

Dies gilt nicht nur für das sogenannte Zeitalter der A. zu Beginn der Neuzeit, sondern auch von Teilen des griechischen Denkens. Entgegen der üblichen Meinung, daß es neben der neuzeitlichen A. im 17. und 18. Jahrhundert allenfalls noch eine von den Sophisten (↑Sophistik) getragene griechische A. gegeben habe, worunter dann allgemeiner auch die gesamte Bildungsbewegung im 5. vorchristlichen Jahrhundert verstanden werden kann, muß im Kantischen Sinne von A. gerade das gegen die antike Sophistik gerichtete Denken Platons und Aristoteles' als A. bezeichnet werden. Dieses Denken ist sowohl gegen den *mythischen* Schein, die vermeintlich totale Ohnmacht des Menschen, als auch gegen den *sophistischen* Schein, die vermeintlich totale Eigenmächtigkeit des Menschen, gerichtet und insofern A. im strengen Sinne, nämlich Emanzipation in Richtung auf vernünftige Selbständigkeit. Die im Denken Platons und Aristoteles' zum ersten Mal im Rahmen von theoretischer und praktischer Philosophie, im Anschluß an Sokrates, errungene vernünftige Selbständigkeit gerät dann in Hellenismus und Spätantike über Mißverständnissen, Schulstreitigkeiten und einem durch religiöse Traditionen veränderten philosophischen Interesse wieder aus dem Auge und geht schließlich an der Konkurrenz einer dogmatischen, die Revision der eigenen Voraussetzungen nicht mehr zulassenden Theologie zugrunde. Die ↑Scholastik wird zu großen Teilen das erste Beispiel einer ihren eigenen Intentionen entfremdeten, darin zum bloßen Instrument gemachten Vernunft.

Gegen diese Entfremdung formiert sich im 17. und 18. Jahrhundert im Namen einer undogmatischen vernünftigen Selbständigkeit ein Zeitalter der A. (le siècle des lumières, le siècle philosophique, l'âge de la raison, the age of enlightenment, the age of reason, il secolo illuminato, il secolo filosofico, etc.), ohne dabei selbst, wie die historische Entwicklung zeigt, gegenüber einer derartigen, in der Tendenz zur Instrumentalisierung der Vernunft liegenden Entfremdung hinreichend gefeit zu sein. Der Optimismus der historischen (zweiten) A., der schon in den angeführten Epochenbezeichnungen, in einer seltsamen Verschränkung von Intellektualismus (forcierter Vernünftigkeit) und Metaphorik (les lumières, enlightenment, illuminismo, verlichting, ilustración etc.) kenntlich ist, bleibt häufig nur Ausdruck einer rhetorischen Selbstbehauptung, die um inhaltlich ausgearbeitete Programme verlegen ist. Sofern hier überhaupt von programmatisch durchgehaltenen Ansätzen die Rede sein kann, sind dies: (a) in der politischen Theorie, einschließlich Rechtswissenschaft, die Forderung nach *naturrechtlicher Begründung* politischer und juristischer Normen (↑Naturrecht), nach einem *aufgeklärten Absolutismus* und schließlich, mit der französischen Revolution, nach einer *demokratischen Ordnung*; (b) in der Theologie der Entwurf einer *natürlichen Religion* (↑Religion, natürliche, ↑theologia naturalis), weit genug, um sowohl *deistischen* (↑Deismus) als auch *theistischen* (↑Theismus) Tendenzen Raum zu geben; (c) in der theoretischen Philosophie die Wendung von der ↑Metaphysik klassischen Stils zur ↑*Erkenntniskritik*; (d) in der Naturwissenschaft die Überwindung der aristotelisch-scholastischen Physik durch die Begründung der *klassischen Mechanik*, in kosmologischer Terminologie jener Zeit: durch die Begründung des mechanistischen Weltbildes (↑Weltbild, mechanistisches).

Der Vielfalt möglicher Varianten im Rahmen dieser Ansätze entspricht das Problem einer befriedigenden Epochisierung. So ausgeprägt auch das

Zeitalterbewußtsein im Selbstverständnis der Zeitgenossen gewesen ist (im Selbstverständnis der Franzosen fällt das siècle des lumières mit dem dix-huitième siècle zusammen), so schwierig ist es doch, diesem Selbstverständnis im Kontext der Geschichtsschreibung zu einem festen Epochenrecht zu verhelfen. Zwar fällt gerade in die Mitte des 18. Jahrhunderts das Erscheinen einiger der wichtigsten aufklärerischen Werke (C. de Montesquieu, De l'esprit des lois, 1748; J.O. de La Mettrie, L'homme machine, 1748; D. Diderot, Lettres sur les aveugles, 1749; A.R.J. Turgot, Discours sur les progrès successifs de l'esprit humain, 1750; 1751 erscheint der erste Band der von D. Diderot und J. le Rond d'Alembert herausgegebenen »Encyclopédie«), doch genügt dies noch nicht, um ein Zeitalter der A. gerade in den kalendarischen Rahmen eines Jahrhunderts zu setzen. Üblicherweise datiert man den Anfang der A. mit der querelle des anciens et des modernes, die in C. Perraults Akademierede 1687 und seinem ersten »Parallèle« 1688 ihren Anstoß erhielt und 1715 beigelegt wurde, das Ende der A. mit der französischen Revolution (1789) als dem eigentlichen Zielpunkt der in aufklärerischem Geiste erfolgten politischen Auseinandersetzung um die Zwecke einer aufgeklärten Gesellschaft. Die politische Geschichte verhilft denn auch zu einer Präzisierung des Anfangs der A.: 1688 flieht Jakob II. vor Wilhelm von Oranien, 1689 wird, stets als besonderer Fall von A. behandelt, die »Toleranzakte« erlassen und erscheinen J. Lockes Toleranzbriefe. Das Zeitalter der A. zeigt sich als ein volles Jahrhundert in den Grenzen von englischer und französischer Revolution. Dem entspricht weiterhin die Einteilung der wichtigsten Aufklärer nach drei Generationen (nach P. Gay): (1) C. de Montesquieu, B. Le Bovier de Fontenelle, J. Locke, Voltaire; (2) G.L.L. Buffon, D. Hume, J.-J. Rousseau, D. Diderot, É.B. Abbé de Condillac, C.A. Helvétius, J. le Rond d'Alembert; (3) P.H.T. d'Holbach, C.B. Beccaria, G.E. Lessing, C.M. Wieland, I. Kant, A.R.J. Turgot.

Trotz dieser offenkundigen Eleganz der Epochisierung bei Einschluß aller bislang als relevant angesehenen Ereignisse und Personen hat diese nur Sinn, wenn zusätzlich Kennzeichnungen angegeben werden können, die es erlauben, eben nicht nur kalendarisch von einem Jahrhundert, sondern epochisierend von einem Zeitalter zu sprechen. Wendungen wie ›die A.‹, ›the enlightenment‹ etc. sind selbst Kennzeichnungen für historische ›Großindividuen‹, nämlich Epochen oder Zeitalter, denen ihrerseits andere als bloß kalendarische oder genealogische Unterscheidungen vorausgehen müssen. Die historische A. hat sich selbst, vor allem in Frankreich, um derartige Unterscheidungen bemüht. Es sind hier (a) die von Diderot und Voltaire getroffene Unterscheidung zwischen einem *esprit critique* (der kritischen Destruktion fremden Denkens, repräsentiert durch das Diktionär P. Bayles) und einem *esprit philosophique* (dem konstruktiven Aufbau theoretischen und praktischen Wissens, auf nicht ganz überzeugende Weise repräsentiert durch die »Encyclopédie«); (b) die bei d'Alembert und Condillac auftretende Unterscheidung zwischen einem *esprit de système* (dem spekulativen Interesse, philosophiehistorisch üblicherweise repräsentiert durch R. Descartes, B. Spinoza und G.W. Leibniz) und dem *esprit systématique* (dem kritischen Interesse, das nicht von vornherein seinen Sinn im Aufbau umfassender Systeme sieht) – bei Diderot als Unterscheidung zwischen einem esprit systematique und einem esprit philosophique. Beide Unterscheidungen dienen der historischen Absetzung von früherem Denken und darin zugleich der Formulierung eines neuen Leitbildes: des *philosophe*, mit dem die Reihe post-mittelalterlicher Leitbilder, angefangen mit dem uomo universale (repräsentiert durch Leonardo da Vinci), über den cortegiano (den gewandten erfolgreichen Hofmann) und den honnête homme bzw. gentleman (in Descartes' Selbstverständnis bereits zum Philosophen umgeprägt) ihre Fortsetzung findet. Das Zeitalter der A. ist als siècle philosophique das Zeitalter einer erfolgreichen Philosophie, die als theoretische Philosophie die Wissenschaften, als praktische Philosophie die Praxis (als politische Theorie die politische Praxis) verändern soll. Entsprechend sind es in erster Linie Wissenschaftstheorie, allgemeiner: Erkenntnistheorie, und politische Theorie, aus Gründen der historischen Situation eng verbunden mit Theologiekritik (wesentlich seltener, in Form von ↑Atheismus [d'Holbach, La Mettrie], mit Religionskritik), die das epochale Selbstverständnis der A. bestimmen.

Das bedeutet aber, daß derartige Kennzeichnungen über den Versuch einer kalendarischen, an einem Jahrhundertrahmen orientierten, und einer durch politische Ereignisse (hier die englische und französische Revolution) markierten Begrenzung eines Zeitalters der A. hinausgehen. Das betrifft insbesondere den Anfang der A. Die in den angeführten Unterscheidungen versuchte Kennzeichnung trifft auch auf solche Bemühungen zu, die bis ins erste Drittel des 17. Jahrhunderts zurückreichen und zugleich für das 18. Jahrhundert von exemplarischer Bedeutung bleiben sollten: die Begründung einer neuen Physik durch G. Galilei und die Begründung einer neuen Philosophie durch Descartes. Der esprit philosophique weist als *esprit géométrique* (als ein wissenschaftliches Interesse), wie er im 18. Jahrhundert auch bezeichnet wird, auf eine Entwicklung, die nicht erst mit I. Newton, wie es nun oft scheint, sondern mit Galilei beginnt und die nicht erst in Locke, wie es die propagandistisch oft ausgewertete Verbindung zwischen Locke und Newton suggeriert, sondern bereits in Descartes, der seinerseits (trotz anderslautender autobiographischer Stilisierung) Galilei folgt, ihre philosophische Wendung findet.

Die auf die Durchsetzung einer vernünftigen Selbständigkeit bedachte A. orientiert sich im 18. Jahrhundert an einem schon geglückten Beispiel dieser Selbständigkeit: an der Physik Galileis und Newtons. Dies ist nicht nur biographisch für das Verhältnis einzelner Aufklärer zu den naturwissenschaftlichen Bemühungen jener Zeit, sondern auch systematisch von Bedeutung: in dieser Physik artikuliert sich auf methodische Weise ein Zusammenhang von ↑*Vernunft* und ↑*Erfahrung*, der für das gesamte Denken der A. bis hin zu Kants systematischer Präzisierung dieses Zusammenhanges bestimmend bleiben sollte. Die Auseinandersetzung zwischen ↑Rationalismus (R. Descartes, N. Malebranche, G.W. Leibniz, C. Wolff u.a.) und ↑Empirismus (J. Locke, G. Berkeley, D. Hume u.a.), die in der Erkenntnistheorie jener Zeit die systematischen Positionen charakterisiert, ist selbst nur eine interne Variante der sich allmählich durchsetzenden Einsicht in die erkenntnisbedingende Rolle dieses Zusammenhangs. Zahlreiche popularisierende Darstellungen insbesondere der Newtonschen Physik, häufig an die Adresse ›gelehrter Frauenzimmer‹ gerichtet (F. Algarotti, Il Newtonianismo per le dame, 1737; J.H.S. Formey, Abrégé de toutes les sciences à l'usage des enfants, 1757–1779; L. Euler, Lettres à une princesse d'Allemagne sur divers sujets de physique et de philosophie, 1770–1772), bestätigen die These, daß ein neuer aufgeklärter Geist vorzugsweise im esprit géométrique, in der sich in der Physik glänzend bewährenden wissenschaftlichen Vernunft, gesucht und gefunden wird. Zugleich entfernt sich diese wissenschaftliche Bemühung zunehmend von den traditionellen Bildungsstätten, den Universitäten, und wechselt in Akademien über, deren Gründung selbst in aufgeklärtem Geiste erfolgt (Royal Society 1662, Académie des Sciences 1666, Preußische Akademie der Wissenschaften 1700, etc.). Das öffentliche Räsonnement in Salons und Kaffeehäusern, desgleichen auf Tischgesellschaften, bildet zu diesen akademischen Vereinigungen ein bürgerliches Äquivalent und entwickelt dabei eine politische Dynamik, die in der Konstituierung der bürgerlichen Gesellschaft (↑Gesellschaft, bürgerliche) selbst ihren geschichtlichen Ausdruck findet. Den wissenschaftlichen Zeitschriften, die der Forschung in den Akademien an die Seite treten (Journal des Savants, 1665ff.; Philosophical Transactions, 1665ff.; Acta Eruditorum, 1682ff.), entspricht dabei eine Fülle von Zeitschriften für das gebildete Publikum, die nun ebenfalls zu einem wichtigen Träger aufklärerischer Gedanken werden (Tatler, 1709ff.; Spectator, 1721ff.; Journal étranger, 1751ff.; Année littéraire, 1754ff.; Der Vernünftler, 1713ff.; Discourse der Mahlern, 1721ff.; Der Patriot, 1724ff.; Die vernünftigen Tadlerinnen, 1725ff.; Göttingische Gelehrte Anzeigen, 1739ff.; Il Caffè, 1764ff.; Allgemeine Deutsche Bibliothek, 1765ff.; Berlinische Monatsschrift 1783ff.; Gazetta Veneta, 1787ff.; etc.). Nicht zuletzt im Rahmen dieser Zeitschriften artikuliert sich nunmehr auch A. in Form einer aufgeklärten, das gesellschaftliche Engagement bewußt suchenden Poesie. Zum ersten Mal formiert sich unter der Führung der ›Société de gens de lettres‹, die 1750 zur Vorbereitung der »Encyclopédie« zusammentritt, ein berufsmäßiges Schriftstellertum, für das, unter dem Leitbild des philosophe, die Nähe zum Fachwissen kennzeichnend wird. Dieses Fachwissen repräsentiert im 18. Jahrhundert die französische Enzyklopädie (Encyclopédie ou Dictionnaire raisonné des sciences, des arts et des métiers, I-XXXV, Paris/Neuchâtel/Antwerpen 1751–1780), die damit für das Selbstverständnis der Zeitgenossen wie auch für den Geschichtsschreiber der A. den monumentalen Ausdruck der (zweiten) A. bildet (↑Enzyklopädisten). Zugleich wird in diesem Werk die Gefahr besonders deutlich, die der historischen A. im 17. und 18. Jahrhundert von Anfang an droht: in ihrer Orientierung an einem ständig wachsenden Fachwissen, bereitgestellt insbesondere von der neuzeitlichen Physik, wandelt sich der esprit philosophique allmählich zum *esprit encyclopédique* – Sammlung und Verbreitung von Wissen überlagert in zunehmendem Maße seine methodische Begründung und praktische (politisch-theoretische) Vermittlung.

Dies gilt für die klassischen Länder der A. in vergleichbarem Maße. In Frankreich ist die Orientierung einer aufgeklärten Vernunft an einer wissenschaftlichen Vernunft von Anfang an mit Descartes gegeben und bestimmt, unter Einschluß einer neben Bayle insbesondere von den ›libertins érudits‹ (G. Naudé, F. La Mothe, P. Gassendi) getragenen Skepsis, die auf cartesische Weise ihre Methodisierung findet, die Geschichte der französischen Variante der A. bis hin zu Voltaire (dem wohl charakteristischsten Schriftsteller der A.), Diderot, d'Alembert und dem Gemeinschaftswerk der »Encyclopédie«. In England ist es vor allem die Orientierung an Newtons Werk, die seit Lockes Systematisierungsversuchen gegenüber Stücken der Newtonschen Methodologie (insbesondere der »Opticks«, 1704, ^{4}1730) das aufklärerische Interesse an Erkenntnistheorie, die hier erstmals zur Erkenntnis*kritik* wird, neben einem starken Interesse an religiöser A. (Herbert von Cherbury, J. Toland, A. Collins, M. Tindal), nicht zuletzt artikuliert in der Forderung nach religiöser ↑Toleranz, bestimmt. In Deutschland ist es insbesondere die enzyklopädische Vielfalt der systematischen Bemühungen Wolffs und seiner Schule (L.P. Thümming, G.B. Bilfinger, J.C. Gottsched, A.G. Baumgarten), die hier den immer ein wenig schulmeisterlichen Charakter der deutschen Variante der A., ohnehin ebenso wie die italienische Variante gegenüber Frankreich und England verspätet wirksam geworden, prägt. Erst mit Kant gewinnt auch in Deutschland die A. an Profil, wobei Kants Philosophie nun überhaupt den Höhepunkt der europäischen (zweiten) A. darstellt.

Kants Philosophie ist nach G.W.F. Hegel »theoretisch die methodisch gemachte A.« (Vorles. Gesch. Philos., Sämtl. Werke XIX, 554). Nicht nur hinsichtlich der ihr bislang immer ein wenig mangelnden programmatischen Schärfe, sondern auch in der konsequenten methodischen und praktischen Wendung, die das Denken in dieser Philosophie nimmt. Allerdings kommt diese Leistung in gewissem Sinne für die Epoche der A. zu spät. Die Vermittlung der Kantischen Philosophie durch die Formierung einer allmählich von einer literarischen zur politischen werdenden Öffentlichkeit gelingt nicht mehr. Ungenau bestimmte, oft in sentimentaler Weise hilflos gegen politische Mächte ausgespielte Tugenden wie ›Toleranz‹ oder ›Menschlichkeit‹, mit denen nunmehr A. zu kennzeichnen versucht wird, sind bereits Anzeichen systematischer Schwäche, wo nicht A. überhaupt schon durch restaurative Tendenzen, etwa durch Romantik, ersetzt worden ist. Die vernünftige Veränderung von Zwecken, um die es A. als einer emanzipatorischen Bewegung im anfangs erwähnten Sinne geht, verliert ihre theoretische Bindung zur praktischen Philosophie, die gleichzeitig selbst unter den Verdacht rationalistischer Oberflächlichkeit gerät. Zu Unrecht, nicht erst im Hinblick auf Kants theoretische Leistung, sondern schon im Hinblick auf die Bemühungen Hobbes', Spinozas, Lockes und Rousseaus. Trotzdem erscheint Kant nunmehr häufig als der Überwinder der A. Sicher als der Überwinder einer oberflächlichen, schlechten A., in die der zum esprit encyclopédique gewordene esprit philosophique sowie ein verbreiteter ↑ Eklektizismus führten, der geistreich über die Dinge redet, statt durch begriffliche Arbeit ihre Begründung zu bewerkstelligen oder ihre vernünftige Veränderung vorzubereiten; aber dies eben dem eigenen Selbstverständnis nach noch immer im Namen einer A., für die Kants eigene systematische Profilierung historisch gesehen lediglich zu spät gekommen war. Dies eingesehen und durch einen neuen, einerseits institutionellen, andererseits revolutionären Zugang zur historischen Wirklichkeit, die Wirklichkeit einer nicht hinreichend aufgeklärten bürgerlichen Philosophie, ersetzt zu haben, ist dann das Verdienst von Hegel und K. Marx.

Literatur: U. Anacker, Natur und Intersubjektivität. Elemente zu einer Theorie der A., Frankfurt 1974; ders., A., WL 59–63; E. Bahr (ed.), Was ist A.? Thesen und Definitionen, Stuttgart 1974; I. Berlin (ed.), The Age of Enlightenment. The Eighteenth Century Philosophers, New York 1956, Freeport N. Y. 1970; P. Bürger, Studien zur französischen Frühaufklärung, Frankfurt 1972; E. Cassirer, Die Philosophie der A., Tübingen 1932, Nachdr. 1973; P. Chaunu, La civilisation de l'Europe des lumières, Paris 1971; L.G. Crocker, Nature and Culture. Ethical Thought in the French Enlightenment, Baltimore 1963; H. Dieckmann, Diderot und die A.. Aufsätze zur europäischen Literatur des 18. Jahrhunderts, Stuttgart 1972; ders., Studien zur europäischen A., München 1974; P. Gay, The Enlightenment. An Interpretation, I–II, London 1966/1969; J. Habermas, Strukturwandel der Öffentlichkeit. Untersuchungen zu einer Kategorie der bürgerlichen Gesellschaft, Neuwied/Berlin ^{3}1968, ^{9}1978; P. Hazard, La crise de la conscience européenne (1680–1715), I–III, Paris 1935 (dt. Die Krise des europäischen Geistes, Hamburg 1939, ^{5}1950); ders., La pensée européenne au 18e siècle, I–III, Paris 1946 (dt. Die Herrschaft der Vernunft, Hamburg 1949); W. Hinck, Europäische A. I, Frankfurt 1974 (Neues Handbuch der Literaturwissenschaft XI, ed. K. v. See); M. Horkheimer/T.W. Adorno, Dialektik der A., Amsterdam 1947, Frankfurt 1969; J. Jacobs, Prosa der A.: moralische Wochenschriften, Autobiographie, Satire, Roman. Kommentar zu einer Epoche, München 1976; R. Koselleck, Kritik und Krise.

Eine Studie zur Pathogenese der bürgerlichen Welt, Frankfurt 1973; W. Krauss, Die Literatur der französischen Frühaufklärung, Frankfurt 1971; ders., Die A. in Spanien, Portugal und Lateinamerika, München 1973; H. Ley, Geschichte der A. und des Atheismus, I–II (in 3 Bänden), Berlin 1966–1971; L. M. Marsak (ed.), The Enlightenment, New York 1972; J. Mittelstraß, Neuzeit und A.. Studien zur Entstehung der neuzeitlichen Wissenschaft und Philosophie, Berlin/New York 1970; W. Oelmüller, Was ist heute A.?, Düsseldorf 1972; P. Pütz, Die deutsche A., Darmstadt 1978 (Erträge der Forschung 81); F. Schalk, Studien zur französischen A., München 1964, Frankfurt ^{2}1977; ders., A., Hist. Wb. Ph. I (1971), 620–633; W. Schneiders, Die wahre A.. Zum Selbstverständnis der deutschen A., Freiburg/München 1974; C. Siegrist, Das Lehrgedicht der A., Stuttgart 1974; J. Starobinski, L'invention de la liberté 1700–1789, Genf 1964; H. Stuke, A., in: Geschichtliche Grundbegriffe. Historisches Lexikon zur politisch-sozialen Sprache in Deutschland I, ed. O. Brunner u.a., Stuttgart 1972, 243–342; F. Valjavec, Geschichte der abendländischen A., Wien/München 1961; F. Venturi, Italy in the Enlightenment. Studies in Cosmopolitan Century, ed. S. Woolf (trans. S. Corsi), London 1972; ders., Europe des lumières. Recherches sur le 18e siècle, Paris 1971; E. Wellesz/F. Sternfeld (eds.), The Age of Enlightenment. 1745–1790, London/New York 1973; H. M. Wolff, Die Weltanschauung der deutschen A. in geschichtlicher Entwicklung, München 1949; Was ist A.? Beiträge aus der Berlinischen Monatsschrift, ed. N. Hinske, Darmstadt 1973.

J.M.

aufzählbar/Aufzählbarkeit, eine ↑Menge heißt a., wenn sich ihre Elemente als die ableitbaren Figuren eines ↑Kalküls darstellen lassen. Eine Menge von natürlichen Zahlen heißt rekursiv a., wenn sie die Menge der von einer rekursiven Funktion angenommenen Werte ist (↑rekursiv/Rekursivität, ↑Algorithmentheorie) oder wenn sie (gleichwertig damit) durch eine Aussageform der Gestalt $\bigvee_x P(x, y)$ dargestellt werden kann (↑Darstellung (logisch-mengentheoretisch)), wobei P ein rekursives Prädikat ist. Jede durch einen Kalkül a.e Menge läßt sich als rekursiv a. auffassen, wenn man zur Kodierung der Figuren des Kalküls durch natürliche Zahlen übergeht (↑Gödelisierung).

K.L.

Augustinismus, im weiteren Sinne die gesamte an Augustins Verbindung von Platonischer Philosophie und christlichem Glauben, dem bedeutendsten und wirkungsgeschichtlich folgenreichsten Entwurf einer Theologie in der lateinischen alten Kirche (↑Patristik), anknüpfende philosophische und theologische Tradition. Als *philosophischer* A. wird dabei insbesondere eine (sich neben Augustinus auf die Philosophie Avicennas und Avicebrons berufende) Richtung verstanden, die den Primat der Theologie vor der Philosophie vertrat; als *theologischer* A. insbesondere die Wirkungsgeschichte der Augustinischen Gnadenlehre. Ferner wird (nach H.-X. Arquillière) als *politischer* A. ein Verständnis von »De civitate Dei« bezeichnet, das die civitates mit dem Königreich Gottes und dem Königreich Christi gleichsetzt und dementsprechend das Imperium Romanum und die Ecclesia als die beiden societates auffaßt, aus denen sich die Christenheit zusammensetzt. – Die Vorrangstellung des A. endete, als seit dem 13. Jahrhundert Aristoteles zur entscheidenden Autorität auf philosophischem und theologischem Gebiet wurde (↑Aristotelismus). Dieser Übergang bedeutet jedoch keinen Abbruch der Augustinischen Tradition. Zum einen behält z.B. auch Thomas von Aquin Augustinische Elemente bei; zum anderen sammelten sich unter der Bezeichnung ›A.‹ die anti-thomistischen Strömungen des Mittelalters, z.B. der Franziskaner-Orden (Alexander von Hales, Bonaventura, J. Duns Scotus, Wilhelm von Ockham) und der Orden der Eremiten des heiligen Augustin (Aegidius Romanus). Der A. bleibt auch später einflußreich (z.B. bei den Reformatoren, im Humanismus oder im ↑Jansenismus des 17. Jahrhunderts); selbst der ↑Cartesianismus wurde von Zeitgenossen wie A. Arnauld als seine Weiterführung angesehen.

Literatur: C. Andresen, Bibliographia Augustiniana, Darmstadt ^{2}1973, 199–253; H.-X. Arquillière, L'augustinisme politique, Paris ^{2}1955; U. Duchrow, Christenheit und Weltverantwortung. Traditionsgeschichte und systematische Struktur der Zweireichelehre, Stuttgart 1969; W.P. Eckert, A., Hist. Wb. Ph. I (1971), 650–652; E. Gilson, History of Christian Philosophy in the Middle Ages, London 1955, ^{3}1978; F. Hoffmann, A., Hb. theolog. Grundbegriffe I, ed. H. Fries, München 1962, 145–151; J.A. Mourant, Augustinianism, Enc. Ph. I (1967), 207–208; J. Pieper, Scholastik. Gestalten und Probleme der mittelalterlichen Philosophie, München 1978; A. Schindler/G. Leff/U. Gubenheimer/M. Schmidt, Augustin/A., TRE IV (1979), 646–723; F. van Steenberghen, La philosophie au 13e siècle, Löwen/Paris 1966 (Philosophes médiévaux 9) (dt. Die Philosophie im 13. Jahrhundert, ed. M. Roeste, München/Paderborn/Wien 1977).

E. K./J. M.

Augustinus, Aurelius, *Thagaste (Numidien) 13. Nov. 354, †Hippo Regius 28. Aug. 430, christlicher Theologe und Philosoph, Sohn des heidnischen Beamten Patricius und der Christin Monnica. A. schlägt zunächst die Laufbahn eines Rhetors ein, im Verlauf seines Studiums lernt er M. T. Ciceros Schriften kennen, die ihn nicht nur als rhetorische Werke beeindrucken, sondern darüber hinaus (vor allem der »Hortensius«) für die Philosophie begeistern. Verglichen damit erscheint ihm die Bibel ungebildet und wertlos. A. schließt sich dem ↑Manichäismus an, der eine ›wissenschaftliche‹ christliche Lehre versprach, später, als er die Unhaltbarkeit manichäischer Spekulationen einsieht, für kurze Zeit der mittleren ↑Akademie. Als Rhetor in Mailand (ab 384) lernt er bei Ambrosius die ↑Allegorese kennen und kommt mit dem christlichen ↑Platonismus in Berührung. 386 überzeugen ihn einige Schriften der Platoniker von der Unkörperlichkeit Gottes. Unter diesen Platonikern ist auf jeden Fall Plotin (P. Henry), A. dürfte aber auch ungefähr zur gleichen Zeit Porphyrios kennengelernt haben, den er bereits in den Frühschriften häufig heranzieht (W. Theiler). In dasselbe Jahr fällt A.' endgültige Abwendung von der Rhetorik und seine Hinwendung zum christlichen Glauben. Die Schilderung der ›Bekehrung‹ in den »Confessiones« (derzufolge eine Kinderstimme der Anlaß für die endgültige Bekehrung gewesen sei) folgt einem damals geläufigen Topos und ist nicht wörtlich, sondern allegorisch zu verstehen (P. Courcelle). A. gibt sein Amt auf und führt in den nächsten Jahren mit Freunden und Schülern ein zurückgezogenes, philosophischen Gesprächen gewidmetes Leben zunächst in Cassiciacum und Mailand, dann (nach Monnicas Tod 387) in Rom und Thagaste. Auf einer Reise nach Hippo Regius wird er 391 gegen seinen Willen zum Priester ordiniert; ab 396 bis zu seinem Tod wirkt er dort als Bischof.

Während die ältere A.-Forschung in der Fragestellung befangen war, ob A.' Bekehrung eine zur platonischen Philosophie (W. Thimme, P. Alfaric) oder zum christlichen Glauben (C. Boyer, J. Nörregaard) gewesen sei, ist seit W. Kamlah und P. Courcelle nahzu einhellig anerkannt, daß christlicher Glaube und platonische Philosophie für ihn eine Einheit bilden. A. meint, die wichtigsten Sätze des christlichen Glaubens philosophisch, d.i. ohne Rückgriff auf irgendwelche Autoritäten, beweisen zu können, was ihm jedoch nur dadurch möglich ist, daß er die biblischen Erzählungen von einem handelnden und menschenähnlichen Gott (↑Anthropomorphismus) nicht einfachhin hinnimmt, sondern der christlichen Tradition entstammende Ausdrücke synonym mit Termini der platonischen Philosophie versteht.

In »Contra academicos« (der ersten erhaltenen Schrift) versucht A., die Skepsis der mittleren Akademie unter Berufung auf die Logik und die alltägliche Praxis (es sei schlechterdings sinnlos, an der Tatsache zu zweifeln, daß man ein Mensch und keine Ameise ist) zu widerlegen. In den folgenden Schriften (vor allem »De ordine«, »Soliloquia«, »De libero arbitrio« und »De vera religione«) geht es in erster Linie um die Frage, was eigentlich unter dem für den christlichen Glauben zentralen Wort ›Gott‹ zu verstehen ist. A. glaubt, die (wie er formuliert) ›Erkenntnis Gottes‹ gleichsam als Ziel eines philosophischen Lehrgangs erreichen zu können. Diesem ›philosophischen Aufstieg‹ (↑Anagoge) liegt die im Platonismus geläufige Stufenontologie zugrunde, derzufolge verschiedene ›Seinsstufen‹ unterschieden werden. Zur Erkenntnis Gottes (und damit nach Meinung des jungen A. auch zur beata vita) gelangt man, wenn man sich von den weniger seienden sinnlich wahrnehmbaren Einzeldingen abwendet und über die Stufe der menschlichen Seele zur Wahrheit und zu Gott als dem höchsten Seienden emporsteigt. Die durch A. sozusagen klassisch formulierte ›Identität des Gottes der Bibel mit dem Gott der Philosophie‹ beruht dann auf der These, die philosophische Kennzeichnung ›das höchste Seiende‹ bezeichne genau denselben Gegenstand wie der aus christlicher Tradition vertraute Eigenname ›Gott‹.

Über diese Interpretation der biblischen Rede vom persönlichen Gott hinaus versucht A., auch andere christliche Lehren philosophisch zu deuten. Die Homousie wird als die (unter anderem auch im Mittelplatonismus geläufige) Zusammengehörigkeit von höchstem Seienden und der ewigen und unveränderlichen Wahrheit zu einer Seinsstufe erklärt, christliche Gebete werden als philosophische Meditation aufgefaßt, ferner wird versucht, die Lehre von der Schöpfung des Kosmos aus dem Nichts zu beweisen (↑creatio ex nihilo). Der junge A. ist (das wird in zahlreichen Untersuchungen übersehen) davon überzeugt, daß sich schlechterdings alle christlichen Sätze in philosophische Terminologie umformulieren und dann ohne Rückgriff auf irgendwelche Dogmen beweisen lassen. Das Christentum ist für ihn die wahre Philosophie, die das legitime Erbe des Platonismus angetreten hat.

Obschon A. seine philosophische Interpretation in den Grundzügen beibehält und auch später die Vernünftigkeit des Christentums propagiert, hat er während der Zeit als Priester im einzelnen manche seiner früheren Behauptungen zurückgenommen (besonders in den »Retractationes«) und sich mehr der orthodoxen Tradition angeglichen. Zudem tritt in späteren Schriften das philosophische Interesse in den Hintergrund. Seine Predigten und Bibelauslegungen, aber auch die Abhandlungen, in denen er theologische Gegner (vor allem die Donatisten in bezug auf Fragen der Sakramente und die Pelagianer in bezug auf deren Sünden- und Gnadenlehre) bekämpft, sind unmittelbar aus der Arbeit des Predigers, Bischofs und Kirchenpolitikers erwachsen. Von den späteren systematischen Schriften ist »De trinitate« zu erwähnen, wo A. das Trinitätsdogma ausführlich erörtert und mit Hilfe zahlreicher Analogien zu verdeutlichen versucht.

Gesonderte Beachtung verdient »De civitate Dei«, das als A.' Hauptwerk und zugleich als die bedeutendste altkirchliche Apologie gelten kann (↑Apologetik). Unmittelbarer Anlaß dafür war die Plünderung Roms durch die Westgoten im Jahr 410, die von den Heiden als Strafe der alten Götter für die neue christliche Religion gedeutet wurde. Demgegenüber bemüht sich A. unter Heranziehung zahlreicher Beispiele aus der römischen Mythologie und Geschichte um den Nachweis, daß Rom auch unter der Herrschaft der alten Götter von schwersten Übeln heimgesucht wurde. Der zweite Teil des Werkes enthält dann jene berühmte geschichtsphilosophische Deutung der Weltgeschichte als des Gegensatzes zweier civitates (Staaten oder besser Bürgerschaften): der von Gott erwählten *civitas Dei* und der in Selbstliebe befangenen *civitas terrena* (↑Gottesstaat). A. wendet sich hier gegen die sogenannte Eusebianische Reichstheologie, derzufolge die Geschichte der Christen als ein stetiges Fortschreiten zu einem besseren und vollkommeneren Leben verstanden wurde. Konnta man im Römischen Reich Konstantins noch eine Bestätigung dieser Interpretation sehen, so standen die Ereignisse des Jahres 410 dieser Auffassung aufs stärkste entgegen. A. liefert daraufhin eine andere Deutung der Geschichte: Die von Gott erwählte civitas Dei lebt bislang lediglich im Verborgenen unter der civitas terrena; erst nach dem jüngsten Tag werden die Bürger der civitas Dei zu wahrer Ruhe und wahrem Frieden gelangen.

A.' Verbindung von antiker Philosophie und christlichem Glauben ist wegweisend für die spätere philosophische und theologische Tradition geworden (↑Augustinismus).

Werke: Opera omnia, MPL 32–47 (1861–1862); Opera Sect. 1ff. (Corp. script. eccles. lat.) Vindobonae 1887ff.; Opera I– (Corp. Christ., ser. lat.), Turnholti 1955ff.; Deutsche A.ausgabe, ed. C.J. Perl, Abt. 1ff., Paderborn 1940ff.; Werke Iff., Zürich 1950ff.. – C. Andresen, Bibliographia Augustiniana, Darmstadt 1962, ²1973; Totok II (1973), 115–162.

Literatur: P. Alfaric, L'évolution intellectuelle de saint A.. Du manichéisme au néoplatonisme, Paris 1918; C. Andresen (ed.), Zum A.-Gespräch der Gegenwart, Darmstadt 1962, ²1975; J.T. Van Bavel, A.. Van liefde en vriendschap, Baarn 1972 (dt. Christ in dieser Welt. A. zu Fragen seiner und unserer Zeit, ed. A. Kunzelmann/A. Zumkeller, Würzburg 1974); C. Boyer, Christianisme et néo-platonisme dans la formation de saint A., Rom ²1953; J. Brechtken, A. Doctor Caritatis. Sein Liebesbegriff im Widerspruch von Eigennutz und selbstloser Güte im Rahmen der antiken Glückseligkeitsethik, Meisenheim 1975; P. Brown, Augustine of Hippo. A Biography, London 1967; F. Cayré, Initiation à la philosophie de saint A., Paris 1947; P. Courcelle, Recherches sur les Confessions de saint A., Paris ²1968; U. Duchrow, Christenheit und Weltverantwortung. Traditionsgeschichte und systematische Struktur der Zweireichelehre, Stuttgart 1970; M. Durrant, Theology and Intelligibility. An Examination of the Proposition that God is the Last End of Rational Creatures and the Doctrine that God is three Persons in one Substance (the Doctrine of the Holy Trinity), London/Boston 1973; W. Eckermann/P.L. Mayer (eds.), Scientia Augustiniana. Studien über A., den Augustinismus und den Augustinerorden. Festschrift zum 60. Geburtstag von A. Zumkeller, Würzburg 1975; S. Gilson, Der Heilige A.. Eine Einführung in seine Lehre, Hellerau 1930; H. Hagendahl, Augustine and the Latin Classics, Göteborg/Stockholm 1967; F.P. Hager, Metaphysik und Menschenbild bei Plotin und bei A., Basel 1973, auch in: Stud. Philos. 33 (1973), 85–111; P. Henry, Augustine and Plotinus, J. Theol. Stud. 38 (1937), 1–23; R. Holte, Beatitudo och sapientia. A. och de antika filosofskolornas diskussion om maenniskans livesmaal, Uppsala 1958 (franz. Beatitude et sagesse. Saint A. et le problème de la fin de l'homme dans la philosophie ancienne, Paris 1962); H. Jonas, A. und das paulinische Freiheitsproblem, Göttingen ²1965; W. Kamlah, Christentum und Geschichtlichkeit. Untersuchung zur Entstehung des Christentums und zu A.s »Bürgerschaft Gottes«, Stuttgart/Köln ²1951; E. König, A. Philosophus. Christlicher Glaube und philosophisches Denken in den Frühschriften A.s, München 1970; W. v. Loewenich, A.. Leben und Werk, München/Hamburg 1965; R.A. Markus (ed.), Augustine. A Collection of Critical Essays, New York 1972; J. Nörregaard, A.s religiøse gennembrud. En kirkehistorik undersøgelse, Kopenhagen 1920 (dt. A.s Bekehrung, Tübingen 1923); H.-J. Oesterle/M. Schmaus/G. Binding, A., LMA I (1979), 1223–1229; F.P. Pickering, A oder Boethius?, Berlin 1976; E. Portalié, A., Dictionnaire de théologie catholique I,2 (1903), 2268–2472 (engl. A Guide to the Thought of Saint Augustine, Westport Conn. 1975); A. Schindler/G. Leff/U. Gubenheimer/M. Schmidt, A./Augustinismus, TRE IV (1979), 646–723; W. Theiler, Pophyrios und A., Halle 1933 (Schrift. Königsb. Gel. Ges., geisteswiss. Kl. 10,1); ders., Forschungen zum Neuplatonismus, Berlin 1966; W. Thimme, Grundlinien der geistigen Entwicklung A.s, Z. f. Kirchengesch. 31 (1910), 172–213; K.A. Wohlfahrt, Der metaphysische Ansatz bei A., Meisenheim 1969. E. K.

Aurobindo, Śri A. Ghose (eigentlich: Aravinda Ghosh), *Kalkutta 15. Aug. 1872, †Pondicherry 5. Dez. 1950, ind. Philosoph. 1879–1893 in England erzogen, 1890 King's College (Cambridge), 1892 B. A., danach bis 1906 Verwaltungsdienst im indischen Fürstentum Baroda. 1900 Prof. am

Baroda College, 1906–1908 Principal am National College, Kalkutta. Während einer Gefängnishaft wegen Teilnahme an der revolutionären Befreiungsbewegung intensive Beschäftigung mit der indischen religiös-philosophischen Tradition mit dem Ziel, sie für die nationale und geistige Erneuerung Indiens zu nutzen. Seit 1910 in Pondicherry als Guru (geistiger Lehrer) mit zunächst wenigen Schülern, am 24. November 1926 offizielle Gründung eines Āśram (Einsiedelei), dessen Leitung die seit 1914 mit A. verbundene, aber erst von 1920 an ständig in Pondicherry lebende Französin Mira Richard (genannt: Die Mutter) ab 1926 übernahm. A. zog sich bis 1938 vollkommen zurück und hielt den Kontakt mit seinen Schülern nur noch brieflich aufrecht. Erst in den letzten Jahren wieder persönlicher Umgang mit wenigen Schülern, seltene Interviews und viermal jährlich eine öffentliche darśan (sanskr.: Schau, Lehre, hier: Sich-den-Schülern-und-den-Besuchern-Zeigen). A., dessen Schriften englisch verfaßt sind, versteht seinen in mystischen Visionen gewonnenen Versuch einer durch die Lebensführung in Stufen (in seinem System eines ›integralen Yoga‹ ausgearbeitet) vollzogenen Vereinigung von Körper und Geist mit dem Absoluten (↑brahman) als Weiterführung des ↑Vedānta, und zwar im Sinne des Śivaismus, also in Opposition zum einflußreichen ↑advaita-Vedānta Śaṃkaras, für den die Welt bloßer Schein (maya) und damit minderen Ranges bleibt. Der Mensch muß, in der Ausdrucksweise A.s, vom Geist zum ›Übergeist‹ (supermind), dem Selbstbewußtsein Brahmans, fortschreiten (Evolution), um so, ohne deshalb Vernunft und Wissenschaft aufzugeben, das nicht mehr individuelle ›göttliche Leben‹ zu erreichen, was es erlaubt, ohne Preisgabe dieser Erfahrung zu den Beschränkungen individueller Existenz zurückzukehren (Involution, entsprechend der Inkarnation in der christlichen Tradition). Die Aktualisierung der philosophischen Traditionen Indiens und der Versuch ihrer Synthesis mit in seinem Sinne verstandenen westlichen Traditionen hat weltweit zu Ablegern der Āśram-Tätigkeit A.s geführt.

Werke: Sämtliche Werke, I–II, Zürich 1943–1945; Gesammelte Werke, I–XXIX, Pondicherry 1970–1972 (dt. Centenary Edition, I–XXX, Planegg 1972); Collected Poems and Plays, I–II, Pondicherry 1942. – H.K. Kaul, S. A.. A Descriptive Bibliography, New Delhi 1972.

Literatur: H. Chaudhuri, The Philosophy of Integralism or the Metaphysical Synthesis inherent in the Teaching of Sri A., Kalkutta 1954, Pondicherry ²1967; M. Klostermann, Auroville – Stadt der Zukunftsmenschen, Frankfurt 1976; S.K. Maitra, An Introduction to the Philosophy of Sri A., Benares ²1947, Pondicherry 1965; ders., Studies in Sri A.s Philosophy, Benares 1945; ders., The Meeting of the East and the West in Sri A.s Philosophy, Pondicherry 1956; M.P. Pandit, Sri A.. A Survey 1872–1972, Pondicherry 1974; D.K. Roy, Sri A. came to me, Bombay 1964 (dt. Sri A. kam zu mir, Frankfurt 1978); O. Wolff, S. A. in Selbstzeugnissen und Bilddokumenten, Reinbek 1967. K.L.

Ausdehnung (lat. extensio), Eigenschaft aller optisch oder taktil wahrgenommenen Gegenstände, Raumerfüllung von Körpern. Von R. Descartes wurde A. als das charakteristische Merkmal der Körper (und damit, wie später bei B. Spinoza, als Charakteristikum von Materie) bezeichnet. Daraus sollte sich eine Einteilung aller Gegenstände der Welt in ausgedehnte (›res extensa‹) und in geistige (›res cogitans‹) ergeben (↑res cogitans/res extensa, ↑Dualismus). J. Locke versteht A. als eine primäre ↑Qualität der Körper und zählt den Begriff der A. ebenso wie J.H. Lambert unter die einfachen Begriffe (↑Begriff, einfacher). I. Kant hielt die A. als apriorische Anschauungsform (↑Anschauung) für rein subjektiv, was dann bei R.H. Lotze als eine zur Wahrnehmung hinzukommende, zusätzliche Denkleistung des Menschen hervorgehoben wird.

Im methodischen Aufbau der Physik muß die A. von Körpern, hier im Sinne von Raumerfüllung, schon bei der Einführung geometrischer Grundbegriffe (↑Geometrie) diskutiert werden, wo von der Impenetrabilität (↑Undurchdringbarkeit) der Körper Gebrauch gemacht wird. ›A.‹ bedeutet in der Physik ferner die Längen- oder Volumenänderung von Körpern bei Änderung der Temperatur. In der modernen ↑Kosmologie bezeichnet man mit ›A.‹ die auf Grund der beobachteten Rotverschiebung des Lichtes ferner Sterne angenommene Expansion des Universums, das im Rahmen der allgemeinen Relativitätstheorie (↑Relativitätstheorie, allgemeine) als ↑Riemannscher Raum gedacht wird. P.J.

Ausdehnungslehre, eine von H. Graßmann entwickelte und von ihm als vierter Zweig der reinen Mathematik neben Zahlen-, Funktionen- und Kombinationslehre gestellte Theorie. Graßmann knüpfte mit der A. an das Leibnizsche Projekt eines geometrischen Kalküls an, baute dabei die erste n-dimensionale Geometrie auf – was ihn zum Vorläufer der Riemann-Helmholtzschen Raumtheorie machte (↑Raum) – und fand einen allgemeinen Kalkül, der die Kalküle der heutigen Matrizen-, Vektor- (insbesondere Quaternionen-)

und Tensorrechnung als Spezialfälle bereits enthält. Die eigenwillige Terminologie und die für Vektor- und Tensorrechnung benützte invariante Symbolik, deren Vorzüge erst das 20. Jahrhundert voll erkannt hat, machten das Graßmannsche Werk für die Zeitgenossen »äußerst schwer zugänglich, ja fast unlesbar« (F. Klein), so daß nur wenige seine große Bedeutung erkannten. Die wichtigste unmittelbare Weiterführung der A. innerhalb der ↑Algebra der Logik ist A. N. Whiteheads »Treatise on Universal Algebra«.

Literatur: H. Graßmann, Die lineale A., ein neuer Zweig der Mathematik, dargestellt und durch Anwendungen auf die übrigen Zweige der Mathematik, wie auch auf die Statik, Mechanik, die Lehre vom Magnetismus und die Krystallonomie erläutert, Leipzig 1844, völlig umgearb. Neuaufl. unter dem Titel: Die A., vollständig und in strenger Form bearbeitet, Berlin 1862 (Neudrucke in: H. Graßmann, Gesammelte mathematische und physikalische Werke I 1/I 2, ed. F. Engel, Leipzig 1894/1896 [repr. New York 1969]); F. Klein, Vorlesungen über die Entwicklung der Mathematik im 19. Jahrhundert, Teil 1, Berlin 1926 (repr. New York 1956), 173–182; A.C. Lewis, H. Grassmann's 1844 »A.« and Schleiermacher's Dialektik«, Ann. Sci. 34 (1977), 103–162; V. Schlegel, Die Grassmann'sche A., Z. Math. Phys. 41 (1896), 3–21, 41–59; ders., System der Raumlehre nach den Prinzipien der Grassmann'schen A. und als Einleitung in dieselbe dargestellt, I–II, Leipzig 1872/1875; A. N. Whitehead, A Treatise on Universal Algebra, with Applications I, Cambridge 1898 (repr. New York 1960). C. T.

Ausdruck, allgemein jede Form symbolischen Handelns, bei der der Vollzug einer ›Trägerhandlung‹ eodem actu auf Grund impliziter oder expliziter Konvention zugleich den Vollzug einer weiteren Handlung aktualisiert (↑Handlung). Die Trägerhandlung ›drückt‹ dann jene andere Handlung ›aus‹ (z.B. kann das Heben der Kopfbedekkung bei entsprechender Konventionalität einen Gruß ›ausdrücken‹). In der Philosophiegeschichte ist die Verwendung der A.srelation meist als Verhältnis zwischen einer Ebene des ›Denkens‹ und der äußeren leiblichen Bewegung (besonders Sprache als Lauterzeugung) verstanden, wobei die Lauterzeugung als Trägerhandlung unterstellt wird. Mit ↑Denken wird dabei häufig nicht nur eine bestimmte Weise symbolischen Handelns, sondern (platonisierend) eine eigene Region realen Handels verstanden. A. hat dadurch oft (obwohl nicht notwendigerweise) die Bedeutung einer Relation zwischen Gegenstandssphären. Dabei können wieder mehrere Bedeutungen von A. unterschieden werden.

A., Objektivation menschlichen Symbolhandelns, kann sowohl ›sich ausdrücken‹ als auch ›etwas ausdrücken‹ bedeuten. Im ersten Fall wird ein subjektiv-innerliches Geschehen (Erlebnis) in ein äußerlich wahrnehmbares Zeichen transponiert, mittels des Äußerlichen dargestellt; im zweiten Fall wird das Zeichen für einen Gehalt gesetzt, um einen Eindruck zu erzielen, eine Emotion, ein Erlebnis. Der Begriff A. gewinnt in der Philosophie (Ästhetik und Erkenntnistheorie) Bedeutung, wo in der Analyse der ↑Erfahrung die sinnenfällige Gestalt des Erfahrbaren als für die Erfahrung bestimmend berücksichtigt wird.

In der Ästhetik der Aufklärung ersetzt der Begriff A. den Begriff der Nachahmung. Dabei wird die Ästhetik als Vorstufe oder erste Stufe der Erkenntnistheorie entwickelt, d.h. als Lehre vom sinnlichen A. eines Geistigen; sie wird als Lehre von den im Sinnlichen diffus artikulierten Ideen (ideae obscurae) der Erkenntnistheorie vorgeschaltet. Die von I. Kant und F. Schiller rezipierten Ästhetiken A. A. C. Earl of Shaftesburys und E. Burkes kombinieren die Bestimmung der Kunst als A.s der Gefühle mit der weiteren Bestimmung, daß in der Kunst damit zugleich die Darstellung, der A. eines geistigen Gehalts realisiert sei (etwa der moralischen Schönheit oder der Idee des Übersinnlichen). Auch die Ästhetik des deutschen Idealismus (↑Idealismus, deutscher) bestimmt das Kunstwerk als A. bzw. als sinnliche Darstellung der Idee (hier der absoluten Idee, ↑Idee, absolute). Auf Grund der Rezeption des Klassizismus (J. J. Winckelmann) konstituiert der sinnliche A. dieses Inhalts Schönheit. Die Bedeutungen von A. (›etwas und sich ausdrücken‹/›objektiver und subjektiver A.‹) fallen zusammen (I. v. Sinclair, F. Hölderlin).

In der Psychologie und psychologischen Ästhetik im Anschluß an Kant und den Neukantianismus wird A. zur empirischen Objektivation vom Emotionen oder des menschlichen Bewußtseins. Die Ästhetik analysiert solche Objektivationen, die ›Anschaulichkeit des Innern im Äußeren‹ (W. T. Krug), mit naturwissenschaftlichen Methoden (F. T. Fechner, W. Wundt, O. Külpe). Eine allgemeine philosophische Bedeutung gewinnt der Begriff A. in sprachphilosophischen (Herder, W. v. Humboldt) und hermeneutischen Zusammenhängen. W. Dilthey definiert A. als Erlebnis-A. (›Objektivation des Lebens‹, ›objektiver Geist‹), A. vermittelt zwischen ↑Erleben und ↑Verstehen. Neben Sprache erfüllen auch Kunst, Religion und Philosophie diese Funktion. Sämtliche Erzeugnisse der geistigen Kultur haben A.sfunktion, bilden »die passive Welt der bloßen Eindrücke, in denen der Geist zunächst befangen scheint, zu einer Welt rein geistigen A.s um« (E. Cassirer, Philosophie der symbolischen Formen I,12). Cassirer entwickelt eine Theorie der Sprache, in der der A.sbegriff eine wesentliche Funktion für das lebensweltliche Verstehen wie seine Theoretisierung gewinnt. Alle Kulturleistung ist A., die Kulturphilosophie zeigt den wesentlichen Zusammenhang symbolischer Formen, d.i. der verschiedenen Möglichkeiten der Artikulation der Verstehenseindrücke. E. Husserl bestimmt A. zunächst als noetischen Akt, A. ist »jede Rede und jeder Redeteil sowie jedes wesentlich gleichartige Zeichen«, dessen Sinn (die Bedeutung des A.s) sich im Erlebnis konstituiert (Logische Untersuchungen II,1,30). A. bedeutet ›etwas ausdrücken‹, aber nicht Emotion, sondern Denken ist das Ausgedrückte. Gegenüber den »Logischen Untersuchungen« erweitert Husserl später in der »Krisis«-Schrift den A.sbegriff um eine Grundlage im leiblichen A. (Mimik, Gestik) als dem primären, unmittelbaren A.

H.-G. Gadamer und die hermeneutische Philosophie greifen auf Diltheys Erlebnis-A. zurück: Der Leitsatz der Hermeneutik, Sein, das verstanden werden kann, ist Sprache, verbindet geistigen Gehalt mit seinem geschichtlichen A. und gibt die Vorstellung eines vom A. unabhängigen Denkens auf. Verstehen wird in Analogie zum Kunstvollzug aufgefaßt und historische Interpretation in Entsprechung zum A.sbegriff bestimmt: »Was der A. ausdrückt, ist eben nicht nur das [...] mit ihm Gemeinte, sondern vorzüglich das, was in solchem Meinen und Sagen mit zum A. kommt, ohne daß es zum A. gebracht werden soll, also das was der A. sozusagen ›verrät‹« (H.-G. Gadamer, Wahrheit und Methode, 318). Die hermeneutische Theorie des Verstehens, die ihren Gegenstand, den Text, als A.sphänomen bestimmt, schließt sich methodisch an das Vorgehen der Ästhetik in dem Sinn an, daß Verstehen sich an einem jeweils Vorgegebenen orientiert.

Literatur: K. Bühler, A.stheorie. Das System an der Geschichte aufgezeigt, Jena 1933, Frankfurt ²1968; E. Cassirer, Philosophie der symbolischen Formen. Erster Teil. Die Sprache, Berlin 1923, Darmstadt ⁷1977; ders., Freiheit und Form. Studien zur deutschen Geistesgeschichte, Berlin 1917, Darmstadt ⁴1975; B. Croce, Ästhetik als Wissenschaft des A.s und allgemeine Linguistik, Leipzig 1905; A. Diemer, Edmund Husserl. Versuch einer systematischen Darstellung seiner Phänomenologie, Meisenheim 1956, ²1965; W. Dilthey, Gesammelte Schriften VII, Leipzig 1931, Stuttgart/Göttingen ⁴1965; H.-G. Gadamer, Wahrheit und Methode. Grundzüge einer philosophischen Hermeneutik, Tübingen 1960, ²1965, ⁴1975; E. Husserl, Logische Untersuchungen, I–II, Halle 1900–1901, ⁴1928, I–III, Tübingen ⁵1968; ders., Ideen zu einer reinen Phänomenologie und phänomenologischen Philosophie I (Allgemeine Einführung in die reine Phänomenologie), Halle 1913, ed. W. Biemel, Den Haag 1950; F. Kambartel, Symbolische Handlungen. Überlegungen zu den Grundlagen einer pragmatischen Theorie der Sprache, in: J. Mittelstraß/M. Riedel (eds.), Vernünftiges Denken. Studien zur praktischen Philosophie und Wissenschaftstheorie, Berlin 1978, 3–22; L. Klages, Grundlegung der Wissenschaft vom A., Leipzig 1936, Bonn ⁷1950, ⁸1964; R. Kirchhoff, Allgemeine A.slehre. Prinzipien und Probleme der allgemeinen A.stheorie. Ein Beitrag zur Grundlegung der Wissenschaft vom A., Göttingen 1957; W.T. Krug, Allgemeines Handwörterbuch der philosophischen Wissenschaften nebst ihrer Literatur und Geschichte I, Leipzig 1827, ²1832, 258; I. v. Sinclair, Wahrheit und Gewißheit, Frankfurt 1811; ders., Über dichterische Komposition, in: J.C.F. Hölderlin, Sämtliche Werke III, ed. L. v. Pigenot, Berlin ³1943, 569–588; J.G. Sulzer, Allgemeine Theorie der schönen Künste, in einzeln, nach alphabetischer Ordnung der Kunstwörter auf einander folgenden, Artikeln abgehandelt, I–II, Leipzig 1771/1774, I–V, ²1792–1799 (repr. I–V, Hildesheim/New York 1967–1970); G. Tonelli/B. Fichtner/R. Kirchhoff, A., Hist. Wb. Ph. I (1971), 653–662. A.G.-S.

Ausdruck (logisch) (engl. expression), in der logischen Grammatik (↑Grammatik, logische) und formalen Logik (↑Logik, formale) in der Regel Terminus für beliebige Zeichenfolgen einschließlich syntaktisch korrekt gebildeter Wörter und Wortfolgen. In der Kalkültheorie, insbesondere der Theorie formaler Systeme (↑System, formales), werden aus den A.en durch eigene Regeln die syntaktisch korrekt gebildeten A.e ausgesondert. Diese korrekten A.e sind dann bis auf Interpretation der Prädikatorsymbole durch ↑Prädikatoren und der Funktorensymbole durch ↑Funktoren die ↑Terme und ↑Formeln (engl. formula) der formalen Sprache (↑Sprache, formale), also Zeichenreihen, die bei Ersetzung der in ihnen eventuell noch frei vorkommenden ↑Objektvariablen durch ↑Nominatoren für solche Objekte in Nominatoren bzw. in ↑Aussagen über die in der Aussage genannten Objekte übergehen. Häufig wird auf einen eigenen Terminus für beliebige Zeichenfolgen verzichtet und ›A.‹ im Sinne von ›korrekter Ausdruck‹ verwendet. Die Regeln zur Bildung korrekter A.e, hierarchisch gegliedert in *Termbildungsregeln* und *Formelbildungsregeln,* heißen dann auch *Ausdrucksregeln* (↑Ausdruckskalkül). Im englischen Sprachgebrauch tritt in diesem Fall an die Stelle der Unterordnung von ›formula‹ unter ›expression‹ die Unterordnung ›well-formed formula‹ unter ›formula‹. K.L.

Ausdruckskalkül (auch: formale Sprache, Syntax), Kalkül zur Erzeugung der Ausdrücke, d.h.

der ↑Terme und ↑Formeln einer formalen Sprache. A.e liefern also die korrekt gebildeten und somit sinnvollen Zeichenreihen einer solchen Sprache. Bei der Darstellung von A.en ist zu beachten, daß diese in der ↑Metasprache erfolgt. Dies wird im folgenden Beispiel eines Kalküls Q der Sprache der Quantorenlogik 1. Stufe dadurch zum Ausdruck gebracht, daß die bei der Beschreibung von Q verwendeten Symbole in Anführungszeichen (») gesetzt werden bzw. auf ihre metasprachliche Verwendung verwiesen wird bzw. deutsche Buchstaben verwendet werden.

(1) *Symbole (›Alphabet‹) von Q*
   (a) Hilfszeichen: »(«, »)«, »,« und Indexziffern.
   (b) ↑Individuenvariablen: »x_1«, »x_2«, ...
   (c) Prädikatorenbuchstaben (↑Variable, schematische):

   »P_1^1«, »P_2^1«, ..., »P_1^2«, »P_2^2«, ...,
   »P_1^k«, »P_2^k«, ...

   Dabei geben die oberen Indizes die Zahl der Argumente (›Stellen‹) der Prädikatorenbuchstaben an, während die unteren zur Unterscheidung von Prädikatorenbuchstaben gleicher Stellenzahl dienen.
   (d) Logische Symbole: »$\neg$«, »$\wedge$«, »$\bigwedge$« (in konstruktiven A.en sind noch die Symbole »$\vee$«, »$\rightarrow$«, »$\bigvee$« hinzuzunehmen, da sich diese Symbole in der konstruktiven Logik [↑Logik, konstruktive] nicht mit Hilfe der ersten drei definieren lassen).

(2) *Definition atomarer Ausdrücke (›Atomformeln‹) von Q*
   Sind »x_1«, »x_2«, ..., »x_n« Individuenvariablen von Q und »P_j^n« ein n-stelliger Prädiktorenbuchstabe von Q, dann heißt die Zeichenreihe »$P_j^n(x_1, \ldots, x_n)$« ein atomarer Ausdruck von Q.

(3) *Regeln von Q*
   (a) Atomare Ausdrücke von Q sind Ausdrücke.
   (b) Ist $\mathfrak{A}$ ein atomarer Ausdruck von Q, dann ist $\neg\mathfrak{A}$ ein Ausdruck von Q.
   (c) Sind $\mathfrak{A}_1$ und $\mathfrak{A}_2$ atomare Ausdrücke von Q, dann ist $\mathfrak{A}_1 \wedge \mathfrak{A}_2$ ein Ausdruck von Q.
   (d) Ist »x_1« eine Individuenvariable und $\mathfrak{A}$ ein atomarer Ausdruck von Q, so ist $\bigwedge_{x_1} \mathfrak{A}(x_1)$ ein Ausdruck von Q.

Entsprechend der Bemerkung in (1d) erfordern Kalküle der konstruktiven Logik noch analoge Regeln für »$\vee$«, »$\rightarrow$« und »$\bigvee$«. Man beachte, daß die logischen Symbole metasprachlich verwendet werden. (3) liefert genau die Ausdrücke von Q. Erweitert man Q um ein geeignetes System von ↑Deduktionsregeln, so erhält man einen Logikkalkül (der Quantorenlogik 1. Stufe). Während die Quantorenlogik unentscheidbar ist, läßt sich für A.e wie den obigen die ↑Entscheidbarkeit zeigen.

Literatur: H. Hermes, Einführung in die mathematische Logik, Stuttgart 1963, [3]1972; F. v. Kutschera, Elementare Logik, Wien 1967. G. W.

ausgeschlossenes Drittes, Satz vom ausgeschlossenen Dritten, ↑principium exclusi tertii.

Aussage (engl. proposition), in Logik und Grammatik ein Behauptungssatz (↑Urteil) zusammen mit den für ihn charakteristischen Verwendungsregeln im Unterschied zu Fragesätzen, Befehlssätzen etc. Ein sprachlicher Ausdruck läßt sich als A. durch das Verfahren charakterisieren, mit dem er behauptet und bestritten, mit dem also um ihn argumentiert werden kann (dialogdefinite A.). Erlaubt das Argumentationsverfahren eine ↑Gewinnstrategie für den Behauptenden, so *gilt* die A.: die A. ist ↑*wahr;* erlaubt es eine Gewinnstrategie für den Bestreitenden, so ist die A. *ungültig:* die A. ist ↑*falsch.* In speziellen Fällen, insbesondere für die einfachen A.n der Alltagssprache, ist es ↑entscheidbar, ob eine A. wahr *oder* falsch ist (↑wertdefinite A.). Das ist die auf Aristoteles zurückgehende, noch heute verbreitete engere Charakterisierung der A.n. Bis heute unbewiesene A.n der elementaren Arithmetik liefern jedoch Beispiele für ↑dialogdefinite A.n., die nicht wertdefinit sind, z.B.: ›es gibt unendlich viele Primzahlzwillinge‹ (d.s. zwei Primzahlen n und $n+2$, wie 17 und 19).
Es ist üblich (erstmals in der Sprachphilosophie der Stoa), an A.n wie auch an anderen sprachlichen Ausdrücken das bloße Zeichen (graphisch oder phonisch) von dem zu unterscheiden, was das Zeichen zum Sprachzeichen, also zum ↑Symbol macht, nämlich seine ↑Bedeutung. Je nachdem, durch welche Invarianzbedingungen, d.s. solche Ersetzungsvorschriften für Zeichen, die zu keiner Abänderung ihrer Verwendungsweise führen, die Bedeutung eines sprachlichen Ausdrucks festgelegt wird, erhält man dabei verschiedene Bedeutungsbegriffe. Im Fall der A.n, deren Zeichen die A.*sätze* sind, werden vornehmlich die ↑*intensionale* Bedeutung, der ↑Sinn (das ↑Lekton der Stoiker), und die ↑*extensionale* Bedeutung, die ↑*Referenz*, unterschieden. Als Invarianzbedingun-

gen für die Bestimmung des Sinns werden *Synonymitätsregeln* (↑synonym/Synonymität) zur Ersetzung der sprachlichen Bestandteile der A.n genommen, so daß ein A.satz mit einem anderen A.satz sinngleich genau dann ist, wenn diese Sätze durch Anwendung der Synonymitätsregel auseinander hervorgehen, z.B. ›Paris ist Frankreichs Hauptstadt‹ und ›Paris est la capitale de la France‹. Man nennt den Sinn von A.n auch ↑*Sachverhalt*. Die extensionale Bedeutung von A.n erhält man, wenn A.n schon dann gleichgesetzt werden, wenn sie denselben ↑Wahrheitswert haben, also zugleich entweder wahr oder falsch sind, ›wahr‹ und ›falsch‹ (das Wahre und das Falsche) können dann (G. Frege folgend) als die einzigen beiden extensionalen Bedeutungen von A.n genommen werden.

Zu den logisch einfachen (unzusammengesetzten) A.n oder *Primaussagen* gehören die ↑*Elementaraussagen*, in denen einem Gegenstand oder mehreren Gegenständen (z.B. Körpern, Ereignissen, Personen, Zahlen) ein ↑*Prädikator*, d.i. ein Begriffs- oder Beziehungswort (z.B. ›schwer‹, ›plötzlich‹, ›Mensch‹, ›laufen‹, ›kleiner als‹, ›liegt zwischen‹), zu- oder abgesprochen wird (↑zusprechen/absprechen). Diese ↑Prädikationen werden in normierter Form sprachlich dargestellt durch ein System von ↑*Nominatoren* (z.B. Eigennahmen wie ›die Erde‹, ›Napoleon‹, ›3‹ oder ↑Kennzeichnungen wie ›der Ausbruch des Krakatau 1883‹, ›die kleinste Primzahl‹ und andere Nominatorenarten), mit denen die prädizierten Gegenstände in der A. vertreten werden; durch eine affirmative ↑*Kopula* im Falle des Zusprechens (symbolisiert: ε) oder durch eine negative Kopula im Falle des Absprechens (symbolisiert: ε'), und durch den fraglichen Prädikator. Symbolisiert (man sagt auch: formalisiert) und normiert (man sagt auch: standardisiert) hat eine (affirmative) Elementaraussage daher die Form $n_1 \ldots n_k \varepsilon P$, z.B. (weder symbolisiert noch eigens normiert) ›die Erde ist schwer‹, ›der Ausbruch des Krakatau 1883 geschah plötzlich‹, ›Napoleon ist kein Ereignis‹ (negative Kopula!), ›3 liegt zwischen der kleinsten Primzahl und 5‹. Die Subjekt-Prädikat-A.n der traditionellen Logik sind auch in ihrer einfachsten Form (als *Minimalaussagen* wie ›der Mensch ist ein Lebewesen‹ oder, in der typischen Zweiwortform etwa des lateinischen, ›homo animal (est)‹) im allgemeinen keine Elementaraussagen, sondern mit Hilfe von ↑Quantoren aus logisch einfachen A.n zusammengesetzt (im Beispiel: ‹für alle Gegenstände x gilt, daß wenn $x \varepsilon$ Mensch, so $x \varepsilon$ Lebewesen›); sowohl Subjekt als auch Prädikat sind dann, logisch gesehen, Prädikatoren.

Die logische Zusammensetzung von A.n, symbolisch repräsentiert durch schematische Buchstaben (↑Variable, schematische) $A, B, \ldots$, mit Hilfe der *logischen Partikeln* (↑Partikel, logische), wird in der formalen Logik (↑Logik, formale) erklärt. Und zwar werden endliche Zusammensetzungen erklärt mit Hilfe der ↑Junktoren (z.B. ›nicht‹, ›und‹, ›oder‹, ›wenn ... dann‹, symbolisiert: $\neg$, $\wedge$ [auch: &], $\vee$, $\rightarrow$ [auch: $\supset$]) und unendliche Zusammensetzungen mit Hilfe der ↑Quantoren (z.B. ›alle‹, ›einige‹, symbolisiert: $\bigwedge$ [auch: $\forall$], $\bigvee$ [auch: $\exists$]). Man erhält so die Negation $\neg A$ (eine *einstellige* logische Verknüpfung), die Konjunktion $A \wedge B$, die Adjunktion $A \vee B$, die Subjunktion $A \rightarrow B$ (*zweistellige* logische Verknüpfungen) und schließlich die Generalisation oder Großkonjunktion $\bigwedge_x A(x)$ (gelesen: für alle x: A von x) und die Partikularisation oder Großadjunktion $\bigvee_x A(x)$ (gelesen: für manche x: A von x, auch: es gibt ein x mit A von x). Für die Zusammensetzung mit den Quantoren müssen zunächst aus A.n ↑*Aussageformen* hergestellt werden, indem anstelle der (oder einiger) Nominatoren in den einfachsten Bestandteilen, den Elementaraussagen, leere Stellen (Leerstellen), repräsentiert durch *Objektvariable* $x, y, \ldots$, gesetzt werden, die für die Nominatoren eines ganzen Bereichs von Gegenständen, den ↑*Objektbereich*, stehen. Erst dann kann mit einem Quantor in bezug auf eine solche Objektvariable (durch Bindung der Variablen) aus einer A.form eine neue A., eine ↑Allaussage oder Manchaussage (auch: ↑Existenzaussage) für den fraglichen Objektbereich, zusammengesetzt werden. Als Beispiel läßt sich die arithmetische A. ›es gibt unendlich viele Primzahlzwillinge‹ symbolisieren durch:

$$\bigwedge_x (p(x, x+2) \rightarrow \bigvee_y (x < y \wedge p(y, y+2)))$$

wenn $p\ (x,\ x+2)$ für die A.form ›x und $x+2$ sind Primzahlzwillinge‹ steht und die Objektvariablen x und y als Zahlvariablen, also als ersetzbar durch Eigennamen für natürliche Zahlen, die ↑Zahlzeichen, gelesen werden (in Worten: für alle Zahlen x gilt, daß wenn x und $x+2$ Primzahlzwillinge sind, so gibt es Zahlen y, die größer als x sind, und für die gilt, daß auch y und $y+2$ Primzahlzwillinge sind). Es ist weiter Aufgabe der formalen Logik, speziell in ihrer Gestalt als mathematische Logik, sicherzustellen, daß auch die logisch zusammengesetzten A.n dialogdefinit, also wirklich A.n sind, wenn es die Teilaussagen waren, und zu klären, inwieweit sich speziell die Wertdefinitheit von A.n auf ihre logischen Zusammensetzungen vererbt (↑Wahrheitstafel). Die Hauptaufgabe jedoch ist, zu untersuchen, welche A.n allein auf Grund ihrer logischen Zusammensetzung wahr, und d.h. ↑*logisch wahr*, sind, also unabhängig von der Wahrheit oder Falschheit ihrer einfachen Teilaussagen. Damit gleichwertig ist die Untersuchung, wie man von A.n auf andere A.n logisch schließen kann, also welche Implikationen zwischen A.n bereits logisch, d.h. ohne Bezug auf den Inhalt der Teilaussagen gelten.

In der ↑Wissenschaftstheorie werden ganze *Aussagesysteme* daraufhin untersucht, ob sie die jeweiligen Bedingungen an einen begründeten theoretischen Zusammenhang erfüllen (↑System, axiomatisches, ↑Methode, axiomatische, ↑Wissenschaftstheorie, konstruktive). Dabei spielen neben den Zusammensetzungen mit logischen Partikeln auch andere A.verknüpfungen eine wichtige Rolle, z.B. Zusammensetzungen mit den *Modalitäten* ›möglich‹, ›notwendig‹ etc. (↑Modallogik) oder Zusammensetzungen mit Kausalpartikeln, etwa ›weil‹, und weitere, zeitabhängige Beziehungen zwischen A.n repräsentierende Verknüpfungen.

Literatur: ↑Logik, formale, ↑Wissenschaftstheorie, ↑Sprachphilosophie. K. L.

Aussage, darstellende, Darstellung (logisch-mengentheoretisch).

Aussageform (engl. open sentence; inadäquaterweise auch: propositional function), in der formalen Logik (↑Logik, formale) eine ↑Formel, in der wenigstens eine freie ↑Variable vorkommt. A.en lassen sich durch ↑Substitution der Variablen oder durch ↑Quantifizierung in ↑Aussagen überführen, d.h., sie werden zu ↑wahrheitsdefiniten (↑Wahrheitswert) oder ↑dialogdefiniten Sätzen. Z.B. geht die A. ›x ist Primzahl‹ durch Substitution des ↑Nominators (↑Konstante, logische) ›2‹ für die Objektvariable ›x‹ in die Aussage ›2 ist Primzahl‹ über bzw. durch ↑Partikularisierung in die Aussage ›es gibt ein x mit: x ist Primzahl‹ oder kurz ›es gibt Primzahlen‹.

Häufig werden auch junktoren- oder quantorenlogische *Schemata* wie z.B. die ↑Aussageschemata a, $a \wedge b \wedge c$, $a \to b$ (Junktorenlogik) und die A.schemata Fx, $Fx \wedge Gxy$ – Aussageschemata wie Gnm mit Objektsymbolen ›n‹ und ›m‹ anstelle der Variablen ›x‹ und ›y‹ eingeschlossen – (Quantorenlogik) als A.en bezeichnet, obwohl die Buchstaben ›a‹, ›b‹, ›F‹, ›G‹, ›n‹ etc. keine Variablen, sondern schematische Symbole sind, die für eine Quantifizierung nicht zur Verfügung stehen. Aber auch die korrekte Quantifizierung oder Substitution in bezug auf die Objektvariablen in den quantorenlogischen Schemata, z.B. $\bigwedge_x Fx$ oder $F2$ (um Gnm quantifizieren zu können, muß erst zum A.schema Gxy zurückgegangen werden), führt noch nicht zu Aussagen, sondern nur zu Aussageschemata. Erst wenn der schematische Prädikatorenbuchstabe durch einen Prädikator ersetzt wird, z.B. ›F‹ durch den Prädikator ›gerade Zahl‹, und die natürlichen Zahlen als ↑Variabilitätsbereich des Quantors gewählt werden, erhält man aus dem A.schema Fx die A. ›x ist eine gerade Zahl‹ und aus dem Aussageschema $\bigwedge_x Fx$ die (falsche) Aussage ›alle natürlichen Zahlen sind gerade‹. Die formale Logik erhält bei der Untersuchung der logischen ↑Folgerungen von Aussagen oder A.en stets Resultate, die sich als logische Folgerungen von Aussageschemata und A.schemata notieren lassen. K. L./G. W.

Aussageform, darstellende, ↑Darstellung (logisch-mengentheoretisch).

Aussagefunktion (engl. propositional function), eine von G. Frege der Mathematik entnommene und in verallgemeinerter Form in die formale Logik (↑Logik, formale) eingeführte Betrachtungsweise der ↑Aussageformen als spezieller ↑Terme, d.s. Objektformen: für jeden Nominator anstelle der Objektvariablen in einer Aussageform (das *Argument* der A.) wird die Aussageform zu einer ↑Aussage (dem *Wert* der A.). Bei Elementaraussagen zieht diese Betrachtungsweise eine irreführende Identifikation der ein- oder mehrstelligen Prädikatoren mit A.en nach sich; andererseits erlaubt diese allgemeine Verwendung des Funktionsbegriffs die Nutzung des Verfahrens der ↑Abstraktion: jede ↑Äquivalenzrelation zwischen Aussageformen führt nämlich zu einem eigenen Begriff einer A.. Insbesondere führt die intensionale Äquivalenz zwischen Aussageformen (↑intensional/Intension) – als Äquivalenzrelation zwischen Aussageformen wird ↑Synonymität gewählt – zu *intensionalen* A.en, die extensionale Äquivalenz (↑extensional/Extension) – Aussageformen sind äquivalent, wenn sie für dieselben Einsetzungen wahre bzw. falsche Aussagen ergeben – zu *extensionalen* A.en. Im intensionalen Fall können nach dem Vorbild Freges die A.en mit

(Eigenschafts- bzw. Beziehungs-)Begriffen identifiziert werden, im extensionalen Fall mit Klassen bzw. Relationen, wobei man die Werte der A.en hier als Namen für die sogenannten ↑*Wahrheitswerte*↑ verum (das Wahre, Zeichen: ⋎) und ↑ falsum (das Falsche, Zeichen: ⋏) auffassen kann. Läßt man auch ↑Aussagenvariable als Objektvariable einer A. auftreten, so erhält man insbesondere die junktorenlogischen ↑Wahrheitsfunktionen als Spezialfall einer A., z.B. die Negation als diejenige einstellige A., die den Wahrheitswert der Argumentaussagen umkehrt. K. L.

Aussagenalgebra, ↑Algebra der Logik.

Aussagenkalkül (engl. propositional calculus), das Resultat einer Kalkülisierung des Aussagenlogik (↑Junktorenlogik).

Aussagenlogik (engl. propositional logic), soviel wie ↑Junktorenlogik.

Aussagenvariable (engl. propositional variable), in der formalen Logik (↑Logik, formale) schematischer Buchstabe für ↑Aussagen, jedoch keine ↑Variable im eigentlichen Sinne. Denn im Unterschied zu Objektvariablen handelt es sich bei den A.n nicht um Leerstellen für Aussagen eines vorweg gegebenen Bereichs von Aussagen, sondern um selbständige Aussagesymbole, die dazu dienen, die logische Einfachheit einer Aussage, d.i. das Nicht-Logischzusammengesetztsein einer Aussage, zu markieren (↑Schema, junktorenlogisches). In höherstufigen Logiksystemen, z.B. der ↑Typentheorie, können allerdings A.n im eigentlichen Sinne als Variable für Aussagen vorkommen, sofern dort Aussagen zum Gegenstandsbereich des Systems gehören, es insbesondere also möglich ist, über Aussagen zu quantifizieren.
In der operativen Logik (↑Logik, operative) P. Lorenzens sind A. Variable, deren ↑Variabilitätsbereich die ›Aussagen‹ eines Kalküls K sind, d.h. beliebige aus den Grundzeichen (›Atomen‹) von K zusammengesetzte Zeichenreihen. Davon zu unterscheiden sind ↑Eigenvariable, für die nur solche Aussagen substituiert werden dürfen, die schon in K abgeleitet sind. K. L.

Aussageschema (engl. [truth functional] schema), in der formalen Logik (↑Logik, formale) übliche Notation für die Art und Weise der logischen Zusammensetzung einer Aussage aus einfachen Teilaussagen (Primaussagen). Dabei werden die in der *junktorenlogischen* Analyse (↑Junktorenlogik) gewählten Teilaussagen durch schematische Buchstaben, bloße Aussagesymbole, dargestellt; nur die logische Zusammensetzung mit Hilfe der ↑Junktoren ist explizit notiert (↑Schema, junktorenlogisches). Für das Schema einer *quantorenlogischen* Zusammensetzung (↑Quantorenlogik) sind zusätzlich Symbole für ganze ↑Aussageformen und für die zugehörigen Konstanten, also Objektsymbole, erforderlich (↑Schema, quantorenlogisches). Insbesondere kann jede beliebige Aussage, wird sie nicht weiter hinsichtlich logischer Zusammensetzung analysiert, schematisch mit A wiedergegeben werden, während $A \rightarrow B$ Schema einer beliebigen ↑Subjunktion, z.B. der Aussage ›wenn Europa nicht mehr Mittelpunkt der Weltgeschichte ist, dann steigt das Interesse der Menschen an außereuropäischen Ereignissen‹, ist. Werden im junktorenlogischen Fall die Aussagesymbole als ↑Aussagenvariable verstanden, so ist das A. der darstellende Term einer ↑Wahrheitsfunktion. K. L.

Außenbegriff (lat. ›terminus extremus‹ oder ›extremum‹, jedoch meist in der Zusammensetzung ›maius extremum‹ bzw. ›minus extremum‹, bei Aristoteles ἄκρον), in der traditionellen ↑Syllogistik zusammenfassende Bezeichnung für ↑Oberbegriff (›terminus maior‹) und ↑Unterbegriff (›terminus minor‹) eines Syllogismus, d.h. für diejenigen Prädikatoren, die nur in *einer* der Prämissen, jedoch auch in der Konklusion eines Syllogismus auftreten, in Unterscheidung zum ↑Mittelbegriff (›terminus medius‹), der in *beiden* Prämissen, jedoch nicht in der Konklusion auftritt.

Literatur: F. Ueberweg, System der Logik und Geschichte der logischen Lehren, Bonn ³1868, §102; T. Ziehen, Lehrbuch der Logik auf positivistischer Grundlage mit Berücksichtigung der Geschichte der Logik, Bonn 1920 (repr. Berlin/New York 1974), 726–727. P. S.

Außenwelt, zunächst die Welt der ↑Erscheinung, sofern sie durch die fünf Sinne der äußeren Wahrnehmung, insbesondere aber durch Tasten und Sehen, erkannt wird. Eine weitergehende Frage ist, ob dieser phänomenalen Außenwelt, zu der auch der eigene Leib gehört, ein Träger (eine ↑Substanz) zugrunde liegt, so daß es eine unabhängig von erkennenden Subjekten existierende Außenwelt an sich gibt. Diese Frage wird vom erkenntnistheoretischen Idealismus (↑Immanenzphilosophie) verneint, vom erkenntnistheoretischen Realismus (↑Realismus (erkenntnistheoretisch)) bejaht und vom logischen Positivismus (↑Empirismus, logischer) als ↑Scheinproblem betrachtet.

Literatur: G.E. Moore, Proof of an External World, Proc. Brit. Acad. 25 (1939), 273–300 (dt. in ders., Eine Verteidigung des Common Sense. Fünf Aufsätze aus den Jahren 1903–1941, ed. H. Delius, Frankfurt 1969, 153–184); C.W.K. Mundle, Perception. Facts and Theories, London/Oxford/New York 1971; J. Pennycick, In Contact with the Physical World, London/New York 1971; B. Russell, Our Knowledge of the External World, London/Chicago 1914, [2]1926; R. Zimmermann, Der Skandal der Philosophie und die Semantik. Kritische und systematische Untersuchungen zur analytischen Ontologie und Erfahrungstheorie, Freiburg/München 1981. G.G.

Äußerung (engl. utterance), pragmatische Grundeinheit menschlichen Redehandelns. Durch eine Ä. wird (der Zahl nach) *ein* Redehandlungsschema in einer Situation aktualisiert (↑Sprechakt, ↑Sprachhandlung). Eine Ä. ist immer der Vollzug einer symbolischen Handlung, in der eine phonetische Verlautbarung kommunikative Funktionen übernimmt und somit einen ›symbolischen Gebrauch‹ (F. Kambartel) trägt. Die Einheit der Ä. und ihre Abgrenzung von einer anderen kann nur auf Grund eines rekonstruktiven Sprachaufbaus erfolgen, weil man erst wissen muß, was eine sprachliche Einheit ist, um diese im phonetischen Fluß zu identifizieren (↑Sprache). Die in der Linguistik häufig herangezogene Charakterisierung von Z.S. Harris, wonach eine Ä. als beliebiger Abschnitt Rede einer einzigen Person zu bestimmen ist, vor und nach welcher diese Person schweigt, ist methodisch somit nicht haltbar; ›schweigen‹ ist nämlich nicht durch ›Unterbrechung des Redeflusses‹ einführbar, da sonst z.B. physiologisch bedingtes Atemholen zugleich als Ende einer vorigen und Anfang einer neuen Redehandlung gedeutet werden mußte (danach müßte die Zahl der Ä.en eines Textes vom Lungenvolumen des Sprechers abhängig sein). Man muß vielmehr schon wissen, was z.B. strukturell *eine* Behauptung ist, um die Unterbrechung eines Redeflusses als ›schweigen‹ (im Sinne von Harris) zu deuten. Ä. ist zu unterscheiden vom ↑›Satz‹, dessen Einheit durch grammatische Regeln einer natürlichen Sprache bestimmt ist. Für die Grundlegung interlingualer Theoriestücke (z.B. ↑Logik) kann daher auch nicht der Satz, sondern nur die Ä. die analytische Einheit sein. Nur Ä.en lassen sich nämlich als Vollzüge von Schemata deuten, für die eine interlinguale Rekonstruktion angegeben werden kann. – Eine elementare Klassifikation von Ä.en ist die in deskriptive und präskriptive Ä.en (↑deskriptiv/präskriptiv).

Literatur: Z.S. Harris, From Morpheme to Utterance, in: M. Joos (ed.), Readings in Linguistics I (The Development of Descriptive Linguistics in America 1925–1956), Chicago/London [4]1966, 142–153; J. Habermas, Vorbereitende Bemerkungen zu einer Theorie der kommunikativen Kompetenz, in: ders./N. Luhmann, Theorie der Gesellschaft oder Sozialtechnologie, Frankfurt 1971, 101–141; F. Kambartel, Symbolische Handlungen, in: J. Mittelstraß/M. Riedel (eds.), Vernünftiges Denken. Studien zur praktischen Philosophie und Wissenschaftstheorie, Berlin 1978, 3–22. C.F.G.

Aussonderungsaxiom, eines der Zermelo-Fraenkelschen Axiome für die klassische Mengenlehre (↑Zermelo-Fraenkelsches Axiomensystem), das die Teilmengenbildung regeln soll. Es fordert zu jeder Menge M die Existenz einer Teilmenge N, die genau diejenigen Elemente von M enthält, welche eine beliebig vorgegebene, einstellige ↑definite Aussageform $A(x)$ erfüllen:

$$\bigwedge\!\!\!\!\bigwedge_M \bigvee\!\!\!\!\bigvee_N \bigwedge_x (x \in N \leftrightarrow (A(x) \wedge x \in M))$$

Auch die späteren Präzisierungen des in E. Zermelos ursprünglicher Fassung des ›Axioms der Aussonderung‹ noch kaum geklärten Begriffs der ↑Definitheit durch A. Fraenkel und T. Skolem ändern nichts an der Tatsache, daß das Axiom keine darstellende Aussageform (↑Darstellung (logisch-mengentheoretisch)) für die als existent behauptete Teilmenge N anzugeben erlaubt und somit nicht konstruktiv ist. Die Zweifel, die sich deshalb gegen das A. richten, kann mindestens bis zu einem Widerspruchsfreiheitsbeweis für das Zermelo-Fraenkelsche Axiomensystem auch die von H. Scholz gegebene Deutung nicht beheben, nach der man niemals auf einen Widerspruch stoßen werde, wenn man ›so tut, als ob‹ man die fragliche Teilmenge N konstruieren könnte.

Literatur: A.A. Fraenkel/Y. Bar-Hillel/A. Levy, Foundations of Set Theory, Amsterdam [2]1973; A.A. Fraenkel, Der Begriff ›definit‹ und die Unabhängigkeit des Auswahlaxioms, Sitz.ber. Preuß. Akad.Wiss., physikal.-math. Kl. 21, Berlin 1922, 253–257; ders., Zehn Vorlesungen über die Grundlegung der Mengenlehre, Leipzig/Berlin 1927 (repr. Darmstadt 1972); W.V.O. Quine, Set Theory and its Logic, Cambridge Mass. 1963, rev.ed. 1969 (dt. Mengenlehre und ihre Logik, Braunschweig 1973) ; H. Scholz, Rezension von Fraenkel 1927, Dt. Literaturzeitung für Kritik der internationalen Wissenschaft NF 4, II (1927), 2416–2426; T. Skolem, Einige Bemerkungen zur axiomatischen Begründung der Mengenlehre, in: Wiss. Vorträge gehalten auf dem 5. Kongr. der skandinavischen Mathematiker in Helsingfors 1922, Helsingfors 1923, 217–232, Nachdr. in: ders., Selected Works in Logic, ed. J.E. Fenstad, Oslo/Bergen/Tromsö 1970, 137–152; E. Zermelo, Untersuchungen über die Grundlagen der Mengenlehre. I. Math. Ann. 65 (1908), 261–281. C.T.

Austin, John Langshaw, *Lancaster 26. März 1911, †Oxford 8. Febr. 1960, engl. Philosoph und Hauptvertreter des linguistischen Phänomenalismus (↑Phänomenalismus, linguistischer) innerhalb der analytischen Philosophie (↑Philosophie, analytische). Studium der klassischen Philologie in Oxford (Balliol College), dort Fellow of All Souls College (1933–1935), danach Fellow und Tutor für Philosophie am Magdalen College (1935), ab 1952 White's Professor of Moral Philosophy ebendort; als Junior Proctor 1949/1950 auch in der Universitätsverwaltung tätig. Während des 2. Weltkrieges (1940–1945) Mitglied des Intelligence Corps, ausgezeichnet als Officer der (US-amerikanischen) Legion of Merit (1945) und als Träger des (französischen) Croix de Guerre (1945). Zahlreiche Gastprofessuren, z.B. als William James Lecturer an der Harvard University (1955) sowie an der University of California at Berkeley (1958).

A. hat durch subtile begriffliche Analysen des englischen Sprachgebrauchs den Weg für eine engere Zusammenarbeit der Linguistik mit der Philosophie geebnet. Sein Ziel war es, in einer neuen ›science of language‹ (Sprachwissenschaft) die ursprünglich philosophischen Erörterungen aufgehen zu lassen, weil er die Überzeugung hegte, daß Meinungsverschiedenheiten (von unbemerkter Synonymie abgesehen) durch detaillierte Sprachanalysen und Analysen der zugehörigen Sprechsituation sich stets beheben lassen. Seine Unterscheidungen, zunächst zwischen performativen und behauptenden (=konstativen) Äußerungen (z.B. ›ich verspreche dir hiermit ...‹ im Unterschied zu ›er gibt mir ...‹), dann genauer zwischen lokutionärem (prädikativem), illokutionärem (den Modus der ↑Prädikation, z.B. mitteilend, drohend, bittend etc., betreffenden) und perlokutionärem (den Modus der Wirkung der Prädikation beim Hörer, z.B. überzeugend, Erwartungen weckend etc., betreffenden) Aspekt einer Äußerung als Handlung bilden den Anfang der mittlerweile weit ausgebauten Sprechakttheorie (↑Sprechakt).

Hauptwerke: Philosophical Papers, ed. J.O. Urmson/G.J. Warnock, Oxford 1961, ²1970 (dt. Wort und Bedeutung. Philosophische Aufsätze, München 1975); Sense and Sensibilia. Reconstructed from the Manuscript. Notes by G.J. Warnock, Oxford 1962, New York 1964 (dt. Sinn und Sinneserfahrung, Stuttgart 1976); How to Do Things with Words. The William James Lectures Delivered in Harvard University in 1955, ed. J.O. Urmson, Oxford/Cambridge Mass. 1962, New York 1965, ²1976 (dt. Zur Theorie der Sprechakte, Stuttgart 1972).

Literatur: I. Berlin/L.W. Forguson u.a. (eds.), Essays on J.L. A., Oxford 1973; K.T. Fann (ed.), Symposium on J.L. A., London 1969 (mit Bibliographie); ders. (ed.), Symposium on J.L. A., London/Henley/Boston 1979; M. Furberg, Saying and Meaning. A Main Theme in J.L. A.'s Philosophy, Oxford/Totowa N.J. 1971; K. Graham, J.L. A.. A Critique of Ordinary Language Philosophy, Hassocks (Sussex) 1977; M.H. Wörner, Performative und sprachliches Handeln. Ein Beitrag zu J.L. A.'s Theorie der Sprechakte, Hamburg 1978; Philos. 38 (1963), 201–263 (Beiträge von A. Ambrose, M. Black, W.F.R. Hardie, R. Harrod, M. Lazerowitz). K.L.

Auswahlaxiom (engl. axiom of choice), auch *Auswahlprinzip* oder (in den konstruktiv beweisbaren Fällen) *Auswahlsatz,* die Aussage, nach der es zu jeder Menge M einander ausschließender nichtleerer Mengen m_i eine ›Auswahlmenge‹ A gibt, die genau ein Element aus jeder Menge m_i (und keine weiteren Elemente) enthält. Nachdem A.N. Whitehead 1902 die Anzahl der Elemente von A als das Produkt der Anzahlen aller Ausgangsmengen m_i erklärt und dies als allgemeine Definition von ›Multiplikation‹ benützt hatte, hieß das A. (nach dem Vorbild der Terminologie in den ↑Principia Mathematica) lange Zeit auch ›multiplicative axiom‹.

Denkt man sich die Elemente von A durch eine (dann ›Auswahlfunktion‹ genannte) Funktion f ›ausgewählt‹, so kann man dem A. die Form

$$\bigwedge_x \bigvee_y A(x,y) \rightarrow \mathbb{V}_f \bigwedge_x A(x,f(x))$$

geben. Bei indefinitem ↑Variabilitätsbereich von y wird die Gültigkeit dieser Aussage von seiten der konstruktiven Mathematik (↑Mathematik, konstruktive) bestritten. Obwohl derartige Zweifel schon seit langem geäußert worden sind (man nimmt an, daß das A. nach dem Euklidischen ↑Parallelenaxiom das umstrittenste ›Axiom‹ in der Geschichte der Mathematik ist), werden auch in der gegenwärtigen Mathematik unter dem Einfluß der axiomatischen Mengenlehre (↑Mengenlehre, axiomatische) zahlreiche Theorien entwickelt, deren Aufbau ohne ein A. nicht möglich ist. Meist erfolgt dieser Aufbau unter Zugrundelegung eines Axiomensystems der axiomatischen Mengenlehre, in das man dann bereits das A. oder ein dazu äquivalentes Axiom aufnimmt. Dies ist z.B. für das ↑Zermelo-Fraenkelsche Axiomensystem der Fall. Unter der bisher unbewiesenen Voraussetzung, daß das System ZF_0 der übrigen Axiome dieses Axiomensystems widerspruchsfrei ist, ergibt sich ein wiederum widerspruchsfreies System sowohl durch Hinzunahme des A.s (K. Gödel 1938) als auch durch Hinzunahme des Negats des A.s (P.J. Cohen 1963). Diese Nachweise der Verträglichkeit bzw. Unabhängigkeit des A.s gelten als bedeutende Ergebnisse der modernen Metamathematik.

Literatur: A. Church, Alternatives to Zermelo's Assumption, Transact. Amer. Math. Soc. 29 (1927), 178–208; P.J. Cohen, The Independence of the Continuum Hypothesis, Proc. Nat. Acad. Sci. U.S.A. 50 (1963), 1143–1148, 51 (1964), 105–110; ders., Set Theory and the Continuum Hypothesis, New York/Amsterdam 1966; A.A. Fraenkel, Der Begriff ›definit‹ und die Unabhängigkeit des A.s, Sitz.ber. Preuss. Akad. Wiss., physikal.-math. Kl. 21 (1922), 253–257; A.A. Fraenkel/Y. Bar-Hillel/A. Levy, Foundations of Set Theory, Amsterdam/London ²1973; K. Gödel, The Consistency of the Axiom of Choice and of the Generalized Continuum-Hypothesis with the Axioms of Set Theory, Princeton 1940, Nachdr. ⁸1970; T.J. Jech, The Axiom of Choice, Amsterdam/London/New York 1973; ders., About the Axiom of Choice, in: J. Barwise (ed.), Handbook of Mathematical Logic, Amsterdam/New York/Oxford 1977, 345–370; B. Levi, Intorno alla teoria degli aggregati, R. Instituto Lombardo di Scienze e Lettere, Rendiconti (2) 35 (1907), 863–868; E. Mendelson, The Axiom of Fundierung and the Axiom of Choice, Arch. math. Log. Grundlagenf. 4 (1958), 65–70; W.V.O. Quine, Set Theory and its Logic, Cambridge Mass. 1963, rev. ed. 1969 (dt. Mengenlehre und ihre Logik, Braunschweig 1973); H. u. J.E. Rubin, Equivalents of the Axiom of Choice, Amsterdam 1963; B. Russell, On some Difficulties in the Theory of Transfinite Numbers and Order Types, Proc. London Math. Soc. (Ser. 2) 4 (1907), Part 1 (issued March 7, 1906), 29–53; W. Sierpiński, L'axiome de M. Zermelo et son rôle dans la théorie des ensembles et l'analyse, Bull. l'Acad. des Sci. de Cracovie, Cl. de Sc. math. et nat., Série A, 1918 (publ. 1919), 97–152; O. Teichmüller, Braucht der Algebraiker das A.?, Dt. Mathematik 4 (1939), 567–577; E. Zermelo, Beweis, daß jede Menge wohlgeordnet werden kann, Math. Ann. 59 (1904), 514–516. C.T.

Auswahlfunktion, ↑Auswahlaxiom.

Auswahlmenge, ↑Auswahlaxiom.

Auswahlprinzip, synonym zu ↑Auswahlaxiom.

Auswahlsatz, Bezeichnung für das ↑Auswahlaxiom in konstruktiv beweisbaren Fällen.

Autarkie (griech. αὐτάρκεια, Selbstgenügsamkeit), für die Griechen Grundprinzip der Lebenshaltung des Einzelmenschen und der Polisgemeinschaft gegenüber der Umwelt. – In der Ethik: Unabhängigkeit des Menschen von äußeren Dingen, Eindrücken und ↑Affekten; im Altertum besonders von Demokrit, den Kynikern und Stoikern gefordert als erstrebenswerte Lebenshaltung des Weisen, dem allein der Besitz der Tugend zum glücklichen Leben genügt. In der christlichen Dogmatik (wie auch in der Metaphysik des Neuplatonismus): die Allgenügsamkeit Gottes, der keiner Sache außer sich zu seinem Sein, Erkennen und Wirken bedarf. – In Wirtschaft und Politik: Die am Denkmodell der ›geschlossenen Wirtschaft‹ orientierte politische und wirtschaftliche Selbstgenügsamkeit und Unabhängigkeit eines Landes (Staates), die darin besteht, daß das Land entweder alles selbst besitzt oder erzeugt, wessen es bedarf, oder darin, daß der Bedarf auf das beschränkt wird, was es selbst besitzt oder erzeugt. Diese kaum realisierbare, schon von Platon geforderte und vom T. Morus, T. Campanella, F. Bacon und J.G. Fichte (Der geschlossene Handelsstaat, 1800) aufgenommene und weitergeführte Idee der staatlichen A. wurde vom wirtschaftlichen Liberalismus zurückgedrängt, erhielt aber nach dem I. Weltkrieg (z.B. im Programm der NSDAP) erneut große Bedeutung. – Dem Schutz der Binnenwirtschaft dienende Importbeschränkungen gelten nicht als A.maßnahmen.

Literatur: S. Helander, Das A.problem in der Weltwirtschaft, Berlin/München 1955; B. Laum, Die geschlossene Wirtschaft. Soziologische Grundlegung des A.problems, Tübingen 1933; G.A. Lincoln/W.S. Stone/T.H. Harey, Economics of National Security, New York 1950; A. Predöhl, Außenwirtschaft, Weltwirtschaft, Handelspolitik und Währungspolitik, Göttingen 1949; H. Rabe, A., Hist. Wb. Ph. I (1971), 685–691; E. Schorer, Der A.begriff im Wandel der Zeit, Schmollers Jahrbuch 65 (1941) 303–338. M.G.

Autolykos von Pitane, um 300 v.Chr., griech. Astronom und Mathematiker, Zeitgenosse Euklids. A. behandelt mit großer methodischer Strenge Probleme der sphärischen Geometrie und ihrer Anwendung in der deskriptiven Astronomie. Offenbar versuchte er zunächst, die Theorie der homozentrischen Sphären des Eudoxos gegen Kritiker zu verteidigen. Da es ihm jedoch nicht gelang, den Helligkeitswechsel der Planeten am Eudoxischen Modell zu erklären, rückte er von dieser Theorie später in einem nicht erhaltenen Werk wieder ab. In einem weiteren zweiteiligen Werk über ›Auf- und Untergänge‹ (der Fixsterne) gibt er eine detaillierte Darstellung der tatsächlichen und der scheinbaren Auf- und Untergänge sowie der Bewegung der Fixsterne in Abhängigkeit zur Ekliptik und zur Polhöhe.

Werke: Autolyci de sphaera quae movetur liber. De ortibus et occasibus libri duo, una cum scholiis antiquis e libris manuscriptis edidit (griech./lat.), ed. F. Hultsch, Leipzig 1885; Rotierende Kugel und Aufgang und Untergang der Gestirne (dt.), ed. A. Czwalina, Leipzig 1931 (Ostwalds Klassiker der exakten Wissenschaften 232); J. Mogenet, Autolycus de Pitane. Histoire du texte suivie de l'édition critique des traités De la sphère en mouvement et Des levers et couchers, Louvain 1950.

Literatur: G.L. Huxley, Autolycus of Pitane, DSB I (1970), 338–339; O. Schmidt, Some Critical Remarks about Autolycus' »On Risings and Settings«, in: Transact. of den 11te Skandinaviske Matematikerkongress i Trondheim, Oslo 1952, 202–209. G.H.

Automat (von griech. *αὐτόματος*, sich selbst bewegend, aus eigenem Antrieb), im klassischen Sprachgebrauch Bezeichnung für Vorrichtungen, die (eventuell auf Grund eines Auslöseimpulses) ›selbsttätig‹, d.h. ohne unmittelbaren Eingriff, eine Abfolge von (unterschiedlichen) Vorgängen durchlaufen (›ausführen‹). In der ↑Kybernetik werden demgegenüber als A.en informationsverarbeitende Systeme bezeichnet, die an einem Eingang Informationen (den ›input‹) aufnehmen, diese verarbeiten (transformieren) und das Ergebnis (den ›output‹) als Information abgeben. Bei einer (heute üblichen) hinreichend weiten Fassung des Informationsbegriffs schließt die moderne Definition den klassischen Sprachgebrauch präzisierend ein.

Berichte über hydraulische und mechanische A.en sind bereits in der antiken Literatur, so etwa bei Philon von Byzanz und Heron von Alexandreia, zu finden. Sie waren teils spielerische Nachahmungen natürlichen Lebens (z.B. die berühmte ›flatternde Taube‹ des Archytas von Tarent), teils dienten sie (vor allem im kultisch-religiösen Bereich) zur Vorspiegelung des Wirkens übernatürlicher Kräfte. Aus der Renaissance sind (unter anderem von Leonardo da Vinci und J. Fontana) präzise Konstruktionspläne, aus dem ausgehenden 16. Jahrhundert auch originale A.en erhalten. Die in der Spätrenaissance und im Barock in voller Blüte stehende Erfindung immer neuer ›Spiel‹-A.en (im weitesten Sinne) mit durch den technologischen Fortschritt ermöglichten immer komplizierteren Mechanismen verlor allmählich an Interesse und wurde schließlich (mit dem Beginn der Industrialisierung Ende des 18. Jahrhunderts) durch die bedarfsorientierte Konstruktion von ›Arbeits‹-A.en verdrängt. – Auf Grund des technischen Entwicklungsstandes, insbesondere auf dem Gebiet der Elektronik, ist es heute mit z.B. durch Lebensdauer, Qualität und Menge des zur Verfügung stehenden Materials bedingten Einschränkungen im Prinzip möglich, A.en für jede nach einem präzisierten Verfahren lösbare Aufgabe zu konstruieren. Das hierfür sinnvoll gewordene theoretische Fundament liefern ↑Automatentheorie und Kybernetik.

Die philosophische Diskussion über den Status von A.en und ihr Verhältnis zu Lebewesen, die mit R. Descartes einsetzte, spiegelte jeweils in einzelnen Epochen den Stand der technischen Entwicklung von A.en. Für Descartes und seine Zeitgenossen war der Mensch wie jedes Tier ein (freilich besonders komplizierter) A.; B. Spinoza und G.W. Leibniz bezeichnen sogar (im Gegensatz zu Descartes, der in Sprache, Denken und unbeschränkter Handlungsfähigkeit des Menschen einen unaufhebbaren Unterschied zu A.en sah) die Seele als A.. I. Kant wies diese Auffassung zurück, da sie keinen Platz für die (transzendentale) ↑Freiheit lasse (die damalige eingeschränkte Konzeption eines deterministischen A.en unterstellt).

Durch die Konstruierbarkeit von ›Denk‹-A.en, stochastischen und sogar lernenden A.en haben die Spekulationen über das Verhältnis von Mensch und A. neue Nahrung erhalten. In der Tat ist es möglich, mit A.en Denk- und Entscheidungsprozesse so zu ›simulieren‹, daß sie, vom Ergebnis her, vom menschlichen ›Original‹ nicht zu unterscheiden sind. Ebenso sind kybernetische Regelsysteme realisierbar, die tierische Verhaltensweisen, auch Reaktionen auf Umweltreize, mit großer Genauigkeit nachahmen. Die aus diesen Ergebnissen häufig gezogenen Schlußfolgerungen (a) Lebewesen sind (freilich sehr komplizierte) A.en, (b) Maschinen können denken, beruhen jedoch, soweit sie nicht als grobe ›Arbeitsdefinitionen‹ für ↑›Denken‹ und ›Lebewesen‹ gemeint sind, auf einer behavioristisch (↑Behaviorismus) verkürzten Auffassung von Prozessen, nach der Prozesse mit gleichem Ergebnis als gleich anzusehen sind.

Literatur: E. Feigenbaum/J. Feldman (eds.), Computers and Thought, New York 1963; H. Putnam, Robots. Machines or Artificially Created Life?, J. Philos. 61 (1964), 668–691; W. Schmidt (ed.), Herons von Alexandria Druckwerke und A.entheater (griech./dt.), I–III, Leipzig 1899–1900; A. Schmitt, A.en – Algorithmen – Gehirne, Frankfurt 1971; C.E. Shannon/J. McCarthy (eds.), Automata Studies, Princeton 1956 (Ann. Math. Studies 34) (dt. Studien zur Theorie der A.en, ed. F. Kaltenbeck/P. Weibel, München 1974 [erweitert]); K. Steinbuch, A. und Mensch. Auf dem Weg zu einer kybernetischen Anthropologie, Berlin/Heidelberg/New York [4]1971; A.M. Turing, Computing Machinery and Intelligence, Mind 59 (1950), 433–460. G.H.

Automatentheorie, die mathematische Theorie der ↑Automaten, der informationsverarbeitenden Systeme, befaßt sich unter Rückgriff auf mathematische und metamathematisch-logische Begriffsbildungen und Methoden mit den theoretischen Grundlagen für den Aufbau und die Analyse von Automaten. Im Vordergrund stehen dabei die digital-arbeitenden Automaten. Die Theorie der analog-arbeitenden Automaten wird üblicherweise zur ↑Kybernetik (Regelungstheorie) gerechnet. In der *abstrakten* A. wird eine rein mathematische Charakterisierung von Automaten unter Vernachlässigung der Frage nach Realisierungsmöglichkeiten gegeben: Ein *abstrakter determinierter* Automat $\mathcal{A}$ wird dargestellt durch drei Mengen

$X_{\mathcal{A}}$ = Menge der möglichen Eingabesignale
$Y_{\mathcal{A}}$ = Menge der möglichen Ausgabesignale
$Z_{\mathcal{A}}$ = Menge der stabilen inneren Zustände von $\mathcal{A}$

sowie zwei Funktionen

$f_{\mathcal{A}}: X \times Z \to Z$
$(x, z) \mapsto z'$ die Überführungsfunktion,

welchen nächsten Zustand z' $\mathcal{A}$ bei Eingabe von x im Zustand z annimmt;

$g_{\mathcal{A}}: X \times Z \to Y$, die Ergebnisfunktion,

welche das Ausgabesignal von $\mathcal{A}$ bei Eingabe von x im Zustand z liefert.
Ein *abstrakter stochastischer* Automat liegt vor, wenn f und/oder g keine (rechts-eindeutigen) Funktionen sind, sondern im allgemeinen einem Argumentpaar mehr als einen Wert zuweisen. Zwei abstrakte Automaten gelten als gleich, wenn sie in X, Y, Z, f und g übereinstimmen.
Die auch als philosophisch relevant betrachtete Frage nach der *Leistungsfähigkeit* von digital-arbeitenden determinierten Automaten (die gegenwärtigen Computer sind von diesem Typ) wurde prinzipiell dadurch beantwortet, daß A. Church, S. C. Kleene, A. M. Turing und später A. A. Markov auf unterschiedlichen Wegen zu äquivalenten Präzisierungen des Begriffs der effektiven ↑Berechenbarkeit kamen. Turing definierte dabei effektive Berechenbarkeit einer Funktion explizit als Berechenbarkeit durch ein geeignetes Exemplar eines bestimmten, von ihm entworfenen Typs theoretischer Automaten (↑›Turing-Maschinen‹). Auch das Problem, einen *universellen* Automaten zu entwickeln, der in der Lage ist, jede effektiv berechenbare Funktion zu berechnen, wurde theoretisch bereits durch die genannten Autoren gelöst. Realisierbar ist das theoretische Konzept eines universellen Automaten nur jeweils partiell, da reale Automaten immer endliche Automaten mit beschränkter Kapazität und Lebensdauer sind. Dies macht jedoch die (uneingeschränkte) allgemeine Theorie nicht nutzlos, wie z.B. die ↑Unentscheidbarkeitssätze (↑Entscheidungsproblem) zeigen, und rechtfertigt auch nicht die gelegentlich erhobene Forderung, man solle sich in der Forschung auf die für die Praxis in der Tat relevantere Theorie der endlichen Automaten beschränken.

Auch die problemorientierte Synthese von Automaten aus Elementarbausteinen sowie die Verknüpfung von Automaten zu komplexeren wird in der A. mit Hilfe mathematischer Methoden (aus ↑Algebra, Graphentheorie, ↑Verbandstheorie und Theorie der logischen Netze) erörtert. Mit denselben Mitteln wird das sogenannte *Minimalisierungsproblem* behandelt: zu jedem Automaten $\mathcal{A}$ kann man einen im wesentlichen (hinsichtlich seines ›Verhaltens‹) gleichwertigen Automaten $\mathcal{B}$ mit einer minimalen Anzahl innerer Zustände konstruieren (Hauptsatz der A.). Man identifiziert dazu solche Zustände z_1, z_2 miteinander, für die gilt

$$(*) \quad \bigwedge_x (f_{\mathcal{A}}(x, z_1) = f_{\mathcal{A}}(x, z_2) \wedge g_{\mathcal{A}}(x, z_1) = g_{\mathcal{A}}(x, z_2)).$$

Dies wiederholt man so lange, bis für keine zwei der jeweils verbliebenen Zustände die Aussage (*) erfüllt ist. Ebenso wie für die Minimalisierung werden in der A. Algorithmen für die *Analyse* von Automaten bereitgestellt, die es erlauben, systematisch die Verhaltensfunktionen eines vorliegenden Automaten zu ermitteln.

Literatur: M.A. Arbib (ed.), Algebraische Theorie abstrakter Automaten, formaler Sprachen und Halbgruppen, Stuttgart 1973; K.H. Böhling/K. Indermark/D. Schütt, Endliche Automaten, I–II, Mannheim 1969; V.M. Gluschkow, Theorie der abstrakten Automaten, Berlin 1963; ders., Einführung in die technische Kybernetik, I–II, München-Pullach 1968/1970; H.L. Harrison, Introduction to Switching and Automata Theory, New York 1965; G. Hotz/H. Walter, A. und formale Sprachen, I–II, Mannheim 1968/1969; N.E. Kobrinski/B.A. Trakhtenbrot, Introduction to the Theory of Finite Automata (aus dem Russischen v. J.C. Shepherdson), Amsterdam 1965 (dt. Einführung in die Theorie der endlichen Automaten, Berlin 1967); B. Reusch, Lineare Automaten, Mannheim/Wien/Zürich 1969; K. Steinbuch (ed.), Taschenbuch der Nachrichtenverarbeitung, Berlin/Heidelberg/New York [2]1967; A. M. Turing, On Computable Numbers, with an Application to the Entscheidungsproblem, Proc. London Math. Soc. Ser. 2, 42 (1937), 230–265; H. Wang, A Survery of Mathematical Logic, Peking 1962, Amsterdam 1964, unter dem Titel: Logic, Computer, and Sets, New York 1970. G.H.

Autonomie (griech. αὐτονομία, Umabhängigkeit, Selbstgesetzgebung), in der griechischen Antike als politischer Terminus entwickelt, mit dem die gegen eine Tyrannei geforderte innere und gegen eine Fremdherrschaft geforderte äußere ↑Freiheit programmatisch bezeichnet werden konnte. Schon in der Antike schwankt dabei die Verwendung des A.begriffs zwischen der gegenüber den bestehenden Gesetzen und Machtverhältnissen kritischen Berufung auf das ›eigene Gesetz‹ – und zwar sowohl des Individuums gegenüber der Gruppenmoral oder der gesellschaftlichen Tradition (Sophokles charakterisiert Antigone als »einzige, die autonom lebt« [αὐτόνομος ζῶσα μόνη, 821]) als auch von kleineren Staaten bzw. Gemeinwesen gegenüber größeren Vormächten – und der gegenüber übergeordneten Gesetzen affirmativen Betonung des noch verbleibenden Freiraums für die eigene Gesetzgebung. In der Neuzeit gewinnt die Rede von der A. zunächst wieder Bedeutung im Zusammenhang der Glaubenskämpfe des 16. und 17. Jahrhunderts, wo sie (anfänglich) die abgelehnte und (gegen Mitte des 17. Jahrhunderts) die geforderte oder errungene Glaubensfreiheit benennt. Im Verlaufe des 18. Jahrhunderts erhält der A.begriff eine feste Verwendung in den Rechtswissenschaften (vor allem bei D.J.C. Majer), wobei er seine teilweise, nämlich durch den Protestantismus, erworbene kritische Verwendung aus dem Kampf um die Glaubensfreiheit wieder verliert und lediglich die durch das bestehende Gesetz belassene Möglichkeit zur eigenständigen ›Gesetzgebung‹ im Sinne gruppenrelativer Handlungsregeln (wie die als ›Sitten und Gebräuche‹ tradierten ›ungeschriebenen Gesetze‹ einer Gruppe) und individueller Vereinbarungen bezeichnet. In diesem Sinne tritt der A.begriff bis in die moderne Rechtswissenschaft charakteristischerweise vorwiegend als Begriff der Privatautonomie (H. Kelsen, E. v. Hippel) auf.

I. Kant, durch den die Rede von der A. ihre philosophische Bedeutung erhält, reflektiert deren doppelte Verwendungsmöglichkeit mit der Bestimmung des Begriffes selbst. A. ist für Kant der Obertitel für alle philosophischen Bemühungen (vgl. Opus postumum, Akad.-Ausg. XXI, 106) und damit die Vernunftkritik. Diese läßt sich einmal verstehen als die von einem jeden *selbst* zu erbringende Kritik an jeglicher Berufung auf Autorität oder bloße Tradition (als *Kritik durch die Vernunft*), zum anderen als die jeden Vorschlag (d.i. Vernunftgebrauch) auf seine Eignung zum allgemeingültigen *Gesetz* hin prüfende Kritik (als *Kritik an der Vernunft*). Im ›theoretischen‹ Bereich unserer Wissensbildung wird so A. dadurch erreicht, daß sowohl die die Gegenstände unseres Wissens (in ihrer jeweiligen Bestimmtheit) erst erzeugenden Unterscheidungsleistungen durch das Erkenntnissubjekt (d.h. die Wissenschaftler in der Tradition ihrer jeweiligen Wissenschaft) kritisch in ihrer Genese reflektiert werden, als auch ein über die Möglichkeit allgemeinzugänglicher Erfahrung hinaus spekulierender Vernunftgebrauch kritisch blokkiert wird. Im ›praktischen‹ Bereich unserer Willensbildung wird A. dadurch erreicht, daß sowohl die *Unabhängigkeit* dieser Willensbildung von den faktischen Begierden und Neigungen und von Autorität und Tradition mit der *Selbstbestimmung* des Willens zum Prinzip der Willensbildung erhoben wird, als auch die *Eignung einer Maxime unseres Wollens zum allgemeinen Gesetz* zum einzigen Kriterium dieser Selbstbestimmung gemacht, und damit wiederum eine bloß individualistische praktische Vernunft kritisch ausgeschlossen wird. Mit der Kantischen Vernunftkritik in ihrem doppelten Sinne ist damit die Alternative einer autoritäts- und traditionskritischen oder autoritäts- und traditionsaffirmativen *Verwendung* des A.begriffs (in politischen und insbesondere juristischen Zusammenhängen) als Problem schon der *Bestimmung* des A.begriffs sowohl präzisiert als auch der Tradition überlassen worden.

J.G. Fichte versucht, allein die Selbstbestimmung zum Definiens der A. und damit zum Charakteristikum der Vernunft zu machen. Die Eignung zum Gesetz (d.h. sowohl die Eignung der Erfahrungen für die Aufstellung von Naturgesetzen als auch die Eignung unseres Wollens für die Aufstellung von Moralgesetzen bzw. Normen) soll dabei zum (notwendigen) Ergebnis der (von allen autoritäts- und traditionsbedingten Bestimmungen) freien Selbstbestimmung werden. Die damit verbundene Überforderung der Selbstbestimmung bzw. des sich selbst wie alles andere und alle anderen, wofür Gesetze gelten sollen, bestimmenden ↑›Ich‹ drängt Fichte (systematisch wie historisch) aus dem philosophischen Diskussionszusammenhang hinaus: Gerade um die Selbstbestimmung seines (absoluten) Ich als einziges Prinzip von autonomer Wissens- und Willensbildung zu retten, muß er es mit göttlichen Attributen (heteronom für den Menschen) ausstatten und seine ↑Wissenschaftslehre am Ende als Theologie betreiben.

Demgegenüber entwickelt G.W.F. Hegel eine Konzeption der Selbstbestimmung als *Selbstbildung*, d.i. der Erarbeitung einer Selbständigkeit des Wollens und Meinens durch das kritisch rekonstruierende Begreifen der bestehenden Naturgesetze und der entstandenen Sittengesetze, unter denen wir leben. Trotz der damit angebotenen Problemlösung, nach der die Selbständigkeit durch das Begreifen der Gesetze erreicht und in der kritischen Stellungnahme gegenüber diesen begriffenen Gesetzen gesichert werden kann, bleibt die Frage bestehen, wo der einzelne die Begründung seiner Kritik hernimmt – jedenfalls so lange, wie nicht unsere (begreifend erworbene) Bildung eine Begründung ersetzen bzw. die ↑Genese eines Gesetzes auch dessen ↑Geltung erzeugen soll. Als eine Reaktion auf die Hegelsche Konzeption läßt sich daher die Suche nach einem unmittelbaren Zugang zu den vernünftigen Gesetzen (vor allem den Sittengesetzen) unter Umgehung des bildenden Begreifens verstehen, wie sie in der phänomenologischen Wertlehre angestellt wird. ↑Werte gelten, auch ohne unser Zutun. A. erreichen wir durch ihre Anerkennung bzw. Übernahme. A. und Heteronomie sind nicht (wie bei Kant) Alternativen (einer Konzeption der Begründung von Gesetzen), sondern Beschreibungen von Phasen: es geht darum, die ›heteronome Geltung‹ der Werte durch eine Werterkenntnis bzw. -anerkenntnis in eine ›autonome Sollung‹ (W. Stern) zu überführen. Gegenüber einer solchen Berufung auf einen unmittelbaren Zugang zu den geltenden Werten reformuliert L. Nelson wieder die Kantische Problemstellung, nach der die A. (im ethischen und rechtlichen Bereich) keine Verbindlichkeit zuläßt, die der eigenen Einsicht entzogen ist. O. S.

autonym (aus griech. *αὐτός* [selbst] und *ὄνομα* [Name]), in Logik und Semiotik die Bezeichnung für die Verwendung eines Zeichens als Eigennamen von sich selbst (z.B. des Zeichens › ∧ ‹ in dem Satz: › ∧ bezeichnet den Konjunktor‹). K. L.

autosemantisch (aus griech. *αὐτός* [selbst] und *σημαίνειν* [bedeuten], selbstbedeutend), in der Sprachwissenschaft heißen (seit A. Marty) diejenigen sprachlichen Ausdrücke a., denen unabhängig von einem sprachlichen Kontext, etwa als Lexikoneintrag, eine Bedeutung zukommt, im Unterschied zu ↑*synsemantischen* Ausdrücken, für die erst der Kontext über ihre Bedeutung entscheidet. Z.B. sind Eigennamen, wie ›Rom‹, und Prädikatoren, wie ›reiten‹, a.e Ausdrücke, logische Partikeln hingegen, wie ›oder‹, synsemantisch. Indikatoren, wie ›hier‹, gehören genaugenommen zu keiner dieser beiden Gruppen, weil sie sich begrifflich in einen a.en (hier: prädikativen) und einen synsemantischen (hier: deiktischen) Anteil zerlegen lassen. Synonym zu a. wird (z.B. bei E. Husserl) auch das schon auf scholastische Unterscheidungen zurückgehende ↑›kategorematisch‹ verwendet. K. L.

Avempace (Avenpace, Ibn Baddscha), *Saragossa (Spanien) Ende des 11. Jhs., †Fes (Marokko) um 1139, arab. Philosoph, Astronom und Arzt. Lebte in Saragossa, Sevilla, Granada und Fes. In seinen Kommentaren zu Aristotelischen Schriften (darunter zu Teilen des ↑Organon, de an., Phys., de gen. et corr., meteor.) und zur »Isagoge« des Porphyrios begründete A., stärker an al-Farabi als an Avicenna orientiert, die aristotelische Tradition im islamischen Spanien. In der Astronomie wendete er sich (wie nach ihm Averroës und Alpetragius) unter Hinweis auf die Prinzipien der Aristotelischen Physik gegen die Epizykeltheorie des Ptolemaiischen Systems, in der Physik bemühte er sich an Hand der Begriffe ↑Ursache (↑causa) und ↑Dynamis um eine Vereinfachung bzw. Vereinheitlichung der Aristotelischen Bewegungslehre. Dabei hat er im Rahmen einer Theorie von Fall und Wurf möglicherweise bereits die um 1590 von G. Galilei vertretene Differenzenformel (Fallgeschwindigkeit proportional der Differenz der spezifischen Gewichte von Körper und Medium) gekannt (Text, aus dem sich mit Sicherheit zumindest die Behauptung einer endlichen Geschwindigkeit im Vakuum entnehmen läßt, bei Averroës: Aristotelis de physico auditu libri octo cum Averrois commentarius lib. IV, Venedig 1562, fol. 160 r/v). A.s Hauptwerk »Weisung für den Einsamen« stellt den (Aristotelischen) Begriff des ↑intellectus agens in den Mittelpunkt einer praktischen Anthropologie. Im Rahmen eines neuplatonischen Modells einer stufenweisen Entwicklung zur intellektuellen Vollkommenheit soll die Ausbildung dieser Vollkommenheit, solange sie sich nicht in einem ›idealen‹ Staat (nach dem Vorbild der Platonischen Utopie) universell realisieren läßt, in einer spekulativen Lebensform des einzelnen gefunden werden.

Werke: M. A. Palacios, A. Botánico, Al-Andalus 5 (1940), 259–299; ders., Tratado de A. sobre la unión del intelecto con el hombre, ebd. 7 (1942), 1–47; ders., La carta de adiós de A., ebd. 8 (1943), 1–85; El régimen del solitario (span.), ed. M. A. Palacios, Madrid 1946.

Literatur: O.A. Farrukh, Ibn Bajja (A.) and the Philosophy of the Moslem West, Beirut 1945, 1952 (arab.); E. Grant, Aristotle Philoponus A. and Galileo's Pisan Dynamics, Centaurus 11 (1965–1967), 79–95; A. Maier, An der Grenze von Scholastik und Naturwissenschaft. Die Struktur der materiellen Substanz. Das Problem der Gravitation. Die Mathematik der Formlatituden, Rom ²1952, 219ff.; dies., Zwischen Philosophie und Mechanik. Studien zur Naturphilosophie der Spätscholastik, Rom 1958, 239ff.; E.A. Moody, Galileo and A.. The Dynamics of the Leaning Tower Experiment, J. Hist. Ideas 12 (1951), 163–193, 375–422; S. Pines, La dynamique d'Ibn Bājja, in: Mélanges Alexandre Koyré I (L'aventure de la science), Paris 1964, 442–468; ders., Ibn Bājja, DSB I (1970), 408–410; M. Wolff, Geschichte der Impetustheorie. Untersuchungen zum Ursprung der klassischen Mechanik, Frankfurt 1978, 165ff.. J. M.

Avenarius, Richard, *Paris 19. Nov. 1843, †Zürich 18. Aug. 1896, dt. Philosoph. 1876 Privatdozent in Leipzig, 1877–1896 o. Prof. der Philosophie in Zürich und Herausgeber der »Vierteljahrsschrift für wissenschaftliche Philosophie«. Begründete eine am Prinzip der ↑›Denkökonomie‹ orientierte, von A. als ↑›Empiriokritizismus‹ bezeichnete Variante des Positivismus (↑Positivismus (historisch)), die in Deutschland vor allem durch Schüler von A. (J. Petzoldt u.a.) Verbreitung fand und deren starke Wirkung auf die russische Philosophie W.I. Lenin mit seinem Buch »Materialismus und Empiriokritizismus« (russ. Moskau 1909) bekämpfte.

Werke: Ueber die beiden ersten Phasen des Spinozischen Pantheismus und das Verhältniss der zweiten zur dritten Phase. Nebst einem Anhang: Ueber Reihenfolge und Abfassungszeit der älteren Schriften Spinozas, Leipzig 1868; Philosophie als Denken der Welt gemäß dem Princip des kleinsten Kraftmaßes. Prolegomena zu einer Kritik der reinen Erfahrung, Leipzig 1876, Berlin [2]1903; Kritik der reinen Erfahrung, I–II, Leipzig 1888/1890, [2]1907/1908, [3]1921/1928; Der menschliche Weltbegriff, Leipzig 1891, [4]1927.

Literatur: F. Austeda, A., Enc. Ph. I (1967), 218–220; W.T. Bush, A. and the Standpoint of Pure Experience, New York 1905; F. Carstanjen, R.A.'s biomechanische Grundlegung der neuen allgemeinen Erkenntnistheorie. Eine Einführung in die »Kritik der reinen Erfahrung«, München 1894; O. Ewald, R.A. als Begründer des Empiriokritizismus. Eine erkenntniskritische Untersuchung über das Verhältnis von Wert und Wirklichkeit, Berlin 1905; F. Hobek/W. Swoboda, R.A. Mit einer Bibliographie, Conceptus 26 (1975), 25–39; J. Petzoldt, Einführung in die Philosophie der reinen Erfahrung, I–II, Leipzig 1900/1904 (I Die Bestimmtheit der Seele, II Auf dem Wege zum Dauernden); F. Raab, Die Philosophie von R.A.. Systematische Darstellung und immanente Kritik, Leipzig 1912; W. Strobl, A., NDB I (1952), 468; J. Suter, Die Philosophie von R.A.. Darstellung und erkenntniskritische Würdigung, Diss. Zürich 1910. C.T.

Averroës, der lat. Name von Ibn Ruschd (Abul Walid Muhammad Ibn Ahmad Ibn Muhammad Ibn Ruschd), *Córdoba 1126, †Marrakesch (Marokko) 11. Dez. 1198 (überführt nach Córdoba), arabischer Philosoph, Theologe, Jurist und Mediziner in Spanien. A. stammt aus vornehmer spanischer Familie: Vater und Großvater waren bereits Qāḏī (Richter) in Córdoba, er selbst wurde nach ausgedehnten juristischen und theologischen, später auch medizinischen, naturwissenschaftlichen und philosophischen Studien zunächst Qāḏī in Sevilla (1169), später in Córdoba (1171). Dem Kalifen Abū Ja'qūb Jūsuf (1163–1184) in Córdoba durch dessen Leibarzt, den Philosophen Abubaker (Ibn Ṭufail), empfohlen (ca. 1169), stand A. bis zum Tode des Kalifen in dessen Gunst, seit 1182 sogar in der Nachfolge Abubakers als Leibarzt. Der nächste Kalif Ja'qūb al-Manṣūr (1184–1199) blieb sein Gönner (A. wurde oberster Richter in Córdoba) bis 1195; auf Betreiben der islamischen Orthodoxie (seine Lehre galt als religionsfeindlich) wurde er entlassen und verbannt, zunächst in die Nähe von Córdoba, später nach Marrakesch, seine Schriften mit Ausnahme der medizinischen und anderer streng naturwissenschaftlichen sind verbrannt und ihre Lektüre verboten worden. Erst kurz vor seinem Tode wurde A. rehabilitiert, der Aufforderung aber, zum Hofe zurückzukehren, konnte er nicht mehr folgen.

A., der letzte bedeutende Vertreter der arabischen Scholastik, galt den lateinischen Scholastikern als *der* Kommentator (des Aristoteles), so wie Aristoteles selbst kurz *der* Philosoph genannt wurde. A. soll die Kommentare auf Veranlassung Abubakers verfaßt haben mit dem Ziel, die ursprüngliche Lehre des Aristoteles zu rekonstruieren und so gegen ihre Verfälschung im ↑Neuplatonismus und bei den älteren arabischen Philosophen, z.B. bei Avicenna, zu verteidigen. Die arabischen Aristoteles-Übersetzungen, die ihm (wie auch früheren arabischen Philosophen) zur Verfügung standen, waren allerdings teilweise unzureichend und lückenhaft.

Seine eigene rationalistische Position ist gekennzeichnet durch den nie aufgegebenen Versuch, Vernunft und Offenbarung (d.i. die vom Gesetz des Korans ausgehende Tradition) miteinander zu versöhnen, und zwar dadurch, daß die Verfahren der Vernunft (die wissenschaftlichen Beweisführungen) als vom Koran gefordert interpretiert werden und dort, wo ihre Resultate der wörtlichen Bedeutung von Sätzen des Korans widersprechen, diese Widersprüche durch Einführung einer übertragenen Bedeutung der Koransätze aufgelöst werden. Überall dort hingegen, wo die Vernunft nicht hinreicht, ist der Wortlaut des Korans verbindlich und gegenüber den verfälschenden, weil bloß pseudowissenschaftlichen Interpretationen der (islamischen) Theologen in Schutz zu nehmen. Die Tätigkeit der Wissenschaftler wird elitär verstanden und gilt als ungeeignet für den Ungebildeten; dieser erfährt alles Nötige aus dem Koran, weil er die Übereinstimmung von Religion und Philosophie weder einsehen kann noch braucht. Werden Ungebildeten die Resultate der Wissenschaft dennoch zugänglich gemacht, so führen die Mißverständnisse zur Bildung unerwünschter (weil weder wissenschaftlich begründbarer noch für den einfachen Mann nützlicher) Sekten.

A.s Lehre von der Sterblichkeit der an den Körper gebundenen Seele (im Unterschied zum unsterblichen Geist, ↑Monopsychismus) sowie von der ↑Ewigkeit der Welt (der ewigen, anfangs- und endlosen Schöpfung) und von der Einheit Gottes (gegen die christliche Trinitätslehre) hat im mittelalterlichen ↑Averroismus zu freidenkerischen Ansichten, insbesondere zur Leugnung der individuellen Unsterblichkeit geführt. Daher Ablehnung seiner Philosophie z.B. durch Thomas von Aquin und Albertus Magnus. Den größten Einfluß hatte A. auf die jüdische Philosophie des Mittelalters, speziell auf die in Spanien lebenden gebildeten Juden.

Nur wenige Werke von A. sind in arabischer Sprache überliefert, die meisten liegen seit der 1. Hälfte des 13. Jahrhunderts in lateinischen und hebräischen Übersetzungen vor (die hebräischen Fassungen werden im 16. Jahrhundert ebenfalls ins Lateinische übersetzt). Der erste Druck der lateinischen Kommentare erfolgt zusammen mit der editio princeps der Werke des Aristoteles 1472–1474 in Padua. Man unterscheidet chronologisch drei Phasen: die erste der kurzen und mittleren Kommentare (bis 1178), die zweite der systematisch-apologetischen Abhandlungen (1178–1180), die dritte der großen Kommentare (›commentaria magna‹, arab.: tafsīr, nach 1180), darunter zur »Metaphysik«, »Physik«, »Über die Seele« des Aristoteles. Zur ersten Phase gehört neben Kommentaren zu fast allen Schriften des Aristoteles auch sein großes medizinisches Handbuch »Colliget« (al-Kullijjāt, 1255 ins Lateinische übersetzt), zur zweiten Phase zählt unter anderem der philosophisch relevante Traktat über die Methode (den Kanon der Religion und die Philosophie in Übereinstimmung zu bringen, Faṣl al maqāl) sowie als Hauptwerk die große, gegen al-Ghasalis »Destructio philosophorum« (Tahāfut al-falāsifa) gerichtete und seine eigene Position am klarsten verkörpernde Schrift »Destructio destructionis« (Tahāfut al-Tahāfut).

Werkausgaben und Übersetzungen: (1. Phase) M. Horten, Die Metaphysik des A. nach dem Arabischen übers. u. erläutert, Halle 1912 (repr. Frankfurt 1960); A.' Commentary on Plato's Republic, krit. hebr. Ausg. mit Einl., engl. Übers. u. Anmerkungen v. E.I.J. Rosenthal, Cambridge 1956, [2]1966. – (2. Phase) A. on the Harmony of Religion and Philosophy. A Translation, with Introduction and Notes of Ibn Rušd's Kitāb Faṣl al-maqāl, with its Appendix (Damīma) and an Extract from Kitāb al-Kašf al-manāhiğ, ed. G.F. Hourani, London 1961; M. Horten, Die Hauptlehren des A. nach seiner Schrift: Die Widerlegung des Gazali (dt. Übers. des Tahāfut), Bonn 1913; A.'s Tahāfut al Tahāfut (The Incoherence of the Incoherence), transl. from the Arabic with Introd. and Notes by S. van den Bergh, I–II, London 1954. – (3. Phase) Corpus Commentariorum Averrois in Aristotelem, ed. H.A. Wolfson/D. Baneth/F.H. Fobes, versio lat. I–VII, Cambridge Mass. 1949–1956, versio anglica I–VII, Cambridge Mass. 1958–1969; Aristotelis opera cum Averrois commentariis, I–IX, Suppl. I–III, Venedig 1562–1574 (repr. Frankfurt 1962). – Totok II (1973), 277–283.

Literatur: T. Allard, Le rationalisme d'Averroès, Paris 1955; R. Arnaldez, Ibn Rushd, Encycl. of Islam III (Leiden [2]1971), 909–920; ders./A.Z. Iskandar, Ibn Rushd, DSB XII (1975), 1–9; F.J. Carmody, The Planetary Theory of Ibn Rushd, Osiris 10 (1952), 556–586; T.J. De Boor, Die Widersprüche der Philosophie und ihr Ausgleich durch Ibn Roschd, Straßburg 1894; C.J. Ermatinger, Averroism in Early Fourteenth Century Bologna, Med. Stud. 16 (1954), 35–36; M. Fakhry, Philosophy and Scripture in the Theology of A., Med. Stud. 30 (1968), 78–89; L. Gauthier, Ibn Rochd (Averroès), Paris 1948; T.M. Robinson, A., Moerbeke, Aquinas and a Crux in the De anima, Med. Stud. 32 (1970), 340–344. K.L.

Averroismus, theologisch-philosophische Richtung des europäischen Mittelalters und der Renaissance sowie der jüdischen Philosophie vor allem des 13. und 14. Jahrhunderts, die sich der Aristotelesinterpretation und der Lehre des Averroës (1126–1198) anschließt. Die nähere inhaltliche Bestimmung des A. wie auch in Abhängigkeit davon die Beantwortung der Frage, wer als Averroist angesehen werden kann, ist umstritten: (1) Man versteht unter A., ohne die Komplexität der betreffenden Bemühungen zu berücksichtigen, jede Art der mittelalterlichen Philosophie, die sich in der Methode der schulmäßigen Kommentierung und in der Lehrmeinung an Averroës anschließt (E. Renan). Problematisch bleibt dabei, daß Averroës zwar als Aristoteleskommentator seit 1230 in Paris und Oxford bekannt und akzeptiert war, daß sich aber ein großer Teil der Polemik jener Zeit nicht (wie z.B. Renan annimmt) auf Averroës, sondern, etwa bei Wilhelm von Auvergne (1180–1249), auf Avicenna bezieht. (2) Man glaubt, die gesamte Lehre des Averroës ließe sich schon bei Siger von Brabant (1240–1284) nachweisen, und unterstellt Averroës im Anschluß an Siger die Lehre von der ›doppelten Wahrheit‹ (↑Wahrheit, doppelte) (P. Mandonnet). (3) Man behauptet (gegen Renan und Mandonnet), daß ein ›lateinischer A.‹ im 13. Jahrhundert nicht nachweisbar sei, wenn man als Averroisten nur die Philosophen verstehen will, die sich ausdrücklich und nachweisbar der Lehre des Averroës anschließen (F. van Steenberghen). Die »Errores« (Irrlehren), die 1270 und 1277 von É. Tempier (Bischof von Paris, †1279) verurteilt wurden, gehen allerdings eher

direkt auf Aristoteles und sonstige nicht-christliche Autoren zurück als auf Averroës.
Als ›reine‹ Averroisten lassen sich mittelalterliche Philosophen und Theologen bezeichnen, die folgende Lehren des Averroës vertreten: (1) Den Primat der Vernunft vor der Theologie und dem Glauben. Damit ist nicht eine Theorie der ›doppelten Wahrheit‹ gemeint; wer die christliche Lehre als unvereinbar mit der Philosophie ansah, gab entweder der Vernunft (und wurde damit Averroist) oder dem Glauben den Vorrang (wie Siger von Brabant). Die Glaubensbekenntnisse der Averroisten sind kaum als ernstgemeinte theoretische Aussagen zu verstehen; sie dienen vor allem der Beschwichtigung der Glaubenswächter. (2) Den ↑Monopsychismus, der die Lehren von der Personalität des Menschen, von der individuellen Unsterblichkeit und von der persönlichen Vorsehung bekämpft. (3) Den psychologischen Determinismus, der eine moralische Verantwortung für das Handeln ablehnt. (4) Die Lehre von der ↑Ewigkeit der Welt, nach der die Welt der Materie und der ›Geister‹ zwar als geschaffen, aber ohne Anfang und Ende angenommen wird.
Im Sinne dieser Lehren können als Averroisten gelten: Johannes von Jandun (um 1285–1328), der einzige Averroist in Paris, sowie Thaddaeus von Parma und Angelus von Arrezzo, beide um 1318 Professoren in Bologna. Ihr Anliegen war die Ausarbeitung eines geschlossenen Systems (Averroës hatte in seinen »Commentaria magna« zu Aristoteles nur sporadisch in Exkursen, die teils der Weiterführung, teils der Ausfüllung von Lücken Aristotelischer Theorien dienten, eigene Lehrstücke zur Sprache gebracht), das die Lehre des Averroës ›rein‹ wiedergeben sollte. Den A. in Padua vertraten: Paulus Venetus (†1429), Caietanus von Thiene (1480–1547), A. Nifo (1473–1538 oder 1545/1546), A. Achillini (1463–1512) und M. Zimara (1470–1532); die beiden Letztgenannten versuchten, den A. mit der Lehre der Kirche zu vereinbaren. Letzter Vertreter des A. in Padua war C. Cremonini (1550–1631). Auf die jüdische Philosophie des Mittelalters, speziell auf die in Spanien lebenden gebildeten Juden, übte Averroës einen noch stärkeren Einfluß aus. Fast alle seine Schriften wurden ins Hebräische übersetzt, kommentiert und für die Bibelexegese sowie für die Maimonidesrezeption fruchtbar gemacht (Samuel Ibn Tibbon [1150–1230], J. Anatoli [1194–1256], Shemtob Ibn Falaquera [ca. 1225–1295], Moses Narboni [lat. Maestre Vidal Bellsom, †1362]). Hillel Ben Samuel (1220–1295) bekämpfte die Lehre des Averroës von der Unmöglichkeit individueller Unsterblichkeit. Die extremste Form des A. in der mittelalterlichen jüdischen Philosophie findet sich bei I. Albalag, der allerdings trotz seines radikalen Rationalismus (in bezug auf Bibelwahrheiten) die intuitive Erkenntnis (einschließlich der Prophetie) höher bewertet als das diskursive Denken und für die Theorie einer ›doppelten Wahrheit‹ eintritt.
Als bedeutendster jüdischer Averroist gilt Levi Ben Gerson (1288–1344), der nach scholastischer Methode die averroistischen Lehren von der Seele (Monopsychismus), der göttlichen Vorsehung und dem göttlichen Wissen in die theologisch-philosophischen Überlegungen der mittelalterlichen jüdischen Philosophie einbringt.

Literatur: G. Bonafede, Storia della filosofia medievale, Rom ²1957; A. Forest/F. van Steenberghen/M. de Gandillac, Le mouvement doctrinal du 11ᵉ au 14ᵉ siècle, Hist. de l'église 13 (1956), 283–348; L. Hödl, A., Hist. Wb. Ph. I (1971), 734–735; M. Grabmann, Das Aristotelesstudium in Italien zur Zeit Dantes, in: ders., Mittelalterliches Geistesleben. Abhandlungen zur Geschichte der Scholastik und Mystik III, ed. L. Ott, München 1956, 197–212; A. Maier, Die mittelalterlichen Averroisten des Cod. Vat. Lat. 6768, Manuscripta 8 (1964), 68–82; P. Mandonnet, Siger de Brabant et l'averroïsme latin au XIIIᵉ siècle. Etude critique et documents inédits, Fribourg 1899, erw. Aufl. I–II, Louvain 1911/1908 (Les philosophes belges 6, 7); B. Nardi, Saggi sull' aristotelismo padovano dal secolo XIV al XVI, Florenz 1958; ders., Studi di filosofia medievale, Rom 1960 (Storia e letteratura 78); E. Renan, Œuvres complètes III (Averroès et l'averroïsme), Paris 1949; F. van Steenberghen, La philosophie au 13ᵉ siècle, Philos. méd. 9 (1966), 357–493; ders., Siger de Brabant d'après ses œuvres inédits, I–II, Louvain 1931/1942 (Les philosophes belges 12, 13); ders., The Philosophical Mouvement in the 13th Century, Edinburgh 1955. – Totok II (1973), 277–279. M. G.

Avicebron (auch Avicebrol oder Avencebrol, mlat. für Salomon ben Jehuda ibn Gabirol), *wahrscheinlich Malaga um 1021, †um 1057 oder 1070, span.-jüd. Dichter und Philosoph, gilt als bedeutendster westlicher jüdischer Dichter seiner Zeit und als erster jüdischer Philosoph des Abendlandes. A.s philosophisches Hauptwerk »Fons vitae« ist nur in der um 1150 erstellten lateinischen Übersetzung von Johannes Hispanus und Dominicus Gundissalinus erhalten und beeinflußte J. Duns Scotus und andere Franziskaner. Es ist in Dialogform geschrieben, enthält jüdische religiöse Ideen verbunden mit arabischem Aristotelismus und alexandrinischem Neuplatonismus und behandelt metaphysische Probleme im Umkreis der Unterscheidung zwischen ↑Form und Materie. A. hat ferner eine von religiösem Dogma unabhängige Systematisierung der mittelalterlichen jüdischen Ethik verfaßt. – Erst 1846 hat S. Munk gezeigt, daß der Dichter Ibn Gabirol identisch ist mit dem Autor von »Fons vitae«.

Werke: Hebr. Gesamtausg. der Dichtungen, I–VII, ed. H.N. Bialik/J.C. Ravnitzky, Tel Aviv 1924–1932; Fons vitae, ed. C. Bäumker, Münster 1892–1895 (Beitr. Gesch. Philos. MA I, H. 2–4); The Fountain of Life, trans. by H.E. Wedeck, introd. by T.E. James, New York 1962.

Literatur: F.P. Bargebuhr, Salomon ibn Gabirol. Ostwestliches Dichtertum, Wiesbaden 1976; F. Brunner, Platonisme et aristotélisme. La critique d'Ibn Gabirol par Saint Thomas d'Aquin, Paris/Louvain 1965; J. Guttmann, Die Philosophie des Salomon ibn Gabirol, Göttingen 1889 (repr. Frankfurt 1977, Hildesheim/New York 1979); D. Kaufmann, Studien über Salomon ibn Gabirol, Budapest 1899 (repr. Frankfurt 1977); S. Munk, Mélanges de philosophie juive et arabe, Paris 1857; S. Pines, Gabirol, Enc. Judaica VII (Jerusalem 1971), 235–246; J. Schlanger, La philosophie de Salomon ibn Gabirol, Leiden 1968. H.J.S.

Avicenna, der lat. Name von Ibn Sina (Abu Ali Al Husain Ibn Abd Allah Ibn Sina), *Afšana, nahe Buchara (Turkestan) 980, †Hamadān (Persien) 1037, persischer Philosoph und Arzt. A. wurde durch seinen Vater, einen Beamten in der Verwaltung der herrschenden Samaniden-Dynastie und religiös der Sekte der Ismailiten nahestehend, erzogen. Bereits 18jährig galt A. als Kenner aller zu seiner Zeit existierenden Wissenschaften; sein Erfolg bei der ärztlichen Behandlung des Emirs von Chorassan (des Oberhaupts der Samaniden) öffnete ihm die Türen zur Privatbibliothek der Samanidenprinzen. Nach dem Tode seines Vaters wurde A. Verwaltungsbeamter und geschätzter Ratgeber sowohl in medizinischen als auch in politischen Fragen, zeitweise als Wesir (Minister). Nach dem Fall des Samaniden-Reiches (999) mußte A. Buchara verlassen. Nach kurzem Aufenthalt am Hofe des Schahs von Chwaresm, verfolgt durch den Sultan Mahmud von Ghasni, fand er schließlich Zuflucht an den Buyiden-Höfen in Reyy (bei Teheran) und Hamadān, dem antiken Ekbatana, zunächst wieder dank seiner Erfolge als Arzt, dann auch als politischer Ratgeber (er war mehrere Jahre mit Unterbrechungen bis 1021 Wesir von Chams-al-Daula in Hamadān). Nach dem Tode seines Gönners (1021) zog A. sich von politischen Geschäften zurück und fand aus Sicherheitsgründen politisches Asyl bei dem Buyiden 'Alā' al-Daula am Hofe von Isfahan (1023–1037). A. starb während einer Expedition nach Hamadān in Begleitung von 'Alā' al-Daula an Dysenterie. Einem treuen Schüler, al-Ǧuzağānī (ab 1012 A.s ständiger Begleiter), ist es vermutlich zu verdanken, daß ein guter Teil seines Werkes erhalten geblieben ist.

Nach eigenem Zeugnis ist A. in den Wissenschaften im wesentlichen Autodidakt und nur durch Aristoteles, al-Fārābi und Plotin beeinflußt worden (durch letzteren allerdings unter dem Namen des Aristoteles, weil ein neuplatonischer Auszug aus Plotins »Enneaden« als Krönung der Aristotelischen Metaphysik unter dem Titel »Theologia Aristotelis« [ursprünglich griechisch verfaßt, im 9. Jahrhundert arabisch übersetzt] im Mittelalter verbreitet war und großen Einfluß auf die lateinische und arabische Scholastik ausgeübt hat [bis zum Ende des 16. Jahrhunderts als Werk des Aristoteles angesehen]). A.s Weiterentwicklung des ↑Aristotelismus, speziell seiner neuplatonischen Fassung, hat die ↑Form-und-Materie-Unterscheidung von der ↑Akt-und-Potenz-(Wirklichkeit-Möglichkeit-)Unterscheidung so weit getrennt, daß im Stoff (materia) der Möglichkeit nach auch ihre Formen (essentiae) bereits enthalten sind. Gott (actus purus) verleiht all diesen Formen ihre Wirklichkeit (Existenz) und verkörpert selbst die Identität von Existenz und Essenz (↑existentia, ↑essentia). Die neue Unterscheidung von Essenz und Existenz (Wesen und Sein) geht durch Vermittlung seines Gegners Wilhelm von Auvergne (†1249) in die jüdische Philosophie des Mittelalters (z.B. Maimonides) und in die Scholastik ein und wird bei Albertus Magnus (1193–1280) und Thomas von Aquin (1225–1274) zu einer Grundunterscheidung. A. nimmt die Position beider Scholastiker im ↑Universalienstreit vorweg (und wird von diesen zustimmend zitiert): die Begriffe (universalia, ↑Universalien) sind *ante rem* mit Rücksicht auf den Weltplan (im Verstande Gottes), sie sind *in re* im Blick auf die Natur und *post rem,* sofern die menschliche Erkenntnis mit ihnen befaßt ist. Die Begründung bedient sich der ebenfalls in der lateinischen Scholastik einflußreichen Unterscheidung einer ersten Intention (↑intentio) (der Erkenntnis auf die Dinge) und einer zweiten Intention (der Erkenntnis auf den jeweiligen Begriff bzw. den Namen der Dinge). A. stand mit seiner rationalistischen, den Naturalismus im Aristotelismus weiterführenden Philosophie oft im Gegensatz zur islamischen Orthodoxie – einflußreicher Gegner wird im 11. Jahrhundert der Theologe al-Ghasali mit seiner »Destructio philosophorum« (Tahāfut al-falāsifa) –, dabei im Bunde mit orientalischer Mystik, z.B. mit persischen Sūfis und den ›Lauteren Brüdern‹ von Baṣra (10. Jahrhundert).

Die größte Wirksamkeit hat A. als Arzt und Mediziner. Sein in Isfahan beendetes medizinisches

Handbuch »Qānūn fi'l-ṭibb« (Kanon der Medizin) war 700 Jahre lang in Lehre und Praxis bis zum Beginn moderner Medizin (an den europäischen Universitäten vom 12. bis 16. Jahrhundert, teilweise noch im 17. Jahrhundert) unbestrittene Autorität; im 12. Jahrhundert von Gérard von Cremona ins Lateinische übersetzt, erreicht es 15 Drucke noch vor 1500; 1593 wird es in Rom zum ersten Mal auch arabisch gedruckt. Die drei großen philosophischen Werke sind 1. die philosophische Enzyklopädie »al-Šifā'« (Heilung [der Seele vom Irrtum]), lat. Sufficientia, entsprechend der Heilung [des Körpers von Krankheit] im medizinischen »Qānūn«), die in vier Teilen zu 22 Büchern Logik (9 Bücher), Naturwissenschaften (8 Bücher), mathematische Wissenschaften (4 Bücher) und Metaphysik (1 Buch) behandelt, also die gesamte theoretische Philosophie im Sinne des Aristoteles; 2. das »al-Nağāt« (die Rettung), eine von A. in Isfahan verfaßte Zusammenfassung des »al-Šifā'«, und 3. das vermutlich zeitlich letzte, in Isfahan beendete ebenfalls vierteilige (die mathematischen Wissenschaften sind durch Mystik ersetzt) »al-Išārāt wa'l-Tanbīhāt« (Beweise und Behauptungen). Das »Kitāb al-Inṣāf« (Buch des unparteiischen Urteils), das eine Charakterisierung der von A. ›orientalisch‹ genannten Philosophie gegenüber der ›okzidentalischen‹ Philosophie in Bagdad enthalten hat, ist bis auf Fragmente bei der Plünderung Isfahans (1034) verlorengegangen. Zu den kleineren Werken zählt das erste in persischer Sprache geschriebene und 'Alā' al-Daula gewidmete philosophische Buch »Dāniš nāma-i 'Alā'i« (das Buch des Wissens für 'Alā'). Die Enzyklopädie »al-Šifā'« ist in Teilen seit dem 12. Jahrhundert ins Lateinische übersetzt und mangels ausreichender Kenntnis des Aristoteles zunächst für einen bloßen Kommentar Aristotelischer Schriften gehalten worden; 1495 und 1508 erschienen die ersten Drucke dieser Teilübersetzungen. Zu Beginn des 13. Jahrhunderts war aus theologischen Gründen Besitz und Lektüre der Schriften von A. zeitweise verboten (von Papst Gregor IX. 1231 offiziell aufgehoben).

Werkausgaben und Übersetzungen: Opera (lat.), Venedig 1508 (repr. Frankfurt 1961); Psychologie d'Ibn Sīnā d'après son œuvre As-šifā, Text und franz. Übers. v. J. Bakoš, Prag 1956; Livre des Directives et Remarques (Kitāb-al-Išārāt wa'l-Tanbīhāt), franz. Übers. mit Einl. u. Anm. von A.-M. Goichon, Beirut/Paris 1951; Le livre de science (Dānišnāma), I–II übers. v. M. Achéna/H. Massé, Paris 1955–1957; H. Corbin, Avicenne et le récit visionnaire, aus dem Qānūn, arab. Text mit franz. Übers., I–II, Teheran 1952/1954; Poème de la Médicine (Cantica Avicennae), ed. mit der lat. Übers. von Armengaud de Blaise und der franz. Übers. von H. Jahier/A. Noureddine, Paris 1956; M. Horten, A.s Buch der Genesung der Seele. Die Metaphysik A.s Halle 1907 (repr. Frankfurt 1960). – G.C. Anawati, Essai de bibliographie avicennienne, Kairo 1950; Y. Mehdawi, Bibliographie d'Ibn Sīnā, Teheran 1954.

Literatur: S.M. Afnan, A.. His Life and his Works, London 1958; G.C. Anawati, Études avicenniennes, Rev. thomiste 61 (1961), 109–135; E. Bloch, A. und die aristotelische Linke, Frankfurt 1963; R. Caspar, Philosophie et révélation selon Avicenne, IBLA. Revue de l'institut des belles lettres arabes 33 (1970), 103–121; E. Gilson, Avicenne en occident au moyen âge, Arch. hist. doctr. litt. moyen-âge 36 (1969), 83–121; G.M. Wickens (ed.), A.. Scientist and Philosopher. A Millenary Symposium, London 1952. – Saīd Naficy, Bibliographie des principaux travaux européens sur A., Teheran 1953. K. L.

avidyā (sanskr., Nichtwissen, Unwissenheit), philosophischer Grundbegriff besonders im frühen Buddhismus (↑Philosophie, buddhistische) und im System des Advaita-↑Vedānta der klassischen indischen Philosophie. Auf a. wird das Streben nach Individualität zurückgeführt, dessen Folgen Leid, Alter und Tod sind. K. L.

Axiologie (aus griech. *ἄξιος* [wert] und *λόγος* [Lehre]), im Rahmen der ↑Ethik Bezeichnung für die systematischen Positionen der ↑Wertphilosophie. Man unterscheidet zwischen einer *materialen* und einer *formalen* A. als inhaltlicher bzw. formaler Theorie der Werte, im Gegensatz zur sogenannten Praxeologie, der Theorie des Handelns.

Literatur: F. Brentano, Vom Ursprung sittlicher Erkenntnis, Leipzig 1889, Hamburg ⁴1955 (repr. 1969); N. Hartmann, Ethik, Berlin/Leipzig 1926, Berlin ³1949, ⁴1962; A. Roth, E. Husserls ethische Untersuchungen, Den Haag 1960 (Phaenomenologica 7); M. Scheler, Der Formalismus in der Ethik und die materiale Wertethik, I–II, Halle 1913–1916, (in einem Bd.) Bern ⁴1954, ⁵1966 (M. Scheler, Gesammelte Werke, I–, ed. M. Scheler, Bern 1954ff., II [Der Formalismus in der Ethik und die materiale Wertethik. Neuer Versuch der Grundlegung eines ethischen Personalismus]). J. M.

Axiom, in der antiken Diskussionstechnik und so auch in der Aristotelischen ↑Topik Bezeichnung derjenigen Sätze (*ἀξιώματα*), deren Annahme zu Beginn eines Streitgespräches von einem der Dialogpartner gefordert wurde. In dieser Bedeutung von ›*ἀξίωμα*‹ als Forderung oder Annahme ist der Terminus ›A.‹ gleichwertig mit den Ausdrücken ›*αἴτημα*‹ und ›*ὑπόθεσις*‹, so daß sie schon in der Antike vielfach promiscue verwendet werden. Nachdem jedoch schon Platon diese Ausgangsannahmen der willkürlichen Wahl durch die Forderung ihrer Glaubwürdigkeit (›*εἰ πισταὶ ὑμῖν* *εἰσιν*‹, Phaid. 107b) entzogen hatte, bezeichnet der Terminus ›*ἀξίωμα*‹ spätestens bei Aristoteles auch einen Satz, dessen Glaubwürdigkeit (*ἀξιοῦν*, für würdig befinden, für annehmbar halten) allgemein zugegeben wird, weil er einer Begründung durch Verweis auf andere Sätze nicht fähig, auf Grund seiner ↑Evidenz aber auch nicht bedürftig ist.

Diese Eigenschaft verleiht solchen Sätzen ihre Eignung, als methodisch ›erste‹ Sätze an den Anfang einer deduktiven Wissenschaft gestellt zu werden, weil sie als besonders einleuchtend alle ›späteren‹, d.h. aus ihnen ableitbaren Sätze zu begründen vermögen. In diesem Sinne gebraucht Aristoteles den Terminus ›*ἀξίωμα*‹ in den »Analytica posteriora«. Manche Wissenschaftshistoriker sind der Überzeugung, daß die als *κοιναὶ ἔννοιαι* (in A. M. T. S. Boethius' für die Scholastik verbindlicher Übersetzung ›communes animi conceptiones‹) bezeichnete Gruppe unbewiesener Ausgangssätze in Euklids »Elementen« (neben den beiden anderen Gruppen, den Definitionen, *ὅροι*, und den Postulaten, *αἰτήματα*) erst in der Nachfolge Euklids diese Bezeichnung erhielt und bei diesem selbst wohl noch *ἀξιώματα* hieß, zumal dieser Terminus in allen bekannten Euklidkommentaren und anderen auf Euklids »Elemente« verweisenden antiken Schriften für die *κοιναὶ ἔννοιαι* verwendet wird (↑communes conceptiones). Ein A. in diesem Sinn ist z.B. ›wenn von Gleichem Gleiches weggenommen wird, sind die Reste gleich‹ (Euklid, Elem. I, Ax. 3, und Aristoteles, An. post. A10.76a41). Neben dieser technischen Bedeutung hat ›*ἀξίωμα*‹ vor und nach Aristoteles die umgangssprachliche Bedeutung von ›Meinung‹, ›Ansicht‹, in der ↑Stoa (wie M.T. Cicero berichtet und P. Ramus, ja noch J. Jungius erwähnen) auch einfach von ›Aussage‹ (enuntiatio).

Die weitere Geschichte des Wortes und des technischen Terminus ist verwickelt. Wortgeschichtlich wichtig ist die bis zur synonymen Verwendung gehende Verflechtung mit dem Ausdruck ›Maxime‹, ursprünglich Bezeichnung für die in einem Syllogismus die größte Allgemeinheit aufweisende ›maxima propositio‹, so daß noch bei R. Descartes die ›communis notio‹, das ›A.‹, in der französischen Übersetzung ›maxime‹ genannt wird. Die methodologisch wichtigsten Bedeutungsänderungen betreffen die scholastische Erklärung der Evidenz eines A.s durch das Enthaltensein seines Prädikatbegriffs im Subjektbegriff, d.h. als analytischer Satz, sowie I. Kants abweichende Auffassung der A.e als ›synthetische(r) Grundsätze a priori, so fern sie unmittelbar gewiß sind‹ (KrV A 732/B 760). Nach Kant ist die Mathematik ›der A.e fähig‹, weil sie die unmittelbare Gewißheit durch Konstruktion der Begriffe in der Anschauung des Gegenstandes erreichen kann, im Unterschied zur Philosophie, die ihre apriorischen Begriffe durch Deduktion (im Kantischen Sinne) rechtfertigen muß.

Die einschneidendste Änderung des Sinnes von ›A.‹ bringt die sogenannte Entdeckung zur ↑Euklidischen Geometrie relativ widerspruchsfreier und durch anschauliche Modelle plausibel zu machender ↑nicht-euklidischer Geometrien, d.h. von A.ensystemen der Geometrie, in denen das euklidische Parallelenpostulat (häufig als ↑Parallelenaxiom bezeichnet) durch ein mit ihm unverträgliches anderes ersetzt wird. Evidenz als Charakteristikum von A.en verschwindet von da an rasch. Die Autorität von H.v. Helmholtz trug zur Verbreitung der Auffassung bei, die ›richtige‹ Geometrie müsse durch empirische Untersuchung des physikalischen Raumes gefunden werden, die A.e der Geometrie beschrieben also (idealisierte) ›Tatsachen‹. Der wohl letzte bedeutende Mathematiker, der demgegenüber den alten Sinn des Wortes ›A.‹ verteidigte, ist G. Frege in seiner Auseinandersetzung mit D. Hilbert, der 1899 in seinen berühmten »Grundlagen der Geometrie« das Wort ›A.‹ nicht mehr für ↑Aussagen, sondern für ↑Aussageformen verwendet, die zu ›A.ensystemen‹ (↑System, axiomatisches) zusammengefaßt ›Grundtatsachen unserer Anschauung‹ ausdrükken und die geometrischen Begriffe ›implizit definieren‹ sollen (↑Definition, implizite), aber als Aussageformen natürlich nicht selbst wahr oder falsch sein können. In der Tat hat die durch Hilbert stark geförderte axiomatische Methode (↑Methode, axiomatische) seit dem ausgehenden 19. Jahrhundert zunehmend den Begriff der ↑Wahrheit und die Betrachtung der A.e als ›erster Sätze‹ eines wissenschaftlichen Satzgebäudes zugunsten des Begriffs der Konsistenz oder ↑Widerspruchsfreiheit ganzer A.ensysteme eliminiert. Erst die Einsicht, daß auf diese Weise gänzlich inhaltsentleerte A.ensysteme zum Zwecke der Anwendung in konkreten Sachgebieten interpretiert werden müssen, hat mit der durch die Definition von ↑›Modell‹ erwirkten Rückkehr des Wahrheits- oder Gültigkeitsbegriffs auch der Rede von der Begründung von A.en (und A.ensystemen) durch Angabe von Modellen, in der konstruktiven Wissenschaftstheorie (↑Wissenschaftstheorie, konstruktive) bevorzugt von operativen Modellen, wieder einen konkreten Sinn gegeben.

Literatur: E. Agazzi, Introduzione ai problemi dell'assiomatica, Milano 1961; Aristoteles, An. post. A2.72a17ff., 76b14; ders., Met. Γ3.1005b33–34; R. Blanché, L'axiomatique, Paris 1955 (engl. Axiomatics, London 1962); ders., Axiomatization, DHI I (1968), 162–172; Euklid, Die Elemente. Buch I–XIII, I–V, Leipzig 1933–1937 (repr. in 1 Bd. Darmstadt 1962); G. Frege, Briefwechsel mit D. Hilbert, in: ders., Nachgelassene Schriften und Wissenschaftlicher Briefwechsel II, ed. G. Gabriel u.a., Hamburg 1976, 55–80; D. Hilbert, Grundlagen der Geometrie, Leipzig 1899, Stuttgart [12]1977; ders., Axiomatisches Denken, Math. Ann. 78 (1918), 405–415, Neudr. in: ders., Gesammelte Abhandlungen III, Berlin 1935, 146–156, Neudr. in: ders., Hilbertiana. Fünf Aufsätze, Darmstadt 1964, 1–11; A. Szabó, Was heißt der mathematische Terminus »ἀξίωμα«?, Maia 12 (1960), 89–105; ders., Anfänge des Euklidischen Axiomensystems, Arch. Hist. Ex. Sci. 1 (1960), 38–106, Neudr. in: O. Becker (ed.), Zur Geschichte der griechischen Mathematik, Darmstadt 1965, 355–461; ders., Anfänge der griechischen Mathematik, Wien/München 1969, Budapest 1969; ders., A., Hist. Wb. Ph. I (1971), 737–741. C.T.

Axiom, multiplikatives, veraltete Bezeichnung für eine Fassung des ↑Auswahlaxioms, die auf die allgemeine Definition der Multiplikation durch A.N. Whitehead Bezug nimmt.

Literatur: B. Russell, The Principles of Mathematics, Cambridge 1903, §115; ders., On some Difficulties in the Theory of Transfinite Numbers and Order Types, Proc. London Math. Soc., Ser. 2, IV (Pt. I) 1906, 29–53; A.N. Whitehead, On Cardinal Numbers, Amer. J. of Math. 24 (1902), 367–394. C.T.

Axiomatik, ↑System, axiomatisches.

Axiomatisierung, ↑System, axiomatisches.

Axiomenschema, ↑System, axiomatisches.

Axiomensystem, ↑System, axiomatisches.

Axiomensystem, Peanosches, ↑Peano-Axiome.

Ayer, Alfred Jules, *London 29. Okt. 1910, engl. Philosoph, ursprünglich dem logischen Empirismus (↑Empirismus, logischer) innerhalb der analytischen Philosophie (↑Philosophie, analytische) nahestehend. Studium in Oxford (Christ Church College, M.A. 1936) und für kurze Zeit in Wien, Grote Professor of the Philosophy of Mind and Logic an der Universität London (1946–1959), 1959–1978 Wykeham Professor of Logic an der Universität Oxford, ebendort Fellow of New College and Hon. Fellow of Wadham College seit 1957, Fellow of the British Academy (1952) und Ehrendoktor der Universität Brüssel (1962), 1970 geadelt.
Mit seinem ersten Buch »Language, Truth, and Logic« machte A. die Philosophie des Wiener Kreises auf dem Wege einer Einbettung in die Tradition des englischen Empirismus in der englischsprechenden Welt bekannt. Seine Diskussion der Verifikationsproblematik – der Sinn von Sätzen wird durch das Verfahren ihrer ↑Verifikation bestimmt – hat der Fortentwicklung der Methodologie im logischen Empirismus entscheidende Impulse gegeben. Später tritt unter dem Einfluß des linguistischen Phänomenalismus (↑Phänomenalismus, linguistischer) innerhalb der analytischen Philosophie in einer skeptischen Wendung stärker die Rolle des Sprachgebrauchs, die Pragmatik der Bedeutungsregeln, in den Vordergrund seines erkenntnistheoretischen Interesses, begleitet von kritischer Zurückweisung verbreiteter, eine streng empiristische Position transzendierender Reduktionsthesen (z.B. von Sätzen über Dinge auf Sätze über Sinnesdaten). Dabei zunehmende Berücksichtigung praktisch-philosophischer Gesichtspunkte, besonders im Zusammenhang seiner Tätigkeit als Präsident der British Humanist Association (seit 1965).

Hauptwerke: Language, Truth, and Logic, London/New York 1936, [2]1936, [4]1938, rev. ed. London/New York 1946 (dt. Sprache, Wahrheit und Logik, Stuttgart 1970); The Foundations of Empirical Knowledge, New York/London 1940, 1961; Philosophical Essays, London/New York 1954, 1963; The Problem of Knowledge, Harmondsworth/Baltimore 1956, London 1957; The Concept of a Person and Other Essays, London/New York 1963; The Origins of Pragmatism. Studies in the Philosophy of Charles Sanders Peirce & William James, London/Melbourne/San Francisco 1968; Metaphysics and Common Sense, London/San Francisco 1970; (ed.), Logical Positivism, Glencoe Ill. 1959 (repr. Westport Conn. 1978), New York 1966; (ed.), The Humanist Outlook, London 1968; (mit anderen Autoren), The Revolution in Philosophy, London 1956; Russell and Moore. The Analytical Heritage, London 1971; Probability and Evidence, London/New York 1972; Bertrand Russell, London 1972 (dt. München 1973); The Central Questions of Philosophy, London 1973, New York 1974 (dt. Die Hauptfragen der Philosophie, München 1976); Part of my Life. An Autobiography, London 1977. K.L.

B

Baader, (Benedikt) Franz (Xaver) von, * München 27. März 1765, † ebd. 23. Mai 1841, dt. kath. Theologe, Philosoph, Bergbaufachmann und Mediziner. 1781–1784 Studium der Medizin in Ingolstadt und Wien, 1788–1792 des Bergfachs in Freiberg, 1792–1796 Aufenthalt in England und Schottland. Seit 1800 im bayerischen Staatsdienst. 1826 Honorarprof. für Philosophie und spekulative Theologie in München. – In Anlehnung an J. Böhmes ↑Theosophie und an L. C. de St. Martin wendet sich B. gegen I. Kants theoretische und praktische Philosophie, hier besonders gegen dessen Lehre von der Autonomie des Willens. Platonisierend faßt er das menschliche Wissen als Mitwissen (conscientia) göttlichen Wissens (cogitor, ergo cogito, ergo sum) auf, das menschliche Handeln als Teilhabe am göttlichen Handeln. Durch seine Reise nach England und seine Bekanntschaft mit dem Werk W. Godwins wurde B. mit den sozialen Problemen, die der expandierende Kapitalismus verursachte, vertraut. In seiner Soziallehre forderte er für die Proletarier die Koalitionsfreiheit und das Repräsentationsrecht. Er war der Meinung, daß die sozialen Fragen der Zeit nicht auf politische Fragen im engeren Sinne reduzierbar seien und daß das Ausbleiben sozialer Reformen unausweichlich zur Revolution führen müsse. Die Kirche hat sich mit ihren Priestern der Anwaltschaft für die Proletarier anzunehmen. Nach dem Wiener Kongreß sah B. die Möglichkeit, in Rußland eine christliche Sozialreform voranzutreiben. Seine zu diesem Zwecke unternommene Reise nach Rußland (1822) war jedoch ein Fehlschlag. Kirchenpolitisch geriet B. in einen immer stärkeren Gegensatz zum Papsttum, dessen Primat er im Blick auf die synodale Verfassung der Ostkirche bestritt. B. gilt als einer der geistigen Väter der modernen ökumenischen Bewegung.

Werke: Philosophische Schriften und Aufsätze, I–III u. Beil., Münster 1831–1847; Sämtliche Werke, I–XVI, ed. F. Hoffmann u.a., Leipzig 1850–1860 (repr. I–XVI, Aalen 1963); Schriften zur Gesellschaftsphilosophie, ed. J. Sauter, Jena 1925; Über das dermalige Mißverhältniss der Vermögenslosen oder Proletairs zu den Vermögen besitzenden Klassen der Societät, München 1835, ed. F. Ackermann, Stuttgart 1929; Gesellschaftslehre, ed. H. Grassl, München 1957; Vom Sinn der Gesellschaft. Schriften zur Social-Philosophie, ed. H. A. Fischer-Barnicol, Köln 1966; F. v. B.. Sätze aus der erotischen Philosophie und andere Schriften, ed. G.-K. Kaltenbrunner, Frankfurt 1966 (mit Bibliographie). – J. Jost, Bibliographie der Schriften F. v. B.s, mit kurzem Lebensabriß, Bonn 1926.

Literatur: D. Baumgardt, F. v. B. und die philosophische Romantik, Halle 1927; E. Benz, F. v. B. und der abendländische Nihilismus, Arch. Philos. 3 (1949), 29–52; H.-J. Görtz, F. v. B.s »anthropologischer Standpunkt«, Freiburg/München 1977; J. Klaasen, F. v. B.s Leben und theologische Werke, Stuttgart, I–II, 1886/1887; F. Lieb, B. und Kant, Diss. Basel 1923; L. Löwenthal, Die Sozietätsphilosophie F. v. B.s, Diss. Frankfurt 1925; H. Reichel, Die Sozietätsphilosophie F. v. B.s, Z. f. d. gesamte Staatswissenschaft 57 (1901), 193–264; H. Sauer, Ferment der Vermittlung. Zum Theologiebegriff bei F. v. B., Göttingen 1977; J. Sauter, Die Sozialphilosophie F. v. B.s, Diss. München 1926; S. Schmitz, Sprache, Sozietät und Geschichte bei F. B., Bern/Frankfurt 1975; J. Siegl, F. v. B.. Ein Bild seines Lebens und Wirkens, München 1957; E. Susini, F. v. B. et le romantisme mystique, I–II, Paris 1942. S. B.

Bachelard, Gaston, * Bar-sur-Aube 27. Juni 1884, † Paris 16. Okt. 1962, franz. Philosoph. Zunächst Postbeamter, dann, nach Studium der Naturwissenschaften, Gymnasiallehrer für Physik und Chemie. Nebenher Studium der Philosophie, das B. 1927 mit dem ›doctorat ès lettres‹ abschloß. 1930 Philosophieprofessor in Dijon, 1940–1954 Prof. für Wissenschaftsgeschichte und Wissenschaftstheorie an der Sorbonne.

Wissenschaftsgeschichte, Wissenschafts- und Erkenntnistheorie der exakten Wissenschaften auf der einen und Theorie der Dichtung auf der anderen Seite sowie ihre gegenseitige Verknüpfung bilden den Schwerpunkt der philosophischen Tätigkeit B.s. Besonderes Gewicht legt B. auf die Analyse des naturwissenschaftlichen ↑Erkenntnisfortschritts. Gegen evolutionär-kumulative Theorien wendet er ein, daß wissenschaftliches Erkennen zu einem großen Teil auf unbefragtem vorurteilhaftem Vorwissen beruhe und Erkenntnisfortschritt weniger im Erwerb neuen Wissens als in der Beseitigung von Vorwissen, den ›epistemologischen Hindernissen‹ (obstacles épistémologiques), bestehe. Zu deren Analyse wie auch zur Reflexion auf die epistemologischen Möglichkeiten und Bedingungen neuer wissenschaftlicher Erkenntnisse wendet B. Verfahren der Psychoanalyse S. Freuds und C.G. Jungs an (›psychoanalyse de l'esprit scientifique‹). Dabei erweisen sich epistemologische Hindernisse häufig (auch nach ihrer Überwindung in den Wissenschaften) als Ausdruck von Traumerfahrungen und dichterischen Bildern und Symbolen, die den ›vorwissenschaftlichen‹ und nicht auf Wissenschaft reduziblen Geist des Menschen zum Ausdruck bringen. Leitendes Vermögen ist hier nicht der Verstand, sondern, als sein Komplement, die ↑Einbildungskraft. Deren wiederum psychoanalytisch verstandene Analyse führt auf diejenigen Komplexe des Autors, durch die menschliche Urerfahrungen in der Dichtung individualisiert werden. Seine Arbeiten zur Dichtungstheorie, die den Schwerpunkt seines Spätwerks darstellen, machen B. zu einem der Initiatoren der antipositivistischen »Nouvelle Critique« in Frankreich.

Werke: Essai sur la connaissance approchée, Paris 1928, ²1968; Etude sur l'évolution d'un problème de physique: la propagation thermique dans les solides, Paris 1928, ²1973; L'intuition de l'instant, Paris 1932, erw. Ed. mit Nachw. v. J. Lescure, Paris 1966; Les intuitions atomistiques (Essai de classification), Paris 1933, ²1975; Le nouvel esprit scientifique, Paris 1934, ¹⁰1968, 1975; L'expérience de l'espace dans la physique contemporaine, Paris 1937; La formation de l'esprit scientifique. Contribution à une psychoanalyse de la connaissance objective, Paris 1938, ⁵1969 (dt. Die Bildung des wissenschaftlichen Geistes. Beiträge zu einer Psychoanalyse der objektiven Erkenntnis, Frankfurt 1978); La psychoanalyse du feu, Paris 1938, 1971 (dt. Psychoanalyse des Feuers, Stuttgart 1959); Lautréamont, Paris 1939, ²1951; La philosophie du non. Essai d'une philosophie du nouvel esprit scientifique, Paris 1940, ⁶1973 (dt. Die Philosophie des Nein. Versuch einer Philosophie des neuen wissenschaftlichen Geistes, ed. G. Schmidt/M. Tietz, mit einem Essay von J. Kopper, Wiesbaden 1978); L'eau et les rêves. Essai sur l'imagination de la matière, Paris 1943; Le rationalisme appliqué, Paris 1949, ³1966, 1975; L'activité rationaliste de la physique contemporaine, Paris 1951, ²1965; Le matérialisme rationnel, Paris 1953, ²1963; La poétique de l'espace, Paris 1957, ⁵1967, 1974 (dt. Poetik des Raumes, München 1960, Frankfurt/Wien 1975); La poétique de la rêverie, Paris 1960, ³1965, 1974; B., Présentation, choix de textes, bibliographie, par P. Quillet, Paris ⁴1964; Etudes, ed. G. Canguilhem, Paris 1970; Epistémologie. Textes choisis, ed. D. Lecourt, Paris 1971 (dt. Epistemologie. Ausgewählte Texte, Berlin 1974). – F.H. Lapointe, G.B.. A Bibliographic Essay, I–II, J. Brit. Soc. Phenomenol. 8 (1977), 135–138, 9 (1978), 64–67.

Literatur: H. Brühmann, »Der Begriff des Hundes bellt nicht«. Das Objekt der Geschichte der Wissenschaften bei G.B. und L. Althusser, Wiesbaden 1978; G. Canguilhem, Etudes d'histoire et de philosophie des sciences, Paris 1968; F. Dagognet, G.B.. Sa vie, son œuvre. Avec un exposé de sa philosophie, Paris 1965; ders., B., DSB I (1970), 365–366; J. Gagey, G.B. ou la conversion à l'imaginaire, Paris 1969; S.W. Gaukroger, B. and the Problem of Epistemological Analysis, Stud. Hist. Philos. Sci. 7 (1976), 189–244; P. Ginestier, La pensée de B., Paris 1968; M. Lalonde, La théorie de la connaissance scientifique selon G.B., Montreal 1966; D. Lecourt, L'épistémologie historique de G.B., Paris 1969, ⁴1974; ders., B. ou le jour et la nuit. Un essai du matérialisme dialectique, Paris 1974; M. Mansuy, G.B. et les éléments, Paris 1967; J.-C. Margolin, B., Paris 1974; J. Naud, Structure et sens du symbole. L'imaginaire chez G.B., Paris/Tournai/Montreal 1971; F. Pire, L'imagination symbolique chez G.B., Paris 1967; E. Robertz, Feuer und Traum. Studien zur Literaturkritik G.B.s, Frankfurt/Bern/Las Vegas 1978; C. Smith, B., Enc. Ph. I (1967), 233–334; V. Therrien, La révolution de G.B. en critique littéraire, ses fondements, ses techniques, sa portée. Du nouvel esprit scientifique à un nouvel esprit littéraire, Paris 1970 (mit Bibliographie); M. Vadée, G.B. ou le nouvel idéalisme épistémologique, Paris 1975; L.E. Winters, Concepts in Evolution and Revolution. A Study of the Scientific Philosophy of G.B., I–II, Diss. New York 1978 (New School for Social Research); Hommage à G.B., Paris 1957; B., Colloque de Cérisy 1970, Paris 1974; Sonderhefte der Zeitschriften: Rev. int. philos. 17 (1963), fasc. 4 (mit Bibliographie); Rev. mét. mor. 70 (1965), fasc. 1; Et. philos. 19 (1964), fasc. 4. G.W.

Bachia Ben Joseph Ibn Pakuda, in der zweiten Hälfte des 11. Jhs. in Spanien (vermutlich Saragossa) lebender jüdischer Religionsphilosoph neuplatonischer Richtung, vom ↑Sufismus beeinflußt. Sein Hauptwerk, ein populäres, 1161 von Jehúda Ibn Tibbón aus dem Arabischen ins Hebräische übersetztes Buch mit dem Titel ›Herzenspflichten‹ (Ḥovot ha-lĕvavot) ist eine Anleitung zur Befolgung der ›inneren‹ religiösen Pflichten, die den Menschen stufenweise zur geistigen Vollkommenheit führen sollen (gegen ein bloß äußerlich korrektes Ausführen religiöser Handlungsvorschriften).

Ausgaben: Erstdruck Neapel 1489, ed. A.S. Yahuda, Leiden 1912; (Lehrbuch der Herzenspflichten) hebr. Ausg. mit dt. Übers. v. M.E. Stern, Wien 1853; hebr. mit engl. Übers. u. Einl. v. M. Hyamson, Torath Hoboth Ha-Lebaboth, I–V, New York 1925–1947.

Literatur: J.L. Blau, The Story of Jewish Philosophy, New York 1962; G. Vajda, La théologie ascétique de B., Paris 1949. H.J.S.

Bachofen, Johann Jakob, *Basel 22. Dez. 1815, †Basel 25. Nov. 1887, schweiz. Jurist, Rechtshistoriker und Anthropologe. Studium der klassischen Philologie und der Jurisprudenz in Basel, Berlin (bei F.K. v. Savigny) und Göttingen. 1839 Dissertation über römisches Zivilrecht, danach zweijähriges Studium in Oxford, Cambridge und Paris. 1841 Prof. für römische Rechtsgeschichte in Basel. 1844 gab B. seine akademische Lehrtätigkeit auf und widmete sich (neben seiner Tätigkeit als Richter) privat seinen Studien zur Rechtsgeschichte und Altertumswissenschaft.

B. wurde vor allem durch seine Mutterrechtstheorie, die bisherige Moral- und Gesellschaftsauffassungen in Frage stellte, bekannt. Ausgehend von der Überzeugung, daß die Religion den »einzigen mächtigen Hebel aller Zivilisation« darstelle (Mutterrecht 1975, 19), studierte er die Mythen und religiösen Riten sowie die mit ihnen verbundenen Sitten und Rechtsformen antiker Kulturen, um durch die »möglichst vollständige Beibringung des Materials und der unbefangenen, rein objektiven Würdigung desselben« (58) die These bestätigt zu finden, daß historisch das Matriarchat der patriarchalischen Familien- und Gesellschaftsverfassung vorausging. Versuche man, die übereinandergelagerten Schichten der Geschichte sukzessive freizulegen, so verweise der Mythos (nach B. das getreue Bild der ältesten Zeit) auf einen ursprünglich mutterrechtlichen Zustand, dessen Annahme das Verständnis für bisher rätselhaft gebliebene Erscheinungen ermögliche. Es werde eine Kulturstufe rekonstruierbar, in der die Frau die Dominanz in Verwandtschaftssystemen, im religiösen Kult und in rechtlichen und politischen Kontexten genießt. B. feiert diese Kulturstufe als ›die Poesie der Geschichte‹, in der unter dem Primat stofflich-leiblicher, mütterlich-tellurischer Prinzipien, die er auf Naturanlagen der Frau zurückführt, allgemeine Brüderlichkeit, milde Humanität, Frieden und Harmonie mit der Natur herrschten. Den Verfall der mutterrechtlichen Kulturen (von B. in verschiedene Stufen unterteilt: hetärische, demetrische, amazonische) bewirkten teils äußere Faktoren, teils geräuschlose innere Entwicklungen.

Die B.-Rezeption verlief kontrovers. Teils galt B. als Romantiker, teils als bahnbrechender Vorgänger der Ethnologie, Sozialanthropologie und historischen Familienforschung. Der Faschismus interpretierte ihn als Mutterschaftsideologen. Sozialistischen Theoretikern bot die Mutterrechtstheorie neue Perspektiven für eine radikale Gesellschaftskritik. In der modernen Frauenbewegung spielen Diskussionen über Mutterrechtstheorien eine erhebliche Rolle.

Werke: Gesammelte Werke, I–X, ed. K. Meuli, Basel 1943–1967. – J.J.B.. Urreligion und antike Symbole (Auswahl), I–III, ed. C.A. Bernoulli, Leipzig 1926; Mutterrecht und Urreligion (Auswahl), ed. R. Marx, Leipzig 1927, Stuttgart 1941; M. Schröter (ed.), Der Mythus von Orient und Okzident. Eine Metaphysik der alten Welt. Aus den Werken von J.J.B., München ^{2}1956; Das Mutterrecht (Auswahl), ed. H.-J. Heinrichs, Frankfurt 1975.

Literatur: A. Baeumler, Das mythische Weltalter. B.s romantische Deutung des AT, München 1965; C.A. Bernoulli, J.J.B. und das Natursymbol, Basel 1924; M. Burckhardt, J.J.B. und die Politik, Basel 1943; H.-J. Heinrichs (ed.), Materialien zu B.s »Das Mutterrecht«, Frankfurt 1975; K. Kerényi, B. und die Zukunft des Humanismus, Zürich 1945; G. Schmidt, J.J.B.s Geschichtsphilosophie, München 1929. M.B.

Bacon, Francis, Baron von Verulam, Viscount St. Albans, *London 22. Jan. 1561, †ebd. 9. April 1626, engl. Staatsmann und Philosoph. B. hatte nach dem Studium der Jurisprudenz bereits mit 23 Jahren einen Sitz im Unterhaus inne. Nachdem ihm seine Kritik der Steuerpolitik von Elisabeth I. zunächst den Zugang zu hohen Staatsämtern erschwert hatte, stellte er sich später im Interesse seines Fortkommens skrupellos in den Dienst des Königshauses. So betrieb er auf Geheiß der Königin die Verurteilung seines Freundes und Gönners, des Grafen von Essex, wegen Hochverrats. Unter James I. war B. Oberster Kronanwalt, später Lordsiegelbewahrer. B. vertrat im Unterschied zu seinem Gegner, Sir Edward Coke, der sich dem König widersetzte und in Ungnade fiel, eine rein absolutistische Staats- und Rechtstheorie. Er wurde mit 57 Jahren Lordkanzler, allerdings 3 Jahre später wegen Korruption aus allen öffentlichen Ämtern entlassen.

B.s wissenschaftliches Werk stand unter der Vision eines durch geeignete forschungsorganisatorische Veränderungen hervorzurufenden gewaltigen Anwachsens der technischen und wissenschaftlichen Kenntnisse. Methodische und wissenschaftspolitische Vorschläge in dieser Absicht enthält vor allem das »Novum organum scientiarum« (1620), das die unter der Bezeichnung ↑›Organon‹ zusammengefaßten logisch-wissenschaftstheoretischen Schriften des Aristoteles ablösen sollte. Insbesondere erwartete B. von einer (z.B. in Versuchsreihen) *rational geplanten Empirie,* die den vorherrschenden Zufall beim Zusammentragen von Kenntnissen über die Natur ersetzen sollte, einen Einblick in die die Naturprozesse leitenden Ursachen. Dabei ist die Vermehrung und bessere Fundierung menschlicher Erkenntnis weniger theoretischer Selbstzweck als Mittel, praktische Herrschaft über die Natur zu gewinnen (Wissen ist Macht, Novum organum I,5). Allerdings bleibt der konstruktive Teil von B.s Methodenlehre weitgehend im Programmatischen stecken. Ausgeführt sind nur Vorstellungen zur tabellarischen Auflistung der Fälle (instantiae) des Auftretens, Fehlens und der gradweisen Veränderungen eines Zustandes in Abhängigkeit von variierten Bedingungen und damit Ansätze zur methodischen Gewinnung der *Basis induktiver Argumente,* die B. gegen ein rein deduktiv orientiertes Methodenideal geltend macht. Wirksamer als diese Instanzenlehre wurden B.s Untersuchungen zur Entstehung von Vorurteilen (↑Idolenlehre) sowie seine Entwürfe zu einer systematischen Einteilung der Wissenschaften und Künste. Die Idolenlehre nimmt ein sprach- und metaphysikkritisches Bewußtsein vorweg, dessen methodisch weiterführende Artikulation zum Teil erst das 20. Jahrhundert geleistet hat. B.s Gliederung des Wissens hat noch die entsprechenden Schemata der von D. Diderot und J. le Rond d'Alembert herausgegebenen »Encyclopédie« wesentlich beeinflußt (↑Enzyklopädie, ↑Enzyklopädisten).

Von einer vorher nicht vorstellbaren Ausweitung des Wissens und Könnens der Menschen erhoffte B. schließlich auch die Möglichkeit, die Bedürfnisse der Menschen kollisionsfrei zu befriedigen, und damit den politischen Frieden in einer auf das Regiment wissenschaftlich-technisch orientierter Weiser gegründeten Gesellschaft. Exemplifiziert werden diese Vorstellungen durch die Utopie »Nova Atlantis«.

Werke: Opera omnia, quae extant, philosophica, moralia, politica, historica, ed. J.B. Schönwetter, Frankfurt 1665; Opera quae extant omnia, I–VI, Amsterdam 1684; The Works of F.B., I–XIV, ed. J. Spedding/R.L. Ellis/D.D. Heath, London 1857–1874 (repr. Stuttgart 1961–1963); The Letters and the Life of F.B.. Including All His Occasional Works, I–VII, ed. J. Spedding, London 1861–1874 (=The Works VIII–XIV). – Essayes. Religious Meditations, Places of Perswasion and Disswasion, London 1597, [2]1612, [3]1625 (repr. Menston 1971) (lat. Sermones fideles, ed. W. Rawley, London 1638; dt. Essays, ed. L.L. Schücking, Wiesbaden 1940); Of the Proficience and Advancement of Learning, Divine and Humane, London 1605 (lat. De dignitate et augmentis scientiarum, London 1623 [=Instauratio magna II]; dt. Über die Würde und den Fortgang der Wissenschaften, ed. J.H. Pfingsten, Pest 1783 [repr. Darmstadt 1966]); Cogitata et visa, London 1612 (umgearbeitet: Novum organum scientiarum, London 1620 [=Instauratio magna I]; dt. Neues Organon, ed. S. Maimon, Berlin 1793, Neues Organ der Wissenschaften, übers. u. ed. A.T. Brück, Leipzig 1830 [repr. Darmstadt 1974]; M. Buhr [ed.], Das neue Organon (Novum organon), Berlin 1962); Sylva sylvarum and New Atlantis, London 1627 (dt. Neu-Atlantis, ed. G. Bugge, Leipzig 1926, übers. G. Gerber, Berlin 1959); The Advancement of Learning and New Atlantis, ed. A. Johnston, Oxford 1974. – R. Gibson, F.B.. A Bibliography of his Works and Baconiana to the Year 1750, Oxford 1950, Suppl. Oxford 1959. – Totok III (1980), 473–485.

Literatur: R. Ahrens, Die Essays von F.B.. Literarische Form und moralistische Aussage, Heidelberg 1974; F.H. Anderson, The Philosophy of F.B., Chicago 1948, New York 1971; ders., F.B.. His Career and his Thought, Los Angeles 1962; S. Dangelmayr, Methode und System. Wissenschaftsklassifikation bei B., Hobbes und Locke, Meisenheim 1974; J.J. Epstein, F.B.. A Political Biography, Athens Ohio 1977; B. Farrington, F.B.. Philosopher of Industrial Science, London 1951 (repr. New York 1973); ders., The Philosophy of F.B.. An Essay on its Development from 1603 to 1609. With New Translations of Fundamental Texts, Liverpool 1964; M.B. Hesse, F.B., in: D.J. O'Connor (ed.), A Critical History of Western Philosophy, New York 1964, 141–152; dies., F.B., DSB I (1970), 372–377; I. Levine, F.B.. 1561–1626, Port Washington N.Y. 1925 (repr. 1970); E. Lewalter, F.B.. Ein Leben zwischen Tat und Gedanke, Berlin 1939; J.C. Morrison, Philosophy and History in B., J. Hist. Ideas 38 (1977), 585–606; A.M. Paterson, F.B. and Socialized Science, Springfield Ill. 1973; M. Primack, Outline of a Reinterpretation of F.B.'s Philosophy, J. Hist. Philos. 5 (1967), 123–132; W. Schneiders, Einige Bemerkungen zum gegenwärtigen Stand der B.-Forschung, Z. philos. Forsch. 16 (1962), 450–471; A.R. Skemp, F.B., Port Washington N.Y. 1912 (repr. 1970); F. Tasche/G.P. Knapp, Methodik und Intention. Zum Wissenschaftsbegriff von F.B., Z. philos. Forsch. 25 (1971), 293–306; B. Vickers (ed.), Essential Articles for the Study of F.B., Hamden Conn. 1968; K.R. Wallace, F.B. on the Nature of Man. The Faculties of Man's Soul: Understanding, Reason, Imagination, Memory, Will, and Appetite, Urbana/Chicago/London 1967; C. Walton, Ramus and B. on Method, J. Hist. Philos. 9 (1971), 289–302; C. Williams, B., London 1933 (repr. Folcroft Pa. 1973); E. Wolff, F.B. und seine Quellen, I–II, Berlin 1910–1913. F.K.

Bacon, Roger, *bei Ilchester (Somerset) um 1214 oder 1219, †Oxford um 1292, engl. Theologe und Naturphilosoph (›doctor mirabilis‹). M.A. ca. 1240 in Oxford oder Paris. B. lehrte vermutlich zwischen 1241 und 1246 (zur gleichen Zeit wie Albertus Magnus, Alexander von Hales und Wilhelm von Auvergne) in Paris Aristotelische Metaphysik und Naturphilosophie. 1251 hielt sich B. erneut in Paris auf, um 1257 trat er in den Franziskanerorden ein, zwischen 1277 und 1279 in Paris für unbestimmte Zeit inhaftiert (möglicherweise wegen häretischer averroistischer Behauptungen). Wesentlichen Einfluß auf das Denken B.s gewannen nach dessen Rückkehr nach Oxford 1247 R. Grosseteste, als dessen bedeutendster Schüler im Rahmen einer Theorie der Naturwissenschaften B. gelten darf, und A. Marsh. Seither sind in seinem Werk vor allem Fragen der Optik (Formulierung von Abbildungsgesetzen konvexer Linsen), im Anschluß an die optischen Werke Euklids, Ptolemaios', al-Kindis und Alhazens, und der Begründung einer scientia experimentalis (↑Experimentalphilosophie) bestimmend. B. beschäftigte sich ferner mit Sprachen (Verfasser einer griechischen und einer hebräischen Grammatik), Mathematik, Astronomie und ↑Astrologie (Behauptung der Voraussagbarkeit von allgemeinen Tendenzen, nicht von Einzelschicksalen), ferner mit experimentellen Untersuchungen (vor allem zum Phänomen des Magnetismus), mit der Sammlung astronomischer und geographischer Tafelwerke sowie mit Vorschlägen zu einer Kalenderreform.

B.s naturwissenschaftliche Werke – vor allem »Opus maius«, »Opus minus«, »Opus tertium« (1266–1268, möglicherweise auf Anforderung von Papst Clemens IV. entstanden), ferner »De multiplicatione specierum«, »Communia naturalium«, »Communia mathematica« (etwa aus derselben Zeit) – sind, da durchzogen von astrologischen und alchemistischen (↑Alchemie) Gedankengängen (beeinflußt durch die von B. selbst kommentierend edierte pseudoaristotelische Schrift »Secretum secretorum«), in ihrem wissenschaftlichen Wert schwer abzuschätzen. Bei der Diskussion der Abbildungseigenschaften des menschlichen Auges prägte B. im nachantiken Sinne den Begriff des ↑Naturgesetzes (lex nature universalis); ebenso wie bei Grosseteste tritt in diesem Zusammenhang die Optik als fundamentale naturwissenschaftliche Disziplin auf. Trotz seiner Vorliebe für Mathematik, die in seiner Konzeption neben der Geometrie auch Astronomie und Astrologie umfaßt, vertrat B. erkenntnistheoretisch empiristische Positionen. Nach B., der sich gegen jedes autoritätsabhängige Denken und damit auch gegen dogmatische Positionen der Scholastik wandte, liefert ein rationales Argument allein weder einen Beweis noch beseitigt es aufgetretene Zweifel. Erst eine scientia experimentalis, deren Konzeption B. (ebenso wie Grosseteste) im Anschluß an die beweistheoretischen Unterscheidungen in den Aristotelischen »Zweiten Analytiken« entwarf, vermag die in den theoretischen Wissenschaften deduzierten Ergebnisse zu bestätigen und neues Wissen zu vermitteln. Allerdings schließt B.s Begriff der ↑Erfahrung, der dieser Konzeption zugrunde gelegt wird, noch einen Augustinischen Begriff des ↑intellectus agens (Gott als intelligible ›Ursache‹ der Erkenntnisbildung) ein: Erfahrung ist sowohl experimentelle, durch die Mittel der Mathematik gestützte ›äußere‹ Erfahrung als auch in Form mystischer Inspiration ›innere‹ Erfahrung.

B.s Beiträge zur Kalenderreform, zur Topographie sowie zur methodologischen Vorbereitung experimenteller Wissenschaften im neuzeitlichen Sinne sind bedeutend, seine Behandlung der Mathematik ist eher oberflächlich. Seine Bemühung, die Experimentalwissenschaft an den Universitäten zu etablieren, schlug trotz guter Beziehungen zu Clemens IV. fehl.

Werke: Epistolae Fratris Rogerii Baconis, de secretis operibus artis et naturae, et de nullitate magiae, ed. J. Dee, Hamburg 1618; Opus Maius ad Clementem IV. Pontificem Romanum, ed. S. Jebb, London 1733; Fr. Rogeri Bacon Opera quaedam hactenus inedita, ed. J. S. Brewer, London 1859 (repr. Nendeln 1965) (mit Opus minus, Opus tertium, Compendium studii philosophiae); The »Opus majus« of R. B., I–III (Suppl.), ed. J. H. Bridges, Oxford/Edinburgh/London 1897–1900 (repr. Frankfurt 1964); The Greek Grammar of R. B. and a Fragment of his Hebrew Grammar, ed. E. Nolan/S. A. Hirsch, Cambridge 1902; Opera hactenus inedita, I–XII, ed. R. Steele/F. M. Delorme, Oxford 1905–1940; Fratris Rogeri Baconi Compendium studii theologiae, ed. H. Rashdall, Aberdeen 1911 (repr. Farnborough 1966); The »Opus Majus« of R. B. (engl.), I–II, trans. R. B. Burke, Philadelphia 1928 (repr. New York 1962); S. H. Thomson, An Unnoticed Treatise of R. B. on Time and Motion, Isis 27 (1937), 219–224; Rogeri Baconi Moralis philosophia, ed. E. Massa, Verona/Zürich 1953. – F. Alessio, Un seculo di studi su Ruggero Bacone (1848–1957), Riv. crit. stor. filos. 14 (1959), 81–108. – Totok II (1973), 477–481.

Literatur: F. Alessio, Mito e scienza in Ruggero Bacone, Mailand 1967; C. Baeumker, R. B.s Naturphilosophie, insbesondere seine Lehren von Materie und Form, Individuation und Universalität, Münster 1916; E. Brehm, R. B.'s Place in the History of Alchemy, Ambix 23 (1976), 53–58; R. Carton, La synthèse doctrinale de R. B., Paris 1924; A. C. Crombie, Robert Grosseteste and the Origins of Experimental Science, 1100–1700, Oxford 1953, [3]1971, 139–162, 204–207, 213–218, 278–281; ders./J. D. North, B., DSB I (1970), 377–385; T. Crowley, R. B.. The Problem of the Soul in his Philosophical Commentaries, Louvain/Dublin 1950; S. C. Easton, R. B. and His Search for a Universal Science. A Reconsideration of the Life and Work of R. B. in the Light of His Own Stated Purposes, Oxford/New York 1952 (repr. New York 1971) (mit Bibliographie); N. W. Fisher/S. Unguru, Experimental Science and Mathematics in R. B.'s Thought, Traditio 27 (1971), 353–378; M. Frankowska-Terlecka, Scientia as Conceived by R. B., Organon 6 (1969), 209–231; dies., Scientia w ujeciu R. B., Wrocław 1969 (engl. Scientia as Interpreted by R. B., Springfield Va. 1971); E. Heck, R. B.. Ein mittelalterlicher Versuch einer historischen und systematischen Religionswissenschaft, Bonn 1957; D. C. Lindberg, B., Witelo, and Pecham. The Problem of Influence, in: XIIe congrès international d'histoire des sciences, Paris 1968, Actes IIIa, Paris 1971, 103–107; A. G. Little (ed.), R. B. Essays, Contributed by Various Writers on the Occasion of the Commemoration of the Seventh Centenary of his Birth, Oxford 1914 (repr. New York 1972); D. Sharp, Franciscan Philosophy at Oxford, Oxford 1930; L. Thorndike, A History of Magic and Experimental Science II, New York 1929, 616–691; K. Werner, Die Psychologie, Erkenntnis- und Wissenschaftslehre des

R. B., Wien 1879 (repr. Frankfurt 1966); E. Westacott, R. B., London 1953; G. Wieland, Ethik und Metaphysik. Bemerkungen zur Moralphilosophie R. B.s, in: J. Möller/ H. Kohlenberger (eds.), Virtus politica. Festgabe zum 75. Geburtstag von Alfons Hufnagel, Stuttgart-Bad Cannstatt 1974, 147–173; A.B. Wolter, B., Enc. Ph. I (1967), 240–242. J. M.

Bādarāyaṇa, Lebenszeit umstritten (zwischen 250 v. Chr. und 450 n. Chr., vermutlich um 200 n. Chr.), nach der Überlieferung der Hauptbegründer des Systems des ↑Vedānta innerhalb der klassischen indischen Philosophie. Das seit Śaṃkara (um 800 n. Chr.) dem B. zugeschriebene, aphoristisch abgefaßte Vedānta-Sūtra (auch Brahma Sūtra genannt) hat die primär theologische, weniger philosophische Interpretation der ↑Upaniṣaden (d.i. der abschließende Teil des ↑Veda) zum Gegenstand. Sein Verhältnis zu den Upaniṣaden wird in Analogie zum Verhältnis der frühchristlichen dogmatischen Schriften zum NT gesetzt. In der indischen Tradition wird B. häufig mit dem sagenhaften Autor des Epos Mahābhārata, dem Heiligen Vyāsa, identifiziert.

Werkausgaben und Übersetzungen: G. Thibaut, The Vedānta Sūtra. With Śaṅkara's Commentary, I–II, Oxford 1890/1896 (repr. Delhi/New York 1962) (Sacred Books of the East 34/38); Swāmī Vireśwarānanda, Brahmasutras. Text and Trans. with Notes, Calcutta 1936.

Literatur: P. Deussen, Das System des Vedanta nach den Brahma-Sûtra's des B. und dem Kommentare des Çaṅkara über dieselben als ein Kompendium der Dogmatik des Brahmanismus vom Standpunkte des Çaṅkara aus dargestellt, Leipzig 1883, ²1906; V.S. Ghate, Le Védanta. Etude sur les Brahmasutras et leur cinq Commentaires, Tours 1918. K. L.

Badische Schule, ↑Neukantianismus.

Baer, Karl Ernst von, *Gut Piep b. Jerwen (Estland) 17./28. Febr. 1972, †Dorpat 16./ 28. Nov. 1876, einer der Begründer der modernen Entwicklungslehre und vergleichenden Embryologie, behauptete die Veränderlichkeit der Arten und wurde so einer der Vorläufer C.R. Darwins, dessen Lehren er jedoch in einzelnen Punkten ablehnte. v. B. entdeckte 1826 das Säugetierei und stellte 1860 das heute sogenannte ›B.sche Gesetz der Uferbildung‹ auf, nach welchem sich bei den in Meridianrichtung verlaufenden Stücken der Flußbetten stets flache Ostufer und steile Westufer ausbilden. Unter den naturphilosophischen Auffassungen v. B.s erlangten größeren Einfluß die Lehre einer unbewußten ›Zielstrebigkeit‹ der organischen Körper (↑Teleologie) und die Annahme eines kleinsten möglichen Zeitelements der Erfahrung, die als erste Annahme von ›subjektiven Zeitquanten‹ im Sinne der Momentlehre in der physiologischen ↑Kybernetik wieder Beachtung gefunden hat.

Werke: De ovi mammalium et hominis genesi, Leipzig 1827 (repr. Brüssel 1967, dt. Über die Bildung des Eies der Säugetiere und des Menschen, Leipzig 1927); Über Entwickelungsgeschichte der Thiere. Beobachtung und Reflexion, I–II, Königsberg 1828/1837 (unvollständig), Schlußheft (zu II) unter dem Titel: Studien aus der Entwickelungsgeschichte des Menschen, ed. L. Stieda, Königsberg 1888 (I repr. Brüssel 1966); Blicke auf die Entwickelung der Wissenschaft, Recueil des actes de la séance publique l'Académie Impériale des sciences de St. Pétersbourg 1836, 53–128 (separat Leipzig 1836); Welche Auffassung der lebenden Natur ist die richtige? und wie ist diese Auffassung auf die Entomologie anzuwenden?, Horae Societatis Entomologicae Rossicae 1 (St. Petersburg 1861), 1–45 (separat Berlin 1862); Reden gehalten in wissenschaftlichen Versammlungen und kleinere Aufsätze vermischten Inhalts, I–III, St. Petersburg 1864/1876/1873, Braunschweig ²1868 (in Bd. II, 47–105: Über den Zweck in den Vorgängen der Natur. Erste Abtheilung. Über Zweckmäßigkeit oder Zielstrebigkeit überhaupt; 171–234: Über Zielstrebigkeit in den organischen Körpern insbesondere; ferner Auszüge unter dem Titel »Die Abhängigkeit unseres Weltbilds von der Länge unseres Moments« als Beiheft zu Bd. III [1962] der »Grundlagenstudien aus Kybernetik und Geisteswissenschaft«); Nachrichten über Leben und Schriften des Herrn Geheimrathes Dr. K. E. v. B., mitgetheilt von ihm selbst, Sankt Petersburg 1865, Braunschweig ²1886 (repr. Hannover 1972), Auszug: Dr. K. E. v. B.. Eine Selbstbiographie, gekürzt ed. P. Conradi, Leipzig 1912; Zum Streit über den Darwinismus, Augsburger Allg. Zeitung Nr. 130/1873, 1986–1988, auch Petersburger Zeitung Nr. 119/1873, ferner separat Dorpat 1873. – Schriften, ed. R. Stölzle, Stuttgart 1907.

Literatur: W. Haacke, K. E. v. B., Leipzig 1905 (Klassiker der Naturwissenschaften 3); J. Oppenheimer, B., DSB I (1970), 385–389; B.E. Rajkov, K. E. v. B. (1792–1876). Sein Leben und sein Werk, Leipzig 1968 (russ. Karl Bėr. Ego žizn' i trudy, Moskau 1961, mit Bibliographie); G. Seidlitz, Beiträge zur Descendenztheorie II (B. und die Darwin'sche Theorie), Leipzig 1876; G. v. Selle, B., NDB I (1953), 524; L. Stieda, K. E. v. B.. Eine biographische Skizze, Braunschweig 1878, ²1886; ders., B., ADB XLVI (1902), 207–212; R. Stölzle, K. E. v. B. und seine Weltanschauung, Regensburg 1897; ders., v. B.s Stellung zum Problem der Zweckmäßigkeit, Biol. Centralbl. 12 (1900), 34–45. C. T.

Bahnsen, Julius Friedrich August, *Tondern 20. März 1830, †Lauenburg (Pommern) 7. Dez. 1881, dt. Pädagoge und Philosoph. 1853 Promotion über ein ästhetisches Thema bei F.T. Vischer in Tübingen, Hauslehrer, seit 1858 Gymnasiallehrer in Lauenburg, Freund und später Gegner E. v. Hartmanns. B. wird nach einer materialistischen Frühphase Anhänger A. Schopenhauers, dessen Voluntarismus er mit G. W. F. Hegels Dialektik verbindet, um alle Antagonismen der Wirklichkeit auf einen Grundzwiespalt im ›Willen‹ zurückzuführen und insbesondere die Konflikthaftigkeit der menschlichen Natur hervorzuheben, was ihn zu Pessimismus und Nihilismus führt. Metaphysisch drückt sich dieser Grundgedanke in der »Realdialektik« (1880/1882) aus, ästhetisch in der Lehre vom »Tragischen als Weltgesetz« (1877) mit einer subtilen Humortheorie, die den Humor als Vereinigung von Tragischem und Schönem interpretiert. Bedeutung kommt der von B. begründeten *Charakterologie* zu (B. prägte den Begriff): dieser Lehre von den Charakteren liegt ebenfalls die Auffassung von dem mit sich selbst konfligierenden Willen zugrunde. Wie der Konflikt zum Austrag kommt, wird bestimmend für das Bildungsgesetz des Charakters. Möglich ist ein Einfluß der »Realdialektik« auf die Spätphilosophie F. Nietzsches, der B. nach anfänglicher Hochschätzung (1867/1868) kritisiert.

Werke: Beiträge zur Charakterologie mit besonderer Berücksichtigung pädagogischer Fragen, I–II, Leipzig 1867, ed. J. Rudert, Leipzig 1932; Zum Verhältniss zwischen Wille und Motiv. Eine metaphysische Voruntersuchung zur Charakterologie, Stolp/Lauenburg 1870; Zur Philosophie der Geschichte. Eine kritische Besprechung des Hegel-Hartmann'schen Evolutionismus, Berlin 1872; Das Tragische als Weltgesetz und der Humor als ästhetische Gestalt des Metaphysischen, Lauenburg 1877, ed. A. Ruest, Leipzig 1931; Der Widerspruch im Wissen und Wesen der Welt. Prinzip und Einzelbewährung der Realdialektik, I–II, Berlin/Leipzig 1880/1882.

Literatur: P. Fechter, Grundlagen der Realdialektik. Ein Beitrag zur Kenntnis der B.schen Willensmetaphysik, München 1906; ders. J. B., Kant-St. 35 (1930), 195–205; H. J. Heydorn, J. B., Göttingen/Frankfurt 1953; H. Leiste, Die Charakterologie von J. B., Köln 1928; A. Ruest, J. B.. Zur Scheidung des Schopenhauer-Schülers und des Selbstdenkers, Jb. der Schopenhauer-Ges. 19 (1932), 165–204; H. Schopf, J. F. A. B., Lauenburg 1930. T. R.

Bain, Alexander, *Aberdeen 11. Juni 1818, †ebd. 18. Sept. 1903, schottischer Logiker, Philosoph und Psychologe. Nach Studium am Marishal College in Aberdeen wissenschaftlicher Mitarbeiter am Lehrstuhl für Philosophie bis 1844. Während dieser Zeit lernte er J. S. Mills kennen, dem er bei der Edition unveröffentlichter Arbeiten zum »System der Logik« half. 1869 edierte er zusammen mit J. S. Mill und G. Grote James Mill's »Analysis of the Phenomena of the Human Mind«. Die beiden Hauptwerke B.s (The Senses and the Intellect, 1855; The Emotions and the Will, 1859) waren ein halbes Jahrhundert lang Standardlehrbücher der Psychologie. 1860–1880 Prof. für Logik in Aberdeen, 1881 Lord-Rektor dieser Universität. 1876 gründete B. die Zeitschrift »Mind«.

B. ist der letzte Vertreter der philosophischen ↑Assoziationstheorie, die sich nicht zuletzt dank seiner Bemühungen um Systematisierung und empirische Fundierung zur physiologischen Psychologie entwickelte. B.s erkenntnistheoretische Position ist die des psychophysischen Parallelismus (↑Parallelismus, psychophysischer). Psychisches und Physisches sind nur zwei Aspekte derselben Wirklichkeit. Die parallelen Verläufe von geistigen und körperlichen Zuständen sind für B. ein Strom, der objektiv als ›Materie‹ und subjektiv als ›Geist‹ beobachtet werden kann. Objekt und Subjekt sind Korrelate, da die Außenwelt uns nur als Beziehung zu unserem Bewußtsein gegeben ist. B. stellte die Hypothese auf, daß Handlungen mit lustvollen Ergebnissen erinnert und solche mit schmerzlichen Ergebnissen vermieden werden. Damit nahm er die von E.L. Thorndike entwickelte Theorie des Lernens durch Versuch und Irrtum vorweg (↑trial and error). Zur Triebausstattung des lebenden Organismus gehören durch Nervenimpulse ausgelöste spontane Bewegungen. Die spontane Aktivität bildet die Grundlage des Willens, den B. als Assoziation zwischen Bewegungsvorstellung und Muskelempfindung erklärt. Alles Denken führt B. auf einfache, zusammengesetzte und konstruktive Assoziationsleistungen zurück, wobei er zwischen der Assoziation durch raum-zeitliche Kontinuität und durch Similarität unterscheidet. Durch die Einführung des Neues schaffenden konstruktiven Assoziation überschreitet B. die Grenzen der klassischen Assoziationstheorie des ↑Sensualismus. Physisches und Psychisches beeinflussen sich nicht gegenseitig, obwohl jeder Zustand des einen einem Zustand des anderen entspricht; vielmehr stellen der geistige und der nervöse Zustand zwei Seiten desselben Ereignisses dar.

Werke: The Senses and the Intellect, London 1855, [4]1894; The Emotions and the Will, London 1859, [4]1899; Logic, I–II, London 1870; Mind and Body, The Theories of their Relation, London [2]1873 (repr. Westmead 1971; dt. Geist und Körper. Die Theorien über ihre gegenseitigen Beziehungen, Leipzig 1874, [2]1881); Mental and Moral Science. A Compendium of Psychology and Ethics, London 1868; Moral Science. A Compendium of Ethics, New York 1869; Education as a Science, New York 1879 (repr. Farnborough 1971; dt. Erziehung als Wissenschaft, Leipzig 1880); Autobiography, ed. W. L. Davidson, London/New York/Bombay 1904 (mit Bibliographie).

Literatur: M. G. Benso, L'educazione secondo E. Spencer, A.B., R. Ardigò, Biella 1919; H.C. Warren, A History of the Association Psychology, New York/Chicago 1921. H. R. G.

Bakunin, Michail Alexandrowitsch, *Prjamuchino (Gouv. Twer) 30. Mai (18. alter Kal.) 1814, †Bern 1. Juli 1876, bedeutender russ. anarchistischer Schriftsteller und Revolutionär. Stammte aus altadliger Familie, brach 1835 seine Offizierslaufbahn ab und widmete sich bis 1842 philosophischen Studien in Moskau, Petersburg und Berlin. B. wurde philosophisch stark durch den politisch orientierten Linkshegelianismus (↑Hegelianismus) und durch sozialistische Strömungen (W. Weitling) beeinflußt. 1843–1848 Reise durch Europa, Bekanntschaft mit F. J. Proudhon und K. Marx in Paris. 1849 wurde B. wegen seiner Beteiligung am Dresdener Aufstand zum Tode verurteilt, 1850 an Rußland ausgeliefert. Nach sechsjähriger Haft Verbannung nach Sibirien. 1857 schrieb B. eine umstrittene Bittschrift an Alexander II., 1861 Flucht nach London, wo B. mit A. Herzen zusammenarbeitete und den polnischen Aufstand von 1863 vorbereiten half. Nach Gründung der Anarchistischen Allianz der sozialistischen Demokratie trat B. der Ersten Internationale bei, aus der er 1872 auf Betreiben von Marx und F. Engels ausgeschlossen wurde. – B. ist der Hauptvertreter der kollektivistischen Variante des ↑Anarchismus. Ziel der anarchistischen Bewegung ist negativ die Zerschlagung aller gesellschaftlichen Institutionen, vor allem die Abschaffung von Staat, Religion und Ehe. Dieses Ziel wird durch den Einsatz von Berufsrevolutionären und durch eine universelle, spontane und antiautoritäre, hier vor allem bäuerliche, Volksrebellion erreicht. Positiv wird die spontane föderative Organisation der Arbeit und des Gemeineigentums der produzierenden Assoziationen angestrebt. B.s anarchistische Ideen gewannen vor allem in Südeuropa und in Rußland großen Einfluß auf die Arbeiterbewegung.

Werke: Œuvres, I–VI, I, ed. M. Nettlau, II–VI, ed. J. Guillaume, Paris 1895–1913; Gesammelte Werke, I–III, Berlin 1921–1924 (repr. I–III, Berlin 1975); Œuvres complètes, ed. A. Lehning, Paris 1973ff. (bisher 5 Bde); Dieu et l'état, Genf 1882; Bog i gosudarstvo, Moskau 1906 (dt. Gott und der Staat und andere Schriften, ed. S. Hillmann, Hamburg 1969); Frühschriften, ed. R. Beer, Köln 1973; Philosophie der Tat. Auswahl aus seinem Werke, ed. R. Beer, Köln 1968; Gosudarstvennost' i anarchija, Petersburg 1919 (dt. Staatlichkeit und Anarchie und andere Schriften, ed. H. Stuke, Frankfurt/Berlin/Wien 1972).

Literatur: F. Brupbacher, Marx und B.. Ein Beitrag zur Geschichte der internationalen Arbeiter-Assoziation und zur Diskussion über autoritären und antiautoritären Kommunismus, München 1913, Nachdr. Berlin 1976; E. H. Carr, M. B., London 1937; R. Huch, M. B. und die Anarchie, Leipzig 1923; K. Marx/F. Engels, Die angeblichen Spaltungen in der Internationale. Vertrauliches Zirkular der Internationalen Arbeiterassoziation (1872), MEW XVIII, 7–51; dies., Ein Komplott gegen die Internationale Arbeiterassoziation. Im Auftrage des Haager Kongresses verfaßter Bericht über das Treiben B.s und der Allianz der sozialistischen Demokratie (1873), MEW XVIII, 327–471; K. Marx, Konspekt von B.s Buch »Staatlichkeit und Anarchie«, MEW XVIII, 597–643; A. Masters, B.. The Father of Anarchism, London 1974; M. Nettlau, M. B.. Eine Biographie, I–III, London 1896–1900; ders., Der Anarchismus von Proudhon zu Kropotkin. Seine historische Entwicklung in den Jahren 1859–1880, Berlin 1927, Nachdr. Glashütten 1972; P. Scheibert, Von B. zu Lenin. Geschichte der russischen revolutionären Ideologien 1840–1895, Leiden 1956, 1970; J. F. Wittkop, M. A. B. in Selbstzeugnissen und Dokumenten, Hamburg 1974. S. B.

Baliani, Giovanni Battista, *Genua 1582, †ebd. 1666, ital. Physiker aus dem Kreise G. Galileis. Verbrachte nach einer juristischen Ausbildung sein Leben im öffentlichen Dienst (Savona), korrespondierte mit Galilei, den er 1615 in Florenz besuchte, über Fragen der theoretischen und experimentellen Mechanik und empfahl unter anderem in einem Brief vom 19. 8. 1639 eine prinzipiellere Fassung des in den »Discorsi« (1638) bereits für kurze Strecken formulierten Trägheitssatzes. Neben Beiträgen zum Begriff des elastischen Stoßes und zur Erklärung von Ebbe und Flut (unter Annahme des Tychonischen Systems) verdient insbesondere die Schrift »De motu naturali gravium solidorum« (Genua 1638) Beachtung, die in Abhängigkeit von Galilei gesetzmäßige Formulierungen zur Fall- und Pendelbewegung enthält; in der 2. Auflage 1646 um Überlegungen zu den Begriffen Masse, Kraft und Beschleunigung ergänzt. Mißverständliche Formulierungen in dieser 2. Auflage erweckten den Eindruck, als wolle B. den bei W. Heytesbury und Galilei auftretenden ›Strecken-Satz‹, wonach sich bei gleichförmig beschleunigter Bewegung die in gleichen Zeiten zurückgelegten Wege verhalten wie die ungeraden Zahlen 1, 3, 5,..., durch ein Gesetz der geraden Zahlen ersetzen.

Weitere Werke: Trattato della pestilenza, Savona 1647; Opere diverse, Genua 1666, 1792; Briefwechsel mit G. Galilei, in: Le Opere di Galileo Galilei, Ed. Naz., I–XX, Florenz 1890–1909 (repr. 1929–1939, 1965), XII–XVII; mit M. Mersenne, in: Correspondance du P. Marin Mersenne, ed. C. de Waard u.a., Paris 1932ff..

Literatur: S. Drake, B., DSB I (1970), 424–425; E. Grillo, B., Dizionario biografico degli italiani V, Rom 1963, 553–557; S. Moscovici, L'expérience du mouvement. Jean Baptiste B. – disciple et critique de Galilée, Paris 1967. J. M.

Balmes, Jaime Luciano, *Vich (Katalonien) 28. Aug. 1810, †ebd. 9. Juli 1848, span. Philosoph,

Hauptvertreter der spanischen Neuscholastik des 19. Jahrhunderts. Als Staatstheoretiker Verfechter der Monarchie, auf Grund seiner Gesellschaftslehre von einigen als Begründer der Soziologie in Spanien angesehen, versuchte in einem vierbändigen Werk den Katholizismus als das wichtigste kulturelle Element des Abendlandes zu erweisen. Seine unter dem Titel »El criterio« erschienene Logik hat die Unterrichtsgestaltung an den Schulen in Spanien bis in die neueste Zeit hinein beeinflußt. Die im 19. Jahrhundert in katholischen Kreisen Deutschlands vielgelesenen Übersetzungen seiner Werke (vor allem die »Briefe an einen Zweifler«) verteidigen die Neuscholastik gegen den englischen ↑Empirismus, den (von B. als ↑Skeptizismus betrachteten) ↑Kantianismus und den deutschen Idealismus (↑Idealismus, deutscher). Im zeitgenössischen Spanien stieß B. wegen seiner angeblich zu liberalen Ideen auf den entschiedenen Widerstand konservativer katholischer Kreise.

Werke: El protestantismo comparado con el catolicismo en sus relaciones con la civilización europea, I–IV, Barcelona 1842–1844 (dt. Protestantismus und Katholicismus in ihren Beziehungen zur europäischen Civilisation, I–II, Regensburg 1861/1862, [2]1888); El criterio, Barcelona 1845, [3]1851, [7]1872 (dt. Weg zur Erkenntniß des Wahren, Regensburg 1852, [2]1872); Cartas a un escéptico en materia de religión, Madrid 1845 (dt. Briefe an einen Zweifler, Regensburg 1852, [5]1894); Filosofía fundamental, I–IV, Barcelona 1846, [2]1848 (dt. Fundamente der Philosophie, I–IV, Regensburg 1855–1856, [2]1861); Curso de filosofía elemental, I–III, Madrid 1847 (dt. Lehrbuch der Elemente der Philosophie, I–IV, Regensburg 1852–1853); Vermischte Schriften religiösen, philosophischen, politischen und literarischen Inhalts, I–III, Regensburg 1855–1856. – Obras completas, I–XXXIII, ed. I. Casanovas, Barcelona 1925–1927, I–VIII, Madrid 1948–1950. – I. de Dios Mendoza, Bibliographia balmesiana. Ediciones y estudios, Barcelona 1961.

Literatur: H. Auhofer, Die Soziologie des J.B., Diss. München 1953 (span. La sociología de J.B., Madrid 1959); A. de Blanche-Raffin, Jacques B.. Sa vie et ses ouvrages, Paris 1849 (dt. J.B.. Sein Leben und seine Werke, Regensburg 1852); M. Fraga Iribarne, B.. Fundador de la sociología positiva en España, Vich 1955; M. Schlüter-Hermkes, Die Fundamental-Philosophie des J.B., Krefeld 1919; dies., Die Philosophie des J.B. und ihr Zusammenhang mit der übrigen europäischen Philosophie, Span. Forsch. Görres-Ges., Ser. 1, II (1931), 229–275; J. Riezu, El pensamiento sociológico de J.B., Est. filos. 15 (1966), 527–540; R. Sencourt, J.B., Dublin Rev. 221 (1948), 29–43; J. Tusquets, J.B.. Son système philosophique, Paris 1969. C.T.

Barbara, in der traditionellen ↑Syllogistik Merkwort für den Syllogismus MaP, $SaM \prec SaP$ (›alle M sind P‹, ›alle S sind M‹ impliziert ›alle S sind P‹), in moderner quantorenlogischer Schreibweise:

$$\bigwedge_x(M(x) \rightarrow P(x)),\ \bigwedge_x(S(x) \rightarrow M(x)) \prec \bigwedge_x(S(x) \rightarrow P(x)).$$

Es handelt sich um einen der vier vollkommenen Syllogismen (↑Syllogismus, vollkommener) der ersten syllogistischen Schlußfigur. P.S.

Bar-Hillel, Yehoshua, *Wien 8. Sept. 1915, †Jerusalem 25. Sept. 1975, israel. Wissenschaftstheoretiker und Sprachphilosoph. B.-H. lebte 1923–1933 in Berlin, dann Studium an der Hebrew University in Jerusalem; von 1954 bis zu seinem Tode Universitätslehrer ebendort. Zahlreiche Gastprofessuren, z.B. an der University of California in Berkeley und am Massachusetts Institute of Technology in Cambridge (USA); Mitglied der Israel Academy of Sciences and Humanities, 1966 Präsident der IUHPS (International Union for the History and Philosophy of Science). B.-H. hat neben zahlreichen Arbeiten zu Grundlagenproblemen der Mathematik die wissenschaftstheoretischen Errungenschaften des logischen Empirismus (↑Empirismus, logischer), speziell im Werke R. Carnaps, für den methodischen Aufbau der modernen Linguistik fruchtbar gemacht. Seinen Forschungen verdankt man die zunehmende Anerkennung der entscheidenden Rolle der ↑Pragmatik auch für ↑Syntax und ↑Semantik natürlicher Sprachen.

Hauptwerke: (mit A.A. Fraenkel u. A. Levy) Foundations of Set Theory, Amsterdam 1959, [2]1973; Language and Information. Selected Essays on their Theory and Application, Reading Mass. 1964; Aspects of Language. Essays & Lectures on Philosophy of Language, Linguistic Philosophy & Methodology of Linguistics, Jerusalem/Amsterdam 1970; (ed.), Mathematical Logic and Foundations of Set Theory. Amsterdam 1970; (ed.), Pragmatics of Natural Languages, New York 1971, Dordrecht/Boston 1972 (Synthese Library 41); Linguistik und maschinelle Übersetzung. Abhandlungen zur Sprachanalyse, Berlin/New York 1978.

Literatur: A. Kasher (ed.), Language in Focus. Foundations, Methods and Systems. Essays in Memory of Y.B.-H., Dordrecht 1976 (mit Biographie, Nachrufen und Bibliographie); H. Schnelle, Y.B.-H. (1915–1975), Z. allg. Wiss.theorie 9 (1978), 1–12. K.L.

Barrow, Isaac, *London Oktober 1630, †ebd. 4. Mai 1677, engl. Mathematiker und Gelehrter. Studium am Trinity College, Cambridge, 1652 M.A., 1655 auf Befehl Cromwells vor der sicheren Übernahme einer Griechischprofessur entlassen, Reisen auf dem Kontinent, 1660 Eintritt in den geistlichen Stand und Erhalt der vorher verweigerten Professur, 1662 zusätzlich Geometrieprofessor in London und schließlich (1663) Mathematikprofessor in Cambridge. 1669 Übergabe seines Lehrstuhls an I. Newton und königlicher Kaplan in London. Mitglied der Royal Society, 1673 Rückkehr nach Cambridge als Master of Trinity, 1675 Vizekanzler der Universität.

B. stellte in seinen »Lectiones geometricae«, die stark von anderen Mathematikern abhängig sind, explizit das inverse Verhältnis von Differentiation und Integration fest, schrieb, beeinflußt unter anderem von J. Wallis und T. Hobbes, über den Status mathematischer Objekte, über die axiomatische Methode und das Kontinuum. Gegen die führenden Mathematiker der Zeit argumentierte B. für einen prinzipiellen Unterschied von Arithmetik (Algebra sollte wie Logik nur eine Hilfsfunktion für mathematische Forschung haben) und Geometrie. In der Optik können B.s Schriften wegen ihres methodischen Aufbaus wie auch mit ihrer These von der korpuskularen Natur des Lichts als Vorstufen der Newtonischen Optik gelten. – Den methodischen Ansatz der meisten Physiker seiner Zeit kritisierend, die mit einer Vielzahl von ↑ad-hoc-Hypothesen die unterschiedlichen Phänomene der unbelebten Natur zu erklären versuchten, entwarf B. die Idee einer mathematischen Physik, die einerseits mit mathematischer Strenge in ihren wenigen Prinzipien sich auf die Verwendung der Begriffe Bewegung und Materie beschränkt, zum anderen die von F. Bacon geforderte Zentralstellung der Erfahrung durch ihre Verbindung von Theorie und Experiment berücksichtigt. Diese Konzeption dürfte einen gewissen Einfluß auf methodologische Konzeptionen des jungen Newton gehabt haben. Jedoch war Newton kein Schüler B.s. – B. gab Abrisse von Werken Euklids sowie Schriften von Archimedes, Apollonios und Theodosios heraus.

Werke: The Mathematical Works of I. B. D. D., ed. W. Whewell, Cambridge 1860; The Theological Works of I. B. D. D., I–IX, ed. A. Napier, Cambridge 1859. – Lectiones XVIII Cantabrigiae in scholis publicis habitae, in quibus opticorum phaenomen *ων* genuinae rationes investigantur ac exponuntur, London 1669; Lectiones geometricae, in quibus, praesertim, generalia curvarum linearum symptomata declarantur, London 1670; Lectiones mathematicae XIII, in quibus Principia Matheseos generalia exponuntur, London 1683.

Literatur: R. H. Kargon, Atomism in England from Hariot to Newton, Oxford 1966; H. Osmond, I. B.. His Life and Times, London 1944; D. T. Whiteside, Isaac Newton: Birth of a Mathematician, Notes and Records Royal Soc. London 19 (1964), 53–62; ders., B., DSB I (1970), 473–476. P. J.

Basis, seit R. Carnaps Frühwerk »Der logische Aufbau der Welt« (1928) in wissenschaftstheoretischem Sinne verwendeter Begriff. Carnap bezeichnete als ›B.‹ eines wissenschaftlichen Systems *W* jedes System *S* von zu *W* gehörenden Gegenständen, aus denen sich durch gewisse Operationen sämtliche Gegenstände von *W* ›konstituieren‹ lassen (↑Konstitution). Beispielsweise bilden die beiden Begriffe ›natürliche Zahl‹ und ›unmittelbarer Nachfolger‹ zusammen eine B. eines arithmetischen Begriffssystems (↑Arithmetik), ein Axiomensystem bildet die B. der darauf aufgebauten axiomatischen Theorie (↑System, axiomatisches). Carnap lehnt sich dabei an den Sprachgebrauch an, als ›B.‹ eines mathematischen Gegenstandsbereichs *G* ein Teilsystem *B* von *G* zu bezeichnen, welches erlaubt, sämtliche Gegenstände von *G* als Ergebnis gewisser Operationen (z.B. ↑Linearkombination, Bildung von ↑Durchschnitt oder ↑Vereinigung (mengentheoretisch)) mit den Elementen von *B* zu gewinnen. Im »Logischen Aufbau der Welt« versucht Carnap für das gesamte System der (empirischen) Grundbegriffe der Wissenschaft eine ›eigenpsychische‹ B. anzugeben, d.h. eine B. aus Grundbegriffen, die sich auf unmittelbar Aufweisbares im Sinne des ›erlebnismäßig Gegebenen‹ beziehen (↑Phänomenalismus). Da bei diesem Versuch sowohl ↑Dispositionsbegriffe als auch komplizierte theoretische Begriffe (↑Begriffe, theoretische) z.B. der Physik nicht erfaßt werden, bevorzugt Carnap später eine ›materialistische‹ oder ›physikalistische‹ B. (↑Physikalismus), bei der unter anderem alle psychischen Gegenstände (bzw. Begriffe) auf physikalische Gegenstände (bzw. Begriffe) zurückgeführt werden sollen (↑Reduktionismus). Zu dem sich dabei ergebenden ›B.problem‹ ↑Basissatz.

Literatur: R. Carnap, Der logische Aufbau der Welt, Berlin 1928 (repr. Hamburg 1974); ders., Testability and Meaning, Philos. Sci. 3 (1936), 419–471, 4 (1937), 1–40 (separat New Haven 1950); K. R. Popper, Logik der Forschung, Wien 1935, Tübingen [6]1976; W. Stegmüller, Metaphysik, Wissenschaft, Skepsis, Frankfurt/Wien 1954, unter dem Titel: Metaphysik, Skepsis, Wissenschaft, Berlin/Heidelberg/New York [2]1969. C. T.

Basis, ökonomische, grundlegender Terminus der materialistischen Geschichtsauffassung, dem die Kategorie des ideologischen ↑Überbaus korrespondiert. Die Rede von der Basis bezieht sich auf die Erklärungs- bzw. Deutungsgrundlage gesellschaftlicher Phänomene im historischen bzw. gegenwärtig-strukturellen Rahmen. Im Vorwort der 1859 erschienenen Abhandlung »Zur Kritik der politischen Ökonomie« (MEW XIII, 7–9) wird von K. Marx eine terminologische Klärung vorgenommen und das Verhältnis von Basis und Überbau näher bestimmt. Danach ist die Gesamtheit der Produktionsverhältnisse (Aneignungsformen der Produktion) die ›reale Basis‹, auf der sich ein juristischer und politischer Überbau, der ganze Komplex der ›gesellschaftlichen Bewegungsformen‹ erhebt. Die Produktionsverhältnisse ›entsprechen‹ einem jeweiligen Stand der Produktivkräfte, d.i. der menschlichen Arbeit in der Anwendung auf die Produktionsmittel. Diese Entsprechung ist nicht abbildhaft, sondern als differenzierte und sich wandelnde Bezüglichkeit zu verstehen. Die Produktionsverhältnisse haben in den Produktivkräften ihre materiale Zweckbasis, die sie als historisch situierte Gestaltungen jeweils mehr oder weniger erfüllen. Die gesellschaftlichen Produktivkräfte sind das Movens und das Korrektiv im Verhältnis von Produktivkräften und Produktionsverhältnissen.

Der Sprachgebrauch ist bei Marx nicht einheitlich. Es gibt in seinem Werk Äußerungen, in denen sowohl eingeschränkt nur die Produktivkräfte (vgl. MEW IV, 548) als auch nur die Produktionsverhältnisse (vgl. MEW III, 29; XIII, 8) als Basis bezeichnet werden. Im »Kapital« (MEW XXIII, 96 Anm.) wird von Marx auch ein Wortgebrauch, in dem die ganze ›ökonomische Struktur‹, hier der Zusammengang von Produktivkräften und Produktionsverhältnissen, angesprochen wird, akzeptiert.

Literatur: F. Engels, Brief vom 21./22.9.1890 an J. Broch, MEW XXXVII, 463–465; ders., Brief vom 25.1.1894 an Borgius, MEW XXXIX, 205–207; H. Fleischer, Marx und Engels. Die philosophischen Grundlinien ihres Denkens, Freiburg/München 1970, 86–103. S.B.

Basisformel, ↑Basiskonjunktion.

Basiskonjunktion, als ›Basisformeln‹ bezeichnet man gelegentlich die in einer aussagenlogischen ↑Normalform auftretenden ↑Primformeln oder Negate von solchen (z.B. in der elementaren Theorie der arithmetischen Gleichheit $x=y$ und $x \neq y$), als ›B.en‹ (besser: ›Basiskonjugate‹) die in einer adjunktiven Normalform

$$K_1 \vee K_2 \vee \ldots \vee K_n$$

durch ↑Adjunktoren verknüpften Konjugate (↑Konjunktion) K_i der Form

$$b_1 \wedge b_2 \wedge \ldots \wedge b_m$$

(mit Basisformeln b_j und im allgemeinen verschiedenen m).

Literatur: P. Lorenzen, Metamathematik, Mannheim 1962 (3. verb. Abdruck 1969). C.T.

Basisproblem, ↑Basissatz.

Basissatz, einer der beim Aufbau der Sprache einer empirischen Wissenschaft an den Anfang gestellten, ein beobachtbares Ereignis beschreibenden Sätze. Nach empiristischer Auffassung (↑Empirismus) fixiert ein B. das Ergebnis der Überprüfung einer ↑Prognose durch ↑Beobachtung oder ↑Experiment in Form einer ↑Elementaraussage oder einer ↑Existenzaussage ›an der-und-der Raum-Zeit-Stelle gibt es das-und-das‹ (↑Protokollsatz). K.R. Popper charakterisiert B.e allgemein als solche, die als Prämissen einer empirischen ↑Falsifikation dienen können. Die Probleme im Umkreis der beiden Fragen, (1) ob es unbezweifelbare (›absolut sichere‹) B.e gebe, (2) ob die Wahl von B.en auf Grund ›objektiver‹ Kriterien oder durch bloße Konvention erfolgen können, bilden das sogenannte *Basisproblem*.

Literatur: R.W. Ashby, Basic Statements, Enc. Ph. I (1967), 251–254; A.J. Ayer, Language, Truth and Logic, London 1936, [2]1946, Nachdr. [18]1970 (dt. Sprache, Wahrheit und Logik, Stuttgart 1970); ders., Basic Propositions, in: M. Black (ed.), Philosophical Analysis, Ithaca N.Y. 1950 (dt. Basissätze, in: R. Bubner [ed.], Sprache und Analysis. Texte zur englischen Philosophie der Gegenwart, Göttingen 1968, 170–186); R. Carnap, Testability and Meaning, Philos. Sci 3 (1936), 419–471, 4 (1937), 1–40, separat New Haven 1950; A. Pap, Analytische Erkenntnistheorie. Kritische Übersicht über die neueste Entwicklung in USA und England, Wien 1955; K.R. Popper, Logik der Forschung, Wien 1935, Tübingen [6]1976; W. Stegmüller, Metaphysik, Wissenschaft, Skepsis, Frankfurt/Wien 1954, unter dem Titel: Metaphysik, Skepsis, Wissenschaft, Berlin/Heidelberg/New York [2]1969; A. Wellmer, Methodologie als Erkenntnistheorie. Zur Wissenschaftslehre Karl R. Poppers, Frankfurt 1967. C.T.

Basso, Sebastian (auch: Basson, Sébastien), 2. Hälfte des 16. Jhs., franz. (ital.?) Arzt und Naturphilosoph. Studium an der Academia Mussipontana (Lothringen), weitere biographische Daten sind nicht bekannt. B. versuchte gegen den herrschenden ↑Aristotelismus vorsokratische Positionen (Anaxagoras, Demokrit, Empedokles) zu erneuern. Im Rahmen einer Atomtheorie (↑Atomismus) und der mit dieser verbundenen Vorstellung, daß Fernwirkungen (ähnlich wie bei R. Descartes) durch einen den Raum zwischen den Atomen ausfüllenden ↑Äther hervorgerufen werden, führt B. die Eigenschaften der Elemente auf den Bewegungszustand der Atome und deren Anordnung zurück. Mit der These, daß chemische Verbindungen reine Aggregate darstellen, steht B. ebenso im Gegensatz zu aristotelischen Vorstellungen wie mit seiner (gegen G. Zabarella gerichteten) Erklärung der beschleunigten Fallbewegung (nach B. hervorgerufen durch wachsenden Druck der Luft über dem fallenden Körper).

Werke: Philosophiae naturalis adversus Aristotelem libri XII. In quibus abstrusa veterum physiologia restauratur & Aristotelis errores solidis rationibus refelluntur, Genf 1621, Amsterdam 1649.

Literatur: I. Guareschi, La teoria atomistica e S.B. con notizie e considerazioni su William Higgins, Mem. della Regale Accad. dei Lincei, class. di sci. fisiche, mat. e nat. 11 (1916), 289–328; K. Lasswitz, Geschichte der Atomistik vom Mittelalter bis Newton I, Hamburg/Leipzig 1890 (repr. Darmstadt 1963), 467–481; P.M. Rattansi, B., DSB I (1970), 495; C. Vasoli, B., Dizionario biografico degli italiani VII (Rom 1965), 149–150. J.M.

Bauch, Bruno Artur Kanut, *Groß-Nossen (Schlesien) 19. Jan. 1877, †Jena 27. Febr. 1942, dt. Philosoph. 1901 Promotion in Freiburg, 1903 Habilitation (bei H. Vaihinger) in Halle, 1910 Prof. in Halle, 1911 (als Nachfolger O. Liebmanns) o. Prof. in Jena, Schüler H. Rickerts, W. Windelbands und K. Fischers, einer der Hauptvertreter des ↑Neukantianismus, dessen beide Schulen er zu einer Synthese zu bringen versuchte. Mitbegründer der Deutschen Philosophischen Gesellschaft (1917), 1934–1942 deren Präsident. B.s Kantinterpretation darf nach wie vor als wegweisend gelten.

Werke: Luther und Kant, Berlin 1904; Das Substanzproblem in der griechischen Philosophie bis zur Blütezeit, Heidelberg 1910; Studien zur Philosophie der exakten Wissenschaften, Heidelberg 1911; Geschichte der Philosophie IV (Neuere Philosophie bis Kant), Berlin/Leipzig 1908, ^{3}1919, V (Immanuel Kant), Berlin/Leipzig 1911, ^{2}1916, ^{3}1920; Immanuel Kant, Berlin/Leipzig 1917, ^{2}1920; Wahrheit, Wert und Wirklichkeit, Leipzig 1923; Das Naturgesetz. Ein Beitrag zur Philosophie der exakten Wissenschaften, Leipzig/Berlin 1924; Die Idee, Leipzig 1926; Grundzüge der Ethik, Stuttgart 1935 (repr. Darmstadt 1968). – Systematische Selbstdarstellung, in: H. Schwarz (ed.), Deutsche Systematische Philosophie nach ihren Gestaltern I, Berlin 1931, 225–279 (separat 1933); Selbstdarstellung in: W. Ziegenfuß, Philosophen-Lexikon. Handwörterbuch der Philosophie nach Personen I, Berlin 1949, 83–84.

Literatur: P. Bommersheim, B. B. Bl. dt. Philos. 16 (1942), 132–138; J. Strasser, Die Bedeutung des hypothetischen Imperativs in der Ethik B.B.s, Bonn 1967; A.v. Varga, B. B., NDB I (Berlin 1953), 630–631. C.T.

Bauer, Bruno, *Eisenberg 6. Sept. 1809, †Rixdorf (bei Berlin) 15. April 1882, ev. Theologe, Philosoph und politischer Schriftsteller. 1828–1834 Studium der Theologie und Philosophie in Berlin, 1834–1838 Privatdozent für Theologie in Berlin, 1839–1842 in Bonn. 1842 wurde B. in einem Aufsehen erregenden Verfahren wegen seiner Evangelienkritik die venia legendi entzogen. In der Berliner Zeit Freundschaft mit K. Marx. B. war zunächst ein orthodoxer Hegelianer und trat als theologisch spekulativer Kritiker der von D.F. Strauß verfochtenen Positionen auf. Später wurde er zum entschiedensten atheistischen Religionskritiker des Linkshegelianismus (↑Hegelianismus). B. vertritt im Anschluß an G.W.F. Hegels Lehre vom ↑Selbstbewußtsein, das in der Negation aller materialen Inhalte seine Identität erhält, einen sich von aller Parteilichkeit freihaltenden Standpunkt der ›reinen Kritik‹. Als permanentes negatives Verfahren bezüglich aller fixen Inhalte soll sie die Emanzipation der Gattung zur freien selbstbewußten Tätigkeit vollbringen. Aktuell stehen für B. die religiös-kirchlichen und die politischen Positionen im Zentrum der Kritik. F. Engels und K. Marx haben sich in ihren Schriften »Die Heilige Familie oder Kritik der kritischen Kritik. Gegen B.B. und Consorten« (1845) (MEW II, 5–223) und »Die Deutsche Ideologie. Kritik der neuesten deutschen Philosophie in ihren Repräsentanten Feuerbach, B.B. und Stirner, und des deutschen Sozialismus in seinen verschiedenen Propheten« (1846) (MEW III, 9–530) mit B. polemisch auseinandergesetzt.

B. leugnet die Möglichkeit der Ausgrenzung der Historizität der Person Jesu. Die Evangelien und die Apostelbriefe sind Produkte des Selbstbewußtseins der Gemeinden und bürgen lediglich für die schriftstellerische Kunst der Evangelisten. In seinem 1877 in Berlin erschienenen Buch »Christus und die Cäsaren. Der Ursprung des Christentums aus dem römischen Griechentum« (repr. Hildesheim 1968) führt B. die Entstehung des Christentums auf die Gedankenwelt Philons von Alexandreia und L.A. Senecas zurück. Seit seiner Entlassung aus dem Universitätsdienst lebte B. auf einem Bauernhof bei Berlin. 1843–1844 Herausgeber der »Allgemeinen Literaturzeitung« und ständiger Mitarbeiter der konservativen »Kreuzzeitung«.

Werke: Kritik der Geschichte der Offenbarung, I–II, Berlin 1838; Kritik der evangelischen Geschichte der Synoptiker, I–III, Leipzig/Braunschweig 1841–1842, ^{2}1846; Geschichte der Politik, Cultur und Aufklärung des achtzehnten Jahrhunderts, I–IV, Charlottenburg 1843–1845 (repr. I–II, Aalen 1965); Kritik der Evangelien und Geschichte ihres Ursprungs, I–IV, Suppl. I–IV, Berlin 1850–1852; Die Apostelgeschichte eine Ausgleichung des Paulinismus und des Judentums innerhalb der christlichen Kirche, Berlin 1850 (= Kritik der Evangelien I); Kritik der paulinischen Briefe, I–III, Berlin 1850–1852 (=Kritik der Evangelien, Suppl. II–IV); Das entdeckte Christentum (Zürich 1843, beschlagnahmt und vernichtet), in: E. Barnikol, Das entdeckte Christentum im Vormärz, Jena 1927 (vgl. Lit.verz.). – B. B. redivivus. Ausschnitte aus den Schriften des ›Meisters der theologischen Kritik‹ 1840–1880, ed. G. Runze, Berlin 1934 (mit Bibliographie); Die Hegelsche Linke, ed. K. Löwith, Stuttgart-Bad Cannstatt 1962, 75–225; Feldzüge der reinen Kritik, ed. H.-M. Sass (mit Nachwort), Frankfurt 1968. – A. Zanardo, B. B. hegeliano e giovane hegeliano (parte I: 1834–1849), Riv. crit. stor. filos. 22 (1966), 189–210.

Literatur: E. Barnikol, Das entdeckte Christentum im Vormärz. B. B.s Kampf gegen Religion und Christentum und Erstausgabe seiner Kampfschrift, Jena 1927; ders., B. B.. Studien und Materialien. Aus dem Nachlaß, ed. P. Reimer/H.-M. Sass, Assen 1972; W. J. Brazill, The Young Hegelians, New Haven 1970; C. Dannemann, B. B.. Eine monographische Untersuchung, Diss. Erlangen 1969; D. Hertz-Eichenrode, Der Junghegelianer B. B. im Vormärz, Diss. Berlin 1959; J. v. Kempski, über B. B.. Eine Studie zum Ausgang des Hegelianismus, Arch. Philos. 11 (1961/1962), 223–245; L. Koch, Humanistischer Atheismus und gesellschaftliches Engagement. B. B.s Kritische Kritik, Stuttgart/Berlin/Köln/Mainz 1971; Z. Rosen, B. B. and K. Marx. The Influence of B. B. on Marx's Thought, The Hague 1977. S. B.

Baumgarten, Alexander Gottlieb, *Berlin 17. Juli 1714, †Frankfurt (Oder) 26. Mai 1762, dt. Philosoph. 1738 Prof. in Halle (Saale), 1740 in Frankfurt (Oder). B. schließt sich der Philosophie C. Wolffs, dessen bedeutendster Schüler er war, weitgehend an. In der Frage der Wechselwirkung zwischen Seele und Körper nimmt er eine mittlere Position zwischen der Theorie der prästabilierten Harmonie (↑Harmonie, prästabilierte) und der Influxus-physicus-Lehre (↑Okkasionalismus) ein. Die praktische Philosophie erhält im System B.s neben der Ethik (in der B. vor allem die Pflichten gegenüber Gott, den Menschen – hier hebt er die Verpflichtung zur Verbreitung der Erkenntnis hervor – und der übrigen Welt behandelt) und der Rechtsphilosophie mit der Prepologie (Lehre vom Anstand) und der Emphasiologie (Lehre vom Ausdruck) zwei neue Disziplinen. In der theoretischen Philosophie gewinnt sein Werk »Metaphysica« (1739) große Bedeutung; I. Kant benutzt es auch noch in der kritischen Periode als Handbuch für seine Vorlesungen.

B. verwendet als erster den Terminus ›Ästhetik‹ und begründet die ↑Ästhetik in Deutschland, indem er sie neben der Logik als selbständige propädeutische Disziplin der Philosophie im Rahmen der Erkenntnistheorie (Gnoseologie) einführt. Unter Ästhetik im weiteren Sinne versteht er die allgemeine Theorie der sinnlichen Erkenntnis, im engeren Sinne (nur dieser Gebrauch hat sich durchgesetzt) die Theorie der ›freien Künste‹ (↑ars). Dadurch, daß B. die Bedeutung der Sinneserkenntnis gegenüber Wolff, der ihr nur einen unvollkommenen Status der Erkenntnis zuerkennt, betont, bereitet er die Lehre Kants von der spezifischen Funktion der Sinnesleistung für die Erkenntnis vor. Die Ästhetik als Theorie der freien Künste enthält einen theoretischen (Heuristik, Methodologie, Semiotik) und einen praktischen Teil (Anleitungen für die Herstellung von Kunstwerken).

Werke: Meditationes philosophicae de nonnullis ad poema pertinentibus, Halle 1735 (dt. Philosophische Betrachtungen über einige Erfordernisse eines Gedichtes, in: A. Riemann [↑Literatur], 103–146, ed. u. engl. übers. v. K. Aschenbrenner/W.B. Holther, Reflections on Poetry, Berkeley 1954); Metaphysica, Halle 1739 (repr. der 7. Aufl. Halle 1779, Hildesheim 1963); Ethica philosophica, Halle 1740 (repr. der 3. Aufl. Halle 1763, Hildesheim 1969); Aesthetica, I–II, Frankfurt 1750/1758 (repr. Hildesheim 1961); Acroasis logica, Halle 1761, 1765, [2]1773; Philosophia generalis, ed. J. C. Förster, Halle 1770 (repr. Hildesheim 1968).

Literatur: E. Bergmann, Die Begründung der deutschen Ästhetik durch A. G. B. und G. F. Meier, Leipzig 1911; U. Franke, Kunst als Erkenntnis. Die Rolle der Sinnlichkeit in der Ästhetik des A. G. B., Wiesbaden 1972 (Stud. Leibn. Suppl. IX); H. G. Peters, Die Ästhetik B.s, Berlin 1934; B. Poppe, A. G. B.. Seine Bedeutung und Stellung in der Leibniz-Wolffischen Philosophie und seine Beziehungen zu Kant. Nebst Veröffentlichung einer bisher unbekannten Handschrift der Ästhetik B.s, Leipzig 1907; A. Riemann, Die Ästhetik A. G. B.s, Halle 1928 (repr. Walluf 1973); H.-M. Schmidt, Sinnlichkeit und Verstand. Zur philosophischen und poetologischen Begründung von Erfahrung und Urteil in der deutschen Aufklärung (Leibniz, Wolff, Gottsched, Bodmer und Breitinger, B.), Diss. Konstanz 1978; H. R. Schweizer, Ästhetik als Philosophie der sinnlichen Erkenntnis. Eine Interpretation der ›Aesthetica‹ A. G. B.s mit teilweiser Wiedergabe des lateinischen Textes und deutscher Übersetzung, Basel/Stuttgart 1973; T. Verweyen, Emanzipation der Sinnlichkeit im Rokoko?, Germ.-roman. Monatsschrift NF 25 (1975), 276–306. M. G.

Bayessches Theorem, Formel der ↑Wahrscheinlichkeitstheorie zur Berechnung der bedingten Wahrscheinlichkeit bzw. Wahrscheinlichkeitsdichte. Sei $\mathfrak{W}_e = \langle \Omega, \mathfrak{A}, P \rangle$ ein endlich additiver *Wahrscheinlichkeitsraum* mit einem nicht-leeren Möglichkeitsraum (Stichprobenraum) Ω, einem Ereigniskörper $\mathfrak{A}$ und einem endlich additiven reellen Wahrscheinlichkeitsmaß P auf $\mathfrak{A}$. Für P gelten also die Kolmogorov-Axiome

(1) $P(A) \geq 0$ für alle Ereignisse $A \in \mathfrak{A}$
(2) $P(\Omega) = 1$
(3) wenn $A, B \in \mathfrak{A}$ und $A \cap B = \emptyset$,
dann $P(A \cup B) = P(A) + P(B)$.

Für einen σ-additiven Wahrscheinlichkeitsraum $\mathfrak{W}_\sigma = \langle \Omega, \mathfrak{A}, P \rangle$ ist $\mathfrak{A}$ ein σ-Körper von Ereignissen und P ein σ-additives Wahrscheinlichkeitsmaß, für das statt (3) gilt:

(3σ) Für jede unendliche Folge $(A_i)_{i\in\mathbb{N}}$ paarweise *disjunkter Mengen* $A_i \in \mathfrak{A}$ gilt $P\left(\bigcup_{i=1}^{\infty} A_i\right) = \sum_{i=1}^{\infty} P(A_i)$.

Die *bedingte Wahrscheinlichkeit* von B relativ zu A, d.h. die Wahrscheinlichkeit von B, wenn bereits bekannt ist, daß A eingetreten ist, wird (falls $P(A)>0$) definiert durch $P(B|A) = \frac{P(A\cap B)}{P(A)}$. Daraus folgt das allgemeine Multiplikationsprinzip

$$P(A\cap B) = P(A)\cdot P(B|A).$$

Die *Formel der totalen Wahrscheinlichkeit* ergibt sich im endlich additiven Wahrscheinlichkeitsraum $\mathfrak{W}_e$ für eine endliche Zerlegung von Ω in n Ereignisse $B_1, \ldots, B_n$ mit $B_i \cap B_j = \emptyset$ für $i \neq j$ und $\Omega = \bigcup_{i=1}^{n} B_i$. Dann ist nämlich nach (3) und dem Multiplikationsprinzip

$$P(A) = P(A\cap\Omega) = P\left(A \cap \bigcup_{i=1}^{n} B_i\right) = $$
$$= P\left(\bigcup_{i=1}^{n} (A\cap B_i)\right) = \sum_{i=1}^{n} P(A\cap B_i) =$$
$$= \sum_{i=1}^{n} P(B_i)\cdot P(A\,|\,B_i)$$

für $P(B_i)>0$ und für alle i mit $1\leq i\leq n$. Im σ-additiven Wahrscheinlichkeitsraum gilt entsprechend $P(A) = \sum_{i=1}^{\infty} P(B_i)\cdot P(A|B_i)$.

In $\mathfrak{W}_e$ lautet nun die *Bayessche Formel* für die bedingte Wahrscheinlichkeit für ein $k\leq n$ nach Definition der bedingten, der Formel für die unbedingte Wahrscheinlichkeit und dem Multiplikationsprinzip:

$$(4)\quad P(B_k|A) = \frac{P(A\cap B_k)}{P(A)} = \frac{P(B_k)\cdot P(A|B_k)}{\sum_{i=1}^{n} P(B_i)\cdot P(A|B_i)}.$$

Analog dazu gilt in $\mathfrak{W}_\sigma$ für eine unendliche Zerlegung $(B_i)_{i\in\mathbb{N}}$ von Ω die Formel:

$$(5)\quad P(B_k|A) = \frac{P(B_k)\cdot P(A|B_k)}{\sum_{i=1}^{\infty} P(B_i)\cdot P(A|B_i)}.$$

Das B.T. ermöglicht, falls die Wahrscheinlichkeiten $P(B_i)$ aller Glieder der Zerlegung von Ω und weiterhin die bedingten Wahrscheinlichkeiten $P(A|B_i)$ für ein Ereignis A relativ zu allen B_i bekannt sind, den *Umkehrschluß* auf die Wahrscheinlichkeit $P(B_k|A)$ von B_k, falls das Ereignis A eingetreten ist. Es sei z.B. der Prozentsatz der an Lungenkrebs erkrankten Personen bekannt, außerdem, wie viele von den erkrankten bzw. nicht erkrankten Personen Kettenraucher waren. Dann läßt sich nach dem B.n T. umgekehrt die Wahrscheinlichkeit dafür berechnen, mit der ein Kettenraucher an Lungenkrebs erkrankt. Wegen dieser Anwendungsmöglichkeit heißen die Wahrscheinlichkeiten $P(B_i)$, die *unabhängig* von dem Eintreten des Ereignisses A bekannt sein müssen, die *Apriori-Wahrscheinlichkeiten* der B_i, während $P(B_k|A)$, die Wahrscheinlichkeit von B_k *nach* Eintreten von A, *Aposteriori-Wahrscheinlichkeit* von B_k genannt wird.

Das B.T. läßt sich anwenden auf Ereignisse von durch ↑Zufallsfunktionen X, Y beschriebene Zufallsexperimente. Sei $\langle \Omega, \mathfrak{A}, P\rangle$ ein σ-additiver Wahrscheinlichkeitsraum mit höchstens abzählbarem Ω (diskreter Fall); $(x_i)_{i\in\mathbb{N}}$ und $(y_i)_{i\in\mathbb{N}}$ seien die (höchstens abzählbar vielen) Werte, die X bzw. Y annehmen kann; $\{X=x\}$ ($\{Y=y\}$) bezeichne das aus denjenigen Elementen von Ω bestehende Ereignis, für die sich beim Experiment X (Y) der Wert x(y) ergibt. Da für $P(\{Y=y_i\})>0$ die Folge

$$\{Y=y_1\}, \{Y=y_2\}, \{Y=y_3\}, \ldots$$

eine Zerlegung von Ω darstellt, folgt aus (5) für die bedingte Wahrscheinlichkeit, daß das Experiment Y das Resultat y hat, falls X das Resultat x hat:

$$(6)\quad P(\{Y=y\}|\{X=x\}) = \frac{P(\{Y=y\})\cdot P(\{X=x\}|\{Y=y\})}{\sum_{i=1}^{\infty} P(\{Y=y_i\})\cdot P(\{X=x\}|\{Y=y_i\})}.$$

Betrachtet man die gemeinsame Verteilung (X, Y) von X und Y mit der Wahrscheinlichkeitsfunktion $f(x, y)$, so lassen sich $P(\{X=x\})$ und $P(\{Y=y\})$ durch die Randverteilungen

$$f_1(x) = \sum_{i=1}^{\infty} f(x, y_i)$$

$$f_2(y) = \sum_{i=1}^{\infty} f(x_i, y)$$

ersetzen; an die Stelle von $P(\{Y=y\}|\{X=x\})$ tritt jetzt die bedingte Wahrscheinlichkeitsfunktion

$$f(x|y) = \frac{f(x, y)}{f_2(y)}.$$

Damit ergibt sich das B.T., formuliert für Wahrscheinlichkeitsfunktionen:

$$(7)\quad f(y|x)=\frac{f(x,y)}{f_1(x)}=\frac{f_2(y)\cdot f(x|y)}{\sum_{i=1}^{\infty} f_2(y_i)\cdot f(x|y_i)}.$$

Nimmt man x wieder als durch einen Beobachtungsbefund fest gegeben an, so ist der Nenner dieses Bruches konstant, es ist also die Wahrscheinlichkeit einer Größe y *nach* Vorliegen eines Beobachtungsresultates x (Aposteriori-Wahrscheinlichkeit $f(y|x)$) proportional zur Wahrscheinlichkeit von y *vor* Erzielung dieses Resultates (Apriori-Wahrscheinlichkeit $f_2(y)$), multipliziert mit $f(x|y)$ (›Likelihood‹ von y, bezogen auf x). Im kontinuierlichen Fall (bei dem nicht die Abzählbarkeit von Ω vorausgesetzt wird), läßt sich f nicht mehr als Wahrscheinlichkeitsfunktion, sondern nur noch als Wahrscheinlichkeitsdichte interpretieren; an die Stelle von (7) tritt dann die Formel

$$(8)\quad f(y|x)=\frac{f_2(y)\cdot f(x|y)}{\int_{-\infty}^{+\infty} f_2(y)\cdot f(x|y)\,dy}.$$

Für Vertreter eines *objektiven Wahrscheinlichkeitsbegriffs* besitzt das B.T. allerdings nur begrenzte Anwendungsmöglichkeit, da man deren Ansicht nach über wohldefinierte objektive Apriori-Wahrscheinlichkeiten bzw. -Dichten verfügen muß.

Literatur: H. Bauer, Wahrscheinlichkeitstheorie und Grundzüge der Maßtheorie, Berlin [3]1978; D. Bernoulli, The Most Probable Choice between Several Discrepant Observations and the Formation therefrom of the Most Likely Induction, Biometrika 48 (1961), 3-13; G.E.P. Box/G.C. Tiao, Bayesian Inference in Statistical Analysis, Reading Mass./Menlo Park Cal./London/Don Mills Ont. 1973; R. Carnap, Induktive Logik und Wahrscheinlichkeit, bearbeitet von W. Stegmüller, Wien 1959; H. Diehl/D.A. Sprott, Die Likelihoodfunktion und ihre Verwendung beim statistischen Schluß, Statist. Hefte 6 (1965), 112-134; W. Edwards/H. Lindman/L.J. Savage, Bayesian Statistical Inference for Psychological Research, Psycholog. Rev. 70 (1963), 193-242; J. Hacking, Logic of Statistical Inference, Cambridge 1965; H. Jeffreys, Theory of Probability, Oxford 1939, [3]1961; D.V. Lindley, Introduction to Probability and Statistics from a Bayesian Viewpoint, I-II, Cambridge 1965 (I Probability, II Inference); H. Richter, Wahrscheinlichkeitstheorie, Berlin/Heidelberg/New York 1956, [2]1966; W.C. Salmon, Bayes's Theorem and the History of Science, in: R.H. Stuewer (ed.), Historical and Philosophical Perspectives of Science, Minneapolis 1970 (Minnesota Stud. Philos. Sci. 5), 68-86; S.A. Schmitt, Measuring Uncertainty. An Elementary Introduction to Bayesian Statistics, Reading Mass./Menlo Park Cal./London/Don Mills Ont. 1969; W. Stegmüller, Probleme und Resultate der Wissenschaftstheorie und Analytischen Philosophie IV 1.2. (Personelle und statistische Wahrscheinlichkeit), Berlin/Heidelberg/New York 1973; R. Strehl, Wahrscheinlichkeitsrechnung und elementare statistische Anwendungen, Freiburg/Basel/Wien 1974; R.L. Winkler, Introduction to Bayesian Inference and Decision, New York etc. 1972. K.M./P.S.

Bayle, Pierre, *Carlat-Bayle (Ariège) 18. Nov. 1647, †Rotterdam 28. Dez. 1706, franz. Philosoph. B., der 1669 unter jesuitischem Einfluß (Toulouse) zum Katholizismus übertrat, diesen Schritt aber bereits 1670 rückgängig machte, beendete in Genf, wo er sich seit 1670 aufhielt, sein Studium der Theologie und Philosophie (insbesondere der Cartesischen Philosophie) und kehrte 1674 nach Frankreich zurück (Paris, Rouen). 1676 übernahm er eine philosophische Professur an der protestantischen Akademie in Sedan, an der er bis zu ihrer Aufhebung 1681 lehrte. Die 1681 in Rotterdam übernommene Professur verlor er 1693 auf Betreiben des orthodoxen Theologen P. Jurieu, seines früheren Mentors in Sedan.

B.s skeptische Selbständigkeit, sein Eintreten für ↑Toleranz und ↑Atheismus als moralische Alternative zur religiös begründeten Sittlichkeit, macht ihn zum Vorbild der in der ↑Aufklärung gesuchten vernünftigen Selbständigkeit. Sie unterscheidet sich von dieser durch ihre Theoriefeindlichkeit. In seiner Kritik an jeder Form von dogmatischem Denken erscheint für B. Philosophie in Form systematischer Architektonik prinzipiell als Illusion. An die Stelle dieser Architektonik tritt die historische Analyse, am überzeugendsten durchgeführt im »Dictionnaire historique et critique« (I–II, Rotterdam 1696/1697, I–III, [2]1702, I–IV, [3]1720, Amsterdam/Leiden [4]1730, [10]1740, I–XVI, Paris 1920 [repr. I–XVI, Genf 1969], dt. Historisches und critisches Wörterbuch, I–IV, von J.C. Gottsched u.a., Leipzig 1741–1744 [repr. Hildesheim 1974–1978]). Dieses Wörterbuch, aus dem die Aufklärung einen wesentlichen Teil ihrer kritischen Kräfte zog, war ursprünglich dazu geplant, Ungenauigkeiten anderer Diktionäre nachzuweisen. Nachdem ein auszugsweiser Vorabdruck (1692) auf kein Interesse stieß, gab ihm B. seine spätere ›biographische‹ Form, durch umfangreiche systematische Anmerkungsteile (Beispiel: der Artikel »Rorarius« mit seiner Kritik der ↑Monadentheorie) ergänzt. B.s Eintreten für eine theologiefreie Sittlichkeit hat zusammen mit seiner historisch-kritischen Leistung den Weg für das neuzeitliche Denken geöffnet. Sein Einfluß auf die Aufklärer ist groß, er besaß unter anderem Kontakte zu A. Arnauld, G.W. Leibniz, J. Locke und N.

Malebranche. 1684 gründete er die »Nouvelles de la République des Lettres«.

Weitere Werke: Œuvres diverses, I–IV, Den Haag/Rotterdam 1727–1731, Nachdr. I–V, ed. E. Labrousse, Hildesheim 1964–1968; Pensées sur la Comète, Köln 1682; Ce que c'est que la France toute catholique, sous le règne de Louis le Grand, S. Omer 1686; Avis important aux réfugiéz, sur leur prochain retour en France, Amsterdam 1690; Systême de philosophie. Contenant la logique et la métaphysique, posthum Berlin 1785.

Literatur: C. B. Brush, Montaigne and B.. Variations on the Theme of Scepticism, The Hague 1966; E. Cassirer, Die Philosophie der Aufklärung, Tübingen 1932, Nachdr. 1973, 269ff.; P. Dibon (ed.), P. B.. Le Philosophe de Rotterdam, Amsterdam/Paris 1959; J.-P. Jossua, P. B. ou l'obsession du mal (Présence et pensée), Paris 1977; ders., Doute sceptique et doute méthodique chez P. B., Rev. sci. philos. théol. 39 (1977), 157–167; É. Labrousse, Inventaire critique de la correspondance de B., Paris 1961; dies., P. B., I–II, La Haye 1963/1964; H. T. Mason, P. B. and Voltaire, London 1963; R. H. Popkin, B., Enc. Ph. I (1967), 257–262; P. Rétat, Le »Dictionnaire« de B. et la lutte philosophique au XVIIIe siècle, Paris 1971; W. Rex, Essays on P. B. and Religious Controversy, The Hague 1965. J. M.

Becher, Erich, *Reinshagen 1. Sept. 1882, †München 5. Jan. 1929, dt. Philosoph, Psychologe und Naturwissenschaftler. 1909–1916 Prof. der Philosophie in Münster, 1916–1929 in München. – B. ist einer der Hauptvertreter des ↑Vitalismus und vertritt eine psychovitalistische Variante desselben. Lebensvorgänge sind von denen der toten Natur durch die Wechselwirkung psychischer und physischer Faktoren definiert, wobei den ersteren ein strukturierender Primat zukommt. Sie sind teleologisch (↑Teleologie) zu betrachten; unter Bezug auf die gesamte Natur ist ein Ziel wahrscheinlich. Sozialität und Altruität (›fremddienliche Zweckmäßigkeit‹), die nach B.s Überzeugung allem Lebendigen eigentümlich sind, verdanken sich der Integration der jeweils singularen psychischen Vorgänge in einem ›überindividuellen Seelischen‹, das sich in die Organismen verteilt. Für den bewußt handelnden Menschen ergibt sich aus der seinsmäßigen Verankerung des Seelischen im Lebendigen ethisch die Forderung, seine Sozialität zu bilden. In seiner Wissenschaftslehre unterscheidet B. Ideal- und ↑Realwissenschaften und zwar nicht nur wie der antirealistische ↑Neukantianismus nach Methoden und Erkenntnisgrundlagen, sondern erkenntnistheoretisch-realistisch nach Erkenntnisgegenständen.

Werke: Philosophische Voraussetzungen der exakten Naturwissenschaften, Leipzig 1907; Die Grundfrage der Ethik. Versuch einer Begründung des Prinzips der größten allgemeinen Glückseligkeitsförderung, Köln 1908; Naturphilosophie, Leipzig/Berlin 1914 (Kultur der Gegenwart Teil III, Abt. 7, Bd. I, red. C. Stumpf); Die fremddienliche Zweckmäßigkeit der Pflanzengallen und die Hypothese eines überindividuellen Seelischen, Leipzig 1917; Geisteswissenschaften und Naturwissenschaften. Untersuchungen zur Theorie und Einteilung der Realwissenschaften, München/Leipzig 1921; Selbstdarstellung, in: R. Schmidt (ed.), Die deutsche Philosophie der Gegenwart in Selbstdarstellungen, I–V, Leipzig 1921–1924, I, [2]1923, 21–48; Einführung in die Philosophie, München 1926; Grundlagen und Grenzen des Naturerkennens, München 1928; F. W. J. Schelling, Langensalza 1928.

Literatur: P. Luchtenberg, E. B., Kant-St. 34 (1929), 275–290; F. Thöne, E. B. als Vertreter des Eudämonismus, Diss. Gießen 1933; A. Wenzl, E. B.s »induktive Metaphysik« und ihre Weiterführung in die Gegenwart, Tatwelt 16 (1940), 147–155. S. B.

Beck, Jacob Sigismund, *Marienburg 6. Aug. 1761, †Rostock 29. Aug. 1840, dt. Philosoph, Schüler I. Kants. Prof. der Philosophie in Halle (1791) und Rostock (ab 1799), kritisierte im 3. Band seines »Erläuternden Auszugs aus den critischen Schriften des Herrn Prof. Kant, auf Anrathen desselben« (I–III, Riga 1793–1796 [repr. Frankfurt 1966/1967, Brüssel 1968]), seinem Hauptwerk »Einzigmöglicher Standpunct, aus welchem die critische Philosophie beurtheilt werden muß« (1796), die Lehre Kants, wonach die ↑Dinge an sich einerseits durch ↑Affektion den Stoff der Vorstellungen bereitstellen, andererseits aber nicht räumlich und zeitlich existieren und darum auch nicht mit der Kategorie der ↑Kausalität begriffen werden können. Die Rede von der Affektion durch die Dinge an sich erklärt B. für eine Angleichung Kants an die Sprache des dogmatisch gesinnten Lesers. B. seinerseits läßt die ↑Erscheinungen (↑Phaenomenon) den Vorstellungsstoff durch eine Affektion der Sinne geben. B. wurde zunächst viel diskutiert, von Kant selbst jedoch verworfen; mit dem Bekanntwerden der Fichteschen Philosophie schwindet sein Einfluß.

Weitere Werke: Grundriß der critischen Philosophie, Halle 1796 (repr. Brüssel 1970); Commentar über Kants Metaphysik der Sitten I: Welcher die metaphysischen Principien des Naturrechts enthält, Halle 1798 (repr. Brüssel 1970); Lehrbuch der Logik, Rostock 1820; Lehrbuch des Naturrechts, Jena 1820.

Literatur: G. Durante, Gli epigoni di Kant, Florenz 1943; W. Potschel, J.S.B. und Kant, Breslau 1910; I. Reiser, Zur Erkenntnislehre J.S.B.s, Diss. München 1934; J. Schmucker-Hartmann, Der Widerspruch von Vorstellung und Gegenstand. Zum Kantverständnis von J.S.B., Meisenheim 1976. O.S.

Becker, Oskar, *Leipzig 5. Sept. 1889, †Bonn 13. Nov. 1964, dt. Philosoph, Grundlagenforscher und Historiker der Mathematik und Logik, einer der Begründer der ↑Modallogik. 1914 Promotion in Leipzig, 1922 Habilitation in Freiburg bei E. Husserl mit einer Arbeit zur phänomenologischen Begründung der Geometrie und ihrer physikalischen Anwendungen, 1928 a.o. Prof. in Freiburg, 1931 o. Prof. in Bonn; mit Husserl 1923–1931 Herausgeber des »Jahrbuchs für Philosophie und phänomenologische Forschung«. Auf dem Hintergrund von Husserls Begriff der definiten Mannigfaltigkeit untersucht B. zunächst die verschiedenen Begründungsansätze des mathematischen ↑Kontinuums nach R. Dedekind, G. Cantor, B. Russell, H. Weyl und L.E.J. Brouwer. Dabei gibt er ebenso wie Weyl der intuitionistischen Begründung Brouwers den Vorzug, da sie die Existenz mathematischer Objekte (Zahlen, Mengen, Funktionen etc.) durch eine schrittweise ↑Konstruktion garantiert und damit zirkelhafte und widerspruchsvolle Begriffsbildungen von vornherein vermeidet (↑Mathematik, konstruktive). Die Formen der ↑Euklidischen Geometrie konstituieren sich nach B. als ›Idealgebilde‹ in einem kontinuierlichen Grenzprozeß auf den verschiedenen Feldern unserer Wahrnehmung und Stufen unserer homogenen Anschauung. B.s phänomenologische Analysen nicht-euklidischer Geometrien fanden bei Weyl starke Beachtung und führten zu einer Diskussion mit E. Cassirer und H. Reichenbach über den Status der ↑Anschauung in Geometrie und Physik. In der Logik greift B. 1930 das System S 3 der strikten Implikation (↑Implikation, strikte) von C.I. Lewis auf und ergänzt es durch ein Reduktionsprinzip, um Modalitäten höheren Grades, die durch iterierte Anwendung der Modalitäten ›Falsch‹ und ›Unmöglich‹ entstehen, zu reduzieren. Nach dem Aufbau zweier Modalkalküle mit sechs bzw. zehn nicht-reduzierbaren Modalitäten untersucht B. die Beziehungen zwischen der Modallogik und dem intuitionistischen Logikkalkül von A. Heyting und weist damit auf einen Zusammenhang hin, der für die folgende Entwicklung der Modallogik bei K. Gödel, G. Kreisel, S.A. Kripke, P. Lorenzen u.a. wichtig wurde.

Mit den Eudoxos-Studien von 1933 leitet B. eine Reihe mathematikhistorischer Untersuchungen ein, die zu dem Standardwerk »Grundlagen der Mathematik in geschichtlicher Entwicklung« (1954) führen. Seit seinem Beitrag zur Husserl-Festschrift von 1929 tritt er ferner mit ästhetischen und existenzphilosophischen Betrachtungen hervor. In seinem Alterswerk strebt B. eine Synthese von mathematisch-konstruktiver und historisch-hermeneutischer Methode an, indem er auf die lebensweltliche (↑Lebenswelt) und anthropologische Fundierung mathematischer Wissenschaft aufmerksam macht.

Werke: Beiträge zur phänomenologischen Begründung der Geometrie und ihrer physikalischen Anwendungen, Jb. Philos. phänomen. Forsch. 6 (1923), 385–560, Tübingen ²1973; Mathematische Existenz. Untersuchungen zur Logik und Ontologie mathematischer Phänomene, Jb. Philos. phänomen. Forsch. 8 (1927), 441–809, Tübingen ²1973; Über den sogenannten »Anthropologismus« in der Philosophie der Mathematik, Philos. Anz. 3 (1928), 369–387; Von der Hinfälligkeit des Schönen und der Abenteuerlichkeit des Künstlers, in: Festschrift Edmund Husserl zum 70. Geburtstag gewidmet, Halle 1929 (repr. Tübingen 1974), 27–52; Die apriorische Struktur des Anschauungsraumes, Philos. Anz. 4 (1930), 129–162; Zur Logik der Modalitäten, Jb. Philos. phänomen. Forsch. 11 (1930), 497–548; Eudoxos-Studien, I–IV, in: Quellen und Studien zur Geschichte der Mathematik, Astronomie und Physik, Abt. B (Studien), 2 (1933), 311–333, 369–387, 3 (1936), 236–244, 370–410; Nietzsches Beweise für seine Lehre von der ewigen Wiederkehr, Bl. dt. Philos. 9 (1935/1936), 368–387; Transzendenz und Paratranszendenz, in: Travaux du IX. Congrès Int. Philosophie, Fasc. VIII, Paris 1937, 97–104; Das formale System der logisch-ontologischen Modalitäten, Bl. dt. Philos. 16 (1942/1943), 387–422; Para-Existenz. Menschliches Dasein und Dawesen, Bl. dt. Philos. 17 (1943/1944), 62–95; Ein »natürliches« formales System der logisch-ontologischen Modalitäten, Bl. dt. Philos. 18 (1944), 82–93; (mit J.E. Hofmann) Geschichte der Mathematik, Bonn 1950; Einführung in die Logistik, vorzüglich in den Modalkalkül, Meisenheim 1951; Untersuchungen über den Modalkalkül, Meisenheim 1952; Grundlagen der Mathematik in geschichtlicher Entwicklung, Freiburg/München 1954, ²1964, Frankfurt 1975; Das mathematische Denken der Antike, Göttingen 1957, ²1966; Zwei Untersuchungen zur antiken Logik, Wiesbaden 1957; Von der Abenteuerlichkeit des Künstlers und der vorsichtigen Verwegenheit des Philosophen, in: G. Funke (ed.), Konkrete Vernunft. Festschrift für E. Rothacker, Bonn 1958, 25–38; Die Archai in der griechischen Mathematik, Arch. Begriffsgesch. 4 (1959), 210–226; Größe und Grenze der mathematischen Denkweise, Freiburg/München 1959; Die Aktualität des pythagoreischen Gedankens, in: D. Henrich/W. Schulz (eds.), Die Gegenwart der Griechen im neueren Denken. Festschrift für H.-G. Gadamer zum 60. Geburtstag, Tübingen 1960, 7–30; Dasein und Dawesen. Gesammelte philosophische Aufsätze, Pfullingen 1963; Die Rolle der euklidischen Geometrie in der Protophysik, Phil. Nat. 8 (1964), 49–64; (ed.) Zur Geschichte der griechischen Mathematik, Darmstadt 1965.

Literatur: J.E. Hofmann, O.B.†, Praxis der Mathematik 7 (1965), 245; O. Pöggeler, Hermeneutische und mathematische Phänomenologie, Philos. Rdsch. 13 (1965), 1–39; E. Ströker, Philosophische Untersuchungen zum Raum, Frankfurt 1965, ²1977. K.M.

Beda Venerabilis (lat., B. der Ehrwürdige), *672/673, †Kloster Jarrow (bei Newcastle) 26. Mai 735, engl. Kirchenlehrer des Benediktinerordens. Im Anschluß an die Schule von Canterbury verfolgt B.V. das Ziel, die antike philosophische und wissenschaftliche Tradition als Stütze für die christliche Lehre in England zu verbreiten. Sein Traktat »De rerum natura« ist von Plinius und Isidor abhängig und beeinflußt die mittelalterliche Naturlehre und Geographie. Neben theologischen Schriften verfaßte B.V. grammatische, chronologische und historische Werke (B.V. wird als ›Vater der englischen Geschichtsschreibung‹ bezeichnet).

Werke: Secundi tomi operum commentarii, ed. J.B. Ascensius, Paris 1521; Opera omnia, I–VIII, Basel 1563; Opera quotquot reperiri potuerunt omnia, I–VIII, Köln 1612; The Complete Works of Venerable Bede, in the Original Latin, Collated with the Manuscripts, and Various Printed Editions, Accompanied by a new English Translation of the Historical Works, I–XII, ed. J.A. Giles, London 1843–1844; Opera omnia, I–VI, ed. J.P. Migne, Paris 1861–1862 (= MPL 90–95).

Literatur: G.F. Browne, The Venerable B.. His Life and Writings, London 1919, ²1928; T.R. Eckenrode, The Growth of a Scientific Mind. B.'s Early and Late Scientific Writings, Downside Review 94 (1976), 197–212; A.H. Thompson (ed.), B.. His Life, Time and Writings. Essays in Commemoration of the Twelfth Centenary of his Death, Oxford 1935; B. Thum, B., LThK II (1958), 93–94; K. Werner, B. der Ehrwürdige und seine Zeit, Wien 1875, ²1881. G.W.

Bedeutung (engl. meaning), dasjenige, was ein sprachlicher Ausdruck oder ein anderes Zeichen zu verstehen gibt. Die philosophische B.stheorie heißt ↑Semantik. In der heute weitgehend als überwunden geltenden ↑Abbildtheorie wurde als Paradigma sprachlicher B. der ↑Eigenname gesehen und das Verhältnis zwischen Name und benanntem Gegenstand analog zum Verhältnis zwischen Bild und Abgebildetem gedacht: das Bild ist Abbild eines Gegenstandes, der unabhängig von ihm real existiert (daher heißt diese B.stheorie auch ›realistisch‹). Entsprechend galt als die B. eines Namens der benannte Gegenstand, als B. eines Prädikators ein ↑Attribut und als B. eines Satzes ein ↑Sachverhalt. Wo man die B. nicht als unabhängig existierend ansieht, sondern als Konstruktion menschlichen Denkens (nicht Sprechens), spricht man statt von Attribut und Sachverhalt auch von ↑Begriff und ↑Proposition.

Die Gleichsetzung von B. und bezeichnetem Gegenstand führt zu Schwierigkeiten. Unter anderem läßt sich nicht erklären, worin der Informationswert von Identitätsaussagen wie ›der Abendstern ist identisch mit dem Morgenstern‹ (im Unterschied zu ›... ist identisch mit dem Abendstern‹) besteht, auch ist die Konsequenz unannehmbar, daß ein Name seine B. verliert, wenn der genannte Gegenstand aufhört zu existieren. Die bis heute richtungweisenden Überlegungen G. Freges haben diesen zur Unterscheidung von ↑Sinn (engl. sense, meaning) und B. (engl. reference, denotation) geführt: Von der B. eines Namens als dem benannten Gegenstand ist sein Sinn zu unterscheiden als die Weise seines Gegebenseins. Der Informationswert der genannten Identitätsaussage verdankt sich also einem Unterschied im Sinn der Ausdrücke ›Abendstern‹ und ›Morgenstern‹. Frege überträgt diese Unterscheidung auch auf Sätze und Prädikate. Im Anschluß an diese Unterscheidung, im Detail aber verschieden, hat R. Carnap zwischen ↑Intension (entsprechend ›Sinn‹) und ↑Extension (entsprechend ›B.‹) unterschieden. Intensionen von Namen bzw. Prädikaten bzw. Sätzen sind für Carnap jeweils der ↑Individualbegriff, der Begriff und die Proposition; die entsprechenden Extensionen sind der Gegenstand, die Klasse und der Wahrheitswert. Der Hauptunterschied zu Frege liegt in Carnaps Definition der Intensionsgleichheit auf der Basis der logischen Äquivalenz und in der Betrachtung von Klassen als Extensionen von Prädikaten.

Die Haupteinwände gegen Abbildtheorien behaupten entweder, die als B.en postulierten Gegenstände existierten nicht (↑Nominalismus) und verlangen deren Aufweis; oder sie halten sie für sprachliche, nicht nur gedankliche Konstruktionen. Schon dieser weniger weitgehende zweite Einwand erschüttert die Substanz der Abbildtheorien: Wenn die als B.en betrachteten Gegenstände (z.B. der Begriff ›rot‹ oder das Attribut der Röte) durch ↑Abstraktion aus sprachlichen Ausdrücken gewonnen werden, liegt keine Relation zwischen Ausdruck und sprachunabhängigem Gegenstand mehr vor, die analog der Abbildungsbeziehung ist; also klärt die Abbildungsbeziehung nichts für das Phänomen der B.. W.V.O. Quine zeigte darüber hinaus, daß es unnötig ist, B.en als Gegenstände anzunehmen, die sprachunabhängig existieren. Es sei ein Fehlschluß, von der Aussage, ein Ausdruck sei bedeutungsvoll, auf die Existenz eines Gegenstandes, der B., zu schließen. Eine B.stheorie komme mit den Termini ›bedeutungsvoll‹ und ›gleichbedeutend‹ (synonym) aus.

Einen entscheidenden Neuansatz zum Verständnis sprachlicher B.en brachte die Spätphilosophie L. Wittgensteins. Wittgenstein wies darauf hin, daß das, was wir als die Gegenstände in der Welt bezeichnen, nicht unabhängig von der Sprache gegeben ist, sondern daß mit unseren Unterscheidungen festgelegt wird, was als ein Gegenstand gilt. Ferner zeigte er auf, daß das Unterscheiden wie das Sprechen überhaupt eine sozial bestimmte, regelhafte Tätigkeit ist und daß eine von mehreren Menschen geteilte Regelhaftigkeit das ist, was die Verständigung ermöglicht (»Die B. eines Wortes ist sein Gebrauch in der Sprache«, Philos. Unters. §43). Diese Regeln eignen wir uns durch exemplarisches Lernen, durch verstehende Teilnahme an Sprachverwendungshandlungen (↑›Sprachspielen‹) an. Mit dieser These ist die Semantik Teil einer Theorie sprachlichen Handelns (↑Pragmatik) geworden. Dabei konstituiert die sozial verbindliche Seite der Gebrauchsregeln die lexikalische B. eines Ausdrucks einschließlich der sich aus dem Verhältnis zu anderen Ausdrücken der Sprache ergebenden ↑Konnotationen, während die Umstände einer besonderen Verwendung (z.B. Situation, Kontext, persönliche Kenntnisse und Erinnerungen von Sprecher und Hörer) die reichere aktuelle B. des Ausdrucks ausmachen, deren Komponenten von Frege als ›Färbung‹ bezeichnet wurden. Beide Bereiche können nicht scharf getrennt werden und sind in lebenden Sprachen in ständiger Entwicklung.

Literatur: R. Carnap, Meaning and Necessity. A Study in Semantics and Modal Logic, Chicago 1947, [2]1956 (dt. B. und Notwendigkeit. Eine Studie zur Semantik und modalen Logik, Wien/New York 1972); N. Chomsky, Review of Skinner's ›Verbal Behavior‹, Language 35 (1959), 26–58; G. Frege, Funktion, Begriff, Bedeutung. Fünf logische Studien, ed. G. Patzig, Göttingen [4]1975; R. Haller, Untersuchungen zum B.sproblem in der antiken und mittelalterlichen Philosophie, Arch. Begriffsgesch. 7 (1962), 57–119; W. Kamlah/P. Lorenzen, Logische Propädeutik. Vorschule des vernünftigen Redens, Mannheim [2]1973; F. v. Kutschera, Sprachphilosophie, München 1971, [2]1975; L. Linsky (ed.), Semantics and the Philosophy of Language. A Collection of Readings, Urbana Ill. 1952; A. Margalit (ed.), Meaning and Use. Papers Presented at the Second Jerusalem Philosophical Encounter, April 1976, Dordrecht 1978; C.K. Ogden/I.A. Richards, The Meaning of Meaning, New York [8]1956; W.V.O. Quine, Word and Object, Cambridge Mass. [2]1964, [10]1976; ders., From a Logical Point of View. 9 Logico-Philosophical Essays, Cambridge Mass. [2]1961; B. Russell, An Inquiry into Meaning and Truth. The William James Lectures for 1940, Delivered at Harvard University, London [7]1966; B.F. Skinner, Verbal Behavior, New York 1957; L. Wittgenstein, Philosophische Untersuchungen, dt./engl., ed. G.E.M. Anscombe/R. Rhees, Oxford [2]1958. H.J.S.

Bedeutungspostulat, ↑Analytizitätspostulat.

Bedingung (engl. condition), als B. bzw. als sprachliche Artikulation einer B. versteht man in Sätzen, die sich auf die Form ›wenn α, so β‹ oder ›weil α, so β‹ bringen lassen, in der Regel das α; β heißt dann durch α *bedingt.*

(1) Eine für das heutige logische Verständnis von wenn-so-Sätzen maßgebende Unterscheidung hat zuerst G. Frege mit hinreichender Präzision herausgearbeitet, nämlich diejenige zwischen Sätzen, die eine einfache ↑*Subjunktion* formulieren, und generellen Sätzen der Form $\bigwedge_x(\alpha(x)\to\beta(x))$, den traditionell auch sogenannten *hypothetischen Sätzen* bzw. *Urteilen* (↑Urteil, hypothetisches) im engeren Sinne. Beispiele sind, für eine einfache Subjunktion: ›wenn Frege ein Logiker ist, so bemüht sich Frege um Präzision der Rede‹, für ein hypothetisches Urteil: ›wenn jemand (x) ein Logiker ist, so bemüht er (x) sich um Präzision der Rede‹. (Das hier und im folgenden Gesagte verwendet nur einstellige prädikative Ausdrücke $\alpha(x)$, $\beta(x)$, gilt jedoch analog für mehrstellige Ausdrücke $\alpha(x_1, x_2, \ldots, x_n)$, $\beta(x_1, x_2, \ldots, x_n)$.) Da im Falle von Sätzen der Form $\bigwedge_x(\alpha(x)\to\beta(x))$ das ›wenn-so‹ (der Pfeil) nicht Aussagen, sondern Aussageformen verbindet, hat B. Russell hier mißverständlich von formaler Implikation gesprochen und die Subjunktion demgegenüber *materiale Implikation* genannt. Die Verwendung von ›Subjunktion‹ (entsprechend einem Vorschlag von P. Lorenzen) macht es möglich, den Terminus ↑›Implikation‹ für die logische ↑*Folgerung* vorzubehalten.

(2) Bei Behauptungen der Form

$$\alpha_1 \wedge \alpha_2 \wedge \ldots \wedge \alpha_n \to \beta,$$
$$\bigwedge_x(\alpha_1(x) \wedge \alpha_2(x) \wedge \ldots \wedge \alpha_n(x) \to \beta(x))$$

ist, zumal wenn kein α_i bzw. $\alpha_i(x)$ ohne Verlust der Gültigkeit der Gesamtbehauptung entbehrlich ist, auch ein Plural (*hinreichende*) *B.en für β bzw. $\beta(x)$* gebräuchlich. Mit Hinsicht auf eine hinreichende Reihe von B.en $\alpha_1, \alpha_2, \ldots, \alpha_n$ bzw. $\alpha_1(x)$, $\alpha_2(x), \ldots, \alpha_n(x)$ für β bzw. $\beta(x)$ heißt dann auch ein einzelnes ›unentbehrliches‹ α_i bzw. $\alpha_i(x)$ eine B. für β bzw. $\beta(x)$.

(3) Häufig wird auch von den Prämissen oder Antezedentien einer logischen ↑*Implikation* oder ↑*Folgerung* (auch allgemeiner einer sogenannten Schlußfolgerung) gesagt, daß sie ›B.en‹ darstellen. Darin wirkt sich aus, daß die vor-moderne Logik zwischen Subjunktion, ›formaler Implikation‹ und Folgerung noch nicht genau genug differenzierte.

(4) In (gemessen am bisher genannten Gebrauchskontext) uneigentlicher Bedeutung wird ›B.‹ in ›*notwendige B.*‹ verwandt; und zwar sagt man bei Sätzen der Form $\alpha\to\beta$, $\bigwedge_x(\alpha(x)\to\beta(x))$, aus α folgt β: β bzw. $\beta(x)$ ist eine *notwendige B.* für (von) α bzw. $\alpha(x)$. Zur Unterscheidung zwischen einer notwendigen B. in diesem Sinne und einer (allein

nicht hinreichenden) B. im Sinne von (2) nennt man eine B. im Sinne von (1) auch *hinreichende B.* im engeren Sinne (der Wortgebrauch stimmt mit (2) überein, wenn dort $n=1$ gesetzt wird). Traditionell wurden hinreichende und notwendige B.en mit den Ausdrucksweisen ›conditio per quam‹ und ›conditio sine qua non‹ voneinander abgehoben.

(5) Von den unter (2) und (4) behandelten junktoren- und quantorenlogischen Verständnissen notwendiger und hinreichender B.en ist der *modallogische* (↑Modallogik) Gebrauch des Wortes zu unterscheiden, der vor allem der Diskussion um die irrealen Konditionalsätze (↑Konditionalsatz, irrealer) entstammt. Seien e_1 und e_2 zwei Zustände oder Ereignisse bzw. die zugehörigen Aussagen, so läßt sich die hier maßgebende Intention wiedergeben mit Formulierungen wie: e_1 hat e_2 notwendig zur Folge, modallogisch notiert: $\Delta(e_1 \rightarrow e_2)$ (↑Implikation, strikte). Dabei geht es (in der ›intensionalistischen‹ Deutung von ›Notwendigkeit‹) um einen Zusammenhang zwischen ›B.en‹ und ›Folgen‹, der über die Gültigkeit von Allaussagen, allgemeiner über z.B. funktional beschreibbare Regelmäßigkeiten hinausgeht (↑intensional/Intension, ↑Logik, intensionale). e_1 heißt dann *notwendige B.* von e_2, falls $\Delta(e_1 \rightarrow e_2)$ gilt, und *hinreichende B.* von e_2, falls $\Delta(\neg e_1 \rightarrow \neg e_2)$ gilt. G.H. v. Wright (1974) hat für diesen B.sbegriff eine plausible Rekonstruktion angegeben, die auf einen *kausalen* Zusammenhang zwischen Ereignissen abstellt. Er unterstellt dazu, daß unsere Welt bzw. die betrachtete Handlungssituation jeweils eine Reihe von Entwicklungsmöglichkeiten besitzt, die wir handelnd kausal beeinflussen können, indem wir nämlich e_2 *dadurch* herbeiführen, *daß* wir e_1 herbeiführen. Verursachungsmöglichkeiten dieser Art können in pragmatischer Empirie so begründet werden, daß wir e_1 bzw. $\neg e_1$ realisieren und die Folgen (e_2 bzw. $\neg e_2$) abwarten.

(6) Im Zusammenhang mit Kausalbeziehungen ist noch in einem zweiten, von dem unter (5) behandelten Vorschlag abweichenden Sinne von ›B.‹ die Rede, so nämlich, daß als B.en Eigenschaften von Situationen ausgezeichnet werden, bei deren Vorliegen bestimmte Ereignisse bestimmte Wirkungen haben. Vor allem im Kontext naturwissenschaftlicher Experimentieranordnungen heißen dann solche B.en häufig ↑*Randbedingungen;* die Ereignisse, um deren Wirkungen unter diesen Randbedingungen es geht, werden im Unterschied dazu dann ↑*Anfangsbedingungen* genannt. Dasselbe Verständnis von Rand- bzw. Anfangsbedingungen wird auch auf rein funktionale Abhängigkeiten angewendet.

(7) Eine besondere Form der B.sanalyse ist durch I. Kants Frage nach den ›B.en der Möglichkeit der Erfahrung‹ (↑Transzendentalphilosophie) eröffnet worden (KrV B 197, 239; Proleg. §26). Gesucht sind mit B.en in diesem Sinne Möglichkeiten und Regeln menschlicher Praxis, die bereitgestellt bzw. befolgt sein müssen, damit bestimmte (z.B. die die physikalische Empirie leitenden) Intentionen eingelöst werden können. Inzwischen hat es sich eingebürgert, die Formel ›B.en der Möglichkeit von ...‹ allgemein in bezug auf Situationen, Organisationsformen, Ziele und Aufgaben zu gebrauchen. So kann dann von den B.en der Möglichkeit von Freiheit, Gesellschaft und dergleichen die Rede sein.

Literatur: G. Frege, Begriffsschrift. Eine der arithmetischen nachgebildete Formelsprache des reinen Denkens, Halle 1879 (repr. Darmstadt/Hildesheim 1964), §§5, 12; ders., Grundgesetze der Arithmetik. Begriffsschriftlich abgeleitet I, Jena 1893 (repr. Darmstadt/Hildesheim 1962), §§12–13; ders., Logische Untersuchungen. Dritter Teil (Gedankengefüge), Beiträge zur Philosophie des deutschen Idealismus 3 (1923–1926), 36–51, Nachdr. in: ders., Logische Untersuchungen, ed. und eingel. von G. Patzig, Göttingen 1966, 72–91; ders., Nachgelassene Schriften, ed. H. Hermes/F. Kambartel/F. Kaulbach, Hamburg 1969, 201 ff., 214ff.; N. Rescher, Hypothetical Reasoning, Amsterdam 1964; H.J. Schneider, Die Asymmetrie der Kausalrelation. Überlegungen zur interventionistischen Theorie G.H. von Wrights, in: J. Mittelstraß/M. Riedel (eds.), Vernünftiges Denken. Studien zur praktischen Philosophie und Wissenschaftstheorie. Wilhelm Kamlah zum Gedächtnis, Berlin/New York 1978, 217–234; W. Stegmüller, Probleme und Resultate der Wissenschaftstheorie und Analytischen Philosophie I (Wissenschaftliche Erklärung und Begründung), Berlin/Heidelberg/New York 1969, bes. Kap. 1; G.H. v. Wright, Causality and Determinism, New York/London 1974; ders., Determinismus, Wahrheit und Zeitlichkeit. Ein Beitrag zum Problem der zukünftigen kontingenten Wahrheiten, Stud. Leibn. 6 (1974), 161–178. F.K.

Bedürfnis, je nach dem theoretischen Zusammenhang seiner Verwendung verschieden und verschiedenartig bestimmter Terminus (↑Interesse). So wird B. (a) typischerweise in der klassichen Ökonomie als ein empirisch feststellbarer *Zustand,* nämlich als Zustand von Mangelempfindungen (subjektiv) oder als Zustand eines Mangels, der relativ zu bestimmten Normen zu definieren ist (objektiv), (b) in der empirischen Psychologie als *theoretische Konstruktion,* nämlich als im Rahmen bestimmter Kausalmodelle definierbarer biologischer Trieb oder beliebiger Antrieb, (c) in der (praktischen) Philosophie als *Beurteilungskrite-*

rium, nämlich als im Rahmen bestimmer Begründungstheorien definierbares Begründetsein von Begehrungen oder unseres Wollens, betrachtet.
Die Verschiedenartigkeit der Bestimmung eines B.begriffs läßt keinen unmittelbaren, d.h. auf die jeweiligen Argumentationsabsichten und die dabei verwendeten ›Argumentationsmodelle‹ nicht relativierten, Vergleich der verschiedenen B.begriffe zu. Die philosophische Konzentration auf die Frage der Begründung unseres Wollens hat daher die Begriffsdifferenzierungen der Ökonomie und der empirischen Psychologie nur zu einem Teil übernommen. Erforderlich wird die Bildung eines B.begriffs dabei in einer bestimmten Problemsituation und für eine bestimmte Einschätzung der Lösungswege für das bestehende Problem. Dieses Problem ist ein soziales: es besteht darin, in einer Situation der Uneinigkeit über die Ziele unseres Handelns (bis hin zum Konflikt) eine Einigung über allgemein-verbindliche Ziele bzw. Normen unseres Handelns zu erreichen. Mit der Bildung eines B.begriffs soll ein Argumentationsweg zur Verfügung gestellt werden, der es erlaubt, in einer solchen Situation verschiedener bis unverträglicher Zielvorstellungen gleichwohl eine Art von Zielen auszuzeichnen, die für jeden annehmbar sind und daher zur (materialen) Basis der Argumentation für allgemein-verbindliche Ziele gemacht werden können. Charakteristisch für diesen Argumentationsweg ist, daß zur Begründung eines *Sollens* (d.i. der Verbindlichkeit) auf ein *Wollen* (mit dem Hinweis auf die Annehmbarkeit) zurückgegriffen wird, daß die Allgemeinheit des Sollens über die (für jeden einzelnen behauptete) Gleichheit des Wollens erwiesen werden soll und daß dieser Erweis in dem als zwingend angesehenen Aufweis einer (notwendigen und durch Argumentation nicht veränderbaren) Bedingung aller Zielsetzungen, auch der miteinander unverträglichen, besteht. Es ergibt sich, daß als B.se solche Willensbestimmungen zu beurteilen sind, deren Erfüllung für einen jeden die Bedingung von Zielsetzungen überhaupt darstellt.
Der B.begriff setzt damit einen naturalistischen, individualistischen und materialistischen Anfang der Normbegründung. *Naturalistisch* ist dieser Anfang insofern, als die Angabe eines ›natürlichen‹ Wollens die Argumentationsbasis für das (verbindliche) Sollen liefern soll. Als ›natürlich‹ kann ein Wollen dabei in einem doppelten Sinne verstanden werden: einmal in dem Sinne, daß es de facto geäußert (oder unter Umständen als faktisch aus den ausgeführten Handlungen erdeutet) wird, zum anderen in dem Sinne, daß es für (zweck-)rational in den faktisch bestehenden Situationen unseres Handelns gehalten wird. Da ein im ersten Sinne ›natürliches‹ Wollen aber keinen Begründungsanfang liefert (es sei denn, man interpretiert die faktischen Äußerungen bereits in einem bestimmten Rationalitätsschema), läßt sich ein Rückgriff auf ein in diesem Sinne ›natürliches‹ Wollen nicht mit der am B.begriff orientierten Konzeption des praktischen Argumentierens vereinbaren (was immer wieder versucht worden ist). *Individualistisch* ist dieser Anfang insofern, als die allgemeine Verbindlichkeit der zu begründenden Normen sich aus einem Wollen ergeben soll, das für jeden einzelnen ›natürlich‹ ist. Da aber nicht für jeden einzelnen unterstellt werden kann, daß von ihm auch das Wohl einer Gemeinschaft als solcher ›natürlich‹ gewollt wird, führt dies zur Beurteilung nur des Wollens als ›natürlich‹, das sich auf etwas für das Individuum Nützliches oder Gutes richtet. *Materialistisch* ist dieser Anfang insofern, als nur das als Bedingung jeglicher Zielsetzung angenommen werden kann, was nicht selbst ein Ergebnis zielgeleiteten Handelns ist: nämlich die vor-kulturell feststellbaren materiellen Bedingungen unserer Existenz.
Da die Festlegung eines normativen Begründungsanfangs über die Bestimmung des B.begriffs nur in dem durch die begrenzte Argumentationsabsicht gesteckten Rahmen, Situationen konfligierender Zielsetzungen oder einer sozial verstandenen ›Entzweiung‹ zu bewältigen, sinnvoll wird, gehört der B.begriff auch nicht zu den Grundbegriffen einer praktisch-philosophischen Bemühung. So kommt I. Kant schon darum ohne eine systematische Explikation des B.begriffs aus, weil es ihm zunächst nicht um die Bewältigung sozialer Probleme, insbesondere von Konflikten, geht, sondern um eine Antwort auf die Frage, wie der einzelne sich selber (in seinem Wollen und Tun) bilden muß, wenn er ein vernunftgemäßes Leben führen (und damit zu einem selbständigen und vollen Verständnis seiner Person gelangen) will. Auch G.W.F. Hegel, durch den der B.begriff seine systematische Bedeutung erhält, führt diesen Begriff in dem begrenzten Argumentationszusammenhang ein, in dem er die Genese der bürgerlichen Gesellschaft aus den B.sen der einzelnen begreifen will (vgl. Rechtsphil. §§189ff.). Während aber bei Hegel die Einführung des B.begriffs als Ergänzung zu einem sonst bloß formal bleibenden Moralprinzip, nämlich dem kategorischen Imperativ (↑Imperativ, kategorischer), verstanden werden kann

(und in der marxistischen Tradition sogar als eine Ersetzung dieses dann als ›idealistisch‹ angesehenen Prinzips gelesen wird), wird eine sich dieser Ergänzung verwehrende Kant-Interpretation der Verwendung des B.begriffs entgegenhalten, daß mit der Auszeichnung eines bestimmten Wollens als eines B.ses und damit als für jede praktische Argumentation zur Verfügung stehenden Grundes nicht nur (a) in einer Art ›naturalistischem Fehlschluß‹ (↑Naturalismus (ethisch)) das Sollen aus einem ›natürlichen‹ Wollen bzw. die Moralität aus der Zweckrationalität erschlossen werden soll und (b) die Gemeinsamkeit verschiedener Personen (die sich als Sollen formulieren läßt) mit der Gleichheit von Individuen verwechselt wird, sondern vor allem (c) ein materialistisch reduziertes Wollen als Basis des praktischen Argumentierens und damit des Lebensverständisses des einzelnen vorgeschrieben wird.

Literatur: S. Blasche, B. und Vernunft. Systematische Überlegungen zum praktischen Argumentieren im Anschluß an Hegels Rechtsphilosophie, Diss. Erlangen 1974; H. Ebeling (ed.), Subjektivität und Selbsterhaltung. Beiträge zur Diagnose der Moderne, Frankfurt 1976; J. Habermas, Erkenntnis und Interesse. Mit einem neuen Nachwort, Frankfurt [2]1973, [3]1975; F. Kambartel, Bemerkungen zum normativen Fundament der Ökonomie, in: J. Mittelstraß (ed.), Methodologische Probleme einer normativ-kritischen Gesellschaftstheorie, Frankfurt 1975, 107–125; W. Kamlah, Philosophische Anthropologie. Sprachliche Grundlegung und Ethik, Mannheim/Wien/Zürich 1973; F. Koppe, Sprache und B.. Zur sprachphilosophischen Grundlage der Geisteswissenschaften, Stuttgart 1977. O. S.

Beeckman, Isaac, *Middelburg 10. Dez. 1588, †Dordrecht 19. Mai 1637, niederl. Physiker. 1607–1610 Studium der Theologie in Leiden, ergänzt durch medizinische (Promotion Caen 1618) und private mathematische Studien. 1618–1619 Konrektor der Lateinschule in Veere (Walcheren) (astronomische Beobachtungen mit dem Kopernikaner Philip van Lansbergen), 1619–1620 Konrektor in Utrecht, später in Rotterdam (Gründung eines »Collegium Mechanicum«, einer Vereinigung von Handwerkern und Gelehrten zur Förderung einer technikbezogenen Mechanik), 1627 Rektor der Lateinschule in Dordrecht (1628 Gründung der ersten meteorologischen Station Europas). Als Experimentator und Theoretiker (konsequente Anwendung mathematischer Methoden in der Mechanik) gehört B. zu den bedeutendsten Wegbereitern der klassischen Physik. R. Descartes verdankt ihm in methodologischen Dingen (Mathematisierung der Physik, Journal I, 244) und dynamischen Zusammenhängen (Journal I, 263) entscheidende Anregungen (während zweier Besuche 1618/1619 in Breda und 1628/1629 in Dordrecht), desgleichen P. Gassendi hinsichtlich dessen Formulierungen des Trägheitssatzes, in denen auf die Isotropie des Raumes Bezug genommen wird (Journal III, 123). Gassendi besuchte B. 1629, M. Mersenne 1630.

B. erfuhr Anregungen durch S. Stevin (dessen Sohn F. Stevin in Dordrecht sein Schüler war) und W. Snell; er ist, soweit dies aus seinem »Journal« (1604–1634) hervorgeht, mit den Arbeiten G. Galileis vertraut, zitiert G. Cardano, N. Tartaglia, G. B. Benedetti und J. Kepler und kennt das wissenschaftliche Werk F. Bacons (seit 1623) und W. Gilberts (seit 1627). In der Astronomie ist er Kopernikaner, in der Physik vertritt er (mit methodischen Einschränkungen) atomistische Vorstellungen. 1613 formuliert er als erster ein Trägheitsprinzip für Translations- und Rotationsbewegungen (vgl. Journal I, 24, 256) sowie Gesetze für den elastischen und unelastischen Stoß. 1618 formuliert er ein Fallgesetz für den freien Fall im Vakuum und findet durch eine (über Galilei hinausgehende) Infinitesimalbetrachtung eine dynamische Ableitung des Zusammenhangs von Weg und Zeit beim freien Fall; nach B. wirkt die Schwerkraft auf den fallenden Körper nicht kontinuierlich, die Wirkung einer kontinuierlich ansetzenden Kraft wird vielmehr als Limes des Effekts einer periodischen Stoßkraft mit (unendlich) zunehmender Frequenz angesehen (eine Vorstellung, der sich später z.B. auch G. A. Borelli anschließt) (Journal I, 264). 1615 bestätigt B. experimentell das ›Torricellische Gesetz‹ und ersetzt die Vorstellung eines ›horror vacui‹ durch den Begriff des Luftdrucks.

Werke: Theses de febre tertiana intermittente, Caen 1618; D. Isaaci Beeckmanni medici et rectoris apud Dordracenos mathematico-physicarum meditationum, quaestionum, solutionum centuria, Utrecht 1644; Journal tenu par I. B. de 1604 à 1634, I–IV, ed. C. de Waard, La Haye 1939–1953.

Literatur: E. J. Dijksterhuis, Val en Worp. Een bijdrage tot de geschiedenis der mechanica van Aristoteles tot Newton, Groningen 1924, 304–321; ders., De Mechanisering van het Wereldbeeld, Amsterdam 1950, 364–368 (dt. Die Mechanisierung des Weltbildes, Berlin/Göttingen/Heidelberg 1956, 366–370); R. Dugas, La mécanique au XVIIe siècle (Des antécédents scolastiques à la pensée classique), Neuchâtel 1954, 118–126, 527–528; R. Hooykaas, Science and Religion in the 17th Century. I. B. (1588–1637), Free University Quarterly 1 (1951), 169–183; ders., B., DSB I (1970), 566–568; A. Koyré, Études galiléennes, I–III, Paris 1939, II, 25–40; J. Mittelstraß, Neuzeit und Aufklärung. Studien zur Entstehung der neuzeitlichen Wissenschaft und Philosophie, Berlin/New York 1970, 279f., 330ff.. J. M.

Befindlichkeit, in der ↑Fundamentalontologie M. Heideggers neben ↑Verstehen und Rede eines der elementaren ↑Existenzialien des ↑›In-der-Welt-seins‹. B. ist (wie auch Verstehen und Rede) ein Modus, in dem Welt erfahren und erschlossen wird, und zwar derjenige, kraft dessen sich das menschliche Dasein immer schon in einer stimmungsartigen Einstellung in der Welt und zur Welt ›befindet‹. Entsprechend der phänomenologischen Ausrichtung der Methode der Fundamentalontologie soll mit dem Terminus B. jedoch keine anthropologisch-psychologische Aussage gemacht werden, sondern auf die lebensweltliche Fundiertheit (↑Lebenswelt) und methodische Abgeleitetheit derjenigen Erkenntnisformen hingewiesen werden, die für die neuzeitliche Erkenntnistheorie leitend sind. Heidegger betont daher ausdrücklich die ›methodische Bedeutung‹ (Sein und Zeit, §29) seiner Aussagen über die B.. Die Berufung auf Heideggers Begriff der B. seitens der existentialistischen Philosophie (O. F. Bollnow) (↑Existenzphilosophie) und der daseinsanalytischen Psychologie (L. Binswanger) (↑Daseinsanalyse) beruht daher auf einem Mißverständnis.

Literatur: L. Binswanger, Grundformen und Erkenntnis des menschlichen Daseins, München [4]1964; O. F. Bollnow, Das Wesen der Stimmungen, Frankfurt [3]1956; C. F. Gethmann, Verstehen und Auslegung. Das Methodenproblem in der Philosophie Martin Heideggers, Bonn 1974, §3.2.2.; M. Heidegger, Sein und Zeit, Tübingen [14]1977. C. F. G.

begreifen, als bestimmte und ausgezeichnete Weise des Erkennens erst im deutschen Idealismus, hier vor allem von G. W. F. Hegel, terminologisiertes Wort. Systematisch ist nach dem Vorgang Hegels und der wissenschaftstheoretischen Ausbildung genuin historisch-sozialwissenschaftlicher (J. G. Droysen, H. Rickert, M. Weber) bzw. naturwissenschaftlicher (Wiener Kreis, kritischer Rationalismus) Methodologien, das B. vom ↑Verstehen als teleologischer und Erklären (↑Erklärung) als nomologischer Erkenntnis zu unterscheiden. Wenn Droysen im »Grundriß der Historik« (Leipzig 1868, [3]1882, §14) die philosophische oder theologische Erkenntnis vom physikalischen Erklären und vom historischen Verstehen unterscheidet, dann hat er das emphatische B. im Blick.

Höchster Grad der Erkenntnis ist das B. (comprehendere) bei I. Kant, der es als die »zu unserer Absicht hinreichend(e)« apriorische Vernunfterkenntnis definiert. Dabei ist allerdings unser B. »nur *relativ,* d.h. zu einer gewissen Absicht hinreichend, *schlechthin* b. wir gar nichts«. So reicht das Feld des Verstandes (intelligere), d.i. die Erkenntnis durch Begriffe, der Bezüge zwischen Erscheinungen aufdeckt bzw. konzipiert, ohne in den materialen Grund des Bezuges einzudringen, auch viel weiter als das B., das auf apriorische Einsicht insgesamt geht, unser Vermögen jedoch prinzipiell übersteigt (Logik, Akad.-Ausg. IX, 65). Die uns erfahrungsmäßig gegebenen Gegenstände »sind uns in vielerlei Absicht unbegreiflich« (Proleg. §56); begreiflich sind uns die ›Ideen‹ und deren Anwendung auf Gegenstände der Erfahrung durch den Verstand, bei denen es die Vernunft mit ihren eigenen Produktionen zu tun hat. Transzendentale Kritik ist so nach Kant B.. Kant variiert mit diesem Argument die wahrheitstheoretische Einsicht, daß vollgültige Erkenntnis nur hinsichtlich derjenigen Gegenstände möglich ist, die vom Erkennenden selbst hervorgebracht worden sind.

Für J. G. Fichte ist das B. ein Modus des Ich, das sich im gesetzten Gegensatze zum Nicht-Ich selbst bestimmt (Zweite Einleitung in die Wissenschaftslehre für Leser, die schon ein philosophisches System haben, Ausgew. Werke, III, 43). Die Anknüpfung des Denkens im B. an ein jeweils anderes, macht auch dieses zum ›Mechanismus‹, dem die Fassung des Aktes der Freiheit und des ↑Absoluten entzogen bleibt (Das System der Sittenlehre nach den Prinzipien der Wissenschaftslehre, Ausgew. Werke II, 576; Darstellung der Wissenschaftslehre. Aus dem Jahre 1801, Ausgew. Werke IV, 111; Die Wissenschaftslehre. Vorgetragen im Jahre 1804, Ausgew. Werke IV, 195f.). Fichte verwahrt sich dagegen, als Maßstab des Begreiflichen einen nur sinnlichen Erfahrungsbegriff anzulegen (Die Grundzüge des gegenwärtigen Zeitalters, Ausgew. Werke IV, 622). Das B. einer Erscheinung ist ein ›Ganzes der Erkenntnis‹, »das allen seinen Teilen nach in sich begründet ist, wenn jedes durch alles, und alles durch jedes einzelne begründet oder erklärt wird« (Grundlage des Naturrechts, Ausgew. Werke II, 81). In letzterer Bestimmung wird das B. als ganzheitliches Erkennen (Totalitätserfassung) gefaßt.

Totalitätserfassung als Selbsterkenntnis des Geistes ist für Hegel das B.. Dem B. wird das ›räsonierende Verhalten‹ gegenübergestellt (Phänom. des Geistes, Sämtl. Werke II, 55f.), das die verstandesmäßig an der Sache fixierten Bestimmungen widerlegt und im Resultat dieses negativen und dialektischen Verfahrens (Logik I, Sämtl. Werke IV, 17) die Nichtigkeit der Gültigkeit von Erkenntnis feststellt. Im Unterschied zur Tätigkeit des Verstandes, der den Begriff der Sache von außen aufprägt und diese damit nach ihr fremden Orientierungen strukturiert, und im Unterschied zur räsonierenden Vernunft, die die Begrifflichkeit als der Sache äußerlich diagnostiziert, ist im begreifenden Denken der ↑Begriff das jeweilige Resultat der Bewegung des Reflektierens bzw. Selbstreflektierens der Sache selbst (ebd. IV, 37). Das begreifende Denken ist bei Hegel an die Fassung der Sache (›Substanz‹) als Selbstreflexion (›Subjekt‹) gebunden (Phänom. des Geistes, Sämtl. Werke II, 22). Das ›System der Philosophie‹ gliedert sich nach dem Maß, in dem eine Sache (Natur; subjektiver, objektiver, absoluter Geist) des selbstreflektierenden Zugriffs mächtig ist, und hat den zentrierenden Ort im B. des B.s selbst (Logik). Insofern das B. in seinem Fortschreiten jeweils einen Begriff (↑›Allgemeinheit‹) von der Sache entwirft, mit dem es die Sache selbst (›Besonderheit‹) in Übereinstimmung (›Konkretes‹) zu bringen sucht, ist ihm Normativität eigentümlich – Beurteilung der Sache (Logik II, Sämtl. Werke V, 110f.). Auch Hegel konstatiert, daß das verstandesmäßige Denken in seiner erklärenden Kraft (als ›beweisen‹) das B. nicht unmittelbar einschließt und unter Umständen überspringt (Vorles. Gesch. Philos., Sämtl. Werke XIX, 203). Er ist jedoch nicht wie Kant der Meinung, daß das B. hinsichtlich seiner Möglichkeit durch das Vernunftvermögen eine prinzipielle Einschränkung erfährt. Im B. wird die Sache selbst als prozessuale Vernunft entwickelt. Das verstandesmäßige Denken ist nur eine integrierte defiziente Funktion des B.s. S. B.

Begriff (engl. concept, franz. idée, conception), innerhalb der philosophischen Tradition, von daher auch in Umgangs- und ↑Bildungssprache, meist als ›einfacher Denkakt‹, ›Denkinhalt‹, ↑›Vorstellung‹, ›Idee‹ aufgefaßt; im Gegensatz zur ›sinnlichen‹ oder empirischen ↑Anschauung, in der Gegenstände anschaulich gegeben sind, Ergebnis einer ↑Abstraktion. Sowohl im Rahmen der rationalistischen (z.B. R. Descartes) als auch im Rahmen der empiristischen (z.B. J. Locke) Erkenntnistheorie wird diese Abstraktion jedoch nicht als eine *logische*, sondern als eine *mentale* Operation verstanden, ein B. daher allgemein als ein mentaler Gegenstand (↑Mentalismus). Noch bei I. Kant, der an klassische B.stheorien anschließt, aber deutlicher als bisher Vorstellungen in Anschauungen und B.e unterscheidet, bleibt zumindest offen, welchen Status diejenigen Handlungen (nach Kant Komparation, Reflexion und Abstraktion, Logik §6, Akad.-Ausg. IX, 94f.) haben, die zur Bildung eines B.s führen. B.e beruhen auf der »Einheit der Handlung, verschiedene Vorstellungen unter einer gemeinschaftlichen zu ordnen« (KrV B93). Während dabei die in Anschauungen präsenten Vorstellungen im herkömmlichen terminologischen Sinne *einzeln* oder *singular* sind, stellen B.e *allgemeine* Vorstellungen dar (»Die Anschauung ist eine *einzelne* Vorstellung [repraesentatio singularis], der B. eine *allgemeine* [repraesentatio per notas communes] oder *reflektierte* Vorstellung [repraesentatio discursiva], Logik §1, Akad.-Ausg. IX, 91). Kants Unterscheidung zwischen empirischen B.en (Erfahrungsbegriffen), reinen Verstandesbegriffen (↑Verstandesbegriffe, reine, ↑Kategorie) und Vernunftbegriffen (↑Idee (historisch)) bleibt von der Unklarheit, die sich mit dieser Redeweise von Handlungen und (in Form von Handlungen gebildeten) Vorstellungen verbindet, unberührt.

Während sich die klassischen B.stheorien, angefangen mit den an der Definitionsproblematik ansetzenden Sokratisch-Platonischen Bemühungen und der Aristotelischen Unterscheidung zwischen dem ↑Allgemeinen (*τὸ καθόλου*) als generellem Urteil (↑Allaussage) und B. als der Bedeutung eines prädikativen Ausdrucks, im logischen Rahmen einer Lehre von B., Urteil und Schluß hielten, nimmt bei G.W.F. Hegel die Bedeutung von B. *erkenntnistheoretische* Dimensionen im weiteren Sinne an: B. als Inbegriff des Wissens und B. als Synonym von ↑Wesen im Sinne einer schon bei Platon (Krat. 423e, Soph. 261e) auftretenden Identifikation des Wesens (*οὐσία*) eines Gegenstandes (↑Usia, ↑Substanz) mit seinem B.: »Nennen wir das Wissen den B., das Wesen oder das Wahre aber das Seiende oder den Gegenstand, so besteht die Prüfung darin, zuzusehen, ob der B. dem Gegenstande entspricht. Nennen wir aber das Wesen oder das Ansich des Gegenstandes den B. und verstehen dagegen unter dem Gegenstande ihn als Gegenstand, nämlich wie er für ein Anderes ist, so besteht die Prüfung darin, daß wir zusehen, ob der Gegenstand seinem B.e entspricht« (Phänom. des Geistes, Einl., Sämtl. Werke II, 76). Die in der Regel als spekulative Erweiterung klassischer B.stheorien aufgefaßte Formel von der ›Selbstbewegung‹ des B.s entspricht der Zusammenfassung beider Momente (B. und Gegenstand) in einer dialektischen Konzeption des Wissens (↑Dialektik, ↑Hegelsche Logik).

Im *logischen* Sinne treten, analog zur Rede von Gegenständen als den ↑Bedeutungen von Eigennamen (G. Frege), B.e als (*intensionale*) *Bedeutungen* von ↑Prädikatoren (↑Prädikation) auf. Wie Prädikatoren über eine ↑Äquivalenzrelation ›sprachgleich‹ abstraktiv aus Äußerungen gewonnen werden, so B.e über eine Äquivalenzrelation ›bedeutungsgleich‹ (bzw. ›intensional äquivalent‹ oder ›synonym‹) abstraktiv aus Prädikatoren. Zwei Prädikatoren P und Q sind bezüglich eines Regelsystems R (Beispiel für R: ein englisch-deutsches/deutsch-englisches Wörterbuch) äquivalent im Sinne der genannten Äquivalenzrelation, wenn sowohl die Regel $x \varepsilon P \Rightarrow x \varepsilon Q$ als auch die Regel $x \varepsilon Q \Rightarrow x \varepsilon P$ in R zulässig ist ($P \Vdash_R Q$). Aussagen, die bei Ersetzung eines Prädikators durch einen R-äquivalenten Prädikator wahr bzw. falsch bleiben, heißen *R-invariante Aussagen;* sie entstehen dadurch, daß in einer R-invarianten ↑Aussageform $A_R(X)$, definiert durch

$$\bigwedge_{P,Q}(P \Vdash_R Q \rightarrow (A_R(P) \leftrightarrow A_R(Q))),$$

alle Variablen X durch einen Prädikator P ersetzt werden. R-invariante Aussagen über Prädikatoren P können dann als Aussagen über R-Begriffe verstanden werden, R-äquivalente Prädikatoren als Darstellungen *desselben* R-Begriffs. Ein B. ist demnach, weil er abstraktiv aus Prädikatoren gewonnen wird (d.h. durch invariantes Reden über Prädikatoren) ein *abstrakter* Gegenstand $|P|_R$, dargestellt durch ›$|P|_R$‹, seinen Eigennamen. Ein solches Abstraktionsverfahren, angewendet auf Prädikatoren, entspricht dabei dem Leibnizschen Ununterscheidbarkeitssatz (↑Identität), durch den die logische Gleichheit (↑Gleichheit (logisch)) zwischen B.en als Ununterscheidbarkeit durch R-invariante Aussagen definiert ist:

$$|P|_R = |Q|_R \leftrightharpoons \bigwedge_{A_R(X)}(A_R(P) \leftrightarrow A_R(Q)).$$

Mit dieser Gleichheit ist die R-Äquivalenz $P \Vdash_R Q$ äquivalent: $|P|_R = |Q|_R \leftrightarrow P \Vdash_R Q$. Dabei folgt die Richtung ›$\leftarrow$‹ dieser Aussage schon rein logisch; für die Richtung ›$\rightarrow$‹ muß man berücksichtigen, daß die Relation $\Vdash_R$ als Äquivalenzrelation ↑komparativ ist. Regeln über eine Klasse von Prädikatoren sind im Sinne dieses Verfahrens *Begriffsbestimmungen.* Klassische Formen derartiger Bestimmungen stellen im Sinne hierarchisch geordneter Systeme von Klassifikationen (↑Klassifikation) in der (Geschichte der) Logik ↑Begriffspyramide und ↑arbor porphyriana dar.

Spezielle Probleme erkenntnistheoretischer bzw. wissenschaftstheoretischer Natur, die im Rahmen einer B.stheorie formuliert und einer Lösung zugeführt werden sollen, sind vor allem mit der unter dem Stichwort *analytische Definitionen* bzw. *einfache B.e* (↑Begriff, einfacher) formulierten Frage nach der terminologischen Basis axiomatischer Theorien und, damit systematisch zusammenhängend, mit der Frage nach der Interpretierbarkeit von Theorien (↑Begriffe, theoretische) gegeben. Mit dem Umstand, daß auch B.e, obgleich als *abstrakte* Gegenstände definiert, ›Entwicklungen‹ durchlaufen können, d.h. daß es eine in B.en dargestellte *Unterscheidungsgeschichte* gibt, befaßt sich die ↑Begriffsgeschichte.

Literatur: P.T. Geach, Mental Acts. Their Content and their Objects, London 1957, Nachdr. London/New York 1971; R. Haller, B., Hist. Wb. Ph. I (1971), 780–785; P. Lorenzen, Methodisches Denken, Ratio 7 (1965), 1–23, Nachdr. in: ders., Methodisches Denken, Frankfurt 1968, 24–59; J. Mittelstraß, Spontaneität. Ein Beitrag im Blick auf Kant, Kant-St. 56 (1966), 474–484, Neudr. in: G. Prauss (ed.), Kant. Zur Deutung seiner Theorie von Erkennen und Handeln, Köln/Berlin 1973, 62–72; ders., B. und Wort, Hist. Wb. Ph. I (1971), 785–787; ders., Das normative Fundament der Sprache, in: ders., Die Möglichkeit von Wissenschaft, Frankfurt 1974, 158–205, 244–252; L. Nørreklit, Concepts. Their Nature and Significance for Metaphysics and Epistemology, Odense 1973; P.L. Peterson, Concepts and Language. An Essay in Generative Semantics and the Philosophy of Language, The Hague 1973; S.J. Schmidt, Bedeutung und B.. Zur Fundierung einer sprachphilosophischen Semantik, Braunschweig 1969; R. Schock, New Foundations for Concept Theory, Lund 1969; P.F. Strawson, Subject and Predicate in Logic and Grammar, London 1974; R. Tuomela, Theoretical Concepts, New York 1973. J.M.

Begriff, einfacher, in definitionstheoretischen Zusammenhängen Bezeichnung der in einer Begriffsanalyse gewonnenen elementaren, d.h. ›analytisch‹ nicht weiter zerlegbaren Bestandteile (Merkmale) eines (zusammengesetzten) ↑Begriffs. Unter deduktiven Methodenidealen stehen in der erkenntnistheoretischen Tradition e. B.e, die über Ketten analytischer Definitionen erreicht werden sollen, als selbst undefinierte Elemente am Anfang eines synthetischen Aufbaus wissenschaftlicher Terminologien. Insofern sich mit dieser Vorstellung häufig (und methodisch unklar) die Vorstellung hierarchisch geordneter Begriffssysteme verbindet (↑Begriffspyramide), werden e. B.e zugleich als die ›allgemeinsten‹ Begriffe aufgefaßt. Einen solchen Begriff stellen z.B. für T. Hobbes der Begriff des Körpers (De corp. I 2.14), für R. Descartes die Begriffe ›Denken‹ (cogitatio), ›Existenz‹ (existentia) und ›Gewißheit‹ (certitudo) dar; diese Begriffe sind nach Descartes für sich genommen, d.h. auch ohne vorausgehende Analyse, klar (nomina […] per se satis nota, Princ. philos. I, 10, Œuvres VIII, 8; vgl. Œuvres VII, 422, und Brief vom 21.5.1643 an Elisabeth von Böhmen, Œuvres III, 666).

Repräsentativ für die sich aus der Verbindung erkenntnistheoretischer und definitionstheoretischer Gesichtspunkte ergebenden Schwierigkeiten der Bestimmung e. B.e ist J. Lockes Begriff der *einfachen Idee* (simple idea). Einerseits gelten einfache Ideen bei Locke nämlich als Korrelate reiner sinnlicher Daten (simple ideas of sensation, Essay II 2 §2), andererseits werden Ideen sinnlicher Daten als Aggregate aus einfachen Ideen bezeichnet (Essay II 2 §1), einfache Ideen insofern als Produkt einer ›abstrahierenden‹ Verstandestätigkeit aufgefaßt (abstract ideas, Essay II 31 §12). Als Beispiele treten auf: ›Existenz‹, ›Einheit‹, ›Kraft‹ etc. (Essay II 7 §1ff.), denen denn auch kein einzelnes sinnliches Datum entspricht; sie werden vielmehr durch andere Ideen im Verstande ›hervorgerufen‹ (suggested, Essay II 7 §7). Definitionstheoretisch entspricht dem die Wiedergabe einfacher Ideen durch undefinierbare Begriffe, d.h. aus der Definierbarkeit eines Begriffes folgt, daß er eine zusammengesetzte Idee zum Gegenstand hat (Essay III 4 §7).

Eine gewisse Klärung erfährt die Konzeption e. B.e bei G.W. Leibniz, insofern Leibniz zwar aus definitionstheoretischen Gründen an der Annahme e. B.e (notiones primitivae bzw. notiones irresolubiles, Philos. Schr. IV, 423) festhält, dabei aber zwischen ›absolut ersten‹ Begriffen (notiones absolute primae) und solchen Begriffen unterscheidet, die ›für uns‹ die ersten sind (notiones secundum nos primae, C. 220f.). Nach Leibniz bilden letztere, d.h. undefinierbare, wenngleich auch nicht absolut e. B.e das ›Alphabet des Denkens‹ (Alphabetum cogitationum humanarum, C. 430, C. 220), d.h. eine ↑Universalsprache, in der die Begriffe und Sachverhalte aller Wissenschaften durch Kombinationen von elementaren Begriffen, die sich zu jenen verhalten wie die Primzahlen zu den echt teilbaren natürlichen Zahlen, ausgedrückt werden können (↑Leibnizsche Charakteristik). Als in diesem Sinne *relativ* e. B.e werden neben dem Begriff der Zahl die Begriffe ›Terminus‹, ›Existenz‹, ›Individuum‹ und ›Ego‹ angeführt (Generales Inquisitiones de Analysi Notionum et Veritatum [1686], C. 360f.). Im Sinne der auch von Leibniz vertretenen Kriterien der Klarheit und der Deutlichkeit von Begriffen (↑klar und deutlich) sind e. B.e dieser Art klar, aber nicht deutlich (ihre Merkmale können nicht angegeben werden).

Daß bei der Redeweise von e.n B.en strenggenommen *erkenntnistheoretische* bzw. (im engeren Sinne) *definitionstheoretische* und nicht etwa (wie in Lockes Annahme einer begriffsfreien, d.h. unterscheidungsfreien, Basis der Erkenntnis in der Erfahrung mit angezogene) *ontologische* Gesichtspunkte leitend sind (die Analyse zusammengesetzter Begriffe führt nicht auf einfache *Dinge*, sondern, relativ zu den mit einer Begriffsbildung verbundenen Zwecken, auf einfache *Unterscheidungen*), macht insbesondere J.H. Lambert, im Anschluß an Locke, jedoch mit anderen Intentionen, deutlich. ›Anatomische‹ oder ›euclidische‹ Einfachheit von Begriffen ist nach Lambert im wesentlichen eine Eigenschaft von *Grundbegriffen*, sofern diese als terminologisch nicht weiter analysierbare Begriffe am Anfang (axiomatisch aufgebauter) Theorien stehen (vgl. Neues Organon, Alethiologie §§36, 68; Architektonik §46). E. B.e in diesem Sinne wären etwa die Begriffe ›Ausdehnung‹ in der Geometrie, ›Dauer‹ und ›Kraft‹ in der Dynamik (Architektonik §50). Das Problem e. B.e ist damit als das Problem der terminologischen Basis axiomatischer Theorien reformuliert. In dieser Form wird es in der Definitionstheorie unter dem Stichwort *analytischer Definitionen* auch später (z.B. bei G. Frege) weiter behandelt.

Literatur: G. Gabriel, Definitionen und Interessen. Über die praktischen Grundlagen der Definitionslehre, Stuttgart-Bad Cannstatt 1972; F. Kambartel, Erfahrung und Struktur. Bausteine zu einer Kritik des Empirismus und Formalismus, Frankfurt 1968, 22ff.; R. Kauppi, Über die Leibnizsche Logik mit besonderer Berücksichtigung der Probleme der Intension und der Extension, Helsinki 1960 (Acta Philosophica Fennica XII), 101ff.; J. Mittelstraß, Neuzeit und Aufklärung. Studien zur Entstehung der neuzeitlichen Wissenschaft und Philosophie, Berlin/New York 1970, 435ff.; G. Wolters, Basis und Deduktion. Studien zur Entstehung und Bedeutung der Theorie der axiomatischen Methode bei J.H. Lambert (1728–1777), Berlin/New York 1980. J.M.

Begriff, unendlicher, in der traditionellen Logik ein Begriff, der durch ↑Kontraposition, d.h. durch den in beiden Richtungen klassisch schlüssigen Übergang von Aussagen der Form ›alle *S* sind *P*‹ in ›kein nicht-*P* ist *S*‹ entsteht. (Die Rede von ›Kontraposition‹ ist hier dadurch gerechtfertigt, daß ein Urteil der Art ›kein *P* ist *Q*‹ in der traditionellen ↑Syllogistik als universell verneinendes Urteil aufgefaßt wird, also in moderner Notation durch $\bigwedge_x(P(x) \to \neg Q(x))$, und nicht durch das damit klassisch äquivalente Schema $\neg \bigvee_x(P(x) \wedge Q(x))$ wiederzugeben ist; ›kein nicht-

P ist *S*‹ bedeutet daher soviel wie ›alle nicht-*P* sind nicht *S*‹.) Die Konvention, im Falle von nicht-*P* statt von einem *negativen* Begriff auch von einem u.en B. zu sprechen, geht vermutlich auf die Wiedergabe des Aristotelischen Ausdrucks ›*ἀόριστος*‹ (›unbestimmt‹, de int. 2.16a32, 10.19b8–9) durch ›infinitus‹ (statt ›indefinitus‹) bei A.M.T.S. Boethius zurück (In librum Aristotelis de interpretatione libri duo [editio prima] II, MPL 64, 341B, [editio secunda] II, MPL 64, 520B/C), der als erster auch den Ausdruck ›contrapositio‹ verwendet (De syllogismo categorico libri duo I, MPL 64, 807A). Maßgebend für diese Ausdrucksweise dürfte der Umstand gewesen sein, daß von einem negativen Begriff nicht-*P*, d.h. einem Begriff, der nicht vollständig bestimmbar ist, gesagt werden kann, daß er unendlich viele Teilbegriffe (Merkmale), nämlich sämtliche, die der Begriff *P nicht* enthält, einschließt.

Systematisch bedeutsam werden die durch Kontraposition gewonnenen negativen bzw. u.en B.e bei J.C. Sturm im Rahmen des Versuchs einer Erweiterung der syllogistischen Modi (↑Syllogistik) um 12 kategorische Modi, die jedoch im Aristotelischen Sinne nicht schlüssig sind (Universalia Euclidea [...] accedunt eiusdem XII novi syllogizandi modi, Hagae Comitis 1661, 82f.). G.W. Leibniz, der explizit auf die Bemühungen Sturms eingeht (Dissertatio de arte combinatoria, Philos. Schr. IV, 55f.), führt zur Darstellung der syllogistischen Modi im Rahmen seines 1679 in mehreren Fassungen entworfenen arithmetischen Logikkalküls (z.B. Elementa Characteristicae universalis, C. 42–49; Elementa Calculi, 49–57; Calculi universalis Elementa, C. 57–66), in dem die Konjunktion von Begriffen in einer Definition durch die Multiplikation der diesen Begriffen zugeordneten Zahlen dargestellt wird, negative Zahlen für *nicht-zukommende* Bestandteile eines Begriffs ein, um auf diese Weise die Negation abbilden zu können. Daneben stellen im Rahmen der Leibnizschen ↑Monadentheorie vollständige Begriffe (↑Begriff, vollständiger) u.e B.e dar, insofern der Begriff einer individuellen Substanz, den der vollständige Begriff, d.h. ein komplexer Prädikator, kennzeichnet, seinem Inhalt nach unendlich ist (vgl. Brief an B. Des Bosses vom 14.2.1706, Philos. Schr. II, 300). Wie im Falle der negativen Begriffe sind vollständige Begriffe von Individuen nach Leibniz faktisch nicht vollständig bestimmbar. Die Verwendung negativer Begriffe in Urteilen führte I. Kant zur Unterscheidung ›unendlicher‹ Urteile (↑Urteil, unendliches) von bejahenden und verneinenden Urteilen (KrV B 97f.).

Literatur: R. Kauppi, Über die Leibnizsche Logik mit besonderer Berücksichtigung des Problems der Intension und der Extension, Helsinki 1960 (Acta Philosophica Fennica XII), 77–79, 135–136, 193–194; W. Risse, Die Logik der Neuzeit II (1640–1780), Stuttgart-Bad Cannstatt 1970, 167–169, 234–237; T. Ziehen, Lehrbuch der Logik auf positivistischer Grundlage mit Berücksichtigung der Geschichte der Logik, Bonn 1920 (repr. Berlin/New York 1974), 552–555. J.M.

Begriff, vollständiger, Terminus der Leibnizschen Logik und ↑Monadentheorie. Im Rahmen der von G.W. Leibniz vertretenen ›analytischen‹ Theorie des Urteils (›praedicatum inest subiecto‹), in der die inesse-Beziehung zwischen Subjektbegriff und Prädikatbegriff ›syllogistisch‹ die konverse a-Beziehung zwischen Begriffen wiedergibt (↑Syllogistik), und im Zusammenhang mit einer logischen Rekonstruktion des klassischen Begriffs der ↑Substanz ist ein v. B. (notio completa, notion complète) Kennzeichnung einer *individuellen* Substanz (substance individuelle) bzw. einer ↑Monade. Im Sinne der Aristotelischen Definition individueller Substanzen durch Subjektbegriffe, die ihrerseits nicht als Prädikatbegriffe auftreten können (cat. 5.2a11–13), werden Begriffe, die diese Bedingung erfüllen, als *individuelle* Begriffe (notions individuelles) bzw. v.e B.e konstruiert (Disc. mét. §8, Philos. Schr. IV, 433), d.h. als Begriffe, die äquivalent sind mit der Konjunktion aller Prädikatoren (Merkmale), die den Individuen, denen sie zugeordnet sind, zukommen. Ein v. B. ist also ein *komplexer Prädikator,* der die Bedingung einer (vollständigen) ↑*Kennzeichnung* erfüllt: er ist nicht leer, und es gibt genau ein Individuum, das unter ihn fällt. Dabei ist die geforderte Eindeutigkeit eben durch die Eigenschaft der Vollständigkeit gegeben (nach dem Leibnizschen Ununterscheidbarkeitssatz [↑Identität] kann es nicht zwei Individuen geben, die in allen ihren Eigenschaften übereinstimmen), während für die Erfüllung der ersten Bedingung ein Existenzbeweis für einen ›möglichen‹ Begriff, d.h. einen Begriff, der keinen logischen Widerspruch impliziert, erforderlich ist.

Ein v. B. ist faktisch nicht analysierbar, da seine Elemente (darunter z.B. auch Prädikate für die räumlichen und zeitlichen Beziehungen der durch einen solchen Begriff gekennzeichneten Substanz gegenüber anderen Substanzen) unendlich sind (Brief an B. Des Bosses vom 14.2.1706, Philos. Schr. II, 300), da die Individualität, wie Leibniz sagt, die Unendlichkeit einschließt (Nouv. essais

III 3 §6, Akad.-Ausg. VI, 289). Eine Ausnahme bilden v.e B.e für ›abstrakte Gegenstände‹ (z.B. ›animal rationale‹ als v. B. von homo), da hier die Bestimmung eines Gegenstandes durch eine Definition abgeschlossen ist. Leibniz spricht in diesem Fall, in dem der entsprechende Begriff vollständig, die zugehörige Kennzeichnung dennoch nicht unendlich ist, von einer ›notio plena‹ statt von einer ›notio completa‹ (Brief an A. Arnauld vom 14.7.1686, Philos. Schr. II, 49).

Auch in anderen Fällen ist eine ›infinitesimale‹ Annäherung an einen v.en B., d.h. eine beliebig genaue Formulierung des komplexen Prädikators einer individuellen Substanz möglich (vgl. Generales Inquisitiones §74, C. 376f.). Ist S der v. B. einer individuellen Substanz bzw. eines Individuums s und P ein konjunktiver Bestandteil von S, so wird S mit der Aussage $s \varepsilon P$ gewissermaßen in zwei Teile, einen bekannten Teil P und einen unbekannten Restteil S_0 zerlegt: $(S_0 P)_s \varepsilon P$. Die Analyse von S ist zwar auch hier, wenn es sich bei s um einen konkreten Gegenstand oder ein konkretes Ereignis handelt, eine unendliche Aufgabe (»resolutio procedit in infinitum«, Specimen inventorum de admirandis naturae Generalis arcanis, Philos. Schr. VII, 309), doch läßt sich eine derartige Zerlegung mit dem Resultat einer immer genaueren Kenntnis von S beliebig weiterführen, was im Rahmen der ›analytischen‹ Theorie des Urteils bei Leibniz zugleich eine zunehmend vollständigere Rückführung *kontingenter* Sätze auf ›*identische*‹ Sätze (Sätze der Form A est A bzw. nach Auflösung des ›virtuell identischen‹ Falles A est B in AB est B) und damit *notwendige* Sätze bedeutet. Zum Zusammenhang des Begriffs v. B. mit dem Perzeptionensatz der Monadentheorie (Perzeptionen konstituieren das Individuum, Nouv. essais, Pref., Akad.-Ausg. VI 6, 55) ↑Monadentheorie.

Bei C. Wolff ist ein v. B. ein solcher deutlicher (↑klar und deutlich) Begriff, der genügend Merkmale aufweist, um einen Gegenstand in jedem beliebigen Zustand zu erkennen und von anderen zu unterscheiden (Philosophia rationalis sive logica, Frankfurt/Leipzig 1728, §92).

Literatur: R. Kauppi, Über die Leibnizsche Logik mit besonderer Berücksichtigung des Problems der Intension und der Extension, Helsinki 1960 (Acta Philosophica Fennica XII); W. Lenders, Die analytische Begriffs- und Urteilstheorie von G.W. Leibniz und Chr. Wolff, Hildesheim/New York 1971; J. Mittelstraß, Neuzeit und Aufklärung. Studien zur Entstehung der neuzeitlichen Wissenschaft und Philosophie, Berlin/New York 1970, 469ff., 506ff.; G.H.R. Parkinson, Logic and Reality in Leibniz's Metaphysics, Oxford 1965, 124ff.; M. Schneider, Analysis und Synthesis bei Leibniz, Diss. Bonn 1974. J.M.

Begriffe, identische, Terminus der traditionellen Logik. Zwei Begriffe A, B heißen i. B., wenn sowohl ihr Begriffsumfang (↑extensional/Extension) als auch ihr Begriffsinhalt (↑intensional/Intension) gleich sind. Sind A und B lediglich umfangsgleich, so werden sie äquale, äquipollente oder auch ↑Wechselbegriffe genannt. G.W.

Begriffe, theoretische (engl. theoretical concepts), wissenschaftstheoretischer Terminus. In der Philosophie des logischen Empirismus (↑Empirismus, logischer, ↑Neopositivismus), insbesondere bei R. Carnap, führten die im Rahmen des Programms einer logischen Analyse (↑Analyse, logische) der Wissenschaftssprache erfolglosen Versuche einer definitorischen oder vollständigen interpretatorischen Rückführung der Sprache von (vor allem physikalischen) Theorien auf ↑Beobachtungssprache zu der Auffassung, daß Theorien allenfalls partiell interpretierbar seien. Danach kann nicht jedem Term einer physikalischen Theorie (jedem ›t.n B.‹) ein Term einer (theorieunabhängigen) Beobachtungssprache (in welchem Verfahren auch immer) zugeordnet werden. Theorien, zumal in formal-axiomatischer Formulierung, seien nur als ganze und zudem nicht abgelöst von ihrer empirischen Geltung interpretierbar. Die Frage nach der Bedeutung eines t.n B.s. bleibt also jeweils auf eine ganze Theorie und auf die Bedingungen ihrer empirischen Bewährung bezogen. Dieser Auffassung korrespondieren Beweise für formal-axiomatische Theorien über die Nichtdefinierbarkeit von Gruppen primitiver Terme innerhalb der Theorie (↑definierbar/Definierbarkeit).

Eine formale Methode, t. B. aus Theorien zu eliminieren, ist die Bildung des ↑Ramsey-Satzes einer Theorie, der freilich ebenfalls keine Lösung des Bedeutungsproblems erfahrungswissenschaftlicher Terminologie darstellt. Eine Verbesserung der Ramsey-Satz-Methode wurde von J.D. Sneed angegeben, bei der statt von t.n B.n schlechthin von (jeweils auf eine bestimmte Theorie T relativierten) ›T-theoretischen Begriffen‹ gesprochen wird. Da nach Sneed (physikalische) Theorien in eine mathematische Struktur (ein durch Umformung des Ramsey-Satzes gebildetes mengentheoretisches Prädikat) und eine Menge intendierter Anwendungen zerfallen, kann ein und derselbe Ausdruck in einer Theorie bestimmbar (eliminierbar) und zugleich in einer anderen T-theoretisch sein. Die Bedeutungszuordnung zu t.n B.n im Sinne Sneeds kompliziert sich zusätzlich zum methodischen Aufbau von Theorien aufeinander (z.B. Kinematik auf Geometrie, freilich bei Sneed ohne Lösung der Frage, wie die unterste Theorie in ihren Termen Bedeutung erlangen kann) durch die Unterscheidung des (sozusagen für alle Anwendungen gültigen) zentralen empirischen Satzes von speziellen, auf bestimmte Anwendungsgebiete beschränkten Gesetzen. Obgleich der Ansatz Sneeds eine folgerichtige Fortführung der von Carnap intensiv begonnenen Untersuchungen zur erfahrungswissenschaftlichen Begriffsbildung ist, wird mit der Rede von intendierten Anwendungen die Zweiteilung aller Wahrheiten in Tautologien und empirische Sätze, wie sie noch programmatisch dem logischen Empirismus seinen Namen gegeben hat, aufgegeben und mit dem ›non-statement-view‹ (↑Theoriesprache) gerade in Fragen der Begriffsbildung eine anscheinend nicht bemerkte Annährung an konventionalistische und instrumentalistische Positionen vollzogen.

In der konstruktiven Wissenschaftstheorie (↑Wissenschaftstheorie, konstruktive) stellt sich das Problem anders, da dort die sogenannten t.n B. teilweise der einer empirischen Physik methodisch vorhergehenden ↑Protophysik, teils der (handlungstheoretisch-instrumentalistisch interpretierbaren) empirischen Physik angehören. Für die Termini der Protophysik, also die Grundbegriffe von Geometrie, Chronometrie und Dynamik, sind explizite Bestimmungen angegeben worden, die das Zweistufenkonzept der Wissenschaftssprache durch eine normativ verstandene, operative Begriffsbildung im Ideationsverfahren durchbrechen. Für die t.n B. im Bereich empirischer Theorien sind noch keine hinreichenden Bestimmungsverfahren ausgearbeitet.

Literatur: R. Carnap, The Methodological Character of Theoretical Concepts, in: H. Feigl/G. Maxwell (eds.), Foundation of Science and the Concept of Psychology and Psychoanalysis, Minneapolis Minn. 1956 (Minnes. Stud. Philos. Sci. I); C.G. Hempel, Grundzüge der Begriffsbildung in der empirischen Wissenschaft, Düsseldorf 1974; P. Janich, Die Protophysik der Zeit. Konstruktive Begründung und Geschichte der Zeitmessung, Frankfurt 1980; J.D. Sneed, The Logical Structure of Mathematical Physics, Dordrecht 1971; W. Stegmüller, Probleme und Resultate der Wissenschaftstheorie und Analytischen Philosophie II/2 (Theorienstrukturen und Theoriendynamik), Berlin/Heidelberg/New York 1973; H. Tetens, Bewegungsformen und ihre Realisierungen. Wissenschaftstheoretische Untersuchungen zu einer technikorientierten Rekonstruktion der klassischen Mechanik, Diss. Erlangen 1977; R. Tuomela, Theoretical Concepts, Wien/New York 1973. P.J.

Begriffsgeschichte, im Zusammenhang mit einer Theorie philosophischer Wörterbücher gebildeter Terminus zur Charakterisierung des Programms einer kritischen Aufarbeitung philosophischer Terminologien. Als methodische Orientierung hat dieser Terminus ferner Eingang in Theorien der Philosophiegeschichtsschreibung sowie in die Philosophie der Philosophiegeschichte gefunden. Ziel der B., in methodischer Verwendung, ist es, nicht nur ein *systematisch,* sondern auch ein *genetisch* reflektiertes Verständnis philosophischer Terminologien zu bilden. B. ist insofern gegen die latente Naivität reiner Systematik gerichtet, ohne deswegen notwendigerweise gleich den Versuch darzustellen, sich selbst an die Stelle systematischen Denkens zu setzen.

Einer Theorie philosophischer Wörterbücher liegt der Terminus B. seit J.G. Walch zugrunde, insofern nach Walch beim Aufbau eines solchen Wörterbuches nicht nur die ›dogmatische‹, sondern auch die ›historische‹ Bedeutung der Begriffe Berücksichtigung finden soll (Philosophisches Lexicon, I–II, Leipzig 1726, [4]1775 [repr. Hildesheim 1968], I, Vorrede). Das von W.T. Krug formulierte Programm eines ›historisch-kritischen Wörterbuchs der Philosophie‹ (Rez. des »Encyklopädischen Wörterbuchs der kritischen Philosophie« von G.S.A.M. Mellin, Neue Leipziger Lit. Zeitung 22 [1806], 346) wird dann insbesondere von R. Eucken (Geschichte der philosophischen Terminologie, Leipzig 1879 [repr. Hildesheim 1964]) und R. Eisler (Wörterbuch der philosophischen Begriffe. Historisch-quellenmäßig bearbeitet, Berlin 1899, I–III, Berlin [4]1927–1930) realisiert. Im »Archiv für B.« (begründet von E. Rothacker) und im »Historischen Wörterbuch der Philosophie« (begründet, als Neubearbeitung des Wörterbuchs von R. Eisler, von J. Ritter, fortgeführt von K. Gründer, Basel/Stuttgart 1971 ff.) finden diese Bemühungen, auf der Basis erneuter theoretischer Orientierungen, die nun auch explizit mit dem Begriff der Philosophie selbst in Verbindung gebracht werden (B. als Philosophie), ihre moderne Fortsetzung.

Systematische Probleme verbinden sich mit dem Terminus B. insofern, als im Rahmen einer logisch orientierten Begriffstheorie Begriffe (über gewisse Invarianzpostulate gegenüber Prädikatoren) als *abstrakte Gegenstände* auftreten (↑Begriff), auf die bezogen wiederum die Rede von ›Geschichte‹ nicht ohne weiteres einsichtig ist. Ändern sich die Unterscheidungen, ändern sich auch die entsprechenden Begriffe, entstehen ›neue‹ Begriffe. Allerdings haben solche Veränderungen nicht immer im wirklich strengen Sinne ›neue‹ Begriffe zum Resultat. Vielmehr können Unterscheidungen, die äquivalenten Prädikatoren (als Darstellungen von Begriffen) zugrunde liegen, auch solche Veränderungen erfahren, die sich etwa als Erweiterung, Entfaltung oder Präzisierung der ursprünglichen Unterscheidung auffassen lassen. Es ist dann gerechtfertigt, zu sagen, daß sich ein Begriff *entwickelt* oder daß es eine Unterscheidungsgeschichte bzw. B. gibt. Auch jede ↑Rekonstruktion ist in diesem Sinne Element einer B.

Literatur: H. Blumenberg, Nachbemerkungen zum Bericht über das »Archiv für B.«, Jb. Akad. Wiss. Lit. Mainz (1967), 79–80; H.G. Gadamer, B. als Philosophie, Arch. Begriffsgesch. 14 (1970), 137–151; K. Gründer, Bericht über das »Archiv für B.«, Jb. Akad. Wiss. Lit. Mainz (1967), 74–79; H.G. Meier, B., Hist. Wb. Ph. I (1979), 788–808; J. Ritter, Leitgedanken und Grundsätze eines »Historischen Wörterbuchs der Philosophie«, Arch. Gesch. Philos. 47 (1965), 299–304 (wiederabgedruckt in: Arch. Begriffsgesch. 11 [1967], 75–80); R. Wiehl, Begriffsbestimmung und B.. Zum Verhältnis von Phänomenologie, Dialektik und Hermeneutik, in: Hermeneutik und Dialektik. H.-G. Gadamer zum 70. Geburtstag, I–II, ed. R. Bubner/K. Cramer, Tübingen 1970, I, 167–213. J.M.

Begriffsinhalt, ↑intensional/Intension.

Begriffslogik, auch: Termlogik, in der Tradition eine Charakterisierung der ↑Aristotelischen Logik (↑Syllogistik) im Unterschied zur damit konkurrierenden Interpretation derselben als ↑Klassenlogik. Vom Standpunkt der modernen formalen Logik (↑Logik, formale) handelt es sich bei der B. um eine ↑intensionale, bei der Klassenlogik dagegen um eine ↑extensionale Deutung der auf ↑einstellige ↑Aussageformen eingeschränkten ↑Quantorenlogik. Bei der begriffslogischen Deutung eines Syllogismus (z.B. ↑Barbara: PaQ, $QaR \prec PaR$; in Worten: ›alle P sind Q‹ und ›alle Q sind R‹ impliziert logisch ›alle P sind R‹, mit den Termini P, Q, R) werden die dort vorkommenden Prädikatoren als Darstellungen von Begriffen, in der klassenlogischen Deutung als Darstellungen von Klassen, aufgefaßt. Von der Geltung der *Extensionalitätsthese* (↑extensional/Extension), nämlich ob aus der durch $\bigwedge_x(x \varepsilon P \leftrightarrow x \varepsilon Q)$, definierten Gleichheit $P=Q$ die Implikation $PaR \prec QaR$ gefolgert werden darf oder nicht (die Gleichheit ist aber *keine* syllogistische Aussageform), würde es abhängen, ob die klassenlogische Deutung korrekt ist oder nicht. K.L.

Begriffspyramide, in Logik und Wissenschaftstheorie Bezeichnung für ein hierarchisch geordnetes System von von ↑Klassifikationen, das dadurch entsteht, daß man, von einer gegebenen Klassifikation ausgehend, Begriffe schrittweise zu ↑Oberbegriffen zusammenfaßt, bis man zu einem einzigen Oberbegriff gelangt, bzw. umgekehrt, von einem gegebenen Oberbegriff ausgehend, diesen immer weiter zergliedert. Markiert man das Subordinationsverhältnis der Begriffe (↑Subordination) durch Verbindungslinien, so ergibt sich ein pyramidenähnliches Schema. Berühmte Beispiele für B.n sind die biologischen Klassifikationssysteme der Zoologie und Botanik. Oft ist auch die ↑arbor porphyriana als B. bezeichnet worden.

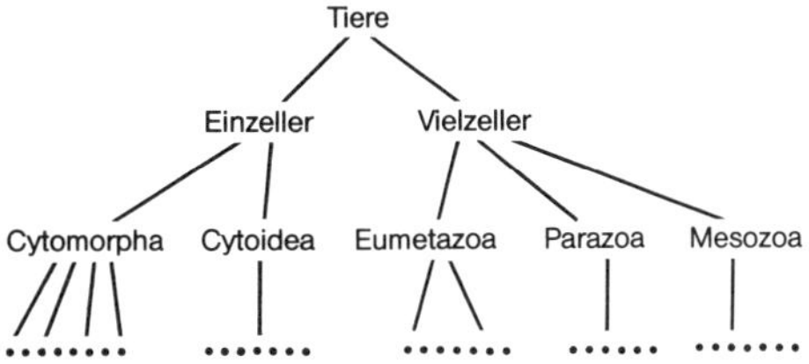

(Spitze einer B. zur Klassifikation des Tierreichs)

Literatur: J.E. Heyde, Die Unlogik der sogenannten B., in: W.F. Niebel/D. Leisegang (eds.), Philosophie als Beziehungswissenschaft. Festschrift für J. Schaaf, Frankfurt 1974, XXI/5-58 (separat Frankfurt 1973); H.W.B. Joseph, An Introduction to Logic, Oxford ²1916 (repr. 1967) (Chap. V: The Rules of Definition and Division: Classification and Dichotomy); H. Leisegang, Denkformen, Berlin ²1951 (Kap. V: Die B.); F. Ueberweg, System der Logik und Geschichte der logischen Lehren, Bonn ³1868, ed. J.B. Meyer, ⁵1882 (§55: Die Stufenordnung (Pyramide) der Vorstellungen). P.S.

Begriffsrealismus, ↑Realismus.

Begriffsschrift, vermutlich als Verdeutschung von ›Ideographie‹ entstandene Bezeichnung für G.W. Leibnizens ↑lingua universalis in der Leibnizliteratur des 19. Jahrhunderts, zuerst 1856 von F.A. Trendelenburg für Leibnizens lingua characteristica (↑Leibnizsche Charakteristik) gebraucht. Diese setzt voraus, daß alle Begriffe aus nicht weiter zerlegbaren Grundbegriffen zusammengesetzt sind. Diesen Grundbegriffen sollen in einer B. die Buchstaben entsprechen, an deren Zusammensetzung zu einem Begriffswort der Aufbau des von dem Wort bezeichneten Begriffs dann jeweils unmittelbar ablesbar sein soll. G. Frege übernahm 1879 den Ausdruck ›B.‹ in den Titel seines ersten Buches, dessen Erscheinen man heute vielfach als den Beginn der ›modernen Logik‹ ansieht. Freges

B. ist ein zweidimensionales Zeichensystem zum Aufbau von Formeln einer ↑Quantorenlogik (mit Identität und gewissen Funktoren), das Universalität nur noch insofern beansprucht, als mit ihm alle quantorenlogischen Verknüpfungen von Elementaraussagen irgendwelcher Wissenschaftssprachen vorgenommen werden können. Beispiel einer begriffsschriftlichen Formel (Begriffsschrift 51, Formel 59):

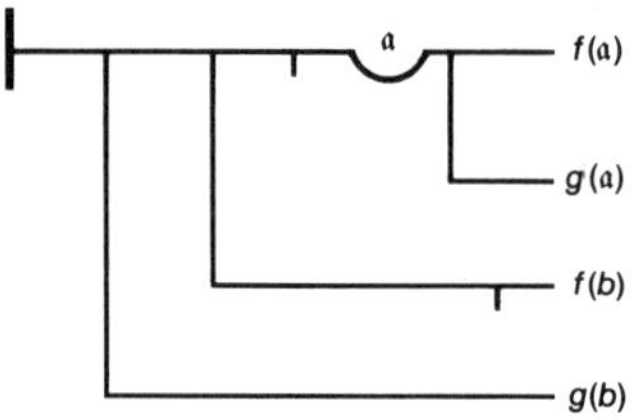

In der modernen, eindimensionalen Notierung lautet die Formel wie folgt (wobei zu beachten ist, daß begriffsschriftliche Formeln ›von unten nach oben‹ gelesen werden):

$$g(b)\rightarrow(\neg f(b)\rightarrow\neg \bigwedge_{\mathfrak{a}}(g(\mathfrak{a})\rightarrow f(\mathfrak{a}))).$$

Frege gibt folgendes Beispiel: »Es bedeute *b* einen Vogel Strauss, nämlich ein einzelnes zu dieser Art gehörendes Thier:

$g(A)$ »*A* ist ein Vogel«
$f(A)$ »*A* kann fliegen«.

Dann haben wir das Urtheil: »wenn dieser Strauss ein Vogel ist und nicht fliegen kann, so ist daraus zu schließen, dass einige Vögel nicht fliegen können«.

Die Formulierung des Fregeschen Beispiels unterscheidet sich von der Struktur der begriffsschriftlichen Formel insofern, als darin die ↑Konjunktion und die ↑Partikularisierung auftreten, während in der B. selbst alle logischen Partikeln (↑Partikel, logische) durch ↑Subjunktor (›Bedingungsstrich‹), ↑Negator (›Verneinungsstrich‹) und ↑Allquantor (›Höhlung‹) ausgedrückt werden. Die dem Beispiel entsprechende Umformung der obigen quantorenlogischen Formel in

$$g(b)\wedge\neg f(b)\rightarrow\bigvee_{\mathfrak{a}}(g(\mathfrak{a})\wedge\neg f(\mathfrak{a}))$$

macht von folgenden Definitionen bzw. Theoremen Gebrauch, die in der klassischen Quantorenlogik (↑Logik, klassische) adäquat bzw. gültig sind:

$a\wedge b \leftrightarrows \neg(a\rightarrow\neg b)$
$\bigvee_{\mathfrak{a}} A(\mathfrak{a}) \leftrightarrows \neg\bigwedge_{\mathfrak{a}}\neg A(\mathfrak{a})$
$a\wedge b\rightarrow c \succ\!\prec a\rightarrow(b\rightarrow c).$

Literatur: G. Frege, B. Eine der arithmetischen nachgebildete Formelsprache des reinen Denkens, Halle 1879 (repr. Darmstadt/Hildesheim 1964); ders., Ueber die wissenschaftliche Berechtigung einer B., Z. Philos. philos. Kritik 81 (1882), 48–56; G. Patzig, Leibniz, Frege und die sogenannte »lingua characteristica universalis«, Stud. Leibn. Suppl. III, Wiesbaden 1969, 103–112; H. Schnelle, Zeichensysteme zur wissenschaftlichen Darstellung, Stuttgart 1962; F.A. Trendelenburg, Über Leibnizens Entwurf einer allgemeinen Charakteristik, Abh. Königl. Akad Wiss. Berlin 1856, Berlin 1857, 37–69, auch separat Berlin 1856.
C.T.

Begriffsumfang, ↑extensional/Extension.

Begründung (engl. proof, justification, foundational research; franz. preuve, justification), eine theoretische Behauptung (↑Aussage) oder praktische (normative) Orientierung heißt *begründet* genau dann, wenn sie gegenüber allen vernünftig argumentierenden Gesprächspartnern (↑Vernunft) zur Zustimmung gebracht werden kann. Die Einsicht, daß ein begründeter (theoretischer oder praktischer) Satz vorliegt, wird demnach durch Ausarbeitung eines Argumentationsverfahrens für beliebige rationale Dialoge (↑Dialog, rationaler) (allgemeiner: ↑Beratungen), der so genannten B., gewonnen. B.en sind definitionsgemäß *konstruktiv,* insofern sie (zustimmungs)schrittweise, ohne Argumentationslücken also, aufgebaut werden.

Die Kriterien vernünftiger Argumentation, die die genannte Rede von B. erst ermöglichen, sind in jüngster Zeit Gegenstand besonderer Untersuchungen geworden. W. Kamlah und P. Lorenzen haben für die B.sabsicht die prinzipielle Bereitschaft, alle Vororientierungen kritisch in Frage stellen zu lassen, hervorgehoben. J. Habermas hat auf die Vermeidung der z.B. aus Zwängen resultierenden Dialogverzerrungen abgestellt. Greift man beide Intentionen, die sich bis in die Platonische Dialogführung zurückverfolgen lassen, auf, so lassen sich rationale Dialoge durch die folgenden Eigenschaften kennzeichnen:

(1) Ein rationaler Dialog ist *unvoreingenommen,* d.h., jeder Teilnehmer ist bereit, die von ihm explizit vorgeschlagenen oder stillschweigend vorausgesetzten Orientierungen zurückzustellen, soweit sie nicht gemeinsam erarbeiteter Zustimmung fähig sind. Voreingenommenheit kann demgemäß auch als *dogmatische* Argumentationshaltung verstanden werden. – (2) Ein rationaler Dialog ist *zwanglos,* d.h., in ihm treten keine Zustimmungs- oder Ablehnungsakte auf, die lediglich auf damit verbundene offene oder verschleierte Zwänge (Sanktionserwartungen) zurückzuführen sind. – (3) Ein rationaler Dialog ist *nicht persuasiv,* d.h., in ihm

wird Gemeinsamkeit nicht auf Grund der Argumentationsschwächen einiger Teilnehmer zugunsten anderer Teilnehmer erschlichen.

↑ *Beweis* heißt vor allem die B. von *Aussagen*, insbesondere von mathematischen Theoremen. Dagegen spricht man bei *Normen* (↑ Norm (handlungstheoretisch, moralphilosophisch)) und ↑ *Zielen* von ↑ *Rechtfertigung*. Insofern sich Beweisverfahren gerechtfertigter methodischer Normen bedienen sollen, sind auch sie auf praktische Rechtfertigungsschritte angewiesen. Dies wird in positivistischen Wissenschaftstheorien, die häufig allein verbreitete naturwissenschaftliche Begründungsverfahren zum Maßstab nehmen (↑ Szientismus), verkannt. Im Zusammenhang damit hat die einseitige Orientierung vor allem an einer als Ensemble deduktiver Theorien aufgefaßten Mathematik ferner dazu geführt, B.sschritte stets verkürzt als Ableitung aus selbst keiner B. fähigen ↑ Axiomen oder ↑ Hypothesen zu verstehen, wobei dann allenfalls die Möglichkeit einer empirischen Überprüfung der aus den Axiomen bzw. Hypothesen abgeleiteten Konsequenzen besteht. In Verbindung mit einem szientistisch oder axiomatisch-deduktiv verkürzten B.sbegriff wird die Möglichkeit, praktische Sätze (↑ Werturteile) durch ein methodisch geleitetes Vorbringen von Gründen und Gegengründen rational zu rechtfertigen, in der Regel bestritten (↑ Positivismusstreit, ↑ Werturteilsstreit).

Die methodischen Schwierigkeiten eines deduktiven B.sverständnisses hat vor allem der kritische Rationalismus (↑ Rationalismus, kritischer) erörtert und aus seinen Analysen die Konsequenz einer fallibilistischen Erkenntnis- und Wissenschaftstheorie gezogen (↑ Fallibilismus). H. Albert hat diese Kritik an deduktiven B.sbemühungen auf die Form des sogenannten ↑ Münchhausen-Trilemmas gebracht: ↑ Deduktionen, hier verstanden ganz allgemein als das Rückführen der Geltung einer Orientierungsinstanz auf die Geltung anderer Orientierungsinstanzen, stehen danach vor drei, sämtlich angreifbaren Alternativen: dem unendlichen B.*sregreß*, dem B.*szirkel* oder der selbst nicht mehr deduktiv begründeten, insofern also *dogmatischen* Auszeichnung einer B.*sbasis*. Der kritische Rationalismus benutzt daher Deduktion lediglich für die Ableitung von Falsifikationsinstanzen zur Überprüfung von Hypothesen und Theorien. – Eine argumentativ verstandene B. ist dem Münchhausen-Trilemma deswegen entzogen, weil hier alle, insbesondere die ersten Argumentationsschritte auf vernünftige Zustimmung bezogene Vorschläge und Entwürfe darstellen. Als solche sind sie sämtlich der Kontrolle im gemeinsamen Reden und Handeln fähig und bedürftig. Auch wenn ein gelungener B.sschritt als *Einsicht* bezeichnet wird, sollen daher nicht Evidenz- oder Sicherheitserlebnisse als unkritische Basis dienen. Insofern vielmehr alle so genannten Einsichten stets zur argumentativen Bewährung anstehen, entfällt gegenüber argumentativen B.skonstruktionen der Vorwurf des ↑ Certismus.

Literatur: T.W. Adorno u.a. (eds.), Der Positivismusstreit in der deutschen Soziologie, Neuwied/Berlin 1972; H. Albert, Traktat über kritische Vernunft, Tübingen ³1975; J. Habermas, Erkenntnis und Interesse, Frankfurt ⁴1977; ders., Theorie und Praxis. Sozialphilosophische Studien, Frankfurt ⁴1971; ders., Wahrheitstheorien, in: H. Fahrenbach (ed.), Wirklichkeit und Reflexion. Walter Schulz zum 60. Geburtstag, Pfullingen 1973, 211–265; P. Janich/F. Kambartel/J. Mittelstraß, Wissenschaftstheorie als Wissenschaftskritik, Frankfurt 1974, 34–40; F. Kambartel, Theorie und B.. Studien zum Philosophie- und Wissenschaftsverständnis, Frankfurt 1976; W. Kamlah/P. Lorenzen, Logische Propädeutik. Vorschule des vernünftigen Redens, Mannheim ²1973; K. Lorenz, Beweis, Hb. ph. Grundbegriffe I (1973), 221–232; P. Lorenzen, Methodisches Denken, Frankfurt 1968; ders., Normative Logic and Ethics, Mannheim 1969; J. Mittelstraß, Erfahrung und B., in: ders., Die Möglichkeit von Wissenschaft, Frankfurt 1974, 56–83, 221–229; ders., Wider den Dingler-Komplex, ebd., 84–105, 230–234; K.R. Popper, Logik der Forschung, Tübingen ⁵1973; ders., Conjectures and Refutations. The Growth of Scientific Knowledge, London ²1965; W. Röd, Grund, Hb. ph. Grundbegriffe II (1973), 642–657; H. Schnädelbach, Erfahrung, B. und Reflexion. Versuch über den Positivismus, Frankfurt 1971; H.J. Schneider, Der theoretische und der praktische B.sbegriff, in: F. Kambartel (ed.), Praktische Philosophie und konstruktive Wissenschaftstheorie, Frankfurt 1974, 212–222; ders., Der Rufer in der Wüste, in: G. Wolters (ed.), Jetztzeit und Verdunkelung. Festschrift für Jürgen Mittelstraß zum vierzigsten Geburtstag, Konstanz 1976, 11; O. Schwemmer, Philosophie der Praxis. Versuch zur Grundlegung einer Lehre vom moralischen Argumentieren in Verbindung mit einer Interpretation der praktischen Philosophie Kants, Frankfurt 1971; H.F. Spinner, B., Kritik und Rationalität. Zur philosophischen Grundlagenproblematik des Rechtfertigungsmodells der Erkenntnis und der kritizistischen Alternative I (Die Entstehung des Erkenntnisproblems im griechischen Denken und seine klassische Rechtfertigungslösung aus dem Geiste des Rechts), Braunschweig 1977; W. Stegmüller, Probleme und Resultate der Wissenschaftstheorie und Analytischen Philosophie I (Wissenschaftliche Erklärung und B.), Berlin/Heidelberg/New York 1969. F.K.

Begründungszusammenhang, ↑ Entdeckungszusammenhang/Begründungszusammenhang.

Behauptung (engl. assertion), Äußerung eines ↑ Urteils (↑ Sprechakt), die Verwendungsweise sprachlicher Ausdrücke, und zwar von Sätzen, als ↑ Aussagen im Unterschied zu Bitten, Fragen etc.

Mit der B. einer Aussage *A* ist die Bereitschaft zur Argumentation um *A* erklärt, mit dem Ziel, die Geltung oder Wahrheit von *A* zu beweisen. Entsprechend wird ›B.‹ gelegentlich auf die Metaaussagen der Form ›*A* ist wahr‹ beschränkt. Demzufolge gilt das Zeichen › ⊢ ‹ – genauer sogar nur der senkrechte Teil, der ↑ *Urteilsstrich* – in G. Freges Symbolisierung von ›die Aussage *A* ist als wahr behauptet‹: ›⊢ *A* ‹, als B.szeichen. K.L.

Behaviorismus (von engl. behavio[u]r, Verhalten), in den USA entstandene Richtung der Psychologie, die sich streng auf das Beschreiben des Verhaltens lebender Organismen, d.h. der Reaktionen auf Reize beschränkt, wobei als Mittel der Beschreibung im wesentlichen nur das Instrumentarium der Naturwissenschaft zugelassen wird, nicht jedoch Unterscheidungen, die der Bewußtseinssphäre angehören.

In einer berechtigten Kritik am Selbstverständnis der Psychologie vornehmlich des 19. Jahrhunderts als einer ›Wissenschaft‹ von den seelischen Phänomenen versuchten W. McDougall (1912) und J.B. Watson (1913), ein strenges Kriterium für Wissenschaftlichkeit in der Psychologie durchzusetzen, wobei sie sich positivistisch am Vorbild der Physik, die selbst wiederum in positivistischer Verkürzung gesehen wurde, orientierten. Das Mittel der Selbstbeobachtung, die nur jeweils dem einzelnen zugängliche innere Zustände wie Angst oder Vorgänge wie Denken betrifft, wurde als unwissenschaftlich verboten. Das Verfahren, einen Organismus als ↑ black box zu betrachten und nur den funktionalen Zusammenhang von input (hier: Reize) und output (hier: Reaktionen) zu untersuchen, ist besonders bei Tierversuchen zu Lerntheorien angewendet worden. Zur Erklärung der beobachteten Zusammenhänge werden zwar im ›operationalen B.‹ (z.B. E.C. Tolman, C.L. Hull) Parameter eingeführt, die alltagssprachliche Bezeichnungen für seelische Zustände erhalten können, aber Kriterien für die Angemessenheit solcher Bezeichnungen nicht gegeben. – Die Übertragung tierpsychologischer Ergebnisse auf die Humanpsychologie ist nur dem orthodoxen Behavioristen unproblematisch.

Der ursprüngliche B. Watsons wird kaum mehr vertreten, wohl aber modifizierte Auffassungen wie der operationale B. oder der ›purposive B.‹ Tolmans, vor allem in den USA. Im Neo-B. sind außer Beobachtungen durch den Versuchsleiter auch individuelle Berichte der Versuchspersonen selbst über innere Ereignisse zugelassen. Methodisch stehen jedoch alle experimentell arbeitenden Psychologen auf dem Boden des B. Charakteristisch hierfür ist die Anlehnung an ein Physikverständnis, für das die Herstellung reproduzierbarer Standardsituationen im Experiment grundlegend ist. Die Herbeiführung von psychologischen Experimentalsituationen, in denen von den kultur- und individualgeschichtlichen Besonderheiten der Versuchspersonen abgesehen wird, entspricht der Unterstellung naturgesetzlichen Verhaltens von Menschen. Die ↑ Intentionalität des Menschen ist hierbei vielfach in voller Absicht unberücksichtigt gelassen, oder sie wird selbst wie ein erklärbares Naturphänomenen beschrieben (im Gegensatz zu: als solche ernstgenommen). Eine Unterscheidung von Handeln und Verhalten (z.B. ›einen Brief schreiben‹ und ›sich erkälten‹) danach, ob der betreffende Mensch willentlich einen Zweck verfolgt oder nicht, kann behavioristisch nicht eingeholt werden, so daß die Hauptkritik am B. dem technisch-manipulatorischen Charakter behavioristischer Theorien gilt, der sich in der Asymmetrie zwischen dem seine Erkenntniszwecke handelnd verfolgenden Versuchsleiter und der über diese Zwecke im Unklaren gelassenen, auf gebotene Reize instruktionsgemäß reagierenden Versuchsperson zeigt.

Literatur: K. Holzkamp, Kritische Psychologie. Vorbereitende Arbeiten, Frankfurt 1972; C.L. Hull, A Behavior System. An Introduction to Behavior Theory Concerning the Individual Organism, New Haven 1952; W. Kamlah, Philosophische Anthropologie. Sprachliche Grundlegung und Ethik, Mannheim 1973; B.D. Mackenzie, Behaviorism and the Limits of Scientific Method, London 1977; W. McDougall, Psychology. The Study of Behaviour, London 1912, [21]1945 (dt. Psychologie. Die Wissenschaft von den Verhaltensweisen, Bern 1947); B.F. Skinner, Science and Human Behavior, New York 1953, 1966; E.C. Tolman, Purposive Behavior in Animals and Men, New York 1932, [2]1967; J.B. Watson, Psychology as the Behaviorist Views it, Psychol. Rev. 20 (1913), 158–177. P.J.

Behmann, Heinrich, *Aumund (b. Bremen) 10. Jan. 1891, †Bremen-Aumund 3. Febr. 1970, dt. Logiker und Mathematiker. B. löste unabhängig von L. Löwenheim und T.A. Skolem das ↑ Entscheidungsproblem für die monadische (d.h. auf höchstens ↑ einstellige ↑ Aussageformen beschränkte) ↑ Quantorenlogik erster Stufe mit Identität. In der Definitionstheorie verschärfte er B. Pascals Idee der prinzipiellen Eliminierbarkeit der Definienda (›Kurzzeichen‹) zu der Forderung, daß auch alle Zeichenverbindungen, die explizit definierte Zeichen enthalten, in einem Eliminationsprozeß letztlich durch solche Ausdrücke ersetzbar sein müßten, in denen nur noch die Definientien auftreten (↑Elimination). B. entdeckte, daß diese Forderung auch bei Eliminierbarkeit der einzelnen Kurzzeichen nicht immer für sie enthaltende Zeichenverbindungen erfüllt ist, z.B. nicht für die Formulierung der ↑Zermelo-Russellschen Antinomie. B. ergänzte seine Forderung, die in diesem Fall als ›B.scher Lösungsversuch‹ für die Zermelo-Russellsche Antinomie bekannt wurde, um weitere Bedingungen zur Vermeidung auch anderer logisch-mengentheoretischer Antinomien (↑Antinomien der Mengenlehre; ↑Antinomien, logische), wobei sich natürliche Bereichsbeschränkungen (↑Bereich) für ↑Variable ergeben. Spätere Arbeiten und ein umfassender (noch unveröffentlichter) wissenschaftlicher Briefwechsel sind Fragen einer zweckmäßigen logischen Symbolik und allgemeineren philosophischen Problemen gewidmet.

Werke: Die Antinomie der transfiniten Zahl und ihre Auflösung durch die Theorie von Russell und Whitehead, Jb. d. math.-naturwiss. Fakultät d. Univ. Göttingen 1922 (publ. 1923), 55–64; Beiträge zur Algebra der Logik, insbesondere zum Entscheidungsproblem, Math. Ann. 86 (1922), 163–229; Mathematik und Logik, Leipzig/Berlin 1927; Zu den Widersprüchen der Logik und der Mengenlehre, Jahresber. d. Dt. Math.-Ver. 40 (1931), 37–48; Zur Richtigstellung einer Kritik meiner Auflösung der logisch-mengentheoretischen Widersprüche, Erkenntnis 2 (1931), 305–306; The Paradoxes of Logic, Mind 46 (1937), 218–221; Das Auflösungsproblem in der Klassenlogik, Arch. math. Log. Grundlagenf. 1 (1950/1951), 17–29, 33–51; Der Prädikatenkalkül mit limitierten Variablen. Grundlegung einer natürlichen exakten Logik, J. Symb. Log. 24 (1959), 112–140; Drei Aporien der Identität, in: M. Käsbauer/F. v. Kutschera (eds.), Logik und Logikkalkül. Festschrift zum 70. Geburtstag von W. Britzelmayr, Freiburg/München 1962, 19–48, auch in: Ratio 5 (1963), 101–123.

Literatur: W. Ackermann, Solvable Cases of the Decision Problem, Amsterdam 1968; E. W. Beth, The Foundations of Mathematics. A Study in the Philosophy of Science, Amsterdam 1959, ²1965; D. Hilbert/P. Bernays, Grundlagen der Mathematik I, Berlin 1934, Berlin/Heidelberg/New York ²1968. C. T.

Beispiel, besonderer Fall und damit Darstellung eines ↑Allgemeinen, ursprünglich unterschieden von *Exempel,* das sich ausdrücklich auf die beispielhafte (exemplarische), nämlich vorbildliche, Erfüllung einer praktischen Regel (Handlungsanweisung) bezieht, wie sie z.B. in Fabeln literarisch gestaltet und im didaktischen Prinzip vom exemplarischen Lehren und Lernen diskutiert und angewendet wird. B. bezieht sich dann gegenüber dem Exempel auf den Einzelfall eines bloß theoretisch Allgemeinen, eines ↑Begriffs. Wird auch im theoretischen Kontext ausdrücklich ein *vorbildliches* B. von einem beliebigen B. unterschieden, nämlich dadurch, daß sich an ihm allein (durch geeignete Eigenschaften) das zugehörige Allgemeine ohne Hinzuziehung weiterer B.e ›ablesen‹ läßt, spricht man von einem ↑Paradigma. In jedem Fall bilden B.e sowohl systematisch als auch didaktisch den Anfang begrifflichen Redens (↑Begriff) und garantieren so die ›Realität der Begriffe‹ (C. Wolff; sie dienen ihm der Rückführung begrifflicher Erkenntnis, cognitio symbolica, auf anschauliche Erkenntnis, cognitio intuitiva).

Der erste Schritt bei der Einführung von Begriffswörtern (↑Prädikatoren) besteht in der etwa durch Daraufzeigen (Deixis, ↑deiktisch) vorgenommenen Angabe von Gegenständen als B.en und Gegenbeispielen für die fraglichen Wörter (↑Prädikation). Erst anschließend läßt sich durch gegenseitige Abgrenzung eines ganzen Bereichs von Prädikatoren die vorangegangene *exemplarische Bestimmung* (engl. ostensive definition) dieser Prädikatoren zu ihrer *terminologischen* oder *begrifflichen Bestimmung* (engl. conceptual definition) fortsetzen und damit z.B. für wissenschaftliches Sprechen geeignet präzisieren (↑Definition). Für Begriffswörter der Reflexionsstufe, speziell innerhalb der praktischen Philosophie, z.B. für ›barmherzig‹ oder für ›vernünftig‹, ist zu beachten, daß der Anfang mit B.en und Gegenbeispielen nicht unmittelbar, sondern nur auf dem Wege einer *Beschreibung* zur Herstellung bloß antizipierter Situationen gelingt, deren Realisierbarkeit aber durchaus nicht vorweg garantiert werden kann (↑Reflexionsbegriffe).

Literatur: G. Buck, Lernen und Erfahrung. Zum Begriff der didaktischen Induktion, Stuttgart 1967, ²1969; K. Bühler, Sprachtheorie. Die Darstellungsfunktion der Sprache, Jena 1934, Stuttgart 1965, Berlin 1978; G. Gabriel, Definitionen und Interessen. Über die praktischen Grundlagen der Definitionslehre, Stuttgart 1972; B. Gerner (ed.), Das exemplarische Prinzip. Beiträge zur Didaktik der Gegenwart, Darmstadt 1963, ⁵1972; W. Kamlah/P. Lorenzen, Logische Propädeutik. Vorschule des vernünftigen Redens, Mannheim 1967, ²1973; S. Körner, Conceptual Thinking, New York ²1959; K. Lorenz, Elemente der Sprachkritik. Eine Alternative zum Dogmatismus und Skeptizismus der Analytischen Philosophie, Frankfurt 1970; M. Staege, Geschichte der Deutschen Fabeltheorie, Bern 1929. K.L.

Belegung, bei G. Cantor jede ↑Abbildung einer Menge M in eine Menge N. B. eines n-tupels $a_1, \ldots, a_n$ von ↑Aussagenvariablen heißt in der ↑Junktorenlogik die Zuordnung je eines ↑Wahrheitswertes $\curlyvee$ oder $\curlywedge$ zu jedem Element des n-tupels; die Zuordnung genau eines Wahrheitswertes zu jeder B. von $a_1, \ldots, a_n$ erklärt dann eine n-stellige ↑Wahrheitsfunktion. In der ↑Quantorenlogik versteht man unter einer ›B.‹ eine Zuordnung, die mit jeder freien ↑Individuenvariablen ein Element eines ↑Individuenbereichs, mit jeder ↑Aussagenvariablen einen Wahrheitswert und mit jeder *n*-stelligen ↑Aussageform ein zumeist extensional verstandenes *n*-stelliges ↑Attribut verknüpft. Gelegentlich wird auch das Ergebnis einer solchen Zuordnung als ›B.‹ bezeichnet. C. T.

Bellarmino, Roberto, *Montepulciano (Toscana) 4. Okt. 1542, †Rom 17. Sept. 1621, ital. Theologe der Gegenreformation. B., Neffe des Papstes Marcellus II., trat 1560 in den Jesuitenorden ein, wurde 1570, nach theologischem und philosophischem Studium in Padua und Löwen, zum Priester geweiht und lehrte 1576–1588 als Prof. der Kontroverstheologie in Rom. 1592 Rektor des Collegium Romanum, 1594–1597 Provinzial des Ordens in Neapel, 1599 Kardinal, 1602–1605 Erzbischof von Capua. B. wurde 1930 heiliggesprochen, 1931 zum Kirchenlehrer erhoben.

B.s theologisches Hauptwerk »Disputationes de controversiis christianae fidei adversus huius temporis haereticos« (I–III, Ingolstadt 1586–1593, I–IV, Venedig 1596) rief, obgleich gemäßigt, starke protestantische Reaktionen hervor (Einrichtung ›antibellarminischer‹ Lehrstühle, Verbot der Lektüre seines Werkes), seine Lehre von der nur indirekten Gewalt des Papstes in weltlichen Dingen (potestas indirecta papae in rebus temporalibus) stieß auf Kritik sowohl von protestantischer als auch von katholischer Seite (Tractatus de potestate Summi Pontificis in rebus temporalibus, Rom 1610). Ausgleichend suchte B. im Streit über Gnade und Willensfreiheit zwischen Thomisten und Molinisten zu vermitteln, desgleichen (was ihm einen Platz auch in der Wissenschaftsgeschichte verschaffte) zwischen G. Galilei und der Kurie. B., der 1611 zur Delegation gehörte, die sich auf Einladung Galileis mit einem Blick durchs Teleskop von der Existenz der Venusphasen und der Sonnenflecken überzeugte, und der am 26.2.1616 Galilei über die anti-kopernikanische Entscheidung der Kurie informierte, betonte wie A. Osiander (der ihm wohl unbekannte Verfasser der Vorrede zu den »Revolutionibus« des N. Kopernikus) den hypothetischen, weil allein kinematischen und daher kosmologieneutralen Charakter der Kopernikanischen Astronomie und nahm damit gleichzeitig unter den gegebenen historischen Umständen, bei Bekundung der Bereitschaft, sich ›strikten Beweisen‹ zu beugen, sowohl das Interesse Galileis (an freier wissenschaftlicher Forschung) als auch das Interesse der Kurie wahr (Brief an den Karmeliter P. A. Foscarini vom 12.4.1615, in: Le Opere di Galileo Galilei, Ed. Naz. XII, 171–172).

Werke: Opera omnia, I–VII, Köln 1617–1620; I–VII, Venedig 1721–1728; I–XII, Paris 1870–1874 (repr. Frankfurt/New York 1965); Auctarium Bellarminianum, ed. X.-M. Le Bachelet, Paris 1913; Selbstbiographie (lat./dt.), ed. J. J. I. v. Döllinger/F. H. Reusch, Bonn 1887; Opera oratoria postuma, I–IX, ed. S. Tromp, Rom 1942–1950; Scritti politici, ed. C. Giacon, Bologna 1950.

Literatur: J. Brodrick, R. B., Saint and Scholar, Westminster Md. 1961; S. Drake, The Galileo-B. Meeting. A Historical Speculation, in: L. Geymonat, Galileo Galilei. A Biography and Inquiry into his Philosophy of Science, trans. by S. Drake, New York/Toronto/London 1965, 205–220 (Appendix A); P. Eyt, L'ordre du discours et l'ordre de l'Église. Hypothèse sur les structures profondes d'un texte des »Controverses« de B., Bull. de litt. ecclésiastique 73 (1972), 229–249; E. McMullin, B., DSB I (1970), 587–590; G. de Santillana, The Crime of Galileo, Chicago 1955. J. M.

bellum omnium contra omnes (lat., Krieg aller gegen alle), insbesondere über die Staatstheorie von T. Hobbes bekannt gewordene anthropologische Grundannahme materialistischer Naturrechtstheorien (↑Naturrecht), wonach der natürliche Zustand zwischenmenschlicher Beziehungen auf Grund eines anlagebedingten Konkurrenzverhaltens der Individuen durch einen prinzipiellen ↑Antagonismus gekennzeichnet sein soll. Im Gegensatz zu diesem ↑Naturzustand ist im Gesellschaftszustand der totale Privatkrieg der Individuen um der Vorteilsmaximierung willen entweder mit Mitteln des Krieges selbst oder durch Gebrauch des Verstandes (↑Gesellschaftsvertrag) in den künstlichen und deswegen labilen Frieden einer staatlichen Ordnung überführt, deren Aufrechterhaltung gegenüber der ständigen Bedrohung durch den latenten Kriegszustand mit Hilfe autoritativ gesicherter Geltung eines Systems positiven Rechts Aufgabe des Trägers der Souveränität ist. H. R. G

Beltrami, Eugenio, *Cremona 16. Nov. 1835, †Rom 18. Febr. 1900, ital. Geometer. 1853–1856 Studium der Mathematik in Padua, später auch in Mailand, 1862–1864 Prof. der Mathematik in Bologna, 1864–1866 Prof. der Geodäsie in Pisa, 1866–1873 Prof. der Physik in Bologna, 1873–1876 in Rom, 1876–1891 in Pavia, ab 1891 wieder in Rom. B. leistete bedeutende Beiträge zur ↑nichteuklidischen Geometrie und zur ↑Differentialgeometrie, in der er Methoden anwandte, die heute zur Invariantentheorie zählen. B. gab erstmals Modelle Lobatschewskyscher nicht-euklidischer Geometrien innerhalb der euklidischen Geometrie an, unter anderem die (von ihm so benannten) pseudosphärischen Flächen konstanten Krümmungsmaßes, insbesondere die Pseudosphäre. Bei seinen Arbeiten über die nicht-euklidische Geometrie entdeckte er die Bedeutung G. Saccheris für deren Vorgeschichte.

Werke: Opere matematiche, I–IV, Mailand 1902–1920. – Saggio di interpretazione della geometria non-euclidea, Giorn. mat. 6 (1868), 284–312, wiederabgedruckt in: Opere I, 374–405 (franz. in: Ann. sci. de l'École Normale Superieure 6 [1869], 251–288).

Literatur: G. Loria, E. B. e le sue opere matematiche, Bibl. Math. Ser. 3, 2 (1901), 392–440; E. Pascal, E. B., Math. Ann. 57 (1903), 65–107. C. T.

Benedetti, Giovanni Battista, *Venedig 14. Aug. 1530, †Turin 20. Jan. 1590, ital. Mathematiker und Physiker, bedeutendster Vorläufer G. Galileis. Etwa 1546–1548 Studium der »Elemente« Euklids unter der Anleitung N. Tartaglias. 1558–1567 Hofmathematiker des Herzogs Ottavio Farnese in Parma, ab 1567 des Herzogs von Savoyen, Emanuele Filiberto, in Turin.

Bereits in einer frühen Arbeit zur euklidischen Geometrie (Resolutio, Venedig 1553), die nach Form und Art der Problembehandlung den vergleichbaren Arbeiten Tartaglias und L. Ferraras in mancher Beziehung überlegen ist, beweist B. (im Vorwort) mit Archimedischen Mitteln den (1590 in »De motu« von Galilei erneut formulierten) Satz, daß Körper gleichen spezifischen Gewichts, unabhängig von ihrem Gewicht, im Medium mit gleicher Geschwindigkeit fallen. Der Satz wird von B. wenig später (Demonstratio proportionum motuum localium, Venedig 1554) im Rahmen detaillierter Einwände gegen die Aristotelische Physik wiederholt, in der 2. Auflage dieses Werkes (ebenfalls Venedig 1554, vorliegend in einem Exemplar der Universitätsbibliothek Padua) als Satz von der gleichen Fallgeschwindigkeit von Körpern gleichen spezifischen Gewichts im Vakuum reformuliert. In dieser Form wird der Satz (als dessen Autor lange Zeit auf Grund eines Plagiats J. Taisnier galt: Opusculum perpetua memoria dignissimum de natura magnetis, Köln 1562) in B.s Hauptwerk (Diversarum speculationum mathematicarum et physicarum, Turin 1585, Venedig 1586) mit Überlegungen zur Fallbewegung verbunden, wobei B. an Vorstellungen der †Impetustheorie anknüpft (Beschleunigung hervorgerufen durch eine Folge ständig neu – durch die dem Körper inhärente Bewegungsursache – erzeugter impetus bei Aufrechterhaltung des ursprünglichen, insofern stetig wachsenden impetus), ohne ihnen jedoch (wie Galilei) eine mathematische Darstellung zu geben. Das Werk enthält ferner einen Kommentar zum 5. Buch der »Elemente« Euklids, wichtige Ansätze zu der (später von C. Huygens ausgearbeiteten) Feststellung, daß die Trägheitsbewegungen dynamisch isolierter, bewegter Körper geradlinig sind (160f.), sowie (gegen die Aristotelische Unterscheidung zwischen schweren und leichten Körpern) eine (später von Galilei wieder aufgegriffene) Theorie des Auftriebs, wonach Körper nur insofern leicht sind, als ihr Gewicht von der Auftriebskraft in einem Medium übertroffen wird. B. befaßte sich ferner mit der Konstruktion von Brunnen und Sonnenuhren (De gnomonum, Turin 1573), Vorschlägen zu einer Kalenderreform (De temporum emendatione, Turin 1578) und physikalischen Erklärungen der musikalischen Konsonanzen.

Werke: Resolutio omnium Euclidis problematum aliorumque ad hoc necessario inventorum una tantummodo circini data apertura, Venedig 1553; Demonstratio proportionum motuum localium contra Aristotelem et omnes philosophos, Venedig 1554, krit. Ausg. in: C. Maccagni, Le speculazioni giovanili de motu di G. B. B.. Con estratti dalla lettera dedicatoria della Resolutio omnium Euclidis problematum e con il testo delle due edizioni della Demonstratio proportionum motuum localium contra Aristotelem et omnes philosophos, Pisa 1967; De gnomonum umbrarumque solarium usu liber, Turin 1574; De temporum emendatione opinio, Turin 1578; Diversarum mathematicarum et physicarum liber, Turin 1585, Venedig 1586, 1599. – Kommentierte Auszüge aus B.s Werken zur Mechanik in engl. Übers. in: S. Drake/I. E. Drabkin, Mechanics in Sixteenth-Century Italy. Selections from Tartaglia, B., Guido Ubaldo, & Galileo, Madison/Milwaukee/London 1969, 145–237.

Literatur: G. Bordiga, G.B.B.. Filosofo e matematico veneziano del secolo XVI, Atti del Reale Istituto veneto di scienze, lettere ed arti 85 (1925/1926), 585–754; M. Clagett, The Science of Mechanics in the Middle Ages, Madison/London 1959, 663ff.; E.J. Dijksterhuis, De Mechanisering van het Wereldbeeld, Amsterdam 1950, 295–297 (dt. Die Mechanisierung des Weltbildes, Berlin/Göttingen/Heidelberg 1956, 300–302); I.E. Drabkin, G.B.B. and Galileo's De motu, Actes du dixième congr. int. d'hist. sci. (Ithaca 1962), Paris 1964, I, 627–630; ders., Two Versions of G.B.B.'s Demonstratio proportionum motuum localium, Isis 54 (1963), 259–262; S. Drake, B., DSB I (1970), 604–609; ders., A Further Reappraisal of Impetus Theory. Buridan, B., and Galileo, Stud. Hist. Philos. Sci. 7 (1976), 319–336; P. Duhem, Les origines de la statique, I–II, Paris 1905–1906, I, 226–235; A. Koyré, Études galiléennes, I–III, Paris 1939, I, 41–54; ders., Jean-Baptiste B. critique d'Aristote, in: Mélanges offerts à Étienne Gilson, Toronto/Paris 1959, 351–372, wiederabgedruckt in: ders., Études d'histoire de la pensée scientifique, Paris 1966, 122–146 (engl. G.B.. Critic of

Aristotle, in: E. McMullin [ed.], Galileo. Man of Science, New York/London 1967, 98–117); C. Maccagni, G.B.B.: De motu, Atti del symposium int. di storia, metodol., log. e filos. della sci. (Florenz 1966), 53–54; ders., Le speculazioni »de motu« di G. B. B., Pisa 1967; ders., G. B. B. et la »philosophie scientifique« de la renaissance, Actes du XIe congr. int. d'hist. sci., 24–31 Aug. 1965, III (Warschau 1968), 332–333; E. Passamonti, G. B. B., Filosofo e matematico del sec. XVI, Rom 1898. J. M.

Beneke, Friedrich Eduard, *Berlin 17. Febr. 1798, †ebd. 1. März 1854, dt. Philosoph, Verfechter eines empiristisch orientierten Psychologismus. Studium der Philosophie und Theologie in Halle und Berlin, 1820 Privatdozent und 1827 a.o. Professor an der Universität Berlin. In Auseinandersetzung mit der Philosophie des deutschen Idealismus (↑Idealismus, deutscher), besonders mit dem etwa zur gleichen Zeit in Berlin lehrenden G.W.F. Hegel, vertrat B. im Anschluß an I. Kant und J. Locke die These, daß eine induktiv begründete Psychologie (↑Psychologismus) die Grundlage von Logik, Ethik und Metaphysik sei.

Werke: Erkenntnislehre nach dem Bewußtsein der reinen Vernunft, Jena 1820; Erfahrungsseelenlehre als Grundlage alles Wissens in ihren Hauptzügen dargestellt, Jena 1820 (repr. Amsterdam 1965); Neue Grundlegung zur Metaphysik, Berlin 1822; Kant und die philosophische Aufgabe unserer Zeit. Eine Jubeldenkschrift auf die Kritik der reinen Vernunft, Berlin 1832; Lehrbuch der Psychologie als Naturwissenschaft, Berlin 1833 (repr. Brüssel 1969 [Aetas Kantiana 32]; Die Philosophie in ihrem Verhältnis zur Erfahrung, zur Spekulation und zum Leben, Berlin 1833; Grundlinien des natürlichen Systems der praktischen Philosophie, I–IV, Berlin 1837–1840; System der Logik als Kunstlehre des Denkens, I–II, Berlin 1842.

Literatur: A. Wandschneider, Die Metaphysik B.s, Berlin 1903; A. Zweig, B., Enc. Ph. I (1967), 278–279 C.F.G.

Benennung (engl. naming, reference, denotation), diejenige Sprachhandlung, mit der ein Zeichen als Vertretung eines Gegenstandes in einer Rede über diesen eingeführt wird. Solche der B. dienenden sprachlichen Ausdrücke, z.B. Eigennamen, heißen ↑Nominatoren; sie sind von den der Unterscheidung dienenden sprachlichen Ausdrücken, den ↑Prädikatoren, streng zu unterscheiden. Da gleichwohl auch Prädikatoren, in der Regel durch Davorsetzen eines ↑Demonstrators, die Funktion eines Nominators erhalten können (deiktische ↑Kennzeichnung), z.B. ›dies Haus‹ aus ›Haus‹, sind in der Tradition seit Platon und Aristoteles ursprünglich nur ↑Namen, allerdings oft beschränkt auf die Wortklasse der Nomina, betrachtet worden (bei Platon und Aristoteles benennen dabei nicht nur die Namen [ὀνόματα], sondern auch die Verben [ῥήματα]). Namen wurden unterschieden in Eigennamen (nomen proprium) und Gattungsnamen (nomen appellativum) als Wörter mit durch ↑Definitionen bestimmbarer selbständiger *Bedeutung* (bei G. Frege ↑Sinn, sonst ›Begriff‹, ↑Intension) und davon unabhängiger ↑*Referenz*, die durch Kenntnis des benannten Gegenstandes, entweder abstrakt als Klasse der unter den Begriff fallenden Gegenstände (bei G. Frege ↑Bedeutung, sonst ↑Extension) oder konkret als einer dieser Gegenstände oder als das Ganze mit diesen Gegenständen als Teilen (↑Teil und Ganzes), festlegbar ist.

Eine befriedigende Behandlung der B. muß klären, inwiefern Gegenstände grundsätzlich auf verschiedenen Abstraktionsstufen vorkommen, nicht nur zweistufig gegliedert in konkrete und abstrakte (↑Abstraktion). Sie muß zugleich den Prozeß der ↑Individuation rekonstruieren, kraft dessen ein Gegenstandsbereich, etwa Wasser, der zunächst nur durch einen hinsichtlich B. und Unterscheidung noch nicht differenzierten ↑Artikulator, etwa den Ausdruck ›Wasser‹, symbolisch repräsentiert ist, in individuelle Einheiten gegliedert wird, die durch B. für die Rede über sie dann intersubjektiv wohlbestimmt sind.

Literatur: F. Grant Johnson, Referenz und Intersubjektivität. Beiträge zur philosophischen Sprachpragmatik, Frankfurt 1976; L. Linsky, Referring, London 1967; ders., Reference and Modality, Oxford 1971; K. Lorenz, Elemente der Sprachkritik. Eine Alternative zum Dogmatismus und Skeptizismus in der Analytischen Philosophie, Frankfurt 1970; H.J. Schneider, Pragmatik als Basis für Semantik und Syntax, Frankfurt 1975; J.R. Searle, Speech Acts, Cambridge 1969 (dt. Sprechakte, Frankfurt 1971); P.F. Strawson, Subject and Predicate in Logic and Grammar, London 1974; D. Wunderlich, Grundlagen der Linguistik, Reinbek 1974. K. L.

Benjamin, Walter, *Berlin 15. Juli 1892, †Port Bou 27. Sept. 1940, dt. Philosoph, Literaturwissenschaftler und -kritiker, Essayist. Bekanntschaft mit dem Schulreformer und Mitinitiator der Jugendbewegung G. Wyneken. 1912 Studium der Philosophie in Freiburg, ab 1913 in Berlin, aktiver Organisator der »Freien Studentenschaft«, Publikationen in der Zeitschrift »Anfang«, seit 1915 Freundschaft mit dem Zionisten G. Scholem, während der Kriegsjahre Studium in München und Bern, 1919 Promotion mit der Arbeit »Der Begriff der Kunstkritik in der deutschen Romantik«. In den folgenden Jahren lebt B. mit kurzen Unterbrechungen in Berlin, seit 1923 Bekanntschaft mit T.W. Adorno; das Bemühen, sich mit der Arbeit über den »Ursprung des deutschen

Trauerspiels« an der Frankfurter Universität zu habilitieren, scheitert. Seit seiner Beschäftigung mit G. Lukács' »Geschichte und Klassenbewußtsein« (1923) und angeregt durch seine enge Freundschaft mit der Kommunistin A. Lacis wendet sich B. zunehmend dem Marxismus zu. 1926/1927 ist er einige Monate in Moskau, 1929 lernt er B. Brecht kennen. Nach der nationalsozialistischen Machtergreifung emigriert B. nach Paris, wo er mit einigen Unterbrechungen (z.B. drei längere Aufenthalte in Dänemark bei Brecht) in permanenter finanzieller Notlage bis 1940 lebt; seit 1934 monatliche Unterstützungszahlungen von dem nach New York emigrierten Frankfurter »Institut für Sozialforschung« (↑Frankfurter Schule). Für die von diesem Institut herausgegebene »Zeitschrift für Sozialforschung« schreibt B. mehrere Beiträge, ein umfangreicheres Projekt »Pariser Passagen« bleibt unvollendet. 1940 entschließt sich B., nach Amerika zu gehen. Der Versuch, die spanische Grenze zu überschreiten, scheitert; B. nimmt sich in dem spanischen Grenzort Port Bou das Leben. – Adorno vor allem ist die Wiedererinnerung an das Werk B.s nach dem Kriege zu danken, von ihm wurde auch die Herausgabe des Gesamtwerks initiiert. Ende der sechziger Jahre kam es zu einer hitzigen, politisch motivierten Kontroverse um die editorische Praxis der Herausgeber von B.s Schriften und Briefen. Neueres Material hierzu wurde in der 1979 erschienen ersten B.biographie W. Fulds nachgetragen.

B.s auf eine eigentümliche Weise metaphysisch-mystisch fundierte Sprachtheorie, die noch am ehesten in zwei unveröffentlichten Manuskripten (Ges. Schriften II, 140–157, 204–213) eine systematische Darstellung fand, ist für die Weise seines Interpretierens grundlegend. Im Unterschied zur ›bürgerlichen‹ Sprachauffassung, die die Sprache im Hinblick auf Motive instrumentalisiert (Briefe 126), faßt B. die ursprüngliche Funktion der Sprache als Äußerung des ›Mitteilbaren des Geistigen‹, und zwar sowohl der Dinge als auch des Menschen (II, 142). Im Unterschied zu den Dingen ist das geistige Wesen des Menschen jedoch vollständig mitteilbar; indem der Mensch die Dinge benennt, teilt er sein eigenes geistiges Wesen mit und übersetzt dabei zugleich benennend die namenlose Sprache der Dinge. Die Koinzidenz von Dingsprache und benennender Übersetzung wird durch das schaffende Wort Gottes verbürgt, das residual den Dingen einwohnt. Die Sprache in ihrer ursprünglichen benennenden Funktion ist von der unvollkommeneren Wortsprache des Sündenfalls zu unterscheiden, die etwas mitteilt, was nicht sie selbst ist, die urteilt und abstrahiert und als bloßes Zeichen erscheint (II, 154). Die Sprache soll hinführen, wo das Wort versagt, ihre Richtung geht auf den ›Kern des innersten Verstummens‹ (Briefe 127). ›Übersetzung‹ ist die Sprache auch in B.s späteren Ausführungen zur Sprachtheorie, sie ist ›Mimesis‹, ›Kanon‹ einer ›unsinnlichen Ähnlichkeit‹ (II, 210ff.).

Die für B.s Ästhetik grundlegenden Kategorien müssen aus seinen literatur- und zeitkritischen Arbeiten extrahiert werden. Die Arbeit über »Goethes Wahlverwandtschaften« unterscheidet den der ›Kritik‹ vorbehaltenen ›Wahrheitsgehalt‹ eines Kunstwerks von dem der ›Kommentierung‹ zugänglichen ›Sachgehalt‹ (I, 125ff.); beide sind aufeinander bezogen. ›Kunstkritik‹, die sich auf ›Schönheit‹ bezieht, hat die scheinhafte Hülle zu explizieren, hinter der sich jene als ›Geheimnis‹ verbirgt. Ihres Geheimnischarakters entkleidet zerfällt die Schönheit, sie ist das Wesen, »welches [...] sich selbst gleich nur unter der Verhüllung bleibt«; »im Geheimnis [liegt] der göttliche Seinsgrund der Schönheit« (I, 195). – In seiner Trauerspielarbeit bestimmt B. das Barock als ein Verfallszeitalter, dem allgemein (wie der spätrömischen Kunst und dem Expressionismus) weniger die ›eigentliche Kunstübung‹ als vielmehr ein ›unablenkbares Kunstwollen‹ eigen ist; dieses geht vornehmlich auf die ›Form‹ (I, 235). Die vorherrschende Technik ist die ↑›Allegorie‹, über deren Verweisungsgehalt sich dem Kritiker der ›Wahrheitsgehalt‹ des (geschichtlich bestimmten) barocken Trauerspiels ergibt (I, 357f.). – B.s Arbeit über »Das Kunstwerk im Zeitalter der technischen Reproduzierbarkeit« definiert die ›Echtheit‹ als das der Reproduktion entzogene ›Hier und Jetzt des Kunstwerks‹, das in seiner Einmaligkeit der Träger von Veränderungen ist (I, 437). Die technische Reproduktion löst das ›Reproduzierte aus dem Bereich der Tradition‹ und zerstört so die ›Aura‹ (I, 438). Liquidiert wird dabei generell die historische Dimension, was mit einer gleicherweise grundsätzlichen Änderung des Wahrnehmungsverhaltens einhergeht. Die Aufhebung der ›Ferne‹ durch die technische Reproduktion, die »Entschalung des Gegenstandes aus seiner Hülle« ist die Zerstörung der Aura, der »einmalige(n) Erscheinung einer Ferne, so nah sie sein mag« (I, 440). Die technische Welt reduziert die Einmaligkeit durch Vervielfältigung auf Gleichartigkeit (I, 440) und vollzieht damit zeitversetzt auch in der

Kunst, was in der Ökonomie in Form des Warenfetischs (↑ Warenfetischismus) bereits erfolgt ist. Die von B. selbst nicht veröffentlichte Abhandlung »Über den Begriff der Geschichte«, die in Thesenform auf eine eigentümliche Weise messianisch-theologische Endzeitvorstellungen mit der materialistischen Geschichtsauffassung verbindet, gilt der Kritik des naiven Fortschrittsglaubens (↑ Fortschritt), der nur die expandierende Naturbeherrschung, nicht aber die damit verbundenen »Rückschritte der Gesellschaft wahr haben (will)« (I, 699). Die jeweilige Stillstellung der Zeit, und hierin unterscheidet sich der historische Materialismus (↑ Materialismus, historischer) von der Sozialdemokratie und vom ↑ Historismus, ist die Grundlage des vergegenwärtigenden Zugriffs und zugleich »das Zeichen einer messianischen Stillstellung des Geschehens«, die die Chance für die Befreiung der Vergangenheit darstellt (I, 703).

Werke: Der Begriff der Kunstkritik in der deutschen Romantik, Berlin 1920, ed. H. Schweppenhäuser, Frankfurt 1973; Goethes Wahlverwandtschaften, Neue Dt. Beitr. 1 (1924), 83–138, 2 (1925), 134–168, Frankfurt 1964; Einbahnstraße. Aphorismen, Berlin 1928, Frankfurt 1955, 1973; Ursprung des deutschen Trauerspiels, Berlin 1928, Frankfurt 1963, 1972; L'œuvre d'art à l'époque de sa reproduction mécanisée, Z. Soz.forsch. 5 (1936), 40–66 (dt. Das Kunstwerk im Zeitalter seiner technischen Reproduzierbarkeit. 3 Studien zur Kunstsoziologie, Frankfurt 1963, 1975); Deutsche Menschen. Eine Folge von Briefen, ed. D. Holz (Ps. für W. B.), Luzern 1936, Frankfurt 1965, ²1977; E. Fuchs, der Sammler und Historiker, Z. Soz.forsch. 6 (1937), 346–380; Über den Begriff der Geschichte, Die Neue Rundschau 61 (1950), 560–570; Berliner Kindheit um 1900, Frankfurt 1950, ²1962; Städtebilder, ed. P. Szondi, Frankfurt 1963; Charles Baudelaire. Ein Lyriker im Zeitalter des Hochkapitalismus. 2 Fragmente, ed. R. Tiedemann, Frankfurt 1969, ²1974; Berliner Chronik, Nachwort v. G. Scholem, Frankfurt 1970, ²1975; Über Kinder, Jugend und Erziehung, Frankfurt 1970; Zur Kritik der Gewalt. Aufsätze, ed. H. Marcuse, Frankfurt 1971; Über Haschisch. Erzählungen, Materialien, Protokolle, ed. T. Rexroth, Frankfurt 1972; Denkbilder. Prosa, Frankfurt 1974; Der Stratege im Literaturkampf. Zur Literaturwissenschaft, ed. H. Tiedemann-Bartels, Frankfurt 1974; Über Literatur, Frankfurt 1975; Versuche über Brecht, ed. R. Tiedemann, Frankfurt 1975; Aussichten. Illustrierte Aufsätze, ed. R. Tiedemann, Frankfurt 1976. – Schriften, I–II, ed. T. W. u. G. Adorno, Frankfurt 1955; Illuminationen. Ausgewählte Schriften 1, ed. S. Unseld, Frankfurt 1961, 1977; Angelus Novus. Ausgewählte Schriften 2, Frankfurt 1966; Gesammelte Schriften, I–IV, ed. R. Tiedemann/H. Schweppenhäuser/T. Rexroth/H. Tiedemann-Bartels, unter Mitwirkung von T.W. Adorno u. G. Scholem, Frankfurt 1972–1977 (geplant 2 Bde Fragmente, 3 Suppl.Bde); Briefe, I–II, ed. G. Scholem/T. W. Adorno, Frankfurt 1966, 1978.

Literatur: T.W. Adorno u.a., Über W.B., Frankfurt 1968; H. Arendt, W.B., B. Brecht. Zwei Essays, München 1971; W. Fuld, W.B.. Zwischen den Stühlen, München/Wien 1979; H. Günther, W.B. und der humane Marxismus, Olten/Freiburg 1974; C. Hering, Der Intellektuelle als Revolutionär, München 1979; W. Menninghaus, W.B.s Theorie der Sprachmagie, Frankfurt 1980; H. Pfotenhauer, Ästhetische Erfahrung und gesellschaftliches System. Untersuchungen zum Methodenproblem einer materialistischen Literaturanalyse am Spätwerk W.B.s, Stuttgart 1975; G. Scholem, W.B.. Die Geschichte einer Freundschaft, Frankfurt 1975; R. Tiedemann, Studien zur Philosophie W. B.s, Frankfurt 1965, 1973; ders., Zur ›Beschlagnahme‹ W. B.s, Das Argument 46 (1968), 74–93; S. Unseld (ed.), Zur Aktualität W. B.s, Frankfurt 1972; L. Wawrzyn, W. B.s Kunsttheorie, Darmstadt/Neuwied 1973; L. Wiesenthal, Zur Wissenschaftstheorie W. B.s. Über einige Zusammenhänge von Erkenntnis-, Sprach- und Wissenschaftstheorie im Frühwerk W. B.s, Frankfurt 1973; W. B., Alternative. Z. f. Literatur und Diskussion 56/57 (1967), 59/60 (1968). S. B.

Bentham, Georges, *Stoke (b. Plymouth) 22. Sept. 1800, †London 10. Sept. 1884, engl. Botaniker und Logiker. Nach einem Sprach-, Mathematik- und Jurastudium wurde B., ein Neffe von Jeremy B., 1831 Rechtsanwalt. Seit 1833 Privatgelehrter und aktives Mitglied gelehrter Gesellschaften (1861 Präsident der Royal Society), hauptsächliche Tätigkeit in der botanischen Taxonomie. Sein »Outline of a New System of Logic. With a Critical Examination of Dr. Whateley's ›Elements of Logic‹« (London 1827) vertritt die, meist W. Hamilton zugeschriebene, Lehre von der Quantifizierung des Prädikats in syllogistischen Schlüssen.

Werke: Handbook of the British Flora, London 1858, ⁷1924; Flora Hongkongensis. A Description of the Flowering Plants and Ferns of the Island of Hongkong, London 1861; Flora Australiensis. A Description of the Plants of the Australian Territory, I–VII, London 1863–1878.

Literatur: B. D. Jackson, G. B., London 1906; G. Taylor, G. B., DSB I (1970), 614–615; E. Wunschmann, B. und Boissier. Ein Beitrag zur Geschichte der Botanik, Berlin 1887. G. W.

Bentham, Jeremy, *London 15. Jan. 1748, †ebd. 6. Juni 1832, engl. Jurist, Sozialphilosoph, einer der Hauptvertreter des ↑ Utilitarismus. Beim Studium der Rechtswissenschaften (1763, M.A. 1766) in Lincoln's Inn und Oxford entstand seine Gegnerschaft gegenüber der Rechts-, Staats- und Gesellschaftsordnung seiner Zeit. Als Teil einer erst 1928 vollständig veröffentlichten Auseinandersetzung mit W. Blackstone erschien 1776 anonym das »Fragment on Government« mit einer scharfen Kritik der englischen Verfassung, die B. schnell bekannt machte. Obwohl er weder einen Beruf noch eine öffentliche Funktion ausübte, hat B. einen nachhaltigen Einfluß auf die sozialpolitische

Diskussion des 19. Jahrhunderts ausgeübt, nicht zuletzt wegen der großen Zahl seiner Schüler (P.E.L. Dumont, J. und J.St. Mill, D. Ricardo, H. Spencer). Vor allem in Frankreich, das ihn 1792 zum Ehrenbürger ernannte und wo die Mehrzahl seiner Schriften in der Bearbeitung und Übersetzung Dumonts zuerst erschien, galt B. als Autorität auf dem Gebiet der Sozialreformen. Seine meist unvollendeten Schriften ließ B. nur teilweise und meist in Bearbeitung seiner Schüler veröffentlichen. Das einzige von B. selber herausgegebene theoretische Werk ist die 1789 erschienene »Introduction to the Principles of Morals and Legislation«. 1824 gründete B. die »Westminster Review« als Gegengewicht der radikalen Philosophen gegen die Publikationsorgane der Whigs und Tories. Auch an R. Owens Mustersiedlung in New Lanark war B. beteiligt.

B. beschreibt sein Vorgehen als den Versuch, die Methoden der experimentellen Physik auf die Ethik zu übertragen. Als rigoroser Nominalist verlangt B. im methodologischen Teil seiner Kritik des Fiktionalismus die Übersetzung theoretischer Terme in solche der Beobachtungssprache und den Verzicht auf nicht durch Paraphrase definierbare Fiktionen. Hier setzen auch seine rechtspolitischen Reformvorschläge an. B. hielt die Bindung des Gesetzgebers an metaphysische Moralprinzipien, die Handlungen als in sich schlecht betrachten und nicht die Sozialschädlichkeit von Handlungen zum Kriterium der Strafbarkeit machen, für einen Irrtum. Das seiner Sozialphilosophie zugrunde liegende, von J. Priestley übernommene Prinzip des größten Glücks der größten Zahl suchte er daher nicht normativ, sondern über die anthropologische Konstante einzuführen, daß menschliches Verhalten auf die Maximierung von Lust und die Minimierung von Unlust abzielt. Diese egoistisch-individualistische Fundierung widersprach jedoch der sozialen Komponente des Utilitätsprinzips und zwang B. dazu, den Begriff des Gemeinwohls nur subjektiv, über die artikulierten Interessen der Bürger, zu bestimmen. Auch der von B. eingeführte Begriff des wohlverstandenen Interesses als eines auf Dauer gestellten, gereinigten ↑Egoismus vermochte das Problem der Sozialgerichtetheit individuellen Handelns nicht zu lösen. Die Rede von moralischer Handlungsverpflichtung läßt B., mehr Sozialtechniker als Sozialphilosoph, nur als Umschreibung des beobachtbaren Sachverhalts zu, daß die Ausführung bestimmter Handlungen bestimmte soziale Sanktionen nach sich zieht, die erfahrungsgemäß durch Unterlassen der Handlungen vermieden werden können. Zur Begründung einer Sozialphysik entwickelte B. einen hedonistischen Lust-Unlust-Kalkül auf der Basis eines anlagebedingten Strebens nach ökonomischer Vorteilsmaximierung. Zwischen Alternativen wird entschieden, indem die Folgen einer jeden Handlung für die von ihr Betroffenen in quantifizierten Lust-Unlust-Einheiten angegeben und gegeneinander abgewogen werden.

Werke: The Works of J.B., I–XI, ed. J. Bowring, Edinburgh 1838–1843 (repr. New York 1976); The Collected Works, ed. J.H. Burns, London 1968ff.. – A Fragment on Government/An Introduction to the Principles of Morals and Legislation, Oxford [2]1948; B.s Handbook of Political Fallacies, ed. H.A. Larrabee, Baltimore 1952; Deontologie oder die Wissenschaft von der Moral, I–II, Leipzig 1834; Correspondence of J.B., I–III, ed. T.L. Sprigge, London 1968.

Literatur: D. Baumgard, B. and the Ethics of Today, Princeton 1952; E. Halévy, La formation du radicalisme philosophique, I–III, Paris 1904; D.G. Long, B. on Liberty. J.B.'s Idea of Liberty in Relation to its Utilitarianism, Toronto 1977; D. Lyons, In the Interest of the Governed. A Study in B.'s Philosophy of Utility and Law, Oxford 1973; M.P. Mack, H.B., I–II, London 1962; J.S. Mill, B., in: Westminster Rev., London 14 (1838), Nachdr. in: J.S. Mill, On B. and Coleridge, ed. F.R. Leavis, London 1950, 39–98; C.K. Ogden, B.'s Theory of Fictions, London 1932; B.C. Parekh (ed.), B.'s Political Thought, London/New York 1973; ders. (ed.), J.B.. Three Critical Essays, London 1974; T.P. Peardon, B.'s Ideal Republic, Canad. J. of Econom. and Polit. Sci. 17 (1951), 184–203; A.J.T.D. Wisdom, Interpretation and Analysis in Relation to B.'s Theory of Definition, London 1931. H.R.G.

Beobachtung (engl./franz. observation), Terminus der Wissenschaftstheorie empirischer Wissenschaften. Als Kernstück einer verbreiteten empiristischen Auffassung vom Zustandekommen wissenschaftlichen Erfahrungswissens wird B. rekonstruierend als Anfang der Reihe ›zufällige B.‹ – ›regelmäßige B.‹ – ›quantitative B.‹ (Messung) – ›B. unter künstlichen Bedingungen‹ (Experiment) angenommen und so als letzte, gelegentlich sensualistisch (↑Sensualismus) interpretierte Basis allen Erfahrungswissens angesehen. Diese auf zunehmende Systematisierung der Datengewinnung gerichtete Rekonstruktion geht in etwa parallel den historischen erkenntnistheoretischen Ansätzen, wobei Aristoteles für die zufälligen B.en, F. Bacon für die systematisch angestellten B.en, I. Kant für die quantitativen B.en und Physiker seit G. Galilei für die experimentellen B.en stehen.

In den Naturwissenschaften selbst, vor allem in der klassischen Physik, war B. zunächst völlig naiv angestellt worden. Die Rolle des Beobachters wurde nicht gesehen. Die Theorie enthielt keine das Beobachten selbst betreffenden Ausdrücke, sondern handelte schlicht von deren Objekten, also von bewegten Körpern, Geschwindigkeiten, Kräften usw.. Die moderne Physik ist dagegen partiell kritisch gegenüber der Rolle des Beobachters. In den Relativitätstheorien (↑Relativitätstheorie, allgemeine, ↑Relativitätstheorie, spezielle) werden Grundbegriffe wie ↑Zeit, ↑Länge, ↑Masse infolge einer Orientierung an operativen Definitionstypen auf Beobachter und deren (physikalisch beschreibbare) Situation relativiert. In der Quantenphysik (↑Quantentheorie) spielt der Beobachter als der das beobachtete System durch den B.seingriff ›Störende‹, genauer ›Herstellende‹, eine die Beobachtbarkeit konstituierende Rolle. Diese in der Physik anerkannten Einsichten sind freilich nur partiell kritisch, weil der Beobachter (wie explizit von R. Carnap postuliert) nur in physikalischen Parametern, nicht aber als intentional handelnder Mensch in den Blick kommt.

In der vom logischen Empirismus (↑Empirismus, logischer, ↑Neopositivismus) geprägten Wissenschaftstheorie fand der Basischarakter der B. seinen Niederschlag im Zweistufenkonzept der Wissenschaftssprache, in dem der Ebene der ↑Theoriesprache (↑Begriffe, theoretische) die Ebene der ↑Beobachtungssprache gegenübergestellt und definitorische bzw. interpretatorische Verknüpfungen beider Ebenen auf verschiedene Weisen anzugeben versucht wurden (↑Korrespondenzregel). Heute gilt zwar allgemein die Annahme einer theoriefreien B.ssprache als überwunden, doch fehlt es außerhalb sprachtheoretischer Überlegungen an einer Konzeption der B., die über die Feststellung ihrer Theorieabhängigkeit hinausginge und B. als Typus von Handlungen beim Treiben von Erfahrungswissenschaft verstehen könnte, der sinnvoll nur im Handlungsgefüge auch anderer Handlungen gesehen und intentional verstanden werden kann.

Im Rahmen der konstruktiven Wissenschaftstheorie (↑Wissenschaftstheorie, konstruktive) kann die Reihenfolge ›B.‹ – ›Messung‹ – ›Experiment‹ nicht aufrechterhalten werden. B.en z.B. in Physik, Chemie oder Biologie erfolgen mit Geräten, deren Eigenschaften für die B.sresultate ebenso konstitutiv sind wie im Falle von Messungen, wobei jene im Unterschied zu diesen jedoch weitgehend empirieabhängig (und damit methodisch den Messungen nachgeordnet) sind. Dabei hat schon J.H. Lambert (Photometria, Augsburg 1760, §282) von B.sfehlern infolge Sinnestäuschung oder Nachlässigkeit solche unterschieden, die auf Mängeln der B.sgeräte beruhen; in der Bestimmung des Auflösungsvermögens von Mikroskopen durch E.K. Abbe liegt ein Beispiel einer exakt quantitativ gefaßten Unterscheidung von geräteseitigen B.sbedingungen und B.sresultaten vor. – Eine Klärung des B.sbegriffs muß handlungstheoretisch erfolgen, da nur in diesem Zusammenhang das zielabhängige Kriterium für die Unterscheidung von gelungener und mißlungener B., von B.svoraussetzung und B.sresultat gefunden werden kann.

Literatur: R. Carnap, B.ssprache und theoretische Sprache, in: Logica. Studia Paul Bernays dedicata, Neuchâtel 1959, 32–44; P. Janich, Physics – Natural Science or Technology?, in: W. Krohn/E.T. Layton/P. Weingart (eds.), The Dynamics of Science, Dordrecht 1978, 3–27; W. Stegmüller, Probleme und Resultate der Wissenschaftstheorie und Analytischen Philosophie II/1 (Theorie und Erfahrung), Berlin/Heidelberg/New York 1970. P.J.

Beobachtungssprache, Terminus der Wissenschaftstheorie. Entsprechend der empiristischen Auffassung, daß alles Wissen letztlich auf unmittelbarer Erfahrung basiere (↑Phänomenalismus), hat M. Schlick eine Aussage ›Beobachtungssatz‹ genannt, die einen sinnlich wahrnehmbaren Sachverhalt unter Verwendung von ↑Indikatoren wie ›hier‹ und ›jetzt‹ darstellt. O. Neurath und R. Carnap haben die Ersetzung des von der Gesprächssituation abhängigen Beobachtungssatzes als wissenschaftlichen Basissatz durch kontextinvariante ↑Protokollsätze vorgeschlagen. Diese sind durch die Verwendung exemplarisch bestimmter ↑Prädikatoren (einstellig: z.B. ›kalt‹, ›grün‹, oder mehrstellig: z.B. ›länger‹, ›früher‹) charakterisiert.

Die B. gewann in der Analyse der Wissenschaftssprache durch Carnap im Rahmen seines Zweistufenkonzepts als eine der ↑Theoriesprache gegenüberstehende Sprachebene Bedeutung. Da zunächst terminologische Bestimmungen innerhalb der B. für unproblematisch gehalten wurden, konzentrierte sich die Sprachanalyse auf die Definierbarkeit oder Interpretierbarkeit von theoretischen Begriffen (↑Begriffe, theoretische) durch Wörter der B. Später wurde bemerkt, daß die B. ›theoriegeladen‹ ist, d.h. in der Wissenschaft tatsächlich nicht ohne vorgängig benutzte, aus Theorien stammende Wörter auskommt. Übersehen wurde in der Ausarbeitung des Zweistufenkonzepts (↑Korrespondenzregel) ebenso wie in den Ansätzen zu seiner Überwindung (↑Ramsey-Satz, ↑Modelltheorie), daß zentrale Termini wissenschaftlicher Fachsprachen weder der (empirisch zu kontrollierenden) Theorie noch der (vorwissenschaftlichen) Beobachtung angehören, sondern konstitutiv für die Meßpraxis sind und als solche in präskriptiv zu verstehenden, operativen ↑Definitionen für (vor allem physikalische) Grundbegriffe bestimmt werden. Sie gehören also einer ›Gerätesprache‹ an.

Literatur: R. Carnap, Über Protokollsätze, Erkenntnis 3 (1932/1933), 215–218; ders., The Methodological Character of Theoretical Concepts, in: H. Feigl/G. Maxwell (eds.), Foundations of Science and the Concept of Psychology and Psychoanalysis, Minneapolis Minn. 1956, 38–76 (Minnes. Stud. in the Philos. of Sci. 1); P. Janich, Ist Masse ein »theoretischer Begriff«?, Z. allg. Wiss.theorie 8 (1977), 302–314; O. Neurath, Protokollsätze, Erkenntnis 3 (1932/1933), 204–214; M. Schlick, Über das Fundament der Erkenntnis, Erkenntnis 4 (1934), 79–99, Neudr. in: ders., Gesammelte Aufsätze 1926–1936, Wien 1938 (repr. Hildesheim 1969), 290–310; W. Stegmüller, Probleme und Resultate der Wissenschaftstheorie und Analytischen Philosophie II 1 (Theorie und Erfahrung), Berlin/Heidelberg/New York 1970. P. J.

Beratung, vor allem in der konstruktiven ↑Ethik verwendeter Terminus zur Bezeichnung von Reden über verschiedene Vorschläge (zur Aufstellung einer Handlungsnorm, zur Ausführung einer Handlung oder auch zur Annahme einer Behauptung), die mit dem Ziele der Einigung geführt werden. Die mit der Betrachtung von B.en verbundene Absicht ist es, über eine Auszeichnung vernünftiger B.en ohne eine (dogmatische) Vorfestlegung auf bestimmte Vorschläge gute Begründungen bzw. gut begründete Vorschläge zu bestimmen. Als vernünftig werden in der konstruktiven Ethik B.en angesehen, die einem bestimmten Prinzip folgen, das als Rekonstruktion des kategorischen Imperativs I. Kants (↑Imperativ, kategorischer) verstanden, von einzelnen Autoren aber verschieden formuliert wird: z.B. als Prinzip der ↑Transsubjektivität (d.i. als die Forderung, nicht auf seinen eigenen Vorschlägen, nur weil es die eigenen sind, zu bestehen), als Prinzip, unvoreingenommen, nicht persuasiv und zwanglos miteinander zu beraten (↑Begründung, ↑Dialog, rationaler) oder als ↑Vernunftprinzip (d.i. als die Forderung, jeden Grund, den man für einen eigenen Vorschlag anführt, als Grund auch für die Vorschläge beliebiger anderer anzuerkennen, oder nur solche Vorschläge vorzutragen, von denen man meint, daß sie allgemein, d.h. für alle Betroffenen, annehmbar sind (↑allgemein (ethisch), ↑Universalität (ethisch)).

Literatur: F. Kambartel (ed.), Praktische Philosophie und konstruktive Wissenschaftstheorie, Frankfurt 1974; P. Lorenzen, Theorie der technischen und politischen Vernunft, Stuttgart 1978; P. Lorenzen/O. Schwemmer, Konstruktive Logik, Ethik und Wissenschaftstheorie, Mannheim/Wien/Zürich 1973, [2]1975; O. Schwemmer, Philosophie der Praxis. Versuch zur Grundlegung einer Lehre vom moralischen Argumentieren in Verbindung mit einer Interpretation der praktischen Philosophie Kants, Frankfurt 1971, [2]1980. O. S.

Berdjajew, Nikolai Alexandrowitsch, *Obuchowo (bei Kiew) 19. März 1874, †Clamart (bei Paris) 23. März 1948, russ. Philosoph. Studium an den Universitäten Kiew und Heidelberg. Ursprünglich engagiert dem revolutionären russischen Marxismus zugewandt (deshalb drei Jahre Verbannung), machte B. unter dem Einfluß mystischen Gedankenguts (J. Böhme), der deutschen idealistischen Philosophie und F. M. Dostojewskis eine Entwicklung zum Christentum durch, das er in reiner Form eschatologisch als die Verheißung der Aufhebung aller der objektiven Welt eigentümlichen Unfreiheit begriff. Schon die Hl. Schrift verfälscht nach B. durch den Rückgriff auf die weltbezogenen sprachlichen Mittel ›sozialer Provenienz‹ die eigentliche göttliche Freiheitslehre und vermag so weder das Problem des Bösen noch der Vorsehung zu lösen. Nach der russischen Revolution 1917 war B. Prof. für Philosophie in Moskau und Gründer einer »Freien Akademie für geistige Kultur«. 1922 wurde er wegen seiner radikalen Kritik am Materialismus und Atheismus aus der UdSSR ausgewiesen und hielt sich bis 1924 in Berlin auf. Gründung einer »Religionsphilosophischen Akademie«. Seit 1924 lebte B. in Paris und war Herausgeber der Zeitschrift »Put«.

B.s Geistspekulation über das Verhältnis von Freiheit und Sein ist existentialistisch, geistanthropologisch und personalistisch. Die Verwurzelung der Freiheit im Nichtsein zeigt Nähe zu Böhmes Lehre vom Ungrund (↑Abgrund), wird jedoch als Gott noch vorgeordnet behauptet. Im Zentrum von B.s Lehre steht neben der ›unerschaffenen Freiheit‹ der Gedanke der ›Objektivierung‹. Objektive Realität verdankt sich einer bestimmten Einstellung des Subjekts, dem allein Realität zukommt. »Objektsein ist Knechtung des Geistes, ist Erzeugnis der Gespaltenheit, der Zerrissenheit und der Feindschaft der Subjekte, der Persönlichkeiten, der Geist-Wesen als solcher« (Selbsterkenntnis, 319). Die Erkenntnis von Objektivität ist in Wahrheit Erkenntnis einer Realität der ›Knechtung des Subjektes‹ (ebd.) durch den Menschen selbst. Schon die Seinskategorie als der ursprünglichste Objektivitätsgedanke ist Ausdruck des ›Gefallenseins‹ der Menschheit. Die Lehre von der ›unerschaffenen Freiheit‹ und der ›Objektivierung‹ begründet einen Personalismus, der B. nach eigenem Bekunden in die Nähe M. Stirners rückt (ebd. 321). Christlichkeit ist der gerechte und heilige »Aufstand gegen die Macht des ›Allgemeinen‹, was doch Ursprung der Objektivierung« (ebd. 322), des Persönlichkeitsverlustes ist. Objektivität und Sinnhaftigkeit einer Erkenntnis sind aufeinander bezogen. Die Sinnkategorie wird persönlichkeitsgebunden definiert. Eine ›Soziologie der Erkenntnis‹ zeigt die Abhängigkeit der Erkenntnis ›von den Stufen geistiger Gemeinsamkeit‹, die ihre geringste Intensität im Hinblick auf die Zuwendung zur äußeren objektiven Natur, ihre höchste Intensität in der religiösen ›inneren geistigen Erfahrung‹ hat. – Seit 1953 gibt die »Association Nicolas Berdiaeff« (Paris) das »Bulletin de l'Association Nicolas Berdiaeff« heraus.

Werke: Smysl istorii. Opyt filosofii čelovečeskoj sud'by, Berlin 1923 (dt. Der Sinn der Geschichte. Versuch einer Philosophie des menschlichen Schicksals, Tübingen 1950); Novoe Srednevekov'e. Razmyšlenie o sud'be Rossii i Evropi, Berlin 1924 (dt. Das neue Mittelalter. Betrachtungen über das Schicksal Rußlands und Europas, Tübingen 1950); Christianstvo i klassovaja borba, Paris 1931 (dt. Christentum und Klassenkampf, Luzern 1936); Sud'ba čeloveka v sovremennom mire. Ponimanie našej ėpochi, Paris 1934; Ja i mir obektov. Opyt filosofij odinočestva i obščenija, Paris 1934 (dt. Das Ich und die Welt der Objektive. Versuch einer Philosophie der Einsamkeit und Gemeinsamkeit, Darmstadt/Genf 1950); Duch i real'nost'. Osnovy bogočelovečeskoj duchovnosti, Paris 1937; O rabstve i svobode čeloveka. Opyt personalističeskoj filosofij, Paris 1940 (dt. Von des Menschen Knechtschaft und Freiheit. Versuch einer personalistischen Philosophie, Darmstadt/Genf 1954); Samopoznanie. Opyt filosofskoj avtobiografii, Paris 1949 (dt. Selbsterkenntnis. Versuch einer philosophischen Autobiographie, Darmstadt/Genf 1953); Carstvo ducha i carstvo Cezar'a, Paris 1951 (dt. Das Reich des Geistes und das Reich des Caesar, Darmstadt/Genf 1952). – T. Klépinine, Bibliographie des œuvres de N. Berdiaev, Paris 1978.

Literatur: O.F. Clarke, Introduction to B., London 1950; J.E. Corry, Ethica communionis. N.B.'s Philosophical Concept of Communion, Diss. Basel 1972; W. Dietrich, Provokation der Person. N.B. in den Impulsen seines Denkens, I–V, Gelnhausen 1975–1978; K. Funk, Die Idee der Freiheit bei N.A.B., Diss. Basel 1957; E. Klamroth, Der Gedanke der ewigen Schöpfung bei N.B.. Ein umfassender Überblick über das Werk dieses großen Russen des 20. Jahrhunderts, Hamburg 1963; P. Klein, Die ›kreative Freiheit‹ nach N.B.. Zeichen der Hoffnung in einer gefallenen Welt, Regensburg 1976; E. Porret, La philosophie chrétienne en Russie. N.B., Neuchâtel 1944 (dt. N.B. und die christliche Philosophie in Rußland, Heidelberg 1950); ders., B.. Prophète des temps nouveaux, Neuchâtel 1951; D.B. Richardson, B.'s Philosophy of History. An Existentialist Theory of Social Creativity and Eschatology, The Hague 1968; R. Rössler, Das Weltbild N.B.s. Existenz und Objektivation, Göttingen 1956 (mit Bibliographie); G. Seaver, N.B.. An Introduction to his Thought, New York 1950; M. Spinka, N.B.. Captive of Freedom, Philadelphia 1950; F. Stepun, Mystische Weltschau. 5 Gestalten des russischen Symbolismus, München 1964; H. Stern, Die Gesellschaftsphilosophie N.B.s, Diss. Köln 1966; M.A. Vallon, An Apostle of Freedom: Life and Teachings of N.B., New York 1960. S.B.

berechenbar/Berechenbarkeit (engl. computable/computability), neben ›allgemein-rekursiv‹ (↑rekursiv/Rekursivität) Bezeichnung für Funktionen, für die das Verfahren zur Bestimmung ihrer Werte bei vorgegebenen Argumenten einen ↑Algorithmus darstellt. Mit der B. einer n-stelligen Funktion gleichwertig ist die ↑Entscheidbarkeit der Menge derjenigen $(n+1)$-tupel, die aus den jeweiligen n Argumenten und dem dazugehörigen Wert bestehen.

Literatur: H. Hermes, Aufzählbarkeit, Entscheidbarkeit, Berechenbarkeit. Einführung in die Theorie der rekursiven Funktionen, Berlin/Göttingen/Heidelberg 1961, New York/Heidelberg/Berlin ³1978. K.L.

Bereich, in der ↑Quantorenlogik häufig als Kurzbezeichnung für den Wirkungsbereich eines ↑Quantors, den ↑Variabilitätsbereich einer Variablen oder für einen beliebigen ↑Individuenbereich verwendet. In der Logik der Relationen (↑Relationenlogik) ist ›B.‹ im Anschluß an B. Russells Terminus ›domain‹ jedoch terminologisch geworden. Durch ↑Abstraktion von zweistelligen ↑Aussageformen erhält man zweistellige ↑Relationen, welche die Objekte, deren Namen an der ersten Stelle einer darstellenden Aussageform (↑Darstellung (logisch-mengentheoretisch)) eingesetzt werden dürfen, mit den Objekten in Beziehung setzen, deren Namen an der zweiten Stelle einsetzbar sind. Man sagt, daß die erstgenannten Objekte den ›Vorbereich‹ (↑Definitionsbereich, Urbildbereich), die zweiten den ›Nachbereich‹ (↑Wertbereich, Bildbereich) der Relation bilden. Die in Klammern gesetzten Termini sind entsprechend auch für ↑Funktionen erklärt. Die hieran anschließende Verwendung von ›B.‹ ist nicht völlig einheitlich: während einige Autoren unter dem B. einer Relation die Vereinigung von deren Vorbereich und Nachbereich verstehen, bezeichnen andere diese Vereinigung als ↑›Feld‹ der Relation und verwenden ›B.‹ gleichbedeutend mit dem oben erklärten ›Vorbereich‹. Sind gewisse Relationen schon erklärt, so kann man weitere durch ›B.sbeschränkung‹ einführen. Dabei wird der Vorbereich, der Nachbereich oder das ganze Feld einer schon erklärten Relation auf den im allgemeinen engeren Bereich derjenigen Objekte beschränkt, die zusätzlich gewisse (durch Aussageformen anzugebende) Bedingungen erfüllen. C. T.

Berengar von Tours, *Tours um 1000, †St. Côme (bei Tours) 1088, franz. Philosoph und Theologe aus der Schule Fulberts von Chartres (↑Chartres, Schule von). Leiter der Kathedralschule in Tours, trat im Streit um die Behauptung hervor, daß sich die Substanz von Brot und Wein bei der Eucharistie ändere. B. vertrat die Ansicht, daß nur dann von einer substantiellen Veränderung die Rede sein könne, wenn auch eine Änderung der Akzidentien stattfinde. Dabei formulierte er eigens das Prinzip seines Argumentierens, nichts auf Grund von Autorität, sondern alles nur aus Gründen (›dialektisch‹) anzunehmen. Nach der Meinung der Kirche unterlag B. seinen traditionalistischen Gegnern (Lanfrank).

Werke: De sacra coena adversus Lanfrancum, ed. A.F. und F.T. Vischer, Berlin 1834.

Literatur: O. Capitani, Studi su Berengario di Tours, Lecce 1966; P.G. Meuß, Die Abendmahlslehre B.s vor dem Transsubstantiationsdogma von 1215, Diss. Tübingen 1955. O.S.

Bergson, Henri Louis, *Paris 18. Okt. 1859, †ebd. 4. Jan. 1941, franz. Philosoph poln.-engl. Abstammung. 1900 Prof. am Collège de France, 1914 Mitglied der Académie française, 1928 Nobelpreis für Literatur. B.s Philosophie, die sich thematisch mit der menschlichen Entscheidungsfreiheit, mit Fragen des Gedächtnisses und des Denkens sowie mit Problemen der ↑Evolutionstheorie befaßt, ist von seinem Zeitbegriff her zu sehen. Die moderne Naturwissenschaft, beginnend mit der klassischen Physik, hat einen mechanistischen Zeitbegriff entwickelt, der (z.B. in der Darstellung der Zeit durch eine Gerade) Bewegungsphänomene mit statischen Begriffen zu fassen sucht und in der für Messungen unumgänglichen Geometrisierung immer wieder auf räumliche Analogien zurückgreift. Gegen solche mechanistischen und deterministischen Auffassungen gewendet, betont B. die subjektiv erfahrene Zeit als einen unaufhaltsam fließenden Wechsel von Phänomenen, bei dem es sich weder um eine Abfolge diskreter Zustände (etwa in Analogie zu den Einzelbildern eines Kinofilms) noch um eine ausgedehnte Größe handelt. Menschliche Entscheidungen dürften demnach nicht durch eine sich verzweigende Linie dargestellt werden, aus der dann ein Zweig zu wählen sei. Alle aus diesem Bild abgeleiteten Einwände gegen die Möglichkeit freier Entscheidung seien durch die unmittelbare Erfahrung dieser Möglichkeit widerlegt, obgleich dies nur für jeweils in voller Spontaneität getroffene Entscheidungen gilt. Ebenfalls verknüpft mit B.s Zeitbegriff ist seine Theorie des Gedächtnisses. Sie unterscheidet erworbene körperliche Fähigkeiten vom ›reinen Gedächtnis‹, das ›geistiger‹ Art ist und Bilder aufbewahrt.

B. wies einige Unzulänglichkeiten der Theorien C. Darwins und H. Spencers nach, mußte sich jedoch bei seinen Alternativvorschlägen auf einen ↑élan vital berufen, der ihm mehr in der Intuition als im begrifflichen Denken gegeben schien. Seine Forderung, ergänzend zu den Wissenschaften Metaphysik zu treiben, meint kein spekulatives System, sondern einen ›wahren Empirismus‹, der die subjektive Teilnahme an den behandelten Entstehungsprozessen stärker berücksichtigt.

Werke: Œuvres complètes, I–VII, Genf 1945–1946; Œuvres, ed. E. Gouhier/A. Robinet, Paris 1959. – Essai sur les données immédiates de la conscience, Paris 1889 (dt. Zeit und Freiheit. Eine Abhandlung über die unmittelbaren Bewußtseinstatsachen, Jena 1911); Matière et mémoire. Essai sur la relation du corps à l'esprit, Paris 1896 (dt. Materie und Gedächtnis. Essays zur Beziehung zwischen Körper und Geist, Jena 1908); Le rire. Essai sur la signification du comique, Paris 1900 (dt. Das Lachen, Jena 1914); Introduction à la métaphysique, Paris 1903 (dt. Einführung in die Metaphysik, Jena 1912); L'évolution créatrice, Paris 1907 (dt. Schöpferische Entwicklung, Jena 1912); L'énergie spirituelle. Essais et conférences, Paris 1919 (dt. Die seelische Energie. Aufsätze und Vorträge, Jena 1928); Durée et simultanéité. A propos de la théorie d'Einstein, Paris 1922; Les deux sources de la morale et de la religion, Paris 1932; La pensée et le mouvant. Essais et conférences, Paris 1934 (dt. Denken und schöpferisches Werden. Aufsätze und Vorträge, Meisenheim 1948); zahlreiche unveröffentlichte Arbeiten B.s in: Les études bergsoniennes. – P.A.Y. Gunter, H. B.. A Bibliography, Bowling Green Ohio 1974.

Literatur: G. Bachelard, La dialectique et la durée – H.B., Paris 1972; G. Bretonneau, Création et valeurs éthiques chez B., Paris 1975; M. Capeč, B. and Modern Physics. A Re-Interpretation and Re-Evaluation, Dordrecht 1971; M. Cariou, B. et le fait mystique, Paris 1976; H.W. Carr, H.B.. The Philosophy of Change, London/Edinburgh [2]1919; T.A. Goudge, B., DSB II (1970), 8–12; P.A.Y. Gunter (ed.), B. and the Evolution of Physics, Knoxville Tenn. 1969; T. Hanna (ed.), The Bergsonian Heritage, New York 1962; R. Ingarden, Intuition und Intellekt bei H.B.. Darstellung und Versuch einer Kritik, Halle 1921 (auch in: Jb. Philos. phänomen. Forsch. 5 [1922], 285–461); V. Jankélévitch, H.B., Paris 1959, [2]1975; A.O. Lovejoy, The Reason, the Understanding and Time, Baltimore 1961; J. Milet, B. et le calcul infinitésimal ou la raison et le temps, Paris 1974; A.E. Pilkington, B. and his Influence. A Reassessment, London/New York 1976. P.J.

Berkeley, George, *County Kilkenny 12. März 1685, †Oxford 14. Jan. 1753, irischer Theologe und Philosoph. B.s Denken ist seit seiner Dubliner Studien- und Dozentenzeit (1700 Trinity College, 1707–1713 Junior Fellow ebendort) durch die Auseinandersetzung mit R. Descartes, N. Malebranche, F. Bacon, R. Boyle, I. Newton und J. Locke bestimmt. Auf seinen Reisen durch Frankreich und Italien 1713–1720 trifft er Malebranche, sucht 1729–1731 ein College auf den Bermudas zu gründen und wird 1734 anglikanischer Bischof von Cloyne (Süd-Irland). Im August 1752 Reise nach Oxford.

Bereits die erste bedeutende Schrift »An Essay Towards a New Theory of Vision« (Dublin 1709 [dt. Versuch einer neuen Theorie der Gesichtswahrnehmung, ed. R. Schmidt, Leipzig 1912]) enthält die zentralen Teile einer Theorie der Wahrnehmung und des Wissens (Erkenntnis), mit der B., systematisch zwischen der Auseinandersetzung Lockes mit Descartes einerseits und I. Kants mit D. Hume andererseits stehend, die Tradition der angelsächsischen Rationalismuskritik fortsetzt und erkenntnistheoretisch über Locke hinaus tiefer begründet. B. vertritt die sinnesphysiologische These einer ›suggestiven‹ Kooperation der Sinne. Sinnesdaten sind (unter Rekurs auf andere Wahrnehmungen) interpretierte Daten; Wahrnehmungen z.B. von Körpern oder Entfernungen setzen das Zusammenwirken von Gesichts- und Tastsinn voraus, sie sind keine optischen Wahrnehmungen im strengen (technischen) Sinne. Diese Theorie der Wahrnehmung wird im »Treatise Concerning the Principles of Human Knowledge« (Dublin 1710 [dt. B.'s Abhandlung über die Principien der menschlichen Erkenntniss, ed. F. Ueberweg, Berlin 1869]), ferner in der Schrift »Siris. A Chain of Philosophical Reflexions and Inquiries Concerning the Virtue of the Tar Water« (Dublin 1724, London 1744 [dt. Siris, ed. L. u. F. Raab, Leipzig 1913]), erkenntnistheoretisch weiter ausgeführt. Danach sind es nicht die Wahrnehmungen selbst, d.h. einzelne direkt an die Sinne gebundene sinnliche Daten, die das Wissen von der ›Außenwelt‹ konstituieren, sondern das mit diesen Daten stets verbundene ›gewohnheitsmäßige‹ Wahrnehmen. Während der ↑Sensualismus Lockes die Zuordnung von einzelnem sinnlichen Datum und Einzelding der Außenwelt als elementare Basis der ↑Erfahrung vorsah, erkennt B., daß die Behauptung einer solchen Zuordnung tautologisch ist: Einzeldinge sind faktisch auch bei Locke immer wahrgenommene Einzeldinge, die Behauptung ihrer Existenz in der Außenwelt ist die Behauptung der Existenz eines Wahrnehmungsdatums. Die Radikalisierung des sensualistischen Ansatzes von Locke führt damit bei B. zur Identifikation von Sein und Wahrgenommensein (›esse est percipi‹).

B.s (irreführend als subjektiver Idealismus bezeichnete) Position hat Folgen nicht nur für den Bereich der Lockeschen Erkenntnistheorie (für den B. die Konzeption sogenannter abstrakter Ideen zurückweist), sondern auch für die begrifflichen Grundlagen der Physik. (1) Es entfällt wegen der Identifikation von ›wirklichen Dingen‹ (real things) und ›wahrgenommenen Dingen‹ (things that are perceived) (Treatise §86) die Unterscheidung zwischen primären und sekundären Qualitäten, die, z.B. bei R. Boyle und Locke, dazu diente, die Rede über physikalische Gegenstände auch ohne Rekurs auf deren wahrgenommene Eigenschaften zu konstituieren. (2) Physikalische Grundbegriffe wie Ursache und Kraft treten, weil sie sich weder als mechanische Gründe noch als abstrakte Ideen im Sinne Lockes formulieren lassen, als ›unklare Ideen‹ auf; gegen ihre völlige Eliminierung spricht allein die Rolle, die sie in der Newtonschen Physik spielen. (3) Newtons Begriffe eines absoluten Raumes (↑Raum, absoluter), einer absoluten Zeit (↑Zeit, absolute) und einer absoluten ↑Bewegung werden kritisiert; auch Raum, Zeit und Bewegung sind bloß ›nahegelegt‹ (»only suggested«, Treatise §43) durch kooperierende, in der Sinnlichkeit verbundene Wahrnehmungen. – B.s Arbeiten betreffen ferner Grundlagenfragen der Chemie (Siris) und der Mathematik, hier insbesondere des Differentialkalküls (The Analyst, 1734), in dessen Rahmen konstruktivistische Überlegungen zum Begriff differentieller Größen auftreten.

Weitere Werke: The Works of G.B., Bishop of Cloyne, I–IX, ed. A.A. Luce/T.E. Jessop, London 1948–1957. – De motu, sive, De motus principio & natura, London 1721; Alciphron, or the Minute Philosopher, London 1732; Theory of Vision, or Visual-Language. Showing the Immediate Presence and Providence of a Deity, Vindicated and Explained, London 1733; A Defence of Free-Thinking in Mathematics, London 1735; Philosophical Commentaries (Commonplace Book), ed. A.A. Luce, London 1944. – T.E. Jessop/A.A. Luce, A Bibliography of G.B., The Hague 1973; G. Keynes, A Bibliography of G.B., Bishop of Cloyne. His Works and His Critics in the Eighteenth Century, Oxford 1976; C.M. Turbayne/R. Ware, A Bibliography of G.B., 1933–1962, J. Philos. 60 (1963), 92–112; C.M. Turbayne/R. Appelbaum, A Bibliography of G.B., 1963–1974, J. Hist. Philos. 15 (1977), 83–95.

Literatur: G.W. Ardley, B.'s Philosophy of Nature, Auckland 1962; ders., B.'s Renovation of Philosophy, The Hague 1968; D.M. Armstrong, B.'s Theory of Vision. A Critical Examination of Bishop B.'s Essay towards a New Theory of Vision, Melbourne 1960; M.W. Beal, B.'s Deletions, Can. J. Philos. 6 (1976), 455–478; J.F. Bennett, Locke, B., Hume. Central Themes, Oxford 1971; H.M. Bracken, B., London 1974; C.D. Broad, B.'s Argument about Material Substance, London 1942 (repr. New York 1975); R.J. Brook, B.'s Philosophy of Science, The Hague 1973; G. Buchdahl, Metaphysics and the Philosophy of Science. The Classical Origins. Descartes to Kant, Oxford 1969, 275–324; ders., B., DSB II (1970), 16–18; E. Cassirer, B.s System. Ein Beitrag zur Geschichte und Systematik des Idealismus, Gießen 1914; D.W. Hamlyn, Sensation and Perception. A History of the Philosophy of Perception, London 1961, 104–116; G.D. Justin, Re-relating Kant and B., Kant-St. 68 (1977), 77–89; A.-L. Leroy, G.B., Paris 1959; A.A. Luce, The Life of G.B., Edinburgh 1949, New York 1968; ders., B. and Malebranche, Oxford 1934; P.J. Olscamp, The Moral Philosophy of G.B., The Hague 1970; D.U. Park, Complementary Notions. A Critical Study of B.'s Theory of Concepts, The Hague 1972; G. Pitcher, B., London/Henley/Boston 1977; K.R. Popper, A Note on B. as Precursor of Mach, Brit. J. Philos. Sci. 4 (1953), 26–36; K. Raine, B., Blake, and the New Age, Thought 51 (1976), 356–377; A.D. Ritchie, G.B.. A Reappraisal, Manchester/New York 1967; B. Silver, The Invisible World of B., The New Scholasticism 51 (1977), 142–161; G.J. Stack, B.'s Analysis of Perception, The Hague/Paris 1970, ^{2}1972; G. Stammler, B.s Philosophie der Mathematik, Berlin 1921 (Kant-St. Erg.hefte 55); G.H. Thomas, B.'s God Does not Perceive, J. Hist. Philos. 14 (1976), 163–168; G. Thrane, B.'s »Proper Object of Vision«, J. Hist. Ideas 38 (1977), 243–260; I.C. Tipton, The Philosophy of Immaterialism, London 1974; G.J. Warnock, B., London 1953 (repr. Harmondsworth 1969); P.S. Wenz, B.'s Christian Neo-Platonism, J. Hist. Ideas 37 (1976), 537–546; G.J. Whitrow, B.'s Philosophy of Motion, Brit. J. Philos. Sci. 4 (1953), 37–45; J.O. Wisdom, The Unconscious Origin of B.'s Philosophy, London 1953; A.D. Woozley, B.'s Doctrine of Notions and Theory of Meaning, J. Hist. Philos. 14 (1976), 427–434. J.M.

Bernard, Claude, *St.-Julien (bei Villefranche, Beaujolais) 12. Juli 1813, †Paris 10. Febr. 1878, franz. Physiologe und Wissenschaftstheoretiker. Nach Apothekerlehre Aufgabe des Planes einer literarischen Karriere, Studium der Medizin in Paris (1834–1839). 1841–1844 Arbeit als Gehilfe (préparateur) des Physiologen F. Magendie am Collège de France, dessen Stellvertreter (1847) und Nachfolger (1852) B. wurde. 1853 Doktorat (thèse d'État) in Zoologie an der Sorbonne. 1854 Lehrstuhl für allgemeine Physiologie der 1868 dem Muséum d'histoire naturelle zugeteilt wird; 1855 Prof. der Medizin am Collège de France, 1869 Mitglied der Académie Française. B. ist einer der Begründer der modernen Physiologie. Bahnbrechende Arbeiten zum Kohlehydratstoffwechsel und zur Funktion von Magen, Bauchspeicheldrüse und Leber sowie zur Nerven-, Medikamenten- und Vergiftungsphysiologie, die immer mehr auch zu allgemeinen methodischen und methodologischen Fragen der Biologie und Medizin führen.

In seinem wissenschaftstheoretischen Hauptwerk (Introduction à l'étude de la médecine expérimental, Paris 1865), als Einleitung in ein unvollendetes Werk (Principes de médecine expérimentale, ed. L. Delhoume, Paris 1947) gedacht, entwickelt B. die Idee eines ›rationalisme expérimental‹. Danach lassen sich die ›Regeln‹ der experimentellen Forschung prinzipiell nur ex post formulieren. Methode ist also nicht *Leitfaden,* sondern *Resultat* von Forschung, die jeweils ihren eigenen, aus dem Forschungsprozeß selbst erwachsenden Linien folgt. Gleichwohl bilden de facto bei B. so gewonnene methodologische Prinzipien den Rahmen für weitere Forschung und die entsprechenden wissenschaftspolitischen Weichenstellungen. ↑Mechanismus und ↑Vitalismus als allgemeinste ↑Paradigmen der experimentellen Biologie lehnt B. zugunsten einer ↑Holismus und ↑Organizismus ähnlichen Auffassung ab, die eine den Organismus als lebendes System angemessene experimentelle Forschung erlaubt. Danach ist zwar Experimentalphysik das Paradigma wissenschaftlicher Methode, gleichwohl bedarf die Biologie eines (subjektiven), an Konzeptionen I. Kants erinnernden Prinzips, das ihre Autonomie begründet. In diesem Zusammenhang ist der für B. zentrale und von ihm geprägte Begriff des milieu intérieur zu sehen, mit dem insbesondere die inneren Regulationsmechanismen des Organismus angesprochen sind, deren experimentelle Erforschung B. zur Aufgabe der Physiologie macht. B.s von A. Comte beeinflußtes, positivistisches Beharren darauf, daß das Experiment die Basis wirklicher Wissenschaft sei (diese Position wurde von B. als ›Determinismus‹ bezeichnet), läßt ihm Disziplinen wie Vererbungslehre und morphologische Entwicklung, bei denen er keine Möglichkeit physikalisch-chemischen Experimentierens sieht, aus der weiteren Entwicklung der Biologie ausschließen.

Werke: Leçons de physiologie expérimentale appliquée à la médecine, faites au Collège de France, I–II, Paris 1855/1856; Introduction à l'étude de la médecine expérimentale, Paris 1865 (repr. Brüssel 1965), ^{2}1903, ^{8}1917, ed. F. Dagognet, 1966 (dt. Einführung in das Studium der experimentellen Medizin, ed. K.E. Rothschuh, Halle/Leipzig 1961); Rapport sur le progrès et la marche de la physiologie générale en France, Paris 1867, Neuausg. unter dem Titel: De la physiologie générale, Paris 1872 (repr. Brüssel 1965); Leçons sur les phénomènes de la vie communs aux animaux et aux végétaux I, Paris 1878, II, ed. A. Dastre, Paris 1879, I, ed. G. Canguilhem, Paris 1966 (engl. Lectures on the Phenomena of Life Common to Animals and Plants, Springfield

Ill. 1974, mit Repr. von I [1878]); La science expérimentale, Paris 1878, [6]1918; Pensées. Notes détachées, ed. L. Delhoume, Paris 1937; Philosophie. Manuscrit inèdit, ed. J. Chevalier, Paris 1938, 1954; Cahier de notes 1850–1860, ed. M.D. Grmek, Paris 1965; Ausgewählte physiologische Schriften, ed. N. Mani, Bern/Stuttgart 1966. – M. D. Grmek, Catalogue des manuscrits de C. B., avec la bibliographie de ses travaux imprimés et des études sur son œuvre, Paris 1967.

Literatur: G. Canguilhem, L'idée de médecine expérimentale selon C. B., Paris 1965; ders., Théorie et technique de l'expérimentation chez C. B., in: ders., Étude d'histoire et de philosophie des sciences, Paris 1968, [2]1970 (dt. Theorie und Technik des Experimentierens bei C. B., in: ders., Wissenschaftsgeschichte und Epistemologie. Gesammelte Aufsätze, ed. W. Lepenies, Frankfurt 1979, 75–88); C. Debru, C. B. et l'idée d'une chimie biologique, Rev. sci. applic. 32 (1979), 143–162; F. Grande/M. B. Visscher (eds.), C. B. and Experimental Medicine. Collected Papers from a Symposium Commemorating the Centenary of the Publication of »An Introduction to the Study of Experimental Medicine«, Cambridge Mass. 1967; M. D. Grmek, C. B., DSB II (1970), 24–34; ders., Raisonnement expérimental et recherches toxicologiques chez C. B., Genf 1973; B. Halpern, Concepts philosophiques de C. B. d'après l'Introduction, Rev. hist. sci. applic. 19 (1966), 97–114; ders. (ed.), Philosophie et méthodologie scientifique de C. B., Paris 1967; P.Q. Hirst, C. B.'s Epistemology, Econ. Sociol. 2 (1973), 431–464; F. L. Holmes, C.B. and Animal Chemistry. The Emergence of a Scientist, Cambridge Mass. 1974; P. Lamy, C. B. et le matérialisme, Paris 1939; P. Mauriac, C. B., Paris 1941, [2]1954; J. M. D. Olmstedt/E. Harris Olmstedt, C. B. and the Experimental Method in Medicine, New York 1952; N. Roll-Hansen, Critical Teleology. Immanuel Kant and C. B. on the Limitations of Experimental Biology, J. Hist. Biol. 9 (1976), 59–91; J. Schiller, C. B. et les problèmes scientifiques de son temps, Paris 1967; ders., The Genesis and Structure of C. B.'s Experimental Method, in: R. N. Giere/R.S. Westfall (eds.), Foundations of Scientific Method. The 19th Century, Bloomington Ind. 1973; A.-D. Sertillanges, La philosophie de C. B., Paris 1944; R. Virtanen, C. B. and his Place in the History of Ideas, Lincoln Neb. 1960; E. Wolf (ed.), Philosophie et méthodologie de C. B., Paris 1967. G. W.

Bernays, Paul, *London 17. Okt. 1888, †Zürich 18. Sept. 1977, dt.-schweiz. Mathematiker und Logiker. Studium der Mathematik, Philosophie und theoretischen Physik in Berlin, 1912 Promotion (bei E. Landau) und Habilitation in Zürich (bei E. Zermelo), 1912–1917 Privatdozent in Zürich, 1919 in Göttingen; nach Entzug der venia legendi durch die Nationalsozialisten 1933 erneut Übersiedlung nach Zürich, 1945–1958 Prof. an der ETH Zürich. B. verfaßte den größten Teil eines zusammen mit D. Hilbert veröffentlichten Werkes über die Grundlagen der Mathematik, das die Forschung auf Jahrzehnte bestimmt hat und heute als ein ›Klassiker‹ dieser Disziplin gilt. Die Grundlagenforschung verdankt B. wichtige Ergebnisse zur ↑Beweistheorie und wertvolle Überblicke über deren jeweiligen Stand, ein eigenes Axiomensystem der Mengenlehre (↑Mengenlehre, axiomatische) und eine der ersten Anwendungen der Matrizenmethode bei Beweisen der Unabhängigkeit (↑unabhängig/Unabhängigkeit (logisch)) von Axiomensystemen. Philosophisch vertrat B. einen gemäßigten Platonismus (↑Platonismus (wissenschaftstheoretisch)).

Werke: Axiomatische Untersuchung des Aussagen-Kalkuls der »Principia mathematica«, Math. Z. 25 (1926), 305–320; (mit D. Hilbert) Grundlagen der Mathematik, I–II, Berlin 1934/1939, Berlin/Heidelberg/New York [2]1968/1970; Sur le platonisme dans les mathématiques, L'enseignement mathématique 34 (1935), 52–69 (dt. Über den Platonismus der Mathematik, in: Abhandlungen zur Philosophie der Mathematik, 62–78); A System of Axiomatic Set Theory, J. Symb. Log. 2 (1937), 65–77, 6 (1941), 1–17, 7 (1942), 65–89, 133–145, 8 (1943), 89–106, 13 (1948), 65–79, 19 (1954), 81–96 (Nachdr. in: G. H. Müller [Lit.verz.]); Axiomatic Set Theory. With a Historical Introduction by Abraham A. Fraenkel, Amsterdam 1958; Abhandlungen zur Philosophie der Mathematik, Darmstadt 1976.

Literatur: A. Fraenkel, P. B. und die Begründung der Mengenlehre, in: Logica. Studia P. B. dedicata, Neuchâtel 1959 (=Dialectica 12 [1958]), 70–75; H. Lauener, P. B. (1888–1977), Z. allg. Wiss.theorie 9 (1978), 13–20; G. H. Müller (ed.), Sets and Classes. On the Work by P. B., Amsterdam 1976 (mit Bibliographie). C. T.

Bernhard Silvestris von Tours, lebte und lehrte im 12. Jh. in Tours, schrieb zwischen 1145 und 1148 seine »Cosmographia«, auch bekannt unter dem Titel »De mundi universitate«, eine teils in Versen, teils in Prosa gefaßte dichterische Version der Schöpfung des Universums (des Makrokosmos) und des Menschen (des Mikrokosmos). Bei B. vermischen sich Platonische Quellen (»Timaios«, in der Übersetzung des Calcidius) mit anderen, vor allem aus der lateinischen Tradition, wie A. M. T. S. Boethius, Martianus Capella, Ovid und Vergil.

Werke: De mundi universitate libri duo sive megacosmus et microcosmus, ed. C. S. Barach/J. Wrobel, Innsbruck 1876 (repr. Frankfurt 1964); Cosmographia, ed. P. Dronke, Leiden 1978.

Literatur: E. Gilson, La cosmogonie de Bernardus Silvestris, Arch. hist. doctr. litt. moyen âge 3 (1928), 5–24; E. Jeauneau, B., DSB II (1970), 21–22; M. F. McCrimmon, The Classical Philosophical Sources of the »De mundi universitate« of Bernard Sylvestris, Diss. Yale University 1953; T. Silverstein, The Fabulous Cosmogony of B.S., Modern Philology 46 (1948), 92–116. O. S.

Bernhard von Chartres (auch: Bernardus Carnotensis), †Chartres um 1130, 1114–1119 als ›magister scholae‹, 1119–1124 als Kanzler von Chartres urkundlich ausgewiesen (↑Chartres, Schule von). Seine Lehre ist fragmentarisch im »Metalogicon« des Johannes von Salisbury überliefert, der ihn ›perfectissimus inter Platonicos saeculi nostri‹ (den ›Vollkommensten unter den Platonikern unseres Jahrhunderts‹) nennt (Metal. IC, 35). B. scheint einen extremen platonischen Realismus vertreten zu haben, nach dem die ewigen Ideen in Gottes Geist mit den Gattungen und Arten der Einzeldinge identifiziert werden. Von B. stammt das Wort von den ›Zwergen und Riesen‹: die Zeitgenossen sehen, obwohl nur Zwerge im Vergleich zu den Alten, weiter, weil sie auf deren Schultern stehen (Metal. III, 4). B. selbst zieht diesen Vergleich nur für die Kunst des guten Schreibens heran.

Werke: John of Salisbury, Metalogicon, ed. C.C.I. Webb, Oxford 1929; ed. D.D. McGarry (Metalogicon. A Twelfth Century Defence of the Verbal and Logical Arts of the Trivium), Berkeley 1955 (repr. Gloucester Mass. 1971).

Literatur: A.J. Clerval, Les écoles de Chartres au moyen âge, du Ve au XVe siècle, Paris 1895; E. Garin, Studi sul platonismo medievale, Florenz 1958; E. Jeauneau, Nani gigantum humeris insidentes. Essai d'interprétation de Bernard de Chartres, Vivarium 5 (1967), 79–99. O.S.

Bernhard von Clairvaux, *Fontaines bei Dijon (oder Châtillon-sur-Seine) 1091, †Clairvaux 20. Aug. 1153, reformerischer Abt von Clairvaux, Mystiker und Philosoph, von der katholischen Kirche zum Heiligen (1174) und Kirchenlehrer (1830) erklärt. 1112 Eintritt in das Kloster Cîtaux, 1115 Abt von Clairvaux, einer der einflußreichsten Kirchenpolitiker seines Jahrhunderts: B. bringt im Streit um die Nachfolge des Papstes Honorius II. Innozenz II. gegen Anacletus II. auf den Thron, läßt die kritischen Schriften des P. Abaelard verurteilen, entfacht 1145 einen Kreuzzug, bekämpft Cluny, schlägt Aufstände nieder und zwingt einen neuen Gegenpapst, Viktor IV., als Büßer in Rom zu erscheinen. Literarisch sind vor allem die mystischen Schriften B.s bekannt geworden, insbesondere »De gradibus humilitatis et superbiae« (um 1121), »De diligendo Deo« (um 1126) und »De gratia et libero arbitrio« (um 1127). In ihnen versucht B., eine ekstatische Gottverbindung, die ›Deifikation der Seele‹, anschaulich zu machen. Philosophisch bedeutsam ist B. durch seinen Auftritt gegen Abaelard, den Inaugurator argumentierend-rekonstruierender Textbetrachtung, und seine von den Sentenzenbüchern übernommenen Formeln für die ↑Willensfreiheit, die er als eine von Vernunft begleitete Wahl zu verstehen sucht.

Werke: Opera omnia. Tertiis curis J. Mabillon, Ed. nova, I–IV, Paris 1854–1855 (MPL 182–185); Opera, ed. H.M. Rochais/J. Leclercq/C.H. Talbot, Rom/Paris 1957ff.; Schriften. Nach der Übertragung von A. Wolters, I–VI, ed. E. Friedrich, Wittlich 1934–1938; Die Botschaft der Freude, ausgew. u. eingel. v. J. Leclercq, Köln 1977; The Letters of St. B. of C., newly trans. by B.S. James, London 1953. – Bibliographia Bernardina, ed. L. Janauschek, Vindobonae 1891 (repr. Hildesheim 1960); J. de la Croix Bouton, Bibliographie Bernardine, 1891–1957, Paris 1958; Totok II (1973), 218–222.

Literatur: M.T. Antonelli, Bernardo di Chiaravalle, Mailand 1953; E. Bertola, San Bernardo e la teologia speculativa, Padua 1959; C. Butler, Western Mysticism. The Teaching of S. Augustine, Gregory and B. on Contemplation and the Contemplative Life, London [3]1967; J. Calmette/H. David, Saint Bernard, Paris [3]1953; O. Castrén, B.. Zur Typologie des mittelalterlichen Menschen, Diss. Lund 1938; G.G. Coulton, Saint Bernard. His Predecessors and Successors 1000–1200, Cambridge 1923; L. Cristiani, Saint Bernard de C., Paris 1962; H. Fechner, Die politischen Theorien des Abtes B. in seinen Briefen, Bonn/Köln 1933; E. Gilson, La théologie mystique de Saint Bernard, Paris 1934; W. Hiss, Die Anthropologie B.s, Berlin 1964; J. Leclercq, Saint Bernard et l'esprit cistercien, Paris 1966; P. Rohbeck, B.. Gestalt und Idee, Warendorf 1949; E. v. Schmidt-Pauli, B.. Lebensbild, Düsseldorf 1953; K.A. Vogt, B.. Ein Mönch lenkt das Abendland. Eine Studie, Saarbrücken 1951; J. Weingartner, Abälard und B.. Zwei Gestalten des Mittelalters, Innsbruck 1937. O.S.

Bernhard von Verdun (Bernardus de Virduno), zweite Hälfte des 13. Jhs. franziskanischer Astronom. Schrieb (wahrscheinlich gegen Ende des 13. Jhs.) den »Tractatus super totam astrologiam« (ed. P. Hartmann, Werl 1961 [Franziskan. Forsch. 15]), eine von allen astrologischen Anspielungen freie Verteidigung und Darstellung des Ptolemaiischen Systems in vereinfachter Form. In dieser Schrift finden sich auch Beschreibungen astronomischer Instrumente, insbesondere des Torquetum, eines aus mehreren gegeneinander verstellbaren und mit Skalen versehenen Ebenen bestehenden astronomischen Meßinstrumentes. Es berücksichtigt die Parameter Längengrad, Breitengrad, Neigung der Ekliptik gegen die Äquatorebene und ermöglicht durch ein an der obersten vertikalen Kreisscheibe (mit Gradeinteilung) angebrachtes Lot astronomische Winkelmessungen (z.B. zur Feststellung der Position der Fixsterne und der Planeten, der Tages- oder Nachtstunde, der Sonnenhöhe usw.). Das Torquetum wurde in der Astronomie erst im 17. Jahrhundert vom Äquatoreal abgelöst.

Literatur: P. Duhem, Le système du monde. Histoire des doctrines cosmologiques de Platon à Copernic III,

Paris 1958, 442–460; C. Kren, B., DSB II (1970), 23–24; E. Poulle, Bernard de Verdun et le turquet, Isis 55 (1964), 200–208; E. Zinner, Deutsche und niederländische astronomische Instrumente des 11.–18. Jahrhunderts, München 1956, 177–183. O.S.

Bernoulli, Daniel, *Groningen 8. Febr. 1700, †Basel 17. März 1782, schweiz. Physiologe, Physiker und Mathematiker, Sohn des Mathematikers Johann Bernoulli. Erste Ansätze einer kinetischen Gastheorie, Arbeiten zur Hydrodynamik, Theorie oszillierender Funktionen und ↑Wahrscheinlichkeitstheorie.

Nach einem Studium der Philosophie und Logik, das er 1716 mit dem Magistergrad abschloß, und nach mathematischem Unterricht durch seinen Vater und seinen Bruder Nikolaus B. studierte B. Medizin in Heidelberg, Straßburg und Basel, wo er 1721 mit einer Arbeit über die Mechanik des Atems (»De respiratione«) promoviert wurde. Obwohl 1728 eine mechanische Theorie der Muskelkontraktion, 1737 eine Berechnung der mechanischen Arbeit des Herzens (›vis cordis‹) und seit 1738 Beiträge zur Physiologie der menschlichen Arbeitskraft folgten, gehörte B.s eigentliches Interesse der mathematischen Physik. 1724 veröffentlichte er seine »Exercitationes quaedam mathematicae«, die ihm einen Ruf an die Akademie von Petersburg einbrachten. In der Petersburger Jahren 1725-1733 entstanden die Grundzüge seiner Hydrodynamik, seiner Theorie der Wahrscheinlichkeit und der oszillierenden Funktionen, die seit 1727 durch die Zusammenarbeit mit L. Euler gefördert wurde. Nach mehreren vergeblichen Bewerbungen erhielt B. 1732 zunächst einen Lehrstuhl für Anatomie und Botanik in Basel, 1750 den Lehrstuhl für Physik, auf dem er bis 1776 wirkte.

Neben dem Satz von der Erhaltung der lebendigen Kräfte (z.B. $\sum p_i h_i = \frac{1}{2}\sum m_i v_i^2$ bei Gewichten p_i von Massen m_i, die aus Höhen h_i mit der Geschwindigkeit v_i fallen) (↑Erhaltungssätze) ist B.s wichtigster Beitrag zu den Prinzipien der Mechanik in seinem Satz von der Erhaltung der Flächen zu sehen, den er 1746 unabhängig von Euler bei der Untersuchung von frei beweglichen Kugeln in rotierenden Röhren fand. In seinem berühmten Hauptwerk »Hydrodynamica« von 1738 wendete B. das Prinzip der lebendigen Kräfte an, um Geschwindigkeit, Dauer und Menge einer Flüssigkeit zu berechnen, die aus der Öffnung eines Behälters fließt. B.s Interesse galt ferner technischen Fragen, wie seine Entwürfe für Hebeinstrumente, Pumpen und Windmühlenflügel zeigen. Zukunftsweisend wurden seine Untersuchungen über ›elastische Flüssigkeiten‹ (Gase), in denen er einfache Gasgesetze, Druckbedingungen der Atmosphäre, eine Formel zur Berechnung von Lichtstrahlbrechungen in der Atmosphäre und eine erste Berechnung für die Geschwindigkeit eines Luftstromes durch eine kleine Öffnung entwickelte. Gleichzeitig mit Euler berechnete B. Krümmung und Schwingungsfrequenzen beladener und unbeladener elastischer Saiten, womit mathematisch die Theorie oszillierender Funktionen und partieller Differentialgleichungen gefördert wurde. Seit seinem Jugendwerk »Exercitationes quaedam mathematicae« arbeitete B. über Wahrscheinlichkeitstheorie und Bevölkerungsstatistik. So beschäftigte er sich während seiner Petersburger Zeit in »De mensura sortis« mit Wahrscheinlichkeitsberechnungen von Kapitalgewinnen, seit 1760 mit medizinischen Statistiken (z.B. Berechnung durchschnittlicher Sterberaten bei verschiedenen Krankheiten in verschiedenen Altersgruppen). Zeit seines Lebens bemühte sich B. erfolgreich um die Wettbewerbe der europäischen Akademien, bei denen er mit Arbeiten sowohl zur Seefahrtstechnik, Navigation und Ozeanologie als auch zur Astronomie und zum Magnetismus hervortrat.

Werke: Exercitationes quaedam mathematicae, Venedig 1724; Specimen theoriae novae de mensura sortis, Commentarii Academiae Scientiarum Imperialis Petropolitanae 5 (1730/1731) (Publikation 1738; dt. Die Grundlage der modernen Wertlehre. Versuch einer neuen Theorie der Wertbestimmung von Glücksfällen, ed. A. Pringsheim, Leipzig 1896 [repr. Farnborough 1967]); Hydrodynamica, sive de viribus et motibus fluidorum commentarii, Straßburg 1738 (dt. Hydrodynamik. Oder Kommentare über die Kräfte und Bewegungen der Flüssigkeiten, I–II, München 1963 [enth. repr. d. Ausg. Straßburg 1738]); Nouveau problème de mécanique, Mémoires de l'académie royale des sciences et belles lettres, Berlin 1745 (Publikation 1746; dt. in: Abhandlungen über Grundsätze der Mechanik, Leipzig 1914 [Ostwalds Klassiker der exakten Wissenschaften 191], 29-43); Remarques sur le principe de la conservation des forces vives pris dans un sens général, Mém. Berlin 1748 (Publikation 1750; dt. in: Abhandlungen über Grundsätze der Mechanik, Leibzig 1914 [Ostwalds Klassiker der exakten Wissenschaften 191], 67-75; Oratio physiologica de vita, mit dt. Übers. und historischen Aufsätzen, ed. O. Spiess/F. Verzár, Verhandl. d. Naturforschenden Ges. Basel 52 (1940/1941), 189-266. - P.H. v. Fuss, Correspondance mathèmatique et physique de quelques célèbres géomètres du XVIIIème siècle, Petersburg 1843.

Literatur: Vita Danielis B., Acta Helvetica 9 (1787), 1-32 (mit fast vollständiger Bibliographie der gedruckten Werke); F. Burckhardt, Die Basler Mathematiker Bernoulli und Leonhard Euler, Verhandl. d. Naturforschenden Ges. Basel 7 (1884), im Anhang; H. Burkhardt, Entwicklungen nach oscillierenden Functionen und Integration der Differentialgleichungen der mathematischen Physik, Jahresber. d. dt. Math.-Vereinigung 10 Nr. 2 (1908), 1-24; M.J.A.N.C. Marquis de Condorcet, Éloge de M.B., in: ders., Œuvres, I-XII, Paris 1847-1849 (repr. Stuttgart-Bad Cannstatt 1968), II, 545-585; F. Huber, D.B. (1700-1782) als Physiologe und Statistiker, Basel 1959 (Basler Veröffentl. zur Gesch. d. Medizin u. d. Biologie, fasc. 8); O. Spiess, D.B., in: Große Schweizer Forscher, ed. E. Fueter, Zürich 1939, 110-112; ders., Johann Bernoulli und seine Söhne, Atlantis 12 (1940), 663-669; ders., Bernoulli, Basler Gelehrtenfamilie, NDB II (1955), 128-131; H. Straub, D.B., DSB II (1970), 36-46. K.M.

Bernoulli, Jakob, *Basel 27. Dez. 1654, †ebd. 16. Aug. 1705, schweiz. Mathematiker, Bruder von Johann Bernoulli. Beiträge zur ↑Infinitesimalrechnung (bes. Theorie der Reihen), Mechanik, Astronomie, erste Ansätze zur Variationsrechnung und ↑Wahrscheinlichkeitstheorie.

B., der aus einer Amsterdamer, später Basler Kaufmanns- und Bankiersfamilie stammte, schloß 1671 ein Philosophiestudium mit dem Magistergrad und 1676 ein Theologiestudium mit dem Lizentiat ab, um dann auf Reisen nach Frankreich, den Niederlanden und England die philosophischen und mathematischen Methoden R. Descartes' und die physikalischen Theorien R. Boyles und R. Hookes kennenzulernen. Seit 1683 wieder in Basel beschäftigte er sich zunächst mit Descartes' Geometrie, veröffentlichte algebraische und geometrische Beiträge in den »Acta Eruditorum« (z.B. die Teilung eines Dreiecks in vier gleiche Teile durch zwei senkrecht aufeinander stehende Geraden), betrieb von 1684-1686 logische Studien, um dann durch das Studium der Schriften von J. Wallis, I. Barrow und G.W. Leibniz auf Probleme der Infinitesimalrechnung zu stoßen. Seit 1687 Prof. für Mathematik in Basel. B. untersuchte zahlreiche Kurven mit Hilfe der Infinitesimalrechnung (z.B. die parabolische und logarithmische Spirale, die sogenannte Bernoulli-Differentialgleichung

$$y' + f(x)\,y + g(x)\,y^n = 0)$$

und formulierte selber Probleme wie die Frage nach der Kurvenbestimmung einer homogenen, an beiden Enden aufgehängten Kette, an deren Lösung sich Johann B., C. Huygens und G.W. Leibniz beteiligten.

Nachdem Johann B. 1696 das sogenannte Problem der Brachistochrone (Bestimmung der Kurve zwischen zwei Punkten A und B auf einer Vertikalebene, durch welche ein Körper in kürzester Zeit von A nach B fällt) gestellt und gelöst hatte, formulierte B. als Gegenproblem die Frage nach derjenigen ebenen und einfach geschlossenen Kurve von gegebener Länge (isoperimetrische Kurven) zwischen zwei Punkten A und B, für die der eingeschlossene Flächeninhalt maximal ist. Im Unterschied zu Johann B. erkannte B. in seiner »Analysis magni problematis isoperimetrici« von 1701 richtig, daß mit den Problemen der Brachistochrone und der isoperimetrischen Kurven eine neue Aufgabenstellung der Infinitesimalrechnung erreicht war, wonach nicht mehr nur Maximum- und Minimumeigenschaften von einzelnen Funktionen mit reellen Argumenten, sondern solche von Funktionalen mit unendlich vielen reellen Funktionen als Argumenten zu bestimmen sind. Damit lieferte B. den ersten Ansatz zur Variationsrechnung, die seit 1738 von L. Euler zu einer mathematischen Theorie ausgebaut wurde, seit J.L. Lagranges »Mécanique analytique« (1788) die mathematischen Methoden zur Lösung mechanischer Bewegungsgleichungen lieferte und heute im allgemeineren Rahmen der Funktionalanalysis behandelt wird. Gegenseitige Mißgunst zwischen den Brüdern führte jedoch dazu, daß Johann B. erst nach dem Tod seines Bruders B. dessen allgemeinen Lösungsansatz anerkannte.

Nach einer naturphilosophischen Gravitations- und Äthertheorie von 1683 bestand B.s wichtigster Beitrag zur Mechanik in seiner Bestimmung des Schwingungsmittelpunktes (1703). Im Unterschied zu Huygens leitete B. seine Lösung dieses dynamischen Problems aus dem Hebelgesetz ab und gab damit eine wichtige Anregung für J. le Rond d'Alemberts 3. Mechanik-Axiom von 1743 (↑d'Alembertsches Prinzip), wonach dynamische Probleme allgemein auf statische Probleme zurückzuführen sind. In der Zeit von 1682 bis 1704 behandelte B. die Theorie der Reihen in fünf Untersuchungen, in denen er neben eigenen Beiträgen auch das Wissen seiner Zeit zu diesem Thema zu sammeln suchte (z.B. die Bernoullische Ungleichung $(1+x)^n > 1+nx$ für $x>0$ (reell), $n>1$ (ganz), die erst von Euler 1737 bestimmte Reihe $\sum_{k=1}^{\infty} k^{-2}$, Exponentialreihen als Umkehrung der logarithmischen Reihen, das Binomialtheorem).

Die »Ars conjectandi«, die erst 1713 veröffentlicht wurde, übte maßgebenden Einfluß auf die Entwicklung der Wahrscheinlichkeitstheorie aus (z.B. auf A. de Moivres »Doctrine of Chances« von 1718). B. behandelt dort im Anschluß an Leibnizens Kombinatorik die sogenannten Bernoulli-Polynome

$$B_m(z) = \sum_{k=0}^{m} \binom{m}{k} B_k \cdot z^{m-k}$$

für $m \geq 0$ (ganz), deren Koeffizienten B_k als sogenannte Bernoulli-Zahlen durch

$$B_0 = 1, \quad \sum_{k=0}^{m-1} \binom{m}{k} B_k = 0$$

für $m \geq 2$ rekursiv berechenbar sind und zur Lösung von Differenzengleichungen der Form $u(z+1) - u(z) = m \cdot z^{m-1}$ für $m \geq 1$ verwendet werden. Neben Berechnungen von Gewinnerwartungen in verschiedenen Spielen und philosophischen Überlegungen zur ↑Wahrscheinlichkeit, ↑Notwendigkeit und zum ↑Zufall behandelte B. das ↑Gesetz der großen Zahlen, wonach für jedes $\varepsilon > 0$ die Wahrscheinlichkeit der Ungleichung $|r_n - p| < \varepsilon$ für die relative Häufigkeit r_n des Eintretens eines Ereignisses mit Wahrscheinlichkeit p bei n Versuchen mit wachsendem n gegen 1 strebt, d.h. $\lim_{n\to\infty} P(|r_n - p| < \varepsilon) = 1$. Die »Ars conjectandi« schließt ab mit einer launigen Betrachtung des ›jeu de paume‹, einer damals beliebten Spielart des Tennis.

Werke: Opera, I–II, Genf 1744 (repr. I–II, Brüssel 1967); Die Werke, I–, ed. Naturforschende Ges. in Basel, Basel 1969ff.)bisher I und III); Neu-erfundene Anleitung, wie man den Lauff der Comet- oder Schwantz-sternen in gewisse grundmässige Gesätze einrichten und ihre Erscheinung vorhersagen könne, Basel 1681; Conamen novi systematis cometarum, pro motu eorum sub calculum revocando & apparitionibus praedicendis, Amsterdam 1682; Dissertatio de gravitate aetheris, Amsterdam 1683; Briefe an Leibniz in: G.W. Leibniz, Math. Schr. III, Halle 1855 (repr. Hildesheim 1962); Briefe an Johann Bernoulli: Der Briefwechsel von Johann Bernoulli, ed. Naturforschende Ges. in Basel, I, ed. O. Spiess, Basel 1955; Über unendliche Reihen (1698–1704), ed. G. Kowalewski, Leipzig 1909 (Ostwalds Klassiker der exakten Wissenschaften 171); Abhandlungen über das Gleichgewicht und die Schwingungen der ebenen elastischen Kurven von J.B. und Leonh. Euler, ed. H. Linsenbarth, Leipzig 1910 (Ostwalds Klassiker der exakten Wissenschaften 175); Abhandlungen über Variationsrechnung. Erster Teil: Abhandlungen von Joh. Bernoulli, J.B. und Leonard Euler, ed. P.G. Stäckel, Leipzig 1894 (Ostwalds Klassiker der exakten Wissenschaften 46) (repr. Darmstadt 1976), [2]1914; Ars conjectandi, Basel 1713 (repr. Brüssel 1968; dt. Wahrscheinlichkeitsrechnung, I–II, ed. R. Haussner, Leipzig 1899 [Ostwalds Klassiker der exakten Wissenschaften 107, 108]).

Literatur: P. Dietz, Die Ursprünge der Variationsrechnung bei J.B., Verhandl. d. Naturforschenden Ges. in Basel 70 (1959), 81–146; J.O. Fleckenstein, Johann und J.B., Basel 1949, [2]1977 (Elemente der Mathematik, Suppl. 6); O. Fueter, J.B., in: ders. (ed.), Große Schweizer Forscher, Zürich 1939, 86–88; J.E. Hofmann, J.B., DSB II (1970), 46–51; ders., Über J.B.s Beiträge zur Infinitesimalmathematik, Genf 1956 (Monographies de l'enseignement mathématique 3); O. Spiess, J.B., NDB II (1955), 130–131. K.M.

Bernoulli, Johann, *Basel 6. Aug. 1667, †ebd. 1. Jan. 1748, schweiz. Mathematiker, Bruder von Jakob Bernoulli. Beiträge zur Differential- und Integralrechung, Variationsrechnung, Mechanik und Astronomie.

Noch während seines Logikstudiums in Basel, das er 1685 mit dem Magistergrad abschloß, und während seines Medizinstudiums, in dem er 1690 eine Lizentiatsarbeit über Gärungsprozesse und 1694 eine Doktorarbeit »De motu musculorum« schrieb, beschäftigte sich B. unter Anleitung seines Bruders Jakob B. mit dem Leibnizschen Differentialkalkül. Nach erfolgreicher Lösung des von Jakob B. gestellten Problems der Kurvenbestimmung einer homogenen hängenden Kette (1691) gehörte B. dem Pariser Mathematiker-Kreis um N. Malebranche an, korrespondierte mit C. Huygens und gab G.F.A. de L'Hospital mathematischen Unterricht, der daraufhin das erste Lehrbuch in Differentialrechnung »Analyse des infiniments petits« (1696, [2]1715) schrieb.

Seit 1693 führte G.W. Leibniz mit B. seinen umfangreichsten Briefwechsel. 1694 schlägt B. eine allgemeine Reihenentwicklung durch wiederholte Integration der Teile vor

$$\int_0^x y\,dx = xy - \frac{x^2}{2!}y' + \frac{x^3}{3!}y'' - + \ldots,$$

die er auf Leibnizens Ableitungsregel für Produkte zurückführt:

$$d^m(f(x)\,g(x)) = \sum_{k=0}^{m} \binom{m}{k} d^{m-k} f(x)\, d^k g(x).$$

Nach einer Lösung der nach Jakob B. benannten Differentialgleichung untersuchte B. seit 1695 unter anderem die unendlich harmonische Reihe und die Additionstheoreme für trigonometrische und hyperbolische Funktionen. Sein wichtigster Beitrag zur Infinitesimalrechnung ist jedoch die Erweiterung des Leibnizkalküls für Exponentialfunktionen x^y, die er 1697 in den »Principia calculi exponentialium seu percurrentium« auf die Gleichung

$$d(x^y) = x^y \log x\,dy + y \cdot x^{y-1}\,dx$$

zurückführte. 1695 nahm B. einen Lehrstuhl für Mathematik in Groningen an, um so auch den gegenseitigen Eifersüchteleien mit seinem Bruder Jakob B. aus dem Wege zu gehen.

1696 stellte B. sein berühmtes Problem der Brachistrochrone, wonach diejenige Kurve zwischen zwei Punkten A und B einer Vertikalebene zu bestimmen ist, auf der ein Körper in kürzester Zeit von A nach B fällt:

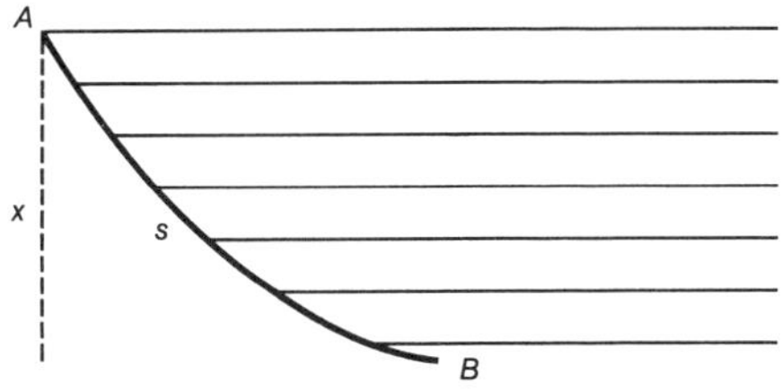

Abb. 1

B. führt das mechanische Problem auf ein bereits durch P. de Fermat gelöstes optisches Problem zurück, indem er die Fallbewegung als eine Lichtbewegung in einem Medium deutet, dessen horizontale Schichten der Höhe x unter A (vgl. Abb. 1) mit nach unten abnehmender Dichte die jeweilige Lichtgeschwindigkeit durch $v=\sqrt{2gx}$ bestimmen. Da für die horizontale Entfernung y von A und dem Kurvenbogen s immer $\frac{dy}{ds}: v=k$ konstant ist, folgt $dy^2=k^2v^2ds^2=k^2v^2(dx^2+dy^2)$ und wegen $v=\sqrt{2gx}$ die Differentialgleichung einer Zykloide $dy=dx\sqrt{\frac{x}{a-x}}$ mit $a=\frac{1}{2gk^2}$, die ein Peripheriepunkt eines Kreises vom Radius $r=\frac{a}{2}=\frac{1}{4gk^2}$ durch Rollen auf einer Geraden beschreibt. Um die durch A und B gehende Zykloide zu bestimmen, zieht B. eine Gerade durch A und B, konstruiert eine beliebige, zur gesuchten in bezug auf A ähnliche Zykloide mit Radius r' des Erzeugerkreises und Geradenschnittpunkt B' und erhält also $r=r'\frac{AB}{AB'}$:

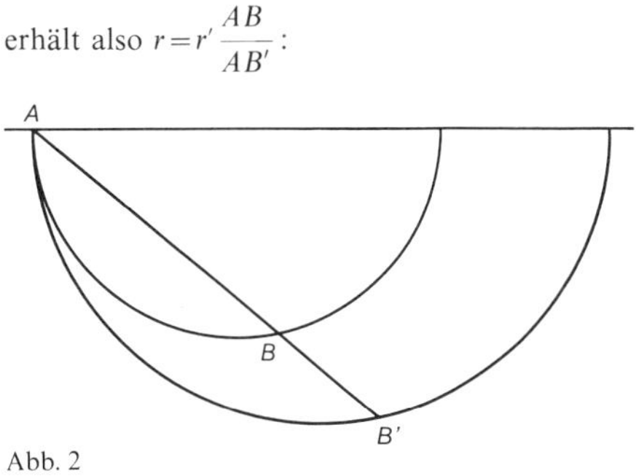

Abb. 2

Diese originelle, durch Analogie zur Optik und geometrische Phantasie gefundene Lösung gab jedoch kein allgemeines Verfahren zur Lösung einer Variationsaufgabe an, die Jakob B. im Problem der Brachistrochrone bereits erkannt hatte. So mußte auch B. bei der Lösung von Jakob B.s Isoperimeterproblem zunächst scheitern und lieferte erst 1718 nach B. Taylors »Methodus incrementorum« (1715) eine verbesserte Lösung dieses Ausgangsproblems der Variationsrechnung. Nach Jakob B.s Tod folgt B. auf dessen Basler Lehrstuhl für Mathematik. Im Prioritätsstreit zwischen Leibniz und I. Newton unterstrich B. die Überlegenheit des Leibnizschen Kalküls und wurde nach Newtons Tod 1727 allgemein als die führende mathematische Autorität in Europa anerkannt. Neben dem Prinzip der Erhaltung der lebendigen Kräfte, das B. unabhängig von seinem Sohn Daniel B. formulierte, besteht sein wichtigster Beitrag zur Mechanik im Prinzip der virtuellen Verschiebungen (1725), mit dem J.L. Lagrange 1788 aus dem ↑d'Alembertschen Prinzip eine allgemeine Form für Differentialgleichungen der Mechanik ableitete. In der Astronomie vertrat er zunächst gegen Newton die Cartesische Wirbeltheorie, behandelte Planetenbahnen und den Grund für ihre Neigung gegen den Sonnenäquator.

B. war Mitglied der Akademien von Paris, Berlin, London, Petersburg sowie des Instituts von Bologna und bekleidete Ehrenämter seiner Heimatstadt Basel, in der er sich besonders für eine Reform des humanistischen Gymnasiums einsetzte. Sein Grabmal schmückt die ›Spira mirabilis‹ (die logarithmische Spirale), deren eigentümliche Symmetrie B. durch die Worte beschreiben ließ: »Eadem mutata resurgo«.

Werke: Opera omnia tam antea sparsim edita, quam hactenus inedita, I–IV, Genf/Lausanne 1742 (repr. I–IV, ed. J.E. Hofmann, Hildesheim 1968); Lectiones de calculo differentialium (dt. Die Differentialrechnung von J.B., aus dem Jahre 1691/1692. Nach der in der Basler Universitätsbibliothek befindlichen Handschrift ed. P. Schafheitlin, Leipzig 1924 [Ostwalds Klassiker der exakten Wissenschaften 211]; Dissertatio inauguralis physico-anatomica de motu musculorum, Basel 1694; Essay d'une nouvelle théorie de la manœuvre des vaisseaux, Basel 1714; Nouvelles pensées sur le système de M. Descartes et la manière d'en déduire les orbites & les aphélies des planètes, Paris 1730; Die erste Integralrechnung: eine Auswahl aus J.B.s mathematischen Vorlesungen über die Methode der Integrale und anderes, aufgeschrieben zum Gebrauch des Herrn Marquis de l'Hospital in den Jahren 1691 und 1692, als der Verfasser sich in Paris aufhielt, ed. G. Kowalewski, Leipzig/Berlin 1914 (Ostwalds Klassiker der exakten Wissenschaften 194); Commercium philosophicum et mathematicum Got. Gul. Leibnitii et Johan. Bernoullii, ed. Bousquet, Lausanne/Genf 1745; Korrespondenz mit L. Euler in: Bibliotheca mathematica, 3.

Ser. 4 (1903), 6 (1905); Der Briefwechsel von J.B., ed. Naturforschende Ges. in Basel, I–, Basel 1955ff.

Literatur: C. Carathéodory, Basel und der Beginn der Variationsrechnung, in: Festschrift zum 60. Geburtstag von Andreas Speiser, Zürich 1945, 1–18; E.J. Fedel, Der Briefwechsel J.B. – Pierre Varignon aus den Jahren 1692 bis 1702, Diss. Heidelberg 1935; J.O. Fleckenstein, J. und Jakob B., Basel 1949, [2]1977 (Elemente der Mathematik, Suppl. Nr. 6); ders./E.A. Fellmann, J.B., DSB II (1970), 51–55; J.E. Hofmann, Vom öffentlichen Bekanntwerden der Leibnizschen Infinitesimalmathematik, in: Sitz.ber. Österr. Akad. Wiss. Nr. 8, 9 (1966), 237–241; ders., J.B., Propagator der Infinitesimalmethoden, Praxis der Mathematik 9 (1967/1968), 209–212; O.J. Rebel, Der Briefwechsel zwischen J.B. und dem Marquis de L'Hospital, Diss. Heidelberg 1934; O. Spiess, J.B., in: Große Schweizer Forscher, ed. E. Fueter, Zürich 1939, 91–93; ders., J.B. und seine Söhne, Atlantis 12 (1940), 663–669; ders., Die Summe der reziproken Quadratzahlen, in: Festschrift zum 60. Geburtstag von Andreas Speiser, Zürich 1945, 66; K. Wollenschlaeger, Der mathematische Briefwechsel zwischen J.B. und Abraham de Moivre, Diss. Basel 1932. K.M.

Bernoullisches Theorem, ↑Gesetz der großen Zahlen.

Bertalanffy, Ludwig von, *Atzgersdorf (bei Wien) 19. Sept. 1901, †Buffalo N.Y. (USA) 12. Juni 1972, österr. theoretischer Biologe. Studium in Innsbruck und Wien. Dort 1926 Promotion bei M. Schlick, 1934 Privatdozent, 1940–1948 apl. Prof. 1949 Prof. in Ottawa, 1955 Stanford Center for Advanced Study in the Behaviorial Sciences und Kodirektor eines medizinischen Forschungslabors in Los Angeles, 1958 Sloan Visiting Professorship of the Menninger Foundation in Topeka (USA), 1961–1968 Prof. in Edmonton (University of Alberta, Kanada), ab 1969 Faculty Prof. in Buffalo (State University New York).

B. verfaßte das erste Werk zur theoretischen Biologie (1932/1942), das sich, im Unterschied zu den Arbeiten von J. Reinke (Einleitung in die theoretische Biologie, Berlin 1901, [2]1911) und J. v. Uexküll (Theoretische Biologie, Berlin 1920, [2]1928), vorwiegend naturwissenschaftlich versteht; insbesondere deswegen, weil aus den theoretischen Grundlinien die Ansätze für die konkrete biologische Forschung gewonnen werden sollen. B. ist einer der ersten, der hierbei, zur Überwindung des Gegensatzes von ↑Mechanismus und ↑Vitalismus, eine ›organismische‹ (↑Organizismus) Auffassung vertritt, die unter anderem auf die Arbeiten von J. Needham und J.H. Woodger starken Einfluß ausübt. Konkret gewendet führt die organismische Auffassung B. zum Verständnis des ↑Organismus als eines ›offenen Systems‹ (ein Begriff, den B. etwa gleichzeitig mit A.C. Burton einführt), in dem ein ›Fließgleichgewicht‹ (von B. eingeführter Begriff) herrscht. Diese Ansätze baut B. zu einer ›Allgemeinen ↑Systemtheorie‹ aus, die starken Einfluß auf Untersuchungen unter anderem in Psychiatrie, Psychologie und Soziologie ausübte. – B.s experimentelle Arbeiten beziehen sich vor allem auf die quantitative Formulierung biologischer Vorgänge (insbesondere der morphologischen Entwicklung von Organismen). B. begründete das auf 14 Bände angelegte »Handbuch der Biologie« (1942ff.) und war Mitherausgeber der Zeitschrift »General Systems« (1956ff.).

Werke: Kritische Theorie der Formbildung, Berlin 1928 (engl. Modern Theories of Development. An Introduction to Theoretical Biology, London 1933, New York 1962); (ed.) Nikolaus von Kues, München 1928; Lebenswissenschaft und Bildung, Erfurt 1930; Theoretische Biologie, I–II, Berlin 1932/1942, Ann Arbor 1949, II, Bern [2]1951; Untersuchungen über die Gesetzlichkeit des Wachstums, I–X, 1934–1943, I, III, VI (mit M. Rella) in: Roux' Archiv 131 (1934), 613–652, 140 (1940), 81–89, 141 (1941), 99–110, II (Inquiries on Growth Laws) in: Human Biol. 10 (1938), 181–213, IV–V in: Biol. Generalis 15 (1941), 1–22, 295–311, VII, X (mit I. Müller) in: Biol. Zentralbl. 61 (1941), 510–532, 63 (1943), 446–453, VIII (mit I. Müller) in: Riv. biol. 35 (1943), 139–144; Das Gefüge des Lebens, Leipzig/Berlin 1937; Der Organismus als physikalisches System betrachtet, Naturwiss. 28 (1940), 521–531; Vom Molekül zur Organismenwelt. Grundfragen der modernen Biologie, Potsdam [2]1949; Das biologische Weltbild I (Die Stellung des Lebens in Natur und Wissenschaft), Bern 1949 (engl. Problems of Life. An Evaluation of Modern Biological Thought, London/New York 1952, New York 1960); An Outline of General System Theory, Brit. J. Philos. Sci. 1 (1950), 139–164; Auf den Pfaden des Lebens. Ein biologisches Skizzenbuch, Frankfurt/Wien 1951; Biophysik des Fließgleichgewichts. Einführung in die Physik offener Systeme und ihre Anwendung in der Biologie, Braunschweig 1953, (mit W. Beier/R. Laue) [2]1977; Quantitative Laws in Metabolism and Growth, Quart. Rev. Biol. 32 (1957), 217–231; Allgemeine Systemtheorie. Wege zu einer neuen Mathesis universalis, Dt. Universitätsz. 12 (1957), 8–12; Eine fluoreszenzmikroskopische Schnellmethode zur Diagnose des gynäkologischen Carcinoms, Klin. Wochenschr. 37 (1959), 469–471; Robots, Men and Minds. Psychology in the Modern World, New York 1967 (dt. ...aber vom Menschen wissen wir nichts, Düsseldorf/Wien 1970); Organismic Psychology and Systems Theory, Worcester Mass. 1968; General System Theory. Foundations, Development, Applications, New York 1968, London [2]1971, New York rev. ed. 1973; Perspectives on General System Theory. Scientific-Philosophical Studies, ed. E. Taschdjian, New York 1975.

Literatur: V.G. Afansiev, Über B.s ›organismische‹ Konzeption, Dt. Z. Philos. 10 (1962), 1033–1046; A. Bendmann, Die organismische Auffassung B.s, Dt. Z. Philos. 11 (1963), 216–222; ders., L. v. B.s organismische Auffassung des Lebens in ihren philosophischen Konsequenzen, Jena 1967; S. Brehme, Einige philosophische Aspekte der organismischen Auffassung L. v. B.s, Wiss. Z. der Ernst-

Moritz-Arndt-Univ. Greifswald, math.-naturwiss. Reihe 20 (1971), 183–190; R.C. Buck, On the Logic of General Behavior Systems Theory, in: H. Feigl/M. Scriven (eds.), The Foundations of Science and the Concepts of Psychology and Psychoanalysis, Minneapolis 1956, 223–238 (Minnes. Stud. Philos. Sci. I); J.D. Donaldson, L. v. B., 1901–1972, Amer. J. Psychiatry 130 (1973), 1292–1293; T.A. Goudge, L. v. B., Enc. Ph. I (1967), 306–307; W. Gray/N.D. Rizzo, Unity Through Diversity. A Festschrift for L. v. B., I–II, New York/London/Paris 1973 (mit Bibliographie); C.G. Hempel, General System Theory and the Unity of Science, Human Biol. 23 (1951), 313–327; H. Jonas, Comment on General System Theory, Human Biol. 23 (1951), 328–335; E. Laszlo (ed.), The Relevance of General Systems Theory. Papers Presented to L. v. B. on His Seventieth Birthday, New York 1972. G.W.

Bertrandsche Paradoxie, die bekannteste der zahlreichen, von dem französischen Mathematiker J.L.F. Bertrand (1822–1900) formulierten wahrscheinlichkeitstheoretischen Paradoxien (Calcul des probabilités, 1888). Die B.P. spielte eine bedeutende Rolle in Diskussionen, in denen es um die Ausdehnung der (ursprünglich für Zufallsexperimente mit endlich vielen möglichen Ergebnissen entwickelten) Begriffe der Wahrscheinlichkeitsrechnung auf unendliche Bereiche ging (↑Wahrscheinlichkeitstheorie). Insbesondere zeigt sie, daß sich die von der Annahme der Gleichwahrscheinlichkeit endlich vieler möglicher Versuchsergebnisse ausgehende Definition der klassischen ↑Wahrscheinlichkeit auf solche Bereiche nicht übertragen läßt.

Bertrand gibt ein Beispiel an, bei dem drei verschiedene Berechnungsverfahren der Wahrscheinlichkeit ein- und desselben Ereignisses zu verschiedenen Resultaten führen: Ein Zufallsexperiment bestehe darin, in einem Kreis von gegebenem Radius r ›auf gut Glück‹ eine Sehne zu ziehen. Gefragt wird nach der Wahrscheinlichkeit p dafür, daß die gezogene Sehne länger ist als die Seiten eines dem Kreis einbeschriebenen gleichseitigen Dreiecks. Dabei ist vorausgesetzt, daß die möglichen Ergebnisse dieses Zufallsexperiments gleichwahrscheinlich sind. Bertrand gibt drei Antworten:

(1) Aus Symmetriegründen genügt es, nur die durch einen Punkt A verlaufenden Sehnen zu betrachten, da kein Punkt auf dem Kreisumfang vor dem anderen ausgezeichnet sein soll (Abb. 1). Dann ist p gleich der Wahrscheinlichkeit, daß eine durch A verlaufende Sehne s in den Bereich des Winkels $\alpha = 60°$ fällt. Da der gesamte Winkelbereich, in den die Sehne fallen kann, 180° beträgt, folgt aus der Gleichwahrscheinlichkeitsannahme $p = \frac{60°}{180°} = \frac{1}{3}$.

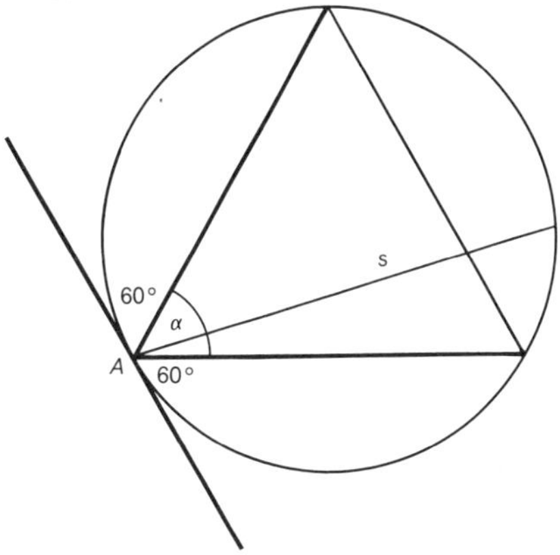

Abb. 1

(2) Aus Symmetriegründen genügt es, nur die in einer Richtung verlaufenden Sehnen zu betrachten, da keine Richtung vor der anderen ausgezeichnet sein soll. Dann ist p gleich der Wahrscheinlichkeit, daß eine in der betrachteten Richtung verlaufende Sehne s zwischen a und b liegt (Abb. 2). Da der Abstand zwischen a und b gleich r ist und der Durchmesser des Kreises $2r$ beträgt, folgt aus der Gleichwahrscheinlichkeitsannahme $p = \frac{r}{2r} = \frac{1}{2}$.

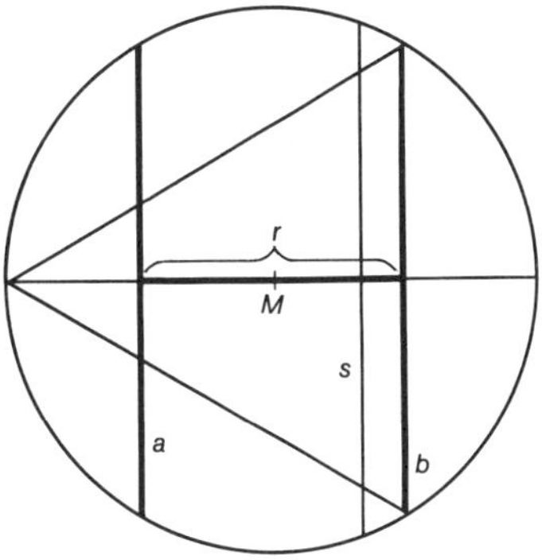

Abb. 2

(3) Man betrachtet die Mittelpunkte der gezogenen Sehnen. s ist genau dann länger als die Seiten des gleichseitigen Dreiecks, wenn der Mittelpunkt von s in den dem gleichseitigen Dreieck einbeschriebenen Inkreis mit Radius $\frac{r}{2}$ *fällt, dessen Fläche* $\frac{1}{4}$ der Fläche des Ausgangskreises beträgt. Aus der Gleichwahrscheinlichkeitsannahme folgert man also $p = \frac{1}{4}$.

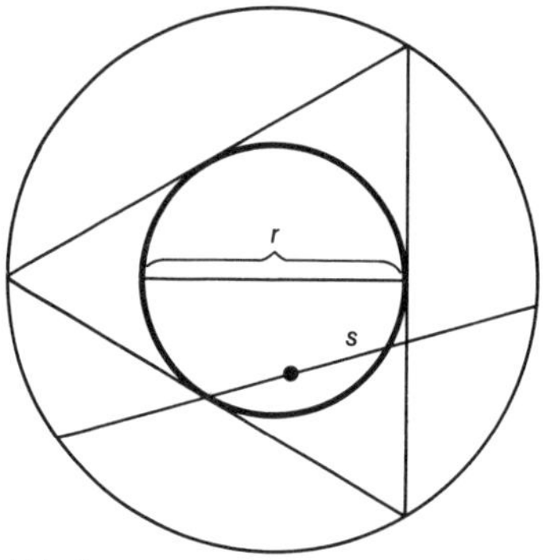

Abb. 3

Die Paradoxie löst sich auf durch eine Kritik der in allen drei Antworten benutzten zentralen Annahme der *Gleichwahrscheinlichkeit* der möglichen Ergebnisse eines Zufallsexperiments. Dieser Begriff verliert nämlich seinen Sinn, wenn man ihn von Zufallsexperimenten mit endlich vielen möglichen Ergebnissen auf solche mit unendlich vielen überträgt, da man nun Einzelergebnissen keine positive Wahrscheinlichkeit mehr zuordnen kann. Sinnvoll bleibt nur der Begriff der *Gleichverteilung*, der aber voraussetzt, daß die Ergebnisse von Zufallsexperimenten ›metrisiert‹ sind, d.h. durch reelle Zahlen repräsentiert werden. Gleichverteilt sind nicht Versuchsergebnisse, sondern reelle Zufallsvariable (↑Zufallsfunktion), die solchen Ergebnissen metrische Werte zuordnen. Gleichverteilungen sind also *relativ* zu der Zuordnung solcher Werte zu Versuchsergebnissen. Dementsprechend hängen auch Wahrscheinlichkeiten von Ereignissen, die man aus Gleichverteilungsannahmen ableiten will, von den betrachteten Zufallsvariablen ab. Da in allen drei obigen Antworten verschiedene Zufallsvariable vorliegen – in (1) hat man den zufällig gezogenen Sehnen Winkelgrade, in (2) Punkte auf dem Kreisdurchmesser und in (3) Punkte im Kreisinnern zugeordnet –, ergeben sich auch verschiedene Wahrscheinlichkeitswerte.

Literatur: J. L. F. Bertrand, Calcul des probabilités, Paris 1888, 1889, ^{2}1907 (repr. New York 1973), bes. 4–5; B.W. Gnedenko, Lehrbuch der Wahrscheinlichkeitsrechnung, ed. H.-J. Rossberg, Berlin (Ost) ^{5}1968 (repr. Thun/Frankfurt 1978), 29–31 (engl. The Theory of Probability, New York 1968, 47–48). P. S.

Beschreibung (lat. descriptio), zunächst mythologische Deutung der Tätigkeit eines göttlichen Weltschöpfers, der die Welt geordnet und beschrieben habe, in säkularisierter Form innerhalb der mittelalterlichen ↑Naturphilosophie der die Formenvielfalt hervorbringenden Kraft zugedachte Leistung, schließlich über eine Reihe historischer Definitionslehren, in denen *beschreibenden* Definitionen ↑*Wesens*definitionen gegenüberstehen, Begriff der Methodenlehre der modernen Naturwissenschaften.

I. Newton kritisiert die Verwendung hypothetischer Erklärungen (›hypotheses non fingo‹, Principia ^{2}1713, 484) und hebt die Rolle von Beobachtung und Experiment hervor (↑Experimentalphilosophie). Im 19. Jahrhundert schließt daran E. Kirchhoff an, der eine vollständige und einfache (↑Einfachheitskriterium) B. der in der Natur vor sich gehenden ↑Bewegungen fordert. Im Hintergrund steht dabei oft die Fiktion des ↑Laplaceschen Dämons, der die Vorstellung einer vollständigen Erklärung der Welt repräsentiert, die eine absolute Naturbeschreibung voraussetzt. Die Krise des damit verbundenen mechanistischen Gesamtkonzepts bedeutet in der Konsequenz auch die Aufgabe des Gedankens einer rein und ausschließlich beschreibenden Sprache der Physik. Zunächst macht jedoch W. Wundt die Devise der B. für jede Wissenschaft geltend. Bereits J.W. v. Goethe, später A. v. Humboldt und F.W.J. Schelling hatten die B. für morphologische Formen der Naturwissenschaften, z.B. der Anatomie, Geographie, Botanik und Geologie, betont. Demgegenüber konnten die Hypothesen des ↑Darwinismus (z.B. das Prinzip der Auslese) nach E. Du Bois-Reymond weder als mathematisch-physikalische Gesetze noch als morphologische B.en interpretiert werden. E. Mach fordert im Anschluß an Kirchhoff eine phänomenologische Physik, die sich auf die B. der gegebenen Tatsachen im Bereich der Wahrnehmung zu beschränken habe. Dagegen hebt L. Boltzmann die Fruchtbarkeit von Hypothesen (z.B. Atomistik), die nicht durch unmittelbare Wahrnehmung belegt sind, für den physikalischen Forschungsprozeß hervor. In Weiterführung der Position E. Machs unterscheidet der ↑Wiener Kreis zwischen B.en, die als ↑Protokollsätze oder generelle hypothetische Sätze gefaßt sind, und ↑Erklärungen, die in Form von bedingten Sätzen die Ableitung von Sätzen (z.B. Vorhersagen) aus Sätzen über Versuchsbedingungen erlauben. L. Wittgenstein radikalisiert die B.sdevise durch die Forderung: »Alle Erklärung muß fort, und nur B. an ihre Stelle treten« (Philos. Unters. I, §109). In der Philosophie tritt die B. als Methode sowohl in der Theorie der Geisteswissenschaften nach W. Dilthey als auch in der ↑Phänomenologie E. Husserls auf, der die B. im Unterschied zur deduktiven Methode z.B. der Mathematik am Prinzip der Gestalt und des Wesens orientiert.

Literatur: E. Cassirer, Das Erkenntnisproblem in der Philosophie und Wissenschaft der neueren Zeit, I–II, Berlin [3]1922, III, Berlin [2]1923 (repr. Hildesheim 1971); F. Fellmann, Wissenschaft als B., Arch. Begriffsgesch. 18 (1974), 227–261; E. Husserl, Das Unzureichende der positiven Wissenschaften und die Erste Philosophie, in: ders., Erste Philosophie (1923/24) II (Theorie der phänomenologischen Reduktion), ed. R. Boehm, Den Haag 1959 (Husserliana VIII), 229–250; F. Kaulbach, Philosophie der B., Köln/Graz 1968; H. Lübbe, Positivismus und Phänomenologie (Mach und Husserl), in: H. Höfling (ed.), Beiträge zu Philosophie und Wissenschaft. Wilhelm Szilasi zum 70. Geburtstag, München 1960, 161–184; E. Mach, Populär-wissenschaftliche Vorlesungen, Leipzig 1896, [2]1897, [3]1903, [4]1910, [5]1923; F.D. Newman, Explanation by Description. An Essay in Historical Methodology, The Hague/Paris 1968; H.M. Nobis/F. Kaulbach, B., Hist. Wb. Ph. I (1971), 838–846; M. Schlick, Grundzüge der Naturphilosophie, ed. W. Hollitscher/J. Rauscher, Wien 1948. P.J./K.M.

Beseitigungsregeln (engl. elimination rules), ↑Kalkül des natürlichen Schließens.

Besonderheit, von G.W.F. Hegel gleichbedeutend mit Individuiertheit verwendeter Terminus, bezeichnet die mittlere Stufe im dialektischen Entwicklungsgang von der ↑›Allgemeinheit‹ zur ↑›Einzelheit‹ und ist auf den jeweiligen Stufen des ›Systems der Philosophie‹ näher bestimmt. So steht die Kategorie der B. unter Bezug auf das Gesamtsystem etwa für die Stufe der ›Natur‹, die als ›Idee in der B.‹ (Enc. phil. Wiss. II, Sämtl. Werke IX, 50) definiert wird, während die ›Logik‹ der Kategorie der ›Allgemeinheit‹ und der ›Geist‹ der Kategorie der ›Einzelheit‹ supponiert wird. In der ›Philosophie des objektiven Geistes‹ dagegen steht die B. rechtsphilosophisch für das sich selbst ausschließlich zum Zwecke habende egoistische Subjekt der ›bürgerlichen Gesellschaft‹ und ist geradezu deren eines Prinzip (Rechtsphilos., Sämtl. Werke VII, 262); geschichtsphilosophisch ist sie das ›Ausschweifende und Maßlose‹, das bereits in die ›griechische Sittlichkeit‹ eingebrochen ist und im Christentum ›innerliche‹, in der römischen Welt ›äußerliche‹ Gestaltung erfährt (ebd., 265f.). Die B. ist gleichbedeutend mit der Stufe begriffsloser Zerfallenheit und Beziehungslosigkeit und von der ›Einzelheit‹ zu unterscheiden, die je verwirklichte ›Einheit von Allgemeinheit und B.‹ und in höchster Vollendung ›Idee‹ oder emphatische Wirklichkeit ist. Die B. wird einerseits in ihrer zwiespältigen Stellung zwischen ›Allgemeinheit‹ und ›Einzelheit‹, andererseits als Totalität selbst ›Allgemeinheit‹ und ›Einheit‹ darstellende B. zum Gegenstand der dialektisch-logischen Begriffsanalyse (Logik II, Sämtl. Werke V, 34–65). S.B.

Besonnenheit (griech. σωφροσύνη, lat. temperantia), neben ↑Gerechtigkeit, Klugheit (↑Phronesis) und Tatkraft (oder, heute mißverständlich, ↑Tapferkeit) eine der vier klassischen Kardinaltugenden (↑Tugend). – Die Griechen verstanden die B. zunächst allgemein als Beherrschung und Selbstbeschränkung des Menschen gegenüber seinen Mitmenschen und den Göttern, in Abhebung etwa von der Hybris. In der Sokratisch-Platonischen Tradition gilt als B. dann ein Zustand der Seele, in dem die Vernunft Herr der Begierden ist (Platon, Charm., Gorg. 507a ff., Pol. 430d ff.). Aristoteles unterscheidet im Rahmen dieses Verständnisses weiter die B. als einen Zustand, in dem Vernunft und Bedürfnisse im Einklang sind, von der bloßen Beherrschtheit (ἐγκράτεια), in der das faktische Begehren lediglich unterdrückt wird (Eth. Nic. Γ13–15, H3.1146a9ff., H11.1151b32ff.). Die Tugendlehren der Scholastik und der Schulphilosophie benutzen die Termini ›temperantia‹ und ›Mäßigkeit‹ und schließen sich weitgehend den antiken Bestimmungen an. Zuletzt haben P. Lorenzen und O. Schwemmer vorgeschlagen, B. definitionsgemäß demjenigen zuzuschreiben, der sich nicht durch seine Empfindungen an vernünftiger Beratung und Überlegung hindern läßt. Gut Aristotelisch begründet ist dagegen der allgemeinere Vorschlag, denjenigen besonnen zu nennen, dessen Begehrungen Teil eines vernünftigen Handelns (und damit Überlegens) sind und deshalb zu diesem gar nicht in einen Gegensatz geraten können.

Eine andere, nämlich *anthropologische* Wortgebrauchstradition hat J.G. Herder eingeleitet. Herder nennt B. die dem Menschen naturgegeben eigentümliche Verfassung, mit der er sich festgelegter und unmittelbarer Reaktionen auf die Umwelt enthalten und aus ihr deswegen redend und denkend heraustreten kann. An Herder knüpft A. Gehlen an.

Literatur: J.G. Herder, Abhandlung über den Ursprung der Sprache (1772, [2]1789), in: ders., Sprachphilosophische Schriften, ed. E. Heintel, Hamburg [2]1964, 3–87; A. Gehlen, Der Mensch. Seine Natur und seine Stellung in der Welt, Frankfurt [7]1962; R. Bubner/W. Langenbach/E. Heintel, B., Hist. Wb. Ph. I (1971), 848–850; P. Lorenzen/O. Schwemmer, Konstruktive Logik, Ethik und Wissenschaftstheorie, Mannheim [2]1975, 180f.; H. North, Sophrosyne, Selfknowledge and Self-Restraint in Greek Literature, Ithaca N.Y. 1966 (Cornell Stud. in Class. Phil. 35); T.G. Tuckey, Plato's Charmides, Cambridge 1951; G. de Vries, Sophrosyne en grec classique, Mnemosyne 11 (1943), 81–101; B. Witte, Die Wissenschaft vom Guten und Bösen. Interpretationen zu Platons Charmides, Berlin 1970. F.K.

Bestätigung, wissenschaftstheoretischer Grundbegriff, der sowohl als deduktiver B.sbegriff bei K. R. Popper (↑Bewährung, engl. corroboration) als auch als induktiver B.sbegriff bei C. G. Hempel und R. Carnap (engl. confirmation) auftritt.

Eine wissenschaftliche Hypothese H ist im allgemeinen nicht durch Beobachtungsergebnisse ↑verifizierbar, da sie sich in der Regel auf (potentiell) unendlich viele Beobachtungsdaten bezieht, jedoch (zu einem gegebenen Zeitpunkt) immer nur endlich viele Beobachtungsdaten zur Verfügung stehen. Nach Hempel bestätigt ein Beobachtungsbericht, d.h. eine endliche Menge B von Beobachtungssätzen die Hypothese H genau dann, wenn aus B logisch folgt, daß H in dem endlichen Bereich der bisher beobachteten bzw. in B erwähnten Objekte erfüllt ist. Die Hypothese H muß also nach Hempel vom Beobachtungsbericht B partiell (für die in B erwähnten Beispiele) impliziert bzw. durch enumerative Induktion (d.h. durch Aufzählen der in B erwähnten Beispiele) bestätigt werden. Sei nun B der Beobachtungsbericht $\{F(a_1),..., F(a_n)\}$ für Objekte $a_1, \ldots, a_n$, $F(a_{n+1})$ eine Beobachtung für ein weiteres Objekt a_{n+1}, H die Hypothese $\bigwedge_x F(x)$ und H' der Satz $\bigwedge_x (F(x) \wedge F(a_{n+1}))$. Dann bestätigt B zwar H, aber nicht H', da $F(a_1) \wedge \ldots \wedge F(a_n) \wedge F(a_{n+1})$ logisch nicht aus B folgt. Da aber H und H' logisch äquivalent sind, könnten nach diesem Ansatz logisch äquivalente Hypothesen durch denselben Beobachtungsbefund einmal bestätigt und einmal nicht bestätigt werden. Hempels später vorgetragene Änderungen des B.sbegriffs erweisen sich als intuitiv wenig durchsichtig. Darüber hinaus beschränken sie sich auf Hypothesen, die ausschließlich Beobachtungsprädikate enthalten, und sind daher nur von begrenzter Anwendung in den Naturwissenschaften. Weiterhin ist der Hempelsche Ansatz nicht auf prädikatenlogische Sprachen mit Identität übertragbar. Denn dann würden z.B. die Meßwertergebnisse (0,0) und (1,1) für physikalische Größen x und y sowohl die Hypothese $\bigwedge_x \bigwedge_y y = x$ als auch $\bigwedge_x \bigwedge_y y = x^2$ bestätigen.

Außerdem bleibt der intuitive Aspekt des B.sbegriffs, wonach durch die Beobachtungsbestätigung einer Hypothese deren Wahrscheinlichkeit erhöht wird, bei Hempel unberücksichtigt. Diesen Aspekt versuchte Carnap durch die Anwendung von ↑Bestätigungsfunktionen $c(H, W)$ zu präzisieren, die den Grad der Wahrscheinlichkeit für Hypothesen H auf Grund eines (Erfahrungs-)Wissens W angeben. Danach wird die Hypothese H durch die Beobachtungen B (hier aufgefaßt als endliche Konjunktion von Beobachtungssätzen) bei vorausgesetztem Wissen W bestätigt, falls für den Wahrscheinlichkeitsgrad gilt: $c(H, B \wedge W) > c(H, W)$. Wählt man für W eine ↑Tautologie T, so wird H durch B bestätigt, falls $c(H, B) > c(H, T)$. Der Carnapsche Ansatz ist jedoch nicht ohne weiteres auf All- und Existenzaussagen übertragbar und daher für die Anwendung auf naturwissenschaftliche Theorien nur von beschränkter Bedeutung.

Literatur: R. Carnap, Logical Foundations of Probability, Chicago [2]1962; ders./W. Stegmüller, Induktive Logik und Wahrscheinlichkeit, Wien 1959; W. K. Essler, Induktive Logik. Grundlagen und Voraussetzungen, Freiburg 1970; C. G. Hempel, A Purely Syntactical Definition of Confirmation, J. Symb. Log. 8 (1943), 122–143; ders., Studies in the Logic of Confirmation, Mind 54 (1945), 1–26, 97–121 (wiederabgedruckt in: ders., Aspects of Scientific Explanation and Other Essays in the Philosophy of Science, New York/London 1965, 1–51; F. v. Kutschera, Zur Problematik der naturwissenschaftlichen Verwendung des subjektiven Wahrscheinlichkeitsbegriffs, Synthese 20 (1969), 84–103; ders., Wissenschaftstheorie. Grundzüge der allgemeinen Methodologie der empirischen Wissenschaften, I–II, München 1972; W. Lenzen, Theorien der B. wissenschaftlicher Hypothesen, Stuttgart-Bad Cannstatt 1974; G. Schlesinger, Confirmation and Confirmability, Oxford 1974; R. Swinburne, An Introduction to Confirmation Theory, London 1973. K. M.

Bestätigungsfunktion (engl. confirmation function), auch: c-Funktion, Grundbegriff in Theorien der ↑Wahrscheinlichkeit und der (quantitativen) induktiven Logik (↑Logik, induktive), die an R. Carnap anschließen.

In der induktiven Logik gibt die B. den Grad der Wahrscheinlichkeit an, den eine Hypothese H auf Grund eines Wissens E besitzt: $c(H, E) = r$; r bedeutet dabei eine reelle Zahl aus dem Intervall [0,1]. Die Theorie der B. läßt sich sowohl objektsprachlich, d.h. mit ↑Propositionen als Argumenten von c, als auch metasprachlich mit schematischen Satzbuchstaben (↑Variable, schematische) aufbauen. In jedem Fall drückt die B. aber eine *logische* Beziehung zwischen H und E aus, nämlich die Wahrscheinlichkeit, mit der H aus E folgt. Dabei liegt im Grenzfall $c = 0$ die logische Unverträglichkeit von H mit E und im Grenzfall $c = 1$ die logische Folgerbarkeit von H aus E vor. Wie c im Einzelfall expliziert wird, hängt von der jeweils verwendeten Explikation des induktiven Schließens (↑Schluß, induktiver) ab. Für den Aufbau der induktiven Logik und Wahrscheinlichkeit wird von der B. ihre Regularität verlangt. D.h., c-Funktionen müssen die folgenden Bedingungen erfüllen:

(1) Für jede ↑Zustandsbeschreibung Z einer Sprache L muß die Wahrscheinlichkeit von Z bei ›empirisch leeren‹ Prämissen (Apriori-Wahrscheinlichkeit), die durch einen logisch wahren Satz (↑Tautologie) T vertreten werden sollen, größer als Null sein: $c(Z, T) > 0$.

(2) Die Apriori-Wahrscheinlichkeit sämtlicher Zustandsbeschreibungen Z soll aus leeren Prämissen logisch folgen:

$$\sum_Z c(Z, T) = 1.$$

c-Funktionen, die (1) und (2) erfüllen, heißen ›*reguläre Maße von* Z‹.

(3) c ist die Summe der regulären Maße derjenigen Zustandsbeschreibungen Z_D, bei denen ein Satz D gilt, mit deren Adjunktion D also logisch äquivalent ist. Die Prämissen sollen wieder leer sein:

$$c(D,T) = \sum_{Z_D} c(Z_D, T).$$

c heißt dann ›reguläres Maß‹ (von L).

(4) Ein reguläres Maß c heißt B., wenn auf Grund eines ↑erfüllbaren Satzes E die Wahrscheinlichkeit von H gleich dem Quotienten der Apriori-Wahrscheinlichkeiten von $H \wedge E$ und E ist:

$$c(H, E) = \frac{c(H \wedge E, T)}{c(E, T)}.$$

Für unendliche Sprachen L sind Modifikationen der B. erforderlich. Ebenso in (mathematischen) Wahrscheinlichkeitstheorien. Hier ergibt sich im allgemeinen aber kein prinzipieller Unterschied zur B. in der induktiven Logik.

In der Wissenschaftstheorie wurde, nachdem erkannt war, daß Theorien grundsätzlich nicht verifizierbar sind, die B. als Gradmesser der empirischen ↑Bestätigung einer Theorie vorgeschlagen (z.B. von H. Reichenbach). Dieser Vorschlag wurde von K. R. Popper insbesondere mit dem Argument kritisiert, daß der Betätigungsgrad (Popper zieht den Terminus ›Grad der ↑Bewährung‹, engl. ›degree of corroboration‹, vor) einer Theorie in erster Linie vom Grad ihrer Prüfbarkeit abhängt, der insbesondere ihre Falsifizierbarkeit (↑Falsifikation) ausdrückt.

Literatur: R. Carnap, Logical Foundations of Probability, Chicago 1950, [2]1962; R. Carnap/W. Stegmüller, Induktive Logik und Wahrscheinlichkeit, Wien 1959; W.K. Essler, Induktive Logik. Grundlagen und Voraussetzungen, Freiburg/München 1970; ders., Wissenschaftstheorie III (Wahrscheinlichkeit und Induktion), Freiburg/München 1973; K.R. Popper, Logik der Forschung, Tübingen [6]1976. G.W.

Bestimmtheit, in einem weiteren Sinne von G.W.F. Hegel gleichbedeutend mit ↑›Besonderheit‹ und als ›absolute Besonderheit‹ gleichbedeutend mit ›Einzelnheit‹ verwendeter Terminus (Logik II, Sämtl. Werke V, 40). Der selbstunterscheidende ›Begriff‹ ist in der ›ersten Negation‹ dessen ›Verendlichung‹ (42) und distinktes Außersichsein. Hegel denkt hierbei an das Verhältnis von ↑Gattung und ↑Art. Die seienden Besonderungen des Begriffs haben dessen Allgemeinheit als ihr Wesen (46), jedoch in einer ›abstrakten‹, d.h. von ihnen selbst nicht als solche ›gesetzten‹ Weise. In dieser Form ist die B. für sich genommen ›begriffslos‹ (47). Die ›Einzelnheit‹ ist »sich auf sich beziehende B., das *bestimmte Bestimmte*« (60), von der Besonderheit selbst gesetzte Allgemeinheit. – In einem engeren Sinne ist B. von Hegel in der ›objektiven Logik‹ gleichbedeutend mit ›Qualität‹ (Logik I, Sämtl. Werke IV, 87ff.). Im Unterschied zur ›Lehre vom Begriff‹ liegt der B. nicht ein ›Allgemeines‹, sondern das ›Sein‹ als ›unbestimmtes Unmittelbares‹ zugrunde (87; V, 46). Die B. ist nicht dessen Selbstunterscheidung, sondern ein bloßes ›Übergehen‹. Als ›einfache Einheit‹ von ›Realität und Negation‹ ist sie zunächst ›Dasein‹ in seinen Entwicklungen und als dessen Reflexion in sich ›Fürsichsein‹ (↑an und für sich). S.B.

Bestimmtheitsaxiom, ursprüngliche Bezeichnung für dasjenige unter den Zermelo-Fraenkelschen Axiomen der Mengenlehre (↑Zermelo-Fraenkelsches Axiomensystem), welches ausdrückt, daß eine Menge durch ihre Elemente vollständig bestimmt sein soll:

$$\bigwedge_x ((x \in M \leftrightarrow x \in N) \rightarrow M = N).$$

In der neueren Literatur überwiegt für dieses Axiom der Name ↑›Extensionalitätsaxiom‹.

Literatur: A. A. Fraenkel, Einleitung in die Mengenlehre, Berlin 1919, [3]1928 (repr. Walluf b. Wiesbaden 1972); A. Robinson, On the Independence of the Axioms of Definiteness (Axiome der Bestimmtheit), J. Symb. Log. 4 (1939), 69–72; E. Zermelo, Untersuchungen über die Grundlagen der Mengenlehre I, Math. Ann. 65 (1908), 261–281. C.T.

Beth, Evert Willem, *Almelo (Holland) 7. Juli 1908, †Amsterdam 12. April 1964, holländischer

Logiker und Philosoph. Studium der Philosophie, Mathematik und Physik in Utrecht, danach Lehrer 1935–1945; von 1946 an Prof. für Logik an der Universität Amsterdam, von 1952 bis zu seinem Tode Direktor des Instituts voor Grondslagenonderzoek en Filosofie der exakte Wetenschappen ebendort. Einflußreiche Forschungstätigkeit zu den Grundlagen der Mathematik sowohl in systematischer als auch in historischer Perspektive, dabei speziell Konzentration auf den ↑Intuitionismus; Fortentwicklung der Beiträge von A. Padoa zur Definitionstheorie, Einführung der semantischen Tafeln (↑Tableau, logisches, ↑Beth-Semantik) als syntaktischen Verfahrens zur Behandlung semantischer Probleme von Logikkalkülen (z.B. zur Darstellung der klassischen Allgemeingültigkeit von Aussageschemata).

Hauptwerke: De wijsbegeerte der wiskunde van Parmenides tot Bolzano (Die Philosophie der Mathematik von P. bis B.), Antwerpen/Nijmwegen 1944; Les fondements logiques des mathématiques, Paris/Louvain 1950, ²1955; Semantic Entailment and Formal Derivability, Mededelingen der Kon. Nederl. Akad. Wetensch., Afd. Letterkunde, Nieuwe Reeks 18 No. 13 (Amsterdam 1955, ²1961), 309–342; Semantic Construction of Intuitionistic Logic, ebd. 19 No. 11 (Amsterdam 1956), 357-388; La crise de la raison et la logique, Paris/Louvain 1957; The Foundations of Mathematics. A Study in the Philosophy of Science, Amsterdam 1959, ²1965 (repr. New York 1966); Formal Methods. An Introduction to Symbolic Logic and to the Study of Effective Operations in Arithmetic and Logic, Dordrecht 1962; Epistémologie, mathématique et psychologie. Essai sur les relations entre la logique formelle et la pensée réelle, Paris 1961 (mit J. Piaget); Mathematical Thought, Dordrecht 1965; Moderne Logika, Assen 1966. – J.F. Staal, Bibliography of E.W.B., Dialectica 19 (1965), 166–179, Neudr. in: Synthèse 16 (1966), 90–106.

Literatur: J.-L. Destouches (ed.), E.W.B., Memorial Colloquium. Logic and Foundations of Science. Paris Institut Henri Poincaré, 19–21 May 1964, Dordrecht 1967; J.J.F. Nieland, B.'s Tableau-Method, Synthèse 16 (1966), 7-26. K.L.

Beth-Kriterium, ↑definierbar/Definierbarkeit.

Beth-Semantik, von E.W. Beth angegebene semantische Deutung der intuitionistischen Logik (↑Logik, intuitionistische) im Rahmen einer erweiterten modelltheoretischen Semantik (↑Modelltheorie). Beth benutzte sie insbesondere zur Interpretation der von ihm für die intuitionistische Logik angegebenen Tableaumethode (↑Tableau, logisches). Bezüglich der B.-S. gilt der ↑Vollständigkeitssatz: Eine Formel *A* ist im Kalkül der intuitionistischen Quantorenlogik ableitbar genau dann, wenn sie in jedem Beth-Modell gültig ist. Von ihrer Struktur her sind Beth-Modelle mit den Kripke-Modellen der intuitionistischen Logik (↑Kripke-Semantik) verwandt, insofern beide auf eine Menge Bezug nehmen, deren Elemente man oft suggestiv als ›mögliche Welten‹ (↑Welt, mögliche) bezeichnet. Die B.-S. benutzt ebenso wie die Kripke-Semantik metasprachlich die klassische Logik. Deshalb ist es fraglich, ob sich aus ihr außer einer strukturellen *Charakterisierung* der intuitionistischen Logik auch Argumente zu deren *Begründung* gewinnen lassen.

Literatur: E.W. Beth, Semantic Entailment and Formal Derivability, Mededelingen der Kon. Nederl. Akad. Wetensch., Afd. Letterkunde, Nieuwe Reeks 18, No. 13 (1955, ²1961), 309–342; ders., Semantic Construction of Intuitionistic Logic, a.a.O., Teil 19, Nr. 11 (1956), 357–388; ders., The Foundations of Mathematics. A Study in the Philosophy of Science, Amsterdam 1959, ²1965 (repr. New York 1966), bes. §145; M.A.E. Dummett (with the assistance of R. Minio), Elements of Intuitionism, Oxford 1977; S.A. Kripke, Semantical Analysis of Intuitionistic Logic I, in: J.N. Crossley/M.A.E. Dummett (eds.), Formal Systems and Recursive Functions, Proc. 8. Logic Coll. (Oxford 1963), Amsterdam 1965, 92–130; K. Schütte, Vollständige Systeme modaler und intuitionistischer Logik, Berlin/Heidelberg/New York 1968. P.S.

Betti, Emilio, *Camerino (Maccerata) 20. Aug. 1890, ital. Jurist und Philosoph, Bruder des Dichters Ugo Betti. Prof. für römisches Recht an den Universitäten Maccerata, Messina, Parma, Florenz, Mailand, seit 1948 Rom, Gründer des »Instituto di teoria delle interpretazione riconosciuto« an der Universität Rom (1955). In seiner an der hermeneutischen Philosophie orientierten »Allgemeinen Auslegungslehre als Methodik der Geisteswissenschaften« (1955, dt. 1967) entwickelt B. die verschiedenen Topoi der ›Stellung des interpretierenden Geistes gegenüber dem zu interpretierenden Objekt‹. Dieser Versuch will die Einheit von Hermeneutik (die als Theorie des geschichtlichen ↑Verstehens eine Methodologie der ↑Geisteswissenschaften entwickelt) und Wissenschaft in ihrer Entwicklung und historischen Relevanz herstellen. B. entfaltet verschiedene Modelle der Auslegung: der historischen, technischen, künstlerischen und juristischen Auslegung, der Übersetzung, der theologischen und psychologischen Auslegung.

Werke: Ergänzende Rechtsfortbildung als Aufgabe der richterlichen Gesetzesauslegung, in: Festschrift für Leo Raape zu seinem 70. Geburtstag, Hamburg 1948, 379–399; Jurisprudenz und Rechtsgeschichte vor dem Problem der Auslegung, Arch. Rechts- u. Sozialphilos. 40 (1952/1953), 354–374; Probleme der Übersetzung und der nachbildenden Auslegung, Dt. Vierteljahresschr. f. Lit.wiss. u. Geistesgesch. 27 (1953), 489–508; Zur Grundlegung einer allgemeinen Auslegungslehre. Ein hermeneutisches Manifest, in: Festschrift für Ernst Rabel II, Tübingen 1954, 79–168; Teoria generale della interpretazione, I–II, Milano 1955 (dt. Allgemeine Auslegungslehre als Methodik der Geisteswissenschaften, Tübingen 1967); Das Problem der Kontinuität im Lichte der rechtshistorischen Auslegung, Wiesbaden 1957; Moderne dogmatische Begriffsbildung in der Rechts- und Kulturgeschichte, Stud. Gen. 12 (1959), 87–96; Die Hermeneutik als allgemeine Methodik der Geisteswissenschaften, Tübingen 1962, [2]1972.

Literatur: J. Vandenbulcke, B.-Gadamer: een hermeneutische kontroverse, Tijdschr. Filos. 32 (1970), 105–113; Studi in onore di E.B., Milano 1962. A.G.-S.

Beurteilungsprädikate, ↑Reflexionsbegriffe.

Bewährung (engl. corroboration), Grundbegriff in Theorien deduktiver ↑Bestätigung und der ↑Wissenschaftsgeschichte, die an K.R. Popper anschließen. Eine allgemeine Gesetzeshypothese oder Theorie T bewährt sich nach Popper relativ zu bestimmten ↑Anfangs- oder Nebenbedingungen A so lange, als aus T und A ↑Prognosen von Ereignissen E abgeleitet werden können, die strengen Nachprüfungen standhalten. Über den Grad der B. entscheidet daher nicht vornehmlich die Anzahl der bewährenden Fälle E, sondern die Strenge der Prüfungen von T, die vom Prüfbarkeits- bzw. Falsifikationsgrad (↑Falsifikation) von T abhängt. Dabei heißt T_1 besser prüfbar bzw. in höherem Grade falsifizierbar als T_2, wenn die Klasse der Falsifikationsmöglichkeiten von T_1, d.h. die Klasse der durch T_1 verbotenen Basissätze (nach Popper singuläre ↑Existenzaussagen der Art »An der Raum-Zeit-Stelle x ereignet sich der und der Vorgang«), die Klasse der Falsifikationsmöglichkeiten von T_2 als echte Teilklasse enthält. Bei Gleichgewicht der Falsifikationsmöglichkeiten haben T_1 und T_2 gleichen Prüfbarkeitsgrad. Enthält keine Klasse der Falsifikationsmöglichkeiten die andere als Teilklasse, so heißen T_1 und T_2 bezüglich ihrer Prüfbarkeitsgrade unvergleichbar. Ordnet man der Tautologie mit einer leeren Klasse von Falsifikationsmöglichkeiten die Zahl 0 und der Kontradiktion mit der Klasse aller logisch möglichen Basissätze als Falsifikationsmöglichkeiten die Zahl 1 zu, so lassen sich die Prüfbarkeitsgrade $Pr(T)$ von T im Intervall $0 \leq Pr(T) \leq 1$ angeben. Da eine Tautologie nicht falsifizierbar ist und wegen ihrer logischen Form mit Sicherheit gilt, gilt ein in geringerem Grade falsifizierbares bzw. weniger gut prüfbares T auf Grund seiner logischen Form mit größerer Wahrscheinlichkeit. Daher bewährt sich T nach Popper um so stärker, je logisch unwahrscheinlicher und je besser prüfbar T ist. Poppers Konzept der logischen Wahrscheinlichkeit läßt allerdings nur grobe Abschätzungen der B. zu, wobei viele Hypothesen bzw. Theorien unvergleichbar sind.

Eine Präzisierung mit dem numerischen Wahrscheinlichkeitsbegriff sieht für den B.sgrad von T durch E relativ zu Nebenbedingungen A eine Funktion $C(T, A, E)$ vor, deren Werte um so größer sind, je unwahrscheinlicher das aus T und A vorhergesagte Ereignis E eingeschätzt wurde und je strenger damit die Prüfung von T ausfallen mußte (im Unterschied dazu ↑Bestätigungsfunktion). Popper zeigt allerdings an mehreren Beispielen, daß durch seine numerischen Definitionsvorschläge die Forderung der strengen Nachprüfbarkeit nur teilweise erfaßt werden konnte. Damit werden aber auch syntaktisch-semantische Präzisierungen der B. nur partiell realisierbar. Verzichtet man nämlich auf die inhaltliche Forderung, wonach T strengen und damit ernst zu nehmenden Nachprüfungen standhalten soll, so lassen sich die sogenannten Paradoxa der deduktiven Bestätigung nicht vermeiden. Danach werden z.B. Hypothesen der Art ›alle Raben sind schwarz‹ ($\bigwedge_x(R(x) \rightarrow S(x))$) nicht nur durch Beobachtung von schwarzen Raben $x_0 (R(x_0) \wedge S(x_0))$ bestätigt, sondern auch durch nicht-schwarze nicht-Raben x_1 $(\neg R(x_1) \wedge \neg S(x_1))$, also z.B. weiße Mäuse, da $\neg R(x_1) \wedge \neg S(x_1)$ die mit $\bigwedge_x(R(x) \rightarrow S(x))$ logisch äquivalente Hypothese $\bigwedge_x(\neg S(x) \rightarrow \neg R(x))$ bestätigt. Zur Vermeidung solcher Paradoxa muß offenbar auf ein situationsabhängiges Hintergrundwissen (J. Watkins: ›background knowledge‹) zurückgegriffen werden, womit der Begriff der B. pragmatisch relativiert wird.

Für die ↑Wissenschaftsgeschichte erweist sich der Poppersche B.sbegriff als zu eng, wie besonders I. Lakatos durch Fallanalysen zeigen konnte. Danach kann nämlich eine zunächst als Falsifikation einer Theorie T eingestufte Beobachtung durch Einführung von Hilfshypothesen zusammen mit späteren Beobachtungen zu einer erneuten Bestätigung von T führen. Ob sich also eine Theorie T bewährt, kann nur nach ihrer historischen Theorieentwicklung (z.B. klassische Mechanik im 18. und 19. Jahrhundert) entschieden werden und hängt von der heuristischen Fähigkeit ab, Widerlegungen des Theoriekerns (z.B. der Newtonschen Axiome) durch Einführung neuer Hilfshypothesen zu vermeiden. Demgegenüber hat T.S. Kuhn die B. eines wissenschaftlichen ↑Paradigmas von sozialpsychologischen Kriterien (z.B. dem Überzeugungsgrad einer Wissenschaftlergruppe von den paradigmatischen Grundannahmen) abhängig gemacht. Rekonstruktionsversuche dieser Konzepte sind noch nicht abgeschlossen.

Literatur: I. Lakatos/A. Musgrave (eds.), Criticism and the Growth of Knowledge, London 1970 (dt. Kritik und Erkenntnisfortschritt, Braunschweig 1974); H. Lenk, Neue Aspekte der Wissenschaftstheorie, Braunschweig 1974; W. Lenzen, Theorien der Bestätigung wissenschaftlicher Hypothesen, Stuttgart-Bad Cannstatt 1974; K.R. Popper, Logik der Forschung, Wien 1934, Tübingen [6]1976; W. Stegmüller, Probleme und Resultate der Wissenschaftstheorie und Analytischen Philosophie I (Wissenschaftliche Erklärung und Begründung), Berlin/Heidelberg/New York 1969, Kap. X,6 II/2 (Theorienstrukturen und Theoriendynamik), Berlin/Heidelberg/New York 1973; J.W.N. Watkins, Confirmation, the Paradoxes, and Positivism, in: M. Bunge (ed.), The Critical Approach to Science and Philosophy, London 1964, 92–115. K.M.

Beweger, unbewegter (bzw. das Erste Unbewegte Bewegende, *τὸ πρῶτον κινοῦν ἀκίνητον*), ein von Aristoteles (Met. Λ, Phys. Θ) postulierter, die Einheit der in ihrer Vielfalt phänomenologisch nicht erfaßbaren Welt garantierender Gott. Da Zeit und Bewegung (nämlich der Umlauf der Gestirne) ewig sind und da es zu logischen Widersprüchen führe, einen Anfang aller Bewegung anzunehmen (der Anfang jeder Einzelbewegung geschieht in einem ›Jetzt‹, welches als Grenze nicht nur Anfang, sondern immer auch Ende einer Dauer ist), sieht sich Aristoteles gezwungen, einen nicht im zeitlichen, sondern im methodologischen Sinne ›ersten‹, d.h. u.n B. anzunehmen. Diesem wird nicht die Aufgabe zugeschrieben, ›irgendeinmal die Gestirne in Bewegung versetzt zu haben‹, er ist vielmehr als begriffliche Konstruktion zu verstehen, die sich aus der Unterscheidung von Bewegtem und Bewegendem bei jeder Bewegung, insbesondere der Selbstbewegung, ergibt.

Literatur: I. Düring, Aristoteles. Darstellung und Interpretation seines Denkens, Heidelberg 1966, 209ff., 299ff.; W.K.C. Guthrie, The Development of Aristotle's Theology, Class. Quart. 27 (1933), 162–171; W. Wieland, Die aristotelische Physik. Untersuchungen über die Grundlegung der Naturwissenschaft und die sprachlichen Bedingungen der Prinzipienforschung bei Aristoteles, Göttingen [2]1970. P.J.

Bewegung, grundlegender Begriff der Naturphilosophie, Physik und Mathematik. Nach Parmenides, der im Sinne einer ›statischen‹ Seinsauffassung begrifflich gegen B. argumentiert, und Heraklit, der wiederum im Sinne einer ›dynamischen‹, den Begriff des Seins mit dem Begriff der Veränderung identifizierenden Sinne gegen die Parmenideische Auffassung argumentiert, wird die griechische B.sdiskussion insbesondere durch die Philosophie Platons und Aristoteles' bestimmt. Während Platon dabei dem Bereich der Veränderung das Reich der unveränderlichen und wirklichen Ideen (↑Ideenlehre) gegenüberstellt, B. also im wesentlichen als Eigenschaft eines seiner Überzeugung nach nicht wissenschaftsfähigen Phänomenbereichs beschreibt, begreift Aristoteles B. als den Vollzug der Verwirklichung (↑Energeia) des seiner Möglichkeit (↑Dynamis) nach auf eine Wirklichkeit hin sich erstreckenden Seienden. Daher lehnt Aristoteles auch die Einwände des Zenon (↑Zenonische Paradoxien) als nur scheinbare B.sparadoxie ab (die Paradoxie gehe von der Vorstellung aktual unendlich vieler Teile des Ganzen aus). Nach der im Mittelalter fortgesetzten Diskussion tritt der B.sbegriff bei G. Galilei als neue Konzeption einer mathematischen Physik auf, die nicht mehr nach dem kategorialen Wesen der B. fragt, sondern nur noch das ›Wie‹ ihres Vollzuges beschreiben will. Dabei werden Zeit und Weg in Punktmannigfaltigkeiten aufgelöst, die funktional in Koordinatennetzen aufeinander zu beziehen sind. I. Newton unterscheidet absolute B.en wie die Kreisbewegung, die auf den absoluten Raum (↑Raum, absoluter) bezogen ist, von relativen B.en (↑Eimerversuch); seine Konzeption einer absoluten B. wird bereits von G.W. Leibniz, im 19. Jahrhundert besonders von E. Mach kritisiert und entfällt völlig in A. Einsteins Relativitätstheorie (↑Relativitätstheorie, allgemeine, ↑Relativitätstheorie, spezielle, ↑Bewegungsgleichungen).

In der Mathematik wird der B.sbegriff zunächst im Rahmen der griechischen Geometrie kritisiert, da er in Platonischer Orientierung allein dem Bereich der veränderlichen Körper zugeordnet wird. Bei der Entwicklung der neuzeitlichen ↑Infinitesimalrechnung sind jedoch wieder B.svorstellungen leitend, wie besonders in I. Newtons Fluxionsrechnung (↑Fluxion) deutlich wird. Im 19. Jahrhundert interpretiert H. v. Helmholtz die freie Beweglichkeit starrer Meßkörper (↑Körper, starrer) als physikalische Voraussetzung der absoluten Geometrie (↑Geometrie, absolute), die ihn zu einer Theorie der Räume mit konstanter Krümmung führt. Den Helmholtzschen Ansatz setzt S. Lie in seinen Untersuchungen stetiger B.sgruppen fort.

Literatur: E. Cassirer, Individuum und Kosmos in der Philosophie der Renaissance, Leipzig/Berlin 1927; M. Jammer, Concepts of Space. The History of Theories of

Space in Physics, Cambridge 1954, New York [2]1960 (dt. Das Problem des Raumes. Die Entwicklung der Raumtheorien, Darmstadt 1960); F. Kaulbach, Der philosophische Begriff der B.. Studien zu Aristoteles, Leibniz und Kant, Köln/Graz 1965; E. Mach, Die Mechanik, historisch-kritisch dargestellt, Leipzig [9]1933 (repr. Darmstadt 1976); H. Reichenbach, Die B.slehre bei Newton, Leibniz und Huygens, Kant-St. 29 (1924), 416–438; M. Schramm, Die Bedeutung der B.slehre des Aristoteles für seine beiden Lösungen der zenonischen Paradoxie, Frankfurt 1962; K. Vogtherr, Das Problem der B. in naturphilosophischer und physikalischer Sicht, Meisenheim 1956; W. Wieland, Die aristotelische Physik. Untersuchungen über die Grundlegung der Naturwissenschaft und die sprachlichen Bedingungen der Prinzipienforschung bei Aristoteles, Göttingen 1962, [2]1970. K.M.

Bewegungsgleichungen, in der klassischen Mechanik werden die B. eines Massenpunktes m durch die von der ↑Kraft $\mathfrak{K}=\frac{d}{dt}(m\cdot\mathfrak{v})$ bewirkte Änderung des Impulses $m\cdot\mathfrak{v}$ bestimmt. Dabei setzt sich $\mathfrak{K}$ in bezug auf ein ↑Inertialsystem K mit den cartesischen Ortskoordinaten x_ν und der Zeit t aus den parallel zu x_ν wirkenden Kraftkomponenten $X_\nu=m\frac{d^2x_\nu}{dt^2}$ mit $\nu=1,2,3$ zusammen. Da nach klassischer Auffassung Zeit- und Streckenangaben absolute Größen sind, gelten die B. auch für jedes sich zu K in gleichförmiger Translationsbewegung befindende Inertialsystem K' mit zu x_ν parallelen Achsen x'_ν und Zeitkoordinate t', d.h., die klassischen B. sind Galilei-invariant (↑Galilei-Invarianz). Galilei-Invarianz gilt jedoch nicht für die Maxwell-Lorentzschen elektromagnetischen Feldgleichungen. Daher schlug A. Einstein in der speziellen Relativitätstheorie (↑Relativitätstheorie, spezielle) die Lorentz-Transformationen als Koordinatenumrechnungen für sich in gleichförmiger Translationsbewegung befindende Inertialsysteme vor. So erhält man die ↑Lorentz-Invarianz der B.

$$\mathfrak{K}=\frac{d}{dt}\frac{m\cdot\mathfrak{v}}{\sqrt{1-\frac{v^2}{c^2}}},$$

deren Abweichungen von der B. der klassischen Mechanik experimentell erst für Korpuskel mit der Lichtgeschwindigkeit c vergleichbaren Geschwindigkeiten (z.B. Elektronen bei β-Strahlung) nachweisbar werden. Als mathematische Folge der Lorentz-Transformationen ergibt sich eine Verkürzung (Kontraktion) und eine Verlangsamung (Dilation) bewegter Körper, die z.B. durch Verlängerung der Lebensdauer schnell bewegter Mesonen experimentell bestätigt ist. In der Wissenschaftstheorie wird im Anschluß an H.A. Lorentz und A. Einstein die Frage diskutiert, ob die Längenkontraktionen bzw. Dauerdilationen als mechanische Effekte oder als durch die Bewegung veränderte Längen- bzw. Dauermessungen zu interpretieren sind.

Da in Einsteins Gravitationstheorie dem Inertialsatz nur lokale Geltung (z.B. auf der Erde) eingeräumt wird, müssen für die Bewegung eines Massenpunktes unter der Einwirkung von Gravitationskräften solche B. aufgestellt werden, die auch gegen beschleunigte Bezugssysteme invariant bleiben. In den von Einstein aufgestellten B.

$$\frac{d^2x_\mu}{ds^2}+\Gamma^\mu_{\alpha\beta}\frac{dx_\alpha}{ds}\frac{dx_\beta}{ds}=0$$

ist das Christoffelsche Dreiindizessymbol $\Gamma^\mu_{\alpha\beta}$ die Feldstärke des Gravitationsfeldes und $ds^2=\sum_{\mu,\nu}dx_\mu dx_\nu$ eine für (Gaußsche) Koordinaten x_μ invariante Streckengröße, deren metrische Koeffizienten $g_{\mu,\nu}$ das Gravitationspotential bestimmen (↑Differentialgeometrie). Aus Einsteins B. erhält man I. Newtons B. eines Massenpunktes im Schwerefeld für den Spezialfall, daß seine Geschwindigkeit klein ist gegenüber der Lichtgeschwindigkeit und das Schwerefeld nur schwach von der Zeit abhängt.

Während in der klassischen und relativistischen Physik die meßbaren Größen der B. wie Ort, Impuls etc. eindeutig determiniert sind (↑Determinismus), können sie in der Quantenmechanik z.B. für ein Elektron nur mit statistischer Genauigkeit angegeben werden, deren Grenze durch die Heisenbergsche ↑Unschärferelation $\Delta x\Delta p\gtrsim h$ mit Ortsangabe Δx, Impulsbetrag Δp und der Planckschen Konstanten h festgelegt ist.

Literatur: A. Einstein, Grundzüge der Relativitätstheorie, Braunschweig [3]1963; W. Heisenberg, Physikalische Prinzipien der Quantentheorie, Leipzig 1930, Mannheim 1958; M. Jammer, Concepts of Mass in Classical and Modern Physics, Cambridge Mass. 1961, 158ff. (dt. Der Begriff der Masse in der Physik, Darmstadt 1964, 169ff.); P. Janich, Die Protophysik der Zeit, Mannheim 1969; J.L. Lagrange, Mécanique analytique, I–II, Paris 1788, [2]1811 (repr. Paris 1965; dt. Analytische Mechanik, ed. H. Servus, Berlin 1887); P. Lorenzen, Relativistische Mechanik mit klassischer Geometrie und Kinematik, Math. Z. 155 (1977), 1–9; E. Mach, Die Mechanik, historisch-kritisch dargestellt, Leipzig 1883, [9]1933 (repr. Darmstadt 1973), 444ff.; K. Mainzer, Symmetrie und Invarianz, in: Akten des 16. Weltkongresses für Philosophie (Düsseldorf 1978), 409–412; P. Mittelstaedt, Philosophische Probleme der modernen Physik, Mannheim 1963, 45ff.; ders., Der Zeitbegriff in der Physik. Physikalische und philosophische Untersuchungen zum Zeitbegriff in der klassischen und in der relativistischen Physik, Mannheim 1976; S. Weinberg, Gravitation and Cosmology. Principles and Application of the General Theory of Relativity, New York/London 1972, 71ff.; H. Weyl, Raum, Zeit, Materie, Berlin [5]1923 (repr. Darmstadt 1961), 190ff., 219ff. K.M.

Bewegungsgröße, ↑Impuls.

Beweis (engl./franz. demonstration/démonstration, proof/preuve), eine Begründung für aufgestellte Behauptungen (↑Aussage), weil die behauptende Verwendung von Aussagen im Unterschied etwa zur erzählenden Verwendung einen Anspruch auf Geltung einschließt, der durch den B. für die Behauptung eingelöst werden soll. Das dabei nach Rede und Gegenrede (den B.- und Widerlegungsgründen, d.h. Argumenten und Gegenargumenten) verlaufende Verfahren (die B.führung oder ↑Argumentation) erlaubt erst dann von einem B. für die Behauptung zu sprechen, wenn der Behauptende sich nicht bloß gegen die eventuell mangelhafte Gegenrede ›behauptet‹, sondern sich gegen jeden möglichen Einwand verteidigen kann, er also eine *Gewinnstrategie für seine Behauptung* hat. Jede solche Gewinnstrategie heißt ein B..

Die Lehre vom B. gehört (zusammen mit der Lehre von der ↑Definition) seit jeher zur Logik und Wissenschaftstheorie (↑Methode). Man unterscheidet traditionell die *deduktiven* (›vom Allgemeinen zum Besonderen‹ führenden) B.e, bei denen eine Aussage durch logische Folgerung (d.h. als Konklusion) aus bereits anerkannten Aussagen (d.h. den Prämissen) bewiesen wird, von den *induktiven* (›vom Besonderen zum Allgemeinen‹ führenden) B.en, bei denen eine generelle Aussage über einen im allgemeinen unendlichen Bereich von Gegenständen, d.i. eine Allaussage der Objektsprache, aus der Gültigkeit *aller* zugehörigen Einzelaussagen, d.i. einer Allaussage der Metasprache, erschlossen wird (Regel der unendlichen Induktion, ↑Induktion, unendliche).

In axiomatischen Theorien (↑System, axiomatisches), z.B. der Geometrie, sind als B.verfahren nur deduktive B.e vorgesehen: jeder Satz wird durch logische Folgerung aus den Axiomen bewiesen; die Axiome selbst sind eines solchen B.es weder fähig noch bedürftig. Ihre Geltung bleibt entweder hypothetisch (dazu genügt es, daß das Axiomensystem im ganzen widerspruchsfrei ist) oder muß durch andere, im Rahmen axiomatischer Theorien nicht mehr erörterte Verfahren gesichert werden (↑Methode, axiomatische) (bei Aristoteles z.B. durch die ausdrücklich nicht als B., wohl aber als sichere Begründung geltende ↑Epagoge; in den axiomatisierten empirischen Wissenschaften oft durch bloßen Appell an sinnliche Evidenzen; in den axiomatisierten konstruktiven Theorien durch eigene, den konstruktiven Theorien zugehörige B.verfahren). In konstruktiven Theorien (z.B. der Arithmetik, ↑Arithmetik, konstruktive) stehen neben der logischen Folgerung aus schon bewiesenen Sätzen noch B.verfahren zur Verfügung, die sich aus den zugrunde liegenden Konstruktionen für die Gegenstände und Aussagen der Theorie ergeben. Z.B. erlaubt die Konstruktion der Ziffern durch Aneinanderfügen von Strichen |, ||, |||, ... (↑Kalkül) einen B., also eine Gewinnstrategie, für den seinerseits als B.prinzip geltenden arithmetisch-logischen Satz von der *vollständigen Induktion* (↑Induktion, vollständige): eine arithmetische Aussage gilt für alle natürlichen Zahlen (Strichsysteme!) n, wenn sie (a) für $n = |$ bewiesen ist und sich (b) aus der Annahme der Aussage für irgendeine Zahl m die Aussage für die nächstfolgende Zahl $m|$ beweisen läßt. Symbolisch:

$$A(|) \wedge \bigwedge_m (A(m) \rightarrow A(m|)) \prec \bigwedge_n A(n).$$

Die in den empirischen Wissenschaften geübte *unvollständige* ↑*Induktion* von endlich vielen singularen Tatsachen auf einen, durch passende Verallgemeinerung gewonnenen, generellen Satz, eine empirische Hypothese, kann nicht zu einem B. dieser Hypothese führen, sondern allenfalls zu einer gegenwärtig mit wahrscheinlichkeitstheoretischen Mitteln beurteilten ↑*Bestätigung* (↑Bestätigungsfunktion, ↑Bewährung) der fraglichen Hypothese (↑Logik, induktive). Unter den deduktiven B.en spielen die *indirekten* B.e (durch ↑›reductio ad absurdum‹, d.h. ›ad-absurdum-führen‹ oder ›zum-Widerspruch-führen‹) eine methodisch besondere Rolle: in ihnen wird eine Aussage A dadurch bewiesen, daß aus der Annahme des kontradiktorischen Gegenteils von A, also der Negation $\neg A$, irgendeine falsche Aussage $\curlywedge$ (↑falsum, der Widerspruch, das Absurde) logisch gefolgert wird. Wenn die Aussage A nicht selbst bereits eine Negation ist, so ist dieser indirekte B. in seiner Gültigkeit davon abhängig, daß A stabil ist, d.h. $\neg\neg A \rightarrow A$ gilt (↑Stabilitätsprinzip), was nicht allgemein für beliebige (dialogdefinite) Aussagen, sondern nur für wertdefinite (entscheidbar wahre oder falsche) Aussagen gesichert ist. Diese Einschränkung wirkt sich methodisch besonders dort aus, wo die zu beweisende Aussage eine Existenzbehauptung, also eine Manchaussage der Form $\bigvee_x A(x)$ ist (↑Existenzaussage). In diesem Fall führt der indirekte Beweis ohne Annahme von Stabilitätshypothesen (↑Stabilitätsprinzip) nur zum B. von $\neg\bigwedge_x\neg A(x)$, woraus effektiv-logisch $\bigvee_x A(x)$ nicht gefolgert werden kann (↑Logik, formale).

In alltäglichen und wissenschaftlichen Argumentationen besteht Gelegenheit zu zahlreichen *B.-fehlern*, von denen einige in der Tradition auch terminologisch hervorgehoben worden sind. Dazu gehören (a) die *Erschleichung* (↑petitio principii): eine bisher nicht bewiesene Aussage wird als Prämisse für die zu beweisende Aussage verwendet; ist diese Prämisse (in eventuell versteckter Form) die zu beweisende Aussage selbst, so spricht man von einem *Zirkel* (↑circulus vitiosus); (b) die *Verwechslung* (↑ignoratio elenchi): es wird nicht die zu beweisende, sondern (in eventuell versteckter Form) eine andere Aussage bewiesen; ist diese andere Aussage nur im (eventuell allein durch Objektvariable repräsentierten) Gegenstandsbereich von der zu beweisenden Aussage verschieden, so spricht man von einer *Übertragung* (*μετάβασις εἰς ἄλλο γένος*, ↑Metabasis): (c) die *Umkehrung* (↑hysteron-proteron): für den Beweis einer Aussage B aus der Prämisse A wird nicht von der Implikation $A \prec B$, sondern fälschlicherweise von der konversen Implikation $B \prec A$ Gebrauch gemacht; (d) der *falsche Anfang* (↑proton pseudos): der Anfang einer Kette korrekter Folgerungen ist selbst eine falsche Aussage. – B.fehler beim logischen Schließen nennt man ↑Fehlschlüsse oder, absichtlich getan, ↑Trugschlüsse.

Literatur: R.B. Angell, Reasoning and Logic, New York 1964; E.W. Beth, Aspects of Modern Logic, Dordrecht 1970; R.M. Exner/M.F. Rosskopf, Logic in Elementary Mathematics III (Proof and Demonstration), New York/Toronto/London 1959; H. Klotz, Der philosophische B., Berlin 1967, [2]1969; P. Lorenzen, Einführung in die operative Logik und Mathematik, Berlin/New York/Heidelberg 1955, [2]1969; ders., Über die Begriffe ›B.‹ und ›Definition‹, in: A. Heyting (ed.), Constructivity in Mathematics, Amsterdam 1959; J. Mittelstraß, Die Entdeckung der Möglichkeit von Wissenschaft, Arch. Hist. Ex. Sci. 2 (1965), 410–435, Neudr. in: ders., Die Möglichkeit von Wissenschaft, Frankfurt 1974, 29–55, 209–221; B. Strecker, Beweisen. Eine praktisch-semantische Untersuchung, Tübingen 1976; Á. Szabó, Anfänger der griechischen Mathematik, München 1969; M.E. Szabó, Algebra of Proofs, Amsterdam 1977; B.L. Tapscott, Elementary Applied Symbolic Logic, Englewood Cliffs 1976; A. Tarski, Einführung in die mathematische Logik, Göttingen 1966, [5]1977; T. Ziehen, Lehrbuch der Logik auf positivistischer Grundlage mit Berücksichtigung der Geschichte der Logik, Bonn 1920 (repr. Berlin/New York 1974). K.L.

Beweis, apagogischer (von griech. ἀπάγειν, ›vom rechten Wege abführen‹), synonym zu indirekter ↑Beweis.

Beweis, indirekter (auch: apagogischer Beweis, ↑reductio ad absurdum), das Zum-Widerspruch-führen der gegenteiligen Annahme, eine wichtige Form des deduktiven ↑Beweises.

beweisbar/Beweisbarkeit, eine Formel A heißt in einem Axiomensystem (↑System, axiomatisches) b. aus einer Formelmenge M genau dann, wenn A zu M gehört, ein Axiom ist oder in endlich vielen Schritten durch Anwendung von Schlußregeln des Axiomensystems auf schon als b. nachgewiesene Formeln erhalten werden kann. Ist M leer, so heißt A im Axiomensystem b. In der ↑Beweistheorie wird die intuitionistische Wahrheit einer Aussage durch ihre konstruktive B. (↑Logik, konstruktive) interpretiert, wonach z.B. die intuitionistische Negation $\neg A$ bedeutet, daß aus A ein Widerspruch effektiv (konstruktiv) bewiesen werden kann (↑Logik, intuitionistische).

Literatur: K. Gödel, Eine Interpretation des intuitionistischen Aussagenkalküls, in: Ergebnisse eines mathematischen Kolloquiums H. 4 (1933), 39–40; P. Lorenzen/O. Schwemmer, Konstruktive Logik, Ethik und Wissenschaftstheorie, Mannheim [2]1975; K. Schütte, Beweistheorie, Berlin/Göttingen/Heidelberg 1960; ders., Proof Theory, Berlin/Heidelberg/New York 1977. K.M.

beweisdefinit/Beweisdefinitheit, ↑Aussagen heißen b., wenn der Beweisbegriff für sie ↑entscheidbar ist. Wenn für einen vorgelegten Beweisversuch entschieden ist, daß es sich nicht um einen Beweis handelt, so kann daraus jedoch nicht geschlossen werden, daß die Aussage falsch ist. Erst wenn auch der Widerlegungsbegriff entscheidbar, die Aussage also zugleich ↑widerlegungsdefinit ist, liegt ein entscheidbarer Wahrheitsbegriff vor: die Aussage ist entweder wahr oder falsch, d.h. ↑wahrheitsdefinit. Z.B. sind Allaussagen über unendlichen Bereichen nicht b., sondern nur ↑dialogdefinit, d.h., es kann nur für eine vorgelegte Argumentation um die Aussage entschieden werden, wer ›gewonnen‹ und wer ›verloren‹ hat. Wer eine solche Allaussage (z.B. $\bigwedge_x A(x)$) behauptet, verpflichtet sich, für jedes ihm vorgelegte n aus dem ↑Variabilitätsbereich des Allquantors den Beweis für $A(n)$ zu erbringen.

Literatur: P. Lorenzen, Metamathematik, Mannheim 1962, 15–21. K.L.

Beweistheorie (engl. proof theory), diejenige (zur ↑Metamathematik gehörige, meistens mit ihr identifizierte) Theorie, mit der das sogenannte ↑*Hilbertprogramm* eingelöst werden soll: der ↑Widerspruchsfreiheitsbeweis der als axiomatische

Theorie formulierten klassischen Arithmetik und Analysis. Je nach Art der in den bereits vorliegenden Widerspruchsfreiheitsbeweisen für axiomatisierte Teile der klassischen Mathematik verwendeten Beweismittel ergeben sich fein differenzierte Abgrenzungskriterien zwischen elementaren und höheren Teilen der Mathematik.

Literatur: D. Hilbert/P. Bernays, Grundlagen der Mathematik, I-II, Berlin 1934/1939, Berlin/Heidelberg/New York ^{2}1968/1970; G. Kreisel, A Survey of Proof Theory, J. Symb. Log. 33 (1968), 321–388; ders., A Survey of Proof Theory II, in: J.E. Fenstad (ed.), Proceedings of the Second Scandinavian Logic Symposium, Amsterdam/London 1971, 109–170; D. Prawitz, Ideas and Results in Proof Theory, in: J.E. Fenstad (ed.), a.a.O., 235–307; K. Schütte, B., Berlin/Heidelberg/New York 1960; ders., Proof Theory, Berlin/Heidelberg/New York 1977; G. Takeuti, Proof Theory, Amsterdam 1975. K. L.

Bewertung, ↑Werturteil, ↑Werturteilsstreit.

Bewertung (logisch), in der ↑Junktorenlogik eine für alle junktorenlogischen Ausdrücke erklärte Funktion β, die jedem solchen Ausdruck A einen der ↑Wahrheitswerte $\curlyvee$, $\curlywedge$ so zuordnet, daß die beiden folgenden Bedingungen erfüllt sind:

$$\beta(\neg A) = \begin{cases} \curlyvee & \text{für } \beta(A) = \curlywedge \\ \curlywedge & \text{für } \beta(A) = \curlyvee \end{cases}$$

$$\beta(A \wedge B) = \begin{cases} \curlyvee & \text{für } \beta(A) = \beta(B) = \curlyvee \\ \curlywedge & \text{sonst.} \end{cases}$$

Diese Erklärung gilt für die klassische Junktorenlogik, in der die übrigen Junktoren durch $\neg$ und $\wedge$ ausgedrückt werden können; für die konstruktive Logik (↑Logik, konstruktive), in der sich Junktoren nicht als ↑Wahrheitsfunktionen interpretieren lassen, sowie für mehrwertige Systeme sind andere Festsetzungen zu treffen. Gilt $\beta(A) = \curlyvee$ für jede Bewertung β, so heißt der Ausdruck A eine ↑Tautologie. Die Erweiterung dieses B.sbegriffs auf quantorenlogische Ausdrücke führt zur ↑Bewertungssemantik, einer wahrheitsfunktionalen Deutung der ↑Quantorenlogik. C. T.

Bewertungssemantik (engl. truth-value semantics), in der formalen Logik (↑Logik, formale) Bezeichnung für die Konzeption einer Semantik der ↑Quantorenlogik, die auf dem Begriff der *Bewertung* aufbaut, im Gegensatz zu der in der ↑Modelltheorie vorherrschenden, auf dem Begriff der *Interpretation* fußenden ↑Interpretationssemantik. Eine Bewertung für die klassische Quantorenlogik erster Stufe ist dabei gegeben durch eine Zuordnung α, die allen quantorenlogischen Aussagen einen der ↑Wahrheitswerte $\curlyvee$ (wahr) und $\curlywedge$ (falsch) zuordnet und folgenden Bedingungen genügt:

$\alpha(A \wedge B) = \curlyvee$ genau dann,
wenn $\alpha(A) = \curlyvee$ und $\alpha(B) = \curlyvee$

$\alpha(A \vee B) = \curlyvee$ genau dann,
wenn $\alpha(A) = \curlyvee$ oder $\alpha(B) = \curlyvee$

$\alpha(A \rightarrow B) = \curlyvee$ genau dann,
wenn $\alpha(A) = \curlywedge$ oder $\alpha(B) = \curlyvee$

$\alpha(\neg A) = \curlyvee$ genau dann, wenn $\alpha(A) = \curlywedge$

$\alpha(\bigwedge_x A(x)) = \curlyvee$ genau dann,
wenn $\alpha(A(a)) = \curlyvee$
für jede ↑Individuenkonstante a

$\alpha(\bigvee_x A(x)) = \curlyvee$ genau dann,
wenn $\alpha(A(a)) = \curlyvee$
für eine Individuenkonstante a.

In ähnlicher Weise lassen sich Bewertungen für ausdrucksreichere Sprachen, z.B. ↑Modallogik oder ↑Typentheorien, definieren.

Die B. abstrahiert davon, auf welche Weise die Bewertung der ↑Elementaraussagen, die keinen Einschränkungen unterworfen ist, zustande kommt, während die Interpretationssemantik die Elementaraussagen zergliedert in Prädikatoren und Nominatoren, die durch Mengen bzw. Gegenstände interpretiert werden. Das wirkt sich in der unterschiedlichen Deutung der Quantoren aus: Nach obigen Bewertungsregeln ist z.B. eine Allaussage $\bigwedge_x A(x)$ in der B. genau dann wahr, wenn *sämtliche Instanzen* $A(a)$ der quantifizierten Aussageform $A(x)$ wahr sind. In der Interpretationssemantik kann dagegen der Fall eintreten, daß sämtliche Instanzen $A(a)$ wahr, $\bigwedge_x A(x)$ dagegen falsch ist – falls nämlich bei der betrachteten Interpretation nicht für alle Gegenstände des Individuenbereichs Nominatoren existieren, die sie bezeichnen (ein Beispiel dafür z.B. in H. Leblanc 1976, Anm. 8 zu Kap. 4).

Trotz dieser Unterschiede läßt sich zeigen, daß der bewertungssemantische und der interpretationssemantische Begriff der *logischen* Wahrheit oder Gültigkeit (↑logisch wahr), d.h. der Wahrheit bei *jeder* Bewertung bzw. bei *jeder* Interpretation, umgangsgleich sind. Dasselbe gilt für logische ↑Folgerungen aus endlich vielen Prämissen und, nach einigen Modifikationen des bewertungssemantischen Folgerungsbegriffs, auch für solche aus unendlich vielen Prämissen.

Da der Interpretationsbegriff mit schwächeren mengentheoretischen Hilfsmitteln formulierbar ist als der Bewertungsbegriff, ist die B. voraussetzungsärmer als die Interpretationssemantik und damit vom philosophischen Standpunkt aus vorzuziehen. Allerdings ist sie ebenso dem Zirkelvorwurf ausgesetzt, sie benutze in der Definition einer Bewertung schon die logischen Partikeln, deren Bedeutung sie doch gerade festlegen wolle. Dieser Einwand besteht jedoch nur so lange, als man die B. im Sinne einer ›Fundamentalsemantik‹ (P. Hinst) verstehen will, welche die Bedeutung logischer Zeichen allererst festlegt. Diese Deutung ist keineswegs zwingend, wie Hinst 1978 gezeigt hat; man kann die B. als strukturelle Beschreibung gewisser semantischer und logischer Eigenschaften von Sprachen verwenden, die nach einer nicht-zirkulären semantischen Konzeption aufgebaut sind, ohne damit eine Logikbegründung zu beanspruchen.

Literatur: P. Hinst, Fundamentalsemantische Grundlegung der Logik und strukturtheoretische Rekonstruktion der Interpretationssemantik, in: J. Mittelstraß/M. Riedel (eds.), Vernünftiges Denken. Studien zur praktischen Philosophie und Wissenschaftstheorie, Berlin/New York 1978, 52–70; R. Kleinknecht/E. Wüst, Lehrbuch der elementaren Logik II (Prädikatenlogik), München 1976, 333–342, 476–478; F. v. Kutschera, Zur semantischen Begründung der klassischen und der intuitionistischen Logik, Notre Dame J. Formal Logic 7 (1966), 20–47; H. Leblanc, Truth-value Semantics, Amsterdam/New York/Oxford 1976; ders. (ed.), Truth, Syntax and Modality. Proceedings of the Temple University Conference on Alternative Semantics, Amsterdam/London 1973. P. S.

Bewußtsein (griech. συνείδησις, auch σύνεσις, συναίσθησις, φρόνησις, lat. conscientia, auch cogitatio, sensus internus, mens; engl. consciousness), Lehnübersetzung des lat. conscientia, durch C. Wolff in die deutsche philosophische Terminologie eingeführt. ›B.‹ wird grundstuflich gleichbedeutend mit ↑›Wissen‹, häufig aber auch metastuflich, und zwar sowohl unter theoretischem Bezug (Wissen des Wissens, Vorstellens, Meinens etc.) als auch unter praktischem Bezug (Wissen des Wollens, Begehrens etc.), verwendet. Schon bei den Vorsokratikern tritt der B.sbegriff metastuflich in beiden Hinsichten auf (vgl. Demokrit VS 68 B 297; Gorgias VS 82 B 11a5), ist aber ansonsten nicht terminologisch. Thomas von Aquin unterscheidet eine konstatierende und eine auffordernde bzw moralisch beurteilende Verwendung von conscientia (S. th. I qu. 79 art. 13; cf. De verit. qu. XVII, 1).

Für die Besonderheit der Art des moralischen Wissens, das in der christlichen Tradition durch das Wort ›conscientia‹ gefaßt wird, tritt im Deutschen ›Gewissen‹ ein. M. Luther übersetzt entsprechend. Bei R. Descartes ist B. grundstuflich (cogitatio sive conscientia) der Titel einer umfassenden Noologie und Psychologie und dabei Oberbegriff zu Verstehen, Einbilden, Wollen, Fühlen, Zweifeln usw. (Meditat., Sec. Resp., Œuvres VII, 160, vgl. 176). Als sicheres Wissen um innere Zuständlichkeit (z.B. den ›Zweifel‹) findet sich jedoch auch eine metastufliche Verwendung (Princ. Philos. I, 7–9, Œuvres VIII, 7; La recherche de la vérité, Œuvres X, 521). Explizite terminologische Festlegungen nimmt G.W. Leibniz vor, insofern er die ↑Perzeption als ›inneren Zustand‹ (état interieur) der Monade, der ›äußere Dinge‹ (choses externes) repräsentiert, von der ›Apperzeption‹, die das B. (conscience) oder die reflexive Kenntnis (connoissance reflexive) dieses inneren Zustands ist (Princ. nat. grâce §4, Philos. Schr. VI, 600), unterscheidet (↑Monadentheorie). Weitere reflexive Stufung führt zum Ich-B. (Monadologie §30, Philos. Schr. VI, 612). J. Locke (An Essay concerning Human Understanding II 1 §19) und D. Hume (An Enquiry concerning Human Understanding VII, 1) verstehen unter B. das Wissen um unsere inneren Erlebnisse, das nach Hume niemals täuschen kann.

Für I. Kant ist die ›reflexive Kenntnis‹ der Vorstellungen, die Leibniz ↑›Apperzeption‹ nennt, ›empirisches B.‹, das in verschiedenen Graden der Klarheit auftritt (KrV B 415 Anm.). Es ist unterschieden vom ›transzendentalen B.‹ (›ursprüngliche Apperzeption‹, ↑Bewußtsein überhaupt), das aller Erfahrung vorhergeht und oberster einheitsstiftender Bezugspunkt auch des ›empirischen B.s‹ ist (KrV A 118). Für die an Kant anschließende idealistische Philosophie tritt die Selbstbewußtseinsproblematik (↑Selbstbewußtsein) in den Vordergrund des Interesses, G.W.F. Hegel gebraucht den Ausdruck ›B.‹ in der »Phänomenologie des Geistes« grundstuflich als »sinnliches‹, ›wahrnehmendes‹ und ›verständiges B.‹. Im Rahmen der Selbsterfahrung des B.s (›Selbstbewußtsein‹) werden verinnerlichte Zuständlichkeiten etwa als ›knechtisches B.‹ (↑Herr und Knecht), ›unglückliches B.‹ (↑Bewußtsein, unglückliches) etc. ausgegrenzt. Bei K. Marx ist B. umfassender Ausdruck für die geistige Tätigkeit des Menschen. Es ist ›bewußtes Sein‹ und so unhintergehbar fundiert. Die Sprache ist das »für andere Menschen existierende, wirkliche B.« (Deutsche Ideologie, MEW III, 26–31). Nach Diskussionen um die Funktion des B.s im ↑Neukantianismus vor allem der

Marburger Schule (H. Cohen, P. Natorp) bekommt der B.sbegriff bei E. Husserl eine kategoriale Bedeutung: Das B. ist als ›B. von etwas‹ (↑›Intentionalität‹) der transzendentale Erfahrungsrahmen, der in noetischer und noematischer Hinsicht analysiert wird. Seine Entdeckung erfolgt durch die reflexiv verfahrende ›phänomenologische Reduktion‹ (↑Reduktion, phänomenologische, ↑Epochē); seine Analyse ist von der ›Grunderkenntnis‹ geleitet, daß jedes B. stets innerhalb eines offenen Horizonts mehr meint, als jeweils unmittelbar explizit ist. In der modernen, an L. Wittgenstein anschließenden Tradition wird der Begriff des B.s im Rahmen einer umfassenden sprachanalytischen Geistphilosophie diskutiert (↑philosophy of mind). Ihr Interesse gilt der Analyse der Verwendungsweisen des Wortes ›B.‹ (vgl. G. Ryle, The Concept of Mind, London 1949, 156–163 (dt. Der Begriff des Geistes, Stuttgart 1969, 209–219).

Literatur: F. C. Brentano, Psychologie vom empirischen Standpunkt III (Vom sinnlichen und noetischen B.), ed. O. Kraus, Leipzig 1928; A. Bucher/H. Drüe/T. Seebohm (eds.), bewußt sein. Gerhard Funke zu eigen, Bonn 1975; A. Diemer, B., Hist. Wb. Ph. I (1970, 888–896; K.J. Grau, Die Entwicklung des B.sbegriffes im XVII. und XVIII. Jahrhundert, Halle 1916; A. Gurwitsch, Théorie du champs de la consience, Paris 1957 (dt. Das Bewußtseinsfeld, Berlin 1975); O. Janssen, Dasein und B.. Eine Studie zur Problematik des B.s, Berlin/Leipzig 1933; T. Kehr, Das B.sproblem. Kritik und und Lösungsversuch des Problems des Gewahrwerdens, mit einem geschichtlichen Überblick, Tübingen 1916; L. Klages, Vom Wesen des B.s, aus einer lebenswissenschaftlichen Vorlesung, Leipzig 1921, München [4]1955; H. Klement (ed.), B.. Ein Zentralproblem der Wissenschaften, Baden-Baden 1975; B. Liebrucks, Sprache und B. III (Wege zum B.. Im Raum von Kant, Hegel und Marx), Frankfurt 1966; T. Lipps, B. und Gegenstände, Leipzig 1905; H. Lübbe, B. in Geschichten. Zur Phänomenologie der Subjektivität, Freiburg 1972; A.J. Schulz, Sein und B.. Einige Hauptfragen der Philosophie, Bonn 1928; F. Zucker, Syneidesis – Conscientia. Ein Versuch zur Geschichte des sittlichen B.s im griechischen und im griechisch-römischen Altertum, Jena 1928. S.B.

Bewußtsein, falsches, ↑Ideologie.

Bewußtsein, historisches, Bezeichnung im Umkreis der Philosophie G.W.F. Hegels (bei K. Rosenkranz zur Charakterisierung der Analysen der »Phänomenologie«), terminologisch erstmals bei W. Dilthey in dem Sinne, daß Vergangenheit, Gegenwart und Zukunft als in einem Geschichtsprozeß miteinander verknüpft gedacht werden. Der Begriff des h.en B.s beinhaltet daher die Einsicht in die Endlichkeit jeder geschichtlichen Erscheinung, indem er diese relativiert und zur Befreiung des Menschen von allen abstrakten dogmatisierten Anschauungen führt. Zugleich eröffnet er die Möglichkeit der Erkenntnis der Menschennatur in ihren geschichtlichen Realisaten.

Wissenschaftsgeschichtlich ist der Begriff des h.en B.s Voraussetzung und Erkenntnis der durch den ›Durchbruch des geschichtlichen Denkens im 19. Jahrhundert‹ (P. Hünermann) erfolgenden Konstituierung der historischen ↑Geisteswissenschaften. Die seit ihrem Entstehen anhaltende Grundlagenkontroverse insbesondere in der Geschichtswissenschaft läßt sich im Kern verstehen als ein Streit um die Frage, ob dem h.en B. eine sinnvolle kulturwissenschaftliche Praxis zugeordnet werden kann, die nicht am Wissenschaftsideal der Naturwissenschaften orientiert ist. Die Eigenständigkeit des h.en B.s und die ihm zugeordnete kulturwissenschaftliche Praxis kann durch die Einsicht begründet werden, daß die Geschichtswissenschaft in letzter Instanz keine theoretische Wissenschaft ist: weil sie es mit Geschichten zu tun hat, deren Ereignisfolgen erzählt werden, weil keine Theorien bekannt sind, die diejenigen Ereignisfolgeregeln (›Gesetze‹) formulieren könnten, der die Ereignisfolgen jener Geschichten entsprächen. Man kann daher Ereignisfolgen, die als Geschichten erzählt werden, von anderen unterscheiden, die man deshalb nicht erzählt, weil sie nach Regeln verlaufen, die bekannt sind. Gleichwohl können regelgeleitete Ereignisfolgen Bestandteile von nur zu erzählenden Ereignisfolgen (Geschichten) sein (H. Lübbe). Der mentalistischen Redeweise vom h.en B. kann auf der sprachlichen Ebene die Redeweise von (nur zu erzählenden) Geschichten zugeordnet und deshalb die Kultur des h.en B.s verstanden werden als die Kultur des Erzählens von Geschichten, deren Erzählfaden niemals, jedenfalls nicht aus methodologischen Gründen abreißen kann.

Literatur: W. Dilthey, Einleitung in die Geisteswissenschaften. Versuch einer Grundlegung für das Studium der Gesellschaft und der Geschichte, Leipzig 1883, Stuttgart/Göttingen [7]1973; ders., Der Aufbau der geschichtlichen Welt in den Geisteswissenschaften, Berlin 1910, Stuttgart/Göttingen [6]1973; ders., Die geistige Welt. Einleitung in die Philosophie des Lebens. Abhandlungen zur Grundlegung der Geisteswissenschaften (1911 von Dilthey zusammengestellte Einzelschriften), Stuttgart/Göttingen [5]1968; H.-G. Gadamer, Wahrheit und Methode. Grundzüge einer philosophischen Hermeneutik, Tübingen [3]1972; P. Hünermann, Der Durchbruch des geschichtlichen Denkens im 19. Jahrhundert. Johann Gustav Droysen, Wilhelm Dilthey, Graf Paul Yorck von Wartenburg. Ihr Weg und ihre Weisung für die Theologie, Freiburg 1967; T. Litt, Die Befreiung des geschichtlichen Bewußtseins durch Herder, Leipzig 1942; ders., Die

Wiedererweckung des geschichtlichen Bewußtseins, Heidelberg 1956; K. Löwith, Von Hegel zu Nietzsche. Der revolutionäre Bruch im Denken des neunzehnten Jahrhunderts, Zürich 1941, Hamburg [7]1978; H. Lübbe, Geschichtsbegriff und Geschichtsinteresse. Analytik und Pragmatik der Historie, Basel/Stuttgart 1977; F. Meinecke, Die Entstehung des Historismus, München 1959; O. Plöger u.a., Geschichte und Geschichtsauffassung, RGG III ([3]1958), 1473–1496; L. v. Renthe-Fink, B. geschichtliches bzw. h., Hist. Wb. Ph. I (1971), 897–898; E. Rothacker, Einleitung in die Geisteswissenschaften, Tübingen [2]1930; H. Ritter v. Srbik, Geist und Geschichte vom deutschen Humanismus bis zur Gegenwart, I–II, München/Salzburg 1950/1951; E. Troeltsch, Der Historismus und seine Probleme, Tübingen 1922, Neudr. Aalen 1961. A. V.

Bewußtsein, unglückliches, in G. W. F. Hegels ↑»Phänomenologie des Geistes« (1807) die letzte Stufe des identitätsbildenden Erfahrungsganges des ↑Selbstbewußtseins. Das Resultat des ›Kampfes um Anerkennung‹ (↑Herr und Knecht) ist die bewußtseinsimmanent bleibende ›Freiheit des Selbstbewußtseins‹, die sich in den Formen des ›Stoizismus‹, des ›Skeptizismus‹ und des ›u.n B.s‹ entwickelt. Das u.e B. ist die dialektische Reflexion, die aus dem Wissen um den skeptischen Identitätsverlust, der in der perennierend erfolgenden spielerisch-ironischen Fixierung einer jeweiligen widersprüchlichen Position seinen Ausdruck findet, resultiert. Man kann das Kapitel der Hegelschen »Phänomenologie« über das ›u.e B.‹ als eine Variation der Aporie, in die sich ein radikaler Skeptizismus hinsichtlich des eigenen Wahrheitsanspruchs verstrickt, interpretieren.
Unglücklich ist das B., weil es seiner eigenen unwandelbaren Identität im Reflexionsgange auf sich nicht innezuwerden vermag. Die Selbstprädizierung verläßt die durch das skeptische Bewußtsein überkommenen widersprüchlichen Inhalte nicht. Die Fixierung der selbstbewußten Identität wird stets nur zur Erfahrung der eigenen ›Nichtigkeit‹ und ›Einzelnheit‹. Die ↑›Entzweiung‹, durch die es definiert wird, ›fühlt‹ das Bewußtsein auf einer ersten Stufe, sie wird hierin, ohne es zu wissen, identisches ›Selbstgefühl‹. Im ›Begehren‹ und ›Arbeiten‹, dem ›an sich‹ das ›Selbstgefühl‹ zugrunde liegt, macht es nur die ambivalente Erfahrung der ›Nichtigkeit‹ und zugleich ›Heiligkeit‹ der Welt, ohne zu reflektieren, daß es selbst wirklich ›gewollt, getan und genossen‹ hat und hierin Selbständigkeit unhintergehbar in Anspruch nahm. Die eigene Realität ist dem u.n B. das Nichtige, sein ›wirkliches Tun‹ ein ›Tun von Nichts‹. Seine ärmlichste Gestalt erfährt es in der Reduktion auf seine tierischen Funktionen. Die Überwindung des Unglücks geschieht durch die Abstoßung aller Nichtigkeiten unter damit verbundener Aufgabe des ›eigenen Willens‹ zugunsten eines ›anderen [allgemeinen] Willens‹.

Literatur: G. W. F. Hegel, Phänomenologie des Geistes, in: ders., Sämtl. Werke II, 166–181. – W. Becker, Hegels Phänomenologie des Geistes. Eine Interpretation, Stuttgart/Berlin/Köln/Mainz 1971, 74–77; J. Wahl, Le malheur de la conscience dans la philosophie de Hegel, Paris 1929. S. B.

Bewußtseinsstrom (engl. stream of consciousness), bei W. James die Erscheinung des permanenten Wechsels der Bewußtseinsinhalte (↑Bewußtsein). E. Husserl hat die Konzeption des B.s zur Grundlage seiner Theorie der Konstitution und Selbstkonstitution im Rahmen der Phänomenologie des Zeitbewußtseins gemacht. Das Universum aller Bewußtseinserlebnisse hat die »universale Einheitsform des Strömens, in welche alle Einzelheiten selbst als darin strömende sich einordnen« (Cartesianische Meditationen, 109). Der zeitbildende ›Strom‹ der Bewußtseinserlebnisse ist daher die absolute Subjektivität (Zur Phänomenologie des inneren Zeitbewußtseins, §36). Husserls Konzeption des alle Konstitutionen bedingenden B.s ist die Grundlage für M. Heideggers Konzeption der ↑Zeitlichkeit.

Literatur: P. Gorsen, Zur Phänomenologie des B.s. Bergson, Dilthey, Husserl, Simmel und die lebensphilosophischen Antinomien, Bonn 1966; E. Husserl, Cartesianische Meditationen und Pariser Vorträge, ed. S. Strasser, Den Haag [2]1963 (Husserliana I); ders., Zur Phänomenologie des inneren Zeitbewußtseins (1893–1917), ed. R. Boehm, Den Haag 1966 (Husserliana X), bes. §§35–39. C. F. G.

Bewußtsein überhaupt, Terminus, der dazu dient, den philosophischen Begriff des ↑Bewußtseins als überindividueller und gegenstandsinvarianter Struktur von empirischen und gegenstandsspezifischen Bewußtseinsformen zu unterscheiden. Grundlegend für die folgende Philosophie (z.B. S. Maimon, G. W. F. Hegel) ist I. Kants Abgrenzung zwischen empirischem Bewußtsein und transzendentalem Bewußtsein (letzteres wird ›B.ü.‹ genannt): »Die gegebene Anschauung muß unter einem Begriff subsumiert werden, der die Form des Urteils überhaupt in Ansehung der Anschauung bestimmt, das empirische Bewußtsein der letzteren in einem B. ü. verknüpft und dadurch den empirischen Urteilen Allgemeingültigkeit verschafft« (Proleg. §20). In der sprachtranszendentalistischen Philosophie der Gegenwart (↑Konstruktivismus, ↑Universalpragmatik, ↑vorwissenschaftlich) wird der Begriff des B.s ü. durch die Konzeption situations- und kulturinvarianter Handlungsbedingungen aufgegriffen. C.F.G.

Bezeichnung (engl. designation), in der Sprachphilosophie gewöhnlich synonym zu ↑Terminus oder zu seiner ihn charakterisierenden Verwendung, jedenfalls im Rahmen der Klassifikation konkreter Gegenstände. ›B.‹ wird nicht immer streng von ↑›Benennung‹ unterschieden, obwohl mit B. stets Spezifikationen (durch Prädikatoren vorgenommene terminologische Einteilungen) verbunden sind und keine sprachliche Vertretung von Gegenständen (durch Eigennamen) beabsichtigt ist. K.L.

Beziehung, ↑Relation.

Bezugssystem, in der Physik ein durch Längenmaßstäbe und eine Uhr realisiertes Koordinatensystem für eine analytische Beschreibung von Bewegungen. Begriffliche Probleme hat neben der Unterscheidung von absoluten und relativen Räumen (↑Raum, absoluter) als B.en vor allem die Trennung kinematischer von inertialen B.en (↑Inertialsystem) gemacht. Diese Probleme setzen sich bis in die moderne Diskussion der Relativitätsprinzipien fort. Sie äußern sich darin, daß entsprechend einem formal-axiomatischen Theorienideal der Physik die ↑Kinematik als Teiltheorie der ↑Dynamik gesehen und auf inertiale Beobachter beschränkt wird, statt sie als methodisch der Dynamik vorhergehende Theorie für beliebige Bewegungen, also auch Zwangsbewegungen, in beliebigen B.en zu betreiben.

Literatur: P. Janich, Die Protophysik der Zeit, Konstruktive Begründung und Geschichte der Zeitmessung, Frankfurt 1980; L. Lange, Die geschichtliche Entwicklung des Bewegungsbegriffes und ihr voraussichtliches Endergebnis, Leipzig 1886; H. Tetens, Bewegungsformen und ihre Realisierungen. Wissenschaftstheoretische Untersuchungen zu einer technikorientierten Rekonstruktion der klassischen Mechanik. Diss. Erlangen 1977. P.J.

Bhagavadgītā, ↑Brahmanismus.

bhāgavata, eine zur Zeit der Großen Epen (Mahābhārata mit Bhagavadgītā) sich ausbreitende monotheistische Richtung des ↑Brāhmanismus. Sie ist in ihrer Verehrung des Bhagavat (d.i. Gott der Güte, sein erster und wichtigster Name ist Vāsudeva = Kṛṣna) nicht-arischen Ursprungs und stand dem ↑Veda zunächst kritisch gegenüber. Verschmilzt allmählich bis 1200 n.Ch. mit dem Vaiṣṇavismus (d.i. Lehre der Sekte der Viṣṇu-Anhänger, Vāsudeva und damit Kṛṣna wird Viṣṇu gleichgesetzt), um in der Theologie Rāmānujas schließlich ihre philosophische Systematisierung zu erfahren.

Literatur: S. Radhakrishnan, Indian Philosophy, I–II, London 1923/1927 (dt. Indische Philosophie, I–II, Darmstadt 1955/1956). K.L.

bhakti (sanskr., Hingabe, Demut, Liebe), Grundbegriff in den Religionen und Philosophien Indiens, besagt Ergebenheit und Liebe gegenüber Gott im Unterschied zu einem Wissen (jñāna, vidyā) Gottes durch Meditation; der ›zweite‹, leichtere Weg zur Erlösung. K.L.

Bhartṛhari, *um 460, †um 520 n.Chr., ind. Grammatiker, Logiker und Philosoph. Möglicherweise mit dem berühmten buddhistischen Lyriker gleichen Namens identisch; in seinem dreiteiligen Hauptwerk »Vākyapadīya« der Lehre nach ein Vorläufer von Śaṃkara. B. identifiziert Sprache und ↑brahman und vertritt den Primat des Allgemeinen vor dem Individuellen zusammen mit dem allgemeinen Satz, daß kein Gedanke ohne sprachlichen Ausdruck möglich ist. Überliefert ist noch ein Teil eines Kommentars zur Sanskritgrammatik von Pāṇini (5. Jh. v.Chr.) und deren klassische Diskussion bei Kātyāyana (4. Jh. v.Chr.) und Patañjali (2. Jh. v.Chr.).

Werke: Vākyapadīya. A Treatise on the Philosophy of Sanskrit Grammar, with a Commentary of Puṇyarāja and of Helārāja, I–II, ed. G.S. Manavalli, Benares 1887/1937 (zugleich in: Benares Sanskrit Series 11, 19, 24, 95, 102, 130, 160–164), 1. Teil mit franz. Übers. in: M. Biardeau, Vākyapadīya Brahmakāṇḍa avec la vṛtti de Harivṛṣabha, Paris 1964, engl. in: K.A. Subramania Iyer, The Vākyapadīya of B. with the Vṛtti, Chap. I, Poona 1965; Mahābhāṣya-ṭīkā of B., ed. V. Swaminathan. Part I, Benares 1965.

Literatur: M. Biardeau, Théorie de la connaissance et philosophie de la parole dans le brahmanisme classique, Paris/Le Haye 1964; H.R.R. Iyengar, B. and Diṅnāga, J. of the Bombay Branch of the Royal Asiatic Society N.S. 26 (1950), 147–149; W. Rau, Die handschriftliche Überlieferung des Vakyapadiya und seine Kommentare, München 1971; W. Ruben, Indische und Griechische Metaphysik, Z. f. Indologie u. Iranistik 8 (1931), 147–227; G.N. Sastri, The Philosophy of Word and Meaning. Some Indian Approaches with Special Reference to the Philosophy of B., Calcutta 1959; K.A. Subramania Iyer, B.. A Study of the Vākyapadīya in the Light of the Ancient Commentaries, Poona 1969. K.L.

Bhāskara, um 900 n.Chr., ind. Theologe und Philosoph, einer der großen Kommentatoren des Brahma-Sūtra, Grundschrift des ↑Vendānta im

Rahmen der klassischen indischen Philosophie. B. lehrt in Übereinstimmung mit dem älteren Vedānta und gegen den Monismus Śaṃkaras die Evolution der Welt aus dem ↑brahman und vertritt dabei die relative Selbständigkeit der Einzelseelen: Einheit und Vielheit sind gleichwirklich. K. L.

bhāṣya (sanskr., Reden, Kommentar), Gattung innerhalb der indischen theologischen und philosophischen Literatur. In argumentierender und disputierender Form, etwa zwischen Schüler, jungem Lehrer und Meister, abgefaßte Erläuterung zu den hinduistischen und buddhistischen Lehrschriften, speziell den Sūtras, den aphoristisch knappen Leitfäden. K. L.

bhāva (sanskr., Sein, Zustand, Werden), Grundbegriff in den Systemen der klassischen indischen Philosophie. Z.B. gibt es sechs b.-(Sein-)Kategorien gegenüber einer abhāva-(d.i. Nichtsein-)Kategorie im ↑Nyāya und ↑Vaiśeṣika und eine Lehre von dem b. (Zustand) des Erkennens (buddhi) im ↑Sāṃkhya. K.L.

Bhāvaviveka (auch: Bhavya), 5./6. Jh. n. Chr., südind. buddhistischer Philosoph, Gründer des Svātantrika-(Schlußfolgerung-)Zweiges der ↑Mādhyamika-Schule im Mahāyāna-Buddhismus, Gegner der rein widerlegenden Methode Buddhapālitas durch Aufgreifen der positiven logischen Begründungsverfahren der ↑Yogācāra-Schule. Anstelle einer ausschließlich die ↑reductio-ad-absurdum-Methode benützenden Argumentation bedient B. sich syllogistischer Argumente, um Anhänger des Hīnayāna von der Richtigkeit der das Mādhyamaika charakterisierenden Śūnyatā-Lehre (Lehre von der Leerheit) zu überzeugen. Dabei bedeutet ›alle Gegenstände sind śūnya (d.i. leer, wörtlich: geschwollen)‹ nicht, daß jedem Gegenstand eine Eigenschaft ›Nichtexistenz‹ zukommt, sondern nur, daß jede Existenzbehauptung (z.B. ›es existieren P‹, mit einem Begriffswort P) widerlegbar ist, ein Gegenstand ›in Wirklichkeit‹ nicht bloß als ›Fall‹ begrifflicher Erfüllung (z.B. ›dies ist ein P‹) auftritt.

Werkausgaben und Übersetzungen: Karatalaratna (d.i. Das Juwel in der Hand), franz. Übers. v. L. de la Vallée Poussin (Le joyau dans la main), Mél. chinois et bouddhiques 2 (1932/1933), 60–138, aus dem Chines. (Chang-chen Lun) ins Sanskr. rückübersetzt u. mit einer engl. Inhaltsangabe versehen v. N. Aiyaswami Śāstri, in: Visva-Bharati Annals 2, Santiniketan 1949, 35ff.; M. Walleser, Prajñāpradīpa (d.i. Leuchte der Einsicht). A Commentary on the Madhyamaka sūtra (von Nāgārjuna), Calcutta 1914.

Literatur: E. Frauwallner, Die Philosophie des Buddhismus, Berlin 1956; Y. Kajiyama, B. and the Prāsaṅgika School, Nalanda 1957; T.R.V. Murti, The Central Philosophy of Buddhism, London 1955, [2]1960. K.L.

Biel, Gabriel, *Speyer um 1418, †Einsiedel (bei Tübingen) 1495, dt. Theologe und Philosoph. B., der 1460 Domprediger in Mainz wurde, sich um 1467 den Brüdern vom gemeinsamen Leben anschloß, 1468 Propst in Butzbach (Hessen), 1479 in Urach (Württemberg), 1492 in Einsiedel wurde und ab 1484 Mitglied der theologischen Fakultät in Tübingen war, gilt als der profilierteste Vertreter des ockhamistischen ↑Nominalismus (↑Ockhamismus) in Deutschland. Sein »Collectorium«, das den Sentenzenkommentar W. v. Ockhams zusammenfaßt und ergänzt, hat nachhaltigen Einfluß auf das protestantische Denken, insbesondere auf M. Luther, sowie auf das Tridentinum ausgeübt.

Werke: Collectorium in IV libros sententiarum Guillelmi Occam, I–IV, Tübingen 1501 (repr. I–II, Hildesheim/New York 1977); Epitome et collectorium ex Occamo circa quatuor sententiarum libros, Tübingen 1501, Basel 1508 (repr. Frankfurt 1965); Collectorium circa quattuor libros sententiarum, ed. W. Werbeck/U. Hofmann, Tübingen 1973ff. (I 1973, IV/1 1975, IV/2 1977); Sacri Canonis misse expositio resolutissima, Reutlingen 1488, Tübingen 1499, Basel 1510, I–V, ed. H.A. Oberman/W.J. Courtenay, Wiesbaden 1963–1976 (V = Dispositio et conspectus materiae cum indice conspectuum et rerum); Defensorium obedientiae apostolicae et alia documenta, Text u. engl. Übers. H.A. Oberman/D.E. Zerfoss/W.C. Courtenay, Cambridge Mass. 1968; Tractatus de potestate et utilitate monetarum, Oppenheim 1516, Nürnberg 1542 (engl. Treatise on the Power and Utility of Moneys, Philadelphia/London 1930); Quaestiones de justificatione, ed. C. Feckes, Münster 1929.

Literatur: J.E. Biechler, G.B. on »liberum arbitrium«: Prelude to Luther's »De servo arbitrio«, Thomist 34 (1970), 114–127; F.J. Burkhard, Philosophische Lehrgehalte in G.B.s Sentenzenkommentar unter besonderer Berücksichtigung seiner Erkenntnislehre, Meisenheim 1974; W. Ernst, Gott und Mensch am Vorabend der Reformation. Eine Untersuchung zur Moralphilosophie und -theologie bei G.B., Leipzig 1972; H.A. Oberman, The Harvest of Medieval Theology. G.B. and Late Medieval Nominalism, Cambridge Mass. 1963, Grand Rapids [2]1967 (dt. Spätscholastik und Reformation I [Der Herbst der mittelalterlichen Theologie], Zürich 1965). J.M.

Bienenfabel, ↑Mandeville, Bernard (de).

Bikonditional (engl. biconditional), Bezeichnung für den zweistelligen ↑Junktor ↑›dann und nur dann [, wenn]‹ (Zeichen $\leftrightarrow$, $\equiv$, seltener $\sim$, ⊓) zum Ausdruck der Beziehung der ↑Äquijunktion (auch ↑Bisubjunktion, materiale ↑Äquivalenz). P.S.

Bild, in der Tradition des ↑Platonismus (Welt als B. der Ideen, ↑Ideenlehre) und der christlichen Theologie (Mensch als B. Gottes) im Zusammenhang mit der Unterscheidung von Urbild und Abbild eingeführter Terminus. Die neuzeitliche erkenntnistheoretische Fassung des B.begriffs ist an der Unterscheidung zwischen Rezeptivität und Spontaneität des Denkens orientiert. I. Kant weist auf die Leistung der ›produktiven Einbildungskraft‹ bei der Herstellung der Erkenntnisbilder hin (KrV B 179–182, vgl. A 120f.). Rekonstruiert für Arithmetik und Geometrie, die Kant methodisch begründen will, wären B.er die Zählzeichen und die Realisierungen (z.B. durch Zeichnungen) geometrischer Figuren. Im Unterschied zu den B.ern wären die Schemata sinnlicher Begriffe dagegen die Zahlen und die, unabhängig von ihrer jeweiligen Realisierung betrachteten, ›idealen‹ geometrischen Figuren. Die ›produktive Einbildungskraft‹ wäre in einer solchen Rekonstruktion durch ›Normen des Zählens und Messens‹ zu ersetzen, so daß ein B. in der Arithmetik das Zeichen für eine nach diesen Zählnormen hergestellte Zahl, in der Geometrie das Realisat eines nach den materialunabhängigen ›idealen‹ Meßnormen konstruierten Gegenstandes wäre.

J.G. Fichte führt den Terminus ›B.‹ ein, um die Verläßlichkeit der Normbegründung im allgemeinen zu erweisen. B. ist für Fichte die ›Nachkonstruktion‹ des ursprünglichen ›Lebens‹ bzw. der ›Sichkonstruktion‹: die schrittweise Wiederholung der ersten Zwecksetzungen der Menschen, die jeweils schon geleistet sein müssen, damit überhaupt gemeinsames zweckgeleitetes Handeln möglich ist. Fichte will vor allem zeigen, daß die Anerkennung einer praktischen Grundnorm, die das Begründen von Normen ermöglicht, in ihrer schrittweisen, lehrbaren Wiederholung keine uneinsehbare Willkürtat, sondern das Einsichtigwerden dieser Anerkennung als der Ermöglichung willkürfreien Argumentierens ist. Insofern diese Anerkennung erst in ihrer Rekonstruktion, d.h. als B., auf lehrbare Weise einsichtig wird, ist die Herstellung des B.es erfordert. Insofern das Einsichtigwerden der Rekonstruktion aber von der Leistung dieser Anerkennung abhängt, ist das B. eben ›nur‹ B. (vgl. Wissenschaftslehre 1804, Transzendentale Logik 1812).

Philosophische Bedeutung hat die Rede vom B. wieder durch L. Wittgenstein erhalten, der im B. ›ein Modell der Wirklichkeit‹ (Tract. 2.12) sieht (↑Abbildtheorie). Ein B. ist die Darstellung eines Sachverhaltes durch bestimmte Darstellungsmittel, z.B. eine Zeichnung, eine Aussage oder eine Aussageform. Wittgenstein redet dabei nur von empirischen Sachverhalten als B.ern bzw. von B.ern der Wirklichkeit, so daß analytisch wahre oder falsche Aussagen keine B.er sind (Tract. 4.462). Werden nur logische Darstellungsmittel (Aussageformen) für empirische Sachverhalte betrachtet, so ergibt sich ein logisches B. (der Wirklichkeit). Trotz mancher realistischer Formulierungen, z.B. über das ›Übereinstimmen‹ von B. und Wirklichkeit (2.21, 2.222 etc.), über das ›Vergleichen‹ des B.es mit der Wirklichkeit (2.223), über das ›Entsprechen‹ der B.elemente und der Gegenstände (2.13–2.15), muß mit der Rede vom B. bei Wittgenstein keine bestimmte wahrheits- oder erkenntnistheoretische Position verbunden werden. Vielmehr werden die B.er einerseits nur insofern betrachtet, als mit ihnen der nicht analytisch erschließbare empirische ›Gehalt‹ von Aussagen entsteht: mit dem B. ›berühren‹ wir die Wirklichkeit (2.1515), das B. ›reicht bis zu ihr‹ (sc. der Wirklichkeit) hin (2.1511). Andererseits soll die Rede vom B. unsere Aufmerksamkeit bei der Kritik unserer Gedanken auf die dabei benutzten Darstellungsmittel, insbesondere die sprachlichen Mittel, wenden und damit Philosophie zur Sprachkritik werden lassen.

Literatur: J. Drechsler, Fichtes Lehre vom B., Stuttgart 1955; F. Kaulbach, Schema, B. und Modell nach den Voraussetzungen des Kantischen Denkens, Stud. Gen. 18 (1965), 464–479; E. Stenius, Wittgenstein's Tractatus. A Critical Exposition of the Main Lines of Thought, Oxford 1960 (dt. Wittgensteins Traktat. Eine kritische Darlegung seiner Hauptgedanken, Frankfurt 1969); ders., Wittgenstein's Picture Theory. A Reply to Mr. H.R.G. Schwyzer, Inquiry 6 (1963), 184–194; W. Stegmüller, Eine modelltheoretische Präzisierung der wittgensteinschen Bildtheorie, Notre Dame J. Formal Logic 7 (1966), 181–195 (wieder abgedruckt in: W. Stegmüller, Aufsätze zu Kant und Wittgenstein, Darmstadt 1970, 62–76). O.S.

Bildchentheorie, Bezeichnung für die Wahrnehmungslehre des Demokrit. Sie greift vermutlich auf die Lehre des Empedokles zurück, nach der jedes Sinnesorgan feinste Poren besitzt und nur solche Körperdinge wahrnimmt, die in die Poren passende Teilchen aussenden – die wissenschaftsgeschichtlich früheste Lehre von einer spezifischen Energie der Sinnesorgane. Nach Demokrit senden die Körperdinge kleine stoffliche Bildchen (Eidola) ihrer selbst aus; die Wahrnehmung entsteht durch das Auftreffen solcher Bildchen auf die Sinnesorgane und die dadurch erzeugte spezifische Bewegung der Feueratome, aus denen nach Demokrit die Seele besteht. Das behauptete Ähnlichkeitsverhältnis zwischen Körperding, Bildchen und Wahrnehmungsinhalt soll offenbar das für Demokrit sonst unbegreifliche Funktionieren der Wahrnehmung bei der Orientierung unseres Handelns erklären. Auch das Denken beruht nach dieser Lehre auf einer Einwirkung von Bildchen: Während an der Wahrnehmung die ›groben‹ Bildchen ganzer Atomkomplexe beteiligt sind, ist das Denken als eine Berührung der Seelenatome mit den ›feinen‹, die atomistische Struktur der Körperdinge (↑Atomismus) unmittelbar darstellenden atomaren Bildchen erklärt, weshalb das Denken nach Demokrit die Wirklichkeit sogar besser erfaßt als die Wahrnehmung. Die B. ist später von den Epikureern wiederaufgegriffen und ausgebaut worden. Ihr atomistischer Grundgedanke (ohne die Behauptung eines Abbildverhältnisses, ↑Abbildtheorie) hat auch weiterhin gewirkt: noch für J. Locke ist ein Sinnesreiz die Einwirkung von den Körperdingen ausgesandter Korpuskeln auf das Sinnesorgan. C. T.

Bildung, die Gesamtformung des individuellen Menschen umfassender Begriff, der sich schon in der antiken und christlichen Tradition auf das Erfordernis bezieht, den aus tradiert-sittlichen Bindungen tendenziell entlassenen Menschen allgemein zu orientieren. Insofern der B.sbegriff subjektive Autonomie in Anspruch nimmt, ist er an ↑Aufklärung orientiert, insofern er für eine der aufklärerischen Vereinzelungstendenz entgegenwirkende Lebensgestaltung steht, ist er aufklärungskritisch. Sein programmatischer Gehalt ist die Konstituierung bzw. Restituierung des Humanums vermittels eines Verinnerlichungsvorgangs, so daß B. stets die Selbsttätigkeit des zu Bildenden zumindest einschließt.

Platon (Pol. 500c–e) greift auf die technisch-künstlerische Formsprache zurück, wenn er den im Wege der Selbstbildung (*ἑαυτὸν πλάττειν*, 500d6) auf das Göttliche treffenden Philosophen als einzig kompetenten ›Bildner‹ des Staates herausstellt. Paulus (2. Kor. 3,18) fordert die Freilegung der inneren Instanzen, um der ›Einbildung‹ Gottes in uns gewärtig zu werden und wird damit für die mystische Tradition (Meister Eckhart) relevant. Der Pietismus (F. C. Oetinger) schreibt diese Fassung von B. bis ins 18. Jahrhundert fort. J. G. Herder spricht von ›B. der Menschheit‹ in einem universalgeschichtlichen Sinne, wendet sich dabei jedoch gegen naive Fortschrittsvorstellungen (↑Fortschritt) der Aufklärung, indem er seinen Blick auf die harmonische Ausbildung der genuinen Anlagen einer jeden Epoche und eines jeden Volkes zentriert. Für J. W. v. Goethe steht der Harmoniegedanke in seiner Metamorphosenlehre im Vordergrund: B. ist eine Eigentümlichkeit vor allem der organischen Gestaltungen; sie ist einheitlich bleibende stete Veränderung und Durchgang durch mannigfache Formungen. Hervorbringung in diesem Sinne und Hervorgebrachtheit sind gleichermaßen durch ›B.‹ bezeichnet (B. und Umbildung organischer Naturen, in: Gedenkausgabe der Werke, Briefe und Gespräche, ed. E. Bentler, Zürich 1952, XVII, 14). Der Begriff der Metamorphose faßt die ›Einheit und Freiheit‹ des der B. zugrunde liegenden Triebs zusammen (Bildungstrieb, a.a.O., 1976). Im »Wilhelm Meister« wird der organisch-entwicklungsharmonisch definierte B.sbegriff von Goethe auf die Persönlichkeit übertragen. J. G. Fichte definiert die Erziehung als ›B. zum Menschen‹. Ein Mensch gilt als gebildet, wenn er ganzheitlich aus sich selbst heraus (›Selbsttätigkeit‹) will, was allgemein und sittlich erfordert ist (Reden an die deutsche Nation, Ausgew. Werke V, 392ff.). Neben dieser emphatischen Definition findet sich bei Fichte jedoch auch ein mit ›Ausbildung‹ synonymer Gebrauch von B. ›Allgemeine B.‹ ist das Ziel der von W. v. Humboldt propagierten B.spolitik. Dem Staat wird keine andere Aufgabe zugewiesen, als die B. des ›Bürgers als Menschen‹ zu befördern, die ihrerseits jedoch in Selbsttätigkeit von jedem einzelnen selbst hervorgebracht werden muß (Über Religion, in: Werke in fünf Bänden, Darmstadt 1960, I, 24ff.; vgl. Ideen zu einem Versuch, die Gränzen der Wirksamkeit des Staats zu bestimmen, a.a.O., 64). B. ist nach Humboldt eine ganzheitlich-harmonische, auf der Basis individueller Freiheit aufruhende Selbstformung des Menschen.

Eine philosophisch-systematische Einbettung des B.sbegriffs nimmt (wortgeschichtlich weitgehend folgenlos) G. W. F. Hegel in seinen frühen Schriften vor. B. ist für Hegel das zeitgeschichtliche Signum von ↑›Entzweiung‹. B. und ›Harmonie des Lebens‹ sind zueinander gegensätzliche Vorstellungen (Differenz des Fichteschen und Schellingschen Systems der Philosophie, Sämtl. Werke I, 44ff.). B. als einseitige, von der subjektiven Orientierung her vorgenommene Fixierung der Wirklichkeit ist ebenso wie der aus ihr fliehende ›Glaube‹ eine Form von ↑›Entfremdung‹ (Phänom. des Geistes, Sämtl. Werke II, 372–405).

Mit W. v. Humboldt wurde der B.sbegriff zur zentralen philosophischen Kategorie der Pädagogik. Er wird im beginnenden 20. Jahrhundert von W. Dilthey und P. Natorp, dann von E. Spranger, T. Litt, E. Grisebach, W. Flitner, O.F. Bollnow u.a. teils im Anschluß an die Humboldtschen Vorstellungen, teils in einer kritischen Wendung diskutiert.

Literatur: T. Ballauf, Die Grundstruktur der B., Weinheim 1953; G. Böhme, Die philosophischen Grundlagen des B.sbegriffs. Eine Propädeutik, Kastellaun 1976; E. Braun (ed.), Aristoteles und die Paideia, Paderborn 1974; H.R. Cassirer, Kommunikation und die Zukunft der B., Stuttgart 1974; J. Christes, B. und Gesellschaft. Die Einschätzung der B. und ihrer Vermittler in der griechisch-römischen Antike, Darmstadt 1975; T. Ellwein, B.stradition und zukunftsorientierte Ausbildung, Echzell 1971; W. Flitner, Das Selbstverständnis der Erziehungswissenschaft in der Gegenwart, Heidelberg 1957; E. Grisebach, Probleme der wirklichen B., München 1923; R. Guardini, Grundlegung der B.s-Lehre. Versuch einer Bestimmung des Pädagogisch-Eigentlichen, Würzburg ^{7}1965; W. Jaeger, Paideia. Die Formung des griechischen Menschen, I–III, Berlin ^{4}1959; P. Kellermann, Zur Soziologie der B., Wien/München 1976; E. Lichtenstein, Zur Entwicklung des B.sbegriffs von Meister Eckart bis Hegel, Heidelberg 1966; ders., B., Arch. Begriffsgesch. 12 (1968), 7–29 (Vorabdruck aus Hist. Wb. Ph. I [1970], 921–937); T. Litt, Die Philosophie der Gegenwart und ihr Einfluß auf das B.s-Ideal, Leipzig 1925, ^{3}1930; ders., Das B.s-Ideal der deutschen Klassik und die moderne Arbeitswelt, Bonn 1957, Bochum ^{2}1961; ders., Technisches Denken und menschliche B., Heidelberg 1957; F. Nicolin, Hegels B.s-Theorie. Grundlinien einer geisteswissenschaftlichen Pädagogik, Bonn 1955; H. Röhrs (ed.), B.sphilosophie, I–II, Frankfurt 1967/1968 (mit Bibliographie); I. Schaarschmidt, Der Bedeutungswandel der Worte ›bilden‹ und ›B.‹ in der Literatur-Epoche von Gottsched bis Herder, Diss. Königsberg 1931 (Neudr. Weinheim 1965); M. Scheler, Die Formen des Wissens und die B., Bonn 1925; ders., B. und Wissen, Frankfurt ^{3}1947; E. Schütz, Freiheit und Bestimmung. Zur Sinnbildung des B.ssinnes in der Gegenwart, Kastellaun 1972; E. Spranger, Der deutsche Klassizismus und das B.sleben der Gegenwart, Erfurt 1928; H. Steffen (ed.), B. und Gesellschaft. Zum B.sbegriff von Humboldt bis zur Gegenwart, Göttingen 1972; E. Weber (ed.), Der Erziehungs- und B.sbegriff im 20. Jahrhundert, Bad Heilbrunn ^{3}1976; H. Weil, Die Entstehung des deutschen B.s-Prinzips, Bonn 1930. S. B.

Bildungsregel, auch *Formregel* (engl. formation rule), B. einer Sprache *S* heißt jede der Regeln, die (unter Umständen in Verbindung mit weiteren Regeln) aus Elementen des ↑Alphabets von *S* zusammengesetzte Zeichenreihen (speziell ↑Terme, ↑Aussagen, ↑Aussageformen) als die in *S* ›sinnvollen‹ Ausdrücke herzustellen erlaubt. Nur die auf Grund von B.n für *S* herstellbaren Figuren sind Ausdrücke von *S* (↑Ausdruck (logisch)). B.n im engeren Sinne sind solche, nach denen man unmittelbar aus Elementen des Alphabets aufgebaute Zeichenreihen erhält, während zu den B.n im weiteren Sinne auch *Umformungsregeln* gehören (engl. transformation rules), die aus bereits nach B.n hergestellten Zeichenreihen weitere solche als zulässige Ausdrücke der Sprache *S* liefern. Zu den B.n für natürliche Sprachen gehören unter anderem die grammatischen Regeln; die B.n einer formalen Sprache (eines ↑Kalküls) *K* haben üblicherweise die Gestalt streng induktiver Bestimmungen der Ausdrücke von *K* und, darauf aufbauend, der Aussagen von *K* (↑Ausdruckskalkül). Jeder nach den B.n einer formalen Sprache erzeugte Ausdruck heißt ›wohlgebildeter Ausdruck‹ (engl. ›well-formed expression‹, abgekürzt ›wfe‹, im Falle wohlgebildeter Formeln ↑›well-formed formula‹, abgekürzt ›wff‹). Die Bedeutung strenger B.n für Kalkülausdrücke wurde erstmals von G. Frege erkannt, der in seinem System von Logik und Mengenlehre Regeln der ›rechtmäßigen Bildung von Namen‹, darunter insbesondere Substitutionsregeln, Quantifikationsregeln und Umbenennungsregeln spezifiert hat.

Literatur: H.B. Curry, Foundations of Mathematical Logic, New York/San Francisco/Toronto/London 1963; G. Frege, Grundgesetze der Arithmetik, begriffsschriftlich abgeleitet, I–II, Jena 1893/1903 (repr. I–II, Darmstadt 1962), insbes. I, §28ff.; P. Lorenzen, Metamathematik, Mannheim 1962. C. T.

Bildungssprache (engl. language of philosophers, lat. lingua erudita), im Unterschied zur jedermann verständlichen Umgangssprache (engl. ordinary language, lat. lingua vernacula) derjenige Teil der ↑Gebrauchssprache (d.i. im allgemeinen irgendeine natürliche Sprache), der ohne Kenntnis der dahinterstehenden, meist allgemein philosophischen Tradition unverständlich bleibt. Die B. ist eine tradierte bzw. durch Verschmelzung verschiedener Traditionen entstandene Fachsprache (engl. technical language). Das Verständlichmachen der B. durch Zurückführen auf die ↑Alltagssprache, soweit möglich, ist eine Hauptaufgabe in der analytischen Philosophie (↑Philosophie, analytische). K. L.

Bilfinger, Georg Bernhard, *Cannstatt 23. Jan. 1693, †Stuttgart 18. Febr. 1750, dt. Philosoph und Theologe. Schüler C. Wolffs, lehrte von 1721–1725 als a.o. Prof. der Philosophie in Tübingen, anschließend in Petersburg, ab 1731 o. Prof. der Theologie in Tübingen; 1734 Geheimer Rat, 1739 Konsistoriumspräsident in Stuttgart. B. vertritt unter Rückgriff auf Lehrstücke der Leibnizschen Philosophie (↑Monadentheorie), thematisch an Fragen der Zuordnung von Philosophie und Theologie sowie dem Problem der ↑Willensfreiheit orientiert, die Position Wolffs. B. wird irrtümlich der Ausdruck ↑›Leibniz-Wolffsche Philosophie‹ zugeschrieben.

Werke: De harmonia animi et corporis humani maxime praestabilita ex mente illustris Leibnitii, commentatio hypothetica, Tübingen 1721, Frankfurt/Leipzig 1723, [2]1735, Tübingen 1741; De triplici rerum cognitione, historica, philosophica et mathematica, articulos, Tübingen 1722; De origine et permissione mali, praecipue moralis, commentatio philosophica, Frankfurt/Leipzig 1724, Tübingen 1743; Dilucidationes philosophicae de Deo, anima humana, mundo, et generalibus rerum affectionibus, Tübingen 1725, [2]1740, [3]1746; Elementa physices, Leipzig 1742.

Literatur: H. Liebing, Zwischen Orthodoxie und Aufklärung. Das philosophische und theologische Denken G. B. B.s, Tübingen 1961; R. Wahl, Prof. B.s Monadologie und prästabilierte Harmonie in ihrem Verhältnis zu Leibniz und Wolff, Z. Philos. phil. Kritik 84 (1884), 66–92, 202–231; M. Wundt, Die deutsche Schulphilosophie im Zeitalter der Aufklärung, Tübingen 1945 (repr. Hildesheim 1964). J. M.

binär (von lat. bini, je zwei, zwei), soviel wie zweistellig, zweiwertig, aus zwei (Sorten von) Elementen kombiniert. In Logik und Mathematik ↑zweistellige Operationen und ↑Relationen, die Darstellungen von Zahlen im ↑Dualsystem mit *zwei* Ziffern 1 und 0, die zweiwertige (von der Annahme *zweier* ↑Wahrheitswerte ausgehende) Logik (↑Logik, zweiwertige). In der ↑Informations- und ↑Automatentheorie heißen die minimalen Informations- und Speichereinheiten (›bits‹) b., da sie genau zwei verschiedene Zustände annehmen können. G. H.

Biologie (von griech. *βίος*, Leben, und *λόγος*, Lehre), Wissenschaft von Geschichte, Struktur und Funktion lebender Systeme (↑Organismen). Obwohl seit den Vorsokratikern Philosophie und Wissenschaft immer wieder versucht haben, das Phänomen des ↑Lebens zu beschreiben, zu analysieren und zu verstehen, tritt der Terminus ›B.‹ erst zu Beginn des 19. Jahrhunderts auf (erstmals wohl bei K. F. Burdach, Propädeutik zum Studium der gesammten Heilkunst. Ein Leitfaden akademischer Vorlesungen, Leipzig 1800). Seine rasche Verbreitung wurde dadurch gefördert, daß A. Comte die B. in sein System der ›positiven Philosophie‹ aufnahm (Cours de philosophie positive III: La philosophie chimique et la philosophie biologique, Paris 1838). Die terminologische Innovation läßt sich als Ausdruck eines grundlegenden Paradigmenwandels (↑Paradigma) in den Bereichen der Naturforschung, die bislang die ›biologischen‹ Phänomene untersuchten, verstehen, der schließlich zu einer disziplinären Vereinigung und akademischen Etablierung bis dahin unterschiedlicher Arbeitsgebiete unter der Bezeichnung ›B.‹ führte.

Für das Denken der klassischen Antike bedeutete ›leben‹ in erster Linie soviel wie ›eine ↑Seele besitzen‹. Die Seele wurde, ohne daß (nicht zuletzt wegen des antiken ↑Physis-Begriffs) eine scharfe Trennung zwischen lebendem und totem Stoff vorgenommen wurde (↑Hylozoismus), als organisierende Kraft des Körpers verstanden. Dementsprechend stehen antike Auffassungen über das Leben im Zusammenhang allgemeiner kosmologischer Theorien, so etwa der Vier-Elementen-Lehre einschließlich der diesen Elementen zugeordneten Qualitäten (z. B. warm/kalt, trocken/feucht), wobei die Qualität ›warm‹ weithin als entscheidende Eigenschaft angesehen wurde. Solchen mehr von Philosophen entwickelten Theorien stehen vor allem von Ärzten (z. B. Hippokratische Schule) geschätzte Lehren gegenüber, die den Körpersäften, gelegentlich auch in Verbindung mit kosmologischen Qualitäten, den entscheidenden Anteil an der Erklärung des Lebens zuweisen. Konzeptionen dieser Art, häufig um die Annahme spezieller Prinzipien für das Leben erweitert (seit Aristoteles etwa das immer wieder modifizierte ↑Pneuma-Prinzip), bestimmen die biologisch-medizinischen Theorien des Mittelalters und der Renaissance. Übergreifender Gesichtspunkt fast aller dieser Theorien ist der erstmals von Aristoteles ausführlich reflektierte Gedanke, daß die vitalen Prozesse, ebenso wie die Veränderungen *aller* Naturdinge, in einem Zweckzusammenhang (↑Teleologie) gesehen werden müssen. Nach diesem von der alltäglichen Erfahrung inspirierten Standpunkt entwickelt sich etwa ein Same zu einem Lebewesen, weil es zum natürlichen Wesen eines Samens gehört, sich zu einem Lebewesen zu entwickeln.

Neben *theoretischen* Forschungen unter den genannten oder ähnlichen Paradigmen kennt auch das Altertum eine *naturgeschichtliche Deskription* der Organismen, die zu ersten groben Klassifizierungen führt, und zwar auf der logischen Basis der Platonischen ↑Dihairesis-Lehre.

Die im 17. Jahrhundert entstehende, die Aristotelische ablösende, neuzeitliche Physik bewirkt, mit zeitlicher Verschiebung, auch in den Lehren vom Lebendigen einen grundlegenden Paradigmenwechsel. Während Erklärungen der Aristotelischen Wissenschaft als *funktionale* Beschreibungen verstanden werden können, erfordert neuzeitliche Wissenschaft eine *kausale* Erklärung ihrer

Phänomene durch Reduktion auf Wirkungen von Druck und Stoß. Organismen werden konsequenterweise als Maschinen aufgefaßt, eine Konzeption, die, soweit die untersuchten Phänomene es gestatteten, zu Erfolgen führte (z.B. Erklärung des Blutkreislaufs durch W. Harvey). Gleichzeitig ließ diese mechanistische Konzeption das Problem der Erklärung des ↑Bewußtseins hervortreten. Das Unvermögen, mit mechanischen Mitteln Phänomenen wie dem der Reproduktion und Regeneration zu entsprechen, die die Theoretiker des 18. Jahrhunderts vornehmlich beschäftigten, forcierten die Entstehung der eigentlichen B.
↑Systematik und ↑Naturgeschichte, auch sie im teleologischen Rahmen der Vermittlung der Zweckmäßigkeit der Schöpfung, konnten auf Grund zunehmenden Materials und verbesserter Beobachtungsmethoden (z.B. Mikroskop) noch heute gültige Leistungen erbringen, verblieben jedoch, trotz der Herausbildung des Begriffs der biologischen ↑Spezies im späten 17. Jahrhundert, bei der von Aristoteles initiierten Konzeption einer ↑›scala naturae‹, d.h. der Annahme eines kontinuierlichen Zusammenhanges der drei Naturreiche (Minerale, Pflanzen, Tiere), den es zu beschreiben und zu systematisieren gelte. Erst das beginnende 19. Jahrhundert ersetzt schrittweise dieses Paradigma durch die Auszeichnung der *lebendigen* Naturkörper und ihre Untersuchung in der neuen biologischen Wissenschaft. Einigende Gesichtspunkte der neuen Disziplin sind *systematisch* das Wissen, daß alle Organismen aus Zellen aufgebaut sind, und *historisch* die Erkenntnis, daß sich die verschiedenen Arten auseinander entwickelt haben (↑Evolution, ↑Evolutionstheorie). Diese beiden Paradigmen gelten auch in der heutigen B. Während jedoch die Evolutionstheorie ihre zentrale Stellung behalten hat, wurde das zellbiologische Paradigma durch andere Paradigmen differenziert und ergänzt, etwa durch die Genetik in ihren verschiedenen Formen (Transmissionsgenetik als [auf G. Mendel zurückgehende] Untersuchung der Vererbung phänomenaler Charakteristika in individuellen Abstammungsreihen, Molekulargenetik als Theorie von Struktur und Funktion der genetischen Information, Populationsgenetik als Studium der Genverhältnisse und Merkmalsverschiebungen in Populationen).
Das übergreifende Paradigma der B. als der Wissenschaft von den lebenden Systemen scheint sich, sieht man einmal von historisch-phylogenetisch paläontologischer sowie taxonomischer Arbeit ab, so gut wie stets unter evolutionären Gesichtspunkten in der aktuellen Forschung in zwei große Paradigmen differenziert zu haben: Zum einen werden die lebenden Naturkörper als physikalische und chemische Systeme, zum anderen in Abhängigkeit von und Wechselwirkung mit ihrer Umwelt betrachtet. Das erste Paradigma führt zur *Biophysik*, die sich sowohl als molekular (einschließlich *Biochemie*) versteht, aber auch die Lebewesen untersucht, insofern sie Maschinen (im Sinne der klassischen Mechanik, Elektrizitätslehre, Optik und Akustik) sind. Die Forschungen der Molekularbiologie (seit etwa 1950) nehmen in der Biophysik einen hervorragenden Rang ein, wie etwa die Aufklärung der genetischen Information (›genetischer Code‹) durch F. Crick und J.D. Watson zeigt. Zu den grundlegenden Erkenntnissen der Molekularbiologie gehört ferner, daß die Lebewesen jene Naturkörper sind, die Nukleinsäuren und Proteine besitzen und imstande sind, solche Moleküle selbst zu synthetisieren. Das zweite Paradigma betrachtet die Organismen als Ganzheiten und untersucht ihre Verhaltensnormen gegenüber der Umwelt (↑Verhaltensforschung) bzw. sieht sie als Glieder im Gesamtstoffkreislauf der Erde (Ökologie).
Die moderne B., oft gegenüber Nachbargebieten (insbesondere Physik und Chemie) schwer abzugrenzen, ist in ihrer Gesamtheit diejenige Disziplin, in der Methoden und Erkenntnisse sowohl aus allen Teilen der Naturwissenschaften als auch der Kulturwissenschaften integriert werden. Daneben bedient sie sich in vielen ihrer Teilgebiete der Hilfsmittel der Mathematik sowie, als Wissenschaft lebender *Systeme* (↑Systemtheorie), der ↑Kybernetik.
Die neuere *Wissenschaftstheorie*, zunächst konzentriert auf Probleme der Physik, untersucht in verstärktem Maße biologische Theorien. Systematisch steht dabei an erster Stelle die Frage, ob die B. eine ›autonome‹ Wissenschaft ist oder ob sie sich auf andere Wissenschaften, insbesondere Physik und Chemie, ›reduzieren‹ (↑Reduktion) läßt. Diese in der älteren Naturphilosophie meist in Kategorien wie ↑Mechanismus, ↑Vitalismus und ↑Organizismus diskutierte Problematik hängt in ihrer wissenschaftstheoretischen Dimension in erster Linie vom verwendeten Reduktionsbegriff ab. Nach dem gegenwärtigen Kenntnisstand von Physik/Chemie und B. erfüllen viele in der B. auftretende Gesetzmäßigkeiten nicht die Grundforderungen, die sie einer Reduktion auf Gesetze der Physik/Chemie zugänglich machten. Insbesondere lassen sich biologische *Termini* wie Zelle, Organ, Spezies usw. nicht oder nicht vollständig in phy-

siko-chemischer Begrifflichkeit ausdrücken, *Gesetze* lassen sich nicht schlicht ›ableiten‹. Die These von der ›prinzipiellen‹ Reduzierbarkeit der B. verbleibt daher spekulativ bezüglich der zukünftigen Wissenschaftsentwicklung, wenn auch die Trends gegenwärtiger Forschung, insbesondere in der Molekularbiologie, sie zu unterstützen scheinen. Von dieser wissenschaftstheoretischen ist die *ontologische* Formulierung des Problems zu unterscheiden. Sie lautet in einem Teilaspekt etwa, ob die *Eigenschaften* von Organismen (›das Ganze‹) als Resultat der Eigenschaften (›Summe der Teile‹) ihrer physikalischen Komponenten erklärt werden können. Die durch die negative Antwort auf diese Frage vermittelte Einsicht ist jedoch relativ belanglos, da sie auch in weiten Teilen der nicht-belebten Welt gilt. So lassen sich z.B. die ›Eigenschaften‹ von Wasser (einer Flüssigkeit) nicht aus den ›Eigenschaften‹ der beiden Gase erklären, aus denen Wassermoleküle bestehen. Ontologische Auffassungen, die die ›Autonomie‹ der B. bestreiten, gehen häufig von der metaphysischen Basisthese der ↑Einheit der Natur aus.

Weitere, großenteils kontroverse Themen der Wissenschaftstheorie der B. sind z.B. die Frage nach dem Status biologischer Gesetze (vor allem im Vergleich mit denjenigen der Physik), das Problem spezieller biologischer ↑Erklärungen, das Verhältnis von ↑Kausalanalyse und Funktionalanalyse (einschließlich des Problems der Teleologie).

Biologische Forschung, bis um etwa 1950 im wesentlichen ohne konkrete medizinische und industrielle Verwertung, ist im Begriff, zu einem entscheidenden Faktor der medizinischen Grundlagenforschung und Therapie sowie industrieller Anwendung (etwa in der Energiegewinnung) zu werden. Hierbei werden wichtige ethische Probleme (etwa das der Genmanipulation) aufgeworfen, die die Philosophie vor neue Fragen stellen. Auch die evolutionstheoretische Analyse von moralanalogem Verhalten (z.B. ↑Altruismus) in der ↑Soziobiologie dürfte auf philosophische Reflexionen nicht ohne Einfluß bleiben. Weiterhin erhalten alte Gegenstände philosophischen Nachdenkens wie die Frage nach dem ↑Tod in biologischer, speziell evolutionstheoretischer Sicht eine eigentümliche Beleuchtung. Der Tod der Organismen stellt sich hier als eine Vorbedingung evolutionärer Entwicklung überhaupt dar und ist, so scheint es, in ihrem genetischen Programm fixiert. Ohne Tod hätte es eine Evolution bis hin zum Menschen nicht gegeben.

Literatur: H. Autrum, B. – Entdeckung einer Ordnung, München 1970; F.J. Ayala/T. Dobzhansky (eds.), Studies in the Philosophy of Biology, Berkeley/London 1974; T. Ballauf, Die Wissenschaft vom Leben. Eine Geschichte der B. I (Vom Altertum bis zur Romantik), Freiburg/München 1954 (Orbis Academicus II 8), Bd. III s. E. Ungerer, Bd. II nicht erschienen; W. Baron, Die Entwicklung der B. im 19. Jahrhundert und ihre geistesgeschichtlichen Voraussetzungen, Technikgesch. 33 (1966), 307–328; M.O. Beckner, The Biological Way of Thought, New York 1959, Berkeley ²1968; ders., Biology, Enc. Ph. I (1967), 310–318; L. v. Bertalanffy, Problems of Life, New York 1952, ²1960; R.T. Blackburn (ed.), Interrelations: The Biological and Physical Sciences, Chicago 1966; H.J. Bogen, Knaurs Buch der modernen B., München/Zürich o.J.; A.D. Breck/W. Yourgrau (eds.), Biology, History and Natural Philosophy. Based on the Second International Colloquium Held at the University of Denver, New York 1972; M. Bunge (ed.), The Methodological Unity of Science, Dordrecht/Boston 1973, Teil IV (Theory and Decision Library 3); G. Czihak/H. Langer/H. Ziegler (eds.), B.. Ein Lehrbuch für Studenten der B., Berlin/Heidelberg/New York 1976, ²1978; T. Dobzhansky, The Biology of Ultimate Concern, London 1969; H.T. Engelhardt jr./S.F. Spicker (eds.), Evaluation and Explanation in the Biomedical Sciences. Proceedings of the First Trans-Disciplinary Symposium on Philosophy and Medicine Held at Galveston, May 9–11, 1974, Dordrecht/Boston 1975 (Philosophy and Medicine 1); E.J. Gardner, History of Biology, Minneapolis Minn. 1965; M. Grene, Approaches to a Philosophical Biology, New York/London 1968; dies. (ed.), Interpretations of Life and Mind. Essays around the Problem of Reduction, London 1971; dies., The Understanding of Nature. Essays in the Philosophy of Biology, Dordrecht/Boston 1974 (Boston Studies in the Philosophy of Science 23); dies./E. Mendelsohn (eds.), Topics in the Philosophy of Biology, Dordrecht/Boston 1976 (Boston Studies in the Philosophy of Science 27); B. Hoppe, B. – Wissenschaft von der belebten Materie von der Antike bis zur Neuzeit. Biologische Methodologie und Lehren von der stofflichen Zusammensetzung der Organismen, Wiesbaden 1976; W. Hoppe u.a., Biophysik. Ein Lehrbuch, Berlin/Heidelberg/New York 1975; D.L. Hull, Philosophy of Biological Science, Englewood Cliffs N.J. 1974; F. Jacob, La logique du vivant. Une histoire de l'hérédité, Paris 1970 (dt. Die Logik des Lebendigen. Von der Urzeugung zum genetischen Code, Frankfurt 1972); M. Lohmann (ed.), Wohin führt die B.? Ein interdisziplinäres Kolloquium, München 1970; F. Mainx, Foundations of B., Chicago 1955; A. Meyer-Abich, Geistesgeschichtliche Grundlagen der B., Stuttgart 1963; H. Mohr, Lectures on Structure and Significance of Science, New York/Heidelberg/Berlin 1977; R. Munson (ed.), Man and Nature, New York 1971; E. Nagel, The Structure of Science, New York 1961; E. Oeser, System, Klassifikation, Evolution. Historische Analyse und Rekonstruktion der wissenschaftstheoretischen Grundlagen der B., Wien/Stuttgart 1974; A. Portmann, Probleme des Lebens. Eine Einführung in die B., Basel/München ³1967; E. Rádl, Geschichte der biologischen Theorien in der Neuzeit I, Leipzig/Berlin ²1913, II (Geschichte der Entwicklungstheorien in der B. des XIX. Jahrhunderts), Leipzig 1909 (repr. Hildesheim/New York 1970); M. Ruse, The Philosophy of Biology, London 1973; H. Sachsse, Die Erkenntnis des Lebendigen, Braunschweig 1968; G. Schmidt, Über die Herkunft der Ausdrücke

Morphologie und B.. Geschichtliche Zusammenhänge, Nova Acta Leop. N.F. 2, H. 3/4 (1935), 597–620; M.A. Simon, The Matter of Life, New Haven Conn. 1971; V.E. Smith (ed.), Philosophy of Biology, New York 1963; ders. (ed.), Philosophical Problems in Biology, New York 1966; G. Sommerhoff, Analytical Biology, London 1950; G.S. Stent, Paradoxes of Progress, San Francisco 1978; E. Ungerer, Die Wissenschaft vom Leben. Eine Geschichte der B. III (Der Wandel der Problemlage der B. in den letzten Jahrzehnten), Freiburg/München 1966 (Orbis Academicus II 14), Bd. I s. T. Ballauf, Bd. II nicht erschienen; C.F. v. Weizsäcker, Gedanken über das Verhältnis der B. zur Physik, Nova Acta Leop. N.F. 31, Nr. 177 (1965), 237–251; J.H. Woodger, Biological Principles. A Critical Study, London/ New York 1929, Neudr. 1967; ders., Biology and Language. An Introduction to the Methodology of the Biological Sciences. Including Medicine. The Tarner Lectures 1949–50, Cambridge 1952; F.M. Wuketits, Wissenschaftstheoretische Probleme der modernen B., Berlin 1978. G.W.

Biologismus, Bezeichnung für unterschiedliche philosophische Betrachtungsweisen, die eine Absolutsetzung des häufig von seinen individuellen Realisierungen getrennt betrachteten organischen bzw. ›plasmatischen‹ Lebens vornehmen. Zeitlicher Schwerpunkt biologistischer Auffassungen sind das Ende des 19. und der Beginn des 20. Jahrhunderts. Man unterscheidet zwischen einem erkenntnistheoretischen, einem soziologisch-geschichtsphilosophischen und einem ethischen B. Der *erkenntnistheoretische* B. erklärt die menschliche Erkenntnis, häufig einschließlich ihrer ↑Geltung, aus ihrer Funktion für die Lebenserhaltung. Biologistische Ansätze dieser Art finden sich z.B. bei D. Hume, A. Schopenhauer, F. Nietzsche, H. Bergson sowie im ↑Empiriokritizismus und im ↑Pragmatismus und ↑Instrumentalismus – Der *soziologisch-geschichtsphilosophische* B. betrachtet soziale und historische Begriffsbildungen in Analogie zum Organismusbegriff (›organische Wirtschaft‹, ›organischer Staat‹) und dient in der Regel konservativen gesellschaftlichen Strategien. – Der *ethische* B. leitet ethische Normen aus Gesichtspunkten der Lebenserhaltung und Lebensförderung ab.
Die Ideologie des Nationalsozialismus gab unter Verwendung eines pseudobiologischen ›Bios‹-Begriffs dem B. eine rassistische Wendung und machte ihn so zur Grundlage seiner Idee von der universalen Vorrangstellung der germanischen Rasse.

Bios theoretikos, ↑vita contemplativa.

Bisterfeld, Johann Heinrich, *Siegen (Sauerland) um 1605, †Weissenburg (Transsylvanien) 16. Febr. 1655, dt. Philosoph und Theologe. Nach Studium bei J.H. Alsted (dessen Tochter er heiratete) in Herborn und Leiden, Prof. der Philosophie und Theologie in Weissenburg (Transsylvanien). Kontakte zu M. Mersenne bei Besuchen in diplomatischer Mission in Paris. Philosophisch ist B., wie Alsted und J.A. Comenius, vor allem durch F. Bacon, R. Lullus, T. Campanella und chiliastisches Gedankengut (↑Chiliasmus) beeinflußt. Stärker als Comenius unterstreicht B. die Bedeutung einer systematisch entwickelten Philosophie für eine streng schriftorientierte Theologie der Dreifaltigkeit. Dementsprechend gilt sein Interesse einer Reform der philosophischen Terminologie, mit Ansätzen zu einer ↑ars combinatoria im Sinne eines Leitfadens für den pansophistischen Wissenserwerb. Einflüsse auf G.W. Leibniz sind nachweisbar, z.B. hinsichtlich der Vorstellung einer universalen Harmonie (↑Harmonie, prästabilierte).

Werke: De uno Deo, Patre, Filio ac Spiritu Sancto, mysterium pietatis, Leiden 1639, Amsterdam 1659; Philosophiae primae Herebordi seminarium, Leiden 1657; Phosphorus catholicus, seu artis meditandi epitome, Leiden 1657; Elementorum logicorum libri tres, Leiden 1657; Alphabeti philosophici libri tres, Leiden 1661; Bisterfeldius redivivus, I–II, Den Haag 1661.

Literatur: L.E. Loemker, Leibniz and the Herborn Encyclopedists, J. Hist. Ideas 22 (1961), 323–338; P. Rossi, Clavis universalis, Milano 1960; C. de Waard (ed.), Correspondance du P.M. Mersenne, I–XII, Paris 1945–1972, VII–XI (1638–1642). R.W.

Bisubjunktion (aus lat. bis [auf doppelte Weise] und subiungere [verbinden]) (engl. material equivalence, biconditional), soviel wie ↑Äquijunktion. K.L.

Bisubtraktion (aus lat. bis [auf doppelte Weise] und subtrahere [abziehen]) (engl. exclusive disjunction, material non-equivalence), auch: (vollständige) ↑Disjunktion oder Kontrajunktion, eine logische Zusammensetzung zweier Aussagen mit dem ↑Junktor ›entweder – oder‹ (Zeichen: $\succ\!\prec$, auch: $\not\equiv$, $\sqcup$). K.L.

Bitrudschi, al-, ↑Alpetragius.

Black, Max, *Baku (UdSSR) 24. Febr. 1909, amerik. Philosoph. Studium der Mathematik und Philosophie in Cambridge, Göttingen und London; seit 1940 in den USA (1948 naturalisiert), zuerst an der University of Illinois, seit 1946 an der Cornell-University in Ithaca (1954 Susan Linn Sage Prof. of Philosophy). Mitglied zahlreicher wissenschaftlicher Gesellschaften, ausgedehnte Gastprofessuren, z.B. in Japan (1957), Indien (1962), Israel (1972). Führender Vertreter der analytischen Philosophie (↑Philosophie, analytische), stark von L. Wittgenstein beeinflußt. Arbeiten zur ↑Sprachphilosophie, zur Philosophie der Logik und Mathematik, in jüngster Zeit auch zur Philosophie der Kunst; Übersetzungen von Arbeiten G. Freges und R. Carnaps ins Englische.

Werke: The Nature of Mathematics. A Critical Survey, London/New York 1933, 1950, Paterson N.J. 1959; Critical Thinking. An Introduction to Logic and Scientific Method, New York 1946, Englewood Cliffs/New York [2]1952; Language and Philosophy. Studies in Method, Ithaca N.Y. 1949; Philosophical Analysis. A Collection of Essays, New York 1950 (repr. 1971); Problems of Analysis. Philosophical Essays, Ithaca N.Y. 1954 (repr. Westport Conn. 1971); (ed.), The Social Theories of Talcott Parsons. A Critical Examination, Englewood Cliffs N.J. 1961; Models and Metaphors. Studies in Language and Philosophy, Ithaca N.Y. 1962; The Importance of Language, Ithaca N.Y. 1962, 1968; A Companion to Wittgenstein's Tractatus, Cambridge 1964; (ed.), Philosophy in America. Essays, Ithaca N.Y. 1965; Philosophy and Education. Modern Readings by M.B. and Others, ed. I. Scheffler, Boston 1958, [2]1966; The Labyrinth of Language, London/New York 1968 (dt. Sprache. Eine Einführung in die Linguistik, München 1973); Margins of Precision. Essays in Logic and Language, Ithaca N.Y. 1970; E.H. Gombrich/J. Hochberg/M.B., Art, Perception, and Reality, Baltimore 1972 (dt. Kunst, Wahrnehmung, Wirklichkeit, Frankfurt 1977); Caveats and Critiques. Philosophical Essays in Language, Logic and Art, Ithaca N.Y. 1975. K.L.

black box (engl., schwarzer Kasten), heuristisches, in der Regeltechnik und der ↑Kybernetik ausgearbeitetes Verfahren, das vielfältige Anwendung für Analyse und Konstruktion sowohl in der Technik als auch in quantitativen Wissenschaften findet. Ein abgrenzbarer, seiner Funktionsweise nach unbekannter Teil eines Systems wird als b. b. betrachtet und auf den Zusammenhang von Eingangs- (input) und Ausgangsinformationen (output) untersucht. Ziel des b.b.-Verfahrens kann es sein, eine mathematische Funktion anzugeben, die den input-output-Zusammenhang erfaßt, darüber hinaus auch die Auffindung erklärender konstruktiv planender Hypothesen über den inneren Aufbau der b.b., der (bezogen auf Modelltheorie terminologisch irreführend) gelegentlich als ↑Modell des als b.b. abgegrenzten Teilsystems bezeichnet wird. P.J.

Blasius von Parma (Biagio Pelacani), *b. Parma um 1345, †Parma 1416, ital. Philosoph. 1378–1382/1383 lehrte B., nach einem Studium in Pavia (Promotion um 1374), Logik, Philosophie und Astrologie an der Universität Bologna, 1384–1387 an der Universität Padua. 1387–1388 Prof. der Philosophie und Astrologie in Bologna, 1388–1389 in Florenz, 1390–1400 in Pavia (als Prof. der mathematischen Wissenschaften und der ›beiden Philosophien‹, d.s. Natur- und Moralphilosophie), 1403–1407 erneut in Pavia, 1407–1411 in Padua. B. schrieb über Aristotelische Physik, über Astronomie (unter anderem einen Kommentar zur »Sphaera« J. de Sacroboscos), Optik (im Anschluß an Alhazen), Statik (im Anschluß an Jordanus von Nemore) und über die Intension bzw. Remission bewegter Formen (Formulierungen der sogenannten Merton-Regel, nach der beschleunigte Bewegungen auf gleichförmige Bewegungen zurückgeführt werden, unter Benutzung ihrer graphischen Darstellungsform bei N. v. Oresme, ↑Merton School). In Kenntnis der Physik J. Buridans vertritt B. Thesen der ↑Impetustheorie und schließt sich der Reformulierung des Aristotelischen Bewegungsgesetzes durch T. Bradwardine an. Seine historische Bedeutung im Rahmen der Wissenschaftsgeschichte liegt (vergleichbar mit derjenigen Cajetans von Thiene) insbesondere in der Vermittlung der Statik des 13. Jahrhunderts und der Kinematik des 14. Jahrhunderts gegenüber der die weitere Entwicklung bestimmenden ›italienischen Schule‹ in der Physik. In seinen Vorstellungen von der ↑Ewigkeit der Welt und der Sterblichkeit der (Einzel-)Seele steht B. dem averroistischen ↑Aristotelismus nahe (↑Averroismus).

Werke: Questiones super tractatu de latitudinibus formarum, Padua 1482, 1486, Venedig 1505; Questiones super tractatu de latitudinibus formarum, Questio III, in: M. Clagett, The Science of Mechanics in the Middle Ages, Madison Wisc. 1959, 402–404 (engl. Übers. u. Kommentar), 404–408 (lat. Text); Questiones super tractatu de ponderibus, in: J. Brown (ed.), The Scientia de ponderibus in the Later Middle Ages, Diss. Univ. of Wisc. 1967; Tractatus Blasii de Parma de ponderibus, in: E.A. Moody/M. Clagett (eds.), The Medieval Science of Weights (Scientia de Ponderibus). Treatises Ascribed to Euclid, Archimedes, Thabit ibn Qurra, Jordanus de Nemore, and B. of P., Madison Wisc. 1952, 238–279 (mit Einl., 231–237); Quaestiones perspectivae, Teileditionen in: F. Alessio, Questioni inedite de ottica di Biagio Pelacani da Parma, Riv. crit. stor. filos. 16 (1961), 79–110, 188–221 (Buch I, qu. 1–10), und: G.F. Vescovini, Le questioni di ›Perspectiva‹ di Biagio Pelacani da Parma, Rinascimento 1 (1961), 163–243, hier 207–243 (Buch I, qu. 14–16, Buch III, qu. 3).

Literatur: M. Clagett, The Science of Mechanics in the Middle Ages, Madison Wisc. 1959, 645–646; R. Dugas, Histoire de la mécanique, Neuchâtel 1950, 68–69 (engl. A History of Mechanics, London 1957, 70–71); E. Grant, B., DSB II (1970), 192–195; A. Maier, Die Vorläufer Galileis im 14. Jahrhundert. Studien zur Naturphilosophie der Spätscholastik, Rom 1949, ^{2}1966, 279–299; dies., Zwei Grundprobleme der scholastischen Naturphilosophie. Das Problem der intensiven Größe. Die Impetustheorie, Rom ^{3}1968, 270–274; L. Thorndike, A History of Magic and Experimental Science IV, New York 1934, 65–79. J. M.

Bloch, Ernst, *Ludwigshafen 8. Juli 1885, †Tübingen 4. Aug. 1977, dt. Philosoph. Studium der Philosophie, Musik und Physik in München und Würzburg, 1907 Promotion mit einer erkenntnistheoretischen Arbeit über H. Rickert. Weitere Studienjahre in Berlin bei G. Simmel und in Heidelberg, wo B. zusammen mit G. Lukács einem Kreis junger Wissenschaftler angehörte, die marxistische Traditionen in moderne philosophische und sozialwissenschaftliche Strömungen einbrachten. Als überzeugter Pazifist verbrachte B. die letzten Jahre des Ersten Weltkriegs bis 1920 in der Schweiz. 1933 floh er über Zürich, Paris und Wien nach Prag, 1938 Emigration in die USA, 1949 Prof. an der Universität Leipzig. Nach Erscheinen der beiden ersten Bände seines Hauptwerks »Das Prinzip Hoffnung« (1955) erhielt B. den Nationalpreis der DDR. Sein Beharren auf einem humanen, undoktrinären und unbürokratischen Sozialismus führte zu heftigen Angriffen von seiten der SED und ihr nahestehender Fachkollegen (Kritik seiner Philosophie als einer gegenüber der gegenwärtigen Gesellschaftspraxis gleichgültigen ›Welterlösungslehre‹) und zum Vorwurf des Idealismus, Eklektizismus und Irrationalismus. Nach dem Ungarnaufstand (1956) wurde B. zwangsemeritiert; 1961 (nach dem Bau der Sperrmauer in Berlin) Übernahme einer Gastprofessur in Tübingen. 1967 Friedenspreis des deutschen Buchhandels, 1975 Ehrendoktorwürde der Sorbonne (Paris) und der Universität Tübingen.

Grundmotiv des gesamten Blochschen Werkes ist das Aufsuchen der konkreten ↑Utopien und Hoffnungen, die in den bewußten und noch nicht bewußten Alltagsvorstellungen der Menschen, in den historischen Produkten ihrer Träume und Phantasien sowie in den Objektivationen von Kunst, Technik, Wissenschaft, Religion und Philosophie verborgen sind. Wenn auch, »solange der Mensch im Argen liegt«, das »Noch-Nicht-Bewußte, Noch-Nicht-Gewordene [...] den Sinn aller Menschen und den Horizont alles Seins erfüllt«, so ist es von der Philosophie als Begriff niemals durchdrungen worden (Das Prinzip Hoffnung, Gesamtausg. V, 3 f.). Mit dem Instrument der materialistischen ↑Dialektik sucht B. dieses Noch-Nicht-Seiende, das als reale Möglichkeit und Tendenz dem je Gegenwärtigen schon immanent ist, in der philosophischen Reflexion herauszuarbeiten. Die Praxis der konkreten Utopie sei der Sozialismus. B.s Lehre gab sozialrevolutionären Theorien sowie der studentischen Protestbewegung der sechziger Jahre intensive Impulse.

Entsprechend der Breite der Dimensionen und Traditionen, in denen er Antizipationen, Wunschträume und Hoffnungsinhalte aufsucht, schreibt B., die Grenzen wissenschaftlicher Argumentationsweise sprengend, als Erzähler, Essayist, Aphoristiker, selbst im Stil eines Predigers und Propheten. – Sein erstes großes Werk, »Geist der Utopie« (1918, endgültige Fassung 1923), behandelt die zentralen Themen des Noch-Nicht-Bewußten und der Offenheit der Materie im Stil expressionistischer Prosa. »Thomas Münzer als Theologe der Revolution« (1921) zeigt seine Affinität zu häretischen und sozialrevolutionären Strömungen im Christentum, die er auch später immer wieder thematisiert. In »Atheismus im Christentum« (Gesamtausgabe XIV) interpretiert er Dokumente und Überlieferungen der Weltreligionen insgesamt, insbesondere die Bibel, unter dem Gesichtspunkt »ihrer weiterwirkenden Ketzergeschichte« (23) gegen den »priesterlich redigierten und so überlieferten, herrenkirchlich gebrauchten Bibeltext« (21). »Erbschaft dieser Zeit« (1935) analysiert die Bewußtseinslage der präfaschistischen Epoche, zu deren Erklärung B. den Begriff der ›Ungleichzeitigkeit‹ prägt: besonders für die deutsche Geschichte ist die widersprüchliche Koexistenz von entwickelten kapitalistischen und vornehmlich im Kleinbürgertum und Bauerntum überlebenden vorkapitalistischen Produktionsverhältnissen und Ideologien charakteristisch. 1951 erscheint die Hegelstudie »Subjekt – Objekt. Erläuterungen zu Hegel« (Versuch, in das System der Hegelschen Philosophie, seine Methode und Sprache einzuführen). In »Naturrecht und menschliche Würde« (1961) arbeitet B. die Geschichte der Naturrechtsphilosophie seit der Stoa auf, um das ›sozialistische Erbe‹ an den Intentionen und Ideen des alten ↑Naturrechts aufzuweisen (»Die Sozialutopie ging auf menschliches Glück, das Naturrecht auf menschliche Würde«, Gesamtausg. VI, 13). Infolgedessen muß die Utopie einer ›endlich unentfremdeten Gemeinschaft‹ durch das Postulat der Realisierung der Menschenrechte ergänzt werden. Sein dreibändiges Hauptwerk »Das Prinzip Hoffnung« (geschrieben 1938–1947) betrachtete B. als die ausführlichste Zusammenfassung seiner Bemühungen, »an die

Hoffnung, als eine Weltstelle, die bewohnt ist wie das beste Kulturland und unerforscht wie die Antarktis, Philosophie zu bringen« (Gesamtausg. V, 5).

Werke: Geist der Utopie, München 1918 (repr. Frankfurt 1971), endgültige Fassung Berlin 1923; Thomas Münzer als Theologe der Revolution, München 1921, Berlin (Ost) 1960, Frankfurt 1962, 1972; Erbschaft dieser Zeit, Zürich 1935, Frankfurt 1973; Subjekt – Objekt. Erläuterungen zu Hegel, Berlin (Ost) 1951, Frankfurt 1972; Das Prinzip Hoffnung I–III, Berlin (Ost) 1954–1959, Frankfurt 1959, 1976; Naturrecht und menschliche Würde, Frankfurt 1961, 1975; Tübinger Einleitung in die Philosophie, I–II, Frankfurt 1963/1964, 1978; Gesamtausgabe in 16 Bänden, Frankfurt 1959ff., Erg.-Bd.: Tendenz – Latenz – Utopie, Frankfurt 1978; Werkausgabe Frankfurt 1978.

Literatur: K. Bloch/A. Reif (eds.), »Denken heißt Überschreiten«. In memoriam E. B. 1885–1977, Köln/Frankfurt 1978; H. Bütow, Philosophie und Gesellschaft im Denken E. B.s, Berlin 1963; A. F. Christen, E. B.s Metaphysik der Materie, Bonn 1979; R. Damus, Hoffnung als Prinzip – Prinzip ohne Hoffnung, Meisenheim 1971; R.O. Gropp (ed.), Festschrift E.B. zum 70. Geburtstag, Berlin (Ost) 1955; H. H. Holz, Logos spermatikos. E. B.s Philosophie der unfertigen Welt, Darmstadt/Neuwied 1975; S. Markun, E. B. in Selbstzeugnissen und Bilddokumenten, Reinbek 1977; G. Raulet (ed.), Utopie. Marxisme selon E.B., Paris 1976 (mit Bibliographie); B. Schmidt (ed.), Materialien zu E. B.s »Prinzip Hoffnung«, Frankfurt 1978 (mit Bibliographie); S. Unseld (ed.), E. B. zu Ehren, Frankfurt 1965 (mit Bibliographie); E. B.s Revision des Marxismus, Berlin (Ost) 1957; E. B.s Wirkung. Ein Arbeitsbuch zum 90. Geburtstag, Frankfurt 1975 (mit Bibliographie); Es muß nicht immer Marmor sein. E. B. zum 90. Geburtstag, Berlin 1975. M. B.

Blondel, Maurice, *Dijon 2. Nov. 1861, †Aix en Provence 4. Juni 1949, franz. Philosoph. 1881 Eintritt in die École Normale Supérieure, wo ihn sein Lehrer L. Ollé-Laprune mit J. H. Newmans Zustimmungslehre bekannt macht, 1896–1949 Prof. in Aix en Provence. B.s Grundgedanke ist, daß unser begriffliches Denken nur einen Teil, und zwar eine späte Phase, des Lebens- und Handlungszusammenhangs darstellt, in dem sich das Ganze unseres Denkens, Wollens und Empfindens bildet, und daß die Klärung unseres geistigen Lebens (aus der wir die Orientierungen für unser Leben und Handeln gewinnen können) daher eine Klärung der Strukturen dieses vor-begrifflichen Lebens- und Handlungszusammenhangs, der ›action‹, zu sein hat (L'action, 1893, ein weiteres Werk unter dem gleichen Titel 1937). Die ›action‹ ist vor-begrifflich, aber nicht unbegreiflich. Da sich das Denken aus ihr entwickelt, kann dieses sie auch (sozusagen in Rekapitulation seiner eigenen ›Genesis‹, La Pensée, 1934) begreifen. Entscheidend ist, daß nicht terminologische bzw. begriffliche Klarheit oder logische Korrektheit Kriterien dieses Begreifens sind und daß der Weg dieses Begreifens nicht über begriffliche oder logische Analysen führt, sondern über eingehende Detailanalysen von Lebenssituationen, mit denen die sonst unthematisierten Selbstverständlichkeiten, die unser Leben (und Denken) in diesen Situationen strukturieren oder organisieren, herausgearbeitet werden sollen. B.s Ergebnis solcher phänomenologischen Analysen (↑Phänomenologie) ist die Feststellung einer die ›action‹ bestimmenden Dynamik, die durch die unüberbrückbare Kluft zwischen Verwirklichungsstreben und dessen Erfolg entsteht: weil jeder Verwirklichungsversuch (vom Ausdruck einer Empfindung bis hin zur Erreichung eines Zieles) ein Nicht-Verwirklichtes hinterläßt und daher zur Aufspaltung von Streben und Wirklichkeit führt, bleibt mit diesem unbefriedigten Streben die entscheidende, unser Leben und Handeln über das jeweils Erreichte hinaus treibende Kraft erhalten. Diese kann für B. in ihrer Existenz und Richtung nur durch die Annahme des Wirkens eines transzendenten Gottes begriffen werden. Mit dieser religionsphilosophischen Wende seines Denkens ist B. für die katholische Philosophie in Frankreich bedeutsam geworden und (zu Unrecht) mit dem 1907 von Pius X. verurteilten ›Modernismus‹ verbunden worden.

Werke: L'action. Essai d'une critique de la vie et d'une science de la pratique, Paris 1893, Neudr. Paris 1950 (dt. Die Aktion (1893). Versuch einer Kritik des Lebens und einer Wissenschaft der Praktik, Freiburg 1965); Principe élémentaire d'une logique de la vie morale, Congr. int. de philos.. Morale générale, Paris 1903, 51–85; La pensée, I–II, Paris 1934 (dt. Das Denken, I–II, Freiburg 1953/1956); L'être et les êtres, Paris 1935; L'action, I–II, Paris 1936/1937; La philosophie et l'esprit chrétien, I–II, Paris 1944/1946; Exigences philosophiques du christianisme, Paris 1950 (dt. Philosophische Ansprüche des Christentums, Wien/München 1954); Carnets intimes (1883–1894), Paris 1961, I–II, 1961/1966 (dt. Tagebuch vor Gott 1883–1894, Einsiedeln 1964); Lettres philosophiques, Paris 1961.

Literatur: H. Bouillard, B. et le christianisme, Paris 1961 (dt. B. und das Christentum, Mainz 1963); H. Dumery, La philosophie de l'action. Essai sur l'intellectualisme blondelien, Paris 1948; ders., B. et la religion, Paris 1954; P. Henrici, Hegel und B.. Eine Untersuchung über Form und Sinn der Dialektik in der »Phänomenologie des Geistes« und der ersten »Action«, Pullach 1958; U. Hommes, Transzendenz und Personalität. Zum Begriff der Action bei M. B., Frankfurt 1972; J. Lacroix, M. B.. Sa vie, son œuvre, avec un exposé de sa philosophie, Paris 1963; F. Lefèvre, L'itinéraire philosophique de M. B., Paris 1928; J. J. McNeill, The Blondelian Synthesis. A Study of the Influence of German Philosophical Sources on the Formation of B.'s Method and Thought, Leiden 1966; J. Paliard, M. B. ou le dépassement chrétien, Paris 1950;

J. M. van Parys, La vocation de la liberté. Etude de la liberté d'après les principales œuvres philosophiques de M. B., Löwen/Paris 1968; J. C. Scannone, Sein und Inkarnation. Zum ontologischen Hintergrund der Frühschriften M. B.s, Freiburg 1968; F. Taymans d'Eypernon, Le blondélisme, Löwen 1933; C. Tresmontant, Introduction à la métaphysique de M. B., Paris 1963; Beiträge in: Les études blondeliennes, Paris 1951 ff. O. S.

Bloomfield, Leonard, *Chicago 1. April 1887, †New Haven 18. April 1949, amerik. Sprachwissenschaftler. Mitbegründer der »Linguistic Society of America«, lehrte unter anderem an der Ohio State University, der University of Chicago (1927–1940), danach bis zum Ende seines Lebens an der Yale University. Zunächst als Indogermanist ausgebildet, beschäftigte sich B. später mit außereuropäischen Sprachen (malaiisch-polynesische Sprachen; eigene Forschungen über Indianersprachen der Algonkingruppe, Nordamerika) und wurde durch sein überaus einflußreiches Hauptwerk »Language« (1933) zum Begründer der amerikanischen deskriptiven Linguistik. Deren Vorgehensweise verdankt sich dem Umstand, daß man bei der Untersuchung schriftloser und dem Indoeuropäischen fernstehender Sprachen auf Grenzen der Anwendbarkeit des in den etablierten Philologien obligatorischen historischen Verfahrens und der Kategorien der lateinischen Schulgrammatik stieß. Das neue Verfahren untersucht synchronisch einen jeweils vorliegenden Corpus von Texten bzw. Tonbandaufnahmen daraufhin, welche Einheiten wiederkehren, wie sie kombiniert werden können und wie häufig sie auftreten, um so von der Identifikation der Phoneme bis zur Beschreibung der Syntax der vorliegenden Sprache fortzuschreiten. B.s behavioristisches Wissenschaftsideal führt dazu, daß inhaltsbezogene Fragen und solche der Sprachverwendung zunächst nicht erörtert werden.

Werke: An Introduction to the Study of Language, New York 1914; Language, New York 1933 (repr. 1950), London 1935 (rev. ed. 1950); Linguistic Aspects of Science, Chicago 1939.

Literatur: B. Bloch, L. B., Language 25 (1949), 87–98 (mit Bibliographie); R. A. Hall, In Memoriam L. B., Lingua 2 (1950), 117. H. J. S.

bodhi (sanskr., Erleuchtung), ein umfassendes Wissen, das oberste Ziel im Buddhismus (↑Philosophie, buddhistische), machte Siddhartha Gotama zum Buddha, als er nach der Überlieferung 36jährig unter einem Feigenbaum sitzend im heutigen Bodh Gayā meditierte. Durch b. wird alles Seiende als leidvoll erkannt und so vom Leiden befreit. Insbesondere charakterisiert b. den Zustand, in dem ein bodhisattva am Ende seines Zehnstufenweges verharrt, ehe er in einer weiteren Wiedergeburt ebenfalls zum Buddha wird und ins ↑nirvāṇa eintreten kann. K. L.

Bodhidharma, 5./6. Jh., buddhistischer Patriarch, der Überlieferung nach aus Südindien oder Persien nach China eingewandert, Begründer der einflußreichen Meditationsschule des ↑Zen (jap.; sanskr. dhyāna; chin. ch'an). K. L.

Bodin, Jean (lat. Bodinus), *Angers 1529/1530, †Laon 1596, franz. Staatsrechtstheoretiker und Philosoph, einer der Begründer der modernen Staatsrechtstheorie. Zunächst Karmeliter, wegen Beschuldigung der Ketzerei (und Verurteilung?) Austritt aus dem Orden. Juristisches Studium, dann Lehrer des römischen Rechts in Toulouse, um 1560 Advokat am Pariser Parlament, ab 1571 im Dienst des Herzogs von Alençon. Als Deputierter des dritten Standes trat B. auf der Versammlung der Generalstände in Blois (1576) gegen religiöse Verfolgung und die königlichen Steuerforderungen auf. Von 1576 bis zu seinem Tode Staatsanwalt in Laon.

B. verbindet in seinen Schriften zeitgebundene politische Absichten mit einem theorie- und ideengeschichtlich geleiteten Interesse an der Entwicklung der politischen Wissenschaften, ›der vornehmsten unter den Wissenschaften‹. In seinem Hauptwerk »Les six livres de la République« (1576) formuliert er seine Souveränitätslehre und sein Plädoyer für den absoluten monarchischen Zentralstaat (↑Absolutismus). Bezogen auf den historisch politischen Kontext besteht dessen Funktion in der Überwindung der Krisen, die der zerfallende Feudalstaat hinterlassen hatte (Kampf der Adelsparteien, konfessioneller Bürgerkrieg in Frankreich) und die durch neue ökonomisch-soziale Bewegungen hervorgerufen wurden (frühkapitalistische Marktgesellschaft, Bürgertum als erstarkender dritter Stand). B.s politisches Engagement, besonders in der Gruppe der Politiques, galt dementsprechend der Suche nach einer ausgleichenden neutralen Position, die die Beendigung des Bürgerkriegs und die Abwehr königlicher Willkürmaßnahmen beinhaltete.

In der Auseinandersetzung mit der geistesgeschichtlichen Tradition der Staatstheorie wendet sich B. scharf gegen N. Machiavelli, dem er ›Verachtung der heiligen Naturgesetze‹ vorwirft. Er hält an der Vorstellung der antiken Schriftsteller, besonders des Aristoteles, fest, daß das höchste Gut und Glück des einzelnen und des Staates identisch seien, distanziert sich jedoch insofern von ihnen, als er »den Staat nicht in der Theorie betrachten«, sondern »den Regeln der praktischen Politik« folgen will (Über den Staat, 10). Gemäß diesem, historisch umfassend erläuterten methodischen Vorgehen ist der Staat »definiert durch die dem Recht gemäß geführte, mit souveräner Gewalt ausgestattete Regierung einer Vielzahl von Familien und dessen, was ihnen gemeinsam ist« (a.a.O., 8). Den Zusammenhang der drei Strukturmerkmale des Staates – der souveränen Befehlsgewalt (puissance souveraine), der Familienhaushalte (ménages) und des allen Bürgern Gemeinsamen (communauté) – sieht B. folgendermaßen: Die mit Privateigentum und souveräner Gewalt in der Privatsphäre ausgestatteten Familien sind Quelle und Ursprung des Staates. Ohne Anerkennung der familialen Autonomie ist deren Pendant, der allen Bürgern gemeinsame öffentliche Bereich (Staatsfinanzen, öffentliche Einrichtungen, Gesetze, Sitten etc.) nicht denkbar. Gewaltsame Auseinandersetzungen um die Vorherrschaft in der öffentlichen Sphäre und die Unterwerfung ursprünglich freier Bürger kennzeichnen sowohl die Staatenbildung als auch den gegenwärtigen Zustand. Dem setzt B. seine Souveränitätslehre entgegen: das Volk bestellt einen Souverän, der, nur an das natürliche und göttliche Recht (ius) gebunden, alle Befehlsgewalt innehat. Die Achtung von Freiheit und Eigentum der Untertanen zeichnet den solchermaßen legitimen Souverän gegenüber seigneurialen und tyrannischen Formen der Herrschaftsausübung aus. Nach dem Inhaber der Souveränitätsrechte unterscheidet B. verschiedene Staatsformen: Monarchie, Aristokratie, Demokratie; die Regierungsform zeigt an, wer die Ämter innehat und die Verwaltung besorgt. Wenngleich nach geographischer Lage, Klima und Naturell der Völker variabel, ist B.s Staatsideal die ›monarchie royale ou legitime‹ mit umfassender Beteiligung aller Stände und Gruppen an der Regierung. Dem absoluten Souverän stehen in dieser politischen Verfassung der Gesellschaft alle als ›freie Untertanen‹ gegenüber; Friede, Eigentum und Rechtssicherheit sind ihnen zur Entfaltung ihrer Privatsphäre gesichert. B.s Verpflichtung der Souveränität des Herrschers auf die vorgegebenen Normen des natürlichen und göttlichen Rechts wurde im späteren ↑Naturrecht modifiziert bzw. relativiert.

In seinen religionstheoretischen Schriften (Heptaplomeres) stellt B. (auf der Basis einer unterstellten natürlichen Urreligion) die Forderung nach Tolerierung aller religiösen Bekenntnisse auf, sofern sie nicht gegen Staat, Sittlichkeit und Gottesfurcht streiten. Gleichgültig gegen religiöse Inhalte, ist er von der praktischen Nützlichkeit religiöser Erziehung für Familie und Staat überzeugt. In der Naturphilosophie versucht B., von einer nicht weiter zerlegbaren materia prima ausgehend, das vorhandene naturwissenschaftliche Wissen zu systematisieren.

Werke: Methodus ad facilem historiarum cognitionem, Paris 1566, Amsterdam 1650 (repr. Aalen 1967); Les six livres de la République, Paris 1576, 1583 (repr. Aalen 1961), lat. De republica libri sex, Paris 1586 (dt. Auswahl: Über den Staat, ed. G. Niedhardt, Stuttgart 1976); Iuris universi distributio, Paris 1578; Universae naturae theatrum, Lyon 1596; Colloquium heptaplomeres de rerum sublimium arcanis abditis (1593), Berlin 1841, ed. L. Noack, Schwerin 1857 (repr. Stuttgart/Bad Cannstatt 1966, Hildesheim 1970). – Œuvres philosophiques, I–, ed. P. Mesnard, Paris 1951ff. (erst 1 Bd. erschienen).– Totok III (1980), 421–424.

Literatur: B. Dennewitz, Macchiavelli, B., Hobbes. Drei Essays zum modernen Staatsbegriff, Hamburg 1948; H. Denzer (ed.), J. B.. Verhandlungen der internationalen B.-Tagung in München, München 1973 (mit Bibliographie); E. Feist, Weltbild und Staatsidee bei J. B., Halle 1930; J. H. Franklin, J. B. and the Rise of Absolutist Theory, Cambridge 1973; E. Hancke, B.. Eine Studie über die Begründung der Souveränität, Breslau 1894; M. Imboden, Johannes Bodinus und die Souveränitätslehre. Rektoratsrede, Basel 1963; P. T. King, The Ideology of Order. A Comparative Analysis of J. B. and Thomas Hobbes, London 1974; P. Mesnard, L'essor de la philosophie politique au XVIe siècle, Paris 1936, ²1952; J. Moreau-Reibel, J. B. et le droit public comparé dans ses rapports avec la philosophie de l'histoire, Paris 1933; H. Quaritsch, Staat und Souveränität, Frankfurt 1970; G. Roellenbleck, Offenbarung, Natur und jüdische Überlieferung bei J. B., Gütersloh 1964; A. Schmitz, Staat und Kirche bei J. B., Halle 1939. M. B.

Boerhaave, Hermann, *Voorhout 31. Dez. 1668, †Leiden 23. Sept. 1738, niederl. Mediziner und Naturwissenschaftler. Ab 1684 zunächst Studium der Philosophie und Theologie, dann (ab 1690) der Medizin in Leiden. Wegen des gegen ihn erhobenen Vorwurfs des ↑›Spinozismus‹ erschien es B. ratsam, nicht Geistlicher, sondern Arzt zu werden. Nach Tätigkeit als Praktiker wurde B. 1701 Dozent für Medizin und 1709 Prof. der Medizin und Botanik in Leiden; 1718 zusätzliche Übernahme des Lehrstuhls für Chemie. B., der die Unterweisung der Studenten am Krankenbett einführte und bald der gefeiertste Medizinprofessor Europas war, trennte, beeinflußt von R. Descartes und B. Spinoza, die körperlichen Vorgänge im Organismus von den geistigen. Alle Lebensprozesse sollen mit mechanischen, insbesondere hydraulischen Mitteln erklärbar sein. Auch die Chemie, in die B. als einer der ersten quantitative Methoden wie Temperaturmessung einführt, wird nach mechanischen Modellen gedeutet. In Fragen der Methodologie schließt B. sich an I. Newton und R. Boyle an.

Werke: Institutiones medicae in usus annuae exercitationis domesticos, Leiden 1708, [4]1727, [5]1734, Wien 1775; Aphorismi de cognoscendis et curandis morbis in usus doctrinae domesticae, Leiden 1709, [4]1728, [6]1742; Elementa chemiae, quae anniversario labore docuit, in publicis, privatisque, scholis, I–II, Leiden 1732 (dt. Anfangsgründe der Chymie, Halberstadt 1734, Hannover 1755 u.ö.); Opera omnia medica complectentia, Venedig 1735, Neapel 1751; Praelectiones academicae in proprias institutiones rei medica, I – VII, ed. A. v. Haller, Göttingen 1739–1744; Correspondence, I–II, ed. G.A. Lindeboom, Leiden 1962/1964. – G.A. Lindeboom, Bibliographia Boerhaaviana. List of Publications Written or Provided by H.B. or Based upon his Works and Teachings, Leiden 1959.

Literatur: W. Burton, An Account of the Life and Writings of H.B., London 1743, [2]1746; F.W. Gibbs, B. and the Botanists, Ann. Sci. 13 (1957), 47–61; F.R. Jevons, B.'s Biochemistry, Medic. Hist. 6 (1962), 343–362; W. Kaiser/C. Beierlein (eds.), In memoriam H.B. (1668–1738), Halle 1969; G.A. Lindeboom, Iconographia Boerhavii, Leiden 1963; ders., H.B.. The Man and his Work, London 1968; ders., B., DSB II (1970), 224–228; ders., (ed.), B. and his Time. Papers Read at the International Symposium in Commemoration of the Tercentenary of B.'s Birth, Leyden 15–16 November 1968, Leiden 1970; ders., B. and Great Britain. Three Lectures on B. with Particular Reference to his Relations with Great Britain, Leiden 1974; H. Metzger, Newton, Stahl, B. et la doctrine chimique, Paris 1930 (repr. 1974); C. Probst, Der Weg des ärztlichen Erkennens am Krankenbett. H.B. und die ältere Wiener medizinische Schule I (1701–1787), Wiesbaden 1973; D. Schoute u.a., Memorabilia Hermanni B., Haarlem 1939. G.W.

Boethius, Anicius Manlius Torquatus Severinus, *Rom um 480, †Pavia um 524, Philosoph und Verwaltungsbeamter unter Theoderich, der ihn wegen Hochverrats hinrichten ließ. B. war wohl der letzte bedeutende lateinische Schriftsteller, der eine gründliche Kenntnis der griechischen Philosophie besaß. Er sah seine Aufgabe darin, diese Philosophie der lateinischen Welt zu übermitteln. Zwei Abhandlungen über Arithmetik und Musik sind als Einführung in das von B. sogenannte ›Quadrivium‹ (Arithmetik, Musik, Geometrie, Astronomie) gedacht (↑ars). Sein Programm, Platon und Aristoteles, deren Philosophie er als Einheit verstand, zu übersetzen und zu kommentieren, ist nur zum Teil verwirklicht. Erhalten sind Arbeiten zu Aristoteles' »Kategorien« und »De interpretatione«, ferner zur Einführungsschrift des Porphyrios sowie einige selbständige Abhandlungen. B. wurde damit zum Übermittler antiker Logik für die scholastische Philosophie, deren Terminologie er entscheidend prägte. Der mittelalterliche ↑Universalienstreit wird von seinem Porphyrios-Kommentar ausgelöst. Neben einigen kleineren theologischen Schriften, in denen B. versuchte, mit Hilfe der Logik theologische Streitfragen zu klären, verdient die »Consolatio philosophiae« Beachtung. In dieser nach seiner Verurteilung verfaßten Schrift suchte sich B. mit seinem Geschick auszusöhnen, indem er (in Übereinstimmung mit spätplatonischer Tradition) den wertlosen irdischen Gütern Gott als das ›summum bonum‹ gegenüberstellte und in ausführlichen Diskussionen über die Ewigkeit die Vereinbarkeit des göttlichen Vorherwissens mit dem freien Handeln des Menschen zu erweisen suchte.

Werke: Opera, I–II, Venedig 1491–1492; Opera, MPL 63–64; Opera I: In Isagogen Porphyrii Commenta, ed. S. Brandt, und Opera IV: Philosophiae consolationis libri V, ed. G. Weinberger, Wien 1906/1934 (repr. New York 1966) (Corpus scriptorum ecclesiasticorum Latinorum 48 und 67); De institutione arithmetica libri duo. De institutione musica libri quinque, ed. G. Friedlein, Leipzig 1867 (repr. Frankfurt 1966); The Theological Tractates, lat./engl. ed. H.-F. Stewart/E.K. Rand, London/New York 1918, London 1968; De consolatione philosophiae, Nürnberg 1476, ed. L. Bieler, Turnholti 1957; Trost der Philosophie, lat./dt. ed. E. Gegenschatz/O. Gigon, Zürich 1949, [2]1969; Trost der Philosophie, übers. K. Büchner, Leipzig 1939, Bremen [4]1964. – Totok I (1964), 349–353.

Literatur: K. Berka, Die Semantik des B., Helikon 8 (1968), 454–459; H. v. Campenhausen, Lateinische Kirchenväter, Stuttgart 1960, 223–251; A. Cooper, A Concordance of B., Cambridge Mass. 1928; P. Courcelle, La consolation de philosophie dans la tradition littéraire, Paris 1967; K. Dürr, The Propositional Logic of B., Amsterdam 1951; G.R. Evans, More geometrico. The Place of the Axiomatic Method in the Twelfth Century Commentaries on B.' Opuscula sacra, Arch. int. hist. sci. 27 (1977), 207–221; J. Gruber, Kommentar zu B. De Consolatione Philosophiae, Berlin 1978; P. Huber, Die Vereinbarkeit von göttlicher Vorsehung und menschlicher Freiheit in der »Consolatio Philosophiae« des B., Zürich 1976; W. & M. Kneale, The Development of Logic, Oxford 1962, 189–198; L. Minio-Paluello, B., DSB II (1970), 228–236; V. Schmidt-Kohl, Die neuplatonische Seelenlehre in der Consolatio Philosophiae des B., Meisenheim 1965; G. Schrimpf, Die Axiomenschrift des B. (De Hebdomadibus) als philosophisches Lehrbuch des Mittelalters, Leiden 1966; H.F. Stewart, B., Edinburgh 1891 (repr. New York 1975). E.K.

Boëthos von Sidon, 2.Jh. v.Chr., Stoiker, Schüler des Diogenes von Seleukeia. B. setzt sich sehr selbständig mit der Stoakritik des Karneades auseinander. In der Erkenntnistheorie und vor allem in der Naturphilosophie räumt er ursprünglich wichtige stoische (Neben-)Positionen; insbesondere gibt er die *ἐκπύρωσις*-Theorie auf und vertritt statt dessen die These von der Unvergänglichkeit des Kosmos (↑Ewigkeit der Welt).

Texte: SVF III, 265–267; Philo, De incorrupt. mundi, §76–103.

Literatur: M. Pohlenz, Die Stoa. Geschichte einer geistigen Bewegung, I–II, Göttingen ⁴1970/1972, I, 180, 185f., II, 93f.; E. Zeller, Die Philosophie der Griechen in ihrer geschichtlichen Entwicklung dargestellt III 1, ed. E. Wellmann, Leipzig ⁵1923 (repr. Darmstadt 1963), 47f., 72, 86, 573–576. K.H.H.

Boëthos von Sidon, 1.Jh. v.Chr., Peripatetiker, Schüler und Nachfolger des Andronikos von Rhodos. B. schrieb einen Kommentar zu den Aristotelischen »Kategorien« (Teile bei Simplikios, CAG VIII, passim) und bemühte sich um eine Harmonisierung der Platonischen und der Aristotelischen Tradition: die Ideen sind Gattungsbegriffe, das Individuelle geht dem Allgemeinen voraus, die Form ist keine Substanz, die Seele sterblich.

Literatur: C. Prantl, Geschichte der Logik im Abendlande I, Leipzig 1855 (repr. Graz 1955), 540–544; E. Zeller, Die Philosophie der Griechen in ihrer geschichtlichen Entwicklung dargestellt III 1, ed. E. Wellmann, Leipzig ⁵1923 (repr. Darmstadt 1963), 646–649. J.M.

Böhme, Jakob, *Alt-Seidenberg (b. Görlitz) 1575, †Görlitz 17. Nov. 1624, dt. Vertreter der philosophischen ↑Mystik. B. war ursprünglich Schuhmacher, brachte es autodidaktisch zu umfassender Kenntnis von spekulativer ↑Naturphilosophie, religiöser Mystik sowie alchemistischer (↑Alchemie) und astrologischer (↑Astrologie) Literatur. Die selbständige und eigenwillige Bibelauslegung seiner Schriften und die damit verbundene Kritik aller Bibliolatrie brachten ihm seitens der orthodoxen protestantischen Geistlichkeit Feindschaft, Verhöre und Publikationsverbot ein, denen er sich nur zeitweise durch Zuflucht bei gelehrten Freunden aus dem schlesischen Landadel entziehen konnte. Seine Werke – die ersten philosophischen Schriften in deutscher Sprache (daher Beiname ›philosophus teutonicus‹) – verbinden kabbalistische Vorstellungen (↑Kabbala) mit Anschauungen der religiösen Mystik und ↑Kosmologie (V. Weigel, T.B. Paracelsus). In dunkler, wenngleich kraftvoller Sprache abgefaßt, gewannen sie einen außerordentlichen Einfluß auf die englische Naturphilosophie und Mystik (H. More, I. Newton, die den Quäkern nahestehenden ›Behmenists‹) sowie in Deutschland auch Angelus Silesius, auf die romantische Naturphilosophie und den deutschen Idealismus (↑Idealismus, deutscher). Elemente B.scher Lehren finden sich von F.C. Oetinger und F.X. v. Baader über J.G. Hamann, J.W. v. Goethe und Novalis bis zu F.W.J. Schelling und G.W.F. Hegel, der B. den ›ersten deutschen Philosophen‹ nennt. Zeitgenössische und spätere Versuche zu Universalsprachen sind stark von B.s Lehre von einer Natursprache oder ›Adamischen Sprache‹ (↑Sprache, adamische) abhängig.

Werke: Theosophia revelata. Das ist: alle Göttlichen Schriften Jacob B.ns, I–II, Hamburg 1715, I–VIII, Amsterdam 1730, Faksimiledruck unter dem Titel: Sämtliche Schriften, begonnen von A. Faust, I–IV, Stuttgart 1942, I–XI, ed. W.-E. Peuckert, Stuttgart 1955–1961; J.B.s sämmtliche Werke, I–VII, ed. K.W. Schiebler, Leipzig 1831–1847 (repr. I–VII 1922); Die Urschriften, I–II, ed. W. Buddecke, Stuttgart 1963–1966. – W. Buddecke, Verzeichnis von J.B.-Handschriften, Göttingen 1934; ders., Die J.B.-Ausgaben. Ein beschreibendes Verzeichnis, I–II, Stuttgart 1937/1957 (repr. Vaduz 1977/1978); British Museum, Department of Printed Books, J.B., an Extract from the Catalogue of Printed Books of the British Museum, London 1922. – Totok III (1980), 402–410.

Literatur: H. Aarsleff, B., DSB II (1970), 222–224; E. Benz, Der vollkommene Mensch nach J.B., Stuttgart 1937; ders., Der Prophet J.B.. Eine Studie über den Typus nachreformatorischen Prophetentums, Akad. Wiss. Mainz, geistes- u. sozialwiss. Kl., Wiesbaden 1959, Nr. 3; J. Hamberger, B., ADB III (1876), 65–72; W. Kayser, B.s Natursprachenlehre und ihre Grundlagen, Euphorion 31 (1930), 521–562; A. Koyré, La philosophie de J.B., Paris 1929; E.H. Lemper, J.B.. Leben und Werk, Berlin (Ost) 1976; W.-E. Peuckert, Das Leben J.B.s, Jena 1924 (2. rev. Aufl. in der von Peuckert herausgegebenen Gesamtausgabe [s.o.]. X T. 2. Stuttgart 1961): G. (Graf zu) Solms-Rödelheim, Die Grundvorstellungen Jacob B.s und ihre Termonologie, Diss. München 1962; G. Wehr, J.B. in Selbstzeugnissen und Dokumenten. Reinbek (b. Hamburg) 1971. C.T.

Bohr, Niels Henrik David, *Kopenhagen 7. Okt. 1885, † ebendort 18. Nov. 1962, dän. Physiker mit grundlegenden Arbeiten zur Atom- und Kernphysik, deren Konsequenzen auch für die Erkenntnistheorie von Bedeutung sind. 1911 Promotion in Kopenhagen mit einer Arbeit über die Elektronentheorie der Metalle, nach einem kurzen Aufenthalt bei J.J. Thomson in Cambridge seit 1912 bei E. Rutherford in Manchester. In seiner Abhandlung »On the Constitution of Atoms and Molecules I« (1913) zeigte B., daß das *Rutherfordsche Atommodell* nach der klassischen Elektrodynamik nicht stabil sein kann, da infolge der Ausstrahlung das Elektron stetig seine Bahn um den Atomkern verkleinern müßte. Erst B.s Anwendung des Planckschen Wirkungsquantums h änderte die Stabilitätsfrage, indem nun unstetige

Quantensprünge von Bahn zu Bahn unter Ausstrahlung eines Energiequantums $h \cdot v$ angenommen werden. Auf dieser Grundlage gelang B. die Berechnung der *Spektrallinien des Wasserstoffatoms.* Danach wird beim Übergang vom Zustand n_2 zum Zustand n_1 wegen $h \cdot v = E(n_2) - E(n_1)$ mit den Energien $E(n_2)$ bzw. $E(n_1)$ die Frequenz

$$v = \frac{2\pi^2 m e^4}{h^3} \left(\frac{1}{n_1^2} - \frac{1}{n_2^2}\right)$$

ausgestrahlt. Sie entspricht für $n_1 = 2$ der Balmerschen und für $n_1 = 3$ der Paschenschen Serie. Für Atome mit mehr Elektronen bildet nach B. das Rydberg-Ritzsche-Kombinationsprinzip $v = F(n_1 \ldots) - F(n_2 \ldots)$ die quantentheoretische Beziehung $h \cdot v = E(n_2 \ldots) - E(n_1 \ldots)$ auf die Spektren ab. B.s ↑*Korrespondenzprinzip*, wonach die Frequenz $v = \frac{1}{h}(E(n+\tau) - E(n))$ für große Quantenzahlen n in die klassische Frequenz $\tau\, v(E)$ übergeht, gibt eine Anweisung zur Berechnung der Energiewerte und schlägt eine Brücke zwischen klassischer Physik und ↑Quantentheorie. 1918–1922 entwickelte B. auf dieser Grundlage eine *Theorie des periodischen Systems.* 1922 gelang am Institut für theoretische Physik in Kopenhagen, dessen Direktor B. seit 1920 war, die Entdeckung des Elements mit Atomnummer 72 (›Hafnium‹), dessen Eigenschaften B. bereits vorher theoretisch bestimmt hatte. Im selben Jahr erhielt B. den Nobelpreis für Physik.

Die B.schen Frequenzbedingungen regten W. Heisenberg 1925 zu einer neuen ›Quantenmechanik‹ an, wobei Heisenberg gegen die bisherige Quantentheorie einwendete, daß ihre Regeln Größen wie Örter und Umlauffrequenzen von Elektronen enthielten, die nicht beobachtbar waren. Nachdem Heisenberg 1927 die Unbestimmtheitsrelation (↑Unschärferelation) für die gleichzeitige Orts- und Impulsmessung eines Elektrons aufgestellt hatte, interpretierte sie B. durch sein ↑›*Komplementaritätsprinzip*‹. Dabei handelt es sich nach B. um einen neuen Typ von erkenntnistheoretischer Relation, wonach zwei Eigenschaften eines Objekts wie Orts- und Impulsgröße eines Elektrons ihre gleichzeitige Bestimmung ausschließen und daher als komplementäre Eigenschaften bestehen. Nach B. müssen Physiker Meßinstrumente benutzen, die aus einer großen Anzahl von Atomen bestehen und daher unvermeidlich bei mikrophysikalischen Messungen zu Komplementaritätsrelationen und einer statistischen Kausalitätsauffassung führen. Eine solche Interpretation steht nicht nur im Gegensatz zum naturwissenschaftlichen Erkenntnisideal des 19. Jahrhunderts, wonach jede Wechselwirkung zwischen Erkenntnissubjekt und Erkenntnisobjekt auszuschalten ist, sondern wurde unter anderem auch von A. Einstein kritisiert. Nach dieser sogenannten ↑*Kopenhagener Deutung der Quantenmechanik*, die in Deutschland vor allen von C.F. v. Weizsäcker vertreten wurde, werden Welle und Korpuskel als zwei *Bilder* ein und desselben Phänomens interpretiert. Philosophisch versuchte B., das Komplementaritätsprinzip auch auf andere Wissensbereiche anzuwenden. So interpretierte er die physikalisch-chemische Analyse und teleologisch-funktionale Erklärung biologischer Phänomene nicht als absoluten Gegensatz, sondern als komplementäre Aspekte des Lebens.

Seit 1930 beschäftigte sich B. mit Fragen der *Kernphysik* und stellte zur Erklärung der Kernreaktionen bei Teilchenbeschuß 1935/1936 das sogenannte ›Sandsackmodell‹ der Atomkerne auf. B.s Deutung der Vorgänge bei der Kernspaltung des Urans wurde von Bedeutung für die Kernenergiegewinnung. So stellte B. fest, daß nur das seltene Isotop der Massenzahl 235 durch langsame Neutronen gespalten werden konnte, im Unterschied zum häufigen Isotop der Masse 238. Dieses unterschiedliche Verhalten hängt nach B. davon ab, ob die Neutronenzahl der beiden Isotope ungerade oder gerade ist. 1943–1945 arbeitete B. in Los Alamos (USA) an der Entwicklung der Atombombe mit. 1950 veröffentliche B. einen offenen Brief an die Vereinten Nationen, in dem er für ein nukleares Gleichgewicht der Großmächte zur Sicherung des Friedens eintrat.

Werke: Collected Works, ed. L. Rosenfeld, Amsterdam 1972ff. (bisher 4 Bde.). – Studier over metallernes elektrontheori, Kopenhagen 1911; Abhandlungen über Atombau aus den Jahren 1913–1916, übers. H. Stintzig, Braunschweig 1921; The Theory of Spectra and Atomic Constitution. Three Essays by N.B., Cambridge 1922, [2]1924 (dt. Drei Aufsätze über Spektren und Atombau, Braunschweig 1922); On the Quantum Theory of Line Spectra, I–III, Det Kgl. Danske Videnskabernes Selskabs Skrifter, naturvidenskabelig-matematisk Afdeling, 8. Raekhe. 4. no. 1 (1922) (dt. Über die Quantentheorie der Linienspektren, Braunschweig 1923); Om atomernes bygning, Kopenhagen 1923 (Erstabdr. der Nobelpreisrede, Stockholm 11.12.1922) (dt. Über den Bau der Atome, Berlin 1924, [3]1925); The Structure of Atoms, Nature 112 (1923), 29–44; (mit H.A. Kramers/J.C. Slater). The Quantum Theory of Radiation, Philos. Mag. 47 (1924), 785–802; Atomtheori og naturbeskrivelse. 3 artikler med en indlende oversight, Kopenhagen 1929, [2]1958 (dt. [erw.] Atomtheorie und Naturbeschreibung. Vier Aufsätze mit einer einleitenden Übersicht, Berlin 1931, engl. [erw.] Atomic Theory and the Description of Nature.

Four Essays with an Introductory Survey, New York/Cambridge 1934, ²1961); (mit L. Rosenfeld) Zur Frage der Messbarkeit der elektromagnetischen Feldgrößen, Det Kgl. Danske Videnskabernes Selskab, matematisk-fysiske Meddelelser 12, no. 8 (1933), mit Bibliographie (engl. On the Question of the Measurability of the Electromagnetic Field Strengths, Copenhagen 1933 [mit Bibliographie]); Neutron Capture and Nuclear Constitution, Nature 136 (1936), 344-348, 351; (mit J. A. Wheeler) The Mechanism of Nuclear Fission, Phys. Rev. 56 (1939), 426-450; The Penetration of Atomic Particles through Matter, Det Kgl. Danske Videnskabernes Selskab, matematisk-fysiske Meddelelser 18, no. 8 (1948), Kopenhagen ²1953, ³1960 (mit Bibliographie); Atomfysik og menneskelig erkendelse, I-II, Kopenhagen 1957/1964 (engl. I: Atom Physics and Human Knowledge, New York 1958, ²1961, ³1962, II unter dem Titel: Essays, 1958-1962, on Atomic Physics and Human Knowledge, Bungay (Suffolk)/New York 1963, dt. Atomphysik und menschliche Erkenntnis, I-II, Braunschweig 1958/1966); On the Constitution of Atoms and Molecules, ed. L. Rosenfeld, Kopenhagen 1963; Das B.sche Atommodell, Stuttgart 1964 (Dokumente der Naturwissenschaft, Abt. Physik V). - Bibliographie: Nuclear Physics 41 (1963), 7-12.

Literatur: P. Holst, N.B.. Atomfysikkens organisator, Kopenhagen 1972; U. Hoyer, Die Geschichte der B.schen Atomtheorie, Weingart 1974 (mit Bibliographie); A Mercier, L'importanza filosofica dell' opera di N.B., Filosofia 15 (1964), 185-200; K. M. Meyer-Abich, Korrespondenz, Individualität und Komplementarität. Eine Studie zur Geistesgeschichte der Quantentheorie in den Beiträgen N.B.s, Wiesbaden 1965; K.E. Mikhalovich, Nil's Bor: 1885-1962, Moskau 1977 (mit Bibliographie); R.E. Moore, N.B.. The Man, his Science, & the World they Changed, New York 1966, unter dem Titel: N.B. The Man and the Scientist, London ²1967; W. Pauli (ed.), N. B. and the Development of Physics. Essays Dedicated to N.B. on the Occasion of his Seventieth Birthday, London/New York 1955; L. Rosenfeld,. N.B.. An Essay Dedicated to him on the Occasion of his Sixtieth Birthday October 7, 1945, Amsterdam 1945, ²1961; S. Rozental (ed.), N.B.. His Life and Work as Seen by his Friends and Colleagues, Amsterdam/New York 1967; F. Russo, N. B., Etudes 316 (1963), 65-109; R. Silverberg, N.B:. The Man who Mapped the Atom, Philadelphia 1965; Nachrufe: Physics Today 16 (1963), 21-62. K.M.

Bolingbroke, Henry Saint John, Viscount, *Battersea (London), 10. Okt. 1678, †ebd. 12. Dez. 1751, engl. Staatsmann und Publizist. B. wurde in Eton erzogen, studierte in Oxford, erhielt 1701 einen Sitz im Unterhaus für die Tory-Partei und wurde 1710 Außenminister; nach der Thronbesteigung Georg I. aus dem Hause Hannover 1715 Emigration nach Frankreich. Nach seiner Rückkehr 1723 erneuerte B. seine politischen Aktivitäten; sein Rednertalent und eine glänzende Feder erleichterten ihm die Einflußnahme auf die politische Diskussion seiner Zeit. Die politische Theorie verdankt ihm scharfsinnige und realistische Abhandlungen über die Funktion des Parteiensystems und der parlamentarischen Opposition. Die geringe Originalität seiner philosophischen Schriften wurde bereits von D. Hume glossiert. B. vertrat einen zeitgemäßen ↑Deismus unter Berufung auf J. Locke auf der Basis eines nicht immer konsistenten Rationalismus. Trotz Forderung nach realistischer Beschreibung politischer Zusammenhänge entwickelt B. »Reflections Concerning Innate Moral Principles«.

Werke: The Works of the late H.St. John, I–V, ed. O. Mallet, London 1754 (repr. Hildesheim 1968).

Literatur: D. Harknes, B.. The Man and his Career, London 1957; W. Jäger, Politische Partei und parlamentarische Opposition. Eine Studie zum politischen Denken von Lord B. und David Hume, Berlin 1971; I. Kramnick, B. and his Circle, The Politics of Nostalgia in the Age of Walpole, Cambridge Mass./London 1968. H.R.G.

Bolland, Gerardus (Johannes Petrus Josephus), *Groningen 9. Juni 1854, †11. Febr. 1922, niederl. Philosoph. Seit 1896 Prof. der Philosophie in Leiden. Zunächst Anhänger E. v. Hartmanns, später (um die Jahrhundertwende) Begründer und Hauptvertreter des niederländischen Hegelianismus, der sich nach B.s Tod in der »Bollandgesellschaft für reine Vernunft« organisierte und in der Zeitschrift »Die Idee« sein Publikationsorgan hatte. B. vertrat einen orthodoxen Hegelianismus und beschränkte sich weitgehend auf eine Textexegese und marginale Ergänzungen der Hegelschen Schriften. Er übersetzte die Hegelschen Schriften und gab sie heraus.

Werke: Aanschouwing en verstand. Gedachten over continua & discreta in wiskunde en bewegingsleer, Leiden 1897; Alte Vernunft und neuer Verstand oder der Unterschied im Princip zwischen Hegel und E. v. Hartmann. Ein Versuch zur Anregung neuer Hegelstudien, Leiden 1902; Het verstand en zijne verlegenheden, proeve van inleiding eener leer van zuivere rede, Leiden 1903; Zuivere rede en hare werkelijkheid. Een Book voor vrienden der wijsheid, Leiden 1904; Collegium logicum. Stenographisch verslag van eene cursus in zuivere rede, gedurende het academische studiejaar 1904–1905 te Leiden gegeven, en uitgegeven door eenige leerlingen, I–II, Leiden 1905; De groote vraag vor de Christenheid onzer dagen. Eene geschiedkundige studie, Leiden 1911; Zu Goethe's Faust. Leitfaden zur Einführung, Leiden 1918; Briefwechsel mit E. von Hartmann, ed. Bolland-genootschap voor zuivere rede, 'sGravenhage 1937.

Literatur: J. van den Bergh van Eysinga-Elias, Der holländische Philosoph B. (1854–1921), in: Proc. of the 10th Int. Congress of Philosophy, Amsterdam 1949, 1198–1206; J. Hessing, B.s »Levensgeschiedenis«, Algemeen Nederlands Tijdschrift voor Wijsbegeerte en Psychologie 35 (1941), 30–39; S.A. van Lunteren, Der niederländische Hegelianismus, Logos 14 (1925), 240–257; K.J. Pen, Over het onderscheid tusschen de wetenschap van Hegel en de wijsheid van B., Leiden 1915; E. Vas Nunes, Een schijnbetoog tegen B.s Leer van zuivere rede, Haarlem 1922; De Idee 5 (1927), Sondernummer (mit Bibliographie) G.J.P.J. B.. S.B.

Boltzmann, Ludwig, *Wien 20. Febr. 1844, †Duino (b. Triest) 5. Sept. 1909, österr. Physiker mit maßgebenden Arbeiten zur kinetischen Gastheorie, ↑Elektrodynamik und ↑Thermodynamik. 1867 Promotion in Wien, ab 1869 Prof. an zahlreichen österreichischen und deutschen Universitäten, zuletzt in Wien (ab 1902). 1868 leitete B. unabhängig von J.C. Maxwell die Verteilungsfunktionen für Energie und Geschwindigkeit von Gasmolekülen her. 1872 formulierte er seine berühmte Stoßgleichung für Gasmoleküle, die heute in der Plasmaphysik bei der Untersuchung von Aggregatzuständen der Materie Anwendung findet. B. bestätigte bereits 1872 Maxwells Elektrodynamik, indem er dessen Voraussage über den Zusammenhang von optischem Brechungsindex und Dielektrizitätskonstante bei Schwefel im Experiment nachwies. Seine Arbeiten über kinetische Gastheorie führten zu dem Versuch, die Thermodynamik auf statistische Mechanik zurückzuführen, wobei vor allem der schon von Lord Kelvin 1874 diskutierte Widerspruch zwischen der Umkehrbarkeit mechanischer Vorgänge und der Irreversibilität thermodynamischer Prozesse (↑reversibel/Reversibilität) zu beseitigen war. 1877 veröffentlichte B. den berühmten Zusammenhang $S = k \cdot \ln W$ zwischen der Entropie S und der thermodynamischen Wahrscheinlichkeit W mit der Boltzmannschen Konstante $k = 1{,}3807 \cdot 10^{-16}$ erg/grad. Das 1883 begründete Gesetz über die Gesamtstrahlung schwarzer Körper, das B.s Lehrer J. Stefan bereits empirisch gefunden hatte, stellte einen Zusammenhang zwischen Maxwells elektromagnetischer Theorie und der Thermodynamik her. Dieses Gesetz wurde später für die Quantentheorie bedeutsam und 1920 von A.S. Eddington in der Astrophysik angewendet. In der Quantentheorie wurde auch B.s Statistik der Gasatome weiterentwickelt, deren $6n$-dimensionaler Phasenraum (↑Dimension) mit jeweils 3 Orts- und 3 Impulskoordinaten für n Atome von B. in kleine Zellen gleicher Größe eingeteilt wurde, um die Wahrscheinlichkeiten verschiedener Verteilungen der Atome über die Zellen zu berechnen. B.s Verteidigung der Atomistik und sein Eintreten für mechanische Modelle in der Physik brachte ihn in Gegensatz zu E. Mach, W. Ostwald und P. Duhem. Die Bestätigung der Existenz von Atomen durch die Brownsche Bewegung hat B. nicht mehr erlebt.

Werke: Vorlesungen über Maxwells Theorie der Elektricität und des Lichtes, I–II, Leipzig 1891/1893; Vorlesungen über Gastheorie, I–II, Leipzig 1896/1898, [3]1923 (engl. Lectures on Gas Theory, ed. S.G. Brush, Berkeley 1964); Vorlesungen über die Principe der Mechanik, I–III, Leipzig 1897–1920 (repr. I–II, Darmstadt 1974); Populäre Schriften, Leipzig 1905 (Teilausg. engl. Theoretical Physics and Philosophical Problems, ed. B. MacGuiness, Dordrecht 1974); Wissenschaftliche Abhandlungen, I–III, ed. F. Hasenöhrl, Leipzig 1909 (repr. I–III, New York 1968).

Literatur: E. Broda, L.B.. Mensch, Physiker, Philosoph, Wien 1955; S.G. Brush, Foundations of Statistical Mechanics 1845–1915, Arch. Hist. Ex. Sci. 4 (1967), 145–183; ders., B., DSB II (1970), 260–268; R. Dugas, La théorie physique au sens de B. et ses prolongements modernes, Neuchâtel 1959; P.K. Feyerabend, L.B., Enc. Ph. I (1967), 334–337. K.M.

Bolyai, János (Johann), *Klausenburg/Siebenbürgen (=Kolozsvár, heute rumän. Cluj) 15. Dez. 1802, †Neumark/Siebenbürgen (=Maros-Vásárhely, heute rumän. Târgu-Mureş) 27. Jan. 1860, ungar. Mathematiker, Sohn des Mathematikers Farkas (Wolfgang) Bolyai, einer der Begründer der ↑nicht-euklidischen Geometrien. 1818–1822 Zögling der k.k. Ingenieur-Akademie in Wien, 1823–1833 Ingenieuroffizier in der Armee. In Untersuchungen ab etwa 1823 faßte B. unabhängig von C.F. Gauß und N.I. Lobatschefskij die ohne Verwendung des Parallelenpostulats (↑Parallelenaxiom) in Euklids »Elementen« herleitbaren Sätze als eine eigenständige ›absolute Geometrie‹ (↑Geometrie, absolute) auf und entwickelte darüber hinaus (wiederum ohne Verbindung mit anderen Autoren) die ersten Sätze einer hyperbolischen Geometrie (↑Geometrie, hyperbolische). Diese Ergebnisse veröffentlichte er als Anhang zu dem mathematischen Lehrwerk »Tentamen [...]« seines Vaters im Jahr 1832. B. wußte zu dieser Zeit durch Briefe von Gauß an den mit ihm seit seiner Göttinger Studienzeit befreundeten Farkas B. bereits, daß Gauß im wesentlichen dieselben Erkenntnisse schon seit Jahren besessen hatte. Obwohl sie Gauß nicht publiziert hatte und J.B. weder die Entdeckung noch die Erstpublikation streitig machen wollte, bedeutete die Gaußsche Priorität für diesen eine Enttäuschung und derartige psychische Belastung, daß er sich von da an zu keinen mathematischen Arbeiten von vergleichbarer Bedeutung mehr aufgeschwungen hat. Bemerkenswert sind lediglich spätere Zweifel über die ↑Widerspruchsfreiheit der absoluten Geometrie und damit die Einsicht in das Erfordernis eines Konsistenzbeweises (↑Widerspruchsfreiheitsbeweis) nicht nur relativer Natur – der Beweis der Widerspruchsfreiheit der hyperbolischen Geometrie relativ zur euklidischen durch E. Beltrami 1868 unterstellt deren Widerspruchsfreiheit bereits, während ein Widerspruch in der absoluten Geometrie auch einen Widerspruch innerhalb der euklidischen Geometrie bedeuten würde.

Werke: Appendix scientiam spatii absolute veram exhibens: a veritate aut falsitate Axiomatis XI Euclidei [...] independentem etc., in: Anhang zu Farkas Bolyai, Tentamen juventutem studiosam in elementa matheseos purae [...] introducendi I, Maros-Vásárhely 1832, [2]1897 (separat Budapest 1902, Leipzig 1903), engl. The Science of Absolute Space Independent of the Truth or Falsity of Euclid's Axiom XI, trans. G. B. Halsted, Austin 1891, New York 1955, auch im Anhang zu R. Bonola, Non-Euclidean Geometry. A Critical and Historical Study of his Developments, New York 1955; P. Stäckel (ed.), W. und J. Bolyai, Geometrische Untersuchungen, I–II, Leipzig/Berlin 1913 (repr. I–II, New York 1972). – I. u. M. Palffy (eds.), Bibliographia Bolyaiana 1831–1960. A Bolyai-geometria szakirodalmának jegyzéke, Budapest 1962.

Literatur: L. v. Dávid, Die beiden B., Basel 1951; J. Kürschak/P. Stäckel, J. B.s Bemerkungen über N. Lobatschewsky's geometrische Untersuchungen zur Theorie der Parallel-Linien, Math. u. naturwiss. Ber. aus Ungarn 19 (1903), 250–279; P. Stäckel/F. Engel, Gauß, die beiden B. und die nichteuklidische Geometrie, Math. Ann. 40 (1897), 149–167; P. Stäckel, Aus B.s Nachlaß aus der absoluten Geometrie, Math. u. naturwiss. Ber. aus Ungarn 18 (1902), 280–297; D. J. Struik, B., DSB II (1970), 269–271; I. Tóth, Johann B.. Leben und Werk des großen Mathematikers, Bukarest 1955. C. T.

Bolzano, Bernard, *Prag 5. Okt. 1781, †ebd. 18. Dez. 1848, böhmischer Philosoph (insbesondere Logiker), Mathematiker und Religionswissenschaftler. Nach Studium der Theologie, Philosophie und Mathematik 1805 Promotion mit einer mathematischen Dissertation und Priesterweihe, Übernahme eines Lehrstuhls für Religionslehre in Prag. B.s Vorlesungen, auf die ein von seinen Schülern 1834 herausgegebenes »Lehrbuch der Religionswissenschaft« zurückgeht, und regelmäßig vor einem größeren Auditorium von Prager Bürgern und Studenten gehaltene »Erbauungsreden« ließen B. zum Führer der sogenannten ›Böhmischen Aufklärung‹ werden, die ein vernunftorientiertes Verständnis des Katholizismus und weitreichende soziale Reformen zum Ziele hatte. B.s Bestrebungen in dieser Richtung führten 1819 zu seiner Amtsenthebung. B. widmete sich daraufhin, zurückgezogen auf dem Landgut einer befreundeten Familie lebend, nur noch seiner wissenschaftlichen und schriftstellerischen Tätigkeit. Deren Früchte sind z. B. die »Athanasia« (1827), die »Wissenschaftslehre« (1837), die Sozialutopie »Von dem besten Staate« (1837, veröffentlicht 1932) und eine unvollendete »Größenlehre«.

Als Mathematiker haben B. vor allem seine Beiträge zur Analysis bekannt gemacht. A.-L. Cauchys Konvergenzkriterium für unendliche Reihen nimmt er bereits 1816 vorweg. Die berühmte Schrift »Rein analytischer Beweis des Lehrsatzes, daß zwischen je zwey Werthen, die ein entgegengesetztes Resultat gewähren, wenigstens eine reelle Wurzel der Gleichung liege« (1817) bringt den später sogenannten Satz von B.-Weierstrass, eine Definition der stetigen Funktion sowie den Zwischenwertsatz für stetige Funktionen. Die 1851 von F. Přichonský herausgegebenen »Paradoxien des Unendlichen« nehmen wesentliche Begriffsbildungen und Aussagen der Cantorschen Mengenlehre vorweg. Jahrzehnte vor K. Weierstrass hatte B. bereits eine stetige und gleichwohl nirgends differenzierbare Funktion konstruiert. Die »Größenlehre«, die die Krönung von B.s Bemühungen um die Grundlagen der mathematischen Wissenschaften darstellen sollte, blieb unveröffentlichtes Material.

Die logischen und wissenschaftstheoretischen Untersuchungen B.s waren zu seiner Zeit ohne Wirkung. Im 20. Jahrhundert haben zunächst E. Husserl (1900), später H. Scholz (1937) darauf aufmerksam gemacht, daß B.s Wissenschaftslehre als Vorläufer wichtiger Lehrstücke der modernen Logik gelten kann: das gilt insbesondere für den *Folgerungsbegriff,* bei dem sich weitgehende Übereinstimmung zwischen neueren Präzisierungen und B.s Einführung der Rede von ›Ableitung‹ und ›ableitbar‹ ergeben hat. Ähnliches gilt z. B. für seinen Allgemeingültigkeitsbegriff. Leitend ist für B.s Wissenschaftslehre vor allem das Bemühen, sämtliche Unterscheidungen und Einsichten auf Inhalte zu beziehen, die von den jeweiligen Aktualisierungen im Sprechen und Denken unabhängig angesetzt sind. Da B. eine Theorie der Rede über abstrakte Objekte, die diese als sprachliche Konstruktionen versteht (†Abstraktion, †Begriff), noch nicht zur Verfügung steht, wird er auf die Annahme einer dem menschlichen Sprachhandeln vorausliegenden Welt von Vorstellungen und Sätzen *an sich,* die in der Sprache nur repräsentiert werden, geführt. Das bringt B. in eine prinzipielle Opposition zu I. Kant und die sich an Kant anschließenden philosophischen Schulen, insofern hier die ›Gegenstände‹ vernünftiger wissenschaftlicher Praxis selbst noch als ein Ergebnis methodisch geleiteter menschlicher Arbeit verstanden werden. Konsequenterweise findet B. daher seine philosophischen Anknüpfungspunkte in erheblichem Umfang in der vorkantischen Metaphysik. Davon legen die in der »Athanasia« vorgebrachten Argumentationen für die Unsterblichkeit der

Seele, die auf die ↑Monadentheorie von G.W. Leibniz zurückgreifen, Zeugnis ab.

Auch in der *praktischen Philosophie* rückt B. von Kant ab. Die Meinung, daß Kants kategorischer Imperativ es nicht gestatte, *materiale* Normen zu begründen, führt ihn dazu, gegen Kant auf ein Glückseligkeitsprinzip zu rekurrieren. Allerdings geht es bei B.s ›oberstem Sittengesetz‹ um eine Glückseligkeit, die in Harmonie mit einem aus den individuellen Wünschen der Betroffenen erst erarbeiteten allgemeinen Wollen ist. Moralphilosophischer Natur ist auch B.s Begriff der *Religion,* »zufolge dessen alle auf Tugend und Glückseligkeit sich beziehenden Wahrheiten in ihren Inhalt gehören« (Brief an M.J. Fesl vom 31.10.1824). Ethik und Religionsphilosophie sind bei B. in einer Vielzahl von sozialtheoretischen und politischen Schriften und Vorschlägen praktisch geworden, insbesondere in der sozialistisch orientierten Utopie »Von dem besten Staate«. So spricht sich B. für ein weitgehendes Gleichheitsprinzip aus und kritisiert Eigentum, das nicht über ein vertretbares Arbeitsentgelt gewonnen wird.

Werke: B.B.. Gesamtausgabe, I–, ed. E. Winter/J. Berg/F. Kambartel/J. Loužil/B. van Rootselaar, Stuttgart-Bad Cannstatt 1969ff. (bisher 12 Bde); Schriften, ed. Kgl. Böhmische Gesellschaft der Wissenschaften, Prag 1930; Erbauungsreden, Prag 1813, Sulzbach ²1839, II–V, ed. E. Wewerka, Prag 1849–1852, VI, Wien 1884. – Beiträge zu einer begründeteren Darstellung der Mathematik, Prag 1810, unter dem Titel: Philosophie der Mathematik, ed. H. Fels, Paderborn 1926; Der binomische Lehrsatz und als Folgerung aus ihm der polynomische und die Reihen, die zur Berechnung der Logarithmen und Exponentialgrößen dienen, genauer als bisher erwiesen, Prag 1816; Rein analytischer Beweis des Lehrsatzes, daß zwischen je zwey Werthen, die ein entgegengesetztes Resultat gewähren, wenigstens eine reelle Wurzel der Gleichung liege, Prag 1817, Leipzig 1905 (Ostwalds Klassiker der exakten Wissenschaften 153); Athanasia, oder: Gründe für die Unsterblichkeit der Seele, Sulzbach 1827, ²1838 (repr. Meisenheim 1970); Lehrbuch der Religionswissenschaft. Ein Abdruck der Vorlesungshefte eines ehemaligen Religionslehrers an einer katholischen Universität, von einigen seiner Schüler gesammelt und herausgegeben, Sulzbach 1834; Wissenschaftslehre. Versuch einer ausführlichen und grösstentheils neuen Darstellung der Logik [...], I–IV, Sulzbach 1837, Neudr. ed. A. Höfler, Leipzig 1914, verb. Nachdr. ed. W. Schultz, Leipzig 1929–1931, Auswahl aus I und II unter dem Titel: Grundlegung der Logik, ed. F. Kambartel, Hamburg 1963, ²1978 (Philos. Bibl. 259); Was ist Philosophie?, Wien 1849 (repr. Darmstadt 1964); Paradoxien des Unendlichen, ed. F. Přihonský, Leipzig 1851, Berlin ²1889, ed. A. Höfler, Leipzig 1920, mit Einl., Anm., Reg. u. Bibliographie ed. B. van Rootselaar, Hamburg 1955, ²1975; Drei philosophische Abhandlungen, welche auch von Nichtphilosophen sehr wohl verstanden werden können, und vier akademische Reden von allgemein menschlichem Interesse. Aus B.B.'s schriftlichem Nachlasse, Leipzig 1851; Functionenlehre, ed. K. Rychlík, Prag 1930; Von dem besten Staate, ed. A. Kowalewski, Prag 1932, unter dem Obertitel: Paradoxien in der Politik, ed. W. Stähler, Münster/Regensburg 1933; B.B.. Untersuchungen zur Grundlegung der Ästhetik, ed. D. Gerhardus, Frankfurt 1972 (enthält Neudr. von: Über den Begriff des Schönen [1843] und: Über die Eintheilung der schönen Künste. Eine ästhetische Abhandlung [Prag 1840, 1849]); E. Winter/W. Zeil (eds.), Wissenschaft und Religion im Vormärz. Der Briefwechsel B.B.s mit Michael Josef Fesl 1822–1848, Berlin 1965.

Literatur: Y. Bar-Hillel, B.'s Propositional Logic, Arch. math. Log. Grundlagenf. 1 (1952), 305–338; J. Berg, B.'s Logic, Stockholm 1962; H. Bergmann, Das philosophische Werk B.B.s, mit Benutzung ungedruckter Quellen kritisch untersucht, Halle 1909; G. Buhl, Abfolge und Ableitbarkeit in der Wissenschaftstheorie B.s, Köln 1961; J. Danek, Weiterentwicklung der Leibnizschen Logik bei B., Meisenheim 1970; H. Fels, B.B.. Sein Leben und sein Werk, Leipzig 1929; E. Herrmann, Der religionsphilosophische Standpunkt B.B.s unter Berücksichtigung seiner Semantik, Wissenschaftstheorie und Moralphilosophie, Uppsala 1977; A. Kolman, B.B., Moskau 1955 (mit Bibliographie) (dt. Berlin [Ost] 1963); G. Kowalewski, Über B.s nicht differenzierbare stetige Funktion, Acta Math. 44 (1923), 315–319; D. Laugwitz, Bemerkungen zu B.s Größenlehre, Arch. Hist. Ex. Sci. 2 (1964), 398–409; J. Loužil, B.B., Prag 1978; E. Morscher, Das logische An-sich bei B.B., Salzburg/München 1973; U. Neemann, B.B.s Lehre von Anschauung und Begriff in ihrer Bedeutung für erkenntnistheoretische und pädagogische Probleme (mit Bibliographie), München 1972; B. van Rootselaar, B.'s Theory of Real Numbers, Arch. Hist. Ex. Sci. 2 (1964), 168–180; H. Scholz, Die Wissenschaftslehre B.s. Eine Jahrhundertbetrachtung, Abh. der Fries'schen Schule N.F. 6 (1937), 399–472, Neudr. in: ders., Mathesis universalis, ed. H. Hermes/F. Kambartel/J. Ritter, Basel 1961, 219–267; H. Schrödter, Philosophie und Religion. Die »Religionswissenschaft« B.B.s, Meisenheim 1972; O. Stolz, B.B.s Bedeutung in der Geschichte der Infinitesimalrechnung, Math. Ann. 18 (1881), 255–279; E. Winter, B.B. und sein Kreis. Dargestellt mit erstmaliger Heranziehung der Nachlässe B.s und seiner Freunde, Leipzig 1933, Neuausg. (mit M. Winter) unter dem Titel: Der Bolzanokreis 1824–1833, Wien/Köln/Graz 1970; ders. (in Verbindung mit P. Funk und J. Berg), B.B.. Ein Denker und Erzieher im österreichischen Vormärz, Graz/Wien/Köln 1967; ders., Die Deduktion des obersten Sittengesetzes B.B.s in historischer Sicht. Ein Beitrag zur Geschichte der Ethik, Berlin (Ost) 1968. F.K.

Bonaventura, Beiname von Johannes Fidanza (Giovanni di Fidanza), *Bagnoreggio (b. Viterbo) 1221, †Lyon 15. Juli 1274, ital. Theologe und Philosoph, ›doctor seraphicus‹, von Papst Sixtus IV. 1482 zum Heiligen, von Sixtus V. 1588 zum Kirchenlehrer erklärt. 1238 Eintritt in den Franziskanerorden, 1244–1245 (unter Alexander von Hales) Bakkalaureus der Hl. Schrift, 1245–1247 (unter Johannes von Parma) der Sentenzen, 1248 Übernahme des Franziskanerlehrstuhls der Theologie an der Universität Paris, 2.2.1257 Generalminister des Franziskanerordens, welchen Amtes wegen er wenige Monate später seinen Lehrstuhl aufgibt; gleichwohl wird er (mit Thomas von Aquin) erst am 15.8.1257 formell als Magister aufgenommen. Ab 1259 arbeitet B. nicht mehr wissenschaftlich, greift allerdings durch drei Predigtreihen im Konvent zu Paris – 1267 (De decem praeceptis), 1268 (De donis Spiritus Sancti) und 1273 (In Hexaemeron) – in den Streit um den, vor allem durch Siger von Brabant und Boetius von Dacien getragenen, ›heterodoxen‹ ↑Aristotelismus ein. 1273 Bischof von Albano und Kardinal (28.5.1273), stirbt auf dem ökumenischen Konzil von Lyon.

B.s wissenschaftliche Werke sind (außer den drei Predigtreihen) zwischen 1248 und 1259 entstanden; sein Hauptwerk, die »Commentarii in quattuor libros sententiarum«, die Schriftkommentare (Ecclesiastes, Weisheit, Lukas- und Johannes-Evangelium), die »Quaestiones disputatae«, das »Breviloquium« (in dem der Sentenzenkommentar zusammengefaßt ist), das kleine Werk »De reductione artium ad theologiam« und auch die mystische Schrift »Itinerarium mentis in Deum«. In einer Zeit, in der sich die Artistenfakultät (↑ars) zu emanzipieren beginnt und (vor allem über die Diskussion der aristotelischen Naturphilosophie und Metaphysik) einen autonomen Vernunftbegriff entwickelt, versucht B. die Einheit von Glauben und Vernunft dadurch wiederherzustellen bzw. zu erhalten, daß er vom Glauben her eine systematisierte Darstellung unserer Erkenntnisse von der Welt und von Gott gibt. Die Philosophie ist für B. teils eine Vorstufe für diese theologische Zusammenschau (weil auch die Naturbetrachtung uns das Wirken Gottes zeigen kann), teils ein Mittel für deren Darstellung. Als einer Vorstufe zur Theologie kommt der Philosophie auch für B. eine gewisse Autonomie zu, solange sie nämlich theologisch irrelevante Themen diskutiert. Bei theologisch relevanten Fragen – z.B. der ↑Ewigkeit der Welt, der Aseität der Materie, dem ↑Determinismus unseres Lebens durch die Konstellation der Gestirne, dem ↑Monopsychismus (des Averroës) – kann die Philosophie nur eine Role bei der *Darstellung* der Glaubenslehren beanspruchen, keinesfalls aber selbständig argumentieren. Aus dieser Einschätzung läßt sich auch der Eklektizismus B.s hinsichtlich verschiedener philosophischer Konzeptionen verstehen. Eine philosophische Konzeption ist genausogut begründet, wie sie zur Darstellung bestimmter Glaubensinhalte geeignet ist. So benutzt B. (wie seine Umgebung) weitgehend selbstverständlich eine Aristotelische Begrifflichkeit und Konzeption (Erkenntnis durch ↑Abstraktion, Zusammensetzung der Dinge aus ↑Akt und Potenz, ↑Form und Materie, ↑Substanz und ↑Akzidens) als Basis seiner Darstellung und seines Argumentierens, übernimmt aber dort, wo es ihm für theologische Zwecke günstiger zu sein scheint, neuplatonisch-augustinische Unterscheidungen und Vorstellungen, z.B. (a) die Vorstellung von der Fähigkeit der Seele, sich selbst und Gott ohne Abstraktion zu erkennen (Gott wird durch eine angeborene Idee [↑Idee, angeborene], durch innere Erfahrung erkannt), (b) den Begriff der ›forma lucis‹ als der allen Körpern gemeinsamen Form, (c) den Begriff der ›rationes seminales‹, der aktiven, in der Materie wie Samen angelegten Formkräfte, (d) die Vorstellung von der eigenen Substantialität der Körper.

Nach F. van Steenberghen läßt sich die Philosophie B.s als ›neuplatonisierender Aristotelismus‹ charakterisieren (1977, 237ff.), dessen Einheit heteronom durch theologische Gründe gestiftet ist. Der ›scientia philosophica‹ weist B. drei, jeweils wieder dreigeteilte Aufgabenbereiche zu: die Erforderung der ›veritas sermonum‹ in der *philosophia rationalis,* zu der Grammatik, Logik und Rhetorik gehören; die Erforschung der ›veritas rerum‹ in der *philosophia naturalis,* zu der Physik, Mathematik und Metaphysik gehören; die Erforschung der ›veritas morum‹ in der *philosophia moralis,* zu der individuelle Moral (monastica), die Familienmoral (economica) und die politische Moral (politica) gehören. Bereits in der Zeit seines wissenschaftlichen Wirkens hat B. auch mystische Schriften verfaßt, insbesondere das »Itinerarium«, in dem er den Aufstieg der Seele zu Gott schildert: über den Sinn (sensus), die Einbildungskraft (imaginatio), den Verstand (ratio), die Vernunft (intellectus), die Intelligenz (intelligentia) hinaus zum Vermögen der ›synderesis‹, wo im ekstatischen Zustand der ›ignorantia docta‹ die mystische Vereinigung mit Gott stattfinden soll. In seinen späteren Jahren wird diese Seite seines Denkens stärker betont und mit den apokalyptisch-chiliastischen Visionen Joachims von Fiore vermischt.

Werke: Opera omnia, I–VII, Lyon 1668; Opera, I–XIV, Venedig 1751–1756; Opera omnia, I–XV, ed. A.C. Peltier, Paris 1864–1871; Opera omnia, I–XI, ed. studio et cura PP. Collegii S. Bonaventurae, Quaracchi 1883–1902; Works (lat./engl.), I–II, ed. P. Boehner/F. Laughlin, St. Bonaventure N.Y. 1955/1956; The Works (engl.), I–II, trans. J. de Vinck, Paterson N.J. 1960/1963. – Soliloquium, Straßburg 1474, Paris 1499; Alleingespräch über die vier geistlichen Übungen (Soliloquium de quatuor mentalibus exercitiis), lat./dt., ed. J. Hosse, München 1958; Breviloquium theologie, Paris 1505, Freiburg 1881 (dt. Breviloquium. Ein Abriß der Theologie, Werl 1931); Das Sechstagewerk (Collationes in Hexaemeron), lat./dt., ed. W. Nyssen, München 1964; Pilgerbuch der Seele zu Gott (Itinerarium mentis in Deum). Die Zurückführung der Künste auf die Theologie (De reductione artium ad theologiam), lat./dt., ed. J. Kaup, München/Darmstadt 1961.

Literatur: Z. Alszeghy, Grundformen der Liebe. Die Theorie der Gottesliebe bei dem hl. B., Rom 1946; E. Bettoni, San B. da Bagnoregio. Gli aspetti filosofici del suo pensiero, Mailand 1973; J. M. Bissen, L'exemplarisme divin selon saint Bonaventure, Paris 1929, ³1953; G. Bonafede, San B., Benevento 1961; J. G. Bougerol, Introduction à l'étude de saint Bonaventure, Tournai 1961; A. Gerken, Theologie des Wortes. Das Verhältnis von Schöpfung und Inkarnation bei B., Düsseldorf 1963; É. Gilson, La philosophie de Saint Bonaventure, Paris 1923, ²1943, ³1953 (dt. Die Philosophie des heiligen B., Hellerau 1929, Köln/Olten ²1960); J.F. Quinn, The Historical Constitution of St. Bonaventure's Philosophy, Toronto 1973; J. Ratzinger, Die Geschichtstheologie des hl. B., München 1959; W. Schachten, Intellectus verbi. Die Erkenntnis im Mitvollzug des Wortes nach B., Freiburg/München 1973; F. van Steenberghen, La philosophie au XIIIᵉ siècle, Louvain/Paris 1966, 190–271 (dt. Die Philosophie im 13. Jahrhundert, ed. M.A. Roesle, München/Paderborn/Wien 1977, 185–253); G.H. Tavard, Transiency and Permanence. The Nature of Theology According to St. Bonaventure, St. Bonaventure N.Y./Löwen/Paderborn 1954; S. Vanni Rovighi, San B., Mailand 1974. O.S.

Bonelles, Charles, ↑Bouvelles, Charles.

bon sens, ↑sensus bonus.

bonum (lat., das Gute), zentraler Terminus der scholastischen Metaphysik (dort eines der ↑Transzendentalien) und Ethik. Im Anschluß an Aristoteles (Eth. Nic. A1.1094a) kennzeichnet Thomas von Aquin b. als ›das, was alle erstreben‹ (vgl. S.th. I qu. 5 art. 1c; qu. 6 art. 2; 1 Eth. 1b). Als weitere Bestimmungen treten auf: b. als das der ›Natur‹ oder dem ›natürlichen Streben‹ (↑appetitus) ›Konveniente‹ (De verit. 1,1c); b. als ›das sich selbst Mitteilende‹ (diffusivum seu communicativum sui esse) (vgl. S.th I qu. 5 art. 4; qu. 73 art. 3). Ethisch relevant sind vor allem die Unterscheidungen: b. *honestum* (oder honorabile) – das, was auf Grund vernünftiger Überlegung um seiner selbst willen erstrebt wird –, b. *utile* – das, was um eines anderen willen (dem es dienen soll), erstrebt wird – und b. *delectabile* – das, was zwar um seiner selbst willen, aber nicht auf Grund vernünftiger Überlegung, sondern auf Grund des faktischen ›sinnlichen‹ Begehrens erstrebt wird (vgl. S.th. II–II qu. 145 art. 3) (↑Gute, das). O.S.

bonum commune, ↑Gemeinwohl.

Boole, George, *Lincoln 2. Nov. 1815, †Ballintemple (b. Cork, Irland) 8. Dez. 1864, engl. Logiker und Mathematiker. Gründete 1834 eine Schule (»Mechanics Institution«) in Lincoln, 1849–1864 Prof. der Mathematik am Queen's College, Cork. Nach Arbeiten zur Theorie der ↑Differentialgleichungen und zur Differenzenrechnung, in denen er den Operatorenkalkül verbesserte, stellte sich B. im Streit seines Freundes A. De Morgan mit W. Hamilton auf des ersteren Seite, indem er in einer kleinen Schrift »The Mathematical Analysis of Logic« (1847) die Aristotelische Logik (↑Syllogistik) in Gestalt einer axiomatischen Theorie (↑System, axiomatisches) euklidischen Musters aufzubauen versuchte. B. denkt sich die Menge der zu betrachtenden Entitäten, das ↑›universe of discourse‹ U, gegeben, aus dem Auswahloperatoren $x, y, \dots$ Teilmengen $xU, yU, \dots$ herauszuheben gestatten, so daß $x, y, \dots$ die definierenden Eigenschaften der betreffenden Teilmengen repräsentieren. Bei unmittelbar aufeinanderfolgenden Auswahlschritten erweist sich die Reihenfolge als irrelevant für das Ergebnis: $x(yU)=y(xU)$, d.h., wie zwischen Zahlvariablen gilt $xy=yx$, während z.B. $x(xU)=xU$, d.h. $x^2=x$, mit Zahlvariablen nicht gilt. In ähnlicher Weise führt B. ↑Negation (Komplementbildung, ↑Komplement), das Produkt (↑Produkt (logisch), ↑Konjunktion) als Durchschnittsbildung (↑Durchschnitt) und eine disjunkte Summe (ausschließendes ›oder‹, ↑entweder-oder, ↑Boolesche Summe) ein und gelangt bis zu allgemeinen Entwicklungssätzen für ↑Normalformen.

Den erhaltenen Kalkül wandte B. 1854 in »An Investigation of the Laws of Thought« auch auf die Wahrscheinlichkeitsrechnung (↑Wahrscheinlichkeitstheorie) an. Er bedient sich, neben der genannten Interpretation, noch einer zweiten, bei der $x, y, \dots$ in ›xU‹, ›yU‹, ... die Dauer angeben, während der die ›Aussage‹ U gilt, d.h. wahr ist. Man beachte jedoch, daß beide Deutungen offenbar ↑Aussage*formen*, nicht ↑Aussagen meinen – ein Unterschied, den B. noch nicht macht und der erst von C.S. Peirce, G. Frege und E. Schröder eingeführt wird. B. erkannte jedoch die Unabhängigkeit schematischer Operationen mit Symbolen von deren inhaltlicher Deutung und wurde durch die konsequente Anwendung dieser Einsicht in Logik und Mathematik zu einem der Begründer der ↑Algebra der Logik und damit der modernen Logik überhaupt (↑Boolesche Algebra, ↑Boolescher Verband).

Werke: The Mathematical Analysis of Logic. Being an Essay Towards a Calculus of Deductive Reasoning, Cambridge 1847 (repr. Oxford 1948, 1951, New York 1965) (=Collected Logical Works I, 49–124); An Investigation of the Laws of Thought, on Which are Founded the Mathematical Theories of Logic and Probabilities, London 1854 (repr. New York 1951, 1961), Nachdr. La Salle Ill. 1952 (=Collected Logical Works II); A Treatise on the Calculus of Finite Differences, Cambridge/London 1860 (dt. Die Grundlehren der endlichen Differenzen- und Summenrechnung, ed. C. B. Schnuse, Braunschweig 1867), ed. J. F. Moulton, New York 1946, 1960.– Collected Logical Works II, ed. P. E. B. Jourdain, Chicago/London 1916, I–II, La Salle Ill. 1952 (I Studies in Logic and Probability, II The Laws of Thought).

Literatur: T. A. A. Broadbent, G. B., DSB II (1970), 293–298; J. W. van Evra, A Reassessment of G. B.'s Theory of Logic, Notre Dame J. Formal Logic 18 (1977), 363–377; T. Hailperin, B.'s Logic and Probability. A Critical Exposition from the Standpoint of Contemporary Algebra, Logic and Probability Theory, Amsterdam/New York/Oxford 1976; R. Harley, G. B., F. R. S., Brit. Quart. Rev. 44 (1866), 141–181; M. B. Hesse, B.'s Philosophy of Thought, Ann. Sci. 8 (1952), 61–81; I. P. Hughlings, The Logic of Names. An Introduction to B.'s Laws of Thought, London 1869; W. Kneale, B. and the Revival of Logic, Mind 57 (1948), 149–175; ders., B. and the Algebra of Logic, Notes and Records of the Royal Society of London 11, 1 (1956), 53–64; A. A. Vera, G. B.. Precursor de la lógica simbólica, Buenos Aires 1968; S. B. Wood, G. B.'s Theory of Propositional Forms, Diss. Buffalo 1976 (State University); Celebration of the Centenary of »The Laws of Thought« by G. B., Sonderheft der Proc. Royal Irish Academy 57, Sect. A, No. 6, Dublin 1955. C. T.

Boolesche Algebra, im historischen Sinne die von G. Boole mitbegründete ↑Algebra der Logik. In der mathematischen Logik (↑Logik, mathematische) ist die Bezeichnung doppeldeutig: je nachdem ob man ›Algebra‹ als Namen einer algebraischen Struktur oder einer mathematischen Disziplin verwendet, ist ›B.A.‹ entweder gleichbedeutend mit ↑›Boolescher Verband‹ oder bezeichnet die Theorie der Booleschen Verbände.

Literatur: R. L. Goodstein, Boolean Algebra, Oxford/New York 1963; D. A. Vladimirov, Bulery Algebry, Moskau 1969 (dt. Boolesche Algebren, Berlin [Ost] 1972); J. E. Whitesitt, Boolean Algebra and its Applications, Reading Mass./London 1961 (dt. Boolesche Algebra und ihre Anwendungen, Braunschweig [2]1968 [3. Nachdr. 1971]). C. T.

Boolescher Verband, eine Menge M bildet einen B.n V. (synonym auch ›Boolesche Algebra‹), wenn außer den Bedingungen für einen ↑Verband mit Einselement 1 und Nullelement 0 für beliebige Elemente a, b, c aus M die beiden Distributivbedingungen

$$a \sqcap (b \sqcup c) = (a \sqcap b) \sqcup (a \sqcap c),$$
$$a \sqcup (b \sqcap c) = (a \sqcup b) \sqcap (a \sqcup c)$$

erfüllt sind und zu jedem a aus M ein komplementäres Objekt c im Sinne der folgenden Bedingung vorhanden ist:

$$\bigwedge_a \bigvee_c (a \sqcap c = 0 \wedge a \sqcup c = 1).$$

Objektbereiche, die nach dieser Erklärung distributive komplementäre oder ›B. V.e‹ sind, kommen in der Junktorenlogik, der Schaltalgebra und der elementaren Mengenlehre vor, so daß nicht nur deren Behandlung einheitlich gestaltet werden kann, sondern auch Querverbindungen zwischen diesen Disziplinen sichtbar werden. Für die Logik bedeutsam ist vor allem die Möglichkeit, die Semantik der klassischen ↑Quantorenlogik (↑Logik, klassische) durch Bewertungen in B.n V.en (speziell in der zweielementigen Booleschen Algebra der ↑Wahrheitswerte) zu charakterisieren; dem entsprechen für die intuitionistische Logik (↑Logik, intuitionistische) die pseudobooleschen Algebren (↑Heytingalgebra) und für die ↑Quantenlogik die orthomodularen Verbände (↑Verband, orthomodularer).

Literatur: H. Rasiowa/R. Sikorski, The Mathematics of Metamathematics, Warschau [2]1968; M. M. Richter, Logikkalküle, Stuttgart 1978. C. T.

Boolesche Summe oder *logische Summe,* das Ergebnis einer logischen Addition (↑Addition (logisch)).

Borel, Émile (Félix-Édouard Justin), *Saint-Affrique (Aveyron) 7. Jan. 1871, †3. Febr. 1956, franz. Mathematiker, Politiker und Philosoph. O. Prof. in Lille, später in Paris an der Sorbonne und der École Normale; von 1924 bis 1936 fungierte er als Abgeordneter, war 1925 Marineminister, 1928 Mitbegründer des »Institut Henri Poincaré« für Wahrscheinlichkeitstheorie und theoretische Physik und wurde 1934 Präsident der Académie und des Collège de France. B. begründete mit R. Baire und H. Lebesgue die moderne Theorie der reellen ↑Funktionen (Borel-Lebesguesches Maß, Überdeckungssatz von Heine-Borel) und veröffentlichte Arbeiten zur ↑Analysis, ↑Funktionentheorie, Mengengeometrie, Wahrscheinlichkeitsrechnung, ↑Wahrscheinlichkeitstheorie, ↑Spieltheorie (deren Grundgedanken auf ihn zurückgehen) und mathematischen Physik. ↑Formalismus wie ↑Intuitionismus gleichermaßen abgeneigt, erstrebte er doch eine konstruktive, gelegentlich als ›halb-intuitionistisch‹ bezeichnete Begründung der Mathematik, die er am Integralbegriff (↑Integral) exemplarisch auszuführen suchte.

Werke: Leçons sur la théorie des fonctions. Principes de la théorie des ensembles en vue des applications à la théorie des fonctions, Paris 1898, [4]1950; Le hasard, Paris 1914; L'espace et le temps, Paris 1922, [7]1949 (dt. Zeit und Raum. Von Euklid bis Einstein, Stuttgart 1931); Valeur pratique et philosophie des probabilités, Paris 1939, [2]1952; Le jeu, la chance et les théories scientifiques modernes, Paris 1941; La mécanique et la gravitation universelle, Paris 1942; L'évolution de la mécanique, Paris 1943; Les paradoxes de l'infini, Paris 1946; Éléments de la théorie des ensembles, Paris 1949; Probabilité et certitude, Paris 1950, [3]1963, [5]1969; Selecta. Jubilé scientifique de M. É. B., ed. A. Denjoy, Paris 1940 (mit Bibliographie 1889–1939). – Œuvres de É. B., I–IV, ed. CNRS, Paris 1972.

Literatur: M. Frechet, La vie et l'œuvre d'É. B., L'enseignement mathématique II. sér. 11 (1965), 1–97 (mit Bibliographie 1940–1955); ders., Les tendences générales de l'œuvre scientifique d'É. B., Rev. philos. France étrang. 151 (1961), 397–416; ders., É. B., Philosophe et homme d'action. Pages choisies, Paris 1967; K.O. May, E.B., DSB II (1970), 302–305. C. T.

Borelli, Giovanni Alfonso, *Neapel 28. Jan. 1608, †Rom 31. Dez. 1679, ital. Physiker, Mathematiker, Astronom und Physiologe. Begründer der Iatrophysik (historische Vorstufe der Biophysik) und Vorläufer I. Newtons im Rahmen der Entwicklung der Himmelsmechanik. Studium der Mathematik in Rom bei dem Galileischüler B. Castelli (1577–1644), um 1640 Prof. der Mathematik und Astronomie in Messina, 1656 in Pisa (nachdem B. bereits 1650 als Nachfolger B. Cavalieris in Bologna im Gespräch war), Freundschaft mit M. Malpighi (1627/1628–1694), 1657 Mitglied der im gleichen Jahr von Galileischülern gegründeten »Accademia del cimento«, 1668 (nach Schließung der Akademie 1667) erneut Prof. in Messina, 1674 aus politischen Gründen Flucht nach Rom, Freundschaft mit der in Rom im Exil lebenden Königin Christina von Schweden (Gründerin 1674 der »Accademia reale« und Patronin der 1677 gegründeten »Accademia dell'esperienza/Accademia fisica-matematica«).

B. edierte Euklids »Elemente« (Euclides restitutus sive Prisca geometriae elementa, brevius, & facilius contexta, in quibus precipue proportionum theoriae nova, firmiorique methodo promuntur a Io, Pisa 1658; ital. Euclide rinnovato [...], Bologna 1663), wobei er insbesondere das Parallelenpostulat reformulierte, ohne indessen diese Reformulierung beweisen zu können, und Apollonios (Apollonius Pergaeus conicorum lib. V, VI, VII, Florenz 1661; Elementa conica Apollonii Pergaei et Archimedis opera, nova et breviori methodo demonstrata, Rom 1679 [Teile der vier ersten Bücher des Apollonios über Kegelschnitte]). In seinem Hauptwerk (De motu animalium, I–II, Rom 1680/1681, Leiden 1685, 1710, Neapel 1734) begründete B. die mechanistische Auffassung aller Lebensvorgänge in Form einer Erklärung der Muskelbewegungen, z.B. der muskulären Hebelwirkung (vgl. Abb. 1 und 2) und (im Anschluß an N. Stensen, De musculis observationum specimen, Florenz 1664) der Muskelkontraktion (unter anderem Annahme einer chemischen Reaktion in den Muskeln).

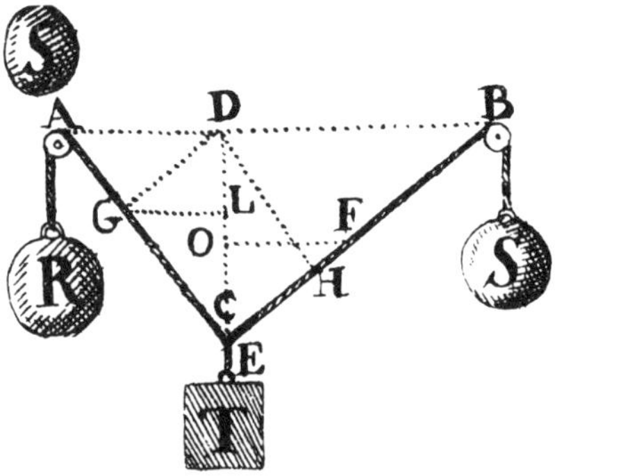

Abb. 1. Die Resultierende aus der Addition der Kräfte *R* und *S* hält der Last *T* das Gleichgewicht; De motu animalium, Neapel 1734, Tafel VII, Fig. 11

Im Zusammenhang mit der Beobachtung eines Kometen 1664 vertritt B. die These von der Ellipsenform der Kometenbahnen (Del movimenti della cometa apparsa il mese di dicembre 1664, Pisa 1665). Seine physikalische Erklärung der Planetenbewegungen (Theoricae mediceorum planetarum ex causis physicis deductae, Florenz 1666) erfolgt unter Anschluß an die Theorie der Ellipsenbahnen I. Boulliaus (1605–1694) und im Rahmen einer Untersuchung der Gravitationswirkungen auf die Jupitermonde (die von G. Galilei entdeckten ›Mediceischen‹ Planeten): Die im ↑Äther schwimmenden Planeten werden von Sonnenstrahlen kreisförmig geführt, wobei der Ausgleich auftretender Zentrifugalkräfte durch eine Eigenbewegung der Planeten zur Sonne (bei gleichzeitiger Annahme einer Art Pendelbewegung der Planeten) zu einer elliptischen Bahn führt (die Annahme einer Zentripetalkraft bleibt unscharf, der Begriff der Anziehung fehlt). In der Dynamik (im Rahmen der zeitgenössischen Bemühungen um eine physikalische Definition der Kraft) variiert B. die von I. Beeckman vertretene Vorstellung, wonach die Wirkung einer kontinuierlich ansetzenden Kraft den Limes des Effekts eines periodischen Stoßvorganges mit (unendlich) zunehmen-

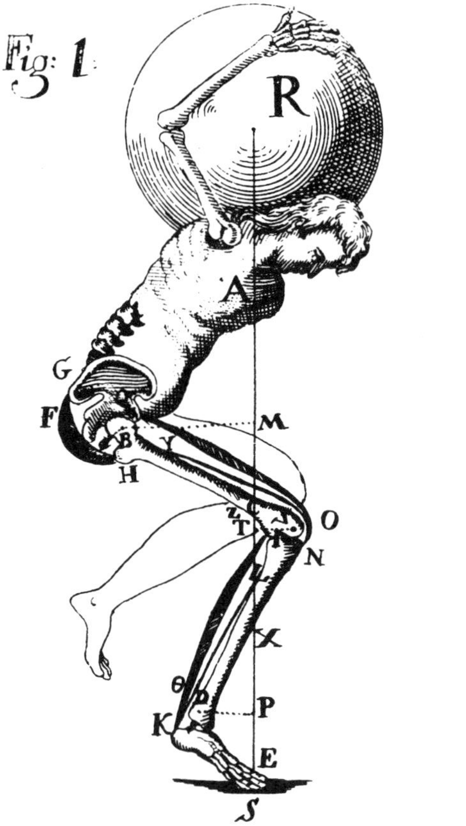

Abb. 2. Figur zur Berechnung der Kraft, die die Muskeln *GFH*, *NOY* und *KL* ausüben müssen, um die Last *R* in der angegebenen Körperhaltung zu tragen; De motu animalium, Neapel 1734, Tafel VI, Fig. 1

der Frequenz darstellt (Vergleich der Schwere mit einer den fallenden Körper begleitenden Folge von kleinen Hammerschlägen).

Weitere Werke: Delle cagioni delle febbri maligne della Sicilia negli anni 1647 e 1648, Cosenza 1649; De vi percussionis liber, Bologna 1667; De motionibus naturalibus a gravitate pendentibus liber, Reggio Iulio/Bologna 1670, Leiden 1686; Historia et meteorologia incendii Aetnaei anni 1669, Regio Iulio 1670; De motu animalium, I–II, Rom 1680/1681, Leiden 1685, 1710, Neapel 1734 (Teilausg. dt. Von der wundersamen Macht der Muskeln, Heilbronn 1706; Die Bewegung der Tiere, Leipzig 1927 [Ostwalds Klassiker der exakten Wissenschaften 221], Teilausg. engl. The Flight of Birds, London 1911).

Literatur: A. Armitage, ›Borell's Hypothesis‹ and the Rise of Celestial Mechanics, Ann. Sci. 6 (1950), 268–282; G. Barbensi, B., Triest 1947; A. Fabroni, Vitae italorum doctrina excellentium II, Paris 1778, 222–324; P. Franceschini, L'apparato motore nello studio di B. e di Stenone, Riv. stor. sci. mediche e nat. 42 (1951), 1–15; E. Goldbeck, Die Gravitationshypothese bei Galilei und B., Berlin 1897; A.R. Hall, The Scientific Revolution (1500–1800). The Formation of the Modern Scientific Attitude, London [2]1962, 259ff.; A. Koyré, La mécanique céleste de J.A.B., Rev. hist. sci. applic. 5 (1952), 103–138; ders., La gravitation universelle de Kepler à Newton, Arch. int. hist. sci. 4 (1954), 638–653; ders., A Documentary History of the Problem of Fall from Kepler to Newton, Transact. Amer. Philos. Soc. N.S. 45 (1955), 327–395; ders., La révolution astronomique. Copernique, Kepler, B., Paris 1961; C. Serrus, La mécanique de J.-A.B. et la notion d'attraction, Rev. hist. sci. applic. 1 (1947), 9–25; T.B. Settle, B., DSB II (1970), 306–314. J.M.

Born, Max, *Breslau 11. Dez. 1882, †Göttingen 5. Jan. 1970, dt. Physiker mit grundlegenden Arbeiten zur Relativitätstheorie (↑Relativitätstheorie, allgemeine, ↑Relativitätstheorie, spezielle), Festkörperphysik und Optik. Nach Studium der Mathematik und Naturwissenschaften in Breslau, Heidelberg und Zürich wurde B. 1905 Privatassistent von D. Hilbert und arbeitete über Elektronentheorie und Relativitätstheorie bei H. Minkowski. Nach der Promotion 1907 und Habilitation 1909 hielt B. 1912 Vorlesungen über Relativitätstheorie auf Einladung von A.A. Michelson an der Universität Chicago. Angeregt durch eine Arbeit von A. Einstein von 1907 über spezifische Wärme veröffentlichte B. mit T. v. Kármán 1912 eine Untersuchung über Schwingungen in Raumgittern, in der eine von W. Nernst experimentell festgestellte Abweichung von Einsteins Quantenformel theoretisch begründet wurde. 1915 folgte die Arbeit »Dynamik der Kristallgitter«, mit der B. eine einheitliche Kristallphysik auf quantentheoretischer Grundlage versuchte, die er 1923 in seinem Buch »Atomtheorie des festen Zustandes« zusammenfaßte. Damit wurde B. zu einem der maßgebenden Begründer heutiger Festkörperphysik. Nach einem Extraordinariat in Berlin 1915 und nach einer Tätigkeit in Frankfurt anstelle von M. v. Laue 1919 lehrte B. seit 1921 in Göttingen. Ausgehend von N. Bohrs ↑›Korrespondenzprinzip‹ bemühte sich B. seit Bohrs Vorträgen in Göttingen von 1922 um eine Begründung der ›Quantenmechanik‹ (↑Quantentheorie), die allerdings erst sein Assistent W. Heisenberg 1925 mit der Arbeit »Über quantentheoretische Umdeutung kinematischer und mechanischer Beziehungen« entscheidend weiterbrachte. B. erkannte jedoch in Heisenbergs Quantenbedingungen die algebraischen Gesetze der Matrizenrechnung, die er zusammen mit P. Jordan 1925 in der Arbeit »Zur Quantenmechanik« hervorhob. 1926 benutzte B. die ↑Wellenmechanik E. Schrödingers zur mathematischen Behandlung atomarer Strahlungsprozesse. Dabei interpretierte er Schrödingers Wellenfunktion als Wahrscheinlichkeitsamplitude. Sein Approximationsverfahren in der »Quantenmechanik der Stoßvorgänge« war nicht nur für die moderne Hochenergiephysik grundlegend, sondern auch für die statistische Interpretation der Quantentheorie, die für die ↑›Kopenhagener Deutung‹ der Quantenmechanik von erkenntnistheoretischer Bedeutung wurde. Für diese Arbeit erhielt B. 1954 den Nobelpreis. Nach der Emigration lehrte B. bis 1955 in Edinburgh. Neben Arbeiten zur Optik (1933) und Theorie der Flüssigkeiten (1949) verfaßte B. zahlreiche Lehrbücher und populärwissenschaftliche Schriften zur Physik. Nach dem 2. Weltkrieg trat er für die besondere Verantwortung des Atomphysikers ein.

Werke: Beiträge zur Bestimmung der Lichtbrechungsverhältnisse doppeltbrechender Krystalle durch Prismenbeobachtungen, Stuttgart 1886; Dynamik der Kristallgitter, Leipzig/Berlin 1915; Der Aufbau der Materie. Drei Aufsätze über moderne Atomistik und Elektronentheorie, Berlin 1920, ²1922 (engl. The Constitution of Matter. Modern Atomic and Electron Theories, New York 1923); Die Relativitätstheorie Einsteins und ihre physikalischen Grundlagen gemeinverständlich dargestellt, Berlin 1920, ²1921, ³1922, unter dem Titel: Die Relativitätstheorie Einsteins, New York ⁵1969 (engl. Einstein's Theory of Relativity, London 1924, ed. G. Leibfried/W. Biem, New York 1962, ²1965); Vorlesungen über Atommechanik, I–II, Berlin 1925/1930 (repr. Berlin 1976) (engl. The Mechanics of the Atom, London 1927, New York 1960); Problems of Atomic Dynamics, Cambridge Mass. 1926, New York 1960, Cambridge 1970 (dt. Probleme der Atomdynamik, Berlin 1926); Moderne Physik. Sieben Vorträge über Materie und Strahlung, Berlin 1933 (engl. Atomic Physics, London/Glasgow 1935, New York 1936, ⁸1969); Optik, ein Lehrbuch der elektromagnetischen Lichttheorie, Berlin 1933, ³1972 (engl. Principles of Optics. Electrodynamic Theory of Propagation, Interference and Diffraction of Light, London 1959, Oxford/New York ⁴1969); The Restless Universe, London/Glasgow 1935, New York/London 1936, ²1951; Experiment and Theory in Physics, Cambridge 1944, New York 1956 (dt. Experiment und Theorie in der Physik, Weinheim 1969); Natural Philosophy of Cause and Chance, Oxford 1948, 1949 (repr. 1951), New York 1964; (mit Kun Huang) Dynamical Theory of Crystal Lattices, Oxford 1954, ²1956, Physics in my Generation. A Selection of Papers, New York 1956, ²1969 (dt. Physik im Wandel meiner Zeit, Braunschweig 1957); Physik und Politik, Göttingen 1960 (engl. Physics and Politics, Edinburgh/London/New York 1962); Zur statistischen Deutung der Quantentheorie, Stuttgart 1962; Ausgewählte Abhandlungen, mit einem Verzeichnis der wissenschaftlichen Schriften, I–II, ed. Akademie der Wissenschaften in Göttingen, Göttingen 1963; Von der Verantwortung des Naturwissenschaftlers. Gesammelte Vorträge, München 1965; My Life and my Views, New York 1968 (dt. Mein Leben. Die Erinnerungen des Nobelpreisträgers, München 1975); (mit L. Infeld) Erinnerungen an Einstein, Berlin 1969, ²1969; Albert Einstein – Hedwig Born – M.B., Briefwechsel 1916–1955, Einl. B. Russell/W. Heisenberg, München 1969, Hamburg 1972.

Literatur: S. Borraccini, Il realismo epistemologico di M.B., Laurentianum 9 (Rom 1968), 177–204; R. Puligandla, M.B. and the Problem of Objectivity, Scientia 109 (1974), 499–507; H. Vogel, Physik und Philosophie bei M.B., Berlin (Ost) 1968. K.M.

Borro, Girolamo, *Arezzo 1512, †Perugia 26. Aug. 1592, ital. Naturphilosoph. Lehrte nach seiner Promotion 1535 (wahrscheinlich in Padua) in Perugia (um 1538) und Pisa (1553–1559, 1575–1586), vertrat sowohl in methodologischer Hinsicht (De peripatetica docendi atque addiscendi methodo, Florenz 1584, 1634) als auch im Rahmen seiner Arbeiten zur Theorie von Ebbe und Flut (Del flusso e reflusso del mare, Lucca 1561, erweitert Florenz 1577, ²1583) und zur Theorie der Bewegung (De motu gravium et levium, Florenz 1575, 1576) einen orthodoxen ↑Aristotelismus. B. unterstreicht die Rolle der Erfahrung (experientia) beim Aufbau naturwissenschaftlichen Wissens (in »De motu gravium et levium« [214–217] findet sich die Beschreibung eines später auch Galilei zugeschriebenen Fallexperimentes von einem hohen Gebäude) und wendet sich gegen dessen ›Mathematisierung‹. G. Galilei, der während B.s Lehrtätigkeit in Pisa studierte (1581–1585), erwähnt in seinen Arbeiten (De motu, um 1590; Dialogo, 1632) wiederholt die entsprechenden Arbeiten B.s.

Literatur: N.W. Gilbert, Renaissance Concepts of Method, New York 1960, 186–192; E.A. Moody, Galileo and Avempace. The Dynamics of the Leaning Tower Experiment, J. Hist. Ideas 12 (1951), 415–418; ders., Studies in Medieval Philosophy, Science, and Logic. Collected Papers 1933–1969, Berkeley/Los Angeles/London 1975, 203–286; C.B. Schmitt, The Faculty of Arts at Pisa at the Time of Galileo, Physis 14 (1972), 243–272; ders., B., DSB XV, Suppl. I (1978), 44–46; G. Stabile, B., Dizionario biografico degli Italiani XIII (1971), 13–17 (mit Bibliographie). J.M.

Bosanquet, Bernard, *Rock Hall (Northumberland) 14. Juni 1848, †London 8. Febr. 1923, engl. Philosoph, neben F.H. Bradley der bedeutendste Vertreter des Neuhegelianismus (↑Hegelianismus) in England. 1870–1881 Fellow of University College, Oxford; 1881 Übersiedlung nach London, wo B. insbesondere in der »London Ethical Society« und in der »Charity Organization Society« tätig war und Übersetzungen von R.H. Lotzes »Metaphysik« und »Logik« herausgab (1884). 1903–1908 Prof. der Moralphilosophie in St. Andrews, 1911 und 1912 Gifford Lectures an der Universität Edinburgh. In seiner zunächst von Lotze beeinflußten Logik entwickelt B., teilweise in Auseinandersetzung mit der Logik Bradleys, eine Theorie von Urteil und Schluß, in der Urteile als implizite Schlüsse und Schlüsse als explizite Urteile gedeutet werden. In ähnlicher Weise erscheinen die verschiedenen Urteilsklassen (kategorische, hypothetische Urteile etc.) als bloße Modifikationen einer einheitlichen Urteilsform, Deduktion und Induktion gegenüber der faktischen Erkenntnisbildung, die weder rein generalisierend noch rein hypothetisch erfolge, als methodisch unangemessene Unterscheidung. In dieser auf Kontinuitäten zwischen begrifflichen (logischen) Unterscheidungen abstellenden Orientierung gewinnt für B. die Kategorie der Totalität an Bedeutung (›logic, or the spirit of totality‹). Erkenntnis ist nach B. nur im Medium des ↑Systems möglich, womit (unter anderem in der Formel, daß die Realität selbst systematisch ist) die Grenzen zwischen Logik, Erkenntnistheorie und Metaphysik ineinander übergehen.

Im Mittelpunkt der Metaphysik B.s steht der Begriff des Individuums als *konkreter* ↑*Allgemeinheit* im Sinne G. W. F. Hegels (Enc. phil. Wiss. I, §163 Zusätze, Sämtl. Werke VIII, 358–361; Rechtsphilos. §24, Sämtl. Werke VII, 75). Während als abstrakte Allgemeinheit der Begriff, unter den einzelne Gegenstände fallen, bezeichnet wird, bedeutet konkrete Allgemeinheit die Identität des sich in seinen Handlungen und Situationen verwirklichenden Individuums. Höchster Ausdruck der Individualität ist dabei nicht das Individuum selbst, sondern sind seine transsubjektiven Manifestationen in Kunst, Religion und Gesellschaft bzw. dem ↑Absoluten in dessen Bedeutung als Einheit dieser Manifestationen. Einflußreich waren auch B.s Arbeiten zur Ästhetik (beginnend mit einer Übersetzung der Einleitung von Hegels »Vorlesungen über die Ästhetik« ins Englische, London 1886) und zur Staats- und Gesellschaftstheorie. Zentrales Thema der Ästhetik B.s ist die Versöhnung von sinnlicher und übersinnlicher Welt, zentrales Thema der Ethik und ihrer staats- und gesellschaftstheoretischen Ausarbeitungen die Darstellung der Beziehung zwischen Individuum und Staat als die zwischen einem Mikro- und ↑Makrokosmos. So variiert die Philosophie B.s in allen ihren Teilen die zuerst in der Logik zu explizieren versuchte (Hegelsche) Vorstellung eines durchgängigen systematischen Zusammenhangs der Wirklichkeit, eines Systems in der Erscheinung.

Werke: Knowledge and Reality. A Criticism of Mr. F. H. Bradley's »Principles of Logic«, London 1885, ²1892 (repr. New York 1968); Logic, or the Morphology of Knowledge, I–II, Oxford 1888, ²1911 (repr. New York 1968); A History of Aesthetic, London 1892, ²1904 (repr. New York 1966); (ed.) Aspects of the Social Problem by Various Writers, London 1895 (repr. New York 1968); A Companion to Plato's Republic for English Readers. Being a Commentary Adapted to Davies and Vaughan's Translation, London 1895, ²1895; The Essentials of Logic. Being Ten Lectures on Judgment and Inference, London 1895, 1897 (repr. New York 1968); Psychology of the Moral Self, London 1897; The Philosophical Theory of the State, London 1899, ⁴1923 (repr. New York 1965); The Principle of Individuality and Value. The Gifford Lectures for 1911 Delivered in Edinburgh University, London 1912, 1927 (repr. New York 1968); The Distinction between Mind and Its Objects. The Adamson Lecture for 1913, Manchester 1913; The Value and Destiny of the Individual. The Gifford Lectures for 1912, London 1913 (repr. New York 1968); Three Lectures on Aesthetic, London 1915 (repr. New York 1968); Social and International Ideals. Being Studies in Patriotism, London 1917 (repr. New York 1968); Some Suggestions in Ethics, London 1918 (repr. New York 1968); Croce's Aesthetic, London 1919 (repr. Folcroft 1974); Implication and Linear Inference, London 1920 (repr. New York 1968); What Religion is, London 1920; Three Chapters on the Nature of Mind, London 1923 (repr. New York 1968); The Meeting of Extremes in Contemporary Philosophy, London 1924 (repr. New York 1971); Science and Philosophy and Other Essays, ed. J. H. Muirhead/R. C. Bosanquet, London 1927 (repr. Freeport N.Y. 1967).

Literatur: H. B. Acton, B., Enc. Ph. I (1967), 347–350; H. Bosanquet, B. B., London 1924; F. Houang, De l'humanisme à l'absolutisme. L'évolution de la pensée religieuse du néo-hegelien anglais B. B., Paris 1954; ders., Le néo-hegelianisme en Angleterre. La philosophie de B. B. 1848–1923, Paris 1954 (mit Bibliographie); C. Le Chevalier, Ethique et idéalisme: Le courant néo-hegelien en Angleterre. B. B. et ses amis, Paris 1963; J. H. Muirhead, The Platonic Tradition in Anglo-Saxon Philosophy. Studies in the History of Idealism in England and America, London 1931, New York 1931; ders., B. B. and his Friends, London 1935; B. Pfannenstill, B. B.'s Philosophy of the State. A Historical and Systematical Study, Lund 1936; J. Pucelle, L'idéalisme en Angleterre de Coleridge à Bradley, Neuchâtel 1955; A. v. Trott, B. B. und der Einfluß Hegels auf die englische Staatsphilosophie, Z. f. dt. Kulturphilos. 4 (1938), 193–199. J. M.

Boscovich, Ruggiero Giuseppe (Bošcović Rudjer Josip), *Ragusa (heute Dubrovnik, Jugoslawien) 18. Mai 1711, †Mailand 13. Febr. 1787, kroat. Mathematiker, Physiker, Astronom, Geodät. Jesuitennovize ab 1726, Studium am Collegium Romanum, dort ab 1740 Professur für Mathematik, ab 1763 an der Universität Pavia, Mitbegründer des Brera-Observatoriums nahe Mailand, Aufenthalte in Paris, London, Oxford, Cambridge, Istanbul. Mitglied der Royal Society (1761) und korrespondierendes Mitglied der Akademie der Wissenschaften in Paris.

Unter B.s zahlreichen Werken (etwa 70 Abhandlungen erschienen) befinden sich Arbeiten zur Mathematik (Kegelschnitte, sphärische Trigonometrie), zur Astronomie (Kometenbahnen, Rotation der Sonne) sowie zur Optik (Beseitigung chromatischer Linsenfehler, Konstruktion astronomischer und geodätischer Instrumente, Kritik der Lichttheorie I. Newtons) und zur Geodäsie (Vermessung des Meridianbogens zwischen Rom und Rimini zur Überprüfung der These von der Ellipsoidenform der Erde, Thesen zur Meteorologie und Geophysik). Historisch wirksam war B. vor allem durch seine Atomtheorie, die (anders als bei Newton) Atome als punktförmige Kraftzentren mit Trägheit annimmt (↑Dynamismus (physikalisch)). Trotz dieses auf Kräften basierenden (›dynamischen‹) Atombegriffs ist B.s Theorie eher kinematisch, da sie statt der Newtonschen drei Dimensionen (Länge, Zeit und Masse) nur Länge und Zeit verwendet. B.s Auffassungen, obwohl im ganzen von der Physik kaum anerkannt, weisen in einzelnen Punkten erstaunliche Ähnlichkeiten zur neueren Physik auf (z.B. ›Relativität‹ von Raum, Zeit und Bewegung).

Werke: De maculis solaribus, Rom 1736; Trigonometriae sphaericae constructio, Rom 1737; Disquisitio in universam astronomiam, Rom 1742; De viribus vivis, Rom 1745; Elementorum universae matheseos, I–III, Rom 1754, [2]1757; De lege virium in natura existentium, Rom 1755; Philosophiae naturalis theoria redacta ad unicam legem virium in natura existentium, Wien 1758, Venedig [2]1763, Zagreb 1974 (engl./lat. A Theory of Natural Philosophy, Chicago/London 1922).

Literatur: R. Costabel, Le ›De viribus vivis‹ de R.B. ou de la vertu des querelles des mots. Arch. int. hist. sci. 14 (1961), 3–12; H.V. Gill, R.J.B. 1711–1787. Forerunner of Modern Physical Theories, Dublin 1941; A. Hermann, Der Kraftbegriff bei Michael Faraday und seine historische Wurzel, in: K.-H. Manegold (ed.), Wissenschaft, Wirtschaft und Technik. Wilhelm Treue zum 60. Geburtstag, München 1969, 469–476; M. Jammer, Concepts of Force, Cambridge Mass. 1957, Kap. 9; Ž. Marković, R.J.B. et la théorie de la figure de la terre, Paris 1961; ders., R.B., I–II, Zagreb 1968/1969; ders., B., DSB II (1970), 326–332; R. Olson, The Reception of B. Ideas in Scotland, Isis 60 (1969), 91–103; M. Oster, R.J.B. als Naturphilosoph, Diss. Bonn 1909; I. Poplašen, Zum Problem des integralen Dynamismus bei R.J.B., Bonn 1967; I. Supek, B.'s Philosophy of Nature, Poznań Studies in the Philosophy of the Sciences and the Humanities 2 (Amsterdam 1976), 112–116; M.A. Sutton, J.F. Daniell and the Boscovichian Atom, Stud. Hist. Philos. Sci. 1 (1970/1971), 277–292; L.P. Williams, Michael Faraday, a Biography, London/New York 1965; L.L. Whyte (ed.), R.J.B., S.J., F.R.S.. 1711–1787. Studies in his Life and Work on the 250th Anniversary of his Birth, London 1961 (mit Bibliographie); ders., B., Enc. Ph. I (1967), 350–352; Actes du symposium international R.J. Bošković 1958, Belgrad/Zagreb/Ljubljana 1959; Actes du symposium international R.J. Bošković 1961, Belgrad/Zagreb/Ljubljana 1962; Atti del convegno internazionale celebrativo del 250° anniversario della nascitá di R.G.B. e del 200° anniversario della fondazione dell' osservatorio di Brera, Mailand 1963. – Zahlreiche Arbeiten in serbokroatischer Sprache. Bibliographie in: Enciklopedija Jugoslavije II, Zagreb 1956, 158. P.J.

Böse, das, zunächst weniger ein Terminus der Ethik als vielmehr der Religion: die Macht, durch die Unglück, Schmerz und Leid herbeigeführt werden kann. Ethisch relevant wird das B., wenn nicht mehr nur von einer bösen *Macht,* sondern auch von einem bösen *Willen* geredet wird. Im Unterschied zum moralisch oder sittlich Falschen ist das B. dann dadurch zu bestimmen, daß es nicht nur nicht vernunftbestimmt, sondern durch Vernunft überhaupt nicht bestimmbar ist. Es stellt eine eigene außer- oder übervernünftige Instanz für unser Handeln dar, einen ursprünglichen Bestimmungsgrund, der nicht auf ein – in irgendeiner Weise – gutes oder vernünftiges Ziel hin vermittelt werden kann. Diese dämonisierende Vorstellung vom B.n ist über den Versuch, den Willen Gottes als übervernünftig darzustellen, in die christliche und neuzeitliche Ethik eingegangen. Denn dieser Versuch führte dazu, auch den Willen des Menschen als eigenen Bestimmungsgrund unseres Handelns neben und zum Teil über der Vernunft und damit auch das Wollen des B.n ›um des B.n willen‹ (eben das B.) als einen solchen Bestimmungsgrund anzusehen (↑Wille).

Literatur: H. Haag, Vor dem B.n ratlos?, Tübingen 1979; O. Reboul, Kant et le problème du mal, Montréal 1971; P. Ricœur, Philosophie de la volonté II, 1 (L'homme faillible), II, 2 (La symbolique du mal), Paris 1959/1960 (dt. Die Fehlbarkeit des Menschen. Phänomenologie der Schuld I, Freiburg/München 1971, Symbolik des B.n. Phänomenologie der Schuld II, Freiburg/München 1971); B. Welte, Über das B.. Eine thomistische Untersuchung, Basel 1959. O.S.

Bossuet, Jacques-Bénigne, *Dijon 27. Aug. 1627, †Paris 12. April 1704, franz. Theologe und Geschichtsphilosoph. Nach Ausbildung am Jesuitenkolleg in Dijon 1652 Promotion zum Doktor der Theologie am Collège de Navarre, ab 1657 beispiellose Karriere als Kanzelredner. B.s meist nur in Stichworten erhaltene Predigten galten den Zeitgenossen als Höhepunkte der Rhetorik, seine veröffentlichten Predigten, wie die oraisons funèbres, und Reden, wie die zur Aufnahme in die Académie Française (1671), sind Meisterwerke klassizistischer Literatur. 1670 wurde B. Bischof von Condom, 1681 Bischof von Meaux. Ludwig XIV. bestellte ihn 1670 zum Erzieher des Thronfolgers,

den er in ›allgemeiner Geschichte‹ und in der ›Heiligen Politik‹ unterrichtete. Aus dieser Lehrtätigkeit entstand 1681 der »Discours sur l'histoire universelle«, mit dem B. eine den Geschichtsverlauf theoretisch interpretierende Geschichtsphilosophie vom Standpunkt der Heilslehre begründete, an die Voltaires profane Geschichtsphilosophie anknüpfte. Ebenfalls aus dem Unterricht entstand die berühmte »Politique tirée des propres paroles de l'Ecriture Sainte« (1677), eine den königlichen ↑Absolutismus über das biblisch begründete Gottesgnadentum der Könige rechtfertigende Gesellschafts- und Staatstheorie.
Bereits von den Zeitgenossen wurde kritisiert, daß B. sich durch seine biblische Argumentation in Widerspruch zu der von seiner Kirche vertretenen Lehre von den beiden Wahrheiten, der erkenntnistheoretischen Trennung der geistlichen und der weltlichen Ordnung setzte. Aus der gleichen Einstellung zur absoluten Monarchie rechtfertigte B. schließlich auch seine zwiespältige Rolle in der Auseinandersetzung zwischen Königtum und Papsttum. Er ist Autor der vier umstrittenen Artikel, die dem französischen Klerus in der Proklamation der gallikanischen Lehre über die Schranken des Papsttums durch Ludwig XIV. vorgelegt wurden. Hohes Ansehen genoß B. als Reunionist. Er korrespondierte längere Zeit (ergebnislos) mit G.W. Leibniz über die Möglichkeit einer Wiedervereinigung der christlichen Kirchen, als deren Voraussetzung B. die Anerkennung der Unfehlbarkeit des kirchlichen Lehramts betrachtete. Die letzten Lebensjahre widmete B. einer Ergänzung seiner »Heiligen Politik« um vier Bücher, in denen er noch einmal den Versuch unternahm, das göttliche Recht der Könige gegenüber einer Öffentlichkeit, die bereits J. Lockes naturrechtliche Begründung des Verfassungsstaates las, aus der Heiligen Schrift abzuleiten.

Werke: Œuvres complètes, I–XXXI, ed. F. Lachat, Paris 1862–1866, [2]1885; Politique de B., ed. J. Truchet, Paris 1966; Œuvres oratoires, I–VII, ed. J. Lebarq, Lille/Paris 1911–1926.

Literatur: J. Calvet, B., L'homme et l'œuvres, Paris [2]1968; T. Goyet, L'humanisme de B., Paris 1965; K. Kluxen, Politik und Heilsgeschehen bei B., Hist. Z. 179 (1955), 449–469; J. Le Brun, La spiritualité de B., Paris 1972; A.-G. Martimort, Le Gallicanisme de B., Paris 1953; J. Truchet, La prédication de B., Paris 1960.

H.R.G.

Bouëlles, Charles, ↑Bouvelles, Charles.

Bouillé, Charles, ↑Bouvelles, Charles.

Bourbaki, Nicolas, Pseudonym einer Gruppe führender (meist französischer) Mathematiker, die seit 1939 unter dem Titel »Éléments de mathématique« ein vielbändiges enzyklopädisches Werk publizieren, welches das mathematische Wissen der Gegenwart in ähnlicher Weise aufbauen und zusammenfassen soll, wie Euklids »Elemente« die antike Mathematik. Die mathematischen Teildisziplinen, unter denen die ↑Mengenlehre als grundlegend vorangestellt wird, erscheinen dabei rein axiomatisch aufgebaut (↑Methode, axiomatische), ihre Anordnung folgt abweichend von traditionellen Vorbildern allein der wechselseitigen Abhängigkeit der ihnen zugrunde liegenden Strukturtypen. Ein solches Vorgehen beläßt zwar die Darstellung in hoher ›Abstraktheit‹, ermöglicht jedoch große Allgemeinheit der Ergebnisse und eine Vereinheitlichung der konkreten mathematischen Theorien, da sich manche von diesen lediglich als verschiedene ↑Modelle desselben Axiomensystems erweisen. Diese Art des Aufbaus und die Terminologie des B.kreises sind vor allem in den fünfziger Jahren des 20. Jahrhunderts von ungemein starkem Einfluß auf die mathematische Forschung und auf den Mathematikunterricht an Sekundar- und Hochschulen gewesen. Dies dürfte nicht zuletzt durch das hohe Ansehen bedingt sein, das einzelne Mitglieder des Kreises besitzen, die als solche trotz der ursprünglichen Anonymität bekannt geworden sind (H. Cartan, C. Chevalley, J. Dieudonné, L. Schwartz, A. Weil u.a.). B. soll als Prof. an der Universität »Nancago« (Nancy + Chicago) wirken, der Name zurückgehen auf den General Charles-Denis-Sauter B. (sein Denkmal steht in Nancy, wo verschiedene Mitglieder der Gruppe zeitweilig an der Universität gelehrt haben).

Werke: Éléments de mathématique, Paris 1939ff., [2]1951ff., zum Teil 3 und 4. Ausgaben, bisher 36 Einzelhefte bzw. -bände; L'architecture des mathématiques, in: F. le Lionnais (ed.), Les grands courants de la pensée mathématique, o.O. (Marseille) 1948, 24–47 (dt. Die Architektur der Mathematik, Physikal. Bll. 17 [1961], 161–166, 212–218; Foundations of Mathematics for the Working Mathematician, J. Symb. Log. 14 (1949), 1–8.

Literatur: R.P. Boas, jr., B., DSB II (1970), 351–353; H. Cartan, N.B. und die heutige Mathematik, Köln/Opladen 1959 (Arbeitsgem. f. Forsch. des Landes Nordrhein-Westfalen H. 76); A. Delachet, L'école B., in: L'analyse mathématique, Paris 1949, 113–116; J. Fang, B., Towards a Philosophy of Modern Mathematics I, Hauppauge N.Y. 1970; P.R. Halmos, N.B., Sci. Amer. 196, no. 5 (May 1957), 88–99; G. Köthe, N.B., Die neue Ordnung der Mathematik, in: H. Schwerte/W. Spengler (eds.), Forscher und Wissenschaftler im heutigen Europa I (Weltall und Erde), Oldenburg 1955, 367–375. C.T.

Bouterwek, Friedrich, *Oker (bei Goslar) 15. April 1766, †Göttingen 9. Aug. 1828, dt. Philosoph. Ab 1797 Prof. der Philosophie in Göttingen. Zunächst Anhänger I. Kants, lehrte in seinem Hauptwerk »Ideen zu einer allgemeinen Apodiktik« (Halle 1799) einen absoluten Virtualismus, nach dem die Einheit von Subjekt und Objekt als eine lebendige, unmittelbar erfaßbare Identität zu denken ist. Die Selbsterfassung des Subjekts als einer lebendigen wollenden Kraft ist der Identifizierungsort, von dem aus sich auch die äußere Natur als integraler Bestandteil einer virtuellen Einheit ergibt. Die Virtualität ist als absolut und durch sich selbst seiend zu denken. In seinen späteren Schriften wendet sich B. der realistischen Position F. H. Jacobis zu. In seiner mehrfach aufgelegten »Ästhetik« (Leipzig 1806, repr. Hildesheim 1976), durch die B. Einfluß auf die Romantik gewinnt, wird das ästhetische Gefühl als Erfassungszentrum der Harmonie der Kräfte definiert.

Werke: Aphorismen. Den Freunden der Vernunftkritik nach Kantischer Lehre vorgelegt von F. B., Göttingen 1793 (repr. Brüssel 1968); Ideen zu einer allgemeinen Apodiktik. Ein Beytrag zur menschlichen Selbstverständigung und zur Entscheidung des Streits über Metaphysik, kritische Philosophie und Skepticismus, I–II, Halle 1799 (repr. Hildesheim 1979); Anfangsgründe der spekulativen Philosophie. Versuch eines Lehrbuchs, Göttingen 1800 (repr. Brüssel 1968); Die Epochen der Vernunft nach der Idee einer Apodiktik. Eine gemeinnützige Anmerkung zum Quodlibet der neuesten Philosophie, Göttingen 1802 (repr. Brüssel 1968); Geschichte der spanischen und portugiesischen Poesie und Beredsamkeit, Göttingen 1804 (repr. Hildesheim 1975); Immanuel Kant. Ein Denkmal, Hamburg 1805 (repr. Brüssel 1969); Geschichte der Poesie und Beredsamkeit seit dem Ende des dreizehnten Jahrhunderts, I–XII, Göttingen 1801–1819; Ästhetik, Leipzig 1806 repr. Hildesheim 1976), Göttingen 1825 (repr. Brüssel 1969); Kleine Schriften philosophischen, ästhetischen und litterarischen Inhalts, Göttingen 1818 (repr. Hildesheim 1975); Ideen zur Metaphysik des Schönen. In vier Abhandlungen. Eine Zugabe zur Ästhetik, Leipzig 1807; Parallelen. Vom griechischen und modernen Genius. Nur Fragmente..., Göttingen 1791 (die letzten drei Schriften zusammengebunden repr. Hildesheim 1975); Die Religion der Vernunft. Ideen zur Beschleunigung der Fortschritte einer haltbaren Religionsphilosophie, Göttingen 1824 (repr. Brüssel 1968).

Literatur: K. C. F. Krause, Ergebniss der Kritik der religionsphilosophischen Lehren Jacobi's und B.'s, Göttingen 1843; G. Struck, F. B.. Sein Leben, seine Schriften und seine philosophischen Lehren, Diss. Rostock 1919 (mit Bibliographie). S. B.

Boutroux, Émile, *Montrouge (b. Paris) 28. Juli 1845, †Paris 22. Nov. 1921, franz. Philosoph. Ab 1885 an der Sorbonne, 1912 Mitglied der Académie française, Lehrer H.L. Bergsons, dessen ↑Voluntarismus er zum Teil antizipierte. In Schriften zur Naturphilosophie bekämpfte B. den zeitgenössischen ↑Determinismus; die Naturgesetze seien nicht streng determinierend, sondern ließen auf der Stufe des Anorganischen dem Zufall, auf der des Organischen dem individuellen Wirken in Freiheit Raum, womit sie zugleich auf ein freiheitlich-schöpferisches Prinzip, das B. mit Gott als Urheber der Natur identifizierte, verweise.

Werke: De la contingence des lois de la nature, Paris 1874, [10]1929 (dt. Die Kontingenz der Naturgesetze, Jena 1911); De l'idée de loi naturelle dans la science et la philosophie contemporaines, Paris 1895, [3]1913 (dt. Über den Begriff des Naturgesetzes in der Wissenschaft und in der Philosophie der Gegenwart, Jena 1907); Pascal, Paris 1900, [10]1928; Science et religion dans la philosophie contemporaine, Paris 1908 (dt. Wissenschaft und Religion in der Philosophie unserer Zeit, Leipzig/Berlin 1910); La nature et l'esprit, Paris 1926; La philosophie de Kant, Paris 1926.

Literatur: O. Boelitz, Kausalität und Notwendigkeit in E. B.s Lehre von der Kontingenz, Diss. Erlangen 1907; ders., Die Lehre vom Zufall bei E. B.. Ein Beitrag zur Geschichte der neuesten französischen Philosophie, Leipzig 1907; M. Bruno, Autonomia e collaborazione tra scienza e filosofia nel pensiero di E. B., Incontri Culturali 8 (1975), 355–365; S. Colonna, Educazione e morale secondo E. B., Lecce 1968; L. S. Crawford, The Philosophy of É. B., New York 1924; A.-P. La Fontaine, La philosophie d'É. B., Paris 1920; C. Ranzoli, B., Milano 1924; M. Schyns, La philosophie d'É. B., Paris 1924. C. T.

Boutroux, Pierre Léon, *Paris 6. Dez. 1880, †in Frankreich, Aug. 1922, franz. Mathematiker und Wissenschaftshistoriker, Sohn des Philosophen Émile Boutroux. Studium an der École Normale Supérieure, mathematische Lehrtätigkeit an der Universität von Montpellier, Prof. in Poitiers 1908–1920, unterbrochen von Gastprofessuren in Nancy 1909, am Collège de France und an der Princeton University, wo B. 1913–1914 den Lehrstuhl für höhere Mathematik innehatte und als Chairman des Graduate Department of Mathematics fungierte. Mit Beginn des Ersten Weltkriegs Rückkehr nach Frankreich, ab 1920 Prof. für allgemeine Wissenschaftsgeschichte am Collège de France.

Während B.s Beiträge zur Fachmathematik überwiegend aus fruchtbaren Weiterentwicklungen zeitgenössischer Forschungsthemen, insbesondere der Differentialgleichungstheorie (↑Differentialgleichung), bestehen, zeigen seine Arbeiten zur Wissenschaftsgeschichte und zur Philosophie der Mathematik neben umfassender Sachkenntnis auch große Originalität. In »Les principes de l'analyse mathématique« (1914/1919) analysiert B. die Entwicklung des mathematischen Denkens mit besonderem Blick auf den zwischen empiristischen und rationalistischen Tendenzen wechselnden philosophischen Hintergrund. B.s bedeutendstes Werk ist »L'idéal scientifique des mathématiciens dans l'antiquité et dans les temps modernes« (1920, dt. 1927). An Hand einer konkreten Untersuchung des Ortes der von ihm als ›synthetisch‹ bezeichneten Descartesschen algebraischen Methode zwischen der ästhetisch-kontemplativen Haltung der antiken Mathematik und den scheinbar zusammenhanglosen zeitgenössischen mathematischen Detailuntersuchungen stellt B. der Geschichtsschreibung der Mathematik (und der Wissenschaften allgemein) die Aufgabe, nicht nur die von den historisch einflußreichen Forscherpersönlichkeiten in ihrer Arbeit verfolgten Ziele und »das Ideal [...], nach dem sie ihr wissenschaftliches Streben orientierten« (Das Wissenschaftsideal, 12) aufzuzeigen, sondern auch zu untersuchen, »unter welchen Umständen und bei welcher Gelegenheit sich markante wissenschaftliche Probleme dem Geist des Suchenden darboten« (a.a.O., 15). In der Ausführung dieses Programms gelang es B. in seinem Hauptwerk, wichtige (theoretische und praktische) Komponenten des komplexen Phänomens ↑›Fortschritt‹ (↑Erkenntnisfortschritt) in den Wissenschaften zu erfassen. Für die Geschichtsschreibung der exakten Wissenschaften ergab sich ihm daraus die Forderung, über Fallstudien hinaus stets den übergreifenden Zusammenhang zwischen den Wissenschaften und ihrem kulturellen Kontext zu verdeutlichen, für die Didaktik der exakten Wissenschaften die Einsicht, daß stets die Natur des einzelnen Problems die Methoden zu seiner Lösung bestimmen muß, eine universelle Problemlösungsmethodik dagegen bloßes Wunschdenken ist angesichts »einer äußerst komplizierten und mannigfaltigen Wirklichkeit [...], in die eine logische Ordnung zu bringen, Ziel des Gelehrten ist« (a.a.O., 243). In seinen Kommentaren zu der von ihm mit L. Brunschvicg herausgegebenen Pascal-Ausgabe und in zahlreichen wissenschaftsgeschichtlichen Aufsätzen, die, zum Teil im Forschungsstil mit dem Ansatz G. Sartons verwandt, Arbeiten P. Tannerys und P. Duhems fortsetzen, hat B. diese Maximen für seine eigene wissenschaftliche Tätigkeit exemplarisch verwirklicht.

Werke: L'imagination et les mathématiques selon Descartes, Paris 1900; Leçons sur les fonctions définies par les équations différentielles du premier ordre, professées au Collége de France, Paris 1908; Les origines du calcul des probabilités, Revue du mois (1908), 641–654; Œuvres de Blaise Pascal, publiées suivant l'ordre chronologique avec documents complémentaires, introductions et notes (mit L. Brunschvicg), I–XIV, Paris 1908–1921, ²1923–1929; Le calcul combinatoire et la science universelle, Revue du mois 9 (1910), 50–62; L'édifice géométrique et la démonstration, L'enseignement mathématique 15 (1913), 298–305; L'objet et la méthode de l'analyse mathématique, Rev. mét. mor. 21 (1913), 307–328; (mit V. Volterra/J. Hadamard/P. Langevin) Henri Poincaré: L'œuvre scientifique, l'œuvre philosophique, Paris 1914; Les principes de l'analyse mathématique. Exposé historique et critique, I–II, Paris 1914–1919; L'histoire des sciences et les grands courants de la pensée mathématique, Revue du mois 20 (1915), 604–621; L'idéal scientifique des mathématiciens dans l'antiquité et dans les temps modernes, Paris 1920, 1955 (dt. Das Wissenschaftsideal der Mathematiker, Leipzig/Berlin 1927 [repr. Wiesbaden 1968]); L'enseignement de la mécanique en France au XVIIe siècle, Isis 4 (1921), 276–294; L'histoire des principes de la dynamique avant Newton, Rev. mét. mor. 28 (1921), 657–688; L'œuvre de Paul Tannery, Osiris 4 (1938), 691–702.

Literatur: L. Brunschvicg, L'œuvre de P.B., Rev. mét. mor. 29 (1922), 285–288; R.S. Calinger, P.B., DSB II (1970), 357–359; D. Roissonnade, Histoire de l'Université de Poitiers passé et present (1432–1932), Poitiers 1932. C.T.

Bouvelles, Charles (auch: Bouëlles, Bouillé, Bonelles, Bovillus), *Saucourt bei Amiens um 1470, †Noyon um 1553, franz. Philosoph, Mathematiker und Theologe. Anhänger des R. Lullus, versuchte den Aristotelismus mit der Philosophie des Nikolaus von Kues zu verbinden. In der Geometrie befaßte sich B. mit der Berechnung der Winkelsumme sternförmiger Polygone und dem Problem der Quadratur des Kreises, in der Arithmetik mit der Berechnung vollkommener Zahlen (↑Zahl, vollkommene).

Werke: C.B. geometrici introductorii liber primus – sextus, Paris 1503; Metaphysicae introductorium, Paris 1503; Liber de XII numeris, Paris 1510; Liber de intellectu, De sensibus, De nihilo, Ars oppositorum, De generatione, De sapiente, De duodecim numeris Philosophicae epistolae, De persictis numeris, De mathematicis rosis, De mathematicis corporibus, De mathematicis supplementis, Paris 1510 (repr. Stuttgart 1970); Physicorum elementorum libri X, Paris 1512; Quaestiones theologicae libri septem, Paris 1513; Proverbiorum vulgarium libri tres, Paris 1531.

Literatur: H.L.L. Busard, B., DSB II (1970), 360–361; E. Cassirer, Individuum und Kosmos in der Philosophie der Renaissance, Leipzig/Berlin 1927; J. Dippel, Versuch einer systematischen Darstellung der Philosophie des Carolus Bovillus, nebst einem kurzen Lebensabrisse, Würzburg 1865; D. Mahnke, Unendliche Sphäre und Allmittelpunkt. Beiträge zur Genealogie der mathematischen Mystik, Halle 1937, 108ff.; P. Quillet, Les proverbes de C. de B.. Essai sur les assises populaires de l'humanisme, Arch. philos. 38 (1975), 431–457; J.M. Victor (ed.), Charles de Bovelles and Nicholas de Pax: two Sixteenth-Century Biographies of Ramon Lull, Traditio 32 (1976), 313–345; ders., C. de B. 1479–1553. An Intellectual Biography, Genf 1978. M.G.

Bovillus, Carolus, ↑Bouvelles, Charles.

Boyle, Robert, Lismore (Irland) 25. Jan. 1627, †London 30. Dez. 1691, engl. Physiker und Chemiker, einer der Begründer der »Royal Society«. 1635–1637 Eaton College, 1637–1644 Bildungsreise durch Europa (Frankreich, Schweiz und Italien, wo er 1641/1642 in Florenz G. Galileis »Dialogo« liest), 1645–1654 auf seinem Landgut in Stallbridge (Dorset), 1652–1654 Reisen nach Irland und auf den Kontinent, wo er mit M. Mersenne, B. Pascal und B. Spinoza zusammentrifft, 1654–1668 Oxford (Einrichtung eines Laboratoriums mit R. Hooke als Assistenten, Bekanntschaft mit J. Wallis und J. Wilkins), 1668 Übersiedlung nach London, 1680 Weigerung, Präsident der »Royal Society« zu werden. Seinen Ruf als Experimentator begründete B. mit Versuchen über physikalische Eigenschaften der Luft, mit denen er teils die Experimente O. v. Guerickes (publiziert bei G. Schott, Mechanica hydraulicopneumatica, Frankfurt 1657) bestätigte, teils um neue Erkenntnisse über Vakuumphänomene erweiterte (New Experiments Physico-Mechanicall, 1660). 1662 publizierte er als Anhang zur 2. Auflage der »New Experiments«, zugleich als Antwort auf die Kritik von F. Linus an seinen Luftdruckexperimenten (Tractatus de corporum inseparabilitate, London 1661), das nach ihm und (auf dem Kontinent) nach E. Mariotte benannte, von seinem Schüler R. Towneley bei gemeinsamen Experimenten zuerst vermutete Gesetz über den Zusammenhang von Druck p und Volumen V: $p \cdot V =$ const. (bei konstanter Temperatur), die erste quantitative Relation in der Physik der Gase.

In seiner Auseinandersetzung mit Vorstellungen der alchemistischen und aristotelischen Tradition (↑minima naturalia) über die Struktur der Materie (Certain Physiological Essays, 1661; The Sceptical Chymist, 1662) vertritt B. nachdrücklich den Standpunkt der ›Korpuskularphilosophie‹ (Rückführung aller Eigenschaften der Materie auf Bewegung und Anordnung ihrer Teile). Seine Definition des Begriffs des Elements (chemisch unvermischter Körper) begründet nicht schon, wie häufig angenommen, moderne Vorstellungen der Chemie, sondern gibt im wesentlichen zeitgenössische Auffassungen, die er teilt (z.B. Beibehaltung der Vorstellung einer Transmutation von Metallen), wieder. Weiter ausgearbeitet ist B.s ›Korpuskularphilosophie‹ im Rahmen einer Theorie der ↑Qualitäten (The Origine of Formes and Qualities, 1666), die Qualitätsunterschiede auf Größe, Gestalt, Bewegungszustand sowie Lage und Anordnung der sie konstituierenden Partikel zurückführt, eine Vorstellung, auf die dann J. Locke seine erkenntnistheoretischen Analysen stützt. Insofern B.s Theorie der Qualitäten (mit der Unterscheidung zwischen primären und sekundären Qualitäten) alle Eigenschaften eines Stoffes aus der Struktur der zugrunde liegenden Partikelkombinationen und ihrer Bewegungen herleitet, ist sie *korpuskular* und *mechanistisch.*

Seine Vorstellungen über die korpuskulare und mechanistische Struktur der Materie hat B., beeinflußt sowohl durch den klassischen antiken ↑Atomismus als auch durch Autoren wie F. Bacon (Novum organum scientiarum, London 1620), R. Descartes (Principia philosophiae, Amsterdam 1644), P. Gassendi (Syntagma philosophiae Epicuri, Den Haag 1659, London 1660) und W. Charleton (Physiologia Epicuro-Gassendo-Charletoniana, London 1654), auch ›wissenschaftstheoretisch‹ formuliert (z.B. in: Certain Physiological Essays and other Tracts, 1661). Mit Spinoza führt er 1662/1663 (über H. Oldenburg) eine Auseinandersetzung über die Rolle des ↑Experiments als begründender oder (›deduktiv‹ gewonnenes Wissen) bestätigender bzw. falsifizierender Instanz (so Spinoza im Sinne der Cartesischen Position), den vom Aristotelismus geprägten Begriff der ↑Natur (als ↑natura naturans) empfiehlt er zugunsten des Begriffs des ›mechanismus cosmicus‹ aufzugeben (A Free Inquiry into the Vulgarly Receiv'd Notion of Nature, 1686). Damit gehört B. sowohl in seiner wissenschaftlichen als auch in seiner wissenschaftstheoretischen Orientierung zu den Begründern des mechanistischen Weltbildes (↑Weltbild, mechanistisches). Zugleich verteidigt er dieses Weltbild bzw. die mechanistische und korpuskulare Konzeption einer ›experimental philosophy‹ (↑Experimentalphilosophie) gegen den Vorwurf, den ↑Atheismus zu fördern (The Christian Virtuoso, 1690), mit teleologischen (↑Teleologie), unter anderem auch gegen die deistische (↑Deismus) Annahme einer von Gott eingriffsfreien Naturgesetzlichkeit gerichteten Argumenten. Diese sollen zwar nach B. nicht die experimentelle Forschung leiten, aber durch diese auch nicht schon als irrelevant gelten (A Disquisition about the Final Causes of Natural Things, 1688).

In seiner wissenschaftlichen Praxis befaßte sich B. ferner (in Auseinandersetzung mit Pascal) mit hydrostatischen Experimenten (Hydrostatical Paradoxes, 1666) und einer Theorie der Farben (The Experimental History of Colours, 1663) sowie, auf medizinischem Gebiet, mit der Standardisierung von Pharmaka, der Untersuchung von Reflexbewegungen bei Tieren und den Eigenschaften des osmotischen Drucks.

Werke: Opera omnia, I–IV, Venedig 1696–1697; The Philosophical Work of the Honourable R.B., I–III, ed. P. Shaw, London 1725, [2]1738; The Works of the Honourable R. B., I–V, ed. T. Birch, London 1744, I–VI, London [2]1772 (repr. Hildesheim 1965–1966). – New Experiments Physico-Mechanicall, Touching the Spring of the Air and its Effects, Oxford 1660, [2]1662, [3]1682; Certain Physiological Essays, Written at Distant Times, and on Several Occasions, London 1661, [2]1669; The Sceptical Chymist. Or Chymico-Physical Doubts & Paradoxes, Touching the Experiments Whereby Vulgar Spagyrists Are Wont to Endeavour to Evince Their Salt, Sulphur and Mercury, London 1661 (repr. Folkestone 1965), Oxford 1680, London 1905, 1949 (lat. Chymista scepticus, vel dubia et paradoxa chymico-physica [...], Rotterdam 1662, [2]1668, dt. Der skeptische Chemiker, ed. E. u. M. Färber, Leipzig 1929 [Ostwalds Klassiker der exakten Wissenschaften 229]); The Experimental History of Colours, London 1663; Some Considerations Touching the Usefulnesse of Experimental Naturall Philosophy, Propos'd in Familiar Discourses to a Friend, by Way of Invitation to the Study of it, I–II, Oxford 1663/1671, I [2]1664; Experiments and Considerations Touching Colours, First Occasionally Written, among some other Essays, to a Friend. And now Suffer'd to Come Abroad as the Beginning of an Experimental History of Colours, London 1664, 1665, [2]1670 (repr. New York 1964); New Experiments and Observations Touching Cold, or An Experimental History of Cold, Begun. To which are Added an Examen of Antiperistasis, and an Examen of Mr. Hobs's Doctrine about Cold, London 1665, [2]1683; The Origine of Formes and Qualities (According to the Corpuscular Philosophy), Oxford 1666, [2]1667; Hydrostatical Paradoxes, Made out by New Experiments, Oxford 1666; Experiments, Notes & c. About the Mechanical Origine or Production of Divers Particular Qualities, London 1675; Apparatus ad historiam naturalem sanguinis humani, ac spiritus praecipuè ejusdem lignoris, London 1684, Genf 1685, Köln 1686; Short Memoirs for the Natural Experimental History of Mineral Waters, London 1685; A Free Inquiry into the Vulgarly Receiv'd Notion of Nature, London 1686 (lat. Tractatus de ipsa natura, sive libera in receptam naturae notionem, Genf 1688); A Disquisition about the Final Causes of Natural Things. Wherein it is Inquir'd, whether, and (if at all) with what Cautions, a Naturalist Should Admit them, London 1688; The Christian Virtuoso. Shewing, that by Being Addicted to Experimental Philosophy, a Man is Rather Assisted, than Indisposed, to Be a Good Christian, London 1690; Medicinal Experiments, or A Collection of Choice Remedies, for the most Part Simple, and Easily Prepared, London 1692, [2]1693, I–II, 1696, I–III, [3]1696–1698, I–III, [4]1703, I–III, [7]1731. – J. Fulton, A Bibliography of the Honourable R.B., I–II, Oxford 1932/1933, [2]1961.

Literatur: J. Agassi, R.B.'s Anonymous Writings, Isis 68 (1977), 284–287; ders., Who Discovered B.'s Law?, Stud. Hist. Philos. Sci. 8 (1977), 189–250; P. Alexander, B. and Locke on Primary and Secondary Qualities, Ratio 16 (1974), 51–67; W. Applebaum, B. and Hobbes. A Reconsideration, J. Hist. Ideas 25 (1963), 117–119; T. Birch, The Life of the Honourable R.B., London 1744, M. Boas (Hall), R. B. and Seventeenth Century Chemistry, Cambridge 1958 (repr. New York 1968); dies. (ed.), R.B. on Natural Philosophy, Bloomington Ind. 1965; dies., B., DSB II (1970), 377–382; E.M. Curley, Locke, B., and the Distinction between Primary and Secondary Qualities, Philos. Rev. 81 (1972), 438–464; E.J. Dijksterhuis, De Mechanisering van het Wereldbeeld, Amsterdam 1950, 477–488, 500–503 (dt. Die Mechanisierung des Weltbildes, Berlin/Göttingen/Heidelberg 1956, 485–496, 510–512); M.S. Fisher, R.B.. Devout Naturalist. A Study in Science and Religion in the Seventeenth Century, Philadelphia 1945; R.A. Greene, Henry More and R.B. on the Spirit of Nature, J. Hist. Ideas 23 (1962), 451–474; R. Kargon, Walter Charleton, R.B., and the Acceptance of Epicurean Atomism in England, Isis 55 (1964), 184–192; A. Lupoli, La polemica tra Hobbes e B., Acme 29 (1976), 309–354; R.E.W. Maddison, The Life of the Honourable R.B., London 1969; J.E. McGuire, B.'s Conception of Nature, J. Hist. Ideas 33 (1972), 523–542; L.T. More, Life and Works of the Honourable R.B., London/New York 1944; F. O'Toole, Qualities and Powers in the Corpuscular Philosophy of R.B., J. Hist. Philos. 12 (1974), 295–315; D. Palmer, B.'s Corpuscular Hypothesis and Locke's Primary-Secondary Quality Distinction, Philos. Stud. 29 (1976), 181–189; J. Passmore, B., Enc. Ph. I (1967), 357–359; J.J. Renaldo, Bacon's Empiricism, B.'s Science, and the Jesuit Response in Italy, J. Hist. Ideas 37 (1976), 689–695; G.A.J. Rogers, B., Locke, and Reason, J. Hist. Ideas 27 (1966), 205–216; M. Sina, R.B. ed il problema dell' »Above Reason«, Riv. filos. neo-scolastica 65 (1973), 746–770; R.S. Westfall, Unpublished B. Papers Relating to Scientific Method, Ann. Sci. 12 (1956), 63–73, 103–117. J.M.

Bradley, Francis Herbert, *Glasbury 30. Jan. 1846, †Oxford 18. Sept. 1924, engl. Philosoph, neben B. Bosanquet der bedeutendste Vertreter des Neuhegelianismus (↑Hegelianismus) in England. 1869 B.A. University College, Oxford, 1870 Fellow of Merton College, Oxford. B. kritisierte unter Berufung auf den Idealismus G.W.F. Hegels den ↑Utilitarismus und ↑Empirismus in Ethik und Logik (J.S. Mill), später auch den ↑Pragmatismus (W. James). Die Ethik hat für B. nicht die Aufgabe, reale Konflikte zu lösen oder Methoden für Lösungsvorschläge zu entwickeln, sondern ist eine Analyse moralischer Begriffe und hat Grundlegungsfunktion. B. schließt sich an Hegels Begriff der ↑Sittlichkeit an und gewinnt darin gegenüber dem individualistischen Ansatz der Ethik einen sozialen: die Selbstrealisation sittlicher Individuen ist nur in sozialer Gemeinschaft möglich. Den Status der moralischen Begriffe bestimmt B. wie den logischer Formen als ↑Universalien, diese wiederum gedeutet im Sinne der Hegelschen Idee als a priori (nicht empirisch) gewonnene Identität in Differenz. In seinen metaphysischen Studien »Appearance and Reality« (1893) und in den »Essays on Truth and Reality« (1914)

will B. durch die Annahme eines Absoluten den Dualismus von Pluralität und Widersprüchlichkeit der erfahrenen Realität und der für die Philosophie konstitutiven Einheitsforderungen versöhnen. Diese wie die logischen und ethischen nur im Anschluß an Hegel einsichtigen allgemeinen Konstruktionen stießen allenthalben auf Kritik, im Unterschied zu B.s Einzelanalysen. So nahm z.B. G.E. Moore B.s Aussagen zu Zeit, Realität und Existenz auf; B.s Unterscheidung von logischer und grammatischer Form ging in die analytische Sprachphilosophie ein.

Werke: The Presuppositions of Critical History, Oxford 1874; Ethical Studies, London 1876 (With Additional Notes by the Author, Oxford 1927, ^{2}1959); The Principles of Logic, London 1883, I–II, London 1922 (repr. 1967); Appearance and Reality, London 1893, ^{2}1897 (repr. 1969) (dt. Erscheinung und Wirklichkeit, Leipzig 1928); Essays on Truth and Reality, London 1914 (repr. Oxford 1962); Aphorisms, Oxford 1930; Collected Essays, I–II, London 1935 (repr. Freeport N.Y. 1969).

Literatur: C.A. Campbell, Scepticism and Construction. B.s Sceptical Principle as the Basis of Constructive Philosophy, London 1931; R.W. Church, B.s Dialectic, London 1942; T.S. Eliot, Knowledge and Experience in the Philosophy of F.H.B., London/New York 1964; G.E. Moore, Some Main Problems of Philosophy, London 1953, chap. 11, 12, 16; S.K. Saxena, Studies in the Metaphysics of B., London 1967; H.-J. Schüring, Studie zur Philosophie von F.H.B.. Ein Beitrag zur Erforschung der Dialektik, Meisenheim 1963; G.L. Vander Veer, B.'s Metaphysics and the Self, New Haven 1970; W.H. Walsh, F.H.B., in: D.J. O'Connor (ed.), A Critical History of Western Philosophy, London/New York 1964, 426–436; R. Wollheim, F.H.B., London 1959 (mit Bibliographie). A.G.-S.

Bradwardine, Thomas, *Hartfield (Sussex) um 1295, †Lambeth (London) 26. Aug. 1349, engl. Mathematiker, Physiker, Philosoph und Theologe. 1321 Fellow of Balliol College, Oxford, 1323–1335 Fellow of Merton College, Oxford, 1337–1349 Domherr von St. Paul's Cathedral, London, um 1338 Geistlicher am Hofe Edwards III., ab 19. Juni 1349 Erzbischof von Canterbury.

Die bedeutendste Leistung B.s, mit der thematisch die kinematischen Untersuchungen der ↑Merton School beginnen, ist die Verbesserung des Aristotelischen Bewegungsgesetzes, wonach die Geschwindigkeit v proportional der bewegenden Kraft K und umgekehrt proportional dem Widerstand W ist (Tractatus de proportionibus velocitatum in motibus [1328], Paris 1495). Um dem Mangel dieses Gesetzes, dem Fehlen des Überganges von $v=0$ zu einem positiven Anfangswert abzuhelfen, schlägt B. vor, bei Ver-n-fachung der Geschwindigkeit v das Verhältnis von Kraft K und Widerstand W in die n-te Potenz zu erheben. Da jetzt der Wert der Geschwindigkeit v gegen 0 geht, wenn das Verhältnis von Kraft und Widerstand W gegen 1 geht, ist der Anfang der Bewegung vom Bewegungsgesetz erfaßt. Weitere Arbeiten B.s betreffen die Kontinuumstheorie (Auseinandersetzung mit atomistischen Theorien) im »Tractatus de continuo« (nach 1328), im Aufbau streng euklidisch, Prädestinationsfragen (»De futuris contingentibus«, »De causa Dei contra Pelagium et de virtute causarum ad suos Mertonenses« [ca. 1344], ed. H. Savile, London 1618 [repr. Frankfurt 1964]) und elementare mathematische Darstellungen (Geometria speculativa, Paris 1495; Arithmetica speculativa, Paris 1495).

Ausgaben und Literatur: M. Clagett, The Science of Mechanics in the Middle Ages, Madison 1959, 220–222 (engl. Übers. Tractatus de proportionibus IV 2), 230–234 (engl. Übers. u. lat. Text: De continuo), 465–494 (engl. Übers. u. lat. Text: Tractatus brevis proportionum); H.L. Crosby (ed.), T. of B.. His Tractatus de Proportionibus. Its Significance for the Development of Mathematical Physics, Madison 1955; S. Drake, B.s Function, Mediate Denomination, and Multiple Continua, Physis 12 (1970), 51–68; A.B. Emden, Biographical Register of the University of Oxford to A.D. 1500, I–III, Oxford 1957–1959, I, 244–246; G. Leff, B. and the Pelagians. A Study of his »De causa Dei« and its Opponents, Cambridge 1957; A. Maier, Die Vorläufer Galileis im 14. Jahrhundert. Studien zur Naturphilosophie der Spätscholastik, Rom ^{2}1966; A.G. Molland, Geometria speculativa of T.B.. Text with Critical Discussion, Diss. Cambridge 1967; ders., The Geometrical Background of the ›Merton School‹. An Exploration into the Application of Mathematics to Natural Philosophy in the Fourteenth Century, Brit. J. Hist. Sci. 4 (1968), 108–125; J.E. Murdoch, Mathesis in Philosophiam scholasticam introducta. The Rise and Development of the Application of Mathematics in Fourteenth Century Philosophy and Theology, in: Arts libéraux et philosophie au moyen âge (Act. quatr. congr. int. de philos. médiévale), Montreal/Paris 1969, 215–254; ders., B., DSB II (1970), 390–397; H.A. Oberman, Archbishop T.B.. A Fourteenth Century Augustinian, Utrecht 1958; M.L. Roure, La problématique des propositions insolubles du XIIIe siècle et du début du XIVe, suivie de l'édition de traités de William Shyreswood, Walter Burleigh et T.B., Arch. hist. doctr. litt. moyen âge 37 (1970), 205–326; W.A. Wallace, Mechanics from B. to Galileo, J. Hist. Ideas 32 (1971), 15–28; J.A. Weisheipl, Early Fourteenth-Century Physics and the ›Merton School‹, Diss. Oxford 1957; ders., Repertorium Mertonense, Med. Stud. 31 (1969), 174–224 (hier 177–183); C. Wilson, William Heytesbury. Medieval Logic and the Rise of Mathematical Physics, Madison 1956. J.M.

Brahe, Tycho, *Knudstrup (Schonen) 14. Dez. 1546, †Prag 24. Okt. 1601, dän. Astronom, bedeutendster beobachtender Astronom vor Erfindung des Fernrohrs, dessen Messungen die empirische Grundlage für J. Keplers Planetentheorie wurden

(↑Astronomie). Bereits während eines 1559 in Kopenhagen und 1562 in Leipzig aufgenommenen Jurastudiums beschäftigte B. sich mit Astronomie. Bei der Konjunktion von Saturn und Jupiter im August 1563 beobachtete er mit einem einfachen Zirkel, dessen Schenkel er vor den Augen auf die Planeten gerichtet hatte, daß die bis dahin anerkannten Alfonsischen und Prutenischen Tafeln den Zeitpunkt des Eintritts verfehlten. 1569 fand B. in Augsburg Mittel und Mechaniker für den Bau des ersten astronomischen Großinstrumentes, eines hölzernen Quadranten mit fast $5\frac{1}{2}$ Metern Radius, auf dessen messingnem Viertelkreis die Werte mit einem Lot abgelesen wurden. Von grundlegender Bedeutung für die *Kritik der Aristotelischen Sphären- und Kometentheorie* wurde B.s Beobachtung (1572–1574) einer Nova im Sternbild Kassiopeia. Für die Entfernungsbestimmung bediente sich B. der Mondparallaxe, die durch die optische Verschiebung $\overline{PQ}$ des Mondes O zwischen Zenit Z und Horizont H relativ zur Fixsternsphäre entsteht, je nachdem, ob der Beobachtungspunkt K oder der Erdmittelpunkt A als Bezugspunkt gewählt wird (Abb. 1):

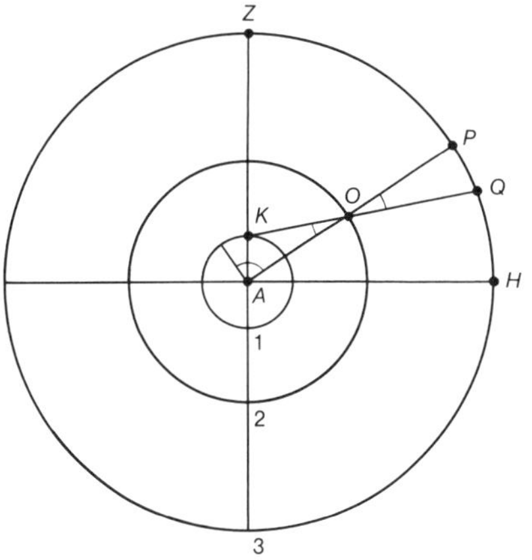

1: Erdoberfläche 2: Mondsphäre 3: Fixsternsphäre

Abb. 1.

B. bemaß die Mondparallaxe mit $58\frac{1}{2}$ Bogenminuten und konnte so den Durchmesser der Mondsphäre trigonometrisch mit den Winkeln $\sphericalangle KOA = \sphericalangle POQ$ zu ca. 52 Erdhalbmesser berechnen (↑Aristarch von Samos). Da nach der Aristotelischen Sphärentheorie Veränderungen wie z.B. die Entstehung von Kometen nur innerhalb der sublunaren Mondsphäre stattfinden, hätte für die Nova O' eine mindestens ebenso große Parallaxe wie für den Mond O, d.h. $\sphericalangle KOA \leq \sphericalangle KO'A$, nachweisbar sein müssen. Jedoch wies die Nova tatsächlich gar keine Parallaxe auf und mußte daher im supralunaren Bereich nahe der Fixsternsphäre entstanden sein, wo nach Aristotelischer Auffassung ewige und undurchdringliche Äthersphären gelagert waren. Zudem beobachtete B. an der Nova Veränderungen der Größe, die er aus der Helligkeitsveränderung schloß, und der Farbe. B. hat die *Messungen der Nova* mit Hilfe eines Sextanten von ca. 5 Fuß Radius durchgeführt, dessen fester Schenkel auf einem Fensterbrett und einem Ständer genau waagerecht befestigt war, während der andere Schenkel über den Meßkreis von 60° senkrecht geführt wurde (Abb. 2):

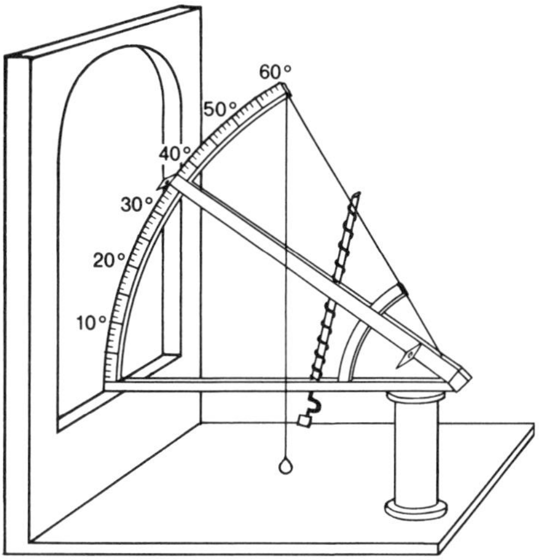

Abb. 2

1575 besuchte B. die erste, 1560 von Landgraf Wilhelm IV. von Hessen-Kassel in Kassel gegründete europäische Sternwarte, auf der mit neuartigen Meßinstrumenten wie dem sogenannten Wilhelmsquadranten systematisch Himmelsbeobachtungen durchgeführt wurden. Durch Fürsprache von Wilhelm IV. erhielt B. 1576 vom dänischen König Friedrich II. die Sundinsel Ven als Lehen, wo er die Sternwarte »Uranienborg« mit großzügiger instrumenteller Einrichtung baute. Bis zur Streichung der königlichen Zuschüsse von 1597 hat B. hier seine wesentlichen Beobachtungen durchgeführt. Nach einem kurzen Aufenthalt 1598 in Wandsbek bei Hamburg wurde B. 1599 Hofastronom von Kaiser Rudolf II. in Prag.
Seine *Meßinstrumente* hat B. in der »Astronomiae instauratae mechanica« (1598) beschrieben. Dazu

gehören ein mit Mikrometer- und Feststellschrauben in allen Richtungen justierbarer Sextant (1575/1576) ebenso wie sein berühmter gemauerter Quadrant (Quadrans Tichonicus) mit einem Radius von ca. 6 Fuß, an dem ein Astronom die Höhe des Sterns beim Durchgang durch den Meridian maß, während ein zweiter den Zeitpunkt an Uhren ablas und ein dritter die Daten auf Zuruf notierte. Neben der ständigen Verbesserung seiner Instrumente steigerte B. seine *Beobachtungsgenauigkeit* auch durch die Wiederholung seiner Messungen an verschiedenen Instrumenten. Auf dieser Grundlage veröffentlichte B. 1598 Sternkataloge von 1000 Sternen mit einer bis dahin nicht gekannten Genauigkeit. B. bemühte sich ferner um die exakte Bestimmung der Sonnen- und Mondbewegung und entdeckte dabei die Mondanomalien. Er beobachtete insgesamt sechs Kometen (1577, 1580, 1582, 1585, 1593, 1596) und konnte von dem 1577 erschienenen Kometen nachweisen, daß er sich innerhalb der supralunaren Planetensphären bewegte. Die Beobachtung, daß sich die Kometen durch die angeblich undurchdringlichen Äthersphären bewegen können, führte zur endgültigen Aufgabe der Aristotelischen Ätherphysik.
Da der Komet von 1577 unterschiedliche Entfernungswerte im Ptolemaiischen und Kopernikanischen System besaß, skizzierte B. in »De mundi aetherei recentioribus phaenomenis« (1588) ein eigenes *Planetensystem.* Danach befindet sich die Erde im Zentrum der Fixsternsphäre, und um sie herum kreisen Mond und Sonne wie bei K. Ptolemaios. Wie bei N. Kopernikus kreisen jedoch die Planeten mit ihren Deferenten und Epizykeln (↑Astronomie) um die Sonne (Abb. 3):

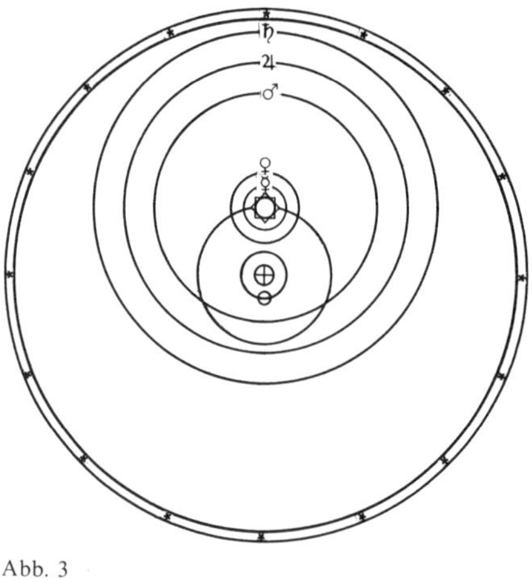

Abb. 3

Da die Widerstandslosigkeit der Äthersphären nach B. bewiesen war, konnte er die Marsbahn die Sonnenbahn schneiden lassen. Wie Kopernikus hält B. an der antiken Hypothese fest, wonach sich Planeten auf Kreisbahnen gleichförmig bewegen, und lehnte bereits 1570 eine von P. Ramus verfochtene ›hypothesenfreie‹ Astronomie, die nur auf Mathematik und Logik gegründet sein sollte, ab. Nachdem bereits 1588 R. Bär ein verändertes Tychonisches System vorgeführt hatte, in dem die Sonnenbahn außerhalb der Marsbahn verläuft und die Erde wie bei Kopernikus statt der Fixsternsphäre täglich rotiert, stellte G. B. Riccioli 1651 in seinem »Almagestum novum« ein System vor, in dem die Erde wieder zum Zentrum von Fixsternsphäre und den beiden äußeren Planeten mit ihren Monden gemacht wurde (Abb. 4):

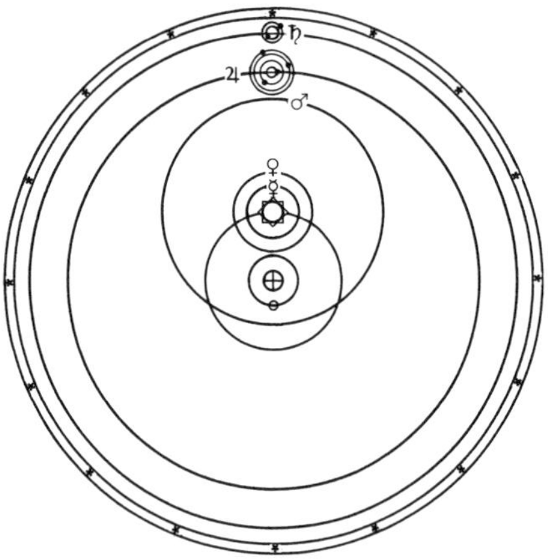

Abb. 4

Da dieses *semi-Tychonische System* mit den Galileischen und nach-Galileischen Fernrohrbeobachtungen, z.B. der Venus- und Merkurphasen, ebenso einfach vereinbar war wie das Kopernikanische und eine physikalische Entscheidung der Systeme erst nach J. Kepler und I. Newton herbeigeführt werden konnte, bewahrten die Tychonischen Systeme, besonders angesichts des Galilei-Urteils der römischen Kurie von 1616, einen großen Einfluß. Kepler, der sich als B.s Gehilfe in Prag auf dessen Anweisung hin mit Merkur, Venus und Mars beschäftigt hatte, benutzte schließlich die B.schen Meßergebnisse, um die Ellipsenbahnen eines heliozentrischen Planetensystems zu begründen.

Werke: Opera omnia, I–XV, ed. J. L. E. Dreyer, Kopenhagen 1913–1929. – De nova et nullius aevi memoria prius visa stella, iam pridem anno a nato Christo 1572 mense Novembri primum conspecta, contemplatio mathematica, Kopenhagen 1573 (repr. 1901) (Auszüge engl. in: H. Shapley/H.E. Howarth [eds.], A Source Book in Astronomy, New York/London 1929, 13–19); De mundi aetherei recentioribus phaenomenis liber secundus, Uraniborg 1588, Prag 1603, Frankfurt 1610; Astronomiae instauratae progymnasmata, Uraniborg 1596, Prag 1602, Frankfurt 1610; Astronomiae instauratae mechanica, Wandsbek 1598 (repr., ed. B. Hasselberg, Stockholm 1901), Nürnberg 1602.

Literatur: J. Christianson, The Celestial Palace of T.B., Sci. Amer. 204, no. 2 (1961), 118–128; ders., T.B. at the University of Copenhagen, 1559–1562, Isis 58 (1967), 198–203; ders., T.B.'s Cosmology from the ›Astrologia‹ of 1591, Isis 59 (1968), 312–318; J.L.E. Dreyer, T.B., A Picture of Scientific Life and Work in the Sixteenth Century, Edinburgh 1890 (repr. New York 1963, dt. T.B., Ein Bild wissenschaftlichen Lebens und Arbeitens im sechzehnten Jahrhundert, Karlsruhe 1894 [repr. Walluf 1972]); ders., The Place of T.B. in the History of Astronomy, Scientia 25 (1919), 177–185; J.A. Gade, The Life and Times of T.B., Princeton 1947; C.D. Hellmann, Was T.B. as Influential as he Thought?, Brit. J. Hist. Sci. 1 (1963), 295–324; dies., B., DSB II (1970), 401–416; F. Krafft, T.B., in: Große Naturwissenschaftler. Biographisches Lexikon, ed. ders./A. Meyer-Abich, Frankfurt 1970, 66–68; M. List, Der handschriftliche Nachlaß der Astronomen Johannes Kepler und T.B., München 1961; W. Norlind, T.B., Mannen och verket, Lund 1951; ders., T.B., Stockholm 1963; ders., T.B., En levnadsteckning. Med nya bidrag belysande hans liv och verk, Lund 1970; V.E. Thoren, An Early Instance of Deductive Discovery. T.B.'s Lunar Theory, Isis 58 (1967), 19–36; R.S. Westman (ed.), The Copernican Achievement, Berkeley/Los Angeles/London 1975. K.M.

brahman (sanskr.), (1) (nom. brahma) das b., Grundbegriff in der gesamten indischen Geistesgeschichte. Ursprünglich ein magischer Spruch, ein Gebet, von den Göttern geschaffen, später die den Kulthandlungen innewohnende Kraft, das Prinzip, das auch die Götter leitet; schließlich die höchste Wirklichkeit, das Absolute oder die Weltseele, die im ↑Veda als wesensgleich mit der Einzelseele, dem ↑ātman, angesehen wird und charakterisiert ist durch Sein (sat), Bewußtsein (cit) und Wonne (ānanda), frei von Leid und Vergänglichkeit. – (2) (nom. brahmā) der b., ursprünglich ein Priester, dafür später das Wort ›brāhmaṇ‹ (Brahmane); zugleich, seit der Zeit der ↑Upaniṣaden, Personifikation des neutralen b. zum zeitweilig höchsten Gott B., dem Weltschöpfer (mit Prajāpati, dem überlieferten ›Herrn der Geschöpfe‹, ebenso mit dem alleinherrschenden Weltherrn Īśvara identifiziert), der mit Viṣṇu, dem Welterhalter, und Śiva, dem Weltzerstörer, eine Einheit bildet, die Trimūrti (d.i. Dreigestalt). In der heiligen Silbe AUM (OM), dem Symbol des neutralen b., stehen A, U, M nacheinander für B., Viṣṇu und Śiva. Einen eigenen Kultus um B. hat es kaum gegeben, die einzigen B.-Tempel befinden sich in Puṣkara (bei Ajmer) und Idār; dargestellt wird er mit vier gekrönten Häuptern und vier Händen, die eine Vedaschrift, ein Gefäß mit Gangeswasser, Stab und Opferlöffel als Attribute halten. Als weiblicher Aspekt von B., die Personifizierung seiner schöpferischen Energie (śakti), gilt Sarasvatī, die Patronin von Kunst und Wissenschaft.

Literatur: H. v. Glasenapp, Die Religionen Indiens, Stuttgart 1943; S. Radhakrishnan, Indian Philosophy, I–II, London 1923/1927 (dt. Indische Philosophie, I–II, Darmstadt 1955/1956); W. Kirfel, Symbolik des Hinduismus und des Jinismus, Stuttgart 1959. K.L.

Brāhmaṇas, zu den ältesten überlieferten Texten der indischen Geistesgeschichte gehörende sanskritisch geschriebene Prosaschriften größeren Umfangs. Vermutlich ausschließlich von Brahmanen zu einer Zeit ihrer kultischen und damit sozialen Monopolstellung, um 1000 v.Chr., verfaßt, zählen sie zum ↑Veda, der mündlich überlieferten und später dem ↑Brahmanismus als heilig geltenden Offenbarung (śruti). Gegenüber den drei vedischen Spruchsammlungen (Saṃhitā) des Ṛgveda, Yajurveda und Sāmaveda, deren Überlieferung in zahlreiche Schulen aufgesplittert ist, die meist ihr eigenes, später entstandenes Brāhmana mit sich führen, handeln die B. nicht mehr von den Opfern als Mittel, die Gunst der Götter zu erwerben, sondern von Ausführung und Bedeutung der religiösen Opferhandlungen als Selbstzweck. Allein die letzten Teile der B., die für das religiöse Leben der Einsiedler bestimmten Āraṇyakas (d.s. Waldbücher), sind philosophisch ergiebiger; ihre bedeutendsten Stücke wurden später unter dem Namen der ↑Upaniṣaden auch gesondert überliefert.

Literatur: H. Oldenberg, Die Weltanschauung der B.-Texte, Göttingen 1919. K.L.

Brahmanismus (von sanskr. brāhmaṇa, der Brahmane), im weitesten Sinne die von der Priesterkaste der Brahmanen seit der Einwanderung der Arier im 2. Jahrtausend v.Chr. auf dem indischen Subkontinent getragene Religion, eine Welt- und Lebensauffassung, die sich nur an wenigen Stellen anhand des für die abendländische Geistesgeschichte charakteristischen Kriteriums einerseits mythosbezogener (d.i. an überlieferten, für eine ganze Gesellschaft verbindlichen Geschichten orientierter), andererseits logosbezogener (d.i. an jeweils gegenwärtiger, mit Begründungen versehener Erfahrung orientierter) Äußerung von Philosophie scharf trennen läßt (↑Philosophie, indische). Im engeren Sinne bezeichnet B. die nach-vedische

(↑Veda) Periode philosophisch-religiösen Nachdenkens, die in der sogenannten *epischen Periode,* ca. 6. Jh.v.Chr. bis ca. 2. Jh.n.Chr., ausgehend von den in den großen Epen Rāmāyaṇa und Mahābhārata zusammengefaßten Gedankengängen zur Herausbildung der auch die nicht-arischen Kulte verarbeitenden verschiedenen Systeme des *Hinduismus* (Lokayātā, Śivaismus, Viṣṇuismus), des *Buddhismus* (↑Philosophie, buddhistische) und des *Jainismus* (↑Philosophie, jainistische) führt. Das Epos Mahābhārata enthält das ›indische Glaubensbekenntnis‹, die Bhagavadgītā (Gesang des Erhabenen): Kṛṣṇa als menschliche Inkarnation (avatāra) des Viṣṇu-Aspekts des nach dem Vorbild des ↑bhāgavata als personifizierte Einheit von Weltschöpfer (brahmā), Welterhalter (viṣṇu) und Weltzerstörer (śiva) erfahrenen Absoluten (d.i. das brahman der ↑Upaniṣaden mit einer dualistischen ↑Sāṃkhya-Theorie seiner Evolution) lehrt Befreiung von der Ichbefangenheit durch Streben nach Alleinheit mit Hilfe der ↑Yoga-Praxis; den Hintergrund bildet die orthodoxe Lehre (a) von den vier Zielen des Menschen (puruṣārtha): Gerechtigkeit (dharma), Wohlstand (artha), Lust (kāma), Erlösung (mokṣa), (b) von den vier Kasten (varṇa, wörtlich: Farbe): Brahmane (brāhman), Krieger (kṣatriya), Händler (vaiśya), Arbeiter (śūdra), (c) von den vier Lebensstadien der Angehörigen der ersten drei Kasten, speziell eines Brahmanen: Schüler (brahmacarya), Familienvater (gārhasthya), Einsiedler (vānaprastha), Mönch (saṃnyāsin).

Im engsten Sinne umfaßt B. lediglich die hinduistischen Systeme, speziell die im ersten nachchristlichen Jahrtausend in Sūtra-Form (d.s. knappe systematische Leitfäden) abgefaßten klassischen sechs orthodoxen (d.i. den Veda als Offenbarung, d.i. śruti, behandelnden und deshalb als Autorität anerkennenden) Systeme des ↑Sāṃkhya, ↑Yoga, ↑Nyāya, ↑Vaiśeṣika, ↑Mīmāṃsā und ↑Vedānta sowie das heterodoxe System des indischen Materialismus, des ↑Lokayātā, daneben aber auch die verschiedenen moral- und sozialphilosophischen, zur Tradition, d.i. smṛti, gehörenden ausführlichen Lehrschriften, die *dharmaśāstras,* in denen die kanonischen Grundlagen für die Lebensführung der Arier niedergelegt sind. Schließlich gehören auch die meist als *Kommentare* (bhāṣya) zur Sūtra-Literatur abgefaßten Schriften der nach der in Indien selbst erfolgreichen hinduistischen Gegenreformation gegen den Buddhismus von ca. 1000 bis ins 17. Jahrhundert reichenden scholastischen Periode zum B.. Diese letzte Periode des B. vor der sichtbaren islamischen und christlich-europäischen Überfremdung ist durch einen grundsätzlichen ↑Theismus auch der philosophischen Systeme charakterisiert, der deren klassischer Gestalt meist fremd war. Śivaitische und viṣṇuitische Sekten bemächtigen sich insbesondere des Vedānta und bilden religiös-philosophische Alternativen zur klassischen Alleinheitslehre, dem advaita-vedānta Śaṃkaras, aus (Śaivismus und Vaiṣṇavismus), die sämtlich auf dem Fortbestand der Einzelseele (ātman) auch nach deren Erlösung bestehen. Historisch ist damit der Untergang einer besonderen Philosophie des B. besiegelt, auch wenn in der Gegenwart, etwa bei S. Radhakriṣṇan und Aurobindo, synkretistische, westliche und östliche Traditionen verbindende Neubildungen erneut Interesse beanspruchen.

Literatur: E. Frauwallner, Aus der Philosophie der śivaitischen Systeme, Berlin 1962; H. v. Glasenapp, Entwicklungsstufen des indischen Denkens. Untersuchungen über die Philosophie der Brahmanen und Buddhisten, Halle 1940; ders., Die Philosophie der Inder. Eine Einführung in ihre Geschichte und ihre Lehren, Stuttgart 1949; S. Radhakrishnan, Indian Philosophy, I–II, New York 1923–1927, [2]1929 (dt. Indische Philosophie, I–II, Darmstadt 1956); ders./C.A. Moore (eds.), A Source Book in Indian Philosophy, Princeton 1957; P.T. Raju, The Philosophical Traditions of India, London 1971. K.L.

Braithwaite, Richard Bevan, *Banbury 15. Jan. 1900, engl. Philosoph. Studium der Physik, Mathematik und Philosophie in Cambridge, ebendort seit 1953 Knightbridge Prof. of Moral Philosophy. Zeitweilig Präsident der »Mind Association« (1946) und der »Aristotelian Society« (1946/1947). Wichtige Beiträge zur ↑Wissenschaftstheorie, speziell zu den Grundlagen der ↑Wahrscheinlichkeitstheorie und ↑Statistik; Einsatz der mathematischen ↑Spieltheorie für die Begründung der Wahl von Hypothesen, analog erweitert auf moral- und religionsphilosophische Probleme.

Werke: Scientific Explanation. A Study of the Function of Theory, Probability, and Law in Science, Cambridge 1953, [2]1968; An Empiricist's View of the Nature of Religious Belief, Cambridge 1955, Folcroft [2]1970; Theory of Games as a Tool for the Moral Philosopher, Cambridge 1955, New York 1963; George Edward Moore, 1873–1958, New York 1963; Bertrand Russell as Philosopher of Science, Brit. J. Philos. Sci. 21 (1970), 129–132.

Literatur: D.H. Mellor (ed.), Science, Belief and Behavior. Essays in Honor of R.B.B., Cambridge 1980. K.L.

Braithwaite-Ramsey-Vermutung, Bezeichnung (nach W. Stegmüller) der Annahme, daß es in allen prognostisch (↑Prognose) relevanten Theorien (d.h. der Physik) theoretische Begriffe (↑Begriffe, theoretische) geben muß. Da die Verschärfung der B.-R.-V. zu einem beweisbaren Satz (mit Einschränkungen im Ansatz J.D. Sneeds gelungen) nur unter weitgehenden Annahmen für die formale Struktur von physikalischen Theorien sowie unter Abblendung der Frage nach methodischer und historischer Herkunft dieser auf Meß- und Experimentierkunst beruhenden Theorien möglich ist, kann daraus nicht geschlossen werden, daß vollständige, explizite terminologische Bestimmungen physikalischer Begriffe Einschränkungen der prognostischen Relevanz physikalischer Theorien (im Sinne der Ableitbarkeit neuer empirischer Gesetze) (↑Ramsey-Satz, ↑Theoriesprache) zur Folge hätten.

Literatur: W. Stegmüller, Probleme und Resultate der Wissenschaftstheorie und Analytischen Philosophie II (Theorie und Erfahrung), I–II, Berlin/Heidelberg/New York 1970/1973. P.J.

Brentano, Franz, *Marienberg 16. Jan. 1838, †Zürich 17. März 1917, dt. Philosoph und Psychologe (Neffe von Clemens Brentano und Bettina von Arnim). 1862 Promotion in Tübingen mit der Arbeit »Von der mannigfachen Bedeutung des Seienden nach Aristoteles«, 1864 Priesterweihe, 1866 Habilitation für Philosophie in Würzburg, 1872–(März) 1873 a.o. Prof. in Würzburg, April 1873 Austritt aus der röm.-kath. Kirche aus Protest gegen das Unfehlbarkeitsdogma, 1874 o. Prof. der Philosophie in Wien (unter seinen Schülern: E. Husserl, A. Meinong, C. Stumpf), 1880 Niederlegung der Professur, 1880–1895 Privatdozent in Wien, 1896 Übersiedlung nach Florenz, 1915 nach Zürich. Angeregt durch die Neubelebung des ↑Aristotelismus, die sein Lehrer F.A. Trendelenburg in Auseinandersetzung mit den idealistischen Systementwürfen des 19. Jahrhunderts versucht hatte, beginnt B. einen umfassenden Neuaufbau der (theoretischen und praktischen) Philosophie auf der Grundlage einer philosophischen Psychologie. Allerdings hat B. keine abgerundete und endgültige Fassung seiner Gedanken hinterlassen, die meisten seiner Schriften stammen aus dem Nachlaß (zu großen Teilen noch unveröffentlicht).

Ausgangspunkt jeder philosophischen Untersuchung ist für B. die Analyse des menschlichen ↑Bewußtseins als Ort von Wahrheit und Falschheit des Erkennens. Das Grundmerkmal des Bewußtseins, das Gemeinsame aller Bewußtseinsakte ist die Hingerichtetheit des ↑Aktes auf ein anderes (↑Intentionalität), das ›Gegenstandsbewußtsein‹. Die ›Inhalte‹ des Bewußtseins sind somit nicht als Verdoppelung einer realen Welt zu verstehen, sondern als die Gegenstände (im weiteren Sinne, wozu also auch ↑Fiktionen gehören) selbst – das Problem der Beziehung zwischen Bewußtsein und ↑›Außenwelt‹ entsteht nicht. Damit ergeben sich für die (theoretische) Philosophie zwei Hauptaufgaben: (a) die Analyse der intentionalen Erlebnisse, (b) die Charakterisierung der Gegenstandsregionen (Ontologie). B. unterscheidet drei Erlebnisklassen: Vorstellungen, Urteile und Emotionen. Entscheidend ist zunächst die Unterscheidung zwischen ↑Vorstellungen und ↑Urteilen, durch die B. gegen die neuzeitliche Konzeption vom Urteil als Vorstellungsverbindung (I. Kant) Stellung bezieht. Mit Urteilen wird nämlich über die Vergegenwärtigung einer oder mehrerer Vorstellungen hinaus eine Bejahung oder Verneinung (Behauptung oder Bestreitung) ausgedrückt, und nur diesen Akten kann Wahrheit oder Falschheit zugesprochen werden (B. nimmt dabei bereits die Einsicht vorweg, daß ›wahr‹ und ›falsch‹ nicht von Propositionen, sondern von ↑Äußerungen prädiziert wird). Das Kriterium der Wahrheit kann daher auch nicht in der Adäquation zwischen Vorstellungen und Gegenständen liegen, sondern nur im Vollzug der Urteile selbst (↑›Evidenz‹). Evidenz ist auch das entscheidende Kriterium, gemäß dem wir unsere sittlichen Stellungnahmen in emotiven Akten als ›richtig‹ oder ›unrichtig‹ qualifizieren. Evident im strikten Sinne sind nach B. lediglich die apodiktischen Urteile (↑Urteil, apodiktisches), die aus Begriffen einleuchtenden (Axiome), und die Urteile der inneren Wahrnehmung.

Ausgehend von einer differenzierten Analyse der intentionalen Erlebnisse bemühte sich B. um eine kritische Wiederaufnahme der ontologischen Fragestellung (↑Ontologie). Gegenüber Aristoteles kommt er zu dem Ergebnis, daß es einen ↑univoken, generischen Begriff des ↑Seienden gibt. Die weiteren ↑Kategorien sind verschiedene Realisierungsweisen der ↑Substanz in den Akzidentien.

Durch seine Analyse der Intentionalität psychischer Erlebnisse wird B. als Vorläufer der ↑Phänomenologie angesehen, wobei der unmittelbare akademische Einfluß auf Husserl und Husserls zahlreiche Verweise auf B. die deutlichsten äußeren Belege für diesen Sachverhalt sind. Mit seinen Überlegungen zur Rehabilitierung der Ontologie hatte B. ferner maßgeblichen Einfluß auf die ↑Fundamentalontologie M. Heideggers (vor allem durch seine Dissertation, vgl. M. Heidegger, Mein Weg in die Phänomenologie, in: ders., Zur Sache des Denkens, Tübingen 1969, 81). B. hat ferner durch seine urteils- und (in Verbindung damit) sprachanalytischen Überlegungen auf die sprachanalytische Philosophie eingewirkt, z.B. auf die Ethik G.E. Moores (Principia Ethica, Cambridge 1903, XI) und auf die Theorie der ↑Kennzeichnung von B. Russell (über A. Meinong [ed.], Untersuchungen zur Gegenstandstheorie und Psychologie, Leipzig 1904, Mind 14 [1905], 530–538). Bemerkenswert ist auch B.s Eintreten gegen den universalientheoretischen Platonismus, durch das er die Reformulierung der Problemstellung (↑Universalien) in der Gegenwart beeinflußt hat (vgl. W. Stegmüller).

Werke: Von der mannigfachen Bedeutung des Seienden nach Aristoteles, Freiburg 1862 (repr. Hildesheim/New York/Darmstadt 1962); Die Psychologie des Aristoteles, insbesondere seine Lehre vom *νοῦς ποιητικός*, Mainz 1867 (repr. Darmstadt 1967); Psychologie vom empirischen Standpunkt (I–III), I Leipzig 1874, I–II, ed. O. Kraus, Leipzig ²1924, I–II, Hamburg ³1955, II (Von der Klassifikation der psychischen Phänomene) Leipzig 1911, ed. O. Kraus, Leipzig ²1925, Hamburg ³1959, ⁴1971, III (Vom sinnlichen und noetischen Bewußtsein), ed. O. Kraus, Leipzig 1928, ed. F. Mayer-Hillebrand, Hamburg ²1968; Vom Ursprung sittlicher Erkenntnis, Leipzig 1889, ed. O. Kraus (mit Anhang), Leipzig ²1921, ³1934 (repr. Hamburg 1969); Das Genie, Leipzig 1892; Über die Zukunft der Philosophie, Wien 1893, ed. O. Kraus, Leipzig 1929 (repr. Hamburg 1968); Die Vier Phasen der Philosophie und ihr augenblicklicher Stand, Stuttgart 1895, ed. O. Kraus, Leipzig 1926 (repr. Hamburg 1968); Untersuchungen zur Sinnespsychologie, Leipzig 1907, ed. R.M. Chisholm/R. Fabian, Hamburg ²1978; Versuch über die Erkenntnis, ed. A. Kastil, Leipzig 1925, ed. F. Mayer-Hillebrand, Hamburg 1970; Vom Dasein Gottes, ed. A. Kastil, Leipzig 1929 (repr. Hamburg 1968); Wahrheit und Evidenz. Erkenntnistheoretische Abhandlungen und Briefe, ed. O. Kraus, Leipzig 1930 (repr. Hamburg 1974); Kategorienlehre, ed. A. Kastil, Leipzig 1933 (repr. Hamburg 1968, ²1974); (alle folgenden Titel ed. F. Mayer-Hillebrand) Grundlegung und Aufbau der Ethik, Bern 1952; Religion und Philosophie. Ihr Verhältnis zueinander und ihre gemeinsamen Aufgaben, Bern 1954; Die Lehre vom richtigen Urteil, Bern 1956; Grundzüge der Ästhetik, Bern 1959; Geschichte der griechischen Philosophie, Bern 1963; Die Abkehr vom Nichtrealen, Bern/München 1966.

Literatur: G. Bergmann, Realism. A Critique of B. and Meinong, Madison Wisc. 1967; R.M. Chisholm/R. Haller (eds.), Die Philosophie F.B.s. Beiträge zur B.-Konferenz Graz, 4.–8. Sept. 1977, Amsterdam 1978 (Grazer Philos. Studien 5); L. Gilson, La psychologie descriptive selon F.B., Paris 1955; ders., Méthode et métaphysique selon F.B., Paris 1955; A. Kastil, Die Philosophie F.B.'s, Bern 1951, Hamburg ²1978; O. Kraus (ed.), F.B.. Zur Kenntnis seines Lebens und seiner Lehre. Mit Beiträgen von C. Stumpf und E. Husserl, München 1919; L.L. McAlister (ed.), The Philosophy of B.. Incl. a Bibliography of the Published Writings of F.B., London 1976; E. Seiterich, Die Gottesbeweise bei F.B., Freiburg 1936; J. Srzednicki, F.B.'s Analysis of Truth, The Hague 1965; W. Stegmüller, Philosophie der Evidenz: F.B., in: ders., Hauptströmungen der Gegenwartsphilosophie. Eine kritische Einführung, Stuttgart ⁶1976, 1–48. C.F.G.

Bridgman, Percy Williams, *Cambridge Mass. 21. April 1882, †Randolph (New Hampshire) 20. Aug. 1961, amerik. Physiker und Wissenschaftstheoretiker. Studium und Professuren in Harvard. B.s physikalische Arbeiten betreffen vor allem die Hochdruckphysik, insbesondere die Herstellung und Messung hoher und höchster Drucke (bis 425000 bar) sowie das Verhalten bestimmter Stoffe unter Druckeinwirkung. Hierfür Nobel-Preis in Physik 1946. Seine einflußreichen wissenschaftstheoretischen Ideen entwickelte B. ohne Kontakt mit der entstehenden Wissenschaftstheorie (↑Wiener Kreis) aus der Einsicht in das methodische Ungenügen des Verständnisses physikalischer Grundbegriffe. B.s bei der ↑Dimensionsanalyse entwickelte Auffassung, daß Variable in physikalischen Gleichungen Platzhalter für Meßergebnisse, nicht irgendwelche anderweitig definierbaren physikalischen Größen darstellen, führte zum ↑›Operationalismus‹, als dessen Begründer B. häufig angesehen wird. Der Operationalismus vertritt die Auffassung, daß die Bedeutung wissenschaftlicher Grundbegriffe durch die bei ihrer Verwendung durchgeführten Handlungen definiert wird (↑Definition).

Werke: Dimensional Analysis, New Haven Conn. 1922, ²1931 (repr. New Haven/London 1963 [dt. Theorie der physikalischen Dimensionen. Ähnlichkeitsbetrachtungen in der Physik, Leipzig 1932]); The Logic of Modern Physics, New York 1927, ²1960 (repr. 1961 [dt. Die Logik der heutigen Physik, München 1932]); The Physics of High Pressure, New York 1931 (repr. 1970); The Nature of Physical Theory, Princeton 1936, New York 1964; The Intelligent Individual and Society, New York 1938; The Nature of Thermodynamics, Cambridge Mass. 1941, Gloucester Mass. 1969; Reflections of a Physicist, New York 1950 (dt. Teilausg., Physikalische Forschung und soziale Verantwortung. Gedanken eines Physikers, Frankfurt/Wien 1954 [Die Universität 47]); The Nature of Some of Our Physical Concepts, Brit. J. Philos. Sci. 1 (1950/1951), 257–272, 2 (1951/1952), 25–44, 142–160; The Way Things are, Cambridge Mass. 1959, 1966; A Sophisticate's Primer of Relativity, Einl. u. Nachw. A. Grünbaum, Middletown Conn., London 1963, New York 1965.

Literatur: E.C. Kemble/F. Birch, P.W.B., Nat. Acad. Sci. Biogr. Mem. 41 (1970), 23; E.C. Kemble/F. Birch/G. Holton, B., DSB II (1970), 457–461. P.J.

Broad, Charlie Dunbar, *Harlesden (London) 30. Dez. 1887, †Cambridge 15. März 1971 (in seinen Räumen in Trinity College, die zuvor B. Russell und früher I. Newton bewohnt hatten), engl. Philosoph. 1905–1910 Studium der Mathematik, Naturwissenschaften und Philosophie am Trinity College, Cambridge, 1911 Fellow, bis 1920 Assistent von G.F. Stout an der University of St. Andrews. Nach Lehrtätigkeit in Bristol Nachfolger J.M.E. McTaggart's als Dozent für Ethik in Cambridge. 1933–1953 Knightbridge Prof. für Moralphilosophie. 1927/1928 und 1954/1955 Präsident der »Aristotelian Society«, 1935/1936 und 1959/1960 Präsident der »Society for Psychical Research«. Charakteristisch für B.s Werke, sowohl für seine Biographien als auch für seine systematischen Arbeiten zu nahezu allen Gebieten der Philosophie und Wissenschaftstheorie, ist das Bemühen, Problemstellungen klarzulegen und die möglichen Antworten nach Für und Wider zu untersuchen. Dabei entwickelt B., bei spürbarem Einfluß von B. Russell, G.E. Moore und McTaggart, kaum eigene Standpunkte. Seine Analysen folgen der Maxime, Philosophie habe (nur) die Aufgabe, Probleme soweit klarzustellen, daß sie einer Beantwortung zugeführt werden können. Diese Maxime stellt ungeachtet ihrer faktischen Fundierung in seiner (explizit geäußerten) Meinung, Philosophie könne nichts Positives leisten, einen ernstzunehmenden Hinweis darauf dar, wie Philosophie eine sinnvolle Funktion im Verband der Wissenschaften erhalten kann.

Werke: Perception, Physics, and Reality. An Enquiry into the Information that Physical Science can Supply about the Real, Cambridge 1914 (repr. New York 1972); The Doctrine of Consequences in Ethics, Int. J. Ethics 24 (1914), 293–320; Phenomenalism, Proc. Arist. Soc. NS 15 (1914/1915), 227–251; Body and Mind, Monist 28 (1918), 234–258; On the Relation between Induction and Probability, I–II, Mind 27 (1918), 389–404, 29 (1920), 11–45; Scientific Thought, London 1923 (repr. New York 1969); The Mind and its Place in Nature, London 1925, ^{6}1951; The Principles of Problematic Induction, Proc. Arist. Soc. NS 28 (1927/1928), 1–46; Five Types of Ethical Theory, London 1930; The Principles of Demonstrative Induction, I–II, Mind 39 (1930), 302–317, 426–439; Examination of McTaggart's Philosophy, I–II, Cambridge 1933–1938 (repr. I–II, New York 1976); Kant's Theory of Mathematical and Philosophical Reasoning, Proc. Arist. Soc. NS 42 (1941/1942), 1–24; Ethics and the History of Philosophy. Selected Essays, London 1952; Religion, Philosophy and Psychical Research. Selected Essays, London 1953; Kant's Mathematical Antinomies, Proc. Arist. Soc. NS 55 (1954/1955), 1–22; Lectures on Psychical Research, London 1963; Induction, Probability, and Causation. Selected Papers, Dordrecht 1968; B.'s Critical Essays and Moral Philosophy, ed. D.R. Cheney, London/New York 1971; Leibniz. An Introduction, ed. C. Lewy, London 1975.

Literatur: B. Brier, Mundle, B., Ducasse and the Precognition Problem, The Philosophy Forum 14 (1974/1975), 161–169; R. Brown, C.D.B., Enc. Ph. I (1967), 396–399; M. Lean, Sense Perception and Matter. A. Critical Analysis of C.D.B.'s Theory of Perception, London 1953; P.A. Schilpp (ed.), The Philosophy of C.D.B., New York 1959 (enthält eine Autobiographie von C.D.B., 3–68, und eine komplette Bibliographie der Werke B.s bis 1959 von C. Lewy, 831–852). G.H.

Broglie, Louis Victor de, *Dieppe 15. Aug. 1892, franz. Physiker. Nach Studium der Geschichte, später Physik und Philosophie 1919–1927 Experimentalphysiker im Privatlaboratorium seines Bruders Maurice de B., 1932–1962 Prof. für theoretische Physik an der Sorbonne. Nach Arbeiten über Röntgenstrahlen und Spektren begründete B. in seiner Dissertation »Recherches sur la théorie des quanta« (1924) die Theorie der Materiewellen und erhielt dafür 1929 den Nobelpreis für Physik. Nach B. ist die Wellenlänge eines Teilchens $\lambda=\frac{h}{p}$ mit dem Planckschen Wirkungsquantum h und dem Impuls p, woraus sich z.B. für die kinetische Energie $E_{\mathrm{kin}}=10^8$ eV (Elektronvolt) (›kritische Energie‹ eines Teilchens zur Kernannäherung) die Wellenlänge $\lambda=10^{-13}$ cm ergibt, die der sogenannten ›kleinsten atomaren Länge‹ nach W. Heisenberg entspricht. B.s Begriff der Materiewelle regte E. Schrödinger zu seiner ↑Wellenmechanik an. B. kritisierte die ↑Kopenhagener Deutung der Quantenmechanik und schlug unter anderem die Aufstellung einer nicht-linearen Wellenmechanik vor. Spätere Arbeiten gelten der Elementarteilchentheorie, z.B. der Entwicklung einer Fusionsmethode zur Behandlung von Elementarteilchen mit einem Spin.

Werke: La mécanique ondulatoire, Paris 1928 (dt. Einführung in die Wellenmechanik, Leipzig 1929); Conséquences de la relativité dans le développement de la mécanique ondulatoire, Paris 1932; Matière et lumière, Paris 1937 (dt. Licht und Materie, Hamburg ^{2}1939, engl. Matter and Light. The New Physics, London 1939, New York 1946 [repr. 1951]); Théorie générale des particules à spin (méthode de fusion), Paris 1943; De la mécanique ondulatoire à la théorie du noyeau, Paris 1943; Physique et microphysique, Paris 1947 (dt. Physik und Mikrophysik, Hamburg 1950, engl. Physics and Microphysics, London 1955); Une tentative d'interprétation causale et non-linéaire de la mécanique ondulatoire (la théorie de la double solution), Paris 1956; Introduction à la nouvelle théorie des particules de M. Jean-Pierre Vigier et de ses collaborateurs, Paris 1961 (dt. Einführung in die Theorie der Elementarteilchen von Jean-Pierre Vigier und Mitarbeitern, Karlsruhe 1965); Ondes électromagnétiques et photons, Paris 1968; La physique nouvelle et les quanta, Paris 1974.

Literatur: L. de B., L. de B., physicien et penseur, Paris 1953 (dt. L. de B. und die Physiker, Hamburg 1955);

J. Gerber, Geschichte der Wellenmechanik, Arch. Hist. Ex. Sci. 6 (1969), 349. K. M.

Brouwer, Luitzen Egbertus Jan, *Overschie (bei Rotterdam) 27. Febr. 1881, †Blaricum (bei Amsterdam) 2. Dez. 1966, niederl. Mathematiker. Habilitation 1909, von 1912 bis zur Emeritierung 1955 Prof. in Amsterdam; Mitglied der Koninklijke Nederlands Akademie van Wetenschappen und zahlreicher ausländischer wissenschaftlicher Gesellschaften. B. war der Begründer des ↑Intuitionismus, dessen Wurzeln bereits in den Thesen seiner Dissertation »Over de Grondslagen der Wiskunde« (Über die Grundlagen der Mathematik, unter anderem gerichtet gegen die Axiomatisierung der Mathematik, G. Cantors und E. Zermelos Mengenlehre sowie gegen die symbolische Logik von G. Peano und B. Russell) von 1907 zu finden sind. Seine erstmals auf die Tätigkeit des Denkens explizit Bezug nehmenden Angriffe gegen die damals allein herrschende, heute klassisch genannte Lehre von den Grundlagen der Mathematik zielten zum einen (im logischen Teil) gegen die Anerkennung des ↑tertium non datur (A oder Non-A) auch für Aussagen über unendliche Gesamtheiten, zum anderen (im mathematischen Teil) gegen die Anerkennung des analytischen Kontinuums (der Klasse aller reellen Zahlen) als einer aktual-unendlichen Gesamtheit zugunsten der Auffassung dieses Kontinuums als eines ›Mediums freien Werdens‹. Sein Hauptarbeitsgebiet war die Geometrie, insbesondere die Topologie mit den grundlegenden Beweisen (a) der Invarianz der Dimensionszahl (1911) und (b) des Jordanschen Satzes für n Dimensionen (1912).

Werke: Leven, Kunst, en Mystiek, Delft 1905; Over de Grondslagen der Wiskunde, Amsterdam/Leipzig 1907; Wiskunde, Waarheid, Werkelijkheid, Groningen 1919 (Aufsatzsammlung, enthält unter anderem: De Onbetrouwbarheid der logische Principes [1908], Intuitionisme en Formalisme [1912]); Begründung der Mengenlehre unabhängig vom logischen Satz vom ausgeschlossenen Dritten, in: Verhand. Kon. Ned. Akad. van Wet. 1. Sectie, 12, 1918/1919, H. 5, 1–43, H. 7, 1–33; Intuitionistische Zerlegung mathematischer Grundbegriffe, in: Jahresber. Dt. Math.ver. 33 (1924), 251–256; Über die Bedeutung des Satzes vom ausgeschlossenen Dritten in der Mathematik, insbesondere in der Funktionentheorie, J. reine u. angew. Math. 154 (1925), 1–7; Zur Begründung der intuitionistischen Mathematik, I–III, Math. Ann. 93 (1925), 244–257, 95 (1926), 453–472, 96 (1927), 451–488; Mathematik, Wissenschaft und Sprache, Monatsh. der Math. u. Phys. 36 (1929), 123–164; Consciousness, Philosophy and Mathematics, Proc. Tenth Int. Congr. Philos. Amsterdam 1948, I, Amsterdam 1949, 1235–1249; Historical Background, Principles and Methods of Intuitionism, South African J. of Sci. 49 (1952/1953), 139–146. – Collected Works I (Philosophy and Foundations of Mathematics, ed. A. Heyting), Amsterdam 1974, II (Geometry, Analysis, Topology, and Mechanics, ed. H. Freudenthal), Amsterdam 1976.

Literatur: H. Freudenthal/A. Heyting, L. E. J. B., Jaarboek der Koninkl. Ned. Akad. van Wetenschappen 1966/1967, 1–6; A. Heyting, Mathematische Grundlagenforschung, Intuitionismus, Beweistheorie, Berlin 1934; ders., Intuitionism. An Introduction, Amsterdam 1956, [3]1971; E. H. Larguier, Brouwerian Philosophy of Mathematics, Scr. Math. 7 (1940), 69–78; S. C. Kleene/R. Vesley, The Foundations of Intuitionistic Mathematics, Amsterdam 1965; C. Rauszer, Applications of Kripke Models to Heyting-Brouwer Logic, Stud. Log. 36 (1977), 61–71; A. S. Troelstra, Principles of Intuitionism. Lectures, Berlin/Heidelberg/New York 1969. K. L.

Brouwerkalkül, die Bezeichnung für eine Kalkülisierung (↑Logikkalkül) der positiven (d.h. negationsfreien) intuitionistischen ↑Junktorenlogik, benannt nach dem Begründer des ↑Intuitionismus, L.E.J. Brouwer. Axiomatisiert trägt ein B. die Struktur eines Brouwerschen (d.h. relativ pseudokomplementären) Verbandes (↑Heytingalalgebra). Neben den Regeln der ↑Transitivität und der ↑Reflexivität der logischen Implikation ($A \prec B, B \prec C \Rightarrow A \prec C$ und $\Rightarrow A \prec A$) sowie der Ein- und Ausführung von Konjunktion und Adjunktion ($C \prec A, \quad C \prec B \Rightarrow C \prec A \wedge B$; $C \prec A \wedge B \Rightarrow C \prec A$; $C \prec A \wedge B \Rightarrow C \prec B$ und $A \prec C, B \prec C \Rightarrow A \vee B \prec C$; $A \vee B \prec C \Rightarrow A \prec C$; $A \vee B \prec C \Rightarrow B \prec C$) sind für den B. charakteristisch die beiden Regeln der Importation ($A \wedge B \prec C \Rightarrow A \prec B \rightarrow C$) und der Exportation ($A \prec B \rightarrow C \Rightarrow A \wedge B \prec C$), also Ein- und Ausführung der Subjunktion im Sukzedens der Implikation (↑Importationsregeln, ↑Exportationsregeln). Alle diese Regeln sind natürlich auch in der klassischen positiven Junktorenlogik gültig, die man aus dem B. durch Hinzunahme der ↑Peirceschen Implikation erhält. K. L.

Brückenprinzip, von H. Albert eingeführter Terminus für methodische Prinzipien, die es gestatten, Argumentationen über Präskriptionen auf Argumentationen über Tatsachenbehauptungen zu gründen. Mit Alberts Worten: B.en sollen eine »Überbrückung der Distanz zwischen Soll-Sätzen und Sachaussagen und damit auch zwischen Ethik und Wissenschaft« leisten (Traktat über kritische Vernunft, 76). So erlaubt z.B. der Grundsatz ›Sollen impliziert Können‹ (analog dem Rechtsgrundsatz ↑›ultra posse nemo obligatur‹), die Unmöglichkeit, eine bestimmte Handlungsvorschrift zu befolgen, gegen deren Aufstellung oder Anwendung vorzubringen.

Literatur: H. Albert, Traktat über kritische Vernunft, Tübingen [3]1975, 76ff.; C. Thiel, Grundlagenkrise und

Grundlagenstreit. Studie über das normative Fundament der Wissenschaften am Beispiel von Mathematik und Sozialwissenschaft, Meisenheim 1972, 182ff.. F. K.

Brüderlichkeit (franz. fraternité, engl. fraternity), moralische Maxime, die dem Individuum auferlegt, sein Handeln gegenüber der Menschheit insgesamt oder einem näher bestimmten Teil derselben an einer auf Anerkennung substantieller und unverletzlicher Gleichheit der Gemeinschaftsglieder beruhenden Liebesverpflichtung zu orientieren. Der Begriff der B. entstand im Zusammenhang mit der insbesondere im griechischen und lateinischen Sprachraum der Antike üblichen Ausdehnung des Brudernamens auf Amtskollegen, Volks- und Glaubensgemeinschaften. Die ↑Stoa dehnte die Verpflichtung zur B. gegen die Aristotelische Theorie der natürlichen Ungleichheit zwischen Herren und Sklaven im Sinne universeller Humanität auf letztere aus. Das NT fordert brüderliche Liebe insbesondere in Röm. 12.10, 1. Kor. 6.6ff. und 1. Joh. 2.10f. Verfassungspolitische Bedeutung erhielt der Begriff der B. in der radikal-demokratischen Phase der Französischen Revolution nach 1791 in der Auseinandersetzung um das Verhältnis der ↑Menschenrechte ›Freiheit‹ und ›Gleichheit‹. Während die Gironde einen den gesellschaftlichen Zustand bewahrenden, die individuelle Freiheit betonenden, formalen Gleichheitsbegriff vertritt, der auf der Grundlage der natürlichen Ungleichheit aller Menschen Gleichheit nur vor dem Gesetz fordert, entwickelt die Montagne unter dem Druck der Straße einen materialen Gleichheitsbegriff, der die faktisch bestehende Ungleichheit als gesellschaftlich, nicht anlagebedingt betrachtet und die unnatürliche Ungleichheit mit Hilfe der Staatsgewalt beseitigen will. Die im Club des Cordeliers entwickelte Auffassung, die Begriffe ›Freiheit‹ und ›Gleichheit‹ seien stets unter dem Gesichtspunkt der B. zu interpretieren, suchte die radikal-demokratische Verfassung von 1793 zu realisieren. Der Wille, die bloß ›politische‹ Revolution von 1789 durch eine ›soziale‹ Revolution fortzuführen, lag auch der Verfassung der II. Französischen Republik zugrunde, die 1848 die Menschenrechte ›Freiheit‹, ›Gleichheit‹ und ›B.‹ zu ihren Grundsätzen erklärte.
I. Kant ergänzte die bloß utilitaristische (↑Utilitarismus) Handlungsmaxime »Was du nicht willst, daß man dir tu, das füg' auch keinem andern zu« um die Begründung der Liebespflichten gegen andere und formulierte den Grundgedanken der B. als praktischen Imperativ (↑Imperativ, kategorischer): »Handle so, daß du die Menschen, sowohl in deiner Person, als in der Person eines jeden anderen, jederzeit zugleich als Zweck, niemals bloß als Mittel brauchest« (Grundl. Met. Sitten BA 67). Gegenwärtig wird die Forderung nach B. in Zusammenhang mit der Grundwerte-Diskussion unter dem Stichwort ›gesellschaftliche Solidarität‹ geführt. H. R. G.

Bruno, Giordano (Taufname Filippo), *Nola (b. Neapel) 1548, †Rom 17. Febr. 1600, ital. Naturphilosoph. 1563 Dominikaner in Neapel, entzog sich 1576 einer Festnahme wegen Häresie (Zweifel an der Transsubstantiationslehre und Sympathien mit dem Arianismus) durch Flucht, die ihn an zahlreiche europäische Universitäten führte (unter anderem nach Genf/Toulouse 1579, Paris 1581, London/Oxford 1583/1584, Paris 1585, Marburg/Wittenberg 1586–1588, Prag/Helmstedt 1588/1589, Frankfurt 1590). 1591 Rückkehr nach Italien auf Einladung eines venezianischen Patriziers, fiel 1592 durch Verrat in die Hände der Inquisition, die ihm vor allem wegen seiner (gegen die Aristotelische Naturlehre und gegen die christliche Kosmologie gerichteten) Lehren von der Unendlichkeit der Welt und der Vielheit und Gleichwertigkeit der Weltsysteme den Prozeß machte. B. wurde 1593 nach Rom ausgeliefert und dort nach siebenjähriger Haft am 17.1.1600 verbrannt.
B. erschließt die Unendlichkeit des Weltalls aus der Unendlichkeit Gottes, die die Annahme verbiete, Gott könne nur Endliches geschaffen haben. Die Erde und die übrigen Planeten umkreisen die Sonne; die Fixsterne sind ferne Sonnenkörper in Weltsystemen, die aus denselben Stoffen bestehen wie das des Menschen und darum bewohnt sein können. Elemente der Natur sind kleinste Einheiten oder ↑›Monaden‹, eine Vorstellung, die später G.W. Leibniz übernimmt und durch eine entsprechende mathematische Begriffsbildung ergänzt (↑Monadentheorie). B.s Weltbild ist monistisch, unterscheidet sich aber vom monistischen Materialismus deutlich durch einen ↑Pantheismus, der zahlreiche Elemente der hermetischen Philosophie (↑Philosophie, hermetische) aufgenommen hat. Neben philosophischen Abhandlungen, Lehrgedichten und Dialogen stehen Sonette und eine Komödie (Il candelaio, 1582). Verschiedene Texte wurden erst nach Abschluß der vorläufig letzten Gesamtausgabe gefunden; die 1968 entdeckte Breslauer Handschrift ist noch unveröffentlicht.

Werke: Opera latine conscripta, I–III in 5 Teilen, ed. F. Fiorentino/F. Tocco, Neapel/Florenz 1879–1891,

Neudr. I–III in 8 Teilen, Stuttgart 1962, Neapel/Florenz 1962; Le opere italiane, I–II, ed. P. de Lagarde, Göttingen 1888; Opere italiane, I–III, ed. G. Gentile/V. Spampanato, Bari 1907–1909; Dialoghi italiani, ed. G. Gentile/G. Aquilecchia, Florenz [3]1958; Gesammelte Werke, I–VI, ed. L. Kuhlenbeck, Leipzig 1904–1909, Neudr. Bd. III, Darmstadt 1968; Il Candelaio, ed. V. Spampanato, Bari 1923; La cena de le ceneri, ed. G. Aquilecchia, Turin 1955 (dt. Das Aschermittwochsmahl, ed. H. Blumenberg, Frankfurt 1969); Due dialoghi sconosciutti e due dialoghi noti, ed. G. Aquilecchia, Rom 1957; Praelectiones geometricae et ars deformationum, ed. G. Aquilecchia, Rom 1964; Zwiegespräche vom unendlichen All und den Welten, Jena [2]1904 (repr. Darmstadt 1968); Von der Ursache, dem Princip und dem Einen, ed. A. Lasson, Berlin 1872, Leipzig [3]1902, [4]1923, ed. P. Seliger, Leipzig 1909, 1955, ed. W. Beierwaltes, Hamburg [5]1977 (mit Bibliographie); Heroische Leidenschaften und individuelles Leben, ed. E. Grassi, Hamburg 1957; Demogorgen oder der Baum des Lebens (1572), lat. Hs. Breslau. – V. Salvestrini, Bibliografia di G. B. (1582–1950), ed. L. Firpo, Florenz [2]1958.

Literatur: D. Berti, G. B. da Nola. Sua vita e sua dottrina, Turin 1889; J. Brockmeier, Die Naturtheorie G.B.s, Erkenntnistheoretische und naturphilosophische Voraussetzungen des frühbürgerlichen Materialismus, Frankfurt/New York 1980; H. Brunnhofer, G.B.s Weltanschauung und Verhängniss, aus den Quellen dargestellt, Leipzig 1882; L. Cicuttini, G.B., Mailand 1950; M. Ciliberto, Lessico di G.B., I–II, Rom 1979; L. Firpo, Il processo di G.B., Neapel 1949; H. Grunewald, Die Religionsphilosophie des Nikolaus Cusanus und die Konzeption einer Religionsphilosophie bei G.B., Hildesheim [2]1977 (Studia Irenica 13); K. Huber, Einheit und Vielheit in Denken und Sprache G.B.s. Winterthur 1965; J. Kirchhoff, G.B. in Selbstzeugnissen und Bilddokumenten, Reinbek 1980; L. Kuhlenbeck, G.B.. Seine Lehre von Gott, von der Unsterblichkeit der Seele und von der Willensfreiheit, Berlin-Schöneberg 1913; D. Mahnke, Unendliche Sphäre und Allmittelpunkt. Beiträge zur Genealogie der mathematischen Mystik, Halle 1937 (repr. Stuttgart-Bad Cannstatt 1966); P.-H. Michel, La cosmologie de G.B., Paris 1962; L. Olschki, G.B., Dt. Vierteljahresschr. Lit.wiss. u. Geistesgesch. 2 (1924), 1–79 (ital. separat Bari 1927); A.M. Paterson, The Infinite Worlds of G.B., Springfield Ill. 1970; D.W. Singer, G.B.. His Life and Thought, New York 1950; V. Spampanato, Vita di G.B., I–II, Messina 1921/1923; F.A. Yates, The Art of Memory, Chicago/London 1966; dies., G.B. and the Hermetic Tradition, Chicago/London 1964; dies., B., DSB II (1970), 539–544. C.T.

Brunschvicg, Léon, *Paris 10. Nov. 1869, †Aix-les-Bains 18. Jan. 1944, franz. Philosoph. Ab 1909 Prof. an der Sorbonne, Begründer der »Société française de philosophie« (1901) und der »Revue de métaphysique et de morale« (1893). B. entwickelte den Kantischen ↑Idealismus unter Berücksichtigung der neueren Naturwissenschaften zu einem kritischen Idealismus (↑Idealismus, kritischer). Die metaphysischen Systeme spiegeln jeweils die zeitgenössischen Wissenschaftssysteme, z.B. die Logik des Aristoteles die biologische Klassifikation, R. Descartes' »Discours« die Cartesische Physik oder G.W. Leibnizens Monadologie (↑Monadentheorie) die ↑Infinitesimalrechnung. Ihr Wandel beruht auf der Entwicklung der Wissenschaften und ist somit unter wissenschaftsgeschichtlichem Gesichtspunkt erforschbar.

Werke: La modalité du jugement, Paris 1897, unter dem Titel: La vertu métaphysique du syllogisme selon Aristote, Paris [3]1964; L'idéalisme contemporain, Paris 1905, [2]1921; Les étapes de la philosophie mathématique, Paris 1912, [2]1922, [3]1929, 1949; Nature et liberté, Paris 1921; L'expérience humaine et le causalité physique, Paris 1922, [3]1949; De la connaissance de soi, Paris 1931; Les âges de l'intelligence, Paris 1934, [4]1953; La physique de XXe siècle et la philosophie, Paris 1936; Descartes et Pascal, lecteurs de Montaigne, New York/Paris 1944, Neuchâtel 1945; Héritage des mots, héritage des idées, Paris 1945, [2]1950; Agenda retrouvé, 1892 et 1942, ed. J. Wahl, Paris 1948; Écrits philosophiques, I–III, ed. A.-R. Weill-Brunschvicg/C. Lehec, Paris 1951–1958 (mit Bibliographie); Blaise Pascal, Paris 1953.

Literatur: Y. Belaval, B., DSB II (1970), 544–546; R. Boirel, B.. Sa vie, son œuvre, avec un exposé de sa philosophie, Paris 1964; C. Carbonara, L.B., Napoli 1930; M. Deschoux, La philosophie de L.B., Paris 1949 (mit Bibliographie); ders., L.B. ou l'idéalisme à hauteur d'homme, Paris 1969; B. Elevitch, B., Enc. Ph. I (1967), 408–409; J. Messaut, La philosophie de L.B., Paris 1938; Sonderheft: Rev. mét. mor. 50 (1945), 1–140. C.T.

Buber, Martin, *Wien 8. Febr. 1878, †Jerusalem 13. Juni 1965, dt.-jüd. Philosoph und Religionswissenschaftler. Studium der Philosophie (bei W. Dilthey und G. Simmel) und Kunstgeschichte, Mitglied der zionistischen Bewegung, 1924–1933 Prof. in Frankfurt (einziger Lehrstuhl für jüdische Philosophie in Deutschland). Ab 1933 verzichtete B. auf sein Lehramt, arbeitete an dem gemeinsam mit F. Rosenzweig gegründeten »Freien Jüdischen Lehrhaus« und übernahm schließlich eine Professur für Religionssoziologie an der Hebrew University in Jerusalem. B.s philosophische Schriften zur Anthropologie und Ethik wirken auf die christliche Religionsphilosophie und Fundamentaltheologie. Seine ↑Existenzphilosophie basiert mit der Betonung des dialogischen Prinzips als Grundlage zwischenmenschlicher Beziehung auf der Unterscheidung von Person, personaler Beziehung und objektiver Beziehung auf Dinge, Welt (↑Philosophie, dialogische). Die dialogische Beziehung von Ich und Du (Ich und Du, 1923) setzt das Verhältnis des Sprechens und gegenseitigen Hörens als konstitutiv für die Anerkenntnis und Erkenntnis des Anderen als Person und erschließt aus der personalen die objektive Dimension, den Bereich der Dinge. B. überträgt seine dialogische Philosophie auf die Religion, für die der Dialog von Ich und Gott die Grundlage bildet, und entwickelt von daher seine Bibelinterpretation und seine Vergleiche zwischen jüdischem und christlichem Glaubensverständnis.

Werke: Werke, I–III, München/Heidelberg 1962–1964; Briefwechsel aus sieben Jahrzehnten, I–III, ed. G. Schaeder, Heidelberg 1972–1975. – M. Catanne, Bibliography of M. B.s Works. 1895–1957, Jerusalem 1961; M. Cohn u.a., M.B.. A Bibliography of his Writings, 1897–1978, München 1980.

Literatur: A. Anzenbacher, Die Philosophie M. B.s, Wien 1965; R. Bielander, M. B.s Rede von Gott. Versuch einer philosophischen Würdigung des religiösen Denkens, Bern/Frankfurt/Las Vegas 1975; J. Bloch, Die Aporie des Du. Probleme der Dialogik M. B.s, Heidelberg 1977; B. Casper, Das dialogische Denken. Eine Untersuchung der religionsphilosophischen Bedeutung Franz Rosenzweigs, Ferdinand Ebners und M. B.s, Freiburg 1967; M.S. Friedman, M. B.. The Life of Dialogue, Chicago 1956, New York ²1960; H. Kohn, M. B.. Sein Werk und seine Zeit. Ein Versuch über Religion und Politik, Hellerau 1930, ab 2. Aufl. Köln 1961 Untertitel: Ein Beitrag zur Geistesgeschichte Mitteleuropas 1880–1930 (mit Bibliographie); W.-D. Gudopp, M. B.s dialogischer Anarchismus, Bern/Frankfurt/Las Vegas 1975; R. Horwitz, B.s Way to ›I and Thou‹. An Historical Analysis and the First Publication of M. B.'s Lectures »Religion als Gegenwart«, Heidelberg 1978; G. Schaeder, M. B.. Hebräischer Humanismus, Göttingen 1966; P.A. Schilpp/M.S. Friedman (eds.), The Philosophy of M. B., Evanston Ill. 1963, La Salle Ill. ²1967 (dt. M. B., Stuttgart 1963); M. Theunissen, Der Andere. Studien zur Sozialontologie der Gegenwart, Berlin/Heidelberg/New York 1965, ²1977. A. G.-S.

Bucharin, Nikolai Iwanowitsch, *Moskau 9. Okt. 1888, †Moskau 15. März 1938, russ. Nationalökonom, Philosoph und Politiker. Studium der Nationalökonomie in Moskau, Wien, Zürich und Lausanne. Mitglied des bolschewistischen Flügels der Sozialdemokratischen Arbeiterpartei Rußlands. 1911 Flucht nach Deutschland, bis 1917 Aufenthalt in mehreren europäischen Ländern, in Japan und in den USA. Bedeutende Rolle in der russischen Oktoberrevolution, 1926 Vorsitzender der Komintern. Auseinandersetzungen mit Stalin wegen dessen Kollektivierungs- und Industrialisierungsplänen führten 1929 zur Ausschaltung B.s aus der sowjetischen Politik, 1938 im Zuge der stalinistischen Schauprozesse zum Tode verurteilt und hingerichtet. – Neben W.I. Lenin galt B. als der bedeutendste Theoretiker im nachrevolutionären Rußland. Er folgte Lenin in der Einschätzung der Rolle der Bauernschaft für den Aufbau des Sozialismus und wandte sich 1925 in diesen Fragen gegen L. Trotzki. Mit seiner Diskussion der Bedingungen für das Gleichgewicht gesellschaftlicher Kräfte thematisierte B. in systemtheoretischer Orientierung marxistisch-soziologische Fragestellungen. Kritik (z.B. durch G. Lukács) rief vor allem seine Interpretation der Technik als bestimmenden Faktor der Produktivkräfte hervor. Die ↑Dialektik interpretierte B. realistisch als einen Mechanismus, dessen wissenschaftliche Aufdeckung die Prognose gesellschaftlicher Entwicklungen ermöglichen sollte.

Werke: Mirovoe chozjajstvo i imperialism, Petersburg 1918 (dt. Imperialismus und Weltwirtschaft, Wien/Berlin 1929 [repr. Frankfurt 1969]); Azbuka kommunizma. Populjarnoe ob-jassnenie programmy Rossijckoj kommunističeskoj partii bol'ševikov, Moskau 1919 (dt. Das ABC des Kommunismus. Populäre Erläuterung des Programms der kommunistischen Partei Rußlands (Bolschewiki), Hamburg 1921, Neudr. Frankfurt 1969); Programma kommunistov (bol'ševikov), Charkow 1919 (dt. Das Programm der Kommunisten (Boschewiki), Berlin 1919); Klassovaja bor'ba i revoljucija v Rossii, Moskau 1919 (dt. Der Klassenkampf und die Revolution in Rußland, Berlin 1920); Ěkonomika perechodnogo periodika, Moskau 1920 (dt. Ökonomik der Transformationsperiode, Hamburg 1922, ed. G. Hillmann, Reinbek 1970); Teorija istorističeskogo materialisma. Populjarnyj učebnik marksistskoj sociologii, Moskau/Petersburg 1922 (dt. Theorie des historischen Materialismus. Gemeinverständliches Lehrbuch der Marxistischen Soziologie, Hamburg 1922, Neudr. Erlangen 1971); Političeskaja ěkonomija rant'e. Teorija cennosti i pribyli avstrijskoj školy, Moskau 1924 (dt. Die politische Ökonomie des Rentners. Die Wert- und Profittheorie der österreichischen Schule, Wien/Berlin 1926 [repr. Frankfurt 1966]); (mit A. Deborin) Kontroversen über dialektischen und mechanistischen Materialismus, ed. O. Negt, Frankfurt 1969, ²1974. – S. Heitman, N.I. B.. A Bibliography with Annotations Including the Locations of his Works in Major American and European Libraries, Stanford 1969.

Literatur: S. Heitman, Between Lenin and Stalin: N. B., in: Revisionism Essays on the History of Marxist Ideas, ed. L. Labedz, London 1962, 77–90 (dt. Zwischen Lenin und Stalin, in: ders., Der Revisionismus, Köln/Berlin 1965, 96–114); ders./P. Knirsch, N.I. B., Wiesbaden 1959; P. Knirsch, Die ökonomischen Anschauungen N.I. B.s, Berlin 1959; A.G. Löwy, Die Weltgeschichte als Weltgericht. B., Vision des Kommunismus, Wien/Frankfurt/Zürich 1969; U. Stehr, Vom Kapitalismus zum Kommunismus. B.s Beitrag zur Entwicklung einer sozialistischen Theorie und Gesellschaft, Düsseldorf 1973. – Prozeßbericht über die Strafsache des antisowjetischen »Blocks der Rechten und Trotzkisten«. Verhandelt vor dem Militärkollegium des Obersten Gerichtshofes der UdSSR vom 2.–13. März 1938 gegen N.I.B. [...] u.a., ed. Volkskommissariat für Justizwesen der UdSSR, Moskau 1938. S. B.

Buch der Natur, seit Augustinus in der christlichen Literatur des Mittelalters gebräuchliche Metapher zur Bezeichnung der physischen Welt als einer ›zweiten‹ Schrift, durch die sich Gott neben der Hl. Schrift dem Menschen mitteilt. Zu Beginn der Neuzeit gewinnt sie durch G. Galileis berühmte Bemerkung, das B. d. N. sei in mathematischer

Sprache geschrieben (Il Saggiatore 6, Opere di Galileo Galilei, Ed. Naz. VI, 232; vgl. Brief vom Januar 1641 an F. Liceti, Ed. Naz. XVIII, 295), erneut an Bedeutung. Doch ist hiermit jetzt, ebenso wie z.B. bei J. Kepler (Epitome Astronomiae Copernicanae, Ges. Werke, ed. M. Caspar u.a., VII, 9, 530; Brief vom 26. 3. 1598 an Herwart v. Hohenburg, Ges. Werke XIII, 193) und R. Descartes (›le grand livre du monde‹, Disc. méthode I, 14, Œuvres VI, 9), primär keine kosmologische (so etwa noch bei T. Campanella: Apologia pro Galileo, Frankfurt 1622, 20, 24), sondern eine *methodologische*, die Rückführung physikalischer Aussagen auf die Messung geometrischer Größen betreffende Behauptung verbunden.

Literatur: E.R. Curtius, Europäische Literatur und lateinisches Mittelalter, Bern 1948, [6]1967, 323–329; E. Garin, La cultura filosofica del Rinascimento Italiano, Florenz 1961, 451–465 (Unterscheidung unterschiedlicher Kontexte und Bedeutungen, in denen die Metapher auftritt); H.M. Nobis, B.d.N., Hist. Wb. Ph. I (1971), 957–959; E. Rothacker, Das »B. d. N.«. Materialien und Grundsätzliches zur Metapherngeschichte, ed. W. Perpeet, Bonn 1979. J. M.

Büchner, Ludwig, *Darmstadt 29. März 1824, †ebd. 1. Mai 1899, dt. Philosoph. Bruder des Dichters Georg B.. Studium der Medizin, 1854 Habilitation in Tübingen. Nach kurzer Lehrtätigkeit, die er wegen seiner materialistischen Weltanschauung aufgeben mußte, ließ sich B. als praktizierender Arzt in Darmstadt nieder. – In seinem Hauptwerk »Kraft und Stoff. Empirisch-naturphilosophische Studien in allgemein-verständlicher Darstellung« (Frankfurt 1855, in: Vogt, Moleschott, Büchner. Schriften zum kleinbürgerlichen Materialismus in Deutschland, ed. D. Wittich, Berlin [Ost] 1971, II, 343–516) vertritt B. neben J. Moleschott und K. Vogt, unter Aufnahme von Gedanken L. Feuerbachs, eine radikale materialistische Position, der erkenntnistheoretisch ein sensualistischer Realismus korrespondiert. Explizit um Allgemeinverständlichkeit bemüht, fordert B. von der Philosophie eine Orientierung an den Naturwissenschaften und eine Konstruktion der Welt aus der Beobachtung. Kraft und Stoff sind unzerreißbar aneinander gebunden; die Kraft ist eine ewige Eigenschaft der Materie, die man ›ideal‹ aus ihren Äußerungen erschließt. Seele und Geist sind Effekte, die durch ein eigentümliches Zusammenwirken bestimmter ›kräftebegabter Stoffteilchen‹ entstehen. Der Stoff ist auch hinsichtlich seiner Teilbarkeit unendlich und unterliegt einer ewigen Naturgesetzlichkeit, deren Allgemeingültigkeit evident ist. Die Vernunftgesetze sind von den Naturgesetzen nicht unterschieden, womit die Freiheit des Willens als Prinzip der Moral ausgeschlossen wird. Der Mensch ist auch in seinen moralischen Orientierungen mechanisch ein Produkt seiner natürlichen körperlichen Anlagen und äußerer Einwirkungen und wird durch das Streben nach Kenntnissen und die Einsicht in die Notwendigkeit gesellschaftlicher und moralischer Normierungen, die ihren letzten Anerkennungsgrund in der je eigenen Egoizität haben, in seinem Handeln geleitet. Eine moralische Letztbegründung, ein Handeln um seiner selbst willen, scheidet aus. B. vertritt in Deutschland mit besonderer Vehemenz den ↑Darwinismus. Antiteleologisch führt er die scheinbare Zweckmäßigkeit der Natur auf eine Disposition mechanischer und determinierter Kräfte nach dem Vorbild der in der ↑Evolutionstheorie C.R. Darwins aufgelösten ↑Teleologie zurück. In der Religionskritik folgt B. weitgehend Feuerbach.

B.s Materialismus (↑Materialismus (historisch)) ist auf eine eigentümliche Weise dualistisch. Anders als Vogt, der in seinem berühmten Verdikt die Gedanken zum Gehirn in das gleiche Verhältnis wie die Galle zur Leber und den Urin zu den Nieren setzt, ist für B. die Kraft und damit auch die komplexe seelische und geistige Tätigkeit übersinnlich (immateriell). Die Unzerreißbarkeit von Stoff und Kraft ist jedoch nur thetisch, wie auch die behauptete strenge und ewige Allgemeingültigkeit der Naturgesetze empiristisch nicht begründbar ist. Die Fassung der Beobachtung als unhinterschreitbare und sichere Tatsache, von der aus sich die Erkenntnis aufstuft, ist naiv realistisch.

B.s Hauptwerk ist in 15 Sprachen übersetzt worden und bis 1904 in Deutschland in 21 Auflagen erschienen. Gleichwohl darf sein Materialismus wirkungsgeschichtlich für das 20. Jahrhundert als unbedeutend gelten. Die Erkenntniskritik des ↑Neukantianismus und die zu Anfang des Jahrhunderts einsetzende sprachkritische Philosophie deckten die erkenntnistheoretische Unzulänglichkeit von B.s Position auf. Insbesondere aber die enthistorisierte Grundlegung des Materialismus invariant zur gesellschaftlichen Praxis des Menschen, die K. Marx bereits im Rückgriff auf Feuerbach und den bisherigen Materialismus (Feuerbachthesen, MEW III [1973], 5–7) kritisiert hatte, führte dazu, daß B.s Philosophie zunehmend nur noch unter wissenschaftssoziologischen Gesichtspunkten Beachtung findet.

Weitere Werke: Natur und Geist. Gespräche zweier Freunde über den Materialismus und über die realphilosophischen Fragen der Gegenwart, Frankfurt 1857; Aus Natur und Wissenschaft. Studien, Kritiken und Abhandlungen, Leipzig 1862; Sechs Vorlesungen über die Darwin'sche Theorie von der Verwandlung der Arten und die erste Entstehung der Organismenwelt, sowie über die Anwendung der Umwandlungstheorie auf den Menschen, das Verhältnis dieser Theorie zur Lehre vom Fortschritt und den Zusammenhang derselben mit der materialistischen Philosophie der Vergangenheit und Gegenwart, Leipzig 1868; Die Stellung des Menschen in der Natur in Vergangenheit, Gegenwart und Zukunft. Oder: Woher kommen wir? Wer sind wir? Wohin gehen wir?, I–III, Leipzig 1869–1870; Der Gottesbegriff und dessen Bedeutung in der Gegenwart, Leipzig 1874; Aus dem Geistesleben der Thiere, oder Staaten und Thaten der Kleinen, Berlin 1876; Licht und Leben. Drei allgemeinverständliche naturwissenschaftliche Vorträge als Beiträge zur Theorie der natürlichen Weltordnung, Leipzig 1882; Die Macht der Vererbung und ihr Einfluß auf den moralischen und geistigen Fortschritt der Menschheit, Leipzig 1882; Die Darwin'sche Theorie von der Entstehung und Umwandlung der Lebewelt. Ihre Anwendung auf den Menschen, ihr Verhältnis zur Lehre vom Fortschritt und ihr Zusammenhang mit der materialistischen oder Einheitsphilosophie der Vergangenheit und Gegenwart. In sechs Vorlesungen allgemeinverständlich dargestellt von Dr. L. B., Leipzig ^{4}1876, ^{5}1890; Das goldene Zeitalter oder das Leben vor der Geschichte. Nebst einem Anhang: Das Kulturmetall der Zukunft, Berlin 1891; Das Buch vom langen Leben, oder die Lehre von der Dauer und Erhaltung des Lebens (Makrobiotik). Nach den wissenschaftlichen Principien der Neuzeit allgemein verständlich dargestellt, Leipzig 1892; Darwinismus und Sozialismus oder der Kampf um das Dasein und die moderne Gesellschaft, Leipzig 1894; Am Sterbelager des Jahrhunderts. Blicke eines freien Denkers aus der Zeit in die Zeit, Giessen 1898; Im Dienste der Wahrheit. Ausgewählte Aufsätze aus Natur und Wissenschaft, ed. A. Büchner (mit Biographie), Gießen 1900; L. B.s »Im Dienste der Wahrheit«. Referiert in Form ausgewählter Zitate, übersichtlich geordnet und kommentiert v. H. Clos, I–II, Ziegelhausen 1956–1958.

Literatur: J. Dreisbach-Olsen, L. B.. Zur soziologischen Analyse naturwissenschaftlich-materialistischen Denkens im 19. Jahrhundert, Diss. Marburg 1969; J. Frauenstädt, Der Materialismus. Seine Wahrheit und sein Irrtum. Eine Erwiderung auf Dr. L. B.s »Kraft und Stoff«, Leipzig 1856; R. Handy, L. B., Enc. Ph. I (1967), 411–413; P. A. R. Janet, Le matérialisme contemporain en Allemagne. Examen du système du docteur B., Paris 1864 (dt. Der Materialismus unserer Zeit in Deutschland. Prüfung des Dr. B.schen Systems, ed. I. H. v. Fichte, Paris 1866); F. A. Lange, Geschichte des Materialismus und Kritik seiner Bedeutung in der Gegenwart, I–II, Iserlohn 1866, I–II, ed. u. eingel. v. A. Schmidt, Frankfurt 1974. S. B.

Buddhaghosa, 5. Jh. n. Chr., nordind., zum Buddhismus bekehrter Brahmane, in Ceylon tätig. Berühmtester Kommentator der für den ↑Hīnayāna-Buddhismus kanonischen Pāli-Texte, Verfasser des wichtigen nicht-kanonischen, die frühe buddhistische Lehre zusammenfassenden und erklärenden Pāliwerkes Visuddhimagga (d.i. Weg zur Reinheit).

Werkausgabe: Visuddhimagga, ed. H.C. Warren/D. Kosambi, Cambridge Mass. 1950; Der Weg zur Reinheit, übers. Nyanatiloka, München 1931. K.L.

Buddhapālita, 5. Jh. n. Chr., südind. buddhistischer Philosoph, älterer Zeitgenosse des Bhāvaviveka, Gründer des Prāsaṅgika (reductio ad absurdum)-Zweiges der ↑Mādhyamika-Schule im Mahāyāna-Buddhismus. Die Thesen des Gegners werden ad absurdum geführt, auf eigene Behauptungen wird verzichtet; darin Vorbild für Candrakīrti, der zusammen mit Śāntideva dem Mādhyamika seine definitive Fassung gegeben hat.

Werkausgabe: Mūlamadhyamakavṛtti, I–II (unvollst. tibet. übers.), ed. M. Walleser, Petersburg 1913/1914. K.L.

buddhi (sanskr., Vernunft, Erkennen, auch Erkenntnisorgan, Erkenntnisvermögen), ein Grundbegriff fast aller Systeme der klassischen indischen Philosophie (↑Philosophie, indische); vom tiefer stehenden Verstand, Denken, Denkorgan (manas) zu unterscheiden. K.L.

Buffon, Georges-Louis Leclerc, Comte de, *Montbard (Côte d'Or) 7. Sept. 1707, †Paris 16. April 1788, franz. Naturforscher. In Dijon von den Jesuiten erzogen, ebendort 1723–1726 Studium der Rechte, 1728–1730 Studium der Medizin, Botanik und Mathematik bei den Oratorianern in Angers. Ab 1732 widmete sich B., neben der Verwaltung seiner Güter, als Privatgelehrter und Mitglied mehrerer Akademien, der Mathematik und Naturgeschichte. Seine 44bändige »Histoire naturelle« (Paris 1749–1804), von der B. 36 Bände selbst verfaßt hat, wurde wegen ihrer klaren Trennung von Religion und Wissenschaft und ihrer Theorien zur Entstehung der Erde und der Organismen einschließlich des Menschen zu einem der einflußreichsten und meist übersetzten Werke der Aufklärung.

B. vertritt, stark beeinflußt durch J. Locke, einen antiteleologischen Materialismus (↑Materialismus (historisch)). Leben ist eine zufällig unter den speziellen Bedingungen der Urerde entstandene, im Prinzip physikalische Eigenschaft der Materie, die sich als ›moule intérieur‹ (innere Form) gleichwohl nur in den Materiepartikeln findet, die lebende Systeme ausmachen (↑Vitalismus). B., der einer der ersten Vertreter der Lehren I. Newtons auf dem Kontinent war, lehnte die Linnésche Klassifizierung der Natur nach Familien ab, da sie willkürlich sei. Lediglich Arten finden sich wirklich in der Natur. Alles käme darauf an, diese plastisch und genau zu beschreiben. Mit seiner Theorie, daß die Veränderungen von Organismen genetisch fixierte Reaktionen auf Umweltveränderungen darstellen, nimmt B. Teile der Evolutionstheorie J.B. de Monet Lamarcks (↑Lamarckismus) vorweg. Seine Auffassung vom Menschen als Ziel der Evolution verbindet B. mit der Idee des ↑Fortschritts und der Vervollkommnung des Menschen.

Werke: Œuvres complètes de B., I–XIV, ed. J.-L. de Lanessan, Paris 1884–1885. – Histoire naturelle, générale et particulière, avec la description du Cabinet du Roy, I–XLIV, Paris 1749–1804, I–CXXVII, Paris ²1799–1808 (dt. Allgemeine Historie der Natur nach allen ihren besonderen Theilen abgehandelt. Nebst einer Beschreibung der Naturalienkammer Sr. Majestät des Königs von Frankreich, I–XVI, ed. A. v. Haller, Hamburg/Leipzig 1750–1774; Œuvres philosophiques, ed. J. Piveteau, Paris 1954 (Corpus général des philosophes français, ed. R. Bayer, Auteurs modernes XLI, 1). – Bibliographie in: Œuvres philosophiques, ed. J. Piveteau, 513–575.

Literatur: R. Dujarric de la Rivière, B., sa vie, ses œuvres. Pages choisies, Paris 1971; O. Fellows, B., Enc. Ph. I (1967), 420–421; ders./S.F. Milliken, B., New York 1972; R. Heim, B.'s Place in the Englightenment, Studies on Voltaire and the 18th Century 25 (1963), 603–629; ders., B., Paris 1952; E. Rádl, Geschichte der biologischen Theorien in der Neuzeit I, Leipzig/Berlin ²1913 (repr., ed. A. Meyer-Abich, Hildesheim/New York 1970, Kap. XI); J. Roger, B., DSB II (1970), 576–582; P.R. Sloan, The B. – Linnaeus Controversy, Isis 67 (1976), 356–375; J.B. Wilke, The Idea of Evolution in the Writings of B., Ann. Sci. 12 (1956), 45–62, 217–227, 255–266. G.W.

Bühler, Karl, *Meckesheim (Baden) 27. Mai 1879, †Los Angeles 24. Okt. 1963, dt. Psychologe und Sprachtheoretiker. 1907 Privatdozent in Würzburg, 1916 Prof. in München, 1918 in Dresden und 1922–1938 in Wien; emigrierte 1938 über Oslo in die USA. B., der aus der Würzburger Psychologenschule um O. Külpe stammt, trat mit bedeutenden Arbeiten zur Denk- und Gestaltpsychologie, ↑Gestalttheorie, Kinder- und Tierpsychologie sowie zur theoretischen Sprachwissenschaft hervor. In seiner »Sprachtheorie« (1934) entfaltet B. seine sprachtheoretischen Auffassungen als Teil einer allgemeinen Zeichentheorie auf der Basis von vier Grundsätzen (›Axiomen‹), die der Sprachforschung als Leitfaden dienen sollen: (1) des Grundsatzes vom Organon-Charakter der Sprache, deren Funktionen B. mit ›Ausdruck‹, ›Appell‹ und ›Darstellung‹ (als dominierender Leistung) bestimmt; (2) der These von der Sprache als eines komplexen zeichenhaften Gebildes; (3) der Unterscheidung der vier Momente ›Sprechhandlung‹, ›Sprachwerk‹, ›Sprechakt‹ und ›Sprachgebilde‹ als je eigener sprachwissenschaftlicher Untersuchungshinsichten; (4) der Einstufung der Sprache als eines zweiklassigen Systems, gebildet aus der Klasse der Wörter und der Sätze. Die Hauptteile der »Sprachtheorie« enthalten eine Situations- und Kontextlehre, die auf der Trennung von ›Zeig-‹ und ›Symbolfeld‹ der Sprache mit zugehörigen Sprachzeichen beruht. Den Abschluß bildet eine Erörterung des Aufbaus der Rede. B. erarbeitete seine Konzeption in Auseinandersetzung mit der antiken und mittelalterlichen Philosophie, der Sprachwissenschaft des 19. Jahrhunderts, den Lehren F. de Saussures und den »Logischen Untersuchungen« E. Husserls. Sein Einfluß ist besonders in der sogenannten Sprachinhaltsforschung deutlich geworden und neuerdings auch bei den Bemühungen um die Grundlegung einer linguistischen ↑Pragmatik zu erkennen.

Werke: Die Krise der Psychologie, Jena 1927, Stuttgart ³1965; (mit L. Schenk-Danziger) Abriß der geistigen Entwicklung des Kleinkindes, Heidelberg ⁹1967; Ausdruckstheorie. Das System an der Geschichte aufgezeigt, Jena 1933, Stuttgart ²1968; Die Axiomatik der Sprachwissenschaften, Kant-St. 38 (1933), 19–90, gekürzt mit Einl. u. Kommentar v. E. Ströker, Frankfurt ²1976; Sprachtheorie. Die Darstellungsfunktion der Sprache, Jena 1934, Stuttgart ²1965, Berlin 1978; Die Uhren der Lebewesen und die Fragmente aus dem Nachlaß, ed. (mit einer Biographie) G. Lebzeltern, Wien/Köln/Graz 1969.

Literatur: A.F. Günther, Der Zeichenbegriff bei K.B. und G.H. Mead, Hamburg 1968; D. Wunderlich, K.B.s Grundprinzipien der Sprachtheorie, Muttersprache 79 (1969), 52–62; Festschriftbeiträge in: Wiener Z. Philos., Psychol., Päd. 7 (1959), H. 1, und Z. exper. u. angew. Psychol. 6 (1959). W.J.M.

Bultmann, Rudolf Karl, *Wiefelstede (Oldenburg) 20. Aug. 1884, †Marburg 30. Juli 1976, dt. ev. Theologe, neben K. Barth und F. Gogarten einer der Hauptvertreter der ›dialektischen ↑Theologie‹. Nach Studium der Theologie und Religionsgeschichte in Tübingen, Berlin und Marburg 1912 Habilitation in Marburg, 1916 a.o. Prof. in Breslau, 1920 o. Prof. für neutestamentliche Wissenschaften in Gießen, 1921–1951 in Marburg. Weithin bekannt wurde B. durch seine Forderung nach *Entmythologisierung* des NT; dessen mythologische Rede, d.h. die Art, in gleicher Weise von Gott, Mensch und Welt zu reden, sollte nicht eliminiert, sondern auf ihre Intention hin kritisch interpretiert werden. B. entwickelte die hermeneutische Methode der existentialen Interpretation, die sich auf die Existenzanalyse M. Heideggers stützt: Glaube und Unglaube (Sünde) werden als eigentliche Seinsweise des Vertrauens bzw. als uneigentliche Seinsweise der Eigenmächtigkeit interpretiert. Das neue Selbstverständnis des Glaubens wird eröffnet durch die gegenwärtige Verkündigung der eschatologischen Heilstat Gottes, als die Jesu Kommen anzusehen ist. Es wird verwirklicht (oder verfehlt) in der jeweils gegenwärtigen Entscheidung, bleibt aber letztlich unverfügbar (theologisch formuliert: der Glaube bleibt Geschenk Gottes). B.s theologischer Ansatz war bestimmend für die Diskussion der deutschen evangelischen Theologie in der Zeit nach dem 2. Weltkrieg bis in die sechziger Jahre. Konservative Theologen sahen bei B. eine Geringschätzung der ›Heilstatsachen‹ sowie ein Übergewicht der anthropologischen Komponente. Von philosophischer Seite wurde die Orientierung an der Existenzanalyse Heideggers als einseitig empfunden. Das Festhalten an der Unverfügbarkeit (dem ›Paradoxen‹) des Glaubens kritisierte K. Jaspers, während H. Albert, von anderen Voraussetzungen her, den Vorwurf erhob, B. habe die Entmythologisierung nicht radikal genug durchgeführt. Weitere Diskussionspunkte waren insbesondere das hermeneutische Problem und die ›individualistische‹ Tendenz der Theologie B.s.

Werke: Der Stil der paulinischen Predigt und die kynischstoische Diatribe, Göttingen 1910; Geschichte der synoptischen Tradition, Göttingen 1921, [8]1970; Jesus, Berlin 1926, Tübingen 1951, 1964, Gütersloh 1977; Glauben und Verstehen. Gesammelte Aufsätze, Tübingen 1933, I–II, [2]1952/1954, I [7]1972, II [5]1968, III [3]1965, IV [3]1975; Das Evangelium des Johannes, Tübingen 1941 (repr. 1978); Offenbarung und Heilsgeschehen, München 1941; Das Christentum im Rahmen der antiken Religion, Zürich 1949, [3]1963, Reinbek 1965; Theologie des Neuen Testaments, Tübingen 1953, [5]1966, [7]1977; (mit K. Jaspers) Die Frage der Entmythologisierung, München 1954; History and Eschatology, Edinburgh 1957, New York 1962, unter dem Titel: The Presence of Eternity. History and Eschatology, New York 1957 (dt. Geschichte und Eschatologie, Tübingen 1958, [2]1964 (repr. 1979)).

Literatur: H. Albert, Traktat über kritische Vernunft, Tübingen 1968, [3]1975, Kap. V; H.W. Bartsch (ed.), Kerygma und Mythos, I–V, Hamburg 1948–1955, I–VII, Hamburg [2]1955–1967; M. Boutin, Relationalität als Verstehensprinzip bei R. B., München 1974; E. Dinkler (ed.), Zeit und Geschichte. Dankesgabe an R. B. zum 80. Geburtstag, Tübingen 1964; J. Florkowski, La théologie de la foi chez B., Paris 1971; U. Gerber, Christologie und Gotteslehre. Überlegungen zur Theologie von R. B. und D. Sölle, Zürich 1969; G. Hasenhüttl, Der Glaubensvollzug. Eine Begegnung mit R. B. aus katholischem Glaubensverständnis, Essen 1963 (mit Bibliographie); H. Hübner, Politische Theologie und existentiale Interpretation, Witten 1973; O. Kaiser (ed.), Gedenken an R. B., Tübingen 1977; J. Macquarrie, An Existentialist Theology, London 1955; G.M. Martin, Vom Unglauben zum Glauben. Zur Theologie der Entscheidung bei R. B., Zürich 1976; H. Ott, Geschichte und Heilsgeschichte in der Theologie R. B.s, Tübingen 1955; W. Schmithals, Die Theologie R. B.s, Tübingen 1966, [2]1967; A. Schwan, Geschichtstheologische Konstitution und Destruktion der Politik. Friedrich Gogarten und R. B., Berlin/New York 1976; W. Stegemann, Der Denkweg R. B.s. Darstellung der Entwicklung und Grundlagen seiner Theologie, Stuttgart 1978; F. Vonessen, Mythos und Wahrheit. B.s Entmythologisierung und die Philosophie der Mythologie, Frankfurt 1972. E. K.

Bunge, Mario Augusto, *Buenos Aires 21. Sept. 1919, argent. theoretischer Physiker, Wissenschaftstheoretiker und Philosoph. 1952 Promotion in La Plata, 1956–1959 Prof. der theoretischen Physik in Buenos Aires und La Plata, 1957–1962 Prof. der Philosophie der Wissenschaften in Buenos Aires, 1960–1965 Gastprofessuren an verschiedenen Universitäten der USA, seit 1966 Prof. der Philosophie an der McGill University, Montreal. B.s Publikationen zur Wissenschaftstheorie der Physik (z.B. Foundations of Physics 1967, Philosophy of Physics 1973) behandeln vor allem das Verhältnis zwischen klassischer und moderner Physik (↑Mechanik, ↑Relativitätstheorie, allgemeine, ↑Relativitätstheorie, spezielle, ↑Quantentheorie), aber auch logische, metaphysische und meßtheoretische Grundlagen der Physik. Dabei führt B. den Terminus ↑›Protophysik‹ für denjenigen Teil der Wissenschaftstheorie der Physik ein, der die Grundprobleme der physikalischen Wahrscheinlichkeit, Zeitmessung, Geometrie und ›Mereologie‹ (Theorie physikalischer Systeme) behandelt. Daneben stehen Publikationen zur allgemeinen Wissenschaftstheorie (z.B. Metascientific Queries 1959, Scientific Research 1967), zu erkenntnis- und wissenschaftstheoretischen Spezialproblemen (z.B. Causality 1959) und zur Ethik (z.B. Ética y cientia 1960). In einem auf 7 Bände konzipierten »Treatise on Basic Philosophy« (bis 1979 4 Bände) sollen in systematischer Weise sprachphilosophische, ontologische, erkenntnistheoretische und ethische Grundfragen abgehandelt werden. B. ist Herausgeber zahlreicher Sammelbände, insbesondere der Serien »Studies in the Foundations, Methodology and Philosophy of Science« und »Library of Exact Philosophy«.

Werke: La edad del universo, La Paz 1955; Causality. The Place of the Causal Principle in Modern Science, Cambridge Mass. 1959; Metascientific Queries, Springfield Ill. 1959; Ética y cientia, Buenos Aires 1960; Intuition and Science, Englewood Cliffs N.J. 1962 (repr. Westport Conn. 1975); The Myth of Simplicity. Problems of Scientific Philosophy, Englewood Cliffs N.J. 1963; Foundations of Physics, Berlin/Heidelberg/New York 1967; Scientific Research, I–II (I The Search for System, II The Search for Truth), Berlin/Heidelberg/New York

1967; Method, Model and Matter, Dordrecht/Boston 1973; Philosophy of Physics, Dordrecht/Boston 1973; Treatise on Basic Philosophy I (Semantics I: Sense and Reference), Dordrecht/Boston 1974, II (Semantics II: Interpretation and Truth), Dordrecht/Boston 1974, III (Ontology I: The Furniture of the World), Dordrecht/Boston 1977, IV (Ontology II: A World of Systems), Dordrecht/Boston 1979; The Mind-Body-Problem. A Psychobiological Approach. Epilogue by D.O. Hebb, Oxford etc. 1980. P.S.

Buonamici, Francesco, *Florenz 1. Hälfte des 16. Jhs., †1603, ital. Naturphilosoph und Mediziner, Vertreter eines überwiegend orthodoxen ↑Aristotelismus. B. lehrte über 40 Jahre, bis zu seinem Tode 1603, Physik in Pisa, so auch während der Studienjahre G. Galileis (1581–1585). Die Nachschriften Galileis aus dem Jahre 1584 (»Juvenilia«) dürften weitgehend auf den Vorlesungen B.s beruhen, der in seinem monumentalen Werk »De motu libri X« (Florenz 1591, 1592) nicht nur die klassiche Aristotelische Theorie der Bewegung, sondern auch deren Modifikationen z.B. im Umkreis der ↑Merton School (W. Burleigh, R. Swineshead) sowie andere zeitgenössische Positionen (A. Achillini, G. Cardano, J.C. Scaliger etc.) behandelte. Im Unterschied zur ↑Impetustheorie der Pariser Terministen (J. Buridan, N. v. Oresme, Albert von Sachsen) hält B. im wesentlichen an der ursprünglichen Aristotelischen Erklärung fest.

Weitere Werke: Discorsi poetici nella Accademia fiorentina in difesa d'Aristotile, Florenz 1597; De alimento libri V, Florenz 1603. – Auszüge aus »De motu libri X« mit franz. Übers. bei A. Koyré, Études galiléennes, I–III, Paris 1939, I, 18–41, 267–268, 279.

Literatur: E.A. Moody, Galileo and Avempace. The Dynamics of the Leaning Tower Experiment, J. Hist. Ideas 12 (1951), 163–193, 375–422; W.A. Wallace, Galileo and the Doctores Parisienses, in: R.E. Butts/J.C. Pitt (eds.), New Perspectives on Galileo, Dordrecht/Boston 1978, 87–138, hier: 88–89; ders., B., DSB XV, Suppl. I (1978), 590–591. J.M.

Burali-Forti, Cesare, *Arezzo 13. Aug. 1861, †Turin 21. Jan. 1931, ital. Mathematiker. Ab 1916 o. Prof. an der Accademia Militare in Turin, wo er zum Kreis von G. Peano gehörte, dessen Assistent er 1894–1896 war. Veröffentlichte 1897 als erster die heute als ↑›Burali-Fortische Antinomie‹ bezeichnete Überlegung, daß die Menge aller ↑Ordinalzahlen als wohlgeordnete Menge (↑Wohlordnung) selbst eine Ordinalzahl besitzt, die größer als jedes ihrer Elemente sein muß – im Widerspruch dazu, daß sie nach der Definition der Menge dieser natürlich selbst angehört. Freilich war diese Antinomie G. Cantor schon 1895 bekannt gewesen, ohne daß dieser sie veröffentlichte; B.-F. hat sie weder in dieser Form ausgesprochen noch in ihren tatsächlichen Konsequenzen überblickt. Ganz zu Unrecht weniger bekannt geworden als der Antinomieaufsatz von 1897 sind B.-F.s Größenlehre, seine Beiträge zur Vektoranalysis und ↑Differentialgeometrie und seine Kritik der mathematischen Grundlagen der Relativitätstheorie (↑Relativitätstheorie, allgemeine; ↑Relativitätstheorie, spezielle).

Werke: Una questione sui numeri transfiniti, Rendiconti del Circolo Matematico di Palermo 11 (1897), 154–164, komment. engl. Übers. in: J. van Heijenoort (ed.), From Frege to Gödel. A Source Book in Mathematical Logic, 1879–1931, Cambridge Mass. 1967, 104–111; Teoria delle grandezze, Turin 1893 (franz. Théorie des grandeurs, in: G. Peano, Formulaire de mathématiques I, Turin 1895, 28–57); Logica matematica, Milano 1894, ^{2}1919; Sur les différentes méthodes logiques pour la définition du nombre réel, Congrès international de philosophie. Logique et histoire des sciences, Paris 1901, 289–307; Elementi di calcolo vettoriale con numerose applicazioni alla geometria, alla meccanica e alla fisica-matematica, Bologna 1909, ^{2}1920 (franz. Éléments de calcul vectoriel avec de nombreuses applications à la géométrie, à la mécanique et à la physique mathématique, ed. S. Lattès, Paris 1910); (mit R. Marcolongo) Analyse vectorielle générale, I–II, Pavia 1912–1913; (mit T. Boggio) Espaces courbes. Critique de la relativité, Turin 1924.

Literatur: H.C. Kennedy, B.-F., DSB II (1970), 593–594; R. Marcolongo, C. B.-F., Boll. della Unione matematica ital. 10 (1931), 182–185. C.T.

Burali-Fortische Antinomie (engl. Burali-Forti Paradox), eine ↑Antinomie, die in der sogenannten naiven Mengenlehre beim Aufbau der Ordinalzahltheorie (↑Ordinalzahl) auftritt, wenn man den Begriff der Menge *aller* Ordinalzahlen nicht als illegitim ausschließt. Führt man die Ordinalzahlen nach G. Cantor als Ordnungstypen wohlgeordneter Mengen ein, so gibt es zu jeder Menge M von Ordinalzahlen eine Ordinalzahl, die größer ist als jedes Element von M; nimmt man als M die Menge Ω *aller* Ordinalzahlen, so ist die nach dem ebengenannten Satz existente Ordinalzahl Ω' größer als jedes Element von Ω, insbesondere, da Ω' als Ordinalzahl selbst Element von Ω ist, größer als sie selbst ($\Omega' > \Omega'$), was absurd ist. Bei anderen Ordinalzahldefinitionen, wie man sie in der axiomatischen Mengenlehre findet, tritt die B.-F.A. in einer den Verallgemeinerungen der ↑Zermelo-Russellschen Antinomie ähnlichen Gestalt auf. In der ursprünglichen Form wurde sie 1895 von G. Cantor, dann unabhängig von ihm durch C. Burali-Forti entdeckt und von diesem 1897 veröffentlicht. Obwohl Burali-Forti dabei von einem inkorrekten Begriff der Ordinalzahl ausging und die

Antinomie als Widerlegung des Gesetzes der ↑Trichotomie für den Bereich der Ordinalzahlen interpretierte, führt sein Gedankengang auch bei den korrekten Begriffsbildungen der Cantorschen und der modernen Ordinalzahltheorien auf die Antinomie.

Literatur: C. Burali-Forti, Una questione sui numeri transfiniti, und: Sulle classi ben ordinate, Rendiconti del Circolo Matematico di Palermo 11 (1897), 154–164, 260 (Komment. engl. Übers. in: J. van Heijenoort [ed.], From Frege to Gödel. A Source Book in Mathematical Logic, 1879–1931, Cambridge Mass. 1967, 104–111, 111–112); A.A. Fraenkel, Einleitung in die Mengenlehre, Berlin 1919, ^{3}1928 (repr. New York 1946, Walluf b. Wiesbaden 1972); K. Grelling/L. Nelson, Bemerkungen zu den Paradoxien von Russell und Burali-Forti, Abh. d. Fries'schen Schule N.F. 2 (1908), 301–334, Nachdr. in: L. Nelson, Beiträge zur Philosophie der Logik und Mathematik, mit einf. u. erg. Bem. v. W. Ackermann/P. Bernays/D. Hilbert, Frankfurt/Hamburg 1959, 59–77; F. v. Kutschera, Antinomie II, Hist. Wb. Ph. I (1971), 396–405; D. Mirimanoff, Les antinomies de Russell et de Burali-Forti et le problème fondamental de la théorie des ensembles, L'Enseignement Mathématique 19 (1917), 37–52; B. Rosser, The Burali-Forti Paradox, J. Symb. Log. 7 (1942), 1–17. C.T.

Burckhardt, Jacob, *Basel 25. Mai 1818, †ebd. 8. Aug. 1897, schweiz. Kultur- und Kunsthistoriker. 1839–1843 Studium der Theologie, Geschichte und Kunstgeschichte in Berlin und Bonn (vor allem bei L. v. Ranke und F. Kugler), 1844/1845 Privatdozent in Basel, nach längeren Italienreisen 1848 Geschichtslehrer am Basler Pädagogium, Lehrtätigkeit an der Universität, 1855–1858 Ordinariat für Kunstgeschichte am Polytechnikum Zürich, anschließend Ordinariat für Geschichte und Kunstgeschichte in Basel, 1893 Emeritierung. – B.s ästhetische Anschauung von Geschichte als Bildungsprozeß der Menschheit ließ ihn die Geschichte Europas vom Altertum bis zur Neuzeit als Selbstdarstellung des Geistes in kulturellen Schöpfungen verstehen. In seiner Geschichtsschreibung versucht er den Anspruch der kulturellen Bildungsmacht der Geschichte mit seiner radikalen Kulturkritik der Gegenwart, die die Möglichkeit solcher Bildung in Frage stellt, zu vereinbaren. B. zeigt, »wie Kultur sich tradiert [Die Zeit Konstantins des Großen, 1852], wie tradierte Kultur angeeignet werden kann [Der Cicerone. Eine Einleitung zum Genuß der Kunstwerke Italiens, 1955], wie sich Kultur erneuert [Die Kultur der Renaissance in Italien, 1860] und wie sich ihrem zeitlichen Ursprung überzeitliche Ursprünglichkeit [ent]nehmen läßt [Griechische Kulturgeschichte, 1898–1902]« (J. Rüsen). B. hat seine Neukonzeption der Kulturgeschichte nicht nur in seiner Geschichtsschreibung demonstriert, sondern auch in seiner geschichtstheoretischen Schrift »Weltgeschichtliche Betrachtungen« (1905) reflektiert. Seine Konzeption der Kulturgeschichte schließt eine methodologische Neuorientierung der Geschichtswissenschaft ein: die kulturerneuernde Funktion der Geschichtswissenschaft kann nur dann erfüllt werden, wenn die methodische Rekonstruktion der Vergangenheit nicht auf die narrative Darstellung vergangener Ereignisse am Leitfaden der zeitlichen Abfolge reduziert, sondern zu einer Historiographie erweitert wird, in der Überlieferung als Kultur Element gegenwärtigen Selbstverständnisses sein kann. Daher muß die historische Methode der Quelleninterpretation auch und wesentlich der Typenbildung sich durchhaltender Lebensformen und konstanter Zustände dienen und zielt damit auf eine philosophische Anthropologie auf historischer Basis: »Wir wollen nicht sowohl klug (für ein anderes Mal), sondern weise (für immer) werden«. In den drei Potenzen von Staat, Religion und Kultur sieht B. die alles individuell-geschichtliche Leben bedingenden konstanten Rahmenfaktoren.

Werke: J.B., Gesamtausgabe, I–XIV, ed. E. Dürr u.a., Stuttgart/Berlin/Leipzig 1929–1934; Gesammelte Werke, I–X, Basel 1955–1959; Briefe. Vollst. und krit. bearb. Ausg., Mit Benutzung des handschriftl. Nachlasses hergest. v. M. Burckhardt, I–VII, Basel 1949–1969.

Literatur: E. Grisebach, J.B. als Denker, Berlin/Leipzig 1943; W. Hardtwig, Geschichtsschreibung zwischen Alteuropa und moderner Welt. J.B. in seiner Zeit, Göttingen 1974; E. Heftrich, Hegel und J.B., Zur Krisis des geschichtlichen Bewußtseins, Frankfurt 1967; K. Joël, J.B. als Geschichtsphilosoph, Basel 1918; W. Kaegi, J.B., Eine Biographie, Basel 1947ff. (bisher 5 Bde); K. Löwith, J.B., Der Mensch inmitten der Geschichte, Luzern 1936, 1966; J. Rüsen, J.B., in: H.-U. Wehler (ed.), Deutsche Historiker III, Göttingen 1972, 7–28; R. Stadelmann, J.B.s Weltgeschichtliche Betrachtungen, Hist. Z. 169 (1949), 31–72; J. Wenzel, J.B. in der Krise seiner Zeit, Berlin 1967; R. Winner, Weltanschauung und Geschichtsauffassung J.B.s, Leipzig 1929. A.V.

Bürgerrechte, ↑Menschenrechte.

Buridan, Johannes (Johannes Buridanus), *vermutlich Béthune um 1295, †Paris um 1358, franz. Logiker und Naturphilosoph. Schüler Wilhelm von Ockhams in Paris, Rektor der Universität Paris 1328 und 1340, Mitglied der Artistenfakultät und einflußreicher philosophischer Lehrer. B. vertrat einen gemäßigten ↑Nominalismus und unterstützte 1340 die Verurteilung des extremen ↑Ockhamismus. Seine eigenen Schriften wurden

1474–1481 wegen ihres nominalistischen Charakters verboten, fanden dann aber zwischen 1487 und 1520 in zahlreichen Auflagen weite Verbreitung. B.s Arbeiten zur Logik, die sich dem ↑Terminismus zurechnen lassen, repräsentieren, auf der Basis der Lehrbücher Wilhelms von Shyreswood und Petrus Hispanus', die an semiotischen und semantischen Problemen orientierte ›logica moderna‹ (↑logica antiqua). Er leistete wesentliche Beiträge zur terministischen ↑Suppositionslehre (Summula de dialectica, 1487), zur ↑Konsequenzenlogik (Consequentiae, 1493) sowie (in sachlicher Nähe zur Logik Ockhams) zur Semantik des Wahrheitsbegriffs und der ↑Paradoxien (Sophismata, 1489). In der Physik ist B. neben N. v. Oresme der bedeutendste Vertreter der klassischen ↑Impetustheorie. Orientiert an der Tradition der Bewegungslehre des J. Philoponos entwickelte B. im Rahmen einer umfangreichen Aristoteleskommentierung und -kritik Vorstellungen, nach denen der impetus (G. Galileis ›momento‹, I. Newtons ›quantitas motus‹), dem heutigen Impulsbegriff entsprechend, quantitativ in Abhängigkeit von Geschwindigkeit und Materiemenge des bewegten Körpers definiert wird. Dabei hielt B. allerdings an der Annahme eines auch kreisförmig wirkenden impetus fest sowie an dessen peripatetischer Charakterisierung als einer mit dem bewegten Körper verbundenen Kraft (vis impressa).

Die von den meisten Aristoteleskommentatoren vertretene Auffassung, die Prinzipien der Physik würden der ↑Metaphysik entnommen und hätten deshalb absoluten Charakter, lehnt B. ab. Physikalische Prinzipien sind als solche unableitbar; ihre Annahme beruht darauf, daß sie sich vor der Instanz der Erfahrung bewährt haben. B. wandte sich ferner gegen atomistische Konzeptionen (↑Atomismus) bei Nikolaus von Autrecourt. In seinen physikalischen Arbeiten vertrat er die uneingeschränkte Geltung des Kausalitätsprinzips (↑Kausalität), in moralphilosophischen und ökonomischen Arbeiten (zur Geld- und Werttheorie) einen eingeschränkten moralischen ↑Determinismus, d.h. die Annahme, daß der Wille so lange frei sei, bis die Vernunft entschieden hat, dann jedoch der Entscheidung der Vernunft für das, was ihr jeweils als das größere Gut erscheint, folgen müsse (illustriert an dem sachlich schon bei Aristoteles, de cael. B13.295b32–34, auftretenden Problem von ↑Buridans Esel).

Werke: Summula de dialectica (häufig auch: Summulae logicales), Paris 1487, Lyon 1490, 1493, 1495, 1510, Oxford 1637, London 1740, unter dem Titel: Perutile compendium totius logicae Joannis Buridani, Venedig 1499 (repr. Frankfurt 1965), krit. Ed. des 4. Traktats: Giovanni Buridano, Tractatus de suppositionibus, ed. M.E. Reina, Riv. crit. stor. filos. 12 (1957), 175–208, 323–352; Quaestiones super decem libros Ethicorum Aristotelis ad Nicomacheum, Paris 1489 (repr. Frankfurt 1966), 1513, 1518, Oxford 1637; Sophismata Buridani, Paris 1489, 1491, 1493 (Crit. Ed., introd. by T.K. Scott, Stuttgart-Bad Cannstatt 1977 [Grammatica speculativa 1], engl. John B.. Sophisms on Meaning and Truth, New York 1966); Consequentiae Buridani, Paris 1493, 1495, 1499; Compendium totius logicae, Venedig 1499 (repr. Frankfurt 1965); Quaestiones super octo phisicorum libros Aristotelis, Paris 1509 (repr. Frankfurt 1963), 1516; Quaestiones et decisiones physicales insignium virorum, Paris 1516; In Metaphysicen Aristotelis quaestiones argutissimae magistri Joannis Buridani, Paris 1518 (repr. Frankfurt 1964); Quaestiones super octo libros Politicorum Aristotelis, Paris 1513 (repr. Frankfurt 1969), Oxford 1640; Quaestiones super libris quattuor De caelo et mundo, ed. E.A. Moody, Cambridge Mass. 1942 (repr. New York 1970); Ed. und Teiled. weiterer Traktate in: J. Pinborg (ed.), The Logic of J.B. (↑Literatur).

Literatur: P.H. Boehner, Medieval Logic. An Outline of its Development from 1250 to c. 1400, Manchester 1952; M. Clagett, The Science of Mechanics in the Middle Ages, Madison Wisc. 1959, 505–599; E.J. Dijksterhuis, De Mechanisering van het Wereldbeeld, Amsterdam 1950, 200ff. (dt. Die Mechanisierung des Weltbildes, Berlin/Göttingen/Heidelberg 1956, 204ff.); P. Duhem, Études sur Léonard de Vinci. Ceux qu'il a lus et ceux qui l'ont lu, I–III, Paris 1906–1913, II (1909), 379–384, 420–423, 431–438, III (1913), 1–259, 279–286, 350–360; E. Faral, Jean B.. Notes sur les manuscrits, les éditions et le contenu de ses ouvrages, Arch. hist. doctr. litt. moyen-âge 15 (1946), 1–53; A. Ghisalberti, Giovanni Buridano. Dalla metafisica alla fisica, Milano 1975 (mit Bibliographie); A. Maier, Die Vorläufer Galileis im 14. Jahrhundert. Studien zur Naturphilosophie der Spätscholastik, Rom 1949; dies., Zwei Grundprobleme der scholastischen Naturphilosophie. Das Problem der intensiven Größe. Die Impetustheorie, Rom ²1951, 201–235; dies., Metaphysische Hintergründe der spätscholastischen Naturphilosophie, Rom 1955, 300ff.; E.A. Moody, John B. on the Habitability of the Earth, Speculum 16 (1941), 415–425; ders., Ockham, B., and Nicholas of Autrecourt, Franciscan Stud. 7 (1947), 113–146; ders., Truth and Consequence in Medieval Logic, Amsterdam 1953; ders., B., DSB II (1970), 603–608; J. Pinborg, Logik und Semantik im Mittelalter. Ein Überblick, Stuttgart-Bad Cannstatt 1972; ders. (ed.), The Logic of John B.. Acts of the 3rd Symposium on Medieval Logic and Semantics Copenhagen 16–21 November 1975, Copenhagen 1976; A.N. Prior, Some Problems of Self-reference in John B., Proc. Brit. Acad. 48 (1962), 281–296; N. Rescher, B., Enc. Ph. I (1967), 427–429; K. Scott, John B. on the Object of Demonstrative Science, Speculum 40 (1965), 654–673; J.J. Walsh, Nominalism and the Ethics. Some Remarks about B.'s Commentary, J. Hist. Philos. 4 (1966), 1–13; M. Wolff, Geschichte der Impetustheorie. Untersuchungen zum Ursprung der klassischen Mechanik, Frankfurt 1978, 203ff., 218ff. J.M.

Buridans Esel, Bezeichnung für ein moralphilosophisches Gleichnis. Ähnlich dem Esel, der verhungert, weil er sich nicht für einen von zwei gleichen Heuhaufen entscheiden kann, ergehe es einem Menschen, der zwischen zwei gleichwertigen Gütern zu wählen habe. Der Grundgedanke dieses Vergleichs stammt von Aristoteles (de caelo B13.295b32–34) und ist in einem Kommentar J. Buridans zu de caelo (Expositio textus) am Beispiel des Hundes (und nicht des Esels), der Sache nach auch in seinem Kommentar zur »Nikomachischen Ethik« (Quaestiones super decem libros Ethicorum Aristotelis ad Nicomacheum, Paris 1489, III 1), wiederzufinden. Wahrscheinlich diente das Argument von B. E. als Zurückweisung der Buridanschen Theorie vom Zusammenwirken von Wille und Vernunft, wonach der Wille wählen müsse, was die Vernunft als das größere Gut vorstelle. Eine moderne Lösung des Problems von B. E. geht von der Unterscheidung zwischen Symmetrie von Information und Symmetrie von Präferenz aus und läßt Symmetrie der Präferenz als Spezialfall von Symmetrie der Information, d.h. von einer Ununterscheidbarkeit zweier Güter infolge Mangels an Kenntnis unterscheidender Merkmale, verstehen. In solchen symmetrischen Wahlsituationen sind Zufallsentscheidungen rational (↑Äquilibrismus).

Literatur: N. Rescher, Choice without Preference. A Study of the History and of the Logic of the Problem of »Buridan's Ass«, Kant-St. 51 (1959/1960), 142–175; ders., Buridan, Jean, Enc. Ph. I (1967), 427–429. P. J.

Burke, Edmund, *Dublin 12. Jan. 1729, †Beaconsfield (London) 9. Juli 1797, engl. Staatsmann, Publizist und dem ↑Empirismus nahestehender Philosoph. Nach einem Jurastudium arbeitet B. als Publizist und Herausgeber des »Annual Register«. 1756 erscheinen »A Vindication of National Society« (eine Satire auf die Ideen H. S. Bolingbrokes) und »Philosophical Inquiry into the Origin of Our Ideas on the Sublime and Beautiful« (eine empirische Analyse der Grundlagen des ästhetischen Erlebens). In seiner Ästhetik entwickelt B. die These, daß die emotionelle Wirkung der Kunst nicht aus der Klarheit erwächst, sondern aus ihrer grundsätzlichen Unbegreiflichkeit, Unabschließbarkeit, Unendlichkeit. Das Gefühl der Lust begründet die Erfahrung des Schönen, die Erfahrung des Erhabenen basiert auf dem Gefühl der Furcht. B.s ästhetische Theorie beeinflußt G. E. Lessing und I. Kant, der in seiner »Kritik der Urteilskraft« auf B.s Bestimmung des Schönen und Erhabenen verweist, selbst aber in der philosophischen Begründung der Ästhetik über die bloß empirische Bestimmung des Gefühls hinausgeht. – Als Mitglied des Unterhauses beginnt B. 1765 seine politische Laufbahn. Das geplante Werk »History of England« führt er nicht zu Ende, doch entsteht während seiner politischen Tätigkeit unter anderem die für den Konservatismus grundlegende Schrift gegen die französische Revolution und ihre Verteidiger in England (1790).

Werke: Works, I–XVI, ed. F. Lawrence/W. King, London 1803–1827; The Works, I–VI, ed. W. Willis, London 1906–1920; The Works of the Right Honourable E. B., I–XII, London 1887 (repr. I–VI, Hildesheim 1975); The Speeches of the Right Honourable E. B. in the House of Commons, and in Westminster Hall, I–IV, London 1816; Correspondence of E. B., I–IV, ed. E. Fitzwilliam/R. Bourke, London 1844; Correspondence of E. B., ed. T. W. Copeland u.a., Chicago 1958ff. (auf 18 Bde berechnet); E. B. on Government, Politics and Society, ed. B. W. Hill, Hassocks (Sussex) 1977; Betrachtungen über die Französische Revolution. Nach dem Englischen des Herrn B. neu bearbeitet mit einer Einleitung, Anmerkungen, politischen Abhandlungen und einem critischen Verzeichniß der in England über diese Revolution erschienenen Schriften, I–II, ed. F. Gentz, Berlin 1793, ^{2}1794; Betrachtungen über die französische Revolution, ed. D. Henrich, Frankfurt 1967; B.s philosophische Untersuchungen über den Ursprung unserer Begriffe vom Erhabenen und Schönen, übers. v. C. Garve, Riga 1773; Vom Erhabenen und Schönen, ed. u. übers. v. F. Bassenge, Berlin 1956.

Literatur: H. Barth (ed.), Der konservative Gedanke. In ausgewählten Texten, Stuttgart 1958; C. B. Cone, B. and the Nature of Politics, Lexington 1957; T. W. Copeland, Our Eminent Friend E. B.. Six Essays, New Haven 1949; H. von der Gablentz (ed.), Politische Theorien III (Die politischen Theorien seit der amerikanischen Unabhängigkeitserklärung), Köln/Opladen ^{2}1963, 82–94; P. L. Gardiner (ed.), Nineteenth Century Philosophy, New York/London 1969; D. Hilger, E. B. und seine Kritik der französischen Revolution, Stuttgart 1960; P. Magnus, E. B., London 1939; A. M. Osborn, Rousseau and B., London/New York 1940; H.-G. Schumann, B.s Anschauung vom Gleichgewicht in Staat und Staatensystem, Meisenheim 1964 (mit Bibliographie); B. T. Wilkins, The Problem of B.s Political Philosophy, Oxford 1967 (mit Bibliographie). A. G.-S.

Burley, Walter (auch Burleigh, lat. Burlaeus), *in Yorkshire um 1275, †um 1345, engl. Logiker und Naturphilosoph, ›doctor planus et perspicuus‹. 1305 Fellow of Merton College, Oxford, Schüler von J. Duns Scotus in Paris, wo sich B. von ca. 1310–1327 aufhielt. 1327 Gesandter Edwards III. am päpstlichen Hof in Avignon, 1332 wahrscheinlich Domherr in Wells, Disputationen unter anderem in Bologna (1341) und Avignon (1343). B.s umfangreiches Werk zur Logik, Naturphilosophie und Ethik, darunter seine zahlreichen Kommentare zu nahezu allen Aristotelischen Schriften, ist von der historischen Forschung bisher nur zum

Teil (am vollständigsten noch in seinen logischen Teilen) bearbeitet, seine Bedeutung im Rahmen der Geschichte der scholastischen Philosophie entsprechend noch immer ungenügend gewürdigt.

Zu B.s logischem Werk gehören (a) Kommentare zu allen logischen Schriften des Aristoteles sowie zur Einleitung (»Isagoge«) des Porphyrios zu den Aristotelischen »Kategorien« und zu dem Gilbert de la Porrée zugeschriebenen »Liber de sex principiis«, (b) zahlreiche, die Aristotelische Logik im Rahmen der Lehre von den ↑proprietates terminorum ergänzende Arbeiten zu den sogenannten ↑parva logicalia, (c) sein logisches Hauptwerk »De puritate artis logicae« (in einer ersten Fassung vor dem Erscheinen der »Summa logicae« von Wilhelm von Ockham um 1324, in einer zweiten Fassung 1325–1328). B. verteidigt gegen Ockham die ältere Auffassung der ↑significatio und suppositio simplex (↑Supposition) und ergreift damit im Streit zwischen der stärker an semiotischen und semantischen Fragen orientierten logica moderna und der ↑logica antiqua Partei für die Position der logica antiqua. Andererseits scheint er die Syllogistik einer allgemeinen ↑Konsequenzenlogik untergeordnet zu haben (P. Boehner).

Zu B.s naturphilosophischen Schriften gehören (a) Kommentare zu den einschlägigen Aristotelischen Schriften, insbesondere zur »Physik« (zum ersten Buch 1324, zweiten bis sechsten Buch um 1327, siebten bis achten Buch zwischen 1334 und 1337), (b) einige selbständige Schriften wie der den Substanzbegriff Ockhams kritisierende »Tractatus de formis«, die sich mit Problemen des Anfangs und des Endes der Bewegung befassende Schrift »De primo et ultimo instanti« (womit B. in sachliche Nähe zu der mit T. Bradwardine beginnenden Reihe der Calculatores aus dem Merton College rückt, ↑Merton School) und zwei Traktate über die Intension bzw. Remission bewegter Formen (Tractatus primus/Tractatus secundus). Im Rahmen der scholastischen Kontroverse, ob Bewegung ein fluxus formae, d.h. ein von dem bewegten Körper unterscheidbarer selbständiger Zustand sei, oder eine forma fluens, d.h. identisch mit der Bahn, die der bewegte Körper durchläuft (so Ockham, Philosophia naturalis, Rom 1637, 53ff. [=Summulae in libros physicorum III 6–7]), nimmt B. eine vermittelnde Position ein: Bewegung als fluxus formae ordnet diese der Aristotelischen Kategorie des Leidens, Bewegung als forma fluens der Kategorie der Quantität unter. – B. hat ferner die Aristotelische »Ethik« (1333–1334) und »Politik« (1340–1343) kommentiert sowie eine Geschichte der Philosophie (De vita et moribus philosophorum, um 1340) geschrieben.

Werke: Super artem veterem Porphyrii et Aristotelis expositio (1337), Venedig 1481, 1485, 1497, 1519; Expositio librorum physicorum, Venedig 1482, 1491, 1501 (repr. Hildesheim 1964), Bologna 1589; Tractatus de universalibus realibus, Venedig 1492/1493; Tractatus secundus sive Tractatus de intensione et remissione formarum, Venedig 1496; De vita et moribus philosophorum, Köln 1472, ed. H. Knust, Stuttgart 1886 (repr. Frankfurt 1964); De puritate artis logicae. Tractatus longior. With a Revised Edition of the Tractatus brevior, ed. P. Boehner, St. Bonaventure/Louvain/Paderborn 1955; B., On Conditional Hypothetical Propositions, ed. I. Boh, Franciscan Stud. 23 (1963), 4–67 (erster Teil des zweiten Traktats des »Tractatus longior«, lat./engl.); De primo et ultimo instanti, ed. H. and C. Shapiro, Arch. Gesch. Philos. 47 (1965), 157–173; W.B.s Treatise De formis, ed. F.J. Down Scott, München 1970. – J.A. Weisheipl, Repertorium Mertonense, Med. Stud. 31 (1969), 174–224 (hier 185–208).

Literatur: P. Boehner, Medieval Logic. An Outline of its Development from 1250 to c. 1400, Chicago 1952, 44–51, 84–89; I. Boh, A Study in B., Tractatus de regulis generalibus consequentiarum, Notre Dame J. Formal Logic 3 (1962), 83–101; ders., W.B.s Hypothetical Syllogistic, ebd. 4 (1963), 241–269; ders., An Examination of Some Proofs in B.s Propositional Logic, New Scholasticism 38 (1964), 44–60; S.F. Brown, W.B.s Treatise De suppositionibus and its Influence on William of Ockham, Franciscan Stud. 32 (1972), 15–64; ders., W.B.s Middle Commentary on Aristotle's Peri hermeneias, Franciscan Stud. 33 (1973), 42–134; A.B. Emden, Biographical Register of the University of Oxford to A.D. 1500, I–III, Oxford 1957–1959, I, 312–314; M.J. Kitchel, The »De potentiis animae« of W.B., Med. Stud. 33 (1971), 85–113; W. & M. Kneale, The Development of Logic, Oxford 1962, 270ff.; A. Maier, Zwei Grundprobleme der scholastischen Naturphilosophie. Das Problem der intensiven Größe, die Impetustheorie, Rom ³1968; dies., An der Grenze von Scholastik und Naturwissenschaft, Rom ²1952; dies., Die Vorläufer Galileis im 14. Jahrhundert. Studien zur Naturphilosophie der Spätscholastik, Rom ²1966; dies., Metaphysische Hintergründe der spätscholastischen Naturphilosophie, Rom 1955; dies., Zwischen Philosophie und Mechanik. Studien zur Naturphilosophie der Spätscholastik, Rom 1958; dies., Zu W.B.s Traktat »De intensione et remissione formarum«, Franciscan Stud. 25 (1965), 293–321; C. Martin, W.B., in: Oxford Studies Presented to D. Callus, Oxford 1964, 194–230; E.A. Moody, Truth and Consequence in Mediaeval Logic, Amsterdam 1953, 80ff. (§15 The Mediaeval Logic of Propositions); J. Murdoch/E. Sylla, B., DSB II (1970), 608–612; A.N. Prior, On some consequentiae in W.B., New Scholasticism 27 (1953), 433–446; H. Shapiro, W.B. and the Intension and Remission of Forms, Speculum 34 (1959), 413–427; J.A. Weisheipl, Ockham and some Mertonians, Med. Stud. 30 (1968), 174–188; C. Wilson, William Heytesbury. Medieval Logic and the Rise of Mathematical Physics, Madison Wisc. 1956, 29–56. J.M.

Butler, Joseph, *Wantage (Berkshire) 18. Mai 1692, †Bath 16. Juni 1752, engl. Theologe und

Moralphilosoph. Studium in Oxford (Oriel College), seit 1714 Anglikaner, 1718 Priesterweihe, 1733 Kaplan des Lordkanzlers Talbot, 1736 Geheimsekretär der Königin Caroline, der Gattin Georgs II., 1738 Bischof von Bristol, 1740 gleichzeitig Dean von St. Paul's in London, 1750 Bischof von Durham. B. hatte bereits früh durch seine Einwände gegen S. Clarkes philosophische Theologie, von diesem in der zweiten Auflage seines »Discourse concerning the Being and the Attributes of God« (1716, [1]1705) berücksichtigt, Aufsehen erregt. In seinem Hauptwerk »The Analogy of Religion, Natural and Revealed, to the Constitution and Course of Nature« (London 1736) wendet er sich, einflußreich bis ins 19. Jahrhundert hinein, unter Hinweis auf ein komplementäres Verhältnis von Natur und Offenbarung, gegen deistische Positionen (↑Deismus). In seiner Moralphilosophie (Fifteen Sermons, London 1726; Dissertation upon the Nature of Virtue, London 1736 [Anhang zu: The Analogy of Religion]), in ihren Grundzügen aristotelisch, stellt B. die Rolle des Gewissens (conscience) als Prinzip der reflektierten Beherrschung der Leidenschaften heraus.

Werke: The Works, I–III, ed. W.E. Gladstone, Oxford 1896, I–II, 1897; Opere, I–, ed. A. Babolin, Florenz 1971 ff.. – The Analogy of Religion, Natural and Revealed, to the Constitution and Course of Nature, London 1736, New York/Chicago [20]1875; Fifteen Sermons Preached at the Rolls Chapel, London 1726, ed. W.R. Matthews 1914 (repr. 1953).

Literatur: C.D. Broad, Five Types of Ethical Theory, London 1930 (Kap. III); A. Duncan-Jones, B.s Moral Philosophy, Harmondsworth 1952; E.C. Mossner, Bishop B. and the Age of Reason, New York 1936 (repr. 1971); M. Schmidt, B., RGG I ([3]1957), 1555; E. Sprague, B., Enc. Ph. I (1967), 432–434; N.L. Sturgeon, Nature and Conscience in B.'s Ethics, Philos. Rev. 85 (1976), 316–356; B. Szabados, B. on Corrupt Conscience, J. Hist. Philos. 14 (1976), 462–469; D. Wiggins, Locke, B. and the Stream of Consciousness. And Men as a Natural Kind, Philosophy 51 (1976), 131–158. J.M.

C

Cabanis, Pierre-Jean-Georges, * Cosnac (Corrèze) 5. Juni 1757, † Rueil (Val d'Oise) 5. Mai 1808, franz. materialistischer Physiologe, Psychologe und Philosoph in der Nachfolge E. B. de Condillacs und P. H. T. d'Holbachs. Wahlspruch: »Les nerfs – voilà tout l'homme!« (↑ Materialismus, französischer). Trotz einer politisch inopportunen Freundschaft zu M. J. A. N. C. Marquis de Condorcet wurde C. 1793 Mitglied der »Commission de réforme des hôpitaux« und Prof. der Hygiene in Paris, bald darauf Titularprofessor für Medizingeschichte. Wegen seiner Auseinandersetzungen als Senator mit dem Ersten Konsul und späteren Kaiser Napoléon Bonaparte mußte sich C. ins Privatleben zurückziehen. C. identifiziert Philosophie und Medizin, bemüht um eine physiologische Ableitung sowohl aller physischen Vorgänge als auch aller philosophischen Ideen. Radikaler als Condillac führt er menschliches Verhalten, auch insofern es Gegenstand von Moral- oder Sozialwissenschaften ist, generell auf organische Vorgänge und Bedürfnisse zurück. Entsprechend strebt C. über die gezielte Verbesserung der medizinischen Versorgung eine Erhöhung der geistigen Gesundheit und Vernünftigkeit des Menschen an.

Werke: Œuvres complètes de C., I–V, ed. F. Thurot, Paris 1823–1825; Œuvres philosophiques de C., I–II, ed. C. Lehec/J. Cazeneuve, Paris 1956. – Observations sur les hôpitaux, Paris 1790; Du degré de certitude de la médicine, Paris 1798, ²1803; Rapports du physique et du moral de l'homme, I–II, Paris 1802, ²1805, ³1815, nouv. éd., I–III, Paris 1824, u. ö. (dt. Über die Verbindung des Physischen und Moralischen in dem Menschen, I–II, Halle/Leipzig 1804); Coup d'œil sur les révolutions et sur la réforme de la médicine, Paris 1804; Lettre (posthume et inédite) de C. à M. F.*** sur les causes premières, ed. F. Bérard, Paris 1824.

Literatur: E. A. Ackerknecht, Medicine at the Paris Hospital 1794–1848, Baltimore 1967; F. Colonna d'Istria, C. et les origines de la vie psychologique, Rev. mét. mor. 19,1 (1911), 177–198; ders., Les formes de la vie psychologique et leurs conditions organiques d'après C., Rev. mét. mor. 20,1 (1912), 25–47; ders., L'influence du moral sur le physique d'après C. et Maine de Biran, Rev. mét. mor. 21,2 (1913), 451–461; ders., La religion d'après C., Rev. mét. mor. 23,1 (1916), 455–471; ders., La logique de la médicine d'après C., Rev. mét. mor. 24 (1917), 59–73; A. Guillois, Le salon de Mme Helvétius. C. et les Idéologues, Paris 1894; G. Canguilhem, Etudes d'histoire et de philosophie des sciences, Paris ²1968, 129–138; M.S. Staum, C.. Enlightenment and Medical Philosophy in the French Revolution, Princton N.J., 1980. R. W.

Caitanya (Kṛṣna C. Deva), 1486–1533, Brahmane aus Navadvīpa (Nabadwīp, früher: engl. Nuddea) in Bengalen, bis heute einflußreicher indischer Theologe und Philosoph, der letzte bedeutende viṣnuitische Gründer einer ↑ Vedānta-Sekte, ekstatischer Kṛṣna-Verehrer. Der Einfluß seiner Lehre einer Hingabe an Gott (↑ bhakti) und gleichzeitiger Menschenliebe ohne Rücksicht auf Kaste oder Klasse beruht allein auf mündlicher Tradition und dem schriftlichen Kanon seiner Nachfolger Rūpa Gosvāmi, Jīva Gosvāmi und Baladeva. Auf C. berufen sich heute z.B. die in der Gesellschaft für Kṛṣna-Bewußtsein zusammengeschlosenen Anhänger Bhaktivedānta Swamis.

Literatur: S. Chakravarti, C. et sa théorie de l'amour divin, Paris 1933; W. Eidlitz, Die indische Gottesliebe, Olten 1955, ders., Kṛṣna-C.. Sein Leben und seine Lehre, Stockholm 1968; C. Isherwood, Vedānta und Wir, Zürich 1949; M.T. Kennedy, The C.-Movement, Calcutta 1925; N. Sanyal, Sree Krishna C., Madras 1933. K. L.

Cajetan (ital. Gaetano), Thomas, eigentlich Jacobus de Vio, * Gaeta 20. Febr. 1469, † Rom 9. (oder 10.) Aug. 1534, ital. Philosoph und bedeutender katholischer Theologe der Reformationszeit. 1484 Dominikaner, Studium in Neapel, Bologna und Padua, 1494–1496 Prof. der Philosophie und Theologie in Padua, 1497–1499 in Pavia, später in Rom. 1500–1508 Generalprokurator, 1508 Generaloberer seines Ordens, 1517 Kardinal, 1519 Bischof von Gaeta. 1518–1519 war C. Legat in Deutschland und verhandelte 1518 nach dem Reichstag in Augsburg mit M. Luther. C. gilt mit seinem Kommentar zur »Summa theologiae« des

Thomas von Aquin (geschrieben 1507–1509) als Begründer des ↑Neuthomismus. Er schrieb gegen Skotisten (↑Skotismus) und Averroisten (↑Averroismus), so gegen A. Nifo und P. Pomponazzi, vertrat humanistische Orientierungen in der Bibelexegese und hielt 1494 eine Aufsehen erregende Disputation mit Pico della Mirandola in Ferrara. Unter seinen streng an Aristotelischen Positionen orientierten Arbeiten, darunter zahlreichen Aristoteles-Kommentaren und ein Kommentar zur »Isagoge« des Porphyrios, ist vor allem seine Analyse unterschiedlicher Analogiebegriffe und sein Eintreten für den systematischen Primat der Proportionalitätsanalogie gegenüber der Attributionsanalogie (↑analogia entis) von Bedeutung. In diesem Punkte stellt sich C. gegen Thomas von Aquin, dessen Position später vor allem von F. Suárez vertreten wird.

Werke: Commentaria super tractatum de ente et essentia Thomae de Aquino, Venedig 1496, unter dem Titel: In »De ente et essentia« D. Thomae Aquinatis Commentaria, ed. M.-H. Laurent, Turin 1934; Commentaria in Isagogen Porphyrii, o.O. 1497, unter dem Titel: Scripta philosophica. Commentaria in Porphyrii Isagogen ad Praedicamente Aristotelis, ed. I.M. Marega, Rom 1934; Commentaria in Praedicamenta Aristotelis, Padua 1498, unter dem Titel: Scripta philosophica. Commentaria in Praedicamenta Aristotelis, ed. M.-H. Laurent, Rom 1939; De nominum analogia, Padua 1498, unter dem Titel: Scripta philosophica. De nominum analogia. De conceptu entis, ed. P. Zammit, Rom 1934, 1952 (engl. The Analogy of Names and the Concept of Being, ed. E.A. Bushinski/H.J. Koren, Pittsburgh 1953); De subjecto naturalis philosophiae, [Padua 1499], ed. C. de Koninck/R.P.E. Gandron, Quebec 1939; In libros Posteriorum Analyticorum Aristotelicos additamenta, Venedig 1505; Commentarii in Iam partem Summae theologiae S. Thomae de Aquino, Venedig 1508, 1514, 1518, Bologna 1528, Paris 1649, Lyra 1892, unter dem Titel: Commentarius in Summam theologiae, in: Thomas Aquinas, Opera omnia jussu impensaque Leonis XIII. P.M. edita, IV–XII, Rom 1888–1906; Commentaria in III libros Aristotelis de anima, Rom 1509, Venedig 1618, unter dem Titel: Scripta philosophica. Commentaria in De Anima Aristotelis, I–III (I–II, ed. P.I. Coquelle), Rom 1938–1965; Super duo de conceptu entis quaesita, Rom 1519 (vgl. oben: De nominum analogia et de conceptu entis, ed. P. Zammit); De divina institutione pontificatus Romani Pontificis super totam ecclesiam, Rom 1521, ed. F. Lanchert, Münster 1925 (Corpus catholicorum 10); Opuscula omnia, quibus accessere ad objecta aliqua responsiones. Item tractatus quidam contra modernos M. Lutheri sectatores, et eorum praecipuos errores, Antwerpen 1576, Lyon 1588; Opera omnia quotquot in Sacrae Scripturae expositionem repeπiuntur, I–V, Lyon 1639; Commentaria in reliquum libri secundi peri Hermeneias, Paris 1646; Scripta philosophica. Opuscula oeconomico-socialia, ed. P. Zammit, Rom 1934. – M.-J. Congar, Bio-bibliographie de C., Rev. thomiste 39 (1934), 3–49; Totok III (1980), 186–195.

Literatur: R. Bauer, Gotteserkenntnis und Gottesbeweise bei Kardinal Kajetan, Regensburg 1955; A. Bodem, Das Wesen der Kirche nach Kardinal C.. Ein Beitrag zur Ekklesiologie im Zeitalter der Reform, Trier 1971; S.N. Bosshard, Zwingli, Erasmus, C., Wiesbaden 1978; V.J. Bourke, C., Enc. Ph. II (1967), 5–6; J. Giers, Gerechtigkeit und Liebe. Die Grundpfeiler gesellschaftlicher Ordnung in der Sozialethik des Kardinals C., Düsseldorf 1941; E. Gilson, C. et l'existence, Tijdschrift voor Philosophie 15 (1953), 267–286; H. Grabmann, Die Stellung des Kardinal C. in der Geschichte des Thomismus und der Thomistenschule, Angelicum 11 (1934), 547–560; J.F. Groner, Kardinal C.. Eine Gestalt aus der Reformationszeit, Fribourg 1951; J. Hegyi, Die Bedeutung des Seins bei den klassischen Kommentatoren des heiligen Thomas von Aquin: Capreolus, Silvester von Ferrara, C., Pullach 1959; G. Hennig, C. und Luther. Ein historischer Beitrag zur Begegnung von Thomismus und Reformation, Stuttgart 1966; M.D. Koster, Zur Metaphysik C.s. Ergebnisse jüngster Forschung, Scholastik 35 (1960), 537–551; P. Mandonnet, C., Dict. théol. cathol. II (1910), 1313–1329; M. O'Connell, Cardinal C.. Intellectual and Activist, New Scholasticism 50 (1976), 310–322; J.P. Reilly, C.s Notion of Existence, Den Haag 1971; H.T. Schwartz, Analogy in St. Thomas and C., New Scholasticism 28 (1954), 127–144; G. Soteri, De Vio, Enc. filos. II (1967), 403–405. J.M.

Cajetan von Thiene (Gaetano da Thiene, Caietanus Thienaeus), *Gaeta 1387, †Padua 1465, ital. Philosoph, bedeutender Vertreter der sogenannten Schule von Padua (↑Padua, Schule von). Studium in Padua, Promotion 1418 und 1428 (Medizin), Schüler und Nachfolger von Paulus Venetus. 1422–1430 Prof. der Logik, 1430–1465 auch Prof. der Naturphilosophie in Padua. Auf dem Boden eines averroistischen ↑Aristotelismus (↑Averroismus) vertrat C. die Annahme einer von den (sterblichen) Einzelseelen getrennten Gesamtseele und, davon ausgehend, die Annahme einer überindividuellen Unsterblichkeit dieser Gesamtseele (Super libros de anima Aristotelis, Venedig 1514, lib. III 5, qu. 2). Im Rahmen der Methodendiskussion des Paduaner Aristotelismus diskutiert C. die (seit etwa 1350 in Padua bekannten) kinematischen Arbeiten der ↑Merton School (R. Swineshead, W. Heytesbury, zu dessen »Regule solvendi sophismata« C. einen Kommentar schrieb) ebenso wie die dynamischen Arbeiten der sogenannten doctores parisienses, insbesondere N.v. Oresmes, deren ↑Impetustheorie er übernimmt. Mit Blasius von Parma, der in Grundlagenfragen der Physik die Entwicklungen in Oxford und Paris vertritt, führt C., ausgehend von den »Calculationes« Swinesheads, eine Methodenkontroverse, in deren Mittelpunkt Argumente für und gegen eine mathematische Physik bzw. für und gegen die qualitative Physik (des Aristotelismus) stehen (in metaphysischer Terminologie: ob die erste Eigenschaft der Substanz die Quantität oder die Qualität sei).

Diese Kontroverse bestimmt die physikalische Grundlagendiskussion in Italien bis zum Ende des 16. Jahrhunderts und wird erneut zwischen G. Galilei und C. Cremonini aufgenommen.

Werke: Expositio in libros Aristotelis de anima, Padua 1475, unter dem Titel: Super libros de anima Aristotelis, Venedig 1481, 1492, 1514; In quattuor libros Metheororum Aristotelis, Padua 1476, Venedig 1522, unter dem Titel: Commentaria super quatuor libros metheororum Aristotelis, Venedig 1491; Recollectae super octo libros physicorum Aristotelis, Treviso [1476], Vicenza 1487, Venedig 1496, 1500; Expositio in libros Aristotelis de coelo et mundo, Padua [1475], Venedig 1484, 1498, 1502; Quaestio de perpetuitate intellectus, Venedig 1481, 1514; Tractatus de reactione, Padua 1482, zusammen mit: Tractatus de intensione et remissione formarum, Venedig 1491, 1496; Expositio regularum et sophismata Hentisberi, Venedig 1483, 1494; Recollectae super consequentias Strodii, Venedig 1488, 1493; Recollectae super consequentias Ricardi de Ferabrich, o.O. 1493, 1507.

Literatur: M. Clagett, Giovanni Marliani and Late Medieval Physics, New York/London 1941, bes. 23–25, 41–42, 51–56, 95–96; ders., The Science of Mechanics in the Middle Ages, Madison Wisc. 1959, 651–652; G. di Napoli, L'immortalità dell'anima nel rinascimento, Turin 1963, 97–105; B. Nardi, Saggi sull'aristotelismo padovano dal secolo XIV al XVI, Florenz 1958; G. F. Pagallo, Gaetano di Thiene, Enc. filos. II (1967), 1557–1559; J. H. Randall, Jr., The School of Padua and the Emergence of Modern Science, Padua 1961; G. Saitta, Il pensiero italiano nell'Umanesimo e nel Rinascimento I, Florenz ^{2}1961, bes. 435–472; A. D. Sartori, Gaetano di Thiene. Filosofo averroista nello studio di Padova (1387–1465), Rom 1938; Silvestro da Valsanzibio, Vita e dottrina di Gaetano di Thiene, filosofo dello studio di Padova (1387–1465), Padua ^{2}1949. J. M.

Calcidius (Chalcidius), um 400 n. Chr., röm. Neuplatoniker griech. Herkunft. Verfasser einer kommentierten lateinischen Teilübersetzung (bis 53c) von Platons »Timaios«. Dieses Werk, das in seinen kommentierenden Teilen auf Vorarbeiten Theons von Smyrna, Adrastos' von Aphrodisias und Porphyrios' zurückgreift, stellt die wichtigste Quelle der mittelalterlichen Kenntnis der Kosmologie Platons dar. Noch M. Ficinos bis ins 18. Jahrhundert hinein einflußreiche kommentierte Timaios-Übersetzung (die z.B. G. Galilei benutzt) fußt auf dem Kommentar des C..

Ausgabe: Timaeus a Calcidio translatus commentarioque instructus, ed. J. H. Waszink, London/Leiden 1962, ^{2}1975 (Plato latinus, ed. R. Klibansky, IV).

Literatur: J. den Boeft, C. on Fate. His Doctrine and Sources, Leiden 1970; ders., C. on Demons (Commentarius Ch. 127–136), Leiden 1977; E. Hiller, De Adrasti Peripatetici in Platonis Timaeum commentario, (Rhein.) Mus. Philol. 26 (1871), 582–589; B. W. Switalski, Des Ch. Kommentar zu Plato's Timaeus. Eine historisch-kritische Untersuchung, Münster 1902; W. Theiler, Vitalis vigor bei C., in: W. den Boor/P. G. van der Nat/C. M. J. Sicking/J. C. M. van Winden (eds.), Romanitas et Christianitas. Studia Iano Henrico Waszink, Amsterdam/London 1973, 311–316; J. H. Waszink, Studien zum Timaioskommentar des C. I (Die erste Hälfte des Kommentars (mit Ausnahme der Kapitel über die Weltseele)), Leiden 1964; ders., C.. Nachträge zum RAC, Jb. Antike u. Christentum 15 (1972), 236–244; J. C. M. van Winden, C. on Matter. His Doctrine and Sources. A Chapter in the History of Platonism, Leiden 1959 (repr. Leiden 1965). J. M.

calculus ratiocinator, ↑calculus universalis.

calculus universalis (auch: calculus ratiocinator, calculus logicus, calculus rationalis), bei G. W. Leibniz ein Logikkalkül zur formalen Beherrschung logischer Schlußregeln als Teil einer ebenfalls kalkülsprachlich konzipierten universellen Wissenschaftssprache (↑ars characteristica, auch ↑lingua universalis) (↑Leibnizsche Charakteristik). K. L.

Calvus (lat., der Kahlköpfige, Übers. des griech. ὁ φαλακρός), Bezeichnung eines auf Eubulides von Milet zurückgehenden ↑Fangschlusses bei der Erörterung der Frage, wie viele Haare man jemandem ausreißen müsse, damit er als Kahlkopf gelten könne. Die Form dieses Fangschlusses stimmt überein mit der des ↑Acervus.

Literatur: Diog. Laert. II, 108; C. Prantl, Geschichte der Logik im Abendlande I, Leipzig 1855 (repr. Graz/Darmstadt 1955, Berlin 1957), 55. C. T.

Cambridge, Schule von, von B. Whichcote (1609–1683) begründete, vor allem von R. Cudworth (1617–1688), R. Cumberland (1631–1718), H. More (1614–1687), J. Smith (1618–1652) und (zeitweilig) J. Glanvill (1636–1680) weitergeführte philosophische Richtung in England, die unter Einfluß des Rationalismus R. Descartes' und in Auseinandersetzung mit F. Bacon und T. Hobbes Traditionen des christlichen ↑Platonismus erneuerte (daher auch die Bezeichnung ›Cambridger Platonisten‹). Über Cudworth und More gewinnt die Schule von C. zeitweilig auch Einfluß auf I. Newton.

Literatur: E. Cassirer, Die Platonische Renaissance in England und die Schule von C., Leipzig/London 1932; G. R. Guffey (ed.), Traherne and the Seventeenth-Century English Platonists, 1900–1966, London 1969 (Elizabethan Bibliographies Supplements 11); M. Jammer, Concepts of Force. A Study in the Foundation of Dynamics, Cambridge Mass. 1957, 147 ff.; B. L. Mijuskovic, The Achilles of Rationalist Arguments. The Simplicity, Unity, and Identity of Thought and Soul from the Cambridge Platonists to Kant. A Study in the History of an Argument, The Hague 1974; C. A. Patrides (ed.), The Cambridge

Platonists, Cambridge Mass. 1970 (Textauswahl); G. P. H. Pawson, The Cambridge Platonists and their Place in Religious Thought, London 1930 (repr. New York 1974); F. J. Powicke, The Cambridge Platonists. A Study, London/Toronto 1926 (repr. Hildesheim/New York 1970). J. M.

Campanella, Tommaso, * Stilo (in Süd-Kalabrien) 5. Sept. 1568, † Paris 21. Mai 1639, ital. Philosoph, Utopist und Revolutionär. 1583 Dominikaner, 1588 Studium der Theologie in Cosenza, 1589 Aufenthalt in Neapel. Wohl auch schon wegen seines Eintretens für die Lehre B. Telesios sowie die Veröffentlichung der Schriften »De investigatione rerum« (1586, nicht erhalten) und »Philosophia sensibus demonstrata« (1589, erschienen Neapel 1591) wurde C. zunächst 1591, dann erneut 1592 unter Häresieverdacht in Rom von der Inquisition festgenommen. Während mehrerer Prozesse Veröffentlichung politischer Schriften: »De monarchia Christianorum« (1593), »De regimine ecclesiae« (1593), »Discorsi ai principi d'Italia« (1595, ed. L. Firpo, Turin 1945) und »Dialogo politico contra Luterani, Calvinisti ed altri eretici« (1595). C. propagierte gegenreformatorische ›religiöse Erneuerung‹ des Menschen unter europäischer kurialer Herrschaft und spanischer Administration. Nach Freilassung 1598 Initiator eines Aufstandes in Kalabrien gegen die spanische Vorherrschaft (im August 1599 verraten). Von den Spaniern 1599–1626 in Neapel in Kerkerhaft gehalten, 1626–1629 in Rom. Verfaßte in Gefangenschaft sein berühmtes Werk »La città del sole« (1602, ed. E. Solmi, Modena 1904; lat. unter dem Titel: Civitas Solis, 1612; dt. Der Sonnenstaat, München 1900, Berlin 1955, Hamburg 1968), sein philosophisch bedeutendstes Werk »Metafisica« (lat. Universalis philosophiae seu Metaphysicarum rerum iuxta propria dogmata partes tres, Paris 1638 [repr. Turin 1961], I–III, ed. G. di Napoli, Bologna 1967) und die »Theologia«. 1634 Flucht über Aix-en-Provence, wo er mit dem Astronomen N. C. F. de Peiresc und P. Gassendi zusammentrifft, nach Paris.

C. übernahm von Telesio einen erkenntnistheoretischen ↑Sensualismus. Seine Metaphysik basiert auf drei ›Primalitäten‹: Macht, Weisheit, Liebe. Die ↑Utopie des »Sonnenstaates« ist das idealisierte Programm der eigenen politischen Vorstellungen und Aktionen: Herrschaft priesterlicher Philosophen und Wissenschaftler. Wie bei T. Morus ist Privateigentum als Grundübel der Gesellschaft abgeschafft, alles, selbst die Verbindung der Geschlechter und die Zeugung, staatlich organisiert. Es herrscht Weibergemeinschaft und unterschiedslose Erziehung beider Geschlechter. Oberster Priester und Herrscher ist der Weiseste; Wissenschaft und Technik stehen im Dienste des allgemeinen Wohlergehens. Trotz starker Astrologiegläubigkeit hielt C. die Geschichte für nur durch menschliches Handeln veränderbar; er betont den freien Willen und tritt für G. Galileis Vorstellungen von der Richtigkeit des Kopernikanischen Systems und der Autonomie des physikalischen Wissens ein (Apologia pro Galileo, ed. T. Adami, Frankfurt 1622 [repr., mit ital. Übers., Mailand 1971], engl. The Defense of Galileo, ed. G. McColley, Northampton Mass. 1937 [repr. New York 1975]). Ob die Jesuiten während ihrer Herrschaft in Paraguay (1588–1768) versucht haben, C.s Utopie zu realisieren, ist umstritten.

Weitere Werke: Tutte le opere, ed. L. Firpo, Mailand 1954ff.. – Prodomus philosophiae instaurandae, idest, Dissertationis de natura rerum compendium secundum vera principia, ed. T. Adami, Frankfurt 1617; De sensu rerum et magia libri quatuor, ed. T. Adami, Frankfurt 1620, Paris 1636 (repr. zus. mit: Apologia pro Galileo, Leipzig 1979) (ital. Del senso delle cose e della magia, ed. A. Bruers, Bari 1925); Realis philosophiae epilogisticae partes quatuor, ed. T. Adami, Frankfurt 1623; Astrologicorum libri VII in quibus astrologia omni superstitione Arabum & Iudaeorum eliminata physiologice tractatur, Lyon 1629, Frankfurt 1630; Atheismus triumphatus, seu reductio ad religionem per scientiarum veritates, Rom 1631, Paris 1636; Medicinalium juxta propria principia libri VII, ed. J. Gaffarel, Lyon 1635; Disputationum in quatuor partes suae philosophiae realis libri quatuor, Paris 1637; Philosophiae rationalis partes quinque, Paris 1638; Rationalis philosophiae. Pars secunda, Paris 1638, Pars tertia-quinta, Paris 1638; De monarchia Hispanica discursus, Amsterdam 1640, ^{2}1641, ^{3}1653; De libris propriis et recta ratione studendi syntagma, ed. G. Naudé, Paris 1642; Mathematica, ed. R. Amerio, Arch. Fratrum Praedicatorum 5 (1935), 194–240; Epilogo magno. Fisiologia italiana, ed. C. Ottaviano, Rom 1939; Opere, I–II, ed. A. d'Ancona, Turin 1854. – L. Firpo, Bibliografia degli scritti di T. C., Turin 1940; ders., C. nel settecento, Rinascimento 4 (1953), 105–154; ders., Cinquant'anni di studi sul C. (1901–1950), ebd. 6 (1955), 209–348; ders., C. nel secolo XIX, in: Calabria nobilissima 6–10 (1952–1956, Nachdr. Neapel 1956); ders., Un decennio di studi sul C. (1951–1960), Studi secenteschi 3 (1960), 125–164; F. Grillo, T. C. in America. A Critical Bibliography and a Profile, New York 1954, Suppl. 1957, 2. Suppl. Cosenza 1968; Totok III (1980), 210–222.

Literatur: R. Ahrbeck, Morus, C., Bacon. Frühe Utopisten, Köln 1977; L. Amabile, Fra T. C.. La sua congiuria, i suoi processi e la sua pazzia, I–III, Neapel 1882; ders., Fra T. C. ne'castelli di Napoli, in Roma e in Parigi, I–II, Neapel 1887; R. Amerio, C., Brescia 1947; ders., Il sistema teologico di T. C., Mailand/Neapel 1972; N. Badaloni, T. C., Mailand 1965; L. Blanchet, C., Paris 1920 (repr. New York 1971); G. Bock, T. C.. Politisches Interesse und philosophische Spekulation, Tübingen 1974; B. M. Bonansea, T. C.. Renaissance Pioneer of Modern Thought, Washington 1969; A. Corsano, T.C., Bari 1961; L. Firpo, Ricerche campanelliane, Florenz 1947; ders., C., in: Dizionario biografico degli Italiani XVII (1974), 372–401; F. Hiebel, C., der Sucher nach dem Sonnenstaat. Geschichte eines Schicksals, Stuttgart 1972; G. di Napoli, T. C.. Filosofo della restaurazione catholica, Padua 1947; C. B. Schmitt, C., DSB XV, Suppl. I (1978), 68–70; T. C. (1568–1639). Miscellanea di studi nel 4° centenario della sua nascita, Neapel 1969. J. M./H.-L. N.

Campbell, Norman Robert, *Colgrain, Dumbarton (Schottland) 1880, †Nottingham 18. Mai 1949, engl. Experimentalphysiker und Wissenschaftstheoretiker. Während seines Physikstudiums in Cambridge arbeitete C. besonders bei J. J. Thomson über Ionisation von Gasen und veröffentlichte mit A. Wood eine Untersuchung über die Radioaktivität von Kalium. Nach Tätigkeit in den »National Physical Laboratories« arbeitete C. seit 1919 in der Forschungsabteilung der »General Electric Company«, wo er sich unter anderem mit elektrischen Entladungen in Gasen, photoelektrischer Photometrie und der Theorie photoelektrischer Zellen beschäftigte. In dieser Weise experimentalphysikalisch ausgewiesen, wandte sich C. den theoretischen und philosophischen Aspekten der Physik zu (Orientierung an Thomson, M. Faraday und J. C. Maxwell, Auseinandersetzung mit E. Mach, P. Duhem, H. v. Helmholtz und H. Poincaré). Grundlegend ist für C. die Unterscheidung von physikalischen *Gesetzen* und *Theorien.* Gesetze sind nach C. durch Experiment und Beobachtung bestätigte Sätze, deren Terme erst im Gesetzeskontext eine physikalische Bedeutung erhalten. So erhält z.B. der Term ›elektrischer Widerstand‹ nach C. seine Bedeutung im Ohmschen Gesetz, das als empirisch bestätigt gilt. Daher behaupten physikalische Gesetze auch keine Relationen zwischen einfachen Wahrnehmungen, sondern zwischen in diesem Sinne gedeuteten Termen (›concepts‹). Eine physikalische Theorie begreift C. demgegenüber als ein System von Sätzen, das aus der Hypothesenmenge der Theorie und ihrem ›Wörterbuch‹ (dictionary) besteht. Dabei stellen die Sätze des dictionary eine Beziehung her zwischen den Termen der Hypothesen und den Termen empirisch bestätigter Gesetze, die C. auch ›Analogie‹ (analogy) der Theorie nennt. Er zieht dabei mechanische Analogien wegen ihres hohen Bestätigbarkeitsgrades und ihrer Anschaulichkeit vor. Die Leistungsfähigkeit einer Theorie hängt nach C. von ihrer ›Erklärungskraft‹ (explanatory power) zur Erklärung von empirisch bestätigten Gesetzen ab. Allerdings gesteht C. in der Auseinandersetzung mit Mach auch andere Kriterien zur Beurteilung einer Theorie zu, z.B. ihre Einfachheit oder Allgemeinheit (↑Einfachheitskriterium). Die Erklärungskraft einer Theorie und die Auswahl ihrer Analogiemodelle wird nach C. auch vom Interesse der Wissenschaftler und Wissenschaftlergruppen bestimmt. Damit zeichnen sich bereits Konzepte ab, die in der neueren Wissenschaftstheorie und Wissenschaftsforschung diskutiert werden.

Werke: Modern Electrical Theory, Cambridge 1907, ^{2}1913 (dt. Moderne Elektrizitätslehre, Dresden 1913); The Principles of Electricity, London/Edinburgh 1912; Physics, the Elements, Cambridge 1920 (repr. unter dem Titel: Foundations of Science. The Philosophy of Theory and Experiment, New York 1957); Modern Electrical Theory: Supplementary Chapters, Cambridge 1921; What is Science?, London 1921, New York 1952; An Account of the Principles of Measurement and Calculation, London/New York 1928; (mit D. Ritchie) Photoelectric Cells. Their Properties, Use, and Applications, London/New York 1929, ^{3}1934.

Literatur: J. Nicholas, N. R. C., DSB III (1971), 31–35.

K. M.

Camus, Albert, *Mondovi (Algerien) 7. Nov. 1913, †Villeblevin (Yonne) 4. Jan. 1960, franz. Schriftsteller. Seit 1938 mehrfach Journalist (am »Alger Républicain«, während der deutschen Besetzung und bis 1947 am Résistance-Blatt »Combat«), 1947 Prix des Critiques für den Roman »La peste« (1947), 1952 Bruch mit J.-P. Sartre aus Anlaß des Essays »L'homme révolté« (1951), weil die in ihrer Zielsetzung begrenzte Revolte einer total konzipierten Revolution nicht gleichwertig ist; Vorwurf des Verrats an der Arbeiterklasse. Ab 1954 Versuche einer Vermittlung im Algerienkonflikt, 1957 Nobelpreis für Literatur.

Der Gedankengang von C.' Werk, das dem französischen Existentialismus (↑Existenzphilosophie) zugezählt wird, enthält drei Schritte: vom *Absurden* über die *Revolte* zum *Maß.* Jedem Schritt ist ein Triptychon von Roman, philosophischem Essay und Theaterstück gewidmet, begleitet von literarischen Essays, politisch-philosophischen Stellungnahmen (gegen die Todesstrafe, über die Diktatur, zur Verteidigung von Vernunft und Freiheit, zur Stellung des Künstlers in seiner Zeit etc.) und Tagebuchaufzeichnungen. C. beginnt mit der Darstellung des ↑Absurden: der Mensch verlangt nach einer sinnvollen Welt, findet aber keinen Sinn vor. Gegen dieses Absurde revoltiert er. In der Revolte erfährt der Mensch, daß seine Einsamkeit von allen geteilt wird: die Revolte macht solidarisch. Der sinnstiftende Freiheitsspielraum, den es gerecht, niemanden auszeichnend, zu erringen gilt, plädiert für eine Grenze, setzt ein Maß, diesseits dessen die Einwilligung in Knechtschaft, jenseits dessen die Anmaßung der Herrschaft steht. Dem Nein an Gott – und an den Selbstmord (die Einsicht des Absurden) – und dem Nein an die Geschichte – und an den Mord (die Einsicht der Revolte) – liegt ein Ja zum Leben (die Einsicht des Maßes) zugrunde, das als ›mittelmeerisches Denken‹ von C. in vielfältigen Bildern (Sonne, Meer, Glück, Mittag, Sand etc.) luzid und mit klassischer Einfachheit des Stils gestaltet wird. Der Mensch muß leben und sterben lernen, resümiert C. auf der Grundlage des von ihm abgewandelten, das Denken durch die Tat der Revolte ersetzenden Cartesischen Schlusses: Ich empöre mich, also sind wir.

Werke: Œuvres complètes, I–II, Paris 1965/1968. – Métaphysique chrétienne et néoplatonisme, Dipl.Arbeit Alger 1936 (dt. Christliche Metaphysik und Neoplatonismus, Reinbek 1978); L'envers et l'endroit, Paris 1937; Noces, Paris 1939, Alger/Paris ²1945 (dt. Hochzeit des Lichts. Impressionen am Rande der Wüste, Zürich 1954, ²1960); L'étranger, Paris 1942, 1954 (dt. Der Fremde, Boppard 1948, Reinbek 1965); Le mythe de Sisyphe, Paris 1942, 1949 (dt. Der Mythos von Sisyphos, Hamburg 1950, Reinbek 1965); Caligula, Paris 1944; Le malentendu, Paris 1944, ⁵⁶1952; Lettres à un ami allemand, Paris 1945, 1948; La peste, Paris 1947, 1955 (dt. Die Pest, Hamburg 1949, Reinbek 1965); L'état de siège, Paris 1948 (dt. Belagerungszustand, Wien/München/Basel 1955); Actuelles, I–III, Paris 1950–1958; Les justes, Paris 1950; L'homme révolté, Paris 1951, 1973 (dt. Der Mensch in der Revolte, Hamburg 1953, Reinbek 1964); L'été, Paris 1954 (dt. Heimkehr nach Tipasa, Zürich 1957); La chute, Paris 1956 (dt. Der Fall, Hamburg 1957, Frankfurt 1964, 1973); L'exil et le royaume, Paris 1957 (dt. Das Exil und das Reich, Hamburg 1958, ³1960); (mit A. Koestler) Réflexions sur la peine capitale, Paris 1957; Discours de Suède, Paris 1958. – Théâtres/Récits – Nouvelles Essais, ed. R. Quilliot, I–III, Paris 1962–1965; Carnets, I–II, Paris 1962/1964 (dt. Tagebücher, Hamburg 1963/1967). – (Deutsche Sammlungen): Dramen, Hamburg 1959, 1962; Literarische Essays, Hamburg 1959; Kleine Prosa, Hamburg 1961; Fragen der Zeit, Hamburg 1960; Gesammelte Erzählungen, Hamburg 1966. – S. Crepin, A.C.. Essai de bibliographie, Brüssel 1961; P.C. Hoy, C. in English. An Annotated Bibliography of A.C.' Contributions to English and American Periodicals and Newspapers (1945–1968), Paris ²1971; F. di Pilla, A.C. e la critica. Bibliografia internationale (1937–1971), Lecce 1973.

Literatur: E. Barilier, A.C.. Philosophie et litterature, Lausanne 1977; G. Brée, C., New Brunswick 1959 (engl. New York 1966); J.J. Brochier, A. C., philosophe, Paris 1970; J. Cruikshank, C. and the Literature of Revolt, New York 1960; I. DiMeglio, Antireligiosität und Kryptotheologie bei A.C., Bonn 1975; R. Gay-Cresier, C., Darmstadt 1976; M. Lebesque, A.C. par lui-même, Paris 1963 (dt. A.C. in Selbstzeugnissen und Bilddokumenten, Reinbek 1960); W.D. Marsch, Philosophie im Schatten Gottes. Bloch, C., Fichte, Hegel, H. Marcuse, Schleiermacher, Gütersloh 1973; M. Mélançon, A.C., analyse de sa pensée, Fribourg 1976; R. Neudeck, Die politische Ethik bei Jean Paul Sartre und A.C., Bonn 1975; F. di Pilla, A.C., Lecce 1974; R. Quilliot, La mer et les prisons. Essais sur A.C., Paris 1956; B. Rosenthal, Die Idee des Absurden. Friedrich Nietzsche und A.C., Bonn 1977; H.R. Schlette (ed.), Wege der deutschen C.-Rezeption, Darmstadt 1975; T. Simons, A.C.' Stellung zum christlichen Glauben, Königstein 1978; P. Thody, A.C.. 1913–1960, London 1961, New York 1962 (dt. Frankfurt 1964); Sondernummern in: La nouvelle révue Française, März 1960; Preuves, April 1960; Yale French Studies, Juni 1960. K.L.

Candrakīrti, 7. Jh. n. Chr., bedeutender südind. buddhistischer Philosoph der ↑Mādhyamika-Schule im Mahāyāna-Buddhismus, wichtig als Kommentator von Nāgārjuna und Āryadeva, den Gründern dieser Schule. Tritt für Buddhapālita, also die reductio-ad-absurdum-Methode, als allein zulässiges Argumentationsverfahren ein; bekämpft daher Bhāvaviveka, aber ebenso die Anhänger der Yogācāra-Schule, indem er zeigt, daß Bewußtsein (vijñāna) nur Bewußtsein von etwas, also objektbezogen sein kann: die von den Yogācārins gegenüber den Mādhyamikas vorgenommene Ersetzung des ›alles [alle Gegenstände] ist leer‹ durch ›alles ist Geist‹ ist daher nicht zu rechtfertigen. C. ist zusammen mit Śāntideva Autor der definitiven orthodoxen Fassung des Mādhyamika-Systems.

Werkausgaben und Übersetzungen: J. May (ed.), C. Prasannapadā madhyamakavrtti. Commentaire limpide au Traité du milieu. Douze chapitres, traduits de Sanscrit et du Tibétain en Français, Paris 1959; S. Schayer, Ausgewählte Kapitel aus der Prasannapadā (d.i. Klare Worte, ein Kommentar zu Nāgārjunas Madhyamakakārikā), Einl., Übers. u. Anm., Krakau 1931; L. de la Vallée Poussin, Madhyamakāvatāra (d.i. Einführung in die Mādhyamika-Lehre). Introduction au traité du milieu de l'Ācārya C., avec le commentaire de l'auteur traduit d'après la version tibétaine, Le Muséon 8 (1907), 249–317, 11 (1910), 271–358, 12 (1911), 235–328.

Literatur: T.R.V. Murti, The Central Philosophy of Buddhism, London 1955, ²1960; T. Stcherbatsky, The Conception of Buddhist Nirvāṇa, Leningrad 1927.

K.L.

Canguilhem, Georges, *Castelnaudary (Aude) 4. Juni 1904, franz. Wissenschaftshistoriker und Wissenschaftstheoretiker. Studium der Philosophie an der Sorbonne (bei L. Brunschvicg) und Absolvent der Ecole Normale Supérieur (1924–1927), 1929–1941 Gymnasialprofessor für Philosophie in Charleville, Albi, Valenciennes, Béziers und Toulouse. In Toulouse Studium der Medizin (später Tätigkeit als Arzt in der Résistance), 1941–1948 Lehrtätigkeit in Logik und Philosophie an der Universität Straßburg, 1943 medizinische Pro-

motion in Straßburg, 1948–1955 Oberaufsicht (Inspecteur Général) über das französische Schulwesen, 1955 Doctorat d'Etat an der Sorbonne, Übernahme des Lehrstuhls für Wissenschaftsgeschichte und Wissenschaftstheorie (bis 1971) und Direktor des Instituts für Wissenschafts- und Technikgeschichte an der Université de Paris (bis 1972), beides als Nachfolger G. Bachelards.
Den antipositivistischen und nicht bloß phänomenologischen mathematikhistorischen Bestrebungen von J. Cavaillès nahestehend entwirft C. eine wissenschaftshistorische Methodologie der Bildung von Grundbegriffen (›concepts‹) in den Wissenschaften vom Leben (Biologie, Medizin). So etwa am Beispiel des Begriffs der Norm und des Normalen in Physiologie und Medizin und der, methodologisch von G. Bachelard beeinflußten, Untersuchung des bis zur Neurophysiologie A. Sherringtons wichtigen Reflexbegriffs. Dabei verfolgt C. den Weg dieses Begriffs von der Cartesischen Physiologie aus, die er einem neuen Verständnis zuführt. – C.s Arbeiten, die sich vor allem auf die französische und die deutsche Physiologie sowie auf das Werk A. Comtes und C. Bernards beziehen, verfolgen, dem Stand der Biologie angemessen, die methodologische Absicht, eher Begriffe bzw. begriffliche Konzeptionen als ganze Theorien zu untersuchen. Diese Untersuchung kann nach C. nicht getrennt werden von der Analyse der jeweils zeitgenössischen Philosophie. Die aus seiner Methode gewonnene Einsicht in die historische Entwicklung von Begriffen läßt C., gestützt auf die genaue Analyse von Beispielen, vor voreiligen Identifizierungen gleichlautender Begriffe bzw. begrifflicher Konzeptionen warnen. C.s Theorie führt so zu einer anderen Auffassung über ›Brüche‹ in der wissenschaftlichen Entwicklung als die an T.S. Kuhn anschließenden Theorien wissenschaftlicher Revolution.

Werke: Essai sur quelques problèmes concernant le normal et le pathologique, Strasbourg 1943, [2]1950, erheblich erw. Ausg. unter dem Titel: Le normal et le pathologique, Paris 1966, [3]1975 (dt. Das Normale und das Pathologische, München 1974, Frankfurt/Berlin/Wien 1977); La connaissance de la vie, Paris 1952, [2]1965; La formation du concept de réflexe aux XVIIe et XVIIIe siècles, Paris 1955, [2]1977; L'idée de médecine expérimentale selon Claude Bernard, Paris 1965; Etudes d'histoire et de philosophie des sciences, Paris 1968, [3]1975 (dt. [teilw.] Wissenschaftsgeschichte und Epistemologie. Gesammelte Aufsätze, ed. W. Lepenies, Frankfurt 1979); Besoins et tendances, Paris 1969; (ed.) Introduction à l'histoire des sciences, I–II, Paris 1970/1971; (mit S. Bachelard) Hommage à Jean Hyppolite, Paris 1971; Vie et mort de Jean Cavaillès, Paris 1976; Idéologie et rationalité dans l'histoire des sciences de la vie. Nouvelles études d'histoire et de philosophie des sciences, Paris 1977 (dt. [teilw.] Wissenschaftsgeschichte und Epistemologie. Gesammelte Aufsätze, ed. W. Lepenies, Frankfurt 1979).

Literatur: D. Lecourt, Pour une critique de l'épistémologie: Bachelard, C., Foucault, Paris 1972 (dt. Kritik der Wissenschaftstheorie. Marxismus und Epistemologie (Bachelard, C., Foucault), Berlin 1975); P. Macherey/L. Althusser, La philosophie de la science de G.C.. Epistémologie et histoire des sciences, La pensée, n. s. 113 (1964), 50–74. G.W.

Cantor, Georg Ferdinand Ludwig Philipp, *Petersburg 3. März 1845, †Halle 6. Jan. 1918, dt. Mathematiker. 1872 a.o. Prof., 1879–1913 o. Prof. der Mathematik in Halle. C. begründete in seinen Abhandlungen »Über unendliche lineare Punktmannichfaltigkeiten« die als Theorie des aktual Unendlichen (↑unendlich/Unendlichkeit) gedachte transfinite Mengenlehre (↑Mengenlehre, transfinite) durch nicht-konstruktive Anwendung des Diagonalprinzips (↑Cantorsches Diagonalverfahren). Er sprach als erster die ↑Kontinuumhypothese aus und entdeckte den seiner Zeit paradox scheinenden Sachverhalt, daß Kontinua verschiedener ↑Dimension (durch unstetige Abbildungen) eineindeutig aufeinander abbildbar sein können, z.B. das zweidimensionale Kontinuum (Ebene oder Quadrat) auf die Gerade. Große Verbreitung hat die von ihm im Anschluß an seine frühen Arbeiten über Fourierreihen entwickelte Theorie der Irrationalzahlen (↑Zahl) gefunden. C. beschäftigte sich mit der scholastischen Philosophie, um seine Vorstellungen über das aktual Unendliche gegen seine Kritiker zu verteidigen, unter denen L. Kronecker mit seinen den ↑Intuitionismus antizipierenden Argumenten besonders einflußreich war. Die ↑Antinomien der Mengenlehre haben die C.sche Fassung der Mengenlehre, die heute als ›naiv‹ bezeichnet wird, als unhaltbar erwiesen, aber zur Entwicklung der axiomatischen Mengenlehre (↑Mengenlehre, axiomatische) geführt, welche die C.s Arbeiten zugrunde liegende Vorstellung, alle Mathematik sei letztlich Mengenlehre, auf veränderter Grundlage aufrechterhält (↑Cantorismus).

Werke: Über unendliche lineare Punktmannichfaltigkeiten, Math. Ann. 15 (1879), 1–7, 17 (1880), 355–358, 20 (1882), 113–121, 21 (1883), 51–58, 545–586, 23 (1884), 453–488 (unvollendet). – Gesammelte Abhandlungen mathematischen und philosophischen Inhalts, mit erläuternden Anmerkungen sowie mit Ergänzungen aus dem Briefwechsel C.-Dedekind, nebst einem Lebenslauf C.s v. A. Fraenkel, ed. E. Zermelo, Berlin 1932 (repr. Hildesheim 1962); Briefwechsel C.-Dedekind, ed. E. Noether/J. Cavaillès, Paris 1937.

Literatur: J.W. Dauben, G.C.. His Mathematics and Philosophy of the Infinite, Cambridge Mass. 1979;

F. Fraenkel, G.C., Jahresber. dt. Mathematiker-Ver. 39 (1930), 189–266; B. Kerry, Über G.C.s Mannigfaltigkeitsuntersuchungen, Vierteljahrsschr. wiss. Philos. 9 (1885), 191–232; H. Meschkowski, Probleme des Unendlichen. Werk und Leben G.C.s, Braunschweig 1967; ders., G.C., DSB III (1971), 52–58; A. Schoenflies, Zur Erinnerung an G.C., Jahresber. dt. Mathematiker-Ver. 31 (1922), 97–106; ders., Die Krisis in C.s mathematischem Schaffen (mit Anmerkungen von G. Mittag-Leffler), Acta Math. 50 (1928), 1–26; P. Tannery, Le concept scientifique du continu: Zénon d'Élee et G.C., Rev. philos. France étrang. 20 (1885), 385–410; E. Wolff, Spinoza et C., Rev. de synthèse 75 (1954), 161–163. C. T.

Cantor, Moritz Benedikt, *Mannheim 23. Aug. 1829, †Heidelberg 9. April 1920, dt. Mathematikhistoriker. Nach Studium der Mathematik unter anderem bei K.F. Gauß, J.P.G.L. Dirichlet und J. Steiner 1853 Privatdozent in Heidelberg, 1863 a.o. Prof., 1877 Honorarprof., 1908 Ordinarius bis zur Emeritierung 1913. C. war Mitherausgeber mathematischer Zeitschriften und 1877–1899 Herausgeber der »Abhandlungen zur Geschichte der mathematischen Wissenschaften«; er schrieb ferner die meisten Mathematikerbiographien in der »Allgemeinen Deutschen Biographie«. Seine »Vorlesungen über Geschichte der Mathematik« (I–III, 1880–1901, Bd. IV über die Zeit 1759–1799 unter Mitarbeit zahlreicher weiterer Gelehrter) sind das bislang umfangreichste Werk über Mathematikgeschichte; heute in historischen Details und in der Methodik überholt, hat es für die Mathematikgeschichtsschreibung gegen Ende des vorigen und zu Anfang des 20. Jahrhunderts nicht nur zahlreiche Quellen erschlossen, sondern auch wichtige Anregungen gegeben.

Werke: Mathematische Beiträge zum Kulturleben der Völker, Halle 1863 (repr. Hildesheim 1964); Die römischen Agrimensoren und ihre Stellung in der Geschichte der Feldmesskunst. Eine historisch-mathematische Untersuchung, Leipzig 1875 (repr. Wiesbaden 1968); Vorlesungen über Geschichte der Mathematik, I–IV, Leipzig/Berlin 1880–1908, I ³1907, II ²1900, III ²1901, IV 1908 (in jeweils letzter Aufl. als Reprint Stuttgart/New York 1965); Politische Arithmetik oder die Arithmetik des täglichen Lebens, Leipzig 1898. – M. Curtze, Verzeichnis der mathematischen Werke, Abhandlungen und Recensionen des M.C., Z. Math. Phys. 44 (1899) Suppl., 625–650.

Literatur: K. Bopp, M.C.†, Sitz.ber. Heidelberger Akad. Wiss., math.-naturwiss. Kl. Abt. A, 1920, 14. Abh.; ders., M.C., Dt. Biogr. Jb. II (Stuttgart/Berlin/Leipzig 1928), 509–513 (Bibliographie); J.E. Hofmann, M.B.C., NDB III (Berlin 1957), 129; ders., M.C., DSB III (1971), 58–59. C. T.

Cantorismus (nach G. Cantor), innerhalb der Grundlagenproblematik der Mathematik die Auffassung, nach der sich Logik und Mathematik mit Gegenständen einer ›idealen Seinssphäre‹ befassen. Insbesondere schließt dieser Standpunkt die Anerkennung des aktual Unendlichen (↑unendlich/Unendlichkeit), die nicht-konstruktive Deutung des ↑Cantorschen Diagonalverfahrens und damit die Behauptung der Existenz transfiniter Mächtigkeiten (↑Menge) sowie die Zulassung ↑imprädikativer Verfahren ein. Die üblichere Bezeichnung des C. als ›Platonismus‹ (↑Platonismus (wissenschaftstheoretisch)) beruht auf einer philosophiegeschichtlich fragwürdigen Assoziierung der im Sinne des C. ›idealen‹ Existenz mathematischer Gegenstände mit der Ideenlehre Platons.

Literatur: L.E.J. Brouwer, Over de Grondslagen der Wiskunde, Amsterdam/Leipzig 1907 (engl. On the Foundations of Mathematics, in: Collected Works I, ed. A. Heyting, Amsterdam/Oxford/New York 1975, 11–101); C. Thiel, Grundlagenkrise und Grundlagenstreit. Studie über das normative Fundament der Wissenschaften am Beispiel von Mathematik und Sozialwissenschaft, Meisenheim 1972. C. T.

Cantorsche Antinomie (engl. Cantor's antinomy, Cantor's paradox), die von G. Cantor 1899 R. Dedekind brieflich mitgeteilte (aber erst 1932 veröffentlichte) mengentheoretische Antinomie der Menge aller Mengen (↑Antinomien der Mengenlehre). Bezeichnen wir diese als M, so gilt nach einem von Cantor bewiesenen Satz von der zugehörigen Potenzmenge $\mathfrak{P}M$, daß die Mächtigkeit (↑Menge) von $\mathfrak{P}M$ größer ist als die von M: $|\mathfrak{P}M|>|M|$. Andererseits muß $\mathfrak{P}M$ als eine Menge von *gewissen* Mengen (nämlich aller Teilmengen von M) Teilmenge der Menge M sein, die ja die Menge *aller* Mengen ist, also $\mathfrak{P}M\subseteq M$ und daher $|\mathfrak{P}M|\leq|M|$ im Widerspruch zum eben bewiesenen $|\mathfrak{P}M|>|M|$.
Eine verbreitete Variante der C.n A. ist ihre Formulierung als Antinomie der größten ↑Kardinalzahl: nach einer von Cantor schon 1883 veröffentlichten Überlegung hat die Menge der Kardinalzahlen kein größtes Element. Andererseits zeigt man, daß es zu jeder Menge K von Kardinalzahlen, die kein größtes Element hat, eine Kardinalzahl gibt, die größer ist als jedes Element von K. Wendet man dies auf die Menge A *aller* Kardinalzahlen an, so muß eine Kardinalzahl A^+ existieren, die größer ist als alle Elemente von A, also – da A^+ selbst Kardinalzahl ist und somit zu A gehört – größer als sie selbst: $A^+>A^+$, im Widerspruch zur Ordnungseigenschaft der Kardinalzahlen. B. Russell entdeckte bei der Analyse dieser Cantorschen Überlegung und des von Cantor erstmals allgemein eingesetzten Diagonalver-

fahrens (↑Cantorsches Diagonalverfahren) sowohl die C. A. als auch die damit in methodischer Hinsicht verwandte ↑Zermelo-Russellsche Antinomie.

Literatur: G. Cantor, Brief an R. Dedekind vom 28.7.1899, erstmals veröffentlicht in: G. C., Gesammelte Abhandlungen mathematischen und philosophischen Inhalts, mit erläuternden Anmerkungen sowie mit Ergänzungen aus dem Briefwechsel Cantor-Dedekind, ed. E. Zermelo, Berlin 1932 (repr. Hildesheim 1962); A.A. Fraenkel/Y. Bar-Hillel/A. Levy, Foundations of Set Theory, Amsterdam/London ²1973 (Ch. 1, §2.2: Cantor's Antinomy); S.C. Kleene, Introduction to Metamathematics, Amsterdam/Groningen 1952 (7th repr. 1974); F. v. Kutschera, Antinomie II, Hist. Wb. Ph. I (1971), 396–405, §2b.; W.V.O. Quine, Set Theory and its Logic, Cambridge Mass. 1963, ²1969 (dt. Mengenlehre und ihre Logik, Braunschweig 1973); B. Russell, The Principles of Mathematics, Cambridge 1903, London ²1937. C.T.

Cantorsches Diagonalverfahren, als *erstes* C.D. bezeichnet man ein Verfahren zur Umordnung einer Doppelfolge in eine einfache Folge. Wichtige Anwendungen hat dieses Verfahren z.B. beim Beweis der ↑Abzählbarkeit der rationalen Zahlen und beim Beweis der ↑Vollständigkeit der reellen Zahlen. Von diesem lediglich einer Abzählung dienenden Verfahren, das man zur Unterscheidung mit einem ebenfalls gebräuchlichen Ausdruck besser als ›Cauchysches Diagonalverfahren‹ bezeichnet, unterscheidet sich das sogenannte *zweite* C.D. als *Konstruktionsprinzip.* Dieses auch ›Diagonalprinzip‹ genannte Verfahren wurde erstmals 1874 von G. Cantor angewandt, um zu zeigen, daß es zu jeder effektiv abzählbaren Menge M reeller Zahlen eine weitere reelle Zahl gibt, die in M nicht vorkommt. Stellt man nämlich die Elemente von M eindeutig durch unendliche Dezimalbrüche $0{,}a_1 a_2 a_3 \ldots$ zwischen 0 und 1 dar (was immer möglich ist) und ordnet diese entsprechend der angegebenen Abzählung in ein Schema

$0{,}a_{11} a_{12} a_{13} \ldots$

$0{,}a_{21} a_{22} a_{23} \ldots$

$0{,}a_{31} a_{32} a_{33} \ldots$

usw.,

so ist z.B. der Dezimalbruch $0{,}b_1 b_2 b_3 \ldots$, der durch $b_n = a_{nn} + 1$ für $a_{nn} \neq 9$ und $b_n = a_{nn} - 1$ für $a_{nn} = 9$ erklärt ist, nicht Element von M. Gehörte er nämlich zu M, so müßte er in der Abzählung vorkommen, etwa an m-ter Stelle, und damit gleich $0{,}a_{m1} a_{m2} a_{m3} \ldots$ sein. Nach der Definition unterscheidet sich $0{,}b_1 b_2 b_3 \ldots$ jedoch von $0{,}a_{m1} a_{m2} a_{m3} \ldots$ an der m-ten Stelle nach dem Komma, da b_m entweder gleich $a_{mm}+1$ oder gleich $a_{mm}-1$ sein sollte, Daraus folgt insbesondere, daß es keine Abzählung aller reellen Zahlen gibt: auch für eine solche Abzählung würde das Diagonalverfahren (so benannt, weil es sich der ›Diagonalelemente‹ a_{nn} bedient) eine nicht von der Abzählung erfaßte reelle Zahl liefern, im Widerspruch dazu, daß die Abzählung *alle* reellen Zahlen erfassen sollte, Die Klasse der reellen Zahlen ist also nichtabzählbar.

Die damit von Cantor entdeckte Eigenschaft der ↑Indefinitheit kommt nicht nur der Klasse der reellen Zahlen zu, sondern vielen anderen in der Mathematik wichtigen Gegenstandsbereichen. Während Cantor glaubte, mit diesem Diagonalverfahren die höhere Mächtigkeit (↑Menge) der Klasse der reellen Zahlen gegenüber der Menge der natürlichen Zahlen gezeigt zu haben, ist später klargeworden, daß der von ihm gefundene Unterschied von abzählbaren Mengen einerseits, ↑überabzählbaren Klassen andererseits stets relativ zu den verwendeten Ausdrucksmitteln ist. Je nach diesen Ausdrucksmitteln kann ein und derselbe Gegenstandsbereich abzählbar oder nichtabzählbar sein, nämlich mit den gegebenen Ausdrucksmitteln abgezählt werden oder nicht. Von den Vertretern der konstruktiven Mathematik (↑Mathematik, konstruktive) wird eine auf das Diagonalverfahren gestützte transfinite Arithmetik (↑Arithmetik, transfinite) der ↑Kardinalzahlen deshalb ebenso abgelehnt wie die auf ähnliche Weise aufgebaute transfinite Mengenlehre (↑Mengenlehre, transfinite). Das Diagonalverfahren selbst erweist sich jedoch bei den verschiedensten Diagonalkonstruktionen auch in der konstruktiven Mathematik als sehr nützlich. Anwendungen hat es ferner bei der Analyse von ↑Antinomien sowie bei den Unvollständigkeits- und Unentscheidbarkeitsbeweisen (↑unvollständig/Unvollständigkeit; ↑unentscheidbar/Unentscheidbarkeit) in der ↑Metamathematik gefunden.

Literatur: G. Cantor, Über eine Eigenschaft des Inbegriffs aller reellen algebraischen Zahlen, Journal für die reine und angewandte Mathematik 77 (1874), 258–262; W.K. Essler, Aufzählbarkeit und C.D.. Untersuchungen zu Grundfragen der Logik, Diss. München 1964; A. Fraenkel, Zum Diagonalverfahren Cantors, Fundamenta Mathematicae 25 (1935), 45–50; E.M. Kobler, Theoreme und Paradoxien. Eine Untersuchung des C.D.s, Diss. München 1964; P. Lorenzen, Einführung in die operative Logik und Mathematik, Berlin/Göttingen/Heidelberg 1955, ²1969; ders., Differential und Integral. Eine konstruktive Einführung in die klassische Analysis, Frankfurt 1965; W.M. Rust, Jr., An Operational Statement of Cantor's Diagonalverfahren, Scr. Math. 2 (1933/1934), 334–336. C.T.

Caraka, um 100 n. Chr., ind. Mediziner und Philosoph, brahmanischer Leibarzt des Kushān-Königs Kaniṣka; den Systemen des ↑Vaiśeṣika und des ↑Sāṃkhya der klassischen indischen Philosophie nahestehend.

Literatur: D.M. Bose (ed.), A Concise History of Science in India, New Dehli 1971. K.L.

Cardano, Geronimo (= Girolamo, lat. Hieronymus Cardanus), *Pavia 24. Sept. 1501, †Rom 20. Sept. 1576, ital. Mathematiker, Naturphilosoph und Arzt. Nach Studium in Pavia und Padua (1526 Promotion in Medizin) und (ab 1534) Tätigkeit als (alsbald berühmter) Arzt und Mathematiker in Mailand, 1543–1560 Prof. der Medizin in Pavia, 1562–1570 in Bologna. In seiner »Ars Magna, sive de regulis algebraicis« veröffentlichte er 1545 neben eigenen Sätzen über den Zusammenhang von Wurzeln und Koeffizienten algebraischer Gleichungen die bereits 1535 von S. del Ferro und N. Tartaglia gefundenen Lösungsverfahren für Gleichungen 3. Grades, die zur Darstellung der Wurzeln durch die sogenannten Cardanischen Formeln führen, sowie die von L. Ferrari gegebenen Lösungsmethoden für algebraische Gleichungen 4. Grades. C. befaßte sich als erster mit dem Begriff der mathematischen Wahrscheinlichkeit, beschrieb die schon von Philon von Byzanz erwähnte Cardanische Aufhängung (Kompaß) und machte das heute ebenfalls nach ihm benannte, aber schon vor ihm erfundene Kardangelenk bekannt. C. versuchte der Medizin eine von der Galenischen und Hippokratischen Tradition unabhängige wissenschaftliche Grundlage zu geben und sie als theoretische Disziplin der zu seiner Zeit fast ausschließlich geübten praktischen Heilkunde an die Seite zu stellen. Bemerkenswert und ihrer Zeit voraus sind auch C.s Beiträge zur Geologie. Als Naturphilosoph vertrat er einen ↑Hylozoismus.

Werke: De propria vita liber (Autobiographie), Paris 1643, Amsterdam ^{2}1654 (dt. Des G.C. von Mailand [Buergers von Bologna] eigene Lebensbeschreibung, Jena 1914, München 1969); Artis Magnae, sive de regulis algebraicis liber unus, Nürnberg 1545; De subtilitate rerum, Basel 1554; De varietate rerum, Basel 1556. – Opera omnia, I–X, ed. C. Sponius, Lyon 1663 (repr. Stuttgart 1966).

Literatur: A. Bellini, G.C. e il suo tempo, Milano 1947; J. Crossley, The Life and Times of C., London 1836; M. Fierz, G.C. (1501–1576). Arzt, Naturphilosoph, Mathematiker, Astronom und Traumdeuter, Stuttgart 1977; M. Gliozzi, C., DSB III (1971), 64–67; C.J. Mendelsohn, Cardan on Cryptography, Scr. Math. 6 (1939), 157–168; A. Mondini, G.C.. Matematico, medico e filosofo naturale, Roma 1962; H. Morley, The Life of G.C. of Milan, Physician, I–II, London 1854; O. Ore, C.. The Gambling Scholar, Princeton 1953 (repr. New York 1965); A. Simili, G.C. nella luce e nell'ombra del suo tempo, Bologna 1941 (mit Bibliographie). C.T.

Carlyle, Thomas, *Ecclefechan (Dumfries) 4. Dez. 1795, †London 5. Febr. 1881, schott. Essayist, Biograph und Historiker. Nach Abbruch eines Theologiestudiums in Edinburgh 1809 Tätigkeit als Lehrer. Ab 1816 Freundschaft mit dem späteren Sektengründer E. Irving. Ein Jurastudium blieb ebenfalls ohne Abschluß. 1822–1824 Tätigkeit als Hauslehrer und erste schriftstellerische Produktionen. Übersetzung von J.W. v. Goethes »Wilhelm Meister« (William Meister's Apprenticeship and Travels, I–III, Edinburgh 1824). Bis zur Übersiedlung nach Chelsea (1834) lebte C. zurückgezogen in Craigenputtock. Hier entstand sein berühmtestes Werk »Sartor Resartus. The Life and Opinions of Herr Teufelsdröckh« (in: Frasers Magacine London 1833–1834, Buchausgabe London 1838).
C. machte, beeinflußt vor allem durch Goethe, mit dem er korrespondierte, die deutsche klassische und romantische Literatur in England bekannt. Seine Grundeinstellung ist konservativ-elitär, moralphilosophisch orientiert am normativen Freiheitsbegriff des deutschen Idealismus (↑Idealismus, deutscher). Sein Werk ist zeitkritisch gegen die die moderne Gesellschaft definierende Egoizität gerichtet, die ihren theoretischen Niederschlag im ↑Utilitarismus (J. Bentham) und in der Nationalökonomie (A. Smith) gefunden hat. C. bestreitet die soziale und politische Tragfähigkeit der demokratischen und parlamentarischen Organisationsformen und erwartet von einer funktionsgebundenen Elite, die glaubensmäßig verankerte allgemeine Orientierungen vermittelt, eine Überwindung der Desorganisation des gegenwärtigen Zeitalters. Im Rückgriff auf moderne naturrechtliche Traditionen (↑Naturrecht) und J.G. Fichte vertritt er eine strikte Arbeitsethik und formuliert ein allgemeines Recht auf Arbeit. Ökonomische Eigentums- und politische Machtansprüche erhalten allein durch die Arbeit eine Legitimation. Die Trennung von Arbeit und Eigentum hat nach C. wildwüchsig den Rückfall des Arbeiters auf seine tierischen Funktionen im Gefolge. Es ist die Aufgabe des Staates, durch eine dem Führerprinzip verwandte soldatische Organisation der Arbeit ein gerechtes ökonomisches System zu installieren (dabei Garantie der sozialen Fürsorge). Mit seiner Einschätzung der Überlegenheit der westeuropäi-

schen, besonders der englischen Zivilisation legitimiert C. die imperialistischen Züge der englischen Politik.

Naturphilosophisch orientiert C. sich an Goethe und an der dynamischen Naturauffassung von Novalis, geschichtsphilosophisch an Fichte. Die menschliche Geschichte wird als Offenlegung des Göttlichen aufgefaßt, die sich in der Geschichte jeweils durchsetzenden Kräfte verfügen über die größere Legitimation (Identität von Macht und Recht). Ihre Repräsentanz haben diese Kräfte in den großen historischen Gestalten (biographischer Rahmen der Geschichtsschreibung). Werke über O. Cromwell und Friedrich den Großen sind in diesem Sinne als Paradigmen einer biographisch verfahrenden Geschichtsschreibung angelegt.

Werke: Sartor Resartus. The Life and Opinions of Herr Teufelsdröckh in Three Books, New York 1831, London 1838 (dt. Sartor resartus oder Leben und Meinungen des Herrn Teufelsdröckh, in drei Büchern, ed. T.A. Fischer, Leipzig 1882, [2]1903); The French Revolution. A History, I–III, London 1837 (dt. die französische Revolution, I–III, Leipzig 1845–1849, I–II, Leipzig [5]1907, Berlin 1948); Heroes and Hero-Worship, London 1841, unter dem Titel: Heroes, Hero-Worship and the Heroic in History, New York 1854 u.ö. (dt. Helden und Heldenverehrung, Berlin 1912); Oliver Cromwell's Letters and Speeches, with Elucidations, I–II, London 1845, I–III [2]1904; History of Frederick II. of Prussia, called Frederick the Great, I–VI, London 1858–1865 (dt. Geschichte Friedrich II. dem Preußen, genannt Friedrich der Große, I–VI, Berlin 1863–1869, ed. G. Dittrich, Meersburg 1928); T.C., Arbeiten und nicht verzweifeln. Auszüge aus seinen Werken, ed. M. Kühn/A. Kretzschmar, Düsseldorf/Leipzig 1902. – The Works of T.C., Centenary Ed. I–XXX, ed. H.D. Traill, New York 1896–1901, London 1896–1899 (repr. I–XXX, New York 1969); The Correspondence of T.C. and Ralph Waldo Emerson, 1834–1872, I–II, ed. C.E. Norton, Boston 1883; Early Letters of T. C., 1814–1826, ed. C.E. Norton, London 1886; Correspondence between Goethe and C., ed. C.E. Norton, London 1887 (dt. Goethe's und C.'s Briefwechsel, Berlin 1887); Letters of T.C., 1826–1836, ed. C.E. Norton, London 1889; New Letters of T. C., ed. A. Carlyle, Canton 1903, I–II, London 1904 (repr. I–II, Hildesheim/New York 1969); The Collected Letters of T. and J.W.C., I–IV, Durham 1970. – I.W. Dyer, A Bibliography of T.C.'s Writings and Ana, Portland Maine 1928 (repr. New York 1968); R.L. Tarr, T.C.. A Bibliography of English-Language Criticism 1824–1974, Charlottsville 1976.

Literatur: A. Ballmer, C.s Stellung zu Theorie und Praxis des modernen Kapitalismus, Diss. Basel 1940; G.J. Calder, The Writing of Past and Present. A Study of C.'s Manuscripts, New Haven 1949; J.S. Collis, The C.'s. A Biography of T. and Jane C., London 1971; A.C./Sir J. Crichton-Browne, The Nemesis of Froude, New York 1903; W.H. Dunn, Froude and C.. A Study of the Froude-C. Controversy, London 1930; J.A. Froude, T. C.. A History of the First Forty Years of his Life (1795–1835), I–II, London 1882; ders., T.C.. A History of his Life in London (1834–1881), I–II, London 1884 (dt. Das Leben T.C.s, I–III, ed. T.A. Fischer, Gotha 1887); ders., My Relations with C., London 1903; C.F. Harrold, C. and German Thought (1819–1834), New Haven Conn. 1934; P. Hensel, T.C., Stuttgart 1901, [3]1922; J. Kedenburg, Teleologisches Geschichtsbild und theokratische Staatsauffassung im Werke T.C.s, Heidelberg 1960; A.J. La Valley, C. and the Idea of the Modern. Studies in C.'s Prophetic Literature and its Relation to Blake, Nietzsche, Marx and Others, New Haven 1968; K. Lotter, C. und die deutsche Romantik, Nürnberg 1931; J.P. Seigel (ed.), T.C., London 1971; J. Symons, T.C.. The Life and Ideas of a Prophet, New York 1952; G.B. Tennyson, Sartor called Resartus. The Genesis, Structure and Style of T.C.'s First Major Work, Princeton 1965; W.W. Waring, T.C., Boston 1978; D.A. Wilson, Life of T.C., I–VI, London 1923–1934; L.M. Young, T.C. and the Art of History, Philadelphia 1939; N. Young, C.. His Rise and Fall, London 1927. S.B.

Carnap, Rudolf, *Ronsdorf (bei Wuppertal) 18. Mai 1891, †Los Angeles 14. Sept 1970, dt.-amerik. Philosoph, Mitbegründer und Hauptvertreter des logischen Empirismus (↑Empirismus, logischer, ↑Philosophie, analytische). 1926–1931 Dozent für Philosophie in Wien, neben M. Schlick bedeutendstes Mitglied des ↑Wiener Kreises, 1931–1936 Prof. der Naturphilosophie an der Deutschen Universität in Prag, 1936–1952 Prof. der Philosophie an der University of Chicago, Gastprofessor in Harvard 1936, 1940/1941. Nach einem Aufenthalt am Institute for Advanced Studies in Princeton N.J. (1952–1954) wurde C. Prof. an der University of California in Los Angeles (1954–1961).

C. wendet die formale Logik erstmals auf die empirischen Wissenschaften (insbesondere die Physik) an, für deren Satzbestand er eine formalsprachliche Darstellung sucht. Bis 1930 wählt er dafür (dem ↑Empiriokritizismus E. Machs verpflichtet) eine phänomenalistische Sprache, in der die Grundbegriffe Sinnesdaten repräsentieren (in »Der logische Aufbau der Welt« [1928] ist einziger Grundprädikator die zweistellige *Ähnlichkeitserinnerung* zwischen Elementarerlebnissen), von da an eine dem älteren ↑Positivismus nahestehende physikalistische Sprache, in der die Grundbegriffe Ding- und Ereignisklassen repräsentieren. Mit dem Übergang vom ↑Phänomenalismus zum ↑Physikalismus war eine Beschränkung des philosophischen Interesses auf die Sprache der Wissenschaften verbunden, da Welt nur als sprachlich artikulierte theoretisch zugänglich ist.

Die selbständige (syntaktische und semantische) Untersuchung formaler Sprachen (↑Sprache, formale) wird zum zweiten Arbeitsgebiet C.s (Beiträge zur mathematischen Logik sowie zu den Grundlagen der Mathematik). Philosophie wird

Theorie der Wissenschaftssprache (↑Wissenschaftslogik), ohne theoretisch begründete Kriterien für die Wahl einer bestimmten formalen Sprache anbieten zu können (↑Toleranzprinzip). Es muß lediglich für jede echte Objektaussage (die nicht als Syntax- oder Metaaussage bloß den logischen Aufbau betrifft) ein *empiristisches Sinnkriterium* (↑Sinnkriterium, empiristisches, ↑Verifikationsprinzip) erfüllt sein, kraft dessen die Kontrollierbarkeit der nicht-logischen Aussagen gesichert ist. Die Diskussion um eine methodisch einwandfreie und adäquate Formulierung dieses Kriteriums dauert bis heute an. Insbesondere hat die Entdeckung der ↑Dispositionsbegriffe als nicht definierbar durch reine Beobachtungsbegriffe C. dazu geführt, eine Wissenschaftssprache zweiteilig aufzubauen, aus der ↑*Beobachtungssprache* als ihrer empirischen Basis und aus der *theoretischen Sprache* (↑Theoriesprache), deren Grundbegriffe nicht sämtlich aus der Beobachtungssprache definierbar sind, also bloß axiomatisch bestimmt werden. Die Abgrenzung der beiden Teile einer Wissenschaftssprache und damit die vom logischen Empirismus ursprünglich geleugnete Existenz synthetischer Urteile ↑a priori (↑synthetisch) ist seither wieder strittig. – C.s Beiträge zur ↑Wahrscheinlichkeitstheorie und zu deren methodischen Grundlagen (↑Logik, induktive) sind noch heute maßgebend. Im Anschluß an L. Wittgensteins »Tractatus« ist es C. gelungen, die klassische Wahrscheinlichkeit als logische Wahrscheinlichkeit einer Hypothese auf Grund bekannter Sätze zu rekonstruieren.

Werke: Der Raum. Ein Beitrag zur Wissenschaftslehre, Berlin 1922; Der logische Aufbau der Welt, Berlin 1928 (repr. Hamburg 1974), unter dem Titel: Der logische Aufbau der Welt. Scheinprobleme in der Philosophie (Vorwort R.C.), Hamburg ²1961 (engl. The Logical Structure of the World. Pseudoproblems in Philosophy, Berkeley/London 1967), ⁴1974; Scheinprobleme in der Philosophie. Das Fremdpsychische und der Realismusstreit, Leipzig/Berlin 1928, (s.o.) Hamburg ²1961, (Nachwort G. Patzig) Frankfurt 1966; Abriss der Logistik mit besonderer Berücksichtigung der Relationstheorie und ihrer Anwendungen, Wien 1929; Logische Syntax der Sprache, Wien 1934, Wien/New York ²1968 (engl. The Logical Syntax of Language, London/New York 1937, trans. A. Smeaton, Countess von Zeppelin, London/Paterson N.J. 1959, ⁶1964); Philosophy and Logical Syntax, London 1935; Foundations of Logic and Mathematics, Chicago 1939, ⁴1955 (International Encyclopedia of Unified Science I, 3) (dt. Grundlagen der Logik und Mathematik, München 1973); Introduction to Semantics. Studies in Semantics I, Cambridge Mass. 1942; Formalization of Logic. Studies in Semantics II, Cambridge Mass. 1943 (in einem Bd. unter dem Titel: Introduction to Semantics and Formalization of Logic, Cambridge Mass. 1943, 1959), ²1947; Meaning and Necessity. A Study in Semantics and Modal Logic, Chicago/Toronto/London 1947, ³1956 (dt. Bedeutung und Notwendigkeit. Eine Studie zur Semantik und modalen Logik, Wien/New York 1972); Testability and Meaning, New Haven 1950, ²1952; Logical Foundations of Probability, Chicago 1950, London 1951, ²1962; The Nature and Application of Inductive Logic, Consisting of six Sections from Logical Foundations of Probability, Chicago 1951; The Continuum of Inductive Methods, Chicago/London/Toronto 1952, Ann Arbor 1972; Einführung in die symbolische Logik, mit besonderer Berücksichtigung ihrer Anwendungen, Wien 1954, ³1968, Nachdr. 1973 (engl. Introduction to Symbolic Logic and its Applications, New York 1958); Philosophical Foundations of Physics. An Introduction to the Philosophy of Science, ed. M. Gardner, New York 1966, unter dem Titel: An Introduction to the Philosophy of Science, New York ²1974 (dt. Einführung in die Philosophie der Naturwissenschaft, München 1969); Induktive Logik und Wahrscheinlichkeit, übers. u. bearb. v. W. Stegmüller, Wien 1959, ²1970; Studies in Inductive Logic and Probability, Berkeley 1971.

Literatur: P. Achinstein, R.C., Rev. Met. 19 (1966), 517–549, 758–779; R.C. Buck/R.S. Cohen (eds.), In Memory of R.C., Dordrecht/Boston 1972 (Boston Stud. Philos. Sci. VIII); R. Butrick, Jr., C. on Meaning and Analyticity, The Hague 1970; A. Hausman/F. Wilson, C. and Goodman. Two Formalists, Iowa City 1967; J. Hintikka (ed.), R.C.. Logical Empiricist. Materials and Perspectives, Dordrecht 1975; B.H. Kazemier/D. Vuysje (eds.), Logic and Language. Studies Dedicated to Professor R.C. on the Occasion of his Seventeeth Birthday, Dordrecht 1962; L. Krauth, Die Philosophie C.s, Wien/New York 1970; W.V.O. Quine, C. and Logical Truths, Synthese 12 (1960), 350–374; P.A. Schilpp (ed.), The Philosophy of R.C., La Salle Ill./London 1963; W. Stegmüller, Moderner Empirismus. R.C. und der Wiener Kreis, in: ders., Hauptströmungen der Gegenwartsphilosophie I, Stuttgart ⁶1976, Kap. IX. K.L.

Carroll, Lewis, Pseudonym für Charles Lutwidge Dodgson, *Daresbury/Cheshire 27. Jan. 1832, †Guildford/Surrey 14. Jan. 1898, engl. Schriftsteller und Logiker, von 1855 bis 1881 Lecturer für Mathematik am Christ Church College in Oxford. Weltruhm erlangte C. nicht durch seine Arbeiten zur formalen Logik und zur ↑Euklidischen Geometrie, sondern durch die Bücher »Alice in Wonderland« (1865) und »Through the Looking-Glass« (1871), die er zunächst nicht zur Veröffentlichung, sondern als Kinderbücher zur Unterhaltung für die mit C. befreundete Tochter Alice Liddell des damaligen Dekans des Christ Church College geschrieben hatte. Dabei verwertete C. bizarre Konstruktionen der natürlichen Sprache, Widersprüchlichkeiten des Sprachgebrauchs und logisch-semantische ↑Paradoxien in so meisterhafter Weise, daß Charaktere und Zitate aus diesen Büchern nicht nur populär und in England geradezu Teil der Folklore geworden sind, sondern auch ihren festen Platz in der logischen und philosophischen Literatur gefunden haben. Während die Alice-Bücher nicht als surrealistische Literatur gedacht waren, gilt C.s »The Hunting of the Snark« (1875) heute als Paradigma ›seriöser‹ Nonsensedichtung. Als geistreich und scharfsinnig haben sich auch zahlreiche Rätsel und Denkaufgaben aus »Pillow Problems« (1893) und »A Tangled Tale« (London 1885) erhalten, deren Autorschaft meist ebenso wenig bekannt ist wie C.s Kunst der Porträtfotografie und auf wissenschaftlichem Gebiet seine originellen Beiträge zur Theorie der Entscheidungen (↑Entscheidungstheorie).

Werke: The Complete Works of L.C., ed. A. Woollcott, New York 1936 (repr. 1976); The Works of L.C., ed. R.L. Green, London 1965 (mit Bibliographie). – Alice's Adventures in Wonderland, London 1865, mit Anm. ed. M. Gardner unter dem Titel: The Annotated Alice, New York 1939 (dt. v. C. Enzensberger: Alice im Wunderland. Alice hinter den Spiegeln. Zwei Romane, Frankfurt 1963); Through the Looking-Glass, and what Alice Found There, London 1871 (dt. v. C. Enzensberger, vgl. vorige Angabe); A Discussion of the Various Procedures in Conducting Elections, Oxford 1873; The Hunting of the Snark. An Agony, in Eight Fits, London 1875, mit Anm. ed. M. Gardner unter dem Titel: The Annotated Snark, New York 1939 (engl./dt. Die Jagd nach dem Schnark. Agonie in acht Krämpfen, Frankfurt 1968); Alice's Adventures Under Ground (Faksimile des Ms. mit Illustrationen von C.), London/New York 1886 (repr. New York/Toronto/London 1965); (unter dem Namen C.L. Dodgson) An Elementary Treatise on Determinants, with their Application to Simultaneous Linear Equations and Algebraical Geometry, London 1867; Euclid and his Modern Rivals, London/Oxford 1879; The Game of Logic, London 1886; Curiosa Mathematica, I–II, London 1888/1893 (I A New Theory of Parallels, II Pillow Problems Thought out During Wakeful Hours); Symbolic Logic. Part I, London 1896; ed. (mit erstmals publiziertem Part II) W.W. Bartley III, New York, Hassocks (Sussex) [5]1977; R.L. Green (ed.), The Diaries of L.C., I–II, London 1953; L.C.'s Symbolic Logic, ed. W.W. Bartley III, New York 1977; The Letters of L.C., I–II, ed. M.H. Cohen/R.L. Green, London 1979.

Literatur: P. Alexander, Logic and the Humour of L.C., Proc. Leeds Philos. & Literary Soc. 6, Part 8 (1951), 551–566; D. Black, The Theory of Committees and Elections, Cambridge 1958; R.B. Braithwaite, L.C. as Logician, The Mathematical Gazette 16 (1932), 174–178; S.D. Collingwood, The Life and Letters of L.C., London 1898; H. Gernsheim, L.C., Photographer, New York 1949; R.L. Green, L.C., London 1960; P.L. Heath, L.C., Enc. Ph. II (1967), 36–37; D.W. Holmes, The Philosopher's Alice in Wonderland, Antioch Rev. 19 (1959), 133–149; D. Hudson, L.C., London 1954; P.E.B. Jourdain, The Philosophy of Mr. B*rtr*nd R*ss*ll, Chicago 1918; E. Nagel, Haddock's Eyes, in: J.R. Newman, The World of Mathematics III, New York 1956, 1886–1890; W. Weaver, L.C., Mathematician, Scientific American 194 (1956), 116–128; S.H. Williams/F. Madan, A Handbook of the Literature of the Rev. C.L. Dodgson (L.C.), London 1931. C.T.

Cartesianismus, durch den Anschluß an Lehrstücke R. Descartes' (latinisiert: Cartesius) bestimmte philosophische Richtung im 17. und 18. Jahrhundert. Schwerpunkte bilden die Weiterführung der Cartesischen Methodologie, besonders im Rahmen der sogenannten *Logik von Port Royal* (A. Arnauld/P. Nicole; ↑Port Royal, Schule von), der Cartesischen *Physik,* besonders durch das einflußreiche Lehrbuch von J. Rohault (Traité de physique, Paris 1671), und der Cartesischen *Zwei-Substanzen-Lehre* (↑Dualismus), die ursprünglich eine physische Verbindung von Leib und Seele vorsah, bis hin zum sogenannten ↑Okkasionalismus (G. de Cordemoy, A. Geulincx, N. Malebranche). Neben der Logik von Port Royal wirkt ferner die sogenannte *Grammatik von Port Royal* (A. Arnauld/C. Lancelot), der ebenfalls Unterscheidungen der theoretischen Philosophie Descartes' zugrunde liegen, im Bereich der Bemühungen um eine rationale Grammatik (semantischen Erörterungen über die Relation von Sprachzeichen und ›Idee‹) traditionsbildend (G. de Cordemoy, N. Beauzzée, C.C. du Marsais).

Während nahezu alle erkenntnistheoretischen Systeme des 17. und 18. Jahrhunderts (N. Malebranche, B. Pascal, B. Spinoza u.a.) direkt oder mittelbar, selbst innerhalb kritischer Auseinandersetzungen (T. Hobbes, G.W. Leibniz, J. Locke), von der Cartesischen Philosophie im C. abhängig bleiben, sofern sie von deren fundamentalen Unterscheidungen ausgehen, erfolgt im 18. Jahrhundert die allmähliche Überwindung des C. von seiten der Physik. Mit der Newtonschen Mechanik setzt sich von Holland aus (P. van Musschenbroek, W.J.S. 'sGravesande) auch eine neue methodologische Orientierung mit empiristischen Tendenzen durch (offenkundig in J. le Rond d'Alemberts Einleitung in die französische Enzyklopädie); der C. in Form fester Schulbildungen, mit Zentren in Frankreich, Holland und Deutschland (J. Clauberg, dessen »Ontosophia« 1647 in Groningen erschien), weicht dem Einfluß des englischen ↑Empirismus, bleibt jedoch weiterhin im Rahmen der Empirismuskritik rationaler Systeme bis hin zu E. Husserl (Méditations Cartésiennes, Paris 1931; dt. Cartesianische Meditationen, Den Haag 1950, [2]1963) wirksam.

Literatur: F.C. Bouillier, Histoire de la philosophie cartésienne, I–II, Paris/Lyon 1854, [3]1868 (repr. Brüssel 1969); E.J. Dijksterhuis u.a., Descartes et le cartésianisme hollandais, Paris/Amsterdam 1950; P. Mouy, Le développement de la physique cartésienne, Paris 1934; R. Specht, Commercium mentis et corporis. Über Kausalvorstellungen im C., Stuttgart 1966; C.L. Thijssen-Schoute, Nederlands Cartesianisme, Amsterdam 1954; R. A. Watson, The Downfall of Cartesianism (1673–1712). A Study of Epistemological Issues in Late 17th Century Cartesianism, The Hague 1966. J. M.

Carus, Carl Gustav, *Leipzig 3. Jan. 1789, †Dresden 28. Juli 1869, dt. Mediziner, Naturwissenschaftler, Maler und Philosoph. 1804 Aufnahme naturwissenschaftlicher und philosophischer Studien in Leipzig. 1811 philosophische und medizinische Promotion. Magister legens in Leipzig, seit 1814 Prof. in der Akademie für Chirurgie und Medizin in Dresden. Freundschaft mit L. Tieck und C. D. Friedrich, Briefwechsel mit J. W. v. Goethe.

In seiner romantischen Naturphilosophie steht C. Goethe nahe; beeinflußt ist er außerdem von I. Kant, dessen Definition der Materie als das ›Bewegliche im Raume schlechthin‹ er übernimmt und ausweitet, durch F. W. J. Schellings Organismusbegriff (Weltseele) und durch L. Okens genetisch-naturphilosophische Methode. Im Zentrum seiner organistischen Weltsicht steht der Begriff des Lebens, das ganzheitlich als Werdendes weder kausal noch teleologisch noch deskriptiv erfaßt werden kann. Hier greift nur die genetische Methode, die die Erscheinung als individuelle Realisierung eines Prinzips (Urbild, Idee, Gesetz), das seinerseits nicht unabhängig von seinem Erscheinen zu denken ist, rekonstruiert. Die Naturphilosophie geht dem ›Allgemeinen aller Naturerscheinung‹ nach, »um das *eigenthümlich Göttliche* desselben immer vollständiger zu erkennen und nachzuweisen«; sie ist auf den Aufschluß der ›Harmonie der Dinge‹ gerichtet und streng von der Naturwissenschaft zu unterscheiden, die »zum Zwecke der Vervollkommnung menschlicher Erkenntnis und Existenz« die Einzelerscheinungen für den Umgang, »das *menschlich Wichtige* der Welterscheinung«, folgerecht ordnet (Natur und Idee, 13). Die Erscheinungen sind naturphilosophisch als ›individuelle Ideen‹ eines genetischen Formwandelns (Metamorphose) zu verstehen.

C. hat den Begriff des Unbewußten in die Philosophie und vor allem in die Psychologie eingeführt und damit besonders auf E. v. Hartmann gewirkt. »Das Unbewußte selbst ist [...] nur der subjektive Ausdruck für *Das,* was objektiv wir als ›Natur‹ anzuerkennen haben« (ebd. 12). Naturphilosophie ist so insgesamt im Unterschied zur ›Geistes-Philosophie‹ eine Philosophie des Unbewußten. Mit der Einführung des Begriffs des Unbewußten in die Psychologie wird allererst die Möglichkeit einer entrationalisierten Seelenlehre eröffnet. C. definiert die Seele als das Unbewußte, das bewußtseinsfähig ist. Darüber hinaus sieht er in der ›Region des Unbewußtseins‹ den »Schlüssel zur Erkenntnis des bewußten Seelenlebens« (Psyche, 1). Zu unterscheiden ist das ›relativ Unbewußte‹, das ehemals Gegenstand des Bewußtseins gewesen ist und wieder werden kann, vom ›absolut Unbewußten‹, das als Leib-Seele-Einheit in voneinander unterscheidbaren ›Lebenskreisen‹ existiert. In ganzheitlicher Sicht wird dabei der Leib als die nur äußere Erscheinungsweise der Seele behauptet, so daß aus dessen Ausdrucksformen (Physiognomik) auf Charaktermerkmale zurückgeschlossen werden kann. – Angeregt durch L. Klages wurde C. vor allem in den zwanziger und dreißiger Jahren des 20. Jahrhunderts intensiver rezipiert.

Werke: Analekten zur Naturwissenschaft und Heilkunde. Gesammelt auf einer Reise durch Italien im Jahre 1828, Dresden 1829; Vorlesungen über Psychologie. Gehalten im Winter 1829–1830 zu Dresden, Leipzig 1831, ed. E. Michaelis, Erlenbach-Zürich 1931, Darmstadt 1958; Briefe über Göthe's Faust, Leipzig 1835, ed. H. Kern, Hamburg 1937; Zwölf Briefe über das Erdleben, Stuttgart 1841, ed. C. Bernoulli/H. Kern, Celle 1926; Göthe. Zu dessen näherem Verständniss. Beigegeben ist eine Reihe bisher ungedruckter Briefe Göthe's an den Herausgeber, Leipzig 1843, ed. H. Krey, Dresden [4]1955; Ludwig Tieck. Zur Geschichte seiner Vorlesungen in Dresden, Leipzig 1845; Psyche. Zur Entwicklungsgeschichte der Seele, Pforzheim 1846, 1860 (repr. Darmstadt 1964, 1975); Denkschrift zum hundertjährigen Geburtsfeste Goethe's. Ueber ungleiche Befähigung der verschiedenen Menschheitsstämme für höhere geistige Entwickelung, Leipzig 1849, Berlin 1943; Physis. Zur Geschichte des leiblichen Lebens, Stuttgart 1851; Symbolik der menschlichen Gestalt. Ein Handbuch der Menschenkenntnis, Leipzig 1853, [2]1858 (repr. Hildesheim 1977); Organon der Erkenntnis der Natur und des Geistes, Leipzig 1856; Ueber Lebensmagnetismus und über die magischen Wirkungen überhaupt, Leipzig 1857, ed. C. Bernoulli, Basel 1925; Natur und Idee. Oder das Werdende und sein Gesetz. Eine philosophische Grundlage für die specielle Naturwissenschaft, Wien 1861 (repr. Hildesheim 1975); Lebenserinnerungen und Denkwürdigkeiten, I–IV, Leipzig 1865–1866, V zum ersten Mal nach den Urschriften, ed. R. Zaunick, Dresden 1931, ed. E. Jansen, I–II, Weimar 1966, [2]1969; Reisen und Briefe, ed. E. v. Sydow, Leipzig 1926, C. G. C. und C. F. P. von Martius. Eine Altersfreundschaft in Briefen, ed. G. Schmid, Halle 1939; Natur und Seele, ed. H. Kern, Jena 1939; Gedanken über große Kunst, Leipzig 1940, Wiesbaden 1958; Geheimnisvoll am lichten Tag. Von der Seele des Menschen und der Welt, ed. H. Kern, Leipzig 1944; Grundzüge allgemeiner Naturbetrachtung, Darmstadt 1954; Denkwürdigkeiten aus Europa. Zu einem Lebensbild zusammengestellt v. M. Schlösser, Hamburg 1963. – Gesammelte Schriften, I–, ed R. Zaunick/W. Keiper, Berlin 1938 (erschienen Bde II, VI, IX). – W. Keiper, Ein Gesamtverzeichnis der Werke von C. G. C., Berlin 1934.

Literatur: R. Abeln, Unbewußtes und Unterbewußtes bei C. G. C. und Aristoteles, Meisenheim 1976; S. Arnim-

Muskau, C.G.C.. Sein Leben und Wirken, Dresden 1930; C. Bernoulli, Die Psychologie von C.G.C. und deren geistesgeschichtliche Bedeutung, Jena 1925; W. Genschorek, C.G.C.. Arzt, Künstler, Naturforscher, Leipzig 1978; H. Kern, C.G.C.. Persönlichkeit und Werk, Berlin 1942; W. Kloppe, Erinnerung an C.G.C. (1789–1869), Berlin 1969; A. Krewald, C.G.C.. Seine philosophischen, psychologischen und charakterologischen Grundgedanken, Berlin 1939; G.F.W. Müller, Die Anthropologie des C.G.C., Berlin 1937; J.B.W. Müller, Das Bild vom Menschen bei C.G.C., Diss. Köln 1938; K. Nadler, Idee und Wirklichkeit des Lebens bei C.G.C., Z. f. dt. Kulturphilos. (Logos NF) 3 (1937), 141–165; M. Prause, C.G.C.. Leben und Werk, Berlin 1968; E. Wäsche, C.G.C. und die romantische Weltanschauung, Düsseldorf 1933; R. Zaunick, C.G.C.. Eine historisch-kritische Literaturschau mit zwei Bibliographien, Dresden 1930. S.B.

Cārvāka (sanskr.), Bezeichnung für einen Anhänger der materialistischen Schule (↑Lokāyata) in der indischen Philosophie; auch als Eigenname für den sagenhaften Schulgründer oder ersten Schüler des traditionellen Gründers Bṛhaspati gebraucht. K.L.

Cassiodorus, Flavius Magnus Aurelius, *Bruttium (bei Scylacium, heute Squillace, Süditalien) um 490, †Vivarium um 580, Politiker, Literat, Historiker, Geheimsekretär Theoderichs des Großen. 507 Quaestor, 514 Consul, 523–527 Magister officiorum, 533–537 Praefectus praetorio. Die Versöhnung von Goten und Römern ist vermutlich das Anliegen seiner »Historia Gothorum« und seiner »Chronik«, die mit Adam beginnt und mit dem Jahr 519 endet. Die für das von C. 555 bei Scylacium für Kleriker und Laien gegründete Doppelkloster Vivarium verfaßten »Institutiones« enthalten eine bis ins Mittelalter fortwirkende Konzeption der artes liberales (↑ars). Durch die Gleichstellung des Studiums (der Schrift, der Väter und der klassischen Antike) mit dem Arbeits- und Gebetsleben der Mönche und durch den Auftrag an das Kloster, sorgfältige Abschriften der Klassiker herzustellen, trug C. wesentlich zur Erhaltung des geistigen Erbes der Antike bei und legte den Grundstein für die spätere geistige Blüte der Klöster. Seine unter dem Titel »Variae« zusammengefaßten offiziellen Schreiben galten lange als Vorbild amtlichen Kanzleistils.

Werke: Opera, Paris 1588; Opera omnia, ed. P. Brosseus/G. Tornerius, Limoges 1622; Opera omnia, I–II, ed. J. Garetius, Rouen 1679, Venedig 1729; Opera omnia, I–II, Paris 1848/1865 (MPL 69, 70); Variae, engl. Übers. in: T. Hodgkin, The Letters of C.. Being a Condensed Translation of Variae Epistolae, London 1886; Institutiones, engl. in: L.W. Jones, An Introduction to Divine and Human Readings, New York 1946, 1969.

Literatur: J.J. van den Besselaar, C. Senator, en zijn Variae [...], Nijmwegen/Utrecht 1945, unter dem Titel: C. Senator. Leven en werken van een Staatsman en monnik uit de zesde eeuw, Haarlem 1950; A.M. Franz, Aurelius C. Senator, Breslau 1872; G. Ludwig, C.. Über den Ursprung der abendländischen Schule, Wiesbaden 1967; E.K. Rand, The New C., Speculum 13 (1938), 433–447; E. Schwartz, Zu C. und Prokop, Sitz.ber. Bayer. Akad. Wiss., phil.-hist. Kl. 1939, 2; P.D. Thomas, C., DSB III (1971), 109–110; A. van de Vyver, C. et son œuvre, Speculum 6 (1931), 244–292; ders., Les institutions de C. et sa fondation à Vivarium, Rev. Bénédictine 63 (1941), 59–88. M.G.

Cassirer, Ernst, *Breslau 28. Juli 1874, †New York 13. April 1945, dt. Philosoph, Schüler des Neukantianers H. Cohen. 1919–1933 Prof. in Hamburg, Emigration nach England, 1933–1935 Prof. in Oxford, 1935–1941 in Göteborg, ab 1941 in Yale, 1944–1945 Gastprof. in New York. C. befaßte sich eingehend mit der Entwicklung der Philosophie seit Beginn der Neuzeit und legte als Resultat dieser Studien zunächst eine umfangreiche Darstellung vor, in der die neuere Philosophiegeschichte als Geschichte der Erkenntnistheorie systematisiert wird. C.s Position basiert hier wie in seinen weiteren Arbeiten einerseits auf I. Kants ↑Transzendentalphilosophie, modifiziert durch Argumentationsfiguren G.W. Leibnizens und G.W.F. Hegels, andererseits auf einem dezidiert geistesgeschichtlichen Ansatz, der sich auf kulturgeschichtliche Studien und Einsichten stützt.

Systematisch gesehen geht C. in zwei Schritten über Kants Erkenntniskritik hinaus. Zum einen konzipiert er die transzendentalen Erkenntnisformen in historischer Entwicklung. Zum anderen wendet er den Gedanken der Konstitution durch transzendentale Formen weitergehend an: so daß nicht nur die begrifflich formulierte, sondern jede Art von Erkenntnis damit darstellbar ist. Dem ersten Schritt entsprechend ändert sich für C. der Begriff des apriorischen Wissens (↑a priori). Aus einem ›absoluten Apriori‹ (d.h. einem Konzept von Erkenntnisformen, die jeder besonderen Erkenntnis vorausgehen und über die sich wahre Sätze unabhängig von der Erfahrung begründen lassen) wird ein ›relatives Apriori‹: bezogen auf ein gegebenes theoretisches System lassen sich gewisse Begriffe als a priori auszeichnen. Dem zweiten Schritt entsprechend hatte sich C. zum Ziel gesetzt, Kants statische Vernunftkritik und Fundierung möglicher Erkenntnis im Bereich des Seins und Sollens weiterzubilden zu einer dynamischen Kulturkritik, d.h. zu einer (im gleichen Sinne

›kritischen‹) Reflexion auf die organisierenden Prinzipien des menschlichen Geistes in allen seinen Aspekten. Dazu faßt C. den Einsatz von Erkenntnisformen und überhaupt das begriffliche Reden und Denken als Spezialfall der ›symbolischen Repräsentation‹ auf, welche die wesentliche Funktion der menschlichen Bewußtheit ausmachen soll: der Mensch ist ein symbolverwendendes Tier. Die Symbole bilden eine polare Einheit mit dem Symbolisierten und sind (im gleichen Sinn wie die transzendentalen Formen) konstitutiv für die Welt. Die Art dieser Weltkonstitution, und damit die Welt selber, ist aber verschieden, relativ zur Art der Symbolverwendung.

C. unterscheidet drei Arten der symbolischen Repräsentation: (1) Die *Ausdrucksfunktion*, bei der Zeichen und Bezeichnetes unmittelbar ineinander übergehen. Z.B. ›ist‹ der Donner der Zorn eines Gottes und das Lächeln die Freundlichkeit (bzw. jeweils ein Teil davon). Die so konstituierte Welt ist die des Mythos und der Religionen. (2) Die *Anschauungsfunktion*, bei der die Welt aus Substanzen besteht, die in örtlichen und zeitlichen Beziehungen stehen. Dies ist die Welt der alltäglichen Sprache und des ↑common sense. (3) Die reine *Bedeutungsfunktion*, bei der der Sinn mit begrifflichen Symbolsystemen vermittelt wird. Hier wird die wissenschaftliche Welt konstituiert, die nicht aus Substanzen, sondern aus Relationen besteht. Die Polarität zwischen Symbol und Symbolisiertem drückt sich in zwei opponierenden Kulturtendenzen aus: einer formierenden oder beharrenden und einer Formen auflösenden Tendenz. Diese Sichtweise führt C. in originellen Betrachtungen der kulturellen und künstlerischen Entwicklung aus.

Werke: Leibniz' System in seinen wissenschaftlichen Grundlagen, Marburg 1902 (repr. Darmstadt 1962); Das Erkenntnisproblem in der Philosophie und Wissenschaft der neueren Zeit I, Berlin 1906, [2]1911, [3]1922, New Haven [4]1957 (repr. Darmstadt 1974), II, Berlin 1907, [2]1911, [3]1922, New Haven [4]1957 (repr. Darmstadt 1974), III (Die nachkantischen Systeme), Berlin 1920, [2]1923, New Haven [3]1957 (repr. Darmstadt 1974), IV (Von Hegels Tod bis zur Gegenwart [1832–1932]), Zürich 1950, Stuttgart [2]1957 (repr. Darmstadt 1973, engl. New Haven 1950); Substanzbegriff und Funktionsbegriff. Untersuchungen über die Grundlagen der Erkenntniskritik, Berlin 1910, [2]1923 (repr. Darmstadt 1976, engl. Chicago/London 1923); (ed.) I. Kant, Werke, I–XI, Berlin 1912–1918; Freiheit und Form. Studien zur deutschen Geistesgeschichte, Berlin 1916, [2]1918, [3]1922 (repr. Darmstadt 1975); (ed.) G.W. Leibniz, Philosophische Werke, I–V, Leipzig 1916–1926; Kants Leben und Lehre, Berlin 1918, [2]1921 (repr. Darmstadt 1977); Zur Einsteinschen Relativitätstheorie. Erkenntnistheoretische Betrachtungen, Berlin 1921, [2]1922 (engl. Chicago/London 1923, New York 1953); Philosophie der symbolischen Formen I (Die Sprache), Berlin 1923, Darmstadt [2]1953 (repr. 1973), II (Das mythische Denken), Berlin 1925, Darmstadt [2]1964 (repr. 1973); III (Phänomenologie der Erkenntnis), Berlin 1929, Darmstadt [2]1954 (repr. 1975, engl. I–III, New Haven 1953–1957); Individuum und Kosmos in der Philosophie der Renaissance, Leipzig 1927 (repr. Darmstadt 1977, engl. Oxford 1963, New York 1964); Die Philosophie der Aufklärung, Tübingen 1932, [3]1973 (engl. Princeton 1951); Das Problem J.J. Rousseau, Arch. Gesch. Philos. 41 (1932), 177–213, 479–513 (repr. Darmstadt 1975, engl. New York 1954, Bloomington 1963); Determinismus und Indeterminismus in der modernen Physik. Historische und systematische Studien zum Kausalproblem, Göteborg 1936 (repr. unter dem Titel: Zur modernen Physik, Darmstadt 1957, [2]1964, engl. New Haven 1956); Descartes. Lehre – Persönlichkeit – Wirkung, Stockholm 1939; Zur Logik der Kulturwissenschaften. Fünf Studien, Göteborg 1942 (repr. Darmstadt 1971, engl. New Haven 1961); An Essay on Man. An Introduction to a Philosophy of Human Culture, New Haven/London 1944, [4]1947, New York 1953 (dt. Was ist der Mensch? Versuch einer Philosophie der menschlichen Kultur, Stuttgart 1960); The Myth of the State, New Haven/London 1946, [2]1950, New York [3]1955 (dt. Der Mythos als politische Waffe [Auszug], Amer. Rundschau 11 (1943), 30–41, vollständig: Zürich 1949); Wesen und Wirkung des Symbolbegriffs, Darmstadt 1956, [4]1969.

Literatur: C.H. Hamburg, Symbol and Reality. Studies in the Philosophy of E.C., The Hague 1956; H. Lübbe, C. und die Mythen des 20. Jahrhunderts, Göttingen 1975; W. Marx, C.s Symboltheorie als Entwicklung und Kritik der Neukantianischen Grundlagen einer Theorie des Denkens und Erkennens. Überlegungen zur Struktur transzendentaler Logik als Wissenschaftstheorie, Arch. Gesch. Philos. 57 (1975), 188–206, 304–339; R. Nadeau, Bibliographie des textes sur E.C., Rev. int. philos. 28 (1974), 492–510; H. Noack, E.C.. Zur Würdigung seines Werkes, Z. philos. Forsch. 8 (1954), 446–454; H.J. Paton/R. Klibansky (eds.), Philosophy and History. Essays Presented to E. C., Oxford 1936, New York [2]1964 (mit Bibliographie bis 1964); P.A. Schilpp (ed.), The Philosophy of E. C., Evanston Ill. 1949, La Salle Ill. [3]1973 (mit Bibliographie bis 1949) (dt. Die Philosophie E.C.s, Stuttgart/Berlin/Köln/Mainz 1966 [mit Bibliographie bis 1957]).

H. W.

Castillon, Friedrich Adolf Maximilian Gustav von, *Utrecht(?) 22. Sept. 1747, †Berlin(?) 27. Jan. 1814, Sohn des Mathematikers J. Castillon, Prof. der Philosophie an der Berliner Militärakademie. C. wies als einer der ersten Pioniere der mathematischen Logik auf die Rolle von Kalkülregeln und einer geeigneten Notation (↑Notation, logische) für die Logik hin und entwickelte unter dem Einfluß von J.H. Lambert eine an G.W. Leibniz anknüpfende intensionale Logik (↑Logik, intensionale).

Werke: Reflexions sur la logique, Mémoires de l'Académie Royale des Sciences et des Belles-Lettres (année 1802) 52 (1804), 29–49; Mémoire sur un nouvel algorithme logique, ebd., 53 (1805), 3–24; Éloge de M. de Castillon, père (d.i. J. Castillon), Histoire de l'Académie Royale des Sciences et des Belles-Lettres de Berlin (avec mémoires) 46 (1792–1793), 38–60.

Literatur: C.I. Lewis, A Survey of Symbolic Logic, Berkeley 1918, (verkürzt) New York 1960, 32ff.; A.T. Shearman, The Development of Symbolic Logic. A Critical-Historical Study of the Logical Calculus, London 1906 (repr. Dubuque Iowa o.J.), 94–134; N.I. Styazhkin, History of Mathematical Logic from Leibniz to Peano, Cambridge Mass./London 1969, 134–136; C. Thiel, Zur Beurteilung der intensionalen Logik bei Leibniz und C., Akten des II. Int. Leibniz-Kongresses. Hannover 17.–22. Juli 1972, IV, Wiesbaden 1975, 27–37; J. Venn, Symbolic Logic, London ²1894 (repr. New York 1971); ders. (unbetitelte Notiz über C.s »Sur un nouvel algorithme logique«), Mind 6 (1881), 447–448. C.T.

Castillon, Johann (eigentlich: Giovanni Francesco Melchiore Salvemini), *Castiglione (im oberen Arnotal, Toskana) 15. Jan. 1708, †Berlin 11. Okt. 1791, ital. Mathematiker und Philosoph. Der Name ›C.‹ geht zurück auf den Beinamen ›Castilloneus‹, den der 1729 in Pisa zum Doktor der Rechte promovierte C. bei Aufnahme einer Lehrtätigkeit in der Schweiz unter Bezug auf seinen Geburtsort angenommen hatte und der seiner Familie als ›de Castillon‹ verblieben war. 1754 wurde C. Doktor der Philosophie, 1755 Prof. der Mathematik und Philosophie in Utrecht, 1758 Rektor der Universität. 1763 ging C. als Professor ans Artilleriekorps nach Berlin, 1764 an die mathematische Sektion der Berliner Akademie (etwa gleichzeitig Ernennung zum Mitglied der Royal Society in London und der Göttinger Akademie der Wissenschaften), 1765 Berufung zum Astronomen am Königlichen Observatorium in Berlin, 1787 zum Nachfolger J.L. Lagranges an der mathematischen Sektion der Akademie. In der Philosophie wandte sich C. gegen die Lehren J.-J. Rousseaus und propagierte solche der englischen Aufklärung, was sich auch in seiner Übersetzung von J. Lockes »Elements of Natural Philosophy« ins Französische spiegelt. Beachtung verdienen vor allem sein Kommentar zu I. Newtons »Arithmetica universalis« (Amsterdam 1761) sowie seine Editionen des Briefwechsels Leibniz-Bernoulli (Lausanne 1745), der Eulerschen »Introductio in analysin infinitorum« (Lausanne 1748) und der Newtonschen »Opuscula« (I–III, Lausanne 1744).

Werke: Discours sur l'origine de l'inégalité parmi des hommes, Amsterdam 1756; Observation sur le livre intitulé Système de la nature, Berlin 1771; De curva cardioide, Philos. Transact. Royal Society 41 (1741), 778–781; Sur une nouvelle propriété des sections coniques, Histoire de l'Académie Royale des Sciences et des Belles-Lettres de Berlin (avec mémoires) 1776, 284–311; Mémoire sur la règle de Cardan [...], ebd., 1783, 244–265; Examen philosophique de quelques principes de l'algèbre, 1–2, ebd., 45 (1790/1791), 331–333; Essai d'une théorie métaphysico-mathématique de l'expérience, ebd., 364–390.

Literatur: R.S. Calinger, C., DSB III (1971), 119–120; F. v. Castillon, Éloge de M. de C., père, Histoire de l'Académie Royale des Sciences et des Belles-Lettres de Berlin (avec mémoires) 46 (1792/1793), 38–60; C. Thiel, Zur Beurteilung der intensionalen Logik bei Leibniz und C., Akten des II. Int. Leibniz-Kongresses Hannover. 17.–22. Juli 1972, IV, Wiesbaden 1975, 27–37. C.T.

Cauchy, Augustin-Louis, *Paris 21. Aug. 1789, †Sceaux (b. Paris) 22. (oder 23.) Mai 1857, franz. Mathematiker und Astronom. 1816 Prof. an der École Polytechnique und Mitglied der Académie. C. verweigerte nach der Julirevolution 1830 als militanter Katholik und Monarchist den Eid auf die neue Regierung und ging über Fribourg zunächst auf den für ihn neu geschaffenen Lehrstuhl für mathematische Physik nach Turin, dann 1833 als Erzieher des Sohnes von Charles X. nach Prag. 1838 Rückkehr nach Paris, 1848 Prof. für Astronomie an der Sorbonne.

C. bewirkte die sogenannte erste Reform der ↑Analysis im 19. Jahrhundert durch strengere Definitionen der analytischen Grundbegriffe und Begründung sowohl der analytischen Sätze (genauere Analyse ihrer Voraussetzungen) als auch der Lehre von den unendlichen Reihen und ihren Konvergenzbedingungen. Durch J. le Rond d'Alembert angeregt, aber ohne Kenntnis verwandter Ansätze schon bei J. Wallis tat C. den ersten Schritt zu einer ›Arithmetisierung‹ der Analysis (↑Arithmetisierungstendenz), indem er deren Sätze und schon die Definitionen z.B. des ↑Grenzwerts, seine Verallgemeinerung zum Häufungswert und der Stetigkeit in zunehmendem Maße nicht mehr unter Bezug auf ›unendlich kleine Größen‹, sondern als Aussagen über alle Werte einer Variablen unterhalb beliebig klein zu wählender Werte $\delta, \varepsilon, \ldots$ formulierte (↑Epsilontik). C. untersuchte die Grundeigenschaften der heute sogenannten C.-Folgen oder ↑konzentrierten Folgen (↑Folge (mathematisch)) und gab zahlreiche nach ihm benannte Konvergenzkriterien (↑Konvergenz) an. Er verwendete das (auch) nach ihm benannte Diagonalverfahren (↑Cantorsches Diagonalverfahren), führte erstmals das ↑Integral unabhängig von der Differentiation (also nicht als Antiderivierte) ein, wobei er die Beziehungen von Integral und Antiderivierter mit Hilfe von Mittelwertsätzen herstellte (↑Infinitesimalrechnung). Er bewies den ›Verdichtungssatz‹ für Reihen mit positiven Gliedern und gab den ersten strengen Beweis des Taylorschen Lehrsatzes durch die C.sche Restabschätzung für Taylor-Reihen. In der von ihm in Gang gebrachten komplexen Funktionentheorie, in die er die Methode der Residuen einführte, bewies er den C.schen Integralsatz und die Geltung der C.schen Integralformeln; er fand ferner, daß eine komplexe Funktion $f(z)=u(x,y)+iv(x,y)$ genau dann differenzierbar ist, wenn sie stetige partielle Ableitungen

$$\frac{\partial u}{\partial x}, \frac{\partial v}{\partial y}, \frac{\partial u}{\partial y}, \frac{\partial v}{\partial x}$$

hat und zwischen diesen die (schon L. Euler und d'Alembert bekannten) C.-Riemannschen Differentialgleichungen

$$\frac{\partial u}{\partial x}=\frac{\partial v}{\partial y}, \frac{\partial u}{\partial y}=-\frac{\partial v}{\partial x}$$

bestehen.

In der Lehre von den ↑Differentialgleichungen erkannte C. die Wichtigkeit von Existenzbeweisen für Lösungen und entwickelte das C.-Lipschitzsche Approximationsverfahren. In der ↑Algebra hat C. die erste geschlossene Darstellung der Determinantentheorie gegeben, als erster die Bedeutung des Gruppenbegriffs (↑Gruppe (mathematisch)) erkannt und die Fundamentalsätze über Substitutionsgruppen gefunden, dabei auch den nach ihm benannten Satz, daß es zu jeder Primzahl p, welche die Ordnung einer Gruppe teilt, ein Gruppenelement der Ordnung p gibt. In der ↑Zahlentheorie ist der Beweis des Fermatschen Satzes über Polygonalzahlen, in der Wahrscheinlichkeitstheorie der Begriff der C.-Verteilung als auf ihn zurückgehend zu nennen. Man hat gesagt, daß mehr mathematische Sätze und Begriffe nach C. benannt sind als nach irgendeinem anderen Mathematiker. Zu Unrecht weniger bekannt sind demgegenüber C.s bedeutende Beiträge zur Elastizitätstheorie und zur Wellenoptik sowie seine Verbesserungen von Berechnungsmethoden der Himmelsmechanik, die ihre Bedeutung erst seit der Möglichkeit des Einsatzes elektronischer Großrechenanlagen verloren haben.

Werke: Œuvres complètes, I–XXVII, Paris 1882–1974. – Cours d'analyse de l'École Royale Polytechnique, Paris 1821 (repr. Darmstadt 1968); Leçons sur le calcul différentiel, Paris 1829 (dt. Vorlesungen über die Differenzialrechnung, Braunschweig 1836); Leçons de calcul differentiel et de calcul intégral, I–III, Paris 1840–1861; Abhandlung über bestimmte Integrale zwischen imaginären Grenzen, Leipzig 1900 (Ostwalds Klassiker der exakten Wissenschaften 112).

Literatur: E.T. Bell, Men of Mathematics, New York 1937, 1965 (dt. Die großen Mathematiker, Düsseldorf/Wien 1967); H. Freudenthal, A.-L.C., DSB III (1971), 131–148; P.E.B. Jourdain, The Theory of Functions with C. and Gauss, Bibl. Math. 6 (1905), 190–207; ders., The Origin of C.'s Conception of a Definite Integral and of the Continuity of a Function, Isis 1 (1913/1914), 661–703; G. Kowalewski, Große Mathematiker, München/Berlin ²1939, 273–292; A. Terracini, C. a Torino, Rendiconti del Seminario matematico, Università di Torino 16 (Turin 1956/1957), 159–205; C.A. Valson, La vie et les travaux du baron C., membre de l'Académie des sciences, I–II, Paris 1868. C.T.

Cauchy-Folge, ↑Folge (mathematisch).

causa (lat., Ursache), gemäß der Aristotelischen Definition des Prinzips (↑Arché) als eines ersten, von dem das Sein (c. *essendi*) oder die Entstehung (c. *fiendi*) oder die Erkenntnis (c. *cognoscendi*) eines Dinges ausgeht (Met. Δ1.1013a18–19), verwendeter scholastischer Terminus. Entsprechend den vier Ursachen (αἰτία) des Aristoteles unterscheidet die Scholastik die beiden causae *internae:* die c. *materialis,* das, woraus ein Ding entsteht, und die c. *formalis,* das, wodurch ein Ding seine Eigenschaften erhält, und die beiden causae *externae:* die c. *efficiens* (Wirkursache), das, was durch sein (äußeres) Wirken ein Ding hervorbringt, und die c. *finalis,* das, um dessentwillen ein Ding hervorgebracht wird. Ferner ist in der Scholastik die Platonische c. *exemplaris* bedeutsam, das Muster, nach dem ein Ding durch eine (vernünftige) c. efficiens hervorgebracht wird. Nach scholastischer Terminologie sind Ursache und Verursachtes immer verschieden, so daß der auf neuplatonische Traditionen (αἴτιον ἑατοῦ; Plotin, Enn. VI8, 14, 41) zurückgehende Ausdruck c. *sui* (Ursache seiner selbst) kein erlaubter Terminus ist (vgl. Thomas von Aquin, S.c.g. I, 22; de ente et essentia IV; S.th. I–II qu. 20 art. 3 ob. 3; qu. 75 art. 2 ob. 2). R. Descartes wiederum benutzt diesen Terminus, um auszudrücken, daß Gottes Wesen auch seine Existenz einschließt (ontologisches Argument, ↑Gottesbeweis); G.W.F. Hegel, der wiederholt auf die cartesische Definition der c. sui bei B. Spinoza (Ethica, Def. 1) hinweist (vgl. Verhältnis des Skepticismus zur Philosophie [1802], Sämtl. Werke I, 253), übernimmt ihn zur Charakterisierung der begrifflichen Arbeit (Enz. phil. Wiss. im Grundrisse §112).

Literatur: P. Hadot, c. sui, Hist. Wb. Ph. I (1971), 976–977; R. Specht, c. cognoscendi, ..., Hist. Wb. Ph. I (1971), 973–976. O.S.

Cavalieri, B[u]onaventura Francesco, *Mailand 1598 oder 1591, †Bologna 30. Nov. 1647, ital. Mathematiker und Astronom, ab 1629 Prof. in Bologna, Mitglied des Ordens der Jesuaten (nicht der Jesuiten, wie meist fälschlich behauptet). C.s »Geometria indivisibilibus« (1629) wurde zu einem der einflußreichsten Bücher der Mathematikgeschichte. In ihm entwickelte C. in Anknüpfung an Infinitesimalmethoden von Archimedes, J. Kepler und G. Galilei, als dessen Schüler er sich verstand, eine mit ↑Indivisibilien arbeitende Methode der Flächen- und Rauminhaltsberechnung, mit der er zahlreiche von Kepler aufgestellte Probleme lösen konnte. Als guter Kenner der scholastischen Indivisibiliendiskussion hat C. zumindest in seinen späteren, auf Grund von Kritiken P. Guldins präziser als die frühen Schriften verfaßten Werken nirgends behauptet, daß das Kontinuum aus unendlich kleinen Größen zusammengesetzt sei, insbesondere auch nicht, daß Figuren und Körper aus unendlich vielen unendlich dünnen Linien bzw. Schichten aufgebaut seien, sondern nur, daß ihr Flächeninhalt bzw. Volumen durch die Hilfsannahme des ›Fließens‹ von Schnittgeraden bzw. -ebenen durch die betreffenden Inhalte berechnet werden könnten – eine später von I. Newton sogar terminologisch übernommene Vorstellung (↑Fluxion).

C. formulierte das folgende ›C.sche Prinzip‹: gibt es eine Lage zweier stetig begrenzter geometrischer Körper K_1, K_2 und einer Ebene E derart, daß jede zu E parallele Ebene, die K_1 und K_2 überhaupt trifft, sie in Flächen mit dem konstanten Inhaltsverhältnis $F_1:F_2$ schneidet, so verhalten sich auch die Volumina von K_1 und K_2 wie F_1 zu F_2. Daraus folgt insbesondere die in der heutigen Schulmathematik übliche Formulierung, daß K_1 und K_2 gleiches Volumen haben, wenn für jeden Schnitt der genannten Art F_1 und F_2 flächengleich sind. Ersetzt man K_1 und K_2 durch zwei Flächen F_1 und F_2, E durch eine Gerade g, ›Inhalt‹ durch ›Fläche‹ und ›Fläche‹ durch ›Strecke‹, so ergibt sich das C.sche Prinzip für die ebene Geometrie. Diese Aussagen entsprechen in moderner Fassung den Feststellungen, daß zwei ↑Integrale gleich sind, wenn ihre Integranden und die Integrationsgrenzen gleich sind, und daß ein vor dem Integranden stehender konstanter Faktor vor das Integral gezogen werden kann.

Mit Hilfe der Indivisibilienmethode gab C. den ersten befriedigenden Beweis des (schon bei Pappos und Kepler unkritisch verwendeten) Guldinschen Satzes über das Volumen von Rotationskörpern. Aus C.s bedeutenden Arbeiten zur Trigonometrie und zur Kegelschnittlehre gingen seine Berechnung der Brennweiten gekrümmter Spiegel und seine Erfindung des Spiegelteleskops vor J. Gregory und Newton hervor.

Werke: Geometria indivisibilibus continuorum nova quadam ratione promota, öffentl. vorgelegt 1629, gedruckt Bologna 1635, ²1653 (erweitert); Lo speccio ustorio overo trattato delle settioni coniche, Bologna 1632; Directorium generale uranometricum, in quo trigonometriae, logarithmicae fundamenta, ac regulae demonstrantur, astronomicaeque, Bologna 1632 (ital. Turin 1966); Compendio delle regole de' triangoli con le loro dimostrationi, Bologna 1638; Centuria di varii problemi, per dimostrare l'uso e la facilità de'logaritmi nella gnomonica, astronomia, geograffia, alimetria, pianimetria, stereometria, & aritmetica prattica, Bologna 1639; Tavola prima logaritmica. Tavola seconda logaritmica, Bologna o.J. (1639); Nuova prattica astrologica di fare le direttioni secondo la via rationale e conforme ancora al fondamento di Kepplero per via di logaritmi, Bologna 1640; Trigonometria plana, et sphaerica, linearis et logarithmica, Bologna 1643; Trattato della ruota planetaria perpetua e dell'uso di quella principalmente per ritrouare i luoghi de' pianeti alla Lausbergiana, Bologna 1646; Exercitationes geometricae sex, Bologna 1647.

Literatur: C.B. Boyer, The Concepts of the Calculus. A Critical and Historical Discussion of the Derivative and the Integral, New York 1939, 1949, 2. Aufl. auch unter dem Titel: The History of the Calculus and its Conceptual Development, New York 1949, 1959; ders., C., Limits, and Discarded Infinitesimals, Scr. Math. 8 (1941), 79–91; E. Carruccio, B.C., DSB III (1971), 149–153; G. Cellini, Gli indivisibili nel pensiero matematico e filosofico di B.C., Periodico di matematiche 44 (1966), 1–21; ders., Le dimostrazioni di C. del suo principio, ebd. 85–105; F. Conforto, L'opera scientifica di B.C. e di Evangelista Torricelli, Atti del Convegno di Pisa (23.–27. Sept. 1948), 35–56; J.E. Hofmann, Geschichte der Mathematik, I–II, Berlin I ²1963, II 1957; A. Masotti, Commemorazione di B.C., Rendiconti dell'Istituto Lombardo di Scienze e lettere, parte generale e atti ufficiali 81 (1948), 43–86; G. Piola, Elogio di B.C., Milano 1844; F. Predari, Della vita e delle opere di B.C., Milano 1843. C.T.

Cavendish, Henry, *Nizza 10. Okt. 1731, †London 24. Febr. 1810, engl. Naturwissenschaftler mit Arbeiten zur Chemie, Meteorologie und Physik. Studium 1749–1753 in Cambridge (ohne Abschluß), Einrichtung eines Laboratoriums in London, 1760 Mitglied der Royal Society. C., der keine Bücher und nur einige Artikel veröffentlichte, verstand seine Arbeit als Fortführung der Arbeiten I. Newtons. 1766 veröffentlichte C. seine erste Arbeit über Gase, isolierte Kohlendioxyd und Wasserstoff als besondere Gasarten, prüfte Brennbarkeit und spezifisches Gewicht von Gasen, die bei Fäulnis- und Gärungsprozessen entstehen, und untersuchte die Zusammensetzung der Luft, für deren Sauerstoffanteil er 20,84 Vol.% feststellte. Angeregt durch seine Kenntnisse über Gase beschäftigte sich C. seit 1771 mit Elektrizität, deren Spannungszustand in einem Körper er mit der zusammengepreßten Luft in einem Behälter verglich. Seine Untersuchungen über elektrische Anziehung und Abstoßung von Partikeln, seine Berechnungen von ›Elektrizitätsmengen‹ wurden erst von J.C. Maxwell in ihrer Bedeutung erkannt und teilweise 1879 publiziert. 1776 folgte eine Untersuchung über elektrische Fische. Seit 1781 beschäftigte sich C. wieder mit Gasen und konnte durch Verbrennen von Wasserstoff mit Sauerstoff zu Wasser nachweisen, daß Wasser kein Element ist. Bei Arbeiten mit Stickstoff fand er die Salpetersäure, deren Gefrierpunkt er ebenso untersuchte, wie z.B. den von Vitriolsäure und Quecksilber. Berühmt wurde seine Bestimmung der Gravitationskonstante der Erde mit der Torsionswaage von J. Michell. Trotz seiner eigenen chemischen Leistungen hielt C. an der ↑Phlogistontheorie fest.

Werke: Experiments on Air, Philos. Transact. Royal Soc. 74 (1785), 119–153, 75 (1786), 372–384, separat Edinburgh 1893 (repr. 1950); The Electrical Researches of the Honourable H.C.. Written between 1771 and 1781, ed. J.C. Maxwell, Cambridge 1879 (repr. London 1967); The Scientific Papers of the Honourable H.C., F.R.S., I–II, ed. J.C. Maxwell/E. Thorpe, Cambridge 1921.

Literatur: A.J. Berry, H.C.. His Life and Scientific Work, London 1960; J.G. Crowther, Scientists of the Industrial Revolution. Joseph Black, James Watt, Joseph Priestley, H.C., London 1962; G. Cuvier, H.C., in: E. Farber (ed.), Great Chemists, New York 1961, 229–238; G. Lockemann, C., in: G. Bugge (ed.), Das Buch der großen Chemiker I, Berlin 1929 (repr. Weinheim 1965), 253–262; R. McCormmach, C., DSB III (1971), 155–159. K.M.

Cayley, Arthur, *Richmond (Surrey) 16. Aug. 1821, †Cambridge 26. Jan. 1895, engl. Mathematiker und Astronom. 1863–1895 Prof. der Mathematik in Cambridge, begründete mit J.J. Sylvester die Theorie der algebraischen Invarianten. Im Zusammenhang damit stehen seine Entwicklung der Matrizentheorie in ihrer algebraischen Fassung, die analytische Einführung n-dimensionaler Geometrien, die Klärung des Begriffs der abstrakten Gruppe (↑Gruppe (mathematisch)), die Darstellung von Gruppen durch Multiplikationstafeln (Gruppentafeln oder ›C.sche Tafeln‹) sowie der Fundamentalsatz, daß jede endliche Gruppe einer Permutationsgruppe isomorph ist (Satz von C.). C.s Zurückführung der metrischen Geometrie auf die projektive durch eine schon innerhalb dieser gültige Maßbestimmung (C.-Kleinsche Metrik) regte F. Klein zur Erweiterung auf die ↑nicht-euklidischen Geometrien und damit die Aufstellung des ↑Erlanger Programms an. Unter den Ergebnissen der C.schen Arbeiten über algebraische Formen oder Quantiken ist vor allem die Konstruktion einer nicht-assoziativen Algebra mit acht Basiselementen über dem Körper der reellen Zahlen zu nennen, die ›C.sche Algebra‹ mit den ›C.schen Zahlen‹ oder Oktaven als Elementen. Nicht weniger bedeutend sind C.s Beiträge zur abzählenden Geometrie, zur Theorie der algebraischen Kurven, über elliptische Funktionen und konforme Abbildung sowie seine Beschäftigung mit dem ↑Vierfarbenproblem, die einen der wichtigsten Anstöße zur Entwicklung der kombinatorischen ↑Topologie lieferte.

Werke: The Collected Mathematical Papers of A.C., I–XIV, Cambridge 1889–1898 (repr. New York 1962); An Elementary Treatise on Elliptic Functions, Cambridge 1876, London [2]1895.

Literatur: E.T. Bell, Invariant Twins. C. and Sylvester, in: ders., Men of Mathematics, London 1937 (repr. New York 1961), 424–453, Nachdr. New York 1965, 378–405 (dt. Die großen Mathematiker, Düsseldorf/Wien 1967, 364–388 [Zwillinge der Invarianz. C. und Sylvester]); A.R. Forsyth, (Obituary Notice of A.C.), Proc. Royal Soc. 58 (1895), 1–43, wiederabgedruckt in: Collected Mathematical Papers of A.C. VIII, IX–XLIV; A. Macfarlane, Lectures on Ten British Mathematicians of the Nineteenth Century, New York 1916; M. Noether, A.C., Math. Ann. 46 (1895), 462–480; J.D. North, A.C., DSB III (1971), 162–170; L. Nový, A.C. et sa définition des groupes abstraits-finis, Acta historiae rerum naturalium necnon technicarum, Sonderheft 2 (Prag 1966), 105–151; C.A. Scott, On C.'s Theory of the Absolute, Bull. Amer. Math. Soc. 3 (1896/1897), 235–246. C.T.

Celarent, in der traditionellen ↑Syllogistik Merkwort für den Syllogismus $MeP, SaM \prec SeP$ (›kein M ist P‹, ›alle S sind M‹ impliziert ›kein S ist P‹), in moderner quantorenlogischer Schreibweise:

$$\bigwedge_x (M(x) \rightarrow \neg P(x)), \ \bigwedge_x (S(x) \rightarrow M(x)) \prec \bigwedge_x (S(x) \rightarrow \neg P(x)).$$

Es handelt sich um einen der vier vollkommenen Syllogismen (↑Syllogismus, vollkommener) der ersten syllogistischen Schlußfigur. P.S.

Celsus, ↑Kelsos.

Certismus, innerhalb des kritischen Rationalismus (↑Rationalismus, kritischer) insbesondere von H.F. Spinner verwendeter Terminus für alle ›begründungsorientierten‹ philosophischen Konzeptionen, in Unterscheidung zu den ›widerlegungsorientierten‹, von K.R. Popper ›fallibilistisch‹ (↑Fallibilismus) genannten Positionen. Nach Spinner läßt sich die gesamte Geschichte der theoretischen Philosophie als Kampf zwischen certistischer und fallibilistischer Rationalitätskonzeption verstehen (Begründung, Kritik und Rationalität I, 1977). Die certistische ›Rechtfertigungsrationalität‹ hält Spinner, im Gegensatz z.B. zu H. Albert, der sie im Anschluß an Popper als ›Offenbarungsmodell der Erkenntnis‹ kritisiert (Traktat über kritische Vernunft, 15ff.), für ein »auf Erkenntnisfragen angewandtes Rechtsdenken« (a.a.O., VIII), das sich schon in der frühen griechischen Erkenntnistheorie (vor allem bei Parmenides) zeige.

Ob ›C.‹ geeignet ist, alle nicht-fallibilistischen philosophischen Ansätze in einem Schlagwort zusammenzufassen – ein Bestreben, das bei Vertretern des kritischen Rationalismus nicht neu ist, H. Albert spricht z.B. von ›Fundamentalismus‹ –, ist bezweifelbar. Der Ausdruck ›C.‹ unterstellt nämlich mit seiner Herkunft vom lateinischen ›certus‹ (›sicher‹) eine Verknüpfung von Begründungsorientiertheit mit Sicherheitsstreben. Dagegen zeigt z.B. die Entwicklung der konstruktiven Wissenschaftstheorie (↑Wissenschaftstheorie, konstruktive) ein Abrücken von der von H. Dingler noch für wesentlich erachteten Forderung nach absoluter Sicherheit und Eindeutigkeit wissenschaftlicher Systeme, ohne dabei die Forderung nach ↑Begründung oder Rechtfertigung wissenschaftlicher Aussagen fallenzulassen (vgl. J. Mittelstraß 1974).

Literatur: H. Albert, Traktat über kritische Vernunft, Tübingen [3]1975; J. Mittelstraß, Wider den Dingler-Komplex, in: ders., Die Möglichkeit von Wissenschaft, Frankfurt 1974, 84–105, 230–234; H.F. Spinner, Pluralismus als Erkenntnismodell, Frankfurt 1974; ders., Begründung, Kritik und Rationalität. Zur philosophischen Grundlagenproblematik des Rechtfertigungsmodells der Erkenntnis und der kritizistischen Alternative I (Die Entstehung des Erkenntnisproblems im griechischen Denken und seine klassische Rechtfertigungslösung aus dem Geiste des Rechts), Braunschweig 1977. P.S.

ceteris-paribus-Klausel, die einer Rechts- oder Moralnorm ausdrücklich beigefügte oder stillschweigend mitverstandene Klausel ›unter sonst gleichen Bedingungen/Umständen‹ (engl. ›other things being equal‹) kennzeichnet diese als eine *schwache* Norm, die in einer konkreten Situation solange nur eine *prima facie gültige* Verpflichtung begründet, als nicht entschieden ist, ob konkurrierende Normen, die auf diese Situation anwendbar sind, bestehen und Vorrang vor der fraglichen Norm haben. Eine Norm ist *stark*, wenn sie eine c.-p.-K. weder explizit noch implizit enthält, die durch die Norm gesetzte Verpflichtung also für alle von ihr spezifizierten Situationen von vornherein als endgültig gesetzt ist. – In den Sozialwissenschaften, vor allem in der Ökonomie bedeutet die c.-p.-K. in der Regel das methodische Prinzip, die Abhängigkeit sozialer Phänomene von bestimmten Bedingungen (Variablen) unter der Einschränkung zu untersuchen, daß für sonstige relevante Bedingungen Konstanz oder gleichbleibender Einfluß unterstellt wird. Im Unterschied zur Physik, wo entsprechende Betrachtungen häufig in der technischen Herstellung störungsfreier Versuchsbedingungen ein reales Fundament haben, ist die ökonomische c.-p.-K. im wesentlichen auf fiktive Modelle bezogen und wird daher großenteils zu Recht als ↑Modellplatonismus kritisiert.

Literatur: H. Albert, Marktsoziologie und Entscheidungslogik, Neuwied/Berlin 1967; K. Baier, The Moral Point of View. A Rational Basis of Ethics. Ithaca N.Y. 1958, 102–105, 193–195; D.H. Hodgson, Consequences of Utilitarianism. A Study in Normative Ethics and Legal Theory, Oxford 1967, 9–10, 19–20; D. Lyons, Forms and Limits of Utilitarianism, Oxford 1965, 19–22. F.K./R.Wi.

c-Funktion, ↑Bestätigungsfunktion.

Chaijam, al-, auch Omar Chaijam oder Omar Gheiasoddin Abul Fath (»Hilfe des Glaubens«, in späteren Lebensjahren erhaltener Ehrenname), *Naischabur (Iran) 15. Mai 1048(?), †ebd. 4. Dez. 1131(?), persischer Gelehrter und Dichter.

Über das Leben C.s liegen nur spärliche Nachrichten vor. Um 1070 hält sich C. in Samarkand auf und wird später dort Leiter des Observatoriums zu Isfahan; 1092 fällt er in Ungnade. Einige Jahre später verläßt er Isfahan und lebt in Merv (heute UdSSR), bevor er in seine Geburtsstadt zurückkehrt. C. war ein bedeutender Astronom. Seine Kalenderreform (beginnend mit dem 15. März 1079, Anfang der Seldschukendynastie) war genauer als die spätere Gregorianische Reform, galt aber nur kurze Zeit.

C.s Hauptleistungen liegen auf dem Gebiet der Mathematik. Die wichtigsten Werke sind seine beiden algebraischen Traktate und sein Euklidkommentar, die C.s Ruf als einer der besten Mathematiker des Mittelalters begründen. In der Algebra ragt insbesondere seine Methode der geometrischen und algebraischen Lösungen kubischer Gleichungen durch Reduktion auf Produkte quadratischer und linearer Gleichungen hervor. Er verbindet damit die erst 1837 bewiesene Vermutung, daß diese Gleichungen geometrisch nicht mit Zirkel und Lineal allgemein lösbar sind (algebraisch: durch quadratische Radikale). In C.s Euklidkommentar ist der Beweisversuch des ↑Parallelenaxioms besonders wichtig. Sowohl die Fragestellung als auch die Figur, an der der Beweisversuch durchgeführt wird, werden später – in Unkenntnis der Arbeiten C.s – von G. Saccheri und J.H. Lambert wieder verwendet und bilden bei Lambert den Übergang zu (ungewollten) Sätzen der ↑nicht-euklidischen Geometrie. C.s philosophische Werke, die meist auf Geheiß von Herrschern geschrieben wurden, sind entsprechend vorsichtig und lassen eigene philosophische Standpunkte schwer erkennen. Sie dürften auch der Verteidigung gegen den Vorwurf des Freidenkertums dienen, die ihm seine berühmten und populären, später vielfach abgewandelten und erheblich vermehrten Vierzeiler eingebracht haben. Von C. selbst dürften kaum mehr als 100 der ihm zugeschriebenen über tausend Vierzeiler stammen. Insgesamt ist C.s Philosophie stark vom platonisierenden ↑Aristotelismus Avicennas abhängig, während er hinsichtlich des Universalienproblems (↑Universalien) eine derjenigen Abaelards verwandte konzeptualistische (↑Konzeptualismus) Position vertritt.

Werke: Erster algebraischer Traktat (ohne Titel), engl. transl. by A.R. Amir-Moéz, Scr. Math. 26 (1961), 323–337; Risāla fi'l-barāhīn 'alā masā' il al-jabr wa'l-muqābala (=Abhandlung über den Beweis von Problemen der Algebra und Almuquabala), trad. franç. et éd. par F. Woepcke, Paris 1851 (Neuausg. mit pers. Übersetzung in: C.H. Mossaheb, Hakim Omare Khayyam as an Algebraist, Teheran 1960, 7–52), engl.: The Algebra of Omar Khayyam (trans. by D.S. Kasir), New York 1931, engl. übers. nach anderem Manuskript: H.J.J. Winter/W. 'Arafat, The Algebra of 'Umar Khayyam, J. Royal Asiatic Soc. 16 (1950), 27–70; Sharḥ mā ashkala min muṣāradat kitāb Uqlīdis (=Kommentare über die Schwierigkeiten in den Einführungen zu Euklids Buch), engl. ed. by A.I. Sabra, Omar Khayyam. Explanation of the Difficulties in Euclid's Postulats, Alexandria 1961, und (unvollständig) ed. A.R. Amir-Moéz, Scr. Math. 24 (1959), 275–303; Rubāiyāt (=Vierzeiler), A Prose Translation, ed. A.J. Arberry, London 1949; A Poetical Translation, ed. A.J. Arberry, London 1952; Die Vierzeiler 'Omar C.s in der Auswahl und Anordnung E. Fitzgeralds aus dem Persischen verdeutscht von C.H. Rempis, Tübingen 1933; Die Sinnsprüche Omars des Zeltmachers, aus d. Pers. übers. von F. Rosen, Wiesbaden 1955. – Gesamtausgabe: Omar Khayyam. Traktaty, russ. übers. von B.A. Rosenfeld, Einl. und Anm. von B.A. Rosenfeld/A.P. Juškevič, ed. V.S. Segal/A.P. Juškevič, Moskau 1961 (enthält bis auf 3 alle wissenschaftl. und philos. Arbeiten C.s).

Literatur: A Fadil, The Fame of Omar Khayyam (Between Science and Literature), Muslim World 50 (1960), 259–268; F.K. Ginzel, Handbuch der mathematischen und technischen Chronologie I, Leipzig 1906, 300–305; (Swami) Govinda Tirtha, The Nectar of Grace. 'Omar Khayyāms's Life and Works, Allahabad 1941 (mit Übers. philos. Texte und Vierzeiler); U. Jacob/E. Wiedemann, Zu Omer-i-Chajjam, Der Islam 3 (1912), 42–62 (mit dt. Übers. der Einleitung in den Euklidkommentar); A.P. Juškevič, Geschichte der Mathematik im Mittelalter, Leipzig 1964; ders./B.A. Rosenfeld, Omar Chajjam, Moskau 1965 (russ., mit ausführl. Primär- und Sekundärbibliographie); dies., Al-Khayyāmi, DSB VII (1973), 323–334 (mit Bibliographie); H. Lamb, Omar Khayyam. A Life, New York 1934 (dt. Omar Chajjam. Das abenteuerliche Leben des persischen Dichters und Astronomen, Leipzig 1939); V. Minorsky, 'O. Khaiyām, Enz. des Islams III, Leiden/Leipzig 1935, 1064–1068; C.H. Mossaheb, Hakim Omare Khayyam as an Algebraist, Teheran 1960; G. Sarton, Introduction to the History of Science I, Washington 1927, 759–761 (repr. Baltimore 1968); D.E. Smith, Euclid, Omar Khayyam and Saccheri, Scr. Math. 3 (1935), 5–10. G.W.

Chalcidius, ↑Calcidius.

Chamberlain, Houston Stewart, *Southea (b. Portsmouth) 9. Sept. 1855, †Bayreuth 9. Jan. 1927, engl. Kulturphilosoph und Rassentheoretiker, einer der Hauptautoren der sogenannten ›Konservativen Revolution‹. 1879–1885 naturwissenschaftliches Studium in Genf, 1885–1889 Aufenthalt in Dresden, 1889–1909 in Wien. 1909 Heirat mit R. Wagners Tochter Eva und Übersiedlung nach Bayreuth. Nach C. ist das Leben als gestaltbildende und identifizierende Kraft die Basis, von der aus sich der Geltungsrahmen wissenschaftlicher und insbesondere philosophischer Erkenntnis ergibt. Die ganzheitliche Vermittlung von Kultur und Natur leistet die Weltanschauung, die Wertigkeit des Lebens verdankt sich seiner spezifischen rassischen Eigenart, die durch Züchtung entwickelt werden kann. Die germanische Rasse ist in kulturschöpferischer Hinsicht allen Rassen überlegen. Die Besinnung der Deutschen auf den Rassegedanken ist die Voraussetzung für die Rettung vor überfremdenden Orientierungen, der Hauptgegner ist das Judentum. C.s Vorstellungen haben den Nationalsozialismus beeinflußt.

Werke: Das Drama Richard Wagners, Leipzig 1892; Richard Wagner, München 1896; Die Grundlagen des neunzehnten Jahrhunderts, I–II, München 1899, [29]1944; Arische Weltanschauung, Berlin 1905; Immanuel Kant. Die Persönlichkeit als Einführung in das Werk, München 1905; Goethe, München 1912; Kriegsaufsätze, München 1914; Demokratie und Freiheit, München 1917; Lebenswege meines Denkens, München 1919; Mensch und Gott. Betrachtungen über Religion und Christentum, München 1921; Rasse und Persönlichkeit. Aufsätze, München

1925; Briefe 1882–1924 und Briefwechsel mit Kaiser Wilhelm II., München 1928; Cosima Wagner und H.S.C. im Briefwechsel 1888–1908, ed. P. Pretzsch, Leipzig 1934; C. der Seher des Dritten Reiches. Das Vermächtnis H.S.C.s an das deutsche Volk, in einer Auslese aus seinen Werken, ed. G. Schott, München 1934. – Gesamtausgabe Hauptwerke, I–IX, München 1923.

Literatur: H. Ballmann, H.S.C. und das Deutschtum. Die Beziehung H.S.C.s zur deutschen Geistesgeschichte, Düsseldorf 1939; W. Eckhard, H.S.C.s Naturanschauung, Leipzig 1941; W. Nielsen, Der Lebens- und Gestaltbegriff bei H.S.C.. Eine Untersuchung seiner Lebenslehre. Unter besonderer Berücksichtigung ihrer geisteswissenschaftlichen Grundlagen und Beziehungen, Diss. Kiel 1938; G. Stutzinger, Die politischen Anschauungen H.S.C.s, Diss. Berlin 1938; W. Vollrath, Thomas Carlyle und H.S.C.. Zwei Freunde Deutschlands, München 1935. S. B.

Chang Tsai (Zhang Zai), 1020–1078, chines. Philosoph, Wegbereiter des rationalistischen Neokonfuzianismus (↑Konfuzianismus). Im Mittelpunkt seiner Lehre steht die ›konstellierte Energie‹ ch'i, der das ↑Tao und alle moralischen Werte innewohnen. Macht den Lehrsatz ›das Universum ist eins, seine Manifestationen sind viele‹ zur metaphysischen Grundlage der neokonfuzianischen Ethik. Hauptwerke das »Hsi-ming« und das »Cheng-meng«.

Literatur: J.P. Bruce, Chu Hsi and his Masters, London 1923; W.-T. Chan, A Source Book in Chinese Philosophy, New Jersey 1963 (Kap. 30); ders., Reflections on Things at Hand, New York 1970; ders., C., in: H. Franke (ed.), Sung Biographies I, Wiesbaden 1976, 39–43 (Münchener Ostasiatische Studien 16,1); C. Chang, The Development of Neo-Confucian Thought, London 1958; W. Eichhorn, Die Westinschrift des C.. Ein Beitrag zur Geistesgeschichte der nördlichen Sung, Abh. f. d. Kunde d. Morgenlandes 32 (1937), 1–85; Huang, Siu-chi, The Moral Point of View of C., Philos. East and West 21 (1971), 141–156; T'ang Chun-i, C.T.'s Theory of Mind and its Metaphysical Basis, Philos. East and West 6 (1956), 113–136. H. V.

Chaos (griech. χάος; eigentlich: klaffende Leere des Weltraums), in der antiken Vorstellung der mit ungeformtem und unbegrenztem Urstoff gefüllte, noch nicht die Gliederung der Dinge enthaltende Raum als Vorstufe des endlichen und wohlgeordneten ↑Kosmos. Bei Platon und Aristoteles ist in der Verwendung des Begriffs eine deutliche (schon im ↑Apeiron-Begriff des Anaximander erkennbare) Entwicklung vom kosmogonischen Mythos einerseits zur Kosmologie (↑materia prima), andererseits zur Erkenntnistheorie hin festzustellen: der Urstoff wird nicht als real vorgestellt, sondern dient als gedankliche Konstruktion einer keinerlei Unterscheidungen aufweisenden Vorstufe der Gegenstände (↑creatio ex nihilo). – In den ästhetischen Theorien bei F.C. Oetinger und J.J. Bodmer wird C. als Kraft zur Hervorbringung der Welt verstanden. F.W.J. Schelling sieht es als ›metaphysische Einheit der Potenzen‹, F. Nietzsche als ›Grundcharakter der Welt‹ an. C.G. Jung verwendet den Begriff in seiner Theorie des Unbewußten. – Im politischen Bereich noch bei T. Hobbes üblich als Bezeichnung eines von ungeordneter Gewalt beherrschten Urzustandes der Gesellschaft, wird ›C.‹ ab Mitte des 17. Jahrhunderts durch das Wort ›Anarchie‹ verdrängt (synonym bei J. Milton).

Literatur: F. Börtzler, Zu den antiken C.-Kosmogonien, Arch. Rel. wiss. 28 (1930), 253–268; H. Gunkel, Schöpfung und C. in Urzeit und Endzeit, Göttingen 1895 (repr. 1921); M. Kurdzialek/U. Dierse/R. Kuhlen, C., Hist. Wb. Ph. I (1971), 980–984; F. Lämmli, Vom C. zum Kosmos, I–II, Basel 1962; F. Solmsen, C. und Apeiron, Studi Ital. Filol. Class. 24 (1950), 235–248. M. G.

characteristica universalis, ↑Leibnizsche Charakteristik.

Charron, Pierre, *Paris 1541, †ebd. 16. Nov. 1603, franz. Philosoph und Theologe. Studium der Rechte, später auch der Theologie, in Orléans und Bourges, Hofprediger der Königin Margarete von Navarra und (ab 1599) Domherr in Condom. Stand unter Wiederaufnahme von Gedanken Plutarchs und Senecas dem Skeptizismus M.E. de Montaignes nahe (De la sagesse, Bordeaux 1601) und schrieb eine gegen die Hugenotten gerichtete Apologie des katholischen Glaubens (Les trois veritez contre les athées, idolâtres, juifs, mahumétans, hérétiques et schismatiques, Bordeaux 1593, ^{2}1595).

Werke: Toutes les œuvres, I–II, Paris 1635 (repr. Genf 1970). – De la sagesse, Bordeaux 1601, Paris ^{2}1604, ^{3}1607, I–III, 1824 (repr. Genf 1968) (dt. Die wahre Weisheit. Oder, Sittenlehre des Weltbürgers, München 1779); Discours chrestien. Qu'il n'est permis ny loisible à un subject, pour quelque cause et raison que se soit, de se liquer, bander et rebeller contre son roy, Paris 1606. – Totok III (1980), 447–448.

Literatur: D. Bosco, C. moralista. Temi e problemi di »La sagesse«, Riv. filos. neo-scolastica 69 (1977), 247–278; H. Busson, La pensée religieuse française de C. à Pascal, Paris 1933; J.D. Charron, The »Wisdom« of P.C.. An Original and Orthodox Code of Morality, Chapel Hill N.C. 1961; M.C. Horowitz, P.C.s View of the Source of Wisdom, J. Hist. Philos. 9 (1971), 443–458; ders., Natural Law as the Foundation for an Autonomous Ethics, P.S.'s »De la sagesse«, Studies in the Renaissance 21 (1974), 204–227; R.H. Popkin, The History of Scepticism from Erasmus to Descartes, Assen 1960; E.F. Rice, The Renaissance Idea of Wisdom, Westport Conn. 1973, 178–207; A. Soman, Methodology in the History of Ideas. The Case of P.C., J. Hist. Philos. 12 (1974), 495–501. J.M.

Chartier, Émile-Auguste, ↑Alain.

Chartres, Schule von, Ende des 10. Jhs. von Fulbert von Chartres gegründet, einflußreich im 12. Jh. vor allem unter der Leitung von Bernhard und Thierry von Chartres. Sie zeichnet sich durch Pflege klassischer und arabischer Texte (Constantinus Africanus, Adelard von Bath), durch Beschäftigung mit Naturphilosophie und -wissenschaft sowie durch die Forderung aus, nicht Autoritäten, sondern nur ›notwendige Gründe‹ gelten zu lassen. Dies führt zu einer Theologie ›more geometrico‹ (Nicolaus von Amiens), teilweise mit Zahlenspekulationen verbunden (Thierry von Chartres). Starke Tendenzen zum ↑Pantheismus, wobei Gott zum einen als ↑›Weltseele‹ (d.i. der Heilige Geist bei Bernhard Silvestris von Tours) aufgefaßt wurde, zum anderen als Form alles Seienden (Amalrich von Bene) oder als noch formlose Materie (↑materia prima, David von Dinant). Ihren geistigen Höhepunkt findet die Schule von C. in den wissenschaftstheoretischen Überlegungen Gilbert de la Porées, die auch über die Schule hinaus wirken, z.B. in den Schriften Ottos von Freising und Johannes' von Salisbury. Bedeutende Mitglieder der Schule waren ferner Wilhelm von Conches (Naturphilosophie), Walter von Mortagne (Erkenntnistheorie), Clarenbaldus von Arras, Joachim von Fiore (Geschichtsmystik).

Literatur: M.-D. Chenu, La théologie au douzième siècle, Paris 1957, ²1966; A. Clerval, Les écoles de C. au moyenâge, Paris 1895 (Nachdr. New York 1965); M. Dal Pra, Amalrico di Bène, Mailand 1951; H.C. van Elswijk, Gilbert Porreta. Sa vie, son œuvre, sa pensée, Löwen 1966; T. Gregory, Anima mundi. La filosofia di Guglielmo di Conches e la scuola di C., Florenz 1955; H. Grundmann, Neue Forschungen über Joachim von Fiore, Marburg 1950; N.M. Häring, Life and Works of Clarenbald of Arras. A Twelfth-Century Master of the School of C., Toronto 1965; E. Jeauneau, »Lectio philosophorum«. Recherches sur l'Ecole de Chartres, Amsterdam 1973; L. MacKinney, Bishop Fulbert and Education at the School of C., Notre Dame Ind. 1957; C. Mazzantini, Il platonismo della scuola di C., Turin 1958; J.M. Parent, La doctrine de la création dans l'Ecole de C., Paris/Ottawa 1938 (Nachdr. New York 1965). O.S.

Châtelet, Gabrielle-Émilie Le Tonnelier de Breteuil, Marquise du, *Paris 17. Dez. 1706, †Lunéville 10. Sept. 1749, franz. Naturwissenschaftlerin und Philosophin, Freundin Voltaires, mit dem sie 1734–1748 auf Schloß Cirey (Champagne) zusammenlebte. Unter dem Einfluß P.L.M. de Maupertuis' befaßte sich Mme. du C. insbesondere mit dem Werk I. Newtons; sie war an der Ausarbeitung der »Éléments de la philosophie de Newton« (1738) Voltaires beteiligt (angeregt durch einen Besuch F. Algarottis, des Autors von »Il newtonianismo per le dame« [1737], 1735 auf Schloß Cirey), schrieb zur Unterstützung dieses Voltaireschen Werkes (Lettre sur les élémens de la philosophie de Newton, 1738) und übersetzte 1745–1747, unterstützt durch den Mathematiker und Astronomen A.C. Clairaut, Newtons »Principia« ins Französische (Principes mathématiques de la philosophie naturelle, Paris 1759). 1737 beteiligte sie sich (erfolglos) an einem von der »Académie des Sciences« ausgeschriebenen Wettbewerb mit einer Arbeit über das Feuer (Dissertation sur la nature et la propagation du feu, publiziert, zusammen mit den Arbeiten der drei Preisträger, unter ihnen L. Euler, und der ebenfalls erfolglosen Arbeit Voltaires, Paris 1739), 1740 erschienen ihre »Institutions de physique«, die, beeinflußt durch Joh. Bernoulli und Maupertuis, Partei für den Kraftbegriff G.W. Leibnizens in der sogenannten ↑vis-viva-Kontroverse ergreifen. Ihre privaten Affairen machten Mme. du C. in Europa zeitweise ebenso bekannt wie die bedeutende Rolle, die sie bei der Durchsetzung der Newtonschen Physik und der Leibnizschen Philosophie spielte.

Werke: Lettre sur les élémens de la philosophie de Newton, Journal des sçavans (1738), 534–541; Dissertation sur la nature et la propagation du feu, Paris 1739, 1744, 1752; Institutions de physique, Paris 1740, London 1741, Amsterdam ²1742 (ital. Instituzioni di Fisica, Venezia 1743); Principes mathématiques de la philosophie naturelle, Paris 1759 (mit Mme. du C.s Kommentaren und Clairauts Supplementen; Teiledition zuvor Paris 1756); Les lettres de la marquise du C., I–II, ed. T. Besterman, Genf 1958.

Literatur: W.T. Barber, Mme. du C. and Leibnizianism. The Genesis of the Institutions de physique, in: W.H. Barber u.a. (eds.), The Age of the Enlightenment. Studies Presented to T. Besterman, Edinburgh/London 1967, 200–222; I.B. Cohen, The French Translation of Isaac Newton's Philosophiae Naturalis Principia Mathematica (1756, 1759, 1966), Arch. int. hist. sci. 21 (1968), 261–290; F. Hamel, An Eighteenth Century Marquise. A Study of Emilie du C. and Her Times, London 1910; C. Iltis, Madame du C.'s Metaphysics and Mechanics, Stud. Hist. Philos. Sci. 8 (1977), 29–48; A. Maurel, La marquise du C., amie de Voltaire, Paris 1930; R. Taton, Madame du C., traductrice de Newton, Arch. int. hist. sci. 22 (1969), 185–210; ders., C., DSB III (1971), 215–217; I.O. Wade, Voltaire and Mme. du C.. An Essay on the Intellectual Activity at Cirey, Princeton 1941; ders., Studies on Voltaire with some Unpublished Papers of Mme. du C., Princeton 1947. J.M.

Chemie, eine mit qualitativen und quantitativen Methoden arbeitende Experimentalwissenschaft mit dem Ziel, Zusammensetzung und Eigenschaften natürlicher Stoffe zu erkennen und künstliche Stoffe erwünschter Eigenschaften herzustellen. Die auffällige Verschiedenheit gängiger Definitionen und Einteilungen von C. rührt einerseits von der Wahl des Aspekts her (etwa Definition nach Gegenstand, z.B. organische, anorganische, Metall-C.; nach Methoden, z.B. analytische, präparative, physikalische C.; mit oder ohne Rückgriff auf die jeweils modernste chemische Terminologie; mit oder ohne Bezug auf C.-Geschichte), sie ist andererseits durch fließende Übergänge zu Nachbarwissenschaften (z.B. Physik, Biologie, Pharmazie, Werkstoffwissenschaften) bedingt. Die C. bietet für die Wissenschaftstheorie insofern andere Probleme als die Physik, als ein direkter, vom Gerätegebrauch weitgehend unabhängiger Anschluß an natürliche Phänomene (z.B. Stoffeigenschaften) vorliegt, während die Physik auf einer begrifflich leichter abschließbaren Gegenstandskonstitution durch Gebrauch von Beobachtungs-, Meß- und Experimentiergeräten aufbaut. Das methodologische Selbstverständnis der Chemie ist heute durch eine enge Verbindung von technischen Erfolgskriterien und wissenschaftlichen Forschungsmethoden gekennzeichnet und wirft deshalb weniger wahrheitstheoretische Fragen auf als z.B. die Physik.

Mit einer zunehmenden Hinwendung zur theoretischen C., in der physikalische Theorien auf chemische Forschungsresultate so weit ausgedehnt werden sollen, daß im günstigen Falle chemische Experimente durch quantenphysikalische Berechnungen ersetzt werden können, werden wissenschaftstheoretische Probleme der Physik jedoch auch für die C. relevant. In Analogie zum naturalistischen Verhältnis der Physik zu ihrer historisch-technischen Basis wird in der C. dann gelegentlich übersehen, daß die Produktion vermeintlich natürlicher, weil ›naturgesetzlicher‹ Abläufe nicht Naturstoffe, sondern eine hochtechnische Herstellung der Ausgangsreagenzien (z.B. hohen Reinheitsgrades) zur Voraussetzung haben. Die im Vergleich zur Physik und Biologie größere Nähe selbst der chemischen Grundlagenforschung zur Anwendung in der chemischen Industrie macht die Methoden der C. leichter auf soziale, ökonomische und moralische Zwecke hin beurteilbar als in den anderen Naturwissenschaften.

Literatur: W. Böhm, Die Naturwissenschaftler und ihre Philosophie. Geistesgeschichte der C., Wien/Freiburg/Basel 1961; P. Bulthaup, Systematische Kategorien und historische Entwicklung einer Naturwissenschaft – dargestellt an der C. als Modell, in: ders., Zur gesellschaftlichen Funktion der Naturwissenschaften, Frankfurt 1973, 64–83; H.R. Christen, C., Aarau/Frankfurt [10]1976; H.E. Fierz-David, Die Entwicklungsgeschichte der C., Basel 1945, [2]1952; J.F. Gmelin, Geschichte der C.. Seit dem Wiederaufleben der Wissenschaften bis an das Ende des 18. Jahrhunderts, I–III, Göttingen 1797–1799 (repr. Hildesheim 1965); H. Hartley, Studies in the History of Chemistry, Oxford 1971; H. Kopp, Geschichte der C., I–IV, Braunschweig 1843–1847 (repr. Hildesheim 1966); ders., Die Entwicklung der C. in der neueren Zeit, München 1873 (repr. New York/London/Hildesheim 1965); A. Ladenburg, Vorträge über die Entwicklungsgeschichte der C. von Lavoisier bis zur Gegenwart, Braunschweig [4]1907; H. Laitko/W.-D. Sprung, C. und Weltanschauung. Standpunkte der marxistischen Philosophie zu einigen philosophischen Problemen der modernen C., Leipzig 1970; H.M. Leicester, Source Book in C. (1900–1950), Cambridge Mass. 1968; R.P. Multhauf, The Origins of Chemistry, London 1966; W. Ostwald, Der Werdegang einer Wissenschaft. Sieben gemeinverständliche Vorträge aus der Geschichte der C., Leipzig 1908 (=2. Aufl. von: Leitlinien der C.); J.R. Partington, A History of Chemistry, I–IV, London/New York 1961–1970; L. Pauling, General Chemistry, San Francisco [3]1970 (dt. Grundlagen der C., Weinheim 1973); E. Ströker, Denkwege der C.. Elemente ihrer Wissenschaftstheorie, Freiburg 1967; F. Szabadváry, Az analitikai kemía módszereinek kialakulása, Budapest 1960 (dt. Geschichte der analytischen C., Braunschweig 1966). P.J.

Chemismus, seit dem 18. Jahrhundert (verbunden mit der Entwicklung der Chemie zu einer eigenständigen wissenschaftlichen Disziplin) auftretender Begriff. Im C. werden Veränderungen insgesamt, insbesondere aber die organischen Prozesse, chemisch interpretiert. In seiner methodenreduktionistischen Konsequenz entspricht der C. dem ↑Physikalismus und dem ↑Biologismus, deren wirkungsgeschichtliche Relevanz jedoch größer war.

Für G.W.F. Hegel ist C. eine dialektisch-logische Kategorie (Logik II, Sämtl. Werke V, 200–208). Er steht zwischen dem ↑Mechanismus und der ↑Teleologie. Das ›chemische Objekt‹ ist eine selbständige Totalität, die in ihrer ›Unmittelbarkeit und Existenz‹ durch eine ›Beziehung auf Anderes‹ definiert ist, mit dem es von sich aus einen ruhenden Ausgleich anstrebt. Die chemischen Objekte stehen im Verhältnis der ›Verwandtschaft‹ zueinander und unterscheiden sich hierin insbesondere von den mechanischen Objekten. Insofern sie sich in einem ruhenden ›Produkt‹ ausgleichen, unterscheiden sie sich von den lebendigen Organismen, die ›perennierend‹ tätig sind (Enc. phil. Wiss., Sämtl. Werke IX, 444). Der C. ist nicht nur der ›elementarischen Natur‹ eigentümlich, deren Übergang zum Organischen er darstellt (Enc. phil. Wiss., Sämtl. Werke IX, 448), sondern auch die »(formale Grundlage) für die geistigen Verhältnisse der Liebe, Freundschaft u.s.f.« (Logik II, Sämtl. Werke V, 201). In dieser Fassung des Begriffs des C. befindet sich Hegel in der Gefolgschaft der Goethischen modellartigen Interpretation affiner personaler Verhältnisse in den »Wahlverwandtschaften«. S. B.

Ch'eng Hao (Cheng Hao), 1032–1085, chines. Politiker und Philosoph. Begründete gemeinsam mit seinem jüngeren Bruder Ch'eng I die rationalistische Richtung des Neokonfuzianismus (↑Konfuzianismus); betont in besonderem Maße die meditative Selbstkultivierung.

Literatur: W.-T. Chan, C., in: H. Franke (ed.), Sung Biographies I, Wiesbaden 1976, 169–174 (Münchener Ostasiatische Studien 16,1); C. Chang, The Development of Neo-Confucian Thought, I–II, New York 1957/1962; O. Graf, Tao und Jen, Wiesbaden 1970; A.C. Graham, Two Chinese Philosophers, London 1958. H. V.

Ch'eng I (Cheng Yi), 1033–1107, chines. Politiker und Philosoph; jüngerer Bruder des Ch'eng Hao und Neffe des Chang Tsai, Mitbegründer der rationalistischen Richtung des Neokonfuzianismus (↑Konfuzianismus). Im Mittelpunkt seiner Philosophie steht li, ein umfassendes, dynamisches Prinzip, das in seinen Manifestationen zu ergründen, eine Hauptforderung der Neokonfuzianer wird. Die gewonnenen Erkenntnisse sollen dabei zur Grundlage der Selbstkultivierung gemacht werden.

Literatur: W.-T. Chan, C., in: H. Franke (ed.), Sung Biographies I, Wiesbaden 1976, 174–179 (Münchener Ostasiatische Studien 16,1); A.C. Graham, Two Chinese Philosophers, London 1958; Y.C. Tsai, The Philosophy of C.. A Selection of Texts from the »Complete Works«, New York 1950. H. V.

Ch'en Liang (Chen Liang), 1143–1194, chines. Philosoph, zählt zu den Neokonfuzianern (↑Konfuzianismus), leugnet im Gegensatz zu diesen die Eigenständigkeit der Metaphysik und betrachtet sie als bedeutungslosen Anhang der Physik; entwickelt eine utilitaristische Ethik. Nachhaltige Wirkung durch seinen geschichtsphilosophischen Briefwechsel mit Chu Hsi.

Literatur: C. Chang, The Development of Neo-Confucian Thought, I–II, New York 1957/1962; H. Wilhelm, The Heresies of C., Asiat. Stud. 11 (1957/1958), 102–112. G. N.

Cheyne, George, *Aberdeenshire (Schottland) 1671, †Bath (England) 12. April 1743, engl. Mediziner, Mathematiker und Theologe. Nach Abbruch der Vorbereitung auf das geistliche Amt studierte C. in Edinburgh Medizin und eröffnete 1702 eine Praxis in London, wo er (als Mitglied der Royal Society) Anschluß an die gebildete Gesellschaft fand (so gehörte der Romancier S. Richardson zu seinen Patienten). 1720 zog er sich nach Bath zurück. C. arbeitete zunächst in der Medizin nach dem Vorbild der Newtonschen Physik; eher erfolglos blieben seine Bemühungen in der Mathematik. In der Unableitbarkeit der Anziehungskraft in der Newtonschen Theorie sah C. den Beweis für die Existenz Gottes; seine Schrift »Philosophical Principles of Natural Religion« (1705) verschaffte diesem Argument einige Popularität. Die zweite Phase seiner Arbeit ist bestimmt von der fast ausschließlichen Beschäftigung mit medizinischen Einzelproblemen, wobei philosophische Spekulationen praktischen ärztlichen Ratschlägen weichen. Bis zuletzt befaßte sich C. allerdings intensiv mit dem ↑Leib-Seele-Problem.

Werke: Principia medicinae theoreticae mathematica, London 1702; Fluxionum methodus inversa, London 1703; Philosophical Principles of Natural Religion, Containing the Elements of Natural Philosophy, and the Proofs for Natural Religion, Arising from them, I–II, London 1705, ab 2. Aufl. unter dem Titel: Philosophical Principles of Religion: Natural and Reveal'd [...], I–II, London 1715, [5]1736; An Essay on the Gout, London 1720, [3]1721; An Essay on Health and Long Life, London 1724, [10]1745; An Essay on Regimen. Together with Five Discourses, Medical, Moral, and Philosophical [...], London 1740, [3]1753; The Natural Method of Cureing the Diseases of the Body and the Disorders of the Mind Depending on the Body, London 1742, [15]1753. – The Letters of Doctor G.C. to Samuel Richardson (1733–1743), ed. C.F. Mullet, San Marino Calif. 1940.

Literatur: C. Daremberg, Histoire des sciences médicales II, Paris 1870; W.G. Hiscock (ed.), David Gregory, Isaac Newton and Their Circle, Oxford 1937; A. v. Haller, Bibliotheca medicinae practicae IV, Basel 1788; H. Metzger, Attraction universelle et religion naturelle chez quelques commentateurs anglais de Newton, Paris 1938; C.F. Mullet, Introduction to »The Letters of Dr. G.C. to the Countess of Huntingdon«, San Marino Calif. 1940; K. Sprengel, Histoire de la médicine, Paris 1815. R. W.

Chia I (Jia Yi), ca. 200–ca. 169 v. Chr., chines. Staatsmann und Philosoph; folgte synkretistischen Zeitströmungen und beteiligte sich entscheidend daran, den Anspruch des ↑Konfuzianismus auf Durchsetzung seiner Staatsideologie zu formulieren. Gehört zu den Wegbereitern des klassischen konfuzianischen Staates. Hauptwerk ist das »Hsin-shu« (nicht in allen Teilen echt).

Literatur: A. Forke, Geschichte der mittelalterlichen chinesischen Philosophie, Hamburg [2]1964; B. Watson, Records of the Grand Historian of China I, New York/London 1961. G. N.

Chiffre (arab. ›sifr‹, engl. ›cipher‹, franz. ›chiffre‹), vom arab. Wort ›sifr‹ für ›leer‹, ›Zahlzeichen ohne Wert‹, ›Null‹, im 13. Jh. von romanischen und germanischen Sprachen übernommen, jedoch in dieser Bedeutung durch das ital. ›nulla‹ verdrängt, ab 1400 als ›ziffer‹ in der dt. Sprache belegt, als ›chiffre‹ aus dem Französischen zur Bezeichnung von Geheimzeichen der Kryptologie übernommen. – Nach DIN 44300 versteht man heute unter ↑Kodierung eine eindeutige Zuordnungsvorschrift (Abbildung) der Zeichen eines Zeichenvorrats zu denjenigen eines anderen Zeichenvorrats. Die Bildmenge einer Kodierung heißt allgemein Kode. Sind die Bilder einer Kodierung sämtlich Einzelzeichen, so heißt die Abbildung *›Chiffrierung‹* und die Bilder ›C.n‹. Liegt eine kryptographische Absicht vor, so heißt die Umkehrung der (eindeutigen) Abbildung ›Dekodierung‹ bzw. *›Dechiffrierung‹*.

Bereits G.J. Cäsar verwendete nachweislich zur Chiffrierung von Nachrichten einfache *Substitutionen,* d.h. Ersetzung der Buchstaben eines Alphabets durch andere, z.B. in ›JDOOLD HVW RPQLV GLYLVD‹ für ›GALLIA EST OMNIS DIVISA‹, wobei als C. eines Buchstabens der Nachricht jeweils der drittnächste des Alphabets gewählt ist. Einfachster Fall einer *Transposition* ist der Krebs, bei dem eine Nachricht rückwärts gelesen wird, wie in ›Lirpa‹ für ›April‹, und der historisch bereits in Griechenland durch einen Stab realisiert wurde, um den man einen Pergamentstreifen band (σκυτάλη). Die Unterscheidung von Substitutionen und Transpositionen geht auf G.B. Porta (1535–1615) zurück. Das älteste erhaltene Werk über Kryptologie verfaßte L.B. Alberti um 1466. 1518 erschien das erste gedruckte Buch über Kryptologie des Würzburger Abtes Trithemius für eine polyalphabetische Verschlüsselung mit einem fortlaufenden festen Schlüssel als einer periodischen Folge von Cäsar-Substitutionen. Seit dem 15. und 16. Jahrhundert hielten sich z.B. der päpstliche Hof, der englische und der französische König eigens Dechiffrierer für den diplomatischen Dienst. So arbeitete der Mathematiker F. Viète für Heinrich IV. von Frankreich; J. Wallis (↑Euklidizität) gewann 1649 seine Oxforder Professur auf Grund seiner Verdienste als Dechiffrierer. G.W. Leibniz bemühte sich bereits um die mathematischen Grundlagen der Kodierung, wie sie im 20. Jahrhundert in der formalen Logik bedeutsam wurde.

Im 19. Jahrhundert wurden grundlegende Werke zur militärischen Kryptologie verfaßt, so 1863 vom preußischen Infanteriemajor F.W. Kasiski, der ein allgemeines Verfahren zur Dechiffrierung von polyalphabetischen Substitutionsverschlüsselungen mit periodisch wiederholtem Schlüsselwort entwickelte, und 1883 von A. Kerckhoff in »La cryptographie militaire«, in der polyalphabetische Verschlüsselungen auch mit langem Schlüssel gebrochen werden. Im 20. Jahrhundert wurden Chiffrier- und Dechiffriermaschinen entwickelt, die sowohl ökonomischen Zwecken dienten (z.B. der Nachrichtenkürzung zur billigeren Fernschreibübermittlung) als auch im 2. Weltkrieg von zum Teil kriegsentscheidender Bedeutung waren. C.E. Shannon ging bei der Begründung der ↑Informationstheorie von mathematischen Methoden zur Sicherung militärischer Chiffrierverfahren aus. In der mathematischen Logik und Informatik, z.B. in der ↑Algorithmentheorie, sind Kodierungstheorien von grundlegender Bedeutung.

Literatur: F.L. Bauer/G. Goos, Informatik. Eine einführende Übersicht I, Berlin/Heidelberg/New York 1971, [2]1973; E.R. Berger, Nachrichtentheorie und Codierung, in: K. Steinbuch (ed.), Taschenbuch der Nachrichtenverarbeitung, Berlin/Heidelberg/New York [2]1967, 56–83; D. Kahn, The Codebreakers. The Story of Secret Writing, New York 1967; M.A. Pei, The Story of Language, Philadelphia 1949, London 1952; DIN Norm 44300 Informationsverarbeitung: Begriffe (März 1972), Berlin; Duden. Etymologie. Herkunftswörterbuch der deutschen Sprache, ed. G. Drosdowski/P. Grebe (Der Duden VII), Mannheim 1963, 94. K.M.

Chiliasmus (von griech. χίλιοι, tausend), auch Millennarismus (von lat. millennium, Zeitraum von tausend Jahren), der auf Apk. 20,4 beruhende, vor allem in montanistischen Traditionen (Irenäus, Tertullian, Hyppolyt) verbreitete Glaube an ein tausendjähriges Friedensreich auf Erden als Vorstufe des ewigen Reiches Gottes in der Transzendenz. Der C. wird von Hieronymus und Augustinus unter Hinweis auf die Existenz der Kirche als irdischem Reich Gottes als Häresie verworfen, bewahrt aber auch später, vor allem in sozialrevolutionären (T. Münzer) und pietistischen (J. Spener) Kreisen, einen kontinuierlichen Einfluß auf kirchliches und säkulares Denken (↑Eschatologie, ↑Utopie). Unter dem Gesichtspunkt eines philosophisch begründeten ↑Fortschritts unterscheidet I. Kant einen theologischen C., »der auf des ganzen Menschengeschlechts vollendete moralische Besserung harret«, von einem philosophischen C., »der auf den Zustand eines ewigen, auf einen Völkerbund als Weltrepublik gegründeten, Friedens hofft« (Die Religion innerhalb der Grenzen der bloßen Vernunft B 31).

Literatur: W. Biesterfeld/W. E. Mühlmann, C., Hist. Wb. Ph. I (1971), 1001–1006; N. Cohn, The Pursuit of the Millennium, London 1957 (dt. Das Ringen um das tausendjährige Reich, München 1961); K. Löwith, Meaning in History. The Theological Implications of the Philosophy of History, Chicago 1949 (dt. Weltgeschichte und Heilsgeschehen. Die theologischen Voraussetzungen der Geschichtsphilosophie, Stuttgart 1953, [5]1967); W. E. Mühlmann (ed.), C. und Nativismus, Berlin [2]1964. M.G.

Chisholmsche Paradoxie, von R. M. Chisholm entdeckte Paradoxie des von Wrightschen Kalküls der deontischen Logik (↑Logik, deontische), gemäß der in diesem Kalkül Kontexte, in denen der Fall einer Gebotsverletzung reglementiert wird, nicht widerspruchsfrei formalisiert werden können (engl. ›contrary-to-duty imperatives‹). Beispielsweise ist folgender umgangssprachlicher Text intuitiv widerspruchsfrei:

(1) Jedermann soll seinen Nachbarn helfen, und wenn er hilft, soll er seine Hilfe ankündigen.

(2) Er hilft nicht, und wenn er nicht hilft, soll er seine Hilfe wenigstens nicht ankündigen.

Die Formalisierung (›O‹ ist der Sollensoperator) ergibt:

$$(1')\ \mathrm{O}p \wedge \mathrm{O}(p \rightarrow q)$$

$$(2')\ \neg p \wedge (\neg p \rightarrow \mathrm{O}\neg q).$$

Nach der speziellen Abtrennung der deontischen Logik erlaubt (1′) den Beweis von $\mathrm{O}q$, (2′) nach Modus ponens dagegen den Beweis von $\mathrm{O}\neg q$. Innerhalb der konstruktiven Logik entsteht die Paradoxie nicht, da die dieser Logik zugrunde liegenden sprachphilosophischen Überlegungen bedingte Normen nur in der Form $p \rightarrow \mathrm{O}q$ zu formalisieren erlauben. Danach müßte (1) die Form haben:

$$(1'')\ \mathrm{O}p \wedge (p \rightarrow \mathrm{O}q).$$

Hieraus ist jedoch kein Beweis von $\mathrm{O}q$ möglich, da die Prämisse $\mathrm{O}p$ nicht, auf Grund des Verbots des naturalistischen Fehlschlusses (↑Naturalismus (ethisch)), die Annahme von p zuläßt.

Literatur: R. M. Chisholm, Contrary-to-duty Imperatives and Deontic Logic, Analysis 24 (1963), 33–36; P. Lorenzen, Normative Logic and Ethics, Mannheim 1969. C.F.G.

Chladenius (eigentlich Chladni), Johann Martin, *Wittenberg 17. April 1710, †Erlangen 10. Sept. 1759, dt. Philologe, Rhetoriker und Philosoph (vor allem Hermeneutiktheoretiker). Ab 1725 Studium der Klassischen Philologie, Philosophie und Theologie in Wittenberg, 1731 Magister, 1742–1744 a.o. Prof. für ›Kirchenaltertümer‹ in Leipzig, 1744–1747 Leiter des Coburger Gymnasiums, 1748–1759 o. Prof. der Theologie, Beredsamkeit und Dichtkunst in Erlangen. Philosophisch orientiert an der Leibniz-Wolffschen Vernunftlehre hat C. in seinen beiden Hauptwerken »Einleitung zur richtigen Auslegung vernünfftiger Reden und Schrifften« (1742) und »Allgemeine Geschichtswissenschaft [...]« (1752) den Entwurf einer historischen Hermeneutik vor dem Hintergrund einer allgemeinen ↑Hermeneutik unternommen. Nach J. Wach (Das Verstehen III, 21f.) gilt C. mit dieser historischen Hermeneutik, die sich gegen den zeitgenössischen Rationalismus und historischen Pyrrhonismus richtet, als ›Begründer der neueren Historik‹. C. kritisiert, daß die Hermeneutik bisher in der Logik als Anhang zur Vernunftlehre abgehandelt worden sei. Für das Verstehen von historischen Schriften oder Denkmälern bedürfe es aber besonderer Normen. Die historische Hermeneutik erkennt, daß Geschichten im Erzählen ›verwandelt‹ werden, weil jeder Autor von einem ›Sehepunkt‹ (von G. W. Leibniz der Optik entlehnter und erweiterter Terminus) aus erzählt, den C. definiert als »der innerliche und äußerliche Zustand eines Zuschauers, in so ferne daraus eine gewisse und besondere Art, die vorkommenden Dinge anzuschauen und zu betrachten flüsset« (Allgemeine Geschichtswissenschaft, 92). Diese Sehepunkttheorie, die nicht nur in der Vergangenheit Beachtung gefunden hat, sondern auch Bestand gegenwärtiger Geschichtstheorie ist, betont die Perspektivität und Selektivität der historischen Erkenntnis als Voraussetzung von historischer Erkenntnis überhaupt.

Werke: Dissertatio de sublimi in scientiis, Wittenberg 1734; J. M. Chladenii opuscula academica, ante separatim edita, nunc vero in unum volumen collecta [...], Leipzig 1741, Neudr. unter dem Titel: Opuscula academica varii generis, I–II, Leipzig 1750; Logica practica [...], Leipzig 1742; Einleitung zur richtigen Auslegung vernünfftiger Reden und Schrifften, Leipzig 1742 (repr., ed. L. Geldsetzer, Düsseldorf 1969), Teilabdr. in: H.-G. Gadamer/G. Böhm (eds.), Seminar: Philosophische Hermeneutik, Frankfurt 1976, 69–79; Logica sacra sive Introductio in Theologiam systematicam, Koburg 1745; Von dem Fehler der Geschichtsschreiber, sich zu sehr an das Böse zu halten, Koburg 1747; Dissertatio de religione naturali figmentis purgata, Erlangen 1749 (dt. Das Blendwerk der natürlichen Religion, Leipzig/Wittenberg 1751); Nova philosophia definitiva, ultra trecentas definitiones emendatas [...], Leipzig 1750; Allgemeine Geschichtswissenschaft, worinnen der Grund zu einer neuen Einsicht in allen Arten der Gelahrtheit geleget wird, Leipzig 1752.

Literatur: A. Coreth, J. M. Chladni, NDB III (Berlin 1957), 206–207; G. W. A. Fikenscher, Vollständige akademische Gelehrtengeschichte der Kgl. preuß. Friedrich-

Alexanders-Universität zu Erlangen, 1. Abt., Nürnberg 1806, 37–58 (mit vollst. Werkeverzeichnis); C. Friedrich, Sprache und Geschichte. Untersuchungen zur Hermeneutik von J. M. C., Meisenheim 1978; L. Geldsetzer, Einleitung zu: J. M. C., Einleitung zur richtigen Auslegung [...], repr. der Ausg. Leipzig 1742, Düsseldorf 1969, IX–XXIX; H. Müller, J. M. C. (1710–1759). Ein Beitrag zur Geschichte der Geisteswissenschaften, besonders der historischen Methodik, Berlin 1917 (Hist. Stud. 134, repr. Vaduz 1965); J. Wach, Das Verstehen. Grundzüge einer Geschichte der hermeneutischen Theorie im 19. Jahrhundert, I–III, Tübingen 1926–1933 (repr. in einem Bd., Hildesheim 1966), I, 27, und III, 21–32. A. V.

Chomsky, Avram Noam, *Philadelphia 7. Dez. 1928, amerik. Linguist und Sprachphilosoph. Studium der Linguistik, Mathematik und Philosophie an der University of Pennsylvania, seit 1955 Prof. am Massachusetts Institute of Technology (M.I.T.) in Cambridge Mass., zahlreiche auswärtige Gastvorlesungen, z.B. John Locke Lectures in Oxford 1969. C.s Bedeutung geht auf die Konstruktion eines Systems der generativen ↑Transformationsgrammatik zurück, mit der ein entscheidender Durchbruch in der Entwicklung der modernen strukturellen Linguistik, insbesondere in bezug auf die Formalisierung der Grammatiktheorie und die konsequente Trennung der (empirischen) ↑Oberflächenstruktur von einer (rationalen) Tiefenstruktur (↑Tiefengrammatik) der Sprache, erzielt wurde. Die Sprachfähigkeit (Kompetenz) kann nicht als sukzessive Speicherung aktuellen Hörens und Sprechens (Performanz) erklärt werden, weil ersichtlich auch völlig neue Sätze von Menschen gebildet und verstanden werden. Von daher motiviert sich C.s Gegnerschaft zur behavioristischen Psychologie (B. F. Skinner); sie hat ihn zu einer historischen Verankerung seiner sprachphilosophischen Ansichten, z.B. über angeborene Strukturen der menschlichen Sprachfähigkeit (↑Mentalismus) im Rationalismus des 17. und 18. Jahrhunderts, insbesondere der Grammatik von Port Royal (↑Port Royal, Schule von), geführt, verbunden mit einer nachdrücklichen Berücksichtigung der Korrekturen J. G. Herders und W. v. Humboldts. Dieses Vorgehen erlaubt es C., seine Arbeiten als eine Verschmelzung der empirisch orientierten deskriptiven strukturellen Linguistik mit der vorangegangenen logisch orientierten philosophischen Grammatik aufzufassen. – Sein Eintreten für sozialistische und anarchistische Ideen hat C. seit 1965 zu einem der führenden Kritiker der amerikanischen Politik gemacht.

Werke: Syntactic Structures, The Hague 1957 (dt. Strukturen der Syntax, The Hague 1973); Current Issues in Linguistic Theory, The Hague 1964; Aspects of the Theory of Syntax, Cambridge Mass. 1965 (dt. Aspekte der Syntax-Theorie, Frankfurt 1969); Topics in the Theory of Generative Grammar, The Hague 1966; Cartesian Linguistics. A Chapter in the History of Rationalist Thought, New York/London 1966 (dt. Cartesianische Linguistik. Ein Kapitel in der Geschichte des Rationalismus, Tübingen 1971); Language and Mind, New York 1968, ²1972 (dt. Sprache und Geist, Frankfurt 1970); American Power and the New Mandarins, New York 1969 (dt. Amerika und die neuen Mandarine, Frankfurt 1969, daraus die Auswahl: Die Verantwortlichkeit der Intellektuellen, Frankfurt 1971); At War with Asia. Essays on Indochina I (Indochina and the American Crisis), II (Cambodia, Laos, North Vietnam), New York 1970 (dt. Im Krieg mit Asien I [Indochina und die amerikanische Krise], II [Kambodscha, Laos, Nordvietnam], Frankfurt 1972); Problems of Knowledge and Freedom. The Russell Lectures, New York 1971 (dt. Über Erkenntnis und Freiheit. Vorlesungen zu Ehren Bertrand Russells, Frankfurt 1973); Questions of Form and Interpretation, Lisse 1975; The Logical Structure of Linguistic Theory, New York 1975, ²1977; Reflections on Language, New York 1975, ²1976 (dt. Reflexionen über Sprache, Frankfurt 1977); Essays on Form and Interpretation, New York 1977; (mit H. Lenneberg) Die formale Natur der Sprache, Frankfurt 1977; Studien zu Fragen der Semantik, Berlin 1978.

Literatur: G. H. Harman (ed.), On N.C.. Critical Essays, Garden City 1974; F. Hermanns, Die Kalkülisierung der Grammatik. Philologische Untersuchungen zu Ursprung, Entwicklung und Erfolg der sprachwissenschaftlichen Theorien N.C.s, Heidelberg 1979; R. Hildebrandt, Cartesianische Linguistik. Eine Analyse der Sprachauffassung N. C.s, Frankfurt/Bern 1976; F. Hiorth, N. C.. Linguistics and Philosophy, Oslo 1974; J. Leiber, N. C.. A Philosophical Overview, Boston Mass. 1975; J. Lyons, N.C., London 1970 (dt. N. C., München 1971), Hassocks (Sussex) ²1977; B. D. den Ouden, Language and Creativity. An Interdisciplinary Essay in Chomskyan Humanism, Lisse 1975; I. Robinson, The New Grammarian's Funeral. A Critique of N. C.'s Linguistics, London/New York 1975; H. Weydt, N. C.s Werk. Kritik, Kommentar, Bibliographie, Tübingen 1976. K. L.

Chorismos (griech. χωρισμός, Trennung), vor allem von Philosophiehistorikern des ↑Neukantianismus (E. Cassirer, E. Hoffmann, P. Natorp) verwendeter Begriff zur Kennzeichnung des Verhältnisses der Ideen (↑Ideenlehre) zu den Einzeldingen in der Philosophie Platons. Die Begriffsbestimmung fußt weitgehend auf der Kritik des Aristoteles, der Platon vorwirft, das ↑Allgemeine, die Ideen, von den Einzeldingen getrennt zu haben, was die Unerkennbarkeit der Sinnenwelt zur Folge habe. Die Platonischen Dialoge »Phaidon«, »Timaios« und »Parmenides« geben zu dieser Deutung Anlaß, doch wird der Ausdruck ›C.‹ weder von Platon noch von den Neuplatonikern Plotin und Proklos verwendet (↑Methexis, ↑Dritter Mensch).

Literatur: H. Cherniss, Aristotle's Criticism of Plato and the Academy, New York ²1962; Chung-Hwan Chen, Das C.-Problem bei Aristoteles, Berlin 1940; E. Hoffmann, Platon, Zürich 1950; ders., Platonismus und christliche Philosophie, Stuttgart 1960; H. Meinhardt, Teilhabe bei Platon, München 1968; ders., C., Hist. Wb. Ph. I (1971), 1007–1008. M. G.

Chou Tun-i (Zhou Dun-yi), 1017–1073, chines. Staatsmann und Philosoph, Begründer des Neokonfuzianismus (↑Konfuzianismus). Versuchte mit einer systematisch gegliederten Synthese der Zeitströmungen die konfuzianische Antwort auf Buddhismus (↑Philosophie, buddhistische) und ↑Taoismus zu geben. Beeinflußt durch die alten Bücher »I-ching« und »Chung-yung«. Sein Hauptwerk »T'ai-chi-t'u shuo« dient den späteren Neokonfuzianern als Grundlage ihrer kosmologischen Spekulationen. Im Mittelpunkt des Werkes »T'ung-shu« steht der Begriff ch'eng, der sowohl ethisches Verhalten als auch funktionsgerechte Entsprechung im transzendentalen Weltprinzip beinhaltet.

Literatur: J. P. Bruce, Chu Hsi and his Masters, London 1923; W.-T. Chan, C., in: H. Franke (ed.), Sung Biographies I, Wiesbaden 1976, 277–281 (Münchener Ostasiatische Studien 16,1); C. Chang, The Development of Neo-Confucian Thought I, New York 1957, 137ff.; Y. C. Chow, La philosophie morale dans le néo-confucianisme (Tcheou Touen-i), Paris 1953; W. Eichhorn, T'ung-su des Ceu-tsi mit Cu-hsi's Kommentar, Asia Major 8 (1932/1933), 23–104 (Übers. d. Kap. 21–40); ders., C.. Ein chinesisches Gelehrtenleben aus dem 11. Jahrhundert, Berlin 1936; G. v. d. Gabelentz, ›Thai-Kih-Thu‹ des Tschen-Tsi. Tafel des Urprinzipes mit Tschu-Hi's Commentaren nach dem »Hoh-Pih-Sing-Li«, chines. mit mandschur. u. dt. Übers., Einl. u. Anm., Dresden 1876; W. Grube, Tung-su des Ceu-tsi, Wien 1880 (Übers. d. Kap. 1–20). H. V.

Chronometrie (von griech. χρόνος [Zeit] und μέτρον [Maß], Zeitmessung), im Rahmen des protophysikalischen Programms (↑Protophysik) Bezeichnung für die Theorie der Zeitmessung mit Uhren, in denen künstlich in Gang gesetzte Standardvorgänge ablaufen.
Während die im Alltag und in der Technik gebräuchliche Zeitmessung durch ihren jeweiligen Zweck auf bestimmte Standardvorgänge Bezug nimmt und einem vom Verwendungszweck abhängigen technischen Gütekriterium unterliegt (so muß z.B. eine zu Navigationszwecken auf Schiffen mitgeführte Uhr optimal die Erdrotation simulieren), ist die Verwendung von Uhren in den Naturwissenschaften auf die bestmögliche Realisierung eines durch Meßnormen bestimmten Standardvorgangs angewiesen. Solche Meßnormen orientieren sich an dem Postulat, daß sogenannte ↑Naturgesetze *situationsinvariant* gelten sollen, was im Falle der Zeitmessung unter anderem beinhaltet, daß physikalische Sätze bezüglich des Zeitparameters einheiteninvariant und unabhängig von der Wahl des Nullpunktes der Zeitskala formuliert sein müssen. Würden also bereits Standardvorgänge für die Zeitmessung ausgezeichnet sein, so entsprächen die Meßnormen für zwei Uhren mit den Skalen t und t' (für Zeitmessung am selben Ort) der Skalentransformation

$$t' = at + \Delta t$$

mit einem konstanten Faktor a. Die für einen zirkelfreien, operativen Aufbau der Physik zu leistende Aufgabe besteht dann darin, solche Normen (verstanden als Vorschriften zur Herstellung von Standardvorgängen) zu formulieren, die weder Zeitmessung als bereits verfügbar definitorisch voraussetzen noch von der Geltung physikalischer Sätze, in denen der Zeitparameter vorkommt, ausgehen, die aber die gewünschte logische Struktur der Zeitmeßresultate (z.B. Gleichheit von Zeitdauern muß eine ↑Äquivalenzrelation sein) implizieren.
Mit Hilfe der (operativ begründeten) Geometrie allein lassen sich uhrenfrei Vergleichsverfahren für gleichzeitige Bewegungen angeben und eine Terminologie einer uhrenfreien ↑Kinematik bestimmen. Damit kann als Auswahlnorm formuliert werden, sich auf solche (künstlich, d.h. an Geräten vom Menschen in Gang gesetzte) Abläufe zu beschränken, die bei Wiederholungen relativ zueinander gleich ablaufen (d.h. in Abhängigkeit von den Orten der bewegten Körper jeweils bei Wiederholung das gleiche momentane Geschwindigkeitsverhältnis haben). Für solche Klassen von Abläufen wird dann Homogenität (↑Homogenitätsprinzip) im Sinne der (relativen) Ununterscheidbarkeit beliebiger Teilvorgänge gefordert, d.h. die verglichenen Bewegungen (die dann als Zeigerbewegungen von Uhren zu betrachten sind) sollen bei Wiederholung gleiches, zueinander konstantes und von Verschiebungen des Anfangspunktes einer der Vergleichsbewegungen unabhängiges Geschwindigkeitsverhältnis haben.
Das Homogenitätspostulat als technisches Herstellungsziel für Standardvorgänge zur Zeitmessung, fiktiv als Behauptungssatz gelesen, impliziert logisch, daß Bewegungspaare, die das Homogenitätspostulat erfüllen, auch untereinander bei Wiederholung gleiches und konstantes Geschwindigkeitsverhältnis haben. Dieser Eindeutigkeitssatz der C., der anschaulich beinhaltet, daß alle

Uhren (im Sinne der Definition durch das Homogenitätspostulat) untereinander gleich gehen, erlaubt dann, elliptisch von einer gleichförmigen Bewegung zu sprechen, ohne Vergleichsbewegungen zu nennen. Die Eindeutigkeit des Homogenitätspostulats erlaubt ferner, bei Geräten, die aus einem Uhrenpaar stammen, jedoch zu Geräten aus anderen Uhrenpaaren kein konstantes Gangverhältnis zeigen, per definitionem von gestörten Uhren zu sprechen.
Die hier gewählte Sprachebene, sich auf logische Implikationen von (als Aussagen gelesenen) Normierungen von Herstellungszielen zu beschränken, bildet das Ideationsverfahren (↑Ideation). Um zu verdeutlichen, daß hier nicht deskriptiv über tatsächlich hergestellte Geräteeigenschaften gesprochen wird, sondern mit der Unterstellung, als ob die erwünschten Eigenschaften (Gang des Uhrenzeigers) vollständig (›ideal‹) realisiert wären, treten an die Stelle prädikativer Ausdrücke aus der Herstellungs-(d.h. Uhrmacher-)Praxis ideative Ausdrücke (z.B. ›gleichförmig‹, ›Uhr‹).
Die C. als Teilgebiet der Protophysik schließt hierbei die für die Vollständigkeit physikalischer Theorien entscheidende Lücke in den traditionellen Ansätzen, nach denen (wo nicht auf Uhrendefinitionen vollständig verzichtet wird) entweder definitorisch zirkulär die Trägheitsbewegung (↑Trägheit) von Körpern als Standardvorgang für die Zeitmessung gewählt wird (zirkulär, weil ↑›Kraft‹ oder ↑›Inertialsystem‹ nicht ohne Zeitparameter definiert werden können) oder definitorisch defizitär periodische Bewegungen den Zeitstandard bilden (defizitär, weil die Definition von ›periodisch‹ ohne den – zirkulären – Zusatz, daß die Perioden gleich lang dauern, nicht den Gleichgang von Uhren impliziert). Der konventionalistische Ausweg, beliebige wiederholbare Vorgänge als periodisch zu bezeichnen und deren Wahl durch die möglichst große Einfachheit physikalischer Theorien einzuschränken, leistet weder ein angemessenes Verständnis der Physikgeschichte (in der man sich naiv der Uhren im alltäglichen und technischen Sinne bedient hat), noch erlaubt er die für die Experimentalpraxis zentrale Unterscheidung funktionierender von defekten Uhren, für die ja gleichermaßen empirische Sätze der Physik als Erklärung zugelassen sind.
Die C. wird häufig kritisiert, weil sie nach Auffassung ihrer Kritiker im Widerspruch zur relativistischen Physik (↑Relativitätstheorie, allgemeine, ↑Relativitätstheorie, spezielle) steht. Dies ist aber ein Mißverständnis sowohl des Status protophysikalischer Sätze, die als *Normen* zur Ermöglichung von Messung nicht mit Meßresultaten in Widerspruch treten können, als auch von Sätzen der relativistischen Physik, die als *empirische Sätze* über Uhren nicht deren Funktionskriterien festsetzen. – Zu Theorien der Zeitmessung, die einen anderen Anspruch als die C. erheben, ↑Zeit.

Literatur: G. Böhme (ed.), Protophysik. Für und wider eine konstruktive Wissenschaftstheorie der Physik, Frankfurt 1976; P. Janich, Die Protophysik der Zeit und das Relativitätsprinzip, Z. allg. Wiss.theorie 9 (1978), 343–347; ders., Die Protophysik der Zeit. Konstruktive Begründung und Geschichte der Zeitmessung, Frankfurt 1980. P.J.

Chrysippos, 281/277–208/204 v.Chr., Philosoph aus Soloi in Kilikien. Kam 260 nach Athen und wurde nach dem Tod von Kleanthes (232/231) dessen Nachfolger als Schulhaupt der ↑Stoa. Er gilt als deren zweiter Gründer, weil er unter dem Eindruck verschiedener Kritiken das theoretische System der Stoiker reformulierte und so zur Konsolidierung der Schule beitrug. C. soll mehr als 705 Schriften verfaßt haben (von denen nur Fragmente erhalten sind), deren Fülle allerdings oft nur durch ausgiebige Zitation zustandekam.
C.' besonderes Interesse gilt der Logik, als deren (neben Aristoteles) bedeutendster Vertreter er in der Antike angesehen wird. Die heute unter dem Titel ›stoische Logik‹ (↑Logik, stoische) rekonstruierten Untersuchungen beziehen sich im wesentlichen auf Leistungen C.'. Neben der ›Dialektik‹ (einer Sprachtheorie einschließlich formaler Logik und Semantik) umfaßt die Logik bei den Stoikern die Rhetorik, die Erkenntnistheorie und die Definitionslehre. In der Erkenntnistheorie entwirft C. eine Art Synthese zwischen Sensualismus und Rationalismus: Erkenntnis beginnt mit Sinneseindrücken, die vermöge des (vernunftbegabten) führenden Seelenteils (*ἡγεμονικόν*) eine Vorstellung (*φαντασία*) hervorrufen; diesen Vorgang denkt C. nicht mehr wie Zenon und Kleanthes als Abdruck (*τύπωσις*) auf einer ↑tabula rasa, sondern nur noch als Veränderung des vernünftigen Seelenteils. Erst wenn die erzeugte Vorstellung von der Vernunft geprüft ist, gilt sie als kataleptische Vorstellung (↑Katalepsis) bzw. als Erkenntnis. Diese ergibt sich also nach C. aus empirischem Eindruck und nicht-empirisch bedingter Zustimmung (↑Synkatathesis) und ist das Kriterium der Wahrheit. Begriffe und Definitionen entstehen auf der Grundlage von (geprüften) Vorstellungen, die mit Hilfe des Gedächtnisses, des Abstraktions- und des Vergleichsvermögens zunächst zur Erfah-

rung (ἐμπειρία), dann zur Konstruktion theoretischer (nominalistisch verstandener) Begriffe führen; die obersten Begriffe (als Ersatz für die ↑Kategorien des Aristoteles) sind ↑Substrat, wesentliche ↑Eigenschaft, Beschaffenheit und ↑Relation.

Große Wirkung übte C.' Lehre von der Willensfreiheit aus: zwar sei der Mensch als Naturding den Gesetzen der Natur unterworfen, doch könne er sich ihren Einflüssen durch freie Willensentscheidung entziehen. Als allgemeines Prinzip der Natur sieht C. nicht (wie Zenon) das Feuer, sondern das dem Logos verwandte Pneuma an. Die stoische Lebensmaxime ›nach der Natur leben‹ modifiziert er dahingehend, daß ›Natur‹ vor allem die spezifisch menschliche, also die Vernunftnatur, bedeutet.

Texte: SVF II, III 1–205.

Literatur: I. M. Bocheński, Formale Logik, Freiburg/München 1956, ³1970; E. Bréhier, Chrysippe et l'ancien stoicisme, Paris 1910, ²1951 (repr. 1971); M. Frede, Die stoische Logik, Göttingen 1974; J.B. Gould, The Philosophy of Chrysippus, Leiden 1970; W. & M. Kneale, The Development of Logic, Oxford 1962, 1968, Kap. III; M. Lapidge, ἀρχαί and στοιχεῖα. A Problem in Stoic Cosmology, Phronesis 18 (1973), 240–278; B. Mates, Stoic Logic, Berkeley 1953, Berkeley/Los Angeles/London ²1961 (repr. 1973); M. Pohlenz, Die Stoa. Geschichte einer geistigen Bewegung, I–II, Göttingen 1948/1949, ⁴1970/1972; ders., Zenon und C., Nachr. Ges. Wiss. Göttingen, phil.-hist. Kl., Fachgr. 1, NF 2,9 (1938); J. M. Rist, The Stoics, Berkeley/Los Angeles/London 1978; R. T. Schmidt, Die Grammatik der Stoiker. Einf., Übers. u. Bearb. v. K. Hülser. Mit einer kommentierten Bibliographie zur stoischen Sprachwissenschaft (Dialektik) v. U. Egli, Braunschweig 1979; G. Watson, The Stoic Theory of Knowledge, Belfast 1966; Les Stoïciens et leur logique. Actes du colloque de Chantilly 18–22 septembre 1976, Paris 1978. M. G./K. H. H.

Chuang Tzu (Zhuang Zi), 4. Jh. v. Chr., chines. Philosoph, neben Lao Tzu der bedeutendste Vertreter des ↑Taoismus. C. war ein sehr belesener, kritischer Geist, verachtete das politische Streben und lehnte Ämter ab. In seinem Werk wird häufig Bezug genommen auf andere philosophische Schulen seiner Zeit, mehrfach ist von Diskussionen die Rede, die er mit dem Sophisten Hui Shih führte. Nach traditioneller Auffassung stammen die ersten sieben Bücher des C. zugeschriebenen Werkes von C. selbst, der Rest von späteren Verfassern. Das Werk des C. ist in bilderreichem, gleichnishaftem, äußerst lebendigem und künstlerischem Stil geschrieben.

C. ist Mystiker, glaubt an eine unmittelbare, sprachlich nicht faßbare Erkenntnisweise. Doch ist es keine religiöse Mystik, das ↑Tao ist kein Gott. Irdisch-soziale Probleme behandelt C. nicht, sein Hauptthema ist das Leben und die richtige Weltauffassung des Einzelmenschen. Er verlacht die mühsam zu erlernende konfuzianische Moral, vertritt einen erkenntnistheoretischen Relativismus, lobt (entgegen der staatstragenden Auffassung der Konfuzianer) das Unnütze, Unbrauchbare, Häßliche. Anhand von Schilderungen der ›Menschen der Vorzeit‹ zeichnet er sein Menschenideal: jene Menschen seien ohne Emotionen, ohne Nachdenken, ohne Bemühen durchs Leben gegangen, ihr Schlaf sei traumlos und ihr Atem tief gewesen (Letzteres eine Anspielung auf Atemtechniken). Ohne Lust seien sie ins Leben gekommen, ohne Furcht seien sie gestorben. – Der Zentralbegriff ›Tao‹ wird auch von C. nur indirekt bestimmt, nicht präzise definiert oder erklärt. Tao ist vor Himmel und Erde, ist auch noch in der kleinsten Ameise, ist nicht durch Nachdenken zu erlangen. Wer es erlangt hat, dessen Herz wird frei von Wünschen und Sorgen, Fragen und Problemen. Er wird zum Spiegel aller Dinge, er schaut die Dinge direkt, ohne von ihnen beeindruckt zu werden. – Einige Stellen, in denen vom ›Auffahren gen Himmel‹, vom ›Reiten auf den Wolken‹ etc. die Rede ist, haben starke Ähnlichkeit zu den berühmten Elegien von Ch'u (Chu); sie scheinen auf die damals wohlbekannten Phänomene der Entrückung und Ekstase zu verweisen.

Werke (Übersetzungen): The Complete Works of C., ed. B. Watson, New York/London 1968. – F. H. Balfour, The Divine Classic of Nan-Hua, Shanghai/London 1881; H. A. Giles, Chuang-tzu. Taoist Philosopher and Chinese Mystic, London 1889, ²1926 (repr. London 1961); J. Legge, The Sacred Books of China. The Texts of Taoism, Oxford 1891 (repr. Neu Delhi 1966); R. Wilhelm, Dschuang Dsi, Jena 1912 (Neudr. o.O. 1974, 1977); Y. L. Fung, C.. A New Selected Translation with an Exposition of the Philosophy of Kuo Hsiang (Kap. 1–7), Shanghai 1933.

Literatur: L. Bungartz, Der Gedanke des »Nicht-Handelns« bei Chuang-Tse. Ein Beitrag zu den staatsphilosophischen Spekulationen des chinesischen Altertums, Diss. Köln 1956. H. S.

Chu Hsi (Zhu Xi), 1130–1200, chines. Philosoph, wichtiger Vertreter des Neukonfuzianismus (↑Konfuzianismus). Seine umfassenden Kommentare zu den konfuzianischen Klassikern und zum ↑I-Ching wurden als offizielle Interpretation Grundlage der staatlichen chinesischen Prüfungen bis zu deren Abschaffung (1905). C. vertritt einen objektiven Idealismus, der stark an die Platonische ↑Ideenlehre erinnert. Jedem Ding der irdischen Welt entspricht ein Prinzip (›li‹, der Terminus ist übernommen von Ch'eng I) als dessen Urbild. Die Prinzipien existieren unabhängig davon, ob sie in der Materie realisiert sind oder nicht. Als letztes Höchstes, das alle Prinzipien umfaßt, besteht ein mystisches, körperloses Etwas, das Platons Idee des Guten ähnelt. Das Bewußtsein hält C. für verschieden von der Natur (Materie). Im Politischen war das Prinzip des richtigen Regierens nur durch die legendären Urkaiser verwirklicht, das Prinzip selbst gilt weiterhin, ist aber seither nie mehr verwirklicht worden. Zur Pflege der geistigen Einsicht (wie sie der Buddhismus [↑Philosophie, buddhistische] in China propagiert hat) hat man nicht mit den metaphysischen Prinzipien zu beginnen, sondern mit der Betrachtung ihrer physischen Realisierungen in dieser Welt. Wird dies mit großer Achtsamkeit betrieben, so winkt als Ziel, daß man eines Tages die Erleuchtung über die Gesamtheit aller Dinge gewinnt.

Literatur: The Philosophy of Human Nature, ed. J.P. Bruce, London 1922 (repr. New York 1973); J.P. Bruce, C. and his Masters, London 1923 (repr. New York 1973); Reflections on Things at Hand Compiled by C. and Lü Tsu-chi'en, trans. W.-T. Chan, New York 1967; W.-T. Chan, C.H.s Completition of Neo-Cunfucianism, in: F. Aubin (ed.), Étude Song-Sung Studies in Memoriam É. Balazs, ser. II. no. 1, The Hague/Paris 1973, 59–90; The Philosophy of C., J. Chinese Philos. 5 (1978), Heft 2 (Beiträge von W.-T. Chan u.a.). H.S.

Church, Alonzo, *Washington 14. Juni 1903, amerik. Mathematiker und Logiker. 1947–1967 Prof. der Mathematik (1961–1967 auch der Philosophie) an der Princeton University, seit 1967 an der University of California, Los Angeles. C. bewies 1936 die Unentscheidbarkeit der klassischen ↑Quantorenlogik (↑Unentscheidbarkeitssatz) und stellte im gleichen Jahr die sogenannte ↑Churchsche These als Vorschlag zur Präzisierung der Begriffe ↑›Algorithmus‹ und ↑›Berechenbarkeit‹ auf. Außer Arbeiten zur kombinatorischen Logik (↑Logik, kombinatorische) verdient die »Bibliography of Symbolic Logic« besondere Erwähnung, deren Hauptteil, zunächst 1936 und 1938 in dem von C. herausgegebenen »Journal of Symbolic Logic« erschienen, 1938 auch separat gedruckt wurde und seither in unregelmäßiger Folge laufend in der genannten Zeitschrift ergänzt wird.

Werke: The Richard Paradox, Amer. Math. Monthly 41 (1934), 356–361; A Note on the Entscheidungsproblem, J. Symb. Log. 1 (1936), 40–41 (mit Berichtigung ebd., 101–102), Nachdr. in: M. Davis (ed.), The Undecidable, Hewlett N.Y. 1965, 110–115; An Unsolvable Problem of Elementary Number Theory, Amer. J. Math. 58 (1936), 345–363, Nachdr. in: M. Davis (ed.), a.a.O., 83–107; A Bibliography of Symbolic Logic, J. Symb. Log. 1 (1936), 121–218, Additions and Corrections 3 (1938), 178–218 (separat Providence 1938), seither laufend Ergänzungen im J. Symb. Log.; Mathematical Logic, ed. F.A. Ficken u.a., Princeton, N.J. 1936; The Calculi of Lambda-conversion, Princeton 1941, ²1951, Nachdr. New York 1965; Elementary Topics in Mathematical Logic, I–IV, Brooklyn N.Y. 1942; Introduction to Mathematical Logic I (einziger bisher erschienener Band), Princeton 1944, ²1956 (stark erw.). C.T.

Churchsche These (engl. Church's Thesis, franz. thèse de Church), die erstmals von A. Church 1936 ausgesprochene Annahme, daß jede effektiv ↑berechenbare Funktion (allgemein-)rekursiv sei (↑Funktion, rekursive). Diese in zahlreichen Unlösbarkeitsbeweisen als gültig unterstellte These versucht die intuitive ›Berechenbarkeit‹ als Rekursivität zu präzisieren und ist implizit auch in A.M. Turings Begriff einer allgemeinen Rechenmaschine enthalten (↑Algorithmus). Da somit der eine der beiden in Beziehung gesetzten Begriffe vage ist, kann es einen strengen Beweis dieser These nicht geben. In der mathematischen Praxis wird sie gegenwärtig akzeptiert, da für ihre Plausibilität spricht, daß sich bisher noch alle anderen, von zum Teil stark abweichenden Ausgangspunkten her unternommenen Präzisierungsversuche derselben Grundbegriffe später als gleichwertig erwiesen haben (z.B. λ-Definierbarkeit, Turing-Berechenbarkeit [↑Turing-Maschine], algorithmentheoretische Normalisierbarkeit [↑Algorithmentheorie], Programmierbarkeit). Trotz dieser Erfahrungstatsache und der weiteren, daß sich alle in neuerer Zeit vorgebrachten ›Gegenbeispiele‹ zur C.n T. als Mißverständnisse des Begriffs des algorithmischen Verfahrens herausgestellt haben, rechnen einige führende Fachleute der rekursiven Funktionentheorie nach wie vor damit, daß die C.T. eines Tages widerlegt werden könnte. Ein solches Ereignis würde insofern wesentliche Auswirkung auf die mathematische Praxis haben, als diese auch in der Rekursivitäts- und Berechenbarkeitstheorie selbst informelle Überlegungen und Beweise letztlich auf die Geltung der C.n T. stützt, so wie man bei ›informellen‹ Überlegungen und Beweisen in der Mathematik davon ausgeht, daß sich diese bei Bedarf auch ›streng‹ in einem voll kontrollierbaren Formalismus darstellen ließen.

Literatur: J. Berg/C. Chihara, Church's Thesis Misconstrued, Philos. Stud. 28 (1975), 357–362; G.L. Bowie, An Argument against Church's Thesis, J. Philos. 70 (1973), 66–76; A. Church, An Unsolvable Problem of Elementary Number Theory, Amer. J. Math. 58 (1936), 345–363; L. Kalmár, An Argument against the Plausibility of Church's Thesis, in: A. Heyting (ed.), Constructivity in Mathematics. Proc. of the Colloquium Held at Amsterdam 1957, Amsterdam 1959, 72–80; S.C. Kleene, Introduction to Metamathematics, Amsterdam/Groningen 1952 (7th repr. 1974); ders., Mathematical Logic, New York/London/Sydney 1967; E. Mendelson, On Some Recent Criticism of Church's Thesis, Notre Dame J. Formal Logic 4 (1963), 201–205; J.R. Moschovakis, Can there be no Nonrecursive Functions?, J. Symb. Log. 36 (1971), 309–315; R. Péter, Rekursivität und Konstruktivität, in: A. Heyting (ed.), Constructivity in Mathematics (a.a.O.), 226–233; H. Rogers jr., Theory of Recursive Functions and Effective Computability, New York etc. 1967 (§1.7 Church's Thesis); D. Ross, Church's Thesis: What Its Difficulties Are and Are Not, J. Philos. 71 (1974), 515–525; A.S. Troelstra, Aspects of Constructive Mathematics, in: J. Barwise (ed.), Handbook of Mathematical Logic, Amsterdam/New York/Oxford 1977, 973–1052, insbes. Kap. 4 (Realizability and Church's Thesis, 986–992). C.T.

Chwarismi, al- (auch al-Charizmi, al-Huwarizmi, mlat. Algorismi, eigentlich Mohammed Ibn Musa), *Chorism (Chiwa) ca. 780, †Bagdad ca. 850, einflußreicher persischer Mathematiker und Astronom aus der Zeit des Kalifats von al-Ma'mun und al-Mutasim. Vermittelte in enzyklopädischer Form der arabischen Welt die wissenschaftlichen Kenntnisse der Antike sowie der babylonischen und indischen Kultur. Während seine astronomischen Tafeln als wissenschaftliches Standardwerk galten, das im 12. Jahrhundert ins Lateinische übersetzt und im Westen mehrfach neu bearbeitet wurde, verdankt seine Schrift »Kitab al jabr wa'l muqābala« (aus deren Titel sich das Wort ›Algebra‹ herleitet) die weite Verbreitung dem elementaren und praktischen Charakter der in ihr enthaltenen Regeln zur Lösung linearer und quadratischer ↑Gleichungen, den Anwendungen der Proportionsrechnung auf Erbschaftsprobleme sowie der praktisch relevanten Elementargeometrie. Hier wie in einem weiteren (nur unvollständig und in lateinischer Übersetzung erhaltenen) Werk propagiert al-C. das von ihm aus der indischen Mathematik übernommene Positionssystem der Zahlnotation. Beide Werke kamen im Westen zu weiter Verwendung, woran nicht zuletzt der bis ins 18. Jahrhundert übliche, aus ›al-Chwarismi‹ verballhornte Name ›Algorismus‹ für das Rechnen im ↑Dezimalsystem erinnert; mit veränderter Bedeutung ist der Terminus noch heute in Gebrauch (↑Algorithmus).

Werke: The Algebra of Muhammad ben Musa (arab./engl.), ed. F. Rosen, London 1831; Mohammed Ibn Musa Alchwarizmi's Algorismus. Das früheste Lehrbuch zum Rechnen mit indischen Ziffern, nach der einzigen Handschrift (Cambridge Univ. Lib. Ms. Ii. 6.5.) in Faksimile mit Transkription und Kommentar [Titel der Handschrift: De numero Indorum per novem literas] (lat.), ed. K. Vogel, Aalen 1963; Die Astronomischen Tafeln des Muḥammed ibn Mūsā (lat.), ed. H. Suter, Kopenhagen 1914 (engl. The Astronomical Tables of A., ed. O. Neugebauer, Kopenhagen 1962); L.C. Karpinski (ed.), Robert of Chester's Latin Translation of the Algebra of al-Khowarizmi, New York 1915; ders., Two Twelfth Century Algorisms, Isis 3 (1920), 396–413.

Literatur: C.E. Bosworth, A Pioneer Arabic Encyclopedia of the Sciences: al Khwārizmī's Keys of the Sciences, Isis 54 (1963), 97–111; C.B. Boyer, A History of Mathematics, New York/London/Sydney 1968; J. Frank, Die Verwendung des Astrolabs nach A., Erlangen 1922; S. Gandz, The Sources of al-Khowarizmi's Algebra, Osiris 1 (1936), 263–277; ders., The Algebra of Inheritance. A Rehabilitation of A., Osiris 5 (1938), 319–391; E.S. Kennedy, Al-Khwarizmi on the Jewish Calendar, Scr. Math. 27 (1964), 55–59; G. Sarton, Introduction to the History of Science I (From Homer to Omar Khayyam), Baltimore 1927 (repr. 1945, 1950, 1953, 1968); M. Simon, Zu Hwarizmi's hisāb al gabr wal muqābala, Arch. Math. u. Physik 18 (1911), 202–203. C.T.

Chwistek, Leon, *Zakopane 13. Jan. 1884, †Berwisza (b. Moskau) 20. Aug. 1944, poln. Logiker und Wissenschaftstheoretiker. Über den wissenschaftlichen Werdegang C.s ist lediglich bekannt, daß er 1919–1920 Mitherausgeber der Zeitschrift »Formiści« und 1930–1940 (Flucht in die UdSSR) in Lwów (Lemberg) Prof. für Logik war. In einer Arbeit über die ›Pluralität von Realitäten‹ (Pluralité des réalités, 1925) wies C. die Vorstellung einer einheitlichen Realität als metaphysisch zurück und unterschied vier Aspekte der Realität (natürliche, physikalische, Wahrnehmungs-[Erscheinungs-] und Bilder-[Phantasie-]Welt). Diesen Grundgedanken übernahm C. auch in seine Kunsttheorie (Charakterisierung von Kunstrichtungen unter diesen Aspekten).
Bis heute aktuell und systematisch nicht ausgeschöpft sind C.s Arbeiten zur Erkenntnistheorie und zu Grundlagenproblemen der Logik und Mathematik, in denen er in Anlehnung an H. Poincaré einen eigenständigen ›konstruktiv-nominalistischen‹ Standpunkt entwickelte. Ausgehend von einer Analyse der Ursachen für das Auftreten der ↑Antinomien der Mengenlehre (Antynomje logiki formalnej, 1921, Über die Antinomien der Prinzipien der Mathematik, 1922) kritisierte er die Russellsche Typentheorie (↑Typentheorien), vor allem das ↑Reduzibilitätsaxiom und das dieses motivierende ↑Extensionalitätsaxiom. Als Alternative stellte er seine ›konstruktive Typentheorie‹ vor (The Theory of Constructive Types, I–II, 1924/1925), aus der er später eine Klassentheorie (↑Mengenlehre) entwickelte, in der die Typenordnung zwischen Mengen und Elementen gerade umgekehrt ist (Mengen sind von niedrigerem Typ als

ihre Elemente). Eine voraussetzungsfreie Begründung der gesamten Logik und Mathematik hoffte C. mit seiner ›Semantik‹ und ›rationalen Metamathematik‹ leisten zu können. – Während C.s Ansatz zur Typentheorie und Mengenlehre von J. Myhill aufgenommen, in moderne Terminologie übertragen und weitergeführt wurde, sind die ›Semantik‹ und die ›Metamathematik‹ bislang kaum rezipiert worden. Insbesondere ist noch ungeklärt, wie C.s Auffassung im Vergleich zu anderen kritisch-konstruktiven Positionen in der mathematischen Grundlagendiskussion einzuordnen und zu beurteilen ist.

Werke: Antynomje logiki formalnej (Antinomien der formalen Logik), Przegląd filozoficzny 24 (1921), 164–171; Über die Antinomien der Prinzipien der Mathematik, Math. Z. 14 (1922), 236–243; Zastosowanie metody konstrukcyjnej do teorji poznania (Die Anwendung der konstruktiven Methode in der Erkenntnistheorie), Przegląd filozoficzny 26 (1923), 175–187, 27 (1927), 296–298; The Theory of Constructive Types. Principles of Logic and Mathematics, Ann. Soc. Polonaise de Math. 2 (1924), 9–48, 3 (1925), 92–141 (auch separat Krakau 1925); Sur les fondements de la logique moderne, Atti del V Congr. Int. Filos. Napoli 5–9 Maggio 1924, Neapel 1925, 24–28; Pluralité des réalités, ebd., 19–24; Über die Hypothesen der Mengenlehre, Math. Z. 25 (1926), 439–473; Neue Grundlagen der Logik und Mathematik, Math. Z. 30 (1929), 704–724 und (Zweite Mitteilung) 34 (1932), 527–534; Die Nominalistische Grundlegung der Mathematik, Erkenntnis 3 (1932/1933), 367–388; (mit W. Hetper/J. Herzberg) Podstawy metamatematyki racjonalnej (Grundlagen der rationalen Metamathematik), Bull. Int. Acad. Polonaise Sci. Lett., Class. sci. math. et nat., Serie A, sci. math., Krakau 1933, 253–264, 265–275; Granice Nauki; zarys logiki i metodologji nauk ścisłych (Grundzüge von Logik und Methodologie der exakten Wissenschaften), Lwów 1935 (engl. [wesentlich erweitert] The Limits of Science. Outline of Logic and of the Methodology of the Exact Sciences, London 1948, ^{2}1949); Überwindung des Begriffsrealismus, Stud. Philos. 2 (1937), 1–18; (mit W. Hetper) New Foundations of Formal Metamathematics, J. Symb. Log. 3 (1938), 1–36.

Literatur: A. A. Fraenkel/Y. Bar-Hillel/A. Levy, Foundations of Set Theory, Amsterdam ^{2}1973; H. Hiż, L. C., Enc. Ph. II (1967), 112–113; J. Myhill, Review of ›Limits of Science‹, J. Symb. Log. 14 (1949), 119–125; ders., Report on some Investigations Concerning the Consistency of the Axiom of Reducibility, J. Symb. Log. 16 (1951), 35–42; ders., Towards a Consistent Set-Theory, ebd., 130–136; B. van Rootselaar, L. C., DSB III (1971), 278–279. G. H.

Cicero, Marcus Tullius, *Arpinum (heute Arpino) 3. Jan. 106, †bei Caieta (heute Gaeta) 7. Dez. 43, röm. Staatsmann, Redner und Schriftsteller. 75 Quaestor, 69 Ädil, 66 Praetor, 63 Konsul. C. versuchte, die altrömische Republik zu retten, und widersetzte sich energisch allen Bestrebungen monarchischer Machtkonzentration. Daß er als Politiker scheiterte, ist weniger politischer Unfähigkeit zuzuschreiben (so entdeckte und vereitelte er den Putschversuch Catilinas und durchschaute und verhinderte Caesars Plan, mit Hilfe eines neuen Ackergesetzes zur Macht zu gelangen), sondern eher der Hausmacht seiner Gegner sowie seiner Einstellung zu den Prinzipien der Staatsführung, die eine radikale Parteinahme für eine der herrschenden Gruppen verbot. Auf Betreiben des Clodius wurde C. 58/57 verbannt; im selben Jahr triumphale Rückkehr. Durch Caesars Aufstieg in seiner politischen Wirksamkeit eingeschränkt, widmete er sich ganz der literarischen Tätigkeit; nach Caesars Ermordung (44) wandte er sich wieder der aktiven Politik zu. Von den Häschern des Caesarfreundes Antonius, den er in seinen »Philippicae« genannten Reden angegriffen hatte, wurde C. 43 auf der Flucht getötet.

Das umfangreiche Schrifttum C.s dokumentiert seine umfassende Bildung; seine elegante Diktion und sein glänzender Stil beeinflußten nachhaltig die abendländische Kunstprosa. Er gilt als Repräsentant der klassischen Latinität. Neben einer Fülle von Briefen und zahlreichen politischen und Gerichtsreden sind mehr als 20 Schriften zur Philosophie und Rhetorik erhalten. Erwähnung verdienen unter anderem: »De re publica« (eine aus monarchischen, aristokratischen und demokratischen Elementen bestehende Mischverfassung wird als Ideal hingestellt; der Staat wird definiert als ›Zusammenschluß auf der Grundlage einer Rechtsvereinbarung und einer Interessengemeinschaft‹, I, 25 [39]), »De legibus« (Theorie des Rechtes und der Gesetze; enthält im 1. Buch die stoische Grundlegung des Naturrechts), »De finibus bonorum et malorum« (die ethischen Theorien Epikurs, der Stoa und der alten Akademie werden referiert und aporetisch kritisiert), »De officiis« (über Sittlichkeits-, Erkenntnis- und Nützlichkeitspflichten sowie über die vier Kardinaltugenden), »Tusculanae disputationes« (popularphilosophische Erörterung über Tod, Schmerz, Leidenschaften), »De natura deorum« (Existenz, Natur und Wirkweise der Götter aus epikureischer, stoischer und skeptischer Sicht dargestellt und kritisiert), »De oratore« und »Orator« (Lehrschriften über die Redetheorie und Redepraxis).

C. war in erster Linie nicht systematischer Philosoph, sondern Politiker. Philosophie stellte für ihn eine durchaus ernstzunehmende Mußetätigkeit dar, die jedoch von politischer Arbeit nicht abhalten durfte (den größten Teil seiner theoretischen Schriften verfaßte C. in den Zeiten politischer Isolierung: 56–51 und 47–44). Unmißverständlich trat er für den Primat der vita activa (↑vita contemplativa) ein. Sein Ideal ist die Verbindung von Philosophie und Beredsamkeit im Dienste des Staates, wobei Philosophie als Kontrollinstanz für politische Entscheidungen und rhetorische Beeinflussung gedacht ist. Da C. in erster Linie philosophische Richtungen darstellt und kritisch prüft, ohne selbst ein System zu entwerfen, ist seine eigene Position schwer bestimmbar. Am ehesten könnte man ihn der Skepsis (↑Skeptizismus) der neueren ↑Akademie zurechnen, die zwar die Möglichkeit objektiver Erkenntnis leugnet, aber die sorgfältige Prüfung jedes Urteils durch Berücksichtigung aller Gegenargumente verlangt. Dogmatismus lehnt C. entschieden ab (erkennbar z.B. in der Definition der ›Weisheit‹ als unabschließbarer ›Wahrheitssuche‹, nicht als ›Wahrheitsfindung‹). Unter den philosophischen Disziplinen bevorzugt C. die Ethik und Dialektik (Logik) gegenüber der Physik. Seine philosophischen Lehrer waren die Stoiker Diodotos und Poseidonios, die Epikureer Phaidros und Zenon sowie die Akademiker Philon von Larissa und Antiochos von Askalon. – C. sorgte für den Durchbruch der griechischen Philosophie in Rom, der man damals noch so ablehnend gegenüberstand, daß C.s Redelehrer L. Crassus und M. Antonius es vermieden, ihre Griechischkenntnisse öffentlich zu erkennen zu geben. Als Übersetzer und Vermittler griechischer Philosophie führte C. einen großen Teil der heute noch geläufigen philosophischen Termini ins Lateinische ein.

Werke: Scripta omnia, fasc. 1–48 (ohne 6.34–36.40–41), Leipzig 1914ff. (Bibl. Teubn.); Epistulae (I–III)/Orationes (I–VI)/Rhetorica (I–II), Oxford 1901–1965; Discours, I–XX, Paris 1922–1976 (Coll. Budé). – Totok I (1964), 296–310.

Literatur: K. Büchner, C., Heidelberg 1964; W. Burkert, C. als Platoniker und Skeptiker. Zum Platonverständnis der ›Neuen Akademie‹, Gymnasium 72 (1965), 175–200; A.E. Douglas, C., Oxford 1968; M. Gelzer, C., Wiesbaden 1969 (Biographie); O. Gigon, C., LAW 627–632; G. Görler, Untersuchungen zu C.s Philosophie, Heidelberg 1974; H.-J. Hartung, C.s Methode bei der Übersetzung griechischer philosophischer Termini, Hamburg 1970; A. Michel/R. Verdière (eds.), Ciceroniana, Leiden 1975 (Roma aeterna 9); O. Plasberg, C. in seinen Werken und Briefen, Leipzig 1926; V. Pöschl, Römischer Staat und griechisches Staatsdenken bei C., Berlin 1936; G. Radke (ed.), C., Berlin 1968; E. Rawson, C., London 1975; D. Schlichting, C. und die griechische Gesellschaft seiner Zeit, Bonn 1975; P.L. Schmidt, C. und die republikanische Kunstprosa, Neues Handbuch Lit.wiss. III, Frankfurt 1974, 147–179; ders., C.'s Place in Roman Philosophy. A Study of his Prefaces, Class. J. 74 (1978/1979), 115–127; C.B. Schmitt, C. Scepticus. A Study of the Influence of the »Academica« in the Renaissance, The Hague 1972; O. Seel, C., Stuttgart 1953; W. Suess, C., Eine Einführung in seine philosophischen Schriften, Wiesbaden 1966; D. Taylor, C. and Rome, London 1973; A. Weische, C. und die neue Akademie. Untersuchungen zur Entstehung und Geschichte des antiken Skeptizismus, Münster 1961; T. Zielinski, C. im Wandel der Jahrhunderte, Leipzig ^{4}1929. M.G.

Cieszkowski, August Graf, *Sucha (Podlachien) 12. Sept. 1814, †Posen 12. März 1894, poln. Philosoph und Ökonom. C. studierte Philosophie in Krakau, ab 1832 in Berlin, wo er sich den Hegelianern anschloß, 1838 Promotion in Heidelberg, anschließend Reisen nach Frankreich und Italien. 1843 mit C.L. Michelet Begründer der »Philosophischen Gesellschaft« in Berlin, später Aufenthalt in Warschau (Mitbegründer der Zeitschrift »Biblioteka Warszawska«). 1847 Übersiedlung nach Posen und Annahme der Preußischen Staatsbürgerschaft, von 1849–1862 Abgeordneter im Preußischen Landtag, wo C. vergeblich die Gründung einer Universität in Posen forderte. – Das Studium der Hegelschen Geschichtsphilosophie führte C. zur Annahme einer dreistufigen Geschichtsentwicklung nach dem Schema These (Altertum), Antithese (christlich-germanische Welt), Synthese (Gegenwart und zukünftiges vollkommenes Leben). Diesem Schema entsprechen die Begriffe Fühlen, Denken und Wollen. Als Ökonom beschäftigte C. sich als Folge der Auseinandersetzung mit den Theorien von C.-H. de Saint-Simon und J.B.J. Fourier besonders mit dem Sparkassen- und Kreditwesen.

Werke: Prolegomena zur Historiosophie, Berlin 1838 (repr. Nendeln 1976), Posen ^{2}1908; Du crédit et de la circulation, Paris 1839, ^{2}1847, ^{3}1884; Gott und Palingenesie, Berlin 1842, Posen ^{2}1911; De la pairie et de l'aristocratie moderne, Paris 1844, ^{2}1908; Du crédit agricole mobilier et immobilier, Paris 1847; Ojcze nasz I, Paris 1848, I–IV, Posen 1899–1906, I–III, ^{2}1922–1923 (franz. Notre père, I–IV, Paris 1906–1929).

Literatur: J. Keller, Czyn jako wyraz postawy moralnej A.C., Lublin 1948; W. Kühne, Graf A.C., ein Schüler Hegels und des deutschen Geistes. Ein Beitrag zur Geschichte des deutschen Geisteseinflusses auf die Polen, Leipzig 1938 (repr. Nendeln 1968); H. Stuke, Philosophie der Tat. Studien zur »Verwirklichung der Philosophie« bei den Junghegelianern und den Wahren Sozialisten, Stuttgart 1963, 83–122; A. Zoltówski, C.s Philosophie der Tat, Diss. München 1904. P.B.

circulus vitiosus (lat., fehlerhafter Kreis, engl. vicious circle), oder *Zirkel,* ein Beweisfehler (↑Beweis), bei dem die zu beweisende Aussage (in eventuell versteckter Form) für den Beweis bereits vorausgesetzt wird. Auch bei Definitionen spricht man gelegentlich von einem c.v., wenn im Definiendum schon das Definiens vorkommt (↑imprädikativ/Imprädikativität, ↑Vicious-Circle Principle). K. L.

citta (sanskr., Geist, Denken, Intellekt), Grundbegriff der meisten Systeme der klassischen indischen Philosophie, im Buddhismus (↑Philosophie, buddhistische) einer der zahllosen bedingten, der Vergänglichkeit unterworfenen Daseinsfaktoren (↑dharma). K. L.

clare et distincte, ↑klar und deutlich.

Clarke, Samuel, *Norwich 11. Okt. 1675, †Leicester 17. Mai 1729, engl. anglikanischer Theologe und Philosoph. 1690 Gonville and Caius College, Cambridge, 1691 B. A., 1698 M. A., 1696–1700 Fellow of Gonville and Caius College, 1698 bischöflicher Kaplan in Norwich, 1707 Hofprediger (St. James, Westminster). C. galt in seiner Zeit als der bedeutendste Anhänger I. Newtons. 1697 übersetzt er J. Rohaults »Traité de physique« (I–II, Paris 1671, ^{2}1673), ein Standardlehrbuch zur Cartesischen Physik, ins Lateinische, versehen mit umfangreichen Anmerkungen zur Newtonschen Physik (Jacobi Rohaulti Physica: Latine vertit, recensuit et uberioribus, ex illustrissimi Isaac Newtoni philosophia maximam partem haustis, amplificavit et ornavit S. C., London 1697, ^{2}1702, ^{3}1710, ^{4}1718, ^{5}1729, Venedig ^{7}1740; engl. [von C.s Bruder John] Rohault's System of Natural Philosophy Illustrated with Dr. S. C.'s Notes Taken Mostly out of Sir Isaac Newton's Philosophy, I–II, London 1723, ^{2}1728/1729, ^{3}1735). Damit war angesichts der außerordentlichen Popularität dieser Übertragungen der kuriose Umstand gegeben, daß man Newtons Physik aus einem Cartesischen Lehrbuch lernte. C. übertrug ferner Newtons »Opticks« (1704) ins Lateinische (Optice. Sive de reflexionibus, refractionibus, inflexionibus & coloribus lucis libri tres, London 1706) und gab Caesar (1712) und die ersten 12 Bücher der »Ilias« heraus (1729). In seinen vielbeachteten ›Boyle-Lectures‹ 1704/1705 vertrat C. die Thesen, daß sich die Existenz Gottes mit nahezu mathematischen Mitteln beweisen lasse (A Demonstration of the Being and Attributes of God, 1705) und daß die Sätze der Ethik auf gleiche Weise (mit vernünftigen Mitteln) ›demonstrierbar‹ seien wie die Sätze der Mathematik (A Discourse Concerning the Unchangeable Obligations of Natural Religion, 1706). Theologisch wandte sich C. dabei gegen den ↑Deismus (zugunsten eines ↑Supranaturalismus). Wegen seiner Schrift »The Scripture-Doctrine of the Trinity« (1712) wurde er zeitweilig des Arianismus verdächtigt.

Wissenschafts- und philosophiehistorisch bedeutsam ist vor allem C.s Briefwechsel mit G. W. Leibniz (1715/1716), in dem C. Newtons Konzeptionen des absoluten Raumes (↑Raum, absoluter) und der absoluten Zeit gegen die Auffassung Leibnizens vertritt, daß Raum und Zeit nur Ordnungsrelationen von Körpern bzw. Ereignissen sind. Ausgangspunkt war der Vorwurf Leibnizens (in einem Brief vom 10. 2. 1711 an N. Hartsoeker, von dem Newton durch ein Schreiben R. Cotes' vom 18. 3. 1713 erfuhr), Newton führe mit seinem Gravitationsbegriff erneut ›okkulte Qualitäten‹ in die Physik ein, und eine an die Adresse Leibnizens gerichtete kritische Bemerkung in dem von R. Cotes verfaßten Vorwort zur 2. Auflage der »Principia« (1713). Beide Seiten werfen sich atheistische Tendenzen vor; Leibniz argumentiert im wesentlichen erkenntnistheoretisch, C. beschränkt sich vor allem darauf, Newtons Konzeptionen gegen die erkenntnistheoretische Kritik ihrer Voraussetzungen zu verteidigen. Die Stärke der Argumente C.s liegt (neben Schwächen gegenüber den methodischen Intentionen Leibnizens) in der Berufung auf Newtons Dynamik: Leibniz fehlen Argumente für eine dynamische Relativität, Newton/C. fehlen neben der dynamischen Auszeichnung eines ruhenden Bezugssystems (↑Eimerversuch) und der kosmologischen Annahme eines ruhenden Gravitationszentrums Argumente für eine kinematische Auszeichnung des absoluten Raums.

Werke: Works, I–XXI, London 1711–1734; The Works of S. C., I–IV, ed. J. Clarke, London 1738; Sermons, I–X, London 1730–1731, ^{2}1731–1732, ^{3}1731–1735, ^{6}1743–1744, I–XI, ^{7}1749, I–VIII, ^{8}1756. – A Demonstration of the Being and Attributes of God. More particularly in Answer to Mr. Hobbs, Spinoza, and their Followers. Wherein the Notion of Liberty is Stated, and the Possibility and Certainty of it Proved, in Opposition to Necessety and Fate, London 1705 (repr. Stuttgart-Bad Cannstatt 1964), ^{2}1706, ^{3}1711, ^{4}1716, ^{5}1719, ^{7}1728, ^{10}1749; A Discourse Concerning the Unchangeable Obligations of Natural Religion, and the Truth and Certainty of the Christian Revelation, London 1706 (repr. Stuttgart-Bad Cannstatt 1964), ^{2}1708, ^{3}1711, ^{4}1716, ^{5}1719, ^{10}1766; The Scripture-Doctrine of the Trinity. In Three Parts. Wherein all the Texts in the New Testament Relating to the Doctrine, and the Principle Passages in the Liturgy of the Church of England, are Collected, Compared, and Explained, London 1712, ^{2}1719, ^{3}1732 (dt. Die Schrift-Lehre von der Dreyeinigkeit, worinn jede Stelle des Neuen Testaments, die diese Lehre angeht, besonders betrachtet und erklärt wird, ed. J.S. Semlers, Frankfurt/Leipzig 1774); A Collection of Papers, which Passed Between the Late Learned Mr. Leibnitz, and Dr. C., in the Years 1715 and 1716. Relating to the Principles of Natural Philosophy and Religion, London 1717; The Leibniz-C. Correspondence. Together with Extracts from Newton's Principia and Opticks, ed. H. G. Alexander, Manchester 1956. – C. Julii Caesaris quae extant. Accuratissime cum libris editis & MSS optimis collata, recognita & correcta, London 1712; Ilias Graece et Latine. Annotationes in usum serenissimi principis Gulielmi Augusti, Ducis de Cumberland, &c., I–II, London 1729/1732 [Vol. II: Ed., atque imperfecta supplevit S. C. filius], [2]1735, [3]1740.

Literatur: R. Attfield, C., Collins and Compounds, J. Hist. Philos. 15 (1977), 45–54; J. P. Ferguson, The Philosophy of Dr. S. C. and its Critics, New York 1974; J. H. Gay, Matter and Freedom in the Thought of S. C., J. Hist. Ideas 24 (1963), 85–105; M. Heller/A. Staruszkiewicz, A Physicist's View on the Polemics between Leibniz and C., Organon 11 (1975), 205–213; J. Mittelstraß, Rationalismus – Empirismus (Leibniz – C.), in: H. Rombach (ed.), Wissenschaftstheorie I (Probleme und Positionen der Wissenschaftstheorie), Freiburg/Basel/Wien 1974, 29–32; B. Peach, S. C., Encycl. of Morals, ed. V. Ferm, New York 1956, 99–105; F. E. L. Priestley, The C./Leibniz Controversy, in: R. E. Butts/J. W. Davis (eds.), The Methodological Heritage of Newton, Oxford 1970, 34–56; J. M. Rodney, S. C. and the Acceptance of Newtonian Thought, Research Studies 36 (1968), 351–360; ders., C., DSB III (1971), 294–297; G. Sarton, The Study of Early Scientific Textbooks, Isis 38 (1947/1948), 145; E. Sprague, C., Enc. Ph. II (1967), 118–120. J. M.

Clauberg, Johannes, *Solingen 24. Febr. 1622, †Duisburg 31. Jan. 1665, dt. Philosoph. Lehrte in Herborn (1649–1650) und Duisburg (ab 1651) beeinflußt durch den ↑Cartesianismus, den C. 1648/1649 bei Johan de Raey in Leiden kennengelernt hatte. Vorläufer des ↑Okkasionalismus (Unterscheidung zwischen causa libera, d.h. Gott, und causae procatarcticae, d.h. bestimmte Vorstellungen in der Seele bei gegebenem Anlaß weckende körperliche Ursachen). Sein 1647 in Groningen erschienenes Hauptwerk »Elementa Philosophiae sive Ontosophia« erschien 1660 erneut mit cartesischen Ergänzungen.

Werke: Initiatio philosophi sive Dubitatio Cartesiana. Ad metaphysicam certitudinem viam aperiens, Leiden 1655; Opera omnia philosophica, I–II, Amsterdam 1691 (repr. I–II, Hildesheim 1968).

Literatur: P. Brosch, Die Ontologie des J. C.. Eine historische Würdigung und eine Analyse ihrer Probleme, Diss. Greifswald 1926; W. Hübener, Descartes-Zitate bei C.. Zum Quellenwert frühcartesianischer Kontroversliteratur für die Descartesforschung, Stud. Leibn. 5 (1973), 233–239; R. Specht, Commercium mentis et corporis. Über Kausalvorstellungen im Cartesianismus, Stuttgart 1966; C. L. Thijssen-Schoute, Nederlands Cartesianisme, Amsterdam 1954; E. Viola, Scolastica e cartesianesimo nel pensiero di J. C., Riv. filos. neo-scolastica 67 (1975), 247–266; J. T. Waterman, J. C.s Ars etymologica Teutonum (1663), J. Engl. Germ. Philol. 72 (1973), 390–402. J. M.

Clausius, Rudolf (Julius Emmanuel), *Köslin (Pommern) 2. Jan. 1822, †Bonn 24. Aug. 1888, dt. Physiker. Ab 1840 Studium der Mathematik und Physik in Berlin, 1850 ebendort Privatdozent. Es folgen Professuren in Zürich (1855) (ETH, später auch Universität), Würzburg 1867 und Bonn 1869. C.' wichtigste Arbeiten betreffen die ↑Thermodynamik, zu deren Mitbegründern er zählt, und die kinetische Gastheorie, zu deren Ausbau er wesentlich beitrug. C. stellte als erster (1850) den 2. Hauptsatz der Thermodynamik (Entropiesatz) auf, zu dessen Formulierung er 1865 den Begriff der ↑Entropie einführte.

Werke: Über die bewegende Kraft der Wärme, und die Gesetze, die sich daraus für die Wärmelehre selbst ableiten lassen, Ann. Phys. 79 (1850), 500–524, ed. M. Planck, Leipzig 1898 (Ostwald's Klassiker der exakten Wissenschaften 99); Die Potentialfunction und das Potential. Ein Beitrag zur mathematischen Physik, Leipzig 1859, [2]1867, [3]1877, [4]1885; Über verschiedene für die Anwendung bequeme Formen der Hauptgleichungen der mechanischen Wärmetheorie, Ann. Phys. 125 (1865), 353–400; Abhandlungen über die mechanische Wärmetheorie, I–II, Braunschweig 1864/1867, unter dem Titel: Die mechanische Wärmetheorie, I–III, Braunschweig [2]1876–1891; Die mechanische Behandlung der Electricität, Braunschweig 1879.

Literatur: S. Brush, The Development of the Kinetic Theory of Gases, III. C., Ann. Sci. 14 (1958), 185–196; E. E. Daub, C., DSB III (1970), 303–311; F. Rosenberger, Die Geschichte der Physik in Grundzügen III, Braunschweig 1890; I. Schneider, C.' erste Anwendung der Wahrscheinlichkeitsrechnung im Rahmen der atmosphärischen Lichtstreuung, Arch. Hist. Ex. Sci. 14 (1974), 143–158. G. W.

Clavius (latinisierte Form des Familiennamens ›Klau‹, nicht aus ›Schlüssel‹ oder ›Nagel‹, wie in der Literatur oft behauptet), Christoph, *Bamberg 1537, †Rom 6. Feb. 1612, dt. Mathematiker und Astronom, Kardinal. C. trat 1555 in Rom in den Jesuitenorden ein. Um 1560 studierte er in Coimbra (Portugal); seine schon während seines Theologiestudiums seit 1565 gehaltenen Mathematikvorlesungen machten ihn bald zum gefeierten Lehrer am Collegium Romanum, an dem er, mit Ausnahme der Jahre 1595/1596 in Neapel, von da an wirkte. Den von seinen Zeitgenossen gebrauchten Ehrentitel ›Euklid des 16. Jahrhunderts‹ verdankt C. seiner Euklid-Ausgabe, die nicht nur eine Übersetzung, sondern vor allem eine Sammlung älterer und neuer eigener Kommentare zu den Definitionen, Postulaten und Sätzen der »Elemente« Euklids ist, wobei ein neuer Versuch zum Beweis des Parallelenpostulats Erwähnung verdient.

In einem Scholion zu Euklid Elem. IX 12 betont C. die Priorität von Euklid und Theodosius von Bithynien (der sich oft, so auch bei C. selbst, fälschlich als Theodosios von Tripolis bezeichnet findet) gegenüber G. Cardano bezüglich des Schlußverfahrens, eine These *A* durch Herleitung von *A* aus $\neg A$ zu beweisen, ein Beweisverfahren, dessen Bezeichnung als ›admirabilis [...] demonstratio‹ (Opera I, Rom 1611, 365) möglicherweise der Ursprung des im 17. Jahrhunderts dafür auftauchenden Terminus ↑›consequentia mirabilis‹ und jedenfalls der heute üblichen Benennung ↑Claviussches Gesetz ist. In der Fachmathematik zeichnete sich C. auch durch eine (freilich noch ganz ›kossistische‹) Algebra, durch Beiträge zur Trigonometrie (vor allem zur sphärischen Trigonometrie) und durch Neuerungen der mathematischen Symbolik aus.

Als Astronom war C. Anhänger des Ptolemaiischen Systems und äußerte sich als Gegner des N. Kopernikus (aus kosmologischen wie theologischen Gründen) in seinem sehr verbreiteten »In Sphaeram Ioannis de Sacro Bosco Commentarius« (Rom 1581), der freilich weniger ein Kommentar zu J. de Sacrobosco, als vielmehr ein eigenes Kompendium der Astronomie ist. Trotz seiner antikopernikanischen Haltung unterhielt C. fast freundschaftliche Beziehungen zu G. Galilei, dessen Beobachtungen der Jupitermonde C. 1611 in einem Bericht an R.F. Bellarmin bestätigte, ohne Galileis Folgerungen aus ihnen zu akzeptieren. Die neben dem genannten Lehrwerk bedeutendste astronomische Leistung des C. ist die Verbesserung des Julianischen Kalenders durch seinen der von Papst Gregor XIII. durchgeführten (›Gregorianischen‹) Kalenderreform von 1581 zugrunde gelegten, unter den zeitgenössischen Experten nicht unumstrittenen Vorschlag zur Korrektur der Differenz des tropischen und des julianischen Jahres.

Werke: Christophori Clavii Bambergensis, ex Societate Iesu, in Sphaeram Ioannis de Sacro Bosco commentarius, Romae 1570, 1581, 1585, Venedig 1591, 1596, 1601, Lyon 1618; Euclidis Elementorum libri XV. Accessit XVI. de solidorum Regularium cuiuslibet intra quodlibet comparatione. Omnes perspicuis demonstrationibus, accuratisque scholijs illustrati, I–II, Romae 1574, 1589 (zahlreiche spätere Ausgaben); Theodosii Tripolitae Sphaericorum libri III. A Christophoro Clauio Bambergensi Societatis Iesu perspicuis demonstrationibus ac scholijs illustrati, Romae 1586; Algebra Christophori Clavii Bambergensis e Societate Iesu, Romae 1609; Christophori Clavii Bambergensis e Societate Iesu Opera mathematica, V Tomis distributa. Ab auctore nunc denuo correcta, et plurimis locis aucta, Moguntiae (Mainz) 1611–1612. – Bibliothèque de la Compagnie de Jésus. Première partie: Bibliographie. Nouvelle édition par C. Sommervogel, S.J., II, Bruxelles/Paris 1891, 1212–1224.

Literatur: H.L.L. Busard, C., DSB III (1971), 311–312; E. Lamalle, C., NDB III (1957), 279; O. Meyer, C.C. Bambergensis, Fränkisches Land 9 (1962), 1–8. C.T.

Claviussches Gesetz (engl. law of Clavius, Clavius' law), von dem deutschen Euklidkommentator ↑Clavius (d.i. Christoph Klau) in einer Erläuterung zu Euklid (Elem. IX, 12) aufgewiesenes Beweisprinzip, die Wahrheit einer Aussage *A* durch Ableitung von *A* aus $\neg A$ zu beweisen. Spätestens im 17. Jahrhundert taucht es in Jesuitentraktaten unter der Bezeichnung ↑›consequentia mirabilis‹ auf G. Saccheri versuchte mit seiner Hilfe, Euklids Parallelenpostulat zu beweisen, und stützte auf das Prinzip ein neues Begründungsverfahren für kategorische Syllogismen. Seine mathematik- und logikgeschichtliche Bedeutung hat erstmals G. Vailati gewürdigt. J. Łukasiewicz prägte den Ausdruck ›law of Clavius‹ für die junktorenlogische Formel $(\neg A \rightarrow A) \rightarrow A$, die er grundsätzlich sogar schon bei Sextus Empiricus finden wollte, da die bei diesem genannten Zusatzprämissen $A \rightarrow A$ und $A \vee \neg A$ ›trivial‹ seien. Es besteht jedoch ein Unterschied: während $(A \vee \neg A) \rightarrow ((\neg A \rightarrow A) \rightarrow A)$ konstruktiv logisch wahr ist (die Prämisse $A \rightarrow A$ ist überflüssig), gilt $(\neg A \rightarrow A) \rightarrow A$ nur klassisch, nicht konstruktiv (↑Logik, klassische, ↑Logik, konstruktive).

Literatur: C. Clavius, Euclidis elementorum libri XV, Rom 1574 u.ö.; J. Łukasiewicz, Philosophische Bemerkungen zu mehrwertigen Systemen des Aussagenkalküls, Comptes Rendus des Séances de la Société des Sciences et des Lettres de Varsovie, Classe III, 23 (1930), 51–77 (hier 67; der gekürzte Nachdruck. in: K. Berka/L. Kreiser, Logik-Texte, Berlin 1971, [2]1973, enthält die hier relevante Stelle nicht); G. Saccheri, Euclides ab omni naevo vindicatus, Mailand 1733 (dt. Der von jedem Makel befreite Euklid, in: P. Stäckel/F. Engel [eds.], Die Theorie der Parallellinien von Euklid bis auf Gauss. Eine Urkundensammlung zur Vorgeschichte der nichteuklidischen Geometrie, Leipzig 1895, 41–136 [repr. New York/London 1968]); ders., Logica Demonstrativa, Turin 1697, Pavia [2]1701, Köln [3]1735; Sextus Empiricus, Adversus mathematicos VIII (= Adversus dogmaticos II), 292; G. Vailati, A proposito d'un passo del Teeteto e di una dimonstrazione di Euclide, in: ders., Scritti, Leipzig/Firenze 1911, 516–527. C.T.

Clemens Alexandrinus (eigentlich Titus Flavius Clemens), *Athen ca. 140/150, †in Kappadokien ca. 216/217. C. unternahm zahlreiche Reisen und hielt sich 175–202 in Alexandrien auf. Er soll nach dem Tode seines Lehrers, des christlichen Stoikers Pantainos, die alexandrinische Katechetenschule geleitet haben. C.' Schriften sind eine wichtige Quelle der griechischen Philosophie. »Protreptikos«: apologetisch-polemisch gegen den Polytheismus; »Paidagogos«: praktische Ratschläge für die christliche Lebensführung im Anschluß an eine Darstellung Christi als Erzieher; »Stromateis« (»buntgewirkte Teppiche«): Einführung in christliche Erkenntnislehre, gegen ethischen Determinismus; »Quis dives salvetur«, »Eklogae Propheticae« und »Hypotyposeis« sind exegetischen und homiletischen Inhalts. C. sah die griechische Philosophie als Vorstufe christlicher Glaubenswahrheit an und bemühte sich, den christlichen Glauben für die Gebildeten seiner Zeit akzeptabel zu machen. Philosophie und Glauben widersprechen einander nicht. C. übte großen Einfluß auf die griechischen Kirchenväter des 4. Jahrhunderts und auf Augustinus aus.

Werke: Opera omnia, I–II, Paris 1857 (MPG 8–9); O. Stählin (ed.), Werke, Leipzig 1905–1936 (Die griechischen christlichen Schriftsteller der ersten 3 Jahrhunderte 12, 15, 17, 39); ders. (ed.), C.A.. Ausgewählte Schriften (dt.), München 1934–1938 (Bibliothek der Kirchenväter, Reihe 2: 7, 8, 17, 19, 20).

Literatur: G. Apostolopoulou, Die Dialektik bei Klemens von Alexandria. Ein Beitrag zur Geschichte der philosophischen Methoden, Frankfurt/Bern 1977; J. Bernard, Die apologetische Methode bei Klemens von Alexandrien. Apologetik als Entfaltung der Theologie, Leipzig 1968; C. Bigg, The Christian Platonists of Alexandria. Being the Bampton Lectures of the Year 1886, Oxford 1886, ²1913; M. Farantos, Die Gerechtigkeit bei Klemens von Alexandrien, Diss. Bonn 1972; J. Ferguson, Clement of Alexandria, New York 1974; R. Hoffmann, Das prinzipielle Denken und seine praktische Anwendung bei C. von Alexandrien. Eine Untersuchung zum spätantiken Platonismus, München 1978; S.R. Lilla, Clement of Alexandria. A Study in Christian Platonism and Gnosticism, London 1971; R. Mortley, Connaissance religieuse et herméneutique chez Clément d'Alexandrie, Leiden 1973; E.F. Osborn, The Philosophy of Clement of Alexandria, Cambridge 1957; M. Pohlenz, Klemens von Alexandreia und sein hellenistisches Christentum, Nachr. Akad. Wiss. Göttingen, philol.-hist. Kl. 1943, 3, 103–180; W. Völker, Der wahre Gnostiker nach C., Berlin/Leipzig 1952. M.G.

Clifford, William Kingdon, *Exeter 4. Mai 1845, †Madeira 3. März 1879, engl. Mathematiker und Philosoph. Lehrte ab 1868 am Trinity College, Cambridge, ab 1871 Prof. der Mathematik am University College, London, ab 1874 Fellow der Royal Society. In der Mathematik ist C. wichtig für die Rezeption der ↑nicht-euklidischen Geometrie, insbesondere des Werkes von B. Riemann, in England. Neben seinem Hauptarbeitsgebiet, der projektiven Geometrie, legte C. wichtige Ergebnisse unter anderem zur Topologie Riemannscher Flächen vor, so zur Definition und Anwendung des Parallelenbegriffs und zur Theorie der Biquaternionen (Verallgemeinerung der Hamiltonschen Quaternionen). C. vertrat eine, sich vor allem auf H. Spencer stützende evolutionäre Erkenntnistheorie (↑Evolution), in die er auch die auf I. Kant zurückgehende Unterscheidung von Form und Inhalt der Erkenntnis einpaßte. Die Axiome der Geometrie und Arithmetik sind zwar beim gegenwärtigen Stand der neuralen Evolution des Menschen Formen möglicher Erfahrung, im Prinzip aber empirisch. – Ethische Fragen werden von C. im Zusammenhang wissenschaftlicher Forschungsergebnisse und der biologischen Entwicklung des Menschen gesehen.

Werke: Elements of Dynamic. An Introduction to the Study of Motion and Rest in Solid and Fluid Bodies, I–II, London 1878/1887 (II, ed. R. Tucker); Seeing and Thinking, London 1879; Lectures and Essays, I–II, ed. F. Pollock, London 1879, ³1901 (daraus dt., Über die Ziele und Werkzeuge des wissenschaftlichen Denkens, München 1896; Von der Natur der Dinge an sich, Leipzig 1903); Mathematical Papers, ed. R. Tucker, London 1882 (repr. New York 1968); The Common Sense of the Exact Sciences, ed. and in part written by K. Pearson, London/New York 1885, London ⁴1898 (dt. Der Sinn der exakten Wissenschaft, in gemeinverständlicher Form dargestellt, Leipzig 1913), Neuausg. New York 1946 (repr. 1955); The Ethics of Belief, and Other Essays, ed. L. Stephen/F. Pollock, London 1947.

Literatur: J.D. North, C., DSB II (1970), 322–323; H.E. Smokler, C., Enc. Ph. II (1967), 123–125. P.J.

cogito ergo sum (lat., ich denke, also bin ich), Grundsatz der theoretischen Philosophie R. Descartes' (Princ. Philos. I, 7, franz.: je pense, donc je suis, Disc. méthode IV, 3). Methodisch das Ergebnis eines radikalen, der Form nach Argumentationen Augustins (De trinit. X 10, 14–16) aufnehmenden Zweifels an allem bisherigen Wissen (Meditat. II) und als Ausdruck der Selbstgewißheit des Denkenden Basis der Cartesischen Erkenntnistheorie (›le premier principe de la philosophie‹, Disc. méthode IV); darin die sogenannte Subjektivität der neuzeitlichen Vernunft begründend (↑Subjektivismus).

Die Frage, ob es sich beim c.e.s. um einen *Schluß* handelt (nahegelegt durch ›ergo‹ bzw. ›donc‹), der dann den allgemeinen Satz ›alles was denkt, ist (existiert)‹ voraussetzte, oder um eine bloße *Evidenz,* ist bei Descartes nicht völlig geklärt. Der methodologischen Intention nach muß es sich um zwei voneinander unabhängige ↑Evidenzen (›cogito‹ und ›sum‹) handeln, wobei es in einer entsprechenden logischen Rekonstruktion entscheidend darauf ankommt, das ›esse‹ (›sein‹, ›existieren‹) in ›sum‹ nicht als ein Prädikat, sondern als Darstellung des ↑Einsquantors (Existenzquantors) zu verstehen (›es gibt etwas, das gerade denkt‹). Von der Möglichkeit einer logisch befriedigenden Rekonstruktion des c.e.s. bleiben jedoch die inhaltlichen Schwierigkeiten unberührt, die sich an die Behauptung Descartes' knüpfen, aus seinem ›premier principe‹ könnten weitere Sätze, z.B. der Satz ›sum res cogitans‹ (›ich bin ein denkendes [als solches auch fühlendes, vorstellendes, etc.] Ding‹), hergeleitet und damit Maßnahmen zum Wiederaufbau des zuvor mit einem radikalen Zweifel belegten philosophischen Wissens auf methodische Weise begonnen werden.

Literatur: E.W. Beth, C.e.s. – raisonnement ou intuition, in: Logica. Studia Paul Bernays dedicata, Neuchâtel 1959, 19–31; J. Hintikka, C.e.s.: Inference or Performance?, Philos. Rev. 71 (1962), 3–32; J. Mittelstraß, Neuzeit und Aufklärung. Studien zur Entstehung der neuzeitlichen Wissenschaft und Philosophie, Berlin/New York 1970, 382–391; W. Röd, Zum Problem des Premier Principe in Descartes' Metaphysik, Kant-St. 51 (1959/1960), 176–195; H. Scholz, Über das c.e.s., Kant-St. 36 (1931), 126–147, Neudr. in: ders., Mathesis universalis. Abhandlungen zur Philosophie als strenger Wissenschaft, ed. H. Hermes/F. Kambartel/J. Ritter, Basel 1961, 75–94. J.M.

Cohen, Hermann, *Coswig (Anhalt) 4. Juli 1842, †Berlin 4. April 1918, dt. Philosoph. 1865 Promotion in Halle, 1873 Habilitation in Marburg bei F. Lange, 1875 a.o. Prof., 1876 o. Prof. der Philosophie in Marburg (als Nachfolger F. Langes), nach seiner Emeritierung 1912 Lehrer an der Lehranstalt für Wissenschaft des Judentums in Berlin.

Als Begründer und Hauptvertreter des ↑Neukantianismus der Marburger Schule besaß C. großen, bis heute nachwirkenden Einfluß auf die zeitgenössische Kantauffassung. Für C. hat die Philosophie die Aufgabe, im Ausgang vom ›Faktum der Wissenschaft‹ die apriorischen Voraussetzungen der Erfahrung und des Handelns zu klären. In der Erkenntnistheorie als der systematischen Zusammenstellung der Prinzipien der mathematischen Naturwissenschaft geht C. dabei insofern über I. Kant hinaus, als er sich in seiner Konzeption eines schöpferischen ›Denkens des Ursprungs‹ gegen die Kantische Unterscheidung zwischen der Spontaneität des Denkens und der Rezeptivität der ↑Anschauung wendet und im Zusammenhang damit auch Kants Annahme des ↑Dinges an sich verwirft. C.s Ethik ist als Prinzipienlehre der Rechts- und Staatswissenschaft Darstellung und Explikation des Begriffs des ›reinen Willens‹, der nach C. auf die Verwirklichung der Idee der Menschheit und eines ethischen Sozialismus zielt. Seine Ästhetik geht vom reinen Gefühl aus, das seinerseits ›reine Liebe zur Natur des Menschen‹ ist. In seinen religionsphilosophischen Untersuchungen, mit denen er sich vor allem gegen Ende seines Lebens beschäftigt, geht es C. um eine Rechtfertigung der Religion auf der Grundlage des Kantischen ethischen Idealismus; dabei reduziert C. die Religion letztlich allerdings auf den (moralischen) Glauben an die Ewigkeit des kulturellen Fortschritts.

Hauptwerke: Werke I–XVI, ed. H.-C.-Archiv Zürich (H. Holzhey), Hildesheim 1977ff.. – Kants Theorie der Erfahrung, Berlin 1871, [2]1885, [3]1918; Kants Begründung der Ethik, Berlin 1877, [2]1910; Das Princip der Infinitesimal-Methode und seine Geschichte. Ein Kapitel zur Grundlegung der Erkenntnisskritik, Berlin 1883, ed. W. Flach, Frankfurt 1968; Kants Begründung der Ästhetik, Berlin 1889; Logik der reinen Erkenntniss (System der Philosophie I), Berlin 1902, [2]1914, [3]1922; Ethik des reinen Willens (System der Philosophie II), Berlin 1904, [2]1907, [4]1923; Ästhetik des reinen Gefühls (System der Philosophie III), I–II, Berlin 1912, [2]1923; Der Begriff der Religion im System der Philosophie, Gießen 1915; Die Religion der Vernunft aus den Quellen des Judentums, Leipzig 1919, Frankfurt [2]1929 (repr. Köln 1959).

Literatur: H. Günther, Philosophie des Fortschritts. H. C.s Rechtfertigung der bürgerlichen Gesellschaft, München 1972; W. Kinkel, H.C.. Eine Einführung in sein Werk, Stuttgart 1924 (mit Bibliographie); W. Marx, Transzendentale Logik als Wissenschaftstheorie. Systematisch-kritische Untersuchungen zur philosophischen Grundlegungsproblematik in C.s ›Logik der reinen Erkenntnis‹, Frankfurt 1977; P. Natorp, H.C.s philosophische Leistung unter dem Gesichtspunkt des Systems, Berlin 1918; H.L. Ollig, Aporetische Freiheitsphilosophie. Zu H.C.s philosophischem Ansatz, Philos. Jb. 85 (1978), 359–371; W. Ritzel, Studien zum Wandel der Kantauffassung. Die Kritik der reinen Vernunft nach Alois Riehl, H.C., Max Wundt und Bruno Bauch, Meisenheim 1952; W. de Schmidt, Psychologie und Transzendentalphilosophie. Zur Psychologie-Rezeption bei H.C. und Paul Natorp, Bonn 1976; J. Vuillemin, L'héritage Kantien et la révolution Copernicienne. Fichte-C.-Heidegger, Paris 1954. H.H.

Cohen, Paul Joseph, *Long Branch N. J. 2. April 1934, amerik. Mathematiker. 1958 Ph. D. University of Chicago, 1958–1959 Lehrtätigkeit am Massachusetts Institute of Technology, 1959–1961 Institute for Advanced Study, ab 1964 Prof. der Mathematik Stanford University. C. bewies mit Hilfe des von ihm entwickelten metamathematischen Verfahrens des ↑›forcing‹ die Unabhängigkeit (↑unabhängig/Unabhängigkeit (logisch)) sowohl des ↑Auswahlaxioms als auch der verallgemeinerten ↑Kontinuumhypothese von den anderen Axiomen der Zermelo-Fraenkelschen Mengenlehre (↑Zermelo-Fraenkelsches Axiomensystem) – die

↑Verträglichkeit von Auswahlaxiom und Kontinuumhypothese mit den übrigen Axiomen der Mengenlehre war schon 1938 von K. Gödel bewiesen worden. C. löste damit das schon seit G. Cantors Aufstellung der genannten Hypothese im Jahre 1884 bestehende Kontinuumproblem, das D. Hilbert in einem berühmt gewordenen Vortrag von 1900 als das wichtigste der damals ungelösten mathematischen Probleme bezeichnet hatte. C.s Lösung scheint zu einer Vielzahl gleichberechtigter Mengenlehren zu führen und ist deshalb geeignet, die Besinnung von den axiomatischen Mengenlehren (↑Mengenlehre, axiomatische) auf die den axiomatischen Ansätzen zugrunde liegenden, ursprünglich konstruktiven Intentionen der Mengenlehre (↑Mengenlehre, konstruktive) und damit auf die Grundlegungsproblematik zurückzulenken.

Werke: A Note on Constructive Methods in Banach Algebras, Proc. Amer. Math. Soc. 12 (1961), 159–163; A Minimal Model for Set Theory, Bull. Amer. Math. Soc. 69 (1963), 537–540; The Independence of the Continuum Hypothesis, I, II, Proc. Nat. Acad. Sci. USA 50 (1963), 1143–1148, 51 (1964), 105–110; Set Theory and the Continuum Hypothesis, New York/Amsterdam 1966; (mit R. Hersh) Non-Cantorian Set Theory, Sci. Amer. 217 (1967), 104–116, wiederabgedruckt in: M. Kline (ed.), Mathematics in the Modern World, San Francisco/London 1968, 212–220.

Literatur: A. Church, P.J.C. and the Continuum Problem, in: Ber. int. Math. Kongr. Moskau 1966, Moskau 1968, 15–20; A. Mostowski, Widerspruchsfreiheit und Unabhängigkeit der Kontinuumhypothese, Elemente der Math. 19 (1964), 121–125; R.M. Smullyan, The Continuum Hypothesis, in: ders., The Mathematical Sciences. A Collection of Essays, Cambridge Mass./London 1969, 252–260. C.T.

coincidentia oppositorum (lat., Zusammenfall der Gegensätze), Grundbegriff im Rahmen des als ↑docta ignorantia, d.h. als Einsicht in die Unangemessenheit unserer Erkenntnisweisen, charakterisierten philosophischen Wissens bei Nikolaus von Kues (De coniecturis II, 1–2). Gegensätze und Widersprüche (c. contradictoriorum), in denen sich das Unbegreifliche (der Gegenstand der Philosophie) der ›über sich selbst belehrten Unwissenheit‹ zeigt und symbolisch formulierbar wird, gelten als im Unendlichen (in Gott) aufgelöst (De docta ign. I, 4; II, 2). Beispiel: der Kreis fällt bei unendlich werdendem Durchmesser mit der Geraden (seinem ›Gegensatz‹) zusammen (De docta ign. I, 13). Der Begriff der c. o. wird bei G. Bruno im pantheistischen Sinne (↑Pantheismus) weitergeführt und gewinnt später z.B. bei J.G. Hamann unter dem Gesichtspunkt der Überwindung einer Antithetik der Vernunft (gegen I. Kant) und bei F.W.J. Schelling in dessen identitätsphilosophischer Konzeption (↑Identitätsphilosophie) erneut eine gewisse spekulative Bedeutung.

Literatur: G. v. Bredow, C. o., Hist. Wb. Ph. I (1971), 1022–1023; K. Jacobi, Die Methode der Cusanischen Philosophie, Freiburg/München 1969, 133ff.; E. Kanitz-Huber, Die c. o. als Grenzbegriff, Biberach 1954; D. Mahnke, Unendliche Sphäre und Allmittelpunkt, Halle 1937 (repr. Stuttgart 1966), 76ff.. J.M.

Collingwood, Robin George, *Coniston (Lancashire) 22. Febr. 1889, †ebd. 9. Jan. 1943, engl. Philosoph, Archäologe und Historiker. 1912 Fellow of Pembroke College, Oxford, 1927–1935 University Lecturer, 1935–1941 Waynflete Professor of Metaphysical Philosophy. Langjähriger Schwerpunkt seiner Lehrtätigkeit war neben römischer Geschichte die theoretische Archäologie nach seinem Lehrer F.J. Haverfield.

C. setzt sich früh sowohl von den ›Realisten‹ (W. Cook, H.A. Prichard) als auch von den ›Idealisten‹ (F.H. Bradley, T.H. Green) ab. Über B. Croce und G. Gentile, die zeitweilig C. stark beeinflussen, sowie über J. Ruskin wird C. mit den Werken G. Vicos und G.W.F. Hegels bekannt. Die Entwicklung seiner Philosophie wird gemeinhin als ein allmähliches Abrücken vom Idealismus beschrieben, bis zu dessen entschiedener Zurückweisung in den letzten Jahren. In keiner Phase ist C. einer Strömung oder Lehrmeinung in der sich stetig wandelnden philosophischen Landschaft seiner Zeit zuzuordnen. Seine Wirkung beruht in erster Linie auf seinem Versuch einer angemessenen Verbindung von Geschichte und Philosophie zu einer ›Metaphysik‹, welche die jeweiligen ›absoluten Voraussetzungen‹ aller bisherigen Weltbilder und kognitiven Systeme herausarbeitet und damit den in der Totalität menschlicher Erfahrung begegnenden ›absoluten Geist‹ zu Bewußtsein bringt. Im Hintergrund steht dabei die Annahme, daß die Wissenschaft nicht mehr in der Lage sei, geschichtliche Vorgänge zu erfassen und zu organisieren. Die Verwandtschaft von C.s Entwicklungsgeschichte fundamentaler Weltkonzepte (bis zu ihrer Selbstbewußtheit in der historischen Tiefenhermeneutik der Philosophie) mit Hegels »Phänomenologie des Geistes« ist auffällig, aber nicht intendiert. Vorrangig gelten C.s Bemühungen ferner einer Erarbeitung der ›Formen der Erfahrung‹ in einer gestuften Reihenfolge: Kunst, Religion, Wissenschaft, Historie und Philosophie, die als höchste Form die Partikularität der Wissenschaften in der Zusammenschau der Realität des absoluten Geistes transzendiert. – Neben Überlegungen zu logischen Unterschieden der Sprachen von Wissenschaft und Philosophie und deren methodologischen Konsequenzen für beide Erfahrungsformen stehen Arbeiten zur Philosophie der Religion, der Kunst und des Geistes (↑›philosophy of mind‹). Vor allem C.s Ästhetik, ausgearbeitet in einer Theorie des sprachlichen Ausdrucks von Unbewußtem, und seine langjährige Auseinandersetzung mit der Kunstphilosophie Croces (den C. ins Englische übersetzte) sind von systematischer Bedeutung.

Werke: Religion and Philosophy, London 1916; Ruskin's Philosophy, London 1922; Speculum Mentis. Or the Map of Knowledge, Oxford 1924; Outlines of a Philosophy of Art, London 1925; Faith and Reason. A Study of the Relations between Religion and Science, London 1928; The Philosophy of History, London 1930 (dt. Philosophie der Geschichte, Stuttgart 1955); An Essay on Philosophical Method, Oxford 1933; Roman Britain and the English Settlements (The Oxford History of England, ed. G.N. Clark, I), Oxford 1936; The Principles of Art, Oxford 1938; An Autobiography, London 1939; An Essay on Metaphysics, Oxford 1940; The New Leviathan. Or, Man, Society, Civilization and Barbarism, Oxford 1942; The Idea of Nature, Oxford 1945; The Idea of History, Oxford 1946; Essays in the Philosophy of History, ed. W. Debbins, Austin/London 1965 (mit Bibliographie).

Literatur: A. Donegan, The Later Philosophy of R.G.C., Oxford 1962; W.M. Johnston, The Formative Years of R.G.C., The Hague 1967; K.L. Ketner, An Emendation of R.G.C.'s Doctrine of Absolute Presuppositions, Lubbock 1973; T.M. Knox, Vorwort zu »The Idea of History« (mit Bibliographie); ders. u.a., Nachruf-Essays in: Proc.Brit. Acad. 29 (1943), 465–485 (mit Bibliographie); M. Krausz (ed.), Critical Essays on the Philosophy of R.G.C., London 1972; L.O. Mink, The Philosophy of R.G.C., Bloomington/London 1969; J. Newman, Metaphysics and Absolute Presuppositions, Man and World 6 (1973), 280–292; L. Rubinoff, C. and the Reform of Metaphysics. A Study in the Philosophy of Mind, Toronto 1970; P. Shagestad, Making Sense of History. The Philosophies of Popper and C., Oslo/Atlantic Highlands N.J. 1975. H.-L. N./R. W.

Collins, Anthony, *Heston 21. Juni 1676, †London 13. Dez. 1729, engl. Freidenker und Deist. 1693–1694 Studium am King's College, Cambridge, 1703–1704 Freundschaft mit J. Locke (umfangreicher Briefwechsel vom Mai 1703 bis Oktober 1704), 1711 und 1713 Reisen nach Holland. C. vertrat in Bibelkritik (A Discourse of the Grounds and Reasons of the Christian Religion, 1724) und Institutionenkritik (Priestcraft in Perfection, 1710 [anonym]) die Selbständigkeit des den Glauben begründenden Denkens gegenüber den dogmatischen Ansprüchen der Religion. Seine erkenntnistheoretisch an Locke anschließenden Erörterungen über Möglichkeit und Verpflichtung zu einem freien, d.h. institutionell und dogmatisch nicht eingeschränkten Denken (A Discourse of Free-Thinking, 1713) tragen, gegen zum Teil heftige Kritik (R. Bentley, Remarks upon a Late Discourse of Freethinking, Cambridge 1713, ^{6}1727), wesentlich zur Durchsetzung der als Radikalisierung des ↑Deismus aufgefaßten Position der ↑Freidenker bei. In diesem Zusammenhang suchte C. auch deterministische Positionen zu verteidigen (A Philosophical Inquiry concerning Human Liberty, 1717).

Werke: An Essay concerning the Use of Reason in Propositions, the Evidence whereof depends upon human Testimony, London 1707, ^{2}1709; Priestcraft in Perfection, or, A Detection of the Fraud of Inserting and Continuing this Clause (The Church hath Power to Decret Rites and Ceremonys, and Authority in Controversys of Faith) in the Twentieth Article of the Articles of the Church of England, London 1710, ^{2}1710, ^{3}1710; A Discourse of Free-Thinking, Occasion'd by the Rise and Growth of a Sect Call'd Free-Thinkers, London 1713 (repr., mit dt. Paralleltext, ed. G. Gawlick, Stuttgart 1965); A Philosophical Inquiry concerning Human Liberty, London 1717, Glasgow ^{4}1749, ed. J. O'Higgins, The Hague 1976; A Discourse of the Grounds and Reasons of the Christian Religion, London 1724 (repr. New York 1976), ^{2}1737; An Historical and Critical Essay, on the Thirty-Nine Articles of the Church of England, London 1724, ^{2}1738; A Dissertation on Liberty and Necessity. Wherein the Process of Ideas, from their first Entrance into the Soul, until their Production of Action, is Delineated, London 1729.

Literatur: R. Attfield, Clarke, C. and Compounds, J. Hist. Philos. 15 (1977), 45–54; J. O'Higgins, A.C.. The Man and his Works, The Hague 1970; J.M. Robertson, Short History of Freethought, London 1906; U.G. Thorschmidt, Critische Lebensgeschichte A.C.s, Dresden 1755; N.L. Torrey, Voltaire and the English Deists, New Haven 1930. J. M.

Comenius, Johann Amos (eigentlich Jan Amos Komenský) *Nivnice (Südmähren) 28. März 1592, †Amsterdam 15. Nov. 1670, tschechischer Pädagoge und Theologe. Nach dem Studium an den reformierten Universitäten Herborn – wo er J.H. Alsted, den von P. Ramus, R. Lullus und G. Bruno beeinflußten Verfasser der »Encyclopedia« (1630) kennenlernte – und Heidelberg kehrte C. 1616 als Priester der Böhmischen Brüder in seine Heimat zurück. Es folgten eine langjährige Tätigkeit als Gymnasialdirektor in Leszno (Polen) und ein Aufenthalt in London (1641/1642). Auf dem Weg nach Schweden begegnete C. 1642 R. Descartes. Er kehrte 1648 aus Schweden zurück, bemühte sich vergeblich um die Gründung einer schola pansophica in Transsylvanien und floh nach der Zerstörung von Leszno 1656 (bei der er seine Bücher und Manuskripte verlor) nach Amsterdam, wo er bis zu seinem Tode 1670 im Hause von Lorenz de Geer wohnte.

C.' pädagogische Lehren und Tätigkeit sind vor dem Hintergrund seiner theoretischen Konzeption einer *Pansophie* zu verstehen: der Mensch soll durch umfassende Bildung (formatio) die Schöpfung, in deren Mittelpunkt er steht, von den Folgen des Sündenfalls erlösen und das ursprüngliche Friedensreich wieder herstellen. C. sah es als sicher an, daß seine Zeit als letztes Weltalter vor Christi endgültiger Rückkehr und Herrschaft die Reform der Welt zu bewerkstelligen habe. Auf Grund seiner besonderen Stellung im Kosmos ist nach C. der Mensch befähigt, die Natur, sich selbst und das Wort Gottes vollständig zu begreifen. Diese universale Weisheit oder Pansophie muß Gegenstand der Bildung sein. Auf der Folie seines pansophistischen Programms übte C. eine erfolgreiche Tätigkeit als Schulreformer und Sprachlehrer aus; zu den diese Tätigkeit leitenden Einsichten gehört insbesondere die Forderung nach Anschaulichkeit der Lehrgegenstände (Verfasser der ersten Bilderfibel, des berühmten »Orbis sensualium pictus«, 1658). Im Hinblick auf eine Reform des Fremdsprachenunterrichts und eine (pansophistisch orientierte) philosophische ↑Universalsprache entwickelte C. Ansätze, die mit der modernen Prädikationstheorie (↑Prädikation) rekonstruierbar sind. Der Umstand, daß seine Reform der Pädagogik als Vorbereitung einer kosmischen Reform angelegt ist, erklärt die chiliastischen Elemente (↑Chiliasmus) dieser pädagogischen Theorie.

Werke: Janua linguarum reserata aurea, Leszno 1633, Leipzig 1635, Löwen 1643, Amsterdam 1643, Arnheim 1648, Prag 1716, u.ö. (engl. The Gates of Tongues Unlocked and Opened, London 1633); Conatuum Comenianorum praeludia, Oxford 1637, unter dem Titel: Pansophiae prodromus, London ^{2}1639, Leiden 1644 (engl. A Pattern of Universal Knowledge, London 1651); Physicae ad lumen divinum reformatae synopsis, Amsterdam 1643, ^{2}1645, ^{3}1649 (engl. Natural Philosophy Reformed by Divine Light. Or a Synopsis of Physics, London 1651); Pansophiae diatyposis, Danzig 1643, Amsterdam 1645; Linguarum methodus novissima, Leszno 1648; Opera didactica omnia (incl. Didactica magna, I–IV in einem Bd.), Amsterdam 1657 (repr. Prag 1957); Orbis sensualium pictus, Nürnberg 1658 (repr. Osnabrück 1964), 1664, 1679, 1683, u.ö., später unter dem Titel: Orbis sensualium picti, I–II, Nürnberg 1720, u.ö. (engl. C.'s Visible World. Or a Picture and Nomenclature of All the Chief Things That Are in the World, and of Mens Employments Therein, London 1659); De rerum humanarum emendatione consulatio catholica, Amsterdam ^{2}1681, Halle 1702, Prag 1966 (erste vollst. Ausg.). – J. A. C.' pädagogische Schriften, I–III, ed. F. Mann, Langensalza 1904–1907; Ausgewählte Werke (übers. u. ed. K. Schaller/D. Tschižewskij), Hildesheim 1971 ff.; Pampaedia, lat./dt., nach der Handschrift, von D. Tschižewskij/H. Geissler/K. Schaller, Heidelberg 1960, ^{2}1965. – Ústav Školských Informacî při Ministerstvu Školstvî ČSR (ed.): Bibliografie Knižních Komenian 1945–1975, Prag 1976; S. M. Bečková, Komeniana vydaná knižné od roku 1945, Prag 1967; H. J. Heydorn, J. A. C.. Geschichte und Aktualität 1670–1970. Eine Bibliographie des Gesamtwerkes, I–II, Glashütten (Taunus) 1971; K. Pilz, J. A. C.. Die Ausgaben des Orbis Sensualium Pictus. Eine Bibliographie, Nürnberg 1967.

Literatur: G. Britschgi, Naturbegriff und Menschenbild bei C., Zürich 1964; H. Geissler, C. und die Sprache, Heidelberg 1959; F. Hofmann, J. A. K., Berlin 1963; H. Hornstein, Weisheit und Bildung. Studien zur Bildungslehre des C., Düsseldorf 1968; K. Schaller, Die Pädagogik des J. A. C. und die Anfänge des pädagogischen Realismus im 17. Jahrhundert, Heidelberg ^{2}1967; ders., Die Pampaedia des J. A. C.. Eine Einführung in sein pädagogisches Hauptwerk, Heidelberg ^{3}1963; ders., Die Pädagogik der »Mahnrufe des Elias«. Das Lebenswerk des C. zwischen Politik und Pädagogik, Kastellaun 1978. R. W.

common sense (lat. sensus communis, franz. bon sens), der allgemeine Sinn, Gemeinsinn, im Deutschen meist mit ›gesunder Menschenverstand‹ wiedergegeben. Grundbegriff der von der ↑Schottischen Schule vertretenen ›realistischen‹, an der Erfahrung des ›Mannes auf der Straße‹ orientierten Erkenntnistheorie. Bei T. Reid treten I. Newtons ↑›regulae philosophandi‹ als Maximen des c. s. auf (An Inquiry into the Human Mind. On the Principles of C. S., Edinburgh 1764). Die Begriffsbildung geht auf Aristoteles (αἴσθησις κοινή, de an. Γ1.425a27) und die Stoa (↑communes conceptiones, ↑consensus gentium) zurück. Zuletzt wurde sie von C. S. Peirce, G. E. Moore (A Defence of C. S., in: J. H. Muirhead [ed.], Contemporary British Philosophy. Personal Statements, 2nd Series, London 1925, 193–223) u.a. wieder aufgegriffen und mit modernen (zum Teil sprachphilosophischen) Positionen verbunden.

Literatur: M. J. Adler, The Time of our Lives. The Ethics of C. S., New York 1970; E. Castelli, I paradossi del senso comune, Padua 1970; S. A. Grave, C. S., Enc. Ph. II (1967), 155–160; ders., The Scottish Philosophy of C. S., Oxford 1960 (repr. Westport Conn. 1973); N. Isaacs, The Foundation of C. S.. A Psychological Preface to the Problems of Knowledge, London 1949; H. Körver, C. S.. Die Entwicklung eines englischen Schlüsselwortes und seine Bedeutung für die englische Geistesgeschichte vornehmlich zur Zeit des Klassizismus und der Romantik, Bonn 1967; T. Martin, The Instructed Vision. Scottish C. S. Philosophy and the Origins of American Fiction, Bloomington Ind. 1961; H. Pust, C. s. von der zweiten Hälfte des 17. Jahrhunderts bis zum Beginn des 18. Jahrhunderts, in: J. Knobloch u.a. (eds.), Europäische Schlüsselwörter. Wortvergleichende und wortgeschichtliche Studien, II 1 (Kurzmonographien), München 1964, 105–140; T. T. Segerstedt, The Problem of Knowledge in Scottish Philosophy. Reid – Stewart – Hamilton – Ferrier, Lund 1935. J. M.

communes conceptiones (communes notiones), gemeinsame Begriffe, gemeinsame Vorstellungen, von griech. κοιναὶ ἔννοιαι. In der ↑Stoa galten solche Begriffe als c. c., die bei jedermann vorausgesetzt werden durften (z.B. der Begriff des Guten), bei Euklid eine Gruppe axiomatischer Sätze, die wie die Sätze über die Gleichheit (z.B. Satz 3: Gleiches von Gleichem abgezogen ergibt Gleiches) ›allgemein‹, d.h. nicht nur bezogen auf geometrische Größen, gelten (bei Aristoteles: τὰ κοινά, d.h. in allen Wissenschaften geltende Sätze). Diese Sätze sind bei Euklid von den ↑Postulaten zu unterscheiden, die im Falle der Geometrie Konstruktions- oder Existenzforderungen für (geometrische) Figuren darstellen. Die c. c. spielen im Anschluß an A.M.T.S. Boethius (Communis animi conceptio est enuntiatio quam quisque probat auditam, De Hebdomadibus, in: The Theological Tractates/The Consolation of Philosophy, ed. H.F. Stewart/E.K. Rand/S.J. Tester, London/Cambridge Mass. [2]1973, 40) in der mittelalterlichen Tradition (P. Abaelard, Thomas von Aquin) eine bedeutende Rolle, ferner bei R. Descartes (↑Idee, angeborene) und G.W. Leibniz, der unter Hinweis auf stoischen und mathematischen Sprachgebrauch erneut ihren methodischen Sinn (Unterscheidung zwischen empirischen und nichtempirischen Elementen der Wissensbildung) betont (Nouv. essais, Preface und I 1, §2ff.). Sachliche Verbindungen lassen sich zur Philosophie des ↑common sense herstellen. J.M.

Comte, (Isidore) Auguste (Marie François Xavier), *Montpellier 19. Jan. 1798, †Paris 5. Sept. 1857, franz. Mathematiker, Wissenschaftsforscher und Soziologe. Ab 1814 studierte C. an der »Ecole Polytechnique«, wurde 1816 im Zuge bourbonischer Restauration als Republikaner der Anstalt verwiesen und war von 1817 an Schüler, Sekretär und Freund C.-H. de Saint-Simons. Unterschiedliche wissenschaftstheoretische Positionen führten 1824 zum Bruch und zur eigenständigen Weiterentwicklung der Schulen des ↑Saint-Simonismus und des Positivismus (↑Positivismus (historisch)). C. lebte zeitlebens von Einnahmen als Examensrepetitor, aus öffentlichen Vorträgen sowie von der Unterstützung durch Freunde. 1830 begründete er die »Polytechnische Vereinigung« zur Förderung der Arbeiterbildung, 1848 die »Positivistische Gesellschaft« zur Verbreitung des Humanitätskultes.

Den sich auf das gesamte Spektrum der wissenschaftlichen Disziplinen erstreckenden Arbeiten C.s liegt ein gemeinsames wissenschaftssoziologisches Erkenntnisinteresse zugrunde (↑Wissenschaftssoziologie). C. beschäftigte sich vor allem mit Fragen der Genese, der Natur, der Struktur und der Funktion von Wissen in der Gesellschaft. Die Frage, wie Erkenntnis möglich sei, ließ sich für ihn nicht a priori beantworten. Vom transzendentalphilosophischen (↑Transzendentalphilosophie) wie vom psychologistisch beginnenden Ansatz der Erkenntnis- und Wissenschaftstheorie des ↑Sensualismus unterschied er sich grundsätzlich durch die Behauptung, eine Analyse des Wissens sei nur über die Beschreibung historischer Stadien gesellschaftlichen Kollektivwissens möglich. Diese Annahme bildete den Ausgangspunkt für das von C. im Anschluß an M.J.A.N.C. Condorcet und Saint-Simon im »Plan der wissenschaftlichen Arbeiten, die für eine Reform der Gesellschaft notwendig sind« 1822 erstmals entwickelte und für die positive Philosophie zentrale ↑Dreistadiengesetz. Es besagt, daß menschliches Wissen vermöge der Natur des Geistes in seiner Entwicklungsgeschichte notwendig drei verschiedene theoretische Zustände durchläuft: den theologischen oder fiktiven Zustand, den metaphysischen oder abstrakten und den wissenschaftlichen oder positiven Zustand. Die verschiedenen Wissenschaftszweige haben eine eigene, dem historischen Bewußtseinsstand der Gesellschaft entsprechende Entstehungs- und Entwicklungsgeschichte, die mit Hilfe der von C. im 4. Band des »Cours de Philosophie Positive« explizierten ›historischen Methode‹ erkannt und erklärt werden soll, um sodann exakte Voraussagen – das eigentliche Ziel aller Wissenschaft – über ihre Entwicklung zuzulassen. Aus der eindeutigen Richtung der Wissenschaftsentwicklung ergibt sich als zentrales Thema der ›Positiven Philosophie‹ die Klassifizierung der einzelnen Disziplinen unter dem Gesichtspunkt des erreichten Positivitätsgrades. Das wiederum führt zur Aufstellung einer Hierarchie der Disziplinen in der Reihenfolge: Mathematik, Astronomie, Physik, Chemie, Biologie und Sozialphysik oder Soziologie. Volle Positivität sprach C. nur der Mathematik und in den empirischen Wissenschaften der Astronomie zu, solange diese sich nicht als Astrophysik auf die ungewisseren Methoden der Physik einzulassen gezwungen ist. Die jeweils auf den Ergebnissen der logisch und historisch vorausgehenden Wissenschaften aufbauenden Wissenschaftszweige können nach C. nur einen Teil des von diesen entwickelten methodischen Instrumentariums übernehmen und sind somit gezwungen, disziplinenspezifische Methoden zu entwickeln, deren Wissenschaftlichkeit dem komplexer werdenden Untersuchungsgegenstand entsprechend abnimmt. Das bedeutet für C. insbesondere die zunehmende Unanwendbarkeit mathematischer Verfahren. Lebensprozesse hält er für zu komplex, um sie mit quantitativen Mitteln adäquat zu erfassen.

Im Zusammenhang mit der Wissenschaftstheorie der Physik erörtert C. Natur und Funktion von ↑Hypothesen, die sich nicht auf die Entstehung von Erscheinungen, sondern nur auf die Regelmäßigkeit ihres Auftretens beziehen dürfen und deshalb unabhängig von Theorien, in denen sie auftreten, überprüft werden können. Die Forderung nach empirischer Überprüfung von Hypothesen ist das Kriterium für den Übergang einer Wissenschaft aus dem metaphysischen Stadium in das positive. Dem Empirismus warf C. vor, die Rolle des Experiments in den empirischen Wissenschaften gnoseologisch und methodologisch mißverstanden zu haben. Sie bestand für C. weder in der Rückführung wissenschaftlicher Aussagen auf das unmittelbar und deshalb vermeintlich objektiv gegebene Sinnesdatum, noch in der Generierung von Hypothesen, sondern allein in deren Überprüfung. Im Gegensatz zu dem im 20. Jahrhundert eine ähnliche Position vertretenden Kritischen Rationalismus (↑Rationalismus, kritischer) lehnte C. jedoch eine Übernahme naturwissenschaftlicher Methoden auf die Sozialphysik oder Soziologie ab, der er im Rahmen der empirischen Wissenschaften eine Sonderstellung zuschrieb. Für sie entwickelte er eine eigenständige Komparatistik, die er ›historische Methode‹ nannte. Vom Ganzen zum Einzelnen fortschreitend sollte mit ihrer Hilfe der fundamentale Einfluß vorausgehender Generationen und ihrer institutionalisierten Lebensformen auf die nachfolgenden Generationen faßbar werden, auf den sich die direkte Untersuchung sozialer Entwicklung konzentrieren muß, um deren prozeßhaften Charakter adäquat auszudrücken. Die traditionelle Sozialstatik und die von C. entwickelte Sozialdynamik als zwei notwendig aufeinander bezogene Methoden sollten den sich gleichfalls wechselseitig bedingenden Kategorien der Ordnung und des Fortschritts in der Gesellschaft entsprechen.

In den beiden letzten Jahrzehnten seines Lebens entwickelte C. auf der Grundlage der Soziologie eine der neuen industriellen Gesellschaft entsprechende positive Religion mit sozialem Charakter, deren Verbreitung dazu beitragen sollte, die gesellschaftlichen Klassengegensätze und deren Ideologien aus der Erkenntnis der historischen Kontinuität und der sozialen Solidarität zu überwinden. Diese in Form einer positiven Kirche organisierte Gesellschaftsmoral stand im Dienste eines Staates, dessen Aufgabe es war, ohne Rücksicht auf die obsolet gewordenen Institutionen der historisch überwundenen Gesellschaftsstufe eine der wissenschaftlich erkannten Entwicklung entsprechende gesellschaftliche und staatliche Verfassung herzustellen, um Ordnung und Fortschritt für das kommende Entwicklungsstadium zur Deckung zu bringen.

Werke: Œuvres complètes, I–XII, Paris 1968–1971 (Repr. verschiedener Ausgaben des 19. Jahrhunderts). – Prospectus des travaux scientifiques nécessaires pour réorganiser la société, Paris 1822; Système de politique positive, Paris 1824; Cours de philosophie positive, I–VI, Paris 1830–1842, I–II, ed. M. Serris/F. Dagognet/A. Sinaceur, Paris 1975, krit. Ausg. unter den Titeln: Philosophie première, ed. M. Serris/F. Dagognet/A. Sinaceur, Paris 1975 (Bücher 1–3), Physique sociale, ed. J.-P. Enthoven, Paris 1975 (Bücher 4–6); Discours sur l'esprit positif, Paris 1844; Ordre et progrès, Paris 1848; Calendrier positiviste, Paris 1849; Système de politique positive, ou Traité de sociologie, I–IV, Paris 1851–1854; Catéchisme positiviste, ou, Sommaire exposition de la religion universelle, en onze entretiens systématiques entre une femme et un prêtre de l'humanité, Paris 1852; Appel aux conservateurs, Paris 1883; Écrits de jeunesse 1816–1828. Suivis du Mémoire sur la cosmogonie de Laplace, 1835, ed. P.E. de Berrêdo Carneiro/P. Arnaud, Paris 1970; Correspondance générale et confessions, I–II, ed. P.F. de Berrêdo Carneiro/P. Arnaud, Paris 1973/1976.

Literatur: J. Delvolvé, Réflexions sur la pensée comtienne, Paris 1939; H. Gouhier, La vie d'A. C., Paris 1931; ders., La jeunesse d'A. C. et la formation du positivisme, I–III, Paris 1933–1941; F. v. Hayek, The Counter-Revolution of Science, London 1964; J. Lacroix, La sociologie d'A. C., Paris 1956, ^{4}1973; L. Laudan, C., DSB III (1971), 375–380; L. Lévy-Bruhl, La philosophie d'A.C., Paris 1900 (engl. The Philosophy of A.C., New York 1973); J. Lins, L'œuvre d'A.C. et sa signification scientifique et philosophique au XIXe siècle, Cahiers d'histoire mondiale 11 (1969), 675–711; E. Littré, A.C. et la philosophie positive, Paris ^{2}1864; O. Massing, A.C., in: D. Käsler (ed.), Klassiker des soziologischen Denkens I (Von C. bis Durkheim), München 1976, 19–61 (Bibliographie 365–368); J.S. Mill, A.C. and Positivism, London ^{3}1882 (repr. Ann Arbor Mich. 1961); B. Sokoloff, The Mad Philosopher A.C., Westport Conn. 1961 (repr. 1975); M. Steinhauer, Die politische Soziologie A.C.s und ihre Differenz zur liberalen Gesellschaftstheorie Condorcets, Meisenheim 1966; K. Thompson, A.C., The Foundation of Sociology, New York 1976. H. R. G.

conatus (lat. Vorhaben, Wagnis, Versuch, lat. Übers. des griech. ὅρμη), in der Philosophie: Streben, Trieb, Tendenz. Bis in die frühe Neuzeit hinein nicht in strikt terminologischer Weise gebraucht: ausgehend von Aristoteles (Met. Δ23.1023a8 ff.) wird das Bedeutungsfeld des naturgemäßen Strebens und des Handelns nach in der Natur liegenden Antrieben angesprochen. Terminologische Bedeutung erhält ›c.‹ bei B. Spinoza als die ›wirkliche Wesenheit‹ (actualis ↑essentia), die das Beharren eines jeden Dinges in seinem Sein ausmacht (Eth. III, Prop. VIf.). ›C.‹ fungiert hier als Oberbegriff für ›voluntas‹ als dem nur geistigen c. und ›appetitus‹ als dem körperlich-geistigen c., der als solcher das Wesen des Menschen ausmache (a.a.O., Schol. zu Prop. IX). T. Hobbes ordnet den c.-Begriff der Physik zu (De corpore, Kap. 15). Im Umfeld des späteren Kraftbegriffs bedeutet c. nun eine infinitesimale Bewegung, d.h. eine Bewegung im infinitesimalen Raum und in infinitesimaler Zeit. Die Größe dieser Bewegung (Geschwindigkeit) nennt Hobbes ›impetus‹. Die physikalische Bedeutung von c. geht ferner in die mechanistische Wahrnehmungstheorie von Hobbes ein, insofern der Wahrnehmungsvorgang mit Hilfe verschiedener c. zwischen den Sinnesorganen und dem Gegenstand unter Vermittlung des Herzens erklärt wird. G.W. Leibniz übernimmt c. als physikalischen Terminus, versteht jedoch darunter die Geschwindigkeit eines Körpers samt seiner Richtung, wogegen ›impetus‹ nunmehr das Produkt von Masse und Geschwindigkeit ($m \cdot v$) bezeichnet (Specimen dynamicum [1695], in: Math. Schr. VI, 237). Später wird der c.-Begriff unter Bezug auf Hobbes' infinitesimale Anschauungen zur Behandlung des Kontinuumproblems sowie in der ↑Monadentheorie verwendet.

C. Huygens und I. Newton verwenden ›c.‹ in der Hauptsache zur Bezeichnung der Zentrifugal- und Zentripetalkräfte (c. a centro bzw. recedendi und c. accedendi, engl. endeavour of recess and endeavour of approach). Infolge der begrifflichen Klärung der verschiedenen Kraftbegriffe in der neuzeitlichen Physik wird der c.-Begriff (bereits beim späten Newton) nicht mehr verwendet. Im Umkreis des ↑Cartesianismus tritt der Ausdruck ›c.‹ im Hobbesschen Sinne auf (S. Chauvin, Lexicon Philosophicum, Leeuwarden ²1713 [repr. Düsseldorf 1967], 124–125).

Literatur: H.R. Bernstein, C., Hobbes, and the Young Leibniz, Stud. Hist. Philos. Sci. 11 (1980), 25–37. G.W.

conclusio, ↑Schluß.

concursus Dei bzw. *concursus divinus* (lat., Mitwirken Gottes), entsprechend der theologischen Lehre, daß Gott die Welt nicht nur geschaffen habe, sondern sie auch in ihrer Existenz erhalte und in ihrer Entwicklung lenke, die Bezeichnung für das Mitwirken Gottes bei jedem Geschehen in der Welt, insbesondere beim menschlichen Handeln und Wollen. Die Annahme eines c. D. auch für das menschliche Wollen bringt das besondere Problem mit sich, dieses Mitwirken mit der menschlichen ↑Willensfreiheit zu vereinbaren. Außerdem ist zu klären, warum Gott trotz seines Mitwirkens nicht zur Ursache für die Sünde wird. Im Anschluß an L. de Molina (1535–1600) wird dieses Problem durch das Postulat einer *scientia media* für Gott zu lösen versucht, nämlich eines Wissens der Entscheidungen, die die Menschen unter bestimmten Bedingungen treffen werden. In diesem Wissen vermag Gott eben die Bedingungen zu schaffen, unter denen ein jeder entsprechend der göttlichen Mitwirkung seine eigenen Entscheidungen frei treffen kann. F. Suárez fügt dieser Lehre hinzu, daß der c. D. als *gratia congrua*, d.h. als eine den individuellen Verhältnissen und Fähigkeiten der jeweiligen Person angepaßte Mitwirkung, den einzelnen zur Annahme der göttlichen Wirkung bringt. Demgegenüber bildet sich im Anschluß an D. Báñez (1528–1604) eine Interpretation des c. D. heraus, nach der der menschliche Wille durch Gottes (Gnaden-)Wirken vorherbestimmt wird, aber eben auch zu der Möglichkeit, sich frei zu entscheiden. Während die banezianische Interpretation des c. D. an der Annahme der Willensfreiheit damit nur noch verbal festhält, sieht sich die molinistische Interpretation (vor allem in der Differenzierung durch Suárez) gezwungen, das göttliche Wirken unter die Bedingungen der menschlichen (Eventual-)Entscheidungen zu stellen und damit als eigene Ursache des Wollens im Grunde auszuschalten.

Literatur: L. Rasolo, Le dilemme du concours divin. Primat de l'essence ou primat de l'existence?, Rom 1956. O.S.

Condillac, Étienne Bonnot de, *Grenoble 30. Sept. 1714, †Beaugency 3. Aug. 1780, franz. Philosoph. Freund J.-J. Rousseaus und D. Diderots, 1768 Mitglied der französischen Akademie, 1758–1767 Erzieher des späteren Herzogs von Parma, Ferdinand I.. C. spielt in der ↑Aufklärung eine wesentliche Rolle bei der Durchsetzung der empiristischen Erkenntnistheorie gegenüber dem kontinentalen ↑Rationalismus (R. Descartes, N. Malebranche, B. Spinoza, G.W. Leibniz). Er ergänzt den ↑Empirismus J. Lockes, dessen »Essay« ihm in der französischen Übersetzung von P. Coste vorlag (Essai philosophique concernant l'entendement humain, Amsterdam 1700), um eine an I. Newtons Methodologie orientierte Wissenschaftstheorie (Klassifikation verschiedener Systembegriffe: Traité des sistêmes, où l'on en démêle les inconvéniens & les avantages, La Haye 1749) und eine Rekonstruktion des Lockeschen Begriffs der inneren Wahrnehmung (›internal sense‹). Nach C. handelt es sich bei dieser Wahrnehmung um eine sprachliche Transformation der äußeren Wahrnehmung (Locke: ›external sense‹), nicht um eine separate Erkenntnisquelle (Essai sur l'origine des connoissances humaines, I–II, Amsterdam 1746 [dt. Versuch über den Ursprung der menschlichen Erkenntniss, Leipzig 1780]; Traité des sensations, à Madame la Comtesse de Vassé, I–II, London/Paris 1754 [dt. C.'s Abhandlung über die Empfindungen, ed. E. Johnson, Berlin 1870]).

C.s erkenntnistheoretisch bedeutsame, wenn auch noch einseitig an einen sensualistischen Erfahrungsbegriff gebundene These lautet, daß die ›Sprache‹ den ›Ideen‹ vorausgeht, Ideen eine sprachliche Konstruktion über einzelnen Sinnesdaten sind. Entsprechend wird von C. auch der Fortschritt in den Wissenschaften von Fortschritten im Rahmen ihres sprachlichen (begrifflichen) Instrumentariums abhängig gemacht; gefordert wird auf dem Boden der analytischen Methode (↑Methode, analytische) im Sinne Newtons eine an der Algebra orientierte Präzisierung der Wissenschaftssprachen (La logique, ou les premiers développemens de l'art de penser, Paris 1780; La langue des calculs, posthum Paris 1798 [zus. dt. Die Logik oder Die Anfänge der Kunst des Denkens. Die Sprache des Rechnens, ed. G. Klaus, Berlin [Ost] 1959]). In der Ökonomie wandte sich C. gegen die Physiokraten (↑Physiokratie) (Le commerce et le gouvernement, considérés relativement l'un à l'autre, I–II, Amsterdam 1776 [repr. Rom 1968]).

Werke: Œuvres, I–XXIII, ed. G. Arnoux/Mousnier, Paris 1798; Œuvres complètes, I–XXXI, Paris 1803, I–XVI, ed. A.-F. Théry, Paris 1821–1822 (repr. I–VIII, Genf 1970); Œuvres philosophiques, I–V, Paris 1795, I–III, ed. G. Le Roy, Paris 1947–1951. – Cours d'étude pour l'instruction du Prince de Parme, aujourd'hui S. A. R. l'infant D. Ferdinand, I–XII, Genf 1779–1780, I–XVI, 1789, Paris 1795.

Literatur: C. Avossa, C. e il processo cognitivo, Neapel 1975; F. Duchesneau, C. critique de Locke, Studi int. filos. 6 (1974), 77–98; C.C. Gillispie, C., DSB III (1971), 380–383; E.M. Hine, A Critical Study of C.'s Traité des Systèmes, The Hague 1979; G. Klaus, Philosophiehistorische Abhandlungen. Kopernikus, D'Alembert, C., Kant, ed. M. Buhr, Berlin (Ost) 1977; I.F. Knight, The Geometric Spirit. The Abbé de C. and the French Enlightenment, New Haven/London 1968; A. Lebeau, C. économiste, New York 1970; R. McRae, The Problem of the Unity of the Sciences. Bacon to Kant, Toronto 1961, 89–106; F. Réthoré, C. ou l'empirisme et le rationalisme, Paris 1964 (repr. Genf 1971); G. Le Roy, La psychologie de C., Paris 1937. J.M.

conditio sine qua non (lat., Bedingung, ohne welche nicht), synonym zu notwendige ↑Bedingung.

Condorcet, [Marie Jean] Antoine [Nicolas de Caritat], Marquis de, *Ribemont (bei St. Quentin) 17. Sept. 1743, †Clamart (Hauts-de-Seine) 29. März 1794, franz. Mathematiker, Philosoph und Politiker. Am Jesuitenkolleg in Reims erzogen; trat 1758 in das Collège de Navarre in Paris ein, wo er (unter Mitwirkung von J. le Rond d'Alembert als Prüfer) 1759 in Philosophie graduierte. In der Mathematik und den exakten Wissenschaften machte sich C. 1765–1768 einen Namen durch Werke zur Analysis und zum Dreikörperproblem (zusammengefaßt in: Essais d'analyse, 1768); 1769 Aufnahme in die Pariser »Académie royale des sciences«, 1776 Sekretär der »Académie« auf Lebenszeit. Hauptsächlich in deren »Memoires«, aber auch in anderen Periodica, publizierte C. zahlreiche Abhandlungen vor allem zur Analysis und Wahrscheinlichkeitstheorie. Außerdem Lexikonartikel zur Analysis, Algebra, Geometrie und Wahrscheinlichkeitstheorie in den Supplementbänden der »Encyclopédie« (1776/1777) und in der »Encyclopédie methodique« (1784–1789). A.R.J. Turgot ernannte C. 1776 zum Generalinspekteur der Staatsmünze. Mit d'Alembert und C. Bossut Arbeit an hydrodynamischen Berechnungen eines von Turgot geplanten Kanalnetzes (Nouvelles expériences sur la résistance des fluides, 1777). 1782 wurde C. in die »Académie Française« aufgenommen. Letztes größeres zu C.s Lebzeiten erschienenes wissenschaftliches Werk war 1785 der »Essai sur l'application de l'analyse à la probabilité des decisions rendues à la pluralité des voix«. Als C.s beste literarische Leistungen gelten die Werke »Vie de Turgot« (1786) und »Vie de Voltaire« (1789).

1789 schloß C. sich der Revolution an, wurde Mitglied des Gemeinderates von Paris und gründete mit E.J. Sieyès die »Société de 1789«. September 1791 Pariser Abgeordneter in der Gesetzgebenden Nationalversammlung, Sekretär der Legislative, seit Februar 1792 deren Präsident. C. widmete sich besonders dem Erziehungswesen und forderte als

Sprecher der Unterrichtskommission mit seinem Entwurf einer »Nationalerziehung« im April 1792 die Beseitigung der Klassenunterschiede im Bildungswesen, dessen Autonomie gegenüber Staat und Kirche sowie eine Erwachsenenfortbildung. Im Dezember 1792 gehörte er zu den maßgeblichen Verfassern verschiedener Aufrufe an die europäischen Großmächte (z.B. »Aux Germains«), sich der Revolution anzuschließen. C. nahm im September 1792 die Wahl des Departements Aisne in den Konvent an und unterstützte dort zunächst die Politik G. Dantons. Seit Oktober 1792 Miglied des Verfassungsausschusses. Im Prozeß gegen Ludwig XVI. stimmte er im Januar 1793 gegen dessen Hinrichtung. Am 15./16. Februar 1793 legte C. einen den Girondisten nahestehenden Verfassungsentwurf vor. Nach dem Sturz der Girondisten und der Annahme einer eilig ausgearbeiteten neuen Verfassung am 10. Juni 1793 wandte sich C. mit seiner Schrift »Aux citoyens français sur la nouvelle constitution« an die Öffentlichkeit und wurde daraufhin von F. Chabot am 8. Juli vor dem Konvent denunziert. Auf der Flucht verfaßte er die »Esquisse d'un tableau historique des progrès de l'esprit humain«. Verhaftung am 27. März 1794; Tod wenig später durch Erschöpfung oder Gift. 1795 Rehabilitierung durch den Konvent mit der Herausgabe seiner »Esquisse«.

Der Einfluß der mathematischen Werke C.s war nicht groß; jedoch finden sich in ihnen eine Reihe origineller Äußerungen zur philosophischen Interpretation des Wahrscheinlichkeitsbegriffs (↑Wahrscheinlichkeit). C. unterscheidet klar zwischen der objektiven (Wahrscheinlichkeit als ›absolute‹ Eigenschaft) und der subjektiven Deutung (Wahrscheinlichkeit als Grad des Glaubens an eine Hypothese); letztere Deutung vertritt er selbst. Beim Übergang von beobachteten Häufigkeiten zu subjektiven Wahrscheinlichkeiten spielt bei C. das ↑Bayessche Theorem (wie auch heute in manchen Richtungen des wahrscheinlichkeitstheoretischen Subjektivismus) eine wichtige Rolle. – Vor allem auf Grund des »Essai sur l'application ...« (1785) muß C. als ein Vorläufer der modernen empirischen Wirtschafts- und Sozialwissenschaften angesehen werden. Unter dem Titel ›mathématique sociale‹ propagiert C. die wissenschaftliche Behandlung gesellschaftlicher Phänomene mit mathematischen, vor allem wahrscheinlichkeitstheoretischen und statistischen Methoden. So gibt er z.B. für den Ausgang von Wahlentscheidungen je nach den angenommenen Voraussetzungen (z.B. Unabhängigkeit der Einzelentscheidungen) verschiedene – modern gesprochen – ›mathematische Modelle‹ an.

C.s philosophische Leistung im engeren Sinne beruht auf der »Esquisse«. Anhand der Darstellung der historischen Stufen der Entwicklung der Gesellschaft (vom einfachen Stammesleben über Hirten- und Ackerbauvölker zur griechischen Philosophie, von dort zu R. Descartes und der französischen Revolution) in 9 Kapiteln stellt er in einem 10. Kapitel die Erwartungen zukünftiger Fortschritte des menschlichen Geistes dar. Neben theoretischem Können soll sich dabei auch das technische und praktische Können unabsehbar erweitern. Die Gesetze, die diesem Prozeß zugrunde liegen, versteht C. analog den Naturgesetzen. Sie werden durch die Darstellung der Geschichte gewonnen. Die drei wichtigsten Ziele kontinuierlicher Verbesserungen sind: 1. Abbau der Ungleichheit zwischen den Nationen, 2. Fortschritte der Gleichheit unter den Menschen innerhalb eines Volkes, 3. Vervollkommnung der menschlichen Natur selbst (geistig, moralisch und physisch). Die Verbesserung des allgemeinen Unterrichts und die Durchsetzung einer eindeutigen und herrschaftsfreien ›Universalsprache‹ sind die Mittel, die unter anderen zur Erreichung der Ziele eingesetzt werden müssen. Die Grenzen des Fortschritts fallen mit den Grenzen von Wissenschaft und Technik zusammen. Bedeutend an diesem Konzept ist die historische Verfahrensweise und die Eschatologiefeindlichkeit (↑Eschatologie). C. war Vorläufer des Positivismus (↑Positivismus (historisch)) und beeinflußte C.-H. de Saint-Simon und A. Comte.

Werke: Œuvres, I–XII, ed. A. Condorcet-O'Connor/M.F. Arago, Paris 1847–1849 (repr. I–XII, Stuttgart-Bad Cannstatt 1968) (ohne die wissenschaftlichen Werke C.s); Œuvres complètes, I–XXI, ed. M.L.S. de Condorcet in Zusammenarbeit mit A.A. Barbier/P.J. Cabanis/D.J. Garat, Paris 1804 (ohne die wissenschaftlichen Werke). – Essais d'analyse, Paris 1768; (mit J. le Rond d'Alembert/C. Bossut) Nouvelles expériences sur la résistance des fluides, Paris 1777; Essai sur l'application de l'analyse à la probabilité des décisions rendues à la pluralité des voix, Paris 1785; Esquisse d'un tableau historique des progrès de l'esprit humain. Ouvrage posthume de C., Paris 1795 (repr. Hildesheim 1978), ed. Y. Belaval, Paris 1970 (franz./dt. Entwurf einer historischen Darstellung der Fortschritte des menschlichen Geistes, ed. W. Alff, Frankfurt 1963, 1976 [nur dt.]); Eléments du calcul des probabilités, et son application aux jeux de hasard, à la loterie et aux jugements des hommes; par feu m. de C.. Avec un discours sur les avantages des mathématiques sociales et une notice sur m. de C., ed. F.J.M. Fayolle, Paris 1805; Bericht und Entwurf einer Verordnung über die allgemeine Organisation des öffentlichen Unterrichtswesens, Weinheim 1966. – Für weitere, nicht in der Werkausgabe von 1847–1849 enthaltene Abhandlungen und Artikel (vor allem in den »Memoires de l'Academie royale des sciences«, dem »Supplément à l'encyclopédie« und der »Encyclopédie méthodique. Mathématiques«) vgl. die Bibliographie in Baker 1975 (s.u.).

Literatur: K.M. Baker, C.. From Natural Philosophy to Social Mathematics, Chicago/London 1975 (mit Bibliographie); J. Bouissounouse, C.. Le philosophe dans la révolution, Paris 1962; L. Cahen, C. et la Révolution Française, Diss. Paris 1904; A. Cento, C. e l'idea di progresso, Florenz 1956; J.G. Frazer, C. and the Progress of Human Mind, Oxford 1933; G.-G. Granger, La mathématique sociale du Marquis de C., Paris 1956; ders., C., DSB III (1971), 383–388; C. Henry, Sur la vie et les écrits mathématiques de J.A.N.C. Marquis de C., Bullettino di bibliografia e storia delle scienze matematiche e fisiche 16 (1883), 271–291 (mit Bibliographie); F. Lebrecht, Der Fortschrittsgedanke bis C., Diss. Frankfurt 1934 (repr. Wiesbaden 1974); R. Reichardt, Reform und Revolution bei C.. Ein Beitrag zur späten Aufklärung in Frankreich, Bonn 1973 (mit Bibliographie); J.-F. Robinet, C.. Sa vie, son œuvre (1743–1794), Paris 1893; J.S. Schapiro, C. and the Rise of Liberalism, New York 1934 (repr. 1963); I. Todhunter, A History of the Mathematical Theory of Probability. From the Time of Pascal to that of Laplace, New York ³1965, 351–410; F. Vial, C. et l'éducation démocratique, Paris 1903. H.-L. N./P. S.

consensus gentium (lat., auch: consensus omnium, Übereinstimmung der Völker bzw. aller), Schluß von der allgemeinen Geltung eines Satzes auf dessen begründeten Charakter. Der c. g. geht als Beurteilungsprinzip auf stoische Lehren zurück (↑communes conceptiones) und spielt seit M.T. Cicero eine bedeutende Rolle in der Geschichte der politischen Theorie (der c. g. als ›Naturgesetz‹, lex naturae, in der Gesellschaft) und der Theologie, besonders der ↑Gottesbeweise. In der Neuzeit schließt an diese Begriffsbildung die Philosophie des ↑common sense an.

Literatur: K. Oehler, Der c. omnium als Kriterium der Wahrheit in der antiken Philosophie und Patristik, Antike und Abendland 10 (1961), 103–129; E. Siehls/L. Lipsitz, Consensus, Int. Enc. Soc. Sci. 3 (1968), 260–271. J. M.

consequens (lat., folgend), in der traditionellen Logik der Schlußsatz eines Syllogismus (↑Syllogistik).

consequentiae (lat., Folgerungen), Terminus der mittelalterlichen Logik. Die Theorie der c. wurde im wesentlichen von Logikern des 14. Jahrhunderts (insbesondere Pseudo-Scotus, W. v. Ockham, W. Burleigh, J. Buridan, Albert von Sachsen) entwickelt. Gelegentlich in eigenen Traktaten (»De consequentiis«) vorgetragen, handelt es sich dabei um eine Theorie der wahren ↑Konditionalsätze, die wenigstens aus zwei kategorischen Sätzen (↑propositio), dem Antezedens und dem Konsequens, sowie aus der ↑synkategorematischen Verknüpfung ›wenn – dann‹ (bzw. deren Äquivalenten) bestehen. Die wichtigste Unterscheidung der c. ist diejenige in c. formales und c. materiales.

C. *formales* sind gültig auf Grund ihrer syntaktischen Struktur (bona de forma), unabhängig von Inhalt bzw. Wahrheitswert der auftretenden Terme und Propositionen. Hierzu gehören etwa bei J. Buridan (»Consequentiae«, gedruckt Paris ca. 1495) syllogistische Gesetze wie ↑Konversion und Subalternation (↑Quadrat, logisches) und Sätze der heutigen ↑Junktorenlogik wie (von den mittelalterlichen Autoren nicht in Formeln ausgedrückt):

(1) $p \wedge q \rightarrow p$
$p \wedge q \rightarrow q$
$p \rightarrow p \vee q$
$q \rightarrow p \vee q$

(2) $p \wedge (p \rightarrow q) \rightarrow q$
$\neg q \wedge (p \rightarrow q) \rightarrow \neg p$
$(p \rightarrow q) \wedge (q \rightarrow r) \rightarrow (p \rightarrow r)$

(3) $p \wedge \neg p \rightarrow q$
$p \rightarrow q \vee \neg q$
$(p \vee q) \wedge \neg p \rightarrow q\,.$

Ferner waren den Logikern des 14. Jahrhunderts unter anderem die ↑De Morganschen Gesetze bekannt. Bedeutend ist, daß, beginnend mit Burleigh und Albert von Sachsen, die ↑Syllogistik systematisch der Junktorenlogik untergeordnet wird. Danach handelt es sich bei Syllogismen um c., bestehend aus einem konjunktiven Antezedens und der Konklusion als Konsequens.

C. *materiales* sind alle gültigen c., die nicht auf Grund der Form gültig sind. Sie müssen die Wahrheitsbedingung $\neg(p \wedge \neg q)$ erfüllen. Diese Wahrheitsbedingung ist eine ↑Wahrheitsfunktion der Wahrheitswerte von p und q. Letztere sind vom Inhalt (›Materie‹) von p und q abhängig. Im wesentlichen sind die c. materiales die ↑Subjunktionen der Junktorenlogik (deren [irreführende] Bezeichnung als ›materiale Implikationen‹ sich vermutlich aus ihrem mittelalterlichen Ursprung als ›c. materiales‹ herleitet) oder die strikten Implikationen (↑Implikationen strikte). Entsprechend handelt es sich bei den betreffenden c. formales um Schlußregeln für Subjunktionen oder strikte Implikationen. Die Lehre von den c. als Lehre der logischen Verknüpfung von Elementarsätzen und der entsprechenden Schlußregeln, mit anderen Worten: als *Junktorenlogik*, gehört zu den bedeutsamsten Leistungen der mittelalterlichen Logik, auch wenn sie noch nicht in eine vollständig systematische und kalkülmäßige Form gebracht wurde.

Die Ursprünge der Lehre von den c. sind wenig erforscht. Sie dürften einerseits in einer Fortführung und Verallgemeinerung der Aristotelischen ↑Topik, zum anderen in der Entwicklung von Ansätzen bei A.M.T.S. Boethius liegen, der, allerdings noch nicht im Sinne der späteren terminologischen Gebrauchs, den Aristotelischen Ausdruck ›ἀκολούθησις‹ mit ›consequentia‹‹ wiedergibt. Ob ein direkter Bezug zur megarisch-stoischen Logik (↑Logik, stoische) vorliegt, ist ungewiß, aber eher unwahrscheinlich.

Literatur: E. J. Ashworth, The Theory of Consequence in the Late Fifteenth and Early Sixteenth Centuries, Notre Dame J. Formal Logic 14 (1973), 289–315; dies., Andreas Kesler and the Later Theory of Consequence, ebd., 205–214; J. M. Bocheński, De consequentiis scholasticorum earumque origine, Angelicum 15 (1938), 92–109; P. Boehner, Medieval Logic. An Outline of its Development from 1250 to c. 1400, Manchester 1952 (repr. 1966); W. Kneale/M. Kneale, The Development of Logic, Oxford 1962, 274–297; E.A. Moody, Truth and Consequence in Mediaeval Logic, Amsterdam 1953; E. Morscher, Der Begriff »consequentia« in der mittelalterlichen Logik, Arch. Begriffsgesch. 15 (1971), 133–139; O. Narbutt, De quelques problèmes de la logique médiévale, Notre Dame J. Formal Logic 17 (1976), 361–374 (mit weiterer Literatur); J. Pinborg, Logik und Semantik im Mittelalter. Ein Überblick, Stuttgart-Bad Cannstatt 1972, 168–177; G. Schenk, Zur Geschichte der logischen Form I (Einige Entwicklungstendenzen von der Antike bis zum Ausgang des Mittelalters), Berlin (Ost) 1973 (3.5: Zur Lehre von den Konsequenzen, 346–356). G.W.

consequentia mirabilis, eine von J. Łukasiewicz in Traktaten des Jesuitenordens im 17. Jahrhundert nachgewiesene Bezeichnung für das ↑Claviussche Gesetz $(\neg A \rightarrow A) \rightarrow A$ bzw. $\neg A \rightarrow A \prec A$ (eine Nebenform ›consequentia mirifica‹ zitiert ohne Nachweis A. Dumitriu, History of Logic IV, Turnbridge Wells, Kent 1977, 34). Es ist bemerkenswert, daß die schon um 1300 formulierte Schlußregel ›omnis propositio includens oppositum infert suum oppositum‹ (W. Burleigh, 1275–ca. 1345) sowohl das Prinzip der ↑reductio ad absurdum $(A \rightarrow \neg A) \rightarrow \neg A$ als auch die c. m. einschließt, sofern die dabei genannte ›Inklusion‹ als Subjunktion gedeutet werden kann.

Literatur: W. Burleigh, De puritate artis logicae. Tractatus longior, with a rev. Ed. of the Tractatus brevior, ed. P. Boehner, St. Bonaventure/New York/Louvain/Paderborn 1955; W. Kneale, Aristotle and the C. m., J. Hellenic Stud. 77 (1957), 62–66; W. & M. Kneale, The Development of Logic, Oxford 1962; A.K. Krasnodębski, Philosophia Aristotelis explicata, Warschau 1678; J. Łukasiewicz, Philosophische Bemerkungen zu mehrwertigen Systemen des Aussagenkalküls, Comptes rendus des séances de la société des sciences et des lettres de Varsovie, Classe III, 23 (1930), 51–77 (bes. 67; der gekürzte Nachdr. in: K. Berka/L. Kreiser, Logik-Texte, Berlin 1971, [2]1973, enthält die hier relevante Stelle nicht); ders., Aristotle's Syllogistic from the Standpoint of Modern Formal Logic, Oxford 1951, [2]1957, 50f., 80; T. Młodzianowski, Praelectiones theologicae de poenitentiae virtute et sacramento, o.O. und o.J. (Krakau 1670), 7b–8b (Tract. I, disp. I qu. I diff. I). C.T.

contradictio in adiecto (lat., Widerspruch im Beigefügten), das Vorliegen eines begrifflichen Widerspruchs durch Konjunktion zweier ↑konträrer Termini, z.B. ›eckiger Kreis‹. K.L.

contrat social (franz., Gesellschaftsvertrag), sozialwissenschaftlicher Begriff, meist bezogen auf die von J.-J. Rousseau in »C. s., ou principes du droit politique« (1762) entwickelte normative Staatstheorie, die jedoch nur eine Position im Rahmen der naturrechtlich begründeten Lehre vom ↑Gesellschaftsvertrag der ↑Aufklärung darstellt. Grundgedanke der Rousseauschen Konzeption ist, daß der einzelne die natürliche Freiheit des ↑Naturzustandes gegen eine bürgerliche Freiheit eintausche, indem er als Staatsbürger an der Souveränität teilhat, sich dafür aber bedingungslos dem Gemeinwillen (↑volonté générale) unterwirft. M.G.

Cooper, Anthony Ashley, (third) Earl of Shaftesbury, ↑Shaftesbury, Anthony Ashley Cooper, (third) Earl of.

Copernicus, Nicolaus, ↑Kopernikus, Nikolaus.

Cordemoy, Géraud de, *Paris 1620, †ebd. 8. Okt. 1684, franz. Philosoph. Zunächst Advokat, Anhänger der Philosophie R. Descartes', 1675 Mitglied der »Académie Française«. C. war Lehrer des Kronprinzen und schrieb in dieser Eigenschaft die »Histoire de France« (I–II, ed. L.G. de C., Paris 1685/1689), sein »Discours de la nature de l'âme« fand das Interesse J.B. Bossuets. Mit seiner Theorie der Bewegung (hervorgerufen durch eine immaterielle Kraft) und seiner Erklärung des Wirkungszusammenhangs zwischen Seele und Körper begründete C., von Unterscheidungen Descartes' ausgehend, den französischen ↑Okkasionalismus.

Werke: Discours phisique de la parole, Paris 1668 (repr. Genf 1973), [2]1677 (repr. Stuttgart 1970); Le discernement du corps et de l'âme en six discours, pour servir à l'éclaircissement de la physique, I–II, Paris 1666, [2]1671, unter dem Titel: Dissertations physiques sur le discernement du corps et de l'âme, sur la parole, et sur le système de monsieur Descartes, I–II, Paris [3]1689/1690. – Œuvres, ed. L.G. de C., I–III, Paris 1704; Œuvres philosophiques, avec une étude biobibliographique, ed. P. Clair/F. Girbal, Paris 1968.

Literatur: A.G.A. Balz, Cartesian Studies, New York 1951; J.F. Battail, L'avocat philosophe G. de C. (1626–1684), La Haye 1973; F. Bouillier, Histoire de la philosophie cartésienne, Paris 1854; W. Hübener, Marginalien zu einer neuen C.-Präsentation, Stud. Leibn. 4 (1972), 271–279. J.M.

Cornelius, Hans, *München 27. Sept. 1863, †Gräfelfing (bei München) 23. Aug. 1947, dt. Philosoph und Kunstpädagoge. Studium der Mathematik (unter anderem bei K. Weierstraß und F. Klein) und Naturwissenschaften, 1886 Promotion in Chemie, 1894 Habilitation und 1903 a.o. Prof. für Philosophie in München, 1910 o. Prof. in Frankfurt am Main. Beeinflußt durch den ↑Empiriokritizismus (E. Mach, R. Avenarius) versuchte C. im Ausgang von den Tatsachen des Bewußtseinsverlaufs eine metaphysikfreie Psychologie zu begründen, die als Grundwissenschaft aller weiteren Erfahrungswissenschaften gelten sollte. Dieser Ansatz trug C. von E. Husserl den Psychologismusvorwurf ein, obwohl er selbst sein Anliegen eher als ›reine Phänomenologie‹ in Übereinstimmung mit Husserl verstanden wissen wollte. C. war der Ansicht, daß das Verständnis aller Begriffe letztlich nur durch ›deiktische Bestimmungen‹ (sonst auch ›Hinweisdefinitionen‹ oder ›exemplarische Bestimmungen‹ genannt) erfolgen könne, die er als Aufweis des ›Unmittelbargegebenen‹ verstand. Dennoch unterschied er sich vom positivistischen ↑Phänomenalismus dadurch, daß er an einer unabhängig von der Wahrnehmung bestehenden Welt der Dinge festhielt. Diese Welt der Dinge sah er im Kantischen Sinne durch den Übergang von der bloßen Wahrnehmung zur Erfahrungserkenntnis in Anerkennung gebracht. – Starke künstlerische Neigungen führten C., durch A. Hildebrand und C. Fiedler beeinflußt, nicht nur zu kunsttheoretischen Arbeiten, sondern auch zu einer zeitweiligen kunstpädagogischen Tätigkeit an der Münchner Kunstgewerbeschule. Zu den Schülern von C. gehört M. Horkheimer.

Werke: Psychologie als Erfahrungswissenschaft, Leipzig 1897; Einleitung in die Philosophie, Leipzig 1903, [3]1921; Elementargesetze der bildenden Kunst. Grundlegung einer praktischen Ästhetik, Leipzig 1908, [3]1921; Transzendentale Systematik. Untersuchungen zur Begründung der Erkenntnistheorie, München 1916, unter dem Titel: Grundlagen der Erkenntnistheorie. Transzendentale Systematik, München [2]1926; Kunstpädagogik. Leitsätze für die Organisation der künstlerischen Erziehung, Zürich 1920; Selbstdarstellung in: R. Schmidt (ed.), Die deutsche Philosophie der Gegenwart in Selbstdarstellungen II, Leipzig 1921, 81–99; Das philosophische System. Eigene Gesamtdarstellung, Berlin 1934.

Literatur: C.A. Emge, H.C., Z. philos. Forsch. 3 (1948/1949), 264–270. G.G.

Cornutus (lat. gehörnt, griech. κεράτινος), auch ›cornuta quaestio‹ (griech. κερατίνη ζήτησις), die ›Hörnerfrage‹, eine als ↑Fangschluß verwendete sophistische Frageweise, die nach Diogenes Laertios (VII, 187) sowohl dem Chrysipp als auch dem Eubulides zugeschrieben wurde (Gellius, Noct. Att. XVI, 2,9; Seneca, epist. 45,8). Den Namen verdankt sie dem klassischen Beispiel: Eubulides fragt seinen Gesprächspartner: »Hast du deine Hörner verloren?«. Verneint der Partner, so folgert Eubulides: »also hast du sie noch«, bejaht er, so schließt Eubulides: »also hast du Hörner gehabt«. Der Fehlschluß entsteht nur bei der (von den Megarikern verlangten) Beantwortung der Frage mit Ja oder mit Nein, da die gestellte Frage bereits die Teilantwort präsupponiert, daß der Gefragte Hörner gehabt habe (↑Präsupposition). Daneben findet sich die Bezeichnung ›C.‹ auch als Kurzform für ›syllogismus c.‹, eine fehlerhafte, wohl durch Hinweis auf die beiden ›Hörner‹ eines Dilemmas entstandene und unter anderem durch A.G. Baumgarten (Acroasis logica, Halle [2]1765, §383) verbreitete Bezeichnung für das ↑Dilemma.

Literatur: H. Barge, Der Horn- und Krokodilschluß, Arch. Kulturgesch. 18 (1928), 1–40; C. Prantl, Geschichte der Logik im Abendlande I, Leipzig 1855 (repr. Graz, Darmstadt 1955); T. Ziehen, Lehrbuch der Logik auf positivistischer Grundlage, mit Berücksichtigung der Geschichte der Logik, Bonn 1920 (repr. Berlin 1974). C.T.

Cotes, Roger, *Burbage 10. Juli 1682, †Cambridge 5. Juni 1716, engl. Mathematiker. 1705 Fellow of Trinity College, Cambridge, 1706 M.A. und Prof. der Astronomie und Naturphilosophie am Trinity College, Cambridge, 1711 Mitglied der Royal Society. C. edierte 1713 nach vierjährigen Vorbereitungen und einem umfassenden Briefwechsel mit dem Autor die zweite Auflage der Newtonschen »Principia«. Die meisten seiner von I. Newton hochgeschätzten mathematischen Arbeiten blieben durch den frühen Tod von C. fragmentarisch und wurden erst posthum veröffentlicht. In der Theorie der Einheitswurzeln bildet der ›C.sche Lehrsatz‹ die Grundlage der Behandlung der binären Gleichungen. Einem Kreis vom Radius r sei ein regelmäßiges n-Eck einbeschrieben, durch eine Ecke A sei ein Durchmesser gezogen und auf ihm im Abstand a von A ein Punkt P gelegen. Dann besagt C.' Lehrsatz, daß das Produkt der Abstände des Punktes P von den Ecken des n-Ecks gleich $|a^n - r^n|$ ist. Wichtig sind ferner Arbeiten zur Methode der kleinsten Quadrate und zur Integration (↑Infinitesimalrechnung) rationaler Funktionen (C.sche Formeln). ›C.sche Spiralen‹ heißen die durch ↑Inversion der Rosenkurven entstehenden Kurven. C. antizipierte 1714 in der Form $\ln(\cos\varphi + i\sin\varphi) = i\varphi$ den exponentiell geschriebenen, heute nach L. Euler benannten Satz.

Werke: Logometria, Philos. Transact. Royal Soc. 29 (1714), Nr. 338, 5–45 (separat London 1714); Harmonia mensurarum sive analysis et synthesis per rationum et angulorum mensuras promotae, I–II, ed. R. Smith, Cambridge 1722; Hydrostatical and Pneumatical Lectures, London 1738, [3]1775; Correspondence of Sir Isaac Newton and Professor C.. Including Letters of other Eminent Men, ed. J. Edleston, London 1850.

Literatur: A.M. Clarke, C., Dict. Nat. Biography IV (London 1887), 1207–1209; J.M. Dubbey, C., DSB III (1971), 430–433. C.T.

Cournot, Antoine Augustin, *Gray (Garonne) 28. Aug. 1801, †Paris 31. März 1877, franz. Nationalökonom, Mathematiker und Philosoph. 1834 Prof. der Mathematik in Lyon, 1835–1838 Rektor der Akademie (und Prof. der Mathematik) in Grenoble, 1854–1862 in Dijon. C. arbeitete mathematisch auf den Gebieten der ↑Analysis und der ↑Wahrscheinlichkeitstheorie, in der er die Häufigkeitsdeutung der Wahrscheinlichkeit anregte. Die Wahrscheinlichkeitstheorie wandte er auf Physik, Astronomie und Nationalökonomie an; er gilt als Begründer der mathematischen Schule der Nationalökonomie, insbesondere der Ökonometrie. Dabei untersuchte er vor allem die Preisbildung im Monopol (›C.scher Punkt‹ = Punkt des Gewinnmaximums), Dyopol (›C.sche Lösung‹ des Dyopolproblems) und Oligopol und führte als erster die Nachfragefunktion und den Begriff des unvollkommenen Wettbewerbs ein. In der Geschichtsphilosophie lehrte C. den Fortschritt der Rationalität mit der Entwicklung der Zivilisation auf einen Zustand der verwirklichten Vernunft hin (›posthistoire‹).

Werke: Recherches sur les principes mathématiques de la théorie des richesses, Paris 1838, ed. L. Walras/J. Bertrand/V. Pareto/G. Lutfalla, Paris 1938 (dt. Untersuchungen über die mathematischen Grundlagen der Theorie des Reichtums, Jena 1924); Exposition de la théorie des chances et des probabilités, Paris 1843, [2]1857 (dt. Die Grundlehren der Wahrscheinlichkeitsrechnung, leichtfasslich dargestellt für Philosophen, Staatsmänner, Juristen, Kameralisten und Gebildete überhaupt, Braunschweig 1849); Essai sur les fondements de nos connaissances et sur les caractères de la critique philosophique, I–II, Paris 1851, [2]1912, ed. C. Khodoss, Paris 1958; Des méthodes dans les sciences de raisonnement, Paris 1865; Considérations sur la marche des idées et des événements dans les temps modernes, I–II, Paris 1872, [2]1934; Matérialisme, vitalisme, rationalisme. Études sur l'emploi des données de la science en philosophie, Paris 1875, [2]1923.

Literatur: E.P. Bottinelli, A.C.. Métaphysicien de la connaissance, Paris 1913; É. Callot, La philosophie biologique de C., Paris 1959; A. Darbon, Le concept du hasard dans la philosophie de C., Bordeaux 1910, Paris 1911; I. Fisher, C. and Mathematical Economics, Quart. J. Economics 12 (1897/1898), 119–138; G. Granger, C., DSB III (1971), 450–454; J. de la Harpe, De l'ordre et du hasard. Le réalisme critique d'A.A.C., Neuchâtel/Paris 1936; G. Milhaud, Études sur C.. Le développement de la pensée de C., Paris 1927; M.H. Moore, The Place of A.A.C. in the History of Philosophy, Philos. Rev. 14 (1934), 380–401; P. Nolfi, Das Prinzip von C., Dialectica 8 (1954), 142–144; H. Reichardt, A.A.C.. Sein Beitrag zur exakten Wirtschaftswissenschaft, Tübingen 1954 (mit Bibliographie); J. Rostand, C. et la biologie, Rev. hist. sci. applic. 6 (1953), 150–160; R. Roy, C. et l'école mathématique, Econometrica 1 (1933), 13–22; R. Ruyer, L'humanité de l'avenir d'après C., Paris 1930. – C. nella economica e nella filosofia, Padua 1939 (Sammelband); Revue de métaphysique et de morale 13 (1905), H. 3 (C.-Sonderheft, 293–543). C.T.

Cousin, Victor, *Paris 28. Nov. 1792, †Cannes 13. Jan. 1867, franz. Philosoph und Politiker. Schüler Maine de Birans und P.P. Royer-Collards. Zwischen 1817 und 1825 mehrere Reisen nach Deutschland, wo C. mit G.W.F. Hegel und F.W.J. Schelling bekannt wurde, machte seinerseits die deutsche idealistische Philosophie in Frankreich bekannt. 1830 Mitglied der Akademie, 1834 Direktor der École Normale. 1840 kurzfristig Unterrichtsminister im Kabinett A. Thiers. Philosophisch steht C. zwischen dem schottischen ↑Sensualismus und dem absoluten Idealismus (↑Idealismus, absoluter). Die psychologische Methode bildet die Grundlage der philosophischen Forschung. C. regte durch seine Übersetzungen und Editionen der Werke Platons, Proklos', P. Abaelards und R. Descartes' die Beschäftigung mit Philosophiegeschichte in Frankreich entscheidend an.

Werke: Fragments philosophiques, Paris 1826, I–V, Paris 1866 (repr. I–V, Genf 1971); Cours de l'histoire de la philosophie, I–III, Paris 1828; Cours d'histoire de la philosophie morale au dixhuitième siècle, professé à la Faculté des lettres, en 1819 et 1820, I–IV, Paris 1839–1842;

Œuvres, I–III, Brüssel 1840–1841; Histoire de la philosophie, I–III, Bruxelles 1840; Jacqueline Pascal, Brüssel 1845, [10]1894 (engl. Jacqueline Pascal. Or a Glimpse of Convent Life at Port Royal, New York 1854); Du vrai, du beau et du bien, Paris 1853.

Literatur: J.E. Alaux, La philosophie de M.C., Paris 1864; W.V. Brewer, V.C. as a Comparative Educator, New York 1971; A. Cornelius, Die Geschichtslehre V.C.s. unter besonderer Berücksichtigung des Hegelschen Einflusses, Genf 1958; C.E. Fuchs, Die Philosophie V.C.'s. Ihre Stellung zur früheren französischen und zur neueren deutschen Philosophie, Berlin 1847; P.A.R. Janet, V.C. et son œuvre, Paris 1885; B. Knoop, V.C., Hegel und die französische Romantik. Einflüsse und Wirkungen, Diss. München 1932; H.J. Ody, V.C.. Studien zur Geschichte des französischen Bildungswesens und seiner Beziehungen zu Deutschland in der ersten Hälfte des 19. Jahrhunderts, Karlsruhe 1933; ders., V.C.. Ein Lebensbild im deutsch-französischen Kulturraum, Saarbrücken 1953. S.B.

Couturat, Louis, *Paris 17. Jan. 1868, †zwischen Ris-Orangis und Melun bei Paris 3. Aug. 1914, franz. Logiker und Philosoph, seit 1905 Prof. am Collège de France, bekannt als Leibnizforscher. Nach Arbeiten über den Unendlichkeitsbegriff der Mathematik und über die Mythen in Platons Dialogen wandte sich C. der Leibnizforschung zu und publizierte erstmals zahlreiche Fragmente G.W. Leibnizens zur Logik und Sprachphilosophie. Auf Leibnizens Vorstellung einer ↑lingua universalis gehen C.s Bemühungen um die Entwicklung und Durchsetzung einer künstlichen internationalen Verkehrs- und Wissenschaftssprache zurück; auch seine intensive Mitarbeit an A. Lalandes »Vocabulaire technique et critique de la philosophie« gehört in diesen Zusammenhang. Von B. Russell und den »Principia mathematica« beeinflußt sind C.s spätere Arbeiten zur Philosophie der Mathematik, in denen er die Thesen des ↑Logizismus und ↑Cantorismus durch präzise Formulierung zu stützen versucht.

Werke: De l'infini mathématique, Paris 1896 (repr. New York 1969); De Platonicis mythis, Paris 1896; La logique de Leibniz d'après des documents inédits, Paris 1901 (repr. Hildesheim 1961); Opuscules et fragments inédits de Leibniz. Extraits des manuscrits de la Bibliothèque royale de Hanovre, Paris 1903 (repr. Hildesheim 1961); (mit L. Léau) Histoire de la langue universelle, Paris 1903, [2]1907; La philosophie des mathématiques de Kant, Rev. mét. mor. 12 (1904), 321–383, wiederabgedruckt als Anhang zu: Les principes des mathématiques; L'algèbre de la logique, Paris 1905, [2]1914 (repr. Hildesheim 1965, engl. The Algebra of Logic, Chicago/London 1914); Les principes des mathématiques, Paris 1905 (repr. Hildesheim 1965, dt. Die philosophischen Prinzipien der Mathematik, Leipzig 1908); (mit L. Léau) Les nouvelles langues internationales. Suite à l'histoire de la langue universelle, Paris 1907.

Literatur: L. Benaerts, L.C., Annuaire de l'Association amicale de secours des anciens élèves de l'École normale supérieure, Paris 1915; E. Cassirer, Kant und die moderne Mathematik. Mit Bezug auf Bertrand Russells und L.C.s Werke über die Prinzipien der Mathematik, Kant-St. 12 (1907), 1–49; C.C. Dassen, Vida y obra de L.C., Anales de la acad. nac. de cienc. ex., fis. y nat. de Buenos Aires 1939, 73–204; C. Eisele, C., DSB III (1971), 455–457; A. Korcik, Metoda Couturata rozwiazania problemu »Leibniza« dotyczazego ilosci podmiotow i orzecznikow w zdaniach, Roczniki filozoficzne 4 (1954), 79–86 (mit engl. Zusammenfassung); A. Lalande, L'œuvre de L.C., Rev. mét. mor. 22 (1914, publ. 1915), Suppl. 644–688 (mit Bibliographie); J. Schnippenkötter, Die Bedeutung der mathematischen Untersuchungen C.s für die Logik, Philos. Jb. Görres-Ges. 23 (1910), 447–468. C.T.

Covering-Law-Modell, ↑Erklärung.

Craig's Lemma (nach dem amerikanischen Logiker W. Craig, erstmals 1953 formuliert), besagt, daß es zu jeder ableitbaren Formel $A \rightarrow C$ der (konstruktiven oder klassischen) ↑Quantorenlogik eine Formel B gibt von der Art, daß auch die beiden Formeln $A \rightarrow B$ und $B \rightarrow C$ ableitbar sind und B nur solche freien Eigennamen- und Prädikatorenvariablen enthält, die zugleich in A und in C auftreten. Dieses Lemma, wegen des Einschubs von B zwischen A und C auch als ›Interpolationssatz‹ bezeichnet, hat zahlreiche Anwendungen in ↑Modelltheorie und ↑Beweistheorie gefunden und enge Beziehungen zwischen beiden hergestellt.

In der analytischen Wissenschaftstheorie (↑Wissenschaftstheorie, analytische) liefert C.L. den Nachweis, daß eine axiomatisch aufgebaute empirische Theorie T, die bestimmte formale Voraussetzungen erfüllt und theoretische Begriffe (↑Begriffe, theoretische) enthält, durch eine axiomatische Theorie T' im wesentlichen gleichen empirischen Gehalts (↑Gehalt, empirischer) ohne theoretische Begriffe ersetzt werden kann. Diese Ersetzung ist jedoch nur von formalem Wert und bringt keine Lösung des Problems von Theorie und Erfahrung, da sie unter anderem den faktischen Gebrauch theoretischer Begriffe nicht überflüssig macht, zu einer intuitiv paradoxen Struktur führt und keinen Beitrag zum Bedeutungsproblem theoretischer Begriffe liefert.

Literatur: M. Black, Craig's Theorem, Enc. Ph. II (1967), 249–251; W. Craig, On Axiomatizability within a System, J. Symb. Log. 18 (1953), 30–32; ders., Replacement of Auxiliary Expressions, Philos. Rev. 65 (1956), 38–55; ders., Linear Reasoning. A New Form of the Herbrand-Gentzen Theorem, J. Symb. Log. 22 (1957), 250–268; ders., Three Uses of the Herbrand-Gentzen Theorem in Relating Model Theory and Proof Theory, ebd., 269–285; ders., Logic in Algebraic Form. Three Languages and

Theories, Amsterdam/London/New York 1974; H.-D. Ebbinghaus/M. Ziegler, Interpolation in Logiken monotoner Systeme, Arch. math. Log. Grundlagenf. 20 (1980); W. Felscher, On Interpolation when Function Symbols are Present, Arch. math. Log. Grundlagenf. 17 (1976), 145–158; H. Hermes, Einführung in die mathematische Logik. Klassische Prädikatenlogik, Stuttgart [4]1976, 190–191; S. Maehara, On the Interpolation Theorem of Craig, Sugaku 12 (1960), 235–237; J. Schulte-Mönting, Interpolation Formulae for Predicates and Terms which Carry their own History, Arch. math. Log. Grundlagenf. 17 (1976), 159–170; K. Schütte, Der Interpolationssatz der intuitionistischen Prädikatenlogik, Math. Ann. 148 (1962), 192–200; ders., Proof Theory, Berlin/Heidelberg/New York 1977, 51–54; W. Stegmüller, Probleme und Resultate der Wissenschaftstheorie und Analytischen Philosophie II/1 (Theorie und Erfahrung), Berlin/Heidelberg/New York 1970, Kap. VI. C.T./G.W.

creatio ex nihilo (lat., Schöfung aus dem Nichts), eine der Grundannahmen der christlichen Religion, verbunden mit der Vorstellung Gottes als Schöpfers, Erhalters und allmächtigen Regenten der Welt sowie dem Theorem von der ›Geschöpflichkeit‹ des Menschen. Der biblische Schöpfungsbericht (Gen. 1, 1–2) hat sein Vorbild in der altorientalischen Mythologie, die allerdings nicht ein ›Nichts‹, sondern ein ungeordnetes Chaos kosmischer Elemente und Kräfte an den Anfang der ↑Kosmogonie stellt. Ähnlich verfährt die griechische Philosophie (↑Apeiron, ↑Chaos), die seit Melissos (um 440 v. Chr.) an dem Satz festhält, daß aus nichts unmöglich etwas werden könne (↑ex nihilo nihil fit; Aristoteles, Phys. A4; vgl. Lukrez, de rer. nat. 150–214).

Literatur: M. Doerne, Christlicher Schöpfungsglaube, Berlin 1950; T. Haecker, Schöpfer und Schöpfung, Innsbruck 1934; W. Kranz, Kosmos, Bonn 1958 (Arch. Begriffsgesch. II, H. 1 und 2); G. May, Schöpfung aus dem Nichts. Die Entstehung der Lehre von der c. e. n., Berlin 1979. M.G.

credo quia absurdum (lat., ich glaube, weil es widersinnig ist), häufig Tertullian zugeschriebene, in dieser Form aber nicht bei diesem, sondern erst seit dem 17. Jahrhundert nachweisbare programmatische Wendung, die sich gegen den Versuch richtet, mit Vernunftgründen Glaubensinhalte zu beweisen oder auch nur zu erläutern. Während die Formulierungen Tertullians, z.B. daß der Tod Jesu ›prorsus credibile quia ineptus‹ (›völlig glaubwürdig, weil töricht‹) sei, dabei die Autorität der (Amts-)Kirche in Glaubensdingen über den einzelnen, insbesondere seine kritische oder begründende Vernunft, sichern sollen, richtet sich die nach-reformatorische Verwendung dieser Formel gerade gegen eine amtskirchliche Glaubensfestlegung und macht die Unvernünftigkeit im Sinne des individuellen Verzichts auf eine kluge, am (aufgeklärten) Eigennutz orientierte Lebensführung, wie sie zum Prinzip auch der (Amts-)Kirche geworden sei, zum Grunde des Glaubens. O.S.

credo ut intelligam (lat., ich glaube, damit ich einsehen kann), durch ↑Anselm von Canterbury, im Anschluß an Augustinische Formulierungen, geprägte Wendung, mit der das Verhältnis von Glauben und argumentativer (›dialektischer‹) Wissensbildung für die ↑Scholastik programmatisch geklärt werden sollte. Während Anselms Verständnis dieser Formel in Glauben und Vernunft noch nicht zwei Quellen von Einsicht oder Erkenntnis, sondern in der Vernunft ein Mittel zur Auslegung (nicht aber zur Begründung oder Kritik) der Glaubensinhalte, im Glauben die Quelle unserer Einsichten oder Erkenntnisse sieht, dient der Bezug auf die Anselmische Formel seit der Hochscholastik zur Abgrenzung und Hierarchisierung der beiden Erkenntnisquellen Glauben und Vernunft. Die Erkenntnisse der Vernunft, der (wie Thomas von Aquin unterscheidet) nur die ›praeambula fidei‹, die für den Glauben vorbereitenden Dinge, zugänglich sind, werden durch den Glauben, dem allein die ›articula fidei‹, die Glaubensinhalte selbst, zugänglich sind, erweitert: durch den Glauben können daher Einsichten erworben werden, die der in ihrem Bereich autonomen, aber auch auf diesen Bereich beschränkten, Vernunft nicht erreichbar sind. O.S.

Cremonini, Cesare, *Cento (Ferrara) 1550 (1552), †Padua 1631, ital. Naturphilosoph, Nachfolger G. Zabarellas und letzter Vertreter des Paduaner ↑Aristotelismus. 1573–1590 Prof. der Philosophie in Ferrara, dann Prof. der Philosophie und der Medizin in Padua; bekannt als Lehrer, wenig gelesener Autor. C. vertrat (unter anderem gegen G. Galilei) einen orthodoxen Aristotelismus auf averroistischer Basis (↑Averroismus), auf den sich die Gegner Galileis vielfach beriefen. Im Mittelpunkt seiner Naturphilosophie steht noch einmal die gegen neuere ›mathematische‹ Entwicklungen in Oxford (↑Merton School) und Paris (J. Buridan, N.v. Oresme, Albert von Sachsen) geltend gemachte Analyse des Aristotelischen Begriffs der Erfahrung (Tractatus de paedia, 1596). Wegen seiner antiklerikalen Haltung (erfolgreicher Widerstand gegen die Gründung einer Jesuitenschule in Padua), aber wohl auch wegen seiner trotz sachlicher Gegnerschaft freundlichen Verbindung mit Galilei (der selbst 1592–1610 als Prof. der Mathematik in Padua lehrte), geriet C. zeitweise in Konflikt mit der Inquisition.

Werke: Explanatio prooemii librorum Aristotelis de physico auditu, Padua 1596 (II: Tractatus de paedia); De formis quatuor corporum simplicium, quae vocantur elementa, disputatio, Venedig 1605; Disputatio de coelo, Venedig 1613; Introductio ad naturalem Aristotelis philosophiam, Venedig 1613; De quinta coeli substantia, Venedig 1616; Apologia dictorum Aristotelis de origine, et principatu membrorum adversus Galenum, Venedig 1627, unter dem Titel: De calido innato et semine, pro Aristotele adversus Galenum, Leiden 1634; De imaginatione et memoria, Venedig 1644; Tractatus tres: De sensibus externis, de sensibus internis, de facultate appetitiva, Venedig 1644, [2]1664.

Literatur: D. Berti, Di C.C. e della sua controversia con la Inquisizione di Padova e di Roma, Rom 1878; J.H. Randall, Jr., The School of Padua and the Emergence of Modern Science, Padua 1961, 63ff.; M.A. del Torre, La cosmologia di C. e l'inedito »De coeli efficientia«, Riv. crit. stor. filos. 21 (1966), 373–397; ders., Studi su C.C.. Cosmologia e logica nel tardo aristotelismo padovano, Padua 1968. J. M.

Crescas, Chasdai (Hasdai bzw. Chisdai), *Barcelona um 1340, †Saragossa um 1410, jüd. Religionsphilosoph. In seinem Hauptwerk »Or Adonai« (Licht Gottes) setzt sich C. kritisch mit dem religiösen Intellektualismus des Maimonides und dem ↑Aristotelismus des Averroës auseinander: Gegen Maimonides und Levi Ben Gerson (rationale Gotteserkenntnis) tritt C. für einen auf der Liebe und Güte Gottes basierenden Offenbarungsglauben ein; die Lehre vom absolut freien Willen des Menschen lehnt er ab, ohne einen ↑Fatalismus zu vertreten. C. bekämpft die physikalischen Theorien (z.B. der Zeit, des Raumes, der natürlichen Bewegung der Elemente) des Aristoteles, den er nur über Maimonides und Averroës kennt, und deutet die Entstehung der Welt neuplatonisch als ↑Emanation Gottes. G. Pico della Mirandola und B. Spinoza sind von C. beeinflußt.

Literatur: Y. Baer, A History of the Jews in Christian Spain II, Philadelphia 1966; P. Bloch, Die Willensfreiheit von C. Kreskas (hebr./dt.), München 1879; J. Guttmann, Die Philosophie des Judentums, München 1933; ders., C.C. als Kritiker der aristotelischen Physik, in: Festschrift zum 70. Geburtstage Jakob Guttmanns, Leipzig 1915, 28–54; M. Joël, Don Chaisdai Creskas' religionsphilosophische Lehren in ihrem geschichtlichen Einflusse, Breslau 1866, Nachdr. in: ders., Beiträge zur Geschichte der Philosophie II, Breslau 1876 (repr. Hildesheim 1978); S. Pines, Scholasticism after Thomas Aquinas and the Teachings of Hasdai C. and his Predecessors, Jerusalem 1967; H.A. Wolfson, C.' Critique of Aristotle. Problems of Aristotle's Physics in Jewish and Arabic Philosophy, Cambridge Mass. 1929 (repr. Cambridge Mass. 1971). M.G.

Croce, Benedetto, *Pescasseroli 25. Febr. 1866, †Neapel 20. Nov. 1952, ital. Philosoph, Historiker und Politiker, 1910 Senator, 1920–1921 Unterrichtsminister, 1925 Verfasser eines antifaschistischen Manifests, 1943 Neubegründer der Liberalen Partei und deren Vorsitzender bis 1947, 1944 Minister. Gründete 1903 die Zeitschrift »La Critica«. C. vertritt unter dem Einfluß J.F. Herbarts und G.W.F. Hegels eine streng antinaturalistische Geistphilosophie. Die Geistkategorie ist historisiert. Im philosophischen System ergibt sich der Ort der einzelnen Disziplinen aus der Eigentümlichkeit der jeweiligen geistigen Leistung. Zu unterscheiden sind das theoretische (Erkennen) und das praktische (Wollen) Verhalten. Einen besonderen Schwerpunkt bildet die Ästhetik, die C. als Theorie der Intuition entwickelt, in der der Geist das Individuelle vergegenwärtigt und im Ausdruck wiedergibt. Der Ästhetik korrespondiert die begrifflich-intellektuelle philosophische Erkenntnis. Geschichte ist die Entfaltung virtuell je schon enthaltenen Seins. Der praktische Geist ist als Wollen des Individuellen auf einer niederen Stufe ›Ökonomik‹, in allgemeiner Orientierung ›Ethik‹.

Werke: Estetica come scienza dell' espressione e linguistica generale. Teoria e storia, Milano 1902 (dt. Ästhetik als Wissenschaft des Ausdrucks und allgemeine Linguistik. Theorie und Geschichte, Leipzig 1905); Ciò che è vivo e ciò che è morto della filosofia di Hegel. Studio critico seguito da un saggio di bibliografia hegeliana, Bari 1907 (dt. Lebendiges und Totes in Hegels Philosophie. Mit einer Hegel-Bibliographie, Heidelberg 1909); Filosofia come scienza dello spirito, I–IV, Bari 1908–1917; Filosofia della pratica. Economica ed etica, Bari 1909, [6]1950 (dt. Philosophie der Praxis. Ökonomik und Ethik, Tübingen 1929); Logica come scienza del concetto puro, Bari [2]1909, [7]1947 (dt. Logik als Wissenschaft vom reinen Begriff, Tübingen 1912); La filosofia di Giambattista Vico, Bari 1911, [5]1953 (dt. Die Philosophie Giambattista Vicos, Tübingen 1927); Breviario di estetica. Quattro lezioni, Bari 1913, [12]1954 (dt. Grundriß der Ästhetik. Vier Vorlesungen, Leipzig 1913); Beitrag zur Kritik meiner selbst, in: R. Schmidt, Die Philosophie der Gegenwart in Selbstdarstellungen IV, Leipzig 1923, 1–46; Elementi di politica, Bari 1925; Storia d'Europa nel secolo decimonono, Bari 1932 (dt. Geschichte Europas im neunzehnten Jahrhundert, Zürich 1935); La critica e la storia delle arti figurative. Questioni di metodo, Bari 1934; La poesia. Introduzione alla critica e storia della poesia e della letteratura, Bari 1936, [6]1963 (dt. Die Dichtung. Einführung in die Kritik und Geschichte der Dichtung und der Literatur, Tübingen 1970). – Gesammelte philosophische Schriften in deutscher Übertragung, I–VII, ed. H. Feist, Tübingen 1927–1930; Saggi filosofici, I–XIV, Bari 1910–1952; Scritti di storia letteraria e politica, I–XXXXIV, Bari 1911–1954. – Bibliografia Vichiana, I–II, ed. F. Nicolini, Napoli 1947/1948; E. Cione, Bibliografia Crociana, Rom 1956.

Literatur: K. Acham, B.C.. Die Grundprobleme des Historismus, in: Die Großen der Weltgeschichte XI, Zürich 1978, 540–557; C. Antoni, Commento a C., Venezia 1955; B. Bosanquet, C.'s Aesthetic, London 1919, Nachdr. Folcroft Pa. 1974; E. Cione/F. Laterza, L'opera filosofica, storica e letteraria di B.C.. Saggi di scrittori italiani e stranieri e bibliografia dal 1920 al 1941, Bari 1942; E. Cione, B.C., Milano 1944, ²1953; N. Fausto, B.C., Torino 1962; A.M. Fränkel, Die Philosophie B. C.s und das Problem der Naturerkenntnis. Eine Naturphilosophie unter besonderer Berücksichtigung der modernen Naturwissenschaft, Tübingen 1929; R. Franchini, C. interprete di Hegel e altri saggi filosofici, Napoli 1967; A.A. de Gennaro, The Philosophy of B.C.. An Introduction, New York 1961; K.E. Lönne, B.C. als Kritiker seiner Zeit, Tübingen 1967; W. Mager, B.C.s literarisches und politisches Interesse an der Geschichte, Köln/Graz 1965; F. Nicolini, B.C., Turin 1962; G.N.G. Orsini, B.C.. Philosopher of Art and Literary Critic, Carbondale Ill. 1961; T. Osterwalder, Zur Philosophie B.C.s, Frauenfeld 1950; ders., Die Philosophie B.C.s als moderne Ideenlehre. Versuch einer kritischen Stellungnahme, Bern 1954; L.M. Palmer/H.S. Harris (eds.), Thought, Action and Intuition as a Symposium on the Philosophy of B. C., Hildesheim 1975; A. Parente, C. per lumi sparsi. Problemi e ricordi, Firenze 1975; W. Rossani, C. e l'estetica, Milano 1976; C. Sprigge, B.C.. Man and Thinker, New Haven 1952. S. B.

Crusius, Christian August, *Leuna (bei Merseburg) 10. Jan. 1715, †Leipzig 18. Okt. 1775, dt. Theologe und Philosoph. 1744 o. Prof. der Philosophie, 1750 o. Prof. der Theologie in Leipzig. In der Nachfolge von A. Rüdiger und dessen Schüler A.F. Hoffmann (1703–1741), theologisch beeinflußt von dem Pietisten A. Bengel, nimmt C. gegenüber dem Rationalismus C. Wolffs eine kritisch-differenzierende, zum Teil auf Unterscheidungen I. Kants vorweisende Position ein (etwa in der Beurteilung aposteriorischer und apriorischer Elemente der Erfahrungskonstitution), die auch J.H. Lambert und M. Mendelssohn beeinflußte. In der Ethik vertritt C. den Gedanken der Willensfreiheit gegen die Konzeption einer ›prästabilierten Harmonie‹ (↑Harmonie, prästabilierte). Mit der Unterscheidung zwischen einer kausalen Ursache-Wirkungs-Beziehung und einer logischen Grund-Folge-Beziehung wendet C. sich gegen das in der Wolffschen Schule herrschende Verständnis des Satzes vom Grunde (↑Grund, Satz vom).

C. war ein entschiedener Gegner der insbesondere von Wolff und seiner Schule vertretenen Methode, die Philosophie ↑more geometrico aufzubauen. Statt dessen entwirft er im Anschluß an J. Locke eine psychologisierende Methode der Begriffszergliederung. In diesem Zusammenhang unterscheidet C. drei Stufen der Erkenntnisdeutlichkeit: die ›gemeine Deutlichkeit‹ der sinnlichen Empfindungen, die ›abstrakte Deutlichkeit‹ der wissenschaftlichen Begriffsbildungen und, wiederum im Anschluß an den ↑Sensualismus Lockes, die ›logikalische Deutlichkeit‹ als Ergebnis der Zergliederung komplexer Sinnesdaten. Logikalisch deutliche Resultate sind nach C. die ›einfachen (primiten) Begriffe‹ wie ›Kraft‹, ›Raum‹ und ›Zeit‹ (↑Begriff, einfacher), ebenso die Farbwörter.

Werke: De praecipuis cognoscendae veritatis obstaculis commentatio logica, Leipzig 1737; Anweisung, vernünftig zu leben, Leipzig 1744, ³1767; Entwurf der nothwendigen Vernunft-Wahrheiten, wiefern sie den zufälligen entgegengesetzet werden, Leipzig 1745, ³1766; Weg zur Gewißheit und Zuverlässigkeit der menschlichen Erkenntniß, Leipzig 1747, ³1763; Anleitung, über natürliche Begebenheiten ordentlich und vorsichtig nachzudenken, I–II, Leipzig 1749, ²1774; Opuscula philosophico-theologica, Leipzig 1750 (enthält C.' fünf Dissertationen). – Die philosophischen Hauptwerke, I–IV, ed. G. Tonelli (repr. d. Ausg. Leipzig 1744–1749), Hildesheim 1964–1969.

Literatur: L.W. Beck, Early German Philosophy, Cambridge Mass. 1969; M. Benden, C.A.C.. Wille und Verstand als Prinzipien des Handelns, Bonn 1972; E. Cassirer, Das Erkenntnisproblem in der Philosophie und Wissenschaft der neueren Zeit II, Berlin 1907, ²1911, ³1922, New Haven Conn. ⁴1957 (repr. Darmstadt 1974), 527–534; J.E. Erdmann, Versuch einer wissenschaftlichen Darstellung der Geschichte der neueren Philosophie (I–VII, 1834–1853), IV (Von Cartesius bis Kant), Stuttgart 1932, 460–480; H. Heimsoeth, Metaphysik und Kritik bei C.A.C.. Ein Beitrag zur ontologischen Vorgeschichte der Kritik der reinen Vernunft im 18. Jahrhundert, Berlin/Königsberg 1926, Köln ²1956; M. Wundt, Die deutsche Schulphilosophie im Zeitalter der Aufklärung, Tübingen 1945 (repr. Hildesheim 1964), 254–264. R.W.

Cudworth, Ralph, *Aller (Somersetshire) 1617, †Cambridge 26. Juni 1688, engl. Philosoph, neben H. More der bedeutendste Vertreter der Schule von Cambridge (↑Cambridge, Schule von). Dortselbst 1639 Fellow of Emmanuel College, 1644 Master of Clare Hall, 1645 Regius Prof. of Hebrew, 1654 Master of Christ's College. C. vertritt in Auseinandersetzung mit T. Hobbes' Materialismus (des Atheismus verdächtigt) und dem puritanischen Dogmatismus (Fatalismus) eine rationale Theologie (die Übereinstimmung von Vernunft und Glauben) im Sinne eines um Positionen R. Descartes' ergänzten christlichen ↑Platonismus.

Werke: Works, I–IV, Oxford 1829; Collected Works, I–III, ed. B. Fabian, Hildesheim/New York 1977ff. (Faksimile-Ausgaben von: The True Intellectual System of the Universe [I]; A Treatise Concerning Eternal and Immutable Morality, A Treatise of Free Will [II]; Opera minora [III]). – A Discourse Concerning the True Notion of the Lord's Supper, London 1642, ²1670, ³1676; The True Intellectual System of the Universe, London 1678 (repr. Stuttgart 1964, Hildesheim 1977 [Collected Works of R.C. I]; lat. Systema intellectuale huius universi, I–II, Jena 1733, I–II, London 1743, I–III, London 1845); A Treatise Concerning Eternal and Immutable Morality, London 1731.

Literatur: G. Aspelin, R.C.s Interpretation of Greek Philosophy, Göteborg 1943; E. Cassirer, Die Platonische Renaissance in England und die Schule von Cambridge, Leipzig/London 1932; L. Gysi, Platonism and Cartesianism in the Philosophy of R.C., Bern 1962; J.E. McGuire/P.M. Rattansi, Newton and the ›Pipes of Pan‹, Notes and Records, Royal Society of London 21 (1966), 108–143; I. A. Passmore, R.C.. An Interpretation, Cambridge 1951; ders., C., Enc. Ph. II (1967), 271–273. J.M.

Curry, Haskell Brooks, *Millis Mass. 12. Sept. 1900, amerik. Logiker und Mathematiker. 1930 Promotion bei D. Hilbert in Göttingen, 1933–1941 Assoc. Prof., 1941–1960 Prof., 1960–1966 Evan Pugh Research Prof. an der Pennsylvania State University, 1966–1970 Direktor am Institut für Grundlagenforschung in Amsterdam; zahlreiche Ehrungen und Gastprofessuren. C. ist zusammen mit M. Schönfinkel der Begründer der kombinatorischen Logik (↑Logik, kombinatorische), einer variablenfreien Kalkülisierung der Logik. Mit seiner Auffassung der Mathematik als einer Theorie der ↑Kalküle (›formal systems‹) verbindet C. in der Philosophie der Mathematik den Standpunkt eines extremen ↑Formalismus. Bei seiner Beschäftigung mit Problemen der ↑Widerspruchsfreiheit fand C. die nach ihm benannte Antinomie (↑Currysche Antinomie), eine negationsfreie Variante der ↑Zermelo-Russellschen Antinomie.

Werke: Grundlagen der kombinatorischen Logik, I–II, Amer. J. Math. 52 (1930), 509–536, 789–834 (= Diss. Göttingen 1930); A Theory of Formal Deducibility, Notre Dame 1950, ²1966; Outlines of a Formalist Philosophy of Mathematics, Amsterdam 1951, ²1958, ³1970; Leçons de logique algébrique, Paris 1952; (mit R. Feys, eds.) Combinatory Logic I, Amsterdam 1958, ²1968; Foundations of Mathematical Logic, New York 1963, ²1977; The Purposes of Logical Formalization, Log. anal. 11 (1968), 357–366; Combinatory Logic, in: R. Klibansky (ed.), Contemporary Philosophy. A Survey I (Logic and Foundations of Mathematics), Florenz 1968, 295–307; (mit J.R. Hindley/J.P. Seldin, eds.) Combinatory Logic II, Amsterdam 1972. K.L.

Currysche Antinomie (engl. Curry's paradox), eine 1942 von H.B. Curry konstruierte negationsfreie Variante der ↑Zermelo-Russellschen Antinomie, bei der die ›Klasse aller Klassen mit der Eigenschaft, sich selbst nicht als Element zu enthalten‹ ersetzt wird durch die ›Klasse aller Klassen mit der Eigenschaft, daß, falls sie sich selbst als Element enthalten, eine beliebige Aussage wahr ist‹.

Literatur: H.B. Curry, The Inconsistency of Certain Formal Logics, J. Symb. Log. 7 (1942), 115–117; F.B. Fitch, Symbolic Logic, New York 1952, 107–108; A.A. Fraenkel/Y. Bar-Hillel/A. Levy, Foundations of Set Theory, Amsterdam/London ²1973, 205; A.N. Prior, Curry's Paradox and 3-valued Logic, Australasian J. of Philos. 33 (1955), 177–182. C.T.

Czolbe, Heinrich, *Katzke (b. Danzig) 30. Dez. 1819, †Königsberg 19. Febr. 1873, dt. Arzt und Philosoph. Studium der Medizin in Berlin, 1844 Promotion mit einer Arbeit »De principiis physiologiae«, 1859 Stabsarzt in Spremberg, 1860–1867 Garnisonsarzt in Königsberg. C. vertrat, vom Materialismus L. Feuerbachs und B. Bauers ausgehend, zunächst eine sensualistische Erkenntnistheorie (↑Sensualismus), da nur die volle sinnliche Anschaulichkeit aller hypothetischen Ergänzungen der Wahrnehmung zu einem klaren Bild der Zusammenhänge der Dinge führen könne. Die Mathematik, die solche volle Anschauung erreiche, müsse deshalb Vorbild aller anderen Disziplinen werden. C. begründete seinen Sensualismus von der moralischen Überzeugung aus, daß der Mensch mit der vorgefundenen Wirklichkeit zufrieden sein sollte, woraus er erkenntnistheoretisch die Ablehnung jeder Annahme einer ›übersinnlichen‹ Wirklichkeit, ethisch eine eudämonistische Haltung (↑Eudämonismus) ableitete. Später versuchte C. eine ›extensionale‹ Psychologie zu entwickeln, welche die räumliche Ausdehnung der Empfindungen annimmt und mit ihrer philosophischen Vorstellung ›zweckhafter Formen‹ und ursprünglicher Empfindungen einer ›Weltseele‹ einen empiristischen ↑Spinozismus darstellt.

Werke: Neue Darstellung des Sensualismus, Leipzig 1855; Entstehung des Selbstbewußtseins. Eine Antwort an Herrn Professor Lotze, Leipzig 1856; Die Grenzen und der Ursprung der menschlichen Erkenntniss im Gegensatze zu Kant und Hegel. Naturalistisch-teleologische Durchführung des mechanischen Princips, Jena/Leipzig 1865 (repr. Frankfurt 1977); Die Mathematik als Ideal für alle andere Erkenntniss, Z. exacte Philos. 7 (1886), 217–278; Grundzüge einer extensionalen Erkenntnistheorie. Ein räumliches Abbild von der Entstehung der sinnlichen Wahrnehmung, ed. E. Johnson, Plauen 1875 (Teil eines unveröffentl. Werkes mit dem Titel: Raum und Zeit als die eine Substanz der zahllosen Attribute der Welt, oder ein räumliches Abbild von den Principien der Dinge im Gegensatz zu Herbarts Philosophie des Unräumlichen (etc.)).

Literatur: P. Friedmann, Darstellung und Kritik der naturalistischen Weltanschauung H.C.s, Bern 1905; E. Johnson, H.C., Königsberg 1873; H. Saring, C., NDB III (1957), 463; F. Ueberweg, Grundriß der Geschichte der Philosophie des neunzehnten Jahrhunderts, ed. M. Heinze, Berlin ⁹1902, 262–263; H. Vaihinger, Die drei Phasen des C.schen Naturalismus, Philos. Monatsh. 12 (1876), 1–31. C.T.

D

d'Alembertsches Prinzip, ein nach J. le Rond d'Alembert benanntes Prinzip, das in der Mechanik dazu dient, Bewegungsgleichungen von Körpern unter Einfluß äußerer Kräfte auf einfache Weise durch Betrachtung eines dynamischen Gleichgewichts zu ermitteln, das sich formal wie ein statisches behandeln läßt. Sei also (m_i) ein System von Massenpunkten, an das Kräfte (P_i) angreifen, die den freien Massenpunkten gewisse Bewegungen erteilen. Sind die Massenpunkte verbunden, so treten im allgemeinen andere Bewegungen als bei den freien (m_i) auf, die durch die Kräfte (W_i) (›wirkliche Kräfte‹) bewirkt werden. Nach dem von d'Alembert vorausgesetzten Prinzip des Kräfteparallelogramms kann daher jede angreifende Kraft in $P_i = W_i + V_i$ mit der ›Verbindungskraft‹ V_i zerlegt werden:

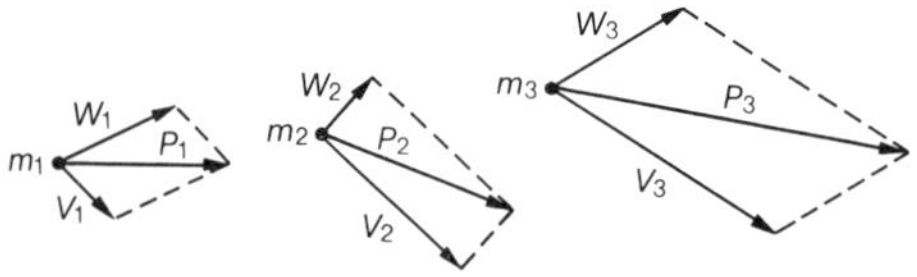

Nach dem A.P. sind die Verbindungskräfte (V_i) im Gleichgewicht, d.h. nach dem statischen Prinzip der virtuellen Verrückungen von Joh. Bernoulli ist

$$\sum_i V_i p_i = \sum_i (P_i - W_i) p_i = 0$$

für virtuelle Verrückungen p_i. Im 3-dimensionalen Raum der analytischen Mechanik erhält man daraus nach J.L. Lagrange die Differentialgleichung

$$\sum_i \left(\left(X_i - m_i \frac{d^2 x_i}{dt^2} \right) \delta x_i + \left(Y_i - m_i \frac{d^2 y_i}{dt^2} \right) \delta y_i + \left(Z_i - m_i \frac{d^2 z_i}{dt^2} \right) \delta z_i \right) = 0,$$

die in der kräftelosen Mechanik von H. Hertz die Gestalt erhält:

$$\sum_i m_i \left(\frac{d^2 x_i}{dt^2} \delta x_i + \frac{d^2 y_i}{dt^2} \delta y_i + \frac{d^2 z_i}{dt^2} \delta z_i \right) = 0.$$

In der Lagrangeschen Form ist das A.P. aus C.F. Gaußens Prinzip des kleinsten Zwanges durch Differenzieren ableitbar. Andererseits zeigte bereits d'Alembert die Ableitung des Prinzips der Erhaltung der lebendigen Kräfte aus seinem Prinzip.

Literatur: J. le Rond d'Alembert, Traité de dynamique, Paris 1743, ²1758, 1921 (dt. Abhandlung über Dynamik, Leipzig 1899); H. Hertz, Die Prinzipien der Mechanik in neuem Zusammenhang dargestellt (Vorwort H. v. Helmholtz), Leipzig 1894 (repr. Darmstadt 1963), ed. P. Leonard, ²1910; J.L. Lagrange, Mécanique analytique, Paris 1788 (dt. Analytische Mechanik, Göttingen 1797), I–II, ²1811/1815 (dt. Analytische Mechanik, Berlin 1887); E. Mach, Die Mechanik, historisch-kritisch dargestellt, Leipzig 1883, ⁹1933 (repr. Darmstadt 1976). **P.J./K.M.**

Dalgarno, George, *Aberdeen ca. 1626, †Oxford 28. Aug. 1687, schott. Sprachtheoretiker. Nach Lehrtätigkeit (Grammatik) in Oxford, 1662–1672 Master of Elizabeth School, Guernsey, 1672 Rückkehr nach Oxford. D. versuchte eine methodische Klassifikation aller sinnvollen Begriffe und ein von den verschiedenen natürlichen Sprachen unabhängiges Zeichensystem für sie zu entwickeln. Die Darstellung dieser ›philosophischen‹ Universalsprache in D.s »Ars signorum« hat G.W. Leibniz bei seinen Versuchen zu einer characteristica universalis (↑Leibnizsche Charakteristik) zur Kritik veranlaßt, aber auch stark beeinflußt. Unter dem Titel »Didascalocophus« verfaßte D. ferner eines der ersten Werke über den Unterricht für Taubstumme, in dem er unter anderem eine Fingersprache darstellte.

Werke: The Works, ed. T. Maitland, Edinburgh 1834 (repr. d. nachstehenden Ausgaben). – Ars signorum, vulgo character universalis et lingua philosophica, London 1661; Didascalocophus. Or the Deaf and Dumb Man's Tutor, to which is Added a Discourse of the Nature and Number of Double Consonants, Oxford 1680.

Literatur: A. Bausani, Geheim- und Universalsprachen. Entwicklung und Typologie, Stuttgart etc. 1970, 99–100; J. Cohen, On the Project of a Universal Character, Mind 63 (1954), 48–63; L. Couturat/L. Léau, Histoire de la langue universelle, Paris 1903, 15–18; J. Mittelstraß, Neuzeit und Aufklärung. Studien zur Entstehung der neuzeitlichen Wissenschaft und Philosophie, Berlin/New York 1970, 432ff.; D., in: Dict. Nat. Biogr. XIII (1888), 389–390. C. T.

Dalton, John, *Eaglesfield (Cumberland) 6. Sept. 1766, †Manchester 27. Juli 1844, engl. Naturwissenschaftler mit Arbeiten zur Chemie, Meteorologie und Physik. D. bildete sich im wesentlichen durch Selbststudium der Werke I. Newtons, R. Boyles, G. L. L. Buffons u.a. aus. 1792–1800 Lehrer für Mathematik und Naturwissenschaften am New College, Manchester. In diese Zeit fällt seine Untersuchung über die Rotgrünblindheit (Daltonismus) und sein erstes Buch über Meteorologie (1793), in dem er sich mit Fragen des Luftdrucks, der Luftfeuchtigkeit, Regen etc. und einer Theorie der Passatwinde beschäftigte. Wichtig wurden seine Beobachtungen über Wasserdampf in der Atmosphäre, bei denen er zum ersten Mal erkannte, daß der Gesamtdruck eines Gasgemischs gleich der Summe der Partialdrucke der einzelnen Gase ist. Diese zunächst meteorologische Beobachtung verallgemeinerte D. 1801 zu seinem berühmten Gasgesetz der Partialdrucke. Dabei übt ein jedes Gas des Gasgemischs den Druck aus, den es haben würde, wenn es für sich allein den ganzen Raum erfüllte. 1803 äußerte D. in einer Untersuchung über die Absorption von Gasen durch Wasser zum ersten Mal den Gedanken, daß bei Gasgemischen das Gewicht und die Anzahl kleinster Partikel (›ultimate particles‹) eine Rolle spielt. Er entwarf eine mechanistische und realistische Auffassung von kugelförmigen Atomen, die Verbindungen eingehen können und deren relatives Gewicht berechenbar ist. Folgerichtig entwickelte sich seine Arbeit von meteorologischen Beobachtungen über physikalische Gasanalysen ab 1803 zur Chemie. Naturphilosophischen Einwänden gegen seine Atomistik begegnete D. mit dem Hinweis auf Demokrit und Newton. D.s Theorie der chemischen Elemente wurde schließlich weitgehend als einfache Hypothese zur erfolgreichen Lösung chemischer Probleme akzeptiert.

Werke: Meteorological Observations and Essays, London 1793, [2]1834; Elements of English Grammar. Or a New System of Grammatical Instruction. For the Use of Schools and Academies, London 1801, [2]1803; A New System of Chemical Philosophy, I–II, London 1808–1827 (repr. I, Folkestone 1953). – A. L. Smyth, J. D. (1766–1844). A Bibliography of Works by and about Him, Manchester 1966.

Literatur: D. S. L. Cardwell (ed.), J. D. and the Progress of Science, Manchester 1968; F. Greenaway, J. D. and the Atom, London 1966; W. Ostwald, D., in: G. Bugge (ed.), Das Buch der großen Chemiker I, Berlin 1929 (repr. Weinheim 1965), 378–385; E. C. Patterson, J. D. and the Atomic Theory. The Biography of a Natural Philosopher, Garden City N. Y. 1970; H. E. Roscoe/A. Harden, A New View of the Origins of D.'s Atomic Theory. Now for the First Time Published from Manuscript, London 1896 (repr. New York 1970, dt. Entstehung der D.schen Atomtheorie in neuer Beleuchtung, Leipzig 1898); A. Thackray, Atoms and Powers. An Essay on Newtonian Matter-Theory and the Development of Chemistry, Cambridge Mass. 1970; ders., D., DSB III (1971), 537–547; ders., J. D.. Critical Assessment of His Life and Science, Cambridge Mass. 1972. K. M.

Damaskios, *Damaskus um 458, †nach 533, Neuplatoniker, letztes Schulhaupt der ↑Akademie. D., dessen Versuch, die Akademie nach ihrer Schließung durch Justinian (529) in Persien weiterzuführen (531–533), scheiterte, verfaßte Kommentare zu Schriften Platons (»Philebos«, »Phaidon«, »Parmenides«, »Timaios«). Systematisch bestreitet D. die Möglichkeit objektiver Erkenntnis, leitet daraus aber nicht die Verwerfung von Philosophie und Wissenschaft ab, sondern die Mahnung zur Vorsicht gegenüber der Unzulänglichkeit der Vernunft. Die Grenzen begrifflichen Denkens glaubt D. durch Intuition und Mystik überwinden zu können.

Werke: Quaestiones de primis principiis, ed. J. Kopp, Frankfurt 1826; Dubitationes et solutiones de primis principiis, in Platonis Parmenidem, I–II, ed. C. H. Ruelle, Paris 1889; Lectures on the Philebus. Wrongly Attributed to Olympiodorus. Text, Trans., Notes and Indices by L. G. Westerink, Amsterdam 1959.

Literatur: A. Cameron, The Last Days of the Academy at Athens, Proc. Cambridge Philol. Soc. 15 (1969), 7–29; J. Combès, Négativité et procession des principes chez D., Rev. ét. augustin. 22 (1976), 114–133; R. Strömberg, D., Eranos 14 (1946), 175–192; J. Trouillard, La notion de dynamis chez D., Rev. ét. grec. 85 (1972), 353–363. M. G.

dann und nur dann [wenn] (engl. if and only if, abgekürzt: iff), auch: genau dann [wenn] (abgekürzt: gdw), eine vor allem in Logik und Mathematik gebräuchliche fachsprachliche Wendung, mit der sowohl objektsprachlich der Junktor ↔ zur Herstellung einer ↑Äquijunktion (oder ↑Bisubjunktion) aus zwei Aussagen wiedergegeben wird als auch metasprachlich die Relation ›impliziert und wird impliziert von‹ zwischen zwei Aussagen, wobei es vom Einzelfall abhängt, ob dabei eine *logische* ↑Äquivalenz ausgedrückt werden soll oder andere, z.B. kausale Äquivalenzen, gemeint sind. K. L.

Darii, in der traditionellen ↑Syllogistik Merkwort für den Syllogismus $MaP, SiM \prec SiP$ (›alle M sind P‹, ›einige S sind M‹ impliziert ›einige S sind P‹), in moderner quantorenlogischer Schreibweise:

$$\bigwedge_x(M(x) \rightarrow P(x)),\ \bigvee_x(S(x) \wedge M(x)) \prec \bigvee_x(S(x) \wedge P(x)).$$

Es handelt sich um einen der vier vollkommenen Syllogismen (↑Syllogismus, vollkommener) der ersten syllogistischen Schlußfigur. P.S.

darśana (sanskr., Sehen, Schau, Prüfung, Auffassung, Lehre), der indische Terminus für ›Philosophie‹, oft auch enger für ›philosophischer Standpunkt‹, ›Lehrmeinung‹ oder für eines der sechs orthodoxen, d.h. den ↑Veda anerkennenden, Systeme der klassischen indischen Philosophie: Mīmāṃsā, Vedānta, Sāṃkhya, Yoga, Nyāya, Vaiśeṣika. K.L.

darstellbar/Darstellbarkeit, ↑Darstellung (logisch-mengentheoretisch).

Darstellung (logisch-mengentheoretisch), die Grundbeziehung der Abstraktionstheorie. Durch den als ↑Abstraktion bezeichneten Übergang von Aussagen $A(a), \ldots$ über Objekte $a, b, c, \ldots$ mit einer zwischen ihnen erklärten ↑Äquivalenzrelation $\sim$ zu Aussagen $A(\tilde{a}), \ldots$ mittels des ↑Abstraktionsschemas

$$A(\tilde{x}) \leftrightharpoons \bigwedge_y(x \sim y \rightarrow A(y))$$

wird die Rede über die ›abstrakten Objekte‹ $\tilde{a}$, $\tilde{b}$, $\tilde{c}, \ldots$. eingeführt. Stehen zwei Objekte a, b des Ausgangsbereichs in der Beziehung $a \sim b$, so dürfen die entsprechenden abstrakten Objekte $\tilde{a}$ und $\tilde{b}$ nach der Frege-Leibnizschen Erklärung der ↑Identität ›gleich‹ heißen; man sagt, daß a und b dasselbe Objekt $\tilde{a}$ (oder gleichwertig: $\tilde{b}$) ›darstellen‹, d.h. ›D.en‹ von $\tilde{a}$ bzw. $\tilde{b}$ sind. In diesem Sinne werden (bezüglich der logischen Äquivalenz) ↑Sachverhalte durch Aussagen und ↑Tatsachen durch wahre Aussagen dargestellt, ferner (bezüglich ↑Synonymität in einem gegebenen Regelsystem) ↑Begriffe und Beziehungen durch ein- bzw. mehrstellige Aussageformen, schließlich (bezüglich der Relation

$$R(A, B) \leftrightharpoons \bigwedge_x(A(x) \leftrightarrow B(x)))$$

↑Mengen durch einstellige Aussageformen.

Die D.sbeziehung ist entscheidend für die Präzisierung der ↑Konstruktivität von Mengen, Begriffen, Beziehungen usw.: eine Menge (Begriff, Beziehung) ist dann und nur dann konstruktiv zulässig, wenn eine D. effektiv angegeben werden kann. – Abweichend von diesem Sprachgebrauch bezeichnet man in der ↑Metamathematik als ›arithmetische D.‹ einer Menge M von Zahlen eine einstellige Aussageform $A(x)$ des ↑Peano-Formalismus von der Art, daß für jedes n in der konstruktiven Arithmetik $A(n)$ genau dann gilt, wenn $n \in M$. Entsprechend heißt eine Formel $A(x_1, \ldots, x_r)$ des Peano-Formalismus eine arithmetische D. einer Relation R unter Zahlen, wenn

$$\bigwedge_{n_1, \ldots, n_r}(n_1, \ldots, n_r \in R \leftrightarrow A(n_1, \ldots, n_r))$$

konstruktiv gilt.

Literatur: P. Lorenzen, Gleichheit und Abstraktion, Ratio 4 (1962), 77–81 (wiederabgedruckt in ders., Konstruktive Wissenschaftstheorie, Frankfurt 1974, 190–198); ders., Metamathematik, Mannheim 1962. C.T.

Darstellung (semiotisch) (lat. repraesentatio), Vollzug von Zeichenhandlungen oder deren Ergebnis. Demnach sind D.s-handlungen *semiotische Handlungen*, als deren Realisat entweder der unmittelbare *Vorgang* der semiotischen Handlung selbst (performance) auftritt oder das *Ergebnis* der D.shandlung als ein bestandhafter, dinglicher Gegenstand, als eine ↑Marke. Insofern D.en eigens produziert und rezipiert werden und damit einen Bezug auf ihre Verwender haben, sind sie als *pragmatisch* zu bezeichnen; *semantisch* nehmen sie Bezug auf etwas (außerhalb ihrer selbst), auf das Dargestellte, sie haben ↑Bedeutung; *syntaktisch* sind D.en Handlungen eigenen Rechts. Sie sind also Zusammenhang stiftend, versehen mit Sach- und Personenbezug; ihrer Struktur nach läßt eine D. sich aus Zeichen (↑Zeichen (semiotisch)) als ihren Teilen aufbauen. Zu unterscheiden sind künstlerische, technische und wissenschaftliche D.en. Ihre jeweiligen Verfahren sind unterschiedlich funktionsbestimmt. Hinsichtlich ihrer transsubjektiven Verwendbarkeit für eine *vollziehende Praxis* werden technische wie wissenschaftliche D.sverfahren in der Regel (teil)normiert; künstlerische dagegen dienen vornehmlich dem Erkunden auf dem gesamten Gebiet der D. und sind in diesem Sinne für eine *aneignende Praxis* als explorativ zu bezeichnen.

Als wissenschaftliche Tätigkeit wird D. von ↑Forschung unterschieden (z.B. bei K. Marx, M. Weber, O. Külpe, K. Bühler): »Allerdings muß sich die D.sweise formell von der Forschungsweise unterscheiden« (Marx); der Beginn der Forschung ist zufällig und beliebig, der Beginn der D. notwendig. In der neueren wissenschaftstheoretischen Diskussion wird die Gegenüberstellung von Forschung und D. als ›Entdeckungszusammenhang‹ (context of discovery) und ›Rechtfertigungszusammenhang‹ (context of justification, ↑Entdeckungszusammenhang/Begründungszusammenhang) im Anschluß an G. Frege, der an die Leibnizsche Unterscheidung von ↑ars inveniendi und ↑ars iudicandi anknüpft, von H. Reichenbach, K.R. Popper und G. Hempel aufgenommen und von W.V.O. Quine kritisiert. Darüber hinaus wird die Unterscheidung von D. und Forschung zur Auflösung des hermeneutischen Zirkeltheorems und zur Kennzeichnung wissenschaftstheoretischer Positionen herangezogen.

Im technisch-wissenschaftlichen wie künstlerischen Bereich zeigt sich, daß die Verfahren der D. zeitlichen Veränderungen unterworfen sind, die sich der Voraussagbarkeit weitgehend entziehen. Dies heiße der *historisch-genetische* Aspekt, die Forschung über die D. selbst im Hinblick auf ihren Aufbau heiße der *(logisch-)systematische* Aspekt der D.. Um D.sformen (modi) geht es in der Kunstwissenschaft etwa dann, wenn invariante Rede über D.en hergestellt werden soll unter Absehung ihrer thematischen, individuell-künstlerischen und speziell-nationalen Unterschiede. Solche abstraktiv gewonnenen ›Grundformen‹ (H. Wölfflin) in der Malerei sind z.B. linear/malerisch. In den semiotisch und zugleich historisch im weiteren Sinne orientierten Wissenschaften hat sich eine einheitliche Terminologie bisher nicht durchsetzen können.

Geht man davon aus, daß nicht die Wirklichkeit über Geltung (z.B. Wahrheit) von D.en, sondern deren Geltung (z.B. Wahrheit) darüber entscheidet, was wirklich ist, so werden Ausdrücke wie ›realistische D.‹ verständlich, mit denen D.sverfahren zu kennzeichnen und zu beurteilen sind. Da bei der D. z.B. eines Mannes niemals die Gesamtheit seiner Eigenschaften dargestellt werden kann, diese D. vielmehr vom D.sinteresse, vom gewählten Medium wie von den D.sverfahren abhängt, bleibt die Forderung nach ›Wirklichkeitsnähe‹ in der Diskussion um den semiotischen Realismus – vor allem im 19. und 20. Jahrhundert – auf einen verbindlichen Begriff der Wirklichkeit und damit auf die Norm für das, was als realistisch gelten soll, bezogen. Statt einen von semiotischen Handlungsmitteln im wesentlichen freien Zugang zur Wirklichkeit erreichen zu können, sind wir darauf angewiesen, uns erst mit Hilfe bestimmter *handlungsmäßig orientierter* Umgangsformen Wirklichkeit zur Verfügung zu stellen und dann darauf mit bestimmten *semiotischen* Formen als D.smedien aufzubauen.

Literatur: D.G. Bobrow/A. Collins (eds.), Representation and Understanding. Studies in Cognitive Science, New York/San Francisco/London 1975; K. Bühler, Sprachtheorie. Die D.sfunktion der Sprache, Stuttgart 1934, Frankfurt/Berlin/Wien 1978; Forms of Representation. Proc. 1972 Philos. Colloq. Univ. of Western Ontario, eds. B. Freed/A. Marras/P. Maynard, Amsterdam 1975; H.G. Gadamer, Wahrheit und Methode. Grundzüge einer philosophischen Hermeneutik, Tübingen 1960, [3]1972; E. Gombrich/J. Hochberg/M. Black, Art, Perception, and Reality, Baltimore/London 1972 (dt. Kunst, Wahrnehmung, Wirklichkeit, Frankfurt 1977); N. Goodman, Languages of Art. An Approach to a Theory of Symbols, Indianapolis 1968, [2]1976 (dt. Sprachen der Kunst. Ein Ansatz zu einer Symboltheorie, Frankfurt 1973); B.J. Hafner, D.. Die Entwicklung des D.sbegriffs von Leibniz bis Kant und sein Anfang in der antiken Mimesis und der mittelalterlichen Repraesentatio, Diss. Düsseldorf 1974; G. Hermerén, Representation and Meaning in the Visual Arts. A Study in the Methodology of Iconography and Iconology, Lund 1969; P. Köhler, Der Begriff der Repräsentation bei Leibniz. Ein Beitrag zur Entstehungsgeschichte seines Systems, Bern 1913 (Neue Berner Abh. zur Philos. und ihrer Gesch. Heft 3); H. Koller, Die Mimesis in der Antike. Nachahmung, D., Ausdruck, Bern 1954; O. Külpe, Die Realisierung. Ein Beitrag zur Grundlegung der Realwissenschaften, I–III, Leipzig 1912–1923; D. Novitz, Pictures and their Use in Communication, The Hague 1977; G. Sörbom, Mimesis and Art. Studies in the Origin and Early Development of an Aesthetic Vocabulary, Uppsala 1966; E. Utitz, Bemerkungen zur altgriechischen Kunsttheorie, Berlin 1959; Der Begriff der Repraesentatio im Mittelalter. Stellvertretung, Zeichen, Symbol, Bild (Vortr. der 17. Mediaevistentagung des Thomas-Institutes der Univ. Köln 9.–12. September 1970), Berlin/New York 1971 (Miscellanea Mediaevalia VIII). D.G./B.P.

Darwin, Charles (Robert), *The Mount (bei Shrewsbury, England) 9. Febr. 1809, †Down (heute London-Bromley) 19. April 1882, engl. Naturforscher, Begründer der modernen ↑Evolutionstheorie. Das auf Wunsch seines Vaters 1825 in Edinburgh begonnene Medizinstudium brach D. 1827 ab und studierte dann, ohne großes Interesse, wiederum auf väterlichen Wunsch, in Cambridge bis zum Bakkalaureat (1831) Theologie. Schon während des Theologiestudiums an naturwissenschaftlichen, insbesondere geologischen und biologischen Problemen interessiert, verschaffte ihm die Empfehlung des Cambridger Botanikprofessors J.S. Henslow einen Platz auf dem Forschungs- und Vermessungsschiff »Beagle«. Die fünfjährige Reise (1831–1836) führte über die Kap-Verdischen Inseln an die Ost- und Westküste des südlichen Amerika, von dort über die Galapagos-

Inseln und Tahiti nach Neuseeland; schließlich über Mauritius, Kapstadt, St. Helena und Ascension nach England zurück. Auf dieser Reise erwarb D. umfangreiche naturgeschichtliche Kenntnisse und entwickelte die Grundgedanken seiner Evolutionstheorie. Nach England zurückgekehrt lebte D., gesundheitlich geschwächt, als Privatgelehrter zunächst in Cambridge, dann (ab 1837) in London und schließlich (ab 1842) auf seinem Landsitz Down House in Kent. D. war Mitglied zahlreicher wissenschaftlicher Gesellschaften und Inhaber vieler Auszeichnungen, unter anderem des Ordens Pour le mérite, und erhielt ein Ehrengrab in Westminster Abbey. D.s auf umfassende naturgeschichtliche Kenntnisse gestützte Arbeiten betreffen die Geologie, wo er der von C. Lyell vertretenen Schichtentheorie der Erde (›Uniformitarismus‹) gegenüber der bis dahin akzeptierten ›Katastrophentheorie‹ zum Durchbruch verhalf, ferner die Botanik und Insektenkunde, die ihm die Beschreibung einer Fülle bis dahin unbekannter Arten und wichtige spezielle Untersuchungen verdankt.

Diese an sich schon bedeutenden Arbeiten werden durch die Begründung und Entwicklung der modernen Evolutionstheorie (↑Darwinismus) in den Schatten gestellt. D. hatte seine Forschungsreise im Glauben an die Konstanz der einmal von Gott geschaffenen Arten angetreten. Insbesondere zwei Beobachtungen regten ihn zu neuen Überlegungen an: (1) die ungeheure Variation der Arten, die den bisherigen Artbegriff überhaupt in Frage stellte, (2) die Überproduktion an Nachkommen bei gleichzeitiger Konstanz der Individuendichte einer Art in einem Lebensraum. Die Lektüre von T. R. Malthus' »An Essay on the Principle of Population« (London 1803), in dem die Zusammenhänge zwischen Bevölkerungsgröße, Nahrungsmitteln und Elend und die unterschiedlichen Strategien zur Bevölkerungsreduzierung dargestellt werden, brachte bei D. den schon vorher gefaßten Gedanken der ›natürlichen Auslese‹ (natural selection) zur systematischen Ausformung. Vor der sexuellen Selektion (günstige Wahl der Fortpflanzungspartner) und der Fortpflanzung erworbener Eigenschaften (als Theorie heute widerlegt) bildet die natürliche ↑Selektion den Angelpunkt der Evolutionstheorie D.s wie auch ihrer modernen Ausformungen: Danach haben die hinsichtlich Umweltbedingungen und Nahrungsbeschaffung vorteilhaften, vererbbaren Variationen einen Überlebens- und damit Fortpflanzungsvorteil bei Überproduktion von Nachkommen und Konstanz der Nahrungsmittel und Individuendichte vor nicht oder nachteilig variierten Artgenossen, der letztlich zu deren Verdrängung (Aussterben) führen kann. Die von dem Philosophen H. Spencer vorgeschlagene und später von D. übernommene Kennzeichnung dieser Verläufe als ›survival of the fittest‹ ist aus biologischer Sicht unglücklich, da es nicht primär auf das *Überleben* von Individuen, sondern auf *Fortpflanzungserfolg* der Art ankommt und die superlativische Formulierung die irrige Ansicht absoluter, weit vom ›Normalen‹ liegender Fitnesskriterien suggeriert, während in Wirklichkeit der Evolutionsprozeß über unscheinbare erbliche Variationen (deren Mechanismus [↑Mutation] D. unbekannt war) mit großer Langsamkeit verläuft. Methodologisch ist an dieser Formulierung zu kritisieren, daß ›survival of the fittest‹, wenn es ex post, d.h. an der Tatsache des Überlebens, festgestellt wird, tautologisch ist.

Eine erste Fassung seiner Evolutionstheorie trug D. gleichzeitig mit A. R. Wallace, der ähnliche Gedanken entwickelt hatte, erst 20 Jahre nach ihrer Konzeption, der »Linnean Society« vor (1. 7. 1858); 1859 erschien schließlich in London »On the Origin of Species by Means of Natural Selection, or the Preservation of Favoured Races in the Struggle for Life«. D.s weitere Arbeiten zur Evolutionstheorie vertieften die einmal gewonnenen Gesichtspunkte und erweiterten sie auf den Menschen und seine intellektuelle, soziale und moralische Entwicklung.

D.s evolutionstheoretische Forschungsergebnisse und methodologische Ansätze revolutionierten nicht nur die Biologie. Sie enthielten insbesondere Sprengstoff für religiöse Dogmen und philosophische Auffassungen, das Leben und die Schöpfung betreffend. Als bezeichnend für alsbald ausbrechende schwere Kontroversen insbesondere mit Theologie und Kirche, die auf seiten des Darwinismus in England vor allem von T.H. Huxley und H. Spencer, in Deutschland von E. Haeckel (↑Monismus) ausgetragen wurden und an denen sich D. kaum beteiligte, kann man ansehen, daß in der ersten deutschen Ausgabe des »Origin of Species« D.s Ankündigung »Licht wird auch fallen auf den Menschen und seine Geschichte« fortgelassen wurde. Die innere Dynamik der D.schen Theorie führte zu bedeutsamen Verschiebungen und Veränderungen in Weltbildern und Weltanschauungen – ein Prozeß, der bis heute nicht abgeschlossen ist. Darüber hinaus beeinflussen evolutionäre methodische Kategorien und Denkmodelle nahezu alle Wissenschaften und das politische Handeln; sie finden neuerdings auch in der Technologie vermehrt Anwendung (↑Evolution).

Werke: Journal of Researches into the Geology and Natural History of the Various Countries Visited by H. M. S Beagle, London 1839 (repr. New York 1952), London ²1845 (repr., introd. by G. de Beer, New York 1956, dt. Reise eines Naturforschers um die Welt, Stuttgart 1875, ²1899, rev. Neuausg. Stuttgart 1962, erste dt. Übers.: Braunschweig 1844); On the Origin of Species by Means of Natural Selection, or the Preservation of Favoured Races in the Struggle for Life, London 1859, ⁶1872 (repr., introd. by G. de Beer, London 1963, Cambridge Mass. 1966, dt. Die Entstehung der Arten durch natürliche Zuchtwahl, Stuttgart 1963); The Variation of Animals and Plants under Domestication, I–II, London 1868 (repr. London 1968), ²1875; The Descent of Man, and Selection in Relation to Sex, London 1871, ²1877, New York 1971 (dt. Die Abstammung des Menschen, München ³1966); The Expression of the Emotions in Man and Animals, London 1872, (introd. by K. Lorenz) Chicago 1965 (dt. der Ausdruck der Gefühle bei Mensch und Tier, Düsseldorf 1964); F. Darwin (ed.), Life and Letters of C.D., I–III, London 1887, (introd. by G.G. Simpson) New York 1959 (dt. [übers. J.V. Carus] Leben und Briefe von C.D.. Mit einem seine Autobiographie enthaltenden Kapitel, Stuttgart 1887); Autobiography [gekürzte Ausg.], London 1887, (ungekürzt, ed. N. Barlow) London 1958 (repr. New York 1969, dt., Leipzig/Jena 1959); C.D., T.H. Huxley. Autobiographies (ed. G. de Beer), Oxford/New York/Toronto 1974; Evolution by Natural Selection. C.D. and A.R. Wallace (ed. G. de Beer), Cambridge 1958 (dt. D. – Wallace. Dokumente zur Begründung der Abstammungslehre vor 100 Jahren, Stuttgart 1959); Notebooks on Transmutation of Species (ed. G. de Beer), Bull. Brit. Museum (Nat. Hist.), Historical Ser. 2 (1960), 23–200, 3 (1967), 129–176; D.s Early and Unpublished Notebooks (ed. P.H. Barrett) s. Literatur unter H.E. Gruber; C.D.'s Natural Selection. Being the Second Part of his Big Species Book Written from 1856 to 1858, ed. from Manuscript by R.C. Stauffer, Cambridge 1975; The Collected Papers of C.D., I–II, ed. P.H. Barrett, Chicago 1977. – Gesamtausgaben: C.D.'s Works, I–XV, New York 1910; C.D.'s gesammelte Werke (übers. v. J.V. Carus), I–XVI, Stuttgart 1875–1888, ²1899 (enthält die von D. veröffentlichten Schriften, sowie die Briefe). – Handlist of the D. Papers at the University Library Cambridge, Cambridge 1960; R.B. Freeman, The Works of C.D.. An Annotated Bibliographical Handlist, Folkstone 1965, ²1977.

Literatur: M. Allan, D. and his Flowers. The Key to Natural Selection, London 1977; J. Chancellor, C.D., London 1973; G.R. de Beer, C D.. Evolution by Natural Selection, London 1963, Garden City N.Y. 1964, Neuausg. unter dem Titel: C.D.: a Scientific Biography, Garden City N.Y. 1965; ders., D., DSB III (1971), 565–577; A. Ellegard, D. and the General Reader. The Reception of D.'s Theory of Evolution in British Periodical Press, Göteborg 1958; R.B. Freeman, C.D.. A Companion, Folkestone/Hamden Conn. 1978; T.A. Goudge, C.D., Enc. Ph. II (1967), 294–295; H.E. Gruber, D. on Man. A Psychological Study of Scientific Creativity. Together with D.'s Early and Unpublished Notebooks (ed. P.H. Barrett), New York 1974; G. Heberer, C.D.. Sein Leben und sein Werk, Stuttgart 1959; J. Hemleben, C.D. in Selbstzeugnissen und Bilddokumenten, Reinbek 1968; D.L. Hull, D. and his Critics. The Reception of D.'s Theory of Evolution by the Scientific Community, Cambridge Mass. 1973; J.S. Huxley/H.B.D. Kettlewell, C. D. and his World, London/New York 1965; E. Manier, The Young D. and his Cultural Circle. A Study on the Influences which Helped Shape the Language and Logic of the First Drafts of the Theory of Natural Selection, Dordrecht/Boston 1978; G. Wichler, C.D., the Founder of the Theory of Evolution and Natural Selection, Oxford/New York 1961 (dt. C.D.. Der Forscher und Mensch, München/Basel 1963); W. v. Wyss, C.D.. Ein Forscherleben, Zürich 1958 (mit Bibliographie). G.W.

Darwinismus, Bezeichnung für (1) biologische und (2) allgemeinphilosophische Anschauungen, die auf die ↑Evolutionstheorie von C.R. Darwin zurückgehen. In der Biologie werden Darwins Selektionstheorie der Evolution sowie alle an Darwin anschließenden Theorien als D. bezeichnet. ›Neodarwinismus‹ wurde die Evolutionstheorie von A. Weismann genannt, welche die noch von Darwin vertretene Vererbung erworbener Eigenschaften ausschloß. In der Folge wurde die Bezeichnung ›Neodarwinismus‹ auf nahezu alle neueren Arbeiten in der Tradition Darwins ausgedehnt. Da aber auch diese Arbeiten wesentliche Begriffe und Impulse von Darwin erhalten haben, hat sich der Vorschlag G.G. Simpsons, die Bezeichnung ›Neodarwinismus‹ gänzlich zu vermeiden, inzwischen weitgehend durchgesetzt.

Der biologische D. zeigte alsbald Auswirkungen in anderen Bereichen des wissenschaftlichen, religiösen und sozialen Lebens. Für die *wissenschaftliche* Rezeption ist die konsequente *Historisierung der Natur* von besonderer Wichtigkeit. In extrapolierender Konsequenz fordert sie dazu auf, Normen, Werte, Institutionen und Anschauungen in ihrem kompetitiven Gewordensein und unter dem Gesichtspunkt ihrer möglichen Änderung oder Abschaffung zu betrachten. Diese Tendenzen wurden insbesondere im ›Evolutionismus‹ von H. Spencer und bei H. Bergson ausgearbeitet. In der *Politischen Ökonomie* formierten sich solche Anschauungen als ↑›Sozialdarwinismus‹. Vor allem K. Marx, der den ersten Band des »Kapital« Darwin zu widmen gedachte, glaubte sich in Übereinstimmung mit dem D. Doch nicht nur sozialrevolutionäre und reformerische Positionen beriefen sich auf den D. Noch direkter ist der Anschluß der konservativen Variante des Sozialdarwinismus, der die Wirtschaft im wesentlichen als ›struggle for life‹ ansieht, der mittels quasi-natürlicher Auslese zum ›survival of the fittest‹ führe. Allge-

mein verstehen sozialdarwinistische Theorien die soziale Entwicklung nicht als Produkt rationaler Entscheidungen und zielgeleiteter Prozesse, sondern als Resultat quasinaturwüchsiger Abläufe. Konsequenterweise werden staatliche Interventionen (wie etwa das Verbot der Kinderarbeit) abgelehnt. Sozialdarwinistische Positionen werden heute nicht mehr ernsthaft vertreten, waren jedoch im 19. und in den ersten Jahrzehnten des 20. Jahrhunderts vor allem in den USA weit verbreitet und hatten bedeutenden politischen Einfluß.
In der *Theologie* war vordergründig durch den D. zunächst nur die Frage der Erschaffung des Menschen durch Gott betroffen. Die auf die Parole ›der Mensch stammt vom Affen ab‹ verkürzte Diskussion hatte jedoch alsbald Weiterungen, die die Autorität von Bibel und Kirche in allen wissenschaftlichen Fragen bezweifelte und letztlich untergraben hat. In manchen amerikanischen Bundesstaaten war der Schulunterricht der Evolutionstheorie als mit der Bibel unvereinbar noch in den 70er Jahren unseres Jahrhunderts verboten. Für die *philosophische* Rezeption, die in Deutschland vor allem durch die Werke E. Haeckels gefördert wurde (im angelsächsischen Raum durch T.H. Huxley), ist besonders die *antiteleologische* Tendenz des D. von Bedeutung. Die Elimination teleologischer Aspekte bei der Erklärung struktureller und funktionaler Zweckmäßigkeiten und ihre Ersetzung durch kausale Evolutionsfaktoren raubte teleologischen Auffassungen eine ihrer stärksten Stützen und brachte den Gedanken der ↑Teleologie überhaupt in Mißkredit. Starken Einfluß übte auch die dem D. inhärente *Fortschrittsidee* auf das Denken der 2. Hälfte des 19. Jahrhunderts aus. So ist z.B. F. Nietzsches Konzeption des ↑Übermenschen vor dem Hintergrund darwinistischer Konzeptionen zu sehen. Die Erkenntnistheorie und Ethik der Zeit erhielt ebenfalls darwinistische Impulse (↑Biologismus). Neuerdings werden in der ↑Soziobiologie eine Reihe ethischer Begriffe unter evolutionstheoretischem Gesichtspunkt untersucht. Die Ideologie des Monistenbundes (↑Monismus) ist darwinistisch orientiert. – In der Wissenschaftstheorie wird im Zusammenhang der Diskussion um die Auswahl alternativer wissenschaftlicher Theorien von einem ›faktischen ↑Wissenschaftsdarwinismus‹ geredet.

Literatur: M.O. Beckner, Darwinism, Enc. Ph. II (1967), 296–306; G. Böhme/W. van den Daele/W. Krohn, Alternativen in der Wissenschaft, Z. Soz. 1 (1972), 302–316; J. Dewey, The Influence of Darwinism on Philosophy, New York 1910; L. Eiseley, Darwin's Century. Evolution and the Man who Discovered it, New York 1958; T.F. Glick (ed.), The Comparative Reception of Darwinism, Austin Tex. 1974; E. Haeckel, Der Monismus als Band zwischen Religion und Wissenschaft. Glaubensbekenntnis eines Naturforschers, Bonn 1893; ders., Der Kampf um den Entwickelungs-Gedanken. Drei Vorträge, gehalten am 14., 16. und 19. April 1905 im Saale der Sing-Akademie zu Berlin, Berlin 1905; G. Heberer, Was heißt heute D.?, Göttingen 1949, Göttingen/Berlin/Frankfurt ²1960; R. Hofstadter, Social Darwinism in American Thought. 1860–1915, Philadelphia 1944; T.H. Huxley, Evidences as to Man's Place in Nature, London 1863 (dt. Zeugnisse für die Stellung des Menschen in der Natur, ed. G. Heberer, Stuttgart 1963); ders., Evolution and Ethics, and Other Essays, New York 1898; J. Mittelstraß, Prolegomena zu einer konstruktiven Theorie der Wissenschaftsgeschichte, in: ders., Die Möglichkeit von Wissenschaft, Frankfurt 1974, 106–144, 234–244. G.W.

Dasein, in der deutschen Aufklärungsphilosophie (z.B. durch C. Wolff und A.G. Baumgarten) als Übersetzung des Terminus ›existentia‹ verwendet und als Wirklichkeit bzw. Verwirklichtheit eines Gegenstandes seinem Möglichsein gegenübergestellt. Während die gedankliche Vorstellung eines möglichen Gegenstandes immer noch durch weitere Bestimmungen dieses Gegenstandes ergänzt werden kann, erhält ein Gegenstand durch sein D. eine vollständige Bestimmung. Daß mögliche Gegenstände wirklich werden bzw. ihr Dasein erhalten, verdanken sie einer (für das Denken) äußeren Ursache. Mit dieser Konzeption des D.s eines Gegenstandes wird dieses bzw. die Wirklichkeit dem Denken einerseits zwar als etwas vom Denken Unabhängiges und in diesem Sinne Eigenständiges entgegengesetzt, andererseits aber diese Eigenständigkeit darauf reduziert, daß das D. eines Gegenstandes als ein besonderer Fall des Allgemeinen, nämlich der Bestimmungen eines Gegenstandes, angesehen wird. Im D. wird zwar eine denkend nicht antizipierbare Verbindung von Bestimmungen verwirklicht, aber das D. selbst ist keine eigene Bestimmung und bleibt daher lediglich der unvorhersehbare Fall möglicher Bestimmungen. Damit enthält der D.sbegriff eine Spannung, die die weiteren Bemühungen um ihn vorantreibt: Für den Rationalisten bleibt die ›entsetzliche Kluft‹ (M. Mendelssohn) zwischen Denken und D. ein Ärgernis, für den Anti-Rationalisten bzw. (modern gesagt) den Existenzialisten gilt es, mit dem D. eine eigene Bestimmung des Gegenstandes, und zwar seine entscheidende, zur Geltung zu bringen. Dabei formuliert sich die anti-rationalistische Position zunächst nur reaktiv (etwa in der Philosophie F.H. Jacobis, J.G. Herders, J.G. Hamanns, des späten F.W.J. Schelling) und findet erst in der

↑Existenzphilosophie zu einer eigenen D.s-Konzeption.
Der rationalistischen Bemühung zur Überbrückung der Kluft zwischen Denken und D. bereitet die Vernunftkritik I. Kants den Weg. Auch für Kant bleibt zwar das D. eines Dinges unerschließbar aus seinem eigenen Begriff und nur durch Wahrnehmung feststellbar (KrV B 272). Aber sowohl durch seinen Versuch, die (konstitutiven) Bedingungen möglicher Erfahrung (↑Anschauung, ↑Verstandesbegriffe, reine) aufzuweisen, als auch durch seinen Hinweis auf die (regulative) Verwendung der ↑Analogien der Erfahrung bei der Darstellung von Erfahrungen (in empirischen Theorien) und damit für die Erkenntnis (Erklärung oder Voraussage) des D.s aus empirischen Gesetzen (KrV B 272–274), gibt für Kant das Denken dem möglichen D. einen Rahmen vor und dem wirklichen D. eine Ordnung hinzu. Während somit Kants Konzeption für den Empiriker sowohl (durch den transzendentalen Rahmen des D.s) die Möglichkeit von Erfahrungswissen sichert, als auch (durch die empirische Ordnung des D.s) die Herstellung von Erfahrung erforderlich bleiben läßt, bedeutet sie für den Rationalisten ein Stehenbleiben auf halbem Wege. Denn wie kann das Denken die Form des D.s erzeugen und dem D. eine Ordnung geben, wenn das D. gleichwohl unbegreifbar bleibt, nämlich in dem Sinne, daß es keinen Übergang vom Begriff eines Dinges zu dessen D. gibt?
G.W.F. Hegels Logik läßt sich als der Versuch lesen, den in den Augen des Rationalisten von Kant eingeschlagenen Weg zu Ende zu gehen und das D. begreifbar zu machen. Während Kant noch mit der Entgegensetzung von Denken und D. beginnt und damit von einer lebensweltlichen Orientierung ausgeht, der gemäß uns das D. vorgegeben und das Denken aufgegeben, von uns erst noch zu leisten ist, verlegt Hegel diesen Anfang aus der lebensweltlichen Orientierung in einen *vor-subjektiven* und *vor-objektiven* Einheitspunkt von Denken und D., von dem her die lebensweltliche Orientierung mit ihrer Gegenüberstellung von denkendem Subjekt und daseiendem Objekt erst als Ergebnis einer *begrifflichen Entwicklung* erzeugt wird. Diese begriffliche Entwicklung ist nicht eine den Subjekten verfügbare Leistung (in der sich das Denken um die Erkenntnis des vorgegebenen D.s bemüht), sondern – negativ – das Aufgeben dieses Willens zur Eigenleistung und damit zugleich das Absehen von den Bestimmtheiten des D.s: sie ist – positiv – für Hegel die für das Subjekt zugänglich gemachte und darin die ›Anstrengung des Begriffs‹ erfordernde Selbsterzeugung des D.s, die dem Subjekt dadurch erfaßbar wird, daß es sich ihrer Bewegung überläßt. Die Wirklichkeit der begrifflichen Entwicklung (d.i. der mit dieser Entwicklung durch deren innere Stimmigkeit erzeugte Zwang zur Einsicht in sie) belegt für Hegel auch, daß nun nicht mehr nur *mögliches* D., sondern das *wirkliche* D. begriffen wird. Die Einlösung dieses Anspruchs auf das Begreifen des D.s steht vor der Aufgabe, die begriffliche Entwicklung des D.s überhaupt in einer Entwicklung von Begriffen für die besonderen Bereiche des D.s (d.i. für die daseienden Gegenstände) weiterzuführen. An der Lösung dieser Aufgabe, der sich Hegel gestellt hat, also am Ende der begrifflichen Entwicklung, wird so der Sinn des (aus der lebensweltlichen Orientierung des Subjektes) verlegten Anfangs dieser Entwicklung deutlich: nämlich mit der dann möglichen Antwort auf die Frage, welche Orientierungen für unser D. (d.i. für unser konkretes Erleben und Handeln) nun ermöglicht worden sind.
Der seit S. Kierkegaard erhobene Protest gegen die Hegelsche Logik nicht nur des Denkens, sondern auch des D.s stützt sich auf die Erklärung, daß mit der Hegelschen Verbegrifflichung des D.s über dieses D., wie wir es vorfinden und in dem wir auch uns selbst vorfinden, überhaupt nicht mehr geredet und also für unser D. auch keine mögliche Orientierung angeboten wird. Kierkegaards Wort, daß über dem Denken bei Hegel der Denker vergessen worden ist, kritisiert, daß an die Stelle unseres D.s, aus dem sich unsere Nöte und Fragen, aber auch die Möglichkeiten zu deren Überwindung ergeben, eine *Konstruktion* gesetzt worden sei; der Anspruch, die Kluft zwischen Denken und D. überbrückt zu haben, läßt sich nur über den Verzicht auf das Ernstnehmen der unmittelbaren, nicht erst durch unser Denken bedingten Probleme des D.s aufrecht erhalten. Wo Hegel (mit dem Sein und dem Nichts) das völlig Unbestimmte zum Unmittelbaren erklärt, mit dem die begriffliche Entwicklung anzufangen habe, also auch die Unberührtheit von aller konkreten und sehr bestimmten Problematik, da besteht Kierkegaard auf der Unmittelbarkeit des völlig Bestimmten als dem Anfang des Denkens, das sich um das Verstehen des D.s bemüht: auf dem Beginn mit eben den konkreten Problemen in unserem D., deren Ausklammerung Hegel für die Bedingung des Begreifens von D. hält. Gleichwohl ist auch diese kritische Wendung gegen Hegel in

gewissem Sinne eine Weiterführung des Hegelschen Ansatzes: insofern nämlich auch Kierkegaard nicht mit der lebensweltlichen Orientierung beginnt, in der das Subjekt mit seinem Denken als einer sinnerzeugenden Eigenleistung das vorgegebene D. vor allem in dessen Fremdheit zu begreifen versucht, sondern gerade im Verzicht auf solche eigene Sinnerzeugung die Bedingung dafür sieht, das D. geistig zu bewältigen: sich dessen Problem zu stellen wie auch überhaupt dessen Probleme erst bewußt zu werden. Damit bleibt zwar (im Unterschied zu Hegel) das D. in seiner Bestimmtheit der Anfang des Denkens, dem dieses sich durch begriffliche Konstruktionen weder entziehen kann noch soll, doch werden die Bestimmungen des D.s in ihrer Kontingenz und Labilität reflektiert und bieten daher weder eine Ausgangsbasis für die Überlegungen des um eine Orientierung bemühten Subjekts noch den fundierungsfähigen Endpunkt begrifflicher Entwicklungen.

Was bei Kierkegaard Hinweis auf den Charakter des D.s als ernstzunehmende und doch kontingente und labile Bestimmtheit (Hinweis aus Protest gegen die Hegelsche Logik) bleibt, wird über die Vermittlung der ↑Phänomenologie bei M. Heidegger zum Entwurf einer philosophischen Konzeption. Diese ergibt sich sozusagen als Wiederholung des Hegelschen Ansatzes vom Protest Kierkegaards her. Denn die Thematisierung der Kontingenz und Labilität, die die Bestimmungen des D.s im Unterschied zu denen des Denkens charakterisiert, führt auch Heidegger wieder zur Rede vom Sein und Nichts als dem Anfang für das Verständnis des D.s. Aber mit der Aufnahme dieser Redetradition wird zugleich deutlich gemacht, daß Hegel bei dem Versuch, die Kluft zwischen Denken und D. zu überbrücken, ebenfalls auf halbem Wege stehenbleibt. Denn das Hegelsche Sein (›das unbestimmte Unmittelbare‹) ergibt sich über das Weg-Denken aller Bestimmungen des D.s, von denen beim Denken auszugehen dem unkritischen Sich-Ausliefern an die faktische Entwicklung des D.s gleichkäme. Über dieses Weg-Denken erreichen wir das Sein als das Nichts an Bestimmungen, als ›vollkommene Leere‹, und durch das Wegräumen aller Vorbestimmungen des Denkens braucht dieses (als das Erzeugen begrifflicher Entwicklungen) nur noch seinen eigenen, von ihm selbst gesetzten, Gesetzen zu gehorchen: es kann seine Wirklichkeit für die Wirklichkeit schlechthin, auch für die des D.s halten. Mit Kierkegaard versucht Heidegger dabei nicht, irgendwelche Bestimmungen des D.s wegzudenken. Er betont und analysiert vielmehr die im D. gegebenen Vorbestimmungen des Denkens und sieht dadurch die Kontingenz und Labilität von D. *und* Denken. Da auch das Weg-Denken ein Denken ist, führt ihn diese Einsicht statt zum Weg-Denken vom Denken (im Sinne der Erzeugung begrifflicher Entwicklungen) weg. Für Heidegger wird es damit zu Hegels Halbherzigkeit, daß dieser die Überwindung der subjektiven Eigenmächtigkeit, nämlich des Denkens als einer verfügbaren Eigenleistung, im Denken, also eigenmächtig, versucht. Heideggers Verzicht auf dieses Denken läßt sich so lesen als Konsequenz aus dem Hegelschen Ansatz. Da dieser Verzicht auf begriffliche Entwicklungen positiv als das Offenwerden für die Kontingenz und Labilität des D.s in den reflektierten Erfahrungen dieses D.s besteht, wird dabei das Sein als dasjenige, dem sich das D. wie dessen reflektierte Erfahrung verdanken, offenbar. Denn dadurch, daß D. als nicht in sich oder aus sich notwendig oder stabil erscheint, verweist es für Heidegger auf das Sein als seinen Grund, wobei dieser Grund aber nicht begrifflich bestimmbar und daher auch nicht mit den Kategorien von Notwendigkeit oder Stabilität (Substanz) darstellbar ist. Mit Hegel geredet, ergäbe sich zur Erfassung des D.s als des Bestimmten das Sein als das unbestimmbare Bestimmende des D.s. Da das Verhältnis von D. und Sein sich erst in der Reflexion auf die Erfahrungen erschließt, die der Mensch in seinem Leben und Handeln macht, nennt Heidegger den Menschen selbst (in seinen früheren Werken wie »Sein und Zeit«) D. und definiert dies als die ›Erschlossenheit des Seins‹. Insofern diese Bestimmung des D.s mit der Fähigkeit zur Verständnisbildung von sich selbst und den Dingen und Geschehnissen der Welt noch eine Hegelsche Rest-Betonung der Subjektivität des Menschen, seiner Eigenleistung, enthält, ist es nur konsequent, wenn Heidegger in seinen späteren Schriften immer stärker den Verzicht auf begriffliche Entwicklungen und auf eine damit intendierte Erzeugung von Sinn betont und statt dessen den passiven Charakter der ›Erfahrung‹ von Sein hervorhebt. D. wird ihm zum ›Da des Seins‹, damit zum unbegreifbaren Ergebnis eines ›Seinsgeschicks‹. Die Kluft zwischen Denken und D. ist so wieder unüberbrückbar geworden, weil mit den Überbrückungsversuchen am Ende auf das Denken zu verzichten ist. Daß mit diesem Verzicht eine gewisse Beliebigkeit der Ziele für unser Leben und Handeln und der Meinungen darüber verbunden ist, zeigt ein Vergleich der verschiedenen Konzeptionen des

D.s, wie sie im Strom der rekonstruierten geistigen Entwicklung vorgetragen worden sind. So steht die Konzeption von K. Jaspers, der D. als das ›Sichfinden des Seins‹ bestimmt, im Rahmen konservativer Interpretationen von Sinnerfüllung, während J.-P. Sartre mit seiner Auffassung, daß das D. (l'existence) dem Wesen (l'essence) vorangehe, darauf hinweisen will, daß der Mensch der Schöpfer seiner selbst, seines ›Wesens‹ und seiner Geschichte sei und daher auch nur selbst Sinn schaffen, ihn jedenfalls nicht einer vorgegebenen Ordnung entnehmen kann.

Literatur: K.-O. Apel, D. und Erkennen. Eine erkenntnistheoretische Interpretation der Philosophie M. Heideggers, Diss. Bonn 1950; W. Biemel, Heideggers Begriff des D.s, Studia catholica 24 (1949), 113–129; C.F. Gethmann, Verstehen und Auslegung. Das Methodenproblem in der Philosophie Martin Heideggers, Bonn 1974; R. Grimsley, Existentialist Thought, Cardiff ²1960; M. Heidegger, Gesamtausg., 1. Abt., I –, Frankfurt 1976ff. (als Bd. 2 der 1. Abt.: Sein und Zeit, Frankfurt 1977); K. Jaspers, Philosophische Logik I (Von der Wahrheit), München ²1958; W. Marx, Heidegger und die Tradition. Eine problemgeschichtliche Einführung in die Grundbestimmungen des Seins, Stuttgart 1961; M. Müller, Existenzphilosophie im geistigen Leben der Gegenwart, Heidelberg ³1964; O. Pöggeler, Der Denkweg Martin Heideggers, Pfullingen 1963; ders. (ed.), Heidegger. Perspektiven zur Deutung seines Werkes, Köln/Berlin 1969; T. Räber, Das D. in der »Philosophie« von Karl Jaspers. Eine Untersuchung im Hinblick auf die Einheit und Realität der Welt im existentiellen Denken, Bern 1955; J.-P. Sartre, L'existentialisme est un humanisme, Paris 1946 (dt. Drei Essays: Ist der Existenzialismus ein Humanismus?. Materialismus und Revolution. Betrachtungen zur Judenfrage [die franz. Ausgabe enthält nur den ersten Essay], Frankfurt 1960); ders., L'être et le néant. Essai d'ontologie phénoménologique, Paris 1943 (dt. Das Sein und das Nichts. Versuch einer phänomenologischen Ontologie, Hamburg 1962, 1966); W. Stegmüller, Hauptströmungen der Gegenwartsphilosophie I, Stuttgart ⁶1976, 135–242; J. Wahl, Existence et pensée (de Kierkegaard à Sartre et de Valéry à Claudel). Entretiens sur les philosophies et sur quelques poètes de l'existence, Montréal 1963; ders., Le malheur de la conscience dans la philosophie de Hegel, Paris 1929. O.S.

Daseinsanalyse, psychologisches Verfahren im Anschluß an die Philosophie M. Heideggers. Angeregt durch Heideggers Analytik des ↑Daseins als methodischem Gehalt der ↑Fundamentalontologie hat L. Binswanger unter dem Titel der D. eine eigenständige psychologische Forschungsrichtung und Therapiekonzeption entwickelt. Gegenüber der kausalistisch verfahrenden, naturwissenschaftlich orientierten Psychologie will Binswanger eine verstehend-interpretierende Freilegung der Strukturen des ↑In-der-Welt-seins erreichen. Damit setzt sich D. auch von der die individuelle Psyche isolierenden Betrachtungsweise S. Freuds ab. – Die Fortführung der Heideggerschen Intentionen in der D. widerspricht Heideggers ausdrücklichen Hinweisen, daß die Analytik des Daseins fundamentalontologisch-methodische und keine anthropologisch-psychologischen Absichten verfolgt.

Literatur: L. Binswanger, Grundformen der Erkenntnis des menschlichen Daseins, München 1942, ⁴1964; W. Blankenburg, D., Hist. Wb. Ph. II (1972), 22–23. C.F.G.

Dedekind, (Julius Wilhelm) Richard, *Braunschweig 6. Okt. 1831, †ebd. 12. Febr. 1916, dt. Mathematiker, einer der Begründer der modernen ↑Algebra. D. wurde in Göttingen bei K.F. Gauß als dessen letzter Schüler promoviert, befaßte sich dann mit den Ergebnissen der Algebra seit N.H. Abel und E. Galois und habilitierte sich 1854 in Göttingen, wo er als Gaußens Nachfolger neben J.P.G.L. Dirichlet lehrte. 1857 folgte er einem Ruf an das Eidgenössische Polytechnicum in Zürich, 1862 einem Ruf an das Collegium Carolinum (die spätere TH) in Braunschweig.

D. lieferte wichtige Beiträge zur Idealtheorie und zur Theorie der algebraischen Zahlen, Disziplinen, in denen heute noch wichtige Begriffsbildungen und Sätze nach D. benannt sind (D.scher Ring, Körper, Verband; ›Satz von D.‹ in der Idealtheorie und in der Gruppentheorie). Berühmt wurden seine Grundlagenschriften »Was sind und was sollen die Zahlen?« (1888) und »Stetigkeit und irrationale Zahlen« (1872), in denen er seine auf den Begriff des ↑D.schen Schnittes aufgebaute Theorie der reellen Zahlen entwickelt. Vielleicht im Zusammenhang seiner Diskussionen mit G. Cantor, die auf dessen mengentheoretische Arbeiten vielfach eingewirkt haben, gab D. auch eine (von ihm und von C.S. Peirce unabhängig entdeckte) Definition der Endlichkeit einer Menge (↑endlich/Endlichkeit (mathematisch)), welche diese Eigenschaft mit Hilfe des allgemeinen Abbildungsbegriffs vom Zahlbegriff unabhängig, dafür allerdings (wie sich erst später herausstellte) von den Ausdrucks- und Beweismitteln des zugrunde gelegten Systems abhängig werden läßt. Unveröffentlicht ließ D. die ihm ebenfalls bekannten sogenannten ↑Peano-Axiome der Arithmetik, die mit Recht neuerdings häufig als Peano-D.sches Axiomensystem bezeichnet werden.

Werke: Gesammelte mathematische Werke, I–III, ed. R. Fricke/E. Noether/Ö. Ore, Braunschweig 1930–1932 (repr. I–II, New York 1969); Stetigkeit und irrationale Zahlen, Braunschweig 1872, ⁷1965, Nachdr. 1969; Über die Theorie der ganzen algebraischen Zahlen, Braunschweig 1879, 1894 (erweitert), ed. B. L. van der Waerden, Braunschweig 1964; Was sind und was sollen die Zahlen?, Braunschweig 1888, [10]1965, Nachdruck 1969; Briefwechsel Cantor-D., ed. E. Noether/J. Cavaillès, Paris 1937.

Literatur: E. T. Bell, Men of Mathematics, New York 1937, 1965, Chap. 29 (dt. Die großen Mathematiker, Düsseldorf/Wien 1967); K.-R. Biermann, D., DSB IV (1971), 1–5; J. Cavaillès, Remarques sur la formation de la théorie abstraite des ensembles II (D.. Les axiomatisations), Paris 1938; J. Dieudonné, R.D., Enc. Universal. V (Paris 1968), 373–375; P. Dugac, R. D. et les fondements des mathématiques (avec de nombreux textes inédits), Paris 1976; E. Landau, R. D.. Gedächtnisrede, Nachr. Königl. Ges. Wiss. Göttingen, geschäftl. Mitteilungen 1917, 50–70; G. Prasad, Some Great Mathematicians of the Nineteenth Century. Their Lives and their Works, I–II, Benares 1933/1934. C. T.

Dedekindscher Schnitt, jede Einteilung einer geordneten Menge $\langle M; \prec\rangle$ (↑Ordnungsrelation) in zwei nicht-leere Klassen X und Y (›Unterklasse‹ und ›Oberklasse‹) von der Art, daß Y kein bezüglich der Ordnungsrelation $\prec$ erstes Element besitzt, jedes Element von M entweder zu X oder zu Y gehört und je zwei Elemente x und y von M genau dann in der Relation $x \prec y$ stehen, wenn x zu X und y zu Y gehört. R. Dedekind erkannte 1858, daß man in der durch die Kleinerrelation geordneten Menge $\langle \mathbb{Q}; <\rangle$ der rationalen Zahlen zwischen solchen Schnitten Rechenoperationen so erklären kann, daß das erhaltene System dem – z.B. durch Cauchyfolgen (↑Folge (mathematisch)) oder Intervallschachtelungen (↑Zahl) bestimmten – Körper der reellen Zahlen isomorph ist, und schlug deshalb vor, die reellen Zahlen unmittelbar als Schnitte in der Menge der rationalen Zahlen zu erklären. *Konstruktiv* kann diese Definitionsweise nur heißen, wenn alle zur Definition reeller Zahlen verwendeten Unter- und Oberklassen durch darstellende Aussageformen (↑Darstellung (logisch-mengentheoretisch)), z.B. im Falle der reell-algebraischen Zahlen durch darstellende Polynomgleichungen, gegeben werden.

Literatur: R. Dedekind, Stetigkeit und irrationale Zahlen, Braunschweig 1872, [7]1965 (zus. mit der 10. Aufl. von »Was sind und was sollen die Zahlen?«); E. Landau, Grundlagen der Analysis (Das Rechnen mit ganzen, rationalen, irrationalen, komplexen Zahlen). Ergänzung zu den Lehrbüchern der Differential- und Integralrechnung, Leipzig 1930 (repr. Frankfurt 1970). C. T.

de dicto/de re, ↑Modus.

Deduktion, Ableitung einer Aussage (These A) aus anderen Aussagen (Hypothesen $A_1, \ldots, A_n$) kraft logischer Schlußregeln (symbolisiert: $A_1, \ldots, A_n \vdash A$). Sind die Hypothesen wahre Aussagen (z.B. Axiome), so heißt die D. ein (deduktiver) ↑*Beweis* der These. In axiomatischen Theorien (↑System, axiomatisches) bilden D.en das einzige Beweisverfahren; sie sind also durch die *deduktive Methode* (↑Methode, axiomatische) charakterisiert.

K. L.

Deduktion, transzendentale, Terminus der Philosophie I. Kants, zentrales Stück der »Kritik der reinen Vernunft«. Kant greift hinsichtlich der Bedeutung von ›Deduktion‹ auf den juristischen Sprachgebrauch zurück, demgemäß eine Deduktion die Frage der Rechtfertigung (›quid iuris‹) im Unterschied zur schlichten Tatsachenfrage (›quid facti‹) betrifft. Das ›quid iuris‹ bezieht sich im Rahmen der ↑Transzendentalphilosophie auf diejenigen Begriffe, die Anspruch auf Erfassung von Objektivem erheben, jedoch nicht durch Abstraktion aus der Erfahrung gewonnen werden, nämlich die ›reinen Verstandesbegriffe‹ (↑Verstandesbegriffe, reine). Entsprechend definiert Kant: »Ich nenne daher die Erklärung der Art, wie sich Begriffe a priori auf Gegenstände beziehen können, die t. D. derselben« (KrV B 117). Demgegenüber heißt die Angabe der Rechtfertigung für Begriffe, die durch Abstraktion aus der Erfahrung zustande kommen, ›empirische Deduktion‹. Das Prinzip der t.n D. liegt für Kant in dem Nachweis, daß durch einen reinen Verstandesbegriff eine Bedingung der Möglichkeit von objektiver Erfahrung bezeichnet ist. Die Grundlage solcher Verstandesbegriffe ist die ursprünglich synthetische Einheit der ↑Apperzeption. Die Verstandesbegriffe erstrecken sich dadurch lediglich auf den Bereich der Gegenstände möglicher Erfahrung; darüber hinaus kann eine t. D. nicht geliefert werden. Mit dieser Konzeption hat Kant zwar die allgemeine Kennzeichnung reiner Verstandesbegriffe geliefert; die inhaltliche Entwicklung der Kategorientafel orientiert sich jedoch an der traditionellen Logik. – In der modernen, an Kant orientierten Philosophie und Wissenschaftstheorie ist die Konzeption der t.n D. vielfach reformuliert worden. Für die konstruktive Wissenschaftstheorie erfolgt die Rechtfertigung apriorischer Rede- und Herstellungsnormen durch den Nachweis, daß die lebensweltliche Rede- und Herstellungspraxis – wenn auch unbegriffen – durch Befolgung dieser Normen ermöglicht ist (↑vorwissenschaftlich).

Literatur: D. Henrich, The Proof-Structure of Kant's Transcendental Deduction, Rev. Met. 22 (1968/1969), 640–659 (dt. Die Beweisstruktur von Kants t.r D., in:

G. Prauss [ed.], Kant. Zur Deutung seiner Theorie von Erkennen und Handeln, Köln 1973, 90–104); ders., Identität und Objektivität. Eine Untersuchung über Kants t. D., (Sitz.ber. Heidelberger Akad. Wiss., philos.-hist. Kl., Heidelberg 1976, 1976,1); M. Hossenfelder, Kants Konstitutionstheorie und die t. D., Berlin/New York 1978; I. Kant, KrV A 84–130, B 116–169; F. Kaulbach, Immanuel Kant, Berlin 1969; S. Körner, The Impossibility of Transcendental Deductions, in: L.W. Beck (ed.), Kant Studies Today, La Salle 1969, 230–244; H.J. de Vleeschauwer, La déduction transcendentale dans l'œuvre de Kant, I–III, Paris/Antwerpen/'sGravenhage 1934–1937; R. Zocher, Kants t. D. der Kategorien, Z. philos. Forsch. 8 (1954), 161–194. C.F.G.

Deduktionsregel (engl. rule of deduction, deductive rule, franz. schéma de dérivation), eine Regel für die Ausführung eines deduktiven ↑Schlusses von gewissen, als Prämissen (Antezedentien, Vordersätze) bezeichneten Aussagen auf eine weitere Aussage, die Konklusion, deren Struktur in bestimmter, durch die D. angegebener Weise von der Struktur der Prämissen abhängt. In den D.n werden die als Prämissen bzw. Konklusion gewählten Aussagen durch Aussagenschemata $P_i (i=1, 2, 3, \ldots)$ bzw. C vertreten, so daß D.n gewöhnlich in der Gestalt

$$P_1, \ldots, P_i, \ldots \Rightarrow C \quad \text{oder} \quad \frac{P_1, \ldots, P_i, \ldots}{C}$$

notiert werden, z.B.

$$\frac{A}{A \vee B}, \quad \frac{A, A \rightarrow B}{B} \quad (\uparrow\text{Abtrennungsregel})$$

$$\frac{A, \neg A}{C} \quad (\text{eine Form des } \uparrow\text{ex falso quodlibet}).$$

Die Anwendung einer D. kann unter Umständen durch metasprachlich formulierte Zusatzbedingungen an die Struktur der Prämissen oder der Konklusion eingeschränkt sein, z.B.

$$\frac{A(t)}{\bigwedge_x A(x)} \quad \text{falls } t \text{ in keiner Annahme vorkommt, von der } A(t) \text{ abhängt}$$

oder

$$\frac{\bigwedge_x A(x)}{A(u)} \quad \text{falls } u \text{ aus dem } \uparrow\text{Variabilitätsbereich von } x.$$

In jedem Fall muß effektiv entscheidbar sein, ob ein gegebener Ausdruck nach einer gegebenen D. aus gegebenen Ausdrücken als Prämissen gewonnen werden kann. Im Falle von mehr als endlich vielen Prämissen, z.B. in der ↑ω-Regel (↑Induktion, unendliche)

$$\frac{A(1), A(2), A(3), \ldots}{\bigwedge_n A(n)},$$

erfordert dies die Überschaubarkeit des unendlichen Prämissenbereichs z.B. durch die Angabe eines Strukturschemas, dem alle Prämissen genügen (in unserem Beispiel das Schema ›$A(v)$‹) und auf das die Struktur der Prämisse zurückzubeziehen ist. Da die Deduktion der Gewinnung von Folgerungen aus den Prämissen dient, muß jede D. korrekt sein, d.h. von wahren Aussagen als Prämissen stets wieder auf eine solche als Konklusion führen. Die Axiome und die deduktiv, d.h. nach D.n (aus Axiomen und/oder bereits durch Deduktion erhaltenen Ausdrücken) herleitbaren Ausdrücke bilden die ↑beweisbaren Sätze eines formalen Systems (↑System, formales).

Literatur: R. Carnap, Abriß der Logistik mit besonderer Berücksichtigung der Relationstheorie und ihrer Anwendungen, Wien 1929; ders., Logische Syntax der Sprache, Wien 1934; ders., Introduction to Semantics. Studies in Semantics I, Cambridge Mass. 1942; ders., Formalization of Logic. Studies in Semantics II, Cambridge Mass. 1943 (in einem Bd. unter dem Titel Introduction to Semantics and Formalization of Logic, Cambridge Mass. 1943, 1959); H.B. Curry, Foundations of Mathematical Logic, New York 1963, corr. ed. New York 1977; S.C. Kleene, Introduction to Metamathematics, Amsterdam/Groningen 1952 (7th repr. 1974); W. Markwald, Einführung in die formale Logik und Metamathematik, Stuttgart 1972; M.M. Richter, Logikkalküle, Stuttgart 1978; S.W.P. Steen, Mathematical Logic with Special Reference to the Natural Numbers, Cambridge 1972; A. Tarski, Fundamentale Begriffe der Methodologie der deduktiven Wissenschaften I, Mh. Math. Phys. 37 (1930), 361–404. C.T.

Deduktionstheorem (engl. deduction theorem), auf A. Tarski und J. Herbrand zurückgehender Satz in der Theorie der ↑Logikkalküle, der besagt, daß die (hypothetische) ↑Ableitbarkeit einer Formel A aus Formeln $A_1, \ldots, A_n$ in einem Logikkalkül K, formal:

$$A_1, \ldots, A_n \vdash_K A,$$

die Ableitbarkeit von $A_n \rightarrow A$ aus $A_1, \ldots, A_{n-1}$, formal:

$$A_1, \ldots, A_{n-1} \vdash_K A_n \rightarrow A,$$

impliziert. Die Umkehrung dieser Behauptung – oft als ↑Ableitbarkeitstheorem bezeichnet – ergibt sich sofort durch Anwendung des ↑modus ponens auf $A_n \rightarrow A$ und die Annahmeformel A_n. Das D. gilt, falls es sich bei K um eine quantorenlogische Sprache (↑Quantorenlogik) handelt, jedoch nur unter der Voraussetzung, daß die in der Ableitung von A angewendeten Quantorenregeln sich nur auf in A_n nicht vorkommende freie ↑Variablen beziehen. Diese Bedingung ist trivialerweise erfüllt, wenn man das D. nur für ↑*Aussagen* (d.h. ↑Formeln ohne freie Variablen) formuliert. Aus der iterierten Anwendung des D.s ergibt sich – unter der entsprechenden Variablenbedingung – die Ableitbarkeit von $(A_1 \wedge \ldots \wedge A_n) \rightarrow A$, formal:

$$\vdash_K (A_1 \wedge \ldots \wedge A_n) \rightarrow A.$$

Das D. ist ein wichtiges Hilfsmittel, die Gleichwertigkeit von ↑Hilberttypkalkülen mit ↑Kalkülen des natürlichen Schließens zu zeigen. Für letztere ist die Behauptung des D.s trivialerweise erfüllt auf Grund der Formulierung der →-Einführungsregel, die obige Variablenbedingung geht dort schon in die Formulierung der Quantorenregeln ein.

Literatur: Alle Lehrbücher der ↑Quantorenlogik, z.B. S.C. Kleene, Introduction to Metamathematics, Amsterdam/Groningen 1952 (7th repr. 1974), §§20–23; F. v. Kutschera, Elementare Logik, Wien/New York 1967, 86–88, 151–153. K.L./P.S.

Deduktivismus, nach K.R. Popper Kennzeichnung einer wissenschaftlichen Methodologie, für die wissenschaftliche Erkenntnis dadurch entsteht, daß aus allgemeinen Hypothesen beliebiger Herkunft Prognosen logisch ›deduziert‹ werden, die einem geeigneten Bewährungsverfahren (↑Falsifikation) unterzogen werden; dabei wird auf die Haltbarkeit der Hypothesen aufgrund der Bewährung der Prognosen zurückgeschlossen. Die deduktivistische Methodologie wird von Popper scharf abgegrenzt gegen die induktivistische (↑Induktivismus). – Für die konstruktive Wissenschaftstheorie (↑Wissenschaftstheorie, konstruktive) gehört die deduktivistische Methodologie (wie die induktivistische) zur philosophischen Rahmenkonzeption einer Methodologie ›von oben‹, die wesentliche Theoriestücke methodisch unbegriffen als gegeben hinnimmt; im Fall des D. sind hierzu vor allem die Fähigkeit, Hypothesen zu bilden, sowie die Geltung der ›deduktiven‹ Logik zu rechnen (↑Protologik).

Literatur: K.R. Popper, Logik der Forschung, Tübingen [6]1976, bes. 5–8; P. Janich/F. Kambartel/J. Mittelstraß, Wissenschaftstheorie als Wissenschaftskritik, Frankfurt 1974; C.F. Gethmann, Logische Deduktion und transzendentale Konstitution, in: W. Czapiewski (ed.), Verlust des Subjekts. Zur Kritik neopositivistischer Theorien, Kevelaer 1975, 11–76, 241–246, 253–258. C.F.G.

definierbar/Definierbarkeit, ein k-stelliger Prädikator (im Falle $k > 1$ auch ↑Relator genannt). $P(x_1, \ldots, x_k)$ heißt d. in einer Theorie T genau dann, wenn es in T eine Formel D mit den folgenden Eigenschaften gibt:

(1) die Variablen $x_1, \ldots, x_k$ sind sämtlich voneinander verschieden,

(2) D enthält keine anderen freien Variablen als $x_1, \ldots, x_k$,

(3) D enthält außer Grundzeichen und bereits definierten Zeichen der Theorie T keine nichtlogischen Konstanten,

(4) $P(x_1, \ldots, x_k) \leftrightarrow D$ (bzw. die zugehörige allquantifizierte Formel) ist in T ableitbar.

Unterscheidet man in der Theorie T deren (außerlogisches) Vokabular V und das System W ihrer (außerlogischen) Axiome, so erweist sich ›d.‹ als ein dreistelliger Metaprädikator $\mathfrak{D}(P, V, W)$, der aussagt, daß der Prädikator P durch Ausdrücke aus dem Vokabular V auf der Basis des Axiomensystems W d. ist; das Vokabular und der Satzbestand der (im allgemeinen klassischen) ↑Quantorenlogik mit Identität sind dabei stets als Bestandteil von T vorausgesetzt.

D. wird für elementare Prädikatoren (und nicht sogleich für sie enthaltende zusammengesetzte Ausdrücke) festgelegt, um die an korrekte Definitionen zu stellenden Forderungen der Eliminierbarkeit (↑Elimination) und Nichtkreativität (↑Definition) zu erfüllen. Entsprechend erklärt man die D. von k-stelligen Verknüpfungen (Operationen) durch die D. eines $(k+1)$stelligen Prädikators

$$P(x_1, \ldots, x_k, y) \leftrightharpoons O(x_1, \ldots, x_k) = y$$

mit einer zusätzlichen Variablen y, auf die sich dann die Forderungen (1) bis (4) ebenfalls erstrecken und für die zum Zwecke der Eindeutigkeit der definierten Verknüpfung überdies gelten muß, daß die Formel $\bigvee\!\!\!\!\!\mid_y D$ (eventuell unter Rückgriff auf vorausgegangene Definitionen) aus den Axiomen von T ableitbar ist. Definitionen dieser Art vereinfachen sich, wenn man eine größere Kompliziertheit der zugrunde gelegten Logik durch ihre Erweiterung um eine eigene Kennzeichnungstheorie (↑Kennzeichnung) in Kauf nimmt.

Analog zur ↑Abhängigkeit oder Unabhängigkeit (↑unabhängig/Unabhängigkeit (logisch)) von Aussagen stellt sich das Problem der gegenseitigen Abhängigkeit oder Unabhängigkeit der Grundzeichen einer Theorie T als die Frage, ob eines (oder mehrere) dieser Grundzeichen mit Hilfe der übrigen d. ist. Da die obige Bedingung (4) der unentscheidbaren allgemeinen Quantorenlogik (eventuell mit Identität) angehört (↑Unentscheidbarkeitssatz), ist das Problem der wechselseitigen D. selbst unentscheidbar im Sinne der Unmöglichkeit eines allgemeinen (algorithmischen) Verfahrens, eine solche Entscheidung herbeizuführen. Von besonderem Interesse sind daher D.skriterien. Ein schon im Jahre 1900 von A. Padoa angegebenes Nichtdefinierbarkeitskriterium fußt auf der Einsicht, daß ein k-stelliger Prädikator $R(x_1, \ldots, x_k)$ von den übrigen Prädikatoren einer Theorie T sicher dann unabhängig ist, wenn man zwei Interpretationen (↑Interpretationssemantik) I_1 und I_2 von T finden kann, die beide den gleichen Individuenbereich B haben, für alle von R verschiedenen Prädikatoren der Theorie übereinstimmen, aber von der Art sind, daß für mindestens ein k-tupel $\langle a_1, \ldots, a_k \rangle$ von Individuen aus B die Aussage $R(a_1, \ldots, a_k)$ bei I_1 wahr, bei I_2 dagegen falsch ist. Das Verfahren läßt sich verdeutlichen, wenn man in einer Theorie mit dem Vokabular V und dem Axiomensystem W einen k-stelligen Prädikator $P(x_1, \ldots, x_k)$ genau dann ›versteckt d. mittels V auf der Basis von W‹ nennt, wenn man aus den Formeln von W durch Ersetzung von $P(x_1, \ldots, x_k)$ durch einen vorher nicht in ihnen enthaltenen ebenfalls k-stelligen Prädikator $P^*(x_1, \ldots, x_k)$ ein System W^* von Formeln mit der Eigenschaft erhält, daß

$$(*) \quad \bigwedge_{x_1, \ldots, x_k} (P(x_1, \ldots, x_k) \leftrightarrow P^*(x_1, \ldots, x_k))$$

aus $W \cup W^*$ ableitbar ist. Mit dieser Begriffsbildung läßt sich das Kriterium von Padoa, das von diesem als Schluß von der Existenz zweier im genannten Sinne verschiedener Interpretationen auf die Unableitbarkeit der soeben angegebenen Äquivalenz (∗), d.h. von der damit gezeigten Unmöglichkeit der versteckten Definition von $P(x_1, \ldots, x_k)$ auf die Nichtdefinierbarkeit, formuliert wurde, als Schluß von der D. auf die versteckte D. ausdrücken. Der umgekehrte Schluß, das nach seinem Erfinder benannte ›Kriterium von Beth‹, ist mit modelltheoretischen (semantischen) Überlegungen von A. Robinson, mit beweistheoretischen (syntaktischen) Methoden von W. Craig unter Verwendung von ↑Craig's Lemma bewiesen worden. Verallgemeinerungen der Begriffsbildungen und Sätze über D. und Erweiterungen ihrer Reichweite gehen auf K.L. de Bouvère, C.C. Chang, J.C.C. McKinsey, M. Makkai, L. Svenonius und A. Tarski zurück.

Literatur: E.W. Beth, On Padoa's Method in the Theory of Definition, Koninklijke Nederlandse Akademie van Wetenschappen, Proc. Section of Science, ser. A (Mathematical Sciences), 56 (1953) (d.i. Indagationes Mathematicae 15 [1953], 330–339); ders., The Foundations of Mathematics. A Study in the Philosophy of Science, Amsterdam 1959, ²1965 (repr. New York 1966), bes. §§34, 94, 207; K.L. de Bouvère, A Method in Proofs of Undefinability, with Applications to Functions in the Arithmetic of Natural Numbers, Amsterdam 1959; C.C. Chang, Some New Results in Definability, Bull. Amer. Math. Soc. 70 (1964), 808–813; W. Craig, Linear Reasoning. A New Form of the Herbrand-Gentzen Theorem, J. Symb. Log. 22 (1957), 250–268; W.K. Essler, Wissenschaftstheorie I (Definition und Reduktion), Freiburg/München 1970; R. Kleinknecht, Grundlagen der modernen Definitionstheorie, Königstein 1979; M. Makkai, On a Generalization of a Theorem of E.W. Beth, Acta Math. Acad. Scientiarum Hungaricae 15 (1964), 227–235; J.C.C. McKinsey, On the Independence of Undefined Ideas, Bull. Amer. Math. Soc. 41 (1935), 291–297; A. Padoa, Essai d'une théorie algébrique des nombres entiers, précédé d'une introduction logique à une théorie déductive quelconque, Biblioth. congrès int. philos., Paris 1900, III, Paris 1901, 309–365, auszugsweise übers. unter dem Titel: Logical Introduction to Any Deductive Theory, in: J. van Heijenoort (ed.), From Frege to Gödel. A Source Book in Mathematical Logic, 1879–1931, Cambridge Mass. 1967, 118–123; A. Robinson, A Result on Consistency and its Application to the Theory of Definition, Koninklijke Nederlandse Akademie van Wetenschappen, Proc. Section of Science, ser. A (Mathematical Sciences), 59 (1956) (d.i. Indagationes Mathematicae 18 [1956], 47–58); ders., Introduction to Model Theory and to the Metamathematics of Algebra, Amsterdam 1963, ²1965; P. Suppes, Introduction to Logic, New York 1957 (ch. 8: Theory of Definition); L. Svenonius, A Theorem on Permutations in Models, Theoria 25 (1959), 173–178; A. Tarski, Sur les ensembles définissables de nombres réels I, Fund. Math. 17 (1931), 210–239 (erw. engl. On Definable Sets of Real Numbers, in: ders., Logic, Semantics, Metamathematics. Papers from 1923 to 1938, Oxford 1956, 110–142); ders., Z badań metodologicznych nad definiowalnoścą terminów, Przegląd Filozoficzny 37 (1934), 438–460 (verkürzt dt. Einige methodologische Untersuchungen über die D. der Begriffe, Erkenntnis 5 [1935], 80–100, teilweise erw. engl. Some Methodological Investigations on the Definability of Concepts, in: ders., Logic, Semantics, Metamathematics, 296–319); ders., Der Wahrheitsbegriff in den formalisierten Sprachen, Stud. Philos. (Lemberg) 1 (1936), 261–405, Neudr. in: K. Berka/L. Kreiser (eds.), Logik-Texte. Kommentierte Auswahl zur Geschichte der modernen Logik, Berlin (Ost) 1971, ²1973, 447–559; ders./A. Lindenbaum, Sur l'indépendence des notions primitives dans les systèmes mathématiques, Ann. Soc. Polon. Math. 5 (1927), 111–113; dies., Über die Beschränktheit der Ausdrucksmittel deduktiver Theorien, Ergebnisse eines mathematischen Kolloquiums 7 (1934/1935), 15–22 (engl. On the Limitations of the Means of Expression of Deductive Theories, in: A. Tarski, Logic, Semantics, Metamathematics, 384–392). C.T.

definit/Definitheit, in der mathematischen Grundlagendiskussion des 20. Jahrhunderts (↑Grundlagenkrise) in verschiedenen Bedeutungen benutzter Terminus zur Charakterisierung von Forderungen an unbedenkliche Begriffsbildungen, um das Auftreten der logischen und mengentheoretischen ↑Antinomien zu vermeiden. E. Zermelo verwendet ihn erstmals 1908 (»Untersuchungen über die

Grundlagen der Mengenlehre«) in der Formulierung des ↑Aussonderungsaxioms seiner Axiomatisierung der Mengenlehre (in der nur Monate früher erschienenen Abhandlung »Neuer Beweis für die Möglichkeit einer Wohlordnung« benutzt Zermelo noch den Ausdruck ›wohldefiniert‹). Nach Zermelo heißt d. »eine Frage oder Aussage 𝔈, über deren Gültigkeit oder Ungültigkeit die Grundbeziehungen des Bereiches vermöge der Axiome und der allgemeingültigen logischen Gesetze ohne Willkür entscheiden« (Untersuchungen ..., 263); die D. einer Aussageform wird durch die D. ihrer Anwendungen auf alle Elemente eines vorgegebenen Bereiches definiert. Dabei läßt Zermelo offen, was ›ohne Willkür entscheiden‹ heißen soll; außerdem wird in der Definition von ›d.‹ schon auf die Axiome der Mengenlehre Bezug genommen, obwohl der Begriff der D. in die Formulierung des Aussonderungsaxioms eingeht. Jedenfalls ist bei Zermelo der Begriff ›d.‹, wie seine Verwendung zeigt, weiter als der von H. Poincaré eingeführte Begriff der Prädikativität (↑imprädikativ/Imprädikativität); Zermelo benutzt in vielen Beweisen imprädikative Begriffsbildungen, die er jedoch für d. hält.

Vorschläge zur Präzisierung des Begriffs ›d.‹ haben A. A. Fraenkel (1922, 1923), T. Skolem (1922/1923, 1929) und Zermelo selbst (1929) gemacht. Skolems Definition, wonach jede aus Elementaraussagen der Gestalt $x \in y$ mit Hilfe von Junktoren und Quantoren zusammengesetzte Aussage d. ist, hat sich durchgesetzt, nachdem Skolem (1930) auch von Zermelos Vorschlag nachweisen konnte, daß dieser nicht wesentlich darüber hinausgeht. Da danach alle innerhalb eines formalen mengentheoretischen Systems syntaktisch korrekt gebildeten Aussagen d. sind, kommen die heute geläufigen Formulierungen des ↑Zermelo-Fraenkelschen Axiomensystems ohne den Begriff der D. aus (vgl. A. A. Fraenkel/Y. Bar-Hillel/A. Levy 1973, 36–38).

In Untersuchungen zu Begründungsfragen der Analysis benutzt H. Weyl den Terminus ›umfangsdefinit‹ zur Kennzeichnung eines solchen Begriffes, für den »es einen Sinn hat, von den unter ihn fallenden *existierenden* Gegenständen als einem an sich bestimmten und begrenzten, ideal geschlossenen Inbegriff zu sprechen« (Der circulus vitiosus in der heutigen Begründung der Analysis, 1919, 43). Umfangsdefinite Begriffe liegen insbesondere dann vor, wenn sie durch gewisse nicht-zirkuläre Konstruktionsprinzipien aus anschaulich aufgewiesenen Grundrelationen aufgebaut sind; solche Prinzipien gibt Weyl in seinem System der Arithmetik 2. Stufe (Das Kontinuum, 1918), dem einfachsten System prädikativer Analysis an (wo er von ›finiten‹ im Unterschied zu ›transfiniten‹ Urteilen spricht, vgl. ebd. 21 Anm.). An diesen, im wesentlichen mit ›prädikativ‹ synonymen Gebrauch von ›umfangsdefinit‹ schließt P. Lorenzen 1955 in seinem Versuch einer ›operativen‹ Begründung von Logik und Mathematik an (↑Logik, operative). Die Klasse der d.en Aussagen ist für Lorenzen eine echte Erweiterung der ↑entscheidbaren Aussagen, schließt jedoch die imprädikativen Begriffsbildungen aus (vgl. Über eine Erweiterung ..., 1954/1955; Einführung in die operative Logik und Mathematik, 1955, Einleitung). Insbesondere sind auch quantifizierte Aussagen d., weil für sie ein d.er Beweis- bzw. Widerlegungsbegriff existiert; allerdings nur dann, wenn für die gebundenen Variablen in d.er Weise ein ↑Variabilitätsbereich festgelegt worden ist. Das sieht Lorenzen 1955 noch als Bedingung für den sinnvollen Gebrauch eines Quantors überhaupt an – ebenso wie Weyl, der die D. eines Begriffes mit der Möglichkeit der Existenzquantifikation verknüpft hatte. In seiner stufenfreien Begründung der Analysis (Differential und Integral, 1965) führt Lorenzen jedoch neben diesem Begriff des ›d.en‹ Quantors den des ›indefiniten‹ Quantors (↑Quantor, indefiniter) ein, dessen Variable sich auf einen ›unabgegrenzten‹, durch vorgegebene Konstruktionsverfahren nicht ausschöpfbaren Bereich bezieht. Lorenzen will damit neue logisch-mathematische Ausdrucksmittel einführen, ohne allerdings imprädikative Begriffsbildungen zuzulassen; die zulässige ›indefinite‹ Erweiterung eines Bereichs von Objekten kann sich nicht auf solche Gegenstände beziehen, die nur mit indefiniten Quantoren definierbar sind (z.B. Komprehensionen über indefinite Quantoren enthaltende Aussageformen). Deshalb ist es zumindest fraglich, ob mit der Einführung ›indefiniter‹ Aussagen und Aussageformen überhaupt eine *echte* Erweiterung des Prädikativitätsbegriffs geleistet wird, ob also z.B. das darauf aufbauende Lorenzensche System der Analysis nicht nur technisch einfacher zu handhaben ist, sondern auch stärkere Resultate liefert als die bisher bekannten Systeme prädikativer Analysis.

Ein dritter (gegenüber dem Zermeloschen und Weyl-Lorenzenschen Gebrauch der eingeschränkteste) Sinn von ›d.‹ findet sich z.B. bei R. Carnap und H. B. Curry. Nach Carnap ist eine Eigenschaft natürlicher Zahlen d., »über deren Vorliegen oder

Nichtvorliegen für eine beliebige Zahl stets in endlich vielen Schritten nach festem Verfahren entschieden werden kann« (Logische Syntax der Sprache, 10). D. ist danach synonym mit ↑Entscheidbarkeit. Eine entsprechende Definition, ohne die Einschränkung auf zahlentheoretische Prädikate, findet sich bei Curry (Outlines of a Formalist Philosophy of Mathematics, 14). Curry überträgt den Begriff ›d.‹ auch auf formale Systeme, für die die Begriffe der Formel, des Axioms und die Relation der unmittelbaren Folgerung d. sind. In verwandter Weise werden in der dialogischen Logik (↑Logik, dialogische) die Begriffe ↑›wahrheitsdefinit‹, ↑›beweisdefinit‹, ↑›widerlegungsdefinit‹ und ↑›dialogdefinit‹ für das Vorliegen eines entscheidbaren Wahrheits-, Beweis-, Widerlegungs- bzw. Dialogbegriffs verwendet (P. Lorenzen, Metamathematik, 18–21).

Literatur: R. Carnap, Logische Syntax der Sprache, Wien/New York ²1968 (bes. §15); H.B. Curry, Outlines of a Formalist Philosophy of Mathematics, Amsterdam ²1958; A.A. Fraenkel, Der Begriff ›d.‹ und die Unabhängigkeit des Auswahlaxioms, Sitz.ber. Preuss. Akad. Wiss., physikal.-math. Kl. 21 (1922), 253–257; ders., Einleitung in die Mengenlehre, Berlin ²1923, ³1928 (repr. Walluf b. Wiesbaden 1972); ders./Y. Bar-Hillel/A. Levy, Foundations of Set Theory, Amsterdam/London ²1973; P. Lorenzen, Über eine Erweiterung des finiten methodischen Rahmens, Actes du deuxième congrès int. de l'union de philosophie scientifique (Zürich 1954) II, Neuchâtel 1955, 128–134; ders., Einführung in die operative Logik und Mathematik, Berlin/Göttingen/Heidelberg 1955, Berlin/Heidelberg/New York ²1969; ders., Metamathematik, Mannheim 1962; ders., Differential und Integral. Eine konstruktive Einführung in die klassische Analysis, Frankfurt 1965; T. Skolem, Einige Bemerkungen zur axiomatischen Begründung der Mengenlehre, Wiss. Vorträge gehalten auf dem 5. Skand. Math. Kongr. 1922, Helsinki 1923, 217–232, wiederabgedruckt in: ders., Selected Works in Logic, ed. J.E. Fenstad, Oslo/Bergen/Tromsö 1970, 137–152; Über einige Grundlagenfragen der Mathematik, Skrifter utgitt av Det Norske Videnskaps-Akademi i Oslo I, mat.-naturv. Kl. 1929, No. 4, Oslo 1929, 1–49, wiederabgedruckt in: ders., Selected Works in Logic, 227–273; ders., Einige Bemerkungen zu der Abhandlung von E. Zermelo: »Über die D. in der Axiomatik«, Fund. Math. 15 (1930), 337–341, wiederabgedruckt in: ders., Selected Works in Logic, 275–279; H. Weyl, Das Kontinuum. Kritische Untersuchungen über die Grundlagen der Analysis, Leipzig 1918, wiederabgedruckt in: ders./E. Landau/B. Riemann, Das Kontinuum und andere Monographien, New York o.J. (1960); ders., Der circulus vitiosus in der heutigen Begründung der Analysis, Jahresber. Dt. Math.ver. 28 (1919), 85–92, wiederabgedruckt in: ders., Gesammelte Abhandlungen II, ed. K. Chandrasekharan, Berlin/Heidelberg/New York 1968, 43–50; E. Zermelo, Neuer Beweis für die Möglichkeit einer Wohlordnung, Math. Ann. 65 (1908), 107–128; ders., Untersuchungen über die Grundlagen der Mengenlehre I, Math. Ann. 65 (1908), 261–281; ders., Über den Begriff der D. in der Axiomatik, Fund. Math. 14 (1929), 339–344. P.S.

Definition (griech. ὁρισμός, lat. definitio, ursprünglich: Umgrenzung), im weitesten Sinne jede Art der Feststellung oder Festsetzung einer Zeichenverwendung. Das zu definierende (oder definierte) Zeichen heißt *Definiendum* (oder *Definitum*), das definierende Zeichen heißt *Definiens*. Man unterscheidet zwischen *syntaktischen* und *semantischen* D.en. Syntaktische D.en lassen die inhaltliche (semantische) Interpretation der Zeichen zunächst unberücksichtigt und regeln lediglich deren Gebrauch in formalen Kalkülen. Bedeutungsvoll werden diese Kalküle dann im nachhinein dadurch, daß die Zeichen einer semantischen Interpretation in Form bestimmter *Zuordnungsdefinitionen* (↑Korrespondenzregel) unterworfen werden. Insofern haben syntaktische D.en immer vorläufigen Charakter und gehen letztlich in semantische, die Bedeutung berücksichtigende D.en über. Im folgenden ist daher nur noch von semantischen D.en die Rede.

Die semantischen D.en lassen sich einteilen in solche, die die Bedeutung eines Zeichens fest*stellen*, und solche, die die Bedeutung eines Zeichens fest*setzen*. Feststellende D.en sind ↑Aussagen über den faktischen Sprachgebrauch und können daher wahr oder falsch sein. Da man sie vor allem in Wörterbüchern und Lexika findet, heißen sie meist *lexikalische* D.en. Festsetzende D.en sind keine Aussagen und können daher auch nicht wahr oder falsch sein. Als ↑Sprechakte betrachtet reichen sie von Willensbekundungen (z.B. in einem Vortrag ein bestimmtes Wort stets in einem bestimmten Sinne zu gebrauchen) und Selbstverpflichtungen – soweit der private Sprachgebrauch betroffen ist – über Aufforderungen und Empfehlungen bis zu verbindlichen Wortverwendungsnormen (z.B. in Form juristischer D.en) – soweit der öffentliche Sprachgebrauch betroffen ist. Entsprechend ihrem Status als Sprechakt kann eine festsetzende D. unterschiedlichen Bewertungen unterzogen werden. Die (negativen) Bewertungen reichen von ›unzweckmäßig‹ und ›irreführend‹ über ›inadäquat‹ und ›unbegründet‹ bis zu ›manipulativ‹ und ›unmoralisch‹ (wenn z.B. eine bestimmte Personengruppe *per definitionem* von bestimmten Rechten ausgeschlossen ist). Die in der Wissenschaftstheorie verbreitete Ansicht, daß festsetzende D.en ›willkürlich‹ und daher lediglich nach Zweckmäßigkeitsgesichtspunkten beurteilbar seien, ist demnach nicht haltbar. Zwar ist diese Willkürlichkeitsthese meist nur für die so genannten exakten Wissenschaften formuliert worden, in denen sie noch am ehesten Berechtigung hat; ein

Blick in die Wissenschaftsgeschichte zeigt jedoch, daß zumindest die Rahmendefinitionen, die das Vorgehen in diesen Wissenschaften bestimmen, wegen der wissenschaftspolitischen Interessen und deren Konsequenzen häufig umstritten waren. Beispiel: die Kritik G. Freges, der selbst ein Vertreter der Willkürlichkeitsthese war, an D. Hilberts Gebrauch des Ausdrucks ›Axiom‹ in der Mathematik (Geometrie) (G. Frege, Wissenschaftlicher Briefwechsel, Hamburg 1976, insbes. die Briefwechsel mit D. Hilbert und H. Liebmann). Ein direkter Zusammenhang von D.en und Interessen besteht in den Sozialwissenschaften (Beispiel: D. von ›Intelligenz‹) und in der Politik (Beispiel: D. von ›Demokratie‹). Hier vor allem treten die von C. L. Stevenson so genannten *persuasiven* D.en auf (Ethics and Language, New Haven/London 1944). Dies sind D.en, deren Definiendum neben einer deskriptiven (wertneutralen) Bedeutungskomponente eine emotive (wertende) besitzt und deren Definiens die deskriptive Bedeutungskomponente verändert, die emotive aber beibehält, um so die emotive Bewertung auf den neuen Bedeutungsgehalt zu übertragen.

Die hier behandelten Fälle zeigen, daß D.en nicht nur im Rahmen des Aufbaus von Wissenschaftssprachen eine Rolle spielen, sondern der Verständigung bis in lebenspraktische Bereiche dienen oder ihr, falls sie manipulativ verwendet werden, schaden. Die D.slehre ist demnach nicht einfach ein Teil der ↑Wissenschaftstheorie, sondern gehört auch zur ↑Argumentationstheorie. Dieser Zusammenhang geht auf die griechische Logiktradition und ihre Verbindung zur ↑Rhetorik zurück, wie sie uns z.B. in Platons Dialogen und der »Topik« des Aristoteles begegnet. Die Verfeinerung der D.slehre und die Entwicklung verschiedenster D.smethoden ist allerdings erst im Rahmen der Wissenschaftstheorie erfolgt. Notwendigkeit oder Zulässigkeit verschiedener D.sarten waren häufig umstritten, wobei der Streit die unterschiedlichen wissenschaftstheoretischen Grundpositionen zum Ausdruck brachte. Diese Auseinandersetzung beginnt bereits mit der Unterscheidung von *Nominal-* und *Realdefinitonen.* Nominaldefinitionen wurden als *Worterklärungen* verstanden, während Realdefinitionen das ↑*Wesen* einer Sache anzugeben hätten. Trennt man die ›Wesensfrage‹ ab (↑Wesensdefinition), so reduziert sich der Unterschied darauf, daß Nominaldefinitionen Zeichenverwendungsregeln, Realdefinitionen (z.B. die D. des Wassers als H_2O) dagegen wahre Aussagen sind, die im Aufbau einer wissenschaftlichen Theorie eine zentrale Stellung einnehmen. In diesem Sinne war z.B. Frege der Ansicht, daß nicht-nominale D.en ↑Axiome seien (vgl. Nachgelassene Schriften, ed. H. Hermes u.a., Hamburg 1969, 227). Obwohl sich Wortgebrauchs- und Sachfragen nicht grundsätzlich trennen lassen (was in dem einen wissenschaftlichen Aufbau als Sprachregel enthalten ist, kann in einem anderen als Sachaussage auftreten), ist es für den jeweiligen Aufbau notwendig, Sprachregeln und Sachaussagen sauber zu trennen, so daß nur Nominaldefinitionen der Status einer D. zugebilligt werden sollte.

Bei G.W. Leibniz und in dessen Tradition (C. Wolff, G.B. Bilfinger) wird mit den Realdefinitionen noch ein anderer Gedanke verbunden. Sie sollen die ›Möglichkeit‹ der definierten Sache garantieren. Die Realdefinitionen enthalten somit eine *Existenzbehauptung* und übernehmen die Funktion von ↑Postulaten. Zur bevorzugten Art der Realdefinition wurde die *genetische* D., die eine Sache durch Angabe ihrer Entstehung definiert, z.B. einen Kreis durch die Angabe entsprechender Konstruktionsvorschriften. Dieser Gedanke wurde in der konstruktiven Mathematik (↑Mathematik, konstruktive) weiterentwickelt.

Ein erstes Ergebnis wissenschaftstheoretischer Verfeinerung der D.slehre war, daß die in der philosophischen Tradition übliche Beschränkung der D.en auf die Angabe des ↑Oberbegriffs (genus proximum) und der unterscheidenden Merkmale (↑differentiae specificae) aufgehoben wurde. Nachdem unter anderem Leibniz darauf hingewiesen hatte, daß die Unterscheidung von Oberbegriff und unterscheidenden Merkmalen nicht berechtigt sei, weil beide miteinander vertauschbar seien, ging man dazu über, neutral von ↑Merkmalen zu sprechen, aus denen ein Begriff zusammengesetzt sei. In einem nächsten Schritt wurde die Notwendigkeit der D. nicht nur von Begriffen (Prädikatoren), sondern auch von Größen erkannt. Das Definiens einer solchen D. besteht entsprechend nicht aus einem Merkmalkomplex, sondern aus einem Produkt (Beispiel: $K \leftrightharpoons m \cdot b$), einer Summe (Beispiel: $2 \leftrightharpoons 1 + 1$) oder einem anderen Verhältnis bereits bekannter Größen. Im Zuge des Aufbaus von Wissenschaftssprachen galt es, sämtliche verwendeten Zeichen entweder als undefinierte Grundzeichen auszuzeichnen oder definitorisch zu erfassen. So sind die D.en logischer Junktoren mit Hilfe anderer ↑Junktoren weitere Beispiele von nicht auf Merkmalzusammensetzungen beruhenden D.en (Beispiel: die D. des ›wenn – so‹ mit Hilfe

des ›nicht‹ und des ›und‹ als ›$a \rightarrow b \leftrightharpoons \neg(a \wedge \neg b)$‹ in der klassischen Logik (↑ Logik, klassische)).
Die hier betrachteten D.en genügen der Forderung der Explizitheit. Danach darf das Definiendum außer dem zu definierenden Zeichen nur noch Hilfszeichen wie Variable und Klammern enthalten (das Definiendum für die D. des ›$\rightarrow$‹ enthält z.B. die Aussagenvariable ›a‹ und ›b‹), nicht aber logisch einfache Grundzeichen oder bereits definierte Zeichen, weil es sonst eines gesonderten Nachweises bedürfte, daß die Bedeutung des zu definierenden Zeichens eindeutig bestimmt ist. D.en, die der Forderung der Explizitheit genügen, nennt man *explizite* D.en. Die nichtexpliziten D.en faßt man häufig als *implizite* D.en zusammen, ohne sich allerdings immer dessen bewußt zu sein, daß diese ›Restklasse‹ sehr verschiedene D.sarten wie Kontextdefinitionen und sogenannte D.en durch Axiome enthält (↑ Definition, implizite).
Mit der Forderung, daß D.en (in Kalkülen) explizit zu sein haben, ist gegeben, daß das Definiendum durchgehend durch das Definiens ersetzt werden kann. Dieses auf B. Pascal zurückgehende Kriterium der *Eliminierbarkeit* besagt, daß zu jeder Formel des betrachteten Kalküls, in dem das Definiendum vorkommt, eine gleichwertige Formel existiert, die es nicht mehr enthält. Mit der Eliminierbarkeit des Definiendum ist die *Nichtkreativität* der Definition gegeben, wonach die Hinzunahme einer D. zum Kalkül nur solche Formeln zusätzlich ableitbar macht, die das Definiendum statt des Definiens enthalten. Semantisch formuliert heißt dies, daß keine neuen Wahrheiten gewonnen werden können.
Spezielle D.smethoden sind die vor allem in der Mathematik vorkommenden *induktiven* (↑ Definition, induktive) und *rekursiven* D.en (↑ Definition, rekursive) sowie die von P.W. Bridgman (The Logic of Modern Physics, New York 1928) so genannten *operationalen* D.en (Beispiel: die D. von ›Länge‹ durch Angabe der Operationen, die bei der Längenmessung ausgeführt werden). Mit den operationalen D.en verbunden wurde später das Programm des ↑ Operationalismus, die Verwendung von Begriffen überhaupt zu ›operationalisieren‹. Im Rahmen dieses Programms wird der Begriff der Operation über Messungen hinaus im Sinne eines allgemeinen Begriffs der Handlung erweitert und somit auch für die Sozialwissenschaften fruchtbar zu machen versucht. Insbesondere die D. so genannter ↑ Dispositionsbegriffe im Natur- und Sozialbereich (Beispiele: ›magnetisch‹, ›löslich‹, ›intelligent‹, ›liebevoll‹ usw.) erfolgt operational, indem angegeben wird, daß einem Gegenstand oder einer Person eine bestimmte Disposition zukommt, wenn er (sie) unter bestimmten Bedingungen in bestimmter Weise reagiert (handelt). Solche D.en haben z.B. die Form: ›wenn x in die Situation S gebracht wird, so hat x die Disposition D genau dann, wenn x die Handlung H ausführt‹. Die Disposition D ist also nur für solche Fälle definiert, für die die Situationsbedingung erfüllt ist. So kann jemandem Intelligenz nicht bloß deshalb abgesprochen werden, weil er sich weigert, an einem Intelligenztest teilzunehmen. D.en, deren Anwendung von der Erfüllung einer Bedingung abhängig ist, heißen bedingte D.en. Sie haben (wie Frege bereits kritisch bemerkte, vgl. F. v. Kutschera 1967, 366–369) den Nachteil, daß die Eliminierung des Definiendum, also die Ersetzung des Definiendum durch das Definiens, nur dann möglich ist, wenn die Bedingung erfüllt ist.
Eine aus alltäglichen Situationen bekannte D.sart ist die *ostensive* D. *(Hinweisdefinition, exemplarische Bestimmung)*. Sie erläutert die Verwendung eines Prädikators durch Hinweis auf geeignete ↑ Beispiele, denen der Prädikator zukommt. Dieses Verfahren wird häufig dadurch erweitert, daß zur Abgrenzung auch auf Gegenbeispiele hingewiesen wird. Sind geeignete Beispiele und Gegenbeispiele nicht ›vor Augen‹, so daß man nicht auf sie hinzeigen kann, erfolgt die D. durch deren Nennung. Beispiele und Gegenbeispiele sind hier stets einzelne Exemplare. In einem weiteren Sinne kann die Angabe von Beispielen auch als Aufzählung von Unterbegriffen (Unterklassen) verstanden werden. So läßt sich der Prädikator ›Europäer‹ definieren als ›Deutscher oder Engländer oder Italiener oder ...‹. Dieses seit der Antike bekannte Verfahren ist nichts anderes als eine *Einteilung* (griech. διαίρεσις, lat. divisio, ↑ Dihairesis).
In der Geschichte der D.slehre hat es wiederholt Auseinandersetzungen darum gegeben, welche der verschiedenen D.sarten *eigentliche* D.en seien. Man sollte sich daran gewöhnen, daß eine Entscheidung hierüber vom Gegenstand und vom Zweck einer Untersuchung abhängig zu machen ist. »Um deswillen«, so meinte beispielsweise I. Kant, »läßt sich die Methode der Mathematik im Definieren in der Philosophie nicht nachahmen« (KrV B 760).

Literatur: R. Abelson, D., Enc. Ph. II (1967), 314–324; R. Borsodi, The D. of D.. A New Linguistic Approach to the Integration of Knowledge, Boston Mass. 1967; W. Dubislav, Die D., Leipzig [3]1931; W.K. Essler, Wissenschaftstheorie I (D. und Reduktion), Freiburg/München 1970; G. Gabriel, D.en und Interessen. Über die praktischen Grundlagen der D.slehre, Stuttgart-Bad Cannstatt 1972; ders., Wissenschaftliche Begriffsbildung und Theoriewahldiskurse, in: Seminar: Angewandte Sozialforschung, ed. B. Badura, Frankfurt 1976, 443–455; D.P. Gorski, Über die Arten der D. und ihre Bedeutung in der Wissenschaft, in: Studien zur Logik der wissenschaftlichen Erkenntnis, ed. G. Kröber, Berlin 1967 (russ., ed. P.V. Tavanec, Moskau 1964); C.G. Hempel, Fundamentals of Concept Formation in Empirical Science, Chicago/London 1952 (Int. Encyclopedia of Unified Science II, 7), Nachdr. 1964 (dt. Grundzüge der Begriffsbildung in der empirischen Wissenschaft, Düsseldorf 1974); R. Kleinknecht, Grundlagen der modernen D.stheorie, Königstein 1979; F. v. Kutschera, Elementare Logik, Wien/New York 1967; H. Lübbe, Der Streit um Worte, Bochum 1967 (Bochumer Universitätsreden); H. Nobis/G. Gabriel, D., Hist. Wb. Ph. II (1972), 31–43; A. Pap, Theory of D., Philos. Sci. 31 (1964), 49–54; T. Pawłowski, Methodologische Probleme in den Geistes- und Sozialwissenschaften (aus dem Polnischen), Warschau 1975, Kap. 1 (Überredende D. und Argumentation); H. Rickert, Zur Lehre von der D., Tübingen [3]1929; R. Robinson, D., Oxford 1954 (repr. 1965); E. von Savigny, Grundkurs im wissenschaftlichen Definieren, München 1970; G. Tamás, Die wissenschaftliche D., Budapest 1964. G. G.

Definition, axiomatische, ↑System, axiomatisches.

Definition, bedingte, ↑Definition.

Definition, explizite, ↑Definition.

Definition, genetische, ↑Definition, ↑Definition, implizte.

Definition, implizite, für drei verschiedene Definitionsarten verwendeter logischer Terminus. J.D. Gergonne, auf den der Sprachgebrauch zurückgeht (Essai sur la théorie des définitions, Ann. math. pures appl. 9 [1818/1819], 1–35, insbes. 23), verstand unter i.n. D.en Aussagen, in denen Ausdrücke mit unbekannter und Ausdrücke mit bekannter Bedeutung gemeinsam so vorkommen, daß die unbekannten aus den bekannten Bedeutungen erschlossen werden können. In Analogie zu Gleichungssystemen mit mehreren Unbekannten sah er vor, daß die Anzahl der unbekannten Bedeutungen mit derjenigen der Aussagen übereinzustimmen habe. Darüber hinaus schien er die eindeutige ›Lösbarkeit‹, d.h. die eindeutige Bestimmbarkeit der unbekannten Bedeutungen zu fordern. Die Bezeichnung ›i.D.‹ kam dann für die sogenannten *Definitionen durch Axiome* in D. Hilberts »Grundlagen der Geometrie« in Gebrauch. Bei dieser Übertragung ging man davon aus, daß die ↑Axiome Hilberts in ihrer Gesamtheit die Bedeutungen der geometrischen Grundbegriffe (›Punkt‹, ›Gerade‹, ›zwischen‹ usw.) festlegen und damit im Sinne der i.n. D.en Gergonnes definieren könnten. Dies war jedoch ein Irrtum, was man schon daran sehen kann, daß in Hilberts Axiomensystem die Anzahl der Axiome nicht mit derjenigen der Grundprädikatoren übereinstimmt. Genauer betrachtet handelt es sich bei Hilberts Axiomen (worauf bereits G. Frege hingewiesen hat) nicht um ↑Aussagen, sondern um ↑Aussageformen. Die in den Axiomen vorkommenden Grundprädikatoren sind nur scheinbar Prädikatoren, die eine Bedeutung haben sollen; tatsächlich sind sie ↑Variable für ein- und mehrstellige Prädikatoren. Die sogenannten Definitionen durch Axiome definieren also gar nicht irgendwelche Grundbegriffe, sondern sie bestimmen, wie man sich heute ausdrückt, eine ↑Struktur. Entsprechend kann (soll) ein Axiomensystem im Hilbertschen Sinne im Unterschied zu den i.n D.en Gergonnes ausdrücklich mehrere ›Lösungen‹, das sind ↑Modelle, zulassen.
Eine dritte, weniger verbreitete Verwendung hat der Terminus ›i. D.‹ als Bezeichnung für *Kontextdefinition* (auch *Gebrauchsdefinition*) gefunden (vgl. W. Dubislav, Die Definition, Leipzig [3]1931, 39). Kontextdefinitionen definieren den Gebrauch eines Zeichens im Kontext, indem sie angeben, wie eine Zeichenverbindung, die das zu definierende Zeichen neben anderen enthält, in eine Zeichenverbindung umgeformt werden kann, die das zu definierende Zeichen nicht mehr enthält, so daß die Eliminierbarkeit dieses Zeichens gesichert ist. Das bekannteste Beispiel einer Kontextdefinition ist B. Russells Definition des Kennzeichnungsoperators (↑Kennzeichnung). Eine Verwandtschaft der Kontextdefinitionen mit den i.n D.en im Sinne Gergonnes ist insofern vorhanden, als in beiden Fällen die Bedeutung des zu definierenden Zeichens nicht explizit bestimmt wird. Ein wesentlicher Unterschied besteht jedoch darin, daß Gergonnes Definitionen (zumindest dem Anspruch nach) die Bedeutung der *einzelnen* zu definierenden Zeichen bestimmen sollen, während die Kontextdefinitionen darauf verzichten und lediglich die Bedeutung von Zeichen*komplexen* festlegen, die das zu definierende Zeichen enthalten.

Literatur: G. Gabriel, Implizite Definitionen. Eine Verwechselungsgeschichte, Ann. Sci. 35 (1978), 419–423; F. Kambartel, Erfahrung und Struktur. Bausteine zu einer Kritik des Empirismus und Formalismus, Frankfurt 1968, 165–170; F. v. Kutschera, Elementare Logik, Wien/New York 1967, Kap. 6.3.4; M.H. Otero, Gergonne on Implicit Definition, Philos. Phenom. Res. 30 (1969/1970), 596–599. G. G.

Definition, induktive, Bestimmung eines Bereichs von Objekten, Ausdrücken usw. durch einen ↑Kalkül, der (genau) die (Eigennamen von) Objekte(n) dieses Bereichs herzustellen gestattet. Weiterhin bezeichnet man (bei vorgegebenem Kalkül K) einen durch $P(x) \leftrightharpoons \vdash_K x$ definierten Prädikator als induktiv definiert. Zu einem solchen Kalkül K, der diejenigen x aufzählt, für die $P(x)$ gelten soll (↑aufzählbar/Aufzählbarkeit), kann man nämlich einen Kalkül K' konstruieren derart, daß $\vdash_K x$ genau dann, wenn $\vdash_{K'} P(x)$, also einen Kalkül K', der genau die gültigen Elementaraussagen mit P als Prädikator herzustellen gestattet. Gelegentlich wird unterschieden zwischen *primären* (fundamentalen) i.n. D.en, die ohne Vorgaben einen neuen Bereich konstituieren, und *sekundären* i.n D.en, die in einem vorgegebenen Bereich einen bestimmten (im allgemeinen eine Bedingung $P(x)$ erfüllenden) Teilbereich auszeichnen. Die Termini ›primär‹ und ›sekundär‹ sind hierbei theorieabhängige Relationsbegriffe. Beispiele für i. D.en sind in der (Metatheorie der) Mathematik und Logik z.B. überall dort zu finden, wo es darum geht, eine formale Sprache (↑Sprache, formale) zu definieren, in der die Sätze der fraglichen Theorie zu formulieren sind. So werden z.B. in der Logik der Bereich der korrekt gebildeten Formeln (engl. ↑well formed formulas) (↑Ausdruckskalkül), in der Arithmetik der Bereich der Zählzeichen, aus denen sich durch ↑Abstraktion die natürlichen Zahlen gewinnen lassen, durch Kalküle, d.h. induktiv definiert (↑Arithmetik, konstruktive). Auch ›formal-logisch (konstruktiv bzw. klassisch) wahr‹ und ›ableitbar im Axiomensystem Σ‹ sind induktiv definierbare Prädikate. – I. D.en von Bereichen M ermöglichen die Anwendung induktiver Beweisformen wie z.B. des Prinzips der vollständigen Induktion (↑Induktion, vollständige) zur Ableitung von Aussagen der Form $\bigwedge_{x \in M} A(x)$. Nur auf induktiv definierten Bereichen sind weiterhin rekursive Definitionen (↑Definition, rekursive) von Funktionen und Prädikaten möglich.

Trotz dieser systematischen Priorität der i.n D.en und trotz frühzeitiger Anregungen von S.C. Kleene und P. Lorenzen wurde eine Theorie der i.n D.en erst um 1965 geschaffen, nachdem die (seit den 30er Jahren wegen ihrer Bedeutung für die Theorie der ↑Berechenbarkeit und die ↑Metamathematik im Mittelpunkt des Interesses stehende) Rekursionstheorie (↑rekursiv/Rekursivität) bereits als abgeschlossen gelten konnte.

Literatur: P. Aczel, An Introduction to Inductive Definitions, in: J. Barwise (ed.), Handbook of Mathematical Logic, Amsterdam/New York/Oxford 1977, 739–782; J.E. Fenstad/P.G. Hinman (eds.), Generalized Recursion Theory, Proc. of the 1972 Oslo Symposium, Amsterdam/London/New York 1974 (dort insbesondere: D. Cenzer, Ordinal Recursion and Inductive Definitions, 221–264; R.O. Gandy, Inductive Definitions, 265–299); S.C. Kleene, Introduction to Metamathematics, Groningen/Amsterdam/Oxford/New York [8]1974; P. Lorenzen, Einführung in die operative Logik und Mathematik, Berlin/Heidelberg/New York [2]1969; Y.N. Moschovakis, Elementary Induction on Abstract Structures, Amsterdam/London/New York 1974; K. Schütte, Proof Theory, Berlin/Heidelberg/New York 1977; G. Takeuti, Proof Theory, Amsterdam/Oxford/New York 1975.

G.H.

Definition, operationale, ↑Definition.

Definition, rekursive, Form der ↑Definition von Prädikaten und Funktionen über dem Bereich der natürlichen Zahlen oder (allgemeiner) einem induktiv definierten Bereich (↑Definition, induktive) durch Bedingungen (Regeln bzw. Gleichungen), die es gestatten, den Wert des definiendums (bei Funktionen den Funktionswert, bei Prädikaten den Wahrheitswert) für beliebige Argumentetupel nach einer eindeutig gegebenen Vorschrift schrittweise zu ermitteln. Dazu werden (a) die Werte für gewisse Anfangsargumente (in der natürlichen Zahlenordnung) bzw. eine zur Gewinnung dieser Werte hinreichende Vorschrift, (b) ein Verfahren zur Ermittlung der Werte für ›spätere‹ Argumente (eventuell) unter Verwendung der Werte für jeweils frühere Argumente angegeben. Je nach Art der für die Definitionen benutzten Anfangsfunktionen und Definitionsmethoden unterscheidet man zwischen primitiv-rekursiven, allgemein-rekursiven und partiell-rekursiven Funktionen bzw. Prädikaten (↑Funktion, rekursive, ↑rekursiv/Rekursivität). Diese Einteilung liefert zugleich eine Unterscheidung zwischen ›Graden‹ der ↑Berechenbarkeit (von Funktionen) bzw. ↑Entscheidbarkeit (von Prädikaten).

Die Theorie der r.n D.en auf dem Bereich der natürlichen Zahlen (die ›Rekursionstheorie‹) wurde ursprünglich in den 30er Jahren des 20. Jahrhunderts im Rahmen metamathematischer Untersuchungen als Forschungsgegenstand ›entdeckt‹ und gewann unter anderem durch die in ihr vorgenommene Präzisierung der Begriffe ›Berechenbarkeit‹ und ›Entscheidbarkeit‹ einerseits für die Grundlagendiskussion der Mathematik, andererseits für die angewandte Mathematik zunehmend an Bedeutung. Verallgemeinerungen der Theorie der r.n D.en für beliebige induktiv definierte Bereiche wurden erst in neuerer Zeit vorgenommen und haben bislang allenfalls theoretische Bedeutung.

Literatur: M. Davis, Computability & Unsolvability, New York/Toronto/London 1958; J.E. Fenstad/P.G. Hinman (eds.), Generalized Recursion Theory, Proc. of the 1972 Oslo Symposium, Amsterdam/London/New York 1974; S.C. Kleene, Introduction to Metamathematics, Groningen/Amsterdam/Oxford/New York [8]1974; R. Péter, Rekursive Funktionen, Budapest [2]1957; H. Rogers, Theory of Recursive Functions and Effective Computability, New York 1967. G.H.

Definitionsbereich, auch Argumentbereich, in der Mathematik häufig ›Definitionsmenge‹ oder ›Argumentmenge‹ (engl. domain, franz. domaine bzw. ensemble de définition), der Bereich der Argumente (↑Argument (logisch)) einer ↑Funktion, für die also der Wert der Funktion definiert ist. In Kontexten, wo statt von Funktionen von ↑Abbildungen gesprochen wird, nennt man den D. einer Abbildung $\Phi(\mathfrak{x})$ die Urbildmenge von $\Phi(\mathfrak{x})$:

$$\in_{\mathfrak{x}}(\bigvee_y(y=\Phi(\mathfrak{x}))).$$

Auch bei einstelligen Funktionen $f(x)$ fällt der D. im allgemeinen nicht mit dem ↑Variabilitätsbereich der Variablen x zusammen; ist dieser etwa die Menge $\mathbb{Q}$ der rationalen Zahlen, so ist z.B. die Funktion $\imath_x\frac{1}{x}$, in üblicher Schreibweise $y=\frac{1}{x}$, für $x=0$ nicht definiert, so daß man als D. dieser Funktion nur $\mathbb{Q}\setminus\{0\}$ hat. C.T.

deiktisch (von griech. δείκνυμι, zeigen), Charakterisierung sprachlicher Ausdrücke, zu denen die Vertretung einer (situations- bzw. kontextabhängigen) auf Gegenstände hinweisenden Geste gehört, also insbesondere die ↑*Indikatoren* (Zeigwörter) wie ›dies‹, ›hier‹, ›du‹ usw.. Sie bilden nach der Verwendung des von prädikativen Anteilen völlig freien ↑Demonstrators ›dies‹ (im logischen Gebrauch, nicht als Demonstrativum) die erste (noch situationsabhängige) Stufe der ↑Benennung, die auf situationsunabhängiger Stufe durch ↑*Eigennamen* oder von d.en Anteilen freie ↑*Kennzeichnungen* wahrgenommen wird. Für die Einführung der ersten prädikativen Ausdrücke (Nennwörter oder ↑Prädikatoren) auf dem Wege exemplarischer Bestimmung (engl. ostensive definition, hinweisende ↑Definition) ist die *Deixis* unentbehrlich.

Literatur: K. Bühler, Sprachtheorie. Die Darstellungsfunktion der Sprache, Stuttgart [2]1965; W. Kamlah/P. Lorenzen, Logische Propädeutik. Vorschule des vernünftigen Redens, Mannheim [2]1973; S. Körner, Conceptual Thinking. A Logical Inquiry, New York [2]1959; K. Lorenz, Elemente der Sprachkritik. Eine Alternative zum Dogmatismus und Skeptizismus in der Analytischen Philosophie, Frankfurt 1970. K.L.

Deismus (von lat. deus, Gott), durch Herbert of Cherbury (De veritate, 1624; De religione gentilium errorumque apud eos causis, 1645) begründete Religionsauffassung, nach der nur Vernunftgründe, nicht die Autorität der Offenbarung zur Legitimation theologischer Rede zugelassen werden. Der D. stellt im Unterschied zum ↑Theismus das Kernstück einer philosophischen Theologie dar. Er ist gekennzeichnet (1) durch die Propagierung einer ›natürlichen‹ Religion (↑Religion, natürliche) und die Ablehnung des christlichen Ausschließlichkeitsanspruchs, (2) die Bestreitung der Möglichkeit, daß Gott, insbesondere durch Wunder, in der Geschichte wirksam werde, und (3) teilweise durch das Verständnis von Religion als einer (mythisch formulierten) Ethik.

Der D. wird zunächst in England zu einer eigenen Bewegung, vor allem durch C. Blount, J. Toland (der – mit J. Locke – nicht nur gegen das Widervernünftige, sondern – gegen Locke – auch gegen das Übervernünftige in der Religion argumentiert, beides auf den Herrschaftswillen der Priester zurückführt und Religion als Ethik versteht), A. Collins und M. Tindal; ferner durch W. Wollaston, T. Woolston, T. Chubb, T. Morgan, Henry St. John Viscount Bolingbroke und P. Annet. Hauptgegner des englischen D. war J. Butler (The Analogy of Religion, Natural and Revealed, to the Constitution and Course of Nature, 1736). In England gehörte der D. bald zum üblichen Bildungsgut aufgeklärter Kreise (A.A.C. Earl of Shaftesbury, E. Gibbon), in Frankreich wird er zur Grundlage aufklärerischer Religionskritik (Voltaire, D. Diderot, P.H.T. d'Holbach und in anderer, stärker auf Religionsgefühle eingehender Weise J.-J. Rousseau), in Deutschland lieferte er Anstöße zur Bibelkritik (H.S. Reimarus, G.E. Lessing, J.S. Semler) und wird bei I. Kant Teil der Konzeption einer transzendentalen Theologie (KrV B 659); in den USA beschränkte er sich im wesentlichen auf intellektuelle Kreise (B. Franklin, T. Jefferson, T. Paine). In der zweiten Hälfte des 18. Jahrhunderts verschwindet der D. als eine eigenständige Position, nachdem er in Form einer Toleranzbewegung seine Ziele weitgehend erreicht hatte und in der französischen Aufklärung und in der deutschen Vernunft- und Bibelkritik aufgenommen und weitergeführt worden war.

Literatur: G. Capone Braga, Deismo, Enc. filos. II ([2]1968), 292–302; G. R. Cragg, From Puritanism to the Age of Reason. A Study of Changes in Religious Thought within the Church of England (1660 to 1700), Cambridge 1950; J. M. Creed/J. S. B. Smith (eds.), Religious Thought in the Eighteenth Century, Cambridge 1934; P. Hazard, La pensée européene au XVIIIe siècle de Montesquieu à Lessing, I–III, Paris 1946 (dt. Die Herrschaft der Vernunft. Das europäische Denken im 18. Jahrhundert, Hamburg 1949); W. K. Jordan, The Development of Religious Toleration in England, I–IV, Cambridge Mass. 1932–1940; G. V. Lechler, Geschichte des englischen D., Stuttgart/Tübingen 1841 (repr. Hildesheim 1965); J. Leland, A View of the Principal Deistical Writers that have Appeared in England in the Last and the Present Century, I–III, London [3]1754–1756, I, [5]1966; G. Mensching/J. T. Ramsey/M. Schmidt, D., RGG II ([3]1958), 57–69; E. C. Mossner, Deism, Enc. Ph. II (1967), 326–336. O. S.

Delisches Problem, zentrales Konstruktionsproblem der griechischen Geometrie, das erst mit Hilfe der seit E. Galois (1811–1832) sich durchsetzenden algebraischen Behandlung geometrischer Probleme entschieden werden konnte. Apollon forderte der Sage nach die Volumenverdopplung eines würfelförmigen Altars unter Beibehaltung der Würfelgestalt. Ist a die Seite des gegebenen Würfels, so gilt für die Seite x des gesuchten Würfels $x^3 : a^3 = 2:1$. Hippokrates von Chios (um 440 v. Chr.) führte die Aufgabe auf die *Bestimmung zweier mittlerer Proportionale* x und y für zwei Strecken a und b mit $a:x = x:y = y:b$ zurück. Aus der Proportionengleichung folgt nämlich $x^2 = ay$ und $xy = ab$, also $x^3 = axy = a^2 b$, also $x^3 : a^3 = b:a$, also das D. P. für $b = 2a$.

Durch *räumliche Erweiterung der elementaren Konstruktionsmittel* mit Zirkel und Lineal gelang Archytas von Tarent (um 400 v. Chr.) folgende Bestimmung von x und y. Für x und y als mittlere Proportionale zu gegebenen Strecken $a < b$ muß nach dem Strahlensatz ein rechtwinkliges Dreieck ABC über b als Hypotenuse so angegeben werden, daß das Lot vom Höhenfußpunkt F auf BC gerade die Strecke $GC = a$ abschneidet (Abb. 1):

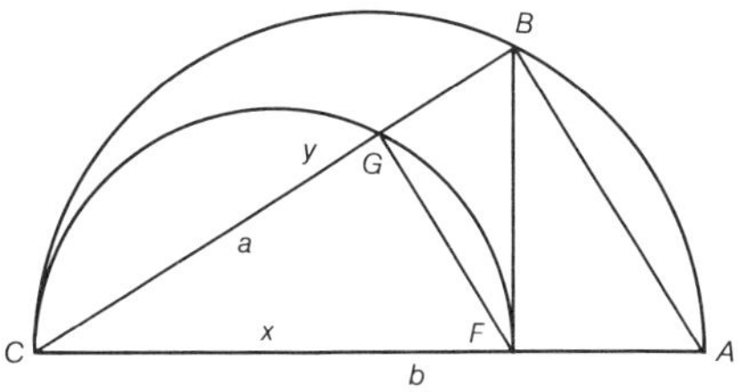

Abb. 1

Zur Bestimmung des rechtwinkligen Dreiecks ABC genügt nach Thales die Bestimmung von B auf einem Halbkreis über b. Archytas bestimmt nun B als Schnittpunkt dreier räumlicher Körper. Über einer Strecke $A'C = b$ werde zunächst ein Halbkreis errichtet und auf diesem Halbkreis der Punkt D mit $DC = a$ bestimmt (Abb. 2). Senkrecht zu der Ebene $DA'C$ beschreibe ein Halbkreis über $A'C$ um C eine Vierteldrehung, so daß A' in die Lage A kommt.

Dieser rotierende Halbkreis ist nach Thales (Abb. 3) der *1. geometrische Ort von B*. Sei F der Schnitt von CA mit dem Halbkreis $A'CD$, so daß CF während der Vierteldrehung von b bis Null variiert (Abb. 2):

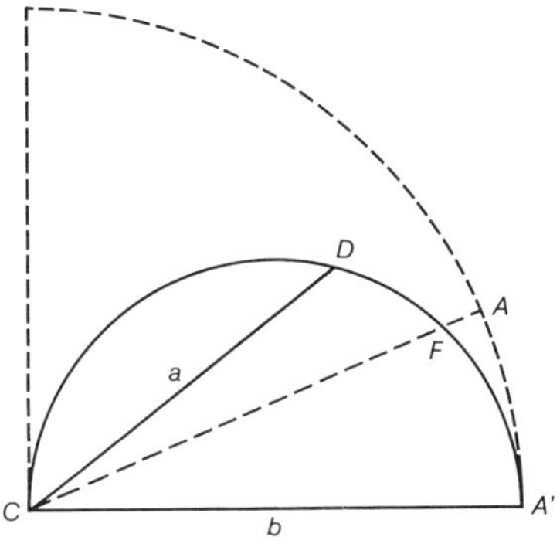

Abb. 2

Zur Ebene $A'CD$ senkrecht über F, also auf dem über $A'CD$ senkrecht errichteten Zylinder liegt der *2. geometrische Ort von B* (Abb. 3). Da der Punkt G in der Ebene ABC liegt und da der Winkel $\sphericalangle FGC$ ein rechter ist (Abb. 1), liegt G nach Thales auf dem Halbkreis über CF (Abb. 2), d.h. räumlich auf einer Kugel mit dem Durchmesser $A'C$ (Abb. 3). Damit $CG = a$ ist, muß G auf dem Kegel liegen, der durch Rotation von CD um CA' entsteht.

Der *3. geometrische Ort von B*, der sich mit den beiden anderen schneidet, ist dieser Kegel, da G und B auf einer Geraden liegen (Abb. 3).

Offenbar erweiterte Archytas bei seinem Beweis die elementaren ebenen Konstruktionen (z.B. Kreis durch ebene Rotation des Radius) auf räumliche Bestimmungen (z.B. Kegel durch räumliche Rotation um Kegelachse).

Beschränkt man sich auf die Konstruktion mit Zirkel und Lineal, so erweist sich das D.P. aus algebraischen Gründen als unlösbar. Dabei besteht eine *Konstruktion mit Zirkel und **Lineal*** aus einer endlichen Anzahl folgender Konstruktionsschritte (↑Algorithmentheorie) in einer fest gegebenen Ebene: (1) Wahl eines beliebigen Punktes

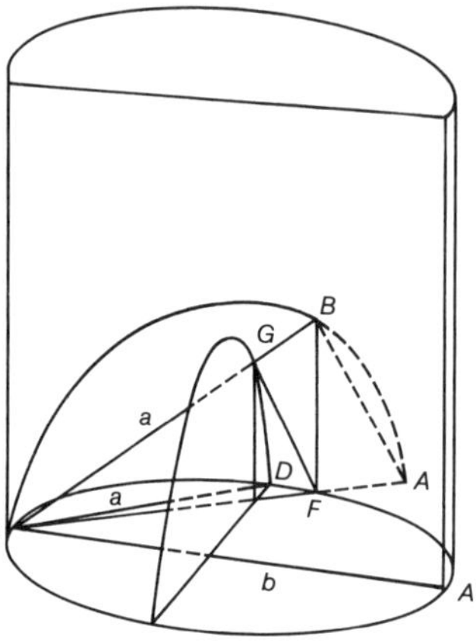

Abb. 3

auf der Ebene, (2) Konstruktion der Verbindungsgeraden zweier bereits konstruierter Punkte, (3) Konstruktion eines Kreises aus vorher konstruiertem Mittel- und Peripheriepunkt, (4) Konstruktion des Schnittpunktes zweier konstruierter Geraden oder einer bereits konstruierten Geraden mit einem bereits konstruierten Kreis oder zweier bereits konstruierter Kreise. Ein Lösung mit Zirkel und Lineal besteht dann darin, zu einem vorgegebenen Objekt mit vorgegebenen Streckenangaben $a_1, \ldots, a_r$ (z.B. Würfel mit Kantenlänge $a_1 = 1$) ein gesuchtes Objekt mit Strecken $x_1, \ldots, x_t$ (z.B. Würfel mit Kantenlänge $x_1 = \sqrt[3]{2a_1}$) in endlich vielen Schritten zu konstruieren.

Führt man in der Ebene ein cartesisches Koordinatensystem ein, so lassen sich die vorausgesetzten Strecken $a_1, \ldots, a_r$ als Zahlenkoordinaten der positiven x-Achse interpretieren. Da Strecken mit rationalen Koordinaten als konstruierbar vorausgesetzt werden können, entspricht der geometrischen Voraussetzung der Konstruktion algebraisch ein Zahlenkörper (↑Körper (mathematisch)) $K_0 = \mathbb{Q}(a_1, \ldots, a_r)$, dessen Elemente sich als Quotienten von Polynomen in $a_1, \ldots, a_r$ mit rationalen Koeffizienten aus $\mathbb{Q}$ ausdrücken lassen. Konstruierten Geraden und Kreisen über der vorausgesetzten Punktmenge entsprechen lineare und quadratische Polynome mit Koeffizienten in K_0. Einer geometrischen Konstruktion der gesuchten Strecken $x_1, \ldots, x_t$ aus $a_1, \ldots, a_r$ in n Schritten entspricht dann algebraisch eine schrittweise *Körpererweiterung*

$$K_0 \subset \ldots \subset K_i \subset K_{i+1} \subset \ldots \subset K_n$$

mit $x_1, \ldots, x_t \in K_n$. Die Konstruktion gilt als ausgeführt, wenn die Strecken $x_1, \ldots, x_t$ auf der positiven x-Achse abgetragen werden können. Bei der Körpererweiterung ist $K_i = K_{i+1}$ für die Konstruktionsschritte (2), (3) und auch (1), da bei der Punktwahl nach (1) rationale Koordinaten eingeführt werden können. Für Konstruktionsschritt (4) über K_i können bei der Berechnung von Schnittpunktkoordinaten mit Kreisen Quadratwurzeln von Elementen aus K_i auftreten, so daß für den Grad (K_{i+1}/K_i) der Körpererweiterung $K_i \subset K_{i+1}$ (d.h. für die ↑Dimension des Vektorraumes K_{i+1} über Körper K_i) gilt: $(K_{i+1}/K_i) = 2$. Daher ist der Grad (K_n/K_0) der Körpererweiterung $K_0 \subset K_n$ immer eine Potenz von 2.

Allgemein gilt nach der Theorie von N.H. Abel (1802–1829) und E. Galois, daß ein geometrisches Problem mit vorausgesetzten Bestimmungsgrößen $a_1, \ldots, a_r$ und gesuchten Bestimmungsgrößen $x_1, \ldots, x_t$ genau dann mit Zirkel und Lineal lösbar ist, wenn (a) die gesuchten Größen Wurzeln von Polynomen mit Koeffizienten aus $K_0 = \mathbb{Q}(a_1, \ldots, a_r)$ sind und (b) die (kleinste normale) Körpererweiterung E von K_0 mit $x_1, \ldots, x_t \in E$ als Grad eine Potenz von 2 hat.

Der Delischen Konstruktion eines Würfels mit Kante $x_1 = \sqrt[3]{2}$ aus einem Würfel mit Kante $a_1 = 1$ würde algebraisch eine Körpererweiterung von $K_0 = \mathbb{Q}(1) = \mathbb{Q}$ auf $\mathbb{Q}(\sqrt[3]{2})$ entsprechen. Da jedoch das Polynom $x^3 - 2$ über $\mathbb{Q}$ nicht weiter in ein Produkt zweier Polynome positiven Grades zerlegt werden kann, ist der Grad der Körpererweiterung $(\mathbb{Q}(\sqrt[3]{2})/\mathbb{Q}) = 3$. Da 3 keine Potenz von 2 ist, kann das D. P. nicht mit Zirkel und Lineal gelöst werden.

Literatur: E. Artin, Algebra, I–II, Ausarbeitung der von E. Artin im SS 1961 und WS 1961/1962 gehaltenen Vorlesung, Math. Institut Universität Hamburg 1961/1962; ders., Galoissche Theorie, Leipzig 1959, [2]1965 (engl. Galois Theory, Notre Dame Ind. 1959); O. Becker, Grundlagen der Mathematik in geschichtlicher Entwicklung, Freiburg/München 1954, Freiburg [2]1964; L. Bieberbach, Theorie der geometrischen Konstruktionen, Basel 1952; P. Lorenzen, Die Entstehung der exakten Wissenschaften, Berlin/Göttingen/Heidelberg 1960; H. Meschkowski, Ungelöste und unlösbare Probleme der Geometrie, Braunschweig 1960; H.-J. Reiffen/G. Scheja/U. Vetter, Algebra, Mannheim 1969; B.L. van der Waerden, Algebra I. Unter Benutzung von Vorlesungen von E. Artin und E. Noether, Berlin/Heidelberg/New York [7]1966, [8]1971; ders., Ontwakende Wetenschap, Groningen 1954, [2]1966 (dt. Erwachende Wissenschaft, Basel/Stuttgart 1956, [2]1966; engl. Science Awakening, Groningen [3]1973). K.M.

Demiurg (von griech. δημιουργός, Grundbedeutung: ›Diener der Allgemeinheit‹), bei Homer (Od. 17, 383; 19, 135) als Bezeichnung für Berufe wie Arzt, Wahrsager, Herold, Baumeister; später allgemein: Handwerker; philosophisch: ›Weltbaumeister‹ (Platon, Tim. 28a ff.). Im Unterschied zum christlichen Schöpfergott vollbringt der D. nach Platon keine ↑creatio ex nihilo, sondern gestaltet aus der vorhandenen ungeordneten Materie (↑Chaos) nach vorgegebenen Ideen die sinnlich wahrnehmbare Welt zu einem wohlgeordneten, beseelten und vernunftbegabten ↑Kosmos; die Weltseele und die Seelen der Menschen werden von ihm als eine Mischung aus ewig Seiendem (Idee) und Werdendem (Körper), die Einzeldinge im Auftrag des D.en von Göttern hergestellt. Plotin (Enn. II 9) identifiziert den D.en mit der ↑Weltseele und deutet dessen Tätigkeit als Metapher für das außerzeitliche und somit anfanglose Werden der Welt. Die Gnosis sieht im D.en einen Mittler zwischen Gott und Welt.

Literatur: R. Bambrough, Demiurge, Enc. Ph. II (1967), 337–338; F.M. Cornford, Plato's Cosmology, London 1937; G.C. Field, The Philosophy of Plato, London 1949; F. Lakner, D., LThK III (1960), 218–220; H. Leisegang, Plato, RE XX/2 (1950), 2505–2512; K. Murakawa, D., Historia 6 (1957), 385–415; F. Solmsen, Plato's Theology, Ithaca 1942; W. Ullmann, D., Hist. Wb. Ph. II (1972), 49–50. M.G.

Demokrit, *Abdera (Thrakien) um 470, †zwischen 380 und 370, griech. Philosoph, Hauptvertreter des von Leukipp (seinem Lehrer) begründeten griechischen ↑Atomismus. Im Anschluß an Leukipp arbeitete D. konsequent eine Atomtheorie aus, die zwischen dem Monismus der Eleaten (↑Eleatismus) und dem Qualitätenpluralismus von Anaxagoras und Empedokles vermittelt (↑Atom). Obwohl in den überlieferten Fragmenten nicht vorkommend, geht die Bezeichnung ›Atom‹ (ἄτομος) für elementare Teilchen der Materie wohl auf D. zurück. Alle Qualitäten werden auf Form, Lage und Größe solcher inkompressibler, undurchdringlicher, wegen ihrer Größe unsichtbarer, unveränderlicher und unendlich vieler Teilchen zurückgeführt, die sich im leeren Raum bewegen – eine Vorstufe der Lockeschen Unterscheidung von primären und sekundären Qualitäten. Die Verschiedenheit der Gewichte verschiedener Körper führt D. auf den größeren bzw. kleineren Anteil von Atomen (und damit entsprechend kleineren bzw. größeren Anteil des leeren Raumes) an diesen Körpern zurück. Materie und Bewegung sind unvergänglich, Werden und Vergehen nur Umordnen von Atomen. Nicht zufällig, sondern nach mechanischen Gesetzen infolge der Eigenschaften der Atome selbst (d.h. auf Grund einer Kausalität, die nicht durch einen äußeren Beweger bestimmt ist) kommt es aus einem Urzustand regelloser Atombewegung durch Wirbelbildung zur Entstehung des sphärisch vorgestellten Kosmos von Erde und Himmelskörpern. Auch die Seele wird als aus über den ganzen Körper eines Lebewesens verteilten Atomen bestehend angenommen, die, in ihrer Beweglichkeit denen des Feuers vergleichbar, in den verschiedenen Organen des menschlichen Körpers verschiedene Wirkungen wie Vernunft und Gefühl hervorrufen. D. versucht auch, Wahrnehmungen atomistisch zu erklären (↑Bildchentheorie). So wird die Farbempfindung durch vom Bild eines Gegenstandes hervorgerufene Veränderungen des Auges erklärt, wobei das Bild des Gegenstandes dem Sinnesorgan dadurch vermittelt wird, daß es der Luft gleichsam ›aufgeprägt‹ wird und die so ›geprägte‹ Luft das Sinnesorgan erreicht. Wie D. seine Unterscheidung von Sinneswahrnehmung und einer nicht durch sie geleiteten ›höheren‹ Erkenntnisform atomistisch begründete, ist nicht überliefert.

Die Götterlehre seiner Zeit aufklärerisch und in historisierender Weise erklärend, formuliert D. eine der epikureischen nahestehende Ethik (↑Epikureismus), deren Grundbegriffe Genuß und Heiterkeit eher pragmatisch als theoretisch bestimmt werden. Auf D. gehen Anfänge einer Theorie der Kulturentwicklung zurück (Kultur entsteht in Auseinandersetzung mit Mangel- und Notsituationen und wird nach deren Überwindung als Einsicht in das, was not tut [τὸ χρὴ ἐόν] bewahrt). Der Beiname ›der lachende Philosoph‹ tritt zuerst bei Horaz (epist. 2.1, 194) auf. In der antiken Tradition wird die Bedeutung D.s derjenigen Platons und Aristoteles' gleichgesetzt.

Fragmente: VS 68.

Literatur: C. Bailey, The Greek Atomists and Epicurus. A Study, Oxford 1928 (repr. New York 1964); P.J. Bicknell, Two Notes on D., Apeiron 9 (1975), 2, 40–41; H.J. Folse, A Reinterpretation of Democritean Atomism, Man and World 9 (1976), 393–417; K. v. Fritz, Philosophie und sprachlicher Ausdruck bei D., Plato und Aristoteles, New York/London 1938 (repr. Darmstadt 1963); A. Henrichs, Two Doxographical Notes. D. and Prodicus on Religion, Harvard Stud. Class. Philol. 79 (1975), 93–123; G.S. Kirk/J.E. Raven, The Presocratic Philosophers. A Critical History with a Selection of Texts, Cambridge 1966, 400–426; R. Löbl, D.s Atome. Eine Untersuchung zur Überlieferung und zu einigen wichtigen Lehrstücken in D.s Physik, Bonn 1976; L. Löwenheim, Die Wissenschaft D.s und ihr Einfluß auf die moderne Naturwissenschaft, Berlin 1914; S. Luria, Zur Frage der materialistischen Begründung der Ethik bei D., Berlin (Ost) 1964; P. Natorp, Die Ethika des Demokritos. Text und Untersuchungen, Marburg 1893; E. Rindone, Rivalutazione dell'etica democritea, Aquinas 18 (1975), 335–357; G. Vlastos, Ethics and Physics in Democritus, Philos. Rev. 54 (1945), 578–592, 55 (1946), 53–64; F. K. Voros, The Ethical Theory of D.. On Duty, Πλάτων 26 (1974), 113–122; ders., The Ethical Theory of D.. What is the »Criterion«, ebd. 27 (1975), 20–26; ders., D.'s Educational Thought, Paed. Hist. 15 (1975), 457–470. P.J.

demonstratio propter quid/demonstratio quia (lat., Beweis, warum [etwas so ist, wie es ist]/Beweis, daß [etwas so ist, wie es ist]), beweistheoretische Formeln, mit der die mittelalterliche Philosophie die Aristotelischen Unterscheidungen zwischen (a) dem ›der Natur nach Früheren‹ (*πρότερον φύσει*) und dem ›für uns Früheren‹ (*πρότερον πρὸς ἡμᾶς*)(An. post. A2.71b33-72a5, ↑hysteron-proteron) und (b) einer Begründung, die angibt, warum (*διότι*) etwas so ist, wie es ist, und dem Aufweis, daß (*ὅτι*) etwas so ist, wie es ist, rekonstruiert. Auf das ›der Natur nach Frühere‹ bezieht sich demnach eine Begründung, die von den Ursachen (Gründen) zur Wirkung (Folge) fortschreitet (demonstratio procedens ex causis ad effectum), auf das ›für uns Frühere‹ eine Begründung, die von den Wirkungen (Folgen) auf die Ursachen (Gründe) schließt (demonstratio procedens ab effectibus ad causas). Im ersten Falle handelt es sich dabei um eine *demonstratio a priori*, im zweiten Falle um eine *demonstratio a posteriori*, ohne daß bereits eine Festlegung der demonstratio a posteriori auf empirische Zusammenhänge erfolgt. Bei Thomas von Aquin wird diese Unterscheidung zwischen demonstratio a priori und demonstratio a posteriori ausdrücklich mit der Unterscheidung zwischen d.p.q. (cur ita sit) und d.q. (quod ita sit) verbunden (S.th. I qu. 2 art. 2c); bei Albert von Sachsen werden die zugehörigen Beweisverfahren gleichgesetzt. Die Unterscheidung zwischen d.p.q. und d.q. gehört damit zur Begriffsgeschichte von ↑a priori.

Literatur: J. Mittelstraß, Changing Concepts of the *a priori*, in: R.E. Butts/J. Hintikka (eds.), Historical and Philosophical Dimensions of Logic, Methodology and Philosophy of Science, Dordrecht/Boston 1977, 113–128; H. Schepers, A priori/a posteriori, Hist. Wb. Ph. I (1971), 462–467. J.M.

Demonstrator (von lat. demonstrare, zeigen), in der logischen Grammatik (↑Grammatik, logische) derjenige uneigentliche ↑Nominator, der *jede* ↑Aktualisierung eines Handlungs- oder Dingschemas (↑Handlungsschema, ↑Ding) vertreten kann; in natürlichen Sprachen annähernd durch Demonstrativa, im Deutschen das Wort ›dies‹, dargestellt, bei Aristoteles bereits normiert durch das die erste, die ↑Substanz-Kategorie anzeigende *τόδε τι* (dies-da). Zur Identifizierung des mit Hilfe des D.s bekannten Gegenstandes ist man völlig auf den nicht-sprachlichen ↑Kotext der Äußerung angewiesen. Erst durch nacheinander genauer werdende ↑Kennzeichnung, auf der einfachsten Stufe durch Hinzufügung des das fragliche Schema symbolisch repräsentierenden ↑Prädikators, z.B. dieser Mensch (↑deiktische Kennzeichnung), endend mit der Vereinbarung eines ↑Eigennamens, kann die Identifizierung schließlich in den sprachlichen ↑Kontext bzw. den Namen selbst verlegt werden.
Meist wird der D. zusammen mit anderen, für die Identifizierung des benannten Gegenstandes vom Kotext der Äußerung, insbesondere dem Sprecher, abhängigen sprachlichen Ausdrücken wie ›ich‹, ›hier‹, ›jetzt‹ etc. zu den ↑Indikatoren gezählt, obwohl er logisch, nicht grammatisch, als Demonstrativum im Unterschied zu diesen von jedem prädikativen Anteil frei ist: ›hier‹ z.B. enthält eine Ortsbestimmung, ›dies‹ enthält als Demonstrativum zwar eine Bestimmung als das Näherliegende, als D. erlaubt es jedoch höchstens die Erweiterung zu ›dieser Gegenstand‹, ›Gegenstand‹ wiederum führt als der dem D. entsprechende uneigentliche Prädikator eben gerade keine Einschränkung seines Anwendungsbereiches mit sich. K.L.

De Morgan, Augustus, *Madura/Madras (Indien) 27. Juni 1806, †London 18. März 1871, engl. Mathematiker und Logiker. 1823–1827 Studium am Trinity College, Cambridge, 1828–1866 (mit Unterbrechung 1831–1836) Prof. der Mathematik am University College, London; Mitbegründer und erster Präsident der »Mathematical Society« 1865, einer der Begründer der ↑Algebra der Logik. Von D.M. stammt einer der ersten Versuche, die ↑Quantifikation des Prädikats in die Logik einzuführen, wobei er in einen Prioritätsstreit mit W. Hamilton verwickelt wurde. D.M. lieferte den ersten nennenswerten Beitrag zu einer Logik der Relationen (um 1860) und gilt deshalb als ›Vater der ↑Relationenlogik‹; er führte ferner die Auffassung der Syllogismen als Relationenmultiplikationen ein, die in neuerer Zeit von P. Lorenzen weiterentwickelt wurde (↑Syllogistik). Nach D.M. benannt sind die ↑›De Morganschen Gesetze‹

$$\overline{A \wedge B} \equiv \bar{A} \vee \bar{B}$$

$$\overline{A \vee B} \equiv \bar{A} \wedge \bar{B},$$

in denen entweder ∧ und ∨ als Durchschnitt bzw. Vereinigung von Mengen, die Überstreichung als Komplementbildung und ≡ als mengentheoretische Gleichheit, oder aber ∧ und ∨ als Konjunktion bzw. Adjunktion, die Überstreichung als Negation und ≡ als Bisubjunktion oder logische Äquivalenz zu deuten sind. Bei der letztgenannten logischen Deutung gelten die De Morganschen Gesetze in der klassischen ↑Junktorenlogik, während in der konstruktiven Junktorenlogik bei der zweiten Formel die Richtung von links nach rechts nicht gilt.

D. M. war ein erfolgreicher Lehrbuchautor; er lieferte auch wesentliche Beiträge zur ↑Analysis, wobei er als erster eine einwandfreie analytische Definition des Cauchyschen Grenzwertbegriffs (↑Grenzwert) gegeben zu haben scheint. Außer dem Ausdruck ›mathematical induction‹ stammt von ihm die Rede von einem ↑›universe of discourse‹ als der Gesamtheit der in einer Untersuchung diskutierten Objekte einer ganz bestimmten angebbaren Art. Auch als Mathematikhistoriker ist D. M. hervorgetreten.

Werke: The Differential and Integral Calculus, London 1842; Formal Logic, or the Calculus of Inference, Necessary and Probable, London 1847, ed. A. E. Taylor [2]1926; A Budget of Paradoxes, I–II, London 1872, [2]1915 (repr. New York 1969); On the Syllogism, and Other Logical Writings, ed. P. Heath, London 1966.

Literatur: J. M. Dubbey, D. M., DSB IV (1971), 35–37; G. B. Halstead, D. M. as Logician, J. Speculative Philos. 18 (1884), 1–9; C. I. Lewis, A Survey of Symbolic Logic, Berkeley 1918, New York [2]1960, chap. I, sect. IV. C. T.

De Morgansche Gesetze, die junktorenlogischen Äquivalenzen

$(J_1)\quad \neg(a \vee b) \succ\!\prec \neg a \wedge \neg b,$

$(J\quad \neg(a \wedge b) \succ\!\prec \neg a \vee \neg b$

und ihre quantorenlogischen Entsprechungen

$(Q_1)\quad \neg \bigvee_x a(x) \succ\!\prec \bigwedge_x \neg a(x),$

$(Q_2)\quad \neg \bigwedge_x a(x) \succ\!\prec \bigvee_x \neg a(x).$

Außer den Implikationen von links nach rechts in J_2 und Q_2, die nur klassisch gelten, sind alle auftretenden Implikationen innerhalb der konstruktiven Logik (↑Logik, konstruktive) gültig. Benannt sind sie nach A. De Morgan, der J_1 und J_2 bei seiner Formulierung der Junktorenlogik innerhalb eines elementaren Klassenkalküls 1847 zum zweiten Mal ›entdeckte‹, nachdem die scholastische Formulierung dieser junktorenlogischen Schlußschemata, die sich schon um 1325 bei Wilhelm von Ockham findet, im 19. Jahrhundert in Vergessenheit geraten war.

Literatur: A. De Morgan, Formal Logic. Or the Calculus of Inference, Necessary and Probable, London 1847 ed. A. E. Taylor [2]1926; W. Ockham, Summa logicae. Pars secunda et tertiae prima, ed. P. Boehner, St. Bonaventura N. Y./Louvain/Paderborn 1954, 316–317. C. T.

Denken, in der Umgangssprache Bezeichnung für alle reflexiven Akte, insbesondere diejenigen, die schweigend vollzogen werden. Entsprechend bedeutet ›nachdenken‹ soviel wie ›erwägen‹, ›an etwas denken‹ soviel wie ›sich erinnern‹ oder ›vorstellen‹, ›denken‹ oft nichts anderes als ›meinen‹. Die umgangssprachlich übliche Aufforderung, zu denken bzw. nachzudenken, ergeht sowohl an den Vergeßlichen als auch an den Examenskandidaten, sie wird in jeder wissenschaftlichen und nichtwissenschaftlichen Praxis akzeptiert und gilt zugleich in einer wissenschaftlichen Praxis stets als befolgt.

Sofern ›D.‹ als Bestandteil einer wissenschaftlichen Terminologie auftritt, wird darunter in der Regel eine selbständige Fähigkeit bzw. Tätigkeit (als aktualisierte Fähigkeit) des Menschen verstanden und diese oft als höchste Form ›psychischer‹ Fähigkeit bzw. ›psychischer‹ Tätigkeit bezeichnet (gestufte Unterscheidung zwischen *vorsprachlichem, anschaulichem* und *symbolischem*, d.h. zeichenvermitteltem sprachlichen D.). Eine derartige Begriffsbildung erfolgt in der Psychologie, ist aber auch für den philosophischen Terminus ›D.‹ kennzeichnend, sofern dieser oft komplementär zum Begriff der (objektiven) Wirklichkeit verwendet wird: im D. wiederholt oder strukturiert sich, je nach den gewählten erkenntnistheoretischen Ausgangsunterscheidungen, eine (›objektiv‹) gegebene Wirklichkeit (↑Abbildtheorie). Diese gilt im D. als ›vorgestellt‹ oder ›erkannt‹, wobei das D., am deutlichsten seit I. Kant (Logik, Einl. V), an die methodischen Schrittfolgen der *Begriffsbildung*, des *Urteils* und des *Schlusses* gebunden ist. In diesem Sinne heißt D. *logisch*, ferner ↑*diskursiv*, sofern sich für das Ergebnis eines Denkaktes eine logische Genese angeben läßt, *intuitiv*, sofern dies nicht möglich ist (↑Intuition).

Als konkurrierende oder kooperierende Fähigkeit tritt in diesem Zusammenhang die ↑Sinnlichkeit auf; in empiristischen Systemen schränkt sie die Selbständigkeit des D.s durch den erkenntnistheoretischen Primat der sinnlichen ↑Erfahrung ein, in rationalistischen Systemen gilt sie wegen des erkenntnistheoretischen Primats des reinen Bewußtseins (oder des reinen D.s) ihrerseits als unselbständig. In seiner Kritik der reinen Vernunft hat Kant demgegenüber ein kooperatives Verhältnis von D. (bzw. Verstand) und Sinnlichkeit bei gegenseitiger Abhängigkeit beider ›Erkenntnisformen‹ voneinander unterstrichen: »Ohne Sinnlichkeit würde uns kein Gegenstand gegeben, und ohne Verstand keiner gedacht werden. Gedanken ohne Inhalt sind leer, Anschauungen ohne Begriffe sind blind« (KrV B 75). Im Rahmen der praktischen Philosophie sichert die Möglichkeit, daß sich die praktische Vernunft »in eine Verstandeswelt hinein *denkt*« (Grundl. Met. Sitten BA 118), die Rationalität auch praktischer Orientierungen. Im übrigen sind für den philosophischen Sprachgebrauch weniger begriffliche Bestimmungen von D. im allgemeinen als die das D. und seine Orientierungs- und Konstitutionsleistungen differenzierenden Bestimmungen z.B. von ↑Bewußtsein, ↑Geist, ↑Vernunft, ↑Verstand charakteristisch. Das gilt auch schon für den griechischen und lateinischen Sprachgebrauch, in dem der Begriff des D.s differenziert dargestellt wird durch Dianoia (*διάνοια*, als diskursives D.), ↑Logos (*λόγος*), ↑Noesis (*νόησις*), ↑Nus (*νοῦς*) (daneben durch die Verben *λογίζεσθαι, νοεῖν, φρονεῖν*, auch in substantivischer Verwendung), ↑intellectus, ↑ratio und, in einem vergleichbar allgemeinen Sinne wie D. im Deutschen, cogitatio (bzw. cogitare, daneben auch contemplari, meditari, ratiocinari).

Neben der Auffassung des D.s als einer selbständigen ›inneren‹ Tätigkeit (J. Locke: »Thinking is the Action, not the Essence of the Soul«, Essay II 19,4) und seiner Gleichsetzung mit den verschiedenen Erscheinungsformen von Rationalität überhaupt, wobei Philosophie schließlich als ›das D. des D.s‹ (G.W.F. Hegel, Vorles. Gesch. Philos., Sämtl. Werke XVIII, 331, im Anschluß an Aristotelische Begriffsbildungen) bezeichnet wird, ist immer wieder auf die Abhängigkeit des D.s von der Sprache hingewiesen worden. Platon bezeichnet das D. als ein ›Gespräch der Seele mit sich selbst‹ (Soph. 263e3–5, Theait. 189e–190a), Kant nennt das D. ›ein Sprechen‹ (Akad.-Ausg. XXI, 103), nach J.G. Hamann beruht »das ganze Vermögen zu denken [...] auf Sprache« (Werke III, ed. J. Nadler, 286). In den modernen sprachphilosophischen Bemühungen radikalisiert sich seit L. Wittgenstein die Kritik der reinen Vernunft (Kant) zu einer Kritik der sprachlichen Vernunft (↑Sprachkritik). ›D.‹ tritt in diesem Zusammenhang als Abstraktum zu ›Reden‹ auf (↑Abstraktion): wenn über das Reden unter Berücksichtigung seiner argumentativen (logischen) Form invariant bezüglich seiner besonderen Ausdrucksformen geredet wird, läßt sich dieses Reden als D. bezeichnen. Das bedeutet dann, daß in der Philosophie, aber auch in allen anderen Disziplinen, in denen von D. geredet wird, der Begriff des (vernünftigen) D.s durch den Begriff des (vernünftigen) Redens ersetzt werden kann, da das, was kritisch über das D. gesagt werden kann, zuvor schon über das (nach herkömmlicher Terminologie: das D. artikulierende) Reden gesagt werden muß. In jedem Falle wird der Terminus ›D.‹ nicht über eine Definition, sondern über eine *Abstraktion* gewonnen. Zu D. als *Form* der Selbstgewißheit ↑cogito ergo sum, ↑Subjektivismus.

Literatur: C.v. Bormann/R. Kuhlen/L. Oeing-Hanhoff, D., Hist. Wb. Ph. II (1972), 60–102; J. König, Sein und D., Studien im Grenzgebiet der Logik, Ontologie und Sprachphilosophie, Tübingen 1937, ²1969; P. Lorenzen, Methodisches D., Frankfurt 1968, 1974; H.H. Price, Thinking and Experience, New York ²1970; G. Ryle, The Concept of Mind, London 1949 (dt. Der Begriff des Geistes, Stuttgart 1969); L.S. Vygotskij [dt. L.S. Wygotski], Myštenie i reč', Moskau 1934 (dt. Denken und Sprechen, ed. J. Helm, Einl. T. Luckmann, Übers. G. Sewekow, Frankfurt 1969, ⁵1974); B.L. Whorf, Language, Thought and Reality. Selected Writings, ed. J.B. Carroll, Cambridge Mass. 1956, ²1966 (dt. Sprache, D., Wirklichkeit, Hamburg 1963, ⁷1970). J.M.

Denkgesetz, philosophischer Terminus, mit dem der Status der logischen Regeln vor allem in der Tradition des ↑Psychologismus des 19. Jahrhunderts erläutert wurde (F.E. Beneke, J.S. Mill, W. James, W. Wundt, C. Stumpf, C. Sigwart u.a.). Danach stellt die Logik nichts anderes als die Naturgesetze des Denkens dar. E. Husserl hat in seiner Kritik an den psychologistischen Logikkonzeptionen dem Begriff D. eine noematische (ideale) Bedeutung zu geben versucht.

Literatur: E. Husserl, Logische Untersuchungen II, Tübingen 1913, ⁴1928 (Teil 1 u. 6). C.F.G.

Denkökonomie, Bezeichnung für eine im ↑Empiriokritizismus entwickelte erkenntnispsychologistische Theorie, nach der menschliches Denken dem natürlich-biologischen Verstandesprinzip folgt, mit möglichst geringem Kraftaufwand erklärungsbedürftige Tatsachen durch die Vereinfachung zusammengefaßter Beschreibung zu erklären.

Gelegentlich bezeichnet ›D.‹ auch das normative Ökonomieprinzip bei der Einführung realer Allgemeinbegriffe. Bekannt ist vor allem ›Occam's razor‹: entia non sunt multiplicanda praeter necessitatem. Diese Forderung wurde in der Folge auch von G. Galilei, J. Kepler, I. Newton, M.J.A.N.C. Marquis de Condorcet und I. Kant vertreten. Jedoch ist zu beachten, daß, wenn für Kant »die Ersparung der Prinzipien nicht bloß ein ökonomischer Grundsatz der Vernunft, sondern inneres Gesetz der Natur« ist (KrV B 678/A 650), er damit die regulative Idee der Einheit meint, »nach welcher jedermann voraussetzt, diese Vernunfteinheit sei der Natur selbst angemessen« (KrV B 681/A 653).

Auch für E. Mach ist das ökonomische Prinzip zunächst nur die Regel, nach der die in diesem Sinne wie eine Minimum-Maximum-Aufgabe betrachtete Wissenschaft vorgehen soll. Die ökonomische Natur der auf den sparsamsten, einfachsten begrifflichen Ausdruck der Tatsachen abzielenden Wissenschaft kommt in der mit Entwicklung der Schrift- und Zahlenzeichen einsetzenden und seitdem immer weiter fortschreitenden Abkürzung von Denkvorgängen zum Ausdruck. In seinen ›erkenntnispsychologische Skizzen‹ genannten Arbeiten betrachtet Mach das lebensweltliche und das von diesem nur durch gesteigerte Aufmerksamkeitsleistung unterschiedene wissenschaftliche Denken mißverständlich als eine biologische und organische Einheit, deren idealen Grenzfall das logische Denken bilde. Sehr viel weiter geht R. Avenarius, der in seiner gegen die »Kritik der reinen Vernunft« gerichteten »Prolegomena zu einer reinen Erfahrung« (1876) die Geschichte des menschlichen Denkens mit Hilfe des Prinzips des kleinsten Kraftmaßes, das bei ihm zum empirischen Entwicklungsprinzip wird, teleologisch erklären will. H. Cornelius bezeichnet in »Psychologie als Erfahrungswissenschaft« (1897) das denkökonomische Einheitsprinzip im Sinne einer empirisch-psychologischen Begründung der Erkenntnistheorie als allgemeines psychologisches Grundgesetz.

Der deskriptiven Erkenntnistheorie der D. widerspricht innerhalb des ↑Wiener Kreises bereits M. Schlick, der das ökonomische Prinzip nur als logisches Prinzip innerhalb eines Systems von Sätzen zuläßt. Vom Standpunkt der Apriorität der Logik kritisiert E. Husserl in den »Logischen Untersuchungen« (1900) das psychologistisch aufgefaßte Prinzip der D., soweit es sich als erkenntnistheoretischen Begründungsversuch verstand, als petitio principii, ohne ihm die Fruchtbarkeit auf der Darstellungsebene abzusprechen. Auch H. Lotze will das ›simplex sigillum veri‹ nur als wissenschaftstheoretische Regel gelten lassen, vorhandene Daten mit Hilfe des einfachsten mehrerer in Betracht kommender Gesetze zu erklären. Heute ist die Brauchbarkeit des Einfach(st)heitsprinzips auch innerhalb der Wissenschaftstheorie bestritten.

Literatur: R. Avenarius, Philosophie als Denken der Welt gemäß dem Prinzip des kleinsten Kraftmaßes. Prolegomena zu einer Kritik der reinen Erfahrung, Leipzig 1876, Berlin ²1903; M. Bunge, The Myth of Simplicity. Problems of Scientific Philosophy, Englewood Cliffs 1963; H. Cornelius, Psychologie als Erfahrungswissenschaft, Leipzig 1897; H. Dingler, Über den Begriff der »Einfachstheit« in der Methodik der Physik und der exakten Wissenschaften, Z. f. Physik 3 (1920), 425–436; E. Husserl, Logische Untersuchungen, I–II, Halle 1900/1901, I–III, ²1913–1921 (repr. Tübingen, 1968), I (Prolegomena zur reinen Logik), 192–210; F. Kallfelz, Das Ökonomieprinzip bei E. Mach. Darstellung und Kritik. Das Prinzip der Maximalleistung des Denkens, Diss. München 1929; E. Mach, Die Gestalten der Flüssigkeit, in: ders., Populärwissenschaftliche Vorlesungen, Leipzig ⁴1910, 16; ders., Die Ökonomische Natur der physikalischen Forschung, ebd., 236ff.; ders., Die Mechanik, historisch-kritisch dargestellt, Leipzig ⁹1933 (repr. Darmstadt 1963, 1976), 469ff.. H.R.G.

Denotation, im Anschluß an J.S. Mill versteht man unter der D. (extensionalen Bedeutung) eines sprachlichen Ausdrucks die Gegenstände, auf die dieser Ausdruck zutrifft, sei es als ↑Nominator (dann ist die D. der benannte Gegenstand), sei es als prädikativer Ausdruck (dann besteht die D. aus den einzelnen Gegenständen, denen der prädikative Ausdruck zukommt). Eine andere Auffassung der D. identifiziert diese mit der *Klasse* der Gegenstände, denen der prädikative Ausdruck zukommt, also mit einer ›abstrakten Entität‹. N. Goodman hat die Anwendung des Terminus ›D.‹ auf andere als wortsprachliche Symbole ausgedehnt. Danach denotiert z.B. ein Porträt den Porträtierten und die Abbildung eines Hundes einer bestimmten Rasse (z.B. in einem Lexikon) die einzelnen Hunde dieser Rasse.

Literatur: J.S. Mill, A System of Logic, London 1843 (dt. System der deduktiven und induktiven Logik, Braunschweig ³1868); N. Goodman, Languages of Art. An Approach to a Theory of Symbols, Indianapolis 1968, ²1976 (dt. Sprachen der Kunst. Ein Ansatz zu einer Symboltheorie, Frankfurt 1973). G.G.

Desaguliers, John Theophilus, *La Rochelle 12. März 1683, †London 10. März 1744, engl. Naturwissenschaftler hugenottischer Herkunft. 1705 Studium in Christ Church College, Oxford, B.A. 1709, 1710 Lecturer für ›experimentelle Philosophie‹ in Hart Hall, Oxford, als Nachfolger J. Keills, M.A. 1712, Aufnahme in die Royal Society am 29. Juli 1714, nachdem D. im Winter 1713/

1714 auf I. Newtons Anregung hin aufgefordert worden war, einige Experimente Newtons zu wiederholen. Spielte eine führende Rolle als Freimaurer.
D.' wissenschaftliche Bedeutung liegt in seinen Arbeiten als Experimentator (Optik, Mechanik, Elektrizitätslehre) und, neben Keill, H. Pemberton und C. Maclaurin, als einflußreicher Propagator der Newtonschen Physik im 18. Jahrhundert. Er entwickelte und verbesserte zahlreiche physikalische Geräte, vertrat innerhalb der Newton-Tradition die Annahme einer Dualität der Kräfte (↑Attraktion/Repulsion) und gehörte, etwa neben W.J. 'sGravesande und J. le Rond d'Alembert, zu denjenigen, die in der ↑vis-viva-Kontroverse um die richtige Definition der Kraft auf den Unterschied der durch mv (Impulssatz) und mv^2 (Energiesatz) definierten Begriffe, ihrerseits noch einmal unterschieden vom Newtonschen Kraftbegriff (mb), aufmerksam machten. D. veröffentlichte zwischen 1716 und 1742 insgesamt 52 Beiträge in den »Philosophical Transactions« (am bedeutendsten der entsprechende Arbeiten C. Huygens' und Keills fortsetzende Beitrag: Dissertation Concerning the Figure of the Earth, 1726), erhielt dreimal die 1731 eingeführte Copley-Medaille für seine experimentellen Leistungen und übersetzte unter anderem Werke von E. Mariotte (The Motion of Water and Other Fluids, London 1718) und 'sGravesande (The Mathematical Elements of Natural Philosophy Confirm'd by Experiments, London 1720).

Werke: Physico-Mechanical Lectures. Or, An Account of what is Explain'd and Demonstrated in the Course of Mechanical and Experimental Philosophy, London 1717; A Course of Mechanical and Experimental Philosophy, London 1720; An Experimental Course of Astronomy, London 1725; The Newtonian System of the World, the Best Model of Government. An Allegorical Poem, London 1728; A Course of Experimental Philosophy, I–II, London 1734/1744, [3]1763 (anstelle der nichtautorisierten Ausgabe von P. Dawson: A System of Experimental Philosophy. Prov'd by Mechanicks [...] As Performed by J.T.D., London 1719); A Dissertation Concerning Electricity, London 1742 (franz. Dissertation sur l'électricité des corps, Bordeaux 1742).

Literatur: I.B. Cohen, Franklin and Newton. An Enquiry into Speculative Newtonian Experimental Science and Franklin's Work in Electricity as an Example Thereof, Philadelphia 1956, Cambridge Mass. 1966, 243–261, 376–384; A.R. Hall, D., DSB IV (1971), 43–46; P.R. Major, The Physical Researches of J.T.D., Diss. London 1962 (mit Bibliographie); J. Torlais, Un Rochelais grandmaître de la franc-maçonnerie et physicien au XVIIIe siècle. Le Révérend J.-T.D., La Rochelle 1937. J.M.

Desargues, Gérard (oder Girard), *Lyon 1591 (getauft am 2. März), †ebd. Okt. 1661, franz. Architekt und Ingenieur, gewann durch seine Pariser Vorlesungen (1626 bis ca. 1630) großes Ansehen als Mathematiker und gehörte 1638 dem Kreis um M. Mersenne an, der eine Studie D.' über Musik publizierte. Nach einem Werk über die Perspektive (1636) schrieb D. eine Abhandlung über die Kegelschnitte, die den ersten wesentlichen Fortschritt in der synthetischen ↑Geometrie seit der Antike brachte. In dieser Schrift begründete D. durch die Einführung der (schon von J. Kepler konzipierten) uneigentlichen Punkte und den Aufbau einer Theorie von Polare und Involution die synthetische projektive Geometrie. Die Vorherrschaft der analytischen Geometrie (↑Geometrie, analytische), eigenwilliger Stil und exzentrische Terminologie sowie eine als provozierend empfundene weitere Schrift über Architektur (1640) verhinderten zunächst jede Wirkung des bahnbrechenden Werkes, so daß es als verschollen galt, bis 1845 eine von dem Geometer L. de La Hire angefertigte handschriftliche Kopie entdeckt wurde. Heute taucht der Name D.' in der geometrischen Terminologie häufig auf. Nach ihm ist der Hauptsatz der projektiven Geometrie benannt, wonach die Schnittpunkte jeder Geraden mit einem System von Kegelschnitten durch vier feste Punkte eine Involution bilden. Der D.sche Satz über Dreiecke, wonach bei zwei perspektiv-liegenden Dreiecken (im Raum oder in der Ebene) die drei Schnittpunkte einander entsprechender Dreieckseiten auf einer Geraden liegen, wurde von J.V. Poncelet zur Grundlage seiner Theorie der homologen Figuren gemacht und hat seine Bedeutung für die moderne Geometrie darin, daß er für eine synthetische projektive Geometrie genau dann gilt, wenn sich diese bereits als analytische Geometrie über einem Körper (↑Körper (mathematisch)) aufbauen läßt. Projektive Ebenen und endliche Geometrien heißen ›D.sch‹ bzw. ›nicht-D.sch‹ je nachdem, ob in ihnen der D.sche Satz über Dreiecke gilt oder nicht.

Werke: Œuvres de D. réunies et analysées, I–II, ed. N.G. Poudra, Paris 1864; L'œuvre mathématique de G.D., ed. R. Taton, Paris 1951 (mit Bibliographie, Originaltexte 75–212). – Brouillon proiect d'une atteinte aux événements des rencontres d'un cone avec une plan, Paris 1639 (dt. Erster Entwurf eines Versuchs über die Ergebnisse des Zusammentreffens eines Kegels mit einer Ebene, Leipzig 1922 [Ostwalds Klassiker der exakten Wissenschaften 197]).

Literatur: S. Chrzasczewski, D.' Verdienste um die Begründung der projectivischen Geometrie, Arch. Math. Physik, 2. Reihe 16 (1898), 119–149; J.L. Coolidge, A History of Geometrical Methods, New York 1940 (repr. 1963); N.A. Court, D. and his Strange Theorem, Scr.

Math. 20 (1954), 5–13, 155–164; W. M. Ivins, A Note on G. D., Scr. Math. 9 (1943), 33–48; R. Taton, L'œuvre mathématique de G. D., Paris 1951; ders. G. D., DSB IV (1971), 46–51. C. T.

Descartes, René (latinisiert Renatus Cartesius), *La Haye (Touraine) 31. März 1596, †Stockholm 11. Febr. 1650, franz. Philosoph, Mathematiker und Naturwissenschaftler, Begründer des neuzeitlichen erkenntnistheoretischen ↑Subjektivismus und der analytischen Geometrie (↑Geometrie, analytische). Nach dem Besuch der Jesuitenschule in La Flèche (1604–1614) verbrachte D. die Jahre 1614–1629 auf Reisen und (1618–1621) in Kriegsdiensten in den Armeen Moritz von Nassaus und Maximilians von Bayern. 1629 ging er nach Holland, im September/Oktober 1649 auf Einladung der Königin Christine nach Stockholm, wo er wenige Monate später starb.

D.' Bemühungen galten von Anfang an erkenntnistheoretischen, mathematischen und (wesentlich beeinflußt von I. Beeckman, mit dem er im Winter 1618/1619 zusammentraf) physikalischen Fragestellungen. Daneben beschäftigte er sich mit biologischen, psychologischen und medizinischen Untersuchungen. Sein erstes physikalisches Hauptwerk »Le monde« blieb, nachdem D. von der Verurteilung G. Galileis (1633) erfahren hatte, zu Lebzeiten D.' unveröffentlicht (Le monde, ou Le traité de la lumière, et des autres principaux objets des sens, Paris 1664); ebenso die fragmentarische Schrift »Regulae ad directionem ingenii« (um 1628, erschienen 1701) und eine »Inquisitio veritatis per lumen naturale« (um 1647, erschienen 1701). 1637 veröffentlichte D. in Leiden den stark autobiographisch geprägten »Discours de la méthode pour bien conduire sa raison, & chercher la vérité dans les sciences« (dt. Abhandlung über die Methode des richtigen Vernunftgebrauchs und der wissenschaftlichen Wahrheitsforschung, Leipzig 1898), und zwar als erkenntnistheoretische Einleitung in die Abhandlungen »Dioptrique«, »Météores« und »La géométrie«, 1641 in Amsterdam und Paris die »Meditationes de prima philosophia« mit Einwänden unter anderem von A. Arnauld, P. Gassendi, T. Hobbes und M. Mersenne (2. Ausg. 1642, franz. Les méditations métaphysiques, Paris 1647; Meditationes de prima philosophia/Meditationen über die Grundlagen der Philosophie, lat./dt., ed. L. Gäbe, Hamburg 1977), 1644 in Amsterdam die »Principia philosophiae« (weitere Ausg. 1650, 1656, 1664, 1672, 1677; franz. Les principes de la philosophie, Paris 1647), 1649 in Paris »Les passions de l'âme« (geschrieben 1646 für Elisabeth von der Pfalz) (dt. Tractat von den Leidenschafften der Seele, Frankfurt 1723). 1662 erschien aus den bis dahin unveröffentlichten Teilen des Werkes D.': De homine, Leiden 1662, 1664, franz. L'homme, Paris 1664 (dt. Über den Menschen (1632), ed. K. E. Rothschuh, Heidelberg 1969).

Die grundlegenden Begriffe der Erkenntnistheorie D.' sind mathematischer und physikalischer Herkunft. Das gilt ebenso für seinen Begriff der Wahrheit als reiner, durch ↑Intuition gewonnener ↑Evidenz und klarer distinkter Anschauung (unbezweifelbar wahr ist, was sich clare et distincte [↑klar und deutlich] erkennen läßt) als auch für die fundamentale Unterscheidung zwischen zwei Substanzen, einer ›res extensa‹ (Außenwelt) und einer ›res cogitans‹ (Innenwelt), die der Reduktion der Körperwelt auf reine Ausdehnung (extensio) in physikalischen Zusammenhängen folgt (↑res cogitans/res extensa). Als unbezweifelbar gilt dabei die am Ende einer kunstvollen methodischen Zweifelsbetrachtung stehende Einsicht ↑›cogito ergo sum‹ (ich denke, also bin ich), die D. in einem zweiten Schritt auf den Satz ›sum res cogitans‹ (ich bin eine denkende Substanz) hin erweitert. Die Selbständigkeit eines Anfangs im Denken scheint damit erwiesen, zusätzlich gesichert über zwei Gottesbeweise, die im System D.' mit dem gesuchten Nachweis, daß Gott nicht täuscht, der Sicherung sogenannter erster Sätze (darunter der Naturgesetze) und der allgemeinen methodischen Regel klarer und distinkter Anschauung dienen. Gegenstände dieser Anschauung sind Ideen, nach D. unterschieden in angeborene (ideae innatae), durch Erfahrung erworbene (ideae adventitiae) und künstlich gebildete Ideen (ideae a me ipso factae). Die Annahme angeborener Ideen (↑Idee, angeborene), d.h. einer erfahrungsfreien Anschauungsquelle, sucht erneut die methodologische Unabhängigkeit eines selbstreflexiven Anfangs im reinen Denken (cogitatio) zu sichern und führt von daher zum Begriff angeborener (bzw. ewiger) Wahrheiten, die über Ketten methodisch gewonnener Evidenzen (nicht logisch voneinander abhängiger Sätze) schließlich einer apriorisch orientierten Erklärung auch erfahrungsbestimmter Vorgänge dienen sollen. Das mit der fundamentalen Unterscheidung zweier Substanzen (definiert über die Reduktion auf selbstreflexive und mathematische Strukturen) entstehende Problem der im Menschen repräsentierten Interaktion zwischen Leib und Seele wird durch die Annahme einer physischen Verbindung über die Zirbeldrüse, dem einzig einpaarigen Organ im Gehirn, oder aber durch den Hinweis auf die alltägliche Erfahrung zu lösen versucht und führt wegen der systematischen Inkonsequenz dieser Annahme später zu alternativen Erklärungsbemühungen im ↑Cartesianismus (↑Okkasionalismus). Der metaphysische ↑Dualismus der Zwei-Substanzen-Lehre wird im neuzeitlichen Denken, darin dessen Subjektivität begründend, zur Grundlage der Unterscheidung von Subjekt und Objekt im Idealismus (↑Subjekt-Objekt-Problem).

In der Physik, deren deduktiver Aufbau ein Hauptziel der Cartesischen Philosophie ist, nimmt die Reduktion der Natur auf den Begriff der Ausdehnung eine Schlüsselstellung ein. Alles Geschehen muß nach D. als Korpuskularbewegung gedeutet werden. Die Identifizierung von Raum und Materie schließt die Möglichkeit eines Vakuums aus. Die Korpuskularbewegung, deren Übertragung auf benachbarte Teilchen D. durch (allerdings falsche) ↑Stoßgesetze erklärt, gilt auf Grund eines geschlossenen Kreislaufs als ewig erhalten – einer der ersten ↑Erhaltungssätze der Physik überhaupt. In diese Auffassung vom Kreislauf der Korpuskeln fügt sich D.' ↑Wirbeltheorie, die eine Erklärung für die Planetenbewegung geben soll und deren Anerkennung erst im 18. Jahrhundert durch die Gravitationstheorie I. Newtons aufgehoben wird. D. leugnet in Konsequenz seiner Korpuskulartheorie die Existenz von Atomen,

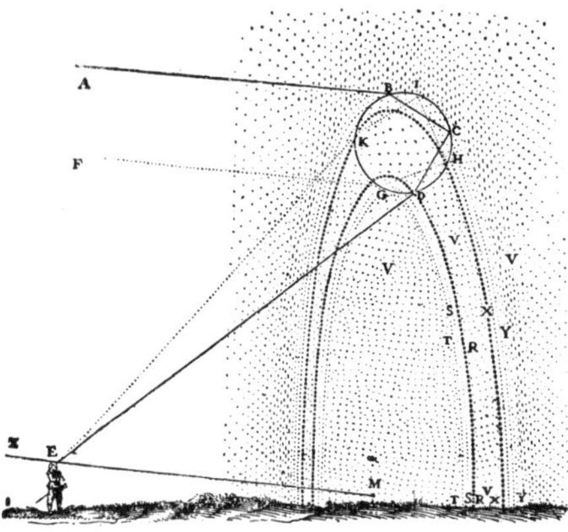

(Skizze zur Beschreibung der Dispersion des Sonnenlichts (aus der Richtung *A* bzw. *F*) in den Wassertropfen des Regenbogens. Relativ zum Betrachter *E* wird rotes Licht im Hauptregenbogen längs der Linie *ABCDE* (durch Brechung in *B*, Reflexion in *C*, Brechung in *D*) und im Nebenregenbogen längs der Linie *FGHIKE* (durch Brechung in *G*, Reflexion in *H*, Reflexion in *I*, Brechung in *K*) erzeugt, Les météores VIII, Œuvres VI, 326)

greift aber der Sache nach zur Erklärung einiger Phänomene doch auf atomistische Vorstellungen zurück. Bedeutend ist D.' Beitrag zur Optik; er ist Mitentdecker des Brechungsgesetzes, das er zur Erklärung des Regenbogens verwendet und durch Experimente mit wassergefüllten Glaskugeln erhärten kann.

Von größtem wirkungsgeschichtlichen Einfluß sind D.' Leistungen in der Mathematik, vor allem seine Erfindung der analytischen Geometrie. Seit der Antike wurde Geometrie unter anderem als Lehre von Kurven in der Ebene getrieben; ↑Algebra als die Lehre von Gleichungen und ihren Lösungsmethoden erfuhr durch F. Viète und P. de Fermat eine rasche Förderung. D. sah jedoch als erster die Leistungsfähigkeit einer Gleichstellung von Geometrie und Algebra, die durch die Darstellung von Punkten durch *n*-Tupel von Zahlen und die Darstellung von Kurven durch Gleichungen erreicht wird. Schon vor D. waren graphische Darstellungen z.B. von Bewegungsabläufen bekannt (Fermat benutzte bereits Koordinatensysteme), die für die moderne Mathematik charakteristische Äquivalenz geometrischer und algebraischer Methoden ist jedoch eine originäre Einsicht D.'. Er klassifizierte die nicht-transzendenten Kurven und trug Bedeutendes zur Theorie der Gleichungen bei (↑Fundamentalsatz der Algebra, Descartes'sche Zeichenregel etc.).

Werke: Œuvres, I–XI, ed. V. Cousin, Paris 1824–1826; Œuvres, I–XII, ed. C. Adam/P. Tannery, Paris 1897–1913, I–XIII, 1908–1957; Correspondance, I–VIII, ed. C. Adam/G. Milhaud, Paris 1936–1963 (dt. Auswahl: Briefe, 1629–1650, ed. M. Bense, Köln 1949); Œuvres philosophiques, I–IV, ed. A. Garnier, Paris 1834–1835, I–III, ed. F. Alquié, Paris 1963–1973; É. Gilson, R.D., Discours de la méthode. Texte et commentaire, Paris 1962; J.-L. Marion, R.D., Règles utiles et claires pour la direction de l'esprit en la recherche de la verité. Traduction selon le lexique cartésien, et annotation conceptuelle, La Haye 1977; dt. Übersetzungen der philosophischen Werke in der »Philosophischen Bibliothek« (27: Meditationen über die Grundlagen der Philosophie mit den sämtlichen Einwänden und Erwiderungen, Leipzig ^{4}1915 [repr. Hamburg 1965]; 250a: Meditationen über die Grundlagen der Philosophie, ed. L. Gäbe, Hamburg 1959; 28: Die Prinzipien der Philosophie, Hamburg ^{6}1955 [= ^{3}1908]; 261: Von der Methode, ed. L. Gäbe, Hamburg 1960; 262a: Regeln zur Ausrichtung der Erkenntniskraft, ed. L. Gäbe u.a., Hamburg 1973). – J.R. Armogathe/J.L. Marion, Index des Regulae ad directionem ingenii de R.D., Rom 1976; P.-A. Cahné, Index du Discours de la méthode de R.D., Rom 1977. – A.J. Guibert, Bibliographie des œuvres de R.D. publiées au XVIIe siècle, Paris 1976; G. Sebba, Bibliographia Cartesiana. A Critical Guide to the D. Literature 1800–1960, The Hague 1964; R. Klibansky, D.. A Selected Bibliography, London 1970.

Literatur: F. Alquié, D., l'homme et l'œuvre, Paris 1956, [2]1963 (dt. Stuttgart 1962); F. Bader, Die Ursprünge der Transzendentalphilosophie bei D., Bonn 1979; A. Baillet, La vie de Monsieur D., I–II, Paris 1691 (repr. Hildesheim/New York 1972); L.J. Beck, The Method of D.. A Study of the Regulae, Oxford 1952; J.J. Blom, D.. His Moral Philosophy and Psychology, Hassocks (Sussex) 1978; C.B. Boyer, A History of Analytic Geometry, New York 1956; L. Brunschwicg, D. et Pascal. Lecteurs de Montaigne, Neuchâtel 1945; R.J. Butler (ed.), Cartesian Studies, Oxford 1972; E. Cassirer, D.. Lehre, Persönlichkeit, Wirkung, Stockholm 1939; H. Caton, The Origin of Subjectivity. An Essay on D., New Haven/London 1973; J. Collins, D.' Philosophy of Nature, Oxford 1971; A.C. Crombie/M.S. Mahoney/T.M. Brown, D., DSB IV (1971), 52–65; E. Denissoff, D.. Premier théoricien de la physique mathématique, Louvain/Paris 1970; H. Friedrich, D. und der französische Geist, Leipzig 1937; L. Gäbe, D.' Selbstkritik. Untersuchungen zur Philosophie des jungen D., Hamburg 1972; É. Gilson, Index scolastico-cartésien, Paris 1913, New York 1963; ders., Études sur le rôle de la pensée médiévale dans la formation du système Cartésien, Paris 1930, [3]1967; M. Guéroult, D. selon l'ordre des raison, I–II, Paris 1953, 1968; I. Hacking, Leibniz and D.. Proof and Eternal Truths, London 1973; O. Hamelin, Le système de D., Paris 1921; H. Heimsoeth, Die Methode der Erkenntnis bei D. und Leibniz, I–II, Gießen 1912/1914; P. van der Hoeven, D.. Wetenschap en wijsbegeerte, Baarn 1972; M. Hooker (ed.), D.. Critical and Interpretative Essays, Baltimore/London 1978 (Bibliographie neuerer D.-Literatur, 299–312); K. Jaspers, D. und die Philosophie, Berlin 1937, [2]1948; A. Klemmt, D. und die Moral, Meisenheim 1971; A. Koyré, D. und die Scholastik, Bonn 1923 (repr. Darmstadt 1971); ders., Entretiens sur D., Paris/New York 1944; G. Milhaud, D. savant, Paris 1921; J. Mittelstraß, Neuzeit und Aufklärung. Studien zur Entstehung der neuzeitlichen Wissenschaft und Philosophie, Berlin/New York 1970; J. Rée, D., London 1974; W. Röd, D.. Die innere Genesis des cartesianischen Systems, München/Basel 1964; ders., D.' Erste Philosophie. Versuch einer Analyse mit besonderer Berücksichtigung der Cartesianischen Methodologie, Bonn 1971; É. Saisset, Précurseurs et disciples de D., Genf 1969; G. Schmidt, Aufklärung und Metaphysik. Die Neubegründung des Wissens durch D., Tübingen 1965; H. Scholz/A. Kratzer/J.E. Hofmann, D., Münster 1951; J.F. Scott, The Scientific Work of R.D., London 1952; N.K. Smith, New Studies in the Philosophy of D.. D. as a Pioneer, London 1952; J. Vuillemin, Mathématiques et metaphysique chez D., Paris 1960; C.F. v. Weizsäcker, D. und die neuzeitliche Naturwissenschaft, Hamburg 1958; F.L. Will, Induction and Justification. An Investigation of Cartesian Procedure in the Philosophy of Knowledge, Ithaca/London 1974; B. Williams, D.. The Project of Pure Enquiry, Hassocks (Sussex) 1978; M.D. Wilson, D., London 1978. P.J./J.M.

deskriptiv/präskriptiv, elementare Unterscheidung zur Klassifikation von sprachlichen Äußerungen (↑Sprechakt). D. heißen dabei Äußerungen, deren Performationen konstativ sind; *konstativ* heißen solche Sprechhandlungen, die sich allein aus der Sprechhandlung des Behauptens konstruktiv einführen lassen (zustimmen, bestreiten, berichten, voraussagen usw.). Demgegenüber heißen p. solche Äußerungen, deren Performationen aus *regulativen* Sprachhandlungen, d.h. solchen, die sich unter Rückgriff auf die Sprechhandlung des Aufforderns einführen lassen, gebildet werden (verlangen, gebieten, verbieten, erlauben, empfehlen usw.). Geltungsansprüche, die mit d.en Äußerungen erhoben werden, müssen in *Begründungs*diskursen eingelöst werden, Geltungsansprüche von p.en Äußerungen demgegenüber in *Rechtfertigungs*diskursen (↑Diskurs). Präskriptionen, die in ihrem Geltungsanspruch auf einen situativen Kontext bezogen sind (was sich sprachlich in der Verwendung von ↑Indikatoren äußert), heißen ↑*Imperative;* solche, die kontextunabhängig gelten, *Normen.* Kennzeichen für normative Geltung in diesem Sinne ist also die (moralische) Rechtfertigbarkeit in Rechtfertigungsdiskursen; die Äußerung einer Norm präsupponiert neben dem explizit ausgedrückten Imperativ die Behauptung allgemeiner Zustimmungsfähigkeit (↑Norm (handlungstheoretisch, moralphilosophisch), ↑normativ). – Eine Unterscheidung von Deskriptionen, die derjenigen zwischen Imperativen und Normen entspricht, ist nicht gebräuchlich, weil für Deskriptionen meistens der Anspruch auf Kontextunabhängigkeit präsupponiert ist. Für rekonstruktive Zwecke (z.B. mythische Berichte, Dichtung) könnte jedoch eine entsprechende Unterscheidung nützlich sein; daher sei vorgeschlagen, zwischen *fiktiven* und *objektiven* Deskriptionen zu unterscheiden (↑Fiktion). Eine philosophisch-reflexive Explikation von Deskriptionen heiße ↑*theoretisch;* diejenige von Präskriptionen ↑*praktisch.* Gelingt die Begründung von Deskriptionen gegenüber einem Individuum oder einer Gruppe, heißt die Deskription *relativ* begründet; gelingt eine Begründung gegenüber jedermann (bzw. gibt es Kriterien, die die Unterstellung erlauben, sie könne gegenüber jedermann gelingen), heiße sie *absolut* begründet oder ↑*wahr* (↑Wahrheit). Präskriptionen sollen entsprechend als relativ-gerechtfertigt bzw. als *richtig* ausgezeichnet werden. Gemäß dieser terminologischen Bestimmung hängt das Gelingen von Deskriptionen und Präskriptionen also von der Zustimmungsfähigkeit der Äußerungen ab, durch die sie vollzogen werden (↑Konsens, ↑Konsensustheorie). C.F.G.

Determinismus (von lat. determinare, abgrenzen, bestimmen), erkenntnistheoretischer, insbesondere physiktheoretischer Standpunkt. Im Unterschied zum statistischen Standpunkt nimmt der D. in der Physik die eindeutige Berechenbarkeit und vollständige Meßbarkeit physikalischer Zustandsgrößen an; er entstand historisch in der klassischen Mechanik und der mit ihr verbundenen Naturphilosophie. In der Wissenschaftstheorie wird der D. im Zusammenhang mit der Relativitätstheorie, Quantenmechanik und Wahrscheinlichkeitstheorie diskutiert.

1. In der klassischen Mechanik ist der Zustand eines Systems S von n Massenpunkten zum Zeitpunkt t_0 bekannt, wenn für jeden Massenpunkt i mit $1 \leq i \leq n$ die Ortsgröße $x_i(t_0)$ und die Impulsgröße $p(t_0)$ zum Zeitpunkt t_0 bekannt ist. Jeder zukünftige und vergangene Zustand $(x_i(t),\ p_i(t))$ von S zum Zeitpunkt t ist dann durch die Hamiltonschen Differentialgleichungen

$$\dot{x}_i = \frac{\partial H}{\partial p_i} \quad \text{und} \quad \dot{p}_i = -\frac{\partial H}{\partial x_i}$$

eindeutig bestimmt, d.h. aus der ↑Anfangsbedingung $(x_i(t_0), p_i(t_0))$ und den Hamiltonschen Gleichungen als Gesetzeshypothesen ist jeder Zustand von S in einer deduktiv-nomologischen ↑Erklärung logisch-mathematisch ableitbar. Interpretiert man die Anfangsbedingung als ›Ursache‹ bzw. ›zureichenden Grund‹ und jeden zukünftigen Zustand als ›Wirkung‹, erhält man den Leibnizschen Satz, wonach jeder mechanische Naturzustand durch zureichende Gründe eindeutig bestimmt sei bzw. gleiche Ursachen gleiche Wirkungen erzeugen (↑Grund, Satz vom). Für die faktische Berechnung der Systemzustände müssen jedoch zusätzlich physikalische Meßverfahren der Zustandsgrößen angegeben werden. Dabei geht die klassische Mechanik von der idealisierten Annahme solcher Meßgeräte aus, deren Genauigkeit zur Messung von z.B. x und p beliebig gesteigert werden kann (↑Exaktheit). Erst unter dieser Annahme sind alle Systemzustände von S eindeutig berechenbar und vollständig meßbar. Eine Berechnung der Zustände aller S (d.h. aller mechanischen ›Weltzustände‹) würde allerdings menschliche Fähigkeiten übersteigen und nur von einer übermenschlichen Intelligenz durchführbar sein (↑Laplacescher Dämon). Allgemein heiße ein abgeschlossenes physikalisches System S deterministisch bezüglich einer Klasse K von Zustandsgrößen, wenn (a) jeder frühere oder spätere Systemzustand bezüglich K durch einen Anfangszustand bezüglich K und die Gesetze von S eindeutig berechenbar ist und (b) S eine beliebige Meßgenauigkeit für alle Zustandsgrößen aus K zuläßt.

Diese Bedingungen werden nicht nur von mechanischen Systemen, sondern auch von elektromagnetischen Feldern und den sie beschreibenden Maxwell-Lorentzschen Gleichungen erfüllt, deren Zustandsgrößen Feldvektoren wie die elektrische und magnetische Feldstärke sind. Auch die Differentialgleichungen der Relativitätstheorie (↑Bewegungsgleichungen) beschreiben bezüglich ihrer Zustandsgrößen deterministische Systeme, in denen allerdings die Lichtgeschwindigkeit c eine Grenze für Signalübertragungen ist. Im Minkowski-Raum der speziellen Relativitätstheorie können nämlich zwei Ereignisse (x_1,t_1) und (x_0,t_0) nur dann zeitlich aufeinanderfolgen, wenn $c^2(t_1-t_0)^2-(x_1-x_0)^2 \geq 0$, d.h., im (x,t)-Diagramm des damit beschriebenen Lichtkegels kann das Ereignis (x_0, t_0) im Koordinatenursprung entweder (x_1, t_1) im oberen Lichtkegel bestimmen oder durch (x_1, t_1) im unteren Lichtkegel bestimmt werden.

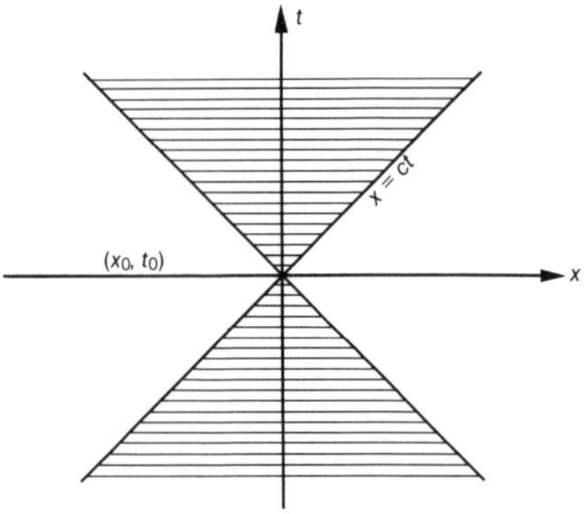

Da Ereignisse (x_1, t_1) mit $c^2(t_1-t_0)^2-(x_1-x_0)^2 < 0$ keine Signalverbindung unterhalb oder gleich der Lichtgeschwindigkeit zulassen, scheiden sie als zukünftige oder vergangene Ereignisse aus und heißen nach H. Reichenbach ›zeitfolgeunbestimmt‹. Der Zustand eines Systems S von n Massenpunkten ist also nach A. Einstein durch Anfangszustände eindeutig bestimmt; Zustandsgrößen einzelner Massenpunkte werden auch bei Berücksichtigung der Lichtgeschwindigkeit als beliebig genau meßbar angenommen.

Demgegenüber wird in der Quantenmechanik (↑Quantentheorie) durch die Heisenbergsche ↑Unschärferelation festgestellt, daß z.B. bei einem einzelnen Elektron nicht mehr alle Zustandsgrößen gleichzeitig bestimmt werden können, weil z.B. Ort und Impuls nicht gleichzeitig in einem einzigen Versuch gemessen werden können. Daher liefern die Hamilton-Gleichungen auch falsche

Voraussagen über zukünftige Orts- und Impulsgrößen ($x_i(t)$, $p_i(t)$) auf Grund einer Ortsmessung x_i zur Zeit t_0 und einer kurz darauf erfolgten Impulsmessung p_i und fallen als deterministische Gesetze der Quantenmechanik aus. In der Schrödingerschen ↑Wellenmechanik (ähnlich in der Heisenbergschen Matrizenmechanik) ändert man nun den physikalischen Zustandsbegriff und definiert ihn durch die sogenannte Ψ-Funktion, mit der sich für z.B. Orts- und Impulsgrößen (x_i, p_i) nur noch Wahrscheinlichkeitsverteilungen angeben lassen. Dabei läßt sich der Wert der Ψ-Funktion zu einem beliebigen Zeitpunkt t nach der sogenannten Schrödinger-Gleichung eindeutig berechnen, wenn nur der Ψ-Wert zu einem Zeitpunkt t_0 gegeben ist. Als Differentialgleichung 1. Ordnung erlaubt die Schrödinger-Gleichung zwar eine eindeutige Berechnung für Ψ-Zustände. Jedoch werden damit nur Wahrscheinlichkeitsverteilungen für z.B. Orts- und Impulsgrößen eindeutig bestimmt, da für alle Orts- und Impulsgrößen im Sinne der Heisenbergschen Unschärferelation prinzipiell keine beliebige Meßgenauigkeit angenommen werden kann. Physikalische Systeme der Quantenmechanik sind also bezüglich z.B. Orts- und Impulsgrößen nicht deterministisch, sondern statistisch. Der Vorschlag, die Schrödinger-Gleichung als deterministische Gesetzmäßigkeit für Ψ-Zustände zu interpretieren, wurde von R. Carnap mit dem Hinweis kritisiert, daß zu einer deterministischen Gesetzmäßigkeit immer die prinzipielle Möglichkeit der präzisen Voraussage beobachtbarer und meßbarer Zustandsgrößen wie z.B. Ort und Impuls gehöre. Die Annahme, die Zustandsgrößen seien durch sogenannte ›verborgene‹ Parameter determiniert, wurde durch einen Satz von J. v. Neumann eingeschränkt. Eine von D. Bohm ausgearbeitete Theorie mit solchen zusätzlichen Parametern, die keine Observablen (meßbare Größen) sind, ist zwar mathematisch möglich, die Einführung unbeobachtbarer Größen zur Rettung des D. ist jedoch physikalisch umstritten.

2. In der ↑Wahrscheinlichkeitstheorie werden deterministische Prozesse (X_t) mit eindeutig bestimmten Folgegliedern als Spezialfälle von stochastischen Prozessen verstanden, bei denen X_t Zufallsvariablen sind, deren Werte nur mit einer durch eine Verteilungsfunktion bestimmten Wahrscheinlichkeit angebbar sind. Stochastische Prozesse gewinnen als mathematische Modelle in der Physik (z.B. radioaktiver Zerfall) und Biologie (z.B. Evolutionsmodelle) zunehmend an Bedeutung. In der Informatik werden bei determinierten Automaten die Ausgabewerte eindeutig durch Eingabe- und Zustandswerte bestimmt, während sie bei stochastischen Automaten mit Wahrscheinlichkeitsmaßen belegt sind.

3. Das deterministische Modell einer ›Weltmaschine‹ wurde historisch nicht nur in den Naturwissenschaften, sondern auch in der Anthropologie (J.O. de La Mattrie: L'homme machine) und in der Staatsphilosophie (T. Hobbes: Leviathan) diskutiert. Diese Fragen führen auf das zentrale Problem der ↑Willensfreiheit und sind nach I. Kants 3. Antinomie nur im Bereich der praktischen Philosophie (↑Philosophie, praktische) zu lösen.

Literatur: D. Bohm, Classical and Non-Classical Concepts in the Quantum Theory, Brit. J. Philos. Sci. 12 (1961/1962), 265–280; W. Büchel, Philosophische Probleme der Physik, Freiburg 1965; M. Bunge, Foundations of Physics, Heidelberg/New York 1967; R. Carnap, Philosophical Foundations of Physics, ed. M. Gardner, New York/London 1966 (dt. Einführung in die Philosophie der Naturwissenschaft, München 1969); ders., Einführung in die symbolische Logik, Wien/New York [3]1968, 198ff., 211ff.; E.J. Dijksterhuis, De Mechanisering van het Wereldbeeld, Amsterdam 1950 (dt. Die Mechanisierung des Weltbildes, Berlin/Göttingen/Heidelberg 1956); M. Eigen/R. Winkler, Das Spiel. Naturgesetze steuern den Zufall, München/Zürich 1975; W.K. Essler, Einführung in die Logik, Stuttgart 1966, 173ff.; B. Hassenstein, Biologische Kybernetik. Eine elementare Einführung, Heidelberg 1965; W. Heisenberg, Physikalische Prinzipien der Quantenmechanik, Mannheim 1958; H. Hörz, Zum Verhältnis von Kausalität und D., Dt. Z. Philos. 11 (1963), 151–170; M. Jammer, The Philosophy of Quantum Mechanics, New York 1974; J. Jørgensen, A Note on Determinism, Predictability, and Indeterminism in Atom Physics, Danish Yearbook of Philosophy 2 (1965), 60–62; H. Korch, Bemerkungen zum Begriff des D., Dt. Z. Philos. 9 (1961), 796–810; P.S. Laplace, Essai philosophique sur les probabilités, Paris 1814; K. Mainzer, Modell, Hist. Wb. Ph. V (1980); P. Mittelstaedt, Philosophische Probleme der modernen Physik, Mannheim 1963, [5]1976; J. Monod, Le hazard et la nécessité. Essai sur la philosophie naturelle de la biologie moderne, Paris 1970 (dt. Zufall und Notwendigkeit. Philosophische Fragen der modernen Biologie, München 1971); A. Montefiore, Determinism and Causal Order, Proc. Arist. Soc. 58 (1957/1958), 125–142; E. Nagel, The Structure of Science. Problems in the Logic of Scientific Explanation, New York 1961, 280ff.; J. v. Neumann, Mathematische Grundlagen der Quantenmechanik, Berlin 1932; M. Planck, Die Kausalität in der Natur/D. und Indeterminismus, in: ders., Vorträge und Erinnerungen, Stuttgart [5]1949 (repr. Darmstadt 1965), 250–269, 334–349; H. Reichenbach, Philosophical Foundations of Quantum Mechanics, Berkeley/Los Angeles 1944 (dt. Philosophische Grundlagen der Quantenmechanik, Basel 1949); U. Röseberg, D. und Physik, Berlin 1975; E. Scheibe, Die kontingenten Aussagen in der Physik. Axiomatische Untersuchungen zur Ontologie der klassischen Physik und der Quantentheorie, Frankfurt/Bonn 1964; M. Schlick, Die Kausalität in der gegenwärtigen Physik, Die Naturwissenschaften 19 (1931), 145–162; E. Schrödinger, Was ist ein Naturgesetz?, München/Wien 1962; P.H. Starke, Abstrakte Automaten, Berlin 1969; W. Stegmüller, Probleme und Resultate der Wissenschaftstheorie und Analytischen Philosophie I (Wissenschaftliche Erklärung und Begründung), Berlin/Heidelberg/New York 1969, Kap. VII; G. Stehr, Zum Problem der objektiven Realität im quantenmechanischen Formalismus, Dt. Z. Philos. 9 (1961), 2021–2039; K. Steinbuch, Automat und Mensch, Berlin/Heidelberg/New York 1961, ³1965, 83ff.; P. Suppes, The Role of Probability in Quantum Mechanics, in: B. Baumrin (ed.), Philosophy of Science II, New York 1963, 319–337; H.A. Weismann, Der D. Albert Einsteins, Philos. Nat. 6 (1960), 479–484; A.N. Whitehead, Process and Reality, New York/Cambridge 1929. K.M.

deus sive natura, durch B. Spinoza geprägte Formel für die Gleichsetzung Gottes mit der Natur, und zwar der ↑›natura naturans‹, d.i. dem durch logische und kausale Gesetze als notwendig bestimmten Zusammenhang aller Dinge, durch den diese sowohl begriffen werden können als auch wirklich sind. Die Gleichsetzung gilt nicht für die ›natura naturata‹, d.i. die (als Natur noch nicht vollständig begriffene) Welt kontingenter Erscheinungen. O.S.

deutscher Idealismus, ↑Idealismus, deutscher.

Deutung, im allgemeinen wissenschaftssprachlichen Wortgebrauch häufig (im Sinne eines nicht näher bestimmten Oberbegriffs für andere wissenschaftliche Aufgaben wie Erklärungen, Verstehensleistungen, Interpretationen) die Einordnung eines konkreten Sachverhaltes oder eines bestimmten Ausdrucks oder Textes in allgemeine Zusammenhänge, z.B. (a) die Darstellung eines Sachverhaltes als Fall einer allgemein auftretenden Erscheinung, seine Ableitung aus Naturgesetzen und deren Randbedingungen (↑Erklärung), seine Zuordnung zu Intentionen (die mit seiner Existenz verbunden sind), zu Normen (die mit seiner Hervorbringung oder Erhaltung erfüllt werden sollen), zu Werten (die mit ihm realisiert werden sollen), (b) die Angabe der Gebrauchsregeln eines Wortes oder der Herstellungsregeln eines Textes usw. Methodisch bedeutsam wird der Begriff der D. vor allem dort, wo versucht wird, über die allgemein angewandten (oder zumindest diskutierten) Verfahren wissenschaftlichen Vorgehens, z.B. kausale Erklärungen und terminologische Interpretationen, hinaus weitere Methoden auszuarbeiten. Solche Ausarbeitungen (›D.stheorien‹) sind im Bereich der Psychoanalyse (im Anschluß an S. Freud) und der verstehenden Sozialwissenschaft (im Anschluß an M. Weber) vorgelegt worden. In der Psychoanalyse besteht die D. in der Herausarbeitung nicht bewußter Motive unseres Denkens, Handelns und Empfindens, vor allem auf Grund unbeabsichtigter und unkontrollierter Gedanken, Handlungen oder Empfindungen (z.B. Träume, Fehlleistungen, Krankheitssymptome) mit Hilfe von Assoziationen, die nach bestimmten Regeln hervorgerufen und nach den herauszuarbeitenden Motiven durchforscht werden. In den verstehenden Sozialwissenschaften besteht die D. darin, unserem Handeln bestimmte Sinngehalte zuzuordnen, d.h. dieses Handeln als Mittel zu einem Zweck, als Befolgung einer (Interaktions- oder Kommunikations-)Regel oder als Realisierung einer (unser Tun als eine bestimmte Handlung definierenden) Intention darzustellen. Dabei entsteht das Problem, daß die Zuordnung von Handeln und Sinngehalt das Ergebnis von Überlegungen des Deutenden ist, das sich zwar auf empirische Daten (wie den beobachtbaren Ablauf von Tätigkeiten, die Antworten der Handelnden über ihre Sinngehalte oder die öffentlich festgelegten Regeln) stützt, aber nicht aus ihnen folgt. Es sind daher immer wieder Versuche unternommen worden, für diese Zuordnung methodische Regeln zu entwickeln, die die D.sbehauptungen der Beliebigkeit des individuellen Nachempfindens entziehen und sie auf eine allgemein überprüfbare Weise einzulösen erlauben.

Literatur: K.-O. Apel, Die Erklären-Verstehen-Kontroverse in transzendentalpragmatischer Sicht, Frankfurt 1979; ders./J. Manninen/R. Tuomela (eds.), Neue Beiträge zur Erklären-Verstehen-Kontroverse, Frankfurt 1978; W.L. Bühl (ed.), Verstehende Soziologie. Grundzüge und Entwicklungstendenzen. Elf Aufsätze, München 1972; P. Ricoeur, De l'interprétation. Essai sur Freud, Paris 1965 (dt. Die Interpretation. Ein Versuch über Freud, Frankfurt 1969); ders., Le conflit des interprétations. Essais d'herméneutique, Paris 1969 (dt. Hermeneutik und Psychoanalyse. Der Konflikt der Interpretationen II, München 1974); O. Schwemmer, Theorie der rationalen Erklärung. Zu den methodischen Grundlagen der Kulturwissenschaften, München 1976; G.H. v. Wright, Explanation and Understanding, Ithaca 1971 (dt. Erklären und Verstehen, Frankfurt 1974). O.S.

Dewey, John, *Burlington (Vermont) 20. Okt. 1859, †New York 2. Juni 1952, amerik. Philosoph und Pädagoge. 1882–1886 Studium bei G.S. Morris, 1884 Promotion mit einer Arbeit über die Psychologie bei I. Kant, die er mit einer Kritik des britischen ↑Empirismus verband. Unter dem Eindruck der experimentellen Psychologie und Physiologie von W. Wundt und H.v. Helmholtz und der ↑Evolutionstheorie von C.R. Darwin entwickelte D. erste Grundzüge einer genetisch-experimentellen Methode, bei der Logik als Instrument schrittweiser Problemlösungen verstanden wird. Nach einer Dozentenzeit in Michigan und Minnesota wurde D. 1894 Prof. in Chicago, 1904 an der Columbia University in New York.

Entscheidend für die philosophische Entwicklung D.s war seine Bekanntschaft mit W. James, dessen Psychologie des ↑Pragmatismus er methodisch zu begründen versuchte. Wahrheit wird danach nicht durch ↑Evidenz oder Abbildung von Sachverhalten in Sätzen definiert, sondern ist im Sinne von C.S. Peirce durch Tests ihrer praktischen Konsequenzen zu überprüfen. Methodisches Denken geht nach D. von Schwierigkeiten der alltäglichen oder wissenschaftlichen ↑Erfahrung aus, die zu lokalisieren und präzisieren sind. Lösungsvorschläge sind schrittweise zu entwickeln, wobei ihre möglichen Konsequenzen logisch abzuleiten und durch Beobachtung und Experimente zu überprüfen sind. Entsprechend wird in D.s Wissenschaftslehre die Entwicklung der einzelnen Wissenschaften als heuristische Entwicklung von Problemlösungsverfahren zur Bewältigung technisch-praktischer Lebensfragen rekonstruiert. In diesem Sinn versteht D. Philosophie als methodische Denkschulung, die pädagogisch umzusetzen ist. – D.s ↑Instrumentalismus übte nicht nur auf die amerikanische Philosophie einen großen Einfluß aus. So finden sich Züge seiner Philosophie auch im physikalischen ↑Operationalismus von P.W. Bridgman und in der mathematischen Heuristik von G. Polya. Seine in den USA weitgehend realisierten pädagogischen und schulpolitischen Vorschläge (z.B. Einführung des Arbeitsunterrichts) wirkten auch in Japan, Indien und Lateinamerika.

Werke: The Early Works of J.D. (1882–1898), I–V, ed. J.A. Boydston, Carbondale Ill. 1969–1972; Psychology, New York 1887, ³1891; Leibniz. Leibniz's New Essays Concerning the Human Understanding. A Critical Exposition, Chicago 1888, New York 1969; Outlines of a Critical Theory of Ethics, Ann Arbor 1891, New York 1969; The School and Society. Being Three Lectures by J.D. Supplemented by a Statement of the University Elementary School, Chicago 1899; Studies in Logical Theory, Chicago ³1903; (mit J.H. Tufts) Ethics, New York 1908, 1961; Moral Principles in Education, Boston/New York 1909; The Influence of Darwin on Philosophy and Other Essays in Contemporary Thought, New York 1910, 1965; How we Think. A Restatement of the Relation of Reflective Thinking to the Educative Process, Boston 1910, Chicago 1971 (dt. Wie wir denken. Eine Untersuchung über die Beziehung des reflektiven Denkens zum Prozeß der Erziehung. Mit einer Einleitung von L. Deuel, Übers. A. Burgeni, Zürich 1951); German Philosophy and Politics, New York 1915, 1942 (dt. Deutsche Philosophie und deutsche Politik, Meisenheim 1954); Democracy and Education. An Introduction to the Philosophy of Education, New York 1916, 1966 (dt. Eine Einleitung in die Philosophie der Pädagogik, Breslau 1930, Braunschweig/Berlin 1949); Essays in Experimental Logic, Chicago 1916, New York 1953; Reconstruction in Philosophy, New York 1920, Boston 1966; Human Nature and Conduct. An Introduction to Social Psychology, New York 1922, 1957 (dt. Die menschliche Natur. Ihr Wesen und ihr Verhalten, Stuttgart 1931); Experience and Nature, Chicago/London 1925, New York 1958, La Salle 1965; The Public and its Problems, New York 1927, Chicago 1946; Characters and Events. Popular Essays in Social and Political Philosophy, I–II, New York 1929, 1970; The Quest for Certainty. A Study of the Relation of Knowledge and Action, New York 1929, London 1930; Individualism, Old and New, New York 1930, London 1931, New York 1962; Art as Experience, New York 1934, 1959; A Common Faith, New York/London/New Haven 1934; (mit W. Kilpatrick) Der Projekt-Plan. Grundlegung und Praxis, Weimar 1935; Logic. The Theory of Inquiry, New York 1938; Theory of Valuation, Chicago 1939, 1967 (Int. Enc. of Unified Science II, no. 4); Freedom and Culture, New York 1939, 1963; Problems of Men, New York 1946, 1968; Theory of the Moral Life, New York 1960. – M.H. Thomas/H.W. Schneider, A Bibliography of J.D., New York 1929, ²1939.

Literatur: R.J. Bernstein, J.D., New York 1966; ders. (ed.), J.D., On Experience, Nature, and Freedom, Indianapolis 1960; J.E. Blewett (ed.), J.D., His Thought and Influence, New York 1960; J.A. Boydston (ed.), Guide to the Works of J.D., Carbondale Ill. 1970; dies., J.D.. A Checklist of Translations, 1900–1967, Carbondale Ill. 1969; G. Dykhuizen, The Life and Mind of J.D., ed. J.A. Boydston, Carbondale Ill. 1973; G.R. Geiger, J.D. in Perspective, New York 1958; S. Hook, J.D.. An Intellectual Portrait, New York 1939; ders. (ed.), J.D.. Philosopher of Science and Freedom. A Symposium, New York 1950, ²1967; G. Kennedy, D.'s Concept of Experience: Determinate, Indeterminate, and Problematic, J. Philos. 56 (1959), 801–814; S. Morgenbesser (ed.), D. and his Critics, Hassocks (Sussex) 1978; A. Pasch, D. and the Analytic Philosophers, J. Philos. 56 (1959), 814–826; W. Savage, J.D. and ›Thought News‹ at the University of Michigan, Michigan Alumnus Quart. Rev. 56 (1950), 204–209; P.A. Schilpp (ed.), The Philosophy of J.D., Evanston/Chicago 1939, New York ²1951 (The Library of Living Philosophers I); H.S. Thayer, The Logic of Pragmatism. An Examination of J.D.'s Logic, New York 1952; M.G. White, The Origin of D.'s Instrumentalism, New York 1943; P.M. Zeltner, J.D.'s Aesthetic Philosophy, Amsterdam 1975. K.M.

Dezimalsystem, auch dekadisches oder Zehnersystem, das von den Indern stammende und von den Arabern vermittelte, spätestens seit dem Ende des Mittelalters in Europa allgemein gebräuchliche ↑Zahlensystem zu Basis 10. In ihm werden alle natürlichen Zahlen mit Hilfe von zehn Zahlzeichen (0, 1, 2, ..., 9) als Summe von Zehnerpotenzen dargestellt. Dabei gibt, wie in allen Positionssystemen, die Stellung eines Zahlzeichens an, zu welcher Potenz die Basis 10 genommen werden soll. So stehen in einer dekadischen Zahldarstellung ganz rechts die Einer (die Faktoren von $10^0=1$), links daneben die Zehner (die Faktoren von $10^1=10$), daneben die Hunderter (die Faktoren von $10^2=100$) usw.. Ein Ausdruck $a_n a_{n-1} \ldots a_0$ des D.s bezeichnet also die Zahl

$$a_n a_{n-1} \ldots a_0 \leftrightharpoons \sum_{i=0}^{n} a_i \cdot 10^i.$$

Z.B. ist $2107=2\cdot 10^3+1\cdot 10^2+0\cdot 10^1+7\cdot 10^0$. Da jede natürliche Zahl sich als Summe von Potenzen zu einer beliebigen vorgegebenen Basis schreiben läßt, lassen sich Ausdrücke des D.s in solche eines beliebigen anderen Positionssystems, z.B. des ↑Dualsystems, übersetzen und umgekehrt. Nimmt man noch negative Potenzen von 10 hinzu (die den Stellen hinter dem Komma entsprechen), so kann man auch Brüche im D. darstellen (›Dezimalbrüche‹); z.B. ist

$$1{,}075=1\cdot 10^0+0\cdot 10^{-1}+7\cdot 10^{-2}+5\cdot 10^{-3}=\tfrac{43}{40}.$$

Allerdings haben nicht alle Brüche eine endliche Entwicklung im D. Z.B. ergibt sich für $\frac{1}{3}$ der (unendliche) periodische Dezimalbruch 0,333..., während dieselbe Zahl im Zahlensystem zur Basis 3 (mit den Grundziffern 0, 1, 2) die endliche Darstellung 0,1 besitzt. Die uneingeschränkte Übersetzbarkeit von Zahldarstellungen verschiedener Positionssysteme gilt also nur für natürliche Zahlen, nicht für Brüche. Zur allgemeinen Untersuchung der Darstellung von Brüchen in Zahlensystemen zur Basis n benötigt man Methoden der ↑Zahlentheorie. P. S.

Dezisionismus (von lat. decidere, abschneiden, entscheiden, decisio, Abkommen, Entscheidung), als systematische Position durch C. Schmitt formuliert: Während im *Gesetzesdenken* oder *Normativismus* jedes juristische Urteil, auch das auf die jeweilige konkrete Situation bezogene Urteil, aus den gesetzlich festgelegten Normen ableitbar sein soll, erfordert nach dem *Entscheidungsdenken* oder *D.* jedes konkrete Urteil eine normativ nicht ableitbare und in diesem Sinne unbegründbare Entscheidung. Zunächst als gegensätzliche Positionen konstruiert, sieht Schmitt später (indem er beide Positionen seinem ›konkreten Ordnungsdenken‹ gegenüberstellt) den Normativismus und D. als sich ergänzende Aspekte des juristischen Positivismus. Im Anschluß und in Auseinandersetzung mit der Schmittschen Konzeption des D. ist dessen Bedeutung verallgemeinert worden, so daß in der neueren Diskussion, vor allem über die Möglichkeit der methodischen Begründung von Handlungen oder Normen, unter D. im allgemeinen die Weigerung verstanden wird, bestimmte für unser Handeln erforderliche Entscheidungen zu begründen (›*praktischer*‹ D.), oder aber die Behauptung, daß eine solche Begründung, z.B. wegen der Unüberschaubarkeit der konkreten Handlungsbedingungen oder wegen der Unbegründbarkeit der obersten Normen, Zwecke oder Werte, unmöglich sei (›*theoretischer*‹ D.).

Literatur: H. Hofmann, Legitimität gegen Legalität. Der Weg der politischen Philosophie Carl Schmitts, Neuwied/Berlin 1965; ders., Dezision, D., Hist. Wb. Ph. II (1972), 159–161; C. Graf von Krockow, Die Entscheidung. Eine Untersuchung über Ernst Jünger, Carl Schmitt, Martin Heidegger, Stuttgart 1958. O. S.

dharma (sanskr., tragendes Prinzip, Recht, Gerechtigkeit, soziales und natürliches Gesetz, Tugend, Lehre), Grundbegriff der indischen Philosophie, Bezeichnung für die im ↑Veda festgelegten religiösen Pflichten, das Gesetz des rechten Lebens, dessen Befolgung die Vergeltung der Taten (↑karma) und damit die Erlösung vom Leid bestimmt; oft synonym mit Religion verwendet. Daraufhin im Jainismus (↑Philosophie, jainistische) eine der sechs Substanzen (↑dravya), nämlich das Medium der die Tatvergeltung möglich machenden Bewegung. Für den Buddhismus (↑Philosophie, buddhistische) ist darüber hinaus eine *d.-Lehre* grundlegend: die d. gelten dort als ihrerseits dem Werden und Vergehen unterworfene, nicht reduzierbare *Daseinsfaktoren*, deren gesetzmäßiges (vom karma bestimmtes) Zusammentreten zu den Gegenständen der Welt, Dingen wie Lebewesen usw., führt (das ›Rad des Gesetzes‹ – dharma-cakra – ist seit der ersten Lehrrede des Buddha Bild für den Weltlauf). D.-Kombinationen aus den fünf Gruppen (skandha): Körper (rūpa), Empfindung (vedanā), Unterscheidungsvermögen (saṃjñā), Begehrung (saṃskāra) und Bewußtsein (vijñāna) ergeben die verschiedenen Menschen, die daher ebenfalls keine Selbständigkeit, insbesondere kein Selbst, beanspruchen können.

Literatur: H. v. Glasenapp, Entwicklungsstufen des indischen Denkens. Untersuchungen über die Philosophie der Brahmanen und Buddhisten, Halle 1940 (Schriften der Königsberger Gelehrten Gesellschaft, geisteswiss. Kl., 15./16. Jahr H. 5); T. Shcherbatsky (Stcherbatsky), The Central Conception of Buddhism and the Meaning of the Word ›d.‹, London 1923 (repr. Kalkutta 1956, 1961). K. L.

dharmakāya (sanskr., Körper des Gesetzes), im ↑Mahāyāna-Buddhismus einer der drei allegorisch verstandenen Leiber (kāya), durch die eine der brahman-ātman-Dialektik im ↑Brahmanismus analoge Einheit der Lehre verbürgt wurde. Dabei entspricht d. als Allgegenwart des (kosmischen) Gesetzes, wie es in der Lehre des Buddha offenbart ist, dem unpersönlichen brahman der Upaniṣaden; begrifflich wird d. auch den grundsätzlich gleichen Grundprinzipien śūnyatā (Leerheit), tathatā (Soheit), oder auch den dazu und ebenso untereinander grundsätzlich gleichen obersten Zielen dharmatā (Wirklichkeit), nirvāṇa (Verlöschen) gleichgesetzt. Dagegen kann im ›Körper der Seligkeit‹ (sambhogakāya) als Einheit göttlicher, nur geistig erfahrbarer Personen, der sogenannten Transzendenten Buddhas, die als Lehrer der Bodhisattvas, der irdischen und transzendenten Buddhaanwärter, fungieren und die Identität von saṃsāra (Wiedergeburt) und nirvāṇa (Aufhebung der Wiedergeburt) auseinandersetzen, ātman gesehen werden. Der ›Körper der Wandlung‹ (nirmāṇakāya) repräsentiert die Gegenwart Buddhas in seinen auch sinnlich erfahrbaren irdischen Inkarnationen (avatāra).

Literatur: E. Conze, Buddhism. Its Essence and Development, Oxford 1951, ³1957 (dt. Der Buddhismus. Wesen und Entwicklung, Stuttgart 1953, ⁵1974); T.R.V. Murti, The Central Philosophy of Buddhism, London 1955, ²1960; H.W. Schumann, Buddhismus. Ein Leitfaden durch seine Lehren und Schulen, Darmstadt 1973; ders., Buddhismus. Stifter, Schulen und Systeme, Olten/Freiburg 1976. K.L.

Dharmakīrti, ca. 600–660, südind. Brahmane, später berühmter Philosoph und Logiker der ↑Yogācāra-Schule innerhalb des ↑Mahāyāna-Buddhismus, im buddhistischen Zentrum Nālandā tätig. D. führt zusammen mit seinem Vorgänger Dignāga, den er ausführlich kommentiert und gegen Kritiker verteidigt, die buddhistische Philosophie auf ihren logisch-erkenntniskritischen Höhepunkt (nur Singulares, weil als Handlungsaktualisierung Wirkungen verursachend, ist wirklich, das Universale – sāmānya – als bloß Erschlossenes, nur Name, ist unwirklich); auf Grund eines konsequenten Transzendentalismus in seiner Lehre von den zweierlei Quellen der Erfahrung, sinnliche Wahrnehmung (pratyakṣa) und Verstandeskonstruktionen (kalpanā), beide als Handlungen verstanden, als Kant Indiens bezeichnet.

Hauptwerke: Pramāṇa-vārttika, zus. mit Pramāṇavārttikavṛtti of Manorathanandin ed. by R. Sāṃkṛtyāyana, The J. of the Bihar and Orissa Research Soc. 24/3–26/3, Patna 1938/1940; The Nyāybinduṭika of D., to which is Added the Nyāybindu, ed. P. Peterson, Calcutta 1889, ²1929; Nyāyabindu by D. with its Commentary by Dharmottara trans. from the Sanskr. Text and ed. by T. Shcherbatsky (Stcherbatsky), in: ders., Buddhist Logic, I–II, Leningrad 1930–1931, I–II, New York 1962, II, 1–253; The Pramāṇa-vārttikam of D.. The First Chapter with the Autocommentary, Text, and Critical Notes, by R. Gnoli, Rom 1960 (Serie Orientale Roma 23) E. Steinkellner, D.'s Hetubinduḥ I (Tibet. Text und rekonstr. Sanskrit-Text); II (Übers. und Anm.) Sitz. Ber. österr. Akad. Wiss., philos.-hist. Kl. 252, 1–2, Graz/Wien/Köln 1967; T. Vetter, D.s Pramāṇāviniścayaḥ. Einleitung, Text der tibet. Übers., Sanskritfragmente, dt. Übers., 1. Kap.: Pratyakṣam, Sitz. Ber. österr. Akad. Wiss., philos.-hist. Kl. 250, 3, Wien 1966.

Literatur: J.M. Bocheński, Formale Logik, Freiburg/München 1956, ⁴1978; E. Frauwallner, Die Reihenfolge und Entstehung der Werke D.s, in: Asiatica. Festschrift Friedrich Weller, Leipzig 1954, 142–154; H.N. Randle, Indian Logic in the Early Schools. A Study of the Nyāyadarśana in its Relation to the Early Logic of Other Schools, London 1930; T. Vetter, Erkenntnisprobleme bei D., Wien 1964. K.L.

Dharmapāla, ca. 530–561, bedeutender buddhistischer Philosoph, Sohn eines Ministers aus Kāñcī in Südindien, Lehrer am berühmten buddhistischen Zentrum, der Klosteruniversität in Nālandā, Enkelschüler des Dignāga, dessen Ālambana-parīkṣā (d.i. Untersuchung der Gegenstände) er kommentiert hat.

Literatur: Dignāga, Ālambanaparīkṣā and Vṛtti. With the Commentary of D.. Tibetan Text, Sanskrit Reconstruction, English Trans. with Notes, and Sanskrit Reconstruction of D.s Commentary by N. Aiyaswami Śāstri, Adyar 1942; M. Schott, Sein als Bewußtsein. Ein Beitrag zur Mahāyāna-Philosophie, Heidelberg 1935 (Materialien zur Kunde des Buddhismus 20), enthält Übersetzung des D.-Kommentars über das Ālambanaparīkṣā von Dignāga mit Einführung und Anmerkungen. K.L.

dhyāna (sanskr., Betrachtung), spielt als Form der Meditation schon in den Upaniṣaden (↑upaniṣad) eine wichtige Rolle; ihr dienen Atemübungen und andere Hilfsmittel. Aus d. wird daher später im System des ↑Yoga innerhalb der klassischen indischen Philosophie die mittlere der drei Meditationsstufen am Ende der achtgliedrigen Disziplinierung von Seele, Körper und Geist. Auch die davon abhängige buddhistische d.-Lehre betont die moralischen und körperlichen Vorbedingungen für die in den vier d.-Zuständen verwirklichte Stärkung des Geistes durch Konzentration und damit einhergehende schrittweise Aufhebung der sinnlichen Wahrnehmung, der begrifflichen Erkenntnis und der sie leitenden Begehrungen. D. ist schließlich die fünfte der zehn Vollkommenheiten (pāramitā) auf dem Zehnstufenweg eines

Bodhisattva, d.i. eines Buddhaanwärters im ↑Mahāyāna-Buddhismus, aus dessen ↑Yogācāra-Schule sich zwischen 500 und 1300 in China und Japan die bis heute wirksame Meditationsschule des ↑Zen entwickelt hat (jap.: zen, chin.: ch'an, sanskr.: d.). K.L.

diachron/synchron (von griech. διά [hindurch], σύν [mit, zugleich] und χρόνος [Zeit], durch die Zeit gehend bzw. zeitgleich), zentrale Termini des ↑Strukturalismus. Sie treten erstmals in den linguistischen Vorlesungen F. de Saussures (Cours de linguistique générale, postum 1916) auf. De Saussure entwirft hier das Programm einer ›s.en‹ Sprachwissenschaft, die sich durch ihre beschreibende Herausarbeitung von Strukturen der Sprache im allgemeinen und von Einzelsprachen bestimmt. Dabei stellt de Saussure diese ›statische‹, auf ›Momentaufnahmen‹ bezogene Forschung der älteren, an der historischen Methode orientierten, ›d.en‹ Sprachwissenschaft gegenüber, der es allein um die geschichtliche Entwicklung von Sprachen gegangen sei: Statt der historischen Frage, wie eine Sprache entstanden ist, tritt die systematische Frage nach Struktur und Beschreibung einer Sprache in den Vordergrund. Die methodologischen Grundgedanken der Unterscheidung von d. und s. wurden in anderen Zweigen des Strukturalismus aufgegriffen. Z.B. sieht C. Levi-Strauss eine enge Verwandtschaft zwischen der Logik des ›wilden Denkens‹ (pensée sauvage) und jenen Strukturen der Sprache, die sich der unbewußten Artikulation ihrer Sprecher verdanken. Wie die s.e Linguistik diese Strukturen ohne historische Bezüge freilegt, so hat die Anthropologie das wilde Denken als ein geschlossenes System aufzufassen und zu analysieren, dessen Sinn weder in seinen historischen Bedingungen noch in seinen zukünftigen Projektionen, sondern in seiner Gegenwart als System sinnvermittelnden Denkens und Handelns liegt. Diese für andere Bereiche zu variierende Grundposition ist vor allem von an K. Marx orientierten gesellschaftstheoretischen und von auf S. Freud zurückgehenden psychoanalytischen Positionen kritisiert worden.

Literatur: E. Coseriu, Sincronia, diacronia e historia. El problema del cambio linguistico, Madrid ²1973 (dt. Diachronie und Geschichte. Das Problem des Sprachwandels, München 1974); C. Lévi-Strauss, La pensée sauvage, Paris 1962 (dt. Das wilde Denken, Frankfurt 1968); F. de Saussure, Cours de linguistique générale, Paris 1916, ed. R. Engler, Wiesbaden 1968 (dt. Grundfragen der allgemeinen Sprachwissenschaft, Berlin 1931, ²1967 [repr.]); G. Schiwy, Der französische Strukturalismus. Mode, Methode, Ideologie, Reinbek 1969; A. Schmidt, Geschichte und Struktur. Fragen einer marxistischen Historik, München 1971. G.W.

Diagnose (von griech. διαγιγνώσκειν, unterscheiden, beurteilen, entscheiden; διαγνώμη, Unterscheidung, Entscheidung), im medizinischen Sprachgebrauch die Beurteilung des Zustandes einer Person (zu einer bestimmten Zeit) mit Hilfe eines Krankheitsbegriffs. Für eine solche D. erforderlich sind Forschungsmethoden zur Feststellung von Zuständen, die mit Begriffen aus dem System der Krankheitseinheiten eindeutig unterschieden werden können. Theoretisch problematisch ist die Unterstellung eines Systems disjunkter Krankheitsbegriffe bzw. eindeutig unterschiedener Krankheiten, die der Situations- und Individuenabhängigkeit der zu heilenden Störungen zu wenig Rechnung trägt. Daher wird eine D. oft nur zu einer Beurteilung mit Hilfe der Angabe einer charakteristischen Konstellation von Störungsmerkmalen (eines ›Symptomsyndroms‹) führen. Praktisch problematisch kann der Versuch sein, eine D. vor der durch sie zu begründenden Therapie vollständig oder überhaupt unabhängig von einer Therapie durchzuführen. Es können nämlich sowohl die für die D. erforderlichen Forschungsmethoden als auch die während der D. weiterlaufenden Entwicklungen im allgemeinen den Zustand des Patienten verschlimmern oder im besonderen die Bedingungen für die durch die D. begründete Therapie zum Verschwinden bringen. – Im allgemeinen Sprachgebrauch bezeichnet eine D. die Beurteilung eines konkreten Sachverhalts (der Eigenschaften beliebiger Gegenstände) mit Hilfe von Unterscheidungen eines verfügbaren Klassifikationssystems.

Literatur: F. Curtius, Von medizinischem Denken und Meinen, Stuttgart 1968; A.R. Feinstein, Clinical Judgement, Baltimore 1967 (repr. 1969); R. Gross, Medizinische Diagnostik. Grundlagen und Praxis, Berlin/Heidelberg/New York 1969; R. Koch, Die ärztliche D.. Beitrag zur Kenntnis des ärztlichen Denkens, Wiesbaden ²1920; W. Wieland, D.. Überlegungen zur Medizintheorie, Berlin/New York 1975. O.S.

Diagonalprinzip, ↑Cantorsches Diagonalverfahren.

Diagonalverfahren, ↑Cantorsches Diagonalverfahren.

Diagramme, logische, im weiteren Sinne alle geometrisch-topologischen Repräsentationen von Relationen zwischen Gegenständen, z.B. Soziogramme, Verlaufsdiagramme, Graphen, die auf die antike Logik zurückgehenden ↑Begriffspyramiden (↑arbor porphyriana). L. D. im engeren Sinne sind solche, in denen das logische Schließen repräsentiert wird.

Die ersten (posthum publizierten) l.n D. zur ↑Syllogistik stammen von G.W. Leibniz (Opuscules et fragments inédits de Leibniz, ed. L. Couturat, Paris 1903); sie sind unter anderem durch die ↑ars magna von R. Lullus angeregt. Leibniz verwendet sowohl Kreis- als auch Liniendiagramme. Die unzutreffend ↑›Euler-Diagramme‹ genannten Kreisdiagramme (veröffentlicht 1768) finden sich in wesentlich gleicher Form und mit korrekterer Darstellung ihres logischen Charakters in J.C. Langes Nucleus logicae Weisianae« (Gießen 1712), der wohl frühesten Publikation von l.n D.n im engeren Sinne. Eine wesentliche Verbesserung der syllogistischen Kreisdiagramme stellen die ↑Venn-Diagramme dar. Daneben gibt es rechteckige Diagramme, speziell für die Behandlung von Problemen, in denen mehr als drei Termini auftreten (A. Marquand, A Logical Diagram for *n* Terms, Philos. Mag. 12 [1881], 266–270). B.v. Freytag-Löringhoff entwickelte Pfeildiagramme, die sich ebenso wie die klassenlogisch aufgefaßten Venn-Diagramme zur Lösung von Problemen der ↑Junktorenlogik eignen. Bei diesem Übergang von der Klassenlogik zur Junktorenlogik verschwindet jedoch der ›ikonische‹ (C.S. Peirce) Charakter der l.n D., der in der formalen Ähnlichkeit von logischer Struktur und diagrammatischer Repräsentation besteht. Dies ist bei den junktorenlogischen Diagrammen von M. Gardner nicht in solchem Ausmaß der Fall.

Alle genannten l.n D. liefern Veranschaulichungen für das logische Schließen, gestatten also, in einem Verfahren, das sich nicht quasi-mechanisch handhaben läßt, für vorgelegte Schlüsse deren Gültigkeit zu überprüfen. Dagegen sind die ↑Lambert-Diagramme als ↑Kalkül der Syllogistik intendiert und rekonstruierbar. Die ↑›Begriffsschrift‹ von G. Frege, die erste Kalkülisierung der ↑Quantorenlogik, ist nicht ikonisch. Wegen ihrer zweidimensionalen Form kann sie jedoch zu den l.n D.n gerechnet werden. – In enger Analogie zu l.n D.n steht die Lösung logischer Probleme durch mechanische und elektronische Maschinen.

Literatur: B.v. Freytag-Löringhoff, Logik I, Stuttgart 1955, [5]1972; ders., Logik II, Stuttgart 1967; M. Gardner, Logic Machines and Diagrams, New York/Toronto/London 1958, unter dem Titel: Logic Machines, Diagrams and Boolean Algebra, New York [2]1968; ders., Logic Diagrams, Logic Machines, Enc. Ph. V (1967), 77–83; W. Risse, Logik der Neuzeit II (1640–1780), Stuttgart 1970. G.W.

Dialektik (griech. διαλεκτικὴ ἐπιστήμη, von διαλέγειν, sich unterreden, disputieren), in der griechischen Philosophie die der ↑Logik und ↑Rhetorik verwandte Kunst (und die Lehre von ihr), vorgetragene Meinungen auf ihre Gründe hin im Gespräch zu prüfen. Sowohl bei Platon als auch bei Aristoteles steht die D. dabei im Gegensatz zur sophistischen ↑Eristik, der professionell ausgeübten Kunst und Lehre der Überredung zu beliebigen Meinungen. Platon stellt dieser Eristik als der Kunst des argumentationslosen (politisch aber oft wirksamen) Wortstreits mit dem einzigen Ziel, den Beifall der (unkritischen) Menge zu erhalten, die D. als die Bemühung gegenüber, einen einsichtigen Gesprächspartner durch begriffliche Klärungen von den Erscheinungen der Sinnenwelt zu den Ideen zu führen (↑Ideenlehre, ↑Elenktik). Die D. im Sinne Platons ist daher weniger kritisch als thetisch: sie ist der Weg, auf dem die Ideen ergründet werden. Sie hat ferner eine Kritik der Eristik nur insofern zu ihrem Gegenstand, als auch die D. von der Diskussion gegensätzlicher Meinungen ausgeht und damit den wahren Gang einer solchen Diskussion gegenüber der Eristik vorführt. Aristoteles hingegen macht die Trugschlüsse der Sophisten zum zentralen Thema der D. Mit der ↑Topik arbeitet er ein Instrument aus, mit dem die in den sophistischen Syllogismen verwendeten Termini daraufhin analysiert werden können, ob sie nicht in verschiedener begriffslogischer Bedeutung benutzt werden, z.B. einmal im Sinne eines Gattungsbegriffs (↑Gattung) und einmal im Sinne eines Artbegriffs (↑Art) (genus – species), einmal als ↑proprium und einmal als Akzidens. Modern ausgedrückt läßt sich in der Topik eine systematische Darstellung der allgemeinen Möglichkeiten terminologischer Bestimmungen und der bereits daraus begründbaren Schlüsse sehen. Die D. hat dann die Aufgabe, mit den Mitteln dieser Topik kritisch Argumentationsfehler aufzudecken und die überkommenen und allgemein übernommenen Meinungen (die ἔνδοξα) auf ihre begrifflichen Zusammenhänge (ihre auf Grund begrifflicher Analyse erforderlichen Prämissen und sich ergebenden Konsequenzen) hin zu beurteilen und dadurch in ihren Gründen verständlich zu machen. Da die D. keine formal-logischen ↑Schlüsse (d.s. Schlüsse allein auf Grund der Aussageformen) untersucht, sondern eben nur begriffliche Zusammenhänge, ist sie von der Logik im engeren Sinne (d.i. von der formalen Logik, ↑Logik, formale) unterschieden und wird daher von Aristoteles auch in den »Analytica posteriora« bzw. der »Topik« behandelt. Aus den Aristotelischen Normierungen folgt nicht die schon im 12. Jahrhundert auf Grund der Aristoteles-Rezeption nachweisbare und etwa seit dem 16. Jahrhundert wieder aufgenommene (z.B. I. Kant geläufige) Unterscheidung zwischen ↑Analytik als der Lehre von den notwendigen und D. als der Lehre von den (bloß) wahrscheinlichen Schlüssen. Diese Unterscheidung verdankt sich der Vernachlässigung und Umdeutung der Aristotelischen Topik, die bereits bei den Stoikern und Epikureern beginnt und durch M.T. Cicero wirkungsgeschichtlich entscheidend wird. Während jene an Stelle der topischen Begriffslogik Rede- und Disputationstechniken pflegen und in der D. nur noch eine besonders knappe Form des Fragens und Antwortens sehen (dies im Unterschied zur weit ausholenden Rhetorik), rückt dieser die D. zwar wieder in einen *argumentationstheoretischen* (nicht bloß redetechnischen) Zusammenhang, ändert zugleich aber diesen Rahmen sowohl durch die Trennung von D. und Topik als auch durch eine Uminterpretation der Topik selbst. Cicero unterscheidet nämlich die D. als ars iudicandi – als Kunst der methodischen Disputation zur Beurteilung der Eigenschaften der Dinge – von der Topik als der ars inveniendi – der Kunst, passende Argumente für eine vertretene Meinung zu finden. Damit ergibt sich die Alternative, die D. mit der Logik im engeren Sinne zu identifizieren (da durch den Ausfall der topischen Begriffslogik andere methodische Argumentationsmittel nicht mehr zur Verfügung stehen) oder als Topik, nun aber im Sinne Ciceros – wenn auch dem Wortlaut nach Aristoteles folgend –, zu verstehen, d.h. als Hin- und Herreden mit mehr oder weniger durchschlagenden, jedenfalls immer bloß Wahrscheinlichkeiten stützenden Gründen. Beide Möglichkeiten sind bis zur radikalen Umdeutung der D. durch Kant und G.W.F. Hegel präsent geblieben und auf verschiedene Weise verwirklicht worden.

Einen besonderen Beitrag zur Entwicklung der D. hat die Scholastik geleistet. Durch A.M.T.S. Boethius ist ein Teil der begriffslogischen Topik des Aristoteles lebendig gehalten und dadurch die Logik von Anfang an in einem weiteren Verständnis tradiert und differenziert worden. So knüpft Boethius an die Aristotelische Topik an und unterscheidet verschiedene ›locus‹ des Argumentierens. Für die D. sind die ›Maximen‹ (locus maxima), d.s. die allgemeinen Obersätze und die Regeln eines Schlusses, und die in einem Schluß verwendeten ›Begriffstypen‹ (locus differentia maximae) bedeutsam. Boethius arbeitet dabei auch den Unterschied zwischen formalen Schlußregeln (dirigierenden Maximen) und allgemein Prämissen (konstitutiven Maximen) heraus, wobei letztere auf ihre begrifflichen Zusammenhänge hin analysiert werden können. Trotz dieser Fortführung der Aristotelischen Tradition weist Boethius dann der D. im Sinne der Topik Ciceros die Aufgabe der ›inventio‹ zu, der heuristischen Aufstellung und vorläufigen Begründung bestimmter Meinungen, die dann in der wissenschaftlichen Analytik in strengen Demonstrationen zu prüfen sind.

In der Scholastik des 11. und 12. Jahrhunderts gewinnt die D. eine zeitweise heftig umkämpfte Rolle als Argumentationsweise der (natürlichen) Vernunft gegenüber einer Begründung durch Hinweis auf die (göttliche) Offenbarung. Gegen Dialektiker wie Berengar von Tours ist die Vermittlungsformel ↑›credo ut intelligam‹ Anselms von Canterbury gewendet. Gleichwohl bleibt der Autonomieanspruch der D. bestehen, wenn auch auf bestimmte Bereiche des Denkens, wie sie später durch die ›praeambula fidei‹ fixiert werden, beschränkt. Eine eigenständige Erweiterung der D. bzw. der im weiteren Sinne verstandenen Logik stellt die terministische Logik (↑Terminismus) und ↑Suppositionslehre dar, mit der die begriffslogischen Unterscheidungen der Topik in einem differenzierteren Rahmen (zu dem auch quantorenlogische und abstraktionstheoretische Überlegungen gehören) neu entwickelt werden. Diese auf Wilhelm von Shyreswood und Petrus Hispanus zurückgehende und vor allem durch Wilhelm von Ockham, Nikolaus von Autrecourt und J. Buridan weiterentwickelte Logik ermöglichte eine Metaphysikkritik und verband sich mit den wissenschaftlichen Bemühungen des 14. Jahrhunderts. Mit der schulmäßigen Erstarrung der scholastischen Philosophie verkümmerte auch die Tradition der Suppositionslehre und damit einer genuin scholastischen Topik; eine von der Sache her mögliche Wiederbelebung der D. im Aristotelischen Sinne blieb aus. Statt dessen fiel die D. – inzwischen sowohl mit der (scholastischen) Logik insgesamt identifiziert als auch durch die Interpretationen als ars inveniendi und als Logik des bloß Wahrscheinlichen belastet – dem allgemeinen, pointiert durch F. Bacon, P. Gassendi und R. Descartes formulierten Verdikt der Neuzeit über die Scholastik zum Opfer.

Die Wiederaufnahme der Rede von der D. durch die Logiker etwa seit dem Ende des 16. Jahrhunderts stellt diese als Lehre vom Erwägen bloß wahrscheinlicher Meinungen der Analytik als Lehre vom strengen wissenschaftlichen Vorgehen bzw. vom logischen Schließen gegenüber. In dieser Bedeutung nimmt auch Kant die Unterscheidung von D. und Analytik zunächst auf, verändert sie dann aber durch die Eingliederung in seine *transzendentalphilosophische* Konzeption radikal und wirkungsgeschichtlich entscheidend (↑Analytik, transzendentale, ↑Dialektik, transzendentale, ↑Transzendentalphilosophie). Diese Veränderung entsteht dadurch, daß Kant die D. nicht mehr im Rahmen der Frage nach der Prüfung oder Begründung bestimmter Erkenntnisse problematisiert, sondern im Rahmen der Frage nach dem (legitimierenden) Grund der Erkenntnis überhaupt. In Verbindung mit seiner Antwort – daß nämlich das (transzendentale) Subjekt der Grund für die Einheit von Gegenständen überhaupt und des Begreifens dieser Gegenstände durch die ↑Kategorien sei, das ↑Ding an sich hingegen als Ursache der Mannigfaltigkeit von Eindrücken postuliert werden müsse – definiert die D. ein bestimmtes Verhältnis zwischen Subjekt und Objekt der Erkenntnis (↑Subjektivismus): einmal bezeichnet sie jene ›Logik des Scheins‹, d.h. jene widersprüchlichen Schlußfolgerungen, in die sich das Subjekt (die reine Vernunft) dann verwickelt, wenn es sich sein Objekt nicht durch Erfahrung geben läßt bzw. sich nicht auf den Bereich der erfahrbaren Objekte beschränkt; zum anderen kann sie als transzendentale D. gerade zum Instrument der Kritik an dieser ›Logik des Scheins‹ entwickelt werden. Damit bleibt die D. ebenso wie die Logik nicht länger ein Teil der Argumentationstheorie, sondern wird zu einem Darstellungsmittel des Subjekt-Objekt-Verhältnisses im Erkenntnisprozeß. Diese Konzeption bereitet den Weg dafür, in der D. die Gesetzmäßigkeit oder Struktur dieses Erkenntnisprozesses selbst zu sehen und dies schließlich sogar für alle Entwicklungen von Geschehnissen zu behaupten.

In der Folge der kategorialen Umdeutung der D. von einer Argumentationstheorie zu einer *Entwicklungstheorie* läßt sich auch die Konzeption der D. als einer *Logik der Widersprüche* verstehen: Die im Subjekt-Objekt-Schema formulierte Aufgabe, den Grund unserer Erkenntnis herauszufinden, läßt sich auch als die Frage danach lesen, wie es dem Subjekt (dem Ich, dem Selbst oder dem Denken) möglich ist, sich ein Objekt (das ›Nicht-Ich‹, das Andere seiner Selbst oder das Sein) in der Erkenntnis so zu eigen, so zu einem Teil von sich selbst zu machen, daß es zu der in der Wahrheitsdefinition geforderten Subjekt-Objekt-Identität kommt. Schon diese Frage läßt sich in eine widersprüchliche Formulierung bringen. Die Antworten der idealistischen Philosophie auf diese Frage machen das Herstellen von Widersprüchen zur Methode. Für J.G. Fichte ist Erkenntnis ›Entgegensetzung‹: Das ›Ich‹ setzt sich das ↑›Nicht-Ich‹ auf verschiedenen Stufen des Erkenntnisprozesses entgegen und bildet über die Reflexion auf diese ›Entgegensetzungen‹ seine Erkenntnis von diesem ›Nicht-Ich‹, d.h., pragmatisch interpretiert, die Erkenntnisse von uns selbst und unserer Welt erlangen wir über die Anerkennung der (prinzipiellen) Widerständigkeit, die sich für unser Handeln und erst in ihm ergibt. Die ›Setzungen‹ des Willens erzeugen durch das Handeln und seine Bedingungen ›Entgegensetzungen‹, deren Anerkennung wiederum eine einen Erkenntnisschritt darstellende ›Setzung‹ unseres Willens ist. In diesem Sinne läßt sich das Schema des Dreischritts von der These über die Antithese zur Synthese, das Fichte (zunächst noch, ohne von D. zu reden) als erster für die Methode der Wissensbildung benutzt, als die dialektische Struktur der Erkenntnisgenese verstehen.

Während für Fichte die Erkenntnis allein durch Leistungen des Subjekts zustande kommt (die Objekte gewinnen ihre Eigenschaften erst durch das Handeln des Subjekts, als dessen Widerstand) und daher die D. das Gesetz für die Konstruktion von Objekten durch das Subjekt angibt, versucht Hegel unsere Erkenntnis von einem übersubjektiven Grund her zu verstehen. Wahre Erkenntnis wird nicht dadurch erreicht, daß man von bestimmten Grundentscheidungen, d.h. von bestimmten Grundbegriffen, Grundsätzen oder Grundwerten, damit von einem insoweit bereits ausgebildeten Subjekt der Erkenntnis ausgeht und dann zeigt, wie sich die Objekte im Rahmen dieser Grundentscheidungen darstellen und begreifen lassen. Wahre Erkenntnis wird vielmehr nur über den Verzicht auf sämtliche subjektiven Vor-Entscheidungen erreicht: über die Darstellung der Entwicklung von Begriffen, Urteilen und Zielen, die sich dann ergibt, wenn man diesen Verzicht leistet. Charakteristisch für diese Entwicklung und damit für die D. im Hegelschen Sinne ist, daß Subjekt und Objekt, Denken und Sein zu gleichgewichtigen Instanzen oder Quellen der Erkenntnis werden. D. ist die zur Methode (zur ›Logik‹) stilisierte

Anstrengung des denkenden Subjekts, dieser Gleichgewichtigkeit dadurch Rechnung zu tragen, daß es über sich und d.h. auch über seine Grundentscheidung hinausgeht und die begreifbare Genese seiner Begriffe, Urteile und Ziele rekonstruiert. Die genetische Relativierung der subjektiven Entscheidungen soll dabei die vor-subjektiven ›Begriffe‹, d.s. die Bestimmungen handlungsleitender Idealvorstellungen, herausarbeiten, als deren Verwirklichungsversuch sich die Situation darstellen läßt, die wir mit unseren ›Begriffen‹ verstehen können. Mit einer solchen Rekonstruktion will Hegel »den Gang der Sache selbst« (Logik I, Sämtl. Werke IV, 52) darstellen. Diese steht dem undialektischen »Raisonnement aus Gründen der äußeren Reflexion«, nämlich der subjektiven Vorentscheidungen gegenüber als die Reflexion, in der die Natur des Inhalts sich bewegt und durch die zugleich die Bestimmung des Inhalts selbst erst gesetzt und erzeugt wird (a.a.O., 17), d.h., in der auch die Unterscheidungen, in deren Rahmen wir unser Handeln, seine Bedingungen und seine Folgen zu verstehen suchen, mit der Untersuchung dieses Handelns, seiner Bedingungen und Folgen, und zwar der jeweiligen Genesen, entwickelt werden. Einerseits werden damit unsere ›Begriffe‹ durch die Aufarbeitung der historischen Entwicklung, die zu ihrer Bildung geführt hat (aus dem ›Gang der Sache selbst‹), in ihrer Bedeutung geklärt. Andererseits gilt diese historische Entwicklung nur dann als begriffen, wenn sie nicht nur als Folge von Geschehnissen, sondern auch als Entwicklung von ›Begriffen‹, d.h. als die »immanente Entwickelung des Begriffs« (a.a.O., 17), dargestellt wird. Damit bleibt die Hegelsche Erkenntniskonzeption zwar nicht mehr subjektiv, wohl aber idealistisch, insofern die Begreifbarkeit der realen Entwicklung zum Kriterium des sachlichen Gangs erklärt wird. Die bei dieser Entwicklung (sofern sie begreifbar ist) auftretenden ›Widersprüche‹ sind dabei von doppelter Art: einmal bleibt die prinzipielle Differenz zwischen ›Begriff‹ und ›Wirklichkeit‹, zwischen ›Allgemeinem‹ und ›Besonderem‹, bestehen und erzeugt damit einen Widerspruch zwischen Gewolltem und Gewordenem; zum anderen verändern sich (auf Grund dieses Widerspruchs) die ›Begriffe‹ selbst, der Verwirklichungsversuch stellt einen eigenen Grund für die (Um-)Bildung des ›Begriffs‹, um dessen Verwirklichung es geht, dar – weshalb die ›Begriffe‹ in Hegelscher Terminologie ›nicht sich selber gleich‹ bleiben und ›an sich selbst widersprechend‹ werden.

K. Marx übernimmt das formale Schema der Hegelschen D., kehrt diese aber in der Richtung des Begreifens um. Nicht die ›Begriffe‹ sind der Ausgangspunkt für den ›Gang der Sache selbst‹, sondern die durch unsere Bedürfnisse und die gesellschaftliche Organisation ihrer Befriedigung bestimmte (gesellschaftliche) Wirklichkeit. Dementsprechend liefert auch nicht die Entwicklung der ›Begriffe‹ das Kriterium für die Erkenntnis der wirklichen Entwicklung, sondern die Erklärbarkeit aus den bestehenden Bedürfnissen und ihrer gesellschaftlich organisierten Befriedigung, aus den Produktionsverhältnissen. Widersprüche entstehen zwischen dem ›Bewußtsein‹, dem jeweiligen ›Begriff‹ von der gesellschaftlichen Wirklichkeit, und dem ›Sein‹, eben dieser gesellschaftlichen Wirklichkeit, weil schon zwischen den Produktivkräften und den Produktionsverhältnissen, d.h. den technischen und sozialen Möglichkeiten zur Produktion und der gesellschaftlichen Regelung der Produktion, ›Widersprüche‹ – im Sinne ungenutzter oder unterdrückter Möglichkeiten – bestehen. Je schärfer diese ›Widersprüche‹ werden, um so eher werden die den Produktivkräften ›widersprechenden‹ Produktionsverhältnisse und das dem gesellschaftlichen ›Sein‹ widersprechende ›Bewußtsein‹ verändert werden können. Mit dieser das Hegelsche Verhältnis von ›Begriff‹ und Wirklichkeit umkehrenden und in diesem Sinne ›realistischen‹ Konzeption von D. wird so ein Verständnis von D. zumindest nahegelegt, nach der die D. eine Gesetzmäßigkeit subjektunabhängiger, gleichsam naturwüchsiger Entwicklungen darstellt. In eben diesem Verständnis stellt F. Engels der von ihm so genannten ›subjektiven D.‹ des Begreifens eine ›objektive D.‹ entgegen, mit der nicht nur die Entwicklungen der gesellschaftlichen Geschichte, sondern auch aller Naturgeschehnisse dargestellt werden sollen. Für die naturalistische D. formuliert Engels drei Hauptgesetze: (1) das »Umschlagen von Quantität in Qualität« und umgekehrt, (2) »Gegenseitiges Durchdringen der polaren Gegensätze und Ineinander-Umschlagen, wenn auf die Spitze getrieben«, (3) »Entwicklung durch den Widerspruch oder Negation der Negation« (MEW XX, 307). Obgleich W.I. Lenin einer solchen ›D. der Natur‹ zurückhaltend gegenübersteht, wird die Engelssche Auffassung der D. im Stalinismus – bis zu den »Linguistik-Briefen« (1950) – zur herrschenden Lehre. In Italien, Frankreich und Deutschland hingegen wird die Rekonstruktion der Marxschen Konzeption von D. in

teilweiser Wiederanknüpfung an die Kantische und Hegelsche Philosophie versucht.
Im deutschen Sprachraum hat insbesondere die D.konzeption der von M. Horkheimer und T.W. Adorno begründeten ›kritischen Theorie‹ (↑Theorie, kritische) Beachtung gefunden. Diese Konzeption läßt sich als ein Versuch verstehen, D. sowohl als Entwicklungstheorie als auch als Argumentationstheorie weiterzuführen: aus dem Begreifen der dialektischen Entwicklung der ›Sache‹, d.h. dem ›Widerspruch in der Sache selbst‹, sollen die Argumente für deren Verbesserung, für den ›Widerspruch‹ zum Faktischen, erarbeitet werden. Die ›kritische Theorie‹ beschränkt sich dabei bewußt auf die Analyse gesellschaftlicher Entwicklungen und Zusammenhänge, versucht also nicht, eine D. auch der Natur vorzustellen. Der ›Widerspruch in der Sache selbst‹ entsteht dabei dadurch, daß sich die Institutionen in einem doppelten Sinne gegenüber den Intentionen der Individuen verselbständigen. Einmal besteht (formal betrachtet) für die Institutionalisierung von Handlungsregeln als solche die Tendenz, daß mit der sanktionierten Regelung des Handelns die Möglichkeit, gemäß den selbst eingesehenen Begründungen zu handeln, und damit die Möglichkeit zur reflektierten Ausbildung persönlicher Identität, zur ›Individuation‹, verstellt wird. Dabei soll die Herstellung der Bedingungen für diese Möglichkeit gerade der Sinn der Institutionalisierung sein. Zum anderen verkehrt sich (material betrachtet) der Sinn mancher Institutionen in der Weise, daß mit ihnen die Zwecke, zu deren Erreichung sie eingerichtet worden sind, nach einer bestimmten (erklärbaren) Entwicklung durch sie selbst verhindert werden. Dieser dialektisch verlaufenden Entwicklung trägt eine dialektische Argumentation dadurch Rechnung, daß einmal die Aufarbeitung der ›institutionellen Vermittlung‹ nicht nur des Handelns, sondern auch der Intentionen der einzelnen Personen – d.h. die Erklärung der Entwicklung dieses Handelns und seiner Intentionen aus dem Bestehen bestimmter Institutionen, in deren Rahmen die einzelnen ihre Intentionen ausgebildet haben und ihre Handlungen ausführen – gegenüber einem undialektischen Anfang mit der Feststellung individuellen Handelns oder individueller Intentionen gefordert wird. Zum anderen soll die dialektische Argumentation sowohl die Sinnverkehrungen der Institutionen aufdecken, als auch die Bedürfnisse und Möglichkeiten entdecken, die durch die Entwicklung der Institutionen zwar verdeckt worden sind, die aber am Anfang dieser Entwicklung noch deren Grund – und insofern durch ihre Wirksamkeit wirklich – waren: »Dialektische Kritik möchte retten oder herstellen helfen, was der Totalität nicht gehorcht, was ihr widersteht oder was, als Potential einer noch nicht seienden Individuation, erst sich bildet« (T.W. Adorno, Einleitung, in: ders. u.a. [eds.], Der Positivismusstreit in der deutschen Soziologie, Neuwied/Berlin 1969, 19).
Zusammenfassend lassen sich zwei große Entwicklungsabschnitte von Konzeptionen der D. unterscheiden: die Entwicklung der D. als ↑*Argumentationstheorie* und die Entwicklung der D. als *Entwicklungstheorie*. Jeweils am Anfang dieser Entwicklungen steht eine Problemstrukturierung in kritischer Absicht. Gegen die sophistische Überredungstechnik zeigt Platon, daß es in der D. um die gemeinsame Bemühung um Einsicht, um die Führung von Dialogen, geht. Gegen die rationalistische Begriffsmechanik zeigt Kant, daß es in der D. um eine einsichtige Begründung wahrer Erkenntnis durch die Bestimmung des Subjekt-Objekt-Verhältnisses geht. Aristoteles liefert mit der Topik ein methodisch verwendbares Instrument für die D. als die Kunst des argumentierenden Dialogs, das die D. zu einer Argumentationstheorie macht. Hegel gibt mit seiner genetischen ›Logik‹ für die Entwicklung der ↑›Vermittlung‹ von allgemeinem ›Begriff‹ und besonderer Wirklichkeit ein Schema, das das Subjekt-Objekt-Verhältnis als Ergebnis einer (wechselseitig voneinander abhängenden) gemeinsamen Entwicklung theoretisch darzustellen erlaubt. Sowohl der Aristotelischen als auch der Hegelschen Theoretisierung von D. gemeinsam ist, daß mit der D. als (topischer oder ›logischer‹) Methode die allgemeinen, nämlich vor- oder überindividuellen Bestimmungsgründe unseres Denkens, Wollens und Handelns begriffsanalytisch bzw. begriffshistorisch kritisch geprüft werden sollen. In diesem Sinne ist die D. für Aristoteles und Hegel diejenige Methode unseres kritschen Denkens, die uns dort allein zur Verfügung steht, wo wir uns nicht selbst als die autonomen Autoren unserer Überzeugungen und Absichten verstehen können, wo wir nicht mehr nur über von uns Hergestelltes (und durch uns Beherrschtes) reden, sondern auch über uns Überkommenes und von uns Übernommenes, wo wir – in anderer Terminologie – nicht *technische*, sondern *praktisch-politische* Probleme zu lösen haben. Ebenfalls gemeinsam ist der Aristotelischen und Hegelschen Konzeption der D. dann allerdings auch, daß über die Vernachlässigung der

jeweiligen Methode, d.i. der Begriffsanalyse und der Begriffsgeschichte, auch die Konzeption der D. methodisch ungeordnet oder schematisch dogmatisiert wurde. Vor allem die an Hegel anknüpfenden Dogmatisierungen von Entwicklungstheorien (mit der Konstatierung von Entwicklungsgesetzen und/oder Entwicklungszielen) hat dazu beigetragen, daß für eine mögliche dritte Konzeption von D., die sich auf F. Schleiermacher zurückführen könnte, zumindest der Titel ›D.‹ weitgehend unbenutzt bleibt. Diese Konzeption bestünde darin, die Methode der begrifflichen Rekonstruktionen aus dem Subjekt-Objekt-Schema zu lösen und für Aufgaben nämlich, des Dialogs zu reformulieren: die darin bestehen, D. nicht mehr nur als begriffs-*analytische*, sondern auch als begriffs*historische* Durcharbeitung von gemeinsamen Problemen und allgemeinen Meinungen über Lösungsmöglichkeiten für diese Probleme aufzufassen.

Literatur: T.W. Adorno u.a. (eds.), Der Positivismusstreit in der deutschen Soziologie, Neuwied/Berlin 1969; ders., Negative D., Frankfurt 1966; W. Becker, Hegels Begriff der D. und das Prinzip des Idealismus. Zur systematischen Kritik der logischen und der phänomenologischen D., Stuttgart 1969; ders., Idealistische und materialistische D.. Das Verhältnis von »Herrschaft und Knechtschaft« bei Hegel und Marx, Stuttgart 1970; G. Bieling, Der Aufbau der D. in der sowjetischen Diskussion der Gegenwart, München 1977; W. Bröcker, D., Positivismus, Mythologie, Frankfurt 1958; ders., Formale, transzendentale und spekulative Logik, Frankfurt 1962; R. Bubner, D. und Wissenschaft, Frankfurt 1973; J. Cohn, Theorie der D.. Formenlehre der Philosophie, Leipzig 1923 (repr. Darmstadt 1965); A. Diemer, Elementarkurs Philosophie: D., Düsseldorf 1976; K. Dürr, Die Entwicklung der D. von Plato bis Hegel, Dialectica 1 (1947), 45–62; P. Foulquié, La dialectique, Paris 1949; M. Frank, Das individuelle Allgemeine. Textstrukturierung und Textinterpretation nach Schleiermacher, Frankfurt 1977; H.-G. Gadamer, Platos dialektische Ethik und andere Studien zur platonischen Philosophie, Hamburg 1968; ders., Hegels D.. Fünf hermeneutische Studien, Tübingen 1971; G. Gurvitch, Dialectique et sociologie, Paris 1962 (dt. D. und Soziologie, Neuwied/Berlin 1965); W. Hartkopf, Studien zur Entwicklung der modernen D.. Die D. in Schellings Ansätzen zu einer Naturphilosophie, Meisenheim 1972; ders., Die D. in Schellings Transzendental- und Identitätsphilosophie. Studien zur Entwicklung der modernen D. II, Meisenheim 1975; ders., Der Durchbruch zur D. in Hegels Denken. Studien zur Entwicklung der modernen D. III, Meisenheim 1976; H. Heimsoeth, Transzendentale D.. Ein Kommentar zu Kants Kritik der reinen Vernunft, I–IV, Berlin 1966–1971; R. Heiß, Die großen Dialektiker des 19. Jahrhunderts. Hegel-Kierkegaard-Marx, Köln 1963; ders., Wesen und Formen der D., Köln/Berlin 1959; M. Horkheimer/T.W. Adorno, Philosophische Fragmente, New York 1944, 2. Aufl. unter dem Titel: D. der Aufklärung. Philosophische Fragmente, Amsterdam 1947, Frankfurt 1969; C. Hubig, D. und Wissenschaftslogik. Eine sprachphilosophisch-handlungstheoretische Analyse, Berlin/New York 1978; W. Janke, Historische D.. Destruktion dialektischer Grundformen von Kant bis Marx, Berlin/New York 1977; L. Kofler, Geschichte und D.. Zur Methodenlehre der dialektischen Geschichtsbetrachtung, Hamburg 1955; A. Kosing, D., Ph.Wb. I (Berlin [10]1975), 269–276; A. Kulenkampff, Antinomie und D.. Zur Funktion des Widerspruchs in der Philosophie, Stuttgart 1970; P. Lorenzen, Szientismus versus D., in: R. Bubner/K. Cramer/R. Wiehl (eds.), Hermeneutik und D.. Aufsätze I: Methode und Wissenschaft. Lebenswelt und Geschichte, Tübingen 1970, 57–72; W. Lütterfelds, Kants D. der Erfahrung. Zur antinomischen Struktur der endlichen Erkenntnis, Meisenheim 1977; W. Marx, Hegels Theorie der logischen Vermittlung. Kritik der dialektischen Begriffskonstitution in der »Wissenschaft der Logik«, Stuttgart-Bad Cannstatt 1972; J. MacTaggart, Studies in the Hegelian Dialectics, Cambridge 1896, [2]1922 (repr. New York 1964); M. Merleau-Ponty, Les aventures de la dialectique, Paris 1955 (dt. Die Abenteuer der D., Frankfurt 1968); E. Oeser, Die antike D. in der Spätphilosophie Schellings. Ein Beitrag zur Kritik des Hegelschen Systems, Wien/München 1965; C. Perelman (ed.), Dialectics/Dialectiques. International Institute of Philosophy. Entretiens in Varna 15–22 Sept. 1972, Den Haag 1975; G. Pfafferot, Politik und D. am Beispiel Platons. Methodische Rechenschaftsleistungen und latentes Rechtfertigungsdenken im Aufbau der »Politeia«, Kastellaun 1976; O. Pöggeler, D. und Topik, in: R. Bubner/K. Cramer/R. Wiehl (eds.), Hermeneutik und D.. Aufsätze II: Sprache und Logik. Theorie und Auslegung und Probleme der Einzelwissenschaften, Tübingen 1970, 273–310; K.R. Popper, What is Dialectic?, Mind 49 (1940), 403–426, Nachdr. in: ders., Conjectures and Refutations. The Growth of Scientific Knowledge, London [3]1969, 312–335 (dt. Was ist D.?, in: E. Topitsch [ed.], Logik der Sozialwissenschaften, Köln 1967, 262–290); H. Radermacher, D., Hb. ph. Grundbegriffe, 289–308; W. Risse u.a., D., Hist. Wb. Ph. II (1972), 164–226; R. Robinson, Plato's Earlier Dialectic, Ithaca N.Y. 1941, Oxford [2]1953; W. Röd, Dialektische Philosophie der Neuzeit, I–II, München 1974; A. Sarlemijn, Hegelsche D., Berlin 1971; E. Schäfer, D. und Empirie. Zum Begriff der Erfahrung bei Marx, Bonn 1976; O. Schwemmer, Vom »Widerspruch in sich selbst«. Ein Versuch, D. als Methode der Kritischen Theorie zu verstehen, in: J. Mittelstraß/M. Riedel (eds.), Vernünftiges Denken. Studien zur praktischen Philosophie und Wissenschaftstheorie, Berlin/New York 1978, 269–285; R. Simon-Schäfer, D.. Kritik eines Wortgebrauchs, Stuttgart-Bad Cannstatt 1973; L. Sichirollo, Dialegesthai – D.. Von Homer bis Aristoteles. Mit einem Anhang über Hegel und die Antike, Hildesheim 1966; U. Steinvorth, Eine analytische Interpretation der Marxschen D., Meisenheim 1977; J. Stenzel, Studien zur Entwicklung der Platonischen D. von Sokrates zu Aristoteles, Leipzig/Berlin [2]1931, Darmstadt [4]1974 (repr.); H. Vetter, Die Stellung des dialektischen Materialismus zum Prinzip des ausgeschlossenen Widerspruchs, Berlin 1962; P. Wacker, Der dialektische Mythos. Fragmentarische Dokumentation zur Hermeneutik des trinitarischen Denkmodells, Bern 1976; P. Wilpert, Aristoteles und die D., Kant-St. 48 (1956/1957), 247–257. O.S.

Dialektik, negative, von T.W. Adorno zur allgemeinen Charakterisierung seines Philosophierens verwendeter Ausdruck, der auch als Titel seines

Hauptwerkes (Negative Dialektik, Frankfurt 1966) Verwendung findet. Das Konzept einer n.n D. findet in mehreren Hinsichten seinen Ausdruck. Es expliziert immanente philosophie-historische moderne Problemstellungen als gesellschaftsbezogenes Korrelat und intendiert Gesellschaftskritik im Medium philosophisch tradierter Sprache.

Die n. D. ist zuvörderst eine begrifflich vollzogene Kritik an der Schließung der Philosophie jeglicher Provenienz zum System. Sie überspringt dabei nicht naiv realistisch den sprachgebundenen Artikulationshorizont, sondern versichert sich einer prinzipiell systemtranszendierenden unbegrifflichen Realität als Korrektiv durch sprachliche Mittel allein. Hierin unterscheidet sie sich von der Kunst, die begriffslose Mittel für die Fixierung transzendierender Realität verwendet. – In (Wiesengrund-)Adornos Habilitationsschrift (Kierkegaard, Konstruktion des Ästhetischen, Tübingen 1933) wird vor allem S. Kierkegaard (neben L. Feuerbach und K. Marx, a.a.O., 119) mit seiner ›Lehre vom Existieren‹ als ›Realismus ohne Wirklichkeit‹, die ›die Identität von Denken und Sein (bestreitet), ohne doch Sein anderswo zu erfragen als im Bereich von Denken selber‹ (a.a.O., 97), zur Zentralfigur systemkritischer Philosophie. Bereits in dieser frühen Schrift Adornos wird das Hauptthema der n.n D. und die Hauptgegnerschaft gegen G.W.F. Hegels Systemschluß angeschlagen. In der 1944 von Adorno und M. Horkheimer verfaßten »Dialektik der Aufklärung. Philosophische Fragmente« (Amsterdam 1947) wird die wissenschaftskritische Position der ›kritischen Theorie‹ (↑Theorie, kritische), wie sie von Horkheimer vor allem in seinem Aufsatz über »Traditionelle und kritische Theorie« (Z. f. Sozialforschung 6 (1937), 245–294) entwickelt worden ist, zur allgemeinen Aufklärungskritik ausgeweitet. Naive Aufklärung ist totalitär. Sie unterdrückt in der ihr eigentümlichen instrumentalistischen Verkürzung des Emanzipationsanspruchs von Vernunft den Geltungsanspruch von Totalitäten, die sich dem Kriterium der ›Berechenbarkeit und Nützlichkeit‹ entziehen (a.a.O., 16). Ihr Kriterium ist die Machbarkeit, was die Stellung des Subjekts außerhalb der von ihr je vorgefundenen Welt als methodischen Ausgangsort festschreibt. Sein Denken wird auf das berechenbar Machbare reduziert; Vorgefundenheit – und sei es die des Denkens als eines Faktums selbst – tritt nur in dem durch Berechenbarkeit und Nützlichkeit definierten vorgeprägten Raster in den Blick, welches das ›Inkommensurable‹ wegschneidet. Die Identität von Denken und Welt (›Subjekt und Objekt‹) ist nicht die der ›Versöhnung‹, in der beiden Instanzen ihr Recht wird, sondern eine der ›Verdinglichung‹. Zunächst nämlich macht das Denken die Welt sich gleich (»Abstraktion [...] als Liquidation«, a.a.O., 24), um sich dann in die so geordnete Welt bruchlos erkenntnis- und lebensmäßig selbst einzufügen (a.a.O., 38). Die n. D. befindet sich kritisch gebrochen in der Tradition der dialektischen Philosophie, und hier liegt auch ihre Nähe zu Hegel, insofern diese Philosophie gewissermaßen per definitionem mit einem nicht-instrumentalisierten Vernunftbegriff die totalisierenden Tendenzen der Aufklärung kritisiert.

Die Dialektik zum Totalitarismus, der die Aufklärung und die tradierte aufklärungskritische Dialektik durch ihre Schließung zum System verfallen, entspricht der gesellschaftlich vollzogenen Reduzierung des Menschen auf das ›Äquivalent‹ (a.a.O., 18). Die entqualifizierte Gleichheit des Menschen in der modernen Tauschgesellschaft ist über den Markt vermittelt, auf dem nicht die konkreten Eigenschaften des Menschen und seiner Produktionen zählen, sondern nur die ›abstrakte‹ vergegenständlichte Arbeit, die den Tauschwert definiert. Die n. D. als Gesellschaftskritik wendet sich gegen die totalisierende Tendenz des Tauschwerts; hier liegt ihre Nähe zu K. Marx (↑Warenfetischismus). Ihre philosophischen Kategorien haben unmittelbar eine gesellschaftskritische Relevanz.

In seinem philosophischen Hauptwerk unterscheidet Adorno die idealistische Dialektik, die durch den ›Vorrang des Subjekts‹ definiert ist (Negative Dialektik, Frankfurt 1966, 1970, 182ff.), von der n.n D., die materialistisch objektorientiert verfährt. Ihr Interesse geht auf das ›Begriffslose‹, das dem identifizierenden Begriff sich entziehende oder entzogene Heterogene (a.a.O., 17f.). Ihr Ziel ist als festgehaltenes Bewußtsein des Begriffslosen die ›Entzauberung des Begriffs‹. Die »Richtung der Begrifflichkeit zu ändern, sie dem Nichtidentischen zuzukehren, ist das Scharnier n.r D.« (a.a.O., 22). Da sie im Unterschied zur Kunst »über den Begriff durch den Begriff hinauszugelangen« (a.a.O., 25) trachtet, ist sie unhintergehbar paradox. Sie reicht an das Begriffslose niemals heran und versucht doch, sich ihm als dem Heterogenen ohne gewaltsame Reduktion anschmiegend gewachsen zu zeigen. So ist sie ›negativ‹ nur eine Aufgabe in Permanenz, niemals ein bruchlos einlösbares Programm. »Die Utopie der Erkenntnis wäre, das Begriffslose mit Begriffen aufzutun, ohne es ihnen gleichzumachen« (a.a.O., 19). S. B.

Dialektik, transzendentale, in I. Kants »Kritik der reinen Vernunft« neben der transzendentalen Analytik (↑Analytik, transzendentale) einer der beiden Teile der transzendentalen Logik (↑Logik, transzendentale), in dem die ›natürlichen‹ und ›unvermeidlichen‹ Widersprüche, in die sich die menschliche Vernunft verwickelt, d.h. ihre ›natürliche Dialektik‹ (KrV B 354, 697ff., KpV A 194), kritisch geklärt werden sollen. Diese ›natürliche ↑Dialektik‹ beruht darauf, daß die Vernunft als »das Vermögen der Einheit der Verstandesregeln unter Prinzipien« (KrV B 359) »zu dem bedingten Erkenntnisse des Verstandes das Unbedingte zu finden [sucht], womit die Einheit desselben vollendet wird« (KrV B 364). Dieses Unbedingte ist die »absolute Totalität der Reihe der Bedingungen zu einem gegebenen Bedingten« (KrV B 438f., 379, KpV A 192). Für die theoretische Vernunft entsteht diese »natürliche Dialektik« dadurch, daß die durch die (Verstandes-)Kategorien geordneten objektiven Erkenntnisse über die Bildung einer ›Idee‹ – d.i. eines Begriffs der reinen (nämlich nicht an die Grenzen möglicher Erfahrung sich bindenden) Vernunft, mit dem unsere objektiven Erkenntnisse als vollständig geordnet und begründet verstanden werden sollen – als Teilerkenntnisse in und Folgeerkenntnisse aus dem Gesamtsystem unserer Erkenntnisse erscheinen sollen.

Die Ideenbildung schließt an die ↑Kategorien an, insofern deren Gebrauch die Einheit eines Subjekts der Erkenntnis unterstellt und die Einheit von Objekten unserer Erkenntnis (als Erscheinungen oder als Gegenstände des Denkens überhaupt) erzeugt. Mit den Ideen werden diese (unterstellten oder erzeugten) Verstandeseinheiten umgedeutet: die unterstellte zu einer an sich gegebenen, die jeweils anschauungsbedingt erzeugte zu einer unbedingt für sich bestehenden. Es werden damit (und zwar durchaus ›natürlich‹, weil im Anschluß an die einheitsstiftenden Leistungen der Kategorien, wenn auch übertreibend, weil erfahrungsüberschreitend) eigene Gegenstände für unsere Erkenntnis geschaffen, die ihrerseits wieder mit den Kategorien zu untersuchen sind: nämlich die Seele als »die absolute (unbedingte) Einheit des denkenden Subjekts«, die Welt als »die absolute Einheit der Reihe der Bedingungen der Erscheinung« und Gott als »die absolute Einheit der Bedingung aller Gegenstände des Denkens überhaupt« (KrV B 391). Diesen Gegenständen widmen sich die transzendentale Seelenlehre, Weltwissenschaft und Gotteserkenntnis. Dabei kommt es zu dialektischen Fehlschlüssen der reinen Vernunft, die in der t.n D. aufzuklären sind: die psychologischen ↑Paralogismen (nach denen die Seele Substanz, einfach, Person ist und die Existenz der körperlichen Dinge bloß mittelbar erschlossen werden kann), die kosmologischen ↑Antinomien (mit denen sich die Vernunft in eine Antithetik verwickelt zur Frage nach dem Anfang der Welt, der Zusammensetzung der Substanzen in der Welt aus Einfachem, der Möglichkeit einer Kausalität nicht nur nach den Gesetzen der Natur, sondern auch der Freiheit, und der Existenz eines schlechthin notwendigen Wesens als eines Teils oder der Ursache der Welt) und die theologische Annahme des Ideals der reinen Vernunft, d.i. des vollkommensten und notwendig realen ›Urbildes aller Dinge‹ (KrV B 606), die die Vernunft in (Fehl-)Schlüssen, nämlich ihren ↑Gottesbeweisen, begründen will.

Wie bereits der Titel sagt, ist die Kritik der reinen Vernunft hauptsächlich (und in ihrem umfangreichsten Teil) der t.n D. gewidmet, mit der, aufbauend auf der transzendentalen Ästhetik und Analytik, die ›endlosen Streitigkeiten‹ auf dem ›Kampfplatz‹ der Metaphysik beendet werden sollen (KrV A VIII). Für die praktische Vernunft entsteht die Dialektik aus ihrem natürlichen »Hang, wider jene strenge Gesetze der Pflicht« – womöglich gemäß unseren Wünschen und Neigungen – »zu vernünfteln« (Grundl. Met. Sitten BA 23). Diese Dialektik besteht in der Verbindung von Glückseligkeit und Tugend, nach der (so die Antinomie der praktischen Vernunft) »die Begierde nach Glückseligkeit die Bewegursache zu Maximen der Tugend, oder die Maxime der Tugend [...] die wirkende Ursache der Glückseligkeit sein« muß (KpV A 204), welches erstere gegen das Prinzip der Moralität, welches letztere gegen das Prinzip der Kausalität (in der Sinnenwelt) verstößt. In der intelligiblen Welt hingegen läßt sich der zweite Zusammenhang zwischen Tugend und Glückseligkeit über die Postulate von Unsterblichkeit, Freiheit und dem Dasein Gottes herstellen, wobei der t.n D. die besondere Aufgabe zukommt, die Verwechslung dieser Postulate mit objektiven Erkenntnissen zu verhindern.

Literatur: J.F. Bennett, Kant's Dialectic, London/New York 1974; R. Bittner, Über die Bedeutung der Dialektik Immanuel Kants, Diss. Heidelberg 1970; A. Gideon, Der Begriff Transcendental in Kant's Kritik der reinen Vernunft, Diss. Marburg 1903 (repr. Darmstadt 1977); H.

Heimsoeth, T.D.. Ein Kommentar zu Kants Kritik der reinen Vernunft, I–IV, Berlin 1966–1971; S. Körner, Kant, Harmondsworth 1955, 105ff. (dt. Kant, Göttingen 1967, 85ff.); J.B. Lotz, Die transzendentale Methode in Kants »Kritik der reinen Vernunft« und in der Scholastik, in: ders. (ed.), Kant und die Scholastik heute, Pullach 1955, 35–108; J. Mittelstraß, Neuzeit und Aufklärung. Studien zur Entstehung der neuzeitlichen Wissenschaft und Philosophie, Berlin/New York 1970, 555ff.; V.I. Shynkaruk, Teorija poznanija, logika i dialektika I. Kanta, Kiev 1974; G. Tonelli, Der historische Ursprung der kantischen Termini ›Analytik‹ und ›Dialektik‹, Arch. Begriffsgesch. 7 (1962), 120–139; weitere Literatur ↑Dialektik. O.S.

Diallele (von griech. *δι' ἀλλήλων*, durch einander), auf die Logik der Stoiker (↑Logik, stoische) zurückgehende Bezeichnung für zirkelhafte Verfahren wie Zirkelschluß (↑circulus vitiosus) und ↑Zirkeldefinition, wobei im ersten Fall eine Konklusion aus Prämissen gezogen wird, von denen mindestens eine zu ihrer Begründung gerade des als Konklusion erhaltenen Satzes bedürfte, im zweiten Falle das Definiens (↑Definition) in offener oder versteckter (z.B. ↑imprädikativer) Weise zu seiner eigenen definitorischen Bestimmung auf das Definiendum zurückgreifen muß. Weiter als diese bei Sextus Empiricus als *διάλληλος τρόπος* belegte Bedeutung ist die des *διάλληλος λόγος*, mit dem Standardbeispiel: »Wo wohnt Theon? Da, wo Dion. Und wo wohnt Dion? Da, wo Theon wohnt«. Nicht-terminologisch findet sich die Wendung *ἡ δι' ἀλλήλων* jedoch schon weit früher, nämlich bei Aristoteles (an. pr. B7.59a32-33) für den Beweis zweier Sätze ›durch einander‹, wie er in speziellen Fällen syllogistischer Schlüsse möglich ist. Dabei wird dieses Beweisverfahren aber weder durch diese Bezeichnung noch durch ihr terminologisches Gegenstück (*κύκλῳ*, zirkulär) als Beweisfehler hingestellt, da auch ein Äquivalenzbeweis beider Sätze intendiert sein kann.

Literatur: Sextus Empiricus, Pyrrh. Hypoth. I 117, Opera I, ed. H. Mutschmann, Leipzig 1958, 31; Anonym. Schol. ad Hermog. *περὶ στάσεων*, ed. Walz, in: L. v. Spengel (ed.), Rhetores graeci ex codicibus Florentinis, VII 1, Stuttgart 1833, 383. C.T.

Dialog (von griech. *διάλογος*, Gespräch), eine sprachlich geführte Auseinandersetzung, zwischen zwei oder mehr Personen, charakterisiert durch Rede und Gegenrede in den Gestalten: Frage und Antwort (zum Zwecke der Begriffsklärung), Behauptung und Bestreitung (zum Zwecke der Urteilssicherung), Beweis und Widerlegung (zur Offenlegung der Schlußweisen). In der philosophischen Tradition, die auf die schriftlich niedergelegten sokratischen D.e Platons zurückgeht, ist ein D. nicht bloß der Darstellung der Personen und ihrer Weltauffassung dienende *Unterhaltung* oder die literarische Fassung solcher Unterhaltungen (etwa im dramatischen D., wo es Handlungsverläufe zu motivieren gilt), auch nicht bloß der gegenseitigen Mitteilung über das, was ist, oder sein soll dienende *Verständigung* oder die politische/pädagogische Fassung solcher Verständigungen (etwa im öffentlichen Meinungsaustausch, z.B. Zeitungs/Rundfunknachrichten und Leser/Hörerreaktionen darauf), sondern der Versuch einer Reflexion auf die Ursachen des durch den Willen zum D. dokumentierten Verlusts ›fragloser‹ Orientierung und damit zugleich auch auf die Möglichkeiten ihrer begründeten Wiederherstellung, also *D.* und *Metadialog* in einem; terminologisch auch als ↑*Diskurs* ausgezeichnet.

In der Geschichte des D.s als einer literarischen Gattung finden sich diese Gesichtspunkte weithin ungetrennt. So entwickelt sich aus dem Platonischen D. seit Aristoteles der besonders von M.T. Cicero entfaltete *peripatetische* D., dessen Partner jeweils verschiedene Denkpositionen und philosophische Schulen vertreten, und das *Lehrgespräch* aus längeren, nur gelegentlich von Zwischenfragen unterbrochenen Abhandlungen (besonders im Mittelalter). Lukian bedient sich der D.form zur satirischen Zustandsschilderung, ähnlich (mit stärker moralisierenden Zügen) Seneca d. J.. Die D.e der Kirchenväter sind formal an Cicero geschult; ihr Inhalt ist die Auseinandersetzung um das rechte Verständnis der Schrift, ihr Argument das Schriftzitat (Minucius Felix, Augustinus, Gregor der Große, Hugo von St. Viktor, P. Abaelard). Die beherrschende volkssprachige D.form des Mittelalters ist das Streitgedicht, ihm verwandt, aber in Sprache und Gedankenführung eigenständig das Gespräch »Der Ackermann und der Tod« des Johannes von Tepl (um 1400). – Die reiche D.literatur der Humanisten knüpft an Cicero (F. Petrarca, G. Galilei, Erasmus von Rotterdam) und Lukian an (P. Aretino). Die europäische ↑Aufklärung bedient sich des D.s. als eines Instruments der vernunftbestimmten geistigen Auseinandersetzung (N. Malebranche, D. Diderot, G. Berkeley, D. Hume, F. Galiani, M. Mendelssohn, G.E. Lessing, C.M. Wieland). Auch in der Folgezeit verläuft die Tradition des D.s parallel zur allgemeinen Entwicklung der Literatur- und Geistesgeschichte: neben dem emphatischen Gedankenaustausch des Sturm und Drang steht der gemessenere der Klassik (J.G. Fichte), er wird abgelöst durch die weit ausgreifenden schwärmerischen D.e der Romantik (F. Schlegel, F.W.J. Schelling, K.W.F. Solger). Im 19. Jahrhundert wird der D. seltener, im 20. erfährt er als Einkleidung für den Essay eine gewisse Wiederbelebung in Frankreich (A. Gide, P. Valéry, P. Claudel) und Deutschland (R. Borchardt, P. Ernst, H. v. Hofmannsthal, R. Kassner).

Eine philosophisch-inhaltliche Bedeutung über die literarische Form hinaus bekommt der D. in der dialogischen Philosophie (↑Philosophie, dialogische) des 20. Jahrhunderts, die auf philosophische Anregungen von J.G. Hamann und F.H. Jacobi, vor allem aber auf die Tradition des jüdischen Denkens zurückgreift (H. Cohen, F. Ebner, F. Rosenzweig, M. Buber, G. Marcel). Der D. ist demnach eine zwischenmenschliche Beziehung ausgezeichneter Qualität, die durch Anerkennung des Anderen (›Du‹) als Person, Verzicht auf Instrumentalisierung, Ernstnehmen der Freiheit des Anderen ausgezeichnet ist.

In der zeitgenössischen Logik und Wissenschaftstheorie ist der als Sprachhandlungszusammenhang verstandene D. in seiner Rolle als Gegenstand einer ↑*Argumentationstheorie* neu entdeckt worden. In diesem Zusammenhang wird allerdings zunehmend der von J. Habermas besonders akzentuierte Terminus ↑›Diskurs‹ (meist synonym mit ›D.‹) verwendet. Beschränkt auf die argumentationstheoretische Behandlung nur der logischen Zusammensetzung von ↑Aussagen aus Teilaussagen erlaubt der D.begriff eine Begründung der formalen Logik (↑Logik, formale) durch die Zurückführung des Begriffs der (formalen) Wahrheit auf die (formale) Gewinnbarkeit in einem D.. In der dialogischen Logik (↑Logik, dialogische) ist ein D. eine Partie eines nach genau festgelegten Spielregeln, den *Argumentationsregeln*, verlaufenden *Dialogspiels* um eine Anfangsaussage, die ↑*These*, das nach endlich vielen Schritten mit Gewinn oder Verlust für je einen der beiden Spieler endet: existiert eine (formale) ↑Gewinnstrategie für [gegen] die These, so ist die These (formal) wahr [falsch].

Literatur: G. Bauer, Zur Poetik des D.s. Leistung und Formen der Gesprächsführung in der neueren deutschen Literatur, Darmstadt 1969; B. Casper, Das dialogische Denken. Eine Untersuchung der religionsphilosophischen Bedeutung Franz Rosenzweigs, Ferdinand Ebners und Martin Bubers, Freiburg/Basel/Wien 1967; D. Dubarle, Der D. und die Philosophie des D.s, Int. D.-Z. 1 (1968), 3–14; K. Gaiser, Protreptik und Paränese bei Platon. Untersuchungen zur Form des platonischen D.s, Stuttgart 1959; H.L. Goldschmidt, Philosophie als Dialogik, Affoltern 1948; ders., Dialogik. Philosophie auf dem Boden der Neuzeit, Frankfurt 1964; H. Gundert, Der platonische D., Heidelberg 1968; R. Hirzel, Der D.. Ein literarhistorischer Versuch, I–II, Leipzig 1895 (repr. I–II, Hildesheim 1963); P. Lorenzen/K. Lorenz, Dialogische Logik, Darmstadt 1978; J.M. Mukařovsky, D. a monolog, in: ders., Kapitoly z české poetiky I, Prag 1941, 145–175 (dt. D. und Monolog, in: ders., Kapitel aus der Poetik, Frankfurt 1967, 108–149); H. Schnädelbach, Reflexion und Diskurs. Fragen einer Logik der Philosophie, Frankfurt 1977; H.H. Schrey, Dialogisches Denken, Darmstadt 1970; R. Wildbolz, Der philosophische D. als literarisches Kunstwerk. Untersuchungen über Solgers »Philosophische Gespräche«, Bern/Stuttgart 1952; D. als Methode, Neue H. Philos. 2/3 (Göttingen 1972). K.L.

Dialog, rationaler, nach F. Kambartel ein Dialog, der *unvoreingenommen* (alle Beteiligten sind bereit, ihre Überzeugungen unter den Vorbehalt gemeinsamer Begründungsbemühungen zu stellen), *zwanglos* (die ausgeführten Redehandlungen ziehen keine Sanktionen nach sich) und *nicht persuasiv* (Zustimmungshandlungen erfolgen nicht auf Grund eines Appells an fraglos hingenommene Vororientierungen) ist. Das Gelingen einer ↑Begründung für geäußerte Geltungsansprüche ist an die Durchführung eines r.n D.es gebunden. Entsprechende Unterscheidungen treffen die Termini ›vernünftige Beratung‹ bei P. Lorenzen und O. Schwemmer und ›ideale Sprechsituation‹ bei J. Habermas.

Literatur: J. Habermas, Wahrheitstheorien, in: H. Fahrenbach (ed.), Wirklichkeit und Reflexion. Walter Schulz zum 60. Geburtstag, Pfullingen 1973, 211–265, bes. 252–260; F. Kambartel, Moralisches Argumentieren. Methodische Analysen zur Ethik, in: ders. (ed.), Praktische Philosophie und konstruktive Wissenschaftstheorie, Frankfurt 1974, 54–72; O. Schwemmer, Philosophie der Praxis. Versuch zur Grundlegung einer Lehre vom moralischen Argumentieren, Frankfurt 1971, 106–127. C.F.G.

dialogdefinit/Dialogdefinitheit, Charakterisierung von Aussagen, für die ein ↑entscheidbarer Dialogbegriff (↑Dialog) vorliegt, um die also nach eindeutigen Regeln mit eindeutigem Ausgang argumentiert werden kann (↑Logik, dialogische). Der Bereich der d.en Aussagen ist eine echte Erweiterung des Bereichs der ↑*wertdefiniten* Aussagen (d.i. die Vereinigung des Bereichs der entscheidbar wahren und des Bereichs der entscheidbar falschen Aussagen. K.L.

Dichotomie (engl. dichotomy, franz. dichotomie, von griech. διχοτομία, Zweiteilung, aus griech. δίχα, ›in zwei‹, und τέμνω ›ich schneide‹), (1) im logischen Sinne die Einteilung (in der traditionellen Logik lat. divisio, das seinerseits Übersetzung von griech. διαίρεσις ist, ↑Dihairesis) eines Begriffs bzw. Begriffsumfangs in zwei Glieder, z.B. der Metalle in edle und unedle, der Linien in gerade und krumme (=nicht-gerade). Während die Möglichkeit einer *empirischen D.* vom Vorliegen einer natürlichen Gliederung des betreffenden Gegenstandsbereichs abhängt, dafür aber zu positiver Charakterisierung der beiden dichotomen Arten der Gattung und damit zu einer inhaltlich sinnvollen ↑Klassifikation führt (z.B. bei den sich zweigeschlechtlich fortpflanzenden Lebewesen in männliche und weibliche), erfolgt die *logische D.* rein formal durch Angabe eines artbildenden Merkmals und seines kontradiktorischen Gegenteils und ist daher nicht von vornherein sinnvoll (z.B. die D. der Menschen in Ornithologen und Nichtornithologen). Logisch setzt die D. das ↑tertium non datur in der Form ›quodlibet ens est aut A aut non A‹, genauer $\bigwedge_x(x\varepsilon P \vee x\varepsilon' P)$, voraus.

Dichotomisch verfährt bereits die Platonische Methode der Dihairesis, die als Klassifikationsprinzip bei Aristoteles (sowohl unter dem Gesichtspunkt der Methodenlehre als auch unter dem der praktischen Brauchbarkeit für empirische Wissenschaften) und bei den Stoikern ausführlich diskutiert wird. Durch die zentrale Stellung von Porphyrios' »Isagoge« (↑arbor porphyriana) bleibt das Verfahren der D. auch die ganze Scholastik über in der Diskussion. Noch I. Kant hält eine Rechtfertigung der ↑Trichotomien in seiner Kategorientafel durch die Erklärung für erforderlich, daß zwar »alle Einteilung a priori durch Begriffe D. sein muß« (KrV B 110), aber nur, wenn sie analytisch nach dem Satz des Widerspruchs sei, während man im Falle synthetischer Einteilung von Begriffen a priori notwendigerweise zu Trichotomien gelange. In der methodologischen Diskussion um Wert und Begründung von Klassifikationen findet die D. während des 19. Jahrhunderts vielfach lebhafte Befürworter (z.B. J. Bentham 1816, G. Bentham 1827, W.S. Jevons 1874), später jedoch eher skeptische Gegner (z.B. H.W.B. Joseph 1906). Zumindest für expositorische Zwecke sind jedoch dichotomische Verfahren der Begriffsabgrenzung bis heute in Gebrauch (N. Wiener 1962).

(2) Abgeleitet von dem unter (1) dargelegten Gebrauch ist die Bezeichnung ›dichotome Größen‹ für physikalische Größen mit komplementären Eigenschaften, von denen eine dem betreffenden mikrophysikalischen Objekt genau dann zukommt, wenn ihm die andere fehlt (z.B. positive bzw. negative elektrische Ladung oder andere durch ladungsartige Quantenzahlen beschriebene Eigenschaften). (3) ›D.‹ heißt auch eine Variante des Zenonischen Paradoxons von ↑Achilles und der Schildkröte.

Literatur: C.F. Bachmann, System der Logik. Ein Handbuch zum Selbststudium, Leipzig 1828; G. Bentham, Outline of a New System of Logic, with a Critical Examination of Dr. Whately's ›Elements of Logic‹, London 1827; J. Bentham, Chrestomathia; being a Collection of Papers [...], London 1816 (Appendix V); F.H. Hager, D., Hist. Wb. Ph. II (1972), 232; W.S. Jevons, The Principles of Science. A Treatise on Logic and Scientific Method, I–II, London 1874, London/New York [2]1877 (in 1 Bd.), zahlr. Neudr., z.B. London 1924, New York 1958; H.W.B. Joseph, An Introduction to Logic, Oxford 1906, [2]1916 (repr. 1967), 121 ff. der 2. Aufl.; N. Wiener, Mathematik – Mein Leben, Düsseldorf/Wien 1962; T. Ziehen, Lehrbuch der Logik auf positivistischer Grundlage mit Berücksichtigung der Geschichte der Logik, Bonn 1920 (repr. Berlin/New York 1974). C.T.

dictum de omni et nullo, lat. Kurzformel für eine Schlußregel der ↑Syllogistik: ›quicquid de omni valet, valet etiam de quibusdam et singulis‹ und ›quicquid de nullo valet, nec de quibusdam nec de singulis valet‹ (›was von allen gilt, gilt auch von einigen und einzelnen‹ und ›was von keinem gilt, gilt auch nicht von einigen und von einzelnen‹). In moderner ↑extensionaler Formulierung lautet das d.: Was von allen zur Klasse eines Prädikators gehörenden Gegenständen ausgesagt werden kann, kann auch von jedem Element dieser Klasse ausgesagt werden; und: Was von allen zur Klasse eines Prädikators gehörenden Gegenständen negiert werden muß, muß auch von jedem Element dieser Klasse negiert werden. In Zeichen:

$$\bigwedge_x(x\varepsilon P \rightarrow x\varepsilon Q) \wedge y\varepsilon P \Rightarrow y\varepsilon Q \text{ und}$$

$$\neg \bigvee_x(x\varepsilon P \wedge x\varepsilon Q) \wedge y\varepsilon P \Rightarrow y\varepsilon' Q.$$

Die Geschichte des d., dessen Formulierung auf Aristoteles zurückgeht (An. pr. A1.24b26), hat eine Fülle irriger Interpretationen erbracht. Unter unzutreffender Berufung auf Aristoteles wird etwa der logische Vorrang der ersten Figur (↑Syllogismus, vollkommener) von C. Wolff (und ihm nachfolgend I. Kant) in der Begründbarkeit ihrer Schlüsse durch das d. gesehen (Philosophia rationalis sive logica, [3]1744, § 388). Daraus wurde die logische Minderwertigkeit der Syllogismen der übrigen Figuren abgeleitet bzw. überhaupt bezweifelt, daß es sich dabei um logische Gesetze handelt. Die in der Geschichte der Logik immer wieder vertretene Auffassung, die Gültigkeit *aller* Syllogismen ließe sich mittels des d. als einzigen Axioms beweisen, ist ebenfalls unzutreffend. Häufig wurde in einem der formalen Logik unangemessenen realistischen Verständnis (↑Realismus (ontologisch)) von Begriffen und ihrem Art-Gattungsverhältnis das d. als ontologische Begründung des logischen Schließens aufgefaßt, weil hier Seinsgrund und Erkenntnisgrund zusammenfielen (z.B. C. Prantl, F.A. Trendelenburg, N. Hartmann). G.W.

Diderot, Denis, *Langres 5. Okt. 1713, †Paris 31. Juli 1784, franz. Schriftsteller und Philosoph. Sohn eines Messerschmieds, Autodidakt; spielte als Herausgeber und Autor der französischen ↑Enzyklopädie (1751–1780) neben J. le Rond d'Alembert, der jedoch bereits 1758 aus der wissenschaftlichen Redaktion ausschied, eine bedeutende Rolle in der Genese der ↑Aufklärung. Von D. stammen unter den mehr als 5000 Artikeln, für die er selbst verantwortlich zeichnet (davon ca. 3500, zumeist kurze Einträge, in den beiden ersten Bänden), einige der wichtigsten programmatischen Artikel (z.B. ›encyclopédie‹, ›philosophie‹, ›art‹). Eher enzyklopädisch als systematisch war auch sein Denken, ursprünglich stark beeinflußt durch englische Traditionen (A.A.C. Earl of Shaftesbury, J. Locke), später durch den kritischen Skeptizismus P. Bayles und materialistische, über G.L.L. Buffon wirksam werdende Positionen, deren Übernahme zugleich eine deistische Phase (↑Deismus) in seinem Denken ablöst. Neben ästhetischen (z.B. Essais sur la peinture, Paris 1765), literarischen und literaturtheoretischen Schriften (z.B. Les bijoux indiscrets, I–III, Paris 1748 [dt. Die indiskreten Kleinode, Karlsruhe 1965]; La religieuse, posthum Paris 1792 [dt. Die Nonne, Riga 1797, Berlin 1965]; Le neveu de Rameau, posthum Paris 1821, Paris 1891 erstmals nach dem Originalmanuskript [dt. von J.W. v. Goethe, Rameau's Neffe, Leipzig 1805]; Jacques le fataliste et son maître, I–II, Paris 1796 [dt. Jakob und sein Herr, I–II, Berlin 1792, Frankfurt 1961]; Discours sur la poésie dramatique, 1758) schrieb D. zahlreiche philosophische Abhandlungen, z.B. die »Pensées philosophiques« (Den Haag 1746, gegen B. Pascal), die (ihm dreieinhalb Monate Haft in Vincennes einbringende) »Lettre sur les aveugles à l'usage de ceux qui voyent« (London 1749), die »Pensées sur l'interprétation de la nature« (o.O. 1754, dt. Gedanken zur Interpretation der Natur, Leipzig 1965) und das 1796 posthum erschienene »Supplément au voyage de Bougainville« (dt. Nachtrag zu »Bougainvilles Reise«, Frankfurt 1965); daneben die philosophischen Dialoge »Entretien entre d'Alembert et D.« (1769), »Rêve de d'Alembert« (1769, dt. Der Traum d'Alemberts, ed. R. Koch, Stuttgart 1923) und »Suite de l'entretien« (1769).

Für Katharina II., die er 1773 besuchte, entwarf D. 1775 einen »Plan d'une université pour le gouvernement de Russie«. Als Schriftsteller wie als Denker, der mit seinen Arbeiten wesentlich das aufklärerische Bild des ›philosophe‹ (↑Enzyklopädisten) prägte, darin gleichzeitig den enzyklopädischen Weg zu einzelwissenschaftlichen Studien weisend, übte D. insbesondere in Deutschland einen großen Einfluß aus. Sein weniger physikalistisches als biologistisches Weltbild, das Formen eines pantheistischen Naturalismus zeigt und verwandte Züge mit Grundgedanken G.W. Leibnizens aufweist (von D. stammt auch der Leibniz-Artikel der »Encyclopédie«), findet eine Fortsetzung in der Naturphilosophie des 19. Jahrhunderts.

Werke: Œuvres, I–XV, Paris 1798; Œuvres complètes, I–XX, ed. J. Assézat/M. Tourneux, Paris 1875–1877 (repr. Nendeln 1966); Correspondance, I–XVI, ed. G. Roth (ab XIII mit J. Varlot), Paris 1955–1970; Œuvres philosophiques, I–III, Amsterdam 1772, ed. P. Vernière, Paris 1956; Œuvres esthétiques, ed. P. Vernière, Paris 1959; Œuvres romanesques, ed. H. Bénac, Paris 1951; Œuvres politiques, ed. P. Vernière, Paris 1963; Salons, I–IV, ed. J. Seznec/J. Adhémar, Oxford 1957–1967; Pensées philosophiques, ed. A. Adam, Paris 1972; Philosophische Schriften, I–II, dt. v. T. Lücke, Berlin (Ost) 1961, Frankfurt 1967; Ästhetische Schriften, I–II, dt. v. F. Bassenge u. T. Lücke, Berlin (Ost) 1961, Frankfurt 1968.

Literatur: C. Blum, D.. The Virtue of a Philosopher, New York 1974; P. Casini, D. »philosophe«, Bari 1962; J. Chouillet, La formation des idées esthétiques de D. (1745–1763), Paris 1973; L.G. Crocker, D.'s Chaotic Order. Approach to Synthesis, Princeton/London 1974; H. Dieckmann, Stand und Probleme der D.-Forschung, München 1931; C.C. Gillispie, D., DSB IV (1971), 84–90; H. Hinterhäuser, Utopie und Wirklichkeit bei D.. Studien zum »Supplément au voyage de Bougainville«, Heidelberg 1957; A. Lerel, D.s Naturphilosophie, Wien 1950; J.-L. Leutrat, D., Paris 1968; J. Lough, Essays on the Encyclopédie of D. and d'Alembert, London 1968; J. Mayer, D.. Homme de science, Rennes 1959; R. Morin, Les pensées philosophiques de D. devant leurs principaux contradicteurs au XVIIIe siècle, Paris 1975; R. Pomeau, D.. Sa vie, son œuvre, avec un exposé de sa philosophie, Paris 1967; J. Proust, D. et l'Encyclopédie, Paris 1962, ^{2}1967; K. Rosenkranz, D.s Leben und Werke, I–II, Leipzig 1866; G. Sauerwald, Die Aporie der D.schen Ästhetik (1745–1781). Ein Beitrag zur Untersuchung des Natur- und Kunstschönen als ein Beitrag zur Analyse des neuzeitlichen Wirklichkeitsbegriffs, Frankfurt 1975; J. Seznec, Essais sur D. et l'antiquité, Oxford 1957; A. Vartanian, D. and Descartes. A Study of Scientific Naturalism in the Enlightenment, Princeton 1953; A.M. Wilson, D.. The Testing Years: 1713–1759, New York 1957; ders., D., New York/Oxford 1972; U. Winter, Der Materialismus bei D., Genf/Paris 1972. J.M.

Dietrich von Freiberg (Theodoricus Teutonicus), *vermutlich Freiberg (Sachsen) um 1250, †um 1310, dt. Naturphilosoph und Mystiker. Nach Eintritt in den Dominikanerorden (Provinz Teutonia) 1275 Lektor in Freiburg, 1275–1277 Studium in Paris, 1280 Lektor des Konvents zu Trier, 1285 Prior von Würzburg, 1293–1296 Provinzialmeister und 1310 Vikar der oberdeutschen Ordensprovinz Teutonia. D. las 1297–1303 in Paris über die Sentenzen des Petrus Lombardus und wurde dort vor 1303 Magister der Theologie. 1304 nimmt D. am Generalkapitel seines Ordens in Toulouse teil, wo er vom Ordensgeneral Aymerich von Placentia aufgefordert wird, seine Forschungen über den Regenbogen niederzuschreiben.

Neben wissenschaftlichen Arbeiten stehen philosophische und theologische Schriften, in denen D. bemüht ist, die Grundanschauungen seiner Theosophie und Mystik mit den Begriffen der damaligen theologischen Wissenschaft zu vermitteln. In der Philosophie vertritt D. Elemente der Aristotelischen Tradition, gibt aber Proklos, dessen »Stochaiosis theologicae« er benutzt, Augustinus, Pseudo-Dionysios und den neuplatonischen Positionen der Araber den Vorzug. In Übereinstimmung mit Thomas von Aquin bestreitet er die These von der Zusammensetzung der geistigen Substanzen aus Materie und Form und vertritt die Ansicht, daß der Gedanke einer ewigen Weltschöpfung keinen Widerspruch in sich trägt. Gegen Thomas und seine Anhänger wendet er sich gegen die Annahme eines realen Unterschieds zwischen ›Sosein‹ und ›Dasein‹. Wissenschaftshistorisch bedeutsam ist die Schrift »De iride et radialibus impressionibus« (nach 1304), die den 1304 in Toulouse erstatteten Bericht über die Entstehung des Regenbogens enthält. Es handelt sich hier, im Anschluß an Alhazen, um eine korrekte, auf der geometrischen Optik beruhende Theorie des Regenbogens. Danach entsteht der innere Regenbogen durch zweimalige Brechung und einmalige Reflexion der Sonnenstrahlen in den einzelnen Regentropfen, während der äußere Regenbogen durch zweimalige Brechung und zweimalige Reflexion entsteht. Nach D.s Theorie sind also optische Vorgänge in *einzelnen* Regentropfen und nicht, wie bei früheren Theorien, in der gesamten Regenwolke für den Regenbogen verantwortlich; insbesondere verursachen verschiedene Gruppen von Regentropfen die verschiedenen Farben des beobachteten Regenbogenspektrums. Mit Hilfe dieser Theorie vermag D. z.B. die Änderung des Regenbogens mit der Änderung der Position des Beobachters dadurch zu erklären, daß bei verschiedenen Beobachtungspositionen verschiedene Gruppen von Regentropfen für den Regenbogen verantwortlich sind. Auch kann er eine Reihe von Unterschieden, z.B. die Umkehrung der Farbanordnung zwischen äußerem und innerem Regenbogen dadurch begründen, daß bei ersterem eine Reflexion mehr vorliegt. Die Farbentstehung erklärte er in seinem Traktat »De coloribus« nur unzureichend. D.s Regenbogentheorie geriet in Vergessenheit und wurde erst von R. Descartes und I. Newton wiederentdeckt.

Werke: Opera omnia, I–IV, ed. K. Flasch, Hamburg 1977/1979. – De esse et essentia, ed. E. Krebs, Rev. néoscolast. de philos. 18 (1911), 516–536; De iride et radialibus impressionibus. Über den Regenbogen und die durch Strahlen erzeugten Eindrücke, ed. J. Würschmidt, Münster 1914 (Beitr. Gesch. Philos. MA. XII, 5–6) (enthält lat. Text mit dt. Kapitelzusammenfassungen); De intelligentiis et motoribus celorum, franz. Teilausg. in: P. Duhem, Le système du monde. Histoire des doctrines cosmologiques de Platon à Copernic III, Paris 1915 (repr. 1958), 383–396; Tractatus de quidditatibus entium, ed. A. Maurer, Med. Stud. 18 (1956), 189–203; F. Stegmüller (ed.), Meister D. v. F. über den Ursprung der Kategorien. De origine rerum praedicamentalium, Arch. hist. doctr. litt. moyen-âge 24 (1957), 115–201; De coloribus, De luce et eius origine, De miscibilibus in mixto, De elementis corporum naturalium, in: W.A. Wallace, The Scientific Methodology of Theodoric of Freiberg. A Case Study of the Relationship between Science and Philosophy, Fribourg 1959, 324–376.

Literatur: A.C. Crombie, Robert Grosseteste and the Origins of Experimental Science, 1100–1700, Oxford 1953 (repr. 1962), 233–259; K. Flasch, Kennt die mittelalterliche Philosophie die konstitutive Funktion des menschlichen Denkens? Eine Untersuchung zu D. v. F., Kant-St. 63 (1972), 182–206; E. Krebs, Meister Dietrich (Theodoricus Teutonicus de Vriberg). Sein Leben, seine Werke, seine Wissenschaft, Münster 1906 (Beitr. Gesch. Philos. MA. V, 5–6); P. Mazzarella, Metafisica e gnoseologica nel pensiero di Teodorico di Vriberg, Neapel 1967; ders., Il neoplatonismo di Teodorico di Vriberg, Neapel 1972; B. Mojsisch, Die Theorie des Intellekts bei D. v. F., Hamburg 1977 (Beih. 1 zu Opera omnia [s.o.]); F. Stegmüller, Meister D. v. F. über die Zeit und das Sein, Arch. hist. doctr. litt. moyen-âge 13 (1942), 153–221; W.A. Wallace, Gravitational Motion According to Theodoric of Freiberg, Thomist 24 (1961), 327–352, Neudr. in: J.A. Weisheipl (ed.), The Dignity of Science. Studies in the Philosophy of Science Presented to William Humbert Kane, Washington 1961, 191–216; ders., Theodoric of Freiberg on the Structure of Matter, Proc. 10th Int. Congr. of History of Science, Ithaca N.Y. 1962, I, Paris 1964, 591–597; ders., D. v. F., DSB IV (1971), 92–95. P. B.

Differential, hat man in der ↑Infinitesimalrechnung die Differenzierbarkeit sowie die Ableitung einer Funktion als Grenzwert eines Quotienten eingeführt und diesen formal als D.-

quotienten $\frac{dy}{dx}$ bzw. $\frac{df(x)}{dx}$ geschrieben, so pflegt man Zähler und Nenner dieses D.quotienten wie Bezeichnungen selbständiger Objekte zu behandeln, indem man als D. einer differenzierbaren Funktion das Produkt ihrer Ableitung mit einem willkürlichen Inkrement der unabhängigen Variablen bezeichnet. Diese Erklärung genügt jedoch nicht den Anforderungen an eine logisch einwandfreie Definition. Eine solche erhält man, wenn man D.e in der folgenden Weise als Funktionale einführt. Es sei K ein einfaches Kurvenstück im Sinne der D.geometrie, x sei Koordinate (↑Geometrie, analytische) von K und f eine Punktfunktion auf K. f heiße nach x differenzierbar, wenn die durch f und x mittels $f=\varphi x$ bestimmte Zahlfunktion φ differenzierbar ist. Die Derivierte von f nach x im Punkt P_0 wird erklärt durch

$$f'_x(P_0) \leftrightharpoons \lim_{P\to P_0} \frac{fP-fP_0}{xP-xP_0} \leftrightharpoons \lim_{\xi\to\xi_0} \frac{\varphi\xi-\varphi\xi_0}{\xi-\xi_0},$$

so daß mit $x=\psi\bar{x}$ für eine weitere Koordinate $\bar{x}$ zunächst $f'_{\bar{x}}=(\varphi\,\psi)'\bar{x}$ und nach der Kettenregel $f'_{\bar{x}} = f'_x \cdot x'_{\bar{x}}$ folgt. Der Term $f'_{\bar{x}}$ stellt ein Funktional dar (d.h. eine Funktion, die als Argumente selbst Funktionen, nämlich Koordinaten hat), und dieses durch $df(\bar{x}) \leftrightharpoons f'_{\bar{x}}$ erklärte Funktional heißt *das Differential* df. Da natürlich entsprechend $dx(\bar{x}) \leftrightharpoons x'_{\bar{x}}$ gilt, läßt sich jetzt die D.quotientenschreibweise durch die Geltung von $df=f'_x\cdot dx$ begründen, da ja der Quotient $\frac{df}{dx}$ als Funktionenquotient $\left(\text{mit } f'_x=\frac{df}{dx} \text{ und der Bedingung } x'_{\bar{x}}(P)\neq 0 \text{ für alle } P\right)$ einwandfrei erklärt ist. In analoger Weise läßt sich der Begriff des D.s für Punktfunktionen auf beliebigdimensionalen Raumstücken einführen.

Literatur: P. Lorenzen, Differential und Integral. Eine konstruktive Einführung in die klassische Analysis, Frankfurt 1965. C.T.

Differentialgeometrie, mathematische Theorie, die nach C.F. Gauß Kurven und Flächen im 3-dimensionalen cartesischen Raum mit Methoden der ↑Infinitesimalrechnung studiert und nach B. Riemann für beliebig dimensionale Mannigfaltigkeiten verallgemeinert wird. Sie fand nach Gauß bereits Anwendung in Geodäsie und Kartographie und erhielt nach A. Einstein zentrale Bedeutung für die Gravitationstheorie (↑Gravitation), ↑Astronomie und ↑Kosmologie.

1. Unter einer *parametrisierten Kurve* im n-dimensionalen cartesischen Raum $\mathbb{R}^n$ versteht man eine (beliebig oft) differenzierbare Abbildung $c(t)$ eines offenen Intervalls I der reellen Achse in den $\mathbb{R}^n$. Im Fall $n=2$ spricht man von *ebenen Kurven*, im Fall $n=3$ von *Raumkurven*. Durch eine eindeutige, in beiden Richtungen differenzierbare Transformation $t=g(\tau)$ (›Umparametrisierung‹ läßt sich eine parametrisierte Kurve $c(t)$ in eine andere $c(g(\tau))=\bar{c}(\tau)$ überführen. Faßt man Kurven als durch Polygonzüge approximierbar auf, so hat eine Kurve $c(t)$ über I die *Bogenlänge*

$$s=\int_I |\dot{c}(t)|\,dt=\int_I \sqrt{\sum_{i=1}^{n}\left(\frac{dx_i}{dt}\right)^2}\,dt,$$

falls die $x_i(t)$ die Komponenten von $c(t)$ sind und $\dot{c}(t)\neq 0$ für alle $t\in I$. Der Tangentenvektor eines Kurvenpunktes läßt sich nach G.W. Leibniz durch die 1. Ableitung $c(t)$ bestimmen. Für ebene Kurven zeigt sich der Wechsel seiner Richtungen beim Durchlaufen der Kurve, wenn man jeder Kurventangente nach C.F. Gauß denjenigen Halbstrahl zuordnet, der vom Kreismittelpunkt eines Einheitskreises in der Kurvenebene parallel der betrachteten Tangente in Durchlaufrichtung der Kurve liegt:

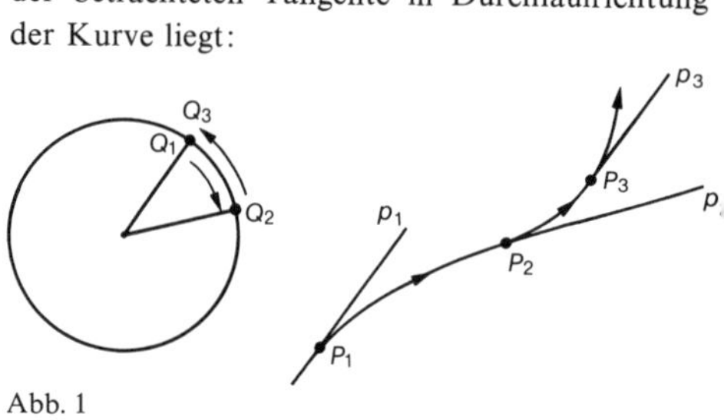

Abb. 1

Die Schnittpunkte Q_j der Parallelen mit dem Einheitskreis (Abb. 1) heißen die Tangentenbilder von P_j. Die auf den Tangenten p_j in P_j senkrecht stehenden Geraden n_j heißen Kurvennormalen. Läßt man nun einen zu P_1 benachbarten Kurvenpunkt P_2 auf P_1 zulaufen, so besitzt die Folge der Quotienten aus Schnittwinkel $\sphericalangle(p_1,p_2)$ der Tangenten p_1,p_2 bzw. $\sphericalangle(n_1,n_2)$ der Normalen n_1,n_2 und der Entfernung P_1P_2 der Kurvenpunkte (Abb. 2) im allgemeinen einen Grenzwert – die *Krümmung*

$$k=\lim_{P_1P_2\to 0}\frac{\sphericalangle(p_1,p_2)}{P_1P_2}=\lim_{P_1P_2\to 0}\frac{\sphericalangle(n_1,n_2)}{P_1P_2}$$

der Kurve in P_1, die sich wegen $\sphericalangle(n_1,n_2) = \sphericalangle(p_1,p_2) = \sphericalangle Q_1OQ_2$ (Abb. 2) auch als Grenzwert der Quotienten der Längen eines kleinen

Kurvenbogens und seines Tangentenbildes auf dem Gaußschen Einheitskreis auffassen läßt:

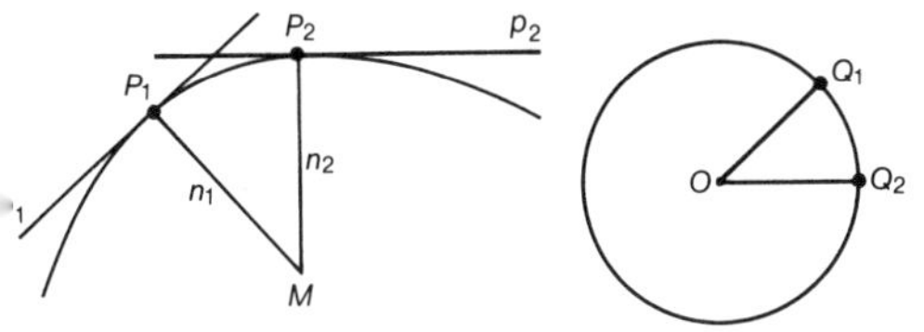

Abb. 2

Die Grenzlage des Normalenschnittpunktes M bestimmt den Krümmungsradius r des sogenannten Krümmungskreises in P_1 mit $k=\frac{1}{r}$.

Bei Raumkurven bestimmen die unendlich vielen Normalen einer Kurventangente p von P die sogenannte Normalebene N von P. Die Schmiegungsebene S der Kurve in P ist de Grenzlage von Ebenen durch die Tangente p von P und benachbarte Kurvenpunkte, die gegen P laufen. Die Normalebene N, die Schmiegungsebene S und die auf beiden Ebenen senkrecht stehende rektifizierende Ebene R bestimmen die in P senkrecht stehende Tangente p, Hauptnormale h und Biegenormale b (Abb. 3) – das sogenannte begleitende Dreibein der Kurve. Analog zu ebenen Kurven lassen sich nach Gauß nun die Bilder von Tangente, Hauptnormale und Binormale auf einer Einheitskugel studieren. Zur Bestimmung des *Krümmungsradius* r von P gibt man zunächst die Grenzlage einer Folge von Schnittgeraden benachbarter Normalebenen an. Diese sogenannte Krümmungsachse KA in der Normalebene N von P steht senkrecht auf der Hauptnormalen h und bestimmt den Krümmungsradius r des Krümmungskreises in der Schmiegungsebene S von P (Abb. 3). Die Grenzlage einer Kugel durch vier Kurvenpunkte führt zum Begriff der Schmiegungskugel mit Schmiegungskugelmittelpunkt SM.

2. Unter einem parametrisierten *Flächenstück* oder auch *Fläche* im 3-dimensionalen cartesischen Raum versteht man eine (beliebig oft) differenzierbare und lokal umkehrbare Abbildung eines offenen Gebietes des $\mathbb{R}^2$ in den $\mathbb{R}^3$. Allgemeiner meint man mit ›Fläche‹ häufig eine Teilmenge des $\mathbb{R}^3$, die nur *lokal* durch Flächenstücke parametrisiert ist, d.h. jeder Punkt einer Fläche hat als Umgebung das Bild eines Flächenstücks. In diesem Sinne ist z.B. die Kugel kein parametrisiertes Flächenstück, jedoch eine Fläche (im allgemeineren Sinne), die durch zwei Flächenstücke parametrisiert werden kann. Das Koordinatennetz auf

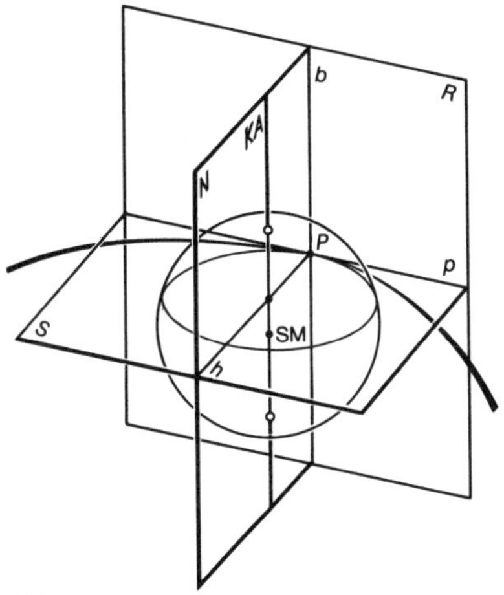

Abb. 3

einer Fläche (im engeren Sinne) $x_i(u_1, u_2)$, das durch die Kurven $u_1=$const. und $u_2=$const. erzeugt wird, heißt ein Gaußsches Koordinatensystem wie z.B. die geographischen Koordinaten $x_1=r\cos\beta\cos\lambda$, $x_2=r\cos\beta\sin\lambda$, $x_3=r\sin\beta$ auf der Kugel des Radius r mit $-\pi\leq\lambda\leq+\pi$ für die Länge und $-\frac{\pi}{2}\leq\beta\leq+\frac{\pi}{2}$ für die Breite. Kurven auf den Flächen (z.B. Wege auf der krummen Erdoberfläche) $a<t<b$ lassen sich nun durch Flächenkoordinaten $u_1=u_1(t)$, $u_2=u_2(t)$ und durch Raumkoordinaten $x_1=x_1(u_1(t), u_2(t))$ beschreiben. Da partielles Differenzieren

$$\frac{dx_i}{dt}=\frac{\partial x_i}{\partial u_1}\frac{du_1}{dt}+\frac{\partial x_1}{\partial u_2}\frac{du_2}{dt}$$

liefert, hat eine solche Kurve die Bogenlänge

$$s=\int_a^b\sqrt{\sum_{i=1}^{3}\left(\frac{dx_i}{dt}\right)^2}\,dt=\int_a^b\sum_{i=1}^{3}\left[\frac{\partial x_i}{\partial u_1}\frac{\partial x_i}{\partial u_1}\left(\frac{du_1}{dt}\right)^2\right.$$

$$\left.+2\frac{\partial x_i}{\partial u_1}\frac{\partial x_i}{\partial u_2}\frac{du_1}{dt}\frac{du_2}{dt}+\frac{\partial x_i}{\partial u_2}\frac{\partial x_i}{\partial u_2}\left(\frac{du_2}{dt}\right)^2\right]^{\frac{1}{2}}dt.$$

Vereinbart man nach dem Ricci-Kalkül für griechische Indizes μ, ν Summation über die Indizes der Flächenkoordinaten und für die lateinischen Indizes Summation der Raumkoordinaten, so erhält man die abgekürzte Schreibweise

$$s=\int_a^b\sqrt{g_{\mu\nu}\frac{du_\mu}{dt}\frac{du_\nu}{dt}}\,dt$$

mit den metrischen Koeffizienten

$$g_{\mu\nu}:=\frac{\partial x_i}{\partial u_\mu}\frac{\partial x_i}{\partial u_\nu}$$

wobei $g_{\mu\nu} = g_{\mu\nu}(u_1, u_2)$ nur von den Flächenpunkten abhängt und in den $\frac{du_\mu}{dt}$ die Richtung der beliebig auswählbaren Flächenkurven zum Ausdruck kommt. Die *Flächenmetrik* $ds^2 = g_{\mu\nu}\, du_\mu\, du_\nu$ ist eine positiv-definite quadratische Differentialform, auch *erste Fundamentalform* genannt, die erzeugt wird durch das (euklidische) Skalarprodukt in der Tangentialebene des jeweiligen Flächenpunktes. Sie ist gegen eindeutige und in jede Richtung stetig differenzierbare Koordinatentransformationen $\bar{u}_1 = \bar{u}_1(u_1, u_2)$, $\bar{u}_2 = \bar{u}_2(u_1, u_2)$ nach folgenden Gesetzen des Ricci-Kalküls invariant: $ds^2 = \bar{g}_{\mu\nu}\, d\bar{u}_\mu\, d\bar{u}_\nu$ mit entsprechend definierten

$$d\bar{u}_\mu = \frac{\partial \bar{u}_\mu}{\partial u_\rho} du_\rho \text{ und } \bar{g}_{\mu\nu},$$

$$g_{\mu\nu} = \bar{g}_{\alpha\beta} \frac{\partial \bar{u}_\alpha}{\partial u_\mu} \frac{\partial \bar{u}_\beta}{\partial u_\nu} \text{ und } g = \bar{g} \left| \frac{\partial \bar{u}_\nu}{\partial u_\mu} \right|^2$$

für die Diskriminante $g = g_{11} g_{22} - g_{12}{}^2$. Für die Anwendung sind die *längentreuen* (mit Invarianz der Kurvenlänge), *konformen* (mit Invarianz der Winkelgröße) und *flächentreuen* (mit Invarianz der Flächengröße) eineindeutigen Transformationen hervorzuheben. In der *Kartographie* entsteht z.B. die ebene Merkatorkarte mit den cartesischen Koordinaten y_1, y_2 und der pythagoreischen Metrik $ds_E^2 = dy_1{}^2 + dy_2{}^2$ durch eine zwar konforme, aber flächenverzerrende Abbildung $y_1 = r\lambda$, $y_2 = \int_0^\beta \frac{d\beta}{\cos\beta}$ der geographischen Kugelkoordinaten mit der Metrik

$$ds_K^2 = r^2 \cos^2\beta\, d\lambda^2 + r^2\, d\beta^2 = \cos^2\beta (dy_1{}^2 + dy_2{}^2),$$

während z.B. die Lambert-Karte durch die (bis auf einen Verkleinerungsfaktor) flächentreue Transformation $y_1 = r\lambda$, $y_2 = r \sin\beta$ entsteht.

Längentreue Abbildungen sind zwar stets konform, aber nicht umgekehrt, wie z.B. die konformen, aber nicht längentreuen Ähnlichkeitstransformationen der ↑Euklidischen Geometrie zeigen.

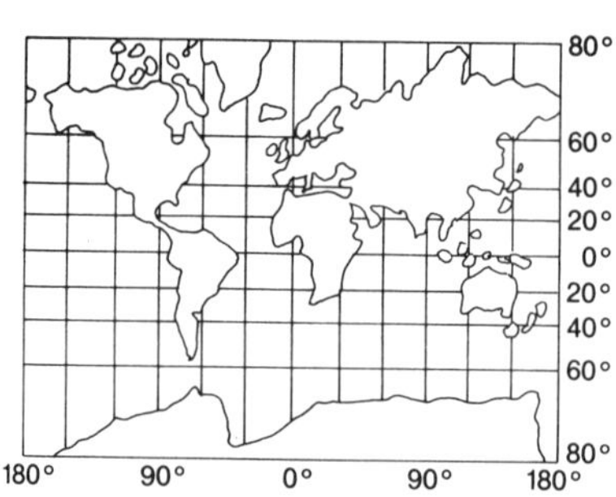

Abb. 4 (Merkator-Karte)

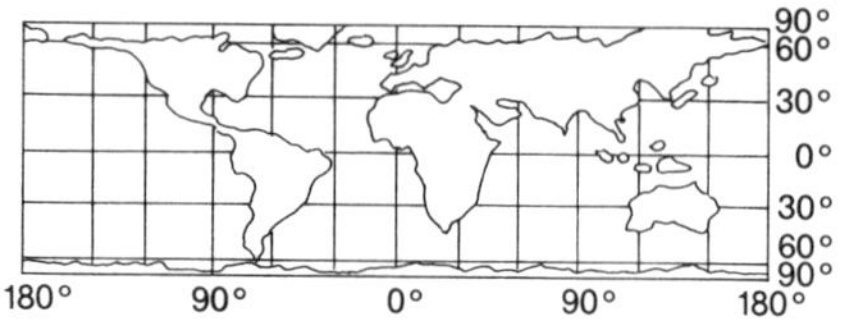

Abb. 5 (Lambert-Karte)

Das Krümmungsverhalten von Flächenstücken studiert man nach Gauß auf einer Einheitskugel, indem man zunächst zu den auf den Tangentialebenen der Flächenpunkte senkrecht stehenden Normalen die Parallelen durch den Mittelpunkt der Einheitskugel zieht. Die *Gaußsche Krümmung* K eines Flächenpunktes P ist dann der Grenzwert einer Quotientenfolge aus sich um P zusammenziehenden Flächenstücken F und ihren sphärischen Bildern G auf der Einheitskugel, d.h. $K = \lim_{F \to 0} \frac{G}{F}$ (vgl. Abb. 6, 7).

Da für elliptische Flächenpunkte der Umlaufsinn der Flächenstücke bei der sphärischen Abbildung erhalten bleibt (Abb. 6), liegt positive Krümmung vor, während hyperbolische Flächenpunkte wegen der Umkehrung des Umlaufsinns (Abb. 7) negative Krümmung besitzen:

Abb. 6

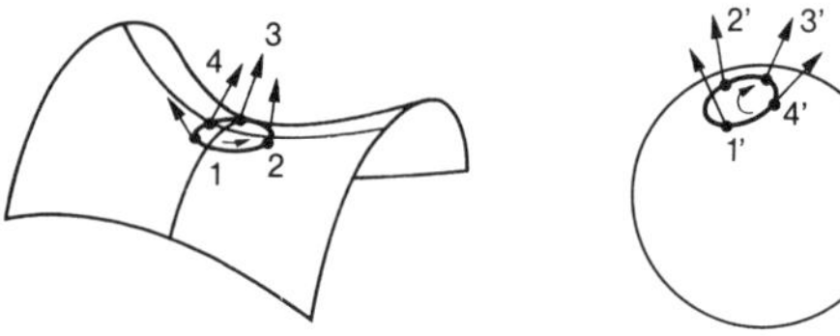

Abb. 7

K ist gleich dem Produkt der beiden *Hauptkrümmungen* k_1, k_2 in P, wobei k_1, k_2 die größte und die kleinste Krümmung einer Folge von Kurvenkrümmungen in P sind, deren zugehörige Flächenkurven durch eine sich um die Normale in P drehende Ebene aus der Fläche ausgeschnitten werden. Wegen $k_1 = \frac{1}{r_1}$ und $k_2 = \frac{1}{r_2}$ mit den zugehörigen Hauptkrümmungsradien r_1, r_2 ist daher

$K = \frac{1}{r_1 r_2}$, also z.B. $K = \frac{1}{r^2}$ für eine Kugel mit Radius r.

Nach dem *Theorema egregium* von Gauß läßt sich die Krümmung K allein durch die metrischen Koeffizienten $g_{\mu\nu}$ und ihre Ableitungen bestimmen, d.h. K ist nur von der inneren Geometrie der Fläche und nicht von dem umgebenden Raum abhängig. Daher bleibt bei längentreuen Abbildungen (Verbiegungen der Fläche) die Gaußsche Krümmung der Flächenpunkte erhalten. Die Gesamtkrümmung eines Flächenstücks hängt nach dem *Satz von Gauß und O. Bonnet* in einfacher Weise mit der gesamten Seitenkrümmung ihres Randes zusammen. *Geodätische Linien* als kürzeste bzw. geradeste Verbindungen von Flächenpunkten fanden sowohl in der Geodäsie als auch Mechanik Anwendung. So formulierten Gauß und H. Hertz ein *mechanisches Prinzip*, nach dem Körper unter dem Einfluß äußerer Kräfte immer den Weg mit geringsten möglichen Abweichungen von der geraden Bewegung nach dem Trägheitsprinzip, also den geradesten Weg wählen.

3. Die Resultate der Gaußschen Flächentheorie lassen sich zwanglos auf n-dimensionale Flächen verallgemeinern. B. Riemann nahm eine weitere Verallgemeinerung vor, indem er die innere Geometrie der 2dimensionalen Flächen auf solche n-dimensionale differenzierbare Mannigfaltigkeiten erweiterte, deren Metriken nicht mehr durch die Einbettung in einen umgebenden cartesischen Raum und dessen euklidisches Skalarprodukt induziert sind (↑Riemannscher Raum). Hier ist vielmehr ein Maßtensor $g_{\mu\nu}$ für $\mu, \nu = 1, \ldots, n$ *vorgegeben*, der im 2dimensionalen Fall die Gaußsche Flächenkrümmung bestimmt. Die *homogenen Riemannschen Mannigfaltigkeiten mit konstanter Krümmung* K ergeben für $K = 0$ die ↑euklidische Geometrie, für $K < 0$ die hyperbolische und für $K > 0$ die elliptische Geometrie (↑Geometrie, hyperbolische, ↑Geometrie, elliptische) in n-dimensionaler Verallgemeinerung. A. Einstein interpretierte in seiner relativistischen *Gravitationstheorie* den mathematischen Formalismus einer 4dimensionalen Riemannschen Mannigfaltigkeit, allerdings ausgestattet mit der nicht mehr positiv-definiten sogenannten Lorentz-Metrik, durch physikalische Größen, wie z.B. den metrischen Tensor $g_{\mu\nu}$ durch ein Gravitationspotential oder das Christoffelsche Dreiindizessymbol $\Gamma^{\lambda}_{\mu\nu}$ durch eine Gravitationskraft, die den Bewegungsverlauf eines Körpers beeinflußt (↑Bewegungsgleichungen). Variable Krümmungstensoren deuten auf inhomogene Gravitationsfelder. Grundlegend für das Verhältnis von Gauß-Riemannscher D. und Einsteinscher Gravitationstheorie ist folgende Analogie: So wie es für ein Gaußsches Koordinatensystem mit der Metrik $g_{\mu\nu}$ lokal (d.h. im unendlich Kleinen) ein cartesisches Koordinatensystem mit pythagoreischer Metrik gibt, so läßt sich für alle Koordinatenpunkte eines Gravitationsfeldes lokal ein Inertialsystem angeben, in dem die Gesetze der speziellen Relativitätstheorie gelten. In der physikalischen *Kosmologie* spielen die Riemannschen Mannigfaltigkeiten mit konstanter Krümmung eine große Rolle, da in einigen Modellen ein isotropes und homogenes Universum vorausgesetzt wird (↑Astronomie).

Literatur: A.D. Alexandrow, Kurven und Flächen, Berlin (Ost) 1959; H. Behnke, Vorlesung über D., Münster [8]1967; W. Blaschke, Über die D. von Gauß, Jahresber. Dt. Math.ver. 52 (1942), 61–71; M.P. do Carmo, Differential Geometry of Curves and Surfaces, Englewood Cliffs N. J. 1976; É. Cartan, Les systèmes différentiels extérieurs et leurs applications géometriques, Paris 1971; A. Goetz, Introduction to Differential Geometry, Reading Mass./Menlo Park Cal./London/Don Mills Ont. 1970; D. Gromoll/W. Klingenberg/W. Meyer, Riemannsche Geometrie im Großen, Berlin/Heidelberg/New York 1968; S.W. Hawking/G.F.R. Ellis, The Large Scale Structure of Space-Time, Cambridge 1973; S. Helgason, Differential Geometry and Symmetric Spaces, New York/London 1962; D. Hilbert/S. Cohn-Vossen, Anschauliche Geometrie, Berlin 1932 (repr. Darmstadt 1973); W. Klingenberg, Eine Vorlesung über D., Berlin/Heidelberg/New York 1973 (engl. A Course in Differential Geometry, New York/Heidelberg/Berlin 1978); D. Laugwitz, D., Stuttgart [3]1977; T. Levi-Civita, Der absolute Differentialkalkül und seine Anwendungen in Geometrie und Physik, Berlin 1928; P. Lorenzen, Differential und Integral. Eine konstruktive Einführung in die klassische Analysis, Frankfurt 1965; K. Mainzer, Geschichte der Geometrie, Mannheim/Wien/Zürich 1980; B. O'Neill, Elementary Differential Geometry, New York/London 1966; A.S. Petrow, Einstein-Räume, Berlin (Ost) 1964; K. Reich, Die Geschichte der D. von Gauß bis Riemann (1828–1868), Arch. Hist. Ex. Sci. 11 (1973), 273–382; K. Strubecker, D., I–III, Berlin [2]1964–1969.

K.M.

Differentialgleichung (engl. differential equation), ↑Gleichung mit einer für reelle oder komplexe ↑Funktionen stehenden Unbekannten, in der neben ihren Argumenten auch mindestens eine ihrer Ableitungen (↑Infinitesimalrechnung) auftritt. Ist die gesuchte Funktion einstellig, so spricht man von *gewöhnlichen D.en*, weil nur die ›gewöhnlichen‹ Ableitungen nach dem einzigen Argument der Funktion in der D. auftreten können. D.en für mehrstellige Funktionen heißen *partielle D.en*, weil hier partielle Ableitungen nach den verschiedenen Argumenten vorkommen. Eine D.

ist von der Ordnung k, falls k die Ordnung der höchsten in der Gleichung auftretenden Ableitung ist. Z.B. ist $y' + 2x\,y = 0$ eine gewöhnliche D. erster Ordnung für einstellige Funktionen $y = f(x)$, während

$$\frac{\partial^2 y}{\partial x_1{}^2} + \frac{\partial^2 y}{\partial x_2{}^2} + \frac{\partial^2 y}{\partial x_3{}^2} = 0$$

eine partielle D. zweiter Ordnung für dreistellige Funktionen $y = f(x_1, x_2, x_3)$ ist. Die Theorie der D.en versucht als Teildisziplin der Mathematik, notwendige und/oder hinreichende Bedingungen für die Lösbarkeit von D.en anzugeben. Die systematische Untersuchung von D.en geht bis ins 17. Jahrhundert auf Arbeiten von I. Newton, G.W. Leibnitz, Joh. und Jak. Bernoulli und C. Huygens zurück; sie entwickelte sich in enger Wechselbeziehung mit Problemen der Physik, vor allem der Mechanik. Ein großer Teil der physikalischen Naturgesetze läßt sich in der Sprache der D.en formulieren (z.B. als ↑Bewegungsgleichungen), so daß die Theorie der D.en eines der anwendungsbezogensten Gebiete der Mathematik ist.

Literatur: L. Collatz, D.en. Eine Einführung unter besonderer Berücksichtigung der Anwendungen, Stuttgart [4]1970; F. Erwe, Gewöhnliche D.en, Mannheim/Wien/Zürich [2]1964; G. Hellwig, Partielle D.en. Eine Einführung, Stuttgart 1960; E. Kamke, D.en, I–II, Leipzig [5]1964/1965; R. Leis, Vorlesungen über partielle D.en zweiter Ordnung, Mannheim 1967; W.W. Stepanow, Lehrbuch der D.en, Berlin (Ost) [4]1976 (mit historischem Abriß); W. Walter, Gewöhnliche D.en. Eine Einführung, Berlin/Heidelberg/New York [2]1976. P.S.

Differential- und Integralrechnung, ↑Infinitesimalrechnung.

differentia specifica (lat., artbildender Unterschied), in der philosophischen Tradition Bezeichnung für diejenige Eigenschaft, die eine ↑Art (species) im Unterschied zu anderen Arten derselben ↑Gattung (genus) hat und diese somit relativ zur vorgegebenen Gattung eindeutig charakterisiert. Deshalb verlangt die traditionelle Definitionslehre zur ↑Definition eines Artbegriffs die Angabe des nächsthöheren Gattungsbegriffs (genus proximum) und der für die zu definierende Art charakteristischen d. s.. G.H.

Differentiation, ↑Infinitesimalrechnung.

Differenz (mathematisch), das Resultat einer ↑Subtraktion.

Differenz, ontologische, von M. Heidegger verwendeter Terminus zur Bezeichnung der Unterscheidung zwischen Seiendem (↑Seiende, das) und Sein (↑Sein, das). Methodisch entspricht die o. D. dem Unterschied zwischen a posteriori und ↑a priori. Heidegger setzt die Unterscheidung zur Explikation seiner Kritik der abendländischen Metapysik ein. Die Metaphysik bleibt insofern bloß *ontisch,* als sie nach dem höchsten Seienden, nicht aber nach dem Sein fragt, somit also die o. D. verfehlt.

Literatur: M. Heidegger, Vom Wesen des Grundes, Frankfurt [5]1965; ders., Identität und Differenz, Pfullingen [3]1957; ders., Holzwege, Frankfurt [4]1963; ders., Was ist Metaphysik, Frankfurt [3]1965. – K.J. Huch, Philosophiegeschichtliche Voraussetzungen der Heideggerschen Ontologie, Frankfurt 1967, 21–43; M. Müller, Existenzphilosophie im geistigen Leben der Gegenwart, Heidelberg 1964, 73; O. Pöggeler, Der Denkweg M. Heideggers, Pfullingen 1963. A.G.-S.

Digby, Everard, *Country of Rutland um 1550, †1592, engl. Philosoph. D. studierte und lehrte 1567–1587 in Cambridge (M.A. 1574, Senior Fellow 1585), befaßte sich mit Problemen einer Klassifikation der Wissenschaften und entwickelte eine Theorie der Wahrnehmung, basierend auf der Annahme einer aktualen Korrespondenz von Geist und Materie. Gegen das deduktive Methodenideal der ramistischen Logik trat D. (unter anderem in einer Kontroverse mit dem Cambridger Ramisten W. Temple) für ein ausgeglichenes Verhältnis zwischen deduktiven und induktiven Verfahren ein; in die Zeit seiner Logikvorlesungen fällt der Studienbeginn F. Bacons in Cambridge. Auf den Einfluß J. Reuchlins weisen mystisch-kabbalistische und neuplatonische Elemente in seinem Denken.

Werke: Theoria analytica, viam ad monarchiam scientiarum demonstrans, totius philosophiae & reliquarum scientiarum, necnon primorum postremorumque, London 1579; De duplici methodo libri duo, unicam P. Rami methodum refutantes, London 1580; De arte natandi libri duo, London 1587 (engl. A Short Introduction for to Learne to Swimme, London 1595).

Literatur: W.S. Howell, Logic and Rhetoric in England. 1500–1700, Princeton/London 1956, New York 1961, 194–196. J.M.

Digby, Kenelm, *Gayhurst 11. Juli 1603, †London 11. Juni 1665, engl. Naturphilosoph. Nach Studium in Oxford (1618–1620) Reisen nach Paris, Angers und Florenz, 1623 geadelt, 1644 Kanzler unter Königin Henrietta Maria (erneut 1660), 1651–1654 Aufenthalt in Frankreich (Bekanntschaft mit T. Hobbes, M. Mersenne und R. Descartes). D. vertritt eine vermittelnde Position zwischen scholastischen Traditionen (beeinflußt durch T. White, Institutionum Peripateticarum libri quinque, 1651) und der entstehenden neuen Physik und Philosophie (P. Gassendi, G. Galilei, Descartes). In seinem Traktat »On Bodies« (1644) diskutiert er ausführlich im begrifflichen Rahmen einer Unterscheidung zwischen Substanz und Quantität die Physik der »Discorsi« (1638) und schließt sich dabei, auf der Grundlage unausgearbeiteter korpuskulartheoretischer Ansätze, der Kritik Descartes' an der Beschränkung Galileis auf eine reine Kinematik an. Sein zweiter Traktat »Of Man's Soul« (1644) verbindet den Cartesischen ↑Dualismus mit den Aristotelischen Kategorien der Wahrnehmung und Erfahrung. Bekannt wurde D. auch als Pflanzenphysiologe (Discourse Concerning the Vegetation of Plants, Vortrag vor der Royal Society am 23. 1. 1661) und als Erfinder eines Mittels zur Wundheilung (›powder of sympathy‹) auf Kupfersulfatbasis.

Werke: A Conference with a Lady about Choyce of Religion, Paris 1638, London 1654; Observations upon Religio Medici, London 1643, [6]1682; Two Treatises, in the One of which, the Nature of Bodies; in the Other, the Nature of Mans Soule, is looked into: in way of discovery, of the Immortality of Reasonable Soules, Paris 1644 (repr. Stuttgart-Bad Cannstatt 1970), London 1645, 1658, 1665, 1669 (lat. Teilausg. Demonstratio immortalis animae rationalis, Paris 1651, 1655, Frankfurt 1664); Discours fait en une célèbre assemblée [...] touchant la guérison des playes par la poudre de sympathie, Paris 1658 (engl. A Late Discourse Made in a Solemne Assembly [...] touching the Cure of Wounds by the Powder of Sympathy, London 1658, [3]1660, [4]1664; dt. Eröffnung unterschiedlicher Heimlichkeiten der Natur, worbey viel Reden von nützlichen Dingen beygefüget, und vornemlich von einem wunderbaren Geheimnüsz in Heilungen der Wunden, ohne Berührung, vermög desz Vitrioli, durch die Sympathiam. Discurszweise gehalten in einer hochansehnlichen Versamlung zu Montpelier, Frankfurt 1664, Frankfurt/Leipzig 1754); A Discourse Concerning the Vegetation of Plants, London 1661 (1669 als Anhang zu »Two Treatises«); Choice and Experimented Receipts in Physick and Chirurgery, London 1668, [2]1675; A Choice Collection of Rare Secrets and Experiments in Philosophy, ed. G. Hartman, London 1682 (dt. Ausserlesene, seltzame philosophische Geheimnüsse und chymische Experimente, Hamburg 1684).

Literatur: E. W. Bligh, Sir K. D. and his Venetia, London 1932; M. Boas Hall, D., DSB IV (1971), 95–96; B. J. Dobbs, Studies in the Natural Philosophy of Sir K. D., Ambix. The J. of the Soc. for the Study of Alchemy and Early Chemistry 18 (1971), 1–25, 20 (1973), 143–163; R. T. Petersson, Sir K. D.. The Ornament of England 1603–1665, London 1956; I. N. Wise, Sir Thomas Browne's Religio medici and two Seventeenth Century Critics, Columbia Mo. 1973. J. M.

Dignāga (sanskr., im Pali: Diṅnaga), *um 480, †um 540, südind. Brahmane aus der Umgebung von Kāñcī, später bedeutender Philosoph der ↑Yogācāra-Schule innerhalb des ↑Mahāyāna-Buddhismus, Schüler von Vasabandhu, lebte nach kurzem Aufenthalt im buddhistischen Zentrum Nālandā in Orissa. D. gilt zusammen mit Dharmakīrti als der größte Logiker der indischen Tradition, speziell als Begründer der logisch-erkenntnistheoretischen Schule des Buddhismus, die er durch Auseinandersetzung mit den Systemen des ↑Sāṃkhya, ↑Mīmāṃsā, ↑Nyāya und ↑Vaiśesika unter Zurückweisung der Überlieferung als eines eigenständigen Mittels der Erkenntnisgewinnung kritisch entwickelt hat. Seine Schlußlehre, voll entwickelt im »Ālambanaparīkṣā« (d.i. Untersuchung der Gegenstände), das daneben eine nominalistische Begriffslehre (in Gestalt einer Lehre von der ↑apoha: Namen haben Bedeutung nur ex negativo, insofern sie ihren Gegensatz zurückweisen, also in kontradiktorischen Paaren) als Grundlage einer Erkenntnistheorie enthält, ist der antiken Syllogistik ebenbürtig und hat D. die Bezeichnung ›Aristoteles der buddhistischen Welt‹ eingetragen. Sie ist formuliert im hetu-cakra, d.i. Rad der Gründe, einer neungliedrigen Tabelle mit genau zwei schlüssigen Relationen zwischen hetu – dem Merkmal als Grund (z.B. Rauch) – und dem Prädikat (z.B. Feuer) der These (z.B., daß Feuer auf dem Berg ist); in der formal-kombinatorischen Notation sind das die beiden Relationen: wenn *alle* oder *einige* Prädikatinstanzen das Merkmal zeigen, das Merkmal aber dabei im Komplement des Prädikats *nicht* vorkommt (im Beispiel: wenn alles Rauchende von einem Feuer ist). D.s letztes und wichtigstes Werk, das »Pramāṇasamuccaya« (d.i. Zusammenstellung der Mittel richtiger Erkenntnis), enthält die systematische Zusammenfassung seiner Lehre von der Wahrnehmung (pratyakṣa) – grundsätzlich nur von einem ›dies-da‹, das Bestandteil des allumfassenden Geistes (citta) oder Bewußtseins (vijñāna) ist; jede prädikative Bestimmung gehört bereits zum Erschlossenen und ist unwirklich – und vom Schluß (anumāna) als den einzigen beiden Erkenntnismitteln (pramāṇa). Es gipfelt in einer Lehre von der Selbsterkenntnis unter Verwendung einer systematischen Konstitutionstheorie des Erkenntnisgegenstandes im Erkenntnisprozeß.

Hauptwerke: On Perception, being the Pratyakṣapariccheda of D.'s Pramāṇasamuccaya from the Sanskrit Fragments and the Tibetan Versions, trans. and annotated by M. Hattori, Cambridge Mass. 1968; Ālambanaparīkṣā, aus dem Tibet. zus. mit dt. Übers. ed. E. Frauwallner, Wiener Z. für die Kunde des Morgenlandes 37 (1930), 174–194; The Nyāyamukha of D.. The Oldest Buddhist Text of Logic, after Chinese and Tibetan Materials in Engl., ed. G. Tucci, Heidelberg 1930; Fragments from D., ed. H.N. Randle, London 1926 (The Royal Asiatic Society Prize Publication Fund IX).

Literatur: J.M. Bocheński, Formale Logik, Freiburg 1956, [3]1970; E. Frauwallner, D.. Sein Werk und seine Entwicklung, Wiener Z. für die Kunde Süd- und Ost-Asiens und Arch. für ind. Philos. 3 (1959), 83–164; ders., Materialien zur ältesten Erkenntnislehre der Karmamīmāmsā, Wien 1968; D.J. Kalapahana, D.'s Theory of Immaterialism, Philosophy East and West 20 (1970), 121–128; S. Mookerjee, The Buddhist Philosophy of Universal Flux. An Exposition of the Philosophy of Critical Realism as Expounded by the School of D., Calcutta 1935; M. Schott, Sein als Bewußtsein. Ein Beitrag zur Mahāyāna-Philosophie, Heidelberg 1935; T. Shcherbatsky (Stcherbatsky), Buddhist Logic, I–II, Leningrad 1930–1932 (Neudr. I–II, New York 1962). K.L.

Dihairesis (griech. *διαίρεσις*, Zerlegung), von Platon (Soph. 218b–231e, Polit. 258b–287a, Phileb. 14c–18a) entwickeltes Verfahren der unter bzw. überordnenden Einteilung von Prädikatoren und Begriffen zum Zweck einer durchgängigen, vollständigen, in ihren Abhängigkeiten durchschaubaren ontologischen und logischen Gliederung von Sachverhalten und Begriffen samt ihrer Definition, die – möglichst durch Zweiteilung (↑Dichotomie) – vom Allgemeinen zum Besonderen (*ἄτομον εἶδος*) oder vom Besonderen zum Allgemeinen durchgeführt wird. Aristoteles anerkennt lediglich den heuristischen Wert der D. für Syllogistik, Definition und Worterläuterung. Für die Stoiker bedeutet D. ›Einteilung der Gattung in die zugehörigen Arten‹; sie unterscheiden (SVF II, 215, 1–10) eine Anti-D. (Einteilung in kontradiktorische Elemente), eine Hypo-D. (nach unten fortgeführte D.) und eine ›Scheidung‹ (*μερισμός*, Einteilung der Attribute nach zugehörigen Substanzen).

Literatur: F.P. Hager, D., Hist. Wb. Ph. II (1972), 242–244; G. Schenk, Zur Geschichte der logischen Form I (Einige Entwicklungstendenzen von der Antike bis zum Ausgang des Mittelalters), Berlin 1973, 87–102; J. Stenzel, Zahl und Gestalt bei Platon und Aristoteles, ed. G. Müller, Stuttgart [3]1959. M.G.

Dikaiarchos von Messene, *vor 340 v.Chr., griech. Philosoph, Schüler des Aristoteles und Theophrasts. D. befaßte sich mit Geographie, Kultur-, Literatur- und Verfassungsgeschichte, behauptete die Kugelförmigkeit der Erde, deren Umfang er auf 400000 bzw. 300000 Stadien zu 148 bzw. 198 m berechnete (was ein Minimum von 44400 und ein Maximum von 79200 km ergibt), und argumentierte gegen die Unsterblichkeit der Seele, ferner gegen die Bevorzugung des bios theoretikos (↑vita contemplativa). D. schrieb die erste (kritische) Kulturgeschichte Griechenlands (»Bios Hellados«).

Literatur: F. Wehrli, Die Schule des Aristoteles I (D.. Texte und Kommentar), Basel 1944, [2]1967. M.G.

Dilemma, eine logische Schlußform, bei der in den Prämissen außer zwei Subjunktionsformeln eine Alternative aus zwei Sätzen auftritt. Diese wurden in der Antike als die beiden ›Hörner‹ des D.s bezeichnet und führten zur traditionellen Darstellung des D. als ›syllogismus cornutus‹ (auch ›complexio‹) mit hypothetischem Obersatz bzw. einer Konjunktion zweier solcher und disjunktivem Untersatz (↑Syllogistik). Da bei derartigen ›bedingten‹ Syllogismen aber rein junktorenlogisch geschlossen wird, unterscheidet man heute schon innerhalb der ↑Junktorenlogik die folgenden vier Formen des D., die ›einfach‹ oder ›komplex‹ heißen, je nachdem ob die Konklusion aus einem oder aus zwei Sätzen besteht, und ›konstruktiv‹ oder ›destruktiv‹ je nachdem, ob in der Konklusion die Hintersätze der Wenn-dann-Prämissen bejaht oder aber ihre Vordersätze verneint werden:

(1) einfaches konstruktives *D.*:
$A \rightarrow C, B \rightarrow C, A \vee B \prec C$

(2) einfaches destruktives *D.*:
$A \rightarrow B, A \rightarrow C, \neg B \vee \neg C \prec \neg A$

(3) komplexes konstruktives *D.*:
$A \rightarrow B, C \rightarrow D, A \vee C \prec B \vee D$

(4) komplexes destruktives *D.*:
$A \rightarrow B, C \rightarrow D, \neg B \vee \neg D \prec \neg A \vee \neg C.$

Alle vier Schlußarten gelten sowohl in der klassischen als auch in der konstruktiven Logik. Das D., wie das ↑Trilemma und das Tetralemma ein Spezialfall des ↑Polylemmas, wurde zuerst von den griechischen Rhetoren untersucht und als besonders geeignet zur Erzeugung von ↑Trugschlüssen und ↑Paradoxien erkannt. Von daher stammt auch die verbreitete allgemeinere Bedeutung von ›D.‹ als Zwangslage, in der man zwischen zwei gleich unerwünschten Handlungen oder Folgesituationen zu wählen hat (praktisches D., ›Zwickmühle‹) oder jeder unter den alternativen Sätzen einer schon als korrekt anerkannten Adjunktion zu einem ersichtlich falschen oder den Prämissen widersprechenden Satz führt. Die berühmtesten, schon seit der Antike bekannten Beispiele für das D. sind der ›Pseudomenos‹, Kreter oder Lügner (↑Lügner-Paradoxie), der ↑Krokodilschluß und das D. von Euathlos und Protagoras: E. hat mit seinem Lehrer P. vereinbart, den erhaltenen rhetorischen Unterricht nach dem Gewinn seines ersten Prozesses zu bezahlen, umgeht aber die Zahlung, indem er nie einen Prozeß beginnt. Daraufhin verklagt ihn P. selbst in einem Prozeß. Gewinnt nun P., so hat E. verloren, muß also nach Vereinbarung nicht zahlen; verliert P., so braucht E. auf Grund des Urteils nicht zu zahlen. Das D. besteht darin, daß andererseits P. so argumentieren kann: Verliert E., so muß er auf Grund des Urteils zahlen; gewinnt er aber, so muß er auf Grund der Vereinbarung ebenfalls zahlen.

Literatur: C. Prantl, Geschichte der Logik im Abendlande, I–IV, Leipzig 1855–1870 (repr. Graz 1955); F. Ueberweg, System der Logik und Geschichte der logischen Lehren, Bonn [3]1868, §123. C.T.

Dilthey, Wilhelm, *Biebrich (b. Wiesbaden) 19. Nov. 1833, †Seis (bei Bozen) 1. Okt. 1911, dt. Philosoph. Nach Studium der Geschichte, Altertumswissenschaft, Philosophie und Theologie bei A. Böckh, L.v. Ranke und F.A. Trendelenburg 1864 Habilitation in Berlin, 1866 o. Prof. in Basel, 1868 in Kiel und 1871 in Breslau, 1882–1905 in Berlin als Nachfolger H. Lotzes. D.s Bemühungen galten dem Aufbau einer ›Erfahrungswissenschaft der geistigen Erscheinungen‹ und deren methodischer Absicherung (Fortsetzung von Ansätzen F. Schleiermachers und G. Droysens). Mit seiner ›Kritik der historischen Vernunft‹ wurde er der Begründer der Erkenntnistheorie der ↑Geisteswissenschaften (eine Bezeichnung, die auf ihn zurückgeht) und einer der Hauptvertreter der hermeneutischen Wissenschaften im Rahmen der von der Romantik beeinflußten ›Historischen Schule‹ (↑Hermeneutik). Im Laufe seiner intensiven historischen Forschungen arbeitete sich D. zunehmend über methodologische Fragestellungen hinausgehend in Grundlagenprobleme einer geschichtlichen ↑Lebensphilosophie ein.

Im Unterschied zu den Naturwissenschaften, in denen unabhängig vom menschlichen Handeln gegebene Ereignisse durch theoretische Entwürfe (Hypothesen) systematisiert und *erklärt* werden, muß der Geisteswissenschaftler nach D. seinen Gegenstandsbereich, dessen Teil er selbst ist, die symbolischen Zusammenhänge der gesellschaftlichen und geschichtlichen Wirklichkeit des Menschen, durch Nachvollziehen (›Nacherleben‹) dieser Lebensäußerungen ›von innen‹ *verstehen.* Seinen Objektbereich findet er immer schon als gegliederten, organisierten vor; seine Analyse nimmt ihren Ausgang von den Bedeutungen, die Menschen ihrer Welt gegeben haben und die sich in Institutionen, Konventionen des Redens und Handelns, geltenden moralischen Wertvorstellungen, Kunstwerken etc. verfestigt haben. Durch das Erleben fremder Sinnformen und die nachfolgende Rekonstruktion ihrer Entstehung erlangt der Mensch ein Verständnis seiner eigenen ↑Geschichtlichkeit.

Neben der morphologischen Betrachtungsweise der ›vergleichenden‹ Methode, aus der auch D.s Begriff des ›Typischen‹ mit Wirkung sowohl auf die Psychologie (K. Jaspers, E. Spranger) als auch auf die Theorie M. Webers hervorgegangen ist, gilt D. als genuine Methode des Geisteswissenschaftlers das (›höherstufige‹) ↑Verstehen als das Schließen von einer (überlieferten) Handlung oder einer sonstwie fixierten Lebensäußerung auf einen ›inneren Zustand‹, dessen ›Ausdruck‹ sie ist. Mit diesem Nachvollzug ›innerer Erlebnisse‹ baut die universelle Verstehenslehre auf einer nicht-erklärenden, ›deskriptiven‹ Psychologie auf (Einflüsse wiederum auf E. Spranger und K. Jaspers). Gleichwohl betont D. auch die ›Irrationalität‹ des hermeneutischen Geschäfts, da die optimalen Verstehensleistungen auf einer unableitbaren Kongenialität des Interpreten in der ›Divination‹ beruhen. – Die von D. in aller Schärfe formulierte Dichotomie von Erklären (↑Erklärung) und Verstehen ist bis heute von bleibendem Einfluß sowohl auf die ↑Hermeneutik als auch auf die Selbstverständnisbildung der Human- und Sozialwissenschaften geblieben. Mit seiner Morphologie der rationalen Erziehungssysteme in ihrer historischen Gestaltung hat D. weiterhin die Pädagogik nachhaltig beeinflußt. In der Dilthey-Tradition stehen z.B.: J. Ortega y Gasset, G. Misch, E. Troeltsch, N. Hartmann, M. Heidegger, B. Groethuysen, H. Freyer, M. Frischeisen-Köhler und H.-G. Gadamer.

Werke: Gesammelte Schriften, I–XII, Leipzig/Berlin 1914–1936, fortgeführt Stuttgart/Göttingen 1962ff. (bisher 18 Bde). – Leben Schleiermachers I, Berlin 1870, [2]1922, II, ed. M. Redeker, Berlin 1966; Einleitung in die Geisteswissenschaften, Leipzig 1883, Stuttgart [7]1973; Ideen über eine beschreibende und zergliedernde Psychologie, Berlin 1894; Die Jugendgeschichte Hegels, Berlin 1905, Stuttgart [5]1975; Das Erlebnis und die Dichtung, Leipzig 1906, Göttingen [15]1970; Der Aufbau der geschichtlichen Welt in den Geisteswissenschaften, Berlin 1910, Stuttgart [6]1973, ed. u. Einl. v. M. Riedel, Frankfurt 1970, [2]1974; Von deutscher Dichtung und Musik, ed. H. Nohl/G. Misch, Leipzig/Berlin 1933, Stuttgart [2]1957. – U. Herrmann, Bibliographie W.D.. Quellen und Literatur, Weinheim 1969.

Literatur: O.F. Bollnow, D.. Eine Einführung in seine Philosophie, Stuttgart [3]1967; H. Diwald, W.D.. Erkenntnistheorie und Philosophie der Geschichte, Göttingen

1963; M. Ermarth, W. D.. The Critique of Historical Reason, Chicago/London 1978; M. Heinen, Die Konstitution der Ästhetik in W. D.s Philosophie, Bonn 1974; U. Herrmann, Die Pädagogik W. D.s, Göttingen 1971; H. A. Hodges, The Philosophy of W. D., London 1952; H. Ineichen, Erkenntnistheorie und geschichtlich-gesellschaftliche Welt. D.s Logik der Geisteswissenschaften, Frankfurt 1975; ders., Von der ontologischen Dilthey-Interpretation zur Wissenschaftstheorie in praktischer Absicht. Neue D.-Literatur, Philos. Rdsch. 22 (1977), 208–221; H. Johach, Handelnder Mensch und objektiver Geist. Zur Theorie der Geistes- und Sozialwissenschaften bei W. D., Meisenheim 1974; P. Krausser, Kritik der endlichen Vernunft. W. D.s Revolution der allgemeinen Wissenschafts- und Handlungstheorie, Frankfurt 1968; L. Landgrebe, W. D.s Theorie der Geisteswissenschaften, Halle 1928; H. J. Lieber, Kulturkritik und Lebensphilosophie. Studien zur deutschen Philosophie der Jahrhundertwende, Darmstadt 1974, 20–67; R. A. Makkreel, D.. Philosopher of the Human Studies, Princeton N.J. 1975; G. Misch, Vom Lebens- und Gedankenkreis W. D.s, Frankfurt 1947; ders., Lebensphilosophie und Phänomenologie. Eine Auseinandersetzung der D.schen Richtung mit Heidegger und Husserl, Bonn 1930, Leipzig/Berlin [2]1931, Stuttgart [3]1967; E. Rothacker, Einleitung in die Geisteswissenschaften, Tübingen 1927, [2]1930, Darmstadt 1972; C. Zöckler, D. und die Hermeneutik. D.s Begründung der Hermeneutik als ›Praxiswissenschaft‹ und die Geschichte ihrer Rezeption, Stuttgart 1975. W. H./R. W.

Dimension (lat. dimensio, Ausmessung, Berechnung), in der Bedeutung Ausmessung bzw. Ausdehnung des Raumes Terminus der Philosophie, Mathematik, Physik und Physiologie.

1. Euklid bestimmte die Dreidimensionalität in der *Körperdefinition* seiner »Elemente«, wonach ›ein Körper ist, was Länge, Breite und Tiefe hat‹. Aristoteles versuchte in »de coelo« zu beweisen, daß es außer Linie, Fläche und Körper keine weiteren Ausmessungen gibt, da alles vollkommen und daher nach pythagoreischer Auffassung durch die Dreizahl geordnet sei. Weiterhin seien nur die dreidimensionalen Körper nach allen Seiten hin stetig und teilbar. Dieser an der Ausmessung von Körpern orientierte D.sbegriff wird erst in der Neuzeit (seit R. Descartes) durch die Vorstellung verdrängt, daß unter D. die Anzahl der *Koordinaten eines Punktes* zu verstehen sei. G.W. Leibniz begründete die Dreidimensionalität des (euklidischen) Punktraumes durch die Höchstzahl von Geraden, die sich in einem Punkte schneiden und senkrecht aufeinander stehen. Demgegenüber versuchte I. Kant (Gedanken von der wahren Schätzung der lebendigen Kräfte, 1747) die Dreidimensionalität des Raumes auf das Newtonsche Gravitationsgesetz $F = f \cdot \frac{m_1 \cdot m_2}{r^2}$ zurückzuführen, wonach die Anziehung zweier Massen mit dem Quadrat der Entfernung abnimmt. Ein Raum mit höherer D. müßte nach Kant zu einer höheren Abstandspotenz, also einer anderen Gravitationsformel führen. An die Stelle dieses *physikalischen* Begründungsversuchs tritt allerdings in Kants »Kritik der reinen Vernunft« (1781) die *erkenntnistheoretische* Annahme, wonach die Dreidimensionalität notwendige Voraussetzung unseres Anschauungsraumes sei. Nachdem bereits J.L. Lagrange den Begriff eines n-dimensionalen Raumes gebraucht hatte, spricht der Kant-Nachfolger J.F. Herbert in seiner Habilitationsthese (1802) von der Möglichkeit einer Mannigfaltigkeit mit einer beliebigen D.szahl, die von H.G. Graßmann und B. Riemann mathematisch weiter untersucht wurde. Ein von B. Bolzano 1845 unternommener Versuch, die D. des Raumes aus der ›einfacheren‹ D. der Zeit abzuleiten, blieb ohne Einfluß.

2. In der *Mathematik* wurde der D.sbegriff in der cartesisch-analytischen Geometrie (↑Geometrie, analytische), Graßmannschen ↑Ausdehnungslehre, Riemannschen ↑Differentialgeometrie und in der ↑Topologie im Anschluß an L. E. J. Brouwer und H. Poincaré n-dimensional verallgemeinert. In Descartes' *analytischer Geometrie* werden euklidische Raumpunkte P durch reelle Zahlentripel (x_1, x_2, x_3) ersetzt. An die Stelle der geometrischen Aussage ›P liegt auf der Ebene E‹ tritt nun die algebraische Aussage ›(x_1, x_2, x_3) erfüllt die lineare Gleichung

$$L(x_1, x_2, x_3) = a_1 x_1 + a_2 x_2 + a_3 x_3 + b = 0‹$$

mit Konstanten a_i, b. Während die algebraische Lösung von drei Gleichungen

$$L_1(x_1, x_2, x_3) = L_2(x_1, x_2, x_3) = L_3(x_1, x_2, x_3) = 0$$

noch geometrisch-anschaulich als Schnittpunkt dreier Ebenen im 3dimensionalen Raum gedeutet werden kann,

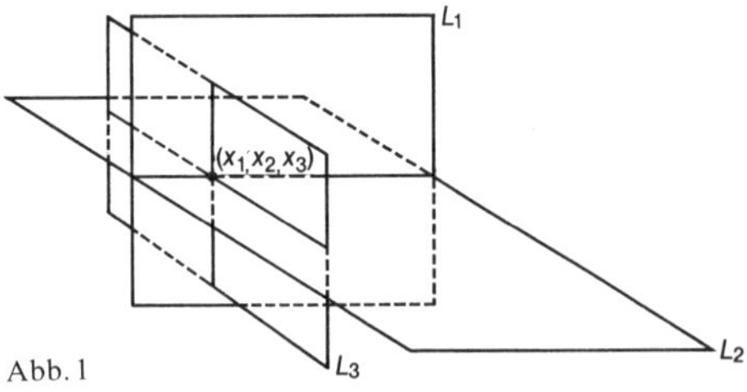

Abb. 1

trifft das für die Auflösung eines Systems von n linearen Gleichungen mit n Unbekannten nicht mehr zu.

Seit 1844 untersuchten H. G. Graßmann und A. Cayley n-dimensionale *affine Mannigfaltigkeiten*, die durch Translationen und Parallelverschiebungen erzeugt werden. In der linearen Algebra führte diese Verallgemeinerung des Raumbegriffs zum Studium n-dimensionaler *Vektorräume*, die heute in Physik und Technik Anwendung finden. Unter der D. eines endlichdimensionalen Vektorraums V versteht man dabei die maximale Anzahl n von linear unabhängigen ↑Vektoren e_i, die jeden Vektor von V mit jeweiligen Koordinaten a_i eindeutig in der Form $v = \sum_{i=1}^{n} a_i, e_i$ darstellen. In der *Differentialgeometrie* untersuchte zunächst C.F. Gauß 2dimensionale krumme Flächen (z.B. Erdoberfläche) im 3dimensionalen cartesischen Raum als mathematische Modelle seiner geodätischen Vermessungen. B. Riemann verallgemeinerte die Gaußschen Untersuchungen auf n-dimensionale differenzierbare Mannigfaltigkeiten, deren Metrik nicht mehr durch die Einbettung in einen cartesischen Raum induziert wird.

Um die Jahrhundertwende führten Untersuchungen der Cantorschen *Mengenlehre* zu der Erkenntnis, daß die seit Descartes übliche D.sdefinition durch Koordinaten nicht mehr ausreicht. So kann die Punktmenge M aller Punkte der x-Achse mit rationalen Koordinaten einmal die D. 1 haben, da sie wie die Gerade selbst überall dicht ist, zum anderen aber auch die D. 0, da zwischen zwei rationalen Punkten aus M immer noch ein nicht zu M gehöriger irrationaler Punkt liegt wie bei einer endlichen Punktmenge. H. Poincaré regte 1913 eine induktive Definition des D.sbegriffs an, die nur von *topologischen Grundbegriffen* (↑Topologie) Gebrauch macht. Die leere Menge habe die D. -1. Eine Menge M habe die D. 0, wenn M nicht die D. -1 hat (also nicht leer ist) und wenn jeder Punkt von M von einem beliebig kleinen Gebiet umschlossen werden kann, dessen Rand keinen Punkt von M enthält (d.h., dessen Rand die Menge M in einer Menge von der D. -1 schneidet). So hat jede endliche Punktmenge die Eigenschaft, daß jeder Punkt der Menge in einem beliebig kleinen Gebiet eingeschlossen werden kann, das keinen Punkt der Menge auf seinem Rand enthält:

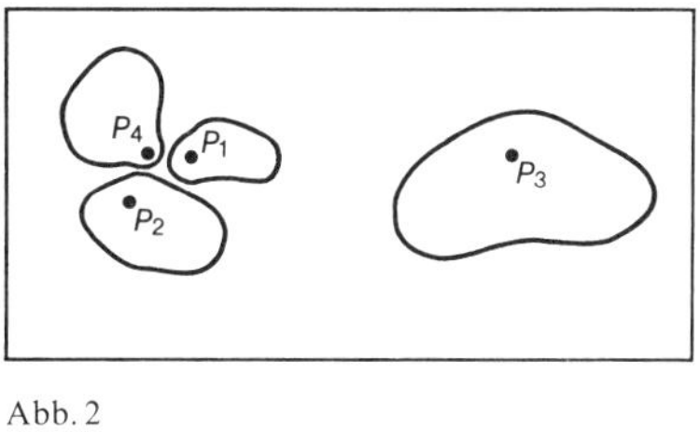

Abb. 2

So kann für die Menge M der rationalen Punkte einer Geraden jeder rationale Punkt zum Mittelpunkt eines beliebig kleinen Intervalls mit irrationalen nicht zu M gehörigen Endpunkten gemacht werden. Allgemein hat eine Menge M die D. n, wenn sie von keiner geringeren D. ist und wenn jeder Punkt von M in ein beliebig kleines Gebiet eingeschlossen werden kann, dessen Rand die Menge M in einer Menge von der D. $n-1$ schneidet. Daher kann z.B. keine Punktmenge im 3-dimensionalen Raum eine höhere D. haben als 3, da jeder Punkt des Raumes zum Mittelpunkt einer beliebig kleinen Kugel gemacht werden kann, deren Oberfläche die D. 2 hat. Eine äquivalente topologische D.sdefinition wurde von L.E.J. Brouwer und H. Lebesgue angegeben. Auf Brouwer geht der Beweis zurück, daß Figuren verschiedener D. nicht durch topologische (umkehrbar-eindeutige und stetige) Transformationen ineinander überführt werden können. Die D. erweist sich also mathematisch als *topologische Invariante*, die von der Wahl der Koordinatensysteme unabhängig ist.

3. In den *Naturwissenschaften* führte der mathematische D.sbegriff zu zahlreichen Anwendungen. In der *Physiologie* untersuchte z.B. H. v. Helmholtz die D. des Tast- und Sehraumes. Die Mischungen der Farbintensitäten im Farbfeld lassen sich durch die Vektoraddition interpretieren. In der *kinetischen Gastheorie* ordnet man seit L. Boltzmann jedem Bewegungszustand eines aus n Molekülen bestehenden Gases einen Punkt des $6n$-dimensionalen Phasenraumes zu, wobei sich die Zahl 6 durch die jeweils 3 Angaben für Orts- und Geschwindigkeitskomponenten ergeben. In der Quantenmechanik beziehen sich die Schrödingerschen Gleichungen auf einen $3n$-dimensionalen Konfigurationsraum, wobei n die Zahl der miteinander in Wechselwirkung stehenden Partikel des jeweiligen Systems ist (z.B. für das Uranatom rund 280 D.en). Im Minkowski-Raum der speziellen *Relativitätstheorie* (↑Relativitätstheorie, spezielle) fällt jede Geschwindigkeit kleiner oder gleich der Lichtgeschwindigkeit aus, d.h.

$$c^2\,dt^2 - (dx_1^2 + dx_2^2 + dx_3^2) \geq 0.$$

Wählt man mit H. Minkowski als Zeiteinheit den imaginären Wert $x_4 = i\,c\,t$, so erhält man die pythagoreische Abstandsformel für 4 D.en. In der Einsteinschen Gravitationstheorie (↑Relativitätstheorie, allgemeine) wird der mathematische Formalismus einer 4dimensionalen Riemannschen Mannigfaltigkeit angewendet, in der z.B.

der metrische Tensor $g_{\mu\nu}$ als Gravitationspotential interpretiert wird.

Literatur: P. Alexandroff, Über den allgemeinen D.sbegriff und seine Beziehungen zur elementaren geometrischen Anschauung, Math. Ann. 98 (1928), 617–636; O. Becker, Beiträge zur phänomenologischen Begründung der Geometrie und ihrer physikalischen Anwendungen, Jb. Philos. phänomen. Forsch. 6 (1923), 385–560 (repr. Tübingen 1973); B. Bolzano, Versuch einer objektiven Begründung der Lehre von den drei D.en des Raumes, Abh. Kgl. Böhm. Ges. Wiss. 5. Folge, H.3, Prag 1845, 201–215; L.E.J. Brouwer, Beweis der Invarianz der D.enzahl, Math. Ann. 70 (1911), 161–165 (repr. in: ders., Collected Works II (Geometry, Analysis, Topology, and Mechanics), ed. H. Freudenthal, Amsterdam/Oxford/New York 1976, 430–434); R. Carnap, Dreidimensionalität des Raumes und Kausalität. Eine Untersuchung über den logischen Zusammenhang zweier Fiktionen, Ann. Philos. philos. Kritik 4 (1924/1925), 105–130; H.G. Graßmann, Die lineale Ausdehnungslehre. Ein neuer Zweig der Mathematik, Leipzig 1844, [2]1878 (repr. in: ders., Ges. Werke I1, Leipzig 1894, 1–319); ders., Die Ausdehnungslehre, vollständig und in strenger Form bearbeitet, Berlin 1862 (repr. in: ders., Ges. Werke I2, Leipzig 1896); F. Hausdorff, D. und äußeres Maß, Math. Ann. 79 (1919), 157–179; W. Hurewicz/H. Wallmann, D. Theory, Princeton 1941, [2]1948; C. Kuratowski/K. Menger, Remarques sur la théorie axiomatique de la d., Monatsh. Math. u. Phys. 37 (1930), 169–174; M. Jammer, Concepts of Space. The History of Theories of Space in Physics, Cambridge Mass. 1954, New York [2]1960 (dt. Das Problem des Raumes. Die Entwicklung der Raumtheorien, Darmstadt 1960); K. Mainzer, Geometrie und Raumanschauung, in: P. Schröder (ed.), Vernunft, Erkenntnis, Sittlichkeit. Int. philos. Symposion aus Anlaß des 50. Todestages von L. Nelson, Hamburg 1979, 197–208; K. Menger, D.stheorie, Leipzig/Berlin 1928; K. Nagami, D. Theory, New York/London 1970; H. Poincaré, Dernières pensées, Paris 1913, 1963; H. Weyl, Raum Zeit Materie. Vorlesungen über allgemeine Relativitätstheorie, Berlin [5]1923 (repr. Darmstadt 1961); G.J. Whitrow, Why Physical Space has Three Dimensions, Brit. J. Philos. Sci. 6 (1955/1956), 13–31. K.M.

Dimensionsanalyse, ↑Analyse zur Bestimmung der ↑Dimension einer physikalischen Größe. Eine physikalische Größe setzt sich aus dem Produkt eines (reellen) Zahlenwerts und einer physikalischen Einheit zusammen (z.B. 3,5 kg). Eine physikalische Einheit ist entweder eine Grundeinheit oder eine abgeleitete Einheit. Die Wahl der Grundeinheiten ist willkürlich, sofern sie der Forderung nach eindeutiger und einfacher (↑Einfachheitskriterium) Reproduzierbarkeit genügen. So ist z.B. eine Geschwindigkeits- oder Beschleunigungseinheit nicht ›aufzubewahren‹ wie z.B. ein Meterprototyp und jedenfalls schwerer zu reproduzieren als z.B. Zeiteinheiten durch Uhren. Abgeleitete Einheiten werden durch Definitionsgleichungen aus Grundeinheiten eingeführt z.B. $1\,\mathrm{N(ewton)} = 1\,\mathrm{m}\cdot\mathrm{kg}\cdot\mathrm{s}^{-2}$. Die Funktion der abgeleiteten Einheit von den jeweiligen Grundeinheiten heißt die *Dimension der abgeleiteten Einheit.* Wählt man z.B. für die mechanischen Grundeinheiten die Variablen l (Länge), t (Zeit), m (Masse), so ergeben sich folgende Dimensionen mechanischer Größen: $l\cdot t^{-1}$ (Geschwindigkeit), $l\cdot t^{-2}$ (Beschleunigung), $m\cdot l\cdot t^{-2}$ (Kraft), $m\cdot l\cdot t^{-1}$ (Impuls) etc. Um physikalische Größen rechnerisch zu verknüpfen, muß vorher ihre Dimension analysiert werden. Wechselt man das System der Grundeinheiten, so liefert die D. leicht die neuen Werte: Sei z.B. Meter die Längeneinheit (m) und Sekunde die Zeiteinheit (s), dann lautet der Wert der Fallbeschleunigung $9{,}81\,\mathrm{m}\cdot\mathrm{s}^{-2}$. Geht man zu Kilometer als Längeneinheit ($1\,\mathrm{km} = 1000\,\mathrm{m}$) und zur Minute als Zeiteinheit ($1\,\mathrm{min} = 60\,\mathrm{s}$) über, so ist derselbe Wert der Fallbeschleunigung

$$9{,}81\,\mathrm{m}\cdot\mathrm{s}^{-2} = 9{,}81\cdot\frac{60\cdot 60}{1000}\,\mathrm{km}\cdot\mathrm{min}^{-2}$$
$$= 35{,}316\,\mathrm{km}\cdot\mathrm{min}^{-2}.$$

Historisch wurde die D. von J.B.J. Fourier in seiner »Théorie analytique de la chaleur« von 1822 eingeführt.

Literatur: P.W. Bridgeman, Dimensional Analysis, New Haven 1963; H. Ebert (ed.), Physikalisches Taschenbuch, Braunschweig 1951, [4]1967; J.B.J. Fourier, Théorie analytique de la chaleur, Paris 1822, [2]1888; E. Mach, Die Mechanik, historisch-kritisch dargestellt, Leipzig [9]1933 (repr. Darmstadt 1976). K.M.

Ding, die Unterscheidung der D.e von den Handlungen (griech. πράγματα – πράξεις, lat. res – actio) bildet seit Platon die wichtigste (nicht vollständige) Einteilung der Gegenstände oder Objekte (griech. ὄντα, lat. entia), seit Aristoteles auch verallgemeinert zur Unterscheidung von ↑Substanz und ↑Akzidens (das Zugrundeliegende [↑Substrat] und die ihm zufällig anhaftenden ↑Eigenschaften). Ihr Zusammenhang mit der grammatischen Unterscheidung von ↑Subjekt und ↑Prädikat als Satzteilen sowie von Nomen und Verbum als Wortarten dokumentiert die untrennbare Verflechtung traditionell ontologischer mit linguistischen Bestimmungen.

Als D.e gelten üblicherweise nicht generell alle durch Nomina sprachlich artikulierten Gegenstandsbereiche (z.B. nicht die *Stoffe* wie Wasser, Gold etc.), sondern höchstens solche, die eindeutig in zählbare Individuen gegliedert sind, also sprachlich durch spezielle Nomina, die sogenannten ↑Individuativa, vertreten werden (z.B. Wassertropfen, Goldstücke, Bäume, Flüge, Schritte und andere

Einzeldinge [engl. *particulars*]). Meistens wird ›D.‹ auf noch engere Bereiche beschränkt, auf solche nämlich, die nicht durch aus verbalen Grundformen abgeleitete Individuativa repräsentiert sind; z.B. sollen Flüge und Schritte (abgeleitet aus ›fliegen‹ bzw. ›schreiten‹) nicht als D.e gelten. Werden D.e als Gegenstände naturwissenschaftlicher Untersuchung genommen, so spricht man von ↑*Körpern*. Ebenso wie bei den Handlungen ist weiter darauf zu achten, daß natürlich auch D.e der Unterscheidung von ↑*Schema* und ↑*Aktualisierung* (↑type and token) unterliegen: Ein D. wie etwa ein Dom ist das *Dingschema* Dom, durch den Prädikator ›Dom‹ symbolisch repräsentiert, mit den einzelnen Domen als seinen Aktualisierungen; dabei ist ein einzelner Dom, z.B. der Kölner Dom, als ein zum Individuativum ›Dom‹ gehöriges Individuum, selbst bereits ein Schema (↑Zwischenschema) mit z.B. den [zeitlichen] Aktualisierungen: Der Kölner Dom heute, morgen, um 17^h am Tage N.N., usw. Die Aktualisierbarkeit des Individuenschemas Kölner Dom ist im wesentlichen von seiner raum-zeitlichen Erstreckung (zeitlich ist das die Lebensdauer) abhängig, genauso wie das D.schema Dom nur so lange aktualisierbar ist, als es überhaupt Dome gibt.

Literatur: K. Lorenz, Elemente der Sprachkritik. Eine Alternative zum Dogmatismus und Skeptizismus in der Analytischen Philosophie, Frankfurt 1970; P.F. Strawson, Individuals. An Essay on Descriptive Metaphysics, London 1959, Garden City N.Y. 1963 (dt. Einzelding und logisches Subjekt, Stuttgart 1972). K.L.

Ding an sich, im Rahmen der Unterscheidung zwischen ↑Erscheinung und D.a.s. Grundbegriff der Philosophie I. Kants, vorgebildet in der auf den Platonischen Sprachgebrauch von ↑an sich zurückgehenden metaphysischen und erkenntnistheoretischen Tradition (z.B. bei J. Locke, N. Malebranche). In dieser Tradition tritt als D.a.s. der von Bedingungen der Sinnlichkeit oder des Verstandes unberührte Gegenstand auf, wobei methodisch unklar bleibt, welcher Art die Aussagen sein sollen, die sich auf einen solchen Gegenstand beziehen könnten. Auch nach Kant läßt sich ein D.a.s. in dieser Weise nicht *erkennen*, da wir »von keinem Gegenstand als D.a.s. selbst, sondern nur sofern er Objekt der sinnlichen Anschauung ist, d.i. als Erscheinung, Erkenntnis haben« können (KrV B XXVI). Dagegen kann ein solcher Gegenstand nach Kant *gedacht* werden, und zwar als »Grund der Erscheinungen« (Proleg. §57), auf den hin Aussagen über Gegenstände in der Sinnlichkeit Objektivität beanspruchen. Damit ist mit ›D.a.s.‹ im Singular und nicht bezogen auf individuelle Gegenstände die Welt gemeint, in der alle Unterscheidungen getroffen werden, ohne daß diese Welt jemals selbst ›Objekt der Erfahrung‹ werden könnte, mit ›D.en a.s.‹, also im Plural, die Annahme, auch für nicht-geometrische Gegenstände lasse sich eine ideale Realisierung, angewendet auf alle Erscheinungen, denken. Der Begriff D.a.s. hat hier eine *methodische*, keine ontologische Bedeutung, unabhängig davon, ob es sinnvoll ist, die Möglichkeit derartiger idealer Realisierungen anzunehmen oder nicht.

Genauer betrachtet überschneiden sich im Begriff des D.es a.s. bei Kant zwei Unterscheidungen (eine *empirische* und eine *transzendentale*): die Unterscheidung zwischen Erscheinung und D.a.s. (KrV B 62, B 313) und die Unterscheidung zwischen ↑Phaenomenon und ↑Noumenon (KrV B 62, B 298). Dem Begriff der Erscheinung in empirischer Bedeutung ist der Begriff des Phaenomenon in transzendentaler Bedeutung zugeordnet (Erscheinungen als ›bloße Vorstellungen‹ [KrV B 521] werden über anschauliche und begriffliche Konstruktionen als Teil einer gesetzmäßig organisierbaren Erfahrung begriffen [KrV A 248f.]), dem Begriff des D.es a.s. in empirischer Bedeutung der Begriff des Noumenon in transzendentaler Bedeutung (die in empirischer Bedeutung postulierten Korrelate der Erscheinungen werden als Noumena ›im negativen Verstande‹ bestimmt [KrV B 307f.]). Im Rahmen dieser (terminologisch nicht immer eindeutigen) Zuordnungen lassen sich sowohl der Begriff des Noumenon als auch der Begriff des Phaenomenon als ansatzweise Rekonstruktionen des Begriffs D.a.s. auffassen.

Die Kant-Interpretation unterstellt seit F.H. Jacobi in der Regel einen naiven Begriff von D.a.s., d.h., sie faßt Erscheinung und D.a.s. ohne weitere Differenzierung, die mit den Begriffen des Phaenomenon und des Noumenon gegeben ist, als komplementäre Begriffe auf, durch die die alte metaphysische Redeweise von einer ›Welt an sich‹ oder dem ›Seienden an sich‹ aufs neue konserviert wird.

Literatur: G. Buchdahl, Metaphysics and the Philosophy of Science. The Classical Origins. Descartes to Kant, Oxford 1969, 532ff.; S. Körner, Kant, Harmondsworth 1955 (dt. Kant, Göttingen 1967); G. Martin, I. Kant. Ontologie und Wissenschaftstheorie, Köln 1951; J. Mittelstraß, Ding als Erscheinung und D.a.s.. Zur Kritik einer spekulativen Unterscheidung, in: J. Mittelstraß/M. Riedel (eds.), Vernünftiges Denken. Studien zur praktischen Philosophie und Wissenschaftstheorie, Berlin/New York 1978, 107–123; G. Prauss, Erscheinung bei Kant. Ein

Problem der »Kritik der reinen Vernunft«, Berlin 1971; ders., Kant und das Problem der D.e a.s., Bonn 1974, [2]1978; G. Shaw, Das Problem des D.es a.s. in der englischen Kantinterpretation, Bonn 1969. J.M.

Dingler, Hugo, *München 7. Juli 1881, †ebd. 29. Juni 1954, dt. Philosoph und Wissenschaftstheoretiker. 1912 Habilitation für Mathematik in München, 1920–1932 a.o. Prof. in München, 1932–1934 o. Prof. in Darmstadt, nach seiner Entlassung 1934 (auf Grund von Intrigen, die seine politische Zuverlässigkeit, im Hinblick auf manche spätere Äußerungen grundlos, in Zweifel zogen) Tätigkeit als Lehrbeauftragter in München. Gegenstand des wissenschaftstheoretischen Werkes D.s ist eine methodische Begründung der exakten Wissenschaften (Mathematik, Physik). Diese wird in *konstruktiv-axiomatischen* Theorien (↑Konstruktivismus) gesucht, in deren Rahmen Gegenstände nach Operationsregeln material erzeugt, nicht bloß formal beschrieben werden. Das Problem einer Begründung der jeweiligen Begründungsbasis einer Theorie, d.h., das Problem einer methodischen Sicherung von Anfangsschritten, die einer ›theoretischen‹ Begründung im Sinne ›deduktiver‹ Begründungen nicht zugänglich sind, wird hier durch Rückgriff auf *normierte Handlungen* (vgl. Philosophie der Logik und Arithmetik, 90) einer Lösung zugeführt. Mit diesem Ansatz wird D. zum Begründer eines normativen, von ihm ›Operativismus‹ genannten ↑*Operationalismus*, den er als Vermittlung von Theorie und Empirie in einer durch ideale Forderungen bestimmten Praxis versteht. So werden die geometrischen Grundbegriffe (›Ebene‹, ›parallel‹, ›orthogonal‹, etc.) über Forderungen an das Verfahren einer Realisierung von Grundformen (›geometrischen Ideen‹) bestimmt (↑Ideation), in der Arithmetik die natürlichen Zahlen über die Realisierung von Handlungsanweisungen erzeugt (↑Strichkalkül). Zentraler Bestandteil einer methodischen Grundlegung der Physik ist nach D. eine *nicht-empirische Theorie der Messung*. Die operative Grundregel, wonach eine Konstruktion nur von solchen Hilfsmitteln Gebrauch machen darf, die selbst bereits konstruiert sind, wird in einem ↑›Prinzip der pragmatischen Ordnung‹ formuliert (Varianten bzw. Spezialisierungen dieses Prinzips: ›Prinzip der Vollbegründung‹, ›Prinzip der kleinsten Einzelschritte‹, ›Prinzip der Eindeutigkeit‹, etc.). In der Rückführung derartiger Prinzipien auf einen (monologischen) ›aktiven Willen‹ wird (verbunden mit der Neigung, Handlungsmaximen zu radikalisieren, was unter anderem zu methodisch nicht mehr einlösbaren Beweislasten führt) der Operationalismus bei D. noch *dezisionistisch* ausgelegt; der Dualismus von Wille und Gegebenem bleibt erkenntnistheoretisch fundamental. Im Rahmen der konstruktiven Begründung von Logik und Mathematik und dem Entwurf einer ↑Protophysik durch P. Lorenzen und P. Janich ist der operative Ansatz von dieser idealistischen Bedingung einer älteren Erkenntnistheorie unabhängig geworden (↑Wissenschaftstheorie, konstruktive). Zugleich tritt (von der Konstruktivismus-Kritik in der Regel übersehen) in den Sprach- und Wissenschaftskonstruktionen der an methodische Intentionen D.s anschließenden konstruktiven Wissenschaftstheorie an die Stelle des Begriffs der ›absoluten Sicherheit‹ (Die Methode der Physik, 39) oder der ›absoluten Wissenschaft‹ (Die Grundlagen der Physik, V) bei D. (und des auf diese Bedeutung hin orientierten Programms einer ↑Letztbegründung) der Begriff der weder ›absolute Sicherheit‹ noch Vollständigkeit aller (re-)konstruierten Unterscheidungen und Sätze einer wissenschaftlichen Disziplin beanspruchende, gegenüber Alternativen zu den vorgelegten ›Anfängen‹ offene Begriff der (konstruktiven) ↑Begründung.

Werke: Grundlinien einer Kritik und exakten Theorie der Wissenschaften, insbesondere der mathematischen, München 1907; Grenzen und Ziele der Wissenschaft, Leipzig 1910; Die Grundlagen der angewandten Geometrie. Eine Untersuchung über den Zusammenhang zwischen Theorie und Erfahrung in den exakten Wissenschaften, Leipzig 1911; Über wohlgeordnete Mengen und zerstreute Mengen im allgemeinen, München 1912; Die Grundlagen der Naturphilosophie, Leipzig 1913 (repr. Darmstadt 1967); Das Prinzip der logischen Unabhängigkeit in der Mathematik, zugleich als Einführung in die Axiomatik, München 1915; Die Kultur der Juden. Eine Versöhnung zwischen Religion und Wissenschaft, Leipzig 1919; Die Grundlagen der Physik. Synthetische Prinzipien der mathematischen Naturphilosophie, Berlin/Leipzig 1919, [2]1923; Physik und Hypothese. Versuch einer induktiven Wissenschaftslehre nebst einer kritischen Analyse der Fundamente der Relativitätstheorie, Berlin/Leipzig 1921; Relativitätstheorie und Ökonomieprinzip, Leipzig 1922; Die Grundgedanken der Machschen Philosophie. Mit Erstveröffentlichungen aus seinen wissenschaftlichen Tagebüchern, Leipzig 1924; Der Zusammenbruch der Wissenschaft und der Primat der Philosophie, München 1926, [2]1931; Das Experiment. Sein Wesen und seine Geschichte, München 1928; Metaphysik als Wissenschaft vom Letzten, München 1929; Das System. Das philosophisch-rationale Grundproblem und die exakte Methode der Philosophie, München 1930; Philosophie der Logik und Arithmetik, München 1931; Geschichte der Naturphilosophie, Berlin 1932 (repr. Darmstadt 1967); Der Glaube an die Weltmaschine und seine Überwindung, Stuttgart 1932; Die Grundlagen der Geometrie. Ihre Bedeutung für Philosophie, Mathematik, Physik und Technik, Stuttgart 1933; Das Handeln im Sinne des höchsten Zieles. Absolute Ethik, München 1935; Die Methode der Physik, München 1938 (ital. Il metodo della ricerca nelle scienze, Mailand 1953); Von der Tierseele zur Menschenseele. Die Geschichte der geistigen Menschwerdung, Leipzig 1941, [2]1942; Grundriß der methodischen Philosophie. Die Lösungen der philosophischen Hauptprobleme, Füssen 1949 (überarbeitet ital. Storia filosofica della scienza, Mailand 1949); Über die Geschichte und das Wesen des Experimentes, München 1952; Die Ergreifung des Wirklichen, ed. W. Krampf, München 1955, Teilausg. (Kapitel I–IV) ed. K. Lorenz/J. Mittelstraß, Frankfurt 1969; Aufbau der exakten Fundamentalwissenschaft, ed. P. Lorenzen, München 1964. – G. Wolters/P. Schroeder, Der wissenschaftliche Nachlaß von H.D. (1881–1954). Verzeichnis mit einer Bibliographie der Schriften D.s, Ms Konstanz 1979, 219–240.

Literatur: W. Flach, H.D.s Kritik des Positivismus, in: Weltaspekte der Philosophie, ed. W. Beierwaltes/W. Schrader, Amsterdam 1972, 53–66; K. Hübner, Beiträge zur Philosophie der Physik, Philos. Rdsch. Beih. 4 (1963), 27–48; P. Janich, Die Protophysik der Zeit, Mannheim 1969; W. Krampf, Die Philosophie H.D.s, München 1955; ders., (ed.), H.D.. Gedenkbuch zum 75. Geburtstag, München 1956; K. Lorenz/J. Mittelstraß, Die methodische Philosophie H.D.s, Einl. in: H.D., Die Ergreifung des Wirklichen. Kapitel I–IV, Frankfurt 1969, 7–55; J. Mittelstraß, Wider den D.-Komplex, in: ders., Die Möglichkeit von Wissenschaft, Frankfurt 1974, 84–105, 230–234; H.C. Sanborn, D.'s Methodical Philosophy, Methodos 4 (1952), 191–220; H. Wagner, H.D.s Beitrag zur Thematik der Letztbegründung, Kant-St. 47 (1955/1956), 148–167; J. Willer, Relativität und Eindeutigkeit. H.D.s Beitrag zur Begründungsproblematik, Meisenheim 1973; ders., Methodische Philosophie und konstruktive Logik. Bemerkungen zu den Begründungsentwürfen von H.D. und Paul Lorenzen, Kant-St. 64 (1973), 497–508. J.M.

Diodoros Kronos (aus Iasos), *um 350, †Anfang des 3. Jhs. v. Chr., griech. Philosoph, gilt neben Stilpon, mit dem er eine langjährige öffentliche Kontroverse austrug, als der bedeutendste ↑Megariker. Seine als ↑›Meisterargument‹ bekannten Thesen ›möglich ist nur das, was auch irgendwann eintritt‹ und ›wahre Aussagen über Vergangenes sind notwendig (wahr)‹ sind im wesentlichen motiviert durch seinen (Determinismus voraussetzenden) Fatalismus und richten sich vermutlich gegen Aristoteles' »De interpretatione«. Diese Reduktion von Möglichkeit und Notwendigkeit auf externe Wahrheitsbedingungen wurde bereits von D.' Schüler Philon von Megara zurückgenommen, dessen Position wiederum in der ↑Stoa präzisiert und ausformuliert wird. D.' im Anschluß an Zenon von Elea entwickelte Argumente gegen die Möglichkeit von Vielfalt und Bewegung (Sext. Emp. adv. math. 8, 25–120, 143) wurden von seinem Schüler Zenon von Kition in verschärfter Form vertreten. – In der sprachphilosophischen Diskussion um die Bestimmtheit der Bedeutungen von Wörtern (insbesondere über den Status von Polynymien) vertrat D. in scharfem Gegensatz zu Antisthenes die Ansicht, Wörter hätten in einzelnen Sätzen für die jeweiligen Sprecher immer eine feste Bedeutung, könnten allerdings in verschiedenen Sätzen, aber auch (in gleichen Sätzen) bei verschiedenen Sprechern unterschiedliche Bedeutungen haben. Fruchtbarer für die logisch-sprachphilosophische Diskussion der Folgezeit (insbesondere in der Stoa) wurden seine Analysen von ↑Konditionalsätzen.

Literatur: J.M. Bocheński, Formale Logik, Freiburg/München [4]1978; J. Hintikka, Aristotle and the »Master Argument« of Diodorus, Amer. Philos. Quart. 1 (1964), 101–114; W. & M. Kneale, The Development of Logic, Oxford 1962; P. Natorp, D., RE V 1 (1903), 705–707; P.-M. Schuhl, Le dominateur et les possibles, Paris 1960. G.H.

Diogenes Laërtios, griech. Philosoph des 2./3. Jahrhunderts. Sein Hauptwerk »Über Leben und Meinungen berühmter Philosophen« (10 Bücher), die einzige erhaltene Geschichte der Philosophie in der Antike, bildet trotz des anekdotischen Charakters der Lebensbeschreibungen, der unkritischen Kompilationen und mancher Fehler und Widersprüche eine wichtige Quelle für die Kenntnis der antiken Philosophie (↑Doxographie).

Text: Diogenis Laertii vitae philosophorum, I–II, ed. H.S. Long, Oxford 1964 (dt. Leben und Meinungen berühmter Philosophen, übers. v. O. Apelt, Hamburg [2]1967).

Literatur: A. Biedl, Zur Textgeschichte des D.L., Rom 1955 (Studi e Testi 184); M. Gigante, D.L. storico e cronista dei filosofi antichi, in: Atene e Roma N.S. 18, N. 3–4 (1973), 105–132; K. Janaček, Zur Würdigung des D.L., Helikon 8 (1968), 448–451; J. Mejer, D.L. and his Hellenistic Background, Wiesbaden 1978; P. v. der Mühll, Interpretationen biographischer Überlieferung, Mus. Helv. 23 (1966), 234–239; M. Untersteiner, Posidonio nei placita di Platone secondo Diogene Laerzio III, Brescia 1970. M.G.

Diogenes von Apollonia, ca. 460–390, griech. Naturphilosoph. In seinem physiologisch-kosmologischen Werk »Über die Natur« sah D. (nach Anaximenes) die Luft, der er stoffliche, geistige und göttliche Eigenschaften zuschrieb – Gleichsetzung mit dem Geist (*νοῦς*) bei Anaxagoras –, als ›Grund‹ der Dinge an.

Texte: VS 64.

Literatur: W. Burkert, Orpheus und die Vorsokratiker, Antike und Abendland 14 (1968), 93–114; H. Diller, Die philosophiegeschichtliche Stellung des D. v. A., Hermes 76 (1941), 359–381, Nachdr. in: ders., Kleine Schriften, ed. H.-J. Newiger, München 1971, 162–186; J. Zafiropulo, Diogène d'Apollonie, Paris 1956. M.G.

Diogenes von Seleukeia, der ›Babylonier‹, griech. Philosoph der älteren ↑Stoa, Schüler des Chrysippos, Nachfolger des Zenon von Tarsos in der Schulleitung, Lehrer des Boëthos von Sidon und des Panaitios, 156/155 v. Chr. Mitglied der athenischen Philosophengesandtschaft nach Rom, † vor 150 v. Chr. im Alter von 88 Jahren. Die ethische Grundauffassung der Stoa verteidigte D. gegen die Einwände des Karneades (↑Akademie) mit dem Gedanken, naturgemäße und naturwidrige Dinge würden durch auswählende Stellungnahme ermittelt bzw. zurückgewiesen. In der stoischen Sprachtheorie (↑Logik, stoische) war er es wohl, der das Regelsystem für die Lehre vom sprachlichen Zeichen wesentlich ausgebaut hat. Sein »Lehrbuch über das sprachliche Zeichen« (τέχνη περὶ τῆς φωνῆς) gilt als Vorlage für die späteren Grammatiken.

Texte: SVF III, 210–243.

Literatur: K. Barwick, Remmius Palaemon und die römische Ars grammatica, Leipzig 1922 (repr. Hildesheim 1967), bes. 215–223; A. A. Long, Carneades and the Stoic telos, Phronesis 12 (1967), 59–90; ders. (ed.), Problems in Stoicism, London 1971; M. Pohlenz, Die Stoa. Geschichte einer geistigen Bewegung, I–II, Göttingen [4]1970/1972; M. Schäfer, D. als Mittelstoiker, Philol. 91 (1936), 174–196; R.T. Schmidt, Die Grammatik der Stoiker. Einf., Übers. u. Bearb. v. K. Hülser. Mit einer Bibliographie zur stoischen Sprachwissenschaft (Dialektik) v. U. Egli, Braunschweig 1979; D. Sohlberg, Aelius Aristides und D. von Babylon. Zur Geschichte des rednerischen Ideals, Mus. Helv. 29 (1972), 177–200, 256–277.

M. G./K. H. H.

Diogenes von Sinope (der ›Kyniker‹), 400/390–328/323, griech. Philosoph, Vertreter des ↑Kynismus. Schüler des Antisthenes, Lehrer des Metrokles und Krates von Theben, bekannt durch zahlreiche Anekdoten (D. in der Tonne). In seinem provokatorisch einfachen und asketischen Leben kritisiert D. unhinterfragte Bedürfnisbefriedigung und sucht ein Beispiel für natürliche, die unvernünftigen Konventionen und gesellschaftlichen Zwänge überwindende Lebensführung zu geben.

Literatur: D. R. Dudley, A History of Cynism, London 1937; V. E. Emeljanow, The Letters of D., Diss. Stanford Calif. 1968 (auch: Diss. Abstracts 29 (1968), 1522 A); I. M. Finley, D.. The Cynic Aspects of Antiquity, London 1968, 89–101; K. v. Fritz, Quellenuntersuchungen zu Leben und Philosophie des D., Philol. Suppl. 18, H. 2 (1926); F. Sayre, D., Baltimore 1938; ders., The Greek Cynics, Baltimore 1948. M. G.

Dionysios Areopagites, ↑Pseudo-Dionysios Areopagites.

dionysisch, ↑apollinisch/dionysisch.

Diophantos von Alexandreia, um 250 n. Chr., späthellenistischer Mathematiker. Von den Schriften des D. kennt man derzeit neben einem Werk »Über Polygonalzahlen« (περὶ πολυγόνων ἀρίθμιον) zehn (von dreizehn) Büchern einer »Arithmetik« (Ἀριθμητικά). Sechs davon sind in griechischer Sprache erhalten und seit Ende des 16. Jahrhunderts bekannt. Vier weitere Bücher, allerdings nur in arabischer Übersetzung, sind in jüngster Zeit gefunden worden (vgl. die Textausgabe von J. Sesiano). Die »Arithmetik« ist keine Arithmetik im heutigen Sinne, sondern behandelt bis auf wenige zahlentheoretische Sätze im wesentlichen die numerische Lösung von Problemen mittels algebraischer Gleichungen. Für lineare und quadratische Gleichungen (und einen trivial lösbaren Fall einer kubischen Gleichung) gibt D. originelle und für die weitere Entwicklung der Algebra bedeutende Lösungsmethoden an, die zwar in den meisten Fällen, ähnlich wie in der babylonischen Mathematik, auf das spezielle Problem zugeschnitten sind, sich aber häufig verallgemeinern lassen. Wichtig sind auch seine Methoden der Reduktion des Grades von Gleichungen (bis zum Grad 6) und der Anzahl der Unbekannten (bis zu 10). Die ›Diophantischen Gleichungen‹ $f(x_1, \ldots, x_n)=0$ mit ganzzahligen Lösungen treten bei D. nicht auf. D. untersucht Gleichungen 2. Grades mit rationalen Lösungen.

Werke: Diophanti Alexandrini opera omnia cum graecis commentariis, I–II, griech. Text u. lat. Übers. ed. P. Tannery, Leipzig 1893/1895; Die Arithmetik und die Schrift über die Polygonalzahlen des D. v. A., Übers. G. Wertheim, Leipzig 1890; Arithmetik des D. v. A., Übers. A. Czwalina, Göttingen 1952; Diophante d'Alexandrie, franz. Übers. P. Ver Eecke, Paris 1959 (engl. Übers. vgl. Literaturverzeichnis); J. Sesiano, The Arabic Text of Books IV to VII of Diophantus' Ἀριθμητικά in the Translation of Qustā ibn Lūqā, Berlin/Heidelberg/New York 1980 (mit engl. Übers. u. Kommentar).

Literatur: I. G. Bašmakova, D. und diophantische Gleichungen, Basel/Stuttgart 1974; T. L. Heath, D. of A.. A Study in the History of Greek Algebra. With a Supplement Containing an Account of Fermat's Theorems and Problems Connected with Diophantine Analysis and Some Solutions of Diophantine Problems by Euler (mit engl. Übers. der »Arithmetik« und »Polygonalzahlen«), Cambridge 1885, [2]1910 (Neudr. New York 1964); R. Rashed, Les travaux perdus de Diophante, Rev. hist. sci. 27 (1974), 97–122, 28 (1975), 3–30; K. Reich, D., Cardano, Bombelli, Viète. Ein Vergleich ihrer Aufgaben, in: ders., Rechenpfennige. Aufsätze zur Wissenschaftsgeschichte, München 1968, 131–150; J. Sesiano, D., DSB XV, Suppl. I (1978), 118–122; K. Vogel, D., DSB IV (1971), 110–118. G. W.

Dirichlet, Johann Peter Gustav Lejeune, * Düren 13. Febr. 1805, † Göttingen 5. Mai 1859, dt. Mathematiker. Sohn einer franz. Emigrantenfamilie, 1822–1827 Hauslehrer in Paris, zugleich Studium bei J.B.J. Fourier und A.M. Legendre, 1827 Dozent in Breslau, 1829 in Berlin, 1831 a.o. Prof., 1839 o. Prof., 1855 auf den Göttinger Lehrstuhl von K.F. Gauß berufen, dessen Interpret und Fortsetzer D. zeitlebens gewesen ist. D.s Arbeiten förderten die ↑Zahlentheorie, und hier vor allem die Lehre von der Primzahlverteilung (↑Primzahl), durch die Einführung analytischer Methoden, insbesondere die heute nach D. benannten Reihen der Form

$$\sum_{1}^{\infty}{}_{n} \frac{a_n}{n^s}.$$

Der ›Satz von D.‹ besagt, daß es zu je zwei teilerfremden Grundzahlen a, b unendlich viele Primzahlen der Form $a+bn$ gibt. Weitere wichtige Ergebnisse D.s betreffen die Theorie der bestimmten ↑Integrale, die Reihenlehre und die Potentialtheorie. Bei den Anwendungen der ↑Funktionentheorie in der Hydrodynamik spielt eine zentrale Rolle das ›D.sche Prinzip‹, eine Methode, aus der eindeutigen Lösbarkeit bestimmter Extremalprobleme der Variationsrechnung Existenzsätze innerhalb der geometrischen Funktionentheorie zu erschließen. Für die ganze ↑Analysis bedeutsam wurde D.s Verwendung des Begriffs der ›willkürlichen‹ Zahlfunktionen, an welche keinerlei Darstellbarkeitsforderungen gestellt werden und als deren Prototyp (zu Unrecht) lange die sogenannte D.-Funktion galt, die für rationale Argumente einen festen Wert c, für irrationale Argumente einen von c verschiedenen Wert d haben soll.

Werke: Werke, I–II, ed. L. Kronecker/L. Fuchs, Berlin 1889–1897; Vorlesungen über Zahlentheorie, ed. R. Dedekind, Braunschweig 1863, [4]1894; Untersuchungen über verschiedene Anwendungen der Infinitesimalanalysis auf die Zahlentheorie, ed. R. Haussner, Leipzig 1897 (Ostwalds Klassiker der exakten Wissenschaften 91).

Literatur: W. Ahrens, P.G.L.D., Math.-naturwiss. Blätter 2 (1905), 36–39, 51–55; K.-R. Biermann, J.P.G.L.D.. Dokumente für sein Leben und Wirken (Zum 100. Todestag), Berlin 1959 (Abh. Dt. Akad. Wiss. Berlin, Kl. f. Math., Physik, Technik 1959 Nr. 2); H. Minkowski, P.G.L.D. und seine Bedeutung für die heutige Mathematik, Jahrber. dt. Math.-Ver. 14 (1905), 148–163; O. Ore, D., DSB IV (1971), 123–127. C.T.

Disjunktion (engl. disjunction, von lat. disiungere, trennen) oder Kontrajunktion, auch ↑Bisubtraktion, die Zusammensetzung zweier Aussagen mit der logischen Partikel ›entweder-oder‹ (ausschließendes ›oder‹, Zeichen: $\succ\!\!\prec$); meist genauer *vollständige D.* (engl. exclusive disjunction) genannt, weil häufig auch die Zusammensetzung mit dem nicht-ausschließenden ›oder‹ (↑Adjunktion) ›D.‹ (engl. inclusive disjunction) heißt. Seltener bezeichnet man auch die logische Zusammensetzung mit ›nicht beide‹ ($\neg(A \wedge B)$, ↑Shefferscher Strich, klassisch äquivalent mit der ↑Negatadjunktion $\neg A \vee \neg B$) als D.. Dem entspricht der mengentheoretische Sprachgebrauch: Zwei Mengen M und N heißen *disjunkt* oder elementfremd, wenn ihr ↑Durchschnitt leer ist, also wenn gilt: $\bigwedge_x \neg(x \in M \wedge x \in N)$. K.L.

Disjunktor, der ↑Junktor ›entweder-oder‹ (Zeichen: $\succ\!\!\prec$) zur Herstellung der ↑Disjunktion zweier Aussagen. Oft nicht für diese *vollständige* Disjunktion verwendet, sondern für die einfache Disjunktion, d.i. die ↑Adjunktion; der D. ist dann der Junktor ›oder‹ (Zeichen: $\vee$). Seltener auch für die negierte Konjunktion (Junktor ›nicht beide‹, Zeichen: $\uparrow$, ↑Shefferscher Strich) verwendet. K.L.

Diskontinuität, Eigenschaft physikalischer Mannigfaltigkeiten, die nicht die Eigenschaft der ↑Kontinuität besitzen. Nach Aristoteles ist Kontinuität Voraussetzung jeder ↑Bewegung, ein Gesichtspunkt, der auch in der neuzeitlichen Physik, z.B. von G.W. Leibniz, hervorgehoben wird (›natura facit non saltus‹). Nach I. Kant ist daher auch die Anwendung der Kausalkategorie (↑Kausalität) auf die Erscheinungen mit einer Kontinuität der vorkommenden Ereignisse verbunden. Mathematisch kommt die Kontinuitätsvoraussetzung der klassischen Physik in der Verwendung stetig-differenzierbarer Differentialgleichungen wie den Hamilton-Gleichungen zur Berechnung von Bewegungszuständen zum Ausdruck (↑Determinismus). Demgegenüber wird in der ↑Quantentheorie von diskontinuierlichen Quantensprüngen ausgegangen. So läuft z.B. der radioaktive Zerfall des Urans zwar nach einer stetigen Exponentialfunktion der Zeit ab, doch liegen dem Zerfallsprozeß mikrophysikalisch zahllose sprunghafte Veränderungen einzelner radioaktiver Atome zugrunde. In der Signal- und ↑Informationstheorie läßt sich ein kontinuierliches Signal in diskreten Zeitpunkten darstellen. Nach dem Abtasttheorem genügt es nämlich, den Wert der Signalfunktion in diskreten Punkten zu kennen, deren Abstand der Bedingung $\Delta t < \frac{1}{2B}$ für die Bandbreite B des Signals (Differenz zwischen der größten und kleinsten Signalfrequenz) genügt.

Literatur: W. Heisenberg, Die physikalischen Prinzipien der Quantentheorie, Leipzig 1930, Stuttgart 1958, Mannheim 1958; A.M. u. I.M. Jaglom, Wahrscheinlichkeit und Information, Berlin (Ost) 1960, ²1965; P. Mittelstaedt, Philosophische Probleme der modernen Physik, Mannheim 1963, ⁵1976. K.M.

diskret (von lat. discernere, trennen, unterscheiden), Terminus der Mathematik und Kybernetik. Eine Menge M, auf der eine ↑Metrik (eine Abstandsfunktion) $d(x, y)$ erklärt ist ($d(x, y)$ heißt der ↑Abstand von x und y) derart, daß gilt:

(1) $\bigwedge_{x \in M} d(x, x) = 0$

(2) $\bigwedge_{x, y \in M} (x \neq y \rightarrow d(x, y) = 1)$,

heißt ein d.er metrischer Raum. Jeder ›Punkt‹ eines solchen Raumes ist in dem Sinne isoliert (abgetrennt), daß er zu allen anderen Punkten maximalen Abstand hat. – In der ↑Topologie, wo die ›Trennungseigenschaften‹ durch Systeme $\mathfrak{X}$ ausgezeichneter Teilmengen der Trägermenge X bestimmt werden (X zusammen mit $\mathfrak{X}$ bildet einen topologischen Raum), heißt $(X, \mathfrak{X})$ d., wenn für jedes $x \in X$ gilt: die einpunktige Menge $\{x\}$ gehört zu $\mathfrak{X}$, $X \setminus \{x\}$ (der Rest von X) ebenfalls, x ist in diesem Sinne isolierbar. Da nach klassisch-mathematischem Verständnis jeder Bereich durch geeignete Wahl von d (bzw. $\mathfrak{X}$) zu einem d.en metrischen (bzw. topologischen) Raum und andererseits jeder Bereich mit mehr als einem Element zu einem nicht-d.en Raum gemacht werden kann, sind Bereiche im allgemeinen – bis auf Trivialfälle – nicht per se d., sondern jeweils nur bezüglich jeweils angegebener Mittel der Trennung.

In praxisnahen Disziplinen, vor allem in der ↑Automatentheorie, und in der Praxis spricht man allerdings quasi absolut von d.en Bereichen, d.en Funktionen (auf solchen Bereichen) usw., um zu kennzeichnen, daß aus Gründen der Realisierbarkeit (etwa von Berechnungen in digitalen Automaten) statt des Bereichs der reellen Zahlen und reeller Funktionen, allgemeiner: statt Kontinua (↑Kontinuum), relativ zu diesen d.e Teilbereiche betrachtet werden müssen. In ähnlicher Weise spricht man in der ↑Wahrscheinlichkeitstheorie vom d.en im Gegensatz zum kontinuierlichen Fall, wenn der betrachtete Stichprobenraum Ω eines Wahrscheinlichkeitsraumes $(\Omega, \mathfrak{A}, P)$ höchstens abzählbar unendlich ist. In der Kybernetik und Automatentheorie bezeichnet man darüber hinaus aus isolierten (isolierbaren) Schritten zusammengesetzte Vorgänge (↑Automaten und allgemeiner kybernetische Systeme) und deren Träger als d. G.H.

Diskurs, bei J. Habermas »die durch Argumentation gekennzeichnete Form der Kommunikation [...], in der problematisch gewordene Geltungsansprüche zum Thema gemacht und auf ihre Berechtigung hin untersucht werden« (Wahrheitstheorien, 214). Über die ↑Wahrheit von Behauptungen bzw. die Richtigkeit von Aufforderungen entscheidet das Ergebnis des D.es (Konsensustheorie). Die Rekonstruktion von D.regeln wird demnach zum zentralen Problem der Philosophie. Das Anliegen der D.theorie trifft sich in den entscheidenden Pointen mit der auf den Begriff des Dialogs gestützten Argumentationstheorie der Konstruktiven Wissenschaftstheorie (↑Wissenschaftstheorie, konstruktive); allerdings führt Habermas' Logik des D.es gerade nicht zu einer Rechtfertigung logischer Regeln.

Literatur: C.F. Gethmann, Protologik. Untersuchungen zur formalen Pragmatik von Begründungsdiskursen, Frankfurt 1979; J. Habermas, Vorbereitende Bemerkungen zu einer Theorie der kommunikativen Kompetenz, in: J. Habermas/N. Luhmann, Theorie der Gesellschaft oder Sozialtechnologie. Was leistet die Systemforschung?, Frankfurt 1971, 101–141; ders., Wahrheitstheorien, in: H. Fahrenbach (ed.), Wirklichkeit und Reflexion. Walter Schulz zum 60. Geburtstag, Pfullingen 1973, 211–265; H. Schnädelbach, Reflexion und D.. Fragen einer Logik der Philosophie, Frankfurt 1977. C.F.G.

diskursiv/Diskursivität, Charakterisierung eines methodisch fortschreitenden, das Ganze aus seinen Teilen aufbauenden Denkens oder Redens; oft synonym zu *begrifflich*. Antonym: intuitiv (↑Intuition). K.L.

Dispositionsbegriff (engl. dispositional concept), die (intensionale) Bedeutung (↑intensional/Intension) solcher Termini, die nicht unmittelbar exemplarisch, d.h. durch Beispiele und Gegenbeispiele, eingeführt werden können (z.B. ›dehnbar‹, ›zerbrechlich‹), aber auch zweistelliger Termini (z.B. ›härter als‹), sondern ein elementares *Kausalwissen* voraussetzen (z.B.: ein an beiden Enden gezogener Wollfaden wird länger, auf harten Boden geworfenes Glas zerbricht, Diamant ritzt Glas). Der besonders in der Wissenschaftstheorie des logischen Empirismus (↑Empirismus, logischer) unternommene Versuch, eine explizite ↑*Definition* der D.e nur mit Hilfe von *Beobachtungsbegriffen*, also exemplarisch durch Wahrnehmungshandlungen einführbaren Termini und deren logischer Zusammensetzung, vorzunehmen, ist gescheitert: Ist B_t ein von der Zeit t abhängiger Beobachtungsprädikator (z.B. Länge des Wollfadens), S_t ein zeitabhängiger Prädikator

für die relevanten Situationsumstände (z.B. Zug an den Enden des Wollfadens), so lautet der einfachste Versuch einer expliziten Definition für die Disposition D: $D \leftrightharpoons \bigwedge_{t \varepsilon T}(S_t \rightarrow B_t)$ (für das Beispiel: Wenn innerhalb eines Zeitintervalls T der Zug an den Fadenenden eine Verlängerung des Fadens nach sich zieht, soll der Faden ›dehnbar‹ heißen). Auf diese Weise kann für das Vorliegen einer Disposition außerhalb der die jeweils beobachtbaren Folgen zeitigenden Bedingungen kein Kriterium gewonnen werden. Dieser Mangel ist auch nicht auf dem von R. Carnap eingeschlagenen Weg, durch ↑*Reduktionssätze* wenigstens *bedingte Definitionen* (↑Definition) der D.e zu erhalten, behebbar. D wird dann nur unter den Umständen S durch den Prädikator B definiert, also: $\bigwedge_{t \varepsilon T} (S_t \rightarrow (D \leftrightarrow B_t))$, oder auch D und $\neg D$ getrennt durch das *Reduktionspaar:* $\bigwedge_{t \varepsilon T} (S_t \rightarrow (B_t \rightarrow D))$ und $\bigwedge_{t \varepsilon T} (S'_t \rightarrow (B'_t \rightarrow \neg D))$.
Für Carnap wurde dieses Resultat der Anlaß, der ↑Beobachtungssprache einer empirischen Wissenschaft eine ↑Theoriesprache an die Seite zu stellen, deren Grundbegriffe nicht sämtlich durch Beobachtungsbegriffe definiert sind, und die D.e als ausschließlich theoretische Begriffe (↑Begriffe, theoretische) zu behandeln. Alternativ dazu wurde, z.B. von N. Goodman, versucht, eine Definition der D.e dadurch zustande zu bringen, daß unter Einsatz der ↑Modallogik die besonderen Eigenschaften der Allgemeinheit einer nicht extensional, durch die Wahrheitswerte von Implikans und Implikat allein bestimmten Kausalimplikation untersucht werden oder doch wenigstens eine einwandfreie und befriedigende Analyse des irrealen Konditionalsatzes (z.B.: wenn man einen Wollfaden an beiden Enden zöge, würde er länger) gefunden wird (↑Konditionalsatz, irrealer). Auf diese Weise sind wieder Anknüpfungen an die von C.S. Peirce in seiner *pragmatischen Maxime* für die Bedeutungsbestimmung beliebiger, insbesondere dispositionaler Termini niedergelegten methodischen Grundsätze möglich geworden, die es auch erlauben, den im logischen Empirismus weithin eingeebneten, im linguistischen Phänomenalismus (↑Phänomenalismus, linguistischer), z.B. von G. Ryle, hingegen durchaus beachteten Unterschied der naturwissenschaftlichen D.e zu den Ausdrücken für seelische Dispositionen (z.B. ›ängstlich‹, ›zornig‹) deutlich wiederherzustellen: diese Ausdrücke sind im Unterschied zu den übrigen Dispositionsprädikatoren als Metaprädikatoren zu rekonstruieren, mit denen ganze ↑Handlungsschemata (z.B. ›laufen‹, ›grinsen‹) modifiziert werden.

Literatur: R. Carnap, Testability and Meaning, Philos. Sci. 3 (1936), 419–471, 4 (1937), 1–40; W.K. Essler, Wissenschaftstheorie I (Definition und Reduktion), Freiburg/München 1970; ders., Induktive Logik. Grundlagen und Voraussetzungen, Freiburg/München 1970; N. Goodman, Fact, Fiction, and Forecast, Indianapolis [2]1965; S.M. Kledzik, Das Problem einer erziehungswissenschaftlichen Terminologie. Untersuchungen zu ihrer sprachkritischen Grundlegung am Beispiel von ›lernen‹ und ›lehren‹, Diss. Saarbrücken 1980; N. Rescher, A Theory of Possibility. A Constructivistic and Conceptualistic Account of Possible Individuals and Possible Worlds, Oxford 1975; G. Ryle, The Concept of Mind, New York 1949 (dt. Der Begriff des Geistes, Stuttgart 1969); E. Sosa (ed.), Causation and Conditionals, Oxford 1975; R.J. Spilsbury, Dispositions and Phenomenalism, Mind 62 (1953), 339–354; W. Stegmüller, Probleme und Resultate der Wissenschaftstheorie und Analytischen Philosophie II 1 (Theorie und Erfahrung), Berlin/Heidelberg/New York 1970; R. Trapp, Dispositionsprädikate, WL, 120–123; R. Tuomela (ed.), Dispositions, Dordrecht/Boston 1978 (Synthese Library 113). K.L.

disputatio (lat. disputare, auseinanderschneiden, im einzelnen erwägen, nach allen Seiten erörtern), im rhetorischen (↑Rhetorik, ↑ars) und philosophisch-theologischen Lehrbetrieb der Schulen und Universitäten des Mittelalters eine Übung der Studierenden im Argumentieren nach einem der ↑Topik des Aristoteles entlehnten Schema von Darlegung (propositio), Angriff (obiectio) und Verteidigung (defensio) einer These durch einen ›Proponenten‹ oder ›Defendenten‹ und einen ›Opponenten‹ oder ›Objizienten‹ und nach den durch die ↑Syllogistik des Aristoteles vorgegebenen Regeln; auch öffentliches Streitgespräch zwischen Gelehrten verschiedener Konfessionen, etwa zwischen Christen und Juden, Christen und Muslimen oder Katholiken und Protestanten. Als akademische Einrichtung erhielt sich die Disputation als öffentliche Verteidigung von Thesen bei der Promotion zum Doktorat an manchen europäischen Universitäten bis heute.

Literatur: M. Grabmann, Die Geschichte der scholastischen Methode, I–II, Freiburg 1909/1911 (repr. Darmstadt 1961). R.Wi.

Distanz (von lat. distantia, Abstand, Entfernung), Abstand zweier Punkte. Auf H. v. Helmholtz geht der Gedanke einer *physikalischen* Begründung der Axiome des D.begriffs (↑Abstand) mittels einer Untersuchung des Verfahrens des Messens von D.en zurück. Dabei wird die beim Abtragen von Maßstäben vorausgesetzte ↑Kongruenz von Punktepaaren als Grundbegriff eingeführt. Dieser Grundbegriff hat dann als definiert zu gelten, wenn es gelingt, physikalisch zu definieren, was der als Maßstab vorausgesetzte absolut starre Körper (↑Körper, starrer) bedeutet. In einer konstruktiv begründeten ↑Geometrie werden Kongruenz und Starrheit von Maßstäben über ›Grundformen‹ (eben, gerade, orthogonal) definiert bzw. postuliert, wobei die Grundformen ihrerseits durch Herstellungsanweisungen und ideative (↑Ideation) Redenormen voll bestimmt sind.

Literatur: R. Inhetveen. Die Dinge des dritten Systems ..., in: K. Lorenz (ed.), Konstruktionen versus Positionen. Beiträge zur Diskussion um die Konstruktive Wissenschaftstheorie, I–II, Berlin 1978, I, 226–277; P. Janich, Zur Protophysik des Raumes, in: G. Böhme (ed.), Protophysik. Für und wider eine konstruktive Wissenschaftstheorie der Physik, Frankfurt 1976, 83–130; P. Lorenzen, Das Begründungsproblem der Geometrie als Wissenschaft der räumlichen Ordnung, Philos. Nat. 6 (1961), 415–431, wiederabgedruckt in: ders., Methodisches Denken, Frankfurt 1968, 120–141; weitere Literatur ↑Abstand. P. J.

distinctio, in der mittelalterlichen und frühzeitlichen Philosophie für begriffliche ↑Unterscheidung verwendet. Eine d. *realis* liegt vor, wenn der Unterschied im Begriff auch ein solcher in der Sache ist. Handelt es sich um einen nur begrifflichen Unterschied, spricht man von einer d. *rationis.*

Literatur: O. Muck, d. formalis, d. rationis, d. realis, Distinktion, Hist. Wb. Ph. II (1972), 270–272; L. Weber, Das Distinktionsverfahren im mittelalterlichen Denken und Kants skeptische Methode, Meisenheim 1976. C. F. G.

Distribution, deontische, von G.H. v.Wright 1951 entwickeltes rein syntaktisches Entscheidungsverfahren für Sätze mit deontischen Ausdrücken (↑Logik, deontische). Dem Verfahren liegt der der sprachlichen Intuition entnommene Gedanke zugrunde, daß (1) die wichtigsten deontischen Operatoren (verboten, daß..., geboten, daß..., indifferent, daß...) definitorisch auf Erlaubnissätze zurückgeführt werden können und (2) ein Erlaubnissatz mit adjunktiver Proposition äquivalent der Adjunktion entsprechender Erlaubnissätze ist:

$$\mathrm{E}(p \vee q) \succ\!\!\prec \mathrm{E}(p) \vee \mathrm{E}(q).$$

Da jeder propositionale Teil eines Erlaubnissatzes auf Grund aussagenlogischer Theoreme (allerdings nur im klassischen Kalkül der Aussagenlogik) in eine vollständige adjunktive ↑Normalform salva veritate überführt werden kann, erhält man aus jedem Erlaubnissatz durch d. D. eine Reihe von Adjunktionen von Erlaubnissen. Der ↑Wahrheitswert eines Erlaubnissatzes ist eine Funktion der Wahrheitswerte der Erlaubniskonstituenten des Erlaubnissatzes nach dem Entscheidungsverfahren der aussagenlogischen vollständigen adjunktiven Normalform. – In v. Wrights System sind allerdings eine Reihe von deontischen Paradoxien beweisbar (↑Chisholmsches Paradox, ↑Priorsches Paradox, ↑Rossches Paradox), die einerseits zur Erarbeitung weiterer Kalküle (mit dyadischen Operatoren und der Handlungslogik), andererseits zur Entwicklung semantischer Entscheidungsverfahren auf Grund der Mögliche-Welten-Semantik geführt haben (↑Logik, deontische, ↑Welt, mögliche).

Literatur: G.H. v.Wright, Deontic Logic, Mind 60 (1951), 1–15, Nachdr. in: ders., Logical Studies, London 1957, 58–74 (dt. in: ders., Handlung, Norm und Intention, Berlin, 1977, 1–18). C. F. G.

distributiv/Distributivität, eine algebraische Struktur mit zwei zweistelligen Verknüpfungen $\sqcup$ und $\sqcap$ (↑Algebra), in der die beiden folgenden ›D.sgesetze‹ eine Beziehung zwischen $\sqcup$ und $\sqcap$ herstellen:

$$a \sqcup (b \sqcap c) = (a \sqcup b) \sqcap (a \sqcup c)$$
$$a \sqcap (b \sqcup c) = (a \sqcap b) \sqcup (a \sqcap c).$$

Genauer handelt es sich dabei um die Gesetze der ›Linksdistributivität‹, bei denen das zuletzt verknüpfte (›heranmultiplizierte‹) Element links steht. Bei Strukturen, in denen nicht auch zugleich die Kommutativitätsgesetze für $\sqcup$ und $\sqcap$ gelten (↑kommutativ/Kommutativität), muß die Geltung der entsprechenden ›Rechtsdistributivität‹

$$(a \sqcap b) \sqcup c = (a \sqcup c) \sqcap (b \sqcup c)$$
$$(a \sqcup b) \sqcap c = (a \sqcap c) \sqcup (b \sqcap c)$$

eigens gefordert werden. Beispiele von Strukturen mit Distributivgesetzen sind die ↑Booleschen Verbände und die Ringe (↑Ring (mathematisch)). So gilt im Ring der ganzen Zahlen für die Verknüpfungen $\cdot$ (↑Multiplikation (mathematisch)) und $+$ (↑Addition (mathematisch)) zwischen ganzen Zahlen

$$a \cdot (b + c) = (a \cdot b) + (a \cdot c)$$

und wegen der Kommutativität der Multiplikation auch die Rechtsdistributivität der Multiplikation (dagegen gelten nicht die beiden durch Vertauschung von $\cdot$ und $+$ entstehenden D.sgesetze!). C. T.

divergent/Divergenz, bei unendlichen ↑Reihen soviel wie nicht-konvergent (↑konvergent/Konvergenz). Die bei unkritischem Operieren mit divergenten Reihen auftretenden Widersprüche, z.B. die durch verschiedene Klammerung entstehende falsche Gleichung

$$0=(1-1)+(1-1)+-\ldots$$
$$=1+(-1+1)+(-1+1)-+\ldots=1,$$

führten im 18. Jahrhundert zur Forderung nach größerer Strenge der mathematischen Begriffsbildung. C.T.

Diversität, ↑verschieden/Verschiedenheit.

Division (mathematisch), die zur Multiplikation (↑Multiplikation (mathematisch)) inverse Operation. In der Arithmetik z.B. ist die D. etwa durch

$$\frac{m}{n}=p \leftrightharpoons m=p\cdot n$$

definierbar, wobei stets $n \neq 0$ sein muß.

DN-Erklärung, ↑Erklärung.

docta ignorantia (lat., ›belehrte Unwissenheit‹), in der an Augustinus anschließenden Scholastik verwendeter Ausdruck (vgl. Bonaventura, Breviloqu. V, 6, 7; II Sent. 23, 2, 3 ad 6) zur Charakterisierung der gnadenhaften Gotteserkenntnis, deren Bedingung die Loslösung von allen bestimmten Wissensansprüchen der menschlichen Vernunft ist. Bei Nikolaus von Kues rückt die Rede von der d.i. ins Zentrum philosophischer Überlegungen. Mit ihr läßt sich die Erkenntnis der menschlichen Vernunft sowohl als deren eigenständige Leistung als auch als Anerkennung ihrer (ihr grundsätzlich gezogenen) Grenzen verstehen. Diese Erkenntnis ist nach dem Schema der Steigerung darstellbar: Indem man z.B. immer mehr Forschungen anstellt, versucht man zu immer genaueren Darstellungen der Realität zu kommen; indem man die jeweils erreichte Vollkommenheit immer mehr steigert, versucht man die höchste Vollkommenheit zu erreichen. Demgegenüber besteht die d.i. im Verzicht auf eine derartige Erkenntnis durch Steigerung – und dies eben in der Einsicht, daß sie mit komparativen Erkenntnissen nur über ihre eigenen Leistungen reden könnte, nicht aber auch über Gott, der größer ist als sie selbst. Der Verzicht auf komparative Erkenntnis bedeutet den Verlust begrifflicher Unterscheidungsmöglichkeiten. Denn da die Begriffe als die gedanklichen Begrenzungen der Realität gebildet werden, mit denen diese für unsere (begrenzte) Vernunft (für eine komparative Erkenntnis) faßlich gemacht wird, besteht dieser Verzicht eben auch in der Aufgabe dieser Begrenzungen: die d. i. formuliert sich in der ↑coincidentia oppositorum, der Ineinssetzung gegensätzlicher begrifflicher Bestimmungen, als die ja auch sie selbst, nämlich als Identität von Belehrtheit und Unwissenheit, erscheint.

Literatur: G. v. Bredow, D. i., Hist. Wb. Ph. II (1972), 273–274; K. Jaspers, Nikolaus Cusanus, München 1964; J. Lenz, Die d. i. oder die mystische Gotteserkenntnis des Nicolaus Cusanus in ihren philosophischen Grundlagen, Würzburg 1923; K.G. Pöppel, Die d. i. des Nicolaus Cusanus als Bildungsprinzip. Eine pädagogische Untersuchung über den Begriff des Wissens und Nichtwissens, Freiburg 1956; J. Ritter, D. i.. Die Theorie des Nichtwissens bei Nicolaus Cusanus, Leipzig 1927; K.H. Volkmann-Schluck, Nicolaus Cusanus. Die Philosophie im Übergang vom Mittelalter zur Neuzeit, Frankfurt 1957. O.S.

Dodgson, Charles Lutwidge, ↑Carroll, Lewis.

Dogmatismus (von griech. δόγμα, lat. dogma, Meinung, Lehrsatz, Glaubenssatz), negativ besetzter Terminus der Erkenntniskritik. Dogmen sind allgemeine, zumeist praktische Lehrsätze, die, selbst ohne Begründung, als Grundlage weiteren Begründens dienen. Nach I. Kant sind Dogmen (›Lehrsprüche‹) ›direkt synthetische Sätze aus Begriffen‹, denen im Unterschied zu den auf mögliche Erfahrung bezogenen ›Grundsätzen der reinen Vernunft‹ im theoretischen Gebrauch die ›objektive Gültigkeit‹ mangelt (KrV B 764). Während sich der Begriff des *Dogmas* auf Urteile bezieht, werden Verfahren, die aus apriorischen Prinzipien beweisen, von Kant ohne negative Bewertung *dogmatisch* genannt. Auch die Erkenntniskritik muß in diesem Sinne dogmatisch vorgehen. Das dogmatische Verfahren mündet jedoch in den D., wenn es von der Vernunft *»ohne vorangehende Kritik ihres eigenen Vermögens«* angewendet wird (KrV B XXXV). Der konsequenteste D. ist nach J.G. Fichte der ↑Spinozismus. Dieser ist dem immanenten Kritizismus dadurch entgegengesetzt, daß er alle Realität in das Ding setzt (Grundlage der gesamten Wissenschaftslehre, Ausgew. Werke I, 314) und damit, »was im Ich und für das Ich ist, außer dem Ich« aufsucht (Das System der Sittenlehre, Ausgew. Werke II, 568). Fichte behauptet den D. als entgegengesetzte Position zum ›Idealismus‹ und setzt ihn damit dem ›Realismus‹ gleich (Erste Einleitung in die Wissenschaftslehre, Ausgew. Werke III, 10ff.). In gleicher Weise verwendet F.W.J. Schelling den Ausdruck ›D.‹ in seinen frühen Schriften (Vom Ich als Prinzip der Philosophie, Sämtl. Werke I, 171f.). G.W.F. Hegel unterscheidet die dogmatische Verstandes- von der dialektischen Vernunftmetaphysik. Erstere ist dogmatisch, weil sie an der abstrakten Entgegensetzung der Verstandesbestimmungen festhält (Enc. phil. Wiss., Sämtl. Werke VIII, 105f.). D. ist nach Hegel, und hierin liegt seine Abwendung vom extremen Idealismus, die subjektivistische Metaphysik in der Fichteschen Prägung ebenso wie die einseitige Fixierung des Objektiven in der herkömmlichen Metaphysik (Glauben und Wissen, Sämtl. Werke I, 431). In der nachidealistischen Philosophie kommt der Begriff des D. in seiner Funktion, philosophische Systeme insgesamt negativ zu charakterisieren, außer Gebrauch. Die häufige Verwendung des Adjektivs ›dogmatisch‹ erfolgt unterminologisch.

Literatur: W. Nicke, D., Hist. Wb. Ph. II (1972), 277–279. S. B.

Dominicus Gundissalinus (auch: D. Gundissalvus, Domingo Gundisalvo oder Gonzáles), zweite Hälfte des 12. Jhs., span. Philosoph und Übersetzer. Um 1150 Archidiakon von Segovia. D. gehörte der Übersetzerschule von Toledo an, in der arabische und jüdische Literatur ins Lateinische übersetzt wurde. Mitarbeit an Übersetzungen von Werken Avicennas, Algazels, Avicebrons, al-Farabis, al-Kindis und Isaak Israelis. D.' eigene Schriften stehen stark unter dem Eindruck der bei der Übersetzertätigkeit gewonnenen Kenntnisse. D. machte den arabisch-jüdischen ↑Neuplatonismus im Westen bekannt und versuchte eine Synthese mit dem christlichen Neuplatonismus von A. M. T. S. Boethius und Augustinus. Seine vom wissenschaftlichen Lehrbetrieb der Scholastik (↑ars) abweichende Klassifikation der Wissenschaften in Propädeutik (einschließlich Grammatik, Poetik und Rhetorik), Logik und philosophische Wissenschaften beeinflußten spätere Autoren wie Michael Scotus, Vinzenz von Beauvais und Thierry von Chartres. Die philosophischen Wissenschaften sind teils theoretisch (Physik, Mathematik, Theologie), teils praktisch (Politik, Ökonomie und Ethik).

Werke: De processione mundi, in: M. Menéndez y Pelayo, Historia de los heterodoxos españoles I, Madrid 1880, 691–711; P. Correns, Die dem Boethius fälschlich zugeschriebene Abhandlung des D. Gundisalvi De unitate, Beitr. Gesch. Philos. MA 1.1 (1891), 1–11; G. Bülow, Des D. G. Schrift von der Unsterblichkeit der Seele, ebd. 2.3 (1897), 1–38; L. Baur, D. G.. De divisione philosophiae, ebd. 4.2–3 (1903), 1–142; G. Bülow, Des D. G. Schrift »Von dem Hervorgange der Welt« (De processione mundi), ebd. 24.3 (1925), 1–54; J. T. Muckle, The Treatise »De anima« of D. G., Med. Stud. 2 (1940), 23–103. – Totok II (1973), 333–335.

Literatur: M. Alonso, Notas sobre los traductores toledanos Domingo Gundisalvo y Juan Hispano, Al-Andalus 8 (1943), 115–188; ders., Temas filosóficos medievales (Ibn Dāwud y Gundisalvo), Comillas 1959; C. Bäumker, D. G. als philosophischer Schriftsteller, Beitr. Gesch. Philos. MA 25 (1927), 255–275; A. H. Chroust, The Definition of Philosophy in De divisione philosophiae of D. G., New Scholasticism 13 (1939), 338–355; C. Kren, D. G., DSB V (1972), 591–593. G. W.

Doxa, ↑Meinung.

Doxographie (von griech. δόξα, Meinung, Lehre), antiker Typ der Philosophie- und Wissenschaftsgeschichtsschreibung (↑Philosophiegeschichte, ↑Wissenschaftsgeschichte), in dessen Rahmen ältere Entwicklungen in systematischer und/oder chronologischer Aufarbeitung unter dem Gesichtspunkt des jeweils zeitgenössischen Wissensstandes dargestellt und beurteilt werden. Aristoteles, bei dem zuerst der Bericht über ›Vorläufer‹ (so z.B. schon bei Platon, Demokrit und in der ↑Sophistik) methodisch reflektierte Formen annimmt, versteht seine Systematisierung der älteren Philosophie- und Wissenschaftsgeschichte (im Rahmen und unter dem Gesichtspunkt seiner Ursachen- und Prinzipienlehre) als das Resultat eines ernsthaften Zurateziehens derjenigen, ›die vor uns über die Wahrheit philosophiert haben‹ (Met. A3.983b1–3). Der historische Gang der Reflexion wird in dieser problemorientierten Darstellung zu einer noch von Unklarheiten und Irrtümern belasteten Bewegung auf das eigene Denken hin. In einer bereits stärker auf Sammlung und auswählende Darstellung bedachten Weise tritt D. bei Eudemos von Rhodos und Theophrast von Eresos auf, denen die spätere antike D., so bei den Epikureern (↑Epikureismus) und in der neuen ↑Akademie, im wesentlichen folgt. Auf die D. des Aëtios geht das allein vollständig überlieferte doxographische Werk des Diogenes Laërtios zurück.

Literatur: Doxographi graeci, ed. H. Diels, Berlin 1879 (repr. Berlin 1965); Diogenis Laertii vitae philosophorum, I–II, ed. H. S. Long, Oxford 1964 (dt. Leben und Meinungen berühmter Philosophen, übers. v. O. Apelt, Hamburg [2]1967). J. M.

dravya (sanskr., Ding, Besitz, Substanz), Grundbegriff der indischen Philosophie. So lehrt der Jainismus (↑Philosophie, jainistische) sechs d., fünf unbelebte, darunter die Materie (pudgala), und das Belebte (jīva) als sechste d.. Im ebenfalls atomistischen ↑Vaiśeṣika gibt es neun d., unter denen allein vier (Erde, Wasser, Feuer, Luft) der Materie entsprechen. Sie gelten als Grundlage der Qualitäten (guṇa) und innewohnende Ursache der Resultate von Tätigkeiten (karma), wobei alles Seiende in die Bereiche d., guṇa und karma zerfallend gedacht wird. Das dualistische ↑Sāṃkhya kennt nur das in viele Einzelseelen aufgesplitterte Selbst (puruṣa) und das einheitlich ursachenlose Nichtselbst, die Urmaterie (prakṛti), als Substanzen. K.L.

Dreiplattenverfahren, Realisierungsverfahren für die Ebene im Rahmen des protophysikalischen Begründungsprogramms der ↑Geometrie (↑Protophysik). Das D. wird durch die Vorschrift bestimmt, drei (grob vorgeebnete) Platten jeweils paarweise bis zur Passung aneinander abzuschleifen. Dieser Weg der Herstellung angenähert ebener Oberflächenstücke auf Körpern ist methodisch dadurch ausgezeichnet, daß er nicht auf die Verfügbarkeit der zu erzeugenden Form zurückzugreifen braucht, wie dies etwa bei einem Gußverfahren der Fall wäre. Damit ist das D. ein methodisch primäres, situationsinvariant wiederholbares Verfahren, das die Reproduzierbarkeit geometrischer Grundformen wie eben (und darauf aufbauend gerade, orthogonal, parallel und kongruent) sicherstellt.

Die methodisch ausgezeichnete Rolle des D.s für eine operative Begründung der Geometrie ist von H. Dingler zuerst erkannt worden, der auch die historische und die technische Rolle dieser ›Urzeugung‹ geometrischer Formen diskutiert hat. P. Lorenzen hat als Bindeglied zur axiomatischen Geometrie vorgeschlagen, das D. als Erzeugung von Homogenitäten aufzufassen, die sich in Anlehnung an G.W. Leibnizens principium identitatis indiscernibilium (↑Identität) als ↑Homogenitätsprinzipien schreiben lassen. Danach wird die Ununterscheidbarkeit der Stellen einer Fläche, die aus einem verschiebbar passenden Plattenpaar stammt, als ›innere Homogenität‹, die Ununterscheidbarkeit der Halbräume (durch Verwendung von drei Platten, wodurch konkave oder konvexe Kugelflächen ausgeschlossen werden) als ›äußere Homogenität‹ charakterisiert. Eine definitorisch befriedigende Verknüpfung des D.s mit der in ideativen (↑Ideation) Termini formulierten Geometrie ist durch eine ›Protogeometrie‹, d.h. eine terminologische und operative Normierung der Herstellungspraxis räumlicher Formen von P. Janich angegeben worden. Dort werden an Hand entsprechender Herstellungsverfahren Termini für reale, d.h. an Körpern vorweisbare Formen wie glatte und flache Oberflächenstücke, gestreckte Kanten usw. definitorisch bestimmt, aus denen durch Ideation geometrische Termini gewonnen werden. Dabei zeigt sich, daß es neben dem D. noch andere, in gleicher Weise methodisch primäre Verfahren zur Herstellung angenähert ebener Oberflächen gibt. R. Inhetveen hat nachgewiesen, daß dadurch Homogenitätsprinzipien zu beweisbaren Sätzen werden.

Literatur: H. Dingler, Die Grundlagen der Geometrie. Ihre Bedeutung für Philosophie, Mathematik, Physik und Technik, Stuttgart 1933; R. Inhetveen, Die Dinge des dritten Systems ..., in: K. Lorenz (ed.), Konstruktionen versus Positionen. Beiträge zur Diskussion um die Konstruktive Wissenschaftstheorie, I–II, Berlin 1978, I, 266–277; P. Janich, Zur Protophysik des Raumes, in: G. Böhme (ed.), Protophysik. Für und wider eine konstruktive Wissenschaftstheorie der Physik, Frankfurt 1976, 83–130. P.J.

Dreistadiengesetz, deskriptiv-empirisches Entwicklungsprinzip und Grundannahme der geschichtsphilosophischen Anthropologie der Spätaufklärung, nach dem die natur- und plangemäße Entwicklung der geistigen Fähigkeiten des Menschen bis zu ihrer vollen Entfaltung sowohl phylogenetisch als auch ontogenetisch mit Notwendigkeit drei Stadien unterschiedlichen theoretischen Bewußtseins durchläuft, denen gattungsgeschichtlich unterschiedliche Formen institutioneller Organisiertheit entsprechen.

Bereits 1750 beschreibt A.R.J. Turgot in einer Rede vor der Sorbonne mit dem später von M.J.A.N.C. Marquis de Condorcet aufgegriffenen Titel »Philosophische Darstellung der allmählichen Fortschritte des menschlichen Geistes« die den Menschen auszeichnende Erfahrungstradierung vermittels der Sprache als das Prinzip der Geschichte seiner gattungsmäßigen Vervollkommnung, die er über die Charakterisierung wissenschaftlicher Grundeinstellungen in drei Abschnitte unterteilt. Er unterscheidet eine asiatische Periode der theologischen Mystik, eine griechische Periode der abstrakten Metaphysik und eine christlich-abendländische Periode der experimentellen Naturwissenschaft, die er als eine auf Werkstättenpraxis bezogene Theorie der Physik begreift. Seine zahlreichen Entwürfe zu einer Universalgeschichte gehen methodisch davon aus, eine Vielzahl deskriptiver Querschnittsanalysen der politischen Geographie zu einer das Problem der chronologischen und topologischen Ungleichzeitigkeit des ↑Fortschritts bei gleicher physiologisch-psychologischer Bedingtheit des Menschen lösenden Langzeittheorie der Entwicklung des Geistes und der ihren Stadien entsprechenden Organisationsformen zusammenzufassen.

Condorcet folgt dem Gedanken der unter dem Gesichtspunkt des linearen geistigen Fortschritts dreigeteilten Gattungsgeschichte und führt das methodische Konzept in seinem »Entwurf einer historischen Darstellung der Fortschritte des menschlichen Geistes« (1793) auf der empirisch-deskriptiven Ebene aus, indem er die Abfolge der Menschheitszustände in zehn als Epochen bezeichneten Querschnitten beschreibt. Auf dieser Grundlage erarbeiten H. de Saint-Simon und sein Schüler A. Comte 1822 im »Prospekt der für die Neuorganisation der Gesellschaft notwendigen wissenschaftlichen Arbeiten« die erste auf die Wissenschaften bezogene Fassung des D.es, dessen empirische Fundierung Comte in den sechs Bänden seiner »Cours de philosophie positive« unternimmt. Danach entwickeln sich die verschiedenen Erkenntnisgebiete der natürlichen Entwicklung des menschlichen Geistes entsprechend notwendig über drei theoretische Stadien: von einem dem Kindheitszustand analogen theologisch-fiktiven Stadium über ein metaphysisch-abstraktes Übergangsstadium der Kritik zu einem wissenschaftlich-positiven Endstadium. In dem der Sozialphysik gewidmeten Teil der positiven Philosophie (Bd. 5 und 6) erweitert Comte den Anwendungsbereich des D.es. Das theologische, personenfingierende Stadium durchläuft, dem historischen Erfahrungsstand entsprechend, die Stadien vom Fetischismus über den Polytheismus zum Monotheismus und dringt damit bis zum Begriff der voluntaristischen Gesetzmäßigkeit des Kosmos vor. Das abstrakte, entitätenfingierende Stadium ist das autoritätskritische Übergangsstadium von der mystischen zur naturwissenschaftlichen Weltdeutung, die mit naturgesetzlichen Erklärungen (und deren Verwendung als Prognose) komplexer Bewegungsvorgänge der Physik einsetzt, um schließlich zu solchen der Sozialphysik = Soziologie zu gelangen. Das historische Auftreten der Disziplinen in der naturnotwendigen Reihenfolge Mathematik, Astronomie, Physik, Chemie, Biologie und Soziologie folgt dem Enzyklopädischen Gesetz. Den drei Stadien theoretischen Bewußtseins entsprechen drei wiederum als ›Epochen‹ bezeichnete gesellschaftliche Organisationsformen: eine theologisch-militärische, eine metaphysisch-juristische und eine wissenschaftlich-industrielle Epoche.

Literatur: A. Comte, Cours de philosophie positive, I–VI, ed. E. Littré, Paris ^{2}1864, ^{5}1907 (Bd. 5 u. 6); ders., Plan des travaux scientifiques nécessaires pour réorganiser la société, in: ders., Système de politique positive, ou traité de sociologie, instituant la religion de l'humanité, I–IV, Paris 1851–1881 (repr. Osnabrück 1967), IV (1854), 25; M.J.A.N.C. Marquis de Condorcet, Esquisse d'un tableau historique des progrès de l'esprit humain (1793, dt. Entwurf einer historischen Darstellung der Fortschritte des menschlichen Geistes, ed. W. Alff, Frankfurt 1963 [franz./dt.]); A.R.J. Turgot, Œuvres, I–V, ed. G. Schelle, Paris 1913–1923 (repr. I–V, Glashütten 1972), I, 214ff.. – F. Brentano, A. Comte und die positive Philosophie, in: Die Vier Phasen der Philosophie und ihr augenblicklicher Stand, ed. O. Kraus, Leipzig 1926, Hamburg ^{2}1968 (repr. 1977), 99–133; H. Gouhier, La jeunesse d'Auguste Comte, I–III, Paris 1933–1941; L. Lévi-Bruhl, La philosophie d'Auguste Comte, Paris 1900; E. Littré, Auguste Comte et la philosophie positive, Paris 1863 (repr. Westmead 1971); J.S. Mill, Auguste Comte and Positivism, London ^{3}1882 (Nachdr. Ann Arbor Mich. 1961); M. Scheler, Über die positivistische Geschichtsphilosophie des Wissens, in: ders., Schriften zur Soziologie und Weltanschauungslehre, I–III, Leipzig 1923, I (Moralia), 26–40. H.R.G.

Driesch, Hans Adolf Eduard, *Bad Kreuznach 28. Okt. 1867, †Leipzig 16. April 1941, dt. Biologe und Philosoph. Hauptvertreter des Neovitalismus (↑Vitalismus). Nach Studium in Jena bei E. Haeckel 1891–1900 Assistent an der Zoologischen Station in Neapel, 1905 Wende zur Philosophie, 1907–1908 Gifford Lecturer in Aberdeen, 1909 Habilitation in Heidelberg für Naturphilosophie (bis 1912 an der naturwissenschaftlichen, danach an der philosophischen Fakultät), 1911 Extraordinarius, 1920 Ordinarius in Köln, 1921–1933 Ordinarius in Leipzig. Ausgehend von seinen experimentellen Untersuchungen nahm D. einen ›Faktor *E*‹ (↑Entelechie) an, der sowohl die Entwicklung des noch unentwickelten Organismus zu seiner Endgestalt als auch die Restitution der Form bei einem verstümmelten Organismus leite; diese Entelechie und die ebenfalls an Aristotelische Vorstellungen angelehnte ›entelechiale‹ oder ›Ganzheitskausalität‹ bilden die zentralen Begriffe des D.schen antimaterialistischen (Neo-)Vitalismus. Auch das Problem des menschlichen Handelns sieht D. als organisches Regulationsproblem, also rein biologisch, indem er für jede Handlung neben äußeren Reizen die ›angesammelte‹ Erfahrung des Individuums als seine ›historische Reaktionsbasis‹ als bestimmend annimmt. Später versuchte er eine aprioristische Begründung des Vitalismus in dem größeren Rahmen eines in ›Ordnungslehre‹ (eine als Bedeutungslehre verstandene ›Logik‹) und ›Wirklichkeitslehre‹ (eine ›induktive Metaphysik‹) unterteilten Systems der Philosophie. Sehr einflußreich war D. auch als Propagator der ↑Parapsychologie. Eine »H.-D.-Gesellschaft für Philosophie und Parapsychologie wurde 1947 in Regensburg gegründet.

Werke: Die Biologie als selbständige Grundwissenschaft und das System der Biologie. Ein Beitrag zur Logik der Naturwissenschaften, Leipzig 1893, ^{2}1911; Die organischen Regulationen. Vorbereitung zu einer Theorie des Lebens, Leipzig 1901; Der Vitalismus als Geschichte und als Lehre, Leipzig 1905, 2. erw. Aufl. des 1. Hauptteils unter dem Titel: Geschichte des Vitalismus, Leipzig 1922; The Science and Philosophy of the Organism. The Gifford Lectures Delivered Before the University of Aberdeen in the Year 1907, I–II, London 1908 (von D. selbst ins Deutsche übertr. unter dem Titel: Philosophie des Organischen. Gifford-Vorlesungen, gehalten an der Universität Aberdeen in den Jahren 1907–1908, I–II, Leipzig 1909, ^{4}1928 [gekürzt]); Ordnungslehre. Ein System des nichtmetaphysischen Teils der Philosophie, Jena 1912, ^{2}1923; Die Logik als Aufgabe. Eine Studie über die Beziehung zwischen Phänomenologie und Logik, zugleich eine Einleitung in die Ordnungslehre, Tübingen 1913; Wirklichkeitslehre. Ein metaphysischer Versuch, Leipzig 1917, ^{3}1930; Parapsychologie, die Wissenschaft von den »okkulten« Erscheinungen. Methodik und Theorie, München 1932, Zürich ^{3}1952; Lebenserinnerungen. Aufzeichnungen eines Forschers und Denkers in entscheidender Zeit, ed. J. Tétaz-Driesch, München/Basel 1951; Mein System und sein Werdegang (Selbstdarstellung), in: R. Schmidt (ed.), Die Philosophie der Gegenwart in Selbstdarstellungen I, Leipzig ^{2}1923, 49–78; Darstellung des Systems (Selbstdarstellung), in: H. Schwarz (ed.), Deutsche systematische Philosophie nach ihren Gestaltern I, Berlin 1931, 127–190. – Bibliographie (von D. selbst zusammengestellt): Z. philos. Forsch. 1 (1946/1947), 387–397.

Literatur: A. Gehlen, Zur Theorie der Setzung und des setzungshaften Wissens bei D., Leipzig 1927; O. Heinichen, D.s Philosophie. Eine Einführung, Leipzig 1924; E. Heuss, Rationale Biologie und ihre Kritik. Eine Auseinandersetzung mit dem Vitalismus H.D.s, Leipzig 1938; R. Mocek, Zum Lebenswerk von H.D., Dt. Z. Philos. 12 (1964), 1191–1214; J. Oppenheimer, D., DSB IV (1971), 186–189; H. Schneider/W. Schingnitz (eds.), Festschrift H.D. zum 60. Geburtstag, I–II (I Wissen und Leben, II Ordnung und Wirklichkeit), Leipzig 1927; E.G. Spaulding, D.'s Theory of Vitalism, Philos. Rev. 15 (1906), 518–527; A. Wenzl (ed.), H.D.. Persönlichkeit und Bedeutung für Biologie und Philosophie von heute, München/Basel 1952 (mit Bibliographie); W.H. Werkmeister, H.D., Enc. Ph. II (1967), 418–420. C.T.

Dritter Mensch (griech. τρίτος ἄνθρωπος), Bezeichnung für einen Einwand gegen die Trennung der Wirklichkeit in Ideen und Sinnendinge, wie sie die Platonische ↑Ideenlehre vornimmt (↑Chorismos): Wenn ein Einzelding eine bestimmte Eigenschaft auf Grund seiner Teilhabe (↑Methexis) an der entsprechenden Idee hat, dann besteht zwischen Idee und Einzelding eine Ähnlichkeitsrelation, die reziprok ist. Ähnlichkeit zwischen Dingen besteht nun aber der Ideenlehre zufolge in der Teilhabe an einer gemeinsamen Idee. Deshalb erfordert die Ähnlichkeit zwischen einer Eigenschaft eines Sinnendinges und der entsprechenden Idee die Existenz einer weiteren Idee, an der die Eigenschaft des Einzeldinges und die ursprüngliche Idee teilhaben usw.. Aristoteles (Met. A9.990b17, de soph. elech. 22.178b36–179a10) kritisiert diesen Aspekt der Ideenlehre am Beispiel von Einzelmenschen und der Idee ›Mensch‹ und fordert die Existenz des ›Dritten Menschen‹, wonach der Einwand benannt ist. Platon selbst erwähnt den Einwand am Beispiel der ›Größe‹ im »Parmenides« (132d5ff.). Platons Stellung zu diesem Einwand ist umstritten. Möglicherweise läßt er den Einwand nur für bestimmte Dinge bzw. die entsprechenden Begriffe (›Größe‹) gelten.

Literatur: R.E. Allan (ed.), Studies in Plato's Metaphysics, London 1965; R.J. Butler, The Measure and Weight of the Third Man, Mind 72 (1963), 62–78; W.K.C. Guthrie, A History of Greek Philosophy V (The Later Plato and the Academy), Cambridge 1978, 42ff.; W.E. Mann, The Third Man = The Man Who Never Was, Amer. Philos. Quart. 16 (1979), 167–176; J.M.E. Moravcsik, The ›Third Man‹ Argument and Plato's Theory of Forms, Phronesis 8 (1963), 50–62; C. Strang, Plato and the Third Man, Proc. Arist. Soc. Suppl. 37 (1963), 147–164, Nachdr. in: G. Vlastos (ed.), Plato. A Collection of Critical Essays I, Garden City N.Y. 1971, 184–200; G. Vlastos, The Third Man Argument in the Parmenides, Philos. Rev. 63 (1954), 319–349; ders., Plato's ›Third Man‹ Argument. Text and Logic, Philos. Quart. 19 (1969), 289–301, überarbeitet in: ders., Platonic Studies, Princeton 1973, 342–360 (dort auch weitere Literatur, 361–362); A. Wedberg, Plato's Philosophy of Mathematics. Stockholm 1955, ch. 3 (The Theory of Ideas, 26–44, bes. 36–40). G.W.

Dritte Welt (engl. third world), genauer die ›linguistische dritte Welt‹, von K.R. Popper im Rahmen seiner interaktionistischen Überlegungen zum ↑Leib-Seele-Problem verwendeter Terminus für die behauptete Entität objektiver Gedankeninhalte neben der ›ersten Welt‹ der physikalischen Körper und der ›zweiten Welt‹ der geistig-seelischen Zustände (mental states). Popper schließt damit an die Terminologie des späten G. Frege an (Der Gedanke. Eine logische Untersuchung, in: ders., Logische Untersuchungen, ed. G. Patzig, Göttingen 1966, 30–53). Ausgangspunkt ist der von Popper in »Language and the Body-Mind-Problem« (Proc. 11th Int. Congr. Philos. VII, 1953, 101–107) entwickelte Leib-Seele-Dualismus (↑Dualismus). Zwei Lösungsvorschläge der analytischen Philosophie werden zurückgewiesen:

(1) Das mit dem Leib-Seele-Dualismus gegebene Problem läßt sich nicht dadurch lösen, daß zwar von der Existenz zweier Sprachen, der physikalischen und der psychologischen Sprache, ausgegangen werde, nicht aber von der Existenz zweier Arten von Entitäten, Körper und Seelen. Ein der-

artiger Vorschlag sei unhaltbar, weil er von der widerlegten Annahme ausgehe, daß Physik und Psychologie nur zwei verschiedene Arten seien, theoretisch über dieselben objektiv gegebenen Tatsachen zu reden, und daß die dafür verwendeten Sprachen deswegen auch ineinander übersetzbar seien. Daraus, daß die Sätze der Physik und der Psychologie nicht ineinander übersetzbar sind, schließt Popper, daß sie über verschiedene Tatsachen reden. Die Beziehung zwischen diesen Arten von Tatsachen, das Leib-Seele-Problem, sei nur durch die Konstruktion *einer* Sprache formulierbar, in der über beide Tatsachenarten geredet wird. – (2) Das Leib-Seele-Problem ist nicht ein bloßes Sprachproblem, dadurch entstanden, daß in unklarer Weise über seelische Zustände so geredet wird, als existierten diese zusätzlich zum Verhalten. Popper hält daran fest, daß es seelische Zustände, z.B. das von jedem Verhalten unabhängige Verstehen, als zusätzliche Entität gibt. Dieser Dualismus wird 1967/1968 (Epistemology without a Knowing Subject) durch die von Popper sogenannte ›d. W. der objektiven Gedankeninhalte‹ ergänzt. Ausgangspunkt ist die Vorstellung eines evolutionistischen Prozesses der Wissenserweiterung (↑Evolution), der als Problemlösung über schöpferische Vermutung und Irrtumseliminierung durch systematische rationale Kritik beschrieben und in der Formel $P_1 \rightarrow TT \rightarrow IE \rightarrow P_2$ zusammengefaßt wird (P_1 das Ausgangsproblem, TT die tentative Theorie als kreative Vermutung zur Lösung des Problems, IE die Eliminierung von Irrtümern durch strenge rationale Kritik, P_2 die Problemsituation, die sich als neuer Ausgangspunkt auf Grund des ersten Problemlösungsvorschlags ergibt). Popper behauptet, daß der so beschriebene evolutionistische Problemlösungsprozeß die Existenz einer von Menschen gemachten, auf der deskriptiven und argumentativen Funktion der Sprache beruhenden, trotzdem weitgehend autonomen d.n W. objektiver Gedankeninhalte voraussetze, deren Rückkopplung an die zweite Welt der seelischen Zustände und sogar an die erste Welt der physikalischen Körper zu den wichtigsten Bedingungen der Wissenserweiterung zähle.

Literatur: H. Keuth, Realität und Wahrheit. Zur Kritik des kritischen Rationalismus, Tübingen 1978, 174–193; K. R. Popper, A Note on the Body-Mind Problem, Analysis N.S. 15 (1955), 131–135, Neudr. in: ders., Conjectures and Refutations. The Growth of Scientific Knowledge, London 1963, [3]1969, 299–303; ders., Language and the Body-Mind Problem. A Restatement of Interactionism, in: ders., Conjectures and Refutations, 293–298; ders., Of Clouds and Clocks. An Approach to the Problem of Rationality and the Freedom of Man (1965), in: ders., Objective Knowledge. An Evolutionary Approach, Oxford 1972, 206–255 (dt. Objektive Erkenntnis. Ein evolutionärer Entwurf, Hamburg 1973, [2]1974, 230–282); ders., Epistemology without a Knowing Subject, in: Proc. 3rd Int. Congr. Logic, Methodol., Philos. Sci., ed. B. von Rootselaar/J. F. Staal, Amsterdam 1968, 333–373, Neudr. in: ders., Objective Knowledge, 106–152 (dt. 123–171); ders., On the Theory of the Objective Mind, Akten XIV. Int. Kongr. Philos. I, Wien 1968, 25–53, Neudr. in: ders., Objective Knowledge, 153–190 (dt. 172–212). H. R. G.

Drobisch, Moritz Wilhelm, *Leipzig 16. Aug. 1802, †ebd. 30. Sept. 1896, dt. Mathematiker, Logiker und Philosoph, o. Prof. der Mathematik in Leipzig ab 1826, für Philosophie ab 1842. D. ist einer der Hauptvertreter der Schule J. F. Herbarts; seine Verdienste liegen vor allem in der Logik und in der Psychologie. Gegenüber einer reinen transzendentalen Logik (↑Logik, transzendentale) verteidigt er eine formale Logik, die nach mathematischer Methode aufgebaut werden und »ihre ersten Anfänge aus Erfahrungsthatsachen schöpfen soll« (Neue Darstellung der Logik, [2]1851, VIII), in den späteren Auflagen gegen die Kritik Trendelenburgs (vgl. F. A. Trendelenburg, Logische Untersuchungen I, Leipzig [2]1862, Kap. II). Die Logik ist einerseits »nichts andres als bloßer Formalismus, sie will und soll nichts andres seyn« (a.a.O., IV), andererseits behandelt sie nicht etwa »Formen *ohne* Inhalt [...], sondern nur solche, die von dem *besonderen* Inhalt, der sie erfüllen mag, *unabhängig* sind« (ebd.). D.s »Neue Darstellung der Logik«, in der 2. und 3. Auflage stark überarbeitet, erlebte fünf Auflagen und darf als ein klassisches Lehrbuch mit eigenständigem Aufbau gelten. In seinem »Logisch-mathematischen Anhang« erkennt D. die Bedeutung des ↑Hauberschen Theorems (Anhang III. Zur Lehre von den Beweisen, §2: Hauber's Satz von der Umkehrbarkeit allgemein bejahender Urtheile) sowie den Charakter des Prinzips der vollständigen Induktion als allgemeines Rekursionsverfahren (a.a.O., §3).

In der Psychologie knüpft D. an seinen Lehrer Herbart an, indem er eine Art mathematische oder mathematisierende Psychologie erstrebt, die jedoch im Unterschied zu Herbart nicht mehr als Lehre von den Seelenvermögen, sondern als Lehre von der Analyse der Vorstellungen konzipiert wird. D.s Standpunkt ist differenzierter, als er gewöhnlich dargestellt wird: die Psychologie ,werde ihre Aufgabe der Analyse innerer Phänomene nicht dadurch erreichen, »dass sie, eine oder die andre Naturwissenschaft zum Muster nehmend, voreilig ihre Methoden ergreife und ihre Theorieen nachzuahmen versuche, sondern nur dadurch, dass der Inhalt des Bewusstseins scharf, treu und in seinem natürlichen Zusammenhang aufgefasst« werde. »Neben der Classification wird hier die lebendige Schilderung der geistigen Vorgänge und Veränderungen nicht fehlen dürfen, und diese Schilderung muss nicht blos Beschreibung, sondern zugleich Analyse sein« (Empirische Psychologie, ^{2}1898, 30f.). Seinem eigenen Werk stellt D. in weiser Beschränkung zunächst nur das Ziel der »Ausscheidung aller Metaphysik und Herstellung einer des Namens werten empirischen Psychologie« (a.a.O., 33), nach dessen Erreichung erst über die Begründbarkeit einer »mathematischen Theorie des geistigen Lebens« sowie mögliche Anknüpfungen an Metaphysik und Erkenntnistheorie befunden werden könne.

Wie D. mit seiner Forderung nach analysierender Beschreibung unmittelbar wahrgenommener innerer Phänomene Züge der späteren phänomenologischen Methode vorwegnimmt, antizipiert er auch Argumente der Frege-Husserlschen Psychologismuskritik, wenn er schon in der Erstauflage seiner »Neuen Darstellung der Logik« (1836) sagt, die Logik sei »keine Beschreibung des Denkens, wie es wirklich ist, sondern eine Vorschrift, wie es seyn *soll;* keine Naturgeschichte des Denkens, sondern ein Gesetzbuch für dasselbe« (a.a.O., 5f.), und in der zweiten Auflage den Charakter der Logik als einer normativen Wissenschaft durch die Unterscheidung zwischen ›Naturgesetzen‹ und ›Normalgesetzen‹ des Denkens betont. E. Husserl hat in seinen »Logischen Untersuchungen« (I, Halle ^{4}1928, 36 u.ö.) diesen Beitrag D.s ausdrücklich anerkannt.

Werke: Theoriae analyseos geometrica prolusio, Leipzig 1824; De vera lunae figurae observationibus determinanda disquisitio, Leipzig 1826; Ad selenographiam mathematicam symbolae, Leipzig 1827; Philologie und Mathematik als Gegenstände des Gymnasialunterrichts betrachtet, Leipzig 1832; Grundzüge der Lehre von den höheren numerischen Gleichungen nach ihren analytischen und geometrischen Eigenschaften, Leipzig 1834; Beiträge zur Orientierung über Herbarts System der Philosophie, Leipzig 1834; Neue Darstellung der Logik nach ihren einfachsten Verhältnissen. Nebst einem logisch-mathematischen Anhange (statt dieses Untertitels ab 2. Auflage von 1851: »mit Rücksicht auf Mathematik und Naturwissenschaft«), Leipzig 1836, ^{5}1887; Quaestionum mathematico-psychologicarum specimen, Leipzig 1837; Grundlehren der Religionsphilosophie, Leipzig 1840; Empirische Psychologie nach naturwissenschaftlicher Methode, Leipzig 1842, Hamburg/Leipzig ^{2}1898; Erste Grundlehren der mathematischen Psychologie, Leipzig 1850 (repr. Zandvoort 1972); Über musikalische Tonbestimmung und Temperatur, Leipzig 1852; De philosophia scientiae naturali insita, Leipzig 1864; Die moralische Statistik und die menschliche Willensfreiheit, Leipzig 1867; Über die Fortbildung der Philosophie durch Herbart, Leipzig 1876; Kants Dinge an sich und sein Erfahrungsbegriff, Leipzig 1885.

Literatur: M. Brasch, Leipziger Philosophen. Portraits und Studien aus dem wissenschaftlichen Leben der Gegenwart, Leipzig 1894; L. Credaro, M. W. D., Rom 1897; M. Heinze, Zum Gedächtnis an M. W. D., Berichte über die Verhandlungen der kgl. sächsischen Gesellschaft d. Wiss. zu Leipzig, math.-phys. Cl. 48 (1896), 695–719; ders., M. W. D., Leipzig 1897; A. Menne, D., NDB IV (Berlin 1959), 127; W. Neubert-Drobisch, M. W. D., Ein Gelehrtenleben, Leipzig 1902. C. T.

Droysen, Johann Gustav, *Treptow 6. Juli 1808, †Berlin 19. Juni 1884, dt. Historiker und Geschichtstheoretiker. Während seines Studiums der klassischen Philologie in Berlin wurde D. besonders durch die Vorlesung »Enzyklopädie und Methodologie der philologischen Wissenschaften« seines Lehrers A. Boeckh und durch G. W. F. Hegel nachhaltig beeinflußt. Promotion 1831, 1833 Habilitation für das Fach Klassische Philologie, ab 1835 Prof. in Berlin, dann in Kiel (1840), seit der Kieler Zeit starkes politisches Engagement (Wortführer der deutschen Opposition in Schleswig-Holstein gegen Dänemark, Mitwirkung an der nationalstaatlichen Einigung Deutschlands im Rahmen der Revolution von 1848), 1850 Rückzug aus der Tagespolitik, 1851 Prof. in Jena, 1859 wieder Prof. in Berlin.

Als Historiker entdeckte D. die weltgeschichtliche Bedeutung des Hellenismus (Geschichte Alexanders des Großen, Berlin 1833; Geschichte des Hellenismus, I–II, Hamburg 1836/1843) und wandte sich parallel zu seinem politischen Engagement der neuzeitlichen Geschichte zu (Vorlesungen über das Zeitalter der Freiheitskriege, Gotha 1846; Das Leben des Feldmarschalls Grafen Yorck von Wartenburg, I–III, Berlin 1851, ^{2}1851–1852); sein historiographisches Hauptwerk ist die »Geschichte der preußischen Politik« (I–XIV, Berlin 1855–1886). Mit Hegel deutet D. die Geschichte als Befreiungs- und Bildungsprozeß der Menschheit und sieht darin das die Geschichte einigende Prinzip, das überhaupt eine Vermittlung der Vergangenheit mit der jeweiligen Gegenwart des Erkennenden erlaubt. Geschichtswissenschaft hat daher einen politischen Charakter, in dem sie zwischen Tradition und Emanzipation zu vermitteln hat. Diese Symbiose von Wissenschaft und Politik bestimmte D.s leitendes Interesse: politische Emanzipation des Bürgertums im Rahmen einer nationalstaatlichen Einigung Deutschlands. Seine historiographische Praxis machte ihn zum Begründer der preußisch-kleindeutschen Schule der Geschichtswissenschaft.

D.s wissenschaftstheoretische Bedeutung wurde begründet durch seine Vorlesungen zur ›Wissenschaftslehre der Geschichte‹ (›Historik‹), die er 1857–1882/1883 unter dem von Boeckh inspirierten Titel »Enzyklopädie und Methodologie der Geschichte« achtzehnmal gehalten hat (posthum veröffentlicht) durch seinen Enkel R. Hübner: Historik. Vorlesungen über Enzyklopädie und Methodologie der Geschichte, München/Berlin 1937; histor.-krit. Ausg., I–III, ed. P. Leyh, Stuttgart 1978–1980). D. selbst gab seinen Hörern nur einen »Grundriß der Historik« (Leipzig 1868, [3]1882, ed. E. Rothacker, Halle [4]1925) zum besseren Überblick über die Vorlesung in die Hände. Mit der Veröffentlichung der »Historik« wurde D.s Schrift zum klassischen wissenschaftstheoretischen Text der modernen Geschichtswissenschaft und gilt nicht selten als deren bisher bedeutendste Grundlegung. Neben mit der »Historik« ebenfalls verbundenen didaktischen Absichten suchte D. vor allem drei wissenschaftstheoretische Grundlagenfragen der Geschichtswissenschaft zu beantworten: die nach ihrem *Gegenstand,* die nach ihren *Mitteln* und die nach ihren *Zielen.* Diese Grundlagenfragen schienen ihm von der Zunft bisher nicht genügend beantwortet zu sein.

Bei seinen wissenschaftstheoretischen Grundlagenüberlegungen geht D. von zwei ›Fundamentalsätzen‹ aus, die eine historische ↑Hermeneutik (↑Verstehen) im Unterschied zur Methodologie des Erklärens (↑Erklärung) in den Naturwissenschaften begründen sollten: (1) Über die Vergangenheiten kann man nur insoweit etwas erfahren, als von ihnen in irgendeiner Weise noch empirisch wahrnehmbare Spuren vorhanden sind. Es geht nicht um die Herstellung von Vergangenheiten (dies ist unmöglich), sondern darum, unsere Vorstellungen über die Vergangenheiten zu begründen, zu berichtigen und zu erweitern. Gegenstand der Geschichtswissenschaft ist nicht die Geschichte, sondern die *ἱστορία* im Sinne der Erforschung der Geschichte. (2) Die Methode der Geschichtswissenschaft besteht darin, ›forschend zu verstehen‹. Verstehen ist möglich, weil das vorliegende historische Material in der Art seiner Äußerungen uns kongenial ist. Die ›Historik‹ soll ein ›Organon des historischen Denkens und Forschens‹ sein und umfaßt die ›Methodik des historischen Forschens‹, die ›Systematik des historisch Erforschbaren‹ und die ›Topik der Darlegungen des historisch Erforschten‹. Die Gegenstände der *Methodik* sind die Heuristik, die Kritik und die Interpretation. Die *Systematik* bestimmt den Gegenstand der Forschung als ›Kosmos der sittlichen Welt‹. Geschichte als ›das Werden der menschlich-sittlichen Welt‹ wird unterschieden nach den ›Stoffen, an dem sie formt‹, nach den ›Formen, in welchen sie gestaltet‹ (die ›sittlichen Mächte‹), nach den ›Arbeitern, durch welche sie aufbaut‹ und nach den ›Zwecken, die sich in ihrer Bewegung vollziehen‹. Gegenstände der *Topik* sind die ›untersuchende‹, die ›erzählende‹, die ›didaktische‹ und die ›diskursive‹ Darstellung. – Mit seiner ›Historik‹ begründete D. die spezielle Wissenschaftstheorie der Geschichtswissenschaft, in der die Diskussion um Grundlagenkrise und Grundlagenstreit der Geschichtswissenschaft bis heute diskutiert wird, für die sich aber bis heute kein allgemein akzeptierter Titel hat finden lassen, obwohl F. Meinecke schon 1930 einen sprachlich wie sachlich geeigneten Vorschlag unterbreitet hat: *Historiologie.*

Weitere Werke: Des Aischylos Werke, I–II, Berlin 1832, [2]1842, ed. F. Stoessl: Aeschylus. Die Tragödien und Fragmente. Auf Grundlage der Übers. v. J. G. D., Zürich 1952; Des Aristophanes Werke, I–III, Berlin 1835–1838; Kleine Schriften zur alten Geschichte, I–II, Leipzig 1893/1894. – Briefwechsel, ed. R. Hübner, Stuttgart 1929; Politische Schriften, ed. F. Gilbert, München 1933; Texte zur Geschichtstheorie, ed. G. Birtsch/J. Rüsen, Göttingen 1972.

Literatur: H. Astholz, Das Problem der ›Geschichte‹ untersucht bei J. G. D., Berlin 1933; G. Birtsch, Die Nation als sittliche Idee. Der Nationalstaatsbegriff in Geschichtsschreibung und politischer Gedankenwelt J. G. D.s, Köln 1964; B. Bravo, Philologie, histoire, philosophie de l'histoire. Etude sur J. G. D., historien de l'antiquité, Breslau 1968; O. Hintze, J. G. D., ADB 48 (Leipzig 1903), 82–114; W. Hock, Liberales Denken im Zeitalter der Paulskirche. D. und die Frankfurter Mitte, Münster 1957; F. Meinecke, J. G. D.. Sein Briefwechsel und seine Geschichtsschreibung, Hist. Z. 141 (1930), 249–287; J. Rüsen, Begriffene Geschichte. Genesis und Begründung der Geschichtstheorie J. G. D.s, Paderborn 1968; ders., J. G. D., in: H.-U. Wehler (ed.), Deutsche Historiker II, Göttingen 1971, 7–23; K.-H. Spieler, Untersuchungen zu J. G. D.s ›Historik‹, Berlin 1970. A. V.

dual/Dualität (von lat. dualitas, Zweiheit), eine im einzelnen näher zu charakterisierende Symmetrieeigenschaft eines Gegenstandes, z.B. in der älteren Psychologie die D. des Gehirns auf Grund von Funktionsentsprechungen beider Hirnhemisphären. Im engeren Sprachgebrauch liegt D. innerhalb von Satzsystemen vor, z.B. in der formalen Logik (↑Logik, formale) oder in der Mathematik, wenn durch Vertauschen wohlbestimmter Satzteile wahre Sätze generell wieder in wahre Sätze des Systems überführt werden. E. Schröder hat erstmals 1873 die folgende Symmetrie in bezug auf ›wahr‹ und falsch‹ als *Dualitätsprinzip* der klassischen ↑Junktorenlogik formuliert: Wird in einem nur mit den ↑Junktoren ›und‹, ›oder‹ und ›nicht‹ zusammengesetzten Aussageschema A überall ›und‹ mit ›oder‹ vertauscht, so heißt das entstehende Aussageschema A^* *d.* zu A, und es gilt unter anderem: Wenn A logisch wahr [falsch] ist, so ist A^* logisch falsch [wahr]; gilt $A \prec B$ (A impliziert logisch B), so gilt $B^* \prec A^*$. Erneute Dualisierung führt zum Ausgangsaussageschema zurück: $A^{**} = A$.

Neben $\wedge$ (und) und $\vee$ (oder) sind auch die Junktoren $\rightarrow$ (wenn-dann) und $\prec$ (nicht-sondern), $\leftrightarrow$ (genau dann, wenn) und $\rightarrowtail\!\!\prec$ (entweder-oder), $\leftarrow$ (falls) und $\succ\!\!-$ (aber nicht) sowie $\curlyvee$ (weder-noch) und $\uparrow$ (nicht beide) d. zueinander, weil die ↑Wahrheitstafel für einen dieser Junktoren durch Vertauschen von ›wahr‹ mit ›falsch‹ (und zwar sowohl in den Ausgangsspalten als auch in der Endspalte der Wahrheitstafel) in die Wahrheitstafel des zu ihm d.en Junktors übergeht; der ↑Negator $\neg$ ist dabei d. zu sich selbst, ↑verum und ↑falsum sind d. zueinander. Bei einer Erweiterung der D.sbeziehungen auf die klassische ↑Quantorenlogik sind auch die ↑Quantoren $\bigwedge$ (alle) und $\bigvee$ (einige) zueinander d..

D.en spielen auch in der Mathematik eine vielfältige Rolle, und zwar erstmals in der von J.V. Poncelet 1822 entwickelten Grundlegung der projektiven Geometrie: z.B. sind in der (projektiven, d.h. der um die Gerade der unendlich fernen Punkte erweiterten gewöhnlichen euklidischen) Ebene Punkt und Gerade zueinander d.e Elemente, das Ziehen einer Geraden durch einen Punkt (Relationszeichen: $\in$) und die Markierung eines Punktes auf einer Geraden (Relationszeichen: $\ni$) d.e Operationen, so daß die Dualisierung des wahren Satzes

$$\bigwedge_{P,Q} \overset{1}{\bigvee}_{g} (P \in g \wedge Q \in g)$$

(zu je zwei Punkten gibt es genau eine Gerade, auf der beide Punkte liegen) zu dem ebenfalls wahren Satz

$$\bigwedge_{g,h} \overset{1}{\bigvee}_{P} (g \ni P \wedge h \ni P)$$

(zu je zwei Geraden gibt es genau einen beiden gemeinsamen Punkt, den Schnittpunkt) führt. Nach L. Couturat war die Entdeckung der projektiven D.en einer der Gründe für die Entwicklung der seit D. Hilbert herrschenden axiomatischen Auffassung der Geometrie: Es kommt für die Wahrheit der Sätze nicht auf die Bedeutung der Grundzeichen an, sondern nur darauf, ob sie logisch aus für wahr erklärten Grundsätzen, den ↑Axiomen, folgen.

Literatur: L. Couturat, Les principes des mathématiques, avec un appendice sur la philosophie des mathématiques de Kant, Paris 1905 (repr. Hildesheim/New York 1965, dt. Die philosophischen Prinzipien der Mathematik, Leipzig 1908); J.V. Poncelet, Traité des propriétés projectives des figures, Paris 1822, I–II, [2]1865–1866; E. Schröder, Lehrbuch der Arithmetik und Algebra für Lehrer und Studierende, Leipzig 1873; ders., Der Operationskreis des Logikkalkuls, Leipzig 1877 (Neudr. Darmstadt 1966); A.L. Wigan, A New View of Insanity. The Duality of the Mind. Proved by the Structure, Functions, and Diseases of the Brain, and by the Phenomena of Mental Derangement, London 1844. K.L.

Dualismus (von lat. duo, zwei), Bezeichnung für religiöse und erkenntnistheoretisch-metaphysische Lehren, die davon ausgehen, daß die Welt im Ganzen bzw. Teile von ihr nur durch Rückgang auf zwei (meist gegensätzliche) Prinzipien erklärt werden können (z.B. Gut/Böse, Geist/Materie, Seele/Leib). In der Medizin wird der D. auch als neurophysiologische Hypothese über die Beziehung von Gehirn und Bewußtsein diskutiert.

Prototyp des religiösen D., der sich ansatzweise z.B. auch in altägyptischen Religionen und den indischen ↑Veda-Schriften findet, ist die Lehre des Persers Zoroaster (um 600 v. Chr.), wonach sich das Reich des Guten und Wahren (personifiziert im Gott Ahura Mazda) und das Reich des Bösen und Falschen (personifiziert im Gott Ahriman) unversöhnlich gegenüberstehen, bis am Weltende Ahriman unterliegt. In der ↑Gnosis stehen Gott und Welt gegenüber, während die Seele zwar in die Welt eingeschlossen ist, jedoch auf Grund übernatürlichen Wissens (›Gnosis‹) zu Gott gelangen kann. Der ↑Manichäismus (seit etwa 300 n. Chr.) ist der Versuch einer Vermittlung von christlicher Gnostik, Zoroastrismus, Buddhismus und griechischer Philosophie. Das Böse des Zoroastrismus wird mit der Materie identifiziert. Ketzerbewegungen des Mittelalters (z.B. die Katharer) vertreten, häufig in Anlehnung an die Gnosis, dualistische Lehren. Ein philosophischer D. findet sich wohl erstmals in der Lehre der ↑Pythagoreer von der Konstitution der Wirklichkeit aus Gegensatzpaaren. Für die weitere philosophische Entwicklung des D. ist Platons Leib-Seele-D. und seine ↑Ideenlehre bestimmend geworden.

R. Descartes unterscheidet zwischen den materiellen ausgedehnten Körpern (res extensa), deren Größe und Relationen durch die Geometrie und Physik bestimmt werden, und dem immateriellen, nicht-ausgedehnten und denkenden Bewußtsein des Menschen (res cogitans), das Gegenstand der Metaphysik ist (↑res cogitans/res extensa). Im Sinne einer mechanistischen Physiologie erscheint daher der Mensch einerseits als Gliedermaschine, andererseits als denkendes Wesen, das nach Descartes seinen Körper über die sogenannte Zirbeldrüse (Hypophyse) im Gehirn durch Befehle seines Willens lenken kann. Physiologische und metaphysische Schwierigkeiten des cartesischen D. (↑Okkasionalismus), insbesondere die Voraussetzung Gottes als Garanten sicherer Erkenntnis, führten Philosophen wie T. Hobbes und J.O. de La Mettrie zu einem mechanistischen Monismus, wonach Mensch, Staat und Natur auf determinierbare Automaten (↑Determinismus) reduzierbar werden, während andere Philosophen wie B. de Spinoza einen pantheistischen Monismus befürworteten, wonach die ausgedehnten Körper nur noch als Attribute Gottes erscheinen. Demgegenüber geht G.W. Leibniz von unendlich vielen unausgedehnten Substanzen (↑Monaden) aus, die metaphysisch durch verschiedene Bewußtseinsgrade unterschieden sind und, zu Einheiten verbunden, die Unterschiede von toten Körpern, lebenden Organismen, Menschen und Gott erklären sollen. Analog der cartesischen Entsprechung von ausgedehnten Körpern und metrischen Größen der Geometrie ordnet Leibniz den unausgedehnten Monaden die Punkte im geometrischen Raum zu. Da den Punkten auf Kurven nach dem Differentialkalkül physikalische Kräfte entsprechen können (1. Ableitung der Geschwindigkeit), interpretiert Leibniz die Monaden als Kraftzentren – ein Gedanke, der von I. Kant 1756 in seiner »Monadologia physica« und von dem Physiker R.J. Boscovich 1758 zu einer dynamisch-atomistischen Theorie (↑Dynamismus (physikalisch)) der Materie ausgebaut wird.

In der »Kritik der reinen Vernunft« überwindet Kant den D. von ↑Dingen an sich der Außenwelt und denkendem Bewußtsein durch seinen Lehrbegriff vom transzendentalen Idealismus (↑Idealismus, transzendentaler), wonach die Körper außer uns nur soweit Gegenstand unserer Erkenntnis sind, als sie nach den Bedingungen unserer Anschauungsformen von Raum und Zeit begriffen werden können (↑Anschauung). Die Rolle der räumlich-zeitlichen Anschauungsformen als Vermittlungsinstanz von physikalischer Außenwelt und Bewußtsein wurde im 19. Jahrhundert Gegenstand physiologischer und psychologischer Untersuchungen (H. v. Helmholtz, E. Mach, W. Wundt u.a.). In der indischen Philosophie (↑Philosophie, indische) vertritt das ↑Sāṃkhya einen D. von Materie und Geist. Auch chinesische Philosophen (↑Philosophie, chinesische) haben im Anschluß an die ↑Yin-Yang-Lehre dualistische Auffassungen entwickelt.

Unter dem Einfluß neurophysiologischer Untersuchungen der Medizin wird neuerdings die Frage diskutiert, ob Bewußtseinsvorgänge auf physikalisch-chemische Gehirnprozesse reduzierbar sind (z.B. H. Feigls Identitätstheorie), oder ob Gehirn und Bewußtsein als eigenständige Einheiten verstanden werden müssen, deren Interaktion durch Selektions- und Syntheseleistungen des Bewußtseins für die vom Gehirn angebotenen neurologischen Muster der Außenwelt bestimmt ist (J.C. Eccles).

Literatur: J.C. Eccles, The Understanding of the Brain, New York 1973 (dt. Das Gehirn des Menschen, München 1975); H. Feigl u.a. (eds.), Concepts, Theories and the Mind-Body Problem, Minneapolis 1958 (Minnes. Stud. Philos. Sci. II); H. Heimsoeth, Die Methode der Erkenntnis bei Descartes und Leibniz, I–II, Gießen 1912/1914; J.O. de La Mettrie, L'homme machine, Paris 1747; La Mettrie's L'homme machine. Critical Edition with an Introductory Monograph and Notes by A. Vartanian, Princeton N.J. 1960; S. Pétremont, Dualism in Philosophy and Religion, DHI II (1973), 38a–44a; K.R. Popper/J.C. Eccles, The Self and its Brain. An Argument for Interactionism, Berlin/Heidelberg/New York 1977; H. Putnam, Minds and Machines, in: S. Hook (ed.), Dimensions of Mind, New York 1960, 148–179; E. Schrödinger, Mind and Matter, Cambridge 1958; G. Widengren, Die Religionen Irans, Stuttgart 1965; C. Wolff, Psychologia rationalis, Frankfurt/Leipzig 1734, Sect. 39. K.M.

Dualitätsprinzip, ↑dual/Dualität.

Dualsystem, auch dyadisches, Binär- oder Zweiersystem, das ↑Zahlensystem zur Basis 2. In ihm stellt man die natürlichen Zahlen nicht wie im geläufigen ↑Dezimalsystem als Summe von Zehnerpotenzen, sondern als Summe von Zweierpotenzen dar und benötigt demgemäß nur zwei Ziffern (nämlich 0 und 1) und nicht mehr zehn Ziffern (0, 1, 2, ..., 9) zur Darstellung einer Zahl. Ein Ausdruck $a_n a_{n-1} \dots a_0$ des D.s, wobei a_i entweder 0 oder 1 ist für $0 \leq i \leq n$, bezeichnet demnach die Zahl

$$a_n a_{n-1} \dots a_0 \leftrightharpoons \sum_{i=0}^{n} a_i 2^i.$$

Z.B. bezeichnet 101101 im D. die Zahl $1 \cdot 2^5 + 0 \cdot 2^4 + 1 \cdot 2^3 + 1 \cdot 2^2 + 0 \cdot 2^1 + 1 \cdot 2^0 = 45$ im dekadischen System. Die wechselseitige Übersetzbarkeit von Zahldarstellungen des einen in die eines anderen Systems ist dadurch gewährleistet, daß sich jede natürliche Zahl p als Summe von Potenzen zu einer beliebigen vorgegebenen Basis q schreiben läßt, d.h., es gibt $a_0, \ldots, a_n$ mit $a_i < q$ für $0 \leq i \leq n$, daß gilt

$$p = \sum_{i=0}^{n} a_i q^i.$$

Zum praktischen alltäglichen Zahlenrechnen ist das D. nicht geeignet, weil die Darstellungen relativ niedriger Zahlen schon sehr lang werden (siehe obiges Beispiel); es findet jedoch in der Computertechnik Anwendung, da dyadische Zahldarstellungen direkt als Ketten ↑binärer minimaler Informationseinheiten (bits) aufgefaßt werden können und deshalb technisch besonders leicht zu realisieren sind. Wegen seiner systematischen Einfachheit findet das D. auch in zahlentheoretischen Untersuchungen (↑Zahlentheorie) Verwendung.

Literatur: K. E. Becher, Einführung in das binäre Zahlensystem, Braunschweig 1964; R. H. Bruck, Survey of Binary Systems, Berlin/Heidelberg/New York [3]1971. P.S.

Dubislav, Walter, *Berlin 20. Sept. 1895, †Prag 17. Sept. 1937, dt. Wissenschaftstheoretiker. Studium der Mathematik (unter anderem bei D. Hilbert) und Philosophie, 1928 Privatdozent für Philosophie der Mathematik und Naturwissenschaft an der TH Berlin, dort 1931 a.o. Prof., 1936 Emigration, Mitbegründer der »Gesellschaft für empirische Philosophie« (Berlin). Im Auftrag dieser Gesellschaft (und des »Vereins Ernst Mach«) wurde die Zeitschrift »Erkenntnis«, das Organ des Logischen Empirismus (↑Empirismus, logischer, ↑Neopositivismus), herausgegeben.

Ausgehend von den Arbeiten B. Bolzanos war D. um eine logische und wissenschaftstheoretische Grundlegung von Mathematik und Physik bemüht. Philosophisch stand er dem ↑Wiener Kreis nahe. Eigenständige Arbeiten hat D. vor allem zur Definitionstheorie geliefert. In seiner Monographie »Die Definition«, die zu einem Standardwerk geworden ist, vertritt D. eine formalistische Version der Fregeschen Definitionslehre (↑Definition). Danach sind eigentliche Definitionen lediglich ›Substitutionsvorschriften‹ für Zeichen, d.h. willkürliche Vereinbarungen über den Gebrauch von Zeichen innerhalb eines Kalküls, nach denen sich jedes Zeichen auf gewisse Grundzeichen zurückführen lassen muß. Eine inhaltliche Interpretation (hierin besteht der Unterschied zu G. Freges Definitionslehre) erhalten diese Zeichen erst bei Anwendung eines Kalküls auf einen Objektbereich durch ›Deutungsvorschriften‹ (Zuordnungsdefinitionen, ↑Korrespondenzregel).

Werke: (mit K. W. Clauberg) Systematisches Wörterbuch der Philosophie, Leipzig 1923; Über die sogenannten analytischen und synthetischen Urteile, Berlin 1926; Die Definition, Leipzig [3]1931; Die Philosophie der Mathematik in der Gegenwart, Berlin 1932; Naturphilosophie, Berlin 1933. G.G.

Du Bois-Reymond, Emil (Heinrich), *Berlin 7. Nov. 1818, †ebd. 26. Dez. 1896, dt. Physiologe, einer der Begründer der Elektrophysiologie, Bruder des Mathematikers Paul Du B.-R. Nach zunächst unsystematischem Studium in Berlin und Bonn (ab 1838) Studium der Medizin in Berlin; seit seiner wissenschaftshistorischen Promotion (1843) Beschäftigung mit elektrischen Erscheinungen an Muskeln und Nerven, die Du B.-R. durch elektrophysikalische Methoden zu messen und zu erklären suchte. Nach anatomischen Studien an elektrischen Fischen gelang ihm nicht nur eine genauere Messung elektrischer Ströme bei Muskelkontraktionen, sondern erstmals auch der Nachweis elektrischer Ströme in Nerven. Voraussetzung dafür war eine konsequente Entwicklung elektrophysikalischer Meßgeräte, die nach M. Faradays 1831 gefundenem Induktionsprinzip möglich wurde und die Elektrophysiologie aus dem durch A. Volta und A. L. Galvani eingeleiteten Stadium zufälligen und fehlerhaften Experimentierens auf das Niveau einer physikalisch begründeten Wissenschaft führte. Damit legte Du B.-R. gleichzeitig die Grundlagen für die medizinische Anwendung der Elektrotherapie. Unter der Protektion von H. v. Helmholtz und A. v. Humboldt wurde Du B.-R. nach seiner Habilitation (1846) Mitglied der Preußischen Akademie der Wissenschaften (1851), zu deren ständigem Sekretär er 1876 gewählt wurde. 1858 übernahm er als Physiologe den Lehrstuhl J. Müllers, gegen dessen vitalistische Überlegungen (↑Vitalismus) er sich bereits als Assistent gewendet hatte, um damit wie Helmholtz einer physikalischen Orientierung in der Physiologie zum Durchbruch zu verhelfen. Du B.-R.s philosophische Überlegungen sind gegen religiöse und naturphilosophisch-spekulative Auffassungen gerichtet und vertreten einen an der Naturwissenschaft orientierten ↑Darwinismus und Materialismus (↑Materialismus (systematisch)). Auf Du B.-R. geht der Begriff der ↑›Welträtsel‹ zurück.

Seit seiner Vorlesung »Kulturgeschichte und Naturwissenschaft« (1876) wies Du B.-R. in öffentlichen Vorträgen auf die zunehmende Bedeutung der Naturwissenschaften in der entstehenden technisch-industriellen Welt hin, die er durch wissenschaftshistorische Arbeiten über G.W. Leibniz, J.O. de La Mettrie, P.L.M. de Maupertuis und D. Diderot unterstrich. Dabei kritisierte er allerdings auch einseitige Erklärungsversuche (z.B. von E. Haeckel) über das Verhältnis von Bewußtsein und Molekularprozessen im Gehirn. Als Rektor der Universität Berlin (1869/1870 und 1882/1883) wendete er sich mit Nachdruck kulturpolitischen Fragen wie der Gründung Technischer Hochschulen und Realgymnasien zu.

Werke: Vorläufiger Abriß einer Untersuchung über den sogenannten Froschstrom und über die elektrischen Fische, Ann. Physik und Chemie 58 (1843), 1–30; Untersuchungen über thierische Elektrizität, I–II, Berlin 1849/1884; Abhandlungen zur allgemeinen Muskel- und Nervenphysik, I–II, Leipzig 1875/1877; Reden, ed. E. Du Bois-Reymond, Leipzig ²1912; Zwei große Naturforscher des 19. Jahrhunderts. Ein Briefwechsel zwischen E.D. und Karl Ludwig, eds. E. Du Bois-Reymond/P. Diepgen, Leipzig 1927; Vorträge über Philosophie und Gesellschaft, ed. mit Einl. u. Anm. von S. Wollgast, Hamburg 1974; H. Brücke u.a. (eds.), E.W. v. Brücke. Briefe an Du B.-R. I, Graz 1978.

Literatur: H. Borrutau, E. Du B.-R., Wien/Leipzig/München 1922; F. Dannemann, Aus E. Du B.-R.s Briefwechsel über die Geschichte der Naturwissenschaften, Mitt. Gesch. Medizin Naturwiss. 18 (1919), 267–274; G. Domin, Einige philosophiehistorische Fragen zu den theoretischen Auseinandersetzungen E. Du B.-R.s, in: Naturwissenschaft – Tradition – Fortschritt, Berlin 1963; 112–118 (Beiheft der Z. Gesch. Naturwiss. Technik Medizin); F. Herneck, E. Du B.-R. und die Grenzen der mechanistischen Naturauffassung, in: Forschen und Wirken. Festschrift zur 150-Jahr-Feier der Humboldt-Universität Berlin 1810–1960, I, Berlin 1960, 229–251; ders., E. Du B.-R.. 1818–1896, in: ders., Abenteuer der Erkenntnis. Fünf Naturforscher aus drei Epochen, Berlin 1973, 45–84; I. Jahn, Die Anfänge der instrumentellen Elektrobiologie in den Briefen Humboldts an E. Du B.-R., Medizinhist. Journal 2 (1967), 135–156; F. Kaulbach, Philosophie der Beschreibung, Köln/Graz 1968, 368ff.; W. Kloppe, Du B.-R.s Rhetorik im Urteil einiger seiner Zeitgenossen, Dt. medizin. Journal 9 (1958), 80–82; J. Marseille, Das physiologische Lebenswerk von E. Du B.-R. mit besonderer Berücksichtigung seiner Schüler, Diss. Münster 1967; K.E. Rothschuh, Geschichte der Physiologie, Berlin/Göttingen/Heidelberg 1953, 130–139. K.M.

Du Bois-Reymond, Paul (David Gustav), *Berlin 2. Dez. 1831, †Freiburg 7. April 1889, dt. Mathematiker. Ab 1835 Studium der Medizin, Mathematik und Physik in Zürich und Königsberg, 1859 Promotion in Berlin mit der Dissertation »De aequilibrio fluidorum«. 1865 Prof. der Mathematik in Heidelberg (zuvor in Berlin Gymnasiallehrer für Mathematik und Physik), 1870 in Freiburg, 1874 als Nachfolger H. Hankels in Tübingen, 1884 in Berlin (Technische Hochschule in Charlottenburg).

Die Schwerpunkte der mathematischen Arbeiten Du B.-R.s liegen in der Theorie der (partiellen) Differentialgleichungen und in der (reellen) Funktionentheorie. Auf diesen Gebieten veröffentlichte er eine Reihe von hervorragenden Arbeiten. So bewies er als erster 1868 den Mittelwertsatz für das bestimmte Integral, zeigte 1873, daß es in einem Intervall stetige, aber nirgends differenzierbare Funktionen gibt, und benutzte spätestens 1875 das (später nach G. Cantor benannte) zweite Diagonalverfahren (↑Cantorsches Diagonalverfahren). Daß Du B.-R. in Deutschland in Vergessenheit geriet, ist kaum (wie häufig behauptet wird) darauf zurückzuführen, daß seine anerkanntermaßen wichtigen Arbeiten obsolet geworden wären (in Frankreich wurden sie explizit aufgenommen und z.B. von J. Tannery, E. Borel, H. Lebesgue, N.N. Lusin und R. Baire weitergeführt). Plausibler erscheint die Annahme, daß Du B.-R.s Kritik an den herrschenden zeitgenössischen Auffassungen über die Grundlagen der Mathematik einer ungeteilten Anerkennung seiner mathematischen Leistungen im Wege stand.

In seiner ›allgemeinen Functionentheorie‹ zeigt Du B.-R. die metaphysischen Voraussetzungen und Begründungsmängel von mathematischem Formalismus, Axiomatizismus und Platonismus (›Idealismus‹) auf, und zwar anhand der Analyse des klassischen Verständnisses der Begriffe ↑›Unendlichkeit‹, ↑›Kontinuum‹ und ↑›Grenzwert‹. Sein eigener, der Kritik zugrunde liegender ›empiristischer‹ Standpunkt ist ebenfalls anfechtbar, jedoch gegenüber den kritisierten Positionen relativ voraussetzungsfrei, die Kritik damit stichhaltig. Überdies können gerade die entscheidenden Teile der Argumentation tatsächlich voraussetzungsfrei, nämlich handlungstheoretisch statt empiristisch, fundiert werden. Das gleiche gilt für Du B.-R.s positiven Ansatz, den er als Vermittlung zwischen Empirismus und Idealismus entwickelt. Von besonderem Interesse ist dabei seine Auffächerung des Kontinuumsbegriffs und des Funktionsbegriffs. – Der neuere Stand der Diskussion um die exakte voraussetzungsfreie Begründung der ↑Analysis läßt eine erneute Auseinandersetzung mit der Position Du B.-R.s als wichtig erscheinen; die dazu erforderliche Aufarbeitung dieses Ansatzes mit modernem Instrumentarium steht noch aus.

Werke: De aequilibrio fluidorum, Diss. Berlin 1859; Beiträge zur Interpretation der partiellen Differentialgleichungen mit drei Variabeln, Leipzig 1864; Über die Fourier'schen Reihen, Nachr. Königl. Ges. Wiss. Göttingen (1873), 571–584; Zwei Abhandlungen über unendliche (1871) und trigonometrische Reihen (1874), ed. P.E.B. Jourdain, Leipzig 1912 (Ostwalds Klassiker der exakten Wissenschaften 185); Abhandlungen über die Darstellung der Funktionen durch trigonometrische Reihen (1876), ed. P.E.B. Jourdain, Leipzig 1913 (Ostwalds Klassiker der exakten Wissenschaften 186); Die allgemeine Functionentheorie, Tübingen 1882 (Repr. der 1. Aufl. mit Nachwort, ed. D. Laugwitz, Darmstadt 1968), franz. Théorie générale des fonctions de P. Du B.-R., traduit de l'allemand par G. Milhaud/A. Girot, Nice 1887); Über die Grundlagen der Erkenntnis in den exacten Wissenschaften. Nach einer hinterlassenen Handschrift, ed. G. Hauck, Tübingen 1890 (repr. Darmstadt 1966).

Literatur: O. Becker, Die Grundlagen der Mathematik in geschichtlicher Entwicklung, Freiburg/München ²1964, Frankfurt 1975; L. Kronecker, P. Du B.-R., Journal für die reine und angewandte Mathematik 104 (1889), 352–354; ders., P. Du B.-R.s litterarische Publicationen, Math. Ann. 35 (1890), 463–469; L. Nový, Du B.-R., DSB IV (1971), 205–206; H. Weber, P. Du B.-R., Math. Ann. 35 (1890), 457–462. G.H.

Duhem, Pierre (Maurice Marie), *Paris 10. Juni 1861, †Cabrespine (Aude) 14. Sept. 1916, franz. Physiker und Wissenschaftstheoretiker. 1888 Promotion mit einer Arbeit über die Theorie des Magnetismus (nachdem D. bereits 1884 eine durch M. Berthelots Einfluß zu Fall gebrachte Arbeit zur Thermodynamik eingereicht hatte). D. lehrte Physik in Lille (1887–1893), Rennes (1893/1894) und als Prof. der theoretischen Physik in Bordeaux (1894–1916). Einen kurz vor seinem Tode an ihn ergangenen Ruf auf den neu eingerichteten Lehrstuhl für Geschichte der Naturwissenschaften am Collège de France schlug er aus. Neben D.s Beiträgen zur Hydrodynamik, Elektrodynamik und insbesondere zur klassischen Thermodynamik (im Anschluß an J.W. Gibbs und H. v. Helmholtz) stehen umfangreiche Studien zur Geschichte von Physik und Astronomie, die nach D. ursprünglich dem historischen Beleg seiner wissenschaftstheoretischen Auffassungen dienen sollten, gleichzeitig aber bedeutsame Leistungen im Bereich der Wissenschaftsgeschichtsschreibung darstellen. Sie gehören heute, insbesondere im thematischen Rahmen der spätmittelalterlichen Naturwissenschaft (Pionierarbeiten z.B. über J. Buridan, Albert von Sachsen, N. v. Oresme), zu den wissenschaftshistorischen Standardwerken.

Von maßgebender systematischer Bedeutung für die moderne Diskussion über Theorie und Begründung in den Naturwissenschaften sind D.s wissenschaftstheoretische Arbeiten. Nach D. ist die physikalische Theorienbildung durch folgende Thesen charakterisierbar: (1) Es gibt keine vollständige Kette logischer (theoretischer) bzw. empirischer Gründe für eine physikalische Theorie. Ein gegebenes (gemessenes) Datum läßt sich vielmehr stets durch unterschiedliche theoretische Aussagen ›erklären‹. Es ist selbst theoretisch bestimmt, wobei bereits den Meßinstrumenten physikalische Theorien zugrunde liegen. Daher läßt sich auch keine Hypothese formulieren, deren experimentelle Kontrolle zwischen konkurrierenden Theorien entscheiden könnte (Unmöglichkeit eines ↑experimentum crucis). (2) Die Entscheidung für eine Theorie ist stets eine Entscheidung für ein ganzes System von Sätzen, nicht für einzelne Sätze. Daher können Theorien auch nicht in dem Sinne scheitern, daß ihre Sätze experimentell widerlegt worden wären (Unmöglichkeit der Zuordnung einzelner Sätze über Experimente zu einzelnen Sätzen einer Theorie, die im Sinne eines experimentum crucis die Theorie widerlegen könnten). (3) Innertheoretische Gründe stellen keine hinreichenden Gründe dar, um eine Theorie anzunehmen oder abzulehnen. Entscheidungen für oder gegen eine Theorie fallen vielmehr auf dem Hintergrund historischer Entwicklungen.

Physikalische Theorien sind damit nach D. symbolische Entwürfe, über deren Leistungsfähigkeit ihre empirische Anwendbarkeit und der historische Gang der disziplinären Entwicklung entscheiden. Der ↑Konventionalismus der Wissenschaftstheorie D.s (»Eine physikalische Theorie ist keine Erklärung. Sie ist ein System mathematischer Lehrsätze, die aus einer kleinen Zahl von Prinzipien abgeleitet werden und den Zweck haben, eine zusammengehörige Gruppe experimenteller Gesetze ebenso einfach, wie vollständig und genau darzustellen«, Ziel und Struktur der physikalischen Theorien, 20f.) unterscheidet sich insofern auch z.B. von demjenigen H. Poincarés darin, daß die für konventionalistische Positionen allgemein charakteristische definitorische Beliebigkeit von Theoriebildungen durch eben diese Historisierung der Theorieentwicklung partiell aufgehoben wird. Kontingente Theoriebildungen folgen nach D. Entwicklungen, in denen sich ein ›bon sens‹ (bei der Wahl und der Änderung von Theorien) geltend macht. Damit ist zugleich Nähe und Unterschied zur Wissenschaftstheorie E. Machs angegeben, die einen solchen bon sens evolutionistisch deutet. Nach Mach handelt es sich bei dem Fortschritt der Wissenschaften um eine sich ständig wirkungsvoller ins Bild setzende Zweckrationalität, die

Theorien auf Festsetzungen stützt und ihre Geltung an technischer Brauchbarkeit mißt. Ebenso nach D., nur daß dieser, über Mach hinausgehend, die Kontingenz der Festsetzungen von vornherein historisch bestimmt sieht.

D. legt (in Auseinandersetzung mit Poincaré) einen Theoriebegriff für die Physik fest, in dem nahezu alle Unterscheidungen, die für die moderne analytische Wissenschaftstheorie (↑Wissenschaftstheorie, analytische) maßgebend sind, bereits auftreten. D.s Arbeiten haben einen bedeutenden Einfluß auf die Wissenschaftstheorie des logischen Empirismus (↑Empirismus, logischer, ↑Wiener Kreis) ausgeübt. D.s These von der Unmöglichkeit eines experimentum crucis wird heute (nach W.V.O. Quine: Two Dogmas of Empiricism, 1951) unter der Bezeichnung ›D.-Quine-These‹ diskutiert (↑experimentum crucis).

Werke: Le potentiel thermodynamique et ses applications à la mécanique chimique et à l'étude des phénomènes électriques, Paris 1886; Introduction à la mécanique chimique, Paris 1893; Le mixte et la combinaison chimique. Essai sur l'évolution d'une idée, Paris 1902; Les théories électriques de J. Clerk Maxwell. Étude historique et critique, Paris 1902; L'évolution de la mécanique, Paris 1903 (dt. Die Wandlungen der Mechanik und der mechanischen Naturerklärung, Leipzig 1912); Les origines de la statique, I–II, Paris 1905/1906; La théorie physique, son objet et sa structure, Paris 1906, [2]1914 (ursprünglich in: Rev. philos. 4–6 [1904/1905]) (engl. The Aim and Structure of Physical Theory, trans. P.P. Wiener, Princeton 1954, New York 1974, dt. Ziel und Struktur der physikalischen Theorien, Leipzig 1908, repr., ed. L. Schäfer, Hamburg 1978); ΣΩΖΕΙΝ ΤΑ ΦΑΙΝΟΜΕΝΑ. Essai sur la notion de théorie physique de Platon à Galilée, Paris 1908 (engl. To Save the Phenomena. An Essay on the Idea of Physical Theory from Plato to Galileo, Introductory Essay by S.L. Jaki, Chicago/London 1969); Études sur Léonard de Vinci, I–III, Paris 1906–1913, [2]1955; Traité d'énergétique ou de thermodynamique générale, I–II, Paris 1911; Le système du monde. Histoire des doctrines cosmologiques de Platon à Copernic, I–X, Paris 1913–1959; La science allemande, Paris 1915.

Literatur: J. Agassi, D. versus Galileo, Brit. J. Philos. Sci. 8 (1957), 237–248; M. Boudot, Le rôle de l'histoire des sciences selon D., Et. philos. 22 (1967), 421–432; H.P. Duhem, Un savant français. P.D., Paris 1936; C. Giannoni, Quine, Grünbaum, and the Duhemian Thesis, Noûs 1 (1967), 283–297; B. Ginzburg, D. and Jordanus Nemorarius, Isis 25 (1936), 341–362; W.K. Goosens, D.'s Thesis, Observationality, and Justification, Philos. Sci. 42 (1975), 286–298; A. Grünbaum, The Duhemian Argument, Philos. Sci. 27 (1960), 75–87; S.G. Harding (ed.), Can Theories Be Refuted? Essays on the D.-Quine Thesis, Dordrecht/Boston 1976; K. Hübner, D.s historische Wissenschaftstheorie und ihre gegenwärtige Weiterentwicklung, Philos. Nat. 13 (1971), 81–97; P. Humbert, P.D., Paris 1932; G.C. Joy, Instrumentalism. A Duhemian Reply to Popper, The Modern Schoolman 52 (1975), 194–199; A. Lowinger, The Methodology of P.D., New York 1941, 1967; D.G. Miller, D., DSB IV (1971), 225–233; H.W. Paul, P.D.. Science and the Historian's Craft, J. Hist. Ideas 33 (1972), 497–512; L. Schäfer, Erfahrung und Konvention. Zum Theoriebegriff der empirischen Wissenschaften, Stuttgart-Bad Cannstatt 1974, 107–191; ders., D.s Bedeutung für die Entwicklung der Wissenschaftstheorie und ihrer gegenwärtigen Probleme, in: P. D., Ziel und Struktur der physikalischen Theorien, Hamburg 1978, IX–XLIV; F. Seaman, In Defense of D., Philos. Sci. 32 (1965), 287–294; J.W. Swanson, On the D-Thesis, Philos. Sci. 34 (1967), 59–68; G. Wedekind, D., Quine and Grünbaum on Falsification, Philos. Sci. 36 (1969), 375–380; R.M. Yoshida, Five Duhemian Theses, Philos. Sci. 42 (1975), 29–45. J.M.

Duhem-Quine-These, ↑experimentum crucis.

duḥkha (sanskr., Plage, Leiden), Grundbegriff der indischen Geistesgeschichte, vor allem im Buddhismus (↑Philosophie, buddhistische). Alles, was dem Kreislauf des Werdens und Vergehens (↑saṃsāra) unterworfen ist, also auch das nur vorübergehend Angenehme, ist d.. Aufhebung von Leiden und damit Streben nach Erlösung gilt generell als oberste Zielsetzung. Insbesondere sind damit die vier heiligen Wahrheiten des Buddhismus befaßt: vom Leid (d.), vom Zustandekommen des Leides (samudaya), von der Aufhebung des Leidens (nirodha), vom Weg, der zur Aufhebung des Leides führt (mārga). In der Erleuchtung (↑bodhi) wird die Erlösung wirklich, der ewige Kreislauf (↑saṃsāra) und das Verlöschen (↑nirvāṇa) als gleich, nämlich als leer (↑śūnyatā) erkannt. K.L.

Dühring, Karl Eugen, *Berlin 12. Jan. 1833, †Nowawes (bei Potsdam) 21. Sept. 1921, dt. Philosoph, Nationalökonom und Wissenschaftshistoriker, neben E. Mach und R. Avenarius einer der bedeutendsten deutschen Positivisten (↑Positivismus (historisch)). Durch ein schließlich zur Erblindung führendes Augenleiden zur Aufgabe seiner Anwaltstätigkeit (1856–1859) gezwungen, habilitierte sich D. 1863 für Philosophie (später auch für Nationalökonomie) und hielt an der Berliner Universität Lehrveranstaltungen, bis ihm wegen seiner heftigen Kritik am zeitgenössischen Universitätswesen 1877 die Lehrbefugnis entzogen wurde. D. publizierte von da an als freier Schriftsteller, auch auf den Gebieten der Mathematik, der Physik (wo er in seiner preisgekrönten »Kritischen Geschichte der allgemeinen Principien der Mechanik« sowie in späteren Schriften die Verdienste R. Mayers herausstellte) und der Literaturgeschichte.

Von den erkenntnistheoretischen Frühschriften vertritt bereits die Dissertation das ›Gesetz der bestimmten Anzahl‹, daß jede überhaupt gedachte

Anzahl auch endlich sein muß, woraus D. nicht nur die Unmöglichkeit des aktual Unendlichen (↑unendlich/Unendlichkeit), sondern auch die räumliche und zeitliche Endlichkeit der Welt sowie die begrenzte Teilbarkeit der Materie ableitet. Die späteren Schriften zeigen einen prägnanten Materialismus (↑Materialismus (systematisch)), neben dem auf ethischem und sozialphilosophischem Gebiet ein teleologischer Optimismus steht. Dem darwinistischen Kampf ums Dasein wird die Idee einer ›wirklich freien Gesellschaft‹ gegenübergestellt, in der alle Zwangs- und Herrschaftsverhältnisse beseitigt und alle menschlichen Beziehungen gesellschaftsbezogen sind, wobei nach D. ein entscheidender Gesinnungswandel der Menschen freilich nicht erst Folge der Veränderung der ökonomischen Verhältnisse sein kann, sondern mit dieser Hand in Hand gehen und daher schon jetzt ebenso energisch zum Ziel gemacht werden muß.
Die Ablehnung dieser Lehren in F. Engels' »Anti-Dühring« als ↑Vulgärmaterialismus und ↑Utopismus geht weniger auf erkenntnistheoretische Differenzen zurück als auf die grundverschiedene Einschätzung G. W. F. Hegels und vor allem auf die provozierende Marxkritik D.s, der die zeitgenössischen sozialistischen Bewegungen ebenso als Hemmnis für eine freiere Gesellschaft ansah wie die christliche und die jüdische Religion, hinsichtlich welcher er sich als den eigentlichen ›Begründer‹ des Antisemitismus bezeichnete. Der Verbreitung von D.s Lehren widmete sich seit 1924 der »D.-Bund«.

Werke: De tempore, spatio, causalitate atque de analysis infinitesimalis logica, Diss. Berlin 1861; Natürliche Dialektik, Berlin 1865 (repr. Frankfurt 1975); Der Werth des Lebens, Breslau 1865, Leipzig [8]1922; Kritische Grundlegung der Volkswirthschaftslehre, Berlin 1866; Kritische Geschichte der Philosophie, Berlin 1869, [4]1894 (repr. Frankfurt 1975) (Gesammtcursus der Philosophie, Erster Teil); Kritische Geschichte der Nationalökonomie und des Socialismus, Berlin 1871, Leipzig [3]1900; Kritische Geschichte der allgemeinen Principien der Mechanik, Berlin 1873, [3]1887; Logik und Wissenschaftstheorie, Leipzig 1878, [2]1905 (Gesammtcursus der Philosophie, Dritter Teil); Robert Mayer, der Galilei des neunzehnten Jahrhunderts, I–II, Chemnitz 1880/Leipzig 1895; Sache, Leben, Feinde, Karlsruhe/Leipzig 1882, [2]1903; Der Ersatz der Religion durch Vollkommeneres, Karlsruhe 1883, Leipzig [4]1928; Wirklichkeitsphilosophie, Leipzig 1895 (repr. Frankfurt 1975) (Gesammtcursus der Philosophie, Zweiter Teil).
Literatur: G. Albrecht, E.D.. Ein Beitrag zur Geschichte der Sozialwissenschaften, Jena 1927; ders., E.D.s Wertlehre. Nebst einem Exkurs zur Marxschen Wertlehre, Jena 1914; H. Binder, Das sozialitäre System E.D.s, Jena 1933; H. Druskowitz, E.D., Heidelberg 1889; S. Posner, Abriss der Philosophie E.D.s. (Diss. Erlangen 1905), Breslau 1906; A. Zweig, E.D., Enc. Ph. II (1967), 425–427. C.T.

Dumbleton, John of, *in Gloucestershire um 1310, †ca. 1349, engl. Physiker und Philosoph, Angehöriger der ↑Merton School. Fellow of Queens College, Oxford, 1340 und Merton College, Oxford, in den Registern erwähnt 1338/1339, 1344/1345, 1347/1348. D., der nach W. Heytesbury und vor R. Swineshead (Liber calculationum) schrieb, verfaßte um 1340 mit seiner »Summa logicae et philosophiae naturalis« (Teil I: Logik, Teile II–X: Physik) gewissermaßen ein ›Lehrbuch‹ der Merton School. Dabei orientierte er sich in seinen kinematischen Arbeiten sowohl (begrifflich) am Nominalismus Wilhelm von Ockhams als auch (der Darstellung nach) an der ›mathematischen‹ Auffassung der ›Calculatores‹. D. übernimmt T. Bradwardines Verbesserung des Aristotelischen Bewegungsgesetzes und gibt (Summa III, 9–11) einen indirekten Beweis der sogenannten Merton-Regel (↑Merton School).

Ausgaben und Literatur: M. Clagett, The Science of Mechanics in the Middle Ages, Madison 1959, 305–325 (lat. Text u. engl. Übers. Summa logicae et philosophiae naturalis III 10, 11); A.B. Emden, Biographical Register of the University of Oxford to A. D. 1500, I–III, Oxford 1957–1959, I, 603–604; A. Maier, Zwei Grundprobleme der scholastischen Naturphilosophie. Das Problem der intensiven Größe. Die Impetustheorie, Rom [3]1968; dies., An der Grenze von Scholastik und Naturwissenschaft. Studien zur Naturphilosophie des 14. Jahrhunderts, Rom [2]1952; dies., Zwischen Philosophie und Mechanik, Rom 1958; J.A. Weisheipl, Early Fourteenth-Century Physics and the ›Merton School‹, Diss. Oxford 1957; ders., The Place of J.D. in the Merton School, Isis 50 (1959), 439–454; ders., Repertorium Mertonense, Med. Stud. 31 (1969), 174–224 (hier 210–211); ders., Ockham and Some Mertonians, Med. Stud. 30 (1968), 163–213. J.M.

Dummett, Michael Anthony Eardley, *London 27. Juni 1925, engl. Philosoph. Studium der Philosophie in Oxford, Lehrtätigkeit in Birmingham (1950), Berkeley (1955/1956), Ghana (1958), Stanford (1960–1966), University of Minnesota (1968), Princeton (1970), Rockefeller University (1973), Harvard (1976); ab 1950 Fellow of All Souls College, Oxford, ab 1962 Reader in the Philosophy of Mathematics in Oxford, ab 1979 Fellow of New College, Wykeham Prof. of Logic (Nachfolger von A.J. Ayer). D.s maßgebliches Buch »Frege. Philosophy of Language« (1973) ist das Ergebnis einer langjährigen Beschäftigung mit G. Frege. Das Buch beschränkt sich jedoch nicht auf eine Interpretation der Fregeschen Sprachphilosophie, sondern stellt, indem es die zeitgenössischen Auffassungen diskutiert und weiterführt, eher eine systematische Sprachphilosophie im Anschluß an Frege dar. Zahlreiche Arbeiten zur Mathematik und Logik weisen D. als Vertreter des ↑Intuitionismus aus (vor allem: Elements of Intuitionism, 1977). Insbesondere versucht D. eine *semantische* Rechtfertigung der Regeln der intuitionistischen Logik (↑Logik, intuitionistische): der intuitionistische Ansatz, der die Definition der Wahrheit von Sätzen durch die Definition des Beweisbegriffs für Sätze ersetzt, wird vor allem unter Rückgriff auf die sprachphilosophische These begründet, nach der die Bedeutung von Aussagen durch die Bedingungen ihrer Vertifikation und Falsifikation festgelegt ist.

Werke: Nominalism, Philos. Rev. 65 (1956), 491–505; Truth, Proc. Arist. Soc. 59 (1958/1959), 141–162; The Philosophical Significance of Gödel's Theorem, Ratio 5 (1963), 140–155; ›Bringing About the Past‹, Philos. Rev. 73 (1964), 338–359; Frege, Enc. Ph. III (1967), 225–237; The Reality of the Past, Proc. Arist. Soc. 69 (1968/1969), 239–258; Frege. Philosophy of Language, London 1973, New York 1974; The Justification of Deduction, Proc. Brit. Acad. 59 (1973), 201–232 (separat London 1974); Intuitionistic Mathematics and Logic, I–II, Oxford 1974/1975; The Philosophical Basis of Intuitionistic Logic, in: H.E. Rose/J.C. Shepherdson (eds.), Logic Colloquium '73. Proceedings of the Logic Colloquium Bristol, July 1973, Amsterdam/Oxford 1975, 5 –40; Wang's Paradox, Synthese 30 (1975), 301–324; What Is a Theory of Meaning I, in: S. Guttenplan (ed.), Mind and Language. Wolfson College Lectures 1974, London 1975, 97–138, II in: G. Evans/J. McDowell (eds.), Truth and Meaning. Essays in Semantics, London 1976, 67–137; Frege, Teorema 5 (1975), 149–188; (with the assistance of R. Minio) Elements of Intuitionism, Oxford 1977; Truth and Other Enigmas, London, Cambridge Mass. 1978; ›What Does the Appeal to Use Do for the Theory of Meaning?‹, in: A. Margalit (ed.), Meaning and Use. Papers Presented at the Second Jerusalem Philosophical Encounter, April 1976, Dordrecht/Boston/London 1979, Jerusalem 1979, 123–135; Common Sense and Physics, in: G.F. Macdonald (ed.), Perception and Identity [Essays Presented to A.J. Ayer], London 1979, 1–40; The Game of Tarot. From Ferrara to Salt Lake City, London 1980; The Interpretation of Frege's Philosophy, London 1980.

Literatur: M. Cohen, D. on Assertion, Analysis 36 (1975/1976), 1–5; D. Prawitz, Meaning and Proofs: On the Conflict between Classical and Intuitionistic Logic, Theoria 43 (1977), 2–40. P.B./P.S.

Duns Scotus, Johannes, *wahrscheinlich in Duns in der Grafschaft Berwick (nach anderer Überlieferung bei Maxton in Roxbourghshire) 1265 oder 1266, †Köln 8. Nov. 1308, schott. Philosoph und Theologe, ›doctor subtilis‹. 1279/1280 Eintritt in den Franziskanerorden, 1291 Priesterweihe, hält die Sentenzenvorlesung in Cambridge, um 1300 in Oxford, ab 1302 (als Bakkalaureus) in Paris, wird 1303 zeitweilig aus Frankreich (mit 70 anderen Dozenten) verbannt, weil er sich im Streit zwischen Philipp dem Schönen und Papst Bonifaz VIII. auf die Seite des Papstes gestellt hatte, liest 1304 wieder in Paris, wird 1305 zum Magister promoviert, erhält 1306–1307 das Amt des Magister regens (d. i. eines Lehrstuhlinhabers), geht 1307 als lector principalis des Franziskanerkonvents nach Köln, wo er 1308 stirbt.

Die Schriften des D. bzw. die Nachschriften seiner Vorlesungen sind nur in einem ungeordneten Zustand überliefert. Die erste Gesamtausgabe seiner Werke (L. Wadding, Lyon 1639, Neudr., um eine weitere unechte Schrift vermehrt, Paris 1891–1895) enthält außer einer unkritischen Fassung seiner echten Schriften mehrere unechte Schriften, darunter die »Grammatica speculative« (jetzt Thomas von Erfurt zugeschrieben) und »De rerum principio« (jetzt Vital du Four zugeschrieben). Für die Echtheit der »Theoremata« sprechen zwar äußere Gründe, gegen sie aber deren Thesen von der Unbeweisbarkeit einiger Sätze, die D. an anderer Stelle bewiesen hat (Ausgangspunkt der Kontroverse das Buch von E. Longpré 1924). Seit 1950 entsteht ein kritische Ausgabe. Die Hauptwerke des D. sind seine Sentenzenkommentare, die (weniger kommentierend) selbständig spekulativ konzipiert sind. Eine erste Fassung der Sentenzenvorlesung (die »Lectura«) ist erst teilweise veröffentlicht (Editio Vaticana, Bd. 16/17), die zweite Fassung (die »Reportationes« oder »Reportata Parisiensia«) liegt in Form von Vorlesungsnachschriften, die teilweise von D. nachgeprüft sind, vor, die dritte Fassung (bekannt als »Opus Oxoniense« mit dem Kernstück der »Ordinatio«, einer nicht fertiggestellten, aber von D. selbst geschriebenen Ausgabe), die im übrigen nicht die Oxforder Vorlesungen wiedergibt, kann als das entscheidende Werk angesehen werden. Außer seinen Sentenzenkommentaren hat D. noch Disputationen (ein »Quodlibetum« und »Collationes«, die Disputationen enthalten), Aristoteleskommentare (darunter zu den ersten neun Büchern der Metaphysik, zu De anima, zur Kategorienschrift) und (neben der umstrittenen Schrift »Theoremata«) den »Tractatus de primo principio«, ein Kompendium der philosophischen Gotteslehre, geschrieben.

Die Bedeutung des D. liegt eher in seinem (durch einige Grundthesen repräsentierten) Denkstil, in seinen Beweisideen, als in seinen ausgeführten Beweisen oder kanonisierten Texten. Seine Wirkung unterscheidet sich daher auch stark von der anderer scholastischer Autoren (vor allem Thomas von

Aquin). Während die geistige Tradition, die sich auf Thomas beruft, im groben als eine Auslegungstradition von Thomas-Texten charakterisiert werden kann (wobei die Thomas-Kommentatoren gerade die originellen Konzeptionen von Thomas wie seinen Seinsbegriff zum schulmäßig erstarrten Lernpensum aufbereiteten), führt die Berufung auf D. zu neuen und weiterführenden Konzeptionen, die zwar durch tradierte Leitideen zusammengehalten werden, im übrigen aber durchaus eigenständige Entwicklungen teilweise bereits selbst darstellen, teilweise in Gang setzen (Wilhelm von Ockham). Vom neuzeitlichen Denken her kann man in D. den Denker sehen, der der Metaphysik eine (zumindest der Tendenz nach) sprachkritische Interpretation gibt und der die Philosophie der Subjektivität (d.i. das Verständnis des Menschen als eines autonomen und produktiven Subjekts) vorbereitet oder sogar einleitet. Die sprachkritische Seite seines Denkens wird deutlich in seiner Analyse der ewigen Wahrheiten, die er als analytisch-wahre Sätze, auf Grund der in ihnen verwendeten Termini, interpretiert (Opera III, 138, 141).

Auch der Seinsbegriff wird sprachkritisch analysiert. D. erklärt ihn (wie nach ihm G. W. F. Hegel) als jenen Begriff, mit dem wir in unserer Rede über Gegenstände zugleich mitteilen, daß wir uns jeder Bestimmung enthalten. Gegen die thomistische Lehre von der Analogie des Seinsbegriffs (↑analogia entis), die bei Thomas von Aquin in Wahrheit eine Lehre von der analogen Verwendung des Seinsbegriffs in verschiedenartigen, weil auf endliche oder unendliche Dinge bezogenen Urteilen ist, besteht D. auf der Univozität (↑univok) des Seinsbegriffs: Ein Begriff ist entweder eindeutig bestimmt oder überhaupt kein bestimmter Begriff. Die Rede von einem analogen Begriff besagt nach D., daß man von verschiedenen, mit demselben Wort benannten Begriffen redet. Aufgabe der Metaphysik ist es, die Prädikationsmöglichkeiten für die existierenden Dinge zu untersuchen, insbesondere die transzendentalen Prädikationsmöglichkeiten, d.s. jene, deren Prädikationsbereich so allgemein ist wie der des Seinsbegriffs, also unbegrenzt und daher überkategorial (d.h. weiter als der Prädikationsbereich der ↑Kategorien wie ↑Substanz und ↑Akzidens usw.). D. unterscheidet dabei (Avicenna folgend) ›passiones convertibiles‹, solche Prädikationsmöglichkeiten oder (realistisch formuliert) Seinsattribute, die unmittelbar austauschbar sind mit dem Sein bzw. extensional äquivalent, und ›passiones disjunctae‹, die dies nur als disjunkte Begriffspaare sind. Die ersten ↑Transzendentalien sind die ›klassischen‹, nämlich das ›Eine‹, ›Wahre‹, ›Gute‹. Die zweiten Transzendentalien sind disjunkte Unterscheidungen wie die zwischen ›notwendig‹ und ›kontingent‹ (im Sinne von nicht-notwendig), ›unbegrenzt‹ und ›begrenzt‹.

Zur Bestimmung der Verhältnisses der Transzendentalien und des Seinsbegriffs verwendet D. seine folgenreiche Lehre von der Formalunterscheidung (↑distinctio formalis a parte rei). Diese wird zunächst ausgebildet, um die Verschiedenheit der göttlichen Attribute (und Personen) und die Einfachheit des göttlichen Wesens darzustellen, und dann auch benutzt für die Bestimmung des Verhältnisses der Seele und ihrer Vermögen (vor allem des Willens und des Intellekts). Modern ausgedrückt beantwortet diese Lehre die Frage, worin der Grund für die ↑intensional verschiedene Bestimmung ↑extensional äquivalenter Prädikate bzw. Attribute liegt. D. vermeidet sowohl die objektivistische Position, nach der jeder intensionalen Unterscheidung auch ein Unterschied von realen Objekten entspricht, als auch die subjektivistische Position, nach der diese Unterscheidungen lediglich verschiedene, aber beliebig austauschbare Redeweisen über dasselbe bzw. bloße Verstandesunterscheidungen sind. Sein Zwischenweg nimmt einen Unterschied zwar auch auf der Objektseite an, der als solcher aber unerkannt bleibt: Die Unterscheidung hat ihren Grund in einem objektiven Unterschied, obwohl sie diesen nicht darstellt (in der Sprache der ↑Transzendentalphilosophie I. Kants – und im Gegensatz zu deren Grundthese – läßt sich formulieren, daß D. den Grund für unsere Unterscheidungen [und Gleichsetzungen] in Unterschieden [und Einheiten] transzendentaler Objekte sieht und diese von den empirischen Objekten unterscheidet. Sein Zwischenweg ließe sich damit als Weg einer transzendentalen Objektivität – im Unterschied und Vergleich zur Kantischen Philosophie einer transzendentalen Subjektivität – interpretieren). Ziel der Metaphysik ist nach D. die Erkenntnis der Existenz (↑existentia) Gottes, nicht aber auch seines ↑Wesens (↑essentia), über das die Philosophie nichts aussagen kann. Auch hier erreicht D. einen neuen Problemstand, indem er zeigt, daß die vom kontingenten Seienden ausgehenden Beweise ungenügend sind. Abgesehen nämlich von der Unklarheit der dabei benutzten Beweisprinzipien – insbesondere das Bewegungsprinzip (›alles, was bewegt wird, wird von einem anderen bewegt‹) hält D. für unklar –, erlaube ein solcher Beweis nur einen kontingent wahren Schluß, weil schon die Prämissen nur kontingent wahre Existenzaussagen seien. Demgegenüber stellt D. die Aufgabe, Gott als Bedingung für die Möglichkeit der kontingent existierenden Dinge aufzuweisen – und damit einen notwendig wahren Schluß durchzuführen. D. versucht, diese Aufgabe zu lösen über Analysen der Möglichkeit des wirkursächlichen Hervorbringens, des zielursächlichen Bestimmens und der bestehenden Ordnung von Vollkommenheiten (jeweils der kontingenten Dinge).

Besondere Bedeutung hat die Lehre des D. von der ↑›haecceitas‹, der ›Diesheit‹, als dem Prinzip der ↑Individuation bekommen (der Ausdruck ›haecceitas‹ wird von D. selbst selten benutzt, bürgert sich aber im ↑Skotismus ein). Entgegen der thomistischen Lehre, daß die spezifische Form durch die Materie individuiert wird (und damit die Individuen als Fälle eines spezifisch Allgemeinen anzusehen sind), weist D. darauf hin, daß Individuen überhaupt nicht in ihrer Konstitution begriffen oder durch Begriffe prädiziert werden können. Sie bilden vielmehr eine jeder ›entitas quidditativa‹, dem begrifflich Denkbaren insgesamt gegenüberstehende ›entitas‹, nämlich die dem Denken eigenständig gegenüberstehende Realität der Dinge, die als ›esse alterius rationis‹ ihr Prinzip in sich selbst hat – eben mit der ›Diesheit‹ als der ›ultima actualitas formae‹ oder ›ultima realitas entis‹. Obwohl er selbst kein Subjektivitätsphilosoph ist, bereitet D. mit dieser Konzeption der Individuation der neuzeitlichen Autonomieerklärung des Subjekts (als des ausgezeichneten Individuums) den Weg.

Zu den wegbereitenden Elementen gehört auch der Verzicht des D. auf eine besondere Erleuchtung als einer Bedingung für die Erlangung gewisser Erkenntnis, womit dem individuellen Subjekt sowohl die volle Begründungspflicht für seine Erkenntnisse aufgelastet als auch die Möglichkeit zu deren Einlösung zugetraut werden. Eher restaurativ wirkt demgegenüber die Ethik des D., nach der etwas letztlich allein darum gut ist, weil es gottgewollt ist. Tatsächlich läßt sich diese Konzeption so interpretieren, daß mit ihr nicht eine heteronome Willkürethik vorgetragen wird, sondern die (eher erkenntnistheoretisch als moralisch relevante) Auffassung von der Nichterschließbarkeit des Urteils über die moralische Güte einer bestimmten Handlung in einer konkreten Situation oder auch einer bestimmten Handlungsweise bzw. -regel. Notwendig gut sind lediglich Handlungen, sofern sie nach praktischen Prinzipien geboten sind, das sind nach Prinzipien, ›nota ex terminis‹ oder nach deren Folgerungen, die sich notwendig aus ihnen ergeben. Ein solches Prinzip gebietet, das Gute zu tun und das Böse zu meiden. Da Gott das höchste Gut ist, folgt aus ihm, daß man Gott lieben und verehren muß, d.h., es folgt die notwendige Güte der ersten Tafel des »Dekalogs«, seiner ersten drei Gebote, die die Pflichten gegen Gott bestimmen. Die zweite Tafel des »Dekalogs« hingegen, mit denen die Pflichten gegen den Nächsten bestimmt werden (also die letzten sieben Gebote), enthält keine notwendigen Gebote im strengen Sinne. Diese Gebote ergeben sich vielmehr aus der Natur der kontingenten Dinge, insbesondere des Menschen, die Gott auch hätte anders schaffen können. Daß Gott sie so, wie sie sind, geschaffen hat, ist dem seinem Intellekt folgenden, aber durch diesen nicht schon voll bestimmten guten Willen zu verdanken. In diesem Sinne sind seine der Natur der Dinge Rechnung tragenden Gebote darum gut, weil sie von ihm gewollt sind. Weiterhin ist es so, daß die Gebote der zweiten Tafel des »Dekalogs« (die obersten materialen Normen) nicht ausreichen, um eine Handlung in einer konkreten Situation zu beurteilen. Die jeweils wechselnden Umstände unseres Handelns erfordern vielmehr ein Urteilsvermögen, das sich zur ›ratio recta‹, zum rechten Urteil bezüglich aller handlungsbestimmenden Umstände, ausbilden soll. Die sittliche Güte einer Handlung liegt darin, daß unser Wille dieser ratio recta folgt, wozu er durch die Ausbildung der Tugendhaltung befähigt wird, die in der Neigung besteht, der ratio recta zu folgen. Auch dieses Zusammenspiel von ratio recta und tugendhaftem Willen ist als kontingenter Sachverhalt nur durch Gottes Willen so, wie er ist – und nicht durch eine erschließbare Notwendigkeit. In diesem Sinne läßt sich die Bestimmung des Guten durch seine Gottgewolltheit als die (in einer theologischen Sprache formulierte) Ablehnung gegenüber jeglichem ↑Deduktivismus verstehen, wie er manche späteren rationalistischen Ethikentwürfe kennzeichnen wird.

Werke: Editio Vaticana: Opera omnia [...]. Studio et cura Commissionis Scotisticae ad fidem codicum ed. C. Balić, Rom (Civitas Vaticana) 1950ff. (bisher 8 Bde); Opera omnia, quae hucusque reperiri potuerunt, collecta, recognita, notis et scholiis et commentariis illustr., I–XII, ed. L. Wadding, Lyon 1639; Opera omnia, I–XXVI, Ed. nova, juxta editionem Waddingi 12 tomos continentem. A Patribus Franciscanis recognita, Paris 1891–1895; Obras del Doctor sutil J.D. Escoto. Ed. bilingüe, ed. M. Oromi, Madrid 1960ff. (lat. Text der Ed. Vaticana und nach Wadding); Philosophical Writings. A Selection and Translation, ed. and trans. A. B. Wolter, I Edinburgh 1962, II Indianapolis 1964; Reason and Revelation. A Question from D. S., ed. N. Micklem, London 1953 (Text und Interpretation der 1. Quaestio des Prologs zu den »Quaestiones super libro primo sententiarum«); Abhandlung über das erste Prinzip (Tractatus de primo principio), ed. u. übers. v. W. Kluxen (lat./dt. mit Kommentar), Darmstadt 1974. – O. Schäfer, Bibliographia de vita, operibus et doctrina J. D. S., Doctoris Subtilis ac Mariani, saec. IXX–XX, Rom 1955; Totok II (1973), 500–516.

Literatur: J. Auer, Die menschliche Willensfreiheit im Lehrsystem von Thomas von Aquin und J. D. S., München 1938; C. Balić, J. D. S., doctor immaculatae conceptionis, Rom 1954; ders., John D. S., Rom 1966; T. Barth, Individualität und Allgemeinheit bei J. D. S.. Eine ontologische Untersuchung, Wiss. u. Weisheit 16 (1953), 122–141, 191–213, 17 (1954), 112–136, 18 (1955), 192–216, 19 (1956), 117–136, 20 (1957), 106–119, 198–220; D. de Basly, Scotus docens ou D. S. enseignant la philosophie, la théologie, la mystique. Synthèse de sa construction doctrinale, Paris 1934; J. P. Beckmann, Die Relationen der Identität und Gleichheit nach J. D. S.. Untersuchungen zur Ontologie der Beziehungen, Bonn 1967; Béraud de Saint-Maurice, J. D. S., un docteur des temps nouveaux, Rennes/Paris ²1953 (dt. J. D. S.. Lehrer unserer Zeit, Paderborn 1956); E. Bettoni, Duns Scoto, Brescia 1946 (engl. D. S.. The Basic Principles of his Philosophy, Washington 1961); J. F. Boler, Charles Peirce and Scholastic Realism. A Study of Peirce's Relation to J. S. S., Seattle Wash. 1963; W. Dettloff, Die Entwicklung der Akzeptations- und Verdienstlehre von D. S. bis Luther. Mit besonderer Berücksichtigung der Franziskanertheologen, Münster 1963; R. R. Effler, J. D. S. and the Principle »omne quod movetur ab alio movetur«, St. Bonaventure N. Y. 1962; J. Finkenzeller, Offenbarung und Theologie nach der Lehre des J. D. S.. Eine historische und systematische Untersuchung, Münster 1961; É. Gilson, J. D. S.. Introduction à ses positions fondamentales, Paris 1952 (dt. J. D. S.. Einführung in die Grundgedanken seiner Lehre, Düsseldorf 1959); M. Heidegger, Die Kategorien- und die Bedeutungslehre des D. S., Tübingen 1916; W. Hoeres, Der Wille als reine Vollkommenheit nach D. S., München 1962; L. Honnefelder, Der Begriff des Seienden als solchen als Gegenstand der Metaphysik nach der Lehre des J. D. S., Diss. Bonn 1971; J. Klein, Intellekt und Wille als die nächsten Quellen der sittlichen Akte nach J. D. S., Franziskan. Stud. 3 (1916), 309–338, 6 (1919), 107–122, 213–234, 295–322, 7 (1920), 118–134, 190–212, 8 (1921), 260–282; E. Longpré, La philosophie du bienheureux D. S., Paris 1924; R. Messner, Schauendes und begriffliches Erkennen nach D. S.. Mit kritischer Gegenüberstellung zur Erkenntnislehre von Kant und Aristoteles, Freiburg 1942; H. Muehlen, Sein und Person nach J. D. S., Werl 1954; W. Pannenberg, Die Prädestinationslehre des D. S. im Zusammenhang der scholastischen Lehrentwicklung, Göttingen 1954; R. P. Prentice, The Basic Quidditative Metaphysics of D. S. as Seen in his De primo principio, Rom 1970; J. R. Rosenberg, The Principles of Individuation. A Comparative Study of S. Thomas, S. and Suárez, Washington 1950; J. K. Ryan/B. M. Bonansea (eds.), John D. S. 1265–1965, Washington 1965; M. Schmaus, Zur Diskussion über das Problem der Univozität im Umkreis des J. D. S., München 1957; G. Stratenwerth, Die Naturrechtslehre des J. D. S., Göttingen 1951; P. Vier, Evidence and its Function According to J. D. S., New York 1951; H. J. Werner, Die Ermöglichung des endlichen Seins nach J. D. S., Bern/Frankfurt 1974; E. Wölfel, Seinsstruktur und Trinitätsproblem. Untersuchungen zur Grundlegung der natürlichen Theologie bei J. D. S., Münster 1965; A. B. Wolter, The Transcendentals and their Function in the Metaphysics of D. S., St. Bonaventure N. Y. 1946. – De doctrina Ioannis Duns Scoti (Studia scholastica-scotistica 1–4), I–IV, Rom 1968 (Akten des 2. Scotus-Kongresses vom 11.–17.9.1966 in Oxford u. Edinburgh); Deus et homo ad mentem Ioannis Duns Scoti (Studia scholastica-scotistica 5), Rom 1972 (Akten des 3. Scotus-Kongresses vom 28.9.–2.10 1970 in Wien). O. S.

duplex negatio affirmat (lat., ›die doppelte Verneinung bejaht‹), Bezeichnung sowohl für den in der klassischen ↑Junktorenlogik gültigen Schluß von $\neg\neg A$ auf A als auch für das entsprechende Subjungat $\neg\neg A \rightarrow A$ (↑Stabilitätsprinzip). Die traditionelle Logik hatte mit der Gleichwertigkeit von doppelter Negation und einfacher Affirmation nicht nur die Iteration des Negators, sondern auch negierte ↑Prädikatoren, ↑Quantoren und Modaloperatoren (↑Modallogik) im Blick. Dabei überschreitet sie zumindest in den Beispielen auch den Bereich rein formaler Umformungen, wenn sie z.B. den Satz ›non possum non amare bonum‹ für gleichwertig mit dem Satz ›debes amare bonum‹, den Satz ›nulla virtus non subjacet tentationi‹ für gleichwertig mit dem Satz ›omnis virtus tentationi obnoxia est‹ erklärt (Beispiele aus H. Osterrieder, Logica Critica [...], Augustae Vindelicorum 1760, 126f.). In natürlichen Sprachen ist die doppelte Verneinung innerhalb eines Satzes gelegentlich gleichwertig mit der einfachen Negation, die dadurch verstärkt und hervorgehoben werden soll; aus dem Deutschen wurde diese Operation erst seit dem 16. Jahrhundert, wohl durch den Einfluß der lateinischen Grammatik, verdrängt.

Literatur: C. Sigwart, Logik I, Tübingen 1873, ³1904, ⁵1924, §24. C. T.

Durchschnitt, der D. $M_1 \cap M_2$ zweier ↑Mengen M_1 und M_2 ist die Menge derjenigen Elemente, die sowohl zu M_1 als auch zu M_2 gehören:

$$x \in M_1 \cap M_2 \leftrightharpoons x \in M_1 \wedge x \in M_2.$$

Die D.bildung ist eine ↑assoziative Verknüpfung, d.h., es gilt stets $x \cap (y \cap z) = (x \cap y) \cap z$, so daß man dafür einfach $x \cap y \cap z$ schreiben kann. Daher erklärt man allgemeiner den D. $\bigcap_{1}^{n}{}_i M_i$ endlich vieler Mengen M_i $(i = 1, \ldots, n)$ durch

$$x \in \bigcap_{1}^{n}{}_i M_i \leftrightharpoons \bigwedge{}_i x \in M_i$$

sowie den D. $\bigcap M_*$ oder $\bigcap_i M_i$ einer durch eine Formel $A(x,i)$ dargestellten (↑Darstellung (logisch-mengentheoretisch)) Folge (↑Folge (mathematisch)) von Mengen $M_* = M_1, M_2, M_3, \ldots$ durch

$$x \in \bigcap M_* \leftrightharpoons \bigwedge_i x \in M_i .$$

Alle konstruktiv gültigen Aussagen über Mengen lassen sich auch ohne Verwendung der Mengensprechweise formulieren; im Falle der D.bildung gilt, wenn $A_i(x)$ jeweils die darstellende Aussageform von M_i ist,

$$n \in M_1 \cap M_2 \leftrightarrow A_1(n) \wedge A_2(n),$$
$$n \in \bigcap_i M_i \leftrightarrow \bigwedge_i A_i(n).$$

In der Mengenalgebra fungiert der D. als ›(Mengen-)Produkt‹, weshalb sich gelegentlich auch noch die ältere Schreibweise ›$M_1 \cdot M_2$‹ statt ›$M_1 \cap M_2$‹ findet. Die Bezeichnung ›*D.*‹ spielt darauf an, daß bei der Veranschaulichung von Mengen durch zusammenhängende Flächen in der Ebene (z.B. Kreisflächen) der den Flächen gemeinsame Teil den D. der entsprechenden Mengen veranschaulicht (vgl. Abb.). C.T.

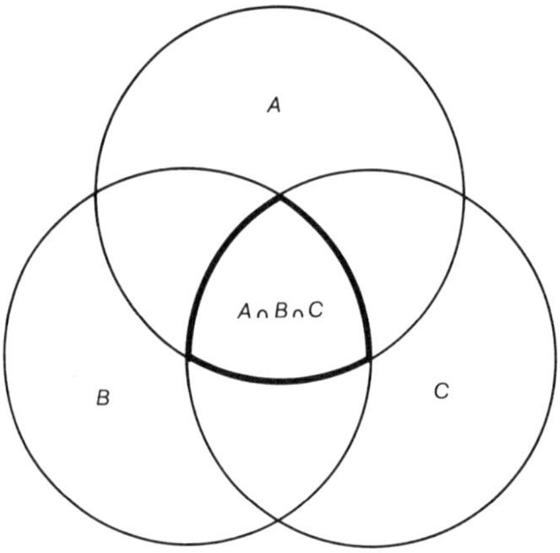

Durkheim, Emile, *Epinal (Vogesen) 15. April 1858, †Paris 15. Nov. 1917, franz. Soziologe. Studium in Paris und Leipzig, 1896 Prof. in Bordeaux (erster soziologischer Lehrstuhl in Frankreich), 1902–1917 an der Sorbonne; Gründer der Zeitschrift »L'année sociologique«. – D. verfolgte zwei Ziele: die Fundierung der Soziologie als eigenständiger Wissenschaft, die als solche in praktisch-politischer Absicht den sich in einer Krise befindenden modernen Gesellschaften zur Restitution eines neuen Kollektivbewußtseins verhelfen sollte, das Stabilität und Solidarität wiederherzustellen erlaubt. Beide Ziele konvergieren in D.s Postulat, die sozialen Tatsachen (Rechtsnormen, Moralgebote, kollektive Gewohnheiten etc.) wie Dinge zu behandeln (chosisme). Nur dinghafte Phänomene seien objektiver wissenschaftlicher Erkenntnis zugänglich, und dies um so mehr, »je starrer der Gegenstand ist, auf den sie sich bezieht« (Regeln der soziologischen Methode, 138). Die sozialen Phänomene erfüllen nach D. diese Bedingung, da sie losgelöst von den Zwecken und Motiven der Individuen (vgl. D.s Kritik an naturrechtlichen und utilitaristischen Gesellschaftstheorien in: De la division du travail social, 1893) eine Wirklichkeit sui generis darstellen, die den Individuen äußerlich ist (extériorité) und, an gesellschaftlichen Sanktionen erkennbar, Zwang auf sie ausübt (contrainte). Nicht reduzierbar auf psychische Faktoren können soziale Tatsachen nur durch Soziales erklärt werden: aus sozialstrukturellen Bedingungen einerseits (z.B. dem ›inneren sozialen Milieu‹ [vgl. Les règles de la méthode sociologique, 1895], oder der Anomie, d.h. einem durch Mangel an integrierenden Normen gekennzeichneten Gesellschaftszustand [vgl. Le suicide, 1897]), ihrer Funktion andererseits. Hinsichtlich der Funktion fragt D. dabei (a) nach der Wirkung eines sozialen Tatbestands, (b) »ob zwischen dem betrachteten Tatbestand und den allgemeinen Bedürfnissen des sozialen Organismus eine Korrespondenz besteht« (Regeln, 181). Anders als im späteren ↑Funktionalismus verschmelzen bei D. diese beiden Betrachtungsweisen, indem behauptet wird, die Funktion eines sozialen Phänomens bestehe in der Erzeugung von Wirkungen, die sozial nützlich sind.

Die Funktionalität gesellschaftlicher Institutionen aufzuzeigen bzw. deren mangelhafte Integration zu kritisieren, verbindet D. mit dem Versuch, die überragende Größe und Werthaftigkeit der Gesellschaft nachzuweisen; sie stelle ›eine unendlich reichere und höhere Realität‹ dar als die der Individuen und ihrer Assoziationen. Hypostasiert zum summum bonum, angesichts dessen die Individuen nur eine ›Emanation der Kollektivität‹ seien, kann die Gesellschaft absolute Autorität und Unterwerfung beanspruchen, bietet sie doch der Moral den Gegenstand und der Pflicht den Fixpunkt (Sociologie et philosophie, 1924). Für die Realisierung der durch die Soziologie herausgearbeiteten neuen Moral bedarf es dabei politisch-gesellschaftlicher Veränderungen (Schaffung intermediärer Gruppen [De la division du travail social, 1893]) bzw. ›moralischer Erziehung‹, die die Individuen zur

Anerkennung der Superiorität der Gesellschaft und der Verinnerlichung ihrer moralischen Regeln sozialisieren soll (L'éducation morale, 1925). Die wissenschaftlich begründete laizistische moralische Erziehung löst damit die ältere, an religiösen Dogmen orientierte ab. Für D. ist dies insofern eine konsequente Entwicklung, als er in der Religion nur den symbolisch chiffrierten Ausdruck gesellschaftlicher Zustände sah (Les formes élémentaires de la vie religieuse, 1912).
In der modernen Soziologie berufen sich der ↑Strukturalismus und der ↑Funktionalismus auf D., ferner verschiedene, inzwischen zu eigenen Forschungsbereichen ausdifferenzierte Disziplinen (z.B. Sozialanthropologie, Religions- und Erziehungssoziologie).

Hauptwerke: De la division du travail social, Paris 1893, [7]1960 (dt. Über die Teilung der sozialen Arbeit, Frankfurt 1977); Les règles de la méthode sociologique, Paris 1895 (dt. Die Methode der Soziologie, Leipzig 1908, unter dem Titel: Regeln der soziologischen Methode, ed. R. König, Neuwied 1961, [5]1976 [mit Bibliographie]); Le suicide. Étude de sociologie, Paris 1897, [2]1967 (dt. Der Selbstmord, Neuwied/Berlin 1973); Les formes élémentaires de la vie religieuse, Paris 1912, [5]1968; Sociologie et philosophie, Paris 1924 (dt. Soziologie und Philosophie, eingel. v. T.W. Adorno, Frankfurt 1967); L'éducation morale, Paris 1925 (dt. Erziehung, Moral und Gesellschaft, Neuwied/Darmstadt 1973); Le socialisme. Sa définition, ses débuts, la doctrine Saint-Simonienne, Paris 1928, [2]1971; L'évolution pédagogique en France, I–II, Paris 1938, [2]1969 (dt. Die Entwicklung der Pädagogik. Zur Geschichte und Soziologie des gelehrten Unterrichts in Frankreich, Weinheim/Basel 1977); Leçons de sociologie. Physique des mœurs et du droit, Paris 1950, [2]1969; Pragmatisme et sociologie, Paris 1955; Journal sociologique (ges. Aufsätze aus »L'année sociologique«), Paris 1969. – Y. Nandan, The Durkheimian School. A Systematic and Comprehensive Bibliography, Westport Conn. 1977.

Literatur: H. Alpert, E.D. and His Sociology, New York 1939 (repr. 1967); C.E. Gehlke, E.D.s Contributions to Sociological Theory, New York 1915 (repr. 1968); A. Giddens, D., Hassocks 1978; I. Hofmann, Bürgerliches Denken. Zur Soziologie E.D.s, Frankfurt 1973; R. König, E.D. zur Diskussion. Jenseits von Dogmatismus und Skepsis, ed. W. Lepenies/H. Ritter, München 1978; D. La Capra, E.D.. Sociologist and Philosopher, Ithaca/London 1972; S. Lukes, E.D.. His Life and Work. A Historical and Critical Study, London 1973 (mit Bibliographie); G.E. Marica, E.D.. Soziologie und Soziologismus, Jena 1932; R. Nisbet, The Sociology of E.D., New York 1974; T. Parsons, The Structure of Social Action, New York 1937; E. Wallwork, D.. Morality and Milieu, Cambridge Mass. 1972; K.H. Wolff (ed.), E.D. (1858–1917), Columbus Ohio 1960; Amer. J. of Sociology 63 (1958), 579–664 (Sonderh. 100 Jahre D. – G. Simmel). M.B.

Dynamik (von griech. δύναμις, Vermögen, Kraft, Möglichkeit), aus dem Aristotelischen ↑Dynamis-Begriff abgeleiteter Begriff, bereits bei Philoponos und in der Scholastik auf eine physikalische Lehre von ↑Kräften eingeengt. Der Ausdruck D. kommt wohl erstmals bei G.W. Leibniz vor. J.L. Lagrange bestimmt D. im Gegensatz zur ↑Statik als eigenes Teilgebiet der ↑Mechanik durch die Definition, daß die D. die beschleunigenden und verzögernden Kräfte und die von ihnen erzeugten Bewegungen zum Gegenstand habe.
Im modernen analytischen Theorienverständnis (↑Wissenschaftstheorie, analytische) wird (im Rahmen der klassischen Physik) die D. als die grundlegende mechanische Theorie betrachtet, aus der durch Weglassen von Sätzen, in denen die dynamischen Termini im engeren Sinne (Kraft, ↑Impuls, ↑Energie) vorkommen, die ↑Kinematik als Teiltheorie hervorgeht. Die Frage nach der Meßbarkeit der dynamischen Größen legt dagegen bei einem definitorisch zirkelfreien Aufbau der Physik die entgegengesetzte Auffassung nahe, wonach erst eine Kinematik als quantitative Bewegungslehre selbständig bestimmt zur Verfügung stehen muß, damit eine operative Bestimmung der Grundbegriffe der D. gelingen kann. Danach ist es z.B. unzulässig, für Definitionen in der Kinematik (etwa die Definition der gleichförmigen Bewegung zum Zwecke der Zeitmessung) auf den zur D. gehörenden Begriff des ↑Inertialsystems zurückzugreifen.

Literatur: P. Janich, Zur Kritik an der Protophysik, in: G. Böhme (ed.), Protophysik. Für und wider eine konstruktive Wissenschaftstheorie der Physik, Frankfurt 1976, 300–350; J.L. Lagrange, Mécanique analytique, Paris 1788, in: J.A. Serret/G. Darboux, Œuvres de Lagrange XI, Paris 1888 (repr. Hildesheim 1973); G.W. Leibniz, Specimen dynamicum (1695), Math. Schr. VI (1860), 234–254 (dt. in Auszügen in: A. Buchenau/E. Cassirer [ed.], G.W. Leibniz, Hauptschriften zur Grundlegung der Philosophie I. Leipzig 1904, Hamburg [3]1966, 256–272); J.D. Sneed, The Logical Structure of Mathematical Physics, Dordrecht 1971; L. Thorndike, Science and Thought in the Fifteenth Century. Studies in the History of Medicine and Surgery, Natural and Mathematical Science, Philosophy and Politics, New York 1929 (repr. New York/London 1963). P.J.

Dynamis (griech. δύναμις, Vermögen, Kraft, Möglichkeit), Aristotelischer Terminus, meist konträr zu Entelecheia (↑Entelechie) oder ↑Energeia gebraucht. Im Kontext der Rede über Veränderung definiert Aristoteles D. als »das Prinzip der Veränderung in einem anderen (Gegenstand als dem veränderten) oder (in eben diesem Gegenstand, aber insofern) als (er schon zu) einem anderen (geworden ist)« (Met. Δ12.1020a2–3; Θ1.1046a11; Θ7.1049b7), d.h. als das Vermögen, eine Veränderung eines anderen Gegenstandes oder seiner selbst zu bewirken. In der ↑Scholastik wird die Aristotelische Unterscheidung zwischen D. und Entelecheia bzw. Energeia in der Lehre von ↑Akt und Potenz weitergeführt.

Literatur: I. Düring, Aristoteles. Darstellung und Interpretation seines Denkens, Heidelberg 1966; J. Stallmach, D. und Energeia. Untersuchungen am Werk des Aristoteles zur Problemgeschichte von Möglichkeit und Wirklichkeit, Meisenheim 1959. O. S.

Dynamismus, bei J. Maréchal der Sachverhalt, daß Erkennen und Wollen des Menschen über die Beziehung zu ihren Objekten hinaus eine metaphysische Tendenz auf das absolut Wahre bzw. absolut Gute aufweisen. In übertragener Bedeutung wird ›D.‹ gelegentlich auch als Bezeichnung für die Philosophie Maréchals und seiner Schüler (J. B. Lotz, K. Rahner, E. Coreth, B. J. Lonergan u.a.) verwendet.

Literatur: J. Maréchal, Le point de départ de la métaphysique. Leçons sur le développement historique et théorique du problème de la connaissance, I–V, Bruges/Brüssel/Paris 1922–1947, I–III, Brüssel [4]1964–1965, V, Brüssel [2]1949; ders., Le dynamisme intellectuel dans la connaissance objective, Rev. néoscol. philos. 31 (1927), 137–165; O. Muck, Die transzendentale Methode in der scholastischen Philosophie der Gegenwart, Innsbruck 1964; E. Wingendorf, Das Dynamische in der menschlichen Erkenntnis, Bonn 1939. C. F. G.

Dynamismus (physikalisch), physikalische und naturphilosophische Theorien, die alle Naturvorgänge letztlich auf eine ↑Kraft bzw. auf verschiedene Kräfte zurückführen. Im Gegensatz dazu stehen Auffassungen, gelegentlich ›Atomismus‹ bzw. ›Mechanismus‹ genannt, die die Materie oder die geometrische Ausdehnung als systematisch primär ansehen. Die radikalste Auffassung des D. wurde von R. J. Boscovich vertreten. Vorbereitet wurde Boscovichs Theorie durch I. Newtons Auffassung der ↑Trägheit als einer der Materie innewohnenden, nicht weiter reduzierbaren oder erklärbaren Kraft (›vis insita‹) und besonders durch den in seiner metaphysischen Interpretation quasi vitalistischen (↑Vitalismus) Kraftbegriff (↑vis viva) von G. W. Leibniz. Während bei Newton die ↑Masse und bei Leibniz die ↑Undurchdringbarkeit noch primäre Materieeigenschaften sind, versucht Boscovich, diese und andere physikalische Begriffe auf einen einheitlichen Kraftbegriff zu reduzieren. Diese Kraft äußert sich je nach Entfernung der betrachteten unausgedehnten, punktförmigen Kraftzentren (mit Trägheit) als Anziehung oder Abstoßung. So tritt etwa bei den sonst als ›Stoß‹ bezeichneten Kontaktphänomenen vor dem Kontakt eine Repulsionskraft auf, die die Richtungsänderung der Geschwindigkeit bewirkt und bei weiterer Entfernung sich in Attraktion umkehrt. Zwar ist der D. für die Geschichte der Physik bedeutsam, insofern er naive Atomvorstellungen (kleinste harte Materieteilchen mit den Eigenschaften größerer Körper) überwinden half, gleichwohl fand er als Gesamttheorie in der Physik wenig Anhänger (z.B. zeitweise M. Faraday). Dagegen wurde der D., häufig unter dem programmatischen Titel ↑›Attraktion/Repulsion‹, im Anschluß an I. Kant von der ›romantischen Naturphilosophie‹ (insbesondere F. W. J. Schelling) vertreten und ausgebaut. Auch metaphysische Willenstheorien (z.B. A. Schopenhauer, F. Nietzsche) greifen Gedanken des D. auf.

Literatur: M. Čapek, Dynamism, Enc. Ph. II (1967), 444–447; M. Jammer, Concepts of Force, Cambridge Mass. 1957, Kap. 9. G. W.

E

e (von lat. nego, ich verneine), in der traditionellen ↑Syllogistik Bezeichnung für den Satztyp der universell verneinenden Urteile (›kein *P* ist *Q*‹): *PeQ*. In moderner logischer Notation gibt man ›*PeQ*‹ besser durch das Schema $\bigwedge_x(P(x) \rightarrow \neg Q(x))$ als durch das von der umgangssprachlichen Formulierung ›kein *P* ist *Q*‹ nahegelegte Schema $\neg \bigvee_x(P(x) \wedge Q(x))$ wieder, um die Analogie zu universell bejahenden Urteilen ›*PaQ*‹ (›alle *P* sind *Q*‹, symbolisch $\bigwedge_x(P(x) \rightarrow Q(x))$) zu wahren. Beide Schemata sind nur unter Zugrundelegung der klassischen Logik (↑Logik, klassische) als gleichwertig anzusehen. P.S.

Ebbinghaus, Julius, *Berlin 9. Nov. 1885, dt. Philosoph. 1927 Privatdozent und apl. Prof. in Freiburg, 1930 o. Prof. der Philosophie in Rostock, 1940 (bis zu seiner Emeritierung 1954) in Marburg. E. vertrat zunächst Positionen des von K. Fischer und W. Dilthey begründeten Neuhegelianismus (↑Hegelianismus), der sich vornehmlich mit den im Hegelianismus vernachlässigten Problemen der Methode der Philosophie (Dialektik) sowie der Philosophie des objektiven Geistes (↑Geist, objektiver) beschäftigt. Später wendete sich E. der Philosophie I. Kants zu, die er in seinen Arbeiten zur Rechts-, Staats- und Sozialphilosophie entfaltet.

Werke: Relativer und absoluter Idealismus. Historisch-systematische Untersuchung über den Weg von Kant zu Hegel, Leipzig 1910; Kants Lehre vom ewigen Frieden und die Kriegsschuldfrage, Tübingen 1929; Über die Fortschritte der Metaphysik. Antrittsvorlesung, Tübingen 1931; Zu Deutschlands Schicksalswende, Frankfurt 1946, ^{2}1947; Die Idee des Rechts, Z. philos. Forsch. 12 (1958), 17–42, 515–546; Die Formeln des Kategorischen Imperativs und die Ableitung inhaltlich bestimmter Pflichten, Filos. 10 (1959), 733–753; Gesammelte Aufsätze, Vorträge und Reden, Darmstadt 1968 (Bibliographie von J. v. Kempski, 335–339); Die Strafen für Tötung eines Menschen nach Prinzipien einer Rechtsphilosophie der Freiheit, Bonn 1968 (Kant-St. Erg.hefte 94); Traditionsfreiheit und Traditionsgebundenheit, Frankfurt 1969.

Literatur: H. Glockner, Beiträge zum Verständnis und zur Kritik Hegels sowie zur Umgestaltung seiner Geisteswelt, Bonn 1965; H. Levy, Die Hegel-Renaissance in der deutschen Philosophie mit besonderer Berücksichtigung des Neukantianismus, Charlottenburg 1927; G. Wolandt, J. E. als philosophischer Schriftsteller, Z. philos. Forsch. 24 (1970), 571–589. A. G.-S.

Eberhard, Johann August, *Halberstadt 31. Aug. 1739, †Halle 6. Jan. 1809, dt. Philosoph. E. lehrte seit 1778 in Halle, wird der Wolffschen Schule zugerechnet und vertrat in Lehre und Schrift in popularisierender Weise (↑Popularphilosophie) die Positionen der englischen Aufklärung und G. W. Leibnizens gegen I. Kant, der dieser Kritik mit einer eigenen Schrift begegnete (Über eine Entdeckung, nach der alle neue Kritik der reinen Vernunft durch eine ältere entbehrlich gemacht werden soll, Königsberg 1790). Herausgeber des »Philosophischen Magazins« (I–IV, Halle 1788–1792 [repr. Brüssel 1968]) und des »Philosophischen Archivs« (I–II, Halle 1792–1795 [repr. Brüssel 1968]); ab 1786 Mitglied der Berliner Akademie. E. behandelte auch ästhetische Fragen (Handbuch der Aesthetik für gebildete Leser aus allen Ständen, in Briefen hrsg., I–IV, Halle 1803/1805) und schrieb unter anderem ein deutsches Synonymen-Wörterbuch (Synonymisches Handwörterbuch der deutschen Sprache, I–VI, Halle 1795–1802, ed. F. Rückert, Leipzig/Berlin ^{12}1863, ed. O. Lyon, Leipzig ^{16}1903–1904, ^{17}1910).

Weitere Werke: Neue Apologie des Sokrates oder Untersuchung der Lehre von der Seligkeit der Heiden, Berlin/Stettin 1772, I–II, ^{2}1776/1778 (repr. Brüssel 1968); Allgemeine Theorie des Denkens und Empfindens, Berlin 1776 (repr. Frankfurt 1972), ^{2}1786 (repr. Brüssel 1968); Sittenlehre der Vernunft, Berlin 1781 (repr. Frankfurt 1971), ^{2}1786, unter dem Titel: Theorie der schönen Künste und Wissenschaften, ^{3}1790; Theorie der schönen Wissenschaften, Halle 1783, ^{2}1786; Vermischte Schriften, Halle 1784; Neue vermischte Schriften, Halle 1788; Allgemeine Geschichte der Philosophie zum Gebrauch akademischer physik mit Rücksicht auf den gegenwärtigen Zustand der Philosophie, Halle 1794.

Literatur: L. Gäbe, E., NDB IV (Berlin 1959), 240–241. J. M.

Ebreo, Leone, ↑Abravanel, Jehuda.

Eckart (Eckhart, Eckehart), genannt Meister Eckart (Johannes Eckart), *Hochheim b. Gotha ca. 1260, †Köln Herbst 1327 (oder Avignon vor dem 30. April 1328), dt. Mystiker und Philosoph, Dominikaner. Studium in Köln und Paris, wahrscheinlich 1302 Magister der Theologie in Paris, 1303–1311 Ordensprovinzial in Sachsen, 1311 Prof. in Paris, 1313 in Straßburg, 1323 in Köln. Wegen Häresieverdacht ab 1326 in Prozesse verwickelt, zunächst mit dem Erzbischof von Köln, dann mit der päpstlichen Kurie in Avignon, 1329 Verurteilung von 28 Sätzen E.s durch eine Bulle Johannes' XXII. (17 Sätze als häretisch, 11 Sätze als häresieverdächtig). Die philosophischen Quellen des Werkes E.s sind die von Albertus Magnus, Thomas von Aquin und dem ↑Neuplatonismus tradierten Gedanken. E.s Hauptinteresse liegt jedoch weniger in genuin philosophischen oder theologischen Überlegungen, sondern darin, seine mystischen Einsichten in einer philosophischen und theologischen Sprache darzustellen und zu vertiefen. Dadurch entwickelt er paradoxe und provokative Aussagen, die ihm Schwierigkeiten mit der theologischen Orthodoxie bringen. So gerät E. in den Verdacht des ↑Pantheismus durch seine Formulierungen, daß alle Geschöpfe ein reines Nichts seien und daß es außerhalb Gottes nichts gäbe (Die deutschen Werke I, 69f.; Die lateinischen Werke I, 41). Ein weiterer häresieverdächtiger Punkt ist E.s Lehre von der völligen Umwandlung der Seele in der mystischen Vereinigung mit Gott, durch die der Mensch mit dem Sohn Gottes identifiziert wird. In dieser Vereinigung kehrt der Seelengrund, die ›scintilla‹ animae, das ›vünkelin‹ bzw. der ›Seelenfunken‹ (den E. im Unterschied zu anderen Mystikern als ›intelligere‹ bestimmt), zu ihrem wahren Zentrum zurück.

E. selbst hat einige seiner Formulierungen, z.B. die von der Identifikation des Menschen mit Gott, als Übertreibungen abgeschwächt. Entscheidend für das Verständnis gerade dieser für die Orthodoxie provokativen Formulierungen ist aber die mit ihnen verfolgte Absicht E.s: In der (glaubensgeleiteten) Konzentration auf die inneren Bewegungen unseres Geistes, auf das Einsehen unserer Seele, kehrt sich die Ordnung in der Gegenwärtigkeit und Gewichtung von Erfahrungs- und Denkinhalten um. Die zunächst als unmittelbar gegenwärtige und dadurch als Grund unserer Erfahrung und unseres Denkens erscheinende ›Außenwelt‹ der endlichen Dinge erweist sich in dieser verstehenden Verinnerlichung als bloß scheinbare Gegenwart und bloß scheinbarer Grund. Unmittelbar gegenwärtig und unser Wissen gründend ist allein Gott, aber dies eben nur für den Grund bzw. ›Funken‹ unserer Seele. Wenn in der höchsten Einsicht diese Unmittelbarkeit erreicht ist, dann ist Gott in der Tat alles und die Welt nichts, dann ist der Mensch mit Gott als dem unmittelbar Gegenwärtigen identisch. Diese Formulierungen lassen sich so verstehen als der pointierte Verweis auf das Umschlagen von dem, was Realität (oder auch Rationalität) heißt, in der mystischen Vereinigung durch Einsicht.

Werke: Die deutschen und lateinischen Werke, ed. im Auftrag der Deutschen Forschungsgemeinschaft, I–, Stuttgart/Berlin 1936ff.; Magistri Eckardi Opera latina. Auspiciis Inst. St. Sabinae in Urbe ad cod. fidem ed. T. 1, 2, 13, Leipzig 1934–1936; Auswahlsammlungen: Schriften und Predigten, I–II, ed. H. Büttner, Jena 1903/1909; M. E.. Das System seiner religiösen Lehre und Lebensweisheit. Textbuch aus den gedruckten und ungedruckten Quellen mit Einf. u. Anm. v. O. Karrer, München 1926; M. E.s Schriften zur Gesellschaftsphilosophie, ed. I. Roloff, Jena 1934 (Die Herdflamme 20); Deutsche Predigten und Traktate, ed. u. übers. v. J. Quint, München 1955, ²1964, ³1969; Predigten und Schriften, ausgew. u. eingel. v. F. Heer, Frankfurt/Hamburg 1956; M. E.. An Introduction to the Study of his Works with an Anthology of his Sermons, select., annot. and trans. by J. M. Clark, London/New York 1957, unter dem Titel: M. E.. Selected Treatises and Sermons trans. from Latin and German with an Introduction and Notes by J. M. Clark and J. V. Skinner, London 1958; Von der Geburt der Seele. Ausgewählte Predigten und Traktate, übertr. u. eingel. v. E. K. Pohl, Gütersloh 1959.

Literatur: K. Albert, M. E.s These vom Sein. Untersuchung zur Metaphysik des Opus tripartitum, Saarbrücken 1976; J. Ancelet-Hustache, Maître E. et la mystique rhénane, Paris 1956 (engl. Master E. and the Rhineland Mystics, New York 1957); R. Backofen, M. E., Stuttgart 1943; R. B. Blakney, M. E., New York 1957; E. v. Bracken, M. E. und Fichte, Würzburg 1943; ders., M. E. als Philosoph, Dt. Vierteljahresschr. Literaturwiss. u. Geistesgesch. 24 (1950), 32–52; I. Degenhard, Studien zum Wandel des E.bildes, Diss. Frankfurt 1965; G. Della Volpe, Il misticismo speculativo di Maestro E., Bologna 1930; ders., E. o della filosofia mistica, Rom 1952; A. Dempf, M. E.. Eine Einführung in sein Werk, Leipzig 1934, Freiburg ²1960; G. Faggin, M. E. e la mistica tedesca prepotestante, Mailand 1946; H. Fischer, M. E., Freiburg 1974; L. Hödl, Metaphysik und Mystik im Denken des M. E., Z. kath. Theol. 82 (1960), 257–274; C. F. Kelley, M. E. on Divine Knowledge, New Haven Conn. 1977; A. Klein, M. E.. La dottrina mistica della giustificazione, Mailand 1978; J. Kopper, Die Metaphysik M. E.s, eingeleitet durch eine Erörterung der Interpretation, Saarbrücken 1955; V. Lossky, Théologie négative et connaissance de Dieu chez Maître E., Paris 1960; G. Lüben,

Die Geburt des Geistes. Das Zeugnis M. E.s, Berlin 1956; M.A. Lücker, M.E. und die devotio moderna, Leiden 1950; U.M. Nix/R. Öchslin (eds.), M.E., der Prediger. Festschrift zum E.-Gedenkjahr, Freiburg/Basel/Wien 1960; K. Oltmanns, M.E., Frankfurt 1935, ^{2}1957; H. Piesch, M.E.s Ethik (Vorwort O. Karrer), Luzern 1935, ^{2}1948; G. Stephenson, Gottheit und Gott in der spekulativen Mystik M. E.s. Eine Untersuchung zur Phänomenologie und Typologie der Mystik, Bonn 1954. O. S.

Eddington, Arthur Stanley, *Kendal 28. Dez. 1882, †Cambridge 22. Nov. 1944, engl. Astronom mit bedeutenden Beiträgen zur Astrophysik und Kosmologie. Nach Studium der Mathematik am Trinity College, Cambridge, 1905 Promotion, 1906 Assistent am königlichen Observatorium in Greenwich, 1913 Prof. und Leiter des Observatoriums in Cambridge. 1914 erschien sein erstes Buch über Sternbewegungen, dem Untersuchungen über den inneren Aufbau der Sterne, ihre Masse-Helligkeitsbeziehung und Pulsationstheorie folgten. Berühmt wurde seine Bestätigung der von A. Einstein vorausgesagten Lichtstrahlkrümmung durch Gravitationsfelder (↑Relativitätstheorie, allgemeine), die E. durch Messungen bei der Sonnenfinsternis am 29. Mai 1919 auf dem Mount-Wilson-Observatorium mit einer Abweichung von 1,90″ belegen konnte. 1924 veranlaßte er W.S. Adams, die Rotverschiebung von Sirius B auf dem Mount-Wilson-Observatorium zu vermessen, die mathematisch aus Einsteins Feldgleichungen folgt. Während nämlich die von Einstein vorausgesagte Rotverschiebung z.B. für die Sonne nur geringfügig war, ließ sie sich für ›Weiße Zwerge‹, d.h. Sterne mit geringem Radius, aber normaler Masse und daher sehr großer Dichte, deutlich nachweisen. E. hatte für Sirius B die Eigenschaften eines ›Weißen Zwerges‹ berechnet.

Neben diesen empirisch-astronomischen Bestätigungen der Relativitätstheorie beschäftigte sich E. auch mit ihren mathematischen Grundlagen (↑Differentialgeometrie). Nachdem A. Friedmann 1922 das kosmologische Modell eines expandierenden Universums auf Grund der Einsteinschen Gravitationsgleichungen ohne kosmologisches Glied vorgeschlagen hatte, wies E. einige Jahre später nach, daß ein statisches Universum nach der Relativitätstheorie instabil wäre. In mehreren kosmologischen Arbeiten, insbesondere in seiner nachgelassenen Schrift »Fundamental Theory«, versuchte E. zu zeigen, daß zwischen den Naturkonstanten der relativistischen Kosmologie (der Gravitationskonstanten G, der Lichtgeschwindigkeit c, der Hubbleschen Konstanten H, der mittleren Massendichte ρ_0 des Universums) und den Naturkonstanten der Quantentheorie (dem elektrischen Elementarquantum e, der Masse m_e des Elektrons, der Masse m_p des Protons, dem Planckschen Wirkungsquantum h) konstante Proportionalitätsfaktoren bestehen, die er als dimensionslose Naturkonstanten (↑Dimensionsanalyse) interpretierte. Den Faktor γ, der in allen E.schen Beziehungen auftritt, leitete er aus dem Verhältnis der Gravitationsanziehung und der Coulombschen Anziehung im Wasserstoffatom her:

$$\gamma = \frac{e^2}{G \cdot m_p \cdot m_e} = 2{,}3 \cdot 10^{39}.$$

Für das Verhältnis der kosmologischen Länge $c \cdot T_0$, die im sphärischen Modell dem ›Weltradius‹ angenähert entspricht, zum klassischen Elektronenradius ergibt sich nach E. die grobe Annäherung

$$2\gamma \approx \frac{c \cdot T_0}{e^2/mc^2} = 4{,}4 \cdot 10^{40}$$

und für die Zahl von Protonen und Neutronen in seinem kosmologischen Modell die angenäherte Größenordnung

$$\gamma^2 \approx \frac{\rho_0 \cdot c^3 T_0^{\,3}}{m_p} = (1{,}0 \cdot 10^{39})^2.$$

Dieser Ansatz wurde in den dreißiger Jahren von P.A.M. Dirac und später von P. Jordan weiterentwickelt.

Werke: Stellar Movements and the Structure of the Universe, London 1914; Report on the Relativity Theory of Gravitation, London 1918; Space, Time and Gravitation. An Outline of the General Relativity Theory, Cambridge 1920, 1966 (dt. Raum, Zeit, Schwere. Ein Umriß der allgemeinen Relativitätstheorie, Braunschweig 1923); The Mathematical Theory of Relativity, Cambridge 1923, ^{2}1924 (repr. New York 1975, dt. Relativitätstheorie in mathematischer Behandlung, Berlin 1925); The Internal Constitution of the Stars, Cambridge 1926, New York 1959 (dt. Der innere Aufbau der Sterne, Berlin 1928); Stars and Atoms, Oxford 1927 (dt. Sterne und Atome, Göttingen ^{4}1958); The Nature of the Physical World, New York/Cambridge 1928, London 1964 (dt. Das Weltbild der Physik und ein Versuch seiner philosophischen Deutung, Braunschweig 1931, ^{2}1939); The Expanding Universe, Cambridge 1933, Ann Arbor 1958 (dt. Dehnt sich das Weltall aus?, Stuttgart 1933); New Pathways in Science, New York/Cambridge 1935, Ann Arbor 1959; Relativity Theory of Protons and Electrons, New York/Cambridge 1936; The Philosophy of Physical Science, Cambridge 1939, Ann Arbor 1958 (dt. Philosophie der Naturwissenschaft, Bern 1949); Fundamental Theory, ed. E.T. Whittaker, Cambridge 1946, 1953.

Literatur: H. Dingle, The Sources of E.'s Philosophy, Cambridge 1954; A.V. Douglas, The Life of A. S. E., London/New York 1956 (mit Bibliographie); C.W. Kilmister, Men of Physics: Sir A. E., Oxford/New York 1966; ders./

B. O. J. Tupper, E.'s Statistical Theory, Oxford 1962; S. R. Milner, Generalized Electrodynamics and the Structure of Matter, ed. C. W. Kilmister, Sheffield 1963; A. D. Ritchie, Reflections on the Philosophy of Sir A. E., Cambridge 1948; N. B. Slater, The Development & Meaning of E.'s »Fundamental Theory«, Cambridge 1957; E. T. Whittaker, From Euclid to E.. A Study of Conceptions of the External World, Cambridge 1949; ders., E.s Principle in the Philosophy of Science, Cambridge 1951; J. W. Yolton, The Philosophy of Science of A. S. E., The Hague 1960. K. M.

Edwards, Jonathan, *East Windsor Conn. 5. Okt. 1703, †Princeton N. J. 22. März 1758, amerik. puritanischer Theologe und Philosoph, Begründer der New English Theology. Nach Studium in Yale (1716–1722) Pfarrer in New York (1722) und Northampton Mass. (1729), 1758 Präsident des New Jersey College (später Princeton University). E.' antiarminianische Predigten führten 1734 zur ›großen Erweckung‹ (Great Awakening) (A Treatise Concerning Religious Affections, Boston 1746); seine philosophische Theologie, beeinflußt durch die Erkenntnistheorie J. Lockes, ausgearbeitet in Richtung auf den Idealismus G. Berkeleys, orientiert sich vornehmlich an Problemen von Freiheit und Determinismus (Freedom of the Will, Boston 1754, ed. A. S. Kaufman/W. E. Frankena, Indianapolis 1968). E. schrieb zeitlebens (in Form von Tagebucheintragungen) an einer Summe der calvinistischen Theologie (A Rational Account of the Main Doctrines of the Christian Religion Attempted).

Werke: The Works of President E., I–VIII, Leeds 1806–1811, ²1817 (repr. New York 1968); The Works of President E. with a Memoir of his Life, I–X, ed. S. E. Dwight, New York 1830, I–IV, ⁸1849; The Works of J. E., ed. P. Miller, New Haven 1957ff. (I Freedom of the Will, ed. P. Ramsey, 1957; II Religious Affections, ed. J. E. Smitten, 1959); Puritan Sage. Collected Writings of J. E., ed. V. Ferm, New York 1953; The Philosophy of J. E. from his Private Notebooks, ed. H. G. Townsend, Eugene Oregon 1955 (repr. Westport Conn. 1972); Selected Writings, ed. H.P. Simonson, New York 1970. – T.H. Johnson, The Printed Writings of J.E., 1703–1758. A Bibliography, New York 1940, ²1970.

Literatur: C. Angoff (ed.), J. E.. His Life and Influence. Papers and Discussions by Conrad Sherry and Others, Rutherford N. J. 1974; F. H. Foster, A Genetic History of the New England Theology, Chicago 1907, 47ff.; E. M. Griffin, J. E., Minneapolis 1971; E. W. Hankamer, Das politische Denken von J. E., Diss. München 1972; G. Hoffmann, Seinsharmonie und Heilsgeschichte bei J. E., Diss. Göttingen 1957; C. A. Holbrook, The Ethics of J. E.. Morality and Aesthetics, Ann Arbor Mich. 1973; A. A. Maurer, E., Enc. Ph. II (1967), 460–462; P. Miller, J. E., New York 1949, 1959; J. Opie, J. E. and the Enlightenment, Lexington Mass. 1969; D. P. Rudisill, The Doctrine of the Atonement in J. E. and his Successors, New York 1971; G. Rupp, The »Idealism« of J. E., Harvard Theol. Rev. 62 (1969), 209–226; J.E. Smith, J.E. as Philosophical Theologian, Rev. Met. 30 (1976/1977), 306–324; M. G. White, Science and Sentiment in America. Philosophical Thought from J. E. to John Dewey, London/New York 1972; O. E. Winslow, J. E. 1703–1758, New York 1940 (repr. 1973). J. M.

Ego, transzendentales, von E. Husserl vor allem in den »Cartesianischen Meditationen« mit Blick auf R. Descartes verwendeter Terminus, um die transzendentale Subjektivität (↑Subjektivismus) als absoluten und apodiktisch gewissen Geltungsgrund für alle methodische Philosophie auszuzeichnen (↑Ich).

Literatur: E. Husserl, Cartesianische Meditationen und Pariser Vorträge, ed. S. Strasser, Den Haag ²1963 (Husserliana I). C. F. G.

Egoismus (von lat. ego, ich), seit dem 18. Jahrhundert über die franz. Bezeichnungen égoisme und égoiste gebräuchliche Kennzeichnung einer dem ↑Altruismus entgegengesetzten Haltung, in der die Verfolgung eigener Zwecke vor anderen (gemeinsamen) Zwecken als das zentrale handlungsbestimmende Motiv gesehen wird. I. Kant unterscheidet einen *logischen*, *ästhetischen*, *metaphysischen* und *moralischen* E.. Der moralische Egoist ist der, »welcher alle Zwecke auf sich selbst einschränkt, der keinen Nutzen worin sieht als in dem, was ihm nützt, auch wohl als Eudämonist bloß im Nutzen und der eigenen Glückseligkeit, nicht in der Pflichtvorstellung den obersten Bestimmungsgrad seines Willens setzt« (Anthropologie § 2). Wo ein E. als Grundhaltung empfohlen wird (M. Stirner), erscheint er somit als Variante von ↑Hedonismus und ↑Eudämonismus, sonst als eine biologische bzw. anthropologische Eigenart (›Selbstsucht‹), die, wie schon von I. Kant und A. Comte hervorgehoben, durch die ›moralische Triebfeder‹ (A. Schopenhauer) überwunden werden muß.

Literatur: W. Dwyer, Criticisms of Egoism, Personalist 56 (1975), 214–227; W. Halbfass, Descartes' Frage nach der Existenz der Welt. Untersuchungen über die cartesianische Denkpraxis und Metaphysik, Meisenheim 1968 (Appendix I–II, zur Begriffsgeschichte von ›E.‹); A. MacIntyre, Egoism and Altruism, Enc. Ph. II (1967), 462–466; B. Williams, Egoism and Altruism, in: ders., Problems of the Self, London 1973, 250–265 (dt. E. und Altruismus, in: ders., Probleme des Selbst, Stuttgart 1978, 398–423). J. M.

Eidetik, von E. Husserl verwendeter Begriff zur Bezeichnung einer rationalen, phänomenologischen Wesenslehre (↑Wesensschau, ↑Wesen, ↑Universalien). Zentraler Inhalt der E. ist die

Lehre von der eidetischen Variation (↑Variation, eidetische). C. F. G.

Eidos (griech. εἶδος, Gestalt, Idee), von E. Husserl synonym mit ↑Wesen verwendeter Terminus (↑Universalien). Die Lehre von den eidetischen Strukturen heißt ↑*Eidetik*, die Methode der Erfassung eidetischer Strukturen *eidetische Variation* (↑Variation, eidetische). Zur begrifflichen Bestimmung in der Philosophie Platons ↑Idee (historisch), ↑Ideenlehre; zur definitionstheoretischen Bedeutung (Unterscheidung zwischen genus und species) ↑Art. C. F. G.

Eigenname (engl. proper name), ein der ↑Benennung (↑Referenz) dienender sprachlicher Ausdruck, der in ↑Aussagen denjenigen konkreten oder abstrakten Gegenstand vertritt, über den, gegebenenfalls neben weiteren Gegenständen in derselben Aussage, etwas ausgesagt wird. In der traditionellen Grammatik fällt ein E. (nomen proprium) unter dieselbe Gattung der ›Namen‹ wie ein Gattungsname (nomen appellativum, ↑Allgemeinbegriff), obwohl nach der logischen Grammatik (↑Grammatik, logische) sämtliche Nomina grundsätzlich den der ↑Unterscheidung dienenden ↑Prädikatoren zuzurechnen sind, ein E. hingegen als benennender Ausdruck zu den ↑Nominatoren gehört. Allerdings gibt es für jeden Prädikator, insbesondere also für ein Nomen, auch die Verwendung als E. für das mit seiner Hilfe artikulierte Handlungs- oder Dingschema (↑Handlungsschema, ↑Ding), also für einen abstrakten Gegenstand im Vergleich zu den Aktualisierungen des Schemas als den konkreten Gegenständen (z.B. ›Grün‹ als E. für eine Farbe im Unterschied zu ›grün‹ als Prädikator zur Unterscheidung grüner Dinge).

Sind die Funktionen der Benennung und der Unterscheidung, also von E. und Prädikator, für einen sprachlichen Ausdruck im Gebrauch noch nicht getrennt, so spricht man von einem ↑Artikulator. Vor den übrigen Nominatoren, also z.B. den ↑Kennzeichnungen und den ↑Indikatoren, ist ein E. dadurch ausgezeichnet, daß er auf Grund einer ausdrücklichen, häufig sogar institutionalisierten Vereinbarung (bei Personennamen z.B. durch Urkunde eines Standesamts) einen Gegenstand vertritt und diesen daraufhin für jeden, der diese Vereinbarung kennt, zu identifizieren gestattet, und zwar ohne Benutzung gegebenenfalls im E.n, etwa auf Grund der Etymologie, noch vorhandener prädikativer Anteile. Macht man, wie G. Frege, im Beispiel der Nominatoren ›der Abendstern‹ und ›der Morgenstern‹, doch von diesen prädikativen Anteilen bei der Identifizierung des benannten Gegenstandes (hier der Venus) Gebrauch, so handelt es sich nicht um E.n im logischen Sinn, sondern um Kennzeichnungen, für die der gekennzeichnete Gegenstand (die *Bedeutung* des Nominators bei Frege) und die Bedeutung des für die Kennzeichnung verwendeten Prädikators (der *Sinn* des Nominators bei Frege) unterschieden werden kann (↑Sinn, ↑Bedeutung). Gleichwohl besteht eine begründete Vermutung, daß die in einer natürlichen Sprache gebrauchten grammatischen E.n historisch aus Kennzeichnungen, bei Personen z.B. aus Kennzeichnungen des Berufs oder der Herkunft etc., entstanden sind. Nicht alle E.n im logischen Sinn sind jedoch auch grammatische E.n, z.B. der als Kennzeichnung konstruierte E. ›die Zugspitze‹ oder die zu einer eigenen Wortart, den Zahlwörtern, gerechneten E.n ›zwei‹, ›drei‹, usw.

Literatur: K.S. Donnellan, Proper Names and Identifying Descriptions, Synthese 21 (1970), 335–358 (wiederabgedruckt in: D. Davidson/G. Harman [eds.], 356–379); G. Frege, Über Sinn und Bedeutung (1892), in: ders., Kleine Schriften, ed. I. Angelelli, Darmstadt 1967, 143–162; P.T. Geach, Reference and Generality. An Examination of Some Medieval and Modern Theories, Ithaca 1968; S.P. Kripke, Naming and Necessity, in: D. Davidson/G. Harman (eds.), Semantics of Natural Language, Dordrecht ²1972, 253–355, Addenda: 763–769; C. Peacocke, Proper Names, Reference, and Rigid Designation, in: S. Blackburn (ed.), Meaning, Reference, and Necessity. New Studies in Semantics, Cambridge 1975, 109–132; W.V.O. Quine, Word and Object, Cambridge Mass. 1960; H. Schleichert, Identifikation und die Semantik der E.n. Linguist. Ber. 15 (1971), 12–19; D.S. Schwarz, Naming and Referring. The Semantics and Pragmatics of Singular Terms, Berlin/New York 1979; J.R. Searle, The Problem of Proper Names, in: D.D. Steinberg/L.A. Jakobovits (eds.), Semantics. An Interdisciplinary Reader in Philosophy, Linguistics and Psychology, Cambridge 1971, 134–141; R. Wimmer, Zur Theorie der E.n, Linguist. Ber. 17 (1972), 70–75; P. Ziff, Semantic Analysis, Ithaca 1960. K.L.

Eigenprädikator, im Unterschied zum ↑Apprädikator ein ↑Prädikator, der nur Gegenständen zugesprochen wird, die sich mit Hilfe dieses Prädikators ↑deiktisch kennzeichnen lassen (↑Kennzeichnung), d.s. im Deutschen und anderen indogermanischen Sprachen die Substantive. Z.B. erlaubt die Elementaraussage ›dies ε Mensch‹ nach der kennzeichnenden Umformung in ›dies *P* ε Mensch‹ mit einem Prädikator *P*, etwa ›Europäer‹ oder ›stumm‹, stets den Schluß ›dieser Mensch ε *P*‹, während ›dies ε laufen‹ sowohl ›dieser Mensch ε laufen‹ als auch ›dieses Laufen ε laufen‹ erlaubt; nur im zweiten Beispiel wird ›laufen‹ wie ein E., nämlich als Verbalsubstantiv, verwendet. Da logisch für Prädikatoren wie ›laufen‹ natürlich die grammatischen Unterscheidungen, etwa in finite Verbformen und Verbalsubstantiv, keine Rolle spielen dürfen – in allen grammatisch unterschiedenen Fällen handelt es sich grundsätzlich um denselben Prädikator (↑Grammatik, logische) –, ist es angemessener, nicht von E.en und Apprädikatoren zu sprechen, sondern von eigenprädikativer bzw. apprädikativer Verwendung eines Prädikators.

Literatur: K. Lorenz, Sprachtheorie als Teil einer Handlungstheorie. Ein Beitrag zur Einführung linguistischer Grundbegriffe, in: D. Wunderlich (ed.), Wissenschaftstheorie der Linguistik, Kronberg 1976, 250–266; P. Lorenzen, Semantisch normierte Orthosprachen, in: F. Kambartel/J. Mittelstraß (eds.), Zum normativen Fundament der Wissenschaft, Frankfurt 1973, 231–249; ders./O. Schwemmer, Konstruktive Logik, Ethik und Wissenschaftstheorie, Mannheim [2]1975, 42ff.. K. L.

Eigenschaft (lat. attributum, proprietas, qualitas), die einem Gegenstand wesentlich (substantiell) oder zufällig (akzidentell) zukommende Bestimmung, durch die seine Einordnung in eine Klasse von Gegenständen erfolgt. In der philosophischen Tradition wird E. entsprechend dem Wortsinn von ›proprietas‹ als Beschaffenheit, die einem Gegenstand ›zu eigen‹ ist, verstanden. E.en und Beziehungen werden daher noch heute in platonistisch bestimmten Auffassungen der Logik (↑Platonismus (wissenschaftstheoretisch)) als ›Attribute‹ bezeichnet. Dabei wird die elementare ↑Prädikation $x\varepsilon P$ (›x ist P‹), durch die einem Gegenstand x ein Prädikat P zugesprochen wird, als ›x hat die E. P‹ oder ›x fällt unter den Begriff P‹ gelesen. Sind zwei Prädikatoren ›P‹ und ›Q‹ durch (eventuell aus anderen abgeleitete) ↑Prädikatorenregeln in der Weise $x\varepsilon P \Leftrightarrow_{\mathfrak{R}} x\varepsilon Q$ verknüpft, so ist dadurch bezüglich des Regelsystems $\mathfrak{R}$ eine ↑Äquivalenzrelation $P \sim Q$ definiert, die einen Abstraktionsschritt erlaubt. ›E.‹ ist dann logisch betrachtet ein Abstraktor, der den Übergang von der Rede über Prädikatoren zur Rede über die von ihnen ›dargestellte‹ E. (oder ›Intension‹) signalisiert (↑Abstraktion). Als *strukturelle* E.en werden in der Logik ›E.en von E.en‹ bzw. E.en ›zweiter Stufe‹ bezeichnet. Beispiele dafür sind etwa Äquivalenz, Symmetrie (↑symmetrisch/Symmetrie (logisch)), ↑Synonymität und ↑Transitivität zweistelliger Prädikatoren oder ↑Idempotenz zweistelliger Funktoren.

Angesichts des Umstandes, daß gleiche Abstraktionsschritte zu E.en und zu ↑*Begriffen* führen, der Ausdruck ›Begriff‹ jedoch in einigen Redeweisen nicht für den Ausdruck ›E.‹ substituiert werden kann und umgekehrt (Beispiele: ›der Mann ohne E.en‹, ›die Begriffe der Physik‹), hat R. Carnap vorgeschlagen, zwischen E.en, dargestellt durch einstellige Prädikatoren, und ↑Relationen, dargestellt durch mehrstellige Prädikatoren, zu unterscheiden und den Ausdruck ›Begriff‹ als gemeinsame Bezeichnung für E.en und Relationen, aber z.B. auch für Individuenbegriffe (Eigennamen), zu verwenden. Dieser Vorschlag, der zum Teil von Vertretern der intensionalen Semantik übernommen wurde, ist jedoch insofern unbefriedigend, als die Beschränkung des Ausdrucks ›E.‹ auf einstellige Prädikatoren sachlich nicht zwingend ist und auch diese Beschränkung die mangelnde Parallelität der Ausdrücke ›E.‹ und ›Begriff‹ nicht zu erklären vermag. An dieser Stelle führt möglicherweise die *historische* Einordnung der Ausdrücke ›Begriff‹ und ›E.‹ in ›*logische*‹ bzw. ›*ontologische*‹ Traditionen und deren unterschiedliche Unterscheidungsintentionen, die dann ihren Niederschlag in der Wissenschafts- und Umgangssprache gefunden haben, weiter.

Der Unterscheidung zwischen *wesentlichen* (substantiellen) E.en (Beispiel: Menschen sind vernünftige Wesen) und *zufälligen* (akzidentellen) E.en (Beispiel: Menschen sind sterblich), die selbst nur bezüglich E.en (in den Beispielen: die E. Mensch), nicht bezüglich einzelner Gegenstände zu verstehen ist, entspricht in der philosophischen Tradition die Unterscheidung zwischen primären und sekundären ↑Qualitäten. In der physiktheoretisch orientierten neuzeitlichen Erkenntnistheorie gelten als die primären E.en oder Qualitäten von Körpern z.B. Bewegung, Gestalt, Lage und Größe, als sekundäre E.en oder Qualitäten alle die durch Wahrnehmungsprozesse vermittelten Bestimmungen von Körpern wie Farbe, Temperatur und Geruch. In der neueren Wissenschaftstheorie entsprechen den sogenannten *Dispositionseigenschaften* von Gegenständen, d.h. E.en, deren Prädizierbarkeit z.B. ein bestimmtes Kausal- oder Situationswissen voraussetzt (↑Tendenz, ↑Vermögen), ↑*Dispositionsbegriffe* (z.B. ›lösbar‹, ›zerbrechlich‹, ›erregbar‹).

Literatur: A. Burks, Dispositional Statements, Philos. Sci. 22 (1955), 175–193; R. Carnap, Meaning and Necessity. A Study in Semantics and Modal Logic, Chicago/Toronto/London [2]1956 (dt. Bedeutung und Notwendigkeit. Eine Studie zur Semantik und modalen Logik, Wien/

New York 1972), §4; W. Stegmüller, Probleme und Resultate der Wissenschaftstheorie und Analytischen Philosophie II/1 (Theorie und Erfahrung), Berlin/Heidelberg/New York 1970, 213ff.; A.I. Ujomov, Dinge, E.en und Relationen, Berlin (Ost) 1965 (russ. Moskau 1963). J.M.

Eigentlichkeit, in M. Heideggers ↑Fundamentalontologie Bezeichnung für denjenigen methodischen Schritt der Analytik des ↑Daseins, durch den ein strukturell grundlegenderes Verständnis des alltäglichen ↑In-der-Welt-seins ermöglicht wird. Nachdem als Grundstruktur des alltäglichen In-der-Welt-seins das ›es geht um...‹ (↑Sorge) herausgestellt wurde, zeigt sich auf der Stufe der E., daß In-der-Welt-sein *eigentlich* heißt: Sein-zum-Tode (Vorlaufen) und das Gerufen-sein vor diese Tatsache (Entschlossenheit). Durch E. ist keine Existenzform im anthropologischen oder moralisch-asketischen Sinn ausgedrückt (wodurch sich E. z.B. grundlegend von J.-P. Sartres Begriff der Authentizität unterscheidet). Die Forderung, in E. zu leben, wäre (abgesehen davon, daß sie im Rahmen der Fundamentalontologie nicht gerechtfertigt werden kann) geradezu widersinnig, weil das Dasein dadurch ständig aus seiner Vertrautheit mit der Welt heraustreten müßte.

Literatur: T.W. Adorno, Jargon der E.. Zur deutschen Ideologie, Frankfurt 1963; C.F. Gethmann, Verstehen und Auslegung. Das Methodenproblem in der Philosophie Martin Heideggers, Bonn 1974, §3.3.6; M. Heidegger, Sein und Zeit, Tübingen [14]1977, bes. §45. C.F.G.

Eigentum, Bezeichnung des Rechts einer natürlichen oder juristischen Person (Rechtssubjekt) mit einer (E. genannten) Sache nach Belieben zu verfahren und andere von jeder Einwirkung auszuschließen, soweit nicht das Gesetz oder Rechte Dritter entgegenstehen (§903 BGB). Mit dieser Formulierung knüpfte das Bürgerliche Gesetzbuch zu Beginn des 20. Jahrhunderts noch einmal an die privatistisch-individualistische Bestimmung des E.sbegriffs an, die der napoleonische Code Civil ein Jahrhundert früher als eines der wichtigsten Ergebnisse der Französischen Revolution getroffen hatte. Die Ausbildung dieses modernen bürgerlichen E.sbegriffs steht in engem Zusammenhang mit der Durchsetzung des modernen bürgerlichen Verfassungsstaates gegen das feudalistisch-absolutistische Gesellschafts- und Staatsgefüge. Die Diskussion des privaten E.s hinsichtlich Entstehung, Verteilung, Begründung und Schutz erfolgt im Kontext der im 17. Jahrhundert wiederaufgenommenen oppositionellen Naturrechtstheorien (↑Naturrecht), deren Fundament das E. erwerbende Individuum ist. Die naturrechtlichen E.stheorien eliminieren die letzten öffentlichrechtlichen Elemente, die dem ständestaatlichen E.sbegriff aus seiner mittelalterlichen Verbindung mit dem lehnsrechtlich verstandenen Begriff der Grundherrschaft und der ihr eigenen weitreichenden hoheitlichen und personenrechtlichen Befugnisse innewohnten. Übrig blieb der bloß sachenrechtliche E.sbegriff als eine wesentliche Voraussetzung der modernen Verkehrsgesellschaft. Aus den wirtschaftlichen und politischen Intentionen der Naturrechtstheorie folgt, daß die Auseinandersetzung mit den Sozialtheorien des E.s, die eine gerechtere Verteilung knapper Güter meist über das Rechtsinstitut des Gemeineigentums anstrebten, nicht im Mittelpunkt ihrer E.stheorien steht. Diese Diskussion wird in den utopischen Entwürfen idealer Gesellschafts- und Staatsverfassungen geführt (↑Utopie). In den Naturrechtstheorien konstituiert sich vielmehr das bürgerliche Subjekt über das private E., an das sich folgerichtig auch der politische Status des Aktivbürgers im gesellschaftsvertraglich verfaßten Staat knüpft (↑Gesellschaftsvertrag).

Gemeinsam gehen die naturrechtlichen E.stheorien davon aus, daß die insofern freien und gleichen Individuen infolge ihres natürlichen Selbsterhaltungstriebs und auf Grund eines auf Selbsterhaltung gerichteten natürlichen Rechts im gesellschafts- und staatslosen Naturzustand durch originären Zugriff faktische Verfügung über sich durch diesen Akt in Sachen verwandelnde Natur erlangen (Okkupationstheorien). Die Theorien unterscheiden sich in ihrer Auffassung darüber, ob die solchermaßen erlangte Verfügung der Zuerstgekommenen bereits ein die Einwirkung dritter moralisch ausschließendes E.srecht entstehen läßt. Einige Theorien konstruieren ein vorstaatliches E.srecht im Naturzustand und begründen es durch Hinweis auf die zur Verwandlung der Natur aufgewandte, wertschöpfende Arbeitsleistung des Individuums (Arbeitstheorien). Einige halten angesichts einer Privatisierung des als ursprünglich angesehenen Gemeineigentums einen die Zustimmung aller voraussetzenden Teilungsvertrag für erforderlich (Vertragstheorien). Andere Naturrechtstheorien betrachten den Staat als einzige und originäre Rechtsquelle (Legaltheorien), benötigen aber zum Nachweis der Legitimität des Staates ihrerseits eine Vertragskonstruktion.

H. Grotius gehört zu den frühesten und einflußreichsten Vertretern der neuen privatrechtlichen Theorie individuellen E.s auf der Grundlage des ersten Zugriffs. Für den Naturzustand geht er von einer communis omnium possessio als der diesem Entwicklungsstadium natürlichen und daher vernünftigen Regelung aus. Nachdem die Menschheit weder bedürfnislos geblieben noch eine christliche Liebesgemeinschaft geworden ist, verlangt ihre Entwicklung eine neue natürlich-vernünftige E.sordnung, die unter dem Gesichtspunkt des größtmöglichen Nutzens nur in der durch das ursprüngliche Gemeineigentum nicht ausgeschlossenen Teilung bestehen konnte. Da Grotius die Zustimmung aller zu diesem Urteil voraussetzt, rekonstruiert er zwei die positive E.sordnung herbeiführende und zugleich rechtfertigende Handlungen: entweder schlossen die Menschen einen ausdrücklichen Teilungsvertrag oder sie billigten durch konkludentes Handeln die Umwandlung der faktischen Aneignung in ein Recht auf E. Da die vertragsmotivierenden Ziele jedoch zu den Geltungsbedingungen des auf ihre Verwirklichung gerichteten Vertrages gehören, ist eine Anfechtung bei Nichteintritt des Vertragszwecks nach Grotius stets möglich.

Die von J. Locke im Kapitel »Of Property« des »Second Treatise of Government« (1690) entwickelte E.stheorie gehört zu den Arbeitstheorien. Als Eigentümer seines Körpers ist der Mensch auch Eigentümer seiner Arbeitskraft. E. an Boden und beweglichen Sachen entsteht dadurch, daß der bloßen und jedermann zur Verfügung stehenden Natur Arbeit als Eigenes hinzugefügt und durch Vermischung ein Einwirkungen Dritter ausschließendes Recht an der so veränderten Sache begründet wird. Der E.serwerb auf Grund verarbeitenden Zugriffs der Zuerstgekommenen hat zunächst eine natürliche Grenze: es darf nur soviel Land angebaut, nur soviel angeeignet werden, wie für den Eigenbedarf erforderlich ist. Diese Schranke fällt, nachdem die Einführung mediatisierter Tauschmittel, Gold und Geld, die für die Beschränkung maßgebende Gefahr der Verderbnis von Nahrungsmitteln beseitigt hat. Das E.srecht entsteht als Naturrecht, dessen Gültigkeit durch die Benachteiligung der Zuspätgekommenen und Nachgeborenen nicht berührt wird. Gesellschafts- und Staatsgründungsvertrag werden geschlossen, um den kriegsähnlichen Zustand zu beenden, der sich als Folge der Ungleichverteilung angesichts knapp gewordener Ressourcen eingestellt hat. Die bürgerliche Verfassung dient bei Locke nicht der Bestimmung, sondern nur der Sicherung des durch Verarbeitung einseitig in Besitz Genommenen.

Bei I. Kant rückt die Frage der nicht bloß empirischen, sondern auf Vernunfttitel beruhenden Erwerbung in den Mittelpunkt der Privatrechtslehre. Die ursprüngliche Erwerbung eines äußeren Gegenstandes der Willkür durch einseitigen Willen als Bemächtigung folgt unmittelbar aus dem Erlaubnisgesetz der praktischen Vernunft. Der sich einseitig bemächtigende Wille verstieße jedoch gegen das allgemeine Prinzip des Rechts, wonach eine Handlung nur recht ist, sofern sie mit jedermanns Freiheit der Willkür nach einem allgemeinen Gesetz zusammen bestehen kann, wenn er nicht immer schon Teilwille eines a priori vereinigten absolut gebietenden Willens ist. Nur in der Konformität mit der Idee dieses (in der bürgerlichen Verfassung) notwendig zu vereinigenden Willens aller liegt der Vernunfttitel der ursprünglich provisorischen Erwerbung, da durch einseitigen Willen Dritte nicht zu Verbindlichkeiten gezwungen werden können. Damit wird entsprechend der formalen Lösung des Verteilungsproblems in der Kantischen Rechtslehre bereits der sich bemächtigende Zugriff der Idee nach zu einem Teilungsakt aller durch den Zugriff in ihrem (nicht empirischen, sondern apriorisch gedachten) ursprünglichen Gesamtbesitz Beschränkten (Met. Sitten, Der Rechtslehre Erster Teil. Das Privatrecht, §§1–17, Akad.-Ausg. VI, 245–270).

In dem Versuch, Freiheit als Idee des Rechts zu denken, geht G.W.F. Hegel noch über Kant hinaus. In der Wendung zur Persönlichkeitstheorie des E.s fügt er der individualistischen E.slehre insofern ein neues Element hinzu, als er die Freiheit des Menschen im Naturzustand nicht wie die meisten Naturrechtstheoretiker voraussetzungslos unterstellt, sondern in formierendem Zugriff des Individuums auf eine durch es versachlichte Natur erstmals entstehen läßt. Das Privateigentum wird so zur Bedingung der Möglichkeit individueller Freiheit. Der Mensch wird zum Subjekt der Natur, indem er sie in der gestalteten, angeeigneten Sache zu seinem Objekt macht. Daher vollzieht sich die Verwirklichung der persönlichen Freiheit als Entwicklung der persönlichen Einzelheit über das Recht als äußere Sphäre der Freiheit im Rahmen der bürgerlichen Gesellschaft (↑Gesellschaft, bürgerliche). Daraus folgt aber auch, daß die durch ihr Verhältnis zu Sachen für sich selbst und durch ihr Verhältnis zu Sachen als E. für einander bestimmten Individuen sich zunächst als Eigentümer sehen. Das Allgemeine nimmt in der bürgerlichen Gesellschaft die Form des Vertrages an. Obwohl Hegel die zentrifugale Dynamik der persönliche

Beziehungen versachlichenden bürgerlichen Gesellschaft sehr deutlich sieht, hält er (im Gegensatz zu K. Marx) an der Institution des Privateigentums als der Bedingung für den Ausgang des Menschen aus dem rohen Naturzustand und für den Fortschritt der Freiheit des Individuums fest. Weil die bürgerliche Gesellschaft nur die abstrakte Person als Eigentümer bindet, hat die Persönlichkeit die Freiheit, zum Subjekt aller außergesellschaftlichen Bereiche zu werden (Rechtsphilos., Erster Teil. Das abstrakte Recht, §§34–104).

Den liberalen Theorien, die im Anschluß an angelsächsische Traditionen der politischen Klugheitslehren die Autarkie des Individuums gegenüber dem immer stärkeren Staat der aufkommenden demokratischen Massengesellschaft einzig durch die staatlichem Eingriff entzogene Verfügungsmacht über das Privateigentum gewährleistet sehen, treten im 19. Jahrhundert vor allem empirisch-evolutionistische E.stheorien gegenüber. Schon C.-H. de Saint-Simon und A. Comte betrachten das E.srecht im Rahmen ihrer Sozialphysik nur noch als eine historische und damit veränderliche Form, in der jede Epoche die für sie typische Produktionsweise ordnet. Daraus folgt, daß der Geltungsanspruch des E.srechts jenseits seiner systemischen Positivität als gesetztes Recht von jeder Generation neu nach dem Nutzen beurteilt werden muß, den es für die Gesamtgesellschaft hat. Neue Anstöße erhalten die kulturrelativistisch-deskriptiven E.stheorien durch sozialanthropologische Studien über archaische Gesellschaften (J.J. Bachofen, Das Mutterrecht, Stuttgart 1861) sowie durch Arbeiten der evolutionistischen Ethnologie über Früh- und Primitivgesellschaften (L.H. Morgan, Ancient Society, or Researches in the Lines of Human Progress from Savagery, through Barbarism to Civilisation, London 1877).

Neben der kritischen Aufnahme der Hegelschen Persönlichkeitstheorie des E.s bilden diese evolutionistischen Studien, nach denen die Universalgeschichte des E.s gesetzmäßig der historischen Entwicklung der Produktionsmittel und der Produktionsverhältnisse folgt, die Grundlage der E.stheorie des historischen Materialismus (↑Materialismus, historischer), wie sie von F. Engels in »Der Ursprung der Familie, des Privateigentums und des Staates« im Anschluß an Lewis H. Morgans Forschungen (MEW XXI–XXV) zusammengefaßt wurde. In der historisch-logischen Analyse der Entwicklung des Kapitalismus behaupten Marx/Engels die wachsende Konzentration des kapitalistischen Privateigentums an Produktionsmitteln, die zu einer entsprechenden Verschärfung des nur durch die sozialistische Revolution zu lösenden Grundwiderspruchs zwischen gesellschaftlicher ↑Arbeit und privater Aneignung führt. Über die vorübergehende Diktatur des Proletariats soll die Vergesellschaftung der Produktionsmittel als Voraussetzung für die Aufhebung der entfremdeten Arbeit erfolgen. Im neuen Gesellschaftseigentum erblicken Marx/Engels die (bei Hegel nicht gegebene) Bedingung für die Selbstverwirklichung des Menschen, der sein individuelles E. findet, indem er durch seine gesellschaftliche Tätigkeit die ihn als Individuum formende Gesellschaft mitformt.

Entgegen den im Manchester-Kapitalismus von Marx und Engels beobachteten Tendenzen hat sich das kapitalistische System insgesamt als wesentlich flexibler erwiesen, so daß fraglich scheint, ob die bloße Privatheit des Produktionsmitteleigentums heute noch als das vordringliche gesellschaftliche Problem zu betrachten ist. Gegen die Dringlichkeit könnte sprechen, daß die Diskussion des E.sinstituts im 20. Jahrhundert weder die theoretische Höhe noch die praktische Ebene erreicht hat, die für die Behandlung der E.sfrage im 18. und 19. Jahrhundert kennzeichnend waren.

Literatur: R. Brandt, E.stheorien von Grotius bis Kant, Stuttgart-Bad Cannstatt 1974; W. Daeubler/U. Sieling-Wendeling/H. Welkoborsky, E. und Recht. Die Entwicklung des E.sbegriffes im Kapitalismus, Darmstadt/Neuwied 1976; G. Dietze, Zur Verteidigung des E.s, Tübingen 1978; O. Klug, Katholizismus und Protestantismus zur E.sfrage. Eine gesellschaftspolitische Analyse, Reinbek b. Hamburg 1966; F. Negro, Das E.. Geschichte und Zukunft. Versuch eines Überblicks, München 1963; P.-J. Proudhon, Qu'est-ce que la propriété?, ou Recherches sur le principe du droit et du gouvernement, Paris 1840 (dt. Was ist das E.?, Berlin 1896, Nachdr. ed. M. Kramer, Berlin 1971); H. Rabe, E., Hist. Wb. Ph. II (1972), 339–342; H. Rittstieg, E. als Verfassungsproblem. Zur Geschichte und Gegenwart des bürgerlichen Verfassungsstaates, Darmstadt 1975; D. Schwab, E., in: Geschichtliche Grundbegriffe. Historisches Lexikon zur politisch-sozialen Sprache in Deutschland, ed. O. Brunner/W. Conze/R. Koselleck, Stuttgart 1975, II, 65–115; F. Toennies, Das E., Wien/Leipzig 1926; R. Vierhaus (ed.), E. und Verfassung. Zur E.sdiskussion im ausgehenden 18. Jahrhundert, Göttingen 1972; H. Zeltner, E. und Freiheit. Ein Kapitel Sozialphilosophie, Zürich 1970.

H.R.G.

Eigenvariable, im Kalkülbegriff der operativen Logik P. Lorenzens (↑Kalkül, ↑Logik, operative) Bezeichnung für solche ↑Variablen eines Kalküls *K*, die nur durch schon in *K* abgeleitete Zeichenreihen ersetzt werden dürfen. Von E.n unterscheidet Lorenzen *Objektvariable* (H. Hermes spricht,

Konnotationen von ›Objekt‹ vermeidend, von ›Fremdvariablen‹), d.h. Variable für die in einem anderen Kalkül K' ableitbaren Aussagen, dessen Grundzeichen (›Atome‹) unter denen von K vorkommen. Spezielle Objektvariable sind die *Aussagenvariablen,* deren ↑Variabilitätsbereich die Aussagen von K sind, d.h. die aus Atomen von K zusammengesetzten Zeichenreihen – aufgefaßt als die in einem Kalkül K' *ableitbaren* Aussagen, der genau die Aussagen von K erzeugt. Sei z.B. K der Kalkül mit den Atomen |, ○ und den Regeln

$(R_1) \quad \Rightarrow | \circ$
$(R_2) \quad |a \Rightarrow a,$

dann ist, falls a E., die Aussage ○ in K nicht ableitbar. Denn man muß ○ schon abgeleitet haben, um ○ für die E. a substituieren und somit die Regel R_2 auf die nach R_1 ableitbare Aussage |○ anwenden zu können. Ist a jedoch Aussagenvariable, so ist ○ in K ableitbar, da ○ als Aussage von K (und nicht erst als in K *abgeleitete* Aussage) für a substituiert werden darf.
In anderer Bedeutung spricht man bei Gentzen-Kalkülen von E.n. Falls R eine Ableitungsregel mit Variablenbedingung in einem ↑Kalkül des natürlichen Schließens oder einem ↑Sequenzenkalkül ist, so meint man mit der ›E.n einer Anwendung von R‹ diejenige Variable, auf die sich die Variablenbedingung bei dieser Anwendung bezieht. In Kalkülen des natürlichen Schließens kommen dabei für R die Regeln der All-Einführung und Es-gibt-Beseitigung, in Sequenzenkalkülen die Regeln der All-Einführung im Sukzedens und der Es-gibt-Einführung im Antezedens in Frage.

Literatur: G. Gentzen, Untersuchungen über das logische Schließen, Math. Z. 39 (1935), 176–210, 405–431 (repr. Darmstadt 1969), Neudr. in: K. Berka/L. Kreiser (eds.), Logik-Texte. Kommentierte Auswahl zur Geschichte der modernen Logik, Berlin (Ost) 1971, [2]1973, 192–253; H. Hermes, Zum Inversionsprinzip der operativen Logik, in: A. Heyting (ed.), Constructivity in Mathematics. Proceedings of the Colloquium Held at Amsterdam 1957, Amsterdam 1959, 62–68; P. Lorenzen, Einführung in die operative Logik und Mathematik, Berlin/Göttingen/Heidelberg 1955, Berlin/Heidelberg/New York [2]1969.
P.S.

Eimerversuch, ein von I. Newton angegebenes Experiment, das die Existenz des absoluten Raumes (↑Raum, absoluter) beweisen sollte. Ein wassergefüllter, an einer verdrillten Schnur hängender und sich selbst überlassener Eimer zeigt bei Relativbewegung von Eimer und Wasser einmal eine ebene, einmal eine gewölbte Wasseroberfläche. Nach Newton sollte die Wölbung der Wasseroberfläche die Rotation des Wassers gegen den absoluten Raum anzeigen. Nachdem schon G. Berkeley Newtons implizite Annahme kritisiert hatte, wonach das Experiment im leeren Raum denselben Verlauf nähme, hat E. Mach in seiner Kritik des E.s die stellaren Massen für die Trägheit des Wassers (und damit die Wölbung der Wasseroberfläche bei Rotation gegen den Fixsternhimmel) verantwortlich gemacht (↑Machsches Prinzip).
Vom modernen logischen Standpunkt aus ist ›rotierend‹ ebenso ein zweistelliges Prädikat wie ›bewegt‹ und erfordert deshalb die (operative oder zumindest durch Verweis auf einen natürlich vorhandenen Körper mit einer Realisierung verbundene) Angabe eines Bezugssystems, wenn Aussagen über Bewegungen nicht elliptisch und damit unüberprüfbar sein sollen. Newtons E. kann also höchstens zur Definition eines Bezugssystems für eine bestimmte Achsenrichtung herangezogen werden.

Literatur: M. Jammer, Concepts of Space, Cambridge Mass. 1954, New York [2]1960 (dt. Das Problem des Raumes, Darmstadt 1960); E. Mach, Die Mechanik, historisch-kritisch dargestellt, Leipzig [9]1933 (repr. Darmstadt 1973). P.J.

Einbildungskraft, Vermögen bzw. Fähigkeit, die in der ↑Wahrnehmung des Gegenstandes rezipierten Daten zu einer ↑Vorstellung des Gegenstandes zu synthetisieren und auch unabhängig vom Gegenstand zu reproduzieren. Die Scholastik spricht, ausgehend von Aristotelischen Unterscheidungen, der E. eine Mittlerstellung zwischen Wahrnehmung und Verstand zu. Die Phantasmata, Vorstellungen des Gegenstandes, wie sie die E. aus der Wahrnehmung herauskristallisiert, geben dem ↑intellectus einen ihm adäquaten, weil materiefreien Gegenstand vor. Demgegenüber definiert G.W. Leibniz die E. als Vermögen, Gegenstände rein in der inneren Anschauung zu vergegenwärtigen (facultas imaginandi). I. Kant erläutert die zwischen äußerer wie innerer ↑Anschauung und ↑Verstand vermittelnde Funktion der E. durch die Unterscheidung von reproduktiver und produktiver E.: Während die reproduktive E. eine empirisch-psychologisch zu bestimmende Weise der Gegenstandserfassung ist, die nach Gesetzen der Assoziation verläuft, ermöglicht die in dieser vorausgesetzte produktive E. durch die Erfassung der Einheit in der Mannigfaltigkeit der gegenständlichen Anschauung eine Korrelation von Anschauung und Synthesisleistung des reinen Verstandes. Bei J.G. Fichte bringt die E. die Vorstellung der Realität ›für uns‹ hervor, bei G.W.F.

Hegel ist sie Mitte und Vermittlung zwischen einer vom Gegenstand verursachten und festgelegten Anschauung und der spontanen Geistigkeit des Subjekts.
Mit Beginn der Entwicklung der philosophischen Ästhetik im Anschluß an Leibniz (C. Wolff, A.G. Baumgarten u.a.) gewinnt die E. als unteres Erkenntnisvermögen konstitutive Bedeutung für die Bestimmung des Kunstgegenstandes, d.i. speziell der im Medium des schönen Scheins selbständig hervorgebrachten, nicht nur sinnlich rezipierten Gegenstände. Kant zeigt in seiner Analytik des ↑Schönen, daß die E. die (subjektive) Allgemeinheit der Geschmacksurteile (↑Geschmack) begründet: der Anlaß für ein Geschmacksurteil ist ein als Gefühl der Lust beurteilter Zustand, der aus einem gelingenden freien Spiel von E. von Verstand resultiert. Grundbegriff der Ästhetik ist E. auch im deutschen Idealismus (↑Idealismus, deutscher), insofern E. Bilder des Gegenstandes, damit einer ›Welt‹ konstituiert, die unabhängig von der ihnen zugrunde liegenden Wahrnehmung in der Phantasie frei zu neuen Anschauungen variiert werden können. Kunst als Ausdruck des Geistes, der Idee, bestimmt sich durch diese spontane (nicht passive), inhaltlich produktive Funktion der E., die über Kants formale Bestimmung hinausweist. Diese Bedeutung unterstreicht auch H. Marcuse, wenn er in der E. die Fähigkeit zur ↑Utopie begründet sieht. E. wird zum Vermögen, die entfremdete Weise von Welt- und Gegenstandserfahrung spontan zu überwinden und (vordringlich im ästhetischen Schein als Vorschein der Wahrheit) befreiend zu wirken.

Literatur: W. Dilthey, Die E. des Dichters. Bausteine für eine Poetik, Leipzig 1887; J. Frohschammer, Über die Bedeutung der E. in der Philosophie Kant's und Spinoza's, München 1879; K. Homann, Zum Begriff der E. nach Kant, Arch. Begriffsgesch.14 (1970), 266–302; ders., Einbildung, E., Hist. Wb. Ph. II (1972), 346–358; J. Mainzer, Die Lehre von der E. in Humes und Kants theoretischer Philosophie, Diss. Heidelberg 1881; H. Marcuse, An Essay on Liberation, Boston Mass. 1969 (dt. Versuch über die Befreiung, Frankfurt 1969); ders., Die Permanenz der Kunst. Wider eine bestimmte marxistische Ästhetik. Ein Essay, München/Wien 1977; H. Mörchen, Die E. bei Kant, Jb. Philos.phänomen.Forsch. 11 (1930), 311–488; R. Schmidt, Kants Lehre von der E. mit besonderer Rücksicht auf die Kritik der Urteilskraft, Leipzig 1924. A. G.-S.

eindeutig/Eindeutigkeit, eine Beschreibung $A(x)$ heißt e., wenn sie auf höchstens einen Gegenstand zutrifft, d.h., wenn

$$\bigwedge_x \bigwedge_y (A(x) \wedge A(y) \rightarrow x = y)$$

gilt. Gilt außerdem $\bigvee_x A(x)$, so liegt eine ↑Kennzeichnung vor. Eine ↑Zuordnung aZb zwischen einer Menge A und einer Menge B heißt e., wenn sie jedem Element $a \in A$ genau ein Element $b \in B$ (Rechtseindeutigkeit) oder jedem Element $b \in B$ genau ein Element $a \in A$ (Linkseindeutigkeit) zuordnet, so daß

$$aZb \wedge aZb' \rightarrow b = b' \quad \text{bzw.}$$
$$aZb \wedge a'Zb \rightarrow a = a'$$

gilt. Eine sowohl rechts- als auch linkseindeutige Zuordnung heißt umkehrbar e. oder eineindeutig. Da in der üblichen mathematischen Fachsprache die rechtseindeutigen, in der modernen mengentheoretischen Literatur die linkseindeutigen Zuordnungen auch ↑›Abbildungen‹ heißen, nennt man in beiden Fällen die eineindeutigen Zuordnungen auch umkehrbar e.e oder kurz ›1-1-Abbildungen‹. C.T.

eineindeutig/Eineindeutigkeit, soviel wie umkehrbar eindeutig (↑eindeutig/Eindeutigkeit).

Einfachheitskriterium, methodologisches Kriterium zur Beurteilung von Gesetzeshypothesen und Theorien, für das im Anschluß an den ↑Wiener Kreis logisch-wahrscheinlichkeitstheoretische Präzisierungen vorgeschlagen wurden. In der griechischen Philosophie gilt Einfachheit als *ontologische Auszeichnung* des wahren Seins, an der sich noch die Ptolemaiische Astronomie und J. Kepler im »Mysterium cosmographicum« (1596, ²1621) bei der Auszeichnung des Kreises und der ↑Platonischen Körper für die Planetenbahnen und Planetenabstände orientierten (↑Astronomie). In der neuzeitlichen Physik und Astronomie wird Einfachheit zu einem *methodologisch-komparativen* Begriff, um verschiedene Definitionsvorschläge oder Gesetze vergleichen und beurteilen zu können. So zeichnet G. Galilei bei seinen Untersuchungen des freien Falls die Definition der gleichförmig beschleunigten Bewegung als ›allereinfachste‹ aus. In I. Newtons »Principia« (1687, ²1713, ³1726) gelten diejenigen Erklärungen als einfach, die mit möglichst wenigen und realen Ursachen auskommen (↑Analyse, ↑Kausalanalyse). J. le Rond d'Alembert fordert im Vorwort zum »Traité de dynamique« (1743) neben ›Allgemeinheit‹ (généralité) und ›Fruchtbarkeit‹ (fécondité) vor allem ›Einfachheit‹ (simplicité) physikalischer Gesetze. Dabei orientiert er sich *erkenntnistheoretisch* an J. Locke, der ›einfache Vorstellungen‹ (›simple ideas‹, franz. ›idées simples‹) als Bausteine der Erfahrung herausstellt. Physikalisch hebt d'Alembert das nach ihm benannte Prinzip (↑d'Alembertsches Prinzip) als einfach gegenüber anderen Prinzipien der Mechanik hervor, da mit ihm die Probleme der Dynamik auf die einfacheren statischen Gleichgewichtszustände reduziert werden können.

Physiker des 19. Jahrhunderts wie H. Hertz, G. Kirchhoff und E. Mach verstehen Einfachheit als *ökonomische Forderung* an die mathematischen und experimentellen Mittel zur eindeutigen Beschreibung der Natur (↑Denkökonomie). Der Wiener Kreis übernimmt das Machsche Ökonomieprinzip, wenn auch nur als ›einen halb pragmatischen, halb ästhetischen Begriff‹ (M. Schlick). L. Wittgenstein führt das E. auf eine induktive Auffassung der Erfahrung zurück (»Der Vorgang der Induktion besteht darin, daß wir das einfachste Gesetz annehmen, das mit unseren Erfahrungen in Einklang zu bringen ist«, Tract. 6.363). Nach H. Reichenbach ist z.B. die Entscheidung für den (praktisch) starren Körper (↑Körper, starrer) als Kongruenzdefinition ein Gebot der Einfachheit für die Naturgesetze; sie ist jedoch eine Frage der Definition und *Konvention* und keineswegs notwendig. Nach Reichenbach besteht der Vorzug des starren Körpers gegenüber einem ›Gummiband‹ in der Einfachheit z.B. des ↑Erhaltungssatzes der ↑Energie, die sonst in einem abgeschlossenen System vom Zustand des Gummibandes als Maßstab der Längenmessung abhängig wäre. Demgegenüber sind nach H. Dingler die Formen der ↑Euklidischen Geometrie oder der gleichförmigen Bewegung nicht durch Konvention oder ein pragmatisch-ästhetisches E. ausgezeichnet, sondern als eindeutig bestimmte Grundbegriffe der Raum- und Zeitmessung, die *technisch-operational* zu rechtfertigen sind und jeder physikalischen Theoriebildung vorausgehen.

Nach einem Vorschlag von H. Weyl läßt sich der *mathematische Einfachheitsgrad* einer Kurvengleichung durch die Anzahl ihrer frei wählbaren Parameter bestimmen. Ordnet man z.B. dem Kreis mit drei frei wählbaren Parameter in der Ebene die Dimension 3 zu und der Ellipse die Dimension 5, so erweist sich der Kreis einfacher als die Ellipse, da die Kreisdimension kleiner ist als diejenige der Ellipse in der Ebene. Kurvengleichungen können als Gesetzeshypothesen verwendet werden wie z.B. die Kreishypothese der Ptolemaiischen Planetentheorie T_1 und die Ellipsenhypothese der Keplerschen Planetentheorie T_2. Die betreffenden Parameter sind dann Raum-Zeit-Punkte der Ebene, denen Meß- und Beobachtungsaussagen über Ort und Zeit des Planeten entsprechen. T_1 ist also einfacher als T_2, da die (Parameter-)Dimensionen von T_1 kleiner sind als von T_2, d.h. $\dim(T_1) < \dim(T_2)$. Da die Kreishypothese bereits durch vier Beobachtungsaussagen (↑Basissätze), die Ellipsenhypothese aber frühestens durch die sechste Beobachtungsaussage in der Ebene falsifiziert werden kann, ist T_1 nach K. R. Popper besser prüfbar bzw. leichter zu falsifizieren als T_2, d.h., der Falsifizierbarkeitsbereich von T_1 ist größer als derjenige von T_2 (↑Falsifikation). Ein hoher Falsifizierbarkeitsbereich impliziert nach Poppers Vorschlag hohe (apriorische) *Unwahrscheinlichkeit*. Daher ist nach Popper eine Theorie um so einfacher, je geringer ihre Anzahl freier Parameter, je größer ihr Falsifizierbarkeitsgrad, je größer ihr empirischer Gehalt und je höher ihre apriorische Unwahrscheinlichkeit ist (↑Bewährung). Legt man allerdings den Wahrscheinlichkeitsbegriff von H. Jeffreys und R. Carnap zugrunde (↑Bestätigungsfunktion), so sind die einfacheren Theorien gerade die wahrscheinlicheren. Eine *Arithmetisierung des Einfachheitsbegriffs* über den Wahrscheinlichkeitsbegriff ist jedoch nur von begrenztem Nutzen, da sich keine Idealskala für Einfachheitsgrade auszeichnen läßt.

Literatur: J. le Rond d'Alembert, Traité de dynamique, Paris 1743, ²1758 (dt. Abhandlung über Dynamik, Leipzig 1899); R. Carnap, Logical Foundations of Probability, Chicago 1950, ²1962; H. Dingler, Über den Begriff der »Einfachstheit« in der Methodik der Physik und der exakten Wissenschaften, Z. Phys. 3 (1920), 425–436; ders., Die Ergreifung des Wirklichen, München 1955, Frankfurt 1969 (Kap. I–IV, Einleitung K. Lorenz/J. Mittelstraß); H. Hermes, Zum Einfachheitsprinzip in der Wahrscheinlichkeitsrechnung, Dialectica 12 (1958), 317–330; F. Kaulbach, Einfachheit, einfach/zusammengesetzt, Hist. Wb. Ph. II (1972), 384–388; H. Kiesow, Die Anwendung eines Einfachheitsprinzips auf die Wahrscheinlichkeitstheorie, Arch. math. Log. Grundlagenf. 4 (1958), 27–41; E. Mach, Erkenntnis und Irrtum. Skizzen zur Psychologie der Forschung, Leipzig 1905, ⁵1926 (repr. Darmstadt 1976); W. Oberschelp, Über Einfachheitsprinzipien in der Wahrscheinlichkeitstheorie I, Arch. math. Log. Grundlagenf. 5 (1960/1961), 3–25; K. R. Popper, Logik der Forschung, Wien 1935, Tübingen ⁶1976; H. Reichenbach, Philosophie der Raum-Zeit-Lehre, Berlin/Leipzig 1928 (repr. als Ges. Werke II, ed. A. Kamlah/M. Reichenbach, Braunschweig 1977); H. L. Rolston, A Note on Simplicity as a Principle for Evaluating Rival Scientific Theories, Philos. Sci. 43 (1976), 438–440; H. Weyl, Philosophie der Mathematik und Naturwissenschaft, München 1927, München/Wien ³1966. K. M.

Einführungsregeln (engl. introduction rules), ↑Kalkül des natürlichen Schließens.

Einheit (griech. $\mu o \nu \acute{\alpha} \varsigma$, lat. unitas), zusammen mit dem Begriff des Einen (griech. ἕν, lat. unum) seit Parmenides in der Geschichte der Metaphysik häufig als Prädikat des ↑Seienden auftretender oder mit dem Begriff des Seienden identifizierter Begriff. In seiner substantiellen eleatischen Bedeutung diskutiert in Platons »Parmenides« (›das Eine ist‹/›das Eine ist nicht‹). Aristoteles unterscheidet zwischen *akzidenteller* E. (was ›etwas‹ ist, ist gegenüber anderem, und das gilt sowohl für Gegenstände als auch für Eigenschaften von Gegenständen, als ›eines‹ unterscheidbar) und E. *an sich* (substantieller E.), erläutert am Begriff des ↑Kontinuums, des Unzerlegbaren (↑Substrat) und definitionsgleicher Gegenstände (Met. Δ6.1015b16–1017a6). Neben dem Prinzip der unbestimmten Zweiheit tritt E. insbesondere als Grundprinzip der Platonischen ↑Ideenzahlenlehre (weitergeführt bei Speusipp und Xenokrates) und der durch sie bestimmten neupythagoreischen (↑Neupythagoreismus) und neuplatonischen (↑Neuplatonismus) Prinzipiendiskussion (insbesondere bei Plotin) auf.

Während in der scholastischen Theorie der ↑Transzendentalien Aristotelische Traditionen des E.sbegriffs (↑unum) fortgeführt werden (›ens et unum convertuntur‹), unterstreicht die neuzeitliche Erkenntnistheorie insbesondere den (ebenfalls schon in der griechischen Philosophie unter der Formel ›eins und alles‹ [↑Vielheit] diskutierten) Gesichtspunkt einer synthetischen E. unterschiedener Mannigfaltigkeiten in einem gegebenen Ganzen. Paradigmata dieser Konzeption sind, in *gegenstandskonstitutiver* Orientierung, G. W. Leibnizens Begriff der ↑Monade (↑Monadentheorie, ↑Aggregat) und, in *erkenntniskonstitutiver* Orientierung, I. Kants Begriff der synthetischen E. der ↑Apperzeption. An neuplatonische Vorstellungen der E. als einer Eigenschaft des Seienden im Ganzen erinnert G. W. F. Hegels Bemerkung, daß »die ganze Philosophie nichts anderes als das Studium der Bestimmungen der E.« ist (Philos. der Religion, Sämtl. Werke XV, 113). Wissenschaftssystematische Bedeutung erhielt die (erkenntnistheoretische) Konzeption der E. im Begriff der ↑Einheitswissenschaft, d.h. dem im ↑Wiener Kreis vertretenen Programm der Konstruktion einer wissenschaftlichen E.ssprache, die zunächst in der Sprache der Physik gesucht wurde (R. Carnap). Eine ausführliche historische und systematische Kritik des E.sbegriffs im Hinblick auf eine Definition des Begriffs der ↑Anzahl hat G. Frege geliefert (Die Grundlagen der Arithmetik. Eine logisch mathematische Untersuchung über den Begriff der Zahl, Breslau 1884 [repr. Darmstadt/Hildesheim 1961], Kap. III [Meinungen über E. und Eins]).

Literatur: R.S. Brumbaugh, Plato on the One. The Hypotheses in the Parmenides, New Haven 1961; W. Burkert, Weisheit und Wissenschaft. Studien zu Pythagoras, Philolaos und Platon, Nürnberg 1962; E.R. Dodds, The Parmenides of Plato and the Origins of the Neoplatonic ›One‹, Class. Quart 22 (1928), 129–142; K. Flasch, Die Metaphysik des Einen bei Nikolaus von Kues. Problemgeschichtliche Stellung und systematische Bedeutung, Leiden 1973; G. Martin, Einleitung in die allgemeine Metaphysik, Köln 1957; P. Hadot/K. Flasch/E. Heintel, Eine (das), E., Hist. Wb. Ph. II (1971), 361–384; H.J. Krämer, Der Ursprung der Geistmetaphysik. Untersuchungen zur Geschichte des Platonismus zwischen Platon und Plotin, Amsterdam 1964; M.C. Stokes, One and Many in Presocratic Philosophy, Cambridge Mass. 1971; W. Theiler, E. und unbegrenzte Zweiheit von Plato bis Plotin, in: J. Mau/E.G. Schmidt (eds.), Isonomia. Studien zur Gleichheitsvorstellung im griechischen Denken, Berlin 1964, 89–109. J.M.

Einheit der Natur, wissenschaftstheoretischer Programmbegriff, der dazu auffordert, vor allem in der Physik alles Wissen zu einer einzigen Theorie zusammenzufassen. Dem in der Physik vorherrschenden Theorienverständnis nach verläuft die Physikgeschichte in Richtung auf eine Vereinheitlichung von Theorien in dem Sinne, daß ältere Theorien als (häufig quantitativ charakterisierbare) Spezialfälle neuerer Theorien mit umfassenderem Geltungsanspruch angesehen werden können (z.B. Akustik und Thermodynamik als Teiltheorien der Mechanik; Mechanik als Teiltheorie der Elektrodynamik; klassische Physik als Spezialfall der relativistischen) (↑Relationen, intertheoretische). Diese im Begrifflichen sich vollziehende und auf überkommene Erkenntnisideale abgestellte Zusammenfassung allen Wissens, das in Form bestimmte Phänomenbereiche abdeckender, bewährter physikalischer Theorien vorliegt, wird häufig in naturalistischem Sinne (↑Naturalismus) damit begründet, daß es nur eine einzige Natur gebe, so daß alle Naturgesetze in ein einheitliches Theoriengebäude subsumierbar sein müßten. Dem wird im Rahmen einer Naturalismuskritik entgegengehalten, daß (1) die Gegenstände physikalisch-empirischer Forschung eine begriffliche und technische Konstitution voraussetzen, daß (2) Terminologie und Logik physikalischer Theorien Kulturleistungen sind und daß (3) erst technische Zielsetzungen bezüglich des Ausgangs von Experimenten die Unterscheidung gelungener von mißlungenen Experimenten (und damit die Geltung singularer Erfahrungssätze) ermöglichen. Die Metapher von der E.d.N. kann als Ausdruck einer historisch durchgehaltenen Zielsetzung angesehen werden, alle Technik zu einer einheitlichen Theorie zu führen.

Literatur: P. Janich, Physics – Natural Science or Technology?, in: W. Krohn/E.T. Layton/P. Weingart (eds.), The Dynamics of Science and Technology. Social Values, Technical Norms and Scientific Criteria in the Development of Knowledge (Sociology of Sciences 2), Dordrecht/Boston 1978, 3–27; C.F. v. Weizsäcker, Die E.d.N.. Studien, München 1971, 1974. P.J.

Einheitswissenschaft (engl. unified science), ein vom logischen Empirismus (↑Empirismus, logischer) in den dreißiger Jahren des 20. Jahrhunderts entwickeltes Programm eines einheitlichen Aufbaus aller Wissenschaften, von der Mathematik und Physik bis hin zur Psychologie und Soziologie, mit dem Ziel, die traditionelle Entgegensetzung zwischen einem empiristischen und einem rationalistischen Wissenschaftsaufbau durch die Verknüpfung logisch-mathematischer Methoden mit experimentell-empirischen Daten aufzuheben. Paradigma der E. wurde dabei die am weitesten entwickelte und als Vorbild empfundene Wissenschaft, die Physik, trotz deutlich, z.B. von M. Schlick und H. Reichenbach, geäußerter Zweifel an der Angemessenheit einer einheitlichen, von den Naturwissenschaften abgelesenen Methodologie für alle Wissenschaften. Auf O. Neuraths Initiative hin entstand im Zusammenhang des von ihm mit zahlreichen Mitarbeitern 1936 gegründeten »Unity of Science Institute« in Den Haag und der gleichzeitigen Organisation von Internationalen Kongressen für die Einheit der Wissenschaften der Plan einer die große, von D. Diderot und J. le Rond d'Alembert herausgegebene, französische »Encyclopédie« erneuernden *International Encyclopedia of Unified Science,* von deren 26 geplanten Bänden aber auf Grund der Wirren des 2. Weltkrieges nur die zwei Einleitungsbände »Foundations of the Unity of Science« schließlich 1970 im ganzen veröffentlicht werden konnten (Teilbeiträge waren unregelmäßig bereits seit 1938 erschienen).

Literatur: Foundations of the Unity of Science. Toward an International Encyclopedia of Unified Science, I–II, ed. O. Neurath/R. Carnap/C. Morris, Chicago/London 1969/1970; R.L. Cansey, Unity of Science, Dordrecht/Boston 1977. K.L.

einige, vertritt zusammen mit ›manche‹, häufig auch mit dem unbestimmten Artikel ›ein/eine‹, in der natürlichen Sprache eine logische Partikel (↑Partikel, logische), den Manchquantor oder ↑Einsquantor, fachsprachlich durch ↑›es existiert/es gibt‹ wiedergegeben, und zwar in der Regel gefolgt von einem Prädikator, der oft den ↑Variabilitätsbereich für die als Prädikat auftretende Aussageform anzeigt. Z.B. partikularisiert (↑Partikularisierung) ›einige [oder: manche] Menschen erkranken an Krebs‹ die Aussageform ›$x\,\varepsilon$ an Krebs erkranken‹ in bezug auf den Bereich der Menschen. K.L.

Einschränkung, das Abstraktionsprinzip der Cantorschen ↑Mengenlehre heißt gelegentlich auch E.sprinzip. Danach existiert für alle Aussageformen $P(x)$ eine Menge M, so daß alle x genau dann Elemente von M sind, wenn $P(x)$ zutrifft, d.h. $\bigwedge_x(x \in M \leftrightarrow P(x))$. In der traditionellen Logik wird M als ↑Extension (Umfang) des betreffenden Begriffs $P(x)$ aufgefaßt. Allerdings führt dieses Prinzip für die Aussageform $x \notin x$ zu einem Widerspruch (↑Zermelo-Russellsche Antinomie). E.en des Prinzips in verschiedenen axiomatischen Mengenlehren (↑Mengenlehre, axiomatische) bewährten sich zwar in dem Sinne, daß die aus der naiven Mengenlehre bekannten Widersprüche bisher nicht ableitbar sind, doch steht ein prinzipieller ↑Widerspruchsfreiheitsbeweis noch aus. In der konstruktiven Mengenlehre (↑Mengenlehre, konstruktive) schließt die E. auf prädikative und induktive Term- und Formelkonstruktionen widerspruchsvolle Mengenbildungen von vornherein aus. Allgemein führt eine Erweiterung des Begriffs $P(x)$ zu einer E. des Begriffsumgangs M. So schränkt die Erweiterung des Begriffs ›x ist Dreieck‹ zu ›x ist gleichseitiges Dreieck‹ den entsprechenden Begriffsumfang geometrischer Figuren ein. Unter einschränkenden Urteilen werden in der traditionellen Logik Urteile der Form ›S ist nicht-P‹ verstanden, d.h., die Negation betrifft das Prädikat und nicht die Kopula. Mengentheoretisch läßt sich ›nicht-P‹ als Komplementärmenge von P deuten, z.B. ›der Wal ist ein Nicht-Fisch‹.

Literatur: P. Lorenzen, Formale Logik, Berlin 1958, [3]1967; A.A. Sinowjew, Komplexe Logik. Grundlagen einer logischen Theorie des Wissens, Braunschweig/Basel 1970 (russ. Moskau 1967); A. Tarski, Einführung in die mathematische Logik und in die Methodologie der Mathematik, Wien 1937, ed. F. Scheibe, Göttingen [2]1966. K.M.

Einsetzung, ↑Ersetzung.

Einsquantor, auch Manchquantor, Existenzquantor (engl. existential quantifier) oder Existenzoperator, das zur Symbolisierung von ↑Existenzaussagen in der Logik benützte Zeichen ›⋁‹ (im Falle der ↑Indefinitheit ›𝕍‹, früher ohne Unterscheidung beider Fälle meist ›∃‹), dem stets noch die Angabe seines ↑Variabilitätsbereichs hinzuzufügen ist, unter Umständen stillschweigend durch die Wahl des Index (›n‹ in ›$\bigvee_n$‹ als Variable für Ziffern zur Darstellung von Grundzahlen, ›M‹ in ›$\mathbb{V}_M$‹ als Variable für Mengenterme), der mit der Leerstelle der Aussageform übereinstimmt, ›über‹ die quantifiziert wird (↑Quantifizierung). C.T.

Einstein, Albert, *Ulm 14. März 1879, †Princeton N.J. 18. April 1955, dt.-amerik. Physiker. Nach Besuch eines Münchner Gymnasiums 1894, ohne Schulabschluß, Übersiedlung nach Italien. Die Möglichkeit, an der ETH ohne Abitur studieren zu können, bewog E. 1895, nach Zürich zu gehen. Nach nicht bestandener Aufnahmeprüfung holte E. das Abitur nach (Kantonsschule Aarau 1895/1896), bevor er sich im Herbst 1896 in Zürich für das Diplomlehrerstudium in Physik immatrikulierte. Nach dem Examen (1900) erfolglose Bewerbung um eine Assistentenstelle an der ETH und Hilfslehrertätigkeit (Winterthur, Schaffhausen). Durch die Vermittlung eines Studienfreundes erhielt E. schließlich die Stelle eines ›Experten III. Klasse‹ (Hilfsgutachters) am Eidgenössischen Patentamt in Bern (1902–1909). 1905 Promotion in Zürich (Eine neue Bestimmung der Moleküldimensionen, Bern 1905). 1908 Habilitation, nachdem ein erster Versuch, sich 1907 mit seiner bahnbrechenden Arbeit zur speziellen Relativitätstheorie in Bern zu habilitieren, gescheitert war.
In die Berner Zeit fallen drei im Band 17 der »Annalen der Physik« veröffentlichte Arbeiten, von denen jede einzelne E. bereits einen bedeutenden Platz in der Geschichte der Physik gesichert hätte. In »Über einen die Erzeugung und Verwandlung des Lichtes betreffenden heuristischen Gesichtspunkt« (a.a.O., 132–148) gab E. der Lehre vom Licht eine neue Gestalt. Während M. Planck die Hypothese von der unstetigen (quantenhaften) Energieabgabe und -aufnahme bei Wärmestrahlungsvorgängen aufgestellt hatte, stand die Übertragung dieser Sicht auf das Licht im Widerspruch zur Wellentheorie des Lichtes, die, theoretisch und experimentell gesichert (J.C. Maxwell, H. Hertz), in der Elektrodynamik einen Eckpfeiler der klassischen Physik bildete. E. führte diese Übertragung durch und begründete damit die Lichtquantenvorstellung. Ferner erklärte er den von Hertz 1886 entdeckten sogenannten photoelektrischen Effekt, der mit Hilfe der Wellentheorie des Lichts unerklärbar war. E.s Auffassung setzte sich endgültig erst 1923 nach der Entdeckung des sogenannten Compton-Effekts (nach dem amerikanischen Physiker A.H. Compton, 1892–1962) durch. Für diese Arbeit erhielt E. 1921 den Nobelpreis in Physik. Auch am weiteren Aufbau der Quantentheorie hatte E. großen Anteil. Die zweite Arbeit von 1905 »Über die von der molekularkinetischen Theorie der Wärme geforderte Bewegung von in ruhenden Flüssigkeiten suspendierten Teilchen« (a.a.O., 549–560) half der auf der Atomvorstellung beruhenden, von L. Boltzmann begründeten statistischen Mechanik zum endgültigen Durchbruch. Für die Atomtheorie waren bis dahin keine völlig überzeugenden experimentellen Nachweise erbracht worden, was unter anderem E. Mach und W. v. Ostwald zu ihrer Ablehnung veranlaßt hatte. E. konnte zeigen, daß die kinetische Wärmetheorie Folgerungen über Schwankungserscheinungen im thermischen Gleichgewichtszustand erlaubt, die sich physikalisch als thermische Bewegung der (mikroskopisch unsichtbaren) Moleküle darstellt. E. stellte die wenig später exakt nachgewiesene Vermutung auf, daß die (mikroskopisch sichtbaren) Bewegungen von Schwebestoffen in Flüssigkeiten (›Brownsche Bewegung‹) die Molekülbewegung sichtbar abbilden. Der damit erbrachte erste, völlig schlüssige (indirekte) Nachweis der Existenz von Atomen überzeugte die letzten Kritiker der Atomtheorie (z.B. v. Ostwald). Die dritte Arbeit von 1905 »Zur Elektrodynamik bewegter Körper« (a.a.O., 891–921) begründet die spezielle Relativitätstheorie (↑Relativitätstheorie, spezielle) und liefert die für die moderne (›relativistische‹) Physik charakteristische Neuauffassung der Begriffe von ↑Raum und ↑Zeit, aus der E. weitere Folgerungen, z.B. die der Äquivalenz von ↑Masse und ↑Energie ($E = m \cdot c^2$) und der Äquivalenz von Energie, träger und schwerer Masse, zog. Zum Ausbau der zu diesen Arbeiten behandelten Thematik trugen in der Folgezeit E. selbst und die besten Physiker seiner Zeit bei.
1909 wurde E. a.o. Prof. für theoretische Physik an der Universität Zürich, 1911 o. Prof. in Prag. 1912 Wechsel an die ETH Zürich, die E. jedoch bereits 1914 verließ, um in Berlin als Mitglied der Akademie der Wissenschaften die Leitung des neuzugründenden »Kaiser Wilhelm Instituts für Physik« nebst einer Professur (ohne ständige Lehrverpflichtung) an der Universität zu übernehmen. 1916 lieferte E. in seiner Arbeit »Grundlagen der allgemeinen Relativitätstheorie« (Ann. Phys. 49,

769–822) die erste vollständige Fassung der schon vorher von ihm konzipierten und in Teilen realisierten allgemeinen Relativitätstheorie (↑Relativitätstheorie, allgemeine), die die Beschränkung der speziellen Relativitätstheorie auf geradlinig-gleichförmig zueinander bewegte Systeme bei Ausschluß der ↑Gravitation aufhebt. – Die weiteren physikalischen Arbeiten E.s behandeln die Entwicklung seiner Theorien und die Folgerungen daraus. Insbesondere der Gedanke einer Vermittlung von ↑Gravitation und Elektrizität in einer ›Einheitlichen Feldtheorie‹ hat ihn bis an sein Lebensende beschäftigt.

Ab etwa 1920 war E. auf Grund seiner pazifistischen, demokratisch-sozialistischen Einstellung und seiner jüdischen Herkunft eine Zielscheibe der antidemokratischen und antisemitischen Hetze in der Weimarer Republik. Auch die wissenschaftliche Opposition war zu einem großen Teil politisch und rassistisch motiviert (›jüdische Physik‹). Diese Umstände und die Vorahnung der künftigen Entwicklung veranlaßten E. im Frühjahr 1933, die Rückreise von einer seiner seit 1931 regelmäßigen Gastprofessuren am »Institute for Advanced Studies« (Princeton N.J.) in Belgien abzubrechen und nach Princeton zurückzukehren, wo er unverzüglich eine Forschungsprofessur erhielt. In den folgenden Jahren beteiligte er sich aktiv z.B. am politischen Kampf gegen den Nationalsozialismus, an der Anti-Atombombenbewegung und am Kampf gegen die staatliche Gesinnungsschnüffelei unter Künstlern und Wissenschaftlern, die insbesondere im von Senator McCarthy initiierten »Committee on Un-American Activities« zu einer Hexenjagd auf mutmaßlich andersdenkende Intellektuelle geführt hatte. E.s Stellungnahmen in diesem Zusammenhang (Über den Frieden. Weltordnung oder Weltuntergang, 543ff.) dürften an Aktualität wenig verloren haben.

E., der mit Werken insbesondere der empiristischen philosophischen Tradition (D. Hume, J.S. Mill, E. Mach) vertraut war und das wechselseitige Aufeinanderangewiesensein von Erkenntnis- bzw. Wissenschaftstheorie und Naturwissenschaft betonte, lehnte es ab, seine eigenen physikalischen Forschungen und Resultate *einem* philosophischen System zuzuordnen. So finden sich in seinen zahlreichen Äußerungen zu diesem Problemkomplex z.B. platonistische, operationalistische, empiristische und phänomenalistische Komponenten, die von E. jeweils im wesentlichen als durch die Bedingungen physikalischer Forschung motiviert und begründet angesehen werden.

Werke: Ist die Trägheit eines Körpers von seinem Energieinhalt abhängig?, Ann. Phys. 17 (1905), 639–641; Plancksche Theorie der Strahlung und die Theorie der spezifischen Wärme, Ann. Phys. 22 (1907), 180–190; Relativitätsprinzip und die aus demselben gezogenen Folgerungen, Jb. d. Radioaktivität 4 (1907), 411–462, 5 (1908), 98–99; Entwurf einer Verallgemeinerten Relativitätstheorie und eine Theorie der Gravitation. I. Physikalischer Teil von A.E.. II. Mathematischer Teil von M. Grossmann, Z. Math. Phys. 62 (1913), 225–261; Über die spezielle und die Allgemeine Relativitätstheorie, gemeinverständlich, Braunschweig 1917, ²²1972; Quantentheorie der Strahlung, Phys. Z. 18 (1917), 121–128; Kosmologische Betrachtungen zur allgemeinen Relativitätstheorie, Sitz.ber. Preuß. Akad. Wiss., math.-phys. Kl. 1917, 1. Teil, 142–152; The Meaning of Relativity. Four Lectures Delivered at Princeton University, Princeton 1921, ⁴1953 (dt. Vier Vorlesungen über Relativitätstheorie, gehalten im Mai 1921 an der Universität Princeton, Braunschweig 1922, ab 3. erw. Aufl. 1956 unter dem Titel: Grundzüge der Relativitätstheorie); Geometrie und Erfahrung, Berlin 1921; Quantentheorie des einatomigen idealen Gases, Sitz.ber. Preuß. Akad. Wiss., math.-phys. Kl. 1924, 261–267, 1925, 3–14; Einheitliche Feldtheorie von Gravitation und Elektrizität, a.a.O. 1925, 414–419; Zur Einheitlichen Feldtheorie, a.a.O. 1929, 2–7; Mein Weltbild, Amsterdam 1934, Zürich ²1953, Frankfurt ³1956; (mit L. Infeld) The Evolution of Physics. The Growth of Ideas from Early Concepts to Relativity and Quanta, New York 1938 (dt. Die Physik als Abenteuer der Erkenntnis, Leiden 1938; unter dem Titel: Die Evolution der Physik. Von Newton bis zur Quantentheorie, Wien ³1950, Hamburg 1956); Quantenmechanik und Wirklichkeit, Dialectica 2 (1948), 320–324; Out of My Later Years, New York 1950 (dt. Aus meinen späten Jahren, Stuttgart 1952, ²1953 [repr. 1979]); Ideas and Opinions, Based on »Mein Weltbild«, ed. C. Seelig, New York 1954; O. Nathan/H. Norden (eds.), E. on Peace, New York 1960 (dt. A.E. Über den Frieden. Weltordnung oder Weltuntergang, Bern 1975); H. Dukas/B. Hoffmann (eds.), A.E., the Human Side. New Glimpses from his Archives, Princeton N.J. 1979. – Warum Krieg? Ein Briefwechsel. A.E. und Sigmund Freud, Paris 1933, Zürich 1972; Lettres à Maurice Solvine, Paris 1956 (dt. Briefe an Maurice Solvine, Berlin 1960); A.E./E. Schrödinger/M. Planck/H.A. Lorentz, Letters on Wave Mechanics, ed. M.J. Klein, New York 1967; A.E./A. Sommerfeld, Briefwechsel, ed. A. Hermann, Basel 1968; A.E., Hedwig und Max Born. Briefwechsel 1916–1955, ed. M. Born, München 1969. – N. Boni/M. Ross/D.H. Laurence, A Bibliographical Checklist and Index to the Published Writings of A.E., New York 1960; E. Weil, A.E.. A Bibliography of his Scientific Papers 1901–1954, London 1960.

Literatur: P.C. Aichelberg/R. Sexl (eds.), A.E.. Sein Einfluß auf Physik, Philosophie und Politik, Braunschweig/Wiesbaden 1979; J. Bernstein, E., New York 1973; R.W. Clark, E.. The Life and Times, New York/Cleveland 1971 (dt. A.E.. Leben und Werk, München 1974, ²1978); F. Herneck, A.E., Berlin 1963, Leipzig ²1975; P. Frank, E.. Sein Leben und seine Zeit, München/Leipzig/Freiburg 1949, Braunschweig/Wiesbaden ²1979; B. Hoffmann/H. Dukas, A.E., Creator and Rebel, New York 1972 (dt. A.E.. Schöpfer und Rebell, Frankfurt 1978); L. Infeld, A.E.. His Work and its Influence on Our World, New York 1950; P. Jordan, A.E.. Sein Lebenswerk und die Zukunft der Physik, Frauenfeld/Stuttgart 1969; M.J. Klein/N.L. Balazs, A.E., DSB IV (1971), 312–333; C. Lanczos, The E. Decade (1905–1915). London 1974; A. Reiser (d.i. R. Kayser), A.E.. A Biographical Portrait, New York 1930; P.A. Schilpp (ed.), A.E.. Philosopher Scientist, Evanston Ill. 1949, [2]1951 (repr. I–II, New York 1959; dt. A.E. als Philosoph und Naturforscher, Stuttgart 1951 [repr. Braunschweig 1979], mit Bibliographie); C. Seelig, A.E.. Eine dokumentarische Biographie, Zürich 1954 (mit Bibliographie); J. Wickert, A.E. in Selbstzeugnissen und Bilddokumenten, Reinbek 1972 (mit Bibliographie). G.W.

einstellig/Einstelligkeit, ein ↑Term bzw. eine ↑Aussageform heißt e., wenn er (bzw. sie) genau eine, eventuell mehrfach auftretende freie ↑Variable enthält. Beispiele: der Term ›$2+x$‹, die Aussageformen ›x ε grün‹ und ›$\bigwedge_q(p \rightarrow (q \rightarrow p))$‹. C.T.

Einzelheit, von G.W.F. Hegel neben ›Allgemeinheit‹ und ›Besonderheit‹ verwendeter Terminus zur Bestimmung der ›konkreten‹ Stufe im jeweiligen dialektischen Entwicklungsgang, den das ›System der Philosophie‹ in seiner Gesamtheit nachzeichnet. Seine Einführung (↑Allgemeinheit) erfolgt in der ›Lehre vom Begriff‹ (Logik II, Sämtl. Werke V, 35–65). S.B.

Eisler, Rudolf, *Wien 7. Jan. 1873, †ebd. 14. Dez. 1926, österr. philosophischer Schriftsteller. 1894 Promotion bei W. Wundt, ab 1899 als Privatgelehrter in Wien. Mitbegründer (1907) der »Soziologischen Gesellschaft«. E. bemühte sich im Anschluß an seinen Lehrer Wundt um eine idealistische Weltanschauung ›auf streng wissenschaftlicher Grundlage‹ (Vorwort zur »Einführung in die Philosophie«). Dabei schlug er den Weg einer ›Synthese von Kritizismus und Evolutionismus‹ ein, die er im Sinne des ↑Voluntarismus ausarbeitete (Der Zweck, 1914). E. vertrat (Leib und Seele, 1906) eine spiritualistische Form des psychophysischen Parallelismus (↑Parallelismus, psychophysischer). Bekannt wurde er vor allem durch seine lexikalischen Werke.

Werke: Wörterbuch der philosophischen Begriffe. Historisch-quellenmäßig bearbeitet, Berlin 1899, I–III, Berlin [4]1927–1930, völlig neu bearbeitete Ausg.: Historisches Wörterbuch der Philosophie, ed. J. Ritter†/K. Gründer, Basel/Stuttgart 1971ff. (bisher 4 Bde); Handwörterbuch der Philosophie, Berlin 1913, ed. R. Müller-Freienfels, Berlin [2]1922; Philosophen-Lexikon. Leben, Werke und Lehren der Denker, Berlin 1912; Kant-Lexikon. Nachschlagewerk zu Kants sämtlichen Schriften, Briefen und handschriftlichem Nachlaß, Berlin 1930 (repr. Hildesheim 1964). – Einführung in die Philosophie, Berlin 1905; Leib und Seele. Darstellung und Kritik der neueren Theorien des Verhältnisses zwischen physischem und psychischem Dasein, Leipzig 1906; Einführung in die Erkenntnistheorie, Leipzig 1907, [2]1925; Grundlagen der Philosophie des Geisteslebens, Leipzig 1908; Der Zweck. Seine Bedeutung für Natur und Geist, Berlin 1914.

Literatur: M. Sztern, R.E. und seine Philosophie. Nachruf und Würdigung, Kant-St. 32 (1927), 428–434. G.G.

Eklektizismus (von griech. ἐκλέγειν, auswählen; vgl. Diog. Laert. I, 21), Bezeichnung einer philosophischen Richtung, in der die eigene Position durch die Übernahme fremder Lehrstücke bestimmt ist. In der Antike galten als Eklektiker z.B. Karneades, Antiochos von Askalon und M.T. Cicero, in der Neuzeit z.B. C.A. Crusius, C. Garve und V. Cousin. In dem von D. Diderot geschriebenen Artikel ›éclectisme‹ der »Encyclopédie« (V [1755], 270–293) wird im Gegensatz zu der etwa seit G.W.F. Hegel (›oberflächliches Aggregat‹, Vorles. Gesch. Philos., Sämtl. Werke XIX, 32) vorherrschenden abwertenden Bedeutung von E. eklektisches Denken mit *aufgeklärtem* Denken gleichgesetzt. J.M.

Ekphantos von Syrakus, Pythagoreer, wahrscheinlich Zeitgenosse Platons, verband die pythagoreische Zahlentheorie, im Anschluß an Demokrit und Anaxagoras, mit atomistischen Anschauungen, indem er die elementaren Zahleneinheiten den körperlichen Atomen gleichsetzte (Aët. I 3,19), ohne dabei jedoch Demokrits Thesen von der Unendlichkeit des Raumes und unendlich vieler Welten zu vertreten. Lehrte wie Herakleides Pontikos die Achsendrehung der Erde (Aët. III 13,3 – zitiert von N. Kopernikus im Vorwort zu: De revolutionibus orbium coelestium, 1543).

Quellen: VS 51.

Literatur: W.K.C. Guthrie, A History of Greek Philosophy I (The Earlier Presocratics and the Pythagoreans), Cambridge 1962, 323–327. H.-L.N.

Ekthesis (griech. ἔκθεσις, Heraushebung, Herauslösung), (I) Terminus der Aristotelischen Metaphysik und Logik. – (1) In der »Metaphysik« (z.B. A9.992b10) bezeichnet Aristoteles mit E. die gewöhnlich mit dem Begriff des ↑Chorismos (χωρισμός) charakterisierte Lehre der Platoniker, die Ideen als Dinge besonderer Art neben die Erscheinungen zu setzen. – (2) In der ↑Syllogistik ist die E. neben der ↑Konversion und der reductio ad impossibile (↑reductio ad absurdum) das dritte von Aristoteles genannte Verfahren, Syllogismen auf solche der ersten Figur zurückzuführen (↑Syllogismus, vollkommener), um ihre Gültigkeit zu beweisen. Bei den assertorischen Syllogismen (↑Syllogismus, assertorischer) kann auf E. grundsätzlich verzichtet werden, da die beiden anderen Verfahren ausreichen. In der Modallogik hingegen, und zwar beim Beweis der Modi Baroco und Bocardo mit notwendigen Prämissen und notwendiger Konklusion, ist die E. erforderlich. Der Grundgedanke des E.verfahrens besteht darin, hinsichtlich eines vorliegenden Syllogismus mit partikularer Konklusion einen neuen Terminus (Prädikator) anzugeben, mit dessen Hilfe sich die Gültigkeit der Konklusion beweisen läßt. Die Existenz eines solchen Terminus läßt sich durch die beiden folgenden Existenzsätze sichern, deren Formulierung sich auf die ↑extensionale Interpretation von Prädikatoren bezieht: (1) Wenn der Terminus A einigen Elementen der Klasse des Terminus B zukommt, genau dann gibt es einen Terminus N derart, daß die Termini A und B jedem Element der Klasse von N zukommen. (2) Wenn der Terminus A einigen Elementen der Klasse von B nicht zukommt, genau dann gibt es einen Terminus N derart, daß A keinem Element von N zukommt und B jedem Element von N zukommt. In Zeichen:

(1) $AiB \succ\prec \bigvee_N (AaN \wedge BaN)$ und
(2) $AoB \succ\prec \bigvee_N (AeN \wedge BaN)$.

Effektiv läßt sich ein solcher Existenzbeweis z.B. durch Bildung des logischen Produkts der Klassen von A und B führen (↑Produkt (logisch)): Der Durchschnitt von A und B ist dann genau die Klasse von N. Der Beweis des assertorischen Modus Darapti ($PaS \wedge RaS \prec PiR$) verläuft dann etwa so: Durch Einsetzen von P und R anstelle von A und B erhält man:

(a) $PiR \succ\prec \bigvee_N (PaN \wedge RaN)$.

Da S und jede Unterklasse von S als jenes N gelten kann, gilt ferner:

(b) $PaS \wedge RaS \prec \bigvee_N (PaN \wedge RaN)$.

Der eigentliche Beweis hat folgende Schritte:

(c) $PaS \wedge RaS \prec \bigvee_N (PaN \wedge RaN)$ (wegen *b*)
(d) $\bigvee_N (PaN \wedge RaN) \prec PiR$ (wegen *a*)
(e) $PaS \wedge RaS \prec PiR$ (aus *c* und *d*).

(II) Bei Proklos bezeichnet ›E.‹ die für die Lösung einer Aufgabe oder den Beweis eines Lehrsatzes geeignete Zusammenstellung der dafür ›gegebenen‹ Informationen (*δεδομένα*, data, In Primum Euclidis Elementorum Librum Commentarii, ed. G. Friedlein, 203–204).

(III) Auch die Verwendung bei J. Jungius ist nicht auf die Syllogistik, sondern auf das mathematische Beweisverfahren bezogen: eine ›ecthetica demonstratio‹ ist ein Beweis, der, obschon singular geführt, allgemeine Geltung (›potentia catholica‹) hat. Paradigmen sind Beweise der Geometrie Euklids, die zwar singular (z.B. ›gegeben sei eine Gerade AB‹) geführt werden, aber wegen der beliebigen Wahl (im Beispiel: der Geraden) allgemein gelten.

Literatur: H. Kangro, Heuretica (Erfindungskunst) und Begriffskalkül – ist der Inhalt der Leibnizhandschrift Phil. VII C 139r–145r Joachim Jungius zuzuschreiben?, Sudh. Arch. 52 (1968/1969), 47–66, bes. 58–60; G. Patzig, Die Aristotelische Syllogistik. Logisch-philologische Untersuchungen über das Buch A der »Ersten Analytiken«, Göttingen 1959, [3]1969. G.W.

élan vital (franz., Urkraft), spekulative Erklärung eines als gerichtet gedachten Evolutionsprozesses der organischen Welt in der neovitalistischen Theorie der schöpferischen Evolution (↑Evolutionstheorie). H. L. Bergson unterscheidet zwei Dimensionen des Denkens. Die eine geht auf das Relative, Mechanische und Äußere und ist der Bereich des Verstandes, der es mit der Herstellung von künstlichen Objekten, mit Relationen, nicht aber mit den Dingen selbst zu tun hat. Nur auf dieser Ebene akzeptiert Bergson die Evolutionstheorie C.R. Darwins als richtige Beschreibung der Wirklichkeit. Die zweite Dimension geht auf das Absolute, Aktive und Lebendige und ist der Bereich des metaphysischen Denkens. Von dieser Ebene aus ergänzt Bergson vom Standpunkt des Neovitalismus die für unzureichend gehaltene mechanistische Erklärung des Evolutionsprozesses durch die in »L'évolution créatrice« (1907) entwickelte Theorie des é. v..
Darwin hatte den Evolutionsprozeß durch ein die natürliche Auslese zwischen zufällig entstandenen erblichen Varianten beherrschendes Prinzip erklärt, wodurch nur solche Populationen im Kampf ums Dasein überleben, deren Eigenschaften der Umwelt am besten angepaßt sind. Bergson bestreitet die Zufallsgenerierung der Varianten. Um die Funktionsfähigkeit von komplexen Organen über verschiedene Formveränderungen aufrechtzuerhalten, habe eine den Zufall ausschließende und gerichtete Steuerung voraussetzende koadaptive Variation stattfinden müssen. Darüber hinaus kritisiert Bergson, daß der ↑Darwinismus keine Erklärung für die zunehmende Komplexität der organischen Welt geliefert habe. Bergson meint, eine steuernde, auslesende, treibende Urkraft, élan originel, gefunden zu haben, mit der das Leben

einsetzt, und die sich als é. v. sowohl phylogenetisch als auch ontogenetisch fortsetzt. Bergson beschreibt diese Kraft als Tendenz zur Einwirkung auf anorganische Materie, zur Verwertung von Energie und zur schöpferischen, freien Gestaltung. Die zunehmende Komplexität erklärt er durch das Gesetz der ↑Entropie, mit dem er seinen sich im Alterungsprozeß manifestierenden biologischen Zeitbegriff fortführt und zu einem ontologischen Evolutionsprinzip ausgestaltet. Die Materie wird damit letztlich zur Erscheinungsform des é. v., der im menschlichen Bewußtsein seine adäquate Erscheinungsform findet. So wird beim späten Bergson der Mensch zum Seinsgrund des irdischen Lebens.

Literatur: H. Bergson, L'évolution créatrice, Paris 1907; G. Pflug, E. v., Hist. Wb. Ph. II (1972), 438; H. Sundén, La théorie bergsonienne de la religion, Uppsala 1940.
H. R. G.

Eleatismus, Bezeichnung einer auf der Philosophie des Parmenides von Elea basierenden Position, die (im Gegensatz zum ↑Heraklitismus) von einem absoluten, einheitlichen, unwandelbaren, nicht-empirischen Sein ausgeht, das allein Wahrheit gewährleistet, und diesem die empirische, wandelbare, sinnlich wahrnehmbare Welt gegenüberstellt, über die nicht gesicherte Erkenntnis, sondern nur trügerische Meinung (*δόξα*, ↑Meinung) möglich sei. Der Ausdruck ›E.‹ wurde erstmals von D. Diderot und J. le Rond d'Alembert in der »Encyclopédie« (1751–1780) verwendet, und zwar nicht nur für die eleatischen Philosophen Xenophanes, Parmenides, Melissos und Zenon (›eléatisme métaphysique‹), sondern auch für eine Gruppe von Philosophen (z.B. Leukipp, Demokrit, Protagoras), die im Gegensatz zu den eigentlichen Eleaten die Sinneswahrnehmung (nicht das Denken) als Kriterium der Wahrheit ansehen (›eléatisme physique‹).

Literatur: P. Albertelli (ed.), Gli Eleati. Testimonianze e frammenti, Bari 1939; G. Calogero, Studien über den E., Rom 1932 (repr. Hildesheim 1971); J. H. M. M. Loenen, Parmenides, Melissus, Gorgias, A. Reinterpretation of Eleatic Philosophy, Assen/New York 1959; H.-J. Newiger, Untersuchungen zu Gorgias' Schrift Über das Nichtseiende, Berlin 1973; G. Prauss, Platon und der logische E., Berlin 1966; E. Zeller, Die Philosophie der Griechen in ihrer geschichtlichen Entwicklung I, Leipzig [6]1919, Darmstadt [7]1963 (repr.), ital. Übers. R. Mondolfo, Bearb. v. G. Reale: La filosofia dei Greci nel suo sviluppo storico I 3 (Eleati), Firenze 1967; H. Schwabl, Die Eleaten (Forschungsbericht) 1939–1956, Anz. für die Altertumswiss. 9 (1956), 129–155, 10 (1957), 195–226; A. Stückelberger/U. Dierse, E., Hist. Wb. Ph. II (1972), 437–439; A. Szabó, Zum Verständnis der Eleaten, Acta antiqua Acad. Sci. Hung. 2 (1953/1954), 243–289; ders., Eleatica, ebd. 3 (1955/1956), 67–102. – Totok I (1964), 120–124. M. G.

Elektrodynamik, als Teilgebiet der Physik die Theorie elektrischer und magnetischer Vorgänge und Zustände. Die E. erfaßt damit auch elektrostatische und magnetostatische Erscheinungen. – Sieht man von qualitativen Experimenten mit geriebenem Bernstein und mit Magnetsteinen sowie von der Verwendung schwacher Batterien zum Galvanisieren durch die Parther in der Antike ab, so beginnt die E. historisch mit Entdeckungen L. Galvanis (1786) und A. Voltas (1799), die eine Erzeugung starker, kontinuierlicher Ströme ermöglichten, sodann mit der Entdeckung des Elektromagnetismus durch H. C. Oersted (1820), der elektrodynamischen Wechselwirkung stromdurchflossener Leiter durch A. M. Ampère (1820), der elektromagnetischen Induktion durch M. Faraday (1831) und der elektromagnetischen Wellen durch H. Hertz (1886). Sie findet ihre erste theoretische Vollendung in den Maxwell-Hertzschen Gleichungen, die die Gesamtheit der bekannten elektrischen und magnetischen Wirkungen im makroskopischen Bereich erfassen. Die Entdeckung der nach H. A. Lorentz benannten Kraft auf Ladungsträger, die in einem Magnetfeld bewegt sind, führten über deren Erklärung durch Äthertheorien (↑Äther), die jedoch physikalisch unbefriedigend blieben, schließlich dazu, daß die E. nicht mehr als eine für bestimmte Sorten von Kräften einschlägige Teiltheorie der Mechanik gesehen wurde und daß statt dessen die Mechanik theoretisch als Teilgebiet der E. reformuliert wurde.
Durch den nach heutiger Schulmeinung der Physik in der Relativitätstheorie A. Einsteins gelungenen Abschluß der Subsumtion von Mechanik unter E. ist damit ein zentrales wissenschaftstheoretisches Problem entstanden: Physik bedarf als quantitative Erfahrungswissenschaft für eine ihren Geltungsanspruch legitimierende Fassung der operativen Bestimmung ihrer Grundbegriffe. Als ›Erscheinungen‹ besonderer, d.h. nicht von der Mechanik als einer Theorie inertialer Phänomene oder von Gravitationstheorien erfaßten Wirkungen sind elektromagnetische Erscheinungen methodisch erst nach Abschluß einer Mechanik mit Gravitationstheorie möglich. Schon die in der Antike bekannte Anziehung von Wollfäden durch geriebenen Bernstein ist ein besonderes (›elektrisches‹) Phänomen, insofern es vom Normalfall der Bewegung von Körpern schwerer als Luft ab-

weicht. Insbesondere sind die zur E. gerechneten Wirkungen und Zustände nur über methodisch primäre mechanische (Kraft-)Messungen meßbar – etwa an Probekörpern bei der Definition der Feldstärke. Damit verläuft ein von Lücken und logischen Zirkeln freier begrifflicher Aufbau der Physik in entgegengesetzte Richtung zur heute üblichen deduktiven Fassung der Theorie. Für dieses Definitionsdilemma der Physik gibt es bis heute keine Lösungsvorschläge (↑Mechanik, ↑Physik).

Literatur: J. D. Jackson, Classical Electrodynamics, New York [2]1975; A. Sommerfeld, Vorlesungen über theoretische Physik III (E.), Leipzig [5]1967. P. J.

Element (von lat. elementum, griech. *στοιχεῖον*, Buchstabe, Laut), Grundbestandteil, sowohl konkret im Sinne von Grundstoff als auch abstrakt im Sinne von Grundlage, seit Aristoteles speziell auch Bezeichnung für die Grundsätze (= ↑Axiome) axiomatisch aufgebauter Wissenschaften; daher Titel der 13 Bücher Euklids, einem systematischen Lehrgang der Geometrie und Arithmetik. In der ionischen Naturphilosophie gelten Wasser (Thales) oder Luft (Anaximenes) als die E.e aller Dinge, bei Parmenides sind Feuer und Erde, bei Heraklit Feuer und seine Erscheinungsformen Luft, Wasser, Erde die E.e. Erst Empedokles begründet die von den Stoikern später weitergegebene Lehre von der traditionellen Vierzahl der E.e (Feuer, Luft, Wasser, Erde). Platon und Aristoteles fügen den ↑Äther als fünftes E. hinzu. Erst im 17./18. Jahrhundert entwickelt sich der moderne Begriff des chemischen E.es als eines Stoffes, der mit chemischen Mitteln nicht mehr in andere Stoffe zerlegt werden kann (↑Chemie).

Ein Gegenstand ist grundsätzlich E. nur relativ zu demjenigen Gegenstand, dessen E. er ist. Entsprechend ist die ↑zweistellige E.-Beziehung zwischen einem Gegenstand und einer Klasse, der er angehört, die Grundrelation der ↑Mengenlehre. Gilt nämlich eine Aussage $A(n)$ über einen Gegenstand n, so heißt n auch ein E. der ↑Menge $\in_x A(x)$ (in Worten: Menge der x mit $A(x)$; d.h. Menge derjenigen Gegenstände n, welche die ↑Aussageform $A(x)$ oder eine dazu äquivalente Aussageform erfüllen). Für ›n ist ein E. der Menge M‹ schreibt man ›$n \in M$‹, daher ist $n \in \in_x A(x)$ synonym zu $A(n)$. Häufig wird die ↑Kopula ›ist‹, die das Zusprechen eines Prädikators in einer ↑Elementaraussage repräsentiert (Symbol: ε), mit der E.-beziehung (Symbol: ∈) verwechselt, also etwa ›Sokrates ε Mensch‹ (d.h. Sokrates ist ein Mensch) mit ›Sokrates∈Mensch‹ (d.h. Sokrates ist E. der Klasse der Menschen). Das Wort ›Mensch‹ wird in diesen Fällen zweideutig verwendet, im ersten Fall als ↑Prädikator, im zweiten Fall als ↑Eigenname für die Klasse der Menschen. Die Elementaraussage ›Sokrates∈Mensch‹ wäre also mit dem zweistelligen Prädikator ›∈‹ in logischer Normierung wiederzugeben durch: ›Sokrates, Menschε∈‹. Ebenso häufig wird die E.beziehung mit der Teil-Ganzes-Beziehung (↑Teil und Ganzes) verwechselt, bei der ein Gegenstand, z.B. ein Ast, Teil eines größeren Gegenstandes, z.B. eines Baumes, ist, mengentheoretisch der Ast dann als Teilmenge des zugehörigen Baumes, etwa in bezug auf eine Zerlegung des Baumes in Moleküle als seine E.e logisch rekonstruiert werden kann (↑Mereologie).

Literatur: H. Diels, Elementum. Eine Vorarbeit zum griechischen und lateinischen Thesaurus, Leipzig 1899; R. Hooykaas, Het begrip element in zijn historisch-wijsgeerige outwikkeling, Utrecht 1933; W. Jaeger, Die Theologie der frühen griechischen Denker, Stuttgart 1953; A. Lumpe, Der Begriff »E.« im Altertum, Arch. Begriffsgesch. 7 (1962), 285–293; E. Ströker, Denkwege der Chemie. Elemente ihrer Wissenschaftstheorie, Freiburg/München 1967. K. L.

Elementaraussage (engl. elementary proposition), unter den ↑*Primaussagen,* d.i. den logisch einfachen, ohne Beteiligung der logischen Partikeln (↑Partikel, logische) formulierten ↑Aussagen diejenigen, die sich im unmittelbaren Zusammenhang der Sprachhandlung der ↑Prädikation einführen lassen. Dazu muß, im einfachsten Fall, der Gegenstand, dem in der Prädikation ein ↑Prädikator, d.i. ein Begriffswort, zu- oder abgesprochen wird, durch einen ↑Nominator, d.i. ein der ↑Benennung dienender Ausdruck, z.B. ein ↑Eigenname, ein ↑Indikator oder eine ↑Kennzeichnung, sprachlich vertreten werden (mit dem Prädikator wird eine natürlich nicht vollständige, wohl aber disjunkte [prädikative] ↑Unterscheidung der Beispiele von den Gegenbeispielen vollzogen). Dabei dient die affirmative ↑Kopula (Zeichen: ε) der sprachlichen Wiedergabe des Zusprechens, die negative Kopula (Zeichen: ε′) der Wiedergabe des Absprechens (↑zusprechen/absprechen). Man erhält so z.B. die (einstelligen) E.n ›Napoleonεein Korse‹, ›hier ε′ ein öffentlicher Weg‹, ›die Erdeεeine Kugel‹. Mehrstellige E.n ergeben sich, wenn mehrstellige Prädikatoren, d.s. Beziehungswörter, ganzen Systemen von Gegenständen zu- oder abgesprochen werden, z.B. ›drei liegt zwischen der kleinsten Primzahl und fünf‹ (in normierter Schreibweise: ›die kleinste Primzahl, 3, 5εzwischen‹).

Es gehört zur Aufgabe der *logischen Analyse* (↑Analyse, logische), Aussagen natürlicher Sprachen auf ihren Aufbau aus wohlbestimmten E.n hin zu untersuchen, aus der vorliegenden grammatischen Form eine logische Form zu bestimmen (↑Normierung, ↑Grammatik, logische). So ist insbesondere die affirmative Kopula in vielen Sprachen häufig durch das Nullmorphem vertreten, also nur durch die Wortstellung markiert; im Deutschen entscheiden bei verbalen Prädikatoren zusätzlich Suffixe darüber, ob eine E., z.B. ›der Vogel singt‹, oder ein (zusammengesetzter) Nominator, z.B. ›der singende Vogel‹, vorliegt. Dabei gehört es auch zu den Aufgaben der logischen Analyse, eine Rekonstruktion der *Wortarten,* der ↑*Sprechakte* und der *Zusammensetzung* sowohl komplexer Prädikatoren als auch komplexer Nominatoren (z.B. durch ↑ Kennzeichnung aus geeigneten Prädikatoren) aus einfachen Bausteinen anzugeben.

Bislang ist der Versuch der konstruktiven Wissenschaftstheorie (↑Wissenschaftstheorie, konstruktive) umstritten, den Begriff der E. so zu erweitern, daß der Unterschied zwischen apprädikativer (↑Apprädikator) und eigenprädikativer (↑Eigenprädikator) Verwendung eines Prädikators aufgehoben wird, indem man etwa zwischen ›der Vogel singt‹ und ›das Geräusch ε singen‹ im ersten Fall eine eigene *Tatkopula* einführt, also den zusätzlichen Typ einer E. ›der Vogel *tut* singen‹ schafft, um ›singen‹ durchweg als Eigenprädikator zu erhalten: ›tun‹ bleibt logisch ein (zweistelliger) Prädikator entweder mit der traditionellen nominalistischen Analyse

$\bigvee_x$ (der Vogel, x ε tun $\wedge$ x ε singen)

(in Worten: der Vogel tut etwas, das unter ›singen‹ fällt; ›singen‹ ist Prädikator) oder mit der handlungstheoretischen realistischen Analyse

›der Vogel, singen ε tun‹

(in Worten: der Vogel aktualisiert das Schema Singen; ›singen‹ ist Nominator) für diesen neuen Typ der E..

Literatur: R. Hegselmann, Klassische und konstruktive Theorie des Elementarsatzes, Z. philos. Forsch. 33 (1979), 89–107; P. Janich/F. Kambartel/J. Mittelstraß, Wissenschaftstheorie als Wissenschaftskritik, Frankfurt 1974; S. Körner, Experience and Theory. An Essay in the Philosophy of Science, London 1966 (dt. Erfahrung und Theorie. Ein wissenschaftstheoretischer Versuch, Frankfurt 1970); P. Lorenzen/O. Schwemmer, Konstruktive Logik, Ethik und Wissenschaftstheorie, Mannheim 1973; [2]1975; R. Montague, Universal Grammar, Theoria 36 (1970), 373–398 (dt. Universale Grammatik, Übers. u. Einl. H. Schnelle, Braunschweig 1972). K. L.

elementar-berechenbar, eine n-stellige ↑Funktion f heißt e.-b., wenn die ihr entsprechende Relation

$f(x_1, \ldots, x_n) = v$

↑elementar-entscheidbar ist. C. T.

elementar-entscheidbar, eine Relation R zwischen Ausdrücken eines formalen Systems (↑System, formales) heißt e.-e., wenn es eine Formel $A(p_1, \ldots, p_n, R)$ gibt, die aus ↑Vorgängergleichungen der $p_1, \ldots, p_n$ und Formeln $q_1, \ldots, q_n \in R$, in denen als Argumente $q_1, \ldots, q_n$ Vorgängersysteme von $p_1, \ldots, p_n$ vorkommen, junktorenlogisch zusammengesetzt ist und die Äquivalenz

$p_1, \ldots, p_n \in R \leftrightarrow A(p_1, \ldots, p_n, R)$

erfüllt. C. T.

Elementrelation, hat man mit Hilfe einer ↑Abstraktion durch Aussageformen ›$A(x)$‹ dargestellte ↑Mengen $\in_x A(x)$ eingeführt, so kann man für die durch Eigennamen ›e‹ aus dem ↑Variabilitätsbereich von ›x‹ bezeichneten Objekte eine E. erklären, indem man e ein ›Element‹ der Menge $\in_x A(x)$ nennt, wenn $A(e)$ gilt, symbolisiert:

$e \in \in_x A(x) \leftrightharpoons A(e).$

Wählt man ›M‹ als Variable für durch Abstraktion eingeführte Mengen, so ist die E. $R(y, \in_x A(x))$ als Relation zwischen Elementen und Mengen kurz als ›$y \in M$‹ zu schreiben. C. T.

elenchus (griech. ἔλεγχος, Widerlegung), bei Platon die zur Befreiung vom Scheinwissen führende und somit kathartische Stelle im Sokratischen Gespräch (vgl. Soph. 230c–e), bei Aristoteles die Widerlegung einer Behauptung im Streitgespräch durch Aufweis ihrer Sinnlosigkeit, aus ihr folgender Absurditäten oder durch einen korrekten Schluß auf die ihr entgegengesetzte Behauptung (↑ignoratio elenchi). C. T.

Elenktik (von griech. ἐλέγχειν, prüfen, widerlegen), Kunst der Widerlegung, typisches Moment der Sokratischen Argumentationsmethode: durch Aufdecken von Vorurteilen, Scheinwissen und Widersprüchen wird der Gesprächspartner genötigt, seine Unwissenheit einzugestehen und erneut eine Begründung in Angriff zu nehmen. Aristoteles zählt die E. zu den indirekten Beweisverfahren (↑elenchus).

Literatur: M. Landmann, E. und Maieutik, Bonn 1950; R. Robinson, Plato's Earlier Dialectic, Oxford ^{2}1953; B. Waldenfels, Das Sokratische Fragen. Aporie, E., Anamnesis, Meisenheim 1961; ders., Elenchus, E., Hist. Wb. Ph. II (1972), 442–443. M. G.

Elimination, in der formalen Logik in verschiedenen Zusammenhängen auftretender Begriff: (1) In adäquaten ↑Definitionen wird die Eliminierbarkeit des Definiendums durch das Definiens gefordert, d.h., für einen Satz A einer Sprache γ, der das Definiens eines Prädikators P und einen Satz B von γ, der sein Definiendum enthält, muß gelten: $A \leftrightarrow B$ (↑definierbar/Definierbarkeit). – (2) In ↑Kalkülen dienen Verfahren zur E. einer Regel R als Nachweis für die ↑Zulässigkeit von R. – (3) Im ↑Sequenzenkalkül und verwandten Kalkülen (z.B. die Tableaumethoden von R.M. Smullyan, ↑Tableau, logisches) wird die ↑Schnittregel häufig ›Eliminationstheorem‹ genannt, weil ein im Vorderglied der Regel auftretender Ausdruck im Hinterglied wegfällt. – (4) In ↑Kalkülen des natürlichen Schließens werden die Regeln zur Beseitigung von Annahmen und logischen Partikeln häufig ›Eliminationsregeln‹ genannt. – (5) Allgemein spricht man in der formalen Logik von E., wenn irgendwelche Teile eines Systems (z.B. Kennzeichnungen, Quantoren) mit Hilfe anderer Teile so ersetzt werden können, daß entsprechende Ausdrücke logisch äquivalent sind. Von besonderer Bedeutung für metamathematische (↑Metamathematik) Untersuchungen ist hierbei die ↑Quantorenelimination.

Literatur: W.K. Essler, Wissenschaftstheorie I (Definition und Reduktion), Freiburg/München 1970; P. Lorenzen, Einführung in die operative Logik und Mathematik, Berlin/Heidelberg/New York ^{2}1969, §2; R.M. Smullyan, First-Order Logic, Berlin/Heidelberg/New York 1968, Chap. XII. G. W.

eliminierbar/Eliminierbarkeit, ↑Elimination.

Emanation, (von lat. emanare, herausfließen, entspringen, griech. ἀπόρροια), metaphorischer Ausdruck in der antiken theologisch-philosophischen Diskussion um die Weltentstehung für die Art und Weise des Hervorgehens der Gegenstände aus göttlichem Ursprung (↑Gnosis, Plotin). Hauptproblem ist dabei die Frage, ob Gott durch diese E. eine ›Seinsminderung‹ erleide und ob der Unterschied zwischen Gott und Welt trotz E. gewahrt bleibe. – In den Wahrnehmungstheorien bei Empedokles, Demokrit und Platon dient der Begriff der E. dazu, den Vorgang der Wahrnehmung zu erklären (↑Bildchentheorie).

Literatur: H. Dörrie, E.. Ein unphilosophisches Wort im spätantiken Denken, in: ders., Platonica minora (Studia et Testimonia Antiqua), München 1976, 70–88.; K. Kremer, E., Hist. Wb. Ph. II (1972), 445–448; T.P. Roeser, Emanatism and Creation, New Scholasticism 19 (1945), 85–116. M. G.

Emanzipation (von lat. emancipatio, Selbständigkeitserklärung, Abtretung), im römischen Recht die Entlassung des Sohnes aus der väterlichen Gewalt. Noch in der großen »Encyclopédie« von D. Diderot und J. le Rond d'Alembert wird der Ausdruck als reiner Rechtsterminus behandelt. Seit der ersten Hälfte des 19. Jahrhunderts inflationiert der Gebrauch und bekommt zunehmend einen aktivischen Sinn. ›E.‹ bedeutet jetzt die Selbstbefreiungsleistung, mit der sich Gruppierungen aus tradierten politischen und gesellschaftlichen Zwängen lösen. Im Vordergrund stehen hier zunächst die Frauen (›E. des Fleisches‹) und die Juden. Im gegenwärtigen Sprachgebrauch ist E. ein Schlagwort der allgemeinen Protestbewegung; in adjektivischer Wendung (›emanzipatorisch‹) hat es Eingang vor allem in die Erziehungswissenschaften gefunden.

Eine dialektische Theorie der E. findet sich in den Frühschriften von K. Marx (»Alle E. ist Zurückführung der menschlichen Welt, der Verhältnisse, auf den Menschen selbst«, Zur Judenfrage, MEW I, 370). Der in der Zeit des Vormärz gängigen Formel von der ›politischen E.‹ setzt Marx die ›menschliche E.‹ gegenüber. Diese Unterscheidung ist für die Einschätzung der politischen Errungenschaften der bürgerlichen Revolution durch die marxistische politische Theorie folgenreich geworden. Die ›politische E.‹ ist nach Marx auf einen Versuch eines Teils der bürgerlichen Gesellschaft, von deren besonderer Situation aus die ›allgemeine E. der Gesellschaft‹ zu vollbringen, zurückzuführen. Sie reicht denn auch nur bis zur E. der Klasse, die diese Revolution trägt. Erst dann, wenn das Proletariat als diejenige Klasse der bürgerlichen Gesellschaft, die »keine Klasse der bürgerlichen Gesellschaft ist«, die ›Rolle des Emanzipators‹ übernimmt, kann die ›menschliche E.‹ realisiert werden. Deutschland, das in seiner Philosophie eine Theorie hat, »welche den Menschen für das höchste Wesen des Menschen erklärt«, wird durch das Proletariat diese E. unter

Überspringung ihrer nur politischen Form vollbringen (Zur Kritik der Hegelschen Rechtsphilosophie, Einl., MEW I, 388–391).

Literatur: M. Greiffenhagen, E., Hist. Wb. Ph. II (1972), 448–449; ders. (ed.), E., Hamburg 1973; U. Herrmann, E., Materialien zur Geschichte eines politisch-sozialen und politisch-pädagogischen Begriffs der Neuzeit, vornehmlich im 19. Jahrhundert, Arch. Begriffsgesch. 18 (1974), 86–143; R. Spaemann, Autonomie, Mündigkeit, E., Zur Ideologisierung von Rechtsbegriffen, in: S. Oppolzer/R. Lassahn (eds.), Erziehungswissenschaft 1971 zwischen Herkunft und Zukunft der Gesellschaft (In memoriam E. Lichtenstein), Wuppertal/Ratingen 1971, 317–324. S. B.

Emerson, Ralph Waldo, *Boston 25. Mai 1803, †Concord (b. Boston) 27. April 1882, amerik. Essayist. E. arbeitete nach einem Theologiestudium in Harvard als freier Schriftsteller. Auf Reisen nach Europa lernte er S. T. Coleridge, W. Wordsworth und T. Carlyle kennen. Neben seiner Wirkung als bedeutendster Repräsentant des amerikanischen ›Transzendentalismus‹ (W. E. Channing, T. Parker, H. D. Thoreau, W. Whitman), damit der nicht-kirchlichen literatischen Religiosität, beeinflußte E. unter anderem F. Nietzsche, H. L. Bergson und die amerikanischen Pragmatisten (↑Pragmatismus) W. James und J. Dewey. – E. übertrug die philosophischen Texte der deutschen Idealisten (vor allem F. W. J. Schellings und G. W. F. Hegels, mit dessen Werk er auch durch die Hegel-Schule von St. Louis vertraut wurde) in literarische Aperçus und Essays. Neben rousseauistisch-romantischer Kulturkritik an den materiellen Orientierungen der Massengesellschaft steht ein metaphysischer Optimismus, der sich in der Überzeugung einer Reintegration von Geist und Natur innerhalb der Kulturentwicklung äußert (Prinzipien der ›Korrespondenz‹ und ›Kompensation‹).

Werke: The Complete Works, I–XII, ed. E. W. Emerson, New York/Boston/Cambridge 1903/1904. – Nature, Boston 1836; Essays, I–II, Boston 1841/1844; Essays on Representative Men, London 1849, Boston 1850; English Traits, Boston 1856; The Conduct of Life, Boston 1860; Society and Solitude, Boston 1870; The Natural History of Intellect, Boston 1870; Letters and Social Aims, Boston 1876; The Journals, I–X, ed. E. W. Emerson/W. E. Forbes, New York/Boston/Cambridge 1909–1914; The Journals and Miscellaneous Notebooks, I–X, ed. H. Gilman/A. R. Ferguson, Cambridge Mass. 1960–1973; The Letters, London/Boston 1939. – Bibliographie in: F. Stovall (ed.), Eight American Authors. A Review of Research and Criticism, New York 1956, [2]1963, 47–99 (mit Bibliographie); W. G. Cooke (ed.), A Bibliography of R. W. E., New York 1966.

Literatur: E. Baumgarten, Das Vorbild E.s im Werk und Leben Nietzsches, Heidelberg 1957; J. Bishop, E. on the Soul, Cambridge Mass./London 1965; K. W. Cameron, E. the Essayist. An Outline of his Philosophical Development, Hartford Conn. 1972; F. J. Carpenter, E.-Handbook, New York 1953; G. V. Cromhout, E. and the Dialectics of History, Publ. Mod. Lang. Ass. America 91 (1976), 54–65; F. O. Matthiessen, American Renaissance, New York 1941; P. Miller, The Transcendentalists, Cambridge Mass. 1950; H. A. Pochmann, German Culture in America, Madison Wisc. 1961. R. W.

Emotivismus, Richtung der skandinavischen und angelsächsischen Sprach- und Wertphilosophie des 20. Jahrhunderts, speziell der ↑Ethik und ↑Ästhetik. In Abhebung von naturalistischen Auffassungen über die Natur von Werten bzw. Wertausdrücken und -aussagen (↑Naturalismus (ethisch), ↑Metaethik) und von kognitivistischen Auffassungen über die Erkennbarkeit von Werten (↑Kognitivismus, ↑ Intuitionismus (↑ ethisch)) und die Begründbarkeit von Werturteilen vertreten die Anhänger des E. (in Skandinavien ab 1910 A. Hägerström, in England zuerst I.A. Richards, später C.D. Broad, W.H.F. Barnes und A.J. Ayer, in den USA vor allem C.L. Stevenson und P. Edwards) folgende Thesen: (1) Wertende Ausdrücke wie ›gut‹, ›schön‹ bezeichnen weder natürliche, etwa empirisch aufweisbare Merkmale von Gegenständen (z.B. von Kunstobjekten oder Handlungen) noch von G. E. Moore so genannte ›nicht-natürliche‹ Merkmale; sie bezeichnen überhaupt nicht, haben keine ›deskriptive‹, sondern ›emotive‹ Bedeutung. (2) Wertende Äußerungen sind demgemäß keine Behauptungen oder Feststellungen, die einen Wahrheitswert haben könnten, sondern bringen die individuelle Einstellung des Urteilenden zum fraglichen Gegenstand zum Ausdruck (das im weitesten Sinne ›emotive‹ Element in wertenden Äußerungen). Ein Werturteil ist demnach nicht einmal als (wahre, sofern wahrhaftige) Feststellung eines Sprechers über seine eigene Einstellung zu einem bestimmten Gegenstand anzusehen. (3) (vor allem Stevenson:) Werturteile werden geäußert, um den Hörer zu bewegen, die eigene Einstellung zu übernehmen (der ›dynamische‹, ›affektive‹ Charakter von Wertungen); das Vorbringen von angeblichen ›Gründen‹ für ein Urteil dient dem Zweck der Überredung des Hörers (das ›persuasive‹ Element in vorgeblichen ›Argumentationen‹ für ein Werturteil). Auch nach Ayer bringen Wertungen nicht nur bestimmte Gefühle zum Ausdruck, sondern sollen solche auch wecken und so zu bestimmten Verhaltensweisen anregen.

Einwände gegen den E.: (1) Die Rede von der ›emotiven Bedeutung‹ in Gegenüberstellung zur deskriptiven bzw. konstatierenden Bedeutung eines sprachlichen Ausdrucks oder eines Urteils legt eine einheitliche Bedeutungskomponente derartiger Äußerungen nahe. Tatsächlich jedoch dient solche Rede im E. der Kennzeichnung der Bedeutung so unterschiedlicher Sprechhandlungen wie der Äußerung von Absichten, Bewertungen, Einstellungen, Gefühlen und anderen subjektiven Befindlichkeiten wie etwa Langeweile. (2) Der Charakterisierung emotiver Bedeutungen als ›nichtkognitiv‹ liegt unter anderem die unzutreffende Überzeugung von der prinzipiellen Unzugänglichkeit von Einstellungen und Bewertungen für Argumentationen zugrunde (↑irrational/Irrationalismus). (3) Die psychologistische Sprachauffassung des E. (↑Psychologismus) gerät in das Dilemma, die emotiven Bestandteile der Sprache einerseits für semantisch relevant und intersubjektiv kommunizierbar zu halten, ihnen aber andererseits ↑Referenzialisierbarkeit und Prädizierbarkeit (↑Prädikation) abzusprechen und ihnen so einen nur subjektiven Status einzuräumen (↑Subjektivismus). Eine den Psychologismus vermeidende, sprachphilosophisch begründete Werttheorie hätte die Werturteilen zugrunde liegende Bedürfnissituation und Normenstruktur des Urteilenden hermeneutisch zu klären – bei künstlerisch verdichteten Äußerungen wäre eine solche Theorie als Hermeneutik der im Kunstwerk implizit artikulierten Bedürfnisse und normativen Orientierungen zu erarbeiten (↑ästhetisch/Ästhetik (endeetisch)) – und die derartigen Werturteilen und Kunsterzeugnissen zugrunde liegenden normativen Überzeugungen einer ↑transsubjektiv orientierten Beurteilung zuzuführen.

Literatur: H.D. Aiken, Emotive ›Meanings‹ and Ethical Terms, J. Philos. 41 (1944), 456–470; A.J. Ayer, Language, Truth and Logic, London 1936, [2]1946 (mit neuer Einl.), Harmondsworth 1971 (dt. Sprache, Wahrheit und Logik, Stuttgart 1970); W.H.F. Barnes, A Suggestion about Values, Analysis 1 (1933/1934), 45–46; ders., Ethics without Propositions, Proc. Arist. Soc., Suppl. 22 (1948), 1–30; M. Black, Some Questions about Emotive Meaning, Philos. Rev. 57 (1948), 111–126; R.B. Brandt, The Emotive Theory of Ethics, Philos. Rev. 59 (1950), 305–318; ders., Stevenson's Defense of the Emotive Theory, ebd., 535–540; D. Braybrooke, How Are Moral Judgements Connected with Displays of Emotion?, Dialogue 4 (1965/1966), 206–223; C.D. Broad, Is ›Goodness‹ the Name of a Simple Non-natural Quality?, Proc. Arist. Soc. 34 (1933/1934), 249–268; R.C. Cross, The Emotive Theory of Ethics, Proc. Arist. Soc., Suppl. 22 (1948), 127–140; P. Edwards, The Logic of Moral Discourse, New York/London 1955; G. Frege, Über Sinn und Bedeutung, in: ders., Funktion, Begriff, Bedeutung. Fünf logische Studien, ed. G. Patzig, Göttingen 1962, [3]1969, 40–65; G. Gabriel, G. Frege über semantische Eigenschaften der Dichtung, Linguist. Ber. 8 (1970), 10–17; A. Hägerström, Om Moraliska Föreställningars Sanning (Über die Wahrheit moralischer Vorstellungen), Uppsala 1911; ders., Inquiries into the Nature of Law and Morals (trans. C.D. Broad), Stockholm 1938; S. Halldén, Emotive Propositions, Uppsala 1952; W.D. Hudson, Modern Moral Philosophy, London 1970, 107–154; H. Jack, Moral Judgements and Emotional Displays. A Comment, Dialogue 4 (1965/1966), 536–539; M.G. Kalin, Semantic Analysis and Emotive Ethics, J. Value Inquiry 7 (1973), 29–39; F. Koppe, Sprache und Bedürfnis, Stuttgart-Bad Cannstatt 1977, 48–79; J. Ladd, Value Judgements, Emotive Meaning and Attitudes, J. Philos. 46 (1949), 119–128; G.E. Moore, Principia Ethica, Cambridge 1903 (dt. Principia Ethica, Stuttgart 1970); C.K. Ogden/I.A. Richards, The Meaning of Meaning, London 1923, [2]1927, [10]1966 (dt. Die Bedeutung der Bedeutung, Frankfurt 1974); H.J. Paton, The Emotive Theory of Ethics, Proc. Arist. Soc., Suppl. 22 (1948), 107–126; I.A. Richards, Emotive Meaning Again, Philos. Rev. 57 (1948), 145–157; R. Robinson, The Emotive Theory of Ethics, Proc. Arist. Soc., Suppl. 22 (1948), 79–106; W. Sellars/J. Hospers (eds.), Readings in Ethical Theory, New York 1952, 389–440, [2]1970, 241–301; C.L. Stevenson, Ethics and Language, New Haven Conn. 1944, [13]1969; ders., Interpretation and Evaluation in Aesthetics, in: M. Black (ed.), Philosophical Analysis, Ithaca N.Y. 1950, 341–383; ders., Brandt's Questions about Emotive Ethics, Philos. Rev. 59 (1950), 528–534; ders., Symbolism in the Non-representational Arts, in: P. Henle (ed.), Language, Thought and Culture, Michigan 1958, 196–225 (dt. Symbolik in den nichtdarstellenden Künsten, in: P. Henle, Sprache, Denken, Kultur, Frankfurt 1969, 264–299); ders., Symbolism in the Representational Arts, ebd., 226–257 (dt. Symbolik in den darstellenden Künsten, ebd., 300–337); ders., Facts and Values. Studies in Ethical Analysis, New Haven/London 1963; ders., Ethical Fallibility, in: R. De George (ed.), Ethics and Society, Garden City N.Y. 1966, 197–217; A. Stroll, The Emotive Theory of Ethics, Berkeley/Los Angeles 1954; J.O. Urmson, The Emotive Theory of Ethics, London 1968; C. Wellman, Emotivism and Ethical Objectivity, Amer. Philos. Quart. 5 (1968), 90–99; B. Williams, Morality and the Emotions, in: J. Casey (ed.), Morality and Moral Reasoning, London 1971, 1–24. R.Wi.

Empedokles, *Akragas (Agrigent, Girgenti) auf Sizilien um 492, †um 430, griech. Philosoph, Naturforscher, Dichter und Arzt, einer der vielseitigsten und einflußreichsten ↑Vorsokratiker. Aus seinen Hauptwerken »Über die Natur« (rationale Welterklärung) und »Entsühnungen« (orphisch-pythagoreischer Mystizismus) sind etwa 450 Verse erhalten. E. nimmt eine mittlere Position zwischen der Bewegungsphilosophie des Heraklit und der monistisch-statischen Seinslehre des Parmenides ein: Die Welt entsteht und besteht nach E. aus den vier Elementen als unveränderlichen, ewigen Urstoffen, die auf Grund der dynamischen Prinzipien ›Liebe‹ (φιλία) und ›Haß‹ (νεῖκος) durch ›Mischung‹ und ›Trennung‹ zu Gebilden mit verschiedenartigen Mischungsverhältnissen geformt werden; einige der so (mechanisch und zufällig, ohne

↑Teleologie) entstandenen Gebilde erweisen sich als zweckmäßig und dauerhaft, andere gehen zugrunde. Eine ↑creatio ex nihilo gibt es nach E. nicht, da Entstehen und Vergehen nur als ›Mischung‹ und ›Trennung‹, nicht als Untergang gedeutet werden.

Die Sinneswahrnehmung kommt nach E. (ähnlich später Demokrit, ↑Bildchentheorie) dadurch zustande, daß ›Ausflüsse‹ von Objekten durch ›Poren‹ zu den Wahrnehmungsorganen vordringen, wo ›Gleiches durch Gleiches‹ rezipiert wird. Auch die Atmung, verschiedene Probleme der Optik und Mechanik sowie die Wirkung des Magneten werden mit Hilfe dieser Porentheorie zu erklären versucht. Tiere verfügen nach E. auch über Begierde, Empfindung und Verstand. Sein Verbot, Fleisch zu essen und Tiere zu töten, beruht auf der Annahme der Seelenwanderung. Den ↑Anthropomorphismus in der Religion lehnt E. entschieden ab. E. erkennt, daß der Mond sein Licht von der Sonne erhält, und gibt als erster eine korrekte Erklärung der Sonnenfinsternis. Für Aristoteles gilt E. als Erfinder der Rhetorik.

Werke: VS 31; Y. Battistini (ed.), Trois contemporains. Héraclite, Parménide, E., Paris 1955; E. Bignone, I poeti filosofici della Grecia: E., studio critico, traduzione e commentario delle testimonianze e dei frammenti, Torino 1916; W. Capelle, Die Vorsokratiker, Stuttgart 1968, [8]1973, 181–249. – Totok I (1964), 124–125.

Literatur: R.E. Allen/D.J. Furley (eds.), Studies in Presocratic Philosophy, I–II, London 1970/1975; J. Bollack, E. I (Introduction à l'ancienne physique), Paris 1965, II–III (Les origines), Paris 1969; D. O'Brien, E.'s Cosmic Cycle. A Reconstruction from the Fragments and Secondary Sources, London 1969 (mit komment. Bibliographie); W.K.C. Guthrie, A History of Greek Philosophy II (The Presocratic Tradition from Parmenides to Democritus), London 1969, 122–265; U. Hölscher, Weltzeiten und Lebenszyklus. Eine Nachprüfung der E.-Doxographie, Hermes 93 (1965), 7–33; G.S. Kirk/J.E. Raven, The Presocratic Philosophers. A Critical History with a Selection of Texts, Cambridge 1957, 320–361; J.C. Lüth, Die Struktur des Wirklichen im Empedokleischen System »Über die Natur«, Meisenheim 1970; A.P.D. Mourelatos, E., DSB IV (1971), 367–369; K. Reinhardt, E., Orphiker und Physiker, Class. Philol. 45 (1950), 170–179, Nachdr. in: H.-G. Gadamer (ed.), Um die Begriffswelt der Vorsokratiker, Darmstadt 1968, 497–511; W. Röd, Geschichte der Philosophie I (Die Philosophie der Antike 1: Von Thales bis Demokrit), München 1976, 146–162; A. Traglia, Breve rassegna di studi empedoclei, Atene e Roma 2 (1952), 151–154; F. Ueberweg, Grundriß der Geschichte der Philosophie I (Die Philosophie des Altertums), ed. K. Praechter, Basel/Stuttgart [14]1957, 91–97. M.G.

Empfindung (lat. sensatio, engl. sensation), umgangssprachlich oft synonym mit ↑Gefühl oder ↑Affekt, in ästhetischen Kontexten oft synonym mit ↑Geschmack, in der neuzeitlichen Erkenntnistheorie meist Bezeichnung für unmittelbar gegebene Sinnesinhalte (↑Sinnesdaten), aber auch für die sinnliche Rezeption dieser Inhalte (das ›Empfinden‹). Je nach dem Typ der vertretenen Erkenntnistheorie werden E.en bzw. deren Rezeption mehr oder weniger scharf von ›objektiven‹ Gegenständen bzw. deren ↑Wahrnehmung unterschieden. In streng sensualistischen Positionen (↑Sensualismus), z.B. im ↑Empiriokritizismus, fällt Wahrnehmung von Objekten mit der passiven Aufnahme von E.en zusammen. Aber auch in ›gemäßigteren‹ Richtungen, die dem Erkenntnissubjekt bei der Wahrnehmung die Rolle zuerkennen, E.en zu ›ordnen‹ oder zu ›verdeutlichen‹ (z.B. bei G.W. Leibniz, J. Locke, D. Hume und im ↑Phänomenalismus des frühen R. Carnap), besteht keine qualitative, sondern nur eine graduelle Differenz zwischen E.en und ›objektiven‹ Gegenständen. Dagegen unterscheiden z.B. R. Descartes und I. Kant in grundsätzlicher Weise zwischen der ›Innenwelt‹ der E.en und der ›Außenwelt‹ physischer Gegenstände. Bei Descartes sind ›sensationes‹ diejenigen Bewußtseinsinhalte, aus denen man die Existenz äußerer Gegenstände erschließt. Kant meint mit E.en die subjektiven ›Erscheinungen‹ oder ›Anschauungen‹, durch deren begriffliche Deutung objektive Gegenstände (empirische ↑Dinge an sich) allererst erzeugt werden. Dabei bleiben trotz der Erkenntnisleistung des ↑Verstandes E.en bei Kant (im Unterschied zum absoluten Idealismus [↑Idealismus, absoluter] J.G. Fichtes und des frühen F.W.J. Schelling, die beide E.en als vom Subjekt selbst erzeugt auffassen) der ohne subjektives Zutun gegebene Ausgangspunkt von Wahrnehmung und machen insofern ihren *empirischen* Charakter aus (vgl. KrV B 60).

Die wissenschaftstheoretische Problematik des E.sbegriffs liegt vor allem darin, daß E.en *subjektive* Entitäten sind. D.h., die Urteile, in denen E.en gegenständlich werden (z.B. ›ich habe eine Rotempfindung‹), sind zwar für die empfindende Person auf Grund von Introspektion absolut sicher, können jedoch *intersubjektiv* weder bestätigt noch widerlegt werden. Daraus ergibt sich für die Wissenschaftstheorie der ↑Psychologie die in der philosophischen Tradition auch als ↑Leib-Seele-Problem behandelte Frage, wie (etwa in der auf G.T. Fechner zurückgehenden Psychophysik) empirisch aufgestellte Korrespondenzen zwischen objektiv-physischen Reizen und subjektiv-psychischen Sinnesempfindungen zu verstehen sind, da es sich hier um Objekte verschiedener Kategorien handelt.

Dies wird zusätzlich dadurch kompliziert, daß Aussagen von Versuchspersonen, durch die allein E.en für die empirische Forschung zugänglich sind, immer schon begriffliche Bestimmungen enthalten, also nicht mehr die unmittelbar gegebene ›Materie‹ der Wahrnehmung darbieten, die mit dem E.sbegriff gekennzeichnet werden soll.

Literatur: R. Piepmeier/O. Neumann, E., Hist. Wb. Ph. II (1972), 456–474. P. S.

Empiriokritizismus, Bezeichnung für eine erkenntnistheoretische Richtung des älteren Positivismus (↑Positivismus (historisch)), die in der Tradition des atomistischen ↑Sensualismus versucht, vermittels einer deskriptiven *Empfindungsanalyse* noch hinter die lebensweltliche Erfahrung körperlicher Dingwahrnehmung zurückzugehen und durch Aufsuchen der sie konstituierenden Empfindungselemente bis zu den unmittelbar gegebenen Sinnesdaten vorzudringen, von denen objektive Wissenschaft auszugehen hat. Der E. wurde durch R. Avenarius (Kritik der reinen Erfahrung, 1888–1890) und E. Mach (Die Analyse der Empfindungen und das Verhältnis des Physischen zum Psychischen, 1886) im wesentlichen unabhängig voneinander als formale und allgemeine empiriokritische Theorie des menschlichen Erkennens entwickelt. Für den E. steht fest, daß hinter den relativ beständigen Komplexen lebensweltlicher Körperwahrnehmung irreduzibel einfache *Empfindungselemente* stehen. Als derartige Elemente werden sogenannte psychologische Grundwerte wie Farben, Töne, Wärme, Drücke, Räume und Zeiten unter Zuordnung ihrer zugehörigen Schwankungsmerkmale wie Größe, Relevanz, Richtung genannt. Diese Wahrnehmungsqualitäten, die in der Theorie des E. als *Weltelemente* auftreten, werden nicht als Produkt einer sie konstituierenden Abstraktionsleistung (↑Abstraktion), sondern als die durch bloße wissenschaftliche Aufmerksamkeit aufweisbare ↑Realität betrachtet. Der E. erweist sich insofern als eine vorkritische Theorie, als er zur Konstituierung des vermeintlich Vorsubjektiven immer schon von Subjektivem und damit von der Zutat des Verstandes Gebrauch macht, die er durch die Kritik der reinen Erfahrung gerade hatte eliminieren wollen. Aufgabe der Wissenschaft ist es, die Funktionsbeziehungen zwischen den Elementen zu beschreiben. Aus den Empfindungen und durch deren Zusammenhang sollen auf Grund eines Assoziationsprozesses (↑Assoziationstheorie) die Begriffe entstehen. Dabei bezeichnet Mach die biologischen Bedürfnissen entsprechende Anpassung der Gedanken an die Tatsachen als *Beobachtung,* die Anpassung der Gedanken aneinander als *Theorie.* Das Denken folgt in der Strukturierung der Tatsachen dem organisierenden ›Prinzip des kleinsten Kraftmaßes‹ (↑Denkökonomie). Allerdings ist sich Mach der Künstlichkeit der Empfindungsanalyse bereits bewußt, die damit auf der Grenze zwischen dem ontologischen ↑Psychologismus des älteren Positivismus und dem formal-relationalen Strukturalismus des logischen Positivismus (↑Empirismus, logischer; ↑Neopositivismus) steht.

Der E. ist eine im wesentlichen auf den deutschsprachigen Raum beschränkte Richtung des Positivismus, der in Österreich H. Gomperz und H. Kleinpeter, in Deutschland J. Petzoldt, M. Verworn und T. Ziehen zuzurechnen sind. In England vertritt K. Pearson (The Grammar of Science, 1892) ähnliche Gedanken. Als ›Machismus‹ oder ›Empiriomonismus‹ erhielt der auf das gesellschaftliche Bewußtsein bezogene Immanenzpositivismus als Versuch der russischen Sozialdemokratie nach der Revolution von 1905, den historischen und dialektischen Materialismus zu ersetzen, auch politischen Einfluß, der wiederum W. I. Lenin veranlaßte, sich kritisch mit dieser Theorie auseinanderzusetzen (Materialismus und E., 1909). Der E. ging in die physikalistische Phase der wissenschaftlichen Weltauffassung des ↑Wiener Kreises über.

Literatur: F. Carstanjen, Der E.. Zugleich eine Erwiderung auf W. Wundts Aufsätze: »Der naive und kritische Realismus« II und III, Vierteljahresschrift f. wiss. Philos. 22 (1898), 45–95, 190–214, 267–293; H. Dingler, Die Grundgedanken der Machschen Philosophie. Mit Erstveröffentlichungen aus seinen wissenschaftlichen Tagebüchern, Leipzig 1924; G. König, E., Hist. Wb. Ph. II (1972), 474–475; W. I. Lenin, Materialismus und E., in: ders., Werke XIV, Berlin [2]1864; H. Schnädelbach, Erfahrung, Begründung und Reflexion. Versuch über den Positivismus, Frankfurt 1971, 29–61. H. R. G.

Empirismus, methodisch häufig an naturwissenschaftlicher Theorie- und Erfahrungspraxis orientierte erkenntnistheoretische Position, die im Gegensatz zum ↑Rationalismus die generelle Abhängigkeit des Wissens von der ↑Erfahrung behauptet. Danach nimmt jedes Wissen seinen Anfang mit der (begriffsfrei, d.h. als rein Gegebenes, gedachten) Erfahrung und unterliegt ihrer Kontrolle.

Der heutige Gebrauch des Terminus ›E.‹ geht im wesentlichen auf I. Kant zurück. Kant bezeichnet in der »Kritik der reinen Vernunft« (B 882, vgl. B 493 ff.) als ›Empiristen‹ Philosophen, die die von ihm sogenannten ›reinen Vernunfterkenntnisse‹ als ›aus der Erfahrung abgeleitet‹ verstehen, und ordnet Aristoteles und J. Locke so ein. Locke, G. Berkeley und D. Hume gelten als Hauptvertreter eines ›klassischen‹ E., der sich gegen die rationalistische Annahme angeborener Ideen (↑Idee, angeborene) (R. Descartes) wendet und im Gegensatz dazu die Annahme einer begriffsfreien Basis des Wissens in der Erfahrung vertritt. Insbesondere bei Locke läßt sich nach Untersuchungen von L. Krüger der klassische E. andererseits häufig *begriffs*bezogen verstehen, d.h. so, daß er nicht auf die empirische Fundierung allgemeiner *Sätze,* sondern auf die alltagspragmatische Erfahrungsbasis unserer *Unterscheidungen* (Locke: ideas) abstellt. Wo Erfahrung als allein durch die Sinne vermittelte Erfahrung verstanden wird, nimmt der E. die spezielle Form des ↑Sensualismus an. Später gelten im Rahmen des E. selbst die mathematischen Sätze als induktiv aus der Erfahrung gewonnen (J.S. Mill). – Vor Kant war von ›E.‹ vor allem in der Medizin die Rede: ›E.‹ heißen dort medizinische Lehren, die sich ganz an den Erfahrungen einzelner ärztlicher Praktiker orientieren, in Abhebung von einer stärker naturwissenschaftlich und theoretisch fundierten Medizin.

Die von Kant gegebene Bestimmung von ›E.‹ ist heute so verändert worden, daß jede Leugnung nicht-empirischer (meist ›apriorisch‹ genannter) Inhalte der Wissenschaft überhaupt oder einzelner Disziplinen als E. gelten kann. Von besonderer wissenschaftstheoretischer Relevanz für dieses E.verständnis ist der *logische E.* (↑Empirismus, logischer) des ↑Wiener Kreises (R. Carnap, O. Neurath, H. Reichenbach u.a.). ›Logisch‹ verdient dieser E. aus zwei Gründen zu heißen: (1) weil er neben den Sätzen empirischer Wissenschaften nur noch Sätze über die ›logische Syntax‹ der Wissenschaftssprachen (›analytisches Ariori‹) als wissenschaftlich ansieht, (2) weil er für das empiristische Wissenschaftstheorieprogramm erstmals die Mittel der modernen, weitgehend formalisierten Logik einsetzt.

Einwände gegen die verschiedenen Spielarten des E. stützen sich vor allem darauf, daß nicht einmal ein gerechtfertigter methodischer Aufbau der exakten Wissenschaften, insbesondere der Physik, ohne ↑a priori begründete ↑synthetische Sätze möglich ist. Ferner haben sich alle Versuche, eine rein empirische Basis der Wissenschaften in Orientierung an als uninterpretiert verstandenen (z.B. physikalischen) Daten zu konzipieren (↑Phänomenalismus), als undurchführbar erwiesen, so daß sich die insbesondere von K.R. Popper vertretene These von einer Theorieabhängigkeit der Erfahrungsbasis weithin durchgesetzt hat (↑Theoriesprache). Ein systematisches Alternativprogramm zur empiristischen Wissenschaftstheorie hat der philosophische ↑Konstruktivismus (↑Wissenschaftstheorie, konstruktive) entwickelt. Er geht davon aus, daß wir die Grundlage der Wissenschaften in der ↑vorwissenschaftlichen Lebenspraxis zu suchen haben, die uns nicht schlicht *gegeben* ist, sondern bereits eine von uns aufgebaute pragmatische Ordnung und normative Orientierungen für das wissenschaftliche Vorgehen bereithält.

Literatur: M. Benedikt, Der philosophische E. I (Theorie), Wien 1977; P.K. Feyerabend, Problems of Empiricism, in: R.G. Colodny (ed.), Beyond the Edge of Certainty. Essays in Contemporary Science and Philosophy, Englewood Cliffs N.J. 1965, 145–260; D.W. Hamlyn, Empiricism, Enc. Ph. II (1967), 499–505; L. de Jaucourt, Empirisme, Encyclopédie, ou Dictionnaire raisonné des sciences, des arts et des métiers, I–XXXV, ed. D. Diderot/J. le Rond d'Alembert, Paris 1751–1780 (repr. Stuttgart-Bad Cannstatt 1966), V (1755), 587f.; F. Kambartel, Erfahrung und Struktur. Bausteine zu einer Kritik des E. und Formalismus, Frankfurt 1968, [2]1976; L. Krüger, Der Begriff des E.. Erkenntnistheoretische Studien am Beispiel John Lockes, Berlin/New York 1973; J.S. Mill, A System of Logic, Ratiocinative and Inductive. Being a Connected View of the Principles of Evidence and the Methods of Scientific Investigation, London 1843, Buch III Kap. XXIV (in: ders., Collected Works VII, ed. J.M. Robson, Toronto/Buffalo 1973, 604–621); W.V.O. Quine, Two Dogmas of Empiricism, Philos. Rev. 60 (1951), 20–43, Nachdr. in: ders., From a Logical Point of View, Cambridge Mass. 1953, [2]1964, 20–46 (dt. in: J. Sinnreich [ed.], Zur Philosophie der idealen Sprache, München 1972, 167–194); M. Schlick, Allgemeine Erkenntnislehre, Berlin 1918, [2]1925 (engl. General Theory of Knowledge, Wien/New York 1974). F. K.

Empirismus, logischer, auch: logischer Positivismus, ↑Neopositivismus, die Bezeichnung der mittleren Phase der analytischen Philosophie (↑Philosophie, analytische), die, ausgehend vom ↑Wiener Kreis (Hauptvertreter: R. Carnap, 1891–1970), in den Jahren 1920 bis 1950 die moderne ↑Wissenschaftstheorie als Theorie der ↑Wissenschaftssprache entwickelt hat, orientiert vor allem an der Physik mit dem Ziel des Aufbaus einer ↑Einheitswissenschaft. Diese Entwicklung hat ihren Ursprung zum einen in der Rezeption der modernen Logik, wie sie vor allem in den Forschungen von B. Russell und L. Wittgenstein vorlag, zum anderen in der damit verbundenen radikalen Abkehr von der unter Metaphysikverdacht stehenden philosophischen Tradition. Die den Auffassungen des l. E. zugrunde liegende, am älteren ↑Empirismus anknüpfende Erkenntnistheorie ist daher insbesondere durch eine Abweisung des von I. Kant begründeten synthetischen Apriori (↑a priori) charakterisiert, so daß eine strenge Zweiteilung aller wahren Aussagen in logisch oder analytisch wahre, zu denen auch die Sätze der Mathematik zählen (↑Logizismus), und in empirisch oder synthetisch wahre die Theorie des Aufbaus der Wissenschaften im l. E. beherrscht. Daraus ergibt sich wiederum die grundsätzliche Zweiteilung von Wissenschaftssprachen in eine die empirische Basis artikulierende ↑Beobachtungssprache und eine den rationalen Rahmen ausmachende ↑Theoriesprache mit dem bis heute nicht einwandfrei gelösten Problem, die methodische Einheit jeder Erfahrungswissenschaft gleichwohl begreiflich machen zu müssen. In den letzten Jahrzehnten hat ein Prozeß der Verschmelzung des l. E. mit dem amerikanischen ↑Pragmatismus und der Wiederanknüpfung an Positionen der europäischen philosophischen Tradition eingesetzt, mit dem speziell dieser Schwierigkeit begegnet werden soll.

Literatur: L.E.. Der Wiener Kreis, ed. H. Schleichert, München 1975. – G. Bergmann, Metaphysics of Logical Positivism, Madison ²1967; H. Feigl, Selected Bibliography of Logical Empiricism, Rev. int. philos. 4 (1950), 95–102; J. Jörgensen, The Development of Logical Empiricism, Chicago 1951; B. Juhos, Formen des Positivismus, Z. allg. Wiss.theorie 2 (1971), 27–62, bes. 41–62 (Teile 4–6); V. Kraft, Der Wiener Kreis. Der Ursprung des Neopositivismus. Ein Kapitel der jüngsten Philosophiegeschichte, Wien 1950, ²1970; K. Lorenz, Elemente der Sprachkritik. Eine Alternative zum Dogmatismus und Skeptizismus in der Analytischen Philosophie, Frankfurt 1970; E. Mohn, Der Logische Positivismus. Theorien und politische Praxis seiner Vertreter, Frankfurt/New York 1977; W. Stegmüller, Hauptströmungen der Gegenwartsphilosophie. Eine kritische Einführung I, Stuttgart ⁶1976, Kap. IX; ders., Probleme und Resultate der Wissenschaftstheorie und Analytischen Philosophie, I–, Berlin/Heidelberg/New York 1969ff. (bisher 3 Teile in 5 Bänden). K.L.

endlich/Endlichkeit (mathematisch), eine ↑Größe (insbesondere physikalischer oder geometrischer Art) heißt e., wenn ihr bei einer für das ganze Größengebiet erklärten Maßbestimmung ein e.es Maß zukommt, z.B. einer Strecke (einem durch Strecken gemessenen Zeitraum, einem Raumstück, dem Kosmos usw.) ein durch eine reelle Zahl oder eine sie begrenzende natürliche Zahl gegebenes e.es Längenmaß; die E. des Maßes wird ihrerseits mit Hilfe des Begriffs der e.en Menge erklärt.

Die E. wird als Eigenschaft von Größen und Maßen in quantitativen Aussagen erfaßt, die also offen oder versteckt stets eine Zahlangabe enthalten; E.saussagen, die sich nicht auf Größen oder Maße beziehen, beruhen durchweg auf Analogien oder Metaphern. Unzureichend ist auch der Versuch, E.saussagen auf Grund eines alltagssprachlichen Gebrauchs als negierte ↑Allaussagen zu rekonstruieren; so ist das Wissen eines Individuums, das ›nicht alles‹ weiß, zwar ersichtlich begrenzt, aber darum nicht notwendigerweise e. im Sinne der Kenntnis von nur e. vielen Sachverhalten, wie ja auch eine Menge natürlicher Zahlen, die nicht alle natürlichen Zahlen umfaßt, darum noch keine e.e Menge zu sein braucht (z.B. die Menge $\{4, 5, 6, \ldots\}$, welche die Zahlen 1, 2 und 3 nicht enthält und doch unendlich ist). Nennt man eine Menge M e., wenn es eine natürliche Zahl n gibt, so daß die Zahlen $1, 2, \ldots, n$ auf die Elemente von M ↑eindeutig abgebildet werden können, so ist damit die E. von M im konstruktiven Sinne zureichend charakterisiert. Diese Bestimmtheit geht verloren, wenn man die E. innerhalb axiomatischer Systeme (↑System, axiomatisches) zu erfassen versucht. Dort ergibt sich, wie T.A. Skolem und J. v. Neumann aufgewiesen haben, eine Relativität des E.s- und des Unendlichkeitsbegriffs bezüglich des verwendeten Systems (genauer: bezüglich seiner Ausdrucksmittel). Diese Relativität besteht insbesondere bei der in der axiomatischen Mengenlehre (↑Mengenlehre, axiomatische) üblichen Erklärung, eine Menge M sei e., wenn sie nicht ↑unendlich sei; unendlich aber heiße eine Menge M, wenn im verwendeten axiomatischen System eine ↑Funktion existiert, d.h. ein die Funktion darstellender Term konstruierbar ist (↑Darstellung (logisch-mengentheoretisch)), welcher die Elemente von M den Elementen einer echten Teilmenge T von M umkehrbar eindeutig zuordnet. Damit kann ein und dieselbe Menge M bezüglich eines axiomatischen Systems S e., bezüglich einer Erweiterung S^* von S aber unendlich sein, wenn nämlich S^* eine Funktion der genannten Art, d.h. einen entsprechenden in S noch nicht konstruierbaren Term enthält. Da die modernen axiomatischen Mengenlehren schon von ihrem Instrumentarium her gänzlich auf die Erfassung des Unendlichen ausgerichtet sind, wird der E.sbegriff nur auf komplizierte Weise und in von System zu System sehr verschiedenen Definitionen zugänglich, die sich selbst nur unter Verwendung des starken ↑Auswahlaxioms als gleichwertig erweisen lassen.

C.T.

endlich-axiomatisierbar, in der ↑Metamathematik heißt ein ↑Formalismus F e.-a., wenn es einen Formalismus F_0 gibt, der dieselben Ausdrücke und dieselben ableitbaren Sätze wie *F* liefert, aber nur endlich viele ↑Axiome enthält. Nach A. Tarski beschränkt man die Forderung häufig auf den nichtlogischen Teil des Axiomensystems, während für den logischen Teil Axiomenschemata (↑System, axiomatisches) zugelassen werden. C. T.

Endlichkeit, in der Philosophiegeschichte in unterschiedlicher Weise bestimmter Ausdruck bzw. in unterschiedlicher Weise formuliertes Problem, wobei stets explizit oder implizit die Frage nach dem ↑Unendlichen im Hintergrund steht. Die begriffliche Fixierung von E. und Unendlichkeit wird dabei häufig zugunsten einer mehr intuitiven Auffassung unterlassen. Davon bilden lediglich die exakten Untersuchungen der Mathematik und (physikalischen) Kosmologie eine Ausnahme (↑unendlich/Unendlichkeit).

Die griechische *Metaphysik* und *Naturphilosophie* ist in wesentlichen Teilen eine Lehre der E. und Begrenzung (πέρας). Die ↑Vorsokratiker, mit Ausnahme des Anaximander (↑Apeiron), nehmen jeweils einen (endlichen) Urstoff (↑Archē) an. Für die ↑Pythagoreer liegt die Struktur der Welt in wohlbestimmten Zahlenverhältnissen verborgen. Auch die Metaphysik des Parmenides versteht das Sein als eine Einheit, die Unendlichkeit ausschließt. Sein Schüler Zenon von Elea sucht die Widersprüchlichkeit des Begriffs des Unendlichen zu zeigen (↑Zenonische Paradoxien). Platon sieht das Wesen der Dinge in ihrer Gestaltung und Vollendung, in ihrer Form (εἶδος, ἰδέα), die Begrenzung impliziert (↑Ideenlehre). Aristoteles bringt diesen Gedanken in verwandelter Form in seinen ↑Hylemorphismus ein. Von Aristoteles stammt auch eine erste begriffliche Präzisierung des Unendlichkeitsbegriffs (aktual unendlich/potentiell unendlich) und damit implizit des E.sbegriffs, die bis heute bestimmend ist. Für Platon wie für Aristoteles und andere griechische Denker hat der Kosmos Kugelgestalt. Dies bringt unter anderem den Aspekt seiner E. zum Ausdruck. Der finite Charakter der griechischen Metaphysik wird außer von Anaximander auch von Plotin durchbrochen. Die Vollkommenheit des Urwesens (τὸ πρῶτον) besteht gerade darin, daß es ohne Grenze, Gestalt und Bestimmung ist, während Begrenzung der Dinge ihre Unvollkommenheit ausmacht. Auch die christliche Philosophie des Mittelalters spricht Gott als dem höchsten Seienden (aktuale) Unendlichkeit zu. Die Welt als Geschöpf Gottes ist endlich in Raum und Zeit. Diese Lehre wandelt sich zu Beginn der Neuzeit zunächst bei Nikolaus von Kues, dann in voller Konsequenz bei G. Bruno und anderen pantheistischen Denkern (z.B. B. Spinoza).

Erkenntnistheoretisch spiegelt sich das Verhältnis von E. und Unendlichkeit in der Polarität von diskursivem und anschauendem Denken wieder, für die das Mittelalter das Begriffspaar ratio-intellectus verwendete. Ratio ist dabei die typisch menschliche Erkenntnisbemühung, während die intellektuale Erkenntnis eine Teilhabe an der nichtdiskursiven Schaukraft der Engel darstellt (Thomas von Aquin, de verit. 15,1). Als ›Rezeptivität‹ und ›Spontaneität‹ findet das Begriffspaar intellectus-ratio Eingang in die auf I. Kant fußende Erkenntnistheorie. Intellektuale Anschauung ist dem Menschen nicht gegeben, lediglich sinnliche Anschauung bildet einen Teil des menschlichen Erkennens (KrV B 135). Die Erkenntnistheorie des deutschen Idealismus (↑Idealismus, deutscher) greift das Problem unter dem Gesichtspunkt (endlichen) Bestimmtwerdens und (unendlicher) Selbstbestimmung wieder auf. J.G. Fichte sieht hier den Prozeß der unendlichen Tätigkeit des Ich, während F.W.J. Schelling eine ›intellektuale‹ Anschauung (↑Anschauung, intellektuelle) postuliert, in der die E. diskursiver Begrifflichkeit aufgehoben ist. G.W.F. Hegel sieht das Endliche sich im Wissensprozeß konstituieren (System Philos. §386, Sämtl. Werke X, 42f.), vom absoluten Geist in einem Prozeß der Selbstbestimmung und Selbstbeschränkung hervorgebracht.

Anthropologisch gesehen gehört die Erfahrung der E. zu den Grunderfahrungen des Menschen. Sie drückt sich konkret aus in Erfahrungen etwa der Unverfügbarkeit über Situationen des Leidens und Sterben-Müssens. Sah die christliche Philosophie seit dem Mittelalter in diesen E.serfahrungen noch den Reflex der objektiven Seinsordnung bzw. theologisch die Folgen des Sündenfalls, so werden sie etwa seit der Mitte des 19. Jahrhunderts in eigenständiger Thematisierung reflektiert, und zwar zum einen in einer negativen Charakterisierung, in der E. der Ausdruck mangelnder Aufklärung bzw. gesellschaftlicher Unterdrückung und Ausbeutung ist (L. Feuerbach, K. Marx). Zum anderen wird, beeinflußt von S. Kierkegaard, die E. zu einer positiven Kategorie in der ↑Existenzphilosophie. M. Heidegger betont: »Dasein hat nicht ein Ende, an dem es nur aufhört, sondern existiert endlich« (Sein und Zeit, §65). Diese Auffassung von der E. als einem positiven Grundzug des menschlichen Daseins findet sich auch bei an-

deren der Existenzphilosophie nahestehenden Denkern (z.B. J.-P. Sartre, P. Claudel).
Das alte naturphilosophische Problem der raumzeitlichen E. des Kosmos wird heute in der (physikalischen) ↑Kosmologie behandelt. Dabei besteht weitgehende Einigkeit über einen zeitlichen Anfang des Universums (›Urknall‹) wogegen die Frage seiner räumlichen Erstreckung umstritten ist (↑unendlich/Unendlichkeit).

Literatur: S. Körner, Endlich/unendlich, Hist. Wb. Ph. II (1972), 489–491; R. Romberg/T. Mahlmann, Endlich, ebd. 481–489. – Weitere Literatur: ↑Unendliche, das; ↑unendlich/Unendlichkeit. G. W.

Endlichkeitssätze, Bezeichnung für eine Reihe logischer Theoreme, die sich als Folgerungen aus der im ↑Vollständigkeitssatz behaupteten Äquivalenz von (syntaktischer) ↑Ableitbarkeit und (semantischer) ↑Folgerung bzw. von (syntaktischer) ↑Widerspruchsfreiheit und (semantischer) ↑Erfüllbarkeit ergeben. Sei $\mathfrak{A}$ eine Menge von Ausdrücken und A ein Ausdruck. Im einzelnen gelten dann folgende Sätze: (1) Endlichkeitssatz für die Ableitbarkeitsbeziehung: $\mathfrak{A}\vdash A$ (A ist aus $\mathfrak{A}$ ableitbar) genau dann, wenn es eine endliche Teilmenge $\mathfrak{A}'$ von $\mathfrak{A}$ gibt mit $\mathfrak{A}'\vdash A$. (2) Endlichkeitssatz für die Folgerungsbeziehung: $\mathfrak{A}\models A$ (A folgt aus $\mathfrak{A}$) genau dann, wenn es eine endliche Teilmenge $\mathfrak{A}'$ von $\mathfrak{A}$ gibt mit $\mathfrak{A}'\models A$. (3) Endlichkeitssatz für die Widerspruchsfreiheit: $\mathfrak{A}$ ist genau dann widerspruchsfrei, wenn jede endliche Teilmenge $\mathfrak{A}'$ von $\mathfrak{A}$ widerspruchsfrei ist. (4) Endlichkeitssatz für die Erfüllbarkeit: $\mathfrak{A}$ ist genau dann erfüllbar, wenn jede endliche Teilmenge $\mathfrak{A}'$ von $\mathfrak{A}$ erfüllbar ist. Insbesondere der zuletzt angeführte Satz ist eines der wichtigsten Hilfsmittel in der von A. Tarski und A. Robinson begründeten ↑Metamathematik der Algebra. Gelegentlich werden die E. auch ›Kompaktheitssätze‹ genannt.

Literatur: H. Hermes, Einführung in die mathematische Logik. Klassische Prädikatenlogik, Stuttgart 1963, [4]1976. G.W.

Energeia (griech. ἐνέργεια, Tätigkeit, Wirklichkeit), bei Aristoteles häufig mit ↑Entelechie (ἐντελέχεια) synonym verwendeter Terminus zur Unterscheidung von Wirklichkeit im Sinne einer verwirklichten Bestimmung und Möglichkeit (↑Dynamis, ↑Akt und Potenz, ↑Form und Materie). – In der Sprachtheorie W. v. Humboldts wird Sprache als E., d.h. als aktive Tätigkeit verstanden. Sie ist kein Werk (Ergon) und kein fertiges Gebilde; ihr Wandel vollzieht sich in Sprechakten, und diese sind nicht als bloßer Ablauf, sondern als bewußte menschliche Tätigkeit anzusehen.

Literatur: E. Fascher, E., RAC V (1962), 4–51; W. v. Humboldt, Über die Verschiedenheit des menschlichen Sprachbaues und ihren Einfluß auf die geistige Entwicklung des Menschengeschlechtes (1835), ed. A. F. Pott/ A. Vanicek, Berlin [2]1880 (repr. Hildesheim 1974), ferner in: Gesammelte Schriften VII, ed. A. Leitzmann, Berlin 1907, 1–344; L. Jost, Sprache als Werk und wirkende Kraft. Ein Beitrag zur Geschichte und Kritik der energetischen Sprachauffassung seit W. v. Humboldt, Bern 1960; H. Schwarz, E., Hist. Wb. Ph. II (1972), 492–494; J. Stallmach, Dynamis und E.. Untersuchungen am Werk des Aristoteles zur Problemgeschichte von Möglichkeit und Wirklichkeit, Meisenheim 1959. M. G.

Energie (von griech. ἐνέργεια, Tätigkeit, Wirklichkeit), als Terminus der Physik Fähigkeit eines oder mehrerer Körper, Arbeit zu leisten. Während der Ausdruck E. jüngeren Datums ist und zuerst von Johann Bernoulli auf das Gleichgewicht virtueller Kräfte angewendet wurde (1717), wird in der Geschichte der Mechanik E. zwar bis J. le Rond d'Alembert nicht streng vom Begriff der ↑Kraft unterschieden, doch finden sich schon seit Aristoteles (bei dem die bewegende Kraft unter anderem Dauer und Strecke der Bewegung bestimmt) Überlegungen (z.B. bei S. Stevin, G. Galilei, C. Huygens), die in moderner Reformulierung einen E.-↑Erhaltungssatz beinhalten. Im Streit zwischen Cartesianern und Leibnizianern um das Maß der ›Kraft‹ (E.) vertritt G.W. Leibniz mit der Behauptung von der Erhaltung der ↑vis viva beim unelastischen Stoß neben dem Begriff der potentiellen E. den der kinetischen, eine Unterscheidung, die von H. v. Helmholtz durch strenge mathematische Behandlung einerseits zur definitorischen Abgrenzung von Kraft und E., andererseits zur mechanistischen Auffassung von der Zusammensetzung aller physikalischen E.inhalte aus potentieller und kinetischer E. im Sinne eines regulativen Prinzips führt.
In der ↑Elektrodynamik hat sich dadurch, daß die E. unabhängig von ponderablen Körpern als selbständig existierend angenommen wird, eine von der ›Energetik‹ (W. Ostwald) proklamierte Auffassung durchgesetzt. Zentrale Bedeutung hat der E.begriff in der ↑Thermodynamik und in vielen Theorien der Chemie und Molekularbiologie. Noch ungeklärt ist das philosophische Verständnis des E.begriffs, der durch A. Einsteins Masse-E.-Beziehung $E=mc^2$ (c Lichtgeschwindigkeit) in die Physik eingeführt wurde. Während sich heute in der Physik die Auffassung durchzusetzen scheint, der E.satz sei ein empirisches (und möglicherweise

gelegentlich verletztes) ›Naturgesetz‹, hat H. Poincaré seine empirische Unwiderlegbarkeit gezeigt. Unberücksichtigt bleibt bei den zeitgenössischen Diskussionen um den E.begriff in der Regel, daß die Messung beliebiger Formen von E. bei einem definitorisch vollständigen und damit zirkelfreien Aufbau der Physik letztlich auf Massen- und Kraftmessung an und mit (makroskopischen) Körpern zurückführt.

Literatur: A. E. Haas, Die Entwicklungsgeschichte des Satzes von der Erhaltung der Kraft, Wien 1909; M. Jammer, Concepts of Force. A Study in the Foundations of Dynamics, Cambridge Mass. 1957; ders. E., Hist. Wb. Ph. II (1972), 494–499; E. Mach, Die Geschichte und die Wurzel des Satzes von der Erhaltung der Arbeit, Prag 1872; M. Planck, Das Prinzip der Erhaltung der E., Leipzig 1887, [5]1924; D. W. Theobald, The Concept of Energy, London 1966. P. J.

Engels, Friedrich, *Barmen 28. Nov. 1820, †London 5. Aug. 1895, dt. Philosoph, Ökonom, Journalist, Mitbegründer des wissenschaftlichen Sozialismus. 1837–1841 kaufmännische Lehrzeit im elterlichen Betrieb und in Bremen, publizistische Tätigkeit für den Hamburger »Telegraph für Deutschland« (»Briefe aus dem Wuppertal«), 1841–1842 Militärdienst in Berlin. In Berlin kam E. in engen Kontakt zum Linkshegelianismus (↑Hegelianismus) und verfaßte eine radikale Kritik der Philosophie F. W. J. Schellings (Schelling und die Offenbarung, Leipzig 1842). Nach Gründung der liberalen »Rheinischen Zeitung« wurde er deren Mitarbeiter. 1842 übersiedelte E. nach Manchester, wo er im elterlichen Betrieb arbeitete und sozio-ökonomische Studien trieb, die ihren Niederschlag in zwei Beiträgen für die von A. Ruge und K. Marx herausgegebenen »Deutsch-Französischen Jahrbücher« (1843–1844) fanden (»Umrisse zu einer Kritik der Nationalökonomie«, »Die Lage Englands«).

Seit der Rückkehr aus England (1844) datierte die enge Freundschaft mit Marx. Eine erste gemeinsame Arbeit war die als Auseinandersetzung mit dem Linkshegelianismus angelegte Schrift »Die heilige Familie, oder die Kritik der kritischen Kritik. Gegen Bruno Bauer und Consorten« (Frankfurt 1845). In seiner bedeutendsten frühen Schrift über »Die Lage der arbeitenden Klasse in England. Nach eigener Anschauung und authentischen Quellen« (Leipzig 1845) faßte E. seine eigenen Erfahrungen zusammen. Er stellte die Entstehung des modernen Proletariats als die entscheidende geschichtsbildende Kraft der modernen industriellen Entwicklung heraus und prognostizierte die Unausweichlichkeit der sozialen Revolution. 1845–1846 arbeiteten E. und Marx in Brüssel an der Niederschrift der erst 1932 in Moskau veröffentlichten Abhandlung »Die deutsche Ideologie. Kritik der neuesten deutschen Philosophie in ihren Repräsentanten Feuerbach, B. Bauer und Stirner und des deutschen Sozialismus in seinen verschiedenen Propheten«, der im Selbstverständigungsprozeß ihrer beiden Autoren eine besondere Bedeutung zukam. Sie enthält in den Anfangspassagen eine erste Grundlegung der materialistisch-historischen dialektischen Theorie (↑Materialismus, historischer). Im Auftrag des »Bundes der Gerechten« verfaßten E. und Marx das »Kommunistische Manifest« (Manifest der Kommunistischen Partei, London 1848). Nach dem Ausbruch der Revolution von 1848 übersiedelte E. nach Köln und wurde Mitarbeiter an der »Neuen Rheinischen Zeitung«. Seine propagandistische Tätigkeit, insbesondere aber seine Teilnahme an den badischen Unruhen, zwangen ihn 1850, in das Exil nach Manchester zu gehen. Er widmete sich dort in der Folgezeit vor allem naturwissenschaftlichen und philosophischen Studien und gewann durch seine umfangreiche, mehr als vier Jahrzehnte überspannende Korrespondenz einen bestimmenden Einfluß auf die Entwicklung der europäischen und insbesondere deutschen Sozialdemokratie. E. unterstützte Marx finanziell durch erhebliche Zuwendungen. 1870 übersiedelte E. nach London und wurde Mitglied des Generalrats der Internationalen Arbeiter-Assoziation. Nach dem Tode von Marx (1883) gab er den zweiten und den dritten Band von dessen Hauptwerk »Das Kapital. Kritik der politischen Ökonomie« (1885, 1894) heraus.

Um den Einfluß E. Dührings auf die deutsche Sozialdemokratie zurückzudrängen, veröffentlichte E. in der Zeitschrift »Vorwärts« (1877–1878) in Fortsetzungen die Abhandlung »Herrn Eugen Dührings Umwälzung der Wissenschaft. Philosophie. Politische Ökonomie. Sozialismus« (›Anti-Dühring‹, Buchausg. Leipzig 1878). Neben dieser Schrift, die als das zu seinen Lebzeiten erschienene philosophische Hauptwerk gelten darf, geben die Kompilation dieser Arbeit »Die Entwicklung des Sozialismus von der Utopie zur Wissenschaft« (Zürich 1882, Erstausg. Socialisme utopique et socialisme scientifique, Paris 1880), die Abhandlung »Ludwig Feuerbach und der Ausgang der klassischen deutschen Philosophie« (Buchausg. Stuttgart 1888) und die aus dem Nachlaß veröffentlichte »Dialektik der Natur« (Moskau/Leningrad 1925) Auskunft über seine philosophische Position. In antipositivistischer Stoßrichtung nimmt E. unter Berücksichtigung der modernen Entwicklung der Naturwissenschaften in einer erkenntnistheoretisch-realistischen Wendung G.W.F. Hegels dialektische Methodik auf und wird damit zum Begründer des ›dialektischen Materialismus‹ (↑Materialismus, dialektischer). E. konfrontiert die herkömmliche Metaphysik mit der ↑Dialektik, »die die Dinge und ihre begrifflichen Abbilder wesentlich in ihrem Zusammenhang, ihrer Verkettung, ihrer Bewegung, ihrem Entstehen und Vergehen auffaßt« (Die Entwicklung des Sozialismus von der Utopie zur Wissenschaft, MEW XIX, 205) und weitet das dialektische Vorgehen, hierin Hegel folgend, auf die Naturphilosophie aus (»die Natur ist die Probe auf die Dialektik«, ebd.). Im Unterschied zu Hegels absolutem Idealismus (↑Idealismus, absoluter) sucht er in einem materialistisch orientierten Gesamtkonzept eine universal-genetische Systematik, die die Natur- wie die Menschheitsgeschichte gleichermaßen umfaßt. Als Grundgesetze der Dialektik fungieren: »das Gesetz des Umschlagens der Quantität in Qualität und umgekehrt, das Gesetz von der Durchdringung der Gegensätze, das Gesetz von der Negation der Negation« (Dialektik der Natur, MEW XX, 348). 1884 erschien in Zürich die an L.H. Morgans Untersuchungen zur Urgesellschaft anschließende Schrift »Der Ursprung der Familie, des Privateigenthums und des Staats«, die dem Nachweis der Historizität der Institutionen und deren Abhängigkeit von der jeweiligen gesellschaftlichen Entwicklung gewidmet war. Sie enthält eine umfassende geschichtsphilosophische Thetik. An der von E. vertretenen dialektisch-materialistischen philosophischen Position orientierte sich W.I. Lenin in seiner Auseinandersetzung mit dem ↑Empiriokritizismus und im Anschluß an ihn die gesamte Philosphie in den sozialistischen Ländern.

Werke: K. Marx/F.E., Werke, Schriften, Briefe. Historisch-kritische Gesamtausgabe, ed. D. Rjazanow/V. Adorasky, erschienen: 1. Abt. I–VIII, 3. Abt. I–IV, Frankfurt/Berlin/Moskau 1927–1935 (MEGA); K. Marx/F.E., Werke, I–XXXIX, Erg.Bde I–II, Berlin (Ost) 1957–1968 (MEW); Der Briefwechsel zwischen F.E. und Karl Marx, 1844–1883, I–IV, ed. A. Bebel/E. Bernstein, Stuttgart 1913; Eduard Bernsteins Briefwechsel mit F.E., ed. H. Hirsch, Assen 1970; Wilhelm Liebknecht, Briefwechsel mit Karl Marx und F.E., ed. G. Eckert, Den Haag 1963. – M. Rubel, Bibliographie des œuvres de Karl Marx avec en appendice un répertoire des œuvres de F.E., Paris 1956, Suppl. Paris 1960.

Literatur: M. Adler, Marx und E. als Denker, Frankfurt 1972; F. Baptiste, Studien zu E.' »Dialektik der Natur«. Materie, Kinetik, Dialektik, Bonn 1971; W.R. Beyer, Das Reinheitspostulat in der Rechtsphilosophie. Gedankenreinheit bei Hegel und E., Köln 1973; J. Bruhat, Karl Marx, F.E.. Essai biographique, Paris 1970; R.S. Cohen, F.E., DSB XV, Suppl. I (1978), 131–147; A. Cornu, Karl Marx et F.E., leur vie et leur œuvre, I–II, Paris 1955/1958 (dt. Karl Marx und F.E.. Leben und Werk, I–II, Berlin 1954/1962); ders., Die Herausbildung des historischen Materialismus in Marx' »Thesen über Feuerbach«, Engels' »Die Lage der arbeitenden Klasse in England« und in »Die deutsche Ideologie« von Marx und E., Berlin 1967; E. Fiorani, F.E. e il materialismo dialettico, Milano 1971; H. Fleischer, Marx und E.. Die philosophischen Grundlinien ihres Denkens, Freiburg/München 1970; H. Genkow u.a., F.E.. Eine Biographie, Berlin 1970; H. Hirsch, F.E. in Selbstzeugnissen und Bilddokumenten, Reinbek 1968; M. Kliem (ed.), F.E.. Dokumente seines Lebens, 1820–1895, Frankfurt 1977; D. Kramer, Reform und Revolution bei Marx und E., Köln 1971; J. Kuczynski, Zum Briefwechsel zwischen E. und Marx, Berlin 1976; G. Mayer, F.E.. Eine Biographie, I. u. Erg.Bd., Berlin 1920, I–II, Den Haag ²1934; H. Mehringer/G. Mergner, Debatte um E., I–II, Reinbek 1973; W. Mönke, Die heilige Familie. Zur ersten Gemeinschaftsarbeit von Karl Marx und F.E., Glashütten 1972; R. Mondolfo, Il materialismo storico in F.E., Firenze 1973; H. Pelger (ed.), F.E. 1820–1970. Referate, Diskussionen, Dokumente, Hannover 1971; K. Reiprich, Die philosophisch-naturwissenschaftlichen Arbeiten von Karl Marx und F.E., Berlin 1969; H. Ullrich, Der junge E.. Eine historisch-biographische Studie seiner weltanschaulichen Entwicklung in den Jahren 1834–1845, I–II, Berlin (Ost) 1961/1966. S.B.

ens, ↑Seiende, das.

ens rationis (lat., Gedankending), nach spätmittelalterlicher und frühneuzeitlicher Erkenntnismetaphysik die allgemeinen Gegenstände wie Raum, Zahl usw. (im Unterschied zu den räumlichen Objekten, den Zählhandlungen usw.; ↑Universalien). Die Beschreibung der spezifischen ›Existenzweise‹ der Universalien im Sinne des e. r. (also zwar als ens, aber nicht reales) findet sich wohl zuerst bei Wilhelm von Ockham und Nikolaus von Kues. Erst F. Suarez hat jedoch in seine »Disputationes metaphysicae« einen Traktat »De entibus rationis« aufgenommen, in dem sich folgende Definition für e.r. findet: »id, quod a ratione cogitatur ut ens, cum tamen in se entitatem non habet« (Disp. met. 26, 1016). Diese Definition enthält ersichtlich mehr Unklarheiten, als daß sie eine Auskunft über das Verständnis der Universalien liefert: sie drückt nur aus, daß die Universalien keine Einzeldinge sind, gleichwohl aber eine Funktion für menschliches Denken und Sprechen haben. I. Kant hat die ontologischen Spekulationen der frühneuzeitlichen Philosophie über den

Terminus e.r. (nach R. Descartes, J. Clauberg, C. Wolff; ein scharfsinniger Kritiker des Terminus war schon B. Spinoza) im Rahmen seiner transzendentalphilosophischen Metaphysikkritik dadurch beendet, daß er e.r. im Rahmen seiner Tafel der begrifflichen Unterscheidungen von ›Nichts‹ als ›leerer Begriff ohne Gegenstand‹ auszeichnet. Kant identifiziert dadurch Gedankending mit fiktivem Ding (›bloß Erdichtung‹) (KrV A 292), wodurch dem Terminus ein vernünftiger Sinn zukommt, der ihn aber vollständig aus dem universalientheoretischen Kontext löst (↑Universalienstreit).

Literatur: F. Suarez, Disputationes metaphysicae, in: ders., Opera omnia, ed. C. Berton, XXVI, Paris 1878 (repr. Brüssel 1961), 1014–1041; L. Oeing-Hanhoff, e.r., Hist. Wb. Ph. III (1974), 55–62. C. F. G.

Entäußerung, wie ↑Entfremdung, Übersetzung des lat. alienatio, das der Rechtssprache (Veräußerung von Rechten) entstammt. Unter dem Einfluß naturrechtlicher arbeitstheoretischer Vorstellungen findet der Ausdruck E. durch J. G. Fichte und G. W. F. Hegel Eingang in die philosophische Sprache.

In den Begriff der E. gehen Konstitutionsmerkmale der Subjektivität ein (↑Subjektivismus). Voraussetzung für die Bestimmung der E. ist die Fassung der Subjektivität als ein Selbstkonstitutionsgefüge. Die transzendentale Ichbestimmung als Grund aller Synthesis a priori durch I. Kant zeigte die Subjektivität als abstrakt-tätigen Ichpol auf; daß dieses Ich eine Struktur der Selbstsetzung und hierbei durchgangsmäßig der Setzung von ↑›Nicht-Ich‹ ist, das es wiederum setzend aufhebt, hat Fichte in einer identitätsphilosophischen Wendung gezeigt. Der E. korrespondiert stets deren identitätsbildende Aufhebung. Das Ich ›überträgt‹ Tätigkeit in das Nicht-Ich. Betrachtet man isoliert nur den Aspekt dieser ›Übertragung‹, daß die ins Nicht-Ich übertragene Tätigkeit ihren Ursprung ›ausschließt‹, also eine ›Setzung‹ ›als nicht gesetzt‹ ist, dann ist von einer E. zu sprechen (Grundlage der gesamten Wissenschaftslehre, Ausgew. Werke I, 350–361). Bei Hegel ist der Ausdruck ›E.‹ nicht durchgängig terminologisch. Gleichwohl ist der mit diesem Ausdruck bezeichnete Sachgehalt bestimmend für seine gesamte Konstitutionslehre. In seinen geistphilosophischen Konzepten wird der Durchgang des Geistes durch das äußere Dasein seiner selbst zum Schema. In seiner frühen Jenaer Zeit wird die ›Sprache‹, das ›Werkzeug‹ und das ›Gut‹ als Realisat des ›Gedächtnisses‹, der ›Arbeit‹ und der ›Familie‹ als Medium der Selbstvermittlung und der Vermittlung mit Anderen (›Anerkennung‹) herausgestellt (Jenaer Systementwürfe I, Ges. Werke VI, 277–326). Ausdrücklich als E. werden in einem doppelten Sinne das durch die Arbeit hervorgebrachte ›Sein‹ (›Dasein‹) und dessen Weggabe (im ›Tausch‹) bestimmt. In der Arbeit »mache (ich) mich *unmittelbar* zum Ding, Form die *Seyn* ist« und schaue mich darin als mein »*unmittelbares Ich*« an. Im Tausch »entäussre ich mich ebenso, *mache es zu einem mir Fremden*, und *erhalte* mich darin; eben darin schaue ich mein *Anerkanntseyn* an; *Seyn* als wissendes [...]« (Jenaer Systementwürfe III, Ges. Werke VIII, 227). Durch E. wird sich das Ich seiner unmittelbar und als fürsichseiend, als ›Person‹ bewußt. In einem engeren juristischen Sinne und zwar gleichbedeutend mit ›Veräußerung‹ spricht Hegel in der »Philosophie des Rechts« (Sämtl. Werke VII, 121) von E.. K. Marx verwendet den Ausdruck ›E.‹ weitgehend synonym mit ↑›Entfremdung‹. Als wertneutraler Ausdruck für die ›Verwirklichung der Arbeit‹ wird ↑›Vergegenständlichung‹ verwendet. Unter den Bedingungen des ›nationalökonomischen Zustands‹ geht die Vergegenständlichung unmittelbar in die E. (Entfremdung) über (Ökonomisch-philosophische Manuskripte [1844], MEW Erg.bd. I, 511 ff.; vgl. Zur Judenfrage, MEW I, 376).

Literatur: ↑Entfremdung. S. B.

Entdeckungszusammenhang/Begründungszusammenhang (engl. context of discovery/context of justification), von H. Reichenbach (1938) eingeführte Unterscheidung, um die kognitiven Geltungsansprüche einer Wissenschaft von den sozialen und psychischen Umständen ihrer Entdeckung methodisch zu trennen. Die analytische Wissenschaftstheorie (↑Wissenschaftstheorie, analytische) greift damit die Unterscheidung von ↑Genese und ↑Geltung in der traditionellen Erkenntnistheorie auf. Obwohl an der Unterscheidung einsichtig ist, daß die Berechtigung eines Geltungsanspruchs (↑Begründung, ↑Rechtfertigung) niemals durch die Beschreibung der psycho-sozialen Umstände seiner Entstehung begründet oder widerlegt werden kann, verleitet sie doch andererseits zu einer platonisierenden Interpretation von kognitiven Geltungsansprüchen (↑Universalien, ↑Universalienstreit). Eine Begründung bzw. Rechtfertigung kann in methodisch verteidigbarer Weise nämlich nur durch den Nachvollzug (↑Rekonstruktion) derjenigen Schritte ausgeführt werden, die ausgehend von lebensweltlich immer schon beherrschten sprachlichen und technischen Handlungen zu dem Geltungsanspruch hingeführt haben. Entsprechend ist zwischen faktischer und normativer Genese von Geltung zu unterscheiden.

Literatur: N.R. Hanson, Patterns of Discovery. An Enquiry into the Conceptual Foundations of Science, Cambridge 1958; K.R. Popper, Logik der Forschung, Tübingen [4]1971; H. Reichenbach, Experience and Prediction. An Analysis of the Foundations and the Structure of Knowledge, Chicago/London 1938, 1966, § 1. C.F.G.

Entelechie (griech. ἐντελέχεια, ständige Tätigkeit, Wirksamkeit), bei Aristoteles häufig mit ↑Energeia (ἐνέργεια) synonym verwendeter Terminus zur Unterscheidung von Wirklichkeit im Sinne des erreichten Telos (Met. Δ24.1023a34) und Möglichkeit im Sinne eines Veränderungsvermögens (↑Dynamis). Als Form verwirklicht sich E. im Stoff, weshalb auch die Seele als die ›erste E. eines organischen Körpers‹ bezeichnet wird (de an. B1.412a27f.). In der ↑Scholastik wird diese Aristotelische Begrifflichkeit in der Lehre von ↑Akt und Potenz weitergeführt, in der Neuzeit von G.W. Leibniz zum Aufbau der ↑Monadentheorie herangezogen (Monaden als ›substantielle Formen‹ oder ›erste E.n‹). Im ↑Vitalismus, besonders bei H. Driesch, tritt der Begriff der E. als ein die Entwicklung des Organismus zu seiner Endgestalt leitender ›außerräumlicher‹ Faktor auf (›Faktor *E*‹).

Literatur: U. Arnold, Die E., Wien/München 1965 (Überlieferung und Aufgabe 2); G.A. Blair, The Meaning of ›energeia‹ and ›entelecheia‹ in Aristotle, Int. Philos. Quart. 7 (1967), 101–117; H. Driesch, The Science and Philosophy of the Organism, I–II, London 1908 (dt. Philosophie des Organischen, I–II, Leipzig 1909, [4]1928 [gekürzt]); I. Düring, Aristoteles. Darstellung und Interpretation seines Denkens, Heidelberg 1966; A. Mittasch, E., München 1952. J.M.

Entfremdung (lat. alienatio, engl. alienation, franz. aliénation), vor allem in der Tradition von G.W.F. Hegel und K. Marx verwendeter philosophischer Terminus und dargestellter Sachverhalt. In vieldeutigem Gebrauch war ›alienatio‹ bereits bei den Kirchenvätern, in der Scholastik und Mystik. Der Ausdruck steht hier wertfrei für Trennung, aber auch pejorativ für den Abfall von Gott oder positiv für die Abkehr von den irdischen Dingen. Gebräuchlich ist auch ›alienatio mentis‹ zur Bezeichnung von Geistesverwirrung.

J.-J. Rousseau (Contrat social I, 6) verwendet ›aliénation‹ in einem vertragstheoretischen Sinne von (Ent)Veräußerung. ›Aliénation totale‹ ist die im normativen Gesellschaftsvertrag vorbehaltlos erfolgende vollständige Entäußerung der natürlichen Freiheit eines jeden einzelnen an die Gemeinschaft in einer Realisierung von Gleichheit und individueller bürgerlicher Freiheit (als citoyen) im Verbund mit dem Allgemeinwillen (↑volonté générale). In einem anderen (nicht terminologischen) Sinne konstatiert Rousseau den Sachverhalt der E. von sich selbst (Selbstferne), in der der zivilisierte Mensch (als bourgeois) als gesellschaftliches Wesen faktisch lebt. Er erfährt seine Identität nur jeweils im »Spiegel der Meinung der anderen« (Über den Ursprung der Ungleichheit unter den Menschen, 265, vgl. 221). Der moderne Mensch lebt im »Widerspruch mit sich selbst« (contradiction avec lui-même) (Emil oder über die Erziehung, 13). Rousseau vereinigt in seinen Entwürfen und Zustandsdeutungen bereits alle jene Momente, die für die spätere Diskussion um die E. bei Hegel und Marx in unterschiedlicher Gewichtung bedeutsam werden. Die ↑Entäußerung der natürlichen Freiheit zum Zwecke der Realisierung der bürgerlichen Freiheit ist dialektisch als ↑Aufhebung angelegt. Der Verlust der Identität im gesellschaftlichen Leben spiegelt die Dialektik von Allgemeinem und Besonderem. Auch die Unverzichtbarkeit der Erfahrung des Durchganges durch die E. in Hinsicht auf die Realisierung einer vollkommeneren (tugendhaften), weil bewußten Daseinsform des einzelnen findet sich bereits angelegt (Emil, 523). Der E.szustand wird jedoch in einer gewissen Abstraktheit als situierte Größe eingeführt.

Auch bei Hegel ist eine terminologisierte von einer nicht-terminologisierten Fassung der E. zu unterscheiden. Zunächst (1) ist E. allgemein (hier tritt der Ausdruck ›E.‹ nur kursorisch auf) ein Moment der Zuständlichkeit, insofern diese nicht nur affirmativ, sondern als Wahrheit prozessual verstanden ist. Sie ist das dialektische Moment des Selbstverlustes im geistigen Selbsterfahrungsgang. So wird etwa die Entwicklung des ↑›Selbstbewußtseins‹ in Hegels ↑»Phänomenologie des Geistes« (1807), und hier vor allem das Verhältnis von ›Herrschaft und Knechtschaft‹ (Sämtl. Werke II, 139–158, ↑Herr und Knecht), als Durchgang durch E.en gefaßt. Die Verlorenheit an die Gegenständlichkeit als ›Bewußtsein‹, die Abhängigkeit von ihr als ›Begierde‹, die Unterwerfung des einen Selbstbewußtseins im ursprünglich auf Komplementarität angelegten Anerkennungsgang unter das andere Selbstbewußtsein (Herr und Knecht), in der der Selbstverlust seinen Höhepunkt erreicht, und die ›dienende‹ Arbeit für den Herrn und deren ›fremder Sinn‹ (ebd., 157) sind konstitutive E.sstufen für die Entwicklung des autonomen Selbstbewußtseins. Hegel geht insofern über Rousseau hinaus, als er die E. jeweils in ihrer starrsten Gestalt zum ausgezeichneten integrativ-strukturellen Identifizierungsort von Geistigkeit werden läßt. Im ›fremden‹ Sinn der ›dienenden‹ Arbeit etwa entfaltet das knechtische Selbstbewußtsein emphatisch seinen ›eigenen Sinn‹. Terminologisiert (2) wird mit dem Ausdruck ›E.‹ die speziellere Dialektik, die später bei Marx und G. Lukács im Zusammenhang mit dem Phänomen des ↑Warenfetischismus und der ↑Verdinglichung diskutiert wird. Bezeichnet wird hier (Phänom. des Geistes, Sämtl. Werke II, 376–414), daß in einem Stadium ihrer Entwicklung der selbstbewußten Subjektivität die durch individuelle Energie geschaffene ›wirkliche Welt‹ nicht als eigenes Produkt erscheint und die selbstbewußte Subjektivität in der unmittelbaren Gewißheit, es mit der eigenen Substanz zu tun zu haben, sich dieser Wirklichkeit gemäß macht. Die ›wirkliche Welt‹, von Hegel als ›Staatsmacht‹ und ›Reichtum‹ identifiziert (ebd., 381 ff.), ist der reinen Subjektivität entfremdet. Die Subjektivität entfremdet sich ihrer selbst, indem sie sich ihrem eigenen Produkt als einem fremden ausliefert. Analog dazu entfremdet sie sich auch in der ›Religion‹, als der ›unwirkliche(n) Welt‹ (ebd., 406 ff.). Der linkshegelianischen Philosophie (↑Hegelianismus), die sich sachlich um das E.sphänomen konzentriert, werden bereits hier von Hegel ihre Themen als Religions-, Staats- und Ökonomiekritik vorgegeben.

Marx, der in den »Ökonomisch-philosophischen Manuskripten« (1844) die ausgeführteste E.stheorie formuliert, kritisiert, daß Hegel die E. nur als eine des reinen Selbstbewußtseins, als nur gedankliche und im philosophischen Gedanken aufzuhebende E. faßt (MEW Erg. Bd. I [1968], 572). Er konfrontiert das über den philosophischen Gedanken bei Hegel sich konstituierende Selbstbewußtsein im Anschluß an L. Feuerbachs Anthropologie mit dem ›wirklichen‹, ›sinnlichen‹ und ›gegenständlichen‹, durch Natur bestimmten und sich in der Abarbeitung an der Natur bestimmenden bzw. verlierenden Menschen (ebd., 577). Die Dialektik der E. um ›Staatsmacht‹, ›Reichtum‹ und ›Religion‹ bei Hegel ist für Marx nur die ›exoterische Gestalt‹ des eigentlich interessierenden Gegensatzes (ebd., 572), der sich in der konkreten Arbeit des vergesellschafteten Menschen produziert. Das nicht-gegenständliche Selbstbewußtsein Hegels ist für Marx ein ›Unwesen‹ (ebd., 578). Die grundlegende E. ist nach Marx die des Arbeiters von seinem Produkt: daß er Waren und sich selbst darin als Ware produziert; daß er gerade dort, wo Hegel den ›eigenen Sinn‹ der Arbeit als emanzipatorisches Datum hervorhebt, die Knechtschaft in der Reduktion auf seine ›tierischen Funktionen‹ (ebd., 514) vollendet. Die Übertragung des Herr-Knecht-Verhältnisses aus Hegels »Phänomenologie des Geistes« auf das Verhältnis des Kapitals zur Arbeit, der unter kapitalistischen Bedingungen nicht aufzuhebende Warencharakter der Arbeitskraft, die »einem andren (gehört)« und Selbstverlust des Arbeiters als Menschen (Selbstentfremdung) bedeutet, ist der Schritt von Marx hinter Hegel zurück.

In den späteren Schriften von Marx tritt der Ausdruck ›E.‹ kaum noch auf. Seit der Veröffentlichung der »Ökonomisch-philosophischen Manuskripte« im Jahre 1932 (MEGA I 3, 33–149), teilweise aber auch schon in den zwanziger Jahren im direkten Rückgriff auf Hegel, ist von soziologisch-psychologischer (M. Horkheimer, E. Fromm, H. Marcuse), theologischer (P. Tillich) und existenzphilosophischer (M. Heidegger) Seite die Diskussion um die E. als Signum unserer Zeit wieder aufgeflammt. Der Rückgriff auf den E.sbegriff dient vor allem nicht-orthodoxen Marxisten (R. Bahro, G. Petrović, A. Schaff, P. Vranicki) zur Kritik am ›real existierenden Sozialismus‹.

Literatur: I. Fetscher (ed.), Grundbegriffe des Marxismus. Eine lexikalische Einführung, Hamburg 1976, 73–92; ders., K. Marx und der Marxismus, Von der Philosophie des Proletariats zur proletarischen Weltanschauung, München 1967, [3]1973; I. Feuerlicht, Alienation. From the Past to the Future, Westport Conn./London 1978; J. Israel, Alienation. From Marx to Modern Sociology. A Macrosociological Analysis, Hassocks (Sussex) 1978; J. Knecht, Theorie der E. bei Sartre und Marx, Meisenheim 1975; P.C. Ludz, Alienation as a Concept of the Social Sciences. A Trend Report and Bibliography, The Hague 1975; R. Maurer, E., Hb. ph. Grundbegriffe I (1973), 348–360; I. Mészáros, Marx's Theory of Alienation, London 1970, [4]1975; F. Müller, E.. Zur anthropologischen Begründung der Staatstheorie bei Rousseau, Hegel, Marx, Berlin 1970; G. Petrović, Wider den autoritären Marxismus, Frankfurt 1969; H. Popitz, Der entfremdete Mensch. Zeitkritik und Geschichtsphilosophie des jungen Marx, Basel 1953 (repr. Darmstadt 1973); E. Ritz, E., Hist. Wb. Ph. II (1972), 509–525; J.-J. Rousseau, Discours sur l'origine et les fondements de l'inégalité parmi les hommes, ed. J.-L. Lecercle, Paris 1965 (dt. Über den Ursprung der Ungleichheit unter den Menschen [1755], in: ders., Schriften zur Kulturkritik (franz./dt.), ed. K. Weigand, Hamburg [2]1971, 61–269); ders., Émile. Ou de l'éducation, ed. F. u. P. Richard, Paris 1964 (dt. Emil oder über die Erziehung, ed. L. Schmidts, Paderborn 1972); R. Rucicka, Selbstentfremdung und Ideologie.

Zum Ideologieproblem bei Hegel und den Junghegelianern, Bonn 1978; A. Schaff, E. als soziales Phänomen, Wien 1977 (mit Bibliographie); H. H. Schrey (ed.), E., Darmstadt 1975 (mit Bibliographie). S. B.

enthalten/Enthaltensein, der Relator ›e.‹ ist in seinem metaphorischen Gebrauch in den Formalwissenschaften, insbesondere der Mathematik, doppeldeutig. Ein *Objekt* e heißt in einer ↑Menge M e., wenn e Element von M ist, wenn also $e \in M$ gilt. Eine *Menge* M heißt in einer Menge N e., symbolisiert ›$M \subseteq N$‹, wenn jedes Element von M auch Element von N ist, wenn also

$$\bigwedge_x (x \in M \to x \in N)$$

gilt. C. T.

Enthymem (griech. ἐνθύμημα, Erwägung, Gedanke), ein hinsichtlich Inhalt oder Form unvollkommener Syllogismus (↑Syllogistik). Inhaltlich unvollkommen ist das bei Aristoteles (rhet. A1.1354a1 ff.) behandelte E. im Sinne des rhetorischen Syllogismus, bei dem der Argumentierende seinen Gesprächspartner durch den Aufweis wahrscheinlicher Prämissen (über das, was ›in der Regel‹ der Fall ist oder auf Grund von Indizien als gesichert gelten darf) zur Anerkennung eines Schlußsatzes bringen will. Formal unvollkommen ist das E. in dem von der neueren Logik bevorzugten Sinne des unvollständigen Syllogismus, bei dem eine der Prämissen oder die Konklusion unausgesprochen (ἐν θυμῷ) bleibt, weil sie im Kontext der Argumentation stillschweigend als gültig unterstellt werden kann. Je nach dem fehlenden Bestandteil (1. Prämisse, 2. Prämisse oder Konklusion) heißt das E. von 1., 2. oder 3. Art oder Ordnung. Beispielsweise ist der Schluß ›alle Lebewesen brauchen Nahrung, also brauchen alle Menschen Nahrung‹ ein E. der 2. Art in der 1. Figur, da die (in der 1. Figur zweite) Prämisse ›alle Menschen sind Lebewesen‹ als selbstverständlich unterstellt wird. Da die stillschweigende Voraussetzung eines solchen Einverständnisses im Zusammenhang praktischer Argumentationen unentbehrlich ist, behandelt man das E. in der ↑Rhetorik seit alters her als eine der wichtigsten elementaren Argumentationsformen.

Literatur: H. Schepers, E., Hist. Wb. Ph. II (1972), 528–538. C. T.

entia non sunt multiplicanda praeter necessitatem, ↑Ockham's razor.

Ent-Ockhamisierung, nach der Lehre des W. v. Ockham sind die ↑Universalien als Termini aufzufassen, die viele individuelle Objekte bezeichnen, aber keine eigenen Gegenstände im Sinne des Realismus oder Platonismus sind (↑Nominalismus). Entsprechend sind die nicht-existierenden Wesen mit dem ›Ockhamschen Messer‹ ›abzuschneiden‹ (entia non sunt multiplicanda praeter necessitatem). Die E. spielt in diesem Sinne in der neuzeitlichen Philosophie der Logik, Sprache und Natur eine große Rolle.

Literatur: J. M. Bocheński, Formale Logik, Freiburg/München 1956, [4]1978; N. Goodman, The Structure of Appearance, Cambridge 1951; J. Mittelstraß, Remarks on Nominalistic Roots of Modern Science, Organon 4 (Warschau 1967), 39–46; W. V. O. Quine, Word and Object, Cambridge 1960; W. Stegmüller, Metaphysik, Skepsis, Wissenschaft, Berlin/Heidelberg/New York [2]1969; ders., Das Universalienproblem einst und jetzt, Arch. Philos. 6 (1956), 192–225, 7 (1957), 45–81 (repr. Darmstadt 1965). K. M.

Entropie, ein durch die ›Shannonsche Formel‹

$$H(v) = -\sum_{1}^{n}{}_i p_i \operatorname{ld} p_i$$

gegebenes Maß der Unbestimmtheit vor einem Versuch v, bei dem n Ergebnisse E_i $(1 \le i \le n)$ mit den entsprechenden Wahrscheinlichkeiten p_i möglich sind; der dyadische Logarithmus ld $x (= {}_2\log x)$ wird dabei nur wegen der Anwendung der Formel in der Nachrichtentechnik Logarithmen mit anderer Basis vorgezogen. Unter kommunikationstheoretischem Aspekt deutet man die E. als Informationsgehalt, nämlich als die durch den Ausgang des Versuchs v gelieferte mittlere Information (↑Informationstheorie). Die Bezeichnung ›E.‹ geht zurück auf die formale Übereinstimmung der Shannonschen Formel mit der von L. Boltzmann aufgestellten statistischen Beziehung $S = k \cdot \log W$ zwischen der E. S eines physikalischen Systems (insbesondere eines Gases mit gegebenem Volumen und gegebener Energie) im Sinne der ↑Thermodynamik, die den Grad der ›Nichtumkehrbarkeit‹ eines physikalischen Prozesses mißt, und der thermodynamischen Wahrscheinlichkeit W eines Systemzustandes. R. Clausius formulierte mit Hilfe dieses E.begriffs den von ihm und W. Thomson gefundenen zweiten Hauptsatz der Thermodynamik, der sich auf Grund der Boltzmannschen Beziehung so aussprechen läßt, daß sich der Zustand eines abgeschlossenen physikalischen Systems stets einem Zustand maximaler Wahrscheinlichkeit nähert, allgemeiner also Naturvorgänge stets im Sinne zunehmender, niemals abnehmender E. verlaufen, also irreversibel (↑reversibel/Reversibilität) sind (›E.gesetz‹). C.T.

entscheidbar/Entscheidbarkeit, eine Menge M von Ausdrücken, die mit vorgegebenen Ausdrucksmitteln nach gegebenen Regeln gebildet sind, heißt e., wenn sowohl M als auch die Menge $\complement M$ der in der angegebenen Weise gebildeten, aber nicht in M liegenden Wörter in dem Sinne aufzählbar sind, daß ↑Algorithmen $\mathfrak{A}$ und $\mathfrak{A}'$ von der Art existieren, daß ein Ausdruck A genau dann mit Hilfe von $\mathfrak{A}$ bzw. $\mathfrak{A}'$ herstellbar ist, wenn er zu M bzw. $\complement M$ gehört. Nennt man ↑Entscheidungsverfahren‹ eine ↑Gewinnstrategie, welche erlaubt, die konstruktive Gültigkeit der Allaussage $\bigwedge_w(w \in M \vee \neg w \in M)$ zu zeigen, so präzisiert der definierte Entscheidbarkeitsbegriff den Begriff der Gewinnstrategie auf eine Weise, die auch Unentscheidbarkeitsbeweise (↑Unentscheidbarkeitssatz) zu führen erlaubt. Andere Rekonstruktionen des E.sbegriffs, z.B. durch den Begriff der allgemeinen ↑Rekursivität, sind mit der hier angegebenen Definition gleichwertig. Daß alle Vorschläge dem intuitiven E.sbegriff adäquat sind, behauptet die ↑Churchsche These.

Literatur: M. Davis, Computability & Unsolvability, New York/Toronto/London 1958; ders. (ed.), The Undecidable. Basic Papers on Undecidable Propositions, Unsolvable Problems, and Computable Functions, Hewlett/New York 1965; H. Hermes, Aufzählbarkeit, E., Berechenbarkeit. Einführung in die Theorie der rekursiven Funktionen, Berlin/Heidelberg/New York [3]1978; P. Lorenzen, Metamathematik, Mannheim 1962; A. Tarski/ A. Mostowski/R.M. Robinson, Undecidable Theories, Amsterdam [3]1971. C.T.

Entscheidung (griech. *κρίσις*, lat. decisio), ethisch-politischer Terminus zur Bestimmung des einer ↑Handlung unmittelbar vorhergehenden Entschlusses bzw. Beschlusses. Insofern Handlungen in einem alternativen Horizont vollzogen werden, erfolgt dessen Auflösung durch einen Entschluß bzw. Beschluß (die E.). Während dabei auf einer ersten Stufe die E. fällt, ob eine Handlung überhaupt vollzogen werden soll, wobei die Unterlassung der Handlung dann selbst als eine Handlung zu deuten ist, mögen auf einer zweiten Stufe Alternativen zwischen verschiedenen bestimmten Handlungen bestehen. Die E. ist insofern derjenige intentionale Akt, der für die Ausführung (oder Unterlassung) einer Handlung in letzter Instanz maßgeblich ist. Wie kein Kontinuum vom Reden zum Handeln besteht, so auch keines vom Reden zur E.. Ein Reden jedoch, das zum Zwecke der Handlungsbegründung geführt wird, involviert ein Verständnis von E. und endet selbst in einer E. Modi der E. sind (unter Umständen sprachebenenverschoben) unter anderem die ›E. zur Ausführung einer Handlung‹, die ›E. zur Unterlassung einer Handlung‹, die ›E. zum Aufschub einer Handlung‹. Handlungen, die ohne den Rekurs auf Begründungen vollzogen werden, lassen sich als unmittelbare Realisationen von E.en verstehen. E.en sind in dem Maße rational zu nennen, in dem sie explizit ethisch (↑Ethik) begründet werden und den Rahmen eines möglichen Handlungswirkungswissens ausschöpfen (↑Entscheidungstheorie).

Eine philosophische Deutung der E. gibt S. Kierkegaard. Im zweiten Teil von »Entweder/Oder« (1844) wird die ›Wahl‹ zum Bestimmungsgrund des Persönlichkeitsinhalts. Sie führt in eine verantwortliche, sich der ›Wirklichkeit‹ stellende Lebensführung ein, ihr Aufschub ist mit der Gefahr des Selbstverlustes verbunden. Die Wahl begründet die ›ethische Sphäre‹, in der der ›Ernst‹ die im Spiel der Möglichkeiten verbleibende ›ästhetische Indifferenz‹ ablöst, sie ist ›absolut‹, ihr Gegenstand ist der eigene Wille. In Kierkegaards späterer Lehre von der ›Existenz‹ wird der Begriff des ›Sprungs‹ in einer antihegelschen Stoßrichtung bedeutsam. Der Wandel der Persönlichkeit, der stets ein Selbstentwurf durch eine Orientierung an der Ewigkeit ist, verdankt sich einem gesammelten Sprung, der nicht der ›Reflexion‹, sondern der ›Leidenschaft‹ entstammt (Furcht und Zittern, 42f.). Der Sprung ist »die E. schlechthin (*κατ' ἐξοχήν*)« (Unwissenschaftliche Nachschrift I, 97). Im ›Existenz-Medium‹ ist die E. etwas, was es bei Strafe des Selbstverlusts und Neuanfangs in Permanenz festzuhalten gilt (Unwissenschaftliche Nachschrift II, 197f.). Bei Kierkegaard wird die E. so zum Konstituens der ›Subjektivität‹ und deren Orientierung an sich selbst als der ›Wahrheit‹. In ihr wird die ›Ungewißheit‹ des objektiven Wissens ›leidenschaftlich‹ verinnerlicht und angeeignet: als Spannungsverhältnis des ›Glaubens‹ (Unwissenschaftliche Nachschrift I, 194f.).

Kierkegaards Überlegungen zum Begriff der E. haben sich auf die ↑Existenzphilosophie und die Theologie (K. Barth, F. Gogarten) ausgewirkt, vor allem K. Jaspers schließt unmittelbar an diese Überlegungen an. Im »*Entschluß*, im Dasein ich selbst zu sein«, der unabhängig vom Überlegen in einen ›Sprung‹ vollzogen wird, »wird ergriffen, was auch im Scheitern wahr bleibt«: das ›Selbstsein‹, die eigene ›Freiheit‹. »Erst aus der Gewißheit dieses Ursprungs werden Alternativen entschieden und Fragen beantwortet« (Philosophie II, 180–183). In der politischen Theorie gewinnt der Begriff der E. bei C. Schmitt zentrale Bedeutung (↑Dezisionismus).

Literatur: C. v. Bormann, E., Hist. Wb. Ph. II (1972), 541–544; K. Jaspers, Philosophie II (Existenzerhellung), Berlin 1932, Berlin/Göttingen/Heidelberg [3]1956; S. Kierkegaard, Enten-eller. Et livs-fragment II, Kopenhagen 1843, [5]1895 (dt. Entweder/Oder, 2. Teil, Düsseldorf/Köln 1957); ders., Frygt og baeven, Kopenhagen 1843, [5]1945 (dt. Furcht und Zittern, Düsseldorf/Köln 1950); ders., Afsluttende uvidenskabelig efterskrift til de Philosophiske smuler, Kopenhagen 1843, [4]1904 (dt. Abschließende unwissenschaftliche Nachschrift zu den Philosophischen Brocken, I–II, Düsseldorf/Köln 1957/1958); C. Graf v. Krockow, Die E.. Eine Untersuchung über Ernst Jünger, Carl Schmitt, Martin Heidegger, Stuttgart 1958; H.J. Lehner/G. Meran/J. Möller, De Statu Corruptionis. Zur E.slogik der Amoralität und ihrer eschatologischen Dynamik, Konstanz 1980; A. Schramm, Philosophische Studien zum Begriff der E., Diss. Berlin 1940; weitere Literatur ↑ Dezisionismus. S.B.

Entscheidungsproblem, das von D. Hilbert als Hauptproblem der mathematischen Logik bezeichnete Problem der Auffindung eines ↑Entscheidungsverfahrens, das über die ↑Allgemeingültigkeit bzw. ↑Erfüllbarkeit eines beliebigen vorgelegten, quantorenlogisch zusammengesetzten Ausdrucks (↑Quantorenlogik) entscheidet. A. Church bewies 1936, daß das E. in dieser allgemeinen Fassung unlösbar ist. Für verschiedene spezielle Klassen von Ausdrücken, z.B. für die monadische, d.h. nur einstellige Prädikatoren enthaltende klassische Quantorenlogik, sind jedoch Entscheidungsverfahren angegeben worden.

Literatur: W. Ackermann, Solvable Cases of the Decision Problem, Amsterdam 1954; A. Church, A Note on the E., J. Symb. Log. 1 (1936), 40–41; ders., Correction to »A Note on the E.«, ebd., 101–102; B. Dreben/W.D. Goldfarb, The Decision Problem: Solvable Classes of Quantificational Formulas, Reading Mass. 1980; D. Hilbert/P. Bernays, Grundlagen der Mathematik, I–II, Berlin/Heidelberg/New York [2]1968/1970, bes. II, 431 ff.; P. Lorenzen, Metamathematik, Mannheim 1962; J. Surányi, Reduktionstheorie des E.s im Prädikatenkalkül der ersten Stufe, Budapest 1959; A. Tarski/A. Mostowski/R.M. Robinson, Undeciable Theories, Amsterdam [3]1971. C.T.

Entscheidungstheorie (engl. decision theory), einheitliche Bezeichnung für theoretische Bemühungen verschiedener sozialwissenschaftlicher Disziplinen um eine in deskriptiver oder präskriptiver Absicht veranstaltete empirische oder logische Analyse individuellen und kollektiven Verhaltens bzw. Handelns in Wahlsituationen. Innerhalb der E. wird zwischen *deskriptiver* und *normativer* E. sowie zwischen *Individual-* und *Gruppen*entscheidungstheorie unterschieden.

In den empirischen Sozialwissenschaften überwiegt derzeit die *deskriptive* E., die mit Mitteln der empirischen Sozialforschung (↑Sozialforschung, empirische) in Form empirisch überprüfbarer Hypothesen generelle Aussagen über Regelmäßigkeiten faktischen Verhaltens in Entscheidungssituationen zur Erklärung und Voraussage sozialen Handelns aufzustellen sucht. Im Gegensatz dazu untersucht die *normative* E. rationales Handeln und stellt Regeln für *rationale* Entscheidungen auf, von denen dann gesprochen werden soll, wenn der Entscheidende nach einem Beratungsprozeß und auf Grund einer Analyse der Entscheidungssituation angesichts mehrerer, unter dem Gesichtspunkt des durch sie zu erreichenden Nutzens gewichteter Handlungsmöglichkeiten eine bewußte, aus der Zielvorstellung der Entscheidungseinheit subjektiv begründete Wahl trifft. Gefordert wird, daß der Entscheidende eine erschöpfende Liste möglicher Handlungsalternativen aufstellt und diese durch erschöpfende Beschreibung der sie charakterisierenden Konsequenzen ergänzt. Die Bewertung der Konsequenzen erfolgt durch Einstufung auf einer von der Entscheidungseinheit aufgestellten Präferenzordnung. Unter der Voraussetzung, daß das Informationssystem der Entscheidungseinheit die Umwelt in ihren entscheidungsrelevanten Aspekten richtig abbildet, gibt das Modell der durch ihre Konsequenzen beschriebenen Alternativen an, welche Folgen die Wahl einer Alternative angesichts der Umweltbedingungen nach sich zieht. Die rationale Entscheidung setzt daher Kenntnis der tatsächlichen Naturzustände voraus, auf die eine Handlung trifft. Je nach dem Grad des in der Theorie vorausgesetzten Informationsstandes der Entscheidungseinheit spricht man von Entscheidungen unter der Bedingung von (1) Gewißheit, (2) Risiko und (3) Ungewißheit.

Die vom klassischen Modell des allwissenden, rationalen und egoistischen homo oeconomicus ausgehende Theorie der *Entscheidung unter Gewißheit* setzt das Rationalitäts- und Informationsniveau der Entscheidungseinheit sehr hoch an. Es wird die unrealistische Annahme gemacht, daß der Entscheidende den Naturzustand kennt, auf den seine Handlungsalternativen treffen, und daß die diesen Handlungsalternativen zugeordneten Nutzenurteile aus der Zielvorstellung konsistent und transitiv abgeleitet sowie durch einen Nutzenindex gewichtet werden. Unter diesen Voraussetzungen soll die von J. Bentham in »Introduction to the Principles of Morals and Legislation« (London 1789) entwickelte Entscheidungsregel gelten, die Handlungsalternative mit dem maximalen ↑Nutzen zu wählen. Kritisiert wird dieser Ansatz wegen seiner unrealistischen Umweltannahmen sowie des auf die Nutzenmaximierung reduzierten, bis heute nicht präzisierten subjektiv-formalen Rationalitätsbegriffs.

Benthams gescheiterte Versuche, ein brauchbares Verfahren zur Bestimmung und Messung von Nutzen zu entwickeln, regte die nationalökonomische Forschung an, führte zur Formalisierung des homo-oeconomicus-Begriffs bei J.S. Mill (A System of Logic, Ratiocinative and Inductive, being a Connected View of the Principles of Evidence, and the Methods of Scientific Investigation, I–II, London 1843) sowie zur Entwicklung der Theorie der Wahlakte durch V. Pareto (Manuale di economia politica con una introduzione alla scienze sociale, Mailand 1906). Pareto zeigt, daß in Fällen der Entscheidung unter Gewißheit eine schwache ordinale Nutzenmessung – die Aussage, welche von jeweils zwei Handlungen in Folgen ausgedrückt den größeren Nutzen nach sich zieht – ausreicht.

Die Theorie der *Entscheidung unter Risiko* ist bereits im 18. Jahrhundert im Zusammenhang mit dem Versuch entstanden, mit Hilfe der Wahrscheinlichkeitsrechnung eine Theorie des rationalen Handelns in Glücksspielen zu entwickeln. Das von N. Bernoulli 1713 aufgeworfene Paradox des Petersburger Spiels veranlaßte D. Bernoulli zur Unterscheidung zwischen der mathematischen Hoffnung auf Gewinn und der das tatsächliche Verhalten des Spielers bestimmenden moralischen oder subjektiven Hoffnung (Begründung: der Wert eines Vermögenszuwachses hängt beim Spiel nicht nur von dessen absoluter Höhe, sondern auch vom Vermögen des bewertenden Spielers ab). Der Gedanke, daß der Wert eines Gutes subjektiv durch den Nutzen bestimmt wird, den er für das wertende Individuum hat, wurde von P.S. de Laplace (Théorie analytique des probabilités, Paris 1812) übernommen und führte in den 70er Jahren des 19. Jahrhunderts zur Entwicklung der Grenznutzentheorie (↑Grenznutzen) durch V. Pareto, E. v. Böhm-Bawerk und C. Menger. In seiner Abhandlung »Specimen theoriae novae de mensura sortis« (Comm. Acad. Sci. Imperialis Petropolitanae V [1738], 175–192) war D. Bernoulli von der einfachen Annahme ausgegangen, daß der Entscheidende eine Nutzenfunktion (a) hinsichtlich der möglichen Folgen seiner Handlungen und (b) hinsichtlich seiner Einschätzung des tatsächlichen Naturzustandes aufstellt. Für eine Entscheidung unter diesen Bedingungen soll das meist im Anschluß an T. Bayes (An Essay towards Solving a Problem in the Doctrine of Chances, Philos. Transact. London Royal Soc. 53 [1764], 370–418) benannte Rationalitätskriterium gelten, eine die Nutzenerwartung maximierende Handlung zu wählen. Die ungelösten Probleme dieser Variante der E. liegen in der Bestimmung und in der numerischen Darstellung von Nutzen und Wahrscheinlichkeit (↑Wahrscheinlichkeitstheorie). Bedeutende Arbeiten zur Bestimmung der subjektiven Wahrscheinlichkeit eines Ereignisses stammen von B. de Finetti (La prévision. Ses lois logiques, ses sources subjectives, Ann. de L'Institut Henri Poincaré 7 [1937], 1–68) und F.P. Ramsey (Truth and Probability, in: ders., The Foundations of Mathematics and Other Logical Essays, ed. R.B. Braithwaite, Vorwort G.E. Moore, London 1931, 156–198), der die Nutzenfunktion durch das Angebot von Wetten zu bestimmen sucht. Zu einer gewissen Annäherung zwischen normativen und empirischen E.en kommt es durch den insbesondere von L.J. Savage (The Foundations of Statistics, New York 1954, ²1972) unternommenen Versuch, subjektive Wahrscheinlichkeiten durch Befragungen zu ermitteln.

Im Bereich der dritten Gruppe, der *Entscheidung unter Ungewißheit*, entfällt die Maximierung des erwarteten Nutzens für den Entscheidenden, der den Naturzuständen nicht einmal mehr Wahrscheinlichkeiten zuordnen kann. Hier versucht die insbesondere von J. v. Neumann entwickelte ↑Spieltheorie sowie die statistische E. schwächere Regeln zu entwickeln. Während in der klassischen Theorie der Unternehmerentscheidung die Umwelt nur als ein das Handlungsergebnis beeinflussender Zustand auftrat und Wahlprobleme auf einfache Maximierungsprobleme reduziert werden konnten, geht die Spieltheorie von der Annahme einer ihrerseits bewußt und im Rahmen eigener Zielvorstellungen mindestens teilweise gegen die Interessen der Entscheidungseinheit handelnden Umwelt aus. Sie unterstellt die Vernünftigkeit des Opponenten. Die Anwendbarkeit der für Zwei-Personen-Nullsummen-Spiele entwickelten Regeln auf praktische Entscheidungssituationen wird durch entsprechende Umformung (Einführung fiktiver Spieler und Koalitionsbildung) auf diesen Spieltyp erreicht. Für ihn entwickelte v. Neumann

das pessimistische Minimax-Kriterium, das vorschlägt, für jede Handlungsalternative den Maximalverlust zu erwägen, den sie nach sich zieht, wenn sie auf den ihr ungünstigsten Gegenzug trifft, und die Handlung zu wählen, die den geringsten Verlust (das Minimum des Maximalverlustes) mit sich bringt. Sofern die Ergebnisse als Gewinne dargestellt werden sollen und innerhalb der aufgestellten Nutzenmatrix die Orientierung an den jeweils geringsten Nutzen erfolgt, heißt das den größten der geringsten Nutzen präferierende Kriterium auch ›Maximin‹. Dieses (strategische) Kriterium ist bei Spielen gegen die Natur nur bedingt brauchbar, da es von der Voraussetzung ausgeht, daß die Natur bewußt mit dem für den Spieler ungünstigsten Gegenzug antwortet. Aus analogen Gründen ist das den in der günstigsten Konstellation realisierbaren Nutzen maximierende und daher ›Maximax‹ genannte Kriterium zu optimistisch. Es wird versucht, den Einwänden gegen beide Verfahren durch Bildung des Mittels des minimalen und maximalen Wertes zu begegnen.
Die *Gruppenentscheidungstheorie* stellt sich die Aufgabe, die Summe individueller Rationalitäten unter dem Gesichtspunkt der kollektiven Gerechtigkeit in einer Sozialwahlfunktion zusammenzufassen. Sie sucht nach Aggregationsregeln, nach denen die individuellen Präferenzordnungen der Mitglieder eines Kollektivs in eine Kollektivpräferenzordnung abgebildet werden. Dem steht das von K.J. Arrow in »Social Choice and Individual Values« (New York 1951, [2]1964) dargestellte ›Arrow-Paradox‹ entgegen, nach dem auch bei Zugrundelegung nur weniger, schwacher, intuitiv akzeptabler Prinzipien der auf ordinalen Präferenzen basierenden Sozialfunktion eine gerechte Aggregationsregel wegen auftretender Intransitivitäten unmöglich ist (Arrows Unmöglichkeitstheorem). Die im Verfahren der paarweisen Mehrheitsabstimmung auftretenden Intransitivitäten (allgemeines Wahlparadox) lassen sich nur durch drastische Zulassungsbeschränkungen auf bestimmte Typen individueller Präferenzen ausschließen.

Literatur: D. Davidson/P. Suppes/S. Siegel, Decision-making. An Experimental Approach, Stanford 1957; P.C. Fishburn, The Theory of Social Choice, Princeton N.J. 1973; G. Gäfgen, Theorie der wirtschaftlichen Entscheidung. Untersuchungen zur Logik und ökonomischen Bedeutung des rationalen Handelns, Tübingen 1963, [2]1968; R.C. Jeffrey, The Logic of Decision, New York/Toronto/London 1965 (dt. Logik der Entscheidung, Wien/München 1967); F.v. Kutschera, Einführung in die Logik der Normen, Werte und Entscheidungen, Freiburg/München 1973; R.D. Luce/H. Raiffa, Games and Decisions. Introduction and Critical Survey. A Study of the Behavioral Models Project, Bureau of Applied Social Research, Columbia University, New York 1957; M. Medina, Normative Spieltheorie. Spieltheoretische Modelle für die rationale Lösung von Konfliktsituationen, Diss. Erlangen 1972; K. Menger, Das Unsicherheitsmoment in der Wertlehre. Betrachtungen im Anschluß an das sogenannte Petersburger Spiel, Z. f. Nationalökonomie 5 (1934), 459–485; J.W. Milnor, Games against Nature. 4. September 1951, Santa Monica Calif., Rand Corp. 1951; J. v. Neumann, Zur Theorie der Gesellschaftsspiele, Math. Ann. 100 (1928), 295–320; ders./O. Morgenstern, Theory of Games and Economic Behavior, Princeton 1944, [3]1953 (dt. Spieltheorie und wirtschaftliches Verhalten, ed. F. Sommer, Würzburg 1961); N. Rescher (ed.), The Logic of Decision and Action, Pittsburgh 1966; H. Schneeweiss, Entscheidungskriterien bei Risiko, Berlin/New York 1967; A.K. Sen, Collective Choice and Social Welfare, San Francisco 1970; W. Spohn, Grundlagen der E., Kronberg 1978; W. Stegmüller, Probleme und Resultate der Wissenschaftstheorie und Analytischen Philosophie IV (Personelle und Statistische Wahrscheinlichkeit), 1. Halbbd.: Personelle Wahrscheinlichkeit und Rationale Entscheidung, Berlin/Heidelberg/New York 1973; P. Suppes, Decision Theory, Enc. Ph. II (1969), 310–314; K. Wöhler, E., Hist. Wb. Ph. II (1972), 544–547. H.R.G.

Entscheidungsverfahren, jedes System von Regeln, mit dessen Hilfe die Entscheidung eines bestimmten Problems (in Form einer endgültigen Antwort auf eine gestellte Frage) in endlich vielen, nach Regeln des Systems vorgenommenen Schritten gefällt werden kann. Ein bekanntes Beispiel aus der Logik ist das E. für die ↑Allgemeingültigkeit (bzw. ↑Erfüllbarkeit bzw. Nichterfüllbarkeit) einer Formel der klassischen Junktorenlogik mit Hilfe von ↑Wahrheitstafeln.

Literatur: H. Hermes, Aufzählbarkeit, Entscheidbarkeit, Berechenbarkeit, Berlin/Heidelberg/New York [3]1978
C.T.

entweder-oder, grammatisch eine Konjunktion zur Verknüpfung zweier Sätze, häufig elliptisch konstruiert, z.B. ›entweder du machst das jetzt oder gar nicht‹; logisch der ↑Disjunktor mit der Eigenschaft, daß die ganze Aussage, die (vollständige) ↑Disjunktion (oder Kontrajunktion, ↑Bisubtraktion) genau dann wahr ist, wenn genau eine der beiden Teilaussagen wahr ist. K.L.

Entwurf, bei M. Heidegger im Rahmen seiner Analytik des ↑Daseins (↑Fundamentalontologie) die gegenüber allen singularen Akten vorgängige, im ↑Verstehen erschlossene Ausgelegtheit der Welt. E. ist damit hinsichtlich der systematischen Bedeutung der Nachfolgebegriff für den phänomenologischen Begriff der Konstitution. Dieser wird jedoch bei Heidegger vermieden, da nach dem Ergebnis der Fundamentalontologie (↑Zeitlichkeit) das Subjekt nicht als autonom Konstitution leistendes, sondern als Sinn hinnehmendes und dadurch bloß Konstitution vollziehendes gedacht werden muß; in Heideggers Terminologie: der Entwurf von Welt, den das Dasein vollzieht, ist zugleich geworfen (↑Geworfenheit). – In vermeintlicher Rezeption des Heideggerschen Begriffs des E.s hat J.-P. Sartre E. und ↑Situation zu anthropologischen Grundkategorien erklärt, deren dialektische Einheit im Handeln zugleich die Struktur der Freiheit ausmacht. Damit ist in etwa derselbe anthropologische Grundgedanke angezielt, wie ihn W. Kamlah mit ›Widerfahrnis‹ und ›Handlung‹ zu erfassen sucht (Philosophische Anthropologie, § 5).

Literatur: M. Heidegger, Sein und Zeit, Tübingen [14]1977, §§ 31, 41, 60, 68; W. Kamlah, Philosophische Anthropologie. Sprachkritische Grundlegung und Ethik, Mannheim 1972, 34ff.; J.-P. Sartre, L'être et le néant, Paris 1943, bes. 508–642 (dt. Das Sein und das Nichts, Reinbek 1962, bes. 552–700). C. F. G.

Entzweiung, zentrale welthistorische Kategorie G. W. F. Hegels in seiner Jenaer Zeit, mit der der Philosophie als eigene Tätigkeit erfordernde Weltzustand charakterisiert wird (»E. ist der Quell *des Bedürfnisses der Philosophie*«, Differenz des Fichteschen und Schellingschen Systems der Philos., Sämtl. Werke I, 44). Der Begriff der E. wird dabei in einer für Hegel eigentümlichen Weise mit dem Begriff der ↑Bildung verklammert. E. ist die Isolierung und Fixierung der »Erscheinung des ↑Absoluten [...] vom Absoluten«, näher des intellektuell autarken, selbstbewußten Menschen gegenüber den integrativen traditionalen Bezügen, in denen die Freiheit des Subjekts und die objektive Welt noch nicht auseinandergetreten sind. Der korrespondierende Begriff zur E. ist der der ›Vereinigung‹, in der die »Gegensätze ihre lebendige Beziehung und Wechselwirkung« haben (46) (↑Versöhnung). Die Philosophie ist zum einen spontane Tätigkeit, zum anderen jedoch von der jeweiligen historisch situierten ›Form‹ der E. (44) abhängig. Sie ist eine auf Wiederherstellung der Vereinigung (›Totalität‹) gerichtete Tätigkeit. Sie tritt als ›Verstand‹ und als ›Vernunft‹ auf. Der Verstand, der sich in Distinktionen aufhält, überwindet die E. nicht, verstärkt vielmehr den entzweienden Effekt auf der Seite der sich isolierenden ›Erscheinung‹. Die ›Vernunft‹ dagegen tritt aus der beschränkenden Sichtweise heraus und setzt durch die Aufdeckung der prozessual-historischen Dimension die »absolute E. zu einer relativen« (46) herunter: sie zeigt die ›Entgegensetzung‹ als aus einer ›ursprünglichen Identität‹ geworden (›bedingt‹) auf (›ihr Seyn als Produkt‹); sie begreift sie als prozessual offen, ›als ein Produzieren‹, das eine Tendenz zur ›Vereinigung‹ hat. Die extremste Form hat die E. in der Gegenwart erreicht mit der Entgegensetzung von ›absoluter Subjektivität‹ (›intellektuelle Welt‹) und ›absoluter Objektivität‹ (›reelle Welt‹).

Im späteren Werk Hegels verliert der Begriff der E. seine kategoriale Funktion. In den »Vorlesungen über die Philosophie der Religion« findet er noch einmal eine eingeschränktere Verwendung (Sämtl. Werke XV, 324–417). Ein bedeutungsgleicher Terminus fehlt. Am ehesten entspricht ihm noch der in der »Phänomenologie, des Geistes« gebrauchte Begriff der ↑Entfremdung, der dort ebenfalls im Zusammenschluß mit dem Bildungsbegriff verwendet wird (Sämtl. Werke II, 372ff.).

Literatur: J. Ritter, E., entzweien, Hist. Wb. Ph. II (1972), 565–572. S. B.

Enzyklopädie, als wissenschaftssystematischer Terminus und Titel universaler Handbuchliteratur humanistische Rückübersetzung der lateinischen Wendung ›orbis doctrinae‹ (M. F. Quintilian, Vitruv, Plinius d.Ä.), daneben: ›orbis disciplinarum‹ und ›encyclios disciplina‹, ins Griechische (A. Politianus, H. Barbarus). Die dabei ausgangs des 15. Jahrhunderts ›wiederentdeckte‹ griechische Wendung ›*ἐγκύκλιος παιδεία*‹ (vgl. Strab. I 1.22; Quint. Inst. orat. I 10.1; Plin. Hist. nat. praef. §14; Plut. mor. 2.1135d) bedeutete ursprünglich nicht (wie in der enzyklopädischen Tradition allgemein angenommen) ›Kreis der Wissenschaften‹, in den zum Zwecke umfassender Bildung und auf dem Wege einer ›handbuchmäßig‹ aufgearbeiteten Sammlung des gesamten Wissens eingeführt werden sollte, sondern die ›chorische‹, im wesentlichen musische Erziehung des Freien. Dieses in der Bildungsbewegung des 5. vorchristlichen Jahrhunderts (↑Sophistik) formulierte Bildungsideal (vgl. die Berichte über den Sophisten Hippias: Plat. Hipp. mai. 285d; Cic. de or. 3.127) wird bei Platon (im Rahmen der Pädagogik des ↑Höhlengleichnisses) durch den direkten Anschluß an die ›exakten‹ Wissenschaften (Arithmetik, Geometrie, Astronomie, rationale Harmonienlehre) erweitert, führt von daher zum ›propädeutischen‹ Titel des ›orbis doctrinae‹ und wird später, nunmehr durchaus im Sinne eines ›Kreises der Wissenschaften‹, in den artes liberales (↑ars) institutionalisiert.

Maßgebend für diese Entwicklung sind das teils in Prosa, teils in Versen verfaßte Werk »De nuptiis Mercurii et Philologiae« (die Brautgeschenke Merkurs sind die sieben ›freien Künste‹: Grammatik, Rhetorik, Dialektik, Arithmetik, Geometrie, Astronomie, Musik) des Martianus Capella im 5. Jahrhundert, die »Institutiones divinarum et saecularium litterarum« (Verbindung der artes liberales mit theologisch-kirchlichen Lehrstücken) F. M. A. Cassiodors (*um 490, †583) und die (meist als »Origines« oder »Etymologiae« bezeichneten) »Etymologiarum sive originum libri XX« (eine in fast 1000 Handschriften überlieferte Ergänzung ›enzyklopädischen‹ Wissens um Disziplinen wie z.B. Medizin, Recht, Geschichte und Geographie) Isidors von Sevilla (*um 570, †636). Diese frühen, später als E.n bezeichneten Werke bilden die Grundlage für die in der mittelalterlichen Tradition insbesondere bei Hrabanus Maurus (*um 776, †856), Hugo von St. Viktor (*um 1096, †1141) und Vinzenz von Beauvais (*zwischen 1184 und 1194, †um 1264) weiter ausgearbeitete Kodifizierung des Wissens. Dabei stehen *klassifikatorische* Fragen alsbald im Vordergrund. Während bei Isidor von Sevilla die Erweiterung der artes liberales rein kompilatorisch erfolgt, unterscheidet Hugo von St. Viktor unter Aristotelischen Orientierungen, die über Porphyrios, A. M. T. S. Boethius und Cassiodor die ›enzyklopädische‹ Tradition erreichen, zwischen theoretischer, praktischer und poietischer (oder ›mechanischer‹) Philosophie sowie Logik (Didascalicon de studio legendi, auch: Eruditio didascalica). Theoretische Philosophie umfaßt Theologie, Physik und Mathematik, praktische Philosophie im wesentlichen Ethik und Politik, poietische Philosophie die schon bei Martianus Capella dem Merkur als Gegengabe zugedachten mechanischen Künste; Logik weist über einige zusätzliche Unterscheidungen die Disziplinen des Trivium (Grammatik, Rhetorik, Dialektik) aus. Das »Speculum maius« des Vinzenz von Beauvais, die umfassendste, aus etwa 2000 Quellen zusammengestellte E. des Mittelalters, führt bereits in vier Teilen, angeführt von einem theologischen Teil (Speculum naturale), mehr als 20 Disziplinen auf. Seit Hrabanus Maurus (De rerum naturis seu de universo) bleibt die Rangfolge ›göttlicher‹ und ›weltlicher‹ Dinge im Aufbau mittelalterlicher E.n die Regel; sie wird erst bei den Humanisten (z.B. G. Valla, De expetendis et fugiendis rebus opus, I–II, Venedig 1501) zugunsten der weltlichen Dinge wieder verändert.

Die vor allem in der institutionellen Verbindung mit den artes liberales dokumentierte Bedeutung von ›E.‹ als Darstellung des ›Kreises der Wissenschaften‹ *in geordneter Form* bestimmt die Geschichte der ›E.n‹ genannten Werke (vornehmlich ausgedrückt in Titeln wie ›Encyclopaedia‹, ›Cyclopaedia‹, ›κυκλοπαιδεία‹ von J.F. Ringelbergius (Lucubrationes, vel potius absolutissima κυκλοπαιδεία, Basel 1541) und P. Scalichius de Lika (Encyclopaedia seu Orbis disciplinarum, tam sacrarum quam prophanarum [...] Epistemon, Basel 1559) bis ins 19. Jahrhundert und läßt E.n in diesem Sinne zur Grundlage einer *historischen Phänomenologie des Geistes* werden. Diese Bedeutung wird auch terminologisch festgehalten: »›Encyclopaedia‹, ›ἐγκυκλοπαιδεία‹ von εγκύκλος, circularis. Ist ein Zusammenbegriff aller Wissenschaften, welche die Alten in eins zusammen brachten, um dadurch die Ordnung, wie sie aufeinander folgten, vorzustellen« (J.H. Zedler, Großes vollständiges Universal-Lexikon aller Wissenschaften und Künste, welche bishero durch menschlichen Verstand und Witz erfunden und verbessert worden, I–LXIV, Suppl. I–IV [A-Caq.], Halle/Leipzig 1732–1754 [repr. Graz 1961–1964], VIII [1734], 1138). Zuvor hatte J.A. Alsted zu Beginn der neuzeitlichen Entwicklung zwischen drei E.begriffen unterschieden, nämlich E. als Repräsentation (a) der artes liberales, (b) aller ›philosophischen‹ Disziplinen (›philosophisch‹ dabei im ursprünglichen, die Wissenschaften einschließenden Sinne), (c) alles dessen, was sich lehren läßt. Der dritte Begriff, den Alsted selbst neben einer früheren Ausarbeitung der beiden ersten Begriffe (Cursus philosophici encyclopaedia, libris 27 complectens universae philosophiae methodum serie praeceptorum, regularum & commentariorum perpetuâ, Herborn 1620) vertritt (Encyclopaedia septem tomis distincta, Herborn 1630), setzt sich in der neuzeitlichen Entwicklung durch, wobei in der Regel zwischen klassifikatorischen Gesichtspunkten im engeren Sinne (Darstellung des Wissens in einem geordneten Zusammenhang, ↑Klassifikation) und dem Gesichtspunkt einer umfassenden ›inhaltlichen‹ Repräsentation des Wissens nicht streng unterschieden wird.

Ihre eindrucksvollste Manifestation findet der Begriff der E. in dem zuletzt genannten Sinne in der von D. Diderot (bis 1772) und J. le Rond d'Alembert (bis 1758) herausgegebenen »Encyclopédie ou Dictionnaire raisonné des sciences, des arts et des métiers« (I–XXXV, Paris/Neuchâtel/Amsterdam 1751–1780) (↑Enzyklopädisten). Die nunmehr klassische *wissenschaftliche* Rolle der E. (»En effet, le but d'une Encyclopédie est de rassembler les connoissances éparses sur la surface de la terre; d'en exposer le système général aux hommes avec qui nous vivons, & de le transmettre aux hommes qui viendront après nous; afin que les travaux des siecles passés n'aient pas été des travaux inutiles pour les siecles qui succéderont«, Diderot, Art. ›encyclopédie‹, Encyclopédie V [1755], 635; Œuvres complètes XIV, 415) verbindet sich in den Worten Diderots mit einer *pädagogischen* Maßgabe an Herausgeber und Autor einer E. (»Il considérera donc le Monde comme son école, & le Genre humain comme son pupile; & il dictera des leçons qui ne fassent pas perdre aux bons esprits un tems prétieux, & qui ne rebutent point la foule des esprits ordinaires«, ebd. 648; Œuvres complètes XIV, 499) zur Formel ›Aufklärung durch wissenschaftliche Bildung‹. Damit wird nicht nur in der Idee der E. eine *allgemeine Harmonie des wissenschaftlichen und des gebildeten Interesses* vorausgesetzt, sondern die vordringliche Aufgabe einer unter dieser Idee geschriebenen E. darin gesehen, den Bildungsprozeß der bürgerlichen Gesellschaft (↑Gesellschaft, bürgerliche), der sich im 18. und 19. Jahrhundert im öffentlichen Räsonnement zur Geltung bringt, durch eine umfassende Unterrichtung zu fördern. Dies

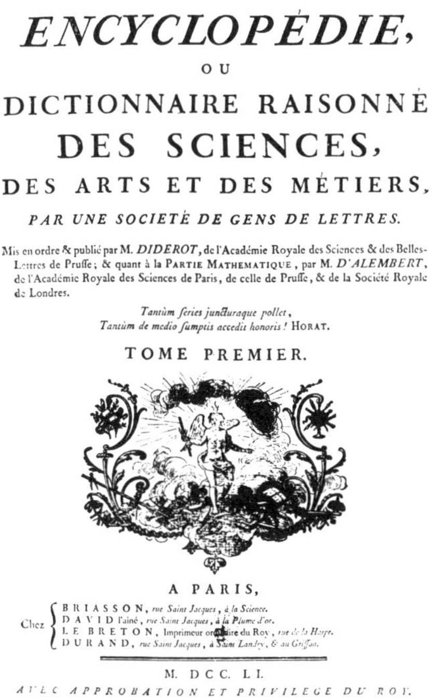

ENCYCLOPÉDIE,

OU

DICTIONNAIRE RAISONNÉ

DES SCIENCES,

DES ARTS ET DES MÉTIERS,

PAR UNE SOCIETÉ DE GENS DE LETTRES.

Mis en ordre & publié par M. *DIDEROT*, de l'Académie Royale des Sciences & des Belles-Lettres de Prusse; & quant à la PARTIE MATHEMATIQUE, par M. *D'ALEMBERT*, de l'Académie Royale des Sciences de Paris, de celle de Prusse, & de la Société Royale de Londres.

Tantùm series juncturaque pollet,
Tantùm de medio sumptis accedit honoris! HORAT.

TOME PREMIER.

A PARIS,

Chez BRIASSON, *rue Saint Jacques, à la Science.*
DAVID l'aîné, *rue Saint Jacques, à la Plume d'or.*
LE BRETON, Imprimeur ordinaire du Roy, *rue de la Harpe.*
DURAND, *rue Saint Jacques, à Saint Landry, & au Griffon.*

M. DCC. LI.

AVEC APPROBATION ET PRIVILEGE DU ROY.

wiederum macht sowohl den Intellektualismus der (zweiten) ↑Aufklärung aus als auch die (neue) praktisch-politische Rolle einer E., nämlich der Versuch einer Transformation gelehrten Fleißes in ein Instrument gesellschaftlicher Erneuerung (M. de Robespierre über die »Encyclopédie«: ›Einleitungskapitel der Revolution‹). Die zeitgenössische Reaktion bestätigt diese ungewöhnliche Rolle einer E.. Ausgelöst durch d'Alemberts Artikel »Genève« im 7. Band, greift die konservative Kritik an C.A. Helvétius, insbesondere getragen durch den »Dictionnaire universel françois et latin (Vulgairement appellé Dictionnaire de Trévoux [ab Paris ^{3}1732]) (I–II, Trévoux 1704, I–VIII, Paris ^{6}1771), auch auf die »Encyclopédie« über: Publikationsverbote 1752 und 1759, Zensur der Artikel Diderots nach Abschluß der Korrekturen durch den Verleger A.-F. Le Breton.

In dem ›zusammengesetzten‹ Titel der französischen E. steht, entsprechend den Intentionen der bisherigen enzyklopädischen Tradition, ›encyclopédie‹ für ein *wissenschaftssystematisches,* nämlich *klassifikatorisches* Programm, ›dictionnaire raisonné‹ für das Programm einer universalen Magazinierung des Wissens (»comme *Encyclopédie,* il doit exposer, autant qu'il est possible, l'ordre & l'enchaînement des connoissances humaines: comme *Dictionnaire raisonné des Sciences, des Arts & des Métiers,* il doit contenir sur chaque Science & sur chaque Art, soit libéral, soit méchanique, les principes généraux qui en sont la base, & les détails les plus essentiels qui en font le corps & la substance«, d'Alembert, Discours préliminaire, Encyclopédie I [1751], I). Das wissenschaftssystematische Programm, in dessen Rahmen sich ein ordre *encyclopédique* als identisch mit dem ordre *systematique* erweisen soll, wird noch einmal durch die monumentale, von C.J. Panckoucke und H. Agasse veranstaltete Umstellung der »Encyclopédie« Diderots und d'Alemberts auf eine systematische Ordnung unterstrichen (Encyclopédie méthodique ou par ordre des matières, 199 Bde., Paris 1782–1832, darunter 13 Bde. über Medizin, 7 Bde. über Zoologie), desgleichen durch die von J.S. Ersch und J.G. Gruber herausgegebene, bei einem Stande von 167 Bänden abgebrochene »Allgemeine Encyclopädie der Wissenschaften und Künste in alphabetischer Folge« (Leipzig 1818–1889). Die Zukunft gehört nicht der *wissenschaftlichen* E. im engeren Sinne, sondern dem ›Konversationslexikon‹, das unter Preisgabe der aufklärerischen Fiktion einer allgemeinen Harmonie des wissenschaftlichen und des gebildeten Interesses, gestützt auf die soziologische Konstruktion des *gebildeten Laien*, das wissenschaftssystematische Programm der E. der Vorstellung einer unsystematischen, nur noch alphabetischen Anordnung des (weiterhin unter den Gesichtspunkt seiner vollständigen Repräsentation gestellten) Wissens opfert (K.G. Löbel, F.A. Brockhaus, B. Herder, J. Meyer, H.A. Pierer). Moderne E.n wiederum dienen weniger der Idee einer ›Konversationsgesellschaft‹ als vielmehr der Idee einer *informierten Gesellschaft*, für die sich in einer Welt permanenter Veränderung der Abstand zwischen Forschung und Leben, gemessen an der Fähigkeit des einzelnen, das Alltägliche in seinen theoretischen und technischen Zusammenhängen zu begreifen, ständig vergrößert und die daher nach Veränderungen darstellenden und Veränderungen erklärenden Orientierungshilfen bzw. Informationen sucht. Der Versuch, diesen Informationen erneut einen systematischen Rahmen zu geben (z.B. The New Encyclopaedia Britannica, I–XXX [Propaedia, Macropaedia I–XIX, Micropaedia I–X], Chicago etc. [15]1974), beschränkt sich in der Regel auf die Bildung thematischer, untereinander systematisch unabhängiger Schwerpunkte.

Zum Teil unmittelbar in die Organisation von E.n eingreifend, zum Teil aber auch weitgehend unabhängig von der Entwicklung dieser universalen, zunehmend nicht mehr auf die Darstellung des wissenschaftlichen Wissens im engeren Sinne beschränkten Handbuchliteratur wird in der philosophischen Tradition die *wissenschaftssystematische* Bedeutung des Begriffs der E. weiter ausgearbeitet. So spielt z.B. in den Bemühungen G.W. Leibnizens um eine ↑lingua universalis, d.h. um einen Formalismus, in dem die Begriffe und Sachverhalte aller Wissenschaften durch die Kombination von Grundzeichen einer ↑Universalsprache ausgedrückt werden können (↑Leibnizsche Charakteristik), der Begriff der E. eine wesentliche Rolle. Dieses Programm, dem bei Leibniz andere Programme, etwa zur Konstruktion einer allgemeinen Gelehrtensprache oder einer rationalen Grammatik (in Fortführung der älteren grammatica speculativa) angeschlossen werden, soll über Definitionslisten (vgl. C. 437–510) und über eine vollständige E., die das gesamte bisherige Wissen einschließt (vgl. E. Bodemann, Die Leibniz-Handschriften der Königlichen öffentlichen Bibliothek Hannover, Hannover 1889, 97), verwirklicht werden. Universalsprache und E., ihrerseits »more mathematico per propositiones accurate et nervose conceptas« aufgebaut (Consilium de Encyclopaedia nova conscribenda methodo inventoria, C. 32), stehen wiederum im Zusammenhang mit der Idee einer ↑scientia generalis bzw. einer ↑mathesis universalis, d.h. dem Aufbau einer alle formalen (a priori begründbaren) Wissenschaften umfassenden ›Einheitswissenschaft‹, die im Kern aus einem einheitlichen begrifflichen Instrumentarium bestehen soll, bis auf einige (terminologisch zudem nicht immer konsistente) ›Inhaltsverzeichnisse‹ bei Leibniz jedoch nicht weiter ausgearbeitet ist.

Leibnizens Vorstellungen werden von I. Kant, wenn auch eher beiläufig, im Rahmen der Konzeption einer ↑Architektonik des Wissens (KrV B 863) bzw. der Wissenschaften (Randbemerkungen zu G.F. Meier, Auszug aus der Vernunftlehre, Halle 1752, [2]1760, Akad.-Ausg. XVI, 199) wieder aufgegriffen. Die Idee einer ›encyclopaedia universalis‹ (ebd., 189) erscheint unter Hinweis auf d'Alemberts, ihrerseits auf F. Bacons Systematik beruhende klassifikatorische Bemühungen als das ›inhaltliche‹ Komplement der ›ihrer Natur nach architektonischen‹ Vernunft, insofern diese »alle Erkenntnisse als gehörig zu einem möglichen System« betrachtet (KrV B 502). Eine E. dient daher der Absicht, ›Kenntnissen‹ die Form eines *Systems*, nicht eines ↑*Aggregats* zu geben (Physische Geographie, Einl. §2, Akad.-Ausg. IX, 158). Insofern dabei selbst die ↑Transzendentalphilosophie in der Konzeption Kants in diesem Sinne als eine »Architectonische Encyclopädie welcher a priori ihr Formale zum Grunde liegt« bezeichnet wird (Opus postumum I, Akad.-Ausg. XXI, 109), ist es wiederum nur konsequent, daß daraus bei den Kantianern alsbald die Identifikation einer ›formalen‹ oder ›philosophischen‹ E. mit Wissenschaftstheorie (›Wissenschaftskunde‹) schlechthin wird (vgl. W.T. Krug, Versuch einer Systematischen E. der Wissenschaften, I–III, Wittenberg/Leipzig 1796–1797 [II, Jena 1797], unter dem Titel: Encyklopädisches Handbuch der wissenschaftlichen Literatur, I–III, Züllichau 1804–1819, I, 11).

In ähnlicher Weise wird in der Philosophie des deutschen Idealismus (↑Idealismus, deutscher), während zur gleichen Zeit als ›E.n‹ bezeichnete Lehrbücher der Fachwissenschaften und Vorlesungen über E. dieser Wissenschaften im wesentlichen (im Sinne späterer ›Einführungen‹) Überblickswissen zu vermitteln suchen, der *systematische* Charakter des E.begriffs unterstrichen. Nach G.W.F. Hegel ist die Philosophie, sofern jeder ihrer Teile das Ganze des Wissens nach Art eines ›Kreises von Kreisen‹ (Enc. phil. Wiss. [1830]

I, §15, Sämtl. Werke VIII, 61) in sich enthält, ›Encyclopädie der philosophischen Wissenschaften‹ (Enc. phil. Wiss. [1817] §6, Sämtl. Werke VI, 24). Maßgebend bleibt dabei auch für Hegel die Abgrenzung der Begriffe ›System‹ und ›Aggregat‹, wobei E.n in ihrer historischen Form als universale Handbuchliteratur, trotz der in ihnen wirksamen klassifikatorischen Gesichtspunkte, unter den Begriff des Aggregats fallen: »Die philosophische Encyklopädie unterscheidet sich von einer andern gewöhnlichen Encyklopädie dadurch, daß diese etwa ein *Aggregat* der Wissenschaften sein soll, welche zufälliger und empirischer Weise aufgenommen und worunter auch solche sind, die nur den Namen von Wissenschaften tragen, sonst aber selbst eine bloße Sammlung von Kenntnissen sind« (Enc. phil. Wiss. [1830] I, §16, Sämtl. Werke VIII, 61). Damit fallen bei Hegel, im Unterschied zu der z.B. von d'Alembert vertretenen Konzeption, die ›positiven‹ Wissenschaften aus dem ›philosophischen‹ System der Wissenschaften heraus, womit der philosophische Begriff der E. in Gegensatz zur Entwicklung der enzyklopädischen Handbuchliteratur und zur akademischen Unterrichtspraxis gerät, sofern Vorlesungen über E. die Funktion von Einleitungen erhalten. Die Folge ist eine Trennung der Begriffe *System* und *E.*: das eine ist nunmehr der Idee und Funktion nach *philosophisch* (wissenschaftstheoretisch), die andere *propädeutisch* (↑Propädeutik). Abgesehen von der unter der Idee einer ↑Einheitswissenschaft stehenden Wiederanknüpfung (a) des französischen Positivismus (C.-H. de Saint-Simon, A. Comte) an die klassifikatorischen Intentionen der »Encyclopédie« Diderots und d'Alemberts und (b) des logischen Empirismus (↑Empirismus, logischer) an die logisch-wissenschaftstheoretischen Intentionen Leibnizens (Aufbau einer ›neuen E. des Scientismus‹, O. Neurath, Einheit der Wissenschaft als Aufgabe, Erkenntnis 5 [1935], 22) ist es dabei geblieben.

Auf dem Wege zur modernen E. wandelt sich der ursprünglich auf klassifikatorische bzw. wissenschaftssystematische Gesichtspunkte festgelegte Begriff der E. zum Inbegriff *lexikalischer* Vielfalt. Die Theorie der E., in der sich der philosophische Geist zeitweilig gegen seine Umrüstung auf einen vornehmlich an Gesichtspunkten der Magazinierung des Wissens orientierten enzyklopädischen Geist sperrt, indem er den in der Geschichte der enzyklopädischen Theorie intendierten Begriff der E. gegen deren eigene historische Gestalt wendet, erreicht die enzyklopädische Wirklichkeit nicht mehr. Über dieser hat sich in dem Maße, in dem sich der Zweck ständiger Wissens*erweiterung* gegenüber dem einer systematischen *Begründung* zunehmend durchzusetzen vermag, längst das ›Netz der alexandrinischen Kultur‹ (F. Nietzsche) zusammengezogen. Die größten aller Bücher, die E.n, sind Monumente dieser Kultur.

Literatur: R. Collison, Encyclopaedias. Their History throughout the Ages. A Bibliographical Guide with Extensive Historical Notes to the General Encyclopaedias Issued throughout the World from 350 B.C. to the Present Day, New York/London 1964, [2]1966; H. Dieckmann, The Concept of Knowledge in the Encyclopédie, in: ders./H. Levin/H. Motekat, Essays in Comparative Literature, St. Louis 1961, 73–107, Nachdr. in: ders., Studien zur europäischen Aufklärung, München 1974, 234–257; U. Dierse, E.. Zur Geschichte eines philosophischen und wissenschaftstheoretischen Begriffs, Bonn 1977 (Arch. Begriffgesch. Suppl. 2); H. Einbinder, The Myth of the Britannica, London 1964; M. de Gandillac u.a., La pensée encyclopédique au moyen âge, Neuenburg/Paris 1966; J. v. Hammer-Purgstall, Über die Encyclopädie der Perser, Araber und Türken, K. Akademie der Wissenschaften Wien, philos.-hist. Kl., Denkschriften 7,1 (1856), 205–232, 8 (1857), 106–122, 9 (1858), 1–44; J. Henningsen, »E.«. Zur Sprach- und Bedeutungsgeschichte eines pädagogischen Begriffs, Arch. Begriffsgesch. 10 (1966), 271–362; ders., Orbis Doctrinae: Encyclopaedia, Arch. Begriffsgesch. 11 (1967), 241–245; H. Kogan, The Great EB. The Story of the Encyclopaedia Britannica, Chicago 1958; H. Koller, ΕΓΚΥΚΛΙΟΣ ΠΑΙΔΕΙΑ, Glotta 34 (1955), 174–189, Nachdr. in: H.-T. Johann, Erziehung und Bildung in der heidnischen und christlichen Antike, Darmstadt 1976, 3–21; E.H. Lehmann, Geschichte des Konversationslexikons, Leipzig 1934; H.J. Mette, ΕΓΚΥΚΛΙΟΣ ΠΑΙΔΕΙΑ, Gymnasium 67 (1960), 300–307, Nachdr. in: H.-T. Johann, Erziehung und Bildung in der heidnischen und christlichen Antike, Darmstadt 1976, 31–41; G. Meyer, Das Konversations-Lexikon, eine Sonderform der E.. Ein Beitrag zur Geschichte der Bildungsverbreitung in Deutschland, Diss. Göttingen 1966; J. Mittelstraß, Bildung und Wissenschaft. E.n in historischer und wissenssoziologischer Betrachtung, Die wissenschaftliche Redaktion 4 (Mannheim 1967), 81–104; ders., Vom Nutzen der E., in: Meyers Enzyklopädisches Lexikon I, Mannheim/Wien/Zürich 1971, IX–XIX; O. Neurath, Erster internationaler Kongress für Einheit der Wissenschaft in Paris 1935, Erkenntnis 5 (1935), 377–406; L.M. de Rijk, *'Εγκύκλιος παιδεία.* A Study of its Original Meaning, Vivarium 3 (1965), 24–93; E. Schult, Lexikon, E., Wörterbuch in Buchtiteln der Gegenwart, Die wissenschaftliche Redaktion 2 (Mannheim 1966), 7–12; J. Taylor, The Didascalicon of Hugh of St. Victor. A Medieval Guide to the Arts. Trans. from the Latin with an Introd. and Notes, New York/London 1968; R.L. Underbrink, About Encyclopaedias, An Annotated Bibliography, Jacksonville Ill. 1960; S.P. Walsh, Anglo-American General Encyclopaedias 1703–1967. A Bibliography, New York/London 1968; J.M. Wells (ed.), The Circle of Knowledge. Encyclopaedias Past and Present, Chicago 1968; B. Wendt, Idee und Entwicklungsgeschichte der enzyklopädischen Literatur. Eine literarisch-bibliographische Studie, Würzburg-Aumühle 1941; G.A. Zischka, Index lexicorum. Bibliographie der lexikalischen Nach-

schlagewerke, Wien 1959; weitere Literatur zur »Encyclopédie« Diderots und d'Alemberts ↑Enzyklopädisten.
J.M.

Enzyklopädisten (franz. encyclopédistes), die mehr als 170 namentlich feststellbaren Mitarbeiter der von D. Diderot (bis 1772) und J. le Rond d'Alembert (bis 1758) herausgegebenen »Encyclopédie, ou Dictionnaire raisonné des sciences, des arts et des métiers« (I–XXXV, Paris/Neuchâtel/Amsterdam 1751–1780). Im engeren Sinne die im Titelblatt als »société de gens de lettres« (gegründet 1750 unter dem Vorsitz Diderots und d'Alemberts) bezeichneten Träger der mit dieser ↑Enzyklopädie verfolgten aufklärerischen Konzeption (↑Aufklärung), in der (in Abgrenzung zum ›historien‹ und in Ablösung der älteren Orientierung am ›honnête homme‹) das Leitbild des ›philosophe‹ entworfen wird (»Philosopher, c'est donner la raison des choses, ou du moins la chercher; car tant qu'on se borne à voir et à rapporter ce qu'on voit, on n'est qu'historien«, Diderot, Art. ›philosophie‹, Encyclopédie XII [1765], 512). Nach den Vorstellungen der Herausgeber hat sich in diesem Sinne der *esprit philosophique* (der bei Diderot und Voltaire programmatisch den *esprit critique* in der Konzeption P. Bayles ablösen soll) als *esprit encyclopédique* zu bewähren.

Zu den bedeutendsten E. gehören neben Diderot, der selbst einige der programmatischen Artikel (darunter ›encyclopédie‹ und ›philosophie‹) schrieb, d'Alembert (mathematische, physikalische und wissenschaftstheoretische Beiträge, z.B. ›Cartésianisme‹, ›élémens de science‹), M.J.A.N.C. Marquis de Condorcet (naturwissenschaftliche Beiträge in den Supplementbänden), P.H.T. d'Holbach (naturwissenschaftliche Beiträge), J.F. Marmontel (Beiträge über Literaturkritik), C. de Montesquieu (Teilartikel ›goût‹), F. Quesnay (Beiträge ›fermier‹ und ›grains‹, die zu den Gründungsdokumenten der ↑Physiokratie gehören), J.-J. Rousseau (Beiträge über Musik, ferner ›économie politique‹), A.R.J. Turgot (unter seinen Beiträgen: ›étymologie‹, ›existence‹, ›foire‹ und ›fondation‹) und Voltaire (unter seinen Beiträgen: ›esprit‹ und ›histoire‹). Die Hervorhebung dieser Autoren unter den E. sollte allerdings nicht darüber hinwegtäuschen, daß (von Diderot und d'Alembert abgesehen) ihr tatsächlicher Anteil an der »Encyclopédie« eher gering war (Voltaire z.B. schrieb nur in den Bänden V–VII, von Montesquieu stammt nur ein Teilartikel); der weitaus größte Teil der Artikel wurde von eher unbedeutenden Autoren verfaßt, unter ihnen vor allem L. Chevalier de Jaucourt (1704–1780), der 28 Prozent aller Artikel in den 17 Textbänden, d.i. fast ein Viertel des Gesamttextes, schrieb. Umgekehrt werden im zeitgenössischen Bewußtsein z.B. auch É.B. de Condillac und C.A. Helvétius als Repräsentanten der gleichen Konzeption, wie sie die »Encyclopédie« vertritt, zu den E. gerechnet.

Literatur: Encyclopédie, ou Dictionnaire raisonné des sciences, des arts et des métiers, par une société de gens de lettres. Mis en ordre et publié par M. Diderot [...] et quant à la partie mathématique, par M. d'Alembert, I–XXXV (I–XVII [1751–1765]; XVIII–XXI, Supplément à l'Encyclopédie I–IV [1776–1777, C.J. Panckoucke]; XXII–XXXII, Recueil de planches I–XI [1762–1772]; XXXIII, Suite de recueil de planches XII [1777, C.J. Panckoucke]; XXXIV–XXXV, Table analytique et raisonné des matières I–II [1780, P. Mouchon]), Paris/Neuchâtel/Amsterdam 1751–1780 (repr. I–XXXV, Stuttgart-Bad Cannstatt 1966–1967), weitere Editionen: I–XXVIII, Lucca ²1758–1771, I–XXXIII, Livorno ³1770–1779, I–XLV, Genf 1777–1781, I–XXXIX, Lausanne/Bern 1778–1781, 1781/1782. – A. Cazes, Grimm et les encyclopédistes, Paris 1933; L. Ducros, Les Encyclopédistes, Paris 1900; K. Hardesty, The Supplément to the Encyclopédie, The Hague 1977; J. Lough, The ›Encyclopédie‹ in Eighteenth Century England and other Studies, Newcastle 1970; ders., The ›Encyclopédie‹, London 1971; ders., The Contributors to the Encyclopédie, London 1973; J. Mittelstraß, Neuzeit und Aufklärung. Studien zur Entstehung der neuzeitlichen Wissenschaft und Philosophie, Berlin/New York 1970, 90ff.; J.M. Morley, Diderot and the Encyclopaedists, I–II, Ann Arbor Mich. 1971; A. Opitz, Schriftsteller und Gesellschaft in der Literaturtheorie der französischen E., Bern/Frankfurt 1975; H.C. Payne, The philosophes and the People, New Haven 1976; J. Proust, Diderot et l'Encyclopédie, Paris 1962, ²1967; M. Roustan, Les philosophes et la société française au 18ᵉ siècle, Paris 1911 (repr. Genf 1970); F. Schalk, Einleitung in die Encyclopédie der französischen Aufklärung, München 1936; ders., Zur Vorgeschichte der Diderot'schen Encyklopädie, Rom. Forsch. 70 (1958), 30–53; R.N. Schwab/W.E. Rex/J. Lough, Inventory of Diderot's ›Encyclopédie‹, I–VI, Genf 1971–1972 (Studies on Voltaire and the Eighteenth Century 80, 83, 85, 91–93); J. Thomas, Le rôle de Diderot dans l'Encyclopédie, Ann. de l'Université de Paris. Num. spécial 1 (à l'occasion du 2ᵉ Centenaire de L'Encyclopédie Française), Paris 1952, 7–25; F. Venturi, Le origini dell' Enciclopedia, Florenz 1946, Turin ²1963; E. Weis, Geschichtsschreibung und Staatsauffassung in der französischen Enzyklopädie, Wiesbaden 1956; A.M. Wilson, Diderot. The Testing Years (1713–1759), New York 1957; ders., Encyclopédie, Enc. Ph. II (1967), 505–508. J.M.

Epagoge (griech. ἐπαγωγή, Heranführung), häufig irreführend mit ›Induktion‹ übersetzter Aristotelischer Terminus für ein Verfahren, das die Annahme erster Sätze (↑Axiome) im Rahmen eines sonst deduktiv (syllogistisch) aufgebauten Begründungszusammenhanges begründen soll (Gegensatz ἀπόδειξις, ↑Apodeiktik, ↑Beweis). Bereits ein Einzelfall, an den ›herangeführt‹ wird, genügt zur Einsicht in allgemeine Zusammenhänge (in der Geometrie z.B. der Satz, daß alle rechten Winkel einander gleich sind), wenn dies auf eine methodische Weise, d.h. über exemplarische Bestimmungen solcher Einzelfälle, geschieht. Je nach Gegenstandsbereich (Mathematik, Dialektik, etc.) unterscheidet Aristoteles dabei verschiedene Exaktheitsgrade dieses ›Weges vom Einzelnen zum Allgemeinen‹ (Top. 105a13–16).

Literatur: K. v. Fritz, Die ἐπαγωγή bei Aristoteles, München 1964 (Sitz.ber. Bayer. Akad. Wiss., philos.-hist. Kl. 1964, H. 3); D.W. Hamlyn, Aristotelian E., Phronesis 21 (1976), 167–184. J.M.

Epiktet, *Hierapolis (Phrygien) um 50, †Nikopolis (Epirus) um 138, griech. Philosoph, zählt zu den letzten bedeutenden Stoikern (↑Stoa). Sklave, von Nero freigelassen; Schüler des Musonius Rufus; lehrte zuerst in Rom. Nach der Verbannung aus Rom anläßlich der Philosophenverfolgung Domitians in Jahre 94 Gründer einer philosophischen Schule in Nikopolis, in der er Logik, Physik und Ethik lehrte. Seine auf das praktische Leben bezogene Lehre von der Genügsamkeit und der Unabhängigkeit des Geistes gegenüber Schwierigkeiten des Lebens rückte ihn in die Nähe der späteren Kyniker (↑Kynismus) und der Philosophie Senecas. Seine Vorstellungen über Gott (ein Gott als Vater aller Menschen) und die sich an sie anschließende Ethik sind christlichen Grundüberzeugungen sehr ähnlich, jedoch von ihnen wohl nicht direkt beeinflußt. Die unter dem Titel »Encheiridion« bekannte Schrift, die oft christlich kommentiert wurde, und die »Diatriben« (acht Bücher, erhalten vier) sind durch seinen Schüler Arrian überliefert.

Werke: Epictetae philosophiae monumenta, I–V, ed. J. Schweighäuser, Leipzig 1799–1800 (repr. Hildesheim 1977); Epicteti dissertationes ab Arriani digestae, ed. H. Schenkl, Leipzig 1916, Stuttgart 1965; W.J. Oates (ed.), Stoic and Epicurean Philosophers. The Complete extant Writings of Epicurus, E., Lucretius, Marcus Aurelius, New York 1957; E.. Vom Kynismus, ed. u. übers., mit einem Kommentar v. M. Billerbeck, Leiden 1978. – W.A. Oldfather, Contributions to a Bibliography of E., Urbana 1927, Suppl., ed. M. Harmann, ebd. 1952; Totok I (1964), 317–319.

Literatur: J. Bonforte, Epictetus. A Dialogue in Common Sense, New York 1974; A. Bonhoeffer, E. und die Stoa. Untersuchungen zur stoischen Philosophie, Stuttgart 1890; O. Gigon, E., LAW 830–831; W. Kamlah, Der Ruf des Steuermanns. Die religiöse Verlegenheit dieser Zeit und die Philosophie, Stuttgart 1954, 63–84; P. de Lacy, The Ethics of E., Class. Philol. 38 (1943), 112–125; F. Schweingruber, Sokrates und E., Hermes 78 (1943), 52–79. H.-L.N.

Epikur, *Samos 341, †Athen 270, griech. Philosoph. E. lehrte in Mytilene (311/310), Lampsakos (310–307/306) und Athen (ab 307/306), wo er ein Haus mit dem berühmten Garten (κῆπος) erwarb, in dem er Philosophie lehrte und in Konkurrenz zu ↑Akademie und ↑Peripatos eine eigene Schule (›Philosophen des Gartens‹) gründete (↑Epikureismus). Seine Hauptschriften (etwa 300) sind verloren, erhalten sind nur drei Lehrbriefe (Über Naturphilosophie, Himmelskunde und Ethik) und eine von ihm autorisierte Sammlung von 40 Lehrsätzen. Seine Philosophie kann aus T.L.C. Lukrez, den philosophischen Dialogen M.T. Ciceros und den antiepikureischen Schriften Plutarchs rekonstruiert werden. Sie dient dem Ziel, ↑Glück durch ein Leben der Freude und der Lust sowie der Freiheit von Schmerz und Unruhe (↑Ataraxie) zu ermöglichen (↑Eudämonismus). Unter diesem Aspekt übernimmt E. große Teile der Atomistik (↑Atomismus) und Wahrnehmungslehre Demokrits (↑Bildchentheorie): Erkenntnis beruht auf Wahrnehmungen, die durch ›Ausfluß‹ (↑Emanation) aus den Gegenständen hervorgerufen werden und stets wahr sind; alle Dinge bestehen aus Atomen, auch die Seele, die mit dem Tod vergeht. Götter sind unvergängliche Atomgebilde, die sich nicht um die Welt und die Menschen kümmern, weshalb man sie weder zu fürchten noch zu verehren braucht. Die Naturphilosophie E.s verfolgt vor allem das Ziel, durch Aufklärung über die Zusammenhänge des Naturgeschehens von Furcht vor den Göttern und vor dem Tod zu befreien.

Werke: Opere, ed. G. Arrighetti, griech./ital., Turin 1960; Epicurea, ed. H. Usener, Leipzig 1887 (repr. Stuttgart 1966); E.. Von der Überwindung der Furcht. Katechismus, Lehrbriefe, Spruchsammlung, Fragmente, dt. Übers., Bearb. u. Einl. v. O. Gigon, Zürich 1949.

Literatur: A. Cresson, E.. Sa vie, son œuvre, avec un exposé de sa philosophie, Paris [3]1958; W. Detel, Aisthesis und Logismos. Zwei Probleme der epikureischen Methodologie, Arch. Gesch. Philos. 57 (1975), 21–35; C. Diano, E. und die Dichter, Bonn 1967; D.J. Furley, E., DSB IV (1971), 381–382; V. Goldschmidt, La doctrine d'Epicure et le droit, Paris 1977; D. Konstan, Some Aspects of Epicurean Psycology, Leiden 1973; D. Lemke, Die Theologie E.s. Versuch einer Rekonstruktion, München 1973; J. Mau, Zum Problem des Infinitesimalen bei den antiken Atomisten, Berlin 1954; P. Merlan, Studies in E. and Aristotle, Wiesbaden 1960; J. Mewaldt, Die geistige Einheit E.s, Halle 1927; J.H. Nichols, Epicurean Political Philosophy, Ithaca N. Y. 1976; W.F. Otto, E., Stuttgart 1975; A. Panichas, E., Boston 1976; J.M. Rist, E.. An Introduction, New York 1972; W. Schmid, E.s Kritik der platonischen Elementenlehre, Leipzig 1936; G. Vlastos, Minimal Parts in Epicurean Atomism, Isis 56 (1965), 121–147. M.G.

Epikureismus, Bezeichnung für eine an der Philosophie Epikurs orientierte Lebenshaltung, die nur das persönliche Glück (↑Eudämonismus) des einzelnen als Ideal anerkennt, das durch ↑Ataraxie, vernünftige Einsicht (die Furcht vor den Göttern und vor dem Tod gilt als unvernünftig) und konsequente Orientierung am Prinzip der ›Lust‹ (d.h. nicht ↑Hedonismus, sondern Vermeidung all dessen, was langfristig mehr Leid als Lust verursacht) erreicht werden soll. Ein ›Leben der Zurückgezogenheit‹ (λάθε βιώσας) wird als geeignetes Mittel zur Erreichung dieses Glücks angesehen. Der häufig erhobene Vorwurf, der E. predige Ausschweifung und unbeschränkten Sinnengenuß, ist unbegründet. – Die bedeutendsten Anhänger des E. sind in der Antike Metrodoros von Lampsakos, Hermarchos, Philodemus, Lukrez und Horaz; in der Neuzeit wurde der E. z.B. von P. Gassendi, D. Diderot und F. Nietzsche verfochten.

Literatur: J. Brun, L'épicurisme, Paris 1959, ³1966; P. De Lacy, Epicureanism and the Epicurean School, Enc. Ph. III (1967), 2–3; A.A. Long, Hellenistic Philosophy. Stoics, Epicureans, Sceptics, London 1974; A. Müller, E., Hist. Wb. Ph. II (1972), 584–585; G. Rodis-Lewis, Epicure et son école, Paris 1975; W. Schmidt, Epikur, RAC 5 (1960), 681–819; Association Guillaume Budé, Actes du VIIIᵉ congrès, Paris 5–10 avril 1968, Paris 1969. – P. De Lacy, Some Recent Publications on Epicurus and Epicureanism, 1937–1954, Class. Weekly 48 (1955), 169–177; Totok I (1964), 278–291. M.G.

Epimenides von Kreta, Ende des 7. Jhs. v.Chr., griech. Weiser und Seher, dem Kreis der Sieben Weisen zugeordnet. Berühmt wurde die ihm zugeschriebene Antinomie des Lügners (ψευδόμενος). Danach behauptet E., daß alle Kreter lügen. Da er selber Kreter ist, kann die Behauptung sowohl wahr als auch falsch sein. Diskutiert wird die Antinomie bei Aristoteles, Theophrast und Chrysipp. Der Logiker Philites von Kos (340–285 v.Chr.) soll an den Bemühungen um die Antinomie des E. gestorben sein (»Wanderer, ich bin Philites, das Argument, das lügende, hat mich getötet, und das tiefe nächtliche Nachdenken«). Paulus erwähnt die Antinomie im Brief an Titus 1,12. In der modernen Logik wird die Antinomie unter dem Namen des E. als Beispiel einer semantischen Antinomie behandelt (↑Lügner-Paradoxie). B. Russell löst sie typentheoretisch: Danach ist die Behauptung des E. »alle Aussagen 1. Ordnung, die ich bejahe, sind falsch« eine Aussage 2. Ordnung, die er wahr behaupten kann, ohne zugleich eine Aussage 1. Ordnung wahr zu behaupten, so daß also kein Widerspruch entsteht. – Neben seiner Rolle in der Logikgeschichte trug eine Theogonie des 6. Jahrhunderts v.Chr. den Namen des E.. An E. knüpft sich auch die Legende von einem 57jährigen Schlaf und einem überlangen Leben, das J.W.v. Goethe in dem Festspiel »Des E. Erwachen« (1814) behandelte.

Werke: VS 3 B 1–26.

Literatur: J.M. Bocheński, Formale Logik, Freiburg/München 1956, ⁴1978; H. Demoulin, Epiménide de Crète, Brüssel 1901; O. Kern, De Orphei Epimenidis Pherecydis theogoniis quaestiones criticae, Diss. Berlin 1888; A. Koyré, Epiménide le menteur (ensemble et catégorie), Paris 1947; B. Russell, Mathematical Logic as Based on the Theory of Types, Amer. J. Math. 30 (1908), 222–262. K.M.

Epiphänomenalismus, wohl von M. Scheler (Der Formalismus in der Ethik und die materiale Wertethik, I–II, Halle 1913/1916) eingeführte polemische Bezeichnung für solche Theorien über das Verhältnis von Leib und Seele (genauer: Bewußtsein), die das Bewußtsein als eine Begleiterscheinung (›Epiphänomen‹) physiologischer Prozesse, speziell im Gehirn, verstehen. Eine umgekehrte Beeinflussung, wie sie der ↑Interaktionismus mit einbezieht, lehnt der E. ab. Epiphänomenalistische Auffassungen wurden vor allem gegen Ende des 19. Jahrhunderts (z.B. von L. Büchner, T.H. Huxley, E. Haeckel, modifiziert von F. Brentano) vertreten. Die systematische Einschätzung des E. hängt unter anderem von der verwendeten Auffassung der ↑Kausalität sowie vom Stand der Erkenntnisse der Neurophysiologie ab (↑Leib-Seele-Problem, ↑Parallelismus, psychophysischer).

Literatur: U.J. Jensen, Conceptual Epiphenomenalism, Monist 56 (1972), 250–275; W. Nieke, Epiphänomen, Hist. Wb. Ph. II (1972), 586–588; J. Sachs, Epiphenomenalism and the Notion of Cause, J. Philos. 60 (1963), 141–146; J. Shaffer, Mind-Body-Problem, Enc. Ph. V (1967), 336–346.

Episyllogismus, ein einfacher kategorischer Syllogismus (↑Syllogismus, kategorischer), dessen eine Prämisse Schlußsatz eines anderen Syllogismus ist. Da zwei in dieser Weise verknüpfte Syllogismen innerhalb einer Schlußkette (↑Polysyllogismus) auftreten können, darf jedoch ›E.‹ genaugenommen nicht als einstelliger Prädikator, sondern nur als (zweistelliger) Relator verwendet werden. Z.B. ist in der Schlußkette

	alle B sind A	
	alle C sind B	
daher:	alle C sind A	} E.
	kein D ist A	
daher:	kein D ist C	

der aus den letzten drei Zeilen bestehende Syllogismus nach dem Modus Camestres E. *in bezug auf* den aus den ersten drei Zeilen bestehenden Syllogismus nach dem Modus Barbara; dieser heißt in bezug auf jenen ↑Prosyllogismus. Der Übergang vom Prosyllogismus zum E. heißt ›episyllogistisch‹, ›progressiv‹ oder ›synthetisch‹, eine z.B. von I. Kant auf methodische Schritte nicht formallogischer Art übertragene Terminologie.

Literatur: F. Ueberweg, System der Logik und Geschichte der logischen Lehren, Bonn ^{3}1868, §123, ed. J.B. Meyer, ^{5}1882, §123 (mit Beispielen). C.T.

Epochē (griech. ἐποχή, Anhalten, Zurückhalten), zentraler Terminus der antiken akademischen und pyrrhonischen Skepsis (↑Skeptizismus), später von E. Husserl zur Bezeichnung seines methodischen Vorgehens aufgenommen. In der mittleren ↑Akademie wenden sich Arkesilaos von Pitane und Karneades von Kyrene durch den methodisch begründeten Nachweis jeweils gegenteiliger Positionen gegen das stoische Evidenzkriterium der Wahrheit (↑Katalepsis) und fordern Zurückhaltung (E.) bei der Entscheidung über die Geltungsansprüche, die mit Urteilen verbunden sind. Radikaler lehrt Pyrrhon von Elis die prinzipielle Unhintergehbarkeit der Subjektivität von Meinungen und deshalb eine Enthaltung jeglichen Urteilens zum Zwecke der Erreichung wahrhafter Glückseligkeit (↑Ataraxie).
In der ↑Phänomenologie Husserls ist E. die Methode, mit der die apodiktisch-evidente Basis für den Aufbau der Wissenschaften gewonnen werden soll. Dabei wird die objektive Welt in ihrem transzendenten Seinsanspruch außer Geltung gesetzt. Das Sein der Welt ist nur noch ein ›Geltungsphänomen‹. Das Ergebnis der E. ist die Enthüllung des reinen transzendentalen Ego (↑Ego, transzendentales). Sie verdankt sich dem radikalen ↑Zweifel, der jedoch im Unterschied zu dem von R. Descartes eingeschlagenen Verfahren die Seinsthesis nur begrenzt ausschaltet, d.h. nicht bis zu einer ›universellen Negation‹ fortschreitet (Ideen, 65, 67). Mit der E. wird die ›natürliche Einstellung‹ verwandelt, der Boden der Wissenschaft vom naiven Weltbezug auf die transzendentale Egoität verschoben. Die E. klammert nicht nur die evidente Welterfahrung ein, sondern auch die Selbsterfahrung und erschließt auf diesem Wege die weltferne »absolute Region einer eigenständigen Subjektivität« (Ideen, 73). Der Begriff der E. wird von Husserl weitgehend synonym mit ›transzendentaler‹ bzw. ›phänomenologischer Reduktion‹ gebraucht (↑Reduktion, phänomenologische). Der mit der E. verbundene Weltverlust ist nicht endgültig, jedoch »muß (man) erst die Welt durch ἐποχή verlieren, um sie in universaler Selbstbesinnung wiederzugewinnen« (Cartesianische Meditationen, 183).

Literatur: P. Couissin, L'origine et l'évolution de l'epoché, Rev. ét. grecques 42 (1929), 373–397; M. Hossenfelder/U. Claesges, E., Hist. Wb. Ph. II (1972), 594–596; E. Husserl, Ideen zu einer reinen Phänomenologie und phänomenologischen Philosophie I (Allgemeine Einführung in die reine Phänomenologie), ed. K. Schuhmann, Den Haag 1976 (Husserliana III 1), 63–74; ders., Erste Philosophie (1923/24), II (Theorie der phänomenologischen Reduktion), ed. R. Boehm, Den Haag 1959 (Husserliana VIII); ders., Cartesianische Meditationen und Pariser Vorträge, ed. S. Strasser, Den Haag ^{2}1963 (Husserliane I), 58–65; E. Ströker, Das Problem der E. in der Philosophie Edmund Husserls, Dordrecht 1970. S.B.

Epsilontik, Scherzbezeichnung unbekannter Herkunft für die moderne, die griechischen Buchstaben δ und ε häufig verwendende Darstellungsweise von Infinitesimalbetrachtungen (↑Infinitesimalrechnung), in denen der Abstand zweier Punkte oder allgemeiner eine Umgebung (›ε-Umgebung‹) eines Punktes beliebig klein wählbar sein soll, was logisch mit Hilfe eines Allquantors ausgedrückt wird. Z.B. heißt eine Folge (↑Folge (mathematisch)) x_* reeller Zahlen konvergent gegen die reelle Zahl g (den ↑›Grenzwert‹ der Folge), wenn es zu jeder reellen Zahl $\varepsilon > 0$ eine (von ε abhängige) Nummer N gibt, so daß $|g - x_n| < \varepsilon$ für alle $n > N$ gilt, in der ›epsilontischen‹ Formulierung

$\bigwedge_\varepsilon \bigvee_N \bigwedge_n (n > N \rightarrow |g - x_n| < \varepsilon)$. C.T.

Erasmus von Rotterdam (seit 1496 genannt Desiderius E.), *Rotterdam 28. Okt. (1466) 1469, †Basel 17. Juli 1536, niederl. Humanist und Theologe, bedeutendster Vertreter des europäischen Humanismus. E. trat 1486/1488 in das Augustiner-Chorherrenkloster Steyn bei Gouda ein, 1491 Sekretär des Bischofs von Cambrai, 1492 Priesterweihe, 1495–1499 Studium an der Universität Paris, dabei Abkehr vom scholastischen und monastischen Denken. 1499/1500 Aufenthalt in England, unter dem Einfluß von J. Colets Wendung zu einem biblisch-theologisch fundierten Humanismus (Enchiridion militis christiani, 1501/1503); 1506–1509 Aufenthalt in Italien (1506 Promotion zum Doktor der Theologie), 1509–1514 erneut Aufenthalt in England, 1514–1521 in Basel, 1521–1524 in den Niederlanden.
E. veröffentlichte die bedeutende Sprichwörtersammlung »Adagiorum collectanea« (Paris 1500,

[2]1515), 1505 die »Annotationes« des L. Valla zum NT, 1511 in Straßburg das einflußreiche »Encomion moriae« (dt. Das theür und künstlich Büchlin Morie Encomion, das ist: Ein Lob der Thorhait, Ulm 1534, unter dem Titel: Lob der Narrheit, Basel 1780, Berlin/Leipzig 1781, München 1918, unter dem Titel: Lob der Torheit, Basel 1929, Leipzig 1930, Berlin 1950, ed. A.J. Gail, Stuttgart 1966 [repr. 1969]) und gab 1516 die erste griechische Ausgabe des NT mit einer Einleitung (»Methodus«, später »Ratio verae theologiae«) in Basel heraus, der 1517–1524 Paraphrasen, zunächst zum Römerbrief, folgen (mit Ausnahme der Apokalypse). Diese Ausgabe wurde zur Grundlage der Bibelübersetzung M. Luthers. 1524 ging E. erneut nach Basel, 1529 nach Freiburg, 1535 wiederum nach Basel. In dieser Zeit galt sein Bemühen aus einem vermittelnden humanistischen Interesse der Abgrenzung zur Reformation, als deren Zeuge in seinem Verhältnis zu Luther er vielfach gesehen wurde. Sein Streit mit Luther über den Willen (De libero arbitrio diatribe, Antwerpen 1524 [dt. Vom freien Willen, Göttingen 1940, [3]1969]; Luther: De servo arbitrio, 1525) löst die bisherige Verbindung von Humanismus und Reformation; gleichzeitig distanziert sich E. von der symbolischen Interpretation des Abendmahls. Die Idee eines gebildeten, weltbürgerlichen Christentums vertrug sich nicht mit den herkömmlichen theologischen Kontroversen; mit Ausgaben der Kirchenväter (z.B. Cyprian, 1521; Arnobius, 1522; Ambrosius, 1527; Origenes, 1527; Augustinus, 1527–1529) und Schriften wie »De ecclesiae concordia« (1533) und »Ecclesiastes« (1535) suchte ihr E. zum Durchbruch zu verhelfen. Sein schriftstellerisches Können, das ihn bei allem Gewicht auf historisch-philologische Kritik die Form des Essays und des Aphorismus bevorzugen ließ, trug dabei nicht unerheblich zum Erfolg seiner Bemühungen bei.

E. suchte in seinem an der Bergpredigt, nicht wie im Falle Luthers an Paulus und dessen Lehre von Sünde und Gnade, orientierten Christentum die mit der christlichen Antike beginnende positive Theologie mit dem Gedanken einer natürlichen Theologie in einer ›philosophia Christi‹ zu verknüpfen, die in diesem Sinne eine ›patristische‹ Verbindung von kirchlicher Religiosität und weltlicher Vernunft darstellt. Gleichwohl fehlt es der Lehre von E. an begrifflicher Kontur und systematischem Gewicht. Die Absicht, jenseits der Auseinandersetzungen seiner Zeit das Programm einer spirituellen Einheit des christlichen Denkens zu verwirklichen, erklärt ihre vermeintliche Neutralität und den Umstand, daß sich später noch Vertreter sowohl der liberalen Theologie (E. Troeltsch u.a.) als auch der Anglikanischen Kirche auf ihn zu berufen suchen. E.' philosophische Bedeutung liegt dementsprechend weniger in der systematischen Kraft seines Wollens, als vielmehr in der undogmatischen Weise, in der er diesem im Namen einer vernünftigen, die Grenzen autoritärer Traditionen überwindenden Selbständigkeit Geltung verschafft. Sein Einfluß reicht von den oberdeutschen Reformatoren, der Toleranzbewegung in den Niederlanden (↑Toleranz) und der Anglikanischen Kirche bis in die Naturrechtsschule von Salamanca (↑Salamanca, Schule von) (obgleich seine Werke von der römischen Kirche in der Gegenreformation auf den Index gesetzt wurden). 3000 Briefe dokumentieren seine intensiven Verbindungen mit den zeitgenössischen Repräsentanten des europäischen Denkens.

Werke: Opera omnia, I–IX, ed. B. Rhenanus, Basel 1539–1555, I–XI, ed. J. Clericus, Leiden 1703–1706 (repr. Hildesheim 1961–1962); [Suppl. dazu:] Erasmi opuscula, ed. W.K. Ferguson, Den Haag 1933; Opera omnia, ed. J.H. Waszink u.a., Amsterdam 1969ff.; Ausgewählte Werke, ed. H. Holborn, München 1933; Opus epistolarum, I–XI, ed. P.S. Allan, Oxford 1906–1947 (Nachdr. 1961/1962), XII, 1958; Briefe, ed. W. Köhler, Leipzig 1938, Wiesbaden 1947; Ausgewählte Schriften, lat./dt., I–VIII, ed. W. Welzig, Darmstadt 1967ff.; Collected Works of E., I–, ed. W.K. Ferguson, Toronto 1974ff.; Novum instrumentum, ed. H. Holeczek, Stuttgart-Bad Cannstatt 1979 (mit Bibliographie). – J.-C. Margolin, Douze années de bibliographie Érasmienne (1950–1961), Paris 1963; ders., Neuf années de bibliographie Érasmienne (1962–1970), Paris/Toronto/Buffalo 1977; H. Holeczek, Bibliographie der deutschen Übersetzungen von Schriften des E.v.R. (1518–1550), Stuttgart-Bad Cannstatt 1981.

Literatur: P.S. Allan, The Age of E., Oxford 1914; R.H. Bainton, E. of Christendom, London 1972 (dt. E.. Reformer zwischen den Fronten, Göttingen 1972); R.L. De Molen (ed.), Essays on the Works of E., New Haven 1978; W.P. Eckert, E.v.R.. Werk und Wirkung, Köln 1967; J.A. Fernández, E. on the Just War, J. Hist. Ideas 34 (1973), 209–226; A.J. Gail, E.v.R. in Selbstzeugnissen und Bilddokumenten, Hamburg 1974; G. Gebhardt, Die Stellung des E.v.R. zur römischen Kirche, Marburg 1966; D. Hart, Philologie und praktische Philosophie. Untersuchungen zum Sprach- und Traditionsverständnis des E.v.R., München 1970; M. Hoffmann, Erkenntnis und Verwirklichung der wahren Theologie nach E.v.R., Tübingen 1972; J. Huizinga, E., Haarlem 1924 (dt. E., Basel 1928, [4]1951); W. Kaegi, E. and the Age of Reformation, New York 1947; E.-W. Kohls, Die Theologie des E., I–II, Basel 1966 (Theolog. Z., Sonderbd. 1); ders., Luther oder E.. Luthers Theologie in der Auseinandersetzung mit E. I, Basel 1972; J.-C. Margolin, L'idée de nature dans la pensée d'É., Can. J. Hist. 3 (1968), 1–33; D. Marsh, E. on the Antithesis of Body and Soul, J. Hist. Ideas 37 (1976), 673–688; R. Padberg, Personaler Humanismus. Das Bildungsverständnis des E.v.R. und seine Bedeutung für die Gegenwart, Paderborn 1964; K. Schlechta, E., Hamburg 1946; O. Schottenloher, E., RGG II (^{3}1958), 534–537; J.K. Sowards, Desiderius E., Boston 1975; J.D. Tracy, E.. The Growth of a Mind, Genf 1972; G.B. Winkler, E.v.R. und die Einleitungsschriften zum Neuen Testament, Münster 1974. J.M.

Eratosthenes, *Kyrene (heute Schahhat, Libyen) um 276 (oder 284), †Alexandria um 202 (oder 195), griech. Geograph, Mathematiker, Philologe und Dichter. Schüler von Zenon und Kallimachos, von Ptolemaios III. um 235 als Leiter der Bibliothek nach Alexandria berufen, dort auch Prinzenerzieher. – E. bezeichnete sich selbst (erstmals) als ›Philologe‹ (Freund geistiger Betätigung) und befaßte sich grundlegend mit fast allen Gebieten der hellenistischen Gelehrsamkeit (nur in Astronomie und Philosophie scheint er wenig originell gearbeitet zu haben); schrieb Gedichte, ein Werk über Grammatik und ein Buch über die Alte Komödie (das Textkritik, Autorschaft, Aufführungsdatum und philologische Themen behandelte). In zwei Werken (*Χρονογραφίαι* und *'Ολυμπιονῖκαι*) befaßte er sich als erster Grieche wissenschaftlich mit dem Problem der genauen Datierung historischer Ereignisse; seine Ergebnisse wurden in der Antike allgemein übernommen und gelten zum Teil noch heute (z.B. 776 erste Olympiade, 432/431 Beginn des Peloponnesischen Krieges). Bekannt wurde E. vor allem durch geographische und mathematische Schriften: er ist der Begründer der mathematischen Geographie; seine *Γεωγραφικά* enthalten neben Landkarten und Beschreibungen von Land und Leuten die erste bekannte kartographische Darstellung der Erdoberfläche (mit Hilfe eines Koordinatennetzes von Parallelkreisen und Meridianen) und eine relativ genaue Berechnung des Erdumfanges (252000 Stadien). In seinem mathematischen Hauptwerk »Platonicos« befaßte sich E. mit Proportionen, Reihen, Musiktheorie, dem ↑›Delischen Problem‹ (Verdoppelung des Würfelvolumens) und erfand ein Verfahren zur Ermittlung von Primzahlen (›Sieb des E.‹).

Texte: G. Bernhardy, Eratosthenica, Berlin 1822; E. Hiller, Eratosthenis carminum reliquiae, Leipzig 1872; H. Berger, Die geographischen Fragmente des E., Leipzig 1880 (repr. Amsterdam 1964); F. Jacoby, Fragmenta Graecorum Historicorum, II. B, Nr. 241, Berlin 1929 (repr. Leiden 1962), 704–715; C. Robert, E. Catasterismorum reliquiae, Leipzig 1978 (repr. Zürich 1963).

Literatur: H. Berger, Geschichte der wissenschaftlichen Erdkunde der Griechen, Leipzig ^{2}1903; E.H. Bunbury, History of Ancient Geography I, London 1879; D.R. Dicks, The Geographical Fragments of Hipparchus, London 1960; ders., E., DSB IV (1971), 388–393; P.M. Fraser, E. of Cyrene, Proc. Brit. Acad. 56 (1970), 175–207; G.A. Keller, E. und die alexandrinische Sterndichtung, Zürich 1946; G. Knaak, E., RE VI (1907), 358–388; J.U. Powell, Collectanea Alexandrina, Oxford 1925; E. Schwartz, Charakterköpfe aus der Antike: E., Leipzig 1909, Stuttgart ^{4}1952; A. Thalamas, La géographie d'E., Versailles 1921; W. Thonke, Die Karte des E. und die Züge Alexanders, Diss. Straßburg 1914; E.P. Wolfer, E. als Mathematiker und Philosoph, Groningen 1954; B. Zimmermann, E. Geodät der Antike, Vermessungstechnik 23 (Berlin/Ost 1975), 423ff. M.G.

erblich (engl. hereditary [property]), in Logik und Mathematik Bezeichnung für eine Eigenschaft 2. Stufe, d.h. eine Eigenschaft von Eigenschaften. Eine Eigenschaft P heißt e. bezüglich einer zweistelligen Relation R genau dann, wenn gilt

$$\bigwedge_{x,y}((Px \wedge xRy) \rightarrow Py),$$

wenn sich also für alle x die Eigenschaft P von x auf alle diejenigen y überträgt (›vererbt‹), zu denen x in der Relation R steht, d.h. die ›R-Nachfolger‹ von x sind. Z.B. ist die auf einem Bereich von Mengen erklärte Eigenschaft ›x ist unendlich‹ e. bezüglich der Relation ›x ist Teilmenge von y‹, da jede Obermenge einer unendlichen Menge wiederum unendlich ist. G. Frege hat 1879 in seiner »Begriffsschrift« erstmals versucht, eine Theorie e.er Eigenschaften formal zu entwickeln (Begriffsschrift, eine der arithmetischen nachgebildete Formelsprache des reinen Denkens, Halle 1879 [repr. in: Begriffsschrift und andere Aufsätze, ed. I. Angelelli, Darmstadt/Hildesheim 1964, Teil III). P.S.

Erdmann, Johann Eduard, *Wolmar (Livland) 13. Juni 1805, †Halle 12. Juni 1892, dt. Philosoph. Nach Abschluß eines Theologiestudiums Studium der Philosophie bei G.W.F. Hegel in Berlin, 1834 Habilitation in Philosophie, danach a.o. Prof., ab 1839 o. Prof. der Philosophie in Halle. E. zählt unter den Hegelnachfolgern zur sogenannten Hegelschen Rechten, die sich vordringlich mit Hegels Religions- und Rechtsphilosophie, wie sie Hegels vollendetes System (mit der Enzyklopädie-Fassung von 1830) darlegt, auseinandersetzt. Wie H.F.W. Hinrichs, C.L. Michelet und E. Kapp schließt sich auch E. Hegels Deutung der Reformation als der religiösen Vorstufe der Revolution an. E.s politische Schriften sind liberal-konservativ, er sieht politische Freiheit nur im Staat garantiert und wendet sich gegen die Revolution von 1848, die durch Rousseauismus und Demokratismus den Staat in Frage stellt und damit zum Terror führen muß. Vorbild für E.s Verständnis von Revolution ist die englische Revolution, die im Rahmen des liberalen Staats alte, verlorene Freiheitsrechte zurückerobert. E.s Staatslehre bereitet die Machtstaatsideologie der Junghegelianer vor. In seinen Schriften zur Philosophiegeschichte entwickelt E. die Idee einer Philosophiegeschichte, die sich selbst zum philosophischen Thema erhebt, eine Philosophie der Philosophiegeschichte wird und so Hegels Ideen zur Philosophie der Geschichte weiterführt.

Werke: Versuch einer wissenschaftlichen Darstellung der Geschichte der neueren Philosophie, I–VI, Riga/Leipzig 1834–1853, Neudr. I–VII, ed. H. Glockner, Stuttgart 1931–1934, [2]1978–1979; Leib und Seele nach ihrem Begriff und ihrem Verhältnis zueinander. Ein Beitrag zur Begründung der philosophischen Anthropologie, Halle 1837, [2]1849, ed. G. J. P. J. Bolland, Leiden 1902; Grundriß der Psychologie. Für Vorlesungen, Leipzig 1840, [5]1873; Grundriß der Logik und Metaphysik. Für Vorlesungen, Halle 1841, [5]1875, unter dem Titel: J. E. E.'s Grundriß der Logik und Metaphysik. Eine Einführung in Hegel's Wissenschaft der Logik. Neue Ausg. ed. G. J. P. J. Bolland, Leiden 1901; Vermischte Aufsätze, Leipzig 1846; Philosophische Vorlesungen über den Staat, Halle 1851; Psychologische Briefe, Leipzig 1852, [7]1896; Ueber Schelling, namentlich seine negative Philosophie, Halle 1857; Vorlesungen über Akademisches Leben und Studium, Leipzig 1858; Grundriß der Geschichte der Philosophie, I–II, Berlin 1866, ed. B. Erdmann, Berlin [4]1895/1896; Die deutsche Philosophie seit Hegels Tode. Faksimile Neudr. der Berliner Ausgabe 1896, ed. H. Lübbe, Stuttgart-Bad Cannstatt 1964.

Literatur: B. Erdmann, J. E. E., Philos. Monatsh. 29 (1893), 219–227 (mit Bibliographie); H. Glockner, J.E.E., Stuttgart 1932; G. Kroeger, Die politische Denkweise des livländischen Hegelianers J. E. E. (1805–1892), Z. f. Ostforschung 7 (1958), 338–373; K. Larenz, Hegelianismus und preußische Staatsidee. Die Staatsphilosophie J. E. E.s und das Hegelbild des 19. Jahrhunderts, Hamburg 1940; H. Lübbe (ed.), Die Hegelsche Rechte, Stuttgart 1962, 7–18, 220–269, 322–323; ders., Politische Philosophie in Deutschland, München [2]1974, 76–82; C. L. Michelet, Geschichte der philosophischen Gesellschaft zu Berlin, Der Gedanke. Philos. Z. 1 (1861), 66–68, 172–175; H. J. Schoeps, J. E. E., Neue dt. Bibliothek 4 (1959), 569–570. A. G.-S.

Ereignis (engl. event), gegenüber der vom Primat der Dingsprache (↑Ding) geprägten philosophischen Tradition, die auf die Auszeichnung der von den Substantiven sprachlich artikulierten ↑Substanz-Kategorie durch Aristoteles zurückgeht, ist eine E.-Sprache eine von J.G. v. Herder und W. v. Humboldt maßgeblich beeinflußte Alternative, die sprachliche Begriffsbildung vorrangig aus der Welt des Tuns und nicht aus der des Seins herzuleiten. Ein E. ist dabei ein Gegenstand, der als Exempel solcher Prädikatoren auftritt, die durch Nominalisierung eines Aussagesatzes gewonnen sind. Dabei wird der Satz über das Einzelding in einen Satz über das Ereignisschema überführt, von dem mit Hilfe von ›findet statt‹, ›passiert‹ oder ähnlicher Wendungen ausgesagt ist, daß eine ↑Aktualisierung vorliegt (z.B. führt die Nominalisierung des Satzes der Dingsprache ›Napoleon stürzt‹ zum Satz der Ereignissprache ›der Sturz Napoleons findet statt‹). Man kann ein E. daher als eine ›unpersönliche‹, jedenfalls nicht mehr auf ein grammatisches Subjekt bezogene und daher als ein selbständiger Gegenstand auftretende ↑Handlung auffassen.

Im Unterschied zu einem ↑Vorgang, der grundsätzlich von Verbalsubstantiven (z.B. Stürzen) artikuliert ist und keine sprachlich klar erkennbare Gliederung in Einheiten, also einzelne Vorgänge (dieses Stürzen, jenes Stürzen etc.) aufweist, ist ein einzelnes E., so wie ein Einzelding räumlich, klar zeitlich begrenzt. Ein E. gilt, in seinem Verlauf betrachtet, als Vorgang, ein Vorgang, als Ganzes genommen, als E. – In wissenschaftstheoretischer Terminologie schließt E. in der Regel Ding begrifflich ein, wird also synonym mit Phänomen (engl. dann auch occasion) als ein beliebiges raum-zeitlich abgegrenztes Weltstück behandelt: ›E.‹ ist Klassifikator auf dem Bereich der Raum-Zeit-Stellen. Dinge können dann in logischen Rekonstruktionen als durch räumliche Stabilität ausgezeichnete E.komplexe bestimmt werden; so z.B. in der ›E.theorie‹ A.N. Whiteheads, auch ›Eventismus‹ genannt, wonach (erlebte) E.se als die Grundbausteine der Welt gelten und, speziell in ihrer Rolle, eine Theorie der Subjektivität als Perspektivität zu ermöglichen (jeder und jedes ›sieht‹ die Welt aus seinem Blickwinkel), den ↑Monaden Leibnizens verwandt sind (↑Monadentheorie).

Literatur: E. Cassirer, Philosophie der symbolischen Formen I, Berlin 1923, Darmstadt [2]1953 (repr. Darmstadt 1964) (Kap. III: Die Sprache in der Phase des anschaulichen Ausdrucks); H. Reichenbach, Elements of Symbolic Logic, New York/London 1966, §48 (The Problem of Individuals); A.N. Whitehead, An Enquiry Concerning the Principles of Natural Knowledge, Cambridge 1919, [2]1925; ders., Adventures of Ideas, Cambridge 1933, New York 1942, Cambridge 1961 (dt. Abenteuer der Ideen, eingel. v. R. Wiehl, Frankfurt 1971). K. L.

Erfahrung (engl. experience, franz. expérience), in umgangs- und wissenschaftssprachlicher Verwendung Grundbegriff der ↑Erkenntnistheorie, dessen Verhältnis zu den Begriffen ↑Vernunft und ↑Verstand sowie der Möglichkeit eines nicht-empirischen Wissens (↑a priori) historisch den Gegensatz von ↑Empirismus und ↑Rationalismus bestimmt. Wissenschaftstheoretisch im Problemrahmen von ↑Theorie und ↑Begründung Fundierungselement (theoretischer) Sprach- und Wissen-

schaftskonstruktionen, in einem allgemeineren (z.B. auch dialektische und hermeneutische Konzeptionen der Erkenntnis einschließenden) Sinne zentraler Terminus einer Theorie der Wissensbildung.
In seiner umgangssprachlichen Verwendung bedeutet E. die erworbene Fähigkeit sicherer Orientierung, das Vertrautsein mit bestimmten Handlungs- und Sachzusammenhängen ohne Rekurs auf ein hiervon unabhängiges theoretisches Wissen. In dieser Form tritt E. zum ersten Mal bei Aristoteles auch in einem erkenntnistheoretischen Zusammenhang auf. E. (ἐμπειρία, Empirie) ist verstanden als ein im vor-wissenschaftlichen Bereich wurzelndes ›Wissen des Besonderen‹, als ein Vertrautsein mit und ein Beherrschen von ↑Unterscheidungen, die unmittelbar aus der Praxis des Unterscheidens hervorgehen (Met. A1.980b28ff.; an. post. B19.100a3ff.). E., bezogen auf die Orientierungsleistung der ↑Prädikation, führt daher auch primär nicht auf *induktive*, sondern auf eine *exemplarische*, sich auf endlich viele ↑Beispiele und Gegenbeispiele ›in der Anschauung‹ stützende Weise zu einem elementaren Wissen, auf das (bei Aristoteles in diesem Zusammenhang als ›Wahrnehmung des Allgemeinen‹ charakterisiert) auch theoretisches Wissen bezogen bleibt. Bis hin zu T. Hobbes bleibt dieser Begriff der E., den man auch als den *phänomenalen* oder *Aristotelischen* Begriff der E. bezeichnen kann, bewahrt. Bei F. Bacon wird ein *induktiver* Begriff der E. zum ersten Mal methodisch gegen deduktive Methodologien geltend gemacht und zur Gewinnung genereller Sätze herangezogen (↑Induktion).
In einem anderen, aber ebenfalls auf naturwissenschaftliche Sätze bezogenen Sinne verbindet sich in der Methodologie der Naturwissenschaften (seit G. Galilei) der Begriff der E. mit dem Begriff des ↑Experiments; im Experiment, d.h. unter den Bedingungen einer technischen Praxis, wird eine ›neue‹ E. instrumental erzeugt. Im Gegensatz zu dem bisher geltenden (Aristotelischen) Begriff der E. wird hier zugleich mit einer Identifikation des (beweistheoretischen) Begriffs des *aposteriorischen* Wissens mit dem (grundlagentheoretischen) Begriff des *empirischen* Wissens (↑a priori) die begriffliche Trennung im engeren Sinne theoretischer (erfahrungsunabhängiger) und im engeren Sinne empirischer (von der experimentellen E. abhängiger) Elemente für den (begrifflichen und instrumentellen) Aufbau empirischer Wissenschaften konstitutiv. An die Stelle des phänomenalen oder Aristotelischen Begriffs der E. tritt hier ein *instrumentaler* oder *konstruktiver* Begriff. Der konstruktive Charakter der E. wird von I. Kant in einer Theorie der E., die als solche Theorie der Physik ist, hervorgehoben. E.surteile oder ›empirische Erkenntnisse‹ sind nach Kant im Gegensatz zu sogenannten Wahrnehmungsurteilen, deren Geltung auf den Bereich beobachteter Fälle eingeschränkt ist, solche Urteile, die über den Bereich beobachteter Fälle in synthetischer Verallgemeinerung hinausgehen. Die Frage nach den Bedingungen der Möglichkeit der E. führt damit unter Rekurs auf die synthetisch-apriorischen Elemente eines Systems von E.surteilen zu einer rationalen Physik.
Im Gegensatz zu diesem konstruktiven Begriff der E., aber auch im Gegensatz zum ursprünglichen phänomenalen Begriff der E., steht im Rahmen empiristischer Positionen, vom sogenannten klassischen Empirismus bei J. Locke, G. Berkeley und D. Hume bis hin zum logischen Empirismus (↑Empirismus, logischer) bei R. Carnap, H. Reichenbach u.a., ausgezeichnet durch den Einsatz logischer Analysemittel und die Beschränkung wissenschaftstheoretischer Aufgaben auf die Analyse empirischer Sätze und der ›logischen Syntax‹ der Wissenschaftssprachen, die Annahme einer begriffsfreien Basis des Wissens in der E. im Mittelpunkt erkenntnistheoretischer bzw. wissenschaftstheoretischer Orientierungen (↑Phänomenalismus). Insofern dabei E. auf ein ›empirisch rein Gegebenes‹ zurückgeführt werden soll, hat dieser E.sbegriff entweder *sensualistische* (↑Sensualismus) Prämissen (klassischer Empirismus) oder führt wissenschaftssprachlich in eine Zweistufenkonzeption von ↑Beobachtungssprache (↑Protokollsatz) und ↑Theoriesprache. E. tritt damit weder primär als das Resultat unterscheidender Handlungen noch als das Resultat konstruktiver experimenteller Vorkehrungen auf, sondern der gesuchten Konzeption nach als eine unmittelbare Entsprechung von empirisch Gegebenem und Begriff.
Die moderne Empirismuskritik stützt sich, abgesehen vom Auftreten inner-empiristischer Probleme, insbesondere der Definierbarkeit theoretischer Begriffe (↑Begriffe, theoretische), einerseits auf die These von der Theorieabhängigkeit der E.sbasis (K. R. Popper), andererseits, in Wiederaufnahme Kantischer Intentionen, auf den Nachweis ↑vorwissenschaftlicher, pragmatisch und normativ geordneter Elemente und ihren Fundierungszusammenhang mit Sprach- und Wissenschaftskonstruktionen. Das zuletzt genannte Programm (↑Wissenschaftstheorie, konstruktive) zielt auf

eine systematische Begründung auch der empirischen Wissenschaften, eine Begründung, in deren Rahmen der klassische Gegensatz von Empirismus und Rationalismus seine erkenntnistheoretisch im Begriff der E. artikulierte Schärfe verliert. In dem Maße, in dem sich dabei eine vorwissenschaftliche, lebensweltliche Praxis in Begründungs- und Rechtfertigungsbezügen als (apriorischer) Grund einer wissenschaftlichen Praxis erweist, gewinnt auch der Aristotelische Begriff der E. (als E.sbegriff der ↑Lebenswelt) erneut an Bedeutung.

Während sich die wissenschaftstheoretische Diskussion des E.sbegriffs im wesentlichen an Methodenproblemen der empirischen Wissenschaften (ihres Aufbaus und ihrer Geltungsstrukturen, ↑Geltung) orientiert, knüpfen Bemühungen, den Begriff der E. auch im Rahmen einer Theorie der ↑Geisteswissenschaften einzuführen, an G. W. F. Hegels dialektische Theorie der Wissensbildung (↑Dialektik), an die Bildung von ›Bewußtsein‹, ›Selbstbewußtsein‹ und Vernunft an (↑Phänomenologie des Geistes). Abweichend von der erkenntnistheoretischen Tradition faßt Hegel das Verhältnis von Wissen und Gegenstand prozessual als dialektisch sich aufstufende Selbsterfahrung des Geistes, Wissen wird als das Resultat einer *begrifflichen Geschichte* bzw. einer *begrifflichen E.* dargestellt (die »dialektische Bewegung, welche das Bewußtsein an ihm selbst, sowohl an seinem Wissen als an seinem Gegenstande ausübt, insofern ihm der neue wahre Gegenstand daraus entspringt, ist eigentlich dasjenige, was E. genannt wird«, Phänom. des Geistes, Einl., Sämtl. Werke II, 78). Erkenntnis derart als E. mit dem Gegenstand und mit sich selbst verstanden, hat universellen Charakter. Sie begreift die Konstitution der Welt als genetische Selbstkonstitution des Geistes und ist hierin nach Hegel ›absolutes Wissen‹ (↑Wissen, absolutes).

In der hermeneutischen Philosophie (↑Hermeneutik) wird im Rahmen einer (der Konzeption nach wiederum *universellen*) Theorie des ↑Verstehens (M. Heidegger, H.-G. Gadamer) eine über theoretische Antizipationen material nicht einholbare E. des Verstehenden mit sich selbst im Umgang mit dem zu Verstehenden in Anspruch genommen und im Begriff der ästhetischen E. als einer innovativen Praxis gegen die ältere Bindung der Hermeneutik an eine Metaphysik des ↑Schönen und der Werke auf die Theorie der Kunst und deren geschichtliche Manifestationen angewendet (H. R. Jauß). In der These von der Welt als Geschichte nehmen die Begriffe der hermeneutischen und der ästhetischen E. Elemente einer Kritik der Urteilskraft im Sinne I. Kants auf und schließen von daher den E.sbegriff stärker an *praktische*, auch über eine Ästhetik vermittelte (↑ästhetisch/Ästhetik (endeetisch)) Orientierungen an. Im engeren Sinne erkenntnistheoretisch fundiert ist E. Husserls Begriff der *transzendentalen* E. (Cartesianische Meditationen, 66ff.), insofern dieser Begriff im Rahmen der methodologischen Konzeption einer phänomenologischen Reduktion (↑Reduktion, phänomenologische) zu den Konstitutionselementen des transzendentalen Ego (↑Ego, transzendentales), d.h. wiederum eines der ›Selbsterfahrung‹ zugänglichen Gegenstandes, gehört. Husserls ebenfalls transzendental bestimmter Begriff der Lebenswelt (Krisis, 105ff.) und der ›vorprädikativen‹ E. (E. und Urteil, 21ff.) führt eine solche Konzeption der E. im Rahmen einer allgemeinen Theorie der Wissensbildung wieder enger an die Diskussion von Fundierungsverhältnissen in den Wissenschaften im Problemrahmen von Theorie und Begründung heran.

Literatur: H. Holzhey, Kants E.s-Begriff. Quellengeschichtliche und bedeutungsanalytische Untersuchungen, Basel/Stuttgart 1970; K. Hübner, Theorie und Empirie, Philos. Nat. 10 (1967), 198–210; E. Husserl, Cartesianische Meditationen und Pariser Vorträge, ed. S. Strasser, Den Haag ²1963 (Husserliana I); ders., Die Krisis der europäischen Wissenschaften und die transzendentale Phänomenologie, ed. W. Biemel, Den Haag ²1962 (Husserliana VI); ders., E. und Urteil. Untersuchungen zur Genealogie der Logik, ed. L. Landgrebe, Nachwort L. Eley, Hamburg ⁴1972; H. R. Jauß, Ästhetische E. und literarische Hermeneutik I (Versuch im Felde der ästhetischen E.), München 1977; F. Kambartel, E. und Struktur. Bausteine zu einer Kritik des Empirismus und Formalismus, Frankfurt 1968; ders., E., Hist. Wb. Ph. II (1972), 609–617; ders., Wie abhängig ist die Physik von E. und Geschichte? Zur methodischen Ordnung apriorischer und empirischer Elemente in der Naturwissenschaft, in: K. Hübner/A. Menne, Natur und Geschichte (X. Dt. Kongreß für Philosophie, Kiel 1972), Hamburg 1973, 154–169; A. S. Kessler/A. Schöpf/C. Wild, E., Hb. ph. Grundbegriffe I (1973), 373–386; S. Körner, Experience and Theory. An Essay in the Philosophy of Science, London 1966 (dt. Erfahrung und Theorie. Ein wissenschaftstheoretischer Versuch, Frankfurt 1970); L. Krüger, Der Begriff des Empirismus. Erkenntnistheoretische Studien am Beispiel John Lockes, Berlin/New York 1973; J. Mittelstraß, Metaphysik der Natur in der Methodologie der Naturwissenschaften. Zur Rolle phänomenaler (Aristotelischer) und instrumentaler (Galileischer) E.sbegriffe in der Physik, in: K. Hübner/A. Menne (eds.), Natur und Geschichte (X. Dt. Kongreß für Philosophie, Kiel 1972), Hamburg 1973, 63–87; ders., E. und Begründung, in: ders., Die Möglichkeit von Wissenschaft, Frankfurt 1974, 56–83, 221–229; M. Oakeshott, Experience and its Modes, Cambridge 1933, ²1978; H. Reichenbach, Experience and Prediction. An Analysis of the Foundations and the Structure of Knowledge, Chicago 1938, [6]1966; L. Schäfer, E. und Konvention. Zum Theoriebegriff der empirischen Wissenschaften, Stuttgart 1974; H. Schnädelbach, E., Begründung und Reflexion. Versuch über den Positivismus, Frankfurt 1971; ders., E., WL 140–146; R.E. Vente (ed.), E. und E.swissenschaft. Die Frage des Zusammenhangs wissenschaftlicher und gesellschaftlicher Entwicklung, Stuttgart/Berlin/Köln/Mainz 1974. J.M.

erfüllbar/Erfüllbarkeit, ein *n*-Tupel $e_1, \ldots, e_n$ von Ausdrücken erfüllt eine *n*-stellige ↑Aussageform $A(x_1, \ldots, x_n)$, wenn die durch die entsprechende Einsetzung von $e_1, \ldots, e_n$ für die Variablen $x_1, \ldots, x_n$ entstehende Aussage $A(e_1, \ldots, e_n)$ wahr ist. Z.B. erfüllt das Paar (1; 4) die Aussageform $x < y$, diese erfüllt ihrerseits als Relator von Grundzahlen die Aussageform $\bigvee_x \bigvee_y R(x, y)$ mit der Variablen *R*, und jedes beliebige Paar von Aussagen (*p*; *q*) erfüllt die Aussageform $(p \to q) \to (\neg q \to \neg p)$, die darum ↑›allgemeingültig‹ heißt. Eine Aussageform $A(x_1, \ldots, x_n)$ heißt ›e.‹, wenn es ein sie erfüllendes *n*-Tupel $e_1, \ldots, e_n$ gibt. C.T.

Erhabene, das, metaphysisch das Transzendente (↑transzendent/Transzendenz), den Menschen Erhebende, psychologisch die Natur, erfahren unter dem Aspekt ihrer Unendlichkeit (das mathematisch E. [I. Kant]) oder als chaotisch existenzbedrohende Macht in Konfrontation mit der menschlichen Freiheit (das dynamisch E. [Kant] bzw. das pathetisch E. [F. Schiller]).

Die ↑Ästhetik entfaltet das E. als Komplementärbegriff zum Schönen (↑Schöne, das). Die metaphysische Bestimmung sieht das E. als Eigenschaft eines Dinges an, die vermittels sinnlicher Wahrnehmung zur ›plötzlich anschauenden Erkenntnis einer Vollkommenheit‹ (M. Mendelssohn) befähigt. Unter dem Einfluß von E. Burkes Schrift über das E. und Schöne bestimmt Kant das E. aus dem durch es hervorgerufenen Gefühl, der Furcht, wobei er eine empirisch-psychologische Analyse der Wirkung des E.n auf den Menschen durch die Analyse der notwendig im Urteil mit gesetzten Bedingungen des Urteils über das E. begründet, die in der Konfrontation von Natur- und Freiheitserfahrung liegen. Kant unterscheidet ›mathematisch‹ und ›dynamisch‹ E.s. Das *mathematisch* E. konstituiert sich durch die Erfahrung der unendlichen Größe in sich mannigfaltiger Naturerscheinungen. In dieser Erfahrung wird die ↑Einbildungskraft genötigt, über den ihr eigenen Bereich (sinnliche Rezeption), ferner über ↑Verstandesbegriffe hinauszugreifen und die Einheit der Erfahrung durch eine Vernunftidee, ein ›übersinnliches Substrat‹ zu gewährleisten (hier durch den Begriff unendlicher Größe, des Göttlichen). In Konfrontation mit der Natur als chaotischer, existenzbedrohender Macht konstituiert sich die Erfahrung des *dynamisch* E.n. Der furchtauslösende Eindruck der Bedrohung wird dabei begleitet durch eine Erfahrung der ›Menschheit‹, d.i. Freiheit und Menschenwürde, die gegen die Bedrohung durch Natur oder Schicksal durchgehalten werden soll. Obwohl also der Index für die Beurteilung des E.n das Gefühl bleibt, ist dieses als ›Geistgefühl‹, d.i. durch Ideen konstituiertes Gefühl, nicht empirisch-individuell, sondern subjektiv-allgemeingültig. Im Anschluß an Kants Bestimmung des dynamisch E.n entwickelt Schiller, der abweichend von Kant die Ästhetik in den Bereich der praktischen Vernunft verlegt, in seiner Abhandlung »Über das E.« (1795) eine weitere Differenzierung, indem er das dynamisch E. als praktisch E.s bezeichnet und es in kontemplativ und pathetisch E.s unterscheidet. Beabsichtigt ist damit die Grundlegung nicht nur einer Theorie der Naturerfahrung, sondern auch einer Theorie der Kunst, näherhin des Dramas. Die Idee der Menschheit wird hier gegenüber chaotischen Natur-, Schicksals- und Geschichtsmächten durchgehalten. Darstellung der leidenden Natur und Darstellung moralischer Selbständigkeit im menschlichen Leiden sind als die beiden Formen des pathetisch E.n zugleich die Grundgesetze der tragischen Kunst.

Mit der idealistischen Ästhetik verliert die Theorie des E.n ihre konstitutive Bedeutung für die Ästhetik. So sieht Hegel im E.n eine historische Vorstufe der Erfahrung der Schönheit. Der erste Grund hierfür liegt im Wechsel des ästhetischen Interesses von einer Begründung des Naturschönen zu einer des Kunstschönen, der zweite Grund in der Definition des E.n selbst. Das E. definiert sich wieder durch die Angabe der metaphysischen Idee, einer der Vernunft noch nicht adäquaten, ihrer selbst noch nicht bewußten Erfahrung des Göttlichen. Die Kunst des E.n ist die symbolische Kunst. Dieser Übergang vom E.n zum Schönen als dem Grundbegriff der Ästhetik bereitet sich bereits in Schillers Kantkritik vor. Schiller schreibt dem Schönen wie dem E. die Beziehung auf die Idee der Unendlichkeit bzw. Freiheit (›Menschheit‹) zu und motiviert dadurch die nachfolgende Ästhetik, die Theorie des E.n entweder nur als Appendix zur Theorie des Schönen zu entfalten oder in beiden keinen Unterschied zu sehen. – Erst T.W. Adornos Ästhetik räumt der Theorie des E.n wieder einen Vorrang ein: Die Erfahrung des E.n ist bestimmt durch eine Anerkenntnis der Nichtmanipulierbarkeit der Natur gegenüber menschlicher Freiheit des Handelns und der daraus erwachsenden Gestaltung, nämlich der technischen Verfremdung der Natur. Eine Theorie des E.n entspricht deshalb eo ipso der ideologiekritischen Intention der ästhetischen Theorie.

Literatur: T.W. Adorno, Ästhetische Theorie, in: ders., Gesammelte Schriften VII, Frankfurt 1970, 7–387 (als Einzelbd. Frankfurt 1973); E. Burke, A Philosophical Enquiry into the Origin of our Ideas of the Sublime and Beautiful, London 1757 (dt. Vom E.n und Schönen, Berlin 1956); G.W.F. Hegel, Ästhetik, I–II, ed. F. Bassenge, Berlin/Weimar [3]1976; J.G. Herder, Kritische Wälder. Oder Betrachtungen, die Wissenschaft und Kunst des Schönen betreffend, I–III, Riga 1769; W.J. Hipple, The Beautiful, the Sublime, and the Picturesque, Carbondale Ill. 1957; R. Homann, E.s und Satirisches, München 1977; I. Kant, Beobachtungen über das Gefühl des Schönen und E.n (1764), Akad.-Ausg. II, 205–256; J. Kulenkampff (ed.), Materialien zu Kants Kritik der Urteilskraft, Frankfurt 1974; Longinus, De sublimitate libellus, ed. J. Vahlen, Leipzig 1911; M. Mendelssohn, Betrachtungen über das E.e und das Naive in den schönen Wissenschaften, in: ders., Gesammelte Schriften. Jubiläumsausgabe, ed. I. Elbogen u.a., I, Berlin 1929, 193–218; A. Müller/G. Tonelli/R. Homann, Erhaben, das E., Hist. Wb. Ph. II (1972), 624–635; J. Rossaint, Das E. und die neuere Ästhetik, Köln 1926; J.G. Sulzer, Allgemeine Theorie der schönen Künste, in einzeln, nach alphabetischer Ordnung der Kunstwörter auf einander folgenden, Artikeln abgehandelt, I, Leipzig 1771, [2]1792 (repr. Hildesheim/New York 1967), 97–114; K. Viëtor, Die Idee des E.n in der deutschen Literatur, in: ders., Geist und Form. Aufsätze zur deutschen Literaturgeschichte, Bern 1952, 234–266; F.T. Vischer, Über das E. und Komische und andere Texte zur Ästhetik, ed. W. Oelmüller, Frankfurt 1967; W. Weischedel, Rehabilitation des E.n, in: Erkenntnis und Verantwortung. Festschrift für Theodor Litt, ed. J. Derbolav/F. Nicolin, Düsseldorf 1960, 335–345. A.G.-S.

Erhaltungssätze, grundlegende physikalische Gesetze, nach denen bestimmte physikalische Größen in abgeschlossenen Systemen bei jeder zeitlichen Zustandsänderung ihren Wert beibehalten. Nach dem *Impulssatz* (↑Impuls) bleibt der Gesamtimpuls eines abgeschlossenen Systems, d.h. eines Systems, in dem nur innere Kräfte wirken, erhalten. Der Impulssatz wurde von C. Huygens für zwei Körper beim Stoß angewendet und von I. Newton als äquivalent zu seinem dritten Bewegungsgesetz, dem Gegenwirkungsprinzip, erkannt. Eine andere Form des Impulssatzes ist der auf Newton zurückgehende Satz von der *Erhaltung des Schwerpunktes.* Danach sind zwei Massen nicht imstande, durch Wechselwirkung ihren gemeinsamen Schwerpunkt zu verschieben. P. d'Arcy verallgemeinerte 1747 das von Newton zur Erklärung der Keplerschen Gesetze benutzte Sektorengesetz und stieß dabei auf den Satz von der *Erhaltung der Flächen.* Legen nämlich zwei Massen m_1, m_2 die entgegengesetzten Wege AB, CD nur auf Grund ihrer Wechselwirkung $m_1 \cdot AB + m_2 \cdot CD = 0$ zurück (vgl. Abb. 1), so gilt auch für die Flächenräume, die von den Radienvektoren eines Punktes O mit den bewegten Massen durchstrichen werden, $m_1 \cdot OAB + m_2 \cdot OCD = 0$. Treten zusätzlich äußere Kräfte auf, wonach die Flächenräume OAE und OCF beschrieben würden, so ergibt die Zusammenwirkung der inneren und äußeren Kräfte in sehr kleinen Zeiten die Flächenräume OAG und OCH:

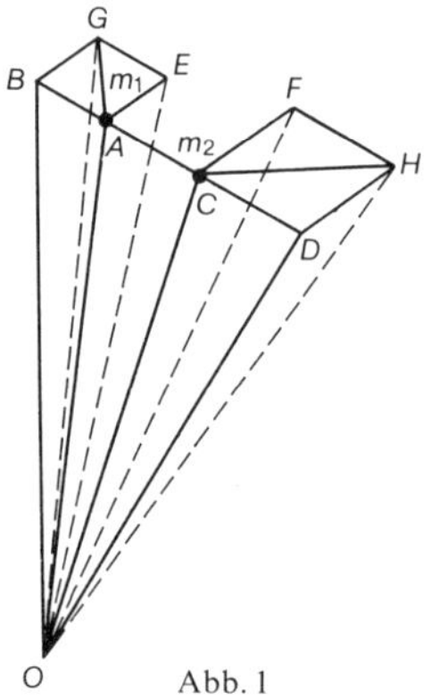

Abb. 1

Nach dem Varignonschen Parallelogrammsatz ist also $m_1 \cdot OAG + m_2 \cdot OCH = m_1 \cdot OAE + m_2 \cdot OCF + m_1 \cdot OAB + m_2 \cdot OCD = m_1 \cdot OAE + m_2 \cdot OCF$, d.h., die Summe der mit den entsprechenden Massen multiplizierten durchstrichenen Flächenräume wird durch die inneren Kräfte nicht geändert. D. Bernoulli hatte diesen Satz bereits 1745 bei der Behandlung der Bewegungen von Kugeln in drehbaren Röhren als *Drehimpulserhaltungssatz* ausgesprochen.

Nachdem G. Galilei 1637 durch seine Beziehung $v^2 \sim h$ eine Vorform des *Energiesatzes* formuliert hatte, gab C. Huygens 1673 für das Schwerefeld der Erdoberfläche die vollständige Fassung an, die G.W. Leibniz als allgemeinen Satz von der Erhaltung der ›lebendigen Kräfte‹ (conservatio virium vivarum) interpretierte (↑vis viva): Seien nämlich p_i Gewichte, m_i die zugehörigen Massen, h_i die Falltiefen der freien oder verbundenen Massen, v_i die erlangten Geschwindigkeiten, so gilt

$\sum_i p_i h_i = \frac{1}{2} \sum_i m_i v_i^2$.

Sind die Anfangsgeschwindigkeiten nicht Null, sondern v_{0i}, so bezieht sich der Satz

$$\sum_i p_i h_i = \tfrac{1}{2}\sum_i m_i (v_i^2 - v_{0i}^2)$$

auf den Zuwachs der ›lebendigen Kraft‹ durch die geleistete Arbeit. Treten anstelle konstanter Kräfte (z.B. Gewichte) veränderliche Kräfte p_i auf, so gilt

$$\sum_i \int p_i \, ds = \tfrac{1}{2}\sum_i m_i (v_i^2 - v_{0i}^2),$$

wobei ds die durch die veränderlichen Kräfte p_i beschriebenen Wegelemente sind. In diesem Sinne benutzte L. Euler 1736 den Energieerhaltungssatz und wendete ihn D. Bernoulli 1738 in seiner Hydrodynamik an. Nachdem bereits J.R. Mayer 1842 die wechselseitige Umwandelbarkeit von Wärme und Arbeit untersucht hatte, trat H. v.Helmholtz 1847 in seiner Schrift »Über die Erhaltung der Kraft« für eine *Verallgemeinerung des Energiesatzes* der Mechanik ein und prüfte ihn für die Phänomene der Wärme, der Elektro-, Magnetostatik und Elektrodynamik. Nach A. Einsteins spezieller *Relativitätstheorie* (↑Relativitätstheorie, spezielle) fällt der Energieerhaltungssatz mit dem *Massenerhaltungssatz* wegen der Energie-Masse-Beziehung $E = mc^2$ zusammen, wonach ein Massensystem durch Ausstrahlung eines Energiebetrages einen entsprechenden Betrag an Masse verliert.

Die klassischen E. von Energie, Impuls, Schwerpunkt und Drehimpuls gelten auch in der modernen Physik, da sie *invariant* gegenüber der Gruppe der Lorentz-Transformationen sind (↑Lorentz-Invarianz). Lorentz-invariante Theorien sind insbesondere invariant gegenüber einer Verschiebung des Zeitnullpunktes, d.h. enthalten die Homogenität der Zeit. Daher muß es in jeder solchen Theorie Größen geben, die bei der zeitlichen Veränderung eines physikalischen Objekts oder eines Systems wechselwirkender Objekte erhalten bleiben. Wie solche Erhaltungsgrößen einer Theorie mathematisch zu bestimmen sind, kann auf Grund eines Satzes von E. Noether ausgerechnet werden. Danach entsprechen allgemein der *Invarianz der Naturgesetze* gegenüber einer Transformationsgruppe so viele E., als diese Gruppe unabhängige Parameter besitzt. Insbesondere entspricht der Energiesatz der Homogenität der Zeit, der Impulssatz der Homogenität des Raumes und der Drehimpulssatz der Isotropie des Raumes. Die moderne Teilchenphysik kennt zahlreiche weitere E. – Philosophisch stehen die physikalischen E. in engem Zusammenhang mit der Bestimmung des Substanzbegriffs (↑Substanz) (z.B. bei R. Descartes, G.W. Leibniz und I. Kant).

Literatur: A.E. Haas, Die Entwicklungsgeschichte des Satzes von der Erhaltung der Kraft, Wien 1909; H. v. Helmholtz, Über die Erhaltung der Kraft, Berlin 1847, Leipzig 1889 (Ostwalds Klassiker der exakten Wissenschaften 1); F. Hund, Geschichte der physikalischen Begriffe I (Die Entstehung des mechanischen Naturbildes), Mannheim [2]1978; A. Hermann (ed.), Lexikon Geschichte der Physik A–Z, Köln 1972; E. Mach, Die Mechanik in ihrer Entwicklung, historisch-kritisch dargestellt, Leipzig 1883, [9]1933 (repr. Darmstadt 1976); P. Mittelstaedt, Philosophische Probleme der modernen Physik, Mannheim 1963, [5]1976; M. Planck, Das Prinzip der Erhaltung der Energie, Leipzig 1887, [5]1924; C.F. v. Weizsäcker, Kants ›Erste Analogie der Erfahrung‹ und die E. der Physik, in: H. Delius/G. Patzig (eds.), Argumentationen. Festschrift für Josef König, Göttingen 1964, 256–275, Neudr. in: ders., Die Einheit der Natur. Studien, München 1971, 383–404. K.M.

Erinnerung (engl. memory, recollection), in philosophischem Kontext Terminus der ↑Erkenntnistheorie. Im wesentlichen sind zwei E.sbegriffe wirksam geworden: (1) der an Platons ↑Anamnesis-Lehre anschließende metaphysische Begriff der E. und (2) der von Aristoteles ausgehende psychologische Begriff der E. Der *metaphysische* E.sbegriff, der der philosophischen Tradition des Rationalismus von Platon über z.B. Augustinus, R. Descartes, G.W. Leibniz, G.W.F. Hegel und F.W.J. Schelling, S. Kierkegaard, E. Husserl und M. Heidegger eigentümlich ist, bestimmt in vielerlei Ausformungen E. als ein Vorherwissen des ↑Allgemeinen, das im ›Wiedererkennen‹ des Besonderen zum Ausdruck kommt. Die Erklärung dieses Phänomens erfolgt in unterschiedlicher Weise: z.B. in der Lehre von den angeborenen Ideen (↑Idee, angeborene), der Lehre von der ↑Seelenwanderung, Hegels Vermittlung von Anamnesis und Entwicklung (›Phänomenologie‹) des Geistes in der E., der Konzeption der E. der ›transzendentalen Vergangenheit‹ des Ich in Schellings Naturphilosophie. Während die ↑Psychoanalyse S. Freuds an Schellings Konzeption anknüpft und durch H. Marcuse eine sozialphilosophische Wendung erhält, versteht sich der E.sbegriff des ↑Historismus (insbesondere J.G. Droysen) und derjenige J. Burckhardts und F. Nietzsches aus einer polemischen Absetzung gegen Hegel. Der *psychologische* E.sbegriff als Repräsentation von ↑Vorstellungen kennzeichnet, von Aristoteles eingeführt, die Tradition des Empirismus und liegt insbesondere den einschlägigen Analysen von J. Locke und D. Hume zugrunde. Auch die neueren sprachanalytischen Untersuchungen über die Logik von Sätzen der Form ›ich erinnere mich, daß *p*‹ (wobei *p* ein Ereignis ausdrückt) stehen in der Tradition des psychologischen E.sbegriffs, der zugleich derjenige der Alltagssprache und der psychologischen Wissenschaft ist.

Literatur: G. E. M. Anscombe, The Reality of the Past, in: M. Black (ed.), Philosophical Analysis, Ithaca N.Y. 1950, Englewood Cliffs N.J. 1963, 38–59; A. J. Ayer, Statements about the Past, in: ders., Philosophical Essays, London/New York 1954, 167–190; ders., The Problem of Knowledge, Harmondsworth 1956, 149–198; C. v. Bormann, E., Hist. Wb. Ph. II (1972), 636–643; C. D. Broad, The Mind and its Place in Nature, London 1925, 221–274; E. J. Furlong, A Study of Memory, London 1951; D. Jähnig, Die Beseitigung der Geschichte durch ›Bildung‹ und ›E.‹ (zu Hegel), Praxis 7 (1971), 63–72, Nachdr. in: ders., Welt-Geschichte: Kunst-Geschichte. Zum Verhältnis von Vergangenheitserkenntnis und Veränderung, Köln 1975, 29–37; C. Landesman, Philosophical Problems of Memory, J. Philos. 49 (1962), 57–65; C. I. Lewis, An Analysis of Knowledge and Valuation, La Salle Ill. 1946, 315–362; N. Malcolm, Three Lectures on Memory, in: ders., Knowledge and Certainty. Essays and Lectures, Englewood Cliffs N.J. 1963, 187–240; G. E. Moore, Some Main Problems in Philosophy, London 1953, 234–251; L. Oeing-Hanhoff, Zur Wirkungsgeschichte der platonischen Anamnesislehre, in: Collegium philosophicum. Studien Joachim Ritter zum 60. Geburtstag, Basel 1965, 240–271; G. Ryle, The Concept of Mind, London 1949 (repr. 1969), 245–279 (dt. Der Begriff des Geistes, Stuttgart 1969, 335–382); S. Shoemaker, Memory, Enc. Ph. V (1967), 265–274.

Eristik (griech. ἐριστικὴ τέχνη, Kunst des Streitens und Disputierens), vor allem von Platon und Aristoteles verwendete Bezeichnung für den wissenschaftlichen, insbesondere den um des Streitens und des vordergründigen Rechthabens willen geführten Meinungsstreit, historisch in erster Linie die von den Sophisten ausgebildete Dialogtechnik, mit der alles bewiesen oder widerlegt werden konnte (häufig bei gerichtlichen Auseinandersetzungen verwendet). Platon setzt an deren Stelle die von Zenon aus Elea entwickelte, vor ihm bereits von den Pythagoreern, dann von Sokrates verwendete, ↑›Dialektik‹ genannte Methode der ↑reductio ad absurdum als gerechtfertigtes Argumentationsverfahren. Aristoteles bewertet die E. negativ und zählt den ›eristischen Syllogismus‹ zu den ↑Trugschlüssen (↑Sophisma). – Eristiker werden die ↑Megariker, die Schüler des Eukleides von Megara (um 400 v. Chr.), genannt. Jedoch zeigt das Beispiel der Megariker, auf die die frühesten Untersuchungen zur formalen Logik zurückgehen, daß die E. auch ein ernstes Interesse an der Struktur gültigen Beweisens und Widerlegens ausdrückt. M. G.

Eriugena, Johannes Scotus (auch Erigena), *Irland um 810 (daher sein Beiname Eriugena, von Erin, dem alten Namen für Irland; da im 9. Jh. Irland auch Scotia maior hieß, sein zweiter Beiname Scotus), †Frankreich um 877, ir. Philosoph und Theologe, Übersetzer griechischer Schriften des Pseudo-Dionysios, der »Ambigua« des Maximus Confessor und der Schrift »De hominis opificio« des Gregor von Nyssa ins Lateinische. E. wurde von Karl dem Kahlen nach Paris an die Hofschule berufen, die er um 850 leitete, nahm in »De praedestinatione« zwar unpolemisch Stellung im Streit zwischen Hinkmar von Reims und Gottschalk um die Prädestinationslehre, verschärfte dadurch aber gerade die Kontroverse; seine Schrift wurde auf den Konzilien von Valence (855) und Langres (859) verworfen. E.s. Hauptwerk »De divisione naturae«, in dem er die neuplatonische Gedankenwelt mit der christlichen Tradition zu verbinden sucht, wurde wahrscheinlich zwischen 862 und 866 verfaßt; 1210 wurde es auf dem Pariser Provinzialkonzil und 1225 von Honorius III. verboten.

Das Verhältnis von Autorität und Vernunft sieht E. unter Berufung auf Augustinus so, daß alle Forschung mit dem Glauben an die Offenbarung beginnen müsse, daß aber der Vernunft die Aufgabe zukomme, den Sinn der Offenbarung zu klären. Im Falle eines Widerspruchs zwischen Autorität und Vernunft (der in den Prinzipienfragen allerdings ausgeschlossen wird) hat die Vernunft den Vorrang. Die Schöpfung stellt E. mit den Termini der neuplatonischen Emanationslehre (im Anschluß an Pseudo-Dionysios) dar, wobei Gott die Substanz aller endlichen Dinge ist. E. unterscheidet eine affirmative und negative Theologie: der Mensch kann Gott nur metaphorisch bestimmte Prädikate zusprechen, da Gott für den Menschen in seinem Wesen unerkennbar ist. Darum hebt die negative Theologie die Aussagen der affirmativen Theologie über Gott wieder auf.

Werke: Opera quae supersunt omnia, MPL 122; De divisione naturae libri quinque, Oxford 1681 (repr. Frankfurt 1964, dt. Über die Einteilung der Natur, I–II, ed. L. Noack, Leipzig 1870/1874); Annotationes in Marcianum, ed. C. E. Lutz, Cambridge Mass. 1939; Periphyseon (De divisione naturae), lat./engl., I–II, ed. I. P. Sheldon-Williams, Dublin 1968/1972; Commentaire sur l'Évangile de Jean. Introduction, texte critique, traduction, notes et index É. Jeauneau, Paris 1972; Expositiones in ierarchiam coelestem, ed. J. Barbet, Turnholti 1975. – I. P. Sheldon-Williams, A Bibliography of the Works of J. S. E., J. Eccles. Hist. 10 (1960), 223–224.

Literatur: C. Albanese, Il pensiero di Giovanni E., Messina 1929; C. Allegro, Giovanni Scoto E., I–II, Rom

1974/1976; H. Bett, J. S. E.. A Study in Mediaeval Philosophy, Cambridge 1925, New York [2]1964; M. Cappuyns, Jean Scot Érigène, sa vie, son œuvre, sa pensée, Louvain 1933 (repr. Brüssel 1969); D. F. Duclow, Divine Nothingness and Self-Creation in John Scotus E., J. Relig. 57 (1977), 109–123; P. Kletler, J. E.. Eine Untersuchung über die Entstehung der mittelalterlichen Geistigkeit, Leipzig 1931 (repr. Hildesheim 1971); P. Mazzarella, Il pensiero di Giovanni Scoto E., Padua 1957; A. Schneider, Die Erkenntnislehre des J. E. im Rahmen ihrer metaphysischen und anthropologischen Voraussetzungen, I–II, Berlin 1921/1923; P. Vernet, E., Dictionnaire de théologie catholique V (1939), 401–434; Jean Scot Érigène et l'histoire de la philosophie. Laon, 7–12 juillet. 1975, Paris 1977 (Colloques internationaux du Centre national de la recherche scientifique 561). O. S.

Erkenntnis (engl. knowledge, franz. connaissance), ebenso wie ↑Wissen im engeren, philosophischen und wissenschaftlichen Sinne im Unterschied zu den unabgesicherten und häufig subjektiven Orientierungsweisen des *Meinens* (↑Meinung) und *Glaubens* (↑Glaube (philosophisch)) das *begründete Wissen* eines Sachverhaltes. Die philosophische Tradition unterscheidet insbesondere zwischen ↑diskursiver und intuitiver (↑Intuition) bzw. evidenter (↑Evidenz) E., je nachdem, ob es sich um ein methodisch und begrifflich aufgebautes (durch Beweis, Erklärung, Definition etc. vermitteltes) Wissen oder um ein in diesem Sinne unvermitteltes Wissen (Wissen durch ↑Anschauung) handelt, und (in systematischem Zusammenhang mit der Unterscheidung zwischen Begriff und Anschauung) zwischen einer E. a priori und einer E. a posteriori, wobei nach den Analysen I. Kants auch ›empirische E.‹ nach dem Muster der Physik auf apriorische, nämlich methodische E.orientierungen als Bedingungen ihrer Möglichkeit rekurriert (↑a priori). Der für den Begriff der E. konstitutive Zusammenhang zwischen den (strukturierenden) Leistungen des E.subjekts und den Gegebenheiten des E.objekts bildet historisch gesehen das sogenannte ↑Subjekt-Objekt-Problem. Die Explikation des Begriffs der E. in diesen und anderen Hinsichten erfolgt in der ↑Erkenntnistheorie.

Literatur: H. Krings/H. M. Baumgartner, Erkennen, E., Hist. Wb. Ph. II (1972), 643–662; W. Luther, Wahrheit, Licht und E. in der griechischen Philosophie bis Demokrit, Arch. Begriffsgesch. 10 (1966), 2–240; A. Quinton, Knowledge and Belief, Enc. Ph. IV (1967), 345–352. J. M.

Erkenntnisfortschritt (engl. growth of knowledge, scientific progress), allgemein die zunehmende quantitative und/oder qualitative Verbesserung menschlicher, insbesondere wissenschaftlicher Erkenntnis in der Geschichte der Erkenntnis. In der Geschichte der Wissenschaftstheorie wurde das Problem der Erklärung und Sicherung des E.s erst mit K. R. Poppers »Logik der Forschung« (1934) zu einem erstrangigen Thema, da erst auf Grund der falsifikationistischen Methodologie (↑Deduktivismus, ↑Falsifikation, ↑Rationalismus, kritischer) der Gedanke der Verbesserung einer Theorie durch ↑Bewährung und Wahrheitsannäherung (verisimilitude, ↑Wahrheit) auch auf der Ebene des ›context of justification‹ von Interesse sein konnte (↑Entdeckungszusammenhang/Begründungszusammenhang). Ein Fortschritt ist demnach nur konstatierbar, wenn es allgemeine methodische Kriterien des wissenschaftlichen Erkennens gibt; für Popper ist das entscheidende Kriterium der Grad der Bewährung.

Die Möglichkeit allgemeiner methodischer Kriterien ist durch T. S. Kuhns These der methodischen Inkommensurabilität von Paradigmen (↑Paradigma, ↑Revolution, wissenschaftliche) erschüttert worden. Während Kuhn jedoch immerhin noch einen paradigmaintern meßbaren E. für angebbar hält, hat P. K. Feyerabend methodologische Prinzipien als überhaupt fortschrittsfeindlich inkriminiert (↑Anarchismus, erkenntnistheoretischer). Demgegenüber haben die Popperianer, allen voran I. Lakatos, versucht, die Idee einer transparadigmatischen Methodologie durch einen ›raffinierten‹ Falsifikationismus zu verteidigen. Danach besteht der Fortschritt in der Theorienentwicklung in der progressiven Problemverschiebung von Theorien im Rahmen eines ↑Forschungsprogramms.

Für die gesamte an Popper anschließende Diskussion ist eine ›internalistische‹ Konzeption von E. insofern maßgebend, als ein Fortschritt immer nur als meßbar oder nicht meßbar gemäß den methodischen Prinzipien der wissenschaftlichen Erkenntnis angesehen wird. Betrachtet man Wissenschaften demgegenüber als Unternehmungen des Menschen mit dem Ziel, seine praktischen und technischen Probleme, unterstützt durch geeignete Informationen, zu lösen, dann läßt sich der Fortschritt an der Verbesserung der Instrumentalität der wissenschaftlichen Erkenntnis messen. Eine solche Konzeption von E. käme allerdings gegenüber der neuzeitlichen Wissenschaftsgeschichte zu einer sehr differenzierten Beurteilung hinsichtlich ihres Fortschrittscharakters.

Literatur: P. Hucklenbroich, Erfahrung und Methode. Zu einer Theorie des E.s in den Naturwissenschaften, Königstein 1978; W. Krohn/E. T. Layton Jr./P. Weingart (eds.), The Dynamics of Science and Technology. Social Values, Technical Norms and Scientific Criteria in the Development of Knowledge, Dordrecht/Boston 1978; I. Lakatos, Philosophical Papers I (The Methodology of Scientific Research Programmes), Cambridge/London/New York/Melbourne 1978; ders./A. Musgrave (eds.), Criticism and the Growth of Knowledge, Cambridge 1970 (dt. Kritik und Erkenntnisfortschritt, Braunschweig 1974); L. Laudan, Progress and its problems. Towards a Theory of Scientific Growth, London 1977; K.R. Popper, Truth, Rationality and the Growth of Scientific Knowledge, in: ders., Conjectures and Refutations. The Growth of Scientific Knowledge, London [3]1969, 215–250; G. Radnitzky/G. Andersson (eds.), Progress and Rationality in Science, Dordrecht 1978; N. Rescher, Scientific Progress. A Philosphical Essay on the Economics of Research in Natural Science, Oxford 1978. C.F.G.

Erkenntnisinteresse, allgemeine Zwecksetzung, die die Konstitution und Ausdifferenzierung des (wissenschaftlich) erkannten Gegenstandes leitet. Die gegenwärtige Verwendung des Begriffes E. ist vor allem durch J. Habermas' Frankfurter Antrittsvorlesung über »Erkenntnis und Interesse« und die spätere Buchfassung gleichen Titels veranlaßt. Habermas wendet sich mit seiner Konzeption des ›erkenntnisleitenden Interesses‹ in erster Linie gegen die phänomenologische (historisch schon auf Platon zurückgehende) Idee der ›reinen Theorie‹, des ›uninteressierten Zuschauers‹. Allerdings ist Habermas' kritische Absetzung von E. Husserl insoweit zu korrigieren, als die interesselose Erkenntnis für Husserl nur die methodische Einstellung des reflektierenden Philosophen bezeichnet, während für Husserl ansonsten außer Frage steht, daß Erkennen nur auf Grund eines E.s (im Sinne eines Willens zu erkennen) möglich ist; Husserl dürfte zudem der erste gewesen sein, der den Terminus ›E.‹ verwendet (Erfahrung und Urteil, § 47). Habermas' Konzeption geht insofern jedoch weit über Husserl hinaus, als er zunächst für die verschiedenen Wissenschaftstypen unterschiedliche E.n annimmt, nämlich für die empirisch-analytischen Wissenschaften ein *technisches* E., für die historisch-hermeneutischen Wissenschaften ein *praktisches* E. und für die systematischen Handlungswissenschaften ein *emanzipatorisches* E. (↑Emanzipation). Da zu den Wissenschaften des letzten Typs auch die ↑Philosophie gehört, ist die eigentliche Gegenthese Habermas' zu Husserl dahingehend zu pointieren, daß gerade die philosophische Erkenntnis (als Reflexion) durch ein emanzipatorisches E. ermöglicht und demzufolge auch auf dieses verpflichtet ist. Wegen dieser Bindung haben die systematischen Handlungswissenschaften (neben der Philosophie unter anderem Psychoanalyse, Gesellschaftstheorie) die Aufgabe, die faktischen Ziele wissenschaftlicher Erkenntnis kritisch auf das in ihnen realisierte Interesse an Mündigkeit zu überprüfen.

Habermas' Konzeption des E.s greift auf eine lange Tradition des Begriffes des Interesses vor allem in der praktischen Philosophie zurück; eine methodische Rekonstruktion des E.s kann nur im Rahmen einer systematischen Entwicklung des Begriffes des ↑Interesses im Rahmen der praktischen Philosophie erfolgen.

Literatur: K.-O. Apel, Wissenschaft als Emanzipation?, in: ders., Transformation der Philosophie II, Frankfurt 1973, 128–154; W. Dallmayr (ed.), Materialien zu Jürgen Habermas' »Erkenntnis und Interesse«, Frankfurt 1974; G. Gabriel, Definitionen und Interessen. Über die praktischen Grundlagen der Definitionslehre, Stuttgart-Bad Cannstatt 1972; V. Gerhardt, Interesse, Hist. Wb. Ph. IV (1976), 479–494; J. Habermas, Erkenntnis und Interesse, in: ders., Technik und Wissenschaft als ›Ideologie‹, Frankfurt 1968, 146–168; ders., Erkenntnis und Interesse, Frankfurt 1968, Neuaufl. mit neuem Nachwort Frankfurt 1973; E. Husserl, Erfahrung und Urteil. Untersuchungen zur Genealogie der Logik, ed. L. Landgrebe, Nachwort u. Reg. L. Eley, Hamburg [4]1972; J. Mittelstraß, Das praktische Fundament der Wissenschaft und die Aufgabe der Philosophie, Konstanz 1972, Neudr. in: F. Kambartel/J. Mittelstraß (eds.), Zum normativen Fundament der Wissenschaft, Frankfurt 1973, 1–69; ders., Über Interessen, in: ders. (ed.), Methodologische Probleme einer normativ-kritischen Gesellschaftstheorie, Frankfurt 1975, 126–159; H.-L. Nastansky, Über die Möglichkeit eines interhermeneutischen Einstiegs in praktische Diskurse, in: J. Mittelstraß (ed.), Methodenprobleme der Wissenschaften vom gesellschaftlichen Handeln, Frankfurt 1979, 77–121. C.F.G.

Erkenntniskritik, die sich an Intentionen J. Lockes und I. Kants orientierende neuzeitliche Form der ↑Erkenntnistheorie. Im Sinne des Kantischen Begriffs der ↑Kritik (als Propädeutik einer Philosophie der reinen Vernunft) ist E. mit einer transzendentalen Analyse (↑Transzendentalphilosophie) der Bedingungen der Möglichkeit der Erkenntnis, in Kants Worten: dem »Vermögen der Vernunft in Ansehung aller reinen Erkenntnis a priori« (KrV B 869), befaßt. J.M.

Erkenntnistheorie (engl. epistemology, theory of knowledge; franz. théorie de la connaissance), philosophische Grunddisziplin, deren Gegenstand die Beantwortung der Frage nach den Bedingungen begründeten Wissens ist. Im klassischen Sinne schloß dies die Fragen nach der *Entstehung*, dem *Wesen* und den *Grenzen* der Erkenntnis ein (»die Wissenschaft vom Wesen und der Prinzipien der Erkenntnis, vom [logischen] Ursprung, den Quellen, Bedingungen und Voraussetzungen, vom Um-

fang, von den Grenzen der Erkenntnis«, R. Eisler, Wörterbuch der philos. Begriffe I, Berlin [4]1927, 389).
Ihren historischen Ursprung haben erkenntnistheoretische Bemühungen in der zuerst von Platon unter der Titelfrage ›was ist Erkenntnis/Wissen (ἐπιστήμη)?‹ (Theait. 145e) diskutierten Unterscheidung zwischen ↑Wissen, Glauben (↑Glaube (philosophisch)) und ↑Meinung. Im modernen Sinne besteht E. im wesentlichen aus den Teilbereichen ↑Logik, ↑Sprachphilosophie, allgemeiner ↑Wissenschaftstheorie und ↑Hermeneutik (als Theorie des Verstehens). Von dem Teilaspekt der *Entstehung der Erkenntnis* handelt dabei die Psychologie, die im Gegensatz zur E. keine Kriterien der Beurteilung von Sachverhalten formuliert, sondern rein genetisch erklärt (psychologische Formen der E., die in diesem Sinne zwischen Genesis und Geltung der Erkenntnis nicht trennen, z.B. bei J. Locke [Essay I 1, § 2] und J.F. Fries [Vernunftkritik und E. als auf Selbstbeobachtung beruhende Erfahrungswissenschaft]). Die Fragen nach dem *Wesen* und den *Grenzen* der Erkenntnis werden entweder wissenschaftstheoretisch als Abgrenzungsproblem (↑Abgrenzungskriterium) hinsichtlich wissenschaftlicher und nicht-wissenschaftlicher Sätze oder in Fortsetzung der transzendentalen Analysen I. Kants als Fundierungsproblem von Wissenschaftskonstruktionen behandelt (↑Transzendentalphilosophie).
Die Bezeichnung ›E.‹ für eine selbständige philosophische Disziplin wird etwa gleichzeitig mit der Bezeichnung ›Wissenschaftstheorie‹ (1878, K.E. Dühring) um die Mitte des 19. Jahrhunderts geläufig; nach W.T. Krug ist E. (hier ›Erkenntnislehre‹) die »philosophische Theorie von der menschlichen Erkenntnis überhaupt, die man auch Metaphysik genannt hat« (Allg. Handwörterbuch der philos. Wiss. I, Leipzig 1827, 705f.). Im Ersatz von ↑Metaphysik durch E. erweist sich dabei der neuzeitliche Charakter dieser Disziplin, die im wesentlichen aus Methodenüberlegungen in den und im Anschluß an die Naturwissenschaften hervorgeht, R. Descartes' und J. Lockes Bemühungen, die Überlegenheit einer neuen Philosophie aus einem neuen methodischen Bewußtsein zu begründen, sind unmittelbar an Fragen naturwissenschaftlicher Theoriebildung orientiert und bestimmen von daher auch die im ↑Rationalismus und ↑Empirismus kontroversen erkenntnistheoretischen Grundpositionen bis hin zu Kant. In dessen transzendentaler Fassung der E., in deren Rahmen erstmals auch die Logik in Form einer transzendentalen Logik (↑Logik, transzendentale) eine bedeutende Rolle spielt, erhält die E. ihre moderne, insbesondere auf die methodischen Bedingungen von Wissenschaftskonstruktionen gerichtete Orientierung.
Als ›Vorläufer‹ der E. als Wissenschaftstheorie darf die ↑Wissenschaftslehre J.G. Fichtes gelten. In dieser Entwicklung rückt vor allem das sogenannte ↑Subjekt-Objekt-Problem immer stärker in den Mittelpunkt. Dieses Problem, d.h. die Frage nach den *erkenntniskonstitutiven* Beziehungen zwischen *Erkenntnissubjekt* und *Erkenntnisobjekt*, bestimmt zwar bereits den Entwurf der E. Descartes', führt jetzt aber, indem unter E. nicht mehr nur in erster Linie Methodologie naturwissenschaftlichen Wissens verstanden wird, zu der auch heute noch fundamentalen Unterscheidung zwischen ↑Realismus und ↑Idealismus. Zugleich wird unter Berücksichtigung der *historischen* Bedingtheit des Erkennens, auf dem Wege über den ↑Historismus, die E. um eine geisteswissenschaftliche Hermeneutik ergänzt, d.h. wissenschaftstheoretisch um die Unterscheidung von ↑Verstehen und Erklären (↑Erklärung). Die heute erkannte Bedeutung sprachphilosophischer Untersuchungen im Rahmen von E. leitet sich aus dieser Ergänzung her, gilt aber angesichts der sprachlichen Verfaßtheit des Wissens bzw. der Erkenntnis auch für die Begründung des sogenannten exakten Wissens (Mathematik, Naturwissenschaft). Kants Fassung der E. als *Vernunftkritik* entspricht darin die moderne ↑Sprachkritik, einschließlich der ihr von der modernen (formalen) Logik zur Verfügung gestellten Mittel.

Literatur: R.I. Aaron, Knowing and the Function of Reason, Oxford 1971; R. Ackermann, Theories of Knowledge, New York 1965; J.L. Austin, Other Minds, in: ders., Philosophical Papers, ed. J.O. Urmson/G.J. Warnock, Oxford 1961, 44–84; A.J. Ayer, The Problem of Knowledge, London 1956; E. Cassirer, Das Erkenntnisproblem in der Philosophie und Wissenschaft der neueren Zeit, I–III, Berlin 1906–1920 (IV Zürich 1950), [2]1911–1923 (IV Stuttgart 1957), (repr. III, Darmstadt 1974, IV, Darmstadt 1973), I–II, Berlin [3]1922 (repr. Darmstadt 1974); ders., Philosophie der symbolischen Formen, I–III, Berlin 1923–1929, Darmstadt [2]1953–1964 (repr. 1977); R.M. Chisholm, Theory of Knowledge, Englewood Cliffs N.J. 1966, [2]1977; W.K. Essler, Epistemologie, WL 133–140; C.F. Gethmann, E., Hist. Wb. Ph. II (1971), 683–690; G. Gurvitch, Les cadres sociaux de la connaissance, Paris 1966 (engl. The Social Frameworks of Knowledge, Oxford 1971); D.W. Hamlyn, Epistemology, History of, Enc. Ph. II (1967), 8–38; ders., The Theory of Knowledge, London 1971; J. Hintikka, Knowledge and the Known. Historical Perspectives in Epistemology, Dordrecht/Boston 1974; F. Kaulbach, Philosophie der Beschreibung, Köln/Graz 1968; G. Klaus, Semiotik und E., Berlin [4]1973;

N. Malcolm, Knowledge and Certainty. Essays and Lectures, Ithaca/London 1975; G. Ryle, Epistemology, in: J.O. Urmson (ed.), The Concise Encyclopedia of Western Philosophy and Philosophers, London [2]1975, 92–97; H.J. Sandkühler (ed.), Marxistische E.. Texte zu ihrem Forschungsstand in den sozialistischen Ländern, Stuttgart 1973; ders. (ed.), Die Wissenschaft der Erkenntnis und die Erkenntnis der Wissenschaft, Stuttgart 1978; W. Stegmüller, Metaphysik, Wissenschaft, Skepsis, Frankfurt/Wien 1954, unter dem Titel: Metaphysik, Skepsis, Wissenschaft, Berlin/Heidelberg/New York [2]1969; G. Vollmer, Evolutionäre E.. Angeborene Erkenntnisstrukturen im Kontext von Biologie, Psychologie, Linguistik, Philosophie und Wissenschaftstheorie, Stuttgart 1975; A.D. Woozley, Theory of Knowledge. An Introduction, London 1949; G.H. v. Wright (ed.), Problèmes de la théorie de la connaissance/Problems in the Theory of Knowledge, Den Haag 1972. J.M.

Erkenntnistheorie, anarchistische, ↑Anarchismus, erkenntnistheoretischer.

Erkenntnistheorie, evolutionäre, Bezeichnung für Auffassungen über das menschliche Erkennen, die sich aus der ↑Evolutionstheorie (↑Evolution) herleiten. Nach früheren Ansätzen bei H. Spencer und G. Simmel scheint K. Lorenz eine erste systematische Fassung der e.n E. vorgelegt zu haben, die vor allem von G. Vollmer weiter ausgebaut wurde. – Gemeinsam ist den evolutionären Ansätzen die Auffassung, daß die Strukturen des menschlichen Denkapparates in gleicher Weise Evolutionsprodukte sind wie die übrigen Organe. Dieser Grundgedanke wird häufig zu der (umstrittenen) Position erweitert, daß aus ihm eine, eventuell teilweise, ›Übereinstimmung‹ subjektiver Erkenntnisstrukturen mit der physischen und logischen Struktur der Wirklichkeit gefolgert wird, insofern sich evolutionär eine Anpassung der Erkenntnisstrukturen an die Wirklichkeit ergebe. Ferner setzt die e. E. im allgemeinen einen erkenntnistheoretischen Realismus (↑Realismus (erkenntnistheoretisch)) an, der durch das Faktum der Evolution erfordert werde. Während der Grundgedanke, daß auch der Denk- oder Erkenntnisapparat als menschliches Organ ein Evolutionsprodukt ist, unumstritten sein dürfte und auch in der Neurophysiologie verfolgt wird, sind die Folgerungen aus dieser Einsicht, die faktisches Denken und Erkennen, die ›Übereinstimmung‹ von ›Geist‹ und ›Welt‹ sowie das Verhalten des Menschen (↑Soziobiologie) betreffen, kontrovers. – Vor allem K.R. Popper und S. Toulmin haben das evolutionäre Modell der Erkenntnis auf den Prozeß der Wissenschaftsentwicklung übertragen.

Literatur: D.T. Campbell, Evolutionary Epistemology, in: P.A. Schilpp (ed.), The Philosophy of Karl Popper I, La Salle Ill. 1974, 413–463; J.C. Eccles/H. Zeier, Gehirn und Geist, München 1980; K. Lorenz, Kants Lehre vom Apriorischen im Lichte gegenwärtiger Philosophie, Bl. dt. Philos. 15 (1941), 94–125, Neudr. in: ders. [1978], s.u.; ders., Die Rückseite des Spiegels. Versuch einer Naturgeschichte des menschlichen Erkennens, München 1973, 1977; ders., Das Wirkungsgefüge der Natur und das Schicksal des Menschen. Gesammelte Arbeiten, ed. u. eingel. v. I. Eibl-Eibesfeld, München 1978; K.R. Popper, Objective Knowledge. An Evolutionary Approach, London 1972 (dt. Objektive Erkenntnis. Ein evolutionärer Entwurf, Hamburg 1973, [2]1974); R. Riedl, Biologie der Erkenntnis. Die stammesgeschichtlichen Grundlagen der Vernunft, Berlin/Hamburg 1980 (mit Bibliographie); S. Toulmin, Human Understanding I, Oxford 1972 (dt. Theorie der kollektiven Vernunft I [Das menschliche Erkennen], Frankfurt 1978); G. Vollmer, E. E.. Angeborene Erkenntnisstrukturen im Kontext von Biologie, Psychologie, Linguistik, Philosophie und Erkenntnistheorie, Stuttgart 1975.

Erkenntnistheorie, genetische, von J. Piaget konzipierte und durch zahlreiche Detailforschungen ausgeführte Disziplin, in der versucht wird, menschliches, besonders wissenschaftliches Erkennen durch seine Sozio- und vor allem Psychogenese zu erklären. Piaget beansprucht für die g. E. ausdrücklich die Bedeutung einer philosophischen Erkenntnisweise, wobei er den Unterschied von Genesis und Geltung, Tatsache und Norm für die Rekonstruktion menschlicher Erkenntnis bestreitet. Demgemäß hält er z.B. für notwendig, die These des logischen Empirismus (↑Empirismus, logischer) von der Logik als sprachlicher Realität dadurch empirisch zu überprüfen, daß beobachtet wird, ob bei der Entwicklung des Kleinkindes die Sprachentwicklung vor der Entwicklung logischer Operationen stattfindet. In der neueren deutschen Philosophie hat vor allem J. Habermas versucht, Gesichtspunkte der g.n E. in seine ↑Universalpragmatik mit einzubeziehen.

Literatur: H.G. Furth, Piaget and Knowledge. Theoretical Foundations, Englewood Cliffs N.J. 1969 (dt. Intelligenz und Erkennen. Die Grundlagen der g.n E. Piagets, Frankfurt 1972); J. Habermas, Zur Rekonstruktion des historischen Materialismus, Frankfurt 1976; T. Mischel (ed.), Cognitive Development and Epistemology, New York 1971; J. Piaget, Biologie et connaissance. Essai sur les relations entre les régulations organiques et les processus cognitifs, Paris 1967 (dt. Biologie und Erkenntnis. Über die Beziehungen zwischen organischen Relationen und kognitiven Prozessen, Frankfurt 1974); ders., Genetic Epistemology, New York 1970 (dt. Einführung in die g. E., Frankfurt 1973). C.F.G.

Erklärung (engl. explanation, franz. explication), wissenschaftstheoretischer Terminus. In umgangssprachlicher Verwendung bedeutet E. etwa (1) (zumeist mit besonderen Geltungsansprüchen versehene oder mit bestimmten sozial geregelten Folgen oder Bedingungen verbundene) Mitteilung über das Bestehen eines (besonders bedeutsamen) Sachverhaltes, (2) Erläuterung des Gebrauchs eines Ausdrucks oder des Sinns eines Textes, (3) Deutung der Absichten eines Handelnden, (4) Rückführung des Eintretens eines Ereignisses auf seine Gründe oder Ursachen, (5) Einordnung eines (individuell dargestellten) besonderen Sachverhaltes in allgemeine (z.B. durch Gesetze dargestellte) Zusammenhänge. Eine spezifische Gemeinsamkeit dieser Arten von E.en läßt sich weniger über die Struktur solcher E.en (über ihre logische oder syntaktische Form oder über ihre semantischen Bestimmungen) finden als über deren ↑Pragmatik, d.h. über eine Analyse der Verwendungsweisen von E.en. Eine solche *pragmatische* Gemeinsamkeit besteht darin, daß E.en (verschiedenartige) Darstellungen von ↑Sachverhalten sind, die eine als erforderlich angesehene (und daher zumeist auch eingeforderte) Orientierungsgrundlage bzw. -hilfe für das Handeln angeben, und zwar nicht nur für das Handeln in einer konkreten Situation, sondern für das Handeln in Situationen eines bestimmten Typs, für bestimmte Handlungs*weisen*. Je nachdem, worin man das Erfordernis und die Möglichkeiten solcher Orientierungen sieht, wird man ein entsprechendes Konzept für die Begründung und Darstellung der Struktur von E.en entwickeln.

Eine Eingrenzung dieser Aufgabe ist damit gegeben, daß Mitteilungen und (Wort- oder Text-)Erläuterungen im allgemeinen nicht als *wissenschaftliche* E.en diskutiert werden. In der philosophischen Tradition lassen sich für die Erfassung der Struktur solcher wissenschaftlichen E.en schematisch vier Konzepte unterscheiden: (1) E. ist eine Rückführung aufs Eigene, d.h. auf das eigene Wahrnehmen oder Denken. (2) E. ist die Unterordnung unter oder die Einordnung in das Allgemeine. (3) E. ist die Darstellung der Entwicklung aus Begriffen. (4) E. ist Darstellung der Entstehungsweise oder der Erzeugungsmöglichkeiten aus wirklichen Zuständen. Diese E.skonzepte sind zumeist jeweils für einen bestimmten Bereich von E.sgegenständen und in bestimmten Verbindungen untereinander entwickelt worden. So sind ›*subjektive*‹, nämlich das wahrnehmende, denkende und erklärende Subjekt zur letzten Instanz erhebende E.skonzepte vor allem für die E. des Handelns, Meinens, Wollens und Empfindens anderer ausgearbeitet worden; dies zumeist in Verbindung mit einem ›idealistischen‹, nämlich die ideale, durch begriffliche Bestimmungen definierte Konstruierbarkeit als Kriterium verwendenden Konzept. Denn insofern (fremde) geistige und seelische Entwicklungen oder Zustände durch ihre Rückführung auf das eigene Wahrnehmen und Denken erklärt werden sollen, scheint die E.sleistung damit erbracht zu sein, daß das Eintreten dieser Zustände oder der Ablauf dieser Entwicklungen so dargestellt werden, wie sie sich das (E.s-)Subjekt darstellen würde, wenn es seine eigenen Entwicklungen oder Zustände wären: nämlich als Ergebnis begrifflich rekonstruierbarer Entwicklungen. Die ›*objektiven*‹, nämlich mit subjektinvariant formulierten allgemeinen Gesetzen oder Regeln als Basis arbeitenden E.skonzepte sind demgegenüber vornehmlich für die E. ›äußerer‹, der intersubjektiv kontrollierbaren Beobachtung zugänglicher ↑Ereignisse entwickelt worden; dies zumeist in Verbindung mit dem ›realistischen‹, nämlich die reale Entstehungsweise oder Herstellbarkeit als Kriterium benutzenden Konzept. Denn das gesetzmäßigen oder geregelten Verläufen unterliegende Geschehen stellt eben die Wirklichkeit dar, die durch begriffliche Entwicklungen zwar reflektiert, nicht aber konstituiert werden kann. Entsprechend dieser Aufteilung der verschiedenen E.skonzepte läßt sich auch die historische Entwicklung interpretieren.

Vom (bisherigen) Ende dieser Entwicklung her gesehen lassen sich dabei einige Tendenzen feststellen: eine *Objektivierungstendenz,* die sich im wesentlichen ständig nachweisen läßt, und zwei gegenläufige Tendenzen zur *Idealisierung* und *Ent-Idealisierung,* deren Verhältnisse zueinander sich als Phasen der Objektivierung darstellen lassen. Während sich die Objektivierungstendenz dabei auf die Wissenschaftsentwicklung bezieht und daher vornehmlich eine Kategorie der ↑Wissenschaftsgeschichte ist, beziehen sich die Tendenzen der Idealisierung und Ent-Idealisierung auf die Entwicklung der (zumeist in der Philosophie formulierten) Ideen von ↑Wissenschaft und sind daher Kategorien vornehmlich der geistesgeschichtlichen und wissenschaftsphilosophischen Reflexion. Eine Tendenz zur Objektivierung der wissenschaftlichen E. ist in einem dreifachen Sinne feststellbar: Im Sinne einer Objektivierung (a) der *Orientierung* der wissenschaftlichen E. überhaupt (ihres Sinnes, ihrer Ziele und Aufgaben), (b) der *Kategorien* der wissenschaftlichen E. (ihrer Grundbegriffe) und (c) der *Modelle* der wissenschaftlichen E. (ihrer theoretisch formulierten E.sbeispiele). Im ersten Sinne führt die Objektivierung dazu, daß nicht mehr nur eine subjektive Ordnung der Welt gesucht wird, die darin besteht, daß überhaupt Regelmäßigkeiten bei der Betrachtung der Welt gefunden werden, z.B. bestimmte als regelmäßig ausgezeichnete Zahlenverhältnisse bei der Beschreibung der Planetenbahnen, und das Auffinden (oder Unterstellen) solcher Regelmäßigkeiten als solches die E.sfrage beantwortet. Gesucht wird vielmehr allgemein eine (geordnete) Darstellung der Eigenschaften, insbesondere des Verhaltens, von Gegenständen, wie sie sich im Umgang mit diesen Gegenständen ergeben. Die Objektivierung der E.sorientierung knüpft damit überhaupt erst die Beziehung zu subjektunabhängig existierenden Gegenständen und eröffnet damit den Weg zu einer technikorientierten Darstellung von Bewegungen, d.i. zur Dynamik.

Exemplarisch läßt sich die Entwicklung von der arithmetischen Weltordnung der Pythagoreer und der geometrischen der Platoniker zur Bewegungs-E. des Aristoteles für eine solche Tendenz anführen. Eine Objektivierung der E.skategorien ist als eine Entwicklung innerhalb der Dynamik feststellbar, und zwar als eine Entwicklung zur (klassischen) Mechanik. Es werden dabei die subjektiven Kategorien (das sind die Grundbegriffe für die Darstellung der ›subjektiven‹ bzw. intentionalen ›Bewegungen‹, nämlich des menschlichen Handelns) ausgeklammert und nur noch ›objektive‹ Kategorien zugelassen, mit denen intersubjektiv kontrollierbare Beobachtungen und deren theoretische Interpretationen dargestellt werden können. Mit dieser Objektivierung der Kategorien wird die wissenschaftliche E. auf intentionsunabhängige Verläufe (von Geschehnissen) bezogen. Beispiel für diese Objektivierungstendenz ist die Eliminierung von drei der vier Ursachentypen (Endursachen bzw. Ziele, Form und Stoff), die Aristoteles noch zur E. von Bewegungen (und Veränderungen überhaupt) glaubt angeben zu müssen, in der neuzeitlichen Naturwissenschaft, die lediglich die Wirkursache betrachtet. Eine zunehmende Objektivierung der E.smodelle weist dann auch die Entwicklung innerhalb der neuzeitlichen und modernen Mechanik auf. Dabei werden die subjektiven Modelle (im Sinne von lebensweltlich vertrauten oder von zur Interpretation unseres lebensweltlich relevanten technischen Handelns geeigneten Modellen) durch ›objektive‹ Modelle in dem Sinne ersetzt, daß nicht die Nähe zu unserem lebensweltlichen Handeln oder zu den dieses Handeln interpretierenden Vorstellungen, sondern allein die Eignung für die Formulierung möglichst allgemeiner Theorien zum Konstruktionskriterium der Modelle wird. Die E.sbeispiele werden dann nicht mehr aus der vorfindbaren oder herstellbaren Situation des Subjekts genommen, sondern über theoretische Annahmen konstruiert. In diesem Sinne läßt sich sagen, daß mit der Objektivierung der Modelle die wissenschaftliche E. auf situationsunabhängige Beispiele (von Verläufen) bezogen wird. Exemplarisch für diese Tendenz ist wiederum die Folge der Bewegungs-›Begriffe‹, d.h. eben der Modelle vom Ablauf der zu erklärenden Bewegungen, in der Aristotelischen Dynamik und der klassischen und relativistischen Mechanik. Das Aristotelische Modell (Bewegung gegen einen Widerstand bzw. in einem zähen Medium) gibt die alltägliche Situation wieder, in der z.B. Reibung oder Luftwiderstand zu überwinden sind (heute als hydrodynamisches Modell von Bewegungen einzuordnen). Das Newtonsche Modell (gleichförmig geradlinige Bewegung ohne Widerstand) gibt zwar keine vorfindbare Situation wieder, eignet sich aber zur Interpretation von technisch herstellbaren Situationen, in denen z.B. Reibung und Luftwiderstand möglichst gering gehalten werden. Das Einsteinsche Modell (der Lichtgeschwindigkeit angenäherte Bewegung, deren Beschleunigung auch ohne Widerstand an ein Ende kommt) ist zur Interpretation gebrauchstechnisch herstellbarer Situationen (bisher) unnötig und unabhängig davon entwickelt worden.

Die Idealisierungs- und Ent-Idealisierungstendenzen lassen sich als (philosophische) Reflexionen auf die (in den Wissenschaften verwirklichte) Objektivierung der E. verstehen. Z.B. sind die verschiedenen *rationalistischen* Konzeptionen in der Philosophie als Versuche deutbar, die faktisch eingetretenen Geschehnisse oder die existierenden Dinge und Eigenschaften als *Ergebnisse einer begrifflichen Entwicklung* darzustellen und sie dadurch zu erklären. Das Charakteristikum dieser Versuche ist jeweils die (nach selbstgesetzten Kriterien vollzogene) Rückführung der Geschehnisse, Dinge oder Eigenschaften auf ein einsichtiges Prinzip, wobei die (im Rahmen der jeweiligen Konzeption behauptete und begründete) Einsichtigkeit des Anfangs der begrifflichen Entwicklung das Definiens sowohl für das gewählte Prinzip als auch für die Idealisierungstendenz der jeweiligen Konzeption liefert. Demgegenüber findet sich die Ent-Idealisierungstendenz in den (zumeist in expliziter Gegenposition formulierten) *empiristischen*

Konzeptionen der Philosophie. Diese erheben nicht die (für bloß scheinbar erklärte) Einsichtigkeit zum E.skriterium, sondern bezeichnen gerade den Verzicht darauf als Kriterium echter E.en, indem sie in einer E. die Angabe einer nur durch äußere Regelmäßigkeiten feststellbaren ›Kraft‹ (H. v. Helmholtz) oder (Wirk-)Ursache für das Eintreten eines Ereignisses sehen. In ihrer konsequenten Weiterführung hat diese Ent-Idealisierungstendenz sogar zur Aufgabe der Kausalrelation in ihrem klassischen Verständnis (↑Kausalität) und zu der (von G.R. v. Kirchhoff 1877 prägnant formulierten) Forderung geführt, E.en (in der Mechanik) als die Aufgabe zu sehen, ›die in der Natur vor sich gehenden Bewegungen vollständig und auf die einfachste Weise zu beschreiben‹ (↑Beschreibung), jede weitere Beurteilung von oder Suche nach verborgenen Kräften oder Ursachen aber zu unterlassen.

Nicht nur nicht inkompatibel, sondern sogar komplementär werden beide Tendenzen, wenn man sie auf verschiedene Schritte der E. bezieht. So bedarf einerseits auch die vollständige und einfachste Beschreibung von Bewegungen der rationalen Normierung dessen, was vollständig und einfacher als anderes ist, und dies zumeist über eine Festlegung dessen, was als Beschreibung zugelassen ist. Andererseits wird sich kein Prinzip als einsichtig bewähren können, das sich nicht zur Interpretation von erfahrenen Ereigniszusammenhängen eignet. Eine komplementäre Verbindung beider Tendenzen erreicht man, wenn man den Gegenstand der Idealisierung in der *Bildung der Grundbegriffe* sieht, die für E.en benötigt werden, und wenn man für die Anwendung dieser Begriffe in E.en eine *empirische Überprüfung* fordert. In diesem Sinne einer komplementären Verbindung von Idealisierung und Empirie lassen sich auch einige historische Konzeptionen der E. verstehen, insbesondere die Konzeption I. Kants. Diese kann als der Versuch begriffen werden, sowohl die ↑*Konstitution* von ↑Erfahrung und damit auch von möglichen E.en durch die ↑Kategorien (als den Grundbegriffen jeder möglichen Erfahrung) als auch die *Verläßlichkeit* (bzw. die ›objektive Gültigkeit‹) dieser Konstitution zu erweisen. Insofern die Hervorbringung der Kategorien ↑a priori, d.h. unabhängig von aller Erfahrung, durch das (als Grund der gegenständlichen und begrifflichen Einheit unserer Erkenntnis, d.i. der Verbindung mannigfaltiger Wahrnehmungen zu Gegenständen und von verschiedenen Gegenständen unter Begriffen, postulierte und daher selbst nicht kategorial darstellbare ›transzendentale‹) Erkenntnissubjekt geschieht, ist sie eine rationale Konstruktion oder auch, in anderer Terminologie, eine Idealisierung. Insofern durch die Bereitstellung der Kategorien nur die Bedingungen für *mögliche* Erfahrungen geschaffen werden, findet diese Idealisierung ihren Sinn erst in der empirischen Arbeit. Durch eine begriffliche Konstruktion wird nach dieser Konzeption überhaupt erst die Erfassung der Entwicklungen möglich, die das Eintreten eines bestimmten Ereignisses erklären (↑Transzendentalphilosophie). Und zwar lassen sich mit den Kategorien die Bedingungen dafür formulieren und begründen, die ↑Naturgesetze erfüllen müssen, um als solche Gesetze überhaupt gelten zu können. Geleitet von diesem Verständnis der Naturgesetze kann man dann fragen, welche Naturgesetze gelten, und mit diesen das Eintreten von Ereignissen erklären.

In der Folgezeit, vor allem in der modernen ↑Wissenschaftstheorie, ist das von Kant zentral diskutierte Konstitutionsproblem, d.i. das Problem der Ermöglichung von Erfahrung durch Kategorien, weitgehend beiseitegelassen worden. Statt dessen hat man den Sinn von E.en vornehmlich durch eine Präzisierung des letzten Schrittes, der Angabe von Naturgesetzen bei der Darstellung der Entwicklung, die zu den eingetretenen Ereignissen geführt haben, herauszuarbeiten versucht. Auch den zweiten Schritt, die Klärung der Bedingungen dafür, daß ein vorgebliches Naturgesetz auch überhaupt ein solches ist, ist unter Umgehung der Konstitutionsproblematik als Frage nach den Adäquatheitsbedingungen von E.en im Sinne des letzten Schrittes aufgenommen worden, während der dritte Schritt, das Aufstellen bestimmter Naturgesetze, zunächst für die Klärung des Sinnes von E.en als irrelevant unbeachtet blieb. In Aufnahme entsprechender Vorschläge J.S. Mills und W.S. Jevons' sowie in Weiterentwicklung der Theorie K.R. Poppers haben C.G. Hempel und P. Oppenheim 1948 den letzten Schritt durch ein Schema der E. präzisiert, das *als HO-Schema* (d.i. Hempel-Oppenheim-Schema, im Englischen meist ›covering-law-model‹) der *deduktiv-nomologischen* E. (der DN-E.) seinen Eingang in die Literatur gefunden hat. Dieses Schema stellt eine E. in der Form einer logischen Ableitung aus singularen Aussagen über ↑Anfangsbedingungen (Antezedensbedingungen) und universellen Gesetzesaussagen dar. Im einfachsten Fall, d.h. für die E. eines Ereignisses $B(N)$ – mit N als Nominatorvariable – mit nur einem Gesetz, läßt sich eine solche E. durch folgendes Schlußschema wiedergeben:

$$\frac{\begin{array}{l} A(N) \\ \bigwedge_x (A(x) \rightarrow B(x)) \end{array}}{B(N)}$$

Im Normalfall werden zur E. eines Ereignisses mehrere Gesetze erforderlich sein, so daß Hempel und Oppenheim die DN-E. auf folgende Weise notiert haben:

$A_1, A_2, \ldots, A_k$	Anfangsbedingungen	Explanans
$G_1, G_2, \ldots, G_n$	Gesetze	
———————	logische Ableitung	
E	Explanandum	

Die Aussagen über die Anfangsbedingungen und die Gesetzesaussagen bilden zusammen das Explanans, aus dem die das zu erklärende Ereignis darstellende Aussage (das Explanandum) logisch abgeleitet werden soll. Zur Unterscheidung echter E.en von bloß scheinbaren E.en haben Hempel und Oppenheim mit ihrem Schema zugleich auch Adäquatheitsbedingungen aufgestellt. Außer der Forderung der formalen Korrektheit der Deduktion des Explanandum aus dem Explanans gehören zu diesen Bedingungen die Forderung, (a) daß das Explanans mindestens ein universelles Gesetz enthalten soll, das für die Deduktion auch wirklich benutzt wird, (b) daß die Gesetze des Explanans empirischen Gehalt (↑Gehalt, empirischer) besitzen und (c) daß alle Aussagen des Explanans wahr (oder, wie später gefordert: hochbestätigt, ↑Bestätigung) sein sollen.

Diese Forderungen haben eine weite Diskussion ausgelöst. Schwierigkeiten macht vor allem die Unterscheidung der universellen Gesetzesaussagen von anderen Allaussagen und die Definition dessen, was den empirischen Gehalt einer Aussage ausmacht. Während die erste Schwierigkeit eher ein Streitpunkt der Wissenschaftslogiker als der Wissenschaftler ist, greift die zweite Schwierigkeit unmittelbar in die Wissenschaftsdiskussion selbst ein. Denn die meisten Begriffe der Wissenschaften sind ›theoretische Begriffe‹ (↑Begriffe, theoretische) in dem Sinne, daß sie erst über die Bildung universeller Hypothesensysteme eingeführt worden sind und ihre Verwendung in Behauptungen nicht unmittelbar empirisch überprüfbar ist – weil erst theoriebedingte Interpretationen von empirischen Daten Argumente für oder gegen diese Behauptungen liefern. Sollen daher aber alle E.en mit solcherart ›theoretischen Begriffen‹ als unechte E.en verurteilt werden? Diese Frage trifft einen zentralen Streitpunkt zwischen den Vertretern verschiedener Wissenschaftskonzeptionen vor allem in den Geistes- und Sozialwissenschaften, in denen über den Sinn und die Methode empirischer, insbesondere experimenteller Untersuchungen noch keine Einigung besteht. Umstritten ist ferner die unter anderem von Hempel und Oppenheim vertretene Auffassung einer strukturellen Identität von E. und ↑Prognose. Der pragmatische Unterschied zwischen beiden besteht darin, daß bei einer E. der im Explanandum dargestellte Sachverhalt sich ereignet hat und nachträglich mit Gesetzen und Anfangsbedingungen in Zusammenhang gebracht wird, während eine Prognose von Gesetzen und Anfangsbedingungen ausgeht und von ihnen ein zukünftig eintretender (bzw. mit einer bestimmten Wahrscheinlichkeit eintretender) Sachverhalt abgeleitet wird. Zum Teil ähnliche Probleme ergeben sich im Falle der ↑Retrodiktion.

Auch die für eine DN-E. benutzten Gesetze kann man noch einmal erklären und für diese Gesetzes-E. das Schema der nomologischen Deduktion erweitern, indem man allgemeinere Gesetze als die zu erklärenden in das Explanans aufnimmt. Für die Fälle, in denen eine E. nach dem DN-Schema nicht vorliegt, wird gefordert, eine solche E. durch Vervollständigung des Explanans herzustellen, oder eine E. nach einem anderen Schema anzugeben, nämlich dem Schema der *induktiv-statistischen* E. (IS-E.). Im Unterschied zu den deterministischen Gesetzen einer DN-E. werden im Explanans einer IS-E. statistische Gesetze benutzt, d.h. Gesetze der Form: die statistische ↑Wahrscheinlichkeit p dafür, daß einem Gegenstand mit der Eigenschaft A auch die Eigenschaft B zukommt, ist r: $p(B/A)=r$. Angewendet auf singulare Aussagen über die Bedingung $A(N)$ kann man dann nach diesem Schema mit der logischen (oder induktiven) Wahrscheinlichkeit r auf $B(N)$ schließen:

$p(B(x)/A(x)=r$	Gesetz mit statistischer Wahrscheinlichkeit	Explanans
$A(N)$	singulare Aussage	
═══════	Schluß mit logischer (oder induktiver) Wahrscheinlichkeit	
$B(N)$	Explanandum	

Für ein r nahe 1 läßt sich der Schluß als ›praktisch sicherer‹ Schluß interpretieren. Neben den Schwierigkeiten einer wahrscheinlichkeitstheoretischen

Interpretation der statistischen, aber vor allem der logischen bzw. induktiven Wahrscheinlichkeit, ergeben sich Probleme für die IS-E. besonders dadurch, daß diese E. nur relativ zu dem jeweils verwendeten Wissen (dem Gesetzes- und Tatsachenwissen) sinnvoll definierbar ist. So läßt sich unter Umständen mit anderen Prämissen als den in einer bestimmten IS-E. angeführten nicht nur mit einer anderen Wahrscheinlichkeit auf dasselbe Explanandum schließen, sondern auch (mit einer bestimmten Wahrscheinlichkeit) die Negation dieses Explanandum erschließen. Es sind daher die Forderung des ›Gesamtdatums‹ (requirement of total evidence) von R. Carnap und, alternativ dazu, die Forderung ›maximaler Spezifität‹ (requirement of maximal specivity) von Hempel erhoben worden, nach denen das gesamte zu einer bestimmten Zeit verfügbare Erfahrungswissen (Carnap) oder das gesamte Wissen, das potentiell relevant ist für die E. eines Explanandum (Hempel), zur Bestimmung von r heranzuziehen ist. Abgesehen von den Schwierigkeiten, diese Forderungen zu erfüllen, lassen sie auch Mehrdeutigkeiten bei der E. zu. In jedem Falle liefern die IS-E.en nicht den eindeutig auf ein bestimmtes Explanandum führenden und durch eine eindeutig qualifizierte Folgerungsmöglichkeit definierten Schluß, den einige Autoren zum Kriterium einer E. im Unterschied zu einer bloßen ›Begründung‹ machen. Daher werden IS-E.en auch teilweise als bloße Begründungen oder ›Argumente‹ für das Eintreten des Explanandum-Ereignisses, nicht aber als echte E.en angesehen.

Eine besondere Schwierigkeit bietet die E. des menschlichen Handelns und damit auch die E. historischer Entwicklungen (↑Pseudoerklärung). Der Versuch, hier ebenfalls E.en nach dem Schema der DN-E.en zu geben (man spricht hier häufig von ›Erklärungsskizzen‹), da so gut wie nie alle zur Deduktion des Explanandum erforderlichen Gesetze und Anfangsbedingungen verfügbar sind), unterstellt die Existenz von universellen Gesetzen auch für das menschliche Handeln. Wenn auch durch die institutionelle Regelung weiter Bereiche des Handelns (und, wenn es um das Handeln bestimmter Personen geht, durch die Ausbildung von Gewohnheiten) eine Regelmäßigkeit des Handelns erreicht wird, die dieses Handeln als fast gesetzmäßig beschreiben lassen, so bleibt bei solchen Beschreibungen doch zu bedenken, daß diese Regelmäßigkeiten nur relativ zu bestimmten Institutionalisierungen (oder Gewohnheiten) bestehen, die ihrerseits keine unverrückbaren Naturgegebenheiten sind, sondern durch menschliches Handeln herbeigeführt worden sind und auch wieder verändert werden können. Wie bei der IS-E. wäre bei solchen Handlungs-E.en im Sinne der Forderung maximaler Spezifität der institutionelle Rahmen von Handlungsregeln (und, für bestimmte Personen, der individuelle Rahmen von Handlungsgewohnheiten) mit anzugeben, um eine solche Handlungs-E. vollständig zu machen. Abgesehen von der historischen Relativität der Institutionen (und der biographischen Relativität der Gewohnheiten) entsteht ein besonderes Problem für die Handlungs-E. dadurch, daß für sie Deutungen von Handlungszwecken und Situationseinschätzungen erforderlich sind. Denn in vielen Fällen ist Handeln das Verfolgen eines bestimmten Zweckes – sei es, daß durch dieses Handeln eine bestimmte Wirkung herbeigeführt werden soll, sei es, daß mit ihm ein bestimmtes Ideal realisiert sein oder zu realisieren versucht werden soll (↑Zweck) –, oft (auch oder nur) die Befolgung einer ↑Regel, besonders einer Interaktions-Regel, die auf die Handlung einer anderen Person eine bestimmte eigene Handlung als Antwort erlaubt oder fordert.

Sucht man entsprechend diesem Handlungsverständnis zur E. einer Handlung auch die Zwecke des Handelnden oder die Einschätzung der Situation durch den Handelnden zu erfassen, auf die seine Handlung eine Antwort sein sollte, so entstehen spezifische Deutungsprobleme, die in der E. von Naturverläufen und -ereignissen nicht auftreten (↑Verstehen). Diese Probleme bestehen darin, daß für die Feststellung weder der handlungsleitenden Zwecke noch der regelauswählenden Situationseinschätzung methodisch geregelte Verfahren zur Verfügung stehen. Selbst bei guten Argumenten für eine bestimmte Annahme kommt hier einerseits der Selbstdarstellung des Handelnden, auch wenn sie dieser Annahme widerspricht, ein entscheidendes Gewicht zu, andererseits kann diese Selbstdarstellung wiederum verändert werden. Diese Probleme zwingen zwar nicht dazu, die Schematisierung der DN- und IS-E. fallenzulassen, sie zeigen aber die geringe Relevanz derartiger Schematisierungen für Handlungs-E.en. Denn geht man davon aus, daß ohnehin nur IS-E.en als Handlungs-E.en in Frage kommen, dann bleibt völlig offen, wie man (über die bloß komparative Beurteilung hinaus, daß eine bestimmte Handlung eher möglich sei als eine andere) eine bestimmte Wahrscheinlichkeit r festlegen kann. Manche Autoren haben daher die Aufgabe der Handlungs-E.

umdefiniert: sie suchen nicht nach den Prämissen, aus denen man die Ausführung einer Handlung logisch oder mit logischer Wahrscheinlichkeit erschließen kann, sondern nach solchen Prämissen, die die Ausführung dieser Handlung als begründet erscheinen lassen würden; sie suchen nicht nach *Ursachen,* sondern nach *Gründen* für unser Handeln. Unter dem Titel einer *rationalen* oder *intentionalen* E. sind für solche Handlungsbegründungen Schemata ausgearbeitet worden.

Daß die Angabe von Gründen für eine Handlung überhaupt als eine E. dieser Handlung angesehen werden kann, beruht darauf, daß ›Vernunftgründe‹, nämlich die Gründe, die jemand nach bestem Wissen und Verständnis dafür vorträgt, daß eine Handlung ausgeführt werden soll, auch zu ›Realgründen‹ oder Beweggründen werden können – weil man nämlich die Handelnden (andere und sich selbst) mit Vernunftgründen überzeugen kann. Diese Annahme wiederum ist kein empirisches Gesetz (wie sollte man es auch als wahr nachweisen?), sondern ein *Postulat* für den Sinn praktischen Argumentierens. Die Theorien der rationalen E. liefern damit kein zusätzliches Schema für E.en neben den beiden Schemata der DN- und IS-E., sie verändern vielmehr den Sinn von E.en, wenn es um das menschliche Handeln geht. Nicht formale Folgerungsbeziehungen zwischen Beschreibungen (d.s. Gesetzes- und Ereignisaussagen) sollen geklärt werden, sondern rationale Folgerungsbeziehungen (Begründungsbeziehungen) zwischen ↑Deutungen (von Zwecken oder Situationseinschätzungen) und ↑Handlungen: E.en sind dann keine *theoretischen Darstellungen,* sondern Teile *praktischen Argumentierens.* Mit solchen rationalen Handlungs-E.en wird auch die Idealisierungstendenz wieder aufgenommen, wobei die idealisierte Entwicklung unseres Handelns aus Gründen allerdings weniger der *Darstellung* als der *Herstellung* der Realität dienen soll.

Literatur: K. Acham, Analytische Geschichtsphilosophie. Eine kritische Einführung, Freiburg/München 1974; ders. (ed.), Methodologische Probleme der Sozialwissenschaften, Darmstadt 1978 (Wege der Forschung 435); H. Albert (ed.), Theorie und Realität. Ausgewählte Aufsätze zur Wissenschaftslehre der Sozialwissenschaften, Tübingen [2]1972; ders., Probleme der Theoriebildung, in: ders. (ed.), Theorie und Realität, 3–70; K.-O. Apel, Die Erklären-Verstehen-Kontroverse in transzendentalpragmatischer Sicht, Frankfurt 1979; ders./J. Manninen/R. Tuomela (eds.), Neue Beiträge zur Erklären-Verstehen-Kontroverse, Frankfurt 1978; A. Beckermann, Gründe und Ursachen, Kronberg 1976; ders. (ed.), Analytische Handlungstheorie II (Handlungserklärung), Frankfurt 1977; A.C. Danto, Analytical Philosophy of History, Cambridge 1965 (dt. Analytische Philosophie der Geschichte, Frankfurt 1974); W.H. Dray, Laws and Explanation in History, London 1957; ders. (ed.), Philosophical Analysis and History, New York/London 1966; G. Eberlein/W. Kroeber-Riel/W. Leinfellner (eds.), Forschungslogik der Sozialwissenschaften, Düsseldorf 1974; H. Feigl/M. Brodbeck (eds.), Readings in the Philosophy of Science, New York 1953; H. Feigl/G. Maxwell (eds.), Scientific Explanation, Space and Time, Minneapolis 1962 (Minnesota Studies in the Philosophy of Science III); H. Feigl/W. Sellars (eds.), Readings in Philosophical Analysis, New York 1949; P. Gardiner, The Nature of Historical Explanation, London 1952, [2]1962; P. Gardiner (ed.), Theories of History. Readings from Classical and Contemporary Sources, Glencoe Ill. 1959; C.G. Hempel, Aspects of Scientific Explanation, and Other Essays in the Philosophy of Science, New York 1965; ders., Aspekte wissenschaftlicher E., Berlin/New York 1977 (ergänztes und überarbeitetes Schlußkapitel aus: Aspects [...]); R. Kahl (ed.), Studies in Explanation. A Reader in the Philosophy of Science, Englewood Cliffs N.J. 1963; J. Mittelstraß (ed.), Methodologische Probleme einer normativ-kritischen Gesellschaftstheorie, Frankfurt 1975; ders. (ed.), Methodenprobleme der Wissenschaften vom gesellschaftlichen Handeln, Frankfurt 1979; E. Nagel, The Structure of Science. Problems in the Logic of Scientific Explanation, London/New York 1961; F.D. Newman, Explanation by Description. An Essay on Historical Methodology, The Hague/Paris 1968; K.R. Popper, Logik der Forschung, Tübingen [6]1976; N. Rescher, Scientific Explanation, New York 1970; M. Riedel, Verstehen oder Erklären? Zur Theorie und Geschichte der hermeneutischen Wissenschaften, Stuttgart 1978; W.C. Salmon (ed.), Statistical Explanation and Statistical Relevance, Pittsburgh 1971; I. Scheffler, The Anatomy of an Inquiry. Philosophical Studies in the Theorie of Science, New York 1963, London 1964; O. Schwemmer, Theorie der rationalen E.. Zu den methodischen Grundlagen der Kulturwissenschaften, München 1976; W. Stegmüller, Probleme und Resultate der Wissenschaftstheorie und Analytischen Philosophie I (Wissenschaftliche E. und Begründung), Berlin/Heidelberg/New York 1969; E. Topitsch (ed.), Logik der Sozialwissenschaften, Köln/Berlin, [7]1971; S.E. Toulmin, Foresight and Understanding. An Enquiry into the Aims of Science, Bloomington Ind. 1961, New York 1963 (dt. Voraussicht und Verstehen. Ein Versuch über die Ziele der Wissenschaft, Frankfurt 1968); G.H. v. Wright, Explanation and Understanding, London/Ithaca N.Y. 1971 (dt. Erklären und Verstehen, Frankfurt 1974). O.S.

Erlanger Programm, Bezeichnung des von F. Klein 1872 in dem Vortrag »Vergleichende Betrachtungen über neuere geometrische Forschungen« entwickelten Vorschlag, die ↑Geometrie als Theorie der Invarianten von Transformationsgruppen zu behandeln (↑Gruppe (mathematisch)). Dieses Programm beruht darauf, daß es geometrische Systeme (›Geometrien‹) gibt, die durch ihre Automorphismengruppe charakterisiert werden können. So sind die in der projektiven, affinen, äquiformen und ↑Euklidischen Geometrie sowie in den ↑nicht-euklidischen Geometrien untersuchten Eigenschaften von Figuren gerade diejenigen Eigenschaften, die, wenn sie einer Figur zukommen, auch allen ihren Bildern bei einer projektiven, affinen, äquiformen bzw. Kongruenzabbildung zukommen. Die mit algebraischen Methoden (↑Algebra) zugänglichen Beziehungen zwischen den Untergruppen der allgemeinen Transformationsgruppen erhellen dann zugleich die Beziehungen zwischen den ihnen entsprechenden Geometrien. Das E.P. hat sich als sehr fruchtbar erwiesen; daß sich mit ihm jedoch nicht die gesamte Geometrie erfassen läßt, zeigt das Beispiel der Riemannschen Geometrien (↑Differentialgeometrie), da die Riemannschen Mannigfaltigkeiten (↑Riemannscher Raum) die Metrik als Invariante haben und damit im allgemeinen als Transformation nur die identische Abbildung bleibt, die keine Aussagen über Verhältnisse innerhalb einer solchen Geometrie erlaubt.

Literatur: N.W. Efimow, Höhere Geometrie, Berlin (Ost) 1960 (repr. I–II, Braunschweig/Basel 1970); F. Klein, Vergleichende Betrachtungen über neuere geometrische Forschungen, Programm zum Eintritt in die Philosophische Fakultät und den Senat der K. Friedrich-Alexanders-Universität zu Erlangen, Erlangen 1872 (repr. in: Math. Ann. 43 [1893], 63–100, und in: K. Strubecker [ed.], Geometrie, Darmstadt 1972, 118–155), unter dem Titel: Das E.P.. Vergleichende Betrachtungen über neuere geometrische Forschungen, Leipzig 1974 (Ostwalds Klassiker der exakten Wissenschaften 253). C.T.

Erlanger Schule, Bezeichnung für den in Erlangen entwickelten Neuansatz methodischen Philosophierens, bekannt geworden auch unter dem Namen ↑›Konstruktivismus‹, ›Konstruktive Philosophie‹, ›Konstruktive Wissenschaftstheorie‹ (↑Wissenschaftstheorie, konstruktive). Als Begründer der E.S. gelten W. Kamlah und P. Lorenzen. Historisch geht die E.S. darauf zurück, daß Lorenzen 1962 einen Ruf an die Universität Erlangen annahm, um mit Kamlah eine intensive Zusammenarbeit zu beginnen, als deren wichtigstes Ergebnis die »Logische Propädeutik« (1967, ^{2}1973), gemeint als eine »Vorschule des vernünftigen Redens«, hervorgegangen ist. Charakteristisch für das Philosophieren der E.S. ist die Verbindung, die hier der existenzphilosophische Ernst des Heidegger-Schülers Kamlah mit der ethisch begründeten methodischen Strenge des zunächst vor allem für die Grundlagen der Logik und Mathematik ausgewiesenen Lorenzen eingegangen ist. In dieser Orientierung führt die E.S. sowohl Sokratische als auch Kantische Philosophieverständnisse fort.

Im Rahmen der Entwicklungen der deutschen Nachkriegsphilosophie, die zum Teil Traditionen fortsetzen, die sich vor der Mitte der 30er Jahre dieses Jahrhunderts herausgebildet haben (Phänomenologie, Existenzphilosophie, Hermeneutik, Neukantianismus, Neuhegelianismus, Kritische Theorie, Logischer Empirismus, Kritischer Rationalismus, Philosophische Sprachanalyse), sucht die konstruktive Philosophie und Wissenschaftstheorie einen systematischen Neuansatz unter Aufnahme zumal logischer und physiktheoretischer Ansätze bei G. Frege und H. Dingler. Methodische Basis ist dabei, daß wir unser Handeln und Reden, insbesondere die wissenschaftliche Praxis, ausgehend von elementar möglichen unstrittigen Verständnissen unserer ↑Lebenswelt (↑vorwissenschaftlich), in schrittweise gewonnenen Einsichten vernünftig rekonstruieren (begreifen) können und sollen. Mit dieser Orientierung hat die E.S. vor allem Arbeiten zur Logik, Sprachphilosophie, Ethik, Wissenschaftstheorie und Wissenschaftsgeschichte vorgelegt und einen charakteristischen Einfluß auf die deutsche Philosophie nach dem Kriege gewonnen. Zum einen haben die kritischen Behauptungen der E.S. vor allem die deutsche, in geringerem Maße auch die angelsächsische Diskussion in besonderer Weise herausgefordert und auf sich gezogen; zum anderen sind inzwischen sowohl Schüler von Kamlah und Lorenzen (z.B. K. Lorenz, J. Mittelstraß, C. Thiel) auf philosophischen Lehrstühlen außerhalb Erlangens tätig als auch methodische und programmatische Elemente der E.S. von anderen Philosophen (z.B. F. Kambartel) aufgegriffen und weitergeführt worden. Insbesondere ist an der Universität Konstanz ein Zentrum der konstruktiven Philosophie und Wissenschaftstheorie entstanden, so daß gelegentlich auch von der E. und Konstanzer Schule gesprochen wird.

Literatur: P. Janich/K. Kambartel/J. Mittelstraß, Wissenschaftstheorie als Wissenschaftskritik, Frankfurt 1974 (Kap. I: Wissenschaftstheoriehistorische Orientierung, 9–21); F. Kambartel/J. Mittelstraß (eds.), Zum normativen Fundament der Wissenschaft, Frankfurt 1973; W. Kamlah, Martin Heidegger und die Technik. Ein offener Brief, Dt. Universitätszeitung 9 (1954), H. 11, 10–13, Nachdr. in: ders., Von der Sprache zur Vernunft. Philosophie und Wissenschaft in der neuzeitlichen Profanität, Mannheim/Wien/Zürich 1975, 113–122; Reden zum Tode von Wilhelm Kamlah, Mannheim/Wien/Zürich 1977; K. Lorenz (ed.), Konstruktionen versus Positionen. Beiträge zur Diskussion um die Konstruktive Wissenschaftstheorie, I–II, Berlin/New York 1978; J. Mittelstraß/M. Riedel (eds.), Vernünftiges Denken. Studien zur praktischen Philosophie und Wissenschaftstheorie. Wilhelm Kamlah zum Gedächtnis, Berlin/New York 1978; C. Thiel, Qué significa ›constructivismo‹?, Teorema 7 (1977), 5–21; G. Wolters (ed.), Jetztzeit und Verdunkelung. Festschrift für Jürgen Mittelstraß zum vierzigsten Geburtstag, Konstanz 1976. F.K.

Erleben, die unmittelbare, unreflektierte, gleichwohl bewußte Sich-Selbstgegebenheit, in der Objekt/Welt und Subjekt/Ich ungeschieden präsent sind. Das E. ist Grundlage des Zusammenhangs der verschiedenen inner-psychischen Akte sowie der intentionalen Akte, die auf Gegenstände bzw. den Gegenstandszusammenhang in einer Welt oder auf das andere Ich zielen. Der Inhalt des E.s und die Vollzugsweise E. fallen zusammen. Philosophischer Terminus zuerst bei G.E. Fichte, der das E. als reflexionslose Erfülltheit des Subjekts durch seinen Inhalt, als einen Zustand, der für die Theorie ein Letztgegebenes ist, faßt. W. Dilthey bestimmt das E. als geistiges Phänomen des Lebens, d.i. das Leben im Modus des Zusichselbstgekommenseins in einem geistigen Individuum. Der ↑Neukantianismus (H. Rickert, P. Natorp) sieht im E. ein Moment des für die Erkenntnistheorie konstitutiven Subjekt-Objekt-Bezuges (↑Subjekt-Objekt-Problem), nämlich die subjektive Gegebenheitsweise der Erscheinung vor aller Objektivierung. Auch für E. Husserl gehört zum E. konstitutiv ↑Intentionalität. Zentral wird der Begriff in der ↑Lebensphilosophie und in der hermeneutischen Philosophie (W. Dilthey), die in ihrer Theorie des geschichtlichen Lebens die Kategorien der Lebensphilosophie integriert (H.-G. Gadamer). E. wird hier zum Grundbegriff der philosophischen Analyse des Subjektes und seiner Welt. Wo das Subjekt sich darüber hinaus als geschichtsbestimmt zeigt, werden auch die Manifestationen des E.s, sofern sie sich in Zeugnissen des Selbstbewußtwerdens niederschlagen, von diesem Ansatz als einer Letztinstanz aus analysiert.

Literatur: K. Cramer, E., Erlebnis, Hist. Wb. Ph. II (1972), 701–711; W. Cramer, Grundlegung einer Theorie des Geistes, Frankfurt ²1965, 28–55; W. Dilthey, Das Erlebnis und die Dichtung. Lessing, Goethe, Novalis, Hölderlin, Leipzig 1905, Göttingen ¹⁵1970; ders., Die Philosophie des Lebens. Eine Auswahl aus seinen Schriften, ed. H. Nohl mit einem Vorwort von O.F. Bollnow, Stuttgart/Göttingen 1961; ders., Gesammelte Schriften VII, Stuttgart/Göttingen ²1958; H.-G. Gadamer, Wahrheit und Methode. Grundzüge einer philosophischen Hermeneutik, Tübingen 1960, ⁴1975; E. Husserl, Logische Untersuchungen. 2. Teil. Untersuchungen zur Phänomenologie und Theorie der Erkenntnis, Halle 1901, Tübingen ⁵1968; P. Lersch, Lebensphilosophie der Gegenwart, Berlin 1932; P. Natorp, Allgemeine Psychologie nach kritischer Methode, Tübingen 1912; ders., Über objektive und subjektive Begründung der Erkenntnis, Philos. Monatsh. 23 (1887), 257–286; H. Rickert, Die Philosophie des Lebens. Darstellung und Kritik der philosophischen Modeströmungen unserer Zeit, Tübingen 1920, ²1922. A.G.-S.

Eros (griech. ἔρως, Liebe, zugleich Liebesgott; röm. Entsprechung: amor), in der ↑Orphik universales, ursprüngliches, als ↑Demiurg wirkendes Weltprinzip (ähnlich φιλία bei Empedokles). Platon verwendet E. metaphorisch als Personifikation des von den Fesseln der Sinnlichkeit befreienden Strebens nach dem transzendenten Schönen und der Erkenntnis der Idee des Guten. In der christlichen Theologie nimmt E. eine Mittelstellung zwischen Sexus und Agape (göttliche Liebe) ein. In der neueren Psychologie wird E. als emotionale, mit Begeisterung und Faszination verbundene Liebeserfahrung (A. Vetter) bzw. allgemein als das gesamte Weltbewußtsein bestimmendes ›Pathos der Lebendigkeit‹ (P. Lersch) verstanden.

Literatur: G. Boas, Love, Enc. Ph. V (1967), 89–95; B. Ehlers, Eine vorplatonische Bedeutung des sokratischen E.. Der Dialog Aspasia des Sokratikers Aischines, München 1966; E. Fischer, Amor und E.. Eine Untersuchung des Wortfeldes ›Liebe‹ im Lateinischen und Griechischen, Hildesheim 1973; S. Freud, Abriß der Psychoanalyse, Frankfurt/Hamburg 1953; L. Klages, Vom kosmogonischen E., Stuttgart ⁵1951; H. Kuhn, E.-Philia-Agape, Philos. Rdsch. 2 (1954), 140–160, 4 (1956), 182–192; A. u. W. Leibbrand, Formen des E.. Kultur- und Geistesgeschichte der Liebe, I–II, Freiburg 1972; P. Lersch, Vom Wesen der Geschlechter, München/Basel ²1950; V. Lindström, E. und Agape, RGG II (³1958), 603–605; H. Marcuse, E. und Kultur, Stuttgart 1957; A. Nygren, E. und Agape. Gestaltwandlungen der christlichen Liebe, I–II, Gütersloh 1930–1937, ²1954; V. Warnach, Sexus, E. und Agape, Anima 12 (1957), 203–219; L.M. Weber, E., LThK III (1960), 1038–1041. M.G.

Erscheinung (griech. φαινόμενον), seit Platon Bezeichnung für den in der Sinnlichkeit gegebenen Gegenstand (I. Kant: Objekt der sinnlichen Anschauung). Dabei wird unter E. sowohl der vordergründige, scheinhafte Charakter des phänomenalen Erfahrungswissens bzw. die Unzuverlässigkeit dieses Wissens verstanden als auch der Gegensatz zu dem in einem begrifflichen Zusammenhang gegebenen Gegenstand, der selbst eine theoretische Konstruktion ist. Dieser Gegenstand ist gemeint, wenn Platon vom eigentlichen Seienden (↑Ideenlehre), G.W. Leibniz vom phaenomenon bene fundatum (vgl. Brief aus dem Jahre 1705 an B. de Volder, Philos. Schr. II, 276), Kant vom ↑Noumenon und ↑Ding an sich spricht. Entsprechend heißen E.en bei Kant Phaenomena, »so fern sie als Gegenstände nach der Einheit der Kategorien gedacht werden« (KrV A 248f.). Dem Begriff der

E. in *empirischer* Bedeutung ist im Rahmen der Begrifflichkeit Kants der Begriff des ↑Phaenomenon in *transzendentaler* Bedeutung zugeordnet. In der ↑Hegelschen Logik wird E. als ›realer Schein‹ des ↑Wesens definiert (Logik I, Sämtl. Werke IV, 622ff.).

Literatur: H. Barth, Philosophie der E.. Eine Problemgeschichte, I–II, Basel 1946/1959, [2]1966; J. Mittelstraß, ›Phaenomena bene fundata‹: from ›Saving the Appearances‹ to the Mechanisation of the World-Picture, in: R.R. Bolgar (ed.), Classical Influences on Western Thought A.D. 1650–1870, Cambridge 1978, 39–59; G. Prauss, E. bei Kant. Ein Problem der »Kritik der reinen Vernunft«, Berlin 1971. J.M.

Ersetzung (engl. replacement), im technischen Sinne der Logik spricht man von der E. eines Ausdrucks X (insbesondere einer ↑Variablen v) in einem Ausdruck $A(\ldots, X, \ldots)$ bzw. $A(\ldots, v, \ldots)$ durch einen Ausdruck B, wenn X bzw. v an mindestens einer, eventuell jedoch nicht an jeder Stelle seines freien Vorkommens in $A(\ldots, X, \ldots)$ bzw. $A(\ldots, v, \ldots)$ durch B ersetzt wird. Im Unterschied dazu wird eine *Einsetzung* (auch ↑Substitution) eines Ausdrucks B für eine Variable v in einem diese enthaltenden Ausdruck $A(\ldots, v, \ldots)$ vorgenommen, indem v an *allen* Stellen, an denen es in $A(\ldots, v, \ldots)$ frei (d.h. nicht im Wirkungsbereich eines Quantors, eines Abstraktors oder eines Kennzeichnungsoperators) vorkommt, durch B ersetzt wird, wodurch $A(\ldots, v, \ldots)$ in $A(\ldots, B, \ldots)$ übergeht. Dabei muß allerdings gesichert sein, daß durch die Einsetzung keine in B frei vorkommende Variable in den Wirkungsbereich eines zugehörigen Quantors gerät (↑Variablenkonfusion). Wird in einem Ausdruck $A(\ldots, v, \ldots)$ für die freie Variable v lediglich eine andere Variable w im erläuterten Sinne eingesetzt, so sagt man, daß der neue Ausdruck $A(\ldots, w, \ldots)$ aus dem alten Ausdruck $A(\ldots, v, \ldots)$ durch *freie* ↑*Umbenennung* hervorgehe.

Literatur: H. Scholz/G. Hasenjaeger, Grundzüge der mathematischen Logik, Berlin/Göttingen/Heidelberg 1961. C.T.

Ersetzungsaxiom (engl. axiom [schema] of replacement, axiom [schema] of substitution), auch genauer *Ersetzungsschema*, eines der Axiome des ↑Zermelo-Fraenkelschen Axiomensystems. Das E. wurde 1922 unabhängig von A.A. Fraenkel und von T. Skolem formuliert und unter anderem zwecks Ermöglichung transfiniter Induktionen dem Zermeloschen Axiomensystem der Mengenlehre hinzugefügt. Es besagt, daß es zu jeder Menge M und jeder Funktion $f(x)$ eine Menge $\bar{f}(M)$ gibt, die aus M durch Ersetzung jedes Elements x durch $f(x)$ hervorgeht:

$$\bigwedge\!\!\!\!\bigwedge_f(\mathrm{Fnc}(f) \to \bigwedge\!\!\!\!\bigwedge_M \bigvee\!\!\!\!\bigvee_N \bigwedge_y(y \in N \leftrightarrow$$
$$\leftrightarrow \bigvee_x(x \in M \wedge x \in \mathrm{dom} f \wedge y = fx))),$$

oder bei einheitlichem Variablentyp unter Verwendung eines Relators $g(u, v)$

$$\bigwedge_{u,v,w}((g(u,v) \wedge g(u,w) \to v = w) \to$$
$$\to \bigwedge_x \bigvee_y \bigwedge_v(v \in y \leftrightarrow \bigvee_u(u \in x \wedge g(u,v)))).$$

Da die Wahl von f bzw. g hier offengelassen ist, handelt es sich beim E. um ein Axiomenschema (↑System, axiomatisches).

Literatur: E.W. Beth, The Foundations of Mathematics. A Study in the Philosophy of Science, Amsterdam [2]1968; A.A. Fraenkel, Zu den Grundlagen der Cantor-Zermeloschen Mengenlehre, Math. Ann. 86 (1922), 230–237; ders./Y. Bar-Hillel/A. Levy, Foundations of Set Theory, Amsterdam/London [2]1973; T. Skolem, Einige Bemerkungen zur axiomatischen Begründung der Mengenlehre, Wiss. Vorträge gehalten auf dem 5. Skand. Math. Kongr. 1922, Helsinki 1923, 217–232, wiederabgedruckt in: ders., Selected Works in Logic, ed. J.E. Fenstad, Oslo/Bergen/Tromsö 1970, 137–152; P. Suppes, Axiomatic Set Theory, New York 1972 (rev. ed.). C.T.

Ersetzungstheorem (engl. replacement theorem), Satz der formalen Logik über die Ersetzung von Teilformeln (von Formeln) durch äquivalente Formeln bzw. von Teiltermen (von Formeln oder Termen) durch gleichwertige Terme. Sei C_A eine junktoren- oder quantorenlogische Formel, in der A an einer Stelle als Teilformel vorkommt. C_B sei diejenige Formel, die aus C_A durch ↑Ersetzung dieses Vorkommens von A durch die Formel B entsteht. Sei J ein Kalkül der ↑Junktorenlogik, Q ein Kalkül der ↑Quantorenlogik 1. Stufe. Dann gilt, falls C_A und C_B junktorenlogische Formeln sind:

$$A \leftrightarrow B \vdash_J C_A \leftrightarrow C_B.$$

Im quantorenlogischen Fall gilt (etwas schwächer, da in A oder B frei vorkommende Variablen in C_A oder C_B gebunden sein können):

wenn $\vdash_Q A \leftrightarrow B$, dann $\vdash_Q C_A \leftrightarrow C_B$.

Für ein System F der Quantorenlogik 1. Stufe mit Identität und Funktionszeichen oder auch der elementaren Arithmetik kann man ein E. für Terme formulieren: Sei C_r eine Formel (u_r ein Term), in der (dem) an einer Stelle der Term r vorkommt. C_s sei diejenige Formel (u_s derjenige Term), die (der) aus $C_r(u_r)$ durch Ersetzung dieses Vorkommens von r durch s entsteht. Dann gilt:

wenn $\vdash_F r=s$, dann $\vdash_F C_r \leftrightarrow C_s$

und

wenn $\vdash_F r=s$, dann $\vdash_F u_r = u_s$.

Alle angeführten E.e gelten im klassischen und konstruktiven Fall. Im klassischen Fall formuliert man sie auch oft semantisch, indem man in obigen Theoremen ›$\vdash$‹ überall durch den semantischen Folgerungsoperator ›$\vDash$‹ ersetzt.

Literatur: S.C. Kleene, Introduction to Metamathematics, Amsterdam/Groningen 1952 (7th repr. 1974); R. Kleinknecht/E. Wüst, Lehrbuch der elementaren Logik, I–II, München 1976; H. Scholz/G. Hasenjaeger, Grundzüge der mathematischen Logik, Berlin/Göttingen/Heidelberg 1961. P.S.

Erweiterung, in Logik und Metamathematik in verschiedener Weise verwendeter Begriff. Ein *Kalkül K* wird durch Hinzufügen weiterer, absolut oder relativ ↑zulässiger Regeln erweitert. Z.B. ist die klassische ↑Junktorenlogik die maximale widerspruchsfreie E. der konstruktiven Junktorenlogik in dem Sinn, daß (wenn beide durch einen ↑Implikationenkalkül gegeben sind) eine Aussageform A klassisch logisch wahr ist, wenn $\curlyvee \prec A$ ($\curlyvee$ = ↑verum) als Grundimplikation zur konstruktiven Junktorenlogik hinzugenommen werden kann, ohne daß dadurch $\curlyvee \prec \curlywedge$ ($\curlywedge$ = ↑falsum) ableitbar wird.

Nennt man eine *Regel R′* E. einer Regel R, wenn sie von gleichen Regelprämissen ausgehend die gleichen Regelkonklusionen herzuleiten erlaubt wie diese, so gelten entsprechende E.ssätze auch beim spieltheoretischen oder dialogischen Aufbau der Logik (↑Logik, dialogische). Z.B. ist die klassische Logik die maximale optimale E. der strengen Logik.

In ähnlicher Weise heißt ein arithmetischer ↑Formalismus F' E. eines anderen F, wenn jeder Ausdruck von F auch Ausdruck von F' und jede in F ableitbare Formel auch in F' ableitbar ist. Ist umgekehrt jede in F' ableitbare Formel schon in F ableitbar (während nicht jeder Ausdruck von F' schon Ausdruck von F ist – andernfalls ist ja $F = F'$, d.h., es besteht Ausdrucksgleichheit bei höchstens unterschiedlicher Axiomatisierung), so heißt F' eine *konservative E.* von F. Als *endliche E.* eines arithmetischen Formalismus F bezeichnet man eine (nicht notwendig ausdrucksgleiche) E. F', die durch Hinzufügung endlich vieler Formeln zur Menge der Axiome von F entsteht. Diese Unterscheidungen werden in der Theorie der ↑Entscheidbarkeit, zum Teil für die wichtigen ↑Unentscheidbarkeitssätze gebraucht.

Schließlich spricht man von einer *E. eines Bereichs B* von Objekten, zwischen denen Relationen R erklärt sind, zu einem Oberbereich B', wenn eine Abbildung f existiert, die jedem Objekt von B umkehrbar eindeutig ein Objekt von B' zuordnet (womit durch

$$R'(b'_1, \ldots, b'_k) \leftrightharpoons R(b_1, \ldots, b_k)$$

mit $b'_i = f(b_i) \in f(B) \subseteq B'$ für $1 \leq i \leq k$ auch jeder Relation über B eine Relation über $f(B)$ zugeordnet ist) und zu einigen der Relationen R' über $f(B)$ Relationen R^* über B erklärt werden können, die über $f(B)$ mit R' übereinstimmen:

$$R^*(b'_1, \ldots, b'_k) \leftrightharpoons R'(b'_1, \ldots, b'_k) \quad \text{für} \quad b'_i \in f(B).$$

Derartige E.en sind auf vielerlei Weise möglich; ist B ein Ring, Integritätsbereich oder Körper, so sind die E.en B' Oberstrukturen dieser algebraischen Strukturen (↑Algebra). Von dieser Art sind die sogenannten Zahlbereichserweiterungen, während ›E.‹ im Fall der Gruppenstruktur (↑Gruppe (mathematisch)) anders erklärt wird.

Literatur: K. Lorenz, Arithmetik und Logik als Spiele, Diss. Kiel 1961; P. Lorenzen, Einführung in die operative Logik und Mathematik, Berlin/Göttingen/Heidelberg 1955, Berlin/Heidelberg/New York ²1969; ders./K. Lorenz, Dialogische Logik, Darmstadt 1978. C.T.

Es, psychoanalytischer Terminus zur Ausgrenzung derjenigen psychischen Instanz, die genetisch die älteste ist und ausschließlich dem Lustprinzip folgt. Das E. repräsentiert (1) die originären Triebansprüche; alle Vorgänge im E. verlaufen unbewußt. Im Verlaufe der psychischen Entwicklung werden dem E. (2) die Triebinhalte beigefügt, die zunächst vom ↑Ich aufgenommen, dann jedoch auf Grund von Versagungen von den bewußten psychischen Schichten abgewehrt und verdrängt werden (»das Verdrängte fließt mit dem E. zusammen«, S. Freud, 252). In diesem Prozeß hat Freud die Entstehung der Neurosen erblickt. Neuere Forschungen beschäftigen sich zum einen mit der kulturellen Formung, die das E. wie die anderen psychischen Instanzen erfährt (revisionistische Psychoanalyse), zum anderen mit biologisch-genetischen Entwicklungs- und Reifungsprozessen des E..

Literatur: S. Freud, Das Ich und das E., in: ders., Ges. Werke XIII, Frankfurt ⁶1969, 235–289; M. Schur, Das E. und die Regulationsprinzipien des psychischen Geschehens, Frankfurt 1973. M.B.

Eschatologie (von griech. ἔσχατον [das Letzte] und λόγος [Lehre]), im 17. Jh. gebildeter Begriff der christlichen Dogmatik zur Bezeichnung der Lehre von den letzten Dingen. In einem weiteren Sinne bezeichnet der Begriff die Auffassungen der Religionen und Kosmogonien vom Ende des individuellen Menschen oder der menschlichen Gattung, verbunden mit der Frage nach dem Sinn des Lebens oder der Menschheitsgeschichte. Eschatologische Vorstellungen finden sich bei fast allen Völkern, insbesondere als Hoffnung, daß das Leben nicht endgültig endet, sondern daß der Tod – verbunden mit den in Höllentopographien beschriebenen Strafen – Eingang in ein weiteres, meist höheres Leben bedeutet. Das Ende der Welt wird oft als Abschluß eines natürlichen Alterungsprozesses oder als Folge einer Naturkatastrophe vorgestellt; geläufig ist auch die Erwartung eines Weltbrandes, gelegentlich mit dem Gedanken einer durch das Feuer bewirkten Scheidung der Guten von den Bösen verbunden. Aber auch Wasserkatastrophen oder der Kältetod der Welt werden erwartet.

Gegen die mythisch gedeutete Auffassung von den Naturkatastrophen formuliert das AT die eschatologische Erwartung im prophetischen Glauben, daß Jahwe als Herr der Welt die mit dem Sündenfall beginnende Unheilsgeschichte zu einem Ende führen wird, das gleichzeitig den Beginn einer paradiesischen Heilszeit markiert. Im Gegensatz zu der nach der Ordnung des ↑Kosmos fragenden griechischen Auffassung vom zyklischen Geschichtsverlauf wird hier ein linear gedachter Geschichtsverlauf voluntaristisch gedeutet. So glaubt Platon, daß über die unsterbliche Seele nach dem Tode Gericht gehalten wird, aber er glaubt nicht an den Sinn einer Gesamtgeschichte. Durch die messianische Erwartung nach der Nathanweissagung (2. Sam. 7), daß die Heilszeit mit Erscheinung des Messias anbricht, ohne schon sichtbar zu sein, erhält der christliche Glaube die Spannung der Parusieverzögerung zwischen der erfüllten Eschatologie und ihrer endlichen Erfüllung bei Wiederkehr Christi. Hier ist der Ansatzpunkt chiliastischer (↑Chiliasmus) Vorstellungen von der Verwirklichung eines Tausendjährigen Gottesreiches auf Erden vor dem Weltende und dem Beginn des himmlischen Reiches.

Trotz kirchlichen Verbots entstehen immer wieder chiliastische Bewegungen mit zunehmend sozialem Inhalt. Innerhalb der orthodoxen Theologie wird der chiliastische Gedanke schon bei Augustinus, später noch einmal bei Joachim von Fiore spiritualisiert, so daß er in der institutionalisierten Kirche einen politisch ungefährlichen Träger findet. Die allmähliche Ausbildung eines neuzeitlichen Wissenschaftsbegriffs überführt den sozialkritischen Gehalt eschatologischer Hoffnung zunehmend in die säkularisierten Formen zunächst der ↑Utopie (der Renaissance), später der linearen ↑Geschichtsphilosophie (der Aufklärung). Einen innerkirchlichen Versuch zur Entmythologisierung unternimmt R. Bultmann, der die biblische E. in existentialistischen Begriffen zu fassen sucht, um ihren Grundgedanken dem modernen Menschen theologisch zugänglich zu machen.

Literatur: P. Althaus, Die letzten Dinge. Entwurf einer christlichen E., Gütersloh [3]1922, [6]1956; ders., E.. Religionsphilosophisch und dogmatisch, RGG II ([3]1958), 680–689; R. Bultmann, Glauben und Verstehen. Gesammelte Aufsätze, Tübingen 1933; R.H. Charles, E., London 1913; T. Mahlmann, E., Hist. Wb. Ph. II (1972), 740–743; H.P. Owen, E., Enc. Ph. III (1967), 48–49; K. Rahner, E., theologisch-wissenschaftstheoretisch, LThK III ([2]1959), 1094–1098; P. Tillich, E. und Geschichte, in: ders., Ges. Werke VI, Stuttgart 1963; 72–82. H.R.G.

Eselsbeweis/Eselsbrücke (lat. pons asinorum), methodologische Regeln der mittelalterlichen Logik zur Auffindung von ↑Mittelbegriffen syllogistischer Schlüsse (inventio medii, ↑Syllogistik), die in Merksprüchen und Diagrammen (›Eselsbrücke‹) festgehalten wurden. Aristoteles (an. pr. A5.27a–8.30b) fragt nicht nur nach den Schlußsätzen, die sich aus gegebenen Prämissen ableiten lassen, sondern umgekehrt auch nach den Prämissen, aus denen sich ein gegebener Schlußsatz ableiten läßt. Es sei ein zu beweisender Schlußsatz gegeben, wonach ein Prädikat A auf ein Subjekt E zutrifft. Aristoteles schlägt vor, zunächst diejenigen Begriffe B bzw. F zusammenzustellen, zu denen A bzw. E gehören, dann diejenigen Begriffe C bzw. G, die zu A bzw. E gehören, schließlich diejenigen Begriffe D bzw. H, die mit A bzw. E unverträglich sind. Zur Bildung der vier möglichen syllogistischen Schlußsätze lassen sich nach Aristoteles sechs Regeln angeben: (1) Für einen allgemeinen bejahenden Schlußsatz suche man in den Klassen F und C nach einem Mittelbegriff für den Beweis. Diese Regel wird abgekürzt in dem Merkwort FeCanA, wobei die Reihenfolge der ersten beiden großen Buchstaben die Richtung des Übergangs angibt. Die kleinen Buchstaben e und a zeigen die Beziehung auf das Subjekt bzw. Prädikat an. Der dritte große Buchstabe weist auf die Art des zu beweisenden Schlußsatzes, wobei A für ›affirmo universaliter‹ steht. (2) Für einen partikular bejahenden Schlußsatz suche man in den Klassen *C* und *G* bzw. *G* und *B* nach einem Mittelbegriff für den Beweis. Die Merkworte für diese beiden Regeln lauten CaGetI und GeBalI mit denselben Vereinbarungen wie in (1), wobei *I* für ›affirmo partialiter‹ steht. (3) Für einen allgemeinen verneinenden Satz suche man in den Klassen *D* und *F* bzw. *H* und *B* nach einem Mittelbegriff für den Beweis. Die Merkworte der beiden Regeln lauten DaFenEs und HeBarE, wobei *E* für ›nego universaliter‹ steht. (4) Für einen partikular verneinenden Satz suche man in den Klassen *G* und *D* einen Mittelbegriff für den Beweis. Das Merkwort der Regel lautet GeDacO mit O für ›nego partialiter‹.

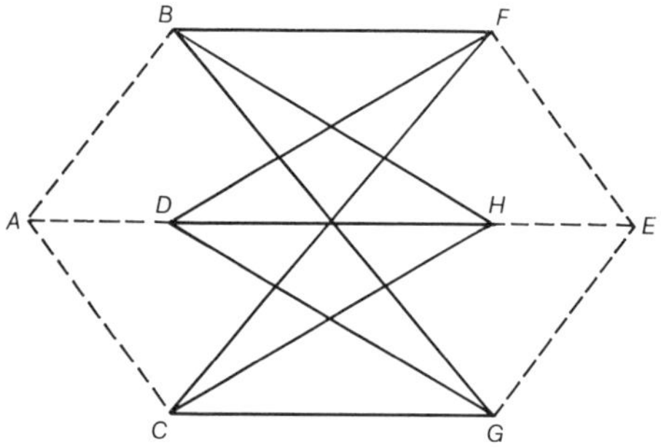

Historisch gehen die angegebenen Merkworte auf T. Bricot (15. Jh.) zurück. Die Bezeichnung ›Eselsbrücke‹ (pons asinorum) stammt von Petrus Tartaretus.

Literatur: J. M. Bocheński, Formale Logik, Freiburg/München 1956, [4]1978; H. Schepers, Eselsbrücke, Hist. Wb. Ph. II (1972), 743–746. K. M.

es existiert/es gibt, eine besonders in Logik und Mathematik verbreitete fachsprachliche Wiedergabe einer logischen Partikel, des ↑Einsquantors oder Manchquantors, der umgangssprachlich durch ›einige‹, ›manche‹, gelegentlich auch durch den unbestimmten Artikel ›ein/eine‹ vertreten wird, und zwar in der Regel gefolgt von einem ↑Prädikator, der oft den ↑Variabilitätsbereich für die als Prädikat auftretende ↑Aussageform anzeigt. Z. B. wird die Aussage ›Meier kennt einen [oder: einige; d. h. ›einen‹ im Sinne von ›*mindestens* einen‹] Politiker‹ partikularisiert (↑Partikularisierung) aus der Aussageform ›Meier, $x\varepsilon$ kennen‹ in bezug auf den Bereich der Politiker. Fachsprachlich würde die Partikularisierung

$\bigvee_{x \varepsilon \text{Politiker}}$ Meier, $x\varepsilon$ kennen

gelesen werden als ›es gibt – mindestens – einen [es existiert – mindestens – ein] Politiker derart, daß Meier diesen Politiker kennt‹.
Wird obige umgangssprachliche Aussage in einem Redekontext gemacht, in dem der Variabilitätsbereich der verwendeten ↑Quantoren schon vorgegeben ist (z. B. hier der Bereich der Menschen), also nicht mehr bei jeder ↑Quantifizierung eigens notiert werden muß, dann ist der auf den unbestimmten Artikel ›einen‹ folgende Prädikator ›Politiker‹ als Teil der Aussageform aufzufassen, die partikularisiert wird, formal:

$\bigvee_x (x\varepsilon \text{Politiker} \wedge \text{Meier}, x\varepsilon \text{kennen})$.

K. L.

esse, ↑Sein, das.

esse est percipi (lat., Sein ist Wahrgenommenwerden), erkenntnistheoretische Formel G. Berkeleys, die eine Radikalisierung des sensualistischen Ansatzes (↑Sensualismus) von J. Locke zum Ausdruck bringt. Die Identifikation von Sein und Wahrgenommensein folgt aus der Analyse, wonach die Behauptung der Existenz empirischer Gegenstände die Behauptung der Existenz eines Wahrnehmungsdatums ist. Neben dieser Formel, die sich allein auf empirische Gegenstände bezieht, tritt bei Berkeley ferner eine adjunktive, esse explizit auch auf den Wahrnehmenden beziehende Formel *esse est aut percipere aut percipi* (Sein ist Wahrnehmen oder Wahrgenommenwerden) auf.

Literatur: G. Berkeley, A Treatise Concerning the Principles of Human Knowledge, in: The Works of George Berkeley, Bishop of Cloyne II, ed. A. A. Luce/T. E. Jessop, London 1949, 3–17 (Editor's Introduction). J. M.

essentia (lat., Wesen, Washeit, Sosein), zunächst, z. B. bei Augustinus, und zwar neben ›substantia‹ (↑Substanz), als Übersetzung des griechischen *οὐσία* (↑Usia) in die lateinische Philosophie übernommen und in der Scholastik in einer doppelten Bedeutung verwendet: (a) für die durch die Definition festgelegten ↑Eigenschaften der Gegenstände einer bestimmten Art und teilweise auch Gattung (so bei Thomas von Aquin, S. th. I qu. 3 art. 3c und qu. 29 art. 2 ad 3; vgl. De ente et essentia 1b; 2c–g; 5d, e; 7a); (b) für »das, wodurch etwas ist, was es ist«, für das ›Prinzip‹ dieser Eigenschaften oder die ›forma totius‹ (Thomas von Aquin, 1 sent. 23, 1.1c). Bei Thomas findet sich die teilweise synonyme Verwendung von ›e.‹, ›quidditas‹

(↑Quiddität, ›Washeit‹) und ›natura‹. Insbesondere die Verwendung von ›quidditas‹ auf der einen und ›natura‹ auf der anderen Seite zeigt dabei, daß die doppelte Definition der e. nicht als Definition verschiedener Dinge verstanden wird; in der e., so wie sie durch die Definition bestimmt wird, erscheint die Natur der definierten Gegenstände. Für Thomas ist dabei allein bedeutsam, daß die e. nicht in den Prinzipien der Individuen, sondern nur in den Prinzipien der ↑Art (species) besteht. Mit der kritischen Thematisierung des Verhältnisses von Definition und Realität wird die zweite Bedeutung der e. weitgehend aufgegeben, so daß (über die Entwicklung des spätscholastischen ↑Nominalismus und des neuzeitlichen ↑Rationalismus in der Aufklärungsphilosophie) die e. in Gegenüberstellung zur ↑existentia eines Gegenstandes nur noch das System der möglichen (ihn im allgemeinen charakterisierenden) Bestimmungen dieses Gegenstandes verbleibt (↑Dasein, ↑Wesen).

In der neuscholastischen Philosophie (↑Neuscholastik) wird eine Harmonisierung der verschiedenen Unterscheidungen von *esse* und *existentia* auf der einen und *e.* und *quidditas* auf der anderen Seite versucht, so daß die e. (im Unterschied zu der durch eine Beschreibung oder Definition angegebenen quidditas eines Gegenstandes) das Prinzip der Eigenschaften des Gegenstandes angibt; und dies in dem Sinne, daß die e. als (passives) Vermögen zur Aufnahme von Sein (d.i. der gegenstandserzeugenden Vollkommenheiten) dieses Sein gegenüber den bestimmten Eigenschaften begrenzt, die den existierenden Gegenständen zukommen (vgl. J.B. Lotz, Ontologia, 205ff.).

Literatur: H.J. Brosch, Der Seinsbegriff bei Boethius mit besonderer Berücksichtigung der Beziehung von Sosein und Dasein, Innsbruck 1931; C. Fabro, Participation et causalité selon S. Thomas d'Aquin, Löwen/Paris 1961; E. Gilson, L'être et l'essence, Paris 1948; J.B. Lotz, Ontologia, Barcelona 1963; G.M. Manser, Das Wesen des Thomismus, Fribourg ³1949; J. Maritain, Court traité de l'existence et de l'existant, Paris 1947; J. Owens, The Number of Terms in the Suarezian Discussion on Essence and Being, Modern Schoolman 34 (1956/1957), 147–191; E. Przywara, Essenz- und Existenzphilosophie, Scholastik 14 (1939), 514–544; E. Vollrath, Essenz, e., Hist. Wb. Ph. II (1972), 753–755. O.S.

Essentialismus (von lat. essentia, Wesen, Washeit, Sosein), bereits von P. Duhem verwendeter, dann aber vor allem im Anschluß und in Auseinandersetzung mit dem Existentialismus (↑Existenzphilosophie) geprägte Bezeichnung für philosophische Konzeptionen, die die ›Essenz‹ der Dinge, d.h. ihr durch ihre spezifischen Eigenschaften definierbares ↑Wesen (↑essentia), ihrer Existenz (↑existentia, ↑Dasein) vorordnen: etwa (a) in dem Sinne, daß in dem Wesen der Dinge der Grund für ihre Existenz oder für die Möglichkeit ihrer Existenz gesehen wird, oder (b) in dem Sinne, daß man allein durch die wesensdefinierenden Eigenschaften der Gegenstände, nicht durch ihre Existenz (in der man z.B. lediglich einen Fall bestimmter Eigenschaften sehen kann), eine Charakterisierung der Wirklichkeit geben zu können meint, oder (c) in dem Sinne, daß universelle Werte oder Normen, in denen dann das überindividuelle Wesen einer sozialen Ordnung gesehen wird, nicht individuelle Entscheidungen als solche, das Setzen von Existenz, als Grund von Verbindlichkeit verstanden werden.

Obgleich zum Teil als systematisch verwendeter Terminus eingeführt (z.B. durch E. Przywara) hat der E. seine Hauptbedeutung als *historische* Kategorie erhalten. Vor allem E. Gilson sieht in der abendländischen Philosophie bis G.W.F. Hegel ein Vorherrschen des E., von dem sich lediglich Thomas von Aquin (indem er das *esse* der *existentia* vorordnet) abhebt. In einer besonderen Weise redet K.R. Popper von einem *methodologischen* E. als der im Anschluß an Platon entwickelten Ansicht, »daß es das Ziel der Wissenschaft sei, Wesenheiten zu enthüllen und mit Hilfe von Definitionen zu beschreiben« (Die offene Gesellschaft I, 60). Diesem E. sei ein methodologischer Nominalismus entgegenzuhalten, der das Ziel hat, nicht die »wahre Natur eines Dinges«, sondern »das Verhalten eines Dinges unter verschiedenen Umständen zu beschreiben und insbesondere anzugeben, ob dieses Verhalten irgendwelche Regelmäßigkeiten aufweist« (60–61). – In der neueren Sprachphilosophie hat S.A. Kripke durch seine Untersuchungen zur ↑Modallogik und zur Theorie der Individuen- und Artbezeichnungen einen solchen E., wonach empirische Wissenschaft auch Wesensforschung ist (↑Wesen dabei allerdings in einem modifizierten, von ↑Bedeutung zu unterscheidenden Sinne verstanden), wieder zur Diskussion gestellt.

Literatur: P. Duhem, Le système du monde. Histoire des doctrines cosmologiques de Platon à Copernic VI, Paris 1954, 451–509; P. Foulquié, L'existentialisme, Paris 1946, ¹⁴1966; L.-B. Geiger, Existentialisme, essentialisme et ontologie existentielle, in: E. Gilson, Philosophe de la chrétienté, Paris 1949, 227–274; E. Gilson, L'être et l'essence, Paris 1948; G. Kafka, E.. Ein Beitrag zur philosophischen Terminologie, Proceedings of the 11th Int. Congress of Philos., Amsterdam/Louvain 1953, 154–160;

S. A. Kripke, Naming and Necessity, in: D. Davidson/G. Harman (eds.), Semantics of Natural Language, Dordrecht [2]1972, 253–355, Addenda dazu: ebd., 763–769; K. R. Popper, The Open Society and its Enemies, I–II (I The Spell of Plato, II The High Tide of Prophecy), London 1945 (dt. Die offene Gesellschaft und ihre Feinde, I–II [I Der Zauber Platons, II Falsche Propheten. Hegel, Marx und die Folgen], Bern 1957/1958); E. Przywara, Essenz- und Existenzphilosophie, Scholastik 14 (1939), 514–544; H. Schneider, E., Hist. Wb. Ph. II (1972), 751–753. O. S.

Ethik (von griech. ἦθος, Gewohnheit, Sitte, Brauch), zunächst Lehre von der ↑Moral im Sinne der handlungsleitenden *Sitten und Gebräuche* (der mores), *Gewohnheiten* und *Institutionen.* Die Ausgangs- und Hauptfrage der E. ist die nach der Möglichkeit einer guten Moral, d.h. einer solchen Moral, nach der wir gut leben, gerecht handeln und vernünftig über unser Handeln und Leben entscheiden oder urteilen können. Die Geschichte der Antworten auf diese Frage hat auch die Fragestellungen der E. (wie man sie auf Grund der Antwortgeschichte noch für sinnvoll halten konnte) aufgefächert und verändert.

Bereits die antike E. von Sokrates bis zur Stoa entfaltet im wesentlichen die verschiedenen ethischen Konzeptionen, die den historischen Gang der E. bestimmen. So versucht Platon die Sokratische Frage nach dem *guten Leben* (↑Leben, gutes), insbesondere nach der *Lehrbarkeit der Tugend,* und in diesem Zusammenhang die sinnenüberhobene Einsicht in die *Idee des Guten* (also eine universell gültige Theorie des ↑Guten) zum begründenden Ausgangspunkt für alle Moral zu erheben. Demgegenüber beschränkt Aristoteles den Geltungsbereich des Guten, Gerechten und Vernünftigen auf eine Praxis, wie sie sich in der Polis, im Familienverband und im Umgang einzelner Personen miteinander bewähren soll. Diese Praxis, in der (und für die) sich das Gute, Gerechte und Vernünftige zu bestimmen hat, ist nicht das jeweilige Handeln einzelner Personen in einer konkreten Situation, sie besteht vielmehr in den Handlungsweisen, wie sie sich für eine traditionelle Erhaltung und institutionelle Sicherung als geeignet erweisen. Daß eine Praxis für Tradierung und Institutionalisierung geeignet ist, zeigt sich in der Verständigung über Erfahrungen, die über das Handeln in den bestehenden Traditionen und Institutionen gewonnen werden. Es gibt dabei keinen außerhalb der Praxis liegenden Maßstab und auch kein außerhalb der Praxis liegendes Ziel, die das Gute, Gerechte oder Vernünftige festlegen könnten. Vielmehr sind es allein die (durch Traditionen) Gebildeten und (in Institutionen) Erfahrenen, die in der beratenden und beurteilenden Verständigung über ihre Praxis zur Erkenntnis der ↑Tugenden (d.i. der Prinzipien persönlichen Handelns) kommen können, die Praxis zur *Eupraxia,* zur wohlgelungenen Praxis, machen. In einer solchen wohlgelungenen Praxis verwirklicht sich die Seele gemäß der Tugend und erreicht sie das höchste Gut, nämlich das Glück, die *Eudaimonia* (↑Eudämonismus), zu dem neben dem Tätigsein auch die Verfügung über äußere Güter gehört.

Mit der Auflösung der Polis verschwindet der Rahmen für diese moralbestimmende Praxis und damit sowohl die Bewährungsinstanz als auch der Anwendungsbereich der Aristotelischen E.. Für beide nach-Aristotelischen Neuansätze der antiken E., für Epikur und die ↑Stoa, wird daher der bildungsfähige Mensch an Stelle des allein verantwortungsfähigen Freien, des Polis-›Bürger‹s, zum Adressaten und Thema der E.. Für Epikur ist dieser Mensch das Individuum, dem die E. eine Kunstlehre zu einer Lebensführung liefert, die gerade in dem von den Institutionen belassenen Freiraum, und zwar in der Erreichung einer unerschütterlichen Seelenruhe, der ↑Ataraxie, ihre Erfüllung findet. Für die Stoa hingegen ist dieser Mensch das vernunftbegabte Naturwesen, das in der umfassenden Ordnung der Natur als Teil dieser Natur seinen Platz hat, diese Ordnung mit seiner Vernunft erkennen kann und sich ihr gemäß, und zwar sowohl in seinem Verhältnis zu den Institutionen (z.B. als Staatsmann) als auch in seinem persönlichen Leben, einrichten soll. Dieser entindividualisierten Konzeption des Menschen entspricht es, wenn die ↑Apathie im Sinne der Enthaltung von (individuellen) Empfindungen, vor allem der Freude oder der Furcht über einen erwarteten oder eingetretenen Erfolg bzw. Mißerfolg, zur vollkommenen Haltung für das Leben, Handeln und Planen erhoben wird. Damit ist die Entfaltung ethischer Konzeptionen, die in der Geschichte wirksam werden, erreicht.

Liest man die vier Konzeptionen (in einem neuzeitlichen Interesse) daraufhin, welche *Begründungsinstanzen für die Moral* in ihnen angeboten werden, so läßt sich ihre paradigmatische Rolle noch deutlicher zeigen. Für Platon ist es die von der (in der Theorie sich vollendenden) Vernunft beanspruchte – und mit ihrer Übersinnlichkeit legitimierte – *Allgemeinheit* (allgemeine Verläßlichkeit und Verbindlichkeit), für Aristoteles ist es die durch *Traditionen* und *Institutionen* stabilisierte *Gemeinsamkeit* des Handelns (der Praxis), für Epikur ist es die *(innere) Gleichheit* des individuellen Lebens, Handelns und Empfindens im Sinne von deren unerschütterlicher *Beständigkeit*, für die Stoa ist es die *(äußere) Gleichheit* der Menschen in der und durch ihre *Natur*, die jeweils diese Begründungsinstanz ausmachen.

Mit der allgemeinen Vernunft, der gemeinsamen Praxis, dem sich gleichbleibenden Individuum und der gleichmachenden Natur sind auch für das Mittelalter die für eine Fundierung der Moral verfügbaren Instanzen angegeben. Allerdings werden sie alle als ihrerseits gegründet in Gott (seinem Wissen, Wollen oder Wirken) verstanden, so daß die Vernunft als vom Glauben geleitete oder vollendete, jedenfalls aber durch Gott in ihren Möglichkeiten bestimmte Vernunft, die Praxis als das Handeln im Rahmen der kirchlichen Traditionen, das Individuum als um die Seligkeit, die Anschauung Gottes, bemühtes Individuum und die Natur als Schöpfung und Ordnung Gottes jeweils nur Erscheinungen der göttlichen Ordnung sind, keine eigenständigen Instanzen darstellen. Es ist daher auch verständlich, daß in der ↑Scholastik nur wenige Werke überhaupt als E.en – wie die E. des P. Abaelard (»Ethica seu liber dictus scito te ipsum«) – ausgewiesen werden, systematisch nur als (zum Teil verstreute) Teilüberlegungen in den Werken zur Betrachtung der gesamten göttlichen Ordnung auftreten.

Mit der (allmählichen) Auflösung des theologisch-kirchlichen Rahmens für die ethischen, wie auch allgemein die wissenschaftlichen, Bemühungen entsteht die Frage nach der Moralbegründung in neuer Weise. Vor allem müssen die verschiedenen Begründungsinstanzen, die ihren Bezug zur göttlichen Ordnung verlieren, neu begriffen und ausgewiesen werden. Die wissenschaftliche Vernunft, in der z.B. R. Descartes auch die Moral gründen möchte, zeigt sich dabei als vordringliche Aufgabe, so daß auch für Descartes zunächst nur eine ›provisorische Moral‹ möglich ist. Für B. Spinoza besteht die E. zwar in der (›mit geometrischer Methode begründeten‹) Entfaltung der Vernunft, aber diese E. ist als Gesamtdarstellung der durch die Vernunft erschließbaren Wahrheiten eben nur unter anderem eine Moralbegründung, getragen von dem einen Grundgedanken, daß wir uns durch unsere Vernunft von der Knechtschaft durch unsere Affekte befreien sollen, und dies in einer die gesetzmäßige Naturordnung anerkennenden Erkenntnis. In dieser Verwirklichung einer *Vernunftethik* bleibt die E. jedoch zu sehr mit den begrifflichen Festlegungen, den methodischen Vorschriften und inhaltlichen Thesen Spinozas belastet, als daß sie eine allgemein übernehmbare Moralbegründung leisten und so Descartes' Postulat einlösen könnte.

Demgegenüber haben neue Konzeptionen der anderen Begründungsinstanzen eine wirksamere Geschichte. T. Hobbes greift die Praxisinstanz in dem Sinne wieder auf, daß er die Grundunterscheidung von Recht und Unrecht im Rahmen eines Staates bestimmt, der Frieden und Sicherheit gewähren und für den einzelnen die Selbsterhaltung und die Bedürfnisbefriedigung garantieren soll. Für Hobbes gibt es keinen Wesensbegriff des Guten und keine irrtumsfreie Vernunft, die das Gute zu erkennen vermöchte, sondern nur die Erfordernisse einer politischen Praxis, aus denen das Rechte und Unrechte zu erschließen sind. Für die nachfolgenden angelsächsischen Philosophen verschwindet diese politische Ausrichtung des moralisch relevanten Handelns weitgehend. Die Praxis, in der und für die nun das moralisch Gute zu bestimmen ist, wird verstanden (und verwirklicht) als die Welt der (bürgerlichen) Konventionen (J. Locke, D. Hume, A. Smith), in deren Rahmen sich das moralische Gefühl oder der ›moralische Sinn‹ ausbilden können (F. Hutcheson).

In einer gleichsam epukureischen Wende läßt die Entpolitisierung der Praxis deren Träger, nämlich das zur Erhebung geistiger Gefühle (wie sie durch die Konventionen gefördert und geschützt werden) fähige Individuum, letztlich dessen inneres Gleichgewicht, zur Begründungsinstanz aufrücken (H. More, A.A.C. Earl of Shaftesbury). Das sozusagen stoische Pendant zu dieser *Konventionalisierung* und *Individualisierung* der Moral findet sich in der Philosophie des ↑*Naturrechts* (P. Melanchthon, H. Grotius, S. Pufendorf). Seine Autorität als Begründungsinstanz erhält das Naturrecht noch bei Melanchthon dadurch, daß es das dem menschlichen Geiste eingeprägte göttliche Gesetz ist. Aber schon Grotius löst die Vernunfterkenntnis aus der Natur der Dinge von allen Glaubensmeinungen. Dies ist eine Entwicklung, die sowohl von der Philosophie der deutschen ↑Aufklärung (C. Wolff) als auch von den französischen ↑Enzyklopädisten aufgenommen wird – bis hin zu J. le Rond d'Alemberts Kontrastierung, daß eine Moral ohne Glauben besser sei als ein Glauben ohne Moral.

Die offensichtliche Schwierigkeit eines Rückgangs auf die ›Natur der Dinge‹ besteht darin, die eigene Darstellung eben dieser Natur der Dinge zu begründen. Da die staatliche Ordnung, die bürgerlichen Gewohnheiten und die traditionellen Sitten und Gebräuche als eine ›zweite Natur‹ in manchen ihrer Prinzipien so selbstverständlich geworden sind, daß diese Prinzipien die Natur der Dinge darzustellen scheinen, ist es verständlich, wenn man für die ›äußeren Sitten und Handlungen‹ am ehesten glaubt, naturrechtliche Begründungen anbieten zu können. Ebenso ist es verständlich, daß eine Tendenz entsteht, die Sphäre persönlicher Entscheidungen im nicht geregelten Handeln außerhalb der naturrechtlichen Begründungsmöglichkeiten anzusiedeln und sie z.B. den ›Regeln des Herzens‹ (Pufendorf) zu übertragen. Damit wird für die Probleme bei der Gestaltung des persönlichen Lebens ein von der Vernunft nicht erreichbarer Freiraum offen, in dem vor allem religiöse Prinzipien der Lebensführung (wie die reine Liebe zu Gott und der von ihm geschaffenen Ordnung) bestimmend werden bzw. bleiben können. In der E. des 17. und 18. Jahrhunderts finden sich so nicht nur alle Begründungsinstanzen der antiken E. wieder, sondern dies auch in einer Vermischung, in der sich eine E. im Sinne einer einheitlichen Lehre von der Moral und einer einheitlichen Konzeption praktischen Begründens nicht entwickeln kann. Da das Bedürfnis nach einer solchen E. aber mit den politischen, ökonomischen und sozialen Entwicklungen wächst, wie sie in den bürgerlichen und industriellen Revolutionen kulminieren, läßt sich die Bemühung um eine allgemeine, d.h. alle Lebens- und Handlungsbereiche umfassende, und einheitliche E. als eine Bedingung für die geistige Bewältigung der historischen Entwicklung und damit als besondere Aufgabe für die historische Situation vom ausgehenden 18. bis zur Mitte des 19. Jahrhunderts verstehen.

Nahezu gleichzeitig bieten die E. Kants (Kritik der praktischen Vernunft, 1788) und der ↑Utilitarismus (J. Bentham, An Introduction to the Principles of Morals and Legislation, 1789) Entwürfe an, die diese Aufgabe lösen sollen. Kants E. unterscheidet sich dabei von allen bisherigen E.konzeptionen dadurch, daß er das Prinzip aller praktischen Begründungen an keine *materiale* Bestimmung des Moralischen bindet – z.B. an eine Idee des Guten (einen Zustand reiner Moralität), an eine vernünftige oder gerechte Praxis, an eine weise Lebensführung oder an eine naturgemäße (oder gottgewollte) Ordnung. Kant zieht in Rechnung, daß alle materialen Bestimmungen des Moralischen die Meinungen oder Neigungen einiger Personen (Gruppen) gegenüber den Meinungen und Neigungen anderer Personen (Gruppen) bevorzugen und bestimmte (praktische, private, politische usw.) Problembereiche ausklammern. Eben diese Reflexion auf die Partialität aller materialen Bestimmungen führt zur Aufstellung eines bloß *formalen* Prinzips. Weil niemandes Meinung (über das Moralische im materialen Sinne) und Neigung ausgezeichnet werden darf, können nur solche Vorschläge als vernünftig gelten, die für jedermann annehmbar sind, die (in der Redeweise Kants) ›als allgemeines Gesetz gelten können‹. Dieses mit dem kategorischen Imperativ (↑Imperativ, kategorischer) formulierte Prinzip definiert eben jene Begründungsmöglichkeit, die sich aus dem Verzicht auf das Begründen über bestimmte Wertungen (d.s. bestimmte Vorstellungen vom Guten, Gerechten und Vernünftigen) ergibt. Es entfällt damit auch der Rahmen einer Theorie (insbesondere einer metaphysischen Fundierung des Guten), einer Praxis, individuellen Glücks oder einer allgemeinen Naturordnung. Seine ↑Universalität verdankt sich seiner Rahmenlosigkeit. Und weil die traditionellen und institutionellen Rahmen für die Moral tatsächlich zu schwinden beginnen – wenigstens in dem Sinne, daß sie nicht fraglos als moralische Gründe benutzt werden können –, wird die E. Kants zum zentral diskutierten E.entwurf in der bürgerlichen und industriellen Gesellschaft.

Im Unterschied zur E. Kants versucht der Utilitarismus, moralische Begründungen über eine (vernünftige) Einschätzung von *Glücksbedürfnissen* und *Glückseinschätzungen* zu geben. Auch wenn er sich damit in seiner Frühform bei Bentham (mit dessen Festlegung ›einfacher Freuden und Leiden‹ und dem darauf aufbauenden hedonistischen Kalkül) dem Kantischen Verdikt unterstellt, partielle Glücksbestimmungen für universell auszugeben, erreicht der Utilitarismus mit J.S. Mill doch eine Möglichkeit universell verwendbarer Argumentation, die ihn zur Alternative zur Kantischen E. werden läßt. So bleibt zwar das allgemeine Wohlergehen bzw. das allgemeine Glück das oberste Kriterium bei der Beurteilung der Moralität unseres Handelns, womit auch der Zwang bestehen bleibt, dieses Wohlergehen oder Glück inhaltlich zu bestimmen. Aber Mills Vorschlag, dieses Glück, nämlich das, was einzig um seiner selbst willen erstrebt wird, nicht theoretisch, sondern über das unter einem (übernommenen oder selbstgesetzten) Anspruch stehende Handeln und das (durch die Handelnden selbst gebildete) Verständnis des dabei erreichten oder erreichbaren Glücks zu bestimmen, legt dieses Kriterium des allgemeinen Glücks nicht von vornherein auf bestimmte Glücksvorstellungen fest. Moralische Argumente sind daher in diesem Utilitarismus keine immer und überall benutzbaren Schlüsse (wie sie der kategorische Imperativ Kants ermöglichen soll), sie schließen vielmehr an Interpretationen von Handlungs- und (im allgemeinen) von Lebenserfahrungen an, die man unterstellt oder anbieten möchte.

Obwohl häufig kontrovers formuliert, lassen sich die Kantische E. und der Utilitarismus in dieser Interpretation als komplementäre Konzeptionen verstehen. Denn auch der kategorische Imperativ bedarf ja zu seiner Anwendung einer ›Materie‹, auf die er sich beziehen kann. Für Kant sind dies die *Maximen unseres Willens,* d.h. die von uns selbst gewählten ↑*Grundsätze,* aus denen dann, angewendet auf die Situation eines bestimmten Typs, eine bestimmte Handlung als gewollt folgt. Der Utilitarismus wiederum hat zwar das Prinzip der Moralität nicht so prägnant herausgearbeitet, wie Kant dies mit seinem kategorischen Imperativ getan hat (er beläßt es hier im wesentlichen bei der Betonung der Allgemeinheit des Glücks oder Wohlergehens, das zu erstreben sei), dafür versucht er aber, die materialen Willensbestimmungen, also die Glücksvorstellungen, einer kritischen Analyse zu unterwerfen. So könnte eine utilitaristische Erweiterung der Kantischen E. diese stärker an die Interpretationen unserer Handlungs- und Lebenserfahrungen binden und sie damit aus ihrer unvermittelten Gegenüberstellung zur Realität unseres faktischen Wollens lösen. Eine Präzisierung des utilitaristischen Prinzips der Allgemeinheit im Sinne der Kantischen E. könnte demgegenüber die utilitaristischen Argumente auch für die Fragen der Gerechtigkeit, insbesondere der gerechten Verteilung von Gütern, verwendbar machen. Tatsächlich zeigen die Versuche zu solchen Vermittlungen von Kantischer E. und Utilitarismus (z.B. J. Rawls) diese Argumentationsinteressen.

Sowohl die Kantische E. als auch der Utilitarismus sind (komplementär verstehbare) *normative* E.entwürfe, mit denen für die Begründung und Beurteilung unseres Handelns Argumentationsmethoden angeboten werden sollen. Mit ihren Normierungen setzen sie sich dem Einwand aus, die Welt vom eigenen (vernünftigen) Standpunkt aus belehren zu wollen, obwohl doch dieser eigene Standpunkt das Produkt auch der Institutionen und ihrer Geschichte, also jedenfalls nicht nur einer individuell verfügbaren Vernunft sei. Im Sinne dieses Einwandes unterscheidet G.W.F. Hegel ↑*Moralität* und ↑*Sittlichkeit.* Während die Moralität sich lediglich an dem subjektiven Wollen orientieren kann und als Kriterium der Vernünftigkeit lediglich die Übereinstimmung mit sich selbst zur Verfügung hat, daher in einer (prinzipiell beliebigen) Selbstverwirklichung ihren Sinn findet, besteht die Sittlichkeit in dem Wollen, in der Vernünftigkeit und Selbstverwirklichung, die im Rahmen eines rechtlich geordneten Gemeinwesens ausgebildet werden können (in der Familie, der bürgerlichen Gesellschaft und dem Staat). Das Gute wird so weder über die moralische Haltung des Individuums (etwa gemäß dem kategorischen Imperativ) verwirklicht noch überhaupt durch die um Vernunft bemühten Überlegungen des Individuums bestimmt. Es wird vielmehr als Identität *subjektiven vernünftigen Wollens* und *objektiven Rechts* verwirklicht und bestimmt, d.h. im Rahmen jener Institutionalisierungen, die die Selbstverwirklichung der Subjekte als eine gemeinsame Möglichkeit sichern und daher die bereits eingelebten und tradierten Gemeinsamkeiten unseres Handelns sowohl als Rahmen für diese gemeinsame Möglichkeit der Selbstverwirklichung erhalten als sich auch auf ihre Förderlichkeit oder Hinderlichkeit für diese Selbstverwirklichung hin begreifen lassen sollen.

Kann man in der Wiederbetonung des institutionellen und traditionellen Rahmens der Sittlichkeit eine Anknüpfung an Aristoteles sehen, so geht Hegel mit dem Begreifen der historischen Entwicklung dieses Rahmens über Aristoteles hinaus. Wo bei Aristoteles die unmittelbare lebensweltliche Handlungserfahrung (der Entscheidungsträger) die Bewährungsprobe für die Traditionen und Institutionen unseres Handelns leisten soll, arbeitet Hegel die Geschichte dieser Erfahrungen mit auf und ent-subjektiviert dadurch diese Erfahrung: es gibt keine individuell verfügbare Instanz mehr, um das Gute zu bestimmen oder zu verwirklichen, auch nicht im Rahmen der über-individuellen Traditionen und Institutionen. Damit scheint Hegels Konzeption einer Sittlichkeit einerseits die konsequent durchkonstruierte Antwort auf die Frage nach einer universellen E. zu sein (und nicht in das Dilemma der normativen Entwürfe zu geraten, die die Universalität ihres Geltungsanspruchs über die Beanspruchung einer individuell verfügbaren Vernunft einlösen müssen), andererseits aber auch eine E. im Sinne der Lehre von einer guten Moral unmöglich zu machen. Denn welches Individuum kann die Höhe des Begreifens erreichen, die zur Bestimmung des Guten erforderlich wäre? Der Verweis dieses Begreifens an die kollektive Vernunft (an die Gemeinschaft der Wissenschaftler und die Entwicklung der Wissenschaften) nimmt zwar dem Individuum die Last des Begreifens zum Teil ab, nivelliert zugleich aber auch die vielen und vielfach miteinander unverträglichen ›Begriffe‹ unserer Institutionen und ihrer Geschichte zu jeweils einer möglichen Bestimmung des Guten neben anderen und neutralisiert sie damit für die Wirklichkeit unseres Handelns. Die durch Kant eröffnete Möglichkeit einer universellen E. ohne Rahmeninstanzen, vor allem ohne den Rekurs auf Autorität, Tradition und Institution, scheint damit gerade durch Hegels konsequente Ausarbeitung dieses Anspruchs und seiner Einlösungsmöglichkeiten wieder verschlossen zu werden.

Es ist daher auch verständlich, daß die skeptische Abkehr von dem Versuch einer universellen E. die weitgehend übliche Reaktion auf diese Entwicklung von Kant bis Hegel wurde. Dem widerspricht nicht die Tatsache, daß immer wieder E.en angeboten worden sind. Diese E.en sind zumeist (wenn auch zum Teil entgegen ihrem Selbstverständnis) *partiell,* indem sie unmittelbar, d.h. ohne die von Hegel eingeforderte Reflexion auf den historischen und institutionellen Rahmen des subjektiven Willens und seiner (beanspruchten) Vernunft, bestimmte Instanzen für die Moral restaurieren: z.B. die Einheit von Vernunft und Natur (F. E. D. Schleiermacher), das Mitleid (A. Schopenhauer), die Entscheidung zur eigenen Lebensführung (↑Existenzphilosophie), eine Wertordnung (↑Wertethik), ein moralisches Gefühl oder innere Wahrnehmungen des Guten (F. Brentano), das vor-vernünftige Leben in seiner selbstgestaltenden Macht (↑Lebensphilosophie, F. Nietzsche). Oder es wird die Aufgabe der E. von vornherein partialisiert, indem diese (wie zum Teil im ↑Neukantianismus als ›Logik der Geisteswissenschaften‹ und ›Prinzipienlehre der Philosophie von Recht und Staat‹, H. Cohen) nicht mehr die Moral zum Thema hat, sondern die Grundbegriffe und Grundsätze einer wissenschaftlichen Bemühung um die Darstellung und Erklärung moralisch relevanter Sachverhalte.

Am engsten an Hegels Konzeption anschließend läßt sich die Ersetzung der E. durch eine Geschichtstheorie bei K. Marx verstehen, in der an die Stelle der (objektiven) Vernunft die (objektiven) Interessen und Bedürfnisse der Menschen gesetzt werden und statt der idealen Kraft dieser Vernunft, Leitvorstellung unseres Handelns zu werden, die reale Macht dieser Interessen und Bedürfnisse in der Geschichte der Institutionen behauptet wird. Die Marxsche Geschichtstheorie hält den Universalitätsanspruch der Hegelschen Konzeption aufrecht, versteht ihn aber als (begründbare) Meinung über den tatsächlichen Verlauf der Geschichte und nicht mehr als Ideal der Vernunft. Insofern fällt dieser Anspruch mit Aufgabe dieser Meinung und führt jedenfalls nicht zu einer E.

Einen Neubeginn der ethischen Diskussion hat die sprachkritische Wende (↑Wende, linguistische) der Philosophie gebracht, die sich im Anschluß an die Entwicklung der formalen Logik und die begriffliche und logische Analyse (↑Analyse, logische) wissenschaftlicher Theorien (in der Wissenschaftstheorie) und der Umgangssprache (in der ↑Ordinary Language Philosophy) vollzog. Im Vordergrund steht dabei die semantische, begriffs- und aussagenlogische sowie pragmatische (d.h. die Verwendungsabsichten, -situationen und -weisen herausarbeitende) Analyse der *moralischen Argumentationen.* Die in diesem Sinne *analytische* E. läßt sich als eine, zumeist kritische, Theorie praktischer (d.h. auf Handlungen bezogener) Argumentationen verstehen, bei der es nicht darum geht, eine Lehre von der guten Moral zu entwickeln, sondern darum, die in den faktisch vertretenen Morallehren und Moralen verwendeten Argumentationen (semantisch, logisch und pragmatisch) zu analysieren. Durch diese Absicht kann man eine ↑Metaethik, d.h. eine theoretische Bemühung über E.en, definiert sehen, die sich von den normativen E.en im Sinne der Morallehren unterscheidet. Gleichwohl verbinden sich auch mit den verschiedenen metaethischen Analysen bestimmte normativ-ethisch relevante Positionen. Die Skala reicht dabei von der Position des ↑Emotivismus, der eine normative Bedeutung moralischer Urteile für sinnlos hält und statt dessen in diesen Urteilen Mitteilungen über persönliche Gefühle, insbesondere des Gefallens und Mißfallens, sehen will, bis hin zum ↑Good Reasons Approach, der zwischen guten und schlechten Gründen, und zwar in Kantischer und utilitaristischer Tradition, durchaus normativ unterscheidet. Insgesamt hat die analytische E. zu einer genaueren Ausarbeitung der Argumentationsmöglichkeiten geführt, wie sie auch von den ›klassischen‹ Konzeptionen, vor allem Kants und des Utilitarismus, vorgeschlagen worden sind.

Ein Ergebnis der E.entwicklung ist das Erfordernis, sorgfältig zwischen der Begründung oder

Beurteilung einzelner *Handlungen in konkreten Situationen* und der Begründung oder Beurteilung von *Handlungsregeln* zu unterscheiden. Nur für die Handlungsregeln, nicht aber für die einzelnen Handlungen lassen sich die Begründungen oder Beurteilungen durch eine E., also durch methodische bzw. theoretische Bemühungen zu den moralischen Argumentationsmöglichkeiten, stützen. Die einzelnen Handlungen selbst sind dann (mit den ethisch gestützen Handlungsregeln) von jedermann selbst nach seiner praktisch geschulten Urteilskraft (zu der vor allem eine sichere Einschätzung der jeweils bestehenden Situation und damit die Erkenntnis, welche Regeln denn überhaupt anwendbar sind, gehören) zu begründen und zu beurteilen. Die Regeln selbst können jedoch in verschiedener Weise *allgemein* sein. Zum einen können sie *Maximen* im Kantischen Sinne sein, nämlich nur für bestimmte Personen (bei Kant: für einen selbst) formulierte Vorsätze, in Situationen eines bestimmten Typs in bestimmter Weise zu handeln. Zum anderen können sie für jedermann eine bestimmte Handlungsweise fordern, d.h. als *Normen* (↑Norm (handlungstheoretisch, moralphilosophisch)) formuliert sein. Kants kategorischer Imperativ läßt sich dann verstehen als die Aufforderung, nur solche Maximen als Gründe für sein Handeln zuzulassen, von denen man (nach bestem Wissen und Verständnis) der Meinung ist, daß sie auch als Normen gelten sollten. Der Utilitarismus könnte hinzufügen, daß die Regeln Normen werden können, die auch dann noch Maximen blieben, wenn sie Normen geworden wären.

In Ergänzung zur kritischen Analyse der Metaethik hat sich vor allem die *konstruktive* E. um die Ausarbeitung moralischer Argumentationsmöglichkeiten bemüht, die der Sprachkritik genügen. Ausgehend von den programmatischen Forderungen des ↑Konstruktivismus (↑Wissenschaftstheorie, konstruktive), zum einen die sprachlichen Mittel moralischen Argumentierens vollständig und zirkelfrei ausdrücklich zu vereinbaren, zum anderen jede theoretische Festlegung (jedes Axiom, jede Definition, jede Regel) aus ihrem lebensweltlichen Sinnzusammenhang (↑Lebenswelt, ↑vorwissenschaftlich), nämlich als die Hochstilisierung eines lebensweltlich sinnvollen Handelns, verständlich zu machen, sind in der konstruktiven E. verschiedene Prinzipien und Methoden des moralischen Argumentierens entwickelt worden, die sich als Lösungsversuche für bestimmte Problemtypen ausweisen sollen. Besonders detailliert ausgearbeitet ist ein Beratungsmodell (↑Beratung), das der Bewältigung von Konfliktsituationen dienen soll. Für andere Problemtypen – z.B. Orientierungskrisen, in denen etwa die Bewahrung der persönlichen Identität gefährdet ist, oder Diskrepanzen des Handelns und Verstehens, die durch die Unterschiedlichkeit der von den Handelnden befolgten Regelsysteme bedingt sind – liegen Ansätze von Argumentationsmöglichkeiten vor. Gemeinsam ist den Vorschlägen der konstruktiven E. die (Selbst-)Verpflichtung auf und dementsprechende Bemühung um die terminologische Festlegung jedes für die Argumentation verwendeten Wortes (um die ↑Orthosprache) und die ausdrückliche Angabe der Typen von Problemen (Aufgaben und Zielen), deren Lösung (bzw. Erreichung) der jeweils vorgeschlagene Unterscheidungs- oder Argumentationsschritt dienen soll. Mit der ersten Forderung wird der Universalitätsanspruch (↑Universalität (ethisch)) in dem Sinne wieder aufgenommen, daß die E. der allgemein verständliche bzw. für jedermann lernbare und durch jedermann lehrbare Aufbau einer Lehre vom moralischen Argumentieren sein soll, mit der zweiten Forderung wird dieser ›formale‹ (weil auf die Form des Argumentierens bezogene) Universalitätsanspruch ›material‹ (nämlich hinsichtlich seiner Anwendungsmöglichkeiten) beschränkt – und nur durch diese Beschränkung für einlösbar erachtet. Durch die Relativierung der vorgeschlagenen moralischen Argumentationsweisen auf bestimmte Problemtypen wird dabei auch das Erfordernis einer Reflexion auf die historische ↑Genese sowohl dieser Problemtypen als auch der darauf bezogenen Argumentationsweisen deutlich. Denn beide verdanken sich einer Entwicklung, die nicht das Ergebnis allein vernünftiger Überlegungen, sondern eben des historischen Verlaufs der Geschehnisse ist. Insofern die konstruktive E. keine einheitliche Methode für alle praktischen Argumentationen vorlegen will, sondern immer nur auf bestimmte Problemtypen bezogene Argumentationsweisen, ist sie keine bestimmte ethische Theorie, sondern ein Rahmenprogramm zur Ausarbeitung von moralischen Argumentationsmöglichkeiten für verschiedene Problemtypen und Lösungskonzeptionen.

Literatur: R. Abelson/K. Nielsen, Ethics, History of, Enc. Ph. III (1967), 81–117; H. Albert, Kritische Vernunft und menschliche Praxis, Stuttgart 1978; ders., Traktat über rationale Praxis, Tübingen 1978; K.-O. Apel (ed.), Sprachpragmatik und Philosophie, Frankfurt 1976; K. Baier, The Moral Point of View. A Rational Basis of Ethics, Ithaca N.Y. 1968; M. Bayles (ed.), Contemporary Utilitarianism, New York 1968; D. Birnbacher/N. Hoerster (ed.), Texte zur E., München 1976; R.B. Brandt, Ethical Theory, Englewood Cliffs N.J. 1959; ders., A Theory of the Good and the Right, Oxford 1979; C.D. Broad, Five Types of Ethical Theory, New York 1934; R. Bubner, Handlung, Sprache und Vernunft. Grundbegriffe praktischer Philosophie, Frankfurt 1976; I. Craemer-Ruegenberg, Moralsprache und Moralität. Zu Thesen der Sprachanalytischen E.. Diskussion, Kritik, Gegenmodell, Freiburg/München 1975; N. Daniels (ed.), Reading Rawls. Critical Studies of »A Theory of Justice«, New York 1975; P. Foot (ed.), Theories of Ethics, London 1967; M. Forschner, Gesetz und Freiheit. Zum Problem der Autonomie bei I. Kant, München/Salzburg 1974; ders., Natur und Vernunft. Voraussetzungen, Positionen, Probleme der stoischen E., Habilschr. Erlangen 1979; W.K. Frankena, Ethics, Englewood Cliffs N.J. 1963, ²1973 (dt. Analytische E.. Eine Einführung, München 1972); P.A. French/T.E. Uehling, Jr./H.K. Wettstein (eds.), Studies in Ethical Theory, Minnesota 1978; D. Gauthier, Practical Reasoning, Oxford 1963; R. Ginters, Typen ethischer Argumentation. Zur Begründung sittlicher Normen, Düsseldorf 1976; G. Grewendorf/G. Meggle (eds.), Seminar: Sprache und E.. Zur Entwicklung der Metaethik, Frankfurt 1974; W.F.R. Hardie, Aristotle's Ethical Theory, Oxford 1968; R.M. Hare, Freedom and Reason, Oxford 1963 (dt. Freiheit und Vernunft, Düsseldorf 1973); ders., The Language of Morals, Oxford 1952, 1972 (dt. Die Sprache der Moral, Frankfurt 1972); H.L.A. Hart, Recht und Moral. Drei Aufsätze, Göttingen 1971; O. Höffe, Praktische Philosophie. Das Modell des Aristoteles, München/Salzburg 1971; ders., (ed.), Einführung in die utilitaristische E.. Klassische und zeitgenössische Texte, München 1975; ders., Strategien der Humanität. Zur E. öffentlicher Entscheidungsprozesse, Freiburg/München 1975; N. Hoerster, Utilitaristische E. und Verallgemeinerung, Freiburg/München 1971, ²1977; J. Hospers/W. Sellars (eds.), Readings in Ethical Theory, New York 1952; J. Hospers, Human Conduct. An Introduction to the Problems of Ethics, New York 1961, gekürzt New York 1971; E. Howald/A. Dempf/T. Litt, Geschichte der E. vom Altertum bis zum Beginn des 20. Jahrhunderts, München/Berlin 1931 (repr. München/Wien 1978); W.D. Hudson (ed.), New Studies in Ethics, I–II, London 1974, New York 1974 (I Classical Theories, II Modern Theories); T. Irwin, Plato's Moral Theory. The Early and Middle Dialogues, Oxford 1977; H.P. Kainz, Ethica dialectica. A Study of Ethical Oppositions, The Hague 1978; F. Kambartel (ed.), Praktische Philosophie und konstruktive Wissenschaftstheorie, Frankfurt 1974; W. Kamlah, Philosophische Antropologie. Sprachkritische Grundlegung und E., Mannheim/Wien/Zürich 1972, ²1973; F. Kaulbach, E. und Metaethik. Darstellung und Kritik metaethischer Argumente, Darmstadt 1974; A. Kenny, The Aristotelian Ethica. A Study of the Relationship between the Eudemian and Nicomachean Ethics of Aristotle, Oxford 1978; G. Krüger, Philosophie und Moral in der kantischen Kritik, Tübingen 1931, ²1967; H. Kuhn, Das Sein und das Gute, München 1962; P. Lorenzen, Theorie der technischen und politischen Vernunft, Stuttgart 1978; ders./O. Schwemmer, Konstruktive Logik, E. und Wissenschaftstheorie, Mannheim/Wien/Zürich 1973, ²1975; N. Luhmann/S.H. Pfürtner (ed.), Theorietechnik und Moral, Frankfurt 1977; D. Lyons, The Forms and Limits of Utilitarianism, Oxford 1965; J.L. Machie, Ethics. Inventing Right and Wrong, Harmondsworth 1977; J.S. Mill, Utilitarianism, London 1861 (dt. Der Utilitarismus, Stuttgart 1976); G.E. Moore, Ethics, London 1912 (dt. Grundprobleme der E., München 1975); ders., Principia Ethica, Cambridge 1903 (dt. Principia Ethica, Stuttgart 1970); T. Nagel, The Possibility of Altruism, Oxford 1970; K. Nielsen, Ethics, Problems of, Enc. Ph. III (1967), 117–134; P.H. Nowell-Smith, Ethics, London 1969; K. Pahel/M. Schiller (eds.), Readings in Contemporary Ethical Theory, Englewood Cliffs N.J. 1970; H.J. Paton, The Categorical Imperative, A Study in Kant's Moral Philosophy, London/New York 1947 (dt. Der kategorische Imperativ. Eine Untersuchung über Kants Moralphilosophie, Berlin 1962); G. Patzig, E. ohne Metaphysik, Göttingen 1971; A. Pieper, Pragmatische und ethische Normbegründung. Zum Defizit an ethischer Letztbegründung in zeitgenössischen Beiträgen zur Moralphilosophie, Freiburg/München 1979; dies., Sprachanalytische E. und praktische Freiheit. Das Problem der E. als autonomer Wissenschaft, Stuttgart 1973, G. Prauss (ed.), Kant. Zur Deutung seiner Theorie von Erkennen und Handeln, Köln 1973; H.A. Pritchard, Moral Obligation, Oxford 1968; D.D. Raphael (ed.), British Moralists (1650–1800), I–II, Oxford 1969; J. Rawls, A Theory of Justice, London/New York 1972 (dt. Eine Theorie der Gerechtigkeit, Frankfurt 1975); ders., Gerechtigkeit als Fairneß, Freiburg/München 1977; N. Rescher, Distributive Justice. A Constructive Critique of the Utilitarian Theory of Distribution, Indianapolis 1966; M. Riedel, Norm und Werturteil. Grundprobleme der E., Stuttgart 1979; ders. (ed.), Rehabilitierung der praktischen Philosophie I (Geschichte – Problem – Aufgaben), Freiburg 1972, II (Rezeption – Argumentation – Diskussion), Freiburg 1974; J.M. Rist, Epicurus. An Introduction, Cambridge 1972; J. Ritter/R. Romberg/A. Pieper, E., Hist. Wb. Ph. II (1972), 759–809; W.D. Ross, Foundations of Ethics, Oxford 1960; ders., The Right and the Good, Oxford 1967; H.J. Sandkühler/R. de la Vega (eds.), Marxismus und E.. Texte zum neukantianischen Sozialismus, Frankfurt 1974; J. Schmucker, Die Ursprünge der E. Kants in seinen vorkritischen Schriften und Reflexionen, Meisenheim 1961; O. Schwemmer, Philosophie der Praxis. Versuch zur Grundlegung einer Lehre vom moralischen Argumentieren in Verbindung mit einer Interpretation der praktischen Philosophie Kants, Frankfurt 1971, ²1980; H. Sidgwick, The Methods of Ethics, London ⁷1907, 1962 (repr. New York 1966); L. Siep, Anerkennung als Prinzip der praktischen Philosophie. Untersuchungen zu Hegels Jenaer Philosophie des Geistes, Freiburg/München 1979; M.G. Singer, Generalization in Ethics. An Essay in the Logic of Ethics with the Rudiments of a System of Moral Philosophy, New York 1961 (dt. Verallgemeinerung in der E.. Zur Logik moralischen Argumentierens, Frankfurt 1975); J.J.C. Smart, An Outline of a System of Utilitarian Ethics, Melbourne/Cambridge 1961; C.L. Stevenson, Ethics and Language, New Havan/London 1944, 1960, 1968; S. Toulmin, An Examination of the Place of Reason in Ethics, Cambridge 1950; J.O. Urmson, The Emotive Theory of Ethics, London 1968; G.J. Warnock, The Object of Morality, London 1971; W. Weischedel, Skeptische E., Frankfurt 1976; B.A.O. Williams, Morality. An Introduction to Ethics, New York 1972 (dt. Der Begriff der Moral. Eine Einführung in die E., Stuttgart 1978); ders., The Concept of the Categorical Imperative. A Study of the Place of the Categorical Imperative in Kant's Ethical Theory, Oxford 1968; ders., Kritik des Utilitarismus, Frankfurt 1979; R. Wimmer, Universalisierung in der E.. Analyse,

Kritik und Rekonstruktion ethischer Rationalitätsansprüche, Frankfurt 1980; G.H. v. Wright, The Varieties of Goodness, London 1963; weitere Literatur ↑Emotivismus, ↑Metaethik. O.S.

Ethnomethodologie, in Anlehnung an die ↑Phänomenologie, insbesondere an die Schriften von A. Schütz, und in Entgegensetzung zum Strukturfunktionalismus (↑Funktionalismus) entwickelte soziologische Konzeption, nach der die soziale Realität – d.s. die Regeln unseres Miteinanderhandelns, die für unser Handeln relevanten Situationen, die Rationalität unseres Handelns, unsere Meinungen über die Regeln, Situationen und die Rationalität unseres Handelns (wie alle übrigen Bedingungen, Ursachen und Gründe für unser Handeln) – ein Erzeugnis von Sinnzuschreibungen ist. Die E. untersucht die Methoden und deren rationale Ordnung, d.i. die Methodologie, mit denen die Mitglieder einer Gruppe, Gesellschaft oder Kultur ihr alltägliches Handeln und Reden, dessen Bedingungen, Ursachen und Gründe organisieren. Sie untersucht in diesem Sinne den ›ethnischen‹ Einsatz einer Methodologie zur Erzeugung der sozialen Realität. Auch die traditionelle Soziologie (die nur diese Erzeugnisse, nicht aber die Methoden und die Methodologie der Erzeugung untersucht) gehört für die E. zu den zu untersuchenden Methoden und Methodologien. Es gibt daher keinen Standpunkt außerhalb erzeugter sozialer Realitäten, den die Wissenschaften einnehmen könnten, um die soziale Welt zu objektivieren. Vielmehr sind auch die wissenschaftlichen Bemühungen Teil der ›ethnisch‹ (also von der jeweiligen Gruppe) beherrschten Methoden und Methodologien zur Realitätserzeugung, die wie diese von den in den jeweiligen Situationen geleisteten Sinnzuschreibungen abhängig und in diesem Sinne ›indexikalisch‹, situationskovariant, sind. Die E. ist bemüht, allgemeine Merkmale der Methoden und Methodologien zur Realitätserzeugung herauszufinden: neben deren Indexikalität z.B. deren Reflexivität, die darin besteht, daß eine handlungsbestimmende Sinnzuschreibung (wie die, daß jetzt eine bestimmte Situation besteht, daß eine Tätigkeit die Antwort auf ein bestimmtes Handeln gewesen sei usw.) durch das entsprechende Handeln bestätigt und allgemein für das Handeln der Gruppe stabilisiert wird. Insgesamt weist das Konzept der E. mehrere Differenzierungen auf, die durch ihre Hauptvertreter H. Garfinkel (den Inaugurator des Konzepts), A. Cicourel und, schon eher am Rande der E., E. Goffman charakterisierbar sind.

Literatur: A. Cicourel, Cognitive Sociology. Language and Meaning in Social Interaction, Harmondsworth 1973, New York 1974 (dt. Sprache in der sozialen Interaktion, München 1974); J.D. Douglas (ed.), Understanding Everyday Life. Toward the Reconstruction of Sociological Knowledge, Chicago 1970, London 1971; H. Garfinkel, Studies in Ethnomethodology, Englewood Cliffs N.J. 1967; E. Goffman, Frame Analysis. An Essay on the Organization of Experience, New York/Cambridge Mass. 1974 (dt. Rahmen-Analyse. Ein Versuch über die Organisation von Alltagserfahrungen, Frankfurt 1977); H. Mehan/H. Wood, The Reality of Ethnomethodology, New York 1975; G. Psathas (ed.), Phenomenological Sociology. Issues and Applications, New York 1973; ders., Ethnomethodology as a Phenomenological Approach in the Social Sciences, in: D. Ihde/R.M. Zaner (eds.), Interdisciplinary Phenomenology, The Hague 1977, 73–98; ders., Die Analysen von Alltagsstrukturen und das ethnomethodologische Paradigma, in: W.M. Sprondel/R. Grathoff (eds.), Alfred Schütz und die Idee des Alltags in den Sozialwissenschaften, Stuttgart 1978, 178–195; F. Schütze, Sprache soziologisch gesehen, München 1975; E. Weingarten/F. Sack/J. Schenkein (ed.), E.. Beiträge zu einer Soziologie des Alltagshandelns, Frankfurt 1976; Alltagswissen, Interaktion und gesellschaftliche Wirklichkeit, I–II, ed. Arbeitsgruppe Bielefelder Soziologen, Reinbek 1973 (I Symbolischer Interaktionismus und E., II Ethnotheorie und Ethnographie des Sprechens). O.S.

Eubulides von Milet, 4.Jh.v.Chr., griech. Philosoph und Schüler des Eukleides von Megara. E. gilt neben Zenon als Erfinder der ↑Fangschlüsse, so z.B. der ↑Lügner-Paradoxie; führte die ↑Eristik in die Megarische Schule ein (↑Megariker).

Texte: Diog. Laert. II, 108–109. M.G.

Eucken, Rudolf Christoph, *Aurich (Ostfriesland) 5. Jan. 1846, †Jena 16. Sept. 1926, dt. Philosoph. Nach Promotion (über Aristoteles) in Göttingen zunächst Gymnasiallehrer in Husum, Berlin und Frankfurt, 1871 o. Prof. der Philosophie in Basel, ab 1874 in Jena. Nobelpreis für Literatur 1908. E. nennt seinen nachkantischen ›neuen Idealismus‹ einen ›schöpferischen Aktivismus‹ und gehört als deren populärster Vertreter zur Richtung der ↑Lebensphilosophie. Ethik, Geschichtsphilosophie und Religion vereint E. in seinem Begriff des ›Geisteslebens‹; erst der Eintritt in dieses Leben läßt die eigentlich menschliche Geschichte beginnen. Die ›noologische Methode‹ der Philosophie bettet das Erkennen in die Gesamtheit des Geisteslebens ein, das der ›inneren Erhöhung‹ des Menschen zustrebt.

Werke: Geschichte der philosophischen Terminologie, Leipzig 1879 (repr. Hildesheim 1964); Über Bilder und Gleichnisse in der Philosophie, Leipzig 1880; Die Philosophie des Thomas von Aquin und die Kultur der Neuzeit, Halle 1886; Die Lebensanschauungen der großen Denker, Leipzig 1890, [20]1950; Der Wahrheitsgehalt der Religion, Leipzig 1901; Der Sinn und Wert des Lebens, Leipzig 1908; Mensch und Welt. Eine Philosophie des Lebens, Leipzig 1918; Lebenserinnerungen, Leipzig 1920, ^{2}1922; Die geistigen Forderungen der Gegenwart, Berlin 1928.

Literatur: E. Becher, E. und seine Philosophie, Langensalza 1927; E. Boutroux, R. E.s Kampf um einen neuen Idealismus, Leipzig 1911; W.R. Boyce Gibson, R.E.s Philosophy of Life, London 1906; E. Hermann, E. and Bergson, London 1912; T. Kappstein, R. E., Berlin 1909; T. Raeber, R.E., NDB IV (1959), 670–672; M. Wundt, R. E., Langensalza 1927. R. W.

Eudämonismus (von griech. εὐδαιμονία, Glück, Glückseligkeit), philosophische Lehre, nach der das höchste Gut in der Erreichung des privaten ↑Glücks des Einzelnen besteht. Der *hedonistische* E. (Eudoxos, Epikur, J. Locke, J. Bentham u.a., ↑Hedonismus) sieht in der dauerhaften Lust, der *aretologische* E. (Sokrates, Platon, Aristoteles, Stoa) im tugendhaften Leben, der *ontologische* E. (Augustinus, Thomas von Aquin) in einem durch vollständige Bedürfnisbefriedigung erreichbaren Ausgleich menschlicher Defizienz, der *voluntaristische* E. (auch bei Thomas) in der Erfüllung menschlichen Strebens und Wollens das geeignete Mittel zur Erlangung des Glücks. Für den *egoistischen* E. (↑Egoismus) ist das eigene Glück (auch auf Kosten anderer), für den *altruistischen* (↑Altruismus) oder sozialen E. das Glück anderer das oberste Ziel des Handelns. I. Kant lehnt mit seiner Forderung nach ausschließlich an der ↑Pflicht orientiertem moralischen Verhalten jede Form des E. ab.

Literatur: M. Heinze, Der E. in der griechischen Philosophie, Leipzig 1883; W. Himmerich, Eudaimonia. Die Lehre des Plotin von der Selbstverwirklichung des Menschen, Würzburg 1959; H. Reiner, E., Hist. Wb. Ph. II (1972), 819–823; J. Thyssen, Glückseligkeitsethiken und das Äquivokative des Ethischen, in: R. Wisser (ed.), Sinn und Sein, Tübingen 1960. M. G.

Eudämonologie (von griech. εὐδαιμονία, Glück), Lehre vom ↑Glück (↑Aretologie).

Eudemos von Rhodos, griech. Philosoph und Wissenschaftshistoriker des 4.Jhs. v.Chr., Schüler des Aristoteles. E. schrieb Bücher zur Physik, zur Logik (»Analytiken« oder »Kategorien«), eine Geschichte der Arithmetik, der Geometrie und der Astronomie; die Echtheit der ihm zugeschriebenen Werke »Tiergeschichte«, »Geschichte der Theologie« und »Geschichte von Lindos« ist umstritten. Nur Fragmente sind erhalten. Mit seinen, für die Überlieferung frühen wissenschaftlichen Denkens bedeutsamen, historischen Schriften wurde E. (neben Menon, der eine Geschichte der Medizin schrieb) zum Begründer der Wissenschaftsgeschichtsschreibung. – Die ↑Syllogistik des Aristoteles erweiterte E. (oder Theophrast; der jeweilige Anteil ist nicht klar auszumachen) um die Figuren Bramantip, Carmenes, Dimaris, Fesapo und Fresison (die beiden letzten hatte schon Aristoteles, An. pr. A7.29a23–24, erwähnt).

Texte: L. Spengel (ed.), Eudemi Rhodii peripatetici fragmenta quae supersunt, Berlin 1866, ^{2}1870; F. W. A. Mullach (ed.), Fragmenta philosophorum graecorum III, Paris 1881, 222–292; F. Wehrli (ed.), Die Schule des Aristoteles, Texte und Kommentar VIII, Basel 1955, ^{2}1969.

Literatur: J. M. Bocheński, La logique de Théophraste, Fribourg 1947; ders., Ancient Formal Logic, Amsterdam 1951; I. Bulmer-Thomas, E., DSB IV (1971), 460–465; W. Burkert, Weisheit und Wissenschaft Studien zu Pythagoras, Philolaos und Platon, Nürnberg 1962; T. Heath, A History of Greek Mathematics, Oxford 1921; J. Łukasiewicz, Aristotle's Syllogistic from the Standpoint of Modern Formal Logic, Oxford 1953, ^{2}1957; E. Martini, E., RE VI (1907), 895–901; U. Schoebe, Quaestiones Eudemeae de primo Physicorum libro, Halle 1931; P. Tannery, Sur les fragments d'Eudème de Rhodes relatifs à l'histoire des mathématiques, Ann. Fac. des lettres de Bordeaux 4 (1882), 70–76; ders., Le fragment d'Eudème sur la quadrature des lunules, Mém. Soc. sci. phys. et nat. Bordeaux, 2. Sér., 5 (1883), 217–237 (beide Titel in: ders., Mémoires scientifiques I, Toulouse/Paris 1912, 168–177, 339–370); F. Wehrli, E., RE Suppl. XI (1968), 652–658. M. G.

Eudoxos von Knidos, *Knidos (Kleinasien) ca. 391/390 v. Chr., †ebd. ca. 338/337 v. Chr. (manche Forscher nehmen bei gleicher Lebensdauer von 53 Jahren 408 bzw. 400 v. Chr. als Geburtsjahr an), griech. Gelehrter (Astronomie, Geographie, Mathematik, Medizin, Philosophie). E., einer der bedeutendsten Gelehrten der Antike, unternahm zahlreiche Reisen: ca. 368 für 2 Monate nach Athen (Zusammentreffen mit Platon), ca. 365 für 16 Monate nach Ägypten. Um 362 Gründung einer eigenen Schule in Kyzikos am Marmarameer. Um 350 siedelte E. mit seinen Schülern nach Athen über, nach 348 hielt er sich wieder in Knidos auf, wo er der Stadt eine neue Verfassung gab und (vielleicht an einer Medizinschule) lehrte. E. soll auf einer Reise nach Sizilien bei Archytas von Tarent Geometrie und bei dem pythagoreischen Arzt Philistion Medizin studiert haben.
Die bedeutendsten Leistungen des E., von dessen Schriften nur Fragmente und indirekte Zeugnisse erhalten sind, liegen in Mathematik, Astronomie und Geographie. Ein großer Teil der Sätze in den Büchern V, VI und XII von Euklids »Elementen« geht auf ihn zurück, ferner scheint er das axiomatisch-deduktive Beweisverfahren als zentrales Methodenelement der Mathematik betrachtet zu ha-

ben. E.' herausragendste Leistungen in der Mathematik sind die Einführung des Verfahrens der ↑Exhaustion zur Berechnung von Flächeninhalt und Körpervolumen sowie die ↑Proportionenlehre. Das Exhaustionsverfahren impliziert den modernen ↑Grenzwert-Begriff. Mit diesem Verfahren beweis E. unter anderem die (vorher zum Teil bekannten, aber nicht bewiesenen) Sätze, daß sich die Flächen zweier Kreise zueinander verhalten wie Quadrate über ihren Radien und daß, bei gleicher Grundfläche und Höhe, eine Pyramide ein Drittel des Volumens eines Prismas und ein Kegel ein Drittel des Volumens eines Zylinders besitzt.

E.' einflußreichste Leistung besteht im Entwurf eines geometrischen geozentrischen Modells für die Bewegungen von Sonne, Mond und Planeten. Die kugelförmige Erde bildet dabei den Mittelpunkt eines Systems von 27 konzentrischen Sphären. Die äußerste trägt die Fixsterne, je drei erklären die Bewegungen von Sonne und Mond, die restlichen 20 entfallen zu je 4 auf die (damals bekannten) Planeten. Die Rotationsachsen der sich gleichförmig, aber mit unterschiedlicher Geschwindigkeit bewegenden Sphären sind verschieden orientiert. Die ↑Superposition der einzelnen Bewegungen ermöglicht eine Erklärung der Anomalien der Planetenbewegungen (z.B. der ›Hippopede‹ [Kurve in Form einer liegenden 8] der äußeren Planeten). Dieses Sphärenmodell bestimmt,

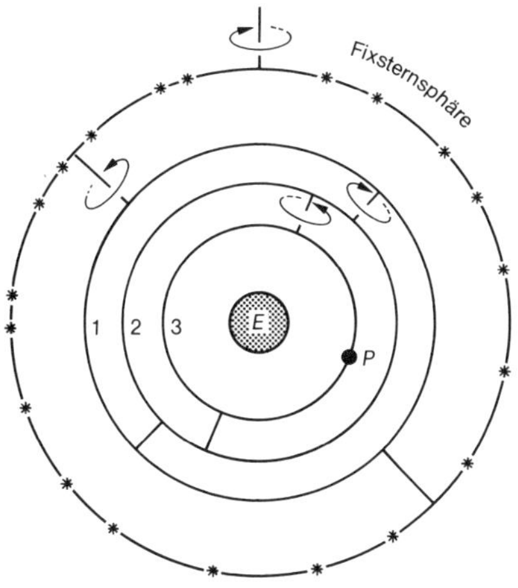

(Das System der homozentrischen Sphären zur Erklärung der Bewegung eines Planeten P um die Erde E. Die Drehung der Sphäre 1 liefert die jährliche Planetenbewegung von W nach O, die Drehungen der Sphären 2 und 3 liefern neben den jährlichen Haltepunkten die Rückläufigkeit des Planeten sowie die Veränderung in der Breite)

bei veränderter Deutung der Einzelheiten durch Epizyklen und Exzenter bei Apollonios von Perge und K. Ptolemaios, das geozentrische Weltbild bis N. Kopernikus. Auch Aristoteles übernahm in modifizierter Weise das Eudoxische Modell und betrachtete es nicht nur als geometrisches Modell, sondern als Ausdruck der realen Verhältnisse, ein Schritt, der von manchen Interpreten bereits E. zugeschrieben wird.

E.' astronomische Leistungen schließen eine Beschreibung des Fixsternhimmels und der Auf- und Untergänge der Fixsterne ein. Im Zusammenhang damit steht sein Kalenderentwurf, der den späteren Julianischen Kalender bestimmt. Zur astronomischen Zeitbestimmung diente E. ein wohl von ihm erfundenes Instrument (ἀράχνη, ›Spinne‹), das später Bestandteil der Astrolabien wurde.

In der Geographie kann E. als Begründer der mathematischen Geographie gelten. Mit der Projektion von Himmelsmeridianen und Breitengraden auf die Erde, die er, wie bereits die ↑Pythagoreer, als Kugel ansah, gelang ihm erstmals die absolute Bestimmung von Erdörtern. Ferner lieferte E. eine im Altertum gerühmte Erdbeschreibung.

In philosophischen Fragen scheint E. im Gegensatz zu Platon und zur ↑Akademie (insbesondere zu Speusippos) zu stehen. Die Annahme, E. sei Mitglied der Akademie gewesen und von Platon während seiner zweiten Sizilienreise zu deren stellvertretendem Leiter bestellt worden, dürfte nicht zutreffen. E. kritisiert die Platonische ↑Ideenlehre, ohne sich jedoch einer ›empiristischen‹, durch Anaxagoras nahegelegten Deutung anzuschließen, und hält die Ideen für unkörperlich. Gleichwohl dürften sie in den Dingen präsent sein. Hauptprinzip der Ethik ist, wie Aristoteles überliefert (Eth. Nic. A12.1101b27–24, K2.1172b9–28), die Lust (↑Hedonismus). Dies vor allem deswegen, weil sie die Bedingungen eines höchsten Gutes, nämlich begehrt zu werden und selbst nicht Mittel für einen höheren Zweck zu sein, besitzt. Möglicherweise hat E. die Hedone als Prinzip des gesamten Kosmos betrachtet.

Werke: F. Giesinger, Die Erdbeschreibung des E. v. K., Leipzig/Berlin 1921 (repr. Amsterdam 1967); Die Fragmente des E. v. K., Ed., Übers. u. Komm. v. F. Lasserre, Berlin 1966 (Rezension v. G.J. Toomer, Gnomon 40 [1968], 334–337).

Literatur: O. Becker, E.-Studien, I–V, Quellen u. Stud. Gesch. Math., Astr. u. Phys., Abt. B 2 (1933), 311–333, 369–387, 3 (1936), 236–244, 370–388, 389–410; ders., Das mathematische Denken der Antike, Göttingen 1957, 80–82, 102–108; D.R. Dicks, Early Greek Astronomy to Aristotle, Ithaca N.Y. 1970, 151–189; E. Frank, Die Begründung der Mathematischen Naturwissenschaft durch E. (1932), in: ders., Wissen, Wollen, Glauben. Gesammelte Aufsätze zur Philosophiegeschichte und Existentialphilosophie, ed. L. Edelstein, Zürich/Stuttgart 1955, 134–157; K. v. Fritz, Die Ideenlehre des E. v. K. und ihr Verhältnis zur platonischen Ideenlehre, Philol. 82 (1926/1927), 1–26; W. K. C. Guthrie, A History of Greek Philosophy V (The Later Plato and the Academy), Cambridge 1978, 447–457; T. L. Heath, A History of Greek Mathematics I (From Thales to Euclid), Oxford 1921 (repr. 1965), 321–335; G. L. Huxley, Eudoxus of Cnidus, DSB IV (1971), 465–467; H. Karpp, Untersuchungen zur Philosophie des E. v. K., Würzburg-Aumühle 1933 (Diss. Marburg); F. Lasserre, The Birth of Mathematics in the Age of Plato, London 1964, Kap. 4 und 5; G. Liebberg, Die Lehre von der Lust in den Ethiken des Aristoteles, Zetemata 19 (1958), 49–59; E. Maula, Studies in Eudoxus' Homocentric Spheres, Helsinki 1974; P. Merlan, The Life of Eudoxus, in: ders., Studies in Epicurus and Aristotle, Wiesbaden 1960, 98–104; J. Mittelstraß, Die Rettung der Phänomene. Ursprung und Geschichte eines antiken Forschungsprinzips, Berlin 1962; E. Neuenschwander, Die ersten vier Bücher der Elemente Euklids. Untersuchungen über den mathematischen Aufbau, die Zitierweise und die Entstehungsgeschichte, Arch. Hist. Ex. Sci. 11 (1973), 325–380; ders., Die stereometrischen Bücher der Elemente Euklids. Untersuchungen über den mathematischen Aufbau und die Entstehungsgeschichte, Arch. Hist. Ex. Sci. 14 (1974), 91–125 (bes. 113–118); O. Neugebauer, On the »Hippopede« of Eudoxus, Scr. Math. 19 (1953), 225–229; ders., A History of Ancient Astronomy II, Berlin/Heidelberg/New York 1975; R. Philippson, Akademische Verhandlungen über die Lustlehre, Hermes 60 (1925), 444–481; R. C. Riddell, Eudoxan Mathematics and the Eudoxan Spheres, Arch. Hist. Ex. Sci. 20 (1979), 1–19; W. Schadewaldt, E. v. K. und die Lehre vom unbewegten Beweger, in: Satura. Früchte aus der antiken Welt. Otto Weinreich zum 13. März 1951 dargebracht, Baden-Baden 1952, 103–129; M. Schofield, Eudoxus in the »Parmenides«, Mus. Helv. 30 (1973), 1–19; B. L. van der Waerden, Erwachende Wissenschaft. Ägyptische, babylonische und griechische Mathematik, Basel/Stuttgart ²1966, 292–313; H. J. Waschkies, Von E. zu Aristoteles. Das Fortwirken der Eudoxischen Proportionentheorie in der Aristotelischen Lehre vom Kontinuum, Amsterdam 1977 (Studien zur antiken Philosophie 8); L. Wright, The Astronomy of Eudoxus: Mathematics or Physics?, Stud. Hist. Philos. Sci. 4 (1973/1974), 165–172. G. W.

Eukleides von Megara *um 450, †um 370, griech. Philosoph, Schüler des Sokrates und Begründer der Megarischen Schule (↑Megariker), die das eleatische ›Eine‹ (↑Eleatismus) mit der Sokratischen Lehre vom Guten zu verbinden sucht: Es gibt nur ein Seiendes, das Gute; dem Guten ist das Nichtseiende entgegengesetzt. Schüler des E., die wegen der häufigen Anwendung der Methode der ↑reductio ad absurdum bei E. ›Dialektiker‹ genannt wurden, sind Diodoros Kronos, Eubulides von Milet und Stilpon von Megara.

Literatur: P. Natorp, E., RE VI,1 (1907), 1000–1003; C. Mallet, Histoire de l'école de Mégare, Paris 1845; P. Merlan, Minor Socratics (Antisthenes, Aristippus of Cyrene, Eucleides of Megara), J. Hist. Philos. 10 (1972), 143–152. M. G.

Euklid, um 295 v. Chr., griech. Mathematiker. Obwohl E. zu den bedeutendsten Mathematikern der Geschichte gehört, ist über seine Biographie nur bekannt, daß er in dem Zeitraum zwischen dem Wirken von Schülern Platons und der Abfassung der Archimedischen Schrift »Über Kugel und Zylinder« (I,2 zitiert E.) in Alexandrien lehrte. Proklos schreibt E. eine Neigung zum ↑Platonismus zu; manches spricht dafür, daß E. an der Athenischen ↑Akademie, dem zeitgenössischen Zentrum der Mathematik studierte. Insbesondere der Einfluß von Eudoxos und Theaitetos auf die »Elemente« (στοιχεῖα) E.s, die seine Bedeutung und seinen Ruhm in der Mathematikgeschichte begründen, wird so erklärbar. Sorgfältige Analysen, die sich (1) auf Unterschiede in der sprachlichen Formulierung, (2) auf die mathematische Struktur in den »Elementen« selbst und (3) auf sämtliche verfügbaren Quellen zur Vorgeschichte der »Elemente« beziehen, haben gezeigt, daß der lehrsatzmäßige Inhalt dieses Werkes bereits vor E. in wesentlichen Teilen von griechischen Mathematikern, neben Eudoxos und Theaitetos vor allem den ↑Pythagoreern, erarbeitet war. Ferner gab es in der griechischen Mathematik vor E. schon (verlorengegangene) Werke gleichen Titels (Hippokrates von Chios, Leon und Theudios). Die eigentliche Bedeutung der »Elemente« liegt denn auch nicht in der Originalität der mitgeteilten Lehrsätze und Konstruktionen, sondern in ihrer umfassenden, didaktisch geschickten Präsentation der Elementarmathematik, die ermöglicht wird durch einen streng *methodischen* Aufbau, der, antike Nachfolger wie die von Archimedes begründete Alexandrinische Schule ausgenommen, erst wieder in der Mathematik des 19. Jahrhunderts erreicht wird (↑Methode, axiomatische). Ferner bedeutet das von E. eingeführte *geometrische* Verständnis der Mathematik einen (gegenüber dem *arithmetischen* Modell insbesondere der Pythagoreer) einschneidenden Wechsel des grundlegenden Paradigmas, auch in mathematischer Physik und Astronomie, als dessen letzte überragende Realisierung I. Newtons »Philosophiae naturalis principia mathematica« (1687) angesehen werden können.

Die ersten vier der 13 Bücher der »Elemente« betreffen die ebene Geometrie (Planimetrie). Buch I behandelt neben der Präsentation der wichtigsten Methodenelemente insbesondere Dreiecke, Quadrate und Parallelogramme (der Terminus ›Parallelogramm‹ [παραλληλόγραμμον] und das räumliche Äquivalent ›Parallelflach‹ [παραλληλεπίπεδον] scheinen von E. zu stammen). Neben neuen Beweisen für bekannte Sätze (etwa solche, die vor E. mit einer speziellen Version der ↑Proportionenlehre bewiesen wurden) dürfte die Einführung des ↑Parallelenaxioms eine entscheidende neue Leistung E.s sein, die für die weitere Entwicklung des Raumbegriffs bestimmend wurde (↑Euklidische Geometrie, ↑Euklidizität). Die Theoreme der Bücher II–IV sind im wesentlichen pythagoreischer Herkunft. Buch II behandelt die Umwandlung von Figuren in andere gleichen Flächeninhalts und verwendet zum Teil Methoden der geometrischen Algebra, insofern einige Sätze die Lösung quadratischer Gleichungen erfordern (z.B. II 5, II 6, II 11, II 14). Buch III behandelt die Kreislehre (einschließlich Sekanten und Tangenten), während Buch IV insbesondere ein- und umbeschriebene Kreise um geradlinige Figuren untersucht. Das auf Eudoxos zurückgehende Buch V, aus heutiger Sicht wohl das mathematisch interessanteste, entwickelt die allgemeine Proportionenlehre, die sich von ihrer pythagoreischen Form dadurch unterscheidet, daß auch ↑inkommensurable Größen eingeschlossen sind. Ferner finden sich Formulierungen, die dem ↑Archimedischen Axiom und dem ↑Dedekindschen Schnitt entsprechen. Buch VI untersucht mit den Mitteln der allgemeinen Proportionenlehre ähnliche (↑ähnlich/Ähnlichkeit) Figuren. Die Bücher VII–IX sind arithmetisch. Buch VII entwickelt erneut eine Proportionenlehre, nun aber wieder mit der pythagoreischen Einschränkung auf kommensurable Größen. Enthalten sind ferner Primzahltheorie und Sätze über das kleinste gemeinsame Vielfache. Buch VIII behandelt hauptsächlich geometrische Reihen, während Buch IX verschiedene Sätze, unter anderem den ↑Fundamentalsatz der (elementaren) Zahlentheorie über die eindeutige Primfaktorzerlegung beweist. Buch X stellt, wohl auf Theaitetos fußend, eine Theorie der irrationalen Größen (z.B. $\sqrt{2}$) dar, wobei X 1 als theoretische Grundlage der Methode der ↑Exhaustion betrachtet werden kann. Als irrational definiert E. dabei alle Strecken, die mit einer gegebenen Strecke ↑inkommensurabel sind. Die abschließenden drei Bücher XI–XIII behandeln die Geometrie der Körper (Stereometrie). Buch XI läßt auf eine Analyse der Grundlagen der Stereometrie die Lehre von den Parallelflachen folgen, die ebenso wie das gesamte Buch XII (Exhaustionsbeweise für Volumina), auf Eudoxos zurückgeht. Buch XIII, die Lehre von den regulären Polyedern (↑Platonische Körper), stammt im wesentlichen von Theaitetos und dürfte, als Abschluß der »Elemente«, eine gewisse Nähe E.s zu Platon ausdrücken. Die früher E. gelegentlich noch zugeschriebenen Bücher XIV und XV stammen mußmaßlich von Hypsikles (2. Jh. v. Chr.) und einem Schüler Isidors von Milet (6. Jh.).

Von den antiken Kommentaren (z.B. Heron und Pappos von Alexandreia) ist nur derjenige des Proklos vollständig erhalten. Der Papposche Kommentar zum 10. Buch existiert noch in arabischer Übersetzung, während Herons Werk verloren ist. Neben die Kommentare treten wohl bereits im Altertum schulgemäße Kurzfassungen oder Erweiterungen und Scholien. Bis ins 19. Jahrhundert beruhten die griechischen Fassungen der »Elemente« auf einer Edition Theons von Alexandreia (4. Jh.). Erst die Auffindung (1808) eines Manuskripts im Vatikan, das eine von Theon angeführte Textänderung nicht enthält, gestattete die Herstellung der bis heute gültigen kritischen Ausgabe (J. L. Heiberg). Das lateinische Mittelalter erhielt vor allem aus arabischen Quellen, in denen die antike mathematisch-astronomische Tradition fortgesetzt wurde, Kenntnis von den »Elementen« (Übersetzungen ins Arabische durch al-Hajjāj und Isḥāq ibn Ḥunayn, die von Adelard von Bath und Hermann von Carinthia bzw. Gerard von Cremona ins Lateinische übertragen wurden). Direkt aus dem Griechischen dürften Teile der »Elemente« von A. M. T. S. Boethius übersetzt worden sein, eine vollständige Übersetzung ist nur von einem unbekannten Autor aus Palermo (um 1160) bekannt. 1482 erster Druck einer (lateinischen) Version (Campanus von Novara) in Venedig, 1533 Druck der ersten griechischen Ausgabe (ed. Simon Grynaeus) in Basel.

Die übrigen Werke E.s haben bei weitem nicht die Bedeutung der »Elemente« erreicht. Die »Data« (δεδομένα), inhaltlich in enger Beziehung zu den ersten sechs Büchern der »Elemente«, sind methodisch dadurch bestimmt, daß sie zeigen, daß durch die Vorgabe bestimmter Größen andere Größen bestimmt werden können. Im Unterschied zum synthetischen Aufbau der »Elemente« verwenden die »Data« das Beweisverfahren der ↑Analyse. – Nur in einer arabischen Übersetzung ist ein Werk »Über Zerlegung von Figuren« (περὶ διαιρέσεων) erhalten. Hier wird die Frage behandelt, wie geradlinige Figuren durch eine Gerade gegebener Richtung oder durch einen gegebenen Punkt in zwei Teile mit gegebenem Verhältnis zerlegt werden können. Verloren sind die Schriften »Porismen« (πορίσματα), »Über Kegelschnitte« (κωνικά), »Über Denkfehler (in der Mathematik)« (ψευδάρια), »Flächen als geometrische Örter (bzw. geometrische Örter auf Flächen)« (τόποι πρὸς ἐπιφανεία). Von den übrigen Werken E.s sind erhalten: »Phainomena« (φαινόμενα), eine auf dem Sphärenmodell beruhende theoretische Astronomie, die den Auf- und Untergang von Sternen erklärt, und eine »Optik« (ὀπτικά) als erstes griechisches Werk zur Perspektive. Die »Katoptrik« (κατοπτρικά), Lehre von den Spiegelbildern, stammt in der erhaltenen Fassung nicht von E. und dürfte eine spätere Kompilation sein. Von den in den »Elementen der Musik« (μουσικῆς στοιχεῖα) unter dem Namen E.s überlieferten beiden Schriften »Einführung in die Harmonielehre« (εἰσαγωγὴ ἁρμονική) und »Einteilung der Tonleiter« (κατατομὴ κανονος), die sich in ihrer inhaltlichen Konzeption widersprechen, dürfte nur letztere, die auf der pythagoreischen Musiktheorie fußt, von E. stammen.

Werke: Euclidis opera omnia, I–VIII (+ Suppl.), Ed. u. lat. Übers. J.L. Heiberg/H. Menge, Leipzig 1893–1916; Euclidis Elementa, I–IV, ed. E.S. Stamatis (post. I.L. Heiberg), Leipzig 1969–1972 (dt. Die Elemente. Buch I–XIII, I–V, Leipzig 1933–1937 [repr. in 1 Bd. Darmstadt 1962], engl. T.L. Heath [s. Literatur], holl. E.J. Dijksterhuis [s. Literatur]); The First Book of Euclidis Elementa, ed. with a Glossary E.J. Dijksterhuis, Leiden 1955; The Translation of the Elements of Euclid from the Arabic into Latin by Hermann of Carinthia (?), I–II, I Leiden 1968, II Amsterdam 1977; Die Data von E., ed. u. übers. v.C. Thaer, Berlin/Göttingen/Heidelberg 1962; R.C. Archibald, Euclid's Book on Divisions of Figures [engl.]. With a Restoration Based on Woepcke's Text and the Practica Geometriae of Leonardo Pisano, Cambridge 1915; L'optique et la catoptrique, franz. Übers., Einl. u. Anm. v.P. Ver Eecke, Paris/Bruges 1938; M. Chasles, Les trois livres des Porismes d'Euclide retablis pour la première fois, Paris 1860. – P. Riccardi, Saggio di una bibliografia Euclidea, I–V, Bologna 1887–1893; C. Thomas-Sanford, Early Editions of Euclid's Elements, London 1926; M. Steck, Die geistige Tradition der frühen E.-Ausgaben, Forsch. u. Fortschr. 31 (1957), 113–117; ders., Bibliographia Euclideana. Die Geisteslinien der Tradition in den Editionen der »Elemente« des E.. Handschriften-Inkunablen-Frühdrucke. Textkritische Editionen des 17.–20. Jahrhunderts, ed. M. Folkerts, Hildesheim 1979; F.J. Duarte, Bibliografia in Eucleides, Arguímedes, Newton, Caracas 1967.

Literatur: F. Beckmann, Neue Gesichtspunkte zum 5. Buch E.s, Arch. Hist. Ex. Sci. 4 (1967), 1–144; I. Bulmer-Thomas, Euclid, DSB IV (1971), 414–437; M. Clagett, The Medieval Latin Translations from the Arabic of the Elements of Euclid, with Special Emphasis on the Versions of Adelard of Bath, Isis 44 (1953), 16–42; ders., The Science of Mechanics in the Middle Ages, Madison Wisc. 1959; E.A. DeLacy, Euclid and Geometry, London 1965; E.J. Dijksterhuis, De elementen van Euclides, I–II, Groningen 1929/1930 (holl. Übers.); T.L. Heath, The Thirteen Books of Euclid's Elements, I–III, Cambridge 1905–1925, New York 1956 (engl. Übers.); ders., A History of Greek Mathematics I, Oxford 1921 (repr. 1965), 354–446; J.L. Heiberg, Litterargeschichtliches über E., Leipzig 1882; ders., Paralipomena zu E., Hermes 38 (1903), 46–74, 161–201, 321–356; A.P. Juschkewitsch, Istoria matematik v srednie veka, Moskau 1961 (dt. Geschichte der Mathematik im Mittelalter, Basel 1965); W.R. Knorr, The Evolution of the Euclidean Elements. A Study of the Theory of Incommensurable Magnitudes and its Significance for Early Greek Geometry, Dordrecht/Boston 1975; A. Lejeune, Euclide et Ptolémée: Deux stades de l'optique géométrique grecque, Louvain 1948; J. Mau, Eukleides 3, KP II (1967), 416–419; J. Murdoch, Euclides Graeco-Latinus. A Hitherto Unknown Medieval Latin Translation of the Elements Made Directly from the Greek, Harv. Stud. Class. Philol. 71 (1966), 249–302; ders., Euclid: The Transmission of the Elements, DSB IV (1971), 437–459; E. Neuenschwander, Die ersten vier Bücher der Elemente E.s. Untersuchungen über den mathematischen Aufbau, die Zitierweise und die Entstehungsgeschichte, Arch. Hist. Ex. Sci. 11 (1973), 325–380; ders., Die stereometrischen Bücher der Elemente E.s. Untersuchungen über den mathematischen Aufbau und die Entstehungsgeschichte, ebd. 14 (1974), 91–125; A. Seidenberg, Did Euclid's Elements, Book I, Develop Geometry Axiomatically?, Arch. Hist. Ex. Sci. 14 (1975), 263–295; H. Suter, Die Mathematiker und Astronomen der Araber und ihre Werke, Abh. Gesch. math. Wiss. 10 (1900), 14 (1902), 155–185; C.M. Taisbak, Division and Logos. A Theory of Equivalent Couples and Sets of Integers Propounded by Euclid in the Arithmetical Books of the Elements, Odense 1971; B.L. van der Waerden, De logische grondslagen der Euklidische meetkunde, Groningen 1937; A. Szabo, Anfänge der griechischen Mathematik, München/Wien 1969. G.W.

Euklidische Geometrie, auf den Mathematiker Euklid (um 300 v.Chr. in Alexandreia) zurückgehendes System der ↑Geometrie. Seit der Entdeckung ↑nicht-euklidischer Geometrien Anfang des 19. Jahrhunderts stellte sich besonders die Frage nach Begründung und Auszeichnung der E.n G. (↑Euklidizität, ↑Differentialgeometrie).
Im 1. Buch der »Elemente« stellt Euklid drei Gruppen von Sätzen an den Anfang: In den *Definitionen* (ὅροι) werden (allerdings nicht eindeutige) Erklärungen für die Grundbegriffe Punkt, Linie, Gerade, Fläche etc. angegeben. In den *Postulaten* (αἰτήματα) werden Konstruktions- oder Existenzforderungen für Figuren formuliert, darunter das Parallelenpostulat (↑Parallelenaxiom): Wenn zwei Geraden mit einer dritten auf derselben Seite innere Winkel bilden, deren Summe kleiner als ein flacher Winkel ist, so schneiden sie sich bei hinreichender Verlängerung auf dieser Seite (Abb. 1).

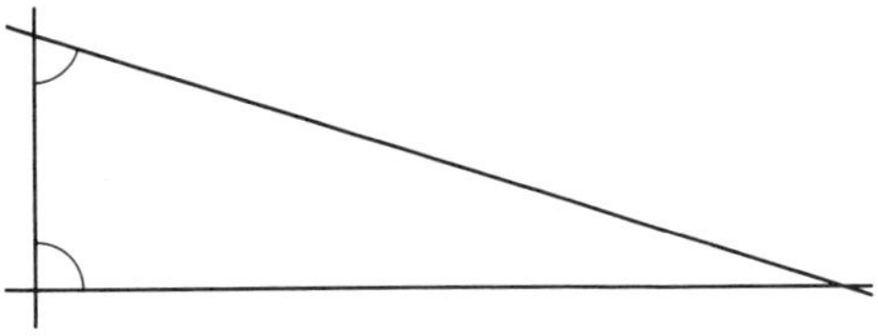

Abb. 1

Eine Ausnahme bildet das 4. Postulat (›alle rechten Winkel sind einander gleich‹), an dem sich für Euklid-Kommentatoren die Frage entzündete, ob Euklid einen Bewegungsbegriff voraussetzt oder nicht. In den *Grundsätzen* (κοιναὶ ἔννοιαι, ↑communes conceptiones) faßt Euklid allgemeine Gleichungsaussagen zusammen, die nicht spezifisch geometrischer Natur sind (z.B. ›was demselben Dritten gleich ist, ist untereinander gleich‹). Eine Ausnahme bildet der 4. Grundsatz (›einander Deckendes ist gleich‹), an dem sich wieder die Frage nach der Präsupposition eines Bewegungsbegriffs bei Euklid stellte. Nach Proklos werden die Grundsätze ›Axiome‹ genannt, zu denen später auch die Postulate gezählt wurden. Aus diesen Voraussetzungen sind nach Euklid geometrische Konstruktionen durch logische Deduktionen entsprechender Lehrsätze zu rechtfertigen.

Herkunft und Begründung der euklidischen Axiome bilden seit der Antike zentrale Themen der Philosophie. Während Platon die geometrischen Figuren als eigenständige, den Ideen verwandte Gebilde begreift (↑Ideenlehre), werden sie nach Aristoteles durch Abstraktion aus physischen Körpern gewonnen. Zu Beginn der neuzeitlichen Philosophie gründet R. Descartes die E.G. auf die ›angeborene Idee‹ (↑Idee, angeborene) der ›Ausdehnung‹ von Körpern (res extensa), deren geometrische Verhältnisse durch Zahlenkoordinaten bestimmt werden (↑Dimension). Damit wurde die Algebraisierung der Geometrie und die Behandlung physikalischer Probleme durch ↑Bewegungsgleichungen eingeleitet. Nach B. Pascal sind die Sätze der E.n G. durch Intuition und Evidenz verbürgt, während I. Kant die euklidischen Figuren als apriorische Formen der Raumanschauung auszeichnet. Demgegenüber bezeichnet I. Newton die Geometrie als Teil der allgemeinen ↑*Mechanik*, in der Sätze der Meßkunst bewiesen werden. Nach der Entwicklung nicht-euklidischer Theorien, in denen die Negation des euklidischen Parallelenpostulats gilt, stellte sich die Frage nach der ›physikalisch gültigen‹ Geometrie, die nach C.F. Gauß und H.v. Helmholtz durch empirische Messung zu entscheiden ist.

Dagegen sind die Axiome der mathematischen Geometrie nach D. Hilbert weder erkenntnistheoretisch durch ↑Anschauung noch psychologisch durch ↑Evidenz oder physikalisch durch Messung, sondern durch den Nachweis ihrer ↑*Widerspruchsfreiheit* gesichert. An die Stelle von Aussagen über inhaltliche Vorstellungen von Figuren bzw. physikalischen Körpern treten formale Aussageformen, deren Prädikatorenvariablen P, G, E etc. nur noch die traditionellen Bezeichnungen ›Punkt‹, ›Gerade‹, ›Ebene‹ etc. tragen. So wird z.B. aus dem ersten euklidischen Postulat, wonach für zwei Punkte eine schneidende Gerade existiert, die Formel

$$\bigwedge_x \bigwedge_y (x \varepsilon P \wedge y \varepsilon P \rightarrow \bigvee_z (z \varepsilon G \wedge x, z \varepsilon L \wedge y, z \varepsilon L)),$$

wobei L eine zweistellige Relationenvariable ist, die der traditionellen Inzidenzrelation entspricht (›x liegt auf y‹). Die Variablen dieser Formeln lassen sich dann nach Hilbert in *mathematischen Modellen* interpretieren, so z.B. in der Arithmetik und Analysis, für die seit R. Dedekind eine geometriefreie Einführung vorlag (↑Dedekindscher Schnitt). Danach werden Punkte der Ebene durch reelle Zahlenpaare interpretiert; die Inzidenzaussage, wonach ein Punkt auf einer Geraden liegt, wird in die arithmetische Aussage übersetzt, wonach ein Zahlenpaar (x, y) eine lineare Gleichung $ux + vy + w = 0$ erfüllt usw.. Setzt man die Widerspruchsfreiheit von Arithmetik und Analysis voraus, so garantiert diese Interpretation die (relative) Widerspruchsfreiheit der formalen Hilbertschen Geometrie.

Logische *Unabhängigkeitsbeweise* (↑unabhängig/Unabhängigkeit (logisch)) der euklidischen Axiome führten zu Untersuchungen nicht-euklidischer bzw. in anderer Weise modifizierter Theorien (↑Geometrie, elliptische, ↑Geometrie, hyperbolische, ↑Geometrie, nicht-archimedische, ↑Geometrie, absolute). Identifiziert man die E.G. mit ihrem analytischen Modell, so wird sie zu einem Spezialfall der ↑Differentialgeometrie oder Vektoralgebra. Diese Auffassung vertritt besonders der sogenannte ↑Bourbaki-Kreis von Mathematikern (Versuch, die Mathematik aus allgemeinen algebraischen, topologischen und Ordnungsstrukturen aufzubauen). Demgegenüber wird in jüngster Zeit von vielen Mathematikern eine Einführung in die Geometrie über die E.G. nicht nur aus didaktischen Gründen gefordert.

Bereits G. Frege hatte gegenüber D. Hilbert die Rolle der *Raumanschauung* für die Geometrie betont und Hilberts Auffassung der geometrischen

Axiome als einer impliziten Definition (↑Definition, implizite) der geometrischen Grundbegriffe kritisiert. H. Dingler versuchte eine *technische Begründung* der E.n G., indem er eindeutige Realisationsverfahren für euklidische Grundbegriffe, z.B. das ↑Dreiplattenverfahren für die Ebene, starre Körper (↑Körper, starrer) für die Kongruenz, forderte. In dem von P. Lorenzen weiterentwickelten Dinglerschen Ansatz werden Grundbegriffe wie Ebene, Parallelität und Orthogonalität durch ↑Homogenitätsprinzipien bestimmt, die zusammen mit Axiomen für die Inzidenzrelation, Zwischenrelation (von Gauß bereits gefordert und von M. Pasch in die Geometrie eingeführt) und Stetigkeit auf die E.G. führen. Kongruenz wird nun im Unterschied zu Hilbert als aus Parallel- und Spiegelungskongruenz abgeleiteter Begriff eingeführt, womit eine Definition geometrisch-starrer Körper als Voraussetzung für physikalische Messungen ermöglicht werden soll.

In neueren Ansätzen wird eine Begründung der E.n G. durch *formentheoretische* Axiome vorgeschlagen, die technisch z.B. durch Gußverfahren für Abdrücke und Kopien von Ton- und Metallkörpern gerechtfertigt werden. Historisch wird dabei ein Gedanke von J. Wallis berücksichtigt, wonach aus der Annahme von ähnlichen Figuren, die ohne Änderung ihrer Form stetig vergrößert oder verkleinert werden können, das euklidische Parallelitätspostulat folgt. Gruppentheoretisch kommt darin die ausgezeichnete Stellung der *Ähnlichkeitsgruppe* in der E.n G. zum Ausdruck (↑Euklidizität). Demgegenüber wird nach F. Bachmann zunächst die *Bewegungsgruppe* der absoluten Geometrie durch den *Spiegelungsbegriff* eingeführt, um dann durch Zusatzforderungen die E.G. (durch Existenz eines Rechtseits) oder eine nichteuklidische Geometrie zu erhalten.

Literatur: F. Bachmann, Aufbau der Geometrie aus dem Spiegelungsbegriff, Berlin/Göttingen/Heidelberg 1959; G. Böhme (ed.), Protophysik. Für und Wider eine konstruktive Wissenschaftstheorie der Physik, Frankfurt 1976; H. Dingler, Die Grundlagen der angewandten Geometrie. Eine Untersuchung über den Zusammenhang zwischen Theorie und Erfahrung in den exakten Wissenschaften, Leipzig 1911; H.G. Forder, Foundations of Euclidean Geometry, New York 1958; K.v. Fritz, Grundprobleme der Geschichte der antiken Wissenschaft, Berlin/New York 1971; G. Hessenberg/J. Diller, Grundlagen der Geometrie, Berlin 1967; D. Hilbert, Grundlagen der Geometrie, Leipzig 1899, ed. mit Supplementen P. Bernays, Stuttgart [11]1972; P. Janich, Zur Protophysik des Raumes, in: G. Böhme (ed.), Protophysik, 83–130; P. Lorenzen, Das Begründungsproblem der Geometrie als Wissenschaft der räumlichen Ordnung, Philos. Nat. 6 (1960), 415–431; ders., Eine konstruktive Theorie der Formen räumlicher Figuren, Zentralbl. f. Didaktik Math. 9/2 (1977), 95–99; K. Mainzer, Stetigkeit und Vollständigkeit in der Geometrie. Über die logisch-mathematischen Grundlagen und die technisch-operationale Rechtfertigung des Koordinatenbegriffs, in: A. Kamlah (ed.), Aspekte der physikalischen Begriffsbildung. Theoretische Begriffe und operationale Definitionen, Braunschweig/Wiesbaden 1979, 127–146; ders., Geschichte der Geometrie, Mannheim/Wien/Zürich 1980; H. Meschkowski, Grundlagen der e.n G., Mannheim 1966, [2]1974; H.G. Steiner, Frege und die Grundlagen der Geometrie, I–II, Math.-physikal. Semesterber. N.F. 10 (1964), 175–186, 11 (1965), 35–47; A. Szabo, Anfänge der griechischen Mathematik, München/Wien 1969. K.M.

Euklidizität, zusammenfassende Bezeichnung der Kriterien zur mathematischen, physikalischen, technischen und erkenntnistheoretischen Auszeichnung der ↑Euklidischen Geometrie. Seit dem Proklos-Kommentar zu Euklids »Elementen« (In primum Euclidis elementorum librum commentarii, ed. G. Friedlein, Leipzig 1873) galt das *Parallelitätspostulat* (↑Parallelenaxiom) als ein zu beweisender Satz der euklidischen Geometrie. Im 18. Jahrhundert wurde der Satz, wonach die *Winkelsumme im Dreieck* 180° ist, als äquivalent zum Parallelenpostulat erwiesen (G. Saccheri, J.H. Lambert). So zeigte Lambert bereits 1766, daß unter der Annahme einer Dreieckswinkelsumme von weniger als 180° eine absolute Länge existiert im Unterschied zur euklidischen Geometrie. Seit C.F. Gauß trat der Satz, wonach das *Krümmungsmaß* von Ebene und Raum – hier differentialgeometrisch (↑Differentialgeometrie) aufgefaßt als in den cartesischen Raum eingebettete Flächen – in der euklidischen Geometrie Null ist, als äquivalente Charakterisierung des Parallelenpostulats hinzu. Während noch für I. Kant die E. des Anschauungsraumes im Sinne eines *erkenntnistheoretischen Apriori* (↑a priori) feststand, stellte sich nach der Einführung ↑nicht-euklidischer Geometrien die Frage, welche Geometrie denn ›physikalisch gültig‹ sei. Gauß wendete in diesem Zusammenhang als erster das Winkelsummenkriterium für Dreiecke an, um durch geodätische Messungen die E. der physikalischen Wirklichkeit zu prüfen. H. Poincaré betonte, daß die Überprüfung der E. des physikalischen Raumes durch Messung nur dann sinnvoll sei, wenn vorher über den zugrunde gelegten Maßstab entschieden ist. Die Wahl des Maßstabes (z.B. euklidisch starrer Körper) sei aber Konvention. Meßaussagen gelten dann (wie später noch einmal H. Reichenbach betonte) nur relativ zum Maßstab, der dem geometrischen Kongruenzbegriff zugeordnet ist.

Demgegenüber wurde im Anschluß an H. Dingler die E. der physikalischen Meßgeräte betont, weil sie durch die Herstellungsverfahren für solche Geräte erzwungen werde. Da Meßverfahren für physikalische Begriffsbildungen vorausgesetzt werden, wird die E. der Meßgeräte mit Anspielung auf Kant auch als *›meßtechnisches (meßtheoretisches) Apriori‹* bezeichnet. Der euklidische Kongruenzbegriff, der diesen Meßverfahren zugrunde liegt, wird nicht als geometrischer Grundbegriff wie im Hilbertschen Aufbau aufgefaßt, sondern als abgeleitet aus dem Ähnlichkeits- und Größenbegriff (↑ähnlich/Ähnlichkeit): Zwei Figuren (z.B. Strecken) heißen kongruent, wenn sie ähnlich (›formgleich‹) und größengleich sind. Bereits im 17. Jahrhundert hatte der englische Mathematiker J. Wallis herausgestellt, daß die Annahme von Figuren, die bis auf Ähnlichkeit stetig vergrößert und verkleinert werden können, das Parallelitätspostulat zu einem beweisbaren Satz macht. Gauß zeigte auf, daß nur in der Euklidischen Geometrie Figuren existieren, die stetig vergrößert und verkleinert werden können, ohne ihre Form zu ändern. Die Auszeichnung von euklidischen Formen als Grundbegriffen läßt sich technisch z.B. durch Gußverfahren für Abdrücke und Kopien von Ton- oder Metallkörpern rechtfertigen. Auch bei diesen technischen Formungsprozessen werden keine Größenmaßstäbe vorausgesetzt. Mit Blick auf Kant kann diese Auszeichnung eines größenunabhängigen Form- bzw. Ähnlichkeitsbegriffs in der Euklidischen Geometrie als *›formentheoretisches Apriori‹* aufgefaßt werden, das der Einführung kongruenter (also form- und größengleicher) Figuren und damit der Einführung von Meßverfahren vorausgeht.

Gruppentheoretisch drückt sich dieses E.skriterium nach F. Klein dahingehend aus, daß die Euklidische Geometrie als einzige metrische Geometrie mit konstantem Krümmungsmaß (↑Differentialgeometrie) invariant ist gegen die Gruppe der Ähnlichkeits- und Kongruenztransformationen. Euklidische Figuren können also gegen mehr Transformationen invariant sein als nicht-euklidische. K.R. Popper interpretierte diesen Umstand als ↑*Einfachheitskriterium* der Euklidischen Geometrie, da die Anzahl der frei wählbaren Parameter einer euklidischen Figur, also ihre (Parameter-) Dimension kleiner sein kann als bei nicht-euklidischen.

Literatur: O. Becker, Die Grundlagen der Mathematik in geschichtlicher Entwicklung, Freiburg/München 1954, Frankfurt ²1975; D. Hilbert, Grundlagen der Geometrie, Stuttgart ¹²1977; P. Janich, Zur Protophysik des Raumes, in: Protophysik. Für und wider eine konstruktive Wissenschaftstheorie der Physik, ed. G. Böhme, Frankfurt 1976, 83–130; F. Kambartel, Wie abhängig ist die Physik von Erfahrung und Geschichte? Zur methodischen Ordnung apriorischer und empirischer Elemente in der Naturwissenschaft, in: Natur und Geschichte (X. Dt. Kongreß für Philosophie Kiel 1972), ed. K. Hübner/A. Menne, Hamburg 1974, 154–169; P. Lorenzen, Eine Revision der Einsteinschen Revision, Philos. Nat. 16 (1976), 383–391; ders., Relativistische Mechanik mit klassischer Geometrie und Kinematik, Math. Z. 155 (1977), 1–9; K. Mainzer, Der Raum im Anschluß an Kant, Perspektiven der Philosophie. Neues Jb. 4 (1978), 161–175; ders., Stetigkeit und Vollständigkeit in der Geometrie. Über die logisch-mathematischen Grundlagen und die technisch-operationale Rechtfertigung des Koordinatenbegriffs, in: A. Kamlah (ed.), Aspekte der physikalischen Begriffsbildung. Theoretische Begriffe und operationale Definitionen, Braunschweig/Wiesbaden 1979, 127–146; J. Mittelstraß, Erfahrung und Begründung, in: ders., Die Möglichkeit von Wissenschaft, Frankfurt 1974, 56–83, 221–229; K.R. Popper, Logik der Forschung, Wien 1935, Tübingen ⁶1976; H. Reichenbach, Philosophie der Raum-Zeit-Lehre, Berlin/Leipzig 1928 (repr. Ges. Werke II, ed. A. Kamlah/M. Reichenbach, Braunschweig 1977, engl. The Philosophie of Space and Time, New York 1958); P.G. Stäckel/F. Engel (eds.), Die Theorie der Parallellinien von Euklid bis auf Gauß. Eine Urkundensammlung zur Vorgeschichte der nichteuklidischen Geometrie, Leipzig 1895. K.M.

Euler, Leonhard, *Basel 15. April 1707, †Petersburg 18. Sept. 1783, schweiz. Mathematiker, Schüler Johann Bernoullis, seit 1727 an der Petersburger Akademie der Wissenschaften, wo er 1730 Prof. der Naturlehre und 1733 als Nachfolger Daniel Bernoullis Mitglied der Akademie wurde. 1741 ging E. an den Hof Friedrichs II. und wurde 1744 Direktor der mathematischen Klasse der Berliner Akademie der Wissenschaften. 1766 kehrte er an die Akademie in Petersburg zurück, wo er trotz seiner im gleichen Jahr eintretenden völligen Erblindung noch mehr als die Hälfte seiner über 860 wissenschaftlichen Arbeiten verfaßte.

E. zählte zu den führenden Wissenschaftlern seiner Zeit. Er vertiefte die Grundlagen fast aller mathematischen Disziplinen, begründete durch die Entdeckung des Zusammenhangs zwischen trigonometrischen Funktionen und Exponentialfunktion sowie der Vieldeutigkeit der Logarithmen die komplexe ↑Analysis (↑Funktionentheorie) und unabhängig davon die Variationsrechnung und die Theorie der bestimmten ↑Integrale und wandte neue mathematische Verfahren in der analytischen ↑Mechanik, der mathematischen ↑Astronomie, der Navigationskunde und der Musiktheorie an, wo er Vorarbeiten zur Psychophysik leistete. Viele nach E. benannte mathematische Termini zeigen noch heute seine Produktivität (z.B. E.formeln, E.sche Integrale, E.sche Gammafunktion, E.sche Konstante, E.sche Winkel, E.sches Brückenproblem, E.-Lagrangesche Differentialgleichung). Bedeutenden Einfluß auf den Forschungs- und Unterrichtsstil der Mathematik übte E. durch seine großen, didaktisch neuartigen Lehrwerke »Introductio in analysin infinitorum« (1748), »Institutiones calculi differentialis« (1755) und »Institutiones calculi integralis« (1768–1770) und vor allem durch seine noch heute gedruckte »Vollständige Anleitung zur Algebra« (1770).

Im philosophischen Leben fanden E.s »Briefe an eine deutsche Prinzessin über verschiedene Gegenstände aus der Physik und Philosophie« große Verbreitung, die aus dem Privatunterricht für die Töchter des Markgrafen Friedrich Heinrich von Brandenburg-Schwedt entstanden waren. E. wendet sich in diesen Briefen gegen die zeitgenössische, in der Leibniztradition stehende Philosophie C. Wolffs, greift besonders die ↑Monadentheorie an und verteidigt die materialistischen Prinzipien der Cartesischen Physik; auch seine Argumente für die Wellentheorie des Lichts erzielten erst durch diese Schrift ihre Wirkung. Wie einflußreich E.s Auffassungen für den jungen I. Kant waren, ist erst in neuerer Zeit erkannt worden. Die von der E.-Kommission der Schweizerischen Naturforschenden Gesellschaft herausgegebene Gesamtausgabe der E.schen Werke ist noch unvollendet; unveröffentlichte Materialien betreut unter anderem das E.-Archiv in Leningrad.

Werke: Opera omnia, ed. F. Rudio, Ser. I, 1–29, Ser. II, 2–30, Ser. III, 1–12, Leipzig (teilweise Zürich) 1911 ff., Ser. IV, 1 ff., Stuttgart 1975 ff. (noch nicht abgeschlossen). – Introductio in analysin infinitorum, I–II, Lausanne 1748 (repr. Brüssel 1967), Lyon [2]1797 (dt. L.E.s Einleitung in die Analysis des Unendlichen, I–III, ed. J.A.C. Michelsen, Berlin 1788–1791); Institutiones calculi differentialis, cum eius usu in analysi finitorum ac doctrina serierum, I–II, Petersburg 1755; Institutiones calculi integralis, I–III, Petersburg 1768–1770, Suppl. 1794, ed. F. Engel/L. Schlesinger, I–III, Berlin 1913; Lettres à une princesse d'Allemagne sur divers sujets de physique et de philosophie, I–III, Petersburg 1768–1774 (dt. Briefe an eine deutsche Prinzessin über verschiedene Gegenstände aus der Physik und Philosophie, I–III, Leipzig 1769–1773, letzte vollst. Ausg. 1853, [daraus] Philosophische Auswahl, ed. G. Kröber, Leipzig 1965, [2]1968); Vollständige Anleitung zur Algebra, I–II, Petersburg 1770, zuletzt ed. J.E. Hofmann/J. Niessner, Stuttgart 1959; Opera postuma mathematica, I–II, ed. P.H. Fuss, Petersburg 1862 (repr. I–II, Nendeln 1969). – G. Eneström, Verzeichnis der Schriften L.E.s, Jahresber. Dt. Math.ver., Erg.Bd. 4 (1910–1913), 209–388, Rukopisnye materialy L. Ejlera v archive Akademii nauk SSSR, I–II, Moskau/Leningrad 1962/1965.

Literatur: A.M. Deborin (ed.), L.E. (1707–1783), Moskau/Leningrad 1935; R. Fueter, L.E., Basel 1948; E. Hoppe, Die Philosophie L.E.s. Eine systematische Darstellung seiner philosophischen Leistungen, Gotha 1904; M.A. Lavrentiev/A.P. Youschkevitch/A.T. Grigorian (eds.), L.E. Sbornik statej v čest' 250-letija so dnja roždenija predstavlennych Akademij nauk SSSR, Moskau 1958 (mit dt. Zusammenfassung und Bibliographie); K. Schroeder (ed.), Sammelband der zu Ehren des 250. Geburtstages L.E.s der Deutschen Akademie der Wissenschaften zu Berlin vorgelegten Abhandlungen, Berlin 1959; A. Speiser, L.E. und die deutsche Philosophie, Zürich 1934; O. Spiess, L.E.. Ein Beitrag zur Geistesgeschichte des XVIII. Jahrhunderts, Frauenfeld/Leipzig 1929; A.P. Youschkevitch, E., DSB IV (1971), 467–484. C.T.

Euler-Diagramme, Bezeichnung für graphische Darstellungen, in denen die Umfangsverhältnisse (↑Umfang) von Begriffen oder von Mengen durch topologische Beziehungen (Umschließung, Ausschließung, Schnitt) geschlossener Kurven, meist von Kreisen, anschaulich dargestellt werden. Beispiele: die ↑Subordination eines Begriffs *b* unter einen ›höheren‹ Begriff *B* (als Enthaltensein des Umfangs von *b* in dem Umfang von *B*) durch

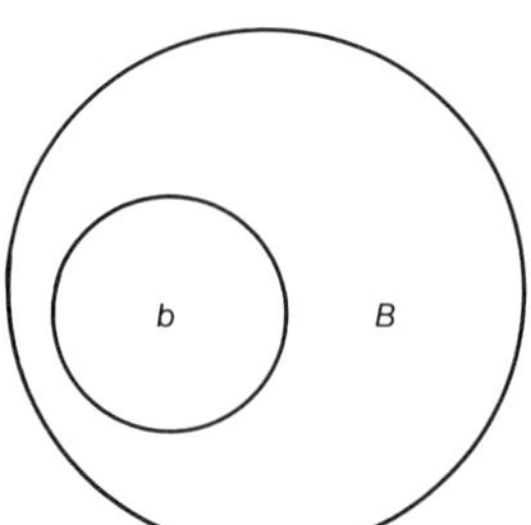

oder die Existenz eines gemeinsamen Unterbegriffs *s* dreier Begriffe *A, B, C* durch

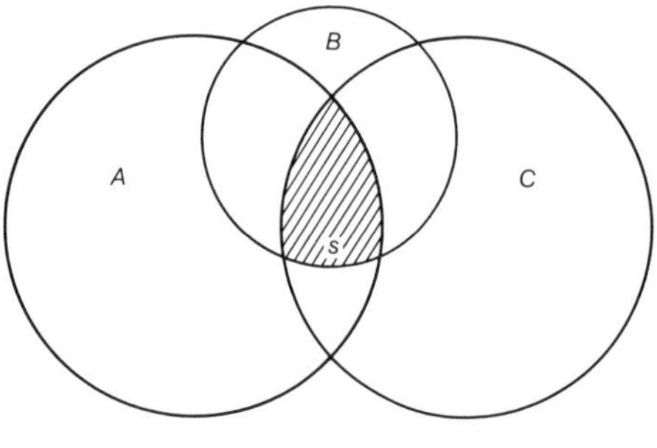

Die E.-D., deren Name von ihrer Verwendung in L. Eulers »Lettres à une princesse d'Allemagne« herrührt, kommen schon in Logikbüchern des 17. Jahrhunderts vor; eine Andeutung findet

sich sogar schon in (authentischen?) Werken des R. Lullus.

Literatur: C.K. Davenport, The Role of Graphical Methods in the History of Logic, in: W. Krampf (ed.), Hugo Dingler. Gedenkbuch zum 75. Geburtstag, München 1956, 49–70; M. Gardner, Logic Machines and Diagrams, New York/Toronto/London 1958, ber. Neudr. mit neuem Vorwort unter dem Titel: Logic Machines, Diagrams and Boolean Algebra, New York 1968. C.T.

Evidenz (engl. evidence, franz. évidence), in erkenntnistheoretischen Zusammenhängen eine Einsicht ohne methodische Vermittlungen. In seiner lateinischen Form (evidentia) gibt der Ausdruck bei M.T. Cicero (synonym mit perspicuitas) den in Stoa und Epikureismus terminologisch verwendeten Ausdruck ἐνάργεια (Klarheit, Deutlichkeit) wieder. Seine Bedeutung etwa im Sinne voraussetzungsloser Einsicht oder ›anschaulicher Gewißheit‹ (I. Kant, KrV B 762) ist in der philosophischen Tradition abhängig von vorausliegenden erkenntnistheoretischen Positionen und entsprechend uneinheitlich. Schwankender terminologischer Gebrauch drückt sich (a) in der Beurteilung der E. entweder als der *subjektiven Form der Wahrheitsanerkennung* (E. als ›Sehen‹ eines Sachverhalts) oder als der *objektiven Form der Wahrheitsfindung* (E. als ›Sich-zeigen‹ eines Sachverhalts), (b) in Zuordnungen wie ›metaphysische‹, ›logische‹, ›psychologische‹, ›physische‹ und (erneut) ›subjektive‹ bzw. ›objektive‹ E. aus. Gegensatz (ebenso wie beim Begriff der ↑Intuition) ist in allen Fällen der Begriff der *diskursiven* bzw. begrifflichen, d.h. der methodisch (durch Beweis, Erklärung etc.) fortschreitenden Einsicht (↑diskursiv/Diskursivität).

In seiner dominanten Bedeutung stellt der Begriff der E. innerhalb der philosophischen Tradition ein ↑Wahrheitskriterium für ›erste‹ Sätze einer Theorie, die sogenannten ↑Axiome, dar (↑Methode, axiomatische), sofern diese nicht konventionalistisch (↑Konventionalismus) gedeutet werden. Der Hinweis auf E. steht hier methodologisch gesehen an Stelle der schon von Aristoteles geforderten Begründung von (›deduktiv‹ nicht mehr begründbaren) Ausgangssätzen (↑Epagoge). Erst D. Hilbert ersetzt in diesem wissenschaftstheoretischen Zusammenhang die Forderung nach E. axiomatischer Anfänge durch die Forderung ihrer ↑Widerspruchsfreiheit. Erkenntnistheoretische Bedeutung in einem allgemeineren Sinne gewinnt der Begriff der E. vor allem bei R. Descartes. Gegen den Primat diskursiver (logischer) Verfahren werden, terminologisch in den Begriffen der Intuition (intuitio) und der klaren und distinkten Anschauung (clara et distincta perceptio) (↑klar und deutlich), E.en unter dem Grundsatz ›solo lumine rationis et sani sensus‹ (La recherche de la vérité par la lumière naturelle, Œuvres X, 521) ausgezeichnet. An die Stelle von Ketten logisch voneinander abhängiger Sätze sollen im Idealfall Ketten von E.en treten (etwa analog der Möglichkeit, elementargeometrische Sätze über Symmetrieeigenschaften zu beweisen).

Nicht mehr nur als Wahrheitskriterium, sondern als Definiens der Wahrheit selbst tritt der Begriff der E. bei F. Brentano auf. Wahrheit ist eine Eigenschaft des Vollzugs ›evidenter‹ Urteile, wobei als evident im strikten Sinne nur die apodiktischen Urteile (↑Urteil, apodiktisches), die aus Begriffen einleuchten, und die Urteile der sogenannten inneren Wahrnehmung (z.B. ›ich denke‹) gelten. E. qualifiziert ferner nach Brentano sittliche Stellungnahmen in emotiven Akten (Beurteilungen nach ›richtig‹ und ›unrichtig‹). Auf E. als *Selbstgegebenheit* werden bei E. Husserl alle Weisen phänomenologischer Analyse (↑Phänomenologie) zurückgeführt (»Zu jeder Grundart von Gegenständlichkeiten [...] gehört eine Grundart der ›Erfahrung‹, der E.«, Formale und transzendentale Logik, 169). ›Urmodus‹ der E. ist die Wahrnehmung, darin zugleich ›Grundform des Vernunftbewußtseins‹ (Ideen zu einer reinen Phänomenologie und phänomenologischen Philosophie I, 333). Methodisch zentral im Rahmen der Spätphilosophie Husserls sind dabei (a) die Unterscheidung zwischen *adäquater* und *apodiktischer* E. sowie (b) die Fundierung einer *prädikativen* E. durch eine *vorprädikative* (lebensweltliche) E. des Wahrnehmens und der Erfahrung (»Auf die E.en der Erfahrung sollen sich letztlich alle prädikativen E.en gründen«, Erfahrung und Urteil, 38).

Probleme eines methodisch ausgewiesenen E.begriffs knüpfen sich ebenso wie im Falle des Begriffs der Intuition in begründungstheoretischen Kontexten an eine kontrollierbare Berufung auf E. bzw. an das Erfordernis, E.en von Scheinevidenzen zu unterscheiden (»alle Argumente für die E. stellen einen circulus vitiosus dar und alle Argumente gegen sie einen Selbstwiderspruch«, W. Stegmüller, Metaphysik Wissenschaft Skepsis, 1954, 102f., [2]1969, 168f.). Im Sinne eines Postulats der Anerkennung von Argumentationsteilen wird E. jederzeit in Anspruch genommen bzw. in Form hergestellter Zustimmung als gegeben betrachtet. Insofern stellt sich E. ein oder bleibt E. aus, sie kann *erzeugt*, aber nicht *bewiesen* werden. Damit gehört E. zu den *pragmatischen Konstituentien* jeglicher Argumentation und Einsicht.

Literatur: F. Brentano, Wahrheit und E.. Erkenntnistheoretische Abhandlungen und Briefe, ed. O. Kraus, Leipzig 1930 (repr. Hamburg 1974); R.M. Chisholm, Evidence as Justification, J. Philos. 58 (1961), 739–749; ders./R. Firth, Symposium: The Concept of Empirical Evidence, J. Philos. 53 (1956), 722–739; H. Fackeldey, E., WL 174–178; W. Halbfass/K. Held, E., Hist. Wb. Ph. II (1972), 829–834; E. Husserl, Cartesianische Meditationen und Pariser Vorträge, ed. S. Strasser, Den Haag ²1963 (Husserliana I); ders., Ideen zu einer reinen Phänomenologie und phänomenologischen Philosophie I (Allgemeine Einführung in die reine Phänomenologie), ed. W. Biemel, Den Haag 1950 (Husserliana III), bes. 333–357 (II Phänomenologie der Vernunft); ders., Formale und transzendentale Logik. Versuch einer Kritik der logischen Vernunft (1929), ed. P. Janssen, Den Haag 1974 (Husserliana XVII); ders., Erfahrung und Urteil. Untersuchungen zur Genealogie der Logik, ed. L. Landgrebe, mit Nachwort u. Reg. v. L. Eley, Hamburg ⁴1972; A. Maier, Das Problem der E. in der Philosophie des 14. Jahrhunderts, Scholastik 38 (1963), 183–225; W. Reimer, Der phänomenologische E.begriff, Kant-St. 23 (1919), 269–301; K. Rosen, E. in Husserls deskriptiver Transzendentalphilosophie, Meisenheim 1977; D. Rynin, Evidence, Synthese 12 (1960), 6–24; W. Stegmüller, Der E.begriff in der formalisierten Logik und Mathematik, Wien. Z. Philos. Psychol. Pädag. 4 (1953), 288–295; ders., Metaphysik Wissenschaft Skepsis, Frankfurt/Wien 1954, unter dem Titel: Metaphysik Skepsis Wissenschaft, Berlin/Heidelberg/New York ²1969; ders., Hauptströmungen der Gegenwartsphilosophie. Eine kritische Einführung I, Stuttgart ⁶1976, 1–48 (Philosophie der E.: Franz Brentano); P. Weiss, First Considerations. An Examination of Philosophical Evidence, Carbondale Ill. 1977. J.M.

Evidenztheorie, eine von F. Brentano in Auseinandersetzung mit der traditionellen Korrespondenztheorie als Alternative entwickelte ↑Wahrheitstheorie, nach der eine Aussage wahr ist, wenn sie einer evidenten, d.h. einem einleuchtenden und nicht blinden Urteil entstammenden, Aussage gleich ist.

Literatur: F. Brentano, Versuch über die Erkenntnis, ed. A. Kastil, Hamburg 1925, erw. u. neu eingel. v. F. Mayer-Hillebrand, Hamburg ²1970. K.L.

Evolution (von lat. evolvere, sich aus etwas herauswickeln), in verschiedenen Zusammenhängen zur Bezeichnung kontinuierlicher Entwicklungsprozesse verwendeter Ausdruck. Das Merkmal der Kontinuität scheint hierbei entscheidend zu sein. So spricht man etwa von der E. politischer und gesellschaftlicher Institutionen im Gegensatz zu deren Revolution (↑Revolution (sozial)). In den exakten Wissenschaften war der E.sbegriff lange auf die ↑Biologie beschränkt. Heute spricht man jedoch auch in nicht-biologischen Disziplinen von E., z.B. kosmische, chemische und kulturelle E. Die wissenschaftstheoretisch-wissenschaftshistorische Diskussion verwendet den E.sbegriff im Zusammenhang mit der Frage der Theorienentwicklung und des ↑Erkenntnisfortschritts (↑Theoriendynamik). In neueren technologischen Überlegungen hat der E.sbegriff bei der Optimierung technischer Systeme seine Nützlichkeit bewiesen. Dabei treffen die Merkmale des biologischen E.sbegriffs häufig nur teilweise bzw. in einem analogen oder metaphorischen Sinne zu.

Die Begriffsbildung der *kosmischen* E. wurde durch die neuen Hilfsmittel der ↑Astronomie ermöglicht. Der Empfang von kurz- und langwelliger sowie von elektromagnetischer und Röntgenstrahlung, die Messung von Schwerewolken sowie die Neutrinoteleskopie machten deutlich, daß sich das Universum in beständiger Veränderung befindet. Die vorher einzig verwendeten optischen Teleskope hatten dagegen ein statisches Bild des Kosmos vermittelt, in das lediglich Nova-Ausbrüche nicht hineinpaßten. Nach dem sogenannten Standardmodell der Kosmologie wird heute überwiegend angenommen, daß zur ›Hubble-Zeit‹ (nach dem amerikanischen Astronomen E.P. Hubble), d.h. vor ca 18 Milliarden Jahren, alle Galaxien sich in einem Zustand unendlicher Dichte befunden haben. Es erfolgte dann eine explosionsartige Expansion (›Big Bang‹, ›Urknall‹) die als ›Anfang‹ des Universums betrachtet wird und die bis heute andauert. Von der biologischen E. unterscheidet sich die kosmische E. unter anderem dadurch, daß ihre aufeinanderfolgenden Zustände nicht auf Grund selektiver Mechanismen (↑Selektion) entstanden sind; ferner ist es im Prinzip möglich, den Entwicklungsvorgang mit Hilfe physikalischer Gesetzmäßigkeiten zurückzuverfolgen, wogegen die Biologie für die Rekonstruktion der E. der Organismen auf datierbare Funde angewiesen ist.

Als *chemische* E. wird die abiotische Entstehung von Biopolymeren (Proteine und Nukleinsäuren) mit den für lebende Systeme charakteristischen Eigenschaften (↑Leben) unter den Bedingungen der Früherde verstanden. Nach heutigen Schätzungen erfolgte bei einem angenommenen Erdalter von 4,6 Milliarden Jahren und dem ersten Auftreten von Mikroben vor 3–3,5 Milliarden Jahren die chemische E. in einem Zeitraum von $^1/_2$ bis 1 Milliarde Jahre vor dem ersten Auftreten der Mikroorganismen. Simulationsexperimente unter Bedingungen der Früherde haben bisher abiotische Synthesewege für nahezu alle biologisch wichtigen

Verbindungen ergeben. Ferner liegen einige physikalisch-chemische Hypothesen zur Erklärung der chemischen E. vor, ohne daß sich auf Grund von empirischen Fakten bereits eine Auswahl konkurrierender Hypothesen vornehmen ließe. Von besonderem Interesse ist es, daß diese Theorien teilweise versuchen, physikalisch-chemische *Selektionskriterien* für die aufeinanderfolgenden Zustände eines evolvierenden Systems anzugeben.
In der *Biologie* wurde, wohl erstmals bei A. v. Haller (Anmerkungen zu seiner Edition von H. Boerhaaves: Praelectiones academicae in proprias institutiones rei medicae V 2, Göttingen 1744, 497) und dann bis ins 19. Jahrhundert das Wort ›E.‹ überwiegend im Rahmen der (embryologischen) ›Präformationstheorie‹ verwendet, die davon ausging, daß die Strukturen des vollendeten Organismus im Ei bzw. im Sperma jeweils schon vorlägen und in der Embryonalentwicklung und in allen späteren Entwicklungsphasen sich lediglich entfalteten. Doch auch in der konkurrierenden ›epigenetischen‹ Theorie tritt ›E.‹ als Terminus auf und dient zur Bezeichnung der Embryonalentwicklung als eines Prozesses der Hervorbringung immer komplexerer Strukturen, ohne daß diese schon en miniature von Anfang an vorgelegen hätten. Die embryologischen Kontroversen waren beim Erscheinen von C. Darwins »Origin of Species by Natural Selection« (London 1859) so wenig abgeschlossen, daß Darwin, wohl um mißdeutende Analogien zur Embryologie zu vermeiden, das Wort ›E.‹ dort nicht verwendet. Der Sache nach geht es ihm um die Entstehung neuer Arten aus alten (Transmutation). In diesem Sinne war ›E.‹ wohl erstmals von C. Lyell (Principles of Geology II, London 1832) mit Blick auf die von der Fossilkunde erbrachten Ergebnisse verwendet worden und gehörte um ca. 1870 zum terminologischen Allgemeingut. Häufig ist mit dem E.sbegriff in diesem Zusammenhang (insbesondere bei H. Spencer) der Aspekt des Fortschritts zu immer höherer Komplexität verbunden. Dies führte von der engen Verwendung (eingeschränkt auf die Transmutation von Arten) bei Lyell hin zu einer weiten Verwendung als allgemeine Bezeichnung von Entwicklungsprozessen von Lebewesen.
Der E.sbegriff der neueren ›synthetischen‹ ↑Evolutionstheorie hebt zum einem auf die Transmutation von Arten ab; neben diesem ›transspezifischen‹ Aspekt sind jedoch zum anderen auch die leicht experimentell und quantitativ studierbaren ›subspezifischen‹, d.h. ohne Artbildung erfolgenden evolutionären Veränderungen erfaßt. Nach einem Vorschlag von G.L. Stebbins (in: T. Dobzhansky u.a., 8), der auch die populationsgenetische Betrachtungsweise der gegenwärtigen Biologie berücksichtigt, soll als E. von Organismen jede Reihe teilweiser bzw. vollständiger und irreversibler Transformationen des genetischen Bestandes von Populationen verstanden werden, die im wesentlichen auf veränderter Interaktion mit der Umwelt beruhen. Im Rahmen der synthetischen E.stheorie ist die Ansicht, die E. führe stets auf komplexere (›höhere‹) Formen, nicht allgemein haltbar. Die häufigsten E.sereignisse bilden die ›adaptiven Radiationen‹ (d.h. die unterschiedlichen Anpassungen an ökologische Nischen durch eine phyletische Linie in einem neu erschlossenen Lebensraum), die im wesentlichen auf der gleichen Komplexitätsebene liegen und sogar Reduktionen der Komplexität von Organismen (z.B. Erblindung von solchen, die Höhlen als ökologische Nischen gewählt haben) zulassen. Dieser weiten Verwendung des E.sbegriffs steht nicht im Wege, daß während des E.sprozesses die wichtigsten Ereignisse einen Gewinn an struktureller Komplexität bedeuten (z.B. E. der Eukaryonten [Organismen mit ›echtem‹ Zellkern], vielzelliger Organismen, der Sexualität, der Sinnesorgane der Wirbeltiere, der Warmblütigkeit, des Gehirns und Rückenmarks). Ebensowenig wie zunehmende Komplexität als eine notwendige Folge des E.sprozesses betrachtet werden kann, läßt sich eine Konvergenz (etwa zu P. de Chardins ›Punkt Omega‹) erschließen. Die historische Route der E. ist unbestimmt und ihre Unbestimmtheit wächst proportional mit den zur Verfügung stehenden Alternativen.
Von besonderem Interesse für die Ethik sind die Untersuchungen der ↑Soziobiologie. Hier geht es unter anderem um die Frage, wie und wie weit menschliches Sozialverhalten und die Moral ein Produkt des E.sprozesses sind.
Der Mensch ist zum einen ein Produkt der *natürlichen* E., zum anderen hat er eine *kulturelle* E. durchgemacht, die seine natürliche Organismus-Umwelt-Beziehung aufs Stärkste verändert hat. Grundlage der kulturellen E. ist seine Fähigkeit, zu lernen. Biologisch gesehen bedeutet Lernen adaptive Verhaltensmodifikationen eines Individuums im Rahmen seiner ererbten Reaktionsnorm und in Abhängigkeit von seinen Erfahrungen. So gesehen läßt sich menschliche Rationalität als Resultat eines phylogenetischen Prozesses verstehen. Die Weitergabe des darin erworbenen Wissens an andere Mitglieder des jeweiligen sozialen Verban-

des stiftet die Ausformung von Traditionen. Lernen und Traditionsbildung finden sich ansatzweise auch bereits im Tierreich, insbesondere bei den Primaten. Die Sonderstellung des Menschen beruht auf der durch die E. seines Gehirns ermöglichten Perfektionierung dieser Ansätze, insbesondere durch die Ausbildung der Symbolsprache und der Schrift. Im Unterschied zur biologischen E. besteht die kulturelle E. in der ›Vererbung erworbener Eigenschaften‹. Da diese Übertragung nicht in der Generationenfolge abläuft, sondern in der Kommunikation von Erfahrung und Wissen besteht, ist die kulturelle E. von vergleichsweise hoher Geschwindigkeit. Während die biologische E. hauptsächlich in der unterschiedlichen Ausbeutung der Umwelt durch adaptive Radiation und Artenbildung besteht, bleibt der Mensch als biologisches Wesen im wesentlichen gleich. Nicht er paßt sich biologisch der Umwelt an, sondern mit Hilfe von Werkzeugen und der ↑Technik sowie der darauf beruhenden verschiedenen Berufe nutzt und verändert er die Umwelt entsprechend seinen Bedürfnissen. Die Unsicherheit darüber, was ›wirklich‹ ↑Bedürfnisse sind, verbunden mit der Unkenntnis der Folgen menschlicher Veränderungen der Umwelt bzw. deren Unterschätzung oder Verdrängung, wirft schwerwiegende Probleme für das Überleben der Gattung auf.

Im Kontext von Philosophie, Wissenschaftstheorie und Wissenschaftsgeschichte tritt der Begriff der E. hauptsächlich in zweierlei Zusammenhängen auf. Zum einen bei der Frage der Anpassung insbesondere des Gehirns und seiner Erkenntnisstrukturen an die ›Struktur der Wirklichkeit‹ im Prozeß der biologischen E. (↑Erkenntnistheorie, evolutionäre). Zum anderen wurden (erstmals wohl durch T.S. Kuhn) evolutionstheoretische Termini in Theorien des wissenschaftlichen Fortschritts eingeführt. So vertritt z.B. S. Toulmin die These, daß die Verwendung von ›E.‹ in ›E. der Naturwissenschaften‹ keineswegs als façon de parler zu verstehen sei. Danach haben die beiden Popperschen Maximen der ›wissenschaftlichen Methode‹, nämlich Freiheit des Entwurfs und Strenge der Kritik, einen evolutionstheoretischen Sinn: Freiheit des Entwurfs vergrößert den verfügbaren Pool von Theorievarianten, während Strenge der Kritik den Grad des selektiven Drucks verstärkt.

In der Technologie hat der Gedanke, daß die biologische E. eine optimale Strategie zur Anpassung der Lebewesen an ihre Umwelt darstellt, dazu geführt, die Prinzipien der biologischen E. (Mutation und Selektion) zur Optimierung technischer Systeme heranzuziehen.

Literatur: M.O. Beckner, The Biological Way of Thought, New York 1959, Berkeley [2]1968; C. Bresch, Zwischenstufe Leben. E. ohne Ziel?, München 1977; M. Calvin, Chemical E.. Molecular E. towards the Origin of Living Systems on the Earth and elsewhere, Oxford 1969; H. v. Ditfurth (ed.), E.. Ein Querschnitt durch die Forschung, Hamburg 1975; T. Dobzhansky, Genetics and the Origin of Species, New York 1937, [3]1951, rev. Ausg. unter dem Titel: Genetics of the Evolutionary Process, New York 1970; ders. u.a., E., San Francisco 1977; K. Dose/H. Rauchfuß, Chemische E. und der Ursprung lebender Systeme, Stuttgart 1975; M. Eigen, Selforganization of Matter and the E. of Biological Macromolecules, Die Naturwiss. 58 (1971), 465–523; ders./R. Winkler, Das Spiel. Naturgesetze steuern den Zufall, München/Zürich 1975; W.B. Gallie, Explanations in History and the Genetic Sciences, Mind 64 (1955), 160–180; T.A. Goudge, The Ascent of Life. A Philosophical Study of the Theory of E., Toronto 1961; G. Heberer, Die E. der Organismen. Ergebnisse und Probleme der Abstammungslehre, I–III, Stuttgart [3]1967–1974; D.L. Hull, Philosophy of Biological Science, Englewood Cliffs N.J. 1974; R. Kaplan, Der Ursprung des Lebens. Biogenetik, ein Forschungsgebiet heutiger Naturwissenschaft, Stuttgart 1972, [2]1978; H. Kuhn, Selbstorganisation molekularer Systeme und die E. des genetischen Apparats, Angew. Chemie 84 (1972), 838–865; T.S. Kuhn, The Structure of Scientific Revolutions, Chicago 1962, [2]1970 (dt. Die Struktur wissenschaftlicher Revolutionen, Frankfurt 1967); B. Küppers, The General Principles of Selection and E. at the Molecular Level, Progr. Biophys. Molec. Biol. 30 (1975), 1–22; J. Maynard Smith, The Theory of E., Harmondsworth [2]1966 (repr. 1972); E. Mayr, Animal Species and E., Cambridge Mass. 1963 (dt. Artbegriff und E., Hamburg/Berlin 1967); A. Meyer-Abich, The Historico-Philosophical Background of the Modern E.-Biology. Nine Lectures Delivered during October and November of 1960 at the Department of Zoology of the University of Texas in Austin, Texas USA, Leiden 1964 (Bibliotheca Biotheoretica 10); S.L. Miller/L.E. Orgel, The Origins of Life on the Earth, Englewood Cliffs N.J. 1974; A.I. Oparin, Vozniknovenie i načal'noe razvitie žizni, Moskau 1966 (engl. Genesis and Evolutionary Development of Life, New York 1968); G. Osche, E.. Grundlagen – Erkenntnisse – Entwicklungen der Abstammungslehre, Freiburg/Basel/Wien 1972, [6]1975; K.R. Popper, Conjectures and Refutations. The Growth of Scientific Knowledge, London 1963, [3]1969; ders., Objetive Knowledge. An Evolutionary Approach, Oxford 1972 (dt. Objektive Erkenntnis. Ein evolutionärer Entwurf, Hamburg 1973; [2]1974); I. Rechenberg, E.sstrategie. Optimierung technischer Systeme nach den Prinzipien der biologischen E., Stuttgart-Bad Cannstatt 1973; O.L. Reiser, The Concept of E. in Philosophy, in: R. Buchsbaum (ed.), A Book that Shook the World, Pittsburgh 1958, 38–47; A. Remane/V. Storch/U. Welsch, E.. Tatsachen und Probleme der Abstammungslehre, München 1973, [3]1976; M. Scriven, Explanation and Prediction in Evolutionary Theory, Science 130 (1959), 477–482; R. Siewing (ed.), E.. Bedingungen – Resultate – Konsequenzen, Stuttgart/New York 1978; G.G. Simpson, The Major Features of E., New York 1953; J.C. Smart, Philosophy and Scientific Realism, London 1963; G.L. Stebbins, Variation and E. in Plants, New York

1950; W. Stegmüller, Die E. des Wissens: Nichtkumulativer Wissensfortschritt und Theoriendynamik. Zur Theorie von Thomas S. Kuhn, in: ders., Hauptströmungen der Gegenwartsphilosophie. Eine kritische Einführung II, Stuttgart 1975, 483–534; S. Toulmin, The Evolutionary Development of Natural Science, Amer. Scientist 55 (1967), 456–471 (dt. Die evolutionäre Entwicklung der Naturwissenschaft, in: W. Diederich [ed.], Theorien der Wissenschaftsgeschichte. Beiträge zur diachronischen Wissenschaftstheorie, Frankfurt 1974, 249–275); ders., Human Understanding I, Oxford 1972 (dt. Theorie der kollektiven Vernunft I [Das menschliche Erkennen], Frankfurt 1978); G. Vollmer, Evolutionäre Erkenntnistheorie: angeborene Erkenntnisstrukturen im Kontext von Biologie, Psychologie, Linguistik, Philosophie und Wissenschaftstheorie, Stuttgart 1975; S. Wappler, Philosophische Studien zum Problemkreis Genetik und E.. Zur Kritik makroevolutionistischer Theorien, Jena 1973; M.B. Williams, Deducing the Consequences of E.: a Mathematical Model, J. theoret. Biol. 29 (1970), 343–385; W. Zimmermann, E.. Die Geschichte ihrer Probleme und Erkenntnisse, Freiburg/München 1953 (Orbis Academicus II, 3); ders., E. und Naturphilosophie, Berlin 1968; ders., Vererbung »erworbener Eigenschaften« und Auslese, Stuttgart [2]1969. G.W.

Evolutionstheorie (auch Deszendenztheorie, Abstammungslehre, engl. theory of evolution), Bezeichnung für Theorien, die auf der Basis der Annahme der Veränderung (Evolution) der Organismen in Bau, Funktion und Verhalten im Laufe der Erdgeschichte den *Verlauf* und die *kausalen Mechanismen* dieser Veränderungen erforschen bzw. Material für das *Faktum* der Veränderungen vorlegen. Das Faktum der Evolution ist heute unbestritten. Die Schwerpunkte evolutionstheoretischer Forschung liegen deshalb beim Studium des Verlaufs der Evolution einschließlich der Erstellung von Stammbäumen und insbesondere bei der Erforschung der Ursachen evolutionärer Entwicklung (kausale Evolutionsforschung).

Geschichte: Die prinzipielle Möglichkeit der Umwandlung von Organismenarten ist in der Geschichte des Denkens wie auch in der Mythologie immer wieder vertreten worden. Solchen Auffassungen stand der Glaube an die Konstanz der Arten gegenüber, der im wesentlichen durch den Schöpfungsbericht des AT (Gen. 1) initiiert und gestützt wurde. Einen bedeutenden indirekten Anstoß zur Entwicklung der E. bildete paradoxerweise die umfangreiche ↑Klassifikation des Tier- und Pflanzenreiches, die C. v. Linné aufstellte und zunächst mit der These von der Konstanz der Arten verband (später näherte Linné sich einer phylogenetischen Auffassung). Die starke Betonung der Konstanz der Arten trug erheblich zur Ausschaltung der Theorie der ↑Urzeugung bei, die der Durchsetzung evolutionärer Gedanken mehr im Wege stand als die direkte Gegenbehauptung von der Konstanz der Arten. Die erste wirkliche E. wurde, nachdem bereits im 18. Jahrhundert Wissenschaftler wie G.L.L. Buffon, P.L.M. de Maupertuis evolutionstheoretische Gedanken entwickelten, von J.-B. de Lamarck vertreten. Lamarck (↑Lamarckismus) ging davon aus, daß Organismen sich auf Grund von Umwelteinflüssen veränderten und diese Veränderungen weitervererbt würden (›Vererbung erworbener Eigenschaften‹). Ein zweiter Hauptpunkt der Lamarckschen E. ist die Überzeugung, daß die Tendenz zu größerer Komplexität eine Eigenschaft des Lebens ist, derzufolge sich komplexere Organismen aus einfacheren entwickeln.

Die moderne E. wurde durch C.R. Darwin begründet. Zu ähnlichen theoretischen Ergebnissen wie Darwin, jedoch ohne die ungeheure Fülle von empirischem Material, das dieser vorweisen konnte, kam zur gleichen Zeit A.R. Wallace. Der Grundgedanke der Darwinschen Theorie besteht darin, die Evolution als ein zweistufiges Phänomen aufzufassen. Der Schlüsselbegriff der ersten Stufe ist die ↑*Mutation*, die im Genpool einer Population eine gewisse ungerichtete Variabilität herbeiführt. Auf einer zweiten Stufe erhält die genetische Variabilität eine Richtung durch die *natürliche* ↑*Selektion*, die zu einer Auslese derjenigen Organismen führt, die der jeweiligen Umwelt am besten angepaßt sind. In längeren Zeiträumen bewirkt dieser Prozeß eine quantitative Begünstigung der bestangepaßten genetischen Strukturen. Ein großer Mangel der ursprünglichen Theorie Darwins bestand darin, daß sie zwar die beiden Hauptphänomene, die genetische Variabilität einer Art und die natürliche Selektion, erfaßte, ihre Mechanismen aber nicht erklären konnte: Darwin, wie auch seinen Zeitgenossen waren die Vererbungsgesetze G. Mendels (Versuche über Pflanzenhybriden, Verh. naturforsch. Ver. Brünn IV [1865], 3–47) unbekannt geblieben. So besaß für ihn die Lamarcksche Idee der Vererbung von phänotypischen Eigenschaften, die durch Gebrauch bzw. Nicht-Gebrauch von Organen entstanden sind, hohe Plausibilität. Vor allem aber konnte er den Einwand von F. Jenkin (The Origin of Species, 1867), daß die damals verbreitete und auch von Darwin akzeptierte Vermischungstheorie der Vererbung jede Wirkung der natürlichen Selektion ausschlösse, nicht widerlegen.

Paradoxerweise führte das Bekanntwerden der Mendelschen Gesetze um 1900 zunächst zu einer Stärkung derjenigen Theorien, die zwar das Phänomen der Evolution akzeptierten, Darwins Selektionstheorie jedoch ablehnten (besonders einflußreich: T.H. Morgan, The Scientific Basis of Evolution, New York 1932). Der Grund hierfür war, daß diese Biologen keine Feldbiologen waren und ihnen die empirische Evidenz des Phänomens der Selektion in natürlichen Populationen fehlte. Derselbe Umstand ist dafür verantwortlich, daß im wesentlichen individuelle Abstammungsreihen und nicht natürliche Populationen untersucht wurden. Den entscheidenden Umschwung führte die Entstehung der Populationsgenetik herbei, die eine Anwendung der Genetik auf Untersuchungen zur Variation in Populationen darstellt (S.S. Chetverikov, 1926 [engl. On Certain Aspects of the Evolutionary Process from the Standpoint of Genetics, Proc. Amer. Philos. Soc. 105 (1959), 167–195]; R.A. Fisher, The Genetical Theory of Natural Selection, Oxford 1930; J.B.S. Haldane, The Courses of Evolution, New York 1932; S. Wright, Evolution in Mendelian Population, Genetics 16 [1931], 97–159).

Die populationsgenetische Wende der E. markiert auch ihren gegenwärtigen Standort. Die Entstehung der Molekulargenetik (ab etwa 1950) bedeutete eine erhebliche Erweiterung der Kenntnisse über genetische Mechanismen. Die Struktur der E. wurde dadurch jedoch nicht betroffen. Die gegenwärtig fast allgemein akzeptierte E. wird zur Unterscheidung von anderen zumeist (nach einem Vorschlag von J.S. Huxley, Evolution. The Modern Synthesis, London 1942) ›synthetische‹ E. genannt. Diese Bezeichnung soll ausdrücken, daß die moderne E. sämtliche verfügbaren und sinnvoll verwendbaren Kenntnisse aus anderen Teilbereichen der Biologie und aus anderen Wissenschaften (z.B. Geologie, Paläontologie) in ihre Betrachtungen mit einbezieht. Zum anderen ist die E. zu einem einheitlichen Gesichtspunkt wissenschaftlicher Untersuchungen in nahezu allen biologischen Teildisziplinen geworden. Darüber hinaus ist die evolutionäre Betrachtungsweise in vielen Varianten und Analogien zahlreichen nicht-biologischen Wissenschaften gemeinsam (↑Evolution).

Wissenschaftstheoretische Untersuchungen zur ↑Biologie haben sich bislang insbesondere mit der E. beschäftigt. Dabei werden im wesentlichen die gleichen Fragestellungen wie in der Wissenschaftstheorie anderer exakter Wissenschaften behandelt: (1) Definitionen von Grundbegriffen wie Evolution, Art (↑Spezies), natürliche ↑Selektion, ›survival of the fittest‹, ↑Homologie. (2) Die Frage, ob es Gesetze der E. gibt und worin Vergleichbarkeit und Unterschied etwa zu Gesetzen der Physik und zu allgemeinen Generalisierungen liegen. (3) Die Frage der Anwendung des sogenannten HO-Modells der ↑Erklärung (engl. covering law model) auf Erklärungen der E.. (4) Das Verhältnis von Theorie und Erfahrung, insbesondere am Beispiel des Problems der theoretischen Begriffe (↑Begriffe, theoretische; in evolutionstheoretischen Untersuchungen auf der Basis der Mendelschen Genetik ist ›Gen‹ ein theoretischer Begriff). (5) Das Problem des axiomatisch-deduktiven Charakters der E. (↑System, axiomatisches).

Zu allen diesen Problemen wurden kontroverse Lösungsvorschläge erarbeitet. So bestreitet etwa J.C. Smart die Existenz biologischer, insbesondere evolutionstheoretischer Gesetze und damit auch den Charakter der E. als einer axiomatischen Theorie (mit anderen Argumenten auch M.O. Beckner und T.A. Goudge). M. Ruse vertritt dagegen die Auffassung, daß sich der theoretische Charakter der E. nicht wesentlich von demjenigen vieler physikalischer Theorien unterscheide. M.B. Williams hat in Fortführung von Ideen J.A. Woodgers ein mathematisches Modell einer Axiomatisierung der E. vorgelegt, das jedoch der Realität der E. insofern widerspricht, als die Genetik keine Erwähnung findet. Ähnlich umstritten ist der Charakter evolutionstheoretischer Erklärungen. W.B. Gallie und ähnlich M. Scriven bezweifeln, daß die Erklärungen der E. die vom Covering-Law-Modell geforderte Prognoseeigenschaft haben, die wiederum D.L. Hull nicht ausschließt. Autoren, die Zweifel an der Existenz evolutionstheoretischer Gesetze haben, fordern für die E. einen speziellen Typ von Erklärungen, z.B. ›narrative‹ Erklärungen (Goudge). – Andere Autoren erörtern am Beispiel der E. ältere allgemeinphilosophische Probleme wie ↑Teleologie, ↑Zufall und ↑Notwendigkeit.

Literatur: ↑Evolution. G.W.

Ewigkeit der Welt, zwischen Philosophie (die in der Regel die E. d. W. annimmt) und Theologie (↑creatio ex nihilo) über Jahrhunderte kontrovers und in verschiedenen Varianten diskutierte These: Mit Ausnahme des ↑Eleatismus gehen die ↑Vorsokratiker von der Ewigkeit des der Welt zugrunde liegenden Urstoffes aus. Nach Platon ist die Welt als ↑Kosmos zwar vom ↑Demiurgen geschaffen, jedoch aus einem ewig vorgegebenen Stoff. Aristoteles vertritt die These von der E. d. W. (als Kosmos) auf Grund der Annahmen der Ewigkeit der

Materie und der Bewegung, der Unveränderlichkeit des Himmelsgewölbes und der nicht endenden Tätigkeit der Gottheit. Die ↑Stoa nimmt eine zyklische Zerstörung der Welt, aber einen unvergänglichen Urgrund (Pneuma bzw. Feuer) an. Für den ↑Neuplatonismus hat (kritisiert von Johannes Philoponos) die Welt einen (als ↑Emanation verstandenen) Ursprung, der allerdings nicht in der Zeit liegt. Die arabischen Philosophen al-Kindi, al-Farabi und Avicenna entscheiden sich für die neuplatonische Variante, Algazel und der jüdische Philosoph M. Maimonides für die bereits von den Kirchenvätern (Ausnahme Origenes) vertretene Schöpfungslehre, Averroës (ohne den Neuplatonismus Avicennas und mit Aristotelischen Argumenten) für die These von der E. d. W. Der lateinische ↑Averroismus schließt sich dieser These an (von der Kirche 1277 verurteilt), die Scholastik wiederum vertritt im Anschluß an Augustinus die biblische Lehre von der Erschaffung (im Sinne eines zeitlichen Anfanges) der Welt; Thomas von Aquin läßt die Möglichkeit einer ewigen (nicht zeitlichen) Schöpfung gelten. I. Kant entlarvt schließlich die Antinomie der Thesen von der E. d. W. bzw. vom Weltanfang als ›transzendentalen Schein‹ (KrV B 543–550 [1. Antinomie]).

Literatur: E. Behler, Die E. d. W.. Problemgeschichtliche Untersuchungen zu den Kontroversen um Weltanfang und Weltunendlichkeit in der arabischen und jüdischen Philosophie des Mittelalters, München 1965; ders., E. d. W., Hist. Wb. Ph. II (1972), 844–848; H.L. Dörrie, Genesis. Die Entstehungsgeschichte des Universums, unseres Planeten und seiner Bewohner, München 1956; A. Rohner, Das Schöpfungsproblem bei Moses Maimonides, Albertus Magnus und Thomas von Aquin, Münster 1913 (Beiträge zur Geschichte der Philosophie des Mittelalters XI, 5); W. Wieland, Die E. d. W.. Der Streit zwischen Ioannes Philoponus und Simplicius, in: Die Gegenwart der Griechen im neueren Denken. Festschrift für H.-G. Gadamer zum 60. Geburtstag, Tübingen 1960, 291–316. M.G.

Exaktheit, im Laufe der Wissenschaftsgeschichte zunächst als Ziel und Auszeichnung logisch-mathematischer Begriffsbildung verstanden. Die Kritik an verschiedenen E.sforderungen führte in einigen Fällen zu nicht-klassischen Theoriebildungen in Logik, Mathematik und Physik.

In der Philosophie unterscheidet bereits Platon die vagen und täuschenden Sinneseindrücke von den exakten und wirklichen Ideen (↑Ideenlehre), z.B. den geometrischen Formen. Nach dem Vorbild mathematischer ↑Analyse wird E. bei R. Descartes zur methodischen Voraussetzung evidenter und sicherer Erkenntnis. G.W. Leibniz verschärft die E.sforderung für die Mathematik durch das Prinzip der ↑Widerspruchsfreiheit und für die Physik durch den Satz vom zureichenden Grund (↑Grund, Satz vom), wonach alle Eigenschaften der Natur eindeutig bestimmt seien. E. wird daher in der klassischen Physik auf dem Hintergrund einer deterministischen Naturauffassung (↑Determinismus) verstanden, die sich in der eindeutigen Beziehung von Ursache und Wirkung in den klassischen ↑Bewegungsgleichungen ausdrückt. Bereits H. Poincaré und P. Duhem machen jedoch auf prinzipielle Unschärfen aufmerksam, die unter den Voraussetzungen klassischer Physik beim Vergleich von effektiven Meßdaten auftreten. Benutzt man z.B. für den Vergleich zweier Gewichte eine Waage mit einem Meßfehler $<10^{-3}$ Gramm und wählt drei Gewichte a, b, c mit einem Gewichtsunterschied $<10^{-3}$ für (a, b) und (b, c), aber $>10^{-3}$ für (a, c), dann bleibt die Waage nur in den beiden ersten Fällen im Gleichgewicht, womit das klassische Transitivitätsgesetz der Gleichheit $a=b \wedge b=c \rightarrow a=c$ verletzt ist. E. erweist sich hier als mathematische Fiktion einer ›unendlich genauen‹ Waage. In der Quantenmechanik führte die Analyse des Meßvorgangs schließlich auf die prinzipielle Unschärfe einer gleichzeitigen Orts- und Impulsmessung (↑Unschärferelation).

Auch die E.sforderung der klassischen Mathematik, wonach die beiden Wahrheitswerte ›wahr‹ und ›falsch‹ immer entscheidbar seien, erwies sich unter der Kritik des Brouwerschen ↑Intuitionismus als fragwürdig. Die Berücksichtigung noch nicht entschiedener Probleme neben effektiv bewiesenen und effektiv widerspruchsvollen Behauptungen erforderte eine nicht-klassische Logik, die das ↑tertium non datur aufgibt. Seit der Entwicklung formaler Logikkalküle durch G. Frege, B. Russell und D. Hilbert tritt E. zudem als Forderung nach Formalisierung nicht nur logisch-mathematischer Theorien, sondern auch der Sprache der Philosophie (R. Carnap) auf. Demgegenüber macht L. Wittgenstein auf die Unzulänglichkeit formaler Analysen für natürliche Sprachen aufmerksam, deren tatsächlicher Gebrauch vielmehr durch die Regeln von ↑Sprachspielen zu rekonstruieren sei. So stellt sich besonders der Gebrauch von Wahrnehmungsprädikaten, z.B. Farbprädikaten, als nicht-exakt heraus, da z.B. die Behauptung ›$a \varepsilon$ blau‹ im Sinne der klassischen Logik nicht von vornherein entscheidbar ist, vielmehr auch den Grenzfall betreffen kann, in dem man nicht weiß, ob z.B. a noch blau oder schon grün ist. Daher lassen sich nichtexakte Prädikate P in einer 3-wertigen Logik (↑Logik, mehrwertige) über einer Beispielsmenge M durch Funktionen φ_P mit Werten 0 (›falsch‹), 1 (›wahr‹) und n (›neutral‹) einführen, wobei für ein Beispiel x aus M definiert wird $\varphi_P(x)=1$, falls $x\varepsilon P$, $\varphi_P(x)=0$, falls $x\varepsilon' P$, und $\varphi_P(x)=n$, falls $x\varepsilon P$ aufgrund der bisherigen Verwendungsregeln von P noch nicht entschieden werden kann. Logische Verknüpfungsregeln werden wie in der 2wertigen Logik definiert, wonach z.B. für $a\varepsilon P$ wahr und $b\varepsilon Q$ neutral die Konjunktion $a\varepsilon P \wedge b\varepsilon Q$ neutral sein soll, da durch nähere Bestimmung der Verwendungsregeln von Q die Behauptung $b\varepsilon Q$ und damit die Konjunktion sowohl wahr als auch falsch gemacht werden kann, während die Adjunktion in diesem Fall wegen der Wahrheit von $a\varepsilon P$ bereits wahr ist. Die Negation einer neutralen Behauptung bleibt neutral. Demgegenüber werden exakte Prädikate P durch Funktionen φ_P mit Wahrheitswerten 0 und 1 in der 2wertigen Logik bestimmt. Faßt man Prädikate ↑extensional als Mengen auf, dann erfüllen die mengentheoretischen Verknüpfungen des ↑Durchschnitts, der Vereinigung (↑Vereinigung (mengentheoretisch)) und der Komplementbildung (↑Komplement) für exakte Mengen die Axiome der ↑Booleschen Algebra, während sie für nicht-exakte Mengen nur eine Quasi-Boolesche Algebra bilden, in der z.B. das tertium non datur nicht gilt.

Paradoxien entstehen dann, wenn man Prädikate als exakt auffaßt, die sich auf stetige Meßskalen beziehen. Bezieht sich z.B. die Behauptung ›$x\varepsilon$klein‹ auf die Größe $h(x)$ einer Person x, so trifft bei einem sehr kleinen Größenunterschied mit einer Person y mit $0 \leq h(y)-h(x) \leq 10^{-3}$ Meter auch die Behauptung ›$y\varepsilon$klein‹ zu. Durch wiederholte Anwendung dieses Schlusses läßt sich schließlich die Behauptung ›$y\varepsilon$klein‹ für alle Menschen y zeigen. Die Paradoxie löst sich, wenn man für solche Prädikate P eine unendlich-wertige Logik mit einem stetig zu- und abnehmenden Wahrheitsgrad $\varphi_P(x)$ im reellen Intervall $0 \leq \varphi_P(x) \leq 1$ vorsieht. Da nämlich der Wahrheitsgrad im Beispiel von der Größe $h(x)$ abhängt $\left(\text{d.h. } \varphi_P(x)=f(h(x))\right.$ für eine stetige und monoton fallende Funktion f wie z.B. $\left. f(h)=\frac{1}{1+h}\right)$, nimmt er mit stetig zunehmender Größe der Personen stetig ab. Die Logik dieser nicht-exakten Prädikate bzw. Mengen (›fuzzy sets‹) findet Anwendung in Entscheidungs- und Optimierungssituationen, wenn man φ_P als Bewertungsfunktion für verschiedene Lösungsvorschläge x eines Problems auffaßt, aus denen der Beste unter bestimmten Kriterien auszuwählen ist.

Literatur: M. Black, Reasoning with Loose Concepts, Dialogue 2 (1963), 1–12; M. Bunge, Treatise on Basic Philosophy II (Semantics II: Interpretation and Truth), Dordrecht/Boston 1974, 147–153; R. Carnap, Scheinprobleme in der Philosophie, ed. und eingel. von G. Patzig, Frankfurt 1966; J.P. Cleave, The Notion of Logical Consequence in the Logic of Inexact Predicates, Z. math. Logik u. Grundlagen d. Math. 20 (1974), 302–324; P. Duhem, La théorie physique, son objet et sa structure, Paris 1906, [2]1914 (dt. Ziel und Struktur der physikalischen Theorien, Leipzig 1908 [repr. Hamburg 1978]; engl. The Aim and Structure of Physical Theory, Princeton 1954 [repr. New York 1962]); R. Giles, Łukasiewicz Logic and Fuzzy Set Theory, Queen's Mathematical Preprint 29, Kingston 1974, 1–29; J.A. Goguen, The Logic of Inexact Concepts, Synthese 19 (1969), 325–373; D. Klaua, Über einen Ansatz zur mehrwertigen Mengenlehre, Monatsb. Dt. Akad. Wiss. Berlin 7 (1965), 859–867; G. König, Der Begriff des Exakten. Eine bedeutungsdifferenzierende Untersuchung, Meisenheim 1966; S. Körner, Experience and Theory. An Essay in the Philosophy of Science, London 1966 (dt. Erfahrung und Theorie. Ein wissenschaftstheoretischer Versuch, Frankfurt 1970); K. Mainzer, Formalisierung, Hist. Wb. Ph. II (1972), 964–967; L.A. Zadeh, Fuzzy Sets, Information and Control 8 (1965), 338–353; ders. u.a. (eds.), Fuzzy Sets and their Application to Cognitive and Decision Processes, New York/London 1975. K.M.

Exemplifikation, diejenige semiotische Handlung, mit der der Übergang von Handlung über *Zeigehandlung* zur *Zeichenhandlung* als Zeichen (↑Zeichen (semiotisch)) geleistet wird. Als Terminus hat N. Goodman ›E.‹ in die semiotische Diskussion eingebracht, um die logische Natur dieser bedeutenden und vielverwendeten Zeichengebung innerhalb und außerhalb der Künste sowie die Rede von Ausdruck (expression) zu rekonstruieren. In der E. sind die zwei den Handlungs- bzw. Zeigehandlungscharakter bestimmenden Komponenten noch ›rein‹ anzutreffen: Besitz (possession) und Bezug (reference); in kotextueller Hinsicht (↑Kotext) wird dabei E. durch Zurschaustellung (ostension) eigens ausgewiesen und reguliert (z.B. Musterbuch, Teil einer Schaufensterauslage). Goodman unterscheidet eine ›buchstäbliche‹ (literal) (z.B. Stoffmuster eines Schneiders) und eine ›übertragene‹ (figurative, metaphorical) E. (Traurigkeit z.B. eines Bildes, das vorwiegend in Grautönen gemalt ist). Diese mittelbare, den Ausdruck betreffende E. ist mit I. Kants Begriff der Hypotypose verglichen worden, obwohl die historische Vorläuferschaft kaum diskutiert wird. E. darf ohne weiteres weder an Exemplum, ↑Beispiel, noch an

↑Paradigma angeschlossen werden. – Unter dem Gesichtspunkt von ↑Schema und ↑Aktualisierung treten in der E. der (das Schema) benennende und der (Eigenschaften) unterscheidende Anteil noch ungeschieden auf, und zwar in dem Sinne, daß exemplifizierende Handlungen nicht einfach *ausgeführt* (vollzogen), sondern lediglich *angeführt* (vorgeführt) werden, so daß sie als Teil eines größeren Ganzen auftreten; d.h., ihre Binnengliederung wird (syntaktisch und semantisch) eingeschränkt auf relevante Eigenschaften, substituierbar für die Gliederung des Ganzen. Welche Eigenschaften exemplifiziert werden, hängt ab von dem Zeichensystem, das gerade in Geltung ist. Demnach kann Handlung als Prozeß und Handlung als Handlungsresultat (Artefakt) gleichermaßen exemplifiziert werden. Auf Grund von Substitution, noch nicht Abstraktion, bleibt der semiotische Charakter der E. an den jeweiligen, der E. dienenden Gegenstand und die jeweilige Situation gebunden. Erst auf der Stufe der Isolierung von benennendem und unterscheidendem Anteil wird ein Zeichen auf Grund von Abstraktion frei zur Bezeichnung beliebiger Gegenstände und zur Zeichenhandlung im eigentlichen Sinne. Sie ist dann imstande, lediglich auf Gegenstände Bezug zu nehmen und diese situationsunabhängig im Zeichengebrauch zu vergegenwärtigen.

Literatur: M. Black, The Structure of Symbol System, Linguistic Inquiry 2 (1971), 515–538, auch in: ders., Caveats and Critiques. Philosophical Essays in Language, Logic and Art, Ithaca/London 1975, 180–215; A.F. Brentlinger, Exemplification of Predicates, Nous 4 (1970), 285–293; D. Gerhardus, Zur logisch-systematischen Genese visueller Zeichengebung, in: Arbeitsgruppe Semiotik (ed.), Die Einheit der semiotischen Dimensionen, Tübingen 1978 (Tübinger Beitr. zur Linguistik 98), 303–318; N. Goodman, Languages of Art. An Approach to a Theory of Symbols, Indianapolis Ind. 1968, ²1976 (dt. Sprachen der Kunst. Ein Ansatz zu einer Symboltheorie, Frankfurt 1973); ders., Ways of Worldmaking, Hassocks (Sussex) 1978; S. Morawski, Expression, J. Aesth. Educ. 8 (1974), 37–56; R. Peltz, Nelson Goodman on Picturing, Describing and Exemplifying, J. Aesth. Educ. 6 (1972), 71–86; P. Pfaff, Die ästhetische Antinomie auf dem gegenwärtigen Stand, Euphorion 4 (1976), 356–373; F.E. Sparshott, Goodman on Expression, Monist 58 (1974), 187–202. D.G.

ex falso quodlibet, seit der Scholastik die Bezeichnung für das Implikationsschema: ⅄ ≺ *A*, d.h., aus einer falschen Aussage (›⅄‹ für ↑›falsum‹) darf jede beliebige Aussage logisch gefolgert werden. K.L.

Exhaustion (von lat. exhaurire, herausschöpfen, ausschöpfen), schon von Eudoxos und Euklid benutztes, vor allem von Archimedes ausgebautes Verfahren zur Längen-, Flächen- und Volumenberechnung krummliniger Figuren durch Einschluß zwischen um- und einbeschriebene geradlinige Figuren (z.B. Berechnung der Kreisfläche, die zwischen den Flächeninhalten eines um- und eines einbeschriebenen Sechs-, Sieben-, ... *n*-Ecks liegt). Das E.sverfahren beruht auf dem Satz (Euklid, Elemente X,1): »Nimmt man von einer Größe (bzw. dem Rest) fortgesetzt mehr als die Hälfte weg, so erhält man nach endlich vielen Schritten einen Rest derselben Art, der kleiner ist als jede beliebig vorgegebene Größe.« Praktisch erlangte das Verfahren wenig Bedeutung, weil es nicht schematisch angewendet werden kann und außerdem jeweils einen zusätzlichen Beweis erfordert. – Analog zur geometrischen E. spricht H. Dingler in der Physik von der E. einer ↑Hypothese bzw. eines Gesetzes (↑Gesetz (exakte Wissenschaften)). Werden Abweichungen (z.B. vom Gesetz der Pendelschwingungen) beobachtet, so wird das Gesetz durch eine Störhypothese (z.B. über die Wärmeausdehnung des Pendels) exhauriert (die reale Pendelschwingung wird durch Temperaturkompensation der ›idealen‹, d.h. der in mathematischer Form hypothetisch behaupteten, angeglichen).

Im Rahmen der ↑Protophysik ist die E. ideativer Normen (↑Ideation) vorgesehen. Für solche Normen (z.B. die ↑Homogenitätsprinzipien der Ebene), deren Eindeutigkeit bewiesen ist, wird im Falle beobachteter Abweichungen individueller Realisate von den aus dem Realisierungsverfahren zu erwartenden Eigenschaften angenommen, daß Störungen vorliegen. Störhypothesen (z.B. die Annahme, daß mangelnde Passung zweier dem Herstellungsverfahren nach ›ebener‹ Platten auf Temperaturschwankungen beruht), sind zutreffend, wenn sie zur Beseitigung der beobachteten Störung führen. Die E. protophysikalischer Normen durch Störhypothesen unterscheidet sich von der (empirischer) physikalischer Gesetze nur durch den unterschiedlichen Status protophysikalischer und physikalischer Sätze, nicht jedoch darin, daß in beiden Fällen die E. über empirisch zu kontrollierende Hypothesen erfolgt.

Literatur: H. Dingler, Die Methode der Physik, München 1938; P. Janich, Die Protophysik der Zeit, Mannheim 1969; G. Junge, Besonderheiten der griechischen Mathematik. Zweiter Teil. Die E., Jahresber. Dt. Math.ver. 35 (1926), 150–172; E. May, Induktion und E., in: Methodos 1 (1949), 137–149; A.P. Youschkevitch, Remarques sur la méthode antique d'exhaustion, in: Mélanges Alexandre Koyré I (L'aventure de la science), Paris 1964, 635–653. P.J.

existentia (lat., Dasein, Existenz), als Übersetzung von griech. ὕπαρξις von Marius Victorinus, und zwar meist in Gegenüberstellung zu *substantia* (↑Substanz) (als Übersetzung von οὐσία, ↑Usia), verwendet, wobei sich jedoch keine eindeutige und einheitliche terminologische Bestimmung von e. herausbildet. So kann, in Aufnahme der stoischen Tradition, e. als *unbestimmtes Sein* verstanden werden, das sich in fortschreitender Weiterbestimmung zur substantia konkretisiert. E. kann aber auch, im theologischen Sprachgebrauch und vor allem für die Darstellung der Trinität, im Unterschied zur substantia als dem unbestimmten Sein das *bestimmte Sein* bezeichnen, in einigen Fällen sogar mit substantia gleichbedeutend auftreten.

Auch in der Scholastik des Früh- und Hochmittelalters entwickelt sich noch kein stabiler Gebrauch für ›e.‹ oder ›existere‹. Das reale Bestehen eines Sachverhaltes (im Unterschied zu seinem bloßen Gedachtwerden) wird ohnehin zumeist durch ›subsistere‹ (↑Subsistenz) wiedergegeben (z.B. bei P. Abaelard, der im ↑Universalienstreit den *modus subsistendi* dem *modus intelligendi* gegenüberstellt). Auch in der seinsmetaphysischen Diskussion über die Prinzipien der seienden Dinge bei Thomas von Aquin wird nicht e., sondern das *esse* der ↑*essentia* gegenübergestellt. Erst die Thomas-Kommentatoren J. Capreolus, Silvester von Ferrara und Cajetan führen ›e.‹ terminologisch ein, und zwar zunächst in der Unterscheidung von ›esse existentiae› und ›esse essentiae‹, die als Interpretation der Thomasischen Unterscheidung von ›esse‹ und ›essentia‹ gelesen wird. Doch während bei Thomas mit *esse* (insofern es als das Prinzip der seienden Dinge verstanden wird) die verwirklichte ›Vollkommenheit aller Vollkommenheiten‹ (De pot 7, 2, 9) gemeint ist, an der die endlichen Dinge nach der Möglichkeit ihrer (spezifischen) essentia teilhaben, wird mit dem *esse existentiae* bzw. mit der *e.* nur noch das Bestehen eines durch das *esse essentiae* bzw. durch die *essentia* bereits hinreichend bestimmten Sachverhaltes oder Gegenstandes bezeichnet. E. ist das Ergebnis des Wirkens einer äußeren Ursache, mit der der essentia zu ihrem (sinnlich wahrnehmbaren) Bestehen verholfen wird.

Stand bei Thomas von Aquin das *esse* als Prinzip der seienden Dinge im Mittelpunkt der ontologischen Überlegungen, so tritt nun die *essentia* an diese Stelle; denn die e. als bloßer Fall einer essentia ist ontologisch irrelevant geworden. Diese Entwicklung wird in der neuzeitlichen Philosophie von R. Descartes über B. Spinoza und G. W. Leibniz bis hin zu C. Wolff weitergeführt und verstärkt. Es wird nämlich nun auch der Grund für die e. eines Dinges in dessen essentia verlegt. Wo die essentia über das Gedachtwerden oder die Definition von Dingen bestimmt wird, kann (wie bei Descartes und Spinoza) das klare und deutliche Begreifen (↑klar und deutlich) zum Grund der e. vorschreiten; wo die essentia als Vollkommenheit (also in Wiederaufnahme des Thomasischen Verständnisses von esse) verstanden wird, läßt sich (wie bei Leibniz) die jeweils größere Vollkommenheit als ›principium existentiae‹ (Leibniz, De rerum originatione radicali, Philos. Schr. VII, 304) ansehen. Bei Wolff hingegen ist die e. überhaupt kein Thema philosophischer Überlegungen mehr. Das ↑Seiende (ens) ist für ihn einfachhin das (über seine Denkbarkeit zu definierende) Mögliche (possible), und die Philosophie ist die »scientia possibilium, quatenus esse possunt« (Philosophia rationalis sive logica, Discursus prelim. cap. 2 §29). Erst die erkenntniskritische Philosophie I. Kants bringt mit ihrer Frage nach den Bedingungen der Möglichkeit von Erfahrung die Diskussion um die Verstehbarkeit der e. bzw., wie es nun heißt, des ↑Daseins wieder in Gang: weil nämlich diese Frage zugleich auch die Frage nach den Bedingungen der Möglichkeit für das Dasein der erfahrbaren Gegenstände ist.

Literatur: C. Fabro, Dall'essere all'esistente, Brescia 1957; E. Gilson, L'être et l'essence, Paris 1948; J. Hegyi, Die Bedeutung des Seins bei den klassischen Kommentatoren des heiligen Thomas von Aquin: Capreolus, Silvester von Ferrara, Cajetan, Pullach 1959; G. Huber, Das Sein und das Absolute, Studien zur Geschichte der ontologischen Problematik in der spätantiken Philosophie, Basel 1955; K. Kremer, Die neuplatonische Seinsphilosophie und ihre Wirkung auf Thomas von Aquin, Leiden 1966; J.B. Lotz, Sein und Existenz. Kritische Studien in systematischer Absicht, Freiburg 1965. O.S.

Existentialismus, ↑Existenzphilosophie.

Existenz (von lat. existentia, Dasein), seit Marius Victorinus (um 360) Bezeichnung (↑existentia) für die Tatsache, *daß* etwas ist (im Unterschied zur Essenz, die besagt, *was* etwas ist; ↑essentia, ↑Wesen). Eine spezifische Bedeutung gewinnt der Begriff der E. in der neueren Philosophie bei S. Kierkegaard, der E. auf das spezifische, unableitbare und individuelle Leben des Menschen beschränkt. E. steht hier erneut in Gegensatz zu Essenz (›Wesen‹), wodurch zugleich Kierkegaards Protest gegen die ›Wesensphilosophie‹ G. W. F. Hegels umschrieben ist. Kierkegaards Bestimmung des ↑Selbst als eines Verhältnisses, das sich zu sich selbst verhält (und nicht darin aufgeht, zu anderem, dem Absoluten, in einem Verhältnis zu stehen) greift M. Heidegger in seiner Bestimmung der E. ausdrücklich auf: »Das Sein selbst, zu dem das Dasein sich so oder so verhalten kann und immer irgendwie verhält, nennen wir E.« (Sein und Zeit, 12). Auch sonst wird der Begriff der E. in dem spezifischen Sinn immer da exponiert verwendet, wo die Individualität und der unaufhebbare Wert des einzelnen gegenüber Totalisierungsversuchen (in Geschichte und Gesellschaft) geltend gemacht werden soll. Die radikalste Fassung hat J.-P. Sartre diesem Gedanken in »Ist der Existentialismus ein Humanismus?« verliehen, wo als Existentialismus eine Philosophie bezeichnet wird, die menschliche E. der Essenz methodisch vorausgehen läßt, d.h., die von der Subjektivität (↑Subjektivismus, ↑Ich) ausgeht. Sartres Zuordnung von M. Heidegger, K. Jaspers und G. Marcel zu einem so verstandenen Existentialismus (↑Existenzphilosophie) haben diese Philosophen mehr oder weniger vehement dementiert.

Literatur: O. F. Bollnow, Existenzphilosophie, Stuttgart 1942, [6]1964; P. Hadot/A. Guggenberger, E., existentia, Hist. Wb. Ph. II (1972), 854–860; F. Heinemann, Existenzphilosophie, lebendig oder tot?, Stuttgart/Zürich 1954, [3]1963; H. Knittermeyer, Die Philosophie der E. von der Renaissance bis zur Gegenwart, Wien/Stuttgart 1952; J.-P. Sartre, L'existentialisme est un humanisme, Paris 1946 (dt. Ist der Existentialismus ein Humanismus? Drei Essays, Frankfurt 1962, 7–51). C. F. G.

Existenz (logisch), generell synonym zu ↑existentia, speziell in der Logik ein Prädikator zweiter Stufe, der von ↑Kennzeichnungen aussagt, daß es genau einen so gekennzeichneten Gegenstand gibt, bzw. von Prädikatoren, daß es einen darunter fallenden Gegenstand gibt (im letzteren Sinne verstand G. Frege den Begriff der E.). Z.B. ist ›das Ungeheuer von Loch Ness existiert‹ (symbolisiert: ›$\iota_x x \varepsilon U$‹εE) nach dieser Erklärung synonym zu ›es gibt genau ein Ungeheuer von Loch Ness‹ (symbolisiert: $\overset{1}{\bigvee}_x x \varepsilon U$, d.h. $\bigvee_x \bigwedge_y (x \varepsilon U \leftrightarrow x = y)$) bzw. ›Mondkühe existieren‹ (symbolisiert: ›M‹εE) synonym zu ›es gibt Mondkühe‹ (symbolisiert: $\bigvee_x x \varepsilon M$). Das erklärt, warum der ↑Einsquantor oder Manchquantor $\bigvee$ (↑existiert/es gibt) zumeist als *Existenzquantor* bezeichnet wird.

Literatur: G. Frege, Über Begriff und Gegenstand, in: ders., Kleine Schriften, ed. I. Angelelli, Darmstadt 1967, 167–178; ders., Die Grundlagen der Arithmetik. Eine logisch-mathematische Untersuchung über den Begriff der Zahl, Breslau 1884 (repr. Darmstadt 1961), §53; A. Orenstein, Existence and the Particular Quantifier, Philadelphia 1978. K. L.

Existenzaussage, auch Existentialaussage, eine Aussage, in der behauptet wird, daß es mindestens einen Gegenstand gibt, dem ein bestimmter (d.h. in der Aussage ausdrücklich genannter) ↑Prädikator zukommt bzw. der eine ↑Aussageform erfüllt, z.B. ›es gibt (mindestens) eine Zahl, die zugleich Primzahl und gerade ist‹, ›einige Planeten haben mehr als zwei Monde‹, ›manche Berge sind höher als 6000 m‹. Diese verschiedenen sprachlichen Fassungen werden in der Logik einheitlich symbolisiert, indem man – nachdem bei Prädikatoren zunächst mit Hilfe des betreffenden Prädikators und einer Leerstelle für Eigennamen aus dem ihm zugeordneten ↑Variabilitätsbereich die entsprechende einstellige Aussageform gebildet wurde – vor die Aussageform einen ›Existenzquantor‹ ›$\bigvee$‹ (auch ↑›Einsquantor‹ oder ›Manchquantor‹ genannt) schreibt:

$$\bigvee_x (x \varepsilon P) \quad \text{oder} \quad \bigvee_x A(x)$$

(gleich übliche Schreibweise ›$\exists x (x \varepsilon P)$‹ bzw. ›$\exists x A(x)$‹, bei ↑indefiniten Variabilitätsbereichen ›$\mathbb{V}_x (A(x)$‹. E.n können wie ↑Elementaraussagen logisch weiter verknüpft werden, z.B.

$$\bigvee_x \bigwedge_y (x \leq y) \rightarrow \neg \bigwedge_x \bigvee_y (y < x).$$

Während die sogenannte klassische Logik (↑Logik, klassische), dem in der Mathematik üblichen Verfahren folgend, als Begründung einer E. auch die Widerlegung der gegenteiligen (d.h. der Nichtexistenz-)Annahme zuläßt, unterscheidet die konstruktive Logik (↑Logik, konstruktive) scharf zwischen solchen Argumentationen und dem wirklichen (›effektiven‹ oder ›konstruktiven‹) Aufweis eines Gegenstandes der als existent behaupteten Art und läßt daher nur einen solchen Aufweis bzw. die tatsächliche Benennung eines derartigen Gegenstandes als Begründung einer E. zu (bei den Beispielsätzen oben etwa: ›2‹, ›Uranus‹, ›Mount Everest‹). C. T.

Existenzialien, in M. Heideggers ↑Fundamentalontologie die Strukturen des menschlichen Weltvollzuges (↑Dasein), die aus dem Phänomenbestand des ↑In-der-Welt-seins zunächst isoliert und dann in ›formalanzeigender‹ Absicht verwendet werden (z.B. ↑Sorge und ↑Zeitlichkeit). E. sind begrifflich abgegrenzt von den ↑Kategorien, die die Strukturen der nicht-menschlichen Gegenstände bezeichnen. In dieser Unterscheidung ist Heideggers Kritik an der traditionellen ↑Ontologie niedergelegt, die den Menschen am Leitfaden von Kategorien, also von Strukturen untermenschlicher Seiender her interpretiert habe. – Das Adjektiv ›existenzial‹ steht in Gegensatz zu ›existenziell‹; während die Strukturen menschlicher ↑Existenz ›existenzial‹ heißen, sind ›existenziell‹ die singularen phänomenalen Erlebnisse und Vorkommnisse des menschlichen Lebens. Die Unterscheidung ›existenzial-existenziell‹ entspricht etwa der von ›phänomenologisch‹ und ›phänomenal‹ bzw. ›apriori‹ und ›aposteriori‹. C. F. G.

Existenzoperator/Existenzquantor, ↑Einsquantor.

Existenzphilosophie (auch: Existentialphilosophie), verschiedene philosophische Richtungen, besonders in Deutschland, Frankreich und Italien, die im wesentlichen auf einem subjektivistischen, individualistischen Begriff der ↑Existenz aufbauen. Philosophiehistorisch knüpft die E. an die ↑*Lebensphilosophie* des 19. Jahrhunderts (F. Nietzsche, H. Bergson, W. Dilthey) und den von S. Kierkegaard geprägten Begriff der Existenz an. In Deutschland gelten als Begründer K. Jaspers (Existenzerhellung, 1932) und M. Heidegger (Sein und Zeit, 1927), deren Schulen Ende der 20er Jahre an Einfluß gewannen. Während in der Zeit des Nationalsozialismus die E. in Deutschland weitgehend zum Erliegen kam, erlebte sie (als Existentialismus) in den 40er Jahren durch J.-P. Sartre in Frankreich einen neuen Höhepunkt und wirkte von da aus zurück auf Deutschland und Italien.

Heute lassen sich im wesentlichen drei Richtungen der E. unterscheiden, deren Hauptvertreter (1) Kierkegaard und Jaspers, (2) Heidegger, (3) Sartre und die französischen Existentialisten sind. Der Begriff der Existenz war von Kierkegaard als menschliche Existenz im Hinblick auf Gott gemeint, die der Mensch im verantwortlichen Lernen christlichen Handelns sichern könne. – Für alle Existenzphilosophen wird der Blick auf die Existenz als einen innersten Kern der Seele durch die ›Grunderfahrung‹ oder auch das ›existentielle Erlebnis‹ frei: es sind dies bei Kierkegaard die ↑Angst, bei Heidegger die Erfahrung des ↑Todes, bei Sartre der Ekel (la nausée), bei Jaspers das Scheitern des Menschen in den ↑Grenzsituationen und bei A. Camus die Einsicht in das ↑Absurde. Kierkegaards E. war polemisch gegen G. W. F. Hegel gerichtet, die spätere E. hat sich betont von allen ›rationalen‹ wissenschaftlichen Erkenntnistheorien abgewandt.

M. Heidegger suchte seine ›Analytik des ↑Daseins‹ (↑Daseinsanalyse) insofern von E. zu unterscheiden, als es ihm um eine Analyse des Aufbaus der Existenz (↑›Existenzialien‹) im ontologischen Sinne ging (↑Fundamentalontologie). Daß sein Werk dennoch zur E. gerechnet wird, liegt einmal an dem faktischen Einfluß, den es auf die E. ausübte, zum anderen an der Unterscheidung zwischen ›existenziell‹ und ›existenzial‹. Als das ›Existenziale‹ bezeichnet Heidegger die vorgegebenen Strukturen, die den Aufbau von Existenz allgemein bestimmen, als das ›Existenzielle‹ das konkrete Verhalten oder Dasein eines einzelnen Menschen im Rahmen dieser Strukturen. Heideggers Bemühungen galten dabei besonders dem Existenzialen, das ›Seinkönnen‹ erst ermöglicht und damit die Frage nach dem ›Sinn von Sein‹ aufwirft. ›Dasein‹ und ›Existenz‹ ist immer als Dasein und Existenz des Menschen im allgemeinen oder im individuellen Sinne gemeint, wobei die gesellschaftliche Problematik nur vermittelt (als ›Kulturkritik‹ an der Mittelmäßigkeit, Konformität und ›Verfallenheit‹ der modernen Lebensbedingungen) thematisiert wird.

Von diesem als ontologisch vorgegebenen Verständnis von Existenz hat sich Jaspers, an Kierkegaard anschließend, scharf distanziert. Beide verstehen die immer nur mögliche, niemals notwendige Existenz als den ›Entwurf‹ des Individuums. Diesen Entwurf, mit dem der Mensch sich zur ›Eigentlichkeit‹ seiner Existenz durchringen kann, leistet Philosophie als ›Existenzerhellung‹ (Jaspers). Ohne sie befindet sich der Mensch im Zustand der ›Uneigentlichkeit‹. Darüber hinaus läßt sich Existenz zeitlich dauerhaft nicht sichern, sondern bietet sich den ›Grenzsituationen‹ (Leid, Schuld, Tod) nur für einen Augenblick als Möglichkeit an. Diese Auffassung von der ›Zeitlichkeit‹ als einer Kette von Augenblicken, die die Möglichkeit des entschiedenen Eingreifens bieten, tritt besonders bei Sartre wieder auf. Zentral für alle Formen der E. ist der Begriff der Entscheidung; in der Entscheidung als dem Ergreifen einer Alternative gewinnt der einzelne für einen Augenblick seine Identität.

Die französische Variante der E., meist *Existentialismus* genannt, war von Anfang an nicht auf Philosophie begrenzt, sondern dokumentierte sich ebenso in Literatur, Kunst und Film und hatte dadurch einen umfassenden, z.T. modeartigen Einfluß bis hin zur äußerlichen Lebensgestaltung ihrer Vertreter und Anhänger. Urheber und bedeutendster Vertreter dieser Richtung ist J.-P. Sartre (La nausée, 1938; L'être et le néant, 1943). In betont atheistischer Wendung sieht Sartre den Menschen als einen zur Freiheit Verurteilten, der sich in unüberwindbarer Subjektivität den Sinn seiner Existenz selbst setzen muß, ohne sich dabei auf Werte und Ziele seiner Umwelt verlassen zu können. Nach dieser auch als ↑Nihilismus bezeichneten Auffassung bietet sich die einzige Möglichkeit einer Sinngebung der Existenz im totalen (auch politischen) Engagement. Weitere Vertreter dieser Richtung der E. sind S. de Beauvoir, A. Camus und (in problematischer Zuordnung) M. Merleau-Ponty (Phénoménologie de la perception, 1945, Grundlegung einer existentialistischen Anthropologie). In einer christlich orientierten E. hat G. Marcel die subjektive Existenzverantwortung und die Forderung nach totalem Engagement vertreten, zugleich jedoch, trotz seiner Kritik am Thomismus, auf dem Boden der römisch-katholischen Lehre zur säkularisierten Übernahme christlicher Glaubensinhalte aufgerufen. Einflüsse der französischen E. sind ferner bei N. Abbagnano, E. Grassi, L. Pareyson und R. Guardini greifbar. Unabhängig von den Schulen Jaspers' und Heideggers vertreten in Deutschland besonders E. Grisebach, P. Wust, H. Lipps, O.F. Bollnow existenzphilosophische Anschauungen. Darüber hinaus ist der Einfluß der E. auch in anderen Disziplinen von Bedeutung: so in der Psychologie und Psychopathologie (L. Binswanger, H. Kunz, P. Lersch, A. Wellek, W. Keller); in der evangelischen ↑Theologie knüpft K. Barth unmittelbar an Kierkegaard an, R. Bultmann und F. Gogarten stehen der Heidegger-Schule nahe, desgleichen K. Rahner auf katholischer Seite; in der Literaturkritik (W. Rehm, E. Staiger).

Literatur: N. Abbagnano, Philosophie des menschlichen Konflikts. Eine Einführung in den Existentialismus, Hamburg 1957; L. Binswanger, Daseinsanalyse und Psychotherapie, Acta Psychotherapeutica et Psychosomatica 8 (1960), 251–260 (engl. Existential Analysis and Psychotherapy, in: F. Fromm-Reichmann [ed.], Progress in Psychotherapy, New York 1956, 144–148); O.F. Bollnow, E., Stuttgart 1942, [4]1957; ders., E., RGG II ([3]1958), 819–823; L. Gabriel, E. von Kierkegaard bis Sartre, Wien 1950; J. Hommes, Zwiespältiges Dasein. Die existentielle Ontologie von Hegel bis Heidegger, Freiburg 1953; W. Kaufmann (ed.), Existentialism from Dostoevsky to Sartre, New York 1956; H. Knittermeyer, Die Philosophie der Existenz von der Renaissance bis zur Gegenwart, Wien/Stuttgart 1952; K.E. Løgstrup, Kierkegaards und Heideggers Existentialanalyse und ihr Verhältnis zur Verkündigung, Berlin 1950; U. Luck, Heideggers Ausarbeitung der Frage nach dem Sein und die existentialanalytische Begrifflichkeit in der evangelischen Theologie, Z. Theol. u. Kirche 53 (1956), 230–251; G. Lukács, Existentialismus und Marxismus?, Berlin 1951; C. Michalson (ed.), Christianity and Existentialism, Madison N.J. 1955; F. Molina, Existentialism as Philosophy, Englewood Cliffs N.J. 1962; M. Müller, E. im geistigen Leben der Gegenwart, Heidelberg 1949, [3]1964; M. Reding, Die E.. Heidegger, Sartre, Marcel und Jaspers in kritisch-systematischer Sicht, Düsseldorf 1949; R.C. Solomon, from Rationalism to Existentialism. The Existentialists and Their Nineteenth-Century Backgrounds, Hassocks (Sussex) 1978; W. Stegmüller, Hauptströmungen der Gegenwartsphilosophie. Eine kritische Einführung I, Stuttgart [6]1976 Kap. IV und V; J. Wahl, Petite histoire de l'existentialisme, Paris 1947; F. Zimmermann, Einführung in die E., Darmstadt 1977. – Bibliographien: R. Jolivet, Französischer Existentialismus, Bibliographische Einführungen in das Studium der Philosophie 9, ed. J.M. Bocheński, Bern 1948; O.F. Bollnow, Deutsche E., Bibliographische Einführungen in das Studium der Philosophie 23, ed. J.M. Bocheński, Bern 1953. H.-L. N.

Existenzpräsupposition, ↑Kennzeichnung.

Exklusion, in der Beziehung der E. oder Unverträglichkeit stehen zwei Aussagen, wenn aus der Wahrheit der einen folgt, daß die andere nicht ebenfalls wahr ist. In der traditionellen Logik heißt diese Beziehung ›↑konträrer Gegensatz‹. Das Ergebnis der entsprechenden junktorenlogischen Verknüpfung zweier Aussagen a und b wird meist mit Hilfe des Exklusors oder ↑Shefferschen Strichs als ›$a|b$‹ geschrieben und ›a und b sind nicht beide wahr‹ gelesen. H.M. Sheffer fand 1913, daß sich in der klassischen ↑Junktorenlogik unter alleiniger Verwendung der E. die übrigen 15 junktorenlogischen Verknüpfungen zweier Aussagen einführen lassen, eine Eigenschaft, die neben der E. nur noch die ↑Injunktion aufweist. Wegen der (klassisch gültigen) Äquivalenz von ›$a|b$‹ mit ›$\neg a \vee \neg b$‹, der Adjunktion der Negate von a und b, ist auch der Name ↑›Negatadjunktion‹ für die E. vorgeschlagen worden.

Literatur: H.M. Sheffer, A Set of Five Independent Postulates for Boolean Algebras, with Application to Logical Constants, Transact. Amer. Math. Soc. 14 (1913), 481–488. C.T.

ex nihilo nihil fit (lat., aus nichts entsteht nichts), ein bei Melissos, Aristoteles, Lukrez, Thomas von Aquin u.a. auftretender Satz, der meist zur Begründung der These von der ↑Ewigkeit der Welt herangezogen wurde. Logisch läßt sich der Satz auch als eine (mißverständliche) Formulierung der Implikation $\neg a \prec \neg a$ oder als ›doppelte‹ Negation des Satzes vom Grunde (↑Grund, Satz vom) verstehen. J.M.

Experiment (lat. experimentum, Versuch, Erfahrungsbeweis), planmäßige Herbeiführung von (meist variablen) Umständen zum Zwecke wissen-

schaftlicher ↑Beobachtung. Das E. ist das wichtigste Hilfsmittel aller Erfahrungswissenschaften (↑Erfahrung), bei denen sich Experimentierbedingungen künstlich herbeiführen bzw. reproduzieren lassen. Hieraus ergeben sich spezifische Einschränkungen in der Durchführbarkeit von E.en für Disziplinen wie z.B. Astronomie, Archäologie, Psychologie und Soziologie. Selbst in Fachwissenschaften, deren Ergebnisse hauptsächlich auf E.en beruhen (z.B. Chemie, Physik), ist keineswegs Erfahrung allein die Quelle des Wissens. Vielmehr erzwingt der Experimentator in planvoller Herstellung von Geräten die gewünschten Bedingungen. Neben diesem (gern mit der Metapher einer Frage an die Natur belegten) aktiven menschlichen Beitrag bedarf es weiterer (zum Teil von Experimentierergebnissen vollständig unabhängigen) Prinzipien zur Interpretation des experimentellen Ergebnisses, so z.B. des Kausalprinzips (↑Kausalität), wonach gleiche Ursachen gleiche Wirkungen haben. Weicht ein tatsächlich beobachtetes Ergebnis von einem erwarteten, einer ↑Hypothese, ab, so stehen prinzipiell zwei Möglichkeiten offen: (a) die Hypothese wird verworfen bzw. abgeändert, (b) es wird eine Störhypothese über zusätzliche, unter den Experimentierbedingungen nicht mitkontrollierte Einflüsse formuliert. Es kann also nur unter der (in der Praxis kaum gemachten) Einschränkung, für ein System von Hypothesen (d.h. eine erfahrungswissenschaftliche Theorie) keine zusätzlichen Störhypothesen zuzulassen, ein ↑experimentum crucis geben.
Historisch läßt sich erst etwa ab 1600 von einer wissenschaftlichen Experimentierkunst sprechen. Die Beobachtungen, die von antiken Technikern gemacht wurden, gehörten nach dem damaligen Verständnis in den Bereich des Künstlichen, der von einer Wissenschaft von der Natur streng unterschieden wurde. G. Galilei und E. Torricelli waren wohl die ersten Experimentatoren im modernen Sinn. Galilei und F. Bacon entwickelten mit ihren Ansichten über das Zusammenwirken von Natur und menschlicher Kunst im E. die ersten theoretischen Ansätze. Ein grundsätzlich neues Verständnis des E.s ist weniger durch Präzision und Aufwand moderner Versuchsanordnungen als vielmehr durch zwei neue Komponenten erforderlich: (a) viele Beobachtungen lassen sich nur statistisch durchführen, (b) es findet eine Wechselwirkung zwischen Beobachtetem und Beobachtendem statt. In Psychologie und Pharmakologie glaubt man, die Einflüsse der Experimentiersituation auf das Ergebnis beseitigen oder doch berücksichtigen zu können. In der Mikrophysik jedoch stellt die Beobachtung einen derart schweren Eingriff in das beobachtete System dar, daß ein wichtiges Charakteristikum des klassischen E.s, nämlich die prinzipielle Wiederholbarkeit (am selben Objekt), aufgegeben werden mußte.

Literatur: W.G. Cochran/G.M. Cox, Experimental Design, o.O. 1944, New York 1950; H. Dingler, Das E.. Sein Wesen und seine Geschichte, München 1928; P. Duhem, La théorie physique, son object et sa structure, Paris 1906, ²1914 (dt. Ziel und Struktur der physikalischen Theorien, Leipzig 1908, ed. L. Schäfer, Hamburg 1978; engl. The Aim and Structure of Physical Theory, Princeton 1954, repr. New York 1962); R.A. Fisher, The Design of Experiments, Edinburgh 1935, ²1937. P.J.

Experimentalphilosophie (engl. experimental philosophy, franz. philosophie expérimentale), im 17. Jahrhundert aufkommende Bezeichnung zur Verdeutlichung gewandelter *methodologischer* Orientierungen in der (als Einheit von Philosophie und Wissenschaft aufgefaßten) ↑Philosophie. Im Begriff der E. dokumentiert sich erkenntnisheoretisch ein neuer Begriff der ↑*Erfahrung,* wissenschaftstheoretisch ein neuer Begriff von *Theorie* und *Begründung.* Während in der ↑Scholastik, auch bei ›experimentierenden‹ Naturphilosophen wie R. Grosseteste, Petrus Peregrinus und R. Bacon, am Aristotelischen Begriff der Erfahrung im wesentlichen festgehalten, zwischen ›experientia‹ bzw. ›scientia experientiae‹ und ›experimentum‹ bzw. ›scientia experimentalis‹, auch bei methodischer Auszeichnung einer ›via experientiae‹ in der Naturforschung, erkenntnistheoretisch nicht grundsätzlich unterschieden wird (vgl. Thomas von Aquin, S. th. I qu. 58 art. 3 ob. 3, I qu. 117 art. 1c), bildet die neuzeitliche Methodendiskussion einen *induktiven* (F. Bacon) und einen *konstruktiven* Begriff der Erfahrung (G. Galilei) aus und orientiert ihr neues Methodenideal im Kern an einer Theorie der ↑*Beobachtung* (zur Konstitution der Basis induktiver Argumente) und einer Theorie des ↑*Experiments* (Erfahrung, die sich instrumental bzw. konstruktiv erzwingen läßt). Insofern bringt die Bezeichnung ›E.‹ den methodologischen Unterschied zwischen der ›neuen Wissenschaft‹ (der Physik) und der Aristotelischen Naturphilosophie auf den Begriff (vgl. R. Boyle, Some Considerations Touching the Usefulnesse of Experimental Naturall Philosophy, I–II, Oxford 1663/1671, I ²1664, in: ders., Works II [ed. T. Birch, London ²1772], 5ff.).
Als Begründer der E. gilt im Selbstverständnis der neuzeitlichen Philosophie F. Bacon (»the founder

of experimental philosophy«, C. Maclaurin, An Account of Sir Isaac Newton's Philosophical Discoveries, London 1748, 56; »le père de la philosophie expérimentale«, Voltaire, Lettres philosophiques XII, Œuvres XXII, 118), als ihr bedeutendster Repräsentant I. Newton (»the Newtonian, or only true philosophy in the world«, W. Emerson, The Principles of Mechanics, London ^{2}1758, III). Insofern dabei im Werk Newtons der ↑Empirismus wissenschaftstheoretisch zur dominanten Orientierung wird, steht der Begriff der E. nicht nur für ein allgemeines, Beobachtung und Experiment auszeichnendes Methodenideal, sondern im engeren Sinne auch für das methodologische Programm einer empirischen Fundierung wissenschaftlicher/philosophischer Sätze (»Experimental philosophy proceeds only upon Phenomena & deduces general Propositions from them only by Induction«, Brief Newtons an R. Cotes vom 31. 3. 1713, in: J. Edleston [ed.], Correspondence of Sir Isaac Newton and Professor Cotes, London 1850, 156). In den »Principia« ist dieses Programm vor allem mit der vierten ↑regula philosophandi der 3. Auflage (»In philosophia experimentali, proportiones ex phaenomenis per inductionem collectae ...«, London ^{3}1726, 389) und Newtons Hypothesenverdikt der 2. Auflage (»Hypotheses [...] in Philosophia locum non habent«, London ^{2}1713, 484) formuliert, in J. Lockes Analysen zur Wissensbildung (An Essay Concerning Human Understanding, London 1690, ^{5}1706) im Sinne der Annahme einer begriffsfreien Basis des Wissens erkenntnistheoretisch ergänzt.

Gegen die (bei Newton und in der Newton-Rezeption durch die Opposition zu cartesischen Positionen motivierte) Identifikation der Philosophie mit E. (im Sinne einer Festlegung auf empirische Fundierungen) unterscheidet G. W. Leibniz zwischen empirischen und nicht-empirischen Formen des Wissens (»Philosophia Theoretica duplex est, Rationalis et Experimentalis«, in: L. Couturat [ed.], Opuscules et fragments inédits de Leibniz, Paris 1903, 525) und ordnet der philosophia rationalis z.B. die Logik und die Mechanik, der philosophia experimentalis z.B. die Chemie und die Anatomie zu. Im gleichen Sinne setzt I. Kant »das Rationale dem Empirischen entgegen« (KrV B 863), unterscheidet dabei jedoch zwischen ›Erkenntnis aus reiner Vernunft‹ (Propädeutik und System der reinen Vernunft als ↑Transzendentalphilosophie) und ›Vernunfterkenntnis aus empirischen Prinzipien‹ (KrV B 868), d.h. E. oder ›empirischer Philosophie‹ (ebd.). Physik als *empirische Philosophie* ist damit im Sinne Kants selbst rationale Erkenntnis (›cognitio ex principiis‹), nur eben Erkenntnis aus ›empirischen‹ Prinzipien. Der ›empirischen Philosophie‹ (als Natur*wissenschaft*) steht im Rahmen dieser begrifflichen Differenzierung von E. derjenige Teil der Naturlehre gegenüber, der nicht Erkenntnis aus (empirischen) Prinzipien, sondern Erkenntnis aus Daten (›cognitio ex datis‹) ist, nach Kant Natur*beschreibung* (systematische Klassifikation von Fakten entsprechend etwa dem Vorgehen von Botanik und Zoologie) und Natur*geschichte* (System von Fakten im Rahmen einer Geschichte der physischen Welt und des Lebens). *Empirisch* im weiteren Sinne ist etwa die Physik damit, (a) weil sie (als Natur*wissenschaft*) ›aus empirischen Prinzipien‹ erkennt, (b) weil sie (als *historische* Naturlehre) ›aus Daten‹ erkennt (Metaphysische Anfangsgründe der Naturwissenschaft [1786], Akad.-Ausg. IV, 467f.).

Kants Unterscheidungen, auch wenn sie strenggenommen einen Begriff von Naturwissenschaft unterstellen, der noch einmal ›apriorische‹ Grundlagen (↑a priori) vor ›empirischen‹ auszeichnet (ebd., 468), geben im Kern auch das dem Begriff der E. ursprünglich zugrunde liegende Verständnis wieder, insofern sowohl die Cartesische als auch die Newtonsche Lehrbuchtradition terminologisch unterscheiden zwischen *Principia* (z.B. R. Descartes, Principia philosophiae, Amsterdam 1644; I. Newton, Philosophiae naturalis principia mathematica, London 1687) und (im Sinne einer terminologischen Tradition, die wiederum bis in die Antike zurückreicht) *Geschichte* bzw. *History* (z.B. R. Boyle, The Experimental History of Colours, London 1663; J. Priestley, The History and Present State of Electricity. With Original Experiments, London 1767, ^{2}1769, I–II, ^{3}1775). Principia-Literatur entspricht in dieser Form Kants Begriff der empirischen Philosophie (im engeren Sinne), History-Literatur (d.h. ›Berichte‹ über Daten sammelnde Forschungen) Kants Begriffen der Naturgeschichte und der Naturbeschreibung. Im Begriff der E. werden beide Momente unter methodologischen (in der Newton-Rezeption: empiristischen) Gesichtspunkten zusammengefaßt und als neue Formen der ↑Naturphilosophie von der aristotelisch-scholastischen Naturphilosophie abgegrenzt. Die Beibehaltung der Bezeichnung ›Naturphilosophie‹ (natural philosophy, philosophie naturelle) dokumentiert dabei ebenso wie die Bezeichnung ›E.‹, daß eine entsprechende Ausgrenzung der naturwissenschaftlichen Forschung aus der bislang als Einheit rationaler Orientierungsbemühungen aufgefaßten *philosophischen* Forschung (noch) nicht erfolgt – naturwissenschaftliche Forschung bleibt, jedenfalls terminologisch, bis ins 19. Jahrhundert hinein *empirische Philosophie* (N. Cabeus, Philosophia magnetica, in qua magnetis natura penitus explicatur, et omnium quae hoc lapide cernuntur causae propriae afferuntur, Köln 1629; C. Linné, Philosophia botanica, in qua explicantur fundamenta botanica cum definitionibus partium, exemplis terminorum, observationibus rariorum, adjectis figuris aeneis, Stockholm, Amsterdam 1751; E. Darwin, Phytologia or the Philosophy of Agriculture and Gardening, Dublin, London 1800; J. Dalton, A New System of Chemical Philosophy, I–II, London 1808/1827 [repr. Folkestone 1953]; J. Lamarck, Philosophie zoologique. Ou exposition des considérations relatives à l'histoire naturelle des animaux, I–II, Paris 1809 [repr. Brüssel 1970, dt. Zoologische Philosophie, Leipzig 1873]). Erst im Lichte späterer Entwicklungen, d.h. der Verselbständigung *empirisch-hypothetischer* Methodenideale in einer Theorie der ↑Naturwissenschaften und der dazu (historisch und systematisch) komplementären Verselbständigung *hermeneutischer* Methodenideale in einer Theorie der ↑Geisteswissenschaften, erscheint nachträglich gesehen die Entstehung der E. als Manifestation einer erstmals gegen ›Philosophie‹ durchgesetzten empirischen Rationalität, Wissensbildung in den Wissenschaften und Wissensbildung in der Philosophie als zwei Dinge, die man aus methodischen Gründen nunmehr getrennt zu erledigen hätte (↑Philosophie).

Literatur: G. Böhme/W. van den Daele/W. Krohn, Experimentelle Philosophie. Ursprünge autonomer Wissenschaftsentwicklung, Frankfurt 1977; I.B. Cohen, Franklin and Newton. An Inquiry into Speculative Newtonian Experimental Science and Franklin's Work in Electricity as an Example Thereof, Philadelphia 1956, Cambridge Mass. 1966; A.C. Crombie, Robert Grosseteste and the Origins of Experimental Science (1100–1700), Oxford 1953, [2]1962, bes. 61ff., 139ff., 290ff.; F. Kambartel, Erfahrung und Struktur. Bausteine zu einer Kritik des Empirismus und Formalismus, Frankfurt 1968, 61ff.; F. Kaulbach, Philosophie der Beschreibung, Köln/Graz 1968, 30ff., 234ff.; R. Kuhlen/U. Schneider, E., Hist. Wb. Ph. II (1972), 870–875; J. Mittelstraß, Die Galileische Wende. Das historische Schicksal einer methodischen Einsicht, in: L. Landgrebe (ed.), Philosophie und Wissenschaft (IX. Dt. Kongress für Philosophie, Düsseldorf 1969), Mannheim 1972, 285–318 (engl. The Galilean Revolution. The Historical Fate of a Methodological Insight, Stud. Hist. Philos. Sci. 2 [1972], 297–328). J. M.

experimentum crucis (lat., Experiment des Kreuzes), terminologisch auf das »Novum organum scientiarum« (1620) F. Bacons zurückgehend (wo unter Hinweis auf Wegkreuze an sich trennenden Wegen von ›instantiae crucis‹ gesprochen wird) und im Sinne eines über die Wahrheit einer ganzen erfahrungswissenschaftlichen Theorie entscheidenden Experiments von I. Newton auf das 6. Experiment des ersten Teils von Buch I der »Opticks« (1704) angewandt. Dieses Experiment zur Lichtbrechung diente Newton zur Begründung seiner Theorie der Zusammensetzung des Lichts. In der neueren Physikgeschichte wurde häufig der ↑Michelson-Morley-Versuch als e.c. für die spezielle Relativitätstheorie (↑Relativitätstheorie, spezielle) angesehen. – Modernen wissenschaftstheoretischen Analysen stellt sich das Problem des e.c. als die Frage, ob und inwieweit Theorien durch Sätze, die Ergebnisse von Experimenten wiedergeben, falsifiziert werden können bzw. solche Sätze eine Entscheidung zwischen konkurrierenden Theorien oder Hypothesen erlauben. Im Anschluß an Überlegungen von P. Duhem wurde eine erste Präzisierung der Fragestellung von W.V.O. Quine vorgeschlagen. Als deren Ergebnis lassen sich, unter anderem wegen der von Quine vertretenen Unmöglichkeit einer genauen Unterscheidung ↑analytischer und ↑synthetischer Sätze und damit der Abgrenzung des empirischen Gehalts einer Theorie, einzelne Sätze oder Hypothesen dieser Theorie durch Sätze, die ein experimentelles Resultat wiedergeben, nicht falsifizieren. Einwände, die sich auf Grund eines Experiments gegen Sätze einer Theorie ergeben, gehen wegen des logischen Zusammenhangs dieser Sätze mit anderen Sätzen der Theorie stets auf die Theorie als ganze. Eine Zuordnung einzelner Sätze über Experimente zu einzelnen Sätzen einer Theorie, die im Sinne eines e.c. die Theorie widerlegen, gibt es danach nicht. Die wegen experimenteller Befunde notwendige Modifikation einer Theorie betrifft, abhängig von Einschätzungen über logischen Zusammenhang und empirischen Gehalt, dann einen nicht von vornherein genau bestimmbaren Komplex von Sätzen dieser Theorie. Im Anschluß an Quine ist diese These (›Duhem-Quine-These‹) in wissenschaftstheoretischen Untersuchungen unter Einbeziehung weiterer Gesichtspunkte (unter anderem von A. Grünbaum und I. Lakatos) eingehend diskutiert und untersucht worden.

Literatur: P. Duhem, La théorie physique, son objet et sa structure, Paris 1906 [2]1914 (dt. Ziel und Struktur der physikalischen Theorien, Leipzig 1908, repr., ed. L. Schäfer, Hamburg 1978); A. Grünbaum, Space, Time and Falsifiability. Critical Exposition and Reply to »A Panel Discussion of Grünbaum's Philosophy of Science« Part I,

Philos. Sci. 37 (1970), 469–588; ders., Can a Theory Answer More Questions Than One of its Rivals?, Brit. J. Philos. Sci. 27 (1976), 329–362; S. G. Harding (ed.), Can Theories be Refuted? Essays on the Duhem-Quine-Thesis, Dordrecht/Boston 1976; I. Lakatos, The Role of Crucial Experiments in Science, Stud. Hist. Philos. Sci. 4 (1974), 309–325; ders., Anomalies Versus ›Crucial Experiments‹. A Rejoinder to Professor Grünbaum, in: ders., Mathematics, Science and Epistemology. Philosophical Papers II, ed. J. Worrall/G. Currie, Cambridge 1978, 211–223; H. Poincaré, La science et l'hypothèse, Paris 1902 (dt. Wissenschaft und Hypothese, Leipzig 1904, [3]1914, repr. Darmstadt 1974); W. V. O. Quine, Two Dogmas of Empiricism, Philos. Rev. 60 (1951), 20–43, verändert in: ders., From a Logical Point of View, Cambridge Mass. 1953, [2]1961, New York/Evanston 1963, 20–46 (dt. Zwei Dogmen des Empirismus, in: J. Sinnreich [ed.], Zur Philosophie der idealen Sprache. Texte von Quine, Tarski, Martin, Hempel und Carnap, München 1972). P. J.

Explanans/Explanandum, ↑Erklärung.

Explikation, Präzisierung der Bedeutung eines Ausdrucks der vorwissenschaftlichen Alltagssprache oder der noch nicht hinreichend präzisen Wissenschaftssprache. Der zu präzisierende Ausdruck heißt ›Explikandum‹, das Ergebnis der vorgenommenen Bedeutungsverschiebung ›Explikat‹. Für den weiteren Aufbau der Wissenschaftssprache wird der Ausdruck dann nur noch im Sinne des Explikats verwendet. Um willkürliche E.en auszuschließen, werden Adäquatheitsforderungen erhoben. Auf R. Carnap gehen die folgenden vier Forderungen zurück: (1) (extensionale) *Ähnlichkeit* von Explikat und Explikandum, (2) *Exaktheit* im Sinne der Aufnahme des Explikats in eine wissenschaftliche Terminologie, (3) *Fruchtbarkeit* des Explikats für die Aufstellung neuer Gesetze und Lehrsätze, (4) *Einfachheit* (soweit dies die wichtigeren Forderungen (1)–(3) zulassen) des Explikats als auch der Gesetze, die mit seiner Hilfe aufgestellt werden. Als Methode zur »rationalen Nachkonstruktion von Begriffen aller Erkenntnisgebiete« nennt Carnap die E. »eine der wichtigsten Aufgaben der Philosophie« (Der logische Aufbau der Welt, Hamburg [2]1961, Vorwort).

Literatur: R. Carnap/W. Stegmüller, Induktive Logik und Wahrscheinlichkeit, Wien 1959; 12ff.; R. Carnap, Logical Foundations of Probability, Chicago [2]1962, Chap. I; J. F. Hanna, An Explication of ›Explication‹, Philos. Sci. 35 (1968), 28–44; G. Küng, The Phenomenological Reduction as *Epoche* and as Explication, Monist 59 (1975/1976), 63–80. G. G.

Exportationsregeln (engl. laws of exportation, principles of exportation), ist das ↑Antezedens eines Subjungats ein Konjugat, so darf man eines von dessen Gliedern ›herausnehmen‹ (›exportieren‹) und dem verbleibenden Subjungat als neues Antezedens voranstellen. Dieser ›Exportation‹ genannte Übergang ist ein sogar in der konstruktiven ↑Junktorenlogik gültiger logischer Schluß

$$A \wedge B \rightarrow C \prec A \rightarrow (B \rightarrow C)$$

(zu seiner Umkehrung ↑Importationsregeln). Im junktorenlogischen System der ↑»Principia Mathematica« entspricht ihm der als Subjungat formulierte Satz $*3 \cdot 3$:

$$(p \wedge q \rightarrow r) \rightarrow (p \rightarrow (q \rightarrow r)).$$

Diese Schlußweise läßt sich verallgemeinern. In operativen Aufbauten der ↑Konsequenzenlogik (↑Logik, operative) nimmt die allgemeine E. die folgende komplizierte Gestalt als Metametaregel an:

$$A_1, \ldots, A_{m-1} \dot{\Rightarrow} A_m, \ldots, A_n \Rightarrow A \ddot{\Rightarrow}$$
$$A_1, \ldots, A_m \dot{\Rightarrow} A_{m+1}, \ldots, A_n \Rightarrow A.$$

Die Ersetzung der Subjunktion $\rightarrow$ durch die strikte Implikation $\multimap$ (im Sinne von C.I. Lewis, ↑Implikation, strikte) in den angegebenen junktorenlogischen Formeln liefert nicht einmal mehr klassisch gültige Formeln; in den Lewisschen und anderen, heute als modallogisch bezeichneten Systemen (↑Modallogik) gelten andere, kompliziertere E. – In der neueren Logikliteratur wird vereinzelt auch die Herausnahme eines Ausdrucks aus dem Wirkungsbereich eines Quantors, dessen Variable nicht frei in dem betreffenden Ausdruck vorkommt, als Exportation bezeichnet, z.B. der Übergang

$$\bigwedge_x (A \wedge B(x)) \prec A \wedge \bigwedge_x B(x).$$

Die konstruktive Gültigkeit derartiger Übergänge hängt vom Verhältnis des auftretenden Quantors zum auftretenden Junktor ab. Nicht mehr konstruktiv gültig ist z.B. die Implikation, die durch die Ersetzung von ›$\wedge$‹ durch ›$\vee$‹ in der angegebenen Formel entsteht.

Literatur: J. Dopp, Notions de logique formelle, Louvain/Paris [2]1967 (dt. Formale Logik, Einsiedeln 1969); S.C. Kleene, Introduction to Metamathematics, Amsterdam 1952, Groningen/New York [6]1971; P. Lorenzen, Einführung in die operative Logik und Mathematik, Berlin/Heidelberg/New York [2]1969, §6; B. Russell, The Principles of Mathematics, Cambridge 1903, London [2]1937 (repr. New York 1953); A.N. Whitehead/B. Russell, Principia Mathematica I, Cambridge 1910, [2]1925. C.T.

ex quolibet verum, seit der Scholastik die Bezeichnung für das Implikationsschema: $A \prec \curlyvee$, d.h., aus jeder beliebigen Aussage darf eine wahre Aussage (›Y‹ für ↑›verum‹) logisch gefolgert werden. K.L.

extensional/Extension, die Unterscheidung von ›Inhalt‹ und ›Umfang‹ eines Begriffswortes wird in der logischen Semantik (↑Semantik, logische) auf sämtliche Ausdrücke einer formalen Sprache ausgedehnt, indem man jedem von ihnen eine ↑*Intension* und eine *E.* zuordnet, z.B. einem Begriffswort die von ihm ausgedrückte Eigenschaft als Intension, die Klasse der diese Eigenschaft aufweisenden Gegenstände als E., und einer Aussage ihren ↑Sinn als Intension, ihren ↑Wahrheitswert als E.. G. Freges Vorschlag, einem ↑Nominator außer seiner E., dem von ihm benannten Gegenstand (Freges ›Bedeutung‹), einen Sinn zuzuweisen, hat R. Carnap mit der Annahme von ↑›Individualbegriffen‹ als Intensionen von Nominatoren aufgegriffen.
Ein Ausdruck heißt dann e., wenn seine E. durch die E.en seiner Teilausdrücke eindeutig bestimmt ist, so daß ein Ausdruck der gleichen E. entsteht, wenn irgendwelche seiner Teilausdrücke durch andere ersetzt werden, die jeweils die gleiche E. haben wie der ersetzte Ausdruck. Insbesondere heißt in der formalen Logik (↑Logik, formale), wo ↑Aussagen als elementare Ausdrücke aufgefaßt werden, eine Aussage e., wenn sie in eine Aussage des gleichen Wahrheitswertes übergeht, sofern man irgendwelche ihrer Teilaussagen durch solche jeweils gleichen Wahrheitswertes ersetzt. Eine formale Sprache, die nur e.e Aussagen enthält, heißt *e.e Sprache.* Nicht-extensional sind z.B. Modalaussagen (↑Modallogik); z.B. geht die wahre Aussage ›notwendigerweise gilt, daß Neun gleich Neun ist‹ in die falsche Aussage ›notwendigerweise gilt, daß die Anzahl der Planeten gleich Neun ist‹ über, wenn man im ersten Satz das eine Wort ›Neun‹ durch das extensionsgleiche ›die Anzahl der Planeten‹ ersetzt – der Wahrheitswert bleibt also nicht erhalten. Die zuerst von Carnap vertretene ↑*Extensionalitätsthese* formuliert die Vermutung, daß alle in einer nicht-extensionalen Sprache ausdrückbaren Aussagen gleichwertig durch solche einer e.en Sprache ersetzt werden können, die nicht-extensionalen Sprachen also prinzipiell eliminierbar sind.

Literatur: R. Carnap, Logische Syntax der Sprache, Wien 1934, Wien/New York [2]1968; ders., Meaning and Necessity. A Study in Semantics and Modal Logic, Chicago 1947, [2]1956 (dt. Bedeutung und Notwendigkeit. Eine Studie zur Semantik und modalen Logik, Wien 1972); ders., Einführung in die symbolische Logik mit besonderer Berücksichtigung ihrer Anwendungen, Wien [2]1960; W.V.O. Quine, From a Logical Point of View. 9 Logico-Philosophical Essays, Cambridge Mass. [2]1961, bes. 139–159 (Reference and Modality). C.T.

Extensionalitätsaxiom (engl. axiom of extensionality), Terminus zahlreicher Systeme der axiomatischen Mengenlehre (↑Mengenlehre, axiomatische). Die betreffenden Systeme enthalten ein ›E.‹ (oder eine ganze Vielzahl von solchen), welches fordert, daß Mengen ↑›extensional‹ aufzufassen, d.h. durch ihre Elemente (die jeweils die ›Extension‹, d.h. den Umfang des die Menge definierenden ↑Begriffs ausmachen) vollständig bestimmt seien. Daraus folgt, daß Mengen gleich sind, wenn sie in allen ihren Elementen übereinstimmen, so daß sich das E. symbolisieren läßt als

(1) $\bigwedge_x((x\in M \leftrightarrow x\in N)\rightarrow(M=N))$.

Um die Übereinstimmung dieser Gleichheit mit der üblichen, seit G.W. Leibniz als Übereinstimmung in allen Eigenschaften definierten ↑Identität herzustellen, wird diese häufig definitorisch in der Leibnizschen Weise eingeführt und statt (1) das Zermelosche ↑Bestimmtheitsaxiom aufgestellt:

(2) $\bigwedge_x((x\in M \wedge M=N)\rightarrow x\in N)$.

Unter Verwendung höherstufiger (und nicht auf die Ausdrucksmittel des axiomatischen Systems beschränkter) Aussageformen $\mathfrak{A}(.)$ kann man dem E. jedoch auch die Form

(3) $(\bigwedge_x(x\in M \leftrightarrow x\in N)\wedge \mathfrak{A}(M))\rightarrow \mathfrak{A}(N)$

geben. Das E. ist nicht für alle axiomatischen Systeme der Mengenlehre gleich geeignet. Beispielsweise sind bei einem typentheoretischen Aufbau der Mengenlehre (↑Typentheorien), der Attribute und Klassen als deren ›Extensionen‹ unterscheidet (wobei es extensionsgleiche, selbst aber verschiedene Attribute gibt), Differenzierungen des E.s in E.e der verschiedenen Typen oder Stufen erforderlich, so daß sich mit ›$\equiv$‹ als Extensionsgleichheit neben der Identität ›$=$‹ und mit ›α‹ als Typenindex statt (3) eine Vielzahl von E.en ergibt:

(3_α) $x_\alpha \equiv y_\alpha \rightarrow x_\alpha = y_\alpha$,

insbesondere mit der Leibnizschen Identitätsdefinition, wenn man die Umfangsgleichheit von einstelligen Prädikatoren durch

$P_\alpha \equiv Q_\alpha \leftrightharpoons \bigwedge_{x_\beta} (P_\alpha x_\beta \leftrightarrow Q_\alpha x_\beta)$

(mit schematischen Buchstaben ›P_α‹, ›Q_α‹ für einstellige Prädikatoren des Typus α, wobei β Typus der Argumente solcher Prädikatoren) definiert, und mit typenmäßig zulässigem ›$\mathfrak{A}(.)$‹:

$$(4_\alpha) \quad (P_\alpha \equiv Q_\alpha \wedge \mathfrak{A}(P_\alpha)) \rightarrow \mathfrak{A}(Q_\alpha).$$

Diese typentheoretischen E.e ergeben sich anders als (1) nicht trivialerweise durch das Verfahren der Mengenabstraktion als gültig, sondern bedürfen einer eigenen inhaltlichen Rechtfertigung (worin sich die Nichttrivialität der ↑Extensionalitätsthese zeigt).

Problematisch ist das E. bei Systemen des v. Neumann-Bernays-Gödel-Typs (›NBG-Mengenlehren‹), wo es zu Schwierigkeiten der inhaltlichen Deutung führt. Nach (1) kann es nämlich nur eine einzige Menge ohne Elemente geben, da für elementlose Mengen das Antezedens von (1) trivial erfüllt ist. Daher kann der Objektbereich von Systemen der Mengenlehre, in denen Individuen im Unterschied zu Mengen und Klassen als elementlose Objekte erklärt werden, nur ein einziges (und überdies von der leeren Menge verschiedenes) Individuum enthalten. W.V.O. Quine, dem man die ausführlichste Analyse dieses Fragenkreises verdankt, hat als Ausweg vorgeschlagen, Individuen nicht als elementlos anzusehen, sondern als diejenigen Klassen auszuzeichnen, die mit ihrer Einerklasse identisch sind.

Literatur: I.M. Copi, The Theory of Logical Types, London 1971; A.A. Fraenkel/Y. Bar-Hillel/A. Levy, Foundations of Set Theory, Amsterdam/London [2]1973; R.O. Gandy, On the Axiom of Extensionality. Part I, J. Symb. Log. 21 (1956), 36–48, Part II, ebd. 24 (1959), 287–300; W.V.O. Quine, Set Theory and its Logic, Cambridge Mass. 1963, [2]1969 (dt. Mengenlehre und ihre Logik, Braunschweig 1973). C.T.

Extensionalitätsprinzip, Prinzip, wonach zwei Eigenschaften dann als identisch anzusehen sind, wenn sie denselben Gegenständen zukommen, formal:

$$\bigwedge_x (x \varepsilon P \leftrightarrow x \varepsilon Q) \succ\!\prec P = Q.$$

Als sprachphilosophische *Behauptung* ist das E. eine spezielle Form der ↑Extensionalitätsthese, als *Annahme* geht es oft in axiomatische Systeme in Form eines ↑Extensionalitätsaxioms ein. P.S.

Extensionalitätsthese, These, wonach alle Aussagen ↑extensional sind, es also keine ↑intensionalen Aussagen gibt. G. Frege präzisierte den traditionellen Unterschied von ↑Inhalt und ↑Umfang eines Begriffs durch die Unterscheidung von Funktionen, deren Werte Wahrheitswerte sind (↑Aussagefunktionen), und ihrem Wertverlauf. B. Russell entwickelte im Anschluß an Frege die Inhaltslogik als Theorie der Aussagefunktionen und die Umfangslogik als Theorie der Klassen und Relationen. Eine Aussagefunktion heißt dann extensional, wenn sie in eine Extensionsaussage, d.h. Klassen- oder Relationsaussage, umgeformt werden kann, andernfalls intensional. Die E. im Sinne einer *Reduktionsthese* besagt nun, daß sich die Rede über Intensionen auf die Rede über Extensionen zurückführen läßt, daß also zur logischen Analyse (↑Analyse, logische) von Aussagen der Begriff der Extension hinreichend ist. Sprachphilosophische Untersuchungen zur ↑Modallogik, epistemischen und deontischen Logik (↑Logik, epistemische, ↑Logik, deontische) haben diese These in Frage gestellt. Daher wird häufig versucht, der (z.B. zur Analyse modaler Kontexte) notwendigen Rede von Intensionen durch *Erweiterung* der modelltheoretischen Mittel doch noch einen extensionalen Sinn zu geben (↑Montague-Grammatik).

In einem spezielleren Sinne versteht man die E. ferner als *Identitätsthese,* wonach sich die Identität von Eigenschaften rein extensional beschreiben läßt durch das ↑*Extensionalitätsprinzip:* Eigenschaften sind schon dann als identisch anzusehen, wenn sie denselben Gegenständen zukommen. So spricht man z.B. von der extensionalen Methode der Mathematik, weil diese wesentlichen Gebrauch vom Extensionalitätsprinzip macht. Ebenso stützt sich R. Carnap in seinem Versuch, ein ›Konstitutionssystem der Begriffe‹ anzugeben (Der logische Aufbau der Welt, 1928), auf die E. in diesem Sinne. – Neben den beiden genannten Versionen der E. unterscheidet P. Weingartner (1972, 1976) noch zwei weitere: Die E. als *These über den Gegenstandsbereich einer Wissenschaft* – z.B.: die Logik befaßt sich (bzw. normativ: soll sich befassen) mit Extensionen, nicht mit Intensionen – und als *Substitutionsthese* – z.B.: Ausdrücke gleicher Extension dürfen durcheinander substituiert werden. Gegen alle Formen der E. lassen sich Gegenargumente vorbringen (vgl. Weingartner). – Einen zur E. umgekehrten Versuch, Extensionen auf Intensionen zurückzuführen, hat Carnap 1947 unternommen (Meaning and Necessity, vgl. W. Stegmüller 1957).

Literatur: R. Carnap, Der logische Aufbau der Welt, Berlin 1928, Hamburg [2]1961 (repr. 1974), bes. §§43–45; ders., Logische Syntax der Sprache, Wien 1934, [2]1968; ders., Meaning and Necessity. A Study in Semantics and

Modal Logic, Chicago/London 1947, ²1956 (dt. Bedeutung und Notwendigkeit. Eine Studie zur Semantik und modalen Logik, Wien/New York 1972); W.V.O. Quine, From a Logical Point of View. 9 Logico-Philosophical Essays, Cambridge Mass. 1951, ²1964; W. Stegmüller, Das Wahrheitsproblem und die Idee der Semantik. Eine Einführung in die Theorien von A. Tarski und R. Carnap, Wien 1957, ²1968 (repr. 1977); P. Weingartner, Die Fraglichkeit der E. und die Probleme einer intensionalen Logik, in: R. Haller (ed.), Jenseits von Sein und Nichtsein. Beiträge zur Meinong-Forschung, Graz 1972, 127–178; ders., Wissenschaftstheorie II 1 (Grundlagenprobleme der Logik und Mathematik), Stuttgart-Bad Cannstatt 1976, Abschn. 3.4; A.N. Whitehead/B. Russell, Principia Mathematica I, Cambridge 1910, ²1925 (repr. 1963).
K. M./P. S.

Extremalprinzipien, Sätze der Physik, die physikalische Systeme so beschreiben, daß ein Parameter einen Extremwert (meistens ein Minimum) annimmt. Man unterscheidet *Differential-* und *Integralprinzipien.* Bei Differentialprinzipien wird ein Zustand des Systems mit einem Nachbarzustand verglichen und derjenige als der wirkliche angenommen, bei dem (vor allem mechanische) Größen (wie Geschwindigkeit, Beschleunigung oder Kräfte) einen Extremalwert annehmen. Bei Integralprinzipien dagegen wird ein Parameter über eine bestimmte Zeit oder Wegstrecke integriert und der Extremalwert des Integrals als Auszeichnungskriterium des wirklichen Ablaufs angenommen.

Schon in der Antike von Heron bei der Aufstellung des Reflexionsgesetzes der Optik vorweggenommen, wurde ein E. von G.W. Leibniz formuliert, von P.L.M. de Maupertuis als ›Prinzip der kleinsten Wirkung‹ propagiert, von L. Euler und J.L. Lagrange präzisiert und erweitert, eine Entwicklung, die schließlich bei W.R. Hamilton (↑Hamiltonprinzip) ihren Abschluß fand. In der Mechanik bieten E. (außer gewissen Vereinfachungen durch Verwendung generalisierter statt cartesischer Koordinaten) inhaltlich nichts, was über die Newtonschen Bewegungsgesetze hinausginge. Anders verhält es sich in den Bereichen der Strömungs- und Elastizitätslehre, wo viele Probleme erst durch E. gelöst werden konnten. E. werden in praktisch allen Teilgebieten der modernen Physik angewandt und haben neben der schon in der Optik (Prinzip des schnellsten Durchgangs von Licht durch einen Körper nach P. Fermat) erwiesenen Brauchbarkeit vor allem in Form des Hamiltonprinzips ihre Fruchtbarkeit für Elektrodynamik, Elektronentheorie und Quantentheorie gezeigt.

An die reiche Geschichte der Entwicklung unterschiedlicher Formen von E. schlossen sich Kontroversen um deren Status an. Wo E. nicht nur als heuristische Regeln zur Aufstellung von Bewegungsgleichungen oder Zustandsbeschreibungen verstanden wurden, entbrannte ein Streit darüber, ob die (dort als empirische Gesetze betrachteten) E. eine *kausale* oder eine *teleologische* Interpretation erforderten. Nach moderner Auffassung lassen die E. jedoch eine solche Unterscheidung nicht zu. Ungeklärt ist indessen noch, ob diese höchst vielseitig und fruchtbar einzusetzenden E. empirische Sätze sein können, wie dies der Auffassung moderner Physiker entspricht. Zwar hängt die Anwendung eines E.s auf einen konkreten Einzelfall vom tatsächlichen Ablauf in dem betrachteten physikalischen System ab, doch bleibt ein nichtempirischer, methodischer und damit den Prinzipiencharakter der E. stiftender Entschluß, eine Beschreibungsweise so zu wählen, daß ein ebenfalls zu wählender Parameter im beobachteten Fall ein Extremum annimmt.

Literatur: E.K. Dühring, Kritische Geschichte der allgemeinen Principien der Mechanik, Berlin 1873, ³1887; H. v. Helmholtz, Zur Geschichte des Princips der kleinsten Aktion, in: ders., Wissenschaftliche Abhandlungen III, Leipzig 1895, 249–263; ders., Über die physikalische Bedeutung des Princips der kleinsten Wirkung, in: ders., a.a.O., 203–248; H. Klein, Die Principien der Mechanik historisch und kritisch dargestellt, Leipzig 1872; A. Kneser, Das Prinzip der kleinsten Wirkung von Leibniz bis zur Gegenwart, Leipzig/Berlin 1928; G. König, E., Hist. Wb. Ph. II (1972), 880–883; C. Lanczos, The Variational Principles of Mechanics, Toronto 1949; E. Mach, Die Mechanik, historisch-kritisch dargestellt, Leipzig ⁹1933 (repr. Darmstadt 1973); M. Planck, Das Prinzip der kleinsten Wirkung, in: ders., Vorträge und Erinnerungen, Stuttgart ⁵1949 (repr. Darmstadt 1969), 95–105; A.J.W. Sommerfeld, Mechanik, Leipzig ⁵1955. P.J.

F

Faber, Jacobus, genannt F. Stapulensis (eigentlich Jacques Lefèvre d'Étaples), *Étaples um 1450, †Nérac 1536, franz. Humanist und Theologe. Nach Reisen in Italien (1492–1500) Lehrtätigkeit in Paris, ab 1520 in Meaux, wo er die ›Gruppe von Meaux‹ (Fabristen) mitbegründete. 1525 Flucht nach Straßburg, nachdem seine Bibelkommentare indiziert worden waren; 1526 Prinzenerzieher in Blois, wo F. die Bibel ins Französische übersetzte (La Sainte Bible en françois, Antwerpen 1530). F. vertrat im Sinne der humanistischen Vorstellung einer systematischen Einheit der Philosophie Platons und Aristoteles', beeinflußt insbesondere durch Nikolaus von Kues, aristotelische Orientierungen, die er mit Elementen der ↑Mystik und einer praktischen Religiosität verband. Er stand reformatorischen Vorstellungen nahe und beeinflußte insbesondere den französischen und schweizerischen Protestantismus, ohne mit der römischen Kirche zu brechen. F. edierte und kommentierte unter anderem Aristoteles, Pseudo-Dionysios Areopagites, Richard von St. Viktor, R. Lullus und besorgte die erste Gesamtausgabe der Werke Nikolaus' von Kues (I–III, Paris 1514). Von ihm stammen ferner eine Ausgabe der »Elemente« Euklids und ein Kommentar zur »Sphaera« J. de Sacroboscos.

Werke: Introductio in metaphysicorum libros Aristotelis, Paris 1493; (Dionysios) Theologia vivificans, ed. J.F., Paris 1498, 1515; Compendiaria in Aristotelis ethicen introductio, o.O. (Paris) 1501, Paris 1502, 1537, 1538, 1545; (Aristoteles) In hoc opere continentur totius philosophiae naturalis paraphrases, Paris 1501, 1510, 1528, 1539; (Dionysios) Caelestis hierarchia, ed. J.F., Venedig 1502; (Aristoteles) Politicorum libri octo, ed. J.F., Paris 1506; In astronomicum introductorium Joannis de Sacrobosco commentarius, Venedig 1508; Quincuplex psalterium, Paris 1509, ²1512 (repr. New York 1972); Epistole divi Pauli apostoli, Paris 1512 (repr. New York 1972); Introductio in physicam paraphrasim, Argentine (Straßburg) 1514; Euclidis geometricorum elementorum libri XV, ed. J.F., Paris 1516; (Idiota, i.e. R. Jordanus) Contemplationes Idiotae, ed. J.F., Paris 1519; Commentarii initiatorii in quatuor Evangelia, Paris (oder Meaux) 1522 (repr. New York 1972); Utilissima introductio in libros de anima Aristotelis, Cracovie 1522; De anima libri tres, ed. J.F., Basel 1538. – Totok III (1980), 416–417.

Literatur: E. Ammann, Lefèvre d'Étaples, Dictionnaire de théologie catholique, ed. A. Vacant/E. Mangenot, IX, 1 (1926), 132–159; J. Barnaud, J. Lefèvre d'Étaples, Ét. théolog. et religieuses 11 (1936), 3–29, 98–129, 136–159, 203–237; R. Cameron, The Attack on the Biblical Work of Lefèvre d'Étaples, Church History 38 (1969), 9–24; ders., The Charges of Lutheranism Brought against Jacques Lefèvre d'Étaples (1520–1529), Harvard Theolog. Rev. 63 (1970), 119–149; E. Garin, Echi italiano di Erasmo e di Lefèvre d'Étaples, Riv. crit. stor. filos. 26 (1971), 88–90; G. Krodel, F., RGG II (³1958), 854; E.F. Rice, The Humanist Idea of Christian Antiquity. Lefèvre d'Étaples and his Circle, Studies in the Renaissance 9 (1962), 126–160; ders., Humanist Aristotelianism in France. J. Lefèvre d'Étaples and his Circle, in: A.H.T. Levi (ed.), Humanism in France at the End of the Middle Ages and in the Early Renaissance, Manchester 1970, 132–149; C.L. Salley, The Ideals of the Devotio Moderna as Reflected in the Life and Writings of J. Lefèvre d'Étaples, Diss. Univ. of Michigan 1953; G. Santinello, »Materia prima« e Lefèvre d'Étaples, Giornale de metafisica 24 (1969), 409–432. J.M.

Fallibilismus (von lat. fallere, zu Fall bringen), ursprünglich von C.S. Peirce eingeführter Terminus zur Kennzeichnung der erkenntnistheoretischen Position des ↑Pragmatismus und der aus ihr gezogenen wissenschaftstheoretischen Konsequenzen. Der Terminus dient heute neben ›Falsifikationismus‹ (↑Falsifikation) zur Charakterisierung verschiedener wissenschaftstheoretischer Schulen, die in Folgendem übereinstimmen:

(1) ↑*Synthetische Sätze*, denen keine absolute Gewißheit zukommt, weil sie auf Induktions- oder Abduktionsschlüssen beruhen (↑Induktion, ↑Abduktion) und daher nur mit Wahrscheinlichkeit auf den Schlußsatz schließen, haben *hypothetischen* oder *fallibilistischen* Charakter. – (2) Der fallibilistische Charakter synthetischer Sätze ist kein Grund, gegenüber den auf solchen Sätzen beruhenden empirischen Wissenschaften eine skeptische oder dogmatische Position einzunehmen. Erforderlich ist vielmehr eine *kritische* Posi-

tion (critical commonsensism), die darin besteht, die hypothetischen Sätze einer grundsätzlich nicht abzubrechenden Erfahrungskontrolle zu unterwerfen. – (3) Die die notwendige Geltung der Induktion und Hypothesenbildung ermöglichende Erkenntnislogik (logic of discovery) muß entweder auf lange Sicht *transzendental* begründet (transzendentale ↑Pragmatik) oder unter Verzicht auf transzendentale Begründungsversuche durch die *prognostische* Kraft der mit ihrer Hilfe aufgestellten Sätze für hinreichend begründet gehalten werden (Pragmatismus/↑Instrumentalismus). Alternativ dazu müßte ein Überprüfungsverfahren der in ihrer Generierung ungesicherten Hypothesen durch eine insoweit unproblematische deduktionslogische Forschungslogik (logic of scientific discovery) *konventionalistisch* (↑Konventionalismus) festgelegt und der wissenschaftliche Prozeß über die Anwendung der mit seiner Hilfe aufgestellten Theorien legitimiert werden (↑Rationalismus, kritischer).

Literatur: H. Albert, Traktat über kritische Vernunft, Tübingen [3]1975; K.-O. Apel, Einführung in: ders. (ed.), C.S. Peirce, Schriften I (Zur Entstehung des Pragmatismus), Frankfurt 1967, 75–108; R. Heede, F. Hist. Wb. Ph. II (1972), 894–895; G.E. Moore, Philosophical Papers, London 1959; K.R. Popper. Conjectures and Refutations. The Growth of Scientific Knowledge, London 1963, [3]1969, chap. 10 (Truth, Rationality, and the Growth of Scientific Knowledge). H.R.G.

Fallunterscheidung (engl. proof by cases), ein beweistechnischer Kunstgriff, bei dem zum Beweis einer Behauptung B eine der Voraussetzungen $A_1, \ldots, A_k$, etwa A_i, nicht selbst herangezogen wird, sondern ein zu A_i logisch äquivalentes Adjungat $A_{i_1} \vee \ldots \vee A_{i_n}$, dessen Glieder (die die ›Fälle‹ darstellen) jeweils einzeln zusammen mit den übrigen Voraussetzungen den Beweis von B erlauben. Die einfachste Form eines Beweises durch F. ist daher das konstruktive ↑Dilemma

$$\begin{array}{l} A_1 \vee A_2 \\ A_1 \rightarrow B \\ A_2 \rightarrow B \\ \hline B \end{array}$$

Sind mehr als zwei, etwa k ($k>2$) Fälle zu unterscheiden, so sind k Adjunktionsglieder anzusetzen; es liegt ein ↑Polylemma vor.

Beweise durch F. finden sich vor allem in der Elementarmathematik, z.B. in der Elementargeometrie der Ebene beim Beweis des Satzes über das Verhältnis von Zentriwinkel und Peripheriewinkel, wo man folgende Fälle unterscheidet (φ sei der Peripheriewinkel):

(1) einer der Schenkel von φ geht durch den Kreismittelpunkt,
(2) beide Schenkel von φ liegen auf derselben Seite des Kreismittelpunkts und treffen diesen nicht,
(3) die Schenkel von φ liegen auf verschiedenen Seiten des Kreismittelpunkts und treffen diesen nicht.

Ebenso finden sich indirekte Beweise mit F. schon bei Euklid (z.B. Elemente I, Satz 12). Auch das sogenannte Wahrheitstafelverfahren (↑Wahrheitstafel) der klassischen ↑Junktorenlogik arbeitet mit einer F., bei der sämtliche Fälle der ↑Belegung der auftretenden Variablen mit Wahrheitswerten aufgesucht werden und zum Erweis der Gesamtformel als Tautologie in jedem einzelnen dieser Fälle an Hand der ›Wahrheitstafeln‹ für die Junktoren gezeigt wird, daß sich als Belegung der Gesamtformel der Wahrheitswert ›wahr‹ ergibt. Schließlich machen von F.en alle metalogischen Beweise durch Induktion über den Aufbau eines Ausdrucks Gebrauch.

Literatur: R.M. Exner/M.F. Rosskopf, Logic in Elementary Mathematics. New York/Toronto/London 1959. C.T.

falsch, zusammen mit ↑wahr nach herkömmlicher Ansicht eine der beiden charakteristischen Eigenschaften einer ↑Aussage, wenn sie auf ihre Geltung hin untersucht wird. Jedoch sind nur ↑*wertdefinite* Aussagen entscheidbar wahr *oder* f., d.h., nichtwahr impliziert f. und nicht-f. impliziert wahr, so daß f. und nicht-wahr ebenso wie wahr und nicht-f. gleichwertig sind. Im allgemeinen Fall der bloß ↑*dialogdefiniten* Aussagen, z.B. bei einer noch unbewiesenen generellen Aussage, für die auch kein Entscheidungsverfahren bekannt ist, muß streng zwischen wahr und nicht-f. bzw. f. und nicht-wahr, wie es in der dialogischen Logik (↑Logik, dialogische) auseinandergesetzt werden kann, unterschieden werden: Zwar gilt hier ›wahr impliziert nicht-f.‹ und ›f. impliziert nicht-wahr‹, aber nicht die jeweils ↑konverse Implikation. Nur fiktiv, unter Annahme des ↑tertium-non-datur (oder einer gleichwertigen Annahme, z.B. der Stabilität, ↑Stabilitätsprinzip) auch für dialogdefinite Aussagen wie generell in der klassischen Logik (↑Logik, klassische) entfällt diese Differenzierung. K.L.

Falsifikation, allgemein Widerlegung einer wissenschaftlichen Aussage von der logischen Form einer ↑Allaussage durch ein Gegenbeispiel. – K.R. Popper hat auf die Asymmetrie von Verifikation und F. (auf Grund der logischen Unmöglichkeit von Induktionsschlüssen in empirischen Wissenschaften) hingewiesen. Nach Popper gilt eine allgemeine Hypothese nicht schon dann als falsifiziert, wenn ihr ein einzelnes Beobachtungsresultat widerspricht – dieses kann jeweils durch eine Besonderheit der Beobachtungssituation bedingt sein –, sondern erst, wenn ein ›Effekt‹ mit ihr unvereinbar ist, d.h., wenn eine diesen Effekt beschreibende, ›falsifizierende Hypothese‹ geringerer Allgemeinheit als die zu falsifizierende vorliegt. D.h., anerkannte ↑Basissätze falsifizieren nur dann eine Theorie, wenn sie gleichzeitig die ↑Bewährung einer falsifizierenden Hypothese zeigen.

Von der F. ist die *Falsifizierbarkeit* zu unterscheiden, in der Popper ein ↑Abgrenzungskriterium für erfahrungswissenschaftliche Aussagen von ›metaphysischen‹ (nicht jedoch ein ↑Sinnkriterium [↑Sinnkriterium, empiristisches] für solche Aussagen) sieht. Alle erfahrungswissenschaftlichen Aussagen sind demnach per definitionem falsifizierbar, aber selbstverständlich nicht falsifiziert.

Literatur: W. Detel, Zwei Fallstudien zur Prüfung des Falsifikationismus, Z. allg. Wiss.theorie 5 (1974), 226–246; A. Grünbaum, Can we Ascertain the Falsity of a Scientific Hypothesis?, in: M. Mandelbaum (ed.), Observation and Theory in Science, Baltimore 1971, 69–129; ders., Is the Method of Bold Conjectures and Attempted Refutations Justifiably the Method of Science?, Brit. J. Philos. Sci. 27 (1976), 105–136; ders., Can a Theory Answer More Questions than one of its Rivals?, Brit. J. Philos. Sci. 27 (1976), 1–23; ders., Is Falsifiability the Touchstone of Scientific Rationality? Karl Popper versus Inductivism, in: R.S. Cohen/P.K. Feyerabend/M.W. Wartofsky (eds.), Essays in Memory of Imre Lakatos, Dordrecht/Boston 1976 (Boston Stud. Philos. Sci. XXXIX), 213–252; ders., Ad hoc Auxiliary Hypothesis and Falsificationism, Brit. J. Philos. Sci. 27 (1976), 329–362; B. Juhos, Die methodologische Symmetrie von Verifikation und F., Z. allg. Wiss.theorie 1 (1970), 41–70; I. Lakatos, Falsification and the Methodology of Scientific Research Programmes, in: ders./A. Musgrave (eds.), Criticism and the Growth of Knowledge. Proceedings of the International Colloquium in the Philosophy of Science, London 1965, vol. 4, Cambridge 1970, 91–196, Nachdr. in: ders., Philosophical Papers I (The Methodology of Scientific Research Programmes), ed. J. Worrall/G. Currie, Cambridge 1978, 8–101 (dt. F. und die Methodologie wissenschaftlicher Forschungsprogramme, in: I. Lakatos/A. Musgrave [eds.], Kritik und Erkenntnisfortschritt. Abhandlungen des Internationalen Kolloquiums über die Philosophie der Wissenschaft, London 1965, Band 4, Braunschweig 1974, 89–189); J. Leplin, Contextual Falsification and Scientific Methodology, Philos. Sci. 39 (1972), 476–490; H. Oetjens, Sprache, Logik, Wirklichkeit. Der Zusammenhang von Theorie und Erfahrung in K.R. Poppers ›Logik der Forschung‹, Stuttgart-Bad Cannstatt 1975; K.R. Popper, Logik der Forschung, Tübingen ^{6}1976 (engl. The Logic of Scientific Discovery, London 1959); M. Schmid, Falsifizierbarkeit oder F.?, Z. allg. Wiss.theorie 3 (1972), 85–87. P.J.

falsifizierbar/Falsifizierbarkeit, ↑Falsifikation.

falsum (lat., das Falsche), Zeichen: ⅄, metasprachlich einer der beiden ↑Wahrheitswerte bei ↑wertdefiniten Aussagen, daneben objektsprachlich eine beliebige falsche Aussage (das ↑Aussageschema f.) als Ergebnis einer der beiden verschiedenen 0-stelligen Junktoren. Zugleich Bezeichnung derjenigen identischen ↑Wahrheitsfunktion beliebiger Stellenzahl, die für jede Wahl der Argumente den Wert ›falsch‹ liefert, daher extensional mit jeder ↑Kontradiktion, d.i. eine logisch falsche Aussage, z.B. $A \wedge \neg A$, äquivalent ist. Antonym: ↑verum. K.L.

Familienähnlichkeit (engl. family resemblance), philosophische Verwendung zuerst bei L. Wittgenstein bedeutsam, möglicherweise angeregt durch A. Schopenhauer, der die »wundersame, unverkennbare Analogie aller Produktionen der Natur, jene F., die sie als Variationen desselben nicht mitgegebenen Themas betrachten läßt«, hervorhebt (Werke I, ed. W. v. Löhneysen, 228; vgl. I, 153 und 213, sowie II, 490). Eine sprachanalytische Wendung erhält der Ausdruck durch F. Nietzsches Zurückführung der »wunderlichen Familien-Ähnlichkeit alles indischen, griechischen, deutschen Philosophierens« auf die Sprachverwandtschaft (Werke II, ed. K. Schlechta, 584), eine Bemerkung, die bei F. Mauthner bereits wieder aufgegriffen wird (Kritik der Sprache I, Leipzig ^{3}1923, 371 f.). Die Metapher der F. dient Wittgenstein in den »Philosophischen Untersuchungen« (§§66 ff.) zur Erläuterung seiner Auffassung, daß der rechtmäßige Gebrauch eines Wortes nicht davon abhängig ist, daß die Fälle, für die wir es verwenden, eine (wesentliche) Eigenschaft gemeinsam haben. Die Anwendung eines Ausdrucks wie z.B. ›Spiel‹ sei auch dann geregelt, wenn sich keine Definition angeben lasse; sie sei nur nicht abschließend geregelt und daher für noch nicht bekannte Fälle offen. Eine strenge Begrenzung der Begriffe, wie sie G. Frege gefordert hatte, hält Wittgenstein weder für notwendig noch für wünschenswert (§71).

Die Beziehung der F. besteht nach Wittgenstein für eine Reihe von Fällen, wenn diese außer einer einheitlichen Bezeichnung kein Merkmal gemeinsam haben. Der Zusammenhang läßt sich folgendermaßen illustrieren (nach R. Bambrough):

e	*d*	*c*	*b*	*a*
(*ABCD*)	(*ABCE*)	(*ABDE*)	(*ACDE*)	(*BCDE*)

Von den fünf Merkmalen *A, B, C, D, E* fehlt dem Fall *e* das Merkmal *E*, dem Fall *d* das Merkmal *D* usw., so daß keines der fünf Merkmale allen Fällen *a, b, c, d, e* zukommt. Von Fall zu Fall gibt es Übereinstimmung in den Merkmalen; aber kein Merkmal ist durchlaufend. Ausschlaggebend für das Bestehen einer F. zwischen zwei Fällen ist, daß sie in einer Entwicklungslinie der genannten Art stehen. Zwei Fälle für sich betrachtet können nicht familienähnlich sein. Zur F. gehört der Hintergrund der weiteren Fälle, der die ›Familienzugehörigkeit‹ ausmacht und der durch die einheitliche Benennung ausgedrückt wird. Wie man sich leicht klar machen kann, läßt sich die Bedingung, daß es kein durchlaufendes Merkmal gibt, erst für mindestens drei Fälle formulieren.

F. kann auch dann noch bestehen, wenn zwei Fälle überhaupt kein Merkmal mehr gemeinsam haben. Denken wir uns zwei in der Entwicklungslinie weit auseinanderliegende Fälle. Bei entsprechender Erweiterung des obigen Schemas könnte ein Fall *n* z.B. die Merkmale *CFKM* haben. Er hätte dann mit dem Fall *c* kein Merkmal gemeinsam. Für die Fälle *c* und *n* bestünde F. ohne ↑Ähnlichkeit (im Sinne der Teilgleichheit). Das bedeutet, daß die Beziehung der F. im Unterschied zur Ähnlichkeit ↑transitiv ist, weil die Zugehörigkeit zu einer Entwicklungslinie ausschlaggebend ist. Eine überraschende Parallele zu dieser Auffassung findet sich in R. Musils Roman »Der Mann ohne Eigenschaften« (Hamburg 1970, 1289), wenn es dort über die Verwandtschaft von »Eß-, Mist-, Ast-, Gewehr-, Weg- und anderen Gabeln« heißt: »Denn sie brauchen nicht einmal untereinander alle ähnlich zu sein, es genügt schon, wenn eins das andere gibt, wenn man von einem zu anderen kommt, wenn nur Nachbarglieder einander ähnlich sind; entferntere sind es dann durch ihre Vermittlung.«

Literatur: R. Bambrough, Universals and Family Resemblances, Proc. Arist. Soc. 61 (1960–1961), 207–222, Nachdr. in: G. Pitcher (ed.), Wittgenstein. The Philosophical Investigations, New York 1966, 186–204; eine andere Darstellung gibt F. v. Kutschera, Sprachphilosophie, München ²1975, Kap. 2.4.7. G. G.

Fangfrage, in der traditionellen ↑Rhetorik Terminus für solche Fragen, bei deren Beantwortung der Befragte zwangsläufig von ihm selbst gar nicht vertretene Behauptungen oder auch Imperative explizit aufstellen oder implizit bestätigen muß. Der bekannteste Typ von F.n ist dadurch gekennzeichnet, daß die Fragen (a) von einer nicht ausdrücklich formulierten Tatsachenbehauptung, einer ›Frage-Voraussetzung‹, ausgehen, ohne die die Frage nicht sinnvoll gestellt werden könnte (↑Präsupposition), (b) durch Festlegung der zulässigen Antworten unter Ausschluß von Rückfragen (insbesondere nach den Frage-Voraussetzungen) die Bestätigung dieser Voraussetzungen oder logischer Konsequenzen aus ihnen erzwingen. Beispiele: »Herr Abgeordneter, antworten Sie mit ›ja‹ oder ›nein‹! Haben Sie die an Sie gezahlten Bestechungsgelder zurückgegeben?«, oder, mit gleicher Festlegung der zugelassenen Antworten: »Prügeln Sie Ihre Frau immer noch?«. Bei genauer Interpretation sind selbst (durchaus geläufige) Fragen der Form »Geben Sie zu, daß A?« F.n, da sie die Gültigkeit der Aussage A unterstellen und den Befragten nur noch zur Bestätigung dieser Gültigkeit in Verbindung mit einer Aussage zu seiner eigenen Glaubwürdigkeit auffordern.

Akzeptiert der Befragte selbst (explizit oder implizit) die in der Frage gemachten sachlichen und sprachlichen Voraussetzungen, und wird, wie auch immer er antwortet, ein Widerspruch zu vermeintlich gesicherten Aussagen oder den Frage-Voraussetzungen erzeugt, so liegt damit eine zweite Form von F.n vor. Anders als beim ersten Typ ist hier die Fragestellung nicht ›unfair‹, da sie für Rückfragen offen bleibt. F.n dieser Art sind unter anderem brauchbar zum Nachweis von Inkonsistenzen in den Meinungen des Befragten. Von diesem Typ sind z.B. diejenigen Fragen, deren Beantwortung zu semantischen Antinomien (↑Antinomien, semantische) führt. Fragevoraussetzungen bilden hierbei die der Antinomienkonstruktion zugrunde liegenden Definitionen zusammen mit der Annahme ihrer Sinnhaftigkeit.

Literatur: ↑Fangschluß, ↑Fehlschluß. G. H.

Fangschluß, zum Zwecke der Täuschung des Gesprächspartners gebildeter ↑Fehlschluß. In der antiken Philosophie spielten F.e eine zentrale Rolle. Zunächst (möglicherweise unbeabsichtigt) zur Widerlegung gegnerischer Positionen konstruiert, wurden sie bald einerseits systematisch in Disputen eingesetzt, andererseits zur Rechtfertigung eines allgemeinen ↑Skeptizismus, als Widerlegung der Möglichkeit schlüssiger Wahrheitsfindung, vorgetragen. Dem ↑Peripatos und der ↑Stoa dienten die zahlreichen überlieferten F.e schließlich bei den Bemühungen um eine verläßliche ↑Argumentationstheorie als lehrreiche Beispiele für Fehlschlüsse.

Literatur: R. K. Sprague, Plato's Use of Fallacy. A Study of the Euthydemus and Some Other Dialogues, London 1962, New York 1963. G. H.

Farabi, al-, Abu Nasr Muhammed ibn Muhammad ibn Tarkhan ibn Awzalagh, auch Alfarabi, Abunazar, Avenasar, lat. Alpharabius, *Wasidsch (Distrikt Farab, Turkestan) um 870, †bei Damaskus um 950, Philosoph, Mathematiker und Musiktheoretiker, einer der bedeutendsten Gelehrten des Islam. F. studierte in Bagdad, Haran (?) und Konstantinopel, lehrte in Bagdad, Aleppo und Damaskus, beeinflußte (selbst beeinflußt von der Aristotelestradition der nestorianischen Christen) den ↑Aristotelismus des Avicenna, Averroës, Maimonides und Albertus Magnus. Er verfaßte arabische Übersetzungen und Kommentare zu Platon und Aristoteles und hatte dadurch maßgeblichen Anteil an der Verbreitung der griechischen Philosophie (insbesondere der Logik) im arabisch-islamischen Kulturkreis. F. kritisierte die Aristotelesinterpretationen Galens sowie der islamischen Theologen und hielt mit Aristoteles (gegen die Kritik des Johannes Philoponos) am Theorem der ↑Ewigkeit der Welt fest, wobei er die theologische Schöpfungslehre zwar beibehielt, die Schöpfung jedoch im neuplatonischen Sinn als vorzeitliche ↑Emanation aus göttlichem Sein deutete. In der politischen Theorie gab er Platon vor Aristoteles den Vorzug und entwarf einen auf die politischen Vorstellungen seiner Zeit zugeschnittenen Idealstaat. F. gilt als der bedeutendste Musiktheoretiker der arabischen Welt. Sein Versuch, das griechische Tonsystem in die arabische Musik einzuführen, scheiterte jedoch. Er befaßte sich ferner mit Astronomie und Alchemie (deren Wissenschaftlichkeit er bestritt), Physik und Mathematik.

Werke: Opera omnia, ed. G. Camerarius, Paris 1638 (repr. Frankfurt 1973); Philosophische Abhandlungen (arab./dt.), I–II, ed. F. Dieterici, Leiden 1890–1892 (repr. Frankfurt 1977); Al F.. Deux ouvrages inédits sur la rhétorique, ed. J. Langhade/M. Grignaschi, Beirut 1971; Al F.. Grand traité de la musique, übers. R. d'Erlanger, in: ders., La musique arabe I, Paris 1930; Al-F., Der Musterstaat, ed. F. Dieterici, Leiden 1895 (repr. Leiden 1964). – N. Rescher, Al-F.. An Annotated Bibliography, Pittsburgh 1962; Totok, II (1970), 258–264.

Literatur: M. A. Bertman, F. and the Concept of Happiness in Medieval Islamic Philosophy, Islamic Quarterly 14 (1970), 122–125; G. Deledatte, La logique arabe et ses sources non-aristotéliciennes: remarques sur le petit commentaire d'A., Ét. philos. (1969), no. 3, 299–318; F. Haddad, A.'s View on Logic and its Relation to Grammar, Islamic Quarterly 13 (1969), 192–207; M. Mahdi/O. Wright, F., DSB IV (1971), 523–526; M. Mahdi, A., in: L. Strauss/J. Cropsey (eds.), History of Political Philosophy, Chicago 1963, 160–180; M. Meyerhof, Von Alexandrien nach Bagdad. Ein Beitrag zur Geschichte des philosophischen und medizinischen Unterrichts bei den Arabern, Sitz.ber. Preuss. Akad. Wiss., phil.-hist. Kl. 23 (1930), 389–429; F. Najjar, F.'s Political Philosophy and Schi'ism, Studia Islamica 14 (1961), 57–72; N. Rescher, The Development of Arabic Logic, Pittsburgh 1964, 122–128; M. Steinschneider, Al-F.. Des arabischen Philosophen Leben und Werk, Petersburg 1869 (repr. Amsterdam 1966); M. Türker, L'importance et l'origine de la métaphysique chez al-F., in: P. Wilpert (ed.), Die Metaphysik im Mittelalter. Ihr Ursprung und ihre Bedeutung, Berlin 1963, 418–427; R. Walzer, A., Enc. of Islam I (Leiden ²1960), 778–781. M. G.

Farghani, al-, ↑Alfraganus.

Fatalismus (von lat. fatalis, ›vom Schicksal [fatum] bestimmt‹), Charakterisierung einer Haltung, in der die Annahme einer von den Zwecksetzungen des Menschen unabhängigen ›blinden‹ Notwendigkeit alles Geschehens das Handeln bestimmt. In der durch diese Annahme gekennzeichneten ›Fatalität der Handlungen‹ (I. Kant, KpV A 180f.) ist die *praktische Kausalität,* d.h. die Bestimmung des Handelns nach Normen, durch eine *theoretische Kausalität,* d.h. die Charakterisierung des Handelns nach Analogie physischer Notwendigkeit, ersetzt. Diese theoretische Kausalität ist auch als persönliche, nämlich als Kausalität eines höchsten Wesens (z.B. im Islam), gedacht worden. Allen Varianten des F. liegt die Erfahrung einer unüberwindbaren Abhängigkeit eigener Zwecksetzungen und des Versuchs ihrer Verfolgung von faktisch geltenden Zwecksetzungen und deren zwanghaftem Charakter zugrunde. Philosophisch gewinnt der Begriff des F. insbesondere bei F. H. Jacobi, I. Kant (der ihn in einem Atemzug mit Materialismus, Atheismus, Idealismus und Skeptizismus nennt, denen durch die kritische Philosophie ›die Wurzel abgeschnitten wird‹, KrV B XXXIV), J. G. Fichte, A. Schopenhauer und F. Nietzsche an Bedeutung (↑amor fati, ↑Determinismus). Im ›sophismus ignavus‹ (↑Vernunft, faule) bringt die philosophische Tradition den F. auf eine prägnante Formel.

Literatur: J. Ruhnau, F., Hist. Wb. Ph. II (1971), 913–915. J. M.

Fechner, Gustav Theodor, *Groß-Särchen (Niederlausitz) 19. April 1801, †Leipzig 18. Nov. 1887, dt. Physiker, Philosoph und Psychologe. 1817–1822 Studium der Medizin in Leipzig, ab 1834 o. Prof. der Physik in Leipzig (Arbeiten über Anwendung des Ohmschen Gesetzes auf den inneren Widerstand galvanischer Elemente und über die Theorie der subjektiven Komplementärfarben). Eine psychische Erkrankung, die zu teilweiser Erblindung führte, zwang F. 1839 zur Aufgabe seines Lehrstuhls. Die dramatische Heilung von der Blindheit bei einem Gang durch seinen Garten, bei der F. visionär die Seelen der Pflanzen zu erkennen glaubte, führte zur Vertiefung von panpsychistischen Ansichten, die F. bereits in frühen satirischen Schriften unter dem Pseudonym ›Dr. Mises‹ vertreten hatte. Dabei steht einer Kritik des im frühen 19. Jahrhundert verbreiteten Materialismus (›Nachtansicht‹) F.s Lehre von der Allbeseelung (›Tagesansicht‹) gegenüber. Der Versuch, diese zum Teil wirren Theorien wissenschaftlich einzukleiden, machte F. zum Begründer der ›Psychophysik‹ als Vorläuferin der experimentellen Psychologie, die vor allem eine experimentelle Sinnesphysiologie ist. Am wichtigsten ist in diesem Zusammenhang das ›F.sche Gesetz‹ (auch ↑›Weber-F.sches Gesetz‹), wonach die (subjektive) Empfindungsstärke proportional ist dem Logarithmus der (physikalisch gemessenen) Reizstärke. Dieses Gesetz ist in mittleren Größenbereichen der Akustik und Optik gut bestätigt. – Von F. ging über W. Wundt ein starker Einfluß auf die jüngere experimentelle Psychologie aus. In seiner »Vorschule der Ästhetik« (Leipzig 1876) versuchte F., Elemente der Psychophysik zum Aufbau einer experimentellen Ästhetik (↑ästhetisch/Ästhetik) zu nutzen.

Werke: (als Dr. Mises) Stapelia mixta, Leipzig 1824; Maßbestimmungen über die galvanische Kette, Leipzig 1831; Das Büchlein vom Leben nach dem Tode, Dresden 1836, Wiesbaden 1950 (engl. The Little Book of Life after Death, Boston 1904); Nanna oder über das Seelenleben der Pflanzen, Leipzig 1848, [5]1921; Über die physikalische und philosophische Atomenlehre, Leipzig 1855, [2]1864 (repr. Frankfurt 1977); Elemente der Psychophysik, I–II, Leipzig 1860, [3]1907 (repr. I–II, Zandvoort 1964); Kleine Schriften, Leipzig 1875; Vorschule der Aesthetik, I–II, Leipzig 1876, [3]1925 (repr. Hildesheim 1978); Die Tagesansicht gegenüber der Nachtansicht, Leipzig 1879, [2]1904; Revision der Hauptpuncte der Psychophysik, Leipzig 1882 (repr. Zandvoort 1965).

Literatur: J. Jaynes, F., DSB IV (1971), 556–559; K. Lasswitz, G.T.F., Stuttgart 1896, [3]1910; R. Liebe, F.s Metaphysik. Im Umriß dargestellt und beurteilt, Leipzig 1903; L. Sprung/H. Sprung, G.T.F. – Wege und Abwege in der Begründung der Psychophysik, Z. f. Psychol. 186 (1978), 439–454; W. Wundt, G.T.F.. Rede zur Feier seines hundertjährigen Geburtstages. Leipzig 1901. P.J.

Feder, Johann Georg Heinrich, *Schornweißbach (Bayern) 15. Mai 1740, †Hannover 22. Mai 1821, dt. Philosoph. Nach Studium in Erlangen wurde F. 1765 Gymnasialprofessor in Coburg, 1768 Universitätsprofessor in Göttingen. F. ist ein Vertreter der literarisch orientierten ↑Popularphilosophie der deutschen ↑Aufklärung. Philosophische Grundwissenschaft und Schwerpunkt der Arbeiten F.s ist die Psychologie. Alle anderen philosophischen Disziplinen werden auf Psychologie aufgebaut und durch sie begründet. Seine zusammen mit C. Garve verfaßte Rezension der »Kritik der reinen Vernunft« veranlaßte I. Kant zur Abfassung der »Prolegomena«. – 1788–1791 war F. Mitherausgeber von C. Meiners »Philosophischer Bibliothek«.

Werke: Grundriß der philosophischen Wissenschaften, nebst der nöthigen Geschichte, Coburg 1769; Logik und Metaphysik, nebst der philosophischen Geschichte im Grundrisse, Göttingen 1769, [7]1790 (lat. Institutiones logicae et metaphysicae, Frankfurt 1777); Lehrbuch der praktischen Philosophie, Göttingen 1770, Frankfurt/Leipzig [4]1781; Untersuchungen über den menschlichen Willen [...], I–IV, Göttingen/Lemgo 1779–1793, Linz 1785–1794, Wien 1792–1794; Über Raum und Causalität, zur Prüfung der Kantischen Philosophie, Göttingen 1787. – Reprints der Werke F.s in der Reihe »Aetas Kantiana«, LIX–LXXII, Brüssel 1968.

Literatur: K.A.C. Feder (ed.), F.s Leben, Natur und Grundsätze (Autobiographie), Leipzig 1825 (repr. Brüssel 1968); O. Willmann, Geschichte des Idealismus, I–III, Braunschweig 1894–1897, III, 323–326. R.W.

Fehlschluß (engl. fallacy), in der traditionellen ↑Argumentationstheorie Terminus für unzulässige Schlüsse (Schlußformen). Im einfachsten Falle entstehen F.e durch Verwendung logisch nicht gültiger ↑Implikationen (unzulässiger Übergangsregeln), z.B. bei den folgenden Schlüssen:

(a) von $A \to B$ auf $\neg A \to \neg B$

(b) von $\bigwedge_x \bigvee_y A(x,y)$ auf $\bigvee_y \bigwedge_x A(x,y)$.

Beispiele: Zu (a): Von »Wenn es regnet, ist die Straße naß« kann man nicht logisch schließen auf »Wenn es nicht regnet, ist die Straße trocken (nicht naß)«. Zu (b): Aus dem Cantorschen Beweis für die Nichtabzählbarkeit der reellen Zahlen (↑Cantorsches Diagonalverfahren), genauer: dem Beweis des Satzes: »Zu jeder Abzählung (also auch zu jeder Darstellungsmethode) reeller Zahlen gibt es eine reelle Zahl, welche nicht in der Abzählung enthalten (mit der betreffenden Methode nicht darstellbar) ist«, wird häufig der folgende Schluß gezogen: »Es gibt (definitiv) nicht darstellbare (in keiner Abzählung enthaltene) reelle Zahlen, d.h. solche, die durch keine Methode darstellbar sind«.

F.e dieser Art beruhen teils auf (durch umgangssprachliche Formulierungen begünstigten) Fehlinterpretationen der logischen Partikeln (↑Partikel, logische), insbesondere von $\neg$ und $\rightarrow$ (paradigmatisch hierfür ist die gerade bei gleichzeitigem Auftreten von Negationen häufige Verwechslung von $A \rightarrow B$ mit $A \leftarrow B$ oder mit $A \leftrightarrow B$), teils sind sie Folgerungen aus implizit verwendeten Zusatzannahmen (im Beispiel zu (b) etwa der Annahme, es gebe eine abgeschlossene umfassende Darstellungsmethode [Abzählung] für reelle Zahlen), die den durch die Logik nicht mehr abgedeckten Schluß erst ermöglichen.

Schwieriger ist die Aufdeckung einer zweiten Gruppe von F.en, bei denen zwar korrekte logische Schlußregeln benutzt, nicht aber die Rahmenbedingungen für deren korrekte Anwendung (z.B. die der ↑Kontextinvarianz vorkommender Wörter und Satzteile) beachtet werden. Meistens beruhen F.e dieser Art auf der ↑Homonymität von Wörtern. So entstehen die meisten der aus der Antike bekannten F.e aus der gelegentlich allzu bewußt eingesetzten – in diesem Falle spricht man von ↑Fangschlüssen – Mehrdeutigkeit des Wortes ›ist‹, das je nach Kontext z.B. als ›ε‹ (↑Kopula in ↑Elementaraussagen), als ›$\in$‹ (mengentheoretischer Elementrelator, ↑Element), als ›$\sqsubset$‹ (↑intensionale Subsumtion zwischen Prädikatoren [Begriffsinklusion]: $P \sqsubset Q \leftrightharpoons$ die Regel ›$x\varepsilon P \Rightarrow x\varepsilon Q$‹ ist ↑zulässig), als ›$\subset$‹ (mengentheoretischer Inklusionsrelator, ↑Inklusion), als ›$=$‹ (↑extensionaler Gleichheitsrelator zwischen Eigennamen oder Prädikatoren) oder als ›$\equiv$‹ (intensionaler Gleichheits-[›Identitäts‹-]relator zwischen Eigennamen oder Prädikatoren, ↑Identität) oder als kopulative Kurzform für komplexe Sätze mit subjunktiver ›Tiefengrammatik‹ (Beispiel: ›Salz ist scharf‹ [$Sa \sim S$] hat die Tiefengrammatik $\bigwedge_x(x\varepsilon Sa \rightarrow x\varepsilon S)$) gelesen werden muß. Soweit die Differenzierung dieser Verwendungen des Wortes ›ist‹ noch innerhalb der Logik vorgenommen werden können, handelt es sich in diesen speziellen Fällen um im weiteren Sinne logische F.e.

Die von Hegel-Epigonen häufig vorgebrachten Beispiele zur ›Widerlegung‹ des Prinzips vom ausgeschlossenen Widerspruch ($\neg(A \wedge \neg A)$) für Aussagen sind etwa von der folgenden Art:

(1) Salz ist scharf	(*Sa* ist *S*)
(2) Salz ist weiß	(*Sa* ist *W*)
(3) weiß ist nicht scharf	(*W* ist nicht *S*)

aus (2) und (3)

(4) Salz ist nicht scharf	(*Sa* ist nicht *S*).

Dieser ›Widerspruch‹ zwischen (1) und (4) verschwindet, wenn man beachtet, daß in (1) und (2) mit ›ist‹ die komplizierte logische Tiefenstruktur $\sim$, in (3) dagegen die negierte Gleichheit ›$\equiv$‹ zwischen Prädikatoren (beiderseitige Begriffsinklusion) gemeint ist, und daß in (3) nicht, wie oft zusätzlich unterstellt wird, ›scharf‹, sondern die Gleichheit negiert wird.

Aus

(2′) $Sa \sim S$ und
(3′) $\neg(W \equiv S)$ folgt nämlich keineswegs
(4′) $\neg(Sa \sim S)$, also die Negation von
(1′) $Sa \sim S$.

Eine dritte Gruppe von F.en entsteht durch Beweisfehler (↑Beweis), bei denen zwar die einzelnen Ableitungsschritte stimmen, die Konklusion aber nicht als bewiesen gelten kann, da die geforderte pragmatische Beweisordnung nicht eingehalten wurde, z.B. ein Zirkelschluß (↑circulus vitiosus) vorliegt. Solche meist komplexen F.e sind im allgemeinen nur durch eine globale Analyse der Beweisstruktur aufzudecken. Schließlich rechnet man zu den F.en auch noch solche Formen des Übergangs von (bekannten) Aussagen zu neuen Aussagen, die auf unbegründeten methodisch-sachlichen Voraussetzungen beruhen (z.B. ↑Analogieschlüsse) und/oder Begründungslücken enthalten.

Literatur: W.W. Fearnside/W.B. Holther, Fallacy. The Counterfeit of Argument, Englewood Cliffs N.J. 1959; C.L. Hamblin, Fallacies, London 1970; J.L. Mackie, Fallacies, Enc. Ph. III (1967), 169–179; C. Prantl, Geschichte der Logik im Abendlande, I–IV, Leipzig 1855–1870 (repr. Graz 1955). G.H.

Fehlschluß, naturalistischer (engl. naturalistic fallacy), ↑Naturalismus (ethisch).

Feinhals, Johann Jakob, *Osterode 1. April 1702, †Wolfenbüttel 14. Juni 1769, dt. Theologe, Botaniker und Philosoph. Ab 1720 Studium der Theologie und Philosophie an den Universitäten Dorpat, Helmstedt und Wittenberg, 1723 Ordination, anschließend Tätigkeit als Missionar in Java, wo F. an Malaria erkrankte, 1728 Rückkehr nach Deutschland und Lehrtätigkeit als Prof. der Naturphilosophie an der Universität Köln. Ab 1730 Veröffentlichung seiner in Java begonnenen botanischen Studien, ab 1753 Subbibliothekar an der Herzog-August-Bibliothek in Wolfenbüttel, wo er besonders den botanischen Bestand betreute, starb an einem Malariaanfall.

F. gilt als Hauptvertreter der Harzer Mission, die sich zur Aufgabe setzte, ›den Wilden Gott zu bringen‹ (Über die Möglichkeit der Mission I, Goslar

1729, 14). Seine ab 1730 festzustellende Abkehr von der Theologie zeigt sich darin, daß naturphilosophische Schriften in den Vordergrund treten (Von der Seele selt-samer Pflantzen und Thiere, I–IV, Herborn 1741–1753; Traktat über das Verhältniss von Vulkanausbrüchen und Mondfinsterniss, Amsterdam 1755, ^{2}1757 [repr. Peine 1974]). Auf einer Reise nach Italien kam F. 1744 nach Konstanz, wo er in eine Wirtshausschlägerei verwickelt und von den damaligen französischen Besatzungstruppen als Spion verhaftet wurde. Seine schlechten Erinnerungen an diesen »impertinent-provocatorischen Vorfall« (Briefe II, 114) führten dazu, daß er dem Konstanzer Stadtsyndikus J. Speth davon abriet, »bey diesen Barbaren« (Briefe II, 115f.) eine Universität zu gründen. Das Original dieses Briefes ist bei den Unruhen der 90er Jahre im Konstanzer Stadtarchiv untergegangen. – Nach F. ist die Natur beseelt von bösen kosmischen Kobolden, die in ihrer Beschreibung an die Leibnizschen ↑Monaden erinnern. Aufgabe des Menschen sei es, durch die Entwicklung einer persönlichen Gutmütigkeit die Macht der bösen Kobolde auszugleichen. Die Verfasserschaft von »Principia rerum naturalium sive novum tentamen phaenomena mundi elementaris philosophice explicandi« (Zug 1735, 1738 im Index librorum prohibitorum), die F. von manchen Interpreten unterstellt wird, scheint zweifelhaft, sicher ist jedoch, daß F. nicht Autor von »Corpus scriptorum eroticorum graecorum I: Parthenii erotica« (Fulda 1755) ist.

Weitere Werke: Javanische Grammatik auf Grund eigener Kenntniss, Amsterdam 1729; Die Orchideen des Bösen, oder über die All-Gegenwart des Teufels, Köln 1731; Gemeinfaßliches System exotischer Pflanzen, I–III, Köln 1742; Briefe, I–III, ed. F. v. Grummelsberg, Magdeburg 1914–1918.

Literatur: B. Aschenkuchen, Die Harzer Mission, Göttingen 1928, 14–33; F. v. Grummelsberg, J. J. F. als Botaniker und Philosoph, Diss. Helmstedt 1903; J. Lafarce, F., un représentant de son temps, Brüssel 1948 (dt. F., ein Vertreter seiner Zeit, Detmold 1951). P.B.

Feld, als Terminus der Physik die Gesamtheit der Werte einer physikalischen Größe (›F.größe‹), die Raumpunkten zugeordnet werden, ohne daß dort ein materieller Träger vorhanden sein muß. Der F.begriff bildet das Gegenstück zu Fernwirkungstheorien (↑actio in distans), bei denen nur Körper, nicht aber der zwischen ihnen liegende Raum als Träger physikalischer Eigenschaften betrachtet werden. In der ↑Pneumatheorie der Stoa vorweggenommen und in den Ätherhypothesen (↑Äther) zur Erklärung der Gravitation (R. Descartes, C. Huygens) als Nahwirkungstheorie, die Kräfte nur als Druck bzw. Stoß bei unmittelbarer Berührung von Körpern vorsieht, mechanistisch konzipiert, gewinnt die Vorstellung eines F.es in der Hydrodynamik L. Eulers einen physikalisch anschaulichen Inhalt, der – freilich über eine andere, auf die dynamische Substanztheorie (↑Dynamismus (physikalisch)) von R. Boscovich zurückgehende Vermittlung – in M. Faradays F.theorie elektrochemischer, elektrostatischer und diamagnetischer Erscheinungen ihre experimentelle Fruchtbarkeit erweist.

F.theorien, die aus F.gleichungen (zur Berechnung der F.größen in einem Punkt des F.es) und einem Bewegungsgesetz (zur Berechnung der Beschleunigung eines Probekörpers in einem Punkt des F.es) bestehen, setzen sich in der Physik mit der Theorie des elektromagnetischen F.es (J. C. Maxwell) und des Gravitationsfeldes (A. Einstein) durch und werden auf weitere Phänomenbereiche ausgedehnt, ohne daß sich bisher eine vereinheitlichte F.theorie, die alle Sorten physikalischer Wirkungen erfassen würde, abzeichnet.

Das radikalisierte Programm der F.theorien setzt an die Stelle des methodisch primären Begriffs des ↑Körpers den des F.es, d.h., Körper werden als Besonderheiten des F.es, nicht jedoch F.er als Wirkungen von Körpern betrachtet. Diesen Wechsel der Grundbegriffe vollzieht die von L. de Broglie und Einstein konzipierte Interpretation von Elementarteilchen als Singularitäten des F.es bzw. als Wellenpakete, die wegen der Zusammensetzung makroskopischer Körper aus geladenen Teilchen die Mechanik (als Theorie der Kräfte und Körperbewegungen) als Teiltheorie der ↑Elektrodynamik erscheinen läßt. Demgegenüber ist jedoch festzuhalten, daß vom antiken Gegensatz zwischen (spekulativer) Atomtheorie (↑Atomismus) und (spekulativer) Pneumatheorie bis zum modernen Gegensatz von Fern- und Nahwirkungstheorien (F.theorien) lediglich eine Alternative von Betrachtungsweisen vorliegt, die den Grundbegriff der jeweils anderen nicht dispensiert. Denn eine Berechnung von F.größen in einem bestimmten Raumpunkt setzt ein Wissen über Quellen des F.es, letztlich also über Lage und physikalischen Zustand von Körpern voraus. Die Verbindung der F.theorien mit der Meßpraxis ist nicht anders als über eine Erzeugung von F.ern mit Hilfe von Körpern oder über einen Nachweis von F.ern durch Kraftwirkungen auf Probekörper möglich. Der physikalisch höchst fruchtbare F.begriff leistet also zwar eine Ablösung mechanistisch verstandener und auf

Widersprüche führender Äthertheorien, nicht jedoch eine Ablösung des methodisch primären Begriffs des Körpers.

Literatur: B. Bertotti, Teilchen und F., Physikal. Bl. 15 (1959), 289–295; M.B. Hesse, Forces and Fields. The Concept of Action at a Distance in the History of Physics, London/New York 1961; M. Jammer, F., F.theorie, Hist. Wb. Ph. II (1972), 923–926; L.P. Williams, M. Faraday and the Evolution of the Concept of the Electric and Magnetic Field, Nature 187 (1960), 730–733. P.J.

Fénelon, eigentlich François de Salignac de la Mothe, *Schloß F. (Dordogne) 6. Aug. 1651, †Cambrai 7. Jan. 1715, franz. Theologe und Mystiker, Erzieher der Enkel Ludwigs XIV. und Berater bei den adligen jungen Damen von Saint-Cyr, wo er Mme de Guyon, die Hauptvertreterin des französischen Quietismus, kennenlernte. Seit 1685 Erzbischof von Cambrai. Sein Eintreten für den Quietismus (Explications des maximes des saints sur la vie intérieur, Paris 1697) brachte ihn in Gegensatz zu J.B. Bossuet sowie Papst und König. Einflußreich die aus seiner Erziehertätigkeit in Saint-Cyr und bei Hofe stammenden Werke »Éducation des filles« (Paris 1687) (dt. Die Erziehung der Töchter, Lübeck 1735, ²1740), »Dialogues des morts composez pour l'éducation d'un prince« (Paris 1712) und sein bekanntestes Werk »Les avantures de Télémaque, fils d'Ulysse« (I–III, La Haye 1699, Neuausg. nach Verbot, Paris 1717) (dt. Die Begebenheiten des Prinzen von Ithaca, oder: Der seinen Vater Ulysses suchende Telemach, I–III, Ansbach 1727–1739, unter dem Titel: Die Erlebnisse des Telemach, Sohn des Ulysses, Leipzig 1880, Paderborn 1892). In seinen Auseinandersetzungen mit Protestanten und Jansenisten sowie N. Malebranche und Bossuet vertritt F. in einer eigenwilligen Verbindung theologischer und philosophischer Traditionen (↑Cartesianismus) Positionen einer toleranten, pädagogisch-literarisch orientierten Humanität.

Werke: Œuvres philosophiques, Paris 1718; Œuvres, I–IX, Paris 1787–1792; Œuvres, I–XXIII, Versailles 1820–1830; Œuvres complètes, I–X, Paris 1851–1852 (repr. I–X, Genf 1971); Lettres et opuscules inédits. Complément de ses œuvres et de sa correspondance, Paris 1850; Correspondance de F., I–III, Paris 1972.

Literatur: A. Delplanque, La pensée de F., d'après ses œuvres morales et spirituelles, Paris 1930; J.L. Goré, L'itinéraire de F.. Humanisme et spiritualité, Paris 1957; H. Gouhier, F., philosophe, Paris 1977; K.D. Little, F. de F.. Study of a Personality, New York 1951; E. Mohr, F. und der Staat, Bern/Frankfurt 1971; A. Robinet, Gloire et simplicité dans l'utopie fénelonienne, Rev. sci. philos. théol. 61 (1977), 69–82; R. Spaemann, Reflexion und Spontaneität. Studien über F., Stuttgart 1963. J.M.

Ferguson, Adam, *Logierait (Perthshire) 20. Juni 1723, †St. Andrews 22. Febr. 1816, schott. Historiker und Philosoph, einer der Hauptvertreter der Schottischen Aufklärung des 18. Jahrhunderts. Studium an der St. Andrews University und an der Divinity Hall, Edinburgh, 1745 Priesterweihe, bis 1754 Feldprediger bei verschiedenen schottischen Regimentern, 1757 als Nachfolger D. Humes Bibliothekar an der Advocates' Library, 1759 Prof. für Naturphilosophie, 1764–1785 für Moralphilosophie in Edinburgh, 1778 Sekretär der (erfolglosen) Kommission für Schlichtungsverhandlungen mit den nordamerikanischen Kolonien, 1785–1796 nominell Mathematikprof. in Edinburgh, 1793 Reise auf den Kontinent und Wahl zum Ehrenmitglied der Berliner Akademie der Wissenschaften, ab 1796 zurückgezogenes Leben als Landwirt in Neidpath Castle bei Peebles, von 1800 bis zu seinem Tod in St. Andrews.

In seinem ersten größeren Werk »An Essay on the History of Civil Society« (1767) behandelt F. die Entwicklung der Gesellschaft von der Barbarei zum gesitteten Staat und versucht durch die Beschreibung ihrer Entwicklung Wege aufzuzeigen, die ihren eventuellen künftigen Verfall verhindern können. Hier zeigt sich bereits seine auch später vertretene Ansicht, daß sich die Gesellschaft einem Stadium der Vollkommenheit nähert, das erhalten werden kann. F.s Hauptwerk »Principles of Moral and Political Science« (1792) bietet ein weites Spektrum intellektueller Strömungen, vom ↑Empirismus F. Bacons bis zu teleologischen Implikationen der natürlichen Theologie (↑theologia naturalis), was ihm den Vorwurf der Widersprüchlichkeit eingetragen hat. Dieses Werk kann als seine ›Summa‹ bezeichnet werden: Der Mensch, obwohl völlig frei in seinen Handlungen, wird durch seine Fähigkeit zu einer ständigen (geistigen) Vervollkommnung gebracht, was schließlich zur Einsicht in gesellschaftliche Notwendigkeit führt. Hauptquelle für F.s moralphilosophische Ansichten waren neben Platon und T. Reid vor allem die Stoiker: Die Liebe zum Menschen, Wertschätzung und Wohlwollen motivieren die Selbsterhaltung und Vervollkommnung des einzelnen. F. definiert die vier Haupttugenden des Menschen als Weisheit, Maßhalten, Gerechtigkeit und Seelenstärke.

F. gilt als Mitbegründer der modernen systematischen Soziologie. In seinem »Essay« zeigt er sich als Kritiker der modernen arbeitsteiligen Tauschgesellschaft, die Eigennutz und Korruption fördere und zur Verhärtung der Einbildungskraft führe. Dennoch müsse der Mensch, als gesellschaftliches Wesen, danach trachten, im Rahmen seiner Möglichkeiten Reichtum zu erwerben, da dieser auch den Reichtum des Staates ausmache. Aufgabe der Politiker sei es, den einzelnen vor Betrug und Verbrechen zu schützen.

Werke: An Essay on the History of Civil Society, London/Edinburgh 1767 (repr. New York 1971, Hildesheim/New York 1979; dt. Versuch über die Geschichte der bürgerlichen Gesellschaft, Leipzig 1768), [4]1773 (repr. Farnborough 1969), [7]1814 (dt. Abhandlung über die Geschichte der bürgerlichen Gesellschaft, ed. H. Waentig, Jena 1904, [2]1923), ed. D. Forbes, Edinburgh 1966; Institutes of Moral Philosophy, for the Use of Students in the College of Edinburgh, Edinburgh 1769 (dt. Grundsätze der Moralphilosophie, übers. u. ed. C. Garve, Leipzig 1772); The History of the Progress and Termination of the Roman Republic, I–III, London/Edinburgh 1783 (repr. I–III, Hildesheim/New York 1979; dt. Geschichte des Fortgangs und Untergangs der Römischen Republik, I–IV, Leipzig 1784–1786); Principles of Moral and Political Science, Being Chiefly a Retrospect of Lectures Delivered in the College of Edinburgh, I–II, Edinburgh 1792 (repr. I–II, New York 1973, I–II, Hildesheim/New York 1975; dt. Darstellung der Gründe der Moral und Politik, Zürich 1796). – Principal Works, I–V, ed. F.O. Wolf, Stuttgart 1979ff..

Literatur: F. Espinasse, F., Dict. Nat. Biography VI (1888), 1200–1204; H.H. Jogland, Ursprünge und Grundlagen der Soziologie bei A.F., Berlin 1959; D. Kettler, The Social and Political Thought of A.F., Columbus Ohio 1965; A.M. Kinghorn, F., Enc. Ph. III (1967), 187–188; W.C. Lehmann, A.F. and the Beginning of Modern Sociology, New York 1930 (mit Bibliographie); P. Salvucci, A.F.. Şociologa e filosofia politica, Urbino 1972; ders., F. e l'analisi della società moderna, Boll. stor. filos. 2 (1974), 45–80. P.B.

Ferio, in der traditionellen ↑Syllogistik Merkwort für den Syllogismus MeP, $SiM \prec SoP$ (›kein M ist P‹, ›einige S sind M‹ impliziert ›einige S sind nicht P‹), in moderner quantorenlogischer Schreibweise:

$$\bigwedge_x (M(x) \rightarrow \neg P(x)), \quad \bigvee_x (S(x) \wedge M(x)) \prec \bigvee_x (S(x) \wedge \neg P(x)).$$

Es handelt sich um einen der vier vollkommenen Syllogismen (↑Syllogismus, vollkommener) der ersten syllogistischen Schlußfigur. P.S.

Fermat, Pierre de, *Beaumont-de-Lomagne 20. Aug. 1601, †Castres 12. Jan. 1665, franz. Mathematiker. Studium der Rechtswissenschaften, vermutlich zunächst in Toulouse, später in Bordeaux und Orléans. Eröffnung einer Praxis in Toulouse, Parlamentsrat ebendort. In seinen mathematischen Arbeiten orientierte sich F. methodisch und thematisch an den Werken von F. Viète. Wie dieser gewann er seine Problemstellungen durch Verallgemeinerung von Fragen, die er in den (Berichten über die) antiken mathematischen Schriften fand, und wie dieser versuchte er sie mit nahezu ausschließlich algebraischen Mitteln zu lösen. Folgerichtig entwickelte F. 1636 in einem unter befreundeten Mathematikern kursierenden Manuskript, das eigentlich die Rekonstruktion einer verschollenen Schrift von Apollonios bilden sollte, die Grundprinzipien einer analytischen Geometrie (↑Geometrie, analytische) und kam damit R. Descartes' Grundlegung, die allgemein als die früheste betrachtet wird, um ein Jahr zuvor. Das gleiche Schicksal hatten F.s Arbeiten zur Differential- und Integralrechnung (↑Infinitesimalrechnung): da sich F. (bis auf eine Ausnahme) erfolgreich gegen die Veröffentlichung seiner Ergebnisse zur Wehr setzte, wurden seine zunächst revolutionären Arbeiten bald überholt oder gerieten vorzeitig in Vergessenheit (die Ablehnung, die Descartes gegenüber F. an den Tag legte, mag dabei eine entscheidende Rolle gespielt haben). Eine Ausnahme bildeten in dieser Hinsicht F.s Manuskripte zur ↑Zahlentheorie. Zunächst ebenso unbeachtet wie die übrigen Arbeiten, wurden diese Manuskripte im 19. Jahrhundert zum ständigen Stimulus für die sich herausbildende eigenständige Zahlentheorie, als deren Begründer F. somit gelten kann. Gerade auf diesem Gebiet lieferte F. allerdings (von wenigen tatsächlich bewiesenen Sätzen abgesehen) fast durchweg nur fertige Behauptungen, die er bewiesen zu haben vorgab (insoweit ist Descartes' Vorwurf, F. sei ein ›gascon‹, ein Aufschneider, zumindest motiviert).

Mit Physik beschäftigte sich F. nur vorübergehend. Ausgangspunkt war seine Kritik an Descartes' Dioptrik. Die dort vorgenommene rein apriorische (mathematische) Erklärung und Darstellung eines rein empirischen Phänomens (der Brechung des Lichts) hielt F. für methodisch unzulässig und undurchführbar; er selbst ging von anderen Annahmen über die Eigenschaften des Lichts aus als Descartes, kam jedoch zum gleichen Resultat wie dieser. Sowohl F.s Begründung (↑Extremalprinzipien) dieses Resultats (die Lichtbewegung von A nach B entlang einem Strahl verläuft in kürzestmöglicher Zeit), als auch die der Begründung zugrunde liegende Annahme, Naturvorgänge verliefen immer nach einfachstmöglichen Gesetzen (bei gutwilliger Interpretation eine Vorwegnahme des Einfachheitsprinzips für Theorien [↑Einfachheitskriterium] – und gerade nicht, wie F. wohl meinte, eine Eigenschaft der Natur), werden gelegentlich als ↑F.sches Prinzip bezeichnet.

Soweit F. sich überhaupt zu wissenschaftlichen Methodenfragen äußerte, hielt er zwei Methoden(gruppen) für wichtig und hilfreich: (1) die Methode der ›Reduktionsanalyse‹, mit deren Hilfe komplexe Probleme auf einen einfachen Kern gebracht werden sollen, (2) die Beweismethode der ›descente infinie‹ (der unendlichen Abnahme) für Aussagen über dem Bereich der natürlichen Zahlen, die sich durch das folgende Schlußschema charakterisieren läßt:

$$\neg A(1) \wedge (\bigwedge_{n>1} A(n) \rightarrow \bigvee_{m<n} A(m)) \prec \bigwedge_n \neg A(n)$$

(aus der Ungültigkeit eines Aussageschemas für 1 und dem Nachweis, daß mit $A(n)$ auch für (mindestens) ein natürliches $m<n\,A(m)$ gelten müßte, folgt die Ungültigkeit von $A(x)$ für beliebiges $x \in N$).

Die letztere, zur vollständigen Induktion (↑Induktion, vollständige) quasi inverse, ›indirekte‹ Methode, die für die Aussageformen $A(x) \equiv \neg B(x)$ mit dem Ziel, $\bigwedge_x B(x)$ zu beweisen, konstruktiv allerdings problematisch ist, setzte F., wie einige ausgeführte Beweise zeigen, virtuos ein. Auch dieser Umstand behebt freilich nicht die Zweifel an den ›Sätzen‹, die er mit dieser Methode bewiesen haben wollte, etwa an der berühmten nach ihm benannten Vermutung (›F.sches Problem‹), wonach es keine vier natürlichen Zahlen a, b, c, n mit $n>2$ gibt, für die gilt: $a^n+b^n=c^n$. Die eigentliche Schwierigkeit bei der Anwendung der descente infinie besteht nämlich darin, zu vorgegebenem $A(x)$ eine absteigende Folge $\langle a_n \rangle$ natürlicher Zahlen zu finden, welche die Bedingung $A(a_n) \rightarrow A(a_{n-1})$ erfüllt. Die vorgebliche Lösung dieses vermutlich nicht lösbaren Problems hat F. mit ins Grab genommen. Demgegenüber läßt die erstgenannte (von F. wohl nur ins Auge gefaßte) Methode der Reduktionsanalyse ein klares Verständnis der Erfordernisse mathematischer und (allgemeiner) wissenschaftlicher Forschung erkennen, die bis heute nicht schlüssig eingelöst sind.

Werke: Œuvres, I–IV, ed. P. Tannery/C. Henry, Paris 1891–1922. – Einführung in die ebenen und körperlichen Örter, ed. H. Wieleitner, Leipzig 1923 (Ostwalds Klassiker der exakten Wissenschaften 208); Bemerkungen zu Diophant, ed. M. Miller, Leipzig 1932 (Ostwalds Klassiker der exakten Wissenschaften 234); P. de F.s Abhandlungen über Maxima und Minima, ed. M. Miller, Leipzig 1934 (Ostwalds Klassiker der exakten Wissenschaften 238); Auszüge aus den Werken F.s in engl. Übers. in: D.J. Struik, A Source Book in Mathematics (1200–1800), Cambridge Mass. 1969, 26–31, 143–150, 219–227.

Literatur: P. Bachmann, Das F.problem in seiner bisherigen Entwicklung, Berlin/Leipzig 1919 (repr. Berlin/Heidelberg/New York 1976); C. Boyer, The Concepts of the Calculus. A Critical and Historical Discussion of the Derivative and the Integral, New York 1939, unter dem Titel: The History of the Calculus and its Conceptual Development (The Concepts of the Calculus), New York 1949, 154–165; ders., History of Analytic Geometry, New York 1956, Chap. 5; J.E. Hofmann, Studien zur Zahlentheorie F.s (Über die Gleichung $x^2=py^2+1$), Abh. Preuss. Akad. Wiss., math.-naturwiss. Kl. 1944, Nr. 7; ders., Über zahlentheoretische Methoden F.s und Eulers. Ihre Zusammenhänge und ihre Bedeutung, Arch. Hist. Ex. Sci. 1 (1960–1962), 122–159; ders., P. F. – ein Pionier der neuen Mathematik, Praxis Math. 7 (1965), 113–119, 171–180, 197–203; J. Itard, P. F., Basel 1950, M.S. Mahoney, F., DSB IV (1971), 566–576; P. Ribenboim, 13 Lectures on F.'s Last Theorem, New York/Heidelberg/Berlin 1979.

G.H.

Fermatsches Prinzip, das von P. de Fermat formulierte ↑Extremalprinzip der geometrischen Optik, wonach ein Lichtstrahl zwischen zwei (im allgemeinen Fall durch verschiedene Medien getrennten) Punkten des Raumes stets denjenigen Weg nimmt, zu dessen Durchlaufen er eine kürzere Zeit braucht als auf jedem möglichen Nachbarweg.

Literatur: P. Fermat, Œuvres, I–IV, ed. P. Tannery/C. Henry, Paris 1891–1922, I, 170–172 (Analysis ad refractiones); E. Hoppe, Geschichte der Optik, Leipzig 1926.

C.T.

Fermatsches Problem, ↑Fermat, Pierre de.

Feuerbach, Ludwig (Andreas), *Landshut 28. Juli 1804, †Rechenberg (b. Nürnberg) 13. Sept. 1872, dt. Philosoph, Sohn des Juristen A. Feuerbach. 1822 Theologiestudium in Heidelberg bei dem Hegelianer K. Daub, 1824 Übersiedlung nach Berlin und (nach Aufgabe des Theologiestudiums) Studium der Philosophie bei G.W.F. Hegel. Unter dem Einfluß Hegels ist nach F. der Ort des allgemeinen Verbundenseins das entsinnlichende und damit entindividuierende ›Denken‹. Religionskritisch wendet sich F. jedoch schon sehr früh über Hegels Religionsphilosophie hinausgehend gegen die abstrakte Persönlichkeitslehre des Christentums und den individuellen Auferstehungsgedanken. In seiner in Erlangen geschriebenen Dissertation »De ratione una, universali, infinita« (1828) deutet sich bereits die späterhin zentrale Frage des interpersonellen Verhältnisses an. Im Rückgriff auf die deutsche Mystik und G. Bruno bezieht F. eine streng pantheistische Position. 1830 erscheinen in Nürnberg anonym die »Gedanken über Tod und Unsterblichkeit aus den Papieren eines Denkers nebst einem Anhang theologisch-satyrischer Xenien herausgegeben von einem seiner Freunde«, in denen F. eine emphatische Diesseitsphilosophie propagiert. Die Entstehung der Religion wird auf eine Projektion des individuierten Menschen zurückgeführt. Darüber hinaus wird in dieser Schrift, die dafür verantwortlich war, daß F. nicht in den bayerischen Staatsdienst überführt wurde, eine Wendung vom einseitigen rationalistischen Konzept einer mitmenschlichen Verallgemeinerung zu einer Liebesphilosophie vollzogen, die die Sinnlichkeit als ausgezeichnetes und unhinterschreitbares Glückskonstituens herausstellt. F. war Privatdozent an der Erlanger Universität. Seine Vorlesungen waren vorwiegend neuzeitlich-philosophiehistorischen Themen gewidmet und bildeten die Grundlage für eine Reihe von Veröffentlichungen.

1837 beendete F. seine akademische Tätigkeit und übersiedelte nach Bruckberg bei Ansbach, wo er bis 1860 wohnte. Er wurde Mitarbeiter an den von A. Ruge und T. Echtermeyer herausgegebenen »Halleschen Jahrbüchern«. In der in dieser Zeitschrift 1839 erschienenen Abhandlung »Zur Kritik der Hegelschen Philosophie« findet die Lösung von der Hegelschen Philosophie ihren Abschluß. In einem ersten Schritt wendet sich F. gegen Hegels Konzept einer absoluten Geistphilosophie, in dem er ein unreflektiertes Element tradierter Theologie sieht. Er bezichtigt Hegel intellektueller und monologistischer Einseitigkeit und kritisiert insbesondere, daß Hegel die genuinen Ansprüche der Sinnlichkeit nicht berücksichtige und die Unmittelbarkeit nur uneigentlich nehme. Der ›Andere‹ und damit der Mensch als Gattungswesen komme nicht hinreichend zur Geltung, insbesondere werde bei Hegel die Bedeutung der Sprache unterschätzt, die nichts anderes sei als die ›Realisation der Gattung, die Vermittlung des Ich mit dem Du‹. In Auseinandersetzung mit Hegel entwickelt F. positiv seine Anthropologie, die in dem Verhältnis von ›Ich und Du‹, das er ähnlich wie der junge Hegel als ›Liebe‹ definiert, gründet. Sinn und Objektivität wurzeln im Miteinander unter Rückgang auf gemachte sinnliche Erfahrung. Interpersonalität und Sinnlichkeit definieren das ›Wesen des Menschen‹. Die Sexualität tritt bei F. erstmalig ins Zentrum der philosophischen Thematik.

In Bruckberg entstanden F.s umfangreiche Werke, unter denen »Das Wesen des Christentums« (Leipzig 1841) den herausragenden Platz einnimmt. Die Entstehung der Religion einschließlich der christlichen führt F. in einer umfassenden anthropologischen Argumentation auf einen Projektionsvorgang des eigenen ›unendlichen Wesens‹ auf einen in Gedanken produzierten und der eigenen Verfügung entzogenen Gegenstand (Gott) zurück. Mit dieser religionskritischen Analyse reiht sich F. in den Kontext linkshegelianischer (↑Hegelianismus) Argumentationen ein. Jedoch ist sein Ziel weder die Rückführung von theologischen Aussagen auf deren wissenschaftlich begründbaren Kern (D. F. Strauß) noch eingeschränkt eine Desavouierung christlicher Überlieferung (B. Bauer), sondern eine philosophische Kritik von Religion überhaupt im Rekurs auf eine Wesensbestimmung des Menschen. Im religiösen Inhalt schaut der Mensch sein eigenes Wesen an, wodurch der Religion im Selbsterkenntnisprozeß des Menschen eine besondere Bedeutung zukommt. In dem Maße, in dem der Zusammenhang von Religion und Wesen des Menschen durchschaut wird, schreitet der Aufklärungsprozeß der Gattung fort, dessen Ziel die Anthropologisierung der Religion ist. 1848/1849 hielt F. auf Einladung von Studenten in Heidelberg Vorlesungen über das Wesen der Religion. 1860 übersiedelte er nach Nürnberg. Seine weiteren Schriften sind Ausführungen und Belegungen seiner in der Auseinandersetzung mit Hegel gewonnenen sensualistisch-materialistischen Position. F. hatte einen bestimmenden Einfluß auf die frühen philosophischen Überlegungen von K. Marx und F. Engels.

Werke: L. F.s Sämmtliche Werke, I–X, Leipzig 1846–1866; Sämmtliche Werke, I–X, ed. W. Bolin/F. Jodl, Stuttgart 1903–1911, ed. H.-M. Saß, Stuttgart 1959–1964 (3 Erg. Bde); Werke, I–VI, ed. E. Thies, Frankfurt 1974–1976; Gesammelte Werke, I–XX, ed. W. Schuffenhauer, Berlin (Ost) 1967 ff. (bisher II–XII). – Geschichte der neuern Philosophie von Bacon von Verulam bis Benedikt Spinoza, Ansbach 1833; Geschichte der neuern Philosophie. Darstellung, Entwicklung und Kritik der Leibniz'schen Philosophie, Ansbach 1837; Pierre Bayle nach seinen für die Geschichte der Philosophie und Menschheit interessantesten Momenten dargestellt und gewürdigt, Ansbach 1838; Über Philosophie und Christentum in Beziehung auf den der Hegelschen Philosophie gemachten Vorwurf der Unchristlichkeit, Mannheim 1839; Grundsätze der Philosophie der Zukunft, Zürich/Winterthur 1843, ed. G. Schmidt, Frankfurt ²1979; Das Wesen des Glaubens im Sinne Luthers. Ein Beitrag zum »Wesen des Christentums«, Leipzig 1844 (repr. Darmstadt 1970); Erläuterungen und Ergänzungen zum Wesen des Christentums, Leipzig 1846; Vorlesungen über das Wesen der Religion. Nebst Zusätzen und Anmerkungen, Leipzig 1851; Anselm Ritter von Feuerbachs Leben und Wirken aus seinen ungedruckten Briefen und Tagebüchern, Vorträgen und Denkschriften veröffentlicht von seinem Sohne L. F., I–II, Leipzig 1852; Theogonie nach den Quellen des classischen, hebräischen und christlichen Alterthums, Leipzig 1857; Gottheit, Freiheit und Unsterblichkeit vom Standpunkte der Anthropologie, Leipzig

1866; Vorlesungen über Logik und Metaphysik, ed. C. Ascheri/E. Thies, Darmstadt 1976. – Briefwechsel. 1832 bis 1848, ed. A. Kapp, Leipzig 1876; Ausgewählte Briefe von und an L. F.. Zum Säkulargedächtniss seiner Geburt, I–II, ed. W. Bolin, Leipzig 1904; Briefwechsel, ed. W. Schuffenhauer, Leipzig 1963.

Literatur: A. Alessi, L'ateismo di F.. Fondamenti metafisici, Roma 1975; H.J. Braun, L.F.s Lehre vom Menschen, Stuttgart-Bad Cannstatt 1971; ders., Die Religionsphilosophie L.F.s Kritik und Annahme des Religiösen, Stuttgart-Bad Cannstatt 1972; F. Engels, L.F. und der Ausgang der klassischen deutschen Philosophie, MEW XXI, 259–307; K. Grün, L.F.s philosophische Charakterentwicklung. Sein Briefwechsel und Nachlaß 1820–1850, Leipzig/Heidelberg 1874; L. Hartmann, L.F.s Auseinandersetzung mit dem deutschen Idealismus. Eine Untersuchung der Philosophie F.s in ihrem Verhältnis zum Denken Hegels, Kants und Fichtes, Diss. München 1974; F. Jodl, L.F., Stuttgart 1904; E. Kamenka, The Philosophy of L.F., London 1970; A. Kohut, L.F.. Sein Leben und seine Werke, Leipzig 1909; K. Löwith, Das Individuum in der Rolle des Mitmenschen, München 1928 (repr. Darmstadt 1962); ders., L.F. und der Ausgang der klassischen deutschen Philosophie, Logos 17 (1928), 323–347; ders., Von Hegel zu Nietzsche. Der revolutionäre Bruch im Denken des 19. Jahrhunderts, Hamburg ^{7}1977; H. Lübbe/H.-M. Saß (eds.), Atheismus in der Diskussion. Kontroversen um L.F., München/Mainz 1975; K. Marx, Thesen über F., MEW III, 5–7; S. Rawidowicz, L.F.s Philosophie. Ursprung und Schicksal, Berlin 1931 (repr. Berlin 1964); H.-M. Saß, L.F. in Selbstzeugnissen und Bilddokumenten, Reinbek 1978; A. Schmidt, Emanzipatorische Sinnlichkeit. L.F.s anthropologischer Materialismus, München 1973; W. Schuffenhauer, F. und der junge Marx, Zur Entstehungsgeschichte der marxistischen Weltanschauung, Berlin 1965, ^{2}1972; E. Thies (ed.), L.F., Darmstadt 1976; M.W. Wartofsky, F., Cambridge/London/New York 1977; J. Winiger, F.s Weg zum Humanismus. Zur Genesis des anthropologischen Materialismus, München 1979. S. B.

Feuerbach, Paul Johann Anselm Ritter v., *Hainichen/Jena 14. Nov. 1775, †Frankfurt 29. Mai 1833, dt. Jurist, Rechtsphilosoph und Strafrechtstheoretiker. 1792 Studium der Philosophie (bei K.L. Reinhold) und Jurisprudenz in Jena, 1795 Promotion, 1799 Habilitation, 1801–1804 Professuren in Jena, Kiel und Landshut, 1805 Eintritt in das bayerische Justizdepartment in München (auf F.s Betreiben hin wurde 1806 in Bayern die Folter abgeschafft), 1814 Versetzung an das Appellationsgericht in Bamberg, 1817 Präsident des Appellationsgerichtes in Ansbach. Von F. stammt der Entwurf des seit 1813 in Bayern geltenden Strafgesetzbuches, das für die meisten deutschen Landesgesetzbücher im 19. Jahrhundert Vorbildcharakter hatte.

In seiner 1796 in Altona erschienenen Schrift »Kritik des natürlichen Rechts als Propädeutik zu einer Wissenschaft der natürlichen Rechte« (repr. Darmstadt 1963) entwickelt F. im Anschluß an I. Kants Unterscheidung von Moralität und Legalität eine genuine Rechtstheorie. Das Naturrecht wird als die Wissenschaft der ›nicht durch den Staat vorhandenen Rechte‹ (30) definiert, die durch die Vernunft ›gegeben‹ und ›erkannt‹ werden (31). Im Unterschied zur Moral, deren Gegenstand die sittlichen Pflichten und das ›Erlaubtsein‹, das ›rechtlich-mögliche‹ (54f.) ist (›negativ bestimmte Freiheit‹), ist das Naturrecht positiv die Wissenschaft der ›Rechte überhaupt‹ (60) und bestimmt eine eigene Sphäre. Neben dem moralischen Vermögen gibt es das durch Vernunft bestimmte ›juridische Vermögen‹, das um der Erfüllung des Sittengesetzes in der Welt der Erscheinungen willen dem Individuum durch ›Zwang‹ auch gegen andere vernünftige Wesen durchsetzbare Rechte positiv zuspricht (»das Wesen des Rechts [besteht] in einer *Sanktion der Vernunft*«, 261).

Das Recht bezieht sich auf die Ausschaltung von Hinderungen bei der Erfüllung der sittlichen Pflichten in der Sinnenwelt (»Die juridische Vernunft hat die Hindernisse wegzuräumen, welche der Erreichung des höchsten Zwecks entgegenstehen«, 290) und schließt insbesondere Gewalt- und Widerstandsrechte ein, deren Ausweitung und Begrenzung gegenüber dem Staat F. in seiner Abhandlung »Anti-Hobbes oder über die Grenzen der höchsten Gewalt und das Zwangsrecht der Bürger gegen den Oberherrn« (Giessen 1797 [repr. Darmstadt 1969]) entwickelt. Gewissens- und Gedankenfreiheit (143) sind ebenso wie das privatrechtlich definierte Eigentum (271) Güter, die dem Unterwerfungsvertrag entzogen bleiben und bei Verletzung durch die staatliche Gewalt ein Widerstandsrecht begründen. Der Staatsvertrag wird durch seinen Zweck, die Privatzwecke der Bürger zu verallgemeinern, begrenzt. Seit 1800 wendet sich F. fast ausschließlich der Strafrechtswissenschaft zu, die er begründete. Das Strafrecht wird durch seine Schutzfunktion vor dem straffällig werdenden Individuum bestimmt. Die Strafandrohung dient der Abschreckung, der Vollzug der Strafe der Sicherung des Abschreckungscharakters der Strafandrohung (F.sche Theorie). Im Strafprozeßrecht fordert F. die völlige Durchsichtigkeit des Verfahrens, von der Anklageerhebung über die Zusammensetzung des Gerichts bis hin zur Öffentlichkeit der Verhandlung. F. gilt als Rechtspositivist, weil er die Gerichtsbarkeit unhintergehbar an das positive Recht bindet. Er formuliert als Grundsatz ›nullum crimen, nulla poena sine lege‹ und stellt sich damit gegen die herrschende Naturrechtslehre seiner Zeit. F. ist einer der ersten

Kriminalisten, die bei der Bewertung von Rechtsfällen psychologische Kriterien in Rechnung stellen.

Werke: Revision der Grundsätze und Grundbegriffe des positiven peinlichen Rechts, I–II, Erfurt 1799/1800 (repr. Frankfurt 1966); Über die Strafe als Sicherungsmittel vor künftigen Beleidigungen des Verbrechers. Nebst einer näheren Prüfung der Kleinischen Strafrechtstheorie, Chemnitz 1800 (repr. Darmstadt 1970); Lehrbuch des gemeinen in Deutschland gültigen peinlichen Rechts, Giessen 1801, [14]1847 (repr. Aalen 1973); Civilistische Versuche, Giessen 1803; Ueber Philosophie und Empirie in ihrem Verhältnisse zur positiven Rechtswissenschaft, Landshut 1804 (repr. Darmstadt 1969); Merkwürdige Criminal-Rechtsfälle, I–II, Giessen 1808/1811; Themis, oder Beiträge zur Gesetzgebung, Landshut 1812; Betrachtungen über das Geschworenengericht, Landshut 1813; Betrachtungen über die Öffentlichkeit und Mündlichkeit der Gerechtigkeitspflege, I–II, Giessen 1821/1825; Aktenmässige Darstellung merkwürdiger Verbrechen, I–II, Giessen 1828/1829, (Auswahl) Merkwürdige Verbrechen in aktenmäßiger Darstellung, I–II, ed. W.v. Scholz, München 1913, ed. R.A. Stemmle, München 1963; Kaspar Hauser. Beispiel eines Verbrechens am Seelenleben des Menschen, Ansbach 1832; Kleine Schriften vermischten Inhalts, Nürnberg 1833; P.J.A.F. und C.J.A. Mittermaier, Theorie der Erfahrung in der Rechtswissenschaft des 19. Jahrhunderts. Zwei methodische Schriften, ed. K. Lüdersen, Frankfurt 1960.

Literatur: A. Baumgarten, P.J.A.v.F. anläßlich seines 100. Todestages, Schweiz. Z. f. Strafrecht 47 (1933), 293–309; M.A. Cattaneo, A.F., filosofo e giurista liberale, Milano 1970; L. Feuerbach (ed.), Anselm Ritter von F.s Leben und Wirken. Aus seinen ungedruckten Briefen und Tagebüchern, Vorträgen und Denkschriften, I–II, Leipzig 1852; W. Gallas, P.J.A.F.s »Kritik des natürlichen Rechts«, Heidelberg 1964; R. Hartmann, P.J.A.F.s politische und strafrechtliche Grundanschauungen, Berlin 1961; E. Kipper, P.J.A.F.. Sein Leben als Denker, Gesetzgeber und Richter, Köln/Berlin/Bonn/München 1969; W. Naucke, Kant und die psychologische Zwangstheorie F.s, Hamburg 1962; G. Radbruch, P.J.A.F.. Ein Juristenleben, Wien 1934, Göttingen [3]1969; F. Seifert, F. als Kriminalpsychologe, Diss. Freiburg 1976; E. Wolf, Große Rechtsdenker der deutschen Geistesgeschichte, Tübingen [3]1951, 536–583. S.B.

Feyerabend, Paul Karl, *Wien 13. Jan. 1924, österr.-amerik. Wissenschaftstheoretiker. Studium der Geschichte, Physik, Astronomie, Philosophie in Wien (1946–1951), 1951 Promotion; 1951–1956 Lektor am Wiener Institut für Wissenschaft und Schöne Künste; 1959 Assoc. Prof., 1962 Full. Prof. an der University of California (Berkeley); Gastprofessuren an zahlreichen Universitäten (darunter FU Berlin, ETH Zürich, Gesamthochschule Kassel). – F. hat sich in seinen ersten Arbeiten zur Wissenschafts- und Erkenntnistheorie K.R. Poppers Kritik am logischen Empirismus (↑Empirismus, logischer) angeschlossen und dabei besonders die Bedeutung theoretischer Begriffe (↑Begriffe, theoretische) und metaphysischer Orientierungen in den Wissenschaften unterstrichen. Später hat F. (sich damit auch gegen Popper wendend) eine sinnvolle Rolle methodischer Standards für den Wissenschaftsfortschritt überhaupt bestritten und eine anarchistische bzw. dadaistische Erkenntnistheorie gefordert, der es nur noch um die Kultivierung eines kreativen, immer neue Theorien über die Welt produzierenden Denkens und den Abbau aller durch methodische Normen erzeugten Denkverbote geht (↑Anarchismus, erkenntnistheoretischer; ↑Proliferationsprinzip).

Werke: Das Problem der Existenz theoretischer Entitäten, in: E. Topitsch (ed.), Probleme der Wissenschaftstheorie, Wien 1960, 35–72; Knowledge without Foundations, Oberlin (Ohio) 1961; How to Be a Good Empiricist – A Plea for Tolerance in Matters Epistemological, in: B. Baumrin (ed.), Philosophy of Science. The Delaware Seminar II, New York 1963, 3–39 (dt. Wie wird man ein braver Empirist? Ein Aufruf zur Toleranz in der Erkenntnistheorie, in: L. Krüger [ed.], Erkenntnisprobleme der Naturwissenschaften. Texte zur Einführung in die Philosophie der Wissenschaft, Köln/Berlin 1970, 302–335); Über konservative Züge in den Wissenschaften und insbesondere in der Quantentheorie, und ihre Beseitigung, in: G. Szczesny (ed.), Club Voltaire. Jahrbuch für kritische Aufklärung I, München 1963, 280–293; Problems of Empiricism, in: R.G. Colodny (ed.), Beyond the Edge of Certainty. Essays in Contemporary Science and Philosophy, Englewood Cliffs N.J. 1965, 145–260; Against Method. Outline of an Anarchistic Theory of Knowledge, in: M. Radner/S. Winokur (eds.), Analyses of Theories and Methods of Physics and Psychology, Minneapolis 1970 (Minnesota Studies in the Philosophy of Science IV), 17–130 (erweiterte Fassung: Against Method, London 1975; dt. nochmals erweitert: Wider den Methodenzwang. Skizze einer anarchistischen Erkenntnistheorie, Frankfurt 1976); Von der beschränkten Gültigkeit methodologischer Regeln, Neue H. Philos. 2–3 (Dialog als Methode) (1972), 124–171; Science in a Free Society, London 1978 (dt. Erkenntnis für freie Menschen, Frankfurt 1979); Der wissenschaftstheoretische Realismus und die Autorität der Wissenschaften, Braunschweig/Wiesbaden 1978 (Ausgewählte Schriften I). C.F.G.

Fichte, Immanuel Hermann v., *Jena 18. Juli 1796, †Stuttgart 8. Aug. 1879, dt. Philosoph, Sohn J.G. Fichtes und Herausgeber von dessen Schriften, Vertreter eines (von ihm selbst so genannten) ›spekulativen Theismus‹. 1812–1818 Studium der Philosophie, Philologie und Theologie in Berlin, 1818 Promotion (»De philosophiae novae Platonicae origine«), anschließend Gymnasiallehrer in Saarbrücken und Düsseldorf, 1836 a.o. Prof., 1840 o. Prof. der Philosophie in Bonn, ab 1842 in Tübingen. Ab 1863 lebt F. in Stuttgart als Privatgelehrter und Schriftsteller. 1837 mit C.H. Weiße, C.G. Carus und dem katholischen Theologen A. Günther Gründung der

»Zeitschrift für Philosophie und spekulative Theologie«, die (ab 1847 unter dem Titel: Zeitschrift für Philosophie und philosophische Kritik) bis 1918 besteht.

In Anlehnung und gegen G. W. F. Hegel entwirft F. eine Erkenntnistheorie, an deren Anfang die Lehre vom Bewußtsein als dem ›allein schlechthin Gewissen‹ und dem ›Nichtabstrahierbaren‹ steht (Grundzüge zum System der Philosophie, Abt. 1: Das Erkennen als Selbsterkennen, Vorrede, IX). Nach Hegelschem Muster wird das Bewußtsein in jeweils dreigeteilten Epochen dargestellt, beginnend mit dem ›beseelten Leib‹, d.h. der bloßen Empfindung und reinen Anschauung, über das Wollen, Vorstellen und Denken bis hin zu der empirischen, reflektierenden und spekulativen Erkenntnis. Diese höchste Erkenntnisstufe besteht im Glauben, im Erkennen der endlichen Dinge, »wie sie in Gott sind« (a.a.O., 299), und der unmittelbaren Einsicht in die Individualität der Wirklichkeit und insbesondere Gottes. Neben der Erkenntnistheorie F.s steht eine Ontologie (apriorische Kategorienlehre) und eine spekulative Theologie, das Verhältnis der natürlichen Wirklichkeit zur göttlichen darstellend. Auch in seiner Ethik, Anthropologie und insbesondere seiner Seelenlehre ist F. durch seine Theologie bestimmt: »Im Einswerden des menschlich endlichen Willens mit dem göttlichen ist der Ursprung und die Vollendung der Sittlichkeit gefunden« (System der Ethik II, VIII); die Anthropologie ist die Lehre »vom Wesen des Menschen, nach seiner allgemeinen Weltstellung wie nach seinem Verhältniss zum absoluten Wesen« (Vermischte Schriften zur Philosophie, Theologie und Ethik, XV), in der Seelenlehre soll die Verwurzelung des Geistigen im Jenseits gezeigt werden. In diese Schriften nimmt F. zwar auch Ergebnisse der empirischen Wissenschaften seiner Zeit (insbesondere der Physiologie und Psychologie) auf, jedoch nur mit dem Ziel, mit ihnen theosophische Vorstellungen abzustützen.

Werke: Über Gegensatz, Wendepunkt und Ziel heutiger Philosophie, I–III, Heidelberg 1832–1836; Grundzüge zum Systeme der Philosophie, I–III, Heidelberg 1833–1846 (repr. Aalen 1969); Beiträge zur Charakteristik der neueren Philosophie, oder kritische Geschichte derselben von DesCartes und Locke bis auf Hegel, Sulzbach [2]1841 (repr. Aalen 1968); System der Ethik, I–II, Leipzig 1850/1853 (repr. Aalen 1969); Anthropologie. Die Lehre von der menschlichen Seele, neubegründet auf naturwissenschaftlichem Wege für Naturforscher, Seelenärzte und wissenschaftlich Gebildete überhaupt, Leipzig 1856, [3]1876; Psychologie, die Lehre von dem bewußten Geiste des Menschen, oder, Entwickelungsgeschichte des Bewußtseins, begründet auf Anthropologie und innerer Erfahrung, I–II, Leipzig 1864/1873 (repr. Aalen 1970); Vermischte Schriften zur Philosophie, Theologie und Ethik, I–II, Leipzig 1869 (repr. Aalen 1969).

Literatur: H. Beckedorf, Die Ethik I. H. F.s. Ein Beitrag zur Geschichte der neueren Moralphilosophie, Diss. Rostock 1912; P. De Vitiis, I. H. F. interprete dell'idealismo tedesco, Riv. filos. neoscolastica 67 (1975), 648–664; J. Ebert, Sein und Sollen des Menschen bei I. H. F. (Von spätidealistischer Spekulation zur Existenz), Würzburg 1938; K. Hartmann, F., ADB XXXXVIII (1904), 539–552; H. Herrmann, Die Philosophie I. H. F.s. Ein Beitrag zur Geschichte der nachhegelschen Spekulation, Berlin 1928; R. Mehlich, I. H. F.s Seelenlehre und ihre Beziehung zur Gegenwart, Zürich 1935; D. Najdanović, Die Geschichtsphilosophie I. H. F.s, Berlin 1940; A. Serwe, Die Raum- und Zeitlehre I. H. F.s, Saarbrücken 1959.

O. S.

Fichte, Johann Gottlieb, *Rammenau (Lausitz) 19. Mai 1762, †Berlin 29. Jan. 1814, dt. Philosoph, einer der Hauptvertreter des deutschen Idealismus (↑Idealismus, deutscher). Sohn eines Bandwirkers, 1780 Student der Theologie in Jena, ab 1784 Hauslehrer an verschiedenen Orten in Sachsen, 1788–1790 Hauslehrer in Zürich, 1791 Bekanntschaft mit der Philosophie I. Kants. 1792 erscheint anonym F.s »Versuch einer Kritik aller Offenbarung«, der zunächst für die allgemein erwartete (1793 unter dem Titel »Die Religion innerhalb der Grenzen der bloßen Vernunft« erschienene) Religionskritik Kants gehalten wird und F. seinen ersten literarischen Ruhm bringt. 1794 wird F. als Nachfolger K. L. Reinholds an die Universität Jena berufen. Nach Schwierigkeiten zunächst mit den Studentenorden, dann vor allem im sogenannten ↑Atheismusstreit muß er 1799 Jena verlassen. In Berlin, wo er sich anfänglich dem Romantikerkreis um um L. Tieck, F. Schlegel und F. D. E. Schleiermacher anschließt, hält F. Privatvorlesungen. 1805 ein Semester Vorlesungen in (dem damals preußischen) Erlangen, 1806/1807 im Wintersemester in Königsberg. Im Winter 1807/1808 hält F. seine »Reden an die deutsche Nation«, in denen er – die Kraft des deutschen Wesens beschwörend – die geistige Erneuerung durch eine allgemeine Nationalerziehung fordert. 1810 Dekan der philosophischen Fakultät an der neugegründeten Universität Berlin, deren erster gewählter Rekor F. 1811 – allerdings auf Grund seiner rigiden Amtsführung nur bis 1812 – wird.

Die Grundlagen seiner Philosophie hat F. in seinen ↑»Wissenschaftslehren«, von denen er zwischen 1794 und 1813 immer neue Fassungen vortrug, entwickelt. In Aufnahme der Kantischen Fragestellung nach dem Grund für die Möglichkeit wahrer Erkenntnis versucht F., die Antwort Kants von deren (in seinem Verständnis noch bestehenden) Unstimmigkeiten zu befreien. Die entscheidende Umstimmigkeit sieht F. darin, daß bei Kant das ↑Ding an sich insofern eine eigenständige (d.h. subjektunabhängige) Quelle unserer Erkenntisse darstellt, als es als Ursache der Mannigfaltigkeit unserer Wahrnehmungen, des Anschauungsmaterials, postuliert werden muß. Soll die Vernunft aber aus sich selber praktisch werden können, d.i. frei und daher selbst die alleinige Ursache ihres Wirkens sein können, dann scheint dieses Postulat (eines Dinges an sich) der Möglichkeit von Freiheit zu widersprechen. F. stellt sich daher die Aufgabe, einsichtig zu machen, wie die Freiheit der Vernunft und die ›Notwendigkeit‹ ihrer Gegenstände sich verbinden lassen bzw. wie die (freie) Vernunft sich ein Objekt erzeugen kann, das sie selbst nicht ist. In diesem Sinne läßt sich F.s Programm als der Versuch verstehen, die Einheit von theoretischer (objektbestimmter) und praktischer (ihr Wirken selbst bestimmender) Vernunft unter dem Primat der praktischen Vernunft zu begreifen. Dieser Primat der praktischen Vernunft selbst ist für F. kein Gegenstand theoretisch begründender Überlegungen, sondern die philosophische Darstellung einer sich in dem ihr folgenden Denken und Handeln bestätigenden Grundentscheidung: »Was für eine Philosophie man wähle, hängt sonach davon ab, was man für ein Mensch ist« (Erste Einleitung in die Wissenschaftslehre, Sämmtl. Werke [ed. I.H. Fichte] I, 434). Die sich aus dieser Grundentscheidung, sein Leben selbst bestimmen und verantworten zu wollen ergebende Philosophie nennt F. ›Idealismus‹ im Unterschied zum ›Dogmatismus‹, der die philosophische (d.i. erkenntnistheoretische) Interpretation der Gegenhaltung darstelle, nämlich des Sich-bestimmen-lassens durch die Umstände und des Sich-dadurch-aus-der-Verantwortung-ziehens. Besonders in seinen späteren Schriften, systematisch durchgearbeitet vor allem in der »Wissenschaftslehre« von 1804, zieht F. allerdings die Bezeichnung seiner Wissenschaftslehre als ›Realismus‹, der das Sein bewußt werden lasse, gegenüber einem ›Idealismus‹, der allein die Bewußtheit des Seins kläre, vor.

Die Aufgabe, auch die Objekterkenntnis der theoretischen Vernunft, also die Bildung von Erfahrungswissen, als freies Handeln der Vernunft aufzuzeigen, versucht F. grundsätzlich dadurch zu lösen, daß er Prinzipien der Wissensbildung aufstellt, durch die Subjekt und Objekt der Erkenntnis in ihrem Verhältnis als Grund und Ursache von Erkenntnis bestimmt werden sollen. Diese Bestimmung arbeitet F. ›dialektisch‹ (er selbst verwendet den Terminus nicht) aus, d.h. im Dreischritt von der These über die Antithese zur Synthese. In der These wird die Ausgangsposition der praktischen Philosophie, nämlich die Grundentscheidung zur Selbstbestimmung als (erkenntnis-) theoretischer Grundsatz formuliert: »Das Ich setzt ursprünglich schlechthin sein eigenes Sein« (a.a.O. I, 98). Versteht man unter dem ›Sein‹ des ↑Ich dessen ›Bestimmungen‹ – d.s. die Eigenschaften, die dem Erkenntnissubjekt zukommen, insofern es sich als Erkenntnissubjekt vom Erkenntnisobjekt unterscheidet –, so wird mit dieser These behauptet, daß jede ›Bestimmung‹ des Ich, also jede Eigenschaft, durch die es definiert werden kann, Ergebnis seiner Selbstbestimmung, nämlich der als Grundlage des Philosophierens eingeforderten Entscheidung zum selbst bestimmten und verantworteten Handeln, sei. Für die erkenntnistheoretische Fragestellung nach den Gründen und Ursachen wahrer Erkenntnisse ergibt sich damit die These, daß alle Erkenntnisse (die ja insgesamt ›Bestimmungen‹ des Ich bzw., kantisch gesprochen, dessen Vorstellungen sind) durch die das Ich sowohl definierende als auch konstituierende Grundentscheidung begründet und verursacht sind. Dieser These gegenüber wird als die Antithese aufgestellt: »Dem Ich wird schlechthin ein Nicht-Ich entgegengesetzt« (a.a.O. I, 298). Diese Antithese formuliert die Ausgangsposition der ›theoretischen‹ Philosophie, nämlich das Bestehen der Objekt-Welt, die von uns weder geschaffen noch verstanden und daher zunächst nur als ↑›Nicht-Ich‹ charakterisierbar ist. Es stellt sich damit das Problem: Wie kann unsere Erkenntnis von Objekten als Ergebnis der Selbstbestimmung begriffen werden, wenn doch diese Objekte nicht von uns selbst bestimmt sind? Das Programm der Problemlösung, das Begreifen der theoretischen Vernunftleistungen unter dem Primat der praktischen Vernunft, bildet die Synthese: »Ich setze im Ich dem teilbaren Ich ein teilbares Nicht-Ich entgegen« (a.a.O. I, 305). Mit dieser Synthese werden die Eigenschaften der Objekte, deren ›Bestimmungen‹, zu den Grenzen der Selbstbestimmung des Subjekts erklärt. Jede Objektbestimmung ist danach aufzuweisen als Grenze und Widerstand, die sich für ein bestimmtes (geistiges) Handeln des Subjekts ergeben. Auch den Gehalt der Objektbestimmungen, die ›Mannigfaltigkeit der Wahrnehmungen‹, erklärt F. damit als verursacht durch das Subjekt. Denn nur dadurch, daß das Subjekt, das (absolute) Ich, sich in freier Selbstbestimmung dazu bringt, in der Welt, als teilbares Ich, zu handeln, erarbeitet es sich auch die Grenze und den Widerstand seines jeweiligen Handelns. Für sich ist die Grenze und dieser Widerstand bloße ›Negation‹ und damit keine eigene Bestimmtheit, auch nicht als mannigfaltiges Material unserer Wahrnehmung. Seine Bestimmtheit erhält es allein als Grenze bzw. ›Negation‹ eines bestimmten Handelns: als vom (absoluten) Ich (d.h. durch die freie Grundentscheidung) im Ich (d.h. in dem der Selbstreflexion zugänglichen Bewußtsein) dem teilbaren Ich (d.h. dem in bestimmter Weise in der Welt handelnden Subjekt) entgegengesetztes teilbares Nicht-Ich (d.h. nur als Negation dieses bestimmten Handelns bestimmter Wahrnehmungsgehalt).

Mit dieser Synthese glaubt F. den Kantischen Dualismus von Erkenntnisursache und Erkenntnisgrund überwunden zu haben. Aus ihr entsteht sowohl die Möglichkeit als auch die Aufgabe, nicht nur (wie Kant über die Urteilsformen und ↑Kategorien) die ›Form‹, d.h. die begrifflichen Unterscheidungs- und Gleichsetzungsmöglichkeiten, der möglichen Erfahrung, sondern auch deren Inhalt, die Möglichkeiten zur Wahrnehmung von mannigfaltigen Eindrücken, apriorisch zu begründen. Insofern alle Bestimmtheit der Erfahrung nur die Negation der durch das Ich, das Subjekt, gesetzten jeweiligen (Erkenntnis-)Handlung ist, kann diese Begründung durch eine Analyse der subjektverursachten Erkenntnishandlungen – von der sinnlichen Wahrnehmung bis hin zur begrifflichen Selbsterkenntnis – geleistet werden. Da diese Erkenntnishandlungen in der (richtigen) Bildung von Bewußtsein bestehen und dieses Bewußtsein wiederum nur dadurch analysierbar ist, daß es bewußt gemacht, also zum Selbstbewußtsein wird, kann F. sein Programm auch durch die Forderung charakterisieren, eine »vollständige Deduktion der ganzen Erfahrung aus der Möglichkeit des Selbstbewußtseins« vorzuführen (a.a.O. I, 462; ähnlich I, 447 und II, 407). Diese ›Deduktion‹, die F. selbst von einer ›Demonstration‹ bzw. einem Beweis unterscheidet, ist eine *genetische Rekonstruktion* unseres Bewußtseins – und damit für F. unseres Wissens. F. geht von einem bestimmten Wissen aus – z.B. von dem Satz »A ist A« (1794), vom Wissen um die Möglichkeit der vernünftigen Selbstbestimmung durch den Versuch dieser Selbstbestimmung (1797), von einigen geometrischen Sätzen (1801), von der Existenz von »Wahrheit, die allein wahr sei und alles andere außer ihr unbedingt falsch« (1804; a.a.O. X, 90) – und sucht dazu die Handlungsweisen des Erkenntnissubjekts auf, die sich in einem Programm als die notwendigen Bedingungen dieses Wissens ergeben. Auf diese Weise konstruiert er zu dem faktischen Wissen bzw. Bewußtsein dessen Grund und Ursache hinzu; mit dem doppelten Ergebnis, daß damit sowohl die Stufen, auf denen sich das Selbstbewußtsein (in F.s Wissenschaftslehre) bildet, als auch die Struktur möglicher Objekterfahrung im Rahmen der F.schen Synthese klärt. Die unser mögliches Erfahrungswissen strukturierende Wissenschaftslehre ist damit zugleich »eine pragmatische Geschichte des menschlichen Geistes« (a.a.O. I, 222).

Nachdem F. in den ersten Fassungen siner »Wissenschaftslehren« auf die Ausarbeitung der Strukturen möglicher Erfahrung den meisten Raum verwendet hat, legt er in den späteren Fassungen (besonders in der Fassung von 1804) immer größeren Wert auf die Begründung seines erkenntnistheoretischen Standpunkts, wie er in der Synthese von 1794 erstmals formuliert ist. Erklärlich ist diese Bemühung sowohl durch das weitgehende Unverständnis, dem sich F. (nicht zuletzt auf Grund der hermetischen Darstellungsweise, deren er sich bedient) mit seinen »Wissenschaftslehren« gegenübersieht, als auch durch sein eigenes Verständnis dieser »Wissenschaftslehren« als der ›wissenschaftlichen‹ Fundierung aller seiner anderen Arbeiten, auch seiner Schriften zur Rechts-, Moral- und Religionsphilosophie. Tatsächlich aber haben diese Schriften auch ohne die Vermittlung der F.schen Erkenntnistheorie ihr Publikum gefunden und eher den Schlüssel zum (allgemeinen) Verständnis der »Wissenschaftslehren« geliefert als umgekehrt.

F.s Sitten- und Rechtslehre läßt sich (wie seine theoretische Philosophie) verstehen als die philosophische Darstellung, Begründung und Erklärung der Vernunftentscheidung zur Selbstbestimmung. Der Mensch, das ›empirische Ich‹, soll sich immer mehr in diese selbständige Vernünftigkeit, die ›Freiheit‹ des ›absoluten Ich‹ einüben: »Ich soll frei handeln, damit ich frei werde« (a.a.O. IV, 153); »Wer auf Autorität hin handelt, handelt [...] notwendig gewissenlos« (a.a.O. IV, 175). Durch meine eigene Bildung zur vernünftigen Selbständigkeit sollen dabei auch die übrigen Mitglieder der Gesellschaft zu größerer Freiheit gebracht werden. Um eine Gemeinschaft freier Wesen zu ermöglichen, ist die Festlegung von Recht notwendig: »jedes freie Wesen [muß] es sich zum Gesetze mache[n], seine Freiheit durch den Begriff der Freiheit aller übrigen einzuschränken« (a.a.O. III, 92). Ausgehend von den Urrechten der freien Person, dem Recht auf leibliche Freiheit und Eigentum, argumentiert F. dafür, daß diese Urrechte nur durch ein Zwangsrecht gegen Unrechttäter garantiert werden können, welches seinerseits zu seiner Legitimation eines freien Vertrages der freien Bürger bedarf. Dieser Vertrag muß in einer bürgerlichen Gesetzgebung verbindlich formuliert sein und durch eine dazu befähigte und befugte Staatsgewalt durchgesetzt werden. Insofern allerdings das Recht nur die Aufgabe hat, die gemeinsame Existenz freier Wesen zu sichern und damit die Erziehung zur Sittlichkeit zu ermöglichen, muß der Staat auf seine eigene Vernichtung ausgehen; denn in einem Zustand erreichter Sittlichkeit wäre die staatliche Zwangsgewalt zur Sicherung der Urrechte eben nicht mehr erforderlich. – Eine eigene Konzeption von einem sozialistischen Staat legt F. in seiner Schrift »Der geschlossene Handelsstaat« vor: Dieser Staat regelt sowohl die Verteilung der Arbeit als auch des (vollen) Arbeitsertrags an seine Bürger. Außerdem bestimmt er alle Handelsbeziehungen mit anderen Staaten.

Auch F.s religions- und geschichtsphilosophische Schriften sind Auslegungen der Konzeption vernünftiger Selbständigkeit. Für den religiösen Menschen gilt, daß er moralisch ist, d.h. die vernünftige Freiheit zu erreichen sucht und sich in diesem seinem Versuch in einer ›moralischen Weltordnung‹, für die man den Namen ›Gott‹ setzen kann, geborgen fühlt. In späteren Schriften verwendet F. allerdings bei der Formulierung seiner Religionsphilosophie in immer stärkerem Maße eine die Interpretation erschwerende mystische Bildwelt. Die Geschichte teilt F. in fünf ›Grundepochen‹ ein, in denen die Vernunft sich immer mehr zunächst von dem sie beherrschenden Naturinstinkt löst und dann von den verschiedenen Formen der Autorität befreit.

Werkausgaben: J. G. F.-Gesamtausgabe der Bayerischen Akademie der Wissenschaften, ed. R. Lauth/H. Jacob, Stuttgart 1962ff. (auf 30 Bde in 4 Abteilungen berechnet: Reihe I: Werke, Reihe II: Nachgelassene Schriften, Reihe III: Briefe, Reihe IV: Kollegnachschriften); J. G. F.s sämmtliche Werke, I–VIII, ed. I. H. Fichte, Berlin 1845–1846 (repr. 1965); J. G. F.s nachgelassene Werke, I–III, ed. I. H. Fichte, Bonn 1834–1835 (repr. Berlin 1962); Werke. Auswahl in 6 Bänden, ed. F. Medicus, Leipzig 1910–1912 (repr. Darmstadt 1962). – H. M. Baumgartner/W. G. Jacobs (eds.), J. G. F.-Bibliographie, Stuttgart-Bad Cannstatt 1968.

Literatur: A. Abusch, J. G. F. und die Zukunft der Nation, Berlin 1962; G. Bader, Mitteilung göttlichen Geistes als Aporie der Religionslehre J.G.F.s, Tübingen 1975; Z. Batscha, Gesellschaft und Staat in der politischen Philosophie F.s, Frankfurt 1970; P. Baumanns, F.s ursprüngliches System. Sein Standort zwischen Kant und Hegel, Stuttgart-Bad Cannstatt 1972; M. Brüggen, F.s Wissenschaftslehre. Das System in den seit 1801/02 entstandenen Fassungen, Hamburg 1979; M. Buhr, Revolution und Philosophie. Die ursprüngliche Philosophie J. G. F.s und die Französische Revolution, Berlin 1965; J. Drechsler, F.s Lehre vom Bild, Stuttgart 1955; H. C. Engelbrecht, J. G. F.. A Study of his Political Writings with Special Reference to his Nationalism, New York 1933; K. Fischer, J. G. F. und seine Vorgänger, Heidelberg [2]1890; E. Fuchs (ed.), J. G. F. im Gespräch. Berichte der Zeitgenossen I: 1762–1798, Stuttgart-Bad Cannstatt 1978; M. Gueroult, L'évolution et la structure de la doctrine de la science chez F., I–II, Paris 1930; G. Gurwitsch, F.s System der konkreten Ethik, Tübingen 1924; H. Heimsoeth, F., München 1923; D. Henrich, F.s ursprüngliche Einsicht, Frankfurt 1967; F. Inciarte, Transzendentale Einbildungskraft. Zu F.s Frühphilosophie im Zusammenhang des transzendentalen Idealismus, Bonn 1970; W. G. Jacobs, Trieb als sittliches Phänomen. Eine Untersuchung zur Grundlegung der Philosophie nach Kant und F., Bonn 1967; W. Janke, F.. Sein und Reflexion – Grundlagen der kritischen Vernunft, Berlin 1970; H. Jergius, J. G. F.: Die Theorie des Gewissens, in: J. Speck (ed.), Grundprobleme großer Philosophen. Philosophie der Neuzeit II, Göttingen 1976, 71–108; ders., Philosophische Sprache und analytische Sprachkritik. Bemerkungen zu F.s Wissenschaftslehren, Freiburg/München 1975; E. Lask, F.s Idealismus und die Geschichte, Tübingen/Leipzig 1902; R. Lauth, J. G. F.s Gesamtidee der Philosophie, in: Philos. Jb. 71 (1964), 252–285; X. Léon, F. et son temps, I–III, Paris 1922–1927; K. Pohl, F.s Bildungslehre in seinen Schriften über die Bestimmung des Gelehrten, Meisenheim 1966; H. Radermacher, F.s Begriff des Absoluten, Frankfurt 1970; W. Ritzel, F.s Religionsphilosophie, Stuttgart 1956; H. Schelsky, Theorie der Gemeinschaft nach F.s »Naturrecht« von 1796, Berlin 1935; I. Schindler, Reflexion und Bildung in F.s Wissenschaftslehre von 1794, Düsseldorf 1966; W. H. Schrader, Empirisches und absolutes Ich. Zur Geschichte des Begriffs Leben in der Philosophie J. G. F.s, Stuttgart-Bad Cannstatt 1972; H. Schuffenhauer, Die Pädagogik J. G. F.s, Berlin 1963; K. Schuhmann, Die Grundlagen der Wissenschaftslehre in ihrem Umrisse. Zu F.s »Wissenschaftslehren« von 1794 und 1810, Den Haag 1968; G. Schulte, Die Wissenschaftslehre des späten F., Frankfurt 1971; W. Schulz, J. G. F.. Vernunft und Freiheit, Pfullingen 1962; J. Schurr, Gewißheit und Erziehung. Versuch einer Grundlegung der Erziehungslehre F.s nach Prinzipien der Wissenschaftslehre, Ratingen 1965; I. Schüssler, Die Auseinandersetzung von Idealismus und Realismus in F.s Wissenschaftslehre, Frankfurt 1972; L. Siep, Hegels F.kritik und die Wissenschaftslehre von 1804, Freiburg/München 1970; H. Verweyen, Recht und Sittlichkeit in J. G. F.s Gesellschaftslehre, Freiburg/München 1975; W. Weischedel, Der frühe F.. Aufbruch der Freiheit zur Gemeinschaft, Stuttgart [2]1973; ders., Der Zwiespalt im Denken F.s. Rede zum 200. Geburtstag J. G. F.s gehalten am 19. Mai 1962 an der Freien Universität Berlin, Berlin 1962; J. Widmann, Die Grundstruktur des transzendentalen Wissens. Nach J.G.F.s Wissenschaftslehre 1804,

Hamburg ²1977; B. Willms, Die totale Freiheit. F.s politische Philosophie, Köln/Opladen 1967; M. Wundt, J. G. F., Stuttgart 1927; ders., F.-Forschungen, Stuttgart 1929 (repr. Stuttgart-Bad Cannstatt 1976). O. S.

Ficino, Marsilio, *Figline 19. Okt. 1433, †Careggi 1. Okt. 1499, ital. Arzt und Philosoph. Lehrte an der von Cosimo de' Medici 1459 gegründeten ↑Platonischen Akademie in Florenz, 1473 Priesterweihe. In seinen Harmonisierungsbemühungen zwischen christlicher Offenbarungslehre und Platonischer Philosophie, unter Einschluß Aristotelischer und Augustinischer Lehrstücke, gehört F. zu den bedeutendsten Vertretern der Renaissancephilosophie. Der Bemühung um eine ›philosophica quaedam religio‹ dienen Übersetzungen und Kommentare sowie die beiden Hauptwerke »De christiana religione« (Florenz 1474) und »Platonica theologia de immortalitate animorum« (Florenz 1482).

Werke: Opera, Basel 1561, I–II, 1576 (repr. I–II, Turin 1959/1962), Paris 1641; Supplementum Ficinianum, I–II, ed. P. O. Kristeller, Florenz 1937 (repr. 1973); De triplici vita, Florenz 1489, Basel 1490, Venedig 1498 (repr. Hildesheim 1973); De vita libri tres, Venedig 1498 (repr. mit krit. App., Reg. und Nachwort v. M. Plessner, Hildesheim 1978); Theologia Platonica de immortalitate animorum XVIII libris comprehensa, Florenz 1482, Paris 1559 (repr. Hildesheim 1975), I–III, ed. R. Marcel, Paris 1964–1970; The Letters of M. F., ed. P. O. Kristeller, London 1975 (repr. London/Dallas 1978).

Literatur: D. Benesch, M. F.s »De triplici vita« (Florenz 1489) in deutschen Bearbeitungen und Übersetzungen, Frankfurt/Bern/Las Vegas 1977; E. Cassirer, Individuum und Kosmos in der Philosophie der Renaissance, Berlin 1927 (repr. Darmstadt 1963); A. B. Collins, The Secular is Sacred. Platonism and Thomism in M. F.s Platonic Theology, The Hague 1974; P. O. Kristeller, Die Philosophie des M. F., Frankfurt 1972 (Originalfassung von 1937), engl. The Philosophy of M. F., New York 1943, ital. Il pensiero filosofico di M. F., Florenz 1953; ders., The Scholastic Background of M. F.. With an Edition of Unpublished Texts, Traditio 2 (1944), 257–318; R. Marcel, M. F. (1433–1499), Paris 1958; M. Schiavone, Problemi filosofici in M. F., Mailand 1957; C. A. Staudenhauer, Galileo, F., and Henry More's Psychathanasia, J. Hist. Ideas 29 (1968), 565–578; A. della Torre, Storia dell' Accademia Platonica di Firenze, Florenz 1902. J. M.

Fideismus (von lat. fides, Glaube), Sammelbezeichnung für (1) eine antirationalistische Glaubensphilosophie, nach der die göttliche Offenbarung ausschließlich Quelle des Glaubens und dieser wegen der behaupteten Erkenntnisunfähigkeit der menschlichen Vernunft das Prinzip der Erkennbarkeit ist. In den erkenntnistheoretischen Grundannahmen ist der F. identisch mit dem als Reaktion gegen ↑Rationalismus und Materialismus (↑Materialismus (historisch)) der antimetaphysischen und antitheologischen Aufklärungsphilosophie entstandenen ↑Traditionalismus. Ein gemäßigter F. behauptet in Weiterentwicklung der Lehre von der doppelten Wahrheit (↑Wahrheit, doppelte) die Unfähigkeit der Vernunft zur Erkenntnis metaphysischer Wahrheit und betrachtet die durch Tradition und Schrift überlieferte und durch Übereinstimmung der Menschen (↑consensus gentium) gesicherte göttliche Offenbarung als ausschließliche Quelle für Sätze der ↑Ethik. Häufig bezieht sich der F. auf I. Kant. Dabei wird jedoch übersehen, daß dessen Unterscheidung ›bloß statutarischer‹ und ›rein moralischer‹ Gesetze (Der Philosophischen Religionslehre Drittes Stück, B 148/A 140) in der Absicht erfolgt, die Erkenntnis nur der voluntaristischen göttlichen Gesetze von der Offenbarung abhängig, die rein moralische Gesetzgebung Gottes aber der Vernunfterkenntnis zugänglich zu machen. Innerhalb der erkenntistheoretischen Diskussion des dialektischen Materialismus (↑Materialismus, dialektischer) wird der Begriff des F. häufig verwendet, um nicht-materialistische Positionen als ›Glaubensphilosophie‹ zu diskreditieren.

Der F. tritt (2) als Bezeichnung einer von der reformierten theologischen Fakultät in Paris durch A. Sabatier (Esquisse d'une philosophie de la religion, 1897) und E. Ménégoz (Réflexions sur l'Evangile du salut, 1879) zur Annäherung orthodoxer und liberaler Theologie entwickelten relativistischen Religionsphilosophie auf, nach der religiöse Begriffe nicht transzendente Wahrheiten fassen, sondern als bloße Symbole (Symbolfideismus) historische Bemühungen um eine dem jeweiligen Wissenschaftsbegriff korrespondierende Form des religiösen Empfindens sind.

Literatur: W. Bartley, The Retreat to Commitment, London 1964; H. Dahm, F., Hist. Wb. Ph. II (1972), 946–947; J. Hasenfuss, F., LThK IV (²1960), 117–118; E. Ménégoz, Réflexions sur l'Evangile du salut, Paris 1897; A. Sabatier, Esquisse d'une philosophie de la religion d'après la psychologie et l'histoire, Paris 1897, ⁸1910, ¹⁰1937; G. Santayana, Scepticism and Animal Faith, Introduction to a System of Philosophy, London 1923. H. R. G.

Figur (logisch) (von lat. figura), (1) P. Lorenzen bezeichnet ↑Kalküle als Verfahren der Herstellung von F.en. Die F.en eines Kalküls sind sowohl die Kalkülanfänge als auch die daraus nach den Kalkülregeln gebildeten (›abgeleiteten‹) Konfigurationen. (2) In der traditionellen Logik werden die vier syllogistischen Schlußschemata ›F.en‹ genannt (↑Syllogistik).

Literatur: P. Lorenzen, Einführung in die operative Logik und Mathematik, Berlin/Heidelberg/New York 1955, ²1969. G. W.

Fiktion, zunächst eine Aussage, von der nicht gesagt werden kann, daß sie wahr oder falsch ist. Dies ist der Fall, wenn in der Aussage ein ↑Nominator (Eigenname, Kennzeichnung) ohne Referenz (Bedeutung) vorkommt (↑Pseudokennzeichnung). Zulässig sind solche Aussagen als *literarische F.en* (↑Fiktion, literarische). In einem hiervon abweichenden, außerliterarischen Sinne spricht man häufig auch dann von einer F., wenn eine Aussage noch nicht hinreichend überprüft wurde, jedoch prinzipiell ↑wahrheitsfähig ist. So können ↑*Hypothesen* als F.en gedeutet werden, für die ein Verfahren existiert, das ihre Überprüfung gestattet. Weitere außerliterarische F.en sind dann Beschreibungen gewollter oder in Erwägung gezogener ↑Zustände, z.B. in Form von ↑*Antizipationen* und ↑*Annahmen,* desgleichen alle *Vernunftbegriffe* im Sinne I. Kants: diese sind »bloße Ideen, und haben freilich keinen Gegenstand in irgend einer Erfahrung, aber bezeichnen darum doch nicht gedichtete und zugleich dabei für möglich angenommene Gegenstände. Sie sind bloß problematisch gedacht, um, in Beziehung auf sie (als heuristische F.en), regulative Prinzipien des systematischen Verstandesgebrauchs im Felde der Erfahrung zu gründen« (KrV B 799). Im Anschluß an diesen Sprachgebrauch Kants hat H. Vaihinger diesen Begriff der F. in seiner Philosophie des ↑als ob zur Grundlage einer Sonderform idealistischer Erkenntnistheorie genommen. Unterschieden werden von Vaihinger unter anderem abstrakte, schematische, paradigmatische, utopische und typische F.en, ferner juristische und praktische (z.B. Freiheit, Pflicht, Unsterblichkeit).
In neueren sprachphilosophisch-logischen Analysen werden F.en speziell unter dem Begriff der *counterfactual assumptions* (tatsachenwidrigen Annahmen) behandelt. Counterfactual assumptions haben die Form von *irrealen Konditionalsätzen* (counterfactual conditionals, ↑Konditionalsatz, irrealer), d.h. von wenn-dann-Aussagen mit falscher oder als falsch unterstellter wenn-Aussage. Dies geschieht in wissenschaftstheoretischen Zusammenhängen, z.B. der Formulierung von Voraussetzungen in indirekten Beweisen (↑reductio ad absurdum), der Analyse von ↑Dispositionsbegriffen und der Gesetzesartigkeit von Aussagen, in der Absicht, ein ↑Wahrheitskriterium für derartige Aussagen zu formulieren bzw. ↑Wahrheitsbedingungen dieser Aussagen anzugeben (N. Goodman, N. Rescher). Eine allgemein akzeptierte Lösung der hierbei auftretenden Probleme existiert derzeit nicht (vgl. W. Stegmüller).

Literatur: G. Gabriel, Definitionen und Interessen. Über die praktischen Grundlagen der Definitionslehre, Stuttgart-Bad Cannstatt 1972, 97ff.; ders., F. und Wahrheit. Eine semantische Theorie der Literatur, Stuttgart-Bad Cannstatt 1975, bes. 33ff.; N. Goodman, The Problem of Counterfactual Conditionals, J. Philos. 44 (1947), 113–128; ders., Fact, Fiction, and Forecast, London 1954, Cambridge Mass. 1955, Indianapolis/New York/Kansas City ²1965; D.K. Lewis, Counterfactuals, Oxford/Cambridge Mass. 1973; N. Rescher, Hypothetical Reasoning, Amsterdam 1964; W. Stegmüller, Probleme und Resultate der Wissenschaftstheorie und Analytischen Philosophie I (Wissenschaftliche Erklärung und Begründung), Berlin/Heidelberg/New York 1969, 273ff., 452ff.; H. Vaihinger, Die Philosophie des Als ob. System der theoretischen, praktischen und religiösen F.en der Menschheit auf Grund eines idealistischen Positivismus, Berlin 1911, ²1913; J. Woods, The Logic of Fiction. A Philosophical Sounding of Deviant Logic, The Hague/Paris 1974.
J. M.

Fiktion, literarische, Charakterisierung von Dichtung entsprechend ihren Eigenschaften, *fiktionale* und *literarische* Rede zu sein. L. F.en stellen von jeher eine Herausforderung an die Erkenntnistheorie dar, indem sie (vgl. bereits den fälschlicherweise Platon zugesprochenen Vorwurf der Lüge) Anspruch auf eine nicht-wissenschaftliche Erkenntnisvermittlung erheben. In diesem Zusammenhang sind insbesondere die folgenden Fragen zu beantworten: (1) Was unterscheidet fiktionale Rede von anderen Arten der Rede? (2) Was macht fiktionale Rede literarisch? (3) Wie kann literarische fiktionale Rede Erkenntnisse vermitteln?
Im Unterschied zu alltäglicher und wissenschaftlicher Rede sind für fiktionale Rede (↑Fiktion) die Regeln der ↑Referenz und der ↑Denotation aufgehoben, d.h., die verwendeten referenzialisierenden Ausdrücke wie z.B. Eigennamen und Kennzeichnungen brauchen keine Referenz zu haben und die verwendeten prädikativen Ausdrücke dürfen auch an grammatischer Subjektstelle leer sein. Darüber hinaus besteht ein Unterschied in illokutionärer Hinsicht. Betrachtet man den ↑Sprechakt des Behauptens und rückt damit vor allem die erzählende Dichtung in den Blick, so läßt sich sagen, daß der die Geschichte präsentierende Sprechakt zwar die Form einer Behauptung hat, ihm die ›behauptende Kraft‹ aber fehlt (vgl. G. Frege, Der Gedanke, in: ders., Kleine Schriften, ed. I. Angelelli, Darmstadt 1967, 347). Dies bedeutet zunächst, daß fiktionale Rede keinen Wahrheitsanspruch erhebt, also falsch oder weder

wahr noch falsch sein darf, und ferner, daß die für Behauptungen geltenden Regeln der Aufrichtigkeit (der Sprecher muß glauben, daß seine Äußerung wahr ist), der Argumentation (der Sprecher muß die Wahrheit seiner Äußerung verteidigen) und der Konsequenz (der Sprecher muß die Folgerungen aus seinen Äußerungen anerkennen) aufgehoben sind. Angesichts dieser Charakterisierung von fiktionaler Rede stellt sich die Frage, wie literarische fiktionale Rede, d.h. Dichtung, Erkenntnisse vermitteln können soll. Frege und die ihm folgenden Emotivisten haben ihr denn auch eine andere Funktion zugewiesen, nämlich auf Gefühle und Einstellungen zu wirken.

Die Frage nach dem Erkenntniswert der Dichtung wird meist als Frage nach der Wahrheit der Dichtung verstanden. Obwohl damit eine starke und unnötige Einschränkung hinsichtlich der Möglichkeiten anderer Arten der Erkenntnisvermittlung vorgenommen wird, ist der Wahrheitsanspruch doch der weitestreichende Anspruch und verdient besondere Beachtung. Da ↑›Wahrheit‹ als ›Aussagenwahrheit‹ aufzufassen ist, wurden die Wahrheiten der Dichtung teilweise mit solchen wahren Aussagen identifiziert, die insbesondere als allgemeine Reflexionen neben falschen und weder wahr noch falschen Aussagen in Werken der Dichtung vorkommen. Liefe der Wahrheitsanspruch auf nichts anderes hinaus, so wäre er eine triviale Angelegenheit. Diese Verkürzung resultiert jedoch aus einem zu einseitigen Bedeutungsbegriff (↑Bedeutung). Was ein Text der Dichtung meint, muß nicht unbedingt in ihm *gesagt* sein oder aus dem Gesagten im logischen Sinne folgen, es kann auch *gezeigt* sein. Der Text kann über sich hinaus weisen, indem die berichteten Vorgänge für etwas anderes stehen. Auf Grund der Fiktionalität verliert das Geschehen den Charakter des Historisch-Singularen und wird zum Besonderen, einen eigenen Sinn aufweisend. Gerade diese Richtungsänderung des Meinens ist es, die aus fiktionaler Rede *literarische* fiktionale Rede macht.

Die traditionelle Formulierung von der Darstellung des ↑Allgemeinen im Besonderen läßt sich hier zwanglos anschließen. Soweit die Dichtung Aussagen macht, das Allgemeine die Form einer Aussage annimmt, kann ihr ein Wahrheitsanspruch zugebilligt werden. Allerdings ist dieser nicht dahingehend mißzuverstehen, als könne komplexe Dichtung auf eine abstrakte ›Moral von der Geschicht‹ hin festgelegt oder gar durch diese ersetzt werden. Aussagen mögen die Richtung des Verständnisses angeben, sie liefern aber keine ›erschöpfenden Auskünfte‹. Diese Feststellung gilt es vom Wahrheitsanspruch der Dichtung auf deren Erkenntnisanspruch überhaupt auszudehnen, von den Aussagen also auf andere Formen des Allgemeinen: Die durch die Darstellung des Allgemeinen im Besonderen vermittelte Erkenntnis läßt sich zunächst (in der Sprache der erkenntnistheoretischen Tradition von G.W. Leibniz und A.G. Baumgarten ausgedrückt) als anschaulich-klar charakterisieren, im Unterschied zur begrifflich-deutlichen Erkenntnis der Wissenschaften (↑klar und deutlich). Das Verhältnis des Allgemeinen zum Besonderen ist dann weiter als unbestimmt in dem Sinne aufzufassen, daß es nicht abschließend auf den Begriff gebracht werden kann. Es gilt hier, was I. Kant in seiner Definition von ›ästhetische Idee‹ sagt, daß dieser kein »bestimmter Gedanke, d.i. *Begriff,* adäquat sein kann« (KU §49). Die Funktion ästhetischer Ideen, die bei Kant in psychologischer Terminologie als Anregung der ↑Einbildungskraft zur Bildung von Nebenvorstellungen bestimmt wird, läßt sich in sprachphilosophischer Reformulierung als die Funktion der kontextuellen Freisetzung von ↑Konnotationen deuten, womit dann nicht nur eine semantische Charakterisierung fiktionaler literarischer Rede, sondern literarischer Rede überhaupt gewonnen ist.

Literatur: J. Anderegg, F. und Kommunikation. Ein Beitrag zur Theorie der Prosa, Göttingen 1973, [2]1977; M.C. Beardsley, Aesthetics. Problems in the Philosophy of Criticism, New York 1958; J. Bruck, Zum Begriff l.r F., Z. germanist. Linguistik 6 (1978), 283–303; G. Gabriel, F. und Wahrheit. Eine semantische Theorie der Literatur, Stuttgart-Bad Cannstatt 1975; W. Iser, Die Wirklichkeit der F., in: R. Warning (ed.), Rezeptionsästhetik. Theorie und Praxis, München 1975, 277–324; J.R. Searle, The Logical Status of Fictional Discourse, New Literary History 6 (1974/1975), 319–332; J. Woods/T.G. Pavel (eds.), Formal Semantics and Literary Theory, Amsterdam 1979 (=Poetics. Int. Rev. for the Theory of Literature 8 [1979], 1–267 [No. 1/2]). G.G.

Filter, Begriff der ↑Mengenlehre und ↑Verbandstheorie, der in der Mathematik und ↑Modelltheorie Anwendung findet. Ein nicht-leeres System F von Teilmengen einer Menge M heißt F. auf M, wenn gilt: (1) Die leere Menge gehört nicht zu F, (2) jede Teilmenge von M, die eine Menge aus F umfaßt, gehört zu F, (3) der Durchschnitt endlich vieler Mengen aus F gehört zu F. F heißt *feiner* als der F. F' auf M (bzw. F' *gröber* als F), falls $F' \subset F$. So bilden die Umgebungen eines Punktes x eines topologischen Raumes (↑abgeschlossen/Abgeschlossenheit, ↑Dimension) einen F., den sogenannten *Umgebungsfilter* von x. Auf der Menge N der nicht-negativen ganzen Zahlen bilden die Teilmengen von N, die Komplemente von endlichen Mengen sind, einen F., den sogenannten *Fréchet-Filter*. Den zu einer Folge $(x_n)_{n\in\mathbb{N}}$ von Elementen x_n aus einer Menge M gehörigen *Elementarfilter* bilden die Teilmengen von M, die alle Glieder x_n der Folge mit Ausnahme von endlich vielen enthalten.

In der *Verbandstheorie* heißt eine Untermenge F eines ↑Verbandes $\langle V|\sqcap,\sqcup\rangle$ F. (oder auch duales Ideal oder $\sqcap$-Ideal), falls (1) für x und y aus F auch $x\sqcap y$ aus F, (2) für x aus F und v aus V auch $x\sqcup v$ aus F ist. Ein (von V verschiedener) F. F heißt *Ultrafilter* (bzw. maximaler F.) des Verbandes V, wenn es keinen von V verschiedenen F. in V gibt, der echte Obermenge von F ist. Im Ultrafiltertheorem wird mit Hilfe des ↑Auswahlaxioms gezeigt, daß es zu jedem F. F in einem beliebigen ↑Booleschen Verband $\langle A|\sqcap,\sqcup,^*\rangle$ einen Ultrafilter gibt, der F umfaßt. Anwendungen liefern die Modelltheorie und die Theorie formaler Sprachen.

Literatur: J.L. Bell/A.B. Slomson, Models and Ultraproducts. An Introduction, Amsterdam 1969, [2]1971; N. Bourbaki, Éléments de mathématique, Paris 1939ff.; H. Gericke, Theorie der Verbände, Mannheim 1963; H. Hermes, Einführung in die Verbandstheorie, Berlin 1955; A. Robinson, Introduction to Model Theory and to the Metamathematics of Algebra, Amsterdam 1963; R. Sikorski, Boolean Algebras, Berlin 1960, New York [2]1964. K.M.

filum cogitandi (auch filum Ariadnaeum), von G.W. Leibniz in Anspielung auf das Wollknäuel Ariadnes, das Theseus aus dem Labyrinth des Minotauros führte, verwendete Charakterisierung für die Leistungsfähigkeit seines Logikkalküls, in dessen Rahmen (dem realisierten Teilstück einer ↑lingua universalis bzw. einer ↑ars characteristica) inhaltliches Schließen die formale Sicherheit rein syntaktischer Umformungen gewinnt (↑Leibnizsche Charakteristik). Im weiteren Sinne eines *methodischen* Vorgehens bei Leibniz Kennzeichnung sowohl für die Kunst des Urteilens oder des Beweisens (↑ars iudicandi) als auch für die Kunst der ↑Forschung (↑ars inveniendi) (Elementa rationis, C. 335; vgl. C. 420 [Entwurf zu einer Enzyklopädieeinleitung] und Brief aus dem Jahre 1677 an J. Gallois, Akad.-Ausg. 2. Reihe Bd. I, 381). J.M.

Finalisierung, von G. Böhme, W. van den Daele und W. Krohn 1972 eingeführter Begriff, mit dem innerhalb der von T.S. Kuhn entwickelten Theorie der Wissenschaftsgeschichte der Zustand der normalen Wissenschaft (↑Wissenschaft, normale, ↑Paradigma) zugleich als ein solcher ausgezeichnet werden soll, der auf Grund seiner ›theoretischen Reife‹ für die Steuerung durch wissenschaftsexterne (politische) Faktoren zugänglich ist. Durch die Konzeption der F. soll zugleich dem von der ↑Wissenschaftstheorie vertretenen Gesichtspunkt der nach Rationalitätsstandards ausgerichteten inneren Selektion des Forschungsprozesses als auch dem von der ↑Wissenschaftssoziologie geltend gemachten Phänomen der Steuerung der Wissenschaft durch soziale Prozesse Rechnung getragen werden. Weniger deutlich wird ein praktisches Interesse der Ausrichtung der Wissenschaft an allgemeinen Orientierungen expliziert. Die F.sthese ist inzwischen durch zahlreiche wissenschaftshistorische Fallstudien expliziert und untermauert worden. 1976 wurde in Deutschland eine öffentliche Kontroverse um die F.sthese geführt, wobei die Kritiker insbesondere von der Befürchtung einer politischen Indienstnahme der Grundlagenforschung ausgingen (↑Wissenschaftsforschung).

Literatur: G. Böhme/W. v. d. Daele/W. Krohn, Alternativen in der Wissenschaft, Zeitschrift für Soziologie 1 (1972), 302–316; dies., Die Finalisierung der Wissenschaft, ebd. 2 (1973), 128–144; dies., Experimentelle Philosophie. Ursprünge autonomer Wissenschaftsentwicklung, Frankfurt 1977; G. Böhme u.a., Die gesellschaftliche Orientierung des wissenschaftlichen Fortschritts, Frankfurt 1978; K. Hübner u.a. (eds.), die politische Herausforderung der Wissenschaft. Gegen eine ideologisch verplante Forschung, Hamburg 1976. C.F.G.

Finalismus, die an der Aristotelischen Kategorie der ↑causa finalis orientierte Lehre einer durchgängigen ↑Finalität allen Geschehens. Wie die mit der Kategorie der causa finalis arbeitende ↑Teleologie kann F. sowohl *ontologisch* im Sinne einer Lehre von realen Abläufen (Handlungen, Ereignissen, Vorgängen) als auch *methodologisch* im Sinne einer Lehre von den Darstellungs- und Erklärungs- bzw. Deutungsmöglichkeiten von realen Abläufen aufgefaßt werden. J.M.

Finalität (von lat. finalis, das Ende betreffend, zweckgerichtet; nach-klass. von finis, Grenze, Ziel, Zweck), im Gegensatz zu ↑Kausalität die Bestimmung eines Geschehens und einer Handlung nicht durch ihre (Wirk-)Ursachen (↑causa), sondern durch ihre ↑Ziele und ↑Zwecke (↑Teleologie). Paradigma der F. ist die planvolle Handlung (bzw. deren teleologische Erklärung über die Angabe der sie leitenden Zwecke). Im Sinne der Aristotelischen Unterscheidung zwischen causa efficiens und causa finalis kann daher auch unter F. eine ›praktische‹ Kausalität (↑Grund), im Gegensatz zur ›theoretischen‹ Kausalität der Naturvorgänge, verstanden werden. So spricht I. Kant von einer Kausalverbindung nach einem Vernunftbegriff von Zwecken, »in der das Ding, welches einmal als Wirkung bezeichnet ist, dennoch aufwärts den Namen einer Ursache desjenigen Dinges verdient, wovon es die Wirkung ist« (KU § 65). In diesem Sinne ist der Begriff der F. auch auf physische Vorgänge bezogen worden (Aristoteles, G. W. Leibniz), so vor allem in der Biologie (↑Vitalismus).

Literatur: N. Hartmann, Teleologisches Denken, Berlin 1951, ^{2}1966; R. Mathes, Evolution und F.. Versuch einer philosophischen Deutung, Meisenheim 1971. J. M.

Fine, Oronce (Orontius Finaeus), *Briançon 20. Dez. 1494, †Paris 6. Okt. 1555, franz. Astronom, Mathematiker und Kartograph. 1531–1555 Prof. der Mathematik am Collège Royal, Paris. F. gab zahlreiche wissenschaftliche Werke, die zum Lehrbuchbestand seiner Zeit gehörten, heraus, darunter G. Peurbachs »Theoricae planetarum« (Theoricarum novarum textus, Paris 1515, 1525, 1534), J. de Sacroboscos »De sphaera« (Mundialis sphere opusculum, Paris 1516, 1524, 1527, 1538), Euklids »Elemente« (In sex priores libros geometricorum elementorum Euclidis [...] demonstrationes, Paris 1536, 1544, 1551), G. Reischs »Margarita philosophica« (Basel 1535, 1583, ital. Venedig 1599) und R. Bacons »De mirabili potestate artis et naturae« (De l'admirable puissance de l'art et de nature, Paris 1612, 1629); er selbst schrieb mehrere Traktate über astronomische Instrumente (z.B. Quadrans astrolabicus, Paris 1534; De solaribus horologiis & quadrantibus libri quatuor, Paris 1560), elementare Einführungen in die Astronomie (z.B. La théorique des cielz mouvemens et termes practiques des sept planètes, Paris 1528, 1557, 1558, 1607, 1619), ferner über Astrologie (Almanach novum insigniora computi et kalendarii succincte complectens ad longos annos duraturum, Paris 1529; Les canons et documens très amples touchant l'usage et practique des communs almanachz que l'on nomme éphémérides, Paris 1543, 1551, 1556, 1557; De duodecim caeli domiciliis & horis inaequalibus libellus, Lutetiae 1553), Arithmetik und Geometrie, insbesondere Trigonometrie. Die meisten seiner astronomischen und mathematischen Arbeiten erschienen zuerst 1532 in einem 15 Teile umfassenden Lehrbuch F.s mit dem Titel »Protomathesis«.

Weitere Werke: Protomathesis, Paris 1532 (ital. Teilübers. Opere, ed. E. Bottrigaro, Venedig 1587, 1670); Arithmetica practica, libris quatuor absoluta, Paris 1535, 1542, 1544, 1555; Aequatorium planetarum, unico instrumento comprehensum, Paris 1526, 1538; De mundi sphaera sive cosmographia, primave astronomiae parte libri V, Paris 1542, 1551, 1552, 1555 (franz. Le sphère du monde, Paris 1551, 1552); De rectis in circuli quadrante subtensis (quos vocant sinus) libri II, Paris 1542, 1550; In eos quos de mundi sphaera conscripsit libros ac in planetarum theoricas canonum astronomicorum libri II, Paris 1553; Liber de geometria practica sive de practicis longitudinum, planorum & solidorum, Straßburg 1544, 1558 (franz. La practique de géométrie, Paris 1570, 1586); Quadratura circuli, Paris 1544; Quadrant trigonométrique, Paris 1550; De re & praxi geometrica libri tres, figuris & demonstrationibus illustrati, Paris 1556, 1586 (franz. La practique de la géométrie, Paris 1570); De rebus mathematicis hactenus desideratis libri IIII, Paris 1556. – D. Hillard/E. Poulle, O.F. et l'horloge planétaire de la Bibliothèque Sainte-Geneviève, Bibliothèque d'humanisme et renaissance 33 (1971), 311–351 (Bibliographie 335–349); R.P. Ross, O.F.' Printed Works. Additions to Hillard and Poulle's Bibliography, Bibliothèque d'humanisme et renaissance 36 (1974), 83–85.

Literatur: M. Destombes, O.F. et son globe céleste de 1553, Actes du XIIe congr. int. d'hist. sci. 10a, Paris 1968, 41–50; L. Gallois, De Orontio Finaeo gallico geographo, Paris 1890; D. Hillard/E. Poulle, O.F. et l'horloge planétaire de la Bibliothèque Sainte-Geneviève, a.a.O.; E. Poulle, Les mécanisations de l'astronomie des épicycles, l'horloge d'O.F., Comptes rendus des séances de l'Académie des inscriptions et belles-lettres, Paris 1974, 59–79; ders., F., DSB XV, Suppl. I (1978), 153–157; R.P. Ross, Studies on O.F. (1494–1555), Diss. Columbia Univ. New York 1971; ders., O.F.'s »De sinibus libri II«. The First Printed Trigonometric Treatise of the French Renaissance, Isis 66 (1975), 378–386; Science et astrologie au XVIe siècle. O.F. et son horloge planétaire, Paris 1971 (Katalog Bibliothèque Ste.-Geneviève). J. M.

finit/Finitismus (von lat. finis, Grenze), auf D. Hilbert zurückgehende metamathematische Termini. Hilbert bezieht ›f.‹ auf bestimmte elementare Methoden des Operierens mit Zeichenfiguren, und zwar auf solche Methoden, bei denen jeder Operationsschritt nur an und mit *endlich vielen* Zeichenfiguren geschieht. F. heißt entsprechend die Forderung, nur f.e Methoden als Grundlage der Mathematik anzuerkennen. Im Sinne dieses F. formuliert dann das sogenannte ↑Hilbertprogramm die Aufgabe, die ↑Widerspruchsfreiheit der problematischeren Methoden der Mathematik unter Benutzung lediglich f.er Methoden zu beweisen. Untersuchungen von K. Gödel führten 1931 zu dem Ergebnis, daß dieses Programm in seiner ursprünglichen Form nicht realisierbar ist (↑Metamathematik). Jedoch gelang es G. Gentzen und P. Lorenzen, Hilberts Intentionen in dem Sinne weiterzuführen, daß die geforderten ↑Widerspruchsfreiheitsbeweise auf allgemeinere *konstruktive,* wenn auch nicht streng f.e Mittel zurückgreifen (↑Konstruktivität).

Literatur: G. Gentzen, Die Widerspruchsfreiheit der reinen Zahlentheorie, Math. Ann. 112 (1936), 493–565 (Sonderausg. repr. Darmstadt 1967); K. Gödel, Über formal unentscheidbare Sätze der Principia Mathematica und verwandter Systeme I, Mh. Math. Phys. 38 (1931), 173–198 (engl. in: J. van Heijenoort [ed.], From Frege to Gödel. A Source Book in Mathematical Logic. 1879–1931, Cambridge Mass. 1967, 596–616); D. Hilbert, Die Grundlagen der Mathematik, Hamburger math. Einzelschriften 5 (1928); D. Hilbert/P. Bernays, Grundlagen der Mathematik, I–II, Berlin 1934/1939, Berlin/Heidelberg/New York [2]1968/1970; P. Lorenzen, Metamathematik, Mannheim 1962; K. Schütte, Beweistheorie, Berlin/Heidelberg/New York 1960. F. K.

Fink, Eugen, *Konstanz 11. Dez. 1905, †Freiburg 25. Juli 1975, dt. Philosoph. Studium der Philosophie in Freiburg, Promotion Freiburg 1929, 1928–1936 Assitent E. Husserls, 1939 Chargé de Cours Universität Louvain, 1946 Univ.-Doz. an der Universität Freiburg, 1948 o. Prof.. F. bemühte sich in einer stark von M. Heidegger beeinflußten phänomenologischen Spekulation (↑Phänomenologie), konkrete Fragen und Phänomene wie Spiel, Tod, Erziehung und Gewalt auf dem Hintergrund der abendländischen Philosophie neu zu interpretieren. Mehrere Werke gelten der frühgriechischen Philosophie.

Werke: Beiträge zu einer phänomenologischen Analyse der psychischen Phänomene, die unter den vieldeutigen Titeln »Sich denken, als ob«, »Sich etwas bloß vorstellen«, »Phantasieren« befaßt werden, Halle 1930; Die phänomenologische Philosophie Edmund Husserls in der gegenwärtigen Kritik, Kant-St. 38 (1933), 319–383; Vom Wesen des Enthusiasmus. Vortrag, Essen 1947; Oase des Glücks. Gedanken zu einer Ontologie des Spiels, Freiburg/München 1957; Zur ontologischen Frühgeschichte von Raum, Zeit, Bewegung, Den Haag 1957; Sein, Wahrheit, Welt. Vorfragen zum Problem des Phänomen-Begriffs, Den Haag 1958; Alles und Nichts. Ein Umweg zur Philosophie, Den Haag 1959; Nietzsches Philosophie, Stuttgart 1960, [3]1973; Spiel als Weltsymbol, Stuttgart 1960; Metaphysik und Tod, Stuttgart 1969; Metaphysik und Erziehung im Weltverständnis von Plato und Aristoteles, Frankfurt 1970; (mit M. Heidegger) Heraklit. Seminar Wintersemester 1966/67, Frankfurt 1970; Traktat über die Gewalt des Menschen, Frankfurt 1974; Nähe und Distanz. Phänomenologische Vorträge und Aufsätze, ed. F. A. Schwarz, Freiburg 1976; Hegel. Phänomenologische Interpretation der »Phänomenologie des Geistes«, Frankfurt 1977; Grundphänomene des menschlichen Daseins, ed. E. Schütz/F.-A. Schwarz, Freiburg 1979.

Literatur: D. Dairns, Conversations with Husserl and F., The Hague 1976; Beispiele. Festschrift für E. F. zum 60. Geburtstag, ed. L. Landgrebe, Den Haag 1965 (mit Bibliographie, 309–314). C. F. G.

Fischer, Kuno, *Sandewalde b. Guhrau (Schlesien) 23. Juli 1824, †Heidelberg 5. Juli 1907, dt. Philosophiehistoriker. Studium der Philologie in Leipzig, der Philosophie und Theologie in Halle, 1850 Habilitation in Heidelberg, 1856 Prof. für Philosophie in Jena, 1872–1903 in Heidelberg. In seinem Hauptwerk »Geschichte der neueren Philosophie« (1852–1893) konzipiert F. im Sinne der Geschichtsphilosophie G. W. F. Hegels historische Positionen von F. Bacon bis A. Schopenhauer als Prozeß der Selbsterkenntnis des menschlichen Geistes. Seine Abhandlung über I. Kants Leben und die Grundlagen seiner Lehre (1860) beeinflußt den ↑Neukantianismus; eine finalistische Begründung evolutionistischer Positionen in seinem »System der Logik und Metaphysik oder Wissenschaftslehre« (1852) soll Hegels Dialektik mit dem Evolutionismus versöhnen; die weiteren Auflagen integrieren den Standpunkt Kants und des ↑Empirismus. F.s ästhetische Schriften entfernen sich von Hegels systematischer Behandlungsweise (die noch F.s Lehrer F. T. Vischer vertrat) zugunsten philosophischer Fallstudien. »Diotima. Die Idee des Schönen« (1849) definiert die ästhetische Grundhaltung als Spiel im Sinne Kants und F. Schillers. Es folgen Studien über den Witz, über Poesie sowie literaturgeschichtliche Abhandlungen, die die Entwicklung der literarhistorischen Methode vorbereiten.

Werke: Diotima. Die Idee des Schönen. Philosophische Briefe, Pforzheim 1849, Leipzig 1928; Geschichte der neueren Philosophie, I–VIII, Stuttgart/Mannheim/Heidelberg 1852–1893, Jubiläumsausgabe, I–X, 1897–1904; System der Logik und Metaphysik oder Wissenschaftslehre, Stuttgart 1852, [2]1865; Kants Leben und die Grundlagen seiner Lehre, Mannheim 1860, Heidelberg [2]1906; Über die menschliche Freiheit. Prorectoratsrede, Heidelberg 1875 (=Nr. 1 der Kleinen Schriften); G. E. Lessing als Reformator der deutschen Literatur, I–II, Stuttgart 1881; Kleine Schriften, I–III, Heidelberg 1888–1895, I–X, 1896–1901; Goethe-Schriften, I–IX, Heidelberg 1890–1904; Philosophische Schriften, I–VI, Heidelberg 1891–1892, [6]1908–1909; Schiller-Schriften, I–II, Heidelberg 1891/1892; Das Verhältnis zwischen Willen und Verstand im Menschen, Heidelberg 1896, [3]1906.

Literatur: B. Bauch, K. F.. Eine Rede, gehalten zur Feier von K. F.s 100. Geburtstag, Jena 1924; H. Falkenheim, K. F. und die literarhistorische Methode, Berlin 1892; E. Hoffmann, K. F.. Rede, Heidelberg 1924; E. Selow, F., NDB V (1961), 199; W. Windelband, K. F., Heidelberg 1907. A. G.-S.

Fludd, Robert, *Milgate House, Bearsted (Kent) 1574, †London 8. Sept. 1637, engl. Mediziner und Philosoph. Nach Studium der Medizin, Chemie und der okkulten Wissenschaften in Frankreich, Deutschland, Spanien und Italien 1598 M.A. St.

John's College, Oxford, 1605 M.D. Christ Church, Oxford. Schaltete sich in wissenschaftliche Auseinandersetzungen seiner Zeit ein. Nach einer Streitschrift um die Rosenkreuzer Texte (1617) begann F. eine umfangreich angelegte Beschreibung des Mikro- und ↑Makrokosmos, in der er Autoritäten wie Aristoteles und Galen angriff und für ein kosmologisches Weltbild auf biblischen und neuplatonischen Grundlagen warb. Seine makrokosmologische Beschreibung, insbesondere seine Meßvorschläge für kosmische Entfernungen, sind nicht frei von pythagoreischer Mystik (↑Pythagoreismus), die von J. Kepler attackiert wurde. Der Mikrokosmos und das Leben auf der Erde werden nach F. durch kosmische Kräfte der Sympathie und Antipathie beeinflußt. F. unterstützte die Blutkreislauflehre seines Freundes W. Harvey, da er sich davon eine Unterstützung seines kosmologischen Konzepts versprach. Nach der Beschäftigung mit den Elementenlehren von Aristoteles und Paracelsus stellte F. besonders die Rolle von Hitze und Kälte für das Leben heraus und entwickelte ein Thermoskop zur Messung ihrer Wirkung. W. Gilberts Experimente über Magnetismus wertete F. als Bestätigung der Fernkräfte. Obwohl F.s Arbeiten im Detail von Kepler, M. Mersenne und P. Gassendi kritisiert wurden, unterstützten viele kontinentale und englische Schriftsteller (z.B. J. Webster) sein christlich-neuplatonisches Verständnis des Universums, das bei der Reform der englischen Universitäten von 1654 eine Rolle spielte.

Werke: Apologia compendiaria [...], Leiden 1616; Tractatus apologeticus integritatem Societatis de Rosea Cruce defendens, Leiden 1617; Tractatus theologo-philosophicus, Oppenheim 1617; Utriusque cosmi majoris scilicet et minoris metaphysica, atque technica historia, I–II, Oppenheim/Frankfurt 1617; Tractatus secundus. De naturae simia seu technica macrocosmi historia, Oppenheim 1618, Frankfurt 1624; Veritatis proscenium [...] seu demonstratio quaedam analytica, in qua cuilibet comparationis particulae, in appendice quadam a J. Kepplero, nuper in fine Harmoniae suae Mundanae edita, factae inter Harmoniam suam mundanam, Frankfurt 1621; Monochordum mundi symphoniacum, seu replicatio R.F. [...] ad apologiam [...] J. Kepleri [...], Frankfurt 1622; Anatomiae amphitheatrum effigie triplici, more et conditione varia disignatum, Frankfurt 1623; Philosophia sacra et vere Christiana, seu Meteorologica cosmica, Frankfurt 1626; Philosophia Moysaica, Gouda 1638 (engl. Mosaicall Philosophy. Grounded upon the Essentiall Truth or Eternal Sapience, London 1659). – Totok III (1980), 486–487.

Literatur: A.G. Debus, R.F. and the Circulation of the Blood, J. Hist. Medicine and Allied Sciences 16 (1961), 374–393; ders., The English Paracelsians, London 1965, New York 1966; ders., R.F. and the Use of Gilbert's De magnete in the Weapon-Salve Controversy, J. Hist. Medicine and Allied Sciences 19 (1964), 389–417; ders., R.F. and the Chemical Philosophy of the Renaissance, Organon 4 (1967), 119–126; ders., Mathematics and Nature in the Chemical Texts of the Renaissance, Ambix 15 (1968), 1–28; ders., The Chemical Dream of the Renaissance, Cambridge 1968; R. Lenoble, Mersenne. Ou la naissance du mécanisme, Paris 1943; W. Pagel, Religious Motives in the Medical Biology of the 17th Century, Bull. Institute Hist. Medicine 3 (1935), 97–128, 213–231, 265–312; ders., William Harvey's Biological Ideas. Selected Aspects and Historical Background, New York 1967; F.S. Taylor, The Origin of the Thermometer, Ann. Sci. 5 (1942), 129–156. K.M.

Fluxion (von lat. fluere/fluxus, fließen/das Fließen), anschaulich-physikalische Bezeichnung I. Newtons für den Differentialquotienten (↑Infinitesimalrechung). Nach Vorarbeiten von I. Barrow werden in frühen Aufzeichnungen Newtons von 1664–1666 die ersten Ansätze zur ›Fluxionsrechnung‹ festgehalten. Dabei geht Newton von der geometrisch-physikalischen Vorstellung aus, wonach eine Linie und speziell eine Gerade durch Bewegung (›Fließen‹) eines Punktes erzeugt wird. Allgemein nennt Newton ›gradweise‹ und ›unbegrenzt wachsende‹ Größen ›*Fluente*‹ und bezeichnet sie mit den Buchstaben u, x, y, z. Die Geschwindigkeiten, mit denen die einzelnen Fluenten durch die sie erzeugende Bewegung vermehrt werden, heißen ›*Fluxionen*‹, wobei $\dot{u}, \dot{x}, \dot{y}, \dot{z}$ die F.en der Fluenten u, x, y, z bezeichnen. Die ›unendlich kleinen Größen‹, um welche die ›fließende Größe‹ durch die ›Wachstumsgeschwindigkeit‹ (Fluxion) zu einem bestimmten Augenblick vermehrt wird, heißen ›*Momente*‹.

Es sei nach Newton die F. z.B. der Größe x^n zu finden: In der Zeit, in der x beim Fließen um das Moment o zu $x+o$ wird, wird x^n zu

$$(x+o)^n = x^n + nox^{n-1} + \frac{n^2-n}{2} o^2 x^{n-2} + \ldots$$

Die Zunahmen von x und x^n um die Momente o und $nox^{n-1} + \frac{n^2-n}{2} o^2 x^{n-2} + \ldots$ verhalten sich nach Newton zueinander wie 1 zu

$$nx^{n-1} + \frac{n^2-n}{2} ox^{n-2} + \ldots$$

Hört die Zunahme auf, so verschwinden nach Newton alle mit o verknüpften Größen, d.h., es verhält sich die F. der Größe x zu der F. der Größe x^n wie 1 zu nx^{n-1}. G. Berkeley (The Analyst, 1734) hat gegen diese Argumentation

eingewendet, daß die Vorstellung von Verhältnissen unendlich kleiner Größen, insbesondere bei iterierter Anwendung (F. der F. der F. etc. einer Fluente), die Einbildungskraft überschreitet und zu widersprüchlichen Konsequenzen führt.
Mathematisch setzte sich daher auch die Leibnizsche Differentialrechnung durch, in der die ›F.‹ einer Größe $y=f(x)$ geometrisch – ausgehend von dem Problem, die Tangente durch einen gegebenen Punkt der durch $y=f(x)$ festgelegten Kurve zu bestimmen – als Grenzwert des Differenzenquotienten„ d.h. als *Differentialquotient* $\frac{dy}{dx}$ eingeführt wird, wobei mit dy und dx die *Differentiale* (›unendlich kleine Strecken‹), also nach Newton die ›Momente‹ bezeichnet werden. Leibnizens Differentialkalkül gibt die Regeln zur Verwendung des Differentialsymbols d an, die jedoch erst nach arithmetischer Präzisierung des Grenzbegriffs im 19. Jahrhundert endgültig begründet werden konnten (↑Differential). Insbesondere in der höheren Differentialrechnung (partielles Differenzieren, Differentialgleichungen etc.) erwies sich Leibnizens kalkülmäßige Einführung der Differentiale gegenüber dem anschaulich-physikalischen Vorgehen Newtons als überlegen.

Literatur: O. Becker, Die Grundlagen der Mathematik in geschichtlicher Entwicklung, Freiburg/München 1954, Frankfurt ²1975; G. Berkeley, Schriften über die Grundlagen der Mathematik und Physik, Einl. u. Übers. v. W. Breidert, Frankfurt 1969; F. Kaulbach, Der philosophische Begriff der Bewegung. Studien zu Aristoteles, Leibniz und Kant, Köln/Graz 1965; G. Kropp, Vorlesungen über Geschichte der Mathematik, Mannheim 1969; P. Lorenzen, Differential und Integral. Eine konstruktive Einführung in die klassische Analysis, Frankfurt 1965; K. Mainzer, Das Begründungsproblem des mathematischen Kontinuums in der neuzeitlichen Entwicklung der Grundlagenforschung, Philos. Nat. 16 (1976), 125–137; J. Mittelstraß, Neuzeit und Aufklärung. Studien zur Entstehung der neuzeitlichen Wissenschaft und Philosophie, Berlin/New York 1970, 489ff.; C. Thiel, Grundlagenkrise und Grundlagenstreit. Studie über das normative Fundament der Wissenschaften am Beispiel von Mathematik und Sozialwissenschaft, Meisenheim 1972. K. M.

Folge (logisch) (engl. conclusion) oder *Folgesatz*, im logischen Sinne bei ↑Folgerungen synonym zu ↑*Konklusion* verwendeter Terminus. In diesem Zusammenhang spricht man davon, daß bestimmte Prämissen, Bedingungen, Gründe eine bestimmte F. implizieren. Man notiert dies dann häufig auch in Sätzen der Form ›*wenn* $A_1, A_2, \ldots, A_n$, *so* B‹, wobei das B die F. darstellt. Ein spezieller, z.B. in B. Bolzanos »Wissenschaftslehre« (vgl. dort §162, ↑Abfolge) leitender Gebrauch schreibt für das Gründe-F.-Verhältnis vor, daß die Gründe *wahre* Sätze sein müssen. Die deutsche Sprache bringt diese zusätzliche Anforderung in der Regel durch ›B, *weil* $A_1, A_2, \ldots, A_n$‹ zum Ausdruck. – Der häufig synonyme Gebrauch von ›F.‹ und ›Wirkung‹ (engl. effect) ist irreführend. Während die Grund-F.-Relation im allgemeinen Verhältnisse zwischen Sätzen bezeichnet, wird die ↑Ursache-Wirkungs-Relation zur Bezeichnung entsprechender Relationen zwischen Ereignissen verwendet. F.K.

Folge (mathematisch), in der Mathematik eine ↑Funktion, die als Argumente die ↑Grundzahlen hat. Sind die Bilder Zahlen, Punkte oder Funktionen, so spricht man entsprechend von einer *Zahlenfolge*, einer *Punktfolge* und einer *Funktionenfolge*; sind die Bilder selbst F.n, von einer *Doppelfolge*. Schreibt man die darstellenden Terme (↑Darstellung (logisch-mengentheoretisch)) $\imath_n T(n)$ von F.n kurz als ›a_*‹, so heißt a_k ›das *k-te* Glied‹ der F. a_*; z.B. ist 2^k das *k-te* Glied der F. 2^* $(=\imath_n 2^n)$.
Die Infinitesimalmathematik der Neuzeit nimmt F.n von Näherungslösungen für Gleichungen, die im Bereich der rationalen Zahlen keine Lösung haben, als ›neue Zahlen‹ hinzu, da die ›konzentrierten‹ (oder ›Cauchy-‹)F.n, deren Glieder sich von einer hinreichenden Größe der Argumente an einander unbegrenzt nähern (für die also

$$\bigwedge_\varepsilon \bigvee_N \bigwedge_m \bigwedge_n (m>N \wedge n>N \rightarrow |r_m - r_n| < \varepsilon)$$

gilt), die Einführung der ›reellen Zahlen‹ der modernen ↑Analysis durch ↑Abstraktion auf eine zu dem auf Mengen zurückgreifenden Verfahren R. Dedekinds gleichwertige Weise erlauben, so daß der Begriff der F. einer der Grundbegriffe der Analysis wird.

Literatur: P. Lorenzen, Differential und Integral. Eine konstruktive Einführung in die klassische Analysis, Frankfurt 1965. C.T.

Folgerung (lat. consequentia, engl. consequence), zentraler Terminus der formalen Logik. Aus ↑Hypothesen $A_1, \ldots, A_n$ darf man die ↑These A *folgern*, wenn mit der Wahrheit der Hypothese auch die Wahrheit der These verbürgt ist. Daher heißt sowohl die These eine F. (↑Folge (logisch), ↑Konklusion) aus den Hypothesen (↑Gründen, ↑Prämissen) als auch die Beziehung zwischen den Hypothesen und der These (↑Implikation) die Folgerungs- oder Konsequenzbeziehung. Daneben nennt man auch die Schlußregel, kraft derer von

der Hypothese zu der These übergegangen werden darf, sowie eine Anwendung der Schlußregel, also einen ↑Schluß, eine F..
Wichtigster Spezialfall der F. und Hauptgegenstand der formalen Logik (↑Logik, formale) ist die *logische F.* (↑Deduktion), die zwischen Hypothesen und These besteht, wenn allein auf Grund der Zusammensetzung mit den logischen Partikeln die Wahrheit der Hypothesen die Wahrheit der These nach sich zieht. Aus diesem Grunde kommt man in der formalen Logik allein mit ↑Aussageschemata aus, die bloß die logische Form (↑Form (logisch)) der betrachteten Aussagen wiedergeben; z.B. folgt A logisch aus den beiden Hypothesen $A \vee B$ (A oder B) und $\neg B$ (nicht B). Man unterscheidet dabei einen *syntaktischen* (auf G. Frege und R. Carnap zurückgehenden) F.sbegriff von einem *semantischen* (auf B. Bolzano und A. Tarski zurückgehenden) F.sbegriff, je nachdem ob die Schlußregeln der formalen Logik in kalkülisierter Form (↑Logikkalkül) vorliegen oder nicht: eine These A folgt logisch im syntaktischen Sinne aus Hypothesen $A_1, \ldots, A_n$ (symbolisiert: $A_1, \ldots, A_n \vdash A$), wenn A auf Grund der Regeln eines Logikkalküls aus $A_1, \ldots, A_n$ abgeleitet werden kann (↑ableitbar/Ableitbarkeit); sie folgt hingegen logisch im semantischen Sinne aus den Hypothesen (symbolisiert: $A_1, \ldots, A_n \vDash A$), wenn bei jeder Interpretation (↑Interpretationssemantik) der Aussageschemata $A_1, \ldots, A_n, A$, mit der $A_1, \ldots, A_n$ sämtlich in wahre Aussagen überführt werden, auch A zu einer wahren Aussage wird.
Der dialogische Begriff der (logischen) F. (↑Logik, dialogische) wird durch die Existenz einer (formalen) ↑Gewinnstrategie für die vom ↑Proponenten übernommene These A unter den vom ↑Opponenten übernommenen Hypothesen $A_1, \ldots, A_n$ (symbolisiert: $A_1, \ldots, A_n \prec A$) definiert. Er führt zu den Schlußregeln der effektiven Logik (↑Logik, konstruktive) und hat erst dann mit dem semantischen F.sbegriff gleiche Extension, wenn das ↑tertium non datur oder ↑duplex negatio affirmat (↑Stabilitätsprinzip) für alle Teilaussagen der $A_1, \ldots, A_n, A$ zu den Hypothesen hinzugefügt wird.
Weitere wichtige F.sarten sind die ↑*analytische* F. auf Grund von Sprachregelungen - z.B. folgt ›dies ist ein Pferd‹ *analytisch* aus ›dies ist ein Schimmel‹, weil ›Schimmel sind Pferde‹ eine in Kraft befindliche Begriffsbestimmung ist (↑Urteil, analytisches) - und die ↑*synthetische* F. auf Grund von Gegenstandskonstruktionen - z.B. folgt die Induktionsbehauptung (↑Induktion, vollständige) $\bigwedge_x A(x)$ (alle natürlichen Zahlen haben die Eigenschaft A) *arithmetisch* (↑Arithmetik) aus den beiden Induktionsannahmen $A(|)$ (die Zahl | hat die Eigenschaft A) und

$$\bigwedge_x (A(x) \rightarrow A(x|))$$

(mit einer natürlichen Zahl x hat auch die nächstfolgende Zahl $x|$ die Eigenschaft A), weil die natürlichen ↑Zahlen durch den ↑Kalkül der Aneinanderfügung von Strichen oder anderen Grundzeichen (symbolisiert:

$$\Rightarrow |$$
$$n \Rightarrow n|)$$

konstruiert sind. K.L.

Fonseca, Pedro da, *Cortiçada (Portugal) 1528, †Lissabon 4. Nov. 1599, spätscholastischer Philosoph. 1548 Eintritt in den Jesuitenorden, 1582–1589 Oberer des Ordenshauses in Lissabon, 1589–1592 Visitator der portugiesischen Ordensprovinz. F. lehrte 1557–1561 in Coimbra Philosophie und regte dort die Aristoteleskommentare der »Coimbrizenser« an; seine Schrift »Institutionum dialecticarum libri octo« (Lissabon 1564, I–II, Coimbra 1964) war als Lehrbuch der Logik verbreitet. Wegen seiner (auf den griechischen Originaltexten basierenden) Aristotelesforschungen, die wesentlich zur Erneuerung der Scholastik beitrugen, wurde F. der ›portugiesische Aristoteles‹ genannt.

Werke: Institutionum dialecticarum libri octo, Lissabon 1564, Köln 1586, Venedig 1592, krit. ed. u. port. Übers. v. J. Ferreira Gomes, I–II, Coimbra 1964; Commentarii in libros metaphysicorum Aristotelis I, Rom 1577, II, Rom 1589, III, Evora 1604, IV, Lyon 1612, I–III, Lyon 1601–1605, I–IV, Köln 1615–1629 (repr. I–II, Hildesheim/New York 1964); Isagoge philosophica, Lissabon 1591. – Totok III (1980), 566–569.

Literatur: V.J. Bourke, F., Enc. Ph. III (1967), 208; J. Ferreira Gomes, P.d.F., Sixteenth Century Portuguese Philosopher, Int. Philos. Quart. 6 (1966), 632–644; ders., No quarto centenário das Instituiçoes dialécticas de P.d.F., Rev. portuguesa de filos. 20 (1964), 273–292; C. Giacon, La seconda scolastica II (Precedenze teoretiche ai problemi giuridici), Mailand 1947, 31–66; M. Uedelhofen, Die Logik des Petrus F., Bonn 1916. M.G.

Fontenelle, Bernard Le Bovier de, *Rouen 11. Febr. 1657, †Paris 9. Jan. 1757, franz. Schriftsteller und Philosoph. Neffe von P. und T. Corneille, 1699–1740 Sekretär der »Académie des sciences«. Bedeutender Vorläufer der ↑Aufklärung. F. stand im Literaturstreit der Alten und Modernen (querelle des anciens et des modernes) auf der Seite der Modernen (Digression sur les anciens et les modernes, Paris 1688 [Poésies pastorales, 224–282]) und gilt als Begründer des esprit philosophique, einer wissenschaftlichen Einstellung, deren Verbreitung sich die französische Enzyklopädie zur Aufgabe macht (↑Enzyklopädisten). Seine an R. Descartes' Lehre orientierten »Entretiens sur la pluralité des mondes« (Paris 1686, dt. v. J.C. Gottsched: Gespräche von mehr als einer Welt, zwischen einem Frauenzimmer und einem Gelehrten, Leipzig 1727) werden zum Vorbild popularisierender Darstellungen naturwissenschaftlicher Theorien in der Aufklärung. Später suchte F. zwischen der Lehre Descartes' und I. Newtons zu vermitteln; unter seinem Sekretariat wurde Newton Mitglied der Akademie.

Werke: Œuvres diverses, I–III, Amsterdam 1701 (insgesamt 12 Auflagen, zum Teil in London, Paris und Den Haag); Œuvres, I–VI, Paris 1742 (ebenfalls mehrere Auflagen); Œuvres, I–VIII, Paris 1790–1792; Œuvres complètes, I–III, ed. G.B. Depping, Paris 1818 (repr. Genf 1968); Œuvres choisies, Paris 1938; Textes choisis, ed. M. Roelens, Paris 1966; Entretiens sur la pluralité des mondes. Digression sur les anciens et les modernes, ed. R. Shackleton, Oxford 1955; Entretiens sur la pluralité des mondes, ed. A. Calame, Paris 1966. – S. Delorme, Contribution à la bibliographie de F., Rev. hist. sci. applic. 10 (1957), 300–309.

Literatur: J.-R. Carré, La philosophie de F., ou le sourire de la raison, Paris 1932; S. Delorme, F., DSB V (1972), 57–63; F. Grégoire, F., Diss. Nancy 1947; W. Krauss, F. und die »Republik der Philosophen«, in: ders., Perspektiven und Probleme, Neuwied 1965, 285–295; G. Lissa, Cartesianesimo e anticartesianesimo in F., Neapel 1971; ders., F. tra scetticismo e nuova critica, Neapel 1973; L.M. Marsak, B. de F.. The Idea of Science in the French Enlightenment, Philadelphia 1959 (Transact. Amer. Philos. Soc. NS 49, part 7); A. Niderst, F. à la recherche de lui-même (1657–1702), Paris 1972 (mit Bibliographie, 619–660). J.M.

Forberg, Friedrich Karl, *Meuselwitz 30. Aug. 1770, †Hildburghausen 1848, dt. Philosoph. 1792 Privatdozent in Jena, 1797 Konrektor, später Rektor in Saalfeld. Beeinflußt durch I. Kant und K.L. Reinhold, wandte sich F. später der Wissenschaftslehre J.G. Fichtes zu. Die Veröffentlichung seines Aufsatzes »Über die Entwicklung des Begriffes Religion« (1798) in Fichtes »Philosophischem Journal« gab den Anstoß zum ↑Atheismusstreit, der zu Fichtes Entlassung führte. Religion besteht nach F. allein in dem praktischen Glauben an eine moralische Welt und in dem Einsatz für diese Welt. Pflicht (im Sinne Kants) ist nicht der Glaube, *daß* Gott existiert, sondern zu handeln, ↑*als ob* er bzw. eine durch Gott erhaltene moralische Welt (bereits) existierte.

Werke: De aesthetica transcendentali, Diss. Jena 1792; Über die Gründe und Gesetze freier Handlungen, Jena 1795; Apologie seines angeblichen Atheismus, Gotha 1799; Über die Pflichten des Gelehrten, Gotha 1801; F. Medicus (ed.), Fichte und F.. Die philosophischen Schriften zum Atheismusstreit, Leipzig 1910.

Literatur: H. Rickert, Fichtes Atheismusstreit und die kantische Philosophie. Eine Säkularbetrachtung, Berlin 1899; A. Wesselsky, F. und Kant, Wien 1913 H.-L. N.

forcing (von engl. to force, erzwingen), ›Erzwingungsbeziehung‹ bzw. ›Erzwingungsmethode‹. Erstmals 1963 von P.J. Cohen in seinem Beweis der ↑Unabhängigkeit der ↑Kontinuumhypothese eingeführter Terminus der Mengenlehre und Modelltheorie. Er bezeichnet eine Relation, die man intuitiv etwa folgendermaßen beschreiben kann: Sei $\mathfrak{M}$ ein ↑Modell einer formalen Sprache S, zu deren Vokabular auch Mengenvariable $a, b, c \ldots$ gehören. Die Variable a werde in $\mathfrak{M}$ durch die Menge A belegt (↑Belegung). P sei eine Bedingung (›f. condition‹), die für endlich viele Gegenstände aus dem Grundbereich von $\mathfrak{M}$ festlegt, ob sie zu A gehören oder nicht. φ sei eine Formel von S, in der a frei vorkommen kann. Dann gilt $P \Vdash \varphi$ (›P forces φ‹, ›P erzwingt φ‹) genau dann, wenn die durch P gegebene endliche Information über A ausreicht, um die Wahrheit von φ in $\mathfrak{M}$ festzustellen. Die exakte induktive Definition (↑Definition, induktive) der f.-Relation hat formale Ähnlichkeiten mit den von S.A. Kripke und E.W. Beth angegebenen semantischen Deutungen der intuitionistischen Logik (↑Beth-Semantik, ↑Kripke-Semantik, vgl. auch A. Grzegorczyk 1964). Ein Bezug zur klassischen Wahrheitsdefinition, die man als Bewertung aller Aussagen in der Booleschen Algebra (↑Boolescher Verband) der Wahrheitswerte auffassen kann (↑Bewertungssemantik), besteht darin, daß sich die f.-Relation als Bewertung aller Aussagen in der Booleschen Algebra der Bedingungen (›f.-conditions‹) interpretieren läßt.

Für Cohen war die f.-Relation ein wesentliches Hilfsmittel, zu einem abzählbaren Modell der Zermelo-Fraenkelschen Mengenlehre (↑Zermelo-Fraenkelsches Axiomensystem) mit ↑Auswahlaxiom (ZFC) eine Erweiterung zu konstruieren, in der sowohl die Axiome von ZFC als auch die Negation der Kontinuumhypothese gelten. Aus der Existenz eines solchen Modells folgt die Unabhängigkeit der Kontinuumhypothese von den ZFC-Axiomen. – Seit Cohens Entdeckung wird die f.-Relation in der Mengenlehre und Modelltheorie systematisch genutzt, um die ↑Widerspruchsfreiheit (bzw. Unabhängigkeit) gegebener Hypothesen mit zugrunde gelegten axiomatischen Theorien dadurch zu beweisen, daß man Modelle dieser Theorien konstruiert, in denen die fraglichen Hypothesen (bzw. deren Negationen) gelten. Deshalb wird inzwischen ›f.‹ oft in einem allgemeineren Sinne als Methodenbezeichnung für Verfahren verwendet, mit Hilfe der f.-Relation gegebene Modelle axiomatischer Theorien zu neuen Modellen zu erweitern.

Literatur: J.P. Burgess, F., in: J. Barwise (ed.), Handbook of Mathematical Logic, Amsterdam/New York/Oxford 1977, 403–452; P.J. Cohen, The Independence of the Continuum Hypothesis I, II, Proc. Nat. Acad. Sci. U.S.A. 50 (1963), 1143–1148, 51 (1964), 105–110; ders., Set Theory and the Continuum Hypothesis, New York/Amsterdam 1966; M.C. Fitting, Intuitionistic Logic, Model Theory and F., Amsterdam/London 1969; A. Grzegorczyk, A Philosophically Plausible Formal Interpretation of Intuitionistic Logic, Indagationes Mathematicae 26 (1964), 596–601; T.J. Jech, Lectures in Set Theory with Particular Emphasis on the Method of F., Berlin/Heidelberg/New York 1971; R.B. Jensen, Modelle der Mengenlehre, Berlin/Heidelberg/New York 1967; J.R. Shoenfield, Unramified F., in: D.S. Scott (ed.), Axiomatic Set Theory, Proc. Symp. in Pure Math. 13, Part I, Providence 1971, 357–381. P.S.

Form (griech. εἶδος, Aussehen; μορφή, Gestalt; ἰδέα, Idee; lat. forma), zusammen mit ↑Materie (↑F. und Materie) grundlegender Terminus der Philosophiegeschichte, bedeutet zunächst sichtbare Gestalt, Umriß, dann allgemein Beschaffenheit, Wesensbestimmung oder auch Art, Gattung. Platon führt den Begriff der F. im Rahmen der ↑Ideenlehre ein: F.en bzw. Ideen der Geometrie bezeichnen ›ideale‹ geometrische Gegenstände, moralische F.en bzw. Ideen Tugendideale und F.en bzw. Ideen der empirischen Gegenstände Begriffe. Gemeinsam ist diesen Verwendungsweisen des Ausdrucks ›F.‹ (bzw. ›Idee‹), daß F.en nicht empirisch, insofern die Wirklichkeit übersteigend (transzendent) sind und das Wesen der jeweiligen Gegenstände ausmachen; außerdem nimmt Platon für die F.en eine von den natürlichen Dingen unterschiedene Existenzart an. Für Aristoteles dagegen sind F.en (verstanden als Ausdruck des ↑Wesens, des ↑Begriffs, des ↑Allgemeinen, der ↑Definition) den Dingen immanent. F. als aktives Prinzip (↑Energeia) und Materie als passives Prinzip (↑Dynamis, ↑Akt und Potenz) konstituieren den Gegenstand; nur der unbewegte Beweger (↑Beweger, unbewegter) und der unsterbliche Seelenteil (νοῦς ἀπαθής), sind reine F.en. Zum Wesen einer Sache erforderliche notwendige Bestimmungen unterscheidet Aristoteles als substantielle F.en von akzidentellen F.en als nicht notwendigen, zusätzlichen Bestimmungen. – Der ↑Neuplatonismus verbindet die Platonische Ideenlehre mit der ↑Hypostasen- und Emanationstheorie und schreibt jeder Idee eine F. (das Gemeinsame) und eine Materie (das Eigentümliche) zu.

In der arabischen und jüdischen Philosophie wird die F.theorie des Aristoteles weiter ausgebaut, z.T. variiert und kontrovers diskutiert: Avicenna, der neben der speziellen Körper-F. eine allen Körpern gemeinsame, ihre Körperlichkeit (corporeitas) konstituierende F. (forma corporalis communis) und eine der Mondsphäre zugeordnete Intelligenz als Ursprung der F.en annimmt, wird von Averroës mit dem Hinweis kritisiert, daß ein Subjekt nicht mehr als eine F. haben könne und daß der ›erste Beweger‹ Urheber aller F.en sei. Avicebron schreibt der ›forma universalis‹ die Fähigkeit zu, das Wesen (↑essentia) aller endlichen Substanzen zu begründen; seine Annahme, daß die F. ›reines Licht‹ sei, bildet zusammen mit der These Avicennas von der F. der Körperlichkeit die Grundlage für die ↑Lichtmetaphysik von R. Grosseteste.

Das christliche Denken behandelt das F.problem zunächst im Rahmen der Genesisauslegung als Thema der Schöpfungslehre: Für Augustinus ist Gott der Schöpfer aller F.en und zugleich deren Urbild; das ›Wort Gottes‹ wird als ›Sitz‹ und F. aller geformten Dinge verstanden. In der Deutung des Platonischen »Timaios« bei Calcidius sind dem ↑Demiurg nicht F.en, sondern Ideen dieses ›werktätigen Gottes‹ vorgegeben; diese Ideen werden als ›primaria species‹ von den natürlichen F.en der Dinge (›secunda species‹) unterschieden. A.M.T.S. Boethius bezeichnet nur die Urbilder im göttlichen Intellekt als F.en, die Bestimmung in den Körpern dagegen als Abbilder. J.S. Eriugena unterscheidet eine (immer bleibende) substantielle von einer qualitativen F., die einerseits als Qualitäts- oder Quantitätsbestimmung (z.B. geometrischer Figuren), andererseits als instabile und wechselnde akzidentelle F. der natürlichen Körper verstanden wird. – In der Scholastik wird die F.theorie für den Bereich der Metaphysik und Ontologie differenziert und auf Probleme der Theologie angewandt: Thomas von Aquin charakterisiert F.en als unselbständige Prinzipien, die (zusammen mit der Materie) die ↑Substanzen konstituieren, sofern sie substantielle F.en sind; akzidentelle F.en leisten nur weitere Bestimmungen. Neben den ›körperlichen‹ oder ›materiellen‹ F.en gibt es nach Thomas ›geistige‹ oder ›immaterielle‹ F.en, die für sich, d.h. ohne materielles ↑Substrat, existieren können (z.B. Engel, die menschliche Vernunft). Duns Scotus spricht sich für die Realität der F.en (bzw. Universalien, ↑Universalienstreit) in den Dingen aus, indem er sie als aktual seiend bezeichnet, und nimmt auch für die Individualität ein F.prinzip (↑haecceitas) an. Mit ihm und gegen Thomas behauptet Wilhelm von Ockham die Singularität der F.en, lehnt jedoch die These von der Realexistenz der Universalien ab. F. Suarez sieht ebenfalls die substantielle F. (neben der Materie), dazu die jeweilige Art der Verbindung von Materie und F. (eine neue metaphysische Entität), als Individuationsprinzip und die menschliche Seele als individuelle Schöpfung Gottes an.

Mit F. Bacon beginnt die Lösung der F.problematik von ontologischen, theologischen und teleologischen Fragestellungen: Bacon versteht F.en als Gesetze und Bestimmungen, die auf Grund von Beobachtung durch ↑Induktion und abstrahierende Verallgemeinerung gewonnen werden. R. Descartes lehnt die Vorstellung substantieller F.en als Ausdruck animistischer und anthropomorpher Naturdeutung ab, T. Hobbes anerkennt nur akzidentelle F.en, G.W. Leibniz hingegen sucht, gegen den Skeptizismus J. Lockes den Begriff der F. im Rahmen der Vorstellung einer ›tätigen Kraft‹ (vis activa) und dem Postulat einer prästabilierten Harmonie (↑Harmonie, prästabilierte) wieder eine genuin metaphysische Bedeutung zurückzugewinnen. Die Schulphilosophie (C. Wolff, A.G. Baumgarten) unterscheidet im Begriff der F. einen physikalischen Aspekt (F.en nicht als intelligible Entitäten, sondern als wirkende Kräfte), einen metaphysischen Aspekt (F.en als Seinsprinzipien) und einen erkenntnistheoretischen Aspekt (F.en als Bestimmungen wie Art und Gattung). Für I. Kant sind, in völliger Abkehr von der aristotelisch-scholastischen Tradition, F.en ↑Reflexionsbegriffe (Raum und Zeit als F.en der ↑Anschauung, ↑Kategorien als F.en des Denkens). Auch der Sprachgebrauch von F. in der praktischen Philosophie (sowie in der Ästhetik) Kants markiert in diesem Sinne den Übergang von einer metaphysischen zu einer logisch-erkenntnistheoretischen Begrifflichkeit. Bei E. Husserl z.B. tritt der Ausdruck ›F.‹ im Rahmen einer insbesondere auf die logische Form (↑Form (logisch)) von Aussagen bezogenen Theorie der ›kategorialen Anschauung‹ auf.

Literatur: ↑Form und Materie. M.G.

Form (logisch), F. einer Aussage im logischen Sinne ist die Art ihrer Zusammensetzung aus Elementaraussagen mit Hilfe *logischer Partikeln* (↑Junktoren, ↑Quantoren, ↑Negator, aber auch ↑Kennzeichnungsoperator etc., ↑Partikel, logische). Bei ↑Elementaraussagen zählt man zur (logischen) F. die Stellenzahl der Prädikatoren und die verwendete Kopulasorte (affirmative bzw. negative ↑Kopula). Die traditionelle Logik spricht statt von logischen F.en von Urteilsformen (↑Urteil). Entsprechendes läßt sich auch für Satzarten, die nicht Aussagesätze sind, z.B. Aufforderungssätze, festlegen.

Die Rede von der F. einer Aussage läßt sich durch ↑Abstraktion präzise einführen: Man betrachtet vollständig (d.h. bis auf Elementaraussagen) analysierte Aussagen im wesentlichen genau dann als *formgleich*, wenn sie sich durch Substitution gleichstelliger Prädikatoren bzw. Nominatorenaustausch, unter Erhaltung der Gleichheit bzw. Verschiedenheit von Prädikatoren bzw. Nominatoren, ineinander überführen lassen. Abstraktion nach der ↑Äquivalenzrelation ›formgleich‹ liefert dann den Abstraktor ›F.‹. Nennt man die auftretenden Nominatoren und Prädikatoren den *Inhalt* einer Aussage, so ergibt sich zwanglos, daß bei der ›logischen‹ F. einer Aussage von deren Inhalt abgesehen wird.

Die (logische) F. einer Aussage läßt sich durch bestimmte ↑Aussageschemata repräsentieren: z.B. der Satz ›Arbeit entfremdet‹, analysiert als

$$›\bigwedge_x (x\,\varepsilon\,\text{Arbeitstätigkeit} \rightarrow x\,\varepsilon\,\text{entfremdend})‹,$$

durch das quantorenlogische Schema (↑Schema, quantorenlogisches)

$$›\bigwedge_x (x\varepsilon P \rightarrow x\varepsilon Q)‹.$$

Allgemeiner verwendet man in der Logik das Wort ›F.‹ auch für *Eigenschaften von Satzformen*, die sich durch nicht vollständige zerlegte Aussageschemata wiedergeben lassen. Z.B. hat in dem obigen Allsatz der zwischen den Klammern stehende Ausdruck die durch ›$a \rightarrow b$‹ dargestellte F., wie man sagt (R. Carnap: syntaktische F.). In diesem allgemeineren Sinne hat ein Satz in der Regel entsprechend seinen ›formalen Eigenschaften‹ *viele* F.en.

Literatur: R. Carnap, Logische Syntax der Sprache, Wien 1934, Wien/New York ²1968 (bes. 15); F. Kambartel, Zur Rede von »Form« und »formal« in sprachanalytischer Absicht, Neue H. Philos. 1 (Phänomenologie und Sprachanalyse) (1971), 51–67 (wiederabgedruckt in: ders., Theorie und Begründung. Studien zum Philosophie- und Wissenschaftsverständnis, Frankfurt 1976, 122–139); J.A. Robinson, Logic: F. and Function. The Mechanization of Deductive Reasoning, Edinburgh 1979; E. Stenius,

Form, logische, Hist. Wb. Ph. II (1972), 975; L. Wittgenstein, Tract. 2.18. F.K.

formal, auf die Form bezogen, im Unterschied zum ↑Inhalt. Speziell in der Logik (↑Form (logisch)) dient ›f.‹ unter anderem zur Charakterisierung der ↑Geltung von Aussagen allein auf Grund der Form ihrer Zusammensetzung mit den logischen Partikeln (↑Partikel, logische); von daher die Bezeichnung ›formale Logik‹ (↑Logik, formale) für denjenigen Teil der Logik, der die Theorie der formalen ↑Wahrheit von Aussagen bzw. der formalen ↑Folgerung von Aussagen aus Aussagen behandelt. Deshalb gelten auch alle Untersuchungen, die für die Geltung ihrer (selbst natürlich inhaltlichen und nicht etwa f.en) Aussagen nur von der ↑Syntax einer Sprache Gebrauch machen oder die ↑Semantik bzw. die ↑Pragmatik dieser Sprache ihrerseits nur durch Eigenschaften der Syntax einer geeigneten ↑Metasprache ausdrücken, als f. (↑Sprache, formale). K.L.

formal-analytisch, Terminus der konstruktiven Wissenschaftstheorie (↑Wissenschaftstheorie, konstruktive). ›F.-a.‹ dient zusammen mit ›formal-synthetisch‹ zur Unterscheidung derjenigen a priori wahren Sätze, die nicht allein schon durch Rekurs auf die Regeln der formalen Logik begründbar sind, also nicht ↑logisch wahr sind. Gleichzeitig wird für ihre Begründung keinerlei Kenntnis über besondere Objekte benötigt (↑material-analytisch): Ein Satz ist f.-a. wahr, wenn seine Begründung außer von logischen Regeln zusätzlich noch von Definitionen Gebrauch macht. Definiert man z.B. den Prädikator ›Junggeselle‹ durch:

$x\,\varepsilon\,\text{Junggeselle} \leftrightharpoons x\,\varepsilon\,\text{männlich} \wedge \neg \bigvee_y x, y\,\varepsilon\,\text{verheiratet}$,

dann ist der Satz ›$x, y\,\varepsilon\,\text{verheiratet} \rightarrow x\,\varepsilon'\,\text{Junggeselle}$‹ f.-a. wahr.

Ein Satz heißt formal-synthetisch wahr, wenn zu seiner Begründung neben logischen Regeln noch der Rekurs auf pragmatisch gerechtfertigte symbolische Konstruktionen erforderlich ist. Von dieser Art sind z.B. die Sätze der Arithmetik, weil ihre Beweise auf logische Regeln und auf symbolische Konstruktionshandlungen mit Zählzeichen rekurrieren.

Literatur: P. Lorenzen/O. Schwemmer, Konstruktive Logik, Ethik und Wissenschaftstheorie, Mannheim 1973, [2]1975. G.W.

Formalisierung, die Überführung einer axiomatischen oder konstruktiven Theorie, besonders der Mathematik, in einen ↑Formalismus. Daneben auch verallgemeinert die Erzeugung einer Sprache als Klasse der syntaktisch oder semantisch korrekten Sätze durch einen ↑Kalkül. K.L.

Formalismus, in der mathematischen Grundlagenforschung eine axiomatische oder konstruktive Theorie, deren Aussagen durch einen ↑Kalkül (der Ausdrucksbestimmungen) gewonnen werden und deren Sätze, oder wahre Aussagen, ebenfalls durch einen Kalkül (der Satzbestimmungen) erzeugt werden (auch: formales System, ↑System, formales). Insbesondere gehören ↑Logikkalküle zu den F.en. Will man betonen, daß die Regeln des Kalküls der Satzbestimmungen, also die Ableitungsregeln (↑Ableitung), nur jeweils endlich viele Prämissen enthalten, so spricht man genauer von einem ↑Vollformalismus. Daneben spielen auch ↑Halbformalismen, in denen Ableitungsregeln mit unendlich vielen Prämissen auftreten, eine wichtige Rolle in der ↑Beweistheorie.

Allgemeiner bezeichnet man mit F. die von D. Hilbert begründete Richtung der mathematischen Grundlagenforschung (im Gegensatz zum ↑Intuitionismus L.E.J. Brouwers und zum ↑Logizismus G. Freges und B. Russells) und ihren von der gegenwärtigen Mathematik (besonders in den auf Euklids Vorbild zurückgehenden »Eléments de mathématique« von ↑Bourbaki, einer Gruppe vor allem französischer Mathematiker) weitgehend übernommenen Vorschlag zur Vermeidung der ↑Antinomien der Mengenlehre. Im F. werden die traditionell konstruktiven Theorien der ↑Arithmetik und ↑Analysis nach dem Vorbild der axiomatischen ↑Geometrie ihrerseits als axiomatische Theorien (↑System, axiomatisches) analog den axiomatisch dargestellten Strukturen in ↑Algebra und ↑Topologie aufgebaut. Häufig wird dabei zugleich die auf den Logizismus zurückgehende Einbettung der Arithmetik und Analysis in die dann ihrerseits als axiomatische Theorie konzipierte ↑Mengenlehre vollzogen. Zur Rechtfertigung der so gewonnenen axiomatischen Theorie(n) steht im Einklang mit der Überzeugung Hilberts dann nur noch der Nachweis ihrer ↑Widerspruchsfreiheit zur Verfügung (↑Beweistheorie).

Literatur: P. Benacerraf/H. Putnam (eds.), Philosophy of Mathematics. Selected Readings, Englewood Cliffs N.J. [2]1964; E.W. Beth, The Foundations of Mathematics. A Study in the Philosophy of Science, Amsterdam [2]1965; N. Bourbaki, Éléments de mathématique. Théorie des ensembles. Nouvelle édition, Paris 1970; S.C. Kleene, Introduction to Metamathematics, Amsterdam [6]1971; S. Körner, The Philosophy of Mathematics. An Introductory Essay, London 1960 (dt. Die Philosophie der Mathematik. Eine Einführung, München 1968); P. Lorenzen, Metamathematik, Mannheim 1962; K. Schütte, Beweistheorie, Berlin/Göttingen/Heidelberg 1960; ders., Proof Theory, Berlin/Heidelberg/New York 1977; W. Stegmüller, Metaphysik, Skepsis, Wissenschaft, Berlin/Heidelberg/New York ²1969; G. Takeuti, Proof Theory, Amsterdam/Oxford/New York 1975. K.L.

formal-synthetisch, ↑formal-analytisch.

Formalwissenschaft, vor allem seit R. Carnaps Aufnahme dieser bis dahin wenig gebräuchlichen Terminologie in Veröffentlichungen des ↑Wiener Kreises Bezeichnung für diejenigen Wissenschaften, deren Satzbestand aus formal-wahren Aussagen besteht, d.h. aus *formal-logischen* Sätzen (Logik), ↑*formal-analytischen* Sätzen (die allein auf Grund ihrer logischen Form und gewisser Definitionen wahr sind) oder *formal-synthetischen* Sätzen (Mathematik, in der Auffassung der konstruktiven Wissenschaftstheorie ohne Geometrie und Kinematik). Die F.en werden dabei den ↑Realwissenschaften (bei Carnap bestehend aus Naturwissenschaften, Geisteswissenschaften und Psychologie) gegenübergestellt und sind daher identisch mit der bei anderen Autoren als ›Idealwissenschaften‹ (auch ›apriorische‹ oder ›reine‹ Wissenschaften) bezeichneten Wissenschaftsgruppe. Der Bezeichnung liegt der Gedanke zugrunde, daß Logik und Mathematik von den Formen oder Strukturen beliebiger (auch material gegebener) Gegenstände handeln. Terminologiegeschichtlich findet sich in diesem Sinne nicht nur die Bezeichnung ›F.en‹, diese zunächst sogar umfassend für »Logik, Grammatik, Mathematik &c.« (Lichtenfels 1842), vielmehr treten auch Benennungen auf wie ›formale‹ (oder ›abstrakte‹) Wissenschaften (Lindner 1866, Masaryk 1887), ›Formenlehre oder Mathematik‹ (die dann die Logik einschließt, so H. Graßmann und R. Graßmann 1844 bzw. 1872) und ›formale Gesetzeswissenschaft‹ (Hönigswald 1906).

Literatur: R. Carnap, Die physikalische Sprache als Universalsprache der Wissenschaft, Erkenntnis 2 (1931/1932), 434–465; A. Drews, Lehrbuch der Logik, Berlin 1928; H. Graßmann, Die Wissenschaft der extensiven Größe oder die Ausdehnungslehre. Erster Theil, die lineale Ausdehnungslehre enthaltend, Leipzig 1844, ²1878, abgedr. in ders., Gesammelte mathematische und physikalische Werke, ed. F. Engel, I, 1, Leipzig 1894; R. Graßmann, Die Formenlehre oder Mathematik, Stettin 1872; R. Hönigswald, Vom allgemeinen System der Wissenschaften, Philos. Wochenschrift und Literatur-Zeitung 4 (Okt., Nov., Dez.) (1906), 133–145; W. Kamlah/P. Lorenzen, Logische Propädeutik oder Vorschule des vernünftigen Redens, Mannheim 1967, Mannheim/Wien/Zürich ²1973; J. Lichtenfels, Lehrbuch der Logik, Wien 1847; G.A. Lindner, Einleitung in das Studium der Philosophie. Mit Rücksicht auf das Bedürfniß der Gymnasien entworfen, Wien 1866; T.G. Masaryk, Versuch einer concreten Logik (Classification und Organisation der Wissenschaften), Wien 1887; A. Messer, Einführung in die Erkenntnistheorie, Leipzig ³1927. C.T.

Formel (engl. formula), in Logik und Mathematik Oberterminus für ↑Aussage und ↑Aussageform; entsprechend *Formelschema* Oberterminus für ↑Aussageschema und Aussageformschema, obwohl häufig zwischen F. und Formelschema terminologisch nicht unterschieden wird. In kalkültheoretischen Zusammenhängen, vor allem im englischen Sprachgebrauch, wird ›F.‹ gelegentlich auch allgemeiner im Sinne von ›logischer Ausdruck‹ (↑Ausdruck (logisch)) verwendet. In diesem Fall tritt an die Stelle der spezielleren Bedeutung von Formel der Terminus ↑›well-formed formula‹ (abgekürzt: wff). K.L.

Formey, Jean Henri Samuel, *Berlin 31. Mai 1711, †ebd. 8. März 1797, Sekretär und Historiograph der Berliner Akademie der Wissenschaften. F. entstammt einer französischen Hugenottenfamilie, wurde 1731 Prediger der französischen Kolonie in Brandenburg, 1737 Prof. der Rhetorik, 1739 (als Nachfolger M. v. La Crozes) Prof. der Philosophie am französischen Gymnasium in Berlin, am 23. Jan. 1744 ordentliches Mitglied der Berliner Akademie der Wissenschaften, Anfang 1748 Sekretär der Akademie auf Lebenszeit, 1788 Direktor der philosophischen Klasse.

F. vertrat (zusammen mit J.A. Eberhard) eine stark popularisierende Richtung der Schule C. Wolffs in französischer Sprache (La belle Wolfienne, I–VI, Den Haag 1741–1753) und schloß sich mit seinem achtbändigen Werk »Abrégé de toutes les sciences à l'usage des enfants« (Berlin 1757–1779) dem aufklärerischen Programm einer verständlichen Darstellung der Wissenschaften für jedermann an (↑Popularphilosophie). Sein Einfluß war vor allem institutionell bedingt und wurde zudem durch eine immense Publikationstätigkeit gefördert; systematisch gesehen sind seine Arbeiten eher unbedeutend, häufig oberflächlich (vgl. P.L.M. de Maupertuis' Klage über das niedrige Niveau der philosophischen Klasse vom Winter 1748/1749 gegenüber Friedrich dem Großen; A. Harnack II, 276 [Nr. 169,2]). F. schrieb unter anderem gegen D. Diderot (Pensées raisonnables opposées aux Pensées philosophiques, Berlin 1749) und J.-J. Rousseau (Anti-Émile, Berlin 1763) und gehörte von Anfang an zu den Mitarbeitern der von Diderot und J. le Rond d'Alembert herausgegebenen »Encyclopédie« (ca. 100 Artikel, deren Material F. ursprünglich für eine eigene Enzyklopädie gesammelt hatte). F. war Mitherausgeber der »Bibliothèque germanique. Ou, histoire littéraire de l'Allemagne, de la Suisse, et des pays du Nord« (I-L, Amsterdam 1720–1741) und der »Nouvelle Bibliothèque germanique« (I-XXVI, Amsterdam 1746–1760).

Weitere Werke: Réflexions philosophiques sur l'immortalité de l'âme raisonnable, Amsterdam 1744; Recherches sur les élémens de la matière, o.O. 1747; Elementa philosophiae seu Medulla wolfiana, Berlin 1747; La logique des vraisemblances, o.O. 1747 (engl. The Logic of Probabilities, London 1760); Le philosophe chrétien, ou discours moraux, Leiden 1750, I–III, Leiden ²1752–1755, I–IV, Göttingen/Leiden ³1755–1758; Le système du vrai bonheur, Berlin 1750; Essai sur la perfection, Utrecht 1751; Histoire de l'Académie Royale des Sciences et Belles Lettres, Berlin 1752; Mélanges philosophiques, I–II, Leiden 1754 (engl. Philosophical Miscellanies on Various Subjects, London 1759); Éloges des académiciens de Berlin, et de divers autres savants, I–II, Berlin 1757; Abrégé du droit de la nature et des gens, tiré du grand ouvrage latin de M. Wolf, Amsterdam 1758; Principes élémentaires des belles-lettres, Berlin 1758, 1763 (repr. Genf 1971); Le philosophe payen, ou pensées de Pline, I–III, Leiden 1759 (dt. Der Heydnische Philosoph, oder Gedanken des Plinius, I–III, Frankfurt/Leipzig 1760–1761); Histoire abrégé de la philosophie, Amsterdam 1760 (engl. A Concise History of Philosophy and Philosophers, London 1766; dt. Kurzgefaßte Historie der Philosophie, Berlin 1763); Principes de morale, I–IV, Leiden 1762–1765; Abrégé de l'histoire ecclésiastique, I–II, Amsterdam 1763; Émile chrétien, I–IV, Berlin 1764; Principes de morale, appliqués aux determinations de la volonté, I–II, Leiden 1765; Choix des mémoires et abrégé de l'histoire de l'Académie de Berlin, I–IV, Berlin/Paris 1767; Dictionnaire instructif, où l'on trouve les princip. termes des sciences et des arts, I–II, Halle 1767; Discours sur la paix, Leiden 1767; Abrégé de physique, I–II, Berlin 1770/1772.

Literatur: C. Bartholmess, Histoire philosophique de l'Académie de Prusse depuis Leibniz jusqu'à Schelling, particulièrement sous Frédéric le Grand, I–II, Paris 1850/1851; A. Beuchot, F., in: Biographie universelle ancienne et moderne, I–XLV, ed. J.F. Michaud, Paris 1854, XIV, 401–403; A. Harnack, Geschichte der Königlich Preussischen Akademie der Wissenschaften zu Berlin, I–III, Berlin 1900 (repr. Hildesheim 1970), bes. I 1, 447–450. J. M.

Form und Materie, grundlegendes Begriffspaar der antiken und mittelalterlichen Naturphilosophie und Metaphysik (bzw. Ontologie) zur Erklärung der Veränderung und des Wesens der Dinge. Die Unterscheidung eines aktiven, geistigen, belebenden und eines passiven, materiellen, unbelebten Prinzips bei den Vorsokratikern bleibt trotz mancher Affinitäten ebenso ohne nennenswerten Einfluß auf die spätere F.-M.-Theorie wie Platons (Tim 47eff.) Konzeption einer ›dritten Gattung‹ (neben dem Seienden und dem Werdenden), die als bestimmungs- und gestaltloses ›Worin‹, als ›Ort‹ (ἕδρα) oder ›Raum‹ (χώρα) des Werdens, nie aber als M. im Sinne des Aristoteles bezeichnet wird (wenngleich sie in etwa als ↑materia prima verstanden werden kann). Erst bei Aristoteles findet sich die für die weitere Philosophiegeschichte maßgebliche terminologische Fixierung. Dessen Frage nach Art und Anzahl der Prinzipien (↑Arché) der ↑Natur, diese definiert als dasjenige, was einen Ursprung der Bewegung und der Ruhe in sich selbst hat, führt zu einer Erörterung des Phänomens der Bewegung (Veränderung), aus der sich die M.-F.-Theorie ergibt (Phys. A.7–9): eine Analyse der Aussagen über Bewegungsprozesse (für Aristoteles ist Sprache zugleich Ausdruck der Realität, Sprachanalyse also stets auch Sachanalyse) ergibt, daß jegliche Veränderung sich an etwas (dem ›Zugrundeliegenden‹, *ὑποκείμενον*, ↑Substrat) vollzieht und zwischen ›Gegensätzen‹ (ἐναντία) verläuft (der Farbe, der Temperatur, der räumlichen Distanz, der Größe usw.). Das sich Bewegende muß daher vor und nach der Veränderung (mindestens) zwei Bestimmungen aufweisen: eine die Identität des Gegenstandes gewährleistende Grundbestimmung, die auch nach der Veränderung erhalten bleibt, und eine den ›Gegensatz‹ ausdrückende Zusatzbestimmung, die die Art der Veränderung angibt und vor der Veränderung ab-, nach der Veränderung zugesprochen wird (im Beispiel »aus einem ungebildeten Menschen wird ein gebildeter Mensch« ist ›Mensch‹ die Grund-, ›ungebildet‹ bzw. ›gebildet‹ die Zusatzbestimmung). Die vor der Veränderung bestehende, negierte Zusatzbestimmung nennt Aristoteles ›Beraubung‹, Privation (↑Steresis), ihr positives Pendant (nach der Veränderung), F., die durchgängige Grundbestimmung M. (außerdem bezeichnet er die Steresis auch als F. und das aus Steresis und M. bestehende Substrat als M.). Die Prinzipien der Natur sind demnach F. und M. bzw. F., M. und Steresis (↑Hylemorphismus). Mit diesen Unterscheidungen kann Aristoteles die Parmenideische Aporie lösen, daß es keine Bewegung geben könne, weil sie die Existenz des Nichtseienden voraussetze: zwar kann aus *schlechthin* Nichtseiendem auch nach Aristoteles nichts entstehen (↑ex nihilo nihil fit), wohl aber aus *in gewisser Hinsicht* Nichtseiendem, d.h. aus der M., die durch Negation einer Zusatzbestimmung (Steresis) gekennzeichnet ist. Allerdings versteht Aristoteles die Steresis nicht als bloße Negation, sondern als Fehlen, als noch-nicht-Vorhandensein einer Bestimmung, die bei Naturdingen auf Grund einer umfassenden

↑Teleologie, bei Artefakten durch die Absicht des Herstellers vorgegeben ist. Unter teleologischem Aspekt repräsentiert die F. die Wirklichkeit (↑Energeia, ↑Entelechie), die M. die Möglichkeit (↑Dynamis); bei bewegten Dingen sind F., Wirkursache und Ziel identisch (↑causa).
Die für die Geschichte der Philosophie folgenreiche Übertragung der Prinzipien der Natur (der Dinge, insofern sie *bewegt* sind) auf den Bereich der Metaphysik bzw. Ontologie (der Dinge, insofern sie *sind*) führt zu der Frage, ob M. oder F. als ↑›Wesen‹ (*οὐσία*) begriffen werden können: ›Wesen‹ (verstanden als für sich existierendes Einzelding) ist weder die M., weil sie als bloße Möglichkeit bestimmungslos ist, noch die F., weil sie (im Unterschied zu den Ideen Platons) als Allgemeines und Begriff (*λόγος*) nicht für sich existieren kann, sondern nur das aus F. und M. Zusammengesetzte (*σύνθετον*). Wird F. jedoch als ›Wesensbegriff‹ eines Dinges verstanden, der in der Definition (als Realdefinition) ausgedrückt wird, so nennt Aristoteles auch die F. ›Wesen‹, allerdings von höherer, ursprünglicher Art (*πρώτ οὐσία*) mit einer besonderen Existenzform, wie sie z.B. für den ›unbewegten Beweger‹ (↑Beweger, unbewegter) und den unsterblichen Seelenteil (↑Form) angenommen wird. – Als Prinzip der ↑Individuation sieht Aristoteles teils die M., teils die F. an. In der Definitionstheorie nennt er die Gattung (intelligible) M. (*ὕλη νοητή*), die spezifische Differenz (Art) F.
In der weiteren Tradition überwiegen die metaphysisch-spekulativen Aspekte. Plotin unterscheidet im Bereich der Vielheit der Ideen (deren reale Existenz als gesichert gilt) eine das Gemeinsame ausdrückende F. und eine das Besondere repräsentierende (intelligible) M.. Augustinus interpretiert den Schöpfungsbericht (Gen. 1,1) mit Hilfe der F.-M.-Unterscheidung: die Erschaffung der Erde beziehe sich auf die körperliche, die des Himmels (=der Engel) auf die geistige M.; die jeweiligen F.en seien gleichzeitig mit der M. entstanden, als deren vor der Schöpfung liegenden Ursprung Augustinus das ›Wort Gottes‹ (die zweite Person in der Gottheit) ansieht, das ›F. aller geformten Dinge‹, selbst aber nur F., nicht geformte F., sei. – Durch Thomas von Aquin wird der Aristotelische Hylemorphismus vor allem für den Bereich der Metaphysik und Ontologie weiter ausgeführt. Die M.-F.-Theorie zählt seither zum Kern der scholastischen Philosophie und Theologie. In der Hierarchie des Seienden folgen F. und M. nach Gott (esse subsistens) und dem allgemeinen Sein (esse commune), an dem sie partizipieren bzw. das sie rezipieren; das Sein selbst stammt nicht aus der F., sondern folgt der F. unmittelbar als ihre Bestimmung und umgreift F. und M.. Reine (geistige, immaterielle) F.en können (im Unterschied zur reinen M., die bloße Potenz ist) für sich existieren, z.B. die Engel, die ohne das Individuationsprinzip der M. jeder für sich eine Spezies bilden. Die endlichen Substanzen werden durch F. und M. konstituiert, wobei die (substantielle bzw. intelligible) F. das im Wesensbegriff ausgedrückte Allgemeine repräsentiert (das durch akzidentelle F.en weiter differenziert wird), die M. als das Besondere die Individuation ermöglicht, und zwar nicht als allgemeine M. (denn sie ist völlig unbestimmt), sondern als spezifisch bestimmte M. (m. signata bzw. individualis), die zwar selbst nicht erkennbar ist, aber über die sinnliche Anschauung erschlossen werden kann. Die substantielle F. der Lebewesen ist die Seele; die menschliche Seele ist in ihrer Wahrnehmungs- und vegetativen Funktion an M. gebunden, in ihrem immateriellen, geistigen Sein unabhängig von der M. (daher unsterblich) und individuell von Gott zusätzlich ›anerschaffen‹. – In der Definitionstheorie nennt Thomas von Aquin die Gattung M., die spezifische Differenz F., in der Logik den Inhalt M., die logische Form des Schlusses F., in der Erkenntnistheorie die sinnliche Anschauung M. der Erfahrung, deren Begriff F. – Auch in der Theologie werden wichtige Lehrstücke mit Hilfe der F.-M.-Terminologie formuliert: die Tugend-, Gnaden- und Sakramentenlehre (z.B. die Transsubstantiation) der Scholastik basieren auf der (thomistischen) Unterscheidung von M. und (substantieller bzw. akzidenteller) F.
Die neuzeitliche Physik verläßt den aristotelisch-scholastischen Hylemorphismus. Das Theorem von der separaten Existenz der F.en wird weitgehend aufgegeben, der F.-Begriff selbst z.T. als Gesetz(-mäßigkeit) umgedeutet. Für I. Kant und G.W.F. Hegel sind F. und M. lediglich ↑Reflexionsbegriffe. N. Hartmann nimmt die ontologische Tradition wieder auf und zählt F. und M. zur ersten Gruppe von zwölf Seinsgegensätzen.
Neuerdings (M. McDonald, J. King-Farlow, J. Espinaco-Virseda, C. v. Bormann) wird die Frage kontrovers diskutiert, ob die F.-M.-Theorie mit den Mitteln der Sprachanalyse verständlich rekonstruiert werden kann. Dabei kann man den ursprünglichen Kontext der F.-M.-Diskussion bei Aristoteles als unproblematisch ansehen. Das Ergebnis seiner Analyse zum Problem des korrekten

Zusprechens von Prädikatoren sich verändernder Naturdinge läßt sich in der heute üblichen Terminologie folgendermaßen ausdrücken: Behauptungen über Veränderungen erfordern 1. eine Existenzaussage (bzw. Kennzeichnung), d.h. den Nachweis eines Gegenstandes, dem ein und derselbe Prädikator (M.) sowohl vor als auch nach der Veränderung zukommt, 2. den Nachweis, daß diesem Gegenstand zu einem bestimmten Zeitpunkt ein weiterer Prädikator (F.) zukommt, der vorher nicht von ihm ausgesagt werden konnte (Steresis). Substantielle F.en können als unverzichtbare Definitionsmerkmale interpretiert werden, deren Fortfall eine ›Wesensänderung‹ ausdrückt. Auch die Rede von ›Eigenschaften des Seienden als Seienden‹ kann unproblematisch verstanden werden als der Versuch, Prädikatorenregeln zu finden, die für alle (natürlichen) Körper gelten sollen – was Aristoteles und die ihm folgende Tradition in diesem Punkt vor dem Vorwurf bewahren würde, das Wort ›Sein‹ fälschlich als Prädikator zu verwenden. Probleme interpretatorischer und vor allem systematischer Art ergeben sich erst, wenn M., F. und Steresis bzw. Privation nicht lediglich als Unterscheidungen ausdrückende Prädikatoren, sondern als metaphysische bzw. ontologische Seinsprinzipien verstanden werden, denen eine separate Existenzart und eine besondere Wirkungsweise (causa formalis, causa finalis) zugesprochen wird.

Literatur: C. Baeumker, Das Problem der M. in der griechischen Philosophie. Eine historisch-kritische Untersuchung, Münster 1890 (repr. Frankfurt 1963); H. Beck, Das Individuationsprinzip bei Duns Scotus und Thomas von Aquin, Salzburg. Jb. Philos. 8 (1964), 115–132; P. Bissels, Die sachliche Begründung und philosophiegeschichtliche Stellung der Lehre von der materia spiritualis in der Scholastik, Franziskan. Stud. 38 (1956), 214–295; C. v. Bormann u.a., F. und M., Hist. Wb. Ph. II (1972), 977–1030; E. Cassirer, Philosophie der symbolischen F.en, I–III, Berlin 1923–1929 (repr. Darmstadt [7]1977 mit Indexband [6]1977); ders., Substanzbegriff und Funktionsbegriff. Untersuchungen über die Grundlagen der Erkenntniskritik, Berlin 1910, [2]1923 (repr. Darmstadt 1976); H. Flatten, Die »materia primordialis« in der Schule von Chartres, Arch. Gesch. Philos. 40 (1931), 58–65; O. N. Guariglia, Quellenkritische und logische Untersuchungen zur Gegensatzlehre des Aristoteles, Hildesheim 1978; F. P. Hager, Die M. und das Böse im antiken Platonismus, Mus. Helv. 19 (1962), 73–104; H. Happ, Hyle. Studien zum aristotelischen Materiebegriff, Berlin/New York 1971; E. S. Haring, Substantial F. in Aristotle's Metaphysics Z, Rev. Mét. Mor. 10 (1956/1957), 308–332, 482–501, 698–713; N. Hartmann, Zur Lehre vom Eidos bei Platon und Aristoteles, Berlin 1941 (wieder abgedruckt in: ders., Kleinere Schriften II, Berlin 1957, 129–164, und in: K. Gaiser [ed.], Das Platonbild. Zehn Beiträge zum Platonverständnis, Hildesheim 1969, 140–175); D. P. Henry, Medieval Philosophy, Enc. Ph. V (1967), 253–254; J. Hersch, L'être et la forme, Neuchâtel 1946; H. Herter, Bewegung der M. bei Platon, Rhein. Mus. Philol. 100 (1957), 327–347; G. v. Hertling, M. und F. und die Definition der Seele bei Aristoteles, Bonn 1871; W. G. Jacobs, Formal-material, Hb. ph. Grundbegriffe I (1973), 457–465; A. R. Lacey, Matter and F. in Aristotle, Phronesis 10 (1965), 54–69; H. R. King, Aristotle without prima materia, J. Hist. Ideas 17 (1956), 370–389; J. King-Farlow/J. Espinaco-Virseda, Matter, F. and Logic, Int. Logic Rev./Rass. int. logica II/3 (1971), 93–104; J. Klinger, Das Prinzip der Individuation bei Thomas von Aquin, Münsterschwarzach 1964; J. Klowski, Das Entstehen der Begriffe Substanz und M., Arch. Gesch. Philos. 48 (1966), 2–42; E. König, Die M., Göttingen 1911; G. Kröber/C. Warnke, F., Ph. Wb. I (1975), 409–412; O. Lange, M. und F. als Reflexionsbegriffe bei Kant, Diss. Göttingen 1958; M. McDonald, The Philosopher's Use of Analogy, in: A. F. Flew (ed.), Logic and Language, Oxford 1952 (repr. 1960, ursprünglich unter dem Titel: Essays on Logic and Language, 1951); E. McMullin (ed.), The Concept of Matter in Greek and Medieval Philosophy, Notre Dame/Indianapolis 1965; A. Rivaud, Le problème du devenir et la notion de la matière dans la philosophie grecque depuis les origines jusqu'a Théophraste, Paris 1905; U. Schöndorfer, Philosophie der M., Graz/Wien/Köln 1954; J. D. Schulz, Das Problem der M. in Platons »Timaios«, Bonn 1966; T. G. Sinnige, Matter and Infinity in the Presocratic Schools and Plato, Assen 1968; J. de Vries, Zur aristotelisch-scholastischen Problematik von M. und F., Scholastik 32 (1957), 161–185; ders., Zur Sachproblematik von M. und F., ebd. 33 (1958), 481–505; E. J. Watkin, A Philosophy of F., London 1935; R. Wiehl, F., Hb. ph. Grundbegriffe I (1973), 442–457; D. C. Williams, F. and Matter, Philos. Rev. 67 (1958), 291–312, 499–521; K. H. Winner, Die dualistische Interpretation des Seienden, aufgezeigt am aristotelischen Verständnis der πρώτη ὕλη. München 1967.

M. G.

Forschung (engl. research), im Unterschied zu Darstellung (engl. presentation) (↑Darstellung (semiotisch)), die als Aspekt wissenschaftlicher Tätigkeit auf die Verfahren zur *Geltungssicherung* von Aussagen und damit auf das *Beschreiben*(lehren) der Gegenstände zielt, derjenige andere Aspekt wissenschaftlicher Tätigkeit, der die Verfahren zur *Sinnbestimmung* prädikativer Ausdrücke und damit das *Kennen*(lernen) der Gegenstände ausarbeitet: Wissenschaft im F.saspekt ist eine Theorie der *Objektkompetenz* im Unterschied zu Wissenschaft im Darstellungsaspekt, die als Theorie der *Metakompetenz* auftritt.

Die Unterscheidung von F. und Darstellung geht zurück auf die beiden Leibnizschen artes ↑ars inveniendi oder Synthesis und ↑ars iudicandi oder Analysis, die sich ihrerseits über scholastische Traditionen bis zur (z.B. bei A. M. T. S. Boethius unter diese Begriffe gebrachten) Unterscheidung von Topik und Analytik in der Aristotelischen Logik zurückverfolgen lassen. Die moderne, von H. Reichenbach vorgenommene Anknüpfung unter den Titeln ↑Entdeckungszusammenhang/Begründungszusammenhang ist spezieller und bezieht sich in beiden Fällen auf die Geltung von Aussagen, nämlich im Blick auf die Unterscheidung induktiver von deduktiven Verfahren, gehört also zur Theorie der Metakompetenz, ohne die mit der Konstitution der Objektbereiche verbundenen Probleme der Objektkompetenz dabei eigens zu thematisieren. Auch die davon deutlich unterschiedene Anknüpfung durch B. Russell unter den Titeln knowledge by acquaintance/knowledge by description ist durch ihre (dadurch der Reichenbachschen Intention sich nähernde) Vermischung mit der klassischen erkenntnistheoretischen Entgegensetzung von empiristischer und rationalistischer Methode noch nicht in der Lage, den Zusammenhang von F. und Darstellung als Problem des Zusammenhangs von Sinnbestimmung und Geltungssicherung bzw. von (konstituierender) Gegenstandskonstruktion und (prädikationsbezogener) Gegenstandsbeschreibung aufzudecken. Es darf nämlich nicht das Verfahren der Darstellung mit der Herstellung von (systematischen, = rationalen) Begründungszusammenhängen (dem Wissen per rationes) und das Verfahren der F. mit der Herstellung von (historischen, = empirischen) Entdeckungszusammenhängen (dem Wissen per causas) identifiziert werden, und zwar deshalb nicht, weil Darstellung als Metakompetenz von der Objektkompetenz abhängt (weil sonst der Sinnlosigkeitsverdacht gegenüber den Sprachmitteln droht, die erforderliche Korrespondenz von sprachlichem Zeichen und bezeichnetem Gegenstand uneinlösbar bleibt), ebenso wie F. als Objektkompetenz ohne die Metakompetenz nicht kommunizierbar (d.h. kontrollierbarem Konsens zugänglich) ist. Hingegen läßt sich im Disput zwischen analytischer und konstruktiver Wissenschaftstheorie (↑Wissenschaftstheorie, analytische, ↑Wissenschaftstheorie, konstruktive) durch die Rekonstruktion dieser Positionen als Theorie von Wissenschaft als F. und als Theorie von Wissenschaft als Darstellung auf weiterführende Art vermitteln.

Literatur: H. Hermes, Ideen von Leibniz zur Grundlagenforschung. Die ars inveniendi und die ars iudicandi, Stud. Leibn. Suppl. III, Wiesbaden 1969, 92–102; K. Lorenz, The Concept of Science. Some Remarks on the Methodological Issue ›Construction‹ versus ›Description‹ in the Philosophy of Science, in: P. Bieri/R.P. Horstmann/L. Krüger (eds.), Transcendental Arguments and Science, Dordrecht 1979, 177–190; H. Reichenbach, Experience and Prediction, Chicago/London 1938, 3–80; B. Russell, Knowledge by Acquaintance and Knowledge by Description, Proc. Arist. Soc. N.S. 11 (1910/1911), 108–128; H. Wohlrapp, Analytischer versus konstruktiver Wissenschaftsbegriff, in: K. Lorenz (ed.), Konstruktionen versus Positionen. Beiträge zur Diskussion um die konstruktive Wissenschaftstheorie, I–II, Berlin/New York 1979, II, 348–377. K. L.

Forschungsprogramm (engl. scientific research programme), Komplex von Hypothesen und methodischen Regeln, aus deren Befolgung sich eine mehr oder weniger kontinuierliche Entwicklung wissenschaftlicher Theorien ergibt. Der Begriff wurde von I. Lakatos eingeführt, um die Einsichten der Paradigmentheorie T.S. Kuhns (↑Paradigma) aufzugreifen, ohne jedoch die von Kuhn vertretene These der methodischen Inkommensurabilität von Theorien übernehmen zu müssen (↑Revolution, wissenschaftliche). Ein F. besteht aus Verbotsregeln (›negative Heuristik‹) und Gebotsregeln (›positive Heuristik‹). Die Verbotsregeln beinhalten, daß bestimmte Hypothesen nicht angegriffen werden dürfen (›harter Kern‹ des F.s). Eine Theorie, die einen sich empirisch bewährenden Gehaltsüberschuß gegenüber einer Vorgängertheorie besitzt, bewirkt eine ›progressive‹, im anderen Fall eine ›degenerative‹ Problemverschiebung. Ein F. ist erfolgreich, wenn es zu einer progressiven Problemverschiebung führt. Nur im Fall einer progressiven Problemverschiebung gilt die alte Theorie als falsifiziert (↑Falsifikation) und wird zugunsten der neuen aufgegeben (›raffinierter Falsifikationismus‹).

Literatur: I. Lakatos, Falsification and the Methodology of Scientific Research Programmes, in: I. Lakatos/A. Musgrave (eds.), Criticism and the Growth of Knowledge, Cambridge 1970, 91–196, Nachdr. in: I. Lakatos, Philosophical Papers I (The Methodology of Scientific Research Programmes), ed. J. Worrall/G. Currie, Cambridge/London/New York/Melbourne 1978, 8–101 (dt. Falsifikation und die Methodologie wissenschaftlicher Forschungsprogramme, in: I. Lakatos/A. Musgrave, Kritik und Erkenntnisfortschritt, Braunschweig 1974, 89–189). C. F. G.

Fortschritt (engl. progress, franz. progrès), Grundbegriff der neuzeitlichen ↑Geschichtsphilosophie und des Geschichtsbewußtseins der bürgerlichen Gesellschaft. Systematisch eine zweckbestimmte Veränderung durch menschliches Handeln, insofern dessen Maßstab im Detail das Bessermachen ist. F.e unterscheiden sich daher auch von Entwicklungen im allgemeinen durch das Kriterium zunehmend besser realisierter Zwecke, was nicht ausschließt, daß einige Entwicklungen im Sinne dieses Kriteriums selbst als F.e darstellbar sind.

In der neuzeitlichen Geschichtsphilosophie bedeutet F. primär das lineare, in ständig kürzeren Zeiträumen erfolgende quantitative und/oder qualitative Anwachsen eines *theoretischen* Wissens und seiner *technischen* Nutzung. Im Gegensatz zu Kulturverfallstheorien (Anfang mit einem ›goldenen Zeitalter‹) und Kreislauftheorien (die in sich zurücklaufende Geschichte) setzt die Idee des F.s im neuzeitlichen und modernen Sinne die Entdeckung des *historischen Bewußtseins* (↑Bewußtsein, historisches) voraus und tritt dabei als Idee eines unbegrenzten F.s in der Neuzeit an die Stelle der christlichen Geschichtstheologie (↑Chiliasmus, ↑Eschatologie). Ob als Säkularisierung einer ursprünglich christlich-jüdischen Heilserwartung oder als Folge der Entstehung der neuzeitlichen Naturwissenschaften und der durch sie bewirkten fortschreitenden Naturbeherrschung, F. ist der Begriff, unter dem die Neuzeit ihre Vorstellung von Zukunftserwartung formuliert. In der Fassung, die die ↑Aufklärung dem Begriff des F.s gab, liegt dem die Annahme zugrunde, daß eine freie Entwicklung des Intellekts und eine Steigerung insbesondere des naturwissenschaftlichen Wissens von sich aus zu einer Humanisierung der Gesellschaft führe. F. wird insofern mit Aufklärung als einem historischen Prozeß gleichgesetzt. Ziel ist die Überwindung einer veralteten Gesellschaftsordnung und die Bildung einer neuen Ordnung, deren Genese in einer für die Epoche der Aufklärung charakteristischen Weise A. Marquis de Condorcet aufzuzeigen suchte (Esquisse d'un tableau historique des progrès de l'esprit humain, 1794).

Im Laufe des 19. Jahrhunderts verliert der Begriff des F.s allmählich diese ihn mit der Aufklärung verbindende *praktisch-philosophische* Bestimmung; eine Weiterentwicklung der Gattung Mensch wird zunehmend weniger in ihren politisch-moralischen, durch Aufklärung freiwerdenden Fähigkeiten, als vielmehr in den unbegrenzten *technischen* Möglichkeiten der Naturbeherrschung gesehen. Während I. Kant unter F. noch die »Vollziehung eines verborgenen Plans der Natur« auf dem Wege zu einer »vollkommenen Staatsverfassung« verstand (Idee zu einer allgemeinen Geschichte in weltbürgerlicher Absicht, 8. Satz, Akad.-Ausg. VIII, 27) und noch G.W.F. Hegel die Weltgeschichte als »F. im Bewußtsein der Freiheit« (Vorles. Philos. Gesch., Sämtl. Werke XI, 46) bezeichnete, beschränkt sich die F.sgläubigkeit der entstehenden Industriegesellschaft zunehmend auf die materiellen Resultate eines expandierenden technischen Wissens. Die über die Leistungsfähigkeit dieses Wissens erreichte Steigerung des Lebensstandards wird als Maßstab für F. genommen, ein ›F. der Menschheit‹, von dem die Aufklärung in politisch-praktischer Absicht sprach, vielfach lediglich als das Resultat einer sich immer kompromißloser realisierenden Industriekultur gesehen. Der Begriff des F.s verliert damit seine geschichtsphilosophische Bedeutung; als seine Kehrseite erscheint die durch die fortschreitende ›Beherrschung der Natur‹ bewirkte neue ›Beherrschung des Menschen‹ (M. Horkheimer, H. Marcuse).

Bezogen auf quantitative und/oder qualitative Entwicklungen in der *Theoriebildung* hat der Begriff des F.s neuerdings im Rahmen der ↑Wissenschaftstheorie und Theorien der ↑Wissenschaftsgeschichte verstärkt systematische Aktualität gewonnen. Dabei stehen sich angesichts des Problems, den F.sbegriff im Rahmen der Theorienentwicklung systematisch unabhängig von den Meinungen der Wissenschaftler, also ›objektiv‹, zu formulieren, insbesondere die Positionen K.R. Poppers (↑Bewährung) und I. Lakatos' (↑Forschungsprogramm) auf der einen Seite und die Positionen T.S. Kuhns (Inkommensurabilität von ↑Paradigmen) und P.K. Feyerabends auf der anderen Seite (↑Anarchismus, erkenntnistheoretischer) gegenüber (↑Erkenntnisfortschritt, ↑Theoriendynamik). Theorien wissenschaftlichen F.s, die sowohl der Analyse historischer Entwicklungen als auch der Beurteilung wissenschaftlichen Lehrbuchwissens dienen, werden in diesem Zusammenhang vorzugsweise in einer *evolutionstheoretischen* Begrifflichkeit vorgetragen (↑Evolution). Das gilt nicht nur für Positionen wie diejenige Poppers, in deren Rahmen Wissenschaftsgeschichte Paradigma einer F.sgeschichte ist, sondern auch für Positionen wie diejenige Kuhns, in deren Rahmen das evolutionsspezifische Merkmal der Kontinuität hinter dem Merkmal diskontinuierlicher (›revolutionärer‹) Veränderungen zurücktritt (↑Revolution, wissenschaftliche).

Literatur: E. Bloch, Differenzierungen im Begriff F., Berlin 1956 (Sitz.ber. Dt. Akad. Wiss. Berlin, Kl. f. Philosophie, Geschichte, Staats-, Rechts- und Wirtschaftswissenschaften 1955 Nr. 5); H. Blumenberg, Die Legitimität der Neuzeit, Frankfurt 1966; J.B. Bury, The Idea of Progress. An Inquiry into its Origin and Growth, London 1920, ³1931; R.G. Collingwood, The Idea of History, Oxford 1946; J. Delvaille, Essai sur l'histoire de l'idée de progrès jusqu'à la fin du 18ᵉ siècle, Paris 1910; C. van Doren, The Idea of Progress, New York/Washington/London 1967; M. Ginsberg, The Idea of Progress. A Reevaluation, London 1953; M. Horkheimer/T.W. Adorno, Dialektik der Aufklärung. Philosophische Fragmente, Amsterdam 1948 (Nachdr. Frankfurt 1969); W. R. Inge, The Idea of Progress, Oxford 1920; H. R. Jauß, Ursprung und Bedeutung der F.sidee in der ›Querelle des Anciens et des Modernes‹, in: H. Kuhn/F. Wiedmann (eds.), Die Philosophie und die Frage nach dem F., München 1964, 51–72; I. Lakatos/A. Musgrave (eds.), Criticism and the Growth of Knowledge, Cambridge 1970 (dt. Kritik und Erkenntnisfortschritt, Braunschweig 1974); L. Laudan, Progress and its Problems. Towards a Theory of Scientific Growth, Berkeley/Los Angeles/London 1977; K. Löwith, Meaning in History. The Theological Implications of the Philosophy of History, Chicago 1949 (dt. Weltgeschichte und Heilsgeschehen. Die theologischen Voraussetzungen der Geschichtsphilosophie, Stuttgart 1953, [5]1967); H. Lübbe, F. als Orientierungsproblem. Aufklärung in der Gegenwart, Freiburg 1975; R. W. Meyer (ed.), Das Problem des F.s heute, Darmstadt 1969; A. Mercier/M. Scilar (eds.), Was ist F.?, Bern/Frankfurt/Las Vegas 1979; J. Mittelstraß, Neuzeit und Aufklärung. Studien zur Entstehung der neuzeitlichen Wissenschaft und Philosophie, Berlin/New York 1970, 341–374 (§10: F. und Utopie); M. Pirie, Trial and Error and the Idea of Progress, London 1978; K. R. Popper, Conjectures and Refutations. The Growth of Scientific Knowledge, London [3]1969; N. Rescher, Scientific Progress. A Philosophical Essay on the Economics of Research in Natural Science, Oxford 1978; J. Ritter, F., Hist. Wb. Ph. II (1971), 1032–1059; W. Stegmüller, Probleme und Resultate der Wissenschaftstheorie und Analytischen Philosophie II 2 (Theorienstrukturen und Theoriendynamik), Berlin/Heidelberg/New York 1973; G. S. Stent, Paradoxes of Progress, San Francisco 1978; C. C. v. Weizsäcker, Zur ökonomischen Theorie des technischen F.s, Göttingen 1966. J. M.

Foucault, Michel Paul, *Poitiers 15. Okt. 1926, franz. Philosoph und Sozialhistoriker. Ab 1960 a.o. Prof., 1964–1968 o. Prof. der Philosophie in Clermont-Ferrand, 1968–1970 in Paris-Vincennes, seit 1970 Prof. für Geschichte der Denksysteme am »Collège de France«, Mitarbeiter der ›Tel Quel‹-Gruppe (↑Strukturalismus (philosophisch, wissenschaftstheoretisch)). Bereits in seinen ersten Arbeiten über Krankheit und Wahnsinn versucht F. aufzuzeigen, wie ab dem 19. Jahrhundert Phänomene des alltäglichen Lebens die hinreichenden Bedingungen für die Konstitution eines wissenschaftlichen Gegenstandes bildeten. Seine methodische Position ist dabei, wie auch in seinen späteren Werken, die eines Betrachters von außen, der eine ›Ethnologie der Kultur‹ schaffen will (Von der Subversion des Wissens, München 1974, 13). Neben literaturkritischen Arbeiten stehen Untersuchungen über Organisationen und Transformationen der Begriffe und Gegenstände der Wissenschaften. F.s verschiedene methodische Ansätze vereinigen sich in seiner Antrittsvorlesung am Collège de France (»L'ordre du discours«). Auf der Suche nach einer Methode, seine Analysen ohne Rekurs auf Psychologie zu verwirklichen, zeigen neuere Arbeiten die Rezeption von Positionen S. Toulmins und P. K. Feyerabends.

Werke: Maladie mentale et personnalité, Paris 1954, unter dem Titel: Maladie mentale et psychologie, [2]1955 (dt. Psychologie und Geisteskrankheit, Frankfurt 1968); Folie et déraison. Histoire de la folie à l'âge classique, Paris 1961, [2]1972 (dt. Wahnsinn und Gesellschaft. Eine Geschichte des Wahns im Zeitalter der Vernunft, Frankfurt 1969); Naissance de la clinique. Une archéologie du regard médical, Paris 1963, [2]1972 (dt. Die Geburt der Klinik. Eine Archäologie des ärztlichen Blicks, München 1973); Les mots et les choses. Une archéologie des sciences humaines, Paris 1966 (dt. Die Ordnung der Dinge. Eine Archäologie der Humanwissenschaften, Frankfurt 1971); L'ordre du discours, Paris 1971 (dt. Die Ordnung des Diskurses, München 1974, Frankfurt/Wien 1977); Von der Subversion des Wissens, ed. W. Seitter, München 1974, Frankfurt/Wien 1979; Surveiller et punir. La naissance de la prison, Paris 1975 (dt. Überwachen und Strafen. Die Geburt des Gefängnisses, Frankfurt 1976, [2]1977); Histoire de la sexualité, I–, Paris 1976ff. (dt. Sexualität und Wahrheit, I–, Frankfurt 1977ff., 6 Bde geplant).

Literatur: J. L. Chalumeau, La pensée en France. De Sartre à F. (Où en est la France?), Paris 1974; A. Guédez, F., Paris 1972; A. Kremer-Marietti, F. et l'archéologie du savoir, Paris 1974 (dt. M. F., der Archäologe des Wissens, Frankfurt/Wien 1976); D. Lecourt, Pour une critique de l'épistémologie. Bachelard, Canguilhem, F., Paris 1972 (dt. Kritik der Wissenschaftstheorie. Marxismus und Epistemologie (Bachelard, Canguilhem, F.), Berlin 1975); D. Leland, On Reading and Writing the World. F.'s History of Thought, Clio 4 (1975), 225–243; J. Reiter, Der endgültige Tod Gottes. Zum Strukturalismus von M. F., Salzb. Jb. Philos. 14 (1970), 111–125. P. B.

Fourier, François Marie Charles, *Besançon 7. April 1772, †Paris 10. Okt. 1837, franz. utopischer Sozialist. Nach Abschluß der Gymnasialbildung Handlungsreisender im Auftrag des Familienunternehmens. 1793 Teilnehme am Lyoner Aufstand. Nach Verlust des väterlichen Vermögens wechselnde Tätigkeiten im Kaufmannsberuf. 1826 Übersiedlung nach Paris. Kritik an der dem Glücksstreben der Menschen feindlichen Zivilisation sowie an der Unfähigkeit aller bisherigen Philosophie, diesem ›allgemeinen Elend abzuhelfen‹, veranlaßten F., eine soziale Wissenschaft zu konzipieren, die auf exakte Methoden gegründet sein sollte. Der gesamte Kosmos wird F. zufolge durch die Anziehungskraft bestimmt, die sich im sozialen Leben in den Leidenschaften der Menschen darstellt. Armut und Herrschaft, die die vergangenen Epochen der Wildheit, des Patriarchats und der Barbarei und die gegenwärtige der Zivilisation definieren, würden unter der Bedingung, daß die Leidenschaften sich frei entfalten könnten, einer harmonischen sozialen Ordnung weichen. Diese herzustellen ist das Ziel der sich gemäß den ›Serien der Leidenschaften‹ organisierenden autarken Lebensgemeinschaften (familistères) und der phalanstères, einer Art autonomer, agrarisch orientierter Produktions- und Konsumgenossenschaften, die die volle Entfaltung von Reichtum und Genuß allererst ermöglichen. Der minutiösen, zumeist schwer nachvollziehbaren Ausarbeitung von Plänen für deren Errichtung sind F.s Hauptarbeiten gewidmet. Sie sind geleitet von der utopischen Perspektive, die Versöhnung der Menschen mit ihrer sinnlichen Natur und die Umwandlung von Arbeit in Genuß in einer neuen Ära zu erreichen.

Neben seinen Schriften warb die Zeitschrift »La Phalange«, 1832–1840 unter wechselnden Titeln erschienen, für F.s Vorstellungen. Im gleichen Sinne wirkte die »Ecole Sociétaire«, ein Zusammenschluß der Anhänger der Lehre F.s. Später wurde die Genossenschaftsbewegung von F.s Ideen beeinflußt. K. Marx und F. Engels würdigten und kritisierten F. als einen derjenigen utopischen Sozialisten, dessen zur Satire gesteigerte Kritik die »materielle und moralische Misere der bürgerlichen Welt unbarmherzig aufgedeckt« habe (Engels, MEW XX, 242).

Werke: Œuvres complètes, I–VI, Paris 1840–1870, [2]1841–1845 (repr. New York 1966), Neuausg. I–XII, Paris 1966–1968; Théorie des quatre mouvements et des destinées générales, Leipzig 1808, erw. Neuausg. Paris 1967 (dt. Theorie der vier Bewegungen und der allgemeinen Bestimmungen, ed. T.W. Adorno, eingel. v. E. Lenk, Frankfurt 1966). – Weitere deutsche Ausgaben: Aus der neuen Liebeswelt. Über die Freiheit der Liebe, ausgew. u. eingel. v. D. Guerin, mit Anh. Über die Freiheit in der Arbeit, ausgew. u. eingel. v. M. Luckow, Berlin 1977; Die harmonische Erziehung, ausgew., eingel. u. übers. v. W. Apelt, Berlin 1958; Der Frühsozialismus. Quellentexte, ed. T. Ramm, Stuttgart [2]1968; Die frühen Sozialisten, I–II, ed. F. Kool/W. Krause, München 1972.

Literatur: F. Armand/R. Maublanc, F., I–II, Paris 1937; A. Bebel, C. F.. Sein Leben und seine Theorien, Stuttgart 1888; B. Becker, Karl F., Braunschweig 1874; G. Behrens, Die soziale Utopie des C.F., Diss. Köln 1977; H. Bourgin, F.. Contribution à l'étude du socialisme français, Paris 1905; H. Lefèbvre u.a., Actualité de F., Paris 1975; E. Lehouck, F. aujourd'hui, Paris 1966; F.E. Manuel, The Prophets of Paris, Cambridge Mass. 1962; C. Pellarin, C.F.. Sa vie et sa théorie, Paris 1843; N.V. Riasanovsky, The Teaching of C.F., Berkeley/Los Angeles 1969; R. Schérer, C.F. ou la contestation globale, Paris 1970; A. Vergez, F., Paris 1969; W. Wessel, C.F. als Vorläufer der modernen Genossenschaftsbewegung, Diss. Köln 1929. M. B.

Fourier, Jean Baptiste Joseph, *Auxerre 21. März 1768, †Paris 16. Mai 1830, franz. Mathematiker und Physiker, Mitarbeiter in der Kulturkommission Napoleons auf dem Ägyptenfeldzug. F. leistete bedeutende Beiträge zur Theorie der Wärmeleitung, deren physikalische Fragestellung er als Randwertproblem bei linearen partiellen ↑Differentialgleichungen formulierte (was die rationale ↑Mechanik über den ihr bei I. Newton gesteckten Bereich erweitert) und entwickelte zur Lösung dieser Gleichungen mathematische Techniken, die heute seinen Namen tragen (z.B. F.sche Integraltransformation, F.sche Integralgleichung, F.-Plancherel-Operator). Die von F. entdeckte Darstellbarkeit aller den sogenannten Dirichlet-Bedingungen genügenden Funktionen durch F.-Reihen (oder trigonometrische Reihen) leistete dem Wandel des mathematischen Funktionsbegriffs in Richtung auf den Dirichletschen Funktionsbegriff (↑Funktion) Vorschub. F. gilt auch als Vorläufer auf dem Gebiet der mathematischen Grundlagen der linearen Programmierung.

Werke: Théorie analytique de la chaleur, Paris 1822 (repr. Breslau 1883), auch als Bd. I der Œuvres de F., I–II, ed. G. Darboux, Paris 1888/1890, und in: I. Grattan-Guinness, Joseph F. (1768–1830), 31–440 (dt. Analytische Theorie der Wärme, Berlin 1884); Analyse des équations determinées. Paris 1831 (dt. Die Auflösung der bestimmten Gleichungen, ed. A. Loewy, Leipzig 1902 [Ostwalds Klassiker der exakten Wissenschaften 127]).

Literatur: F. Arago, Éloge de J.F., Mém, de l'Acad. des Sciences 14 (1838), LXIX–CXXXVIII; J.J. Champollion-Figeac, F. et Napoléon: l'Égypte et les cent jours, mémoires et documents inédits, Paris 1844; J. Chazarain (ed.), F. Integral Operators and Partial Differential Equations. Colloque international, Université de Nice, 1974, Berlin/Heidelberg/New York 1975; I. Grattan-Guinness, Joseph F. (1768–1830). A Survey of his Life and Work. Based on a Critical Edition of his Monograph on the Propagation of Heat. Presented to the Institut de France in 1807, Cambridge Mass. 1972; J. Herivel, Joseph F.. The Man and the Physicist, Oxford 1975; J.R. Ravetz/I. Grattan-Guinness, F., DSB V (1972), 93–99. C.T.

Fracastoro, Girolamo, *Verona ca. 1478, †Incaffi (bei Verona) 6. Aug. 1553, ital. Humanist, Arzt, Astronom, Dichter und Naturphilosoph. Studium der Literatur, Mathematik, Astronomie, Philosophie (unter anderem bei P. Pomponazzi) und Medizin an der Universität Padua, wo er nach Abschluß seines Studiums (1502) Logik unterrichtete. Begegnung mit N. Kopernikus, der seit 1501 in Padua studierte. 1545 von Papst Paul III. zum ›medicus conductus et stipendiatus‹ des Konzils von Trient ernannt. Bereits 1555 Errichtung einer F.-Statue in Verona neben der Dantes. F. sieht die Natur als eine autonome (nicht von übernatürlichen Kräften durchwaltete) Realität an, deren regulative Prinzipien der Mensch durch methodische Erfahrung zu seinem eigenen Nutzen zu erkennen vermag. Die Weltordnung denkt sich F. als durch ›Sympathie‹ (und ›Antipathie‹) konstituiert, Kräfte, die auch für die Fernwirkung zwischen Körpern (Planeten) verantwortlich sind. Als Mediziner hat F. Erstaunliches auf dem Gebiet der Epidemiologie geleistet; auf ihn geht die Bezeichnung ›Syphilis‹ für die vorher so genannte ›französische Krankheit‹ zurück.

Werke: Syphilidis, sive morbi Gallici libri tres, Verona 1530, Antwerpen 1562, unter dem Titel: Syphilis, sive morbus gallicus, Rom 1531, Paris 1531, Basel 1536; Homocentrica sive de stellis. Ejusdem de causis criticorum dierum per ea quae in nobis sunt, Venedig 1538; De sympathia et antipathia rerum liber unus, Venedig 1546, Leiden 1554; De contagione et contagiosis morbis et eorum curatione libri tres, Venedig 1546 (repr. mit engl. Übers. New York/London 1930 [mit Bibliographie]); Naugerius, sive De poetica dialogus, Venedig 1549 (repr. mit engl. Übers., ed. R. Kelso/M. W. Bundy, Urbana Ill. 1924); Fracastorius sive de anima dialogus, Verona 1553. – Opera omnia, in unum proxime post illius mortem collecta [...], Venedig 1555, [2]1574, [3]1584, I–II, Lyon 1591, Padua 1739; Operum pars prior [posterior], 3 Teile in 1 Bd., Lyon/Genf 1591, Genf 1621, 2 Teile in 1 Bd. Genf 1622, 1637; Opera omnia poetica, Neapel 1683; Poemata omnia, Padua 1718, Verona 1740; Scritti inediti, ed. F. Pellegrini, Verona 1955.

Literatur: E. Cassirer, Das Erkenntnisproblem in der Philosophie und Wissenschaft der neueren Zeit I, Berlin 1906, New Haven [2]1957, Darmstadt [5]1972; K. Lasswitz, Geschichte der Atomistik I, Hamburg 1890; E. di Leo, Scienze ed umanesimo in G. F., Salerno [3]1953; F. Pellegrini, F., Triest 1948; F. Ruths, Das homozentrische Sphärensystem des G. F., Diss. Frankfurt 1977; G. Saitta, Il pensiero italiano nell'umanesimo e nel Rinascimento II, Florenz [2]1961; B. Zanobio, F., DSB V (1972), 104–107. R. W.

Fraenkel, Adolf Abraham, *München 17. Febr. 1891, †Jerusalem 15. Okt. 1965, dt.-israel. Mathematiker. Nach Studien in München, Marburg, Berlin und Breslau lehrte F. von 1916 an (ab 1922 als Inhaber einer Professur) in Marburg, 1928 in Kiel, 1929–1959 an der Hebrew University, Jerusalem. F.s wissenschaftliches Interesse galt, nachdem er zunächst einige Arbeiten zur Algebra und Zahlentheorie veröffentlicht hatte, vor allem der ↑Mengenlehre. Ausgehend von einer Kritik an E. Zermelos Axiomensystem von 1908, insbesondere an dessen eingeschränkten Mengenbildungs- und Unendlichkeitsaxiomen, schuf F. das heute als ZF bezeichnete ↑Zermelo-F.sche Axiomensystem, das sich von der Zermeloschen Axiomatisierung hauptsächlich durch die Hinzunahme des ↑Ersetzungsaxioms unterscheidet. Für dieses System, das er in einzelnen Aufsätzen um eine Kardinal- und Ordinalzahltheorie ergänzte (↑Arithmetik, transfinite), bewies F. (allerdings unter einer gravierenden Existenzvoraussetzung) die Unabhängigkeit des ↑Auswahlaxioms. Erst 1963 gelang es P. J. Cohen auf Grund eines Vorschlags von T. Skolem (bezüglich der Präzisierung des Zermeloschen Begriffs der ↑Definitheit), ein modifiziertes ›Zermelo-F.-Skolem‹-System ZFS zu entwickeln und für dieses den genannten und andere Unabhängigkeitsbeweise ›voraussetzungsfrei‹ zu führen (↑forcing). Nicht zuletzt diese Ergebnisse haben ZFS zum derzeit anerkanntesten mengentheoretischen System werden lassen. – Neben einigen mathematikgeschichtlichen Schriften und zahlreichen mengentheoretischen Aufsätzen verfaßte F. (zum Teil in Zusammenarbeit mit anderen Autoren) mehrere Standardwerke zur Mengenlehre.

Werke: Einleitung in die Mengenlehre. Eine gemeinverständliche Einführung in das Reich der unendlichen Größen, Berlin 1919, [3] 1928 (repr. Walluf b. Wiesbaden 1972); Zu den Grundlagen der Cantor-Zermeloschen Mengenlehre, Math. Ann. 86 (1922), 230–237; Axiomatische Begründung der transfiniten Kardinalzahlen I, Math. Z. 13 (1922), 153–188; Der Begriff »definit« und die Unabhängigkeit des Auswahlaxioms, Sitz.ber. Preuss. Akad. Wiss., phys.-math. Kl. 21 (1922), 253–257; Die neueren Ideen zur Grundlegung der Analysis und Mengenlehre, Jahresber. Dt. Math.ver. 33 (1925), 97–103; Untersuchungen über die Grundlagen der Mengenlehre, Math. Z. 22 (1925), 250–273; Der Streit um das Unendliche in der Mathematik, Scientia 38 (1925), 141–152, 209–218; Axiomatische Theorie der geordneten Mengen (Untersuchungen über die Grundlagen der Mengenlehre II), J. reine u. angew. Math. 155 (1926), 129–158; Zehn Vorlesungen über die Grundlegung der Mengenlehre, Leipzig/Berlin 1927 (repr. Darmstadt 1972); Axiomatische Theorie der Wohlordnung, J. reine u. angew. Math. 167 (1932), 1–11; Abstract Set Theory, Amsterdam 1953, [3]1966; Integers and Theory of Numbers, New York 1955; (mit P. Bernays) Axiomatic Set Theory, Amsterdam 1958; (mit Y. Bar-Hillel/A. Levy) Foundations of Set Theory, Amsterdam/London 1958, [2]1973; Mengenlehre und Logik, Berlin 1959; Jewish Mathematics & Astronomy, Scr. Math. 25 (1960), 33–47; Lebenskreise. Aus den Erinnerungen eines jüdischen Mathematikers, Stuttgart 1967.

Literatur: Y. Bar-Hillel u.a. (eds.), Essays on the Foundations of Mathematics. Dedicated to A. A. F. on his Seventieth Anniversary, Jerusalem [2]1966; J. van Heijenoort (ed.), From Frege to Gödel, Cambridge Mass. 1967; G. Kreisel, La prédicativité, Bull. Soc. math. de France 88 (1960), 371–391; J. von Neumann, Über die Definition durch transfinite Induktion und verwandte Fragen der allgemeinen Mengenlehre, Math. Ann. 99 (1928), 373–391; B. van Rootselaar, F., DSB V (1972), 107–109; T. Skolem, Einige Bemerkungen zur axiomatischen Begründung der Mengenlehre, Wiss. Vorträge gehalten auf dem 5. Skand. Math. Kongr. Helsingfors 1922, Helsinki 1923, 217–232 (repr. in: ders., Selected Works in Logic, ed. J.E. Fenstad, Oslo/Bergen/Tromsö 1970, 137–152). G. H.

Frage, kontexterzeugender Sprechhandlungstyp (↑Sprechakt), für dessen Vollzugsbedingung unter anderem sowohl ein Nicht-Wissen bezüglich des F.themas als auch ein vorgängiges anfängliches

Wissen um dieses charakteristisch ist. Aus diesem Grund ist in der Philosophiegeschichte das Fragen als wissendes Nicht-Wissen immer wieder, zuerst von Sokrates, als paradigmatisch für die menschliche Erkenntnissituation angesehen worden. Eine logische Analyse von F.n erfolgt in der ↑Interrogativlogik.

Literatur: R. G. Collingwood, Question and Answer, in: ders., An Autobiography, Oxford 1939, 29–43 (dt. F. und Antwort, in: ders., Denken. Eine Autobiographie, ed. H.-G. Gadamer, Stuttgart 1955, 30–43); E. Coreth, F., Hb. ph. Grundbegriffe I (1973), 485–493; B. Waldenfels, Das Sokratische Fragen, Meisenheim 1961.

C. F. G.

Frankfurter Schule, Bezeichnung für einen mit dem 1923 gegründeten Frankfurter »Institut für Sozialforschung« verbundenen Kreis von Intellektuellen, Sozialwissenschaftlern und Philosophen, deren theoretische Ansätze für die Marxismus- und Sozialismusdiskussion ebenso wie für die moderne Wissenschafts- und Aufklärungskritik bedeutungsvoll geworden sind. Zur ersten Generation der F. S. zählen insbesondere T. W. Adorno, W. Benjamin, E. Fromm, C. Grünberg, M. Horkheimer, L. Löwenthal, H. Marcuse und F. Pollock, ferner F. J. Weil, dessen Vater H. Weil einen Großteil der Geldmittel für das Frankfurter Institut bereitstellte. Hausorgan der F. S. war zunächst das »Archiv für Geschichte des Sozialismus und der Arbeiterbewegung«, später die »Zeitschrift für Sozialforschung«. 1933 mußte das Frankfurter Institut geschlossen werden, seine Mitglieder wanderten großenteils aus. Die Bemühungen um eine institutionelle Kontinuität ihrer Arbeit führten schließlich zu einem »International Institute of Social Research«, angegliedert an die Columbia University in New York.

1950 kehrte das »Institut für Sozialforschung« nach Frankfurt zurück. Seine Direktoren wurden Adorno und Horkheimer, die zugleich Lehrstühle an der Frankfurter Universität innehatten. Die neue F. S. gewann einen weitreichenden Einfluß auf die westdeutsche und europäische sozialwissenschaftliche Theoriediskussion sowie auf die politische und theoretische Orientierung der neuen Linken seit den sechziger Jahren. Zur jüngeren Generation der F. S. zählen H. Becker, O. Negt, C. Offe, A. Schmidt und A. Wellmer, vor allem aber J. Habermas, dessen Ansätze inzwischen eine weitere Phase in der Denkentwicklung dieser Schule eingeleitet haben. Auch in England und Amerika wird sie seitdem als eine Alternative zum ↑Neopositivismus und zur analytischen Philosophie und Wissenschaftstheorie (↑Philosophie, analytische) zunehmend ernstgenommen.

Charakteristisch für die F. S. ist eine Verbindung des die demokratischen bürgerlichen Rechts- und Verfassungsstaaten leitenden Vernunftprinzips mit den Grundlagen der von K. Marx geleisteten politisch-ökonomischen Analysen der bürgerlichen Gesellschaft. Daraus ergibt sich eine Kritik nicht nur der kapitalistisch strukturierten bürgerlichen Demokratien, sondern auch der totalitären, insbesondere bürokratischen, Scheinformen des Sozialismus, die den mit den bürgerlichen Revolutionen in die Welt getretenen Rahmen vernünftiger politischer Praxis verlassen. Wesentliche Bedeutung hat ferner die ↑Wissenschaftskritik der F. S., vor allem in Zusammenhang mit dem neueren ↑Werturteilsstreit in den Sozialwissenschaften, wie er sich seit der Tübinger Soziologentagung 1961 zwischen dem kritischen Rationalismus (↑Rationalismus, kritischer) und der F. S. entwickelt hat. Schon Horkheimer hatte vor dem zweiten Weltkrieg der von szientistischen (↑Szientismus) und rein technisch-rationalen Verständnissen wissenschaftlicher Theorie und Empirie geleiteten ›traditionellen Theorie‹ eine ›kritische Theorie‹ gegenübergestellt und so für die Verbindung der F. S. mit dem Etikett ›Kritische Theorie‹ (↑Theorie, kritische) gesorgt. Kritische (Wissenschafts-)Theorie reflektiert den Zusammenhang der Wissenschaftspraxis mit den gesellschaftlichen Bedingungen, in denen sie steht, und erkennt den normativen Charakter wissenschaftlicher Methoden und Aufgaben an. Seit den sechziger Jahren wird die Wissenschaftskritik der F. S. weitgehend von Ansätzen getragen, die Habermas ausgearbeitet hat.

Literatur: A. Arato/E. Gebhardt (eds.), The Essential Frankfurt School Reader, Oxford 1978 (mit Bibliographie, 530–541); S. Buck-Morss, The Origin of Negative Dialectics. Theodor W. Adorno, Walter Benjamin and the Frankfurt-Institute, Hassocks (Sussex) 1978; U. Galeazzi, La scuola di Francoforte. Teoria critica in nome dell'uomo, Rom 1975; J. Habermas, Philosophisch-politische Profile, Frankfurt 1971 (bes. Nr. 6–8); M. Jay, The Dialectical Imagination. A History of Frankfurt School and the Institute of Social Research, London 1973 (dt. Dialektische Phantasie. Die Geschichte der F. S. und des Instituts für Sozialforschung 1923–1950, Frankfurt 1976); A. Wellmer, Kritische Gesellschaftstheorie und Positivismus, Frankfurt [4]1973; Institut für Sozialforschung an der J. W. Goethe-Universität Frankfurt. Ein Bericht über die Feier seiner Wiedereröffnung, seine Geschichte und seine Arbeiten, Frankfurt 1952. F. K.

Franz von Marchia, *Appignano (Provinz Ascoli Piceno) um 1290, †nach 1344, ital. Theologe (Franziskaner) und Naturphilosoph (›doctor succinctus et praefulgius‹). Studium an der Universität Paris (Magister der Theologie, las wahrscheinlich 1319/1320 in Paris über die Sentenzen des Petrus Lombardus, um 1324 Lektor im Studium generale der Franziskaner in Avignon, 1327–1332 Provinzialmeister der Ordensprovinz Marca d'Ancona. F. vertrat im Armutsstreit auf der Seite von Michael von Cesena, Wilhelm von Ockham und Bonagratia von Bergamo die Partei, die für die absolute Armut der Nachfolger Christi und der Kirche eintrat. Da diese Lehre von Papst Johannes XXII. für häretisch erklärt wurde, wurde F. 1328 exkommuniziert. Er folgte Kaiser Ludwig IV. dem Bayern, wurde 1341 von der Inquisition in Italien verfolgt und widerrief seine Ansichten 1344. – In der Physik darf F. als einer der ersten Vertreter der ↑Impetustheorie gelten. Danach wird, ausgeführt im Zusammenhang mit der Frage nach der Kausalität der Sakramente, beim Wurf dem bewegten Körper eine ›zurückgelassene‹ Kraft (vis derelicta) mitgeteilt, die während des Bewegungsvorganges allmählich erlischt. Das Medium ist an der Bewegung beteiligt, jedoch (im Unterschied zur Aristotelischen Vorstellung) nicht als alleiniger Motor. F. übertrug diese Erklärung auch auf die ›natürlichen‹ Bewegungen der Himmelskörper: die die Himmelssphären in Bewegung haltenden Intelligenzen üben ihre Funktion dadurch aus, daß sie in den Sphären einen impetus wecken, d.h. eine den Sphären inhärierende Kraft, die diese bewegt, ohne daß die primäre Kraft unmittelbar wirkt. – F.' Schriften, die zum größten Teil nur in Handschriften überliefert sind, beeinflußten die Oxforder Franziskaner, besonders Walter Catton und John of Reading.

Werke: F. Stegmüller, Repertorium commentariorum in Sententias Petri Lombardi, Würzburg 1947, 237, 302; In sententias IV,1, in: G.F. Vescovini (ed.), La teoria dell'impeto. Testi latini di filosofia medievale, Turin 1969, 1–21.

Literatur: M. Clagett, The Science of Mechanics in the Middle Ages, Madison Wisc. 1959, 526–531; E.J. Dijksterhuis, De Mechanisering van het Wereldbeeld, Amsterdam 1950, 198–199 (dt. Die Mechanisierung des Weltbildes, Berlin/Göttingen/Heidelberg 1956, 203); A. Maier, Zwei Grundprobleme der scholastischen Naturphilosophie. Das Problem der intensiven Größe. Die Impetustheorie, Rom ²1951, 161–200; dies., Zwischen Philosophie und Mechanik. Studien zur Naturphilosophie der Spätscholastik, Rom 1958, 350–354; A. Teetaert, Pignano (François de), Dictionnaire de théologie catholique XII (1935), 2104–2109; G.F. Vescovini, Francis of M., DSB V (1972), 113–115; M. Wolff, Geschichte der Impetustheorie. Untersuchungen zum Ursprung der klassischen Mechanik, Frankfurt 1978, 192–198. P.B.

Franz von Meyronnes (Franciscus de Mayronis), *Meyronnes (Provence) um 1288, †Piacenza (Italien) wahrscheinlich 26. Juli 1328, Theologe und Naturphilosoph. F. trat vermutlich in Digne dem Franziskanerorden bei, war Schüler des Duns Scotus, las 1320/1321, unmittelbar nach Franz von Marchia, in Paris über die Sentenzen des Petrus Lombardus und wurde dort 1323 Magister der Theologie. Seine Disputationen mit P. Roger, dem späteren Papst Klemens VI., wurden schnell bekannt. 1323–1324 Provinzialmeister der Ordensprovinz Provence. 1324 hielt sich F. in Avignon auf und wurde vom Papst zusammen mit dem Dominikanermönch Domenica Grima in die Gascogne geschickt, um einen Konflikt zwischen den Armeen Karls IV. von Frankreich und Edwards III. von England zu verhindern. – Nach F. besteht das Universum um die ruhende Erde aus 14 kreisförmig bewegten Sphären: der himmlischen, der kristallenen, dem Firmament, Saturn, Jupiter, Mars, Sonne, Venus, Merkur, Mond, Feuer, Luft, Wasser und Erde, mit je eigener Zusammensetzung. Die von Gott geschaffene (räumlich endliche) Welt ist nach F. vergänglich, da sie einen Anfang (die Schöpfung) habe und somit auch ein Ende haben müsse. Im Rahmen einer Erklärung der Wurfbewegung vertritt F. Aristotelische Vorstellungen: als motor conjunctus fungiert beim bewegten Körper das Medium, nachdem dieser von der werfenden Kraft getrennt ist. Im Rahmen der scholastischen Kontroverse um den Bewegungsbegriff gehört er zu den Anhängern der fluxus-formae-Konzeption (Bewegung als ein gegenüber dem bewegten Körper selbständiger Zustand). Philosophisch folgt F. skotistischen Lehren; er ist einer der Hauptvertreter der Mariologie der Franziskanerschule vor dem Konzil von Trient.

Werke: Veritates theologiae seu compendium librorum Sancti Augustini de Civitate Dei, Köln 1475, Venedig 1489; Super primo libro sententiarum, Treviso 1476; In libros sententiarum, Quodlibeta, Tractatus formalitatum, De primo principio, Terminorum theologicalium declarationes, De univocatione, Venedig 1520 (repr. Frankfurt 1966); F. de M.-Pierre Roger. Disputatio (1320–1321), ed. J. Barbet, Paris 1961.

Literatur: L. Cora, Francesco di M. e Walter Catton nella controversia scolastica sulla ›notitia intuitiva de re non existente‹, Medioevo 2 (1976), 227–251; P.W. Lampen, François de M., La France franciscaine 9 (1926), 215–222; P. de Lapparent, L'œuvre politique de François de M., ses rapports avec celle de Dante, Arch. hist. doctr. litt. moyen-âge 13 (1940/1942), 5–151; H. Rossmann, Die Hierarchie der Welt. Gestalt und System des F.v.M. OFM mit besonderer Berücksichtigung seiner Schöpfungslehre, Werl 1972 (Franziskan. Forsch. 23); ders., Die Quodlibeta und verschiedene sonstige Schriften des

F. v. M. OFM, Franziskan. Stud. 54 (1972), 1–76; B. Roth, F. v. M. und der Augustinismus seiner Zeit, Franziskan. Stud. 22 (1935), 44–75; ders., F. v. M.. Sein Leben, seine Werke, seine Lehre vom Formalunterschied in Gott, Werl 1936 (Franziskan. Forsch. 3); G. F. Vescovini, Francis of M., DSB V (1972), 115–117. P. B.

Frege, Friedrich Ludwig Gottlob, *Wismar 8. Nov. 1848, †Bad Kleinen 26. Juli 1925, dt. Mathematiker, Logiker und Philosoph. Nach dem Studium von Mathematik, Physik, Chemie und Philosophie in Jena (1869–1871) und Göttingen dort 1873 Promotion zum Dr. phil. mit einer Dissertation »Ueber eine geometrische Darstellung der imaginären Gebilde in der Ebene«. 1874 Habilitation für Mathematik in Jena mit einer Habilitationsschrift »Rechnungsmethoden, die sich auf eine Erweiterung des Größenbegriffes gründen«. F. lehrte von da an in Jena, wurde 1879 zum a.o. Prof., 1896 zum Honorarprofessor ernannt und trat 1917 krankheitshalber vom Lehramt zurück. Von seinem wissenschaftlichen Nachlaß und Briefwechsel konnte nur ein Teil über den Zweiten Weltkrieg gerettet und publiziert werden.

F. gilt vielfach als der Begründer der modernen mathematischen Logik (↑Logik, mathematische). In der Tat enthält F.s erste Monographie »Begriffsschrift« (1879) den ersten strengen ↑Logikkalkül im modernen Sinne eines von präzisen Ausdrucksbestimmungen und Deduktionsregeln ausgehenden axiomatischen Aufbaus der klassischen ↑Quantorenlogik (zweiter Stufe mit Identität), in deren Rahmen F. dann die Nachfolgerbeziehung (↑Nachfolger) und die Erblichkeit einer Eigenschaft in einer Reihe (insbesondere der natürlichen Zahlenreihe) sowie die Eindeutigkeit einer ↑Funktion definieren kann. Entscheidend dafür ist die Ersetzung der traditionellen Analyse der Elementaraussage in Subjekt und Prädikat durch die allgemeine Analyse der Aussage in Funktion (d.h. hier: ↑Aussageform) und Argument(e), sowie die daran anknüpfende, von F. geschaffene Möglichkeit zum Ausdruck der Allgemeinheit einer Aussage (und der Existenzaussagen) mit Hilfe von ↑Variablen und ↑Quantoren. Während diese Neuerungen heute zu den Grundausdrucksmitteln formaler Systeme gehören, hat sich die von F. gewählte ungewöhnliche, da zweidimensionale logische Symbolik (↑Begriffsschrift) trotz mancher Vorzüge (z.B. dem, eine klammerfreie Notation mit größerer Übersichtlichkeit der logischen Struktur zu verbinden, als dies die ebenfalls klammerfreie sogenannte polnische Notation leistet) nicht durchsetzen können. F. stellt diese Untersuchungen bereits in der »Begriffsschrift« in den Rahmen eines umfassenderen, an Vorstellungen G. W. Leibnizens zu einer characteristica universalis (↑Leibnizsche Charakteristik) anknüpfenden logizistischen Programms (↑Logizismus), nicht nur durch lückenlose Schlußketten in einem voll formalisierten Kalkül die Kontrollierbarkeit mathematischer Beweise zu verbessern, sondern auch die Grundbegriffe der ↑Arithmetik und ↑Analysis auf rein logische Grundbegriffe und die Grundsätze (↑Axiome) dieser Disziplinen auf rein logische Grundsätze (Axiome) zurückzuführen. Zusätzlich zu dem bereits erbrachten Nachweis für die allgemeine Nachfolgerbeziehung, die es nur mehr auf die Zahlenreihe anzuwenden galt, stellt F. in seinen »Grundlagen der Arithmetik« (1884) nach einer ausführlichen Kritik traditioneller Lehren über ↑Anzahl und Anzahlaussagen eine Definition der Anzahl auf, die ›rein logisch‹ in dem Sinne ist, als sie sich aus der Gleichmächtigkeit (↑Äquivalenz (von Mengen)) von Begriffsumfängen durch das Verfahren der ↑Abstraktion ergibt, eine Methode, die an dieser Stelle erstmals in der Geschichte der Logik und mathematischen Grundlagenforschung systematisch dargestellt worden ist (ihre vollständige Analyse gelang erst in der zweiten Hälfte des 20. Jahrhunderts P. Lorenzen). Daneben enthält dieses zweite Hauptwerk F.s in seinem erwähnten kritischen Teil Muster logischer Analysen (↑Analyse, logische) sowohl von natürlichem als auch von mathematischem (also wissenschaftsspezifischem) Sprachgebrauch.

Die diesen Untersuchungen zugrunde liegende Überzeugung, daß faktischer Sprachgebrauch der logischen Analyse und Kritik nicht nur zugänglich, sondern auch bedürftig sei, ist neben dem (der beabsichtigten Reichweite als auch dem Inhalt nach vielfach mißverstandenen) Grundsatz, »nach der Bedeutung der Wörter« stets »im Satzzusammenhange, nicht in ihrer Vereinzelung« zu fragen (Grundlagen, X), sowie der F.schen Analyse nichtextensionaler (insbesondere epistemischer) Kontexte seit 1892 (s.u.) und der dabei konsequent durchgeführten Unterscheidung von (in heutiger Terminologie) ›use‹ und ›mention‹ (↑use and mention) einer der Gründe, F. als Mitbegründer der analytischen Philosophie (↑Philosophie, analytische) anzusehen – ungeachtet der Tatsache, daß für die Mehrzahl der neueren Vertreter dieser Richtung der faktische Sprachgebrauch gerade umgekehrt einen Maßstab für die Akzeptabilität logischer Verfahrensweisen und ihrer Anwendungen abgibt.

Eine deutliche Vertiefung und Erweiterung des begrifflichen Instrumentariums und der Argumentationsbasis liefern F.s Schriften nach 1890. In dem Vortrag »Function und Begriff« (1891) verallgemeinert er den mathematischen Funktionsbegriff durch Zulassung beliebiger Gegenstände als Argumente (von Funktionen 1. Stufe) und als Werte (von Funktionen beliebiger Stufe); insbesondere werden ↑Wahrheitswerte als Gegenstände bzw. Sätze als Gegenstandsnamen sowie Begriffe und Beziehungen als ein- bzw. mehrstellige Funktionen aufgefaßt, deren Werte sämtlich Wahrheitswerte sind. Darüber hinaus werden in einer entscheidenden Weiterführung der »Grundlagen« von 1884 jetzt Begriffsumfänge als spezielle »Wertverläufe« von Funktionen (nämlich von Begriffen in der soeben genannten Auffassung als Funktionen) durch Abstraktion eingeführt. Die Wertverläufe $\grave{\varepsilon}\Phi(\varepsilon)$, $\grave{\varepsilon}\Psi(\varepsilon)$ zweier Funktionen $\Phi(\xi)$, $\Psi(\xi)$ heißen dabei gleich, wenn diese generell äquivalent sind im Sinne von

$$\grave{\varepsilon}\Phi(\varepsilon)=\grave{\varepsilon}\Psi(\varepsilon) \leftrightharpoons \bigwedge_x(\Phi(x)\leftrightarrow\Psi(x)).$$

Sind $\Phi(\xi)$, $\Psi(\xi)$ speziell Begriffe, so erhält man die Gleichheit von Begriffsumfängen (im heutigen Sinne: von ↑Mengen).

Gewisse Paradoxien der von F. für Funktionen (wegen des Vorkommens von ›Leerstellen‹ für Argumentausdrücke in ihren darstellenden Funktionstermen) als charakteristisch angesehenen ›Ungesättigtheit‹, aus der die notwendige Einschränkung auf ihren prädikativen Gebrauch und die Unmöglichkeit von Aussagen *über* Funktionen und insbesondere Begriffe zu folgen scheinen, werden von F. in dem Aufsatz »Über Begriff und Gegenstand« 1892 behandelt, aber hier ebensowenig wie in allen späteren Versuchen dieser Art (die F. zeitlebens unternommen hat), befriedigend aufgelöst. Zu den philosophisch bedeutendsten Schriften F.s zählt dagegen der ebenfalls 1892 erschienene Aufsatz »Über Sinn und Bedeutung«. Ausgehend von der Frage, worauf der Informationswert (Frege: ›Erkenntniswert‹) wahrer Gleichheitsaussagen ›$a=b$‹ im Unterschied zu analytisch wahren Aussagen der Gestalt ›$a=a$‹ beruhe, entwickelt F. hier seine *allgemeine Semantik*, in der sprachlichen Ausdrücken als (im Unterschied z.B. zu ihrer ›Färbung‹ oder mit ihnen verknüpften subjektiven Assoziationen) logisch relevante Bedeutungsaspekte ›Sinn‹ und ›Bedeutung‹ (im engeren Sinne) zugeschrieben werden. Bei logischen Eigennamen (einschließlich der Kennzeichnungsterme), Prädikatoren und den auf letztere ihrer Rolle nach zurückführbaren Adjektiven ist der Sinn die ›Weise des Gegebenseins‹ der Bedeutung, die bei logischen Eigennamen der bezeichnete Gegenstand ist, bei Prädikatoren der bezeichnete ↑Begriff (die bezeichnete Eigenschaft) oder die bezeichnete Beziehung, im Unterschied zu deren Umfang (↑extensional/Extension), der zum Prädikator nicht in einer semantischen Beziehung steht. Da F. Sätze als Namen von Wahrheitswerten auffaßt (s.o.), sind diese die Satz*bedeutungen* (im engeren Sinne), während der Satz*sinn* der von einem Satz ausgedrückte ›Gedanke‹ ist; dies gilt jedoch nur in direkter, extensionaler Rede, während in indirekter, in zitierender oder sonstiger nicht-extensionaler Rede (vor allem in Nebensätzen und hier insbesondere in epistemischen Kontexten) Verschiebungen der semantischen Komponenten im Verhältnis zu den sie aufweisenden Ausdrücken (nicht jedoch im Verhältnis untereinander) auftreten. Die hierzu erforderliche präzise Trennung von ↑Objektsprache und ↑Metasprache hat F. als notwendig erkannt und in mustergültiger Weise vorgenommen. Diese Untersuchungen, zu denen noch Bemerkungen F.s über die semantische und pragmatische Analyse von Kontexten der Dichtungssprache kommen, machen den Aufsatz »Über Sinn und Bedeutung« zu einem historisch bedeutsamen ›Urtext der modernen Semantik‹ (J. M. Bartlett), wie sie in unmittelbarer Aufnahme zunächst von R. Carnap (Meaning and Necessity, 1947) fortgeführt und insbesondere für Modalkontexte ausgearbeitet worden ist. Eine eigenwillige Deutung und Kritik des F.schen Programms einer allgemeinen Bedeutungslehre hat M. Dummett in seinem wichtigen Buch »Frege. Philosophy of Language« 1974 geliefert.

Alle der zuletzt genannten Fortschritte finden zusammen mit sie erfassenden Erweiterungen der begriffsschriftlichen Ausdrucksmittel (unter anderem einer eigenen – der ersten überhaupt formal ausgedrückten – Kennzeichnungstheorie) Eingang in F.s drittes und eigentliches Hauptwerk »Grundgesetze der Arithmetik« (I–II, 1893/1903), das die axiomatische Behandlung der um die Identität erweiterten klassischen Quantorenlogik (2. und prinzipiell höherer Stufe, wobei F. mit seiner Stufenhierarchie der Funktionen Grundgedanken der einfachen Typentheorie [↑Typentheorien] vorwegnimmt) vervollkommnet, darüber hinaus aber durch Einbeziehung der neuen Deutung von Begriff und Begriffsumfang auch eine *Mengenlehre* in die (entsprechend dem logizistischen Programm breit aufgefaßte) Logik als Bestandteil integriert.

Erstmals in der Geschichte der Logik werden hier ausdrücklich (ohne daß dafür schon die moderne Terminologie auftauchte) ein ›semantischer‹ und ein ›syntaktischer‹ Aufbau eines formalen Systems einander gegenübergestellt. Dabei steht von den Beziehungen zwischen beiden nicht die ↑Vollständigkeit des syntaktischen Aufbaus im heutigen Sinne, sondern eine ›Bedeutungsvollständigkeit‹ im Mittelpunkt, d.h. die Eigenschaft, daß jeder zulässige Ausdruck des syntaktischen Aufbaus genau eine Bedeutung im Sinn des semantischen Aufbaus habe (da die syntaktische Ableitbarkeit zweier Ausdrücke A und $\neg A$ nach F.s Erklärung der Negation nichts anderes als die Zuordnung sowohl des Wahrheitswertes ›wahr‹ als auch des Wahrheitswertes ›falsch‹ als Bedeutung von ›A‹ wäre, ist ein im F.schen Sinn bedeutungsvollständiges System stets widerspruchsfrei). Die Wichtigkeit derartiger Untersuchungen für F.s System ist erst in neuester Zeit erkannt und in Angriff genommen worden. Sie berühren sich aufs Engste mit Fragen der Definitionslehre (↑Definition), zu der F. in den »Grundgesetzen« kritische wie auch konstruktive, wenngleich heute zum Teil als extrem betrachtete Beiträge geliefert hat.

Die »Grundgesetze« sollten der Erfüllung des logizistischen Programms dienen und von logischen Grundbegriffen und Axiomen ausgehend die Grundlagen der Arithmetik und Analysis liefern. Während der 1. Band dies für einen Grundbestand an arithmetischen Sätzen leistet, bricht der 2. Band nach einer ausführlichen Kritik zeitgenössischer Irrationalzahltheorien und ersten Schritten auf die Definition eines größentheoretischen Begriffs der reellen Zahl an der Stelle ab, bis zu der F. fortgeschritten war, als ihn 1902 B. Russells Mitteilung der von diesem entdeckten Ableitbarkeit der ↑Zermelo-Russellschen Antinomie in F.s System erreichte. Ein »Nachwort« zum 2. Band enthält eine gründliche Analyse der Antinomie und einen Korrekturvorschlag F.s, der heute als ›F.'s Way Out‹ bezeichnet wird und erst 1939 von S. Leśniewski (unveröffentlicht) sowie 1955 von W. V. O. Quine als ebenfalls unzureichend, da, falls nicht unentbehrliche Voraussetzungen der Logik aufgegeben werden sollen, zu anderen Antinomien führend, erwiesen wurde.

Von F.s späteren Beiträgen zur Philosophie der Mathematik sind die wichtigsten der Ausbau seiner (schon in den »Grundlagen« begonnenen und im 2. Band der »Grundgesetze« fortgesetzten) Kritik der zeitgenössischen Gestalt eines ›formalistischen‹ Aufbaus der Mathematik und seine Auseinandersetzung mit D. Hilberts Auffassung geometrischer Axiomensysteme als ›impliziter Definitionen‹ (↑Definition, implizite) der in ihnen auftretenden Grundbegriffe (D. Hilbert, Grundlagen der Geometrie, zuerst 1899), mit der anschließenden F.schen Klärung der tatsächlichen Leistung von Axiomensystemen als Aussageformen im allgemeinen höherer Stufe, die nicht die in ihnen auftretenden Grundbegriffe, wohl aber eine ↑Struktur definieren. Der wichtigste spätere Beitrag F.s zur Philosophie der Logik sind die drei erschienenen Teile seiner »Logischen Untersuchungen« mit ihrer philosophischen Ausarbeitung des Sinnes der logischen Verknüpfungen (ein vierter Teil »Die Allgemeinheit« über die Quantifikation ist Fragment geblieben und erst mit den geretteten Teilen des wissenschaftlichen Nachlasses veröffentlicht worden, der auch frühe Auseinandersetzungen F.s mit der Logik G. Booles enthält), vor allem aber der F.schen Vorstellungen von einem neben der physischen und der psychischen Wirklichkeit anzunehmenden ›Dritten Reich‹ des Objektiv-Nichtwirklichen, die heute wieder von K. Popper, in Anlehnung an F.s Terminologie als ›World 3‹ bezeichnet, in »Objective Knowledge« (1972) mit unwesentlichen Modifikationen vertreten werden (↑Dritte Welt).

F.s Einfluß auf die mathematische Grundlagenforschung erfolgte nicht über seine (sehr wenigen) persönlichen Schüler, von denen R. Carnap der bedeutendste ist, sondern über den Einfluß seiner Schriften und Briefe vor allem auf B. Russell und auf L. Wittgenstein (Tractatus logico-philosophicus, 1921), ja nachhaltig überhaupt erst durch die zweifellos der analytischen Philosophie zu verdankende ›Wiederentdeckung‹ F.s um die Mitte des 20. Jahrhunderts. Von seinen im Detail oft schwer nachweisbaren Einwirkungen auf die nicht-analytische Philosophie sei die Wirkung seiner scharfen Kritik der zeitgenössischen psychologistischen Logik auf E. Husserl genannt, der diese Kritik in seinen eigenen »Logischen Untersuchungen« (I. Band 1900) systematisierte und ihr erst zur Durchsetzung verhalf. Während an F.s Bedeutung auch als Philosoph heute kein ernsthafter Zweifel mehr besteht, ist die Bestimmung seines Ortes in (oder zwischen) der Vielfalt philosophischer Strömungen des 19. Jahrhunderts und seiner Rolle in der Geschichte der Philosophie noch Gegenstand der Diskussion und zum Teil heftig umstritten (z.B. H.D. Sluga 1976 gegen M. Dummett 1967 und 1973).

Werke: Ueber eine geometrische Darstellung der imaginären Gebilde in der Ebene, Diss. Göttingen 1873; Rechnungsmethoden, die sich auf eine Erweiterung des Größenbegriffes gründen, Habil.-Schrift Jena 1874; Begriffsschrift, eine der arithmetischen nachgebildeten Formelsprache des reinen Denkens, Halle 1879, repr. in: Begriffsschrift und andere Aufsätze, ed. I. Angelelli, Darmstadt/Hildesheim 1964, sowie Neudr. in: K. Berka/L. Kreiser (eds.), Logik-Texte, Berlin (Ost) 1971, ^{2}1973, 48–104; Die Grundlagen der Arithmetik. Eine logisch mathematische Untersuchung über den Begriff der Zahl, Breslau 1884, unv. Neudr. 1934 (repr. Darmstadt/Hildesheim 1961); Über formale Theorien der Arithmetik, Jenaische Z. für Naturwissenschaft 19 (1886), Suppl. 94–104; Function und Begriff, Jena 1891; Über Sinn und Bedeutung, Z. Philos. phil. Kritik 100 (1892), 25–50; Grundgesetze der Arithmetik. Begriffsschriftlich abgeleitet, I–II, Jena 1893/1903 (repr. Darmstadt/Hildesheim 1962); Über die Grundlagen der Geometrie, Jahresber. Dt. Math.ver. 12 (1903), 319–324, dasselbe II, ebd. 368–375, dasselbe [Zweite Serie] I, ebd. 15 (1906) 293–309, II, ebd. 377–403, III, ebd. 423–430; Kleine Schriften, ed. I. Angelelli, Darmstadt u. Hildesheim 1967; Funktion, Begriff, Bedeutung. Fünf logische Studien, ed. G. Patzig, Göttingen 1962, ^{4}1975 (ergänzt); Logische Untersuchungen, ed. G. Patzig, Göttingen 1966; Nachgelassene Schriften, ed. H. Hermes/F. Kambartel/F. Kaulbach unter Mitwirkung v. G. Gabriel u. W. Rödding, Hamburg 1969; Schriften zur Logik und Sprachphilosophie. Aus dem Nachlaß, ed. G. Gabriel, Hamburg 1971, ^{2}1978 (mit Bibliographie); Wissenschaftlicher Briefwechsel, ed. G. Gabriel/H. Hermes/F. Kambartel/C. Thiel/A. Veraart, Hamburg 1976.

Literatur: I. Angelelli, Studies on G. F. and Traditional Philosophy, Dordrecht 1967; J. M. Bartlett, Funktion und Gegenstand. Eine Untersuchung in der Logik von G. F., Diss. München 1961; D.A. Bell, F.'s Theory of Judgement, Oxford 1979, New York 1979; M. Dummett, F., in: Enc. Ph. III (1967), 225–237; ders., F.. Philosophy of Language, London 1973; R. Egidi, Ontologia e conoszenza matematica. Un saggio su G.F., Firenze 1963; R. Fabian, Sinn und Bedeutung von Namen und Sätzen. Eine Untersuchung zur Semantik G.F.s, Wien 1975; D. Føllesdal, Husserl und F.. Ein Beitrag zur Beleuchtung der Entstehung der phänomenologischen Philosophie, Oslo 1958; R. Grossmann, Reflexions on F.'s Philosophy, Evanston 1969; P. Hinst, Syntaktische und semantische Untersuchungen über F.s »Grundgesetze der Arithmetik«, Diss. München 1965; F. Kambartel, F. und die axiomatische Methode. Zur Kritik mathematikhistorischer Legitimationsversuche der formalistischen Ideologie, in: C. Thiel (ed.), F. und die moderne Grundlagenforschung. Symposium, gehalten in Bad Homburg im Dezember 1973, Meisenheim 1975, 77–89, Neudr. in: M. Schirn (ed.), Studien zu F. I/Studies on F. I (s.u.), 215–228; E.D. Klemke (ed.), Essays on F., Urbana/Chicago/London 1968; F. v. Kutschera, F.s Begründung der Analysis, Arch. math. Log. Grundlagenf. 9 (1966), 102–111, Neudr. in: M. Schirn (ed.), Studien zu F. I/Studies on F. I (s.u.), 301–312; J. Largeault, Logique et philosophie chez F., Paris/Louvain 1970; W.V.O. Ouine, F.'s Way Out, Mind 64 (1955), 145–159; M. Schirn (ed.), Studien zu F./Studies on F. I (Logik und Philosophie der Mathematik), II (Logik und Sprachphilosophie), III (Logik und Semantik [darin W. Mayer, Bibliographie F.s sowie der Sekundärliteratur bis 1975]), Stuttgart-Bad Cannstatt 1976; H.D. Sluga, F. as a Rationalist, in: M. Schirn (ed.), a.a.O. I, 27–47; R. Sternfeld, F.'s Logical Theory, Carbondale/Edwardsville 1966; C. Thiel, Sinn und Bedeutung in der Logik G.F.s, Meisenheim 1965; ders., G.F.: Die Abstraktion, in: J. Speck (ed.), Grundprobleme der großen Philosophen, Göttingen 1972 (Philosophie der Gegenwart I), 9–44, gekürzter Neudr. in: M. Schirn (ed.), a.a.O. I, 243–264; ders. (ed.), F. und die moderne Grundlagenforschung. Symposium, gehalten in Bad Homburg im Dezember 1973, Meisenheim 1975; M. Trinchero, La filosofia dell'aritmetica di G.F., Torino 1967; A. Veraart, Geschichte des wissenschaftlichen Nachlasses G.F.s und seiner Edition. Mit einem Katalog des ursprünglichen Bestands der nachgelassenen Schriften F.s, in: M. Schirn (ed.), a.a.O. I, 49–106; J.D.B. Walker, A Study of F., Oxford 1965. C.T.

Freidenker (engl. freethinker, franz. libres penseurs), im Zuge der theologischen und konfessionellen Kontroversen Ende des 17. Jahrhunderts in England gebildete Bezeichnung für denjenigen, der sich gegen theologische und kirchliche Autorität auf die Selbständigkeit des Denkens in Glaubenssachen berief. Die Position der F., die politisch den Whigs nahestanden und sich für Religionsfreiheit einsetzten (↑Toleranz), wurde als eine Radikalisierung des ↑Deismus aufgefaßt, die Bezeichnung ›F.‹ zuerst von W. Molyneux 1697 (in einem Brief vom 6. April an Locke [J. Locke, Works IX, London 1823 (repr. Aalen 1963), 405]) auf J. Toland bezogen, dessen unter anderem durch J. Locke (The Reasonableness of Christianity, London 1695) beeinflußtes Buch »Christianity not Mysterious« (Or a Treatise Shewing, that there is nothing in the Gospel Contrary to Reason, nor Above it. And that no Christian Doctrine can be properly call'd a Mystery, London 1696, 1702) eine heftige Auseinandersetzung zwischen Deismus und Orthodoxie ausgelöst hatte. Die Verbreitung dieser Bezeichnung wurde im wesentlichen durch A. Collins (A Discourse of Free-Thinking. Occasion'd by the Rise and Growth of a Sect Call'd Free-Thinkers, London 1713) sowie durch die Wochenschrift »The Freethinker« (1718) gefördert.

In Frankreich erhält der Begriff des F.s im Kreise der ↑Enzyklopädisten (D. Diderot, P. H. T. d'Holbach, C.A. Helvétius, Voltaire [›franc-penseur‹]) eine atheistische Bedeutungskomponente (›F.‹ als Bezeichnung einer atheistischen ›Konfession‹), in Deutschland wird er zunächst von I. Kant (›Freigeisterei‹) mit dem »Grundsatz, gar keine Pflicht mehr zu erkennen« ineinsgesetzt (Was heißt: sich im Denken orientieren?, Akad.-Ausg. VIII, 146), später, im Laufe des 19. Jahrhunderts, mit der als ›wissenschaftliche Weltanschauung‹ propagierten Vorstellung eines mechanistischen Weltbildes (L. Büchner, E. Haeckel, J. Moleschott, K. Vogt), mit der Religionskritik L. Feuerbachs und D.F.

Strauß' sowie mit sozialrevolutionären Bewegungen im Anschluß an K. Marx verbunden. Seit Ende des 19. Jahrhunderts nimmt das F.tum (national wie international) auch feste organisatorische Formen an (z.B. Fédération internationale de la libre pensée, 1880; Deutscher F.-Bund, 1881; Deutscher Monistenbund, 1906; Zentral-Verband der Proletarischen F. Deutschlands, 1908; Kartell freigesinnter Vereinigungen der Schweiz, 1913; Zentralsekretariat der österreichischen F., 1914).

Literatur: A. Bayet, Histoire de la libre-pensée, Paris 1959, [3]1970; K. Becker, Freigeistige Bibliographie. Ein Verzeichnis freigeistiger, humanistischer und religionskritischer Literatur, Stuttgart 1973; J.B. Bury, A History of Freedom in Thought, London/New York 1952 (repr. Westport Conn. 1975); J.E. Courtney, Freethinkers of the 19th Century, London 1920; A.S. Farrar, Critical History of Free Thought in Reference to the Christian Religion, London 1862; G. Gawlick, F., Hist. Wb. Ph. II (1972), 1062–1063; W. Hoops (ed.), Our Rationalist Heritage. An Anthology for Freethinkers, Chicago 1971; K. Hutten, F., RGG II ([3]1958), 1093–1096; E.C. Mossner, Deism, Enc. Ph. II (1967), 326–336; M. Reding, Der politische Atheismus, Graz [2]1958; J.M. Robertson, A History of Freethought in the 19th Century, I–II, London 1929; J.S. Spink, French Free-Thought from Gassendi to Voltaire, London 1960; J.A. Trinius, Freydenker Lexicon oder Einleitung in die Geschichte der neueren Freigeister, Leipzig 1759, Erste Zugabe, Leipzig 1765 (repr. Turin 1960). J.M.

Freiheit (engl. freedom, liberty, franz. liberté), Terminus der praktischen Philosophie (↑Philosophie, praktische) und der politischen Theorie. Unterscheiden läßt sich eine negative und eine positive Definition: (1) Negativ ist F. die Unabhängigkeit von durch äußere oder innere Natur (physische bzw. psychische F.) gegebenem oder durch Menschen (politische F.) ausgeübtem Zwang. Sie ist hierbei als Möglichkeit zu Handlungen in der Welt (Handlungsfreiheit) zu verstehen. Dem Begriff der *Handlungsfreiheit* korrespondiert in der Neuzeit der Gedanke der Befreiung, der sich politisch, vor allem aber auch gesellschaftlich (ökonomisch, pädagogisch etc.) (↑Emanzipation) und technisch (Befreiung von den Zwängen der Natur) artikuliert. Seiner Herkunft nach ist der Begriff der Handlungsfreiheit rechtlicher Natur. (2) Positiv bestimmt ist F. die genuine Eigenschaft des vernünftigen Menschen, in letzter Instanz unabhängig von Vorgegebenheiten zu entscheiden (↑Entscheidung). Der F.sbegriff ist dabei unmittelbar mit dem Willensbegriff (↑Wille) verbunden (Willensfreiheit). Wille und Handlung implizieren die Annahme von F. Die positive F.sbestimmung oder die *Willensfreiheit* ist (a) formal als F. der Wahl zwischen vorgegebenen Inhalten näher bestimmt worden und hierin extern bezogen. Die *Wahlfreiheit* ist in einem säkularisierten Verständnis formal indeterministisch, material dagegen weltbezogen und determiniert. Gewählt wird zwischen alternativen Handlungsmöglichkeiten, die durch Erkenntnis allererst aufgedeckt sein mögen. Die Rede von F. verdankt sich hierbei der Einsicht, daß alle weltbezogene erkenntnismäßige Handlungsbegründung nicht hinreichend ist, um die Wahl für eine der offenstehenden Handlungsalternativen in letzter Instanz zu erklären. Das Verständnis der F. als Wahlfreiheit hat isoliert genommen dezisionistische (↑Dezisionismus) Konsequenzen. Vor allem in der neuzeitlichen idealistischen Philosophie wird der Freiheitsbegriff (b) in einer radikaleren Fassung, die auch den Willensinhalt einschließt, mit dem Autonomiebegriff (↑Autonomie) verbunden. F. ist hiernach als die Eigenschaft des menschlichen Willens bestimmt, spontan inhaltliche Willensbestimmungen selbst hervorzubringen (Vernunftursprung). Insbesondere die Formulierung des ↑Sittengesetzes durch eine Selbstgesetzgebung der Vernunft (I. Kant) und die Verbindung des F.sgedankens mit Geschichtsphilosophie (G. W. F. Hegel) versteht F. als Autonomie.

In dem Maße, in dem F. verinnerlicht in einen Zusammenhang mit dem Willensbegriff gebracht wird, wird sie zu einer zentralen *moralphilosophischen* Kategorie. Die griechische Tradition fragt nach dem Orientierungsrahmen des institutionell und damit politisch verankerten Menschen. F. ist eine Voraussetzung für den Handelnden und ein zu sicherndes Gut. In der hellenistisch-römischen Welt wird durch die Verinnerlichung des F.sbegriffs, die dessen indeterministischen Charakter offenlegt, die Frage nach der *Verantwortlichkeit* des individuell handelnden Menschen gestellt. Die Frage der *Zurechenbarkeit* bekommt in indeterministischer Sicht gleichfalls eine emphatische Dimension. Verinnerlichte F. ist auch nicht mehr nur eine Voraussetzung, die es gegebenenfalls zu sichern gilt, sondern eine anthropologische Gegebenheit, die in ihrer Konsequenz egalitär ist. Die F.sfrage erweitert sich ferner tendenziell zur Frage nach der *Gesinnung* (vgl. Epiktet, Diatr. IV 1, 57–58).

In der griechischen Atnike ist F. (ἐλευθερία) ein *Rechtsbegriff.* Frei ist der Polisbürger im Unterschied zum Sklaven und zum Barbaren und frei ist auch die Polis, sofern sie nicht in fremder Botmäßigkeit steht. Zwar findet sich in dem Gegensatzpaar von ἑκών (freiwillig, absichtlich) und ἄκων (unfreiwillig, unabsichtlich) auch eine Bestimmung für die individuelle Abhängigkeit bzw. Unabhängigkeit des Handelns, bei Sokrates, Platon und Aristoteles unter Aufnahme des ↑Subjektivismus der ↑Sophistik auch deren methodisch vorgenommene Bestimmung als Einsicht in das Vortreffliche, doch wird die F.sbestimmung stets nur im Hinblick auf das politische Handeln des einzelnen als die dem Freien angemessene Tätigkeit bezogen. Die F. als zu sicherndes Gut wird im innenpolitischen Kontext unmittelbar zur Frage nach der richtigen Polisverfassung. Die Demokratie als diejenige Regierungsform, die die größtmögliche F. aller zu realisieren trachtet (Platon, Pol. 557b; Aristoteles, Polit. Δ4.1291b34–38), geht an ihren egalitären Maßstäben, die die Herrschaft der Besten verhindern, zugrunde. Sie entartet zur Anarchie. Platon zieht um der F.ssicherung willen die Konsequenz einer gemischten Verfassungsform, die die F. mit der Ordnung und dem Gesetz verbindet (Nom. 756e–757a). F. ist kein isoliertes Gut für sich; ihre in der Demokratie sich offenbarende aporetische Natur fordert ihre Bindung an das Wissen um das ↑Gute (ἀγαθόν) und die ↑Tugend (ἀρετή), durch die allein F. als ↑Autarkie (αὐτάρκεια) verwirklicht wird. F. erscheint bei Platon geradezu als ein Attribut des Wissens. Hierin folgt ihm Aristoteles nicht, für den das Wissen um die Tugend noch nicht das Wissen um ihre Realisierungsmöglichkeit einschließt (Magna Mor. A1.1182a1–10). Im dritten Buch der »Nikomachischen Ethik« wird als Unterscheidungsmerkmal des Menschen von allen sonstigen Lebewesen sein Entschlußvermögen behandelt. Der Entschluß (προαίρεσις, ↑Prohairesis) ist eine der Unterarten des freiwilligen Tuns (das auch anderen Lebewesen eigentümlich ist) und wird gebildet im Miteinander von vernünftiger Einsicht (διάνοια) und Streben (ὄρεξις). Durch Überlegen (βουλεύεσθαι), das im Rückgriff auf praktische Einsicht (φρόνησις, ↑Phronesis) im konkreten Falle die Richtung auf das Gute sichert, wird der Entschluß bestimmt, der im Streben seine materiale Bestimmtheit hat. Im Entschluß, der als überlegtes Streben definiert wird, wird der Hiatus von Wissen und Handeln überbrückt. Er betrifft die Mittelwahl und realisiert die Persönlichkeit des Menschen, insofern sie durch F. bestimmt ist. Das Entschließen stilisiert sich durch Einübung zu einer Lebensweise (ἕξις), die als charakterologisches Merkmal des autark agierenden Menschen zu gelten hat.

In der hellenistischen Tradition wird die F.sfrage subjektiv gewendet. Im ↑Epikureismus wird *Natur* zu derjenigen Instanz, die den Menschen lehrt, auch unabhängig von einem verfügbaren Handlungsrahmen dem Lustprinzip folgend zu leben. Die Voraussetzung dafür ist die freie Verfügung über die lustrealisierenden Strebensinhalte. Ausdrücklich weist Epikur die naturphilosophische Vorstellung einer unausweichlichen Notwendigkeit zurück (Diog. Laert. X, 134). Die ↑Stoa, in ihrer Kosmologie deterministisch, lehrt in der Ethik das Vermögen der freien Zustimmung (συνκατάθεσις), die als richtige näher qualifiziert wird, wenn sie in Übereinstimmung mit dem kosmologisch verstandenen Logos erfolgt. So ist der Stoa in ihrem F.sverständnis die Bindung an das Wissen selbstverständlich; der Inhalt der Willensentscheidung ist letztlich vorgegeben und wird durch teleologische Deutung und Erwägung des Naturgeschehens vermittelt. Die F. ist die Zustimmung zu dem mit Notwendigkeit sich vollziehenden Weltlauf. Das Verhältnis von F. und Notwendigkeit bzw. Vorherbestimmtheit (πρόνοια, ἀνάγκη) bleibt in der stoischen Philosophie damit aporetisch, worauf schon die antike Skepsis (Karneades) aufmerksam macht (↑Skeptizismus).

Plotins Philosophie markiert den Endpunkt der antiken Entwicklung des F.sbegriffs, indem zum einen dessen Übertragung aus der Ethik in die Metaphysik (*metaphysische* F.) vollzogen wird, zum anderen folgenreich der *Autonomiegedanke* zum Tragen kommt. Als frei darf nach Plotin nur ein Wille gelten, der keine externen Bezüge in seinem Bestimmen hat und damit konsequenterweise nichts anderes als sich selbst will. Plotin unterscheidet Freiwilligkeit (ἑκούσιος) als ein zwangfreies und wissendes Tun von freier Verfügung (ἐφ ἡμῖν) als einem Tun, das in der Macht der Entscheidung steht und dem Befehl des Willens gehorcht (Enn. VI, 8, 1), der seinerseits durch affektionsfreie richtige Vernunft bestimmt ist. Wesen, die handeln, haben keine freie Verfügung, weil ihr Tun zweckbezogen ist. Die Menschen verfügen aus ihrem Willen heraus allein nicht über die Erreichung ihrer Handlungsziele, die freie Verfügung betrifft nur die innerliche Verfassung und damit den Geist (Enn. VI, 8, 5). Freie Verfügung ist das Aufsichselberbestehen des Geistes, die Herrschaft der Tugend über die Seele (›der Geist ist frei auf Grund seiner selbst‹, Enn. VI, 8, 7). Nur ein Sein, das sich selbst bewirkt, kann wahrhaft frei sein. Selbstsein (αὐτοουσία) kommt nur dem Einen (τὸ ἕν) zu, nicht dem Menschen, der nur in seiner Innerlichkeit frei ist: »damit ist Es als einziges in Wahrheit frei, weil es auch sich selber nicht als Knecht dient, sondern nur Es selbst ist und wahrhaft Es selbst, wo doch jedes andere Ding sowohl es selbst wie ein anderes ist« (Enn. VI, 8, 21).

Plotins Wirkung bis hin zur idealistischen Philosophie ist groß. Im autonomen F.sbegriff, der in säkularisierter Form geschichtsphilosophisch bei Hegel zum Wesensmerkmal objektiver Geistformen (↑Geist, objektiver) wird, ist eine Identifikation von Geist und Wirklichkeit impliziert, deren aporetische Konsequenzen erst in der nachidealistischen, dem F.spathos entgegenstehenden Philosophie aufgedeckt werden. Die Verankerung der F. in der ↑Innerlichkeit, ihre damit verbundene Entfernung aus einem konkreten Handlungsrahmen, wie sie etwa von Kant radikal vollzogen wird, und ihre Rückübertragung in eine geschichtlich sich vergeistigende Welt (Hegel) reflektiert nicht hinreichend, daß auch eine unter selbst hervorgebrachten Prinzipien sich realisierende Wirklichkeit im Namen der F. gerade die F. in einer eigentümlichen ›Dialektik‹ aufheben mag. Die dem Autonomiegedanken einsinnig verpflichtete Philosophie findet sich darüber hinaus in einem Gegensatz zu all jenen Traditionen, die die Glücksmöglichkeiten für den Menschen durch die Aufhebung seiner sinnlich-konkreten Verankerung in der Welt beschnitten sehen.

Das christliche Mittelalter vereinigt die philosophischen F.sbestimmungen der Antike mit der Theologie des NT. Über Paulus (Röm. 6, 14–18; 8, 28–30) wird im Verhältnis von F. und Prädestination stoisch-aporetisches Gedankengut tradiert. Die metaphysische F.sdefinition Plotins findet in Anwendung auf Gott fast durchgängig eine Entsprechung. Eine zentrale Stellung kommt A. Augustinus zu (De libero arbitrio). Der Theologisierung des F.sbegriffs entspricht bei ihm eine Entintellektualisierung (Voluntarisierung) des Willensbegriffs. Augustinus strebt einen Ausgleich zwischen der auseinanderstrebenden Begrifflichkeit von F., Vorbestimmtheit, Gnade und Sünde an, verfährt dabei jedoch weniger philosophisch argumentativ als im Rückgriff auf die Offenbarung thetisch. Es ist wesentlich auf seinen Einfluß zurückzuführen, daß die Spannung von individueller F. einerseits, die in der Entscheidung (liberum arbitrium) ihren Ausdruck und in der möglichen Wendung gegen Gott ihre radikalste Konsequenz hat, und göttlich absoluter F. andererseits aufrechterhalten bleibt und nicht zugunsten einer dann zwar konsistenten, jedoch das Bestehen eigenständiger Persönlichkeit folgenreich leugnenden Theologie aufgehoben wird. Augustinus weist der menschlichen F. die Verantwortung für das Entstehen des Bösen zu, während sich das Vermögen zum Guten der Gnade Gottes verdankt. Herausragender Vertreter eines verinnerlicht gefaßten F.sbegriffs ist P. Abaelard, dessen im Anschluß an A. M. T. S. Boethius erfolgende Reintellektualisierung jedoch nicht durchschlägt. Thomas von Aquin (S.th. I qu. 83 art. 1–4) und J. Duns Scotus, die Hauptvertreter der F.slehre der Hochscholastik, unterwerfen die Zweckbestimmung menschlichen Handelns dem Willen Gottes, der allein originäre F. ist. Die Herleitung der F. aus Gott schließt wiederum voluntaristische Konsequenzen ein.

Die neuzeitliche Philosophie schließt mit der durchgängigen Reintellektualisierung des Willens und damit der F. unmittelbar an antike Traditionen an. R. Descartes sieht eine Diskrepanz im Verhältnis der uns von Gott verliehenen Fähigkeiten zu wollen und zu erkennen (Meditat. IV, 8–9). Der Wille oder die freie Entscheidung (voluntas sive libertas arbitrii) ist für sich allein betrachtet ›umfassend‹ (amplissimus) und ›vollkommen‹ (perfectus), unsere Erkenntnis dagegen ist eingeschränkt. Irrtum und Sünde kommen dadurch zustande, daß der Wille auch auf Dinge bezogen wird, in die der Verstand keine Einsicht hat. Die F. der Wahl wird durch Erkenntnis und gegebenenfalls (ganz scholastisch) durch göttliche Gnade orientiert. Sie besteht nicht in der Willkür. Die Forderung, den Willen nur insoweit zu betätigen, als der Verstand eine klare und deutliche Einsicht vermittelt (↑klar und deutlich), bindet die F. einerseits im selbstreflexiven Horizont des Menschen und eröffnet anderseits die Möglichkeit, den Handlungsrahmen im Hinblick auf seine F. verhindernden Gegebenheiten zu beurteilen. T. Hobbes (De cive 15, 7) und J. Locke definieren F. handlungsbezogen als Unabhängigkeit von äußerem Zwang (*liberaler* F.sbegriff) und damit negativ. Locke spricht dem Willen die F. insgesamt ab. Die in diesem Zusammenhang hervorgehobene Entscheidung, welche Handlung positiv ein lustvermittelndes Gut bereitstellt (Essay II 21 §15), ist ein intellektueller, ›freier‹ Vorgang. Nicht der Wille ist frei, sondern der vernünftige und tätige Mensch (ebd., II 21 §§16, 21). Der metaphysische Autonomie in Anspruch nehmende F.sbegriff wird von B. Spinoza (Eth. I, def. 7) erneuert. Frei kann nach Spinoza nur ein ›Ding‹ heißen, ›das Kraft der Notwendigkeit seiner Natur existiert‹; insofern ist nur Gott wahrhaft frei. Der durch die Affekte determinierte Mensch kann sich durch Vernunft befreien und so Gott annähern. Nur als freier Mensch handelt er tugendhaft (Eth. IV, prop. 67–73). Eine endgültige Enttheologisierung des F.sbegriffs vollzieht J.-J. Rousseau, allerdings unter Beibehaltung des Autonomiegedankens. In gesellschafts- und kulturkritischen Bezügen wird F. darüber hinaus zum Beurteilungskriterium des Zeitalters. Wille und F. werden unmittelbar identifiziert und als unveräußerliches Wesensmerkmal des Menschen herausgestellt (Contract social I, 4). Natürliche F. ist die gefährdete Unabhängigkeit des Menschen von seiner eigenen inneren Natur und von fremden Einzelwillen. Der Gemeinwille (↑volonté générale) ist gemeinsame bürgerliche F., in der der einzelne gleichwohl ›nur sich selbst gehorcht‹ (ebd., I, 6). Nur indem alle ihre natürliche F. aufgeben, kommt jene bürgerliche F. zustande, in der jeder zugleich unter seinem eigenen Willen (dem Gesetz) lebt. Das Gesetz schließt die Möglichkeit ein, den individuellen Willen zu seiner F. zu zwingen (ebd., I, 7). Mit der Übertragung auf einen ›geistigen Gesamtkörper‹ (den Staat) (ebd., I, 6) wird der F.sbegriff entindividualisiert und damit seine Übertragung auf geschichtliche Gestaltungen vorbereitet. Auch schon für Rousseau ist in einem sehr genauen Sinne die Geschichte ein (wenn auch sehr zweifelhafter) ›Fortschritt im Bewußtsein der F.‹.

Für die französische Aufklärung (Voltaire) bleibt der politische F.sbegriff bestimmend. Die F. wird zwar innerlich verankert und ihrem Nachweis gegen deterministische Positionen große Sorgfalt gewidmet (vgl. D. Diderot, Art. liberté (morale), Encyclopédie IX [1765], 462–471, dt. Philosophische Schriften I, Berlin [Ost] 1961, 305–332): sie ist das Vermögen, »zu handeln unabhängig von irgendeiner vorausgegangenen Handlung« (ebd., 331). Der Innenraum, aus dem heraus F. wirksam wird, hat jedoch keinen isolierten genuinen Eigenwert, er ist öffentlich orientiert. Eine F., die sich nicht handlungsmäßig äußert, ist als bloße Disposition leer. Hier liegt die Differenz zur deutschen Entwicklung, die wesentlich an Rousseau anschließt und aus dessen zeitkritischen Erörterungen die schon bei ihm zentral angelegte Konsequenz zieht, sich den öffentlichen Belangen lebensmäßig in einen bildungsdefinierten Binnenraum zu entziehen.

In Kants praktischer Philosophie wird die antikstoische Verinnerlichung der F. mit dem Autonomiegedanken in einer transzendentalen Wende (↑Transzendentalphilosophie) zur Deckung gebracht. F. wird im Rahmen der Analyse der dritten Antinomie (KrV B 472–479, B 560–586) im ›kosmologischen Verstande‹ als das »Vermögen, einen Zustand *von selbst* anzufangen« (B 561) definiert. Sie ist in diesem Verständnis aber nur eine ›reine transzendentale Idee‹. F. im ›praktischen Verstande‹ ist dagegen »die Unabhängigkeit der Willkür von der *Nötigung* durch Antriebe der Sinnlichkeit« (B 562). Die praktische F. gründet wiederum auf der ›transzendentalen Idee‹ der F., da die Leugnung von deren Möglichkeit die Unmöglichkeit jener einschließen würde. F. im kosmologischen Verstande muß zumindest möglich sein. Wären nun Erscheinungen und damit die Gegenstände der Erfahrung ›Dinge an sich selbst‹ (↑Ding an sich), dann wäre F. ›nicht zu retten‹ (B 565); sind sie aber ›bloße Vorstellungen‹, so müssen sie Gründe haben, die nicht Erscheinungen sind, kausalitäts- und zeitenthobene Gründe, die in die Welt der Erscheinungen eingreifen: ›intelligible Ursachen‹ (B 566), eben ›Dinge an sich‹. Ein und dasselbe Wesen kann in seiner Kausalität ›intelligibel‹ nach seiner Handlung und ›sensibel‹ nach seiner Wirkung sein (B 567). Als intelligible Ursache ist ein solches Wesen frei von den Bedingungen der Sinnlichkeit (ebd.), ist demgemäß aber auch nicht eine inhaltlich bestimmte, zeitlich und kausal geordnete strukturierte innere Welt (B 567–569): »Man würde von ihm ganz richtig sagen, daß es seine Wirkungen in der Sinnenwelt *von selbst* anfange, ohne daß die Handlung *in ihm* selbst anfängt« (B 569). Durch ›bloße ↑Apperzeption‹ erkennt der Mensch sich als Vernunft (B 575–576), und die Vernunft hat in den ›Imperativen‹ (↑Imperativ, kategorischer) Kausalität, die in der empirischen Welt nicht vorkommt und gleichwohl in sie eingreift. Die F. der Vernunft besteht so nach Kant nicht nur darin, daß eine »Unabhängigkeit von empirischen Bedingungen besteht«, sondern positiv darin, »eine Reihe von Begebenheiten von selbst anzufangen« (B 582). Nur die Beimessung einer Handlung zum ›intelligiblen Charakter‹ erlaubt die Zurechnung von Schuld. »Vernunft, unerachtet aller empirischen Bedingungen der Tat, (ist) völlig frei« (B 583). Der ›Wille‹ ist nun die Vernunft, insofern sie Kausalität hat, und der Wille ist frei, näherhin autonom, insofern er sich selbst ein Gesetz ist. Der Satz »der Wille ist in allen Handlungen sich selbst ein Gesetz« ist wiederum der ›kategorische Imperativ‹ (Grundl. Met. Sitten AB 98), wodurch

F. und ›Moralität‹ bei Kant unmittelbar zur Deckung kommen. Ein Handlungszusammenhang moralischer Personen begründet ein ↑›Reich der F.‹.

An der radikalen Verankerung der F. im Innenbereich, die in der Sittenlehre Kants zur Trennung von ↑›Moralität‹ und ↑›Legalität‹ führt, wird vor allem von Hegel Kritik geübt. Zuvor geben J.G. Fichte und F.W.J. Schelling dem Begriff der F. eine zentrale Stellung im Rahmen einer idealistischen Konstitutionstheorie von Gegenständlichkeit und Welt, die über die Kantischen Intentionen hinausweist. Kants konstitutionstheoretischer Ansatz beschränkte sich auf den Gegenstand möglicher Erfahrung (KrV B 129–169) und betraf so die Vernunft in ihrem theoretischen und eingeschränkten Gebrauche. Die Sicherung der Einheit des Gegenstandes in der ›ursprünglich-synthetischen Einheit der Apperzeption‹ ist zwar auch von Kant als ein ›Actus der *Spontaneität*‹ (KrV B 132ff.) näher bestimmt, das zu synthetisierende Mannigfaltige und die Strukturen der Synthetisierung selbst haben jedoch einen unhintergehbaren Gegebenheitscharakter. Es liegt in der Konsequenz sowohl der Fichteschen Aufhebung der Differenz von Ding an sich und Erscheinung als auch des damit verbundenen Ableitungsgedankens aller Gegebenheit und Struktur aus dem ursprünglichen Konstitutionszentrum (›Ich bin Ich‹) (Grundlage der gesamten Wissenschaftslehre, Ausgew. Werke I, 290ff.), daß der F.sbegriff totalisiert wird. Die spontane Selbsthervorbringung des ↑›Ich‹ ist als ursprüngliche ↑›Tathandlung‹ dasselbe wie die F.. Die Hervorbringung des ↑›Nicht-Ich‹ (F. als ›theoretisches Prinzip‹) gründet ebenso wie die praktische Stellung zum ›Nicht-Ich‹ in der F. (Das System der Sittenlehre, Ausgew. Werke II, 462–469). Schellings Transzendentalphilosophie, die unter dem Einfluß Fichtes steht, sieht die ursprüngliche selbsterkennende Tätigkeit des ›Ich‹ ebenfalls als einen Konstitutionsakt (›intellektuelle Anschauung‹, ↑Anschauung, intellektuelle) (System des transzendentalen Idealismus, Sämtl. Werke II, 369). Die auf dem Selbstkonstitutionsakt des ›Ich‹ gründende Philosophie ist emphatische Philosophie der F. (ebd. II, 376). Das konstituierte Sein erscheint als *›aufgehobene F.‹* (ebd.). Darüber hinaus wird für Schelling das Selbstbewußtsein und damit die F. als ein dialektischer Aufstufungsgang definiert: beide haben eine ›Geschichte‹ (vgl. ebd. II, 398f.). Der im Rahmen der Konstitutionstheorie entwickelte ›idealistische‹ F.sbegriff wird in Schellings späterer Schrift »Philosophische Untersuchungen über das Wesen der menschlichen F. und die damit zusammenhängenden Gegenstände« (1809) als bloß ›formell‹ eingestuft. Sie sei erst dann ›lebendiger Begriff‹, wenn man sie als ›Vermögen des Guten und des Bösen‹ bestimme (Sämtl. Werke IV, 244).

Hegel verbindet den Autonomie in Anspruch nehmenden Begriff der F. mit dem der Geschichte. Die geschichtlichen Gestaltungen werden ebenso wie die bestehenden institutionalisierten Lebensformen als Realisierungen des Begriffs der F. rekonstruiert und damit als objektive Geistformen (↑Geist, objektiver) begriffen. In Absetzung von der vorangehenden ›idealistischen‹ Tradition spricht Hegel nur unter Bezug auf den ›Willen‹ von F.. Die Konstitution der Natur wird zwar auch geistphilosophisch gefaßt, jedoch nicht als ein Akt der F., sondern als notwendiger Hervorgang aus dem Geist bestimmt. F. ist für Hegel Willensfreiheit und damit an eine besondere Sphäre des Systems der Philosophie, nämlich diejenige, die den geschichtlich tätigen ›allgemeinen‹ Menschen im Blicke hat, gebunden. F. ist ihrem Begriffe nach selbstbezüglich; ihr Gegenstand ist sie selbst (»der freie Wille, der den freien Willen will«, Rechtsphilos. §27, Sämtl. Werke VII, 78). Geschichte ist für Hegel »Fortschritt im Bewußtsein der F.« (Vorles. Philos. Gesch., Sämtl. Werke XI, 46), das bestehende Leben unter Anwendung des F.sbegriffs als ›Recht‹, genauer als ›abstraktes Recht‹, als ›Moralität‹ und ›Sittlichkeit‹ begreifbar. Hegel vereinigt so im systematischen Aufbau seiner Philosophie der F. verschiedene Traditionen. Leitend bleibt dabei die begriffliche Bestimmung der F. als Autonomie. Daß das individuelle Wollen F. realisieren könne, wird in einer aristotelisierenden Wendung gegen Kants Verinnerlichungskonzept kritisiert: F. ist ein politischer und handlungsbezogener Begriff; ein Wille, der nicht handelt und seine F. an der Welt erarbeitet, ist kein Wille. Konstituiert wird durch die F. die sittliche, geschichtlich sich ausbreitende Welt, die das genuine Außersichsein des Geistes ist. Philosophiegeschichtlich erreicht das F.spathos in Hegels objektiver Geistlehre seinen Höhepunkt. Auch K. Marx scheint ihm noch unmittelbar verpflichtet zu sein, wenn er vom ↑›Reich der F.‹ spricht (MEW XXV, 828). Im Verdinglichungsgedanken (↑Verdinglichung, ↑Warenfetischismus) findet sich jedoch eine eingehende Diskussion des Problems, daß sich der Mensch in bestimmten geschichtlich gewordenen, auf F. zumindest auch zurückführbaren Verhältnissen gleichwohl als ausschließlich unter sachlichen Bezügen stehend erfährt. Diese ›Dialektik der F.‹ macht ebenfalls M. Weber namhaft, wenn er das ›Gehäuse jener Hörigkeit der Zukunft‹ heraufdämmern sieht, das sich auf rationale Akte gründet, die zu ›geronnenem Geist‹ werden, und sich gegen die emanzipativen Intentionen ihrer geschichtlichen Urheber richtet (Ges. politische Schriften, ed. J. Winckelmann, Tübingen ^{3}1971, 332f.).

Für die ↑Existenzphilosophie ist F. im Unterschied zur philosophischen Tradition Signum der Endlichkeit des ↑Daseins; sie ist »noch ein Niederes, das sich selbst vernichten will« (K. Jaspers, Philosophie II, Berlin 1932, 200). Zugleich aber ist F. das zentrale Thema und der entscheidende Ansatzpunkt für die Existenzerhellung. Faßt M. Heidegger in »Sein und Zeit« (Tübingen ^{14}1977, 266) F. noch vergleichsweise unterbestimmt als ›sich ängstende *F. zum Tode*‹, die das illusionsfreie Dasein im ›Vorlaufen‹ erfährt, so wird in »Vom Wesen des Grundes« (Frankfurt ^{4}1955) F. geradezu zur ontologischen Grundbestimmung des Daseins. Insofern das Dasein als ↑›Transzendenz‹, d.h. als ›Überstieg zur Welt‹, charakterisiert ist, hält es sich in Distanz zu Zwecken und Werten und ist hierin ›Ermöglichung von Bindung und Verbindlichkeit‹ (ebd. 43f.). Als ›*freies* Seinkönnen‹ verfügt es jedoch nicht über sich, es ›zeitigt sich‹ nur als unausweichliche F. und ist ↑›Geworfenheit‹ (ebd. 54). Im Anschluß an Heideggers ontologische Daseinsuntersuchung sieht J.-P. Sartre die Subjektivität (das ›Für-sich‹) als durch unhintergehbare F. gestiftet und damit in eine umfassende Verantwortlichkeit mit der Aufforderung zum Engagement gestellt. – K. Jaspers sieht im Faktum der Wahl die ›ursprüngliche F.‹, insofern sie über den mit ihrer Unausweichlichkeit erfahrenen Zwang hinaus als Entschluß, »im Dasein ich selbst zu sein« (ebd. II, 180), zu interpretieren ist. »Entschluß und Selbstsein sind eines« (ebd. II, 181). Durch seine F. ist der Mensch unentrinnbar schuldfähig und immer schon schuldig (ebd. II, 196f.).

Literatur: M.J. Adler, The Idea of Freedom. A Dialectical Examination of the Conceptions of Freedom, I–II, Garden City N.Y. 1958/1961 (repr. Westport Conn. 1976); A. Antweiler, Das Problem der Willensfreiheit, Freiburg 1955; J. Auer, Die menschliche Willensfreiheit im Lehrsystem des Thomas von Aquin und Johannes Duns Scotus, München 1938; A.J. Ayer, Freedom and Necessity, in: ders., Philosophical Essays, New York 1954, 271–284 (dt. in: R. Wisser [ed.], Sinn und Sein. Ein philosophisches Symposium, Tübingen 1960, 509–520); M.R. Ayers, The Refutation of Determinism. An Essay in Philosophical Logic, London 1968; K. Baier, Responsibility and Freedom, in: R.T. De George (ed.), Ethics and Society. Original Essays on Contemporary Moral Problems, London/Melbourne 1968, 49–84; H.M. Baumgartner (ed.), Prinzip F.. Eine Auseinandersetzung um Chancen und Grenzen transzendentalphilosophischen Denkens, Freiburg/München 1979; C. Bay, The Structure of Freedom, Stanford 1958, New York ^{2}1965; S.I. Benn, Freedom, Autonomy and the Concept of a Person, Proc. Arist. Soc. 76 (1975/1976), 109–130; I. Berlin, Four Essays on Liberty, London/New York 1969; P. Berofsky (ed.), Free Will and Determinism, New York 1966; ders., Conceptions of Freedom, J. Philos. 67 (1970), 208–220; J. Bleicken u.a., F., in: O. Brunner/W. Conze/R. Koselleck (eds.), Geschichtliche Grundbegriffe. Historisches Lexikon zur politisch-sozialen Sprache in Deutschland II, Stuttgart 1975, 425–542; E. Bloch, F., ihre Schichtung und ihr Verhältnis zur Wahrheit, in: ders., Philosophische Aufsätze zur objektiven Phantasie, Gesamtausg. X, Frankfurt 1969, 573–598; F. Borden/G. Fels/W. Trutwin (eds.), Das Problem der F., Paderborn 1961; Z. Cackowski, Freedom and Nesessity, in: Dialectics and Humanism 3 (Warschau 1976), 86–96; J.V. Canfield, Determinism of Free Will and the Ace Predictor, Mind 70 (1961), 412–416; N. Chomsky, Problems of Knowledge and Freedom, New York 1971 (dt. Über Erkenntnis und F., Frankfurt 1973); M.T. Clark (ed.), The Problem of Freedom, New York 1973; W. Cramer, Kausalität und F., in: Philosophische Perspektiven 5 (1973), 9–28; M.W. Cranston, Freedom. A New Analysis, London/New York 1953; R.E. Dewey/J.A. Gould (eds.), Freedom. Its History, Nature, and Varieties, New York 1970; W.F. Enteman (ed.), The Problem of Free Will. Selected Readings, New York 1967; A. Fernández, Filosofía de la libertad, I–II, Madrid 1975 (mit Bibliographie I, 173–189); H. Freyer/H. Grundmann/K. v. Raumer/H. Schaefer, Das Problem der F. im europäischen Denken von der Antike bis zur Gegenwart, München 1958; A. Gehlen, Theorie der Willensfreiheit, Berlin 1933, Neuwied 1956; O. Gigon, Der Begriff der F. in der Antike, Gymnasium 80 (1973), 8–56; H. Gomperz, Das Problem der Willensfreiheit, Jena 1907; S. Hampshire, Freedom of the Individual, Dunedin Neuseeland 1965, London ^{2}1975; J. Hommes, Krise der F.. Hegel – Marx – Heidegger, Regensburg 1958; T. Honderich (ed.), Essay on Freedom of Action, London/Boston 1973; S. Hook (ed.), Determinism and Freedom in the Age of Modern Science, New York 1958; ders., The Paradoxes of Freedom, Berkeley 1962; M. Horkheimer/K. Rahner/C.F. v. Weizsäcker (eds.), Über die F., Stuttgart/Berlin 1965; F. Kambartel, Autonomie, mit Kant betrachtet. Zu den Grundlagen von Handlungstheorien und Moralphilosophie, in: Perspektiven der Philosophie. Neues Jb. 4 (1978), 119–133; W. Keller, Das Problem der Willensfreiheit, Bern 1965; A. Kenny, Will, Freedom, and Power, Oxford 1975; J.N. Lapsley (ed.), The Concept of Willing, New York 1967; K. Lehrer (ed.), Freedom and Determinism, New York 1966; A.J. Melden, Free Action, London/New York 1961; A. Mercier, F.. Begriff und Bedeutung in Geschichte und Gegenwart, Bern/Frankfurt 1973; S. Morgenbesser/J. Walsh (eds.), Free Will, Englewood Cliffs N.J. 1962; M. Moritz, Indeterminismus und F.sdefinitionen, Arch. Rechts- u. Sozialphilos. 58 (1972), 13–27; H. Morris (ed.), Freedom and Responsibility. Readings in Philosophy and Law, Stanford 1961; N. Nicholas, Die F. der Indifferenz, Ratio 18 (1977), 115–121; H. Ofstad, An Inquiry into the Freedom of Decision, Stockholm 1961; ders., Recent Work on the Free-Will Problem, Amer. Philos. Quart. 4 (1967), 179–207; D. F. Pears (ed.), Freedom and the Will, London/New York 1963; M. Pohlenz, Griechische F.. Wesen und Werden eines Lebensideals, Heidelberg 1955; U. Pothast (ed.), Seminar: Freies Handeln und Determinismus, Frankfurt 1978; H. Reghaby, Philosophy and Freedom, New York 1970; J. Simon (ed.), F.. Theoretische und praktische Aspekte des Problems, Freiburg/München 1977; J. Splett (ed.), Wie frei ist der Mensch?, Düsseldorf 1979; F. A. Trendelenburg, Notwendigkeit und F. in der griechischen Philosophie. Ein Blick auf den Streit dieser Begriffe, in: ders., Beiträge zur Philosophie II, Berlin 1855 (repr. Darmstadt 1957), 112–187; W. Warnach/O. H. Pesch/R. Spaemann, F., Hist. Wb. Ph. II (1972), 1064–1098; B. Welte, Determination und F., Frankfurt 1969; W. Windelband, Über Willensfreiheit. 12 Vorlesungen, Tübingen [3]1918. – J. Fellin, Die Willensfreiheit. Zur Bibliographie des Problems, Graz 1928; R. Hall, Free Will. A Short Bibliography, Philos. Quart. 15 (1965), 179–181. S. B.

Freiheit (handlungstheoretisch), im Zentrum der zeitgenössischen philosophischen Erörterung der F.sproblematik, sofern sie erkenntnis- und handlungstheoretisch relevant ist, stehen zwei Fragestellungen: (1) Läßt sich das alltagssprachlich-lebensweltlich, aber auch wissenschaftspraktisch (etwa bei Aufbau und Kontrolle von Experimenten) benutzte Intentions- und Handlungsvokabular, in dem Handeln eo ipso freies Handeln ist, durch ein streng empiristisch-behavioristisches Verhaltensvokabular (↑Behaviorismus) ersetzen, in dem von angeblich nicht wahrnehmbaren Zwecksetzungen (Absichten, Intentionen, Gründen) keine Rede mehr ist, sondern statt dessen von grundsätzlich meßbaren Verläufen (Bewegungen, Prozessen, Zustands- und Ereignisfolgen), die unter Berücksichtigung der sie initiierenden oder variierenden Bedingungen ihre Erklärung in Gesetzen finden, die methodisch nach dem Vorbild der Naturwissenschaften zu gewinnen sind? (2) Läßt sich die F. des Entscheidens und Handelns mit einer kausalistisch-mechanistischen Auffassung des Universums, also mit der Annahme eines (trotz des erkenntnistheoretischen Indeterminismus im Bereich der Mikrophysik) durchgängigen kausalgesetzlichen ↑Determinismus aller Vorgänge vereinbaren?

Gegenüber den behavioristisch-physikalistischen Reduktions- bzw. Substitutionsprogrammen betont die intentionalistische Position, daß (a) zumindest im sozialwissenschaftlichen Bereich die Identifikation von Daten aus Interaktionszusammenhängen nicht ohne Aufnahme der sie konstituierenden intentionalen Verständnisse der Interagierenden möglich ist, daß (b) der Behaviorist zumindest sich selbst und sein wissenschaftliches Vorgehen nicht mit den Kategorien seiner Arbeitshypothesen einholen kann, sondern mit den Identifikations-, Wahrheits- und Richtigkeitsansprüchen seines regel- und normengeleiteten Redens und Tuns sowohl selbstbezügliche als auch transsubjektive Intentionalität aktualisiert, deren Bewährung argumentativ und in prüfendem Nachvollzug zu erfolgen hat, und daß (c) entgegen empiristisch-positivistischem Verständnis zur Erklärung von Ereignisfolgen nicht die Aufstellung solcher ›Gesetze‹ genügt, die zwar die universelle, aber lediglich akzidentelle Kookkurrenz oder Korrelation von Ereignissen zum Ausdruck bringen, weil ein derartiges Gesetzesverständnis auch ↑Pseudoerklärungen ermöglicht, sondern Gesetze erforderlich sind, die Notwendigkeit artikulieren, und zwar kausale Notwendigkeit, die nur dadurch (indirekt) verifiziert werden kann, daß man den im fraglichen Zusammenhang relevanten kontrafaktischen Bedingungssatz sowohl handelnd als auch geschehen lassend verifiziert, nämlich einen Zustand herbeiführt, der ohne diesen Eingriff in den Lauf der Dinge nicht eingetreten wäre, bzw. zusieht, ob er eintritt, wenn man das Geschehen sich selbst überläßt, wodurch mit G. H. v. Wright die erkenntnis- und handlungstheoretische Abhängigkeit des Kausal- und des naturwissenschaftlichen Gesetzesbegriffs vom Handlungsbegriff gezeigt ist.

Die zuletzt angeführte interventionistische, an der Möglichkeit des handelnden Eingriffs in Naturabläufe orientierte Kausalauffassung v. Wrights stellt auch ein grundsätzliches Argument gegen einen universellen physikalistischen Determinismus dar; es entlarvt ihn als metaphysischen Schein. Andere ähnlich subtile Argumente gegen einen universellen, also auch den Menschen völlig bestimmenden Determinismus sind selbstbezüglicher Art (↑reflexiv/Reflexivität). So benutzt J.R. Lucas den ↑Unentscheidbarkeitssatz K. Gödels zu dem Nachweis, daß sich schon der die einfache Arithmetik beherrschende und praktizierende Mensch nicht zugleich als physikalisch vollständig beschreibbare Maschine ansehen kann. Er könne nämlich zwar die Widerspruchsfreiheit eines ihn repräsentierenden formalen Systems mit den Mitteln dieses Systems nicht formal beweisen, wohl aber – und dies übersteige die Möglichkeiten eines solchen Systems und die Fähigkeiten der durch es voraussetzungsgemäß repräsentierten Maschine – informell durch seine praktisch-vernünftige, formalen Verfahren und Systemen überlegene Einsicht. Er sei daher in Wirklichkeit nicht mit einem formalen oder mechanistischen System identifizierbar und somit relativ zu einem solchen frei. Neben der Unvereinbarkeit von F. und Determinismus wird aber auch ihre erkenntnis- und handlungstheoretische Verträglichkeit vertreten (Zwei-Aspekte-Theorie). So versucht etwa D.M. MacKay in einem ingeniösen Gedankengang den Nachweis zu führen, daß der Standpunkt eines Beobachters, der in der Lage ist, die Vorgänge im Gehirn eines Menschen vollständig zu erfassen und aus ihnen seine Entscheidungen vollständig vorauszusehen, mit begrifflicher Notwendigkeit nicht von dem so Beobachteten übernommen werden kann, ohne den Determinismus des Beobachterstandpunkts aufzuheben, daß also das (als grundsätzlich möglich einmal unterstellte) Wissen des Beobachters nicht universell, nämlich zumindest nicht dem Beobachteten mitteilbar und von ihm übernehmbar ist, ohne daß damit dem Beobachteten, solange er Entscheidungen fällt oder zu fällen im Begriffe ist, eine Unkenntnis über sich selbst in bezug auf sie angelastet werden könnte, die behebbar wäre.

Literatur: J. L. Austin, Ifs and Cans, in: ders., Philosophical Papers, ed. J.O. Urmson/G.J. Warnock, London/Oxford/New York ²1970, 205–232; L.W. Beck, The Actor and the Spectator, New Haven/London 1975 (dt. Akteur und Betrachter. Zur Grundlegung der Handlungstheorie, Freiburg/München 1976); B. Berofsky, Determinism, Princeton 1971, London 1972; J.M. Boyle jr./G. Grisez/O. Tollefsen, Free Choice. A Self-Referential Argument, Notre Dame Ind., London 1976; C.A. Campbell, Is ›Freewill‹ a Pseudo-Problem?, Mind 60 (1951), 441–465, Nachdr. in: ders., In Defence of Free Will with Other Philosophical Essays, London, New York 1967, 17–34; P.M. Churchland, The Logical Character of Action-Explanations, Philos. Rev. 79 (1970), 214–236; W.H. Davis, The Freewill Question, The Hague 1971; G. Dworkin (ed.), Determinism, Free Will, and Moral Responsibility, Englewood Cliffs N.J. 1970; A.M. Farrer, The Freedom of the Will, London 1958, New York 1960; R.L. Franklin, Freewill and Determinism. A Study of Rival Conceptions of Man, London, New York 1968; A. Grünbaum, Free Will and Laws of Human Behavior, Amer. Philos. Quart. 8 (1971), 299–317; J. Habermas, Zur Logik der Sozialwissenschaften. Materialien, Frankfurt 1970, 125–310; R. Harré/P.F. Secord, The Explanation of Social Behaviour, Oxford 1972; P.T. Landsberg/D.A. Evans, Free Will in a Mechanistic Universe?, Brit. J. Philos. Sci. 21 (1970), 343–358; K. Lehrer (ed.), Freedom and Determinism, New York 1966; J.R. Lucas, Minds, Machines and Gödel, Philos. 36 (1961), 112–127; ders., The Freedom of the Will, Oxford 1970; D.M. MacKay, On the Logical Indeterminacy of a Free Choice, Mind 69 (1960), 31–40; ders., Freedom of Action in a Mechanistic Universe, London 1967. Nachdr. in: M.S. Gazzaniga/E.P. Lovejoy (eds.), Good Reading in Psychology, Englewood Cliffs N.J. 1971, 121–138; ders., Choice in a Mechanistic Universe. A Reply to Some Critics, Brit. J. Philos. Sci. 22 (1971), 275–285; N. Malcolm, The Conceivability of Mechanism, Philos. Rev. 77 (1968), 45–72; J. Manninen/R. Tuomela (eds.), Essays on Explanation and Understanding. Studies in the Foundations of Humanities and Social Sciences, Dordrecht/Boston 1976; B. Mayo, The Incoherence of Determinism, Philos. 44 (1969), 89–100; H.J. Schneider, Die Asymmetrie der Kausalrelation. Überlegungen zur interventionistischen Theorie G.H. von Wrights, in: J. Mittelstraß/M. Riedel (eds.), Vernünftiges Denken. Studien zur praktischen Philosophie und Wissenschaftstheorie, Berlin/New York 1978, 217–234; J.J.C. Smart, Gödel's Theorem, Church's Theorem and Mechanism, Synthese 13 (1961), 105–110; G.N.A. Vesey, Agent and Spectator. The Double-Aspect Theory, in: Royal Institute of Philosophy Lectures I (The Human Agent), London/Melbourne, New York 1968, 139–159; G.H.v. Wright, Explanation and Understanding, Ithaca N.Y., London 1971 (dt. Erklären und Verstehen, Frankfurt 1974); ders., Causality and Determinism, New York/London 1974. R.Wi.

Freud, Sigmund, *Freiburg (Mähren) 6. Mai 1856, †London 23. Sept. 1939, österr. Arzt, Begründer der ↑Psychoanalyse. F. lebte von 1860 bis zu seiner Emigration 1938 in Wien. 1873 Beginn des Medizinstudiums mit Schwerpunkt in Physiologie, Spezialisierung in Neuropathologie, 1884 Entdeckung der analgetischen Eigenschaften des Kokains, 1885 Studienaufenthalt in Paris bei J.-M. Charcot, dessen Verdienst in der näheren Bestimmung des Krankheitsbildes der Hysterie liegt. Charcot behandelte die Hysterie durch Hypnose. Die intensive Erforschung der Hysterie wurde der Ausgangspunkt für die Ausarbeitung der psychoanalytischen Methodik. F. machte gemeinsam mit dem Wiener Nervenarzt J. Breuer (Studien über Hysterie, Leipzig/Wien 1895, Frankfurt 1975) die Entdeckung, daß Patienten in hypnotischen Zuständen sich an sonst nicht bewußte Inhalte erinnerten und daß deren Aufdeckung mit einer therapeutischen Wirkung verbunden war. Ihren theoretischen Niederschlag fand diese Entdeckung in der Ausbildung der ›kathartischen Methode‹ zur Heilung von Hysterien, die davon ausgeht, daß ein hysterisches Symptom durch Konversion dann entsteht, wenn ein stark affektiv besetzter seelischer Vorgang nicht bewußt durch ›Abreaktion‹ oder ›ungehemmte Assoziation‹ verarbeitet, sondern unterdrückt wird. Die Aufdeckung der mit diesem Vorgang verbundenen nicht präsenten Erinnerungen durch die Hypnose führt zum Verschwinden der Symptomatik.

Die Erforschung der Hysterie vermittelte F. eine Einsicht in die grundlegende Bedeutung libidinöser Motive bei der Entstehung seelischer Erkrankungen im allgemeinen. Zunächst nur probeweise ging F. zur Wachbehandlung über, wobei die Aufdeckung der unbewußten Inhalte von vorliegenden seelischen Erkrankungen der freien Assoziation des Patienten selbst im Anschluß an dessen aktuelle Traumerfahrungen (Die Traumdeutung, Leipzig/Wien 1900, Frankfurt 1977) und an Fehlhandlungen (Zur Psychopathologie des Alltagslebens, Monatsschr. f. Psychiatrie u. Neurologie 10 [1901], Heft 1/2, Frankfurt 1976) überantwortet wurde. Die Reflexion auf die im Wachzustand durchgeführten Analysen zeigten zum einen, daß der Patient der Aufdeckung von bestimmten unbewußten Inhalten einen selbst wiederum unbewußten Widerstand entgegensetzt. Dieses Phänomen führte F. dazu, einen Teil der unbewußten Inhalte in ihrer Genese auf eine ↑Verdrängung zurückzuführen, die generell auf Triebversagungen in früher Kindheit gründet. Zum anderen zeigte die im Wachzustand durchgeführte Analyse das Übertragungsphänomen. Der Patient überträgt im Fortgange der Analyse bestimmte libidinöse Affekte, die dem Erlebnishorizont seiner frühen Kindheit angehören, schematisch auf den Arzt. Das Auftreten und die Überwindung von ›Widerstand‹ und ›Übertragung‹ wurden im therapeutischen Prozeß zum entscheidenden Kriterium für die Beurteilung des Behandlungsganges und des Erfolges der Therapie. Ätiologisch weitete F. seine Theorie der Bedeutung der frühkindlichen libidinösen Konflikterfahrungen, hier insbesondere des sogenannten ›Ödipuskonflikts‹, auf sämtliche neurotische Erkrankungen aus (Drei Abhandlungen zur Sexualtheorie, Leipzig/Wien 1905, Frankfurt 1976). Die seelischen Prozesse selbst sah F. zunächst ausschließlich als unter der Leitung des Lustprinzips stehend ablaufen. Nach dem 1. Weltkrieg entwickelte er jedoch aus Anlaß insbesondere von Erfahrungen mit masochistischen Krankheitsbildern an bestimmten durch den Krieg ausgelösten seelischen Erkrankungen (Wiederholungszwang jenseits des Lustprinzips) komplementär zu den Selbsterhaltungstrieben (Eros) seine stark umstrittene Todes- und Destruktionstrieblehre (Jenseits des Lustprinzips, Leipzig/Wien/Zürich 1920).

Schon früh versuchte F. seine an der Psychoanalyse gewonnene Theorie auch auf die Kulturgeschichte anzuwenden. Wie ontogenetisch der Ödipuskonflikt zur Errichtung eines Über-Ich in der individuellen Psyche führt, so soll phylogenetisch der von F. aus religiösen Dogmen und Ritualen rekonstruierte Urvatermord die Ausbildung von normativen Systemen (Religion, Moral) erklären (Totem und Tabu, Wien 1913, Frankfurt 1975). In seiner bedeutendsten kulturtheoretischen Abhandlung führt F. die Entwicklungen der Kultur auf einen generellen Triebverzicht, d.h. auf die Verdrängung libidinös bestimmter Inhalte und deren anschließende Sublimierung zurück (Das Unbehagen in der Kultur, Leipzig/Wien/Zürich 1930). – 1910 gründete F. die »Psychoanalytische Gesellschaft«, aus der schon früh die ersten Abspaltungen erfolgten (A. Adler, C.G. Jung). Die psychoanalytische Bewegung breitete sich rasch aus. 1930 erhielt F. den Goethepreis der Stadt Frankfurt.

Weitere Werke: Gesammelte Werke. Chronologisch geordnet, I–XVIII, ed. A. Freud, London 1940–1952, 1941–1953, 1946–1961, Frankfurt 1948–1966; The Standard Edition of the Complete Psychological Works, I–XXIV, ed. J. Strachey, London 1953–1966; Studienausgabe in zehn Bänden, ed. A Mitscherlich/A. Richards/J. Strachey, Frankfurt 1969–1972, Erg. Bd. Frankfurt 1975. – Der Witz und seine Bedeutung zum Unbewußten, Leipzig/Wien 1905, Frankfurt [15]1975; Über Psychoanalyse. Fünf Vorlesungen, Leipzig/Wien 1910, Wien [10]1947; Vorlesungen zur Einführung in die Psychoanalyse, Leipzig/Wien 1916–1917, London [11]1950, ed. I. Grubrich-Semitis, Frankfurt 1977; Massenpsychologie und Ich-Analyse, Leipzig/Wien/Zürich 1921, Frankfurt 1975; Das Ich und das Es, Leipzig/Wien/Zürich 1923, Frankfurt 1978; Hemmung, Symptom und Angst, Leipzig/Wien/Zürich 1926, München 1978; Kurzer Abriß der Psychoanalyse, Leipzig/Wien/Zürich 1928, Frankfurt 1976; Neue Folge der Vorlesungen zur Einführung in die Psychoanalyse, Leipzig/Wien/Zürich 1933, Frankfurt 1978. – Aus den Anfängen der Psychoanalyse. Briefe an Wilhelm Fließ. Abhandlungen und Notizen aus den Jahren 1887–1902, London 1950, Frankfurt 1962; S.F. – Oskar Pfister: Briefe 1909 bis 1939, ed. E.L. Freud/H. Meng, Frankfurt 1963; S.F. – Karl Abraham: Briefe 1907 bis 1926, Frankfurt 1965; S.F. – Lou Andreas Salomé: Briefwechsel, ed. E. Pfeiffer, Frankfurt 1966; Briefe 1873–1939, ed. E.L. Freud/L. Freud, Frankfurt 1968; Brautbriefe. Briefe an Martha Bernays aus den Jahren 1882–1886, Frankfurt 1968; Briefe (Ausw.), ed. M. Mitscherlich, Frankfurt 1972; S.F. – C.G. Jung, Briefwechsel, ed. W. McGuire, Frankfurt 1974. – A. Grinstein, S.F.'s Writings. A Comprehensive Bibliography, New York 1977; S.F.-Konkordanz und -Gesamtbibliographie, ed. I. Meyer-Palmedo, Frankfurt 1975, [2]1977.

Literatur: F. Alexander u.a., F. in der Gegenwart. Ein Vortragszyklus der Universitäten Frankfurt und Heidelberg zum 100. Geburtstag, Frankfurt 1957; P. Amacher, F., DSB V (1972), 171–181; P.-L. Assoun, F., la philosophie et les philosophes, Paris 1976; L. Binswanger, Erinnerungen an S.F., Bern 1956; G. Brandell, F. och hans tid, Stockholm 1970 (dt. S.F., Kind seiner Zeit, München 1976); H.S. Decker, F. in Germany. Revolution and Reaction in Science, 1893–1967, New York 1977; R. Fetscher, Grundlinien der Tiefenpsychologie von S.F. und C.G. Jung in vergleichender Darstellung, Stuttgart-Bad Cannstatt 1978; S. Fisher/R.P. Greenberg, The Scientific Credibility of F.'s Theories and Therapy, Hassocks (Sussex) 1977; dies. (eds.), The Scientific Evaluation of F.'s Theories and Therapy. A Book of Readings, Hassocks (Sussex) 1978; E. Fromm, S.F.'s Mission. An Analysis of his Personality and Influence, London 1959, New York 1959 (repr. 1972) (dt. S.F.s Sendung, Persönlichkeit, geschichtlicher Standort und Wirkung, Frankfurt/Berlin 1961, unter dem Titel: S.F.s Psychoanalyse. Größe und Grenzen, Frankfurt 1979); A.L.M. Hesnard, L'œuvre de F. et son importance pour le monde moderne, Paris 1960; W. Hollitscher, S.F.. An Introduction. A Presentation of his Theory, and a Discussion of the Relationship between Psychoanalysis and Sociology, London 1947; E. Jones, The Life and Work of S.F., I–II, London 1953/1957 (dt. das Leben und Werk von S.F., I–III, Bern/Stuttgart 1960–1962, ²1978); W. Köppe, S.F. und Alfred Adler. Vergleichende Einführung in die tiefenpsychologischen Grundlagen, Stuttgart 1977; O. Mannoni, F. par lui-même, Paris 1968 (dt. S.F. in Selbstzeugnissen und Bilddokumenten, Reinbek 1971); H. Marcuse, Eros and Civilization. A Philosophical Inquiry into F., London 1956, New York 1962 (dt. Triebstruktur und Gesellschaft. Ein philosophischer Beitrag zu S.F., Frankfurt 1965); L. Marcuse, S.F.. Sein Bild vom Menschen, Hamburg 1956, München 1964, Zürich 1972; J.B. Pontalis, Après F., Paris 1968 (dt. Nach F., Frankfurt 1968, 1975); H.E. Puner, F.. His Life and his Mind. A Biography, New York 1947; T. Reik, Dreißig Jahre mit S.F., München 1976; P. Ricoeur, De l'Interprétation. Essai sur F., Paris 1965 (dt. Die Interpretation. Ein Versuch über F., Frankfurt 1969, 1974); D. Riesman, Individualism Reconsidered, New York 1964 (F. und die Psychoanalyse, Frankfurt 1965); P. Roazen, F.. Political and Social Thought, New York 1968 (dt. Politik und Gesellschaft bei S.F., Frankfurt 1974); ders., F. and his Followers, New York 1974 (dt. S.F. und sein Kreis. Eine biographische Geschichte der Psychoanalyse, Bergisch-Gladbach 1976); M. Robert, La révolution psychoanalytique. La vie et l'œuvre de S.F., I–II, Paris 1964 (dt. Die Revolution der Psychoanalyse. Leben und Werk von S.F., Frankfurt/Hamburg 1967); M. Schur, F.. Living and Dying, New York 1972 (dt. S.F. – Leben und Sterben, Frankfurt 1973, 1977); D. Shakow/D. Rapaport, The Influence of F. on American Psychology, New York 1964; F.J. Sulleway, F., Biologist of the Mind. Beyond the Psychoanalytic Legend, New York 1979; H.K. Wells, S.F.. A Pavlovian Critique, New York 1960; E. Wiesenhütter, F. und seine Kritiker, Darmstadt 1974; R.D. Wyss, Marx und F.. Ihr Verhältnis zur modernen Anthropologie, Göttingen 1969. S.B.

Freyer, Hans, *Leipzig 31. Juli 1878, †Wiesbaden 18. Jan. 1969, dt. Philosoph und Soziologe; Prof. für Philosophie in Kiel (1922–1925), Prof. für Soziologie in Leipzig (1925–1948, 1933–1944 auch in Budapest), Münster (1953/1954) und Ankara (1954/1955). Nach kultur- und wirtschaftsphilosophischen Arbeiten, die an der ↑Lebensphilosophie und dem Neuhegelianismus (↑Hegelianismus) orientiert waren, unternimmt F. den Versuch einer logischen Grundlegung der »Soziologie als Wirklichkeitswissenschaft. Logische Grundlegung des Systems der Soziologie« (Leipzig 1930) und wird damit zum Begründer einer deutschen soziologischen Schule. Soziale Strukturen sollten als geschichtlich gewachsen und sich ständig wandelnd begriffen werden. Daher dürften die soziologischen Begriffe keine verallgemeinernden Abstraktionen beinhalten, sondern müßten jeweils konkrete Sozialstrukturen erfassen. In späteren Veröffentlichungen verfolgt F. die weltweite Expansion europäischer Rationalität (Weltgeschichte Europas, Wiesbaden 1948, Stuttgart ²1954), die alle natürlich gewachsenen Lebensformen zersetze und sie im Zuge der modernen Industriekultur zu ›sekundären Systemen‹ wandle, in deren Rahmen die Menschen nach ihrer Leistungsfunktion eingepaßt und manipuliert würden (Theorie des gegenwärtigen Zeitalters, Stuttgart 1955, ³1961). Hauptmerkmale des seit der Neuzeit ablaufenden Rationalisierungsprozesses, der auf eine durchorganisierte und durchtechnisierte Weltgesellschaft hinauslaufe (Schwelle der Zeiten. Beiträge zur Soziologie der Kultur, Stuttgart 1965), sind nach F. ›Machbarkeit der Sachen‹, ›Organisierbarkeit der Arbeit‹, ›Zivilisierbarkeit des Menschen‹ und ›Vollendbarkeit der Geschichte‹.

Weitere Werke: Antäus. Grundlegung einer Ethik des bewußten Lebens, Jena 1918; Prometheus. Ideen zur Philosophie der Kultur, Jena 1923; Theorie des objektiven Geistes. Eine Einleitung in die Kulturphilosophie, Leipzig/Berlin 1923, ³1934 (repr. Darmstadt 1966); Einleitung in die Soziologie, Leipzig 1931; Revolution von rechts, Jena 1931; Machiavelli, Leipzig 1938. – D. Willers, Verzeichnis der Schriften von H.F., Darmstadt 1966.

Literatur: P. Demo, Herrschaft und Geschichte. Zur politischen Gesellschaftstheorie F.s und Marcuses, Meisenheim 1973. A.V.

Frieden (historisch-juristisch), im Sinne der Rahmendefinition von F. als der Abwesenheit von Konflikten (↑Frieden (systematisch)) wird der *griechische* F.sbegriff (εἰρήνη) lange Zeit durch den Gegenbegriff (πόλεμος) als zeitweilige Abwesenheit gewaltsamer Auseinandersetzungen negativ bestimmt. Die *römische pax* betont die erst zu vereinbarende Gewaltlosigkeit, die wie bei den Griechen als Normalzustand betrachtet wird. Von da erfolgt allmählich die weitergehende politisch-soziale Bestimmung des F.sbegriffs als generellen Prinzips einer für Individuum und Gesellschaft wohltätigen Lebensordnung. Ähnlich ist auch der *germanische* F.sbegriff ausschließlich sozial bestimmt als das streitlose Miteinanderleben eng Verbundener oder als Zustand vereinbarter Waffenruhe. Über den in der Benutzung des Wortes ›schalom‹ als Grußformel erkennbaren sozialen Aspekt des Wohlergehens erhielt der *jüdische* F.sbegriff über den Bezug auf die Schöpfungsordnung von vornherein auch eine kosmologische Geltung. Diese bleibt in der als F.sevangelium bezeichneten neutestamentarischen Offenbarung erhalten, während sich die Topographie des F.sreiches dadurch verändert, daß das Herz des dem Friedensfürsten nachfolgenden Individuums zum Ort des personalisierten F.s wird.

Der juristisch-soziale Aspekt des römischen und die transzendente Fundierung des jüdisch-christlichen F.sbegriffes verbinden sich in Westrom, das unter Beschränkung auf den gerechten Krieg den auf militärische Stärke gegründeten Völkerfrieden der pax romana zu erhalten sucht. Die Augustinische Verbindung sozialer und christlicher F.sideen wurde für die mittelalterliche Theorie grundlegend. Obwohl der Mensch auf den ewigen F. des jenseitigen Gottesreiches hoffen soll, ist auch im irdischen F. noch das göttliche Schöpfungsgesetz wirksam, so daß seine (notwendig imperfekte) Verwirklichung im Bereich der individuellen Lebensführung sowie im staatlich-politischen Bereich göttlichem Gebot entspricht. Dadurch konnte die F.swahrung zum Prinzip christlicher Herrschaft werden (Augustinus, De civitate Dei XIX, 11–20). Der zeitliche F. erhält eine doppelte Einschränkung: (1) er ist irdisch und daher unvollkommen, (2) er ist unvollkommen und daher zeitlich begrenzt. Im Anschluß an Augustinus entwickelt Thomas von Aquin die Unterscheidung zwischen dem ›wahren‹ und dem ›falschen‹ irdischen F. weiter, die praktische Bedeutung zur Unterscheidung des auf Gerechtigkeit zielenden F.s von einem bloßen Gewaltfrieden hatte (S. th. II–II qu. 29).

Mit Beginn der Neuzeit überlagern rationale Überlegungen zur Vernünftigkeit des F.s in und zwischen Gesellschaften in zunehmendem Maße den theologisch-theokratischen F.sbegriff. Es entstehen Pläne für einen den gesamten Erdkreis umfassenden ›ewigen F.‹ im Diesseits. Diese Pläne orientieren sich zunächst noch an der Kaiseridee (Dante Alighieri, De monarchia, 1318), nehmen dann die Form von F.sbündnissen zwischen Staaten mit Schiedsinstanz an (Georg von Podiebrad und Kunstatt, 1462–1464), später die internationaler Staatenorganisation (E. Crucé, Le nouveau cynée, 1623). Am stärksten zeigt sich das pazifistische Moment in den utopischen Gesellschafts- und Staatsentwürfen zur Verwirklichung eines auf Gerechtigkeit beruhenden F.s (↑Utopie). Durch die mit der Reformation eingetretene Spaltung in der Einheit aller Christen entstand auch im Bereich des temporalen F.s zwischen Konfessionsstaaten durch die unterschiedliche Auffassung über geltendes Recht als *fundamentum pacis* eine neue Situation. Der vergebliche Versuch, die alte *pax iusta* durch einen als gerecht betrachteten Krieg wiederherzustellen, führte zu dem neuen, für die folgenden Jahrhunderte gültigen Begriff des Staatsfriedens. Den Gedanken der Identität von *status civilis* und *status pacis* führte T. Hobbes konsequent zu Ende (Leviathan, or the Matter, Form and Power of a Commonwealth, Ecclesiastical and Civil, 1651). Die naturrechtlichen Vertragstheorien, die den innergesellschaftlichen F. auf eine übereinstimmende Willenserklärung stützten, bemühten sich in bezug auf die Sicherung des F.s zwischen den allein im Naturzustand des stets möglichen Krieges verbliebenen souveränen Staaten um immer differenziertere Definitionen des gerechten Krieges, aus denen sich das Völkerrecht entwickelte (H. Grotius, De jure belli ac pacis libri tres, 1625). Im völkerrechtlichen Vertrag wird der Krieg beendet und der beginnende F. rechtlich beschrieben. Aus der Systematik der das Kriegsrecht einschließenden Souveränitätstheorien konnten die Weltfriedenspläne dieser Epoche nur die Form von Verträgen annehmen.

Die beiden großen Projekte des 18. Jahrhunderts für einen ewigen F. haben analog zur Konstituierung des innergesellschaftlichen F.s die Übereinkunft vertragschließender Staaten zur Grundlage (Abbé C.-I. Castel de Saint-Pierre, Traité de la paix perpétuelle, 1713, und I. Kant, Zum ewigen Frieden. Ein philosophischer Entwurf, 1795). Der an eine richtige innere Ordnung gebundene innere F. wird bei Kant Voraussetzung des zwischenstaatlichen F.s. Voraussetzung des inneren F.s ist die Herstellung von Rechtsverhältnissen in einer vollkommenen bürgerlichen Verfassung, in der die Idee des Rechts verwirklicht ist. Während Kant und der angelsächsische ↑Utilitarismus sowohl den inneren als auch den äußeren F. durch einen republikanischen Verfassungsstaat der besitzenden Wirtschaftsbürger garantiert sahen, den sie dem Eroberungsgeist des Absolutismus entgegensetzten, sah J.G. Fichte bereits den aus einer Binnen- und Außenmarktkonkurrenz resultierenden Antagonismus als historisch-gesellschaftliche Ursache von Kriegen neuer Art (Der geschloßne Handelsstaat. Ein philosophischer Entwurf als Anhang zur Rechtslehre und Probe einer künftig zu liefernden Politik, 1800). Auch G.W.F. Hegel bemerkte die zentrifugalen Kräfte der bürgerlichen Gesellschaft, gab aber im Gegensatz zu Kant dem Existenzrecht des Staates den Vorrang vor einer allgemeinen F.sregelung zwischen Staaten (Rechtsphilos. § 248 [Zusatz] und § 324).

Mit dem Vordringen der deskriptiven Gesellschafts- und Staatstheorie im 19. Jahrhundert verflacht der F.sbegriff wieder zu einer negativen Definition, wenn auch F.sgesellschaften gegründet und F.skongresse abgehalten werden, deren Wirken nach der Erfahrung des Ersten Weltkriegs zur Institutionalisierung der F.sidee in internationalen Organisationen führte. Heute untersuchen die verschiedenen sozialwissenschaftlichen Disziplinen mit Mitteln der empirischen Sozialforschung (↑Sozialforschung, empirische) die anthropologischen, psychologischen, sozialen und ökonomischen Bedingungen von F. und Friedlosigkeit. Je nach der Bestimmung des F.sbegriffs unterscheidet die F.sforschung zwischen ›Utopisten‹, die einen aus innergesellschaftlicher Befriedigung resultierenden zwischengesellschaftlichen F. als möglich erstreben, und ›Realisten‹, die von einem negativen Staatsfriedensbegriff aus die Erhaltung des Sicherheitssystems für die einzige Möglichkeit halten, einen prekären F.szustand möglichst lange zu erhalten.

Literatur: E. Biser, Der Sinn des F.s. Ein theologischer Entwurf, München 1960; K.E. Boulding, Conflict and Defense. A General Theory, New York 1962; E. Dinkler, Eirene. Der urchristliche F.sgedanke, Heidelberg 1973; W.-D. Eberwein/P. Reichel, F.s- und Konfliktforschung. Eine Einführung, München 1976; H. Groten, F.sforschung – Anspruch und Praxis. Studien zur Realisationsmöglichkeit des positiven F.sbegriffs, Baden-Baden 1977; A. Hollerbach/H. Maier (eds.), Christlicher Friede und Weltfriede. Geschichtliche Entwicklung und Gegenwartsprobleme, Paderborn 1971; W. Jansen, Friede, in: O. Brunner/W. Conze/R. Koselleck (eds.), Geschichtliche Grundbegriffe. Historisches Lexikon zur politisch-sozialen Sprache in Deutschland II, Stuttgart 1975, 543–591; K. Kaiser, F.sforschung in der Bundesrepublik. Gegenstand und Aufgaben der F.sforschung, ihre Lage in der Bundesrepublik sowie Möglichkeiten und Probleme ihrer Förderung (mit der Bibliographie »Wissenschaft und F.«), Göttingen 1970; E. Krippendorf (ed.), F.sforschung, Köln/Berlin 1968 (mit Bibliographie); C. Graf v. Krockow, Soziologie des F.s. Drei Abhandlungen zur Problematik des Ost-West-Konflikts, Gütersloh 1962 (mit Bibliographie); G. Picht/C. Eisenbart (eds.), F. und Völkerrecht, Stuttgart 1973; K. v. Raumer, Ewiger Friede. F.srufe und F.spläne seit der Renaissance, Freiburg 1953 (mit Bibliographie); K.W.R. v. Rotteck, Friede, in: C. v. Rotteck/C. Welcker (eds), Staats-Lexikon, oder Encyklopädie der Staatswissenschaften VI (Hamburg-Altona 1838), 80ff.; G. Scharffenorth/W. Huber, (Neue) Bibliographie zur F.sforschung, Stuttgart 1970, ²1973; M. Scheler, Die Idee des F.s und der Pazifismus, Bern ²1968; H.J. Schlochauer, Die Idee des ewigen F.s. Ein Überblick über Entwicklung und Gestaltung des F.ssicherungsgedankens auf der Grundlage einer Quellenauswahl, Bonn 1953; D. Senghaas, Gewalt – Konflikt – F.. Essays zur F.sforschung, Hamburg 1974; ders. (ed.), Kritische F.sforschung, Frankfurt 1975; A.H. Swinne, Bibliographica Irenica 1500–1970. Internationale Bibliographie zur F.swissenschaft, Hildesheim 1977; C.F. v. Weizsäcker, Der ungesicherte Friede, Göttingen 1969; ders. (ed.), Kriegsfolgen und Kriegsverhütung, München 1971; ders., Bedingungen des F.s, Göttingen ⁶1974. H.R.G.

Frieden, in einem allgemeinen Sinne die Abwesenheit von ↑Konflikten. Von einem (*pragmatisch* verstandenen) *Konflikt* kann genau dort die Rede sein, wo sich unser Handeln so orientiert und ordnet, daß faktisch oder prinzipiell Unverträglichkeit der relevanten Handlungsorientierungen vorliegt. Ein pragmatischer Konflikt spielt sich insoweit ›innerhalb eines Subjekts‹ oder *individuell* ab, als wir es mit unverträglichen Handlungsorientierungen dieses einen Subjekts zu tun haben. Sonst sei von einem *äußeren* oder *interindividuellen* Konflikt die Rede. Sofern konkretes Handeln, das die offene Austragung eines Konflikts beenden oder vermeiden soll, gelungen ist, möge der Konflikt als *bewältigt* bezeichnet werden. Daß ein Konflikt bewältigt wird, läßt sich nach üblichem Sprachgebrauch auch als die (Wieder-)Herstellung des ›äußeren‹ F.s verstehen. Äußerer F. läßt sich herstellen z.B. auch durch Unterdrückung von Handlungen oder durch Kompromisse, die auf die faktische Möglichkeit der Beteiligten, Kampfhandlungen zu ergreifen, kurz: auf die Gewaltverhältnisse, gegründet sind. In diesen Fällen bleiben die unverträglichen Handlungsorientierungen, die dem Konflikt zugrunde liegen, bestehen; nur wird das ihnen entsprechende Handeln eingeschränkt.

Vom äußeren (und inneren) *pragmatischen* F. ist die Gemeinsamkeit in einem vernünftigen Leben (↑Leben, vernünftiges), die gemeinsame vernünftige Lebensform, zu unterscheiden. Sie kann als F. im moralischen Sinne gekennzeichnet werden. Der *moralische* F. ist die gemeinsame Vernünftigkeit der miteinander Lebenden und handelnd aufeinander Angewiesenen. Der moralische (oder *vernünftige*) F. schließt den pragmatischen F. nicht jederzeit ein: die Gemeinsamkeit eines vernünftigen Lebens führt nicht bereits von selbst auch dazu, daß alle pragmatischen Konflikte gelöst sind. Diejenigen, die sich um eine vernünftige Gemeinsamkeit ihres Lebens bemühen, sind weiterhin konkrete Individuen mit bestimmten und unterschiedlichen Biographien, Lebensbedingungen und Handlungsperspektiven, die wiederum Anlaß zu vielerlei pragmatischen Konflikten geben mögen. Weder darf die Überwindung unserer *Subjektivität* (↑Transsubjektivität) mit einer Überwindung unserer *Individualität* verwechselt noch der *Prozeßcharakter* transsubjektiver Orientierung verkannt werden. Vernunft im Sinne einer gemeinsamen Lebensform verpflichtet also lediglich zu einem vernünftigen *Umgang mit Konflikten.* Wird derjenige als *friedfertig* bezeichnet, der jedenfalls offene Konflikte vermeiden oder beenden möchte, so sind die Vernünftigen zu absoluter Friedfertigkeit nicht einmal untereinander verpflichtet.

In Fällen, in denen eine vernünftige Gemeinsamkeit nicht bereits gesicherte Praxis ist, entsteht für den Vernünftigen das Problem, ob und wie er darin gleichwohl seinen ›*seelischen F.*‹ finden, d.h. seine Lebensorientierung nicht als zum Scheitern verurteilt begreifen muß. Die traditionell in den philosophischen Weisheitslehren und den religiösen Reflexionstraditionen verhandelte ›Lösung‹ dieses Problems liegt in einem veränderten praktischen Begreifen der Form des vernünftigen Lebens: als Vernünftige erlangen wir unseren seelischen F., indem wir das ernsthafte Bemühen um eine vernünftige Gemeinsamkeit des Lebens praktisch als die unser Leben im Ganzen beherrschende Orientierung verstehen. Dieses Bemühen ist offenbar selbst dann gelungen, wenn es die Ziele, denen es sich jeweils material verschreibt, nicht erreicht. Insofern bleibt es als Lebensorientierung a priori verträglich auch mit widrigen pragmatischen Umständen. Dagegen verfehlen wir also unseren seelischen F., wenn wir die Vernunftorientierung unseres Lebens irrealistisch nicht als einen unendlichen *Weg*, sondern als ein *Ziel* verstehen, das in oder nach unserem Leben zu erreichen ist.

Wo es nicht gelingt, vernunftorientiert den F. mit sich selbst zu machen, hat dies in der Regel Folgen für das Bemühen um den moralischen F. vernünftiger Gemeinsamkeit. Es gibt nämlich andere Weisen, die Unverträglichkeit der Vernunft mit der vorhandenen pragmatischen Realität vermeintlich oder wirklich aufzuheben, z.B. (1) die illusionäre Suche nach einem gesicherten *strategischen* Weg zu vernünftiger Gemeinsamkeit, wobei man annimmt, daß ihn etwa gesellschaftliche Naturwissenschaft liefern könne (z.B. in Gestalt einer ↑Naturgeschichte der Gesellschaft oder von Sozialtechnologien), (2) den *resignativen* Rückfall in egoistische Lebensformen unter Berufung darauf, daß Vernunft zum Scheitern verurteilt ist, (3) den ↑*Zynismus*, der sich mit der schlichten Resignation nicht begnügt, sondern, an Bestätigungen für das Scheitern der Vernunft interessiert, diese aufsucht oder tätig betreibt. Ob und wie sich der seelische F. gewinnen oder verlieren läßt, ist daher ein Problem der *Vernunft*weisheit und insofern also nicht ›höher als alle Vernunft‹ oder lediglich Gegenstand privater Lebensregeln.

Literatur: W.D. Eberwein/P. Reichel, F.s- und Konfliktforschung. Eine Einführung, München 1976; W. Kempf, Konfliktlösung und Aggression. Zu den Grundlagen einer psychologischen F.sforschung, Bern/Stuttgart/Wien 1978; R. Waterkamp, Konfliktforschung und F.splanung, Stuttgart 1971; C.F. v. Weizsäcker, Bedingungen des F.s, Göttingen [4]1964; ders., Der ungesicherte F., Göttingen 1969. F.K.

Fries, Jakob Friedrich, *Barby (Elbe) 23. Aug. 1773, †Jena 10. Aug. 1843, dt. Philosoph, Physiker und Mathematiker. Nach seiner Promotion 1800 bei J.G. Fichte und Habilitation 1801 wurde F. zusammen mit G.W.F. Hegel 1805 a.o. Prof. der Philosophie in Jena, im gleichen Jahre o. Prof. der Philosophie in Heidelberg, 1812 zusätzlich der Physik. Freundschaft mit F.H. Jacobi. 1816 wurde F. nach Jena zurückberufen, jedoch wegen seiner Teilnahme am Wartburgfest (1817) zwangsemeritiert. 1824 dann wieder Prof. der Physik und Mathematik, 1838 erneut der Philosophie.

Die Philosophie von F. schließt sich, beeinflußt durch F.H. Jacobi und K.L. Reinhold, an I. Kants ↑Transzendentalphilosophie als Versuch der Begründung von Erkenntnis und Wissenschaft an. F. lehnt jedoch den spezifisch transzendentalen Charakter des Kantischen Ansatzes ab: Vernunftkritik wird durch die Methode der Selbstbeobachtung zu einer anthropologisch-psychologischen Erfahrungswissenschaft, deren wichtigste Aufgabe es ist, Recht und Ethik als in der menschlichen Vernunft begründet nachzuweisen. Im Zusammenhang seiner anthropologischen Vernunftkritik gelangt F. zur bemerkenswert klaren Formulierung eines Begründungstrilemmas, das im kritischen Rationalismus (↑Rationalismus, kritischer) von K.R. Popper leicht modifiziert wieder aufgenommen wurde und meist als ↑›Münchhausen-Trilemma‹ (H. Albert) bezeichnet wird. F. entscheidet sich hier gegen Dogmatismus und unendlichen Regreß und votiert für eine ›psychologistische‹ Begründungsbasis. Dabei werden nach F. nicht Sätze (›mittelbare Erkenntnis‹) aus Sinneswahrnehmungen (›unmittelbare Erkenntnis‹) *gefolgert,* sondern lediglich durch sie *motiviert.* Neben religions-, rechts- und staatsphilosophischen Arbeiten und seinem Eingreifen in den Jacobi-Schelling-Streit auf seiten Jacobis stehen naturphilosophische Themen im Vordergrund. Obgleich er sich als Experimentalphysiker gegen die romantische Naturphilosophie seiner Zeit richtet, überwiegen auch in seinen Überlegungen etwa zur Dynamik der Materie (in Fortführung von Überlegungen Kants, ↑Attraktion/Repulsion) oder zur Entstehung des

Kosmos metaphysische Elemente. Definitionsbemühungen zum Dualismus von ›organischer‹ und ›mechanischer‹ Natur haben die Biologie seiner Zeit beeinflußt. – Bedeutende Schüler von F. sind F. Apelt und M. Schleiden, der Begründer der modernen Zytologie. Hauptvertreter der F.schen Lehre und ihrer Weiterführung ist L. Nelson, der Begründer des sogenannten ›Neufriesianismus‹.

Werke: Gesammelte Werke, I–XXVI, ed. G. König/L. Geldsetzer, Aalen 1969–1975. – Reinhold, Fichte und Schelling, Leipzig 1803; Philosophische Rechtslehre, Jena 1803; System der Philosophie als evidente Wissenschaft aufgestellt, Leipzig 1804; Wissen, Glaube und Ahndung, Jena 1805; Neue oder anthropologische Kritik der Vernunft, I–III, Heidelberg 1807, [2]1828–1831; System der Logik, Heidelberg 1811, [3]1837; Von deutscher Philosophie, Art und Kunst, Heidelberg 1812; Entwurf des Systems der theoretischen Physik, Heidelberg 1813; Julius und Evagoras oder die Schönheit der Seele, I–II, Heidelberg 1814/1822; Handbuch der praktischen Philosophie, I–II, Heidelberg 1817/1832 (II Religionsphilosophie); Handbuch der psychischen Anthropologie, oder die Lehre von der Natur des menschlichen Geistes, I–II, Jena 1820/1821, [2]1837/1839; Die mathematische Naturphilosophie, nach philosophischer Methode bearbeitet, Heidelberg 1822; System der Metaphysik, Heidelberg 1824; Die Geschichte der Philosophie, I–II, Halle 1837/1840; Versuch einer Kritik der Principien der Wahrscheinlichkeitsrechnung, Braunschweig 1842; Politik oder philosophische Staatslehre, ed. E.F. Apelt, Jena 1848. – Bibliographie in: Abh. d. F.schen Schule NF 6 (1937), 473–495.

Literatur: T. Elsenhans, F. und Kant. Ein Beitrag zur systematischen Grundlegung der Erkenntnistheorie, I–II, Gießen 1906; K. Fischer, Die beiden Kantischen Schulen in Jena, Stuttgart 1862; M. Hasselblatt, J.F.F.. Seine Philosophie und seine Persönlichkeit, München 1922; E.L.T. Henke, J.F.F.. Aus seinem handschriftlichen Nachlaß dargestellt (mit Bibliographie), Leipzig 1867, [2]1937; H.M. Nobis, J.F.F., DSB V (1972), 192–195; R. Otto, Kantisch-F.sche Religionsphilosophie, Tübingen 1909, [2]1921, [3]1928; C. Siegel, F.. Fortbildung der Kantischen Naturphilosophie, in: ders., Geschichte der deutschen Naturphilosophie, Leipzig 1913, 119–130.

R.W.

Fundamentalontologie, von M. Heidegger in »Sein und Zeit« (1927) verwendete Bezeichnung für diejenige Fragestellung, die der ↑Ontologie und damit der Frage nach dem Sinn von ↑Sein aus methodischen Gründen vorausgeht. Da der Sinn von Sein nur als ↑transzendentales Apriori des menschlichen Lebensvollzuges (↑Dasein) methodisch erfaßt werden kann, muß der Ontologie eine ›Analytik des Daseins‹ als Fundament vorgeordnet werden. Diese ist nicht zu verwechseln mit einer philosophischen ↑Anthropologie, die nach phänomenologischer Konzeption (↑Phänomenologie, E. Husserl), der Heidegger weithin folgt, eine regionale Ontologie ist und methodisch somit der Ontologie erst nachfolgt. Der Aufbau der F. folgt dem Schema, möglichst selbstverständliche lebensweltliche Phänomene (›alltägliches ↑In-der-Welt-sein‹) auf ihre Strukturen (ihr ›Sein‹) hin zu untersuchen, in deren Licht die Ausgangsphänomene methodisch wiederum tiefer analysiert werden können (vgl. Tafel).

Aufbau der Fundamentalontologie

Vollzug des Daseins		*Sinn von Sein*
alltägliches In-der-Welt-sein	⟶	Sorge
eigentliches In-der-Welt-sein (vorlaufende Entschlossenheit)	⟶	Zeitlichkeit
zeitliches In-der-Welt-sein	- - - - - - - ⟶	(Sinn von Sein überhaupt)

Gemäß dem Konzept der transzendentalen Phänomenologie müssen solche apriorischen Strukturen wiederum zunächst als Phänomene erfahrbar sein, die zu ›formalanzeigenden‹ Strukturbegriffen umgewandelt werden. Mit der Explikation der ↑Zeitlichkeit und des zeitliches In-der-Welt-seins wird (zunächst ähnlich wie bei Husserl, ↑Bewußtseinsstrom) der äußerste Horizont erreicht, aus dem heraus sich der Sinn von Sein bestimmen lassen soll. Insoweit ist die F. inhaltlich an ihr Ziel gelangt. Die Fortsetzung des Programms in Richtung einer allgemeinen Ontologie wird von Heidegger jedoch nicht weiterverfolgt; seine spätere Philosophie geht mit der Konzeption der ↑Seinsgeschichte einen anderen Weg. Ob dieser ebenfalls die F. als Grundlage voraussetzt oder gegen die Konzeption der F. gerichtet ist, ist aus Heideggers Schriften nicht eindeutig entnehmbar. – Philosophiegeschichtlich ist das Programm der F. als Versuch zu werten, die phänomenologische Theorie der Konstitution von ›Objektivität‹ von denjenigen solipsistischen Konnotationen zu befreien, die Husserl in seinen »Cartesianischen Meditationen« noch erhebliche Schwierigkeiten bereiteten, und die Philosophie methodisch auf die Basis lebensweltlich schon immer anerkannter Orientierungen des Handelns und Redens zu stellen (↑Lebenswelt). Im Gegensatz zur ↑Lebensphilosophie (W. Dilthey) geht es dabei jedoch nicht um die Relativierung philosophischer Einsicht auf diese lebensweltlichen Selbstverständlichkeiten, sondern um die Ausgrenzung situationsinvarianter Strukturen des menschlichen Weltvollzuges. Wissenschaftliche Objektivität ist in diesem Sinn ebenfalls als Ergebnis einer konstitutiven Genesis (›ontologische Genesis‹, Sein und Zeit, § 69c) aus dem lebensweltlich-praktischen Umgang mit Gegenständen heraus zu verstehen. Im Rahmen der F. Heideggers ist somit bereits eine Konzeption von ↑Wissenschaftstheorie vorgezeichnet, die versucht, die Rechtfertigbarkeit wissenschaftlicher Geltungsansprüche als Problem einer Rechtfertigung inmitten einer schon immer vertrauten Welt zu entwickeln (W. Kamlah/P. Lorenzen, Logische Propädeutik, § I.2).

Literatur: K.-O. Apel, Dasein und Erkennen, Diss. Bonn 1949; M. Brelage, Transzendentalphilosophie und konkrete Subjektivität, in: ders., Studien zur Transzendentalphilosophie, Berlin 1965, 72–253; E. Coreth, Heidegger und Kant, in: J.B. Lotz (ed.), Kant und die Scholastik heute, Pullach 1955, 207–255; C.F. Gethmann, Verstehen und Auslegung. Das Methodenproblem in der Philosophie Martin Heideggers, Bonn 1974; M. Heidegger, Sein und Zeit, Tübingen [14]1977; W. Kamlah/P. Lorenzen, Logische Propädeutik oder Vorschule des vernünftigen Redens, Mannheim 1967, [2]1973; O. Pöggeler, Der Denkweg Martin Heideggers, Pfullingen 1963; W. Schulz, Über den philosophiegeschichtlichen Ort Martin Heideggers, in: O. Pöggeler (ed.), Heidegger, Köln 1969, 95–139. C.F.G.

Fundamentalphilosophie, zusammenfassende Bezeichnung derjenigen Überlegungen, die den erkenntnistheoretischen Status, die Methode und die Möglichkeitsbedingungen der Philosophie betreffen. In diesem Sinn taucht der Terminus vor allem in der Philosophie des 19. Jahrhunderts auf, und zwar in einer metaphysischen und einer transzendentalphilosophischen Akzentuierung (in transzendentalphilosophischer Bedeutung zum ersten Mal bei W.T. Krug).

Das zentrale fundamentalphilosophische Thema der gegenwärtigen Philosophie besteht im Problem der ↑Begründung bzw. des ↑Anfangs; gemeint ist damit nicht der objektiv metaphysische Ursprung des Wissens, sondern das Problem des methodischen Anfangs des philosophischen Begründungszusammenhangs. Mit Blick auf G.W.F. Hegel können folgende Positionen unterschieden werden: (1) Der Standpunkt der ↑*Unmittelbarkeit.* Die Forderung einer streng begründeten Philosophie, die ihrerseits wieder Grundlage jedes wissenschaftlichen Wissens zu sein hat, verlangt nach R. Descartes die Reduktion aller (bezweifelbaren) wissenschaftlichen und vorwissenschaftlichen Evidenzen. In ihr erweist sich als archimedischer Punkt (fundamentum inconcussum) der Erkenntnis das ›ego sum, ego existo‹ (↑cogito ergo sum), das durch unmittelbare Einsicht (Intuition) als wahr, d.h. als ↑klar und deutlich (clare et distincte) erkannt wird. Jede weitere Wahrheit ist deduktiv von diesem Fundament her zu begreifen. Der Cartesische Ansatz ist vor allem von J.G. Fichte aufgegriffen worden. Auch für E. Husserl wird in seiner Spätphilosophie der methodische Ansatz der unmittelbaren Selbstgewißheit des cogito das ›Urbild der philosophischen Selbstbesinnung‹. – (2) Der Standpunkt der ↑*Vermittlung.* Gegenüber der apodiktischen Selbstbegründung der Philosophie aus dem Vollzug des Ich-denke haben die ↑Lebensphilosophie und M. Heidegger (gegen Husserl), vor allem aber die hermeneutische Philosophie (↑Hermeneutik), den Einwand erhoben, daß es eine unmittelbare und geschichtslose Selbsterfahrung nicht geben könne. Die Weise der Erkenntnis, die cartesianisch an den Anfang gesetzt wird, ist selbst schon ein fundierter und daher defizienter Modus des menschlichen ↑In-der-Welt-seins. Die Begründung philosophischer Aussagen erfolgt nicht von einem ersten, unmittelbar gewissen Prinzip her, sondern in der je neu zu vollziehenden Vermittlung von Einzelaussagen und geschichtlichem (sprachlichem) Erfahrungskontext. Durch diesen hat alle Auslegung bereits eine ›Vorstruktur‹; die Zirkelhaftigkeit ist die Form fundamentalphilosophischen Begründens. Das bedeutet, daß sich das Problem des Anfangs strenggenommen gar nicht mehr stellen kann. – (3) Der Standpunkt der *Vermittlung von Vermittlung und Unmittelbarkeit.* Dieser findet sich in bezug auf die Fragestellung klassisch dargestellt am Beginn von Hegels »Logik« (Abschnitt »Womit muß der Anfang der Wissenschaft gemacht werden?«): »In neueren Zeiten erst ist das Bewußtsein entstanden, daß es eine Schwierigkeit sei, einen Anfang in der Philosophie zu finden (...). Der Anfang der Philosophie muß entweder ein Vermitteltes oder Unmittelbares sein, und es ist leicht zu zeigen, daß er weder das Eine noch das Andere sein könne; somit findet die eine oder die andere Weise des Anfangens ihre Widerlegung« (Logik I, Sämtl. Werke IV, 69). Im Hinblick auf die fundamental-philosophische Problematik des Anfangs formuliert Hegel das Grundprinzip, »daß es Nichts gibt, nichts im Himmel oder in der Natur oder im Geiste oder wo es sei, was nicht ebenso die Unmittelbarkeit enthält, als die Vermittlung, so daß sich diese beiden Bestimmungen als ungetrennt und untrennbar und jener Gegensatz sich als ein Nichtiges zeigt« (a.a.O., 70f.). Diese formale Bestimmung des Problems (nicht seine Hegelsche Spezifikation, wonach der Anfang das ›reine Sein‹ ist) hat die gegenwärtigen Lösungsversuche vielfach angeregt. W. Kamlah/P. Lorenzen schreiben der Sprache die Funktion zu, eine Vermittlung der Unmittelbarkeit des Anfangs zu leisten (»In gewisser Weise wird sich ein solcher Anfang ›inmitten‹ der Sprache mit dem Versuch, trotz allem ›von Grund auf‹ neu zu beginnen, verbinden müssen und verbinden lassen, so daß die Frage nach dem Anfang als die Frage nach solchem Sowohl-als-auch neu zu stellen ist«, Logische Propädeutik, 17). Demgemäß erhält die ›Logische Propädeutik‹ den Rang einer F.. – (4) Der *anti-fundamentalistische* Standpunkt. Gegen die fundamental-philosophische Idee der Begründung wendet sich heute besonders der kritische Rationalismus (↑Rationalismus, kritischer). Gegen den ›Fundamentalismus‹, den ↑Positivismus, Existenzialismus (↑Existenzphilosophie) und ↑Marxismus auf ihre Weise vertreten, wird erkenntnistheoretisch geltend gemacht, daß der hier gesuchte ›archimedische Punkt‹ der Erkenntnis nur durch willkürlichen Abbruch einer deduktiven Begründungskette erreicht werden kann, wenn man einen unendlichen Regreß oder einen logischen Zirkel vermeiden will (↑Münchhausen-Trilemma). Demgegenüber geht ›die Methodologie der kritischen Prüfung‹ nicht vom Prinzip der zureichenden Begründung aus, sondern vom Prinzip vom ausgeschlossenen Widerspruch.

Literatur: H. Albert, Traktat über kritische Vernunft, Tübingen 1968, [2]1969, [3]1975; E. Coreth, Das fundamentalontologische Problem bei Heidegger und Hegel, Scholastik 29 (1954), 1–23; L. Landgrebe, Der Weg der Phänomenologie, Gütersloh 1963, [2]1967; M. Brelage, Studien zur Transzendentalphilosophie, Berlin 1965; H. F. Fulda, Das Problem einer Einleitung in Hegels Wissenschaft der Logik, Heidelberg 1964, Frankfurt [2]1965; ders., Über den spekulativen Anfang, in: D. Henrich (ed.), Subjektivität und Metaphysik. Festschrift für W. Cramer, Frankfurt 1966, 109–127; W. Kamlah/P. Lorenzen, Logische Propädeutik oder Vorschule des vernünftigen Redens, Mannheim [2]1973; K. Lorenz/J. Mittelstraß, Die Hintergehbarkeit der Sprache, Kant-St. 58 (1967), 187–208; E. Heintel, Die beiden Labyrinthe der Philosophie. Systemtheoretische Betrachtungen zur F. des abendländischen Denkens I, Wien 1968; H. Wagner, Hegels Lehre vom Anfang der Wissenschaft, Z. philos. Forsch. 23 (1969), 339–348; C. F. Gethmann, Logische Propädeutik als F.?, Kant-St. 60 (1969), 352–368; ders./R. Hegselmann, Das Problem der Begründung zwischen Dezisionismus und Fundamentalismus, Z. allg. Wiss.-theorie 8 (1977), 342–368; K. Schrader-Klebert, Das Problem des Anfangs in Hegels Philosophie, Wien/München 1969. C. F. G.

Fundamentalsatz der Algebra, der erstmals von K. F. Gauß streng bewiesene Satz, daß der Bereich $\mathbb{C}$ der komplexen Zahlen in dem Sinne ›algebraisch abgeschlossen‹ ist, daß in ihm jede algebraische Gleichung $P(z)=0$ positiven Grades mit reellen oder komplexen Koeffizienten auflösbar ist, das Polynom $P(z)$ also in $\mathbb{C}$ eine Nullstelle hat. Der Satz ist nur mit funktionentheoretischen Mitteln beweisbar und ist nach der heutigen Abgrenzung der ↑Algebra nicht nur nicht für die Algebra fundamental, er gehört vielmehr überhaupt nicht zu ihr, sondern zur ↑Funktionentheorie der Polynome.

Literatur: K. F. Gauß, Demonstratio nova theorematis omnem functionem algebraicam integram, unius variabilis in factores reales primi vel secundi gradus, resolvi posse, Helmstädt 1799; B. L. van der Waerden, Algebra. Unter Benutzung von Vorlesungen von E. Artin und E. Noether, I–II, Berlin/Heidelberg/New York [8]1971, bes. § 80–81; Enzyklopädie der Elementarmathematik II (Algebra), Berlin (Ost) [2]1965. C. T.

Fundamentalsatz der (elementaren) Zahlentheorie, jede natürliche Zahl $a>1$ ist, abgesehen von der Reihenfolge der Faktoren, eindeutig als Produkt

$$a=p_1\cdot\ \ldots\ \cdot p_k$$

von ↑Primzahlen darstellbar (daher auch ›Satz von der eindeutigen Primfaktorzerlegung‹). Diese Darstellbarkeit hat K. Gödel 1931 zur Kodierung von Aussagen formaler Systeme ausgewertet (↑Gödelisierung).

Literatur: I. M. Vinogradov, Elemente der Zahlentheorie, München 1956. C. T.

fundiert/Fundiertheit, ein *Definitionsschema* (Regelsystem)

$$\begin{cases} A_1 \Rightarrow R(X_{11}, X_{12}, \ldots, X_{1n}) \\ \ldots \qquad \ldots \\ \ldots \qquad \ldots \\ A_m \Rightarrow R(X_{m1}, X_{m2}, \ldots, X_{mn}) \end{cases}$$

für eine Relation R (in dem die $A_1, \ldots, A_m$ bei jeder Anwendung aus nach diesem Schema schon vorher definierten Aussageformen logisch zusammengesetzt sind) heißt f., wenn es keinen unendlichen Regreß enthält, also die Herstellung keiner als gültig nachzuweisenden Relationsaussage $R(X_{i1}, \ldots, X_{rs})$ einer unendlichen Kette von Regelanwendungen innerhalb dieses Schemas bedarf. Die Formulierung von Bedingungen, die dies garantieren, ist eine Aufgabe der ↑Metamathematik. Innerhalb eines Systems der axiomatischen Mengenlehre (↑Mengenlehre, axiomatische) heißt eine *Menge M* f., wenn es keine von ihr ausgehende unendliche Vorgängerkette

$$\ldots, M_3 \in M_2, M_2 \in M_1, M_1 \in M$$

gibt. Die Axiome, die dies sichern, heißen *Fundierungs-* oder ↑*Regularitätsaxiome*; das 1929 nach einer Idee von D. Mirimanoff (1917) durch J. v. Neumann formulierte Fundierungsaxiom wurde 1930 von E. Zermelo seinem bekannten Axiomensystem der abstrakten Mengenlehre hinzugefügt.

Literatur: P. Lorenzen, Einführung in die operative Logik und Mathematik, Berlin/Göttingen/Heidelberg 1955, Berlin/Heidelberg/New York [2]1969; W.V.O. Quine, Set Theory and its Logic, Cambridge Mass. 1963, [2]1969 (dt. Mengenlehre und ihre Logik, Braunschweig 1973). C.T.

Fundierungsaxiom, ↑Regularitätsaxiom.

Fung Yu-lan (Feng You-lan), *1895, chines. Philosophiehistoriker und Philosoph, vertritt ein System in neokonfuzianischer Tradition (↑Konfuzianismus) mit taoistischen und westlichen Elementen. Sein bekanntestes Werk ist eine mehrfach umgearbeitete chinesische Philosophiegeschichte. F. blieb nach der Gründung der Volksrepublik China in seinen akademischen Ämtern und bekennt sich seitdem, nicht immer unangefochten, zum Marxismus-Leninismus.

Werke: A History of Chinese Philosophy, I–II, Princeton 1952/1953 (1. Ausg. chines. Bd. I, Peking 1937); The Spirit of Chinese Philosophy, London 1962 (Erstausgabe 1947); I Discovered Marxism-Leninism, People's China I, 6 (1950), 10–11, 21.

Literatur: H.L. Boormann/R.C. Howard (eds.), Biograph. Dict. of Republ. China II, New York/London 1968, 32–37, IV, ebd. 1971, 188–189; W.-T. Chan, A Source Book in Chinese Philosophy, Princeton 1963, 751 ff.; W.A. Wycoff, The New Rationalism of F., Diss. Columbia Univ. 1975. G.N.

Funktion, ursprünglich Bezeichnung der einer Person oder Institution zugeordneten öffentlichen Aufgabe, eines Amtes und seiner Verpflichtungen oder Dienstverrichtungen, heute außerhalb der exakten Wissenschaften synonym mit ›Verrichtung‹ oder ›Tätigkeit‹, ähnlich z.B. in der Physiologie, wenn man Organe als Gebilde versteht, die innerhalb eines übergreifenden Systems einer F. ›dienen‹ oder eine F. ›haben‹. Eine physikalische Erscheinung heißt F. einer anderen, wenn sie von dieser in einer Weise abhängt, die ihr entsprechende Meßwerte von denen der anderen ausgehend in Form eines ›physikalischen Gesetzes‹ berechenbar macht.

In der Mathematik – wo man oft auch synonym von ↑›Abbildung‹ spricht – ist die heutige Verwendungsweise von ›F.‹ das Ergebnis einer ständigen Erweiterung des F.sbegriffs, von G.W. Leibnizens Einführung des Wortes ›F.‹ für geometrische Größen, die wie z.B. Tangente oder Subtangente von einem innerhalb eines Koordinatensystems gleitend gedachten Kurvenpunkt abhängen, über L. Eulers ›beliebige Abhängigkeit‹ zweier oder mehrerer mathematischer Größen bis zu J.P.G.L. Dirichlets ›willkürlichen F.en‹, bei denen von der funktionalen Abhängigkeit nicht mehr gefordert wird, daß sie mit vorgegebenen mathematischen Ausdrucksmitteln formulierbar sei. Die moderne konstruktive Mathematik (↑Mathematik, konstruktive) nimmt diese Verallgemeinerung zum Teil als zu weitgehend zurück, indem sie F.en als Abstrakta aus ↑Termen auffaßt und die Darstellbarkeit aller F.en durch Terme fordert (↑Darstellung (logisch-mengentheoretisch)). Sind $S(x)$ und $T(x)$ Terme mit x als Leerstelle für Eigennamen aus einem Grundbereich (z.B. den natürlichen Zahlen), so ist die Beziehung

$$S(x) \underset{x}{\sim} T(x) \leftrightharpoons \bigwedge_y (S(y) = T(y))$$

eine ↑Äquivalenzrelation, so daß man eine ↑Abstraktion vornehmen kann, indem man Aussagen A über alle zu einem gegebenen Term $S(x)$ äquivalenten Terme durch eine Aussage über das ihnen allen entsprechende ›Abstraktum‹, die F. $\imath_x S(x)$, ersetzt:

$$A(\imath_x S(x)) \leftrightharpoons \bigwedge\!\!\!\!\bigwedge_T (S(x) \underset{x}{\sim} T(x) \rightarrow$$
$$\rightarrow \bigwedge_x (A(S(x)) \rightarrow A(T(x)))).$$

In der gegenwärtig meist auf mengentheoretische Grundbegriffe aufgebauten Mathematik ist es üblich, F.en als Zuordnungen von n-tupeln von Objekten (den Argumenten der F.) zu einzelnen Objekten (den Werten der F.) zu definieren. Dies ist möglich, weil eine $(n+1)$-stellige Relation R mit

(1) $\bigwedge_{x_1,\ldots,x_n} \bigvee_y R(y, x_1, \ldots, x_n)$,

(2) $\bigwedge_{x_1,\ldots,x_n,y_1,y_2} (R(y_1, x_1, \ldots, x_n) \wedge R(y_2, x_1, \ldots, x_n) \rightarrow y_1 = y_2)$

auf Grund der zweiten Bedingung linkseindeutig ist und sich somit das eindeutig gekennzeichnete y $(= y_1 = y_2)$ als Wert einer n-stelligen F. $\imath_{x_1,\ldots,x_n} \iota_y R(y, x_1, \ldots, x_n)$ für die Argumente $x_1, \ldots, x_n$, genauer: für das Argument-n-tupel $\langle x_1, \ldots, x_n \rangle$ (oder auch: an der ›Stelle‹ $\langle x_1, \ldots, x_n \rangle$) auffassen läßt. Bei einem konstruktiven Aufbau müssen die Relationen, mit denen man die F.en auf Grund der eineindeutigen Entsprechung in der gezeigten Weise ›identifizieren‹

kann, natürlich ihrerseits durch Abstraktion eingeführt und somit durch Relationsterme $\in_{x_0,\ldots,x_n} R(x_0,\ldots,x_n)$ gegeben sein.
In der Bedingung (2) die linkseindeutigkeit – statt wie gegenwärtig noch vorwiegend die Rechtseindeutigkeit – der Relation R zu fordern, ist ein 1911 von G. Peano gemachter, von K. Gödel 1940, W.V.O. Quine 1963 und P. Lorenzen 1965 aufgegriffener Vorschlag. Er erlaubt, in natürlicher Weise z.B. von der ›Quadratfunktion‹ als der Relation $\in_{x,y}(x=y^2)$ von Quadrat zu Wurzel zu sprechen, so wie die ›Vater-von‹-F. natürlicherweise als die Relation von Vater zu Kind aufgefaßt wird. Darüber hinaus ergibt sich bei der Verkettung zweier F.en $f(x) \leftrightharpoons R(y,x)$ und $g(x) \leftrightharpoons S(y,x)$ die verkettete F. $(f \circ g)(x)$, gelesen meist ›f von g von x‹, als die Verkettung $(R|S)(y,x)$ der entsprechenden Relationen R und S in dieser, statt in der verkehrten Reihenfolge.
Durch eine Anwendung des ↑Cantorschen Diagonalverfahrens läßt sich zeigen, daß der Bereich der F.en über einem unendlichen Grundbereich durch keine endliche Menge von Konstruktionsvorschriften erfaßbar ist. Dies wird in der klassischen Analysis als ↑›Überabzählbarkeit‹ des Bereichs der F.en interpretiert, obwohl damit konstruktiv nur die Nichtabzählbarkeit und damit ↑Indefinitheit des Bereichs bewiesen ist. – In der Philosophie hat sich vor allem der ↑Neukantianismus (z.B. B. Bauch, H. Cohen, E. Cassirer) bemüht, den F.sbegriff sowohl für die Erkenntnistheorie als auch für ein philosophisches Verständnis der verschiedenen Kulturbereiche, insbesondere der modernen Wissenschaft, nutzbar zu machen.

Literatur: R.C. Boyer, Proportion, Equation, Function. Three Steps in the Development of a Concept, Scr. Math. 12 (1946), 5–13; P. Lorenzen, Differential und Integral. Eine konstruktive Einführung in die klassische Analysis, Frankfurt 1965; G. Peano, Sulla definizione di funzione, Atti della Reale Accademia dei Lincei, Rendiconti, Classe di Scienza 20 (1911), 3–5, Nachdr. in: ders., Opere Scelte I, Rom 1957, 363–365; W. V. O. Quine, Set Theory and its Logic, Cambridge Mass. 1963, rev. ed. 1969 (dt. Mengenlehre und ihre Logik, Braunschweig 1973); M. Schramm, Steps towards the Idea of Function. A Comparison between Eastern and Western Science of the Middle Ages, Hist. Sci. 4 (1965), 70–103; C. Thiel, F., Hb. ph. Grundbegriffe I (1973), 510–519; A.P. Youschkevich, The Concept of Function up to the Middle of the 19th Century, Arch. Hist. Ex. Sci. 16 (1976/1977), 37–85. C.T.

Funktion, charakteristische, c. F. oder kurz *Charakteristik* einer ↑Menge M heißt die Funktion χ_M, die den Wert 1 für genau diejenigen Argumente annimmt, die Elemente von M sind, und den Wert 0 sonst:

$$\chi_M \leftrightharpoons \begin{cases} 1 & \text{für } x \in M \\ 0 & \text{für } x \notin M. \end{cases}$$

Entsprechend ist die c. F. einer ↑Relation R erklärt als die Funktion χ_R, die den Wert 1 für genau diejenigen Argumentsysteme $\langle x_1,\ldots,x_n \rangle$ annimmt, deren Glieder in der Relation R stehen, und den Wert 0 sonst. Einen anderen Sinn hat der Ausdruck ›c. F.‹ unter anderem in der ↑Wahrscheinlichkeitstheorie. C.T.

Funktion, rekursive, eine zahlentheoretische Funktion (d.h. eine solche, deren sämtliche Argumente und Werte natürliche Zahlen sind) heißt in einem übergreifenden Sinne ›rekursiv‹, wenn alle ihre Werte für gegebene Argumente entweder direkt angegeben oder aber durch Rückgriff (›Rekursion‹) auf die Werte für ›vorhergehende› Argumente berechenbar sind. Dabei kann die Ordnung des Vorhergehens die übliche Ordnung der natürlichen Zahlen nach ihrer Größe oder auch irgendeine andere Ordnung der Argumente (bzw. n-tupel solcher) sein, bei der jede Berechnung von Funktionswerten in endlich vielen Schritten ausgeführt werden kann (↑fundiert/Fundiertheit). Dies ist genau dann der Fall, wenn mindestens ein darstellender Term der zu erklärenden Funktion nach einem Rekursionsschema (auch: ↑Induktionsschema) aus Zahlkonstanten und darstellenden Termen gewisser, trivialerweise berechenbarer Ausgangsfunktionen konstruiert werden kann. Je nach den dabei zugelassenen Operationen und Rekursionsschemata erhält man verschiedene Rekursivitätsbegriffe.
Wählt man als Ausgangsfunktionen die *Nullfunktionen* C_0^n (die für jedes Argument-n-tupel den Wert 0 haben), die *Nachfolgerfunktion* s und die *Identitätsfunktionen* (auch: *Projektionen*) I_i^n (mit $I_i^n(x_1,\ldots,x_n)=x_i$ für alle i mit $1 \le i \le n$), so erhält man durch iterierte Anwendung von Operationen der *Einsetzung* (engl. composition)

$$F(x_1,\ldots,x_m)=G(H_1(x_1,\ldots,x_m),\ldots,H_k(x_1,\ldots,x_m))$$

sowie der ›*primitiven Rekursion*‹

$$\begin{cases} f(x_1,\ldots,x_n,0)=g(x_1,\ldots,x_n), \\ f(x_1,\ldots,x_n,y+1)=h(x_1,\ldots,x_n,y,f(x_1,\ldots,x_n,y)) \end{cases}$$

stets eine ›*primitiv-rekursive Funktion*‹. Funktionen dieses Typs wurden auf Grund von Ideen J. Herbrands von K. Gödel unter dem Namen ›r. F.en‹ für metamathematische Zwecke eingeführt. Die Klasse der primitiv-r.n F.en umfaßt jedoch nicht alle im intuitiven Sinn berechenbaren Funktionen; z.B. ist die von H. Hermes als Vereinfachung einer 1928 von W. Ackermann konstruierten Funktion eingeführte ›Ackermann-Funktion‹, gegeben durch

$$\begin{cases} \varphi(0, y) = y + 1, \\ \varphi(x+1, 0) = \varphi(x, 1), \\ \varphi(x+1, y+1) = \varphi(x, \varphi(x+1, y)), \end{cases}$$

berechenbar, aber nicht primitiv-rekursiv.
Um auch solche Funktionen rekursiv zu erfassen, definiert man einen auf zahlentheoretische Aussageformen anwendbaren ›Minimalisator‹ oder ›μ-Operator‹ so, daß $\mu_y A(y)$ die kleinste natürliche Zahl y_0 darstellt, für die $A(y_0)$ gilt, vorausgesetzt, es gibt ein solches kleinstes y_0 (andernfalls sei $\mu_y A(y)$ undefiniert):

$$\mu_y A(y) \leftrightharpoons \iota_y(A(y) \wedge \bigwedge_x (A(x) \rightarrow y \leq x)).$$

Erweitert man nun den Bereich der obengenannten, zu primitiv-r.n F.en führenden Operationen um das neue Schema

$$\begin{cases} f(x_1, \ldots, x_n) = \mu_y(g(x_1, \ldots, x_n, y) = 0) \\ \text{für Funktionen } g \text{, welche die Bedingung} \\ \bigwedge_{x_1, \ldots, x_n} \bigvee_y g(x_1, \ldots, x_n, y) = 0 \end{cases}$$

erfüllen, so liefert die iterierte Anwendung von Operationen dieses neuen Bereichs auf die Ausgangsfunktionen stets eine ›*μ-r. F.*‹.
Unabhängig von diesem Zugang kann man auch die zulässigen Definitionsschemata erweitern, indem man mehrere Funktionen zugleich durch ein einziges (endliches) System von Rekursionsgleichungen (Funktionalgleichungen) ›implizit‹ einführt; in diesem Fall ist für die Eindeutigkeit der Definition und für die Rekursivität des Konstruktionsverfahrens eigens Sorge zu tragen. Man erhält dann durch ›Lösung‹ dieser Funktionalgleichungen ›*allgemein-r. F.en*‹.
Die Charakterisierung sowohl der primitiv-r.n als auch der allgemein-r.n F.en ist auf verschiedene Weise möglich. Es zeigt sich jedoch, daß jede allgemein-r. F. auch μ-rekursiv ist und umgekehrt; man bezeichnet die Funktionen dieser untereinander (und außerdem mit der Klasse der Turing-berechenbaren Funktionen) umfangsgleichen Klassen daher einfach als ›*r. F.en*‹. Daß alle diese miteinander extensional gleichwertigen Begriffsbildungen den intuitiven Begriff der ›Berechenbarkeit‹ erfassen bzw. präzisieren, behauptet die Churchsche These.

Literatur: M. Davis, Computability & Unsolvability, New York/Toronto/London 1958; K. Heidler/H. Hermes/F.-K. Mahn, R. F.en, Mannheim/Wien/Zürich 1977; H. Hermes, Aufzählbarkeit, Entscheidbarkeit, Berechenbarkeit. Einführung in die Theorie der r.n F.en, Berlin/Göttingen/Heidelberg 1961, Berlin/Heidelberg/New York [3]1978; S.C. Kleene, Recursive Functions and Intuitionistic Mathematics (Proc. Int. Congr. of Mathematicians, Cambridge Mass. 1950), Providence Rh. I. 1952, I, 679–685; ders., Introduction to Mathematics, Amsterdam/Groningen 1952 (7th repr. 1974); A.I. Malcev, Algorithmen und r. F.en, Braunschweig 1974 (russ. Moskau 1965); R. Péter (Politzer), Über den Zusammenhang der verschiedenen Begriffe der r.n F., Math. Ann. 110 (1934), 612–632; dies., R. F.en, Budapest [2]1957, 3. Aufl. in engl. Sprache: Recursive Functions, Budapest und New York/London 1967; H. Rogers, Jr., Theory of Recursive Functions and Effective Computability, New York etc. 1967. C.T.

Funktional, in Mathematik und Logik Bezeichnung für ↑Funktionen höherer Stufe, d.h. für solche Funktionen, deren Argumente und Werte selbst wieder Funktionen sein können. F.e über dem Grundbereich der natürlichen Zahlen sind in der ↑Beweistheorie durch die ↑*Funktionalinterpretation* der Zahlentheorie wichtig geworden. Innerhalb der Mathematik werden F.e auf dem Bereich reeller oder komplexer Funktionen mit reellen bzw. komplexen Zahlen als Werten in der F.-analysis behandelt; noch allgemeiner versteht man dort unter F.en Abbildungen einer beliebigen Menge (z.B. eines Vektorraumes) in einen Körper (z.B. den Grundkörper des Vektorraumes). Die F.analysis entstand als eigenständige mathematische Disziplin in den letzten Jahrzehnten, indem sie, im Zuge der Axiomatisierungstendenz in der Mathematik, die Gegenstände älterer Disziplinen der angewandten Mathematik, z.B. der Variationsrechnung, der Theorie der Integralgleichungen oder der Approximationstheorie, unter einheitlichen Gesichtspunkten und mit abstrakteren und allgemeineren Methoden behandelte. Sie ist inzwischen zu einem der zentralen Forschungsgebiete der Mathematik geworden und hat zahlreiche Anwendungen in der Physik, vor allem in der Quantenmechanik (↑Quantentheorie).

Literatur: A. Brown/C. Pearcy, Introduction to Operator Theory I (Elements of Functional Analysis), New York/Heidelberg/Berlin 1977; R.E. Edwards, Functional Analysis. Theory and Applications, New York/Chicago/San Francisco/Toronto/London 1965; S. Großmann, F.analysis im Hinblick auf Anwendungen in der Physik, I–II, Frankfurt [2]1972; H. Heuser, F.analysis, Stuttgart 1975 (mit Bibliographie zur F.analysis); F. Hirzebruch/W. Scharlau, Einführung in die F.analysis, Mannheim/Wien/Zürich 1971; E. Pflaumann/H. Unger, F.analysis, I–II, Mannheim/Wien/Zürich 1974; W. Rudin, Functional Analysis, New York etc. 1973; J. Wloka, F.analysis und Anwendungen, Berlin/New York 1971; P. Zahn, Ein konstruktiver Weg zur Maßtheorie und F.analysis, Darmstadt 1978. P.S.

Funktionalanalyse, ↑Kausalanalyse.

Funktionalinterpretation (engl. functional interpretation), Terminus für eine beweistheoretische Methode (↑Beweistheorie), die erstmals 1958 von K. Gödel in seinem in der Zeitschrift »Dialectica« publizierten Aufsatz »Über eine bisher noch nicht benutzte Erweiterung des finiten Standpunktes« eingeführt wurde (häufig spricht man auch von der Gödelschen ›Dialectica-Interpretation‹). Gödel skizziert in dieser Abhandlung ein Verfahren, jeder Ableitung im ↑Peano-Formalismus für die elementare intuitionistische ↑Arithmetik Z eine Ableitung in einer anderen Theorie T so zuzuordnen, daß jeder in Z beweisbaren Formel A eine in T beweisbare Formel A^* entspricht. Insbesondere ist $0=1^*$ identisch mit $0=1$, so daß jeder Ableitung von $0=1$ (d.h. eines Widerspruchs) in Z eine Ableitung von $0=1$ in T entspricht, bzw. umgekehrt, daß sich die ↑Widerspruchsfreiheit von T auf Z überträgt; d.h. Z ist relativ konsistent gegenüber T. Bei T handelt es sich dabei um die Theorie der berechenbaren Funktionale endlichen Typs, d.i. ein quantorenfreies System, das Variablen und Konstanten nicht nur für natürliche Zahlen, sondern auch für zahlentheoretische ↑Funktionen beliebigen (endlichen) Typs (›Funktionale‹) enthält, d.h. für Funktionen, deren Argumente und Werte selbst wieder Funktionen sein können.

Wenn man (wie Gödel) das System T für erkenntnistheoretisch weniger problematisch hält als das arithmetische System Z, dann ist, ganz im Sinne des ↑Hilbertprogramms, mit der F. eine Reduktion bedenklicher Schlußweisen auf unbedenklichere geleistet. Wenn man diese Meinung nicht teilt, ist man wieder auf einen ↑Widerspruchsfreiheitsbeweis für T angewiesen, der ebenso wie der sich direkt auf den Peano-Formalismus beziehende Widerspruchsfreiheitsbeweis von G. Gentzen ein Prinzip der transfiniten Induktion (↑Induktion, transfinite) benötigt. – Die F. ist inzwischen zu einem der wichtigsten Werkzeuge der Beweistheorie geworden; sie wurde auf viele, über die elementare Zahlentheorie hinausgehende Systeme der ↑Analysis angewendet.

Literatur: K. Gödel, Über eine bisher noch nicht benutzte Erweiterung des finiten Standpunktes, Dialectica 12 (1958), 280–287, und in: Logica. Studia Paul Bernays dedicata, Neuchâtel 1959, 76–83; (engl. On a Hitherto Unexploited Extension of the Finitary Standpoint, J. Philos. Log. 9 [1980], 133–142, darin 140–142: A Bibliography of Work Resulting from Gödel's Paper); H. Luckhardt, Extensional Gödel Functional Interpretation. A Consistency Proof of Classical Analysis, Berlin/Heidelberg/New York 1973 (Lecture Notes in Mathematics 306); K. Schütte, Proof Theory, Berlin/Heidelberg/New York 1977, Chap. VI–VII; J.R. Shoenfield, Mathematical Logic, Reading Mass./Menlo Park Cal./London/Don Mills Ont. 1967, 214–222; C. Spector, Provably Recursive Functionals of Analysis. A Consistency Proof of Analysis by an Extension of Principles Formulated in Current Intuitionistic Mathematics, in: Recursive Function Theory, Proceedings of Symposia in Pure Mathematics V, American Math. Soc., Providence 1962; A.S. Troelstra (ed.), Metamathematical Investigation of Intuitionistic Arithmetic and Analysis, Berlin/Heidelberg/New York 1973 (Lecture Notes in Mathematics 344), 230–249. P.S.

Funktionalismus, Sammelbezeichnung für ein auf makrotheoretische ↑Analysen komplexer Systeme bezogenes Forschungsprogramm empirischer Sozialwissenschaften, in dem das Funktionieren von als strukturierte Ganzheiten betrachteten Systemen nicht durch Aggregation isolierter Kausalerklärungen von Teilaspekten, sondern aus der Interdependenz der auf die ermittelten Strukturelemente bezogenen, für die Bestandserhaltung notwendigen Funktionen erklärt werden soll. Der Ansatz wird daher häufig auch als *strukturell-funktionale Methode* bezeichnet. Er geht konzeptionell auf die organizistische Betrachtungsweise des ↑Sozialdarwinismus, methodisch auf die Ablehnung der als Restmetaphysik betrachteten Kausalanalyse durch den älteren Positivismus (↑Positivismus (historisch)) zurück. Die Popularität der Schriften H. Spencers trug viel zur Verbreitung strukturell-funktionaler Sehweisen bei.

E. Durkheim entwickelte eine Theorie der unter dem Blickwinkel ihres Beitrags zur Erhaltung des gesellschaftlichen Systems im Ganzen untersuchten sozialen Tatsachen. Sie suchte die Funktion von Handlungen unabhängig von der Institution der Handelnden durch ihren objektiven Zweck für die soziale Institution zu bestimmen, ohne für die Objektivität allerdings ein anderes Kriterium als das der dauerhaften Wiederkehr angeben zu können. B. Malinowski übertrug in einem berühmt gewordenen Artikel für die »Encyclopaedia Britannica« die von ihm als ›functionalism‹ bezeichnete Methode auf die ↑Anthropologie, die dadurch, daß sie Kulturphänomene aus der sozialen Struktur der sie hervorbringenden Gesellschaften erklärte, zur Sozialanthropologie wurde. Der methodische Aspekt der funktionalistischen Kulturtheorie wird von A.R. Radcliff-Brown weiterentwickelt, dessen Kriterien zur Unterscheidung von

Struktur- und Funktionsanalyse sich mit dem Parallelkonzept von Position und Rolle in dem von T. Parsons auch so genannten *Struktur-Funktionalismus* berühren. Von diesen Grundeinheiten ausgehend nennt Parsons drei Problembereiche: 1. die Theorie der Sozialstruktur, 2. die Theorie der Motivation innerhalb von Systemen, 3. die Theorie des sozialen Wandels. Auf hohem Abstraktionsniveau entwirft er ein stabiles, integriertes Systemmodell im Zustand des Gleichgewichts, für das der Funktionenbegriff verschiedene Bereiche von Systembestandsproblemen bezeichnet. Die in Parsons tendenziell statischem Integrationsmodell, wenn auch nur in heuristischer Absicht, als Zielwert vorausgesetzte Gleichgewichtsannahme prädeterminiert die Definition von Dysfunktionalität und läßt sich nur schwer mit einer Theorie des sozialen Wandels vereinbaren. Diese Konsequenz suchen die Konflikttheoretiker (R. Dahrendorf) zu vermeiden, die einen dynamischen Strukturbegriff entwickeln, der strukturelle Widersprüche aufnimmt und die im Integrationsmodell als dysfunktional interpretierten Konflikte als Momente einer auf Dauer gestellten Systemerhaltung durch Systemwandel begreifen.

Die fehlende Bestimmtheit zentraler Begriffe der strukturell-funktionalen Theorie hat immer wieder Einwände hervorgerufen. Kritisiert wurde die krypto-organizistische Interpretation des Systembegriffs ebenso wie seine fehlende empirische Kontrollierbarkeit. Die Kritik des Begriffs des funktionalen Erfordernisses führte zur Entwicklung des Konzepts der funktionalen Äquivalenz, ohne das nur verschobene Problem damit zu lösen. Ergebnis der Untersuchungen C.G. Hempels und E. Nagels zur logischen Struktur der funktionalen Analyse ist, daß ihr nur heuristischer Wert zur Gewinnung empirisch überprüfbarer Hypothesen zugesprochen werden kann. Trotz aller Kritik hat sich der strukturell-funktionale Ansatz, der mehr Forschungsprogramm als methodische Forschung ist, in der Soziologie durchgesetzt.

Literatur: R. Dahrendorf, Struktur und Funktion. Talcott Parsons und die Entwicklung der soziologischen Theorie, in: ders., Pfade aus Utopia. Arbeiten zur Theorie und Methode der Soziologie, München 1967, [3]1974, 213–242; M.J. Levy, The Structure of Society, Princeton N.J. 1952; N. Luhmann, Funktion und Kausalität, Kölner Z. f. Soziologie 14 (1962), 617–644; B. Malinowski, Eine wissenschaftliche Theorie der Kultur und andere Aufsätze, Zürich 1949, Frankfurt 1975; R.K. Merton, Social Theory and Social Structure. Toward the Codification of Theory and Research, Glencoe Ill. 1949; T. Parsons, Toward a General Theory of Action, Cambridge Mass. 1951; ders., Structure and Process in Modern Society, Glencoe Ill. 1960; A.R. Radcliff-Brown, Structure and Function in Primitive Societies, London 1961. H.R.G.

Funktionentheorie, Theorie der ↑Funktionen mit komplexen Argumenten, die nach ersten Ansätzen von L. Euler vor allem von A.-L. Cauchy, B. Riemann und K. Weierstraß im 19. Jahrhundert entwickelt und heute mit topologischen und algebraischen Methoden zu einer zentralen Theorie der Mathematik ausgebaut wurde, mit Anwendungen z.B. in der komplexen ↑Differentialgeometrie.

Nachdem sich die komplexen Zahlen als notwendig zur Lösung algebraischer Gleichungen erwiesen hatten, schlug besonders L. Euler vor, auch den Argument- und Wertbereich reeller Funktionen auf komplexe Zahlen auszudehnen. So lassen sich *Polynome* und *rationale Funktionen* über komplexen Zahlen fortsetzen, da die Menge $\mathbb{C}$ der komplexen Zahlen einen Körper (↑Körper (mathematisch)) bildet, also für das Rechnen nach den Grundrechenarten ↑abgeschlossen ist. Erste Erfolge der komplexen Fortsetzung boten die *elementaren Funktionen:* So liefern für komplexe Argumente z die Entwicklungen

$$e^z = 1 + z + \frac{z^2}{2!} + \frac{z^3}{3!} + \frac{z^4}{4!} + \ldots,$$

$$\cos z = 1 - \frac{z^2}{2!} + \frac{z^4}{4!} + \ldots, \quad \sin z = z - \frac{z^3}{3!} + \ldots$$

die für alle z gültige Darstellung

$$\cos z = \tfrac{1}{2}(e^{iz} + e^{-iz}),$$

$$\sin z = \frac{1}{2i}(e^{iz} - e^{-iz}),$$

die in der reellen ↑Analysis kein Analogon hat. Nachdem einige von J.B.J. Fourier durch Grenzprozesse aus elementaren Funktionen erzeugte Funktionen nicht mehr der Eulerschen Definition genügten, wonach Funktionen durch Rechenausdrücke darstellbar sein sollen, schlug K. Weierstraß für die sogenannten *analytischen* Funktionen die Darstellbarkeit durch Potenzreihen vor. Die analytischen Funktionen führten Weierstraß zu einem zentralen Grundbegriff der F. – den *holomorphen Funktionen.* Danach heißt eine Funktion f holomorph, wenn ihr Definitionsbereich ein Gebiet, d.h. eine offene (↑abgeschlossen/Abgeschlossenheit) und zusammenhängende Punktmenge $M \subseteq \mathbb{C}$ ist und f um jeden Punkt a aus M in einer passenden Umgebung in einer Potenzreihe $\sum_{0}^{\infty}{}_n b_n(z-a)^n$ entwickelt werden kann. Gegenüber der Weierstraßschen analytischen F. ging B. Riemann in seiner geometrisch orientierten F. von den Abbildungseigenschaften analytischer Funktionen aus, in denen die enge Beziehung zur Differentialgeometrie (z.B. zur Theorie der konformen Abbildungen) zum Ausdruck kommt. Eine Funktion heißt nach diesem Ansatz holomorph, wenn sie in einem Gebiet differenzierbar ist. Der *Äquivalenzbeweis der geometrischen F.* nach Riemann mit der *analytischen F.* nach Weierstraß gelang erst 1905 durch E.J.B. Goursat und führte zu einer einheitlichen Grundlegung der F. Weitere zentrale Grundbegriffe sind z.B. *Γ*-Funktion, Riemannsche Zeta-Funktion, elliptische Funktionen und Riemannsche Flächen.

Literatur: L. V. Ahlfors, Complex Analysis. An Introduction to the Theory of Analytic Functions of One Complex Variable, New York/St. Louis/San Francisco/Toronto/London/Sydney [2]1966; H. Behnke/F. Sommer, Theorie der analytischen Funktionen einer komplexen Veränderlichen, Berlin/Heidelberg/New York [3]1965 (repr. 1972); C. Carathéodory, F., I–II, Basel/Stuttgart [2]1960/1961; H. Cartan, Theorie élémentaire des fonctions analytiques d'une ou plusieurs variables complexes, Paris 1961, [4]1967, 5. Aufl. o.J. (dt. Elementare Theorie der analytischen Funktionen einer oder mehrerer komplexen Veränderlichen, Mannheim 1966); J.B. Conway, Functions of One Complex Variable, New York/Heidelberg/Berlin 1973; K. Diederich/R. Remmert, F. I, Berlin/Heidelberg/New York 1972; A. Dinghas, Einführung in die Cauchy-Weierstraß'sche F., Mannheim 1968; K. Knopp, F., I–II, Berlin [11]1965; E. Peschl, F. I, Mannheim 1967; A. Pfluger, Theorie der Riemannschen Flächen, Berlin/Göttingen/Heidelberg 1957; W. Rudin, Real and Complex Analysis, New York etc. [2]1974; H. Weyl, Die Idee der Riemannschen Fläche, Leipzig/Berlin 1913, Stuttgart [4]1964. K.M.

Funktor, in Logik und Mathematik von R. Carnap eingeführter Ausdruck für einen speziellen ↑Operator, nämlich ein Funktionssymbol, das zusammen mit geeigneten Konstanten als Argumentausdrücken ein *Termschema* bildet, z.B. das zweistellige arithmetische Termschema $f(2, 3)$. Wird das Funktionssymbol durch ein – ebenfalls als F. bezeichnetes – Funktionszeichen ersetzt, z.B. ›f‹ durch ›+‹, so erhält man einen ↑Term, z.B. den arithmetischen Additionsterm $+(2, 3)$, d.i. normiert für $(2+3)$.

Zuweilen werden auch ↑Prädikatoren zu den F.en gezählt, nämlich wenn die aus Prädikatoren und Variablen bzw. Konstanten gebildeten ↑Formeln syntaktisch wie Terme behandelt werden, ähnlich wie auch Aussageverknüpfungen mit Hilfe der Junktoren (werden sie als Darstellungen von ↑Aussagefunktionen verstanden) Terme sind – dann mit den Junktoren als F.en. Bei dieser uneingeschränkten Verwendung von ›F.‹ geht jedoch der wichtige methodologische Unterschied zwischen Term und Formel verloren: Terme ohne freie Variablen stellen Objekte dar (genannt: der *Wert* der vom Term dargestellten *Funktion* bei den – im Term vorkommenden – *Argumenten*), haben semantisch also den Status von ↑Nominatoren, hingegen sind Formeln ohne freie Variablen ↑Aussagen *über* – in der Aussage durch Nominatoren vertretene – Objekte.

Literatur: R. Carnap, Einführung in die symbolische Logik mit besonderer Berücksichtigung ihrer Anwendungen, Wien [3]1968 (repr. 1973), §18 (›F.en‹); H. Hermes, Einführung in die mathematische Logik, Stuttgart 1963, [4]1976, Kap. I,7. K.L.

Futurabilien (von lat. futurus, zukünftig), Aussagen über zukünftige Ereignisse. Bereits Aristoteles (de int. 9) bemerkt, daß solche Aussagen semantische Probleme aufwerfen, weil von ihnen nicht immer gesagt werden kann, ob sie wahr oder falsch sind. Während bei den futurabilia necessaria (›morgen wird eine Seeschlacht stattfinden oder nicht stattfinden‹) Wahrheit und Falschheit prädiziert werden kann, entziehen sich die futurabilia contingentia einer solchen Beurteilung. Ihre Wahrheit oder Falschheit könnte nur definitiv ausgesagt werden, wenn man über ein Wissen von Verlaufsgesetzen verfügte, das die physikalische Notwendigkeit kontingenter F. abzuleiten erlaubt. Zur Lösung des Problems sind in der modernen Logik unterschiedliche Vorschläge gemacht worden. J. Łukasiewicz hat ausgehend von der Problematik der F. einen dritten Wahrheitswert (›unbestimmt‹) eingeführt und damit eine ausgedehnte Diskussion über die Semantik mehrwertiger Logiken ausgelöst (↑Logik, mehrwertige). Man kommt jedoch ohne derartige logische Komplikationen aus, wenn man, wie in der konstruktiven Logik, von vornherein nicht von ↑wahrheitsdefiniten Behauptungen ausgeht. So ist für P. Lorenzen umgekehrt das Problem der F. ein Grund dafür, die Wahrheitsdefinitheit aufzugeben.

Literatur: L. Baudry, La querelle des futurs contingents, Louvain 1465–1475, Paris 1950; U. Blau, Die dreiwertige Logik der Sprache. Ihre Syntax, Semantik und Anwendung in der Sprachanalyse, Berlin 1977; D. Frede, Aristoteles und die »Seeschlacht«. Das Problem der Contingentia futura in De Interpretatione 9, Göttingen 1970; P. Lorenzen/O. Schwemmer, Konstruktive Logik, Ethik und Wissenschaftstheorie, Mannheim [2]1975; J. Łukasiewicz, Philosophische Bemerkungen zu mehrwertigen Systemen des Aussagenkalküls, Comptes rendus des séances de la Société des Sciences et des Lettres de Varsovie 23 (1930), 51–77 (engl. Philosophical Remarks on Many-Valued Systems of Propositional Logic, in: ders., Selected Works, ed. L. Borkowski, Amsterdam/London/Warschau 1970, 153–178; A.N. Prior, Three-Valued Logic and Future Contingents, Philos. Quart. 3 (1953), 317–326; N. Rescher, Truth and Necessity in Temporal Perspective, in: R.M. Gale (ed.), The Philosophy of Time. A Collection of Essays, New York 1967, London 1968, 183–220. C.F.G.

Futurologie (von lat. futurum [Zukunft] und griech. *λόγος* [Lehre]), von O.K. Flechtheim 1943 eingeführte Sammelbezeichnung für alle kritischen Bemühungen, die sich aus verschiedenen Lebensbereichen stellenden Fragen nach Art, Richtung, Geschwindigkeit und Begleitumständen zukünftiger Entwicklungen systematisch-wissenschaftlich zu beantworten. Der Sache nach entsprechen der F. als frühe historische Formen des ubiquitären Bedürfnisses der Menschheit nach Zukunftswissen ↑Eschatologie und ↑Chiliasmus auf makroskopischer Ebene, Prophetien, Auspizien, Haruspizien und Magie auf mikroskopischer Ebene. Mit der allmählichen Ausbildung des an Naturgesetzen orientierten, durch exakte Voraussagen legitimierten neuzeitlichen Wissenschaftsbegriffs verlagert sich die Bemühung um Vorausschau in die Wissenschaften. Für die Voraussage der zukünftigen Entwicklung der Menschheit, so wie sie sich nach dem theoretischen Einblick in den geheimen Plan der Natur darstellt, wird die im 18. Jahrhundert entstehende ↑Geschichtsphilosophie zuständig. Seine moderne Bedeutung hat dem Begriff der wissenschaftlichen Vorausschau P.L.M. de Maupertuis zusammen mit den Mathematikern L. Euler, Jakob und D. Bernoulli gegeben. In seiner »Ars conjectandi« (1713) definiert Jakob Bernoulli die Kunst der Vermutung oder die stochastische Kunst (ars conjectandi sive stochastice) als die Kunst, »so genau als möglich die Wahrscheinlichkeiten der Dinge zu messen und zwar zu dem Zwecke, daß wir bei unseren Urteilen und Handlungen stets das auswählen und befolgen können, was uns besser, trefflicher, sicherer oder ratsamer erscheint« (Wahrscheinlichkeitsrechnung II, 75). Nach J. le Rond d'Alembert (im »Discours préliminaire« zu der von ihm und D. Diderot herausgegebenen ↑Enzyklopädie, die das gesamte Wissen seiner Zeit enthält) findet das Wissen vom Gegenwärtigen seine Ergänzung durch das Verlangen, neben der Gegenwart auch Vergangenheit und Zukunft zu ergreifen.

Die Wiederaufnahme zukunftsorientierter Forschung steht im Zusammenhang mit der Verwendung militärischer Technologie in Friedenszeiten. Aus der Frage nach der Entwicklung der amerikanischen Luftwaffe nach dem Ende des Zweiten Weltkrieges entwickelt sich die »Rand-Corporation« (Research and Development), die inzwischen durch eine große Zahl ähnlicher Institute ergänzt wurde. Zu ihnen gehören: »Systems Development Corporation«, »Stanford-Research-Institute«, »Hudson-Institute«, »Institute for the Future« in den USA, das »Zentrum für Zukunftsforschung« in Berlin, das »Institut für Zukunftsfragen« in Wien, die »Gesellschaft für Zukunftsfragen« in Duisburg, das »Committee of the Next Thirty Years« in Großbritannien, »Prognos« in Basel, die »Gruppe 1985« im »Commissariat au Plan« in Frankreich, verschiedene Strategie-, Konflikt- und Friedensforschungsinstitute sowie Vorwarnsysteme und Look-out-Institutionen, in denen mit Hilfe von Statistik, Kybernetik, Simulation und Spieltheorie kurz-, mittel- oder langfristige Vorausschau betrieben wird. Meist werden drei Typen zukunftsorientierter wissenschaftlicher Tätigkeit unterschieden: 1. die Zukunfts*forschung*, die Prognosen und Projektionen erstellt; 2. die inhaltliche Zukunfts*planung* und 3. die Zukunfts*philosophie*, die sich mit Fragen der Ethik und des Normenwandels beschäftigt.

Literatur: Jakob Bernoulli, Ars conjectandi, Basel 1713 (repr. Brüssel 1968; dt. Wahrscheinlichkeitsrechnung, I–II, ed. R. Haussner, Leipzig 1899 [Ostwalds Klassiker der exakten Wissenschaften 107, 108]); O.K. Flechtheim, History and Futurology, Meisenheim 1966; ders., F.. Der Kampf um die Zukunft, Köln 1970; B. de Jouvenel, L'art de la conjecture, Monaco 1964 (dt. die Kunst der Vorausschau, Neuwied/Berlin 1967); R. Jungk/J. Galtung (eds.), Mankind 2000, Oslo 1969. H.R.G.

G

Gabirol, ↑Avicebron.

Gadamer, Hans-Georg, *Marburg a.d. Lahn 11. Febr. 1900, dt. Philosoph, Studium der Germanistik, Geschichte, Kunstgeschichte und Philosophie in Breslau, Marburg (1924–1927 auch der Klassischen Philologie) und München. 1922 Promotion bei P. Natorp, 1929 Habilitation bei M. Heidegger in Marburg, Priv.-Doz. in Marburg, ein Jahr in Kiel. 1937 a.o. Prof. in Marburg, 1939 o.Prof. in Leipzig (dort 1946/1947 Rektor), 1947 in Frankfurt, 1949 in Heidelberg (Nachfolger von K. Jaspers), seit 1968 emeritiert. 1940 Mitglied der Sächsischen Akademie der Wissenschaften zu Leipzig, 1950 der Heidelberger Akademie der Wissenschaften (1968–1972 Präsident), 1970 Mitglied der Akademie der Wissenschaften in Athen, 1971 Ritter des Ordens ›Pour le mérite‹, 1973 Mitglied der Accademia nazionale dei Lincei in Rom, 1975 Ehrenmitglied der American Academy of Arts and Sciences in Boston, Mitglied der Academie Royale de la Belgique 1979.

G. ist vor allem durch seine ›philosophische ↑Hermeneutik‹ auch über den Bereich der Philosophie hinaus bekannt geworden, die wesentliche Impulse von W. Dilthey, E. Husserl und Heidegger aufgenommen und verarbeitet hat. Schon der Titel seines programmatischen Werkes »Wahrheit und Methode« (1960, ³1972) deutet an, daß es um Erfahrungsmöglichkeiten von Wahrheit (Philosophie, Kunst und Geschichte) geht, die nicht nur jenseits des neuzeitlichen sich wissenschaftlich verstehenden Methodenbewußtseins liegen, sondern die menschliche Welterfahrung überhaupt betreffen. In aller Erfahrung von Wahrheit ist ein Stehen in Überlieferungen gegeben, d.h., Erfahrung von Wahrheit ist immer durch ›Wirkungsgeschichte‹ bestimmt. Daher wird Verstehen auch als ein ›Einrücken in ein Überlieferungsgeschehen‹ bezeichnet. Wissenschaftliches Verstehen muß sich insofern auch der ›hermeneutischen Situation‹ bewußt werden, die ihren eigenen bestimmten Horizont hat und sich mit dem Horizont des Textes vermitteln muß. Da aber ↑Verstehen (im Unterschied zu bestimmten älteren Hermeneutiktheorien) nicht in der wissenschaftlichen Methodik allein besteht, sondern stets Teilhabe am ›Sinn‹ einschließt, ist Verstehen auch immer zugleich Applikation. Die hermeneutische Grundstruktur ist die der Sprachlichkeit, die am Modell des Dialogs exemplarisch heraustritt. Daher spricht G. auch von der ↑›Geschichtlichkeit des Verstehens als hermeneutischem Prinzip‹.

Werke: Das Wesen der Lust nach den platonischen Dialogen, Diss. Marburg 1922 (ungedruckt); Platos dialektische Ethik. Phänomenologische Interpretationen zum ›Philebos‹, Leipzig 1931, erw. unter dem Titel: Platos dialektische Ethik und andere Studien zur platonischen Philosophie, Hamburg ²1968; Wahrheit und Methode. Grundzüge einer philosophischen Hermeneutik, Tübingen 1960, ³1972, ⁴1975 (unveränderter Nachdr. der 3. Aufl.) (ital. Verità e metodo, Mailand 1972, franz. Vérité et méthode. Les grandes lignes d'une herméneutique philosophique, Paris 1976, engl. Truth and Method, London, New York 1975); Le problème de la conscience historique, Louvain 1963 (ital. Il problema della coscienza storica, Neapel 1969, engl. The Problem of Historical Consciousness, Graduate Faculty Philos. J. 5 [New York 1975], 1–52); Kleine Schriften, I–IV, Tübingen 1967–1977 (mit Bibliographie: III, 261–271); Werner Scholz, Recklinghausen 1968; Hegels Dialektik. Fünf hermeneutische Studien, Tübingen 1971; Wer bin ich und wer bist Du? Ein Kommentar zu Paul Celans Gedichtfolge ›Atemkristall‹, Frankfurt 1973; Idee und Wirklichkeit in Platos Timaios, Heidelberg 1974 (Sitzungsber. Heidelberger Akad. Wiss., phil.-hist. Kl. Abh. 2); Vernunft im Zeitalter der Wissenschaft. Aufsätze, Frankfurt 1976; Poetica. Ausgewählte Essays, Frankfurt 1977; Philosophische Lehrjahre. Eine Rückschau, Frankfurt 1977; Die Aktualität des Schönen. Kunst als Spiel, Symbol und Fest, Stuttgart 1977; Selbstdarstellung in: L.J. Pongratz (ed.), Philosophie in Selbstdarstellungen III, Hamburg 1977, 60–101; Die Idee des Guten zwischen Plato und Aristoteles, Heidelberg 1978 (Sitzungsber. Heidelberger Akad. Wiss., phil.-hist. Kl. Abh. 3); Hermeneutik als theoretische und praktische Aufgabe, Rechtstheorie 9 (1978), 257–274; (mit J. Habermas) Das Erbe Hegels, Frankfurt 1979; Heidegger und die Griechen, Verifiche 8 (1979); Die Ausdruckskraft der Sprache. Zur Funktion der Rhetorik für die Erkenntnis, in: Jb. Dt. Akad. f. Sprache u. Dichtung in Darmstadt 1979, Heidelberg 1979, 45–55. – Begründer (mit H. Kuhn) und Herausgeber der »Philosophischen Rundschau« (ab 1953); Herausgeber unter anderem von: (mit P. Vogler) Neue Anthropologie I–VII, Stuttgart/München 1972–1975; Um die Begriffswelt der Vorsokratiker, Darmstadt 1968; Seminar: Philosophische Hermeneutik, Frankfurt 1976; Seminar: Die Hermeneutik und die Wissenschaften, Frankfurt 1978.

Literatur: R. Bubner/K. Cramer/R. Wiehl (eds.), Hermeneutik und Dialektik. H.-G. G. zum 70. Geburtstag, I–II, Tübingen 1970; P. Fruchon, Herméneutique, langage et ontologie. Un discernement du platonisme chez H.-G. G., Arch. philos. 36 (1973), 529–568, 37 (1974), 223–242, 353–375, 533–571; D. Henrich/W. Schulz/K.-H. Volkmann-Schluck (eds.), Die Gegenwart der Griechen im neueren Denken. Festschrift für H.-G. G. zum 60. Geburtstag, Tübingen 1960; D.E. Linge (ed.), H.-G. G., Philosophical Hermeneutics, Berkeley 1978. Einl. des Herausgebers; R.E. Palmer, Hermeneutics. Interpretation Theory in Schleiermacher, Dilthey, Heidegger, and G., Evanston Ill. 1969; J. Vandenbulcke, H.-G.G.. Een Filosofie van het Interpreteren, Brügge 1973. A.V.

Galenische Figur, Bezeichnung (bereits bei dem syrischen nestorianischen Priester Denḥa um 800) für die 4. syllogistische Figur (↑Syllogistik), deren Einführung Galenos zugeschrieben wird. Diese Zuschreibung kann sich nicht auf ein direktes Zeugnis des Galenos stützen, ist jedoch auf Grund von Berichten von Avicenna, Ibn al-Ṣalāḥ und Averroës, die sich wiederum auf die islamische Logiktradition stützen, so gut wie sicher. – In den Aristotelischen »Analytica priora« tritt die G.F., obwohl Aristoteles ihre gültigen Modi als gültig anerkennt, nicht auf. Sie werden, nach entsprechenden Umformungen, auf die vor allem Theophrast hinweist, der 1. Figur zugeordnet. Der Grund dafür, daß Aristoteles die G.F. nicht anführt, dürfte darin liegen, daß seine Auffassung der Syllogismen und Figuren von derjenigen der traditionellen Logik verschieden ist. In die abendländische mittelalterliche Logik wurde die G.F. vermutlich von J. Buridan eingeführt.

Literatur: H. Hubien, John Buridan on the Fourth Figure of the Syllogism, Rev. int. philos. 29 (1975), 271–285; J. Łukasiewicz, Aristotle's Syllogistic from the Standpoint of Modern Formal Logic, Oxford [2]1957; G. Patzig, Die Aristotelische Syllogistik. Logisch-philosophische Untersuchungen über das Buch A der »Ersten Analytiken«, Göttingen [3]1969; N. Rescher, Galen and the Syllogism. An Examination of the Thesis that Galen Originated the Fourth Figure of the Syllogism in the Light of New Data from Arabic Sources Including an Arabic Text Edition and Annotated Translation of Ibn al-Ṣalāḥ's Treatise »On the Fourth Figure of the Categorical Syllogism«, Pittsburgh 1966. G.W.

Galenos, *Pergamon 129 (130), † (möglicherweise Rom) 199 (200), hellenistischer Arzt und Philosoph (der Vorname ›Claudius‹ ist in der Antike nicht verbürgt und tritt erst in der Renaissance auf). Medizinische und philosophische Studien in Pergamon, Smyrna (unter anderem bei Albinos), Korinth und insbesondere Alexandreia. Medizinische Praxis in Pergamon, ab 161 überwiegend in Rom; zeitweise in Diensten des Kaisers Marcus Aurelius. Die Philosophie des G. stützt sich in eklektischer Manier vor allem auf Platon, nimmt aber, insbesondere in naturwissenschaftlichen Fragen, häufig die Ansichten von Aristoteles auf. In der Medizin insbesondere anatomische und physiologische Arbeiten im Anschluß an Hippokrates und die Hippokratiker, deren von G. systematisierte Lehren, großenteils durch arabische Gelehrte tradiert, den Kanon der medizinischen Ausbildung bis zur Renaissance abgeben.

Durchaus originell erstrebt G. in Opposition zum zeitgenössischen ↑Skeptizismus und in Anlehnung an Aristotelische methodologische Konzeptionen sowie an Auffassungen wissenschaftlichen Beweisens bei Theophrast und der Stoa eine gesicherte Fundierung der Medizin als Wissenschaft nach dem Vorbild der Geometrie. Das so bestimmte propädeutische Verhältnis der Philosophie zur Medizin wurde vor allem in der arabischen Tradition fortgeführt. Von den im engeren Sinne logischen Schriften des G. sind nur zwei erhalten. Die Schrift über Trugschlüsse (*Περὶ τῶν παρὰ τὴν λέξιν σοφισμάτων*) untersucht vor allem die entsprechenden sprach- und bedeutungstheoretischen Zusammenhänge, während die erst 1844 wiederentdeckte »Einführung in die Logik« (*Εἰσαγωγὴ διαλεκτική*), die älteste vollständig erhaltene nacharistotelische Darstellung der Logik, eine Synthese der aristotelisch-platonischen ↑Begriffslogik mit der stoisch-megarischen Aussagenlogik (↑Logik, stoische) anstrebt. Als bedeutendster Beitrag des G. zur Syllogistik ist die Einführung der nach ihm benannten ↑Galenischen Figur anzusehen. – Historisches Interesse gewinnen Schriften des G. durch ihre Berichte über Juden und frühe Christen; philosophiehistorisch wichtig sind seine Mitteilungen über heute verlorengegangene Schriften und Lehren antiker Philosophen, insbesondere der Stoa.

Werke: Opera omnia, I-XX, ed. C.G. Kühn, Leipzig 1821–1833 (repr. Hildesheim 1964/1965), mit Bibliographie (in Bd. XX), diese Ausgabe gilt als unzuverlässig und wird durch Neueditionen (teilw. mit Übers.) im »Corpus Medicorum Graecorum« Abt. V und Suppl. sowie durch Einzelausgaben laufend ersetzt; Scripta minora, I–III, ed. J. Marquardt/I. Müller/G. Helmreich, Leipzig 1884–1893 (repr. Amsterdam 1967); Institutio logica, ed. C. Kalbfleisch, Leipzig 1896 (dt. J. Mau, Galen. Einführung in die Logik. Kritisch-exegetischer Kommentar mit deutscher Übersetzung, Berlin 1960, engl. J.S. Kiefer, Galen's Institutio logica. Translation, Introduction, and Commentary, Baltimore 1964); P. Bachmann, Galens Abhandlung darüber, daß der vorzügliche Arzt Philosoph sein muß, Nachr. Akad. Wiss. Göttingen 1965, philol.-hist. Kl., Göttingen 1965, 1–67; R.B. Edlow, Galen on Language and Ambiguity. An English Translation of Galen's »De captionibus (On Fallacies)« with Introduction, Text and Commentary, Leiden 1977; De placitis Hippocratis et Platonis libri novem, ed. u. lat. Übers. I. Müller, Leipzig 1874 (repr. Amsterdam 1975); On the Doctrines of Hippocrates and Plato I (Books I–V), ed., engl. trans., comm. by P. De Lacy, Berlin 1978 (Corpus Medicorum Graecorum V 4, 1, 2).

Literatur: J.M. Bocheński, Formale Logik, Freiburg/München ³1970; K. Deichgräber, Galen als Erforscher des menschlichen Pulses. Ein Beitrag zur Selbstdarstellung des Wissenschaftlers, Berlin 1957 (Sitz.ber. Dt. Akad. Wiss. Berlin, Kl. f. Sprachen, Lit., Kunst 1956, Nr. 3); P. De Lacy, Galen's Platonism, Amer. J. Philol. 93 (1972), 27–39; H. Diller, Empirie und Logos. Galens Stellung zu Hippokrates und Platon, in: K. Döring/W. Kullmann (eds.), Studia Platonica. Festschrift für H. Gundert zu seinem 65. Geburtstag am 30.4.1974, Amsterdam 1973, 227–238; L. García Ballester, Galeno, en la sociedad y en la ciencia de su tiempo (c. 130–c. 200 d. de C.), Madrid 1972; N.W. Gilbert, Renaissance Concepts of Method, New York 1960, 13–24; ders., Galen, Enc. Ph. III (1967), 261–262; T.S. Hall, Ideas of Life and Matter. Studies in the History of General Physiology. 600 B.C.–1900 A.D., I, Chicago/London 1969, 137–163; J. Ilberg, Über die Schriftstellerei des Klaudios G., I–IV, Rhein. Mus. Philol. 44 (1889), 207–239, 47 (1892), 489–514, 51 (1896), 165–196, 52 (1897), 591–623 (repr. Darmstadt 1974); W. Kneale/M. Kneale, The Development of Logic, Oxford 1962 (repr. 1968), 182–185; F. Kudlien/L. Wilson, Galen, DSB V (1972), 227–237; G. Mewaldt, G., RE VII/1 (1910), 578–591; P. Moraux, Galien et Aristote, in: F. Bossier u.a. (eds.), Images of Man in Ancient and Medieval Thought. Studia Gerardo Verbeke ab amicis et collegis dedicata, Leuven 1976, 127–146; I. v. Müller, Über Galens Werk vom wissenschaftlichen Beweis, Abh. Bayer. Akad. Wiss., I. Cl., XX/2, München 1895, 405–478; G. Sarton, Galen of Pergamon, Lawrence Kans. 1954; G. Schenk, Zur Geschichte der logischen Form I (Einige Entwicklungstendenzen von der Antike bis zum Ausgang des Mittelalters), Berlin 1973, 243–257; R.E. Siegel, Galen's System of Physiology and Medicine. An Anlaysis of his Doctrines and Observations on Bloodflow, Respiration, Humors and Internal Diseases, Basel/New York 1968; ders., Galen on Sense Perception. His Doctrines, Observations and Experiments on Vision, Hearing, Smell, Taste, Touch and Pain and their Historical Sources, Basel/New York 1970; O. Temkin, Galenism. Rise and Decline of a Medical Philosophy, Ithaca/London 1973 (mit Bibliographie); R. Walzer, Galen on Jews and Christians, London 1949. M.G.

Galilei, Galileo, *Pisa 15. Febr. 1564, †Arcetri (b. Florenz) 8. Jan. 1642, ital. Mathematiker, Physiker, Astronom und Philosoph. Erziehung im Kloster Vallombrosa, dort Beschäftigung mit der klassischen Literatur. 1581 in Pisa zunächst Studium der Medizin, ab 1583 der Mathematik einschließlich (Aristotelischer) Astronomie und Physik. Vorlesungen vermutlich bei den Aristotelikern F. Buonamici, G. Borro und (privat) bei dem Mathematiker O. Ricci. G. verließ 1585 die Universität ohne Abschluß. Nach eigenen Studien insbesondere der Werke von Euklid und Archimedes und Unterrichtstätigkeit in Siena und Florenz, während der er eine als Verbesserung des archimedischen Verfahrens gedachte hydrostatische Waage erfand (La bilancetta, ca. 1586), und einer Romreise (1587, Bekanntschaft mit C. Clavius) erhielt G. 1589 in Pisa einen Lehrstuhl für Mathematik, den er 1592 zugunsten einer Professur in Padua aufgab. Dort Freundschaft mit C. Cremonini. 1589 veröffentlichte G.s Vater Vincenzio (ein Musiktheoretiker) einen polemischen Traktat gegen zahlenmystische Harmonietheorien, an deren Stelle er experimentelle Feststellungen der Konsonanz in Abhängigkeit von Länge und Spannung von Saiten setzte. Es ist sehr wahrscheinlich, daß diese experimentelle Überprüfung mathematisch formulierter Sätze auf G. Einfluß ausübte. Um 1604 entdeckte G. über eine Kette von Gedankenexperimenten das Fallgesetz. Sollten die Fallversuche am schiefen Turm von Pisa tatsächlich stattgefunden haben (was nicht belegt ist), waren sie wohl eher als öffentliche Provokation gegen die offiziell anerkannte Aristotelische Physik denn als experimentelle Überprüfung des Fallgesetzes gedacht. G. stellte ab 1609 mit einem von ihm nachgebauten und verbesserten Teleskop astronomische Beobachtungen an. 1610 Hofmathematiker und -philosoph in Florenz in den Diensten Cosimos II., des Großherzogs von Toscana. G.s Eintreten für die Kopernikanische Lehre seit seiner ersten Rom-Reise 1611 führte schließlich zum Verbot dieser Lehre (1616). Als G. auf eine Schrift des Jesuiten C. Grassi über die Natur der Kometen mit dem »Saggiatore« (Rom 1623, Papst Urban VIII., dem einstigen Kardinal und Freund Barberini gewidmet) antwortete und sein »Dialogo sopra i due massimi sistemi del mondo« (Florenz 1632) – ein Dialog über die zwei hauptsächlichen Weltsysteme, nämlich das Ptolemaiische und das Kopernikanische – sich zu deutlich für die verbotene Lehre des Kopernikus aussprach, er zudem bei kirchlichen Stellen um deren Anerkennung warb, wurde G. von der Inquisition der Prozeß gemacht. Verurteilung am 21.6.1633. Der Papst milderte die Strafe; G. verbrachte die letzten acht Jahre seines Lebens, schließlich erblindet, unter Hausarrest in Arcetri. Der Ausspruch ›und sie bewegt sich doch‹ gehört ebenso zur G.legende wie die Beobachtung des schwingenden Leuchters im Dom zu Pisa.

G.s wissenschaftliche Leistungen umfassen die Bereiche ↑Mechanik, ↑Astronomie und Philosophie der Naturwissenschaft. In der *Mechanik* gelingt ihm schon in seinem, wegen mangelnder Übereinstimmung mit Beobachtungen (Nicht-Berücksichtigung des Beschleunigungsbegriffs) unveröffentlichten, heute »De motu« genannten Traktat unter anderem eine infinitesimale Betrachtung von Strecken, die einen Vergleich senkrechter Fallbewegung mit Abwärtsbewegungen längs Kreisbahnen und auf schiefen Ebenen erlaubt. Die Aristotelische Unterscheidung erzwungener und natürlicher Bewegungen wird aufgegeben, eine Art Trägheitsprinzip (↑Trägheit) für Horizontalbewegungen konzipiert. Die Bewegungslehre in den »Discorsi e dimostrazioni matematiche intorno a due nove scienze« (Leiden 1638) unterscheidet sich von Varianten des Aristotelismus durch einen Definitionsteil, in dem mathematische Begriffsbildungen Vorrang haben (gegenüber einer phänomenologisch oder im Rahmen der Ursachenlehre vorgetragenen Begriffsanalyse im Aristotelismus). Unter Verwendung einer differentiellen Betrachtungsweise des Zeitparameters leitet G. in seiner ↑*Kinematik* Formeln für Bewegungen konstanter und konstant beschleunigter Geschwindigkeit her, die sich in ihrer Geltung für den Spezialfall der Fallbewegungen auf der schiefen Ebene experimentell darstellen lassen. Seine nach dem Vorbild der Geometrie Euklids (↑Euklidische Geometrie) aufgebaute, von der antiken (besonders Archimedes), mittelalterlichen (besonders Jordanus von Nemore), sowie derjenigen Leonardo da Vincis und anderen angeregter Bewegungslehre läßt den Unterschied zwischen einem (apriorischen) Definitionsteil und einem (empirischen) Anwendungsteil erkennen, der konstitutiv für die klassische Physik wird. Experimente spielen dabei weniger eine Rolle für das Auffinden von Gesetzmäßigkeiten denn als Test für mathematische, insbesondere geometrische Sätze, die aus Definitionen häufig nur mit Hilfe von ↑Gedankenexperimenten gewonnen sind. Ziel dieses methodischen Ansatzes ist es, in die Naturwissenschaft die logische Sicherheit mathematischer Methoden einzuführen. G.s Methodologie bildet so den entscheidenden Wendepunkt zur ›Mathematisierung der Natur‹, entsprechend der Metapher vom ↑Buch der Natur, das in mathematischer Sprache geschrieben sei.

Die Ausbildung einer *Dynamik* wird von G. versucht, mißlingt aber, vor allem, weil G. zu keinem adäquaten Begriff der ↑Kraft kommt und die Massenanziehung (↑Gravitation) ablehnt. Gleichwohl liefert G. bedeutende Beiträge zur Dynamik etwa mit der ersten zureichenden mathematischen Behandlung der Wurfbewegung sowie der Formulierung der wichtigsten Fallgesetze. Ferner findet sich bei ihm eine Formulierung des Trägheitsgesetzes (↑Trägheit) für geradlinige horizontale Bahnen, das zwar eine inhaltlich schwächere, d.h. auf eine Sorte von Bewegungen beschränkte Behauptung im Vergleich zum Newtonschen Trägheitsgesetz ist, andererseits aber, vom modernen wissenschaftstheoretischen Standpunkt aus betrachtet, nicht mit den definitorischen Mängeln des Newtonschen Trägheitsprinzips behaftet ist. G. hat nämlich als Bezugssystem die Erde (im Begriff ›horizontal‹) sowie eine, unter Hinzunahme des von G. tatsächlich angewandten und beschriebenen Verfahrens der Zeitmessung, vollständige und explizite Definition der konstanten Geschwindigkeit angegeben. – Noch vor C. Huygens konstruiert G. die Pendeluhr, ohne jedoch wie dieser die Gesetze der Pendelschwingungen korrekt gefunden zu haben. – Die »Discorsi« enthalten ferner unter anderem Hebelgesetze und eine Festigkeitslehre.

Nachdem G. das zuerst in Holland gebaute Teleskop etwa 3facher Vergrößerung bis zur 32fachen Vergrößerung verbessert (und hierbei ein Meßverfahren für die Krümmung von Linsen angegeben) hatte, weist er nach (Sidereus Nuncius, Venedig 1610), daß der Mond der Erde immer dieselbe Seite zuwendet und daß die Zeichnung des Mondes von Gebirgen auf seiner Oberfläche herrührt. G. entdeckt vier Monde des Jupiter (›mediceische Planeten‹) und die Tatsache, daß die Milchstraße aus Einzelsternen besteht. Später befaßt er sich mit dem Phänomen der Sonnenflecken, entdeckt am Saturn Lichtphänomene, die Huygens mit Hilfe verbesserter Fernrohre später als Ringe identifiziert, sowie die Phasen der Venus. Seine Beobachtungen werden zu einem wichtigen Argument gegen die Aristotelische ↑Kosmologie, die zwischen irdischen und himmlischen Erscheinungen noch einen prinzipiellen qualitativen Unterschied angenommen hatte. Methodologisch unterscheidet sich G.s Astronomie von der Mechanik durch die Betonung empirischer Verifikation von Hypothesen einschließlich der Falsifikation naheliegender Alternativen, ein Verfahren, daß die in der Mechanik angestrebte Sicherheit nicht erreicht (eine Forderung, die die Kirche für die Anerkennung des Kopernikanischen Systems stellte).

Beurteilt nach der historischen Wirkung war die faktische Verfahrensweise G.s in Mechanik und Astronomie wichtiger als seine eigenen methodologischen Erörterungen darüber, obwohl er sich deutlich gegen die Aristotelische Physik auch in methodologischer Beziehung ausspricht. G. führt erstmals eine mathematische Betrachtungsweise sowie das ↑Experiment in die Physik ein. Neben der Instanz der ↑Beobachtung ist es die Einbeziehung handwerklicher Traditionen, welche die Physik von der scholastischen Tradition befreit und damit auch einen Ablösungsprozeß der Naturwissenschaften von der Philosophie einleitet. G. bricht mit den anerkannten Autoritäten nicht nur, indem er sich gegen Aristoteles wendet (obgleich er selbst oft genug im Stil des Aristotelismus argumentiert), sondern auch, indem er die Gültigkeit naturwissenschaftlicher Ergebnisse gegenüber der Bibel betont. G.s aufklärerische Rolle unterstreicht unter anderem auch die Verwendung des Italienischen anstelle des damals üblichen Latein.

Werke: Le opere, I–XX, ed. A. Favaro (Edizione Nazionale), Firenze 1890–1909 (repr. 1929–1939, 1964–1966, 1968). – Unterredungen und mathematische Demonstrationen über zwei neue Wissenszweige, die Mechanik und die Fallgesetze betreffend. Arcetri, 6. März 1638, I–III, ed. u. übers. A. v. Oettingen, Leipzig 1890–1991 (Ostwald's Klassiker der exakten Wissenschaften 11, 24, 25 [repr. in einem Bd. Darmstadt 1973]); Dialog über die beiden hauptsächlichsten Weltsysteme, das Ptolemäische und das Kopernikanische, übers. u. erl. v. E. Strauss, Leipzig 1891; Sidereus Nuncius. Nachricht von neuen Sternen. Dialog über die Weltsysteme (Auswahl). Vermessung der Hölle Dantes. Marginalien zu Tasso, ed. u. Einl. H. Blumenberg, Frankfurt 1965. – Mathematical Collections and Translations, I–II, Übers. T. Salusbury, London 1661/1665 (repr., Introd. S. Drake, London/Los Angeles 1967 [enthält unter anderem Übers. von »La bilancetta«]); A Discourse [...] Concerning the Natation of Bodies vpon, and Submersion in, the Water, Trans. T. Salusbury, London 1663 (repr. unter dem Titel: Discourse on Bodies in Water, Introd., Notes by S. Drake, Urbana Ill. 1960); Dialogue Concerning the Two Chief World Systems – Ptolemaic and Copernican, Trans. S. Drake, Berkeley 1953, [2]1967; Discoveries and Opinions of G., ed., trans. by S. Drake, New York 1957 (enthält unter anderem »Sidereus Nuncius« und Teile aus »Il Saggiatore«); The Controversy on the Comets of 1618, ed., trans. S. Drake/C. D. O'Malley, Philadelphia 1960; On Motion and on Mechanics. Comprising »De Motu« (ca. 1590), trans., Introd., Notes by I. E. Drabkin, »Le Meccanice« (ca. 1600), trans., Introd., Notes by S. Drake, Madison Wisc. 1960; Dialogues Concerning Two New Sciences, trans. H. Crew/A. de Salvio, New York 1963; S. Drake, Mechanics in Sixteenth-Century Italy. Selections from Tartaglia, Benedetti, Guido Ubaldo, & Galileo, Madison Wisc./Milwaukee/London 1965 (unter anderem mit engl. Übers. v. De motu dialogus); Two New Sciences, Including Centers of Gravity and Force of Percussion, trans., Introd., Notes by S. Drake, Madison Wisc. 1974; Operations of the Geometric and Military Compass (1606), trans., Introd. by S. Drake, Washington D.C. 1978. – A. Carli/A. Favaro, Bibliografia galileiana 1568–1895, Rom 1896; G. Boffito, Bibliografia galileiana 1896–1940. Suppl. alla »Bibliografia galileiana« di A. Carli e A. Favaro, Rom 1943; E. McMullin, Bibliografia galileiana 1940–1964, in: ders. (ed.), Galileo. Man of Science, New York 1967, I–LXXXII; Totok III (1980), 244–271.

Literatur: Accademia nazionale dei Lincei, G. G. Celebrazioni del 4. centenario della nascita, Rom 1965; F. Allodi, Studi e ricerche sui microscopi galileiani del Museo di storia della scienza, Firenze 1957; M. L. Altieri Biagi, Galileo e la terminologia tecnico-scientifica, Florenz 1965; A. Barfi, Vita di G. G., Mailand 1962; W. Bixby, The Universe of Galileo and Newton, New York 1964; J. Brodrick, Galileo. The Man, his Work, his Misfortunes, London 1965; L. de Broglie, Galilée et l'aurore de la science moderne, Paris 1965; J. Brophy/H. Paolucci (eds.), The Achievement of Galileo, New York 1962; E. Brüche (ed.), Sonne steh still. 400 Jahre G. G., Mosbach 1964; E. A. Burtt, The Metaphysical Foundations of Modern Physical Science. A Historical and Critical Essay, New York 1925, [2]1932 (repr. 1955); R. E. Butts/J. C. Pitt (eds.), New Perspectives on Galileo. Papers Deriving from and Related to a Workshop on Galileo Held at Virginia Polytechnic Institute and State University, 1975, Dordrecht/Boston 1978; T. Campanella, Apologia pro Galileo, ubi disquiritur utrum ratio philosophandi faveat sacris scripturis, Frankfurt 1622 (engl. The Defense of Galileo, ed. G. McColley, Northampton Mass. 1937 [repr. Merrick N.Y. 1976]); M. Clavelin, La philosophie naturelle de Galilée. Essai sur les origines et la formation de la mécanique classique, Paris 1968; A.C. Crombie, Augustine to Galileo. The History of Science, A.D. 400–1650, I–II, London 1952 (repr. 1964), Cambridge Mass. 1979 (dt. Von Augustinus bis G.. Die Emanzipation der Naturwissenschaften, Köln 1964, München 1977); E.J. Dijksterhuis, De Mechanisering van het Wereldbeeld, Amsterdam 1950, 368ff. (dt. Die Mechanisierung des Weltbildes, Berlin/Göttingen/Heidelberg 1956, 371 ff.); S. Drake, Mechanics in Sixteenth-Century Italy. Selections from Tartaglia, Benedetti, Guido Ubaldo, & Galileo, Madison Wisc./Milwaukee/London 1969; ders., Galileo Studies: Personality, Tradition, and Revolution, Ann Arbor 1970; ders., G., DSB V (1972), 237–250; ders., Galileo at Work. His Scientific Biography, Chicago 1978; P. Duhem, ΣΩΖΕΙΝ ΤΑ ΦΑΙΝΟΜΕΝΑ. Essai sur la notion de théorie physique de Platon à Galilée, Paris 1908 (engl. To Save the Phenomena. An Essay on the Idea of Physical Theory from Plato to Galileo, Chicago/London 1969); J.J. Fahie, Galileo. His Life and Work, London 1903 (repr. Dubuque Iowa 1962); A. Favaro, G.G., Mailand ^{3}1939, erw. Florenz 1964; L. Fermi/G. Bernardini, Galileo and the Scientific Revolution, New York 1961; A. Frajeso, Galileo matematico, Rom 1964; P.K. Feyerabend, Bemerkungen zur Geschichte und Systematik des Empirismus, in: P. Weingartner (ed.), Grundfragen der Wissenschaften und ihre Wurzeln in der Metaphysik, Salzburg/München 1967, 136–180; H.C. Freiesleben, G.G.. Physik und Glaube an der Wende der Neuzeit, Stuttgart 1956, ^{2}1969; S. Gaukroger, Explanatory Structures. A Study of Concepts of Explanation in Early Physics and Philosophy, Hassocks 1978; L. Geymonat, G.G., Turin 1957, ^{6}1972 (engl. G.G.. A Biography and Inquiry into his Philosophy of Science, New York 1965; franz. G. Galilée, Paris 1968); W. Heinz/F. Cremer, G.G.. Gestaltung einer Figur auf der Bühne und in der bildenden Kunst, Berlin (Ost) 1974; J. Hemleben, G.G. in Selbstzeugnissen und Bilddokumenten, Reinbek 1969; A. Koyré, Études galiléennes, I–III, Paris 1939 (Actualités scientifiques et industrielles 852–854), [in 1 Bd.:] Paris 1966 (engl. Galileo Studies, Hassocks 1978); J.J. Langford, Galileo, Science, and the Church, New York 1966; F. McMullin (ed.), Galileo, Man of Science, New York/London 1967; J. Mittelstraß, Neuzeit und Aufklärung. Studien zur Entstehung der neuzeitlichen Wissenschaft und Philosophie, Berlin/New York 1970; 167ff., 207ff.; ders., Die Galileische Wende. Das historische Schicksal einer methodischen Einsicht, in: L. Landgrebe (ed.), Philosophie und Wissenschaft (IX. Dt. Kongreß für Philosophie. Düsseldorf 1969), Meisenheim 1972, 285–318 (engl. The Galilean Revolution. The Historical Fate of a Methodological Insight, Stud. Hist. Philos. Sci. 2 [1972], 297–328); E.A. Moody, Galileo Reappraised, Berkeley 1966; L. Olschki, Geschichte der neusprachlichen wissenschaftlichen Literatur III (G. und seine Zeit), Halle 1927 (repr. Nendeln 1965); P. Paschini, Vita e opere di G.G., I–II, Vatikan-Stadt 1964, Rom ^{2}1965; G. de Santillana, The Crime of Galileo, Chicago 1955, London 1958 (franz. Le procès de Galilée, Paris 1955; ital. Processo a Galileo. Studio storico-critico, Mailand 1960); E. Schönebeck, G.G., Berlin (Ost) 1958; R.J. Seeger, Men of Physics, G.G., his Life and his Works, Oxford 1966; D. Shapere, Galileo. A Philosophical Study, Chicago/London 1974; W.R. Shea, Galileo's Intellectual Revolution. Middle Period, 1610–1632, London/New York 1972, ^{2}1977; M. Soppelsa, Genesi del methode galileiano e tramonto dell' aristotelismo nella scuola di Padova, Padua 1974; F.S. Taylor, Galileo and the Freedom of Thought, London 1938; W.L. Wisan, The New Science of Motion. A Study of Galileo's »De motu locali«, Arch. Hist. Ex. Sci. 13 (1974), 103–306; E. Wohlwill, G. und sein Kampf für die copernicanische Lehre, I–II, Hamburg/Leipzig 1909/1926 (repr. Darmstadt 1969); Symposium internazionale di storia, metodologia, logica e filosofia della scienza. Galileo nella storia e nella filosofia della scienza, Florenz 1967. P.J.

Galilei-Invarianz, die Invarianz physikalischer Gesetze wie der ↑Bewegungsgleichungen der klassischen Mechanik gegenüber einer ↑Galilei-Transformation. Die klassische Physik zeichnet die ↑Inertialsysteme als besondere Bezugssysteme aus: ist K ein Inertialsystem, so ist auch jedes gegenüber K gleichmäßig und drehungsfrei bewegte Koordinatensystem K' ein Inertialsystem. Die Gesetze der klassischen Mechanik stimmen für alle Inertialsysteme überein. D.h., mechanische Vorgänge verlaufen für alle gleichförmig bewegten Beobachter nach den gleichen Gesetzen wie für ruhende Beobachter, weshalb es unmöglich ist, auf Grund von Messungen zu entscheiden, ob das zugrunde gelegte Bezugssystem eine gleichförmige Bewegung ausführt oder sich in Ruhe befindet.

Die Gleichwertigkeit verschiedener Inertialsysteme wird schon bei G. Galilei benutzt, der z.B. die Wurfbewegung dadurch erhielt, daß er zum senkrechten Steigen und Fallen eines Körpers eine gleichförmig waagerechte Bewegung addierte, also die Galilei-Transformation $x' = x + vt$ und $z' = z$ ausführte. Auch C. Huygens verwendete die Invarianz gegen Addition einer gleichförmigen Translationsbewegung bei seiner Ableitung der Stoßgesetze. Bei I. Newton zeigt sich der Gedanke dieser Invarianz darin, daß er in seinem ↑Eimerversuch absolute Rotation feststellt. Nachdem die Mechanik im 18. Jahrhundert durch L. Euler, J.L. Lagrange u.a. eine *analytische* Darstellung erhalten hatte, erwiesen sich die Grundgleichungen $x_\nu = m \frac{d^2 x_\nu}{dt^2}$ mit den cartesischen Ortskoordinaten x_ν $(\nu = 1, 2, 3)$ und den parallel zu x_ν wirkenden Kraftkomponenten X_ν als invariant gegen die Galilei-Transformation $x'_\nu = x_\nu - v_\nu \cdot t$ und $t' = t$, wobei v_ν $(\nu = 1, 2, 3)$ Komponenten des Geschwindigkeitsvektors sind, der die geradlinig gleichförmige Bewegung des Bezugssystems mit den Ortskoordinaten x_1, x_2, x_3 gegenüber dem System mit den Koordinaten x'_1, x'_2, x'_3 charakterisiert. Die (meistens stillschweigend vorausgesetzte) Gleichsetzung der

Zeitkoordinate entsprach dabei der klassischen Fernwirkungstheorie (↑Feld), wonach es immer möglich ist, eine Wirkung momentan zu übertragen. G.-I. gilt jedoch nicht für die Maxwell-Lorentzschen elektromagnetischen Feldgleichungen (↑Maxwellsche Gleichungen). Daher schlug A. Einstein in der speziellen Relativitätstheorie (↑Relativitätstheorie, spezeielle) die *Lorentz-Transformation* als Koordinatenumrechnungen für sich in gleichförmiger Translationsbewegung befindende Inertialsysteme vor (↑Lorentz-Invarianz).

Literatur: A. Einstein, Grundzüge der Relativitätstheorie, Braunschweig [3]1963, [4]1965 (=6., erw. Aufl. von: Vier Vorlesungen über Relativitätstheorie, gehalten im Mai 1921 an der Universität Princeton, Braunschweig 1922); F. Hund, Geschichte der physikalischen Begriffe, I–II, Mannheim [2]1978; P, Janich, Galilei und die G.-I., in: Akten des II. Int. Leibniz-Kongresses Hannover, 17.–22. Juli 1972, II (Wissenschaftstheorie und Wissenschaftsgeschichte), Wiesbaden 1974, 183–194; J.L. Lagrange, Mécanique analytique, Paris 1788, I–II, [2]1811/1815 (repr. Paris 1965, dt. Analytische Mechanik, ed. F.W.A. Murhard, Göttingen 1797, ed. H. Servus, Berlin 1887); H.A. Lorentz/A. Einstein/H. Minkowski, Das Relativitätsprinzip. Eine Sammlung von Abhandlungen, Leipzig/Berlin 1913, [3]1920 (repr. Darmstadt 1961); E. Mach, Die Mechanik in ihrer Entwickelung. Historisch-kritisch dargestellt, Leipzig 1883, [9]1933 (repr. Darmstadt 1976); P. Mittelstaedt, Der Zeitbegriff in der Physik. Physikalische und philosophische Untersuchungen zum Zeitbegriff in der klassischen und in der relativistischen Physik, Mannheim/Wien/Zürich 1976. K. M.

Galilei-Transformation, Transformationsgleichungen der Form $x'_\nu = x_\nu - v_\nu \cdot t$, $t' = t$ für (cartesische) Ortskoordinaten x_ν, Zeitkoordinate t und Geschwindigkeitskomponenten v_ν ($\nu = 1, 2, 3$), gegen welche die Grundgleichungen der klassischen Mechanik invariant (↑Galilei-Invarianz) sind.

Literatur: ↑Galilei-Invarianz. K. M.

Gaṅgeśa Upādhyāya, ind. Philosoph zwischen 1200 und Anfang des 14. Jhs. aus der Umgebung von Darbhanga, Begründer des neuen ↑Nyāya (Navya Nyāya), in dem (sinnengebundene und nicht-sinnengebundene) Wahrnehmung als unmittelbare Erkenntnis der mittelbaren Erkenntnis durch Schlußfolgerung (↑anumāna), Vergleich (↑upamāna) oder Überlieferung (↑śabda) gegenübergestellt wird. Darüber hinaus Ausbau der vom alten Nyāya begonnenen und von den buddhistischen Logikern (Dignāga, Dharmakīrti) erfolgreich kritisierten Logik zu einer konsequent formalen Logik durch eine ausführliche Lehre von der ↑vyāpti (›Durchdringung‹) als Ursache der Erkenntnis durch Schlußfolgerung. Vyāpti oder Begriffsimplikation ist hier Terminus für einen universellen Bedingungszusammenhang zwischen zwei Zeichen, nämlich Grund und Folge in einem Schluß.

Werke: Tattvacintāmaṇi (Wunschstein der Wahrheit) of G., with the Commentary of Mathurānātha: Tattvacintāmaṇirahasya, Calcutta 1892–1900 (Bibliotheca Indica, ed. Asiatic Society of Bengal); Tattvacintāmaṇi Didhiti prakasa, I–VII, ed. C. Tarkadarshanatirtha, Calcutta 1910–1963 (Bibliotheca Indica 1254, 1261, 1266, 1289, 1321, 1335, 1583).

Literatur: C. Goekoop, The Logic of Invariable Concomitance in the Tattvacintāmaṇi. G.'s Anumitinirāpaṇa and Vyāptivāda, Dordrecht 1967; D. H. H. Ingalls, Materials for the Study of Navya-Nyāya Logic, Cambridge Mass. 1951 (Harvard Oriental Ser. 40); Ṣailesṣvara Sena, A Study on Mathurānātha's Tattva-cintāmaṇi-rahasya, i.e. His Commentary on G., Wageningen 1924; S. C. Vidyābhūṣhaṇa, A History of Indian Logic. Ancient, Mediaeval and Modern Schools, Calcutta 1921. K. L.

Garaudy, Roger, *Marseille 17. Juli 1913, franz. Philosoph und Politiker. Nach dem Studium der Philosophie zunächst Philosophielehrer in Albi, Algier und Paris, 1962–1965 Dozent an der Universität Clermont-Ferrand, ab 1965 Prof. der Philosophie an der Universität Poitiers. G.s politische Karriere begann als kommunistischer Abgeordneter 1945–1946 in den beiden verfassunggebenden Versammlungen, 1946–1951 und 1956–1958 Abgeordneter der KPF in der Nationalversammlung (Vizepräsident 1956–1958). 1959–1962 Mitglied des Senats, 1956–1970 Mitglied des Politbüros der KPF, 1960–1970 Leiter des »Centre d'études et de recherches marxistes« (CERM). G., lange ›Chefideologe der KPF‹ genannt, galt bis zum XX. Parteitag der KPdSU als Wortführer der orthodoxen Kommunisten, seit 1956 jedoch als einer der wichtigsten Repräsentanten des französischen Reform-Kommunismus. Den ›Prager Frühling‹ von 1968 begrüßte G. mit seinem Buch »Prague 68 … la liberté en sursis« (1968) und kritisierte den Einmarsch von Truppen der Warschauer-Pakt-Staaten als ›Rückfall in den Stalinismus‹. Nach der Veröffentlichung von »Le grand tournant du socialisme« (1969) (gegen die moskautreue Haltung der KPF, Forderung stärkerer innerparteilicher Demokratie) wurde G. 1970 nicht mehr in die führenden Parteigremien gewählt, kurz darauf aus der Partei ausgeschlossen. Die Veröffentlichung von »L'alternative« (1972) löste heftige Angriffe der »Prawda« aus (G. als ›Renegat, Apostat und Verräter am Marxismus‹). G. bekennt sich hier zur Selbstentfaltung und Selbstverantwortlichkeit des Individuums als Maßstab der Politik und fordert eine radikale Neuorientierung

der Gesellschaft ›jenseits von Kapitalismus und Kommunismus‹.
G.s philosophische Arbeiten bis 1956 vertreten kritiklos orthodox-marxistische Positionen der Stalin-Ära. Ab 1956 setzt eine selbstkritische Wandlung ein. Ausgangspunkt ist die Erkenntnis, daß sich die marxistische Philosophie mit einer gegenüber K. Marx, F. Engels und V.I. Lenin neuen, vor allem durch die Entwicklung von Wissenschaften und Technik bestimmten Realität konfrontiert sieht. Nach G. kann der Marxismus nur leben, wenn er das integriert und überbietet, was die Gegenwartsphilosophie an Neuem enthält, so wie der Marxismus im 19. Jahrhundert Elemente des deutschen Idealismus (I. Kant, J.G. Fichte, G.W.F. Hegel) aufgenommen und verarbeitet hat. Die dabei zuerst in »Perspectives de l'homme« (1959) angewandte, seither die philosophische Auseinandersetzung in Frankreich dominierende Methode ist der Dialog, der verschiedene Positionen (vor allem Marxismus, Existenzialismus und Christentum) einander konfrontiert. – In »Marxisme du XXème siècle« (1966) sind G.s positive Neueinschätzung der Mythen und Religionen, besonders des Christentums, wichtig, aus der sich ein neues Verhältnis von Kommunisten und Christen ergibt, und der Entwurf einer modernen marxistischen Kunsttheorie, die mit den Auffassungen des ›sozialistischen Realismus‹ bricht. Neu ist hier auch der Rückgriff auf Fichte bei der Erarbeitung einer marxistischen Moral, in der die subjektive Initiative und Verantwortung betont werden.

Werke: Les sources françaises du socialisme scientifique, Paris 1949 (dt. Die französischen Quellen des wissenschaftlichen Sozialismus, Berlin [Ost] 1954); Théorie matérialiste de la connaissance, Paris 1953 (dt. Die materialistische Erkenntnistheorie, ed. G. Klaus, Berlin [Ost] 1960); Perspectives de l'homme. Existentialisme, pensée catholique, structuralisme, marxisme, Paris 1959, ^{4}1969; Dieu est mort. Étude sur Hegel, Paris 1962, ^{2}1970 (dt. Gott ist tot. Das System und die Methode Hegels, Frankfurt 1965); Karl Marx, Paris 1965 (dt. Die Aktualität des Marxschen Denkens, Frankfurt 1969); Marxisme du XXème siècle, Paris/Genf 1966 (dt. Marxismus im 20. Jahrhundert, Reinbek 1969); Prague 68 ... la liberté en sursis, Paris 1968; Le grand tournant du socialisme, Paris 1969 (dt. Die große Wende des Sozialismus, Wien 1970, München 1972); Toute la vérité, Paris 1970; L'alternative, Paris 1972 (dt. Die Alternative. Ein neues Modell der Gesellschaft jenseits von Kapitalismus und Kommunismus, Reinbek 1974); Parole d'homme, Paris 1975 (dt. Menschenwort. Ein autobiographischer Bericht, Wien 1976); Le projet Espérance, Paris 1976 (dt. Das Projekt Hoffnung, Wien 1977); Pour un dialogue des civilisations. L'occident est un accident, Paris 1977 (dt. Plädoyer für einen Dialog der Zivilisationen, Wien/Zürich/Mannheim 1980).

Literatur: I. Bauer, Sirenengesang eines Renegaten oder die große Wende R.G.s, Berlin [Ost] 1971, unter dem Titel: Die große Wende des R.G., Frankfurt 1971; R. Heeger, Subjektivität und Transzendenz. R.G.s und Vitěslav Gardavskýs naturalistische Religionsphilosophie. Eine Kritik, Neue Z. f. systemat. Theol. 13 (1971), 229–269; P. Hossfeld, Die Stellung der christlichen Religion im kommunistischen Marxismus von G., Theol. u. Glaube 65 (1975), 292–307; K.M. Kantor, Zur Kritik der theoretischen Konzeption R.G.s, Dt. Z. Philos. 20 (1972), 829–856; R.B. Norris, God, Marx, and the Future. Dialogue with R.G., Philadelphia 1974; S. Panou, Dialektisches Denken. Sartre, Bloch, G., München 1973; S. Perottino, G. et le marxisme du XXe siècle, Paris 1969, ^{2}1974; K. Rendgen, Zur Kritik der Eigentumskonzeption R.G.s, Wiss. Z. der Karl-Marx-Universität Leipzig 22 (1973), 491–499; G. Ricci, La filosofia del dialogo in G., Riv. Rosminiana di filos. e di cultura 70 (1976), 249–259. P.B.

Garve, Christian, *Breslau 7. Jan. 1742, †ebendort 1. Dez. 1798, dt. Philosoph. 1762 Studium der Theologie (Vorlesungen über Logik und Naturrecht bei A.G. Baumgarten) in Frankfurt (Oder), 1763 auch der Philosophie und Mathematik in Halle (unter anderem bei J.S. Semler), 1766 Magister, Übersiedlung nach Leipzig. 1767 Rückkehr nach Breslau, 1768 Habilitation, 1770–1772 a.o. Prof. der Philosophie in Leipzig (Nachfolger C.F. Gellerts), zog sich aus gesundheitlichen Gründen von der Lehrtätigkeit zurück. Rückkehr nach Breslau; gelegentliche Reisen nach Leipzig, Göttingen und Berlin.
Mit seinen philosophischen Arbeiten, die dem Essay näher stehen als der systematischen Abhandlung, gehört G. zur popularisierenden Richtung der ↑Aufklärung (↑Popularphilosophie). In seiner Auseinandersetzung mit I. Kants praktischer Philosophie vertritt er einen Standpunkt pragmatischer Moralität ohne besonderen theoretischen Anspruch (unter dem Ziel einer Versöhnung zwischen ›Philosoph‹ und ›Weltmann‹). Seine für die »Göttinger gelehrten Anzeigen« (19.1.1782) verfaßte, von J.G.H. Feder, dem zuständigen Redakteur, veränderte und gekürzte Rezension der »Kritik der reinen Vernunft« erregte erhebliches Aufsehen. Kant selbst, der sich in seiner Schrift »Über den Gemeinspruch: Das mag in der Theorie richtig sein, taugt aber nicht für die Praxis« (1793) ausführlich mit G.s Moralphilosophie auseinandersetzt (Akad.-Ausg. VIII, 278–289) und sich in den »Prolegomena« gegen die in der Rezension erfolgte Identifikation seiner Position mit dem Idealismus G. Berkeleys wendet, begegnet dem von G. gemachten Vorwurf der Dunkelheit mit dem Hinweis, daß eine ›Kritik des Vernunft-

vermögens‹ nie populär ausfallen könne, hier ›Pünktlichkeit‹ statt ›Popularität‹ geboten sei (Met. Sitten AB IVff.). G. übte, entsprechend seiner Selbsteinschätzung als ›Wetzstein‹ für andere Geister und vergleichbar dem Einfluß M. Mendelssohns, in seiner Zeit eine beachtliche Wirkung aus, die nicht zuletzt auch auf seiner Vermittlung der englischen Moralphilosophie beruhte (Übersetzungen der Werke A. Fergusons [Adam Fergusons Grundsätze der Moralphilosophie, Leipzig 1772], E. Burkes [Burkes philosophische Untersuchungen über den Ursprung unsrer Begriffe vom Erhabnen und Schönen, Riga 1773], W. Paleys [W. Payley's Grundsätze der Moral und Politik, I–II, Leipzig 1787] und A. Smiths [Untersuchung über die Natur und die Ursachen des Nationalreichthums, I–IV, Frankfurt/Leipzig 1794–1796]). G. übersetzte und kommentierte ferner M.T. Ciceros »De officiis« (Von den Pflichten, Breslau 1783) (im Auftrage Friedrichs des Großen) sowie die Aristotelische Ethik (Die Ethik des Aristoteles, I–II, Breslau 1798/1801) und die Aristotelische Politik (Die Politik des Aristoteles, ed. G.G. Fülleborn, I–II, Breslau 1799/1802, I–II, Wien/Prag 1803/1804). Dem ersten Band der Ethik-Übersetzung ist eine »Übersicht der vornehmsten Principien der Sittenlehre vom Zeitalter des Aristoteles an bis auf unsere Zeiten« beigefügt, die wiederum eine Auseinandersetzung vor allem mit Kants Moralphilosophie enthält.

Werke: (Dissertatio) de nonnullis, quae pertinent ad logicam probabilium, Halle 1766; De ratione scribendi historiam philosophiae, Leipzig 1768; Legendorum philosophorum veterum praecepta nonnulla et exemplum, Leipzig 1770; Philosophische Anmerkungen und Abhandlungen zu Cicero's Büchern von den Pflichten, I–III, Breslau 1783, [6]1819; Abhandlung über die Verbindung der Moral mit der Politik; oder, Einige Betrachtungen über die Frage, inwiefern es möglich sey, die Moral des Privatlebens bey der Regierung der Staaten zu beobachten, Breslau 1788, [4]1792; Versuche über verschiedene Gegenstände aus der Moral, der Litteratur und dem gesellschaftlichen Leben, I–V, Breslau 1792–1802 (repr. Frankfurt in Vorb.); Vermischte Aufsätze welche einzeln oder in Zeitschriften erschienen sind, I–II, Breslau 1796/1800; Über Gesellschaft und Einsamkeit, I–II, Breslau 1797/1800; Übersicht der vornehmsten Principien der Sittenlehre, von dem Zeitalter des Aristoteles an bis auf unsere Zeiten, Breslau 1798 (repr. Brüssel 1968); Einige Betrachtungen über die allgemeinsten Grundsätze der Sittenlehre, Breslau 1798 (repr. Brüssel 1968); Fragmente zur Schilderung des Geistes, des Charakters, und der Regierung Friedrichs des zweyten, I–II, Breslau 1798, [2]1801; Sämmtliche Werke, I–XVIII, Breslau 1801–1804 (repr. Hildesheim 1980); Sammlung einiger Abhandlungen, I–II, Breslau 1802; Popularphilosophische Schriften über literarische, ästhetische und gesellschaftliche Gegenstände, I–II, ed. K. Wölfel, Stuttgart 1974. – A. Viviani, C.G.-Bibliographie, Wolfenbütteler Studien zur Aufklärung 1 (1974), 306–327, Nachträge ebd. 2 (1975), 328–330.

Literatur: M. Ammermann, Gemeines Leben. Gewandelter Naturbegriff und literarische Spätaufklärung: Lichtenberg, Wezel, G., Bonn 1978; F. Andreae, Breslau um 1800, Breslau 1921; A.R.C. Duncan, Practical Reason and Morality. A Study of Immanuel Kant's »Foundations for the Metaphysics of Morals«, London/Paris/New York 1957, 175–179; D. Jacoby, G., ADB VIII (1878), 385–392; P. Menzer, C.G.s Ästhetik, in: K. Bischoff (ed.), Gedenkschrift für Ferdinand Josef Schneider, Weimar 1956, 83–97; W. Milch, C.G., in: Schlesische Lebensbilder II, Breslau 1926, 60–69, Nachdr. in: ders., Kleine Schriften zur Literatur- und Geistesgeschichte, ed. G. Burkhardt, Heidelberg/Darmstadt 1957, 125–132; P. Müller, C.G.s Moralphilosophie und seine Stellungnahme zu Kants Ethik, Diss. Erlangen 1905; K. Reich, Kant and Greek Ethics, Mind 48 (1939), 338–354, 446–463, bes. 447, 452–463; G.G. Schelle, Briefe über G.s Schriften und Philosophie, Leipzig 1800; G. Schulz, Schiller und G., Jb. d. Schlesischen Friedrich-Wilhelms-Universität zu Breslau 3 (1958), 182–199; ders., C.G. und Immanuel Kant. Gelehrtentugenden im 18. Jahrhundert, ebd. 5 (1960), 123–188; A. Stern, Über die Beziehungen C.G.s zu Kant nebst mehreren bisher ungedruckten Briefen Kant's, Feder's und G.'s, Leipzig 1884; M. Stolleis, Die Moral in der Politik bei C.G., München 1967; K. Wölfel, C.G., in: Schlesien. Eine Vierteljahresschrift 4 (1959), 74–79; ders., G., NDB VI (1964), 77–78; ders., Nachwort zu: C.G., Popularphilosophische Schriften (s. Werke) II, 25*–62*. J.M.

Gassendi (Gassend), Pierre, *Champtercier (b. Digne, Provence) 22. Jan. 1592, †Paris, 24. Okt. 1655, franz. Philosoph, Mathematiker und Naturwissenschaftler. 1613 Rhetoriklehrer in Digne, 1614 theologisches Doktorat in Avignon, 1616 Priesterweihe; 1617–1623 Prof. der Philosophie in Aix. Bei Aufenthalten in Paris Zusammentreffen unter anderem mit M. Mersenne, in Flandern und Holland (1629–1630) mit I. Beeckman. 1634 Domprobst in Digne. Bei einem Parisaufenthalt 1641 studierte Molière bei G. Philosophie. 1645–1648 Prof. der Mathematik am »Collège Royale« (heute »Collège de France«) in Paris.

G. war ein Eklektiker, der so gegensätzliche Positionen wie die materialistische Auffassung des antiken Atomismus (Epikur), die neuere Physik und christliche Glaubensgrundsätze zu vermitteln suchte. Er wandte sich gegen den ↑Aristotelismus scholastischer Prägung und vertrat eine gemäßigt skeptische (↑Skeptizismus) Haltung, die auf einem dem modernen sehr ähnlichen ↑Empirismus beruhte. Danach sei alles Wissen von der Welt durch Sinneserfahrung vermittelte Erscheinung, als induktives Erfahrungswissen zuverlässig nur bis zur gegenteiligen Erfahrung. G.s undogmatische Haltung zeigte sich erkenntnistheoretisch darin, daß er einerseits eine nominalistische (↑Nominalismus)

Position einnahm und ↑Universalien durch wiederholtes Zusammentreffen von Sinneswahrnehmung und (durch Gott) wohlgeordneten materiellen Gegebenheiten für erfaßbar hielt, und daß er andererseits seine Betonung finaler Aspekte auf Wissenschaft selbst ausdehnte, die er menschlichen Bedürfnissen entspringen sah. Seine vermittelnde Position zwischen den Extremen zeigt sich auch in der (gegen das Rosenkreuzertum [R. Fludd, ↑Rosenkreuzer] gewendeten) gemäßigten Verwendung chemischer Analogien. Philosophischen Dogmatismus bekämpfte er im Werk von Herbert of Cherbury und R. Descartes. Von vielen als der bedeutendste Gegner Descartes' im 17. Jahrhundert angesehen, beeinflußte G. mit seinen in den »Meditationes« diskutierten Einwänden gegen die Cartesische Erkenntnistheorie P. Bayle, J. Locke und Voltaire. Selbst durch die skeptischen Schriften von Sextus Empiricus, M. E. de Montaigne, P. Charron, F. Sanchez, Lukrez und vor allem Epikur beeinflußt, griff er (gegen die ›plenistische‹ Lehre Descartes') den antiken Atomismus auf. Er entwickelte diesen jedoch nicht als metaphysische Theorie von einem unerkennbaren Wesen der Dinge, sondern mechanistisch, d.h., er erkannte den Atomen Eigenschaften wie Form, Undurchdringlichkeit, aber auch Größe und Gewicht zu und faßte sie somit in Begriffen der klassischen Physik, der er dadurch die ihr passende ›Ontologie‹ gab; an die Stelle aristotelisch-scholastischer Kategorien traten meßbare Größen. Die mechanischen Eigenschaften der Atome werden auch nur insoweit angegeben, als sie sich direkt aus einer Erklärung der Phänomene der Sinneserkenntnis rückschließen lassen. Eine dogmatische Behauptung über das Wesen der Dinge, die mit den Lehren der Religion konfligieren könnte, ist damit nach G. nicht verbunden.

G.s wissenschaftliche Leistungen reichen von astronomischen Beobachtungen (so einem Merkurdurchgang, in dem er eine Bestätigung der Theorie J. Keplers sah) über Arbeiten zur Mechanik (wo er vor allem ein allgemeines Superpositionsprinzip [↑Superposition] von Bewegungen annahm und neben einem neuen Kraftbegriff ein Trägheitsprinzip formulierte, das er durch einen Versuch demonstrierte) bis zu Diskussionsbeiträgen in der damaligen Auseinandersetzung um die These W. Harveys über den geschlossenen Blutkreislauf. G. kam an Hand des Quecksilberbarometers zur Auffassung, daß ein Vakuum in der Natur nicht unmöglich sei, und konnte (auch darin ein Vorläufer von R. Boyle) Gewicht und Druck von Gasen begrifflich trennen. Er schätzte (zusammen mit Mersenne) die Schallgeschwindigkeit ab, hielt andererseits aber an einer Reihe falscher oder falsch verstandener Beobachtungen fest. Sein Einfluß auf die Naturwissenschaften ist mehr interpretativer als konstruktiver, mehr kritischer als innovativer Art. – G.s philosophische Werke sind im wesentlichen nach 1640 entstanden. Als Summe seiner Lehren betrachtete er das posthum veröffentlichte »Syntagma philosophicum« (Lyon 1658), das eine nach seinen eigenen Angaben veranstaltete Ausgabe seines Gesamtwerks einschließlich eines Teils seines Briefwechsels ist.

Werke: Opera omnia, I–VI, Lyon 1658 (repr. Stuttgart-Bad Cannstatt 1964), ed. N. Averanio, Florenz 1727. – Epistolica exercitatio, in qua principia philosophiae Roberti Fluddi medici reteguntur; et ad recentes illius libros, adversus R. P. F. Martinum Mersennium, Paris 1630; De motu impresso a motore translato epistolae duae, in quibus aliquot praecipuae, tum de motu universe, tum speciatim de motu terrae attributo difficultates explicantur, Paris 1962; Disquisitio metaphysica. Seu dubitationes, et instantiae, adversus Renati Cartesii metaphysicam, & responsa, Amsterdam 1944, Utrecht ³1691, lat. u. franz., ed. B. Rochot, Paris 1962; Animadversiones in decimum librum Diogenis Laertii, qui est de vita, moribus placitisque Epicuri, Lyon 1644, ³1675; Institutio astronomica iuxta hypotheseis tam veterum, quam Copernici, et Tychonis, Paris 1647, Den Haag 1953, 1656, London 1674, Amsterdam 1680, engl., ed. J. D. Clark, I–III, Diss. Harvard 1964; De vita et moribus Epicuri libri octo, Lyon 1647 (repr. Amsterdam 1968), Den Haag 1656, Lyon 1657; Exercitationes paradoxicae adversus Aristoteleos. In quibus praecipua totius Peripateticae doctrinae fundamenta excutiuntur, Amsterdam 1649, I–II, Den Haag 1656/1659, lat. u. franz., ed. B. Rochot, Paris 1959; Tychonis Brahei, equitis dani, astronomorum coryphaei, vita, Den Haag 1654, ²1655; Institutio logicae, et philosophiae Epicuri syntagma, London 1660, 1668; Abregé de la philosophie de G., ed. F. Bernier, I–VIII, Lyon 1678, I–VII ²1684; Lettres de Peiresc IV, ed. P. Tamizey de Larroque, Paris 1893 [enthält Briefwechsel zwischen Peiresc und G.]; Lettres familières à François Luillier pendant l'hiver 1632–1633, ed. B. Rochot, Paris 1944. – Totok III (1980), 450–454.

Literatur: H. Berr, Du scepticisme de G., Paris 1960; O. R. Bloch, La philosophie de G.. Nominalisme, matérialisme et métaphysique, La Haye 1971; G. S. Brett, The Philosophy of G., London 1908; M. Cariou, L'atomisme. Trois essais: G., Leibniz, Bergson et Lucrèce, Paris 1978; M. H. Carré, P. G. and the New Philosophy, Philos. 33 (1958), 112–120; J. T. Clark, P. G. and the Physics of Galileo, Isis 54 (1963), 352–370; A. G. Debus, P. G. and His »Scientific Expedition« of 1640, Arch. int. hist. sci. 13 (1963), 129–142; W. Detel, War G. ein Empirist?, Stud. Leibn. 6 (1974), 178–221; ders., Die Einführung atomistischer Grundsätze bei G. und Epikur, Philos. Nat. 16 (1976), 167–190; ders., Scientia rerum natura occultarum. Methodologische Studien zur Physik P. G.s, Berlin/New York 1978; E.J. Dijksterhuis, De Mechanisering van het Wereldbeeld, Amsterdam 1950, 467ff. (dt. Die Mechanisierung des Weltbildes, Berlin/Göttingen/

Heidelberg 1956, 475ff.); H.T. Egan, G.'s View of Knowledge. A Study of the Epistemological Basis of his Logic, Diss. Fordham Univ. 1975; G. Gari, Tradizione epicurea e convenzionalismo giuridico in G., Riv. crit. stor. filos. 33 (1978), 137–153; G. Hess, P. G., Der französische Späthumanismus und das Problem von Wissen und Glauben, Jena/Leipzig 1939; P. Humbert, L'œuvre astronomique de G., Paris 1936; P. A. Pav, G.'s Statement of the Principle of Inertia, Isis 57 (1966), 26–34; P. Pendzig, Die Ethik G.s und ihre Quellen, Bonn 1910; ders., P. G.s Metaphysik und ihr Verhältnis zur scholastischen Philosophie, Bonn 1908; R.H. Popkin, The History of Scepticism from Erasmus to Descartes, Assen 1960, Assen, New York ²1964; B. Rochot, Beeckman, G. et le principe d'inertie, Arch. inst. hist. sci. 10 (1952), 282–289; ders., G., DSB V (1972), 284–290; J.S. Spink, French Free-Thought from G. to Voltaire, London 1960; R. Tack, Untersuchungen zum Philosophie- und Wissenschaftsbegriff bei P. G., Meisenheim 1974; M. Thirion, La philosophie de G., Rev. synth. 95 (1974), 257–270. P. J.

Gätschenberger, Richard, *Heidelberg 19. März 1865, †Würzburg 30. Mai 1936, dt. Arzt und Philosoph. Studium der Naturwissenschaften und Philosophie in München, ab WS 1888/1889 der Medizin in Berlin und München (Examen 1893), Assistent an der Medizinischen Universitäts-Poliklinik München, 1900 Promotion mit einer philosophisch-psychologischen Arbeit bei O. Külpe. Niedergelassener Arzt in Würzburg; daneben Fortsetzung der Studien zu einer semiotisch transformierten Erkenntnistheorie (↑Semiotik), mit ähnlicher sprachkritischer Zielsetzung wie bei den Mitgliedern des ↑Wiener Kreises. Kernstück der ›Sematologie‹ genannten, als Lehre vom Handwerkszeug der Wissenschaft gedachten Zeichentheorie G.s ist der gegen I. Kant gerichtete und auf H. v. Helmholtz zurückgehende Vorschlag, Erfahrungen als Zeichenerlebnisse aufzufassen. Dieser Vorschlag läuft erkenntnistheoretisch darauf hinaus, die üblichen Gegenstände als das jeweils Bezeichnete stets nur zu fordern.

Werke: Grundzüge einer Psychologie des Zeichens, Regensburg 1901; *Σύμβολα*. Anfangsgründe einer Erkenntnistheorie, Karlsruhe 1920; Zeichen, die Fundamente des Wissens. Eine Absage an die Philosophie, Stuttgart-Bad Cannstatt 1932, ed. K. Lorenz, ²1977 (ohne Untertitel).

Literatur: K. Lorenz, Der Entwurf einer Semiotik bei R. G., Einführung zum Neudruck von: Zeichen, die Fundamente des Wissens, Stuttgart-Bad Cannstatt 1977, VII–XXXII; E. Walther, Bemerkungen zur Zeichenlehre R. G.s, Semiosis 15 (1979), 55–64. K. L.

Gattung (lat. genus), die durch begriffliche Verallgemeinerung von ↑Arten (lat. species) gewonnene übergeordnete Zusammenfassung von ↑Gegenstandsbereichen, z.B. die G. ›Lebewesen‹ als gemeinsame Verallgemeinerung der (logischen) Arten ›Mensch‹, ›Tier‹, ›Pflanze‹ etc. G.en und Arten sind dabei normalerweise ↑›intensional‹ als die diesen Prädikatoren zugeordneten Begriffe und nicht ↑›extensional‹ als die den Prädikatoren zugeordneten Klassen zu verstehen. Weiter können auch die G.en ihrerseits als Arten einer erneuten Verallgemeinerung zu einer übergeordneten G. auftreten. So ergeben sich die noch heute von der Wissenschaft in ihren klassifikatorischen Teilen (↑Klassifikation) verwendeten ↑Begriffspyramiden. In der philosophischen Tradition ist die allgemeinste G. die der ↑Gegenstände, während die ↑Kategorien (z.B. ›Qualität‹, ›Substanz‹) die ›oberste‹ Einteilung des ›Seienden‹, also die Arten der G. ›Gegenstand‹ bilden (↑arbor porphyriana). – Der logische Gebrauch des Art- und G.sbegriffs ist im Zusammenhang mit den Adjektiven ↑›speziell‹ (›besonders‹) und ↑›generell‹ (›allgemein‹) selbstverständlicher Besitz aller gegenwärtigen Kultursprachen. Jede Bestimmung als ›speziell‹ oder ›generell‹ ist dabei (was häufig unbeachtet bleibt) nur als Vergleich sinnvoll, kann also niemals in einem absoluten Sinn gelten.

Literatur: J.M. Bocheński, Formale Logik, Freiburg/München ⁴1978. K. L.

Gauß, Carl Friedrich, *Braunschweig 30. April 1777, †Göttingen 23. Febr. 1855, dt. Mathematiker, Physiker und Astronom. G., der einer Arbeiter- und Handwerkerfamilie entstammt, fiel bereits als Kind durch ungewöhnliche rechnerische und mathematische Begabung auf; 1782 erhielt er ein Stipendium des Herzogs Carl Wilhelm Ferdinand von Braunschweig zum Besuch des Collegium Carolinum. Während dieser Gymnasialjahre fand G. unabhängig das (von J.L. Lagrange als Vermutung formulierte) quadratische Reziprozitätsgesetz der Zahlentheorie, stellte selbst den Primzahlsatz als Vermutung auf (die erst 1896 von J. Hadamard als zutreffend bewiesen wurde) und stellte erste Überlegungen in Richtung einer nicht-euklidischen Geometrie an. 1795 Beginn philologischer Studien an der Universität Göttingen; seine bei der Untersuchung der Kreisteilungsgleichung gemachte Entdeckung eines Kriteriums für die Konstruierbarkeit regulärer Vielecke mit Zirkel und Lineal (die Eckenzahl muß die Form $2^{2^n}+1$ mit einer ↑Grundzahl n haben) und seine darauf gegründete erstmalige Konstruktion des regelmäßigen Siebzehnecks mit diesen Mitteln gab den Ausschlag für die Mathematik. 1798 Rückkehr nach Braunschweig, 1799 Promotion bei J.F. Pfaff an der Universität Helmstedt (mit dem ersten seiner vier Beweise des ↑Fundamentalsatzes der Algebra). Ab 1807 Prof. der Astronomie und Direktor der Sternwarte in Göttingen, nachdem sich G. Bemühungen der St. Petersburger Akademie, ihn als Mitglied und Direktor des St. Petersburger Observatoriums zu gewinnen, versagt hatte. Späteren Rufen nach Berlin, Wien, Paris und abermals St. Petersburg folgte er nicht.

1801 veröffentlichte G. sein zahlentheoretisches Hauptwerk »Disquisitiones Arithmeticae«, das den Stand der zeitgenössischen ↑Arithmetik kompilierte, eine Reihe bis dahin offener Probleme löste und durch neue Begriffsbildungen und eine damals ungewohnte abstrakte Behandlung mathematischer Sachverhalte unter Verwendung des Gruppenbegriffs (↑Gruppe (mathematisch)) und der ↑Isomorphie mathematischer ↑Strukturen die moderne ↑Zahlentheorie begründete, für über ein Jahrhundert die Forschung auf diesem Gebiet bestimmte und für die ↑Algebra und Zahlentheorie bis heute fruchtbar wurde. Auf weit elementarerer Stufe einflußreich war seine spätere (1831) Verwendung der (schon von L. Euler und C. Wessel eingeführten) geometrisch-anschaulichen Darstellung der komplexen ↑Zahlen in der Ebene (›G.sche Zahlenebene‹), auf Grund derer die komplexen Zahlen als gleichberechtigt neben den reellen Zahlen anerkannt wurden. Grund seines frühen Ruhmes als führender Mathematiker und Astronom war die von G. ausgeführte Bahnberechnung des Planetoiden Ceres, der 1801 von G. Piazzi entdeckt worden, der Beobachtung jedoch wieder verlorengegangen war und erst über die G.sche Standortprognose wieder aufgefunden wurde. Die von ihm bei der Berechnung verwendeten Verfahren der klassischen Himmelsmechanik einschließlich seiner Methode der ›kleinsten Quadrate‹ zur Minimierung der Auswirkung von Beobachtungsfehlern bzw. -ungenauigkeiten stellte G. 1809 in seiner »Theoria motus corporum coelestium« dar. Zu den astronomischen Arbeiten kamen bald solche der praktischen Landvermessung (Triangulation Hannovers) und der sogenannten höheren Geodäsie, aus praktischen Problemen dabei erwachsene Untersuchungen zur theoretischen Optik und zur optischen Instrumentenkunde (Dioptrische Untersuchungen, 1841) sowie seit 1831 die Zusammenarbeit mit W. Weber (bekannt durch seine erfolgreiche Einrichtung eines elektromagnetischen Telegraphen zwischen Sternwarte, Johannisturm und physikalischem Kabinett in Göttingen) an Problemen der Elektrizität und des Erdmagnetismus (Allgemeine Theorie des Erdmagnetismus, 1839, Atlas des Erdmagnetismus [mit W. Weber], 1840).

Typisch für die Arbeitsweise und die Forschungsrichtung von G. ist die Entwicklung theoretischer Zusammenhänge und ganzer Theorien aus praktisch-technischen Problemen. So führten seine astronomischen Arbeiten zu wesentlichen theoretischen Beiträgen zur mathematischen ↑Statistik und ↑Wahrscheinlichkeitstheorie (Theorie der Beobachtungsfehler), seine geodätischen Arbeiten zu bedeutenden Fortschritten in der ↑Differentialgeometrie (z.B. Parameterdarstellung und Definition der ›G.schen Krümmung‹ von Flächen) und der Dioptrik (↑Optik), seine experimentellen Untersuchungen über den Elektromagnetismus (für die er das heute so genannte ›G.sche Maßsystem‹ der absoluten Einheiten, auch ›cgs-System‹, einführte) zur mathematischen Begründung der Potentialtheorie. Im Briefwechsel von G. finden sich Einsichten über die widerspruchsfreie Konstruierbarkeit ↑nicht-euklidischer Geometrien, die er selbst wegen des befürchteten ›Geschreis der Böoter‹ nicht veröffentlichte, die aber nach ihrem späteren Bekanntwerden im Streit um die ›richtige Geometrie‹ in der 2. Hälfte des 19. Jahrhunderts zu den am häufigsten gegen die Kantische Auffassung von der ↑Euklidizität des Raumes der reinen Anschauung ins Feld geführten Äußerungen von mathematischer Seite gehören. Die G.sche Position bezieht sich freilich, entsprechend seiner empiristischen Grundeinstellung, auf die sogenannte ›physikalische Geometrie‹, in der ›Gerade‹ als Wege von Lichtstrahlen im ›leeren‹ (d.h. von brechenden Medien freien) Raum der empirischen Wirklichkeit interpretiert werden. G. selbst hat zu philosophischen Fragen kaum Stellung genommen, zumal er die zeitgenössische Fachphilosophie schon ihrer unklaren und fragwürdigen Begriffsbildungen wegen verachtete. Einzelne Äußerungen wissenschaftstheoretisch relevanten Inhalts finden sich ebenfalls überwiegend im Briefwechsel – etwa sein Protest »gegen den Gebrauch einer unendlichen Größe als einer vollendeten, welches in der Mathematik niemals erlaubt ist« (an H.C. Schumacher, 12. Juli 1831).

Während G. auf physikalisch-technologischem Gebiet auch neben der Zusammenarbeit mit Weber (die erst in der Folge des Aufstands der ›Göttinger Sieben‹, zu denen Weber gehörte, endete) intensive Kontakte und einen umfangreichen Briefwechsel mit anderen Gelehrten pflegte, blieb er auf mathematischem Gebiet zeitlebens ein ›einsamer Denker‹, den auch die Möglichkeit, über den direkten Einfluß auf einen Schülerkreis die Richtung der mathematischen Forschung mitzubestimmen, trotz begabter Nachfolger und Studenten wie R. Dedekind, L. Dirichlet und B. Riemann offenbar nicht reizte. – Abgesehen von den großen Monographien entschloß sich G. nur schwer zur Publikation seiner Resultate (meist nur knappe und trockene Mitteilungen). Die meisten seiner, später als potentiell wegweisend erkannten mathematischen Ideen ließ er unveröffentlicht oder überhaupt unentwickelt; sie finden sich in seinem mathematischen Tagebuch und anderen Teilen des Nachlasses (so z.B. die bedeutenden Untersuchungen über elliptische Funktionen und zur nicht-kommutativen Algebra).

Werke: Werke, I–XII, ed. (I–VII) C.J. Schering/ (VIII–XII) F. Klein im Auftrag der Königl. Ges. d. Wissenschaften zu Göttingen, Leipzig/Berlin 1863–1933 (repr. in 14 Bdn Hildesheim/New York 1973). – Disquisitiones Arithmeticae, Leipzig 1801 (dt. C.F. Gauss' Untersuchungen über höhere Arithmetik, ed. H. Maser, Berlin 1889 [repr. New York 1965]); Theoria motus corporum coelestium in sectionibus conicis solem ambientium, Hamburg 1809 (dt. Theorie der Bewegung der Himmelskörper, welche in Kegelschnitten die Sonne umlaufen, ed. C. Haase, Hannover 1865, Gotha 1877); Theoria combinationis observationum erroribus minimis obnoxiae, Göttingen 1823 (Suppl. 1828); Disquisitiones generales circa superficies curvas, Göttingen 1828 (dt. Allgemeine Flächentheorie, ed. A. Wangerin, Leipzig [2]1900, [5]1921 [Ostwald's Klassiker der exakten Wissenschaften 5]); (mit W. Weber) Atlas des Erdmagnetismus, nach den Elementen der Theorie entworfen. Supplement zu den Resultaten aus den Beobachtungen des Magnetischen Vereins, Leipzig 1840; Dioptrische Untersuchungen, Göttingen 1841; Die vier Gauss'schen Beweise für die Zerlegung ganzer algebraischer Functionen in reelle Factoren ersten oder zweiten Grades (1799–1849), ed. E. Netto, Leipzig 1890, Leipzig/Berlin [3]1913 (Ostwald's Klassiker der exakten Wissenschaften 14); Sechs Beweise des Fundamentaltheorems über quadratische Reste, ed. E. Netto, Leipzig 1901 (Ostwald's Klassiker der exakten Wissenschaften 122). – Briefwechsel zwischen C.F.G. und H.C. Schumacher, I–VI, ed. C.A.F. Peters, Altona 1860–1865; Briefwechsel zwischen G. und Bessel, ed. G.F.J.A. v. Auwers, Leipzig 1880; Briefwechsel zwischen C.F.G. und Wolfgang Bolyai, ed. F. Schmidt/P. Stäckel, Leipzig 1899 (repr. New York 1972); Briefwechsel zwischen Olbers und G., I–II, ed. C. Schilling/I. Kramer, Berlin 1900/1909; T. Gerardy, Nachträge zum Briefwechsel zwischen C.F.G. und Heinrich Christian Schumacher, Göttingen 1969; Briefwechsel zwischen Alexander von Humboldt und C.F.G., ed. K.-R. Biermann, Berlin (Ost) 1977. – J.C. Poggendorff, Biographisch-literarisches Handwörterbuch zur Geschichte der exakten Wissenschaften VII A, Suppl., Lieferung 2, Leipzig 1970, 223–238.

Literatur: L. Bieberbach, C.F.G.. Ein deutsches Gelehrtenleben, Berlin 1938; H.S.M. Coxeter, Gauss as a Geometer, Hist. Math. 4 (1977), 379–396; J. Dieudonné, L'œuvre mathématique de C.F.G., Paris 1962; G.W. Dunnington, C.F.G.. Titan of Science. A Study of his Life and Work, New York 1955 (mit Bibliographie); E.G. Forbes, The Astronomical Work of C.F.G., Hist. Math. 5 (1978), 167–181; A. Galle, G. und Kant, Weltall 24 (1925), 194–200, 230 (repr. in: Mitteilungen der G.-Gesellschaft 9 [1969], 8–15); H.W. Gauss, G.. A Memorial, Colorado Springs 1966; T. Gerardy, Der Stand der G.forschung, Mitteilungen d. G.-Gesellschaft 10 (1970), 5–11; T. Hall, G., matematikernas konung, Stockholm 1965 (engl. C.F.G.. A Biography, Cambridge Mass. 1970); G.B. Halsted, G. and non-Euclidean Geometry, Amer. Math. Monthly 7 (1900), 247–252 (vgl. ebd. 11 [1904], 85–86, und Science 232 [1904], 813–817); L. Hänselmann, K.F.G.. Zwölf Kapitel aus seinem Leben, Leipzig 1878; E. Hoppe, C.F.G. und der Euklidische Raum, Naturwissenschaften 13 (1925), 743–744; F. Klein/M. Brendel/L. Schlesinger, Materialien für eine wissenschaftliche Biographie von G., Leipzig 1911–1920 (8 H.); H. Mack, C.F.G. und die Seinen, Braunschweig 1927; K.O. May, G., DSB V (1972), 298–315; A.F. Monna (ed.), C.F.G. 1777–1855. Four Lectures on His Life and Work, Utrecht 1978 (Comm. Math. Inst. Utrecht 7); K. Reich, C.F.G.. 1777–1977, München 1977; H. Reichardt (ed.), C.F.G.. Leben und Werk, Berlin 1960; ders., G. und die nichteuklidische Geometrie, Leipzig 1976; E.A. Roloff, C.F.G., Osnabrück 1942; W. Sartorius v. Waltershausen, G. zum Gedächtniss, Leipzig 1856; D.A. Sprott, G.'s Contribution to Statistics. Hist. Math. 5 (1978), 183–203; P. Stäckel/F. Engel, G., die beiden Bolyai und die nichteuklidische Geometrie, Math. Ann. 49 (1897), 149–206; I. Stewart, G., Sci. Amer. 237 no. 1 (July 1977), 122–131; K. Strubecker, C.F.G., Mathematicorum Princeps. Zum 200. Geburtstag, Bild der Wissenschaft H. 5 (1977), 118–126; L. Suhling, G., in: A. Hermann (ed.), Lexikon der Geschichte der Physik A–Z. Biographien, Sachwörter, Originalschriften und Sekundärliteratur, Köln 1972, [2]1978, 121–124; H.E. Timerding, Kant und G., Kant-St. 28 (1923), 16–40; E. Worbs, C.F.G.. Ein Lebensbild, Leipzig 1955; H. Wussing, C.F.G., Leipzig 1974. C.T.

Gebrauchsdefinition, ↑Definition, implizite.

Gebrauchssprache, in der das Werkzeug der ↑Sprachanalyse einsetzenden Philosophie Terminus für die gesamte, von einer Sprachgemeinschaft verwendete *natürliche Sprache.* Innerhalb der G. läßt sich dann einmal die *Umgangssprache* oder ↑*Alltagssprache* (engl. ordinary language, language of daily life) als der in bezug auf allgemeine Verständlichkeit unproblematische Teil auszeichnen, während unter den in diesem Sinne problematischen Teilen, den verschiedenen *Fachsprachen* (dazu gehörend insbesondere die aktuelle ↑*Wissenschaftssprache*), die tradierte Fachsprache historisch älterer Stadien der Wissenschaft als ↑*Bildungssprache,* oft auch als ›Sprache der Philosophie‹ (engl. ›language of philosophers‹ oder ›philosopher's jargon‹) ausgezeichnet ist. Häufig, vor allem im linguistischen Phänomenalismus (↑Phänomenalismus, linguistischer), wird der Unterschied von Umgangssprache und Bildungssprache durch den Bezug auf einen verschiedenen *Gebrauch* (engl. ordinary use und non-stock use) derselben sprachlichen Ausdrücke zum Ausdruck gebracht, die dann insgesamt als ›ordinary language‹ den ausdrücklich nur theoretischen Zwecken und nicht der Verständigung dienenden *formalen Sprachen* (↑Sprache, formale) gegenübergestellt sind. In solchen Fällen vertritt ›ordinary language‹ nicht ›Umgangssprache‹, sondern ›G.‹.

Literatur: P. Janich/F. Kambartel/J. Mittelstraß, Wissenschaftstheorie als Wissenschaftskritik, Frankfurt 1974, 43ff., 47ff.; K. Lorenz, Elemente der Sprachkritik. Eine Alternative zum Dogmatismus und Skeptizismus in der analytischen Philosophie, Frankfurt 1970, 40ff., 59ff., 108ff.; E. v. Savigny (ed.), Probleme der sprachlichen Bedeutung. Unter besonderer Berücksichtigung des Verhältnisses Fachsprache – Umgangssprache. Grundlagenforschung in Artikeln 1968–1973, Kronberg 1976. K.L.

Gebrauchswert, normale Zweckbestimmung eines Gutes (bei einem Schuh etwa der Schutz des Fußes) im Unterschied zu seinem Tausch(handels)wert (↑Tauschwert). Die schon von Aristoteles in den ökonomischen Teilen seiner »Politik« (A9.1257a6ff.) getroffene Unterscheidung wird in der klassischen politischen Ökonomie (↑Ökonomie, politische) aufgegriffen und tritt bei A. Smith unter den Termini ›value in use‹ und ›value in exchange‹, in deutscher Übersetzung, zumal bei K. Marx, ›G.‹ und ›Tauschwert‹, auf. In der von L. Walras und A. Marshall eingeleiteten, so genannten neoklassischen ökonomischen Wertlehre wird der Begriff des G.s. durch den Begriff des *Nutzens* ersetzt. Dabei geht allerdings, entgegen der alltagssprachlichen Synonymität von ›Nutzen‹ und ›G.‹, der konkrete Bezug des klassischen G.begriffes auf bestimmte (›qualitative‹) Zwecke und Verwendungszusammenhänge von Gütern weitgehend verloren: Die ökonomische Nutzentheorie arbeitet mit der abstrakten Unterstellung einer ordinalen oder sogar kardinalen Skalierung des Nutzens bestimmter Gütermengen oder Situationen. Insofern sie sich dabei lediglich an faktischen Präferenzverhältnissen orientiert, ist sie, der auf G.e weisenden Suggestion des Wortes ›Nutzen‹ zum Trotz, praktisch tauschwertorientiert. Dagegen besteht für den Gesichtspunkt der Lebensqualität (in seiner kritischen Verwendung gegenüber ökonomischen Wachstumsprozessen und quantitativen Fortschrittsmaßen) wieder ein evidenter systematischer Zusammenhang mit dem Verständnis von G. in der aristotelisch-klassischen Tradition.

Literatur: M.H. Dobb, Theories of Value and Distribution since Adam Smith. Ideology and Economic Theory, Cambridge 1973 (dt. Wert- und Verteilungstheorien seit Adam Smith: eine nationalökonomische Dogmengeschichte, Frankfurt 1975); K. Marx, Das Kapital I 1, MEW XXIII (1969), 47–213; J. Nanninga, Tauschwert und Wert. Eine sprachkritische Rekonstruktion des Fundamentes der Kritik der Politischen Ökonomie, Diss. Hamburg 1975, 18–22, 84–93; D. Ricardo, On the Principles of Political Economy, and Taxation, London 1817, ed. P. Sraffa, Cambridge 1951 (Works and Correspondence of David Ricardo I), Chap. I 1; A. Smith, An Inquiry into the Nature and Causes of the Wealth of Nations, I–III, Dublin 1776, I–II, ed. R.H. Campbell/A.S. Skinner, Oxford 1976 (dt. Untersuchung der Natur und Ursachen von Nationalreichthümern, I–III, Leipzig 1776–1792), Book I, Chap. IV; G.J. Stigler, The Development of Utility Theory, in: J.J. Spengler/W.R. Allen (eds.), Essays in Economic Thought: Aristotle to Marshall, Chicago 1960, 606–655. F.K.

Gedanke (griech. νόημα, λόγος, lat. cogitatio, notio, idea; franz. pensée; engl. thought), in der Regel Bestandteil oder Ergebnis eines mehr oder minder komplexen sprachlich vermittelten Denkvorgangs (↑Denken). Der philosophische Gebrauch von ›G.‹ ist vieldeutig. Bis ins 16. Jahrhundert diente ›G.‹ als Übersetzung von ›mens‹, ›dianoea‹ und ›sententia‹. ›G.‹ im Sinne von ›Geist‹ oder ›Seele‹ wird nicht mehr verwendet; als Übersetzung von ›dianoea‹ bezeichnet ›G.‹ die Tätigkeit des Verstandes (etwa bei R. Descartes und W. Hamilton), als Übersetzung von ›sententia‹ das Resultat des Denkens, etwa in der Form einer Aussage (propositio, sententia), oder das in der Aussage Gedachte (verbum mentis, νόημα). Erst die Psychologismuskritik (↑Psychologismus) der Jahrhundertwende (G. Frege, E. Husserl) unterscheidet systematisch einen psychologischen und einen logischen Gebrauch von ›G.‹.
Stellt der philosophische Terminus ›G.‹ bei B. Bolzano z.B. einen psychischen Akt dar, so bezeichnet er nach Frege etwas Objektives, das in einem Satz ausgedrückt und entweder wahr oder falsch ist. Frege unterscheidet zwischen G.n (diese sind objektiv: unabhängig von der Innen- und Außenwelt des Denkenden; für sie muß ein ›drittes Reich‹ [↑Dritte Welt] anerkannt werden) und Vorstellungen (diese sind subjektiv: kommen nur in der Innenwelt des Denkenden z.B. als Gefühle vor). Der G. wird bei Frege als ↑Sinn gewisser Sätze, vor allem Behauptungssätze, bestimmt, bei denen zwischen Behauptung und Inhalt unterschieden werden muß. Der Inhalt ist der G. bzw. kann den G.n wenigstens enthalten. Beide müssen nicht identisch sein, da Frege neben dem G.n und der Behauptung noch die ›Färbung‹ (Beleuchtung)

unterscheidet. ›Denken‹ ist nach Frege das Fassen eines G.ns, ›Urteilen‹ das Anerkennen der Wahrheit eines G.ns und ›Behaupten‹ das Kundgeben eines Urteils. In der Logik wird heute statt von ›G.‹ auch von ↑›Sachverhalt‹ gesprochen, wobei ›wahrer Sachverhalt‹ synonym mit ↑›Tatsache‹ verwendet wird. Dieser Sprachgebrauch schließt in gewisser Weise an den Freges an, nach dem eine Tatsache ein ›wahrer G.‹ ist. G.n werden durch Behauptungssätze dargestellt bzw. vergegenwärtigt, unter Umständen die gleichen G.n durch sprachlich verschiedene Behauptungssätze. G.n sind also abstrakte Gegenstände bzw. Abstrakta. Der Terminus ›G.‹ wird nicht über eine ↑Definition eingeführt, sondern durch ↑Abstraktion.

Literatur: B. Bolzano, Wissenschaftslehre. Versuch einer ausführlichen und grösstentheils neuen Darstellung der Logik [...], I–IV, Sulzbach 1837, ed. A. Höfler, Leipzig 1914, verb. Nachdr. ed. W. Schultz, Leipzig 1929–1931; G. Frege, Der G.. Eine logische Untersuchung, Beitr. Philos. Dt. Ideal. 1 (1918/1919), 58–77, Nachdr. in: G. Patzig (ed.), G. Frege. Logische Untersuchungen, Göttingen 1966, ^{2}1976, 30–53; ders., Logische Untersuchungen. Dritter Teil: G.ngefüge, Beitr. Philos. Dt. Ideal. 3 (1923/1926), 36–51, Nachdr. a.a.O., 72–91; W. Kamlah/P. Lorenzen, Logische Propädeutik. Vorschule des vernünftigen Redens, Mannheim ^{2}1973; L. Oeing-Hanhoff/A. Veraart, G., Hist. Wb. Ph. III (1974), 52–55. A. V.

Gedankending, ↑ens rationis.

Gedankenexperiment, in den empirischen Wissenschaften ein ↑Experiment, dessen Ablauf methodisch entwickelt ist, das jedoch aus technisch-kontingenten (Kosten des technischen Aufwands etc.) oder prinzipiellen (Dimension der gedachten Versuchsgeräte, moralische Grenzen beim Umgang mit Versuchspersonen etc.) Gründen nicht ausgeführt wird. K.R. Popper weist darauf hin, daß bereits G. Galilei mit seiner Kritik an der Aristotelischen Kinematik ein klassisches Gedankenexperiment vorgeführt habe. Unterstellt man (so Galileis G.), daß ein schwerer Körper eine höhere natürliche Fallgeschwindigkeit hat als ein leichterer, dann muß, falls man einen schwereren und einen leichteren Körper zusammenbinde, dieser neue Körper langsamer als der schwere sein, weil der leichte seine Bewegung ja verzögert. Der neue Körper ist jedoch, da sich seine Gewichte addieren, schwerer als die ursprünglichen Körper, er müßte also nach Annahme noch schneller als beide für sich sein. Die unterstellte Anfangsthese ist somit falsch (Discorsi I, Le Opere di Galileo Galilei, Ed. Naz. VIII, 106ff.). G.e (z.B. der umstrittene Versuch, die Unvollständigkeit der probabilistischen Quantentheorie durch das G. von Einstein/Podolsky/Rosen zu beweisen) gehören in der modernen Physik, aber auch in den empirischen Humanwissenschaften wie Psychologie und Soziologie zum argumentativen Standardinstrumentarium. Die wissenschaftstheoretische Kritik der G.e beginnt mit E. Mach, der zwischen realem Experiment und G. eine strenge Analogie sieht. Demgegenüber mißt P. Duhem dem G. nur einen postulatorischen und vorbereitenden Wert zu, weshalb die Kontrolle durch das reale Experiment unentbehrlich sei. Popper unterscheidet zwischen dem unbestrittenen kritischen, heuristischen Gebrauch von G.en und dem problematischen, ›apologetischen‹ Gebrauch; bei diesem werde gegen die Regel verstoßen, daß die durch die G.e vorgenommenen experimentellen Idealisierungen für den wissenschaftlichen Opponenten akzeptabel sein müssen. Popper sieht einen solchen z.B. in der Argumentation N. Bohrs gegen das G. von Einstein/Podolsky/Rosen.

Literatur: P. Duhem, La théorie physique. Son object et sa structure, Paris ^{2}1914, 304–312 (dt. Ziel und Struktur der physikalischen Theorien, Leipzig 1908 [repr. Hamburg 1978], 267–274); D. Koch, Nicht-klassischer Realismus. Die Quantentheorie als allgemeine Theorie objektivierender Erfahrung, Diss. Essen 1979, 381–488; E. Mach, Über G.e, Z. phys. chem. Unterr. 10 (1897), 1–5; ders., Erkenntnis und Irrtum. Skizzen zur Psychologie der Forschung, Leipzig ^{5}1926 (repr. Darmstadt 1968), 183–200; K.R. Popper, Über den Gebrauch und Mißbrauch von G.en, besonders in der Quantentheorie, in: ders., Logik der Forschung, Tübingen ^{4}1971, 397–411; J. Schneider, G., Hist. Wb. Ph. III (1974), 62. C. F. G.

Gefühl (engl. feeling, sentiment), Vermögen der Rezeption nicht-kognitiver (↑Erkenntnis) und nicht-volitiver (↑Wille), besonders moralischer und ästhetischer Gehalte. In diesem Sinne findet sich ›G.‹ als Übersetzung von griech. ›πάϑος‹ und lat. ›passio‹ (weitgehend synonym: affectus, affectio) zuerst in der deutschen Aufklärungsphilosophie, und zwar in sehr unscharfer Verwendung, die von ↑›Sinnlichkeit‹ und ↑›Gemüt‹, ↑›Empfindung‹ usw. oft kaum abgegrenzt ist. Bei R. Descartes und J.-J. Rousseau wird ›sentiment‹ für G., aber auch für die einzelnen oder das allgemeine Sinnesvermögen (↑sensus communis) verwendet. D. Hume unterscheidet bereits zwischen ›feeling‹ und ›sentiment‹, wobei ›feeling‹ allgemein das Haben von Eindrücken (impressions) bezeichnet, während ›sentiment‹ mehr die emotiven Zustände des Menschen bezeichnet. Im weiteren Verlauf der

Philosophie- und Wissenschaftsgeschichte ist ›G.‹ zu einem Grundbegriff in moralphilosophischen (1), ästhetischen (2) und psychologischen (3) Terminologien geworden.

(1) Von einem ›moralischen G.‹ (↑moral sense) spricht zuerst A.A.C. Earl of Shaftesbury, der damit zum neuzeitlichen Begründer emotivistischer Ethikkonzeptionen (↑Emotivismus) wird. (2) In der Entwicklung von Teilen der neuzeitlichen ↑Ästhetik ist ›G.‹ der Begriff, mit dessen Hilfe die subjektive Empfindung des Schönen expliziert werden soll. A.G. Baumgarten bestimmt in seiner »Aesthetica« (I–II, Frankfurt 1750/1758) das ›innere G.‹ als Ursprung der künstlerischen Erfahrung des Schönen. I. Kant trennt die im G. gründende Lust am Schönen von der inneren Vollkommenheit des Gegenstandes (KU § 15, Akad.-Ausg. V, 226–229): das G. ist, weil an den ›inneren Sinn‹ (↑Sinn, innerer) gebunden, ein bloß empirisches, subjektives Vermögen, für das kein objektiver Anspruch begründet werden kann. Wenngleich somit das G. keine objektive Erkenntnis zustandebringt, zeigt es doch an, daß der Natur eine subjektive formale Zweckmäßigkeit zuerkannt werden muß. (3) Eine auch nur tendenziell einheitliche Verwendung des Wortes ›G.‹ in der Psychologie läßt sich nicht ausmachen. Während Psychologen geisteswissenschaftlicher und gestalttheoretischer Orientierung (↑Gestalttheorie) versuchen, dem G. eine eigenständige oder wenigstens begleitende Realität zuzuweisen, versucht der ↑Behaviorismus unter Hinweis auf die vermögenspsychologische (↑Vermögen) Begriffsbildung, auf die Vorstellung eines einheitlichen G.s zu verzichten.

Literatur: W.P. Alston, Emotion and Feeling, Enc. Ph. II (1967), 479–486; M.B. Arnold, Emotion and Personality, I–II, New York 1960; E. Bedford, Emotions, Proc. Arist. Soc. 57 (1956/1957), 281–304; O. Ewert, G.e und Stimmungen, in: K. Gottschaldt u.a. (eds.), Handbuch der Psychologie II, Göttingen 1965, 229–271; ders. u.a., G., Hist. Wb. Ph. III (1974), 82–96; U. Franke, Kunst als Erkenntnis: Die Rolle der Sinnlichkeit in der Ästhetik des Alexander Gottlieb Baumgarten, Wiesbaden 1972; H.N. Gardiner/R.C. Metcalf/J.G. Beebe-Center, Feeling and Emotion. A History of Theories, New York 1937; K. Jaspers, Allgemeine Psychopathologie. Ein Leitfaden für Studierende, Ärzte und Psychologen, Berlin 1913, Berlin/Heidelberg/New York [9]1973; F. Krueger, Das Wesen der G.e. Entwurf einer systematischen Theorie, Leipzig 1928, [5]1937; D.B. Lindsley, Emotion, in: S.S. Steven (ed.), Handbook of Experimental Psychology, New York [3]1960, 473–516; R.S. Peters/C.A. Mace, Emotions and the Category of Passivity, Proc. Arist. Soc. 62 (1961/1962), 117–142; R. Plutchik, The Emotions. Facts, Theories and a New Model, New York 1962; G. Ryle, The Concept of Mind, London/New York 1949 (dt. Der Begriff des Geistes, Stuttgart 1969); S. Strasser, Das Gemüt. Grundgedanken zu einer phänomenologischen Philosophie und Theorie des menschlichen G.slebens, Utrecht/Antwerpen, Freiburg 1956. C. F. G.

Gegebene, das, Bezeichnung für das durch bloße Wahrnehmung erfaßte, noch unbearbeitete Ausgangsmaterial der Wirklichkeitserkenntnis. In diesem Sinne läßt auch I. Kant für die Gegenstandserkenntnis den Anteil der Sinne, die empirische ↑Anschauung, *gegeben* sein. Diese ›Materie‹ bedürfe aber einer ›Form‹, die ›das Mannigfaltige der Erscheinung‹ allererst ordne (KrV B 33f.). Während im Neukantianismus dem G.n ein von seiner erkenntnismäßigen Form unabhängiger Status bestritten wurde, ändert sich dies in den mit dem G.n verbundenen Konzeptionen der ↑Immanenzphilosophie (W. Schuppe) und des ↑ Empiriokritizismus (E. Mach, R. Avenarius), indem im Anschluß an den alten Empirismus (J. Locke, G. Berkeley, D. Hume) geltend gemacht wurde, daß nur das unmittelbar G. eine nicht bestreitbare Instanz sei. Mach vor allem hob für die Charakterisierung des G.n die Neutralität hinsichtlich der Unterscheidung psychisch/physisch hervor. J. Petzoldt spitzte diese Auffassung zu der folgenden, aus einem Negativkatalog bestehenden Bestimmung zu: »Das zuletzt G., das, worauf sich all unser Denken und Handeln schließlich gründet, ist weder Erscheinung noch Ding an sich, weder der Sinnlichkeit noch dem Verstande G.s, weder Bewußtsein noch Bewußtseinsinhalt, weder Bewußtes noch Unbewußtes, weder Inneres noch Äußeres, weder Materielles noch Immaterielles, weder Physisches noch Psychisches, weder Stoff noch Geist« (Das Weltproblem vom Standpunkte des relativistischen Positivismus aus, Leipzig/Berlin [2]1912, 178f.).

Die Auffassung des G.n als Instanz wurde vom ↑Wiener Kreis übernommen und führte bei R. Carnap zur Konzeption der ↑Protokollsätze. Allerdings betonte bereits Carnap gegenüber Mach, der sich das G. als in ›Elemente‹ von Farben, Tönen, Wärmen usw. zerlegt dachte, daß eine solche Zerlegung bereits einen Abstraktionsprozeß darstelle und das eigentlich G. »die Erlebnisse selbst in ihrer Totalität und geschlossenen Einheit« seien (Der logische Aufbau der Welt, Hamburg [2]1961, 92; Carnap spricht daher auch von dem G.n als ›Erlebnisstrom‹, 86). Meist wurde, zumindest in der empiristischen Tradition, das G. jedoch weitgehend mit den *einzelnen* ↑Sinnesdaten identifiziert. Dies führte dazu, daß durch die Kritik an phänomenalistischen Erkenntnistheo-

rien (↑Phänomenalismus), insbesondere an der ›Sinnesdaten-Theorie‹ innerhalb der analytischen Philosophie, auch der Begriff des G.n in Mißkredit geriet. Allerdings ist systematisch gesehen die Anerkenntnis eines G.n von der Übernahme der genannten erkenntnistheoretischen Positionen unabhängig. So argumentiert z.B. H. Dingler unter Zuhilfenahme eines bestimmten Begriffs des G.n (›das Unberührte‹) geradezu gegen eine Sinnesdaten-Theorie (Die Ergreifung des Wirklichen. Kapitel I–IV, Frankfurt 1969, 84ff.).
In der Auseinandersetzung mit I. Kant und mit dem Empirismus der Tradition sieht der ↑Pragmatismus, insbesondere C.I. Lewis (Mind and the World Order. Outline of a Theory of Knowledge, New York 1929 [repr. 1956]), das G. (›the given‹) als durch Abstraktion innerhalb der Erfahrung gewonnen an. Das G. gehe der Erfahrung gerade nicht als Ausgangsmaterial voraus; die Explikation des G.n in einer Theorie der ↑Qualia, wieder aufgegriffen von N. Goodman, vermeidet die Schwierigkeiten der üblichen empiristischen Deutung durch Sinnesdaten.

Literatur: J.E. Heyde, Gegeben(es), Hist. Wb. Ph. III (1974), 101–103; J. v. Malottki, Das Problem des G.n, Berlin 1929 (Kant-St. Erg.heft 63); J.J. Ross, The Appeal to the Given. A Study in Epistemology, London 1970; W. Sellars, Empiricism and the Philosophy of Mind, in: ders., Science, Perception and Reality, London, New York 1963, ^{2}1966, 127–196 (diese 1956 gehaltenen Vorträge trugen ursprünglich den Obertitel ›The Myth of the Given‹); J. Wild, The Concept of *the Given* in Contemporary Philosophy – its Origin and Limitations, Philos. Phenom. Res. 1 (1940/1941), 70–82. G.G.

Gegensatz, auch: ↑Opposition, ↑Antithese, ursprünglich die einer Behauptung zum Zwecke ihrer Widerlegung ›entgegengesetzte‹ Behauptung, ihr Gegenteil. Zwei Aussagen stehen zueinander in ↑*kontradiktorischem* G. oder ↑*Widerspruch,* wenn eine mit der Negation der anderen gleichwertig ist; sie stehen hingegen nur in ↑*konträrem* G., wenn nicht beide zugleich gelten können, sie also miteinander ↑unverträglich sind. Kontradiktorische G.e sind auch konträre G.e, aber nicht umgekehrt. Man spricht entsprechend auch von kontradiktorischem G. zwischen zwei Begriffen, z.B. zwischen ›wahr‹ und ›falsch‹, ›schwarz‹ und ›nichtschwarz‹, ›sinnvoll‹ und ›sinnlos‹, und von konträrem G. zwischen zwei Begriffen, z.B. zwischen ›Kreis‹ und ›Dreieck‹, ›sitzen‹ und ›stehen‹, ›grün‹ und ›rot‹. Unter den Begriffen in konträrem G. werden noch die ↑*polar-konträren* (meist kurz: polaren) G.e besonders ausgezeichnet. Sie liegen dann vor, wenn die Begriffe als die beiden (relativen) Enden einer Skala aufgefaßt werden können, die auf eine Vergleichung, eine zweistellige Beziehung also, zurückgeht, z.B. ›weiß‹ und ›schwarz‹ als die Enden der Grauskala, hervorgegangen aus dem Komparativ ›weißer als‹ (bzw. ›schwärzer als‹). So auch viele Antonyme (↑ antonym/Antonymie), z.B. ›lang‹ und ›kurz‹, ›alt‹ und ›jung‹.
Neben dieser logischen Bedeutung von G. spielt, unter Bezug auf antike Erörterungen (Heraklit, Empedokles, Platon) über gegensätzliche Bestimmungen von Gegenständen und den Ausgleich von G.en (Einheit – Vielheit, Liebe – Haß), bei G.W.F. Hegel und in der marxistischen Philosophie (↑Marxismus) der *dialektische* G. (↑Dialektik) zwischen Gegenständen (*Realgegensatz,* z.B. zwischen ›Arbeit‹ und ›Kapital‹ in einer kapitalistischen Gesellschaft, zwischen anziehenden und abstoßenden Kräften in der Physik) und davon abgeleitet erst der dialektische G. zwischen den zugehörigen Begriffen dieser Gegenstände (den Aussagen über die Gegenstände) eine Rolle. Er läßt sich als Versuch einer begrifflichen Fassung von Entwicklungsprozessen (in Natur, Gesellschaft, aber auch in Argumentationen) mit Hilfe des Schemas gegensätzlicher Kräfte bzw. von Kräften in ›entgegengesetzter‹ Richtung verstehen (so auch in der Spätphilosophie von C.S. Peirce). Das Resultat solcher Prozesse (›Synthesis‹) ist vom (hypothetischen und in konträrem G. stehenden) Resultat der jeweils einzeln wirkenden Kräfte (›Thesis‹ und ›Antithesis‹) verschieden. Jeder dialektische G. soll auf den speziellen konträren G. von Einzelnem und ↑Allgemeinem, also von Gegenständen und Aussagen über diese Gegenstände, traditionell: von ↑Objekt und ↑Subjekt, zurückgeführt werden. Die von Nikolaus von Kues vertretene Aufhebung dieses G.es in der Einheit aller G.e in Gott bzw. dem Unendlichen (↑coincidentia oppositorum) führt schließlich zur ↑Identitätsphilosophie (F.W.J. Schelling) und ist sogar noch in Formulierungen der marxistischen Philosophie, etwa der von der Dialektik als Lehre, wie die G.e identisch sein können (W.I. Lenin), enthalten. K.L.

Gegenstand, auch: Objekt (engl. object, entity), das dem Menschen ›Entgegenstehende‹. In der *Logik* ist ›G.‹ der allgemeinste und daher nicht mehr zur Unterscheidung geeignete Prädikator: für jeden Prädikator P ist die begriffliche Bestimmung $x \varepsilon P \Rightarrow x \varepsilon$ G. (alles, was P ist, ist auch G.) in Kraft. Diese Erklärung ist gleichwertig damit, alles, was

durch einen Eigennamen vertreten werden kann, einen ›G.‹ zu nennen, anders ausgedrückt: to be is to be the value of a variable (W.V.O. Quine). Den G.en stehen dann zunächst die ↑Aussagen (über diese G.e) gegenüber, obwohl in einem zweiten Schritt auch Aussagen ihrerseits wieder als G.e neuer Aussagen, der ↑*Metaaussagen,* auftreten können. Darüber hinaus ist gegenwärtig noch eine eingeschränktere Verwendung von ›G.‹ üblich, bei der die G.e als *konkrete* G.e oder ↑*Individuen den abstrakten* G.en oder ↑*Universalien,* d.s. zum einen Klassen oder Relationen von G.en, zum anderen Eigenschaften oder Beziehungen von G.en, gegenübergestellt werden (↑Abstraktion).
In der *traditionellen Philosophie* entspricht dem Wort ›G.‹ in allgemeiner Verwendung unter anderem der Ausdruck ›Seiendes‹ (↑Seiende, das), abgeleitet vom griechischen Terminus τὰ ὄντα, lat. entia (davon: ↑Ontologie, d.i. Lehre vom Seienden, also von den G.en im allgemeinen). Die Opposition von G. und Aussagen (über ihn) tritt dabei seit R. Descartes meist im erkenntnistheoretischen Gewand auf, nämlich als Opposition von G. oder (erkanntem) Objekt zum Bewußtsein oder (erkennendem) Subjekt. So wird z.B. eine Handlung in einer Aussage über sie im Unterschied etwa zu ihrem praktischen Vollzug als ›vergegenständlicht‹ angesehen (↑Vergegenständlichung). Auch in Redewendungen wie ›der G. des Vortrags‹, ›der G. einer Wissenschaft‹, wird ›G.‹ in der Regel allein auf das, wovon etwas ausgesagt wird, bezogen, und z.B. ›dem Stil des Vortrags‹, ›der Methode der Wissenschaft‹, gegenübergestellt. In der Redeweise vom G. als demjenigen, worauf sich ein (psychischer) Akt als dessen ↑Intention richtet, wird die ↑Gegenstandstheorie bei F. Brentano und vor allem A. Meinong zum Versuch eines bewußtseinstheoretischen Ersatzes der klassischen Ontologie.

Literatur: G. Frege, Über Begriff und G., Vierteljahrsschr. wiss. Philos. 16 (1892), 192–205, Nachdr. in: ders., Funktion, Begriff, Bedeutung. Fünf logische Studien, ed. G. Patzig, Göttingen 1962, ⁴1975, 66–80; W. Kamlah/P. Lorenzen, Logische Propädeutik. Vorschule des vernünftigen Redens, Mannheim 1969, Mannheim/Wien/Zürich ²1973; A. Meinong (ed.), Untersuchungen zur G.stheorie und Psychologie, Leipzig 1904; W.V.O. Quine, On What there Is, in: ders., From a Logical Point of View. 9 Logico-Philosophical Essays, Cambridge Mass. 1953, ²1961, 1–19 (dt. Was es gibt, in: Von einem logischen Standpunkt. Neun logisch-philosophische Essays, Frankfurt/Berlin/Wien 1979, 9–25). K. L.

Gegenstandsbereich, ↑Objektbereich.

Gegenstandstheorie (engl. theory of objects), eine von A. Meinong begründete und von seinen Schülern, insbesondere A. Höfler und E. Mally, fortgeführte philosophische Disziplin als ›Wissenschaft vom Gegenstande als solchem oder vom reinen Gegenstande‹. Die G. soll, dem ›Vorurteil zugunsten des Wirklichen‹ begegnend, über den Bereich der existierenden (wirklichen) Gegenstände hinausgehen. Sie sei daher von der Metaphysik verschieden, die bei Meinong als die Allgemeinwissenschaft vom *Wirklichen* bestimmt wird. Aber auch gegenüber der Psychologie, Logik und Erkenntnistheorie wird die Selbständigkeit der G. betont. Ihre Berechtigung ergibt sich nach Meinong dadurch, daß wir nicht nur Wirkliches als Gegenstand erfassen können. Analog zu verschiedenen Arten erfassender Erlebnisse unterscheidet Meinong Gegenstandsklassen in der folgenden Entsprechung (ohne daß allerdings die Erlebnisse konstitutiv für die entsprechenden Gegenstände wären): Vorstellen – Objekte, Denken – Objektive, Fühlen – Dignitative, Begehren – Desiderative. Zu den Dignitativen zählt Meinong das Wahre, Schöne und Gute, zu den Desiderativen Sollen und Zweck. Diese beiden Klassen stellen eher eine auf Systematisierung bedachte Ergänzung zu den beiden ersten Klassen dar. Die Objektive entsprechen in neuerer Terminologie ↑Sachverhalten oder ↑Propositionen. Sie können Gegenstände von Urteilen, Annahmen usw. sein. Insbesondere für die erste Klasse, die Objekte, trifft Meinong einige Unterscheidungen, die für die übrigen Gegenstandsklassen eine sinngemäße Anwendung finden sollen:
(1) Die Unterscheidung von Gegenständen *niederer* und *höherer Ordnung.* Gegenstände höherer Ordnung sind aus solchen niederer Ordnung aufgebaut. Beispiel: Verschiedenheit zwischen Gegenständen ist als Relation selbst ein Gegenstand höherer Ordnung relativ zu den Gegenständen niederer Ordnung, zwischen denen diese Relation besteht. Nach Meinong gibt es keine Gegenstände höchster Ordnung, wohl aber solche niederster Ordnung.
(2) Die Unterscheidung von *existierenden* (wahrnehmbaren, d.h. wirklichen) Gegenständen wie Tischen und Bäumen und *bestehenden* Gegenständen wie Anzahlen, Relationen, insbesondere auch Objektiven.
(3) Die Unterscheidung von *vollständig* bestimmten und *unvollständig* bestimmten Gegenständen, d.h. Gegenständen, für die im Hinblick auf Prädikatoren das ↑tertium non datur gilt resp. nicht

gilt. Nach Meinong sind alle existierenden oder bestehenden Gegenstände vollständig (eine angesichts der bekannten Unschärfe alltagssprachlicher Prädikatoren kühne Behauptung!). Zu den unvollständigen Gegenständen zählt Meinong Begriffsgegenstände (Beispiel: ›das Dreieck‹), die unendlich viele Bestimmungen weder haben noch nicht haben (z.B. ist ›das Dreieck‹ weder rechtwinklig noch nicht rechtwinklig). Kritisch gegen Meinong ist hier anzumerken, daß Sätze wie ›das Dreieck ist eine geometrische Figur‹ Allsätze sind:

$\bigwedge_x(x\varepsilon\text{Dreieck} \rightarrow x\varepsilon\text{geometrische Figur})$.

Somit besteht überhaupt keine Veranlassung, als Bedeutung von ›das Dreieck‹ einen Gegenstand anzunehmen. Eher noch ließen sich als Beispiele für unvollständige Gegenstände bestimmte fiktive Gegenstände anführen. Z.B. kann man von Rotkäppchen nicht sagen, ob sie ein Muttermal hat oder nicht hat, weil das Märchen vom Rotkäppchen (zumindest in der Fassung der Brüder Grimm) darüber nichts aussagt. In solche Betrachtungen geht freilich schon als problematische Voraussetzung die Anerkennung fiktiver Gegenstände ein. Diese Bemerkung führt zu einer weiteren Unterscheidung, an die sich die umstrittensten Auffassungen der G. anschließen:

(4) Die Unterscheidung von *möglichen* und *unmöglichen* Gegenständen. Wenn sowohl die existierenden als auch die bestehenden Gegenstände vollständig sind, so sind (nach ↑Kontraposition) die unvollständigen Gegenstände als weder existierend noch bestehend anzusehen, d.h. die Unterscheidung (2) ist ergänzungsbedürftig. Dabei geht Meinong so weit, nicht nur mögliche Gegenstände, z.B. die eben erwähnten fiktiven, anzuerkennen, sondern auch unmögliche, z.B. ›das runde Quadrat‹. Einem solchen widersprüchlichen Gegenstand komme zwar kein Sein (Existenz oder Bestand) zu, aber ein Sosein, nämlich die Eigenschaft, ›rund‹ und ›quadratisch‹ zu sein (gemäß dem zuerst von E. Mally ausgesprochenen ›Prinzip der Unabhängigkeit des Soseins vom Sein‹). Wiederum entstehen hier keine Probleme, wenn man den Satz ›das runde Quadrat ist sowohl rund als auch quadratisch‹ in der oben angegebenen Weise analysiert als:

$\bigwedge_x(x\varepsilon\text{rundes Quadrat} \rightarrow x\varepsilon\text{rund} \wedge x\varepsilon\text{quadratisch})$.

Bei dieser Analyse ist der Satz analytisch wahr (in Übereinstimmung übrigens mit Meinongs Auffassung). Probleme entstehen erst durch die Vergegenständlichung der Bedeutung von ›das runde Quadrat‹. Im Unterschied zu dieser Analyse besteht die G. darauf, daß es Gegenstände gibt, denen kein Sein zukommt. Hier liegt nur dann kein Selbstwiderspruch vor, wenn man das ›es gibt‹ weiter faßt als das ›Sein‹. Diese Auffassung wird jedoch im allgemeinen abgelehnt. B. Russell hat denn auch die G. trotz anfänglicher Sympathie als widersprüchlich verworfen. Die meisten Logiker und Sprachphilosophen sind ihm hierin gefolgt. In neuerer Zeit fehlt es jedoch nicht an Versuchen (von T. Parsons u.a.) einer widerspruchsfreien Rekonstruktion der G., wobei man sich auf einschränkende Weiterentwicklungen von Mally beruft. Mally selbst freilich hat schließlich den charakteristischen Schritt der G., die Vergegenständlichung von Bedeutungsgehalten (Mally spricht im Anschluß an G. Frege von ›Sinngehalten‹), zurückgenommen (Logische Schriften, 54–62).

Literatur: R.M. Chisholm, Beyond Being and Nonbeing, in: R. Haller (ed.), Jenseits von Sein und Nichtsein. Beiträge zur Meinong-Forschung, Graz 1972, 25–36; J.N. Findlay, Meinong's Theory of Objects and Values, Oxford [2]1963; D. Friedrichs, G., Hist. Wb. Ph. III (1974), 134–135; K. Lambert, Unmögliche Gegenstände. Eine Untersuchung der Meinong-Russell-Kontroverse, in: J.C. Marek u.a. (eds.), Österreichische Philosophen und ihr Einfluß auf die analytische Philosophie der Gegenwart I, Conceptus 11 (1977, Sonderband Nr. 28–30), 92–100; E. Mally, Gegenstandstheoretische Grundlagen der Logik und Logistik, Leipzig 1912; ders., Über den Begriff des Gegenstandes in Meinongs G., Jb. Philos. Ges. Univ. zu Wien 1913, Leipzig 1913, 61–75; ders., Logische Schriften. Großes Logikfragment – Grundgesetze des Sollens, ed. K. Wolf/P. Weingartner, Dordrecht 1971; A. Meinong, Über Gegenstände höherer Ordnung und deren Verhältnis zur inneren Wahrnehmung, Z. f. Psychol. u. Physiol. der Sinnesorgane 21 (1899), 181–271, Nachdr. in: ders., Gesamtausgabe II, ed. R. Haller/R. Kindinger/R.M. Chisholm, Graz 1968, 377–480; ders., Über G., in: ders. (ed.), Untersuchungen zur G. und Psychologie, Leipzig 1904, 1–50, Nachdr. in: ders., Gesamtausgabe II, 481–535; ders., Über die Stellung der G. im System der Wissenschaften, Leipzig 1907, Nachdr. in: ders., Gesamtausgabe V, Graz 1973, 197–365; ders., Selbstdarstellung, in: Die deutsche Philosophie der Gegenwart in Selbstdarstellungen I, ed. R. Schmidt, Leipzig [2]1923, 101–160, bes. 112–120, Nachdr. in: ders., Gesamtausgabe VII, Graz 1978, 1–62, bes. 14–22; T. Parsons, A Prolegomenon to Meinongian Semantics, J. Philos. 71 (1974), 561–580; B. Russell, On Denoting, Mind 14 (1905), 479–493, bes. 482f.; ders., Rezension von: A. Meinong (ed.), Untersuchungen zur G. und Psychologie, Mind 14 (1905), 530–538, bes. 530–533; ders., Rezension von: A. Meinong, Über die Stellung der G. im System der Wissenschaften, Mind 16 (1907), 436–439. G.G.

Gegenstandsvariable, ↑Objektvariable.

Gehalt, empirischer (engl. empirical content), zentraler Terminus vor allem der frühen Wissenschaftstheorie K.R. Poppers. Danach ist der e. G. einer Aussage *a* die Klasse der ↑Basissätze, die mit *a* logisch unverträglich ist, die also *a* falsifizieren (↑Falsifikation) (Popper spricht auch von der ›Klasse seiner Falsifikationsmöglichkeiten‹). Diese negative Bestimmung des e.n G.s ergibt sich aus dem in der Popperschen Falsifikationstheorie begründeten Umstand, daß Sätze um so mehr über die ›Welt‹ aussagen, je mehr sie prinzipiell mit Basissätzen in Widerspruch geraten können. Vom e.n G. einer Aussage *a* unterscheidet Popper dessen *logischen* Gehalt als die Klasse der Aussagen, die von *a* logisch impliziert, aber nicht schon selbst logisch wahr sind. Zwischen logischem und e.m G. bestehen nach Popper gewisse Beziehungen. Z.B. sind logisch gehaltgleiche Aussagen auch empirisch gehaltgleich. Die Umkehrung gilt jedoch nicht in jedem Fall: eine Aussage *a*, die ›metaphysische‹ Ausdrücke enthält, kann einen größeren logischen Gehalt besitzen als eine Aussage *b* ohne solche Ausdrücke, obwohl *a* und *b* durch dieselben Basissätze falsifiziert werden. Der Begriff des e.n G.s setzt voraus, daß es zu einer Theorie bzw. zu einzelnen Aussagen einer Theorie eindeutig bestimmte, diese falsifizierende Basissätze gibt, also eine Lösung des Basisproblems.

Im Rahmen der Zweistufenkonzeption empirischer Wissenschaften stellt sich in der analytischen Wissenschaftstheorie (↑Wissenschaftstheorie, analytische) das Problem der empirischen ↑Signifikanz theoretischer Begriffe (↑Begriffe, theoretische) als Frage danach, welchen Beitrag solche Begriffe zum e.n G. einer Theorie leisten; insbesondere das Problem, ob und wie eine *empirische* Theorie, die theoretische Begriffe enthält, überhaupt von einer nicht-empirischen (z.B. ›metaphysischen‹) Theorie abgegrenzt werden kann (↑Abgrenzungskriterium). Der e. G. einer Theorie wird hier im Gegensatz zu Poppers negativer Bestimmung meist verstanden als die Klasse der von der Theorie logisch implizierten Sätze, die keine theoretischen Begriffe enthalten (also zur ↑Beobachtungssprache gehören) und auch nicht logisch wahr sind. In dieser Bedeutung wird der Terminus ›e. G.‹ z.B. in Untersuchungen zur Ersetzbarkeit theoretischer Begriffe verwendet (↑Craig's Lemma). Gelegentlich schränkt man sich auf atomare Sätze der Beobachtungssprache (Beobachtungssätze) ein, versteht also unter dem e.n G. einer Theorie die Klasse der von der Theorie implizierten, jedoch nicht logisch wahren Beobachtungssätze. Der Begriff des e.n G.s geht auch in die Explikation des Begriffs der wissenschaftlichen ↑Erklärung von C.G. Hempel und P. Oppenheim ein. – Im Rahmen des non-statement-view (↑Theoriesprache) von Theorien faßt man den e.n G. einer Theorie nicht mehr als *Klasse* von Aussagen auf, sondern als den Inhalt einer einzigen unzerlegbaren Aussage, des Ramsey-Sneed-Satzes (↑Ramsey-Satz) einer Theorie.

Unproblematischer, weil rein mit logischen und semantischen Mitteln definierbar, ist der Begriff des logischen Gehalts, für den neben der obigen Popperschen Definition verschiedene andere Explikationen (z.B. von R. Carnap) vorliegen, die alle dem Adäquatheitskriterium genügen, daß logisch äquivalente Aussagen denselben logischen Gehalt besitzen. Metrisierungen des logischen Gehalts von Aussagen spielen in der induktiven Logik (↑Logik, induktive) eine Rolle, aber auch in den späteren Arbeiten Poppers zum Wahrscheinlichkeits- und Wahrheitsbegriff. So greift Popper in seiner Definition der ↑Wahrheitsähnlichkeit auf ein Maß des logischen (und nicht etwa des empirischen) Gehalts von Aussagen zurück.

Literatur: R. Carnap, Introduction to Semantics. Studies in Semantics I, Cambridge Mass. 1942, §23; ders., Logical Foundations of Probability, Chicago 1950, ²1962, §73; ders., Induktive Logik und Wahrscheinlichkeit. Bearbeitet von W. Stegmüller, Wien 1959, 236–238; C.G. Hempel, Deductive-Nomological vs. Statistical Explanation, in: H. Feigl/G. Maxwell (eds.), Scientific Explanation, Space, and Time, Minneapolis 1962, 98–169 (bes. 153–155); K.R. Popper, Logik der Forschung, Wien 1935, Tübingen ⁶1976 (bes. Abschnitt 35); ders., Conjectures and Refutations. The Growth of Scientific Knowledge, London ³1969, 215–250 (Chap. 10: Truth, Rationality, and the Growth of Scientific Knowledge), 385–413 (Addenda. Some Technical Notes). P.S.

Gehlen, Arnold, *Leipzig 29. Jan. 1904, †Hamburg 30. Jan. 1976, dt. Philosoph und Soziologe. 1923–1927 Studium der Philosophie, Germanistik und Kunstgeschichte (daneben auch Physik und Zoologie) in Leipzig (WS 1925/1926 bei N. Hartmann und M. Scheler in Köln), 1927 Promotion bei H. Driesch, 1930 Habilitation und Privatdozent in Leipzig, 1934 o. Prof. (Nachfolger von Driesch) ebendort, 1938 in Königsberg, 1940 in Wien, 1947 an der Hochschule für Verwaltungswissenschaft in Speyer, 1962 an der Technischen Hochschule in Aachen. Von der Freiheitsphilosophie des deutschen Idealismus (↑Idealismus, deutscher), insbesondere J.G. Fichtes, ausgehend, baut G. in seinen Hauptwerken eine philosophische ↑Anthropologie auf, in der er die Ergebnisse der empirischen Wissenschaften, vor allem der Biologen L. Bolk und A. Portmann, verarbeitet

und mit der These M. Schelers von der ›Weltoffenheit‹ des Menschen verbindet.
Auch für seine kultur- und institutionentheoretischen Arbeiten bieten die in seiner Anthropologie ausgebildeten Kategorien den Verständnisrahmen, in dem z.B. Sprache, Kunst, Moral oder Recht aus ihren Ursachen und in ihrem Sinn erklärt werden können. Ausgangspunkt für die Entwicklung dieser Kategorien ist G.s (mit einem Herderschen Terminus formulierte) These, daß der Mensch ein ›Mängelwesen‹ sei. Dies besagt, daß der Mensch auf Grund seiner mangelhaften Organ- und Instinktausstattung in seiner Existenz bedroht ist, und zwar nicht nur, wie die Tiere, als Individuum, sondern auch und vor allem als Gattung. Wo den Tieren für ihren individuellen Lebenskampf deren natürliche Ausstattung die Fähigkeiten und Möglichkeiten zum Überleben liefert, gewinnt die Gattung Mensch diese Fähigkeiten und Möglichkeiten erst durch eigene Anstrengung. G. nennt diese Anstrengung ein *Handeln*, insofern ihr Ergebnis die allgemeinen Bedingungen für das individuelle Tun der Menschen schafft. Weil der Mensch sich durch sein Handeln, mit dem er sich zum überlebensfähigen Individuum macht, vom Tier unterscheidet, definiert ihn G. auch als ›handelndes Wesen‹. Die Aufgabe der Kultur- und Institutionentheorie besteht darin, die verschiedenen Kulturleistungen (wie Sprache, Kunst und Technik) und Institutionalisierungen (wie die Systeme der rechtlichen oder traditionellen Normen) als Handlungsergebnisse zu verstehen, d.h. in ihrer Rolle für die konstitutionelle und generische (bedrohte) Existenzerhaltung der Menschen. G. entwickelt für diese Verständnisbemühung die Kategorien der Entlastung und Führung: Eine jede Kulturleistung oder Institutionalisierung ist daraufhin zu befragen, welche Bemühungen (letztlich stets für die Existenzerhaltung) sie überflüssig macht und welche Ordnungs- bzw. Führungsmöglichkeiten für die dadurch freigesetzten ›Energien‹ sie bereitstellt. In diesem Sinne interpretiert G. auch die Selbstinterpretationen solcher Kulturleistungen und Institutionen (z.B. der Moral und des Rechts, daß sie das Gute oder die Gerechtigkeit, wie sie in autonomen Begründungsbemühungen einsehbar gemacht werden können, verwirklichen wollen) um und sieht in ihnen lediglich Entlastungs- und Führungsleistungen.

Werke: Gesamtausgabe, I–X, Frankfurt 1978ff. (I Philosophische Schriften I [1925–1933], ed. L. Samson, 1978; II Philosophische Schriften II [1933–1938], ed. L. Samson, 1980; VI Kristallisationen, ed. K.-S. Rehberg, 1980; VII Einblicke, ed. K.-S. Rehberg, 1978). – Zur Theorie der Setzung und des setzungshaften Wissens bei Driesch, Leipzig 1927 (Diss.); Wirklicher und unwirklicher Geist. Philosophische Untersuchungen in der Methode absoluter Phänomenologie, Leipzig 1931; Theorie der Willensfreiheit, Berlin 1933, unter dem Titel: Theorie der Willensfreiheit und frühe philosophische Schriften, Neuwied/Berlin 1965; Der Staat und die Philosophie, Leipzig 1935; Deutschtum und Christentum bei Fichte, Leipzig 1935; Der Mensch. Seine Natur und seine Stellung in der Welt, Berlin 1940, Wiesbaden [12]1978; Sozialpsychologische Probleme in der industriellen Welt Tübingen 1949, überarbeitet unter dem Titel: Die Seele im technischen Zeitalter. Sozialpsychologische Probleme in der industriellen Gesellschaft, Hamburg 1957, Reinbeck [15]1976; Urmensch und Spätkultur. Philosophische Ergebnisse und Aussagen, Bonn 1956, Wiesbaden [4]1977; Zeit-Bilder. Zur Soziologie und Ästhetik der modernen Malerei, Frankfurt/Bonn 1960, Wiesbaden [3]1977; Anthropologische Forschung. Zur Selbstbegegnung und Selbstentdeckung des Menschen, Reinbek 1961, 1965; Studien zur Anthropologie und Soziologie, Neuwied/Berlin 1963; Moral und Hypermoral. Eine pluralistische Ethik, Frankfurt/Bonn 1969, Wiesbaden [3]1973.

Literatur: E. Forsthoff/R. Hörstel (eds.), Standorte im Zeitstrom. Festschrift für A. G. zum 70. Geburtstag am 29. Januar 1974, Frankfurt 1974 (mit Bibliographie, 413–425); P. Gelis, Bewußt-Seinskritik. Zum Problem des Bewußtseins in der Anthropologie A. G.s, Gießen 1973; W. Glaser, Soziales und instrumentales Handeln. Probleme der Technologie bei A. G. und Jürgen Habermas, Stuttgart 1972; F. Grenz, Adornos Philosophie in Grundbegriffen. Auflösung einiger Deutungsprobleme. Mit einem Anhang »Ist die Soziologie eine Wissenschaft vom Menschen?«: Ein Streitgespräch von Theodor W. Adorno und A. G., Frankfurt 1974; J. Habermas, Nachgeahmte Substanzialität. Eine Auseinandersetzung mit A. G.s Ethik, Merkur 24 (1970), 313–327; C. Hagemann-White, Legitimation als Anthropologie. Eine Kritik der Philosophie A. G.s, Stuttgart 1973; P. Jansen, A. G.. Die anthropologische Kategorienlehre, Bonn 1975; F. Jonas, Die Institutionenlehre A. G.s, Tübingen 1966; W. Kamlah, Probleme der Anthropologie, eine Auseinandersetzung mit A. G., Die Sammlung 1 (1945), 53–60, 184–192, 247–253; A. Kulenkampff, Über einige problematische Aspekte der Institutionenlehre A. G.s, Frankfurt 1971; W. Ostberg, Sprache und Handlung. Zur frühen Philosophie A. G.s, Diss. Tübingen 1977; W. Rügemer, Philosophische Anthropologie und Gesellschaftskrise. Studie über den Zusammenhang von allgemeiner Krise des Kapitalismus und anthropologischer Grundlegung der Philosophie am Beispiel A. G., Köln 1979; L. Samson, Naturteleologie und Freiheit bei A. G.. Systematisch-historische Untersuchungen, Freiburg 1976; F. Wagner, Ethischer Pluralismus? Erwägungen zu A. G.s ›Moral und Hypermoral‹, Z. f. Evang. Ethik 18 (1974), 21–37; J. Weiß, Weltverlust und Subjektivität. Zur Kritik der Institutionenlehre A. G.s, Freiburg 1971. – A. G. zum Gedächtnis. Vorträge vom 21. Juni 1976 in der Hochschule für Verwaltungswissenschaften Speyer, Berlin 1976. O. S.

Gehtmanscher Doppelschluß, in Anlehnung an die englische Bezeichnung ›Gethman rule‹ häufig mißverständlich rückübersetzt und mannieristisch reduziert zu ›Gethmannscher Doppelschluß‹. Von J.J. Feinhals (Javanische Grammatik auf Grund eigener Kenntnis, Amsterdam 1729, 376) eingeführte Bezeichnung für die Propositionenform:

$$(A \to B) \to ((\neg A \to B \vee A) \to B \vee C)$$

bzw. das entsprechende Schlußschema

$$A \to B \prec (\neg A \to B \vee A) \to B \vee C$$

(in Worten: geht man davon aus, daß wenn *A*, dann *B*, dann: geht man davon aus, daß geht man davon aus, daß wenn nicht *A*, dann *B* oder *A*, dann *B* oder *C*).

Geht man von der konstruktiven (intuitionistischen) Logik (↑Logik, konstruktive) aus, so ist dieses Schema nicht ↑allgemeingültig. Geht man dagegen von der klassischen Logik (↑ Logik, klassische) aus, ist es allgemeingültig. Am G.n D. läßt sich die Verdunkelung eines pragmatischen Fundaments der Logik, welche die jetztzeitig dominierende (klassische) Semantik des ↑Subjunktors zur Folge hat, exemplarisch demonstrieren.

Literatur: C.F. Gethmann, Zur Pragmatik des konstruktiven Subjunktors, Z. philos. Forsch. 34 (1980); F. Kambartel, Der G.D., Ms. Konstanz 1979; G. Wolters (ed.), Jetztzeit und Verdunkelung. Festschrift für Jürgen Mittelstraß zum vierzigsten Geburtstag, Konstanz 1976. F.K.

Geiger, Moritz, *Frankfurt 26. Juni 1880, †Seal Harbour Maine 9. Sept. 1937, dt. Philosoph. Studium vor allem der Philosophie und Psychologie in München (1898–1901), Leipzig (bis 1902, unter anderem bei W. Wundt); 1904 Promotion in München bei T. Lipps, 1907 Habilitation, 1915 a.o. Prof. der Philosophie in München, 1923 o. Prof. in Göttingen. Mitherausgeber des »Jahrbuchs für Philosophie und phänomenologische Forschung« (1913–1930). 1933 emigrierte G., der einer jüdischen Familie entstammte, in die USA, wo er am Vassar College in Poughkeepsie N.Y. lehrte.

G. schrieb über Psychologie, insbesondere über den Begriff des Unbewußten, über Grundlagen der Mathematik, wobei er eine ›Wesensaxiomatik‹ aufstellte, und vor allem über phänomenologische Ästhetik, als deren bedeutendster Vertreter im ersten Drittel des 20. Jahrhunderts er gilt. G. bekannte sich dabei zu der phänomenologischen Methode des frühen E. Husserl (vor allem der »Logischen Untersuchungen«), wie sie im »Münchner Kreis« um A. Pfänder gepflegt wurde. Gegen die herrschende zeitgenössische psychologische Ästhetik versteht G. die Ästhetik als Wissenschaft vom ästhetischen Wert. Sein ›Realismus der unmittelbaren Einstellung‹ wollte ohne eine Analyse der bereitzustellenden Beschreibungs-, Deutungs- und Erklärungsmittel ›die reine Selbstgegebenheit‹ der Dinge ›zu Worte kommen‹ lassen. In seinen Spätschriften anerkennt G. neben dem wissenschaftlichen Zugang zur Welt auch einen ›existenziellen‹, wie er vor allem durch K. Jaspers formuliert worden ist, als philosophisches Problem.

Werke: Methodische und experimentelle Beiträge zur Quantitätslehre, Psychol. Unters. 1 (1907), 325–522; Beiträge zur Phänomenologie des ästhetischen Genusses, Jb. Philos. phänomen. Forsch. 1 (1913), 567–684 (repr. Tübingen 1974), separat Halle 1913, [2]1922; Fragment über den Begriff des Unbewußten und die psychische Realität. Ein Beitrag zur Grundlegung des immanenten psychischen Realismus. Edmund Husserl zum 60. Geburtstag gewidmet, Jb. Philos. phänomen. Forsch. 4 (1921), 1–137, separat Halle 1930; Die philosophische Bedeutung der Relativitätstheorie. Vortrag, gehalten im I. Zyklus gemeinverständlicher Einzelvorträge, veranstaltet von der Universität München, Halle 1921; Systematische Axiomatik der Euklidischen Geometrie, Augsburg 1924; Zugänge zur Ästhetik, Leipzig 1928; Alexander Pfänders methodische Stellung, in: E. Heller/F. Löw (eds.), Neue Münchener philosophische Abhandlungen. Alexander Pfänder zum 60. Geburtstag, Leipzig 1933, 1–16; Die Wirklichkeit der Wissenschaften und die Metaphysik, Bonn 1930 (repr. Hildesheim 1966); An Introduction to Existential Philosophy, ed. H. Spiegelberg, Philos. Phenomen. Res. 3 (1942/1943), 255–278; Die Bedeutung der Kunst. Zugänge zu einer materialen Wertästhetik. Gesammelte, aus dem Nachlaß ergänzte Schriften zur Ästhetik, ed. K. Berger/W. Henckmann, München 1976.

Literatur: M. Beck, Die neue Problemlage der Ästhetik, Z. Ästh. allg. Kunstwiss. 23 (1929), 305–325; A. Métraux, Zur phänomenologischen Ästhetik M.G.s, Stud. Philos. 28 (1968), 68–92; ders., Edmund Husserl und M.G., in: H. Kuhn/E. Avé-Lallemant/R. Gladiator (eds.), Die Münchener Phänomenologie. Vorträge des Internationalen Kongresses in München 13.–18. April 1971, Den Haag 1975, 139–157; P. Moos, Die deutsche Ästhetik der Gegenwart. Versuch einer kritischen Darstellung, Berlin 1931, 158–174; N.R. Orringer, Esthetic Enjoyment in Ortega y Gasset and in G., A Newly Discovered Source, Rev. litt. comparée 48 (1974), 33–56; H. Spiegelberg, The Phaenomenological Movement. A Historical Introduction I, The Hague 1960, 206–218; H. Zeltner, M.G. zum Gedächtnis, Z. philos. Forsch. 14 (1960), 452–466. O.S.

Geist (griech. πνεῦμα, lat. spiritus, mens. hebr. ruach, engl. mind, franz. esprit), zentraler philosophischer Ausdruck seit dem deutschen Idealismus, den man insgesamt als eine Philosophie des G.es charakterisieren kann (↑Idealismus, deutscher). Philosophische Entwürfe, die den G.begriff in das Zentrum ihrer Überlegungen stellen, stehen vor mehreren Schwierigkeiten, die sich aporetisch verdichten können: (1) Die Rede über ein Sein, das sich dem direkten sinnlichen Zugang entzieht (Immaterialität), wirft Probleme bei der Einführung der zu Bestimmung der Seinsweisen des Geistigen erforderlichen Terminologie auf (↑Termini, noologische). Zwar gilt das Sein geistiger Akte dem einzelnen auf Grund des selbstreflexiven Tuns als gewiß, die Übertragung der Inhalte dieser Gewißheit auf den anderen ist jedoch nicht ohne den Umweg über die nicht-geistige Wirklichkeit (körperliche Welt und Sprechen) möglich. Nur dadurch, daß man bestimmte Gegenstände der sinnlich faßbaren Welt in ihrem Bestehen ursächlich auf geistige Akte anderer analog der eigenen Selbsterfahrung mit der Herstellung von Gegenständen bezieht, wird es möglich, geistige Intersubjektivität überhaupt anzunehmen. Die Vermittlung der G.er erfolgt über das äußere Dasein. In seiner ganzen Schärfe ergibt sich das Problem der ↑Intersubjektivität dann, wenn man die äußere Welt selbst als eine subjektive Konstitutionsleistung annimmt. Fremdgeistigkeit muß dann monadisch mitkonstituiert werden. G.philosophien auch unterschiedlicher Provenienz haben so stets eine solipsistische Tendenz (↑Solipsismus). – (2) Im Unterschied zu *natürlichen* Gegebenheiten müssen in bezug auf den G. dessen Abhängigkeit von *Bildungen* berücksichtigt werden. In einem säkularisierten Philosophieren läßt sich nur die bloße Potenz zu geistiger Entwicklung als von Natur gegeben annehmen. ↑Bildung erfolgt jedoch gerade über intersubjektive Einwirkung, die in der Sprache ihr ausgezeichnetes Medium hat. Unter genetischen Gesichtspunkten ist man also gezwungen, den G. gerade als ein gewirktes Sein und nicht als den Grund aller Konstitution anzunehmen. Insbesondere die G.spekulationen G.W.F. Hegels sind der Lösung dieses konstitutionstheoretischen Dilemmas gewidmet.

Historisch hat der G.begriff einen doppelten Ursprung: (1) Im *vorphilosophischen* Gebrauch bedeutet G. den Seinsgrund des Lebendigen, er wird dabei wohl schon in mythischer Zeit, jedenfalls in einigen Hochreligionen, als ein besonderer *Stoff* charakterisiert (Luft, Hauch, Atem), dessen Fehlen die Aufhebung des Lebens selbst einschließt. Sowohl das biblische ›ruach‹ als auch das griechische ›πνεῦμα‹ (↑Pneuma) und das lateinische ›spiritus‹ weisen in diese Richtung. Die stofflich-materielle Charakterisierung des Lebensprinzips wird auch in der philosophischen Literatur materialistischer Prägung (z.B. in den Stoa), vor allem aber in der Medizin tradiert. (2) in *philosophischer* Reflexion bedeutet G. eine als immateriell gedachte Substanz, die in einer weiteren Bedeutung (a), und hierin liegen theologische Implikationen, ursächlich für die Gesamtordnung der Welt ist und in einer engeren Bedeutung (b) die Gesamtheit bzw. den Grund der oberen Erkenntnisleistungen des Menschen umfaßt. Die philosophische Bestimmung des G.begriffs schließt an die Logosspekulationen der griechischen antiken Philosophie (↑Nus) an. – Trinitarische Spekulationen um den Heiligen G. sind dafür verantwortlich, daß das christliche Mittelalter mit A. Augustinus Gott mit dem immateriell gedachten G. identifiziert und den Ausdruck ›spiritus‹ entsprechend umbestimmt. Die Identifizierung des G.es mit Gott bewirkt eine *personale* Prägung, die als Vorbereitung für die neuzeitliche G.philosophie gelten darf. Diese erhofft die Strukturerhellung des G.es von einer Selbstbewußtseinsanalytik, die in wesentlicher Hinsicht Bestimmungen, die das Mittelalter Gott zuspricht, wiederholt.

Eine zentrale Stellung für die neuzeitliche Entwicklung des G.begriffs nimmt R. Descartes ein. In dessen Zweisubstanzenlehre (↑res cogitans/res extensa, ↑Dualismus) werden der res cogitans diejenigen Bestimmungen zugeschrieben, die in der Metaphysik bestimmend bleiben. Es sind dies (a) die *Immaterialität* des G.es, (b) der Einbezug des *Willens* und damit zusammenhängend die Problematik der Wirksamkeit der geistigen Vermögen in der äußeren Welt, (c) die *Selbstbewußtseins*charakteristik des G.es und damit dessen *Selbstgewißheit* und *Monadizität* (G.W. Leibniz). Seit Descartes datiert auch die philosophische Rede von der prinzipiellen Gegensätzlichkeit von G. und Materie (Natur), die für die duale Entwicklung der modernen Wissenschaft als ↑Naturwissenschaft und ↑Geisteswissenschaft prägend geworden ist. An Descartes schließen in jeweils einseitiger Gewichtung des dualistischen Ansatzes B. Spinoza, Leibniz, G. Berkeley, N. Malebranche und vermittelt auch die deutsche rationalistische Metaphysik (C. Wolff, A.G. Baumgarten u.a.) an. Im Rahmen der Schulmetaphysik ist die rationale Psychologie (psychologia rationalis) der Untersuchung des G.es gewidmet. Für J. Locke (Essay IV, 1–2) ist G. (mind) das substantiell gedachte allgemeine Erkenntnisvermögen, das alle seine Inhalte originär aus der Erfahrung zieht. In der französischen Philosophie tritt der G.begriff (esprit) im 18. Jahrhundert in die Nähe des Geniebegriffs (↑Genie). Bei I. Kant hat der G.begriff keinen systematischen Stellenwert. In den »Träumen eines G.ersehers, erläutert durch Träume der Metaphysik« (Akad.-Ausg. II, 321 f.) werden G.er als immaterielle vernunftbegabte Wesen definiert, von denen prinzipiell nicht ausgemacht werden kann, daß sie existieren. Später wird gelegentlich (vgl. Verkündigung des nahen Abschlusses eines Tractacts zum ewigen Frieden in der Philosophie, Akad.-Ausg. VIII, 417) die der menschlichen Seele beigegebene Vernunft ›G.‹ genannt. In der »Kritik der Urteilskraft« (§49, Akad.-Ausg. V, 313f.) wird der G. als das Vermögen des genialen Gemüts ausgezeichnet, ›ästhetische Ideen‹ zur Darstellung zu bringen. Er ist in dieser Bedeutung gerade ein den Vernunftbegriff überschreitendes, weil belebendes Prinzip.

Bei J.G. Fichte, der den Ausdruck ›G.‹ ebenfalls nicht häufig verwendet, wird der G. unmittelbar mit dem sich als Einheit konstituierenden ↑Selbstbewußtsein identifiziert, das ein Produkt unseres Denkens ist (Rückerinnerung, Antworten, Fragen, Ausgew. Werke III, 231f.). Die Explikation der Struktur des G.es ergibt sich in einer Analytik des Selbstbewußtseins. Ehemals Gott zugeschriebene Vermögen der Selbsthervorbringung werden nun dem G., »der in sich selber gegründeten Lebendigkeit des Gedankens« (Die Anweisung zum seligen Leben, Ausgew. Werke V, 122) zugesprochen. Die Konstitutionstheorie Kantischer Provenienz erfährt bei Fichte einen Wandel zu einer Hervorbringungstheorie. Im Anschluß an Fichte ist für F.W.J. Schelling der G. dasselbe wie das Selbstbewußtsein (Abhandlungen zur Erläuterung des Idealismus der Wissenschaftslehre, Sämtl. Werke I, 366ff.). Auch bei Schelling wird der G. als selbstkonstituierendes Sein charakterisiert (Ideen zu einer Philosophie der Natur, Sämtl. Werke II, 39). Er wird prozessual, er hat eine Geschichte, in der er zur Anschauung seiner selbst kommt (↑Anschauung, intellektuelle) (Abhandlungen ..., Sämtl. Werke I, 382f.); er wird als »*ursprünglichste Vereinigung von Unendlichkeit und Endlichkeit*« (ebd., 367) definiert, indem er für sich selbst nur im Akte der Verendlichung Objekt zu werden vermag. Bei Schelling deuten sich zentrale Bestimmungen an, die für G.W.F. Hegels geistphilosophisches Gesamtkonzept bestimmend werden. Es sind dies: (1) *Überindividualität* bei gleichzeitiger Beibehaltung der Selbstbewußtseinscharakteristik, (2) *Prozessualität* und *Geschichtlichkeit,* (3) Durchgang durch die *Verendlichung im Selbstwerdungsgange,* (4) *Handlungsbezogenheit* und *Voluntativität* (ebd., 395). Die Differenz zu Schelling liegt darin, daß Hegel an die Stelle der Realisierung der ›intellektuellen Anschauung‹ das philosophische ↑›Begreifen‹ als den höheren geistigen Modus des ›absoluten G.es‹ stellt und damit insgesamt eine Abwendung von einem kunstphilosophischen Konzept vollzieht. Die entscheidende Erweiterung der G.bestimmung erfolgt in der »Phänomenologie des Geistes«, in der als Ort der Selbstbestimmung des G.es die Erfahrung mit dem anderen Selbstbewußtsein (»*Ich*, das *Wir*, und *Wir* das *Ich* ist«) bestimmt wird (Sämtl. Werke II, 147). Durch den dialektischen Einbezug des anderen (↑Andere, der) in den Begriff des G.es versucht Hegel die aporetischen Implikationen, die dem noch stärker konstitutionstheoretischen Ansatz seiner unmittelbaren Vorgänger eigentümlich waren, aufzulösen. Er weitet den G.begriff unter explizitem Anschluß an die theologische Tradition kosmologisch aus. Unter dem Prinzip des G.es wird die Natur als Entwicklung zum G. begriffen (Enc. phil. Wiss. II §381, Sämtl. Werke X, 19). Die Entwicklung des G.es selbst vollzieht sich in den Sphären des subjektiven (↑Geist, subjektiver), des objektiven (↑Geist, objektiver) und des absoluten (↑ Geist, absoluter) G.es.

In der kulturphilosophischen Tradition des 20. Jahrhunderts (H. Dreyer, G. Simmel, R. Kroner, H. Freyer, E. Spranger, T. Litt u.a.) wird G. zumeist im Anschluß an Hegels Theorie des objektiven G.es als Gemeinschaftsbewußtsein gefaßt. Als kulturphilosophische Kategorie steht der G.begriff ferner im Zentrum der wissenschaftsmethodologischen Überlegungen des südwestdeutschen ↑Neukantianismus (W. Windelband, H. Rickert). Allerdings wird hier ›G.‹ im Unterschied zu ›Natur‹ nicht mehr begriffsrealistisch, d.h. dem wissenschaftlichen Zugriff vorgängig, definiert. Eine relevante Unterscheidung von G. und Natur wird erst bezüglich unterschiedlicher Methoden der Theoriebildung, die sich ihrerseits wiederum aus einem unterschiedlichen wertideen- bzw. gesetzesorientierten Erkenntnisinteresse herleiten, getroffen. M. Weber und W. Sombart haben diese methodisch getroffenen Unterscheidungen weitgehend übernommen. Eine umfassende G.theorie findet sich bei N. Hartmann (Das Problem des geistigen Seins. Untersuchungen zur Grundlegung der Geschichtsphilosophie und der Geisteswissenschaften, Berlin 1933, ³1962), der in einem Schichtenmodell, in dem der G. die höchste Stufe einnimmt, den personalen, den objektiven und den objektivierten G. unterscheidet. Der G. wird dem Bewußtsein als verbindendes Prinzip konfrontiert. Die moderne analytische Philosophie (insbesondere G. Ryle) diskutiert die Problematik des G.begriffs in der so genannten ↑›philosophy of mind‹.

Literatur: G. Class, Untersuchungen zur Phänomenologie und Ontologie des menschlichen G.es, Leipzig 1896; W. Cramer, Grundlegung einer Theorie des G.es, Frankfurt 1957, [3]1975; H. Dreyer, Der Begriff G. in der deutschen Philosophie von Kant bis Hegel, Berlin 1908; R. Eucken, Die Einheit des G.eslebens, Leipzig 1888, Berlin [2]1925; K. Groos, Von der Seele zum G., Z. dt. Kulturphilos. 4 (1938), 244–268; T. Haering, Bemerkungen zum Begriff des geistigen Seins, Z. philos. Forsch. 11 (1957), 338–356; S. Hampshire (ed.), Philosophy of Mind, New York 1966; R. Hildebrand, G., Halle 1926; J. Hoffmeister, Zum G.begriff des deutschen Idealismus bei Hölderlin und Hegel, Dt. Vierteljahresschr. Lit. wiss. 10 (1932), 1–44; A. J. P. Kenny u.a., The Nature of Mind, Edinburgh 1972 (The Gifford Lectures 1971/1972); ders. u.a., The Development of Mind, Edinburgh 1973 (The Gifford Lectures 1972/1973); R. Kroner, Die Selbstverwirklichung des G.es, Tübingen 1928; T. Litt, Individuum und Gemeinschaft. Grundfragen der sozialen Theorie und Ethik, Leipzig 1919 (ab. 2. Aufl. 1924 mit neuem Untertitel: Grundlegung der Kulturphilosophie), [3]1926; ders., Hegels Begriff des ›G.es‹ und das Problem der Tradition. Stud. Gen. 4 (1951), 311–321; L. Norpoth, Der pseudoaugustinische Traktat De spiritu et anima. Eine textkritische literaturhistorische und philosophisch-geschichtliche Untersuchung, Diss. München 1924, Köln [2]1971; H. Oberer, Vom Problem des objektivierten G.es. Ein Beitrag zur Theorie der konkreten Subjektivität im Ausgang von Nicolai Hartmann, Köln 1965 (Kant-St. Erg.-hefte 90); L. Oeing-Hanhoff u.a., G., Hist. Wb. Ph. III (1974), 154–204; H. Siebeck, Neue Beiträge zur Entwicklungsgeschichte des G.begriffs, Arch. Gesch. Philos. 27 (1914), 1–16; E. Spranger, G. und Seele, Bl. dt. Philos. 10 (1937), 358–383; ders., Das Echte im objektiven G., in: H. Heimsoeth/R. Heiss (eds.), Nicolai Hartmann. Der Denker und sein Werk, Göttingen 1952, 29–46; J. Teichman, The Mind and the Soul. An Introduction to the Philosophy of Mind, London/New York 1974. S.B.

Geist, absoluter, in G. W. F. Hegels ›Philosophie des Geistes‹ (Enc. phil. Wiss. III, Sämtl. Werke X, 446–476) die dritte auf den ›subjektiven‹ (↑Geist, subjektiver) und den ›objektiven Geist‹ (↑Geist, objektiver) folgende Entwicklungsstufe, die sich ihrerseits in die ›Kunst‹, die ›Religion‹ und die ›Philosophie‹ gliedert. In der Geistphilosophie insgesamt ist der Gegenstand der geistigen Erfassung der Geist selbst. Insofern er sich selbst vorfindet und seine ›Vermögen‹ expliziert, ist er ›subjektiver Geist‹; insofern er auf der erreichten Stufe des Wissens von sich und seiner ›Freiheit‹ sich *willentlich* eine Sphäre des Daseins gibt, deren höchste Gestaltung die sittliche Welt ist, ist er ›objektiver Geist‹; insofern er seine Identität als *Wissen* von sich konstituiert und sich dabei ›frei‹ von seinen eigenen Hervorbringungen abhebt, ist er a. G. (ebd. X, 39–41). Der Geist ist absolut, wenn sein ›Begriff‹ von sich zugleich seine ›Realität‹ ist, wenn er seine eigene Vorfindlichkeit und seine Welterzeugung zugleich nur als ›endliche‹ Durchgangs- und Erfahrungsstufen identifiziert, von denen er sich unabhängig weiß, jedoch zugleich mit dem Wissen verbunden, daß ohne den Durchgang durch die ›Endlichkeit‹ sein eigener Begriff von sich ›abstrakt‹ in sich zusammenfällt (ebd. X, 41–45). Die Weisen, in denen er sich seiner selbst vergewissert, sind die ›Kunst‹, in der er sich ›anschaut‹, die ›Religion‹, in der er sich ›vorstellt‹ und die ›Philosophie‹, in der er sich ›begreift‹. Da nur die ›Philosophie‹ in der Lage ist, die endlichen Gestaltungen in ihrer Totalität zu vergegenwärtigen – die ›Kunst‹ etwa kann Gestaltungen, die selbst schon begrifflich vermittelt sind (z.B. die ›bürgerliche Gesellschaft‹ und den ›Staat‹) im Medium der Anschaulichkeit nicht fassen –, ist sie die höchste Form der Selbstvergegenwärtigung des Geistes. Sie ist gegenüber der ›Religion‹ noch dadurch ausgezeichnet, daß sie selbst diese (als ›Philosophie der Religion‹), die ›Kunst‹ (als ›Philosophie der Kunst‹) und darüber hinaus sich selbst (als ›Logik‹) im begrifflichen Medium zu erfassen vermag. In dieser Aufgabenstellung weist sie wegen der Ungewißheit ihres Weges Offenheit des Horizonts aus (vgl. G. W. F. Hegel, Konzept der Rede beim Antritt des philosophischen Lehramtes an der Universität Berlin, in: ders., Werke in zwanzig Bänden, Frankfurt 1969–1971, X [1970], 405–416).

Literatur: M. Theunissen, Hegels Lehre vom a.n G. als theologisch-politischer Traktat, Berlin 1970. S. B.

Geist, objektiver (engl. objective mind), in G. W. F. Hegels »Philosophie des Geistes« das System aller Daseinsformen des freien Willens, zwischen dem ›subjektiven‹ (↑Geist, subjektiver) und dem ›absoluten Geist‹ (↑Geist, absoluter) stehend. Im ›Willen‹ verläßt der Geist seine ›subjektive‹ Sphäre. Er sucht der vorgefundenen Welt, die keine Geiststruktur hat und so für den Geist eine Schranke ist, eine geistige Form zu geben bzw. selbst Inhalte in der Welt hervorzubringen. Der Zweck dieser Tätigkeit ist die Aufhebung der Fremdheit der Welt und der Übergang in eine selbsterzeugte geisthafte Gegenständlichkeit, in der es der ›Wille‹ nur noch mit seinen eigen Produktionen zu tun hat. Der individuelle Wille kann für sich allein genommen auf Grund seiner unhinterschreitbaren Gegebenheitsstruktur den Übergang zum o.n G. nur in defizienter Form als moralisches Subjekt leisten. Nur als allgemeiner überindividueller Wille vermag sich der Geist ein genuines Dasein zu geben. Dieses Dasein ist der ›Staat‹. – Insofern der Wille in der Arbeit am vorgefundenen Dasein (Bedürfnis, äußere Welt, der Andere, vgl. Enc. phil. Wiss. III, Sämtl. Werke X, 382) die Geisthaftigkeit nur als aufgeprägte Form (›formell‹) zu realisieren vermag, muß er sich unter der Zwecksetzung, in seinen eigenen Produktionen sich zu finden, auch seinen Inhalt selbst hervorbringen. Hierin ist er frei und seine Freiheit sein Inhalt (»der freie Wille, der den freien Willen will«, Rechtsphilos. §27, Sämtl. Werke VII, 78). Das System der ›formellen‹ Realisierung des Willens ist die ›bürgerliche Gesellschaft‹, deren Inhalt die vorgegebene ›äußerliche Objektivität‹ bleibt. Ein Dasein ist o. G. nur der Form oder auch dem Inhalt nach. Insofern es überhaupt o. G. ist, ist es ›Recht‹ (Enc. phil. Wiss. III, Sämtl. Werke X, 383) und hierin normativ im Rückgriff auf das Prinzip des freien Willens beurteilt. Die Realisierung des allgemeinen und freien Willens geschieht in der Weltgeschichte (Rechtsphilos. §341 ff., Sämtl. Werke VII, 446ff.). – Der o. G. ist die daseinsmäßige Entfaltung des freien und allgemeinen Willens in der Geschichte.

In Hegels Lehre vom o.n G. verschränken sich unterschiedliche Traditionen. In einer Rezeption der Aristotelischen Philosophie tritt zuvörderst der Bereich des Politischen als eine Form des o.n G.es in den Blick. Den Staat als eine Daseinsform des freien und allgemeinen Willens zu fassen, verdankt sich dem Einfluß J.-J. Rousseaus; schon F. W. J. Schelling hatte den Geist prozessual definiert. Eigentümlich bleibt für Hegel jedoch der Versuch, unter dem Primat der politischen Sphäre eine systematische und normative Institutionenlehre unter Einschluß der ›bürgerlichen Gesellschaft‹ (↑Gesellschaft, bürgerliche) zu entwerfen. K. Marx' »Kritik des Hegelschen Staatsrechts« (1843) (MEW I, 203–333), die unter Aufgabe der begriffsphilosophisch sich entwickelnden Hegelschen Dialektik das Verhältnis von ›formeller‹ (bürgerliche Gesellschaft) und ›wahrer Allgemeinheit‹ (Staat) realdialektisch uminterpretiert, kann als der Versuch gewertet werden, die politischen Institutionen ihres objektiven Geistcharakters zu entkleiden.

Mit der von W. Dilthey eingeleiteten Hegelrenaissance zu Anfang des 20. Jahrhunderts kommt die Wendung ›o. G.‹ wieder in Gebrauch, wobei häufig für die überindividuellen geschichtlichen Formungen auch nur der Ausdruck ↑›Geist‹ steht. Vor allem G. Simmel und H. Freyer definieren den Ausdruck ›o. G.‹ neu. In ihrer kulturphilosophischen Ausrichtung gehen sie über seine eingeschränkt politische Bedeutung hinaus; ferner heben sie im Rückgriff auf historistische Traditionen seine normative Fundierung im Freiheitsbegriff auf. Auch werden die bei Hegel dem absoluten Geist zugehörigen Sphären der Kunst, Religion und Wissenschaft (Philosophie) weitgehend unter den o.n G. subsumiert. Nach Simmel (Der Begriff und die Tragödie der Kultur, in: ders., Das individuelle Gesetz. Philosophische Exkurse, ed. M. Landmann, Frankfurt 1968, 116–147) ist o. G. die Gesamtheit derjenigen Gebilde (Kunst, Sitte, Wissenschaft, zweckgeformte Gegenstände, Religion, Recht, Technik, gesellschaftliche Normen), die geistiges, historisches und überindividuelles Erzeugnis sind und zum Zwecke der Personwerdung des Individuums (›Kultivierung‹) bestehen. O. G. ist Definiens der ↑Kultur, insofern diese der Bildungsprozeß des subjektiven Geistes am o.n G. ist (›Strömung von Subjekten durch Objekte zu Subjekten‹). In seiner Interpretation der Marxschen Lehre vom Warenfetisch (↑Warenfetischismus, ↑Verdinglichung) ist Simmel einer der ersten Kulturtheoretiker, der auf die Verselbständigungstendenz der Formen des o.n G.es (›geronnener Geist‹) in immanenter Richtung gegen die Kultur selbst hingewiesen hat. – Freyer, der in phänomenologischer Analyse den o.n G. als eine der Formen des Gegenstandsbewußtseins überhaupt entwickelt, schließt unmittelbar an Simmel an. Gebilde sind dann o. G., wenn im Objektivationsschritt geistige Bedeutungsgehalte als ›Form‹ dem Erlebnisverlauf gegenüberstehen und auf ihn zurückwirken (Theorie des objektiven Geistes. Eine Einleitung in die Kulturphilosophie, Leipzig/Berlin ^{3}1934 [repr. Darmstadt 1966], 53 f.). Freyer unterscheidet, gegliedert nach dem Richtungscharakter der Objektivation, fünf Formen des o.n G.es: Gebilde, Gerät, Zeichen, Sozialform, Bildung (ebd. 55). Das Verhältnis des subjektiven Geistes zu den Formen des o.n G.es faßt er als ›gegenständliche Hermeneutik‹. Als ›Kultur‹ ist eine jeweilige Struktureinheit von Formen o.n G.es zu definieren.

Umfassend analysiert N. Hartmann (Das Problem des geistigen Seins. Untersuchungen zur Grundlegung der Geschichtsphilosophie und der Geisteswissenschaften, Berlin 1933, ^{2}1949) das Verhältnis von ›personalem‹, ›objektivem‹ und ›objektiviertem Geist‹. ›O. G.‹ ist der individuelle Gemeingeist, der sich in den geschichtlichen Gestaltungen des Rechts, der Sitte, der Sprache, des politischen Lebens, des Glaubens, der Moral, des Wissens und der Kunst fassen läßt (186). Vermittelt wird er in den individuellen Geistern, die er jedoch seinerseits selbst prägt. Er wird tradiert, hat selbst kein Bewußtsein und ist demgemäß nicht als eine personale Instanz definierbar. Insofern er der Wandlung unterworfen ist, ist er lebendiger Geist. An Hegels Konzept des o.en G.es kritisiert Hartmann die metaphysische Substantialisierung und insbesondere die Bindung an den Freiheitsbegriff. Der o. G. kann sich verirren (338f.). Er ist nicht von vornherein der normative und unhinterschreitbare Orientierungsrahmen des ›personalen Geistes‹. Der o. G. ist vom ›objektivierten‹, gegenständlich gewordenen Geist zu unterscheiden, der als unlebendige Gestalt dem Wandel enthoben wird. Vor allem die Schöpfungen des Schrifttums und der Kunst sind ›objektivierter Geist‹ (407). S. B.

Geist, subjektiver, in G. W. F. Hegels ›Philosophie des Geistes‹ (Enc. phil. Wiss. III, Sämtl. Werke X, 46–381) die erste Stufe, in der der Geist in ein Verhältnis zu sich selbst tritt. Die philosophie des s.n G.es bezeichnet die Übergangsstufe von der Philosophie der Natur zur Philosophie der Freiheit und hat demgemäß eine eigentümliche Spannung. Sie behandelt (1) den aus der Natur hervorgehenden Geist und ist hierin *Anthropologie;* sie behandelt (2) den seine eigene Leibgebundenheit überwindenden Geist, der sich bewußtseinsmäßig als im Gegensatz zu einer vorgefundenen Welt stehend erfährt und sich als selbständige, wenngleich abstrakte und leere Identität erhält und ist hierin *Phänomenologie;* sie wendet sich (3) dem nur noch sich selbst reflektierenden Geist zu, der sich als ›für sich selbst seiende Vernunft‹ in den Modi der ›Intelligenz‹ und des ›Willens‹ erkennt und ist hierin *Psychologie* (ebd. X, 47–52). Die Philosophie des s.n G.es ist die eigentliche Hegelsche Lehre vom individuellen Menschen und behandelt seine ›Vermögen‹. Bis auf die Episode des ›anerkennenden Selbstbewußtseins‹ (ebd. X, 280–292), in der das Selbstverhältnis durch die Anerkennung des anderen Selbstbewußtseins erfolgt, kommt ein interaktiver Bezug nicht in Betracht. Die subjektive Geistlehre schließt unmittelbar an die rationale Psychologie des 18. Jahrhunderts an und entwickelt demgemäß neben der Seelenlehre auch die Noologie. Sie dient bei Hegel der Vorklärung der später in der objektiven (↑Geist, objektiver) und absoluten (↑Geist, absoluter) Geistphilosophie verwendeten Terminologie. Sie kulminiert in dem sich eine seinem eigenen Wollen gemäße Welt schaffenden Geist, dem Willen, der sich selber will (ebd. X, 379f.) und wird hierin ›objektiver Geist‹.

Es wäre verfehlt, die Hegelsche subjektive Geistphilosophie als vollständige Lehre vom individuellen Menschen zu verstehen. Der individuelle Mensch erfährt seinen ihm eigentümlichen Steigerungshöhepunkt im Wollen seines eigenen individuellen Willens und gehört damit der ›objektiven‹ Geistbestimmung zu (ebd. X, 391–397) (↑Moralität, ↑Geist, objektiver). Gleichwohl behandelt die subjektive Geistphilosophie nichts anderes als den individuellen Menschen und zwar in den Modi seiner über die Medien von ↑›Allgemeinheit‹, ↑›Freiheit‹ und ↑›Geschichtlichkeit‹ noch nicht vermittelten Identität. Mit dem Entwurf eines isolierten selbsterfahrenden Subjekts ist Hegel noch der politischen Tradition des modernen Naturrechts (T. Hobbes, J. Locke, J. G. Fichte) verpflichtet. Eine Einbettung der subjektiven Geistphilosophie in den Zusammenhang der objektiven Geistphilosophie hätte der untrennbaren Verwobenheit von subjektiven Vermögen einerseits und sozialer, kultureller und politisch verfaßter geschichtlicher Welt andererseits adäquater Rechnung getragen.

Literatur: J. Dürck, Die Psychologie Hegels, Bern 1927; J. E. Erdmann, Leib und Seele nach ihrem Begriff und ihrem Verhältniss zueinander. Ein Beitrag zur Begründung der philosophischen Anthropologie, Halle 1837, [2]1849; I. Fetscher, Hegels Lehre vom Menschen. Kommentar zu den Paragraphen 387 bis 482 der Enzyklopädie der philosophischen Wissenschaften, Stuttgart-Bad Cannstatt 1970; J. Hessing, Zelfbewustwording des geestes, Amsterdam 1925 (dt. Das Selbstbewußtwerden des Geistes, Stuttgart 1936); J. van der Meulen, Hegels Lehre von Leib, Seele und Geist, Hegel-Stud. 2 (1963), 251–274; F. Nicolin, Hegels Arbeiten zur Theorie des s.n G.es, in: ders./J. Derbolav (eds.), Erkenntnis und Verantwortung. Festschrift für Theodor Litt, Düsseldorf 1960, 356–374; H. Schnädelbach, Hegels Theorie der subjektiven Freiheit, Frankfurt 1966 (Diss.). S. B.

Geisteswissenschaften, seit etwa Mitte des 19. Jahrhunderts in der Sprache der Philosophie und einzelner Fachwissenschaften verwendeter Ausdruck. Obwohl er im Singular (›Geisteswissenschaft‹) bereits vorher als Synonym für ›Pneumatologie‹ (einer philosophisch umstrittenen Sonderdisziplin der Metaphysik), gelegentlich selbst (wie in der Schelling-Schule) für ›Philosophie‹ auftritt, wird die Pluralform als Bezeichnung einer methodisch und systematisch zusammengehörigen Gruppe von Wissenschaften erst im Kontext einer bestimmten philosophie- und wissenschaftsgeschichtlichen Lage ausgebildet und in Konkurrenz mit anderen Sprechweisen, z.B. ›Kulturwissenschaften‹, ›Gesellschaftswissenschaften‹ (›Soziologie‹), ›moralisch-politische Wissenschaften‹, ›geschichtliche Wissenschaften‹, gebräuchlich. Terminologiegeschichtlich verdankt sich seine Einführung der sprachlich unbefriedigenden und zum Teil irreführenden Übersetzung des englischen ›moral science‹ aus dem Schlußkapitel von J.S. Mills »System of Logic, Ratiocinative and Inductive« (I–II, London 1843, dt. v. J. Schiel, System der deductiven und inductiven Logic, I–II, Braunschweig 1849). Die Wiedergabe steht in der vorgeprägten Sprachtradition des deutschen Idealismus (↑Idealismus, deutscher), der die normativ verstandenen ›moralischen Wissenschaften‹ (die bei Mill die deskriptiv und nomologisch aufgebauten Disziplinen der Psychologie, Ethologie und Soziologie *und* die präskriptiven Disziplinen der Lebenskunst [Moral, Politik, Ästhetik] umfassen) geschichtlich mißversteht und in den spekulativ-dialektischen Zusammenhang einer globalen ›Wissenschaft des Geistes‹ zurücknimmt. Der Einfluß des Idealismus auf Sprache und Konstituierung der G. führt *wissenschaftsgeschichtlich* zu einer engen Bindung an den Cartesischen Anfang der neuzeitlichen Philosophie, insbesondere an die Antithese zwischen Natur und Geist (↑Dualismus), die, in systematisch mißverständlicher Deutung des Anfangs neuzeitlicher Physik, die herkömmlich-normativen Unterscheidungskriterien wissenschaftlichen Handelns auflöst. Ihr entspringt das szientistische (↑Szientismus) Selbstverständnis der G., d.h. ihr *systematischer Aufbau* als eine Klasse von Wissenschaften, die nach Gegenstandsbereich und Methode zunächst nur negativ, durch den Gegensatz zu den ↑Naturwissenschaften, bestimmt sind. Als zusammenfassende Bezeichnung dieser Wissenschaftsklasse ist ›G.‹ ein Terminus der ↑Wissenschaftstheorie. Systematik und Terminologie der G. beruhen nicht nur auf der Abhebung zu den Naturwissenschaften; sie setzen auch eine neue, der traditionell-philosophischen Sprechweise so nicht bekannte Unterscheidung zwischen ↑Wissenschaft und ↑Philosophie voraus.

Vor dieser neuartigen Situation, die zuerst H. Helmholtz in seiner Heidelberger Prorektoratsrede (Über das Verhältnis der Naturwissenschaften zur Gesamtheit der Wissenschaft, Heidelberg 1862) diagnostiziert und mit den Mitteln der veränderten Sprechweise angemessen beschrieben hat, war die seit der Antike geläufige Dreiteilung der Philosophie (=Wissenschaft) in *Logik, Ethik* und *Physik* bzw. die auf Aristoteles zurückgehende Unterscheidung zwischen *theoretischer* und *praktischer Philosophie* in Geltung. Die ›praktischen‹ oder ›moralisch-politischen‹ Wissenschaften (außer Ethik und Politik die Ökonomik und der weite Bereich der Künste und Techniken, unter Einschluß der Poetik und Rhetorik, sowie Jurisprudenz und zum Teil die Theologie) werden hier stets als *Handlungswissenschaften* aufgebaut und im Rahmen der vom Menschen hervorgebrachten und vernünftig begründeten Institutionen des Miteinanderlebens (Beispiele: Familie, Stadt, Staat, Wirtschaft, Recht) normativ verstanden. Das praktisch-vernünftige Verständnis der Handlungswissenschaften, allgemeiner: der ›Wissenschaften vom Menschen‹ (engl. *humanities*, im späteren Gegensatz zu den *sciences*), bestimmt bis hin zur ↑Aufklärung auch die institutiv geregelte Praxis des Lehrens und Lernens, der Einübung in das tradierte Wissen an der Juristischen, Theologischen und Philosophischen Fakultät der europäischen Universitäten. Noch die parallel zur neuzeitlichen Physik entstehende historisch-philologische Methodik und Gelehrsamkeit bleibt bis hin zu der von I. Kant vorgeschlagenen Erweiterung des theoretischen und praktischen Teils der Philosophie zu einer teleologisch aufgebauten Kulturphilosophie durch den Kanon der ›humaniora‹ (KU §60 Anm.) als Propädeutik ästhetisch-kommunikativer Praxis (der ›schönen Kunst‹ und ihres moralischen Vorscheins) bzw. durch das kanonische Ansehen der Antike als Exempel humaner Lebensführung auch für die der geschichtlichen Differenz bewußt gewordene Moderne in den Gesamtzusammenhang normativen Handlungsverständnisses eingebunden.

Das methodische und systematische Problem der G. stellt sich mit der Preisgabe dieser Bindungen, historisch geredet: seit jenem seit ca. 1800 sich abzeichnenden Prozeß eines tiefgreifenden Kulturwandels, der mit der Französischen Revolution und den von England ausgehenden industriell-technischen Umwälzungen das individuelle und gesellschaftliche Handeln aus überlieferten Dauerordnungen (Normen- und Institutionensystemen) freisetzt und zu einem neuen Situationsverständnis zwingt. Mit der Ausbildung dieses Verständnisses sind die G. als historisch-philologische Wissenschaften auf dem Boden der modernen Gesellschaft entstanden und im Laufe des 19. Jahrhunderts den Universitäten schrittweise (nach dem Vorgang der Naturwissenschaften durch Differenzierung der Arbeitsverfahren, Disziplinen und Institute) eingegliedert worden. Sie gehören so zu dem geschichtlichen Prozeß des Übergangs von der alteuropäischen, auf agrarisch-handwerklicher Grundlage ruhenden Gesellschaft und ihrer tradierten Wissensformen zur modernen Welt, die das ihr zugehörige Wissen noch nicht gefunden, sondern auf dem Weg methodischer Forschung erst zu produzieren hat. Die praktisch-normative ›Wissenschaft vom Menschen‹ verliert jedoch dabei den Handlungsrahmen und konstituiert sich in einem System von Einzelwissenschaften, die wie die Naturwissenschaften einerseits durch methodische ›Verfremdung‹ und Verselbständigung ihrer Gegenstandsbereiche definiert und andererseits durch das übernommene Postulat der ↑Wertfreiheit gegenüber den erforschten Sachverhalten weitgehend indifferent sind. Die G. erliegen dem szientistischen Mißverständnis der Naturwissenschaften und werden nicht mehr als Mittel zur Bildung des geforderten Situationswissens, sondern selbst als Zweck begriffen. Sie gelten als jene ›hermeneutisch‹ verfahrenden Wissenschaften, die die ›geistige Welt‹ des Menschen (Sprache, Technik, Sitten, Institutionen, Kunstwerke, Philosophie, Religion, Rechts- und Lebensordnungen) in einer durch keine Normen und Wertsetzungen der Gegenwart begrenzten Öffnung des Geschichtshorizonts ›verstehen‹ und ›auslegen‹ (vgl. J. Ritter, 1961).

Während die *Einheit* dieser Wissenschaften trotz der genannten Mißverständnisse auf dem Weg methodischer (historisch-philologischer) Forschung und über die Institutionalisierung in der Philosophischen Fakultät (der auch die Theologie und Jurisprudenz zugeordnet sind) an der Wende vom 19. zum 20. Jahrhundert gesichert erscheint, sind die vielfältigen Bemühungen um eine logisch-methodologische und erkenntnistheoretische Klärung ihrer *Grundlagen* zu keinem allgemein anerkannten Ergebnis gelangt. Die Grundlagendiskussion bewegt sich lange Zeit um Fragen der *Selbständigkeit* der G. und ihre *Abgrenzung* von den Naturwissenschaften. Während die Versuche der Aufklärung, zwischen dem ›esprit géométrique‹ der neuen Physik und dem ›esprit de finesse‹ humanistischer Gelehrsamkeit ein vernünftiges Gleichgewicht anzustreben (B. Pascal) und der alten ›Critica‹ im Namen des moralischen, jedermann zukommenden Gemeinsinns (↑sensus communis) zum Recht zu verhelfen (G. Vico), von Cartesischen Sprechweisen unabhängig sind, verengt sich die weitergehende Diskussion auf die Unterscheidung zwischen ↑Natur (›Außenwelt‹) und ↑Geist (›Bewußtsein‹) und ihnen zugeordneter Wissenschaften. Der vom aufkommenden Positivismus (↑Positivismus (historisch)) (Mill, A. Comte) vertretenen These, wonach die Anwendung experimentell-empirischer Verfahrensweisen auch für die Wissenschaften vom Menschen erfolgversprechend und methodisch geboten ist, steht seit J.G. Droysen und W. Dilthey die Antithese gegenüber, daß sie unfruchtbar und methodisch verboten sei. Auch der ↑Neukantianismus teilt (in logisch ausgearbeiteter, zum Teil überspitzter Argumentation) diesen Standpunkt. Während die Marburger Schule (H. Cohen, P. Natorp) Kants Primat der praktischen Vernunft normativistisch überdehnt und die Ethik als *Logik der G.* auszeichnet, baut die südwestdeutsche Schule (W. Windelband, H. Rickert), nicht minder paradox, in der Übernahme der Methodik von Kants Kritik der theoretischen Vernunft den Gegenstand der G. (die hier als ›Kulturwissenschaften‹ bezeichnet werden) im Ausgang vom ›Faktum der Wissenschaft‹ auf. Obwohl nach Rickert bereits die schlichte Rede von einer ›historischen Tatsache‹ durch theoretische Wertbeziehung (deren Einordnung in ein System der Kulturwerte) bestimmt ist, orientieren sich seine weitgespannten Untersuchungen über die »Grenzen der naturwissenschaftlichen Begriffsbildung« (Freiburg/Leipzig 1896) nach dem Vorgang von Windelband (Geschichte und Naturwissenschaft, Straßburg 1894) an der Geschichtswissenschaft. Beide entscheiden sich für die antithetische Abhebung, die Windelband zu der Unterscheidung zwischen *Gesetzes-* und *Ereigniswissenschaften* und ihnen entsprechender (›autonomer‹) Verfahrensweisen (↑idiographisch/nomothetische Methode, in Analogie zu älteren Bezeichnungen wie Beschreiben und Erklären, Klassifizieren und Systematisieren) radikalisiert.

Der philosophie- und wissenschaftsgeschichtlich folgenreichste Klärungsversuch der Grundlagen der G. findet sich bei W. Dilthey (Einleitung in die G. I, Leipzig 1883). Diltheys Programm einer ›Kritik der historischen Vernunft‹, das vor allem der erkenntnistheoretischen Rechtfertigung der bereits von Droysen eingeführten Unterscheidung zwischen *Erklären* (↑Erklärung) und ↑*Verstehen* gilt, steht anfänglich noch im Rahmen eines normativen Verständnisses der G. als allgemeiner Handlungswissenschaften, die er zunächst (Über die Grundlagen der Wissenschaften vom Menschen, der Gesellschaft und dem Staat, 1875) kurz ›moralisch-politische Wissenschaften‹ nennt. Wie sich die Sprache der G. nicht in historischen Aussagen und Berichten erschöpft, wie sie historische, nomologisch-theoretische und praktische

Sätze umfaßt, so spricht Dilthey dem methodischen Verstehen und Auslegen überlieferter Lebenszeugnisse eine praktische Absicht zu, nämlich die Aufgabe vernünftiger Begründung individuellen und gesellschaftlichen Handelns für die Gegenwart und Zukunft gemäß den im systematischen Aufbau der Einzelwissenschaften dargelegten Prinzipien und Gesetzen der Kontinuität des geschichtlichen Geistes.

Mit dieser an G. W. F. Hegels Theorie des ›objektiven Geistes‹ (↑Geist, objektiver) anknüpfenden Problemstellung hat Dilthey die *hermeneutische Wende* der neueren Philosophie eingeleitet und deren Entwicklung bei K. Jaspers (Psychologie der Weltanschauungen, Berlin 1919) und M. Heidegger (Sein und Zeit, Halle 1927) nachhaltig beeinflußt. Die von ihm ausgehende ›geisteswissenschaftliche Schule‹ (G. Misch, H. Nohl, E. Spranger, T. Litt, E. Rothacker) bleibt jedoch eine methodische Weiterführung schuldig. Das Diltheysche Programm wird teils zum falschen Fundamentalismus einer Einzelwissenschaft (z.B. der Psychologie oder Anthropologie), teils zum naiven Historismus bloßer ›Geistesgeschichte‹ verkürzt, die sich aus dem bei Dilthey nicht geklärten Verhältnis zwischen Theorie und Geschichte in die Richtung eines theorielosen Empirismus und Relativismus verirrt.

Während die Frage der Selbständigkeit und Abgrenzung der G. neben den Naturwissenschaften in der gegenwärtig geführten Diskussion um die Grundlagen der Hermeneutik (H.-G. Gadamer, Wahrheit und Methode, Tübingen 1960, ³1972) keine Rolle mehr spielt und wissenschaftsgeschichtlich weitgehend überholt scheint, ist ihre Einheit und *Einordnung* in den Aufbau der Wissenschaften durch die jüngsten Entwicklungen auf dem Felde der Wissenschaftstheorie erneut problematisch geworden. Dem Konzept der Einheit der ↑›Realwissenschaften‹, der auch die G. zugerechnet werden, steht die Konzeption einer ›kritischen‹ Wissenschaftstheorie gegenüber, vor der das institutionalisierte Einheitsverständnis der G. systematisch nicht genügend differenziert und gegliedert erscheint. So hat zuletzt J. Habermas in doppelter Auseinandersetzung mit dem positivistischen Einheitsprogramm der Wissenschaften (↑Einheitswissenschaft) und dem übersteigerten Universalitätsanspruch der ↑Hermeneutik vorgeschlagen, die Wissenschaftsgruppe der traditionell so genannten G. in *historisch-hermeneutische Wissenschaften, systematische Handlungswissenschaften* (wie Ökonomie, Soziologie, Politik) und *kritische Sozialwissenschaft* bzw. *Ideologiekritik* zu unterscheiden.

Dagegen gehört der ↑*Historismus* zu der noch immer (nicht zuletzt in den ›hermeneutischen‹ und ›dialektischen‹ Schulen des gegenwärtigen Philosophierens) unbewältigten Restproblematik der G. Trotz der Kritik der ↑Existenzphilosophie (Heidegger, Jaspers) und der dialektischen ↑Theologie (K. Barth, auch R. Bultmann) auf der einen, des kritischen Rationalismus (↑Rationalismus, kritischer) (K. Popper, Das Elend des Historizismus, Tübingen 1965, ↑Historizismus) und weiterer dem ↑Wiener Kreis nahestehender Richtungen der Gegenwartsphilosophie auf der anderen Seite stellt sich heute dringlicher denn je das Problem des Verhältnisses von Theorie und Geschichte in den ↑›Sozialwissenschaften‹ (wie inzwischen in einer leicht irreführenden, weil abkürzenden Redeweise die G. genannt werden). Eine Klärung dieses Verhältnisses und damit die Überwindung des Historismus kann nicht mehr im separaten Rahmen einer Theorie der G. (auch nicht der ›philosophischen Hermeneutik‹) erfolgen. Sie dürfte im Rahmen einer kritischen Rekonstruktion der Wissenschaften und ihrer praktischen Fundamente gelingen, die dem methodisch begründeten Lernen, was andere vor uns gesagt bzw. geschrieben haben, d.h. der Wissenschaft von der Interpretation tradierter Texte, einen vergleichsweise vielleicht bescheidenen, aber dafür um so verläßlicheren Platz im Gesamtzusammenhang vernünftig begründeten Wissens und Handelns anweist.

Literatur: H. Albert, Plädoyer für kritischen Rationalismus, München 1971; K.-O. Apel, Transformation der Philosophie, I–II, Frankfurt 1973; I. Berlin, The Divorce between the Sciences and the Humanities, Urbana Ill. 1974; E. Cassirer, Philosophie der symbolischen Formen, I–III, Berlin 1923–1929 (repr. Darmstadt 1964); ders., Zur Logik der Kulturwissenschaften. Fünf Studien, Göteborg 1942, Darmstadt ²1961; A.C. Danto, Analytical Philosophy of History, Cambridge 1965, 1968; A. Diemer, G., Hist. Wb. Ph. III (1974), 211–215; W. Dilthey, Einleitung in die G.. Versuch einer Grundlegung für das Studium der Gesellschaft und der Geschichte, Leipzig 1883, auch in: ders., Ges. Schriften I, Stuttgart ⁶1966; ders., Der Aufbau der geschichtlichen Welt in den G., Berlin 1910, ed. M. Riedel, Frankfurt 1970; H. Feigl/G. Maxwell (eds.), Scientific Explanation, Space, and Time, Minneapolis 1962; H.-G. Gadamer, Wahrheit und Methode. Grundzüge einer philosophischen Hermeneutik, Tübingen 1960, ³1972 (repr. 1975); J. Habermas, Zur Logik der Sozialwissenschaften, Tübingen 1967, Frankfurt 1970; W. Kamlah, Die Formierung der ›G.‹ in der Auseinandersetzung mit den Naturwissenschaften, in: D. Harth (ed.), Propädeutik der Literaturwissenschaft, München 1973, 9–94; T. Litt, Das Allgemeine im Aufbau der geisteswissenschaftlichen Erkenntnis, Leipzig 1941,

Groningen [2]1959; J. H. Plumb (ed.), Crisis in the Humanities, London 1964; H. Rickert, Die Grenzen der naturwissenschaftlichen Begriffsbildung. Eine logische Einleitung in die historischen Wissenschaften, Freiburg/Leipzig 1896, Tübingen [2]1913; ders., Kulturwissenschaft und Naturwissenschaft, Freiburg 1899, Tübingen [5]1921; M. Riedel, Verstehen oder Erklären? Zur Theorie und Geschichte der hermeneutischen Wissenschaften, Stuttgart 1978; J. Ritter, Die Aufgabe der G. in der modernen Gesellschaft, Münster 1961, 1963; E. Rothacker, Einleitung in die G., Tübingen 1920, [2]1930; ders., Logik und Systematik der G., München 1927 (repr. 1965); ders., Die dogmatische Denkform in den G. und das Problem des Historismus, Mainz 1954; H. Skjervheim, Objectivism and the Study of Man, Oslo 1959; E. Spranger, Der Sinn der Voraussetzungslosigkeit in den G., Heidelberg 1929, [3]1964; W. Windelband, Geschichte und Naturwissenschaft. Rede zum Antritt des Rektorats der Kaiser-Wilhelms-Universität Straßburg, gehalten am 1. Mai 1894, Straßburg 1894, [3]1904. M. R.

Gelassenheit, Einstellung zum Leben im Ganzen, die einen vernünftigen Umgang mit dem Unverfügbaren ermöglicht. Die philosophische G. besteht darin, nicht nach der Verfügung über das für uns Unverfügbare zu streben und im unenttäuschbaren Vertrauen darauf zu leben, daß der uns unverfügbare Gang der Ereignisse den Sinn eines vernünftigen Lebens nicht berührt. Unverfügbar sind sowohl unveränderliche Bedingungen des menschlichen Lebens (etwa seine Endlichkeit) als auch Lebensereignisse, deren Eintritt sich nicht gleichsam technisch herbeiführen oder vermeiden läßt, die uns also ein Stück weit stets zustoßen (z.B. die Überzeugung eines Gesprächspartners durch ein Argument). Der G. liegt die Einsicht zugrunde, daß (1) eine gegen die unverrückbare Realität der conditio humana gerichtete Handlungsorientierung unvernünftig und (2) das für ein vernünftig begriffenes gutes und glückliches Leben (↑Leben, gutes) Wesentliche einem erfolgssicheren strategischen Handeln nicht zugänglich ist. Daher wird jederzeit enttäuscht, wer eine vernünftige Zukunft über ihre ernsthafte Vorbereitung hinaus garantiert sehen und in diesem Sinne über das Unverfügbare verfügen möchte. Vernunft wird demgegenüber *gelassen* dadurch, daß sie sich auf das hin orientiert, was, indem wir es tun, bereits gelungen und insofern unenttäuschbar ist: *auf das je gegenwärtige mögliche vernünftige Handeln* als das Bemühen auch um eine vernünftige Zukunft. Dieses Bemühen kann ›in der Zukunft‹ stets scheitern; als gegenwärtiges Handeln aber gelingt es, wenn es denn überhaupt *ernsthaft* getan wird.

Auf das *zukünftige* Gelingen unseres gegenwärtigen Bemühens können wir uns also praktisch nur so beziehen, daß wir unser *gegenwärtiges* Handeln ernst nehmen. Die einzige Möglichkeit, diese Realität in einem unenttäuschbaren Leben anzuerkennen, besteht darin, die Orientierungsform des gegenwärtigen Handelns und nicht etwa die Realisierung seiner Ziele als dasjenige zu begreifen, worauf es im Leben ankommt. Nicht von ungefähr wird daher in der philosophischen Tradition das von G. getragene gelungene Leben mit dem Leben ›in der Gegenwart‹ identifiziert. Wer in diesem Sinne in der Gegenwart lebt, dem kann, wie dem Tugendhaften bei Aristoteles oder demjenigen, ›der Gott vertraut‹, ›nichts geschehen‹; er erfährt sich, wie der Glückliche nach L. Wittgenstein, als ›absolutely safe‹. M. Heidegger mag ähnliches meinen, wenn er für die G. formuliert, »daß sie erwacht, wenn unser Wesen zugelassen ist, sich auf das einzulassen, was nicht ein Wollen ist« (Gelassenheit, 32f.). G. wird traditionell sowohl als Selbstlösung als auch als Selbstfindung begriffen. In der Tat löst sich der Gelassene von der an bestimmte Inhalte seines Lebens geknüpften Erfolgsorientierung und -angst seines Lebens und in diesem Sinne von sich selbst – und findet dabei zugleich die Erfüllung seines Lebens bereits unenttäuschbar in seiner je gegenwärtigen Praxis.

In der philosophischen Tradition wird die G. auch ›Ruhe des Geistes‹ (transquillitas animi) genannt. Die Ruhe des Geistes muß von den stoischen Idealen der Unerschütterlichkeit (↑Ataraxie) und Gemütsruhe (↑Apathie) unterschieden werden, sofern diese auf ein unbewegtes Ertragen der unverfügbaren Ereignisse und Situationen des Lebens hinauslaufen. G. ist so nicht teilnahmslos, wie es J. W. v. Goethes Werther den »gelassenen, vernünftigen Menschen« vorwirft: »ihr steht so gelassen, so ohne Teilnehmung da, ihr sittlichen Menschen [...]« (Hamburger Ausg. VI, 47f.). – In religiöser Rede tritt das Unverfügbare als Wille Gottes auf; G. wird entsprechend als vertrauensvolles Sich-Ergeben in den Willen Gottes verstanden. Wortgeschichtlich geht dieser von der religiösen Mystik insbesondere bei Meister Eckart und H. Seuse (Suso) eingebrachte, von der reformatorischen Theologie und dem Pietismus übernommene Gebrauch von ›G.‹ der Verwendung in der Weisheitslehre der philosophischen Aufklärung vorher. Religiös-mystisch aufgefaßte G. ist allerdings häufig mit mißverständlichen Vorstellungen einer *Abkehr von der Welt* verbunden. Demgegenüber verwirklicht sich die G. des philosophischen Weisen nicht im letztendlichen (asketischen) Rückzug aus dem normalen Lebenszusammenhang, sondern hat sich gerade in den (wiederkehrenden wie besonderen) Situationen des alltäglichen individuellen und gemeinsamen Lebens zu bewähren.

Literatur: U. Dierse, G., Hist. Wb. Ph. III (1974), 219–224; Meister Eckhart, Die rede der unterscheidunge, in: ders., Die deutschen Werke V, ed. J. Quint, Stuttgart 1963, 282f.; M. Heidegger, G., Pfullingen [6]1979; W. Kamlah, Philosophische Anthropologie. Sprachliche Grundlegung und Ethik, Mannheim 1973, 145ff. (Eudämonistische Ethik [Philosophie als Lebenskunst]); H. Suso, Deutsche Schriften, ed. K. Bihlmeyer, Stuttgart 1907 (repr. Frankfurt 1961), 160–170, vgl. 333ff. (Büchlein der Wahrheit, Kap. 4); H. Vorgrimmler, G., LThK IV, 631–633; L. Wittgenstein, A Lecture on Ethics, Philos. Rev. 74 (1965), 3–12. F. K.

Geltung, häufig gleichbedeutend mit intersubjektiver (↑Intersubjektivität) Verbindlichkeit, terminologisch die (solche Verbindlichkeit allererst ermöglichende) objektive Grundlage des Anerkanntseins von Sätzen, Gesetzen, Normen, Werten etc. In philosophisch noch nicht vorbelasteter Rede sagt man, daß eine ↑*Regel* innerhalb einer Gruppe gelte (›in G.‹ oder ›in Kraft‹ sei), wenn unter den Gruppenmitgliedern ein ↑Konsens darüber besteht, daß jedes von ihnen (bei Strafe von Sanktionen im Falle des Verstoßes) dieser Regel folgen solle; im Falle *juristischer Gesetze* wird dieser Konsens vom Gesetzgeber unterstellt. Die G. einer *Aussage* (eines Urteils) ist dasselbe wie ihre (bzw. seine) Wahrheit (›es gilt, daß‹, vor allem in der mathematischen Fachsprache), die G. eines Natur- oder sonstigen *empirischen Gesetzes* besagt, daß es in hohem Grade bestätigt (↑Bestätigung) sei. Daneben gibt es in Fachsprachen die Redeweise, daß eine (n-stellige) *Beziehung* oder *Relation* ›zwischen‹ oder ›von‹ n Objekten gelte, wenn die Aussage, daß diese Objekte in der fraglichen Beziehung stehen, wahr ist. Ähnlich gebrauchen manche Autoren die Redeweise, eine *Eigenschaft* ›gelte von‹ einem Objekt, wenn sie ihm ›zukommt‹, wenn das Objekt also diese Eigenschaft ›hat‹. Innerhalb der Philosophie spricht I. Kant von der G. der ↑Kategorien und ↑synthetischen Urteile a priori, insofern sie die ›Gründe der Möglichkeit aller Erfahrung überhaupt‹ enthalten sollen. Daran anschließend hat R. H. Lotze ›G.‹ als Fundamentalbegriff nicht nur der Philosophie, sondern der Wissenschaften und aller Erkenntnis überhaupt innerhalb der philosophischen Terminologie zur Wirkung gebracht. Zur Trennung des Normativen (↑normativ) vom bloß Faktischen, dem ›Sein‹, hat dann der ↑Neukantianismus eine ganze Philosophie der G. entwickelt, wobei B. Bauch gegenüber W. Windelband und H. Rickert zwischen G. und Gültigkeit so unterscheidet, daß Gültigkeit dem subjektiven urteilenden Erkennen zukomme (ein richtiges Urteil ist ›gültig‹), G. dagegen der ›Gegenstandsbeziehung‹, dem durch das richtige Urteil ausgedrückten ↑Sachverhalt, d.h. der in ihm erfaßten ↑Tatsache. Die Untrennbarkeit beider Beziehungen betonen anderen Traditionen verpflichtete Denker wie H. Dingler, für den G. stets erst durch eine tatsächliche, d.h. von einem begründenden Subjekt durchgeführte Begründung (insbesondere ›absolute G.‹ durch eine ↑Letztbegründung) erwiesen wird. In der Ethik nehmen die zuvor genannten philosophischen Richtungen (im wesentlichen des Neukantianismus) die G. von *Werten* (↑Wert (moralisch)) an, wobei die Gegenüberstellung von Sein und Gelten zu einer Sphärenauffassung (›Wert‹- oder ›G.ssphäre‹ gegenüber einer ›Seinssphäre‹) verleitet; Werte in diesem Sinne sind jedoch zum Teil als oberste (allgemeine) Ziele gerechtfertigten Handeln rekonstruierbar.

Literatur: B. Bauch, Wahrheit, Wert und Wirklichkeit, Leipzig 1923; H. Dingler, Metaphysik als Wissenschaft vom Letzten, München 1929, 150–162 (Kap V: Das Letzte in der G.); F.M. Gatz, Die Begriffe der G. bei Lotze, Stuttgart 1929; C.F. Gethmann, Genesis und G. von Normen, in: W. Oelmüller (ed.), Normen und Geschichte, Paderborn 1979 (Materialien zur Normendiskussion), 17–23; K.-H. Ilting, G. als Konsens, Neue H. Philos. 10 (Moderne Sophistik) (1976), 20–50; A. Liebert, Das Problem der G., Berlin 1914 (repr. Würzburg 1971), Leipzig [2]1920 (Kant-St. Erg.hefte 32); F. Münch, Erlebnis und G.. Eine systematische Untersuchung zur Transzendentalphilosophie als Weltanschauung, Berlin 1913 (Kant-St. Erg.hefte 30); H. Rickert, Über logische und ethische G., Kant-St. 19 (1914), 182–221; L. Ssalagoff, Vom Begriff des Geltens in der modernen Logik (Diss. Heidelberg), Leipzig 1910; H. Weinberg, Das G.sproblem bei Hugo Dingler. Versuch einer Kritik, Diss. Frankfurt 1934; R. Zocher, Die objektive G.slogik und der Immanenzgedanke. Eine erkenntnistheoretische Studie zum Problem des Sinnes, Tübingen 1925. C.T.

Gemeinwohl, (griech. *τὸ κοινῇ συμφέρον*, lat. bonum commune, engl. common good), in der Tradition der politischen Philosophie und Soziallehre zwar meist im Gegensatz zum Privatinteresse, im übrigen aber unterschiedlich gebrauchter Terminus. Historisch und systematisch läßt sich als Ursprung der Rede vom G. die Frage nach dem Ziel des Staates bzw. eines jeden Gemeinwesens verstehen. Der Antwort des Aristoteles kommt dabei die besondere Bedeutung zu, die späteren Argumentationen für die Bestimmung eines G.s vorzuzeichnen und in einer Konzeption zu vereinen. Das Ziel, dem eine Staatsverfassung zu dienen hat, ist das Glück der Staatsbürger, und dieses wiederum wird in der verantwortlichen Gestaltung einer (politischen oder theoretischen) Lebensform erreicht. Weil das Glück der einzelnen nicht in der Beschränkung auf das Private, sondern nur in der Bemühung um die vernünftige Regelung der öffentlichen Belange und um die Erkenntnis allgemein gültiger, weil lehrbarer Zusammenhänge erreichbar ist, ist dieses Glück angewiesen auf die Sicherung öffentlicher Wirkungsmöglichkeiten und Erkenntnisgewinnung, d.h. auf die (staatliche) Sicherung eines besonderen gemeinsamen Gutes. Dieses besondere gemeinsame Gut, das das G. ist, besteht für Aristoteles in der gerechten Sicherung von Rechten (und damit auch der Festlegung von Pflichten). Auf diese Weise verbindet Aristoteles zwei Verständnisse des G.s, die in der Folge zumeist auseinanderfallen: das Verständnis des G.s zum einen als politischer ↑Gerechtigkeit, zum anderen als allgemeinen Nutzens bzw. allgemeinen Glücks (gleich wie die Gerechtigkeit und die Allgemeinheit des Nutzens bzw. des Glücks ihrerseits im einzelnen verstanden werden). Mit der Preisgabe der Aristotelischen Glücksvorstellung, d.h. mit dem Zerfall der Polis, die in ihrer überschaubaren Regelung und Sicherung des Lebens und Handelns ihrer Bürger eine öffentliche und allgemeine Verankerung des Glücks für den einzelnen ermöglicht hatte, verliert sich auch die Selbstverständlichkeit in der Verbindung von politischer Gerechtigkeit und allgemeinem Nutzen bzw. allgemeinem Glück für die Rede vom G.

Die Stoa entpolitisiert die Rede vom G. in dem Sinne, daß das bonum commune nicht mehr als das bonum eines bestimmten politischen Gemeinwesens, sondern als das für alle Menschen, und zwar auf Grund ihrer Eingebundenheit in die natürliche Ordnung aller Dinge, Gute verstanden wird. In dieser verallgemeinerten Bedeutung spricht auch die Scholastik teilweise vom bonum commune als dem, was für alle Geschöpfe gut ist und wonach alle naturgemäß streben (Thomas von Aquin). Das G. in diesem Sinne ist Gott, nach R. Bellarmin das ›communissimum bonum totius universi‹.

In den politischen Theorien der Neuzeit ist das vom einzelnen Erstrebte zwar ebenfalls nicht (wie es dies bei Aristoteles war) politisch vermittelt, doch dient die Rede vom G. dazu, die öffentlichen politischen Forderungen gegenüber dem einzelnen zu begründen oder kritisch zu beurteilen. Schematisiert lassen sich drei Grundkonzeptionen unterscheiden: Im Rahmen der Theorien vom ↑*Gesellschaftsvertrag* ist das G. als gerechter Ausgleich zwischen den Privatinteressen und damit auch als eine gerechte Verteilung von Rechten und Pflichten verstehbar. Die Berufung auf das G. läßt sich interpretieren als die Forderung, Gerechtigkeitserwägungen den Nützlichkeitserwägungen vorzuordnen. Im Rahmen der *Naturrechtstheorien* (↑Naturrecht) ergibt sich das G. über die Annahme eines natürlichen Strebens nach menschlicher Geselligkeit, nämlich als die Sicherung dieser Geselligkeit. Das G. ist so das Ziel eines eigenen Strebens, gleichsam dessen besonderer, und zwar allgemeiner Nutzen. Die Berufung auf das G. läßt sich dann interpretieren als die Forderung, die Geselligkeit dem bloß individuellen Nutzen vorzuziehen. Wo weder die ↑Gerechtigkeit als einsichtige Forderung der menschlichen Vernunft (die die anderen Vernunftwesen in ihrer Würde und damit in ihren Rechten anzuerkennen hat) noch die Geselligkeit als allgemeines Ziel der menschlichen Natur angenommen werden, bleibt das G. lediglich als Mittel für die *Sicherung des individuellen Wohles* ein zu erstrebendes Gut. In dieser, zum Teil im ↑Utilitarismus (wie bei J. Locke) gepflegten Konzeption läßt sich die Berufung auf das G. als die Forderung interpretieren, den öffentlichen Forderungen dort nachzukommen, wo ihre Erfüllung dem individuellen Nutzen dient. Gleichsam als nachgeschobene Begründung für diese Forderung lassen sich die harmonistischen Konzeptionen (z.B. von B. Mandeville und A. Smith) lesen, nach denen sich das G. als Ergebnis der allgemeinen Verfolgung der Privatinteressen einstellt. Das G. ist dabei nicht mehr als ein eigenes Gut, das von den Privatinteressen unterscheidbar wäre, zu verstehen, sondern nur noch als die (allgemeine) Erfüllung dieser Privatinteressen (↑Gute, das).

Literatur: V.E. Barry, Personal and Social Ethics. Moral Problems with Integrated Theory, Belmont Calif. 1978; T.M. Benditt, The Public Interest, Philos. Publ. Aff. 2 (1972/1973), 291–311; B.J. Diggs, The Common Good as Reason for Political Action, Ethics 83 (1972/1973), 283–293; C.J. Friedrich (ed.), The Public Interest, New York 1962; E. Garcia Estebanez, El bien común y la moral politica, Barcelona 1970; G. Gundlach, G., Staatslexikon III (Freiburg [6]1959), 737–740; W. Hennis, Politik und praktische Philosophie. Schriften zur politischen Theorie, Stuttgart 1977; R. Herzog, G., Hist. Wb. Ph. III (1974), 248–258; C. de Konick, De la primauté du bien commun contre les personnalistes. Le principe de l'ordre nouveau, Québec/Montréal 1943; J. Maritain, La personne et le bien commun, Paris/Brügge 1947; J. Messner, Das G.. Idee, Wirklichkeit, Aufgaben, Osnabrück 1962, [2]1968; G. Schubert, The Public Interest. A Critique of the Theory of a Political Concept, Glencoe Ill. 1960;

A. Tassi, Anarchism, Autonomy and the Concept of the Common Good, Int. Philos. Quart. 17 (1977), 273–283; A.-F. Utz, Sozialethik I (Die Prinzipien der Gesellschaftslehre), Heidelberg/Löwen 1958. O. S.

Geminos, 1. Jh. v. Chr., stoischer Philosoph, Schüler des Poseidonios. Schrieb eine »Einführung in die Astronomie« auf der Grundlage des Weltbildes von Hipparchos sowie ein nicht erhaltenes, aber in der Antike viel benutztes (vermutlich »Theorie der Mathematik« genanntes) Buch, auf das sich wahrscheinlich auch die historischen Ausführungen in Proklos' Euklidkommentar, der wichtigsten Quelle zur antiken Mathematikgeschichte, stützen. G. befaßt sich dort vor allem mit der logischen Gliederung der mathematischen Disziplinen, ihren philosophischen Grundlagen und der Definition relevanter Termini (Hypothese, Theorem, Postulat, Axiom). G. glaubte unter anderem einen ›Beweis‹ für das ↑Parallelenaxiom gefunden zu haben. Mit logisch-mathematischen Mitteln bekämpfte er den ↑Skeptizismus der ↑Akademie und der Epikureer.

Werke: Geminou Eisagogē eis ta phainomena – Gemini elementa astronomiae, ed. u. lat. Übers. C. Manitius, Leipzig 1898 (repr. Stuttgart 1974); E. J. Dijksterhuis (ed.), Gemini elementorum astronomiae, Leiden 1957 (Textus Minores 22, Teiledition).

Literatur: D. R. Dicks, Geminus, DSB V (1972), 344–347; T. L. Heath, A History of Greek Mathematics II, Oxford 1921, 222–234 (repr. 1965); J. Mau, G., KP II (1967), 731–733; K. R. Tittel, G. 1, RE VII/1 (1910), 1026–1050. M. G.

Gemüt, als philosophischer Terminus seit Meister Eckart gebräuchlich für die lateinischen Ausdrücke ›mens‹ und ›animus‹ (griech. θυμός), häufig in der Bedeutung von Einheit der ↑Innerlichkeit. Bei I. Kant gewinnt der Terminus im Aufbau der theoretischen Philosophie gelegentlich systematisches Gewicht. Kant verwendet ›G.‹ an einigen Stellen synonym mit ↑›Bewußtsein überhaupt‹ (vgl. KrV B 33, 37, 42, 67 u.ö.). An anderer Stelle tritt G. als gemeinsame ›Quelle‹ der ›Rezeptivität der Eindrücke‹ und der ›Spontaneität der Begriffe‹ auf (KrV B 74), d.h. von ↑Sinnlichkeit und ↑Verstand, sowie als »das die gegebenen Vorstellungen zusammensetzende und die Einheit der empirischen ↑Apperzeption bewirkende Vermögen (animus)« (Aus Sömmering, Über das Organ der Seele, Akad.-Ausg. XII, 32). Seinem ›Umfange‹ nach wird G. (als ›Inbegriff aller Vorstellungen‹) unterschieden in Erkenntnisvermögen, Gefühl der Lust und Unlust und Begehrungsvermögen, und zwar sowohl im Bereich der Sinnlichkeit als auch dem der Intellektualität (Anthropologie in pragmatischer Hinsicht, Rostocker Handschrift [H], Akad.-Ausg. VII, 399). Vom G. als dem »Inbegriff unserer Begehrungsvermögen« spricht auch M. Mendelssohn (Abhandlung über die Evidenz in metaphysischen Wissenschaften, Berlin 1764, [2]1786, 134) und gibt damit eine Auffassung wieder, die für das 18. Jahrhundert im deutschsprachigen Raum in philosophischen und anderen Kontexten charakteristisch sein dürfte. Abgrenzung von allen rationalen Vermögen und zunehmende Emotionalisierung der Rede vom G. bestimmt die weitere Entwicklung. Um 1820 empfiehlt J. W. v. Goethe: »Die Deutschen sollten in einem Zeitraum von dreißig Jahren das Wort G. nicht aussprechen, dann würde nach und nach G. sich wieder erzeugen« (Maximen und Reflexionen 165, Hamburger Ausg. XII, 386). Beides war wohl nicht der Fall.

Literatur: H. Albrecht, Über das G., Stuttgart 1961; H. Emmel/Red., G., Hist. Wb. Ph. III (1974), 258–262; H. Friedmann, Das G., Gedanken zu einer Thymologie, München 1956; I. Hartmann-Werner, »G.« bei Goethe. Eine Wortmonographie, München 1976; G. Huber, Über das G., Eine daseinsanalytische Studie, Basel/Stuttgart 1975; J. Rehmke, G. und G.sbildung, Langensalza [2]1924; S. Strasser, Das G., Grundgedanken zu einer phänomenologischen Philosophie und Theorie des menschlichen Gefühlslebens, Utrecht/Antwerpen, Freiburg 1956. J. M.

genau dann, wenn, ↑dann und nur dann.

Generalisator (besser: Universalisator), synonym zu ↑Allquantor.

Generalisierung, Verallgemeinerung, ein Verfahren, aus einer ↑Allaussage durch Wahl eines ↑*genereller*en Subjektbegriffs eine neue Allaussage zu gewinnen, z.B. ist ›alle Menschen sind eigensinnig‹ eine G. von ›alle Kinder sind eigensinnig‹. Der Prädikatbegriff ist bei Allaussagen stets genereller als der Subjektbegriff (↑Subjekt), während umgekehrt (↑Konversion) der Subjektbegriff ↑spezieller ist als der Prädikatbegriff. In Logik und Wissenschaftstheorie wird darüber hinaus jede Allaussage (auch: *generelle Aussage*, obwohl die seltener gebrauchte Bezeichnung ›universale Aussage‹ den Bruch mit der Terminologie der traditionellen Logik vermeiden würde) durch G. nicht nur aus spezielleren Allaussagen, sondern auch aus irgendeiner der zugehörigen Einzelaussagen (z.B. ›alle Menschen sind eigensinnig‹ aus ›de Gaulle ist eigensinnig‹) als entstanden erklärt. Im zweiten Fall spricht man gelegentlich (und besser) auch von ↑*Universalisierung*. In den empirischen Wissenschaften wird die Berechtigung der G. von Einzelfällen, den singularen Tatsachen, auf die von Gesetzesaussagen darstellbaren allgemeinen Zusammenhänge unter dem Titel ›induktive Verfahren‹ (↑Induktion) erörtert; sie ist Kernstück der Methodologie empirischer Wissenschaften. K. L.

generell, zur ↑Gattung (lat. genus) gehörig, daher: allgemein im Unterschied zu besonders (↑speziell), häufig verwechselt mit ↑universell, das allgemein im Unterschied zu einzeln (↑singular) bedeutet und daher auch das Besondere einschließt. Dabei dienen ›g.‹ und ›speziell‹ eigentlich zum *Vergleich* von Begriffen (z.B.: ›Lebewesen‹ ist g.er als ›Mensch‹); als ›absolute‹ (d.h. ↑einstellige) Termini haben sie keinen Sinn. Werden hingegen quantifizierte Aussagen (↑Quantor) danach unterschieden, ob sie Allaussagen oder Manchaussagen sind, so spricht man im Anschluß an die Terminologie der traditionellen Logik von universellen bzw. partikularen Aussagen, obwohl auch in diesem Fall an die Stelle von ›universell‹ – jetzt einstellig verwendet – ›g.‹ tritt. K. L.

Genese (von griech. γένεσις Werden, Entstehung, Erzeugung), in J. G. Fichtes »Wissenschaftslehre« von 1804 Terminus zur Charakterisierung sowohl der sich selbst und ihr Objekt erzeugenden Vernunft als auch der auf diese Erzeugung reflektierenden Methode der ↑Wissenschaftslehre. In der Reflexion auf die Bedingungen der Möglichkeit objektiver Erkenntnis wird die Selbsterzeugung aller materialen Objektbestimmungen, für welche die Objekte lediglich die ›Grenze‹, einen unbestimmten ›Widerstand‹ für das Handeln der Vernunft liefern, als das entscheidende Charakteristikum der Vernunfterkenntnis verstanden. Die Vernunft erzeugt ihre Erkenntnisse in der ›absoluten Genesis‹, als ›Sichkonstruktion‹, ohne von ihren Objekten bestimmt zu werden oder einem anderen Gesetz als dem ihrer Einsicht zu folgen (vgl. Wissenschaftslehre von 1804, Nachgelassene Werke, I–III, ed. I.H. Fichte, Bonn 1834–1835, II, 128). Wir selbst gewinnen diese Erkenntnis vom Charakter der Vernunft, indem wir deren absolute Genesis über die Frage nach der Möglichkeit der Erzeugung jeweils einer bestimmten Erkenntnis schrittweise rekonstruieren. G. W. F. Hegel objektiviert diese Rekonstruktionsmethode, indem er die Gegenstände unserer Erkenntnis, insbesondere die historisch gewordenen Institutionen unseres Handelns, als die notwendigen Ergebnisse einer begrifflichen Entwicklung zu verstehen sucht, d.h. als die Ergebnisse, die sich dann einstellen müssen, wenn die mit den Grundbegriffen menschlichen Handelns (z.B. ↑Bedürfnis und ↑Vernunft) verbundenen allgemeinen Leitvorstellungen in den jeweils besonderen historischen Situationen des Lebens verwirklicht werden sollen, sich dabei, die Erfahrungen unvollkommener Verwirklichung in sich aufnehmend, verändern und verändert wiederum den Versuch ihrer Verwirklichung motivieren. Eine solche genetische Rekonstruktion der durch die Institutionen beschriebenen Wirklichkeit läßt uns die ›Vernunft in der Geschichte‹ wie in unserer Wirklichkeit begreifen, indem sie diese Geschichte und diese Wirklichkeit zugleich als Ergebnis der Vernunft und als unterschieden von ihr aufzeigt. K. Marx übernimmt zwar die genetische Rekonstruktion als Methode für das Begreifen der gesellschaftlichen (nämlich institutionalisierten) Wirklichkeit, geht aber von anderen Grundbegriffen des Handelns aus: nicht mehr die auf die Anerkennung des anderen und deren Verallgemeinerung ausgehende Vernunft, sondern nur noch die individuellen Bedürfnisse und das Streben nach der gesellschaftlichen Organisation ihrer Befriedigung werden zu den Beweggründen der Geschichte, über die wir unsere Wirklichkeit begreifen können.

In Aufnahme dieser theoretischen Tradition ist im Rahmen der konstruktiven ↑Ethik und Theorie der Sozialwissenschaften (↑Wissenschaftstheorie, konstruktive) die faktische und kritische (normative) G. als Methode zur Feststellung und kritischen Beurteilung der in einer Gruppe (oder Gesellschaft) befolgten Normen vorgeschlagen worden. Ausgehend von der Annahme kulturinvarianter Bedürfnisse werden in der *faktischen* G. eines Normensystems dessen Normen gedeutet als Regelungen, die eine immer differenziertere Bedürfnisbefriedigung ermöglichen. Diese Deutung rekonstruiert dabei die historische Entwicklung nach einem systematisch ordnende Erklärungsprinzip wie dem der Zweckrationalität. In der *kritischen* (oder *normativen*) G. werden die Entwicklungsschritte der faktischen G. nach den in der Ethik aufgestellten Prinzipien vernünftigen Argumentierens auf ihre argumentative Rekonstruierbarkeit hin geprüft und damit die faktischen Normensysteme kritisch zu beurteilen versucht.

Das zentrale Problem, dem sich die verschiedenen Versuche, über eine Rekonstruktion der G. unserer Erkenntnisse oder unserer gesellschaftlichen Wirklichkeit diese zu begreifen, gegenübersehen, besteht darin, einen Anfang und ein Entwicklungsgesetz für diese G.n annehmen zu müssen. Sowohl die ↑Freiheit als Wille und Vermögen zur Selbstbestimmung als auch die Bedürfnisse können als Anfänge (per definitionem) nicht selbst genetisch rekonstruiert werden. Ebenso muß sich die Annahme der moralisch bemühten Vernunft oder der auf Wirksamkeit bedachten Zweckrationalität als Entwicklungsgesetz der G.n ausweisen. Die Schwierigkeiten, die hier entstehen, werden in der Konzeption einer genetischen ↑Erklärung, wie sie im Rahmen der analytischen Wissenschaftstheorie (↑Wissenschaftstheorie, analytische) entwickelt worden ist, dadurch zu umgehen versucht, daß man den Verzicht auf ein Verstehen der G. von Situationen zum Erklärungsfaktor macht. Genetisch ist eine Erklärung dann, wenn die Entwicklung der Situationen, für die ein Handeln erklärt werden soll, ihrerseits als historisch kontingent, einer Erklärung nicht zugänglich oder nicht bedürftig, angesehen und gerade nicht genetisch rekonstruiert wird.

Literatur: C. G. Hempel, Aspects of Scientific Explanation, and Other Essays in the Philosophy of Science, New York 1965; ders., Aspekte wissenschaftlicher Erklärung, Berlin/New York 1977 (ergänztes und überarbeitetes Schlußkapitel aus: Aspects [...]); F. Kambartel, Wie ist praktische Philosophie konstruktiv möglich? Über einige Mißverständnisse eines methodischen Verständnisses praktischer Diskurse, in: ders. (ed.), Praktische Philosophie und konstruktive Wissenschaftstheorie, Frankfurt 1974, 22ff.; P. Lorenzen/O. Schwemmer, Konstruktive Logik, Ethik und Wissenschaftstheorie, Mannheim/Wien/Zürich ^{2}1975; O. Schwemmer, Philosophie der Praxis. Versuch zur Grundlegung einer Lehre vom moralischen Argumentieren, Frankfurt 1971, ^{2}1980; ders., Theorie der rationalen Erklärung. Zu den methodischen Grundlagen der Kulturwissenschaften, München 1976; G. H. v. Wright, Explanation and Understanding, Ithaca N.Y. 1971 (dt. Erklären und Verstehen, Frankfurt 1974); weitere Literatur: ↑Fichte, J.G., ↑Hegel, G. W. F., ↑Materialismus, historischer. O. S.

Genie, zunächst synonym mit ›Geist‹ (genius, génie), dann im philosophischen Sprachgebrauch Fähigkeit (oder Person, die diese Fähigkeit besitzt), eigenursprünglich aus vorgegebenen Mitteln, Techniken und Operationsregeln in Kunst oder Wissenschaft Neues zu produzieren. In der ↑Ästhetik ist G. Gegenbegriff zu Talent (Leichtigkeit, vorgegebene Mittel, Techniken und Regeln des Kunstschaffens zu adaptieren) und bezeichnet die nicht lehr- und lernbare Fähigkeit, im künstlerischen Handeln (Kunstproduktion) neue Erfahrungsweisen der Wirklichkeit zu einer Einheit der Gestalt, zum Kunstwerk, zu synthetisieren. G. ist vor allem in der Kantischen Ästhetik und im Anschluß an diese in der Ästhetik des deutschen Idealismus ein zentraler Begriff. Denn in der *formalen Ästhetik* (I. Kant, F. Schiller) ist G. die ästhetische Aktualisierung des Vernunftvermögens (↑Subjekt, transzendentales, ↑Subjektivismus) in einem Individuum. G. ist, vermöge der ↑Urteilskraft, ein Geist, der schafft wie die Natur (↑Einbildungskraft), aber aus Einsicht, nicht aus Notwendigkeit. In der *Inhaltsästhetik* (F. W. J. Schelling, G. W. F. Hegel) bezeichnet ›G.‹ den Künstler, der aus der Kontinuität historischer Erfahrung einen epochalen, d.i. für die Nachfolgenden (Kunstrezeption) bestimmenden, vorher qualitativ so nicht vorhandenen Weltvollzug ins Werk setzt.

Literatur: A. Baeumler, Kants Kritik der Urteilskraft. Ihre Geschichte und Systematik I (Das Irrationalitätsproblem in der Ästhetik und Logik des 18. Jahrhunderts bis zur Kritik der Urteilskraft), Halle 1923 (repr. Darmstadt 1967, 1975); G. F. W. Hegel, Vorlesungen über die Ästhetik, Sämtl. Werke XII–XIV, und: I–II, ed. F. Bassenge, Berlin (Ost) ^{3}1976, Frankfurt ^{3}1976; A. Hock, Reason and Genius. Studies in their Origin, New York 1960; Jean Paul, Über das G., in: ders., Vorschule der Ästhetik, in: ders., Sämtl. Werke V, ed. N. Miller, Darmstadt 1963, ^{2}1967, 55–67, 463f.; I. Kant, Anthropologie in pragmatischer Hinsicht, Akad.-Ausg. VII, 117–333; ders., KU §49, Akad.-Ausg. V, 313–319; D. von Klebelsberg, Über grundsätzliche Fragen des G.begriffes, Stud. Gen. 13 (1960), 739–745; B. Rosenthal, G.begriff des Aufklärungszeitalters. Lessing und die Popularphilosophen, Berlin 1933; F. W. J. Schelling, Philosophie der Kunst (posthum), Stuttgart/Augsburg 1859 (repr. Darmstadt 1966); ders., System des transzendentalen Idealismus, ed. W. Schulz, Hamburg 1957, ^{2}1962; ders., Über Wissenschaft der Kunst, in bezug auf das akademische Studium, in: ders., Vorlesungen über die Methode des akademischen Studiums, ed. W. E. Ehrhardt, Hamburg 1974, 138–146 (14. Vorlesung); J. G. Sulzer, G., in: ders., Allgemeine Theorie der schönen Künste. In einzeln, nach alphabetischer Ordnung der Kunstwörter auf einander folgenden, Artikeln abgehandelt II, Leipzig ^{2}1792 (repr. Hildesheim 1967), 363–368; H. Wolf, Versuch einer Geschichte des G.begriffs in der deutschen Aesthetik des 18. Jahrhunderts, Heidelberg 1923 (repr. Nendeln 1978); R. Warning/B. Fabian/J. Ritter, G., Hist. Wb. Ph. III (1974), 279–309; E. Zilsel, Die Entstehung des G.begriffs. Ein Beitrag zur Ideengeschichte der Antike und des Frühkapitalismus, Tübingen 1926. A. G.-S.

Gentile, Giovanni, *Castelvetrano (Provinz Trapani) 30. Mai 1875, †Florenz 15. April 1944 (Ermordung durch antifaschistische Partisanen), ital. Philosoph und Politiker. Professuren in Palermo (1906–1913), Pisa (1914–1916) und Rom (ab 1917). Langjährige Freundschaft mit B. Croce, an dessen Zeitschrift »La Critica« G. mitarbeitete. 1922–1924 Unterrichtsminister im faschistischen Kabinett B. Mussolinis. Reformator des italienischen Schulwesens. Begründer und Direktor der »Enciclopedia Italiana«. G. ist neben Croce der Hauptvertreter der neuidealistischen Strömungen in Italien, die sich unter Rückgriff vor allem auf die deutsche idealistische Tradition zu Anfang des 20. Jahrhunderts herausbildeten. Er vertrat einen extremen ›aktualistischen Idealismus‹ (↑Aktualismus): der Geist ist reine Aktualität (↑actus purus), der zwar zu seiner Verwirklichung des Durchgangs durchs Objekt bedarf, jedoch selbst radikale transzendenzauflösende Immanenz bleibt. Als reiner Akt vermag sich der Geist niemals als Objekt zu erfassen. Insofern er sich in einem absoluten Akt selbst hervorbringt (↑causa sui), ist er Freiheit. Die Erziehung ist ein dualistischer Akt, der im Geist seine Synthese erfährt, Pädagogik nichts anderes als Philosophie. G.s schulreformerische Bestrebungen, die die Gesamtheit des italienischen Bildungswesens umfaßten, waren etatistisch und elitär.

Werke: Opere complete, I–LIX, Firenze 1928ff. (verschiedene Auflagen, nicht abgeschlossen, letzte Auflagen ed. Fondazione G.G. per gli studi filosofici). – La filosofia di Marx. Studi critici, Pisa 1899 (repr. Firenze 1955); Dal Genovesi al Galluppi. Ricerche storiche, Napoli 1903, unter dem Titel: Storia della filosofia italiana dal Genovesi al Galluppi, I–II, Firenze ²1929 (Opere complete XVIII–XIX), auch in: ders., Storia della filosofia italiana (s.u.), 447–679; La filosofia, I–II, Milano 1904/1915; Scuola e filosofia, Palermo 1908; La riforma della dialettica hegeliana, Messina 1913, Firenze ⁴1975 (unter dem Titel: La riforma delle dialettica hegeliana e altri scritti, Messina ²1923); I problemi della scolastica e il pensiero italiano, Bari 1913, ²1923; Teoria generale dello spirito come atto puro, Pisa 1916, Firenze ⁶1944 (repr. 1959) (engl. The Theory of Mind as Pure Act, London 1922); Sistema di logica come teoria del conoscere, Pisa 1917, I–II, 1918/1923, Firenze ⁴1942/1955 (repr. 1964); Discorsi di religione, Firenze 1920; La riforma dell'educazione. Discorsi ai maestri di Trieste, Bari 1920, Firenze ⁶1975 (engl. The Reform of Education, New York 1922, London 1933); Giordano Bruno e il pensiero del Rinascimento, Firenze 1920, ²1925, unter dem Titel: Il pensiero italiano del Rinascimento ³1940, ⁴1968, auch in: ders., Storia della filosofia italiana (s.u.), 217–363; Giornale critico della filosofia italiana, I–XIII, Messina 1920–1932; Saggi critici. Serie prima, Napoli 1921; Dante e Manzoni, con un saggio su arte e religione, Firenze 1923; Saggi critici. Serie seconda, Firenze 1927; Der aktuale Idealismus. Zwei Vorträge, Tübingen 1931; La filosofia dell'arte, Milano 1931, Firenze ³1975 (dt. Philosophie der Kunst, Berlin 1934, engl. The Philosophy of Art, Ithaca 1972); Introduzione alla filosofia, Milano 1933, Firenze ²1952; Memorie italiane e problemi della filosofia e della vita, Firenze 1936; Genesi e struttura della società. Saggio di filosofia pratica, Firenze 1945, Verona ²1954 (repr. Firenze 1975); Storia della filosofia italiana, I–II, ed. E. Garin, Firenze 1969. – V.A. Bellezza, Bibliografia degli scritti di G.G., Firenze 1950.

Literatur: A. Agosti, Filosofia e religione nell'attualismo gentiliano, Brescia 1977; A. Andreola, G.G. e la sua scuola, Milano 1951; G. Baraldi, Divenire e trascendenza. Studio critico dal punto di vista dell'attualismo gentiliano, Diss. Fribourg 1976; V.A. Bellezza, L'esistenzialismo positivo di G.G., Firenze 1954; ders., G.G., Enc. filos. III (1967), 39–54 (mit Bibliographie); E. Chiocchetti, La filosofia di G.G., Milano 1922; K.G. Fischer (ed.), G.G., Philosophie und Pädagogik, Paderborn 1970 (mit Bibliographie 185–189); A. Guzzo, Croce e G., Lugano 1953; A. Negri, G.G., I–II (I Costruzione e senso dell'attualismo, II Sviluppi e incidenza dell'attualismo), Florenz 1975; F. Pardo, La filosofia die G.G.. Genesi, sviluppo, unità sistematica, critica, Firenze 1972; A. Lo Schiavo, Introduzione a G., Roma/Bari 1974; C. Sganzini, G.G.s aktualistischer Idealismus, Logos 14 (1925), 163–239; M. Signore, Impegno etico e formazione dell'uomo nel pensiero gentiliano, Galatina 1972; U. Spirito, G.G., Firenze 1969; ders., Dall'attualismo al problematicismo, Firenze 1976; V. Vettorio (ed.), Studi gentiliani, I–II, Pisa 1954; V. La Via, L'idealismo attuale di G.G., Trani 1925. S.B.

Gentzen, Gerhard (Karl Erich), *Greifswald 24. Nov. 1909, †Prag 4. Aug. 1945, dt. mathematischer Logiker. Studium der Mathematik in Greifswald, Göttingen, München, Berlin. 1933 Promotion in Göttingen bei H. Weyl (»Untersuchungen über das logische Schließen«), ab 1934 Assistent von D. Hilbert. 1942 Habilitation in Göttingen (»Beweisbarkeit und Unbeweisbarkeit von Anfangsfällen der transfiniten Induktion in der reinen Zahlentheorie«). Ab 1943 Dozent an der Deutschen Universität in Prag. Im Mai 1945 interniert, noch während der Internierung an Unterernährung gestorben.

In seiner Dissertation entwickelte G. neue Typen von ↑Logikkalkülen, die sogenannten ↑›Kalküle des natürlichen Schließens‹ und die ↑›Sequenzenkalküle‹. Diese heute auch ↑Gentzentypkalküle genannten Formalismen erwiesen sich für zahlreiche metalogische Untersuchungen besser geeignet als die vorher ausschließlich gebräuchlichen ↑Hilberttypkalküle. Indem G. als hinreichende Bedingung für die ↑Widerspruchsfreiheit von Sequenzenkalkülen die Zulässigkeit der ↑Schnittregel angeben und diese auch für die ↑Quantorenlogik beweisen konnte (↑Gentzenscher Hauptsatz), schuf er eines der wichtigsten Verfahren der modernen ↑Beweistheorie: die Schnittelimination. Für die Durchführung des ↑Hilbertprogramms – in der Form, in der es nach K. Gödels ↑Unvollständigkeitssatz noch zu vertreten war – wurden außerdem G.s ↑Widerspruchsfreiheitsbeweise für die klassische (und damit auch für die konstruktive) ↑Arithmetik bahnbrechend, in denen sich unter anderem die Wichtigkeit konstruktiver Ordinalzahltheorien und entsprechender transfiniter Induktionsprinzipien (↑Ordinalzahl, ↑Induktion, transfinite) für beweistheoretische Untersuchungen zeigt. Daneben stehen bedeutende Untersuchungen zum Induktionsprinzip (↑Induktion, vollständige) der elementaren Arithmetik (so in der Habilitationsschrift die Charakterisierung seiner Stärke durch die erste ε-Zahl), zur relativen Konsistenz der klassischen bezüglich der konstruktiven Arithmetik, zur einfachen ↑Typentheorie und zum Unendlichkeitsbegriff (↑unendlich/Unendlichkeit).

Werke: Über die Existenz unabhängiger Axiomensysteme zu unendlichen Satzsystemen, Math. Ann. 107 (1933), 329–350; Untersuchungen über das logische Schließen, Math. Z. 39 (1935), 176–210, 405–431 (repr. Darmstadt 1969), Neudr. in: K. Berka/L. Kreiser (eds.), Logik-Texte. Kommentierte Auswahl zur Geschichte der modernen Logik, Berlin (Ost) 1971, [2]1973, 192–253; Die Widerspruchsfreiheit der reinen Zahlentheorie, Math. Ann. 112 (1936), 493–565 (repr. Darmstadt 1967); Die Widerspruchsfreiheit der Stufenlogik, Math. Z. 41 (1936), 357–366; Unendlichkeitsbegriff und Widerspruchsfreiheit der Mathematik, in: Travaux du IXe congrès international de philosophie. Congrès Descartes VI (Logique et mathématiques), ed. R. Bayer, Paris 1937, 201–205; Die gegenwärtige Lage in der mathematischen Grundlagenforschung, in: ders., Die gegenwärtige Lage in der mathematischen Grundlagenforschung. [Und:] Neue Fassung des Widerspruchsfreiheitsbeweises für die reine Zahlentheorie, Leipzig 1938 (Forschungen zur Logik und zur Grundlegung der exakten Wissenschaften NF 4) (repr. Darmstadt 1969, repr. H. 1–8 der »Forschungen« in einem Bd., Hildesheim 1970), 5–18, und in: Dt. Math. 3 (1938), 255–268; Neue Fassung des Widerspruchsfreiheitsbeweises für die reine Zahlentheorie, in: ders., Die gegenwärtige Lage ... (s.o.), 19–44; Beweisbarkeit und Unbeweisbarkeit von Anfangsfällen der transfiniten Induktion in der reinen Zahlentheorie, Math. Ann. 119 (1943/1944), 140–161; Zusammenfassung von mehreren vollständigen Induktionen zu einer einzigen, Arch. math. Log. Grundlagenf. 2 (1954–1956), 1–3; Der erste Widerspruchsfreiheitsbeweis für die klassische Zahlentheorie, ed. u. mit einer Einführung versehen v. P. Bernays, Arch. math. Log. Grundlagenf. 16 (1974), 97–118; Über das Verhältnis zwischen intuitionistischer und klassischer Arithmetik, Arch. math. Log. Grundlagenf. 16 (1974), 119–132; The Collected Papers of G. G., ed. M. E. Szabo, Amsterdam/London 1969.

Literatur: K. Schütte, G., NDB VI (1964), 194–195; M. E. Szabo, Biographical Sketch, in: ders. (ed.), The Collected Papers of G. G., Amsterdam/London 1969, VII–VIII; ders., Introduction, in: ders. (ed.), The Collected Papers of G. G., 1–28; ders., G., DSB V (1972), 350–351. P. S.

Gentzen-Kalkül, meist Oberbegriff für die von G. Gentzen entwickelten ↑Kalküle des natürlichen Schließens und ↑Sequenzenkalküle, gelegentlich auch terminologisch im Sinne von ↑›Gentzentypkalkül‹ verwendet. P. S.

Gentzenscher Hauptsatz (engl. Gentzen's normal form theorem, principal theorem), auch Eliminationssatz (engl. cut-elimination theorem), ein metalogischer Satz, der besagt, daß in den zuerst von G. Gentzen entwickelten ↑Sequenzenkalkülen die sogenannte ↑Schnittregel

$$\Sigma \| A, , \Sigma, A \| B \Rightarrow \Sigma \| B$$

redundant ist im Sinne ihrer Eliminierbarkeit: jede von der Schnittregel Gebrauch machende gültige Ableitung einer Sequenz in einem solchen System läßt sich durch eine ebenfalls gültige Ableitung derselben Sequenz *ohne* Verwendung der Schnittregel ersetzen. Diese Eliminierbarkeit ist gleichwertig mit der ↑Zulässigkeit der Schnittregel in Sequenzenkalkülen, welche diese Regel ursprünglich nicht enthalten. Die von S. Jaśkowski und Gentzen ausgearbeiteten ↑Kalküle des natürlichen Schließens mit Einführungs- und Beseitigungsregeln für die logischen Partikeln (↑Partikel, logische) und eventuell die logische Konstante $\curlywedge$ (↑falsum) haben mit der genannten Redundanzeigenschaft von Sequenzenkalkülen eng verwandte Eigenschaften. Der schnittfreien Herleitung einer Sequenz $\Sigma \| C$ eines Sequenzenkalküls entspricht eine ›normale‹ Herleitung von C aus Σ, in der kein Schrittpaar auf tritt, dessen erster Schritt gemäß einer Einführungsregel für eine logische Partikel erfolgt und diese in das Konsequens dieser Regelanwendung einführt, während der anschließende zweite Schritt eine Anwendung einer Beseitigungsregel ist, in welcher das soeben erhaltene Konsequens als Hauptformel in der Prämisse vorkommt und so die gerade eingeführte logische Partikel wieder beseitigt. K. Schütte hat in Erweiterung der Gentzenschen Idee Schlußweisenkalküle formuliert, die ein der Schnittregel entsprechendes Schnittschema enthalten, aber auf ↑Sequenzen (die ja nicht Formeln, sondern aus solchen aufgebaute ›höhere‹ Figuren sind) verzichten und statt der in Sequenzenkalkülen aufgestellten Strukturschlußregeln (↑Strukturregel) bzw. Einführungs- und Beseitigungsregeln unmittelbar auf Formeln bezogene umformende und aufbauende Schlußregeln enthalten (›genetische‹ Kalküle), wodurch sie den Kalkülen des natürlichen Schließens näherstehen. Die enge Verwandtschaft dieser Kalküle untereinander äußert sich in der Geltung auf sie bezogener metalogischer Sätze, die entsprechend eng mit dem G.n H. verbunden sind. Dessen Inhalt läßt sich dann z.B. so ausdrücken, daß genetische Kalküle bzw. solche des natürlichen Schließens in dem Sinne vollständig sind, als sich zu jeder Herleitung einer Formel C aus Formeln $A_1, \ldots, A_n$ in einem solchen Kalkül eine Herleitung der Sequenz $\Sigma \| C$ mit $\Sigma \leftrightarrows \{A_1, \ldots, A_n\}$ konstruieren läßt.

Die in diesem Zusammenhang untersuchten Eigenschaften sind freilich von verschiedener Art. Einerseits folgt aus dem G.n H. für Sequenzenkalküle mit Schnittregel trivial die ↑Widerspruchsfreiheit der klassischen und der intuitionistischen (=konstruktiven) ↑Junktorenlogik, da aus der Sequenz $\emptyset \| A \wedge \neg A$ die leere Sequenz $\emptyset \| \emptyset$ herleitbar wäre, die einerseits nur Ergebnis einer Anwendung der Schnittregel sein kann, andererseits aber wegen deren Eliminierbarkeit auch ohne diese Regel ableitbar sein müßte und deshalb eben *nicht* ableitbar ist. Ähnlich einfach ergibt sich die Nichtableitbarkeit des ↑tertium non datur in der intuitionistischen Junktorenlogik. Im allgemeinen gelten jedoch die in den verschiedenen Varianten des G.n H. erfaßten Eigenschaften *nicht* für logische Systeme unabhängig von der Art ihrer Kalkülisierung, sondern sind stets auf bestimmte Kalküle bezogen; sie können bei Erweiterung derselben verloren gehen, und der Nachweis ihrer Geltung für eine ›Logik‹ unabhängig von deren spezieller Kalkülisierung erfordert zusätzliche Äquivalenzbeweise für die möglichen Typen von Kalkülen. Das gilt insbesondere für die erwähnte Normalität. Da die durch Schnittelimination erhaltenen, so genannten ›normalen‹ Beweise keinen ›Umweg‹ über in das Endergebnis nicht eingehende Formeln machen, sondern nur Teilformeln der Endformel bzw. Endsequenz verwenden, ergibt sich auf Grund dieser Teilformeleigenschaft für manche metalogischen bzw. metamathematischen Sätze die Möglichkeit ihres Beweises durch ↑Teilformelinduktion. Dies ist dann jedoch keine absolute Eigenschaft, sondern eine Ausage über den zugrunde gelegten Kalkül. Mit Hilfe der Teilformelinduktion gab Gentzen ein ↑Entscheidungsverfahren für die intuitionistische (konstruktive) Junktorenlokik an und bewies die Widerspruchsfreiheit der klassischen Arithmetik ohne vollständige Induktion.

Für die klassische ↑Quantorenlogik erhält man durch verwandte Überlegungen Gentzens ›verschärften Hauptsatz‹ (engl. ›sharpened *Hauptsatz*‹, fälschlich oft auch ›extended *Hauptsatz*‹), der Grundlage des Beweises verschiedener Interpolationssätze (z.B. ↑Craig's Lemma) ist. Zu ↑Widerspruchsfreiheitsbeweisen für die klassische Arithmetik, die verzweigte Typentheorie (↑Typentheorien) und weitere Systeme gelangt man durch natürliche, z.B. Induktionsregeln mit schematisch gegebenen, unendlich viele Prämissen einbeziehenden Erweiterungen des Verfahrens der Schnittelimination, die so zu einem der wichtigsten Beweismittel eines Zweiges der modernen ↑Beweistheorie geworden ist. Ihre grundlagentheoretische Bedeutung liegt in ihrem ↑konstruktiven Charakter.

Literatur: E.W. Beth, Formal Methods. An Introduction to Symbolic Logic and to the Study of Effective Operations in Arithmetic and Logic, Dordrecht 1962, §36 (Proof of Gentzen's ›Hauptsatz‹); H.B. Curry, Foundations of Mathematical Logic, New York 1963 (repr. 1977); G. Gentzen, Untersuchungen über das logische Schließen, Math. Z. 39 (1935), 176–210, 405–431 (repr. Darmstadt 1969), Nachdr. in: K. Berka/L. Kreiser (eds.), Logik-Texte. Kommentierte Auswahl zur Geschichte der modernen Logik, Berlin (Ost) 1971, [2]1973, 192–253; ders., Die gegenwärtige Lage in der mathematischen Grundlagenforschung. [Und:] Neue Fassung des Widerspruchsfreiheitsbeweises für die reine Zahlentheorie, Leipzig 1938 (Forschungen zur Logik und zur Grundlegung der exakten Wissenschaften NF 4) (repr. Darmstadt 1969, repr. H. 1–8 der »Forschungen« in einem Bd., Hildesheim 1970); S.C. Kleene, Introduction to Metamathematics, Amsterdam/Groningen 1952 (7th. repr. 1974); ders., Mathematical Logic, New York/London/Sydney 1967, §54 (Gentzen's Theorem); P. Lorenzen/O. Schwemmer, Konstruktive Logik, Ethik und Wissenschaftstheorie, Mannheim/Wien/Zürich 1973, [2]1975; P. Lorenzen, Zur Rechtfertigung der deduktiven Methode, in: ders., Konstruktive Wissenschaftstheorie, Frankfurt 1974, 204–208; D. Prawitz, Natural Deduction. A Proof-Theoretical Study. Stockholm/Göteborg/Uppsala 1965; ders., Hauptsatz for Higher Order Logic, J. Symb. Log. 33 (1968), 452–457; A.R. Raggio, Gentzen's Hauptsatz for the Systems NI and NK, Log. anal. 8 (1965), 91–100; M.M. Richter, Logikkalküle, Stuttgart 1978; K. Schütte, Schlußweisen-Kalküle der Prädikatenlogik, Math. Ann. 122 (1950/1951), 47–65; H. Schwichtenberg, Proof Theory. Some Applications of Cut-Elimination, in: J. Barwise (ed.), Handbook of Mathematical Logic, Amsterdam/New York/Oxford 1977, 867–895; M.E. Szabo, Introduction, in: ders. (ed.), The Collected Papers of Gerhard Gentzen, Amsterdam/London 1969, 1–28; W.W. Tait, A Nonconstructive Proof of Gentzen's Hauptsatz for Second Order Predicate Logic, Bull. Amer. Math. Soc. 72 (1966), 980–983; M. Takahashi, A Proof of Cut-Elimination Theorem in Simple Type-Theory, J. Math. Soc. Japan 19 (1967), 399–410; G. Takeuti, Proof-Theory, Amsterdam/Oxford/New York 1975 C.T.

Gentzentypkalkül, Bezeichnung für solche ↑Logikkalküle, die eine ›direkte‹ Beziehung zur Semantik haben, insofern ihre Ableitungsregeln *jeweils für sich* als semantische Regeln aufgefaßt werden können – im Unterschied zu ↑Hilberttypkalkülen, die höchstens ›nachträglich‹ und ›indirekt‹ durch einen ↑Vollständigkeitssatz semantisch gedeutet werden. Dies bedeutet vor allem, daß sich Ableitungsregeln in G.en – in Analogie zum Vorgehen bei der semantischen Interpretation logischer Partikeln (↑Partikel, logische) – möglichst nur auf jeweils *eine* logische Partikel beziehen, also verschiedenen Partikeln verschiedene Regeln zu deren Ein- und Ausführung zugeordnet werden. Als G.e sind damit die auf G. Gentzen zurückgehenden ↑Kalküle des natürlichen Schließens und ↑Sequenzenkalküle, aber auch reduktive Tableauverfahren (↑Tableau, logisches), wie sie z.B. in der dialogischen Logik (↑Logik, dialogische) auftreten, zu bezeichnen. P.S.

genus, in der Logik synonym zu ↑Gattung.

genus proximum (lat., nächsthöhere(r) Art(begriff)), in der traditionellen Definitionstheorie (↑Definition), in der Begriffe als durch Angabe (a) eines allgemeineren (Ober-)Begriffs und (b) einer genaueren Spezifikation (der ↑differentia specifica) bestimmt verstanden wurden, Bezeichnung für den unter (a) genannten Oberbegriff. Der Terminus ›g.p.‹ läßt vermuten, daß zumindest zeitweise das Mißverständnis bestand, zu jedem Begriff gäbe es (genau) einen nächst-umfassenderen. Diese Bedingung wird jedoch allenfalls von einer abgeschlossenen hierarchischen Terminologie erfüllt, in der Definitionen lediglich die Funktion von Explikationen haben (↑Begriffspyramide). In der modernen Definitionstheorie spielt der Terminus ›g.p.‹ keine zentrale Rolle mehr, da die hiermit zusammenhängende Definitionsform auch nach Aufgabe der genannten Voraussetzung nur einen Spezialfall von Definitionen mit logisch zusammengesetztem definiens darstellt. G.H.

Geometrie (griech. *γεωμετρία*, aus *γῆ*, Erde, und *μετρεῖν*, messen), ursprünglich aus den praktischen Aufgaben des Messens entstandene mathematische Disziplin, die unter griechischem Einfluß zu einer beweisenden axiomatischen Theorie ausgebaut wurde und in der Neuzeit mit ihrer Kurven-, Flächen- und Raumtheorie die Mathematisierung der Naturwissenschaften ermöglichte. Seit dem 19. Jahrhundert wurde die G. zu einer abstrakten Strukturtheorie (↑Struktur) verallgemeinert, die sowohl die Grundlagendiskussion der Mathematik als auch die Entwicklung neuer Disziplinen, z.B. der ↑Topologie, beeinflußte.

In der babylonischen und ägyptischen Mathematik ist das geometrische Wissen in praktischen Meßaufgaben der Baukunst, des Handwerks, der landwirtschaftlichen Feldvermessung und der Bestimmung astronomischer Ereignisse dokumentiert. In den Quellen zur ägyptischen G. werden z.B. quadratische Netze für Einteilungszwecke, Meßvorschriften für die Kegelstumpfpyramide und eine Annäherung für π angegeben. In den Keilschrifttexten der Babylonier finden sich bereits Anwendungsbeispiele des nach Pythagoras benannten Satzes, erste Ansätze für trigonometrische Tabellen und ein Äquivalent des Cosinussatzes der ebenen Trigonometrie. Thales von Milet, dem ein erster Beweis für den Satz über rechte Winkel im Halbkreis zugeschrieben wird, steht am Anfang der griechischen G.. Seit Pythagoras war die Überzeugung von der Ganzzahligkeit aller Proportionsverhältnisse verbreitet, die in den Disziplinen des Quadriviums (Arithmetik, G., Astronomie, Musik; ↑ars) gelehrt wurde (↑Pythagoreer). Auf Hippasos von Metapont geht die Entdeckung ↑inkommensurabler Streckenverhältnisse zurück, wie sie z.B. zwischen Diagonale und Seite eines regelmäßigen Fünfecks, dem Ordenssymbol der Pythagoreer, auftreten. Da ein entsprechender Beweis durch Widerspruch von unbegrenzten Streckenverkleinerungen Gebrauch macht, lehrt Platon für die griechische G., daß ihre Gegenstände nicht die sinnlich wahrnehmbaren Figuren sein können, diese Gegenstände vielmehr eine ideale Existenz besitzen (↑Ideenlehre). Eudoxos von Knidos löst das Problem der Inkommensurabilität, indem er die pythagoreische Lehre zu einer *geometrischen ↑Proportionenlehre* und einer Theorie des ↑Kontinuums erweitert. Da jedes (ganzzahlige) Zahlenverhältnis einem geometrischen Streckenverhältnis entspricht, aber nicht die Umkehrung gilt, wird nun der G. der Vorrang vor der ↑Arithmetik gegeben und die Lösung von Gleichungen auf geometrische Konstruktionen zurückgeführt.

Die Konstruktionsmethode mit Zirkel und Lineal, die nach Platon in der G. allein zulässig ist, um die geometrische Idealität von den Bewegungsproblemen der Physik zu unterscheiden, führte zu den drei klassischen Problemen der Würfelverdopplung (↑Delisches Problem), der Winkeldreiteilung und der ↑Quadratur des Kreises. Zur Lösung dieser Probleme wurden kinematische Näherungsverfahren benutzt, die zur Entdeckung neuer Kurven, z.B. der Quadratrix bzw. Trisektrix, Spirale Conchoide, Zissoide, Kegelschnitte, führten. In den 13 Büchern der Euklidischen »Elemente« wird das geometrische Wissen zur Zeit Platons *axiomatisiert* (↑Euklidische Geometrie). Archimedes beweist Formeln z.B. für das Kugelvolumen und die Kugeloberfläche durch die Methode der ↑Exhaustion, nachdem er sie vorher durch heuristische Überlegungen aus der ↑Statik ›erraten‹ hatte. Auf Archimedes geht auch eine Parabelquadratur zurück. Jedoch wird erst in den »Conica« des Apollonios von Perge eine einheitliche Theorie der Kegelschnitte vorgestellt, die unabhängig von den drei klassischen Konstruktionsproblemen der griechischen G. entwickelt wird. Die *Trigonometrie* wird als angewandte Wissenschaft verstanden und vor allem in der ↑Astronomie benutzt. Bereits Aristarch von Samos berechnete bei astronomischen Entfernungsschätzungen den doppelten Sinus als Sehnenlänge. Aber erst Hipparchos hat Sehnentafeln zur Verfügung, die ein Additionstheorem z.B. für den Sinus voraussetzen. Einen Beweis führt Ptolemaios mit seinem Satz über Vierecke im Kreis. Ptolemaios ist auch an der Entwicklung der *sphärischen* G. (G. auf der Kugel) beteiligt. Ansätze zur *projektiven* G. (z.B. ein Spezialfall des Pascalschen Satzes) finden sich bei Pappos.

Im Mittelalter und in der Renaissance kommen Geometer, Architekten, Baumeister und Künstler über die antiken Kenntnisse nicht hinaus. In J. Keplers Verfahren zur Volumenbestimmung von Fässern und in der »Geometria indivisibilibus continuorum« (1635) des Galilei-Schülers B. Cavalieri finden sich Ansätze zur Integralgeometrie. Erst die Rezeption der apollonischen Kegelschnittlehre, in der bereits ebenen Kurven, z.B. Parabel und Hyperbel, Gleichungen zugeordnet sind, und der indisch-arabischen Algebra, die besonders durch F. Viète weiterentwickelt wurde, bereiten den Boden für die *analytische* G. (↑Geometrie, analytische) des 17. und 18. Jahrhunderts. Anfang des 19. Jahrhunderts führten G. Monges Lehrbücher der darstellenden G. zur Ausbildung der projektiven G. durch J.V. Poncelet, der damit die Perspektivenprobleme von Pappos, G. Desargues und B. Pascal aufgriff und weiterentwickelte. Durch J. Steiner und K.G.C. v. Staudt wurde die projektive G. zu einer nicht-analytischen, synthetischen G. ausgebaut, deren schwerfällige Beweisführung J. Plücker durch die analytische Methode (z.B. durch Einführung homogener Koordinaten) verbesserte. Die philosophischen Überlegungen von J.F. Herbart über beliebig dimensionale Räume regten H.-G. Graßmann zu Untersuchungen über n-dimensionale affine ›Ausdehnungen‹ an (↑Ausdehnungslehre), die zusammen mit A. Cayleys Untersuchungen seit 1944 die Entwicklung der *affinen* G. einleiteten und in die lineare Algebra mündeten, in deren Verlauf unter anderem der für die Physik zentrale Begriff des Vektorraums (↑Vektor) ausgebildet wurde.

Nach der Diskussion des ↑Parallelenaxioms der ↑Euklidischen G. von Proklos bis J.H. Lambert, nach Entdeckung der ↑*nicht-euklidischen* G. und nach L. Eulers Untersuchungen über das Krümmungsverhalten ebener Kurven setzt mit C.F. Gaußens »Disquisitiones generales circa superficies curvas« (1828) Die Entwicklung der ↑*Differentialgeometrie* ein, die sich bei Gauß zunächst mit der Metrik und Krümmung 2dimensionaler Flächen beschäftigt und bei B. Riemann für n-dimensionale differenzierbare Mannigfaltigkeiten verallgemeinert wird. Während Riemann von Mannigfaltigkeiten ausgeht, deren Metrik und Krümmungsverhalten als durch Beobachtung und Messung entscheidbare Hypothesen aufgefaßt werden, erzwingt H. v. Helmholtz mit seiner Voraussetzung der freien Beweglichkeit starrer Meßkörper (↑Körper, starrer) von vornherein die absolute G. (↑Geometrie, absolute) als den gemeinsamen Unterbau der hyperbolischen, elliptischen und Euklidischen G. der Räume mit konstanter Krümmung. Helmholtz' Ansatz wird von S. Lie zu einer Theorie stetiger Bewegungsgruppen (↑Gruppe (mathematisch)) präzisiert, die sowohl für die Weiterentwicklung der Differentialgeometrie im 20. Jahrhundert durch H. Weyl, E. Cartan u.a. als auch für ihre physikalische Anwendung in der relativistischen Kosmologie (↑Astronomie, ↑Relativitätstheorie, allgemeine) von Bedeutung wurde. Auch die Entwicklung der ↑*Topologie* beginnt im 19. Jahrhundert mit Untersuchungen von Riemann, A.F. Möbius, C. Jordan u.a., nachdem bereits Ansätze z.B. in der Diskussion der Polyederformel bei R. Descartes und Euler vorlagen. Im Rahmen der Topologie gelingt mit den Beiträgen von H. Poincaré, L.E.J. Brouwer u.a. auch eine Klärung des Dimensionsbegriffs (↑Dimension), der in der koordinatenlosen Topologie nicht mehr wie in der analytischen G. durch die Anzahl der Punktkoordinaten definiert werden konnte. Im Bündnis mit G. Cantors Mengenlehre wird schließlich im 20. Jahrhundert von M. Fréchet, F. Hausdorff u.a. der Begriff des topologischen Raumes geprägt und damit der Blick von einzelnen topologischen Gebilden (Torus, Möbiusband, Kleinsche Flasche etc.) auf die allgemeine Analyse topologischer Strukturen gelenkt.

Die alte Bedeutung von ›G.‹ im Sinne von ›Erdmessung‹ konnte diese Forschungsspezialisierungen nicht mehr abdecken. Erst F. Kleins ↑›Erlanger Programm‹ von 1872 liefert mit dem Begriff der *geometrischen Invarianten*, die bei metrischen, affinen, projektiven, topologischen etc. Transformationsgruppen unverändert bleiben, eine Möglichkeit, die verschiedenen Forschungsrichtungen in einer Hierarchie von Theorien zu ordnen. Ende des 19. Jahrhunderts bemühen sich M. Pasch, D. Hilbert u.a. um eine *formale Axiomatisierung* (↑System, formales) der Euklidischen G., die von inhaltlichen Bedeutungen der Grundbegriffe absieht und nur dem Kriterium der ↑Widerspruchsfreiheit unterworfen wird. Neuere Ansätze entwickeln die Euklidische G. aus dem *Spiegelungsbegriff* oder begründen sie durch *Homogenitätsprinzipien* oder *formentheoretische Axiome*. Letzterer Ansatz betrachtet die G. nicht als Teilgebiet der Mathematik, sondern als Teil einer ↑Protophysik, d.h. eines apriorischen Teils der Physik, der die mit der Meßgeräteherstellung und Meßpraxis der Physik verbundenen Intentionen rekonstruiert und so eine operative Definition der physikalischen Grundbegriffe anstrebt. Die gegenwärtige *algebraische* G. entstand seit dem 19. Jahrhundert durch eine schrittweise Verallgemeinerung ihrer geometrischen Objekte von der Untersuchung algebraischer und rationaler Kurven, affiner und projektiver Mannigfaltigkeiten über quasiprojektive Mannigfaltigkeiten, abstrakte algebraische Mannigfaltigkeiten bis hin zu affinen bzw. projektiven Schemata und algebraischen Räumen, die auf die Begriffsbildungen der modernen Algebra und Topologie zurückgreifen.

Methoden und Resultate der G. sind seit den Griechen für die Philosophie stets von Interesse gewesen. *Methodologisch* gilt die G. seit Thales als diejenige Disziplin, die die Notwendigkeit von ↑Beweisen für generelle Sätze erkannte und mit ihren Beweisverfahren für zwei Jahrtausende das Paradigma wissenschaftlicher Rationalität überhaupt abgab (↑more geometrico). *Epistemologisch* ist die Frage nach dem Status von Sätzen über räumliche Sachverhalte (›welche G. gilt im Raum?‹) seit I. Kant in den Vordergrund gerückt, während die damit systematisch verbundene *ontologische* Frage, was der ↑Raum eigentlich sei, die Philosophie (und Theologie) seit der Antike bis hin zu modernsten kosmologischen Fragestellungen beschäftigt (↑Kosmologie, ↑Sakralgeometrie, vedische).

Literatur: H.F. Baker, Principles of Geometry, I–VI, Cambridge 1929–1940 (repr. New York 1960–1968); O. Becker, Das mathematische Denken der Antike, Göttingen 1957; H. Behnke/F. Bachmann/K. Fladt/H. Kunle (eds.), Grundzüge der Mathematik für Lehrer an Gymnasien sowie für Mathematiker in Industrie und Wirtschaft II (G., 2 Halbbde: A Grundlagen der G., Elementargeometrie, B G. in analytischer Behandlung mit einer Einführung in die Darstellende G. und Topologie), Göttingen ²1967/1971; J.L. Coolidge, A History of Geometrical Methods, Oxford 1940; H.S.M. Coxeter, Introduction to Geometry, New York 1961 (dt. Unvergängliche G., Basel/Stuttgart 1963); H. Ertel, Entwicklungsphasen der Geophysik, Berlin 1953; H. Freudenthal, G., Hist. Wb. Ph. III (1974), 324–327; T.S. Heath, A History of Greek Mathematics, I–II, Oxford 1921; G. Hessenberg, Grundlagen der G., ed. W. Schwan, Berlin 1930, neu bearb. v. J. Diller, Berlin ²1967; W. Klingenberg, Grundlagen der G., Mannheim/Wien/Zürich 1971; B. Klotzek, G., Berlin (Ost) 1971; K. Mainzer, Geschichte der G. Mannheim/Wien/Zürich 1980; R. Torretti, Philosophy of Geometry from Riemann to Poincaré, Dordrecht/Boston/London 1978; weitere Literatur: ↑Differentialgeometrie, ↑Euklidische Geometrie, ↑Geometrie, absolute, ↑Geometrie, analytische, ↑Geometrie, elliptische, ↑Geometrie, hyperbolische, ↑Geometrie, nicht-archimedische, ↑Protophysik, ↑Raum. K.M.

Geometrie, absolute, gemeinsame Teiltheorie der ↑Euklidischen und ↑nicht-euklidischen Geometrie ohne Entscheidung über die Parallelenfrage (↑Parallelenaxiom). – Unter der Voraussetzung der freien Beweglichkeit starrer Meßkörper (↑Körper, starrer) gab H. v. Helmholtz 1868 die a.G. der homogenen Räume mit konstanter Krümmung an, die bei positiv konstanter Krümmung die elliptische Geometrie (↑Geometrie, elliptische), bei negativ konstanter Krümmung die hyperbolische Geometrie (↑Geometrie, hyperbolische) und bei konstanter Nullkrümmung die parabolische (Euklidische) Geometrie ergibt. S. Lie, H. Weyl u.a. präzisierten Helmholtzens physikalische Annahme der freien Beweglichkeit eines starren Meßkörpers mathematisch durch eine Gruppe stetiger und differenzierbarer kongruenter Abbildungen, die bestimmten Homogenitätsforderungen genügen. D. Hilbert gibt in seinen »Grundlagen der Geometrie« (1899) ein Axiomensystem aus der Euklidischen Geometrie ohne Parallelenaxiom an. F. Bachmann entwickelt die (ebene) a.G. mit den Grundbegriffen ›Punkt‹, ›Gerade‹, ›Inzidenz‹ und ›Orthogonalität‹ aus der Gruppe der Spiegelungen an den Geraden. Im Unterschied zu Hilbert wird dabei auf den Anordnungsbegriff verzichtet, im Unterschied zu Helmholtz auf die Forderung der freien Beweglichkeit. Die elliptische Geometrie ist in Bachmanns Ansatz zugelassen.

Literatur: F. Bachmann, Aufbau der Geometrie aus dem Spiegelungsbegriff, Berlin/Göttingen/Heidelberg 1959, Berlin/Heidelberg/New York ²1973; R. Lingenberg, Grundlagen der Geometrie I, Mannheim 1969, Mannheim/Wien/Zürich ³1978; P. Lorenzen, Das Begründungsproblem der Geometrie als Wissenschaft der räumlichen Ordnung, Philos. Nat. 6 (1960), 415–431, Nachdr. in: ders., Methodisches Denken, Frankfurt 1968, 120–141; K. Mainzer, Geschichte der Geometrie, Mannheim/Wien/Zürich 1980. K.M.

Geometrie, analytische, geometrische Theorie, deren ›synthetische‹, d.h. genuin geometrische,

Grundbegriffe (z.B. Punkt, Gerade, Kurve) durch ›analytische‹ Begriffe (z.B. Zahlenkoordinaten, Funktionsgleichungen) ersetzt werden. Ursprünglich auf Kurven-, Flächen- und 3dimensionale Raumtheorie beschränkt, wurde die a.G. seit dem 19. Jahrhundert mit den Methoden der ↑Algebra und ↑Topologie zur algebraischen G. verallgemeinert.

Bereits in den Kegelschnittlehren des Archimedes und Apollonios deutet sich der Gebrauch von (schiefwinkligen) Koordinaten z.B. in der Konstruktion von Durchmesser und Tangente an. Allerdings werden in der antiken Geometrie solche Bezugslinien erst nachträglich in die stereometrisch als Schnitte an Kegeln erzeugten Kurven eingetragen und nicht wie in der neuzeitlichen a.n G. zur Definition einer Figur vorausgesetzt. Im Rahmen der peripatetischen Physik zeichnet N. v. Oresme Beschleunigung-Zeit-Graphen, in denen jedem Zeitabschnitt (longitudo) der Zeitachse eine senkrechte Strecke (latitudo) mit der entsprechenden Größe gleichförmiger Beschleunigung zugeordnet wird. Diese Darstellung bleibt jedoch qualitativ, ohne Angabe der Funktion. Nachdem im 16. Jahrhundert die indisch-arabische Algebra weiterentwickelt und durch F. Fiète formalisiert worden war, gab R. Descartes 1637 in seiner »Géométrie« eine geometrische Interpretation von Addition, Subtraktion, Multiplikation, Division und Quadratwurzel, indem er eine Einheitsstrecke auszeichnete und jeder Rechenoperation eine Streckenoperation zuordnete. Zahlentheoretisch deutet sich damit eine Erweiterung auf den Bereich der algebraischen ↑Zahlen an. In seiner *Kurventheorie* geht Descartes von kinematisch erzeugten Kurven aus, die durch ihre Konstruktionsverfahren und den Grad ihrer algebraischen Gleichung klassifiziert werden. Von diesen algebraischen Kurven der ›Präzisionsmathematik‹ unterscheidet Descartes die ›mechanischen‹ Kurven der ›Approximationsmathematik‹, z.B. die seit der Antike bekannte Spirale und Zissoide, die später als Beispiele transzendenter Funktionen erkannt werden. Während Descartes jedoch von kinematisch erzeugten Kurven ausgeht und dann algebraische Eigenschaften bestimmt, geht P. de Fermat umgekehrt von algebraischen Gleichungen aus, um daraus geometrische Kurveneigenschaften abzuleiten.

Um 1655 definiert J. Wallis die Kegelschnitte als diejenigen Kurven, welche den (quadratischen) Gleichungen $e^2 = ld - ld^2/t$, $p^2 = ld$, $h^2 = ld + ld^2/t$ genügen, wobei e, p, h die Kurvenordinaten, der Abstand d vom Kurvenursprung die jeweiligen Abszisse, l den ›Latus rectus‹ und t den Durchmesser der Kegelschnitte bezeichnen. Wallis unterscheidet bereits positive und negative Ordinaten bzw. Abszissen. Von I. Newton werden 1676 zum ersten Mal 72 der 78 möglichen *Kurven 3. Grades* graphisch in zwei Koordinatenachsen gezeichnet. Newton ist auch mit der *Transformation* von rechtwinkligen Koordinaten auf Polarkoordinaten vertraut. Seine Kurventheorie wird vor allem durch J. Stirling und C. Maclaurin erweitert und präzisiert. G.W. Leibniz und Joh. Bernoulli sprechen von ›Koordinaten‹ und ›cartesischer Geometrie‹ im heutigen Sinn. Um 1700 stellt A. Parent die erste analytische Studie der Kugeloberfläche in rechtwinkligen Raumkoordinaten vor. Nach Vorarbeiten durch J. Hermann erweist sich im 18. Jahrhundert L. Euler als der treibende Motor zur *analytischen Untersuchung von Flächen.* Die Quadriken (Flächen 2. Ordnung), z.B. Ellipsoid und Hyperboloid, erzeugt Euler systematisch durch Transformationen aus der allgemeinen Gleichung der Quadriken und gibt analog zur ebenen Kurvengeometrie die erste Formulierung der Translation und Rotation von Achsen in drei Dimensionen an. Euler dehnt die Newtonsche Klassifikation der Kurven auf diejenigen 4. Grades aus, für die er 146 Normalformen aufstellt, und führt die Parameterdarstellung von Kurven (↑Differentialgeometrie) ein. Ende des 18. Jahrhunderts fordert J.L. Lagrange (analog zu seiner »Mécanique analytique«) eine *analytisch-algebraische Theorie der Geometrie,* die auf synthetisch-physikalische Anschauung verzichtet. An die Stelle von Deduktion und Konstruktion tritt die analytische Rechnung und die Lösung von Gleichungen.

Seit der Gründung der »École Polytechnique« und »École Normale« (1794) wird die a.G. von G. Monge, S.F. Lacroix u.a. systematisch in Lehrbüchern dargestellt und wegen ihrer großen Bedeutung für Technik und Naturwissenschaft zu einem Kernfach polytechnischer Ausbildung. Nachdem Anfang des 19. Jahrhunderts noch einmal der synthetische Standpunkt in der aufblühenden *projektiven Geometrie* dominiert, setzen sich auch dort vor allem unter dem Einfluß von J. Plücker analytische Verfahren (z.B. homogene Koordinaten und Gleichungen, Plückers μ-Notation) durch, die sowohl zu erheblichen Vereinfachungen als auch zur Erklärung bestimmter projektiver Prinzipien, z.B. des Dualitätsprinzips (↑dual/Dualität), führen. Seit C.F. Gauß und B. Riemann spaltet sich die *Differentialgeometrie,* die aus der a.n G. durch

Anwendung infinitesimaler Methoden im 17. und 18. Jahrhundert entstand, als eigenständige geometrische Disziplin ab. Nachdem die Physiker bereits im 17. und 18. Jahrhundert die Richtung mechanischer Größen berücksichtigt hatten (z.B. C. Huygens bei der Ableitung seiner Stoßgesetze), entwickelte sich eine mathematische *Vektoranalysis* (↑Vektor) erst im 19. Jahrhundert im Anschluß an Untersuchungen von H. Graßmann und W.R. Hamilton. Eine n-dimensionale Verallgemeinerung des Vektorbegriffs setzt L. Boltzmann in der kinetischen Gastheorie voraus. Die Dimension des Vektorraumes setzt sich dabei aus der Anzahl der Moleküle in einem Massengramm des Gases und Orts- und Impulsangaben zusammen. Solche *n-dimensionalen Verallgemeinerungen* sind charakteristisch für die a.G. des 20. Jahrhunderts. So wird die Nullstellenmenge der Gleichung $f(x_1, \ldots, x_n)=0$ mit einem Polynom f und Koeffizienten aus einem (kommutativen) Körper K (z.B. der reellen Zahlen) als affine Hyperfläche bezeichnet, wenn sie Teilmenge des n-dimensionalen affinen Punktraumes ist. Die Vorteile der aus der a.n G. entstandenen abstrakten *algebraischen G.*, deren Grundbegriffe der besonders von D. Hilbert, E. Noether, B.L. van der Waerden u.a. entwickelten Algebra entstammen, liegt in der Reichweite ihrer Sätze, die unabhängig von einzelnen geometrischen Modellen gelten. Im Unterschied zur algebraischen Geometrie, deren Methoden in enger Beziehung zur Algebra und Topologie stehen, wird die a. G. heute auf die Theorie der durch lineare und quadratische Gleichungen definierten Gebilde (Gerade, Ebene, Kegelschnitte) eingeschränkt.

Literatur: W. Blaschke, A.G., Wolfenbüttel/Hannover 1948, Basel/Stuttgart [2]1954; C.B. Boyer, History of Analytic Geometry, New York 1956; J.L. Coolidge, A History of the Conic Sections and Quadric Surfaces, Oxford 1945 (repr. New York 1968); J. Dieudonné, Algèbre linéaire et géométrie élémentaire, Paris 1964, [3]1968; K.P. Grotemeyer, A.G., Berlin 1958, [4]1969; W. Klingenberg/P. Klein, Lineare Algebra und a.G., I–II, Mannheim/Wien/Zürich 1971/1972; G. Loria, Spezielle algebraische und transzendente ebene Kurven. Theorie und Geschichte, dt. F. Schütte, Leipzig 1902, I–II, Leipzig 1910/1911 (aus dem Ms übers.; ital. Ausg.: Curve piane speciali, algebriche e trascendenti. Teoria e storia, I–II, Milano 1930); K. Mainzer, Geschichte der Geometrie, Mannheim/Wien/Zürich 1980; E. Peschl, A.G., Mannheim 1961, unter dem Titel: A.G. und lineare Algebra, Mannheim 1964; G. Pickert, A.G., Leipzig 1953, [6]1967; E. Sperner, Einführung in die a.G. und Algebra, I–II, Göttingen 1948/1951, I [7]1969, II [6]1979. K.M.

Geometrie, elliptische, ↑nicht-euklidische Geometrie, in der die Winkelsumme im Dreieck größer als 180° ist bzw. in der keine Parallelen durch einen Punkt zu einer vorgegebenen Geraden existieren. Im ›Lambert-Rechteck‹ (Abb. 1) mit vorausgesetzten rechten Winkeln bei A, B, C führen unterschiedliche Hypothesen über die Winkelgröße bei D zu unterschiedlichen geometrischen Satzsystemen. Unter der Hypothese vom stumpfen Winkel bei D erweist sich die Winkelsumme im Dreieck größer als 180°. Diese Eigenschaft bewies bereits Menelaos von Alexandreia (ca.100) für sphärische Dreiecke mit Kugelgroßkreises als Seiten. Mit den Funktionen der *sphärischen Trigonometrie* läßt sich zeigen, daß sphärische gleichseitige Dreiecke nicht beliebig vergrößerbar sind wie im Euklidischen Fall, sondern die Seitengröße $2\pi/3$ als absolute Grenze besitzen (Abb. 2).

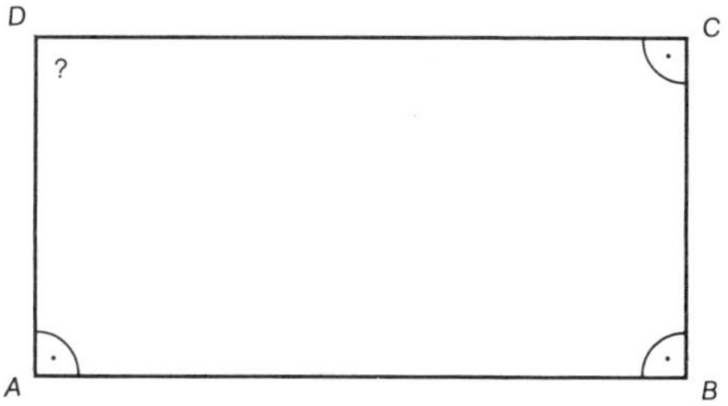

Abb. 1

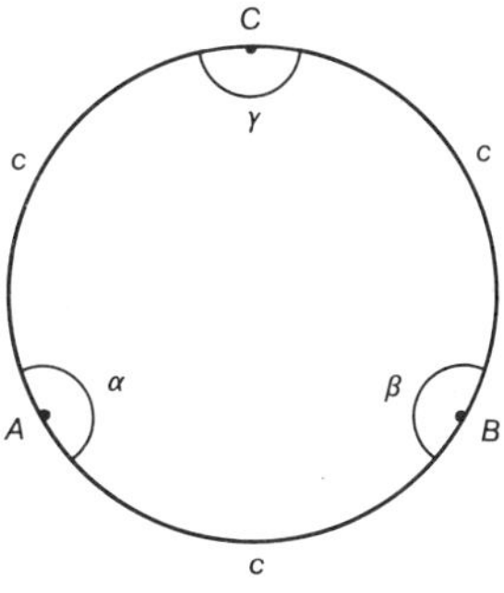

Abb. 2

Diese Kugelgeometrie liefert ein *Modell* der e.n G.. Interpretiert man nämlich die elliptische Ebene als Oberfläche der Einheitskugel, die Großkreise als elliptische Geraden und die Paare diametraler Punkte auf der Kugeloberfläche als elliptische Punkte, so gilt das ↑Parallelenaxiom nicht, da sich alle Großkreise schneiden (Abb. 3).

In diesem Modell gelten alle übrigen Axiome der ↑Euklidischen Geometrie bis auf die Axiome der Zwischenrelation, die für die oben interpretierten elliptischen Punkttripel nicht erklärt ist und deren Anordnungsaxiome daher verändert werden müs-

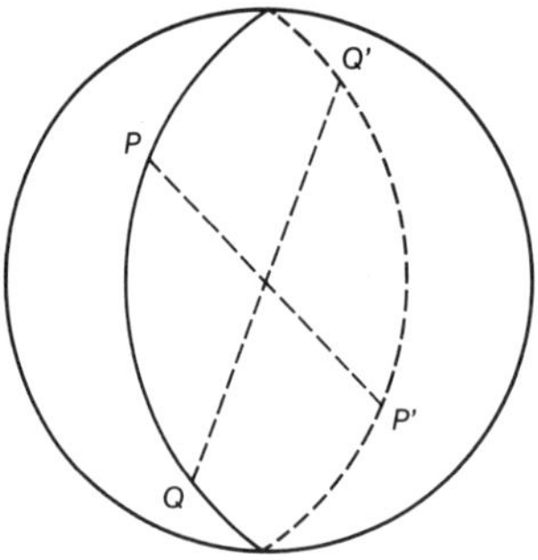

Abb. 3

sen (denn aus den unveränderten Axiomen der Euklidischen Geometrie würde schon unabhängig vom Parallelenaxiom die Existenz *mindestens einer* Parallele durch einen Punkt zu einer vorgegebenen Geraden folgen).

Literatur: F. Engel/P. Stäckel (eds.), Die Theorie der Parallellinien von Euklid bis auf Gauß. Eine Urkundensammlung zur Vorgeschichte der nichteuklidischen Geometrie, Leipzig 1895 (repr. New York/London 1968); G. Hessenberg, Ebene und sphärische Trigonometrie, Leipzig 1899, ed. H. Kneser, Berlin [5]1957; F. Klein, Vorlesungen über nicht-euklidische Geometrie, bearb. v. W. Rosemann, Berlin 1928 (repr. Berlin/Heidelberg/New York 1968); K. Mainzer, Geschichte der Geometrie, Mannheim/Wien/Zürich 1980; H. Meschkowski, Nichteuklidische Geometrie, Braunschweig/Berlin/Stuttgart 1954, Braunschweig [3]1965. K.M.

Geometrie, Euklidische, ↑Euklidische Geometrie.

Geometrie, hyperbolische, ↑nicht-euklidische Geometrie, in der die Winkelsumme im Dreieck kleiner als 180° ist bzw. in der unendlich viele Parallelen zu einer vorgegebenen Geraden durch einen nicht auf dieser Geraden liegenden Punkt existieren. Nach Beweisversuchen des Euklidischen ↑Parallelenaxioms durch Proklos, arabische Mathematiker, J. Wallis, G. Saccheri u.a. legte J.H. Lambert in seiner »Theorie der Parallellinien« (1766, posthum 1786 publiziert) die Grundlagen der späteren h.n G.. Im ›Lambert-Rechteck‹ (vgl. Abb. 1 des Artikels Geometrie, elliptische) mit vorausgesetzten rechten Winkeln bei *A*, *B*, *C* führen unterschiedliche Hypothesen über die Winkelgröße bei *D* zu unterschiedlichen geometrischen Satzsystemen. Unter der Hypothese vom spitzen Winkel bei *D* erweist sich die Winkelsumme im Dreieck als kleiner als 180° und existieren keine ähnlichen Dreiecke unterschiedlicher Größe. Analog zur sphärischen Trigonomerie der Kugel mit Radius 1, auf der sphärische Dreiecke eine Winkelsumme größer als 180° besitzen, entwickelte Lambert die *hyperbolische Trigonometrie* der imaginären Kugel mit Radius *i*. Dabei entstehen die hyperbolischen Funktionen sinh, cosh etc. aus den üblichen trigonometrischen Funktionen sin, cos etc., indem die Dreiecksseiten *a*, *b*, *c* durch *i a*, *i b*, *i c* ersetzt werden, d.h. $\sinh a = \sin i a$, $\cosh a = \cos i a$ etc. Für gleichseitige hyperbolische Dreiecke wachsen die Dreiecksseiten gegen Unendlich und schneiden sich im Grenzfall im Winkel Null. Während G. Saccheri diese Eigenschaft unter den Voraussetzungen der synthetischen Geometrie als Widerspruch interpretierte und damit die Hypothese vom spitzen Winkel im Sinne eines Beweises des Parallelenaxioms ›widerlegt‹ zu haben glaubte, erkannten darin C.F. Gauß, J. Bolyai und N.I. Lobatschewski die Eigenschaft einer eigenständigen nicht-euklidischen Geometrie, für deren gleichseitige Dreiecke Gauß die Abb. 1 als graphische Interpretation vorschlug.

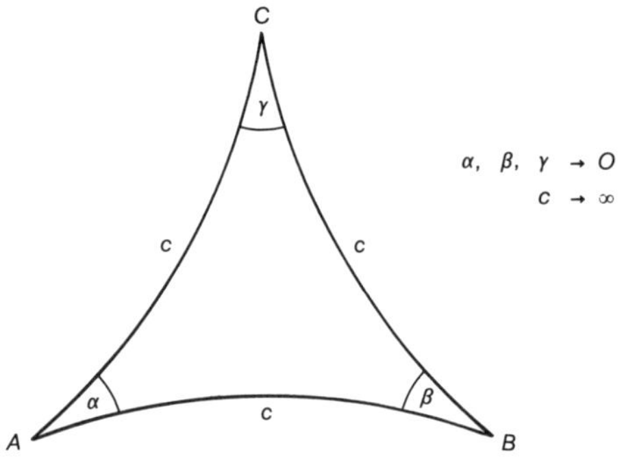

Abb. 1

Analog zur Kugel als Flächenmodell mit konstanter positiver Krümmung für die elliptische Geometrie (↑Geometrie, elliptische) bestimmte E. Beltrami um 1868 *Flächenmodelle mit konstanter negativer Krümmung* (↑Differentialgeometrie) für die h. G., die allerdings (wie D. Hilbert später zeigte) notwendig mit Singularitäten (z.B. festen Rändern, über die hinaus die Fläche nicht stetig fortsetzbar ist) behaftet sind (Abb. 2).
Um 1871 schlug F. Klein ein *Euklidisches Modell* der h.n G. vor (›Kleinsches Modell‹). Dazu werden hyperbolische Punkte durch Punkte im Inneren eines Euklidischen Kreises, hyperbolische Geraden durch die Sehnen dieses Kreises interpretiert. Die Punkte der Kreisperipherie zählen nicht zum Modell. Die hyperbolische Ebene ist das Innere des Kreises. Da es unendlich viele hyper-

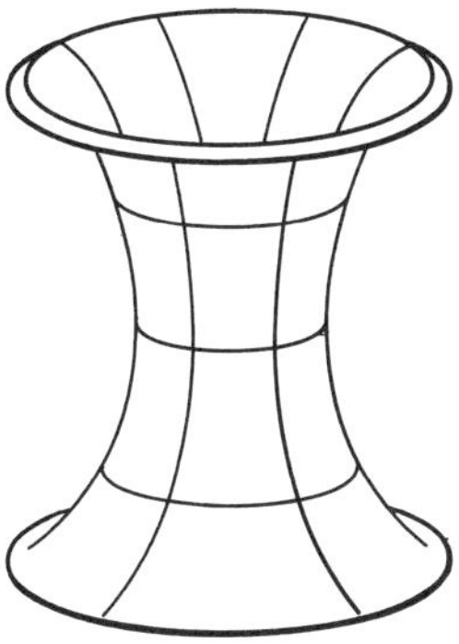

Abb. 2

bolische Geraden durch einen Punkt P gibt, welche die hyperbolische Gerade UV (Abb. 3) nicht schneiden, ist das Parallelenaxiom nicht erfüllt. Dagegen gelten alle Euklidischen Axiome der Inzidenz, Anordnung und sogar der Kongruenz, wenn man die Streckengröße $d(A, B)$ (Abb. 3) durch den Logarithmus des Doppelverhältnisses $(UVBA)$ mißt. Wandert A gegen U, so wächst $d(A, B)$ über alle Grenzen, d.h. $\lim_{A \to U} d(A, B) = \infty$:

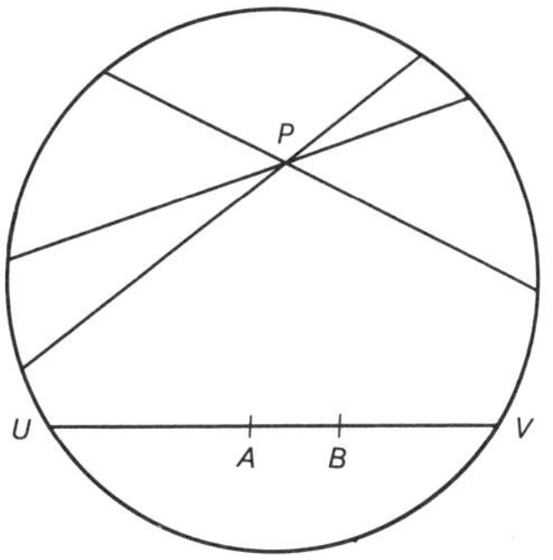

Abb. 3

Im Unterschied zu F. Klein konnte H. Poincaré ein Euklidisches Modell der h.n G. mit Euklidischer Winkelmessung angeben, die sogenannte ›hyperbolische (oder auch ›Poincarésche‹) Halbebene‹. Darin wird die hyperbolische Ebene als Euklidische Halbebene im rechtwinkligen Koordinatensystem mit $y > 0$ interpretiert. Hyperbolische Punkte sind die Punkte in der Halbebene ohne $y = 0$. Hyperbolische Geraden werden als Halbkreis und Strahlen der Halbebene interpretiert, die auf der x-Achse senkrecht stehen. Wie im Kleinschen Modell ist das Parallelenaxiom im Unterschied zu allen anderen Euklidischen Axiomen nicht erfüllt. Denn zu jedem nicht auf einer vorgegebenen hyperbolischen Gerade g liegenden Punkt P existieren unendlich viele hyperbolische Geraden durch P, welche die hyperbolische Gerade g nicht schneiden (Abb. 4):

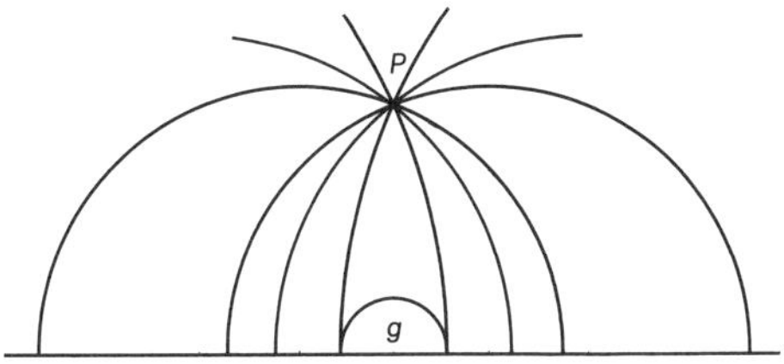

Abb. 4

Literatur: R. Baldus, Nichteuklidische Geometrie. H.G. der Ebene, Berlin 1927, ed. F. Löbell, Berlin [4]1964; R. Bonola, La geometrica non-euclidea. Esposizione storico-critica del suo sviluppo, Bologna 1906 (dt. v. H. Liebmann: Die nichteuklidische Geometrie, historisch-kritische Darstellung ihrer Entwicklung, Leipzig/Berlin 1908, [3]1921 [repr. New York 1955]); F. Engel/P. Stäckel (eds.), Die Theorie der Parallellinien von Euklid bis auf Gauß. Eine Urkundensammlung zur Vorgeschichte der nichteuklidischen Geometrie, Leipzig 1895 (repr. New York/London 1968); F. Klein, Vorlesungen über nichteuklidische Geometrie, bearb. v. W. Rosemann, Berlin 1928 (repr. Berlin/Heidelberg/New York 1968); N.I. Lobatschwskij, Zwei geometrische Abhandlungen, dt. F. Engel, Leipzig 1898/1899 (2 Teile in 1 Bd.; enthält Übers. von verschiedenen, nicht mehr zugänglichen Ausgaben); K. Mainzer, Geschichte der Geometrie, Mannheim/Wien/Zürich 1980; H. Meschkowski, Nichteuklidische Geometrie, Braunschweig/Berlin/Stuttgart 1954, Braunschweig [3]1965; A.P. Norden, Elementarnoe vvedenie v geometriju Lobačevskogo, Moskau 1953 (dt. Elementare Einführung in die Lobatschewskische Geometrie, Berlin 1958). K.M.

Geometrie, nicht-archimedische, geometrische Theorie, in der das ↑Archimedische Axiom nicht gilt. Nach dem Archimedischen Meßbarkeitsaxiom gibt es für zwei Strecken $a = AB$ und $b = CD$ eine Anzahl n derart, daß das n-malige Hintereinanderabtragen der Strecke b von A aus auf dem durch B gehenden Halbstrahl über den Punkt B hinausführt. Dieses Axiom ist nach D. Hilbert unabhängig (↑unabhängig/Unabhängigkeit (logisch)) von den übrigen Axiomen der ↑Euklidischen Geometrie, da es ein ↑Modell gibt, in dem alle Axiome bis auf die ↑Stetigkeitsaxiome gelten. Geometrische Beispiele, in denen das Archimedische Meßbarkeitsaxiom nicht gilt, wurden bereits in der antiken und mittelalterlichen Geometrie der hornförmigen Winkel untersucht. Diese Überlegungen waren auch von philosophischem Interesse, da sie offenbar Aristotelischen Stetigkeitsforderungen widersprachen und von der Existenz aktual unendlich kleiner Größen ausgingen (↑unendlich/Unendlichkeit): in einer n.-a.n G. gibt es nämlich eine im Vergleich zu a so kleine Größe b, daß für jedes n immer $n \cdot b < a$ folgt.

Literatur: D. Hilbert, Grundlagen der Geometrie, Leipzig 1899, ed. mit Supplementen P. Bernays, Stuttgart [11]1972, [12]1977; K. Mainzer, Geschichte der Geometrie, Mannheim/Wien/Zürich 1980; G. Veronese, Fondamenti di geometria a più dimensioni e a più specie di unità rettilinee, esposti in forma elementare, Padua 1891 (dt. Grundzüge der Geometrie von mehreren Dimensionen und mehreren Arten gradliniger Einheiten in elementarer Form entwickelt, Leipzig 1894). K. M.

Geometrie, nicht-euklidische, ↑nicht-euklidische Geometrie.

Geometrie, sakrale, ↑Sakralgeometrie, vedische.

Geozentrismus, in ↑Astronomie und ↑Kosmologie die Auszeichnung geozentrischer Koordinaten, je nach Wahl der Ebene Äquatorial- oder Horizontalkoordinaten. In dem auf diese Weise konstituierten geozentrischen Weltsystem sind Weltzentrum und Erdzentrum identisch und werden die Planetenbewegungen (einschließlich der Sonnenbewegung) geometrisch auf Kurvenbewegungen um die als ruhend oder um ihre Achse rotierend gedachte Erde zurückgeführt. In der Geschichte der Astronomie und Kosmologie spricht man nicht nur dann von G. bzw. einem geozentrischen Weltsystem, wenn wie im Eudoxischen *homozentrischen* System alle planetarischen Bewegungen auf Kreisbahnen (mit gleichförmiger Winkelgeschwindigkeit) erfolgen, deren Achsen durch das Erdzentrum gehen, sondern auch dann, wenn wie im Falle der Zuhilfenahme von *Exzentern* und *Epizykeln* (Apollonios von Perge, Hipparchos von Nikaia) sowie der zusätzlichen Annahme von *Ausgleichspunkten* (K. Ptolemaios) diese Bewegungen um fiktive ›exzentrisch‹ gelegene Punkte erfolgen oder wie im Falle des sogenannten *Tychonischen* Systems teilweise um die Sonne stattfinden. Im Unterschied zu dem sogenannten ›*ägyptischen*‹ System (Herakleides Pontikos zugeschrieben), in dem sich nur die beiden inneren Planeten, Merkur und Venus, um die Sonne drehen, führen im Tychonischen System die Bahnbewegungen der Planeten (mit ihren Deferenten und Epizykeln) um die Sonne, die sich ihrerseits wie Mond und Fixsternsphäre um die Erde dreht.

Während geozentrische Systeme *dynamisch* (mechanisch) gegenüber heliozentrischen Systemen (↑Heliozentrismus) durch die Aristotelische Physik ausgezeichnet sind (der strenggenommen schon das Ptolemaiische System mit seinen geometrischen Erweiterungen nicht entsprach), sind beide *kinematisch* (geometrisch) äquivalent: die geozentrische Planetenbewegung ergibt sich durch vektorielle Addition der scheinbaren Sonnenbewegung zur heliozentrischen Planetenbewegung. Die geometrische Äquivalenz von Exzenter- und Epizykelsystemen war bereits in der Antike bekannt (Ptolemaios und Hipparch bei Theon von Smyrna, Expositio rerum mathematicarum ad legendum Platonem utilium, ed. E. Hiller, Leipzig 1878, 166, 188), auf die geometrische Äquivalenz von geozentrischen und heliozentrischen Systemen weist z.B. schon G.W. Leibniz hin (Tentamen de motuum coelestium causis [1689], Math. Schr. VI, 146 Anm.).

Literatur: O. Becker, Das mathematische Denken der Antike, Göttingen 1957, 80ff. (zu Eudoxos); E.J. Dijksterhuis, De Mechanisering van het Wereldbeeld, Amsterdam 1950 (dt. Die Mechanisierung des Weltbildes, Berlin/Göttingen/Heidelberg 1956); J.L.E. Dreyer, A History of Astronomy from Thales to Kepler, Cambridge Mass. 1905, New York [2]1953; P. Duhem, Le système du monde. Histoire des doctrines cosmologiques de Platon à Copernic, I–X, Paris 1914–1959; T.L. Heath, Greek Astronomy, London/Toronto 1932; A. Koyré, From the Closed World to the Infinite Universe, Baltimore 1957 (dt. Von der geschlossenen Welt zum unendlichen Universum, Frankfurt 1969); J. Mittelstraß, Die Rettung der Phänomene. Ursprung und Geschichte eines antiken Forschungsprinzips, Berlin 1962; ders., Geozentrisch, geozentrisches Weltsystem, Hist. Wb. Ph. III (1974), 329. J.M.

Gerard von Brüssel, wirkte in der 1. Hälfte des 13. Jahrhunderts als Magister (in Paris?), vielleicht mit dem Mathematiker Gernardus, Verfasser eines »Algorithmus demonstratus« identisch. Von G. ist nur ein dreiteiliger »Liber de motu« bekannt: In 13 Sätzen führt G. die unterschiedlichen krummlinigen Geschwindigkeiten von Punkten und Teilen geometrischer Figuren bei Rotationsbewegung auf geradlinig gleichförmige Geschwindigkeiten bei Translationsbewegung zurück. Hierbei bedient sich G., ohne die entsprechende Schrift zu kennen, Archimedischer Methoden, bei denen aus dem paarweise gleichen Verhältnis von Teilen zweier Figuren auf das gleiche Verhältnis aller Teile der beiden Figuren geschlossen wird. G.s Überlegungen zeigen auch Ähnlichkeit mit der »Merton-Regel« (Regel für gleichförmige Beschleunigung) und beeinflußten T. Bradwardine und N. Oresme (↑Merton School).

Werk: The Liber de motu of G. of Brussels and the Origins of Kinematics in the West, ed. M. Clagett, Osiris 12 (1956), 73–175.

Literatur: M. Clagett, The Science of Mechanics in the Middle Ages, Madison Wisc. 1959, 163ff.; ders., G. of Brussels, DSB V (1972), 360; G. Eneström, Sur l'auteur d'un traité »De motu« auquel Bradwardine a fait allusion en 1328, Arch. stor. sci. 2 (1921), 133–136; V. Zubov, Ob ›Archimedovskoj tradicii‹ v srednie veka. Traktat Gerarda Bryusselskogo ›O dviženie‹ (Die Archimedische Tradition im Mittelalter. G. von Brüssels Traktat über die Bewegung), Istoriko-matematičeskie issledovanija 16 (1965), 235–272. O.S.

Gerbert von Aurillac, *in der Auvergne zwischen 940 und 950, †Rom 12. Mai 1003, franz. Philosoph der Frühscholastik, ab 999 Papst Silvester II. Ausbildung im Benediktinerkloster St. Gérard d'Aurillac (Auvergne), vor allem im Trivium (↑ars), sowie in Vich (Katalonien) im Quadrivium. 970 Romreise mit Bischof Hatto von Vich, auf der G.s Gelehrsamkeit Papst Johannes XIII. und Kaiser Otto I. stark beeindruckten und die Grundlagen zu G.s kirchenpolitischer Karriere, die in enger Anlehnung an das sächsische Herrscherhaus erfolgte, gelegt wurden. 972/973 nach Reims, Unterrichtsreform, insbesondere des Quadriviums, die große Ausstrahlung auf das Reich hatte. 982/983 Abt von Bobbio bei Pavia, wegen politischer Schwierigkeiten 984 Rückkehr nach Reims und 991 nach umstrittener Absetzung des Vorgängers Erzbischof ebendort. 995 Suspendierung, Romreise und Berater (›Lehrer‹) Ottos III.; durch dessen Einfluß 998 Erzbischof von Ravenna und 999 Papst.

G., dessen eigene wissenschaftliche Leistungen kaum Originalität beanspruchen können, hat durch seine Lehre und Unterrichtsreform, die sich insbesondere auf die Logik und die mathematischen Disziplinen (Quadrivium) erstreckte, bedeutenden Einfluß auf die Methode scholastischen Denkens genommen. Wichtig ist hier vor allem die Wiederbelebung des Studiums antiker Autoren einschließlich A.M.T.S. Boethius, die Betonung des Nutzens logisch geleiteter Problemlösungen gegenüber der bloßen Rezeption von Autoritäten sowie die Vermittlung des im arabischen Raum gewonnenen mathematisch-astronomischen Wissens. Durch seinen Schüler Fulbert wirkte G., dem einige Schriften nur unsicher zugeschrieben werden können, auf die Schule von Chartres (↑Chartres, Schule von).

Werke: Opera, ed. A. Duchesne, MPL 139 (1853), 201–264; Œuvres, ed. A. Olleris, Clermont-Ferrant/Paris 1867; Opera mathematica, ed. N. Bubnov, Berlin 1899 (repr. Hildesheim 1963); Opuscules mathématiques de G. et de Hériger, ed. H. Omont, Notices et extraits des manuscr. Bibl. Nat. et autres bibl. 39 (1909), 4–15; Lettres, ed. J. Havet, Paris 1889 (engl. v. H.P. Lattin, The Letters of G. with His Papal Privileges as Sylvester II, New York 1961); Die Briefsammlung G.s von Reims, bearb. v. F. Weigle, Berlin/Zürich/Dublin 1966 (Monumenta Germaniae historica, D. Epistolae 2.2).

Literatur: E. Amann, Silvestre II, Dict. de théol. cathol. XIV, Paris 1939, 2075–2083; O.G. Darlington, G. the Teacher, Amer. Hist. Rev. 52 (1946/1947), 456–476; F. Eichengrün, G. (Silvester II.) als Persönlichkeit, Leipzig 1928; J. Leflon, G., humanisme et chrétienté au Xe siècle, Saint Wandrille 1956; U. Lindgren, G. v. A. und das Quadrivium. Untersuchungen zur Bildung im Zeitalter der Ottonen, Wiesbaden 1976 (Sudhoffs Archiv, Beih. 18); J.M. Millás-Vallicrosa, Nueve estudios sobre historia de la ciencia española, Barcelona 1960; Richerii Historiarum libri III, ed. G.H. Pertz, Hannover 1839 (repr. Stuttgart/New York 1963, Monumenta Germaniae historica, Scriptorum Tomus III); M. Uhlirz, Untersuchungen über Inhalt und Datierung der Briefe G.s v. A., Papst Sylvester II., Göttingen 1957. G.W.

Gerechtigkeit (griech. δικαιοσύνη, lat. justitia, franz./engl. justice), subjektiv verstanden als *Tugend* der G. eine Haltung des Menschen, objektiv verstanden als *Idee* oder *Prinzip* der G. der Beurteilungsmaßstab für Handlungsnormen – für politische Verfassungen, rechtliche Gesetze, soziale Regeln. Mit dem subjektiven Verständnis der G. verbindet sich häufig ein allgemeines Verständnis, nach dem G. nicht nur eine ↑Tugend neben anderen – nämlich Besonnenheit, Klugheit und Tapferkeit – ist, sondern die tugendhafte Gesamthaltung eines Menschen, wodurch die anderen Tugenden erst zum richtigen Handeln und guten Leben (↑Leben, gutes) führen. In diesem allgemeinen Verständnis (bereits bei Platon belegt) ist die G. zu einem zentralen Begriff der christlichen Theologie und Philosophie geworden: G. besteht in der Unterwerfung unter den Willen Gottes, der das einzige Gesetz unseres Wollens und Handelns sein soll. Zu einem besonderen philosophischen Problem wird die Bestimmung der G. jedoch erst dadurch, daß mit ihr nach der Idee oder dem Prinzip zur Beurteilung von Handlungsnormen und damit zur (vernünftigen) Gestaltung unseres sozialen Lebens und Handelns gefragt wird. Denn erst mit dieser Frage geht man über die allgemeinen Überlegungen zum guten Leben, vernünftigen Wollen und richtigen Handeln hinaus und stellt sich dem Problem, wie die Leitvorstellungen, die mit den allgemeinen (ethischen) Überlegungen entwickelt werden, auf die soziale Realität, d.i. auf Verfassungen, Gesetze und Regeln, angewendet werden können.

Die beiden Grundprobleme, denen sich der Versuch, G. in diesem objektiven Sinne zu bestimmen, gegenübersieht, lassen sich mit den Fragen formulieren: (1) Wie kann man, der moralischen Grundforderung entsprechend, jedermann sein Recht geben oder (kantisch gesprochen) jedermann immer auch als Zweck an sich selbst anerkennen, wenn doch ein Nachgeben gegenüber den faktischen Ansprüchen, eine Anerkennung des Faktischen, zum Kampf oder zur Unterdrückung führt? (2) Wie kann man, entsprechend dem Ziel der allgemeinen Realisierung und also Institutionalisierung moralischer Leitvorstellungen, Regelungen unseres Handelns auch dann als gerecht begründen, wenn sie im Einzelfall unserem moralisch begründeten Wollen widersprechen? Frage (1) ist die nach der Bestimmung der vernünftigen *Gleichheit* von jedermann (↑Gleichheit (sozial)), auf die man sich bei Annahme oder Ablehnung von Ansprüchen, also bei der ungleichen Behandlung verschiedener Personen, als Grund berufen kann. Frage (2) ist die nach der gesetzlichen *Allgemeinheit* (↑allgemein (ethisch)) gerechter Regelungen, mit der eine Überordnung dieser Regelungen über die auf besondere Situationen bezogenen individuellen Erwägungen zum vernünftigen Wollen und richtigen Handeln, insbesondere über Nützlichkeitserwägungen, beansprucht wird. Je nachdem, wie man die Fragen nach der vernünftigen Gleichheit und gesetzlichen Allgemeinheit beantwortet, wird ein Begriff der G. bestimmt. G. in diesem Verständnis wäre die Idee oder das Prinzip einer zum allgemeinen Gesetz gewordenen vernünftigen Gleichheit aller Personen (einer Gruppe, einer Gesellschaft).

Bereits die klassischen Bestimmungen des G.sbegriffs nehmen beide Elemente, wenn auch in unterschiedlichen Interpretationen, auf. Dabei bleibt die Unterstellung der gesetzlichen Allgemeinheit jedoch (als selbstverständliche Bedingung vernünftiger Gleichheit) unproblematisiert. Die gedankliche Bemühung gilt der Klärung der vernünftigen Gleichheit. Platon bestimmt diese Gleichheit über »das der Natur gemäß Gleiche, welches jeweils den Ungleichen zugeteilt wird« (Nom. 757d), d.i. über das auf Grund der natürlichen hierarchischen Ordnung der seelischen Vermögen wie der politischen Stände dem jeweiligen Seelenteil bzw. Stand Angemessene. Eine aristokratische Herrschaftsform ist in diesem Sinne also durchaus eine Verwirklichung von G. und Gleichheit, wenn sie dadurch zustande gekommen ist, daß jeder gemäß seinem Vermögen und Stand angemessen – und darin gleich – Rechte und Pflichten zugewiesen erhalten hat.

Aristoteles löst die Bestimmung der G. von der Platonischen Seelenteil- und Standeshierarchie und differenziert sie durch verschiedene Problembereiche (Eth. Nic. E5.1130b6ff.). So unterscheidet er zunächst die das Ganze unseres Handelns betreffende G. (*παρὰ τήν ὅλην ἀρετήν*), die in der Einhaltung der Gesetze besteht, die ihrerseits in der Polis die Glückseligkeit (↑Glück) der Bürger ermöglichen und sichern sollen, von der besonderen G. (*κατὰ μέρος*), die die vernünftige Gleichheit zu wahren hat. Diese Gleichheit ist für den Umgang der einzelnen miteinander (*ἐν τοῖς συναλλάγμασι*) und für die Verteilung von Ämtern und Gütern an die einzelnen (*τὸ ἐν ταῖς διανομαῖς δίκαιον*) verschieden zu bestimmen. Während für Probleme der ersten Art eine ›arithmetische‹ Gleichheit zu wahren oder wiederherzustellen ist, in der Nutzen und Schaden ohne Ansehen der persönlichen Verschiedenheiten unmittelbar gegeneinander abzuwägen sind, ist für Probleme der zweiten Art eine ›geometrische‹ Gleichheit herbeizuführen, in der gemäß der Würdigkeit der Personen, die in deren Tugenden besteht, Ämter und Güter zu verteilen sind. Aristoteles begründet damit die in der Scholastik aufgenommene Unterscheidung zwischen Gesetzes-G. (iustitia legalis), ausgleichender oder Tausch-G. (iustitia commutativa) und austeilender oder Verteilungs-G. (iustitia distributiva). Die Überordnung der gesetzlichen Allgemeinheit über die vernünftige Gleichheit ist in dem allgemeinen Aristotelischen Verständnis von den Zielen unseres Handelns und ganzen Lebens begründet. Diese Ziele bestehen in der Verwirklichung und Erhaltung von Sozialformen (letztlich einer politischen Verfassung), die ein Glück in öffentlicher Verantwortung oder in der Bemühung um allgemeine Einsicht ermöglichen sollen. Mit der Auflösung des Zusammenhangs von allgemeinen Gesetzen und individuellem Glück verliert diese Überordnung ihre Selbstverständlichkeit. In der klassischen Definition des römischen Juristen Ulpian (170–223) taucht die gesetzliche Allgemeinheit als Definiens der G. nicht mehr auf. Statt ihrer erscheint (als reduzierte Restbestimmung) die individuelle Beständigkeit als definierendes Merkmal: »Iustitia est constans et perpetua voluntas ius suum cuique tribuendi« (»die G. ist der feste und beständige Wille, jedem sein Recht zu gewähren«) (Institutiones I, 1).

Die Bestimmung dessen, was jeweils für jemanden »sein Recht« ist, läßt sich in der stoischen und christlichen Philosophie über den Rahmen der natürlichen bzw. gottgegebenen Ordnung aller Dinge begründen. Mit der Aufgabe eines solchen Ordnungsrahmens entsteht das Begründungsproblem der Rechtsansprüche auf neue Weise. Die Entwicklung einer Theorie des ↑Gesellschaftsvertrags und des Naturrechtsdenkens (↑Naturrecht) lassen sich dabei als Vorformen der beiden Positionen verstehen, die auch die gegenwärtige Diskussion um die G. prägen, nämlich der Kantischen und der utilitaristischen Position. I. Kant verzichtet bei der Begründung seines G.sbegriffs auf eine materiale Bestimmung der Rechte, weil das faktische Wollen der Menschen verschieden und häufig miteinander unverträglich ist und daher kein gemeinsames Wollen zur Grundlage einer solchen Bestimmung gemacht werden kann. Er weist statt dessen auf die in der ↑Ethik mit der Aufstellung des kategorischen Imperativs (↑Imperativ, kategorischer) reflektierte Würde der Person hin, die ihr als Vernunftwesen zukommt und ihr einen Anspruch auf ↑Freiheit auch »im äußeren Verhältnisse der Menschen zu einander« (Über den Gemeinspruch: Das mag in der Theorie richtig sein, taugt aber nicht für die Praxis, Akad.-Ausg. VIII, 289) sichert. Die Anerkennung der Freiheit eines jeden, die sowohl die Freiheit (der Willkür) ist, »seine Glückseligkeit auf dem Wege [zu] suchen, welcher ihm selbst gut dünkt« (a.a.O., 290), als auch die Freiheit (des Willens), »sich selbst ein Gesetz zu sein« (Grundl. Met. Sitten BA 98) (↑Autonomie), wird in der Bestimmung des Rechtsbegriffs und damit auch der G., nämlich als der Idee oder des Prinzips der Sicherung dieses Rechts, expliziert: »Das Recht ist [...] der Inbegriff der Bedingungen, unter denen die Willkür des einen mit der Willkür des andern nach einem allgemeinen Gesetze der Freiheit zusammen vereinigt werden kann« (Met. Sitten, Einl. in die Rechtslehre, §B, A 33). Die vernünftige Gleichheit der Individuen wird damit nicht mehr durch eine eigene Begründung bestimmt, sondern ergibt sich aus dem Willen zur gesetzlichen Allgemeinheit. Gleich sind alle Individuen in ihrem Recht auf Freiheit, und da sie dieses Recht als Vernunftwesen haben, d.i. als zur vernünftigen Selbstbestimmung ihres Handelns und Lebens fähige und dadurch auch dazu aufgerufene Personen, kann die Sicherung dieses gleichen Rechts auf Freiheit, die G., nur gewollt werden, insofern sie als selbstgesetztes allgemeines Gesetz verstanden wird. Die individuelle Freiheit der Willkür wird damit (prinzipiell) als ein Recht begründet und zugleich (im besonderen) eingeschränkt (damit als gleiche Freiheit bestimmt) auf Grund ihrer Eignung für eine allgemeine gesetzliche Regelung: Es besteht ein (gleiches) Recht auf die Ausübung der Handlungsweisen (bzw. die Befolgung der Handlungsregeln), die von jedermann auch dann noch erlaubt werden könnten, wenn ein allgemeines Gesetz sie erlaubte.

Da für die Bestimmung einzelner Rechte ein solches G.sprinzip nicht ausreicht (man bedürfte eines Wissens sowohl von den Handlungsweisen, deren Ausübung gewollt wird, als auch von den Möglichkeiten, die gewollten Handlungsweisen miteinander verträglich auszuüben), ist es verständlich, daß materiale Begründungen zur Bestimmung solcher Rechte gesucht worden sind. Der ↑*Utilitarismus* versucht eine unmittelbare Beurteilungsmöglichkeit bereits für einen individuell gebildeten Willen zu finden, d.h., er versucht nicht (wie Kant), diesen Willen zunächst unbeurteilt hinzunehmen und erst mittelbar über seine Verträglichkeit mit dem Willen anderer zu beurteilen. Die dafür ausgearbeiteten Nützlichkeitserwägungen führen jedoch, für sich genommen, nicht zur Anerkennung des Rechtes anderer auf die Verwirklichung ihres eigenen Willens und damit auch nicht zur Begründung einer gesetzlichen Allgemeinheit. So kann zum einen etwa das Nicht-Einhalten eines gegebenen Versprechens auch für denjenigen, demgegenüber das Versprechen gegeben worden ist, höchst nützlich sein – und doch widerspricht es seinem (rechtlich zulässigen!) Willen (Kant selbst diskutiert diesen Fall am Beispiel des depositum, Über den Gemeinspruch ..., a.a.O., 286ff.). Zum anderen kann die Nützlichkeit einer Handlung mit den Situationen wechseln und daher die Nicht-Beachtung getroffener Regelungen erlauben. J.S. Mill nimmt ein eigenes Bedürfnis nach Sicherheit an, mit dem ein besonderer Nutzen auch von Regelungen als solchen begründet werden kann, und ein G.sgefühl, d.i. ein dem Gemeinschaftsgefühl untergeordnetes Bedürfnis nach Vergeltung, mit dem die Anerkennung des Rechtes anderer ebenfalls als ein besonderer Nutzen verstanden werden soll. Neuere Autoren wenden die utilitaristischen Erwägungen (im Sinne eines sogenannten ›Regel-Utilitarismus‹) ohnehin nur noch auf Handlungsregeln und nicht auf einzelne Handlungen an. Gleichwohl erreichen diese Versuche, die gesetzliche Allgemeinheit über die Nützlichkeit von Handlungsregeln zu begründen, nicht die Allgemeinheit, die Kant als eine Explikation der Anerkennung ansieht, die wir einer jeden Person schulden. Denn die Nützlichkeitsbegründungen – die im übrigen nicht nur für die gesetzliche Allgemeinheit von Handlungsregeln, sondern auch für die Regelung unseres Handelns (durch, wie Kant sagt, ↑Maximen) selbst zu leisten sind – sind auf Bedürfnisse und Situationstypen zu relativieren und damit zu unterscheiden von der unbedingten (›kategorischen‹) Forderung, mit der Würde der Person deren Anspruch auf Freiheit anzuerkennen.

Die einflußreichsten Versuche der neueren philosophischen Literatur, eine Theorie der G. zu begründen, lassen sich als Verbindungen das formalen G.sprinzips im Kantischen Sinne und der materialen Rechtsbestimmungen mit utilitaristischen Erwägungen verstehen. J. Rawls kommt auf diese Weise zu zwei G.sprinzipien. Das übergeordnete erste Prinzip, das jedermann ein gleiches Recht auf das größtmögliche System von Grundfreiheiten zuerkennt, das mit dem entsprechenden System der Freiheit für alle verträglich ist, schließt unmittelbar an Kant an und kann auch mit dessen Argument begründet werden. Das untergeordnete zweite Prinzip, das für soziale und ökonomische Ungleichheiten den Nachweis fordert, daß diese dem am wenigsten Begünstigten den größten Vorteil bieten und an allgemein zugängliche Ämter und Positionen gebunden sind, soll utilitaristische Argumentationen in Kants Konzeption einbetten und diese dadurch zur Beurteilung bestimmter Rechte verwendbar machen. Begründet wird das zweite Prinzip für einen utilitaristisch denkenden Menschen, der (a) insbesondere zweckrational ist, auf Risikominimierung Wert legt und seine Fähigkeiten entwickeln und einsetzen will, der (b) keine der institutionell bedingten Ungleichheiten (in den Chancen für die Erreichung seiner Ziele) als Grund für die Nützlichkeit bestimmter institutioneller Regelungen benutzt, der sich (c) damit gleichsam in einen vor-gesellschaftlichen ›Urzustand‹ versetzt und eben damit der Kantischen Forderung nachkommen will, die Zwecke der anderen (d.i. hier: ihren möglichen Vorteil) so anzuerkennen wie seine eigenen. Die Anwendbarkeit dieser Konzeption hängt insbesondere davon ab, wieweit es gelingt, herauszufinden, was jeweils als größter Vorteil für den am wenigsten Begünstigten gelten kann.

Literatur: L. Bagolini, Visioni della giustizia e senso comune, Bologna 1968; A. Baratta, Natura del fatto e giustizia materiale. Certezza e verità nel diritto, Mailand 1968; O.A. Bird, The Idea of Justice, New York 1967 (mit Bibliographie, 181–188); E. Bodenheimer, Treatise on Justice, New York 1967; R. Brandt (ed.), Social Justice, Englewood Cliffs N.J. 1962; D. Christoff/H. Saner (eds.), G. in der komplexen Gesellschaft. La justice et la complexité de la societé, Basel/Stuttgart 1979 (Studia Philosophica. Jahrbuch der Schweizerischen Philosophischen Gesellschaft 38); N. Daniels (ed.), Reading Rawls. Critical Studies on Rawls' ›A Theory of Justice‹, Oxford 1975; K. Engisch, Auf der Suche nach der G.. Hauptthemen der Rechtsphilosophie, München 1971; H.L.A. Hart, The Concept of Law, Oxford 1961 (dt. Der Begriff des Rechts, Frankfurt 1973); O. Höffe (ed.), Über John Rawls' Theorie der G., Frankfurt 1977; R. Jaffe, The Pragmatic Conception of Justice, Berkeley 1960; H. Kantorowicz, The Definition of Law, ed. A.H. Campbell, Cambridge 1958 (dt. Der Begriff des Rechts, Göttingen 1963); H. Kelsen, Was ist G.?, Wien 1953, [2]1975; M. Kriele, Kriterien der G.. Zum Problem des rechtsphilosophischen und politischen Relativismus, Berlin 1963; M.J. Lerner/M. Ross, The Quest for Justice. Myth, Reality, Ideal. Proceedings of a Conference Held at the University of Waterloo, May 1972, Toronto 1974; A. Mitscherlich/G. Kalow (eds.), Glück, G.. Gespräche über zwei Hauptworte, München 1976; F.A. Olafson (ed.), Justice and Social Policy. A Collection of Essays, Englewood Cliffs N.J. 1961; E. Opocher, Analisi dell'idea della giustizia, Milano 1977; C. Perelman, Über die G., München 1967; J. Pieper, Über die G., München 1953, [4]1965; J. Rawls, A Theory of Justice, Cambridge Mass. 1971, Oxford 1972 (dt. Eine Theorie der G., Frankfurt 1975, [2]1979); N. Rescher, Distributive Justice. A Constructive Critique of the Utilitarian Theory of Distribution, Indianapolis 1966; M. Salomon, Der Begriff der G. bei Aristoteles. Nebst einem Anhang über den Begriff des Tauschgeschäftes, Leiden 1937; W. Schönfeld, Über die G.. Ein Triptychon, Göttingen 1952; R. Stammler, Lehrbuch der Rechtsphilosophie, Berlin/Leipzig [3]1928; I. Tammelo, Theorie der G., Freiburg/München 1977; G. del Vecchio, La giustizia, Bologna [2]1924, Rom [4]1951 (dt. Die G., Basel [2]1950); ders., Grundlagen und Grundfragen des Rechts. Rechtsphilosophische Abhandlungen, Göttingen 1963 (dt. Teilsammlung); H. Welzel, Naturrecht und materiale G.. Problemgeschichtliche Untersuchungen als Prolegomena zu einer Rechtsphilosophie, Göttingen [4]1962; E. Wolf, Griechisches Rechtsdenken, I–III, Frankfurt 1950–1956; R. Zippelius, Das Wesen des Rechts. Eine Einführung in die Rechtsphilosophie, München 1978. O.S.

Gergonne, Joseph Diaz, *Nancy 19. Juni 1771, †Montpellier 4. Mai 1859, franz. Mathematiker, Verfechter analytischer Methoden in der Geometrie (↑Geometrie, analytische). Nach kurzer militärischer Laufbahn nahm G. 1795 an der unter dem Einfluß von G. Monges »École Polytechnique« in Nîmes gegründeten »École Centrale« seine Tätigkeit als mathematischer Lehrer und Forscher auf. Da er für seine Arbeiten kein passendes Publikationsorgan fand, begann er 1810 als erste rein mathematische Zeitschrift die »Annales de mathématiques pures et appliquées« herauszugeben, in denen fast alle seine Arbeiten (mehr als 200 Artikel und Fragen) erschienen. Zu G.s mathematischen Leistungen gehört vor allem sein Beitrag zur Entdeckung des Dualitätsprinzips (↑dual/Dualität) in der projektiven ↑Geometrie.

Wissenschaftstheoretische Bedeutsamkeit erhielt seine Unterscheidung von expliziten und impliziten Definitionen (Essai sur la théorie des définitions, 1818/1819). G.s Ausführungen wurden später (irrtümlich) so interpretiert, als habe er mit impliziten Definitionen die sogenannten Definitionen durch Axiome gemeint (↑Definition, implizite).

Bemerkenswert ist auch G.s klassenlogische Darstellung der ↑Syllogistik. G. geht von den folgenden fünf Relationen zwischen Klassen aus (er selbst spricht von ›idées‹, aber in extensionalem Sinne. In Klammern G.s Symbole): (1) die beiden Klassen sind disjunkt (*H*, entsprechend franz. *Hors* [außerhalb]), (2) sie schneiden (›kreuzen‹) sich (*X*), (3) sie fallen zusammen (*I*, *Identité* [Identität]), (4) die erste ist in der zweiten echt enthalten (*C*, *Contenue* [enthalten]; damit dürfte G. der Vater des heute gebräuchlichen Inklusionszeichens ›$\subset$‹ sein), (5) die zweite ist in der ersten echt enthalten (Ɔ, *Contenante* [enthaltend]). Für diese Relationen gilt, daß für zwei beliebige nicht-leere Klassen eine und nur eine Relation besteht. Mit Hilfe Eulerscher Kreise dargestellt, erhält man (in entsprechender Reihenfolge und unter Verwendung stilisierter Symbole):

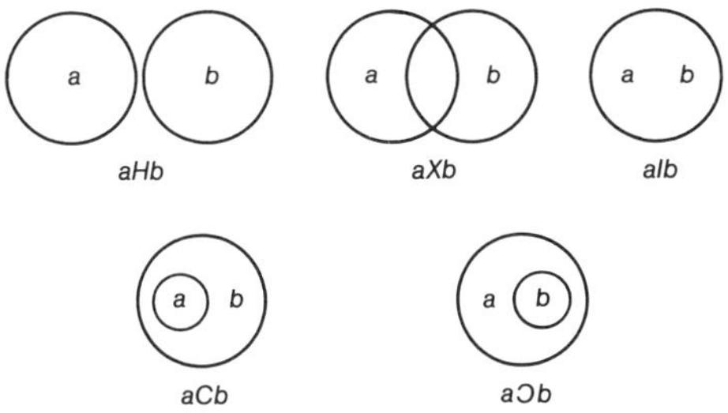

G. stellt fest, daß die ersten drei Relationen symmetrisch sind und (4) und (5) im Umkehrverhältnis zueinander stehen, und betont, daß dies auch in den als Symbole gewählten Buchstaben zum Ausdruck kommt. Die vier syllogistischen Urteilsformen *a, e, i, o* und die Relationen G.s lassen sich wechselseitig aufeinander zurückführen.

Werke: Essai de dialectique rationelle, Ann. math. pures et appliqu. 7 (1816/1817), 189–228; Essai sur la théorie des définitions, Ann. math. pures et appliqu. 9 (1818/1819), 1–35; Considérations philosophiques sur les éléments de la science de l'étendue, Ann. math. pures et appliqu. 16 (1825/1826), 209–231.

Literatur: J.A. Faris, The G. Relations, J. Symb. Log. 20 (1955), 207–231; G. Gabriel, Implizite Definitionen – Eine Verwechselungsgeschichte, Ann. Sci. 35 (1978), 419–423; L. Guggenbuhl, G., Founder of the ›Annales de Mathématiques‹, The Mathematics Teacher 52 (1959), 621–629; W. Kneale/M. Kneale, The Development of Logic, Oxford 1962 (repr. 1971), 350–352; A. Lafon, G., ses travaux, Mémoires de l'Académie de Stanislas 1 (1860), XXV–LXXIV (mit Bibliographie); M.H. Otero, Les définitions implicites chez G., Rev. hist. sci. applic. 23 (1970), 251–255; D.J. Struik, G., DSB V (1972), 367–369; G. Vacca, Sui precursori della logica matematica II. J.D.G., Riv. mat. 6 (1896–1899), 183–186. G.G.

Gerson, Johannes (Jean Gerson, ursprünglich Jean Charlier), *Gerson-lès-Barby (Diöz. Reims) 14. Dez. 1363, †Lyon 12. Juli 1429, franz. kirchlicher Reformpolitiker, Theologe der Mystik und Philosoph (doctor christianissimus). Studium der Freien Künste (1377–1381) und der Theologie (bis 1388) an der Pariser Universität als Mitglied des Kollegs von Navarra, Schüler von P. d'Ailly; 1381 B.A., 1392 Lic. theol., 1395 Dr. theol., 1395–1397 Kanzler der Universität Paris. G. bemühte sich um die Beendigung des Großen Schismas, in dem zeitweise drei Päpste gleichzeitig um kirchliche und staatliche Anerkennung warben. Dabei vertrat er die These, die höchste Instanz in der Kirche sei das Konzil, dem sich auch der Papst zu unterwerfen habe (Konziliarismus). Auf dem Konzil zu Konstanz (1414–1418) betrieb G. als Gesandter des französischen Königs und der Universität von Paris neben der Beendigung des Schismas und der Verwerfung des Tyrannenmords die Verurteilung von J. Hus und J. Wiclif. Eine wegen veränderter politischer Verhältnisse in Frankreich angenommene Professur in Wien nahm G. nicht wahr und kehrte, formell noch immer Universitätskanzler, 1419 nach Frankreich (vorsichtshalber nach Lyon und nicht nach Paris) zurück.

Als theologischer Lehrer lehnte G. die nominalistische Trennung von Vernunft und Offenbarung, Metaphysik und Theologie ab (↑Nominalismus) und entwarf eine Lehre und Praxis persönlicher Frömmigkeit, die er aber unter die Kontrolle des Intellekts gestellt sehen wollte. Aus dieser Haltung heraus war G. um eine Reform des Theologiestudiums bemüht, in dem an die Stelle scholastisch-spekulativer Behandlung theologischer Fragestellungen die Unterweisung in mystischer Theologie und der Praxis der Meditation treten sollte. G. verachtete den scholastischen Lehr- und Schreibbetrieb seiner Zeit, dessen doktrinäre Zersplitterung durch immer neue Terminologien und Bücher er durch ein einziges Studium Generale für die Gesamtkirche, wenigstens aber für Frankreich, beheben wollte.

G.s mystischeTheologie (↑Mystik), die in Verbindung mit seinen pastoralen Schriften starken Einfluß auf die westeuropäische Volksfrömmigkeit ausübte, betont unter anderem kritisch gegen die scholastische Theologie den Wert der Gotteserfahrung, die durch die Einigung in der Liebe gestiftet wird. G. stützt sich dabei auf Augustinus, die Schule von Sankt Viktor (↑Sankt Viktor, Schule von) und insbesondere Pseudo-Dionysios Areopagites sowie Bonaventura. Seine philosophischen Arbeiten stehen in engem Zusammenhang mit der Begründung seiner theologischen Auffassungen. In Ablehnung des (heidnischen) ↑Platonismus und des auf ihm beruhenden Universalienrealismus (nach G. letztlich die Quelle von Häresien wie derjenigen von Wiclif und Hus) vertritt G. eine streng konzeptualistische (↑Konzeptualismus) Position: Gegenstand des Erkennens sind einzig Begriffe. Metaphysik als Wesenserkenntnis setzt zum einen eine Parallelität von Denken und Außenwelt voraus, zum anderen die nur durch mystische Übung, nicht mittels rationaler Theologie, erreichbare Erfahrung der geoffenbarten Existenz Gottes.

Werke: Opera omnia, I–V, ed. M. L. Ellies du Pin, Anvers 1706, Den Haag [2]1728; Œuvres complètes, I–XII, ed. P. Glorieux, Paris 1960ff. (bisher I–VIII [1971] erschienen, I mit Bibliographie). – Selections from A Deo exivit, Contra curiositatem studentium and De mystica theologia speculativa, ed. u. engl. Übers. S.E. Ozment, Leiden 1969; A. Combes, Jean G. commentateur Dionysien. Les Notulae super quaedam verba Dionysii de caelesti hierarchia. Texte inédit. Démonstration de son authenticité. Appendices historiques pour l'histoire de courants doctrinaux à l'université de Paris à la fin du XIVe siècle, Paris 1940; De mystica theologia, ed. A. Combes, Lugano 1958 (mittelhochdt., G.s mystische Theologie. Eine deutsche Übersetzung aus dem 15. Jahrhundert, Diss. Freiburg 1969). – Totok II (1973), 582–584.

Literatur: M. Bauer, Die Erkenntnislehre und der Conceptus entis nach vier Spätschriften des J. G., Meisenheim 1973; ders., J. G.. Begriff und vermittelte Erkenntnis der Wirklichkeit, Franziskan. Stud. 59 (1979), 15–28; A. Combes, Essai sur la critique de Ruysbroeck par G., I–IV, Paris 1945–1973, ders., La théologie mystique de G.. Profil de son évolution, I–II, Rom/Paris/Tournai 1963/1964; J. L. Connolly, J. G.. Reformer and Mystic, Louvain 1928; W. Dress, Die Theologie G.s. Eine Untersuchung zur Verbindung von Nominalismus und Mystik im Spätmittelalter, Gütersloh 1931 (repr. Hildesheim/New York 1977); P. Glorieux, La vie et les œuvres de G.. Essai chronologique, Arch. hist. doctr. litt. moyen-âge 18 (1950/1951), 149–192; W. Hübener, Der theologisch-philosophische Konservativismus des Jean G., in: A. Zimmermann (ed.), Antiqui und Moderni. Traditionsbewußtsein und Fortschrittbewußtsein im späten Mittelalter, Berlin/New York 1974, 171–200; H. Kraume, Die G.-Übersetzungen Geilers von Kayserberg. Studien zur deutschsprachigen G.-Rezeption, München 1980; M. Liebermann, Chronologie gersonienne, I–X, Romania 70 (1948), 51–67, 73 (1952), 480–496, 74 (1953), 289–337, 76 (1955), 289–333, 78 (1957), 433–462, 79 (1958), 339–375, 80 (1959), 289–336, 81 (1960), 44–98, 338–379, 83 (1962), 52–89; ders., Gersoniana, I–II, ebd. 78 (1957), 1–36, 145–181; ders., Autour de l'iconographie gersonienne, I–V, ebd. 84 (1963), 307–353, 85 (1964), 49–100, 230–268, 91 (1970), 341–377, 467–490; A.-L. Masson, J.G.. Sa vie, son temps, ses œuvres, Lyon 1894; J.B. Morrall, G. and the Great Schism, Manchester 1960; S.E. Ozement, Homo spiritualis. A Comparative Study of the Anthropology of Johannes Tauler, Jean G. and Martin Luther, Leiden 1969; L.B. Pascoe, Jean G.. Principles of Church Reform, Leiden 1973; G.H.M. Posthumus Meyjes, Jean G. et l'assemblée de Vincennes (1329). Ses conceptions de la juridiction temporelle de l'Eglise [mit krit. Ed. von De iurisdictione spirituali et temporali], Leiden 1978; Z. Ruegger, G. et Occam, Louvain 1956; J. Schneider, Die Verpflichtung des menschlichen Gesetzes nach J.G., Z. kath. Theol. 75 (1953), 1–54; J. Stelzenberger, Die Mystik des J.G., Breslau 1928; L. Vereecke, Droit et morale chez Jean G., Rev. hist. droit franc. étrang. 32 (1954), 413–427. R.Wi./G.W.

Geschichte, geisteswissenschaftlicher Terminus, der, aus indogermanischer Wurzel herleitbar, anders als in den europäischen Gegenwartssprachen (z.B. ital. storia, franz. histoire, engl. history) zusammen mit dem latinisierten Ausdruck griechischen Ursprungs ›Historie‹ eine begriffliche Differenzierung des angesprochenen Bedeutungsfeldes erlaubt.

Das griechische Wort ἱστορία hat die Grundbedeutung ›Erkundung‹ und bezeichnet nach Aristoteles die Darstellung des einzelnen im Unterschied etwa zur Poesie, die das Allgemeine darstelle und insofern ›philosophischer‹ sei. Historie bezeichnet die Tatsachendarstellung im Unterschied zur Tatsachenbegründung, ohne dabei auf eine chronologische Ordnung beschränkt zu sein. Die ›unphilosophische‹ Historie ist noch bis zu Beginn des 19. Jahrhunderts nicht auf Geschichtsschreibung im heutigen Sinn beschränkt, sondern stellt zugleich eine naturkundliche und medizinische Literaturkategorie dar (↑Naturgeschichte). Historie »kann jeder durch unmittelbare eigene oder fremde Beobachtung gesicherte Bericht heißen, der sich auf *besondere* Geschehnisse, Tatsachenaufnahme beschränkt und damit auf systematische und begründende Zusammenhänge verzichtet« (F. Kambartel, Erfahrung und Struktur, 72). Im Lateinischen bezeichnet das Lehnwort ›historia‹ im Unterschied zur ursprünglichen Annalen-Geschichtsschreibung bereits eine tiefere Zusammenhänge erfassende oder zeitgeschichtliche Darstellung und erhält neben der ursprünglichen Bedeutung schon den Sinn von ›G.‹ Im Mittelalter hat sich an der ursprünglichen Weite des Begriffs ›historia‹ im wesentlichen nichts geändert. Theologisch wird die Hl. Schrift als Erzählung wirklicher

Begebenheiten, als Historie, verstanden, deren Verständnis für die anschließende heilsgeschichtliche Interpretation vorausgesetzt wird. In der mittelalterlichen Wissenschaftsorganisation findet die Historie unter den artes liberales (↑ars) als Wissenschaft keinen besonderen Platz, sondern wird oft der Grammatik angegliedert oder rückt in der ↑Rhetorik eng an den Begriff der ›narratio‹, der den wahrheitsgetreuen Bericht eines Tatbestandes bezeichnet, heran. Vom ↑Humanismus des 15. Jahrhunderts bis ins 18. Jahrhundert blieb Historie trotz ihrer Differenzierung in Teildisziplinen an Moral und Rhetorik gebunden. In der Neuzeit erfordert unter anderem das Auseinanderfallen von Wahrheit eines historischen Berichts und christlich-dogmatischer Begründung durch Einordnung in das Heilsgeschehen im Hinblick auf die Wahrheitsfrage der Historie wissenschaftstheoretische und methodische Überlegungen, die zunächst auf der Aristotelischen Konzeption aufruhen, wonach Historie das Ganze des Wissens aus ↑Erfahrung in Natur und Geschichte bezeichnet (z.B. bei T. Hobbes, F. Bacon, G.W. Leibniz, I. Kant).

Im 8. und 9. Jahrhundert tritt, zunächst auf singuläre Phänomene beschränkt, neben ›Historie‹ das deutsche ›G.‹ (althochdeutsch mit den Bedeutungen: Ereignis, Zufall, Hergang; mittelhochdeutsch zusätzlich: Wesen, Ding; frühneuhochdeutsch: Begebenheit, Sache, Tat, Werk, Zufall, Schickung und schließlich: Erzählung von Geschehenem), bis ins 18. Jahrhundert dominiert jedoch das Wort ›Historie‹. Der moderne Geschichtsbegriff, ›die G.‹, erhält seine volle Bedeutung im letzten Drittel des 18. Jahrhunderts als Resultat zweier längerdauernder Entwicklungsvorgänge: (1) der Bildung des Kollektivsingulars und (2) der Kontamination von ›Historie‹ und ›G.‹ Der Kollektivsingular bündelt die Summe der einzelnen G.n in einem gemeinsamen Begriff, der einen abstrakten Zusammenhang der Einzelgeschichten (Kohärenz der berichteten Ereignisse) und eine eigene geschichtliche Zeit ausdrückt. Die Kontamination von ›Historie‹ und ›G.‹ führt im 18. Jahrhundert dazu, daß die drei Ebenen von Sachverhalt (res gestae), Darstellung (historia rerum gestarum) und Wissenschaft als ›G.‹ auf einen einzigen gemeinsamen Begriff gebracht werden. Dem neuen Geschichtsverständnis entspricht eine neue Einschätzung der G. als Wissenschaft, die seit dem 19. Jahrhundert ein voll anerkanntes, methodisch diszipliniertes, institutionell gesichertes und professionell betriebenes Lehr- und Forschungsfach darstellt. Parallel zur Entstehung und Entwicklung der G. als Wissenschaft und in Auseinandersetzung mit den Methodenidealen der Naturwissenschaft verläuft eine bis heute anhaltende Grundlagendiskussion über Gegenstand, Methoden und Ziele der Geschichtswissenschaft. Als ein Ergebnis dieser Diskussion kann festgehalten werden, daß für G.n, auch für die eine G. im Kollektivsingular keine Regel zur Verfügung steht, nach der sich das Ende einer G. aus ihrem Anfang ableiten ließe. Dies bedeutet, daß das, was wir durch unsere G. sind und die Gattung Mensch durch ihre G. ist, sich nicht als Resultat ungebrochener Handlungsrationalität verständlich machen läßt. Die Eigenständigkeit historischer Wissenschaften beruht unter anderem auf unserem Interesse an G.n, die als Historien »Medien der Vergegenwärtigung eigener und fremder Identität« darstellen und somit als »Kontingenzerfahrungskultur« (H. Lübbe, Geschichtsbegriff und Geschichtsinteresse, 17) beschrieben werden können. Wenn seit der Wende vom 18. zum 19. Jahrhundert die reale Beschleunigung geschichtlicher Abläufe in ihrer Identitätsbedrohung zunehmend erfahren wird (R. Koselleck), dann kann die zunehmende Thematisierung der G. als Herausforderung an diese Erfahrung verstanden werden. Der ↑Historismus kann daher auch begriffen werden »als eine Kultur der Vergegenwärtigung und Anerkennung unseres nicht rechtfertigungsfähigen, jeweils historisch bedingten Andersseins« (Lübbe, a.a.O. 18) und ist so in seiner moralischen und politischen Dimension unüberholt. (↑Eschatologie, ↑Geisteswissenschaften, ↑Geschichtsphilosophie, ↑Gesetz (historisch und sozialwissenschaftlich, ↑Historismus, ↑Materialismus, historischer)

Literatur: H.-M. Baumgartner/J. Rüsen (eds.), Seminar: G. und Theorie. Umrisse einer Historik, Frankfurt 1976; J.G. Droysen, Historik. Vorlesungen über Enzyklopädie und Methodologie der G., ed. R. Hübner, München 1937, [8]1977; K.-G. Faber, Theorie der Geschichtswissenschaft, München 1971, [4]1978; H.-G. Gadamer, Wahrheit und Methode. Grundzüge einer philosophischen Hermeneutik, Tübingen 1960, [3]1972 (repr. 1975); H.W. Hedinger, Subjektivität und Geschichtswissenschaft. Grundzüge einer Historik, Berlin 1969; F. Kambartel, Erfahrung und Struktur. Bausteine zu einer Kritik des Empirismus und Formalismus, Frankfurt 1968, 61–86; K. Keuck, Historia. G. des Wortes und seiner Bedeutungen in der Antike und in den romanischen Sprachen, Diss. Münster 1934; R. Koselleck, G., Historie, in: O. Brunner/W. Conze/R. Koselleck (eds.), Geschichtliche Grundbegriffe II, Stuttgart 1975, 593–717; H. Lübbe, Geschichtsbegriff und Geschichtsinteresse. Analytik und Pragmatik der Historie, Basel/Stuttgart 1977; T. Schieder, G. als Wissenschaft. Eine Einführung, München/Wien 1965, [2]1968; G.

Scholtz, G., Historie, Hist. Wb. Ph. III (1974), 344–398; F. Wagner, Geschichtswissenschaft, München 1951, ²1966. A. V.

Geschichtlichkeit, die Gebundenheit deskriptiver und präskriptiver Geltungsansprüche menschlichen Redens und Handelns an die Kontingenz ihrer historischen Entstehung und Entwicklung (meist phylogenetisch, seltener ontogenetisch verstanden). Der Terminus wird zuerst (gelegentlich) bei G.W.F. Hegel und im Umkreis seiner Interpreten (K. Rosenkranz, R. Haym) verwendet; erst in der lebensphilosophischen Reflexion auf die historische Bedingtheit philosophischer Ideen, und zwar in den philosophischen Diskussionen W. Diltheys mit P. Yorck von Wartenburg, wird G. zu einem philosophischen Zentralbegriff, mit dem gegen die absoluten Geltungsansprüche philosophischer Systeme auf die anthropologischen Bedingungen menschlichen Erkennens aufmerksam gemacht werden soll.

Der heutige Gebrauch des Terminus G. ist vor allem durch seine Verwendung bei K. Jaspers und M. Heidegger zu Beginn der dreißiger Jahre des 20. Jahrhunderts geprägt. Während Jaspers ihn weiter in der Bedeutung der historischen Bedingtheit, somit in lebensphilosophischer Linie verwendet, versucht Heidegger im Rahmen seiner ↑Fundamentalontologie eine bemerkenswerte Neubestimmung, die eine Kritik an der lebensphilosophischen Konzeption der G. enthält. Methodisch führt Heidegger mit der G. einen Gesichtspunkt ein, mit dessen Hilfe das ↑Existenzial der ↑Zeitlichkeit als Endpunkt der fundamentalontologischen Rekonstruktion eine anthropologische Konkretisierung (›konkretere Ausarbeitung‹, Sein und Zeit, 382) erfahren soll. Heideggers Aussagen über die G. stellen also eine Art anthropologischen Exkurs im sonst streng fundamentalontologisch ausgerichteten Gang von »Sein und Zeit« dar. Der Ausgangspunkt ist dabei nicht – wie in der sich auf Heidegger berufenden hermeneutischen Philosophie (↑Hermeneutik) – das Eingebettetsein in eine Sozial-, National-, Welt- usw. Geschichte, sondern die »Erstreckung des Daseins zwischen Geburt und Tod« (ebd. 373). Sie scheint dem Gedanken einer Ganzheit des ↑Daseins und seiner Erfassung durch ontologische Strukturbegriffe (↑Sorge, ↑Zeitlichkeit) im Wege zu stehen. Daß trotz der Geschehensstruktur des individuellen Lebens von einer Ganzheit gerade dieses Lebens gesprochen werden kann, ist nach Heidegger durch den einheitlichen Entwurf des Zeithorizonts bedingt. G. im existenzialen Sinn ermöglicht überhaupt erst ↑Geschichte und Geschichtswissenschaft (womit die durch ↑Lebensphilosophie und hermeneutische Philosophie vertretene Konzeption von der historischen Bedingtheit des individuellen Lebens transzendental umgedreht wird): »Wie Geschichte möglicher Gegenstand der Historie werden kann, das läßt sich nur aus der Seinsart des Geschichtlichen, aus der G. und ihrer Verwurzelung in der Zeitlichkeit entnehmen« (ebd. 375). Dieses Bedingungsverhältnis scheint jedoch in Heideggers späterer Konzeption der ↑Seinsgeschichte wiederum geändert zu sein.

Literatur: G. Bauer, ›G.‹. Wege und Irrwege eines Begriffs, Berlin 1963; H.-G. Gadamer, G., RGG II (³1957), 1496–1498; ders., Wahrheit und Methode. Grundzüge einer philosophischen Hermeneutik, Tübingen ³1972; C.F. Gethmann, Verstehen und Auslegung. Das Methodenproblem in der Philosophie Martin Heideggers, Bonn 1974; K. Gründer, Zur Philosophie des Grafen Paul Yorck von Wartenburg. Aspekte und neue Quellen, Göttingen 1970; M. Heidegger, Sein und Zeit, Tübingen ¹⁴1977, bes. §§72–77; K. Jaspers, Die geistige Situation der Zeit, Berlin 1931; L. Landgrebe, Lebenswelt und G. des menschlichen Daseins, in: J.M. Broekman/A. Pažamin (eds.), Phänomenologie und Marxismus II (Praktische Philosophie), Frankfurt 1977, 13–58; O. Pöggeler, Der Denkweg Martin Heideggers, Pfullingen 1963; L. v. Renthe-Fink, G.. Ihr terminologischer und begrifflicher Ursprung bei Hegel, Haym, Dilthey und Yorck, Abh. Gött. Akad. Wiss., philos.-hist. Kl. 3. Folge 1964, ²1968; dies., Noch einmal: Zur Herkunft des Wortes ›G.‹, Arch. Begriffsgesch. 15 (1971), 306–312; dies., G., Hist. Wb. Ph. III (1974), 404–408; G. Scholtz, Ergänzungen zur Herkunft des Wortes ›G.‹, Arch. Begriffsgesch. 14 (1970), 112–118; S. von der Schulenburg (ed.), Briefwechsel zwischen Wilhelm Dilthey und dem Grafen Paul Yorck von Wartenburg 1877–1897, Halle 1923. C. F. G.

Geschichtsphilosophie (engl. philosophy of history), auf Voltaire zurückgehender Terminus sowohl für die Methodologie der Geschichtsschreibung (›kritische‹, ›analytische‹, ›formale‹ G.) als auch für die die historischen Einzeluntersuchungen überschreitende Deutung der ↑Geschichte) im Sinne der ↑Universalgeschichte oder der ›Geschichte überhaupt‹) auf ihren Sinn hin oder ihre Erklärung durch allgemeine Gesetze (↑Gesetz (historisch oder sozialwissenschaftlich)) (›spekulative‹, ›substantielle‹, ›materiale‹ G.).

(1) *Materiale G.:* Vorbereitet und beeinflußt wurden die Sinndeutungen der materialen G. seit G. Vico durch die geschichtstheologischen Spekulationen des Christentums, deren Problem es war, die Macht der göttlichen Vorsehung in der Geschichte aufzuzeigen. Während die Geschichtstheologie in Augustinus' »De civitate Dei«, in der die Geschichte als ein Kampf zwischen dem Got-

tesreich (civitas Dei) und den gottfremden Mächten (civitas diaboli), und zwar im sicheren Glauben an den Sieg des Gottesreiches im Endgericht, interpretiert wird (↑Gottesstaat), keine empirisch anwendbaren Kriterien für die Deutung und Beurteilung geschichtlicher Ereignisse oder Institutionen oder für die zeitliche Gliederung bestimmter aufeinanderfolgender Abschnitte der Geschichte liefert, wurden im Mittelalter eindeutige Zuordnungen von ›sacrum imperium‹ und ›civitas Dei‹ (Karolinger, Ottonen, Salier) bzw. von Kirche und Gottesreich (seit Gregor VII.) beansprucht. Zudem wurden zeitliche Gliederungen der Geschichte in aufeinanderfolgende Epochen (z.B. das ›Reich des Vaters‹, ›des Sohnes‹ und das ›Dritte Reich des Heiligen Geistes‹, das erst zu erwarten ist, bei Joachim von Fiore) angeboten. Der Übergang mittelalterlicher Geschichtstheologie zur neuzeitlichen G. findet vor allem auf Grund der Trennung (und damit auch beginnender Befreiung) des Wissens vom Glauben im ↑Nominalismus (insbesondere bei Wilhelm von Ockham) in der Reformation (hier wiederum am deutlichsten im Calvinismus) statt: Der Mensch ist nicht mehr in eine von ihm nicht veränderbare Sinnordnung der Geschichte eingefügt, sondern er hat seine eigene Geschichte, in der sich Gottes Absichten zeigen, und damit auch deren Sinn erst aufzubauen. In eine G. werden solche Auffassungen allerdings erst durch Vico gebracht (Principi di una scienza nouva, I–II, 1725), der die Deutung der Geschichte mit ihrer Erklärung verbindet. Vico sieht in der Geschichte eine Abfolge von Epochen kulturellen Wachstums und Verfalls, die sich auf je höherer Ebene wiederholen (von einem heroischen Barbarismus über verschiedene Stufen der Zivilisation wieder zu einem Neobarbarismus höherer Stufe). Die Vorsehung (obzwar als solche noch anerkannt) wird de facto mit den Gesetzen dieses Prozesses identifiziert.

In der ↑Aufklärung wird nach derartigen Gesetzen nicht mehr gesucht, vielmehr wird die Geschichte im allgemeinen als ein ↑Fortschritt der Vernunft aus dem dumpfen Aberglauben und der Barbarei dargestellt (Voltaire, M.J.A.N.C. de Condorcet). Auch I. Kant sieht die Geschichte als einen Fortschritt zu einer ›vollkommenen bürgerlichen Vereinigung der Menschengattung‹, wobei er diese für die einzige und darum notwendigerweise zu realisierende Möglichkeit hält, durch die der Mensch seiner ›ungeselligen Geselligkeit‹ (dem ›antagonistischen‹ Motor der Geschichte, ↑Antagonismus) gerecht werden kann (Ideen zu einer allgemeinen Geschichte in weltbürgerlicher Absicht, 1784, Akad.-Ausg. VIII, 15–31). J.G. v. Herder dagegen setzt an die Stelle des steten Fortschritts (den Gedanken Vicos entsprechend) die organische Entfaltung der Humanität, wozu eine jede Kulturstufe ihren Teil beiträgt, so daß die volle Humanität nur in der Bewahrung dieser Traditionen erreicht wird (Ideen zur Philosophie der Geschichte der Menschheit, I–IV, 1784–1791).

Fortschrittsglaube einerseits und Epochenaufteilung andererseits führen im deutschen Idealismus wieder zur Suche nach den ›Gesetzen‹ geschichtlicher Entwicklung, und zwar der Aufeinanderfolge von Epochen je größerer Vernünftigkeit. Nach J.G. Fichtes apriorischer Geschichtsaufgliederung, die eher eine methodische Reihenfolge der Schritte zur vernünftigen Selbständigkeit als eine zeitliche Abfolge von Epochen wiedergeben will (Die Grundzüge des gegenwärtigen Zeitalters, 1806), stellt G.W.F. Hegel die Weltgeschichte als die in dialektischen Schritten (↑Dialektik) sich vollziehende Selbstverwirklichung des Geistes zu immer größerer ↑Freiheit dar, und zwar einerseits von den Zwängen natürlicher Bedürfnisbefriedigung und andererseits zur institutionellen Regelung eines (schon vom Bedürfniszwang befreiten) menschlichen Miteinanderlebens (Grundlinien der Philosophie des Rechts, 1821; Vorlesungen über die Philosophie der Geschichte, 1837 [posthum]). K. Marx übernimmt zwar die dialektische Schrittfolge als das allgemeine Bewegungsgesetz der Geschichte, setzt aber an die Stelle des ›im Bewußtsein der Freiheit‹ fortschreitenden Geistes von Hegel den Kampf um die Befriedigung der Bedürfnisse der ›wirklichen Individuen‹ (Über Feuerbach [1845] [Deutsche Ideologie I]). Dieser Kampf spielt sich als ›Klassenkampf‹, d.h. als Kampf um den Besitz der Produktionsmittel, ab, wobei die einzelnen Kampfepochen die unmittelbare Herrschaft von Menschen über Menschen durch eine je (ökonomisch) vermitteltere ersetzen, bis in der klassenlosen Gesellschaft diese Herrschaft überhaupt abgebaut ist (↑Materialismus, historischer). Nicht dialektisch, sondern als linearen Fortschritt ordnet A. Comte drei Stadien (das theologische oder fiktive, das metaphysische oder abstrakte und das wissenschaftliche oder positive Stadium, ↑Dreistadiengesetz), die die Geschichte durchläuft. H. Spencer weitet eine solche lineare Vorstellung auf die Welt überhaupt aus, in deren Entwicklung er ein kosmisches Gesetz zu entdecken meint, nach dem sich Zustände von einer unbestimmten inkohärenten Homogenität zu solchen von einer bestimmten kohärenten Heterogenität fortentwickeln. Die sozialen, politischen und kulturellen Veränderungen am Ende des 19. und zu Beginn des 20. Jahrhunderts begünstigen in der europäischen G. die Preisgabe des Fortschrittsgedankens, so daß aus dem Erbe Vicos und der Romantik wieder organische Gesetze vom Wachstum und Verfall der Kulturen formuliert werden (z.B. O. Spengler), dies führt nach A. Toynbee gleichwohl zu einer (religiös gedeuteten) tieferen Einsicht in die menschliche Geschichte. – Gegenüber den Versuchen spekulativer Sinndeutung und Erklärung der Geschichte durch Bewegungsgesetze ist insbesondere von den Vertretern einer analytischen G. eingewandt worden, daß die vorgetragenen Gesetzmäßigkeiten methodisch ungeklärt und empirisch ungeprüft oder falsch seien (vgl. dazu insbesondere K. R. Popper, The Poverty of Historicism, 1957; The Open Society and its Enemies, 1945) (↑Historizismus).

(2) *Kritische G.:* Wenn auch erst mit der Entwicklung der Wissenschaftstheorie die methodologischen Fragen der Geschichtsschreibung eine systematische Erörterung gefunden haben (C.G. Hempel, P. Gardiner, W.H. Dray, A. Danto, M. White u.a.), so finden sich doch allgemeine Diskussionen um Methodenfragen schon seit Vico, der die konstruktivistische Maxime vertritt, daß der Mensch nur das vollständig verstehen kann, was er selbst hervorgebracht hat. Damit wird die Geschichte als das Ergebnis menschlichen Handelns zum ausgezeichneten Erkenntnisobjekt. Comte und J.S. Mill sehen in der Geschichtsschreibung die Anwendung von Generalisierungen der Sozialwissenschaften auf besondere Situationen der Vergangenheit. Dagegen wird vor allem in der G. des ↑Neukantianismus Stellung bezogen, die der Geschichtsschreibung und der ↑›Geisteswissenschaft‹ im allgemeinen einen besonderen Charakter insbesondere gegenüber den Naturwissenschaften bewahren will. Im Gegensatz zu den gesetzesaufstellenden, den ›nomothetischen‹ Wissenschaften ist die Geschichtsschreibung (wie jede Geisteswissenschaft) ›idiographisch‹ (↑idiographisch/nomothetisch), d.h., sie betrachtet das einzelne in seinem einmaligen unwiederholbaren Auftreten (W. Windelband). H. Rickert weist zudem auf die Wertbeziehungen hin, durch die der Stoff der Geschichte gegliedert wird. G. Simmel und W. Dilthey versuchen, das ↑›Verstehen‹ bzw. die ›Einfühlung‹ als die diesen Besonderheiten adäquate Methode auszuarbeiten. Mehr in der Hegelschen als der Kantischen Tradition betont B. Croce zwar auch das Geistige in der Geschichte, die wir (der Vicoschen Maxime folgend) in unserem Geiste rekonstruieren sollen, aber er sieht (wie nach ihm vor allem R.G. Collingwood) diese Rekonstruktion doch als eine von allgemeinen Strukturen. M. Weber, obwohl von den Fragestellungen des Neukantianismus ausgehend, liefert eine erste Synthese der Positionen, indem er das Verstehen zu einer objektiv kontrollierbaren, an allgemein formulierten ↑Idealtypen orientierten Erklärungsmethode, und zwar sowohl für die Sozialwissenschaften als auch für die Geschichtsschreibung, auszuarbeiten sucht. Die ›Objektivität‹ des Verstehens wird dabei gesichert durch die Ausschaltung persönlicher Werturteile bei der wissenschaftlichen Arbeit (↑Wertfreiheit), wenn auch Stoffauswahl und Stoffgliederung durch werturteilsbezogene Entscheidungen darüber, was ›bedeutsam‹ ist, bestimmt werden.

In der analytischen Philosophie (↑Philosophie, analytische) sind die Weberschen Problemstellungen und Lösungsvorschläge in der Sprache der Logik und der Wissenschaftstheorie neu diskutiert und zum Teil auch neu formuliert worden. Insbesondere ist die Frage nach der Art der historischen ↑Erklärung zum Streitpunkt geworden: ob nämlich für die Erklärung eines geschichtlichen Ereignisses immer allgemeine gesetzesartige Sätze angegeben werden müssen (so Hempel, E. Nagel u.a.), oder ob eine Erklärung auch ohne solche Gesetzesangaben, die ohnehin nur Trivialfeststellungen (›truisms‹) sein könnten, auskommen kann (M. Scriven, W. B. Gallie u.a.) und als spezifisch historische Erklärung eine ›rationale‹ Erklärung (W. H. Dray) anbieten soll, in der (nach Weberschem Muster) die einzelnen Handlungen als geeignete Mittel unter bestimmten Bedingungen bei gegebenen Zwecksetzungen erklärt werden. Ziel dieser Diskussionen ist es, die historische und sozialwissenschaftliche Erkenntnis durch die Bildung überprüfbarer Theorien zu objektivieren, so daß Historiker (und Sozialwissenschaftler) weder auf einfühlsame Einfälle noch auf metaphysische Spekulationen angewiesen sind.

Literatur: K. Acham, Analytische G.. Eine kritische Einführung, Freiburg/München 1974; K.-O. Apel, Die Erklären-Verstehen-Kontroverse in transzendentalpragmatischer Sicht, Frankfurt 1979; ders./J. Manninen/R. Tuomela (eds.), Neue Versuche über Erklären und Verstehen, Frankfurt 1978; R. Aron, Introduction à la philosophie de l'histoire. Essai sur les limites de l'objectivité historique, Paris 1938, 1967; H.M. Baumgartner, Kontinuität und Geschichte. Zur Kritik und Metakritik der historischen Vernunft, Frankfurt 1972; ders./J. Rüsen (eds.),

Seminar: Geschichte und Theorie. Umrisse einer Historik, Frankfurt 1976; E.H. Carr, What is History?, London, New York 1961 (dt. Was ist Geschichte?, Stuttgart 1963); A.C. Danto, Analytical Philosophy of History, Cambridge 1965 (dt. Analytische Philosophie der Geschichte, Frankfurt 1974); W.H. Dray, Laws and Explanation in History, London 1957, [2]1964; ders., Philosophy of History, Englewood Cliffs N.J. 1964; ders. (ed.), Philosophical Analysis and History, London/New York 1966; J.G. Droysen, Historik I (Historisch-kritische Rekonstruktion der ersten vollständigen Fassung der Vorlesungen [1857]. Grundriß der Historik in der ersten handschriftlichen [1857/58] und in der letzten gedruckten Fassung [1882]), ed. P. Leyh, Stuttgart-Bad Cannstatt 1977; K.-G. Faber, Theorie der Geschichtswissenschaft, München 1971, [4]1978; H. Fain, Between Philosophy and History. The Resurrection of Speculative Philosophy of History within the Analytic Tradition, Princeton N.J. 1970; F. Fellmann, Das Vico-Axiom: Der Mensch macht die Geschichte, Freiburg/München 1976; H. Fleischer, Marxismus und Geschichte, Frankfurt 1969; W.G. Gallie, Philosophy and Historical Understanding, London, New York 1964; P. Gardiner, The Nature of Historical Explanation, Oxford 1952; ders. (ed.), Theories of History. Readings from Classical and Contemporary Sources, Glencoe Ill. 1959, New York [8]1967; L. Gottschalk (ed.), Generalization in the Writing of History, Chicago 1963; A. Heuss, Verlust der Geschichte, Göttingen 1959; ders., Zur Theorie der Weltgeschichte, Berlin 1968; S. Hook (ed.), Philosophy and History. A Symposium, New York 1963; W. Kamlah, Utopie, Eschatologie, Geschichtsteleologie. Kritische Untersuchungen zum Ursprung und zum futurischen Denken der Neuzeit, Mannheim 1969; F. Kaufmann, Geschichtsphilosophie der Gegenwart, Berlin 1931 (repr. Darmstadt 1967); K. Kluxen, Vorlesungen zur Geschichtstheorie I, Paderborn 1974; R. Koselleck/W.D. Stempel (eds.), Geschichte – Ereignis und Erzählung, München 1973 (Poetik u. Hermeneutik 5); K. Löwith, Meaning in History. The Theological Implications of the Philosophy of History, Chicago 1949 (dt. Weltgeschichte und Heilsgeschehen. Die theologischen Voraussetzungen der G., Stuttgart [7]1979); H. Lübbe, Geschichtsbegriff und Geschichtsinteresse. Analytik und Pragmatik der Historie, Basel/Stuttgart 1977; O. Marquard, Schwierigkeiten mit der G., Aufsätze, Frankfurt 1973; F. Meinecke, Zur Theorie und Philosophie der Geschichte, ed. E. Kessel, Stuttgart, München, Darmstadt 1959 (Werke IV); M. Meyer, Idealismus und politische Romantik. Studien zum geschichtsphilosophischen Denken der Neuzeit, Bonn 1978; H. Meyerhoff (ed.), The Philosophy of History in Our Time. An Anthology, Garden City N.Y. 1959; L. v. Mises, Theory and History. An Interpretation of Social and Economic Evolution, New Haven 1957; K.R. Popper, The Open Society and its Enemies, I–II, London 1945, [5]1966 (dt. Die offene Gesellschaft und ihre Feinde, I–II, Bern 1957/1958, [5]1977); ders., The Poverty of Historicism, London 1957, [2]1960 (dt. Das Elend des Historizismus, Tübingen [2]1659, [5]1979); J.H. Randall, Nature and Historical Experience. Essays in Naturalism and in the Theory of History, New York 1958, [2]1962; E. Rothacker, G., München/Berlin 1934 (repr. Darmstadt, München 1971); ders., Mensch und Geschichte. Studien zur Anthropologie und Wissenschaftsgeschichte, Bonn [2]1950; J. Rüsen (ed.), Historische Objektivität. Aufsätze zur Geschichtstheorie, Göttingen 1975; R. Schaeffler, Einführung in die G., Darmstadt 1973; A. Schaff, Historia i prawda, Warschau 1970 (dt. Geschichte und Wahrheit, Wien/Frankfurt/Zürich 1970); H. Schnädelbach, G. nach Hegel. Die Probleme des Historismus, Freiburg/München 1974; O. Schwemmer, Theorie der rationalen Erklärung. Zu den methodischen Grundlagen der Kulturwissenschaften, München 1976; G. Simmel, Die Probleme der G., Eine erkenntnistheoretische Studie, München [5]1923 (engl. The Problems of the Philosophy of History. An Epistemological Essay, ed. and trans. G. Oakes, New York 1977); W. Stegmüller, Probleme und Resultate der Wissenschaftstheorie und Analytischen Philosophie I (Wissenschaftliche Erklärung und Begründung), Berlin/Heidelberg/New York 1969, [2]1974, 335ff. (Kap. VI); F. Stern (ed.), The Varieties of History. From Voltaire to the Present, New York 1956 (dt. Geschichte und Geschichtsschreibung. Möglichkeiten, Aufgaben, Methoden. Texte von Voltaire bis zur Gegenwart, München 1966); R. Stover, The Nature of Historical Thinking, Chapell Hill N.C. 1967; W. Strich, Der irrationale Mensch. Studien zur Systematik der Geschichte, Berlin 1928; W.H. Walsh, An Introduction to Philosophy of History, London 1956; [3]1967 (repr. Hassocks 1976); M. White, Foundations of Historical Knowledge, New York 1965; G.H. v. Wright, Explanation and Understanding, Ithaca N.Y. 1971 (dt. Erklären und Verstehen, Frankfurt 1974). O.S.

Geschmack (engl. taste, franz. goût), Beurteilungsvermögen (↑Urteilskraft) des Schönen in Natur und Kunst. Die Wortbedeutung von ›G.‹ wird übertragen von Sinnen-, physiologischem G. und dessen Differenzierung auf die Fähigkeit, sich in sozialen Kontexten korrekt zu verhalten, weiter spezialisiert auf ›Kennerschaft‹ in Kunstbelangen. In der philosophischen ↑Ästhetik ist G. methodische Grundlage der Bestimmung von Kunst. Den guten G. bestimmt die spanische und französische Tradition des 17. und 18. Jahrhunderts allgemein als (höfische) Lebensart. Regeln des G.s gewährleisten eine allgemeine Bildung des Menschen durch Lehr- und Lernbarkeit des guten G.s. A. v. Knigges Lehrbuch über den Umgang mit Menschen (I–II, Hannover 1788) greift diese höfische Tradition zum Zwecke der bürgerlichen Emanzipation auf.

Ein Bereich des guten G.s, die Beurteilung der Künste, verselbständigt sich zur philosophischen Disziplin mit Begründungsforderung, historisch motiviert durch die Relativierung inhaltlicher Bestimmungen des Kunstschönen. Die Schwierigkeit des Übergangs von bloß subjektivem, also nicht begründungspflichtigem, individuellem Wohlgefallen zu einer auf sinnlicher Basis begründbaren Allgemeingültigkeit (Intersubjektivität), d.i. der Schritt von der Beurteilung des Angenehmen zu der des Schönen, bestimmt die philosophischen Kontroversen um den G.sbegriff. Solange der ästhetische G., das Urteil, daß etwas schön sei, durch eingespielte soziale Verhaltensweisen und Auszeichnungen (exemplarische Werke oder Kanones) legitimiert ist, relativiert sich die Allgemeinverbindlichkeit mit dem historischen Wandel der Gesellschaft. In der philosophischen Diskussion greift man deshalb auf eine formale Begründung zurück, wobei im wesentlichen drei konkurrierende Modelle auftreten: die metaphysische, empirische und transzendentalphilosophische Begründung. *Metaphysisch* legitimiert sich der G. als instinkt- oder gefühlshafte (↑Gefühl) Beurteilung des wahren Wertes, der ›Wahrheit‹ eines Gegenstandes als Schönheit. Diese Beurteilung geht dem Verstandes- oder Vernunfturteil voraus. *Empirisch,* d.i. psychologisch-anthropologisch, wird Wahrheit (hier Lehr- und Lernbarkeit sowie die Überprüfbarkeit am Objekt) des guten G.s (des Gefühls für das ↑Schöne) in Analogie zur Bildung des physiologischen G.s begründet. Grundlage für ein G.s-urteil ist der Gemeinsinn (↑sensus communis) sowie die Akzeptation durch die (faktische) Gemeinschaft der Kenner (A. A. C. Earl of Shaftesbury, D. Hume).

In Auseinandersetzung mit dem Emprirismus entwickelt I. Kant in der »Kritik der Urteilskraft« eine *transzendentalphilosophische* Begründung des G.surteils, die in einer Analyse der notwendigen Bedingungen der Beurteilung des Schönen über die ›bloß‹ empirische Allgemeinheit zu wahrer Allgemeinheit gelangt. Kant bestimmt den G. als subjektive ästhetische Urteilskraft, d.i. als Beurteilungsvermögen der Harmonie der Erkenntnisvermögen (Einbildungskraft und Verstand) anläßlich der Rezeption eines sinnlichen Gegenstandes. Weil der G. sich damit durch die subjektiven Bedingungen der Möglichkeit von Erkenntnis überhaupt bestimmt, kann das G.surteil, obgleich kein Erkenntnisurteil, Allgemeinheit (allgemeine Mittelbarkeit und Zustimmung) beanspruchen und als Grundlegung der Ästhetik gelten.

Literatur: A. Baeumler, Kants Kritik der Urteilskraft. Ihre Geschichte und Systematik I (Das Irrationalitätsproblem in der Ästhetik und Logik des 18. Jahrhunderts bis zur Kritik der Urteilskraft), Halle 1923 (repr. Darmstadt 1967, 1975); A.G. Baumgarten, Aesthetica, I–III, Frankfurt (Oder) 1750, §§ 28–46 (repr. Hildesheim 1970); K. Borinski, Baltasar Gracian und die Hofliteratur in Deutschland, Halle 1894 (repr. Niederwalluf 1971); B. Heimann, Über den G., Berlin 1924; J.G. Herder, Ursache des gesunknen G.s bei den verschiednen Völkern, da er geblühet, Berlin 1775, ferner in: Sämtl. Werke V, ed. B. Suphan, Berlin 1891 (repr. Hildesheim/New York 1967), 595–655; D. Hume, Of the Delicacy of Taste and Passion, in: ders., The Philosophical Works III, ed. T. H. Green/T. H. Grose, London 1882 (repr. Aalen 1964), 91–94, und Of the Standard of Taste, a.a.O., 266–284; H. Jansen, Die Grundbegriffe des Baltasar Gracian, Diss. Freiburg 1952, Köln/Genf/Paris 1958; H. Klein, There Is no Disputing about Taste. Untersuchungen zum englischen G.sbegriff im 18. Jahrhundert, Münster 1967; F. Schümmer, Die Entwicklung des G.sbegriffes in der Philosophie des 17. und 18. Jahrhunderts, Arch. Begriffsgesch. 1 (1955), 120–141; K. Stierle/H. Klein/F. Schümmer, G., Hist. Wb. Ph. III (1974), 444–456. A. G.-S.

Gesellschaft (engl. society), abstrakter Begriff zur Kennzeichnung verschiedenartiger, von der ↑Gesellschaftstheorie deskriptiv, analytisch und normativ als Struktur oder Prozeß erfaßter, im Begriff ›G.‹ semiotisch zusammengezogener Beziehungskomplexe menschlichen Zusammenlebens. Verschiedene Kulturen und Epochen entwickeln einen wortunabhängigen, der wirtschaftlichen, politischen und geistigen Verfaßtheit entsprechenden, historisch gültigen Inbegriff von ›G.‹, aus dem sich methodische Konzepte und theoretische Aspekte ergeben, mit denen die eigene G. oder frühere, fremde und zukünftige G.sformen als Ganze oder in Teilen wissenschaftlich behandelt werden. Den verschiedenen Theorien liegt dabei das im Begriff ›G.‹ immer schon mitgedachte Moment der Gemeinsamkeit zugrunde.

Schon die etymologische Herkunft des Wortes ›G.‹ von ahd. ›sal‹ (Raum) enthält im Hinweis auf das räumliche Miteinander von Menschen die Vorstellung von Gemeinsamkeit und merkmalbezogener Gleichheit, die sich bis in die Gegenwart als semantischer Schwerpunkt des vieldeutigen G.sbegriffs erhalten hat. Unter dem Einfluß der abstrakten römischen Rechtssprache wird bereits im späten Mittelalter die bis dahin räumliche Gemeinsamkeitsbestimmung auf den gemeinsamen Zweck und die Form seiner Verfolgung übertragen. Über diese Bedeutungserweiterung und im Zusammenhang mit der Wiederaufnahme des antiken ↑Naturrechts bildet sich im 17. Jahrhundert die Lehre vom ↑Gesellschaftsvertrag heraus, die im Verlauf des 18. Jahrhunderts zur Theorie der bürgerlichen G. (↑Gesellschaft, bürgerliche) entwickelt wird. In den frühen Theorien überwiegen noch die kategorischen Prinzipien einer auf der Idee des ↑Rechts beruhenden G., die über das gemeinsame vernünftige Handeln tendenziell die gesamte Menschheit umfaßt. Neben diese normative G.stheorie tritt gegen Ende des 18. Jahrhunderts eine schon durch J.-J. Rousseaus hypothetische Rekonstruktion des gesellschaftlichen Ursprungs der Ungleichheit unter den Menschen vorbereitete, zunehmend empirisch verfahrende Theorie, die im Ausdruck der Ungeselligkeit die fehlende Gemeinsamkeit in der G. thematisiert. Mit den Mitteln der empirischen Sozialwissenschaft beschreibt die jetzt entstehende ↑Soziologie die Pathogenese der bürgerlichen G. Der Begriff der Gemeinsamkeit bleibt auch für die sie als Zweck oder Wesen der Gesamtgesellschaft verneinenden empirischen Konflikt- und Machttheorien insoweit erhalten, als die antagonistischen Klassen oder Gruppen, in welche die G. zerfällt, ihrerseits über ein gemeinsames partikulares Interesse konstruiert werden.

Literatur: R. Aron, Dix-huit leçons sur la société industrielle, Paris 1962 (dt. Die industrielle G., 18 Vorlesungen, Frankfurt/Hamburg 1964); R. Dahrendorf, G. und Freiheit. Zur soziologischen Analyse der Gegenwart, München 1961; H.P. Dreitzel, Die gesellschaftlichen Leiden und das Leiden an der G.. Vorstudien zu einer Pathologie des Rollenverhaltens, Stuttgart 1968, 1972; M. Ginsberg, The Psychology of Society, London 1921 (repr. 1969); L.T. Hobhouse, Social Development, its Nature and Conditions, London/New York 1924; H. Kelsen, Society and Nature. A Sociological Inquiry, Chicago 1943; R.M. MacIver/C.H. Page, Society, An Introductory Analysis, New York 1961, London 1962; K. Mannheim, Mensch und G. im Zeitalter des Umbaus, Leyden 1935 (engl. erw. Ausg. Man and Society in an Age of Reconstruction. Studies in Modern Social Structure, London 1940, dt. Darmstadt 1958); H. Marcuse, Ideen zu einer kritischen Theorie der G., Frankfurt 1969, 1976; T. Parsons, The Social System, Glencoe Ill. 1951, New York 1964; ders., Structure and Process in Modern Societies, Glencoe Ill. 1960; ders., Sociological Theory and Modern Society, New York 1967; ders., The Evolution of Societies, ed. with an Introduction by J. Toby, Englewood Cliffs N.J. 1977; F. Tönnies, Gemeinschaft und G.. Abhandlung des Communismus und des Socialismus als empirischer Culturformen, Leipzig 1887, (mit dem Untertitel: Grundbegriffe der reinen Soziologie) Berlin ^{2}1912, Leipzig ^{8}1935 (repr. Darmstadt 1979); A. Vierkandt, Kleine G.slehre, Stuttgart 1949; ^{3}1961; M. Weber, Wirtschaft und G., Tübingen 1922; I–II, ^{3}1947, ed. J. Winckelmann, ^{5}1976; L. v. Wiese, Das Ich und das Kollektiv, Berlin 1967 (Erfahrung und Denken 21); ders., Allgemeine Soziologie als Lehre von den Beziehungen und Beziehungsgebilden der Menschen, I–II, München/Leipzig 1924/1929, unter dem Titel: System der allgemeinen Soziologie als Lehre von den sozialen Prozessen und den sozialen Gebilden der Menschen (Beziehungslehre), München/Leipzig ^{2}1933, Berlin ^{4}1966. H.R.G.

Gesellschaft, bürgerliche, Grundbegriff der politischen Theorie und Gesellschaftstheorie. Der hohe Abstraktionsgrad, auf dem Aristoteles im 1. Kapitel der »Politik« das Wort ›b. G.‹ einführt, hat ihm in der politischen Philosophie (↑Philosophie, politische) des Abendlandes eine über die anti-aristotelische Wende des 17. Jahrhunderts hinausgehende Wirkungsgeschichte gesichert. Nach der Feststellung, daß unter den zahlreichen Gemeinschaften eine sei, die wegen ihrer auf das höchste Gut des glücklichen Lebens (↑Leben, gutes) gerichteten Zweckbestimmung alle anderen umfasse, bestimmt Aristoteles diese *πολιτικὴ κοινονία*. Sie ist die Gemeinschaft der Vollbürger, die sich wegen ihrer Unabhängigkeit durch die ökonomisch gesicherte Basis einer auf faktischer Gewalt beruhenden privaten Hausherrschaft im politisch-öffentlichen Bereich als Freie und Gleiche gegenübertreten, um unter den Prinzipien des Rechts eine auf Zustimmung und Wissen beruhende Herrschaft in den Formen der Politie, der Aristokratie und der Monarchie zu begründen. Die normative Kraft dieser hinsichtlich ihres Zweckes gerechtfertigten, hinsichtlich Form und Teilhabe auf die allgemeinen Prinzipien der Freiheit und der Gleichheit im Recht gestützten b.n G. konnte so lange den Maßstab der Kritik von ihr abweichender, faktischer Gesellschaften bilden, bis das von Aristoteles als natürliche Ungleichheit vorausgesetzte, selbst aber schon gesellschaftlich entstandene Herr-Sklave-Verhältnis zum Problem wurde.

Der aus der räumlichen Begrenzung der geschichtlichen Polis gewonnene Naturbegriff bei Aristoteles gewährleistete in der wesensbestimmten Trennung der von Natur aus Freien von den natürlichen Sklaven die Grundlage politischer Herrschaft der über Unabhängigkeit hergestellten Freiheit und Gleichheit der b.n G.. Die in den Flächenstaaten entstehende ↑Stoa und ihr folgend auch das aus der Notwendigkeit regelbestimmter Handelsbeziehungen zwischen verschiedenen Völkern des großräumigen römischen Reiches hervorgehende Völkerrecht (ius gentium) macht im Gegensatz dazu das alle Menschen Verbindende zum Ausgangspunkt der Naturrechtstheorie (↑Naturrecht). In ihr wird der bei Aristoteles ganz auf die Polis zentrierte und in diesem Sinne wesentlich politische Mensch (*ζῷον πολιτικόν*) erstmals zum nur noch geselligen Wesen (*ζῷον κοινονικόν*) und durch den Verlust der Polisbezogenheit zugleich zum Individuum. Diese Entwicklung wird durch die in der christlichen Lehre vorgenommene Trennung von ›civitas‹ und ›ecclesia‹ sowie durch die Überordnung der civitas Dei (↑Gottesstaat) über die civitas terrena bei A. Augustinus noch verstärkt. Hier knüpft die im Hochmittelalter erfolgende scholastische Aristotelesrezeption an, die folgerichtig den Ausdruck ›*ζῷον πολιτικόν*‹ mit ›animal sociale et politicum‹ übersetzt und aufspaltet. Der im 13. Jahrhundert wiederaufgenommene und auf den Bürger der oberitalienischen

Stadtstaaten bezogene Begriff der b.n G. bleibt jedoch in seiner lebensbestimmenden Bedeutung durch den Übergangscharakter des diesseitigen, notwendig unvollendeten Lebens gegenüber der Aristotelischen Zweckbestimmung begrenzt. Die im Rahmen der christlichen Lehre vorgenommene Verbindung von ›lex naturalis‹ als der vernünftigen Ordnung der Natur und ›lex divina‹ als dem vernünftigen Ordnungswillen des Schöpfergottes eröffnet die Möglichkeit der in Rechtsbegriffen formulierten Theorie vom ↑Gesellschaftsvertrag für eine auf dem Konsens freier und statusrechtlich gleicher Individuen beruhenden b.n G., die auch insofern noch an die klassische Begriffsbildung anschließt, als die aus der ›unio civilis‹ hervorgehende ›societas‹ immer auch politisch verfaßt ist: »Unio autem sic facta appelatur civitas sive societas civilis« (T. Hobbes, De cive [1642], cap. 5, § 9). Während bei Hobbes die natürliche Freiheit des Individuums durch den sich an den Gesellschaftsvertrag anschließenden Unterwerfungsvertrag an einen den Staat erst •schaffenden und dadurch den ↑›bellum omnium contra omnes‹ des ↑Naturzustandes beendenden Souverän abgetreten wird, erklärt J. Locke die Freiheit des Bürgers zum konstituierenden Bestandteil der politischen Verfassung der b.n G.: »The Liberty of Man, in Society, is to be under no other Legislative Power, but that established, by consent, in the Common-wealth; nor under the Dominion of any Will, or Restraint of any Law, but what the Legislative shall enact, according to the Trust put in it« (The Second Treatise of Government. An Essai Concerning the True, Original, Extent, and End of Civil Government, Chap. IV, Of Slavery [1690], §22). Aber gerade in der Lockeschen Formulierung wird deutlich, daß die Ausdrücke ›civil society‹ und ›civil government‹ nur noch formal eine Einheit darstellen. Die Individuen, die schon im Naturzustand eine warentauschende Eigentümergesellschaft (↑Eigentum) bildeten, stiften durch Vertrag den Staat als Ordnungsgaranten und grenzen zugleich ihre private, ökonomisch besetzte Freiheitssphäre als negatives Statusrecht gegen die öffentliche Gewalt ab. Der in der Philosophie der Stoa einsetzende Prozeß der Individualisierung führt in der Vertragstheorie des 18. Jahrhunderts zur Ausgrenzung einer ihrem Wesen nach unpolitischen, in einer neuen Bedeutung zivilen Sphäre aus der ursprünglich politischen b.n G. In der Französischen Revolution fällt mit der Abschaffung der Privilegien und Standesunterschiede die Schranke, die der Übertragung der gleichen Staatsbürgerrechte (droits du citoyen) auf die Gesamtheit der vom französischen Staat umfaßten freien und gleichen Brüger als Menschen (droits de l'homme) faktisch noch entgegenstanden. Schon vor der Revolution hatte J.-J. Rousseau als erster auf den Irrtum der logischen und historischen Trennung von ›Mensch‹ und ›Staatsbürger‹ aufmerksam gemacht: »... nous ne commerçons proprement à devenir homme qu'après avoir été Citoyens« (Du Contract Social ou Essai sur la forme de la république [première version] [1762], Livre I, chap. II).

Während in der naturrechtlichen Theorie bis zum Ende des 18. Jahrhunderts der Ausdruck ›b. G.‹ traditionsgemäß noch den Staat umgreift, zieht G. W. F. Hegel die sprachliche Konsequenz aus der inhaltlich schon vollzogenen Trennung. In den »Grundlinien der Philosophie des Rechts« (1821) tritt die politische Sphäre des Staates der b.n G. gegenüber, die jetzt nur noch den ökonomischen Privatraum des zum ›bourgeois‹ gewordenen Bürgers bezeichnet. Hegel sieht aber auch schon die selbstzerstörerische Dynamik der sich über den Eigentümer konstituierenden b.n G. in der Entstehung des ›Pöbels‹ durch das ›Herabsinken einer großen Masse unter das Maß einer gewissen Subsistenzweise‹ (Rechtsphilos., §§243–248, Sämtl. Werke VII, 318–322). Der Ausdruck ›b. G.‹ wird vor dem Hintergrund der sozialen Kämpfe des 19. Jahrhunderts zum Synonym für das Wort ›Klassengesellschaft‹ (↑Klasse (sozialwissenschaftlich)). Die ursprüngliche normative Bedeutung des Begriffs ›b. G.‹ geht in der Ideologiekritik (↑Ideologie), die den Terminus als einen im 18. Jahrhundert im Zuge der Auseinandersetzung des Bürgertums mit dem Königtum entstandenen Kampfbegriff betrachtet, zumindest im deutschen Sprachraum weitgehend verloren.

Literatur: J.W. Allen, A History of Political Thought in the Sixteenth Century, London/New York 1928; E. Barker, The Political Thought of Plato and Aristotle, London/New York 1906; O. Brunner, Neue Wege der Sozialgeschichte. Vorträge und Aufsätze, Göttingen 1956, unter dem Titel: Neue Wege der Verfassungs- und Sozialgeschichte, Göttingen ²1968; O. v. Gierke, Das deutsche Genossenschaftsrecht, I–IV, Berlin 1868–1913 (repr. Graz 1954); H. Medick, Naturzustand und Naturgeschichte der b.n G.. Die Ursprünge der bürgerlichen Sozialtheorie als Geschichtsphilosophie und Sozialwissenschaft bei Samuel Pufendorf, John Locke und Adam Smith, Göttingen 1973; K. Neu, Zur Entwicklung der Gesellschaftsvorstellung von Grotius bis Rousseau, Diss. Berlin 1922; M. Riedel, B. G. und Staat. Grundproblem und Struktur der Hegelschen Rechtsphilosophie, Neuwied/Berlin 1970; ders., G., b., in: Geschichtliche Grundbegriffe. Historisches Lexikon zur politisch-sozialen Sprache in Deutschland II, ed. O. Brunner/W. Conze/R. Koselleck, Stuttgart 1975, 719–800; J. Ritter, Das bürgerliche Leben. Zur aristotelischen Theorie des Glücks, Vierteljahrsschr. wiss. Pädag. 32 (1956), 60–94; ders., Metaphysik und Politik. Studien zu Aristoteles und Hegel, Frankfurt 1969; A. v. Unruh, Dogmenhistorische Untersuchungen über den Gegensatz von Staat und Gesellschaft vor Hegel, Leipzig 1928. H. R. G.

Gesellschaftstheorie, in der anglo-amerikanischen Wissenschaftssprache wird die Bezeichnung ›social theory‹ synonym mit ›political philosophy‹ verwendet und steht im Gegensatz zu ›social science‹. Letztere meint die im Sinne der deskriptiven Wissenschaftstheorie naturwissenschaftliche Exaktheit anstrebenden nomologischen Theorien bzw. die mit kybernetischen und mathematischen Ansätzen verfahrenden Systemtheorien der ↑Soziologie und der Politischen Wissenschaft und stellt damit die moderne, meist noch durch das Adjektiv ›empirisch‹ näher bestimmte Sozialwissenschaft in Gegensatz zu den älteren, dieser Auffassung zufolge unwissenschaftlichen Formen der spekulativen politischen Philosophie (↑Philosophie, politische). Der deutsche Sprachgebrauch von ›Geschichtstheorie‹ einerseits und ›Gesellschafts-‹ und ›Sozialwissenschaft‹ andererseits vollzieht diesen Gegensatz nach. Wo im deutschen Sprachgebrauch der Ausdruck ›G.‹ in der Wortverbindung ›kritische G.‹ (↑Theorie, kritische) auftritt, wird umgekehrt gegen die jetzt als ›positivistisch‹ bezeichnete Sozialwissenschaft der Vorwurf erhoben, daß in ihr gegenüber der eigenen Disziplinengeschichte eine wissenschaftstheoretisch bedingte, nicht gerechtfertigte Verkürzung der Fragestellung und eine durch willkürliche Eingrenzung des Untersuchungsgegenstands bedingte Verengung des Blickwinkels stattgefunden habe, die rückgängig zu machen sei. Hier wird daran erinnert, daß sich aus der Fundierung der politischen Philosophie in der praktischen Philosophie eine doppelte Aufgabenstellung ergibt: das Bereitstellen von Wissen über die Gesellschaft als Antwort auf die Frage: quid facti?, und das Aufstellen von begründeten Regeln für gesellschaftliches Handeln auf der Basis von metaethischen Prinzipien als Antwort auf die Frage: quid iuris? Auf der Verbindung beider Fragestellungen beruhe die kritische Funktion der G., in der Diskrepanz zwischen Ist- und Sollzustand Maßstäbe für die Beurteilung faktischer Gesellschaften an die Hand zu geben.

Literatur: ↑Philosophie, politische; ↑Soziologie; ↑Theorie, kritische. H. R. G.

Gesellschaftsvertrag (engl. social contract, franz. contrat social), Versuch der ↑Gesellschaftstheorie, das Problem der ungerechtfertigten faktischen Herrschaft von Menschen über Menschen auf der Basis des ↑Naturrechts dadurch zu lösen, daß eine durch freie Willensübereinstimmung von Natur aus freier und gleicher Individuen konstituierte Gesellschaft die an Zustimmung gebundene politische Herrschaft in ihrem Zweck bestimmt und in Form und Verfahren nach den Prinzipien des ↑Rechts, der ↑Freiheit und der Gleichheit (↑Gleichheit (sozial)) im Recht regelt.

Die Lehre vom G. ist eine im 17. und 18. Jahrhundert herrschende und zu begrifflicher Schärfe entwickelte Figur der umfassenderen Theorie der bürgerlichen Gesellschaft (↑Gesellschaft, bürgerliche). Ihre Anfänge gehen auf die im hellenistischen Flächenstaat entstehende Philosophie der ↑Stoa zurück, die dem polisbezogenen Naturbegriff der Aristotelischen »Politik« einen kosmopolitischen Naturbegriff entgegenstellt, der erstmals nicht nur die freien und gleichen Vollbürger der antiken Polis umfaßt, sondern sich durch Betonung des alle Menschen als Menschen Verbindenden auf die gesamte Menschheit erstreckt. Der aus enger Polisbindung entlassene Mensch ist folgerichtig jetzt nicht mehr als *ζῷον πολιτικόν* bestimmt. Er ist *ζῷον κοινονικόν*, geselliges Wesen, und wird damit zugleich zum Individuum, das nicht mehr durch seinen Status als Polisbürger, sondern als Mensch vor aller Gesellschaft Rechtssubjekt ist. Die Vorstellung des abstrakten, isolierten Individuums, das bereits im vorgesellschaftlichen Naturzustand als Träger natürlicher Freiheits- und Gleichheitsrechte auftritt, gehört zu den Grundelementen der Theorie vom G. Die Übernahme des heidnischen Naturrechts in die christliche Lehre wird über die Verbindung zwischen der ›lex naturae‹ als vernünftiger Ordnung der Welt und der ›lex divina‹ als vernünftigem Willen des Schöpfergottes ermöglicht. Die Rechtsförmigkeit der vertraglichen Gesellschaftsgründung geht gleichfalls auf antike Vorbilder und, über den christlich-jüdischen Traditionsstrang vermittelt, auf die alttestamentarische Lehre vom Gottesbund zurück.

Die im hohen Mittelalter durch den Streit zwischen Papsttum und Kaisertum entstehende, im Charakter polemische ältere Vertragslehre stützt sich auf die Fortgeltung von Verfassungsnormen des Imperium Romanum im Heiligen Römischen Reich als dessen Rechtsnachfolger. In dem Pamphlet »Ad Gebehardum Liber« (um 1177) vertritt Manegold von Lautenbach die Auffassung, die weltliche Gewalt werde auf Grund eines durch den Papst zu bestätigenden Vertrages zwischen Volk und Kaiser als ›officium‹ ausgeübt. Eine Vertragsverletzung durch Mißbrauch der abgeleiteten ›potestas‹ begründet das Recht zur Lösung des Vertrages. In dieser Form erscheint die Vertragslehre auch bei Thomas von Aquin. Marsilius von Padua läßt in »Defensor pacis« (1324) die Gesellschaft auf Grund der geselligen Natur des Menschen und der eingesehenen Notwendigkeit entstehen, die im Zusammenleben von Menschen unvermeidlichen Konflikte institutionell zu regeln. In diesen Theorien wird der G. mit dem Abschluß eines gesonderten Herrschaftsvertrages verknüpft, eine Argumentationsfigur, die bis in die Neuzeit häufig begegnet.

In der Zeit der Glaubenskämpfe wird die Vertragslehre erneut polemisch eingesetzt und dient den Monarchomachen zur Rechtfertigung des Widerstandes gegen die Staatsgewalt. Neben diesen polemischen Formen hat sich die normative Kraft der ursprünglichen Idee der bürgerlichen Gesellschaft in der unveränderten Sprache der scholastisch-aristotelischen Schulphilosophie erhalten, an die die politische Philosophie (↑Philosophie, politische) der Neuzeit anknüpft. Die Aristotelische Tradition wird parallel zur Entstehung der modernen Naturrechtstheorie bei R. Hooker und J. Harrington, bei F. de Vitoria und L. de Molina fortgeführt, bei denen die Formel vom G. nur metaphorisch für die gerechtfertigte Ordnung einer auf Grund natürlicher Soziabilität immer schon bestehenden Gesellschaft verwendet wird. Gegen diese Schultradition setzt sich im 17. Jahrhundert die moderne Lehre vom G. durch, die den Antiaristotelismus der neuzeitlichen Physik und zugleich auch deren Methoden übernimmt. Diese Theorie knüpft an die Naturrechtslehre der Spätantike an und beginnt mit dem abstrakten, isolierten Individuum im vorgesellschaftlichen Naturzustand. Beispielhaft für diese Richtung ist das Theoriegebäude T. Hobbes', der auf der Grundlage einer Physik (De corpore, 1655) und einer auf sie gestützten Anthropologie (De homine, 1658) eine wissenschaftliche Theorie über den Staatsbürger (De cive, 1642) zu erstellen sucht. Seine im »Leviathan« (1651) entwickelte Gesellschafts- und Staatstheorie beruht auf der Prämisse, daß der Mensch einen Instinkt der Selbsterhaltung und ein auf dessen Verfolgung gerichtetes natürliches Recht besitzt, das sich in faktischer Gewalt ausdrückt und nur durch die größere Stärke anderer begrenzt wird. Daraus folgt im Naturzustand ein ↑›bellum omnium contra omnes‹. Hobbes formuliert ein als Vernunftregel notwendiges 1. Naturgesetz, das dem Individuum vorschreibt, Frieden zu suchen. Die Realisierung der Vernunftregel macht ein zum Verzicht auf die natürliche Gewaltanwendung verpflichtendes 2. Naturgesetz notwendig, das zum Abschluß des G.es führt. Die Funktion der so konstituierten Gesellschaft besteht nur darin, als Rechtsträger einen begünstigenden Herrschaftsvertrag mit einem Souverän zu schließen, auf den die vereinigten Rechte aller übertragen werden. Erst der Souverän bringt den Staat und seine Zwangsgewalt zur Sicherung des von ihr gesetzten und jetzt allein gültigen positiven Rechts hervor, das den Frieden garantieren soll. Erweist sich der Souverän als zu schwach, um seine Friedensgarantie zu erfüllen, entfällt mit der Vertragsgrundlage der Herrschaftsvertrag wie auch der G., und der alte Naturzustand stellt sich wieder ein. Schon in der neuen naturrechtlichen Form des G.es schreibt Hobbes noch einmal die Theorie des absolutistischen Staates für eine von Bürgerkrieg zerrissene Zeit, dessen Zweck die Sicherung des Lebens, nicht die Verwirklichung des guten Lebens (↑Leben, gutes) ist. J. Lockes »Second Treatise of Government« (1690) richtet sich bereits gegen die absolutistische Staatsgewalt, und auch bei ihm ist der Zweck des Staates gegenüber der Aristotelischen Tradition auf bloße Ordnungsfunktionen begrenzt. Der modernen Naturrechtstheorie folgend, geht Locke gleichfalls vom abstrakten, isolierten Individuum aus, das bereits im Naturzustand Träger von Rechten ist. Das allen abgeleiteten Rechten vorausgehende Recht auf Selbsterhaltung schließt für ihn schon begrifflich die bedingungslose Unterwerfung unter fremden Willen aus. Der die Stiftung politischer Gewalt erfordernde Kampf aller gegen alle entsteht erst in einer späten Phase der schon warentauschenden Eigentümergesellschaft des Naturzustandes. Der Abschluß des Staatsgewalt einschließenden G.es läßt die natürlichen Freiheits- und Gleichheitsrechte ebenso unberührt wie das vorstaatliche und deshalb staatlichem Eingriff entzogene Eigentumsrecht (↑Eigentum). Die an permanente Zustimmung gebundene politische Gewalt beruht auf Mehrheitsbeschluß und Teilhabe der durch Eigentum freien und gleichen, steuerzahlenden Aktivbürger an der bereits von der Exekutivgewalt getrennten Legislative.

Mit J.-J. Rousseau beginnt die Auflösung der naturrechtlichen Lehre vom G., die von I. Kant endgültig vollzogen wird. Im Genfer Manuskript des »Contrat Social« erklärt Rousseau, das Naturrecht, auf das die Gesellschafts- und Staatsgründung gestützt werde, sei das Ergebnis einer langen Entwicklung der vergesellschafteten Menschheit und nicht deren Voraussetzung. »Nous concevons la société générale d'après nos sociétés particulières, l'établissement des petites Républiques nous fait songer à la grande et nous ne commençons proprement à devenir homme qu'après avoir été Citoyens« (Du Contrat Social ou Essai sur la forme de la République (première version [ca. 1758], Livre I, chap. II). Rousseau fordert dazu auf, die Gesellschaft durch die Menschen und die Menschen durch die Gesellschaft zu erforschen und macht damit die Fiktion des den Naturzustand beendenden G.es bereits zu einem methodischen Prinzip. Nicht die aus der Vernunftnatur des Menschen fließende Einsicht beendet den rohen Naturzustand durch Abschluß eines das Zusammenleben vernünftig regelnden G.es, vielmehr bringt die immer schon politisch verfaßte faktische Gesellschaft die späte Einsicht hervor, daß bürgerliche Freiheit in der freiwilligen Unterwerfung unter das eingesehene Gesetz besteht. Nur in der herzustellenden Einsicht gründet die »Gesellschaftsform, die mit der ganzen gemeinsamen Kraft die Person und das Vermögen jedes Gesellschaftsgliedes verteidigt und schützt, und kraft deren jeder einzelne, obgleich er sich mit allen vereinigt, gleichwohl nur sich selbst gehorcht und so frei bleibt wie vorher« (Der G. oder die Grundsätze des Staatsrechts, 1. Buch, 6. Kap.). In diesem Sinne hängt für Rousseau alles an der Politik, der damit versucht, die von der individualistischen Naturrechtstheorie vollzogene Ausgrenzung einer unpolitischen Privatsphäre des über Eigentum konstituierten Bürgers aus der ehemals politisch verstandenen bürgerlichen Gesellschaft rückgängig zu machen.

In der Zeit nach Rousseau ist die Figur des G.es nicht mehr verwendbar. Bei Kant ist der ursprüngliche Kontrakt zur Idee des Rechts geworden: »Der socialcontract ist die Regel und nicht der Ursprung der Staatsverfassung« (Reflexion 7734, Akad.-Ausg. XIX, 503).

Literatur: J. W. Allen, A History of Political Thought in the Sixteenth Century, London/New York 1928; E. Barker, The Political Thought of Plato and Aristotle, London/New York 1906; J. W. Gough, John Locke's Political Philosophy, Oxford 1950, ²1973; ders., The Social Contract. A Critical Study of its Development, Oxford ²1957 (repr. 1967); H. Medick, Naturzustand und Naturgeschichte der bürgerlichen Gesellschaft. Die Ursprünge der bürgerlichen Sozialtheorie als Geschichtsphilosophie und Sozialwissenschaft bei Samuel Pufendorf, John Locke und Adam Smith, Göttingen 1973; K. Neu, Zur Entwicklung der Gesellschaftsvorstellung von Grotius bis Rousseau, Diss. Berlin 1922; M. Riedel, Gesellschaft, bürgerliche, in: Geschichtliche Grundbegriffe. Historisches Lexikon zur politisch-sozialen Sprache in Deutschland II, ed. O. Brunner/W. Conze/R. Koselleck, Stuttgart 1975, 719–800; G. Schulz, Die Entstehung der bürgerlichen Gesellschaft. Zur Genesis politischer Ideen und Begriffe, in: Entstehung und Wandel der modernen Gesellschaft. Festschrift für Hans Rosenberg zum 65. Geburtstag, ed. G. A. Ritter, Berlin 1970, 3–65. H. R. G.

Gesetz (exakte Wissenschaften), Terminus der Naturwissenschaften (↑Naturgesetz) sowie von Mathematik und Logik, wenn auch häufig nicht in strenger terminologischer Normierung und daher ohne scharfe Abgrenzung gegenüber dem Ausdruck ↑›Regel‹. In der ↑Physik ist ein G. ein hypothetischer, empirischer, d.h. durch ↑Messung oder ↑Experiment nicht falsifizierter Allsatz. Im Unterschied zu Naturgesetzen aus Teil- und Nachfolgedisziplinen der Physik, z.B. der Geophysik und ↑Astronomie, die sich mit speziellen Körpern wie der Erde befassen, sind physikalische G.e allgemeine G.e, d.h. sie enthalten keine ↑Eigennamen und gelten in beliebig reproduzierbaren Situationen. Unterscheidet man physikalisch *beschreibende* G.e (verallgemeinerte Aussagen über beobachtete Sachverhalte, z.B. Fallgesetz, ↑Beschreibung) von *erklärenden* G.en (Allausagen, aus denen sich beschreibende G.e logisch ableiten lassen, ↑Erklärung), so kann ein Satz in Abhängigkeit von seiner Stellung im systematischen Aufbau einer physikalischen Theorie in der Regel beides sein: das Newtonsche Gravitationsgesetz (↑Gravitation) z.B. läßt sich sowohl als verallgemeinerte Beschreibung der Gravitationswirkung zwischen zwei Körpern verstehen als auch zur Erklärung von Trägheitsbahnen im Gravitationsfeld (Keplerbewegungen) verwenden.

Eine physikalische Theorie darf als abgeschlossen gelten, wenn es ein ↑*Modell,* d.h. ein System erklärender physikalischer G.e gibt, die zwar selbst nicht mehr beschreibend, also nicht unmittelbar, sondern nur noch über ihre logischen Konsequenzen der empirischen Überprüfung zugänglich sind, die aber alle bekannten beschreibenden G.e logisch implizieren. *Statistische* G.e der Physik sollen möglichst durch physikalische Beschreibung und durch Erklärung der nur statistisch erfaßten Einzelereignisse oder Objekte auf erklärende G.e zurückgeführt werden, so z.B. die G.e einer statistischen ↑Thermodynamik auf Aussagen über

Stöße zwischen Molekülen. Ob die Quantenphysik (↑Quantentheorie) zu einer in diesem Sinne abgeschlossenen Theorie ausgebaut werden kann, ist kontrovers.

In der analytischen Wissenschaftstheorie (↑Wissenschaftstheorie, analytische) wurden Versuche unternommen, den Begriff des G.es syntaktisch, semantisch, intensionalistisch oder induktivistisch zu präzisieren. *Syntaktisch* hat ein G. die Form eines bedingten Allsatzes. Da jedoch die Eigenschaft der Gesetzesartigkeit eines Satzes sich auf jeden dazu logisch äquivalenten Satz übertragen lassen sollte, würden auch singulare Sätze *Fa* G.e sein, weil sie nach den Regeln der ↑Quantorenlogik mit Identität mit

$$\bigwedge_x (x = a \rightarrow Fx)$$

äquivalent sind. Ein *semantisches* Abgrenzungskriterium für gesetzesartige Allaussagen gegenüber bloß akzidentellen fordert für den Gültigkeitsbereich, daß dieser sich nicht nur auf bestimmte Individuen, Raum-Zeit-Stellen und endlich viele Einzelfälle bezieht. Logisch müßten daher ↑Individuenkonstanten in akzidentellen Allaussagen wesentlich vorkommen, d.h. nicht in logisch äquivalenten Sätzen eliminiert werden können. Gegen diesen Vorschlag spricht allerdings eine auf W.V.O. Quine zurückgehende Methode, Individuenkonstanten durch den Gebrauch von Prädikaten und ↑Kennzeichnungsoperator zu ersetzen. Zudem kennt die Physik G.e, die nur für endlich viele Objekte formuliert sind (z.B. die Keplerschen Planetengesetze). Daher wird zwischen *Fundamentalgesetzen* (z.B. den Grundgleichungen der Newtonschen ↑Mechanik) und *abgeleiteten* G.en (z.B. den Keplerschen G.en, dem Galileischen Fallgesetz) unterschieden. Ein *intensionalistisches* (↑intensional/Intension) Unterscheidungskriterium fordert für Fundamentalgesetze *G*, daß aus der Kenntnis der Bedeutung der in *G* vorkommenden Ausdrücke ohne Berücksichtigung von Tatsachenwissen weder folgen darf, daß sich *G* auf spezielle Objekte oder Raum-Zeit-Stellen bezieht, noch daß der Anwendungsbereich von *G* endlich ist. So folgt z.B. für den bedingten Allsatz ›alle Äpfel in Korb *K* sind rot‹ aus der Bedeutung von ›Apfel‹ und ›Korb‹ die Endlichkeit des Anwendungsbereichs.

Auf R. Carnap geht der Vorschlag zurück, den Begriff der Gesetzesartigkeit relativ zu einer formalen Sprache *L* zu präzisieren. Dann nämlich läßt sich zwischen den undefinierten Grundprädikaten, Individuenkonstanten und zusammengesetzten Prädikaten unterscheiden und für ein Fundamentalgesetz der alleinige Gebrauch solcher Eigenschaften fordern, die nur durch Grundprädikate ohne Individuenkonstanten (für spezielle Objekte und Raum-Zeit-Stellen) definiert sind und von gegebenen Fällen auf nicht gegebene Fälle übertragbar (›projektierbar‹) sind. Die *induktive* Projektierbarkeit von Eigenschaften präzisiert Carnap mit der ↑Bestätigungsfunktion *c*. Wenn nämlich *H* eine Hypothese ist, die besagt, daß auch ein neues Individuum die Eigenschaft *E* aus *L* besitzt und der Wert von $c\,(H,\, E_n)$ mit wachsendem *n* steigt, also der Bestätigungsgrad mit wachsender Anzahl von beobachteten positiven Einzelfällen zunimmt, so wird *E* in dieser Situation nach Carnap induktiv projektiert. Allerdings hängt dieser Vorschlag von einem quantitativen Begriff der ↑*Bestätigung* ab, der bisher noch nicht befriedigend präzisiert werden konnte. Demgegenüber versuchte K. R. Popper, den Begriff des G.es durch seine ↑*Bewährung* zu charakterisieren. Auf N. Goodman geht der pragmatische Vorschlag zurück, Gesetze durch ihren Gebrauch für Prognosezwecke (↑Prognose) zu bestimmen. Nach technischorientierter Auffassung sind für G.e zunächst die *Meßbedingungen* zu realisieren, unter denen die G.e gelten sollen. Bei beobachteter Abweichung sind diese G.e nach H. Dingler zu exhaurieren, d.h. durch zusätzliche Störhypothesen sind die Abweichungen zu erklären und zu beseitigen. Wo die ↑Exhaustion durch experimentell beherrschbare Störhypothesen nicht gelingt, sind neue G.e zu formulieren. Mathematisch sind die Fundamentalgesetze der heutigen Physik (z.B. Einstein-Gleichungen der Relativitätstheorie, Schrödingergleichung der Quantenmechanik) ↑Symmetrieprinzipien, die invariant sind gegen Fundamentalgruppen von Transformationen. Erkenntnistheoretisch kommt in solchen G.esgleichungen der Kausalitätsbegriff zum Ausdruck (↑Kausalität, ↑Determinismus, ↑Indeterminismus).

Das erste für die moderne Physik relevante Auftreten des Begriffs des physikalischen oder Naturgesetzes ist mit dem Beginn der klassischen Physik im 17. Jahrhundert verbunden (G. Galilei, I. Newton, C. Huygens). Ältere, bis in die Scholastik zurückreichende Quellen, in denen von Naturgesetzen die Rede ist, übergehen das Problem der erfahrungswissenschaftlichen Kontrolle der Sätze über beobachtetes regelmäßiges Naturgeschehen und haben eher naturphilosophischen bzw. ontologischen Charakter. Sie sind jedoch wahrscheinlich der Ursprung eines naiven Realismus, der die Natur als ›von G.en beherrscht‹ ansieht, die zu entdecken die Aufgabe des Naturforschers sei. Auf Newton geht das empiristische Verständnis zurück, wonach physikalische G.e unmittelbar durch Erfahrung bestätigt werden. Diese Auffassung hat sich über J.L. Lagrange, G.R. v. Kirchhoff, H. Hertz und E. Mach mit Modifikationen in die moderne Physik hinein fortgesetzt. Dem empiristisch bestimmten Verhältnis von G. (Theorie) und Erfahrung wurde in der analytischen Wissenschaftstheorie durch die Unterscheidung einer ↑Beobachtungssprache von einer ↑Theoriesprache (theoretische Begriffe [↑Begriffe, theoretische] haben nicht notwendigerweise ein Korrelat in der Beobachtung) widersprochen; im kritischen Rationalismus wurde die empiristische Auffassung auf Grund der Unmöglichkeit, einen empirischen Allsatz zu verifizieren, durch Bewährung gegenüber deduktiven Falsifikationsversuchen ersetzt (s.o.); in dem auf G.W. Leibniz und I. Kant zurückgehenden und sich vom ↑Konventionalismus H. Poincarés absetzenden normativen Wissenschaftsverständnis (↑Wissenschaftstheorie, konstruktive) wird sie relativiert durch einen Nachweis der Abhängigkeit naturwissenschaftlicher G.e von zweckorientierten Setzungen physikalischer Grundbegriffe durch Meßvorschriften, ohne die G.e weder formuliert noch kontrolliert werden können.

Auch in Mathematik und Logik ist vereinzelt von G.en die Rede. So werden in der modernen axiomatischen ↑Mathematik (z.B. Peano-Axiomatik [↑Peano-Axiome], Gruppentheorie [↑Gruppe (mathematisch)]) G.e wie ↑Axiome und ↑Theoreme logisch nicht als ↑Aussagen, sondern als ↑Aussageformen oder ↑Aussageschemata aufgefaßt, die man nicht sinnvoll als wahr oder falsch bezeichnen kann und deren Gültigkeit oder Anschaulichkeit in einem physikalischen Modell keine den Mathematiker interessierende Frage ist. Ihnen kann man höchstens die *Klasse* ihrer Modelle als Bedeutung zuordnen. Handelt es sich dabei um konstruktive Modelle (z.B. konstruktive Arithmetik [↑Arithmetik, konstruktive] für Peano-Axiomatik), so lassen sich die G.e als konstruktiv begründet ansehen. In der Logik meint man mit G.en meist ↑logisch wahre Aussagen oder ↑allgemeingültige Aussageformen bzw. Aussageschemata oder gültige logische ↑Implikationen. Dabei müssen alle diese Begriffe auf das jeweils betrachtete Logiksystem relativiert werden, z.B. auf klassische oder konstruktive Logiksysteme (↑Logik, klassische, ↑Logik, konstruktive).

Literatur: R. Carnap, On the Application of Inductive Logic, Philos. Penom. Res. 6 (1946), 133–147; ders., Philosophical Foundations of Physics. An Introduction to the Philosophy of Science, ed. M. Gardner, New York 1966, unter dem Titel: An Introduction to the Philosophy of Science, New York ^{2}1974 (dt. Einführung in die Philosophie der Naturwissenschaft. München 1969); H. Dingler, Physik und Hypothese. Versuch einer induktiven Wissenschaftslehre nebst einer kritischen Analyse der Fundamente der Relativitätstheorie, Berlin/Leipzig 1921; N. Goodman, Fact, Fiction, and Forecast, London 1954, Cambridge Mass. 1955, Indianapolis ^{3}1973 (dt. Tatsache, Fiktion, Voraussage, Frankfurt 1975); C.G. Hempel, Aspects of Scientific Explanation and Other Essays in the Philosophy of Science, New York 1965; ders., Aspekte wissenschaftlicher Erklärung, Berlin/New York 1977 (ergänztes und überarbeitetes Schlußkapitel aus: Aspects [...]); W. Kamlah/P. Lorenzen, Logische Propädeutik. Vorschule des vernünftigen Redens, Mannheim/Wien/Zürich ^{2}1973; J.L. Lagrange, Mécanique analytique I, ed. J. Bertrand, Paris ^{3}1853 (repr. 1965); P. Lorenzen, Wie ist die Objektivität der Physik möglich?, in: H. Delius/G. Patzig (eds.), Argumentationen. Festschrift für Josef König, Göttingen 1964, 143–150, Nachdr. in: ders., Methodisches Denken, Frankfurt 1968, ^{2}1974, 142–151; E. Mach, Die Mechanik. Historisch-kritisch dargestellt, Leipzig ^{9}1933 (repr. Darmstadt 1976); K. Mainzer, Symmetrie und Invarianz, in: Akten des 16. Weltkongresses für Philosophie, Düsseldorf 27. August–2. September 1978 (Sektions-Vorträge), Düsseldorf 1978 (Kongreßpapiere) 409–412; J. Mittelstraß, Neuzeit und Aufklärung. Studien zur Entstehung der neuzeitlichen Wissenschaft und Philosophie, Berlin/New York 1970; I. Newton, Opticks, or, a Treatise of the Reflections, Refractions, Inflections and Colours of Light, London ^{4}1730, ed. I.B. Cohen/D.H.D. Roller, New York 1952 (dt. Optik oder Abhandlung über Spiegelungen, Brechungen, Beugungen und Farben, I–II, ed. u. übers. W. Abendroth, Leipzig 1898 [Ostwalds Klassiker der exakten Wissenschaften 96, 97]); K.R. Popper, Logik der Forschung, Tübingen ^{6}1976; W. Stegmüller, Probleme und Resultate der Wissenschaftstheorie und Analytischen Philosophie I (Wissenschaftliche Erklärung und Begründung), Berlin/Heidelberg/New York 1969; H. Tetens, Bewegungsformen und ihre Realisierung. Wissenschaftstheoretische Untersuchungen zu einer technikorientierten Rekonstruktion der klassischen Mechanik, Diss. Erlangen 1977.

P.J./K.M.

Gesetz (historisch und sozialwissenschaftlich), seit G. Vico gibt es Versuche, die geschichtliche Entwicklung unter gewisse *Entwicklungs-* oder *Bewegungsgesetze* zu bringen (↑Geschichtsphilosophie). Gegen diese Versuche, insbesondere des historischen Materialismus (↑Materialismus, historischer) und seiner Erweiterung auf die Natur im dialektischen Materialismus (↑Materialismus, dialektischer), ist eingewendet worden, daß sie nicht überprüfbare, auf bestimmte Randbedingungen relativierte G.e aufstellen, sondern absolute, d.h. auf keine Randbedingungen relativierte, Trends behaupten würden, die zwar zu (unbegründbaren)

Prophezeiungen, nicht aber zu wissenschaftlich abgesicherten Prognosen benutzbar seien (K. R. Popper, The Poverty of Historicism, 1957). Demgegenüber fassen zumindest einige Vertreter des historischen Materialismus, und zwar unter Berufung auf K. Marx selbst (z.B. MEW XXVI, 12), ihre G.e als generelle Behauptungen über das Eintreten bestimmter (sozial relevanter) Wirkungen auf, wenn man die Prinzipien eines bestimmten sozio-ökonomisch beschriebenen Normensystems (durch das eine Gesellschaft charakterisiert werden kann) beibehält: Tendenzgesetze im Sinne von auf die gegenwärtigen gesellschaftlichen Zustände relativierten Prognosen.

In der analytischen Philosophie und Wissenschaftstheorie wird teilweise der G.esbegriff der Naturwissenschaften vertreten und gefordert, daß auch die Historiker und Sozialwissenschaftler sich bei ihren ↑Erklärungen solcher G.e bedienen sollen (C. G. Hempel, E. Nagel). Teilweise wird ein solcher G.esbegriff zwar angenommen, aber für die historische und sozialwissenschaftliche Erklärung für irrelevant gehalten, da es sich in diesen Fällen nur um Trivialgesetze (›truisms‹) im Sinne allgemein bekannter Selbstverständlichkeiten (Popper) oder unbestimmt qualifizierter Regelmäßigkeiten (P. Gardiner, M. Scriven) handeln könne oder aber die benutzten G.e, wenn sie wirklich einem Überprüfungsprozeß unterworfen würden und die geforderte Erklärung leisten sollten, eben nur noch auf den einen Fall anwendbar seien, den sie erklären sollen (W. H. Dray). Teilweise werden überhaupt andere ›G.e‹ angeboten, nämlich Regeln rationalen Handelns, die der Handelnde hätte befolgen müssen, wenn er – unter den gegebenen Bedingungen und mit seinen Zielen – rational gewesen wäre (Dray). Diese G.e können dann nicht mehr einfachhin zur Begründung von ↑Prognosen benutzt werden, wohl aber zum Verstehen bestimmter Handlungen.

Literatur: K. Acham, Analytische Geschichtsphilosophie. Eine kritische Einführung, Freiburg/München 1974; K.-O. Apel, Die Erklären-Verstehen-Kontroverse in transzendental-pragmatischer Sicht, Frankfurt 1979; ders./J. Manninen/R. Tuomela (eds.), Neue Versuche über Erklären und Verstehen, Frankfurt 1978; A. C. Danto, Analytical Philosophy of History, Cambridge 1965 (dt. Analytische Philosophie der Geschichte, Frankfurt 1974); W. H. Dray, Laws and Explanation in History, London 1957, [2]1964; P. Gardiner, The Nature of Historical Explanation, Oxford 1952; L. Gottschalk (ed.), Generalization in the Writing of History, Chicago 1963; K. R. Popper, The Open Society and its Enemies, I–II, London 1945, [5]1966 (dt. Die offene Gesellschaft und ihre Feinde, I–II, Bern 1957/1958, [5]1977); ders., The Poverty of Historicism, London 1957, [2]1960 (dt. Das Elend des Historizismus, Tübingen [2]1969, [5]1979); O. Schwemmer, Theorie der rationalen Erklärung. Zu den methodischen Grundlagen der Kulturwissenschaften, München 1976; W. Stegmüller, Probleme und Resultate der Wissenschaftstheorie und Analytischen Philosophie I (Wissenschaftliche Erklärung und Begründung), Berlin/Heidelberg/New York 1969, [2]1974, 335ff. (Kap. VI); G. H. v. Wright, Explanation and Understanding, Ithaca N.Y. 1971 (dt. Erklären und Verstehen, Frankfurt 1974). O. S.

Gesetz (juristisch), ↑Recht.

Gesetz der großen Zahlen (engl. law of large numbers), auf Jak. Bernoulli zurückgehendes Grundgesetz der ↑Wahrscheinlichkeitstheorie. Sei eine ›Bernoullische‹ Versuchsfolge gegeben, d.h. eine Folge von ↑unabhängigen Zufallsexperimenten, bei denen die Wahrscheinlichkeit für das Eintreten eines Ereignisses A immer konstant p beträgt (z.B. wiederholter Münzwurf mit der Wahrscheinlichkeit $p=0{,}5$ für das Auftreten des Ereignisses ›Kopf‹). Nach dem heute *schwaches* G. d. g. Z. genannten Bernoullischen Theorem konvergiert dann die Wahrscheinlichkeit dafür, daß die relative Häufigkeit r_n des Eintretens von A bei n Versuchen beliebig nahe bei p liegt, mit wachsendem n gegen 1, d.h.

$$(1)\quad \bigwedge_{\varepsilon>0} \lim_{n\to\infty} P(|r_n-p|<\varepsilon)=1.$$

Davon unterscheidet man heute das auf E. Borel zurückgehende *starke* G. d. g. Z., wonach die Wahrscheinlichkeit dafür, daß r_n gegen p konvergiert, 1 ist, d.h.

$$(2)\quad P(\lim_{n\to\infty} r_n=p)=1.$$

Die Bezeichnungen ›starkes‹ und ›schwaches G. d. g. Z.‹ rühren daher, daß (1) aus (2), nicht jedoch (2) aus (1) folgt. In der modernen Wahrscheinlichkeitstheorie, die sich nicht mehr auf Bernoullische Versuchsfolgen beschränkt, sind (1) und (2) spezielle Fälle allgemeinerer Theoreme über Folgen von Zufallsvariablen, die gewissen Randbedingungen genügen, weshalb man heute eher im Plural von ›G.en d. g. Z.‹ spricht.

Welche Rolle G.e d. g. Z. in einer philosophischen Begründung des Wahrscheinlichkeitsbegriffs (↑Wahrscheinlichkeit) spielen können, ist umstritten. Versuche, die statistische Wahrscheinlichkeit eines Ereignisses aus Folgen relativer Häufigkeiten zu gewinnen (Ansätze dazu finden sich z.B. bei R. v. Mises) müssen jedenfalls, um einem methodischen Zirkel zu entgehen, berücksichtigen, daß (1) und (2) nur (sich auf ein Wahrscheinlichkeitsmaß *P* beziehende) *Wahrscheinlichkeitsaussagen* sind, also einen Wahrscheinlichkeitsbegriff schon voraussetzen.

Literatur: H. Bauer, Wahrscheinlichkeitstheorie und Grundzüge der Maßtheorie, Berlin/New York ^{3}1978; D. Plachky/L. Baringhaus/N. Schmitz, Stochastik I. Eine elementare Einführung in Grundbegriffe der Wahrscheinlichkeitsrechnung und Statistik, Wiesbaden 1978; R. Révész, The Laws of Large Numbers, Budapest 1967, New York/London 1968 (dt. Die G.e d. g. Z., Basel/Stuttgart 1968); O. B. Sheynin, On the Early History of the Law of Large Numbers, in: E. S. Pearson/M. G. Kendall (eds.), Studies in the History of Statistics and Probability I, London 1970, 231–239; W. Stegmüller, Probleme und Resultate der Wissenschaftstheorie und Analytischen Philosophie IV (Personelle und Statistische Wahrscheinlichkeit), 1. Halbbd. (Personelle Wahrscheinlichkeit und Rationale Entscheidung), Berlin/Heidelberg/New York 1973. P. S.

Gesinnungsethik, ↑Verantwortungsethik.

Gestalt, allgemein Einheit einer Mannigfaltigkeit, deren eigenständige G.qualität nicht auf die Qualitäten der Teile der Mannigfaltigkeit reduzierbar ist. Speziell ist G. ein Grundbegriff der Theorie des ästhetischen Bewußtseins und der psychologischen ↑Gestalttheorie. – In der ↑*ästhetischen Theorie* wird mit ›G.‹ (bzw. ›Form‹) zuweilen das spezifische Objekt des ästhetischen Bewußtseins bezeichnet, in der *Psychologie* die Einheit einer psychischen Mannigfaltigkeit, die die Phänomene der Mannigfaltigkeit als durch die G. organisiert und mitbestimmt verstehen läßt (↑Teil und Ganzes). So sind nach dem klassischen Beispiel C. v. Ehrenfels' die Töne einer Melodie durch das Prinzip der Melodie organisiert, wobei sich die Melodie nicht auf die Qualitäten der in ihr vorkommenden Töne reduzieren läßt. G. in diesem Sinne ist zu einer Grundkategorie einer psychologischen Forschungsrichtung, der ›Gestalttheorie‹ geworden. – Die Verwendung des Begriffes G. in der G.theorie bedarf noch einer eingehenden wissenschaftstheoretischen Kritik. Zwar ist unbestreitbar, daß psychische Phänomene nicht als Komplexe erster psychischer Elemente verstanden werden können, wie es z.B. die am englischen Empirismus orientierte Assoziationspsychologie (↑Assoziationstheorie) vertreten hat. Es ist jedoch problematisch, den G.en in dem Sinne eigenständige Realität beizumessen, daß ihnen univok Prädikatoren zugesprochen werden, die den ›Teilen‹ nicht zugesprochen werden können. Demgegenüber müßte sich der Aufbau einer noologischen Terminologie (↑Termini, noologische) an der Konzeption von Handlungsakt und ↑Handlungsschema orientieren, um die Organisiertheit sogenannter psychischer Phänomene zu begreifen. – Logisch betrachtet ist der G.begriff ein ↑Ordnungsbegriff.

Literatur: K. Grelling/P. Oppenheim, Der G.begriff im Lichte der neuen Logik, Erkenntnis 7 (1938), 211–225; E. H. Madden, The Philosophy of Science in G. Theory, Philos. Sci. 19 (1952), 228–238; P. Oppenheim/N. Rescher, Logical Analysis of G. Concepts, Brit. J. Philos. Sci. 6 (1955), 89–106; N. Rescher, Mr. Madden on G. Theory, Philos. Sci. 20 (1953), 327–328; W. Strube, G., Hist. Wb. Ph. III (1974), 540–547; O. Walzel, Gehalt und G. im Kunstwerk des Dichters, Darmstadt ^{2}1957; weitere Literatur: ↑Gestalttheorie. C. F. G.

Gestalttheorie, Forschungsrichtung der Psychologie, die sich zur Deutung und Erklärung psychischer Phänomene auf die Annahme stützt, daß die Einzelphänomene nur durch Rückgriff auf die inneren organischen Gesetze von ganzheitlichen ↑Gestalten adäquat verstanden werden können. Als ›Geburtsjahr‹ der G. gilt 1890, das Jahr der Veröffentlichung des Aufsatzes »Über Gestaltqualitäten« des Psychologen C. v. Ehrenfels. Das dort erläuterte akustische Phänomen, daß eine Melodie nicht lediglich die Summe der Einzeltöne sein könne, da zu ihrer Identifizierung mehr notwendig sei als die Reihung isolierter Töne, darf als klassisches Paradigma für die These der G. gelten, daß Gestalten ›Gestaltqualitäten‹ eigen seien, die sich nicht auf die Qualitäten der Teile zurückführen lassen. V. Ehrenfels' Grundidee wurde von M. Wertheimer, W. Köhler und K. Koffka zu einem wissenschaftstheoretischen Programm der Psychologie ausgearbeitet, dem man nachträglich die Merkmale eines psychologischen ↑Forschungsprogramms zusprechen kann. Als Basishypothese stellten diese Autoren die Annahme einer Isomorphie zwischen Strukturen der Wirklichkeit und Strukturen psychischer Prozesse heraus, wodurch es erkenntnistheoretisch möglich wurde, einen kritischen Realismus (↑Realismus, kritischer) mit der Bewußtseinsimmanenz aller Erfahrung zu vereinbaren. W. Metzger führte diese erkenntnistheoretische Position auf den deutschen Physiologen E. Hering (Beiträge zur Physiologie, Leipzig 1861–1864 [5 Teile in 1 Bd.]) zurück. Auf Grund eines solchen kritischen Realismus war es möglich, die zahlreichen, zum Teil berühmten Beispiele für die Einheitsorganisation von Wahrnehmungsdaten (besonders optischen) nicht bloß als assoziative Leistung des Bewußtseins, sondern zugleich als gegenständliche Qualität, nämlich Gestalt, zu interpretieren. Vor allem Wertheimer gelang es, die Grundideen der G. durch seinerzeit aufsehenerregende experimentelle Untersuchungen, vornehmlich im Bereich der optischen Wahrnehmung, zu stützen.

Während die von Wertheimer, Köhler, Koffka, K. Lewin, Metzger u.a. gebildete ›Berliner Schule‹ der G. die Auffassung vertrat, daß die Gestalten mit ihren Elementen unmittelbar und vollständig phänomenal gegeben sind, legte die von A. Meinong begründete ›Grazer Schule‹ (V. Benussi, S. Witasek, A. Höfler u.a.) den Akzent auf die Produktivität psychischer Akte, durch die Mannigfaltigkeiten erst zu Gestalteinheiten zusammengefaßt werden. Den genetischen Gesichtspunkt, demgemäß Gestalten sukzessive Ausgliederungen ursprünglich diffus gegebener Ganzheiten sind, hat die Gestalt*psychologie* (auch ›Leipziger Schule‹) von F. Krüger, H. Volkelt u.a. in das Zentrum der Untersuchungen gestellt. – Nachdem Koffka schon in den zwanziger Jahren in die U.S.A. übersiedelte, kam die Arbeit der gestalttheoretischen Schulen (nachdem v. Ehrenfels 1932 gestorben war) durch die Emigration von Wertheimer (1933), Lewin (1933) und Köhler (1934) zum Erliegen. Das wichtigste Publikationsorgan der G., die »Psychologische Forschung«, wurde 1938 verboten. Ähnlich wie bei der Emigration der Mitglieder des ↑Wiener Kreises in den angelsächsischen Sprachbereich übten die Gestalttheoretiker durch ihre englischsprachigen Lehrbücher einen erheblichen Einfluß auf die Entwicklung der amerikanischen Psychologie aus, z.B. auf die kognitive und Persönlichkeitspsychologie. In Deutschland bemühte sich vor allem Metzger, der als einer der wenigen in der Zeit des Faschismus weiterarbeiten konnte und 1942 das Psychologische Institut der Universität Münster gründete, nach dem Kriege die Tradition der G. wiederzubeleben.

Literatur: V. Benussi, Gesetze der inadäquaten Gestaltauffassung, Arch. ges. Psychol. 32 (1914), 396–419; C. v. Ehrenfels, Über Gestaltqualitäten, Vierteljahresschr. wiss. Philos. 14 (1890), 249–292; W.D. Ellis, A Source Book of Gestalt Psychology, London/New York 1938; S. Ertel/L. Kemmler/M. Stadler (eds.), G. in der modernen Psychologie. Wolfgang Metzger zum 75. Geburtstag, Darmstadt 1975 (Bibliographie, 285–306); D.W. Hamlyn, Psychological Explanation and the Gestalt Hypothesis, Mind 60 (1951), 506–520; ders., The Psychology of Perception. A Philosophical Examination of Gestalt Theory and Derivative Theories of Perception, London/New York 1957; G.W. Hartmann, Gestalt Psychology. A Survey of Facts and Principles, New York 1935; M. Henle, Documents of Gestalt Psychology, Berkeley 1961; A. Höfler, Psychologie I, Wien ²1930; D. Katz, Gestaltpsykologi, Stockholm 1942, ²1947 (dt. Gestaltpsychologie, Basel 1944, ²1948; engl. Gestalt Psychology. Its Nature and Significance, New York 1950, London 1951); W. Köhler, Intelligenzprüfungen an Anthropoiden, Abh. Preuß. Akad. Wiss., phys.-math. Kl., Berlin 1917, ²1921 (repr. Berlin/Göttingen/Heidelberg 1963) (engl. The Mentality of Apes, London/New York 1925, ²1927); ders., Die physischen Gestalten in Ruhe und im stationären Zustand. Eine naturphilosophische Untersuchung, Braunschweig 1920, Erlangen ²1924; ders., Gestaltprobleme und Anfänge einer G., Jahresber. ges. Physiol. 3 (1922); ders., Gestalt Psychology, New York 1929, mit Untertitel: An Introduction to New Concepts in Modern Psychology, ²1947, ³1970; ders., Psychologische Probleme, Berlin 1933; ders., The Place of Value in a World of Facts, New York 1938 (dt. Werte und Tatsachen, Berlin/New York 1968); ders., Dynamics in Psychology, New York 1940 (dt. Dynamische Zusammenhänge in der Psychologie, Stuttgart/Bern 1958); ders., The Task of Gestalt Psychology, Princeton N.J. 1969; K. Koffka, Zur Grundlegung der Wahrnehmungspsychologie. Eine Auseinandersetzung mit V. Benussi, Z. Psychol. 73 (1915), 11–90; ders., Perception. An Introduction to the Gestalt-Theory, Psychol. Bull. 19 (1922), 531–585 (mit Bibliographie); ders., Die Grundlagen der psychischen Entwicklung. Eine Einführung in die Kinderpsychologie, Osterwieck am Harz 1921, ²1925 (repr. Darmstadt 1971) (engl. The Growth of the Mind. An Introduction to Child-Psychology, London/New York 1924, ²1928 [repr. 1950]); ders., Principles of Gestalt Psychology, London/New York 1935; F. Krueger, Über psychische Ganzheit, Neue psychol. Stud. 1 (1926), 1–121; K. Lewin, Untersuchungen zur Handlungs- und Affekt-Psychologie II (Vorsatz, Wille und Bedürfnis), Psychol. Forsch. 7 (1926), 330–385; ders., Die Entwicklung der experimentellen Willenspsychologie und die Psychotherapie, Leipzig 1929 (repr. Darmstadt 1970); ders., Die psychologische Situation bei Lohn und Strafe, Leipzig 1931 (repr. Darmstadt 1971); ders., A Dynamic Theory of Personality, London/New York 1935; ders., Principles of Topological Psychology, New York/London 1936; ders., Field Theory in Social Science. Selected Theoretical Papers, ed. D. Cartwright, New York 1951, London 1952 (dt. Feldtheorie in den Sozialwissenschaften [Teilsammlung], ed. D. Cartwright, Bern/Stuttgart 1963); E.H. Madden, Philosophical Problems of Psychology, New York 1962; A. Meinong, Abhandlungen zur Psychologie, Leipzig 1914; W. Metzger, Psychologie. Die Entwicklung ihrer Grundannahmen seit der Einführung des Experiments, Dresden 1941, Darmstadt ⁵1975; ders., Gesetze des Sehens, Frankfurt 1936, ²1953; ders., Psychologie in der Erziehung, Bochum 1971, ³1976; T.R. Miles, G., Enc. Ph. III (1967), 318–323; F. Sander/H. Volkelt, Ganzheitspsychologie. Grundlegung, Ergebnisse, Anwendungen, München 1962; M. Wertheimer, Experimentelle Untersuchungen zur Tatbestandsdiagnostik, Diss. Leipzig 1905; ders., Experimentelle Studien über das Sehen von Bewegung, Z. Psychol. 61 (1912), 161–265; ders., Drei Abhandlungen zur G., Erlangen 1925; ders., Productive Thinking, New York/London 1945, ²1959 (dt. Produktives Denken, Frankfurt 1957, ²1964). C.F.G.

Geulincx, Arnold, *Antwerpen 31. Jan. 1624, †Leiden Nov. 1669, niederl. Philosoph. Studium der Theologie und Philosophie in Louvain (Einführung in die Cartesische Philosophie durch W. Philippi), 1646–1658 Prof. der Philosophie ebendort. 1658 Entlassung (vermutlich wegen Sympathien für den ↑Jansenismus und Angriffen auf die Schulphilosophie), Übersiedlung nach Leiden, wo er zum Calvinismus übertritt. September 1658 Dr. der Medizin, 1662 Lektor für Logik an der Universität Leiden, 1665 a.o. Prof. der Philosophie und Ethik ebendort, starb mit 45 Jahren an der Pest.

G. gehört im Rahmen des ↑Cartesianismus zu den führenden Vertretern des sogenannten ↑Okkasionalismus. Das durch den von R. Descartes begründeten ↑Dualismus zwischen Körper (res extensa) und Geist (res cogitans) auftretende Problem einer Wechselwirkung beider Substanzen (↑res cogitans/res extensa), etwa bei willkürlichen Handlungen und Schmerzempfindungen, wird von G. durch die Annahme entweder eines direkten göttlichen Eingriffs oder einer ebenfalls durch Gott bewirkten andauernden Korrespondenz erklärt. Da man nicht bewirken kann, wovon man nicht weiß, auf welche Weise es geschieht (quod nescis quomodo fiat, id non facis, Annotata ad Ethicam, Opera philosophica, ed. J.P.M. Land, III, 205, 207), bilden Wille und Intellekt nur den Anlaß (causa occasionalis), nicht die Ursache dessen, was sie scheinbar bewirken. Die Passivität, die bei Descartes die res extensa charakterisiert, wird auf diese Weise zu einem (von G. insbesondere theologisch ausgearbeiteten) Merkmal auch der res cogitans erweitert. Diese erscheint als bloßer Beobachter einer Maschine, die von Gott gelenkt wird (sum igitur nudus speculator hujus machinae, Ethica I 2 §2, Opera philosophica III, 33). In diesem Zusammenhang verwendet G., bezogen auf die Korrespondenz von res cogitans und res extensa, das später von G.W. Leibniz aufgegriffene Bild zweier synchron gehender Uhren (Annotata ad Ethicam, Opera III, 212) (↑Harmonie, prästabilierte). Andere Seiten der erkenntnistheoretischen Position, die G. in diesem cartesischen Rahmen vertritt, erinnern bereits an Positionen I. Kants, so die These von der durchgängigen Phänomenalität der auf Naturerkenntnis gerichteten Erfahrung.

In seiner auf rationalistischer Grundlage (Tugend als Liebe zur Vernunft), unter Einschluß mystischer Traditionen, formulierten Ethik bezeichnet G. als Kardinaltugenden Fleiß, Gehorsam, Gerechtigkeit und als höchste Tugend, entsprechend den deterministischen Grundzügen seiner Erkenntnistheorie und Ethik, die Demut. In der Logik formuliert G. eine Reihe logischer Theoreme, die sich als Sätze des Junktorenkalküls verstehen lassen (unter anderem die später nach A. De Morgan benannten Gesetze, ↑De Morgansche Gesetze).

Werke: Opera philosophica, ed. J.P.N. Land, I–III, Den Haag 1891–1893 (repr. unter dem Titel: Sämtliche Schriften, I–V, ed. H.J. de Vleeschauwer, Stuttgart-Bad Cannstatt 1964–1968 [IV–V Erg.Bde.]). – Quaestiones quodlibeticae in utramque partem disputatae, Leiden 1653, unter dem Titel: Saturnalia sive quaestiones quodlibeticae, Leiden ²1665; Logica fundamentis suis a quibus hactenus collapsa fuerat restituta, Leiden 1662; Methodus inveniendi argumenta, Leiden 1663; De virtute et primis eius proprietatibus, Leiden 1665; Γνῶτι σεαυτόν sive ethica, Amsterdam 1675 (dt. Ethik. Oder über die Kardinaltugenden (Fleiß, Gehorsam, Gerechtigkeit und Demut), ed. G. Schmitz, Hamburg 1948); Physica vera, quae versatur circa hunc mundum, Leiden 1688; Annotata praecurrentia ad Renati Cartesii Principia, Dordrecht 1690; Annotata majora in Principia Philosophiae Renati des Cartes, Dordrecht 1691; Metaphysica vera et ad mentem peripateticam, Amsterdam 1691; Collegium oratorium, Amsterdam 1696 (repr. Amsterdam 1968). – H.J. de Vleeschauwer, Three Centuries of G. Research, A Bibliographical Study, Pretoria 1957; ders., L'opera di A.G. 1624–1669. Bibliografia, evoluzione, Turin 1958.

Literatur: B. Cooney, A.G.. A Cartesian Idealist, J. Hist. Philos. 16 (1978), 167–180; W. Doney, G., Enc. Ph. III (1967), 323–325; K. Dürr, Die mathematische Logik des A.G., Erkenntnis 8 (1939/1940), 361–368; ders., A.G. und die klassische Logik des 17. Jahrhunderts, Stud. Gen. 18 (1965), 520–541; P. Hausmann, Das Freiheitsproblem in der Metaphysik und Ethik bei A.G., Diss. Bonn 1934; J.P.N. Land, A.G. und seine Philosophie, Den Haag 1895; A. de Lattre, L'occasionalisme d'A.G.. Étude sur la constitution de la doctrine, Paris 1967; ders., A.G.. Présentation, choix de textes et traduction, Paris 1970; G. Malbreil, L'occasionalisme d'A.G., Arch. philos. 37 (1974), 77–105; K. Nagel, Das Substanzproblem bei A.G., Diss. Köln 1930; E. Pfleiderer, A.G. als Hauptvertreter der Okkasionalistischen Metaphysik und Ethik, Tübingen 1882; G. Schmitz, Mystische Wurzeln der G.schen Philosophie, Diss. Bonn 1944; R. Specht, Commercium mentis et corporis. Über Kausalvorstellungen im Cartesianismus, Stuttgart-Bad Cannstatt 1966, 148ff.; N.I. Styazhkin, History of Mathematical Logic from Leibniz to Peano, Cambridge Mass./London 1969 (Stanovlenie idej matematičeskoj logiki, Moskau 1964), 58–61; E. Terraillon, La morale de G. dans ses rapports avec la philosophie de Descartes, Paris 1912; V. Vander Haeghen, G.. Étude sur sa vie, sa philosophie et ses ouvrages, Gent 1886; H.J. de Vleeschauwer, Die biologische Theorie der sinnlichen Erkenntnis bei A.G., Z. philos. Forsch. 8 (1954), 481–498; ders., Occasionalisme et conditio humana chez A.G., Kant-St. 50 (1958/1959), 109–124. J.M.

Gewalt, ursprünglich wegen seiner rechtsuntechnischen, die faktische Verfügung bezeichnenden Bedeutungsunbestimmtheit Ausdruck zur Übersetzung eines breiten Spektrums lateinischer Ausdrücke (imperium, potestas, potentia, vis und violentia), heute meist Bezeichnung für die Anwendung physischen Zwangs. Die *Ethik* diskutiert den G.begriff seit der Antike im Zusammenhang mit der Idee des ↑Rechts und der sich aus ihr bestimmenden Handlungsfreiheit des Individuums. Die neuzeitliche Theorie des ↑*Naturrechts* bestimmt in der Lehre vom ↑Gesellschaftsvertrag die Grenzen der legitimen G. von zwei Seiten her, indem sie eine naturrechtlich begründete Freiheitssphäre des Individuums sowohl gegen die Staatsgewalt als auch gegen den G. anwendenden Mitmenschen zu schützen sucht. Dabei wird meist zwischen einer zur Garantie des gesellschaftlichen Friedens errichteten, auf dem Konsens aller beruhenden, rechtsförmig durchgesetzten und daher prinzipiell legitimen Staatsgewalt einerseits und der illegitimen privaten G. des einzelnen andererseits unterschieden, der durch den G.akt den von der Rechtsordnung eingegrenzten Spielraum seiner Handlungsfreiheit überschreitet.

Während die Vertragstheorien die öffentliche G. über den Konsens genetisch erklären und/oder philosophisch rechtfertigen, bezieht I. Kant die faktisch existierende Staatsgewalt vor aller Rechtfertigung in seine Analyse ein. Der scheinbar prinzipielle Unterschied zwischen den Begriffen ›G.‹ und ›Macht‹ wird beseitigt (»Macht ist ein Vermögen, welches großen Hindernissen überlegen ist. Eben dieselbe heißt eine G., wenn sie auch dem Widerstande dessen, was selbst Macht besitzt, überlegen ist« KU §28). Nachdem durch diese nur graduell unterscheidende Definition G. auch in der Form öffentlicher G. wieder zu einem bloß empirischen Phänomen geworden ist, kann die genetische Erklärung kontingenter Staatsgewalten in allen Erscheinungsformen von der Konsensbasis der Staatsschöpfung abgelöst werden. Damit rückt das in der Konsenstheorie ungelöste Problem in den Blick, wie denn die ›distributive Einheit des Willens aller‹ in die zur Errichtung und Erhaltung einer den Gerechtigkeitsprinzipien entsprechenden bürgerlichen Gesellschaft (↑Gesellschaft, bürgerliche) erforderliche ›kollektive Einheit des vereinigten Willens‹ überführt werden soll. Dieses Problem scheint Kant ohne das Hinzutreten einer faktischen »G., auf deren Zwang nachher das öffentliche Recht gegründet wird« unmöglich (Zum ewigen Frieden, Anhang I, Akad.-Ausg. VIII, 371). Damit hat Kant gleichzeitig die in der Konsenstheorie unerklärte empirische Abweichung der öffentlichen G. von ihrer idealen Grundlage erfaßt, ohne auf die Idee des Rechts als Voraussetzung für eine philosophisch gerechtfertigte Staatsgewalt verzichten zu müssen.

Gegen G. W. F. Hegel, der die Hineinnahme der G. in die Sphäre des Staates abgelehnt hatte, sucht die materialistische Staatstheorie die historischen Gesetzmäßigkeiten der Entstehung und Entwicklung des Staates durch die empirische Untersuchung der politischen G. zu bestimmen, in der sich der Klassencharakter des Staates äußert. Das Recht wird daher auch nicht wie bei Hegel, dessen Dialektik vom Kopf, auf dem sie stand, wieder auf die Füße gestellt werden soll, als die G. bis zur Idee der Freiheit aufhebende, reaktive G. gesehen, sondern bleibt ursprüngliche G.. Der Staat tritt der antagonistischen Dynamik der bürgerlichen Gesellschaft nicht versöhnend gegenüber, vielmehr wird seine politische G., die Ausdruck der anderen G. des Privateigentums ist, von der herrschenden Klasse im Klassenkampf als Instrument zur Erhaltung der Klassenherrschaft eingesetzt (K. Marx, Die moralisierende Kritik und die kritisierende Moral [1847], MEW IV, 337–338). Gegen diese in der Phase des zutage tretenden Widerspruchs zwischen den neuen Produktivkräften und den alten Produktionsverhältnissen von der Bourgeoisie eingesetzte reaktionäre G. entsteht die revolutionäre G. des Proletariats, aber nicht in einem voluntaristischen Entschluß, sondern in einem historisch notwendigen Prozeß der Entstehung von subjektivem Klassenbewußtsein aus der objektiven Klassenlage.

Während die Marxsche Theorie nach der Zwischenphase der gewaltsamen Diktatur des Proletariats mit dem Absterben des Staates zugleich auch das Ende privater und politischer G. voraussagt, kritisiert G. Sorel den wissenschaftlichen Sozialismus auch wegen seines Verzichts auf die G., die er als Grundtatsache des Lebens betrachtet. Er will das Programm der Revolution weder als Theorie noch als Utopie vermitteln, sondern durch einen heroische Opferbereitschaft hervorbringenden katastrophalen Mythos der gewaltsamen Aktion verwirklichen. Der Mythos des Generalstreiks soll an die existentielle Lebenskraft des Proletariats appellieren und ihm durch Identitätsstiftung die Kraft zur Zerstörung der staatlichen Ordnungsmacht verleihen. Während die Marxsche Theorie begrifflich nicht zwischen ›G.‹ und ›Macht‹ unterscheidet, betont Sorel den transitorischen Charakter der G., die sich in der Errichtung einer neuen Ordnungsmacht erfüllt. Auch M. Webers Herrschaftssoziologie gehört zu den Theorien, die den Begriff des Politischen durch das Streben nach Machtanteil oder nach Beeinflussung der Machtverteilung definieren und Macht als Grundtatsache des verbandlich organisierten sozialen Lebens betrachten. Der Staat unterscheidet sich von anderen politischen Verbänden nur dadurch, daß er über das Monopol einer als legitim angesehenen physischen Gewaltsamkeit verfügt und dadurch die G.en anderer Sozialverbände beschränkt. Weber definiert den Staat nicht durch den Inhalt dessen, was er tut, sondern durch die G. als das ihm eigene spezifische Mittel zur Durchsetzung von Zwecken. – Die Friedens- und Konfliktforschung versucht mit dem Begriff der ›strukturellen G.‹ auf den nicht-personalen G.charakter institutioneller Zwänge in komplexen postindustriellen Gesellschaften hinzuweisen, die eine Selbstverwirklichung des Individuums verhindern. Jedoch löst dieser Wortgebrauch den semantischen Schwerpunkt der juristischen, psychologischen und soziologischen Begriffsbestimmung insbesondere dann auf, wenn gegenüber struktureller G. ein scheinbares Recht auf Gegengewalt zugelassen wird.

Literatur: H. Arendt, On Violence, New York 1970 (dt. Macht und G., München 1970, [3]1975); R. Aron, Histoire et dialectique de la violence, Paris 1973; W. Benjamin, Zur Kritik der G. und andere Aufsätze. Nachwort H. Marcuse, Frankfurt [2]1971; I. Eibl-Eibesfeldt, Krieg und Frieden aus der Sicht der Verhaltensforschung, München 1975; C. v. Ferber, Die G. in der Politik. Auseinandersetzung mit Max Weber, Stuttgart 1970 (mit Bibliographie); K. Lorenz, Das sogenannte Böse. Zur Naturgeschichte der Aggression, Wien 1963; B. Moore, Zur Geschichte der politischen G.. Drei Studien, Frankfurt 1966; ders., Soviet Politics – The Dilemma of Power. The Role of Ideas in Social Change, Cambridge Mass. 1950 (repr. New York 1965); S. Papcke, Progressive G.. Studien zum sozialen Widerstandsrecht, Frankfurt 1973; T. Schabert, G. und Humanität. Über philosophische und politische Manifestationen von Modernität, Freiburg/München 1978; G. Sorel, Réflexions sur la violence, Paris 1908, [11]1950 (dt. Über die G., Frankfurt 1969); R. Spaemann, Moral und G., in: M. Riedel (ed.), Rehabilitierung der praktischen Philosophie I (Geschichte, Probleme, Aufgaben), Freiburg 1971, 215–241; P. Wiener/J. Fisher (eds.), Violence and Aggression in the History of Ideas, New Brunswick N.J. 1974; M. Weber, Staatssoziologie. Soziologie der rationalen Staatsanstalt und der modernen politischen Parteien und Parlamente. Mit einer Einführung u. Erläuterungen, ed. J. Winckelmann, Berlin 1956, [2]1966. H.R.G.

Gewinnstrategie, aus der ↑Spieltheorie übernommener Grundbegriff der dialogischen Logik (↑Logik, dialogische), mit dessen Hilfe die ↑Wahrheit bzw. die logische Wahrheit (↑logisch wahr) von Aussagen definiert werden kann. K.L.

Gewissen (engl./franz. conscience), sowohl persönliche allgemeine moralische Überzeugungen (im Sinne der zweifelsfreien Annahme moralischer Normen als einer Urteilsbasis insbesondere für die eigenen Handlungen und Zwecke) als auch die einzelnen Urteile dieser Überzeugungen. In der philosophischen Tradition ist vor allem nach der Verbindlichkeit der G.süberzeugungen und -urteile gefragt worden, und zwar in dreifachem Sinne: (1) ist das G. ›unfehlbar‹, d.h., sind die G.süberzeugungen und -urteile immer gerechtfertigt? (2) muß man in seinem Handeln dem eigenen G. immer folgen? (3) darf man andere zu Handlungen gegen ihr G. (z.B. rechtlich) zwingen? Die Frage (3) ist Thema der Erörterungen über die Glaubens- und G.sfreiheit. Je nach der Meinung über die Genese des G.s fallen die Antworten insbesondere auf Frage (1) verschieden aus.
Nachdem in der griechischen Tradition nur punktuell über das G. (*συνείδησις*) oder ähnliche Erscheinungen diskutiert wird (z.B. über das ›daimonion‹ des Sokrates, d.i. seine ›innere Stimme‹, die vor schlechten Handlungen warnt (Apol. 31c7–d4, Phaidr. 242b4–c3), entwickelt die Scholastik eine eigene G.sphilosophie. Sie trennt dabei im Anschluß an Hieronymus die ›Synteresis‹ (*συντήρησις*) (auch: synderesis, ›Bewahrung‹, durch Abschreibefehler aus dem griechischen *συνείδησις* entstanden) als ›scintilla conscientiae‹, d.h. als Wissen von den sittlichen Prinzipien, von der ›conscientia‹, der Anwendung dieser Prinzipien in Einzelurteilen. Nach Auffassung einiger Autoren (z.B. Albertus Magnus, S. th. II tr. 16 qu. 99; Antonius von Florenz) liefert die Synteresis die Obersätze, aus denen die conscientia auf ihre Einzelurteile schließt. Thomas von Aquin sieht in der Synteresis die praktische Vernunft, die in jedem moralischen Urteil wirksam ist (S. th. I qu. 79 art. 12). Während die Synteresis, da von Gott geleitet, unfehlbar ist, kann die conscientia irren.
In der neuzeitlichen Ethik tritt die Frage nach dem G. hinter die nach den Begründungsprinzipien sittlicher Erkenntnis zurück. So ist es nach I. Kant nicht Sache des G.s, eine Handlung als recht oder unrecht zu beurteilen, wohl aber, diese Urteilsbildung auf ihre Sorgfältigkeit hin zu prüfen (Die Religion innerhalb der Grenzen der bloßen Vernunft B 287–288). Als solche »sich selbst richtende moralische Urteilskraft«, als »ein Bewußtsein, das für sich selbst Pflicht ist« (ebd.), ist das G. »eine unausbleibliche Tatsache« und ein »irrendes G. ein Unding« (Met. Sitten, Tugendlehre A 38). Für A. Schopenhauer stellt das G. gleichsam durch ein ›Protokoll der Taten‹ die Bekanntschaft mit dem eigenen Charakter her, ist also keine Instanz zur Begründung moralischer Urteile. F. Nietzsche nennt das G. schlicht eine ›Erkrankung‹ des Menschen, der seine ursprünglich nach außen gewendeten Angriffsneigungen im

G. gegen sich selbst wende. Ähnlich sieht S. Freud (in seiner zweiten Theorie des psychischen Apparates) das G. als eine Funktion des Über-Ichs an, daß sich durch eine Verinnerlichung der elterlichen Forderungen und Verbote an Stelle des Ödipuskomplexes bildet. M. Heidegger stellt das G. als unterscheidendes Charakteristikum menschlichen Daseins heraus.

Literatur: J. Blühdorn (ed.), Das G. in der Diskussion, Darmstadt 1976; W. Blumenfeld, Vom sittlichen Bewußtsein. Kritische und konstruktive Beiträge zu den Problemen der Ethik, Bonn 1968; H. Chadwick, Betrachtungen über das G. in der griechischen, jüdischen und christlichen Tradition, Opladen 1974; R. Egenter/P. Matussek, Ideologie, Glaube und G.. Diskussion an der Grenze zwischen Moraltheologie und Psychotherpaie, München/Zürich 1965; J. Fuchs (ed.), Das G.. Vorgegebene Norm verantwortlichen Handelns oder Produkt gesellschaftlicher Zwänge?, Düsseldorf 1979; J. Gabel, La fausse conscience. Essai sur la réification, Paris 1962; H.K. Kohlenberger, Glaubens- und G.sfreiheit, Hist. Wb. Ph. III (1974), 666–670; M. Kroy, The Conscience. A Structural Theory, New York 1974; G. Madinier, La conscience morale, Paris 1954, [5]1966; N. Petrilowitsch (ed.), das G. als Problem, Darmstadt 1966; H. Reiner, G., Hist. Wb. Ph. III (1974), 574–592; J. Rudin, Das G. in katholischer Sicht, in: Das G., Zürich/Stuttgart 1958 (Studien aus dem C.G. Jung-Institut Zürich VII), 139–165; T.V. Smith, Beyond Conscience. A Critical Examination of Various Doctrines of Conscience, New York 1934; J. Stelzenberger, Syneidesis, Conscientia, G.. Studie zum Bedeutungswandel eines moraltheologischen Begriffes, Paderborn 1963; H.G. Stoker, Das G.. Erscheinungsformen und Theorien, ed. M. Scheler, Bonn 1925; H. Zbinden, Das G. in unserer Zeit, in: Das G. (s.o.), 9–51. O.S.

Gewißheit (lat. certitudo, engl. certainty), alltagssprachlicher, in erkenntnistheoretischen Zusammenhängen auch terminologisch verwendeter Ausdruck zur Bekundung und Beurteilung von Wissen. In Form *objektiver* G. tritt G. dabei als Korrelat zu begründetem ↑Wissen auf, in Form von *subjektiver* G. je nach dem Grad beanspruchter Klarheit als Korrelat entweder zu *Überzeugung* oder (bloßer) ↑*Meinung*. Dem entspricht in der philosophischen Tradition die Unterscheidung zwischen ›certitudo rei cognitae‹ und ›certitudo assensus nostri ad rem‹ (R. Goclenius, Lexicon philosophicum, Frankfurt 1613, 361). Die Bedeutung des Terminus ›G.‹ ist damit ähnlich wie im Falle der Bedeutung von ↑›Evidenz‹ festgelegt, nämlich einerseits als objektive Form der Wahrheitsfindung (G. als ›Verfügbarkeit‹ eines Sachverhalts), andererseits als subjektive Form der Wahrheitsanerkennung (G. als ›Verfügen‹ über einen Sachverhalt). Gegensatz der G. sowohl im objektiven als auch im subjektiven Sinne von Ungewißheit ist der ↑Zweifel.

Die philosophische Tradition unterscheidet im wesentlichen zwischen (a) *metaphysischer* G. (im Gegensatz zur skeptischen These von der prinzipiellen Ungewißheit des Wissens) und *moralischer* G. (als ↑Lebensform), (b) *empirischer* (assertorischer oder präsumptiver) G. und *apodiktischer* G., eine Unterscheidung, die in der Regel derjenigen zwischen aposteriorischem Wissen und apriorischem Wissen (↑a priori) entspricht bzw. deren ›epistemischer‹ Beurteilung dient. Moderne Erörterungen des Begriffs der G. erfolgen dabei auf dem Hintergrund des neuzeitlichen ↑Subjektivismus in der ↑Erkenntnistheorie, vornehmlich der Position R. Descartes'. Bei Descartes wird nämlich Unbezweifelbarkeit explizit zum Kriterium objektiver G., die im ↑cogito ergo sum über einen methodischen Zweifel gewonnene Selbstgewißheit des Denkenden zum Inbegriff und Paradigma objektiver G. Damit verbindet sich mit dem Begriff der G. in cartesischer Tradition zugleich die Forderung nach absoluter Sicherheit und Eindeutigkeit des Wissens. In der auch in der Neuzeit, zumal im Rahmen der Positionen des ↑Empirismus weiterlaufenden Tradition des ↑Skeptizismus wird diesem erkenntnistheoretischen Methodenideal widersprochen, G. im Sinne objektiver G. allenfalls auf Konstruktionen des Verstandes (Beispiele: Logik und Mathematik) eingeschränkt. Neuere sprachanalytische Rekonstruktionen im Begriffsfeld ›G.‹ und die Unterscheidungen der epistemischen Logik (↑Logik, epistemische) verschaffen derartigen Kontroversen eine methodische Basis, wobei sich auch hier die Verbindung des Begriffs der G. mit dem Begriff der Sicherheit im wesentlichen als irrelevant erweist (L. Wittgensteins Empfehlung: »Vergiß diese transzendente Sicherheit, die mit deinem Begriff des Geistes zusammenhängt«, On Certainty. Über G., 8 [Nr. 47], vgl. 52ff. [Nr. 404ff.]).

Auf den Begriff der G. im Sinne beanspruchter Irrtumsfreiheit (Sicherheit) bezieht sich auch die Kritik des kritischen Rationalismus (↑Rationalismus, kritischer) und der analytischen Wissenschaftstheorie (↑Wissenschaftstheorie, analytische) an den klassischen Begründungsansprüchen der Philosophie. Dabei wird insbesondere der konstruktiven Wissenschaftstheorie (↑Wissenschaftstheorie, konstruktive) unterstellt, sie suche, im Rückgriff auf die erkenntnistheoretische Position H. Dinglers, einen dogmatischen Begriff der ↑Letztbegründung zu restituieren und gäbe sich dabei als ↑Certismus (im Gegensatz zu der im ↑Fallibilismus vertretenen Konzeption wissenschaftlicher Rationalität) zu erkennen. Diese Unterstellung ist jedoch unbegründet, insofern der in der konstruktiven Wissenschaftstheorie vertretene Begriff der ↑Begründung (a) dem sogenannten ↑Münchhausen-Trilemma nicht unterliegt und (b) den Anspruch auf Irrtumsfreiheit nicht impliziert.

Literatur: H. Albert, Traktat über kritische Vernunft, Tübingen ³1975, 182ff. (Nachwort: Der Kritizismus und seine Kritiker); A.J. Ayer, The Problem of Knowledge, Harmondsworth/Baltimore 1956, London 1957; J. Dewey, The Quest for Certainty. A Study of the Relation of Knowledge and Action, New York 1929, London 1930; R. Firth, The Anatomy of Certainty, Philos. Rev. 76 (1967), 3–27; H.G. Frankfurt, Philosophical Certainty, Philos. Rev. 71 (1962), 303–327; W. Halbfass/G. Rudolph, G., Hist. Wb. Ph. III (1974), 592–598; E. Husserl, Erfahrung und Urteil. Untersuchungen zur Genealogie der Logik, ed. L. Landgrebe, Nachwort u. Register L. Eley, Hamburg ⁴1972, 368ff. (§77); G. Keil, Erkenntnis, Geschichte und Glaube. Die Erkenntnisbedeutung der G.smodalitäten für die Logik, die Transzendentalphilosophie und den christlichen Glauben, Marburg 1978; L. Kolakowski, Husserl and the Search for Certitude, New Haven 1975 (dt. Die Suche nach der verlorenen G.. Denk-Wege mit Edmund Husserl, Stuttgart 1977); H.G. van Leeuwen, The Problem of Certainty in English Thought (1630–1690), The Hague 1963; S.R. Letwin, The Pursuit of Certainty. David Hume, Jeremy Bentham, John Stuart Mill, Beatrice Webb, Cambridge 1965; N. Malcolm, Certainty and Empirical Statements, Mind 51 (1942), 18–46; ders., Knowledge and Certainty. Essays and Lectures, Englewood Cliffs N.J. 1963; J. Mittelstraß, Wider den Dingler-Komplex, in: ders., Die Möglichkeit von Wissenschaft, Frankfurt 1974, 84–105, 230–234; G.E. Moore, Philosophical Papers, London 1959, 227–251 (Certainty); N.M.L. Nathan, Evidence and Assurance, Cambridge etc. 1980; A. Pap, Ostensive Definition and Empirical Certainty, Mind 59 (1950), 530–535; C.D. Rollins, Certainty, Enc. Ph. II (1967), 67–71; M. Schlick, Über das Fundament der Erkenntnis, Erkenntnis 4 (1934), 79–99, Nachdr. in: ders., Gesammelte Aufsätze 1926–1936, Wien 1938 (repr. Hildesheim 1969), 289–310; A. Schöpf, G., Hb. philos. Grundbegriffe II (1973), 585–596; W. Stegmüller, Glauben, Wissen und Erkennen, Z. philos. Forsch. 10 (1956), 509–549 (bes. 535ff. [G. und Wissen]), auch in: ders., Glauben, Wissen und Erkennen. Das Universalienproblem einst und jetzt, Darmstadt ²1965, 7–47 (33ff.); ders., Probleme und Resultate der Wissenschaftstheorie und analytischen Philosophie IV/1 (Personelle und Statistische Wahrscheinlichkeit. Personelle Wahrscheinlichkeit und Rationale Entscheidung), Berlin/Heidelberg/New York 1973, 25ff.; F. Wiedmann, Das Problem der G.. Eine erkenntnistheoretische Studie, München/Salzburg 1967; L. Wittgenstein, On Certainty. Über G., ed. G.E.M. Anscombe/G.H. v. Wright, Oxford 1974.
J.M.

Gewißheit, sinnliche, in G.W.F. Hegels »Phänomenologie des Geistes« (1807) die erste Stufe im Prozeß der reflexiven Erfahrung des Bewußtseins mit seinen eigenen gegenstandsbezogenen Wissensformen. Das Kapitel über die s.G. ist neben »Herrschaft und Knechtschaft« (↑Herr und Knecht) das bei weitem bekannteste Lehrstück Hegelscher ↑Dialektik. Es ist als metastufliche Kritik des ›*Wissens des Unmittelbaren* oder *Seienden*‹ (Phänom. des Geistes, Sämtl. Werke II, 81) zu verstehen. Zunächst sind drei Hauptinstanzen für den Fortgang der Dialektik namhaft gemacht: (1) das die Wahrheit der s.n G. behauptende Bewußtsein (Ich); (2) der Gegenstand, wie er *in dem beanspruchten Wissen* ist; (3) ›Wir‹ (»[...] so treten wir [...] hinzu«, a.a.O., 87), die Beurteilenden und gegebenenfalls in die Dialektik eingreifenden Kritiker der erhobenen Gewißheitsansprüche. Die Dialektik ist bereits im Bedeutungsgehalt der Wendung ›s.G.‹ (auch ›sinnliches Wissen‹, a.a.O., 82) angelegt. Sinnliche Gegebenheit soll gesagt werden, und dieses Sagen verstrickt sich in deren Unaussprechlichkeit. Die Wahrheit der s.n G. läßt sich weder real, d.h. über das Sagen der gegenständlichen Identität, noch ideal, d.h. über das Sagen der Identität von Bewußtseinsakten, sichern (a.a.O., 84–86). Auch der Versuch, die behauptete Wahrheit voluntativ durch Sperrung gegen den Wandel des realen und des idealen Moments zu sichern, scheitert. Der Gegenstand der s.n G. muß von dieser selbst als einfach zeitlich und räumlich synthetisiert und damit als immer schon vermittelt angenommen werden (a.a.O., 87–89). Das Sein der sinnlichen Dinge ist nichtig, die Behauptung ihrer ›Nichtigkeit‹ nimmt ihr Bestehen schon in Anspruch. Das ursprünglich *gemeinte* Bestehen ist unaussprechlich. Als Ausweg erscheint das ›Zeigen‹ des Gegenstandes, das sowohl real als auch ideal als immer schon vollzogene Synthesis zu akzeptieren ist: die ›Wahrnehmung‹, in die die s.G. übergeht.

Die Faszination des Kapitels über die s.G. verdankt sich vor allem seiner Dunkelheit, die Anlaß zu immer wieder neuen Interpretationsversuchen gibt: (1) Schwierigkeiten bereitet die Mehrdeutigkeit des Ausdrucks ↑›Allgemeinheit‹. (2) Die Instanzen, die für den Fortgang der dialektischen Selbsterfahrung des Bewußtseins verantwortlich gemacht werden, sind nicht durchgängig systematisch entwickelt. Dies betrifft sowohl ›uns‹ (die Beurteilenden, die bereits alles besser wissen müssen, damit der Fortgang der Dialektik gewährleistet ist, als auch das kursorisch auftretende kommunizierende andere ›Ich‹ (a.a.O., 86–87). Darüber hinaus ist (3) der die Dialektik überhaupt erst in Gang setzende Umgang der s.n G. mit dem Demonstrator ›dieses‹ und den Indikatoren ›hier‹ und ›jetzt‹ (»das *Jetzt ist die Nacht*«, a.a.O., 83) eine Naivität, die selbst einer unerfahrenen s.n G. nicht passieren sollte, und wenn sie passiert, durch den schlichten Verweis auf die Funktion von derartigen Wörtern (Nominatoren) behoben werden kann. S. B.

Gewohnheit (griech. ἔϑος, ἕξις, lat. habitus, consuetudo, engl. habit, habitude), philosophisch-anthropologischer und psychologisch-soziologischer Terminus für das individuen- (›Haltung‹, ›Charakter‹) und gruppen-, schicht-, kulturspezifische (›Brauch‹, ›Sitte‹) Ergebnis erlernter, durch Wiederholung eingeübter und automatisierter Handlungsweisen, das von außen gesehen instinktiv-reflektorischem Verhalten nahekommt. Damit wird die traditionelle, auf Aristoteles zurückgehende Rede von der G. als einer ›zweiten Natur‹ angesprochen.
Platon (Politeia, Nomoi) zeigt die prägende Kraft der einmal angenommenen G.en für das gegenwärtige und das folgende Leben auf. Da Wandel und Wechsel den Wert des Daseins verringern, ist es sittliche Aufgabe, unter Anleitung der Vernunft in beständiger Angleichung an die unwandelbare Idee des Guten und Gerechten Stetigkeit in sein Verhalten zu bringen. Platon unterscheidet also gute von schlechten G.en, bei denen jene Angleichung nicht stattgefunden hat. – Aristoteles fragt nach den Bedingungen, unter denen moralische Tugenden, die nach ihm durch G. entstehen (ἡ δ' ἠϑικὴ [ἀρετὴ] ἐξ ἔϑους περιγίνεται), möglich sind. Da Tugenden keine Vermögen der Natur darstellen, können sie nicht Ursache, sondern nur Ergebnis von Tätigkeiten sein: Nur indem man gerecht, besonnen, tapfer handelt, wird man gerecht, besonnen, tapfer (Eth. Nic. B1.1103a14–b2). Aber nicht die Tat für sich selbst ist schon tugendhaft, sondern erst die Art, in der jemand handelt: »erstens wissentlich, dann auf Grund einer Entscheidung, und zwar einer solchen um der Sache selbst willen, und drittens, wenn er im Handeln sicher und ohne Wanken ist« (Eth. Nic. B3.1105a31–33). Das Moment der wissentlichen Aufmerksamkeit charakterisiert nach Aristoteles aber nicht nur die ↑Tugend (ἀρετή, ↑Arete), sondern jedwede Haltung (ἕξις), und auch sie steht zu ihrem Träger (↑Substanz) im Verhältnis des Aktes zur Potenz (↑Akt und Potenz), das sich allerdings in bezug auf das Ergebnis ihrer Tätigkeit, das aus der Haltung fließende Verhalten, umkehrt. Im Unterschied zur ἀρετή gehört Gewöhnung jedoch nicht zum Definiens einer ἕξις, die auch anlagebedingt sein kann (vgl. Met. Δ 20.1022b).
Der moderne Begriff der G. wird mit R. Descartes' mechanistischer Auffassung körperlicher Vorgänge grundgelegt (↑Mechanismus). Die englischen Empiristen (↑Empirismus) stellen erstmals das Gesetz der Assoziation (↑Assoziationstheorie) als ein allgemeines lernpsychologisches Prinzip der G.sbildung auf und betonen dabei die Rolle sensorischer Vorgänge: Nach T. Hobbes haben alle Vorstellungen ihren Ursprung in sinnlicher Erfahrung, Assoziationen kommen durch die Kohärenz dieser Vorstellungen zustande. Für J. Locke ist der menschliche Geist bei der Geburt eine ↑tabula rasa; die einströmenden Sinnesempfindungen und ihre spezifische Ordnung und Kombination auf Grund der frühzeitig einsetzenden erzieherischen Einflüsse sorgen für die Ausprägung von Wahrnehmungs-, Vorstellungs- und Verhaltensgewohnheiten. Nach D. Hume ist unter anderem der Glaube an das Prinzip von Ursache und Wirkung (↑Kausalität) eine solche Vorstellungsgewohnheit. Zwar stellt die einzelne Wahrnehmung für sich allein noch kein Prinzip ihrer Ordnung und Richtung bereit, wohl aber ihre Wiederholung (An Enquiry Concerning Human Understanding III). Deshalb sind »alle Erfahrungsschlüsse [...] Folgen der G., nicht der Vernunft. So ist G. die große Führerin im Menschenleben« (ebd. V, 1). Dieser Position tritt I. Kant entgegen: Die Wiederkehr gleicher Erfahrungen und ihre assoziative Verknüpfung ohne eine ihr zugrundeliegende apriorische Regel vermag nicht die ›Allgemeinheit und objektive Notwendigkeit‹ verständlich zu machen, mit der die Anwendung des Kausalprinzips erfolgt (KpV A 21ff.). Nach Hume habe es keinen anderen Grund als die (wiederholte) Erfahrung und wäre demnach »so zufällig [...], als die Erfahrung selbst. [...] Es gehet aber hiemit so, wie mit andern reinen Vorstellungen a priori (z.B. Raum und Zeit), die wir darum allein aus der Erfahrung als klare Begriffe herausziehen können, weil wir sie in die Erfahrung gelegt hatten, und diese daher durch jene allererst zu Stande brachten« (KrV A 196). In der Ethik widerspricht Kant der Aristotelischen Auffassung, die Tugend bestehe in einem erworbenen Habitus; sie sei vielmehr »die moralische Stärke in Befolgung seiner Pflicht, die niemals zur G. werden, sondern immer ganz neu und ursprünglich aus der Denkungsart hervorgehen soll« (Anthropologie in pragmatischer Hinsicht, Akad.-Ausg. VII, 147). Bei G.W.F. Hegel kommt die

Zwielichtigkeit der G. in den Blick: Einerseits kann sie, wenn sie nicht schon von vornherein eine bewußtlose Anpassung darstellt, die volle Aneignung und Durchsetzung des eigenen Wollens in dauerhafte Entschiedenheit bis in den leiblichen Vollzug hinein bedeuten, andererseits verliert sich der Geist mit jeder G. ein Stück weit in die Natur, ja mit fortschreitender Bewältigung der Lebensaufgabe gewinnt G. die Oberhand, weil keine neuen Interessen mehr erwachen und Befriedigung verlangen (Enc. phil. Wiss. III, §§396, 410, Sämtl. Werke X, 93–109, 235–245). Gegenüber Kant jedoch hebt Hegel die positive Rolle der G. und der Sitte hervor: Der bloß subjektive Standpunkt Kantischer ›Moralität‹ hat sich durch institutionelle Bindung und Gewöhnung zur Objektivität der ›Sittlichkeit‹ zu vermitteln, weil nur so die Freiheit habituell wird (Rechtsphilos. §151, Sämtl. Werke VII, 233–235).

Mit W. James' »Principles of Psychology« (1890) setzt die Erforschung der neuralen Grundlagen der G.sbildung ein. James vermutete, daß sie in der Etablierung von Verbindungen bestünde, die, einmal hergestellt, bleibende Leitungsbahnen im Gehirn bilden; das Ausmaß der G.sbildung sei vom Grad der Plastizität der neuralen Ausstattung eines Lebewesens abhängig. Die für die Erklärung der G.sbildung relevanten psychologischen Lerntheorien der Gegenwart knüpfen zum Teil ausdrücklich an Hume an. Sie nehmen ihren Anfang mit E.L. Thorndikes Experimenten zum Lernen durch Versuch und Irrtum (↑trial and error). J.B. Watson, der Begründer des ↑Behaviorismus, und I.P. Pawlow erforschten den Lernvorgang beim bedingten Reflex (conditioned response, CR): Ein neutraler Reiz (z.B. ein Glockenton), der etwa einem Hund kurz vor einem natürlichen Reiz (unconditioned stimulus, UCS, z.B. Futter), der einen natürlichen Reflex (unconditioned response, UCR, z.B. Speichelfluß) auslöst, dargeboten wird, ruft den UCR auch beim Fehlen des UCS hervor, wenn zuvor der neutrale Reiz und der UCS mehrfach hintereinander dargeboten worden waren. B.F. Skinner erforschte eine Art des Lernens, die zur Unterscheidung vom sogenannten ›klassischen‹ Konditionierungsvorgang Pawlows als ›instrumentales‹ oder ›operantes Konditionieren‹ oder als ›Lernen am Erfolg‹ bezeichnet wird: Jenes Verhalten tritt mit höherer Wahrscheinlichkeit auf, das in der Vergangenheit erfolgreicher war und so eine Bekräftigung (Verstärkung, reinforcement) erfuhr.

Neben diese experimentellen Forschungsansätze zur G.sbildung traten umfassende theoretische Konzeptionen, deren bekannteste und einflußreichste die Lerntheorie von C.L. Hull war. G. wird hier im Unterschied zur beobachtbaren Ausführung eines gelernten Verhaltens verstanden als interne ›Tendenz‹ zu diesem Verhalten, wenn ein entsprechender Reiz vorhanden ist. G. ist also laut Hull eine sogenannte ›intervenierende‹ Variable, weil sie als nichtbeobachtbares Zwischenglied eine begriffliche Rolle bei der Vermittlung zwischen Reiz (stimulus, *S*) und Reaktion (response, *R*) spielt. Die Stärke einer G. (habit strength) ist nach ihm das Resultat des Zusammenwirkens einer Reihe anderer Variablen, wie der Anzahl der verstärkten Reaktionen, dem Ausmaß der Verstärkung, dem zeitlichen Abstand zwischen Reiz und Reaktion und dem zeitlichen Abstand zwischen Reaktion und Verstärkung. Die Aktivierung einer G. ist von weiteren Variablen abhängig, etwa von einem ›Trieb‹ oder dem Fehlen hemmender Situationsbedingungen. – Im Unterschied zu den genannten *S-R*-Theorien des Lernens betonen sogenannte ›kognitive‹ Lerntheorien wie die E.C. Tolmans die Bedeutung des Erkennens und Verstehens einer Situation und der darauf abgestimmten Zielsetzungen und Erwartungen und der Möglichkeit zur Selbstkorrektur in bezug auf diese. In der verhaltenstherapeutisch ausgerichteten Psychotherapie werden lerntheoretische Prinzipien zur Änderung unangepaßten Verhaltens, zum ›Verlernen‹ unangemessener G.en benutzt.

Die neuere Anthropologie hebt die entlastende Funktion der G.en für die Lebensführung hervor: Erlernte Bewegungen und Handlungen werden durch Wiederholung und Gewöhnung zur Routine, die zu ihrer ersten Durchführung erforderliche Aufmerksamkeit kann abgezogen werden, die zunächst benötigte Energie läßt sich verringern, so daß Kraft und Aufmerksamkeit für anderes frei wird. G.en befreien so vom Zwang zur sofortigen Stellungnahme und Entscheidung angesichts sich rasch wandelnder Situationsbedingungen und erlauben Entfaltung und Befriedigung über den Augenblick hinausreichender Interessen. Kollektive G.en in Einstellung und Verhalten lassen gesellschaftliche Gegebenheiten als unproblematisch erscheinen. Doch die Selbstverständlichkeit individueller und kollektiver G.en kann nicht als Ausweis ihrer moralischen oder politischen Legitimität gelten.

Literatur: A. Bandura, Principles of Behavior Modification, New York 1969; J. Chevalier, L'habitude. Essai de métaphysique scientifique, Paris 1929; G. Funke, G., Bonn 1958, ²1961 (Arch. Begriffsgesch. 3); A. Gehlen, Der Mensch, Berlin 1940, Frankfurt/Bonn ⁸1966; E. R. Hilgard/G. H. Bower, Theories of Learning, New York 1948, ²1956, ³1966 (dt. Theorien des Lernens, I–II, Stuttgart 1970/1971); C. L. Hull, Principles of Behavior, New York 1943, 1966; ders., Essentials of Behavior, New Haven 1951; W. James, Principles of Psychology, I–II, New York 1890 (repr. 1950) (dt. Psychologie, Leipzig 1909); K. MacCorquodale/P. E. Meehl, On a Distinction between Hypothetical Constructs and Intervening Variables, Psychol. Rev. 55 (1948), 95–107; M. J. Mahoney, Cognition and Behavior Modification, Cambridge Mass. 1974 (dt. Kognitive Verhaltenstherapie, München 1977); I. P. Pawlow, Sämtl. Werke, I–VI, Berlin (Ost) 1954; B. F. Skinner, The Behavior of Organism, New York 1938, 1966; ders., Contingencies of Reinforcement, New York 1969; E. L. Thorndike, The Psychology of Learning, New York 1913; ders., The Fundamentals of Learning, New York 1932. R. Wi.

Geworfenheit, in M. Heideggers ↑Fundamentalontologie dem Begriff ↑Entwurf korreliertes ↑Existenzial, mit dem zum Ausdruck gebracht werden soll, daß das ↑transzendentale (weltkonstituierende, ↑Welt) Subjekt nicht Ursprung der Konstitutionsleistung ist, sondern nur die Konstitutionsleistung vollzieht, die sich einem anderen Prinzip (neben Subjekt und Welt) verdankt (Sinn von Sein). Als weltentwerfendes Subjekt ist der Mensch zugleich in die Welt geworfen.

Literatur: M. Heidegger, Sein und Zeit, Tübingen ¹⁴1977, §§29, 31 (bes. 145), 38, 58. C. F. G.

Ghasali, al-, ↑Algazel.

Gilbert, William, *Colchester (Essex) 24. Mai 1544, †ebd. 10. Dez. 1603, engl. Arzt und Physiker. 1558–1561 Studium der Medizin St. John's College, Cambridge, 1561 Fellow of St. John's College, 1564 M.A., 1569 M.D. Mitte der siebziger Jahre Eröffnung einer Arztpraxis in London, 1600 Präsident des Royal College of Physicians, 1601 Leibarzt Elisabeths I., 1603 Jakobs I. von England. G.s Hauptwerk (De magnete, 1600), eines der Gründungsdokumente der neuzeitlichen (empirischen) Naturwissenschaft, enthält eine (qualitative) experimentelle Behandlung der wichtigsten magnetischen Phänomene, die als solche im wesentlichen schon seit Petrus Peregrinus (Epistola de magnete, 1269) bekannt waren. In Kenntnis einiger praxisbezogener Arbeiten seiner Zeit (R. Norman, The Newe Attractive, Containyng a Short Discourse of the Magnes or Lodestone, London 1581; W. Borough, Discourse of the Variation of the Compass or Magnetical Needle, im Anhang zur Arbeit Normans) experimentierte G. mit natürlichen Erzen, die er durch eiserne Polkappen armierte. Dabei benutzte er vor allem Kugelmagneten (terrellae), bestimmt durch die erstmals formulierte Auffassung, daß die Erde ein gewaltiger Magnet (mit Polen in der Nähe der geographischen Pole) sei (der Ausdruck ›terrella‹ tritt schon bei Petrus Peregrinus für kleinste magnetisierte Kugeln auf).

G. unterscheidet als erster zwischen elektrischer und magnetischer Anziehung, wobei er den Magnetismus als Wirkung einer dem Magneten innewohnenden ›Seele‹ deutet. Dieser ›animistischen‹ Deutung des Magnetismus in der Tradition des ↑Hylozoismus entspricht die Vorstellung der Erde als mater communis, aus deren Schoß die Metalle wachsen. G.s Untersuchungen fanden sofort die Anerkennung und Beachtung z.B. von G. Galilei, der sie bereits 1602 kennt und im »Dialogo sopra i due massimi sistemi del mondo« (1632) ausführlich referiert (Opere di Galileo Galilei, Ed. Naz. VII, 426ff.), und J. Kepler, dessen magnetische Theorie des Planetensystems (Astronomia nova, 1609) direkt durch sie beeinflußt ist. Gegen entsprechende Aristotelische Theorien gerichtete kosmologische und meteorologische Entwürfe enthalten zwei von seinem Halbbruder W. Gilbert posthum in einem Band (De mundo nostro sublunari philosophia nova, 1651) publizierte Arbeiten G.s (Physiologia nova contra Aristotelem, Nova meteorologia contra Aristotelem).

Werke: De magnete, magneticisque corporibus, et de magno magnete tellure, physiologia nova, plurimis & argumentis, & experimentis demonstrata, London 1600 (repr. Berlin 1892, Brüssel 1967), 1628, 1633 (engl. On the Loadstone and Magnetic Bodies, and on the Great Magnet the Earth. A New Physiology, Demonstrated with many Arguments and Experiments, London 1893; On the Magnet, ed. u. komment. S. P. Thompson, London 1900 [repr. New York 1958]); De mundo nostro sublunari philosophia nova, Amsterdam 1651 (repr. Amsterdam 1965).

Literatur: H. Balmer, Beiträge zur Geschichte der Erkenntnis des Erdmagnetismus, Aarau 1956, 149–163, 362–402; B. Dibner, Doctor W. G., New York 1947; E. J. Dijksterhuis, De Mechanisering van het Wereldbeeld, Amsterdam 1950, 430–436 (dt. Die Mechanisierung des Weltbildes, Berlin/Göttingen/Heidelberg 1956, 436–442); A. Herpin, W. G. et la médicine au XVIe siècle, Paris 1946; M. B. Hesse, G. and the Historians, Brit. J. Philos. Sci. 11 (1960), 1–10, 130–142; R. A. Jarrell, The Latest Date of Composition of G.'s »De mundo«, Isis 63 (1972), 94–95; S. Kelly, G.'s Influence on Bacon. A Revaluation, Physis 5 (1963), 249–258; dies., The De mundo of W. G., Amsterdam 1965 (mit Bibliographie, 129–139); dies., G., DSB V (1972), 396–401; D. H. D. Roller, The De magnete of W. G., Amsterdam 1959; dies., W. G. (1544–1603). A Bio-Bibliography, Amsterdam 1964; H. Schimank, W. G.s »Neue Naturlehre vom Magneten«, Physikal. Blätter 6 (1950), 262–268; R. Suter, A Biographical

Sketch of Dr. W. G. of Colchester, Osiris 10 (1952), 368–384 (mit Bibliographie); S. P. Thompson, W. G. of Colchester. An Elizabethean Magnetizer, London 1891; E. Zilsel, The Origins of W. G.'s Scientific Method, J. Hist. Ideas 2 (1941), 1–32. J. M.

Gilbert de la Porrée (G. Porreta, Gilbertus Porretanus), *Poitiers um 1080, †ebendort 4. Sept. 1154, franz. Philosoph und Theologe, Schüler Bernhards von Chartres und Anselms von Laon. Lehrte in Poitiers, Chartres (zwischen 1126 und 1137 als Kanzler und Nachfolger Bernhards von Chartres) und 1141 in Paris (unter seinen Schülern Johannes von Salisbury), 1124 Domherr von Chartres, 1142 Bischof von Poitiers. Mit seinen vor allem im Rahmen von Boethius-Kommentaren ausgearbeiteten sprachlogischen Analysen gewann G. auf dem Hintergrund des ↑Universalienstreits bedeutenden Einfluß auf die Schule von Chartres (↑Chartres, Schule von). Seine Trinitätslehre, in der G. die auf Substanzen und die sie charakterisierenden Eigenschaften bezogene Unterscheidung zwischen *id quod est* (das, was es ist) und *id quo est* (das, wodurch es ist) auf Gott anwendet (divinitas als die Gottes Wesen in drei Personen charakterisierende Eigenschaft), wurde insbesondere von Bernhard von Clairvaux kritisiert und hinsichtlich der genannten Unterscheidung 1148 auf dem Konzil von Reims verboten. Umstritten ist G.s Autorschaft von »De sex principiis«, einer Analyse der sechs letzten Aristotelischen Kategorien, die der logica vetus (↑logica antiqua) zugerechnet wird. G.s Anhänger, unter ihnen Nikolaus von Amiens, Otto von Freising, Alanus ab Insulis und Johannes von Salisbury, waren unter der Bezeichnung ›Porretaner‹ bzw. ›Gilbertiner‹ in der 2. Hälfte des 12. Jahrhunderts einflußreich.

Werke: Boethius-Kommentare in MPL 64 (Paris 1847), 1255–1300 (Commentaria in librum de trinitate), 1301–1310 (Commentaria in librum de praedicatione treum personarum), 1313–1334 (Commentaria in librum quomodo substantiae bonae sint), 1353–1412 (Commentaria in librum de duabus naturis et una persona Christi); kritische Ausgaben einzelner Kommentare ed. N. M. Haring in: ders., The Commentaries on Boethius, Toronto 1966 (Pontifical Institute of Mediaeval Studies, Studies and Texts 13) (De trinitate, De praedicatione), Traditio 9 (1953), 177–211 (De hebdomadibus), Arch. hist. doctr. litt. moyen âge 21 (1954), 241–357 (Contra Eutychen et Nestorium), Med. Stud. 22 (1960), 148–191 (De discretione animae, spiritus et mentis), Med. Stud. 23 (1961), 126–135 (A Christmas Sermon by G. of Poitiers); Die Sententiae divinitatis, ein Sentenzenbuch der G.schen Schule, ed. B. Geyer, Münster 1909 (Beitr. Gesch. Philos. Theol. MA VII, 2/3) (repr. Münster 1967); Liber de sex principiis Gilberto Porreto ascriptus, ed. H. Heysse, Münster 1929, ed. D. van den Eynde, Münster 1953. – Totok II (1973), 203–205.

Literatur: H.C. van Elswijk, G. Porreta. Sa vie, son œuvre, sa pensée, Louvain 1966; S. Gammersbach, G. von Poitiers und seine Prozesse im Urteil der Zeitgenossen, Köln/Graz 1959; É. H. Gilson, History of Christian Philosophy in the Middle Ages, New York 1955, 140–144; A.-J. Gondras (ed.), Un commentaire avignonnais sur le ›Liber de sex principiis‹, attribué à »maître Vital«, Arch. hist. doctr. litt. moyen âge 42 (1975), 183–317; N. M. Haring, The Case of G. de la Porrée, Bishop of Poitiers, Med. Stud. 13 (1951), 1–40; ders., A Latin Dialogue on the Doctrine of G. of Poitiers, Med. Stud. 15 (1953), 243–289; ders., Sprachlogische und philosophische Voraussetzungen zum Verständnis der Christologie G.s, Scholastik 32 (1957), 373–398; ders., Petrus Lombardus und die Sprachlogik in der Trinitätslehre der Porretanerschule, in: Miscellanea Lombardiana. Publicata a chiusura delle celebrazioni centenarie organizzate in Novara per onorare Pietro Lombardo a cura del Pontificio Ateneo Salesiano di Torino, Novara 1957, 113–127; D. Luscombe, G., Enc. Ph. III (1967), 329–331; M. A. Schmidt, Gottheit und Trinität, nach dem Kommentar des G. Porreta zu Boethius' De Trinitate, Basel 1956; S. Vanni Rovighi, La filosofia di Gilberto Porretano, Miscellanea del Centro di Studi Medievali 1 (1956), 1–64, Nachdr. in: dies., Studi di filosofia medioevale I, Mailand 1978, 176–247; M. H. Vicaire, Les Porrétains et l'avicennisme avant 1215, Rev. sci. philos. et theol. 26 (1937), 449–482; M. E. Williams, The Teaching of G. Porreta on the Trinity as Found in his Commentaries on Boethius, Rom 1951 (Analecta Gregoriana 56, Series Facultatis Theologicae, Sectio B, 23). J. M.

Glanvill, Joseph, *Plymouth 1636, †Bath 4. Nov. 1680, engl. Philosoph und Theologe. 1652–1658 Studium in Oxford, 1655 B.A. Exeter College, 1658 M.A. Lincoln College, 1660 ordiniert, 1666–1680 Rector of Abbey Church, Bath, 1672 Hofkaplan Karls II. Gegen den Dogmatismus der Schulphilosophie, d.h. aristotelisch-scholastische Traditionen, vertritt G., zeitweilig unter dem Einfluß des Kreises um H. More (↑Cambridge, Schule von) und in eklektischem Anschluß an die Physik R. Descartes', ein Beobachtung und Experiment auszeichnendes Methodenideal im Sinne der sich für ihn insbesondere in der Arbeit der »Royal Society« darstellenden ↑Experimentalphilosophie (The Vanity of Dogmatizing, 1661 – ursprünglich als Vorwort zu einer Arbeit über die Unsterblichkeit der Seele vorgesehen). G. war mit J. Wilkens, R. Hooke, R. Boyle und T. Sprat befreundet und wurde am 14.12.1664 Mitglied der »Royal Society«. Sein philosophischer, unter anderem von P. Charron und P. Gassendi beeinflußter ↑Skeptizismus steht im Sinne experimentalphilosophischer Orientierungen im Dienste naturwissenschaftlicher Forschung, wobei G. erkenntnistheoretisch Vorstellungen vertritt, die für den englischen ↑Empirismus charakteristisch werden sollten. So nimmt G. in seiner Analyse des Begriffs der ↑Kausalität, dessen klassische Formulierung für ihn auf einem Fehlschluß (↑post hoc, ergo propter hoc) beruht, D. Humes Analyse in wesentlichen Punkten vorweg (»to argue from a concomitancy to a causality, is not infallibly conclusive«, The Vanity of Dogmatizing, 190).

↑Gewißheit als erkenntnistheoretisches Methodenideal der philosophischen Tradition ist nach G. nur in der (Konstruktionen des Verstandes darstellenden) Mathematik und Teilen der (wie es heißt: ›geometrisch demonstrierbaren‹) Theologie möglich, nicht hingegen im Bereich naturwissenschaftlicher Empirie. In diesem Zusammenhang schließt sich G. in einer weiteren, auf Veranlassung H. Oldenburgs geschriebenen Schrift zur Verteidigung der Arbeit der »Royal Society« (Plus ultra, 1668) den wissenschaftspraktischen Vorstellungen F. Bacons an. In der Konsequenz seiner skeptischen Beurteilung der Reichweite begründeten Wissens steht auch ein Eintreten für die von ihm als empirisch hinreichend bestätigt angesehene Realität von Hexen und Geistern, deren wissenschaftliche Erforschung durch die »Royal Society« G. explizit in Erwägung zog.

Werke: Collected Works, Facsimile Edition, ed. B. Fabian, Hildesheim/New York 1970ff. (9 Bde geplant, bisher Bd. 1 u. 5). – The Vanity of Dogmatizing, or, Confidence in Opinions. Manifested in a Discourse of the Shortness and Uncertainty of our Knowledge and its Causes. With Some Reflections on Peripateticism; and an Apology for Philosophy, London 1661 (repr. New York 1931, davon repr. Frankfurt in Vorbereitung, Hove Sussex 1970 [The Vanity of Dogmatizing: The Three ›Versions‹ by J. G., ed. with a Critical Introd. by S. Medcalf], Hildesheim/New York 1970 [Collected Works I]); Lux orientalis, or, An Enquiry into the Opinion of the Eastern Sages, Concerning the Praeexistence of Souls. Being a Key to Unlock the Grand Mysteries of Providence, in Relation to Mans Sin and Misery, London 1662 (repr. Hildesheim 1978); Scepsis scientifica, or, Confest Ignorance, the Way to Science, London 1665 (repr. London 1885, Frankfurt 1977) (überarbeitete Fassung von: The Vanity of Dogmatizing); A Philosophical Endeavour towards the Defence of the Being of Witches and Apparitions, London 1666, (... in the Defence ...) 1668, unter dem Titel: Saducismus triumphatus, or, Full and Plain Evidence Concerning Witches and Apparitions, ed. H. More (mit eigenen Erweiterungen), London 1681, ²1682, ³1688 (repr. Gainesville Fla. 1966), ⁴1726 (dt. Saducismus triumphatus, oder, Vollkommener und klarer Beweiss von Hexen und Gespenstern oder Geister-Erscheinungen, Hamburg 1701); Answers to Some of the Inquiries Formerly Published Concerning Mines, Philos. Transact. Royal Soc. 2 (1667), 525–527; Additional Answers to the Queries of Mines, Philos. Transact. Royal Soc. 3 (1668), 767–771; Plus ultra, or, the Progress and Advancement of Knowledge Since the Days of Aristotle, London 1668 (repr. Gainesville Fla. 1958, Frankfurt 1977); Observations Concerning the Bath-Springs, Philos. Transact. Royal Soc. 4 (1669), 977–982; Philosophia pia, or, A Discourse of the Religious Temper, and Tendencies of the Experimental Philosophy, which is Profest by the Royal Society, London 1671 (repr. Hildesheim/New York 1970) (Collected Works V); An Earnest Invitation to the Sacrament of the Lords Supper, London 1673, ¹⁰1720; Essays on Several Important Subjects in Philosophy and Religion, London 1676 (repr. Stuttgart-Bad Cannstatt 1970, New York 1970) (völlig überarbeitete Fassung von: The Vanity of Dogmatizing, bzw.: Scepsis scientifica); An Essay Concerning Preaching. Written for the Direction of a Young Divine, and Useful also for the People, in Order to Profitable Hearing, London 1678, ²1703.

Literatur: W. H. Austin, G., DSB V (1972), 414–417; E. Carpenter, J. G., The Modern Churchman 34 (1945), 235–243; J. I. Cope, J. G., Anglican Apologist, St. Louis 1956, ²1958; F. Greenslet, J. G., A Study in English Thought and Letters in the Seventeenth Century, New York 1900; H. Habicht, J. G., Ein spekulativer Denker im England des 17. Jahrhunderts. Eine Studie über das frühwissenschaftliche Weltbild, Diss. Zürich 1936; R. F. Jones, Ancients and Moderns. A Study of the Background of the Battle of the Books, St. Louis 1936, unter dem Titel: Ancients and Moderns. A Study of the Rise of the Scientific Movement in Seventeenth-Century England, St. Louis ²1961; H. G. van Leeuwen, The Problem of Certainty in English Thought (1630–1690), The Hague 1963, 71–89; R. H. Popkin, J. G., A Precursor of Hume, J. Hist. Ideas 14 (1953), 292–303; ders., The Development of the Philosophical Reputation of J. G., J. Hist. Ideas 15 (1954), 305–311; ders., G., Enc. Ph. III (1967), 335–336; ders., J. G.'s Continuation of the »New Atlantis«. Mitigated Scepticism and the Ideal of the Royal Society, in: XIIᵉ congrès international d'histoire des sciences, Paris 1968, Actes III B, Paris 1970, 89–94; M. E. Prior, J. G. and the »New Science«, Diss. Chicago 1930; ders., J. G., Witchcraft and Seventeenth-Century Science, Modern Philology 30 (1932), 167–193; H. S. Redgrove/I. M. L. Redgrove, J. G. and Psychical Research in the Seventeenth Century, London 1921; S. Talmor, Locke and G., Locke News 9 (1978), 101–120; R. S. Westfall, Science and Religion in Seventeenth-Century England, New Haven 1958; B. Willey, The Seventeenth-Century Background. Studies in the Thought of the Age in Relation to Poetry and Religion, London 1934, Garden City N.Y. 1953, Harmondsworth 1962, 155–184. J. M.

Glaube (philosophisch) (engl. belief), im Gegensatz zu ↑Wissen ein Fürwahrhalten ohne methodische Begründungen. In der Philosophie Platons wird der G. (*πίστις*) wie das bloße Meinen (*δόξα*) als noch vorphilosophische Stufe eines philosophisch oder wissenschaftlich begründeten Wissens aufgefaßt. Die damit gegebene Skalierung von ↑Gewißheiten, nämlich die Annahme eines allmählichen Übergangs von (bloßen) ↑Meinungen über Überzeugungen zu begründetem Wissen, weicht in der Tradition des christlichen Denkens allmählich einer Unterscheidung zwischen G. und Wissen, die dem G.n teils Unabhängigkeit vom

Wissen, teils ›übernatürliche‹ Einsichten zuschreibt. Aus einem ↑polar-konträren Gegensatz zwischen G. und Wissen (Grade von Gewißheit) wird damit ein ↑konträrer Gegensatz (übergangslose Gewißheiten eigener Art).

Diese Entwicklung, die ursprünglich mit einer Intellektualisierung des G.ns begann (↑Gnosis), wird insbesondere durch den neuen Einfluß der Aristotelischen Philosophie im 13. Jahrhundert bestimmt, der eine Abgrenzung zwischen religiösen und philosophischen Gewißheiten erforderlich machte und in der Scholastik eine Hierarchisierung von G.n und Vernunft zur Konsequenz hat (↑credo ut intelligam). Dem übernatürlichen Charakter der Offenbarung entspricht ein habitueller G., dessen dogmatische Verankerung im System des theologischen Wissens schließlich dazu führt, dem philosophischen Wissen überhaupt jede Kompetenz in theologischen Dingen zu bestreiten (J. Duns Scotus, W. v. Ockham) bzw. in der dem ↑Averroismus zugeschriebenen Lehre von der doppelten Wahrheit (↑Wahrheit, doppelte) ein zusammenhangloses Nebeneinander zu behaupten. Der mit der ↑Aufklärung einsetzenden gegenläufigen Entwicklung mit der Tendenz, Wissen grundsätzlich auf empirische Wissenschaften einzuschränken und damit praktischen Orientierungen überhaupt die Möglichkeit rationaler Begründungen zu bestreiten, begegnet I. Kant mit der Formulierung eines praktischen *Vernunftglaubens:* »ich mußte [...] das Wissen aufheben, um zum G.n Platz zu bekommen« (KrV B XXX). Zu diesem Vernunftglauben oder moralischen G.n gehören nach Kant unter anderem die Ideen Gott, Freiheit und Unsterblichkeit als Postulate (nicht ›theoretische Dogmata‹) der praktischen Vernunft. In dem Maße, in dem sich Kants vermittelnder Vorschlag historisch nicht durchsetzt, verliert auch der Begriff des G.ns in der *praktisch-philosophischen* Diskussion, von Ausarbeitungen einer sogenannten ›G.nsphilosophie‹ (F.H. Jacobi, aber auch J.G. Hamann und J.G. v. Herder) und neueren, wieder stärker theologisch orientierten Versuchen (S. Kierkegaard, K. Jaspers, P. Tillich u.a.) abgesehen, an Bedeutung.

Anders verhält es sich in *erkenntnistheoretischen* Zusammenhängen. Im Sinne von Kants Unterscheidung zwischen Wissen als einem sowohl subjektiv als auch objektiv zureichenden Fürwahrhalten und G.n als einem zwar subjektiv zureichenden, aber objektiv unzureichenden Fürwahrhalten (KrV B 850f.) erscheint das auf Naturvorgänge bezogene Wissen in der Tradition des englischen ↑Empirismus als ›objektiv unzureichendes‹, nämlich als solches nicht darstellbares bzw. begründbares Wissen. In D. Humes Analyse des Begriffs der ↑Kausalität tritt die erkenntnistheoretisch für das naturwissenschaftliche Wissen beanspruchte Gewißheit nur auf der Basis von ↑*Gewohnheit* und ↑*Erfahrung* bzw. von Erfahrungsschlüssen aus Gewohnheit auf, die ihrerseits theoretisch nicht mehr begründet werden können. Damit basiert nach Hume das naturwissenschaftliche Wissen selbst auf einem G.n (belief), dem G.n nämlich, daß die Dinge so sind, wie wir sie ›gewohnheitsmäßig‹ in den sogenannten Naturgesetzen, insbesondere dem Kausalgesetz, formulieren. Kants Hinweis darauf, daß Gewohnheit ohne die Annahme einer konstitutiven apriorischen Regel die ›Allgemeinheit und Notwendigkeit‹ in der Anwendung des Kausalprinzips nicht verständlich machen könne (KpV A 21ff.), hebt diesen Begriff des G.ns in einer transzendentalphilosophischen Begrifflichkeit (↑Transzendentalphilosophie) auf. Humes Zirkel, der darin liegt, daß ohne Anwendung des Begriffs der Kausalität Erfahrung (zumindest im wissenschaftlichen Sinne) gar nicht zustandekommt, obgleich diese doch erst den Begriff der Kausalität bilden soll, wird auf diese Weise zunächst einmal methodisch aufgelöst und (bis in moderne wissenschaftstheoretische Erörterungen bestimmend) in eine Analyse des Begriffs des apriorischen Wissens (↑a priori) überführt. Sprachanalytische Rekonstruktionen im Begriffsfeld ›wissen‹, ›glauben‹ und ›meinen‹ etc. erfolgen im Rahmen der epistemischen Logik (↑Logik, epistemische). Hier bezeichnet ›G.‹ als noologischer Terminus (↑Termini, noologische) in sprachanalytischer Rekonstruktion nicht einen mentalen Zustand (↑Mentalismus), sondern eine in aktuellen Handlungen (›*x* vertritt *P*‹, z.B. die autonomistische These von der Kausalität durch Freiheit) identifizierbare Handlungsdisposition (›*x* glaubt, daß *P*‹).

Literatur: D.M. Armstrong, Belief, Truth and Knowledge, London 1973; A.J. Ayer, Knowledge, Belief and Evidence, in: ders., Metaphysics and Common Sense, London 1969, San Francisco 1970, 115–125; U. Blau, G.n und Wissen. Eine Untersuchung zur epistemischen Logik, Diss. München 1969; H. Bouillard, Logique de la foi. Esquisses, dialogues avec la pensée protestante, approches philosophiques, Paris 1964 (dt. Die Logik des G.ns, Freiburg 1966); R.B. Braithwaite, An Empiricist's View of the Nature of Religious Belief, Cambridge 1955, Folcroft ²1970; A. Brunner, G. und Erkenntnis, München 1951; M. Ginsberg, Mind and Belief. Psychological Ascription and the Concept of Belief, New York 1972; A.P. Griffiths (ed.), Knowledge and Belief, London 1967; E.

Heintel/U. Dierse, G.n und Wissen, Hist. Wb. Ph. III (1974), 646–655; P. Helm, The Varieties of Belief, London, New York 1973; J. Hick, Faith and the Philosophers, London/New York 1964; D. M. High, Language, Persons and Belief. Studies in Wittgenstein's Philosophical Investigations and Religious Uses of Language, New York 1967; K. Jaspers, Der philosophische G., München, Zürich 1948, München [6]1974; ders., Der philosophische G. angesichts der Offenbarung, München 1962, [2]1963; H. E. Kiefer/M. K. Munitz (eds.), Language, Belief and Metaphysics, Albany N.Y. 1970; K. Lehmann, G., Hb. philos. Grundbegriffe II (1973), 596–605; R. Needham, Belief, Language and Experience, Oxford 1972; J. Pieper, Über den G.n. Ein philosophischer Traktat, München 1962; H. H. Price, Belief. The Gifford Lectures Delivered at the University of Aberdeen in 1960, London, New York 1969; A. Quinton, Knowledge and Belief, Enc. Ph. IV (1967), 345–352; S. Toulmin/R. W. Hepburn/A. MacIntyre, Metaphysical Beliefs. Three Essays, London 1957. J. M.

Gleichheit (logisch), eine allein mit formallogischen Mitteln definierte zweistellige Relation ›=‹, die auch als *Ununterscheidbarkeit* mit Aussagen eines vorgegebenen Aussagenbereichs bezeichnet wird (principium identitatis indiscernibilium, ↑Identität):

$$n = m \leftrightharpoons \bigwedge_A (A(n) \leftrightarrow A(m))$$

(in Worten: die mit ›n‹ und ›m‹ benannten Gegenstände heißen logisch gleich, wenn, bei beliebiger Wahl von Aussagen, eine Aussage über n stets mit der entsprechenden Aussage über m gleichwertig ist). Z.B. lassen sich die ↑Ziffern ›||‹ und ›○○‹ durch beliebige arithmetische Aussagen, die nur die Zählgleichheit von ›||‹ und ›○○‹, nicht aber etwa die Gestalt oder Ausführung der Ziffern berücksichtigen, nicht unterscheiden: jede arithmetische Aussage über ›||‹ bleibt gültig, wenn ›||‹ durch ›○○‹ ersetzt wird und umgekehrt; ›||‹ und ›○○‹ heißen daher *arithmetisch gleich* (d.h. logisch gleich in bezug auf den Bereich arithmetischer Aussagen) oder auch Eigennamen für *dieselbe* ↑*Zahl* zwei als das durch ↑Abstraktion bezüglich dieser arithmetischen G. gewonnene Abstraktum.

Neben der logischen G. werden weitere zweistellige Relationen G.en genannt, nämlich sämtliche ↑Äquivalenzrelationen, unter ihnen auch die feinste Äquivalenzrelation, die ↑Identität, die als *konkrete* G. meist den übrigen Äquivalenzrelationen als *abstrakten* (oder *mathematischen*) G.en gegenübergestellt wird. Der Grund dafür ist darin zu suchen, daß gerade die Äquivalenzrelationen zwischen Gegenständen jeweils mit einer logischen G. zwischen diesen Gegenständen übereinstimmen, wenn der bei der Definition der logischen G. zugrunde liegende Aussagenbereich auf bezüglich der fraglichen Äquivalenzrelation ›$\sim$‹ invariante Aussagen eingeschränkt wird. Eine ↑Aussageform $A(x)$ heißt dabei invariant bezüglich ›$\sim$‹, wenn aus $x \sim y$ stets $A(x) \leftrightarrow A(y)$ folgt. Z.B. sind die arithmetischen Aussagen gerade die in bezug auf Zählgleichheit invarianten Aussagen über Ziffern, so daß die Zählgleichheit zwischen Ziffern mit ihrer arithmetischen G. übereinstimmt. Das aber ist nichts anderes als die Identität zwischen Zahlen. – Es ist üblich, in formalen Systemen, speziell in Logikkalkülen, nur von der Identität als G. zu reden. Entsprechend heißen die zusammen die Identität eindeutig charakterisierenden Prinzipien der ↑*Reflexivität* ($x = x$) und der ↑*Substitutivität* ($x = y \wedge A(x) \rightarrow A(y)$ – sind x und y gleich und gilt eine Aussage von x, so auch von y) die *Gleichheitsaxiome*.

Literatur: ↑Identität. K. L.

Gleichheit (sozial) (engl. equality, franz. égalité), Terminus der Ethik und der normativen Gesellschaftswissenschaften zur Erfassung merkmalsbezogener Übereinstimmung zwischen Personen durch Urteil auf der Basis angenommener Verschiedenheit. Die ethische Diskussion des G.sgedankens im Zusammenhang mit der Idee des ↑Rechts impliziert eine Kritik der Ungleichheit, die verbunden ist mit der Forderung nach Relativierung der Folgen anthropologisch fundierter natürlicher Ungleichheit und nach Abbau der gesellschaftlich entstandenen Ungleichheit im Bereich der Teilhabe. Dabei steht die Forderung nach autoritativer Herstellung materialer G. in einem prinzipiellen Spannungsverhältnis zu der Forderung nach individueller ↑Freiheit, die gleichermaßen aus dem Begriff der Menschenwürde abgeleitet wird. Diese Spannung kann nur im Wege des Ausgleichs zwischen *formaler, proportionaler* und *materialer* G. durch eine den historisch-gesellschaftlichen Verhältnissen entsprechende, wiederkehrende rationale Bedürfniskritik (↑Bedürfnis) gelöst werden.

In der gegenüber dem Barbaren abgegrenzten griechischen Gesellschaft entwickelte sich auf der Basis von Sklavenwirtschaft aus dem Begriff der G. erst spät ein universelles G.sprinzip. ›G.‹ bezeichnet zunächst eine auf quantitativem Besitzvergleich vorgenommene Statusqualität, die in der Wortverbindung von ›isos‹ (*ἴσος*) und ›nomos‹ (*νόμος*) zu ›isonomia‹ (*ἰσονομία*) die rechtliche und politische Stellung der unter diesem Merkmal Gleichen und darüber hinaus die Verfassungsform der Herrschaft der Vollbürger bezeichnet. Mit den Anfängen der Theorie des ↑Naturrechts in der ersten ↑Aufklärung des 5. Jahrhunderts v. Chr. kommt es erstmals zur Ausformung eines universellen, die gesamte Menschheit einschließenden G.sbegriffs. Aristoteles und Platon gehen jedoch noch von einer natürlichen Ungleichheit der Menschen aus, denen sie entsprechend ihren Anlagen unterschiedliche Stellung und Funktion im Verband der Polis zuweisen. In ihren Staatstheorien erscheint, wenn auch in kritischer Distanz, zum ersten Mal die Verbindung von ›Demokratie‹ und ›G.‹ (Platon, Menex. 239a; Aristoteles, Pol. Z2.1317a40ff.). Der ökonomische und administrative Zwang des römischen Imperiums zur Ausbildung eines den Vielvölkerstaat umfassenden ›ius gentium‹ führte zusammen mit der Rezeption der stoischen Naturrechtslehre zu einer Auffassung, die das die Menschen Unterscheidende gegenüber der grundsätzlichen G. zurücktreten ließ. Vorbereitet durch die Gottstellung der spätrömischen Kaiser erscheint dieser G.sbegriff in der christlichen Lehre als G. des erlösungsbedürftigen Menschen vor dem Richtergott. Bis zur Glaubenskrise zu Beginn der zweiten Aufklärung unterstützt die Parusieerwartung die Ordo-Konzeption der feudalistisch-hierarchischen Gesellschaft des europäischen Mittelalters und erleichtert die Hinnahme sozialer und politischer Ungleichheit im Diesseits als göttlichem Willen entsprechend. In den mönchischen Versuchen der Kirchenerneuerung wie in den chiliastischen Bewegungen der Hussiten und Wiedertäufer (↑Chiliasmus) bleibt der G.sgedanke der urchristlichen Gemeinschaft erhalten. Demgegenüber hält M. Luther die beiden Regimenter strikt getrennt, beschränkt die G. auf das Sein in Christo und lehnt die Übertragung auf soziale und politische Institutionen ab.

Politische Wirksamkeit erhält der G.sgedanke vor allem durch die Wiederaufnahme der griechischen Naturrechtstheorie im 17. Jahrhundert. In der Lehre vom ↑Gesellschaftsvertrag bildet die natürliche G. der Menschen im Naturzustand die Basis für die als Naturgesetz vorgetragene Forderung nach G. aller vor einem allgemeinen Gesetz und nach politischen Beteiligungsrechten für das besitzende Bürgertum. Mit dem naturrechtlichen G.sbegriff ist die verfassungskritische Forderung nach formaler, sozialrechtlicher G. des Bürgertums verbunden, nicht aber die dem Aufklärungsdenken fremde Forderung nach einer sozialpolitisch herzustellenden materialen G.. Vielmehr basiert die Kritik der vom bloßen Zufall und nicht durch die Fähigkeit des einzelnen bestimmten sozialen Stellung auf der Annahme natürlicher Ungleichheit, für deren freie Entfaltung in den rechtlichen Grenzen des verfaßten und gewaltengeteilten Staates die vorrevolutionäre Naturrechtstheorie eintritt. Die Trias ›Freiheit, G., Brüderlichkeit‹ der Französischen Revolution ist in ihrer historischen Bedeutung zunächst nur vom Begriff der Freiheit her zu erfassen, zu deren Sicherung ungleiche Bürger staatsbürgerliche G. beanspruchen. Gleich sind die Menschen nur als Bürger. Dieser Anspruch erhält in der »Déclaration des droits de l'homme et du citoyen« von 1789 zum ersten Mal in Europa Verfassungsrang. Daneben entwickelt sich freilich schon im 18. Jahrhundert ein Freiheitsbegriff, der umgekehrt von einer materialen Gütergleichheit her bestimmt wird. Eine wesentliche Grundlage für diese Entwicklung gab J.-J. Rousseau durch die Zerstörung der naiven Konsensbasis der klassisch-naturrechtlichen Theorie vom Gesellschaftsvertrag. Die von Rousseau in der hypothetischen Rekonstruktion der gesellschaftlichen Entstehung der Ungleichheit unter den Menschen geleistete Analyse wurde in der zunehmenden Dynamik der Pariser Revolution gegen Rousseau in die politische Forderung nach Herstellung materialer G. umgemünzt.

Mit dem Plan einer Neuverteilung des Grundbesitzes vertrat C.-R. Gosselin (Réflexions d'un citoyen adressées aux Notables, 1787) egalitäre Gedanken, die von den Sansculotten aufgegriffen und mit der Forderung nach direkter Demokratie verbunden wurden. In England entstand die Bewegung der Spencean Philantropists, die im Anschluß an T. Spence (The Rights of Man, London 1775) kommunales Grundeigentum mit wiederkehrender Neuverteilung auf Pachtbasis anstrebte. In Deutschland entwickelte J.G. Fichte (Der geschlossene Handelsstaat, Tübingen 1800) das Modell einer egalitären Gesellschaft, in dem die Privateigentum an Sachen begründende Ausschließung fremder Tätigkeit durch die staatliche Zuweisung von Tätigkeitsrechten ersetzt war. Das Scheitern der über den bürgerlichen Verfassungsstaat von 1789/1791 hinausgehenden egalitär-demokratischen Forderungen, wie sie ansatzweise in der nicht in Kraft gesetzten Konventsverfassung von 1793 Ausdruck fanden, erklärte schon L. v. Stein (Geschichte der socialen Bewegung in Frankreich von 1789 bis auf unsere Tage, Leipzig 1850) damit, daß diese bloß politische Verfassung keine reale Entsprechung in den sozialen Kräften der Gesellschaft gefunden habe. Ähnlich erklärt K. Marx

(Der achtzehnte Brumaire des Louis Bonaparte, New York 1852) das Scheitern der II. Französischen Republik, wenn er die erfolgte soziale Revolution zur Erfolgsbedingung der politischen Revolution macht. Während Marx die im 19. Jahrhundert auftretende ›Soziale Frage‹ für sozialpolitisch unlösbar hält und im Rahmen seiner Theorie der Bewegungsgesetze des Kapitals aus dem sich zuspitzenden Widerspruch zwischen Lohnarbeit und Kapital die Notwendigkeit der sozialen Revolution und die Abschaffung des Klassenstaates ableitet, weist L. v. Stein dem Staat die Aufgabe zu, im Wege der Sozialreform mit Hilfe der dem partikularen Interessenkampf vermittels staatlicher Besoldung entzogenen und daher allgemeinen Klasse der Staatsbeamten die gesellschaftszerstörende Ungleichheit durch Maßnahmen der Sozialpolitik zu entschärfen. Dieser Gedanke der Sozialreform führte 1872 zur Gründung des »Vereins für Sozialpolitik« durch G. Schmoller. Gleichzeitig verschwindet der G.sbegriff aus der sozialpolitischen Diskussion. Sozialpolitik wird zunehmend zum festen Bestandteil der politischen Auseinandersetzung im parteienstaatlichen Parlamentarismus.

Das *Grundgesetz* hat versucht, dem Rechnung zu tragen, indem es die Bundesrepublik Deutschland als demokratischen und sozialen Bundesstaat bezeichnet (Art. 20, Abs. I GG) und die Länder auf die Grundsätze des republikanischen, demokratischen und sozialen Rechtsstaates (Art. 28, Abs. I, Satz 1 GG) verpflichtet. Es hat damit der Verpflichtung des einfachen Gesetzgebers, im Rahmen des verfassungsmäßigen Gestaltungsspielraumes die erforderlichen sozialpolitischen Maßnahmen zu treffen, Verfassungsrang verliehen. Den abstrakten G.sgrundsatz hingegen, der in erster Linie als naturrechtlich begründetes, gewährendes, negatives Statusrecht des Individuums gegen den Staat, als Gebot der Verfassungsmäßigkeit der Gesetze und der Gesetzmäßigkeit von Verwaltung und Rechtsprechung im Sinne der gleichbehandelnden ↑Gerechtigkeit (iustitia commutativa) zu verstehen ist, hat das Grundgesetz in den Katalog der Grundrechte (↑Menschenrechte) aufgenommen. Durch die unterschiedliche Stellung der polaren Begriffe ›Freiheit‹ und ›G.‹ in der Verfassung und durch die Wortverbindung ›sozialer Rechtsstaat‹ hat der Verfassungsgeber das Spannungsverhältnis zwischen dem individuelle Freiheit gewährleistenden liberalen Rechtsstaat und dem allgemeine G. durch Teilhabegewährung herstellenden Sozialstaat in der Verfassung selbst zum Ausdruck gebracht.

Literatur: O. Dann, G., in: Geschichtliche Grundbegriffe. Historisches Lexikon zur politisch-sozialen Sprache in Deutschland II, ed. O. Brunner/W. Conze/R. Koselleck, Stuttgart 1975, 997–1046; A. Greive, Die Entstehung der Französischen Revolutionsparole *Liberté, Egalité, Fraternité*, Dt. Vierteljahresschr. Literaturwiss. u. Geistesgesch. 43 (1969), 726–751; K. Hesse, Der G.sgrundsatz im Staatsrecht, Arch. öffentl. Rechts 77 (1951/1952), 167–224, bes. 172ff.; R. Koselleck, Kritik und Krise. Ein Beitrag zur Pathogenese der bürgerlichen Welt, Freiburg/München 1959, Frankfurt 1973; C. Meier, Die Entstehung des Begriffs ›Demokratie‹. Vier Prolegomena zu einer historischen Theorie, Frankfurt 1970; C. W. Müller, Gleiches zu Gleichem. Ein Prinzip des frühgriechischen Denkens, Wiesbaden 1965; H. Nef, G. und Gerechtigkeit, Zürich 1941; A. Podlech, Gehalt und Funktion des allgemeinen verfassungsrechtlichen G.ssatzes, Berlin 1971; R. Schnur (ed.), Zur Geschichte der Erklärung der Menschenrechte, Darmstadt 1964; H. Scholler, Die Interpretation des G.ssatzes als Willkürverbot oder als Gebot der Chancengleichheit, Berlin 1969; L. v. Stein, Geschichte der socialen Bewegung in Frankreich von 1789 bis auf unsere Tage, Leipzig 1850; W. Ullmann, The Individual and Society in the Middle Ages, Baltimore 1966. H. R. G.

gleichmächtig/Gleichmächtigkeit, ↑Äquivalenz (von Mengen).

Gleichung (engl. equation), mathematischer Ausdruck, bestehend aus dem Zeichen ›=‹ für die ↑Äquivalenzrelation der Gleichheit und Zeichen für mathematische Objekte wie Zahlen, Mengen, Funktionen etc. Sind die mathematischen Objekte durch induktiv (↑Definition, induktive) eingeführte Terme bzw. Formeln darstellbar, so handelt es sich um G.en der konstruktiven Mathematik (↑Mathematik, konstruktive). In der ↑Algebra werden z.B. Polynomialgleichungen $f(x) = \sum_{i=1}^{n} a_i x^i = 0$ mit der Unbekannten x untersucht, deren Koeffizienten a_i Elemente eines abstrakten (kommutativen) Ringes (mit Einselement) sind (↑Ring (mathematisch)). Lösungsverfahren solcher G.en sind Thema der algebraischen Gruppen-, Ring- und Körpertheorie (↑Gruppe (mathematisch), ↑Körper (mathematisch)). ↑Differentialgleichungen sind vor allem als physikalische ↑Bewegungsgleichungen von großer Bedeutung. Sie bilden die mathematische Grundlage physikalischer Kausalitätsauffassungen (↑Determinismus).

Literatur: P. Lorenzen, Einführung in die operative Logik und Mathematik, Berlin/Göttingen/Heidelberg 1955, Berlin/Heidelberg/New York ²1969; B.L. van der Waerden, Algebra I. Unter Benutzung von Vorlesungen von E. Artin und E. Noether. 8. Auflage der Modernen Algebra, Berlin/Heidelberg/New York 1971; weitere Literatur: ↑Bewegungsgleichungen, ↑Determinismus, ↑Differentialgleichung. K. M.

gleichzeitig/Gleichzeitigkeit, Grundbegriff der Physik. Die klassische Physik ging von der Annahme einer in jedem Punkt des absoluten Raumes (↑Raum, absoluter) gleich ablaufenden absoluten Zeit aus (↑Zeit, absolute). Mathematisch drückt sich die *absolute* G. in der Gleichung $t' = t$ der ↑Galilei-Transformation aus, welche die Grundgleichungen der klassischen Mechanik ↑invariant lassen. Die Gleichsetzung der Zeitkoordinaten entspricht auch der klassischen Fernwirkungstheorie (↑Gravitation), wonach es immer möglich ist, eine Wirkung momentan (d.h. unendlich schnell) zu übertragen. Nachdem die Lichtgeschwindigkeit c als maximale Signalgeschwindigkeit und als unabhängig von der Bewegungsgeschwindigkeit des das Licht emittierenden Körpers nachgewiesen war, definierte A. Einstein 1905 in seiner speziellen Relativitätstheorie (↑Relativitätstheorie, spezielle) den Begriff der *relativen* G. Danach heißen zwei an verschiedenen Orten stattfindende Ereignisse g. im Sinne der relativen G., wenn Lichtsignale, die von ihnen ausgehen, auf der Mitte der Verbindungsstrecke g. (im Sinne der für am gleichen Ort stattfindende Ereignisse unproblematischen absoluten G.) eintreffen. Findet daher ein Ereignis relativ zu einem ↑Inertialsystem K mit den Koordinaten (x, y, z, t) in einem parallel zur x-Achse von K sich in gleichförmiger Translationsbewegung v befindenden Inertialsystem K' mit den Koordinaten (x', y', z', t') statt, dann gilt unter Voraussetzung der physikalischen Gleichwertigkeit der Inertialsysteme (spezielles Relativitätsprinzip) und der Konstanz der Lichtgeschwindigkeit die Lorentz-Transformation $t' = \frac{t - \frac{v}{c^2}x}{\sqrt{1 - \frac{v^2}{c^2}}}$.

Die Lorentz-Transformation läßt die Gleichung $x^2 + y^2 + z^2 - c^2 t^2 = x'^2 + y'^2 + z'^2 - c^2 t'^2$ des Doppelkegels des Minkowski-Raumes (vgl. Abb. 1 des Artikel ↑Determinismus) invariant. Während die Raum-Zeit-Punkte im oberen Kegel relativ zur Kegelspitze ›zukünftig‹ und diejenigen im unteren Kegel ›vergangen‹ sind, scheiden die Punkte außerhalb des Doppelkegels wegen der maximalen Signalgeschwindigkeit des Lichts als ›vergangen‹ oder ›zukünftig‹ aus und heißen nach H. Reichenbach ›zeitfolgeunbestimmt‹.

Literatur: A. Einstein, Grundzüge der Relativitätstheorie, Berlin (Ost) [5]1969 (repr. Braunschweig 1973); A. Grünbaum, Philosophical Problems of Space and Time, New York 1963, Dordrecht/Boston [2]1973; P. Janich, Die Protophysik der Zeit. Konstruktive Begründung und Geschichte der Zeitmessung, Frankfurt 1980; H. A. Lorentz/A. Einstein/H. Minkowski, Das Relativitätsprinzip. Eine Sammlung von Abhandlungen. Mit einem Beitrag von H. Weyl und Anmerkungen von A. Sommerfeld. Vorwort von O. Blumenthal, Leipzig/Berlin [5]1923 (repr. Darmstadt 1958); P. Mittelstaedt, Der Zeitbegriff in der Physik. Physikalische und philosophische Untersuchungen zum Zeitbegriff in der klassischen und in der relativistischen Physik, Mannheim/Wien/Zürich 1976; H. Reichenbach, Philosophie der Raum-Zeit-Lehre, Berlin/Leipzig 1928 (repr. in: Hans Reichenbach. Gesammelte Werke in 9 Bänden, ed. A. Kamlah/M. Reichenbach, Braunschweig/Wiesbaden 1977ff., II). K. M.

Glück (Glückseligkeit) (griech. εὐδαιμονία bzw. μακαριότης; lat. beatitudo, felicitas; franz. bonheur, béatitude, félicité; engl. happiness, luck, felicity), zentraler Begriff der Philosophie und der Theologie, besonders der Anthropologie und der Ethik. Ethisch gewendet steht die Frage nach dem G. im Kontext der ↑Güterethik. – Im Gegensatz zu den auf äußere G.sgüter (Reichtum, Ehre, Macht, Gesundheit) bezogenen G.svorstellungen entwickelt die Philosophie mit den ↑Vorsokratikern (z.B. Demokrit) eine G.stheorie, die vorwiegend auf die innere Verfassung des Menschen, seine Seele, seine Vernunft und seine Moralität abstellt. Für Platon bedeutet die transzendente Beziehung des G.s auf die Idee des Guten und der Gerechtigkeit sowie auf ein ewiges G. (als Seligkeit) im Jenseits Unabhängigkeit von Neigungen, von äußeren G.sgütern und von der Polis; dieser ↑Autarkie sind jedoch nur die ›Philosophen‹ (Weisen) auf Grund ihnen vorbehaltener Einsicht fähig, während die Masse der übrigen Menschen ihr G. durch die Erfüllung ihrer jeweiligen Funktion (als Schuster, Zimmermann usw.) im Staat findet. Im Unterschied zu diesem elitären G.sverständnis definiert Aristoteles G. (mit unabdingbarem Bezug auf das Zusammenleben in der Polis und auf äußere Güter) als prinzipiell für jeden freien Bürger erreichbares Lebensziel einer durchgängigen tugendhaften (ethische und dianoetische ↑Tugenden beinhaltenden) Praxis. Die Stoa sieht im G. ein nur für den Weisen realisierbares individuelles Gut, das vornehmlich durch philosophisch-wissenschaftliche Einsicht und durch ↑Apathie (Freiheit von Affekten wie Lust, Trauer, Begierde, Furcht) zu erlangen ist, ähnlich wie Epikur, dessen ↑Hedonismus die Lust (als höchstes Gut) bestimmt durch ↑Ataraxie, Freiheit von Schmerz und Furcht (besonders vor den Göttern und vor dem Tod).

Das mittelalterliche G.sverständnis ist weitgehend geprägt durch die christliche Theologie, die die biblischen »Seligpreisungen« (Mt. 5, 3–12) im Sinne ewiger G.seligkeit nach dem Tod interpretiert und das anthropologisch-diesseitige G. stets unter dem jenseitigen, eschatologischen Aspekt sieht. Nach Thomas von Aquin ist G. ein Gnadengeschenk Gottes, das in der Gottesschau (↑visio beatifica dei) nach dem irdischen Leben besteht. – Mit der Renaissance beginnt eine Abkehr von theologischen und eine erneute Hinwendung zu genuin philosophischen, insbesondere die Theorien der Antike aufnehmenden G.skonzeptionen, die allerdings oft eine spezifisch christliche Prägung aufweisen. Eine Erneuerung der G.svorstellung im Sinne einer ↑vita contemplativa findet sich bei M. Ficino und Pico della Mirandola. F. Bacon unterscheidet eine von der Hoffnung des Glaubens getragene ›felicitas‹ von einem am Gemeinwohl orientierten, durch vita activa (↑vita contemplativa) zu erreichenden G.. Für R. Descartes bedeutet G. die aus dem tugendhaften, vernünftigen Leben entspringende Zufriedenheit, deren Realisierung nicht mehr in den Grenzen einer bestimmten Gesellschaft, sondern kosmopolitisch-universell gedacht wird. T. Hobbes verwirft theologische G.sideen ebenso, wie idealistisch-philosophische und definiert G. als ›andauerndes Fortschreiten von einer Begierde zur anderen‹, J. Locke als Maximum an ›pleasure‹ (das Gute als das, was pleasure hervorruft). Damit legt er den Grund für das von F. Hutcheson propagierte Prinzip (der Sozialethik) des ›größtmöglichen G.s für die größtmögliche Zahl‹, das von J. Bentham später als oberste Forderung auch an rechtlich-ökonomische Entscheidungen in die Staats- und Volkswirtschaftslehre übernommen wurde (↑Utilitarismus). J.O. de La Mettrie versteht G. ausschließlich als sinnliche Lust, deren Qualität relativ zu früheren Zuständen und zum G. anderer (nicht nach dem Verhältnis zur Wahrheit oder zur Tugend) gemessen wird; Tugend ist für ihn eine Erfindung der Gesellschaft zum Schutz gegen sich aus individuellem G.sstreben ergebende Aggressionen.

Nach I. Kant ist G.seligkeit, verstanden als ›Naturzweck‹, als »Materie aller [...] Zwecke auf Erden« (KU §83, Akad.-Ausg. V, 431) bzw. als ›Befriedigung aller unserer Neigungen‹ (KrV B 834), kein sinnvolles Handlungsziel, da es inhaltlich nicht eindeutig und dauerhaft bestimmbar ist, Allwissenheit über Handlungsfolgen voraussetzt und Moralität von Neigungen abhängig macht. Gerechtfertigt ist nach Kant nicht das Streben nach G.seligkeit, sondern die Würdigkeit zur G.seligkeit, deren Erfüllung im ›höchsten Gut‹ letztlich nur theologisch vorgestellt werden könne. Auch J.G. Fichte sieht in der Würdigkeit zur G.seligkeit, nicht in der G.seligkeit selbst, den Zweck des Lebens. Für G.W.F. Hegel ist Seligkeit allein Gott vorbehalten; G.seligkeit bedeutet einerseits die Macht des Gedankens über die Triebe, die Transzendierung der Besonderheit, andererseits verbleibt die so erreichte Allgemeinheit in der Besonderheit der individuellen Subjektivität.

S. Freud bestimmt G. als Befriedigung des Luststrebens, die jedoch auf Grund der restriktiven kulturellen und gesellschaftlichen Bedingungen zum Zweck kollektiver Selbsterhaltung nie erreicht werden kann. H. Marcuse sieht dagegen in einer Wohlstandsgesellschaft durchaus die Möglichkeit, durch einen Abbau von Repressionen G. zu realisieren, allerdings unter der Bedingung, daß es gelingt, wahre von falschen, berechtigte von nichtgerechtfertigten Bedürfnissen und Interessen zu unterscheiden.

Literatur: R. Arnou, Le désir de Dieu dans la philosophie de Plotin, Paris 1921; G. Bien (ed.), Die Frage nach dem G., Stuttgart 1978; D. Eickelschulte, Beatitudo als Prozeß. Zur Frage nach dem Ort der theologischen Ethik bei Thomas v. Aquin, in: P. Engelhardt (ed.), Sein und Ethos. Untersuchungen zur Grundlegung der Ethik, Mainz 1963, 236–266; A. Gardeil, Béatitude, in: Dictionnaire de théologie catholique II/1, Paris 1923, 497–515; L.-B. Gillon, Béatitude et désir de voir Dieu au moyen âge, Angelicum 26 (1949), 3–30, 115–142; J.F. Haussleiter, Der G.sgedanke bei Plato, Aristoteles und Spinoza, Diss. Greifswald (Ms) 1923; W. Kamlah, Philosophische Anthropologie. Sprachkritische Grundlegung und Ethik, Mannheim/Wien/Zürich 1972; H. Kohler, Das philosophische Prinzip des G.s, Leipzig 1934; P. Merlan, Zum Problem der drei Lebensformen, Philos. Jb. 74 (1966), 217–219; G. Müller, Probleme der aristotelischen Eudaimonielehre, Mus. Helv. 17 (1960), 121–143; H. Pichler, Besinnung über G. und Unglück. Kant-St. 41 (1936), 94–126; ders., Persönlichkeit, G., Schicksal. Drei Aufsätze, Stuttgart 1947; J. Ritter/O.H. Pesch/R. Spaemann, G., Hist. Wb. Ph. III (1974), 679–707; W. Sanders, G.. Zur Herkunft und Bedeutungsentwicklung eines mittelalterlichen Schicksalbegriffs, Köln/Graz 1965; H.-D. Voigtländer, Die Lust und das Gute bei Platon, Würzburg 1960; N. Wicki, Die Lehre von der himmlischen G.seligkeit in der mittelalterlichen Scholastik von Petrus Lombardus bis Thomas von Aquin, Fribourg 1954; M. Wittmann, Thomas von Aquin und Bonaventura in ihrer G.slehre miteinander verglichen, in: A. Lang/J. Lechner/M. Schmaus (eds.), Aus der Geisteswelt des Mittelalters. Studien und Texte, Martin Grabmann zur Vollendung des 60. Lebensjahres von Freunden und Schülern gewidmet, Münster 1935, 749–758; G.H. v. Wright, The Varieties of Goodness, London, New York 1963. M.G.

Gnoseologie (gnoseologia) (von griech. γνῶσις, Erkenntnis, Wissen), wie die im 17. Jahrhundert gebräuchliche Bezeichnung ›Gnostologia‹ (vgl. V.

Fromme, Gnostologia, Wittenberg 1631; J. Micraelius, Lexicon philosophicum terminorum philosophis usitatorum, Stettin [2]1662, 1004) gleichbedeutend mit ↑Erkenntnistheorie, innerhalb des Systems der Philosophie befaßt mit den Bedingungen begründeten Wissens (im klassischen Sinne: der Entstehung, dem Wesen und den Grenzen der Erkenntnis). Nach W.T. Krug, der die Bezeichnung ›G.‹ (gleichbedeutend mit ›Erkenntnislehre‹) wohl zum ersten Mal terminologisch verwendet (Fundamentalphilosophie § 129, Züllichau 1803, 331), beschäftigt sich die G. (als Metaphysik ›rein philosophische Wissenschaft‹) »mit dem Transzendentalen, d.h. dem Ursprünglichen oder demjenigen, was in Ansehung unserer Erkenntnis a priori bestimmt ist« (System der theoretischen Philosophie, I–III, Königsberg 1806–1810, II [1808], 3f.). Als Bezeichnung unterschiedlicher Stufen des Wissens tritt der Ausdruck ›gnoseologia‹ auch früher auf, so z.B. als ›gnoseologia inferior‹ zur Bezeichnung des durch die Sinnlichkeit vermittelten (Wahrnehmungs-)Wissens bei A.G. Baumgarten (Metaphysica § 533, Halle 1739, [7]1779, 197). Neuere Verwendungsweisen stehen zumeist in Korrespondenz zu Versuchen, ontologischen Fragestellungen gegenüber erkenntnistheoretischen Reduktionen einer Theorie des Wissens wieder Geltung zu verschaffen, so bei N. Hartmann (Grundzüge einer Metaphysik der Erkenntnis, Berlin 1921, [5]1965, 35) und G. Jacoby (Allgemeine Ontologie der Wirklichkeit, I–II, Halle 1925/1955, I, 529f. – im Zusammenhang mit einer Kritik des ↑Satzes des Bewußtseins). J. M.

Gnosis (griech. γνῶσις, Erkenntnis, Wissen), Bezeichnung für verschiedene erkenntnistheoretische Positionen, deren Unterschied sich aus folgenden Bedeutungsvarianten des Wortes ›G.‹ ergibt: (1) G. als philosophisch-rationale Erkenntnis, synonym mit Wahrheit (ἀλήθεια) und Wissenschaft (ἐπιστήμη); (2) G. als theologisches Wissen, das auf Glauben basiert, aber Anspruch auf rationale Einsehbarkeit erhebt; (3) G. als religiöses Geheimwissen (im expliziten Gegensatz zur rationalen Erkenntnis). Die erste Variante ist als Terminus historischer Klassifikation ohne Bedeutung (identisch mit ↑Rationalismus).

Die frühchristliche G. (Paulus, Philon von Alexandreia) ist gekennzeichnet durch das Bemühen, dem hellenistischen Denken die Erkenntnis Gottes und der ›Heilswahrheit‹ als vernunftgemäß nahezubringen. Justinus, Irenäus, Clemens Alexandrinus und Origines unterscheiden eine ›echte‹, christlich-kirchliche, auf rationale Durchdringung des Glaubens angelegte von einer ›betrügerischen‹, heidnisch-mystischen G.. Religionsphilosophen des 19. Jahrhunderts (F.C. Baur, K. v. Hase) verwenden den Terminus ›G.‹ bzw. ›Gnostizismus‹ (J.G. Fichte) zur Bezeichnung philosophischer (z.B. G.W.F. Hegels und F.E.D. Schleiermachers) und theologischer Religionsphilosophien, die eine begriffliche Klärung und philosophische Begründung religiöser Anschauungen anstreben. Am geläufigsten ist der Terminus ›G.‹ in der dritten Bedeutungsvariante als Bezeichnung für eine vor allem im 2. Jahrhundert n. Chr. einflußreiche, religiös-philosophische Position, die (im Gegensatz zum kirchlichen Autoritätsglauben und zur Lehre von der Unverfügbarkeit göttlicher Zuwendung) die Erlösung des Menschen ausschließlich von einer durch eigene Kraft erreichbaren Erkenntnis Gottes und seines Heilsplanes abhängig macht. Zu den Grundannahmen dieser G. (auch: Gnostizismus) zählt die Lehre vom ↑Dualismus des Guten und Bösen, vom göttlichen Ursprung des Menschen, seiner Selbstentfremdung sowie der Möglichkeit seiner Rückkehr durch Erlösung und schauende Gotteserkenntnis, die ihren Höhepunkt im Einswerden mit Gott erreicht. – Gnostisches Gedankengut findet sich in fast allen Religionen. Die Entstehung der G. ist nicht bekannt, die Dogmenentwicklung des Christentums erfährt durch die Auseinandersetzung mit ihr (Valentinus, Basilides, Karpokrates) entscheidende Impulse. Religiöser Synkretismus, die Neigung zu elitär-esoterischem Geheimwissen und die Mannigfaltigkeit ihrer Ausprägungen erschweren ein genaues Verständnis der G.. Man unterscheidet eine jüdische (Simon Magus), heidnische (hermetische Schriften) und christliche G.; die Manichäer bilden einen späten Höhepunkt.

Im Anschluß an die dritte Bedeutungsvariante verwenden E. Voegelin (aus christlicher Sicht) und E. Topitsch (auf der Grundlage des ↑Neopositivismus) den Ausdruck ›G.‹ als ideologiekritischen Terminus, um über strukturell-formale Analogien bzw. Übereinstimmungen zwischen der G. und neuzeitlichen Weltanschauungen und politischen Theorien (z.B. Marxismus, Nationalsozialismus, Puritanismus) bei diesen gnostisch-irrationale Momente aufzuweisen.

Literatur: B. Aland (ed.), G.. Festschrift für Hans Jonas, Göttingen 1978; F.C. Baur, Die christliche G., Tübingen 1835 (repr. Darmstadt 1967); U. Bianchi (ed.), Le origini dello gnosticismo. Colloquio di Messina 13–18 aprile 1966. The Origins of Gnosticism. Colloquium of Messina 13–18 April 1966, Texts and Discussions, Leiden 1967;

A. Böhlig, Mysterion und Wahrheit. Gesammelte Beiträge zur spätantiken Religionsgeschichte, Leiden 1968; W. Bousset, Hauptprobleme der G., Göttingen 1907 (repr. 1973) (Forschungen zur Religion und Literatur des Alten und Neuen Testaments 10); C. Colpe, Die religionsgeschichtliche Schule. Darstellung und Kritik ihres Bildes vom gnostischen Erlösermythos, Göttingen 1961; W. Foerster, Das Wesen der G., Die Welt als Geschichte 15 (1955), 100–114; ders. (ed.), Die G., I–III (I Zeugnisse der Kirchenväter, eingel. v. E. Haenchen/M. Krause, übers. v. W. Foerster, II Koptische und mandäische Quellen, eingel. v. M. Krause/K. Rudolph, III Der Manichäismus, eingel. u. übers. v. A. Böhlig), Zürich/Stuttgart 1969–1979; R.M. Grant, Gnosticism and Early Christianity, New York 1959, [2]1966; R. Haardt, Die G.. Wesen und Zeugnisse, Salzburg 1967; K.A. v. Hase, G., oder Evangelische Glaubenslehre, für die Gebildeten in der Gemeinde, I–III, Leipzig 1827–1829, unter dem Titel: G., oder Protestantisch-evangelische Glaubenslehre für die Gebildeten in der Gemeinde, I–II, Leipzig [2]1869–1870; H. Jonas, Der Begriff der G., Diss. Marburg 1930; ders., G. und spätantiker Geist I, Göttingen 1934, I–II/1, Göttingen [3]1964; K. Kerényi, Mythologie und G.. Vorträge, gehalten im Eranos zu Ascona im August 1941, Amsterdam 1942; G. Koepgen, Die G. des Christentums, Salzburg 1939, [2]1940, Trier [3]1978; W. Köhler, Die G., Tübingen 1911; H. Langerbeck, Aufsätze zur G., ed. H. Dörries, Göttingen 1967 (Abh. Akad. Wiss. Göttingen, phil.-hist. Kl., Folge 3, Nr. 69); H. Leisegang, Die G., Leipzig 1924, Stuttgart [4]1955; R. Mac Lachlan Wilson, G. und Neues Testament, Stuttgart/Berlin/Köln/Mainz 1971 (aus dem engl. MS übers.); G. Quispel, G. als Weltreligion, Zürich 1951; K. Rahner, G. des Christentums, Scholastik 15 (1940), 1–15; K. Rudolph, G. und Gnostizismus. Ein Forschungsbericht, Theol. Rdsch. 34 (1969), 121–231; ders., Die G.. Wesen und Geschichte einer spätantiken Religion, Göttingen 1977; ders. (ed.), G. und Gnostizismus, Darmstadt 1975; R. Stupperich/G. Behse, G., Hist. Wb. Ph. III (1974), 715–720; E. Topitsch, Mythos, Philosophie, Politik. Zur Naturgeschichte der Illusion, Freiburg 1969; K.-W. Tröger (ed.), G. und Neues Testament. Studien aus Religionswissenschaft und Theologie, Gütersloh 1973; E. Voegelin, Gnostische Politik, Merkur 4 (1952), 301–317; ders., Wissenschaft, Politik und G., München 1959; K. Wegenast, G., Gnostiker, KP II (1967), 830–839. M.G.

Goclenius, Rudolph (der ältere) (eigentlich Göckel), *Corbach (Waldeck) 1. März 1547, †Marburg 8. Juni 1628, dt. Philosoph, führender Vertreter der protestantischen Scholastik in Deutschland. Studium in Marburg (1564–1568) und Wittenberg (1568–1571), 1571 Promotion in Wittenberg, 1574 Rektor der Lateinschule in Corbach, 1575 des Pädagogiums in Kassel, 1581 Prof. der Physik an der Universität Marburg, 1589 Prof. der Logik, später auch der Mathematik und, ab 1603, der Ethik, ebendort. Rufe nach Bremen, Herborn, Lemgo und Wittenberg, der bedeutendsten protestantischen Universität zu jener Zeit, lehnte er ab. 1618 Teilnahme an der Dordrechter Synode. G. galt in seiner Zeit als hochangesehener Lehrer, als ›Marburger Plato‹, ›christlicher Aristoteles‹ und ›Lehrer Deutschlands‹, wobei seine enzyklopädisch orientierten, von Logik über Physik, Mathematik, Astronomie, Psychologie, Botanik, Zoologie bis zu Ethik und Medizin reichenden Arbeiten Dokumente ungewöhnlicher, zumeist aber unselbständiger, zudem häufig bis ins Abstruse gehender Gelehrsamkeit sind (z.B. Beantwortung der Frage, ob sich ein Engel zugleich im Himmel und auf der Erde aufhalten könne [Dilucidationes canonum philosophicorum, 1604, 77], Einteilung der Tränen in warme und kalte, dicke und dünne, süße und bittere etc. [Physiologia de risu et lacrimis, 1597, 53ff.]). Seine Arbeitsweise ist eklektisch, bestimmt von Harmonisierungsbemühungen zwischen Philosophie und Theologie im allgemeinen und Platonischen und Aristotelischen Traditionen im besonderen (vgl. Conciliator philosophicus, 1609). So nimmt G. auch in der die philosophische Diskussion seiner Zeit bestimmenden Kontroverse über den Antiaristotelismus des P. Ramus zwischen Ramisten (z.B. J. Cramer) und Antiramisten (z.B. N. Frischlin) eine vermittelnde Position ein (↑Ramismus). Seine eigenen logischen Arbeiten schließen unter gleichzeitiger Berücksichtigung der Aristotelischen Logik im 15. und 16. Jahrhundert (J.C. Scaliger, P. Melanchthon, G. Zabarella, F. Piccolomini) an Ramus an (G. wird daher auch, ebenso wie J.H. Alsted, C. Timpler und B. Keckermann, als Semiramist bezeichnet). G. wird die Entdeckung einer nach ihm benannten Form des ↑Kettenschlusses (›goclenischer‹ Sorites) zugeschrieben. Mit D. Cramer (Isagoge in metaphysicam Aristotelis, 1594, [2]1601) gilt G. als Begründer des protestantischen Lehrbuchs der Metaphysik (Isagoge in peripateticorum et scholasticorum primam philosophiam, 1598). Neben einer umfangreichen Enzyklopädie der Wissenschaften (Physice complete speculum, 1604) und zahlreichen grammatischen Arbeiten steht insbesondere das in begriffsgeschichtlicher Hinsicht wichtige und einflußreiche »Lexicon philosophicum« (1613).

Werke: Problematum logicorum, I–IV, Marburg 1589–1595; Aristoteles Organon: hoc est, Logica, ad utiles praeceptiones contracta, cum sylloge quadam necessariarum annotationum, & bonorum ac illustrium exemplorum, Marburg 1590; De hominis perfectione, animo, et in primis ortu hujus, commentationes ac disputationes quorundam theologorum, Marburg 1590; Problematum logicorum, I–III, Marburg 1590–1591, I–V, 1597 (repr. Frankfurt 1967); Exercitationes ethicae, in usum studiosorum philosophiae academicae Marpurgensis, Marburg 1592; Ψυχολογία: hoc est, De hominis perfectione, animo et in primis ortu hujus, commentationes ac disputationes quorundam theologorum & philosophorum nostrae aetatis, Marburg 1594 (repr. Frankfurt in Vorbereitung), [2]1597; Quaestiones et disputationes de ordine et methodo discalico, Marburg 1594; Praxis logica, ex privatis eius lectionibus, ante aliquot annos excerpta, Frankfurt 1595, 1598; Partitio dialectica, Frankfurt 1595; Physiologia de risu et lacrimis, angebunden an: E. Barbaro, Scientiae naturalis compendium, Marburg 1597; Isagoge in peripateticorum et scholasticorum primam philosophiam, quae dici consuevit metaphysica, Frankfurt 1598 (repr. Hildesheim/New York 1976); Institutionum logicarum de inventione liber unus, Marburg 1598; Ratio solvendi vitiosas argumentationes. Pars critices ad institutiones dialecticas pertinens, Marburg 1598, 1605, 1611; Isagoge in organum Aristotelis, Frankfurt 1598; Commentariolus de ratione definiendi, Frankfurt 1600, 1610; Institutionum logicarum libri III, Marburg 1601, 1608; Cosmographiae. Seu Sphaerae mundi descriptionis, hoc est astronomiae & geographiae rudimenta, Lemgo 1603; Physice complete speculum, iam dudum a multis multum desideratum, certis theorematis, eorumque scholiis lepide illustratum, omnibus suis numeris perfectum, hactenus nulli mortalium visum, Marburg 1604; Dilucidationes canonum philosophicorum, Lich 1604; Controversiae logicae et philosophiae, ad praxin logicam directae, quibus praemissa sunt theoremata seu praecepta logica, Marburg 1604, 1609; Liber selectiorum carminum, Marburg 1606; Conciliator philosophicus, Kassel 1609 (repr. Hildesheim/New York 1977); Observationum linguae latinae, sive puri sermonis analecta, Halle 1610, Frankfurt 1621; Apologeticus pro astromantia discursus, Marburg 1611 (repr. Frankfurt in Vorbereitung); Lexicon philosophicum, quo tanquam clave philosophiae fores aperiuntur, Frankfurt 1613 (repr. Stuttgart 1962, Hildesheim 1964); Lexicon philosophicum Graecum, accesit adiicienda Latino lexico sylloge vocum et phrasium, Marburg 1615; Tractatus de portentiosis ac luxuriosis nostri seculi conviviis et commessationibus, earum autoribus, origine, mensarumque assedis, Marburg 1617; Sylva minus probatorum, insolentium barbarorum [...] in Latina, Leipzig 1624.

Literatur: H. Freudenthal, G., ADB IX (1879), 308–312; P. Petersen, Geschichte der Aristotelischen Philosophie im protestantischen Deutschland, Leipzig 1921; W. Risse, Die Logik der Neuzeit I (1500–1640), Stuttgart-Bad Cannstatt 1964, 450ff.; F. W. Strieder, Grundlage zu einer Hessischen Gelehrten und Schriftsteller Geschichte. Seit der Reformation bis auf gegenwärtige Zeiten, I–XVII, Kassel 1781–1819, IV (1784), 428–507, IX (1794), 381, XIII (1802), 341–344; M. Wundt, Die deutsche Schulmetaphysik des 17. Jahrhunderts, Tübingen 1939, bes. 57ff.. J.M.

Gödel, Kurt, *Brünn (heute ČSSR) 28. April 1906, †Princeton 14. Jan. 1978, österr. Logiker und Mathematiker. Studium der Mathematik und Physik in Wien, 1930 Promotion. 1933–1938 Dozent der Mathematik in Wien, danach Mitglied und ab 1953 Prof. am Institute for Advanced Study in Princeton N.J. (USA). G. zeigte 1930 als erster die Vollständigkeit der klassischen Quantorenlogik 1. Stufe (in einer auf G. Frege und B. Russell zurückgehenden Form) (↑Vollständigkeitssatz). Dieser Verwirklichung eines wichtigen ersten Schritts im sogenannten ↑Hilbertprogramm folgte 1931 der berühmte G.sche ↑Unvollständigkeitssatz, der die Undurchführbarkeit des Programms aufzeigt: jedes für die Darstellung der elementaren ↑Zahlentheorie ausreichende und zugleich widerspruchsfreie formale System ist unvollständig, und seine Widerspruchsfreiheit kann nicht mit den in ihm formalisierten (geschweige denn, wie D. Hilbert gefordert hatte, mit schwächeren) Mitteln bewiesen werden. Dieser geniale Beweis bildete methodologisch wie inhaltlich einen Wendepunkt in der Geschichte der mathematischen Grundlagenforschung. Auf Grund des dort verwendeten Verfahrens der ↑›Gödelisierung‹ gelangen (zumeist anderen Logikern) eine Fülle weiterer Unmöglichkeitsbeweise (so z.B. A. Church 1936 der Beweis für die Unentscheidbarkeit der Quantorenlogik 1. Stufe, ↑Unentscheidbarkeitssatz), die ein für allemal die Hoffnung auf eine rein axiomatisch fundierte Mathematik, die alle mathematischen Probleme zu lösen imstande ist, zerstörten.

Ebenso wie bezüglich des Hilbertprogramms beendete G. auch bezüglich des Verhältnisses zwischen intuitionistischer und klassischer Arithmetik eine lange andauernde Kontroverse, indem er 1932 die Einbettbarkeit der letzteren in die erstere aufwies. Weiterhin gelang es ihm 1938, eine Teilantwort auf die Frage nach der Abhängigkeit der ↑Kontinuumhypothese und des ↑Auswahlaxioms von den restlichen Axiomen der Mengenlehre zu geben: Widerspruchsfreiheit der letzteren vorausgesetzt, sind die erstgenannten nicht widerlegbar (den zweiten Teil des Unabhängigkeitsbeweises erbrachte P.J. Cohen 1963). Schließlich entwickelte G. 1958 das Verfahren der ↑Funktionalinterpretation, das inzwischen neben der von G. Gentzen eingeführten Methode der Schnittelimination (↑Schnittregel) zu einem der wichtigsten Hilfsmittel der modernen ↑Beweistheorie geworden ist. Neben diesen und anderen Arbeiten zur Logik und Grundlagenforschung der Mathematik stehen noch eine Reihe aufschlußreicher Beiträge zur Diskussion um die Grundlagen der Relativitätstheorie. – G.s offenkundiges Gespür für das Auffinden adäquater Methoden zur Lösung schwieriger Probleme stand in auffälligem Widerspruch zu seiner eigenen, dezidiert platonistischen Position bezüglich der Grundlagen der Mathematik (Russell's Mathematical Logic, 1944), die auf Grund seiner eigenen Ergebnisse nur unter *bewußter* Inkaufnahme systematisch wirkungsloser metaphysischer Annahmen aufrechterhalten werden kann.

Um so bewundernswerter ist die Leistung G.s, solche Voraussetzungen hintanzustellen und eigene Grundüberzeugungen zu widerlegen.

Werke: Die Vollständigkeit der Axiome des logischen Funktionenkalküls, Mh. Math. Phys. 37 (1930), 349–360 (engl. The Completeness of the Axioms of the Functional Calculus of Logic, in: J. v. Heijenoort [ed.], From Frege to G.. A Source Book in Mathematical Logic, 1879–1931, Cambridge Mass. 1967, 583–591); Über formal unentscheidbare Sätze der Principia Mathematica und verwandter Systeme I, Mh. Math. Phys. 38 (1931), 173–198 (engl. On Formally Undecidable Propositions of Principia mathematica and Related Systems, introd. R. B. Braithwaite, New York 1962, und in: M. Davis [ed.], The Undecidable. Basic Papers on Undecidable Propositions, Unsolvable Problems and Computable Functions, Hewlett N.Y. 1965, 5–38, ferner in: J. v. Heijenoort [ed.], From Frege to G., 596–616); Zur intuitionistischen Arithmetik und Zahlentheorie, Ergebnisse eines mathematischen Kolloquiums H. 4 (1931/1932, publ. 1933), 34–38 (engl. On Intuitionistic Arithmetic and Number Theory, in: M. Davis [ed.], The Undecidable, 75–81); The Consistency of the Axiom of Choice and of the Generalized Continuum-Hypothesis, Proc. Nat. Acad. Sci. USA 24 (1938), 556–557; The Consistency of the Continuum-Hypothesis with the Axioms of Set Theory, Princeton N.J./London 1940 (Annals of Mathematics Studies 3), unter dem Titel: The Consistency of the Axiom of Choice and of the Generalized Continuum Hypothesis with the Axioms of Set Theory, Princeton N.J./London 1940, ^{2}1951, ^{8}1970; Russell's Mathematical Logic, in: P.A. Schilpp (ed.), The Philosophy of Bertrand Russell, Evanston/Chicago 1944, New York ^{3}1951, La Salle ^{4}1971, 123–153, Nachdr. in: P. Benacerraf/H. Putnam (eds.), Philosophy of Mathematics. Selected Readings, Englewood Cliffs N.J. 1964, 211–232); A Remark about the Relationship between Relativity Theory and Idealistic Philosophy, in: P.A. Schilpp (ed.), Albert Einstein: Philosopher-Scientist, Evanston 1949 (repr. 1970), 555–562 (dt. Eine Bemerkung über die Beziehungen zwischen der Relativitätstheorie und der idealistischen Philosophie [Mit Zusätzen zu den Fußnoten], in: P.A. Schilpp [ed.], Albert Einstein als Philosoph und Naturforscher, Stuttgart 1955, 406–412); Über eine bisher noch nicht benutzte Erweiterung des finiten Standpunktes, Dialectica 12 (1958), 280–287, und in: Logica. Studia Paul Bernays dedicata, Neuchâtel 1959, 78–83. (engl. On a Hitherto Unexploited Extension of the Finitary Standpoint, J. Philos. Log. 9 [1980], 133–142, darin 140–142: A Bibliography of Work Resulting from Gödel's Paper).

Literatur: P. Benacerraf, God, the Devil, and G., The Monist 51 (1967), 9–32; J.J. Bulloff/T.C. Holyoke/S.W. Hahn, Foundations of Mathematics. Symposium Papers Commemorating the Sixtieth Birthday of K.G., Berlin/Heidelberg/New York 1969 (mit Bibliographie); I. Grattan-Guiness, In memoriam K.G.. His 1931 Correspondence with Zermelo on His Incompletability Theorem, Hist. Math. 6 (1979), 294–304; S.C. Kleene, The Work of K. G., J. Symb. Log. 41 (1976), 761–778 (mit Bibliographie Addendum dazu: J. Symb. Log. 43 (1978), 613; In Memoriam K.G. 28 April 1906–14 January 1978, The Mathematical Intelligencer 1 (1978), 182–185 (mit Bibliographie), darin: H. Wang, K.G.'s Intellectual Development, 182–184. G. H.

Gödelisierung, auch Arithmetisierung, ein von K. Gödel entwickeltes Verfahren, nach dem den korrekt gebildeten Ausdrücken (d.h. Termen und Formeln, ↑Ausdruck (logisch)) einer formalen Theorie eindeutig natürliche Zahlen zugeordnet werden können derart, daß (a) jeder natürlichen Zahl höchstens ein Ausdruck entspricht, (b) jedem Ausdruck *genau* eine Zahl (seine ›Gödelnummer‹) entspricht. Bei geeigneter Wahl der Numerierung kann man darüber hinaus erreichen, daß (c) auch Ableitungen von Formeln bzw. Aussagen eindeutige Nummern erhalten, (d) Ableitungsregeln ↑primitiv-rekursive Funktionen entsprechen, welche die Nummern der Prämissen von Regelanwendungen in die Nummern der jeweiligen Konklusion überführen, (e) metatheoretischen Prädikaten wie › ___ ist Ableitung für ___ ‹ und › ___ ist ableitbar‹ zahlentheoretische Prädikate entsprechen. Auf diese Weise können formale Systeme innerhalb der Zahlentheorie (der natürlichen Zahlen, ↑Arithmetik) dargestellt und abgehandelt werden. Seit Gödel diese Tatsache 1931 erstmals benutzte, um die Unvollständigkeit der axiomatischen Theorie der natürlichen Zahlen (↑Unvollständigkeitssatz) zu zeigen, ist die G. zu einer der Standardmethoden der ↑Metamathematik und ↑Beweistheorie geworden.

Literatur: M. Davis (ed.), The Undecidable. Basic Papers on Undecidable Propositions, Unsolvable Problems and Computable Functions, Hewlett N.Y. 1965; J.L. Eršov, Teorija numeračij I, Nowosibirsk 1969 (dt. Theorie der Numerierungen I, Z. math. Logik u. Grundlagen d. Math. 19 [1973], 289–388); ders., Teorija numeračij II, Nowosibirsk 1973 (dt. Theorie der Numerierungen II, ebd. 21 [1975], 473–584); H. Rogers, Theory of Recursive Functions and Effective Computability, New York 1967; W. Stegmüller, Unvollständigkeit und Unentscheidbarkeit. Die metamathematischen Resultate von Gödel, Church, Kleene, Rosser und ihre erkenntnistheoretische Bedeutung, Wien/New York ^{3}1973, bes. 36–43, 111–112. G. H.

Gödelscher Satz, ↑Unvollständigkeitssatz.

Godwin, Francis, *Hannington (Northamptonshire) 1562, †Whitbourne (Herefordshire) 1633, engl. Schriftsteller und Theologe. 1584 M.A. Christ Church, Oxford, 1587 Sub-Dean Exeter, 1601 Bischof von Llandaff, 1617 von Hereford. Neben Cyrano de Bergerac, der in seinen Mond- und Sonnenromanen (Histoire comique. Contenant les estats & empires de la lune, Paris 1657; Histoire comique. Contenant les estats du soleil, Paris 1662) auf Vorstellungen G.s zurückgreift, der erste Autor, der sich in einer kosmischen (möglicherweise von Spekulationen G. Brunos beeinflußten) voyage imaginaire (The Man in the Moone, 1638), die zu einem utopischen Staat auf dem Mond führt, auf die kosmologischen Arbeiten N. Kopernikus', J. Keplers und G. Galileis beruft. Das Buch, an dem G. mehr als 20 Jahre schrieb, das über 25 Auflagen erreichte und in mehrere Sprachen übersetzt wurde, ist ein einflußreiches Exempel für die mit der Entstehung der neuzeitlichen Wissenschaft beginnende Verselbständigung technischer Phantasie im Rahmen der Tradition utopischer Literatur (↑Utopie).

Werke: A Catalogue of the Bishops of England. Since the first Planting of the Christian Religion on this Island. Together with a briefe History of their Lives and Memorable Actions, so Neere as Can Be Gathered out of Antiquity, London 1601, 1615, I–II, ed. (und erweitert) W. Richardson, Cambridge 1743; Rerum Anglicarum, Henrico VIII, Edward VI, et Maria regnantibus, London 1616, 1628, Den Haag 1653, London 1716 (engl. Annales of England. Containing the Reignes of Henry the Eighth, Edward the Sixt, Queene Mary, London 1630, 1676); The Man in the Moone, or, a Discourse of a Voyage Thither by Domingo Gonsales, the Speedy Messenger, London 1638 (repr. Amsterdam, New York 1972), ²1657 (mit Nuncius Inanimatus), 1768; The Man in the Moone and Nuncius Inanimatus, ed. G. McColley, Northampton Mass. 1937 (repr. Folcroft Pa. 1973) (dt. Der fliegende Wandersman nach den Mond, oder eine gar kurtzweilige und seltzame Beschreibung der neuen Welt dess Monds, wie solche von einem gebornen Spanier mit Namen Dominico Gonsales beschrieben und der Nachwelt bekant gemacht worden ist, Wolfenbüttel 1659 [Übers. wird H. J. C. v. Grimmelshausen zugeschrieben]).

Literatur: J. Mittelstraß, Neuzeit und Aufklärung. Studien zur Entstehung der neuzeitlichen Wissenschaft und Philosophie, Berlin/New York 1970, 370f.; D. H. Neville, Bishop G.'s »Lunatique Language«, J. Warburg and Courtauld Institutes 30 (1967), 296–316. J. M.

Godwin, William, *Wisbech (Cambridgeshire) 3. März 1756, †London 7. April 1836, engl. Schriftsteller und Philosoph. 1778–1783 Prediger von Dissentergemeinden, ab 1783 freier Schriftsteller und politischer Journalist (schrieb für »The Political Herald« und »The New Annual Register«), 1798 Heirat mit Mary Wollstonecroft (1759–1797, Anhängerin J.-J. Rousseaus und Autorin von: A Vindication of the Rights of Woman, London 1792, ³1844), 1805–1822 Verleger. G. antizipierte die englische Romantik (W. Wordsworth, S. T. Coleridge, P. B. Shelley, G.s Schwiegersohn) und übte als Theoretiker großen Einfluß auf sie aus. In seinen politischen und literarischen Schriften vertrat er, orientiert an den Ideen der Französischen Revolution, anarchistische und atheistische Vorstellungen unter dem Gesichtspunkt der Wiederherstellung gesellschaftlicher Freiheit und Gleichheit. Nach G. (An Enquiry Concerning Political Justice, I–II, 1793) ist jede Regierungsform korrupt und korrumpiert die Gesellschaft. Als Gründe werden angeführt: Stabilisierung sozialer Ungleichheit und Unselbständigkeit, Disproportion von gesellschaftlichen Tugenden und deren Motivation (z. B. Patriotismus als Motiv für Hilfsbereitschaft, Strafvermeidung als Motiv für gesetzmäßiges Handeln).

Auf dem Hintergrund der Behauptung, daß der Charakter des Menschen wesentlich durch die Gesellschaft und die sie bestimmenden Regierungsformen geprägt sei und dies adäquate Situations- und Selbstverständnisse unmöglich mache, tritt G. als Moralist (↑Moralismus) und Utilitarist (↑Utilitarismus), verbunden mit dem Gesichtspunkt eines radikalen Individualismus, für die Bildung kleiner autarker gesellschaftlicher Gruppen ein. In seiner politischen Theorie, die Teil der englischen (politischen) ↑Aufklärung ist, wird G.s Bemühung, Handlungsorientierungen auf Vernunft zu gründen (»It is to the improvement of reason [...], that we are to look for the improvement of our social condition«, Enquiry, ³1798, I, XXVI), durch die Auffassung, daß die Wirkungsweise der Vernunft allein in der Erzeugung von (vernünftigen) Gefühlen liege, sowie durch einen an D. Hartley (Observations on Man, 1749) und J. Priestley (Disquisitions Relating to Matter and Spirit, 1777) orientierten psychologischen Determinismus relativiert. Gegen G.s »Enquiry« ist T. R. Malthus' erster »Essay on Population« (1798) gerichtet. – Während seiner Tätigkeit als Verleger schrieb G. auch Kinderbücher unter dem Pseudonym Baldwin, 1798 eine Biographie über seine (erste) Frau Mary Wollstonecroft.

Werke: An Enquiry Concerning Political Justice, and Its Influence on General Virtue and Happiness, I–II, London 1793 (repr. Frankfurt 1980), ²1796, ³1798, ⁴1842, ed. B. A. Preston, New York 1926, I–III, ed. F. E. L. Priestley, Toronto 1946 (enth. repr. ³1798 mit Varianten der 1. u. 2. Aufl.) (Bd. I dt. Untersuchung über politische Gerechtigkeit und ihren Einfluß auf Moral und Glückseligkeit, Würzburg 1803); Things as They Are, or, the Adventures of Caleb Williams, I–III, London 1794, I–II, Philadelphia 1795, I–III, London ²1796, ³1797, ⁴1816 (dt. Caleb Williams oder Die Dinge wie sie sind, Berlin 1931, Leipzig 1962); Cursory Structures on the Charge Delivered by Lord Chief Justice Eyre to the Grand Jury, October 2, 1794, London 1794; The Enquirer. Reflections on Education, Manners, and Literature, In a Series of Essays, London 1797 (repr. New York 1971), 1813, Edinburgh 1823; Memoirs of the Author of »A Vindication of the Rights of Woman«, London 1798 (repr. New York 1974), ed. W. C. Durant, London, New York 1927 (repr. New York 1972) (dt. Erinnerungen an Mary Wollstonecroft, Halle 1912); St. Leon. A Tale of the Sixteenth

Century, I–IV, London 1799 (repr. New York 1974), ²1800, ³1816; Thoughts Occasioned by the Perusal of Dr. Parr's Spital Sermon, Preached at Christ Church, April 15, 1800, London 1801; Life of Geoffrey Chaucer, the Early English Poet, I–II, London 1803, I–IV. ²1804 (repr. New York 1974); Fleetwood, or the New Man of Feeling, I–III, London 1805, 1832 (repr. New York 1975), 1853; An Essay on Sepulchres, or, A Proposal for Erecting Some Memorial of the Illustrious Dead in All Ages on the Spot where their Remains Have Been Interred, London 1809; Of Population. An Enquiry Concerning the Power of Increase in the Numbers of Mankind. Being an Answer of Mr. Malthus's Essay on that Subject, London 1820 (repr. New York 1964); Deloraine, I–II, London 1798, I–III, 1833; History of the Commonwealth of England. From its Commencement to the Restoration of Charles the Second. I–IV, London 1824–1828; Thoughts on Man, His Nature, Productions, and Discoveries, London 1831 (repr. New York 1969); The Genius of Christianity Unveiled, posthum unter dem Titel: Essays. Never Before Published, London 1873 (repr. Folcroft Pa. 1977). – B.R. Pollin, G. Criticism. A Synoptic Bibliography, Toronto 1967.

Literatur: A. Argenton. La concezione pedagogica di un classico dell'anarchismo, W.G., Bologna 1977; C. Brinkmann, Wirtschaftsfreiheit und Wirtschaftsgesetz in der englischen ökonomischen Klassik. W.G., Robert Malthus, Stuttgart 1948; F.K. Brown, The Life of W.G., London 1926 (repr. Folcroft Pa. 1972); J.P. Clark, The Philosophical Anarchism of W.G., Princeton N.J. 1977; J. Detre, A Most Extraordinary Pair: Mary Wollstonecroft and W.G., Garden City N.Y. 1975; D. Fleisher, W.G.. A Study in Liberalism, London 1951 (repr. Westport Conn. 1973); R.G. Grylls, W.G. and His World, London 1953 (repr. Folcroft Pa. 1974); D. Locke, A Fantasy of Reason. The Life and Thought of W.G., Boston/London/Henley 1980; D.H. Monro, G.'s Moral Philosophy. An Interpretation of W.G., London 1953 (repr. Folcroft Pa. 1976); ders., G., Enc. Ph. III (1967), 358–362; C.K. Paul, W.G., His Friends and Contemporaries, I–II, London 1876 (mit Auszügen aus nicht publiziertem Material); B.R. Pollin. Education and Enlightenment in the Work of W.G., New York 1962; A.E. Rodway, G. and the Age of Transition, London 1952 (repr. Folcroft Pa. 1975); M.H. Scrivener, G.'s Philosophy. A Revaluation. J. Hist. Ideas 39 (1978), 615–626; E.E. Smith/ E.G. Smith, W.G., New York 1965; G. Woodcock, W.G.. A Biographical Study. London 1946 (repr. Folcroft Pa. 1975). J.M.

Goethe, Johann Wolfgang von, * Frankfurt/Main 28. Aug. 1749, † Weimar 22. März 1832, dt. Dichter und Denker (Arbeiten auf den Gebieten Anatomie, Botanik, Geologie, Meteorologie, Optik, Physiologie, Zoologie). 1765–1771 Jurastudium in Leipzig und Straßburg, 1771 Advokat in Frankfurt, ab 1775 höhere Verwaltungstätigkeiten in Weimar (Finanz-, Schul- und Militärwesen sowie Bergbau), 1782 geadelt, 1786–1788 erste, 1790 zweite Italienreise; 1791–1817 unter anderem Leitung des Weimarer Hoftheaters, ab 1815 Staatsminister von Weimar (ab 1804 ›Wirklicher Geheimer Rat‹); von 1794 bis zu dessen Tode (1805) Gedankenaustausch und Zusammenarbeit mit F. Schiller.

G.s Bedeutung für die Philosophie- und Wissenschaftsgeschichte liegt vor allem in der Aufstellung eines von der bisherigen Wissenschaftsentwicklung abweichenden, alternativen ↑Paradigmas von Wissenschaft: er begreift seine vielfältigen Beschäftigungen mit der Natur als eigentlich philosophische Bemühungen und setzt sie als ›Natur*forschung*‹ von ↑Naturwissenschaft ab. Grundsätzlich kritisiert er dabei die auf ihre bloße Nutzung abzielende Erstarrung der Realität in Verstandesbegriffen und Kategorien (besonders der ↑Kausalität). Das ›Trennen und Zählen‹ (zumal des ↑Rationalismus) und die experimentellen Verfahren (zumal des ↑Empirismus) in der ›düstern empirisch-mechanisch-dogmatischen Marterkammer‹ können die Natur allenfalls in quantitativer Hinsicht erfassen, nicht aber (worauf es G. ankommt) *qualitativ* erhellen. Mit besonderem Widerwillen begegnet G. dem Vordringen der Mathematik mit ihrem ›Hexengewirre‹ von Formeln in die Physik, wodurch dem Menschen die Natur entfremdet wird. Er begrüßt zunächst die Überwindung des ↑Objektivismus durch die Blickwendung zum Subjekt in der ↑Transzendentalphilosophie I. Kants, beklagt jedoch bald, daß die idealistische Bewußtseinsphilosophie nie zum ›Objekt‹ kommen könne. Außerdem trifft auch den Kantischen Ansatz G.s generelles Verdikt systematischer Naturerkenntnis; für G. ist die ↑Natur kein abgeschlossenes ↑System, sondern sich aus einem Zentrum fortsteigerndes ›Leben‹.

G.s Naturforschung ist in ihren philosophischen Grundlagen beeinflußt durch Platon, Aristoteles, Plotin, G. Bruno, G.W. Leibniz, B. Spinoza, A.A.C. Earl of Shaftesbury, J.G. Herder, I. Kant und F.W.J. Schelling. Vor allem die Komponenten des ↑Aristotelismus, ↑Neuplatonismus und ↑Spinozismus sind immer wieder betont worden. G. knüpft aus Gründen der Wiedereingliederung der Einzelwissenschaften in die ↑Naturphilosophie programmatisch an diese Traditionen an. Seine qualitativ orientierte genetische Betrachtung soll vom jeweiligen Einzelphänomen aus die Einfühlung in das Naturganze als einen (als ↑Organismus vorgestellten) lebendigen Wirkungszusammenhang ermöglichen (Naturhermeneutik). Die bei ihm vor allem an Aristoteles orientierte Forschungsmethode der ›*Anschauung*‹ sieht G. als richtigen Mittelweg zwischen den bloßen Induktionen der Empiristen und den Deduktionen der spekulativen Naturphilosophie an. Der Begriff des bei G. immer eng mit dem ›tätigen Leben‹ verknüpften ›Theoretisierens‹ beinhaltet die Schritte vom ›Ansehen‹ über das ›Betrachten‹ und ›Sinnen‹ zum ›Verknüpfen‹: das schlicht anschauliche (›empirische‹) Phänomen wird durch Versuchsreihen zum ›wissenschaftlichen Phänomen‹ und schließlich, ›als Resultat aller Erfahrungen und Versuche‹, zum ›reinen Phänomen‹ (›Urphänomen‹) in einer stetigen Folge von Erscheinungen (vgl. Erfahrung und Wissenschaft [Weimar 1798], Erstveröffentlichung in: ders., Zur Naturwissenschaft überhaupt, I–II, Stuttgart/Tübingen 1817–1823, II, H. 1). Im Versuch sucht G. nicht nach der Ursache eines Phänomens, sondern nach ›Bedingungen‹ seiner Modifikation. – G.s *Naturbegriff* ersetzt das Kantische ↑Ding an sich durch das ›unbegreifliche Leben‹, das sich nur im ständigen Werden und Wandel von ↑Erscheinungen offenbart. Von Kant übernimmt G. den *dynamischen* Naturbegriff mit der ›Urpolarität‹ von ↑Attraktion/Repulsion, die er zu einer allgemeinen Gegensatzlehre (G. W. F. Hegels ↑Dialektik verwandt) ausweitet: *Polaritäten* wie Kontraktion und Expansion, Geist und Materie, sind die ›Doppelingredienzien des Universums‹ und dienen dem Endzweck der ›Steigerung‹ des ›Daseins‹. In Kants »Kritik der Urteilskraft« erkennt G. diesen Gedanken der ›Zweckmäßigkeit‹ in der ›beweglichen Ordnung‹ der Natur wieder.

G.s erste wissenschaftliche Veröffentlichung »Über den Zwischenkiefer des Menschen und der Thiere« (Jena 1786) erregt Aufsehen, weil mit dem menschlichen Zwischenkieferknochen die Evolutionskontinuität von Affe und Mensch bewiesen schien (C. Darwin und E. Haeckel berufen sich – umstrittenerweise – auf G. als einen Wegbereiter der Deszendenztheorie). Schon dort folgt G. der in der Auseinandersetzung mit C. v. Linné und G. L. L. Buffon entwickelten Methode der vergleichenden ↑Morphologie. Sein »Versuch, die Metamorphose der Pflanzen zu erklären« (Gotha 1790) untersucht als ›Metamorphosen‹ die Umbildungsprozesse von einer Gestalt zu einer anderen, höheren. ›Gestalt‹, jeweils als ›sinnlicher Begriff‹ Vermittlung von Erkenntnisform und Anschauungsinhalt, kann als den ›transzendentalen Schemata‹ (↑Schematismus) der ↑Einbildungskraft bei I. Kant entsprechend angesehen werden. ›Gestalten‹ sind Modifikationen eines ↑›Typus‹ durch Metamorphosen, in deren Steigerungsfolge einzig sich der ›Typus‹ bzw. das ›reine Phänomen‹ manifestiert. G.s *genetische* Betrachtungsweise hat als hermeneutisches Prinzip das Herausarbeiten der Grundgestalt, des ›reinen‹ oder ›Urphänomens‹, als des ›allgemeinen Schemas‹, nach dem die schaffende Natur (↑natura naturans) verfährt. ›Resultat‹ solcher Betrachtungen ist schließlich die ›Idee‹, die ›unbekannte geahnte Regel‹ in der ›anschauenden ↑Urteilskraft‹ durch ›Vernunft‹.

»Zur Farbenlehre, I–II, nebst einem Hefte mit sechzehn Kupfertafeln« (Tübingen 1810, Wien 1812) untersucht in aristotelischer Tradition das Sehen des menschlichen Auges (weshalb außer A. Schopenhauer und dem Berliner Philosophen J. v. Henning nur Physiologen wie J. Müller, J. Purkinje und E. W. v. Brücke daran anknüpfen). Für G. sind die subjektiven Farbempfindungen gerade nicht (wie für I. Newton) kausal aus den objektiven Eigenschaften homogenen Lichts zu erklären, sondern aus den verschiedenen empirischen Bedingungen, unter denen dem Auge Farbe erscheint. Die bei Newton angestrebte Konstanz der Bedingungen dient als Isolierung von Ursachen dem Beweis der ↑Theorie durch ↑Experimente, was G. für unwissenschaftlich hält, da hier nichts als eine theoriekonforme Einrichtung der ↑Beobachtung vorliege. ›Licht‹ gibt es für G. nur in der Polarität zu ›Finsternis‹, deren Vermittlung durch ›Trübe‹ (Flächen, Flüssigkeiten etc.) das ›Urphänomen Farbe‹ ist. Systematische Bedingungsvariation in Versuchsreihen erlaubt die gesetzmäßige Ordnung der Farbphänomene nach den Prinzipien ›Polarität‹, ›Steigerung‹ und ›Mischung‹ im ›Farbkreis‹. In der Farbenlehre, die vor allem wegen der Polemik gegen Newton heftig diskutiert wurde, ohne jedoch eine neue wissenschaftliche Tradition zu begründen, zeigt sich in besonderer Weise der Künstler im Naturforscher G.

Auch G.s dichterisches Schaffen, das teilhat an Anakreontik, Empfindsamkeit, Sturm und Drang, Klassik und Romantik, ist durchsetzt und getragen von philosophischen Problemen: »Die Leiden des jungen Werthers« (1774) resultieren aus der Spannung von (durch J.-J. Rousseau geprägter) empfindsamer ↑Innerlichkeit und prosaischer Realität der gesellschaftlichen Verhältnisse; der erste Teil von »Faust. Eine Tragödie« (1808) enthält neben Kritik an Rationalismus und ↑Aufklärung unter anderem die Probleme der Vereinbarkeit von antikem und christlichem Denken, Individualität und Allgemeinheit, Erkenntnis und Selbstverwirklichung, und ist von G. W. F. Hegel mit seiner »Phänomenologie des Geistes« (1807) in Verbindung gebracht worden. »Die Wahlverwandtschaften« (1809) veranschaulichen nach dem Vorbild chemischer Prozesse den Widerstreit von ↑Freiheit und ↑Determinismus im sittlich-gesellschaftlichen Bereich (darin Konzeptionen des naturalistischen Romans [É. Zola] vorwegnehmend), wobei der Mensch das ›Dämonische‹ der Naturkräfte durch ›Entsagung‹ zu überwinden vermag. G.s literarische Texte intendieren stets die sinnliche Vermittlung von Allgemeinem und Besonderem im ›unausschöpfbaren ↑Symbol‹ (↑ästhetisch/Ästhetik).

Ausgaben: Werke, ed. im Auftrag der Großherzogin Sophie von Sachsen, Abt. II (Naturwissenschaftliche Schriften), I–XIV, Weimar 1890–1904; Sämtliche Werke, I–XLV, I–XXVIII, München 1909–1914, XXIX–XLV, Berlin 1920–1932 (Propyläen-Ausg.); Werke. Hamburger Ausgabe, I–XIV, ed. E. Trunz, Hamburg 1948–1960 (zahlreiche Neuauflagen der einzelnen Bde); Die Schriften zur Naturwissenschaft, ed. im Auftrag der Deutschen Akademie der Naturforscher zu Halle (Leopoldina), Weimar seit 1947 (aus zwei Abteilungen bisher 15 Bde); F.T. Bratranek (ed.), Neue Mittheilungen aus J.W.v.G.'s handschriftlichem Nachlasse, I–III (I/II: Naturwissenschaftliche Correspondenz, III: Briefwechsel mit den Gebrüdern von Humboldt), Leipzig 1874–1876; J.W.v.G. – G.W.F. Hegel: Briefwechsel, ed. H. Bauer, Stuttgart 1970. – G.-Bibliographie, I–II, begründet v. H. Pyritz, fortgef. v. H. Nicolai/G. Burckhardt, Heidelberg 1965/1968; G. Schmid, G. und die Naturwissenschaften. Eine Bibliographie, ed. E. Abderhalden, Halle 1940.

Literatur: W. Bargmann, G.s Morphologie, Freiburg 1949; B. Bauch, G. und die Philosophie, Tübingen 1928; J. Blasius, Zur Wissenschaftstheorie G.s, Z. philos. Forsch. 33 (1979), 371–388; H. Blumenberg, Arbeit am Mythos, Frankfurt 1979; G. Böhme, Ist G.s Farbenlehre Wissenschaft?, Stud. Leibn. 9 (1977), 27–54; M. Bollacher, Der junge G. und Spinoza. Studien zur Geschichte des Spinozismus in der Epoche des Sturms und Drangs, Tübingen 1969; É. Callot, La philosophie biologique de G., Paris 1971; E. Cassirer, Freiheit und Form. Studien zur Deutschen Geistesgeschichte, Berlin 1916 (repr. Darmstadt 1961, ^{4}1975), 269–417; ders., Idee und Gestalt. G., Schiller, Hölderlin, Kleist, Berlin 1921, ^{2}1924 (repr. Darmstadt 1971); ders., G. und die geschichtliche Welt. Drei Aufsätze, Berlin 1932; P. Eichhorn, Idee und Erfahrung im Spätwerk G.s, Freiburg/München 1971; H.-G. Gadamer, G. und die Philosophie, Leipzig 1947; J. Gauss, G. und die Prinzipien der Naturforschung bei Kant, Stud. Philos. 29 (1969), 54–71; H. Glockner, Das philosophische Problem in G.s Farbenlehre, Heidelberg 1924; C. Goegelein, Zu G.s Begriff von Wissenschaft auf dem Wege der Methodik seiner Farbstudien, München 1972; E. Grünthal/F. Strauß, Abhandlungen zu G.s Naturwissenschaft, Bern 1949; H. Hamm, Der Theoretiker G.. Grundpositionen seiner Weltanschauung, Philosophie und Kunsttheorie, Berlin (Ost) 1975, Kronberg 1976; H. Hegge, Theory of Science in the Light of G.'s Science of Nature, Inquiry 15 (1972), 363–386; F. Heinemann, G.'s Phenomenological Method, Philos. 9 (1934), 67–81; W. Heisenberg, Die G.sche und die Newtonsche Farbenlehre im Lichte der modernen Physik, Geist der Zeit 19 (1941), 261–275; H. v. Helmholtz, G.'s naturwissenschaftliche Arbeiten. G.'s Vorahnungen kommender naturwissenschaftlicher Ideen. Zwei Vorträge, Braunschweig 1917; E. Jäckle, G.s Morphologie und Schellings Weltseele, Dt. Vierteljahresschr. Lit.wiss. u. Geistesgesch. 15 (1937), 295–330; A. Jaszi, Entzweiung und Vereinigung. G.s symbolische Weltanschauung, Heidelberg 1973; M. Kleinschnieder, G.s Naturstudien. Wissenschaftstheoretische und geschichtliche Untersuchungen, Bonn 1971; D. Kuhn, Über den Grund von G.s Beschäftigung mit der Natur und ihrer wissenschaftlichen Erkenntnis, Jb. d. Deutschen Schillerges. 15 (Stuttgart 1971), 157–173; D. Mahnke, Leibniz und G.. Die Harmonie ihrer Weltansichten, Erfurt 1924; H. Mayer, G.. Ein Versuch über den Erfolg, Frankfurt 1973; J. Neubauer, »Die Abstraktion, vor der wir uns fürchten«. G.s Auffassung der Mathematik und das G.bild in der Geschichte der Naturwissenschaft, in: V. Dürr/G. v. Molnár (eds.), Versuche zu G.. Festschrift für Erich Heller zum 65. Geburtstag 27.3.1976, Heidelberg 1976, 305–320; H.B. Nisbet, G. und die naturwissenschaftliche Tradition, in: H. Reiss (ed.), G. und die Tradition, Frankfurt 1972, 212–241; W. Ostwald, G., Schopenhauer und die Farbenlehre, Leipzig 1918, ^{2}1931; M. Richter, Das Schrifttum über G.s Farbenlehre mit besonderer Berücksichtigung der naturwissenschaftlichen Probleme, Berlin 1938; W. Saenger, G. und Giordano Bruno. Ein Beitrag zur Geschichte der Goethischen Weltanschauung, Berlin 1930 (repr. Nendeln 1967); F. Schmidt, G.s Kantianismus und Pragmatismus. Mit einer neuen Quelle, Z. f. Religions- u. Geistesgesch. 23 (1971), 50–59; H. Schmitz, G.s Altersdenken im problemgeschichtlichen Zusammenhang, Bonn 1959; H.J. Schrimpf, Das Weltbild des späten G.. Überlieferung und Bewahrung in G.s Alterswerk, Stuttgart 1956 (mit Bibliographie); F. Seidel, G. gegen Kant. G.s wissenschaftliche Leistung als Naturforscher und Philosoph, Berlin 1948; C.S. Sherrington, G. on Nature and Science, Cambridge ^{2}1949; G. Simmel, Kant und G., Berlin 1906, mit Untertitel: Zur Geschichte der modernen Weltanschauung, ^{3}1916; ders., G., Leipzig 1913, ^{2}1917; R. Unger, Zu G.s Weltanschauung. Ein Literaturbericht zum Jubiläumsjahr, Kant-St. 39 (1934), 27–54; J. Walther (ed.), G. als Seher und Erforscher der Natur. Untersuchungen über G.s Stellung zu den Problemen der Natur, Weimar 1930; F. Weinhandl, Die Metaphysik G.s, Berlin 1932; G.A. Wells, G., DSB V (1972), 442–446; T. Ziegler, G.s Welt- und Lebensanschauung, Berlin 1914. R.W.

Goldbachsche Vermutung, die von dem deutschen Mathematiker C. Goldbach (1690–1764) erstmals (in etwas abgeschwächter Form) geäußerte, bis heute weder bewiesene noch widerlegte Vermutung, daß jede von 2 verschiedene gerade Zahl als Summe zweier ↑Primzahlen dargestellt werden kann. Als Behauptung formuliert (›jede von 2 verschiedene gerade Zahl ist als Summe zweier Primzahlen darstellbar‹) sind Sätze wie die G.V. für die Logik von großer Bedeutung. In der konstruktiven Logik (↑Logik, konstruktive) motivieren sie die Kritik an der Beschränkung des Aussagebegriffs auf ↑wertdefinite ↑Aussagen und seine Ausdehnung auf ↑dialogdefinite Aussagen. In Zusammenhang hiermit ist auch die Verwerfung der Gültigkeit des ↑tertium non datur für unendliche oder offene Bereiche zu sehen, da der

Konstruktivismus – im Gegensatz zum Platonismus (↑Platonismus (wissenschaftstheoretisch)) – nicht davon ausgeht, daß ›prinzipiell‹ feststehe, daß Aussagen wie die G.V. wahr oder falsch sind. G.W.

Goldmann, Lucien, *Bukarest 20. Juli 1913, †Paris 8. Okt. 1970, franz. Philosoph und Literatursoziologe. Studium der Rechtswissenschaften in Bukarest, der Literatur, Soziologie und Philosophie in Wien, Paris, Genf und Zürich, 1945 Promotion in Zürich, anschließend Mitarbeiter am »Centre national de la recherche scientifique« in Paris, später an der »École pratique des hautes études« (ab 1958 Direktor), wo G. Literatursoziologie und Soziologie der Philosophie lehrte, 1956 Habilitation an der Sorbonne, ab 1965 zugleich Direktor des »Centre de recherches de la sociologie de la littérature« am soziologischen Institut der Université Libre Brüssel.

G. unterscheidet (1945) in der Geschichte der bürgerlichen Philosophie drei Etappen: die individualistische, die den Rationalismus und Empirismus der Aufklärung hervorbringt, die tragische, die in B. Pascals und I. Kants Philosophien zum Ausdruck kommt, und die dialektische, vertreten durch G.W.F. Hegel, K. Marx und G. Lukács. Darauf aufbauend formuliert G. in späteren Schriften, beeinflußt vom frühen Lukács und von J. Piaget (bei dem G. zeitweilig studiert und gearbeitet hat) das Programm des ›genetischen ↑Strukturalismus‹, der den Versuch darstellt, strukturale und marxistische Analyse zu verbinden. G. postuliert hier eine ›Homologie‹ der ›geistigen Struktur‹ von literarischem, theologischem, philosophischem Werk und der Struktur der Weltanschauung der sozialen Bezugsgruppe und lehnt mit Lukács literatursoziologische Ansätze ab, die eine unmittelbare Entsprechung von Kunstwerk und sozialer Gruppe behaupten. Die Weltanschauung einer Gruppe (›vision du monde‹, Le Dieu caché, 97ff.) stellt nach G. eine Antwort auf die Probleme dar, die der Mensch in seiner Beziehung zur Gemeinschaft und zur Umwelt erfährt. Im Gegensatz zu den französischen Strukturalisten (besonders C. Lévi-Strauss) geht G. davon aus, daß sich in jedem ›großen‹ literarischen oder philosophischen Werk (das als kollektive Schöpfung eines privilegierten, überindividuellen Subjekts verstanden werden muß, in dem die Bewußtwerdung kollektiven Denkens aufgezeigt werde) auf besondere kohärente Art die Weltanschauung einer gesellschaftlichen Gruppe manifestiert (als das in Kunst und Philosophie zum Ausdruck kommende ›Maximum an möglichem Bewußtsein‹, Gesellschaftswissenschaften und Philosophie, 50, 90). Nach G. ist im gelungenen Kunstwerk das Streben der Menschen, Denken, Empfinden und Verhalten zu einer sinnvollen und kohärenten Struktur zu verbinden, am unmittelbarsten erreicht. Wie Hegel und Lukács betrachtet er die Kunst als sinnlichen Ausdruck einer Bewußtseinsstruktur; ihr fällt die Aufgabe zu, die Wirklichkeit durchschaubar zu machen und die begrifflichen und abstrakten Botschaften der Philosophie in Bildern auszudrücken. – Für die Soziologie fordert G. eine Abkehr von der positivistischen Ausrichtung und eine Hinwendung zur dialektischen Soziologie, die sich mit den Möglichkeiten der Variation und Veränderung des sozialen Bewußtseins und der sozialen Wirklichkeit auseinandersetzt.

Werke: Mensch, Gemeinschaft und Welt in der Philosophie Immanuel Kants. Studien zur Geschichte der Dialektik, (Diss.) Zürich 1945 (franz. La communauté humaine et l'univers chez Kant, Paris 1948, unter dem Titel: Introduction à la philosophie de Kant, Paris 1967); Sciences humaines et philosophie, Paris 1952, 1966, 1971 (dt. Gesellschaftswissenschaften und Philosophie, Frankfurt, Wien 1971); Le Dieu caché. Étude sur la vision tragique dans les ›Pensées‹ de Pascal et dans le théâtre de Racine, Paris 1955, 1959 (dt. Der verborgene Gott. Studie über die tragische Weltanschauung in den Pensées Pascals und im Theater Racines, Neuwied 1973); Recherches dialectiques, Paris 1959 (dt. Dialektische Untersuchungen, Neuwied 1966); Pour une sociologie du roman, Paris 1964 (dt. Soziologie des modernen Romans, Neuwied 1970); Marxisme et sciences humaines, Paris 1970; Structures mentales et création culturelle, Paris 1970; La création culturelle dans la société moderne, Paris 1971 (dt. Kultur und Mediengesellschaft, Frankfurt 1973); Lukàcs et Heidegger, ed. V. Ishaghpour, Paris 1973 (dt. Lukács und Heidegger, Darmstadt 1975). – E. Tell, Bibliographie de L.G., Rev. de l'Institut de Sociologie de Bruxelles 46 (1973), 787–806.

Literatur: H. Baum, L.G., Marxismus contra vision tragique?, Stuttgart-Bad Cannstatt 1974; F. Crispini, Lo strutturalismo dialettico di L.G., Neapel 1970; A. Goldmann/M. Lowy/S. Naïr (eds.), Le structuralisme génétique. L'œuvre et l'influence de L.G., Paris 1977; S. Naïr/M. Lowy, L.G. ou la dialectique de la totalité. Présentation, choix de textes, bibliographie, Paris 1973; P.V. Zima, G., dialectique de l'immanence, Paris 1973; ders., L.G.s hegelianische Ästhetik. Eine Kritik des »genetischen Strukturalismus«, in: ders., Kritik der Literatursoziologie, Frankfurt 1978, 113–146; Hommage à L.G., Rev. de l'Institut de Sociologie de Bruxelles 46 (1973), 498–806 (mit Beiträgen von J. Piaget, H. Marcuse, T.W. Adorno u.a.). P.B.

Gomperz, Heinrich, *Wien 18. Jan. 1873, †Los Angeles 27. Dez. 1942, österr. Philosoph, Sohn des Altphilologen Theodor Gomperz. Ab 1891 Jurastudium in Wien, ab 1893 Studium der Kirchengeschichte bei A. Harnack in Berlin, Rückkehr nach Wien als Student der klassischen Philologie und Philosophie, 1896 Promotion bei E. Mach. Priv.-Doz. in Bern (1900–1903) und Wien (1905–1920), dort 1920 a.o. Prof., ab 1924 o. Prof. der Philosophie. Zwangsemeritierung aus rassistischen und politischen Gründen 1934, durch Vermittlung von F.C.S. Schiller 1935 Emigration nach Los Angeles und Gastprofessur an der University of Southern California.

In der Erkenntnistheorie fordert G. im Sinne des Positivismus den Ausgang von den ›Tatsachen des Bewußtseins‹. Auf Grund dieses Ansatzes wurde er oft mit dem ↑Wiener Kreis um R. Carnap in Verbindung gebracht, obgleich er dessen ›antimetaphysischen Dogmatismus‹ nicht teilt. G. vertritt einen weiteren Erfahrungsbegriff, der auch Gefühle und spekulative Vorstellungen und Überzeugungen (z.B. der ↑Metaphysik oder Religion), die (noch) nicht einer strengen logischen Analyse (↑Analyse, logische) zugänglich sind, als vollwertige Erfahrungen zuläßt. Mit seiner ›pathempirischen Methode‹ sucht G. Rationalität und ihre Begrifflichkeit auf Gefühle zurückzuführen; nur so lasse sich eine widerspruchslose Totalität aller vorwissenschaftlichen und theoretischen Gedanken erstellen. Mit Mach, F. Brentano und E. Husserl wendet er sich dabei gegen den ↑Psychologismus. Trotz eigener Versuche auf diesem Gebiet steht er den außermedizinischen Anwendungen der ↑Psychoanalyse des ihm aus Wien persönlich bekannten S. Freud mit Vorbehalten gegenüber. G.' skeptische Ablehnung eines durchgängigen Rationalismus gründet in der Überzeugung, daß die Lebenspraxis mit den von ihr geforderten Entscheidungen und Taten keinen Raum für voraussetzungslose Rationalität des Erkennens und Handelns lasse. Weder die Normen einer philosophischen Ethik noch die Erkenntnisprobleme der Philosophen haben nach G. unmittelbare Lebensbedeutsamkeit, sie sind vor allem Probleme der wissenschaftlichen Sprachregelung.

Der Schwerpunkt von G.' philosophiehistorischer Tätigkeit liegt, angeregt durch seinen Vater und in der Nachfolge K. Reinhardts, in der Vergegenwärtigung des griechischen Denkens, das es in seiner Eigenart und Fremdheit (und nicht nur als Vorstufe europäischer Rationalität) zu begreifen gelte. Das einigen seiner Arbeiten zugrunde liegende Problem der ›inneren Freiheit‹ durch Selbstgenügsamkeit sieht G. durch die ↑Stoa vorbildlich gelöst.

Werke: Tertullianea, Wien 1895; Zur Psychologie der logischen Grundthatsachen, Wien/Leipzig 1897; Grundlegung der neusokratischen Philosophie, Wien/Leipzig 1897; Kritik des Hedonismus. Eine psychologisch-ethische Untersuchung, Stuttgart 1898; Die Lebensauffassung der griechischen Philosophen und das Ideal der inneren Freiheit. Zwölf gemeinverständliche Vorlesungen mit Anhang zum Verständnis der Mystiker, Jena/Leipzig 1904, [2]1915, [3]1927; Weltanschauungslehre. Ein Versuch die Hauptprobleme der allgemeinen theoretischen Philosophie geschichtlich zu entwickeln und sachlich zu bearbeiten, I–II, Jena/Leipzig 1905/1908; Das Problem der Willensfreiheit, Jena/Leipzig 1907; Sophistik und Rhetorik. Das Bildungsideal des εὖ λέγειν in seinem Verhältnis zur Philosophie des V. Jahrhunderts, Leipzig/Berlin 1912 (repr. Stuttgart 1965); Die Idee der überstaatlichen Rechtsordnung, nach ihren philosophischen Voraussetzungen kritisch untersucht, Wien/Prag/Leipzig 1920; Platons Selbstbiographie, Berlin/Leipzig 1928; Ueber Sinn und Sinngebilde, Verstehen und Erklären, Tübingen 1929; Heraclitus of Ephesus, Athen 1930; Die Wissenschaft und die Tat, Wien 1934; Interpretation: Logical Analysis of a Method of Historical Research, The Hague 1939 (Library of Unified Science, Monograph Ser. 8/9); Notas Autobiográficas, Luminar 6 (Mexico 1943), 1–19 (engl. Autobiographical Remarks, Personalist 24 [1943], 254–270); Philosophical Studies, ed. D.S. Robinson/P. Merlan, Boston 1953 (mit vollst. Werkverzeichnis).

Literatur: J. v. Kempski, H.G., NDB VI (1964), 640–641; E. Topitsch, H.G. (1873–1942), Wiener Z. Philos., Psychol., Päd. 5 (1954/1955), 1–6. R.W.

Gong Sun Long, ↑Kung-Sun Lung.

Gonseth, Ferdinand, *Sonvilier (Schweiz) 22. Sept. 1890, †Lausanne 17. Dez. 1975, schweiz. Philosoph und Mathematiker, Begründer der ›philosophie ouverte‹. Studium der Mathematik an der ETH Zürich, 1916 Promotion, 1917 Privatdozent an der ETH, 1920–1921 a.o. Prof. für angewandte Mathematik an der Universität Zürich, 1921–1929 o. Prof. in Bern, 1929–1960 o. Prof. für Analysis und (ab 1946) ›philosophie des sciences‹ an der ETH Zürich. Gründer und Herausgeber (mit G. Bachelard und P. Bernays) der Zeitschrift »Dialectica«, Mitglied des Internationalen Komitees für die Internationalen Kongresse für Einheit der Wissenschaft (ab 1934), Gründer (mit P. Bernays, K. Dürr und K. Popper) und Präsident der »Union Internationale de Logique, de Méthodologie et de Philosophie des Sciences« (IUPS) (ab 1947), ab 1965 Präsident der »Académie Internationale de Philosophie des Sciences« (Brüssel), 1958 Correspondant Etranger de l'Institut de France, 1970 Ehrendoktor der Universität Lausanne. – Nach zunächst rein mathematischen Arbeiten zur Geometrie Konzentration auf erkenntnis- und wissenschaftstheoretische Fragestellungen. Die Geometrie dient G. dabei sowohl als

Paradigma, an dem sich eine Überwindung der entweder inhaltlichen oder formalen Auffassung axiomatisierter Mathematik zeigen läßt, als auch als Anwendung für ein zwischen strengem Empirismus und Rationalismus vermittelndes allgemeines Erkenntnismodell. Die geometrischen Grundbegriffe sollen durch operative Schematisierungen gewonnen werden, um so das Wesen des Geometrischen in einer ›Dualität‹ von ›experimentellen‹ und strukturellen Momenten erfassen zu können. Da extrapolierend dann jede Erkenntnis als ›dialektisch‹, d.h. als eine der dialogischen Interaktion von Interessen, technischen Standards und Sachbezug unterworfene schematische Konstruktion, verstanden wird, ist sie auf jeder Abstraktionsstufe ›offen‹ und revidierbar: ›idoine‹ (von lat. idoneus, passend, geeignet) ›Realitätskonstruktionen‹ ersetzen ›Realitätserkenntnis‹.

Werke: Les fondements des mathématiques. De la géometrie d'Euclide à la relativité générale et à l'intuitionisme, Paris 1926 (repr. 1974); Les mathématiques et la réalité. Essai sur la méthode axiomatique, Paris 1936 (repr. 1974); Qu'est-ce que la logique?, Paris 1937; Philosophie mathématique, Paris 1939; Die Dialektisierung der Erkenntnis, Zürich 1943; (ed.) Déterminisme et libre arbitre. Entretiens, Neuchâtel 1944, ²1947 (dt. Determinismus und Willensfreiheit. Gespräche, Bern 1948); La géométrie et le problème de l'espace, I–VI, Neuchâtel 1945–1955 (repr. 1978); (mit M. Rueff) Analytische Geometrie der Ebene in moderner Behandlung, Bern 1948; (ed.) Philosophie néo-scolastique et philosophie ouverte. Entretiens du Centre romain de comparaison et de synthèse, Paris 1954; Philosophie des sciences: Vue d'ensemble, in: R. Klibansky (ed.), Philosophy in the Mid-Century I, Firenze 1958, ³1967, 192–264; (ed.) La métaphysique et l'ouverture à l'expérience. Seconds entretiens de Rome, Paris 1960; Le problème du temps. Essai sur la méthodologie de la recherche, Neuchâtel 1964 (repr. 1978) (engl. Time and Method. An Essay on the Methodology of Research, Springfield Ill. 1972); Le référentiel, univers obligé de médiatisation, Lausanne 1975; 65 Aufsätze in: Dialectica 1 (1947) – 29 (1975).

Literatur: E. Bertholet, La philosophie des sciences de F.G., Lausanne 1968 (mit Bibliographie bis 1968; Fortsetzung der Bibliographie in: B. Morel, Méthode et religion. Essai sur la méthodologie ouverte et l'expérience de la transcendence, Diss. Lausanne 1976, 267–270); J.-L. Destouches/P. Février, L'oeuvre de F.G., Rev. philos. France étrang. 166 (1976), 425–428; H. Lauener, Wissenschaftstheorie in der Schweiz, Z. allg. Wiss.theorie 2 (1971), 291–317; Aufsätze über G. in: Études de philosophie des sciences. En hommage à F.G. à l'occasion de son 60ᵉ anniversaire, Neuchâtel 1950 (Beiträge von G. Bachelard, P. Bernays, J. Piaget u.a.); Rev. int. philos. 24 (1970), H. 3–4; Dialectica 31 (1977), H. 1 (Sondernr. G., mit Beitr. von S. Gagnebin, J. Piaget, B. Morel, P. Bernays u.a.). G.He.

Goodman, Nelson, *Sommerville Mass. 7. Aug. 1906, amerik. Philosoph, führender Vertreter der analytischen Philosophie (↑Philosophie, analytische), betont nominalistischer Einstellung. 1941 Promotion in Philosophie (Harvard), 1946 Ass. Prof. an der University of Pennsylvania, 1951 Prof. ebendort, 1964 Brandeis University, 1967 Harvard University. In kritischer Fortführung von R. Carnaps »Der logische Aufbau der Welt« hat G. auf phänomenalistischer Grundlage (↑Phänomenalismus), so genannte ↑›Qualia‹ als Grundobjekte wählend, eine Rekonstruktion von Begriffen zur Beschreibung der Wirklichkeit vorgelegt (The Structure of Appearance, 1951). Hinsichtlich der Adäquatheit von Rekonstruktionen sucht er nachzuweisen, daß diese nicht für einzelne Begriffe gesondert (↑Explikation) untersucht werden kann, sondern nur für ein Begriffssystem in seiner Gesamtheit. Bei der Wahl eines Systems von Grundbegriffen für den Aufbau einer Theorie sei die strukturelle Einfachheit wenigstens genauso zu berücksichtigen wie die Klarheit und Fruchtbarkeit (›defining power‹) (für Carnap war die Einfachheit eine eher nachgeordnete Forderung).

G.s Bemühungen um die Aufstellung von Kriterien für die Beurteilung von Systemen und Theorien haben sich insbesondere auf das Induktionsproblem (↑Induktion) erstreckt (Fact, Fiction, and Forecast, 1954). Dieses besteht für G. nicht darin, Induktion überhaupt zu rechtfertigen (was er mit D. Hume für unmöglich hält), sondern für eine bereits bestehende Praxis der Induktion diejenigen Regeln anzugeben, die gültige von nicht-gültigen induktiven Schlüssen unterscheiden. Humes Feststellung, daß Induktion aus Erwartungen für die Zukunft auf Grund beobachteter Regelmäßigkeiten in der Vergangenheit bestehe, reicht nach G. nicht aus, weil es unter den vergangenen Regelmäßigkeiten eben auch solche gebe, die nicht in die Zukunft projizierbar seien (↑Goodmansche Paradoxie). – In »Languages of Art« (1968) entwirft G. eine Symboltheorie, in der sowohl die Sprache (im engeren Sinne) als auch Bilder, Diagramme, Karten, Modelle, musikalische Notationen usw. einem unterscheidenden Vergleich unterzogen werden. G.s Ausführungen zur Kunst sind in diesen Rahmen eingebettet, und zwar so, daß er Kunstwerke neben anderen, insbesondere auch wissenschaftlichen Zeichensystemen als gleichberechtigte Formen der Welterschließung verständlich macht. Indem er so den Erkenntniswert von Kunst anerkennt, tritt G. in Gegensatz zu einer in der Tradition des logischen Empirismus (↑Empirismus, logischer) verbreiteten Auffassung, daß der Kunst ausschließlich ein Gefühlswert zukomme (↑Emotivismus).

Werke: A Study of Qualities. An Essay in Elementary Constructional Theory, I–II, Diss. Harvard 1941; The Structure of Appearance, Cambridge Mass. 1951, Indianapolis [2]1966, Dordrecht [3]1977; Fact, Fiction, and Forecast, London 1954, Cambridge Mass. 1955, Indianapolis [3]1973 (dt. Tatsache, Fiktion, Voraussage, Frankfurt 1975); Languages of Art. An Approach to a Theory of Symbols, Indianapolis 1968, [2]1976 (dt. Sprachen der Kunst. Ein Ansatz zu einer Symboltheorie, Frankfurt 1973); Problems and Projects, Indianapolis 1972; Ways of Worldmaking, Hassocks 1978.

Literatur: A. Hausman/F. Wilson, Carnap and G.. Two Formalists, Iowa City 1967; F. v. Kutschera, N.G.: Das neue Rätsel der Induktion, in: J. Speck (ed.), Grundprobleme der großen Philosophen. Philosophie der Gegenwart III, Göttingen 1975, 51–86; R.S. Rudner, G., Enc. Ph. III (1967), 370–374; ders./I. Scheffler (eds.), Logic and Art. Essays in Honor of N.G., Indianapolis 1972 (mit Bibliographie). G.G.

Goodmansche Paradoxie (engl. Goodman's Paradox), von N. Goodman im Rahmen der Diskussion der analytischen Wissenschaftstheorie über ein Kriterium der Gesetzesartigkeit (↑Gesetz (exakte Wissenschaften), ↑Naturgesetz) entwickelte Argumentation, die zeigt, daß einfache (kontingente) Allsubjunktionen nicht ohne Einschränkung die Form einer Gesetzesaussage beschreiben. Die ›Paradoxie‹ besteht darin, daß passende Einsetzungen der Allsubjunktion

$$\bigwedge_x (Sx \rightarrow Gx)$$

nicht nur diese, sondern beliebig viele Allsubjunktionen der Art

$$\bigwedge_x (Sx \rightarrow G'x)$$

bestätigen, wobei G' eine Eigenschaft ist, die nicht mit G umfangsgleich ist und daher zu anderen Prognosen führen kann als G. Goodman selbst hat zur Demonstration ein künstliches Prädikat ›grot‹ (engl. ›grue‹) verwendet: Ein Gegenstand heiße grot, wenn er bis zum gegenwärtigen Zeitpunkt t_0 geprüft und für grün befunden wurde oder wenn er nicht bis t_0 geprüft wurde und rot ist. Danach bestätigen dieselben bisherigen Beobachtungen, bei denen Smaragde für grün befunden wurden, ebenso die Hypothese, daß alle Smaragde grün sind, wie die Hypothese, daß sie grot sind. Daraus ergibt sich ein prognostischer Widerspruch: Die erste Hypothese erlaubt die Voraussage, daß alle bisher (d.h. bis t_0) nicht geprüften Smaragde grün sein werden, die zweite Hypothese, daß sie grot und damit rot sein werden. Denn alle nicht bis t_0 geprüften groten Gegenstände sind nach Definition rot.

Die Paradoxie hängt nicht von der verwendeten Logik ab (ihre Ableitung gilt klassisch und konstruktiv). Sie läßt sich innerhalb der induktiven Logik (↑Logik, induktive) auch als Paradoxie formulieren, die zeigt, daß induktive Methoden, die bezüglich ›nicht-zerrütteter‹ Prädikate (wie ›grün‹, ›rot‹) adäquat sind, dies bezüglich ›zerrütteter‹ Prädikate (wie ›grot‹) nicht mehr sind (vgl. z.B. W.K. Essler 1970, 1978). Ein auf R. Carnap zurückgehender Erklärungsversuch der G.n P. geht von der Feststellung aus, daß in der Definition zerrütteter Prädikate wie ›grot‹ auf absolute Raum- oder Zeitkoordinaten oder auf spezifische Objekte Bezug genommen wird (z.B. in der obigen Version der G.n P. auf den ›gegenwärtigen Zeitpunkt t_0‹). Entsprechend wird gefordert, daß eine Wissenschaftssprache keine lokalisierenden Prädikate enthalten darf (vgl. z.B. Carnap 1947/1948, 1971; W. Stegmüller 1973).

Literatur: S.F. Barker/P. Achinstein, On the New Riddle of Induction, Philos. Rev. 69 (1960), 511–522, Nachdr. in: B.A. Brody (ed.), Readings in the Philosophy of Science, Englewood Cliffs N.J. 1970, 517–527; S. Blackburn, Goodman's Paradox, in: N. Rescher (ed.), Studies in the Philosophy of Science, Oxford 1969 (Amer. Philos. Quart., Monograph Ser. 3), 128–142; R. Carnap, On the Application of Inductive Logic, Philos. Phenom. Res. 8 (1947/1948), 133–148; ders., Reply to Nelson Goodman, Philos. Phenom. Res. 8 (1947/1948), 461–462; ders., A Basic System of Inductive Logic, Part I, in: ders./R.C. Jeffrey (eds.), Studies in Inductive Logic and Probability, Berkeley/Los Angeles/London 1971, 33–165, bes. 70–76 (Requirements for Primitive Attributes); K. Eichner, Die Lösung des Goodman-Paradoxons: Goodmans Fehlschluß, Kant-St. 66 (1975), 500–509; ders./C. Frank, Paralogismen und pathologische Prädikate, Kant-St. 69 (1978), 209–212; W.K. Essler, Induktive Logik. Grundlagen und Voraussetzungen, Freiburg/München 1970, bes. 291–316; ders., Corrupted Concepts and Empiricism. The Philosophical Relevance of the Goodman Paradox, Erkenntnis 12 (1978), 181–187; H. Fain, The Very Thought of Grue, Philos. Rev. 76 (1967), 61–73, Nachdr. in: B.A. Brody (ed.), Readings in the Philosophy of Science, 528–538; N. Goodman, A Query of Confirmation, J. Philos. 43 (1946), 383–385; ders., On Infirmities of Confirmation-Theory, Philos. Phenom. Res. 8 (1947/1948), 149–151; ders., Fact, Fiction, Forecast, Cambridge Mass. 1955, Indianapolis [2]1965 (dt. Tatsache, Fiktion, Voraussage, Frankfurt 1975); W. Habermehl, Eichners »Lösung« des Goodman-Paradoxons, Kant-St. 66 (1975), 510–513; ders., Erwiderung auf Eichner und Frank, Kant-St. 69 (1978), 213–214; F. v. Kutschera, Goodman on Induction, Erkenntnis 12 (1978), 189–207; W. Lenzen, Theorien der Bestätigung wissenschaftlicher Hypothesen, Stuttgart-Bad Cannstatt 1974, 174–200; W. Stegmüller, Conditio Irrealis, Dispositionen, Naturgesetze und Induktion, Kant-St. 50 (1958/1959), 363–390; ders., Probleme und Resultate der Wissenschaftstheorie und Analytischen Philosophie I (Wissenschaftliche Erklärung und Begründung), Berlin/Heidelberg/New York 1969, verb. Nachdr. 1974, 276–282, 307–319, IV (Personelle und Statistische Wahrscheinlichkeit, 1. Halbbd.: Personelle Wahrscheinlichkeit und Rationale Entscheidung), Berlin/Heidelberg/New York 1973, 507–513; N. Stemmer, A Partial Solution to the Goodman Paradox, Philos. Stud. 34 (1978), 177–185; D. Temple, Grue-Green and Some Mistakes in Confirmation Theory, Dialectica 28 (1974), 197–210. C.F.G./P.S.

Good Reasons Approach (engl., Position der guten Gründe), Kennzeichnung für eine Richtung der Moralphilosophie im angelsächsischen Bereich, die gegenüber nicht-kognitivistischen, näherhin positivistischen bzw. emotivistischen Verständnissen moralischer Urteile (↑Kognitivismus, ↑Positivismus, logischer, ↑Emotivismus) die Möglichkeit ihrer rationalen Begründung bzw. Widerlegung zu erweisen sucht. Außerdem unternimmt sie in Beantwortung der Frage ›Why should I be moral?‹ den Versuch, den Anspruch praktisch-moralischer Vernunft als pragmatisch unausweichlich und als begründungsmethodisch unhintergehbar aufzuzeigen, womit sie teilweise an I. Kant gemahnende Formen transzendentaler Argumentation zur Selbstbegründung moralisch-praktischer Vernunft vorträgt. Als Vertreter des G.R.A. sind z.B. K. Baier, K. Nielsen, P.H. Nowell-Smith, M.G. Singer, P.W. Taylor und S.E. Toulmin anzusehen. Die Verwandtschaft ihres moralphilosophischen ›Ansatzes der guten Gründe‹ mit zeitgenössischen Begründungsversuchen im deutschen Sprachraum von ethischen Sätzen im einzelnen und der Ethik im ganzen ist deutlich (K.-O. Apel, J. Habermas, F. Kambartel, P. Lorenzen, O. Schwemmer).

Literatur: K. Baier, Good Reasons, Philos. Stud. 4 (1953), 1–15; ders., The Moral Point of View. A Rational Basis of Ethics, Ithaca N.Y. 1958, [5]1966 (dt. Der Standpunkt der Moral. Eine rationale Grundlegung der Ethik, Düsseldorf 1974); ders., Moral Reasons and Reasons to Be Moral, in: A.I. Goldman/J. Kim (eds.), Values and Morals, Dordrecht/Boston/London 1978, 231–256; K. Nielsen, The Functions of Moral Discourse, Philos. Quart. 7 (1957), 236–248; ders., Justification and Moral Reasoning, Methodos 9 (1957), 1–35; ders., Is ›Why Should I Be Moral?‹ an Absurdity?, Australasian J. Philos. 36 (1958), 25–32; ders., The ›G.R.A.‹ and ›Ontological Justification‹ of Morality, Philos. Quart. 9 (1959), 116–130; ders. Why Should I Be Moral?, Methodos 15 (1963), 275–306; ders., The G.R.A. Revisited, Arch. Rechts- u. Sozialphilos. 50 (1964), 455–484; ders., On Moral Truth, Amer. Philos. Quart., Monograph Ser. 1 (Studies in Moral Philosophy), Oxford 1968, 9–25; P.H. Nowell-Smith, Ethics, Baltimore 1954, Oxford 1957, Harmondsworth 1969; M.G. Singer, Generalization in Ethics, New York 1961, 1971, London 1963 (dt. Verallgemeinerung in der Ethik, Frankfurt 1975); P.W. Taylor, Normative Discourse, Englewood Cliffs N.J. 1961; S.E. Toulmin, An Examination of the Place of Reason in Ethics, Cambridge 1950, 1960, New York 1951; ders., Is there a Fundamental Problem of Ethics?, Australasian J. Philos. 33 (1955), 1–19. R.Wi.

Gorgias von Leontinoi, ca. 480–380 v.Chr., griech. Rhetor und Philosoph, neben Protagoras der wichtigste Vertreter der ↑Sophistik, Lehrer von Isokrates, Alkidamas und Polos von Akragas. Philosophisch bedeutsam ist seine Schrift »Über das Nichtseiende«, wegen ihrer hypothetisch-paradoxen, schwer verständlichen Gedankenführung oft als belanglose Spielerei abgetan. Die berühmten Thesen des G. sind: (1) nichts ist; (2) wenn etwas wäre, wäre es nicht erkennbar; (3) wenn es erkennbar wäre, wäre es nicht mitteilbar. Diese Thesen verlieren ihre vordergründige Absurdität, wenn man in ihnen nicht die Verneinung der Realität der Phänomene, sondern eine Kritik am eleatischen (↑Eleatismus) nicht-phänomenalen ›Seienden‹ (von der auch die Vorstellung anderer Vorsokratiker über das ›wahre Sein‹ getroffen ist) sieht. So verstanden beinhaltet die 1. These die Ablehnung einer transzendenten Wirklichkeit, während die Begründungen für die 2. und 3. These die (eleatische) erkenntnistheoretische Aporie einer Verbindung zwischen Wahrnehmung und Denken dadurch zu überwinden versuchen, daß die Wahrnehmung der Phänomene als Vorbedingung ihrer Erkenntnis und eine nur über gemeinsame Wahrnehmung erreichbare identische Erfahrung als Voraussetzung gelingender Kommunikation über die Realität postuliert werden. – Platon, der in G. den Hauptvertreter der Sophistik sah, benannte nach ihm einen seiner Dialoge.

Quellen: VS 82; L. Radermacher, Artium Scriptores. Reste der voraristotelischen Rhetorik, Wien 1951, 42–66; W. Capelle, Die Vorsokratiker. Die Fragmente und Quellenberichte, Leipzig 1935, Stuttgart [4]1968, 343–353 (dt. Übers.). – Totok I (1964), 132–133.

Literatur: G. Calogero, Studi sull'eleatismo, Rom 1932, Florenz [2]1977 (dt. Studien über den Eleatismus, Darmstadt 1970); H. Dörrie, G. 1, KP II (1977), 848–850; O. Gigon, G. ›Über das Nichtsein‹, Hermes 71 (1936), 186–213; W.K.C. Guthrie, A History of Greek Philosophy III (The Fifth-Century Enlightenment), Cambridge 1969, 269–274; H.-J. Newiger, Untersuchungen zu G.' Schrift ›Über das Nichtseiende‹, Berlin/New York 1973; ders., G. von Leontinoi und die Philosophen vor Sokrates, Würzburger Jahrbücher f. d. Altertumswiss. NF 5 (1979), 47–60; F. Ueberweg, Grundriß der Geschichte der Philosophie I, ed. K. Praechter, Basel/Stuttgart 1967, 119–122. M.G.

Görres, (Johann) Joseph, *Koblenz 25. Jan. 1776, †München 29. Jan. 1848, dt. Publizist und Gelehrter. 1839 geadelt. Zunächst Anhänger der Französischen Revolution, wandte sich G., vom Terror der Revolution enttäuscht, der Kunst und Wissenschaft zu. 1801 Gymnasiallehrer in Koblenz, 1806–1808 Privatdozent in Heidelberg, wo er an der von C. Brentano und A. v. Arnim herausgegebenen »Zeitung für Einsiedler« mitarbeitete. Seit 1841 Herausgeber des »Rheinischen Merkur«, des bedeutendsten publizistischen Organs der Zeit (von Napoleon als ›fünfte feindliche Großmacht‹ bezeichnet), 1816 wegen ihres Eintretens für eine freiheitliche Verfassung und ein einheitliches Deutschland unter österreichischer Führung von der preußischen Regierung verboten. Als Wortführer der rheinischen Opposition gegen Preußen (Teutschland und die Revolution, Koblenz 1819, von der preußischen Regierung verboten) entzog sich G. dem Haftbefehl durch Flucht nach Straßburg und in die Schweiz. Resigniert gab er die praktische Politik auf und widmete sich theoretischen Problemen des Staates und der Gesellschaft. 1827 Prof. der Geschichte in München. Als Wortführer eines strengen Katholizismus und Klerikalismus begründete er (mit anderen) die »Historisch-politischen Blätter« (ab 1838), die bald über den kirchlichen Bereich hinaus zum Organ der ›Großdeutschen‹ wurden.

Werke: Gesammelte Schriften, I–IX, ed. M. Görres, München 1854–1874. – Aphorismen über die Kunst als Einleitung zu Aphorismen über Organomie, Physik, Psychologie and Anthropologie, Koblenz 1802; Glauben und Wissen, München 1805; Athanasius, Regensburg 1838; Die christliche Mystik, I–IV, Regensburg 1836–1842, I–V, [2]1879–1880 (repr. Graz 1960); Ausgewählte Werke, I–II, ed. W. Frühwald, Freiburg 1978.

Literatur: L. Bergsträsser, Der politische Katholizismus. Dokumente seiner Entwicklung, I–II, München 1921; W. Bopp, G. und der Mythos, Diss. Tübingen 1974; F. Borinski, J. G. und die deutsche Parteibildung, Leipzig 1927; G. Bürke, Vom Mythos zur Mystik. J. v. G.' mystische Lehre und die romantische Naturphilosophie, Einsiedeln 1958; ders., Marginalien zur »Christlichen Mystik«, Hist. Jb. G.-Ges. 96 (1976), 182–213; R. Habel, J. G.. Studien über den Zusammenhang von Natur, Geschichte und Mythos in seinen Schriften, Wiesbaden 1960; J. Isler, Das Gedankengut der Aufklärung und seine revolutionäre Auswertung in G.' Frühschriften (1795–1800), Hist. Jb. G.-Ges. 96 (1976), 1–57; O. B. Roegele, G., NDB VI (1964), 532–536. M. G.

Gott (philosophisch), Überlegungen zur Verwendung des Wortes ›G.‹ treten von Beginn an mit dem Anspruch der Desillusionierung mythologisch-religiöser, d.h. unreflektierter G.esvorstellungen auf. So ersetzen die älteren Vorsokratiker das Wort ›G.‹ (als Personennamen) durch ›das Göttliche‹ (als Abstraktum) und deuten es als philosophischen (anfangs- und endlosen, unendlichen) Ursprung alles Seienden (Thales, Anaximander, Pythagoras). Xenokrates bekämpft anthropomorphe G.esvorstellungen und läßt nur einen einzigen, gänzlich menschenunähnlichen, bewegungslosen G. zu. Heraklit, Empedokles und Anaxagoras bezeichnen das Göttliche als Vernunft oder Weisheit. Platon fügt dem hinzu, daß es das (moralisch) Beste und Vollkommenste sei. Aristoteles bestimmt das Göttliche als das ›erste unbewegt Bewegende‹ (↑Beweger, unbewegter), das ihm zugleich als das höchste Vernunftwesen gilt. Kritik an jeglicher Rede von G. üben vor allem der Platoniker Karneades (aus logischen Gründen) und die Epikureer (da die Annahme eines G.es ein Leben der ↑Ataraxie und ↑Autarkie verhindere). Die religiös überfremdete stoische und neuplatonische sowie insbesondere die christliche Philosophie, die insofern nicht undogmatisch sein kann, als ihr die wesentlichen Aussagen über G. von der Offenbarung vorgegeben sind, kann nur zum Teil als genuin philosophisch angesehen werden.

R. Descartes postuliert, um den radikalen Zweifel an der Erkenntnis zu überwinden, G. als eine nicht nur allmächtige, sondern zugleich vollkommene und damit nicht täuschende Instanz, die die Richtigkeit des Schlusses vom Faktum des Denkens und Zweifelns auf die Realität der eigenen Existenz garantiert. Für B. Spinoza ergibt sich aus der Erkenntnis, daß alle endlichen Substanzen abhängig sind, die Notwendigkeit, den Begriff einer unendlichen, unabhängigen Substanz, nämlich G., einzuführen. Da dieser Begriff auch die Existenz einschließe, müsse G. als existierend gedacht werden: als erste Ursache, aber nicht welttranszendent, sondern -immanent. G. W. Leibniz hält Vernunft und Glauben für durchaus vereinbar und erklärt für den Fall ihrer vordergründigen Unvereinbarkeit, daß die Glaubensaussage falsch sei und (daher) nicht geoffenbart sein könne. Die Annahme eines vollkommenen, weisen und guten einzigen Wesens, nämlich G.es, bildet den Kern seines philosophischen Systems: ohne G. gäbe es keine notwendigen Wahrheiten (↑Vernunftwahrheit) und keinen zureichenden Grund (↑Grund, Satz vom) dafür, weshalb die Dinge so und nicht anders sind; ohne die von G. garantierte ›prästabilierte Harmonie‹ (↑Harmonie, prästabilierte) könnten die ↑Monaden (↑Monadentheorie) nicht miteinander in Verbindung treten. Kant hält die ›objektive Realität‹ G.es für weder beweis- noch widerlegbar. Der Gedanke eines höchsten Wesens sei zwar ein notwendiger Vernunftbegriff (zum Zwecke der Einheit der Naturerkenntnis), doch könne man hieraus nicht auf die Existenz G.es schließen. Es handele sich vielmehr um eine ›Idee‹, ein ›regulatives Prinzip‹ der Vernunft. Diese Voraussetzungen der theoretischen Philosophie läßt Kant auch dann nicht außer acht, wenn er in der praktischen Philosophie, ausgehend von der unabdingbaren, vom Menschen nicht herstellbaren Übereinstimmung von Sittlichkeit und Natur, das Dasein G.es als oberster Ursache der Natur und moralischen Gesetzgebers postuliert. Ein solches Wesen nennt er zwar eine moralisch unverzichtbare ›objektive Realität‹, betont jedoch, daß man seine Existenz nur voraussetzen, nicht aber theoretisch sichern könne.

Auch J. G. Fichte versucht, einen moralischen Beweis für das Dasein G.es (d.h. eines höchsten Gutes als Endzweckes des Menschen) zu führen, das er für theoretisch nicht erweisbar hält. Da der Endzweck (Vereinigung höchster Sittlichkeit und Glückseligkeit) für den Menschen nicht erreichbar sei, müsse ein Wesen angenommen werden, dem dies möglich ist und das zugleich als ›Ursache des Sittengesetzes‹ und ›Richter aller vernünftigen Geister‹ gilt. Später gibt Fichte die Vorstellung von G. als Garanten der Glückseligkeit auf; er sieht G. nicht mehr als für sich existierendes Wesen, sondern nur noch als ›moralische Ordnung‹, als absolutes Prinzip an, das gleichbedeutend ist mit dem (theoretisch nicht begründbaren, aber moralisch unverzichtbaren) Postulat, alle moralischen Handlungen müßten als unter einem absoluten Endzweck stehend angesehen werden. Für F.W.J. Schelling ist es das Ziel der Philosophie, über ›Dasein und Nichtdasein G.es etwas wissenschaftlich ausmachen‹ zu können. Ausgangspunkt ist das menschliche Ich, das Schelling als frei und absolut und daraufhin als ewig kennzeichnet; schließlich verselbständigt er diese Prädikate und spricht vom ewigen Absoluten, das er mit G. gleichsetzt. Auch für G.W.F. Hegel hat Philosophie den Zweck, G. zu erkennen, insofern nämlich ihr Gegenstand, die Wahrheit, nichts anderes sei als G. und seine Explikation. An die Stelle einer einheitlichen Bestimmung des Wortes ›G.‹ treten bei Hegel mehrere Synonyma wie das ›unendliche Leben‹, das ↑›Absolute‹, der ›Begriff‹, die ›Idee‹, der ›absolute Geist‹ (↑Geist, absoluter), die ›einzige absolute Wirklichkeit‹. Damit hebt Hegel bestimmte Momente der G.esvorstellung hervor, deren zentrale Bestimmung vielleicht in der Endlichkeit und Unendlichkeit umfassenden dialektischen Einheit des Absoluten zu sehen ist. M. Heidegger führt seine These, daß die Metaphysik die ›ontologische Differenz‹ (↑Differenz, ontologische) von Sein und Seiendem vergessen habe, in eine Kritik des überlieferten G.esbegriffes fort, der G. als Seiendes verfügbar zu machen versuche. Erst wenn mit dem Sein die ›Dimension des Heiligen‹ sich wieder eröffne, könne auch der ›G. des Seins‹ als das ›höchste Seiende im Lichte des Seins erscheinen‹; dies hänge jedoch nicht vom Menschen, sondern vom ›Geschick des Seins‹ ab. Für L. Feuerbach und K. Marx sind alle G.esvorstellungen Illusionen und beruhen auf Wunschprojektionen des Menschen, der das Ungenügen seiner sozialen Situation erfährt (↑Atheismus). F. Nietzsche moniert darüber hinaus die Fehlerhaftigkeit des Schließens von einer bedingten, widerspruchsvollen, werdenden auf eine unbedingte, widerspruchslose, immerseiende Welt und lehnt den Versuch ab, lediglich durch Negationen metaphysische Gegenstände wie G. und Jenseits einzuführen.

Die neuere Sprachphilosophie erörtert das Problem, ob das Wort ›G.‹ überhaupt in ↑Behauptungen oder nur in performativen Äußerungen (L. Bejerholm/G. Hornig) bzw. als Ausdruck einer Haltung (R.M. Hare) verwendet werden kann. Die Unmöglichkeit, es apophantisch zu gebrauchen, hat die Konsequenz, es aus einer systematisch argumentierenden Theologie zu eliminieren (P. van Buren). Wird dagegen für die Rede von G. (als Tatsachenaussage über eine ›transempirische Realität‹) Wahrheit beansprucht und zugleich ↑Monotheismus vorausgesetzt, so muß versucht werden, ›G.‹ als Subjektausdruck (nicht als Prädikator) einzuführen; da eine Verwendung als Eigenname den (nicht möglichen) Aufweis des zugehörigen Gegenstandes erfordert, bleibt nur der Weg über eine Kennzeichnung (A. Wagner). Dieses Verfahren kann nur dann als korrekt gelten, wenn man bei Kennzeichnungen auf einen Existenznachweis verzichtet. Eine weitere Möglichkeit besteht darin, das Wort ›G.‹ synkategorematisch, d.h. als sprachlichen Ausdruck einzuführen, der nur in einem Wortverband, nicht als Einzelwort eine Bedeutung hat (F. Kambartel). ↑Theologie, ↑Gottesbeweis.

Literatur: H.-M. Barth, Theorie des Redens von G.. Voraussetzungen und Bedingungen theologischer Artikulation, Göttingen 1972; L. Bejerholm/G. Hornig, Wort und Handlung. Untersuchungen zur analytischen Religionsphilosophie, Gütersloh 1966; J.M. Bocheński, The Logic of Religion, New York 1965 (dt. Die Logik der Religion, Köln 1968); P. van Buren, The Secular Meaning of the

Gospel. Based on an Analysis of its Language, New York 1963 (dt. Reden von G. in der Sprache der Welt, Zürich/Stuttgart 1965); W. Burkert u.a., G., Hist. Wb. Ph. III (1974), 721–814; M.J. Charlesworth, Linguistic Analysis and Language about God, Int. Philos. Quart. 1 (1961), 139–167; A. Dyroff, Der G.esgedanke bei den europäischen Philosophen in geschichtlicher Sicht, Fulda 1942; G. Ebeling, G. und Wort, Tübingen 1966; ders., Wort und Glaube, Tübingen 1960, ^{3}1967; A. Flew/A. MacIntyre (eds.), New Essays in Philosophical Theology, London/New York 1955; M. Gatzemeier, Theologie als Wissenschaft?, I–II, Stuttgart-Bad Cannstatt 1974/1975; A. Grabner-Haider, Semiotik und Theologie. Religiöse Rede zwischen analytischer und hermeneutischer Philosophie, München 1973; J. Hick, Faith and Knowledge. A Modern Introduction to the Problem of Religious Knowledge, Ithaca/New York 1957, ^{2}1966; ders. (ed.), The Existence of God. From Plato to A.J. Ayer on the Question »Does God Exist?«, New York 1964, London ^{10}1970; D.M. High, Sprachanalyse und religiöses Sprechen, Düsseldorf 1972; H.A. Hodges, God beyond Knowledge, London 1978; S. Holm, Religion – Sprache – Wirklichkeit, Neue Z. syst. Theol. u. Religionsphilos. 9 (1967), 139–152; W. Hordern, Speaking of God. The Nature and Purpose of Theological Language, London/New York 1964; G. Hornig, Zur Wandlung und Klärung des G.esbegriffes, in: K. Beyschlag u.a. (eds.), Humanitas – Christianitas, Festschrift W. v. Loewenich, Witten 1968, 276–290; F. Kambartel, Theo-logisches, Z. evang. Ethik 15 (1971), 32–35; A. Kenny, The God of the Philosophers, Oxford 1979; R.H. King, The Meaning of God, Philadelphia 1973; London 1974; N. Kutschki (ed.), G. heute. 15 Beiträge zur G.esfrage, Mainz/München 1967; N.A. Luyten (ed.), Führt ein Weg zu G.?, Freiburg/München 1972; G. Mainberger, Wie weit bringt es die Philosophie in der G.esfrage?, Philos. Jb. 77 (1970), 41–65; W. de Pater, Theologische Sprachlogik, München 1971; ders., Reden von Gott. Reflexionen zur analytischen Philosophie religiöser Sprache, Bonn 1974; I.T. Ramsey, Christian Discourse. Some Logical Explorations, London/New York 1965; J. Ratzinger (ed.), Die Frage nach G., Freiburg 1972; J.A.T. Robinson, Honest to God, London 1963 (dt. Gott ist anders, München 1963, ^{10}1965); B. Russell, The Existence of God – a Debate between Bertrand Russell and Father F.C. Copleston, S.J., in: ders., Why I Am not a Christian and Other Essays on Religion and Related Subjects, London 1957, 144–168 (dt. Die Existenz G.es – eine Diskussion zwischen Bertrand Russell und Pater F.C. Copleston, S.J., in: ders., Warum ich kein Christ bin, München 1963, Reinbek 1968, 179–206); G. Ryle, Systematically Misleading Expressions, Proc. Arist. Soc. 32 (1931), 139–170 (dt. in: R. Bubner [ed.], Sprache und Analysis. Texte zur englischen Philosophie der Gegenwart, Göttingen 1968, 31–62); H.J. Schulz (ed.), Wer ist das eigentlich – G.?, München 1969; W. Schulz, Der G. der neuzeitlichen Metaphysik, Pfullingen 1957, ^{6}1978; E. Schweizer, Was heißt »G.«? Gedanken zur Problematik des G.esbegriffes in der modernen Theologie, Evang. Theol. 25 (1965), 339–349; T. Simonsson, Der religiöse Satz, Neue Z. syst. Theol. u. Religionsphilos. 9 (1967), 218–227; J.E. Smith, Experience and God, New York 1968; R. Spaemann, Die Frage nach der Bedeutung des Wortes »G.«, Communio 1 (1972), 54–72, Nachdr. in: ders., Einsprüche. Christliche Reden, Einsiedeln 1977, 13–35; F. van Steenberghen, Dieu caché. Comment savons-nous que Dieu existe?, Louvain 1961 (dt. Ein verborgener G.. Wie wissen wir, daß G. existiert?, Paderborn 1966); A. Wagner, Ist das Wort »G.« tot?, Freib. Z. Philos. u. Theol. 13/14 (1966/1967), 93–98; W. Weidlich, Zum Begriff G.es im Felde zwischen Theologie, Philosophie und Naturwissenschaft, Z. Theol. u. Kirche 68 (1971), 381–394; W. Weischedel, Der G. der Philosophen. Grundlegung einer philosophischen Theologie im Zeitalter des Nihilismus, I–II, Darmstadt 1971/1972; P. Weß, Wie von G. sprechen? Eine Auseinandersetzung mit K. Rahner, Graz/Wien/Köln 1970; weitere Literatur: ↑Theologie, ↑Gottesbeweis. M.G.

Gottesbeweis, Argumentation, die den Anspruch erhebt, auf einsichtige und überprüfbare Weise, d.h. unter anderem, ohne auf die Autorität einer angeblichen Offenbarung zurückzugreifen, die Behauptung der Existenz Gottes zu begründen. 1.G., *allgemein:* Die Geschichte einer ihrem Anspruch nach rationalen philosophischen Gotteslehre kennt eine Fülle unterschiedlicher G.e., deren bekannteste entweder das *Kausalitätsprinzip* (↑Kausalität) (z.B. der sogenannte ›kosmologische‹ G.) oder das *Finalitätsprinzip* (↑Finalität) (z.B. der sogenannte ›axiologische‹ G. aus der Gerichtetheit des menschlichen Wollens auf ein schlechthin Gutes) oder die praktisch-normative *Unbedingtheit des ↑Sittengesetzes* (z.B. I. Kants ›ethikotheologischer‹ G.) oder die *begriffliche Sonderstellung des Gottesbegriffs,* nach der Gott das einzige Wesen ist, das ontisch notwendig existiert (der sogenannte ›ontologische‹ G.), zum Aufweis des Daseins Gottes benutzen.

Das in der ersten Art von G.en zur Anwendung kommende metaphysische *Kausalitätsprinzip* läßt sich auf die Form bringen: Jedes ↑kontingente Seiende bedarf zu seiner Existenz als einer notwendigen Bedingung des Einflusses einer von ihm verschiedenen Wirkursache (↑causa). Dieses Prinzip – von seinen Vertretern als Verallgemeinerung des Aristotelischen ›was sich bewegt, wird von einem anderen bewegt‹ (Met. Λ8.1073a26; Phys. H 1.241b24) verstanden – ist metaphysisch in dem Sinne, daß es auch außerhalb des Wirklichkeitsbereichs, der der empirischen Wissenschaft grundsätzlich zugänglich ist, anwendbar bleiben soll. Da nämlich die gesamte erfahrbare Wirklichkeit kontingent, d.h. ontisch nicht notwendig, existiert, sondern in ihrem Bestand vom Bestehen bestimmter Bedingungen abhängt, wird von ihr als ganzer auf die Existenz einer nicht-kontingenten Bedingung geschlossen. Je nachdem welches Merkmal der Wirklichkeit als Zeichen für deren Kontingenz herausgehoben wird, lassen sich verschiedene G.e unterscheiden, die sich des Kausalitätsprinzips bedienen. Thomas von Aquins berühmte ›*quinque viae*‹ gehören in diese Kategorie (S. th. I qu. 2 art. 3): Der Beweis ›ex motu‹ schließt ›aus (dem empirischen Faktum) der Bewegung‹ auf einen unbewegten Beweger (↑Beweger, unbewegter); der Beweis ›ex ordine causarum‹ folgert ›aus der (hierarchischen) Ordnung der Ursachen‹ eine Erstursache, die nicht selbst verursacht ist; der Beweis ›ex corruptibilitate‹ erschließt ›aus (der Tatsache) der Hinfälligkeit‹ aller Dinge dieser Welt die Notwendigkeit einer Ursache, die diese Dinge in ihrem Dasein und Sosein erhält (dieser Beweis wird häufig auch als ›*kosmologischer*‹ G. bezeichnet); der Beweis ›ex gradibus perfectionum‹ folgert ›aus den (unterschiedlichen) Graden der ↑Vollkommenheit‹, in denen Dinge vorkommen, eine unendliche vollkommene Ursache für diese Vollkommenheiten und ihre Begrenzungen; endlich schließt der Beweis ›ex finalitate‹ ›aus der Zielgerichtetheit‹ vor allem der belebten Natur auf eine diese ↑Teleologie einrichtende Ursache. Der letztere, häufig auch als ›*teleologisch*‹, von Kant als ›*physikotheologisch*‹ bezeichnete G. schließt also nicht aus der Zielgerichtetheit von Naturdingen mit Hilfe des Finalitätsprinzips auf ein schlechthin höchstes Ziel, sondern mit Hilfe des Kausalitätsprinzips auf den Urheber der begrenzten Teleologie untermenschlicher Einzelwesen und des Menschen, insofern er ein Leibwesen ist. Denn höchstens die Natur als ganze oder der der Selbst- und Welttranszendenz für fähig und zur Anschauung Gottes für berufen gehaltene Mensch als Geistwesen wäre auf jenes Ziel ausgerichtet, das das Finalitätsprinzip voraussetzt. Diese ›fünf Wege zu Gott‹ fassen eine Tradition zusammen, die sich zunächst in Interpretation Platonischer Texte (Symp. 210e–211d; Phileb. 28d5–e6; Nom. 893b–899d) etwa bei A. Augustinus (Conf. VII 17, X 24–26; De civ. Dei VIII 6; De lib. arb. II 3–12; In Ioann. tract. XXXVIII nr. 10), dann aber vor allem mit der Rezeption Aristotelischer Positionen (Met. Λ6–9; Phys. H-Θ) ausbildet und sich bei J. Duns Scotus (Ordinatio I dist. 2 pars 1 qu. 2) und F. Suarez (Disp. met. XXIX s. 1 nr. 20ff.) erneuert. Die Schlüssigkeit dieser fünf G.e hängt für Thomas von der Auffassung ab, daß ein jedes kontingent Seiende aus Akt und Potenz (↑Akt und Potenz) zusammengesetzt sei und als solches auf die volle Aktualisierung seiner Potentialität hintendiere. Aber weil es dieser Selbsterfüllung nicht selbst fähig sei, bedürfe es hierzu der Einwirkung einer überlegenen Ursache.

Die mit Hilfe des metaphysischen Kausalitätsprinzips aufgestellten G.e fordern die Frage heraus, was vernünftigerweise dazu nötigt, die Gesamtheit alles Bedingten zu transzendieren. Der Begriff der Wirkursächlichkeit erfordert einen solchen Überstieg nicht; denn der Gedanke einer infiniten Reihe oder einer in sich zurücklaufenden Kette von Ursachen, eines Systems also, in dem alles von jedem kausal abhängig ist, ist nicht widersprüchlich. Nur wenn die Anzahl aller für ein Ereignis verantwortlichen Kausalfaktoren endlich ist, läßt sich im Prinzip an den Anfang dieser Reihe gelangen, ohne damit aber schon einen nicht nur in bezug auf sie, sondern in jeder Hinsicht unbedingten Urheber zu erreichen; denn schon der Mensch vermag als Handelnder nach Belieben in den Lauf der Dinge einzugreifen, weil ihm »Kausalität durch Freiheit« zukommt, »eine absolute Spontaneität der Ursachen, eine Reihe von Erscheinungen, die nach Naturgesetzen läuft, von selbst anzufangen« (Kant, KrV B 473f.), ohne daß er aber auch in anderer Hinsicht, vor allem bezüglich seiner eigenen Existenz, Absolutheit beanspruchen könnte.

Das gewissen G.en zugrunde liegende metaphysische *Finalitätsprinzip* behauptet folgende Denknotwendigkeit: Die Ausrichtung der Natur im Ganzen oder eines bestimmten Lebewesens auf ein unbedingtes ↑Ziel setzt die Existenz dieses Zieles voraus, weil sonst die vorgefundene Zielgerichtetheit nicht nur unverständlich und sinnlos, sondern auch unmöglich wäre. In der Scholastik hat man diesen Sachverhalt in die Formel gefaßt: »tendentia in nihilum est nihilum tendentiae« (eine Ausrichtung auf nichts ist keine Ausrichtung). Im Anschluß an die Transzendentalphilosophie Kants und J. G. Fichtes und sie uminterpretierend haben in jüngerer Zeit J. Maréchal und in seiner Nachfolge K. Rahner die Existenz Gottes als einer ›Bedingung der Möglichkeit‹ unseres Wissens und Wollens aufzuweisen beansprucht. – Abgesehen von der Unbegründbarkeit des metaphysischen Finalitätsprinzips selbst ist auch die vorgenommene Anwendung umstritten: Das Verlangen der menschlichen Vernunft nach umfassender Erkenntnis des Wirklichen und des menschlichen Willens nach Verwirklichung des in irgendeiner, vor allem sittlicher Hinsicht als gut Erkannten ist verständlich und sinnvoll auch ohne die Annahme eines absoluten Ziels im Sinne einer absoluten Wirklichkeit und eines absoluten Guts. Alle darüber hinauszielenden Ansprüche der Vernunft verfallen dem Verdikt Kants, daß sie ihre angestammten Grenzen ungerechtfertigt überschreitet.

Vor allem durch Kant hat eine bestimmte Form des in der Aufklärung entwickelten *moralischen*, von Kant auch ›*ethikotheologisch*‹, im angelsächsischen Bereich häufig ›*deontologisch*‹ genannten G.es Verbreitung gefunden. Nachdem er in der »Kritik der reinen Vernunft« (B 618–658) alle theoretisch-metaphysischen G.e als unerlaubte Grenzüberschreitungen der spekulativen Vernunft dargestellt hatte, stellte Kant im Rahmen seiner Ethik unter anderem das ihm allein in praktischer Hinsicht als notwendig erscheinende ↑*Postulat* der Existenz Gottes auf: Da die reine praktische Vernunft (↑Vernunft, praktische) nicht nur die Verwirklichung des Sittengesetzes in seinem ganzen Umfang, sondern zugleich die solcher ↑Sittlichkeit angemessene Glückseligkeit (↑Glück (Glückseligkeit)) zu verwirklichen fordert – Kant faßt die geforderte Vereinigung von Sittlichkeit und Glückseligkeit in den Begriff des höchsten Gutes –, der Mensch jedoch nicht die Macht hat, jene Angemessenheit herzustellen, muß die reine praktische Vernunft das Dasein Gottes postulieren, soll die Herbeiführung dieser Angemessenheit trotz der Ohnmacht des Menschen als real möglich festgehalten werden können. Das Akzeptieren der unter solchen Bedingungen stehenden Vernunftforderung bezeichnet Kant als ›moralischen Glauben‹ oder als ›reinen Vernunftglauben‹, der keinen Grund für die theoretische Behauptung der Existenz Gottes abgeben könne (KrV B 832–859; KpV A 223ff.; KU §§86–89, 91). Da die Gültigkeit des Sittengesetzes nach Kant für die Vernunft unabhängig von einem Postulat der Existenz Gottes feststeht, steht und fällt seine Geltung auch nicht mit dem Vorhandensein oder Fehlen jenes Glaubens. Es bedeutet daher ein Mißverständnis Kants, wenn man die Geltung des Sittengesetzes von (der Annahme) göttlicher Urheberschaft oder Sanktionierung abhängig macht.

2. G., *ontologischer.* Dem seit Kants Zeiten sogenannten ›*ontologischen*‹ G. wird in der philosophischen Diskusion seit jeher und in der Gegenwart erneut besondere Aufmerksamkeit zuteil. Das Interesse konzentriert sich vor allem auf logische, syntaktische und semantische Probleme: Sind die überlieferten und die neu gefundenen Formen des Beweises logisch gültig? Ist der Satz ›Gott existiert‹ syntaktisch wohl geformt? In welchem Sinne kann ›existieren‹ ein Prädikat sein? Ist der in den verschiedenen Versionen des Beweises vorausgesetzte Gottesbegriff widerspruchsfrei?

Anselm von Canterbury hat den ontologischen G. in den Kapiteln 2–4 seiner Schrift »Proslogion« als erster ausgeführt und später gegen Einwände Gaunilos zu verteidigen gesucht. In der neuzeitlichen Philosophiegeschichte wirksam wurde das Argument jedoch in einer von Anselm abweichenden Gestalt, in der es R. Descartes, sich auf Thomas von Aquins Fassung stützend (S. th. I qu. 2 art. 1; S. c. gent. I 10–11; De verit. qu. 10 art. 12; In I Sent. dist. 3 qu. 1 art. 2), mehrfach, z.B. in der 5. Meditation, vortrug und in dieser Form Gegenstand der bis heute wirksamen Kritik Kants wurde. Descartes' Gedankengang läßt sich in die Form eines Syllogismus bringen: Gott besitzt notwendigerweise alle Vollkommenheiten; Existieren ist eine Vollkommenheit; also existiert Gott. Kant wandte sich in seiner vorkritischen Schrift »Der einzig mögliche Beweisgrund zu einer Demonstration des Daseins Gottes« (Akad.-Ausg. II, 72–77, 155–157) und in dem Abschnitt »Von der Unmöglichkeit eines ontologischen Beweises vom Dasein Gottes« der »Kritik der reinen Vernunft« (B 620–630) gegen Descartes' zweite Prämisse, die Existenz als eine Eigenschaft unter anderen darstellt, die einem Gegenstand zukommen oder auch nicht zukommen kann, so daß ihm das Prädikat der ›Existenz‹ zu- bzw. abgesprochen werden muß. Aber »Sein ist offenbar kein reales Prädikat, d.i. ein Begriff von irgend etwas, was zu dem Begriffe eines Dinges hinzukommen könne«; jedoch kann »der Begriff der Existenz [...] zum logischen Prädikate [...] dienen« (KrV B 626).

Eine Präzisierung dieses Verständnisses hat G. Frege versucht. Für ihn ist Existenz (zunächst jedenfalls und vor allem) keine Eigenschaft von Gegenständen, sondern von Begriffen. Der Satz ›Pferde existieren‹ hat zwar legitime Subjekt-Prädikat-Struktur, prädiziert jedoch nicht von Pferden Existenz, sondern vom Begriff des Pferdes, daß er nicht leer ist, daß es vielmehr etwas gibt, das unter ihn fällt. Frege unterscheidet Begriffe erster Stufe, unter die Gegenstände fallen (z.B. der Begriff des Pferdes) und Begriffe zweiter Stufe, unter die Begriffe erster Stufe fallen (z.B. der Begriff der Existenz, der nach Frege genauer als Nicht-Leersein oder Erfülltsein eines Begriffs erster Stufe zu fassen ist). Entsprechend unterscheidet Frege Eigenschaften erster Stufe, die Gegenständen zukommen, von Eigenschaften zweiter Stufe, die Begriffen erster Stufe zukommen. Frege selbst hat dieses Ergebnis auf den ontologischen G. (in seiner Cartesischen Fassung) angewandt und kritisiert, daß er Existenz als Begriff erster Stufe behandle (Die Grundlagen der Arithmetik §53; Funktion und Begriff, 36, Anm. 8). Dies geschieht in der Tat, wenn man den Beweis so interpretiert, daß er Existenz von einem durch den Eigennamen ›Gott‹ bezeichneten Gegenstand aussagt (eine Deutung übrigens, die für die Mehrzahl der geläufigen G.e überhaupt zutreffen dürfte); Frege hält jedoch nur solche Existenzaussagen für sinnvoll, deren Subjektausdrücke Eigennamen von Begriffen und nicht von Gegenständen sind (Über Begriff und Gegenstand, 75), weil er ›Existenz‹ bzw. ›Nicht-Existenz‹ als ›Fallen eines Begriffs unter einen höheren‹, nämlich den des ›Erfüllt-‹ bzw. ›Leerseins‹ ansieht. Nun gibt Existenz als Begriff zweiter Stufe nur jene Bedeutung von ›Existenz‹ an, die durch den ↑Einsquantor symbolisiert wird. Aber es läßt sich nicht leugnen, daß es auch sinnvolle *singulare* Existenzsätze gibt, z.B. ›Muhammad Ali existiert‹ oder ›der Drache Fafnir existiert‹. Dies räumt auch Frege dort ein, wo er singulare Existenzsätze in Analogie zu den erörterten *partikularen* Existenzsätzen zu analysieren vorschlägt: sie brächten zum Ausdruck, daß der ↑Eigenname ›Muhammad Ali‹ und die ↑Kennzeichnung ›der Drache Fafnir‹ tatsächlich etwas bezeichnen (Dialog mit Pünjer über Existenz, 67), somit unter den Begriff des Bezeichnens (des Denotierens oder Designierens) fallen, so daß nach diesem Vorschlag Freges ›Existenz‹ bzw. ›Nicht-Existenz‹ in singularen Existenzsätzen als ›Fallen eines Eigennamens bzw. einer Kennzeichnung unter den Begriff des Bezeichnens‹ bzw. ›Nicht-Bezeichnens‹ verstanden werden kann.

Freges Analyse des Existenzprädikates (↑Existenz (logisch), ↑Existenzaussage) ist umstritten (vgl. J. Barnes 1972, 39–66; J.W. Forgie 1972; W.L. Gombocz 1974, 42–47, 67–68). So mag sie den ›Gedanken‹, den singulare und partikulare Existenzsätze zum Ausdruck bringen, angemessen wiedergeben, nicht aber deren Form. Frege selbst rechnet mit der Möglichkeit, daß derselbe Gedanke gegebenenfalls durch Sätze wiedergegeben werden kann, die sich bezüglich ihrer prädikativen Struktur unterscheiden (Über Begriff und Gegenstand, 74), so daß von der Identität des ausgesagten Sachverhalts nicht auf eine Identität der betreffenden Aussagen geschlossen werden kann. Ob es gute Gründe gibt, das Existenzprädikat als Begriff erster Stufe aufzufassen, unter den ein ↑Gegenstand fällt oder nicht fällt, oder ob man es nur als Begriff zweiter Stufe zuläßt, unter den Begriffe erster Stufe bzw. Eigennamen oder Kennzeichnungen fallen – jedenfalls ist Freges Ansicht zurückzuweisen, daß singulare Existenzsätze sinnlos seien. Dann aber ist auch die Behauptung ›Gott existiert‹ (mit ›Gott‹ als Eigennamen) als sinnvoll anzuerkennen, ohne daß damit natürlich schon dargetan wäre, daß dieser Eigenname tatsächlich etwas benennt oder die zu seiner Identifikation aufgebotene Kennzeichnung auch nur widerspruchsfrei denkbar ist. Definiert man jedoch ›Gott‹ als ›den, der von seinem Wesen her notwendig existiert‹, trennt man also, wie Descartes in seiner 5. Meditation, nicht zwischen dem ›Wesen‹ und dem ›Sein‹ Gottes, dann existiert Gott zwar per definitionem, deshalb aber noch nicht in Wirklichkeit. Nur so viel läßt sich diesbezüglich von einem theistischen Gottesverständnis (↑Theismus) her sagen: *Wenn* Gott existiert, dann ist es ontisch unmöglich, daß er nicht existiert; *wenn* Gott nicht existiert, dann ist es ontisch unmöglich, daß er existiert (denn die theistischen Attribute der Ewigkeit und Allmacht lassen ein Entstehen oder Vergehen Gottes nicht zu).

Anselms Fassung des ontologischen G.es unterscheidet sich von der Descartes' grundlegend: Statt eines syllogistischen Schlußverfahrens (↑Syllogistik) stellt sein Argument nach neuerer Ansicht eine ↑reductio ad absurdum dar (vgl. W.J. Matson 1965, 46–47; D.P. Henry 1967, 142–143; A. Plantinga 1967, 28–29; R.M. Adams 1971, 31–32; J. Barnes 1972, 12–15, 88–89; W.L. Gombocz 1974, 74–76). Die entscheidenden Schritte der reductio lauten:

(1) Gott ist das, worüber nichts Größeres gedacht werden kann (Deus est [aliqu]id quo nihil maius cogitari potest) [Definition oder Aussage?].

(2) Gott existiert nur im Verstande, nicht aber in der Wirklichkeit [Annahme für die reductio].

(3) In Wirklichkeit existieren ist größer als allein im Verstande existieren [Axiom].

(4) Etwas, das alle Eigenschaften Gottes besitzt plus Existenz in Wirklichkeit, kann gedacht werden [Axiom].

(5) Etwas, das alle Eigenschaften Gottes besitzt plus Existenz in Wirklichkeit, ist größer als Gott [folgt aus (2) und (3)].

(6) Etwas, das größer als Gott ist, kann gedacht werden [folgt aus (4) und (5)].

(7) Es ist falsch, daß etwas, das größer als Gott ist, gedacht werden kann [folgt aus (1)].

(8) Also ist es falsch, daß Gott allein im Verstande existiert und nicht in der Wirklichkeit [reductio ad absurdum aus (2) bis (7)].

(9) Es ist klar, daß Gott im Verstande existiert [was selbst der Gottesleugner, der (2) vertritt, einräumt].

(10) Also existiert er auch in Wirklichkeit.

Schwierigkeiten bereitet vor allem (1). Zu fragen ist, ob es sich um eine ↑Definition oder um eine ↑Aussage handelt und ob ›Gott‹ einen Eigennamen (↑Nominator) oder einen ↑Prädikator darstellt. Ist (1) eine Definition und ›Gott‹ Eigenname, dann ist der ihn definierende Ausdruck eine Kennzeichnung (›id quo nihil maius ...‹); ist ›Gott‹ Prädikator, dann ist das Definiens ebenfalls ein Prädikator (›aliquid quo nihil maius ...‹). Ist (1) eine Aussage und ›Gott‹ Eigenname, dann kann der prädikative Ausdruck eine Kennzeichnung sein, so daß es sich um eine Identitätsaussage handelt, oder ein Prädikator, durch den dem benannten Gegenstand eine bestimmte Eigenschaft zugesprochen wird. Ist ›Gott‹ Prädikator, dann spricht die Aussage allen Gegenständen, denen Göttlichkeit (das Gottsein) zugesprochen werden kann, die Eigenschaft zu, von der Art zu sein, daß nichts Größeres als sie gedacht werden kann. Aus dem Kontext im »Proslogion« ist deutlich, daß Anselm ›Gott‹ in der reductio als Eigennamen verstanden wissen will. Nicht so klar ist seine Auffassung von dem auf ›Gott‹ folgenden Ausdruck: Formulierungen Anselms mit ›id quo nihil maius ...‹ weisen ihn als (potentielle) Kennzeichnung aus. (1) könnte dann eine Definition sein, aus der jedoch keine Aussagen über die Wirklichkeit abgeleitet werden könnte, oder eine Identitätsaussage ($a=b$) mit ›ist‹ als Zeichen der Gleichheit zwischen zwei sinnverschiedenen Designatoren a und b, die vorgeben, denselben Gegenstand zu bezeichnen: ›Gott ist das, über das hinaus ...‹. Um zu entscheiden, ob sie tatsächlich denselben Gegenstand designieren, wäre dieser aufzusuchen. Dann aber wäre der angeschlossene Beweisgang überflüssig. Formulierungen Anselms mit ›aliquid quo nihil maius ...‹ legen nahe, den fraglichen Ausdruck als Prädikator aufzufassen, den ganzen Satz somit als Aussage, in der ›ist‹ als Kopula fungiert: ›Gott ist etwas, über das hinaus ...‹. Damit diesem Satz ein Wahrheitswert beigelegt werden kann, ist zuvor auch hier eine Vergewisserung darüber notwendig, ob ›Gott‹ überhaupt etwas benennt (wobei zur Identifizierung Gottes wohl eine Beschreibung erforderlich wäre, die nur auf ihn zutrifft, etwa daß er allmächtig sei; es ist allerdings fraglich, wie über das Vorhandensein einer solchen Eigenschaft befunden werden kann). Aber auch mit dieser Deutung von (1) wird Anselms Beweis überflüssig, weil er in seinen Prämissen die Möglichkeit eines von ihm unabhängigen Nachweises von Gottes Existenz schon voraussetzt.

Faßt man ›Gott‹ in Abweichung von Anselm, aber in Übereinstimmung mit manchen Interpreten des Anselmischen Arguments als Prädikator (im Folgenden durch ›G‹ symbolisiert) und (1) als Definition mit ›ist‹ als Definitionszeichen – $x \varepsilon G \leftrightharpoons x \varepsilon H$ – bzw. als Allaussage – $\bigwedge_x (x \varepsilon G \rightarrow x \varepsilon H)$ – oder als Einsaussage – $\bigvee_x (x \varepsilon G \wedge x \varepsilon H)$ – auf (wobei ›H‹ ›etwas, über das hinaus nichts Größeres gedacht werden kann‹ bedeutet), dann tritt außer den genannten Schwierigkeiten (aus Definitionen allein lassen sich nur analytisch wahre, aber keine Realitätsaussagen ableiten; der Prädikator ›göttlich‹ bedarf der Explikation) für die monotheistische Gottesauffassung das Problem des Nachweises der Einzigkeit Gottes auf. Ein im Rahmen des Anselmischen Denkens vorstellbarer Lösungsversuch könnte den Nachweis zum Ziel haben, daß der Prädikator H aus semantischen Gründen nur einem einzigen Gegenstand zukommen kann. Eine in solchem Verständnis vorgenommene Umformung von (1) zu der Behauptung ›es gibt nur einen Gegenstand, über den hinaus nichts Größeres gedacht werden kann‹ (und der definitorischen Festsetzung, daß nur ein solcher Gegenstand als ›Gott‹ zu bezeichnen sei), steht vor der schon von Gaunilo, Thomas von Aquin und schließlich von Kant gesehenen, für die reductio als ganze geltenden Schwierigkeit, die Existenz Gottes nur ›im Denken‹ behaupten zu können, insofern nämlich einen Gegenstand zu denken, über den hinaus Größeres zu denken unmöglich sei, in konsequentem Denken dazu führe, ihn als real existierend zu denken. Doch auch die Unterstellung einer solchen Denknotwendigkeit rechtfertigt nicht den Übergang zur Behauptung der wirklichen Existenz des so Gedachten.

Aber ist dieser Gedanke selbst überhaupt möglich und nicht vielmehr widersprüchlich? J. Vuillemin behauptet, der Ausdruck ›quo nihil maius cogitari potest‹ enthalte eine mengentheoretische (↑Antinomien der Mengenlehre) und eine erkenntnistheoretische ↑Antinomie. *Mengentheoretische Antinomien* ergeben sich sowohl bei dem Versuch, den Begriff der omnitudo rerum quibus nihil maius cogitari potest (der Gesamtheit aller Gegenstände, über die hinaus nichts Größeres gedacht werden kann) zu bilden, wie bei dem Versuch, den zu diesem konträren Begriff der omnitudo rerum quibus aliquid maius cogitari potest (..., über die hinaus etwas Größeres ...) zu denken

(Vuillemin sieht Analogien zur ↑Burali-Fortischen Antinomie und zur ↑Zermelo-Russellschen Antinomie). Diese Antinomien treten nicht auf, wenn beachtet wird, daß die Reihe der dem Denken und Erkennen des Menschen zugänglichen Gegenstände unabschließbar ist, so daß er sie nie in ihrer Totalität erfassen kann (dem entspricht in der modernen Grundlagendiskussion der Mathematik der Begriff der ↑Indefinitheit). So ist etwa ein bestimmter Erkenntnisakt sich selbst nicht erkennbar, sondern wird erst für ein auf ihn reflektierendes Bewußtsein wahrnehmbar, das wiederum nur für ein Bewußtsein höherer Stufe zugänglich ist und so fort in indefinitum. In eine *erkenntnistheoretische Antinomie* gerät Anselm selbst explizit im 9. Kapitel seiner Erwiderung auf Gaunilo (Proslogion, ed. F.S. Schmitt, 153). Er spricht hier davon, daß Gaunilos Gedanke der Undenkbarkeit des quo nihil maius cogitari potest einen Widerspruch enthalte, weil diese Undenkbarkeit ja gedacht werde. Doch diese Behauptung des Widerspruchs enthält die Antinomie, daß von demselben logischen Gegenstand (nämlich Gott) sowohl Denkbarkeit als auch Undenkbarkeit ausgesagt wird. Sie läßt sich vermeiden, wenn man die Verschiedenheit der semantischen Ebenen beachtet, die für eine Aussage wie ›es ist denkbar, daß es undenkbar ist, daß *p*‹ charakteristisch ist, und den Schluß von der Denkbarkeit der Undenkbarkeit einer Proposition *p* oder eines Prädikators *P* auf die Denkbarkeit von *p* bzw *P* verbietet. Diese der semantischen Differenzierung von ↑Objektsprache und ↑Metasprache analoge Unterscheidung hebt also die Antinomie auf, macht zugleich aber auch Anselms Versuch zunichte, der Behauptung Gaunilos von der Undenkbarkeit seines Gottesbegriffs einen Widerspruch nachzuweisen.

In der reductio versucht Anselm, die Undenkbarkeit, weil Widersprüchlichkeit, der Behauptung (2) des Gottesleugners zu erweisen, daß Gott zwar denkbar sei, aber nicht existiere. Nun zeichnet sich der negative apriorische Gottesbegriff Anselms gegenüber dem ganz und gar positiven, aber im Kantischen Sinne ›leeren‹ apriorischen Gottesbegriff in Descartes' ontologischem Argument, der nichts Gegebenes voraussetzt, dadurch aus, daß er in dem ›nihil maius‹ eine solche Voraussetzung enthält. Doch genau dies macht ihn verwundbar: Angesichts der Ordnung des kontingent Gegebenen läßt sich der Grund der Denkbarkeit und Erkennbarkeit Gottes, nämlich seine Ähnlichkeit mit allem so Gegebenen (↑analogia entis) nicht zugleich mit seiner radikalen Verschiedenheit von ihm (↑transzendent/Transzendenz), dem Grund seiner Undenkbarkeit und Unerkennbarkeit, denken. Damit gerät Anselm auch hier (zusammen mit dem die Denkbarkeit des Gottesbegriffs bejahenden Atheisten) in eine erkenntnistheoretische Antinomie. Sie scheint eine grundsätzliche Schranke für die Bildung eines jeden Gottesbegriffs (und a fortiori für die Möglichkeit eines Nachweises seiner Erfülltheit) darzustellen, soweit an ihn, wie in der christlichen Tradition üblich, die Anforderung gestellt wird, sowohl die Bestimmung der Ähnlichkeit mit allem Gegebenen als auch die Bestimmung der Transzendenz ihm gegenüber zu enthalten. Damit steht nicht erst die Möglichkeit einer *Erkenntnis* Gottes, sondern schon die *Denk*möglichkeit eines angemessenen Begriffs von ihm in Frage.

Literatur: R.M. Adams, The Logical Structure of Anselm's Arguments, Philos. Rev. 80 (1971), 28–54; Anselm von Canterbury, Proslogion (lat./dt.), ed. F.S. Schmitt, Stuttgart-Bad Cannstatt 1962; J. Barnes, The Ontological Argument, London 1972; K. Barth, Fides quaerens intellectum. Anselms Beweis der Existenz Gottes im Zusammenhang seines theologischen Programms, Zürich 1930, [2]1958, [3]1966; W. Brugger, Theologia naturalis, Barcelona/Freiburg/Rom/New York [2]1964 (dt. Summe einer philosophischen Gotteslehre, München 1979 [mit Bibliographie]); D.R. Burrill (ed.). The Cosmological Arguments, New York 1967; P. Crawford, Existence, Predication and Anselm, Monist 50 (1966), 109–124; H.L. Dazeley/W.L. Gombocz, Interpreting Anselm as Logician, Synthese 40 (1979), 71–96, bes. 85–96; F.B. Dilley, Descartes' Cosmological Argument, Monist 54 (1970), 427–440; W.K. Essler, Einführung in die Logik, Stuttgart [2]1969, 221–228; A. Flew/A. MacIntyre (eds.), New Essays in Philosophical Theology, London 1955, [7]1969; J.W. Forgie, Frege's Objection to the Ontological Argument, Noûs 6 (1972), 251–265; G. Frege, Die Grundlagen der Arithmetik, Breslau 1884, Darmstadt/Hildesheim 1961; ders., Funktion und Begriff, in: ders., Funktion, Begriff, Bedeutung. Fünf logische Studien, ed. G. Patzig, Göttingen 1962, [3]1969, 18–39; ders., Über Begriff und Gegenstand, ebd. 66–80; ders., Dialog mit Pünjer über Existenz, in: ders., Nachgelassene Schriften, ed. H. Hermes/F. Kambartel/F. Kaulbach, Hamburg 1969, 60–75; W.L. Gombocz, Über E!. Zur Semantik des Existenzprädikates und des ontologischen Argumentes für Gottes Existenz von Anselm von Canterbury (Diss. Graz), Wien 1974 (mit Bibliographie); ders., Zur Zwei-Argument-Hypothese bezüglich Anselms ›Proslogion‹, Analecta Anselmiana 5 (1976), 85–98; C. Harrison, The Ontological Argument in Modal Logic, Monist 54 (1970), 303–313; C. Hartshorne, Ten Ontological or Modal Proofs for God's Existence, in: ders., The Logic of Perfection and Other Essays in Neoclassical Metaphysics, La Salle Ill. 1962, 28–117; ders., Anselm's Discovery. A Re-Examination of the Ontological Proof for God's Existence, La Salle Ill. 1965; ders., Six Theistic Proofs, Monist 54 (1970), 159–180; D. Henrich, Der ontologische G.. Sein Problem und seine Geschichte in der Neuzeit, Tübingen 1960; D.P. Henry, The Logic of St. Anselm, Oxford

1967; J. Hick, Arguments for the Existence of God, London 1971; ders./A.C. McGill (eds.), The Many-Faced Argument. Recent Studies on the Ontological Argument for the Existence of God, London/Melbourne 1968 (mit Bibliographie); J. Hintikka, On the Logic of the Ontological Argument. Some Elementary Remarks, in: K. Lambert (ed.), The Logical Way of Doing Things, New Haven/London 1969, 185–197, Nachdr. in: ders., Models for Modalities. Selected Essays, Dordrecht 1969, 45–54; J.M. Hinton, Quantification, Meinongism and the Ontological Argument, Philos. Quart. 22 (1972), 97–109; A. Kenny, The Five Ways, London/New York 1969; ders./N. Malcolm/T. Penelhum/B. Williams/E. Sosa, Symposium: Descartes' Ontological Argument, in: J. Margolis (ed.), Fact and Existence, Oxford 1969, 18–62; J. Kopper, Reflexion und Raisonnement im ontologischen G., Köln 1962; T. MacPherson, The Argument from Design, London 1972; N. Malcolm, Anselm's Ontological Arguments, Philos. Rev. 69 (1960), 41–62, Nachdr. in: J. Hick/A.C. McGill (eds.), The Many-Faced Argument, 301–320 (Diskussion Philos. Rev. 70 [1961], 56–111; Monist 54 [1970], 221–269); K. Marc-Wogau, Bemerkungen zu Kants Kritik des ontologischen G.es, Danish Yearbook Philos. 1 (1964), 85–95; R.M. Martin, On the Logical Structure of the Ontological Argument, Monist 57 (1973), 297–311; W.I. Matson, The Existence of God, Ithaca N.Y. 1965; B. Miller, Making Sense of ›Necessary Existence‹, Amer. Philos. Quart. 11 (1974), 47–54; G. Nakhnikian, St. Anselm's Four Ontological Arguments, in: W.H. Capitan/D.D. Merrill (eds.), Art, Mind and Religion, Pittsburgh 1965, 29–36; A.G. Nasser, Factual and Logical Necessity and the Ontological Argument, Int. Philos. Quart. 11 (1971), 385–402; H.P. Owen, The Moral Argument for Christian Theism, London 1965; A. Plantinga (ed.), The Ontological Argument. From St. Anselm to Contemporary Philosophers, New York 1965, London/Melbourne 1968; ders., Kant's Objection to the Ontological Argument, J. Philos. 63 (1966), 537–546 (Diskussion ebd., 546–550); ders., God and Other Minds. A Study of the Rational Justification of Belief in God, Ithaca/London 1967, [4]1975; K. Rahner, Hörer des Wortes. Zur Grundlegung einer Religionsphilosophie, München [2]1963; B.R. Reichenbach, The Cosmological Argument. A Reassessment, Springfield Ill. 1972; N. Rescher, The Ontological Proof Revisited, Australasian J. Philos. 37 (1959), 138–148; J.F. Ross, Philosophical Theology, New York 1969; ders., On Proofs for the Existence of God, Monist 54 (1970), 201–217; W.L. Rowe, Two Criticisms of the Cosmological Argument, Monist 54 (1970), 441–459; ders., The Cosmological Argument, Noûs 5 (1971), 49–61; ders., The Ontological Argument and Question-Begging, Int. J. Philos. Religion 7 (1976), 425–432 (Diskussion ebd., 433–457, sowie 9 [1978], 193–217, 254–257); H. Scholz, Der Anselmische G., in: ders., Mathesis Universalis. Abhandlungen zur Philosophie als strenger Wissenschaft, ed. H. Hermes/F. Kambartel/J. Ritter, Basel/Stuttgart 1961, [2]1969, 62–74; J. Shaffer, Existence, Predication and the Ontological Argument, Mind 71 (1962), 307–325, Nachdr. in: J. Hick/A.C. McGill (eds.), The Many-Faced Argument, 226–245; J.R. Silber, The Importance of the Highest Good in Kant's Ethics, Ethics 73 (1962/1963), 179–197; ders., Kant's Conception of the Highest Good as Immanent and Transcendent, Philos. Rev. 68 (1959), 469–492 (dt. Immanenz und Transzendenz des höchsten Gutes bei Kant, Z. philos. Forsch. 18 [1964], 386–407); ders., Die metaphysische Bedeutung des höchsten Gutes als Kanon der reinen Vernunft in Kants Philosophie, Z. philos. Forsch. 23 (1969), 538–549; R.G. Swinburne, The Argument from Design, Philos. 43 (1968), 199–212; J. Vuillemin, Le Dieu d'Anselme et les apparences de la raison, Paris 1971; ders., Id quo nihil maius cogitari potest. Über die innere Möglichkeit eines rationalen Gottesbegriffs, Arch. Gesch. Philos. 53 (1971), 279–299.

O.S. (1)/R.Wi. (2).

Gottesstaat (civitas Dei), besser ›Bürgerschaft Gottes‹, Bezeichnung der durch Liebe zu Gott gegründeten mystischen Gemeinschaft der zum Heil prädestinierten (↑Prädestination) Christen bei A. Augustinus. Die Geschichte der ›Bürgerschaft Gottes‹ ist überhistorische *Heilsgeschichte* einmaliger und endgültiger Ereignisse von universaler Bedeutung (Schöpfung, Sündenfall, Erlösung, Endgericht, Vollendung). Davon unterschieden ist die *Weltbürgerschaft* (civitas terrena), die profane Welt- und Staatengeschichte (procursus). Sie wird durch Selbstliebe und Nützlichkeitserwägungen konstituiert und ist von nur relativer Bedeutung: der Aufstieg und Fall von Weltreichen (Augustinus bezieht sich auf Rom) bildet nur den uneigentlichen Vordergrund des eigentlichen verborgenen Dramas der Heilsgeschichte und den äußerlichen Rahmen der Pilgerschaft der Erwählten (peregrinatio in hoc saeculo). Augustinus trifft diese Unterscheidung der zwei Bürgerschaften in »De civitate Dei contra paganos« (410–426 n.Chr.). Die Bücher 1–10 stellen den Höhepunkt und Abschluß der frühchristlichen ↑Apologetik gegen den antiken Polytheismus und die Staatsreligion des heidnischen ›Weltstaates‹ dar. Der zweite Teil (Bücher 11–22) entfaltet exegetisch-heilsgeschichtlich eine eschatologische (↑Eschatologie) Geschichtstheologie: Gegen das antike zyklische und monistische Denken der Geschichte als einer ziellos-periodischen Kreisbewegung, der Natur wie Gesellschaft unterliegen, setzt Augustinus eine streng teleologische und dualistische Konzeption. Teleologisch ist die alleinige Relevanz der christlichen Heilsgeschehnisse; streng dualistisch die theologische Unterscheidung der beiden Bürgerschaften.

Der Dualismus weist starke Prägung durch den mittleren ↑Platonismus und den nordafrikanischen ↑Manichäismus auf. Die Geschichte der civitas Dei bleibt weltgeschichtlich verborgen, auch die faktische Kirche ist nicht mit ihr identifizierbar. Das Werk enthält so eine Anlage zur ↑Säkularisierung und Profanisierung (W. Kamlah). Augustinus lehrt nicht das Ideal einer geschichtlich zu realisierenden Theokratie; deshalb ist das Werk ebenfalls nicht geschichtsphilosophisch-politisch im Sinne einer weltlichen Fortschrittstheorie interpretierbar (K. Löwith). Trotz des grundlegenden Dualismus von Profangeschichte und civitas Dei wurde es ›Standardtext christlicher Reichstheologie‹ (C. Andresen) durch einen ›politischen ↑Augustinismus‹ (H.-X. Arquillière) sowie zu einer der anregendsten Quellen apokalyptischer Geschichtsspekulation (Joachim von Fiore). Erst die Spätscholastik entwickelte eine echt augustinisch geprägte antithetische ›Zweireiche-Lehre‹, die durch M. Luther für das protestantische Denken bleibende Bedeutung erhielt.

Literatur: C. Andresen (ed.), Bibliographia Augustiniana, Darmstadt 1962, [2]1973; R.H. Barrow, Introduction to St. Augustine. The City of God, London 1950; C.P. Carlson, The Natural Order and Historical Explanation in St. Augustine's ›City of God‹, Augustiniana 21 (1971), 417–447; H. Fuchs, Augustin und der antike Friedensgedanke. Untersuchungen zum 19. Buch der Civitas Dei, Berlin 1926 (repr. Berlin/Zürich 1965); J.-C. Guy, Unité et structure logique de la ›Cité de Dieu‹ de Saint Augustin, Paris 1961; W. Kamlah, Christentum und Selbstbehauptung. Historische und philosophische Untersuchungen zur Entstehung des Christentums und zu Augustins ›Bürgerschaft Gottes‹, Frankfurt 1940, unter dem Titel: Christentum und Geschichtlichkeit. Untersuchungen zur Entstehung des Christentums und zu Augustins ›Bürgerschaft Gottes‹, Stuttgart/Köln [2]1951; K.F. Morrison, Rome and the City of God. An Essay on the Constitutional Relationships of Empire and Church in the Fourth Century, Philadelphia 1964; J.J. O'Meara, Charter of Christendom. The Significance of the City of God, New York 1961; H. Scholz, Glaube und Unglaube in der Weltgeschichte. Ein Kommentar zu Augustins De civitate Dei. Mit einem Exkurs: Fruitio Dei. Ein Beitrag zur Geschichte der Theologie und Mystik, Leipzig 1911 (repr. 1967); K.H. Schwarte, Die Vorgeschichte der augustinischen Weltalterlehre, Bonn 1966. T.R.

Gottfried von Fontaines (auch Godefredus, Godefroid, Godfrey), *Fontaines-les-Hozément (b. Lüttich), †Paris 1306 oder 1309, scholast. Philosoph und Theologe, Schüler Heinrichs von Gent. Um 1270 Studium in Paris, 1287–1295 Propst von St. Severin in Köln, ab 1295 Magister regens der Theologie in Paris, Kanonikus in Lüttich, Paris und Tournai (wo er 1300 seine Wahl zum Bischof ablehnt). Die fünfzehn »Quodlibeta« des G. wurden im Mittelalter viel gelesen und (zumeist verkürzend) bearbeitet. Berühmt ist vor allem die »Tafel der Divergenzen und Innovationen des G.«, die zu Beginn des 14. Jahrhunderts weit verbreitet war. Außerdem sind von G. drei »Questiones disputatae de virtutibus« bekannt. G. kritisiert die Unterdrückung von Lehren des Thomas von Aquin durch die Pariser Bischöfe Stephan Tempier und Simon von Bucy. Im allgemeinen vertritt er gegen den Neo-Augustinismus seines Lehrers Heinrich von Gent thomistische und aristotelische Positionen. Gleichwohl weicht er in einigen Punkten vom Thomismus ab. So nimmt er (eher gegen Aegidius Romanus als gegen Thomas gerichtet) keinen realen Unterschied zwischen Dasein und Wesen (↑existentia und ↑essentia) an und sieht nicht in der Materie (nämlich der ↑›materia prima‹), sondern in der Form das Individuationsprinzip. Intellekt und Willen betrachtet er den sinnlichen Vorstellungen bzw. den Beweggründen gegenüber als rezeptive bzw. passive Instanzen.

Werke: Les Quodlibets de Godefroid de F.. Textes inédits. I–V, ed. M. de Wulf u.a., Louvain 1904–1937 (lat.). – Totok II (1973), 495–500.

Literatur: R.J. Arway, A Half Century of Research on Godfrey of F., New Scholasticism 36 (1962), 192–218; B. Braswell, Godfrey of F.‹ Abridgement of Boethius of Dacia's Quaestiones supra librum Topicorum Aristotelis, Med. Stud. 26 (1964), 302–314; J. Hoffmans, La table des divergences et innovations doctrinales de Godefroid de F., Rev. néoscol. philos. 36 (1934), 412–436; G. de Lagarde, La philosophie sociale d'Henri de Gand et Godefroid de F., Arch. hist. doctr. litt. moyen-âge 18 (1943), 73–142; P.-E. Langevin, Nécessité ou liberté chez Godefroid de F., Sci. ecclés. 12 (1960), 175–203; M.-H. Laurent, Godefroid de F. et la condamnation de 1277, Rev. Thom. 35 (1930), 273–308; O. Lottin, Le libre arbitre chez Godefroid de F., Rev. néoscol. philos. 40 (1937), 213–241; ders., Le Thomisme de Godefroid de F. en matière de libre arbitre, Rev. néoscol. philos. 40 (1937), 554–573; B. Neumann, Der Mensch und die himmlische Seligkeit nach der Lehre des G., Limburg 1958; H. Rüssmann, Zur Ideenlehre der Hochscholastik unter besonderer Berücksichtigung des Heinrich von Gent, G. und Jakob von Viterbo, Freiburg 1938; P. Tihon, Foi et théologie selon Godefroid de F., Paris, Brügge 1966 (Museum Lessianum. Sect. Théol. 61); J.F. Wippel, Godfrey of F. and the Real Distinction between Essence and Existence, Traditio 20 (1964), 385–410; ders., Godfrey of F.: the Data of Quodlibet 15, Franciscan. Stud. 31 (1971), 300–372; ders., Godfrey of F.: Disputed Questions 9, 10 and 12, Franciscan. Stud. 33 (1973), 351–372; ders., Godfrey of F. and the Act-Potency Axiom, J. Hist. Philos. 11 (1973), 299–317; ders., Godfrey of F. and Henry of Ghent's Theory of Intentional Distinction between Essence and Existence, in: W. Köhler (ed.), Sapientiae procerum amore. Mélanges médiévistes offerts à dom Jean-Pierre Müller, O.S.B., à l'occasion de son 70'eme anniversaire (24 fevrier 1974), Rom 1974, 289–321; ders., The Dating of James of Viterbo's Quodlibet I and Godfrey of F.' Quodlibet VIII, Augustiniana 24 (1974), 348–386; M. de Wulf, Un théologien-philosophe du 13e siècle. Etude sur la vie, les œuvres et l'influence de Godefroid de F., Brüssel 1904 O.S.

Gottsched, Johann Christoph, *Juditten (b. Königsberg) 2. Febr. 1700, †Leipzig 12. Dez. 1766, dt. Philosoph, Literaturtheoretiker und Kritiker. 1714–1724 Studium der Theologie und Philosophie in Königsberg, 1724 Privatdozent in Leipzig,

1730 a.o. Prof. der Poesie, 1734 o. Prof. der Logik und Metaphysik ebendort. G. ist Anhänger der Philosophie C. Wolffs, der er in popularisierender Form (Erste Gründe der gesammten Weltweisheit, I–II, 1733/1734) Ansehen verschafft, und einflußreicher Vertreter der deutschen Frühaufklärung (↑Aufklärung). Dem in der Schule Wolffs (neben G. z.B. von L.P. Thümmig, G.B. Bilfinger und A.G. Baumgarten) vertretenen Programm einer ›aufgeklärten‹ Metaphysik dient auch die von G. veranstaltete und (mäßig) kommentierte Übersetzung von P. Bayles »Dictionnaire historique et critique« (1741–1743, nach der 5. Auflage von 1740).

Maßgebend waren G.s Bemühungen um eine Reform der deutschen Literatur, insbesondere des Dramas, durch Anpassung an die klassizistischen Standards der französischen Dramatik und Dramaturgie (exemplarisch sein Trauerspiel: Sterbender Cato, 1732). Gegen den ›Schwulst‹ des literarischen Barock und dessen Regellosigkeit entwarf G. eine Poetik als ›Wissenschaft der Regeln‹ (Versuch einer critischen Dichtkunst vor die Deutschen, 1730), die in ihrer Systematik wiederum der Philosophie Wolffs folgte. Forum und Wirkungsträger seiner poetologischen Bemühungen waren die von ihm 1727 in die »Deutsche Gesellschaft in Leipzig« umgebildete »Deutschübende poetische Gesellschaft«, in die ihn nach seiner Übersiedlung nach Leipzig J.B. Mencke, der Herausgeber der »Acta eruditorum«, eingeführt hatte, und die von ihm herausgegebenen moralischen Wochenschriften »Die vernünftigen Tadlerinnen« und »Der Biedermann«. In Zusammenarbeit mit Caroline Neubers Leipziger Schauspielergesellschaft nahm G. konkreten Einfluß auf Institution und Repertoire des Theaters (bessere Ausbildung und soziale Stellung der Schauspieler, Ablösung des Possenspiels durch das Kunstdrama). – Wegen seines literarischen Dogmatismus (Ablehnung W. Shakespeares, J. Miltons und F. Klopstocks) und im Zuge zahlreicher literarischer Kontroversen, so insbesondere mit den Schweizern J.J. Bodmer und J.J. Breitinger um den Begriff des Wunderbaren in der Poesie, dem G. seine Prinzipien der Natürlichkeit und Vernünftigkeit (verbunden mit dem Prinzip der moralischen Bildung) entgegensetzte, verschob sich nach 1740 in der literarischen Polemik Bild und Einfluß G.s von einem Reformator der deutschen Literatur zu deren ungeliebtem und schließlich verabschiedetem Schulmeister.

Werke: Gesammelte Schriften, I–V, ed. E. Reidel, Berlin 1903–1906 (unvollständig); Ausgewählte Werke, ed. J. Birke, Berlin 1968ff. (10 Bde geplant, nicht abgeschlossen). – (ed.) Die vernünftigen Tadlerinnen, Magdeburg 1725, Leipzig 1738, Hamburg ^{3}1748; Vindiciarum systematis influxus physici, Diss. Leipzig 1727; (ed.) Der Biedermann. Eine moralische Wochenschrift, Leipzig 1727–1729 (repr., ed. W. Martens, Stuttgart 1975); Versuch einer critischen Dichtkunst vor die Deutschen, Leipzig 1730, ^{3}1742, ^{4}1751 (repr. Darmstadt 1962, 1977); (ed., mit J.G. Lotter) Beyträge zur critischen Historie der deutschen Sprache, Poesie und Beredsamkeit, I–VIII, Leipzig 1732–1744 (repr. Hildesheim 1970); Sterbender Cato. Ein Trauerspiel, Leipzig 1732 (ed. O.F. Lachmann, Leipzig 1885), ^{2}1735, ^{3}1741; Erste Gründe der gesammten Weltweisheit, darinn alle philosophische Wissenschaft in ihrer natürlichen Verknüpfung abgehandelt werden, I–II, Leipzig 1733/1734 (repr. Frankfurt 1965), ^{2}1735/1736, ^{3}1739, ^{4}1743, ^{5}1748/1749, ^{6}1756, ^{7}1762; Ausführliche Redekunst, nach Anleitung der alten Griechen und Römer, wie auch der neuern Ausländer, Leipzig 1736 (repr. Hildesheim 1973), ^{2}1739, ^{3}1743, ^{4}1750, ^{5}1759; Die deutsche Schaubühne nach den Regeln und Exempeln der Alten, I–VI, Leipzig 1741–1745 (repr. Stuttgart 1972); Übers. u. ed.: P. Bayle, Dictionnaire historique et critique, I–IV, Amsterdam ^{5}1740 (dt. Herrn Peter Baylens, weyland Professors der Philosophie und Historie zu Rotterdam, Historisches und critisches Wörterbuch, nach der neuesten Auflage von 1740 ins Deutsche übersetzt, auch mit einer Vorrede und verschiedenen Anmerkungen sonderlich bey anstößigen Stellen versehen, von J.C.G., I–IV, Leipzig 1741–1743 [repr. Hildesheim/New York 1974]); Grundlegung einer deutschen Sprachkunst, nach den Mustern der besten Schriftsteller des vorigen und jetzigen Jahrhunderts, Leipzig 1748, ^{2}1749, ^{3}1752, unter dem Titel: Vollständigere und neuerläuterte deutsche Sprachkunst nach den Mustern der besten Schriftsteller des vorigen und itzigen Jahrhunderts abgefasset, Leipzig ^{5}1762 (repr. Hildesheim 1970); Heinrich von Alkmar Reineke der Fuchs, Leipzig/Amsterdam 1752, Halle 1886; Nöthiger Vorrath zur Geschichte der deutschen dramatischen Dichtkunst, oder Verzeichnis aller deutschen Trauer- Lust- und Singspiele, die im Druck erschienen, von 1450 bis zur Hälfte des jetzigen Jahrhunderts, I–II, Leipzig 1757/1765; Akademische Redekunst, zum Gebrauche der Vorlesungen auf hohen Schulen als ein bequemes Handbuch eingerichtet und mit den schönsten Zeugnissen der Alten erläutert, Leipzig 1759; Handlexicon oder kurz gefaßtes Wörterbuch der schönen Wissenschaften und freyen Künste, Leipzig 1760 (repr. Hildesheim 1970); Reden, Vorreden, Schriften, Leipzig 1774.

Literatur: M. Bernays, G., ADB IX (1879), 497–508; J. Birke, G.s Neuorientierung der deutschen Poetik an der Philosophie Wolffs, Z. dt. Philol. 85 (1966), 560–575; ders., Christian Wolffs Metaphysik und die zeitgenössische Literatur- und Musiktheorie. G., Scheibe, Mizler, Berlin 1966; D.R. Bormann, A Rhetoric of the German Enlightenment: J.C.G.'s »Ausführliche Redekunst«, Speech Monographs 38 (1971), H. 2, 92–108; F.A. Brown, Locke's Tabula rasa and G., Germanic Rev. 24 (1949), 3–7; J. Bruck, Der aristotelische Mimesisbegriff und die Nachahmungstheorie G.s und der Schweizer, Diss. Erlangen 1972; H. Hiebel, Individualität und Totalität. Zur Geschichte und Kritik des bürgerlichen Poesiebegriffs von G. bis Hegel anhand der Theorien über Epos und Roman, Bonn 1974; E. Lichtenstein, G.s Ausgabe von Bayles Dictionnaire. Ein Beitrag zur Geschichte der Aufklärung, Heidelberg 1915; E. Reichel, G., I–II, Berlin 1908/1912; K.R. Scherpe, Gattungspoetik im 18. Jahrhundert. Historische Entwicklung von G. bis Herder, Stuttgart 1968; G. Schimansky, G.s deutsche Bildungsziele, Königsberg 1939; H.-M. Schmidt, Sinnlichkeit und Verstand. Zur philosophischen und poetologischen Begründung von Erfahrung und Urteil in der deutschen Aufklärung (Leibniz, Wolff, G., Bodmer und Breitinger, Baumgarten), Diss. Konstanz 1978; M. Torbruegge, J.C.G., Stuttgart 1980; H. Wolf, Versuch einer Geschichte des Geniebegriffs in der deutschen Ästhetik des 18. Jahrhunderts I (Von G. bis auf Lessing), Heidelberg 1923 (repr. Nendeln 1973); K. Wölfel, G., NDB VI (1964), 686–687. J.M.

Grammatik (griech. γραμματική [τέχνη], Lesekunst), erstmals im 2. Jh. v.Chr. von Dionysios Thrax allgemein als Sprach- und Literaturwissenschaft bestimmt, seit Priscianus im wesentlichen wieder eingeschränkt auf die Lehre von den (acht) Redeteilen (partes orationis) und der ↑Syntax (de constructione). Dabei werden im Mittelalter die Redeteile von den verschiedenen Bezeichnungsweisen (modi significandi) eines sprachlichen Ausdrucks (dictio) bestimmt gedacht, in der Hoffnung, so das Problem des Verhältnisses von Sprache und Welt lösen zu können (Aufgabe der *spekulativen* G., grammatica speculativa). Mit dem im Humanismus erwachenden Interesse an den verschiedenen natürlichen Sprachen (↑Sprache, natürliche) wird das linguistische vom logischen Interesse an einer Sprache auch terminologisch unterschieden (z.B. grammatica literaria versus grammatica philosophica bei F. Bacon) und die *philosophische* G. mit einer *allgemeinen* oder *rationalen* G. identifiziert, die auf Grund einheitlicher Eigenschaften des menschlichen Geistes das Bauprinzip für alle natürlichen Sprachen sein soll (besonders einflußreich: A. Arnauld/C. Lancelot, Grammaire générale et raisonnée, Paris 1660, ↑Port Royal, Schule von).

Erst mit dem Entstehen einer historischen Sprachwissenschaft in der zweiten Hälfte des 18. Jahrhunderts wird der Nutzen einer allgemeinen G. radikal in Zweifel gezogen und konsequent von einer rein historisch-empirisch vorgehenden Sprachtheorie abgelöst. Gleichzeitig wird jedoch in der Philosophie (z.B. A. Marty und E. Husserl) die Idee einer allgemeinen G. in Anknüpfung an die ältere Tradition weiter verfolgt. Mit dem Auftreten der modernen Logik bei G. Frege und der modernen Sprachwissenschaft bei F. de Saussure kehren die nur verdrängten Fragen nach den Gründen für die Strukturen sprachlicher Ausdrücke wieder zurück. So ist gegenwärtig, in der philosophischen Logik, speziell im Rahmen der analytischen Philosophie (↑Philosophie, analytische), der Terminus *logische* G. (↑Grammatik, logische), im Unterschied zu linguistischer G., für die sprachlichen Bauprinzipien normierter Wissenschaftssprachen, insbesondere formaler Sprachen, reserviert. Das Verfahren der logischen Analyse (↑Analyse, logische) sprachlicher Ausdrücke (im Unterschied zur linguistischen Analyse) als methodologischer Kern der analytischen Philosophie führt entsprechend zum Aufbau auch einer *logischen Syntax* (↑Syntax, logische) und einer *logischen Semantik* (↑Semantik, logische). Nur gehört es gegenwärtig, anders als in der philosophischen Tradition, zu den offenen Problemen, ob die Strukturen der logischen G. mit den von der linguistischen G. ermittelten linguistischen Universalien, speziell mit den Strukturen der ↑Tiefengrammatik (im Unterschied zur ↑Oberflächenstruktur) natürlicher Sprachen, übereinstimmen. Offen ist insbesondere das Problem, ob die Tiefenstruktur dabei bereits mit der logischen Semantik übereinstimmt (von der generativen Semantik vertreten) oder eine zunächst bedeutungsfreie selbständige syntaktische Struktur aufweist, wie die interpretative Semantik behauptet.

Literatur: R. Carnap, Logische Syntax der Sprache, Wien 1934, ²1968; N. Chomsky, Cartesian Linguistics, New York 1966 (dt. Cartesianische Linguistik. Ein Kapitel in der Geschichte des Rationalismus, Tübingen 1970); O.F. Gruppe, Antäus. Ein Briefwechsel über spekulative Philosophie in ihrem Conflict mit Wissenschaft und Sprache, Berlin 1831, ed. F. Mauthner München 1914; C. Hermann, Philosophische G., Leipzig 1858; F. v. Kutschera, Sprachphilosophie, München 1971, ²1975; K. Lorenz, Elemente der Sprachkritik. Eine Alternative zum Dogmatismus und Skeptizismus in der Analytischen Philosophie, Frankfurt 1970; ders., Sprachphilosophie, in: Lexikon der Germanistischen Linguistik, ed. H.P. Althaus/H. Henne/H.E. Wiegand, Tübingen ²1980, 1–28; A. Marty, Untersuchungen zur Grundlegung der allgemeinen G. und Sprachphilosophie I, Halle 1908; R. Montague, Universal Grammar, Theoria 36 (1970), 373–398, Nachdr. In: R.H. Thomason (ed.), Formal Philosophy. Selected Papers of Richard Montague, New Haven/London 1974, 222–246 (dt. ders./H. Schnelle, Universale G., Wiesbaden 1972); J. Schächter, Prolegomena zu einer kritischen G., Wien 1935, Stuttgart ²1978 (mit Bibliographie); H.J. Schneider, Pragmatik als Basis von Semantik und Syntax, Frankfurt 1975; H. Schnelle, Sprachphilosophie und Linguistik, Hamburg 1973; L. Wittgenstein, Philosophische G., ed. R. Rhees, Oxford 1969, Frankfurt 1969. K.L.

Grammatik, logische, unterschiedlicher Sprachgebrauch von ›l.r G.‹ bezieht sich im wesentlichen auf: (1) Die Idee einer allgemeinen oder rationalen

Grammatik (↑Grammatik). Dieser Sprachgebrauch geht auf E. Husserl zurück, der zunächst von ›reiner Grammatik‹, später von ›reinlogischer Grammatik‹ spricht (vgl. Logische Untersuchungen II/1, Tübingen [5]1968, 340 [Anm. 1, in der 2. Aufl. 1913 hinzugekommen]). Die ›reinlogische Grammatik‹ ist für Husserl ein Teilgebiet der reinen Logik. Ihr Verhältnis zur Grammatik bestimmt er folgendermaßen: »Vom Standpunkt der Grammatik aus betrachtet, legt sie ein ideales Gerüst bloß, das jede faktische Sprache [...] in verschiedener Weise mit empirischem Material ausfüllt und umkleidet« (a.a.O., 338). (2) Eine Grammatik, in der zur Beschreibung einer natürlichen Sprache auf logische Kategorien zurückgegriffen wird. Der Aufbau einer solchen Grammatik ist abhängig vom Aufbau der jeweiligen natürlichen Sprache, deren Beschreibung sie dient. Eine l. G. in diesem Sinne ist daher im Unterschied zu (1) keine allgemeine Grammatik (vgl. F. v. Kutschera 1971, [2]1975). (3) Eine Grammatik der formalen Logik bzw. eines Teilgebietes der formalen Logik wie der Prädikatenlogik 1. Stufe. (4) In einem erweiterten Sinne von (3) die Grammatik einer Idealsprache, die durch Ergänzung um ein Lexikon aus der formalen Logik bzw. eines ihrer Teilgebiete entsteht (vgl. W. V. O. Quine 1970). Dieses Verständnis geht auf L. Wittgenstein zurück, der im »Tractatus« (3.325) zur Vermeidung philosophischer Irrtümer eine ›Zeichensprache‹ fordert, die solch einer l.n G., die Wittgenstein auch ›logische Syntax‹ nennt, gehorcht. Dieser Gedanke wurde von R. Carnap in seiner Metaphysikkritik aufgegriffen und mündete schließlich in das Bemühen um den Aufbau idealer Wissenschaftssprachen innerhalb der Wissenschaftstheorie.

Literatur: Y. Bar-Hillel, Husserl's Conception of a Purely Logical Grammar, Philos. Phenom. Res. 17 (1956/1957), 362–369; R. Carnap, Die logische Syntax der Sprache, Wien 1934, [2]1968; F. v. Kutschera, Sprachphilosophie, München 1971 (Kap. 2.2), [2]1975 (Kap. 3.2); W. V. O. Quine, Philosophy of Logic, Englewood Cliffs N.J. 1970 (dt. Philosophie der Logik, Stuttgart 1973). Kap. 2.5.

G.G.

Gramsci, Antonio, *Ales (Sardinien) 22. Jan. 1891, †Rom 27. April 1937, ital. Philosoph und Politiker. Ab 1911 Studium der Philosophie, Sprachwissenschaft, Nationalökonomie und Rechtswissenschaft in Turin, 1914 Mitglied der sozialistischen Partei, 1915 (ohne Universitätsabschluß) Journalist. 1919 gründete G. die Zeitschrift »Ordine Nuovo« (G.s Artikel darin gesammelt in: »L'Ordine Nuovo 1919–1920«, Turin 1954 [Opere IX], und »Socialismo e fascismo. L'Ordine Nuovo 1921–1922«, Turin 1966 [Opere XI]), 1921 Mitbegründer der Kommunistischen Partei Italiens, 1924 Sekretär des Exekutivkomitees und Parlamentsabgeordneter, Gründung der Zeitschrift »Unità«. Nach der Machtergreifung der Faschisten wurde G. 1926 verhaftet und 1928 von einem Sondergericht zu 20 Jahren Gefängnis verurteilt. Während der Haft entsteht der größte Teil seiner Werke (darunter: »Lettere dal carcere, Turin 1947 [Opere I], Rom 1956, dt. Briefe aus dem Kerker, Berlin [Ost] 1956, Leipzig 1962).

Im Anschluß an A. Labriola, G. Gentile und R. Mondolfo charakterisiert G. den ↑Marxismus als ›Philosophie der Praxis‹ (Il materialismo storico e la filosofia di Benedetto Croce, Turin 1948 [Opere II], 73ff.), wobei der Marxismus Elemente einer weiteren Entwicklung in sich trage und ständig kritisch erneuert werden müsse. G. kritisiert den Marxismus der Zweiten Internationale (und ihres Nachfahren N. Bucharin) als Fortsetzung der metaphysischen Tradition, insofern er Materie ungeschichtlich auffasse. Nach G. ist der historische Materialismus (↑Materialismus, historischer) nicht nur auf die Geschichte angewandter Materialismus (↑Materialismus (systematisch)), sondern Historisierung der Materie selbst. Ebenso wie der orthodoxe Marxismus mache der italienische Neoidealismus (Gentile, B. Croce) den Fehler, den Marxismus als Theorie der Geschichte und der Politik zu betrachten, der eine allgemeine Philosophie als Basis benötige. Nach G. ist der Marxismus dagegen (als noch auszuarbeitende Philosophie, in der Theorie in Praxis umgesetzt werden kann) eine neue und unabhängige Philosophie. G. fordert, die Philosophie Croces (Einheit von Philosophie und Geschichte) auf die Füße zu stellen, wie K. Marx es mit der Philosophie G. W. F. Hegels getan habe. Besondere Bedeutung in der neueren italienischen Marxismus-Diskussion erlangten vor allem G.s Vorstellung im Rahmen der Begriffe ›Hegemonie‹ (theoretische Bestimmung und praktische Verwirklichung der Vorherrschaft des Proletariats vor allem durch intellektuelle und moralische Reform) und ›historischer Block‹ (Basis und Überbau als gleichwertige Momente).

Werke: Opere, I–XII, Turin 1947–1971 (weitere Bde in Vorbereitung); Antologia degli scritti, I–II, ed. C. Salinari/M. Spinella, Rom 1963; Philosophie der Praxis. Eine Auswahl, ed. C. Riechers, Frankfurt 1967; Quaderni del carcere, I–IV, Turin 1975; Ausgewählte Werke, I–, Frankfurt 1977ff..

Literatur: C. Boggs, G.'s Marxism, London 1976; C. Buci-Glucksmann, G. et l'état. Pour une théorie matérialiste de la philosophie, Paris 1975; G. Fiori, Vita di A.G., Bari 1966 (dt. Das Leben des A.G.. Biographie, Berlin 1978); L. Gruppi, Il concetto di egemonia in G., Rom 1972 (dt. G.. Philosophie der Praxis und die Hegemonie des Proletariats, Hamburg/Berlin 1977); J. Joll, A.G., ed. F. Kermole, New York 1977; C. Mouffe (ed.), G. and Marxist Theory, London 1979; G. Perez, G.s Theorie der Ideologie, Frankfurt 1979; C. Riechers, A.G.. Marxismus in Italien, Frankfurt 1970; G. Roth, G.s Philosophie der Praxis. Eine neue Deutung des Marxismus, Düsseldorf 1972; J. Texier, G.. Présentation, choix de textes, biographie, bibliographie, Paris 1966. P. B.

Graphem (von griech. γράφειν, einritzen, zeichnen, schreiben), in der Linguistik analog zur ↑Abstraktion von ↑Phonemen aus Lauten das Resultat der Abstraktion in bezug auf diejenige Äquivalenz zwischen einfachen Schriftzeichen, die besteht, wenn zwei Schriftzeichen in keinem gemeinsamen ↑Kotext zur Unterscheidung zweier sprachlicher Ausdrücke dienen. So stellen etwa ›*a*‹ und ›*a*‹ dasselbe G. dar. ›*A*‹ und ›*a*‹ hingegen sind im Deutschen nicht gleichwertig (Beispiel: ›Arm‹ und ›arm‹). Auch innerhalb derselben Schriftart, z.B. bei Fraktur, stehen ›s‹ und ›ſ‹ in *komplementärer Distribution*, nämlich einerseits ausschließlich am Wortende, andererseits ausschließlich im Wortinneren, und sind daher *Allographe* desselben G.s. K. L.

Graßmann, Hermann Günther, *Stettin 15. April 1809, †ebendort 26. Sept. 1877, dt. Mathematiker und Sprachforscher. Nach dreijährigem Studium der (protestantischen) Theologie und der Altphilologie in Berlin und intensivem Privatstudium von Mathematik und Physik 1832 Assessor am Stettiner Gymnasium, 1840 Theologie-, Mathematik-, Physik-, Chemie- und Mineralogielehrer für alle Schulklassen. In seiner Abschlußarbeit über die Theorie der Gezeiten bediente sich G. der Methoden und Begriffsbildungen eines neuen, von ihm ↑›Ausdehnungslehre‹ genannten, geometrischen Kalküls, mit dessen Ausarbeitung er seit 1832 befaßt war. Die Ausdehnungslehre fand zunächst weder in ihrer ersten (1844) noch in ihrer zweiten Fassung (1862) in der mathematischen Fachwelt Resonanz. Auch eine Reihe von Veröffentlichungen, in denen G. die Brauchbarkeit seiner Theorie zur Lösung mathematischer und theoretisch-physikalischer Probleme unter Beweis stellte, führten ebensowenig zur erhofften Rezeption und Anerkennung wie der Preis für die »Geometrische Analyse« (1846), von dem G. sich eine Universitätsprofessur erhofft hatte. Nicht zuletzt auf Grund dieser Mißerfolge wandte sich G., wie bereits früher, wieder der Verfassung von Schulbüchern zu und befaßte sich, von der Fachwelt anerkannt, mit dem Studium außereuropäischer Sprachen und linguistischer Themen. Diese Beschäftigung führte ihn schließlich zum Studium des Rig-Veda (Übersetzung und sechsbändiges Wörterbuch, von der Fachwelt begeistert aufgenommen). Mit Beginn der 70er Jahre gewannen dann auch G.s mathematische Arbeiten zunehmendes Interesse, was ihn ermutigte, die Ausdehnungslehre von 1844 neu herauszugeben (erschienen 1878).

Werke: Die lineale Ausdehnungslehre, ein neuer Zweig der Mathematik, dargestellt und durch Anwendungen auf die übrigen Zweige der Mathematik wie auch Statik, Mechanik, die Lehre vom Magnetismus und die Krystallonomie erläutert, Leipzig 1844 (ursprünglich als 1. Teil eines Werkes »Die Wissenschaft der extensiven Größe oder die Ausdehnungslehre« geplant), [2]1878 (unter dem Titel: Die Ausdehnungslehre von 1844 oder Die lineale Ausdehnungslehre [...]); Die Ausdehnungslehre, vollständig und in strenger Form bearbeitet, Berlin 1862 (Neubearb. der Fassung von 1844); Lehrbuch der Arithmetik für höhere Lehranstalten, I–II, Berlin 1861/1865; Wörterbuch zum Rig-Veda, Leipzig 1873–1875 (in 6 Lieferungen), Wiesbaden [2]1955, [5]1976; Rig-Veda, I–II, Übers. u. Anm. v. H.G., Leipzig 1876/1877; Projektive Geometrie der Ebene unter Benutzung der Punktrechnung dargestellt, I–III, Leipzig/Berlin 1909–1927. – Gesammelte mathematische und physikalische Werke, I–III, ed. F. Engel, Leipzig 1894–1911 (repr. New York 1972).

Literatur: W. Burau/C.J. Scirba, G., DSB XV (1978), 192–199; M.J. Crowe, A History of Vector Analysis. The Evolution of the Idea of a Vectorial System, Notre Dame Ind. 1967; F. Engel, H.G.. Festrede zur Feier von Kaisers Geburtstag, gehalten am 27. Januar 1909 in der Aula der Universität Greifswald, Jahresber. Dt. Math.ver. 18 (1909), 344–356; A.E. Heath, H.G. 1809–1877. The Neglect of the Work of H.G.. Geometrical Analysis of H.G. and Its Connection with Leibniz's Characteristic, Monist 27 (1917), 1–56; A.C. Lewis, H.G.'s 1844 »Ausdehnungslehre« and Schleiermacher's »Dialektik«, Ann. Sci. 34 (1977), 103–162; V. Schlegel, H.G., sein Leben und seine Werke, Leipzig 1878; ders. u.a., H.G.. Sein Leben und seine mathematisch-physikalischen Arbeiten, Math. Ann. 14 (1879), 1–45 (mit Schriftenverzeichnis); ders., Die G.'sche Ausdehnungslehre. Ein Beitrag zur Geschichte der Mathematik in den letzten fünfzig Jahren, Leipzig 1896. G. H.

Gravesande, Willem Jakob, ↑'sGravesande, Willem Jakob.

Gravitation (von lat. gravis, schwer), Schwerkraft/Massenanziehung, Terminus der Physik für die zwischen jeder Materie, speziell zwischen der Erde und den in ihrer Nähe befindlichen Körpern, wirkende Kraft. In der antiken ↑Naturphilosophie wird die Schwerewirkung unterschiedlich erklärt. Nach der Auffassung der Atomisten (↑Atomismus) werden schwere große

Materieteilchen durch einen atomaren Wirbel zum ruhenden Zentrum der Welt getrieben. Platon unterscheidet ›schwer‹ und ›leicht‹ nach der jeweiligen Zusammensetzung aus den vier Elementen Erde, Wasser, Luft und Feuer. Aristoteles erklärt ›schwer‹ und ›leicht‹ teleologisch durch das Streben der Elemente nach ihrem natürlichen Ort, der für das schwerste Element ›Erde‹ der Mittelpunkt der Welt und für das leichteste Element ›Feuer‹ die Peripherie der irdischen Äthersphäre ist. In der mittelalterlichen Naturphilosophie macht z.B. J.S. Eriugena Schwere und Leichtigkeit eines Körpers von seinem Abstand zur Erde abhängig. Adelard von Bath betont, daß ein Stein in einem tiefen Schacht nicht tiefer fallen könne als bis zum Erdmittelpunkt. J. Kepler und W. Gilbert deuten sich anziehende Körper wie Erde und Mond durch gegenseitige magnetische Wirkungen. Die Annahme solcher *Fernkräfte* (↑actio in distans) wird von R. Descartes kritisiert, der die physikalischen Wirkungen auf Druck- und Stoßgesetze reduzieren will und in diesem Sinne G.swirkungen in einer spekulativen ↑Wirbeltheorie erklärt.

Erst I. Newton fand um 1666 ein allgemeines G.sgesetz, das die G.swirkungen sowohl in der Galileischen Erdphysik (z.B. Fallgesetz) als auch in der Keplerschen Himmelskinematik (Planetengesetze) durch dieselbe Kraft erklärte. Vereinfacht man nämlich das 1. und 2. Keplersche Gesetz (↑Astronomie) zur Annahme einer gleichförmigen Planetenbewegung auf einem Kreis mit der Sonne als Mittelpunkt, dann zeigt die Beschleunigung b in Sonnenrichtung und besitzt konstanten Betrag $|b|$. Da nach dem 3. Keplerschen Gesetz für Winkelgeschwindigkeit ω und Radius r die Größe $\omega^2 r^3$ für alle Planeten konstant ist, gilt für alle Planeten $|b| = \omega^2 r \sim 1/r^2$ mit dem gleichen Proportionalitätsfaktor. Da also die Kraft K der Planetenmasse m proportional ist, ist sie auch der Sonnenmasse M proportional, d.h. $K = \gamma \frac{M \cdot m}{r^2}$ mit der G.skonstanten γ, die erstmals H. Cavendish bestimmte. Während die Ableitung des G.sgesetzes aus der vereinfachten Kreishypothese auch von E. Halley, C. Wren und R. Hooke beansprucht wurde, gelang nur Newton um 1684 die entscheidende Umkehrung des Problems, indem er aus dem G.sgesetz und aus seinen Mechanikaxiomen die Keplerschen Gesetze mit den Ellipsenbahnen für Planeten und der Sonne im Brennpunkt ableitete. Während C. Huygens und G.W. Leibniz unter dem Einfluß des Cartesischen Mechanikprogramms die Annahme von ›Fernkräften‹ kritisierten und Joh. Bernoulli sogar noch die Cartesische Wirbeltheorie vertrat, setzte sich Newtons G.stheorie durch den Einfluß von P.L.M. de Maupertius und die Popularisierung von Voltaire (Éléments de la philosophie de Newton, 1738) auch auf dem Kontinent durch.

Newtons G.sbegriff begünstigte naturphilosophisch im 18. Jahrhundert einen dynamischen Atomismus (↑Dynamismus (physikalisch)), der physikalische Erscheinungen auf anziehende und abstoßende Kräfte zwischen den Teilen der Materie zurückführte. So entwickelte R.G. Boscovich 1758 die Vorstellung von punktartigen Kraftzentren, die bei großen Abständen als Schwere und bei kleinen Abständen als Kohäsion und chemische Bindungen wirken. Analoge Überlegungen finden sich in I. Kants »Monadologia physica« (1756), seinen »Metaphysischen Anfangsgründen der Naturwissenschaft« (1786) und im Opus Postumum. Nach Untersuchungen elektrischer und magnetischer Kräfte in der Elektrostatik berechnete D. Poisson 1812 G.spotentiale $\varphi(r) = -\frac{m}{r}$ aus (der nach ihm benannten) Differentialgleichung $\Delta\varphi = 4\pi\rho$. Eine bedeutende *empirische Bestätigung* der Newtonschen G.stheorie war die Entdeckung des Planeten Neptun, dessen Bahn J.C. Adams und U.J.J. Le Verrier 1846 auf Grund von Störungen der Uranusbahn vorausberechnet hatten. Allerdings beobachtete Le Verrier 1845 auch Unstimmigkeiten, da die Ellipsenbahn des Merkur nicht im Sinne der Newtonschen G.stheorie gegenüber den Fixsternen fest ist, sondern in der Ebene der Bahn im Sinne der Umlaufbewegung rotiert. Der von Le Verrier berechnete Betrag von 35 Bogensekunden pro Jahrhundert wurde 1882 von S. Newcomb auf 43 Bogensekunden präzisiert. Eine andere Unstimmigkeit betrifft die ↑Kosmologie, die nach Newtons G.sgesetz einen Mittelpunkt der Welt vorsieht, in welchem die Dichte der Sterne maximal ist, um mit wachsender Entfernung abzunehmen und in den leeren Raum überzugehen. H.H. v. Seeliger schlug daher 1894 eine ad-hoc-Modifikation der Poisson-Gleichung mit einer positiven Konstanten μ zu $\Delta\varphi - \mu^2\varphi = 4\pi\rho$ vor, deren Lösung $\varphi(r) = -\frac{m}{r} e^{-\mu r}$ im Bereich des Sonnensystems keinen Unterschied zum ursprünglichen G.spotential aufweist, jedoch die Anziehung zweier Massen bei großen Distanzen stärker als nach dem Newtonschen Gesetz abnehmen läßt und mit der Annahme einer konstanten

mittleren Dichte der Materie im Universum verträglich ist.
Die Notwendigkeit einer Verallgemeinerung der Newtonschen G.stheorie ergab sich spätestens 1905 nach A. Einsteins Begründung der speziellen Relativitätstheorie (↑Relativitätstheorie, spezielle), deren ↑Lorentz-Invarianz im Widerspruch zur ↑Galilei-Invarianz des Newtonschen G.sgesetzes steht. 1907 zeigte Einstein, daß die Wirkungen eines beschleunigten Bezugssystems nicht von denen eines G.sfeldes unterschieden werden können (↑Relativitätstheorie, allgemeine). Diese *Äquivalenz von schwerer Masse* (unter dem Einfluß eines G.sfeldes) *und träger Masse* (unter dem Einfluß einer Beschleunigung) war bereits 1830 durch F.W. Bessel und 1889 durch R. v. Eötvös experimentell bestätigt worden. Zur mathematischen Formulierung seiner G.stheorie benutzte Einstein 1913 die 4dimensionale Riemannsche ↑Differentialgeometrie, deren metrische Tensoren $g_{\mu\nu}$ als G.spotentiale und deren Christoffelsches Dreiindizessymbol $\Gamma^{\lambda}_{\mu\nu}$ als G.skraft gedeutet wurden. In den damit formulierten relativistischen ↑Bewegungsgleichungen läßt sich lokal (d.h. in unendlich kleinen Raum-Zeit-Gebieten) die Wirkung eines G.sfeldes wegtransformieren, indem man zu einem geeigneten beschleunigten Bezugssystem übergeht. So ist z.B. die G.swirkung der Sonne äquivalent einer Beschleunigung des Bezugssystems von der Sonne weg. Die Geltung des Äquivalenzprinzips ist jedoch lokal eingeschränkt, da G.sfelder im allgemeinen inhomogen sind und Schwankungen unterliegen. Mathematisch kommt die Existenz eines G.sfeldes durch das Nichtverschwinden des Riemannschen Krümmungstensors ($R_{\lambda\mu\nu\tau} \neq 0$) zum Ausdruck. Aus den Einsteinschen Bewegungsgleichungen erhält man den Newtonschen Spezialfall unter der Voraussetzung, daß die Geschwindigkeit eines Massenpunktes im G.sfeld klein ist gegenüber der Lichtgeschwindigkeit und das G.sfeld nur schwach von der Zeit abhängt.
1915 stellte Einstein die *G.sgleichungen* $R_{\mu\nu} - \frac{1}{2} g_{\mu\nu} R = -k T_{\mu\nu}$ auf, in denen die Potentiale $g_{\mu\nu}$ des G.sfeldes mit ihren Ursachen, den gravitierenden Massen, wie sie im Impuls-Energie-Tensor $T_{\mu\nu}$ der Materie zum Ausdruck kommen, verknüpft werden. Mathematisch sind die G.sgleichungen kovariant gegen die Koordinatentransformationen des Ricci-Kalküls (↑Differentialgeometrie). Sowohl das Vorrücken des Merkurperihels als auch die beobachtete Krümmung der Lichtstrahlen in der Nähe großer Massen (z.B. Sonne) konnten nun physikalisch erklärt werden. Entgegen dem ↑Machschen Prinzip, wonach Trägheitswirkungen nur durch die Massenverteilung im Universum und nicht durch den leeren absoluten Raum Newtons zu erklären sind, ließen die ursprünglichen Einsteinschen G.sgleichungen für die Annahme $T_{\mu\nu} = 0$ (also Abwesenheit von Materie) eine Lösung $g_{\mu\nu} = \text{const.}$ für alle μ, ν zu. Auch in Einsteins korrigierter Fassung $R_{\mu\nu} - \frac{1}{2} g_{\mu\nu} R - \lambda g_{\mu\nu} = -k T_{\mu\nu}$ mit der sogenannten kosmologischen Konstanten λ konnte W. de Sitter 1917 eine Lösung für einen wesentlich materieleeren Weltraum nachweisen. 1922 gab A. Friedmann für die ursprünglichen G.sgleichungen ohne die ad-hoc-Korrektur λ das Modell eines homogen und isotrop expandierenden Universums an (↑Astronomie). Als empirische Bestätigung der Expansionsannahme wurde die 1929 von E. Hubble nachgewiesene Zunahme der Rotverschiebung in den Spektrallinien ferner Galaxien proportional zu ihrer Entfernung interpretiert. In jüngster Zeit haben die Friedmannschen Lösungen gegenüber anderen Modellen (z.B. Steady-State Modell) durch den Nachweis der isotropen K3-Strahlung und die bisherige Überprüfung der mittleren Galaxienverteilung eine starke Bestätigung erhalten.
Während die G. im astrophysikalischen Bereich, wo Wirkungen großer Massen (z.B. Sterne, Galaxien) untersucht werden, maßgebend ist, spielt sie im mikrophysikalischen Bereich der Atome und Elementarteilchen fast keine Rolle. Hier sind die sogenannten schwachen Kräfte z.B. der Elektronen, wie sie beim β-Zerfall radioaktiver Elemente auftreten, und die starken Kräfte, die Protonen und Neutronen im Atomkern binden, maßgebend. Theoretisch stellt sich daher die Frage, ob die heute bekannten unterschiedlichen Kräfte in der Physik, also die schwachen und starken Kräfte aus der Quantenmechanik (↑Quantentheorie) und die G.skräfte und elektromagnetischen Kräfte der Relativitätstheorie, aus einem einheitlichen Kraftbegriff einer einheitlichen Theorie erklärt werden können, wie es seinerzeit Newton in bezug auf die Galileische Erdphysik und die Keplersche Himmelskinematik in seiner G.stheorie versucht hatte. Ansätze zu einer solchen Theorie der ›Supergravitation‹ aus Relativitäts- und Quantentheorie werden bereits astrophysikalisch verwendet, um die sogenannten ›schwarzen Löcher‹ im Universum zu beschreiben. Sie entstehen nach dem Kollaps von zu großen Massen, wobei die G. so stark wird, daß Lichtquanten den Objektbereich nicht mehr verlassen können und daher kein Signal an einen entfernten Beobachter gelangt. Die Energie

des G.sfeldes wird in diesem Fall quantentheoretisch beschrieben und zu masselosen G.en gequantelt.

Wissenschaftstheoretisch hat die G.stheorie zu unterschiedlichen Bewertungen der physikalischen Geometrie geführt. Während konventionalistische Ansätze (↑Konventionalismus) von der geeigneten Wahl metrischer Geometrien sprechen, um die verschiedenen Beobachtungen und Meßergebnisse der G.stheorie zu beschreiben, gehen ontologische Interpretationen von der Entdeckung bereits festliegender Strukturen aus, die das Verhalten physikalischer Objekte erklären können. In deduktiven Erklärungsmodellen wird der theoretische Begriff (↑Begriffe, theoretische) des metrischen Feldes als semantisches Bezugsobjekt zugrunde gelegt, dessen Struktur durch den mathematischen Term $g_{\mu\nu}$ beschrieben ist. Das Modell bewährt sich in den Testverfahren für abgeleitete Theoreme über das Verhalten von Körpern und Maßstäben. In einer technisch orientierten Begründung wird zunächst die spezielle Relativitätstheorie als adäquate Theorie für die Erfassung von Bewegungen begründet, die sich relativ zur Erde in der Größenordnung der Lichtgeschwindigkeit bewegen (z.B. bei technischen Versuchsabläufen in Teilchenbeschleunigern). Dabei werden die Längenkontraktionen, die aus der Lorentz-Transformation folgen, als reale mechanische Effekte interpretiert – und nicht als Revision der (Euklidischen) Geometrie (↑Euklidizität, ↑Euklidische Geometrie). Die allgemeine Relativitätstheorie wird als Verallgemeinerung der Newtonschen G.stheorie aufgefaßt, die auch die Wirkungen inhomogener G.sfelder berücksichtigt. Allerdings verspricht erst die Berücksichtigung der Quantenelektrodynamik eine abschließende Erklärung der G.serscheinungen, auf die neuerdings die Astrophysik aufmerksam macht (s.o.). Diese Untersuchungen sind noch nicht abgeschlossen.

Literatur: E.J.Dijksterhuis, De Mechanisering van het Wereldbeeld, Amsterdam 1950 (dt. Die Mechanisierung des Weltbildes, Berlin/Göttingen/Heidelberg 1956); P.A.M. Dirac, The Quantization of the Gravitational Field, in: Contemporary Physics. Trieste Symposium 1968 I, Wien 1969, 539ff.; P. Duhem, Le système du monde. Histoire des doctrines cosmologiques de Platon à Copernic, I–X, Paris 1913–1959; A. Einstein, Grundzüge der Relativitätstheorie, Braunschweig [4]1965 (repr. 1973); V.A. Fok, Teorija prostranstva, vremeni i tjagotenija, Moskau 1955 (dt. Theorie von Raum, Zeit und G., Berlin [Ost] 1960); G. Gamow, Gravity. Classic and Modern Views, Garden City N.Y. 1962 (dt. Das Gesetz der Schwerkraft. Neue Antworten auf alte Fragen, München/Wien/Basel 1962); B.K. Harrison/K.S. Thorne/M. Wakano/J.A. Wheeler, G. Theory and Gravitational Collapse, Chicago 1965; M. Jammer, Concepts of Mass in Classical and Modern Physics, Cambridge Mass. 1961 (dt. [erweitert] Der Begriff der Masse in der Physik, Darmstadt 1964, [2]1974); B. Kanitscheider, Philosophisch-historische Grundlagen der physikalischen Kosmologie, Stuttgart/Berlin/Köln/Mainz 1974; A. Koyré, La gravitation universelle de Kepler à Newton, in: Arch. int. hist. sci. 4 (1951), 638–653; F. Krafft, Geschichte der Naturwissenschaft I (Die Begründung einer Wissenschaft von der Natur durch die Griechen), Freiburg 1971; P. Lorenzen, Relativistische Mechanik mit klassischer Geometrie und Kinematik, Math. Z. 155 (1977), 1–9; E. Mach, Die Mechanik. Historisch-kritisch dargestellt, Leipzig 1883, [9]1933 (repr. Darmstadt 1973); K. Mainzer, Mechanik, Hist. Wb. Ph. V (1980); ders., Geschichte der Geometrie, Mannheim/Wien/Zürich 1980; J. Mittelstraß, Neuzeit und Aufklärung. Studien zur Entstehung der neuzeitlichen Wissenschaft und Philosophie, Berlin/New York 1970; I. Robinson/A. Schild/E.L. Schücking (eds.), Quasi-Stellar Sources and Gravitational Collapse, Including the First Texas-Symposium on Relativistic Astrophysics, Chicago 1965; B. Thüring, Die G. und die philosophischen Grundlagen der Physik, Berlin 1967; H. Törnebohm, A Paradigm Shift in Theories of G., Göteborg 1977; H.-J. Treder (ed.), G.stheorie und Äquivalenzprinzip. Lorentz-Gruppe, Einstein-Gruppe und Raumstruktur, Berlin (Ost) 1971; J. Weber, General Relativity and Gravitational Waves, New York 1961; S. Weinberg, G. and Cosmology. Principles and Applications of the General Theory of Relativity, New York 1972; R.S. Westfall, Force in Newton's Physics. The Science of Dynamics in the Seventeenth Century, London, New York 1971; L. Witten (ed.), G.. An Introduction to Current Research, New York 1962. K.M.

Gregor von Rimini (Gregorius de Arimino), *Rimini um 1300, †Wien 1358, scholast. Theologe und Philosoph. 1323–1329 Studium in Paris, danach Lehrer in Bologna, Padua und Perugia, ab 1341 in Paris, dort 1345 Magister der Theologie (doctor authenticus), 1357 Ordensgeneral der Augustiner-Eremiten. Von seinen Schriften ist nur ein (unvollständiger) ↑Sentenzenkommentar erhalten. G. bekämpfte den ↑Monopsychismus des Averroës (ansonsten neben Aristoteles wichtigste philosophische Autorität für G.), schloß sich nicht dem verbreiteten ↑Thomismus seiner Zeit, sondern dem ↑Nominalismus des Wilhelm von Ockham an, den er allerdings mit der Position des A. Augustinus (z.B. in der Sündenlehre und der Lehre vom freien Willen Gottes) zu verbinden versuchte. G. vertrat eine strenge Trennung von Theologie, die als ›sapientia‹ (Weisheit) ihre Aussagen nicht (gegenüber nicht-Glaubenden) einsichtig formulieren und nicht rational beweisen könne, und Wissenschaft (Philosophie), die als ›scientia‹ zu einer für jedermann nachprüfbaren und einsehbaren Wahrheit gelangen könne.

Werke: Lectura super primum [et secundum] librum sententiarum, Paris 1482 u.ö., Venedig 1522 (repr. in: Franciscan Institute Publications. Text Series 7, St. Bonaventure N.Y./Louvain/Paderborn 1955), kritische Edition, I–VII (6 Textbände, 1 Indexband), ed. A.D. Trapp/V. Marcolino, Berlin/New York 1979ff. (IV–VI bereits erschienen) (Spätmittelalter und Reformation 6–12). – Totok II (1973), 577.

Literatur: W. Eckermann, Wort und Wirklichkeit. Das Sprachverständnis in der Theologie G.s v. R. und sein Weiterwirken in der Augustinerschule, Würzburg 1978; G. Leff, Faith and Reason in the Thought of Gregory of R., John Rylands Library Bulletin 42 (1959), 88–112; ders., Gregory of R.. A Fourteenth-Century Augustinian, Rev. ét. august. 7 (1961), 153–170; ders., Gregory of R.. Tradition and Innovation in Fourteenth-Century Thought, Manchester/New York 1961; ders., G., Enc. Ph. III (1967), 390; O. Grassi, La questione della teologia come scienza in Gregorio da R., Riv. filos. neoschol. 68 (1976), 610–644; H.A. Obermann (ed.), G.v.R.. Werk und Wirken. Studien zur Geistesgeschichte in Spätmittelalter und Reformation, Berlin/New York 1980; C. Prantl, Geschichte der Logik im Abendlande IV, Leipzig 1870 (repr. Graz 1955), 9–14; M. Schüler, Prädestination, Sünde und Freiheit bei G.v.R., Stuttgart 1934 (Forsch. zur Kirchen- u. Geistesgesch. 3); D. Trapp, Augustinian Theology of the Fourteenth Century. Notes on Editions, Marginalia, Opinions and Book-Lore, Augustiniana 6 (1956), 146–274; P. Vignaux, Justification et prédestination au 14ᵉ siècle. Duns Scot, Pierre d'Auriole, Guillaume d'Occam, Gregoire de R., Paris 1931; J. Würsdörfer, Erkennen und Wissen nach G.v.R.. Ein Beitrag zur Geschichte der Erkenntnistheorie des Nominalismus, Münster 1891, 1917 (Beitr. Gesch. Philos. MA XX/1). M.G.

Grelling, Kurt, *Berlin 2. März 1886, †Auschwitz 18. September 1942 (?), dt. Mathematiker, Logiker und Wissenschaftstheoretiker. Studium der Mathematik, Physik und Philosophie in Freiburg, Berlin, Lausanne und Göttingen, wo G. 1910 das Staatsexamen ablegte. Im gleichen Jahr Promotion bei D. Hilbert. G. war zunächst Anhänger der anthropologischen Erkenntnistheorie von J.F. Fries in der Form, wie sie L. Nelson weiterführte (›Neofriesianismus‹), beschäftigte sich aber gleichzeitig mit der Philosophie der exakten Wissenschaften. So veröffentlichte er zusammen mit Nelson 1908 eine Analyse der zu diesem Zeitpunkt bekannten logischen und semantischen Antinomien (↑Antinomien, logische, ↑Antinomien, semantische), darunter auch der nach ihm benannten ↑Grellingschen Antinomie. Seine Dissertation versucht die Ableitung der Theorie der natürlichen Zahlen aus dem Zermeloschen Axiomensystem (↑Zermelo-Fraenkelsches Axiomensystem) der Mengenlehre ohne ↑Auswahlaxiom und ↑Unendlichkeitsaxiom. G., der nach seiner Promotion in Berlin im höheren Schuldienst tätig war, publizierte 1924 eine elementare Einführung in die Mengenlehre. Später war er Mitglied der Berliner »Gesellschaft für empirische (danach ›wissenschaftliche‹) Philosophie« und vertrat deren empiristischen Standpunkt (↑Empirismus, logischer, ↑Neopositivismus). Um 1935/1936 hielt sich G. zeitweise zu Studienzwecken bei P. Oppenheim in Brüssel auf. Nach Kriegsausbruch Flucht von Berlin nach Brüssel; 1940, kurze Zeit nach dem Einmarsch der deutschen Besatzungstruppen, von den Belgiern als ›unerwünschter Ausländer‹ nach Paris abgeschoben und in ein Lager für feindliche Ausländer verbracht. Am 16.9.1942 wurde G., der jüdischer Abstammung war, mit seiner ›arischen‹ Frau nach Auschwitz deportiert und umgebracht.

Werke: Über einige neuere Mißverständnisse der Friesschen Philosophie und ihres Verhältnisses zur Kantischen, Abh. Fries'schen Schule NF 1 (1906), 743–757; Das gute, klare Recht der Freunde der anthropologischen Vernunftkritik verteidigt gegen Ernst Cassirer, Abh. Fries'schen Schule NF 2 (1908), 153–190; Bemerkungen zu den Paradoxieen von Russell und Burali-Forti, Abh. Fries'schen Schule NF 2 (1908), 301–334 (darin: Anhang I: H. Goesch, Bemerkungen zu Kapitel IV der vorstehenden Abhandlung, 324–328, Anhang II: G. Hessenberg, Bemerkungen zur vorstehenden Abhandlung, 328–330, Anhang III: K.G./L. Nelson, Über zwei das Paradoxon betreffende Abhandlungen des Herrn E. Zermelo, 331–334) Nachdr. in: L. Nelson, Gesammelte Schriften in neun Bänden III (Die kritische Methode in ihrer Bedeutung für die Wissenschaft), ed. P. Bernays u.a., Hamburg 1974, 95–127, und in: L. Nelson, Beiträge zur Philosophie der Logik und Mathematik. Mit einführenden und ergänzenden Bemerkungen von W. Ackermann, P. Bernays, D. Hilbert, Frankfurt 1959, 55–86); Die Axiome der Arithmetik mit besonderer Berücksichtigung der Beziehungen zur Mengenlehre, Diss. Göttingen 1910; Die philosophischen Grundlagen der Wahrscheinlichkeitsrechnung, Abh. Fries'schen Schule NF 3 (1912), 439–478; Mengenlehre, Leipzig/Berlin 1924; Philosophy of the Exact Sciences. Its Present Status in Germany, Monist 38 (1928), 97–119; Bermerkungen zu Dubislavs »Die Definition«, Erkenntnis 3 (1932/1933), 189–200; The Logical Paradoxes, Mind 45 (1936), 481–486; Identitas indiscernibilium, Erkenntnis 6 (1936), 252–259; Der Einfluß der Antinomien auf die Entwicklung der Logik im 20. Jahrhundert, in: R. Bayer (ed.), Travaux du IXᵉ congrès international de philosophie. Congrès Descartes. VI (Logique et mathématiques), Paris 1937, 8–17; (mit P. Oppenheim) Der Gestaltbegriff im Lichte der neuen Logik, Erkenntnis 7 (1937/1938), 211–225; (mit P. Oppenheim) Supplementary Remarks on the Concept of Gestalt, Erkenntnis 7 (1937/1938), 357–359; Gibt es eine Gödelsche Antinomie? K.G.s Bemerkungen zu einer Abhandlung von Ch. Perelman, Theoria 3 (1937), 297–306; Nochmals: »Perelman-Gödel«. Zusätze und Berichtigungen zu K.G.s Bermerkungen, Theoria 4 (1938), 68–69. P.S.

Grellingsche Antinomie, wegen der Einfachheit ihrer Konstruktion Standardbeispiel für semantische Antinomien (↑Antinomien, semantische), erstmals von K. Grelling 1908 formuliert. Man definiert zwei Prädikate ›autologisch‹ und ›heterologisch‹ durch: ein (Prädikat-)Ausdruck ist autologisch (heterologisch), wenn er auf sich selbst zutrifft (nicht zutrifft). Z.B. ist ›dreisilbig‹ autologisch (›dreisilbig‹ ist dreisilbig), ›viersilbig‹ heterologisch (›viersilbig‹ ist nicht viersilbig). Die Antinomie entsteht bei der Antwort auf die Frage, ob ›heterologisch‹ selbst heterologisch oder autologisch sei. Nimmt man an, ›heterologisch‹ sei heterologisch, dann trifft es auf sich selbst zu, ist also gerade (nach Definition) autologisch. Nimmt man an, es sei autologisch, so muß gerade gelten: ›heterologisch‹ ist heterologisch. Es gilt also: ›heterologisch‹ ist heterologisch genau dann, wenn ›heterologisch‹ autologisch ist.

Zusammen mit L. Nelson hat Grelling für eine ganze Klasse von Antinomien eine Normalform gegeben, der auch die G. A. genügt. Diese Normalform ist insofern von Bedeutung, als sie die Verwandtschaft der Definition von ›autologisch‹ und ›heterologisch‹ mit gewissen ↑imprädikativen Verfahren zeigt, die in der heutigen Mathematik durchaus gebräuchlich sind; so z.B. mit Begriffsbildungen in dem auf G. Cantor zurückgehenden mengentheoretischen Beweis, daß die ↑Potenzmenge einer unendlichen Menge eine höhere Mächtigkeit hat als die Menge selbst. Eine Kritik der begrifflichen Voraussetzungen gerade der G.A. kann also zu einer Kritik der methodischen Grundlagen von Teilen der modernen Mathematik (insbesondere Mengenlehre und Analysis) führen.

Literatur: A. Church, Comparison of Russell's Resolution of the Semantical Antinomies with that of Tarski, J. Symb. Log. 41 (1976), 747–760; K. Grelling, The Logical Paradoxes, Mind 45 (1936), 481–486; ders./L. Nelson, Bemerkungen zu den Paradoxien von Russell und Burali-Forti, Abh. Fries'schen Schule NF 2 (1908), 301–324, Nachdr. in: L. Nelson, Beiträge zur Philosophie der Logik und Mathematik, Frankfurt 1959, 57–77; F.P. Ramsey, The Foundations of Mathematics, Proc. London Math. Soc. 2nd Series, 25 (1926), 338–384, Nachdr. in: ders., The Foundations of Mathematics and Other Logical Essays, ed. R.B. Braithwaite, London [4]1965, 1–61, bes. 27, 42–49; U. Saarnio, Zur heterologischen Paradoxie, Theoria 3 (1937), 38–56; ders., Die G. Paradoxie und ihre exakte Lösung, Dialectica 28 (1974), 243–261; weitere Literatur: ↑Antinomien, semantische. G.H.

Grenzbegriff, nach I. Kant ein Begriff, durch den der Bereich möglicher Gegenstände der Erfahrung, und daher erfahrungsbestimmter Begriffe überhaupt, von nicht-erfahrungsbestimmten Erweiterungen abgegrenzt wird. In diesem Sinne dient z.B. der Begriff des ↑Noumenon als G., »um die Anmaßung der Sinnlichkeit einzuschränken« (KrV B 311). Inhaltliche Bedeutung kommt einem G. in diesem Zusammenhang (der Begründung ›empirischer Erkenntnisse‹) nicht zu, er ist ›nur von negativem Gebrauche‹ (ebd.). – In der Verbindung mit dem Begriff des ↑Dinges an sich wird die Rede von G.en in den Traditionen des ↑Neukantianismus aufgenommen und wissenschaftstheoretisch erweitert. So sollen insbesondere im Sinne H. Vaihingers G.e die Bestimmtheit wissenschaftlicher Forschung sichern, ohne selbst zum materialen Gegenstand der Forschung zu werden. Entsprechend werden G.e einerseits als Ergebnisse von ideellen Grenzprozessen aufgefaßt, andererseits z.B. ›Raum‹ und ›Zeit‹, aber (allgemeiner) auch ›Natur‹ oder (spezieller) auch geometrische Grundbegriffe wie Punkt, Linie und Ebene sowie physikalische Begriffe wie der des absoluten Nullpunkts der Temperatur, bei B. Kerry auch Grenzwerte mathematischer Folgen als ›G.e‹ bezeichnet. Damit nehmen G.e die Bedeutung idealer (begrifflicher) Konstruktionen als Teile von Sprach- und Wissenschaftskonstruktionen an.

Literatur: H. Cohen, Kants Theorie der Erfahrung, Berlin [2]1885, 501 ff.; J. Haedicke, Raum und Zeit als empirische »G.e«, Ann. Philos. philos. Kritik 6 (1927), 331–347; B. Kerry, System einer Theorie der G.e. Ein Beitrag zur Wissenschaftstheorie I, ed. G. Kohn, Leipzig/Wien 1890; M. Kleinschmidt, Versuch einer allgemeinen Theorie des Grenzverfahrens, Diss. Jena 1913; O. Marquard, G., Hist. Wb. Ph. III (1974), 871–873; J. Mittelstraß, Ding als Erscheinung und Ding an sich. Zur Kritik einer spekulativen Unterscheidung, in: ders./M. Riedel (eds.), Vernünftiges Denken. Studien zur praktischen Philosophie und Wissenschaftstheorie, Wilhelm Kamlah zum Gedächtnis, Berlin/New York 1978, 107–123; G. Prauss, Kant und das Problem der Dinge an sich, Bonn 1974, 144, 182. J.M.

Grenznutzen, Grundkategorie der neoklassischen ökonomischen Werttheorie. Diese geht davon aus, daß sich der ↑Nutzen oder Wert (↑Wert (ökonomisch)) einer Gütereinheit beim Austausch gegen andere Güter oder gegen Geld nach der einem Tauschinteressenten bereits verfügbaren Menge desselben Gutes bemißt, und zwar so, daß dieser Wert mit wachsender Verfügungsmenge abnimmt (Prinzip vom abnehmenden G.). Dem liegt das Rationalitätsprinzip zugrunde, daß Güter zunächst für die wichtigen und dann für die weniger wichtigen Bedürfnisse eingesetzt und entsprechend der so bei wachsender Verfügbarkeit abnehmenden Relevanz ihrer Verwendung bewertet werden. Für Austausch- und Kaufvorgänge ist dann nicht die durchschnittliche Bewertung der Güter einer Sorte maßgebend, sondern der Wert der in der Reihenfolge des Erwerbs oder der Abgabe letzten und insofern an der ›Grenze‹ der verfügbaren Menge liegenden Gütereinheit, des daher so genannten G.s. Geht man von der Meßbarkeit des Nutzens aus, so bestimmt sich der G. für Gütermengen, die eine stetige Größe darstellen, als Differentialquotient $\frac{dN}{dM}$, d.h. als Ableitung des Nutzens N nach der Gütermenge M. Die G.lehre läßt sich insbesondere als Theorie des Preises ≥ 0 verstehen, zu dem ein Markt geräumt wird.

Ansätze zu einer G.theorie hat zuerst J. Dupuit (De la mesure de l'utilité des travaux publics, 1844) ausgearbeitet. Als Vorläufer des Prinzips vom abnehmenden G. gilt ferner H.H. Gossen (Entwicklung der Gesetze des menschlichen Verkehrs und der daraus fließenden Regeln für menschliches Handeln, Braunschweig 1854), der allerdings, im Blick auf das Phänomen abnehmenden Lustgewinns bei zunehmend gesättigter Befriedigung, psychologisch argumentiert. Zu einem Kernstück der neoklassischen Ökonomie wird die G.theorie vor allem von W.S. Jevons (The Theory of Political Economy, London/New York 1871), C. Menger (Grundsätze der Volkswirthschaftslehre, Wien 1871), L. Walras (Eléments d'économie politique pure, ou: thèorie de la richesse sociale, Lausanne 1874) und A. Marshall (Principles of Economics, London/New York 1890) ausgebaut und, vor allem durch Walras und Marshall, zur Grundlage einer mathematischen Wirtschaftstheorie gemacht.

Literatur: R.B. Ekelund/R.F. Hebert, A History of Economic Theory and Method, New York 1975, Chap. 4, 5; L. Illy, Das Gesetz des G.s. Untersuchung über die Wirtschaftsrechnung des Konsumenten, Wien 1948; E. Kauder, A. History of Marginal Utility Theory, Princeton N.J. 1965; P.N. Rosenstein-Rodan, G., in: L. Elster/A. Weber/F. Wieser (eds.), Handwörterbuch der Staatswissenschaften, Jena [4]1927, IV, 1190–1223; E. Schneider, Einführung in die Wirtschaftstheorie IV/1, Tübingen 1962, [2]1965, 145–283. F.K.

Grenzsituation (engl. boundary situation, franz. situation-limite), Terminus der ↑Existenzphilosophie bei K. Jaspers. Befindet sich der Mensch zunächst stets in praktischen Situationen, die er erkennen und verändern kann (›Situationsgebundenheit‹), so wird er in G.en auf verschiedene Weise seiner Endlichkeit in Gestalt letzter Bedingungen, ›Grenzen‹, seines Lebens inne. Definiert sind die G.en durch Unvermeidlichkeit, Unveränderbarkeit, Unableitbarkeit, Unaufhebbarkeit und Endgültigkeit. Beispiele für G.en sind: die Situationsgebundenheit des Menschen selbst, seine zufällige Herkunft, Kampf, Leiden, Schuld und Tod; die G.en verweisen so auf die ›Grundsituation‹ des Menschen. Obwohl sie nach Jaspers prinzipiell resistent gegen theoretische Analysen bleiben, kann der Mensch sie durch Maximen, Gottesbeweise oder ähnliche Konstruktionen, d.h. durch ›Flucht‹ in ein ›rationales Gehäuse‹ (Jaspers) distanzieren und objektivieren. Erweist sich dies als illusionär, so bleiben (scheinbar) nur Skepsis, Relativismus und schließlich Nihilismus. Zum anderen aber vermögen die G.en den Weg zum ›Selbstsein‹ zu eröffnen: der Mensch erfährt gerade in der Ohnmacht seiner Versuche, denkend die G.en zu bewältigen, seine ↑›Existenz‹ als Freiheit ungesicherten Entscheidens.

Literatur: E. Baechler, Situation fondamentale et situations-limites dans la philosophie de Karl Jaspers, Diss. Neuchâtel 1952; G. Díaz Díaz, Begriff und Problem der Situation. Eine Untersuchung im Rahmen des Jaspers'schen Denkens, Diss. Freiburg 1961; K. Jaspers, Psychologie der Weltanschauungen, Berlin 1919, Berlin/Göttingen/Heidelberg [5]1960, bes. 229–280; ders., Philosophie I–III, Berlin 1932, Berlin/Göttingen/Heidelberg [3]1956, bes. II, 201–254. T.R.

Grenzwert, Grundbegriff der ↑Analysis, bereits in der Exhaustionsmethode (↑Exhaustion) des Eudoxos vorweggenommen; dient der Formulierung gewisser Eigenschaften einer ↑Funktion $\iota_x f(x)$, die in einer ↑Umgebung eines Punktes a (diesen selbst eventuell ausgenommen) definiert ist. Läßt sich zu jeder positiven Zahl ε eine Umgebung U des Punktes a so angeben, daß für alle von a verschiedenen Punkte x aus U der Abstand zwischen einem festen Punkt g und dem zu x gehörigen Funktionswert $f(x)$ stets kleiner als ε ist:

$$\bigwedge_\varepsilon \bigvee_U \bigwedge_x (x \in U \wedge x \neq a \rightarrow |f(x) - g| < \varepsilon),$$

so nennt man g den G. der Funktion $\iota_x f(x)$ für $x \curvearrowright a$, geschrieben: $\lim_{x \curvearrowright a} f(x) = g$. Insbesondere ist g der G. einer Zahlenfolge x_* (↑Folge (mathematisch)), wenn die Folge $x_* - g$ eine ↑Nullfolge ist. Man beachte, daß die Rede von ›*dem* G.‹ zum Ausdruck bringt, daß unter den in der G.definition genannten Bedingungen auch die Voraussetzungen für die Bildung eines Kennzeichnungsterms erfüllt sind.

Literatur: E. Steinitz, Stetigkeit und Differentialquotient, Math. Ann. 52 (1899), 58–69. C.T.

Groethuysen, Bernhard, *Berlin 9. Jan. 1880, †Luxemburg 17. Sept. 1946, dt.-franz. Philosoph, Psychologe und Historiker. Ab 1898 Studium der Wirtschaftspolitik, Kunstgeschichte (bei H. Wölfflin), klassischen Philologie (bei T. Gomperz), Psychologie und Philosophie in Wien, München und

Berlin. 1904 Promotion in Berlin bei C. Stumpf, W. Dilthey und G. Simmel, 1907 Habilitation ebendort, 1907–1931 Privatdozent in Berlin, 1931–1933 o. Prof. der Philosophie (Lehrstuhl für Ethik). Als engagierter Kommunist und aus Protest gegen den Antisemitismus des neuen Regimes legt G. 1933 sein Lehramt nieder und emigriert nach Paris. G. findet Freunde im Intellektuellenkreis des Gallimard-Verlags (z.B. J.-P. Sartre, F. Ponge, A. Gide, A. Malraux) und wird als Vermittler der deutschen hermeneutischen Tradition, vor allem der Philosophie seines Freundes W. Dilthey einflußreich.

In den Arbeiten G.s verbinden sich hermeneutische Psychologie, Anthropologie und die historische Methode der ↑Lebensphilosophie Diltheys in der Frage nach der ›Struktur der menschlichen Seele‹. Die oft als G.s Hauptwerk eingestufte »Philosophische Anthropologie« (1928) gibt einen typisierenden Abriß der philosophischen Wege menschlicher Selbstbesinnung; die Frageweise in der breit angelegten (unvollständig erschienenen) historischen Studie »Die Entstehung der bürgerlichen Weltanschauung in Frankreich« ist dagegen enger an Dilthey und seiner Maxime orientiert, in der Selbsterkenntnis des Menschen im Geschichtlichen ›das Leben selbst‹ zur Sprache zu bringen. G. verzichtet auf eine Auseinandersetzung mit Theorien des Bürgertums bzw. der modernen Gesellschaft zugunsten einer aus originären Quellen erstellten Phänomenologie des Alltagsbewußtseins des frühen Bürgers. Aus der Genese der bürgerlichen Gesellschaft (↑Gesellschaft, bürgerliche) wird idealtypisch die geistige Welt des Durchschnittsbürgers als eine kohärente Denkstruktur entwickelt und einschließlich der damit verbundenen Lebensform ohne weitere externe Wertung zur *Anschauung* gebracht.

Werke: Das Mitgefühl (Diss. Berlin 1904), Z. Psychol. u. Physiol. der Sinnesorgane 34 (1904), 161–270, gekürzt Leipzig 1904; Das Leben und die Weltanschauung, in: M. Frischeisen-Köhler (ed.), Weltanschauung, Berlin 1911, 55–77; Wilhelm Dilthey, Dt. Rdsch. 154 (1913), 69–92, 249–270; Introduction à la pensée philosophique allemande depuis Nietzsche, Paris 1926; L'église et la bourgeoisie, Paris 1927 (= L'origine de l'esprit bourgeois en France I, Neuausg. unter dem Titel: Origines de l'esprit bourgeois en France, Paris 1956 [II nur dt. erschienen]), gleichzeitig erschienen eine stark abweichende dt. Fassung: Die Entstehung der bürgerlichen Welt- und Lebensanschauung in Frankreich, I–II, Halle 1927/1930 (repr. Hildesheim 1973), Frankfurt 1978; Philosophische Anthropologie, München 1928, ^{2}1931 (repr. München/Darmstadt 1969) (franz. Anthropologie philosophique, Paris 1952, ^{5}1953); Mensch und Charakter, München/Berlin 1931; Die Dialektik der Demokratie, Wien 1932; Mythes et portraits, ed. J. Paulhan, Paris 1947 (dt. Unter den Brücken der Metaphysik. Mythen und Portraits, Stuttgart 1968); J.-J. Rousseau, Paris 1949; La philosophie de la révolution française, précédé de Montesquieu, ed. A. Guillain, Paris 1956, ^{2}1966 (dt. Philosophie der französischen Revolution, ed. E. Schmitt, Neuwied 1971, Neudr. Frankfurt/Wien 1975). – Herausgeber der »Gesammelten Schriften W. Diltheys«, I, VII, VIII.

Literatur: H. Böhringer, B. G.. Vom Zusammenhang seiner Schriften, Berlin 1978 (mit Bibliographie, 207–228); J. Paulhan, G.s Tod in Luxemburg, Neue Rdsch. 1 (1970), 49–72; (Nachrufsammlung) Visage de G., Cahiers du Sud 35, N° 290 (1948), 3–56. R. W.

Größe, generelle Bezeichnung für meß- oder zählbare Eigenschaften, ferner für das bestimmte Resultat einer Zählung oder Messung. So kann etwa der Flächeninhalt allgemein eine G. heißen, aber auch etwa der Erdoberfläche eine G. von 510100933,5 km^2 zugeschrieben werden. Die Einteilung der G.n in zählbare und meßbare findet sich bereits bei Aristoteles, der Angaben der Menge (*πλῆθος*) von solchen der G. im engeren Sinne (*μέγεθος*) unterscheidet und beide der Kategorie der ↑Quantität zuordnet, wobei für ihn das Kriterium der Teilbarkeit in (diskrete bzw. stets weiter teilbare) Elemente maßgebend ist (Met. Δ 13.1020a7ff.). Daneben erörtert Aristoteles unter der Kategorie der ↑Qualität Eigenschaften, die eine *komparative Ordnung* in dem Sinne gestatten, daß sie ein ›mehr oder minder‹ zulassen, d.h. in einem höheren oder geringeren Grade realisiert sind (Cat. 8.10b26ff.). – Das Mittelalter hat die Aristotelischen Intentionen zu einer Lehre von den *intensiven* (qualitativen, graduellen) G.n im Unterschied zu den *extensiven* (quantitativen) G.n um- und ausgearbeitet. Für die intensiven G.n ist die Vorstellung maßgebend, daß der Grad einer Qualität, z.B. ein Helligkeitsgrad, sich durch *stetige* Vorgänge der Zu- oder Abnahme (intensio oder remissio) verändern kann. Auch Bewegungsvorgänge werden großenteils unter dem Gesichtspunkt intensiver G. analysiert (↑Impetustheorie). Demgegenüber erscheinen die extensiven G.n als ↑Aggregate ihrer Teile.

In diesem Zusammenhang konnte die moderne ↑Infinitesimalrechnung an ihrem Ursprung bei G. W. Leibniz und I. Newton auch als Lösung des Problems begriffen werden, intensive G.n über die funktionale Darstellung von Veränderungsvorgängen einer numerischen Behandlung zuzuführen. Zugleich bildet sich für die neue mathematische ↑Größenlehre, die sich als ↑Zahltentheorie und ↑Analysis entwickelt, ein einheitliches Selbstverständnis aus. Diesem Selbstverständnis gegenüber erscheint die alte Einteilung ›extensiv/intensiv‹ nicht mehr recht praktikabel, wenn auch die vielfältigen Probleme, die unter diesem Terminipaar diskutiert worden sind, in Unterscheidungen wie ›diskret/kontinuierlich‹, ›kardinales/ordinales Maß‹ weiter erörtert werden. Eine neuere Terminologie spricht daher den Terminus ›intensiv‹ nur noch solchen G.n zu, für welche die Addition sich nicht auch empirisch interpretieren läßt. Die mittelalterliche Einteilung der G.n wirkt in den folgenden, von I. Kant für eine messende Naturwissenschaft formulierten Prinzipien fort: »Alle Anschauungen sind extensive G.n« (KrV B 202); »In allen Erscheinungen hat das Reale, was ein Gegenstand der Empfindung ist, intensive G., d.i. einen Grad« (KrV B 207). Kant stellt dann auch klar, daß sowohl extensive als auch intensive G.n als kontinuierlich aufgefaßt werden können und die Teilung extensiver G.n nicht real, sondern durch Grenzmarken geschieht (KrV B 211 f.).

Systematisch steht die Einführung und Betrachtung von G.n vor allem in Zusammenhang mit dem Aufkommen der exakten (Natur-)Wissenschaften, d.h. der Bemühung, für qualitative Aussagen Äquivalente zu finden, die durch *Zählergebnisse* und Beurteilungen *räumlicher Formen*, sogenannte *quantitative* Aussagen, begründbar sind. Der systematisch erste Schritt besteht hier darin, an räumlichen Formen wie etwa geraden Kanten, Kreislinien oder Ebenen in der bekannten normierten Weise zählbare Einteilungen und Markierungen anzubringen. Zunächst ergeben sich so Meßgeräte für räumliche Abmessungen und Lokalisierungen. Damit lassen sich Aussagen über räumliche Formen zu Aussagen über räumliche G.n weiterentwickeln. Klassisch heißen räumliche G.n *extensiv*, weil man sie bis zur modernen Infinitesimalrechnung weithin als Aggregate diskreter Raumteile verstand, irritiert allerdings durch die Entdeckung irrationalzahliger (↑irrational (mathematisch)) Längen wie der Diagonale eines Quadrates.

Ein nächster Schritt führt zum Programm einer extensiven Messung von Qualitäten oder der traditionell so genannten intensiven G.n: Intensiven G.n läßt sich eine numerische Quantität dadurch zuordnen, daß man eine Meßmethode findet und vereinbart, welche die zugehörige qualitative Ordnung durch Aussagen über extensive G.n äquivalent repräsentiert. Was ein ›gutes‹ Äquivalent ist, muß *praktisch* beurteilt werden, d.h., eine Rechtfertigung muß auf die *Zwecke* der Praxis, welcher ein solches Äquivalent Zuverlässigkeit geben soll, bezogen werden. Entsprechend entsteht insbesondere die klassische ↑Mechanik seit G. Galilei dadurch, daß Bewegungsformen über räumliche Formen definiert und damit extensiv meßbar werden. Darauf aufbauend läßt sich dann die alltägliche qualitative Rede über Kräfte durch Aussagen über deren kinematisch beschreibbare Wirkung substituieren und so die physikalische Dynamik gewinnen. – Dagegen liefert die Psychologie Beispiele, etwa im Bereich der Intelligenzmessung, bei denen weder genau geklärt ist, auf welche qualitative Ordnungsrelation sich die extensiven Äquivalente beziehen sollen, noch der für die Legitimation der zugeordneten extensiven G.n unabdingbare praktische Kontext genannt und erörtert wird.

Literatur: H. v. Helmholtz, Zählen und Messen erkenntnistheoretisch betrachtet, in: Philosophische Aufsätze. E. Zeller zu seinem fünfzigjährigen Doktorjubiläum gewidmet, Leipzig 1887, 17–52 (repr. in: ders., Die Tatsachen in der Wahrnehmung. Zählen und Messen erkenntnistheoretisch betrachtet, Darmstadt 1959, 75–112); W. Breidert/P. Janich/F. Kambartel/F. Kaulbach, G., Hist. Wb. Ph. III (1974), 878–886; A. Maier, Das Problem der intensiven G., in: dies., Zwei Grundprobleme der scholastischen Naturphilosophie: Das Problem der intensiven G.. Die Impetustheorie, Rom ²1951, 1–109; L. Schäfer, Quantität, Hb. ph. Grundbegriffe II (1973), 1146–1154; W. Stegmüller, Probleme und Resultate der Wissenschaftstheorie und Analytischen Philosophie II/1 (Theorie und Erfahrung), Berlin/Heidelberg/New York 1970, Kap. 1; weitere Literatur: ↑Messung, ↑Quantität. F. K.

Große Lehre (chinesisch: da xue), klassische chinesische Schrift des ↑Konfuzianismus, vielleicht aus dem 4. Jahrhundert v. Chr., jetzt als Kap. 39 im Li Chi (Buch der Riten) enthalten. In der G.n L. erhält das patriarchalische Staatsdenken der Konfuzianer seine schärfste Formulierung. Der Staat wird nach dem Muster der Familie betrachtet, es gelten dieselben Normen wie für die Familie. Um den Staat richtig zu ordnen, hat man darum auch mit der Ordnung seiner eigenen Familie zu beginnen; dies wiederum beginnt mit der moralischen Pflege der Einzelperson.

Literatur: The Chinese Classics I, chin.-engl. Text, trans. with Critical and Exegetical Notes by J. Legge, Hongkong/London 1861, Oxford ²1893, Hongkong ³1960 (Bd. 1 und 2 dieser Ausgabe wurden ediert als: The Four Books. Confucian Analects, The Great Learning, The Doctrine of the Mean, and the Works of Mencius, Schanghai 1923 [repr. New York 1966]); The Humanist Way in Ancient China. Essential Works of Confucianism (ed. and trans. by Ch'u Chai/Winberg Chai), New York 1965. H. S.

Größenlehre (lat. scientia quantorum), bis weit ins 19. Jahrhundert hinein gebräuchliche Bezeichnung für die ↑Mathematik im engeren Sinne (ohne Einschluß der traditionell zur Mathematik gezählten Teile der theoretischen ↑Mechanik), eingeschränkter auch für die ↑Zahlentheorie und mathematische ↑Analysis. Mit dem Terminus ›G.‹ ist in der Regel ein Verständnis der ↑Infinitesimalrechnung verbunden, das diese noch im systematischen Zusammenhang mit ihren ursprünglichen geometrischen und physikalischen Anwendungen sieht.

Methodisch ausgearbeitet liegt der Versuch, große Teile der Mathematik, insbesondere der Analysis, als G. zu begreifen, bei B. Bolzano und G. Frege vor, wenn auch beide Ansätze unvollständig geblieben sind. Bolzano unterscheidet eine *reine* G. von *angewandten* oder *besonderen* G.n wie ↑Geometrie und ↑Chronometrie, deren Gegenstand besondere Größen sind, während die reine G. Eigenschaften solcher Größen behandelt, die für jede dieser besonderen G.n bedeutungsvoll sind. Er definiert zunächst Größen durch Abstraktion aus Vielheiten, d.h. ›Verbindungen‹ von Elementen gleicher Beschaffenheit (Wissenschaftslehre I, §87, 409f.). Den Vielheiten von endlicher Größe lassen sich dann (›abstrakte‹) Zahlen als Größenanzeiger zuordnen (ebd. 410). Bei den Zahlen handelt es sich in Bolzanos Verständnis um eine »besondere Gattung von Größen, welche sich unsrer Betrachtung vor andern darbieten, deren wir uns eben deßhalb u. ihrer Einfachheit wegen zur genauern Bestimmung aller übrigen Größen b[e]dienen« (Gesamtausg., Reihe II A, Bd. 7, 34). Die Rede von Zahlen gewinnt Bolzano dabei konstruktiv durch ↑Abstraktion nach einer Äquivalenzrelation ›entstehungsgleich‹ aus ›konkreten Zahlen‹, d.h. aus den Gliedern bestimmter ›Reihen‹ von Gegenständen einer Art *A*. Auch die rationalen und reellen Zahlen faßt Bolzano als ›Größenbegriffe‹ auf, konstruktiv definiert auf der Basis von ›Größenausdrücken‹, in welche letztlich außer Zahlenausdrücken nur die Grundrechenarten eingehen (Gesamtausg., Reihe II A, Bd. 8: Reine Zahlenlehre). Sowohl die ›natürlichen‹ Zahlen als auch die darauf aufgebauten Größenbegriffe sind von Bolzano über die Größenausdrücke von vornherein operativ auf Zähl- und Meßvorgänge bezogen, d.h. nur im Zusammenhang mit der Anwendung auf konkrete Größen sinnvoll: Die reine G. (Zahlentheorie und Analysis) läßt sich nicht unabhängig von den angewandten G.n begreifen. – Auch Frege versteht die reellen Zahlen im Unterschied zur heute vorherrschenden Auffassung nicht als ↑*Anzahlen*, sondern als Maßzahlen zur Bestimmung von Größen relativ zu einer Einheitsgröße. Entsprechend führt Frege die reellen Zahlen als Relationen von Größen ein.

Bolzanos und Freges Bemühungen sind in der Mathematik des 20. Jahrhunderts gegenüber einer mengentheoretischen Begründung der Infinitesimalrechnung, die sich von den bei Bolzano und Frege methodisch faßbaren klassischen Intentionen eher entfernt, in den Hintergrund getreten. Entsprechend verschwindet das Wort ›G.‹ als Bezeichnung für die Mathematik oder für bestimmte Teildisziplinen derselben. – In einem zweiten Sinne heißt ›G.‹ im 19. Jahrhundert eine mathematische Disziplin, die sich mit unbestimmt angedeuteten Operationen an unbestimmt angedeuteten Größen befaßt und dabei lediglich die strukturelle Form von Größenkomplexen betrachtet. Formale G.n dieser Art, wie sie etwa R. Grassmann 1872 ausarbeitet, stehen im engen Zusammenhang mit der Tradition einer *universellen Algebra* (↑Struktur).

Literatur: J. Berg, Bolzano's Philosophy of Mathematics, in: ders., Bolzano's Logic, Stockholm 1962, 165–177; B. Bolzano, Einleitung zur G., und erste Begriffe der allgemeinen G., ed. J. Berg, Stuttgart 1975 (=B. Bolzano-Gesamtausgabe, ed. E. Winter/J. Berg/F. Kambartel/J. Loužil/B. van Rootselaar, Reihe II A, Bd. 7); ders., Reine Zahlenlehre, ed. J. Berg, Stuttgart 1976 (=B. Bolzano-Gesamtausgabe, Reihe II A, Bd. 8); ders., Wissenschaftslehre. Versuch einer ausführlichen und grösstentheils neuen Darstellung der Logik [...], I–IV, Sulzbach 1837, Nachdr., ed. W. Schultz, Leipzig 1929–1931, Auswahl aus I und II, ed. F. Kambartel, unter dem Titel: Grundlegung der Logik, Hamburg 1963; G. Frege, Grundgesetze der Arithmetik II, Jena 1903 (repr. Darmstadt 1962), §§157ff.; R. Grassmann, Die G., in: ders., Die Formenlehre oder Mathematik, Stettin 1872 (repr. Hildesheim 1966), 17–52; F. Kambartel, Größe II, Hist. Wb. Ph. III (1974), 882–885; F. v. Kutschera, Freges Begründung der Analysis, Arch. math. Log. Grundlagenf. 9 (1966), 102–111. F. K.

Grosseteste, Robert, *Suffolk ca. 1168, †Buckden (Buckinghamshire) 9. Okt. 1253, engl. Philosoph, Naturforscher und Theologe. Nach Studien in Lincoln, Oxford und Paris 1214–1221 Kanzler (magister scholarum) der Universität Oxford, 1229/1230–1235 theologischer Lektor der Franziskaner (seit 1224 in Oxford). 1235 Bischof von Lincoln. G., ein universal gebildeter und in seiner Zeit außerordentlich einflußreicher Mann, schrieb über Physik, Mathematik, Optik, Akustik und Astronomie, übersetzte und kommentierte unter anderem Werke des Aristoteles (Commentaria in libros posteriorum Aristotelis, Venedig 1494; Summa Linconiensis super octo libros physicorum Aristotelis, Venedig 1500; erste vollständige Übersetzung der »Nikomachischen Ethik«, ca. 1246) und spielte damit eine entscheidende Rolle in der wissenschaftstheoretisch und naturphilosophisch orientierten Aristotelesrezeption seiner Zeit (Einfluß z.B. auf R. Bacon, Albertus Magnus, J. Duns Scotus).

Die Aristotelische Unterscheidung zwischen einem analytischen und einem synthetischen Vorgehen (↑Methode, analytische) wird durch G. in der Unterscheidung zwischen ›resolutio‹ und ›compositio‹ aufgenommen und über ihren ursprünglichen Sinn als eines Beweisverfahrens in Richtung auf eine Methodologie empirischer Wissenschaften fortgebildet, desgleichen die Unterscheidung zwischen einem Aufweis von Fakten (demonstratio quia) und einem Aufweis von Gründen (demonstratio propter quid) (↑a priori, ↑demonstratio propter quid/demonstratio quia). Verbunden mit diesem wissenschaftstheoretischen Aristotelismus ist ein metaphysischer (Neu-)Platonismus (↑Neuplatonismus), der in G.s ↑Lichtmetaphysik zum Ausdruck kommt: Licht (lux) ist die primäre physikalische Substanz, von Gott zusammen mit formloser Materie geschaffen, die sich kugelförmig ausbreitend den Raum und alle physikalischen Gegenstände, die ursprünglich formlose Materie formend, erzeugt (De luce seu de inchoatione formarum, zwischen 1215 und 1220; De motu corporali et luce, etwa aus gleicher Zeit). Daher auch neben der Mathematik die besondere Auszeichnung der Optik als Basis der Naturwissenschaften. Der methodische Zugang zur Optik erfolgt in Anlehnung an Euklid und K. Ptolemaios einerseits über geometrische Strahlengesetze (De lineis, angulis et figuris seu de fractionibus et reflexionibus radiorum, wahrscheinlich um 1232) – die Abhängigkeit der Strahlungsintensität z.B. vom Abstand oder vom Einfallswinkel –, andererseits über einen Bezug auf angebliche optische Experimente, von denen G. behauptet, sie seien für Brechungsphänomene in analoger Weise zu Versuchen über das Reflexionsgesetz durchgeführt worden. Er leitet daraus eine Erklärung der Vergrößerung bzw. Verkleinerung bei optischen Abbildungen sowie eine Erklärung der Farbe von Körpern her. Unter ›Licht‹ wird dabei nicht nur sichtbares Licht, sondern so etwas wie Energie in Form von Strahlung verstanden. In »De calore solis« (ca. 1230–1235) ist ein Zusammenhang von Wärme, Strahlungsintensität und Masse der am Wärmeaustausch beteiligten Körper angedeutet, womit eine Erklärung der durch Sonnenstrahlen hervorgerufenen Erwärmung auf der Erde gesucht wird.

In der ihm zugeschriebenen Schrift »De fluxu et refluxu maris« führt G. sowohl die Gezeiten als auch deren monatliche Schwankung auf die Strahlung des Mondlichts zurück; an anderer Stelle (De cometis et causis ipsarum, um 1222) wird eine Theorie der Kometen aus seiner Optik entwickelt sowie (De generatione stellarum, zwischen 1220 und 1230) die Entstehung der Sphären in der Aristotelischen Kosmologie erklärt. In astronomischen Arbeiten beschäftigte sich G. mit Aristotelischer und Ptolemaischer theoretischer Astronomie (De motu supercaelestium, wahrscheinlich nach 1230), mit Astrologie (De impressionibus aeris seu de prognosticatione, 1249) und mit Korrekturvorschlägen zur Kalenderrrechnung (z.B. in: Canon in calendarium, und: Compotus minor, 1244).

Werke: Commentaria in libros posteriorum Aristotelis, Venedig 1494, 1497, 1514 (repr. Frankfurt 1965), [8]1552; Summa Linconiensis super octo libros physicorum Aristotelis, Venedig 1500, [9]1637; Libellus Linconiensis de phisicis lineis, angulis et figuris, per quas omnes acciones naturales complentur, Nürnberg 1503; Sphaerae compendium, Venedig 1508, 1518 (mit dem Compendium sphaerae des J. Sacrobosco), [5]1531; Compotus correctorius, Venedig 1518, ed. R. Steele, Opera hactenus inedita Rogeri Baconi VI, Oxford 1926, 212–267; Opuscula, Venedig 1514, London 1690 [darin: De utilitate artium, De generatione sonorum, De calore solis, De generatione stellarum, De coloribus, De statu causarum, De veritate propositionis, De unica forma omnium, De intelligentiis, De veritate, De impressionibus elementorum, De motu corporali et luce, De finitate motus et temporis, De angulis et figuris, De natura locorum, De inchoatione formarum, Quod homo sit minor mundus, De motu supercaelestium, De differentiis localibus] – aufgenommen neben anderen Schriften in: Die philosophischen Werke des R.G., Bischofs von Lincoln, ed. L. Baur, Münster 1912 (Beitr. Gesch. Philos. MA IX); Epistolae, ed. H.R. Luard, London 1861 (repr. Nendeln 1965); Die Neumondtafel des Robertus Lincolniensis [Canon in Kalendarium], ed. A. Lindhagen, Arkiv för Matematik, Astronomi och Fysik 11 (1916), H.2; S.H. Thomson, The Text of G.'s De Cometis, Isis 19 (1933), 19–25; On Light (De Luce), trans. from the Latin with an Introd. by C.C. Riedl, Milwaukee 1942; R.C. Dales, The Text of R.G.'s ›Questio de fluxu et refluxu maris‹ with an English Translation, Isis 57 (1966), 455–474; La ›Summa physicorum‹, atribuida a R.G., ed. C.A. Lértora Mendoza/J.E. Bolzán, Sapientia 26 (1971), 21–74 [lat. u. span.]; De operationibus solis, ed. J. McEvoy, Rech. théol. anc. méd. 41 (1974), 38–91. – S. Gieben, Bibliographia universa R.G. ab an. 1473 ad an. 1969, Collectanea Franciscana 39 (1969), 362–418; Totok II (1973), 339–342.

Literatur: F. Alessio, Storia e teoria nel pensiero scientifico di R.G., Riv. crit. stor. filos. 12 (1957), 251–292; G. Battisti Saccaro, Il G. e la luce, Medioevo 2 (1976), 21–75; L. Baur, Die Philosophie des R.G., Münster 1914; J. Beumer, R.G. von Lincoln, der angebliche Begründer der Franziskanerschule, Franziskan. Stud. 57 (1975), 183-195; D.A. Callus, The Oxford Career of R.G., Oxoniensia 10 (1945), 42–72; ders., The Summa Theologiae of R.G., in: R.W. Hunt/W.A Pantin/R.W. Southern, Studies in Mediaeval History Presented to Frederick Powicke, Oxford 1948, 180–208; ders., R.G.'s Place in the History of Philosophy, in: Actes du XIe congrès international de philosophie, Brüssel, 20.–26.8.1953, XII, Amsterdam/Louvain 1953, 161–165; ders. (ed.), R.G., Scholar and Bishop. Essays in Commemoration of the Seventh Centenary of his Death, Oxford 1955 (repr. 1969); A.C. Crombie, G. and Scientific Method, Month 191 (1951), 161–174; ders., R.G. and the Origins of Experimental Science (1100–1700), Oxford 1953 (mit Bibliographie) (repr. 1962, 1971); ders., R.G. on the Logic of Science, in: Actes du XIe congrès international de philosophie [s.o.], 171–173; ders., G., DSB V (1972), 548–554; R.C. Dales, R.G.'s Scientific Works, Isis 52 (1961), 381–402; P. Duhem, Le système du monde. Histoire des doctrines cosmologiques de Platon à Copernic, I–X, Paris 1913–1959, III, 277–287, V, 341–358, Paris 1954/1958; J. Dunbabin, R.G. as Translator, Transmitter, and Commentator: the Nicomachean Ethics, Traditio 28 (1972), 460–472; B.S. Eastwood, R. G.'s Theory of the Rainbow. A Chapter in the History of Non-Experimental Science, Arch. int. hist. sci. 19 (1966), 313–332; ders., G.'s ›Quantitative‹ Law of Refraction. A Chapter in the History of Non-Experimental Science, J. Hist. Ideas 28 (1967), 403–414; C.A. Lértora Mendoza, La Summa physicorum y la filosofía natural de G., Sapientia 26 (1971), 199–216; J. McEvoy, La connaissance intellectuelle selon R.G., Rev. philos. Louvain 75 (1977), 5–47; V. Miano, La teoria della conoscenza in R.G., Giornale di metafisica 9 (1954), 60–88; R. Michaud-Quantin, La notion de loi naturelle chez R.G., in: Actes du XIe congrès international de philosophie [s.o.], 166–170; J.T. Muckle, The Hexameron of R.G.. The First Twelve Chapters of Part Seven, Med. Stud. 6 (1944), 151–174; R.J. Palma, G.'s Ordering of scientia, The New Scholasticism 50 (1976), 447–463; S. Pegge, The Life of R.G., London 1793; F.M. Powicke, R.G. and the Nicomachean Ethics, Proc. Brit. Acad. 16 (1930), 85–104; E.F. Serene, R.G. on Induction and Demonstrative Science, Synthese 40 (1979), 97–115; F.S. Stevenson, R.G., Bishop of Lincoln, London 1899 (repr. 1962); S.H. Thomson, The De anima of R.G., The New Scholasticism 7 (1933), 201–221; ders., The Summa in VIII Libros Physicorum of G., Isis 22 (1934), 12–18; ders., The Writings of R.G., Bishop of Lincoln, 1235–1253, Cambridge 1940 (repr. New York 1971); C.M. Turbayne, G. and an Ancient Optical Principle, Isis 50 (1959), 467–472. P.J./J.M.

Grotius, Hugo, *Delft 10. Mai 1583, †Rostock 28. Aug. 1655, niederl. Jurist, Sozialphilosoph, Humanist, Begründer des naturrechtlichen Völkerrechts. Philologische Ausbildung bei J.C. Scaliger in Leiden, als 15jähriger Teilnahme an der Gesandtschaft Oldenbarneveldts an den Hof Heinrich IV. und Ehrenpromotion in Orléans zum Doctor Iuris Utriusque. 1599 wurde G. im Haag als Advokat zugelassen, beschäftigte sich jedoch vorwiegend mit Humaniora, verfaßte lateinische Versdichtungen und historische Arbeiten. 1609 offizielle Ernennung zum Historiographen Hollands. Grundsätzlichen Problemen des Rechts, seiner Entstehung und Geltung wandte sich G. zu, als ihm die Ostindische Kompanie im Streit um die Freiheit des holländischen Seehandels die Wahrnehmung ihrer Interessen übertrug. In Anlehnung an F. Velasquez entwickelte G. im Rahmen dieser politischen Auftragsarbeit die Grundlagen eines das bloß faktische Recht des Stärkeren negierenden, naturrechtlich begründeten Völkerrechts (Mare liberum, 1609). 1613 geschäftsführender Syndikus der Stadt Rotterdam, kurze Zeit später Sitz in der Versammlung der Generalstaaten. Im Zusammenhang mit dem Sturz Oldenbarneveldts wurde G. vor Gericht gestellt und zu lebenslanger Haft verurteilt. In der Haft schrieb er seine berühmte Glaubensverteidigung »De veritate religionis christianae«, die 1627 zunächst in Paris erschien, sowie die »Inleyding tot de Hollandsche Rechts-geleertheyd«. 1621 Flucht nach Paris. In Frankreich begann G. die Arbeiten zu seiner Grundlegung des Völkerrechts im Naturrecht (De iure belli ac pacis, 1625, schon ein Jahr später auf dem Index). 1631 kehrte G. nach Amsterdam zurück, mußte aber 1632 erneut nach Hamburg fliehen. 1634–1645 schwedischer Gesandter am französischen Hof.

In diesen Jahren widmete sich G. im wesentlichen dem Versuch, die christlichen Kirchen wieder zu vereinigen. Das Verhältnis von Staat und Kirche, Politik und Religion behandelte G. 1614 in der erst posthum erschienen Schrift »De imperio summarum potestatum circa sacra«. Obwohl G. als Begründer des modernen Völkerrechts gilt, steht er stärker als die ihn kritisierenden Vertreter der Souveränitätstheorien unter dem Einfluß antiken und scholastischen ↑Naturrechts, das er anders als T. Hobbes und J. Bodin nicht zur Begründung eines nationalstaatlichen Absolutismus heranzieht, sondern durchaus konservativ in der Intention als vernünftige Ordnung des von Natur aus korporativ gegliederten Gesellschaftsgefüges betrachtet. Hierin gründet auch die Einstellung des Politikers G. in der Frage der Souveränität der holländischen Provinzen im Staatenbund. Aus der Naturgesetzlichkeit der Weltordnung folgt für G., wie schon für Velasquez, ihre notwendige Übereinstimmung mit dem vernünftigen Willen des Schöpfergottes (est autem ius naturale a Deo immutabile, ut ne a Deo quidem mutari queat, De iure belli ac pacis, Proleg. §11). Aus der Entsprechung von Erkennbarkeit und Erkenntnis des Naturgesetzes folgt die ethische Verpflichtung zur Befolgung der naturrechtlichen Sätze, die sich in den organisch aufeinander bezogenen Korporationen der Gesellschaft realisieren. Der Ethik ist eine Anthropologie vorangestellt, deren Erkenntnisquellen Vernunft und Erfahrung sind. Zur Entstehung der Gesellschaft kommt es auf Grund eines natürlichen ›appetitus socialis‹ der Gemeinschaftsmitglieder durch beständig wiederholte Bereitschaft, sich durch den Mehrheitswillen binden zu lassen, nicht aber durch einen abstrakten ↑Gesellschaftsvertrag. Der Staat als umfassendste Korporation im nationalen Rahmen unterliegt selbst zwar keiner Jurisdiktion mehr, die er vielmehr über die ihm untergeordneten Korporationen (Zünfte, Gemeinde, Provinz) ausübt, wohl aber der Bindung an das Naturrecht. Aus der Übereinstimmung mit diesem leitet das vom Staat gesetzte positive Gesetz seinen Geltungsanspruch her. Alle Korporationen sind, weil und sofern sie im Recht sind. G. unterscheidet die Zweckgesellschaften des positiven Rechts von der natürlichen, aber erst herzustellenden Gemeinschaft zunächst der christlichen Völker und dann der gesamten Menschheit. Aus der natürlichen und übernationalen Bindung des Naturrechts folgt die ethische Verpflichtung zu einem allgemeinen Völkerrecht, das G. scharf von dem zwischen Einzelstaaten vereinbarten positiven Völkerrecht trennt und das durch Setzung Teil des nationalen Rechtssystems geworden ist. Aus der Universalität des natürlichen Rechts folgt, daß es keinen rechtsfreien Raum gibt. G. unterscheidet daher das Recht auf einen seinem Ursprung nach gerechtfertigten Krieg (ius ad bellum) und das trotz der Gewaltanwendung während eines Kriegszustandes, den G. als geregelten Kampf aufgefaßt haben will, fortgeltende Recht (ius in bello).

Werke: Mare liberum. Sive de iure quod Batavis competit ad indicana commercia dissertatio, Leiden 1609 (repr. New York 1952) (dt. Von der Freiheit des Meeres, ed. R. Boschan, Leipzig 1919); Bewys van den waren godsdienst, Leiden 1622 (dt. Von der Wahrheit der christlichen Religion, übers. v. M. Opitz, Breslau 1631, lat. De veritate religionis christianae, Lyon ³1633 [dt. Von der Gewissheit der christlichen Religion, Frankfurt/Leipzig 1696]); De iure belli ac pacis libri tres. In quibus ius naturae et gentium: item iuris publici praecipua explicantur, Paris 1625 (dt. Drey Bücher vom Rechte des Krieges und des Friedens, darinnen das Recht der Natur und der Völcker, wie auch die vornehmsten Sachen desjenigen Rechtes, welches von der Regierung eines Staates handelt, erkläre, und die Anmerkungen des Verfassers hinzugefüget wurden, Leipzig 1707), ed. W. Schätzel, De jure belli ac pacis libri tres. Drei Bücher vom Recht des Krieges und des Friedens, Tübingen 1950; Apologeticus eorum qui Hollandiae Westfrisiaeque et vicinis quibusdam nationibus ex legibus praefuerunt ante mutationem quae evenit anno MDCXVIII [...], Paris 1622, ³1640); Inleiding tot de Hollandsche rechts-geleertheyd, 'sGravenhage/Rotterdam 1631, Nachdr. Leiden 1952; De imperio summarum potestatum circa sacra, Paris 1647, Frankfurt 1690 (repr. Aalen 1970); Opera omnia theologica, I–IV, Amsterdam 1679 (repr. Stuttgart-Bad Cannstatt 1972); Schriften zum Natur- und Völkerrecht. Leseheft, Text und Kommentar, ed. F.T. Henrichs, Münster 1976.

Literatur: M.B. Crowe, The »Impious Hypothesis«. A Paradox in H.G.?, Tijdschr. filos. 38 (1976), 379–410; M. Diesselhorst, Die Lehre des H.G. vom Versprechen, Diss. Köln/Böhlau 1959; W.J.M. van Eysinga, Het oudste bekende geschrift van de Groot over volkenrecht, Amsterdam 1941; ders., H.G. (Huigh de Groot). Een schets, Harlem 1945 (dt. H.G.. Eine biographische Skizze, Basel 1952); G. Fassò, Vico e Grozio, Napoli 1971; C. Hölzel, Grundlagen des Rechts- und Staatsdenkens bei H.G., Diss. München 1970; G. Hoffmann-Loerzer, Studien zu H.G., Diss. München 1972; ders., Topik und Politikwissenschaft. Die Topik des H.G.. Ein Modell moderner Problemlösungen?, Arch. Rechts- u. Sozialphilos. 63 (1977), 379–398; C. v. Kaltenborn, Die Vorläufer des H.G. auf dem Gebiet des ius naturae et gentium sowie der Politik im Reformationszeitalter, Leipzig 1848 (repr. Frankfurt 1965); H.J. Klee, H.G. und Johannes Selden. Von den geistigen Ursprüngen des Kampfes um die Meeresfreiheit, Bern 1946; B. Knieper, Die Naturrechtslehre des H.G. als Einigungsprinzip der Christenheit, dargestellt an seiner Stellung zum Calvinismus, Diss. Frankfurt 1970; W.S.M. Knight, The Life and Works of H.G., London 1925; R.W. Lee, H.G., London 1931; P. Ottenwälder, Zur Naturrechtslehre des H.G., Tübingen 1950; P.P. Remec, The Position of the Individual in International Law According to G. and Vattel, The Hague 1960; H. Schotte, Die Aequitas bei H.G., Köln 1963; E. Wolf, G., Pufendorf, Thomasius. Drei Kapitel zur Gestaltgeschichte der Rechtswissenschaft, Tübingen 1927; ders., H.G., in: ders., Große Rechtsdenker der deutschen Geistesgeschichte, Tübingen ⁴1963, 252–305. H.R.G.

Grünbaum, Adolf, *Köln 15. Mai 1923, amerik. Philosoph und Wissenschaftstheoretiker. Studium der Philosophie und Physik an der Wesleyan University (Middletown Conn.) und in Yale, B.A. Wesleyan University 1943, M.S. Yale University 1948, Ph.D. Yale University 1951, 1956–1960 Selfridge Prof. der Philosophie an der Lehigh University, Bethlehem Pa., seit 1960 Andrew Mellon Prof. der Philosophie an der University of Pittsburgh, Gründer (1960) und bis 1978 Direktor (seither Chairman) des dortigen »Center of the Philosophy of Science«, seit 1978 ferner Research Prof. of Psychiatry an der University of Pittsburgh. Fellow of the American Academy of Arts and Sciences.

G. ist in der Nachfolge von H. Reichenbach mit grundlegenden Arbeiten zur Philosophie von ↑Raum und ↑Zeit hervorgetreten. Analog zu Reichenbach ist dabei der Ausgangspunkt für G.s Philosophie von Raum und Zeit die Frage nach dem erkenntnistheoretischen Status räumlicher und zeitlicher Kongruenzrelationen. Nach Reichenbach haben Aussagen über die metrische Raum-Zeit-Struktur nur dann Realitätsanspruch, wenn auf Grund von ↑Zuordnungsdefinitionen metrische Vergleiche von räumlich und zeitlich getrennten Intervallen durch starre Maßstäbe (↑Körper, starrer) und isochrone ↑Uhren vorgenommen werden können. Die Frage, ob eine solche Zuordnungsdefinition durch Feststellung einer inneren Eigenschaft der Realität gewonnen wird oder ob sie vielmehr erst eine ↑Metrik festlegt, sieht G. historisch durch die unterschiedlichen Auffassungen von I. Newton und B. Riemann vorbereitet. Während Newton von einer inneren Metrik unabhängig von der Existenz materialer Maßstäbe und Uhren ausgeht, muß nach Riemann einer amorphen kontinuierlichen physikalischen Mannigfaltigkeit eine spezielle Abstandsfunktion (↑Abstand) aufgeprägt werden, die durch die ↑Topologie der Mannigfaltigkeit nicht vorgegeben ist. Der durch Riemann, Reichenbach und G. vertretene ›relational approach‹ wurde 1963 von H. Putnam dahingehend kritisiert, daß die Geometrie der Raum-Zeit-Struktur nicht von Körpern, Maßstäben und deren Relationen handele, sondern vom metrischen Feld, das durch den Tensor $g_{\mu\nu}$ gegeben sei (↑Differentialgeometrie). Das metrische Feld hat nach Putnam den wissenschaftstheoretischen Status eines theoretischen Begriffs (↑Begriffe, theoretische), der sich in Testverfahren für abgeleitete Theoreme auf der Beobachtungsebene bewährt (diskutiert von G. in: Absolute and Relational Theories of Space and Space-Time, 1977). Auch die Vertreter der Geometrodynamik im Anschluß an J.A. Wheeler gehen von einer einzigen inneren Raum-Zeit-Struktur des Universums aus, die für die Existenz von Lichtstrahlen, Teilchen etc. und die Konstruktion von Atomuhren, Maßstäben etc. vorausgesetzt werden muß (diskutiert von G. in: Philosophical Problems of Space and Time, [2]1973, Chap. 22). Demgegenüber stellt G. nicht nur die Riemannsche These für die metrische Struktur des Universums heraus, sondern untersucht auch im Anschluß an Reichenbach die Abhängigkeit von Zuordnungsdefinitionen bei der Bestimmung der Topologie von Raum und Zeit. – Im Hinblick auf P.A.M. Diracs klassische Elektrodynamik kritisiert G. wissenschaftstheoretische Positionen, die aus dieser Theorie die Existenz einer kausalen Rückkopplung in der Natur herleiten.

In seinen historischen Studien berücksichtigt G. nicht nur neuzeitliche Autoren wie Newton, Riemann, H. Poincaré, P. Duhem, B. Russell, A.N. Whitehead, sondern auch die Wirkungsgeschichte antiker Naturphilosophie in gegenwärtigen Grundlagendiskussionen (z.B. bei H. Weyl), wie sie z.B. in den ↑Zenonischen Paradoxien der Ausdehnung und Bewegung zum Ausdruck kommt. Zusammen mit E.L. Hill führte G. eine Kontroverse mit K.R. Popper über die Frage, ob und welche nicht-thermodynamischen Gründe für die Zeitrichtung von Naturprozessen (Anisotropie der Zeit) sprechen. Zwar lassen Naturgesetze in einem homogenen und isotropen Medium die Umkehrung irreversibler Prozesse (↑reversibel/Reversibilität) zu. Während Popper jedoch solche Umkehrungen durch nomologische Anfangsbedingungen für abgeschlossene Systeme auszuschließen sucht, weisen G. und Hill auf die faktische Existenz irreversibler Prozesse auch in offenen (unendlichen) Systemen wie dem expandierenden Universum hin, deren Umkehrung (z.B. Strahlung und Energiezufuhr aus dem Unendlichen) die Fiktion eines ›deus ex machina‹ voraussetzen würde. – In mehreren Arbeiten setzt sich G. kritisch mit der sogenannten Duhem-Quine-These (↑experimentum crucis) sowie im Anschluß daran mit dem methodologischen Falsifikationismus (↑Falsifikation) K.R. Poppers auseinander. Neuere Bemühungen G.s gelten dem wissenschaftlichen Status der psychoanalytischen Theorie und der Psychotherapie.

Werke: Das Zeitproblem, Arch. Philos. 7 (1957), 165–208; Geometry, Chronometry and Empiricism, in: H. Feigl/G.E. Maxwell (eds.), Scientific Explanation, Space and Time, Minneapolis 1962 (Minnesota Stud. Philos. Sci. III), 405–526 (dt. Geometrie, Zeitmessung und Empirismus, Arch. Philos. 12 [1962], 179–303); Philosophical Problems of Space and Time, New York 1963, London 1964, Dordrecht/Boston [2]1973; The Falsifiability of a Component of a Theoretical System, in: P.K. Feyerabend/G. Maxwell (eds.), Mind, Matter and Method. Essays in Philosophy and Science in Honor of Herbert Feigl, Minneapolis 1966, 273–305; Modern Science and Zeno's Paradoxes, Middletown Conn. 1967, London 1968; The Anisotropy of Time, in: T. Gold/D.L. Schumacher (eds.), The Nature of Time, Ithaca 1967, 149–177, 245–247 (dt. Die Anisotropie der Zeit, in: L. Krüger [ed.], Erkenntnisprobleme der Naturwissenschaften. Texte zur Einführung in die Philosophie der Wissenschaft, Köln/Berlin 1970, 476–508); Geometry and Chronometry in Philosophical Perspective, Minneapolis, London 1968; Are Physical Events Themselves Transiently Past, Present and Future? A Reply to H.A.C. Dobbs, Brit. J. Philos. Sci. 20 (1969), 145–153; Can We Ascertain the Falsity of a Scientific Hypothesis?, Stud. Gen. 22 (1969), 1061–1093; Reply to Hilary Putnam's ›An Examination of G.'s Philosophy of Geometry‹, in: R.S. Cohen/M.W. Wartofsky (eds.), Proceedings of the Boston Colloquium for the Philosophy of Science, 1967–1968, Dordrecht 1969 (Boston Stud. Philos. Sci. V), 1–150; Simultaneity by Slow Clock Transport in the Special Theory of Relativity,

Philos. Sci. 36 (1969), 5–43; Space, Time and Falsifiability. Critical Exposition and Reply to »A Panel Discussion of G.'s Philosophy of Science«. Part I, Philos. Sci. 37 (1970), 469–588; Can We Ascertain the Falsity of a Scientific Hypothesis?, in: M. Mandelbaum (ed.), Observation and Theory of Science, Baltimore 1971, 69–129; The Meaning of Time, in: E. Freeman/W. Sellars (eds.), Basic Issues in the Philosophy of Time, La Salle Ill. 1971, 195–228; (mit E. Nagel/S. Bromberger/S. F. Barker) Observation and Theory in Science, Baltimore, London 1971; Geometrodynamics and Ontology, J. Philos. 70 (1973), 775–800; Karl Popper's Viewson the Arrow of Time, in: P.A. Schilpp (ed.), The Philosophy of Karl Popper II, La Salle Ill. 1974, 775–797; Is Pre-acceleration of Particles in Dirac's Electrodynamics a Case of Backward Causation? The Myth of Retrocausation in Classical Electrodynamics, Philos. Sci. 43 (1976), 165–201 (dt. Der Mythos kausaler Rückkopplung in der klassischen Elektrodynamik, Allg. Z. Philos. 4 [1979], 1–39); Is Falsifiability the Touchstone of Scientific Rationality? Karl Popper vs. Inductivism, in: R.S. Cohen/P.K. Feyerabend/M. W. Wartofsky (eds.), Essays in Memory of Imre Lakatos, Boston/Dordrecht 1976 (Boston Stud. Philos. Sci. XXXIX), 213–252 (dt. [Teilübers.] Popper und der Induktivismus, in: G. Radnitzky/G. Andersson [eds.], Fortschritt und Rationalität der Wissenschaft, Tübingen 1980, 129–156); Is Psychoanalysis a Pseudo-Science? Karl Popper versus Sigmund Freud, I–II, Z. philos. Forsch. 31 (1977), 333–353, 32 (1978), 49–69; Absolute and Relational Theories of Space and Space-Time, in: J. Earman/C. Glymour/J. Stachel (eds.), Foundations of Space-Time Theories, Minneapolis 1977 (Minnesota Stud. Philos. Sci. VIII), 303–373; How Scientific is Psychoanalysis?, in: R. Stern/L. Horowitz/J. Lynes (eds.), Science and Psychotherapy, New York 1977, 219–254; (mit A.J. Janis) Retrocausation and the Formal Assimilation of Classical Electrodynamics to Newtonian Mechanics. A Reply to Nissim-Sabat's ›On G. and Retrocausation‹, Philos. Sci. 46 (1979), 136–160; Epistemological Liabilities of the Clinical Appraisal of Psychoanalytic Theory, Psychoanalysis & Contemporary Thought 2 (1979), 451–526; Is Freudian Psychoanalytic Theory Pseudo-Scientific by Karl Popper's Criterion of Demarcation?, Amer. Philos. Quart. 16 (1979), 131–141.

Literatur: R. Carnap, A.G. on the Philosophy of Space and Time, in: P.A. Schilpp (ed.), The Philosophy of Rudolf Carnap, La Salle Ill. 1963, 954; J. Ehlers, The Nature and Structure of Space-Time, in: J. Mehra (ed.), The Physicist's Conception of Nature, Dordrecht 1973, 71–91; T. Gold, The Arrow of Time, in: La structure et l'évolution de l'univers. Rapports et discussions publiés sous les auspices du comité scientifique de l'Institut Solvay (Proceedings of the 11th Solvay Congress, Brüssel 9.–13. Juni 1958), Brüssel 1958, 86–87; B. Kanitscheider, Vom absoluten Raum zur dynamischen Geometrie, Mannheim/Wien/Zürich 1976; G.J. Massey u.a., A Panel Discussion of G.'s Philosophy of Science, Philos. Sci. 36 (1969), 331–399; H. Mehlberg, Physical Laws and Time's Arrow, in: H. Feigl/G. Maxwell (eds.), Current Issues in the Philosophy of Science, New York 1961, 105–138; H. Putnam, An Examination of G.'s Philosophy of Geometry, in: B. Baumrin (ed.), Philosophy of Science II, New York 1963, 205–255; H. Reichenbach, Philosophie der Raum-Zeit-Lehre, in: ders., Gesammelte Werke II, ed. A. Kamlah/M. Reichenbach, Braunschweig 1977 (mit den Einleitenden Bemerkungen zur engl. Ausg. v. R. Carnap u. mit Erläuterungen v. A. Kamlah); J.A. Wheeler, Geometrodynamics, New York 1962; G.J. Whitrow, The Natural Philosophy of Time, London 1961. K.M.

Grund (engl. reason), in seiner gegenwärtig systematisch wesentlichen Hauptbedeutung wird das Wort ›G.‹ auf ↑*Aussagen* im engeren Sinne (Tatsachenbehauptungen) und *praktische Orientierungen* (z.B. Zweckangaben, Handlungsregeln) bezogen, und zwar dann, wenn sie in ↑Argumentationen zur ↑Begründung bzw. Rechtfertigung anderer Aussagen oder Vorschläge angeführt werden. Dabei können sowohl Aussagen als G.e für Handlungsvorschläge als auch praktische Orientierungen als G.e für Aussagen auftreten. Die erste Möglichkeit besteht etwa dann, wenn ein bedingter Handlungsvorschlag, *in einer bestimmten Situation* Bestimmtes zu tun, oder eine bedingte Zwecksetzung, *in einer bestimmten Situation* ein bestimmtes Situationsmerkmal herbeizuführen oder zu erhalten, bereits vereinbart sind. In diesem Falle läßt sich nämlich eine Aussage über die vorliegende Situation, die das Eintreten der in der vereinbarten Handlungsregel bzw. Zwecksetzung genannten Bedingung impliziert, als G. dafür anführen, entsprechend der dann maßgebenden Aufforderung zu verfahren. So läßt sich z.B. die Feststellung, daß es regnet, als G. für die Mitnahme eines Regenschirms anführen, wenn die Handlungsregel, sich bei Regen mit einem Schirm (und nicht z.B. nur mit einem Mantel) zu schützen, unterstellt werden kann. Ein Beispiel für den zweiten Fall ist das Vorbringen methodischer Normen im Disput darüber, ob eine Aussage methodisch zulässig gewonnen wurde. – Allgemeiner wird gelegentlich die aus einer Reihe von G.en im genannten Sinne geordnet aufgebaute ›Grundlage‹ eines Vorschlages oder einer Aussage (oder eines ganzen Systems solcher Orientierungen) als G. bezeichnet. Vor allem in der Philosophie wird das Wort ›G.‹ ferner eingeschränkt auf die ersten und allgemeinen Schritte im Rahmen eines methodischen Aufbaus der Wissenschaften bzw. auf grundlegende Einsichten in die Basis der gesamten Lebenspraxis gebraucht. Synonyme Ausdrücke sind dann häufig ›Prinzip‹, ›Wesen‹ (›Wesensgrund‹).

In einem zweiten Sinne tritt der Terminus ›G.‹ synonym mit ›*Ursache*‹ auf, so etwa, wenn man sagt, die Tatsache, daß es in Strömen regnet, sei der G. dafür, daß ein Ankömmling durchnäßt ist. Daß jedoch G.e im zuerst genannten Sinne von Ursachen wohl unterschieden werden sollten, ist

vor allem für die Wissenschaft vom Menschen und von der Gesellschaft von großer Bedeutung. Behavioristische Ausrichtungen (↑Behaviorismus) dieser Wissenschaften gehen nämlich häufig darauf zurück, daß *gründe*orientiertes Handeln als *ursachen*bedingtes Verhalten mißverstanden wird.
Die vielfältige Verwendung des Wortes ›G.‹ in der Sprache der Philosophie ist bereits in dem relativ breiten Bedeutungsspektrum der zugehörigen Aristotelischen Termini *ἀρχή* und *αἰτία* (Met. Δ1.1012b32–2.1014a25) angelegt. Aristoteles bestimmt als G. (*ἀρχή*) eines Dinges (↑Archē) alles, was die Grundlage für dessen Existenz, Entstehung oder Erkenntnis bildet. Entsprechend ist dann von Seins-, Werdens- und Erkenntnisgründen bzw. von Real- und Erkenntnisgründen die Rede gewesen. Unter den *ἀρχαί* werden von Aristoteles als *αἴτιαι* (später zumeist mit ↑›causae‹ oder ↑›Ursachen‹ übersetzt) ausgezeichnet: der ›Stoff‹ (↑Hyle), aus dem ein Ding besteht (causa materialis), die ihm aufgeprägte ›Form‹ (causa formalis), die ein Phänomen ›bewirkende Ursache‹ (causa efficiens) und der ›Zweck‹ bzw. das ›Ziel‹ eines Dinges oder Vorganges (causa finalis). Die Aristotelische Lehre von den vier ›Ursachen‹ ist einer der klassischen Gegenstände der abendländischen Metaphysik geworden und hat insbesondere in der scholastischen Philosophie und Theologie zu weiteren subtilen Differenzierungen Anlaß gegeben.

Literatur: K. Baier, The Moral Point of View. A Rational Basis of Ethics, Ithaca N.Y. 1958, ^{5}1966; K.S. Donnellan, Reasons and Causes, Enc. Ph. VII (1967), 85–88; W. Röd, G., Hb. ph. Grundbegriffe II (1973), 642–657; R. Taylor, Causation, Enc. Ph. II (1967), 56–66; S.E. Toulmin, An Examination of the Place of Reason in Ethics, Cambridge 1950, ^{8}1970; weitere Literatur: ↑Archē, ↑causa, ↑Prinzip, ↑Ursache. F.K.

Grund, Satz vom (principium rationis), auch *Satz vom zureichenden Grund* (principium rationis sufficientis), neben dem Satz vom Widerspruch (principium contradictionis) (↑Widerspruch, Satz vom) und dem Satz von der ↑Identität des Ununterscheidbaren (principium identitatis indiscernibilium) zentraler Satz bzw. zentrales methodisches Prinzip der theoretischen Philosophie von G.W. Leibniz. In der Formulierung ›nichts ist ohne Grund‹ (nihil est sine ratione) schließt der S. v. G. sowohl den physikalischen Begriff der ↑Kausalität (nihil fit sine causa) als auch den logischen Begriff der Grund-Folge-Beziehung ein. In seiner Deutung als *Kausalprinzip* und *Finalprinzip* spielt er eine wichtige Rolle in der Leibnizschen Physik. So führt seine Anwendung auf physikalische Prozesse in Form eines Finalprinzips (↑Finalität) zur Interpretation der Naturgesetze als ↑Extremalprinzipien (Auszeichnung von Extremwerten bei der Bestimmung physikalischer Größen), wobei physikalische Prozesse als das Resultat einer final bestimmten, wenn auch kausal erklärbaren Auswahl zwischen alternativ möglichen Prozessen gedeutet werden. In seiner physikalischen Fassung bedeutet der S. v. G., daß alle Eigenschaften der Natur eindeutig bestimmt sind (↑Determinismus), in seiner (häufig als ›ontologisch‹ bezeichneten) Fassung als ↑principium melioris (vgl. Essais de théodicée, Philos. Schr. VI, 44), daß sie auf die bestmögliche Weise bestimmt sind (↑Welt, beste, ↑Welt, mögliche). Hinsichtlich des Unterschieds von Kausalprinzip und Finalprinzip entspricht der S. v. G. im weiteren Sinne der Bedeutung von ↑›Grund‹ in Anwendung sowohl auf Aussagen als auch auf praktische Orientierungen.
Auf dem Hintergrund der von Leibniz vertretenen analytischen Urteilstheorie und seiner Unterscheidung zwischen ↑notwendigen und ↑kontingenten Sätzen besagt der S. v. G., daß im Falle eines begründeten Zusammenhangs z.B. von physikalischer Ursache und Wirkung der Satz, der die Wirkung formuliert, als logische Folge desjenigen Satzes dargestellt werden kann, der die Ursache formuliert. Für Leibniz ist die Aussage ›es gibt einen zureichenden Grund für einen Sachverhalt‹ äquivalent mit der Aussage ›der Satz, der diesen Sachverhalt darstellt, kann a priori bewiesen werden‹. Dieser logische Sinn des S.es v. G. wird noch dadurch unterstrichen, daß dieser Satz auch als ein methodisches Postulat, als Aufforderung zur Begründung, verstanden wird (principium reddendae rationis, Specimen inventorum de admirandis naturae generalis arcanis, Philos. Schr. VII, 309; vgl. C. 525). Gegen diese logische und methodische Intention wird der S. v. G. später von C. Wolff mit ontologischen Mitteln zu beweisen versucht (Philosophia prima sive ontologia, Frankfurt/Leipzig 1730, ^{2}1736, §§67–70), von I. Kant in der Regel auf den Grundsatz der Kausalität reduziert und von A. Schopenhauer zum Anlaß einer Unterscheidung in vier verschiedene Fundierungsverhältnisse genommen (Über die vierfache Wurzel des Satzes vom zureichenden Grund, Rudolstadt 1813). M. Heidegger hat den S. v. G. im Sinne seiner Formulierung als principium reddendae rationis bei Leibniz als »Grundsatz der notwendigen Begründung von Sätzen« (Der S. v. G., 45) aufgenommen und ihn seinsgeschichtlich (↑Seinsge-

schichte) als Prinzip zu interpretieren versucht, in dem sich der mit der neuzeitlichen Subjektivität (↑Subjektivismus) einhergehende ›Entzug‹ des Seins ausdrücke.

Literatur: C. D. Broad, Leibniz. An Introduction, ed. C. Lewy, London 1975, 10ff.; J. Geyser, Das Prinzip vom zureichenden Grunde. Eine logisch-ontologische Untersuchung, Heidelberg 1929; M. Heidegger, Der S. v. G., Pfullingen 1957; F. Kambartel, Der Satz vom zureichenden Grunde und das Begründungsproblem der Mechanik. Zu einer Bemerkung von Leibniz im 2. Schreiben an Clarke, Z. philos. Forsch. 20 (1966), 457–470; B. M. Kedrow, Leibniz' Prinzip vom zureichenden Grund und die Entstehung der Chemie als Wissenschaft im 17. und 18. Jahrhundert, Akten des II. Int. Leibniz-Kongresses Hannover, 17.–22. Juli 1972, II (Wissenschaftstheorie und Wissenschaftsgeschichte), Wiesbaden 1974 (Stud. Leibn. Suppl. XIII), 269–291; G. Martin, Leibniz. Logik und Metaphysik, Berlin [2]1967, 11–19; J. Mittelstraß, Die Begründung des principium rationis sufficientis, Akten des Int. Leibniz-Kongresses Hannover, 14.–19. November 1966, III (Erkenntnislehre, Logik, Sprachphilosophie, Editionsberichte), Wiesbaden 1969 (Stud. Leibn. Suppl. III), 136–148; ders., Neuzeit und Aufklärung. Studien zur Entstehung der neuzeitlichen Wissenschaft und Philosophie, Berlin/New York 1970, 453ff.; G. H. R. Parkinson, Logic and Reality in Leibniz's Metaphysics, Oxford 1965, 56ff. (III Truth and Sufficient Reason); N. Rescher, The Philosophy of Leibniz, Englewood Cliffs N.J. 1967; O. Saame, Der S. v. G. bei Leibniz. Ein konstitutives Element seiner Philosophie und ihrer Einheit, Mainz 1961; M. Schneider, Analysis und Synthesis bei Leibniz, Diss. Bonn 1974. J. M.

Grundgesetz, biogenetisches (engl. [fundamental] biogenetic law), von E. Haeckel (erstmals in: Generelle Morphologie der Organismen II, Berlin 1866, Buch 5.II) eingeführte Bezeichnung für die These, daß die ›Ontogenie [d.h. die Embryonalentwicklung eines individuellen Organismus] die kurze und schnelle Rekapitulation der Phylogenie‹ [d.h. der stammesgeschichtlichen Entwicklung seiner Art] ist. In der Ontogenie sich herausbildende Strukturen von Ahnenformen fehlen im erwachsenen Organismus ganz oder liegen in einer Form vor, deren Herausbildung einen ›Umweg‹ darstellt.

Die Ähnlichkeit der Embryonalentwicklung höherer Organismen mit derjenigen niederer wurde bereits von Aristoteles bemerkt und im 19. Jahrhundert vor allem von J.F. Meckel, F. Müller und K. E. v. Baer untersucht. Bereits Haeckel erkannte, daß nicht alle phylogenetischen Stadien rekapituliert werden und nicht alle Ontogenesephasen Rekapitulationen sind. Deshalb ist die erhoffte Verwendbarkeit embryonaler Entwicklungsstufen zur empirisch weitaus schwieriger zu realisierenden Rekonstruktion phylogenetischer Linien von Arten stark eingeschränkt. Schätzungen nehmen ein Rekapitulationsvolumen von 70% an. Aus diesem Grund ist die Bezeichnung ›biogenetische Grundregel‹ der verbreiteten Bezeichnung ›b. G.‹ vorzuziehen.

Literatur: G. de Beer, Embryos and Ancestors, Oxford 1930, [3]1958; J. Maienschein, Cell Lineage, Ancestral Reminiscence, and the Biogenetic Law, J. Hist. Biol. 11 (1978), 129–158; B. Rensch, Die phylogenetischen Abwandlungen der Ontogenesen, in: G. Heberer (ed.), Die Evolution der Organismen. Ergebnisse und Probleme der Abstammungslehre II/2, Stuttgart [3]1971, 1–28; R. Siewing, Embryologie und Evolution, in: ders. (ed.), Evolution. Bedingungen – Resultate – Konsequenzen, Stuttgart/New York 1978, 271–282. G. W.

Grundlagenforschung, (1) die wissenschaftliche Beschäftigung mit dem systematischen und methodischen Fundament einer wissenschaftlichen Disziplin, die wissenschaftliche Bemühung also um deren methodisch erste Schritte, Ziele und grundlegende Verfahrensweisen. So zählt man z.B. die ↑Beweistheorie (↑Metamathematik) und die Philosophie der Mathematik zur mathematischen G.. ›G.‹ in diesem Sinne wird auch ›Grundlagentheorie‹ genannt. Treten Kontroversen über die Grundlagen einer Wissenschaft auf, so spricht man von ↑Grundlagenstreit, im Falle wachsender Unsicherheit über die Grundlagen einer Wissenschaft von ↑Grundlagenkrise. – (2) Unabhängig von dieser Bedeutung hat sich vor allem in den Natur- und Technikwissenschaften ein zweiter Gebrauch von ›G.‹ eingebürgert. Hier ist ›G.‹ im wesentlichen bedeutungsgleich mit ›nicht auf Anwendungen hin orientierte Forschung‹, ›zweckfreie Forschung‹. Dieses Verständnis von ›G.‹ spielt vor allem in Diskussionen zur Forschungsfinanzierung eine Rolle. Daß die nicht anwendungsbezogenen Gegenstände der Forschung dabei ›Grundlagen‹ genannt werden, verbindet sich häufig mit der unbegründeten Meinung, zweckfrei angesetzte Forschung (z.B. über Naturphänomene) schaffe quasi durch eine List der Wissenschaftsentwicklung die Grundlagen für angewandte Wissenschaft, insbesondere Technologie. Ein Plädoyer für die Förderung von nicht an bestimmten Einzelzwecken orientierter Wissenschaft läßt sich jedoch offenbar dann berechtigt führen, wenn diese ein für sehr verschiedene Anwendungen wesentliches Wissen allgemein, d.h. aus dem Zusammenhang jeder bestimmten Anwendung herausgelöst, bereitstellen soll.

Literatur: W. van den Daele, Autonomie contra Planung. Scheingefecht um die G.?, Wirtschaft u. Wissenschaft 23 (1975) H. 2, 29–32; E. Edelmann, Internationale Sommerschule für G., Z. philos. Forsch. 29 (1975), 450–453; J. Mittelstraß, Forschungsplanung aus wissenschaftstheoretischer Sicht, Konstanzer Blätter für Hochschulfragen (Sonderheft Symposium: Forschung an Universitäten. Aufgabe Ziele Planung) 58 (1978), 114–126; H.J. Nicholson, Autonomy and Accountability of Basic Research, Minerva 15 (1977), 32–61; C. Thiel, G. und Grundlagen der Wissenschaften, in: Meyers Enzyklopädisches Lexikon XI (1974), 100–103. F.K.

Grundlagenkrise, Krise des Wissenschaftsbetriebs, bei der die Unsicherheit über die Grundlagen einer Wissenschaft einen Grad erreicht, der mit der Gültigkeit für zentral gehaltener Ergebnisse (theoretischer Sätze oder praktischer Empfehlungen) und der zu ihrer Gewinnung benützten Verfahren auch die Zielsetzung dieser Wissenschaft in Frage stellt. Es scheint, daß die terminologische Rede von ›G.‹ erst um 1920 von der Mathematik ihren Ausgang genommen hat, wo man heute als G.n gern die der Entdeckung irrationaler Größenverhältnisse (↑inkommensurabel/Inkommensurabilität) in der Antike folgende Lage, die Diskussionen um die Fundierung der reellen ↑Analysis zu Beginn des 19. Jahrhunderts und die Situation nach der Feststellung der ↑Antinomien der Mengenlehre um 1900 bezeichnet; erst von hier aus wurde der Ausdruck ›G.‹ auch auf Krisen anderer Disziplinen übertragen. Da Krisen in dem dabei intendierten allgemeinen Sinne normale Erscheinungen der Wissenschaftsgeschichte sind, von denen auch keine der gegenwärtig vorfindlichen Wissenschaften unberührt geblieben ist, empfiehlt sich die Einschränkung des Begriffs der G. auf Krisen, die wissenschaftssoziologisch gesehen von einem ↑Grundlagenstreit (im engeren Sinne) begleitet sind, in dem führende Gruppen von Wissenschaftlern die Forderung nach Änderungen auch der wissenschaftlichen ›Denkweise‹ und unter Umständen der Normen und Organisationsformen des Wissenschaftsbetriebs stellen. Wo Informationen über das Vorliegen dieser Merkmale fehlen, wie bei der erwähnten, angeblich durch die Entdeckung irrationaler Größenverhältnisse ausgelösten ›G. der griechischen Mathematik‹, bleibt die Korrektheit einer solchen Bezeichnung als G. bis auf weiteres unentschieden. Dafür erlaubt die hier vorgeschlagene engere Begriffsbildung die Isolierung weiterer wichtiger Merkmale, deren Untersuchung und Diskussion ihrerseits zur Lösung einzelner G.n beizutragen verspricht.

Literatur: A.A. Fraenkel/Y. Bar-Hillel/A. Levy (with the collaboration of D. van Dalen), Foundations of Set Theory, Amsterdam/London ²1973 (Ch. I, §5: The Three Crises); H. Hasse/H. Scholz, Die Grundlagenkrisis der Griechischen Mathematik, Kant-St. 28 (1928), 4–34 (separat Berlin 1928, Leipzig 1940); O. Hölder, Der angebliche circulus vitiosus und die sogenannte G. in der Analysis, Ber. Verh. Sächs. Akad. Wiss. Leipzig, math.-phys. Kl. 78 (1926), 243–250; C. Thiel, G. und Grundlagenstreit. Studien zum normativen Fundament der Wissenschaften am Beispiel von Mathematik und Sozialwissenschaft, Meisenheim 1972; ders., Grundlagenstreit, Hist. Wb. Ph. III (1974), 910–918; B.L. van der Waerden, Zenon und die G. der griechischen Mathematik, Math. Amm. 117 (1940), 141–161; H. Weyl, Über die neue G. der Mathematik, Math. Z. 10 (1921), 39–79 (separat Darmstadt 1965). C.T.

Grundlagenstreit, im weiteren Sinne jede Kontroverse über die Grundlagen einer Wissenschaft, d.h. über Begriffe, Sätze oder Verfahrensweisen, die zur Zeit dieser Auseinandersetzung als ›grundlegend‹ für die betroffene Wissenschaft angesehen werden. Beispiele bieten die scholastischen Meinungsverschiedenheiten darüber, ob die Logik Kunstlehre oder Wissenschaft (›ars‹ oder ›scientia‹) sei, der Streit zwischen I. Newton bzw. seinem Sprecher S. Clarke und G.W. Leibniz über den Begriff des Raumes und die Streitigkeiten über die ›korrekte‹ theoretische Deutung quantenphysikalischer Erscheinungen. Ein G. im engeren Sinne setzt eine vorangegangene ↑Grundlagenkrise voraus. Er besteht in den Versuchen einflußreicher Gruppen von Wissenschaftlern (in Sonderfällen auch einflußreicher einzelner Wissenschaftler), ihre mit den jeweils konkurrierenden Vorschlägen unverträglichen Vorschläge zur Behebung der bestehenden Grundlagenkrise durchzusetzen.

Musterbeispiel eines G.s im engeren Sinne ist der G. der modernen Mathematik, in dem sich als Hauptrichtungen ↑Formalismus, Platonismus (↑Platonismus (wissenschaftstheoretisch)) und ↑Konstruktivismus gegenüberstehen, deren Thesen sich auch auf die formale Logik erstrecken und diese somit in den G. miteinbeziehen. Dieses Beispiel weist auch die bei einem G. häufige Nebenerscheinung auf, daß die Vertreter der faktisch herrschenden Positionen die Relevanz oder gar das Bestehen eines G.s schlicht leugnen, um eine Durchsetzung der Ansichten der Kritiker durch Ablehnung ihrer Diskussion zu unterbinden. Wegen wissenschaftssoziologisch signifikanter Parallelen im Verlauf sowie der Zuspitzung der Streitfragen auf die rationale Begründbarkeit gewisser Wertungen sind neuerdings auch die frühen Methodenstreitigkeiten der Wirtschaftswissenschaften und der sogenannte ↑Werturteilsstreit als echte Grundlagenstreitigkeiten bezeichnet worden.

Die Diskussion darüber ist noch nicht abgeschlossen.

Literatur: C. Thiel, Grundlagenkrise und G.. Studie über das normative Fundament der Wissenschaften am Beispiel von Mathematik und Sozialwissenschaft, Meisenheim 1972; ders., G., Hist. Wb. Ph. III (1974), 910–918; weitere Literatur: ↑Grundlagenkrise. C. T.

Grundsatz, Satz, der zur Basis der Begründung theoretischer und praktischer Aussagen gehört. ›G.‹ wird von C. Wolff als Verdeutschung von ›Axiom‹ in der Wissenschaftssprache insbesondere der Mathematik verbreitet (C. Wolff, Mathematisches Lexikon, 1716). G.e stehen dabei in der systematischen Gliederung deduktiver Theorien den Lehrsätzen, Hilfssätzen usw. gegenüber. I. Kants Ethik kennt dann auch G.e für das Handeln oder *praktische* G.e (synonym bei Kant auch ›praktische Prinzipien‹, ›Prinzipien des Willens‹, ›praktische Regeln‹), ein Gebrauch des Terminus, der in Wendungen wie ›er hat G.e‹, ›das tue ich grundsätzlich nicht‹ im moralischen Alltagsdiskurs wirksam ist. Kant unterscheidet *subjektive* praktische G.e oder ↑*›Maximen‹*, d.s. Handlungsorientierungen, die bestimmte Handelnde *faktisch befolgen*, von *objektiven* praktischen G.en, die für alle Handelnden begründet und an alle Handelnde gerichtet sind und von Kant auch *praktische Gesetze* oder *kategorische Imperative* (↑Imperativ, kategorischer) genannt werden (KpV A 35ff.). Den praktischen Gesetzen ist dann ein praktischer G. übergeordnet, welcher der *Beurteilung* von Maximen als möglicher praktischer Gesetze zugrunde liegt, das ›Grundgesetz der reinen praktischen Vernunft‹ oder *der* ›kategorische Imperativ‹.

Literatur: O. Schwemmer, G.e., praktische, Hist. Wb. Ph. III (1974), 924–925; ders., Philosophie der Praxis. Versuch zur Grundlegung einer Lehre vom moralischen Argumentieren in Verbindung mit einer Interpretation der praktischen Philosophie Kants, Frankfurt 1971, [2]1980. F. K.

Grundzahl, positive ganze ↑Zahl. Die Bezeichnung ›G.‹ wird von manchen Autoren der Bezeichnung ›natürliche Zahl‹ vorgezogen, da die Verwendung dieses Prädikators (genauer: Abstraktors) in der Literatur insofern nicht eindeutig ist, als er der Null in manchen Lehrbüchern zugesprochen, in anderen aber abgesprochen wird. Die G.en sind demgegenüber eindeutig als die durch die Ziffern |, ||, |||, ... (oder ihnen äquivalente) dargestellten Zahlen erklärt (↑Abstraktion, ↑Arithmetik). Abgesehen von dieser allgemeinen Verwendungsweise bezeichnet das Wort ›G.‹ in der älteren mathematikgeschichtlichen Literatur gelegentlich die Grundzeichen eines Zählzeichensystems sowie in seiner rechentechnisch-arithmetischen Bedeutung die Basis a bei Logarithmen $^{a}\log b$ (oder $_{a}\log b$) und bei Potenzen a^b, hier insbesondere die Basis der sogenannten Stufenzahlen X^n in Positionssystemen, in denen sich jede nicht-negative ganze Zahl in der Form $\sum_{n}{}_{0}^{N} a_n X^n$ mit einer nicht-negativen ganzen Zahl N darstellen läßt (↑Dezimalsystem, ↑Dualsystem). Die letztgenannte Verwendungsweise geht vermutlich auf die Bezeichnung ›fundamentum‹ für den Operanden einer elementaren Rechenoperation zurück, der auf dem mittelalterlichen Rechenbrett (↑Abacus) *unter* den Operator gelegt oder geschrieben wurde (also z.B. bei der Multiplikation der Multiplikand als ›fundamentum‹, also G., unter den Multiplikator).

Literatur: M. Cantor, Mathematische Beiträge zum Kulturleben der Völker, Halle 1863 (repr. Hildesheim 1964). C. T.

Gruppe, Otto Friedrich, *Danzig 15. April 1804, †Berlin 7. Jan. 1876, dt. Philosoph, Literarhistoriker und Schriftsteller. Ab 1825 Studium der Naturwissenschaften, Philosophie und Germanistik in Berlin; danach freier Schriftsteller und Journalist. Ab 1842 im preußischen Kultusministerium (geistliche Angelegenheiten), 1844 a.o. Prof. für klassische Philologie an der Berliner Universität, 1862 Sekretär der Berliner Akademie der Künste. Vor dem Hintergrund einer allgemein antimetaphysischen Einstellung kann G. neben J.F. Fries als einer der bedeutendsten zeitgenössischen philosophischen Gegner G.W.F. Hegels angesehen werden. Sprachkritische Zielsetzungen der analytischen Philosophie (↑Philosophie, analytische) in ihrer Abweisung philosophischer Spekulation sowie deren These von der Wechselwirkung zwischen Sprache und Denken vorwegnehmend, arbeitete G. zugleich wissenschaftlich und literarisch, wurde aber fast nur als Schriftsteller (insbesondere Dramatiker), Literarhistoriker und Publizist gewürdigt, zumal sein Kampf gegen Hegel, politisch konservativ gespeist und von K. Marx heftig kritisiert, auch die Kritik der Junghegelianer (↑Hegelianismus) an Hegel einschloß. In seiner philologischen Arbeit über die Interpolationen in den römischen Dichtern führte G. Ansätze seines Lehrers K. Lachmann weiter. G.s philosophische

Leistungen wurden erst im 20. Jahrhundert, insbesondere von F. Mauthner, der G. für einen »der besten philosophischen Schriftsteller Deutschlands« (Antäus, München 1914, VII) hielt, gewürdigt.

Werke: Antäus. Ein Briefwechsel über speculative Philosophie in ihrem Conflict mit Wissenschaft und Sprache, Berlin 1831, Neudr., ed. F. Mauthner, München 1914; Wendepunkt der Philosophie im neunzehnten Jahrhundert, Berlin 1834 (repr. Frankfurt in Vorbereitung); Ariadne – die tragische Kunst der Griechen in ihrer Entwicklung und ihrem Zusammenhange mit der Volkspoesie, Berlin 1834; Ueber die Fragmente des Archytas und der älteren Pythagoreer. Eine Preisschrift, Berlin 1840; Bruno Bauer und die akademische Lehrfreiheit, Berlin 1842; Lehrfreiheit und Preßunfug, Berlin 1843; Die kosmischen Systeme der Griechen, Berlin 1851; Gegenwart und Zukunft der Philosophie in Deutschland, Berlin 1855 (repr. Frankfurt in Vorbereitung); Deutsche Uebersetzerkunst. Mit besonderer Rücksicht auf die Nachbildung antiker Maasse, nebst einer historisch begründeten Lehre von deutscher Silbenmessung. Ein Supplement zu jeder deutschen Literaturgeschichte, Hannover 1859, ^{2}1866; Leben und Werke deutscher Dichter. Geschichte der deutschen Poesie in den letzten drei Jahrhunderten, I–IV, München 1863–1868, I–V, Leipzig ^{2}1872; Aeacus. Über die Interpolationen in den römischen Dichtern, mit besonderer Rücksicht auf Horaz, Virgil und Ovid, Leipzig 1872.

Literatur: H.-J. Cloeren, O.F.G. und die sprachanalytische Philosophie, Diss. Münster 1967; ders. (ed.), Philosophie als Sprachkritik im 19. Jahrhundert. Textauswahl I, Stuttgart-Bad Cannstatt 1971; ders., Early and Radical Opposition to Hegel, Studi int. filos. 7 (1975), 179–182; L. Hirschberg, O.F.G.. Zur hundertsten Wiederkehr seines Geburtstages am 15. April 1904, Z. f. Bücherfreunde 8 (1904/1905), 28–38; J.v. Kempski, G., NDB VII (1966), 235–236; K. Marx, Noch ein Wort über: »Bruno Bauer und die akademische Lehrfreiheit von Dr. O.F.G.. Berlin 1842«, MEGA I (1975), 245–248; F. Mauthner, O.F.G., Die Zukunft 85 (1913), 314–325; H. Simonis, Die Sprachphilosophie O.F.G.'s und G. Gerber's nach ihrer Bedeutung für die Erkenntnistheorie, Diss. Bonn 1959. P.B.

Gruppe (mathematisch), eine der elementarsten und wichtigsten algebraischen ↑Strukturen (↑Algebra). Eine Grundmenge G mit einer 2stelligen inneren ↑Verknüpfung $\circ$ über G heißt G., wenn für beliebige Elemente a, b, c aus G gilt: (1) $a\circ(b\circ c)=(a\circ b)\circ c$ (↑assoziativ/Assoziativität); (2) es existiert ein Einselement $e\in G$ mit $e\circ a=a$ für alle $a\in G$; (3) zu jedem $a\in G$ gibt es ein ↑inverses Element $a^{-1}\in G$ mit $a^{-1}\circ a=e$. Es läßt sich beweisen, daß es *genau ein* Einselement $e\in G$ und zu $a\in G$ *genau ein* inverses Element $a^{-1}\in G$ gibt, und daß für dieses Elemente außerdem gilt: $a\circ e=a$ und $a\circ a^{-1}=e$. Gilt außerdem für alle a, b aus G: $a\circ b=b\circ a$, dann spricht man von einer ↑kommutativen oder abelschen G. (benannt nach dem norwegischen Mathematiker N.A. Abel [1802–1829]). Ein ↑Modell der abelschen Gruppenstruktur sind z.B. die ganzen Zahlen bezüglich der Addition (↑Addition (mathematisch)); nichtkommutativ dagegen ist die G. der ↑eineindeutigen Abbildungen des n-dimensionalen Euklidischen Raumes bezüglich der ↑Verkettung $f\gamma g$ zweier ↑Abbildungen, gegeben durch: $(f\gamma g)(x)=f(g(x))$.

Nachdem der G.nbegriff historisch zunächst in der Gleichungstheorie (↑Gleichung) entwickelt wurde (vgl. Abels und E. Galois' Nachweis der Unmöglichkeit der Auflösung einer Gleichung vom Grade $n>4$ durch Radikale), wurde im 19. Jahrhundert der G.nbegriff auch in der ↑Geometrie angewendet. F. Klein definierte in seinem ↑›Erlanger Programm‹ von 1871 geometrische Theorien durch die G.n entsprechender Transformationen (z.B. affine, projektive, topologische), welche die Grundbegriffe der jeweiligen Theorie invariant lassen. In ähnlicher Weise werden heute die Grundbegriffe physikalischer Theorien durch die Invarianz bei bestimmten physikalischen Transformationsgruppen charakterisiert (↑Galilei-Invarianz, ↑Lorentz-Invarianz). Weitere geometrische Beispiele bilden in der Ebene die endlichen Drehungsgruppen regulärer Polygone, die bei n Ecken aus den Drehungen $\rho=360°/n$ und den Spiegelungen $\tau=360°/2n$ (Diedergruppe) zusammengesetzt werden. Ebenso bilden Ornamente und die regulären Polyeder (↑Platonische Körper) Beispiele für G.n. Die G.ntheorie findet daher auch in der Kristallogie und physikalischen Chemie Anwendung, wenn es um die Beschreibung von Symmetrieeigenschaften (↑symmetrisch/Symmetrie (geometrisch)) geht. Die kontinuierlichen bzw. Lieschen Gruppen sind in der ↑Differentialgeometrie von Bedeutung.

Literatur: L. Baumgartner, G.ntheorie, Berlin ^{4}1964; N. Bourbaki, Éléments de mathématique. Algébre. Chapitres 1 à 3, Paris 1943, 1970 (engl. Elements of Mathematics. Algebra I. Chapters 1–3, Paris/Reading Mass. 1974); B. Huppert, Endliche G.n I, Berlin/Heidelberg/New York 1967; P. Lorenzen, Einführung in die operative Logik und Mathematik, Berlin/Göttingen/Heidelberg 1955, Berlin/Heidelberg/New York ^{2}1969; K. Mainzer, Symmetrie und Invarianz, in: 16. Weltkongreß für Philosophie, Düsseldorf 27. August–2. September 1978 (Sektions-Vorträge), Düsseldorf 1978 (Kongreßpapiere), 409–412; B.L. van der Waerden, Algebra I. Unter Benutzung von Vorlesungen von E. Artin und E. Noether. 8. Auflage der Modernen Algebra, Berlin/Heidelberg/New York 1971; H. Wussing, Die Genesis des abstrakten G.nbegriffs. Ein Beitrag zur Entstehungsgeschichte der abstrakten G.ntheorie, Berlin (Ost) 1969. K.M.

Guericke (eigentlich Gericke), Otto von, *Magdeburg 30. Nov. 1602, †Hamburg 21. Mai 1686, dt. Naturforscher und Staatsmann. 1617–1620 Studium an der Artistenfakultät in Leipzig, 1620 in Helmstedt, 1621–1622 Studium der Rechtswissenschaften in Jena, 1623 der Mathematik und der Mechanik in Leiden, 1626 Ratsherr in Magdeburg, 1631, nach der Zerstörung Magdeburgs, Ingenieur in schwedischen, später kursächsischen Diensten, 1646–1678 einer der vier Bürgermeister von Magdeburg (1666 geadelt), 1671–1672 Briefwechsel mit G.W. Leibniz. Um 1650 erfand G. die Luftpumpe, neben Teleskop, Mikroskop und Pendeluhr die wichtigste technische Erfindung im 17. Jahrhundert. Die Experimente, die G. auf dem Reichstag von Regensburg 1654 vorführte (unabhängig von und in Unkenntnis der Untersuchungen E. Torricellis und B. Pascals über den Luftdruck), wurden mit der gleichen vom Kurfürsten von Mainz erworbenen Apparatur von K. Schott in Würzburg wiederholt und veröffentlicht (im Anhang von: Mechanica hydraulico-pneumatica, Frankfurt 1657). Die Veröffentlichung veranlaßte R. Boyle (zusammen mit R. Hooke) ebenfalls zum Bau einer Luftpumpe und zu Experimenten über die physikalischen Eigenschaften der Luft, die teils die Resultate G.s bestätigten, teils um neue Erkenntnisse über Vakuumphänomene erweiterten (New Experiments Physico-Mechanicall, 1660). Durch den mit der Erfindung der Luftpumpe erfolgten Nachweis der Elastizität der Luft war die scholastische Theorie vom ↑horror vacui widerlegt. 1656 konstruierte G. die sogenannten Magdeburger Halbkugeln zur Veranschaulichung der Größe des Luftdrucks. Die 1657 in Magdeburg und 1663 am Hofe von Berlin mit diesen Kugeln durchgeführten Experimente (vgl. Abb.) wurden wiederum von Schott veröffentlicht (Technica curiosa sive Mirabilia artis I [Mirabilia magdeburgica], Nürnberg 1664).

(aus: Experimenta nova [ut vocantur] Magdeburgica de vacuo spatio, Amsterdam 1672, 104 [Liber tertius, Cap. XXIII])

Ein von G. 1663 im wesentlichen fertiggestelltes Lehrbuch, das seine von Schott bereits publizierten Ergebnisse enthält, erschien 1672 (Experimenta nova [ut vocantur] Magdeburgica de vacuo spatio). In diesem Lehrbuch beschreibt G. auch Versuche mit einer rotierenden, geriebenen Schwefelkugel, die faktisch, wenn auch von G. als solche noch nicht erkannt, die Erfindung des Generators bedeuten (nachgemacht und fortgeführt wiederum von Hooke und F. Hawksbee). Die von G. beobachteten Phänomene der elektrischen Leitung, Abstoßung und Influenz deutete er, auf dem Hintergrund entsprechender Hypothesen W. Gilberts und J. Keplers sowie deren Kritik durch A. Kircher, als solche der den physischen Körpern eigentümlichen Kräfte (virtutes mundanae). Mit diesen Vorstellungen entwickelte er eine Gravitationstheorie, in deren Rahmen jedem Himmelskörper eine je eigene spezifische ›Schwere‹ (virtus conservativa) zugeschrieben wird. G. erfand ferner ein Manometer, verband barometrische Beobachtungen mit Wettervorhersagen und schrieb eine Geschichte der Belagerung, Eroberung und Zerstörung Magdeburgs.

Werke: Experimenta nova (ut vocantur) Magdeburgica de vacuo spatio primum a r.p. Gaspare Schotto, Amsterdam 1672 (repr. Aalen 1962), Leipzig 1881 (dt. Neue »magdeburgische« Versuche über den leeren Raum [1672], ed. F. Dannemann, Leipzig 1894 [repr. 1936, Ostwalds Klassiker der exakten Wissenschaften 59]); Neue (sogenannte) Magdeburger Versuche über den leeren Raum. Nebst Briefen, Urkunden und anderen Zeugnissen seiner Lebens- und Schaffensgeschichte, ed. H. Schimank, Düsseldorf 1968; Die Belagerung, Eroberung und Zerstörung der Stadt Magdeburg am 10./20. Mai 1631, ed. H. Kohl, Leipzig 1912.

Literatur: A. Kauffeldt, O.v.G.. Philosophisches über den leeren Raum, Berlin (Ost) 1968; ders., Das Copernicanische Weltbild und die Arbeiten O.v.G.s, in: J. Herrmann (ed.), Nicolaus Copernicus 1473–1973. Das Bild vom Kosmos und die Copernicanische Revolution in den gesellschaftlichen und geistigen Auseinandersetzungen, Berlin (Ost) 1973, 147–160; ders., O.v.G., Leipzig 1973; F. Krafft, Experimenta nova. Untersuchungen zur Geschichte eines wissenschaftlichen Buches, in: E. Schmauderer (ed.), Buch und Wissenschaft. Beispiele aus der Geschichte der Medizin, Naturwissenschaft und Technik, Düsseldorf 1969 (Technikgeschichte in Einzeldarstellungen 17), 103–129; ders., G., DSB V (1972), 574–576; ders., O.v.G., Darmstadt 1978 (mit Bibliographie der Sekundärliteratur, 184–199); H. Schimank, O.v.G., Bürgermeister von Magdeburg. Ein deutscher Staatsmann, Denker und Forscher, Magdeburg 1936; ders., O.v.G., Die Naturwissenschaften 40 (1953), 397–403; ders.,

O. v. G., NDB VII (1966), 283–286; C. Webster, The Discovery of Boyle's Law and the Concept of the Elasticity of Air in the Seventeenth Century, Arch. Hist. Ex. Sci. 2 (1962–1966), 441–502. J. M.

gültig/Gültigkeit, ↑Geltung.

guṇa (sanskr. Faden, =Bestandteil [eines Gewebes]; Vorzug), in der Bedeutung ›Eigenschaft‹ Grundbegriff der indischen Philosophie. Nach dem Vorbild der Upaniṣaden (↑upaniṣad) im System des ↑Sāṃkhya die drei Bestandteile bzw. Eigenschaften Güte (sattva), Leidenschaft (rajas) und Finsternis (tamas) der Urmaterie (↑prakṛti), deren verschiedene Mischung zur Differenzierung der (nicht-wahrnehmbaren) Urmaterie in die wahrnehmbare Verschiedenheit der Dinge führt und die dabei zugleich als Ursache der entsprechend eingeteilten psychischen Zustände gelten. In der Kategorienlehre des ↑Vaiśeṣika werden fünf je für die Elemente Feuer, Wasser, Erde, Luft und Äther charakteristische g., nämlich Form, Geschmack, Geruch, Berührung und Ton, den Substanzen (↑dravya) als den Trägern von Qualitäten einerseits und den bewegenden Kräften (↑karma) von Substanzen andererseits gegenübergestellt und später auf die klassische Zahl von 24 Eigenschaften erweitert. Im Unterschied zum Sāṃkhya wird im Vaiśeṣika g. nicht mehr substantiell behandelt. K. L.

Gute, das (engl. the good), im engeren Sinne ↑Ziel, Beweggrund oder Beurteilungsmaßstab für unser Leben und Handeln, im weiteren Sinne auch für (natur- oder kulturgeschichtliche) Entwicklungen oder Ereignisse, im weitesten Sinne Muster (›Urbild‹), Seinsgrund (›Ursprung‹) oder Sinngrund (Grund für die Verstehbarkeit von etwas als sinnvoll) für alle möglichen Dinge. Je nach den ethischen und metaphysischen Konzeptionen wird das G. dabei verschieden verstanden. Für eine systematische Rekonstruktion ist die *ethische* Bedeutung des G.n entscheidend. Die anderen Redeweisen vom G.n können als Bedeutungserweiterungen verstanden werden, mit denen die jeweilige ethische Konzeption vom G.n (wo dies für erforderlich gehalten wird) durch ihre Einordnung in das vertretene allgemeine Weltverständnis zusätzlich bestätigt werden soll.

Mit dem G.n im engeren Sinne, d.i. mit dem G.n als einem ethischen Grundbegriff, wird die grundlegende Orientierung für das Leben und Handeln bestimmt, relativ zu der wir dann eine bestimmte Haltung, Handlungsweise oder Handlung als vernünftig oder richtig verstehen können. Zwei Bestimmungen, die am Anfang der begriffsgeschichtlichen Entwicklung gegeben werden, haben sich dabei als die wirkmächtigsten erwiesen: Aristoteles definiert das G. als das, wonach alles strebt (οὗ πάντ' ἐφίεται, z.B. Eth.Nic. A1.1094a3), und als das, um dessentwillen alles andere getan wird (οὗ χάριν τὰ λοιπὰ πράττεται, z.B. Eth.Nic. A5.1097a18f.). Mit diesen Definitionen bezieht sich Aristoteles auf tradierte Bestimmungen des G.n, die sich ähnlich auch bei Platon finden (Gorg. 499e, Symp. 205a, Phileb. 20d). Damit sind zwei Richtungen für die Weiterbestimmung des G.n angegeben. Die erste Definition führt zu der Annahme, daß das G. sich aus dem Streben der Menschen ergeben muß, aus deren ›Natur‹. Aristoteles denkt dabei aber nicht an das faktische Streben ›der vielen‹, sondern an das, was der Tugendhafte, der Gute, erstrebt. Dadurch nämlich, daß man in der verantwortlichen Gestaltung der sozialen und politischen Lebenszusammenhänge Erfahrungen über die Verwirklichung oder Nicht-Verwirklichung seiner Gestaltungsabsichten sammelt, kann man ›Tüchtigkeiten‹, Tugenden, der Lebensgestaltung ausbilden, die ihrerseits wieder (als die uns zu eigen gewordenen Haltungen) unser Streben bestimmen. Die *Erfahrungen* des in (traditionell und institutionell vorgegebenen) Verantwortungen Handelnden, ihre Verarbeitung zu einem *praktischen Wissen* von den Lebens- bzw. Sozialformen, die sowohl den Bedürfnissen der Betroffenen als auch den Möglichkeiten zur Verwirklichung der bedürfnisbestimmten Absichten angemessen sind, und schließlich die Aneignung dieses Wissens in der Ausbildung von ↑Tugenden, also von *Haltungen,* die unser Wollen und Handeln bestimmen, sind die Quellen für die Bestimmung des G.n. Daß *der* Gute damit zum Maß für *das* G. wird (vgl. Eth.Nic. Γ6.1113a25ff., I4.1166a13, K5.1176a15–19), subjektiviert dieses Maß im Sinne einer Anerkennung bloß faktischer Selbsteinschätzungen und (entsprechender) allgemeiner Beurteilungen nicht. Vielmehr bleiben die Grundlagen für die Ausbildung der Tugenden, nämlich Erfahrung und praktisches Wissen (die beide im Rahmen bestehender Traditionen und Institutionen gewonnen werden), objektiv. Zu Bestimmungsgründen des G.n werden sie jedoch erst in ihrer subjektiven Anerkennung, d.i. dadurch, daß sie sich als Prinzipien auch der eigenen Lebensform ausweisen: daß der um eine solche Übereinstimmung der objektiven Grundlagen mit diesen seinen Prinzipien Bemühte – der Gute (der ἀγαθός oder σπουδαῖος) – sie als solche Prinzipien anerkennen kann. – Die zweite Definition führt über die Explikation der in ihr verwendeten Überordnungsbeziehung zu der Frage nach dem höchsten Gut als demjenigen, »was allezeit um seiner selbst willen und niemals um eines anderen willen gewollt wird« (Eth.Nic. A5.1097a34–1097b1). Es ist dasjenige, ›das keines Weiteren mehr bedarf‹, das sich selbst genügt und in diesem Sinne vollendet ist (Eth.Nic. A5.1097b7ff.): die Glückseligkeit (εὐδαιμονία, ↑Glück (Glückseligkeit)). Diese wird (gemäß der Aristotelischen Konzeption vom G.n als dem vom Tugendhaften Erstrebten) nicht in einem Höchstmaß der Lust (ἡδονή), wie sie auf Grund der faktischen Neigungen bestimmbar wäre, gesehen (↑Hedonismus), sondern in der Verarbeitung sowohl der in der jeweiligen Lebensform (für deren Gestaltung) entwickelten Ziele als auch der dabei gewonnenen Einsichten zu Tugenden: in »der sich gemäß der (höchsten) Tugend verwirklichenden Tätigkeit der Seele« (Eth.Nic. A6.1098a16f.). Erreicht wird diese Glückseligkeit in der Wahrheitserkenntnis des theoretischen Lebens und (von Aristoteles manchmal als nachgeordnete Möglichkeit verstanden) in der Gerechtigkeitssicherung des politischen Lebens (↑Gerechtigkeit, ↑vita contemplativa).

Die zweite Definition des G.n führt auch zur Unterscheidung des an sich G.n vom Nützlichen, die erste Definition zur Unterscheidung des G.n vom (bloß) Angenehmen (Lustvollen oder Erfreulichen). An sich gut ist, was um seiner selbst willen gewollt, nützlich das, was um eines anderen willen gewollt wird. Bloß angenehm ist, was eine faktische Neigung befriedigt, gut ist, was die vernünftig gebildeten Neigungen des Tugendhaften befriedigt. In der lateinischen Tradition werden diese Unterscheidungen als die zwischen dem bonum honestum, utile und iucundum (oder delectabile) übernommen. Daß das G. an sich dabei mit dem bonum honestum als dem sittlich G.n identifiziert wird, läßt sich mit dem Verständnis begründen, daß das höchste Gut, also das, was niemals bloß ein Nützliches sein kann, ein sittliches ist. Mit diesem Verständnis des G.n an sich ist eine weitere Unterscheidung unterstellt, nämlich die zwischen dem (bloß) *für uns* (bzw. *für einige*) und dem *für alle* G.n, und zwar in dem Sinne, daß auch für uns an sich nur das das G. sein kann, was für alle das G. ist, was daher auch die sittliche Verpflichtung für uns begründet. Insofern das an sich G. (das höchste Gut oder das für alle G.) den Sinn der anderen Arten des G.n bestimmt, bleibt für das Verständnis des G.n die Frage nach diesem an sich G.n entscheidend.

Der Sinn der Aristotelischen Bestimmungen des G.n ändert sich mit der Auflösung der Traditionen und Institutionen, in deren Rahmen die objektiven Grundlagen dieser Bestimmungen (Erfahrungen und praktisches Wissen) ihre Eindeutigkeit und Verläßlichkeit gewinnen und wegen ihrer Überschaubarkeit für die Bildung einer personalen Identität und die Gestaltung einer gemeinsamen Lebensform verarbeitet werden konnten. In der epikureischen und stoischen Bestimmung des G.n wird daher die Aristotelische Verbindung von objektiven Aufgaben und subjektivem Streben überhaupt aufgegeben – im ↑Epikureismus mit der nur im Rückzug aus den öffentlichen Aufgaben erreichbaren Unerschütterlichkeit der Seelenruhe (↑Ataraxie), in der ↑Stoa mit der das subjektive Streben und Empfinden beiseite stellenden Einordnung in das naturgegebene Gefüge von Aufgaben und Verantwortungen. Dort, wo die Aristotelische Synthese verbal wieder aufgenommen wird, hat sie ihren praktisch-politischen Sinn verloren. So führt in der aristotelisierenden Scholastik (vor allem bei Thomas von Aquin) die Bestimmung des G.n über das allgemeine Streben dazu, einen ↑›appetitus naturalis‹, ein natürliches Streben zum G.n, als ein Faktum anzunehmen. Damit ergibt sich das G. aber nicht mehr über einen Bildungsprozeß zum G.n, es liegt vielmehr von vornherein, nämlich durch die in diesem appetitus erscheinende Natur, also durch die gottgeschaffene Ordnung der Dinge, fest. Ebenso führt die Bestimmung des G.n über das, worum willen alles andere gewollt wird, in Verbindung mit der Annahme eines appetitus naturalis zu dem Verständnis, daß das G. eben in dem besteht, worauf wir kraft unserer Natur hingerichtet und daher mit unserem Wollen auch zu richten sind. Unserem Wollen sind insofern seine Maßstäbe vorgegeben. Das höchste Gut ist nicht mehr ein herbeiführbares oder erreichbares Gut (ein ἀγαθὸν πρακτὸν καὶ κτητόν, z.B. Eth.Nic. A4.1096b34, 1097a1), sondern der für unser Handeln unerreichbare Ursprung unseres Seins: der weltjenseitige Gott. Das G. wird damit zu einem ontologischen Grundbegriff, der allerdings dazu verwendet werden kann, auch ethische Forderungen zu begründen. Die objektivistische und ontologisierende Tendenz, in der die Aristotelische Synthese umgedeutet und in die sie eingefügt wird, konnte sich in der vor-aristotelischen Scholastik auf die ohnehin dieser Tendenz entgegenkommenden Traditionen des Neuplatonismus und der Stoa stützen. Objektivistisch wird das G. als eine Eigenschaft bestimmter Handlungsweisen bzw. ›Werke‹ verstanden, ontologisierend wird diese Verknüpfung aus der Seinsordnung abgeleitet.

Auf dem Hintergrund dieser Entwicklung ist verstehbar, daß der erste und weithin einsame Versuch in der Scholastik, ausdrücklich eine Ethik zu schreiben, nämlich die »Ethica« des P. Abaelard, das G. antiobjektivistisch und antiontologisch zu verstehen sucht, und daß dieser Versuch in seiner vollen Radikalität in W. v. Ockhams, der nach-aristotelischen Scholastik angehörenden Ethik eine genaue Entsprechung hat. Abaelard bestimmt zunächst die Intention als dasjenige, was ein Handeln gut oder schlecht macht, und begründet dann die Richtigkeit einer Intention durch ihre Übereinstimmung mit dem gegenüber den allgemeinen Einsichten der Menschen ungebundenen Willen Gottes. Diese Bestimmung des G.n durch den Willen Gottes läßt sich als Ablehnung jeder materialen Vorausfestlegung des G.n rekonstruieren. Erst der Versuch, in der vorbehaltlosen Hingabe an den Willen Gottes seine nach bestem Wissen und Verständnis der Dinge gebildeten Absichten im Handeln auch zu verwirklichen, läßt uns das G. begreifen. Daß die Intensionen und nicht die Handlungsweisen bestimmen, was gut ist, heißt dann nicht, daß das Handeln für diese Beurteilung irrelevant ist, sondern daß die Intentionen erst eine angemessene Darstellung unserer Handlungen ermöglichen. Handeln ist danach das Verwirklichen einer Intention, und eine Intention ohne Verwirklichungsversuch, ohne Handeln, wird erst gar nicht berücksichtigt. Daß der Wille Gottes über die Richtigkeit der Intentionen entscheidet, ist nicht zu verstehen als Behauptung der Willkürlichkeit bei der Bestimmung des G.n, sondern als die Ablehnung einer ontologischen oder überhaupt theoretischen Festlegung des G.n. Dessen Verständnis gewinnen wir erst, wenn wir uns (über die in der Hingabe an die Sache unternommenen Verwirklichungsversuche unserer Intentionen) von unserem (vermeintlichen) Schon-vorher-Wissen gelöst haben. (Es ist bezeichnend, daß sowohl Abaelards als auch Ockhams Rekurs auf den Willen Gottes als der entscheidenden und uns entzogenen Instanz für die Bestimmung des G.n in eine allgemeine Realismus-Kritik für die Sprach- und Erkenntnistheorie eingeordnet ist; ↑Universalienstreit).

Trotz der Ablehnung ontologisch begründeter Vorausfestlegungen des G.n bleiben für Abaelard und Ockham bestimmte objektive Grundlagen für die Bestimmung des G.n schon darum bestehen, weil die christliche Ordnung der sozialen und politischen Welt sowie der geistigen Orientierungen eine gewisse Gleichförmigkeit der sachlichen Erfordernisse und der Erfahrungen erzeugt. Mit dem Abbau dieser christlichen Ordnung würde der Versuch, eine zur ›Hingabe an die Sache‹ säkularisierte Achtung vor dem Willen Gottes als letzte Instanz für die Bestimmung des G.n zu wählen, in der Praxis zu einer immer weitergehenden Unsicherheit des Wollens und Handelns führen: es ist dann ja nicht mehr gesichert, was die ›Sache‹ ist. Die neuzeitlichen Versuche zur Bestimmung des G.n stehen daher zunächst auch in dem Rahmen einer Gesamtbemühung um die Wiedergewinnung grundlegender objektiver Orientierungen: vor allem auf Grund eines angenommenen ↑Naturrechts oder eines als (für jedermann als vernünftig einsehbar) unterstellten ↑Gesellschaftsvertrages. Auch die zu (gruppengebundenen) Konventionen zusammengeschmolzenen institutionellen Traditionen und die darin gepflegten Gefühle werden als Orientierungsinstanzen (vor allem in der angelsächsischen Moralphilosophie) angeboten.

Einen ersten eigenständigen Versuch zur Schaffung einer einsichtigen Verbindung von objektiven Orientierungen und subjektivem Streben für die Bestimmung des G.n unternimmt B. Spinoza. Auch Spinoza knüpft zunächst an die Ansicht an, daß wir etwas darum als gut beurteilen, weil wir es erstreben (Eth. III, prop. 9 Scholium), und nennt dann selbst dasjenige gut, »wovon wir gewiß wissen, daß es uns nützlich ist« (Eth. IV, def. 1). Denn unser Streben zielt auf das (in der es leitenden und begleitenden Erkenntnis zu begreifende) ›eigene Sein‹, d.i. auf die Erfüllung der Eigenschaften, die ihm auf Grund einer klaren und deutlichen Erkenntnis (↑klar und deutlich) notwendig zukommen. Da für den Menschen die Erkenntnis selbst zu diesen Eigenschaften gehört, ist das G. das als für ihn nützlich, im Sinne des ›seinem Sein‹ zuträglich Gewußte. Das höchste Gut, der ↑›amor dei intellectualis‹, besteht in der Erkenntnis und Anerkennung der natürlichen Notwendigkeiten, d.i. Gottes. Auch Spinoza macht damit das G. als Ziel unseres Strebens von einem (objektivierenden) Bildungsprozeß abhängig. Nur ist dieser Bildungsprozeß, im Unterschied zu Aristoteles, völlig intellektualisiert. An die Stelle der Erfahrung ist die Klarheit und Deutlichkeit der Erkenntnis, ihre begrifflich bedingte Konsistenz, getreten. Damit läßt sich zwar eine universelle Geltung (die soweit reicht wie das begriffliche Denken überhaupt) beanspruchen, jedoch nur für denjenigen, der die Handlungserfahrungen bei seinem Denken überspringen zu können glaubt. Der Geltungsanspruch ist insofern nicht einlösbar. Als zugespitztes Problem ergibt sich so die Frage, wie wir ein allgemeines Ziel für unser Handeln finden können, das unserem wirklichen Streben entspricht.

Die Antwort I. Kants auf diese Frage versucht den Allgemeinheitsanspruch einzulösen, indem gerade der Verzicht auf unser natürliches Streben (als einer Berufungsinstanz für die Bestimmung des G.n) zum Prinzip des Willens erhoben wird, außer dem als dem guten Willen nun »überall nichts in der Welt, ja überhaupt auch außer derselben zu denken möglich [ist], was ohne Einschränkung für gut könnte gehalten werden« (Grundl. Met. Sitten BA 1). Mit dieser Formalisierung der Bestimmung des G.n löst Kant die Verbindung von G.m und Glückseligkeit auf und verabschiedet damit auch den Begriff des G.n aus der ethischen Begründung für Ziele und Handlungsnormen. An die Stelle des G.n als eines (irgendwie) erstrebten Zieles für unser Leben und Handeln tritt die unser Streben als Begründungsinstanz ausklammernde ↑Pflicht, die sich nicht mehr über unser Handeln (über unsere Erfahrungen, unser praktisches Wissen und darüber ausgebildete Haltungen und Neigungen) ergibt, sondern diesem Handeln als unbedingtes und damit jedenfalls auch von ihm selbst in seiner Begründung und Bestimmung unabhängiges Gebot, d.h. als kategorischer Imperativ (↑Imperativ, kategorischer), gegenübertritt. Konsequenterweise dient auch die Rede vom höchsten Gut nicht mehr der Analyse und Begründung von Handlungszielen, gehört in diesem Sinne nicht mehr zu einer Ethik als einer Lehre vom guten Leben (↑Leben, gutes), sondern wird in die Dialektik der praktischen Vernunft verwiesen – als ein lediglich kritisch brauchbarer Begriff, mit dessen Analyse der natürliche »Hang« der praktischen Vernunft, »wider jene strenge Gesetze der Pflicht zu vernünfteln« (Grundl. Met. Sitten BA 23), aufgeklärt werden kann.

Auch G. W. F. Hegel vermag das G. nur noch als Forderung, als ›Abstraktes‹, zu verstehen, wenn auch als jene Forderung, die (zusammen mit der Forderung nach Selbstbestimmung, nach ↑›Freiheit‹) zum kritischen Begreifen des ›Konkreten‹, nämlich der Sozialformen, in denen wir leben und handeln (der Familie, der bürgerlichen Gesellschaft und des Staates), führen soll. Das G. ist für Hegel die »realisierte Freiheit« (Rechtsphilos. §129, Sämtl. Werke VII, 188), »das substantielle Allgemeine der Freiheit« (ebd. §141, a.a.O., 223), gedacht als handlungsleitende Vorstellung: als Forderung nämlich, die sich aus der allgemeinen Vorstellung davon ergibt, daß man überhaupt Institutionen schaffen soll, die die Selbstbestimmung ermöglichen und sichern, und nicht aus den Erfahrungen, die sich im Rahmen der bestehenden (oder auch wieder verschwundenen) Institutionen für unsere Entwicklung machen lassen. Würde Hegel die Bestimmung des G.n (mit Aristoteles) an solche Erfahrungen binden, so würde er den unbeschränkten Anspruch auf allgemeine, also auch institutionen- und traditionsübergreifende Geltung nicht mehr vertreten können, der der Idee des G.n, d.i. der Bestimmung des G.n als einer handlungsleitenden Vorstellung, (seit Spinoza) zukommen soll. Indem er aber diesen Allgemeinheitsanspruch aufrecht erhält, dürfen das institutionenbestimmte Handeln und unsere daran geknüpften institutionenvermittelten Erfahrungen nicht mehr als Gründe für die Realisierung dieser Idee gelten (und daher auch kein Ziel der praktischen Philosophie mehr liefern). Die Idee des G.n wird vielmehr geklärt über die begrifflichen Entwicklungen, die jeweils zur Forderung einer bestimmten Realisierung geführt haben: also über die Begründungszusammenhänge, die die Prinzipien der jeweiligen Institutionalisierungen unabhängig von den nur in ihrem Rahmen möglichen Handlungsweisen und Erfahrungen (allgemein und jedenfalls ihrem Anspruch nach) zu verstehen erlauben. Damit ist aus dem G.n im Sinne der Orientierungen, wie sie sich aus dem in Verantwortung gebildeten Streben ergeben, d.h. aus dem G.n als erfahrungsvermittelter Zielvorstellung, ein Prinzip des Begreifens solcher Zielvorstellungen geworden, mit denen diese (also das ursprünglich G.) als die Ergebnisse einer begrifflichen Entwicklung dargestellt werden können. Der Protest S. Kierkegaards gegen diese Konzeption läßt sich verstehen als das Bestehen auf dem Handeln gegenüber dem Begreifen als der entscheidenden Instanz zur Bestimmung des G.n. Da aber die Erfahrungen dieses Handeln und damit auch dessen erfahrungsvermittelte Ziele, d.i. das G. im Aristotelischen Sinne, gerade durch die Hegelschen Reflexionen als traditions- und institutionenbedingt erscheinen, bleibt nur noch das Handeln als solches als diese Instanz übrig. Dieses Handeln kann aber nicht in einer einzelnen Handlung bestehen (die Rede vom G.n würde dann sinnlos), sondern nur in einem das gesamte Leben gestaltenden Handlung: in der Grundentscheidung der Person, sich zu den ihm gegenüberstehenden Erfordernissen und den eigenen Möglichkeiten überhaupt in einer bestimmten Weise zu verhalten, gleich wie diese Entscheidung inhaltlich bestimmt ist: »Das G. ist dadurch, daß ich es will, und sonst ist es gar nicht« (Entweder/Oder II, Düsseldorf 1957 [Gesammelte Werke, 2. u. 3. Abt.], 238). Durch diese ›Existenzialisierung‹ des G.n ist das G. nicht mehr nur kein ethischer Grundbegriff, sondern überhaupt kein Begriff mehr. Die dann prinzipiell überflüssige Rede von ihm weist gleichsam auf eine Leerstelle hin, auf den Verzicht auf jede Unterscheidung für die Begründung unseres Handelns und die Beurteilung unseres Strebens.

Die *sprachphilosophische Wiederaufnahme* der Rede von dem G.n ist durch die utilitaristische Tradition vermittelt, die einen leichteren Anschluß an die Aristotelische Bestimmung des G.n ermöglicht. So wird im ↑Utilitarismus die konstitutive Verbindung von Handlungsziel und Streben, von G.m und Glück, aufrechterhalten. Dieses Streben wird jedoch nicht im Bemühen um die praktisch-politische Verantwortung (unter dem Prinzip oder der Idee der ↑Gerechtigkeit) gebildet, sondern, wenn überhaupt (wie bei J.S. Mill), über die letztlich auf den Rahmen bürgerlicher Konventionen zu relativierenden Erfahrungen des einzelnen (Gemeinschaftssinn und Gerechtigkeitsgefühl, von denen ausgegangen wird, gehören dabei zu solchen selbstverständlich gewordenen, d.h. aber konventionell bedingten und nicht mehr auf ihre Gründe reflektierten Ausgangspunkten). An die Stelle der bürgerlichen Konventionen setzt die sprachphilosophische Betrachtung der Rede vom G.n zumeist die ↑Alltagssprache. Bleibt die Analyse der Alltagssprache deskriptiv, versucht sie also nur, einige faktische (als paradigmatisch verstandene) Gebrauchsweisen von ›gut‹ darzustellen, so liegt es nahe, auch die Bedeutung von ›gut‹ selbst als ein Faktum zu verstehen, z.B. als Ausdruck einer bloßen Empfindung, für den kein Begründungs- und kein Geltungsanspruch erhoben wird (C.L. Stevenson, ↑Emotivismus). Versteht man die sprachphilosophische Bemühung um die Rede vom G.n aber (und wieder im Anschluß an Aristoteles) als Versuch, im Ausgang von den alltagssprachlichen Redeweisen und den mit ihnen tradierten lebensweltlichen Erfahrungen den Begründungszusammenhang zwischen Handlungszielen und unserem Streben zu klären, dann wird das G. als Grundbegriff einer ethischen Konzeption zu verstehen sein, in der die Handlungsziele und Handlungsnormen (das Gesollte oder Gebotene) nur relativ zu bestimmten Bedürfnissen und Interessen (zum Erstrebten und Gewollten), und zwar auf Grund bestimmter (historischer oder individueller) Erfahrungen und also im Rahmen bestimmter Traditionen und Institutionen, für begründbar gehalten wird.

Literatur: B. Blanshard, Reason and Goodness, London, New York 1961, [2]1966, Atlantic Highlands N.Y. 1975; R.B. Brandt, A Theory of the Good and the Right, Oxford 1979; A.C. Ewing, The Definition of Good, London, New York 1948 (repr. 1966); FM I ([6]1979), 337–342; H.-G. Gadamer, Die Idee des G.n zwischen Plato und Aristoteles, Heidelberg 1978; H. Kuhn, Das Sein und das G., München 1962; ders., Das G., Hb. ph. Grundbegriffe II (1973), 657–677; J. Maritain, La personne et le bien commun, Paris 1947; R.G. Olson, Good, the, Enc. Ph. III (1967), 366–370; J. Passmore, The Perfectibility of Man, London 1970, New York 1971; J. Pieper, Die Wirklichkeit und das G., Dortmund 1935, München [7]1963; H. Reiner u.a., Gut, das G., das Gut, Hist. Wb. Ph. III (1974), 937–972; W.D. Ross, The Right and the Good, Oxford 1930, [2]1961; ders., Foundations of Ethics. The Gifford Lectures 1935/1936, Oxford 1939 (repr. 1960); R. Spaemann, Gut, höchstes, Hist. Wb. Ph. III (1974), 973–976; F.E. Sparshott, An Enquiry into Goodness and Related Concepts. With Some Remarks on the Nature and Scope of Such Enquiries, Chicago, Toronto 1958; D. Walhout, The Good and the Realm of Values, Notre Dame Ind./London 1978; G.H. v. Wright, The Varieties of Goodness, London, New York 1963.
O.S.

Güterethik, eine historisch aus der Ablehnung der fälschlicherweise als formalistisch eingeschätzten Ethik I. Kants zu erklärende Kennzeichnung solcher Ethiken, die die Verwirklichung oder Erhaltung bestimmter Sachverhalte oder die Annäherung und Angleichung an sie zur moralischen Pflicht machen. Diese Ethiken unterscheiden sich hinsichtlich ihrer Maßstäbe für die Wertung von Sachverhalten als ›Güter‹, indem sie sich entweder (1) auf eine angebliche Einsicht in ein unabhängig von physischer und psychischer Realität konzipiertes Reich moralischer Ideen oder Werte (↑Intuitionismus (ethisch), ↑Platonismus, ↑Wertethik) berufen oder (2) die für sinnvoll gehaltene Frage nach dem ›Wesen‹ oder der ›Natur‹ des Menschen, nach seiner ›eigentlichen Bestimmung‹ oder dem ›Endzweck‹ seines Daseins unterschiedlich beantworten, so daß auch der jeweils als ›höchstes Gut‹ ausgezeichnete und die Rangfolge der übrigen Güter bestimmende Sachverhalt in den verschiedenen güterethischen Konzeptionen differiert. So ist etwa im ↑Eudämonismus das höchste Gut das individuelle Glück; im ↑Hedonismus ist es die Lust, im ↑Epikureismus die ↑Ataraxie, in der ↑Stoa die ↑Apathie; bei A. Augustinus und in der ↑Scholastik ist es Gott, dem der Mensch ähnlich werden soll, um in seiner Anschauung (↑visio beatifica dei) die ›Erfüllung‹ seines ›Wesens‹ zu finden; im ↑Utilitarismus schließlich ist es ›das größte Glück der größten Zahl‹ (↑Glück (Glückseligkeit)).

Eine reine G. scheitert an folgenden Schwierigkeiten: (1) Der Versuch, die Objektivität moralischer Ideen, Werte oder Güter und der ihre Beziehungen zueinander ordnenden Wertvorzugs- und Güterabwägungsregeln durch eine besondere Erkenntnisfähigkeit zu sichern, mißlingt: Die Frage nach einem Kriterium dafür, wie sich ›wirkliche‹ Intuitionen oder Evidenzen von Pseudointuitionen und Scheinevidenzen unterscheiden lassen, kann intuitionistisch nicht ohne eine ↑petitio principii beantwortet werden. (2) Der Versuch, eine G. auf außermoralische Sachverhalte wie die menschliche Natur oder die göttliche Schöpfungsordnung zu gründen, macht sich eines naturalistischen Fehlschlusses schuldig (↑Naturalismus (ethisch)). Im Rahmen einer rationalen Ethik rechtfertigen läßt sich lediglich eine sogenannte ›Güterlehre‹, deren spezifisch ethische Qualität im Unterschied zum objektivistischen Schein einer G. durch die Bindung an zuvor ethisch gerechtfertigte Zwecke (↑Bedürfnisse, ↑Interessen) ausgewiesen worden ist. R.Wi.